CURSO COMPLETO de PROCESSO PENAL

WALFREDO CUNHA CAMPOS

CURSO COMPLETO de
PROCESSO
PENAL

2ª edição
revista, ampliada e atualizada

Prefácio
Luiz Flávio Gomes

2019

www.editorajuspodivm.com.br

www.editorajuspodivm.com.br

Rua Território Rio Branco, 87 – Pituba – CEP: 41830-530 – Salvador – Bahia
Tel: (71) 3045.9051
• Contato: https://www.editorajuspodivm.com.br/sac

Copyright: Edições *Jus*PODIVM

Conselho Editorial: Eduardo Viana Portela Neves, Dirley da Cunha Jr., Leonardo de Medeiros Garcia, Fredie Didier Jr., José Henrique Mouta, José Marcelo Vigliar, Marcos Ehrhardt Júnior, Nestor Távora, Robério Nunes Filho, Roberval Rocha Ferreira Filho, Rodolfo Pamplona Filho, Rodrigo Reis Mazzei e Rogério Sanches Cunha.

Diagramação: Luiz Fernando Romeu *(lfnando_38@hotmail.com)*

Capa: Marcelo S. Brandão *(santibrando@gmail.com)*

C198c   Campos, Walfredo Cunha.
           Curso completo de processo penal/ Walfredo Cunha Campos. – 2. ed. rev. ampl. e atual.
        –Salvador: JusPODIVM, 2019.
           1.440 p.

           Bibliografia.
           ISBN 978-85-442-2700-8.

           1. Direito. 2. Processo penal. I. Campos, Walfredo Cunha. II. Título.

                                                                            CDD 341.76

Todos os direitos desta edição reservados à Edições *Jus*PODIVM.

É terminantemente proibida a reprodução total ou parcial desta obra, por qualquer meio ou processo, sem a expressa autorização do autor e da Edições *Jus*PODIVM. A violação dos direitos autorais caracteriza crime descrito na legislação em vigor, sem prejuízo das sanções civis cabíveis.

Dedico esta obra a Débora Faitarone, companheira das horas certas e, sobretudo, das incertas, que, com amor e paciência infinitos, me estimulou a continuar escrevendo, impedindo que fosse imobilizado pelas garras do desânimo que envolvem qualquer escritor de obras de fôlego. Seu senso prático, querida, característica marcante da sua personalidade, foi decisivo à confecção, a tempo, desta obra; serei eternamente grato ao seu desvelo e afeição.

AGRADECIMENTOS

Agradeço a Marcelo Cometti, Gustavo Gazzola e Rogério Sanches Cunha, profissionais e amigos de valor, que compõem o sempre diminuto rol daqueles que não apenas podem, mas também se *dispõem – efetivamente –* a ajudar. Meus agradecimentos.

NOTA À 2ª EDIÇÃO

Antigamente se dizia que uma singela alteração da lei era o que bastava para se tornar imprestável uma biblioteca inteira jurídica. Hoje em dia, as bibliotecas jurídicas são inutilizadas, menos pelas modificações legislativas, e mais pelas guinadas jurisprudenciais, especialmente do Supremo Tribunal Federal. O desafio de se atualizar uma obra, não é o de – singelamente – inserir nela as leis novas, o que não é difícil; o grande desafio é o de permear o livro com a hermenêutica em jogo, apontando o necessário descarte das interpretações antigas. O proveito de uma obra jurídica, para estudantes, profissionais, candidatos a concursos públicos depende, além do conhecimento do direito em vigor, sobretudo, da jurisprudência predominante na atualidade. Com o intuito de elaborar obra útil, nessa segunda edição, inserimos centenas de novas jurisprudências do STJ e do STF, apontando – as muitas – alterações ocorridas no ano de 2018, no processo penal.

O Autor

APRESENTAÇÃO DA OBRA

Esta é uma obra de processo penal para todos. Para todos, porque é útil aos profissionais do direito, juízes, advogados, membros do MP, apresentando soluções práticas às mais diversas questões que surjam das lides forenses; útil aos estudantes de direito que pretendam ter uma sólida formação de processo penal, auxiliando-os a pensar, com independência, sobre os mais diversos aspectos da mesma questão jurídica; útil, ainda, aos candidatos a concursos públicos, e provas da OAB, porque apresenta jurisprudência atualizadíssima, além das diversas posições doutrinárias em voga, contribuindo, assim, ao êxito nos mais variados certames que venha o candidato a prestar.

Acrescente-se, ainda, que decisões recentes mais emblemáticas, como aquelas que envolvem a operação "Lava Jato", e outras, também midiáticas, são comentadas e analisadas.

O Autor

PREFÁCIO

O estimado leitor vai perceber, das primeiras às últimas páginas, que este livro de Walfredo Cunha Campos, que prazerosamente tenho a honra de prefaciar, é fruto de muitos anos de um profícuo diálogo entre o dever ser (campo normativo programado para incidir sobre a realidade) e o ser (aplicação prática da norma).

No livro, encontramos interpretações sensatas (resultado de muita leitura e preparação acadêmica) aliadas ao profundo conhecimento do dia a dia forense, em razão de duas décadas de atuação em varas criminais e tribunais do Júri. Aqui, a teoria e a prática andam de mãos dadas.

O direito criminal (direito penal, processo penal, execução penal), visto sob a perspectiva de um sistema de garantias, pode ser estudado (em países como o Brasil) em três etapas: de meados do século XVIII ao princípio do século XIX (1ª etapa desenvolvida por Beccaria e todo o direito criminal clássico), décadas finais do século XX (2ª etapa, do garantismo minimalista de Ferrajoli, Baratta e tantos outros doutrinadores de renome internacional) e princípio do século XXI (3ª etapa, da Justiça criminal negociada, por meio da colaboração e das delações premiadas). A essas três etapas correspondem os direitos criminais 1.0, 2.0 e 3.0.

O livro de Walfredo, centrado no processo penal, transita muito bem e com clareza ímpar – atributo pouco frequente – por essas três etapas, o que revela atualidade e sensibilidade diante das grandes mudanças que estão sendo promovidas pela chamada Justiça penal negociada (nisso consiste o direito criminal 3.0), que ganhou enorme relevância no nosso País a partir da operação Lava Jato.

O que se vê nesta obra, em todas as suas páginas, é a grande preocupação do autor em decifrar, sob o império da razoabilidade e da proporcionalidade, o velho conflito entre o direito de punir do Estado e o direito à liberdade do indivíduo. O castigo (o *jus puniendi*) está ligado a uma pesada história da humanidade. A liberdade (o *jus libertatis*), como expressão da modernidade civilizatória, centrada no liberalismo clássico e no Iluminismo, surge como ponto de resistência ao exercício arbitrário do poder de punir.

A liberdade individual e a segurança pública possuem o mesmo status constitucional, posto que previstos, ambos, no *caput* do artigo 5º, da CF: o segredo dos bons doutrinadores consiste em buscar o equilíbrio entre eles, evitando-se que um anule o outro. Como sublinha o autor, "a satisfação do interesse da segurança pública não pode levar a uma ditadura da lei e ordem, pisoteando conquistas seculares da humanidade em face do Estado centralizador; por outro lado, o garantismo exacerbado e inconsequente não pode permitir a ditadura do individualismo em detrimento dos mais caros interesses sociais. O ideal, como em tudo na vida, é o meio termo".

Vício de defeito e vício de excesso

A preocupação externada pelo autor tem razão de ser. É que o direito criminal 2.0 (da segunda metade do século XX) apresenta um duplo vício: o de defeito e o de excesso. Consoante Ferrajoli (ver *Delitos de los Estados, de los Mercados e daño social,* coordenação de Iñaki Rivera, Barcelona, Anthropos, 2014), ambos dever ser evitados.

O sistema penal equilibrado, centrado num moderno processo penal, não pode resultar (idealmente) nem em "deficiência da jurisdição penal" (sobretudo frente à criminalidade dos poderosos) nem em um Estado policialesco arbitrário (sobretudo frente à criminalidade dos sem poder).

Conforme a doutrina de Ferrajoli (citado), uma dupla involução cabe ser mencionada em relação ao sistema criminal do final do século XX: (a) a legislação e o funcionamento do sistema garantiam a impunidade da corrupção dos poderosos, seja despenalizando alguns crimes, seja permitindo a prescrição; (b) suas forças continuavam sendo dirigidas contra os mais débeis (pobres), aumentando penas, endurecendo os regimes da execução, tudo por meio de uma legislação demagógica, típica do populismo penal, fundada no medo, com alta dose de ineficácia, o que coloca em xeque a função dissuasória da pena.

O ponto de equilíbrio, esgrimido em todas as páginas deste livro, consiste em superar as duas involuções, conciliando o *jus puniendi* com o *jus libertatis,* pouco importando se o imputado é um poderoso ou um pobre, se a criminalidade é individual ou organizada.

Na última década, especialmente, é visível que Ferrajoli vem dedicando particular atenção à criminalidade organizada dos poderosos. O crime organizado dos poderes públicos ou públicos-privados desviados (resultante da delinquência das forças econômicas e políticas) "é o mais infame de todos, porque envolve crimes contra a humanidade, torturas, desaparecimentos forçados, sequestros, guerra e, sobretudo, corrupção".

O velho sistema penal não se mostrou capaz para controlar o crime organizado. Algum tipo de mudança na estrutura do direito (particularmente do direito penal e processual penal) era previsível para fazer frente às organizações criminosas. E tais mudanças aconteceram em muitas legislações. Em relação ao Brasil, destaque merece a Lei 12.850/13, que cuida das organizações criminosas.

Deficiência da jurisdição penal, de um lado, e excesso punitivo de outro. Qualquer um desses extremos desequilibra a balança da Justiça. Depois de 250 anos, o velho direito penal liberal (1.0), atualizado pelo direito penal 2.0 (do final do século XX), continua apresentando sinais de intensa confrontação, ganhando força a ideia do sufocamento do Estado de Direito (do *jus libertatis*), sobretudo diante das ofensivas neopunitivistas, centradas no populismo penal (veja nosso livro *Populismo penal midiático,* Saraiva, 2013).

O poder punitivo burguês desviado do Estado de Direito, desde o princípio, se lançou contra os proletários "perigosos" (primeira metade do século XIX). A discriminação, assim como a negação do Estado de Direito, se agravou com a escola positiva italiana (final do século XIX) e se tornou irreversível com os fascismos e o nazismo na primeira metade do século XX. Neste século XXI chegou o momento de também as elites dirigentes prestarem contas dos seus desmandos.

Mas não é qualquer tipo de processo penal, que sempre deve ser expressão do razoável devido processo legal, que pode cumprir o papel de evitar tanto o vício de defeito como o vício de excesso. Por essas coordenadas sensatas caminha o presente livro, que traz também acurado exame das decisões dos Tribunais Superiores, incluindo as relacionadas com a operação Lava Jato.

O processo penal, tanto a lei como a doutrina e a jurisprudência, deve sempre se apresentar, independentemente de quem é o réu, como instrumento de salvaguarda dos direitos à liberdade e à segurança. Não lhe cabe frustrar as conquistas históricas que inseriram o direito de punir dentro do modelo do Estado de Direito, com o significado de que a reação estatal ao delito jamais pode constituir uma atividade arbitrária, indevida ou irracional.

A obra que o estimado leitor tem em mãos, sem sombra de dúvida, é muito útil aos candidatos a concursos públicos, pela escrita fácil, enxuta e direta, ao mesmo tempo em que pode colaborar proficuamente na formação do raciocínio jurídico dos estudantes da graduação.

Por não se distanciar da realidade prática, servirá também como substancioso guia aos profissionais do direito na resolução dos problemas. Como não se trata de uma obra encubada em laboratório, torna-se inquestionável sua utilidade para todos os operadores jurídicos. Que seja enorme a aceitação do público.

Luiz Flávio Gomes
Professor, Jurista e Deputado Federal.
Criador do movimento *Quero Um Brasil Ético*

SUMÁRIO

Capítulo 1
Noções introdutórias de direito processual penal 65

1. Introdução ao Direito Processual Penal 65
   1.1. Conceito de direito processo penal 65
   1.2. Conflito de interesses entre o direito de punir e o direito à liberdade 65
   1.3. Processo penal como garantia individual 66
   1.4. Persecução criminal 66
   1.5. Fontes do direito processual penal 67
   1.6. Sistemas processuais penais 69
   1.7. Lei processual penal no espaço 71
   1.8. Lei processual no tempo 73
   1.9. Interpretação e integração da lei processual 75
       1.9.1. Interpretação da lei processual. Conceito. Classificação 75
       1.9.2. Integração da lei processual 76
   1.10. Princípios processuais penais 77
       1.10.1. Conceito de princípio 77
       1.10.2. Princípios processuais penais 77
           1.10.2.1. Princípio da busca da verdade real ou material 77
           1.10.2.2. Princípio da legalidade ou obrigatoriedade 78
           1.10.2.3. Princípio da indisponibilidade 79
           1.10.2.4. Princípio da oficialidade 79
           1.10.2.5. Princípio da oficiosidade 80
           1.10.2.6. Princípio da publicidade 80
           1.10.2.7. Princípio do contraditório ou da bilateralidade da audiência 81
           1.10.2.8. Princípio da ampla defesa 82
           1.10.2.9. Princípio da iniciativa das partes, ou da demanda 90
           1.10.2.10. Princípio do impulso oficial 90
           1.10.2.11. Princípio do juiz natural 90
           1.10.2.12. Princípio da identidade física do juiz 91
           1.10.2.13. Princípio do promotor natural 91
           1.10.2.14. Princípio do duplo grau de jurisdição 91
           1.10.2.15. Princípio da obrigatoriedade da motivação das decisões judiciais 92

1.10.2.16.	Princípio da presunção de inocência ou de não culpabilidade ou do estado de inocência	92
1.10.2.17.	Princípio do *in dubio pro reo* (na dúvida, a favor do réu) ou favor rei	95
1.10.2.18.	Princípio da inexigibilidade de autoincriminação	95
1.10.2.18.1.	Privilégio contra a autoincriminação e fuga de local de acidente de trânsito (art. 305 do CTB)	101
1.10.2.19.	Princípio do devido processo legal	102
1.10.2.20.	Princípio da razoável duração do processo	105

CAPÍTULO 2
Inquérito Policial e Outras Investigações Criminais 107

2.1. Investigação criminal. Conceito 107
2.2. Polícia 107
    2.2.1. Conceito 107
    2.2.2. Órgãos legitimados a exercer a polícia preventiva ou ostensiva, judiciária ou administrativa 108
        2.2.2.1. Órgãos legitimados a exercer as funções de polícia preventiva ou ostensiva 108
        2.2.2.2. Órgãos legitimados a exercer as funções de polícia judiciária ou investigativa 108
        2.2.2.3. Órgãos legitimados a exercer as funções de polícia administrativa 109
    2.2.3. Existe diferença entre polícia judiciária e polícia investigativa? 109
2.3. Órgãos expressamente legitimados a investigar infrações penais 110
    2.3.1. Regras gerais 110
    2.3.2. Atribuições da Polícia Federal 110
    2.3.3. Atribuições da Polícia Civil dos Estados e do DF 112
    2.3.4. Atribuições investigatórias das Polícias Militares e das Forças Armadas. Alargamento das suas atribuições pela Lei 13.491, de 13 de outubro de 2017 113
    2.3.5. Outros órgãos públicos, além daqueles citados no art. 144 da CF – dentre eles, o Ministério Público –, estão autorizados a investigar infrações penais? .. 113
        2.3.5.1. Previsão legal do poder investigatório do MP e sua regulamentação administrativa 115
        2.3.5.2. Outros órgãos públicos legitimados a investigar 122
    2.3.6. Detetives particulares e investigação criminal 122
    2.3.7. Investigação defensiva 123
        2.3.7.1. Investigação defensiva. Conceito 123
        2.3.7.2. Fases em que pode se desenvolver a investigação defensiva 123
        2.3.7.3. Finalidade da investigação defensiva 123
        2.3.7.4. Poderes do advogado na condução da investigação defensiva 123
        2.3.7.5. Sigilo da investigação defensiva 124
        2.3.7.6. Proibição de censura ou impedimento pelas autoridades a atividade de investigação defensiva 124
        2.3.7.7. Visão crítica da investigação defensiva: sua inconstitucionalidade e ilegalidade manifestas. 124
        2.3.7.8. Investigação defensiva e detetives particulares 126

	2.3.7.8.1. Consequência da utilização de provas coligidas na investigação defensiva	126
2.3.8.	Enumeração exaustiva de atribuições de polícia investigativa pela CF e pelas leis e prova ilícita	126
2.4.	Conceito de Inquérito Policial. Instrumento exclusivo da Polícia Judiciária	127
2.4.1.	Conceito material de inquérito policial	127
2.4.2.	Conceito formal de inquérito policial	127
2.4.3.	Conceitos de fontes de provas, elementos de informação e provas	128
2.4.4.	Presidência do inquérito policial e condução das investigações	128
2.4.5.	Independência funcional do delegado de polícia	129
2.4.6.	Características essenciais do inquérito policial (bem como das demais formas de investigação criminal)	129
2.4.7.	Formas de instauração do inquérito policial	141
2.4.8.	Instauração de inquérito policial nas ações penais públicas condicionadas e ações penais privadas	146
2.4.9.	Divisão de atribuições entre as autoridades policiais	147
2.4.9.1.	Formas de se dividir as atribuições investigatórias	147
2.4.9.2.	Conflito de atribuições entre autoridades policiais	149
2.4.10.	Diligências do inquérito policial	149
2.4.10.1.	Discricionariedade da autoridade policial na realização das diligências investigatórias e na colheita das provas	149
2.4.10.2.	Diligências investigatórias e elementos informativos sob a responsabilidade da autoridade policial no decorrer do inquérito	150
2.4.10.3.	Outras atribuições da autoridade policial	171
2.4.10.4.	Decretação de sigilo no inquérito policial e acesso do advogado do investigado ou da vítima	171
2.4.11.	Suspeição do delegado	172
2.4.12 Inquérito Policial e prazos		172
2.4.12.1.	Prazos gerais	172
2.4.12.2.	Indiciado solto	172
2.4.12.3.	Indiciado preso	173
2.4.12.4.	Prazos especiais	173
2.5.	Inquérito Policial e incomunicabilidade	174
2.6.	Relatório final da autoridade policial	174
2.7.	Forma de tramitação dos inquéritos policiais	175
2.8.	Inquérito policial e constrangimento ilegal. Possibilidade de trancamento do inquérito	176
2.9.	Destinatários finais do inquérito policial	178
2.9.1.	Ministério Público	178
2.9.2.	Ofendido em caso de ação penal privada	182
2.10.	Valor dos elementos informativos do Inquérito	183
2.11.	Inquérito policial e termo circunstanciado	183
2.12.	Inquérito policial e nulidades	184
2.13.	Inquérito policial e prova ilícita	184
2.14.	Inquérito policial e complexidade da investigação: possibilidade de desmembramento de inquéritos	185
2.15.	Inquérito policial e foro por prerrogativa de função	185

2.15.1. Instauração e tramitação do Inquérito policial em face de indiciado com prerrogativa de foro 185
2.15.2. Tramitação do Inquérito policial em face de indiciado com prerrogativa de foro em conjunto com indiciado sem foro privilegiado 194
2.16. Inquérito policial visando apurar crime eleitoral 194
2.17. Promoção de arquivamento de inquérito policial 195
    2.17.1. Conceito de Arquivamento. Ato privativo do Ministério Público 195
        2.17.1.1. Arquivamento de ofício pelo Judiciário. Reconhecimento de sua admissibilidade por parte do STF. 196
            2.17.1.1.1. O arquivamento de ofício procedido por parte dos Ministros do STF é extensível a todos os juízes? 200
    2.17.2. Apenas o inquérito policial pode ser arquivado? 200
    2.17.3. Hipóteses que legitimam o arquivamento 201
    2.17.4. Controle judicial do arquivamento 204
    2.17.5. A decisão judicial que determina o arquivamento faz coisa julgada formal e material? 207
        2.17.5.1. Hipótese de decisão de arquivamento que faz coisa julgada formal 208
        2.17.5.2. Hipótese de decisão de arquivamento que faz coisa julgada material 209
        2.17.5.3. Arquivamento por juiz absolutamente incompetente faz coisa julgada material? 211
        2.17.5.4. Arquivamento de inquérito policial pelo Procurador-Geral referente a crimes em tese praticados por indiciados com foro por prerrogativa de função 213
        2.17.5.5. Arquivamento implícito 215
        2.17.5.6. Arquivamento indireto 217
        2.17.5.7. Arquivamento de inquérito policial em crimes de ação penal privada .. 218
        2.17.5.8. Desarquivamento e oferecimento de denúncia 218
            2.17.5.8.1. Procedimento de desarquivamento de inquérito policial. Quem desarquiva o inquérito policial? 218
            2.17.5.8.2. Notícia de fatos novos que justifiquem o desarquivamento. Provas novas que autorizam o oferecimento de denúncia. Diferenciação 221
    2.17.6. Trancamento de inquérito policial 223
    2.17.7. Poder investigatório da CPI – Comissão Parlamentar de Inquérito 223
        2.17.7.1. CPI. Conceito 223
        2.17.7.2. CPIs federais, estaduais, distrital e municipais 224
        2.17.7.3. Ações impugnativas em face de decisões das CPIs 224
        2.17.7.4. Atribuições das CPIs. Convocação para depoimento e direito ao silêncio. Condução coercitiva 224
        2.17.7.5. Acesso do advogado aos autos da CPI. Assistência do advogado durante a oitiva pela CPI 226
        2.17.7.6. CPI e delação premiada (Lei 12.850/13) 227
        2.17.7.7. CPI e atos praticados por particulares 227
        2.17.7.8. CPI e quebra de sigilo bancário, fiscal e telefônico. Necessidade de fundamentação da medida 227
        2.17.7.9. CPI e busca e apreensão domiciliar e interceptação telefônica 228

| | | 2.17.7.10. | CPI e acesso aos autos de inquérito policial .... | 229 |
| | | 2.17.7.11. | Conclusões da CPI e prioridade do MP e do Judiciário .... | 229 |

CAPÍTULO 3
Ação Penal 231

3.1. Conceito de ação no plano constitucional 231
3.2. Conceito de ação no plano processual 231
3.3. Conceito de ação penal 231
3.4. Elementos da ação penal 233
3.5. Condições genéricas da ação penal 233
    3.5.1. Legitimidade de parte 233
        3.5.1.1. Conceito 233
        3.5.1.2. Legitimidade ativa e passiva 233
        3.5.1.3. Legitimação ordinária e extraordinária 235
        3.5.1.4. Legitimação ad causam. Legitimação ad processum. Capacidade processual. Diferenciação 236
    3.5.2. Interesse de agir 236
    3.5.3. Interesse de agir na modalidade utilidade e prescrição virtual 237
    3.5.4. Justa Causa 240
        3.5.4.1. Justa causa. Conceito 240
        3.5.4.2. Justa causa duplicada 240
        3.5.4.3. Justa causa e crimes contra a ordem tributária 241
        3.5.4.4. Justa causa e excesso acusatório 242
    3.5.5. Possibilidade jurídica do pedido 243
        3.5.5.1. Possibilidade jurídica do pedido e crimes contra a ordem tributária 244
        3.5.5.2. Possibilidade jurídica do pedido e pagamento do débito tributário 245
    3.5.6. Momento para análise das condições da ação penal 246
    3.5.7. Condições específicas de determinadas ações penais (condições de procedibilidade) 248
3.6. Classificação das ações penais 248
3.7. Classificação geral das ações penais de conhecimento condenatórias 249
    3.7.1. Classificação das ações penais públicas 249
        3.7.1.1. Ação penal pública condicionada à representação 250
            3.7.1.1.1. Conceito 250
            3.7.1.1.2. Conceito de representação como condição de procedibilidade. Natureza jurídica. Titularidade. Conteúdo. Forma. Endereçamento. Prazo. Retratação 250
            3.7.1.1.3. Mudança da natureza da ação penal nos crimes contra a liberdade sexual 256
        3.7.1.2. Ação penal pública condicionada à requisição do Ministro da Justiça ... 256
            3.7.1.2.1. Conceito 256
            3.7.1.2.2. Natureza jurídica da requisição. Sua identificação. Prazo. Retratação 256
        3.7.1.3. Ação penal pública subsidiária da pública 257
    3.7.2. Princípios das ações penais públicas 259
    3.7.3. Procedimentos investigatórios de crimes de ação penal pública e atuação do Ministério Público após o seu término: oferecimento de denúncia, arquivamento ou requisição de novas diligências 265

	3.7.3.1.	Oferecimento de denúncia	265
	3.7.3.2.	Natureza jurídica da denúncia	266
	3.7.3.3.	Requisitos da denúncia	266
	3.7.3.4.	Cota introdutória à denúncia	271
	3.7.3.5.	Prazos para oferecimento da denúncia	271
	3.7.3.6.	Recebimento e rejeição da denúncia e sua fundamentação	272
		3.7.3.6.1. Recebimento/rejeição parcial da denúncia	273
		3.7.3.6.2. Recebimento da denúncia: efeito penal	274
		3.7.3.6.3. Modificação da imputação pelo juiz no ato de recebimento da denúncia	274
	3.7.3.7.	Aditamento da denúncia	275
	3.7.3.8.	Hipóteses de rejeição da denúncia	277
		3.7.3.8.1. Rejeição de denúncia e recurso	279
3.7.4.	Conceito de ações Penais Privadas		279
	3.7.4.1.	Classificação das ações penais privadas	280
	3.7.4.2.	O que é Ação Penal secundária?	282
	3.7.4.3.	Ações Penais Privadas e atuação do Ministério Público	282
	3.7.4.4.	Análise das ações penais privadas	283
		3.7.4.4.1. Como se sabe que uma ação é privada?	283
		3.7.4.4.2. Titularidade do direito de queixa	283
	3.7.4.5.	Queixa. Conceito	284
		3.7.4.5.1. Oferecimento da queixa. Prazo	284
		3.7.4.5.2. Requisitos da queixa. Procuração especificada	285
		3.7.4.5.3. Prazo para oferecimento da queixa	287
		3.7.4.5.4. Recebimento da queixa	288
		3.7.4.5.5. Aditamento da queixa	288
		3.7.4.5.6. Hipóteses de rejeição da queixa	289
		3.7.4.5.7. Rejeição da queixa e recurso	290
	3.7.4.6.	Princípios das ações penais privadas	290
3.8.	Questões processuais diversas		295
	3.8.1.	Ação Penal Popular	295
	3.8.2.	Ação de Prevenção Penal	295
	3.8.3.	Ação Penal Secundária	296
	3.8.4.	Ação Penal Adesiva	296
	3.8.5.	Direito de ação no tempo	296

Capítulo 4
Reparação de danos ocasionados pelo crime. Ação civil ex delicto 299

4.1.	Ato ilícito. Ilícito penal e civil. Conceitos	299
4.2.	Sistemas de apuração da responsabilidade penal e civil	300
4.3.	Execução civil ex delicto	301
4.4.	Ação civil ex delicto	302
	4.4.1. Ação civil ex delicto. Natureza. Suspensão do seu trâmite	302

4.4.2.	Causa impeditiva de prescrição no cível	303
4.4.3.	Ação civil ex delicto julgada antes da ação penal	303
4.4.4.	Ação civil ex delicto julgada depois da ação penal que redundou em condenação	304
4.4.5.	Ação civil ex delicto julgada depois da ação penal que redundou em absolvição	305
4.4.5.1.	Absolvições criminais que vinculam o juiz do cível	305
4.4.5.2.	Absolvições criminais que não vinculam o juiz do cível	306
4.5.	Outras decisões judiciais que não vinculam o juiz do cível	307
4.6.	Legitimidade ativa da ação e da execução ex delicto	309
4.7.	Legitimidade passiva da ação e da execução ex delicto	310

CAPÍTULO 5
Jurisdição e Competência 311

5.1.	Jurisdição. Conceito	311
5.2.	Classificação da jurisdição	311
5.3.	Elementos da jurisdição	312
5.4.	Princípios da Jurisdição	312
5.5.	Competência. Conceito	313
5.6.	Espécies de competência	313
5.7.	Competência absoluta e relativa. Conceito. Diferenciações. Arguição	317
5.7.1.	Conceito de competência absoluta	317
5.7.2.	Características essenciais da competência absoluta	318
5.7.3.	Competência absoluta e espécies de competência	319
5.7.4.	Conceito de competência relativa	319
5.7.5.	Características essenciais da competência relativa	319
5.7.6.	Competência relativa e espécies de competência	320
5.7.7.	Arguição de incompetência relativa e absoluta pela parte. Reconhecimento, de ofício, pelo juiz	320
5.7.8.	Recurso das partes e reconhecimento da incompetência relativa e absoluta	322
5.7.9.	Reconhecimento da incompetência absoluta e relativa. Consequências para o processo. Marco interruptivo da prescrição pelo recebimento da peça acusatória. Ratificação da denúncia pelo MP	324
5.7.9.1.	Consequências para o processo	324
5.7.9.2.	Marco interruptivo da prescrição pelo recebimento da peça acusatória	326
5.7.9.3.	Ratificação da denúncia	326
5.8.	Competência em razão da matéria (ratione materiae)	327
5.8.1.	Órgãos de Superposição. STF e STJ. Competência nacional	327
5.8.2.	Justiça Comum e Justiça Especial	332
5.8.2.1.	Justiça Comum Federal	332
5.8.2.1.1.	Razão de sua existência. Organização	332

		5.8.2.1.2.	Competência dos Tribunais Regionais Federais	334
		5.8.2.1.3.	Competência dos juízes federais	334
	5.8.2.2.	Justiça Comum Estadual		368
	5.8.2.3.	Conexão e continência entre delitos de competência da Justiça Federal e Estadual. Perpetuação da jurisdição		369
		5.8.2.3.1.	Conexão e continência entre delitos de competência da Justiça Federal e Estadual	369
		5.8.2.3.2.	Conexão entre infrações federais e estaduais e perpetuação da jurisdição	371
5.8.3.	Justiças Especiais			372
	5.8.3.1.	Justiça Eleitoral.. Competência		372
	5.8.3.2.	Justiça Eleitoral e mera motivação eleitoral do delito		372
	5.8.3.3.	Justiça Eleitoral e investigação judicial para imposição de sanção eleitoral		372
	5.8.3.4.	Justiça Eleitoral e conexão com delito de competência da Justiça Estadual e Federal		373
	5.8.3.5.	Justiça Eleitoral e conexão com crime doloso contra a vida		374
	5.8.3.6.	Crime cometido contra juiz ou membro do MP investido da função eleitoral		375
	5.8.3.7.	Composição da Justiça e do Ministério Público Eleitoral		375
5.8.4.	Competência criminal da Justiça do Trabalho			377
5.8.5.	Justiça Militar. Linhas gerais. Competência criminal. Competência para o processo e julgamento de ações judiciais contra atos disciplinares militares ...			377
	5.8.5.1.	Organização da Justiça Militar. Competência. Previsão constitucional		377
	5.8.5.2.	Julgamento de civil pela Justiça Militar		378
	5.8.5.3.	Ampliação da competência da Justiça Militar trazida pela Lei 13.491/17		379
		5.8.5.3.1.	O novo conceito de crime militar trazido pela nova legislação	379
		5.8.5.3.2. A lei 13.491/2017 é inconstitucional?		381
		5.8.5.3.3. Norma processual de efeito imediato		381
	5.8.5.4.	Justiça Militar e exercício, pelas Forças Armadas, de função subsidiária de segurança pública		382
	5.8.5.5.	Conexão entre crime militar e crime da Justiça Comum		383
	5.8.5.6.	Competência civil da Justiça Militar Estadual		383
	5.8.5.7.	Justiça Militar Estadual.. Competência... Estrutura		383
		5.8.5.7.1.	Justiça Militar Estadual e crime praticado por civil	384
		5.8.5.7.2.	Crime militar praticado em outro Estado	384
		5.8.5.7.3.	Crime militar e concurso de agentes. Crimes militares e crimes praticados por militares	384
		5.8.5.7.4.	Primeira instância da Justiça Militar Estadual. Competência dos juízes de direito do juízo militar e dos Conselhos de Justiça	385
	5.8.5.8.	Justiça Militar da União.. Competência.. Estrutura		387
	5.8.5.9.	Crimes militares próprios e impróprios		389
	5.8.5.10.	Crime militar praticado em lugar sujeito à administração militar por militar contra vítima civil ou militar		389

5.8.5.11.	Crime militar praticado por militar em serviço contra civil ou militar, ainda que fora de lugar sujeito à administração militar	391
5.8.5.12.	Acidentes de trânsito e competência da Justiça Militar	391
5.8.5.13.	Policiais militares ou integrantes das Forças Armadas de folga	391
5.8.5.14.	Previsão expressa da conduta no Código Penal Militar. Crimes que podem ser praticados por militares, em serviço, não previstos na legislação militar e que serão julgados pela Justiça Militar, e não mais pela Comum, em razão do advento da Lei 13.491, de 13 de outubro de 2017	392
5.8.5.15.	Os crimes dolosos contra a vida de civil praticado por militares. Regras gerais	393
5.8.5.16.	Crimes dolosos contra a vida de civil por integrante das Forças Armadas. Regras especiais	394
5.8.5.16.1.	A retirada da competência do Júri Federal para processar e julgar os crimes dolosos praticados por integrantes das Forças Armadas contra civil, atribuindo-a à Justiça Militar da União, é inconstitucional?	396
5.8.5.17.	Crime cometido por civil contra componente das Forças Armadas no exercício de função subsidiária de preservação da ordem pública	397

5.9. Competência em razão da função exercida pela pessoa (ratione personae ou ratione funcionae) 398

5.9.1.	Natureza jurídica dessa competência. Prerrogativa funcional e não privilégio pessoal	398
5.9.2.	Crimes comuns e de responsabilidade. Distinção conceitual. Previsão na Constituição Federal da prerrogativa de foro.	399
5.9.2.1.	Crimes comuns e de responsabilidade. Distinção conceitual	399
5.9.2.2.	Previsão na Constituição Federal da prerrogativa de foro	399
5.9.2.3.	Concurso de agentes e foro por prerrogativa de função	418
5.9.2.4.	Concurso de agentes com e sem foro por prerrogativa e Júri	419
5.9.2.5.	Corréus com prerrogativa de função distintas	420
5.9.2.6.	Foro por prerrogativa de função estabelecido na Constituição Estadual e Tribunal do Júri	420
5.9.2.7.	Crimes contra a honra cometidos em detrimento de vítima que possua prerrogativa de foro. Exceção da verdade. Pedido de explicações	421
5.9.2.8.	Instauração e tramitação de inquérito policial para apurar a conduta de agente com prerrogativa de função	423
5.9.2.9.	Procedimento da ação penal no Tribunal em face de acusado com prerrogativa de função	425
5.9.2.10.	Crime cometido antes, durante ou depois do exercício do cargo público e competência. Alteração do entendimento do Supremo a respeito do foro privilegiado. Improbidade administrativa e foro privilegiado	428
5.9.2.11.	Renúncia ao cargo e continuidade do julgamento	434
5.9.2.12.	Nomeação para cargo com prerrogativa de foro para se efetivar a mudança do juiz natural	435
5.9.2.13.	Competência fixada, pelo cargo ocupado, vinculado a determinado Tribunal. Irrelevância da competência pelo território	435
5.9.2.14.	Justiça Política. Crimes de responsabilidade	436

5.10. Competência em razão do território ou local (ratione loci) 439
    5.10.1. Competência territorial ou de foro. ....
        Conceito..............
        Finalidades 439
    5.10.2. Momento da análise da competência territorial 440
    5.10.3. Competência relativa. Nulidade relativa. Reconhecimento de ofício e por provocação das partes 440
    5.10.4. Conceito de lugar da infração. Diferenciação do lugar da infração do processo penal e do direito penal 441
        5.10.4.1. Conceito de lugar da infração no processo penal 441
        5.10.4.2. Diferenciação do lugar da infração no processo penal e no direito penal. Crimes plurilocais e crimes de espaço máximo 442
        5.10.4.3. Teorias para o estabelecimento da competência territorial (do lugar do crime) 442
        5.10.4.4. Critério subsidiário para a fixação da competência territorial: competência pelo domicílio ou residência do réu (forum domicilii) 444
        5.10.4.5. Foro de eleição 445
        5.10.4.6. Competência territorial da Justiça Estadual 445
        5.10.4.7. Competência territorial da Justiça Federal 445
        5.10.4.8. Competência territorial da Justiça Militar 445
        5.10.4.9. Competência territorial da Justiça Eleitoral 446
        5.10.4.10. Competência para julgar os crimes praticados a bordo de embarcações ou aeronaves 446
        5.10.4.11. Indefinição dos limites territoriais entre 2 ou mais jurisdições 447
        5.10.4.12. Crimes continuados e permanentes praticados nos territórios de 2 ou mais jurisdições 447
5.11. Competência de Juízo 448
5.12. Competência funcional 451
    5.12.1. Conceito 451
    5.12.2. Finalidade 452
    5.12.3. Modalidades de competência funcional 452
5.13. Competência por distribuição 454
    5.13.1. Conceito 454
    5.13.2. Precedência da distribuição e prevenção 454
    5.13.3. Distribuição e Juízos especializados 455
    5.13.4. Compensação de distribuição 455
    5.13.5. Baixa na distribuição 455
    5.13.6. Redistribuição de feitos em razão da criação de vara nova 455
5.14. Competência por prevenção 456
    5.14.1. Conceito 456
    5.14.2. Atos do processo ou medida a este relativa e que justificam a prevenção. O que torna o juiz prevento? 457
    5.14.3. O que não torna o juiz prevento? 458
    5.14.4. Prevenção como critério subsidiário 458
5.15. Competência por conexão e continência 459
    5.15.1. Conceito 459
    5.15.2. Conexão e continência como critério para a fixação inicial da competência, e para a mudança da competência já estabelecida 459
    5.15.3. Conexão e continência e competência relativa e absoluta 461

5.15.4. Modalidades de conexão e continência possíveis entre os diversos órgãos judiciários 461
    5.15.4.1. Conexão e continência entre infrações penais de competência da Justiça Comum Estadual 461
    5.15.4.2. Conexão e continência entre infrações penais de competência da Justiça Comum Federal 462
    5.15.4.3. Conexão e continência entre delitos de competência da Justiça Comum Federal e Estadual 463
    5.15.4.4. Conexão e continência entre crimes de competência da Justiça Eleitoral com delito de competência da Justiça Comum Estadual e Federal 464
    5.15.4.5. Conexão entre crime de competência da Justiça Eleitoral com crime doloso contra a vida 464
    5.15.4.6. Conexão e continência entre crimes de competência da Justiça Militar e da Justiça Comum – Federal ou Estadual 465
    5.15.4.7. Conexão e continência entre crimes de competência da Justiça Militar e da Justiça Eleitoral – ambas Justiças Especiais 465
    5.15.4.8. Conexão ou continência entre acusado com foro por prerrogativa de função e réu que não o possua 465
    5.15.4.9. Conexão e continência entre acusado com foro por prerrogativa de função e réu que não o possua no caso de crimes dolosos contra a vida 466
    5.15.4.10. Conexão e continência entre acusados que possuam foro por prerrogativa de função distintos 467
    5.15.4.11. Conexão e continência entre infrações de menor potencial ofensivo e infrações de competência da Justiça Comum – Federal e Estadual 467
    5.15.4.12. Conexão e continência entre infrações de menor potencial ofensivo e infrações de competência da Justiça Eleitoral e Militar 470
5.15.5. Conexão e continência em inquéritos policiais 470
5.15.6. Conexão 471
    5.15.6.1. Conceito 471
    5.15.6.2. Espécies de conexão 471
        5.15.6.2.1. Conexão intersubjetiva 471
        5.15.6.2.2. Conexão objetiva, material ou lógica ou teleológica 472
        5.15.6.2.3. Conexão instrumental ou probatória ou processual 472
5.15.7. Continência 472
    5.15.7.1. Espécies de continência 473
5.15.8. Regras da determinação da conexão ou continência 473
5.15.9. Momento processual oportuno para a reunião de feitos pela conexão ou continência 476
5.15.10. Conexão e continência e separação obrigatória de julgamentos 478
5.15.11. Conexão e continência e separação facultativa de julgamentos 479
5.16. Perpetuação da jurisdição (competência) 482
    5.16.1. Conceito 482
    5.16.2. Perpetuação da Jurisdição (competência) e competência por conexão e continência 483
    5.16.3. Perpetuação da competência e Júri 483
    5.16.4. Perpetuação da competência e infrações penais de competência da Justiça Federal e Estadual 484
5.17. Casuística sobre competência 484
5.18. Critérios práticos para a fixação da competência 498

CAPÍTULO 6
Das Questões e Procedimentos Incidentes 501

6.1. Questões e procedimentos incidentes. Conceito. Espécies 501
6.2. Questões prejudiciais 501
    6.2.1. Conceito 501
    6.2.2. Características essenciais das questões prejudiciais 502
    6.2.3. Diferenças entre questões prejudiciais e questões preliminares 502
    6.2.4. Espécies de questões prejudiciais 503
    6.2.5. Métodos de solução das questões prejudiciais 505
    6.2.6. Espécies de questões prejudiciais heterogêneas 506
    6.2.7. Natureza jurídica da questão prejudicial heterogênea obrigatória e facultativa: competência funcional horizontal por objeto de juízo 511
    6.2.8. Questões prejudiciais heterogêneas e recursos 511
6.3. Exceções 515
    6.3.1. Conceito. Natureza Jurídica de objeções processuais 515
    6.3.2. Classificação das exceções processuais 515
    6.3.3. Forma de processamento das exceções processuais 516
    6.3.4. Recurso cabível das decisões a respeito das exceções processuais 516
    6.3.5. Espécies de exceções 516
        6.3.5.1. Exceção de suspeição, de impedimento ou de incompatibilidade. Conceito 516
        6.3.5.2. Reconhecimento ex officio da suspeição 517
        6.3.5.3. Momento da arguição da exceção de suspeição. Inquérito Policial. Processo Criminal 519
            6.3.5.3.1. Exceção de suspeição durante o inquérito policial 519
            6.3.5.3.2. Exceção de suspeição durante o processo 520
            6.3.5.3.3. Quem pode arguir a exceção de suspeição? 520
            6.3.5.3.4. Forma escrita da exceção de suspeição. Procuração. Testemunhas 521
            6.3.5.3.5. Procedimento da exceção de suspeição 522
            6.3.5.3.6. Suspeição do juiz: nulidade absoluta ou relativa? 524
            6.3.5.3.7. Suspeição nos Tribunais 525
            6.3.5.3.8. Impossibilidade de se reconhecer a suspeição quando propositalmente criada 525
            6.3.5.3.9. Suspeição de membros do MP, peritos, intérpretes, jurados, autoridade policial 526
        6.3.5.4. Exceção de incompetência. Conceito. Procedimento 528
            6.3.5.4.1. Conceito 528
            6.3.5.4.2. Reconhecimento da incompetência absoluta e relativa, de ofício, pelo juiz, ou a pedido da parte 528
            6.3.5.4.3. Procedimento da exceção de incompetência 529
            6.3.5.4.4. Recursos cabíveis 531
        6.3.5.5. Exceção de litispendência. Conceito. Procedimento 531
            6.3.5.5.1. Conceito 531
            6.3.5.5.2. Em que momento pode ser reconhecida a litispendência? ... 532
            6.3.5.5.3. Reconhecimento da litispendência, de ofício, pelo juiz, ou a pedido das partes 534
            6.3.5.5.4. Procedimento da exceção de litispendência 534
            6.3.5.5.5. Recursos cabíveis 535

		6.3.5.6.	Exceção de coisa julgada. Conceito. Procedimento	535
			6.3.5.6.1. Conceito	535
			6.3.5.6.2. Em que momento pode ser reconhecida a coisa julgada?	536
			6.3.5.6.3. Reconhecimento da coisa julgada, de ofício, pelo juiz, ou a pedido das partes	537
			6.3.5.6.4. Procedimento da exceção de coisa julgada	537
			6.3.5.6.5. Recursos cabíveis	538
		6.3.5.7.	Exceção de ilegitimidade de parte	539
			6.3.5.7.1. Conceito de ilegitimidade ad processum e ad causam	539
			6.3.5.7.2. Em que momento pode ser reconhecida a ilegitimidade de parte?	540
			6.3.5.7.3. Reconhecimento da ilegitimidade da parte, de ofício, pelo juiz, ou a pedido das partes	541
			6.3.5.7.4. Procedimento da exceção de ilegitimidade de parte	541
			6.3.5.7.5. Recursos cabíveis	542
6.4.	Conflito de jurisdição			543
	6.4.1.	Conceito		543
	6.4.2.	Denominação		543
	6.4.3.	Espécies de conflitos de competência		544
	6.4.4.	Conflito de competência e fases da persecução penal em que pode ser suscitado		544
		6.4.4.1.	Conflito de competência na fase do inquérito policial	544
		6.4.4.2.	Conflito de competência durante o processo. Até quando se pode suscitar o conflito de competência?	544
		6.4.4.3.	Sujeitos processuais autorizados a suscitar o conflito de competência e a forma de fazê-lo	546
		6.4.4.4.	Procedimento do conflito de competência	548
		6.4.4.5.	Decisões possíveis do Tribunal a respeito do conflito de competência .	555
		6.4.4.6.	Avocatória. Reclamação constitucional. Conflito de competência. Distinções	555
		6.4.4.7.	Tribunais competentes para dirimir o conflito de competência	556
6.5.	Conflito de atribuições entre membros do Ministério Público. Conceito. Diferença com o conflito de competência			559
	6.5.1.	Diversos conflitos de atribuições possíveis entre membros do Ministério Público		560
	6.5.2.	A decisão do Ministério Público a respeito da atribuição de seus membros vincula o Juízo?		561
6.6.	Restituição de coisas apreendidas			563
	6.6.1.	Conceito		563
	6.6.2.	Natureza dos objetos apreensíveis............... O que pode ser apreendido		563
	6.6.3.	O que não pode ser apreendido		563
	6.6.4.	Modo de apreensão dos bens		564
	6.6.5.	Finalidade da apreensão dos bens		565
	6.6.6.	Custódia dos bens apreendidos		565
	6.6.7.	Proibição de restituição		565
	6.6.8.	Pedido de restituição sem a necessidade de instauração de incidente		568
	6.6.9.	Procedimento incidental de restituição de bens apreendidos		571
		6.6.9.1.	Hipótese de instauração do procedimento incidental	571

6.6.10.	Recursos cabíveis da decisão a respeito do pedido de restituição de bem apreendido		572
6.6.11.	Dúvida insanável a respeito da posse ou propriedade do bem apreendido		573
6.6.12.	Coisas apreendidas não restituídas e não submetidas à medida cautelar de sequestro.............. Coisas confiscáveis................. Coisas não confiscáveis		574

6.7. Medidas assecuratórias reais ou patrimoniais 576
    6.7.1. Conceito 576
    6.7.2. Finalidade das medidas cautelares reais 577
    6.7.3. Pressuposto e fundamentos 577
    6.7.4. Reserva de jurisdição 578
        6.7.4.1. Possibilidade de a Fazenda Pública decretar a indisponibilidade de bens 578
    6.7.5. Existe contraditório prévio à decretação das medidas cautelares reais? 578
    6.7.6. Medidas cautelares reais podem ser decretadas de ofício pelo juiz? 579
    6.7.7. Espécies de medidas cautelares reais 579
        6.7.7.1. Sequestro 579
            6.7.7.1.1. Conceito. Bens sequestráveis 579
            6.7.7.1.2. Finalidade do sequestro 581
            6.7.7.1.3. Pressuposto do sequestro – Fummus comissi delicti. Fundamento do sequestro – periculum in mora 582
            6.7.7.1.4. Cláusula de reserva de jurisdição e sequestro/bloqueio de bens 583
            6.7.7.1.5. Procedimento do sequestro 584
                6.7.7.1.5.1. Autuação em apartado aos autos de inquérito policial, de qualquer caderno investigativo, ou de processo 584
                6.7.7.1.5.2. Legitimidade para requerer o sequestro 584
                6.7.7.1.5.3. Contraditório prévio ao sequestro 584
                6.7.7.1.5.4. O sequestro pode ser decretado de ofício? 585
                6.7.7.1.5.5. Quais bens podem ser sequestrados? 585
                6.7.7.1.5.6. Defesa em face do sequestro 586
                6.7.7.1.5.7. Recurso da decisão que defere ou indefere o sequestro 592
                6.7.7.1.5.8. Levantamento do sequestro 593
                6.7.7.1.5.9. Destinação dos bens sequestrados 595
                6.7.7.1.5.10. Sequestro de bens e crimes que resultam prejuízo para a Fazenda Pública 600
                6.7.7.1.5.11. Medidas acautelatórias reais na Lei 13.260/2016 (Lei que disciplina o terrorismo) ... 601

6.8. Hipoteca legal 602
    6.8.1. Conceito 602
    6.8.2. Especialização e inscrição da hipoteca legal 603
    6.8.3. Aplicação subsidiária da especialização e inscrição da hipoteca legal 603
    6.8.4. Especialização e inscrição de hipoteca legal e bem de família 603
    6.8.5. Pressuposto e fundamento da hipoteca legal 604
    6.8.6. Legitimidade para requerer a hipoteca legal 604
    6.8.7. Momento em que pode ser decretada a especialização da hipoteca legal 605
    6.8.8. Procedimento da especialização e inscrição da hipoteca legal 606

6.8.9. Defesa autônoma pelo proprietário do bem imóvel que se pretende hipotecar 609
6.8.10. Decisão judicial...
Inscrição da hipoteca legal 609
6.8.11. Recurso da decisão que defere ou não a inscrição da hipoteca legal 609
6.8.12. Destino final da inscrição da hipoteca legal 610
6.8.13. Prestação de caução 610
6.8.14. Cancelamento da hipoteca legal 611
6.8.15. Arresto prévio ou preventivo de bens imóveis – medida preparatória da hipoteca legal 612
6.9. Arresto subsidiário de bens móveis 612
 6.9.1. Conceito e requisitos 612
 6.9.2. Particularidades do procedimento de arresto subsidiário 613
 6.9.3. Bens submetidos ao arresto subsidiário e bem de família 614
 6.9.4. Arresto prévio ou preventivo do arresto subsidiário de bens móveis 614
6.10. Alienação antecipada de bens 614
 6.10.1. Conceito 614
 6.10.2. Pressuposto da alienação antecipada 614
 6.10.3. Requisitos da alienação antecipada 615
 6.10.4. Fase da persecução em que pode ser decretada 615
 6.10.5. Legitimidade para requerer a alienação antecipada 615
 6.10.6. Procedimento da alienação antecipada 615
 6.10.7. Destino dos valores arrecadados com a alienação antecipada 616
6.11. Busca e apreensão. Sequestro. Arresto. Hipoteca legal nos crimes de lavagem (Lei 9.613/98) 617
6.12. Incidente de falsidade 617
 6.12.1. Conceito 617
 6.12.2. Finalidade do incidente de falsidade. Coadjuvante na busca da verdade real. Apuração de eventual responsabilidade criminal 618
 6.12.3. Objeto apuratório do incidente: falsidade material e ideológica 618
 6.12.4. Legitimidade para requerer o incidente de falso 619
 6.12.5. Procedimento 620
 6.12.6. Ação declaratória no cível tendo por objeto a falsidade 623
 6.12.7. Certidão de óbito falsa 623
 6.12.8. Decisão a respeito do pedido de instauração do incidente. Recurso cabível 624
 6.12.9. Autos apartados..
Não suspensão do processo 624
 6.12.10. Recurso cabível da decisão que julga o incidente de falso 626
 6.12.11. Momento em que pode se arguido o incidente 627
 6.12.12. É possível a instauração do incidente de falso em autos de inquérito policial? 627
 6.12.13. Visão crítica do incidente de falsidade 627
6.13. Incidente de insanidade mental do acusado 628
 6.13.1. Conceito 628
 6.13.2. Relevância do incidente 628
 6.13.3. Sistema biopsicológico do Código Penal e sua influência no processo penal .. 629

6.13.4. Necessidade de realização de perícia para o caso concreto. Impossibilidade de uso de prova emprestada 629
6.13.5. Legitimidade para requerer a instauração do incidente e decidir a respeito. Decisão exclusivamente judicial 631
6.13.6. Recurso da decisão que defere ou indefere o incidente 632
6.13.7. Momento de sua instauração 633
6.13.8. Procedimento 633
 6.13.8.1. Diferenciações do incidente instaurado no inquérito policial e no decorrer do processo 634
 6.13.8.2. Nomeação de curador 635
 6.13.8.3. Suspensão do processo. Prescrição. Provas urgentes 635
 6.13.8.4. Perícia. Número de peritos. Prazo 636
 6.13.8.5. Condução coercitiva do indiciado ou acusado para realização da perícia 637
6.13.9. Resultados possíveis do incidente de insanidade e seus efeitos na prolação das sentenças 637
6.13.10. Recurso da homologação judicial do laudo pericial 645

Capítulo 7
Prova 647

7.1. Teoria geral 647
 7.1.1. Prova. Conceito genérico. Natureza jurídica 647
 7.1.2. Conceitos de prova. Prova como atividade. Prova como meio (meio de prova). Prova como resultado. Prova como direito subjetivo das partes 647
 7.1.3. Conceito de prova no processo penal. Diferenciação entre elementos informativos e provas 649
 7.1.4. Fonte de Prova. Meio de Prova. Meios de obtenção da prova 652
 7.1.5. Destinatários da Prova 655
 7.1.6. Finalidade da prova 655
 7.1.7. Elemento de prova. Resultado da prova 655
 7.1.8. Sujeitos da prova ou Fontes de prova 656
 7.1.9. Forma da prova 656
 7.1.10. Objeto da prova 656
  7.1.10.1. Prova de fatos incontroversos 656
  7.1.10.2. O que não é objeto de prova 656
 7.1.11. Ônus da Prova 657
  7.1.11.1. Conceito de ônus da prova 657
  7.1.11.2. Diferença entre ônus, obrigação e dever 657
  7.1.11.3. Distribuição do ônus da prova no processo penal. Ônus da prova perfeito e menos perfeito 658
  7.1.11.4. Sistemas de avaliação das provas 669
  7.1.11.5. Sistema de avaliação de provas do CPP 671
   7.1.11.5.1. Funcionamento geral 671
   7.1.11.5.2. Provas cautelares, não repetíveis e antecipadas 672

	7.1.11.6.	Prova ilegal. Prova Ilícita. Prova ilegítima. Conceitos doutrinários e legais	674
	7.1.11.7.	Prova ilícita por derivação. Fruits of poisonous tree doctrine (teoria dos frutos da árvore envenenada)	677
	7.1.11.7.1.	Conceito de prova ilícita por derivação	677
	7.1.11.7.2.	Exceções à ilicitude por derivação	678
	7.1.11.8.	Prova ilícita e recebimento de denúncia	680
	7.1.11.9.	Prova produzida por agentes que não integrem os quadros policiais	680
	7.1.11.10.	Prova ilícita e sentença	680
	7.1.11.11.	Decisão declaratória de ilicitude da prova. Desentranhamento e inutilização da prova ilícita	680
	7.1.11.12.	Encontro fortuito ou casual de provas e ilicitude	683
	7.1.11.13.	Origem da prova ilícita. Atos públicos ou particulares	683
	7.1.11.14.	Prova ilícita e princípio da proporcionalidade	683
	7.1.11.15.	Prova ilegítima, nulidades e recursos	684
	7.1.11.16.	Prova ilícita, nulidades e recursos	685
7.1.12.	Princípios atinentes às provas		686
	7.1.12.1.	Princípio do contraditório ou da audiência contraditória ou bilateral	686
	7.1.12.2.	Princípio da aquisição ou comunhão das provas	686
	7.1.12.3.	Princípio da imediação, da oralidade, da concentração e da identidade física do juiz	687
	7.1.12.4.	Princípio da publicidade	687
	7.1.12.5.	Princípio do privilégio contra a autoincriminação (nemo tenetur se detegere)	687
	7.1.12.5.1.	Privilégio contra a autoincriminação e fuga de local de acidente de trânsito (art. 305 do CTB)	687
	7.1.12.6	Princípio da liberdade probatória	688
	7.1.12.6.1.	Limites materiais	688
	7.1.12.6.2.	Limitações formais	688
7.1.13.	Classificação das provas		690
7.1.14.	Prova emprestada		691
7.1.15.	Prova nominada. Prova nominada – gênero. Espécies: prova nominada típica ou ritual (procedimento probatório previsto). Prova nominada atípica ou irritual (sem procedimento probatório previsto). Prova inominada. Prova Anômala. Diferenças		692
7.1.16.	Procedimento ou atividade probatória		693
	7.1.17.	Diferenciação doutrinária entre meios de prova e meios de obtenção da prova	693
7.2. Meios de provas em espécie			694
7.2.1.	Exame de corpo de delito e perícias em geral		694
	7.2.1.1.	Conceito de perícia, de corpo de delito, e de exame de corpo de delito	694
	7.2.1.2.	Imprescindibilidade do exame de corpo de delito. Espécies. Exame de corpo de delito direto e indireto. Consequências da não realização do exame	694
	7.2.1.3.	Oportunidade para se realizar o exame de corpo de delito	696
	7.2.1.4.	Exame de corpo de delito e ação penal pública e privada	696
	7.2.1.5.	Espécies de exames de corpo de delito	697
	7.2.1.6.	Desaparecimento dos vestígios e suprimento do exame pericial por prova testemunhal	697

	7.2.1.7.	Outras perícias. Critério discricionário de sua realização	698
	7.2.1.8.	Regras de realização do exame de corpo de delito e outras perícias	698
	7.2.1.8.1.	Perito. Sujeito de prova. Generalidades. Prioridade à realização do exame de corpo de delito.	698
	7.2.1.8.2.	Espécies de Peritos. Número de peritos	699
	7.2.1.8.3.	A autonomia funcional do perito	699
	7.2.1.8.4.	Oitiva do perito e formulação de quesitos	699
	7.2.1.8.5.	Divergência entre peritos	699
	7.2.1.8.6.	Laudo pericial	700
	7.2.1.8.6.1.	Oportunidade processual para a juntada do laudo pericial	700
	7.2.1.8.6.2.	Laudo pericial e contraditório	701
	7.2.1.8.6.3.	Suprimento de falhas do laudo pericial	701
	7.2.1.8.7.	Perícias e convencimento judicial	701
	7.2.1.8.8.	Casuística das perícias	701
	7.2.1.8.9.	Quesitos e assistente técnico	703
7.2.2.	Perícias em espécie		703
	7.2.2.1.	Perícias realizadas no corpo humano	704
	7.2.2.2.	Perícias realizadas no local do crime	706
	7.2.2.3.	Perícias de laboratório	706
	7.2.2.4.	Perícia em instrumentos e objetos	706
	7.2.2.5.	Perícia em escritos por comparação de letra	707
	7.2.2.6.	Perícia em material genético encontrado no local do crime ou no corpo da vítima	708
7.2.3.	Interrogatório do acusado		712
	7.2.3.1.	Conceito, natureza jurídica e características essenciais	712
	7.2.3.2.	Interrogatório e presença das partes	713
	7.2.3.3.	Interrogatório e momento da instrução	713
	7.2.3.4.	O indiciado ou acusado podem optar por não serem interrogados?	714
	7.2.3.4.1.	Condução coercitiva de investigado ou acusado – posição atual do Supremo a respeito do tema	714
	7.2.3.5.	Interrogatório por carta precatória e identidade física do juiz	715
	7.2.3.6.	Interrogatório e citação no mesmo dia	715
	7.2.3.7.	Elementos do interrogatório	716
	7.2.3.8.	Procedimento do interrogatório	716
	7.2.3.9.	Interrogatório e direito ao silêncio. Limites	718
	7.2.3.10.	Local do interrogatório	718
	7.2.3.11.	Interrogatório por videoconferência	719
	7.2.3.12.	Momento de realização do interrogatório	719
	7.2.3.13.	Ausência de interrogatório	720
	7.2.3.14.	Interrogatório e corréus (havendo delação ou não)	720
7.2.4.	Confissão		721
	7.2.4.1.	Conceito	721
	7.2.4.2.	Valor probatório da confissão	721
	7.2.4.3.	Confissão. Características essenciais e espécies	721
	7.2.4.3.1.	Características essenciais	721
	7.2.4.3.2.	Espécies de confissão	721

7.2.5.	Declarações do ofendido		722
	7.2.5.1.	Ofendido. Declarações. Conceitos	722
	7.2.5.2.	Tratamento processual do ofendido	722
		7.2.5.2.1. Oitiva obrigatória do ofendido. Inquirição	722
		7.2.5.2.2. Condução coercitiva	723
		7.2.5.2.3. Comunicação dos atos processuais	723
		7.2.5.2.4. Direitos do ofendido	723
7.2.6.	Das testemunhas		724
	7.2.6.1.	Conceito	724
	7.2.6.2.	Quem pode ser testemunha	724
	7.2.6.3.	Características essenciais da prova testemunhal	724
	7.2.6.4.	Obrigações da testemunha	724
		7.2.6.4.1. Testemunha e compromisso de dizer a verdade	726
		7.2.6.4.2. Condução coercitiva da testemunha	726
	7.2.6.5.	Pessoas dispensadas de depor. Declarantes ou informantes	726
	7.2.6.6.	Pessoas dispensadas de prestar compromisso. Declarantes	727
	7.2.6.7.	Pessoas proibidas de depor	728
	7.2.6.8.	Oitiva de testemunha por videoconferência	728
	7.2.6.9.	Classificação da prova testemunhal	728
	7.2.6.10.	Número de testemunhas	729
	7.2.6.11.	Formalidades e sequência do depoimento	729
	7.2.6.12.	Local do depoimento. Testemunha impossibilitada de comparecer	733
	7.2.6.13.	Expedição de carta precatória para oitiva de testemunha	734
	7.2.6.14.	Direito de o acusado solto ou preso acompanhar a instrução (direito de presença)	734
	7.2.6.15.	Carta rogatória para oitiva de testemunha	735
	7.2.6.16.	Direito de a defesa ter acesso à qualificação da testemunha com identidade protegida	735
	7.2.6.17.	Ordem de inquirição das testemunhas	736
	7.2.6.18.	Produção antecipada da prova testemunhal	736
	7.2.6.19.	Substituição de Testemunha	736
	7.2.6.20.	Depoimento sem dano	737
7.2.7.	Do reconhecimento de pessoas e coisas		739
	7.2.7.1.	Conceito	739
	7.2.7.2.	Procedimento	739
	7.2.7.3.	Obrigação de o indiciado ou acusado participar do ato de reconhecimento	740
	7.2.7.4.	Reconhecimento de coisas	740
	7.2.7.5.	Reconhecimento fotográfico	740
7.2.8.	Da acareação		741
	7.2.8.1.	Conceito	741
7.2.9.	Dos documentos		741
	7.2.9.1.	Conceito	741
	7.2.9.2.	Momento de apresentação dos documentos	741
	7.2.9.3.	Espécies de documentos	741
	7.2.9.4.	Restituição de documentos	742
	7.2.9.5.	Prova documental e quebra de sigilo bancário e fiscal e telefônico	742

	7.2.9.5.1.	Quebra de sigilo e necessidade, em regra, de ordem judicial fundamentada	742
	7.2.9.5.2.	Quebra de sigilo fiscal pela Receita Federal	743
	7.2.9.5.3.	COAF e acesso a dados bancários e fiscais	743
	7.2.9.5.4.	MP e quebra de sigilo bancário, fiscal ou telefônico	744
	7.2.9.5.5.	Requisição do MP e conta corrente de ente público	745
	7.2.9.5.6.	Quebra de sigilo telefônico e bancário. Necessidade de decisão fundamentada	745
	7.2.9.5.7.	Prova documental, quebra de sigilo bancário e fiscal e telefônico e serendipidade	746
	7.2.9.5.8.	Peças apócrifas podem ser consideradas como documentos?	746

7.2.10. Dos indícios ... 746
    7.2.10.1. Conceito ... 746

7.2.11. Da busca e apreensão ... 747
    7.2.11.1. Conceito.
    Pressuposto.
    Fundamento ... 747
    7.2.11.2. Espécies de busca e apreensão ... 747
        7.2.11.2.1. Busca e apreensão domiciliar ... 747

7.2.11.2.1.1.	Definição constitucional	747
7.2.11.2.1.2.	Conceito de domicílio	748
7.2.11.2.1.3.	Fundamentos legais para a busca domiciliar	748
7.2.11.2.1.4.	Casuística da busca e apreensão domiciliar	748
7.2.11.2.1.5.	Busca e apreensão sem mandado judicial	751
7.2.11.2.1.6.	Busca e apreensão e cumprimento estrito dos limites da ordem judicial	751
7.2.11.2.1.7.	Busca e apreensão e notícia anônima	752
7.2.11.2.1.8.	Busca e apreensão em domicílio de autoridade com prerrogativa de foro	752
7.2.11.2.1.9.	Diferenciação conceitual entre ordem de busca e apreensão e mandado de busca e apreensão	752
7.2.11.2.1.10.	Busca e apreensão domiciliar determinada pela autoridade policial	753
7.2.11.2.1.11.	Formalidades de cumprimento do mandado de busca e apreensão domiciliar	753
7.2.11.2.1.12.	Busca e apreensão em escritório de advocacia	753
7.2.11.2.1.13.	Busca e apreensão domiciliar ocorrida quando da prisão em flagrante delito	754
7.2.11.2.1.14.	Busca e apreensão e encontro fortuito de provas	754

        7.2.11.2.2. Busca e apreensão pessoal ... 754

7.2.11.2.2.1.	Espécies de busca e apreensão pessoal	754
7.2.11.2.2.2.	Quem expede o mandado de busca e apreensão pessoal?	755

7.2.12. Interceptação telefônica (Lei 9.296/96) ... 755
    7.2.12.1. Previsão constitucional e legal ... 755
    7.2.12.2. Conceito de interceptação telefônica propriamente dita e outros conceitos análogos.
    Objeto de incidência da Lei 9.296/96 ... 756

7.2.12.3.	Natureza jurídica da interceptação telefônica	758
7.2.12.4.	Diferenciação entre a interceptação telefônica e a quebra de dados telefônicos	758
7.2.12.5.	Objeto da interceptação telefônica	761
7.2.12.6.	Delação anônima e interceptação telefônica	761
7.2.12.7.	Interceptação telefônica e prova emprestada	762
7.2.12.8.	Interceptação telefônica e investigado detentor de foro por prerrogativa de função	762
7.2.12.9.	Interceptação telefônica. Pressuposto. Fundamento. Condição de admissibilidade, requisitos e objeto da interceptação telefônica	763
7.2.12.9.1.	Pressuposto	763
7.2.12.9.2.	Fundamento da interceptação telefônica	764
7.2.12.9.3.	Condição de admissibilidade	764
7.2.12.9.4.	Requisitos	764
7.2.12.9.5.	Base física ou virtual da interceptação	765
7.2.12.9.6.	Conversas de WhatsApp se submetem à Lei de Interceptação telefônica? Ligação atendida por policial no momento da abordagem. Ligação e viva-voz. Espelhamento do WhatsApp.	765
7.2.12.9.7.	Interceptação e contraditório	767
7.2.12.9.8.	Procedimento da interceptação. Necessidade de decisão judicial fundamentada.	767
7.2.12.9.9.	Prazo da interceptação telefônica	768
7.2.12.9.10.	Processamento da interceptação	770
7.2.12.9.10.1.	Há necessidade de degravação de todas as conversas telefônicas?	770
7.2.12.9.10.2.	É sempre indispensável a realização de perícia para identificação de voz captada nas interceptações?	771
7.2.12.9.11.	Sigilo dos autos de interceptação telefônica	771
7.2.12.9.12.	Só a autoridade policial pode proceder à interceptação telefônica?	772
7.2.12.9.13.	Impossibilidade de gravação de conversa telefônica de advogado, no exercício da profissão	772
7.2.12.9.14.	Serendipidade – encontro fortuito de provas	773
7.2.12.9.15.	Teoria do Juízo aparente e interceptação telefônica	774
7.2.12.9.16.	Inutilização de gravação irrelevante à prova	774
7.3. Meios especiais de obtenção da prova previstos na legislação extravagante		775
7.3.1. Colaboração premiada prevista na Lei de Organização Criminosa (Lei 12.850/13)		775
7.3.1.1.	Conceito	775
7.3.1.2.	Requisitos da colaboração premiada	775
7.3.1.3.	Das negociações	777
7.3.1.4.	Possibilidade de o delegado de polícia negociar com o investigado	778
7.3.1.5.	Formalização das negociações	779
7.3.1.6.	Direitos do colaborador	779
7.3.1.7.	Momento das negociações	779
7.3.1.8.	Possibilidade de retratação da proposta	779
7.3.1.9.	Possibilidade de surgirem elementos informativos de outros crimes em razão do depoimento do colaborador	780
7.3.1.10.	Procedimento judicial de controle e sigilo das negociações	780

		7.3.1.10.1.	Distribuição sigilosa do pedido	780
		7.3.1.10.2.	Entrega direta das informações	781
		7.3.1.10.3.	Sigilo dos autos	781
		7.3.1.10.4.	Decisão homologatória do acordo	782
	7.3.1.11.		Colaboração do indiciado ou acusado	784
	7.3.1.12.		Retratação do acusado em seu interrogatório	784
	7.3.1.13.		Contraditório e ampla defesa do investigado ou acusado delatado	784
	7.3.1.14.		Suspensão do prazo para a denúncia e do processo	785
	7.3.1.15.		A colaboração premiada, por si só, desacompanhada de elementos de corroboração, autoriza o recebimento da denúncia?	785
	7.3.1.16.		Descumprimento das condições estabelecidas na colaboração premiada: efeitos	786
	7.3.1.17.		Sentença	787
	7.3.1.18.		Aplicação dos institutos da Lei de Organizações Criminosas (12.850/13) à Lei de Terrorismo Lei 13.260/2016)	787
7.3.2.			Colaboração premiada prevista no art. 159, § 4°, do CP (Extorsão Mediante Sequestro)	787
7.3.3.			Colaboração premiada prevista na Lei dos Crimes Hediondos (Associação Criminosa na prática de crimes hediondos e equiparados)	788
7.3.4.			Colaboração premiada prevista na Lei 7.492/86 (Crimes contra o Sistema Financeiro Nacional)	788
7.3.5.			Colaboração premiada prevista na Lei de Lavagem de Capitais – Lei 9.613/98 .	788
7.3.6.			Colaboração premiada prevista na Lei de Drogas – Lei 11.343/06	788
7.3.7.			Colaboração premiada prevista na Lei de Proteção às testemunhas – Lei 9.807/99	788
7.3.8.			As normas processuais que disciplinam a colaboração premiada e que são previstas na Lei 12.850/13 (Lei das Organizações Criminosas) aplicam-se apenas aos crimes de organizações e conexos ou a todos os crimes?	789
7.3.9.			As normas de benefícios penais prevista na Lei 12.850/13 (Lei das Organizações Criminosas) aplicam-se apenas aos crimes de organizações e conexos ou a todos os crimes?	790
7.3.10.			Da ação controlada na Lei 12.850/13 (Lei da Organização Criminosa)	790
	7.3.10.1.		Conceito	790
	7.3.10.2.		Procedimento	791
	7.3.10.3.		Ação controlada e transposição de fronteiras	791
7.3.11.			Da ação controlada na Lei de Drogas (Lei 11.343/06)	791
	7.3.11.1.		Conceito	791
	7.3.11.2.		Procedimento	792
7.3.12.			Da ação controlada na Lei de Lavagem de Capitais (Lei 9.613/98)	792
7.3.13.			Infiltração de agentes na Lei de Organização Criminosa (Lei 12.850/13)	792
	7.3.13.1.		Conceito	792
	7.3.13.2.		Requisitos para a infiltração	792
	7.3.13.3.		Procedimento	793
	7.3.13.4.		Direitos do agente infiltrado	794
	7.3.13.5.		Punibilidade do agente	795
7.3.14.			Infiltração de agentes na Lei de Drogas (Lei 11.343/06)	795
	7.3.14.1.		Disciplina legal da infiltração na Lei de Drogas	795
7.3.15.			Acesso a registros, dados cadastrais, documentos e informações previstos na Lei de Organização Criminosa, na Lei de Lavagem de Capitais e Lei de tráfico de pessoas	795

7.3.16. Busca de sinal pela autoridade policial ou pelo Ministério Público no caso de tráfico de pessoas 796

7.3.17. Infiltração de agentes da polícia na internet e crimes contra a dignidade sexual da criança e de adolescente 798

Capítulo 8
Dos Sujeitos Processuais 801

8.1. Conceito de sujeitos processuais 801
    8.2. Classificação dos sujeitos processuais 801
        8.2.1. Sujeitos processuais essenciais, indispensáveis ou principais 801
        8.2.2. Sujeitos processuais acessórios ou secundários 802
        8.2.3. Sujeitos processuais parciais e imparciais 802
    8.3. Do juiz 802
        8.3.1. Conceito 802
        8.3.2. Juiz natural no processo penal 802
        8.3.3. Identidade física do juiz 803
        8.3.4. Juiz imparcial. Causas de impedimento e suspeição do juiz com a atividade jurisdicional 803
            8.3.4.1. Imparcialidade do julgador 803
            8.3.4.2. Impedimento do Juiz 803
                8.3.4.2.1. Conceito de Impedimento 803
                8.3.4.2.2. O impedimento do juiz gera a inexistência ou nulidade do processo? 803
                8.3.4.2.3. Causas de impedimento 804
            8.3.4.3. Suspeição do juiz 806
                8.3.4.3.1. Conceito. Rol taxativo. Suspeição e nulidades 806
                8.3.4.3.2. Causas de suspeição 807
                8.3.4.3.3. Impossibilidade de se reconhecer a suspeição quando propositalmente criada 809
            8.3.4.4. Cessação dos impedimentos e da suspeição 809
            8.3.4.5. Reconhecimento dos impedimentos ou da suspeição 809
            8.3.4.6. Incompatibilidades 809
            8.3.4.7. Suspeição do magistrado por foro íntimo 810
        8.3.5. Poderes do juiz 811
            8.3.5.1. Poder jurisdicional (ou poder-fim) 811
            8.3.5.2. Poderes – meios ou poderes instrumentais 811
            8.3.5.3. Poderes administrativos 811
            8.3.5.4. Poderes atípicos ou anômalos 811
8.4. Ministério Público 812
    8.4.1. Conceito. Atuação 812
    8.4.2. Princípios institucionais do Ministério Público 812
    8.4.3. Princípio do Promotor natural aplicado ao processo penal. Grupos especializados. Designações 814
    8.4.4. Promotor isento. Causas de impedimento e suspeição do membro do Ministério Público 815
    8.4.5. Capacidade postulatória do MP perante os Tribunais 815
8.5. Predicamentos ou prerrogativas da Magistratura e do Ministério Público 816
8.6. Acusado 817

8.6.1. Conceito. Denominações. Capacidade. Identificação 817
8.6.2. Direitos processuais essenciais do acusado 818
8.6.3. Condução coercitiva do acusado 819
8.7. Defensor 820
    8.7.1. Conceito. Prerrogativas 820
    8.7.2. Imprescindibilidade de atuação defensiva efetiva 821
    8.7.3. Modalidades de defensores 821
    8.7.4. Manifestações fundamentadas dos defensores 824
    8.7.5. Abandono do processo pelo defensor 824
    8.7.6. Defensor e causas de suspeição, impedimento ou incompatibilidade 824
    8.7.7. Advogado indiciado, acusado ou vítima e intervenção da OAB 824
    8.7.8. Direitos e prazos processuais especiais para advogada gestante, lactante e adotante 825
8.8. Curador 825
8.9. Ofendido ou vítima 826
    8.9.1. Conceito. Participação processual 826
8.10. Assistente da acusação 828
    8.10.1. Conceito 828
    8.10.2. Ofendido pobre 828
    8.10.3. Fase da persecução em que é admitida a assistência 828
    8.10.4. Crimes que admitem a assistência 829
    8.10.5. Diferenciação conceitual entre vítima e prejudicado 829
    8.10.6. É possível assistência da acusação em contravenções penais? 829
    8.10.7. Qual a razão de ser deste sujeito processual contingente (acessório), que é o assistente da acusação? 829
    8.10.8. Quem pode ser assistente? 830
        8.10.8.1. A Defensoria Pública pode atuar como assistente da acusação? 830
    8.10.9. Quem não pode ser assistente? 831
    8.10.10. Ingresso do assistente 831
    8.10.11. Intimações do assistente da acusação 831
    8.10.12. Atuação do assistente 832
    8.10.13. O rol de atribuições do assistente é taxativo ou ampliativo? 835
    8.10.14. É possível ao assistente da acusação aditar o rol de testemunhas do Ministério Público? 835
8.11. Funcionários da justiça 835
8.12. Peritos e intérpretes 836
    8.12.1. Conceito 836
    8.12.2. Obrigações do perito 836
    8.12.3. Quem não pode ser perito? 836
    8.12.4. Suspeição dos peritos 837

Capítulo 9
Da prisão, das medidas cautelares e da liberdade provisória 839
9.1. Prisão. Conceito. Espécies 839
    9.1.1. Conceito 839
    9.1.2. Espécies 839

9.1.3.		Prisão processual ou cautelar. Conceitos gerais do instituto	840
	9.1.3.1.	Presunção de inocência e prisão cautelar. Excepcionalidade da prisão cautelar	840
	9.1.3.2.	STF: conceito atual de trânsito em julgado para efeito de prisão	840
9.1.4.		Cláusula de reserva de jurisdição da prisão e crimes militares	841
9.1.5.		Pressuposto e fundamento da Prisão Cautelar ou processual	842
	9.1.5.1.	Pressuposto da prisão cautelar	842
	9.1.5.2.	Fundamentos da prisão cautelar. Perigo da liberdade (periculum in mora ou periculum libertatis	842
9.1.6.		Prisão cautelar e princípio da proporcionalidade	842
	9.1.6.1.	Fundamento constitucional das prisões cautelares	842
	9.1.6.2.	Homogeneidade das prisões cautelares	843
9.1.7.		Quem pode ser preso cautelarmente? Imunidades à prisão precautelar (prisão em flagrante) e às prisões cautelares – prisão preventiva e temporária	844
9.1.8.		Ocasião para cumprimento das prisões processuais ou cautelares. Restrições do direito eleitoral	850
9.1.9.		Formalização da ordem de prisão processual ou cautelar. Mandado de prisão: Requisitos intrínsecos e extrínsecos de validade	851
9.1.10.		Direitos do preso provisório	853
9.1.11.		Desnecessidade de expedição de mandado	854
9.1.12.		Prisão por precatória	854
9.1.13.		Prisão e inviolabilidade domiciliar	854
9.1.14.		Registro do mandado de prisão no CNJ	854
9.2. Prisão em flagrante			855
9.2.1.		Conceito	855
9.2.2.		Natureza jurídica mista administrativa-jurídica (pré-cautelar) da prisão em flagrante	855
9.2.3.		Finalidades da prisão em flagrante	856
9.2.4.		Fases da prisão em flagrante	856
9.2.5.		Sujeitos da prisão em flagrante. Sujeito ativo (flagrante compulsório e facultativo). Sujeito passivo (quem pode ser preso em flagrante)	856
9.2.6.		Espécies de prisão em flagrante	857
9.2.7.		Inviolabilidade de domicílio e prisão em flagrante	858
9.2.8.		Local da infração e local da lavratura do auto de prisão em flagrante. Competência territorial. Competência absoluta	859
9.2.9.		Quem se apresenta espontaneamente ao delegado pode ser preso em flagrante?	860
9.2.10.		Denominações dadas pela doutrina a certos flagrantes	860
9.2.11.		Crimes que admitem a prisão em flagrante	862
9.2.12.		Autoridade com atribuição para lavrar o auto de prisão	863
9.2.13.		Auto de prisão em flagrante. Conceito. Procedimento. Comunicações obrigatórias. Decisões possíveis a respeito da prisão em flagrante. Audiência de Custódia	864
	9.2.13.1.	Conceito	864
	9.2.13.2.	Procedimento	864

9.2.13.3. Comunicações obrigatórias. Comunicação imediata, Remessa das cópias do auto de prisão em flagrante em até 24 horas. Entrega da nota de culpa 865
9.2.13.4. Decisões possíveis quando o juiz recebe cópia do auto de prisão em flagrante 866
9.2.13.5. Audiência de Custódia ou de apresentação 868
    9.2.13.5.1. Origem normativa. Constitucionalidade 868
    9.2.13.5.2. Conceito. Finalidades. Prazo. Procedimento. Registro. Valor Probatório 869
        9.2.13.5.2.1. Conceito 869
        9.2.13.5.2.2. Finalidades da audiência de custódia 869
        9.2.13.5.2.3. Prazo para realização da audiência 871
        9.2.13.5.2.4. Procedimento da audiência de custódia 872
        9.2.13.5.2.5. Valor probatório das declarações do preso na audiência de custódia 873

9.3. Prisão preventiva 873
    9.3.1. Conceito 873
    9.3.2. Momento para se decretar a prisão preventiva. Fase investigativa. Fase processual 874
    9.3.3. Pressuposto e fundamentos da prisão preventiva 875
    9.3.4. Condições de admissibilidade ou requisitos da prisão preventiva 879
    9.3.5. Vedação à prisão preventiva 881
    9.3.6. Possibilidade de o juiz decretar a prisão preventiva de ofício. Fundamentação da decisão. Fundamentação acrescida. Fundamentação por relação 881
    9.3.7. Prisão preventiva e cláusula rebus sic stantibus 882
    9.3.8. Prisão preventiva e excesso de prazo 882
    9.3.9. Prisão preventiva e recurso 883
    9.3.10. Casuística prisão preventiva e cautelares 883
    9.3.11. Prisão domiciliar 885
        9.3.11.1. Conceito 885
        9.3.11.2. Hipóteses de cabimento 885

9.4. Prisão temporária (Lei n. 7.960/89) 887
    9.4.1. Conceito e natureza jurídica da prisão temporária 887
    9.4.2. Crimes que autorizam a decretação da prisão temporária 888
    9.4.3. Pressuposto e fundamentos para a decretação da prisão temporária 888
        9.4.3.1. Pressuposto da prisão temporária. Existência de fundadas razões, de acordo com qualquer prova admitida na legislação penal, de autoria ou participação do indiciado em determinados crimes (art. 1º, III, da Lei 7.960/89) 888
        9.4.3.2. Fundamento para a decretação da prisão temporária. Imprescindibilidade da prisão para as investigações criminais (normalmente do inquérito policial – art. 1º, I, da Lei 7.960/89) 889
        9.4.3.3. Imprescindibilidade da prisão para as investigações criminais em razão de o indicado não possuir residência fixa ou não fornecer elementos necessários ao esclarecimento de sua identidade (art. 1º, II, da Lei 7.960/89) 890
    9.4.4. Procedimento para a decretação da prisão temporária e sua duração 890
    9.4.5. Prisão temporária e recurso 891
    9.4.6. Cumprimento do mandado de prisão temporária 891

9.4.7. Expiração da prisão temporária e a soltura automática do preso 891
9.4.8. O delegado de polícia pode soltar o indiciado antes do fim do prazo da prisão? 892
9.4.9. Conversão da prisão temporária em preventiva 892
9.5. Prisão processual especial 892
    9.5.1. Conceito 892
    9.5.2. Beneficiários 892
9.6. Separação de presos provisórios 895
9.7. Medidas cautelares diversas da prisão 895
    9.7.1. Conceito.
    Binômio das cautelares e sua taxatividade 895
    9.7.2. Indispensabilidade de fundamentação 896
    9.7.3. Aplicação isolada ou cumulativa das medidas cautelares 896
    9.7.4. Momento de decretação das cautelares 896
    9.7.5. Medidas cautelares e contraditório 896
    9.7.6. Descumprimento das medidas cautelares 897
    9.7.7. Transitoriedade das medidas cautelares 897
    9.7.8. Infrações que autorizam a aplicação das medidas cautelares 897
    9.7.9. Medidas cautelares e recursos 897
    9.7.10. Medidas cautelares pessoais em espécie 898
    9.7.11. Medidas cautelares e detração 907
    9.7.12. Existe poder geral de cautela do juiz no processo penal? 908
9.8. Liberdade provisória 908
    9.8.1. Conceito e fundamento constitucional 908
    9.8.2. Momento de concessão da liberdade provisória 908
    9.8.3. Espécies de liberdade provisória 909
    9.8.4. Liberdade provisória com fiança 913
        9.8.4.1. Conceito de fiança 913
        9.8.4.2. Quem pode conceder a fiança? 913
        9.8.4.3. Crimes inafiançáveis 913
        9.8.4.4. Proibição processual à fiança 914
        9.8.4.5. Valor da fiança 914
        9.8.4.6. Obrigações do afiançado 914
        9.8.4.7. No que pode consistir a fiança? 915
        9.8.4.8. Modo e momento de concessão da fiança 915
        9.8.4.9. Fiança e contraditório 915
        9.8.4.10. Destino dos valores ou bens entregues a título de fiança 915
        9.8.4.11. Cassação da fiança 918
        9.8.4.12. Reforço da fiança 918
        9.8.4.13. Quebra da fiança 918
        9.8.4.14. Perda da fiança 919
        9.8.4.15. Redução, dispensa e substituição de fiança 920
        9.8.4.16. Concessão ou denegação de liberdade provisória. Recursos. Decisão que concede, nega, arbitra, cassa ou julga inidônea a fiança 920

Capítulo 10
Procedimentos: Institutos comuns 921

10.1. Conceito de procedimento 921

10.2. Espécies de procedimento. Procedimentos comuns previstos no CPP 921
10.3. Procedimentos especiais previstos no CPP 922
10.4. Procedimentos especiais previstos na legislação extravagante 923
10.5. Prioridade de tramitação de processos 923
10.6. Razão de ser dos procedimentos especiais 924
10.7. Conexão e continência de delitos que possuem ritos diversos. Prevalência do mais amplo 924
10.8. Mudança de rito no decorrer do processo 924
10.9. Fases comuns a todos os procedimentos de 1º grau 925
    10.9.1. Fases genéricas de todos procedimentos penais 925
    10.9.2. 1ª Fase (postulatória): Fase do oferecimento e recebimento ou rejeição da denúncia ou queixa 926
        10.9.2.1. Denúncia ou queixa e crivo judicial quanto ao seu recebimento 926
        10.9.2.2. Modificação da imputação pelo juiz no ato de recebimento da denúncia 927
    10.9.3. 2ª Fase (Fase de comunicação ou chamamento). Citação/Intimação 928
        10.9.3.1. Conceito 928
        10.9.3.2. Citação. Fundamento constitucional e convencional 928
        10.9.3.3. Espécies de citação 929
            10.9.3.3.1. Citação pessoal ou real. Conceito 929
                10.9.3.3.1.1. Espécies de citação pessoal ou real 929
                      10.9.3.3.1.1.1. Citação pessoal por mandado 929
                      10.9.3.3.1.1.2. Citação pessoal do réu preso 931
                      10.9.3.3.1.1.3. Citação pessoal do militar 932
                      10.9.3.3.1.1.4. Citação pessoal do funcionário público 933
                      10.9.3.3.1.1.5. Citação por carta precatória 933
                      10.9.3.3.1.1.6. Citação por carta de ordem 934
                      10.9.3.3.1.1.7. Citação por carta rogatória 934
            10.9.3.3.2. Citação ficta. Citação com hora certa. Citação por edital 935
                10.9.3.3.2.1. Citação ficta. Conceito 935
                10.9.3.3.2.2. Espécies de citação ficta 935
                      10.9.3.3.2.2.1. Citação com hora certa 935
                      10.9.3.3.2.2.2. Citação por edital 937
                      10.9.3.3.2.2.3. Citação por edital. Suspensão do processo e possibilidade de se decretar a prisão preventiva e a produção antecipada de provas 938
        10.9.3.4. Revelia 940
            10.9.3.4.1. Conceito 940
            10.9.3.4.2. Hipóteses de decretação da revelia 940
            10.9.3.4.3. Efeitos da revelia no processo penal 941
            10.9.3.4.4. Levantamento da revelia 942
        10.9.3.5. Intimações 942
            10.9.3.5.1. Conceito 942
            10.9.3.5.2. Direito de amplo acesso do advogado aos autos 943
            10.9.3.5.3. Intimação dos defensores constituídos 943
            10.9.3.5.4. Intimação do defensor nomeado, defensor público e MP 943

            10.9.3.5.5. Adiamento da audiência e intimação das partes 944
            10.9.3.5.6. Sentença publicada em audiência e intimação 944
            10.9.3.5.7. Intimação das partes no processo eletrônico 944
            10.9.3.5.8. Intimação das partes, testemunhas ou acusado por carta precatória 945
            10.9.3.5.9. Intimação por carta rogatória 945
   10.9.4. 3ª Fase (Fase postulatória): Fase da resposta escrita à acusação. Resposta a acusação. Defesa preliminar 946
        10.9.4.1. Resposta à acusação. Conceito 946
        10.9.4.2. Prazo em dobro para a Defensoria Pública 946
        10.9.4.3. Prazo para a defesa do réu citado por edital 946
        10.9.4.4. Não apresentação da defesa no prazo legal 947
        10.9.4.5. Conteúdo da resposta à acusação 947
        10.9.4.6. Momento de apresentação da resposta à acusação 948
        10.9.4.7. Defesa preliminar 948
            10.9.4.7.1. Hipóteses legais de previsão da defesa preliminar 949
        10.9.4.8. Depois de oferecida defesa preliminar ou resposta à acusação, pela defesa, a acusação se manifesta em réplica? 950
        10.9.4.9. No caso de rito especial que preveja a defesa preliminar, antes da denúncia ou queixa, é obrigatória também a resposta à acusação, posterior ao recebimento da peça acusatória? 951
   10.9.5. 4ª Fase (Fase decisória): Fase da decisão a respeito da absolvição sumária 951
        10.9.5.1. Conceito de Absolvição Sumária 951
        10.9.5.2. Hipóteses de absolvição sumária 952
        10.9.5.3. Causas de absolvição sumária no Júri e sua extensão aos demais ritos 953
        10.9.5.4. Necessidade de decisão fundamentada após o oferecimento da resposta à acusação 953
        10.9.5.5. É possível absolvição sumária, quando o rito especial prevê apenas a defesa preliminar? 954
        10.9.5.6. Absolvição sumária. Recurso. Trânsito em julgado 954
   10.9.6. 5ª Fase (Fase instrutória, postulatória e decisória) – Regra geral para todos os julgamentos de 1ª instância: audiência única de instrução, debates e julgamento..
        Princípio da identidade física do juiz 955
        10.9.6.1. Designação de audiência de instrução, debates e julgamento 955
            10.9.6.1.1. Expedição de carta precatória 955
        10.9.6.2. Indeferimento de produção de provas 957
        10.9.6.3. Ordem de produção da prova em audiência 958
        10.9.6.4. Inversão da ordem na oitiva das testemunhas 958
        10.9.6.5. Procedimento para a oitiva de vítima e testemunhas e do acusado em seu interrogatório 959
            10.9.6.5.1. Modo de se proceder à oitiva de vítimas e testemunhas. Direito de presença do acusado 959
            10.9.6.5.2. Número de testemunhas 961
            10.9.6.5.3. Desistência de oitiva de testemunhas e da vítima. Substituição de testemunhas 961
            10.9.6.5.4. Interrogatório do acusado e direito de audiência 962
            10.9.6.5.5. Registro da prova oral em audiência 962
            10.9.6.5.6. Alegações finais orais 963

		10.9.6.5.7.	Sentença	964
			10.9.6.5.7.1. Princípio da identidade física do juiz	965
		10.9.6.5.8.	Registro formal da audiência. Possibilidade de gravação da audiência pelas partes	966
10.10.	Suspensão condicional do processo			967
	10.10.1.	Conceito. Previsão legal e constitucional. Requisitos legais		967
	10.10.2.	O acusado pode ser beneficiado novamente pelo sursis processual?		971
	10.10.3.	Quem pode propor a suspensão condicional do processo?		972
		10.10.3.1.	Discordância entre o juiz e o promotor a respeito do benefício	973
		10.10.3.2.	Aceitação ou recusa da proposta pelo acusado e seu defensor	974
		10.10.3.3.	Condições da suspensão condicional do processo	974
			10.10.3.3.1. Condições legais	974
			10.10.3.3.2. Condições judiciais	975
			10.10.3.3.3. Suspensão condicional do processo e penas restritivas de direitos	975
			10.10.3.3.4. Controle de cumprimento das condições fixadas	975
			10.10.3.3.5. Condições da suspensão condicional do processo no caso de crimes ambientais	976
		10.10.3.4.	Momento adequado para a realização da proposta de suspensão condicional do processo	977
		10.10.3.5.	Homologação da suspensão condicional do processo e recurso	982
		10.10.3.6.	Revogação obrigatória da suspensão	983
		10.10.3.7.	Revogação facultativa da suspensão	984
		10.10.3.8.	Condenação do acusado sem que tenha sido feita a proposta do benefício	984
		10.10.3.9.	Suspensão e prescrição	984
		10.10.3.10.	Extinção da punibilidade	984
10.11.	Ações, processos e decisões condenatórias, declaratórias e constitutivas (positivas e negativas)			985
10.12.	Decisões judiciais			986
	10.12.1.	Classificação genérica doutrinária das decisões judiciais		986
	10.12.2.	Classificação específica das decisões judiciais no processo penal. Despachos de mero expediente. Decisões Interlocutórias. Decisões interlocutórias mistas. Decisões definitivas em sentido estrito e amplo. Recorribilidade dessas decisões		986
	10.12.3.	Sentença		989
		10.12.3.1.	Conceito. Classificação	989
		10.12.3.2.	Classificação das sentenças	990
		10.12.3.3.	Elementos da sentença	990
		10.12.3.4.	Embargos declaratórios	992
		10.12.3.5.	Sentença absolutória	992
			10.12.3.5.1. Conceito	992
			10.12.3.5.2. Sentença absolutória. Espécies	993
			10.12.3.5.3. Fundamentos absolutórios	993
			10.12.3.5.3.1. Possibilidade de se recorrer para alterar o fundamento da absolvição	994
			10.12.3.5.4. Sentença absolutória: Efeitos	994
		10.12.3.6.	Sentença condenatória	995
			10.12.3.6.1. Conceito	995

10.12.3.6.2. Fundamentos condenatórios 995
  10.12.3.6.3. Sentença condenatória. Fundamentação dos fatos e do direito. Aplicação fundamentada da pena pelo método trifásico 995
    10.12.3.6.3.1. Aplicação da pena pelo método trifásico 996
      10.12.3.6.3.1.1. Método trifásico: noções gerais .. 996
      10.12.3.6.3.1.2. Estabelecimento da pena – base 996
      10.12.3.6.3.1.3. Análise das circunstâncias agravantes e atenuantes 998
      10.12.3.6.3.1.4. Aplicação das causas de aumento e diminuição de pena . 999
      10.12.3.6.3.1.5. Estabelecimento do regime de cumprimento de pena 999
        10.12.3.6.3.1.5.1. Noções gerais 999
        10.12.3.6.3.1.5.2. Estabelecimento do regime e Súmula Vinculante 56 1000
        10.12.3.6.3.1.5.3. Possibilidade de conversão do regime fechado ou semiaberto em Prisão domiciliar 1002
  10.12.3.6.4. Fixação de valor mínimo de reparação 1003
    10.12.3.6.4.1. Noções gerais. Possibilidade de indenização pelos danos materiais e morais sofridos 1003
    10.12.3.6.4.2. Retroatividade da reparação de danos 1004
    10.12.3.6.4.3. Sentença condenatória e prisão preventiva ou outras medidas cautelares 1004
    10.12.3.6.4.4. Sentença condenatória. Detração penal e fixação do regime inicial de cumprimento da pena. Sentença condenatória, prescrição e detração 1005
    10.12.3.6.4.5. Sentença condenatória e pedido de absolvição 1008
    10.12.3.6.4.6. Efeitos das sentenças condenatórias. Efeitos penais principais e secundários. Efeitos extrapenais. Efeitos extrapenais obrigatórios ou automáticos..
    Efeitos extrapenais específicos 1009
  10.12.3.7. Publicação da sentença 1020
    10.12.3.7.1. Conceito 1020
    10.12.3.7.2. Efeito penal da publicação da sentença condenatória 1021
    10.12.3.7.3. Exaurimento da jurisdição e possibilidade de modificação do teor da sentença publicada 1021
  10.12.3.8. Intimação das sentenças 1022
  10.12.3.9. Princípio da correlação entre a acusação e sentença. Emendatio libelli e mutatio libelli 1023
    10.12.3.9.1. Noções gerais 1023
    10.12.3.9.2. Emenda da acusação. Emendatio libelli 1023
      10.12.3.9.2.1. Previsão legal 1023
      10.12.3.9.2.2. Emendatio libelli e julgamento pelo Tribunal 1024
      10.12.3.9.2.3. Emendatio libelli e proposta de suspensão condicional do processo 1024
      10.12.3.9.2.4. Emendatio libelli e incompetência 1024

	10.12.3.9.2.5.	Classificação doutrinária da emendatio libelli	1024
	10.12.3.9.2.6.	A emendatio libelli só é aplicável, pelo juiz, na sentença?	1027
10.12.3.9.3.		Modificação da acusação. Mutatio libelli	1028
	10.12.3.9.3.1.	Conceito legal	1028
	10.12.3.9.3.2.	Diferença entre emendatio e mutatio libelli	1029
	10.12.3.9.3.3.	Momento processual para a aplicação da mutatio libelli	1029
	10.12.3.9.3.4.	Iniciativa e procedimento da mutatio libelli	1029
	10.12.3.9.3.5.	Recurso do não recebimento do aditamento	1032
	10.12.3.9.3.6.	Mutatio libelli pelo Tribunal	1032
	10.12.3.9.3.7.	Efeito da não aplicação da mutatio libelli	1033
	10.12.3.9.3.8.	É preciso usar-se da mutatio libelli para se reconhecer agravantes?	1034
	10.12.3.9.3.9.	É possível a mutatio libelli para acrescentar à acusação fato completamente novo?	1035
	10.12.3.9.3.10.	É possível a mutatio libelli em ação penal privada?	1036
	10.12.3.9.3.11.	Mutatio libelli e falta de legitimidade superveniente do titular da ação penal	1037
	10.12.3.9.3.12.	O aditamento da mutatio bitola sempre o juiz?	1038
	10.12.3.9.3.13.	Emendatio ou mutatio libelli e suspensão condicional do processo	1039
	10.12.3.9.3.14.	Emendatio ou mutatio libelli e transação penal	1041
	10.12.3.9.3.15.	Emendatio ou mutatio libelli, transação penal e remessa aos Juizados Especiais Criminais	1044
	10.12.3.9.3.16.	Emendatio e mutatio libelli e alteração de competência	1044

10.13. Preclusão ... 1045
10.14. Pressupostos processuais ... 1046
10.15. Disposições gerais do CPP ... 1048
    10.15.1. Audiências e sessões e atos processuais. Publicidade em geral ... 1048
        10.15.1.1. Polícia das audiências e das sessões. Requerimentos ... 1049
    10.15.2. Datas em que podem ser praticados os atos processuais ... 1049
    10.15.3. Prazos processuais ... 1050
        10.15.3.1. Regras gerais ... 1050
        10.15.3.2. Início da contagem do prazo ... 1050
        10.15.3.3. Prazo concedido ao escrivão para a prática dos atos processuais ... 1050
        10.15.3.4. Prazos do juiz ... 1051
        10.15.3.5. Punição de juízes e membros do MP que ultrapassarem o prazo dos atos processuais ... 1051
    10.15.4. Suspensão do expediente e dos prazos processuais ... 1051
    10.15.5. Retirada dos autos em cartório pelas partes ... 1052
    10.15.6. Pagamento de custas ... 1052

10.16. O que é a verdade no processo penal? 1053
    10.16.1. Existe litigância de má-fé no processo penal? 1053

Capítulo 11
Procedimentos comuns do CPP 1055

11.1. Espécies de procedimentos previstos no CPP 1055
11.2. Procedimento comum ordinário 1055
    11.2.1. Aplicação subsidiária do procedimento comum ordinário 1055
    11.2.2. Objeto do procedimento comum ordinário 1056
    11.2.3. Etapas do procedimento comum ordinário 1056
        11.2.3.1. Recebimento ou rejeição da denúncia ou queixa 1056
        11.2.3.2. Recebimento da denúncia ou queixa 1057
        11.2.3.3. Resposta escrita à acusação 1057
        11.2.3.4. Decisão a respeito da absolvição sumária 1057
            11.2.3.4.1. Não incidência das hipóteses de absolvição sumária 1057
            11.2.3.4.2. Incidência das hipóteses de absolvição sumária 1057
        11.2.3.5. Audiência de instrução, debates e julgamento 1058
            11.2.3.5.1. Prazo para sua designação 1058
            11.2.3.5.2. Ordem da instrução na audiência 1058
            11.2.3.5.3. Requerimento de diligências 1058
            11.2.3.5.4. Alegações finais orais e sentença 1059
            11.2.3.5.5. Termo de audiência 1060
11.3. Procedimento sumário 1060
    11.3.1. Objeto do procedimento comum sumário 1060
    11.3.2. Etapas do procedimento comum sumário 1061
        11.3.2.1. Recebimento ou rejeição da denúncia ou queixa 1061
        11.3.2.2. Recebimento da denúncia ou queixa 1061
        11.3.2.3. Resposta escrita à acusação 1061
        11.3.2.4. Decisão a respeito da absolvição sumária 1061
        11.3.2.5. Audiência de instrução, debates e julgamento 1062
            11.3.2.5.1. Prazo para sua designação 1062
            11.3.2.5.2. Ordem da instrução na audiência 1062
            11.3.2.5.3. Requerimento de diligências em audiência 1062
            11.3.2.5.4. Alegações finais orais e sentença 1063
            11.3.2.5.5. Termo de audiência 1063

Capítulo 12
Procedimentos especiais do CPP 1065

12.1. Procedimento especial do Júri 1065
    12.1.1. Conceito............
        Previsão constitucional e natureza jurídica 1065
    12.1.2. Princípios constitucionais do Júri 1065
    12.1.3. Procedimento especial do Júri 1066
        12.1.3.1. Juízo da acusação ou judicium accusationes 1066
            12.1.3.1.1. Denúncia, resposta à acusação ou defesa prévia 1066
            12.1.3.1.2. Despacho inicial 1067
            12.1.3.1.3. Audiência de instrução, debates e julgamento 1067

12.1.3.1.4. Decisões possíveis 1068
    12.1.3.1.4.1. Pronúncia: fundamentação e efeitos 1068
        12.1.3.1.4.1.1. Pronúncia e prisão do acusado 1069
        12.1.3.1.4.1.2. Intimação da decisão de pronúncia 1069
        12.1.3.1.4.1.3. Recurso da decisão de pronúncia 1069
    12.1.3.1.4.2. Impronúncia 1069
        12.1.3.1.4.2.1. Impronúncia e recurso 1070
    12.1.3.1.4.3. Desclassificação 1070
        12.1.3.1.4.3.1. Desclassificação e conflito de competência 1070
        12.1.3.1.4.3.2. Recurso da decisão desclassificatória 1070
    12.1.3.1.4.4. Absolvição sumária 1070
        12.1.3.1.4.4.1. Inimputabilidade e absolvição sumária 1071
        12.1.3.1.4.4.2. Recurso da sentença de absolvição sumária 1071
12.1.3.2. Juízo da causa ou judicium causae 1071
    12.1.3.2.1. Da preparação do processo para julgamento em plenário – Requerimento de diligências e arrolamento de testemunhas 1072
    12.1.3.2.2. Despacho saneador e juntada de relatório sucinto aos autos 1072
    12.1.3.2.3. Julgamento pelo júri 1073
        12.1.3.2.3.1. Quórum mínimo de jurados. Arguição de nulidades 1073
        12.1.3.2.3.2. Ausência das partes e do réu 1073
        12.1.3.2.3.3. Ausência de testemunha arrolada pelas partes 1074
        12.1.3.2.3.4. Advertência do juiz presidente aos jurados a respeito dos impedimentos, incompatibilidades e suspeições e sobre o dever de incomunicabilidade 1074
        12.1.3.2.3.5. Análise pelo juiz presidente dos casos de impedimentos, isenção ou dispensa dos jurados 1075
        12.1.3.2.3.6. Recusas peremptórias ou imotivadas 1076
        12.1.3.2.3.7. Estouro de urna 1076
        12.1.3.2.3.8. Formação do Conselho de Sentença e compromisso dos jurados 1077
        12.1.3.2.3.9. Entrega de cópias da pronúncia e do relatório do processo 1077
        12.1.3.2.3.10. Instrução em plenário 1077
            12.1.3.2.3.10.1. Testemunha residente em outra comarca 1077
            12.1.3.2.3.10.2. Incomunicabilidade das testemunhas 1078
            12.1.3.2.3.10.3. Inquirição das vítimas e testemunhas 1078
            12.1.3.2.3.10.4. Dissolução do Conselho para a realização de diligências 1078

		12.1.3.2.3.10.5.	Leitura de peças	1078
		12.1.3.2.3.10.6.	Interrogatório	1078
		12.1.3.2.3.10.7.	Uso de algemas em plenário	1078
	12.1.3.2.3.11.	Debates		1079
		12.1.3.2.3.11.1.	Tempo dos debates	1079
		12.1.3.2.3.11.2.	Limitação temática aos debates	1079
		12.1.3.2.3.11.3.	Aparte	1080
		12.1.3.2.3.11.4.	Pedido de informações ou esclarecimentos de fatos pela parte ou pelos jurados	1080
		12.1.3.2.3.11.5.	Réplica e tréplica	1080
		12.1.3.2.3.11.6.	Proibição da leitura ou produção de documento novo em plenário	1081
	12.1.3.2.3.12.	Dos quesitos		1082
		12.1.3.2.3.12.1.	Ordem dos quesitos	1082
	12.1.3.2.3.13.	Julgamento na sala especial		1083
	12.1.3.2.3.14.	Votação dos quesitos		1083
	12.1.3.2.3.15.	Sigilo das votações		1083
	12.1.3.2.3.16.	Leitura da sentença e sua intimação		1084
	12.1.3.2.3.17.	Atribuições do presidente do Tribunal do Júri		1084
	12.1.3.2.3.18.	Ata dos trabalhos		1085

12.1.4 Desaforamento 1085
    12.1.4.1. Conceito e hipóteses de cabimento 1085
    12.1.4.2. Legitimidade e momento oportuno para o pedido de desaforamento 1085
    12.1.4.3. Suspensão do julgamento 1086
    12.1.4.4. Processamento 1086

12.1.5 Jurados 1087
    12.1.5.1. Conceito 1087
    12.1.5.2. Benefícios 1087
    12.1.5.3. Recusa ao serviço do Júri 1087
    12.1.5.4. Responsabilidade criminal do jurado 1087
    12.1.5.5. Vedação de desconto nos vencimentos ou salário do jurado 1087

12.1.6. Organização do Júri 1088
    12.1.6.1. Lista de jurados 1088
    12.1.6.2. Publicação da lista 1088
    12.1.6.3. Renovação da lista 1088
    12.1.6.4. Sorteio dos jurados 1088
    12.1.6.5. Convocação dos jurados 1089
    12.1.6.6. Organização da pauta de julgamentos pelo Júri 1089
        12.1.6.6.1. Regra geral (art. 429 do CPP) 1089

12.2. Procedimento dos crimes de responsabilidade dos funcionários públicos 1089
  12.2.1. Objeto do rito 1089
  12.2.2. Especialidade do rito 1090
  12.2.3. Defesa preliminar e inquérito policial 1090
  12.2.4. Defesa preliminar e ex-funcionário 1092
  12.2.5. Procedimento após o oferecimento da resposta preliminar 1092
  12.2.6. Resposta preliminar e resposta à acusação 1092
  12.2.7. Crime funcional e infração de menor potencial ofensivo 1093

12.2.8. Crimes funcionais e prerrogativa de foro 1093
12.2.9. Crimes funcionais em conexão com outros delitos 1093
12.3. Procedimento dos crimes contra a honra 1093
    12.3.1. Objeto do rito 1093
    12.3.2. Ação penal dos crimes contra a honra 1094
    12.3.3. Especialidades do rito 1095
        12.3.3.1. Audiência de reconciliação 1095
        12.3.3.2. Rito dos crimes contra a honra 1096
        12.3.3.3. Exceção da verdade e da notoriedade 1096
            12.3.3.3.1. Conceito 1096
            12.3.3.3.2. Modalidades de exceção da verdade 1097
            12.3.3.3.3. Exceção da notoriedade 1098
            12.3.3.3.4. Processamento das exceções 1098
                12.3.3.3.4.1. Exceções e foro por prerrogativa de função .. 1098
        12.3.3.4. Pedido de explicações em juízo 1099
12.4. Procedimento dos crimes contra a propriedade imaterial 1100
    12.4.1. Objeto do rito 1100
    12.4.2. Ação penal do crime de violação de direito autoral e procedimento 1100
    12.4.3. Especialidades do rito 1101
        12.4.3.1. Imprescindibilidade do exame de corpo de delito quando a infração deixar vestígios 1101
        12.4.3.2. Especialidades da ação penal privada por crime de violação de direito autoral 1102
            12.4.3.2.1. Prova do direito à ação no caso de ação penal privada 1102
            12.4.3.2.2. Diligência de busca e apreensão na ação penal privada. Laudo pericial. Prazo para oferecimento da queixa 1102
        12.4.3.3. Especialidades da ação penal pública por crime de violação de direito autoral 1103
            12.4.3.3.1. Diligência de busca e apreensão. Laudo pericial 1103
            12.4.3.3.2 Depósito dos bens 1103
            12.4.3.3.3. Destruição dos bens 1103
            12.4.3.3.4. Assistentes da acusação 1104

Capítulo 13
Procedimentos especiais da legislação extravagante 1105

13.1. Lei de Drogas – Lei n. 11.343/2006 1105
    13.1.1. Rito especial e aplicação subsidiária do CPP 1105
    13.1.2. Fase investigatória (inquérito policial) – particularidades 1105
        13.1.2.1. Prazos do inquérito policial 1105
        13.1.2.2. Relatório da autoridade policial 1105
        13.1.2.3. Remessa do inquérito a juízo e continuidade das investigações 1106
        13.1.2.4. Infiltração de agentes de polícia 1106
        13.1.2.5. Flagrante retardado ou diferido 1106
        13.1.2.6. Delação ou colaboração premiada e Lei de Drogas 1107
        13.1.2.7. Flagrante na Lei de Drogas 1107
        13.1.2.8. Lei de Drogas e liberdade provisória 1108
    13.1.3. Fase judicial – particularidades 1108

13.1.3.1.	Remessa dos autos ao MP	1108
13.1.3.2.	Defesa prévia ou preliminar	1109
13.1.3.3.	Decisões possíveis na fase de recebimento da denúncia	1111
13.1.3.4.	Designação de audiência	1111
13.1.3.5.	Recebimento da denúncia e medida cautelar	1111
13.1.3.6.	Exceções processuais	1112
13.1.3.7.	Audiência de instrução, debates e julgamento	1112
13.1.3.8.	Audiência de instrução, debates e julgamento	1112
13.1.3.9.	Destruição das drogas	1113
13.1.3.10.	Sentença e perda de produtos, bens ou valores apreendidos	1114
13.1.3.11.	Sentença condenatória e prova da materialidade delitiva	1115
13.1.3.12.	Sentença condenatória e recurso	1116
13.1.3.13.	Expropriação de terras em que se cultiva plantas psicotrópicas	1116
13.1.3.14.	Lei de Drogas e Juizado Especial Criminal	1116
13.1.3.15.	Lei de Drogas e conexão com outros delitos	1117
13.1.3.16.	Lei de Drogas e competência da Justiça Federal	1117

13.2. Lei n. 11.340/2006 (Lei Maria da Penha) ... 1117

    13.2.1. Violência doméstica e familiar contra a mulher: hipóteses de incidência da Lei Maria da Penha ... 1117

    13.2.2. Fase policial – Do atendimento pela autoridade policial da mulher vítima de violência doméstica e familiar. Providências preliminares e medidas protetivas ... 1119

    13.2.3. Ações penais públicas condicionadas à representação ... 1120

    13.2.4. Violência doméstica e familiar e impossibilidade de aplicação de "penas de cesta básica ou outras de prestação pecuniária". Impossibilidade de substituição da pena privativa de liberdade por restritivas de direitos e de reconhecimento do princípio da insignificância ... 1121

    13.2.5. Competência dos Juizados de Violência Doméstica e Familiar contra a Mulher ... 1122

    13.2.6. Norma de transição ... 1122

    13.2.7. Lei Maria da Penha e Juizados Especiais Criminais (Lei n. 9.099/95) ... 1122

    13.2.8. Lei Maria da Penha e Júri ... 1123

    13.2.9. Procedimento ... 1123

    13.2.10. Das medidas protetivas de urgência ... 1123

    13.2.11. Medidas protetivas e prisão preventiva ... 1124

    13.2.12. Da atuação do Ministério Público ... 1125

    13.2.13. Inquirição da mulher em situação de violência doméstica e familiar ou de testemunha de violência doméstica ... 1125

        13.2.13.1. Linhas gerais ... 1125

        13.2.13.2. Procedimento de inquirição ... 1126

13.3. Juizado Especial Criminal (Lei 9.099/95) ... 1127

    13.3.1. Previsão constitucional ... 1127

    13.3.2. Competência do Juizado Especial Criminal ... 1127

        13.3.2.1. Competência material do Juizado ... 1127

    13.3.3. Exceções à competência material do Juizado ... 1129

        13.3.3.1. Autores com foro por prerrogativa de função ... 1129

        13.3.3.2. Conexão e continência entre infrações de menor potencial ofensivo e crimes de competência do Juízo Comum ou do Júri ... 1130

        13.3.3.3. Impossibilidade de citação pessoal do acusado ... 1131

	13.3.3.4.	Complexidade fática da causa	1132
	13.3.3.5.	Crimes militares...	
		Crimes eleitorais	1132
	13.3.3.6.	Quaisquer Infrações penais contra a mulher no contexto de violência doméstica e familiar (Lei 11.340/06 – "Lei Maria da Penha")	1133
13.3.4.	Princípios informadores do Juizado Especial		1134
13.3.5.	Investigação das infrações de menor potencial ofensivo		1134
	13.3.5.1.	Termo circunstanciado	1134
	13.3.5.2.	Prisão em flagrante do autor do fato	1136
13.3.6.	Competência territorial do Juizado		1137
13.3.7.	Fase preliminar do Juizado – composição civil e transação penal		1137
	13.3.7.1.	Audiência Preliminar	1137
	13.3.7.2.	Composição dos danos	1138
	13.3.7.3.	Transação penal	1139
		13.3.7.3.1. Conceito	1139
		13.3.7.3.2. Condições da transação penal	1140
		13.3.7.3.3. Condições da transação penal em se tratando de crime ambiental	1141
		13.3.7.3.4. Procedimento da transação	1141
		13.3.7.3.5. Discordância entre promotor e juiz a respeito da transação	1142
		13.3.7.3.6. Discordância entre promotores a respeito da transação	1143
		13.3.7.3.7. Homologação da proposta de transação	1144
		13.3.7.3.8. Recurso da sentença homologatória	1144
		13.3.7.3.9. Ocasião processual para a proposta de transação penal	1145
		13.3.7.3.10. Efeitos da transação penal	1148
		13.3.7.3.11. Consequências do descumprimento da transação penal	1148
13.3.8.	Procedimento sumaríssimo do Juizado		1149
	13.3.8.1.	Denúncia ou queixa	1149
		13.3.8.1.1. Substrato probatório da denúncia ou da queixa	1149
		13.3.8.1.2. Complexidade dos fatos	1150
		13.3.8.1.3. Formalização da denúncia	1150
		13.3.8.1.4. Número de testemunhas da peça acusatória	1150
	13.3.8.2.	Citação	1150
	13.3.8.3.	Intimação da vítima, responsável civil, testemunhas, membro do MP, advogados, e Defensoria Pública	1151
	13.3.8.4.	Audiência de instrução, debates e julgamento	1152
		13.3.8.4.1. Tentativa de conciliação	1152
		13.3.8.4.2. Defesa preliminar	1152
		13.3.8.4.3. Decisão de recebimento ou rejeição da acusação	1153
		13.3.8.4.4. Ordem da instrução	1153
		13.3.8.4.5. Limitação das provas a serem produzidas em audiência	1153
		13.3.8.4.6. Registro do ocorrido em audiência	1153
		13.3.8.4.7. Debates	1154
		13.3.8.4.8. Sentença	1154
13.3.9.	Aplicação do art. 394, § 4º do CPP ao rito do Juizado		1154
13.3.10.	Sistema recursal do Juizado		1154
	13.3.10.1.	Turmas recursais	1154
	13.3.10.2.	Dos recursos em espécie	1155
		13.3.10.2.1. Apelação	1155

	13.3.10.2.2. Embargos de declaração	1156
	13.3.10.2.3. Recurso em sentido estrito	1156
	13.3.10.2.4 Recurso especial	1156
	13.3.10.2.5. Recurso extraordinário	1157
	13.3.10.2.6. Intimações dos julgamentos das Turmas Recursais	1157
	13.3.10.2.7. *Habeas corpus* e mandado de segurança	1157
	13.3.10.2.8. Revisão criminal	1158
	13.3.10.2.9. Outros recursos	1158
13.3.10.3.	Execução penal e Juizados Especiais Criminais	1158
13.3.10.4.	Aplicação subsidiária do CP e do CPP ao rito do juizado	1159
	13.3.10.4.1. Prazos dos Juizados Especiais	1159
13.3.10.5.	Juizados Especiais Itinerantes	1159

13.4. Crimes falimentares 1159
   13.4.1. Competência 1159
   13.4.2. Ação penal 1159
   13.4.3. Rito 1160
   13.4.4. Competência do Juízo cível para julgar crimes falimentares 1160

13.5. Estatuto do Idoso (Lei 10.741/2003) 1161

13.6. Processo extradicional 1162
   13.6.1. Extradição.
      Conceito.
      Competência originária do Supremo 1162
   13.6.2. Hipóteses de vedação à extradição 1162
   13.6.3. Hipóteses de concessão da extradição 1163
   13.6.4. Prisão cautelar extradicional 1163
   13.6.5. Possibilidade de imposição de prisão albergue, domiciliar ou medidas cautelares diversas 1164
   13.6.6. Extradição voluntária 1164
   13.6.7. Procedimento da extradição 1165
   13.6.8. Julgamento da extradição 1166

Capítulo 14
Nulidades 1169

14.1. Nulidades.
   Razão de sua existência.
   Conceito 1169
14.2. Existe nulidade em inquérito policial? 1170
14.3. Nulidade e declaração judicial 1171
14.4. Inexistência. Espécies de nulidades. Nulidade absoluta. Nulidade relativa. Irregularidade 1171
   14.4.1. Inexistência 1171
   14.4.2. Espécies de nulidades. Nulidade absoluta. Nulidade relativa 1172
   14.4.3. Nulidades absolutas e relativas e recursos 1175
   14.4.4. Irregularidade 1176
14.5. Princípios aplicáveis às nulidades 1176
   14.5.1. Princípio da instrumentalidade das formas ou princípio da finalidade 1176
   14.5.2. Princípio da eficácia 1177

14.5.3. Princípio do prejuízo 1177
14.5.4. Princípio da lealdade ou da boa-fé 1177
14.5.5. Princípio do interesse 1178
14.5.6. Princípio da causalidade ou da consequencialidade ou do efeito expansivo .. 1179
14.5.7. Princípio da conservação dos atos processuais ou do confinamento da nulidade 1180
14.5.8. Princípio da convalidação 1180
14.5.9. Princípio da preferência de julgamento pelo mérito da causa em detrimento da declaração de nulidade 1181
14.6. Regras gerais de convalidação ou saneamento, em se tratando de nulidades relativas/absolutas 1181
 14.6.1. Preclusão 1182
  14.6.1.1. Conceito 1182
  14.6.1.2. Espécies de preclusão 1182
   14.6.1.2.1. Preclusão temporal (art. 572, I, do CPP) 1182
   14.6.1.2.2. Preclusão lógica 1184
   14.6.1.2.3. Preclusão consumativa 1185
   14.6.1.2.4. Preclusão consumativa eficaz (art. 572, II, do CPP) 1185
 14.6.2. Aceitação tácita da nulidade (art. 572, III, do CPP) 1185
14.7. Nulidades em razão da incompetência e sua convalidação através da ratificação .. 1185
14.8. Nulidade e omissões ou falhas da denúncia, queixa ou representação e sua convalidação através do suprimento 1186
14.9. Nulidade por ilegitimidade do representante da parte e sua convalidação, mediante ratificação 1186
14.10. Nulidade por falta ou nulidade da citação ou intimação e sua convalidação através da substituição 1187
14.11. Nulidade reconhecida e seu efeito: retificação ou renovação do ato processual 1187
14.12. Nulidades em espécie previstas em lei 1187
14.13. Casuística de nulidades 1204

Capítulo 15
Recursos em geral 1207

15.1. Conceito de recursos 1207
15.2. Pode existir recurso sem ação penal e processo? 1207
15.3. Diferenças entre recursos e ações de impugnação 1208
15.4. Razão da existência dos recursos 1208
15.5. Fundamento constitucional e convencional para o direito de recorrer. Direito de recorrer e direito ao duplo grau de jurisdição. Diferenças 1209
 15.5.1. Direito ao duplo grau de jurisdição/direito de recorrer e foro por prerrogativa de função 1210
15.6. Princípios atinentes aos recursos 1211
 15.6.1. Princípio da voluntariedade recursal 1211
 15.6.2. Princípio da voluntariedade recursal. Exceção: recurso necessário ou ex officio. Disponibilidade recursal 1211
 15.6.3. Disponibilidade recursal 1212
 15.6.4. Princípio da taxatividade ou tipicidade recursal 1212
 15.6.5. Princípio da unirrecorribilidade recursal 1213

		15.6.5.1.	Exceções ao princípio da unirrecorribilidade recursal	1213
15.6.6.	Princípio da fungibilidade recursal	1214
	15.6.6.1.	Condições para a fungibilidade recursal	1214
	15.6.6.2.	Procedimento da fungibilidade recursal	1215
15.6.7.	Princípio da convolação do recurso defensivo	1215
15.6.8.	Princípio da vedação a reformatio in pejus, ou princípio da non reformatio in pejus, ou ainda, efeito prodrômico da sentença	1215
15.6.9.	Princípio da reformatio in mellius	1221
15.6.10.	Princípio da colegialidade	1222

15.7. Pressupostos recursais objetivos e subjetivos 1223
    15.7.1. Conceito de Pressupostos recursais 1223
    15.7.2. Pressupostos recursais objetivos e subjetivos. Linhas gerais. Juízo de prelibação. Conhecimento do recurso 1223
    15.7.3. Pressupostos recursais objetivos 1224
        15.7.3.1. Previsão legal, cabimento ou tipicidade recursal (É possível recorrer?) 1224
        15.7.3.2. Adequação. (Qual o recurso cabível?). Estrita observância das formalidades legais – regularidade formal do recurso. (De que forma recorro?) 1224
        15.7.3.3. Preparo (tenho que pagar para recorrer?) 1226
        15.7.3.4. Tempestividade (Qual o prazo para recorrer?) 1227
            15.7.3.4.1. Prazo recursal. Contagem 1227
            15.7.3.4.2. Publicação da decisão (nascimento do direito de recorrer). Intimação (possibilidade do exercício do direito de recorrer) 1227
            15.7.3.4.3. Verificação do cumprimento do prazo recursal 1229
            15.7.3.4.4. Natureza dos prazos recursais 1230
            15.7.3.4.5. Contagem dos prazos 1230
            15.7.3.4.6. Intimação das decisões judiciais e contagem dos prazos recursais 1231
    15.7.4. Pressupostos recursais subjetivos 1237
        15.7.4.1. Legitimidade para recorrer 1238
            15.7.4.1.1. Legitimidade recursal do acusado e do defensor 1238
            15.7.4.1.2. Legitimidade recursal do Ministério Público 1238
            15.7.4.1.3. Legitimidade recursal do assistente da acusação 1239
            15.7.4.1.4. Assistente da acusação não habilitado nos autos e legitimidade para recorrer 1240
            15.7.4.1.5. Legitimidade recursal popular no rito do Júri 1240
            15.7.4.1.6. Legitimidade recursal e fiança 1240
            15.7.4.1.7. Legitimidade recursal nas execuções criminais 1240
        15.7.4.2. Interesse em recorrer 1241
            15.7.4.2.1. Classificação da sucumbência 1241
            15.7.4.2.2. Interesse recursal da defesa 1242
            15.7.4.2.3. Interesse recursal do Ministério Público 1243

15.8. Efeitos do recebimento dos recursos 1244
    15.8.1. Efeito devolutivo 1244
    15.8.2. Efeito suspensivo 1245
    15.8.3. Efeito iterativo, regressivo ou diferido 1248
    15.8.4. Efeito reiterativo 1248

15.8.5. Efeito misto 1248
15.8.6. Efeito extensivo 1248
15.8.7. Efeito substitutivo 1249
15.8.8. Efeito retroativo 1251
15.8.9. Efeito translativo 1252
15.8.10. Efeito dilatório – procedimental e efeito revelador recursal 1252
15.9. Fundamentação das decisões que julgam os recursos 1253
15.10. Julgamento pelo Tribunal de recursos............
Linhas gerais 1253
15.11. Extinção dos recursos............
Modalidades 1253
15.12. Eficácia nas novas normas recursais no transcurso do tempo 1255
15.13. Classificação doutrinária dos recursos 1256
15.14. Classificação geral das decisões judiciais no processo penal. Despachos de mero expediente. Decisões Interlocutórias. Decisões interlocutórias mistas. Decisões definitivas em sentido estrito e amplo. Sentença. Embargos declaratórios 1257
  15.14.1. Despachos de mero expediente 1257
  15.14.2. Decisões interlocutórias simples 1257
  15.14.3. Decisões interlocutórias mistas (ou decisões com força de definitivas) 1258
  15.14.4. Recorribilidade das decisões interlocutórias mistas 1259
  15.14.5. Decisões definitivas 1259
    15.14.5.1. Recorribilidade das decisões definitivas em sentido estrito e das decisões definitivas em sentido amplo ou terminativas de mérito 1259
    15.14.5.2. Sentença 1260
      15.14.5.2.1. Conceito............
      Classificação 1260
      15.14.5.2.2. Classificação das sentenças 1260
      15.14.5.2.3. Elementos da sentença 1260
15.15. Recursos em espécie. Embargos de declaração. Recurso em sentido estrito. Apelação. Procedimento e julgamento dos recursos em sentido estrito e das apelações nos tribunais. Apelação perante o Juizado Especial Criminal. Embargos infringentes e de nulidade. Embargos de declaração. Carta testemunhável. Recurso extraordinário. Recurso especial. Correição parcial. Agravo regimental. Recurso ordinário constitucional perante o STJ e o STF. Embargos de divergência perante o STJ e o STF. Recurso necessário ou Recurso ex officio 1261
  15.15.1. Embargos de declaração............
  Conceito............
  Hipóteses de cabimento 1261
    15.15.1.1. Prazos, endereçamento e processamento 1263
    15.15.1.2. Efeitos dos embargos 1264
  15.15.2. Recurso em sentido estrito 1264
    15.15.2.1. Conceito. Hipóteses de incidência. Possibilidade de sua interpretação extensiva 1264
    15.15.2.2. Cabimento 1265
    15.15.2.3. Caráter residual do recurso em sentido estrito 1265
    15.15.2.4. Não cabimento do recurso em sentido estrito 1266
    15.15.2.5. Hipóteses de cabimento do recurso em sentido estrito 1266
      15.15.2.5.1. Recurso em sentido estrito na legislação extravagante 1266
      15.15.2.5.2. Hipóteses de recurso em sentido estrito no CPP 1267

15.15.2.6.	Prazo, procedimento e efeitos do recurso em sentido estrito	1278
	15.15.2.6.1. Prazo	1278
	15.15.2.6.2. Procedimento	1279
	15.15.2.6.3. Efeitos do recurso em sentido estrito	1283
15.15.3. Apelação		1284
	15.15.3.1. Conceito	1284
	15.15.3.2. Características essenciais	1285
	15.15.3.3. Denominações	1285
	15.15.3.4. Processamento em 1ª instância	1285
	15.15.3.4.1. Prazo para apelar	1285
	15.15.3.4.2. Modos de interposição da apelação	1286
	15.15.3.4.3. Interposição da apelação e limites do inconformismo	1286
	15.15.3.4.4. Razões e contrarrazões de recursos	1287
	15.15.3.4.5. Processamento da apelação	1290
	15.15.3.4.6. Cabimento do recurso de apelação	1290
	15.15.3.4.7. Julgamento da apelação e execução provisória da pena imposta	1291
	15.15.3.4.7.1. É possível a execução provisória de penas restritivas de direitos?	1293
	15.15.3.4.7.2. Quem determinará a execução provisória?	1294
	15.15.3.4.7.3. Análise crítica da nova posição	1294
	15.15.3.4.7.4. Permanência da insegurança jurídica: decisões conflitantes do STF a respeito do tema	1296
	15.15.3.4.8. Apelação das decisões do júri	1297
	15.15.3.4.8.1. Recurso de fundamentação vinculada	1297
	15.15.3.4.8.2. Interposição e limites do apelo	1298
	15.15.3.4.8.3. Hipótese de cabimento das apelações do Júri	1300
	15.15.3.4.8.4. Execução provisória das condenações proferidas pelo Júri	1303
	15.15.3.4.9. Processamento das apelações nos tribunais	1304
	15.15.3.4.10. Quem julga as apelações?	1306
	15.15.3.4.11. Efeitos	1307
	15.15.3.4.12. Apelação perante o Juizado Especial Criminal	1308
15.15.3.5.	Embargos infringentes e de nulidade	1308
	15.15.3.5.1. Conceito	1308
	15.15.3.5.2. Prazo. Interposição	1308
	15.15.3.5.3. Órgão julgador dos embargos	1309
	15.15.3.5.4. Processamento dos embargos	1309
	15.15.3.5.5. Efeitos dos embargos	1309
	15.15.3.5.6. Embargos e recurso especial e extraordinário simultâneos	1309
	15.15.3.5.7. Embargos infringentes e competência originária	1310
15.15.3.6.	Declaração de inconstitucionalidade pelo Tribunal e cláusula de reserva de plenário	1311
15.15.3.7.	Carta testemunhável	1312
	15.15.3.7.1. Conceito	1312
	15.15.3.7.2. Prazo, endereçamento e processamento	1312
	15.15.3.7.3. Efeitos da carta	1313
15.15.3.8.	Recurso extraordinário	1314

		15.15.3.8.1.	Conceito. Hipóteses de cabimento	1314
		15.15.3.8.2.	Pressuposto de admissão	1314
		15.15.3.8.3.	Condições de admissão	1314
		15.15.3.8.4.	Disposições gerais do recurso extraordinário	1315
			15.15.3.8.4.1. Interposição por petição. Prazo. Requisitos	1315
			15.15.3.8.4.2. Pedido de concessão de efeito suspensivo	1315
			15.15.3.8.4.3. Oferecimento de contrarrazões e decisões possíveis a serem tomadas pelo Tribunal recorrido a respeito do recurso oferecido	1316
			15.15.3.8.4.4. Recurso cabível da decisão de inadmissibilidade do recurso extraordinário	1317
			15.15.3.8.4.5. Juízo de admissibilidade do recurso extraordinário pelo Supremo	1317
			15.15.3.8.4.5.1. Ofensa reflexa a Constituição	1317
			15.15.3.8.4.5.2. Desconsideração de vício formal	1317
			15.15.3.8.4.5.3. Análise da repercussão geral	1317
			15.15.3.8.4.6. Admissão do recurso extraordinário. Diligências do relator. Julgamento do recurso extraordinário pelo Supremo	1319
		15.15.3.8.5.	Julgamento de recurso extraordinário repetitivo	1319
			15.15.3.8.5.1. Pressuposto	1319
			15.15.3.8.5.2. Procedimento. Selecionamento de processos representativos da controvérsia	1319
			15.15.3.8.5.3. Decisão de afetação positiva e negativa	1320
			15.15.3.8.5.4. Efeitos do julgamento dos recursos afetados	1321
			15.15.3.8.5.5. Diligências do relator	1322
		15.15.3.8.6.	Efeitos do recurso extraordinário	1322
	15.15.3.9.	Recurso especial		1323
		15.15.3.9.1.	Conceito	1323
		15.15.3.9.2.	Pressuposto de admissão	1324
		15.15.3.9.3.	Condições de admissão	1324
		15.15.3.9.4.	Disposições gerais do recurso especial	1326
			15.15.3.9.4.1. Interposição por petição. Prazo. Requisitos	1326
			15.15.3.9.4.2. Pedido de concessão de efeito suspensivo	1326
			15.15.3.9.4.3. Oferecimento de contrarrazões e decisões possíveis a serem tomadas pelo Tribunal recorrido a respeito do recurso oferecido	1327
			15.15.3.9.4.4. Recurso cabível da decisão de inadmissibilidade do recurso especial	1328
			15.15.3.9.4.5. Desconsideração de vício formal	1328
			15.15.3.9.4.6. Diligências que podem ser determinadas pelo relator	1328
			15.15.3.9.4.7. Possibilidade de julgamento monocrático do recurso especial pelo relator	1328
			15.15.3.9.4.8. Julgamento do recurso especial pela Turma	1329
		15.15.3.9.5.	Julgamento de recurso especial repetitivo	1329
			15.15.3.9.5.1. Pressuposto	1329

		15.15.3.9.5.2.	Procedimento. Selecionamento de processos representativos da controvérsia	1330
		15.15.3.9.5.3.	Decisão de afetação positiva e negativa	1330
		15.15.3.9.5.4.	Efeitos do julgamento dos recursos afetados	1331
		15.15.3.9.5.5.	Diligências do relator	1332
	15.15.3.9.6.	Efeitos do recurso especial		1333
	15.15.3.9.7.	Interposição conjunta de recurso extraordinário e especial		1333
	15.15.3.9.8.	Recurso especial que versa sobre questão constitucional		1333
	15.15.3.9.9.	Agravo em Recurso Especial e em Recurso Extraordinário		1334
15.15.3.10.	Embargos de divergência perante o STF e o STJ			1334
	15.15.3.10.1.	Conceito. Previsão normativa. Prazo		1334
	15.15.3.10.2.	Hipóteses de cabimento		1335
15.15.3.11.	Regras gerais do recurso de embargos de divergência			1335
15.15.3.12.	Embargos de divergência e regimento interno			1335
15.15.3.13.	Efeitos da interposição dos embargos de divergência			1337
15.15.3.14.	Embargos de divergência são aplicáveis ao CPP?			1337
15.15.3.15.	O MP poderá opor embargos de divergência?			1337
15.15.3.16.	Embargos Infringentes junto ao STF			1337
	15.15.3.16.1.	Conceito. Previsão Regimental. Hipóteses de cabimento		1337
	15.15.3.16.2.	Prazo. Procedimento		1338
	15.15.3.16.3.	Embargos infringentes e competência originária		1338
	15.15.3.16.4.	Embargos infringentes contra decisões de Turmas do STF no julgamento de ações penais originárias		1339
	15.15.3.16.5.	Efeitos dos embargos infringentes junto ao STF		1339
15.15.3.17.	Agravo Regimental em Matéria Penal junto ao STF e ao STJ			1340
15.15.3.18.	Agravo Interno ou Agravo Regimental junto aos demais Tribunais			1341
15.15.3.19.	Recurso Ordinário Constitucional perante o STJ pela denegação de *habeas corpus*			1342
15.15.3.20.	Recurso Ordinário Constitucional perante o STJ pela denegação de mandado de segurança			1343
15.15.3.21.	Recurso Ordinário Constitucional perante o STF pela denegação de *habeas corpus*			1344
15.15.3.22.	Recurso Ordinário Constitucional perante o STF pela denegação de mandado de segurança			1345
15.15.3.23.	Características comuns das hipóteses de recurso ordinário constitucional interpostos perante o STF e STJ, no caso de denegação de *habeas corpus* ou mandado de segurança			1346
15.15.3.24.	Recurso Ordinário Constitucional perante o STF no caso de crime político			1346
15.15.3.25.	Atuação do MP dos Estados e do DF perante o STJ e o STF			1346
15.15.3.26.	Contagem dos prazos recursais: os prazos são contínuos ou somente devem ser contados os dias úteis?			1347
15.15.3.27.	Correição parcial			1348
	15.15.3.27.1.	Conceito. Previsão legal		1348
	15.15.3.27.2.	Processamento e prazo da correição parcial		1350
	15.15.3.27.3.	Efeitos da correição parcial		1353
15.15.3.28.	Recurso necessário ou recurso ex officio			1354

15.15.3.28.1. Conceito. Natureza jurídica 1354
15.15.3.28.2. Extensão e profundidade do recurso de ofício 1354
15.15.3.28.3. Prazo, endereçamento e processamento 1354
15.15.3.28.4. Hipóteses do recurso ex officio 1355
15.15.3.29. Casuística recursal 1356

Capítulo 16
Ações impugnativas 1359

16.1. Revisão criminal 1359
    16.1.1. Conceito. Natureza jurídica 1359
    16.1.2. Fundamento constitucional, convencional e legal 1359
    16.1.3. Pressuposto da revisão criminal 1360
    16.1.4. Legitimidade ativa e passiva na ação revisional 1361
    16.1.5. Revisão criminal e capacidade postulatória 1362
    16.1.6. Cabimento da revisão criminal 1362
    16.1.7. Revisão criminal e prazo 1363
    16.1.8. Revisão criminal e ônus probatório 1363
    16.1.9. Hipóteses de cabimento da revisão criminal 1363
    16.1.10. Nulidade manifesta em condenação transitada em julgado: deve-se ajuizar revisão criminal ou impetrar-se *habeas corpus*? 1367
    16.1.11. Competência para julgar a revisão criminal 1368
        16.1.11.1. Revisão criminal e Tribunais Superiores 1368
        16.1.11.2. Revisão criminal e Juizados Especiais Criminais 1370
    16.1.12. Procedimento da revisão criminal 1370
    16.1.13. Resultados possíveis do julgamento da revisão 1371
    16.1.14. Recursos cabíveis da decisão colegiada que julga a revisão criminal 1372
    16.1.15. Revisão criminal e Júri 1372
    16.1.16. Certidão de óbito falsa que acarrete a extinção da punibilidade 1373
    16.1.17. Extinção da punibilidade e revisão criminal 1374
    16.1.18. Perdão judicial e revisão criminal 1374
16.2. *Habeas corpus* 1374
    16.2.1. Conceito 1374
    16.2.2. Fundamento constitucional e legal 1374
    16.2.3. Terminologia do *habeas corpus* 1374
    16.2.4. Modalidades de *habeas corpus* 1375
    16.2.5. Legitimidade ativa e passiva do *habeas corpus* 1377
        16.2.5.1. Legitimidade ativa 1377
        16.2.5.2. Legitimidade passiva 1380
    16.2.6. Hipóteses de não cabimento do *habeas corpus* 1381
    16.2.7. Hipóteses de cabimento do *habeas corpus* 1382
    16.2.8. Processamento do *habeas corpus* 1385
        16.2.8.1. Requisitos da petição de *habeas corpus* 1385
        16.2.8.2. Processamento do *habeas corpus* em 1ª instância ... 1386
        16.2.8.3. Processamento do *habeas corpus* em 2ª instância ... 1388
    16.2.9. Competência para julgar *habeas corpus* 1390
    16.2.10. Intimação do julgamento do *habeas corpus* pelo Tribunal. Possibilidade de desistência, pela defesa, de julgamento do *habeas corpus* 1398

16.2.11. *Habeas corpus* e recursos de decisões proferidas em 1ª instância 1399
16.2.12. *Habeas corpus* substitutivo de recurso ordinário. *Habeas corpus* substitutivo dos demais recursos cabíveis e de revisão criminal 1399
        16.2.12.1. *Habeas corpus* substitutivo de recurso ordinário 1400
        16.2.12.2. *Habeas corpus* substitutivo de revisão criminal 1401
16.2.13. Efeitos da concessão de *habeas corpus* 1401
16.2.14. Casuística do *habeas corpus* 1401
16.3. Mandado de segurança contra decisões criminais 1412
   16.3.1. Conceito 1412
   16.3.2. Fundamento constitucional e legal 1412
   16.3.3. Conceito de direito líquido e certo 1413
   16.3.4. Cabimento do mandado de segurança na esfera processual penal. Casos mais comuns. 1413
   16.3.5. Mandado de segurança e pedido liminar. Mandado de segurança para conceder-se efeito suspensivo a recurso 1414
   16.3.6. Mandado de segurança e efeito constitutivo 1414
   16.3.7. Trancamento de inquérito ou processo mediante mandado de segurança 1415
   16.3.8. Mandado de segurança e efeito declaratório 1415
   16.3.9. Legitimidade ativa e passiva do mandado de segurança 1415
        16.3.9.1. Legitimidade ativa 1415
        16.3.9.2. Legitimidade passiva 1416
        16.3.10. Prazo 1417
   16.3.11. Competência para julgar mandado de segurança 1417
   16.3.12. Processamento do mandado de segurança em 1ª instância 1421
   16.3.13. Processamento do mandado de segurança em 2ª instância 1423
   16.3.14. Inviabilidade da utilização de mandado de segurança contra lei em tese 1425
   16.3.15. Mandado de segurança e decisão judicial transitada em julgado 1425
   16.3.16. Mandado de segurança e recursos 1425
16.4. Reabilitação criminal 1426
   16.4.1. Conceito 1426
   16.4.2. Pressuposto da reabilitação 1427
   16.4.3. Reabilitação: direito processual personalíssimo 1427
   16.4.4. Procedimento da reabilitação 1427
   16.4.5. Requisitos para a procedência do pedido de reabilitação 1428
   16.4.6. Revogação da reabilitação 1428
   16.4.7. Efeitos da reabilitação 1428
   16.4.8. Recurso cabível da decisão de reabilitação 1429
16.5. Reclamação Constitucional 1430
   16.5.1. Conceito. Previsão constitucional e legal 1430
   16.5.2. Hipóteses de cabimento. Procedimento 1430
   16.5.3. Reclamação e súmula vinculante 1432

BIBLIOGRAFIA 1435

CAPÍTULO 1
NOÇÕES INTRODUTÓRIAS DE DIREITO PROCESSUAL PENAL

1. INTRODUÇÃO AO DIREITO PROCESSUAL PENAL

1.1. Conceito de direito processo penal

Direito processual penal é um complexo de princípios e normas que constituem o instrumento técnico necessário à aplicação do Direito Penal, regulamentando o exercício da jurisdição pelo Estado-juiz, por meio do processo, os institutos da ação e da defesa, além da investigação criminal pela polícia judiciária, através de inquérito policial, ou por outro órgão público, também legitimado em lei, a investigar mediante procedimentos investigatórios diversos.

1.2. Conflito de interesses entre o direito de punir e o direito à liberdade

Praticado o crime, nasce para o Estado o chamado *jus puniendi* (direito de punir) que, na verdade, trata-se do dever de punir o autor da infração, porque, como se verá, em regra, não cabe qualquer arbítrio do Estado quanto a tal questão, afinal o combate, através da justa punição, se o caso, do autor de uma infração penal, é dever do Poder Público. Mas este dever do Estado não pode ser exercido diretamente (coação direta), porque exige a instauração prévia do devido processo legal, que assegure ao réu o contraditório e a ampla defesa, a fim de que possa exercer a sua pretensão à liberdade (*jus libertatis*) em oposição à pretensão punitiva do Estado.

O processo penal terá, então, por objeto, em grande parte das vezes, a solução da controvérsia ou lide penal entre o *jus puniendi* (a pretensão do Estado de punir o autor da infração) e o *jus libertatis* do indivíduo (a pretensão do réu de preservar sua liberdade).

Como bem observa Renato Brasileiro de Lima[1] "É esse, pois, o grande dilema do processo penal: de um lado, o necessário e indispensável respeito aos direitos fundamentais;

---
1. Renato Brasileiro de Lima, Curso de Processo Penal, p. 2.

do outro, o atingimento de um sistema criminal mais operante e eficiente. Há de se buscar, portanto, um ponto de equilíbrio entre a exigência de se assegurar ao investigado e ao acusado a aplicação das garantias fundamentais do devido processo legal e a necessidade de maior efetividade do sistema persecutório para a segurança da coletividade. (...)"

E, de fato, o direito à liberdade individual e à segurança pública possuem o mesmo status constitucional, previstos que estão no *caput* do próprio artigo 5º, da CF; o que se deve buscar é o equilíbrio entre eles, de modo que um não anule o outro; em outras palavras, a busca pela segurança pública não pode levar a uma ditadura da lei e ordem, pisoteando conquistas seculares da humanidade em face do Estado centralizador; por outro lado, o garantismo exacerbado e inconsequente não pode permitir a ditadura do individualismo em detrimento dos mais caros interesses sociais. O ideal, como em tudo na vida, é o meio termo.

Apenas se julgada procedente a pretensão punitiva será imposta sanção ao acusado, caracterizando-se, assim, o *jus puniendi* como uma espécie de coação indireta, porque depende, para sua satisfação, que seja instaurado e findo o processo com sua resolução de mérito. É a consagração do princípio *nulla poena sine judicio* – não há pena sem decisão judicial através de um processo.

1.3. Processo penal como garantia individual

Nem sempre, entretanto, ao contrário do que costumeiramente se propala, o processo penal tem por finalidade a punição do acusado, mas, pelo contrário, pode ter o escopo libertário, como se dá com os processos de *habeas corpus*, revisão criminal e reabilitação criminal; o autor, nestes processos, não pretende a condenação de quem quer que seja, mas, pelo contrário, almeja o atendimento a uma pretensão em prol da liberdade individual, e, nem por isso, deixa de existir o processo penal. Esta é a outra face da moeda do processo penal: a luta jurídica pela liberdade: a legislação penal, ao impor condutas e sanções taxativamente descritas, implicitamente declara que qualquer outra ação humana que não corresponda ao tipo penal não é ilícita penalmente; logo, seu autor não poderá ter sua liberdade restringida por conduta não prevista no tipo penal, nem poderá ser punido fora das balizas sancionatórias estabelecidas no preceito secundário da norma incriminadora. Se a lei penal, restritiva como é nas condutas ilícitas que descreve por meio de fórmulas penais taxativas, é um meio de proteger a liberdade individual dos cidadãos, o processo penal é o instrumento prático da defesa de tal direito; sobre esse aspecto, o processo penal é uma garantia individual do cidadão.

1.4. Persecução criminal

Mas, para que o direito de punir do Estado se materialize, impondo ao autor do crime uma sanção, no caso das ações penais condenatórias, é preciso que, antes, se desenvolva a denominada persecução penal (*persecutio criminis*), que, na sua literalidade, significa a perseguição do crime e de seu autor; em outras palavras, a busca pela apuração da materialidade e autoria delitivas.

A persecução penal se divide em **3 fases**:

1ª fase é **preparatória** da etapa processual propriamente dita e corresponde **às investigações criminais**, normalmente realizadas pela Polícia Judiciária, através do inquérito policial;

2ª fase corresponde ao ajuizamento da **ação penal condenatória**, pelo MP, através da denúncia, ou pelo ofendido, através da queixa-crime;

3ª fase é a em que a sanção penal é concretamente aplicada, após o trânsito em julgado da sentença que tenha condenado o acusado ou imposto a ele uma medida de segurança (absolvição imprópria).

O ofendido, como se verá ao tratarmos do Capítulo Ação Penal, embora particular, quando ajuíza uma queixa crime pretendendo a condenação do acusado, nos crimes de ação de iniciativa privada, não está, na verdade, pretendendo a satisfação de direito próprio, mas sim alheio – do Estado – que é o titular exclusivo do direto de punir. O ofendido é, assim, nas ações penais privadas, um substituto processual – é o que se denomina legitimação ativa extraordinária, em que o autor defende direito alheio em nome próprio.

1.5. Fontes do direito processual penal

Fonte é a origem do processo penal.

Segundo a doutrina, podem ser apontadas 2 fontes:

1ª – Fontes materiais ou de produção

É o sujeito de direito que cria o processo penal. Este sujeito é a União, uma vez que compete a ela, privativamente, legislar sobre direito processual (art. 22, I, da CF).

Os Estados, excepcionalmente, poderão criar leis que tratem de questões específicas processuais, como autoriza o § único do art. 22 da CF.

Os Estados e o DF podem legislar, concorrentemente, sobre direito penitenciário (art. 24, I, da CF), isto é, sobre a organização e funcionamento de unidades de cumprimento de penas e medidas de segurança, além de lhes ser autorizada a regulamentação de leis federais que tratem das execuções penais, quando estas permitirem tal complementação.

Os Estados e o DF podem legislar sobre procedimentos em matéria processual (art. 24, XI, da CF), significando dizer que são autorizados a editar leis que complementem a legislação federal, quando esta for lacunosa e necessite de maior detalhamento. Em hipótese alguma os entes federativos (Estados e DF) poderão editar normas gerais de procedimento penal, sob pena de serem consideradas inconstitucionais. Um exemplo crasso de inconstitucionalidade de lei estadual, é a Lei 7.917/2018, do Estado do Rio de Janeiro, que tem por objeto dispor a respeito da permanência de preso provisório nas unidades do sistema penitenciário estadual, limitada em 180 dias. Obviamente, esse tema de processo penal, só podendo ser editada lei pela União, (art. 22, I, da CF). Foi ajuizada ADI (Ação Direta de Inconstitucionalidade), pela AMB (Associação dos Magistrados Brasileiros), em face do diploma legislativo citado, sendo concedida liminar pelo Min. Dias Toffoli, do STF, para suspender sua eficácia[2].

2ª Fontes formais ou de revelação, de cognição ou de conhecimento

São as formas através das quais o direito processual se revela, se exterioriza, dividindo-se em fontes formais imediatas ou diretas e fontes formais mediatas ou indiretas.

Fontes formais imediatas ou diretas – aquelas que têm sua origem no próprio ordenamento jurídico, diretamente, sem intermediações:

1ª – A **Constituição Federal**: nela estão assegurados os direitos e garantias individuais, que têm eficácia plena ao processo penal e que assumem a forma de diversos princípios processuais penais que serão vistos adiante (princípio da presunção de inocência, do contraditório, da ampla defesa, da vedação ás provas ilícitas etc).

2ª – **Legislação federal**. São as leis editadas pela União em obediência à sua competência legislativa (art. 22, I, da CF). O principal diploma legislativo é o CPP, mas há variada legislação extravagante, como a Lei de Drogas (Lei 11.343/06), Lei Maria da Penha (11.340/06), Código de Trânsito Brasileiro (9.503/97), etc, que tratam, simultaneamente, de matérias de direito penal e processual penal.

3º – **Tratados e convenções de direito internacional**, afinal, segundo o § 2º do art. 5º da CF "os direitos e garantias expressos nesta Constituição não excluem outros decorrentes do regime e dos princípios por ela adotados, ou dos tratados internacionais em que a República Federativa do Brasil seja parte".

Os tratados internacionais de direitos humanos possuem, segundo o STF[3], o status de *supralegalidade*, como se dá com Convenção Americana sobre Direitos Humanos (Pacto de São José da Costa Rica – Decreto nº 687/92), isto é, tal texto encontra-se hierarquicamente acima da legislação do país, imediatamente abaixo das normas constitucionais; sendo assim, quaisquer normas infraconstitucionais de direito interno que colidam com o teor da citada Convenção devem ser consideradas como inválidas, perdendo sua eficácia.

Importante mencionar também que os tratados internacionais sobre direitos humanos que forem aprovados, em cada Casa do Congresso Nacional, em dois turnos, por três quintos dos votos dos respectivos membros, serão equivalentes às emendas constitucionais (art. 5º, § 3º da CF). Se esses tratados veicularem matérias processuais, terão *status* de normas constitucionais.

4º – **Súmulas Vinculantes**, previstas no art. 103-A da CF, que concedem ao STF o poder de, por provocação ou de ofício, mediante decisão de dois terços de seus membros, após reiteradas decisões sobre matéria constitucional, aprovar súmula,

---

2. Informativo do STF. 24/05/2018. STF. ADI 5949. Rel. Min. Dias Toffoli.
3. STF – Pleno, HC- 87.585/TO, Rel. Min. Marco Aurélio, Dje 118 25/06/2009 e RE 466.343.

que, a partir de sua publicação na imprensa oficial, terá efeito vinculante em relação aos demais órgãos do Poder Judiciário e à administração pública direta ou indireta, nas esferas federal, estadual e municipal. Descumprida a Súmula Vinculante, poderá se oferecer reclamação diretamente ao STF para garantir a autoridade de sua decisão (art. 103-A, § 3º da CF).

Fontes formais mediatas ou indiretas – aquelas que têm sua origem na interpretação do ordenamento jurídico, indiretamente, portanto:

Doutrina: obras, artigos, e estudos em geral publicados pelos juristas.

Princípios gerais do direito: premissas éticas extraídas da consciência de um povo, em determinado momento histórico.

Analogia: na hipótese de não existir norma jurídica aplicável ao caso concreto, utiliza-se de regra que regula caso semelhante.

Costumes: regras de conduta reiteradas com a consciência generalizada de sua obrigatoriedade. No direito processual, é a praxe forense. Os costumes podem ser: *secundum legem* (de acordo com a lei); *praeter legem* (aqueles que suprem a ausência de lei) e *contra legem* (os que vão contra a lei).

Jurisprudência: são as reiteradas decisões judiciais em determinado sentido, sedimentando entendimentos sobre certas matérias.

1.6. Sistemas processuais penais

São as formas encontradas, no decorrer da história, pelos mais diversos povos, de sistematizar as funções basilares do processo penal – acusar, defender, julgar – quando o processo tem natureza condenatória, ou seja, sendo utilizado como meio de se impor uma sanção ao possível autor de um ilícito penal.

São os seguintes:

1º – Sistema acusatório

Aquele em que as funções de acusar, defender e julgar são exercidas por órgãos distintos. Este sistema tem por características essenciais a igualdade entre as partes, a existência do contraditório e da ampla defesa, a presunção de não culpabilidade do acusado, a publicidade dos atos e a inércia do juiz, que deve agir apenas quando provocado pelas partes, a fim de se garantir a sua necessária imparcialidade.

É o chamado *ne procedat judex officio* (o juiz não deve agir de ofício, sem provocação das partes). O nosso sistema processual assume a *forma acusatória*, porque as funções de acusar (exercidas pelo MP no caso das ações penais públicas, ou pelo ofendido quando a ação for privada), de defender (pelo advogado do acusado) e julgar (pelo juiz) são exercidas por órgãos distintos, consagrando-se a igualdade das partes, e a publicidade, em regra, de todos os atos processuais.

No denominado *actum trium personarum*; existem três personagens processuais fundamentais: o autor, o acusado e o juiz, cada um exercendo funções que lhes são próprias. O acusado, nesse sistema, é considerado como sujeito de direitos e não mero objeto do processo.

O sistema acusatório é reconhecido expressamente pela Constituição Federal, ao declarar que cabe ao Ministério Público, privativamente, a propositura da ação penal pública (art. 129, I, da CF), ao mesmo tempo em que regulamenta, em capítulos diversos, o Poder Judiciário (art. 92/126, da CF), e as funções da Advocacia e da Defensoria Pública (art. 133/135 da CF), deixando claro que as funções de acusar, defender e julgar devem ser enfeixadas em órgãos distintos.

Como as funções de investigar crimes são previstas também na CF, ao regulamentar as atividades das polícias, no seu art. 144 (sem prejuízo de outros órgãos públicos, como adiante se verá, como o MP), o juiz não está legitimado a, de ofício, promover atos investigatórios, sob pena de se comprometer sua imparcialidade, antes mesmo do ajuizamento da ação penal.

No sistema acusatório, cabe, em regra, às partes, de maneira igualitária (paridade de armas), a produção de provas, sendo vedada a iniciativa probatória, por parte do juiz, que deveria permanecer inerte.

O nosso sistema acusatório, entretanto, no que toca à produção da prova, não é puro, pois não se impede que o juiz determine, de ofício, sem provocação das partes, providências que visem à busca da verdade real dos fatos, como previsto no art. 156 do CPP (exemplos: oitiva de testemunhas como do juízo, perícias, novo interrogatório do réu, etc).

É permitido também ao magistrado que, de ofício, decrete medidas cautelares, como, por exemplo, a determinação de sequestro de bens, imposição de prisão preventiva ou outras medidas cautelares pessoais.

Em todas essas situações, o juiz não se substitui às partes, assumindo o lugar delas, mas, apenas *subsidiariamente*, toma decisões em prol da boa apuração dos fatos, ou que visem preservar os direitos da sociedade ou das partes.

2º – Sistema inquisitivo

As atividades de acusar, defender e julgar são exercidas por um só órgão, não havendo se falar, assim, em contraditório e ampla defesa. Este sistema tem por características básicas o sigilo dos atos processuais, a ausência do contraditório e da ampla defesa, e a possibilidade de o juiz agir, dando início ao processo, que ele próprio sentenciará o que, obviamente, compromete sua imparcialidade. Nesse sistema, o acusado é considerado como objeto do processo e não como sujeito de direitos, equipando o juiz inquisidor de ampla iniciativa probatória.

2º – Sistema misto

Existe uma fase inicial de apuração preliminar de provas de autoria e materialidade presidida por magistrado, onde não se asseguram o contraditório e a ampla defesa; após esta fase, que é eminentemente inquisitiva, segue-se a fase acusatória do processo, separando-se as funções de acusar, defender e julgar, entre órgãos distintos, garantindo-se, neste momento, ao acusado, o direito à ampla defesa e ao contraditório. É o chamado Juizado de Instrução.

1.7. Lei processual penal no espaço

O art. 1º do CPP adotou, como regra, o princípio da territorialidade, determinando que a lei processual penal brasileira possui vigência em todo território nacional.

É o princípio da *lex fori* ou *locus regit actum*: as leis processuais têm eficácia nos limites do território nacional, não se aplicando nossas leis a outros países, nem as leis estrangeiras no Brasil, em razão da soberania nacional. Em se tratando de relações jurisdicionais com autoridades estrangeiras que devam ser praticados no Brasil, como a expedição de cartas rogatórias (art. 783/786 do CPP), homologação de sentenças estrangeiras (art. 787/790 do CPP) e extradição (Lei 13.445/2017 – Lei de Migração), aplica-se a lei processual brasileira e não estrangeira.

Há, todavia, **exceções ao princípio da territorialidade**, que são as seguintes:

1ª – Diplomatas e funcionários de organismos internacionais: de acordo com a Convenção de Viena sobre Relações Diplomáticas (art. 31, § 1º, da Convenção, aprovada pelo Decreto Legislativo 103/1964 e promulgada pelo Decreto n. 56.435/65), os agentes diplomáticos **gozam de imunidade absoluta de jurisdição penal (imunidade penal e processual penal absolutas)**, garantia esta que são asseguradas aos embaixadores, a seus familiares e aos funcionários técnicos e administrativos, além de servidores de organismos internacionais, como ONU, OIC (Organização Internacional de Comércio etc), não se estendendo, todavia, aos empregados particulares dos agentes diplomáticos. Responderão os agentes diplomáticos no país de origem por eventual delito cometido no Brasil.

No caso de morte de um diplomata, os membros de sua família continuarão no gozo dos privilégios e imunidades a que têm direito, até a expiração de um prazo razoável que lhes permita deixar o território do Estado acreditado (art. 39, § 3º, da Convenção de Viena sobre Relações Diplomáticas).

Nenhum deles é obrigado a comparecer perante qualquer juízo ou tribunal do país onde exerçam suas funções (é o chamado país acreditado), para testemunhar ou prestar informações sobre fato de que tenham tomado conhecimento. É autorizada a renúncia a esta imunidade diplomática, mas apenas por parte do país para quem o funcionário trabalhe (é o chamado país acreditante). O Estado a que pertencer o diplomata poderá renunciar a sua jurisdição, liberando à Justiça brasileira o julgamento de seu nacional (do estrangeiro); denomina-se de *renúncia à imunidade de jurisdição cognitiva*. Faculta-se, ainda, ao Estado do diplomata, renunciar à imunidade de jurisdição cognitiva – permitindo que o estrangeiro responda ao processo criminal, de acordo com as leis brasileiras, reservando-se, todavia, a *imunidade de execução*: o estrangeiro, depois de julgado pelas leis brasileiras, se condenado, cumprirá sua pena no Estado de origem, e não de acordo com as leis nacionais, evitando que fique sujeito ainda ao precário sistema penitenciário brasileiro. Havendo a renúncia apenas à imunidade de jurisdição cognitiva, como se viu, a Justiça brasileira será a competente para o processo de conhecimento, e cautelares a ele vinculadas. No entanto, não é possível decretar-se, nessa situação, a prisão preventiva do estrangeiro com a finalidade de se assegurar a futura aplicação da lei penal, uma vez que quem eventualmente aplicará a lei penal não será o Brasil, mas o Estado estrangeiro do diplomata[4].

O agente diplomático é enviado pelo **Estado acreditante** (seu país de origem), e é recebido pelo **Estado acreditado** ou acreditador (país onde exercerá suas funções). O diplomata é aquele que representa o seu Estado e os países estrangeiros, e também aqueles que exercem a função em organismos internacionais.

2ª – **Cônsules**: os cônsules os quais, ao contrário dos diplomatas, não são representantes do Estado, mas que exercem suas funções em prol de interesses privados, de acordo com a Convenção de Viena sobre Relações Consulares (aprovada pelo Decreto Legislativo 06/1967 e promulgada pelo Decreto n. 61.078/67), gozam de imunidade relativa, e não absoluta como os agentes diplomáticos. Haverá a exclusão da jurisdição brasileira, quanto aos cônsules, apenas quanto aos atos oficiais praticados no exercício de funções típicas consulares.

Quanto à atividade consular, há o Estado que envia, e o Estado receptor, país que, na lição de Norberto Avena[5], "consente com o estabelecimento de uma repartição consular de outro país em seu território".

As duas exceções acima são tratadas, por parte da doutrina, como o nome de **aplicação da lei processual penal em relação às pessoas**.

3ª – **Tribunal Penal Internacional**

Segundo o art. 5º, § 4º da CF, "o Brasil se submete à jurisdição de Tribunal Penal Internacional a cuja criação tenha manifestado adesão". Referido tribunal foi criado em 1998 pela Conferência de Roma. Através do Decreto Legislativo n. 112/2002, que foi promulgado pelo Decreto n. 4.388/2002, o Brasil incorporou tal diploma legislativo ao seu ordenamento jurídico. Este tribunal tem *competência subsidiária*, isto é, só será chamado a funcionar em se tratando de crimes de genocídio, crimes contra a humanidade, crimes de guerra (previstos nos arts. 6º a 8º do Decreto) ou de agressão (ainda não definido). O Tribunal Penal Internacional só atuará se o país com competência, pelo território, para julgar tais infrações, não demonstrar vontade política ou condições institucionais de fazê-lo.

É certo que a CF, em seu art. 5º LI, veda a extradição de brasileiro nato, ressalvando, apenas, o brasileiro naturalizado, em caso de crime comum, praticado antes da naturalização, ou de comprovado envolvimento em tráfico de ilícito de entorpecentes e drogas afins, na forma da lei. Quanto ao estrangeiro, estipula o art. 5º, LII, da CF, que não será concedida a extradição de estrangeiro por crime político ou de opinião.

---

4. STJ- Recurso em *Habeas Corpus* 87.825/ES (2017/0191506-2). Rel. Min. Nefi Cordeiro.
5. Norberto Avena, Processo Penal Esquematizado, p. 66.

Pergunta-se então: É possível entregar-se brasileiro nato ao Tribunal Penal Internacional, para que seja julgado por este organismo judicial internacional?

Entende-se que sim, porque a entrega ao Tribunal Penal Internacional representa um ato de colaboração com um órgão de justiça internacional do qual o próprio Brasil é integrante.

Concluindo: a extradição do brasileiro nato é expressamente vedada pela Constituição Federal, mas não é proibida a sua entrega ao Tribunal Penal Internacional. Isto porque o ato de entrega tem o significado de encaminhamento de uma pessoa a um organismo internacional formado por uma comunidade de nações, dentre as quais a do próprio país que realiza a entrega do seu cidadão.

A entrega então difere da extradição, que se caracteriza como o envio de uma pessoa a uma nação soberana específica e não a um organismo internacional.

4ª - **aplicação da lei processual penal brasileira em território não pertencente a qualquer nação (território *nullius*).**

5º - **quando houver expressa autorização do Estado estrangeiro em aplicar a lei processual brasileira.**

6º - **quando houver território ocupado em tempo de guerra,** situação em que lei do país invasor vige.

Do art. 1º do CPP, permanece atual o seu *caput* e o inciso I, que tratam, respectivamente, da regra geral da territorialidade da lei processual penal, e sua exceção, que são os tratados, as convenções e regras de direito internacional; de igual maneira, as prerrogativas constitucionais do Presidente da República, dos ministros de Estado, nos crimes conexos com os do Presidente da República, e dos ministros do Supremo Tribunal Federal, nos crimes de responsabilidade, que são atualmente previstas no art. 52, I, da CF (art. 1º, II, do CPP).

Os processos da competência da Justiça Militar, que julga os crimes militares, utilizam-se do Código de Processo Penal Militar (Decreto-Lei 1002/69), e não o CPP (art. 1º, III, do CPP).

A referência aos processos de competência do tribunal especial (art. 1º, IV, do CPP) não possui mais qualquer atualidade, porque o denominado tribunal especial (Tribunal de Segurança Nacional) extinguiu-se há muito (sua vigência se deu durante o Estado Novo na fase ditatorial do governo Getúlio Vargas).

Quanto aos crimes de imprensa, citados no art. 1º, V, do CPP, é certo que o STF, em julgamento de Arguição de Descumprimento de Preceito Fundamental (ADPF n 130 – 7 – DF), declarou a inconstitucionalidade da Lei de Imprensa (Lei 5.250/67).

1.8. Lei processual no tempo

Dispõe o art. 2º do CPP que a lei processual penal aplica-se, desde logo, sem prejuízo da validade dos atos realizados sob a vigência da lei anterior. Em outras palavras, os atos processuais anteriormente praticados sob a vigência de lei revogada permanecem íntegros – **sistema do isolamento dos atos processuais**, preservando-os.

É a consagração legal do *princípio tempus regit actum*, também denominado princípio do efeito imediato ou da aplicação imediata da lei processual. Significa dizer que a lei processual, mesmo que mais rígida que a lei anterior (por exemplo, alargando as hipóteses de prisão preventiva, aumento o valor da fiança etc), aplica-se de imediato, sem prejuízo da validade dos atos processuais anteriores que eram regidos pela lei revogada.

Para que se saiba se deve ser aplicado o princípio do efeito imediato, é necessário pesquisar, antes de tudo, a natureza jurídica da lei: se é penal, processual penal, híbrida ou heterotópica.

Lei penal é aquela que cria, modifica (aumentando ou reduzindo), ou extingue a pretensão punitiva ou executória do Estado.

Exemplos: a lei que cria um novo crime, que o revoga, que modifica sua pena, que alarga ou reduz as possibilidades de *sursis*; que modifica a quantidade de pena necessária para a progressão de regime, que cria ou extingue causas de suspensão ou interrupção de prescrição etc.

As normas penais, como se sabe, são dotadas de retroatividade quando forem mais benéficas ao agente.

É o que prevê o art. 5º LX, da CF – "a lei penal não retroagirá, salvo para beneficiar o réu". Determina, por sua vez, o § único do art. 2º do CP o seguinte: "A lei posterior, que de qualquer modo favorecer o agente, aplica-se aos fatos anteriores, ainda que decididos por sentença condenatória transitada em julgado".

Consequência da proibição de retroatividade da lei penal mais gravosa é a ultra--atividade da lei penal mais benéfica, que se constata quando lei penal posterior mais gravosa ao agente revoga outra que lhe era mais benéfica; nesta hipótese, a lei penal anterior mais benéfica, que era vigente quando da prática do crime, embora revogada, continuará a produzir efeitos, porque a lei mais rigorosa nunca retroage.

Lei processual penal: é toda norma que regulamenta, com exclusividade, a relação jurídica processual, sem que trate de qualquer faceta da pretensão punitiva ou executória do Estado.

Exemplos: leis que modificam o procedimento, criam ou extinguem recursos, modificam os procedimentos cautelares, a competência etc.

Lei híbrida ou mista: é a norma que tem conteúdo misto: possui uma parte de direito penal e outra de processo penal.

Exemplos: o art. 366 do CPP, que regulamenta a citação por edital e a suspensão do processo e da prescrição, caso o acusado, citado por edital, não compareça nem constitua advogado; a parte da norma que trata da citação por edital e da suspensão do processo é processual; a outra parte do artigo que tem por objeto a suspensão da prescrição é de índole material (de direito penal, porque suspende a pretensão punitiva do Estado).

A suspensão condicional do processo prevista no art. 89 da Lei 9099/95 é também exemplo de norma híbrida, porque, determina a suspensão do processo, enquanto são cumpridas as condições fixadas pelo juiz (efeito processual do benefício); se o acusado der cumprimento a tais condições, será declarada extinta sua punibilidade pelo juiz (consequência de direito material).

Sendo assim, toda e qualquer norma híbrida ou mista, pelo fato de possuir dentro de si um conteúdo de direito penal, se submete à vedação de retroatividade da lei penal mais gravosa, acima comentada.

Lei heterotópica: o conteúdo da norma possui uma determinada natureza, mas o diploma legal onde é veiculada não corresponde ao seu conteúdo.

Exemplo: o art. 234-B do CP, ao prever que os processos por crimes contra a dignidade sexual correrão em segredo de justiça é uma típica norma processual, que se encontra, equivocadamente, em um diploma legislativo que trata do direito material (Código Penal).

Mais do que o diploma legislativo onde se encontra a norma, o importante a se saber é sua verdadeira natureza: se de direito material ou processual.

Desse modo, mesmo que a norma esteja inserida em Lei Processual (v.g., alteração do CPP), mas se tiver conteúdo penal (norma heterotópica), ou se se sua natureza for híbrida (natureza penal e processual penal), para todos os efeitos, o dispositivo legal será considerado como de natureza penal, dotado de extra atividade (art. 2º do CP).

Entendemos que as normas que tratem da prisão provisória, medidas cautelares, liberdade provisória são **normas processuais puras**, que se submetem ao princípio do efeito imediato, mesmo que mais gravosas ao acusado. Há, entretanto, **entendimento diverso**, como o de Norberto Avena[6], no sentido de que seriam normas heterotópicas; em outras palavras, seriam normas de direito material, porque diriam respeito à garantia individual de liberdade do indivíduo, veiculadas em legislação processual. Para quem assim pense, não seria permitida a retroatividade de leis processuais que tratassem de maneira mais gravosa a respeito da liberdade processual de alguém.

1.9. Interpretação e integração da lei processual

1.9.1. Interpretação da lei processual. Conceito. Classificação

É a busca do sentido e alcance da norma, para que seja possível sua aplicação ao caso concreto.

A doutrina costuma dividir a interpretação quanto ao sujeito, quanto aos meios empregados e quanto ao resultado.

Quanto ao sujeito, a interpretação é classificada em:

(*Quem interpreta a lei?*)

1ª – **Autêntica**: é a interpretação dada pela própria lei. Exemplo: conceito de funcionário público fornecido pelo art. 327 do CP.

2ª – **Doutrinária**: aquela que é construída pelos juristas em seus estudos.

3ª – **Jurisprudencial**: interpretação originária dos juízes e Tribunais.

---
6. Norberto Avena, Processo Penal Esquematizado, p. 58.

Quanto ao modo ou meio, a interpretação classifica-se em:

(Como se interpreta a lei?)

1ª – Gramatical, literal ou sintática: é a interpretação que leva em conta a literalidade das normas. Este é um meio necessário, mas não suficiente de interpretação das normas, pois, muitas vezes, o sentido jurídico da lei é diverso daquele que os dicionários em geral dão a algumas palavras.

2ª – Teleológica ou lógica: aquela que busca a razão, o motivo da lei, qual a finalidade que visa alcançar a lei (é a chamada *ratio legis*).

3ª – Histórica: analisa o histórico, os precedentes que levaram à edição da lei.

4ª – Sistemática: estuda a norma, que nunca deve ser interpretada de maneira isolada, como componente de um sistema que deve guardar coerência lógica entre as disposições normativas que o constituem.

5ª – Progressiva, adaptativa, evolutiva: interpreta-se a lei, adaptando-a a realidade social, às mudanças que tenha ocorrido na sociedade, com a finalidade de não permitir que a norma se torne obsoleta.

Quanto ao resultado, a interpretação se classifica em:

(A que resultados chegou a interpretação?)

1ª – Declarativa: o sentido da norma se identifica perfeitamente com a literalidade da norma, nem a mais, nem a menos.

2ª – Restritiva: a literalidade da norma foi além do seu verdadeiro sentido, e é preciso restringir seu alcance, para atender seus verdadeiros fins. Em outras palavras, a lei disse mais do que pretendia dizer.

3ª – Extensiva: a literalidade da norma foi aquém do seu verdadeiro sentido e finalidade, sendo necessário alargar o seu alcance. Em suma, a lei disse menos do que pretendia dizer. O art. 3º do CPP admite, expressamente, a interpretação extensiva das normas processuais. É permitida também, no processo penal, a interpretação analógica, que é aquela em que, após uma sequência casuística de exemplos, o legislador emprega uma fórmula genérica que deve guardar sintonia com os casos enumerados pela própria lei.

1.9.2. Integração da lei processual

É o instrumento lógico que supre as lacunas da lei, mediante o emprego da analogia e dos princípios gerais de direito, que criarão uma norma jurídica adaptada ao caso concreto.

O fundamento da integração da lei é que, se a lei é lacunosa em regular todas as relações da vida, o certo é que o direito não apresenta lacunas: a solução para o caso concreto surgirá então do próprio ordenamento jurídico.

Analogia é um método de integração em que, quando inexistente norma que regule determinada situação, autoriza-se a utilização de outra norma que discipline situação semelhante, afinal onde existe a mesma razão existe o mesmo direito (*ubi eadem ratio, ibi eadem jus*).

Já os **princípios gerais de direito**, como se viu, são premissas éticas, de valor, construídas por um povo, em determinado momento histórico, e que norteiam sua conduta.

Tanto a analogia quanto os princípios gerais de direito possuem sua utilização expressamente autorizadas pelo art. 3º do CPP.

Por fim, ressalte-se que a integração da lei é um instrumento de revelação do direito, *criando uma norma jurídica nova*, quando não há norma expressa (lacuna legislativa); ao passo que a interpretação da lei se cinge à apreensão do significado e alcance de lei existente (*não se criando qualquer norma jurídica nova*).

1.10. Princípios processuais penais

1.10.1. Conceito de princípio

Princípios são normas jurídicas, explícitas ou implícitas, dotadas de grande abstração, por serem relativamente vagas e indeterminadas, que veiculam valores que servem de inspiração à criação e aplicação das demais normas, espraiando-se, assim, por todo o sistema de regras. Percebe-se, assim, que, além de inspirar a criação de outras normas mais específicas, os princípios servem como vetores interpretativos das próprias normas.

Os princípios processuais penais encontram-se, em sua maioria, previstos na CF.

1.10.2. Princípios processuais penais

1.10.2.1. Princípio da busca da verdade real ou material

O juiz criminal deve buscar a prova dos fatos como realmente ocorreram (a sua verdade histórica); não basta, assim, a mera verdade formal (aquela trazida nos autos pelas partes).

Este princípio legitima a produção de provas, *ex officio*, pelo magistrado, mesmo antes de iniciada a ação penal, ou no curso da instrução, antes de proferir sentença (art. 156 do CPP). Legitima, ainda, a determinação, pelo juiz, de ofício, para que novas testemunhas sejam ouvidas (art. 209 do CPP), dentre outros dispositivos legais em que o juiz toma a iniciativa probatória.

A busca pela verdade real, entretanto, tem limites, não sendo admissíveis as provas obtidas por meios ilícitos (art. 5º, LVI, da CF e art. 157 do CPP), ou seja, aquelas que ofendam dispositivos de direito material.

São inadmissíveis, também, as provas ilegítimas (aquelas que desrespeitam normas processuais). Exemplos: é proibida a leitura de documento ou exibição de objeto que não tenha sido juntado aos autos com a antecedência mínima de 3 dias úteis, nos julgamentos pelo júri (art. 479 do CPP); a proibição imposta a determinadas pessoas em testemunhar, em razão de função, ofício ou profissão e que devem guardar segredo daquilo que foi relevado a eles (art. 207 do CPP).

Como se verá no Capítulo 7 – Prova, tanto as provas ilícitas quanto ilegítimas, podem, excepcionalmente, ser utilizadas quando, num juízo de proporcionalidade, possam ser úteis ao esclarecimento dos fatos, principalmente quando se visa evitar a condenação de um inocente.

Existe vasta doutrina etiquetando a busca da verdade real como razão de ser apenas do processo penal, em que se autorizaria maior autonomia do magistrado na produção de provas, inclusive de ofício, por estarem em jogo interesses indisponíveis-segurança pública e liberdade do indivíduo; diferenciava-se o processo penal, assim, do processo civil, em que o juiz se contentaria apenas com a verdade formal – aquela revelada nos autos – o que lhe tolheria a legitimidade de determinar provas, *ex officio*, dependendo, então, da iniciativa das partes, ao assumir uma posição passiva diante delas.

Como bem ilustra Renato Brasileiro de Lima[7], "no âmbito civil, mesmo nos casos de direitos disponíveis, tem sido aceito que o magistrado possa, de ofício, determinar a produção de provas necessárias ao esclarecimento da verdade. Afinal, o processo deve ser considerado um meio efetivo de realização da justiça, quer seja o direito disponível, quer seja indisponível. (...) No âmbito processual penal, hodiernamente, admite-se que é impossível que se atinja uma verdade absoluta. (...) Há de se buscar, por conseguinte, a maior exatidão possível na reconstituição do fato controverso, mas jamais com a pretensão de que se possa atingir uma verdade real, mas sim uma aproximação da realidade, que tenda a refletir ao máximo a verdade. Enfim, a verdade absoluta, coincidente com os fatos ocorridos, é um ideal, porém inatingível".

Realmente, o aplicador da lei deve ter a humildade de reconhecer que a reconstrução histórica dos fatos através do processo, muitas vezes, é apenas uma pálida amostra da realidade; este trecho da realidade, entretanto, quando entranhado aos autos, deve possibilitar uma decisão a seu respeito, sempre se aceitando, pelo menos em tese, por outro lado, que a realidade pode ter sido diversa.

Segundo Renato Brasileiro de Lima[8], posicionamento com o qual concordamos, em se tratando dos benefícios penais previstos na Lei dos Juizados Especiais Criminais (Lei 9099/95), mais especificamente, transação penal, suspensão condicional do processo e composição civil dos danos, não se discute, nem se preocupa com a verdade – real ou formal – como se queira – dos fatos, porque, em havendo acordo entre as partes – o que de fato ocorreu torna-se irrelevante. A controvérsia penal é dissolvida pela denominada *verdade consensuada*.

1.10.2.2. Princípio da legalidade ou obrigatoriedade

A persecução criminal realizada, em regra, pela Polícia Judiciária, através do inquérito policial, e, em juízo, nos crimes de ação penal pública, pelo Ministério Público,

---

7. Renato Brasileiro de Lima, Curso de Processo Penal, p. 33.
8. Renato Brasileiro de Lima, Curso de Processo Penal, p. 35.

é obrigatória; em outras palavras, existindo a prática de um fato aparentemente criminoso, tanto a polícia quanto o MP, devem agir, não lhes sendo facultado um juízo de oportunidade e conveniência a respeito, mas sim de estrita obrigatoriedade de agir. Em razão deste princípio, quando o MP promove o arquivamento, deve expor as suas razões para tanto, as quais passaram pelo controle do princípio da obrigatoriedade ou legalidade efetuado pelo juiz, as analisando, e, se não concordar com elas, remeterá o inquérito ao Procurador-Geral para decisão (art. 28 do CPP).

Quanto às ações penais privadas vigora o princípio oposto que é o da disponibilidade: a parte poderá, durante todo o trâmite do inquérito ou do processo dispor, de várias formas (renúncia, desistência, perdão, perempção) de seu direito.

No que se refere às ações penais públicas condicionadas à representação ou requisição, existe uma margem de disponibilidade da vítima ou seu representante legal, até o momento em que o MP oferece denúncia, sendo que, a partir deste momento, passa a vigorar integralmente o princípio da indisponibilidade.

A possibilidade de o MP oferecer transação penal nas infrações de menor potencial ofensivo (as contravenções penais e os crimes com pena igual ou inferior a 2 anos), prevista no art. 72 da Lei 9.099/95, é considerada como sendo uma exceção ao princípio da obrigatoriedade.

1.10.2.3. Princípio da indisponibilidade

Os órgãos encarregados da persecução penal – Polícia Judiciária e MP – não podem dispor, renunciar às suas funções, por uma questão de conveniência ou oportunidade. Em outras palavras, iniciado o trabalho investigativo pela Polícia Judiciária, deve a autoridade policial prosseguir em seus ulteriores termos, até o fim, não lhe sendo permitido arquivar o inquérito policial (art. 17 do CPP). Quanto ao MP, embora possa promover o arquivamento, para tanto, sua manifestação deve ser fundamentada e passar pelo controle do juiz, que dela pode discordar (art. 28 do CPP). Durante todo o transcorrer da ação penal, o MP não pode deixar de dar-lhe andamento (art. 42 do CPP), se manifestando fundamentadamente, sempre que lhe seja exigido, o que inclui a fase recursal, por ser proibido ao membro do MP desistir de recurso interposto (art. 576 do CPP).

Tem-se entendido que a proposta de suspensão condicional do processo (art. 89 da Lei 9099/95), na qual o MP propõe a suspensão do processo, por determinado tempo, mediante condições, a acusados que respondam por crimes cuja pena mínima não ultrapasse 1 ano, é uma exceção ao princípio da indisponibilidade.

1.10.2.4. Princípio da oficialidade

A persecução penal é de índole pública, afinal, tanto a investigação criminal, realizada normalmente pela Polícia Judiciária, através do inquérito policial, quanto o ajuizamento da ação penal através de denúncia oferecida pelo MP, são procedidas por órgãos públicos, oficiais. Ademais, também é um órgão público que irá solucionar a controvérsia penal: o Poder Judiciário. Exceção a este princípio ocorre com o ajuizamento da ação penal privada pelo ofendido, que é o particular.

1.10.2.5. Princípio da oficiosidade

Este princípio é decorrente do anterior e tem o sentido de apontar que os órgãos públicos encarregados da persecução penal devem agir, de ofício, independentemente da provocação de quem quer que seja.

Exceção a este princípio ocorre nas hipóteses da ação penal privada, e no caso de ação penal condicionada à representação ou requisição do Ministro da Justiça, em que o inquérito policial ou a ação penal só terão início se houver manifestação de vontade neste sentido por parte dos interessados.

1.10.2.6. Princípio da publicidade

Os atos processuais são públicos, de amplo conhecimento por quem quer que seja. Trata-se da publicidade absoluta ou popular, que compreende as audiências, as sessões do Tribunal do Júri e dos Tribunais em geral e tem a finalidade de possibilitar que o cidadão possa acompanhar o funcionamento do Poder Judiciário, fiscalizando-o, como verdadeiro meio de controle social de seus atos, o que pode inibir a eventual prática de arbitrariedades por parte de seus membros.

Sob essa modalidade ampla de publicidade, qualquer um do povo, inclusive jornalistas, poderão presenciar os atos processuais; nada impede que, se autorize que atos processuais sejam televisionados ou transmitidos, em tempo real pela internet, como já se deu em plenários de julgamento pelo Júri, desde que autorizados pelo juiz. Além disso, claro, terão direito a consultar os atos, tomar apontamentos, tirar fotos de seu teor, etc.

A regra geral do processo penal é a publicidade ampla e irrestrita. Mas tal publicidade pode sofrer limites, é a chamada publicidade restrita, como prevê a própria CF, em seu art. 5º, LX, quando estipula que "a lei só poderá restringir a publicidade dos atos processuais quando a defesa da intimidade ou o interesse social o exigirem". O art. 93, IX, da CF afirma que "todos os julgamentos dos órgãos do Poder Judiciário serão públicos (...), podendo a lei limitar a presença, em determinados atos, às próprias partes e a seus advogados, ou somente a estes, em casos nos quais a preservação do direito à intimidade do interessado no sigilo não prejudique o interesse público à informação".

Este último dispositivo constitucional deixa claro que nenhum ato processual poderá ser realizado sem a presença de advogado, e se tal ocorrer, referido ato padecerá de nulidade absoluta, porque, por mais sigilosa que seja a etapa procedimental, por motivo de interesse social ou preservação da intimidade, não há como se alijar a participação do defensor, sob pena de óbvia violação à ampla defesa.

De igual maneira, prevê a Convenção Americana sobre Direitos Humanos (Pacto de São José da Costa Rica – Decreto nº 678/92 – art. 8º, § 5º) que "o processo penal deve ser público, salvo no que for necessário para preservar os interesses da justiça".

O art. 792, § 1º, do CPP, por sua vez, reza que "se da publicidade da audiência, da sessão ou do ato processual, puder resultar escândalo, inconveniente grave ou perigo de perturbação da ordem, o juiz, ou tribunal, câmara ou turma, poderá, de ofício ou a requerimento da parte ou do Ministério Púbico, determinar que o ato seja realizado a portas fechadas, limitando o número de pessoas que possam estar presentes".

Para nós, o citado artigo do CPP deve se submeter a uma *interpretação conforme a Constituição* para que tenha plena eficácia. Como se percebe, a Lei Maior só permite a restrição à publicidade dos atos processuais em duas situações: defesa à intimidade ou interesse público; sendo assim, mesmo que do fato relatado possa resultar "escândalo", "inconveniente grave", ou "grave perturbação da ordem" – expressões, aliás, bastante genéricas, o juiz não determinará qualquer segredo do ato, se não houver risco concreto ao direito à intimidade ou risco ao interesse social, por mais escabrosos e repugnantes que sejam os fatos tratados nos autos.

Como hipótese legal de publicidade restrita dos atos processuais está o art. 234-B do Código Penal, que trata do segredo de justiça em se tratando de crimes contra a dignidade sexual, ao estabelecer que "Os processos em que se apuraram crimes definidos neste Título correrão em segredo de justiça".

Quem decreta ou revoga o segredo de justiça é o magistrado. De igual maneira, tendo-se sido decretada a quebra de sigilo bancário, telefônico, ou anexadas as transcrições de uma interceptação telefônica, por envolverem, tais medidas cautelares, a intimidade dos investigados ou acusados, os autos que contenham tais elementos de prova deverão tramitar sob segredo de justiça.

1.10.2.7. Princípio do contraditório ou da bilateralidade da audiência

O contraditório é o direito que tem a parte de tomar ciência de todos os fatos processuais, especialmente das provas e da manifestação da parte contrária, para que possa se pronunciar a respeito, influindo, assim, no convencimento do magistrado.

O contraditório é, assim, composto de duas partes: a primeira: é o direito de informação da existência de um ato processual, através da citação e intimação – fundamentais à configuração de tal princípio (em verdade, os atos processuais de comunicação concretizam o princípio do contraditório); a segunda, a possibilidade de contrariar, discutir, criticar tal ato, participando do convencimento do juiz.

O contraditório deve ser não apenas formal, mas sim efetivo, assegurando às partes, à acusação e à defesa, em razão do princípio maior da isonomia ou da igualdade, uma paridade de tratamento, a chamada paridade de armas (*par conditio*).

É previsto no art. 5º, LV, da CF, com a seguinte redação: "aos litigantes, em processo judicial ou administrativo, e aos acusados em geral são assegurados o contraditório e ampla defesa, com os meios e recursos a ela inerentes". O contraditório é direito da defesa e da acusação.

Majoritariamente, entende a doutrina que o contraditório só é aplicável na fase judicial da persecução criminal, isto é, durante o processo penal, e não em sua etapa de investigação, normalmente procedida através de inquérito policial. Isso porque o inquérito policial possui a natureza jurídica de *procedimento administrativo preparatório de ação penal* que visa investigar infrações penais, e que é presidido pela autoridade policial; o inquérito policial, desse modo, *por não ter natureza de processo administrativo*, não admite contraditório nem ampla defesa, *garantias processuais essas ínsitas ao processo judicial e ao processo administrativo, mas não ao procedimento administrativo*.

Esse é o posicionamento consolidado do STF[9], no sentido de que o inquérito policial é mera peça informativa, não suscetível de contraditório, e que eventuais irregularidades nele contidas não acarretam a nulidade da ação penal.

Há determinadas provas que são produzidas sem que haja o contraditório simultâneo, como, por exemplo, perícias ou interceptação telefônica realizadas na fase do inquérito policial. Todavia, ajuizada a ação penal, as partes – sobretudo a defesa – tomarão conhecimento pleno de tais provas e poderão criticá-las e até solicitar contraprova. É o que se denomina de contraditório diferido.

Na interessante conceituação de Renato Brasileiro de Lima[10], deve-se distinguir o contraditório para a prova e o contraditório sobre a prova. O **contraditório para a prova** – contraditório real – é aquele em que as partes dialeticamente participam da produção da prova na presença do juiz. O exemplo clássico é a prova testemunhal, em que as partes formulam suas perguntas diretamente produzindo a prova oral, de maneira simultânea e igualitária. Já o **contraditório sobre a prova**, também denominado de **contraditório diferido ou postergado** se dá quando, após já produzida a prova, as partes tomam ciência da sua produção e lhes é oportunizado criticá-la. É o caso, acima citado, da interceptação telefônica ou de uma prova pericial determinada e realizada durante o inquérito policial.

1.10.2.8. Princípio da ampla defesa

É previsto no art. 5º, LV, da CF: "Aos litigantes, em processo judicial ou administrativo, e aos acusados em geral são assegurados o contraditório e ampla defesa, com os meios e recursos a ele inerentes".

A garantia à ampla defesa não se confunde com o contraditório – ambos componentes essenciais do devido processo legal; a ampla defesa é a garantia de todo e qualquer acusado de se contrapor à uma acusação, pessoalmente, seja influenciando a decisão do juiz, seja presenciando os atos do processo, além de contar, como verdadeira injunção legal, necessariamente, com um advogado habilitado para postular por seus interesses.

Já o contraditório é direito assegurado às partes – à acusação e à defesa. Sendo assim, pode haver, distintamente, violações isoladas à ampla defesa, sem que tenha se desrespeitado o contraditório, e também reciprocamente: violação do contraditório, sem que haja menoscabo à ampla defesa, como, por exemplo, quando não se possibilita

---

9. STF – 2ª T. HC 83.233/RJ, Rel. Min. Nelson Jobim, DJ 19/03/2004; STF – 2ª T., HC 99.936/CE, Rel. Min. Ellen Gracie, Dje 232 10/12/2009.
10. Renato Brasileiro de Lima, Curso de Processo Penal, p. 16.

à acusação a possibilidade de se manifestar a respeito de uma determinada prova, requerimento ou alegação emanada da defesa.

A **ampla defesa** compreende o direito do acusado à **autodefesa**, além da **defesa técnica** por advogado habilitado.

Ampla defesa e autodefesa:

Os **elementos da autodefesa** são:

1º - **direito de presença** do acusado a todos os atos da instrução (oitiva de testemunhas, da vítima etc). O direito de presença, outra face da autodefesa, consiste no direito assegurado ao acusado de acompanhar, pessoalmente, os atos de instrução, se assim pretender; como é uma faculdade que lhe assiste, poderá deixar de exercê-la, desde que, claro, nos atos processuais esteja presente seu defensor. De qualquer modo, **o direito de presença é do acusado, e não de seu defensor**, razão porque o advogado não pode abrir mão do comparecimento do acusado – sobretudo se estiver o réu preso – uma vez, assim agindo, **estaria renunciando a direito que não é seu** (o direito de presença como modalidade da autodefesa que é próprio do acusado).

Este direito poderá, entretanto, ser relativizado, na hipótese em que o juiz verificar que a presença do réu poderá causar humilhação, temor ou sério constrangimento à testemunha ou ao ofendido, de modo a prejudicar a veracidade da prova oral, determinando a colheita da prova oral através do sistema de videoconferência ou, na impossibilidade de uso de tal recurso tecnológico, determinando a retirada do réu da sala de audiência (art. 217 do CPP).

Nessa situação em que o acusado é retirado da sala de audiência, embora tal providência prejudique o contato direto do réu com a prova oral, certo que, durante sua produção –oitiva da vítima ou testemunhas – deve o juiz permitir que o acusado possa ter contato com o advogado a respeito do teor do que está sendo dito em audiência, de modo a não prejudicar o exercício a autodefesa. Nessa situação, a autodefesa, pelo direito de presença, não será, assim, imediata – durante a produção mesma da prova – mas sim mediata, logo após parte de sua produção, e antes do seu encerramento; de qualquer modo, certo que possibilitará que o acusado influencie no convencimento do juiz, através de seu defensor, solicitando ao advogado que formule determinadas indagações ao depoente, em prol de seu interesse.

Há tormentosa questão a respeito de situação bastante comum do cotidiano forense: em se tratando de processo que demandou a expedição de carta precatória para oitiva de testemunhas ou da vítima, é direto do réu, se estiver preso, de acompanhar a produção da prova no juízo deprecado, sob pena de nulidade?

Há **duas posições** sobre o assunto:

1ª - **Posição**: O réu preso que está sob a custódia do Estado tem o direito de presenciar os atos de instrução probatória produzidos no juízo deprecado, sob pena de nulidade absoluta, pouco importando até que tenha que ser deslocado para outra unidade da Federação, conforme já decidiu o STF.[11]

---

11. STF-1ª T- HC 94.216/RJ, Rel. Min. Marco Aurélio, DJe 113, 18/06/2009.

Em decisão bastante conhecida do STF[12], arguiu-se que "são irrelevantes as alegações do Poder Público concernentes à dificuldade ou inconveniência de proceder à remoção de acusados presos a outros pontos da própria comarca, do Estado ou do País, eis que razões de mera conveniência administrativa não têm – nem podem ter – precedência sobre as inafastáveis exigências de cumprimento e respeito ao que determina a Constituição. (...) Essa prerrogativa processual reveste-se de caráter fundamental, pois compõe o próprio estatuto constitucional do direito de defesa, enquanto complexo de princípios e normas que amparam qualquer acusado em sede de persecução criminal, mesmo que se trate de réu processado por suposta prática de crimes hediondos ou de delitos a estes equiparados".

2ª Posição: Mais recentemente, o STF[13] já decidiu que a não condução do acusado preso para o juízo deprecado é causa de mera nulidade relativa, a demonstrar prova do prejuízo e arguição em tempo oportuno. Ao magistrado então seria admitido indeferir a requisição do acusado preso, diante de sua periculosidade, não havendo se falar em nulidade, segundo já decidiu a Suprema Corte[14].

Se não houve prejuízo ao acusado, como, por exemplo, quando não se requisita o réu preso para acompanhar uma audiência de testemunha da acusação que nada se recorda dos fatos, ou de testemunha de meros antecedentes arrolada pela própria defesa do acusado, pensamos que a ausência do acusado em nada prejudicou sua situação processual, de modo que seria mesmo o cúmulo de preciosismo formalista anular-se tal ato processual, porque inexistente qualquer dano real à ampla defesa.

No entanto, se, por desídia, desorganização ou puro arbítrio em decisão não fundamentado do juiz, o acusado não for conduzido à audiência em que se produziu prova extremamente relevante em seu detrimento, e cujo teor pudesse, em tese, ser esmiuçado na sua presença em parceria com seu defensor entendemos que, devidamente comprovadas nos autos o prejuízo ao acusado por violação clara à ampla defesa, a audiência deverá ser anulada, determinando-se a realização de outra, em que se requisitará o acusado para que a ela compareça.

Exemplos dessa situação de prejuízo evidente à ampla defesa pela não requisição de réu preso para comparecer à audiência: a delação de corréu sem a presença do acusado delatado (preso, mas não conduzido); a realização de apenas reconhecimento fotográfico pela vítima na fase de inquérito policial, sem a sua ratificação pessoal em juízo, justamente porque o acusado não foi requisitado e, desse modo, não se oportunizou seu reconhecimento pessoal, que é sempre mais seguro e confiável, etc.

2º – direito de audiência – direito de ser ouvido pelo juiz em seu interrogatório, e apresentar sua versão a respeito dos fatos, sendo-lhe possibilitado, assim, influir no convencimento do magistrado.

---

12. STF – 2ª T- HC 93.503/SP, Rel. Min. Celso de Mello, j. 02/06/2009, DJe 148 06/08/2009; STF – 2ª T. – HC 86.634/RJ, Rel. Min. Celso de Mello, DJ 23/02/2007.
13. STF – RE- 602.543/RG-QO, Rel. Min. Cezar Peluso, DJe 035 25/02/2010).
14. STF – 1ª T. HC 100.382/PR, Rel. Min. Ricardo Lewandowski, j. 08/06/2010, DJe 164 02/09/2010.

Como o acusado pode calar como consequência do seu direito ao silêncio, tem-se que o interrogatório é, predominantemente, um ato de defesa – mais especificamente um ato de autodefesa a compor a ampla defesa.

Sendo assim, na hipótese em que o acusado esteve foragido e não se realizou seu interrogatório, com o seu com comparecimento, o juiz determinará seu interrogatório, em qualquer fase do processo (art. 185, *caput*, do CPP), desde que antes do trânsito em julgado da sentença. Assim, mesmo que já tenha sido proferida sentença, mas tenha havido recurso, ou ainda na situação em que não escoado para as partes o prazo para tanto, o juiz colherá o interrogatório do acusado, para a possível futura apreciação do Tribunal em grau recursal.

Tamanha é a importância do interrogatório como ato processual revelador da autodefesa que pode ser procedido a novo interrogatório, a todo tempo, mesmo que de ofício, ou a pedido de qualquer das partes (art. 196 do CPP), além do que, no julgamento de apelação, o Tribunal, câmara ou turma pode proceder a novo interrogatório do acusado (art. 616 do CPP).

3º – **direito de postular no processo**, de maneira autônoma de seu defensor técnico, em hipóteses excepcionais, a seguir estudadas. Além da defesa por meio de defensor, a lei possibilita que o acusado pratique, pessoalmente, atos processuais, outorgando-lhe, de maneira excepcional, verdadeira capacidade postulatória específica – para certos atos, que são: interpor recursos (art. 577, *caput*, do CPP); impetrar *habeas corpus* (art. 654, *caput*, do CPP); ajuizar revisão criminal (art. 623 do CPP); formular requerimentos em sede de execução criminal (art. 195, *caput*, da LEP).

Claro que, no caso de interposição de recurso, necessariamente as razões recursais deverão ser apresentadas por advogado; em se tratando de *habeas corpus* e revisão criminal – verdadeiras ações de impugnação autônomas – nada impedirá que o juiz nomeie advogado dativo ou Defensor Público para secundar, complementar e aprimorar a argumentação do acusado; da mesma forma, no caso de requerimentos no âmbito da execução criminal. O que não se admite é simplesmente o juiz descartar os atos postulatórios do acusado, sem qualquer análise de seu mérito, nomeando defensor instado a apresentar em seu lugar recurso, ação ou pedido, situação essa que configuraria nítida ofensa à ampla defesa e consequente nulidade do ato.

A autodefesa é um direito do acusado, mas que pode ser por ele não exercido, quando, por exemplo, permanece calado em seu interrogatório, ou se desejar não acompanhar, pessoalmente, os atos de instrução, contentando-se apenas com a presença de seu defensor.

Ampla defesa e defesa técnica

Está também compreendido na ampla defesa o direito do acusado à **defesa técnica**: de ter um profissional devidamente habilitado que lhe patrocine a defesa.

A defesa técnica é uma injunção legal (uma obrigação) que o acusado jamais poderá renunciar; mesmo que não queira ser defendido por profissional habilitado, regularmente inscrito na Ordem dos Advogados do Brasil, o juiz lhe nomeará um para patrocinar sua defesa. Este é o teor do art. 261 do CPP: "Nenhum acusado, ainda que ausente ou foragido, será processado ou julgado sem defensor".

O direito à defesa técnica abrange os seguintes elementos:

1º – Direito de ser defendido por um advogado habilitado: o advogado deve estar no pleno exercício de sua profissão, não se admitindo que exerça a defesa técnica, se estiver suspenso por razão de processo administrativo disciplinar da Ordem dos Advogados do Brasil.

A nosso ver, a prática de atos próprios da advocacia em processo criminal, por parte de advogado suspenso, deveria acarretar a nulidade absoluta do processo, porque violada a ampla defesa, no que se refere à indispensável assessoria jurídica técnica que é garantida a todo e qualquer acusado. Nesse sentido, já decidiu o STF.[15]

Há, porém, decisão em sentido diverso, também do STF[16], entendendo que, mesmo sendo a defesa técnica exercida por advogado licenciado da OAB, porque não demonstrado qualquer prejuízo, não haveria se falar em nulidade, além de que estaria impossibilitada de arguir a nulidade quem lhe deu causa.

2º – Direito de escolher seu defensor, caso tenha condições de contratá-lo. Tem o acusado o direito de escolher o profissional de sua confiança, aquele que, na sua concepção, melhor atenderá seus anseios.

Em razão desse direito do acusado, se o advogado constituído renunciar ao mandato, não poderá o juiz, automaticamente, nomear outro ou a Defensoria Pública sem, antes, intimar o réu a constituir outro defensor, em prazo assinalado pelo juiz. Se não houver a constituição de novo advogado no prazo marcado, ou se o acusado, quando intimado, declarar que não tem condições de contratar outro profissional de seu conhecimento, apenas nessa situação, estará o magistrado legitimado a nomear profissional dativo ou a Defensoria Pública. Tem sido esse o posicionamento do STF[17] a respeito do tema. Claro que durante o processo, mesmo tendo sido nomeado defensor dativo ou a Defensoria Púbica para patrocinar os interesses do acusado, o réu poderá constituir novo defensor de sua confiança, a qualquer tempo (art. 263 do CPP).

O STJ[18] já reconheceu a nulidade absoluta do processo em razão da ausência de intimação do acusado para constituir novo defensor, diante da renúncia

---

15. STF – 2ª T. HC 85.717/SP, Rel. Min. Celso de Mello, j. 09/10/2007.
16. STF – 1ª T. HC 99.457/RS, Rel. Min. Cármen Lúcia, j. 13/10/2009, Dje 100 02/06/2010.
17. STF – 1ª T. HC 67.755/SP, Rel. Min. Celso de Mello, j. 26.06/1990, DJ 11/09/1992.
18. STJ – 5ª T. HC 132.108/PA, Rel. Min. Laurita Vaz, j. 16/12/2010, DJe 07/02/2011.

apresentada pelo advogado constituído. Para o STJ[19], a escolha de defensor é um direito inafastável do acusado, porque deve permear entre réu e advogado uma relação de confiança, e, em razão disso, verificada a ausência da defesa técnica, por qualquer motivo, o juiz deve conceder prazo para que o acusado indique outro profissional de sua confiança, ainda que revel, para aí então, caso permaneça inerte, nomear-se, legitimamente, outro profissional.

A constituição de defensor se dá através da procuração, que instrumentaliza o mandato. O art. 266 do CPP possibilita que, além do instrumento de mandato (a procuração), a constituição de defensor se dê por indicação do acusado em seu interrogatório. É a chamada nomeação *apud acta*, que constava do termo de interrogatório. Tal dispositivo legal tinha sua importância antes das reformas processuais do nosso CPP, em que o interrogatório era o primeiro ato da instrução, pois, já no início do rito, o acusado indicava, no dia do seu interrogatório, quem era seu defensor, e já se saberia que todos os demais atos processuais seriam por ele acompanhados – oitiva da vítima, testemunhas da acusação, defesa, alegações finais. Ocorre que, nos dias de hoje, nossos procedimentos penais, iniciam-se com a resposta à acusação e a instrução encerra-se com o interrogatório, de modo que, em regra, não existe mais qualquer sentido na nomeação de defensor pelo acusado no último momento da instrução. A interpretação progressiva que podemos dar então ao art. 266 do CPP é a de que o acusado, no termo de audiência de instrução, debates e julgamento, em que se colherá toda a instrução que finalizará com o interrogatório do acusado, seguindo-se as alegações finais orais das partes, poderá constituir defensor, no início da própria audiência, fazendo constar do termo de audiência tal fato, antes de qualquer ato instrutório, portanto. Claro que se, por qualquer motivo, tiver sido colhida parcialmente a instrução (oitiva da vítima e das testemunhas de acusação e defesa), designando-se audiência apenas para o interrogatório do acusado e alegações finais orais, nada impediria que o réu, *apud acta*, nomeasse novo defensor naquele ato processual derradeiro.

3º – Direito de o Estado nomear um advogado, caso o acusado não tenha condições para tanto. Se o réu não possuir condições financeiras de contratar um advogado de sua confiança, o Estado, que tem o dever de prestar assistência jurídica integral e gratuita aos necessitados (art. 5º, LXXIV, da CF), irá lhe nomear um. Ressalte-se, ainda, que a Carta Maior criou a Defensoria Pública como instituição essencial à função jurisdicional do Estado, incumbindo-lhe a orientação jurídica e a defesa, em todos os graus, dos necessitados (art. 134, *caput*, da CF). Em outras palavras, se o acusado não tiver condições econômicas de constituir um advogado, o juiz nomeará a instituição criada pela Constituição Federal com a missão de assisti-lo juridicamente – a Defensoria Pública –; se não houver Defensoria Pública, ou mesmo havendo, no caso de impossibilidade prática (pelo quadro diminuto de defensores e excesso de trabalho desenvolvido

---

19. STJ – 5ª T. HC 162.785/AC, Rel. Min. Napoleão Nunes Maia Filho, j. 13/04/2010, DJe 03/05/2010.

em prol de outros assistidos), o juiz, apenas nessas hipóteses, nomeará defensor dativo, porque deve priorizar, sempre, o órgão público encarregado de tal missão. A designação de advogado dativo será, assim, subsidiária, dependendo da impossibilidade da Defensoria Pública.

4º – Direito a uma defesa técnica real – eficiente e fundamentada. No caso de defesa técnica desenvolvida por defensor público ou dativo, suas manifestações serão sempre fundamentadas (art. 261, § único, do CPP). A finalidade de tal norma é apontar que a defesa, no processo penal, não pode ser meramente formal, decorativa, sob pena de nulidade processual.

A nosso ver, tal dispositivo legal é aplicável a toda e qualquer defesa-seja ela dativa, patrocinada pela Defensoria Pública, ou mesmo na hipótese de defensor constituído, porque essa interpretação extensiva é a que melhor se coaduna com a ampla defesa.

De acordo com a Súmula 523 do STF, "No processo penal, a falta de defesa constitui nulidade absoluta, mas a sua deficiência só o anulará se houver prejuízo para o réu". Em hipótese de defesa meramente protocolar, sem conteúdo real, nos parece ser caso mesmo de ausência de defesa criadora de eiva insanável. Diferente seria a situação de defesa falha, incompleta ou um pouco confusa, quando, no entanto, o magistrado, mesmo que de ofício, e ante a pífia atuação defensiva, consiga suprir tais falhas da atuação, reconhecendo fundamentos para minorar a situação do acusado, reduzindo sua pena, afastando qualificadoras etc, de modo que, nessa situação, se não tiver havido prejuízo ao acusado, não há porque se reconhecer a nulidade do processo.

A defesa penal, em outras palavras, deve ser efetiva, concreta e combativa, traduzida em comportamento processual que possua, pelo menos, potencialidade de atender aos interesses do acusado, como, por exemplo, arrolar testemunhas, requerer perícias imprescindíveis, requerer a revogação da prisão preventiva, perguntar em audiência, oferecer memorias fundamentados na prova dos autos e etc.

Embora a lei nada diga a respeito da atuação do defensor constituído, certo que a ele também se aplica o raciocínio acima exposto; em situação de defesa inócua ou extremamente deficiente, ao ponto de comprometer os interesses do acusado, mesmo que o acusado esteja satisfeito com o trabalho do advogado por ele constituído, caberá ao juiz alertá-lo a respeito da inópia do trabalho defensivo, e conceder-lhe prazo para nomear outro profissional, sob pena de nomear-se um dativo ou a Defensoria Pública.

Por mais que se respeite o mandato privado entre profissional e cliente, o interesse que versa em um processo penal é o público – o justo equilíbrio entre a pretensão punitiva e a liberdade individual – o qual não pode – nem deve – ficar nas mãos de ineptos. Devem fiscalizar a qualidade do trabalho defensivo o Ministério Público e o magistrado, utilizando-se, para tanto, por analogia do art. 497, V, do CPP, que prevê, no rito do júri, a dissolução do Conselho de Sentença, quando o juiz, ante a péssima atuação do defensor, considerar o acusado indefeso. Parece-nos que tal norma é plenamente aplicável a todos os ritos e fases processuais porque tem por finalidade assegurar a efetividade da ampla defesa.

Não é possível, quer se trate de defensor constituído, dativo ou de defensor público o patrocínio simultâneo de dois ou mais réus, que possuam defesas colidentes – a tese defensiva, de um deles ou de ambos, é a de negar o crime para si e imputá-lo ao corréu; nessa situação, a defesa técnica de cada um deve ser realizada por profissional distinto, sob pena de nulidade, como já decidiu o STF[20]. Com o mesmo entendimento o STJ.[21]

5º – Direito à atuação do defensor em todas as fases processuais.

É indispensável a presença de defensor em todas as fases do processo penal, mesmo antes da citação. No caso de rejeição da peça acusatória pelo juiz – denúncia ou queixa-se a acusação recorrer, normalmente através de recurso em sentido (art. 581, I, do CPP), o acusado deverá ser intimado a fim de que possa constituir advogado a fim de oferecer contrarrazões ao recurso do autor da ação penal. Se, apesar de intimado, o acusado não constituir defensor, o magistrado nomeará advogado ou a Defensoria Pública para oferecer as contrarrazões. Este é o teor da Súmula 707 do STF: "Constitui nulidade a falta de intimação do denunciado para oferecer contrarrazões ao recurso interposto da rejeição da denúncia, não a suprindo a nomeação de defensor dativo". Percebe-se que, mesmo ainda não se tendo triangularizado a relação processual com a citação do acusado, já existe relação processual penal, e assim, deve-se respeitar os princípios da ampla defesa e do contraditório.

Na fase recursal, de igual maneira, deverá ser assegurado que, caso o defensor constituído do acusado renuncie, seja notificado o réu a fim de constituir novo defensor, se o desejar. Se não constituir, deverá ser nomeado defensor a ele. A realização do julgamento do recurso (por exemplo, apelação), sem a intimação do defensor – nomeado ou constituído – acarreta a nulidade absoluta de tal julgamento, por ofensa à ampla defesa. Nesse sentido, o STF[22]. É o que prescreve a Súmula 708 do Pretório Excelso: "É nulo o julgamento da apelação, se, após a manifestação nos autos da renúncia do único defensor, o réu não foi previamente intimado para constituir outro". Pelo teor do referido enunciado, se um defensor renunciou, mas existiam outros que permaneceram na defesa do acusado, não haveria se falar em nulidade, porque, *in casu*, a ampla defesa, no seu aspecto de assessoria habilitada técnica por advogado, não deixou de existir.

Em todos os ritos do processo penal, inclusive no sumaríssimo dos Juizados Especiais Criminais (Lei 9099/95), é assegurada, sempre, a assistência jurídica do defensor, mesmo na sua fase pré-processual, como na audiência preliminar (art. 72), em que poderá se propor a transação penal ou a composição civil.

---

20. STF – 1ª T. HC 69.716/RS, Rel. Min. Ilmar Galvão, j. 13/10/1992, DJ 18/12/92.
21. STJ – 6ª T. RHC 22.034/ES, Rel. Min. Maria Thereza de Assis Moura, j. 19/08/2010.
22. STF – 2ª T. HC 94.282/GO, Rel. Min. Joaquim Barbosa, j. 03/03/2009, DJe 75 23/04/2009.

6º – Direito de se manifestar após a acusação. Decorre da ampla defesa ainda o direito de o acusado, através de seu defensor, se manifestar após a acusação. É inerente a ampla defesa, o conhecimento, pelo defensor, dos atos do processo, das provas, da manifestação da acusação, e a possibilidade de se pronunciar a respeito, influenciando o convencimento do magistrado.

7º – Direito à prova. Decorre também da ampla defesa o direito à prova que milite em favor dos interesses do acusado (por exemplo: prova do álibi, de circunstância excludente de ilicitude, de culpabilidade, de circunstâncias que acarretem a redução de pena etc).

A ofensa à ampla defesa quer na modalidade autodefesa quer na espécie defesa técnica, como vimos, em regra, gera a nulidade absoluta do processo, por violação a princípio constitucional – princípio da ampla defesa – e encontra, também, fundamento no art. 564, III, *c*, do CPP.

1.10.2.9. Princípio da iniciativa das partes, ou da demanda

Cabe ao MP, nas ações penais públicas, e ao ofendido, nas ações penas privadas, a iniciativa de ajuizarem a ação, vedado ao juiz a iniciativa de fazê-lo, porque, se assim agisse, estaria comprometida sua imparcialidade. É o denominado *ne procedat judex ex officio* (o juiz não pode proceder de ofício). O órgão do Judiciário é inerte, e só age, decidindo, quando é provocado pelas partes. Exceção a este princípio é a possibilidade de concessão de *habeas corpus*, de ofício, pelos juízes (art. 654, § 2º, do CPP).

1.10.2.10. Princípio do impulso oficial

Iniciado o processo pelas partes, o juiz, por já ter sido provocado, se encarrega de dar o impulso necessário do feito até o seu encerramento, não dependendo delas para tanto.

1.10.2.11. Princípio do juiz natural

É previsto no art. 5º, LIII, da CF: "ninguém será processado nem sentenciado senão pela autoridade competente".

O juiz natural é aquele pré-existente à data do fato criminoso, previsto, de maneira abstrata, na CF e nas leis, como o juiz com competência para julgá-lo.

O princípio do juiz natural traz como decorrência a vedação aos juízes ou tribunais de exceção (art. 5º, XXXVII, da CF); isto quer dizer que não é admitido, após a prática de um crime, criar um órgão de justiça especialmente para julgá-lo. De igual maneira, prevê o art. 8.1. do Pacto de São José da Costa Rica que todo acusado tem direito a ser julgado por um juiz independente e imparcial, estabelecido anteriormente por lei, na apuração de qualquer acusação penal formulada contra ele (...)".

O princípio em tela é mais um instrumento que visa assegurar a imparcialidade dos juízes, em garantia das partes, sobretudo do acusado.

Está contido no princípio do juiz natural o princípio da imparcialidade do juízo, constando da Convenção Americana de Direitos Humanos (Pacto de San José da Costa Rica), em seu art. 8º, item 1: "Toda pessoa terá o direito de ser ouvida, com as devidas garantias e dentro de um prazo razoável, por um juiz ou Tribunal competente, independente e imparcial, estabelecido anteriormente por lei, na apuração de qualquer acusação penal formulada contra ela, ou na determinação de seus direitos e obrigações de caráter civil, trabalhista, fiscal ou de qualquer natureza".

1.10.2.12. Princípio da identidade física do juiz

O juiz que presidiu a instrução deverá proferir sentença (art. 399, § 2º, do CPP). Assim é estipulado porque, em geral, no processo penal de hoje, quase todas as provas são colhidas em audiência única, onde o juiz que a preside, pelos subprincípios da imediatidade, da concentração, e da oralidade, tem contato direto com os elementos de convicção (oitiva de vítimas, testemunhas, interrogatório reconhecimento). Desse modo, é claro que o juiz que produziu toda a prova oral está melhor aparelhado para julgar o processo que outro magistrado que apenas conhecesse os elementos de prova através de seus registros.

A **imediatidade** é o contato direto do juiz com a prova; a **concentração** é a reunião de atos probatórios em uma só audiência; a **oralidade** é a produção oral da prova.

1.10.2.13. Princípio do promotor natural

É previsto no mesmo inciso do princípio do juiz natural (art. 5º, LIII, da CF), no sentido de assegurar que ninguém seja processado senão pela autoridade competente.

O significado deste princípio é que o membro do MP que ajuizar ação penal em face de alguém tenha sua atribuição estabelecida, pelas leis, de maneira abstrata, antes dos fatos criminosos.

Não é admitido, assim, o acusador de exceção, *encomendado* para acusar alguém.

Este princípio visa assegurar a necessária isenção que devem ter os membros do MP em sua atuação, em garantia do acusado.

Como explica Norberto Avena[23], o princípio do promotor natural se relaciona ao processo criminal, não alcançando o inquérito, onde eventuais diligências podem ser promovidas a partir de determinação do Procurador-Geral por membro distinto daquele que atuará no processo; especialmente, segundo nosso entendimento, se não houver distribuição judicial, e não se souber, de antemão, quem será o promotor responsável pelo feito.

1.10.2.14. Princípio do duplo grau de jurisdição

As partes têm o direito de ver reanalisada, por superior instância, mediante recurso, sua pretensão, quando vierem a sofrer prejuízo pela decisão do juiz de 1ª instância.

---

23. Norberto Avena, Processo Penal Esquematizado, p. 43.

Este princípio não tem previsão expressa, mas a Constituição, ao estatuir diversas regras de competência e seus órgãos de jurisdição (Tribunais de Justiça, Tribunais Regionais Federais etc), implicitamente admitiu o direito das partes ao duplo grau.

Há, todavia, previsão expressa deste direito no Pacto de São José da Costa Rica (art. 8, item 2, *h*).

1.10.2.15. Princípio da obrigatoriedade da motivação das decisões judiciais

Consagra o art. 93, IX, da CF que todas as decisões judiciais serão motivadas. O art. 155, *caput*, do CPP, por sua vez, determina que o juiz formará sua convicção pela livre apreciação da prova produzida em contraditório judicial em decisão fundamentada (é o sistema da persuasão racional ou livre convencimento fundamentado estudado no Capítulo7 – Prova).

1.10.2.16. Princípio da presunção de inocência ou de não culpabilidade ou do estado de inocência

É previsto no art. 5º, LVII, da CF: "ninguém será considerado culpado até o trânsito em julgado da sentença penal condenatória".

Em sede de direito internacional, a Declaração Universal de Direitos Humanos, aprovada pela Assembleia da Organização das Nações Unidas (ONU), em 1948, dispõe, em seu art. 11.1 que "Toda pessoa acusada de delito tem direito a que se presuma sua inocência, enquanto não se prova sua culpabilidade, de acordo com a lei e em processo público no qual se assegurem todas as garantias necessárias para sua defesa".

De igual maneira, na Convenção Americana sobre Direitos Humanos (Decreto 678/92), estipula, em seu art. 8º, § 2º que "Toda pessoa acusada de delito tem direito a que se presuma sua inocência, enquanto não se comprove legalmente sua culpa".

A **presunção de inocência** possui as seguintes formas de se revelar:

1º – Presunção de inocência como regra de tratamento processual

O sentido da presunção de inocência é o de assegurar, em primeiro lugar, uma regra de tratamento ao acusado: não ser tratado como culpado, antes do trânsito em julgado da sentença condenatória; apenas depois desse marco, poderá ser tido como culpado e apto, juridicamente, a receber qualquer limitação na sua esfera jurídica de direitos individuais, notadamente em sua liberdade.

Esta regra constitucional de tratamento veda a previsão abstrata, em lei, da imposição de quaisquer prisões cautelares, sem que tais medidas passem pelo crivo do magistrado; apenas o juiz, verificando a existência de requisitos concretos dos autos e a necessidade imperiosa da prisão, a bem da sociedade, do processo, ou da futura aplicação da lei penal, poderá excepcionar a presunção de inocência do acusado, e restringir, fundamentadamente, sua liberdade. A prisão, se não tiver fundamento cautelar concreto, antes de transitar em julgado a condenação, traduz execução antecipada de pena violando a presunção de inocência[24].

Segundo ainda o STF[25], a prisão cautelar só se legitima se comprovado, com apoio em base empírica idônea, a real necessidade pelo Estado, dessa extraordinária medida de constrição do *status libertatis* do indiciado ou réu.

Nas palavras de Renato Brasileiro de Lima[26], "(...) o Poder Público está impedido de agir e de se comportar em relação ao suspeito, ao indiciado, ao denunciado ou ao acusado, como se estes já houvessem sido condenados, definitivamente, enquanto não houver sentença condenatória com trânsito em julgado".

Percebe-se, desse modo, que a execução provisória – ou seja, aquela em que o condenado, sem que tenha havido trânsito em julgado da sentença condenatória, deva iniciar o cumprimento da sanção penal seria expressamente proibida pelo nosso ordenamento jurídico. A regra é que, apenas depois de transitada em julgado a decisão condenatória, poder-se-á iniciar a execução penal.

Há que se diferenciar, todavia, os institutos da execução provisória da antecipação de benefícios da execução penal. A execução provisória é a antecipação da sanção penal, antes do trânsito em julgado da decisão que tenha imposto pena ou medida de segurança, sem que existam quaisquer dos requisitos do art. 312 do CPP que trata da prisão preventiva; em outras palavras, impõem-se o cumprimento da sanção sem que exista qualquer necessidade cautelar na medida. Tal situação consubstanciaria, segundo diversos entendimentos doutrinários e jurisprudenciais, evidente ofensa à presunção de inocência.

Já na antecipação de benefícios da execução penal a situação é diferente: ao acusado é aplicada uma sanção penal (pena ou medida de segurança), em sentença que reconheceu estarem presentes os requisitos da prisão preventiva (art. 312 do CPP) e que, em razão disso, determinou a prisão cautelar do acusado. Passa, nessa situação, o acusado a desfrutar dos benefícios da execução penal, mesmo sem que tenha havido o trânsito em julgado da decisão, desde que apenas a defesa tenha recorrido, e já tenha ocorrido o trânsito em julgado para a acusação. Explicamos.

Como apenas a defesa recorreu, não será possível que a sanção penal seja agravada, em sede recursal, em virtude da vedação à *reformatio in pejus* – (reforma para pior), prevista no art. 617 do CPP; em outras palavras, o recurso exclusivo da defesa não pode acarretar qualquer gravame maior ao sentenciado; no mínimo, sua situação ficará igual; talvez melhor; jamais pior. Sendo assim, nada mais justo que possa o sentenciado, desde logo, desfrutar de benefícios da execução penal como, por exemplo, a progressão de regime, livramento condicional e outros, detraindo-se o tempo de prisão cautelar, como previsto no art. 42 do CP. Isto porque, na pior das hipóteses, após o trânsito em julgado da decisão que impôs a sanção penal, se mantida em seus integrais termos, uma vez não provido o recurso defensivo, não haverá qualquer mudança nos termos

---

24. STF – 2ª T. HC 88.174/SP, Rel. Min. Eros Grau, j. 12/12/1996, DJe 092 30/08/2007.
25. STF – 2º T. HC 90.753/RJ, Rel. Min. Celso de Mello- DJ 23/11/2007, p. 116.
26. Renato Brasileiro de Lima, Curso de Processo Penal, p. 10.

da execução criminal; se o recurso for provido, absolvendo-se o acusado, a execução penal cessará imediatamente, é claro; se reduzida ou modificada (para melhor) a sanção penal, adapta-se a execução criminal de acordo com o que decidido pelo Tribunal. Não há, desse modo, nenhum prejuízo à marcha da execução criminal, ao mesmo tempo em que se imprime um tratamento justo ao preso provisório, ao qual, segundo a própria Lei de Execuções Penais (art. 2º, § único, da Lei 7.210/84), são estendidos os mesmos benefícios que possuem os presos definitivos. Percebe-se, dessa maneira, que o princípio da presunção de inocência ou da não culpabilidade é norma instituída em benefício dos acusados (direito individual), de modo que sua interpretação só pode levar à vedação da execução provisória propriamente dita e não da antecipação cautelar de benefícios da execução penal definitiva ao preso processual.

Esse tem sido o entendimento do STF, cristalizado através de duas Súmulas.

A Súmula 716 do STF: "Admite-se a progressão de regime de cumprimento de pena ou a aplicação imediata de regime menos severo nela determinada, antes do trânsito em julgado da sentença condenatória".

E, ainda, de acordo com a Súmula 717 do STF: "Não impede a progressão de regime de execução da pena, fixada em sentença não transitada em julgado, o fato de o réu se encontrar em prisão especial".

Decorre, assim, do princípio da presunção de inocência, que quaisquer medidas cautelares pessoais (prisão preventiva, prisão temporária, medidas cautelares pessoais), ou reais (sequestro, hipoteca, arresto) só serão cabíveis, excepcionalmente, podendo ser decretadas caso existam provas mínimas de autoria e materialidade delitivas e sua necessidade seja imperiosa. Isto porque, em regra, os direitos do presumido inocente não podem ser atingidos, nem mesmo provisoriamente.

A presunção de inocência não veda, contudo, a prisão cautelar uma vez que a própria Lei Maior autoriza a custódia cautelar dos indiciados ou acusados, desde que a ordem de prisão seja escrita e fundamentada e emanada de autoridade judiciária competente (art. 5º, LXI, da CF).

Se houver, entretanto, o uso abusivo de recursos meramente protelatórios com a finalidade de evitar o trânsito em julgado, impedindo a prisão penal decorrente da decisão condenatória, entende o STF[27], que, nesse caso, haveria evidente abuso do direito de defesa e do duplo grau de jurisdição, autorizando o imediato cumprimento da decisão, ao executar-se a pena imediatamente, mesmo sem o trânsito em julgado do acórdão. É a consagração jurisprudencial do princípio geral de direito segundo o qual ninguém pode ser beneficiado pela própria torpeza.

Segundo o Pretório Excelso[28], "a reiteração de embargos de declaração, sem que se registre qualquer dos seus pressupostos, evidencia o intuito protelatório. A interposição de embargos de declaração com finalidade meramente protelatória autoriza o imediato cumprimento da decisão emanada pelo Supremo Tribunal Federal, independentemente da publicação do acórdão".

---

27. STF – 2ª T. AI 759.450 ED/RJ, Rel. Min. Ellen Gracie, j. 01/12/2009, DJe 237 17/12/2009.
28. STF – 1ª T. RMS 23.841 AgR-ED-ED/DF, Rel. Min. Eros Grau, j. 18/12/2006, DJ 16/02/2007.

Em suma, quem não possui uma sentença condenatória transitada em julgado contra si deve ser tratado, processualmente, como se inocente fosse; nesse aspecto, o princípio da presunção de inocência opera como forma de tratamento processual.

Importante registrar que, em fevereiro de 2016, o STF[29] passou a entender que, até que seja prolatada a sentença condenatória, confirmada em segundo grau, deve-se presumir a inocência do réu. Mas, depois deste momento, exaure-se o princípio da não culpabilidade, porque os recursos cabíveis da decisão de segundo grau, ao STJ (recurso especial) e ao STF (recurso extraordinário), não se prestam a discutir fatos e provas, mas apenas questões de direito. Sendo assim, torna-se possível o início da execução provisória da sentença condenatória após confirmação da decisão em segundo grau, o que não ofende o princípio da presunção de inocência. Essa decisão indica uma guinada radical de entendimento do STF, que, desde o ano de 2009, quando do julgamento do HC 84078, até fevereiro de 2016, condicionava a execução da pena ao trânsito em julgado da condenação. Tratamos, em profundidade, do tema, no capítulo 15-Recursos.

2º Presunção de inocência e ônus probatório da acusação

Corolário, ainda, do princípio da presunção de inocência a regra probatória: como o acusado é considerado inocente, cabe à acusação o ônus de provar, com exclusividade, sua responsabilidade criminal; não é dever do acusado, assim, comprovar sua inocência, porque esta já é presumida.

Se a acusação não se desincumbir de sua missão de comprovar, acima de qualquer dúvida, a existência de fato típico, ilícito e culpável imputado ao acusado, outro caminho não restará ao magistrado que não o absolver, porque, a dúvida intransponível, se soluciona favoravelmente ao réu (*in dubio pro reo*).

1.10.2.17. Princípio do in dubio pro reo (na dúvida, a favor do réu) ou favor rei

Existindo dúvida na análise da prova, a decisão absolutória deverá prevalecer (art. 386, VII, do CPP), porque o acusado é presumivelmente inocente. Este princípio é uma decorrência lógica do princípio da presunção de inocência.

1.10.2.18. Princípio da inexigibilidade de autoincriminação

Ninguém é obrigado a produzir prova contra si mesmo (*nemo tenetur se detegere*). Esta faculdade decorre do direito de permanecer calado, previsto no art. 5º, LXIII, da CF, e se fundamenta no seguinte raciocínio: se o agente não é obrigado a produzir prova quando de seu interrogatório, também é dispensado de produzir quaisquer outras provas que possam ser usadas contra ele, e que exijam sua participação ativa, como, por exemplo, o teste do "bafômetro", realização de exame grafotécnico, reprodução simulada dos fatos etc.

---

29. STF. HC 126292. Pleno. Rel. Min. Teori Zavaski.

Embora a CF, em seu art. 5º, LXIII declare que "o preso será informado de seus direitos, entre os quais o de permanecer calado, sendo-lhe assegurada a assistência da família e do advogado", é pacífico na doutrina que tal direito se estende a qualquer investigado ou acusado, independentemente de encontrar-se preso ou não.

A não obrigatoriedade de produzir prova contra si mesmo é um corolário da presunção de inocência ou de não culpabilidade, porque quem tem o ônus de provar a culpa lato sensu do acusado é exclusivamente a acusação, sem depender de qualquer colaboração do acusado, que possui o direito de quedar-se inerte.

O exercício do direito de não produzir prova contra si mesmo não pode levar a responsabilização do agente pelos crimes de desacato ou desobediência, nem acarreta a presunção de sua culpabilidade, até porque o que vigora, no processo penal, como já se viu, é a presunção de inocência, que só pode ser elidida pelo trabalho eficaz da acusação em comprovar os fatos constitutivos do dever de punir, desincumbindo-se do seu ônus probatório. O privilégio contra a autoincriminação assegura ao acusado o direito de não colaborar na produção da prova contra si; jamais poderá ser decretada, por esse fundamento (esdrúxulo), sua prisão cautelar (prisão temporária ou preventiva), a pretexto de que "não colaborou com a Justiça"[30]; não é lícito, ainda, aduzir-se em sentença condenatória para aumentar a pena-base do acusado o fato de não ter "colaborado" com a persecução penal.

O nemo tenetur se detegere, privilégio contra a autoincriminação ou direito de não produzir prova contra si mesmo protege o suspeito, indiciado ou acusado assegurando-lhe as seguintes **prerrogativas**:

1ª – direito ao silêncio

Prerrogativa de nada dizer quando questionado a respeito de algo que possa incriminá-lo. Percebe-se que o direito ao silêncio, em si, nada mais é que uma espécie do gênero direito de não produzir prova contra si mesmo, ou o chamado privilégio contra a autoincriminação;

2ª – não obrigação de dizer a verdade

Prerrogativa processual reconhecida pelo STF[31] de que o direito ao silêncio, tutelado constitucionalmente, permite que o acusado negue, mesmo que falsamente, perante a autoridade policial ou judiciária, a prática da infração penal. Se, entretanto, o indiciado ou acusado der causa à instauração de procedimento criminal contra quem saiba ser inocente responderá pelo delito de denunciação caluniosa (art. 339 do CP). Se acusar-se, perante autoridade, de crime inexistente ou praticado por outro, responderá pelo delito de autoacusação falsa (art. 341 do CP). A falta de obrigação de dizer a verdade não impede, ainda, a responsabilização do agente pelo delito de falsa identidade (art. 307 do CP), quando o indiciado ou acusado se identifica usando o nome e qualificação de terceira pessoa, o que

---

30. STF-1ª T. – HC 79.781/SP, Rel. Min. Sepúlveda Pertence, j. 1804/2000, DJe 09/06/2000.
31. STF – 1ª. T. – HC 68.929/SP, Rel. Min. Celso de Mello, DJ 28/08/1992.

ocorre com frequência quando se trata de foragido contra quem foi expedido mandado de prisão. O STF[32], de maneira já pacificada, entende que o direito de não produzir prova contra si mesmo, mais especificamente a não obrigação de dizer a verdade, não chega ao ponto de tornar atípica a conduta de atribuir falsa identidade perante autoridade. O STJ[33], por sua vez, tem seguido a orientação da Suprema Corte. Por fim, após praticado o delito, se o agente inova artificialmente o estado de lugar, de coisa ou de pessoa, com o fim de induzir a erro o juiz ou o perito com o objetivo de produzir efeito em processo penal (art. 347, § único, do CP), responderá por tal delito contra a administração da justiça, porque, nessa situação, não se está exercendo um direito de não produzir prova que o incrimine – mesmo que falseando a verdade – o que, como se viu, é admitido. Na inovação criminosa de prova, pelo contrário, o acusado cria situações materiais probatórias inexistentes as quais podem colocar em risco a administração da justiça, bem jurídico esse que não pode ser olvidado, sem graves prejuízos. Em outras palavras, uma coisa é o acusado mentir, criando um álibi inexistente, por exemplo; outra é alterar por completo a cena do crime, podendo até incriminar falsamente alguém, ao colocar, por exemplo, no local, objetos com marcas de impressões digitais de pessoas inocentes. A gravidade da segunda conduta é óbvia e violadora da busca eficaz da verdade real pela Justiça, o que não pode deixar de ser punido. A vedação à autoincriminação é direito do acusado, não se discute; deixará de sê-lo, todavia, se atingir penalmente outros bens jurídicos.

3º – direito de não ser obrigado a, ativamente, produzir prova contra si mesmo

Não é jurídico exigir-se do indiciado ou comportamento ativo (*um facere*) na produção de uma prova que possa incriminá-lo.

Podemos citar como exemplos da impossibilidade de se determinar ao indiciado ou acusado as seguintes hipóteses: soprar o bafômetro para que se constate se se encontrava embriagado na direção de veículo automotor; fornecer material gráfico para verificar se falsificou algum documento; fornecer padrão vocal para exame comparativo de vozes; participar de acareação com testemunhas; participar de reprodução de fatos.

Todas essas modalidades de provas citadas exigem uma participação ativa do indivíduo, que pode se recusar a colaborar com a persecução penal, justamente porque a prova pode incriminá-lo. Essa recusa do acusado não pode ser interpretada como crime de desacato ou desobediência; nada mais é tal recusa que mero exercício regular de um direito assegurado constitucionalmente.

Entretanto, se a produção da prova demandar apenas uma participação passiva do indiciado ou acusado, ele não poderá recusar-se a colaborar, mesmo que contrariado. É o caso do reconhecimento pessoal, em que o acusado ativamente nada faz, sendo apenas observado por eventuais vítimas ou testemunhas, de modo que não lhe assiste o direito a

---

32. STF – 2ª T. – HC 97.377/SP, Rel. Min. Carlos Velloso; STF – Pleno, Rel. Min. Dias Toffoli, j. 22/09/2011, DJe 198 13/10/2011.
33. STJ – 5ª T. HC 151.866/RJ, rel. Min. Jorge Mussi, j. 01/12/2011, DJe 13/12/2011.

não participar dessa prova; e, se recusar-se a tanto, poderá ser conduzido coercitivamente ao ato de reconhecimento, na fase do inquérito policial ou em juízo, obrigando-o até, se necessário, a permanecer parado em algum local para ser visto pelo reconhecedor.

4ª – direito de não ser violado em sua intimidade física por prova invasiva

Como didaticamente ensina Renato Brasileiro de Lima[34], as intervenções corporais no indiciado ou acusado podem se dar de duas formas:

1º – provas invasivas: aquelas em que o corpo humano do suspeito tem sua intimidade interna violada por algum ato de agente estatal. Exemplos: exame de sangue, de reto, ginecológico, verificação da cavidade bucal etc. Essas provas são vedadas e, por isso, são ilícitas por ofenderem, a nosso ver, três direitos fundamentais: o direito à intimidade física do indivíduo; o direito de não produzir prova contra si mesmo, o que ocorreria se fosse obrigado a franquear o próprio corpo para incriminá-lo; claro que tais violações acarretariam, diretamente ainda, ofensa à dignidade da pessoa humana. Entretanto, se o indiciado ou acusado, depois de previamente alertado pela autoridade no sentido de que pode se recusar a permitir a violação de sua intimidade corpórea porque não é obrigado a produzir prova contra si mesmo, aquiescer e permitir o ato invasivo, não haverá se falar em ilicitude da prova. A busca da prova corpórea invasiva, a despeito da contrariedade manifestada pelo indivíduo suspeito, configura prova ilícita que contaminará todas as outras que lhes sejam dependentes. O STF[35] já decidiu que o acusado não está obrigado a se sujeitar a exame de DNA, mesmo no âmbito cível, porque pode validamente se recusar a produzir prova contra si mesmo.

Mas atente-se que, não é pelo fato de o indiciado ou acusado se recusar a fornecer material orgânico para realização de exame de DNA que se poderá validamente concluir – como consequência inarredável – pelo seu envolvimento no fato criminoso. Em primeiro lugar, porque apenas foi exercido por ele um direito de magnitude constitucional; em segundo, porque cabe à acusação o ônus da prova, sem que exista qualquer obrigação da defesa em auxiliar na busca da verdade real. Em suma, é consagração do princípio da presunção de inocência, que só poderá ser desfeita pelo trabalho na produção da prova constitutiva da pretensão punitiva, exclusivamente, pela acusação. A não colaboração da defesa na produção de prova em seu prejuízo não pode, de maneira nenhuma, ser interpretada em seu desfavor.

2º – provas não invasivas: aquelas em que, embora não haja qualquer contato direto com o corpo do suspeito, são pesquisados seus resíduos orgânicos já despendidos de seu organismo, os quais poderão ser livremente examinados. Trata-se de prova lícita. Exemplos: fios de cabelo, impressões datiloscópicas, restos de epiderme, fezes etc. A radiografia, no caso de verificação de porte interno

---

34. Renato Brasileiro de Lima, Curso de Processo Penal, p. 46/47.
35. STF-Pleno- HC 71.373/RS, Rel. Min. Marco Aurélio, j. 10/11/1994, DJ 22/11/1996.

de entorpecentes no organismo é prova não invasiva, e, portanto, lícita. Como bem decidiu o STJ[36], "não há qualquer violação ao princípio do *nemo tenetur se detegere*, haja vista que os exames de raios X não exigem qualquer agir ou fazer por parte do investigado, tampouco constituem procedimentos invasivos ou até mesmo degradantes que possam violar seus direitos fundamentais. Na verdade, em tais situações, a postura adotada pelos policiais não apenas acelera a colheita da prova, como também visa à salvaguarda do bem jurídico "vida", já que o transporte de droga de tamanha nocividade no organismo pode ocasionar a morte do agente".

Cita, ainda, Renato Brasileiro de Lima, como exemplo de prova não invasiva, a identificação datiloscópica, das impressões dos pés, unhas e palmar, quando se pretenda comparar com as impressões encontradas no local do crime ou no corpo do ofendido. Tais provas não invasivas podem ser produzidas com a concordância ou discordância do indiciado ou acusado; de qualquer maneira, a prova será lícita.

5º – Direito de ser advertido, pela autoridade, a respeito do direito constitucional a não autoincriminação

O suspeito, indiciado ou acusado, preso ou solto, deve ser formalmente advertido pela autoridade policial ou judicial a respeito do seu direito constitucional a permanecer calado, não respondendo às perguntas que lhe sejam formuladas.

Como bem lembra Renato Brasileiro de Lima[37] o dever de a autoridade informar ao preso o seu direito ao silêncio é semelhante "ao famoso **aviso de Miranda** do Direito norte-americano, em que o policial, no momento da prisão, tem de ler para o preso os seus direitos, sob pena de não ter validade o que por ele for dito. Os *Miranda rights* ou *Miranda Warnings* têm origem no famoso julgamento Miranda V. Arizona, verificado em 1966, em que a Suprema Corte americana, por cinco votos contra quatro, firmou o entendimento de que nenhuma validade pode ser conferida às declarações feitas pela pessoa à polícia, a não ser que antes ela tenha sido claramente informada de 1) que tem o direito de não responder; 2) que tudo o que disser pode vir a ser utilizado contra ele; 3) que tem o direito à assistência de defensor escolhido ou nomeado. No referido julgamento, a Suprema Corte americana adotou o posicionamento de que a mera ausência dessa formalidade era o bastante para inquinar de nulidade as declarações da pessoa, especialmente a confissão e as provas conseguidas a partir dela".

Há entendimento do STF[38] de que a omissão do dever de informação, que acarrete a incriminação do acusado gerará a nulidade da confissão e de todos os atos probatórios subsequentes que lhe fossem dependentes. Sendo assim, a não advertência formal (que deve constar por escrito nos atos) pela autoridade ao suspeito, indiciado ou acusado a respeito de seu direito de permanecer calado torna eventual confissão prova ilícita que contaminará todas as demais abrangidas pelo mesmo nexo de causalidade.

---

36. STJ – 6ª T. – HC 149.146/SP, Rel. Min. Og Fernandes, j. 05/04/2011.
37. Renato Brasileiro de Lima, Curso de Processo Penal, p. 40.
38. STF – 1ª T. HC 78.708/SP, Rel. Min. Sepúlveda Pertence, DJ 16/04/1999.

A comprovação de que houve a advertência ao indiciado ou acusado de que possuía o direito ao silêncio se dá pelo registro, seja no interrogatório policial (notadamente no auto de prisão em flagrante), ou judicial, no termo – por escrito – ou em gravação audiovisual (bastante comum no caso de interrogatório judicial).

A ausência de registro escrito ou a não menção, em mídia audiovisual, no caso de interrogatório judicial, ou de qualquer outro ato diverso de prova produzido pelo indiciado ou acusado, na fase do inquérito ou do processo, que dependa de sua participação (*v.g.*, fornecimento de material genético, colheita de sinais gráficos, teste do "bafômetro", etc), a respeito da advertência, ao indiciado ou acusado, quanto ao seu direito de não produzir prova contra si mesmo, demonstraria, *ipso facto*, que tal formalidade não ocorreu, acarretando, desse modo, como acima se viu, a ilicitude da prova (confissão, colheita de material gráfico comprometedor, colheita de amostra de voz, colheita de sangue para exame de DNA, prova do bafômetro, etc) e das demais que lhes sejam decorrentes.

Certo que o registro da advertência faz prova *juris tantum* de que tal formalidade efetivamente ocorreu; nada impede, todavia, que, embora formalmente conste a comunicação da advertência pela autoridade, sua existência real seja infirmada, por exemplo, através de prova testemunhal a apontar que, na verdade, não houve tal alerta.

De qualquer maneira, a eiva, nessa situação, só será decretada se tiver sido produzida prova em prejuízo do réu não ciente de seus direitos constitucionais, quer, por exemplo, por ter confessado, quer porque, embora não tenha confessado, acabou por fornecer informações em seu interrogatório as quais, ligadas a outros elementos de convicção, levaram à convicção, por raciocínio lógico, de sua responsabilidade criminal. Em suma, é preciso que tenha havido prejuízo ao acusado.

A gravação ambiental informal (e dissimulada) de uma conversa entre indiciado com policiais, sem qualquer advertência, por parte dos agentes da lei, a respeito do privilégio contra a autoincriminação torna a prova ilícita e de todas que lhe sejam decorrentes, como decidiu o STF.[39]

Alerta Renato Brasileiro de Lima[40] que "não podem ser consideradas válidas entrevistas concedidas por presos a imprensa, antes ou após a lavratura do flagrante, sem o conhecimento de seu direito constitucional. (...) a conversa informal entre indiciados presos e repórteres, antes ou depois do interrogatório, é gravada sem o conhecimento daqueles, e, de igual modo, utilizada, judicialmente, em prejuízo da defesa. Ora, a ausência de advertência quanto ao direito ao silêncio macula de ilicitude eventuais declarações por ele fornecidas que lhe sejam prejudiciais, porquanto produzidas com violação ao preceito constitucional que assegura o direito ao silêncio (CF, art. 5º, LXIII)".

Há posição diversa, registrada por referido autor, oriunda do STF[41] no sentido de que não haveria qualquer nulidade na entrevista concedida pelo acusado a jornal a

---

39. STF – 1ª T. – HC 80.949/RJ, Rel. Min. Sepúlveda Pertence, DJ 14/12/2001.
40. Renato Brasileiro de Lima, Curso de Processo Penal, p. 41.
41. STF – 2ª T. HC 99.558/ES, Rel. Min. Gilmar Mendes, j. 14/12/2010.

respeito da prática de dois homicídios a ele imputados, porque a entrevista foi concedida espontaneamente a veículo de imprensa.

Entendemos que a melhor posição a respeito do assunto é a do STF: não há qualquer ilicitude da prova referente a entrevista espontaneamente concedida pelo indiciado ou acusado à veículo de imprensa, pois, segundo o mandamento constitucional, o preso deve ser informado de seu direito ao silêncio pela autoridade policial ou judicial; é um mandamento, portanto, dirigido aos integrantes do Poder Público e não à imprensa em geral.

O direito de não produzir prova contra si mesmo abrange o suspeito ou indiciado em inquérito policial e o acusado em processo criminal, e até testemunhas, na hipótese em que, se fossem obrigadas a dizer a verdade em seus depoimentos, se comprometeriam a tal ponto de se incriminarem também. Nessa situação, as testemunhas não possuem a obrigação de dizer a verdade, não respondendo, assim, pelo delito de falso testemunho (art. 342 do CP), porque a verdade poderia lhes custar sua responsabilização criminal; em outras palavras, embora rotuladas de testemunhas, não são obrigadas a produzir prova contra si mesmas, quando há o risco de se tornarem rés em razão de seus depoimentos. Trata-se de conduta atípica, como entendeu o STF[42]; ainda de acordo com o Pretório Excelso[43] "(...) embora rotulado de testemunha, em verdade encontrava-se na condição de investigado. Direito constitucional ao silêncio. Atipicidade da conduta. Ordem concedida para trancar a ação penal ante patente falta de justa causa para prosseguimento".

O *nemo tenetur se detegere* abrange o processo criminal, administrativo, inquérito policial e CPIs (Comissão Parlamentar de Inquérito).

1.10.2.18.1. Privilégio contra a autoincriminação e fuga de local de acidente de trânsito (art. 305 do CTB)

O Plenário do STF[44] decidiu que o tipo penal do art. 305 do Código de Trânsito Brasileiro (CTB) – que criminaliza a fuga do condutor de automóvel do local do acidente para escapar de suas responsabilidades – é constitucional[45], por não violar o privilégio contra a autoincriminação insculpido no art. 5º, LXIII, da CF. Entendeu-se, por maioria, que o princípio da não autoincriminação não é absoluto, sendo admissível certa mitigação, além do que a presença do condutor no local do acidente, por si só, não significa qualquer autoincriminação, podendo, até, constituir um meio de autodefesa. Ressaltou-se, porém, que o eventual risco de agressões que o condutor possa sofrer por parte dos envolvidos no acidente, ou uma lesão corporal que exija o abandono do local do acidente, pode ser legitimado mediante a alegação de uma excludente de

---

42. STF—Pleno HC 73.035/DF, Rel. Min. Carlos Velloso, j. 13/11/1996, DJ 19/12/1996.
43. STF – 2ª T. – HC 106.876/RN, Rel. Min. Gilmar Mendes, j. 14/06/2011, DJe 125 30/06/2011.
44. Informativo do STF. 15/11/2018. STF. Pleno. Recurso Extraordinário (RE) 971959, com repercussão geral reconhecida. Rel. Min. Luiz Fux.
45. Art. 305 do CTB: Afastar-se o condutor do veículo do local do acidente, para fugir à responsabilidade penal ou civil que lhe possa ser atribuída:
Penas- detenção, de 6 (seis) meses a 1(um) ano, ou multa.

ilicitude, tal como a legítima defesa ou o estado de necessidade. Com lógica irretocável, o Min. Gilmar Mendes, que foi voto vencido no recurso, sustentou que a obrigação de o agente permanecer no local do acidente, obriga-o, sim, a produzir prova de autoria e materialidade delitiva, de modo que pouco útil seria meramente se resguardar que permaneça em silêncio naquele local. Salientou, ainda, o Min. Gilmar Mendes que, em outros crimes muito mais graves, como homicídio ou estupro, não se exige que o agressor permaneça postado no local da infração.

1.10.2.19. Princípio do devido processo legal

É previsto no art. 5º, LIV, da CF: "ninguém será privado da liberdade ou de seus bens sem o devido processo legal".

O devido processo legal é a garantia individual que impõe ao Estado, para que consiga privar o acusado de sua liberdade ou bens, o dever de seguir fielmente o procedimento previsto em lei para tanto, sem poder modificá-lo ou abreviá-lo. É o chamado *due processo of law*. Apenas após o transcurso de um processo criminal, em que todos os direitos e garantias do acusado tenham sido respeitados, poder-se-á impor uma sanção penal que prive a liberdade do indivíduo ou que lhe retire os bens patrimoniais, e, mesmo assim, quando transitada em julgado a decisão judicial, em homenagem ao princípio da presunção de inocência.

Não basta que sejam seguidos com rigor todos os atos do procedimento (*procedural due processo of law* ou aspecto formal do devido processo legal), é preciso também que o procedimento em si (intrinsicamente) seja justo, garantindo, de maneira efetiva, que o acusado tenha a possibilidade de exercer o seu direito ao contraditório e à ampla defesa (*substantive due process of law*).

O *substantive due process of law* impede que seja editada legislação processual que seja desarrazoada, desproporcional e opressiva ao ponto de comprometer a ampla defesa e contraditório, por criar dificuldades insuperáveis para o acusado e seu defensor (é a chamada proibição de excesso). Tais leis seriam inconstitucionais por violarem o devido processo legal no seu aspecto substantivo ou material.

Como se nota, inserido no amplíssimo conceito de princípio do devido processo legal, estão diversos dos princípios acima estudados, como ampla defesa, contraditório, publicidade, motivação das decisões judiciais etc.

Segundo o STF[46] o ***due processo of law*** possui como **elementos essenciais** de sua configuração as seguintes prerrogativas:

1º – direito ao processo (garantia de acesso ao Poder Judiciário);

2º – direito à citação e ao conhecimento prévio do teor da acusação;

3º – direito a um julgamento público e célere, sem dilações indevidas;

4º – direito ao contraditório e à plenitude de defesa (direito à autodefesa e à defesa técnica);

---

46. STF – 2ª T., HC 94.016/SP, Rel. Min. Celso de Mello, DJe 038 26/02/2009.

5º – direito à igualdade entre as partes;

6º – direito ao benefício da gratuidade;

7º – direito de não ser processado com fundamento em provas revestidas de ilicitude;

8º – direito à observância do princípio do juiz natural;

9º – direito ao silêncio (privilégio contra a autoincriminação);

10º – direito à prova;

11º – direito de presença e de "participação ativa" nos atos de interrogatório judicial dos demais litisconsortes penais passivos, quando existentes.

Além de assegurar direitos, o devido processo legal tem por finalidade estipular, de maneira taxativa, em que hipóteses poderão ser restringidas a liberdade ou o patrimônio do indiciado ou acusado em um processo criminal, antes, portanto, do trânsito em julgado da decisão condenatória. Desse modo, exemplificando, as medidas cautelares reais como o sequestro e hipoteca legal, que comprometem o patrimônio do indiciado ou acusado só podem ser decretadas nas hipóteses legais (arts. 125/135 do CPP); a prisão temporária (Lei 7.960/89) ou preventiva (art. 312 do CP), ou mesmo as medidas cautelares restritivas de liberdade (arts. 319/320 do CPP) apenas poderão ser determinadas se preenchidos os requisitos legais.

Sendo assim, todas as **medidas processuais penais que possam restringir direitos do indivíduo se submetem às seguintes limitações, decorrentes do princípio do devido processo legal:**

1º – Devem ser taxativamente previstas em lei

A previsão em lei deve ser taxativa e clara, sem possibilidade de interpretação extensiva ou analógica, pois, em se tratando de norma que restringe direitos, a interpretação necessariamente deve ser restritiva. Em outras palavras, não é possível a imposição de medidas de coação processual sem lei (*nulla coactio sine lege*), em razão justamente do devido processo legal. Conclui-se, desse modo, que *não existe poder geral de cautela no processo penal*; toda e qualquer medida cautelar que possa atingir a liberdade ou o patrimônio do indiciado ou acusado deve ser expressamente prevista em lei, não se autorizando sua criação por um ato isolado de vontade do juiz.

2º – Apenas o juiz pode decretar medidas cautelares processuais que restrinjam direitos

Ressalte-se, ainda, que tais medidas cautelares reais (que incidem sobre coisas como o sequestro e hipoteca legal) ou pessoais (que incidem sobre o indivíduo nas hipóteses de prisões processuais ou medidas cautelares alternativas à prisão) só podem ser impostas pelo magistrado – é a cláusula de reserva de jurisdição. Como decidiu o

STF[47], "O juiz, no plano de nossa organização institucional, representa o órgão estatal incumbido de concretizar as liberdades públicas proclamadas pela declaração constitucional de direitos e reconhecidas pelos atos e convenções internacionais fundados nos direitos das gentes. Assiste, desse modo, ao Magistrado, o dever de atuar como instrumento da Constituição – e garante de sua supremacia – na defesa incondicional e na garantia real das liberdades fundamentais da pessoa humana, conferindo, ainda, efetividade aos direitos fundados em tratados internacionais que o Brasil seja parte. Essa é a missão socialmente mais importante e politicamente mais sensível que se impõe aos magistrados".

3º – A medida cautelar deve ser proporcional

Mas não basta assegurar aos juízes o poder de decretar medidas cautelares pessoais ou reais, porque, para que os magistrados o exerçam de maneira legítima, é preciso que a medida processual que restrinja diretos do indivíduo seja proporcional. E como se aquilatar a proporcionalidade? Através do binômio necessidade-adequação: a medida cautelar pessoal (prisão preventiva, temporária, medidas cautelares restritivas de direitos) ou cautelar real (sequestro, busca e apreensão, hipoteca legal etc.) deve ser, em primeiro lugar, adequada ao fim a que se pretende chegar. Por medida adequada se entende aquela que seja idônea a atingir o fim processual que se pretende. Exemplo: se o acusado demonstrou que pretende fugir do país para escapar à futura aplicação da lei penal, mostra-se adequada a decretação de sua prisão preventiva; demonstrando o acusado que pretende dilapidar seu patrimônio para escapar à indenização dos danos causados à vítima, mostra-se adequada a hipoteca legal de seus bens imóveis.

Além de adequadas as medidas processuais devem ser necessárias, escolhendo o magistrado aquela que, a um só tempo, tutele o interesse processual almejado, e não atinja, de maneira inutilmente gravosa, os interesses do indiciado ou acusado. Se, *ad exemplum*, o magistrado pode decretar uma medida cautelar que proíba o acesso e frequência do acusado a determinados lugares a fim de evitar que cometa novos crimes (um bar, por exemplo, onde se envolva com brigas), vedando que a tais lugares ele se dirija, não há sentido em se decretar sua prisão preventiva. Em suma, a necessidade da medida processual restritiva de direitos deve se dar pelo juiz tendo por parâmetro a relação custo (à liberdade ou patrimônio do indiciado ou acusado)/benefício processual pretendido. Mais uma vez trata-se da proibição de excesso: não há porque atingir-se de maneira excessivamente prejudicial a liberdade ou o patrimônio do indivíduo, quando existam medidas que atendam suficientemente os interesses sociais do processo, sem causar tanto gravames inúteis, e, por isso, desproporcionais. Embora sejamos voz isolada na doutrina, o melhor conceito terminológico seria necessidade/adequação, definindo-se necessidade como a imprescindibilidade genérica de uma medida cautelar processual penal; já a adequação seria uma daquelas medidas previstas no ordenamento jurídico que se mostra a mais proporcional e eficaz ao caso concreto, escolhida pelo juiz ao analisar o cardápio de opções do CPP.

---

47. STF – Pleno, RE 466.343/SP, Rel. Min. Cezar Peluo, j. 03/12/2008, DJe 104 04/06/2009; voto do Min. Celso de Mello.

1.10.2.20. Princípio da razoável duração do processo

Prevê o art. 5º, LXXVIII, da CF que "a todos, no âmbito judicial e administrativo, são assegurados a razoável duração do processo e os meios que garantam a celeridade de sua tramitação". Para o STF, tal princípio é aplicável inclusive em relação aos inquéritos policiais, mesmo os que se referem a indiciados soltos, que não podem se prolongar indefinidamente, sem uma solução, sob pena de seu trancamento.

Quanto a esse princípio vale o magistral chamamento à realidade de Vicente Greco Filho[48]: "As leis brasileiras, porém, especialmente as penais e processuais penais, são eivadas de hipocrisia. Editam-se reformas legislativas com o alarde de que promoverão a rápida solução dos conflitos e farão valer a Justiça justa. Aí está a hipocrisia: dá-se a entender como verdade que reforma legislativa vai alterar a realidade das coisas. A hipocrisia está em se exigir do Judiciário e dos demais órgãos da persecução penal isto ou aquilo sem a respectiva atribuição de recursos financeiros necessários". E arremata o autor[49], com inteira razão: "Em suma, a grande mentira reside especialmente na falta, nas leis alteradoras do Código Penal e Processual Penal, da chamada "cláusula financeira", o artigo que abre o crédito necessário para a implementação das modificações preconizadas".

---

48. Vicente Greco Filho, Manual de Processo Penal, p. 381.
49. Vicente Greco Filho, Manual de Processo Penal, p. 382.

CAPÍTULO 2
INQUÉRITO POLICIAL E OUTRAS INVESTIGAÇÕES CRIMINAIS

2.1. INVESTIGAÇÃO CRIMINAL. CONCEITO

Praticado um fato que, aparentemente, seja considerado como uma infração penal, surge o dever de o Estado, através dos seus órgãos, apurá-lo, angariando elementos informativos e provas de sua autoria e existência, que possam permitir o ajuizamento da ação penal, pelo Ministério Público (ação penal pública) ou pelo ofendido (ação penal privada). Sem um lastro probatório mínimo, normalmente angariado no decorrer do inquérito policial conduzido pela Polícia Judiciária, não haveria a chamada justa causa para o oferecimento da peça acusatória, que deve ser rejeitada, por esse fundamento (art. 395, III, do CPP).

É a denominada *persecutio criminis* (**persecução criminal**) que significa dizer que o Estado tem o poder/dever de investigar quaisquer fatos penalmente típicos.

2.2. POLÍCIA

2.2.1. Conceito

É o órgão público integrante do Poder Executivo que possui por finalidade manter a ordem e paz sociais, evitando, com sua presença ostensiva, a prática de crimes ou de desordem; tem ainda o escopo de investigar infrações penais, e, finalmente, de exercer a fiscalização e controle sobre atividades privadas que tenham relevância social.

Dividem-se, assim, as funções da polícia em:

1º Polícia preventiva, ostensiva ou profilática: aquela cuja função é a de evitar a prática de infrações penais, através de sua presença ostensiva nos locais públicos ou abertos ao público. Normalmente exercida pela polícia militar;

2º – Polícia Judiciária ou investigativa: aquela cuja função é a de apurar a prática de infrações penais, averiguando fontes de provas de autoria e materialidade delitivas. Normalmente exercida pela Polícia Civil e Polícia Federal.

3º – **Polícia Administrativa**: aquela que tem por escopo regulamentar e fiscalizar o exercício de atos de vontade de particulares, mas que tenham relevância pública.

2.2.2. Órgãos legitimados a exercer a polícia preventiva ou ostensiva, judiciária ou administrativa

2.2.2.1. Órgãos legitimados a exercer as funções de polícia preventiva ou ostensiva

A polícia preventiva ou ostensiva normalmente é exercida pela Polícia Militar (art. 144, § 5º, da CF), cujos agentes usam farda justamente para que sejam reconhecidos como representantes do Estado que têm a missão de manter a ordem. De acordo com o dispositivo constitucional citado, "Às polícias militares cabem a polícia ostensiva e a preservação da ordem pública (...)".

A polícia rodoviária e ferroviária federal também exercem funções preventivas, ao efetuarem patrulhamento ostensivo das rodovias e ferrovias federais (art. 144, §§ 2º e 3º da CF).

A polícia federal igualmente exerce funções de polícia preventiva ou ostensiva, porque, de acordo com a CF (art. 144, § 1º, II), cabe a tal órgão prevenir o tráfico ilícito de entorpecentes e drogas afins, o contrabando e o descaminho, o que pode ser realizado com a presença ostensiva de agentes e delegados da polícia federal.

À polícia federal cabe, igualmente, exercer as funções de polícia marítima, aeroportuária e de fronteiras (art. 144, § 1º, III, da CF), que serão concretizadas com a fiscalização ostensiva por seus agentes.

2.2.2.2. Órgãos legitimados a exercer as funções de polícia judiciária ou investigativa

Polícia Federal

A Polícia Federal possui funções investigativas expressamente previstas na Constituição Federal e que são as seguintes:

1º – apurar as infrações penais contra a ordem política e social ou em detrimento de bens, serviços e interesses da União ou de suas entidades autárquicas e empresas públicas, assim como infrações que tenham repercussão interestadual ou internacional e exija repressão uniforme (art. 144, § 1º, I, da CF).

Incluída na atribuição da Polícia Federal os crimes de terrorismo (Lei 13.260/2016), pois de acordo com o art. 11 da citada lei, consideram-se praticados contra o interesse da União, cabendo à Polícia Federal a investigação criminal, em sede de inquérito policial, e à Justiça Federal o seu processamento e julgamento, nos termos do inciso IV do art. 109, da Constituição Federal.

2º – apurar o tráfico ilícito de entorpecentes, o contrabando e o descaminho (art. 144, § 1º, II).

3º – exercer, com exclusividade, as funções de polícia judiciária da União (art. 144, § 1º, IV).

4º – apurar os crimes que sejam da competência da Justiça Federal (art. 109 da CF), logo após, enumerados.

Polícias Civis dos Estados e do DF

As atribuições de polícia investigativa das Polícias Civis dos Estados e do Distrito Federal são estabelecidas pela CF, quando determina, no § 4º do art. 144, que às policiais civis incumbe, ressalvada a competência da União, as funções de polícia judiciária; ou seja, tudo aquilo que não for do interesse da União apurar, será atribuição das Polícias dos Estados e do Distrito Federal investigar.

Polícia Militar e Forças Armadas

As atribuições das Polícias Militares e das Forças Armadas para que investiguem os crimes militares estão estabelecidas pelo já citado § 4º do art. 144, parte final, da CF. Como se percebe, as Polícias Militares exercem funções de polícia ostensiva e também de polícia investigativa, em se tratando, nessa última situação, de crimes militares que devam ser apurados. A investigação e o processo referente às infrações militares são materializados mediante a instauração de inquérito policial militar e, havendo justa, pelo oferecimento de ação penal perante a Justiça Militar dos Estados ou da União.

2.2.2.3. Órgãos legitimados a exercer as funções de polícia administrativa

Dentre os órgãos de polícia nominados na Constituição, a Polícia Federal exerce atividade de polícia administrativa quando concede e renova o registro de armas de fogo, expede passaportes, etc.

2.2.3. Existe diferença entre polícia judiciária e polícia investigativa?

Há autores, como Renato Brasileiro de Lima[1], que distinguem (com razão) as funções de Polícia Judiciária das de Polícia investigativa; isto porque, segundo a própria Constituição Federal prevê, nos incisos I e II do §1º do art. 144, caber à Polícia Federal apurar infrações penais contra a ordem política e social ou em detrimento de bens, serviços e interesses da União ou de suas entidades autárquicas e empresas públicas, assim como outras infrações cuja prática tenha repercussão interestadual ou internacional e exija repressão uniforme, prevenir e reprimir o tráfico ilícito de entorpecentes, o contrabando e o descaminho, enquanto que, no inciso IV do mesmo artigo estabelecem-se, com exclusividade, as funções da Polícia Federal como Polícia Judiciária da União.

De idêntica maneira, o art. 144, § 4º, da CF, estipula que a Polícia Civil possui funções de polícia judiciária e de apuração de infrações penais.

---

1. Renato Brasileiro de Lima, Curso de Processo Penal, p. 75/76.

Como a lei não tem palavras inúteis, por funções de polícia investigativa entendem-se como sendo aquelas ligadas à colheita de elementos informativos de autoria e materialidade das infrações penais. Enquanto que Polícia Judiciária circunscreve-se à missão de auxiliar o Poder Judiciário, como ocorre ao cumprir ordens de prisão, de busca e apreensão etc.

Grande parte da doutrina, entretanto, não estabelece qualquer distinção, entendendo que polícia judiciária e polícia investigativa são expressões sinônimas.

2.3. ÓRGÃOS EXPRESSAMENTE LEGITIMADOS A INVESTIGAR INFRAÇÕES PENAIS

2.3.1. Regras gerais

A regra constitucional (art. 144, §1º, incisos I a III e § 4º, da CF) é que as infrações penais sejam apuradas pela Polícia Civil ou pela Polícia Federal; no caso dos crimes militares de competência da Justiça Militar estadual, a investigação será realizada pela Polícia Militar; se o crime militar tiver de ser julgado pela Justiça Militar da União, a investigação se dará pelos órgãos competentes das Forças Armadas.

A Constituição estabelece as faixas de atribuições de cada uma das Polícias Judiciárias.

2.3.2. Atribuições da Polícia Federal

As atribuições investigatórias da Polícia Federal são expressamente apontadas na Constituição e são as seguintes:

1º – apurar as infrações penais contra a ordem política e social ou em detrimento de bens, serviços e interesses da União ou de suas entidades autárquicas e empresas públicas (art. 144, § 1º, I)

2º – apurar o tráfico ilícito de entorpecentes, o contrabando e o descaminho (art. 144, § 1º, II). O contrabando e o descaminho serão investigados pela Polícia Federal porque são crimes perpetrados em detrimento do interesse da União de arrecadar tributos e de controlar a importação de mercadorias proibidas no país. Quanto ao tráfico de entorpecentes, em regra, será de atribuição da Polícia Estadual investigá-lo a não ser que o crime tenha alçado ou pretendido ultrapassar as fronteiras internacionais

3º – exercer, com exclusividade, as funções de polícia judiciária da União (art. 144, § 1º, IV)

Essa expressão, com "exclusividade" exercer as funções de polícia judiciária da União, tem sido interpretada, por alguns, como um sinal de que a Lei Maior autoriza, apenas a Polícia Federal, e a nenhum outro órgão público, como *v.g.*, o Ministério Público, a apuração de infrações penais. Nada mais falso. Como bem explica o Min. Celso de Mello, do STF[2] "(...) **a cláusula** de exclusividade inscrita no art. 144, § 1º, **inciso IV**, da Constituição da República – **que não inibe** a atividade de investigação criminal do Ministério Público – **tem** por única finalidade **conferir** à Polícia Federal, **dentre os diversos** organismos policiais **que compõem** o aparato repressivo da União Federal (polícia federal, polícia rodoviária federal e polícia ferroviária federal), **primazia investigatória** na apuração dos crimes previstos **no próprio** texto da Lei Fundamental **ou**, ainda, em tratado **ou** convenções internacionais".

Ademais, a exclusividade da Polícia Federal se circunscreve, tão somente, à atuação como Polícia Judiciária, ou seja, como órgão do Poder Executivo que auxilia o Poder Judiciário na realização de seus fins, mas não nas funções de atribuição investigatória, essas, divididas em diversos órgãos públicos também legitimados a apurar infrações penais, como o *Parquet*.

4º - apurar todas as infrações que sejam da competência da Justiça Federal o que engloba: os crimes políticos (art. 109, IV); os crimes previstos em tratado ou convenção internacional, quando, iniciada a execução no País, o resultado tenha ou devesse ter ocorrido no estrangeiro, ou reciprocamente (art. 109, V); as causas relativas a direitos humanos, quando tenha havido grave violação de direitos humanos e o STJ, ao julgar o incidente de deslocamento de competência, tenha determinado a competência da Justiça Federal (art. 109, V - A e § 5º); os crimes contra a organização do trabalho; os crimes contra o sistema financeiro e a ordem econômico – financeira, quando previstas em lei a competência da Justiça Federal (art. 109, VI); os crimes cometidos a bordo de navios e aeronaves (art. 109, IX); os crimes de ingresso ou permanência irregular de estrangeiro (art. 109, X); a disputa de direitos indígenas quando, em seu contexto, redundar na prática de crimes (art. 109, XI)

5º - Apurar as infrações eleitorais

Como a Justiça Eleitoral é uma Justiça Especial da União, a atribuição para sua investigação é da Polícia Federal. Importante salientar que a competência para o julgamento das infrações eleitorais é da Justiça Eleitoral, como ressalva o art. 109, IV, da CF, mas sua investigação é da Polícia Federal. Se, entretanto, não houver órgão da Polícia Federal no local, a investigação poderá ser feita pela Polícia Civil, subsidiariamente, como já decidiu o TSE[3].

6º - Apurar as infrações que tenham repercussão interestadual ou internacional e exijam repressão uniforme (art. 144, § 1º, I). Nessa situação, a atribuição investigativa seria exclusivamente da Polícia Estadual, mas, de acordo com a citada norma constitucional, abriu-se a possibilidade de investigação de crimes de competência da Justiça Estadual pela Polícia Federal, sem que se impeça a investigação paralela pelas Polícias dos estados. A Lei 10.446/02 regulamentou

---

2. STF. Recurso Ordinário em Habeas Corpus 83.492/RJ. Rel. Min. Celso de Mello.
3. TSE- HC 439, Rel. Min. Carlos Velloso, DJ 27/06/2003.

essa espécie anômala de investigação pela Polícia Federal, estabelecendo que, quando houver repercussão interestadual ou internacional que exija repressão uniforme, poderá o Departamento da Polícia Federal do Ministério da Justiça, sem prejuízo da responsabilidade dos órgãos de segurança pública arrolados no art. 144 da Constituição Federal, em especial das Polícias Militares e Civis dos Estados, proceder à investigação, dentre outras, das seguintes infrações penais:

1º-sequestro, cárcere privado e extorsão mediante sequestro, se o agente foi impelido por motivação política ou quando praticado em razão da função pública exercida pela vítima;

2º – formação de cartel (incisos I, a, II, III e VII do art. 4º da Lei 8.137/90);

3º – relativas à violação de direitos humanos, que a República Federativa do Brasil se comprometeu a reprimir em decorrência de tratados internacionais de que seja parte;

4º – furto, roubo ou receptação de cargas, inclusive bens e valores, transportadas em operação interestadual ou internacional, quando houver indícios da atuação de quadrilha ou bando em mais de um Estado da Federação.

5º – quaisquer crimes praticados por meio da rede mundial de computadores que difundam conteúdo misógino, definido como aqueles que propagam o ódio ou a aversão ás mulheres (essa hipótese foi inserida na Lei 10.446/2002, pela Lei 13.642/2018, que incluiu o incido VII ao artigo 1º da Lei 10.446/2002).

Todos os crimes acima **serão de competência da Justiça Estadual, embora investigados pela Polícia Federal**. Importante referir que os crimes relativos à violação de diretos humanos que o Brasil se comprometeu a reprimir, em razão de tratados internacionais de que seja parte, em regra, serão de competência da Justiça Estadual, a não ser que seja deferido pelo STJ o incidente de deslocamento de competência, transferindo – a da Justiça Estadual para a Federal (art. 109, V – A e § 5º, da CF).

De acordo com o § único do art. 1º da Lei 10.466/02, existe ainda a possibilidade de investigação pela Polícia Federal quanto a **outros delitos, desde que haja repercussão interestadual ou internacional que exija repressão uniforme** e haja autorização ou determinação pelo Ministro da Justiça permitindo a investigação pela Polícia Federal.

2.3.3. Atribuições da Polícia Civil dos Estados e do DF

As atribuições das Polícias Civis dos Estados e do Distrito Federal são estabelecidas pela CF, quando determina, no § 4º do art. 144, que às policiais civis incumbe, ressalvada a competência da União, as funções de polícia judiciária; ou seja, tudo aquilo que não for do interesse da União apurar, será atribuição das Polícias dos Estados e do Distrito Federal investigar; a atribuição para investigar desses entes federativos é, portanto, residual. Irão investigar os crimes de competência da Justiça Estadual.

2.3.4. Atribuições investigatórias das Polícias Militares e das Forças Armadas. Alargamento das suas atribuições pela Lei 13.491, de 13 de outubro de 2017

As atribuições das Polícias Militares e das Forças Armadas para que investiguem os crimes militares estão estabelecidas pelo já citado § 4º do art. 144, parte final, da CF. Tais infrações penais serão investigadas por meio do inquérito policial militar (IPM). É expressamente vedado às Polícias Civis a apuração das infrações penais militares (art. 144, 4ª, da CF). Importante ressaltar que a Lei 13.491, de 13 de outubro de 2017, alargou consideravelmente a definição de crime militar, que passou, desde então, a ser conceituada como aquela infração penal prevista no Código Penal Militar, *e também aqueles delitos tipificados na legislação penal comum*, desde que, em linhas gerais, tenha sido praticado por militar, em serviço ou em local militar (art. 9º, II, do Código Penal Militar). Desse modo, delitos como os de abuso de autoridade, facilitação de fuga de preso, disparo de arma de fogo, homicídio culposo em acidente de trânsito (este último previsto no art. 302 do Código de Trânsito Brasileiro) passaram a ser considerados, se praticados por militar em serviço ou em área militar, como crimes militares; e, sendo crimes militares, deverão ser investigados pela Polícia Judiciária Militar, através do competente IPM (Inquérito Policial Militar), e não mais pela Polícia Judiciária. Tratando-se de norma de conteúdo processual que modifica a atribuição investigatória entre Polícias, sua aplicação deve ser imediata (art. 2º do CPP), remetendo-se todos os autos de inquérito policial que tramitavam na Polícia Civil para a Polícia Judiciária Militar. Claro que os atos investigatórios anteriores à edição da Lei 13.491, de 13 de outubro de 2017, permanecerão válidos. Mas, se, depois da edição da lei, a autoridade policial insistir em praticar atos de investigação de crime militar, certo que as provas porventura coligidas serão consideradas como ilícitas, e, portanto, imprestáveis.

2.3.5. Outros órgãos públicos, além daqueles citados no art. 144 da CF – dentre eles, o Ministério Público –, estão autorizados a investigar infrações penais?

A questão é a seguinte: pode o Ministério Público, além de outros órgãos públicos autorizados por lei, investigar a prática de delitos, ou tal função caberia, exclusivamente, às Polícias?

Há **duas posições** a respeito:

1ª Posição. Apenas as polícias civil e federal poderiam investigar as infrações penais, porque não há autorização expressa, no texto da Constituição, permitindo ao Ministério Público ou a outro órgão de estado tal função; pelo contrário, a CF, em seu art. 144, §§ 1º, I e IV e 4º, dispõe que cabem às policias federal e estadual as funções de polícia judiciária e de apurar infrações penais, silenciando quanto a tal possibilidade por parte do Ministério Público ou outros órgãos públicos.

2ª Posição. O Ministério Público e outros órgãos de estado estariam legitimados a investigar infrações penais, desde que prevista tal atribuição em lei. É o que estipula o parágrafo único do art. 4º do CPP, quando afirma que a competência da polícia judiciária para apurar as infrações penais não exclui outras autoridades administrativas a quem por lei seja cometida a mesma função.

Embora a Constituição Federal não trate, explicitamente, dos poderes investigatórios do Ministério Público ou de qualquer outro órgão do Estado (salvo quanto às Comissões Parlamentares de Inquérito – CPIs, cujas funções são previstas no art. 58, § 3º, da CF), é certo que, no que tange ao Ministério Público, é sua atribuição institucional a promoção da ação penal pública (art. 129, I, da CF); ora, se cabe a tal instituição dar início à persecução penal em juízo, ajuizando a ação penal, nada mais lógico que possa aparelhar sua petição inicial (a denúncia), com as provas que entender mais consistentes e que possam contribuir com o êxito da demanda criminal. É a aplicação da *teoria dos poderes implícitos*: se a Constituição impõe uma finalidade de atuação de uma instituição, é porque, implicitamente, a Lei Maior autoriza também os meios para que se desincumba de sua missão. Este é o entendimento já sufragado pelo Plenário do STF[4], em 14 de maio de 2015, sendo exarada a seguinte tese: "O Ministério Público dispõe de competência para promover, por autoridade própria, e por prazo razoável, investigação de natureza penal, desde que respeitados os direitos e garantias que assistam a qualquer indiciado ou a qualquer pessoa sob investigação do Estado, observadas, sempre, por seus agentes, as hipóteses de reserva constitucional de jurisdição e, também, as prerrogativas profissionais de que se acham investidos, em nosso País, os Advogados (Lei 8.906/94, art. 7º, notadamente os incisos I, II, III, XI, XIII, XIV e XIX), sem prejuízo da possibilidade-sempre presente no Estado democrático de Direito – do permanente controle jurisdicional dos atos, necessariamente documentados (Súmula Vinculante 14), praticados pelos membros dessa instituição".

No mesmo sentido, o STJ[5].

Além desse argumento, é certo que o art. 129, VI, da CF autoriza ao Ministério Público "expedir notificações nos procedimentos administrativos de sua competência, requisitando informações e documentos para instruí-lo, na forma da lei complementar respectiva". Como a Constituição não especifica, é claro que os procedimentos administrativos de sua competência podem ser inclusive os criminais; ou seja, é permitido pela Lei Maior, a nosso ver claramente, que o Ministério Público investigue infrações penais, tanto que poderá instruir tais procedimentos investigatórios criminais, requisitando informações e documentos.

O MP, quando pretender investigar, por conta própria, uma infração penal instaurará um Procedimento Investigatório que terá a natureza de um procedimento administrativo, inquisitivo, presidido não pelo delegado, mas pelo próprio membro do *Parquet*. Este procedimento poderá ser instaurado, *ex officio*, ou por provocação – requerimento da vítima ou de qualquer um do povo, ou mesmo através de notícia anônima (desde que confirmada por outros elementos de convicção, antes da instauração do procedimento investigatório). O primeiro ato administrativo deste procedimento

---

4. STF. RE 593727/MG, Rel. Orig. Cezar Peluso, red. p/ o acórdão Min. Gilmar Mendes, a1.05.2012
5. Informativo do STJ. 19/10/2011. STJ. HC 60976. 6ª T. Rel. Min. Og Fernandes.

será uma portaria apontando o objeto da investigação, os dados até então coligidos, a tipificação penal e quais as diligências investigatórias que serão procedidas.

Salienta o Ministro Gilmar Mendes, do STF[6], que a atuação do *Parquet* deverá ser, necessariamente, subsidiária, ocorrendo, apenas, quando não for possível, ou recomendável, se efetivem pela própria polícia, em hipóteses específicas, como lesão ao patrimônio público, excessos cometidos pelos próprios agentes e organismos policiais (como tortura, abuso de poder, concussão, corrupção), dentre outros.

O procedimento, ainda, deve ser autuado, numerado, com controle de distribuição, com prazo para a conclusão e controle judicial no arquivamento; devem ser públicos os seus atos, assegurando-se o pleno conhecimento dos atos de investigação à parte investigada e ao seu advogado.

Acrescenta o Min. Celso de Mello, do STF[7], que não é admissível que o *Parquet* determine a realização de busca apreensão e condução pessoal coercitiva, por autoridade própria, ou seja, deverá haver solicitação ao Juízo para se obter ordem judicial.

Por fim, resta lembrar que o projeto de emenda constitucional (conhecida por PEC 37) que impedia o Ministério Público, como também os demais órgãos públicos acima citados, de fazer investigações criminais, tornando a atividade exclusiva das polícias civil e federal foi rejeitada pela Câmara dos Deputados, por 430 votos contra 9, no dia 25 de junho de 2013.

2.3.5.1. Previsão legal do poder investigatório do MP e sua regulamentação administrativa

Previsão legal

A Lei Complementar do Ministério Público da União (Lei Complementar 75/93), em seu art. 8º, V e a Lei 8.625/93 (Lei Orgânica do Ministério Público dos Estados), em seu art. 26, preveem, expressamente, a possibilidade de o Ministério Público investigar.

Previsão regulamentar

A Resolução nº 181, de 7 de agosto de 2017, do CNMP (Conselho Nacional do Ministério Público), cujo teor foi alterado, posteriormente, em diversos artigos pelo plenário do Conselho, através da Resolução nº 183, de 24 de janeiro de 2018, passou a regulamentar a instauração do procedimento investigatório criminal a cargo do Ministério Público.

Definição e finalidade do procedimento investigatório ministerial

A Resolução citada declara, em seu art. 1º, que o procedimento investigatório criminal é um instrumento sumário e desburocratizado de natureza administrativa e inquisitorial, presidido pelo membro do Ministério Público com atribuição criminal, e

---

6.   STF. HC 84.548/SP. Rel. Min. Marco Aurélio.
7.   STF – Recurso Ordinário em Habeas Corpus 83.492/RJ. Rel. Min. Celso de Mello.

terá por finalidade apurar a ocorrência de infrações penais de natureza pública, servindo como preparação e embasamento para o juízo de propositura, ou não, da respectiva ação penal. O procedimento investigatório criminal não é condição de procedibilidade ou pressuposto processual para o ajuizamento de ação penal e não exclui a possibilidade de formalização de investigação por outros órgãos legitimados da Administração Pública. O § 2º do art. 1º, da Resolução estabelece que o procedimento investigatório previsto não se aplica às investigações que tenham por objeto a apuração de delitos praticados por magistrados (art. 33, § único, da Lei Complementar 35/79). Em outras palavras, não é lícito instaurar procedimento investigatório criminal presidido por membro do Ministério Público quando o investigado for magistrado; nesse caso, como tratamos do assunto no item 2.15.1 Instauração e tramitação do Inquérito policial em face de indiciado com prerrogativa de foro, deve-se instaurar inquérito policial, presidido pela autoridade policial, embora com supervisão direta do Tribunal competente para julgar o magistrado.

Instauração e objeto do procedimento investigatório

O procedimento investigatório criminal poderá ser instaurado de ofício, por membro do Ministério Público, no âmbito de suas atribuições criminais, ao tomar conhecimento de infração penal de iniciativa pública, por qualquer meio, ainda que informal ou mediante provocação (art. 3º da Resolução).

O procedimento investigatório criminal deverá ser instaurado através de portaria fundamentada, devidamente registrada e autuada, com a indicação dos fatos a serem investigados e deverá conter, sempre que possível, o nome e a qualificação do autor da representação e a determinação das diligências iniciais (art. 4º, *caput*, da Resolução). Havendo a necessidade de apurarem-se outros fatos, o membro do MP poderá aditar a portaria inicial ou determinar a extração de peças para instauração de outro procedimento (art. 4º, § único, da Resolução).

Prazo para conclusão do procedimento investigatório

O procedimento investigatório criminal deverá ser concluído no prazo de 90 dias, permitidas, por igual período, prorrogações sucessivas, por decisão fundamentada do membro do Ministério Público responsável pela sua condução (art. 13, *caput*, da Resolução).

Da instrução durante o procedimento investigatório

Assegura-se ao membro do Ministério Público, na condução das investigações, no art. 7º da Resolução, a possibilidade de fazer ou efetuar vistorias, inspeções e quaisquer outras diligências, inclusive em organizações militares; requisitar informações, exames e perícias a autoridades, órgãos e entidades da Administração direta e indireta, da União, dos Estados, do Distrito Federal e dos Municípios; requisitar informações e documentos de entidades privadas, inclusive de natureza cadastral; notificar testemunhas e vítimas e requisitar sua condução coercitiva; acompanhar buscas e apreensões, cumprimento de prisões; expedir notificações e intimações; realizar oitivas; ter acesso a banco de dados de caráter público; requisitar auxílio de força policial.

Esses poderes instrutórios já são previstos na Lei 8.625/93 (art. 26), e na Lei Complementar 75/93, em seu art. 8º. Quanto às inspeções e vistorias mencionadas no art. 7º, I, da Resolução, certo que deverão respeitar as normas constitucionais pertinentes à inviolabilidade do domicílio, com ressalta o art. 8º, VI, da Lei Complementar 75/93.

Quanto ás oitivas, deverão assumir, preferencialmente, a forma oral, mediante a gravação audiovisual, com o fim de obter maior fidelidade das informações prestadas (art. 8º, *caput*, da Resolução).

A nosso ver, a possibilidade de o Ministério Público requisitar o cumprimento das diligências de oitiva de testemunhas ou informantes a policiais civis, militares ou federais, guardas municipais ou qualquer outro servidor público que tenha como atribuição fiscalizar atividades cujos ilícitos possam também caracterizar delito, prevista no art. 8º da Resolução é inconstitucional e ilegal. Ora, se o procedimento investigatório é presidido pelo MP, cabe ao *seu* membro, auxiliado por servidores da *sua* Instituição, se o caso, colher depoimentos, e não determinar à polícia, ou a qualquer outro órgão público, tal atribuição, pois, se fosse assim, ficaria sem sentido a existência de um procedimento investigatório *ministerial* cuja instrução fosse procedida, *v.g.*, pela própria polícia judiciária!

Ademais, o que asseguram, a Constituição Federal (art. 129, VIII), bem como o art. 26, IV, da Lei Complementar 8.625/93 é que o membro do Ministério Público poderá requisitar diligências investigatórias à polícia, inclusive a oitiva de determinada pessoa, *quando houver inquérito policial instaurado*. Logo, *se não houver inquérito policial instaurado, mas sim procedimento investigatório criminal presidido pelo membro do Ministério Público*, cabe ao membro do *Parquet* proceder às oitivas necessárias, e não delegar à autoridade policial tal função, afinal, como já dissemos, a investigação é ministerial e não policial.

Havendo necessidade de realização de inquirições fora dos limites territoriais da unidade em que se realiza a investigação, serão procedidas, se possível, por videoconferência, deprecando-se o ato ao MP local, sem prejuízo de o membro do MP que investiga optar por realizar a inquirição diretamente, apenas dando ciência ao representante do *Parquet* do local (art. 11 da Resolução).

Apuração da responsabilidade patrimonial

A persecução visando a localização de bens e valores referentes ao benefício obtido com a infração penal, a fim de que se possa propor medidas cautelares reais, como, por exemplo, sequestro e arresto de bens, bem como final confisco de bens, será realizada em anexo autônomo (art. 14 da Resolução).

Esclarecimento a respeito dos direitos das vítimas

Prevê o art. 17 da Resolução que o membro do MP velará pelo esclarecimento à vítima de seus direitos materiais e processuais, além de velar pela sua segurança, podendo requerer a inclusão em programa de proteção de assistência a vítimas e testemunhas; incumbe-lhe ainda, encaminhar a vítima à rede de assistência para atendimento multidisciplinar

Investigações conjuntas

O art. 6º da Resolução permite a investigação conjunta, por meio de força tarefa ou por grupo de atuação especial, inclusive a atuação conjunta entre Ministérios Públicos dos Estados, da União e de outros países.

Da publicidade do procedimento

Em regra, os atos e peças do procedimento serão públicos, salvo se houver disposição legal impondo sigilo, *v.g.*, dados bancários e telefônicos, ou se houver razões de interesse público ou conveniência da investigação (art. 15, *caput*, da Resolução). O Presidente do procedimento investigatório criminal poderá decretar o sigilo das investigações, no todo ou em parte, por decisão fundamentada, quando a elucidação do fato ou interesse público exigir, garantindo o acesso aos autos ao investigado e ao seu defensor, desde que munido de procuração ou de meios que comprovem atuar na defesa do investigado (art. 16, *caput*, da Resolução).

Do acordo de não persecução penal

Prevê o art. 18, *caput*, da Resolução que, não sendo o caso de arquivamento, o Ministério Público poderá propor ao investigado acordo de não persecução penal, quando, cominada pena mínima inferior a quatro anos e o crime não for cometido com violência ou grave ameaça a pessoa, o investigado tiver confessado formal e circunstanciadamente a sua prática; o acordo será formalizado nos autos, com a qualificação completa do investigado e estipulará de modo claro as suas condições, eventuais valores a serem restituídos e as datas para cumprimento e será firmado pelo membro do Ministério Público, pelo investigado e seu defensor (art. 18, § 3º, da Resolução).

Para ser beneficiado pelo acordo de não – persecução penal, o investigado deverá cumprir os seguintes requisitos, de forma cumulativa ou não:

I – reparar o dano ou restituir a coisa à vítima, salvo impossibilidade de fazê-lo;

II – renunciar voluntariamente a bens e direitos, indicados pelo Ministério Público como instrumentos, produto ou proveito do crime;

III – prestar serviço à comunidade ou a entidades públicas por período correspondente à pena mínima cominada ao delito, diminuída de um a dois terços, em local a ser indicado pelo Ministério Público;

IV – pagar prestação pecuniária, a ser estipulada nos termos do art. 45 do CP, a entidade pública ou de interesse social a ser indiciado pelo Ministério Público, devendo a prestação ser destinada preferencialmente àquelas entidades que tenham como função proteger bens jurídicos iguais ou semelhantes aos lesados pelo delito;

V – cumprir outra condição estipulada pelo Ministério Público, desde que proporcional e compatível com a infração penal aparentemente praticada.

Estipula o § 1º do art. 18 da Resolução que não se admitirá a proposta se for cabível a transação penal; se o dano causado for superior a 20 salários mínimos ou a parâmetro econômico diverso definido pelo respectivo órgão de revisão, nos termos da regulamentação local; se o investigado incorrer em alguma das hipóteses previstas no art. 76, § 2º, da Lei 9.099/95 (ter sido condenado, pela prática de crime, à pena privativa de liberdade, por sentença definitiva, ter sido o agente beneficiado anteriormente, no prazo de cinco anos, pela transação penal, não indicarem os antecedentes, a conduta social e a personalidade do agente, bem como os motivos e circunstâncias, ser necessária e suficiente a adoção da medida); o aguardo para o cumprimento do acordo possa acarretar a prescrição da pretensão punitiva estatal; o delito for hediondo ou equiparado e nos casos da Lei Maria da Penha (Lei 11.340/2006); se a celebração do acordo não atender ao que seja necessário e suficiente para a reprovação e prevenção do crime.

Consoante o art. 18, § 2º, o acordo será formalizado com a confissão detalhada dos fatos e as tratativas do acordo serão registradas pelos meios ou recursos de gravação audiovisual, destinados a obter maior fidelidade das informações, e o investigado deve estar sempre acompanhado de seu defensor. O acordo deverá estipular de modo claro as suas condições, eventuais valores a serem restituídos e as datas para cumprimento, sendo firmado pelo membro do Ministério Público, pelo investigado e seu defensor (art. 18, § 3º).

Realizado o acordo, a vítima será comunicada por qualquer meio idôneo e os autos serão submetidos à apreciação judicial. Se o juiz considerar o acordo cabível e as condições adequadas e suficientes, devolverá os autos ao Ministério Público para sua implementação (art. 18, §§ 4º e 5º, da Resolução).

Se o juiz considerar incabível o acordo, bem como inadequadas ou insuficientes as condições celebradas, fará remessa dos autos ao procurador – geral ou órgão superior interno responsável por sua apreciação, que poderá adotar as seguintes providências: oferecer denúncia ou designar outro membro para oferecê-la; complementar as investigações ou designar outro membro para complementá-la; reformar a proposta de acordo de não persecução, para apreciação do investigado; manter o acordo de não persecução, que vinculará toda a Instituição (art. 18, § 6º, da Resolução).

O acordo de não persecução poderá ser celebrado na mesma oportunidade da audiência de custódia (art. 18, § 7º, da Resolução). Essa determinação colide frontalmente com aquilo que entende o Conselho Nacional de Justiça ser a finalidade da audiência de custódia: discutir medidas cautelares alternativas à prisão e apurar eventuais abusos cometidos contra os presos; obviamente, utilizar-se a audiência de custódia para produzir prova – confissão do investigado – contra o custodiado, e ainda entabular um acordo que limite seus direitos vai ao encontro do espírito de tal instituto.

É dever do investigado comunicar ao Ministério Público eventual mudança de endereço, número de telefone ou e – mail, e comprovar mensalmente o cumprimento das condições, independentemente de notificação ou aviso prévio, devendo ele, quando for o caso, por iniciativa própria, apresentar imediatamente e de forma documentada eventual justificativa para o não cumprimento do acordo (art. 18, § 8º, da Resolução).

Descumpridas quaisquer das condições estipuladas no acordo, o membro do Ministério Público deverá, se for o caso, imediatamente oferecer denúncia (art. 18, § 9º, da Resolução).

O descumprimento do acordo de não persecução pelo investigado, também, poderá ser utilizado pelo membro do Ministério Público como justificativa para o eventual não oferecimento de suspensão condicional do processo (art. 18, § 10, da Resolução). Entendemos que uma mera disposição de um ato administrativo como a resolução em estudo não pode ter o poder de impedir um benefício previsto em lei (art. 89 da Lei 9.099/95), quando inexiste óbice *legal* à sua concessão.

Cumprido integralmente o acordo, o Ministério Público promoverá o arquivamento da investigação (art. 18, § 11, da Resolução).

As disposições desse capítulo não se aplicam aos delitos cometidos por militares que afetem a hierarquia e a disciplina (art. 18, § 12, da Resolução).

Para aferição da pena mínima de quatro anos para que possa se entabular o acordo, serão consideradas as causas de aumento e diminuição de pena (art. 18, § 13, da Resolução).

Se o membro do Ministério Público responsável pelo procedimento investigatório criminal se convencer da inexistência de fundamento para a propositura de ação penal promoverá o arquivamento dos autos, fazendo-o fundamentadamente (art. 19, *caput*, da Resolução). A promoção de arquivamento será oferecida ao juiz competente, nos termos do art. 28 do CPP, ou ao órgão superior interno responsável por sua apreciação (art. 19, § 1º, da Resolução). Na hipótese de arquivamento do procedimento investigatório criminal, ou do inquérito policial, quando amparado em acordo de não persecução penal, a promoção de arquivamento será necessariamente apresentada ao juízo competente, nos moldes do art. 28 do CPP (art. 18, § 2º, da Resolução).

Esse artigo da Resolução que trata e disciplina o acordo de não – persecução penal é *grotescamente inconstitucional*[8], e deve ser solenemente expungido da vida jurídica nacional, pelas seguintes razões:

1ª – a mais relevante das funções institucionais do Ministério Público é a de promover, privativamente, a ação penal pública (art. 129, I, da CF). Essa missão/dever do *Parquet* de ajuizar a ação penal pública nada mais é que o cumprimento ao princípio da legalidade ou obrigatoriedade, característico de tal modalidade de ação penal: havendo elementos informativos suficientes de autoria e materialidade delitiva, o Ministério Público se vê obrigado, por contingência constitucional e legal, a oferecer denúncia, não havendo qualquer juízo de conveniência ou oportunidade quanto a isso.

---

8. O Conselho Federal da OAB ajuizou ADI- Ação Direta de Inconstitucionalidade 5.793 tendo por objeto a Resolução. A AMB (Associação de Magistrados Brasileiros) também ajuizou Ação Direta de Inconstitucionalidade (ADI 5790). O relator é o Min. Ricardo Lewandowski.

Essa missão, e também dever do Ministério Público, só é excepcionado pelo art. 98, I, da CF, que permite a transação penal, em seu sentido amplo, no caso das infrações de menor potencial ofensivo, o que abarca também a suspensão condicional do processo, ambos institutos previstos e disciplinados pela Lei 9.099/95.

Desse modo, eventual acordo de não – persecução penal só poderia ser licitamente proposto, nos termos e condições, previstos na Lei Maior e detalhado pela Lei 9.099/95, ou em outro diploma legislativo que assim o permita, como, por exemplo, a Lei 12.850/13 (Lei das Organizações Criminosas), que possibilita ao Ministério Público, no acordo de colaboração premiada, deixar de oferecer denúncia, mas nunca por um mero ato administrativo do CNMP!

2ª – A Resolução do CNMP pretende, em seu art. 18, em verdade, legislar em matéria processual penal, matéria essa privativa da União (art. 22, I, da CF), através da edição de lei emanado do Congresso Nacional, submetido à sanção ou veto do Presidente da República, como é óbvio.

Em conclusão, o art. 18 da Resolução não possui qualquer aplicação prática, porque inconstitucional. Essa inconstitucionalidade não passou despercebia ao jurista e Ministro do STF, Alexandre de Moraes, que, em seu voto que tinha por objeto questão jurídica diversa- a legalidade do decreto de indulto concedido pelo Presidente da República aos condenados criminais que era questionada pela Procuradoria-Geral da República[9]- estabeleceu um interessante paralelo: o mesmo Ministério Público que coloca em dúvida os limites do poder do Chefe do Executivo de conceder indulto e comutar penas (poder esse expresso no art. 84, XII, da CF, e que não possui limites, justamente por ser um ato de indulgência do Presidente) é o que, através do "Conselho Nacional do Ministério Público, sem expressa previsão constitucional ou legal, passou a admitir que, *discricionariamente*, o titular da ação penal 0 por opção de política criminal da Instituição- possa deixar de promover a ação penal, mesmo não sendo caso de arquivamento, nos crimes de corrupção *lato sensu*, organização criminosa e lavagem de dinheiro; todos tidos penais com pena inferior a 4 (quatro) anos".

Arquivamento/desarquivamento do procedimento investigatório

O arquivamento deverá ser fundamentado, pelo convencimento, pelo membro do MP, a respeito da inexistência de fundamento para a propositura da ação penal, sendo apresentado ao juízo competente, nos termos do art. 28 do CPP (art. 19, § 1º, da Resolução).

Na hipótese de arquivamento do procedimento investigatório criminal, ou do inquérito policial, amparado em acordo de não persecução penal, a promoção de arquivamento será necessariamente apresentada ao juízo competente, nos moldes do art. 28 do CPP (art. 19, § 2º, da Resolução).

Se houver prova da existência de novos elementos de informação, poderá o membro do MP requerer o desarquivamento dos autos (art. 20 da Resolução).

---

9. STF. Ação Direta de Inconstitucionalidade 5.874/DF. Rel. Min. Roberto Barroso.

No caso de investigação conjunta por parte de membros do MP distintos, como, por exemplo, o MP da União e dos Estados, o controle a respeito do arquivamento procedido, deverá ser objeto de controle e eventual revisão em cada Ministério Público, cuja apreciação se limitará ao âmbito de atribuições do respectivo Ministério Público (art. 6º, § 2º, da Resolução).

Participação do MP na investigação criminal e suspeição

Segundo a Súmula 234 do STJ "a participação de membro do Ministério Público na fase investigativa criminal não acarreta seu impedimento ou suspeição para oferecimento da denúncia".

2.3.5.2. Outros órgãos públicos legitimados a investigar

Não apenas o Ministério Público está autorizado por lei a investigar, estando legitimados também os seguintes órgãos, dentre vários outros: Controladoria Geral da União; o COAF (Conselho de Controle de Atividades Financeiras); a CVM (Comissão de Valores Mobiliários); o Banco Central; o IBAMA (Instituto Brasileiro do Meio Ambiente e dos Recursos Naturais Renováveis), as CPIs (Comissões parlamentares de inquérito) federais, estaduais e municipais, a Câmara dos Deputados e o Senado Federal em caso de crime cometido nas suas dependências[10]. Acrescente-se, ainda, nesse poder de investigação, o INSS (nos crimes contra a previdência social); as Delegacias do Trabalho (crimes contra a organização do trabalho); o STF (no caso dos crimes praticados em sua dependência o Presidente instaurará inquérito para apurar o fato, nos termos do art. 43 do Regimento Interno do STF). E ainda, o Código Eleitoral, em seu § 2º do art. 356, prevê, expressamente, que o MP pode investigar crimes eleitorais para o embasamento da denúncia; o Estatuto da Criança e do Adolescente estipula, em seu art. 201, VII, que o MP pode denunciar com base em sindicância própria, instaurada para apurar a existência de ilícito penal; o Estatuto do Idoso (art. 74, V, b, da Lei 10.741/2003) prevê que o MP promova inspeções e diligências investigatórias, nos crimes cometidos contra maiores de 60 anos.

2.3.6. Detetives particulares e investigação criminal

A Lei 13.432, de 11 de abril de 2017, dispõe sobre o exercício da profissão de detetive particular. Em seu art. 2º, define-se detetive particular como aquele que execute coleta de dados de *natureza não criminal*. No entanto, contraditoriamente, o artigo 5º, da mesma Lei, admite que o detetive particular possa colaborar com investigação policial em curso, desde que expressamente autorizado pelo contratante; o aceite da colaboração ficará a critério do delegado de polícia, que poderá admiti-la ou rejeitá-la

---

10. Súmula 397 do STF: "O poder de polícia da Câmara dos Deputados e do Senado Federal, em caso de crime cometido nas suas dependências, compreende, consoante o regimento, a prisão em flagrante do acusado e a realização do inquérito".

a qualquer tempo (art. 5º, § único, da Lei). Veda-se, ao detetive particular, que participe diretamente de diligências policiais (art. 10, IV, da Lei).

Quanto a participação do detetive particular na investigação policial, se admitida pelo delegado de polícia, deverá ser de maneira eminentemente subsidiária, ou seja, repassando dados como *v.g.* qualificação de testemunhas, seus endereços para que os agentes da polícia colham os elementos informativos ou as provas que reputarem úteis; não se admitirá, sob pena de ilicitude da prova, que o detetive particular, pessoalmente, recolha o elemento informativo ou determine a produção da prova.

2.3.7. Investigação defensiva

2.3.7.1. Investigação defensiva. Conceito

O Conselho Federal da Ordem dos Advogados do Brasil publicou, em 11 de dezembro de 2018, Provimento 188 que trata da investigação defensiva, definida em seu art. 1º, como o "complexo de atividades de natureza investigatória desenvolvida por advogado, com ou sem assistência de consultor técnico ou outros profissionais legalmente habilitados, em qualquer fase da persecução penal, procedimento ou grau de jurisdição, visando à obtenção de elementos de prova destinados à constituição de acervo probatório lícito, para a tutela de direitos de seu constituinte".

2.3.7.2. Fases em que pode se desenvolver a investigação defensiva

Reza o art. 2º do Provimento que a investigação defensiva pode ser desenvolvida na etapa da investigação preliminar, no decorrer da instrução processual em juízo, na fase recursal em qualquer grau, durante a execução penal e, ainda, como medida preparatória para a propositura da revisão criminal ou em seu decorrer.

2.3.7.3. Finalidade da investigação defensiva

Consoante prescreve o art. 3º do provimento, a investigação defensiva orienta-se para a produção de prova para emprego em: pedido de instauração ou trancamento de inquérito; rejeição ou recebimento de denúncia ou queixa; resposta a acusação; pedido de medidas cautelares; defesa em ação penal pública ou privada; razões de recurso; revisão criminal; *habeas corpus*; proposta de acordo de colaboração premiada; proposta de acordo de leniência; outras medidas destinadas a assegurar os direitos individuais em procedimentos de natureza criminal. Consoante o § único do art. 3º do Provimento, a atividade de investigação defensiva do advogado inclui a realização de diligências investigatórias visando à obtenção de elementos destinados à produção de prova para o oferecimento de queixa, principal ou subsidiária.

2.3.7.4. Poderes do advogado na condução da investigação defensiva

Poderá o advogado promover diretamente todas as diligências investigatórias necessárias ao esclarecimento do fato, em especial a colheita de depoimentos, pesquisa e obtenção de dados e informações disponíveis em órgãos públicos ou privados, determinar a elaboração de laudos e exames periciais, e realizar reconstituições, ressalvadas as hipóteses de reserva de jurisdição (art. 4º, *caput*, do Provimento). Na realização da investigação defensiva, o advogado poderá valer-se de colaboradores, como detetives particulares, peritos, técnicos e auxiliares de trabalhos de campo (art. 4º, § único, do Provimento).

2.3.7.5. Sigilo da investigação defensiva

Durante a realização da investigação, o advogado deve preservar o sigilo das informações colhidas, a dignidade, privacidade, intimidade e demais direitos e garantias individuais das pessoas envolvidas (art. 5º do Provimento). Eventual comunicação e publicidade do resultado da investigação exigirão expressa autorização do constituinte (art. 5º, § único, do Provimento).

2.3.7.6. Proibição de censura ou impedimento pelas autoridades a atividade de investigação defensiva

Por fim, o artigo 7º do Provimento determina que as atividades previstas são privativas da advocacia, compreendendo-se como ato legítimo de exercício profissional, "não podendo receber qualquer tipo de censura ou impedimento pelas autoridades".

2.3.7.7. Visão crítica da investigação defensiva: sua inconstitucionalidade e ilegalidade manifestas.

Quando tratamos da Resolução 181 do Conselho Nacional do Ministério Público, que passou, a pretexto de regulamentar o poder investigatório do *Parquet*, por mero ato administrativo, a tratar de matérias de processo penal e direito penal, como o acordo de não persecução penal a ser celebrado pelo membro do Ministério Público, pelo investigado e seu defensor (art. 18 do Provimento), reputamos os termos de tal Resolução como *grotescamente inconstitucionais*. Inconstitucional porque viola o art. 22, I, da CF (apenas a União poderá legislar sobre direito penal e processo penal), bem como o art. 129, I, da CF, que incumbe ao Ministério Público promover, privativamente, a ação penal pública, de modo que não poderia dispor da ação penal, a fim de celebrar um acordo de persecução penal, uma vez que- como regra- vige o princípio da obrigatoriedade da ação penal pública. Salientamos, ainda, na oportunidade em que criticamos a resolução 181 do CNMP, que as hipóteses de transação penal, em ação penal pública, são previstas, genericamente, no art. 98, I, da CF, e regulamentadas, em detalhes, através da Lei 9.099/95. Concluímos, ao tratar da Resolução do Ministério Público, como afrontosa aos preceitos constitucionais. Por uma questão de coerência e justiça, não há como chegar a outra conclusão quanto ao Provimento do Conselho Federal da OAB, ao criar, e regulamentar, por ato administrativo, a Investigação Defensiva.

Entendemos como inconstitucional referido Provimento pelas seguintes razões:

1º – Ao tratar de um complexo de atividades de natureza investigatória, em qualquer fase da persecução penal, procedimento ou grau de jurisdição, visando a obtenção de elementos de prova para a tutela de seu constituinte, (art. 1º do Provimento), certo que o provimento administrativo em tela tem por objeto o direito processual penal. Modificações no processo penal demandam, de acordo com o art. 22, I, da Constituição, a edição, de maneira privativa, pela União, de leis, aprovadas no Congresso Nacional e sancionadas pelo Presidente da República. Ora, não é possível que um mero ato administrativo, *interna corporis*, de uma categoria profissional (por mais respeitável que seja, como a OAB), tenha o condão de substituir a edição de norma federal, que, ao contrário de qualquer ato normativa administrativo, vincula a todos, justamente porque aprovada pelos representantes do povo (Câmara dos Deputados), dos Estados (Senado Federal), passando, ainda, pelo crivo da mais alta autoridade do Poder Executivo, que é o Presidente da República.

2º – O Sistema Constitucional de Persecução Penal é do tipo acusatório, em que são divididas funções entre órgãos distintos: a Polícia Judiciária, encarregada, como regra, de apurar as infrações penais; o Ministério Público a quem se incumbe a função de ser titular da ação penal; o advogado, com a missão de patrocinar a defesa do indiciado ou acusado; por fim, o Judiciário, que tem como escopo dirimir os conflitos de interesse advindos do funcionamento próprio do sistema. Em miúdos, pelo nosso ordenamento jurídico: Polícia investiga; promotor acusa; advogado defende, juiz julga. Não cabe, então à Polícia acusar ou julgar; ao promotor (em regra) investigar, defender ou julgar; e, a defesa, investigar (embora seja possível acusar como representante dos interesses da vítima, na figura processual adesiva no assistente da acusação). Nada impedirá, contudo, que a defesa requeria ao delegado de polícia (art. 14 do CPP) ou ao representante do MP a realização de alguma diligência, no decorrer do inquérito policial, que julgue imprescindível aos interesses do investigado ou da vítima do delito.

E mais: o art. 144, § 1º, IV, e § 4º, da Constituição, estabelecem, respectivamente, como funções da Polícia Judiciária- Federal e dos Estados- a apuração de infrações penais, atribuição essa de altitude constitucional que não pode ser usurpada da polícia e entregue à advocacia, por mero ato administrativo de uma categoria profissional que poderia vincular, quando muito, apenas aos seus integrantes.

Poderia se questionar: mas se ao Ministério Público se autoriza investigar, por autoridade própria, crimes, excepcionando a regra de que a investigação deveria ser da Polícia, por que não se autorizar, por uma questão de isonomia, que o advogado também possa investigar?

Em primeiro lugar, a teoria dos poderes implícitos, acatada pelo Supremo, a fim de reconhecer ao *Parquet* o poder investigatório se estribou no sentido de que, se a missão do Ministério Público é a de oferecer ação penal pública (art. 129, I, da CF), deveria estar aparelhado a obter provas para tanto. Em segundo lugar, não é possível se extrair do art. 133 da CF, que apenas declara ser o advogado indispensável á administração da justiça, a existência de poderes implícitos de investigação. Ademais, a investigação de crimes deve ocorrer através de órgãos públicos, não comprometidos com os interesses e sentimentos de vítimas e autores da infração, de maneira isenta e não partidária, portanto. Em razão disso, prioritariamente, estabelece a Constituição como atribuição da Polícia Judiciária a apuração das infrações penais, e, de maneira subsidiária, o Ministério Público. Ressalte-se, ainda, que há previsão legal, através de legislação federal, atribuindo à Polícia Judiciária (Lei 12.830/2013) e ao Ministério Públicos (Lei 8.625/93 e Lei Complementar 75/93) o poder investigatório. No caso da investigação defensiva, além de chocar-se com o sistema constitucional, ainda se ressente de verdadeiro vácuo legislativo.

3º – Ofensa ao princípio da legalidade

Reza o art. 5º, II, da CF, que ninguém é obrigado a fazer ou deixar de fazer algo senão em virtude de lei, o que significa dizer que nenhuma pessoa pode ser obrigada a prestar depoimento ao advogado, na sua investigação defensiva, afinal, um provimento de Conselho profissional, obviamente, não é tem a força de lei, e não obriga a ninguém.

2.3.7.8. Investigação defensiva e detetives particulares

Como única espécie lícita de investigação defensiva, apontamos a Lei 13.432/2017, que dispõe a respeito da profissão de detetive particular, permitindo que possa colaborar com a investigação policial em curso, desde que haja o aceite – dessa colaboração- pela autoridade policial. Veda-se, todavia, a participação direta do detetive particular em diligências policiais.

2.3.7.8.1. Consequência da utilização de provas coligidas na investigação defensiva

Caso tenham sido angariadas provas, através da investigação defensiva, entendemos que se tratarão de provas ilícitas, porque coligidas – não através de órgão público legitimado para tanto pela Constituição Federal e por leis federais, mas tendo por base normativa mero ato administrativo de categoria profissional, sem poderes, explícitos ou implícitos, de proceder a persecução criminal. É o que determina o art. 157, *caput*, do CPP: "São inadmissíveis, devendo ser desentranhadas do processo, as provas ilícitas, assim entendidas as obtidas em violação ás normas constitucionais ou legais" (grifo nosso). Tratamos um pouco mais do assunto no item abaixo.

2.3.8. Enumeração exaustiva de atribuições de polícia investigativa pela CF e pelas leis e prova ilícita

Importante referir que apenas os órgãos enumerados pela Constituição e seus agentes poderão apurar infrações penais, sendo que, se outras entidades públicas, como a Agência Brasileira de Inteligência (Abin), não autorizadas pela Lei Maior ou pelas leis, usurparem tais funções, ao delegarem- nas a seus próprios funcionários, as fontes de provas por elas angariadas serão ilícitas[11].

De acordo com a Lei 12.830/2013, em seu art. 2º, as funções de polícia judiciária e a apuração de infrações penais exercidas pelo delegado de polícia são essenciais e exclusivas de Estado, ou seja, não podem ser exercidas por quaisquer outros órgãos públicos, a não ser que haja expressa previsão legal, autorizando-as, como ocorre com a Lei 8.625/93 e Lei Complementar 75/93 (Leis Orgânicas do MP).

2.4. CONCEITO DE INQUÉRITO POLICIAL. INSTRUMENTO EXCLUSIVO DA POLÍCIA JUDICIÁRIA

2.4.1. Conceito material de inquérito policial

Inquérito policial, sob o ponto de vista material – sua natureza essencial – é o conjunto de diligências investigatórias realizadas pela autoridade policial e seus agentes com a finalidade de apurar a autoria e a materialidade de uma infração penal, ao angariar elementos informativos que apontem para a existência do *fumus comissi delicti* (*fumaça da existência do fato delituoso*) a possibilitar o ajuizamento responsável da ação penal pelo Ministério Público (ação penal pública) ou pelo ofendido (ação penal privada). Presta-se também o inquérito policial a coligir elementos de informação que possam legitimar a decretação de medidas cautelares pessoais como, por exemplo, prisão preventiva, interceptação de conversas telefônicas, prisão temporária ou medidas reais, como o sequestro de bens e hipoteca legal.

Além da finalidade de aparelhar a eventual acusação, é certo que o inquérito policial visa resguardar a própria liberdade do averiguado, porque, em se investigando com eficiência os fatos tidos por aparentemente criminosos, evita-se o ajuizamento de ações penais temerárias por não estarem suficientemente lastreadas em fontes fidedignas de provas. Nesse aspecto, o inquérito funciona como verdadeiro filtro probatório e, assim, como *garantia individual* de que ninguém poderá ser processado criminalmente sem que tenham sido amealhadas fontes confiáveis de prova de autoria e materialidade delitivas, assegurando-se, ainda, que o averiguado terá a possibilidade de apresentar a sua versão a respeito dos fatos à autoridade policial. O importante a se salientar desse conceito de inquérito policial é que as investigações podem se iniciar mesmo sem que, formalmente, seja instaurado o inquérito.

2.4.2. Conceito formal de inquérito policial

Sob o aspecto formal, inquérito policial é um procedimento administrativo em que são documentadas todas as fontes de provas coligidas durante o seu desenvolvimento, e que formarão um caderno denominado autos de inquérito policial. O inquérito policial não é um processo administrativo porque não visa à imposição de qualquer

---

11. STJ. HC 149250. 5ª T. Rel. Desembargador Convocado Adilson Macabu.

espécie de sanção a quem seja investigado, mas apenas a apuração isenta de um fato aparentemente típico.

2.4.3. Conceitos de fontes de provas, elementos de informação e provas

Como observa Renato Brasileiro de Lima[12] é possível se diferenciar os conceitos de *fonte de prova, elementos de informação e prova*. **Fonte de prova** é tudo o que pode servir à elucidação do fato, em sua autoria e materialidade (o encontro de uma testemunha; de uma vítima, de um cadáver, de um carro com a janela arrombada etc.). Já os **elementos de informação** tratam da introdução documentada das fontes de provas no inquérito policial; nos nossos exemplos acima seriam: termo de depoimento de uma testemunha; termo de declarações da vítima, laudo cadavérico no corpo do ofendido; laudo pericial referente ao rompimento de obstáculo pertinente à janela arrombada. O termo **prova** refere-se apenas aos elementos de convicção produzidos em juízo, em contraditório judicial e sob o domínio da ampla defesa, como ressalta o art. 155, *caput*, do CPP.

2.4.4. Presidência do inquérito policial e condução das investigações

A presidência do inquérito policial caberá, com exclusividade, à autoridade policial com atribuição legal para tanto (delegado da polícia civil ou federal); jamais o órgão do Ministério Público ou qualquer outro agente de outro órgão do estado poderá assumir a presidência do inquérito policial no lugar do delegado.

A confirmar o que já era pacífico na doutrina, passou a determinar o § 1º do art. 2º da Lei 12.830/2013, que "Ao delegado de polícia, na qualidade de autoridade policial, cabe a condução da investigação criminal por meio de inquérito policial ou outro procedimento previsto em lei, que tem por objetivo a apuração das circunstâncias, da materialidade e da autoria das infrações penais".

Claro que, embora caiba a condução do inquérito policial como um todo à autoridade policial, deverá o delegado cumprir as requisições de diligências emanadas do MP ou pelo juiz (art. 13, II, do CPP).

Para aqueles que, como nós, entendem que o Ministério Público, assim como também outros órgãos de Estado, estão legitimados a investigar infrações penais, desde que prevista tal atribuição em lei, é certo que esses agentes públicos presidirão procedimentos administrativos investigatórios, mas que não receberão o nome, nem a regulamentação legal, do inquérito policial, que é, como se disse, de exclusividade da Polícia Judiciária.

Em outras palavras: o inquérito policial é uma das espécies do gênero investigação criminal, de uso privativo da polícia judiciária.

---

12. Renato Brasileiro de Lima, Curso de Processo Penal, p. 71.

2.4.5. Independência funcional do delegado de polícia

Com a finalidade de assegurar a independência funcional dos delegados de polícia, dispõe o § 4º do art. 2º da Lei 12.830/2013 que: "O inquérito policial ou outro procedimento previsto em lei em curso somente poderá ser avocado ou redistribuído por superior hierárquico, mediante despacho fundamentado, por motivo de interesse público ou nas hipóteses de inobservância dos procedimentos previstos em regulamento da corporação que prejudique a eficácia da investigação". Esta norma tem por finalidade evitar que a autoridade policial seja arbitrariamente afastada da condução das investigações de determinado inquérito policial. O delegado de polícia só perderá atribuição para conduzir uma investigação criminal nas seguintes situações: motivo de interesse público, inobservância dos procedimentos da Polícia Judiciária que tenham prejudicado a investigação, e dependerá sempre de despacho fundamentado por parte do seu superior hierárquico. Desse modo, se a autoridade policial se mostrar inepta ou desidiosa na condução das investigações, ou ainda, o que é mais comum, faltarem-lhe meios materiais básicos ao cumprimento de seu dever de apurar as infrações penais, como, por exemplo, falta de investigadores ou escrivães suficientes, o membro do MP poderá representar ao superior hierárquico do delegado a fim de o inquérito seja avocado ou redistribuído.

O delegado de polícia só poderá ser removido da área onde exerça suas atribuições por ato fundamentado, conforme previsto no § 5º do art. 1º da Lei 12.830/2013.

2.4.6. Características essenciais do inquérito policial (bem como das demais formas de investigação criminal)

O inquérito policial, e as demais espécies de investigação criminal, possuem as seguintes **características essenciais**:

1ª – É inquisitivo

Quanto ao inquérito policial, a autoridade policial, de ofício, independentemente de provocação, deve investigar as infrações cuja apuração seja de ação penal pública incondicionada que lhe chegarem ao conhecimento, sem que tenha a obrigação de dar oportunidade ao investigado de se manifestar a respeito de cada ato apuratório; ou seja, não vigem, no inquérito policial, ou nas demais investigações criminais, os princípios do contraditório e da ampla defesa (art. 5º LV, da CF), válidos apenas quando do ajuizamento da ação penal.

No que toca ao inquérito policial, o ofendido, seu representante legal e o indiciado poderão requerer a realização de qualquer diligência ao delegado, cabendo a ele deferir ou não a solicitação (art. 14 do CPP). Esse dispositivo legal é aplicável, por analogia, também às demais investigações procedidas por outras autoridades administrativas como procedimento apuratório presidido por membro do MP ou da Receita Federal, por exemplo. Caso indeferidos os requerimentos formulados pelas partes à autoridade policial, caberá a elas solicitar a diligência diretamente ao juiz ou ao membro do Ministério Público, os quais, se convencidos da necessidade de sua realização, a requisitarão à autoridade policial, que estará obrigada a realizá-la.

O indeferimento de diligências relevantes requeridas pelo indiciado ao delegado de polícia poderá ser combatido via *habeas corpus* como já decidiu o STJ[13]. Pode-se aceitar como possível também a impetração de mandado de segurança, quando não houver risco direto à liberdade de locomoção do indiciado, ou quando o requerimento indeferido indevidamente tiver sido do ofendido. De qualquer forma, o indeferimento das diligências requeridas deve ser fundamentado pela autoridade policial.

Embora inquisitivo, é certo que, se os fatos são objeto de investigação, o sujeito investigado é sujeito de direitos (direito ao silêncio, de saber quem o interrogou ou prendeu, de não produzir provas contra si mesmo etc.), que devem ser respeitados pela autoridade policial (e também as demais autoridades administrativas que possuam o poder de investigar crimes), sob pena de incorrer em ilícitos criminais, como aqueles previstos na Lei de Abuso de Autoridade (Lei 4898/65).

Direito de assistência do advogado ao investigado durante a apuração de infrações penais

Mesmo que catalogado como inquisitivo o inquérito policial (ou outras investigações criminais presididas por diversas autoridades públicas, como o MP, fiscal da Receita Federal, etc.), o advogado possui o direito subjetivo processual de assistir a seus clientes investigados durante a apuração de infrações, sob pena de nulidade absoluta do respectivo interrogatório ou depoimento e, subsequentemente, de todos os elementos investigatórios e probatórios dele decorrentes ou derivados, direta ou indiretamente, como determina o art. 7º, XXI, da Lei 8.906/94.

O advogado possui então o direito de assistir – acompanhar o interrogatório – do indiciado/investigado – ou o mero depoimento, como testemunha, de seu cliente, se o desejar, é claro. Isso não significa dizer que todo interrogatório ou depoimento colhido pela autoridade administrativa com atribuição para investigar crimes deva ser acompanhado por advogado, mas, simplesmente que, caso o advogado de quem seja ouvido em interrogatório ou depoimento pretenda assistir seu cliente na realização do ato, será seu direito presenciá-lo, não podendo obstá-lo o delegado (ou qualquer outra autoridade administrativa).

Como a prerrogativa é do advogado, nada impede que venha ele a renunciar esse direito, permitindo que seu cliente seja ouvido, *v.g.*, pelo delegado de polícia, membro do *Parquet* ou fiscal da Receita, nos procedimentos administrativos por eles presididos, na sua ausência. Não há obrigatoriedade, assim, de existência de advogado em todas as oitivas realizadas nas delegacias de polícia, ou em outras repartições públicas – o que seria inviável; no entanto, se quem vai ser ouvido na repartição pública (normalmente distrito policial), optar por ser acompanhado, no ato, por advogado, não há como se obstar a assistência do profissional.

---

13. STJ – 6ª T. HC 69.405/SP, Rel. Min. Nilson Naves, j. 23/10/2007, DJ 25/02/2008.

A assistência do advogado tem o significado de presenciar o ato do inquérito (ou outro procedimento administrativo investigatório), fiscalizar a lisura e a voluntariedade do elemento de informação coligido, e não o de sugerir perguntas à autoridade policial (ou a outra autoridade administrativa) que devam ser feitas ao indiciado ou testemunha. No entanto, se por mera liberalidade o delegado, membro do MP, funcionário da CVM (Comissão de Valores Mobiliário), por exemplo, acatarem as sugestões de perguntas do advogado poderão indaga-las ao depoente ou indiciado.

Interessante notar que, caso o direito à assistência do advogado ao seu cliente no ato de interrogatório ou de depoimento no transcurso do inquérito (ou de outro procedimento investigatório presidido por autoridade diversa da autoridade policial), seja violado, e produzido o elemento informativo – o interrogatório ou depoimento citados, segundo o dispositivo em estudo, acarretar-se-á a nulidade do ato em si – do interrogatório ou depoimento –, bem como de todos os elementos investigatórios e probatórios dele decorrentes. Significa dizer que, *havendo nexo causal* entre o elemento informativo colhido com violação do dever de assistência do advogado ao seu cliente e os demais elementos probatórios do procedimento investigatório (normalmente o inquérito policial) haverá a nulidade de todo o arcabouço probatório colhido na fase pré-processual ; e mais: se existir nexo de causalidade entre o elemento informativo produzido sem a assistência do advogado ao seu cliente, os elementos probatórios produzidos no decorrer do processo, desde que *existindo nexo de causalidade* com os primeiros, serão nulificados, porque contaminados pela ilicitude originária. O artigo de lei em tela reproduz, em linhas gerais, a teoria dos frutos da árvore envenenada (prova ilícita por derivação) prevista no art. 157, § 1º, do CPP.

Para aprofundar-se na questão das provas ilícitas e sua contaminação, consulte-se o Capítulo 7 – Prova onde tratamos da prova ilícita e suas consequências.

Pode, por fim, o advogado apresentar razões e quesitos à autoridade administrativa encarregada da investigação criminal (art. 7º, XXI, *a*, da Lei 8.906/94). Os quesitos certamente se referem a perguntas dirigidas aos peritos que venham a realizar algum trabalho técnico no inquérito (ou em outro procedimento criminal). Quanto ás razões, pensamos ser fundamentos dirigidos ao delegado (ou outra autoridade) quando se formula algum pedido, como, por exemplo, o não indiciamento do cliente do advogado, a oitiva de uma testemunha, a acareação entre testemunhas, a realização de perícia, etc.

Como se nota, o inquérito policial, embora tenha essência inquisitiva, possui inúmeras brechas legais que permitem o desenvolvimento da ampla defesa – defesa técnica do advogado – e contraditório, com o risco até de anularem-se provas produzidas no processo.

Não existe mais previsão legal de instauração de inquérito policial tendo por objeto a expulsão de estrangeiro, o que era previsto no antigo Estatuto do Estrangeiro (Lei 6.815/80, e regulamentado pelo Decreto 86715/81, diploma legislativo esse revogado pela Lei 13.445/2017 (Lei de Migração). Atualmente, os arts. 54 a 60 da Lei 13.445/2017, preveem, para a expulsão de estrangeiro, a existência de processo de expulsão, em que serão garantidos o contraditório e a ampla defesa.

2ª – É sigiloso

É da própria natureza de uma investigação seu caráter sigiloso, sob pena de se comprometer a eficácia da apuração, caso o investigado tome conhecimento, antecipadamente, de cada um dos passos do trabalho investigativo.

Dispõe o art. 20 do CPP que "a autoridade assegurará no inquérito o sigilo necessário à elucidação do fato ou exigido pelo interesse da sociedade".

Ressalte-se que o § único do art. 20 do CPP estabelece que "nos atestados de antecedentes que lhe forem solicitados, a autoridade policial não poderá mencionar quaisquer anotações referentes a instauração de inquérito contra os requerentes". Como se sabe, o princípio da presunção de inocência ou da não culpabilidade estabelece que ninguém poderá ser considerado culpado senão após o trânsito em julgado de decisão judicial condenatória. Logo, a simples instauração de inquérito policial em face do investigado não poderá acarretar-lhe qualquer prejuízo a ele por se considerá-lo, indevidamente, como culpado, e, para isso, assegura-se o sigilo ao público em geral a respeito da instauração do inquérito.

Este sigilo do inquérito policial, que prevaleceria em relação a qualquer um do povo, não se aplica a determinadas pessoas, a seguir elencadas, sendo assim, relativo.

Como bem assentado pelo STJ[14], embora em regra, não haja sigilo no tramitar do inquérito policial, poderá ser decretado segredo de justiça, desde que fundamentadamente, visando duas finalidades: o sigilo externo, qual seja, proteger a intimidade e a vida privada de pessoas que não fazem parte da investigação, evitando a publicidade abusiva (muitas vezes destrutiva de reputações); o segundo escopo é o de se assegurar o sigilo interno, tendo como destinatário o próprio investigado; em outras palavras, impõe-se o sigilo para se resguardar o resultado útil das investigações, para que não se frustrem as diligências em curso.

Podem ter acesso aos autos de inquérito policial (bem como a outros procedimentos investigatórios) os seguintes profissionais, **não lhes sendo oponível o sigilo do procedimento**:

1º – **Os advogados**. Dispõe o art. 7º, XIV, da Lei 8.906/94 (Estatuto da OAB) que os advogados têm o direito de "examinar em qualquer instituição responsável por conduzir investigação, mesmo sem procuração, autos de flagrante e de investigações de qualquer natureza, findos ou em andamento, ainda que conclusos à autoridade, podendo copiar peças e tomar apontamentos, em meio físico ou digital".

A Lei 13.793, de 3 de janeiro de 2019, acrescentou o § 13 ao artigo 7º, a fim de dispor que a prerrogativa prevista acima aplica-se a processos e procedimentos eletrônicos, salvo no caso de autos submetidos a regime de sigilo.

Como se verifica pela norma em comento, ao advogado se assegura, como *direito subjetivo processual*, o amplo acesso, em qualquer repartição pública, de autos de investigação – de índole penal ou não – que tramitem perante instituição pública

---

14. Informativo do STJ. 11/12/2018. STJ. RMS 55790. 5ª T. Rel. Min. Jorge Mussi.

encarregada por lei em conduzir investigações (Polícia Judiciária, Ministério Público, Receita Federal, Comissão de Valores Mobiliários – CVM, etc).

Neste mesmo sentido a **Súmula Vinculante n. 14 do STF** com o seguinte teor: "é direito do defensor, no interesse do representado, ter acesso amplo aos elementos de prova que, já documentados em procedimento investigatório realizado por órgão com competência de polícia judiciária, digam respeito ao exercício do direito de defesa".

Interpretando-se a Súmula, percebe-se que os advogados têm o direito de acesso às provas já produzidas e documentadas nos autos de inquérito (o acesso refere-se a atos pretéritos); quanto às diligências realizadas no presente, ou que serão praticadas no futuro, o delegado não é obrigado a informar ao advogado, até porque tal informação poderia comprometer o êxito da investigação.

É o que também prevê o art. 7º, § 11º, da Lei 8.906/94, apontando que a autoridade responsável pela investigação poderá delimitar o acesso do advogado aos elementos de prova relacionados a diligências em andamento e ainda não documentadas nos autos, quando houver risco de comprometimento da eficiência, da eficácia ou da finalidade das diligências.

Se a autoridade responsável pelas investigações não franquear o acesso dos autos ao advogado; se fornecer autos incompletos, ou ainda, se retirar peças neles já incluídas no caderno investigativo, implicará, tal conduta, em sua responsabilização criminal e funcional por abuso de autoridade, por impedir o acesso do advogado com o intuito de prejudicar o exercício da defesa, sem prejuízo do direito subjetivo do advogado de requerer acesso aos autos ao juiz competente (art. 7º, § 12º, da Lei 8.906/94).

Esse requerimento de acesso aos autos – *completos* – de investigação, pelo advogado, pode-se se dar mediante impetração de mandado de segurança, *habeas corpus* ou reclamação constitucional (como se verá), ou simplesmente, a nosso ver, mediante petição endereçada ao juiz que, caso a defira, determinará à autoridade responsável pela investigação que franqueie, imediatamente, o conteúdo integral do caderno investigativo ao defensor.

O advogado não apenas tem o direito de acesso à prova documentada no inquérito (assim como em qualquer outro procedimento investigatório), como também de acompanhar o ato interrogatório de seu cliente, a oitiva de testemunhas e da vítima, a reprodução simulada dos fatos, etc.; não é sua prerrogativa, porém, a de participar ativamente da formação dos elementos informativos, perguntando, por exemplo, às testemunhas ou vítimas em suas oitivas.

E se for negado, pela autoridade policial, o acesso do advogado do investigado ao inquérito policial ou a outro procedimento investigatório?

Nessa situação, poderá o advogado requerer, por simples petição, endereçada ao juiz, como já dissemos acima, seja determinado, à autoridade responsável pela investigação, que forneça, para consulta do defensor, a integralidade do caderno investigativo. É o que ocorreria, por exemplo, se delegado de polícia indeferisse o acesso do advogado aos autos de inquérito; bastaria que o advogado requeresse, mediante simples petição, ao juiz competente, que implemente seu direito subjetivo processual de consulta dos autos investigativos; deferida a solicitação, o magistrado ordenaria ao delegado que permitisse o imediato acesso do defensor aos autos para que o problema estivesse resolvido. Nos parece ser medida muito mais prática – e rápida – que os remédios processuais referidos abaixo.

Mas de qualquer modo, são possíveis ainda outras três soluções:

1º Ajuizamento da ação de reclamação constitucional

Será cabível, em se tratando de Súmula Vinculante que assegura o direito do defensor ao acesso dos autos investigatórios (a Súmula Vinculante 14), o ajuizamento de reclamação ao Supremo Tribunal Federal, com pedido liminar, se o caso. De acordo com o art. 103-A, § 3º, da CF e com o art. 7º da Lei 11.417/06, do ato administrativo ou decisão judicial que contrarie súmula aplicável caberá reclamação ao STF, que, julgando – a procedente, anulará o ato administrativo ou cassará a decisão judicial reclamada.

2ª – Impetração de mandado de segurança

Outro caminho também é o de impetração de mandado de segurança, com fulcro no art. 5º, LXIX, da CF e art. 1º, *caput*, da Lei 12.016/09, ao juiz de 1ª instância com competência criminal, por ter havido, por parte da autoridade policial (ou outra com atribuição investigativa) que indevidamente negou acesso ao advogado aos autos investigatórios, violação de direito líquido e certo previsto no art. 7º, XIV, da Lei 8.906/94. Poder-se-á requerer a concessão da ordem, em sede liminar.

A autoridade coatora no mandado de segurança será a autoridade responsável pela investigação (como a autoridade policial, o membro do MP, o responsável pela investigação perante a Receita Federal, etc), que tenham negado o acesso do advogado aos autos de investigação.

Não é pelo fato de ser cabível a ação constitucional da reclamação constitucional que estará vedada a utilização do mandado de segurança, porque a própria Lei 11.417/06, que regulamenta as Súmulas Vinculantes, em seu art. 7º, ao admitir a reclamação perante o STF, ressalta que outros recursos ou meios de impugnação à decisão judicial serão cabíveis. Ademais, o uso do mandado de segurança contra ato judicial só é vedado se couber *recurso* com efeito suspensivo; ora, como a reclamação constitucional não é um recurso, mas uma ação de índole constitucional, é lícita a interposição de mandado de segurança simultaneamente com o ajuizamento de reclamação constitucional. Porém, reputamos mais prático, *na própria ação de mandado de segurança*, postular, o defensor, a concessão de medida liminar, apontando, para tanto, a *fumaça de bom direito* e o *periculum in mora* caso haja atraso na prestação jurisdicional.

3ª – Impetração de *habeas corpus*

Nada impede, por fim, que o indiciado, pessoalmente, ou por seu advogado impetrem o remédio constitucional do *habeas corpus* (art. 5º, LXVIII, da CF e art. 647/667 do CPP), com pedido liminar, se o caso, porque, ao se negar acesso aos autos de inquérito policial ou de outra investigação criminal, poderá se comprometer a liberdade do investigado/indiciado, impedindo – o de acompanhar o desenrolar das investigações de maneira a melhor se preparar quando do ajuizamento da ação penal contra si a qual pode resultar, se procedente, na imposição de uma pena privativa de liberdade. Ademais, o acesso dos autos ao advogado do indiciado/investigado, ao ser-lhe facultado juntar documentos ou requerer diligências (art. 14 do CPP), poderá demonstrar ao juiz a desnecessidade de decretação de sua prisão preventiva ou temporária ou de imposição de medidas cautelares diversas da prisão, ao anexar, por exemplo, comprovação de residência fixa, de ocupação lícita etc. Percebe-se, assim, que o livre acesso do advogado ao inquérito policial – ou a quaisquer outros autos investigatórios – pode ser assegurado pela impetração do *habeas corpus* não apenas porque pode se vislumbrar a hipotética imposição de uma pena privativa de liberdade no final da ação penal condenatória, mas também em razão de a liberdade de locomoção poder ser comprometida durante a própria investigação criminal, com a imposição, no seu transcurso, de medidas cautelares pessoais como a prisão preventiva ou temporária.

Autos investigatórios sujeitos a sigilo. Necessidade de procuração

Prevê o art. 7º, § 10, da Lei 8.906/94 que, nos autos sujeitos a sigilo, deve o advogado apresentar procuração para o exercício dos direitos de livre e integral acesso aos autos investigatórios que, por sua vez, são estabelecidos no inciso XIV do art. 7º, da mesma lei.

É o que se dá, por exemplo, em autos de investigação em que sejam juntadas informações sigilosas que envolvam a intimidade de investigados – como interceptações telefônicas e quebra de sigilo bancário e fiscal. Nessas hipóteses, apenas o advogado que represente o indiciado/investigado (e não outro defensor) que teve sua intimidade devassada poderá ter acesso a tais dados, apresentando, para tanto, procuração à autoridade encarregada das investigações.

2º – **juízes e membros do Ministério Público** têm pleno acesso aos autos de inquérito policial porque são os seus destinatários finais. Quanto aos demais procedimentos que tenham natureza criminal e que sejam presididos por outras autoridades administrativas que não o delegado de polícia, poderão, o membro do *Parquet* ou o magistrado, ter pleno acesso aos procedimentos investigatórios instaurados por tais agentes públicos como uma forma de exercer o controle sobre a persecução criminal desenvolvida em sua fase extrajudicial.

Entendimento atual do STF a respeito do sigilo dos inquéritos policiais

No entanto, importante ressaltar que há entendimento do STF[15] no sentido de que **o sigilo, em inquérito policial, é excepcional** e que, mesmo nos procedimentos originários perante o Pretório Excelso, de acordo com o princípio republicano, deve ser afastado, em prol do **direito público à informação**.

---
15. STF. Petição 5.553-DF. Rel. Min. Celso de Mello. J. 27/02/2015.

Em outra decisão do Pretório Excelso[16] reconheceu-se ser indevida a tramitação de inquérito sob segredo de justiça, porque as peças existentes nos autos são acessíveis de forma geral, com exceção, apenas, de dados sigilosos, que precisam ficar envelopados e lacrados.

Por fim, em sessão administrativa, o STF[17] decidiu, por maioria, que os inquéritos em tramitação na Corte deverão trazer o nome completo do investigado e não mais apenas suas iniciais, o que bem demonstra o espírito de permitir a publicidade, em regra, do que é investigado e de quem é investigado.

Em diversos inquéritos policiais instaurados, e outros arquivados, envolvendo a operação "Lava Jato", foi dada publicidade aos autos que foram arquivados e aqueles que foram instaurados, com o nome de cada envolvido, pois entendeu-se "não haver interesse social a justificar a reserva de publicidade"; "pelo contrário: é importante, até mesmo em atenção aos valores republicanos, que a sociedade brasileira tome conhecimento dos fatos relatados"[18].

3ª – É facultativo (não obrigatório)

Nem sempre é indispensável a instauração de inquérito policial para se apurar uma infração penal; possuindo, o titular da ação penal (Ministério Público ou ofendido), elementos mínimos de prova de autoria e materialidade, através de documentos, como procedimentos administrativos, cópias de processo etc. (são as chamadas peças de informação), poderá ser ajuizada, diretamente, a ação penal, sendo dispensado o inquérito.

É o prevê o § 4º do art. 39 do CPP, quando estipula que o Ministério Público dispensará o inquérito policial se, com a representação forem oferecidos elementos que o habilitem a promover a ação penal, oferecendo, desde já, denúncia.

Embora tal dispositivo se refira apenas ao órgão do MP é certo que é aplicável também ao ofendido, titular da ação penal privada.

Acrescente-se, ainda, que, de acordo com o art. 27 do CPP, qualquer pessoa do povo poderá provocar a iniciativa do Ministério Público, nos casos em que caiba ação penal pública, fornecendo-lhe, por escrito, informações sobre o fato e sua autoria, e indicando o tempo, o lugar e os elementos de convicção. Nessa situação, se os elementos informativos forem suficientes, o Ministério Público oferecerá denúncia, dispensando a instauração de inquérito policial.

Importante insistir que os elementos de convicção devem ser efetivamente convincentes, e, de preferência, deles devem constar a versão apresentada pelo averiguado, sendo que, caso tal não ocorra, pode ser conveniente ou a instauração de procedimento investigatório pelo próprio MP, a fim de se colher o interrogatório do indiciado, ou

---

16. STF – INQ 3.815/SP. Rel. Min. Marco Aurélio. J. 4/02/2014.
17. Informativo do STF. 10/04/2013.
18. Informativo do STF. 06/03/2015. Min. Rel. Teori Zavascki.

então a requisição de inquérito policial a fim de que tal oportunidade seja assegurada ao investigado.

O STF[19] decidiu como plenamente possível que o Ministério Público ofereça denúncia lastreado, exclusivamente, em relatório da COAF (Conselho de Controle de Atividades Financeiras), uma vez que, se o Ministério Público ou acusador privado reunirem elementos informativos suficientes para dar início à ação penal, é possível dispensar a investigação policial.

4ª – É escrito

É preciso que todas as diligências investigatórias procedidas pela autoridade policial e seus agentes sejam documentadas, por escrito, nos autos de inquérito policial, como determina o art. 9º do CPP. **É possível o uso de gravações audiovisuais no inquérito policial?** O CPP não trata do assunto, mas, como bem observa Renato Brasileiro de Lima[20], por força de uma interpretação progressiva da lei, aplicando-se subsidiariamente o art. 405, § 1º, do CPP, tal meio moderno de captação de depoimentos poderia ser utilizado no inquérito policial, como gravações magnéticas, estenotipia, digital ou similar, ou mesmo audiovisual, para obter-se maior fidelidade do conteúdo das declarações das vítimas, testemunhas ou interrogatório do indiciado.

Os demais procedimentos investigatórios criminais produzidos por outras autoridades administrativas também deverão assumir a forma escrita, documentando-se todos os atos de investigação.

5º – É discricionário em seu trâmite

Como adiante se verá adiante, a autoridade policial goza de certa discricionariedade na realização de diligências investigatórias que entender mais eficazes à apuração do fato, sem prejuízo de a lei impor ao delegado a obrigatoriedade de determinadas diligências e a colheita de fontes de informação, mas sem determinar, entretanto, uma ordem rígida, cronológica e lógica, entre elas. De idêntica forma, às demais autoridades administrativas que possuam o poder de investigação se assegura discricionariedade na elucidação das infrações penais; é o que se dá, por exemplo, na instauração de procedimento investigatório criminal pelo membro do Ministério Público, o qual conduzirá a investigação da maneira que melhor lhe aprouver, de acordo com aquilo que entender mais eficaz no campo da busca eficaz da prova.

Não obstante a relativa liberdade concedida à autoridade policial a fim de que investigue, como bem lhe parecer, a infração penal, certo que, se houver violação a procedimentos *interna corporis* da polícia que hajam prejudicado a eficácia das investigações, é possível que, tanto o Ministério Público, quanto a vítima ou o indiciado, requeiram, a superior hierárquico do delegado, que o inquérito seja avocado ou redistribuído, sem prejuízo, obviamente, que o próprio superior hierárquico aja de ofício. É o que se depreende do art. 2º, § 4º, da Lei 12.830/2013 (Lei que regulamenta a investigação criminal conduzida pelo delegado de polícia).

---

19. Notícias do STF. 09/03/2015. HC 126826. Rel. Min. Luís Roberto Barroso.
20. Renato Brasileiro de Lima, Curso de Processo Penal, p. 79.

6º – Submetido aos princípios da legalidade ou obrigatoriedade e da indisponibilidade nos crimes de ação penal pública

No caso de ações penais públicas incondicionadas e ações penais públicas condicionadas, em que a representação tenha sido oferecida pelo ofendido ou seu representante legal, ou ainda apresentada a requisição pelo Ministro da Justiça, não caberá à autoridade policial qualquer juízo de conveniência ou oportunidade a respeito da instauração ou não de inquérito policial: é seu dever instaurá-lo, sob pena de responsabilidade administrativa e até criminal (por crime de prevaricação, por exemplo). De idêntica maneira, se recebida a notícia da prática de crime de ação penal pública incondicionada (ou condicionada), acompanhada, essa última, de representação do ofendido ou requisição do Ministro da Justiça, é dever, das demais autoridades administrativas diversas da autoridade policial que também tenham como atribuição investigar crimes, como, por exemplo, o Ministério Público, ou investigar por conta própria o fato noticiado, ou enviar a documentação recebida à Polícia para que assim o proceda (se reputar não ser o caso de arquivamento de plano, é claro).

É a consagração do princípio da legalidade ou da obrigatoriedade quanto à investigação dos crimes de ação penal pública. Claro que a autoridade policial – ou as demais autoridades administrativas – só irão instaurar procedimento investigatório criminal – normalmente o inquérito policial-se houver notícia acompanhada de um mínimo de base probatória no sentido da existência de fato típico; na situação em que o fato noticiado evidentemente não for típico ou não existir qualquer fonte de prova confiável a instauração de inquérito policial – ou de outra forma de investigação criminal – poderá ser legitimamente indeferida pela autoridade investigante – na maior parte das vezes, o delegado.

Por outro lado, depois de instaurado o inquérito policial que apure crime de ação penal pública incondicionada, não pode o delegado de polícia dele dispor, determinando o seu arquivamento, o que é vedado, expressamente, pelo art. 17 do CPP. A autoridade policial é obrigada a continuar seu trâmite até o final. Trata-se da aplicação do princípio da indisponibilidade aplicado à persecução penal através do inquérito policial de crimes de ação penal pública.

Em se tratando, como se viu, de crime ação penal pública condicionada à representação do ofendido ou requisição do Ministro da Justiça, apenas com o requerimento no sentido de instauração do procedimento investigatório – normalmente o inquérito policial-se legitimará o delegado (ou outra autoridade administrativa) a determinar que os autos investigatórios sejam instaurados. Se houver, entretanto, no transcurso do inquérito policial, a retratação da representação, no caso de ação penal pública condicionada, não caberá à autoridade policial arquivar o inquérito policial, mas sim enviar os autos ao Juízo, para que o MP se manifeste, e depois, o juiz, no sentido de, conforme o caso, declarar-se extinta a punibilidade do indiciado pela decadência (art. 107, IV CP). De idêntica forma, em havendo a retratação da representação em autos de procedimento investigatório criminal presidido, por exemplo, pelo *Parquet*, este, após se manifestar a respeito, provocará o Juízo a decidir, podendo ser declarada extinta a punibilidade do investigado.

No caso de retratação da requisição oferecida pelo Ministro da Justiça – na hipótese de ação penal pública condicionada à requisição do Ministro da Justiça (para aqueles que, como nós, entendem que a requisição do Ministro da Justiça pode ser retratável), os autos investigatórios deverão permanecer paralisados até eventual ocorrência da prescrição (e consequente declaração de extinção da punibilidade com fulcro no art. 107, IV, do CP), uma vez a tal modalidade de ação não é fulminada pela decadência. Nada impede, contudo, que os autos seja arquivados, por outro motivo, como atipicidade, falta de elementos de convicção, etc.

Percebe-se que, nessas situações referidas, o procedimento investigatório – na maior parte das vezes, o inquérito policial – não poderá mais ter prosseguimento, devendo ser remetido os autos apuratórios ao Juízo para que se declare, de acordo com o caso, extinta a punibilidade do agente; caso assim não aja o delegado (ou outra autoridade administrativa), caberá a impetração de *habeas corpus* para trancamento do procedimento investigatório (quase sempre, o inquérito policial), sem prejuízo de se declarar, no bojo do próprio remédio heroico, a extinção da punibilidade do indiciado/investigado, se o caso.

7º – Submetido aos princípios da oportunidade e da disponibilidade nos crimes de ação penal privada

No caso de crimes de ação penal privada, o delegado de polícia (ou outra autoridade administrativa) só poderá instaurar inquérito policial (ou outro procedimento investigatório), se houver expresso requerimento nesse sentido pela vítima ou seu representante legal; a instauração de procedimento investigatório sem tal solicitação traduz evidente constrangimento ilegal e pode ser coarctado através de *habeas corpus*. Dessa forma, se houver a renúncia ao direito de queixa por parte do ofendido ou seu representante legal, torna-se vedada a instauração de procedimento investigatório criminal de tal delito de ação penal privada.

Por outro lado, depois de instaurado o inquérito policial (ou outra modalidade de apuração criminal), se a vítima ou seu representante legal deixarem escoar o prazo decadencial de seis meses para o oferecimento da queixa crime, o delegado, no caso de inquérito policial, não poderá determinar o arquivamento dos autos, e nem dar continuidade ao seu andamento, mas sim remetê-los ao Juízo onde, após manifestação do MP, se declarará, conforme o caso, extinta a punibilidade, pela decadência (art. 107, IV do CP).

Caso assim não aja o delegado, determinando o prosseguimento do inquérito, estará caracterizado o constrangimento ilegal sofrido pelo indiciado, cabendo a impetração de *habeas corpus* para trancamento do inquérito policial, sem prejuízo de se declarar, no bojo do próprio remédio heroico, a extinção da punibilidade do indiciado.

Se os autos de investigação criminal estiverem sendo presididos por outra autoridade administrativa que não a policial, o envio dos autos à Juízo para eventual declaração de extinção da punibilidade também é cogente.

8º – É oficioso

Oficioso porque, em se tratando de crime de ação penal pública incondicionada, ou de ação penal pública condicionada em que tenha sido apresentada representação da vítima ou requisição do Ministro da Justiça, conforme o caso, caberá, à autoridade policial, de ofício, dar andamento ao procedimento investigativo até o seu deslinde. Em suma, é o princípio do impulso oficial aplicado aos inquéritos. Atente-se, como acima visto, que, nas situações de ação penal pública condicionada em que tenha havido retratação da representação ou da requisição, ou na hipótese de ação penal privada em que não tenha sido oferecida a queixa-crime no prazo legal de seis meses, não caberá mais à autoridade policial dar prosseguimento ao feito, e sim remeter os autos de inquérito a juízo para que, conforme o caso, seja declarada extinta a punibilidade do indiciado.

A oficiosidade é princípio inerente a todos os procedimentos apuratórios criminais, inclusive aqueles presididos por outras autoridades administrativas que não o delegado de polícia.

9º – Submetido ao princípio da razoável duração do processo

O art. 5º, LXXVIII, da CF, estipula que "a todos, no âmbito judicial e administrativo, são assegurados a razoável duração do processo e os meios que garantam a celeridade de sua tramitação".

Embora a Lei Maior se refira a processos, como também faz menção, o dispositivo constitucional ao âmbito administrativo, perfeitamente possível interpretar-se que é direito do indiciado/investigado não ser submetido à persecução penal, através de inquérito policial (ou outro procedimento investigatório diverso), por prazo que ultrapasse o razoável. É a situação, infelizmente não tão incomum, de inquéritos policiais que se arrastam por sete, oito, dez ou mais anos, causando todo tipo de dissabores e apreensões ao indiciado, que, por tempo torturantemente dilatado e sem previsão de se findar, não tem uma solução ao seu drama individual; em outras palavras, sofre a angústia de, por anos, não saber, afinal, se vai ser ou não acusado formalmente.

Claro que, em se tratando de infrações penais de grande complexidade, com diversos indiciados, como no caso de organizações criminosas ramificadas em diversos órgãos públicos e privados, encontra-se justifica a dilatação temporal do procedimento investigativo, como corolário do princípio maior da proporcionalidade. O que não se pode admitir é o adiamento perene e sem justificativa plausível de casos criminais singelos, ou daqueles em que já se esgotaram todas as diligências investigatórias possíveis, e, mesmo assim, segue-se dando prosseguimento a um inquérito sem mais utilidade apuratória concreta. Nessas situações, entendemos plenamente possível a impetração de *habeas corpus*, mesmo em se tratando de indiciados soltos, porque manifesto o constrangimento ilegal sofrido pelo indiciado. Foi esse o entendimento do STJ[21], ao conceder ordem de *habeas corpus* para trancar inquérito policial em andamento quanto a indiciados em liberdade, mas que ainda aguardava solução há mais de sete anos; segundo a Corte "(...) não se pode admitir que alguém seja objeto de investigação eterna, porque essa situação, por si só, enseja evidente constrangimento, abalo moral e, muitas vezes, econômico e financeiro (...)"

---

21. STJ – 5ª T. HC 96.666/MA, Rel. Min. Napoleão Nunes Maia Filho, j. 04/09/2008, DJe 22/09/2008.

2.4.7. Formas de instauração do inquérito policial

O inquérito policial pode ser instaurado das seguintes formas:

1º – De ofício (art. 5º, I, do CPP)

Quando a autoridade policial toma conhecimento, diretamente, da prática de uma infração penal de ação penal pública incondicionada, lendo jornais, vendo notícias na televisão, por informações prestadas por investigadores de polícias ou policiais militares, etc. Não pode o delegado instaurar, de ofício, inquérito policial, no caso de crimes de ação penal pública condicionada ou em se tratando de ações penais privadas, porque depende, para tanto, de autorização da vítima, seu representante legal, ou do Ministro da Justiça (nesse último caso, se trata de crime de ação penal pública condicionada à requisição).

O conhecimento do fato criminoso pelo delegado ocorrerá de maneira imediata, direta; por isso, a doutrina costuma dizer que a notícia da prática do crime trazida à autoridade denomina-se *notitia criminis de cognição imediata, espontânea ou direta*.

A peça inaugural do inquérito será uma portaria, em que o delegado descreverá qual é o objeto das investigações, e as diligências já determinadas para apurá-la.

2º – Por requerimento do ofendido ou de seu representante legal (art. 5º, II, parte final, do CPP)

O requerimento deverá conter, sempre que possível, a narração do fato criminoso, com todas as suas circunstâncias, a individualização do indiciado ou seus sinais característicos, a presunção de ser ele o autor do ilícito, ou a impossibilidade de fazê-lo e nomeação das testemunhas do fato (art. 5º, § 1º, do CPP).

É a chamada *notitia criminis de cognição mediata, provocada ou indireta*. Deferido o pedido de instauração de inquérito, a sua peça inaugural será o próprio requerimento. O pedido de instauração de inquérito policial pode se dar em relação a todos os tipos de crimes: os de ação penal pública incondicionada ou condicionada ou privada. O delegado pode indeferir, sempre de maneira fundamentada, a instauração de inquérito porque, *v.g.*, o fato é atípico, já ocorreu a prescrição, operou-se a decadência no caso de crime de ação penal privada ou pública condicionada à representação etc.

Caso o pedido de instauração de inquérito seja indeferido, caberá recurso ao "Chefe de Polícia", como refere o § 2º do art. 5º do CPP. Segundo entendimento dividido da doutrina, o chefe de polícia pode ser ou o Secretário da Segurança Pública ou o Delegado Geral de Polícia. Em ocorrendo indeferimento por Delegado da Polícia Federal, o recurso administrativo será decidido pelo Superintendente da Polícia Federal.

Mais prático, todavia, que o ofendido ou seu representante legal requeiram ao órgão do Ministério Público ou ao juiz a instauração de inquérito, os quais, se convencidos do acerto do pedido, o requisitarão à autoridade policial, que será obrigada a cumprir a determinação.

3º - **Por requerimento de qualquer do povo (art. 5º, § 3º, do CPP)** (*delatio criminis* **simples**)

Qualquer um do povo que tiver conhecimento da existência de infração penal em que caiba ação penal pública incondicionada poderá, verbalmente ou por escrito, comunicá-la à autoridade policial. É uma *notitia criminis de cognição indireta, mediata ou provocada*, denominada de *delatio criminis simples*, que é facultativa, ou seja, ninguém é obrigado a comunicar a ocorrência de crime, em regra. Entretanto, constitui contravenção penal (art. 66 do Decreto-Lei 3.688/41) deixar de comunicar à autoridade competente crime de ação pública, de que tenha conhecimento no exercício de função pública, desde que a ação penal não dependa de representação; constitui ainda contravenção penal deixar de comunicar crime de ação pública, de que teve conhecimento no exercício da medicina ou outra profissão sanitária, desde que a ação penal não dependa de representação e a comunicação não exponha o cliente a procedimento criminal.

Além da contravenção penal apontada, juízes, membros do MP, delegados de polícia, agentes de polícia, investigadores, escrivães têm o dever de comunicar a prática de crime de ação penal pública incondicionada que tenham tomado conhecimento, sob pena de responderem, em tese, pelo delito de prevaricação.

No caso de crimes de ação penal pública condicionada ou de ação penal privada não é possível que qualquer um do povo requeira a instauração de inquérito policial, mas apenas os seus legitimados a tanto: a vítima, seu representante legal (na situação de ação penal privada ou pública condicionada à representação), ou o Ministro da Justiça (no caso de ação penal pública condicionada à requisição).

No requerimento de instauração de inquérito há a identificação do requerente no pedido, que será a peça inaugural do inquérito.

Delação anônima

Possível, ainda, a existência da chamada *denúncia ou notícia anônima*, em que alguém informa a respeito da prática de uma infração penal, mas sem se identificar (*notitia criminis inqualificada*). Nesta hipótese, conforme reiterado entendimento do STF[22], não pode a autoridade policial instaurar, de imediato, o inquérito policial; deve, antes, realizar diligências preliminares (e informais) para apurar a veracidade das informações obtidas anonimamente; caso confirmadas, aí sim, se dará início ao inquérito.

A razão de se vedar a instauração de inquérito policial com base, exclusivamente, em delação anônima é a de que a Carta da República, em seu art. 5º, IV afirma que "é livre a manifestação do pensamento, sendo vedado o anonimato". E é vedado o anonimato porque, na hipótese de o anonimato ser utilizado como expediente para atingir a honra e a imagem das pessoas (difamando, injuriando ou caluniando alguém), ou mesmo para instaurar inquérito policial contra indivíduo que sabe ser inocente (crime de Denunciação Caluniosa – art. 339 do CP) estar-se-á atingindo bens jurídicos

---

22. STF – 1ª T. HC 98.345/RJ, Rel. Min. Dias Toffoli; 1ª T. HC 95.244/PE, Rel. Min. Dias Toffoli, j. 23/03/2010, DJe 76 29/04/2010; 2ª T. HC 99.490/SP, Rel. Min. Joaquim Barbosa, 23.11.2010; 2ª T. HC 99.490/SP, Rel. Min. Joaquim Barbosa, j. 23/11/2010.

tutelados pela Lei Maior, em seu art. 5º, X, que reza que "são invioláveis a intimidade, a vida privada, a honra e a imagem das pessoas, assegurado o direito a indenização pelo dano material ou moral decorrente de sua violação". E o que é pior, como não se saberia quem violou a honra e a imagem das pessoas, graças ao anonimato, não haveria como se assegurar a responsabilização cível e criminal do seu insidioso autor, tornando totalmente ineficaz o dispositivo constitucional em comento, o que é inadmissível.

Por outro lado, é sabido que a apuração de diversos crimes, identificando-se seus autores (como o tráfico, roubo, latrocínio, homicídio etc.) não pode prescindir das delações anônimas, porque as testemunhas do fato têm, justificadamente, medo de pagarem com a vida pelas informações que venham de prestar à Polícia. A delação anônima é assim um meio prático de assegurar a apuração dos mais graves crimes, contribuindo na realização do dever do Estado de promover a segurança pública, que é direito e responsabilidade de todos (art. 144, *caput*, da CF).

Percebe-se, assim, que, como não há direito absoluto em sede constitucional, deve-se buscar um justo equilíbrio entre o direito à honra e à imagem das pessoas e a possibilidade de o ofendido buscar a responsabilização cível e criminal do autor que as tenha violado em contraste com o direito de todos à segurança pública.

O justo equilíbrio se revela da seguinte maneira: não se instaura inquérito policial com base, exclusivamente, em delação anônima, justamente para que se proteja a honra e a imagem individual, que poderia ser conspurcada pelo delator, sem que ele pudesse sofrer qualquer reprimenda por isso, o que violaria o dispositivo constitucional que tutela a honra objetiva e subjetiva dos indivíduos.

Mas, como é possível que o fato noticiado seja verdadeiro, em prol do direito de todos à segurança pública, o que inclui a apuração de crimes, notadamente os graves, mostra-se necessário que se o investigue; mas, sem a instauração formal de inquérito policial com base exclusivamente na delação anônima, porque iria atingir a honra e a imagem do investigado, sem possibilidade de qualquer responsabilização do possível autor da inverdade. Primeiro então, a autoridade policial investiga, e, se obtiver fontes de informação que confirmem a delação anônima, instaurará o inquérito policial; em caso negativo, o inquérito não será instaurado.

De qualquer modo, nunca uma notícia anônima poderá justificar a instauração de inquérito policial quando se tratar de crime de ação penal pública condicionada ou privada, porque, obviamente, faltará autorização da vítima ou seu representante legal para tanto.

Importante registrar que há decisão do STJ[23] reconhecendo a possibilidade, excepcional, de se instaurar inquérito policial, com base em delação anônima, sem que tenham ocorrido diligências preliminares prévias; entendeu-se que o inquérito deflagrado a partir da delação apócrifa se limitou a ordenar a realização de diligências que seriam, de qualquer modo, efetivadas, sem a formalização da investigação, mas não culminou – a instauração do inquérito – em qualquer medida cautelar que afetasse o investigado, o qual sequer fora indiciado; acentuou-se, por fim, que seria um excesso de formalismo proclamar-se a ilegalidade da instauração do inquérito.

---

23. Notícias do STJ. 4/06/2014. STJ – HC 199086- 5ª T. Rel. Min. Jorge Mussi (voto vencido pela divergência do Min. Marco Aurélio Belizze).

O STJ[24], contudo, possui diversos outros precedentes com entendimento diverso, no sentido de que são imprescindíveis investigações prévias à instauração do inquérito, quando se trata da delação anônima (*delatio criminis inqualificada*).

A Lei 13.608, de 10 de janeiro de 2018, passou a prever o funcionamento de "Disque-Denúncia", autorizando o pagamento de recompensa ao denunciante que colaborar com a apuração de crimes.

4º – Por requisição do juiz ou do Ministério Público (art. 5º, II, 1ª parte, do CPP)

Requisição equivale à ordem de instauração de inquérito, que deverá ser cumprida pela autoridade policial. É *notitia criminis de cognição mediata, indireta ou provocada*. A peça inaugural do inquérito será a própria requisição. A requisição de inquérito policial pode se dar no caso de crimes de ação penal pública incondicionada ou condicionada, desde que, no último caso, tenha sido oferecida representação pela vítima ou seu representante legal ou requisição pelo Ministro da Justiça. No caso de crime de ação penal privada, o ofendido deve requerer à autoridade policial a instauração de inquérito policial e não cabe ao juiz ou ao membro do MP requisitar sua instauração porque, se assim agissem, iriam comprometer a esfera de discricionariedade do ofendido ou de seu representante legal de optarem, em um critério de conveniência e oportunidade, pela instauração ou não da persecução penal, obrigando-os a participar de uma investigação que, talvez, quisessem que não fosse desenvolvida, muitas vezes com estrépito, pela Polícia.

Se a requisição do juiz ou do MP para a instauração de inquérito policial for ilegal, como por exemplo, ao determinar a apuração de fato atípico, prescrito etc., a autoridade policial poderá, fundamentadamente, negar-se a cumprir a ordem, porque estará amparado pelo estrito cumprimento de dever legal (causa excludente de ilicitude).

Há entendimento no sentido de que não pode o magistrado requisitar a instauração de inquérito policial, porque prejudicaria sua imparcialidade. Segundo essa posição caberia ao juiz encaminhar ao órgão do MP a notícia da prática do crime, nos termos do que estipula o art. 40 do CPP, para que o órgão acusador tome as providências possíveis, determinando, se o caso, a instauração de inquérito policial, como lhe assegura o art. 129, VIII, da CF. O raciocínio se estriba no sistema acusatório, em que as funções de acusar, defender e julgar são realizadas por órgãos diferentes. Comunga desse entendimento, dentre outros, Renato Brasileiro de Lima[25].

Ousamos discordar desse posicionamento. Para nós, não há qualquer ofensa ao sistema acusatório, simplesmente porque o juiz não está acusando, mas, simplesmente, determinando que a polícia investigue fatos que, aparentemente, são típicos, ao exercer uma função anômala de controle do princípio da obrigatoriedade: ao tomar conhecimento da prática, em tese, de um delito de ação penal pública incondicionada ou condicionada em que tenha havido representação, não há porque manietar-se o

---

24. Informativo do STJ. 04/08/2013. Precedentes citados pelo informativo: HC 227307; HC 204778: REsp 1096274; HC 38093.
25. Renato Brasileiro de Lima, Curso de Processo Penal, p. 89.

juiz, e torná-lo dependente da requisição do MP. Tratando-se de um tema tão importante ao interesse público como um crime de ação penal pública, salutar que o poder de determinar a investigação de tal fato seja divido entre órgãos do Judiciário e do MP, até porque não é difícil aquilatar-se o prejuízo social que acarretaria um órgão do *parquet* que fosse negligente ou desidioso em requisitar a instauração de procedimento investigatório pela polícia: a total impunidade do autor do crime.

E essa função anômala do juiz não é nada inédita, afinal não é o Judiciário que controla a legalidade dos arquivamentos de inquérito policial promovidos pelo MP? Por que então retirar do seu controle a fiscalização da existência de crimes de ação penal pública, impedindo – o de determinar sua investigação pela Polícia Judiciária?

Como dissemos, o juiz não estará acusando com tal providência, mas apenas, velando pelo princípio da obrigatoriedade ou legalidade dos crimes de ação penal pública. Como normalmente tais requisições pelos magistrados são sóbrias e comedidas em seus termos, caso a ação penal instaurada com base no inquérito policial requisitado pelo juiz seja distribuída justamente para ele próprio, não haverá qualquer impedimento ou suspeição de o magistrado atuar naquele processo. Se, entretanto, o juiz, quando da requisição emitir juízos de valor ou de culpabilidade dos pretensos autores do fato típico, tornar-se-á impedido, porque se pronunciou, de fato ou de direito, sobre a questão que irá julgar (art. 252, III, do CPP).

5º – Pela prisão em flagrante

Preso alguém em flagrante delito, instaura-se o inquérito policial. É a chamada *cognição coercitiva por parte da autoridade policial*; ou seja, o delegado toma conhecimento da prática de uma infração através de um ato coercitivo, que é a prisão em flagrante de uma pessoa. A peça inaugural do inquérito será o auto de prisão em flagrante. A prisão em flagrante poderá se dar em relação aos crimes de ação penal pública incondicionada ou condicionada ou ainda de ação penal privada. Ocorrendo um crime de ação penal pública incondicionada, seu autor pode ser detido e levado à delegacia de polícia e lavrado o auto de prisão em flagrante, determinando-se, outrossim, a custódia do preso por força da prisão em flagrante, sem que, para tais atos, seja necessária a manifestação de vontade da vítima ou de seu representante legal. Entretanto, se o crime for de ação penal pública condicionada à representação ou de ação penal privada, a prisão do autor do ilícito é plenamente possível, porque não seria razoável que se deixasse livremente alguém perpetrar um crime, sem qualquer ação por parte de um agente policial, ou mesmo qualquer do povo visando cessar a ofensa a um bem jurídico penalmente tutelado. Tal omissão indevida colocaria em risco a própria ordem pública, pelo descrédito e insegurança decorrentes da tranquila (e impune) violação de normas penais.

Reforçando: a prisão em flagrante, como ato administrativo de autores de crimes de ação penal pública condicionada ou privada é possível; já a lavratura do auto de prisão em flagrante e a possível permanência do indiciado custodiado dependerão da manifestação de vontade da vítima ou de seu representante legal.

Em outras palavras: o autor do crime é detido em flagrante e lavrado o registro do fato, que será documentado, mas sem instaurar-se inquérito policial, se não houver a manifestação de vontade da vítima ou seu representante legal nesse sentido. Nada impede que, registrada a ocorrência do crime, mas sem ter sido lavrado o flagrante porque a vítima não o desejou, no prazo legal (normalmente de seis meses), o ofendido ou seu representante legal requeiram a instauração de inquérito policial, não havendo se falar mais, obviamente, em flagrante.

Só haverá a instauração do inquérito policial, no caso dos crimes de ação penal privada e pública condicionada, mesmo em hipótese de flagrante, em existindo vontade documentada da vítima ou representante legal postulando tal providência à autoridade policial. Na hipótese de a vítima não poder imediatamente comparecer à delegacia de polícia para se manifestar a respeito da instauração de inquérito, porque está impossibilitada (por exemplo, hospitalizada) tem a doutrina entendido que poderia fazê-lo até a entrega de nota da culpa ao preso, que é de 24 horas, prazo esse que ficaria custodiado o autor do crime. Em havendo o requerimento no prazo legal de 24 horas pela vítima ou seu representante legal, o flagrante será lavrado; se não, o indiciado será solto e o flagrante não será lavrado, embora tenha sido documentado o ocorrido. Como acima referido, ficará aberta a possibilidade de o ofendido ou o seu representante legal requererem a instauração de inquérito, no prazo de seis meses, caso não tenham podido se manifestar no lapso de 24 horas.

2.4.8. Instauração de inquérito policial nas ações penais públicas condicionadas e ações penais privadas

Como acima vimos, tratando-se de crimes de ação penal pública condicionada ou de ação penal privada, não pode a autoridade policial, de ofício, instaurar inquérito policial, sem que haja requerimento da vítima, de seu representante legal ou sucessores nesse sentido, oferecendo representação ou requisição do Ministro da Justiça (no caso de ação penal condicionada) ou requerimento (no caso de ação penal privada) (art. 5º, §§ 4º e 5º, do CPP). A legitimidade para o requerimento de instauração de inquérito policial nos crimes de ação penal privada e pública condicionada à representação tem a seguinte ordem preferencial (sempre o primeiro na ordem exclui os demais): vítima, cônjuge ou companheiro, ascendente, descente ou irmão (art. 31 do CPP). Cônjuge ou companheiro se equivalem porque a CF reconheceu a união estável entre homem e mulher como entidade familiar (art. 226, § 3º). De igual maneira, nada impede que, nos casos de união entre pessoas do mesmo sexo (união homoafetiva), o companheiro possa requerer a instauração de inquérito policial, se a vítima tiver falecida ou for declarada como ausente. Isto se dá porque o STF[26], ao julgar a Arguição de Descumprimento de Preceito Fundamental, conferiu eficácia *erga omnes* e efeito vinculante, ao art. 1723 do Código Civil, a fim de declarar a aplicabilidade de regime da união estável entre pessoas de idêntico sexo. Ora, se é reconhecida a união estável entre pessoas do mesmo sexo, todos os deveres e direitos enfeixados nessa relação se aplicam aos seus integrantes,

---

26. STF – ADIn 4.277 e ADPF 132, j. 5/5/2011.

inclusive, a faculdade de requerer a instauração de inquérito policial quando um deles tenha sido vítima de um crime de ação penal pública condicionada à representação ou de ação penal privada, e tenha falecido ou sido declarado ausente.

A representação ofertada para que se instaure o inquérito policial é designada pela doutrina como *notitia criminis postulatória*.

Como bem denomina Renato Brasileiro de Lima[27], o requerimento de instauração de inquérito policial em se tratando de crime de ação penal privada trata-se de verdadeira condição de procedibilidade do inquérito policial, sem a qual este sequer é iniciado. Para nós, igualmente, a ausência de representação ou requisição do Ministro da Justiça, nos casos de crimes de ação penal pública condicionada, são verdadeiras condições de procedibilidade do inquérito que fazem depender, de sua implementação, sua própria instauração.

2.4.9. Divisão de atribuições entre as autoridades policiais

2.4.9.1. *Formas de se dividir as atribuições investigatórias*

As atribuições investigativas entre os delegados de polícia serão estabelecidas das seguintes formas::

1ª – Atribuição investigativa determinada pela Constituição

Como vimos acima, a Constituição, de maneira expressa, especifica quais órgãos estão legitimados, de acordo com a natureza das infrações penais em tese praticadas, a investigá-las. À Polícia Federal incumbe investigar taxativamente os crimes de competência da Justiça Federal, e os crimes de repercussão estadual e internacional que exijam repressão uniforme; à Polícia Estadual, residualmente, o que não for de atribuição da Polícia Federal. Já à Polícia Militar e às Forças Armadas impõem-se o dever de investigar apenas as infrações penais militares. A atribuição de investigação pela Constituição é o primeiro passo para se determinar o órgão público encarregado da persecução criminal extrajudicial (apuração do crime, em sua autoria e materialidade, na fase administrativa – apuratória). Apenas depois de ultrapassada essa fase, perquirem-se as outras formas de divisão de atribuições a seguir comentadas.

2ª – Atribuição investigativa pelo território

Estabelecido o órgão com atribuição investigativa apontado pela Lei Maior, deve-se, à semelhança do que se estabelece entre os juízos no caso da competência territorial prevista no art. 70 do CPP, determinar a atribuição, pelo território, para apurar a infração penal. Em regra, se estabelece a atribuição pelo local onde se consumou a infração ou, no caso de tentativa, pelo lugar onde foi praticado o último ato de execução. Essa área onde a autoridade policial exerce seu poder investigativo é denominada de *circunscrição territorial*, conforme terminologia do art. 4º, *caput*,

---

27. Renato Brasileiro de Lima, Curso de Processo Penal, p. 91.

do CPP, em oposição ao termo *jurisdição*, que é, tecnicamente, o território em que a autoridade *judicial* exerce seu poder jurisdicional. A atribuição pelo território não impede que a autoridade policial determine a realização de diligências em outra circunscrição, na mesma comarca; se houver a necessidade de realização de diligências em outra cidade, deverá a autoridade policial expedir carta precatória, como se pode interpretar da redação do art. 22 do CPP.

Nada impede, contudo, que a autoridade policial realize diligências em outra comarca, se for urgente a busca pela fonte de prova e não se puder aguardar a longa e demoradíssima expedição de cartas precatórias, comunicando, apenas, o fato à autoridade policial com atribuição naquela cidade, antes ou depois da diligência efetuada, conforme o caso, utilizando-se, por analogia, o disposto no art. 250 do CPP, que trata da busca e apreensão em território alheio ao poder territorial de investigação do delegado.

3ª – Atribuição investigativa pela matéria

A atribuição também pode ser estabelecida pela espécie de infração penal que será investigada, o que tem sido muito comum estabelecer-se, principalmente nos grandes centros urbanos, ao serem criadas delegacias especializadas em crimes cometidos por meio da internet, crimes patrimoniais, crimes envolvendo a prática de tráfico de drogas etc.

Essas divisões pela matéria são muito comuns, como se disse nas Polícias Estaduais, e também na Polícia Federal.

Chega-se à conclusão então que para que se saiba qual vai ser a autoridade administrativa com atribuição para apurar uma infração penal serão necessárias duas indagações:

1ª – qual é a Polícia Judiciária prevista na Lei Maior para investigar?;

2ª – encontrado o órgão escolhido pela CF para apurar o crime, deve-se então indagar se existe alguma regra de atribuição investigativa pelo território ou pela natureza da infração para que se saiba qual será especificamente a autoridade legitimada à persecução penal.

Se os critérios de divisão de atribuições entre autoridades policiais não for respeitado, como se daria, por exemplo, quando a autoridade de uma determinada circunscrição investigasse delito de outra ou um delegado da polícia federal investigasse crime de competência da Justiça Estadual, ou o inverso (delegado de polícia estadual apurasse ilícito de competência da Justiça Federal), a consequência será a constatação de mera irregularidade, sem que tenha o condão de anular o processo penal eventualmente instaurado com base naquele inquérito. Nesse sentido, já se posicionou o STJ[28] pois o inquérito policial é mero procedimento administrativo

---

28. STJ – 6ª T. HC 44.154/SP, Rel. Min. Hélio Quaglia Barbosa, j. 09/03/2006, DJ 27/03/2006, p. 337.

que tem por finalidade apenas subsidiar com elementos informativos a ação penal a ser ajuizada.

2.4.9.2. Conflito de atribuições entre autoridades policiais

E se houver um conflito de atribuições entre autoridades policiais, quem irá dirimir a questão? Exemplo: Existindo um conflito entre delegados do mesmo Estado da Federação ou entre delegados da polícia federal, o conflito será dirimido, de acordo com a Lei Orgânica da Polícia, normalmente pelo Delegado Geral de Polícia (Polícia estadual), ou pelo Superintendente da Polícia federal (Polícia federal). Mas, e se o conflito de atribuições surgir entre delegados de estados diversos ou mesmo entre um delegado da polícia federal e outro da polícia estadual? Nessa situação, o conflito de atribuições só poderá ser resolvido pelo STF, de acordo com o que prevê o art. 102, *f,* da CF, pois cabe a tal órgão de justiça dirimir os conflitos entre a União e os Estados ou entre esses. De se salientar, porém, que, o STF[29] passou a entender que o conflito de competência entre membros diversos do Ministério Público, *v.g.,* promotores de Estados diversos ou promotor estadual e procurador da república, deverão ser dirimidos pelo Procurador-Geral de Justiça, e não mais pelo STF. Seguindo esse raciocínio, o conflito de atribuições entre delegados de Unidades Federativas diversas também deverá ser solucionado pelo Procurador-Geral da República.

2.4.10. Diligências do inquérito policial

2.4.10.1. Discricionariedade da autoridade policial na realização das diligências investigatórias e na colheita das provas

O inquérito policial, como um conjunto de investigações que visa apurar a prática de um fato criminoso, não possui uma fórmula rígida na sequência de seus atos apuratórios, sob pena de se comprometer sua eficácia; vale dizer, a autoridade policial é relativamente livre na escolha, ordem e encadeamento dos atos de investigação e dos meios de provas escolhidos para esclarecer o fato, vigorando, assim, uma grande *discricionariedade* nesta atividade administrativa da polícia judiciária. Com o mesmo entendimento Vicente Greco Filho[30] para quem "a ordem procedimental do inquérito é irrelevante do ponto de vista jurídico. Cabe à autoridade, tendo em vista as circunstâncias fáticas, ir colhendo as provas na medida das possibilidades e das circunstâncias da investigação".

É o que deixa a entender o art. 6º, III, do CPP, ao estipular que a autoridade policial deverá colher todas as provas que servirem para o esclarecimento do fato e suas circunstâncias, sem detalhar como deve ser o seu *modus operandi.*

Essa discricionariedade não retira o caráter de procedimento administrativo do inquérito policial, porque a lei prevê, como se verá, de maneira impositiva, a maneira

---

29. Informativo do STF. 19/05/2016. ACO 924 e 1394. Petições (Pet) 4706 e 4863. Rel. Min. Luiz Fux.
30. Vicente Greco Filho, Manual de Processo Penal, p. 81.

como se inicia o inquérito policial, as diligências que devem ser realizadas pela autoridade policial, durante o seu trâmite, além de estipular como se procede ao seu encerramento.

2.4.10.2. Diligências investigatórias e elementos informativos sob a responsabilidade da autoridade policial no decorrer do inquérito

Certas diligências investigatórias e determinados elementos informativos são expressamente mencionadas em lei e devem ser cumpridas pela autoridade policial; são eles as seguintes:

1º – dirigir-se ao local da infração penal, providenciando que não se alterem o estado e a conservação das coisas, até a chegada dos peritos criminais (art. 6º, I, do CPP)

Esta é uma diligência investigatória que só é cumprida, na prática, em crimes graves que tenham deixado vestígios materiais, como homicídio, latrocínio etc., que precisem ser preservados. É uma recomendação à autoridade policial, mas não uma medida obrigatória, porque seria inviável que os delegados se dirigissem aos locais onde foram perpetradas todas as infrações penais (furtos, estelionatos, roubos etc.); escolhem-se, apenas, as mais graves, que demandem uma mais completa investigação.

A finalidade desta diligência é a de preservar os vestígios deixados pelo crime (o chamado corpo de delito), com o escopo de que possam ser submetidos à perícia (o denominado exame de corpo de delito – art. 158 do CPP).

Em razão disso, o art. 169, *caput*, do CPP determina que "Para o efeito de exame de local onde houver sido praticada a infração, a autoridade providenciará imediatamente para que não se altere o estado das coisas até a chegada dos peritos, que poderão instruir seus laudos com fotografias, desenhos ou esquemas elucidativos".

O exemplo clássico de preservação do local do crime é aquele em que tenha havido um homicídio ou latrocínio consumados, cujos sítios deverão ser preservados incólumes pela autoridade policial com o escopo de a perícia apontar a dinâmica dos fatos.

No entanto, caso tenham ocorrido alterações do estado das coisas, caberá aos peritos registrar no relatório do laudo as consequências dessas alterações na dinâmica dos fatos (art. 169, § único, do CPP). Essas alterações no estado das coisas do local do crime podem ter ocorrido por ausência de preservação correta no sítio dos eventos por ação de curiosos, de agentes da polícia militar, por exemplo; pode-se, ainda, apurar que as alterações no local dos eventos ocorreram por obra do próprio autor do crime, a fim de confundir o trabalho investigativo e pericial, acarretando sua possível responsabilização pelo crime de Fraude processual agravada.[31]

---

31. Fraude processual
    Art. 347. Inovar artificialmente, na pendência de processo civil ou administrativo, o estado de lugar, de coisa ou de pessoa, com o fim de induzir a erro o juiz ou o perito:
    Pena- detenção, de 3 (três) meses a 2 (dois) anos, e multa.

Como exceção à regra que determina a preservação do local dos fatos até a chegada dos peritos criminais, a Lei 5.970/73 em seu art. 1º estabelece que "Em caso de acidente de trânsito, a autoridade ou agente policial que primeiro tomar conhecimento do fato poderá autorizar, independentemente de exame do local, a imediata remoção das pessoas que tenham sofrido lesão, bem como dos veículos nele envolvidos, se estiverem no leito da via pública e prejudicarem o tráfego".

Para que, como exceção, se busque, prioritariamente, o socorro de feridos e se evite a ocorrência de outros acidentes, são necessárias as seguintes situações alternativa ou cumulativamente:

I – Existência de pessoas feridas

A imediata remoção de pessoas lesionadas justifica a possibilidade de se alterar o estado de conservação das coisas referentes ao acidente de trânsito. É o que se dá, por exemplo, quando, em virtude de um acidente de carros, a vítima fique presa nas ferragens, e seja necessário o corte da fuselagem para que lhe seja providenciado atendimento médico, ou no caso de choque de um carro contra um pedestre que tenha sido prensado contra um poste e esteja vivo, necessitando ser socorrido com urgência. É claro que a lei em comento privilegiou, com acerto, a incolumidade pública e a vida mesmo que em detrimento do trabalho pericial que pudesse ser realizado no local do acidente. Mas se a vítima estiver comprovadamente morta (esmagada, exemplo, por um caminhão), e não houver prejuízo para o tráfego, porque o local, *v.g.*, fora interditado, o local deve ser preservado para a perícia. De igual maneira, se a vítima estiver ferida, mas longe do local do acidente – por ter sido arremessada, em razão do impacto, para outra parte da via pública, será socorrida, e, se não houver prejuízo para o trânsito, o local do acidente também deverá ser preservado para a perícia.

II – Existência de veículos colididos que estejam no leito da via pública e prejudicando o tráfego

A finalidade da lei também aqui é evidente: proteger a incolumidade pública e a vida de pedestres e motoristas, evitando a ocorrência de novos acidentes.

No entanto, se o acidente não aconteceu em uma via pública – por exemplo – ocorreu no interior de um condomínio fechado, o local deve ser preservado para a perícia; ou, mesmo que tenha ocorrido em via pública, mas não esteja prejudicando o tráfego – acidente, *v.g.* que se deu na alta madrugada em que haja pouco fluxo de carros; nessa situação, o local deve ser preservado para a perícia.

Como meio de se garantir a existência de elementos de informação a respeito da dinâmica do acidente, como local da colisão, posição dos corpos, marca de frenagem, etc., prevê o § único do art. 1º da Lei 5.970/73 que, antes de autorizar a remoção de

---

Parágrafo único. Se a inovação se destina a produzir efeito em processo penal, ainda que não iniciado, as penas aplicam-se em dobro.

pessoas ou veículos, a autoridade ou agente policial lavrará boletim da ocorrência nele consignando o fato, as testemunhas que o presenciaram e todas as demais circunstâncias necessárias ao esclarecimento da verdade. Claro que, dependendo da emergência, nada impede que se liberem, antes da elaboração do boletim, as vítimas e os carros a fim de se salvar a vida dos feridos e para se evitar novos acidentes, elaborando-se o relatório do acidente, após as remoções já efetuadas.

2º – apreender os objetos que tiverem relação com o fato, após liberados pelos peritos criminais (art. 6º, II, do CPP)

Esta é uma diligência que tem por finalidade *custodiar as fontes de prova* no bojo do inquérito que possam ser úteis em juízo. Estes objetos deverão acompanhar o inquérito (art. 11 do CPP): são os instrumentos do crime, seu objeto material, e quaisquer outros que sejam relacionados com o fato delituoso, formando a denominada *cadeia de custódia*, que nada mais é que a documentação quanto à apreensão dos objetos, sua conservação, e eventual manipulação, a fim de se atestar a lisura daquele elemento de prova.

Esses objetos do crime serão preservados pela autoridade policial, até a chegada dos peritos criminais, os quais serão os primeiros a ter em poder deles tais fontes de provas, como, por exemplo, armas, punhais, roupas ensanguentadas etc. Tais objetos serão imediatamente apreendidos pelos peritos e, apenas depois de examinados, serão entregues a autoridade policial que formalizará então o auto de exibição e apreensão.

3º – ouvir o ofendido (art. 6º, IV, do CPP)

Não comparecendo o ofendido, apesar de regularmente intimado, poderia, segundo parte da doutrina, ser conduzido coercitivamente até à delegacia de polícia, a mando da autoridade policial (art. 201, § 1º, do CPP).

Embora o artigo 6º em estudo não trate do assunto, evidentemente, poderá – e deverá – a autoridade policial ouvir testemunhas do fato.

4º – ouvir o indiciado, devendo o termo de interrogatório ser assinado por duas testemunhas que tenham ouvido a leitura (art. 6º, V, do CPP)

Em regra, o interrogatório na fase policial seguirá as normas do interrogatório judicial, devendo o delegado informar ao indiciado o direito de permanecer calado, como previsto na CF (art. 5º, LXIII).

O interrogatório policial, segundo o art. 6º, V, do CPP deverá ser realizado tendo por parâmetro o interrogatório judicial, naquilo que for aplicável. Significa dizer que o delegado de polícia, para interrogar, deverá usar como balizas as regras dos arts. 185/196 do CPP, que tratam do interrogatório do acusado.

Apenas não serão aplicáveis ao interrogatório policial as seguintes normas:

I – a indispensável presença do advogado e do membro do MP no ato. Não é imprescindível a presença de advogado quando do interrogatório do indiciado, desde que seja assegurado a ele o seu direito constitucional de permanecer calado, como decidiu o STJ[32], até porque, como já se viu, a natureza do inquérito policial é inquisitiva. Entretanto, se algum defensor do interrogado se fizer presente, não há como impedi-lo de acompanhar o interrogatório, como assegura o art. 7º, XXI, da Lei 8.906/94, embora não lhe seja facultado intervir no ato, fazendo perguntas, a não ser que, por mera liberalidade, o delegado permita tal intervenção. De igual maneira, se algum representante do MP estiver presente: poderá assistir o ato de interrogatório, mas sem nele intervir.

II – o interrogatório por videoconferência, porque é privativo de ser determinado pelo juiz, em condições excepcionais previstas em lei (art. 185, §§ 2º ao 8º, do CPP);

III – não existe direito a entrevista reservada do indiciado com seu defensor (art. 185, § 5º, do CPP), pelas mesmas razões acima aventadas;

IV – não há participação de partes no interrogatório, acusação ou defesa (art. 188 do CPP), porque não existe processo e, portanto, direito ao contraditório e à ampla defesa.

Todos os demais artigos de lei que tratam do interrogatório judicial são aplicáveis à inquirição policial, com as adaptações a seguir indicadas: o indiciado é informado sobre o seu direito ao silêncio (art. 186); o interrogatório versa sobre a pessoa e sobre os fatos (art. 187); se o indiciado negar a autoria do fato, poderá prestar esclarecimentos e indicar provas (art. 189); se confessar a autoria, será perguntado sobre os motivos e as circunstâncias do fato e se outras pessoas concorreram para a infração, e quais sejam (art. 190); se houver mais de um indicado serão interrogados separadamente (art. 191); interrogatório especial do mudo, do surdo e do surdo – mudo (art. 192); nomeação de intérprete quando o indiciado não falar a língua nacional (art. 193); se o interrogado não souber escrever, não puder ou não quiser assinar, tal fato será consignado no termo (art. 195); a todo tempo o delegado poderá proceder a novo interrogatório de ofício, a requerimento do indiciado ou da vítima, ou por requisição do MP (art. 196).

Deverá o termo de interrogatório ser assinado por duas testemunhas que lhe tenham ouvido a leitura; note-se que são testemunhas da leitura do termo de interrogatório, e não necessariamente testemunhas que tenham presenciado o ato em si do interrogatório. São testemunhas instrumentárias porque possuem a finalidade de eventualmente depor a respeito da lisura de um ato da persecução penal. Evidente que, se as testemunhas não tiverem presenciado a leitura do termo de interrogatório, sem embargo de terem ouvido o interrogatório em si, não haverá qualquer irregularidade, porque poderão atestar, com maior conhecimento, se houve ou não alguma arbitrariedade durante a inquirição do indiciado.

Entendemos que é direito do indiciado ser interrogado pela autoridade policial a fim de que possa dar sua versão a respeito dos fatos; tal ato do inquérito, se possível de

---

32. STJ – 5ª T. – HC 24.510/MG, Rel. Min. Jorge Scartezzini, DJ 02/06/2003, p. 310.

ser realizado, por ser localizável o indiciado, é de cogente realização. O indiciado pode até se reservar ao direito de permanecer calado, mas a oportunidade de se manifestar, dando a sua versão dos fatos, deve ser assegurada a ele. A negativa injustificada de interrogar o indiciado pela autoridade policial poderá ser coarctada pela via de *habeas corpus*, porque submetido o investigado a um constrangimento ilegal que poderá redundar em prejuízo à sua liberdade, pelo fato de não lhe ser oportunizado apresentar sua versão do ocorrido, a qual poderia influenciar na *opinio delicti* do membro do MP no sentido de oferecer ou não denúncia em face dele. Cabível, ainda, que o indiciado, ante a negativa indevida do delegado, requeira ao *Parquet* seja designada data para seu interrogatório; nessa situação, o membro do MP requisitara tal diligência ao delegado que será obrigado a cumpri-la, ouvindo o indiciado (art. 129, VIII, da CF e art. 13, II do CPP).

Possui também o indiciado, preso ou solto, o direito de saber a identificação de quem o interrogou (art. 5º LXIV, da CF), o que ocorre, normalmente, no próprio ato de interrogatório, quando a autoridade policial se identifica como tal.

Não é mais necessário que a autoridade nomeie curador para o menor de 21 anos, no ato do seu interrogatório, como previa o art. 15 do CPP, pois, com o novo Código Civil (Lei 10.406/2002), reduziu-se a maioridade civil para os 18 anos, de modo que o indiciado que conte com esta idade responde plenamente por seus atos, não necessitando mais de qualquer assistência. O art. 15 do CPP encontra-se, assim, revogado tacitamente.

Existe a possibilidade de a autoridade policial determinar a condução coercitiva do investigado, da vítima ou de testemunhas com fulcro nos arts. 260, 201, § 1º, e 218 do CPP?

Há **duas posições** sobre o tema:

1ª Posição: É plenamente possível, pois, se o fim institucional da Polícia Judiciária é o de apurar infrações penais, os meios para se alcançar essa finalidade são implícitos (teoria dos poderes implícitos), de modo a autorizar a condução, por ordem da autoridade policial, de vítima ou testemunhas. Há decisões do STJ[33] e do STF[34] nesse sentido.

2ª Posição: Os artigos 260, 201, § 1º, e 218 do CPP tratam de provas produzidas em juízo, como a oitiva de vítima, de testemunhas, e do réu, mencionando, em tais dispositivos a palavra "acusado", pessoa em face da qual foi oferecida peça acusatória, **em Juízo**. Não é possível uma interpretação ampliativa dessas normas que restringem direitos – o da liberdade cerceada pela condução coercitiva – que poderá durar, por sinal horas, a fim de autorizar que também a autoridade policial – além da judicial – tenha tal poder. Mesmo que a condução coercitiva não seja considerada, tecnicamente, uma prisão, certo que a restrição da liberdade

---

33. STJ – RHC 25.475/SP. 5ª T. Rel. Min. Jorge Mussi. DJ 16/11/2010.
34. STF – HC 107644/SP. 1ª T. Rel. Min. Ricardo Lewandowski. DJ 18/10/2011.

individual deve depender de ordem escrita e fundamentada da autoridade judicial (art. 5°, LXI, da CF), até como forma de se tornar mais eficaz essa garantia individual (teoria da máxima efetividade dos direitos e garantias individuais). Essa nos parece ser a melhor posição.

5° – proceder a reconhecimento de pessoas e coisas e acareações (art. 6°, VI, do CPP)

O reconhecimento de pessoas e coisas é regulamentado nos arts. 226 a 228 do CPP, e comentado no capítulo "Da prova"; a acareação, prevista nos arts. 229 a 230 do CPP, também se encontra explicada no mesmo capítulo.

Apenas se ressalta aqui que o indiciado não é obrigado a participar de acareação, porque não é obrigado a produzir provas contra si mesmo, por ter o direito constitucional ao silêncio; não poderá, entretanto, recusar-se a participar de um reconhecimento pessoal, pois poderá ser reconhecida por vítimas ou testemunhas. Isto porque, nesta situação, não estará ativamente produzindo prova, mas sim sendo objeto passivo de uma prova que é produzida por outra pessoa (o reconhecedor).

6° – determinar que se proceda a exame de corpo de delito e outras perícias (art. 6°, VII, do CPP)

O delegado é obrigado a determinar a realização de exame de corpo de delito, que é indispensável quando a infração deixar vestígios (art. 158 do CPP), sob pena de nulidade do processo (art. 564, III, *b*, do CPP).

As demais perícias não são obrigatórias, de modo que caberá ao delegado decidir se determinará ou não sua realização, de acordo com um critério de conveniência e oportunidade que tal prova possa trazer ao trabalho investigativo.

As perícias em geral são regulamentadas pelos arts. 158 a 184 do CPP e por nós analisadas no capítulo "Da prova".

7° – Requisição de documentos e dados a órgãos públicos e privados

Determina o § 2° do art. 2° da Lei 12.830/2013 (Lei que regulamenta a atividade policial) que, "Durante a investigação criminal, cabe ao delegado de polícia a requisição de perícia, informações, documentos e dados que interessem à apuração dos fatos".

Esta requisição tem o significado de ordem, que deve ser cumprida pelos órgãos públicos ou privados, com exceção, é claro, da quebra de sigilo bancário, telefônico, fiscal que demandam ordem judicial (cláusula de reserva de jurisdição).

A reforçar o dispositivo legal acima citado, o art. 15 da Lei 12.850/13 (Lei das Organizações Criminosas) e também o art. 17-B da Lei 9.613/98 (Lei de Lavagem de Capitais), preveem que "O delegado de polícia e o Ministério Público terão acesso, independentemente de autorização judicial, apenas aos dados cadastrais do investigado que informe exclusivamente a qualificação pessoal, a filiação e o endereço mantidos pelas instituições financeiras, provedores de internet e administradoras de cartão de crédito".

Possui, ainda, idêntico teor o art. 13-A, do CPP, introduzido pela Lei 13.344/2016 (Lei que dispõe sobre prevenção e repressão ao tráfico interno e internacional de pessoas).

O art. 13-A, do CPP, acrescido pela Lei 13.344/2016 (Lei que dispõe sobre a prevenção e repressão ao tráfico interno e internacional de pessoas) permite que, nos crimes de Sequestro e Cárcere Privado (art. 148 do CP); Redução a condição análoga à de escravo (art. 149 do CP); Tráfico de Pessoas (art. 149-A do CP); "sequestro – relâmpago (art. 158, § 3º, do CP); Extorsão Mediante Sequestro (art. 159 do CP); e no crime de envio de criança ou adolescente para o exterior com o fito de lucro (art. 239 do Estatuto da Criança e do Adolescente, Lei 8.069/90), o membro do Ministério Público ou o delegado de polícia possam requisitar, de quaisquer órgãos do poder público ou de empresas da iniciativa privada, dados e informações cadastrais da vítima ou de suspeitos. A requisição deverá ser atendida em 24 horas (art. 13-A, § único, do CPP).

A requisição deverá conter: o nome do requisitante, o número do inquérito policial e a identificação da unidade de polícia judiciária responsável pela investigação (art. 13-A, § único, incisos I a III, do CPP).

Essas normas todas deixam claro que ao MP e à Polícia se assegura o poder de requisição de informações cadastrais a órgãos públicos e privados, desde que a informação exigida se relacione, exclusivamente, à qualificação pessoa, filiação e endereço de quem se pretenda identificar (indiciado, vítima ou testemunha). Esses comandos legais, embora inseridos em Leis que tratam de organizações criminosas, lavagem de capitais e tráfico de pessoas, possuem aplicação ao processo penal como um todo, ao complementar a Lei 12.830/13 (Lei que regulamenta a investigação policial conduzida pelo delegado de polícia). O STJ[35] reconheceu ser possível, ao Ministério Público, independentemente de autorização judicial, o acesso a dados cadastrais bancários não protegidos pelo sigilo, desde que os dados sejam relativos a pessoas investigadas pelo órgão, quando haja a necessidade de instrução de procedimentos de natureza penal ou civil, como ações judiciais e inquéritos policiais. Frisou-se, na decisão, a diferenciação entre dados e dados cadastrais: *dados* se relacionam a aspectos da vida privada do indivíduo e possuem proteção constitucional; já os *dados cadastrais* se referem a informações de caráter objetivo, que não possuem a garantia de inviolabilidade da comunicação de dados, e que podem ser requisitados, diretamente, pela Polícia ou pelo Ministério Público, sem intervenção judicial. Exemplo de dados cadastrais bancários: o número da conta-corrente, o nome do titular e os registros de documentos pessoais; exemplos de dados: informações de aplicações financeiras, transferências, depósitos, saques.

8º – Busca de sinal pela autoridade policial em caso de tráfico de pessoas

O art. 13-B, do CPP, acrescido pela Lei 13.344/2016 (Lei que dispõe sobre a prevenção e repressão ao tráfico interno e internacional de pessoas), estabelece que, se necessário à prevenção e à repressão dos crimes relacionados ao tráfico de pessoas, o membro do Ministério Público ou o delegado de polícia poderão requisitar mediante

---

35. Informativo do STJ. 08/05/2018. STJ. REsp 1561191. Rel. Min. Herman Benjamin.

autorização judicial, às empresas prestadoras de serviços de telecomunicações e/ou telemática que disponibilizem imediatamente os meios técnicos adequados – como sinais, informações e outros – que permitam a localização da vítima ou dos suspeitos do delito em curso.

Sinal significa posicionamento da estação de cobertura, setorização e intensidade da radiofrequência (art. 13-B, § 1º, do CPP); o sinal não permitirá acesso ao conteúdo das comunicações de qualquer natureza, salvo mediante autorização judicial. O sinal deverá ser fornecido pela prestadora de telefonia móvel celular por período não superior a 30 dias, renovável por uma única vez, por igual período (art. 13-B, § 2º, II, do CPP). Para períodos superiores, será necessária a apresentação de ordem judicial (art. 13-B, § 2º, III, do CPP).

Pelo que se interpreta desses dispositivos legais, a requisição, pelo MP ou pelo delegado de polícia, de sinais, junto às empresas prestadoras de serviços de telecomunicações e/ou telemática, que tornem possível a localização da vítima ou dos suspeitos do delito em curso, dispensará autorização judicial, desde que não haja acesso a conteúdo da comunicação, nem ultrapasse 60 dias; a *contrario sensu*, se houver acesso à conversação ou se ultrapassar 60 dias, o prazo de informações de sinais, será imprescindível ordem judicial.

Na hipótese de obtenção de sinais da vítima ou do suspeito o inquérito policial deverá ser instaurado no prazo máximo de 72 horas, contado do registro da respectiva ocorrência policial (art. 13-B, § 3º, do CPP).

Prevê, ainda, o § 4º do art. 13-B, do CPP, que, não havendo manifestação judicial no prazo de 12 horas, a autoridade competente requisitará às empresas prestadoras de serviços de telecomunicações e/ou telemática que disponibilizem imediatamente os meios técnicos adequados – como sinais, informações e outros – que permitam a localização da vítima ou dos suspeitos do delito em curso, com imediata comunicação ao juiz.

A primeira vista, soam como inconstitucionais as normas citadas, ao autorizarem que Ministério Público e Polícia Judiciária, *independentemente de autorização judicial*, possam obter sinais de localização de suspeitos da prática do crime de tráfico de pessoas[36]: o local onde se vive, se transita, se permanece, se desloca, relaciona-se ao direito à intimidade de cada um, à semelhança do sigilo bancário ou telefônico (quanto se possui de patrimônio ou com quem se comunicou por telefone são questões de foro íntimo), o que demandaria, segundo tal ponto de vista, ordem judicial, para que tal direito individual fosse relativizado.

Claro que o bem jurídico tutelado pela norma – vida, incolumidade física e psíquica de quem é vítima de tráfico de pessoas – é de extrema relevância; muito maior, sem dúvida, que o direito a intimidade do suspeito da prática de tal crime, mas não

---

36. De acordo com o informativo do STF, de 24/01/2017, a Associação Nacional das Operadoras de Celulares (Acel) ajuizou Ação Direta de Inconstitucionalidade (ADI) 5642, no STF, a fim de impugnar dispositivos da Lei 13.344/2016, sob o fundamento de que, certas normas, esvaziam a proteção constitucional à privacidade e ao sigilo das comunicações, ao dispensar a autorização judicial para tanto. O relator é o Min. Edson Fachin.

haveria porque se atropelarem garantias individuais para se obter a eficácia das investigações em tão grave delito: basta requerer, o *Parquet* ou o delegado de polícia, em caráter de urgência, ao magistrado competente, uma decisão a respeito da determinação de obtenção de sinais do suspeito. Lembre-se, ainda, que há plantões judiciários, todos os dias, durante 24 horas, inclusive finais de semana, feriados e durante a madrugada, justamente para que se possam decidir os casos urgentes. Em suma, não haveria desculpa para se violar a Constituição, especialmente havendo – como há – instrumentos legais, eficazes e rápidos que instrumentalizam a busca de provas.

Pode haver posição oposta a essa, fundamentada no fato de que, no tráfico de pessoas, não é possível aguardar-se – mesmo que por algumas horas – uma decisão judicial que determine o rastreamento de sinais da vítima ou do suspeito, sob pena de, não raras vezes, o ofendido não ser mais localizado. Sob o ponto de vista de proporcionalidade dos bens jurídicos em jogo – intimidade do suspeito/ vida e liberdade da vítima do tráfico de pessoas – deve prevalecer, sem dúvida, o último, com estribo em um dos fundamentos da república, que é o princípio da dignidade da pessoa humana.

No entanto, entre as duas posições citadas, pensamos que é preciso chegar-se a um *meio – termo* entre elas: se não é jurídico colocar em risco a vida e a liberdade da vítima de tráfico de pessoas, não se mostra, também, compatível com a garantia individual à intimidade, permitir-se que, sem autorização judicial, o MP e a Polícia, monitorem a localização de um suspeito/investigado, por sessenta dias, sem que haja qualquer controle do uso que possa ser feito dessas informações.

A interpretação conforme a Constituição que se pode dar ao art. 13-B do CPP é a seguinte: recebida a notícia de deslocamento da vítima de tráfico de pessoas, sendo urgente a busca de sinais para localizar seu paradeiro (*v.g.*, risco de o ofendido ser levado para lugar indeterminado fora do país), no período de até 12 horas, pode, a autoridade policial, ou o MP requisitar, sem autorização judicial, a busca de sinais; passado esse período crítico de 12 horas, deve-se comunicar o juiz a respeito do fato, solicitando, ao Juízo, a partir desse momento até o final da diligência, prorrogações de prazo a fim de continuar buscando sinais do investigado. Essa interpretação, a nosso ver, concilia da melhor maneira possível a garantia individual à intimidade com o resguardo da vida e incolumidade da vítima de tão grave crime como o tráfico de pessoas.

9º – colher informações, na hipótese de indiciado preso, a respeito da existência de filhos, respectivas idades e se possuem alguma deficiência e o nome e o contato de eventual responsável pelos cuidados dos filhos (art. 6º, X, do CPP)

Cabe à autoridade policial perguntar, durante o interrogatório do indiciado, a respeito da existência de filhos, suas idades e se possuem deficiência, a fim de que, *caso o preso possua filhos menores ou com deficiência*, a própria autoridade policial ou agente policial, possam entrar em contato – telefônico ou pessoal – com o eventual responsável pelos filhos; a esses se comunicará que o indiciado se encontra preso, e que se mostra necessário que seja providenciado os cuidados necessários – de abrigo, alimentação, educação e saúde, a seus filhos. Se não houver responsáveis pelos menores, caberá a autoridade policial requerer a entidades assistenciais o abrigo e cuidados necessários a eles.

10º – determinar a reprodução simulada dos fatos (art. 7º do CPP)

Dispõe o art. 7º que a autoridade policial poderá proceder à reprodução simulada dos fatos, para verificar a possibilidade de haver a infração sido praticada de determinado modo, desde que não contrarie a ordem pública ou a moralidade.

É a denominada reconstituição do crime; não é obrigatória, e sua realização dependerá de sua utilidade para melhor se compreender o *iter criminis* de determinadas infrações que tenham se desenvolvido através de vários atos coligados complexos (por exemplo, uma extorsão mediante sequestro, um homicídio premeditado, com diversos atos preparatórios etc.). O indiciado não é obrigado a participar da reprodução simulada dos fatos, porque é direito seu não produzir, ativamente, prova contra si mesmo (*nemo tenetur se detegere*), não podendo sua recusa ser interpretada como crime de desobediência, nem ser determinada sua condução coercitiva para que, de maneira obrigatória, participe do ato. Como alerta Renato Brasileiro de Lima[37], tendo sido determinada a reprodução simulada dos fatos, sem a participação do indiciado, não é obrigatória a sua intimação ou de eventual defensor constituído no inquérito para que acompanhe a produção de tal elemento informativo, porque, ao contrário do que se dá em juízo, ainda não vigoram o contraditório e a ampla defesa. No entanto, como ensina Norberto Avena[38], "(...) se determinada a reprodução simulada por ordem do juiz no curso do processo, a intimação da defesa é condição imprescindível para a validade da prova, já que, nessa etapa, as garantias do contraditório e da ampla defesa vigoram em sua plenitude".

11º Indiciamento (art. 7º, V e IX, do CPP)

Interessante notar que o CPP não trata de maneira especificamente do ato de indiciamento, mas apenas da figura do indiciado, nos incisos V e IX do art. 7º.

Mas o que é indiciamento?

Indiciamento é uma declaração formal emanada, exclusivamente, da autoridade policial em que, de maneira fundamentada, aponta existirem indícios de ser o investigado o provável autor de uma infração penal. Não se indiciam crianças e adolescentes, submetidos que estão ao Estatuto da Criança e Adolescente (ECA), Lei 8.069/90, e em relação a quem só se poderá aplicar medidas socioeducativas. Normalmente o indiciamento é acompanhado da qualificação e identificação criminal do indiciado (nas hipóteses previstas em lei, abaixo estudadas), pesquisando-se ainda sobre a vida pregressa dele, sob o ponto de vista individual, familiar e social, sua condição econômica, sua

---

37. Renato Brasileiro de Lima, Curso de Processo Penal, p. 100.
38. Norberto Avena, Processo Penal Esquematizado, p. 185.

atitude e estado antes e depois do crime e durante ele, e quaisquer outros elementos que contribuírem para a apreciação do seu temperamento e caráter (art. 6º, IX, do CPP). Na maior parte das vezes o ato de indiciamento é procedido simultaneamente com o a qualificação e a identificação criminal, caracterizando verdadeiro procedimento, uma vez que, além da imputação de autoria ao indiciado, a autoridade, no mesmo momento, o qualifica e ainda, nas hipóteses previstas em lei, procede a sua identificação criminal. No entanto, pode ocorrer que a qualificação do indiciado ocorra em um determinado momento do inquérito e, posteriormente, sua identificação criminal e indiciamento; não haveria sentido, porém, em primeiro se indiciar, para depois qualificar, afinal, o ato de indiciamento pressupõe que se tenha identificado perfeitamente quem é o autor provável da infração.

A qualificação do indiciado refere-se à sua individualização referente aos seus dados pessoais como nome completo, filiação, nacionalidade, estado civil, endereço, profissão. A recusa do indiciado em fornecer sua qualificação à autoridade acarretará sua responsabilização pela prática da contravenção penal prevista no art. 68 da Lei de Contravenções Penais (Decreto-Lei 3.688/41). A qualificação do indiciado não se confunde com a identificação criminal, embora possam ser procedidas ao mesmo tempo no próprio ato de indiciamento. A qualificação do indiciado é uma relação de dados que o individualizam das demais pessoas, e que são informados verbalmente por ele ao delegado; a identificação criminal, como abaixo se verá, é a colheita das impressões datiloscópica, fotográfica e, em determinados casos, a colheita de material genético do indiciado. Tais providências pertinentes à identificação criminal – a colheita de impressão datiloscópica e as fotografias – podem prescindir da vontade do indiciado, ao contrário de sua qualificação que depende de sua participação ativa.

O indiciamento é ato exclusivo da autoridade policial se relacionando ao seu convencimento jurídico, e não pode, assim, ser ordenado (requisitado) pelo Ministério Público, pelo juiz ou por CPI (Comissão Parlamentar de Inquérito), a quem se permite, apenas, que determinem ao delegado a qualificação ou identificação criminal do investigado.

De acordo como o §6º do art. 2º da Lei 12.830/2013 "O indiciamento, privativo do delegado de polícia, dar-se-á por ato fundamentado, mediante análise técnico – jurídica do fato, que deverá indicar a autoria, materialidade e suas circunstâncias".

Sendo assim, o ato de que determina o indiciamento deve ser exarado em despacho prévio fundamentado, exclusivo da autoridade policial, em que aponte a existência de elementos informativos mínimos de autoria e materialidade do crime imputado ao investigado. Como se nota, a lei em questão veio confirmar o que já era tido como adequado pela doutrina majoritária. Existindo elementos sérios probatórios apontando a prática do crime a uma determinada pessoa, que até então poderia ser tida por mero suspeito, impõe-se o dever à autoridade policial de indiciá-lo, como decorrência da oficiosidade ínsita ao inquérito policial (a autoridade age de ofício, sem depender de provocação). Sendo obrigação da autoridade policial, no caso de ações penas públicas incondicionadas, quando tomar conhecimento da prática de uma infração penal, instaurar o inquérito policial, de ofício, de igual maneira, também é seu dever indiciar a pessoa em face de quem se enfeixam elementos informativos que apontem ser o autor da infração penal.

O indiciamento sem qualquer justificativa, como, por exemplo, indiciamento por fato atípico; por conduta prescrita; por fato em que os elementos informativos sejam precários, dúbios, contraditórios, pode ser jugulado através de *habeas corpus* impetrado perante o juiz de primeira instância, por caracterizar evidente constrangimento ilegal, como vem decidindo o STF[39]e o STJ[40].

No caso de inquérito policial instaurado para investigar crime de ação penal privada ou pública condicionada à representação, como vimos acima, o procedimento investigatório só será iniciado se houver requerimento da vítima ou seu representante legal. Caso no trâmite do inquérito, a vítima ou seu representante legal, em se tratando de crime de ação penal privada renuncie, ou, na situação de delito de ação penal pública condicionada à representação, se retrate da representação anterior, a autoridade policial, nessas situações, estará proibida de proceder ao indiciamento, porque não faria sentido algum fazer constar da folha de antecedentes do autor um indiciamento, quando muito provavelmente será declarada extinta sua punibilidade. Entretanto, se, mesmo assim o delegado determinar o indiciamento tal ato poderá ser obstado ou cassado via *habeas corpus* porque patente o constrangimento ilegal sofrido.

Desindiciamento

Caso concedida a ordem de *habeas corpus*, na situação ora ventilada, haverá o *desindiciamento* – ou seja, será extirpado do inquérito o indiciamento anterior, o que pode se dar de duas formas:

I – quando não houver base nenhuma para a continuidade do inquérito policial (apuração de fato atípico, prescrito etc), através do *habeas corpus*, tranca-se o próprio inquérito, e torna-se sem efeito o indiciamento anterior;

II – decide-se que o inquérito deve tramitar, mas é cassado um de seus atos – o indiciamento – por ser indevido ou prematuro.

Suspeito, indiciado, acusado

O termo indiciado deve ser utilizado, portanto, apenas quando existe a probabilidade de autoria, imputada, formal e justificadamente, pela autoridade policial a uma pessoa determinada; já os termos averiguado, suspeito ou investigado refere-se a alguém contra quem pesa a mera possibilidade de autoria, sem que tenham convergido em relação a ele indícios relevantes. Não se fala, tecnicamente, assim, em sede de inquérito policial, na figura do acusado, que só surgirá com o oferecimento da peça acusatória (denúncia ou queixa).

O indiciamento é, normalmente, procedido em conjunto com o interrogatório, mas não há uma obrigatória vinculação entre eles; ou seja, é possível interrogatório sem indiciamento, assim como indiciamento sem interrogatório, ou após o interrogatório.

---

39. STF – 2ª T. HC 85.541- Rel. Min. Cezar Peluso, DJe 157 21/08/2008.
40. STJ – 6ª T. HC 43.599/SP, Rel. Min. Paulo Medina, j. 09/12/2005, DJe 04/08/2008.

O indiciamento de determinada pessoa passaria a constar das informações da sua Folha de Antecedentes; sendo assim, por trazer possíveis constrangimentos a quem é apontado como indiciado, a jurisprudência, como já vimos, tem admitido a impetração de *habeas corpus* com o fito de determinar à autoridade policial o não indiciamento, ou mesmo, o cancelamento do indiciamento pretérito.

O indiciamento pode assumir duas formas: indiciamento direto – aquele que é realizado na presença do indiciado; indiciamento indireto – o que se dá na ausência dele, por não ter sido localizado, ou por não ter atendido à convocação da autoridade a comparecer à delegacia de polícia. Não se pode obrigar ao comparecimento à delegacia de polícia de alguém apenas para que seja indiciado, porque, para tal ato isolado, despicienda a presença do indiciado. No entanto, caso o indiciamento venha acompanhado, como normalmente ocorre, da qualificação e identificação criminal, o indiciado é obrigado a comparecer e se não o fizer, poderá ser conduzido coercitivamente à delegacia de polícia.

Cabe indiciamento no âmbito dos Juizados Especiais Criminais?

Posiciona-se, com acerto, Renato Brasileiro de Lima[41] no sentido negativo, porque tal procedimento atentaria aos princípios da celeridade e informalidade ínsitos da Lei 9.099/95. Certo ainda que, nos Juizados Especiais Criminais, é possível a composição civil de danos e a transação penal e o não oferecimento de representação nos crimes de lesão corporal dolosa leve ou culposa, o que poderá acarretar a extinção da punibilidade do autor; sendo assim, o autor da infração de menor potencial ofensivo, mesmo na hipótese de ter cumprido uma pena restritiva de direitos ou multa, por ter aceitado a transação penal, não constariam tais fatos de certidão em seus antecedentes criminais (art. 76, § 6º, da Lei 9.099/95).

Desse modo, mostra-se incompatível o indiciamento com o rito dos Juizados porque acarretaria, ao mero provável autor de uma infração penal, o registro de sua imputação na sua folha de antecedentes, o que sequer ocorreria na hipótese de ter cumprido a transação penal, o que seria totalmente ilógico.

No entanto, em se tratando de infrações de médio potencial ofensivo – aquelas cuja pena mínima não seja superior a um ano – das quais caibam suspensão condicional do processo (art. 89 da Lei 9.099/95), como, *v.g.*, o delito de lesão corporal grave (art. 129, § 1º, do CP), será perfeitamente possível o indiciamento em sede de inquérito policial. Isso porque, para que se materialize eventual benefício da suspensão condicional do processo, necessariamente, deverá haver denúncia oferecida e recebida, fatos processuais esses que constarão da folha de antecedentes do acusado, de modo que nada mais lógico que conste, também, de tal assentamento, o indiciamento precedido anteriormente pela autoridade policial. Cumpridas as condições da suspensão condicional do processo, e extinta a punibilidade do acusado, constará tal fato dos registros criminais.

Em conclusão: inadmissível o indiciamento no caso de infrações de menor potencial ofensivo, porque a punibilidade do autor do fato pode ser extinta, sem que,

---

41. Renato Brasileiro de Lima, Curso de Processo Penal, p. 109.

sequer, tenha havido processo; perfeitamente possível o indiciamento, entretanto, em se tratando de infrações de médio potencial ofensivo (aquelas cuja pena mínima não ultrapasse um ano), porque seu autor tornar-se-á réu, com possível oferecimento – e recebimento de denúncia; admissível, assim, que conste, de seu assentamento, além dos atos processuais citados (oferecimento/recebimento de denúncia), ainda o ato de indiciamento, pela autoridade policial, na fase do inquérito policial.

Momento de realização do indiciamento

O indiciamento pode se dar em qualquer momento do inquérito policial desde que, claro, haja indícios de autoria suficientes para tanto; em se tratando de prisão em flagrante, no próprio auto de prisão em flagrante – ato inaugural do inquérito – o delegado procede ao indiciamento. Pode ocorrer, ainda, que, durante o trâmite do inquérito ou apenas no seu término – quando da apresentação do relatório final – após a análise de todo o acerto dos elementos informativos – proceda a autoridade policial ao indiciamento.

De qualquer maneira, como se viu, o indiciamento é privativo da autoridade policial e só pode ser procedido durante o trâmite do inquérito policial; não há indiciamento, depois de oferecida a peça acusatória e iniciado o processo. Caso o membro do MP requisite, depois de oferecida a denúncia, o indiciamento do acusado, tal ordem, além de poder ser justificadamente não cumprida pela autoridade policial (porque ilegal), poderá ser coarctada através de *habeas corpus*, porque traduz verdadeiro constrangimento ilegal, como tem decidido reiteradamente o STJ[42].

Quem pode ser indiciado?

Em regra, qualquer pessoa, mas há exceções em relação aos detentores do denominado foro por prerrogativa de função – aqueles que, em razão da importância política do cargo que ocupam, tem a prerrogativa funcional de serem julgados, pela prática de crimes em tese cometidos, originariamente, por Tribunais, como se verá logo mais.

O art. 17-D da Lei de Lavagem de Capitais (Lei 9.613/98) estabelece que, "Em caso de indiciamento de servidor público, este será afastado, sem prejuízo da remuneração e demais direitos previstos em lei, até que o juiz competente autorize, em decisão fundamentada, o seu retorno".

O artigo de lei em comento é claramente inconstitucional por três motivos:

I – ofende o princípio constitucional da presunção de inocência ou de não culpabilidade: não é possível que um simples ato administrativo de indiciamento venha a trazer como efeito o afastamento de um servidor público, que poderá até, eventualmente, sequer ser denunciado! (O MP, não obstante o indiciamento procedido pela autoridade policial, pode perfeitamente arquivar o inquérito policial.)

---

42. STJ – 6ª T. HC 182.455/SP, Rel. Min. Haroldo Rodrigues- Desembargados convocado do TJ/CE- j. 05/05/2011; STJ – 5ª T. HC 179.951/SP, Rel. Min. Gilson Dipp, j. 10/05/2011; STJ – 5ª T. HC 174.576/SP, Rel. Min. Gilson Dipp, j. 28/09/2010, DJe 18/10/2010.

II – O afastamento de um servidor público seria desprovido de fundamentação, porque a lei não estabelece o necessário nexo entre o crime de lavagem e a função pública exercida, o que viola a necessária proporcionalidade – necessidade e adequação de toda e qualquer medida cautelar (art. 282, I e II, do CPP);

III – Usurpa-se do Judiciário, em prol da Polícia Judiciária, o devido processo legal que reza que ninguém será privado de sua liberdade ou de seus bens (o que inclui o trabalho exercido no serviço público), sem o devido processo legal!

Com o mesmo entendimento, Renato Brasileiro de Lima[43].

Entretanto, será possível que o magistrado, e nunca uma autoridade administrativa como o delegado de polícia, em decisão devidamente fundamentada, suspenda o exercício da função pública, como meio de impor uma das medidas cautelares previstas no art. 319, VI, do CPP, se houver vínculo entre o crime imputado ao acusado e a função pública por ele exercida.

11° Identificação criminal (art. 6°, VIII, do CPP)

A fim de que se saiba se a pessoa que está sendo investigada e que poderá ser submetida a um processo criminal seja aquela que efetivamente cometeu a infração, é imprescindível que o Estado apure se o indivíduo que se apresenta com determinada identidade é mesmo quem afirma ser, uma vez que é cada vez mais comum a utilização de documentos falsos por indiciados procurados com o intuito de escaparem à persecução penal, gerando enorme risco a pessoas inocentes.

Normalmente, a identificação criminal ocorre no bojo do indiciamento, mas nada impede que tais procedimentos sejam determinados em momentos distintos do inquérito, de modo que preferimos tratar do assunto em tópico separado, até pela sua extrema importância.

A identificação criminal, embora prevista no CPP em seu art. 6°, VIII é detalhadamente regulamentada pela Lei 12.037/2009 (Lei da Identificação criminal do civilmente identificado).

O Fundamento constitucional da lei é o art. 5°, LVIII, da CF, que tem a seguinte redação: "o civilmente identificado não será submetido a identificação criminal, salvo nas hipóteses previstas em lei". A lei em estudo foi editada justamente para explicitar quais são as hipóteses em que é admitida a identificação criminal; em suma, visa complementar a norma de eficácia contida da CF, que exigia a edição de lei para gerar efeitos.

Mas em que consiste a identificação criminal?

A identificação criminal compreende a colheita das impressões datiloscópicas, a tomada de fotografias do indiciado, e a colheita de material biológico para a obtenção do perfil genético, cujos resultados devem ser anexados aos autos de inquérito policial ou de qualquer outro procedimento investigatório (art. 5°, *caput*, e § único da Lei 12.037/2009).

---
43. Renato Brasileiro de Lima, Curso de Processo Penal, p. 113.

Em seu art. 2º, a Lei enumera quais são os documentos que comprovam a identidade civil e que são os seguintes:

I – carteira de identidade;

II – carteira de trabalho;

III – carteira profissional;

IV – passaporte;

V – carteira de identificação funcional;

VI – outro documento público que permita a identificação do indiciado.

VII – equiparam-se aos documentos de identificação civis os documentos de identificação militares.

Além desses documentos, como observa Renato Brasileiro de Lima[44], as carteiras profissionais expedidas por órgãos fiscalizadores do exercício profissional, criados por lei federal, como a carteira da OAB (art. 13 da Lei 8.906/94), bem como as carteiras funcionais de membros do MP (art. 42 da Lei 8.625/93) são válidos como prova da identidade civil das pessoas. Igual regra vale para os magistrados. Ainda de acordo com o referido autor[45], como a lei não distingue, os documentos que podem ser apresentados serão originais ou cópias, desde que devidamente autenticadas, como exige a lei (art. 232, § único, do CPP).

A Lei 13.444, de 11 de maio de 2017 dispõe sobre a Identificação Civil Nacional (ICN), e cria, em seu art. 8º, o Documento Nacional de Identidade (DNI), com fé pública e validade em todo o território nacional; o documento emitido por entidade de classe somente será validado se atender aos requisitos de biometria e de fotografia estabelecidos para o DNI (art. 10, *caput*, da Lei).

A Lei 12.037/2009 enumera os documentos que, se exibidos pelo indiciado, atestam sua identidade e, em regra, dispensam sua identificação criminal.

Dispõe o art. 3º da lei que, mesmo sendo apresentado documento de identificação, poderá ocorrer identificação criminal nas seguintes hipóteses:

I – o documento apresentar rasura ou tiver indício de falsificação;

II – o documento apresentado for insuficiente para identificar cabalmente o indiciado;

III – o indiciado portar documentos de identidade distintos, com informações conflitantes entre si;

IV – a identificação criminal for essencial às investigações policiais, segundo despacho da autoridade judiciária competente, que decidirá de ofício ou mediante representação da autoridade policial, do Ministério Público ou da defesa. A nosso

---

44. Renato Brasileiro de Lima, Curso de Processo Penal, p. 103.
45. Renato Brasileiro de Lima, Curso de Processo Penal. p. 103.

ver, não é admissível que a autoridade judicial, de ofício, em sede de inquérito policial, determine a identificação criminal quando for essencial às investigações policiais, porque estaria comprometida sua imparcialidade ao se imiscuir em questões referentes ao mérito das investigações criminais. Repugna ao senso jurídico a figura do juiz – investigador, que é totalmente incompatível com a nossa arquitetura constitucional que bem separa as funções de investigar – normalmente exercida pela Polícia Judiciária (sem prejuízo de demais órgãos públicos legitimados a tanto); de acusar, cujo titular é o MP; e o de julgar, privativo dos juízes. Para que o juiz decrete a identificação criminal como ato necessário as investigações, numa interpretação conforme a Constituição da norma em comento, imprescindível requerimento do *Parquet* ou representação da autoridade policial.

V – constar de registros policiais o uso de outros nomes ou diferentes qualificações;

VI – o estado de conservação ou a distância temporal ou da localidade da expedição do documento apresentado impossibilite a completa identificação dos caracteres essenciais.

Mesmo o indiciado apresentando os documentos referidos no art. 2º, se pairarem dúvidas a respeito de sua real identificação, em razão de rasura do documento, indício de falsificação, incompletude, contradição entre dois ou mais documentos etc., justifica-se sua identificação criminal.

A identificação criminal, nessas hipóteses de dúvida a respeito da identidade do suspeito, deve ser determinada pela autoridade policial, de ofício, sem prejuízo de requisição por parte do MP ou do magistrado para tanto.

Quando não ocorrer quaisquer dessas situações de dúvida, mas, mesmo assim, for necessária a identificação criminal do suspeito para as investigações policiais, será ela determinada por decisão judicial, de ofício, ou por representação do delegado, promotor ou advogado do indiciado (inciso IV). Como vimos acima, o juiz não poderia determinar a identificação criminal por necessidade da investigação criminal, de ofício, mas sim, mediante representação da autoridade policial ou pedido do MP, sob pena de se ver comprometida sua imparcialidade.

Entende, com acerto, Renato Brasileiro de Lima[46] que o futuro querelante, no caso de ações penais privadas, poderá também requerer tal providência, pois sem a identificação correta do indiciado ficará inviabilizado o oferecimento da queixa-crime. Do indeferimento referente ao pedido de identificação criminal, cabível, se for o pedido formulado pela defesa, *habeas corpus*; se indeferido o pedido da acusação (MP ou querelante) mandado de segurança, de acordo com o mesmo autor[47].

E no que consiste a necessidade de identificação criminal do suspeito para as investigações policiais? Significa que a colheita de fotos, de impressões datiloscópicas, e, em casos determinados, de material genético do indiciado podem se mostrar imprescindíveis à apuração da autoria do crime, como se daria, por exemplo, com a

---

46. Renato Brasileiro de Lima, Curso de Processo Penal, p. 104.
47. Renato Brasileiro de Lima, Curso de Processo Penal, p. 104.

comparação de impressões datiloscópicas deixadas na arma do crime que ceifou a vida da vítima; pela juntada de fotografias do indiciado que pudessem ser apresentadas a testemunhas. Nessa situação particular, não existe qualquer dúvida a respeito da identidade do indiciado – sabe-se perfeitamente quem ele é – mas a colheita de suas impressões datiloscópicas, de fotos ou de seu material genético tornarão possível a apuração da autoria delitiva. No que se refere à identificação criminal que se perfaz através da colheita de impressões datiloscópicas e de fotografias, o indiciado não poderá se recusar a colaborar com tais atos, não sendo cabível arguir o princípio de que ninguém é obrigado a produzir prova contra si mesmo (*nemo tenetur se detegere*). Como vimos quando tratamos do princípio da vedação à autoincriminação, ao indiciado e acusado é possível recusar-se a produzir, ativamente, prova contra si; mas posar para fotos ou, passivamente, deixar com que suas impressões digitais sejam colhidas (externamente, é claro, nos dedos de suas mãos) apenas revelam atos que não configuram prova invasiva e que independem de qualquer atitude do indiciado. Nesse contexto, se o indiciado se recursar a ser identificado criminalmente, caberá sua condução coercitiva para tanto (art. 260 do CPP). Com o mesmo entendimento, Renato Brasileiro de Lima.[48]

A identificação criminal, com tal finalidade, depende de decisão judicial fundamentada. Caso a decisão seja desprovida de fundamentos fáticos e jurídicos que embasem a medida de exceção, poderá ser combatida através de *habeas corpus*, porque estaria configurado o constrangimento ilegal a atingir a liberdade do indiciado contra quem se colheria ilegalmente fontes de provas com potencial de serem utilizadas em detrimento de sua liberdade. E mais: a determinação judicial-sem fundamento – que obrigue o indiciado a ser identificado criminalmente, embora certa sua identidade civil, a fim de produzir fontes de provas essenciais às investigações criminais viola o art. 5º, LVIII, da CF ("o civilmente identificado não será submetido a identificação criminal, salvo nas hipóteses previstas em lei"). Como a lei exige que a identificação criminal apenas se dê, embora certa a identidade civil, quando for essencial às investigações policiais, se não se demonstrar, na decisão judicial, tal imprescindibilidade para a busca de fontes de provas do inquérito, certo que tal proceder desrespeita a lei em estudo e também, reflexamente, a própria Constituição. Vulnera, ainda, a decisão desprovida de fundamento o art. 93, IX, da CF que proclama que todas as decisões do Judiciário serão fundamentadas. Diante desse quadro, se através de uma decisão não fundamentada, e, portanto, em afronta ao texto de lei e também de normas constitucionais, como se viu, for determinada a identificação criminal e, através dela, se chegar à prova que aponte a autoria delitiva (colheita de impressões digitais em comparação com as digitais do acusado que concluam ser ele quem deixou sua marca na arma do crime, fotografia sua reconhecida por testemunha etc.), certo que se tratarão de provas ilícitas, porque obtidas em violação a normas constitucionais ou legais, como determina o art. 157, *caput*, do CPP. Deverão, assim, ser desentranhadas, porque destituídas de validade jurídica.

Dispõe o art. 4º da Lei que "Quando houver necessidade de identificação criminal, a autoridade encarregada tomará as providências necessárias para evitar o constrangimento do identificado".

---

48. Renato Brasileiro de Lima, Curso de Processo Penal, p. 105.

A identificação criminal não pode expor o indiciado a qualquer constrangimento, sob pena de responder o policial por abuso de autoridade (art. 4º, b, da Lei 4898/65).

Identificação criminal e coleta de material biológico para a obtenção do perfil genético. (§ único incluído no art. 5º pela Lei 12.654/2012)

Prevê o parágrafo único do art. 5º da Lei introduzido pela Lei 12.654/2012 que "Na hipótese do inciso IV do art. 3º, a identificação criminal poderá incluir a coleta de material biológico para a obtenção do perfil genético".

Apenas quando a identificação criminal for essencial às investigações policiais, será possível incluir, além do processo datiloscópico e fotográfico, a coleta de material biológico, a fim de se obter o perfil genético do indiciado. Como já se disse acima, nessa situação, a identidade do indiciado é certa – não existe qualquer dúvida a respeito de quem ele seja. Procede-se à coleta de material genético para se apurar a autoria delitiva, como medida imprescindível à investigação criminal.

Para tanto, é indispensável ordem judicial.

É a situação em que, havendo restos orgânicos no local do crime, como saliva, sangue, sêmen etc., pretenda-se comprovar a presença do indiciado no local, o que apontaria ser ele o autor do crime; para tanto, colhe-se o material genético do suspeito iria se cotejá-los com as amostras colhidas no local dos fatos.

Como explica Renato Brasileiro de Lima[49], por se tratar de intervenção corpórea no indiciado (invasiva), para que o magistrado determine essa espécie de identificação criminal, deverá demonstrar que não é possível obter a prova de autoria de outra forma. É, então, sua *ultima ratio*. E acrescentamos nós: se for determinada a colheita de material genético para as investigações criminais de maneira não fundamentada a consequência será a ilicitude de todas as provas, e a sua inutilização, como vimos acima.

É possível, todavia, discutir a constitucionalidade desta norma[50], podendo existir **três posições** sobre o tema:

1ª Posição: A norma é inconstitucional

Não se pode obrigar o indiciado a fornecer material biológico, que será usado para produzir prova contra ele, sob pena de ofender-se o princípio da não autoincriminação: ninguém é obrigado a produzir, ativamente, provas contra si mesmo (*nemo tenetur se detegere*), que se fundamenta no art. 5º, LXIII, da CF. Para esta posição o § único em estudo é inconstitucional, se interpretado no sentido de que o indiciado é obrigado, apesar de sua recusa, por ordem judicial, a fornecer seu material genético com o intuito de produzir prova contra si mesmo. No entanto, se o próprio indiciado fornecesse seu material genético para que possa excluir a suspeita que pesa sobre ele de autoria delitiva, não haverá, obviamente, qualquer arbitrariedade na medida; de idêntica maneira, se, por solicitação judicial, espontaneamente venha a colaborar com a perícia, doando seu material biológico.

---

49. Renato Brasileiro de Lima, Curso de Processo Penal, p. 104.
50. Foi reconhecida a repercussão geral da matéria, pelo Supremo, no RE 973837/MG.

A nosso ver, se o indiciado for constrangido fisicamente a fornecer seu material genético, produzindo, "na marra", prova contra si mesmo, tal elemento de convicção será ilícito, por afrontar princípio constitucional, a contaminar todas as outras provas que guardem nexo de causalidade com a prova pericial.

2ª Posição: A norma é constitucional

A Constituição assegura ao indiciado e ao acusado é o direito ao silêncio, ou seja, de não produzir prova verbal contra si, não sendo obrigado a confessar o delito. Não se vedaria ao Estado que, de maneira indolor, não vexatória e minimamente invasiva, extraísse material genético do suspeito, mesmo que contra a vontade dele, a fim de se investigar um crime. O direito à segurança pública preponderaria sobre o direito individual do indiciado.

3ª Posição: A norma pode ser inconstitucional, mas não se impossibilita a colheita de material genético desde que prescinda da colaboração do indiciado

A intervenção corpórea no indiciado é inadmissível, porque ele não pode ser constrangido a, de maneira ativa, fornecer seu material biológico e, assim, produzir contra si mesmo uma prova pericial que pode ser decisiva à sua condenação criminal. No entanto, se, no local do crime, ou em quaisquer outros lugares forem descartados material orgânico do indiciado não se impede que tais amostras sejam recolhidas e submetidas a exame pericial, porque, nessa hipótese, não existirá qualquer colaboração ativa do suspeito. Com esse entendimento, Renato Brasileiro de Lima[51]. Esse também é o entendimento do STF.[52]

Há decisão do STJ[53] reputando como lícita a produção de prova por meio de exame de DNA, sem o consentimento do investigado, se o material biológico estiver fora do corpo do investigado e abandonado; em outras palavras, o que não se permite é o recolhimento do material genético à força, mediante constrangimento moral ou físico. No caso em estudo, o material genético foi recolhido de um copo e colher de plásticos utilizados pelo acusado de homicídio triplamente qualificado, estupro e extorsão, sendo que tais utensílios foram usados por ele quando estava preso e recolhido na Polícia. Comparou-se o material genético do imputado com aquele encontrado na calcinha da vítima, permitindo o esclarecimento do crime. Rechaçou-se, por fim, a alegação de que o material genético fora recolhido clandestinamente, uma vez que deixou de fazer parte do corpo do acusado, tornando-se objeto público.

Dispõe o art. 6º da Lei que "É vedado mencionar a identificação criminal do indiciado em atestados de antecedentes ou em informações não destinadas ao juízo

---

51. Renato Brasileiro de Lima, Curso de Processo Penal, p. 107.
52. STF – Pleno – HC 71.373/RS, Rel. Min. Marco Aurélio, j. 10/11/1994, DJ 22/11/1996; STF – Pleno, Rcl-QO 2.040/DF, Rel. Min. Néri da Silveira, DJ 27/06/2003, p. 31.
53. Informativo do STJ. 17/03/2018. STJ. 5ª T. HC. Rel. Min. Reynaldo Soares da Fonseca (número não divulgado de processo em razão de segredo judicial).

criminal, antes do trânsito em julgado da sentença condenatória". É uma medida que visa resguardar o princípio da presunção de inocência.

O art. 7º da Lei possibilita, ao indiciado ou réu, no caso de não oferecimento da denúncia, sua rejeição, ou absolvição, após o arquivamento definitivo do inquérito, ou trânsito em julgado da sentença, requerer a retirada da identificação fotográfica (mas não a colheita do material datiloscópico, que deve permanecer encartada aos autos) do inquérito ou processo, desde que apresente provas de sua identificação civil. Para tanto, bastará mostrar, através de documento idôneo, sua identificação civil.

A Lei 12.654/2012 é regulamentada pelo Decreto nº 7.950, de 12 de março de 2013, que criou o Banco Nacional de Perfis Genéticos, que possibilitam o compartilhamento e comparação dos dados dos bancos de perfis genéticos da União, Estados e Distrito Federal. O material coletivo será utilizado para a identificação criminal e também para se apurar a identidade de pessoas desaparecidas.

O art. 9º-A, *caput*, da Lei de Execução Penal, prevê que os condenados por crime praticado, dolosamente, com violência de natureza grave contra pessoa, ou por qualquer dos crimes previstos no art. 1º da Lei 8.072/90 (Lei dos Crimes Hediondos), serão submetidos, obrigatoriamente, à identificação do perfil genético, mediante extração de DNA, por técnica adequada e indolor.

A identificação do perfil genético será armazenada em banco de dados sigiloso (§ 1º do art. 9º-A, da LEP).

A autoridade policial, federal ou estadual, poderá requerer ao juiz competente, no caso de inquérito instaurado, o acesso ao banco de dados de identificação de perfil genético (§ 2º, do art. 9º-A, da LEP).

Na prática, o sistema pode funcionar da seguinte maneira: aos condenados, com trânsito em julgado, por crimes violentos de natureza grave contra a pessoa (homicídio, latrocínio, estupro, por exemplo), impõe-se, coativamente, a obrigação de ceder seu material genético, por técnica adequada e indolor. Não há que se falar em violação ao princípio da presunção de inocência, porque o material é extraído compulsoriamente apenas de condenados, com trânsito em julgado, ou seja, de pessoas que perderam a presunção de inocência, porque são, de fato, culpadas; além disso, certo que não se pode negar o uso de técnicas avançadas cientificamente que trazem maior segurança na identificação das pessoas, inclusive afastando o risco de se condenarem inocentes[54]. Cedido, de maneira compulsória, o material genético, a identificação do perfil genético é armazenada em banco de dados sigiloso. Cometido algum crime com violência ou grave ameaça (homicídio, estupro por exemplo), e havendo resíduos de material genético no local ou no corpo da vítima, a autoridade policial determinará a apreensão deste material e a comparação com os perfis genéticos armazenados no banco de dados

---

54. Quanto à constitucionalidade de tal norma, importante saber que o Recurso Extraordinário 937.387, teve sua repercussão geral reconhecida pelo Supremo, aguardando-se o julgamento do tema pelo Pleno. O STJ, porém, no julgamento da Arguição de Inconstitucionalidade 1,0024.07,521170-6/005 rejeitou o incidente para afirmar a constitucionalidade do artigo 9º- A. No mesmo sentido decisão da 5ª Turma, do STJ: RHC 69.127/DF. Rel. Min. Felix Fischer. J. 27/09/2016, DJe 26/10/2016.

acima citado, para se verificar se o autor de crime já condenado, no passado, não é o mesmo criminoso ora investigado no crime recém-cometido.

2.4.10.3. Outras atribuições da autoridade policial

De acordo com o art. 13 do CPP, a autoridade policial, além das diligências acima comentadas, possui outras atribuições no decorrer do inquérito policial, como:

1º – fornecer às autoridades judiciárias informações de interesse ao julgamento dos processos.

2º – realizar as diligências requisitadas (ordenadas) pelo MP e pelo juiz.

3º – representar pela prisão preventiva (e também pela temporária, modalidade essa de prisão prevista na Lei 7960/89).

Importante mencionar que essas atribuições são meramente exemplificativas, existindo diversas outras diligências que podem ser efetuadas pelo delegado, no intuito de esclarecer o fato criminoso, como por exemplo:

4º – representar pela quebra de sigilo telefônico, telemático, fiscal, bancário;

5º – representar pela busca e apreensão domiciliar;

6º – representar pela interceptação telefônica;

7º – representar no sentido da incompetência do juízo. Exemplo: crime de competência da Justiça Federal (crime de roubo contra autarquia federal) que tramite perante delegacia de polícia estadual, apontando a incompetência e representando para a remessa dos autos ao Juízo Federal.

2.4.10.4. Decretação de sigilo no inquérito policial e acesso do advogado do investigado ou da vítima

Em regra, segundo a atual concepção do Supremo[55], a tramitação do inquérito policial- e o seu livre acesso – são públicos, não se impondo sigilo quanto ao acesso ao seu conteúdo. Mas pode ser decretado o sigilo pela autoridade policial ou judicial- sempre de maneira fundamentada – no caso de em que o êxito nas investigações possa ser comprometido com a publicidade ou se houver a juntada de documentos nos autos do inquérito policial que exponham a intimidade ou vida privada das pessoas, como, v.g., autos de interceptação telefônica, quebra de sigilo bancário, ficha clínica de atendimento médico, etc. Mas, de qualquer modo, decretado ou não o sigilo dos autos, ao defensor do averiguado deve-se permitir o livre acesso aos autos. É como soa a Súmula Vinculante 14 do STF: "É direito do defensor, no interesse do representado, ter acesso aos elementos de prova que, já documentados em procedimento investigatório realizado por órgão com competência de polícia judiciária, digam respeito ao exercício do direito

---

55. STF. Petição. 5.553/DF. Rel. Min. Celso de Mello. J. 27/02/2015.

de defesa". O STJ[56] reputou que à vítima de crime também se deve assegurar o direito de acesso aos autos de inquérito policial, mesmo que tramite em segredo de justiça, e que a Súmula Vinculante 14 acima citada é aplicável, no caso dos ofendidos (e não exclusivamente em se tratando de indiciados), até porque a vítima poderá subministrar elementos de informação que possam auxiliar nas investigações.

2.4.11. Suspeição do delegado

Não é autorizada a arguição de suspeição contra o delegado, como esclarece o art. 107 do CPP, mas a autoridade pode se declarar suspeita, de ofício, afastando-se das investigações.

O Ministério Público, o ofendido, seus representantes legais ou o indiciado poderão requer ao superior administrativo do delegado suspeito seu afastamento; tal pedido, se acatado, levará à remoção administrativa da autoridade em relação ao inquérito que então presidia.

2.4.12 Inquérito Policial e prazos

2.4.12.1. Prazos gerais

Estando o indiciado solto, o prazo para encerramento do inquérito policial é de 30 dias; se o indicado estiver preso, o prazo é de 10 dias (art. 10 do CPP).

2.4.12.2. Indiciado solto

No caso de indiciado solto, o prazo do inquérito policial pode ser prorrogado (é a chamada dilação de prazo), se o fato for de difícil elucidação, procedendo-se da seguinte maneira (art. 10, § 3º do CPP):

1º - expirado o primeiro prazo de 30 dias, a autoridade policial declara que não conseguiu exaurir todas as diligências investigatórias, e pede ao juiz a dilação de prazo para continuidade do trabalho de apuração.

2º - o juiz ouve o Ministério Público a respeito; se este concordar, o juiz concede o prazo à autoridade policial, que pode ser por outros 30 dias; se o *Parquet* não concordar com o prazo, poderá, de plano, promover o arquivamento do inquérito ou oferecer denúncia.

3º - concedido o prazo requerido, os autos de inquérito retornam à delegacia de polícia e retomam-se as investigações, sem prejuízo de o MP requisitar as diligências que entender pertinentes à autoridade policial.

Não há limite para a concessão de prorrogações de prazos no decorrer do inquérito.

---

56. Informativo do STJ. 11/12/2018. STJ. RMS 55790. 5ª T. Rel. Min. Jorge Mussi.

O prazo prorrogado como, regra, é de 30 dias, mas nada impede que seja inferior ou superior, como 20 ou 60 dias.

O prazo referente ao inquérito de indiciado solto é prazo processual: começa a correr do primeiro dia útil ao seu início e, se findar em domingo ou feriado, considera-se prorrogado até o dia útil imediato (art. 798, §§ 1º e 3º, do CPP).

2.4.12.3. Indiciado preso

Como se viu, estando o indiciado preso, o prazo para encerramento do inquérito é de 10 dias, não sendo admissível prorrogação.

Esse prazo de 10 dias é de natureza processual ou penal?

Há duas posições sobre o assunto:

1ª Posição. Trata-se de prazo processual, porque tanto a prisão quando o trâmite e duração do inquérito são regulados pela legislação processual. Para esse entendimento, os prazos do inquérito devem seguir a forma estabelecida no art. 798, § 1º, do CPP, excluindo-se o dia do começo e incluindo-se o dia do final. Não podem se iniciar, nem finalizar, em dias não úteis, prorrogando-se o *dies a quo* (dia do início do prazo) e o *dies ad quem* (dia do último dia do prazo) para o primeiro dia útil seguinte.

2ª Posição. Trata-se de prazo penal, uma vez que se priva a liberdade do indiciado efetivamente como se tivesse ele cumprindo pena, de modo que é mais benéfica a contagem de prazo pelo sistema do Código Penal (art. 10), que conta o dia do começo da prisão no cômputo do prazo (excluindo-se o último dia do prazo), pouco importando que o dia final do prazo termine em final de semana ou feriado; a denúncia, nessa situação de fim do prazo ocorrer em feriado ou fim de semana, deve ser oferecida em dia de expediente forense (véspera do feriado ou do fim de semana), sob pena de se configurar a ilegalidade da prisão, e o seu consequente relaxamento.

2.4.12.4. Prazos especiais

Há, todavia, prazos especiais previstos na legislação extravagante, que são:

1ª – Nas hipóteses de prisão temporária (Lei 7.960/89). A prisão temporária é modalidade de prisão cautelar, que só pode ser decretada no transcurso de um inquérito policial; o seu prazo normal é de 5 dias prorrogáveis por outros 5; em se tratando, porém, de crimes hediondos e equiparados, o prazo será de 30 dias prorrogáveis por outros 30.

Nesta situação, o indiciado poderá ficar preso temporariamente por até 60 dias, prazo máximo esse para que o inquérito tenha se encerrado.

2ª – Lei de Drogas (Lei 11.343/06) O prazo de encerramento do inquérito policial estando o indiciado preso é de 30 dias, que pode ser duplicado pelo juiz mediante pedido justificado da autoridade policial ouvido o Ministério Público (art. 50 da Lei referida). Em outras palavras, o indiciado poderá permanecer preso por 60 dias, prazo máximo esse para que se encerre o inquérito policial. No caso de indiciado solto, o prazo para encerrar o inquérito que vise apurar o delito de tráfico de drogas é de 90 dias, prorrogável por outros 90 (art. 51 da Lei 11.343/06).

3ª – **Na Justiça Federal** o prazo é de 15 dias, prorrogável fundamentadamente por outros 15 (art. 66 da Lei 5.010/66), estando o indiciado preso. No que se refere aos indiciados soltos, o prazo será o do CPP (30 dias – art. 10, *caput*, do CPP).

4º – **Crimes contra a economia popular** (Lei 1.521/51). O prazo para o seu término, tratando-se de indiciado solto ou preso é de 10 dias (art. 10, § 1º, da Lei).

2.5. INQUÉRITO POLICIAL E INCOMUNICABILIDADE

Majoritariamente, entende-se que a incomunicabilidade do preso por até 3 dias, prevista no art. 21, § único do CPP, não foi recepcionada pela Constituição Federal, que proíbe a incomunicabilidade, até mesmo quando decretado o estado de defesa. O raciocínio é o seguinte: se até em estados de exceção o preso não permanece incomunicável não há nada que justifique sua incomunicabilidade em períodos de funcionamento normal das instituições.

2.6. Relatório final da autoridade policial

Concluídas todas as diligências, a autoridade policial encerra o inquérito policial oferecendo um relatório do minucioso do apurado (art. 10, § 1º, do CPP).

Neste relatório, poderá indicar testemunhas que não tenham sido inquiridas, mencionando o local onde possam ser encontradas (art. 10, § 2º, do CPP). Poderá ainda mencionar, a autoridade policial, diligências que foram procedidas, mas cujo resultado ainda não tenha aportado aos autos, como ocorre comumente em perícias requisitadas, mas ainda não realizadas.

A ausência pura e simples de relatório, sua extrema singeleza ou incompletude em nada afetam a ação penal vindoura nem o processo; traduzem mera irregularidade que poderão acarretar a responsabilização funcional do delegado de polícia.

Majoritariamente entende a doutrina que o delegado de polícia não deve, na elaboração do seu relatório final, emitir juízos de valor a respeito do fato, restringindo-se a relatar as diligências efetuadas de maneira objetiva e isenta. Assim se entende porque a *opinio delicti* é do autor da ação penal – querelante no caso das ações penais privadas, ou o MP, na hipótese de ações penais públicas.

Essa concepção já tradicional na doutrina deve mudar, afinal, se o indiciamento é ato, necessariamente fundamentado, por força do que prevê o artigo 2º, § 6º, da Lei 12.830/2013, não há como despojar o relatório final de uma análise-técnico jurídico de um profissional de direito como é o delegado de polícia, que tem a mesma formação jurídica que o promotor de justiça e o juiz de direito[57]. Ademais, quem tem contato direto com as partes, vítimas, testemunhas, indiciado é a autoridade policial, e não-normalmente o membro do Ministério Público ou o magistrado-, de modo que nada mais consentâneo com essa realidade que possa o delegado emitir um juízo de valor a respeito da credibilidade (ou não) dos elementos de convicção coligidos. Por fim, quanto a esse tema: o inquérito policial não visa- ao contrário do que prega boa parte da doutrina- de maneira única, angariar elementos de convicção para que o membro do MP ofereça denúncia, simplesmente; o inquérito policial visa apurar a VERDADE DOS FATOS, quer seja favorável ou não aos interesses do MP ou do indiciado, e, em razão disso, goza, a autoridade policial, de independência funcional.

Em se tratando, porém, de delito descrito na Lei de Drogas (Lei 11.343/06) a própria lei exige da autoridade policial um posicionamento a respeito da apreensão das drogas, com o intuito de que demonstre as suas razões em indiciar alguém pela prática do delito de uso de drogas (art. 28 da Lei) ou de tráfico propriamente dito (art. 33 da Lei), ou entre quaisquer outros artigos incriminadores de tal diploma legislativo. Para tanto, o delegado, de acordo com o que determina o art. 52, I, da Lei 11.343/06, relatará sumariamente as circunstâncias do fato (o que ocorre em todo e qualquer relatório de inquérito policial), justificando, todavia (e agora surge a nota diferenciado desse relatório policial), as razões que o levaram à classificação do delito, indicando a quantidade e natureza da substância ou do produto apreendido, o local e as condições em que se desenvolveu a ação criminosa, as circunstâncias da prisão, a conduta, a qualificação e os antecedentes do agente. Em outras palavras, o relatório policial, na Lei de Drogas, não é um relatório meramente objetivo, como a maioria dos relatórios, sendo também opinativo, porque demanda do delegado uma análise (necessariamente subjetiva) de todo o quadro das fontes de provas colhidas no inquérito.

De qualquer modo, os autores das ações penais públicas ou privadas não estão jungidos à classificação provisória dos fatos efetuada pela autoridade policial.

2.7. Forma de tramitação dos inquéritos policiais

De acordo com o art. 10 e seus parágrafos do CPP, a tramitação do inquérito policial, concedendo-se prazos até o seu término, e após o seu encerramento, passará, necessariamente pela seguinte triangularização: Polícia Judiciária, Judiciário e MP. Esse é o regramento legal.

Pergunta-se: é possível a tramitação direta do inquérito policial entre a Polícia Judiciária e o MP, sem passar-se pelo Judiciário?

Há **duas posições** sobre o assunto:

---

57. Art. 2º da Lei 12.830/2013: "As funções de polícia judiciária e a apuração de infrações penais exercidas pelo delegado de polícia são de natureza jurídica, essenciais e exclusivas de Estado".

1ª – Posição. Embora prevista em lei a intervenção do Judiciário, como verdadeiro intermediário entre a Polícia e o MP na tramitação dos inquéritos, tal regramento não teria sido recepcionado pelo art. 129, I, da CF, que estabeleceu o MP como a instituição encarregada, privativamente, de promover a ação penal pública. Isso porque o inquérito policial tem por escopo justamente fornecer elementos de provas que habilitem o *Parquet* a ajuizar a ação penal, de modo que não haveria qualquer interesse do Judiciário em supervisionar esse trabalho investigativo, se não houver a prática de condutas que possam afetar, mesmo que potencialmente, direitos e garantias individuais. Claro que se for requerida alguma medida cautelar pessoal dentre aquelas previstas no art. 319 do CPP (proibição de ausentar-se da comarca, *v.g.*); prisão em flagrante, prisão preventiva, sequestro ou hipoteca legal de bens, etc – todas essas medidas que afetem direitos do indiciado – a intervenção do Judiciário será imprescindível. O que se pretende, em verdade, é, nos casos em que não esteja em jogo qualquer direito individual do indiciado (o que ocorre na maior parte dos inquéritos), retirar um "intermediário" da tramitação dos inquéritos com a finalidade de aumentar a eficiência e celeridade da persecução criminal, além do que, ao afastar-se o juiz do dia a dia das investigações, resguardar-se sua imparcialidade. Com esse entendimento Renato Brasileiro de Lima.[58]

Foi editada, inclusive, a Resolução 63 do Conselho da Justiça Federal regulamentando tal tramitação direta entre inquéritos da Polícia Federal e o MP Federal.

E pergunta-se, ainda, como seria o trâmite do inquérito policial que vise apurar delito de ação penal privada? De idêntica forma, a tramitação se daria, diretamente, entre a Polícia e o MP, que atuaria meramente como fiscal da lei, sendo que ao possível querelante, a qualquer tempo, seja na delegacia de polícia seja na sede do *Parquet* seria franqueado livre acesso aos autos, para extrair cópias e realizar apontamentos.

2ª – Posição. Os artigos do CPP que preveem a necessária intervenção do MP foram recepcionados pela Constituição Federal e estão em vigor: o Judiciário controlará, em todos os casos, a tramitação de todos os inquéritos policiais. Este é o posicionamento atual do STF.

2.8. INQUÉRITO POLICIAL E CONSTRANGIMENTO ILEGAL. POSSIBILIDADE DE TRANCAMENTO DO INQUÉRITO

A simples instauração de um inquérito policial pode afetar a dignidade de quem é investigado, além de colocar em risco, mesmo que reflexamente, sua liberdade individual.

---

58. Renato Brasileiro de Lima, Curso de Processo Penal, p. 118.

Se de um lado está o poder – dever do Estado de apurar a prática de infrações penais, de outro, não menos certo que devam ser asseguradas a todo o e qualquer indiciado as seguintes garantias essenciais:

1ª – deve existir um lastro probatório mínimo a apontar alguém como o autor de fato delituoso;

2ª – o fato deve ser típico;

3ª – a punibilidade não pode estar extinta por qualquer causa;

4ª – o inquérito policial deve possuir duração razoável, não podendo se eternizar sem qualquer conclusão, quando todas as diligências tiverem sido realizadas;

5ª – deve haver autorização da vítima, representante legal ou sucessores para instaurar-se inquérito policial, em se tratando de crimes de ação penal privada ou pública condicionada a representação.

Caso o fato investigado seja atípico, não existirem elementos mínimos de convicção quanto ao indiciado, a punibilidade estiver extinta, o inquérito arrastar-se sem motivo por tempo desproporcional, ou se tiver sido instaurado inquérito policial sem manifestação de vontade da vítima em crimes de ação penal privada ou pública condicionada a representação, caberá a impetração de *habeas corpus* com o intuito de trancar-se a investigação criminal, porque, nas hipóteses referidas, estaria caracterizado o manifesto constrangimento ilegal.

Na situação em que a infração investigada no inquérito policial seja apenada, exclusivamente, com multa não caberá *habeas corpus* para trancar o procedimento inquisitivo, mas será possível a impetração de mandado de segurança, como prevê a Súmula 693 do STF, que possui o seguinte teor: "Não cabe *habeas corpus* contra decisão condenatória a pena de multa, ou relativo a processo em curso por infração penal a que a pena pecuniária seja a única cominada".

Quando o delegado de polícia, de ofício, a pedido da vítima, requerimento de qualquer pessoa do povo, ou ainda por denúncia anônima instaura inquérito policial, é possível a impetração de *habeas corpus* (ou mandado de segurança no caso de infrações apenadas exclusivamente com multa, como vimos), perante o juiz de 1ª instância, porque a autoridade coatora será a autoridade policial. Na situação em que o inquérito for instaurado por requisição do MP ou do Juiz serão eles considerados como autoridade coatoras e o *habeas corpus* será impetrado perante o Tribunal. A prisão em flagrante do indiciado, sendo reconhecida como legal pelo juiz, ao conceder liberdade provisória ou converter a prisão em flagrante em preventiva o tornará autoridade coatora, porque chancelou a prisão administrativa decretada pelo delegado, autorizando a instauração de inquérito policial para apurar os fatos, de modo que o *habeas corpus* ou o mandado de segurança deverão ser endereçados ao Tribunal.

O trancamento do inquérito policial, porém, é medida excepcional e que só se justifica se o constrangimento for patente ao ponto de se bem evidenciar que a investigação criminal, além de ser inútil, porque não atingira a nenhum lugar, resulta em evitável gasto ao Erário e desgaste emocional ao indiciado, sem proveito a quem quer que seja.

2.9. DESTINATÁRIOS FINAIS DO INQUÉRITO POLICIAL

2.9.1. Ministério Público

Tratando-se de crime de ação penal pública, encerrado o inquérito policial, seus autos serão remetidos ao juiz competente, de acordo com o art. 10, § 1º, do CPP, que abrirá vista ao Ministério Público, que poderá tomar as seguintes providências:

1ª – **oferecer denúncia, dando início ao processo.**

2ª – **promover o arquivamento do inquérito;** a autoridade policial não poderá arquivar inquérito policial (art. 17, do CPP), que dependerá de promoção do Ministério Público, submetida a controle judicial, de acordo com o art. 28 do CPP, como se analisará em breve.

3ª – **requerer a devolução do inquérito à autoridade policial para que se proceda a novas diligências, desde que imprescindíveis ao oferecimento da denúncia (art. 16 do CPP).**

Essas novas diligências – e sua conotação como imprescindíveis – são de aferimento exclusivo do representante do MP como titular privativo da ação penal pública (art. 129, I, da CF), para que possa formar a sua *opinio delicti*. Não é permitido ao juiz indeferir esse retorno dos autos a delegacia de polícia, por reputar inúteis as diligências requisitadas, porque, a uma, estaria maculada sua imparcialidade ao adentrar no mérito da investigação criminal, tornando-se verdadeiro "juiz – investigador"; a duas, o poder de requisição de diligências investigatórias pelo MP é prerrogativa de extração constitucional (art. 129, VIII, da CF) e não pode ser inviabilizada pelo Poder Judiciário. Caso o juiz indefira o retorno dos autos à delegacia de origem, será cabível a interposição de correição parcial, porque manifesto o *error in procedendo*. Possível, ainda, a interposição de mandado de segurança porque é direito líquido e certo do representante do MP formar a *opinio delicti* da melhor forma possível a fim de se desincumbir de sua missão constitucional de ajuizar a ação penal pública. Outra possibilidade é a de o representante do MP não apresentar qualquer recurso ou ação contra a decisão judicial que indeferiu seu pleito de retorno dos autos a delegacia de origem e requisitar diretamente à autoridade policial a diligência tida por ele como imprescindível. É possível, entretanto, que o pedido de retorno dos autos à delegacia de origem para realização de diligência investigatória seja mesmo completamente inútil, como, por exemplo, quando se requer laudo de exame de corpo de delito de uma infração que não deixou vestígio; oitiva de testemunha já ouvida; juntada de documento já encartado aos autos; perícia inútil ou impossível, etc. Pergunta-se: E se o retorno dos autos à delegacia de polícia, a pedido do MP, for uma medida totalmente inútil, protelatória, impertinente ou repetida (porque já foi realizada), que poderá comprometer o preceito constitucional da razoável duração do processo, aplicável também ao inquérito policial, o magistrado será obrigado a aceitar esse proceder? Entendemos que não, cabendo ao juiz, sem adentrar no mérito dos elementos informativos do inquérito (o que poderia comprometer sua imparcialidade), enviar os autos de inquérito ao Chefe do MP (Procurador Geral de Justiça no caso dos MPs dos Estados) ou às Câmaras de

Coordenação e Revisão (MP da União), utilizando-se, para tanto, por analogia, o art. 28 do CPP (que trata da discordância entre juiz e representante do MP a respeito de arquivamento de inquérito policial), para que os órgãos de cúpula do *Parquet* decidam, se, afinal, a diligência probatória era mesmo imprescindível a justificar o retorno dos autos à delegacia de polícia ou não. Para nós, essa é a solução ideal, porque preserva a titularidade da ação penal que é privativa do MP (afinal a última palavra a respeito da *opinio delicti* continuará sendo da Instituição), assegura a imparcialidade do juiz e a própria funcionalidade do sistema acusatório, ao mesmo tempo em que não se viola o também preceito constitucional referente à razoável duração do processo. Se os órgãos superiores do MP entenderem que a razão se encontra com o juiz e que a diligência probatória era mesmo completamente inútil, sendo possível que o membro do MP tivesse oferecido, de plano, denúncia ou arquivamento, os autos deverão ser enviados ao substituto do *Parquet* então oficiante, para que, como verdadeiro *longa manus* (representante) dos órgãos de cúpula da Instituição, ofereça a peça acusatória ou promova o arquivamento como determinado. É designado outro membro do MP como forma de se resguardar a independência funcional (art. 127, § 1º, da CF) daquele que entendia ser imprescindível a diligência indeferida por sua própria Instituição. A segunda hipótese é a de os órgãos superiores da Instituição entenderem que a razão estava com o representante do MP, por julgarem a diligência, de fato, imprescindível, à formação da *opinio delicti*; nessa situação, os autos retornarão à Polícia Judiciária para continuidade das diligências.

4ª – Declinar de sua atribuição a gerar possível conflito de atribuições; suscitar declinação de competência a gerar possível conflito de competência

Pode o representante do MP entender que o crime objeto do inquérito policial não seja de sua atribuição, mas sim de outro membro da Instituição, e solicitar ao juiz a remessa dos autos ao membro do MP com atribuição para oficiar nos autos; é hipótese em que o MP declina de sua atribuição. O magistrado, por se tratar de questão *interna corporis* do *Parquet*, sem adentrar ao mérito, remeterá os autos ao membro do MP com atribuição. Importante referir que a atribuição ministerial, nem sempre se confundirá com a competência, esta sim questão jurisdicional; em outras palavras, a atribuição refere-se à divisão de trabalho entre autoridades administrativas (*in casu*, entre membros do MP), enquanto que o conflito de competência se dá entre juízes quando houver discordância a respeito de qual deles deverá prestar jurisdição em determinado caso concreto. Mas é possível (e, aliás, muito frequente), que a questão da atribuição entre membros do MP se refira, também, diretamente, à competência perante os juízos em que oficiem como adiante se verá.

Como vimos, se o membro do MP entender que a atribuição para atuar em determinado inquérito policial é de outro representante da instituição irá requerer a remessa dos autos a ele, cabendo ao juiz meramente proceder a essa transferência, sem adentrar ao mérito. Caso o juiz indefira essa remessa, porque manifesto o *error in procedendo* (erro procedimental), dessa decisão será cabível a interposição de correição parcial. Aquiescendo o juiz com o envio dos autos, e se o membro do MP que tiver recebido o inquérito concordar com tal remessa e oficiar no feito, não haverá mais discussões a respeito. Poderá, todavia, discordar do envio dos autos, por entender não possuir atribuição para atuar naquele inquérito, e, nessa hipótese, os autos deverão ser remetidos ao Procurador Geral da Justiça, no caso do MP estadual, ou ao Procurador Geral da República, no caso do MP da União, para dirimi-lo, designando quem deva oficiar no feito (art. 10, X, da Lei 8625/93 – Lei Orgânica Nacional do MP e art. 26. VII, da Lei Complementar 75/93 – Lei que dispõe sobre o MP da União).

Como se percebe, o conflito de atribuições entre os membros do MP integrantes da mesma carreira serão dirimidos pelo Chefe, seja do MP do Estado ou do MP da União. A questão se complica quando surge o conflito entre MPs diversos, como, por exemplo, entre o MP de Estados diversos, ou entre MPs de Estado e MP da União; nessa situação, o conflito será dirimido pelo Procurador-Geral da República, consoante entendimento atual do STF.

É bastante comum, entretanto, que a base para que o representante do MP envie a outro membro da Instituição um inquérito policial, não seja a questão de atribuição funcional em si, mas sim de competência. Imaginemos uma infração de menor potencial ofensivo cuja investigação tenha tramitado em autos de inquérito policial distribuídos judicialmente em um Juízo Criminal sem competência para julgar tais ilícitos, em vez dos Juizados Especiais Criminais com competência para tanto (art. 98, I, da CF); outro exemplo: a prática de um roubo contra agência da Caixa Econômica Federal, cujo inquérito tenha equivocadamente tramitado perante um Juízo Comum Estadual e não pela Justiça Federal como seria o correto (art. 109, IV, da CF).

Percebe-se que a questão de fundo não é de divisão de atribuições entre membros do MP, mas sim, nitidamente, de competência, o que pode acarretar duas situações totalmente distintas, a saber:

I – O representante do MP requer ao juiz a remessa dos autos a outro membro da Instituição porque não existe atribuição legal para oficiar naqueles autos, nem, igualmente, competência do magistrado para tanto. Se o juiz não se manifestar a respeito do mérito de sua competência, e se limitar a remeter os autos ao outro integrante da instituição como requerido, tratar-se-á de mero conflito de atribuições, a ser resolvido da maneira acima exposta: pelo próprio chefe da Instituição, ou pelo Procurador-Geral da República, quando o conflito surgir entre membros de MPs diversos.

II – O representante do MP requer ao juiz a remessa dos autos a outro membro da Instituição, porque não existe atribuição legal para oficiar naqueles autos, nem, igualmente, competência do magistrado para tanto. O magistrado, entretanto, nessa situação, se manifesta a respeito do mérito de sua competência, dela declinando por entender que o outro juízo é competente, remetendo então os autos a ele. Essa situação traduz nítida questão de possível conflito de competência (art. 113/117 do CPP) a ser dirimido pelo próprio Judiciário, e jamais pelo MP, porque o magistrado encampou, através de uma decisão judicial fundamentada, a pedido do MP, sua incompetência, e, se o juiz a quem forem remetidos os autos, discordar daquele entendimento poderá suscitar o referido conflito.

Nos nossos exemplos acima citados, o conflito entre juízo comum de vara criminal e o do juizado especial criminal, ambos do mesmo Estado, serão dirimidos pelo Tribunal de Justiça dessa unidade da federação; o conflito de competência entre o Juízo estadual e federal (roubo da caixa econômica federal) será dirimido pelo STJ (art. 105, I, d, da CF).

Questão interessante poderá surgir quando o *Parquet* requer a remessa dos autos a outro juízo por não ter atribuição para tanto, nem o juízo competência, e o juiz discordar desse entendimento por reputar-se competente. Exemplificando para melhor esclarecer. O membro do MP estadual requer a remessa dos autos de inquérito policial que trate de um homicídio tendo como vítima um índio (mas sem qualquer relação com a disputa de direitos indígenas), por entender que o crime é de competência da Justiça Federal. O juiz, todavia, acertadamente, nota que o *Parquet* está equivocado, porque o requisito constitucional para tanto não se encontra preenchido (art. 109, XI, da CF – justamente o contexto de o homicídio ter ocorrido quando de uma disputa sobre direitos dos silvícolas). Pois bem, nessa hipótese, o juiz pode se recusar a remeter os autos ao Juízo Federal, por entender-se competente; mas, por outro lado, não tem como obrigar o representante do MP a oferecer denúncia. Como resolver? A única solução é remeter os autos ao chefe do MP, por analogia com o art. 28 do CPP (que trata da rejeição pelo juiz do arquivamento de inquérito pelo MP), para que decida a questão. Se entender o Procurador Geral que a razão se encontra com o juiz, determinará que os autos permaneçam na Justiça Comum Estadual, nomeando-se outro membro do MP para nele oficiar, em deferência à independência funcional do que tinha entendimento diverso (art. 127, § 1º, da CF). Se, entretanto, no nosso exemplo, de maneira equivocada, o Procurador Geral concordar com o promotor de que a competência é da Justiça Federal, os autos de inquérito serão remetidos ao MP da União, constando a expressa divergência do magistrado estadual a respeito da competência. O que então provavelmente ocorrerá é que o representante do MP da União suscitará o conflito de atribuições, a ser dirimido, como se viu acima, pelo Procurador-Geral da República. Importante dizer que, no exemplo estudado, não terá havido conflito de competência, porque o juiz estadual, em nenhum momento, se declarou incompetente (pelo contrário!). Terá ocorrido, assim, mero conflito de atribuições entre membros de MPs distintos.

Poderá, também, ocorrer o inverso: no decorrer do inquérito policial, o MP entende que possui atribuição, e o Juízo competência, mas o magistrado discorda desse entendimento, por se reputar incompetente. Nesse caso, se o magistrado concluir, em decisão interlocutória, ser incompetente, caberá recurso em sentido estrito (art. 581, II, do CPP). Julgado o recurso em sentido estrito, e dado provimento a ele, no sentido de se determinar o juízo como competente, o inquérito continuará a tramitar naquele Juízo. Caso oferecida a denúncia perante aquele Juízo com base no referido inquérito, o magistrado não poderá rejeitar a denúncia por se julgar incompetente, com base nos mesmos argumentos usados quando se declarou incompetente, porque a questão já terá sido superada pelo Tribunal quando deu provimento ao recurso em sentido estrito. Poderá, todavia, rejeitar a denúncia, por outro fundamento (inépcia, por exemplo). Na hipótese em que não tenha sido dado provimento ao recurso (ou seja, entendeu-se que o Juízo era realmente incompetente), os autos deverão ser remetidos ao juízo que se aponta ser competente. Nada impedirá que o juízo recebedor dos autos de inquérito policial suscite o conflito de competência, por não se reputar competente.

Muitos doutrinadores afirmam que a questão pertinente a tramitação de inquéritos policiais não possuiria ligação com o tema competência, o que impossibilitaria que se suscitasse, em sede de inquérito policial, o conflito de competência, mas apenas o de atribuições entre membros do MP. A nosso ver, nada mais falso. Embora obviamente o inquérito policial não possa ser considerado processo, durante o seu transcurso podem (e frequentemente ocorrerem) várias medidas que afetam direitos individuais do indiciado, como por exemplo, sequestro de bens, hipoteca legal, prisão temporária, prisão preventiva, medidas cautelares pessoais, interceptação telefônica, etc; percebe-se, então, que o indiciado tem o direito a que tais potenciais restrições eventualmente impostas aos seus bens ou sua liberdade sejam determinadas no transcurso do devido processo legal – ninguém será privado de sua liberdade ou de seus bens sem o devido processo legal – o que inclui, como corolário do referido princípio, o direito ao juiz constitucionalmente previsto para tanto (princípio do juiz natural). Em conclusão, mostra-se perfeitamente possível, a nosso ver, que seja suscitado o conflito de competência em sede de inquéritos policiais como meio de se assegurar os princípios do devido processo legal e do juiz natural.

5ª – Oferecer denúncia e requisitar novas diligências investigatórias em autos suplementares de inquérito policial

Nada impede que o *Parquet* ofereça denúncia, e, ao mesmo tempo, requisite à autoridade policial novas diligências, seja para apurar crimes diversos ou a existência de outros autores ou partícipes, fatos criminosos ou agentes esses relacionados com a peça acusatória já oferecida.

Apurados os novos crimes ou quem seriam os outros autores ou partícipes, se houver elementos probatórios suficientes, o MP poderá aditar a denúncia, para acrescentar os fatos criminosos inéditos ou os novos acusados. Se, todavia, a instrução estiver muito adiantada, tal aditamento iria tumultuar o andamento do processo, comprometendo sua razoável duração, porque, em relação às novas acusações, seria necessário se proceder à citação e nova resposta à acusação, o que estancaria o desenvolvimento do feito. Nessa situação, melhor que seja oferecida nova denúncia em outro processo pelo representante do MP.

Pode ocorrer, ainda, que, nos autos suplementares, não tenha se apurado fato novo nem a autoria de outros agentes, o que acarretará na sua promoção de arquivamento, submetido ao controle jurisdicional, depois de apensado aos autos principais do processo que já tramitava.

2.9.2. Ofendido em caso de ação penal privada

Tratando-se de ação penal privada, os autos de inquérito policial serão remetidos também ao juiz, mas aguardarão a iniciativa do ofendido ou de seu representante legal; eles poderão, inclusive, requerer a entrega do inquérito policial, mantendo-se, entretanto, em cartório judicial, suas cópias (art. 19 do CPP). De qualquer modo, deve ser aberta também vista ao MP para verifique se, em verdade, não se trata de crime de ação penal pública, além de oficiar no feito como fiscal da lei (*custos legis*).

2.10. VALOR DOS ELEMENTOS INFORMATIVOS DO INQUÉRITO

O inquérito policial irá acompanhar tanto a ação penal, pública, cujo titular é o Ministério Público, como também, a ação penal privada, em que o titular é o ofendido, seu representante legal ou sucessores (art. 12 do CPP).

O inquérito será anexado aos autos de processo criminal, e terá a finalidade de possibilitar ao juiz a verificação a respeito da existência ou não de elementos informativos suficientes de autoria e materialidade para que alguém seja acusado criminalmente (é a chamada justa causa).

Atente-se para o fato de que, como o inquérito policial, por ser mera peça informativa que visa dar suporte probatório à ação penal (pública ou privada), e ter natureza inquisitiva, em que não vigoram o direito ao contraditório e à ampla defesa, não pode, por si só, *de maneira exclusiva*, fundamentar uma sentença condenatória (art. 155 do CPP).

É necessário, assim, que outras provas sejam produzidas em juízo e que confirmem aquelas coligidas em sede de inquérito policial; em outras palavras, os elementos informativos do inquérito podem auxiliar o juiz, convencendo – o a condenar o acusado, desde que existam, simultaneamente, outros elementos de convicção surgidos no decorrer da instrução criminal, e que haja concordância lógica entre o quadro probatório (as provas do inquérito e do processo devem ser coerentes, se complementar e não se contradizer).

Conclui-se, assim, que o valor probatório do inquérito é relativo.

2.11. INQUÉRITO POLICIAL E TERMO CIRCUNSTANCIADO

O inquérito policial tem por objeto a investigação de todas as infrações penais, com exceção das infrações de menor potencial ofensivo, que são todas as contravenções penais e os crimes cuja pena máxima não supere 2 anos (art. 61 da Lei 9099/95).

Para essas infrações menos graves, deve se instaurar um procedimento simplificado de investigação criminal; o chamado termo circunstanciado (uma espécie de boletim de ocorrência em que constam as versões das partes, os nomes da vítima e testemunhas) previsto na Lei 9099/95.

Mas se a infração de menor potencial ofensivo tiver como vítima mulher no contexto de violência doméstica e familiar, não se poderá instaurar termo circunstanciado, mas sim, obrigatoriamente, inquérito policial, porque o art. 41 da Lei 11.340/06 (Lei "Maria da Penha") proíbe a aplicação de qualquer instituto da Lei 9099/95, o que inclui o termo circunstanciado.

Havendo complexidade para a apuração de alguma infração de menor potencial ofensivo, a autoridade policial poderá instaurar inquérito policial e não termo circunstanciado.

2.12. INQUÉRITO POLICIAL E NULIDADES

Por ser o inquérito mera peça informativa, eventuais irregularidades ocorridas em seu bojo não acarretam a nulidade do processo instaurado com base nele. As nulidades atingem atos do processo – da relação jurídica processual – e não do procedimento investigativo policial preparatório de eventual ação penal.

2.13. INQUÉRITO POLICIAL E PROVA ILÍCITA

Na hipótese de uma fonte de prova ter sido angariada, no decorrer do inquérito policial, de maneira ilícita, e convertida em elemento informativo do procedimento investigativo, certo que, caso a acusação tenha sido oferecida com base em tal evidência, de maneira exclusiva, o processo deverá ser anulado em todo o seu trâmite, inclusive a peça acusatória, por ausência de justa causa – falta de prova *lícita* de autoria e materialidade delitivas – o que é uma nulidade processual porque ofende o art. 395, III, do CPP. As provas derivadas da ilícita também serão contaminadas por derivação. Vamos exemplificar para melhor esclarecer. No transcurso de um inquérito policial, obtém-se a confissão, em delegacia de polícia, mediante tortura de um indiciado que aponta o local onde ocultava as drogas; na posse dessa informação, a autoridade policial consegue a expedição de regular mandado de busca e apreensão domiciliar no lugar apontado pelo indiciado onde as drogas são efetivamente apreendidas. Com base nessas fontes de provas (confissão do indiciado e apreensão dos entorpecentes), são produzidos os elementos informativos que são introduzidos no inquérito policial – interrogatório do indiciado contendo sua confissão e auto de exibição e apreensão acompanhada de laudo de constatação das drogas. Pois bem, com esses elementos informativos, o Ministério Público ajuíza a denúncia, que é recebida, desenvolvendo-se o processo. Apurada, entretanto, a ilicitude do elemento informativo colhido no decorrer do inquérito policial, que fundamentou, de maneira exclusiva, a ação penal e o desenrolar de todo o processo, torna-se evidente que tudo que se desenvolveu posteriormente à prova ilícita (a tortura) está igualmente contaminada e deve ser descartado, e desentranhado dos autos, o que inclui, principalmente, a própria denúncia. Nessa situação, como a denúncia se baseou em elemento informativo ilícito (a tortura) está igualmente contaminada e deve ser descartado, e desentranhado dos autos, o que inclui, principalmente, a própria denúncia. Nessa situação, como a denúncia se baseou em fonte de prova ilícita (a tortura e a prova derivada dela), patente que não havia, na verdade, justa causa (prova de autoria e materialidade lícitas) para o ajuizamento da ação penal, e desse modo, faltaria uma das condições da ação penal (art. 395, III, do CPP), o que acarreta a nulidade de todo o processo, *ab initio*, por se tratar de matéria de ordem pública (nulidade absoluta).

Claro que o raciocínio acima exposto só é válido em se tratando de prova ilícita que tenha estribado, de maneira única, a ação penal; se houver outros elementos informativos que lastreiem a acusação, não há se falar em contaminação pela ilicitude originária e a nulidade do processo, retirando-se dos autos apenas a prova ilícita, remanescendo as demais.

2.14. INQUÉRITO POLICIAL E COMPLEXIDADE DA INVESTIGAÇÃO: POSSIBILIDADE DE DESMEMBRAMENTO DE INQUÉRITOS

Sendo o caso criminal em investigação de grande complexidade, caberá ao Judiciário, a pedido do Ministério Público ou por representação da autoridade policial, deferir o desmembramento de inquéritos.[59]

2.15. INQUÉRITO POLICIAL E FORO POR PRERROGATIVA DE FUNÇÃO

2.15.1. Instauração e tramitação do Inquérito policial em face de indiciado com prerrogativa de foro

Para que seja instaurado inquérito policial em face de pessoa submetida à competência originária do STF, indispensável que haja, expresso requerimento, ao Pretório Excelso, para tanto, nos termos do art. 21, XV, do RISTF, o qual determina que compete ao Relator determinar a instauração de inquérito a pedido do Procurador-Geral da República, da autoridade policial ou do ofendido. Sem o deferimento pelo STF, o inquérito não pode ser instaurado[60]. E, para que seja validamente instaurado, perante o Supremo, o inquérito em face de autoridade com prerrogativa de foro, necessária a existência de indícios mínimos de autoria e materialidade, como é o caso das informações obtidas por meio de acordos de colaboração premiada, embora não se exija o mesmo rigor com que se examina a verificação de justa causa para o início da ação penal[61]. Instaurado o inquérito policial, por autorização do Supremo, a atividade de supervisão judicial deverá ser exercida durante toda a tramitação das investigações, desde a abertura do procedimento investigatório até o eventual oferecimento ou não, de denúncia[62]. Essa supervisão judicial do Supremo, todavia, deve se cingir ao controle da legalidade dos atos e procedimentos de coletas de provas, deferindo ou não aquelas submetidas à reserva de jurisdição, como, por exemplo, a busca e apreensão domiciliar, quebra de sigilo bancário, etc. O juízo a respeito da conveniência, oportunidade ou a necessidade de diligências investigatórias são atribuições da Procuradoria – Geral da República, e da Polícia, e não do Judiciário[63].

O Supremo poderá recusar o pedido de instauração de inquérito policial nas seguintes hipóteses fincadas nos arts. 21, XV, do RISTF, e no § 4º, c.c. o art. 3º, I, da Lei 8.038/90, e que são as seguintes[64]:

---

59. STF. INQ 3.989/DF. Rel. Min. Teori Zavascki. J. 3/10/2016.
60. Informativo do STF. 19/06/2015. STF. INQ 3940. Rel. Min. Rosa Weber.
61. STF. Inquérito 4.492/DF. Rel. Min. Roberto Barroso.
62. Julgamento de Questão de Ordem, no Inquérito 2411. Rel. original Min. Gilmar Mendes, DJE 25.04.2008.
63. STF – Inq. 2913-AgR, Min. Luiz Fux, Pleno, Dje de 21/06/2012.
64. STF. Petição 7.038/DF. Rel. Min. Rosa Weber.

1ª – a existência de manifesta causa excludente da ilicitude do fato;

2ª – a existência de manifesta causa excludente da culpabilidade do agente;

3ª – o fato evidentemente não constituir crime;

4ª – se estiver extinta a punibilidade do agente;

5ª – se ausentes indícios mínimos de autoria e materialidade.

Quanto aos demais Tribunais que possuam competência para julgar agentes detentores de foro por prerrogativa de função, não se exige sua autorização prévia para instauração do inquérito.

Quer no caso do STF, quanto também nas demais hipóteses de foro por prerrogativa de função, o inquérito policial, tanto para a dilação de prazo, como para quaisquer requerimentos, da Polícia ou do MP, ou da defesa do investigado, dependerão de decisão de Ministro Relator (ou Desembargador relator), a quem cabe deferir ou indeferir o pleito[65]. Das decisões tomadas pelo Relator, caberá a interposição de agravo regimental a ser decidia pelo colegiado do Tribunal.

Segundo o STF[66], a condução da investigação deve ser desenvolvida pela atuação conjunta do Ministério Público e da autoridade policial, com interferência mínima da Justiça, sendo que a atribuição do Pretório Excelso se restringe a controlar a legitimidade dos atos e procedimentos de coleta de provas.

No caso de, no decorrer de inquérito policial que tramita em 1ª instância, surgirem indícios apontando a prática de delitos por pessoa que ostente prerrogativa de função, os autos de inquérito devem ser remetidos imediatamente ao Tribunal com competência originária[67], a quem caberá, com exclusividade, deliberar se o inquérito deverá nele tramitar, quanto ao detentor do foro privilegiado e também quanto aqueles outros eventuais investigados que não o possuam, ou se, pelo contrário, deve haver a cisão do feito, entre quem possua foro por prerrogativa, cujo inquérito permanecerá no Tribunal, e quem não o detenha, cujo autos investigativos serão remetidos à 1ª instância. Quando houver, na apuração de condutas dos agentes não detentores de prerrogativa de foro, uma ligação tão íntima com a conduta daqueles que possuam o foro privilegiado, reputa-se necessária a tramitação em comum no mesmo inquérito perante o Tribunal com competência originária[68].

Indaga-se: e se, apesar de existirem indícios, no trâmite do inquérito policial, do envolvimento de pessoas com foro por prerrogativa de função, a autoridade policial não remeter os autos ao Tribunal com competência originária, mantendo a continuidade do feito em 1ª instância?

Nesse caso, segundo o Pretório Excelso[69], estará patenteada a usurpação de competência do Tribunal, porque a sua competência para processar autoridades com

---

65. Informativo do STF. 29/03/2012. INQ 3430. Rel. Min. Ricardo Lewandowski.
66. Informativo do STF. 30/04/2015. Rel. Min. Teori Zavascki.
67. Informativo do STJ. 17/01/2013.
68. STF – INQ 3.989/DF. Rel. Min. Teori Zavascki. J. 3/10/2016.
69. Informativo do STF. 12/08/2014. STF. INQ 3305. Rel. Min. Marco Aurélio.

prerrogativa de foro inclui a fase de inquérito, sendo "inadmissível que, uma vez surgindo o envolvimento de detentor de prerrogativa de fogo, se prossiga nas investigações", sob pena de as provas coligidas sejam fulminadas pela ilicitude.

Há particularidades a respeito da investigação criminal em se tratando de autores que detenham foro por prerrogativa de função e que são as seguintes:

1ª – Presidente da República

Pacificou-se, junto ao STF, ser possível investigar-se o Presidente da República, também em relação aos crimes eventualmente praticados, antes do mandato, ou aqueles perpetrados durante o mandato, mesmo que não se relacionem, estes últimos, com o exercício da Presidência. Sendo assim, a imunidade à persecução criminal (art. 86, § 4º, da CF) abrange apenas sua fase judicial, mas não a etapa pré-processual, de investigação criminal. Indaga-se então: é possível o indiciamento do Presidente da República, pela autoridade policial, sem autorização expressa do Min. Relator, do STF, que supervisiona o tramitar da investigação? Há decisão do STF[70] reputando admissível esse indiciamento procedido, de ofício, pela autoridade policial, por duas razões: a uma, havia autorização expressa do ministro relator, do Supremo, para a instauração do inquérito; a duas, o indiciamento, por ser ato privativo da autoridade policial, como prevê a Lei 12.830/2013, obsta a interferência do Poder Judiciário nessa atribuição, "sob pena de subversão do modelo constitucional acusatório, baseado na separação entre as funções de investigar, acusar e julgar".

2ª – Membros do Ministério Público

Como melhor se verá ao tratar do tema competência, os membros do *Parquet* estadual possuem a prerrogativa de serem julgados pelo Tribunal de Justiça (art. 96, III, da CF). O Procurador-Geral da República será julgado pelo STF (art. 102, I, *b*, da CF). Em se tratando de membros do MP da União serão julgados pelo TRF (art. 108, I, da CF). Os membros do MP da União que oficiem perante Tribunais serão julgados pelo STJ (art. 105, I, *a*, da CF).

Compatibilizando a prerrogativa de foro para ser julgado com a investigação criminal propriamente dita, determina a lei a prerrogativa do membro do MP[71] de não ser indiciado em inquérito policial, pois, quando no curso da investigação, havendo indício da prática de infração penal por parte de membro do MP, deve a autoridade policial, civil ou militar, remeter, imediatamente, sob pena de responsabilidade, os respectivos autos ao Procurador-Geral de Justiça, a quem competirá dar prosseguimento à apuração; no caso de integrante do Ministério Público da União, os autos serão remetidos ao Procurador-Geral da República.

Note-se que não apenas o indiciamento será vedado, como também a própria investigação criminal ficará a cargo do Procurador Geral, excluindo-se, assim, a

---

70. Informativo do STF. 24/10/2018. STF. Inq 4621. Rel. Min. Roberto Barroso.
71. Lei 8.625/93-art. 41, II e § único (Lei Orgânica Nacional do MP); Lei Complementar 75/93 (Lei do MP da União).

atribuição investigativa da autoridade policial quando envolvido em crime membro do MP, pois, de acordo com a interpretação literal da lei, a polícia entrega os autos de inquérito policial ao chefe do *Parquet*, que a ele presidirá; o inquérito deixa de ser policial e se torna verdadeiro *inquérito ministerial*. O Procurador Geral poderá investigar e oferecer denúncia em face do membro do MP, sem que haja qualquer impedimento legal para tanto, como deixa evidente a Súmula 234 do STJ, que tem o seguinte teor: "A participação de membro do Ministério Público na fase investigatória criminal não acarreta o seu impedimento ou suspeição para o oferecimento da denúncia".

Claro que, para dar cabo da investigação criminal, poderá o Procurador Geral requisitar diligências investigatórias à autoridade policial, mas os autos investigatórios permanecerão em poder e sob o comando do chefe do MP. Todavia, não se deflui do que foi acima foi dito, que estaria impedida a prisão em flagrante do membro do MP: poderá ele ser preso no caso de prisão em flagrante por crime inafiançável. Nessa situação, a autoridade policial pode deter o membro do MP – mas não lavrar o auto de prisão em flagrante, porque esse ato é próprio de investigação criminal, e, no prazo máximo de 24 horas comunicar e apresentar o membro do MP ao Procurador-Geral de Justiça (art. 40, III, da Lei 8.625/93), a quem caberá, daí para frente, prosseguir com a investigação criminal iniciada, lavrando o auto de prisão em flagrante, uma vez que os próprios autos de inquérito policial serão entregues ao chefe do MP, como acima se viu. No caso de membro do MP da União, a regra é semelhante, prevista no art. 18, II, d, da Lei Complementar 75/93, ao prever que só poderá ser preso por crime inafiançável, mas a comunicação será *imediata* (e não no prazo de até 24 horas da prisão), tanto ao Procurador-Geral da República, como também ao Tribunal competente para julgá-lo. Entendemos que essas regras da Lei Complementar 75/93 são perfeitamente aplicáveis também aos membros do MP dos Estados, uma vez que a comunicação imediata, tanto ao chefe do MP quanto ao Tribunal competente, a quem caberá decidir se irá relaxar o flagrante, converter em preventiva ou conceder liberdade provisória ao membro do MP preso, é compatível com a atual sistemática da prisão em flagrante, como se nota pela redação dos arts. 306 e 310 do CPP. Tais dispositivos legais asseguram ao preso em flagrante o direito de que sua prisão será comunicada imediatamente ao juiz e ao membro do MP (art. 306), e que ao juiz já caberá decidir pelo relaxamento da prisão em flagrante, conversão em preventiva ou concessão de liberdade provisória (art. 310), quando receber as cópias da prisão em flagrante. Sendo assim, tais garantias processuais do preso em flagrante, cabíveis a qualquer pessoa, não podem ser indevidamente vedadas aos integrantes do MP dos Estados.

3ª – Juízes

Como melhor se verá ao tratar do tema competência, os membros da magistratura de 1ª instância têm a prerrogativa de serem julgados pelo Tribunal de Justiça (art. 96, III, da CF). Em se tratando de juízes que pertençam à Justiça da União serão julgados pelo TRF (art. 108, I, da CF). Os desembargadores dos Tribunais de Justiça dos Estados, do DF, e os dos Tribunais Regionais Federais e do Trabalho serão julgados pelo STJ (art. 105, I, *a*, da CF). Os membros dos Tribunais Superiores serão julgados pelo STF (art. 102, I, *c*, da CF).

Compatibilizando o estabelecimento dessa competência por prerrogativa de função com as investigações criminais, o art. 33, § único da Lei Complementar 35/79 (Estatuto da Magistratura) prevê que, se no curso de investigação, houver indício da prática de crime por parte do magistrado, a autoridade policial, civil ou militar, remeterá os respetivos autos ao tribunal ou órgão especial competente para o julgamento, a fim de que prossiga na investigação.

Note-se que não apenas o indiciamento será vedado, como também a própria investigação criminal ficará a cargo, conforme o caso, do Tribunal de Justiça, do Tribunal Regional Federal, do STJ ou do STF, quando o investigado é magistrado, excluindo-se, assim, a atribuição investigativa da autoridade policial, pois, de acordo com a interpretação literal da lei, a polícia entrega os autos de inquérito policial ao Tribunal ou órgão especial competente para que investigue; sendo assim, o inquérito deixa de ser policial e se torna verdadeiro *inquérito judicial*.

Claro que, para dar cabo da investigação criminal, poderá o membro do Tribunal requisitar diligências investigatórias à autoridade policial, mas os autos investigatórios permanecerão sob o comando do Judiciário.

Há peculiaridades nessa hipótese de magistrado investigado pela prática de crime. O Tribunal deveria investigar, numa interpretação literal da lei, através de algum órgão fracionário, cujos membros irão proceder à busca de autoria e materialidade delitivas; depois de encerrado o procedimento investigatório judicial, os autos deverão ser entregues ao chefe do MP (Procurador – Geral), o qual oferecerá ou não denúncia em face do juiz. Caso seja ajuizada ação penal, entendemos que os membros do Tribunal que participaram das investigações estão impedidos de julgar o juiz, por clara vedação legal (art. 252, I, do CPP), afinal o juiz não poderá exercer jurisdição em processo que funcionou, anteriormente, na prática, como verdadeira autoridade policial, pois ele próprio, nessa situação, investigou o crime atribuído ao magistrado.

No entanto, como bem observa Renato Brasileiro de Lima[72] não é possível que o próprio Tribunal ou o órgão especial que irá julgar o magistrado investigue os fatos, o que comprometeria a imparcialidade de seus membros; o que deveria existir é uma mera supervisão referente aos prazos e medidas de investigação procedidas no seu trâmite pelo Tribunal, cujos integrantes não deveriam se imiscuir na investigação em si. De acordo com o autor, cujo posicionamento nos parece o mais correto, deve-se dar intepretação conforme ao art. 33, § único da Lei Complementar 35/79 no sentido de que não cabe ao Judiciário investigar os crimes praticados por seus integrantes, mas sim, simplesmente, supervisionar, através de um desembargador relator, o andamento do inquérito policial. Essa é a nota diferenciadora entre a apuração dos crimes perpetrados entre os membros do Ministério Público e do Judiciário; ao Ministério Público, como tem poder investigatório por autoridade própria, é perfeitamente lícito que investigue, em procedimento próprio, seus membros; quanto à magistratura, que não possui poder investigatório, sob pena de se comprometer sua necessária imparcialidade, não resta outro caminho que aguardar o deslinde das investigações a respeito de seus membros procedida pela

---

72. Renato Brasileiro de Lima, Curso de Processo Penal, p. 154.

Polícia Judiciária. O § 2º do art. 1º, da Resolução 181 do CNMP (Conselho Nacional do Ministério Público), que regulamenta o poder investigatório do *Parquet*, em seu § 2º, do art. 1º, estabelece que o procedimento investigatório previsto não se aplica às investigações que tenham por objeto a apuração de delitos praticados por magistrados (art. 33, § único, da Lei Complementar 35/79). Em outras palavras, não é lícito instaurar procedimento investigatório criminal presidido por membro do Ministério Público quando o investigado for magistrado.

O STJ[73] entendeu como lícitos os elementos informativos coligidos pela Polícia em crime que envolvia desembargador, no caso de flagrante de crime de lesões corporais, colhendo-se declarações e determinando-se a realização de laudo de exame de corpo de delito, mesmo sem se aguardar a autorização expressa do Tribunal (no caso, como o crime em tese praticado constava como indiciado desembargador, o Tribunal competente era o STJ- art. 105, I, *a*, da CF). Ressaltou-se que "A investigação propriamente dita, sendo acusatório o processo penal, não é feita pela Corte. Apenas se exige autorização (...) para a prática de atos *que dependam da autorização judicial*". Encerrada a investigação pela Polícia Judiciária, os autos de inquérito policial são remetidos ao Tribunal, que abrirá vista ao Procurador-Geral, que poderá oferecer denúncia, arquivar os autos, ou determinar o retorno dos autos à delegacia de origem para diligências imprescindíveis.

À semelhança do que se disse quanto ao membro do MP, o juiz poderá ser preso no caso de prisão em flagrante por crime inafiançável (art. 33, II, da Lei Complementar 35/79). Nessa situação, porém, ao contrário do que ocorre no caso de prisão em flagrante de membro do Ministério Público, a autoridade policial lavra o auto de prisão em flagrante (porque é ato de investigação que não deve ser procedido pelo Tribunal, e sim pela Polícia) e comunica imediatamente, apresentando o magistrado preso ao presidente do tribunal a que esteja vinculado, a quem caberá, nos termos do art. 310 do CPP, deliberar a respeito da legalidade da prisão em flagrante, podendo relaxá-la, convertê-la em preventiva, ou conceder liberdade provisória, com ou sem a imposição de medidas cautelares.

4ª – Deputados federais e Senadores

Os deputados federais e senadores possuem a prerrogativa de foro de serem julgados originariamente pelo STF (art. 53, § 1º, da CF).

É entendimento já pacificado, no STF[74], que, em se tratando de crimes em que estejam envolvidos deputados federais e senadores, para que se instaure inquérito policial e se proceda ao indiciamento dos parlamentares, necessária prévia autorização do ministro – relator do inquérito penal originário. Os autos de inquérito policial não são remetidos ao STF como ocorre nas duas hipóteses anteriores (crimes cometidos por membros do MP ou da Magistratura), mas apenas são submetidos a sua direta supervisão judicial, através do ministro relator. O relator se desincumbe nessa sua atividade

---

73. STJ – Ação Penal nº 878/DF (2016/0154695-0). Rel. Min. Benedito Gonçalves.
74. STF – Pet 3825 QO/MT- Rel. Min. Sepúlveda Pertence, 11.4.2007.

de supervisionar o inquérito sozinho, sem necessidade de submeter suas decisões ao colegiado – uma das duas turmas do STF – o que só ocorrerá quando da decisão que receberá ou rejeitará a denúncia, que é necessariamente colegiada.

A determinação, *ex officio*, pela autoridade policial federal de indiciar parlamentar federal, sem autorização do ministro – relator do STF é passível de anulação[75].

Os deputados federais e senadores só poderão ser presos em flagrante pela prática de delitos inafiançáveis, sendo que, nesse caso, os autos deverão ser remetidos dentro de 24 horas à Casa respectiva, para que, pelo voto da maioria de seus membros, resolva sobre a prisão (art. 53, § 2º, da CF). A autoridade policial então lavra o auto de prisão em flagrante do parlamentar federal, e remete as cópias do auto à Casa legislativa a que ele pertencer (Senado Federal ou Câmara Federal). A votação da Casa legislativa será aberta e poderão decidir pela manutenção da prisão, ou pelo seu relaxamento, usando de um critério político e não jurídico autorizado pela própria Constituição. Caso mantenha-se a prisão em flagrante do congressista, os autos de cópias da prisão em flagrante devem ser remetidos, no prazo de 24 horas (art. 306, § 1º do CPP), ao STF, para que decida se será relaxada a prisão, convertida em preventiva ou concedida liberdade provisória, como prevê o art. 310 do CPP.

5ª – Deputados estaduais

Os deputados estaduais possuem as mesmas imunidades que os deputados federais (27, § 1º da CF), de modo que, em havendo previsão na Constituição Estadual, serão julgados pelo órgão de cúpula da Justiça Estadual, que é o Tribunal de Justiça.

Utilizando-se do já citado entendimento consolidado do STF[76], em se tratando de crimes em que esteja envolvido deputado estadual, para que se instaure inquérito policial e se proceda ao indiciamento do parlamentar, necessária prévia autorização do desembargador relator do inquérito penal originário. No entanto, pode haver posicionamento em sentido contrário: a necessidade de autorização para instauração de inquérito policial e indiciamento só deve existir no caso de autoridades submetidas à competência do STF e do STJ, mas não quanto aos demais Tribunais que também possuam competência originária para julgar outras autoridades.

Os autos de inquérito policial não são remetidos ao TJ como ocorre nas hipóteses de crimes cometidos por membros do MP ou da Magistratura, mas apenas são submetidos a sua direta supervisão judicial, através do desembargador relator. O relator se desincumbe nessa sua atividade de supervisionar o inquérito sozinho, sem necessidade de submeter suas decisões ao colegiado, o que só ocorrerá quando da decisão que receberá ou rejeitará a denúncia, que é necessariamente colegiada.

A imunidade dos deputados estaduais compreenderia também, à semelhança do que se prevê em relação aos parlamentares federais, a prerrogativa de que só poderiam ser presos em flagrante delito de crime inafiançável, devendo os autos de cópias da

---

75. STF – Pleno, Inq. 2.411 QO, Rel. Min. Gilmar Mendes, DJe 74 24/04/2008.
76. STF – Pet 3825 QO/MT- Rel. Min. Sepúlveda Pertence, 11.4.2007.

prisão em flagrante serem remetidos à Assembleia Legislativa dentro de 24 horas para que seus integrantes decidam sobre a prisão do deputado.

A votação da Casa legislativa seria aberta e poderiam decidir pela manutenção da prisão, ou pelo seu relaxamento, usando de um critério político e não jurídico autorizado pela própria Constituição. Caso mantenha-se a prisão em flagrante do deputado estadual, os autos de cópias da prisão em flagrante deveriam ser remetidos, no prazo de 24 horas (art. 306, § 1º do CPP), ao Tribunal de Justiça, para que viesse a decidir se seria relaxada a prisão, convertida em preventiva ou concedida liberdade provisória, como prevê o art. 310 do CPP.

A questão referente à possibilidade de o Supremo impor medidas cautelares a membros do Congresso Nacional (Senadores e Deputados Federais) foi levada à apreciação do Plenário, quando do julgamento da Ação Direta de Inconstitucionalidade (ADI) 5526, a qual foi julgada parcialmente procedente. Nessa oportunidade, em síntese, decidiu-se que o Supremo pode impor quaisquer das medidas cautelares previstas no art. 319 do CPP, mas, se a medida dificultar ou impedir, direta ou indiretamente, o exercício regular do mandato, a decisão judicial deverá ser remetida, em 24 horas, à respectiva Casa Legislativa para deliberação, nos termos do art. 53, § 2º, da Constituição Federal.

Quanto aos deputados estaduais, seguindo-se o raciocínio referente aos deputados federais, seria possível sua prisão em flagrante apenas por crime inafiançável, a decretação de sua prisão cautelar, ou ainda a imposição de medidas cautelares pessoais, apenas se tais decisões, por impossibilitarem ou, ao menos, restringirem o livre exercício do mandato parlamentar, passassem pelo crivo da Assembleia Legislativa, que poderia confirmá-las ou derrubá-las. Em suma, seria o caso de se estenderem as prerrogativas concedidas aos deputados federais, também aos deputados estaduais, por força do art. 27, § 1º, da Constituição Federal que consagraria tal equiparação. Foi o que aconteceu, em novembro de 2017, no Estado do Rio de Janeiro, quando o Tribunal Regional Federal determinou a prisão de três deputados estaduais fluminenses; levada a questão à Assembleia Legislativa do Rio de Janeiro, em votação maciça, através da Resolução 577/2017, revogou-se a prisão cautelar decretada[77].

A soltura dos parlamentares foi, posteriormente, cassada pelo Tribunal Regional Federal, o qual determinou fossem os deputados estaduais novamente presos.

A AMB (Associação dos Magistrados Brasileiros) ajuizou ADINS (Ações Diretas de Inconstitucionalidade) em que se questionam dispositivos de Constituições Estaduais, inclusive a do Rio de Janeiro[78], que estendem aos deputados estaduais as mesmas imunidades formais asseguradas aos deputados federais e senadores, previstas no art. 53 da Constituição Federal (dentre elas, a de só serem presos em flagrante por crime inafiançável e de serem apresentados à Assmbleia Legislativa para que decida a respeito da prisão). Argumentou-se, com propriedade, nas Ações Diretas referidas, que, aos

---

77. Notícia veiculada pelo Jornal "O Estado de São Paulo", de 18 de novembro de 2017, Caderno Política, página A6.
78. Informativo do STF. 22/11/2017. ADIs 5823, 5824, 5825. A respeito de idêntico tema, a Procuradoria-Geral da República ajuizou, no STF, Arguição de Descumprimento de Preceito Fundamental (ADPF) 497, cujo relator é o Min. Edson Faquin.

deputados estaduais, por força do art. 27 da Constituição Federal, se estendem apenas as imunidades materiais concedidas aos deputados federais, que se referem à inviolabilidade, civil e penal, por suas opiniões, palavras e votos. No entanto, as imunidades formais que possuem os deputados federais de que, na hipótese de imposição de medida que dificulte ou impeça, direta ou indiretamente, o exercício regular do mandato (o que inclui, obviamente, a prisão em flagrante), seja, a decisão judicial, remetida em 24 horas à respectiva casa legislativa para deliberação, não se aplica aos deputados estaduais, porque, tal prerrogativa, "considera a República, e não os estados e municípios". As ADINS citadas, ADIs 5823, 5824 e 5825, que discutem, no STF, a extensão a deputados estaduais das imunidades formais previstas no artigo 53 da Constituição Federal foram suspensas por decisão do Plenário; por enquanto, há cinco votos a favor da concessão da liminar (não se estendendo as imunidades formais a favor dos deputados estaduais), de modo que a prisão (inclusive em flragrante) e as medidas cautelares decretadas não devem passar pelo crivo da Assembleia Legislativa; há, todavia, quatro votos contrários (assegurando, aos deputados estaduais, as mesmas prerrogativas formais dos deputados federais), de modo que a prisão e as medidas cautelares decretadas aos deputados estaduais devem passar pelo controle da Assembleia Legislativa. Aguarda-se o julgamento final da questão pelo Supremo.

6ª – Governadores

Deverão ser julgados pela prática de infração penal pelo STJ (art. 105, I, *a*, da CF).

Conforme já se disse, seguindo o entendimento pacificado, no STF[79], que, em se tratando de crimes em que estejam envolvidos governadores de estado, para que se instaure inquérito policial e se proceda ao seu eventual indiciamento, necessária prévia autorização do ministro – relator do inquérito penal originário. Os autos de inquérito policial não são remetidos ao STJ como ocorre nas hipóteses de crimes cometidos por membros do MP ou da Magistratura, mas apenas são submetidos a sua direta supervisão judicial, através do ministro relator. O relator se desincumbe nessa sua atividade de supervisionar o inquérito sozinho, sem necessidade de submeter suas decisões ao colegiado, o que só ocorrerá quando da decisão que receberá ou rejeitará a denúncia, que é necessariamente colegiada.

7ª – Prefeitos

Serão julgados pela prática de infrações penais comuns pelo Tribunal de Justiça (art. 29, X, da CF).

Como repetidas vezes dissemos, há entendimento de que, para que se instaure inquérito policial e se proceda ao eventual indiciamento do prefeito, necessária prévia autorização do desembargador – relator do inquérito penal originário. Porém, existe também a compreensão de que tal prerrogativa não assiste aos prefeitos, mas apenas em relação aquelas autoridades que sejam julgadas pelo STF e pelo STJ.

---

79. STF – Pet 3825 QO/MT- Rel. Min. Sepúlveda Pertence, 11.4.2007.

Os autos de inquérito policial não são remetidos ao TJ como ocorre nas hipóteses de crimes cometidos por membros do MP ou da Magistratura, mas apenas são submetidos a sua direta supervisão judicial, através do desembargador relator. O relator se desincumbe nessa sua atividade de supervisionar o inquérito sozinho, sem necessidade de submeter suas decisões ao colegiado, o que só ocorrerá quando da decisão que receberá ou rejeitará a denúncia, que é necessariamente colegiada.

2.15.2. Tramitação do Inquérito policial em face de indiciado com prerrogativa de foro em conjunto com indiciado sem foro privilegiado

E na hipótese de investigação em conjunto de indiciados com foro por prerrogativa e outros sem tal privilégio, a competência no trâmite do inquérito será do juízo de 1ª instância ou das autoridades previstas para investigar quem detém cargos públicos de especial relevância, como vimos acima?

A Súmula 704 do STF estabelece que: "Não viola as garantias do juiz natural, da ampla defesa e do devido processo legal a atração por continência ou conexão do processo do corréu ao foro por prerrogativa de função de um dos denunciados".

Seguindo-se esse entendimento, a competência no trâmite do inquérito será do Tribunal originariamente competente para julgar o autor com prerrogativa de foro, abarcando os demais indiciados que não a possuam. Todavia, por conveniência da investigação criminal, e dependendo do caso concreto, nada impede, que o Tribunal com competência originária (mas nunca o juiz de 1ª instância), determine o desmembramento dos autos de inquérito policial, permanecendo no Tribunal apenas a investigação envolvendo quem possua o cargo com foro privilegiado, extraindo-se cópias para apurar a conduta dos demais, perante o juízo de 1º grau[80]; isso porque a competência do STF (assim como dos demais Tribunais com competência originária para julgar os ocupantes de determinados cargos públicos) é de direito estrito[81].

Todavia, se a investigação criminal de uma autoridade com foro por prerrogativa de função equivocadamente tramitar perante o juízo de 1º grau (pouco importando se existiam ou não coautores sem foro privilegiado), e não perante o Tribunal originariamente competente, tais investigações serão julgadas imprestáveis, inviabilizando até o recebimento da peça acusatória oferecida tendo por base tal inquérito. Em suma, o tramitar do inquérito policial em determinado órgão de justiça não é mera discussão de atribuição administrativa entre membros do MP, mas verdadeira questão de competência a afetar, diretamente, os princípios do devido processo legal e do juiz natural.

2.16. INQUÉRITO POLICIAL VISANDO APURAR CRIME ELEITORAL

O inquérito policial terá por objeto específico o crime eleitoral e eventual outro delito conexo, podendo ser instaurado no caso de prisão em flagrante, ou por requisição do Ministério Público.

---

80. Informativo do STF. 05/08/2011. STF-INQ 3089/Tocantins. Rel. Min. Marco Aurélio.
81. STF. INQ 3.815. Min. Rel. Marco Aurélio. J. 04/02/2014.

O art. 8º da Resolução 23.393/13, do TSE (Tribunal Superior Eleitoral), previa que "o inquérito policial eleitoral somente será instaurado mediante determinação da Justiça Eleitoral, salvo a hipótese de prisão em flagrante".

Ajuizada ADI (Ação Direta de Inconstitucionalidade) – 5104, pelo Procurador-Geral da República, sua eficácia foi suspensa pelo STF[82], pois a norma subtraia a função constitucional do Ministério Público de investigar quaisquer delitos – inclusive os eleitorais – condicionando essa investigação à autorização do juiz, o qual, pelo teor da Resolução, perderia sua neutralidade no tocante a procedimentos investigatórios. Ademais, a Lei Maior concede a prerrogativa de o *Parquet* requisitar diligências investigatórias e a instauração de inquérito policial, como atribuições funcionais, o que não poderia ser retirado do mundo jurídico através de uma Resolução do TSE.

2.17. PROMOÇÃO DE ARQUIVAMENTO DE INQUÉRITO POLICIAL

2.17.1. Conceito de Arquivamento. Ato privativo do Ministério Público

Se o órgão do Ministério Público, ao analisar o procedimento investigatório criminal (normalmente, o inquérito policial), concluir que não há provas de que tenha havido um fato típico, ilícito, culpável ou punível, deverá, ao invés de oferecer denúncia, promover o arquivamento daqueles autos. Exemplos de arquivamento: quando o *Parquet* constata a atipicidade da conduta, a inexistência de provas autoria de um fato típico, quando o crime está prescrito etc. O delegado de polícia, por expressa vedação legal (art. 17 do CPP), não pode arquivar autos de inquérito. O juiz, sem que tenha havido provocação do MP, também não pode arquivar inquérito policial, de ofício; se o fizer, caberá correição parcial, por manifesto *error in procedendo*. Todo e qualquer arquivamento de inquérito policial depende de manifestação expressa e fundamentada do Ministério Público, conforme entendimento pacificado do STF.[83] Mesmo nos casos de inquérito policial que tenha por investigado autoridade com foro por prerrogativa de função, não poderá, nem o STF, arquivar de ofício, tal investigação, dependendo, sempre, de manifestação do Ministério Público[84].

Segundo o STF[85], em consequência do monopólio constitucional quanto ao oferecimento da ação penal pública, privativa do MP, consagrasse a essa instituição a prerrogativa de optar por deixar de oferecer denúncia e arquivar quaisquer peças de informação ou de inquérito policial, quando não formar a *opinio delicti*. Essa prerrogativa ministerial não obstaculiza, entretanto, que o Judiciário, conceda, *ex officio*,

---

82. Informativo do STF. 21/05/2014. STF. ADI (Ação Direta de Inconstitucionalidade) nº 5104. Plenário.
83. STF – 1ª T. HC 88.589/GO, Rel. Min. Carlos Britto, j. 28/11/2006, DJ 23/03/2007; STF – Medida Cautelar em Habeas Corpus 106.127-Paraná. Rel. Min. Celso de Mello.
84. STF – Pleno – Rel. Min. Luiz Fux, j. 1º/03/2012, DJe 121 20/06/2012.
85. STF – Medida Cautelar em Habeas Corpus 106.124/Paraná. Rel. Min. Celso de Mello.

ordem de *habeas corpus*, trancando inquérito que tramite para apurar, por exemplo, fato atípico, cuja punibilidade foi extinta, etc.

O arquivamento deve ser sempre expresso, e fundamentado em dados concretos da investigação, devendo constar dele, como peça jurídica que é, necessariamente, um relatório de todas as investigações procedidas, e sua fundamentação – as razões de fato e de direito – que levaram ao não oferecimento da ação penal, como, *v.g.*, falta de provas; versões contraditórias, ausência de materialidade delitiva; presença de causa excludente de ilicitude ou de culpabilidade devidamente comprovadas, etc. No caso de o representante do MP promover o arquivamento, mas sem apresentar qualquer fundamentação, ou se utilizando de expressões – padrão sem apontar concretamente as fontes de informação carreadas no inquérito (isto é, sem apresentar relatório do procedimento investigativo), entendemos que não pode, em hipótese alguma, o juiz homologar tal arquivamento. Pelo contrário, deverá, por analogia com o art. 28 do CPP, remeter os autos ao Procurador Geral para que o *Parquet* oficiante em 1ª instância, seja instado, sob pena de responsabilidade funcional, a se manifestar, de maneira fundamentada, como exige a Constituição, em seu art. 129, VIII, ao prever que é função institucional do MP indicar os fundamentos jurídicos de suas manifestações processuais.

2.17.1.1. Arquivamento de ofício pelo Judiciário. Reconhecimento de sua admissibilidade por parte do STF

Durante pelo menos trinta anos, desde a Constituição de 1988, havia se consolidado, pacificamente, na doutrina e jurisprudência pátrias, que o arquivamento de inquérito policial deveria ser promovido exclusivamente pelo Ministério Público, fundamentando, em sua peça jurídica, o porquê de não ter conseguir formar sua *opinio delicti*; tais fundamentos passariam então pelo crivo do Judiciário, o qual homologaria o arquivamento (se concordasse com o seu teor), ou, então, o remeteria, caso discordasse da promoção de arquivamento, ao órgão hierarquicamente superior ao membro do *Parquet*. Trata-se de verdadeiro controle externo do princípio da legalidade ou obrigatoriedade das ações penais públicas pelo Judiciário: impedir que se deixe de ajuizar, indevidamente, a ação penal em crimes que atinjam o interesse social. Em todas essas décadas, sempre se entendeu que o sistema de arquivamento, de sua provocação exclusiva por parte do MP, e o seu controle judicial via homologação, ou possível remessa ao órgão superior do *Parquet*, era o mais adequado ao sistema constitucional, que consagra, como prerrogativa do Ministério Público, a titularidade da ação penal (art. 129, I, da CF). Ora, ser titular da ação penal, não significa dizer que o Ministério Público deverá oferecer ação penal como uma obrigação, mas sim de que o *Parquet* é livre na formação de sua *opinio deliciti*, podendo concluir- mediante seu juízo de valor- que não há prova suficiente, que o fato aparentemente criminoso está amparado pela excludente de ilicitude, que o fato é atípico, etc. E, por outro lado, a consagração do sistema em estudo assegurava a necessária imparcialidade do julgador, que não devem nem pode- se imiscuir em questões de mérito, antes do ajuizamento da ação penal, promovendo por autoridade própria, o arquivamento, sob pena de se metamorfosear- o juiz- em delegado e promotor- retroagindo-se ao sistema inquisitivo, repudiado pela nova sistemática constitucional que aponta para uma persecução penal de partes: uma investigação procedida, em regra, pela Polícia Judiciária; uma acusação patrocinada, em regra, pelo Ministério Público, uma indispensável defesa por Advogado, um julgamento, imparcial e equidistante das partes, pelo Judiciário. Como o Judiciário poderia ser equidistante das partes, imparcial e justo, se promovesse o arquivamento, de ofício, de uma investigação criminal?! Certamente, o juiz-investigador-promotor é uma figura que destoa do espírito democrático da Constituição de 1988.

No dia 3 de maio de 2018, o Plenário, do STF, ao julgar a AP 937 apresentou uma nova interpretação ao foro por prerrogativa de função de deputados federais e senadores: haveria a atração da competência da Corte Maior apenas se houvesse a conjugação de duas condições: o acusado deve ter perpetrado, em tese, o delito durante a vigência do mandato parlamentar; e o crime deveria ter relação com a função pública de deputado federal e senador.

O efeito dessa decisão era previsível: como o Supremo perdera a competência para supervisionar diversos inquéritos policiais e fazer tramitar processos criminais, em face de deputados federais e senadores, a quem se imputavam, em tese, crimes praticados- na imensa maioria das vezes- quando ou não ocupam cargo público algum, ou quando ocupam cargo público diverso (prefeito, deputado especial, principalmente), deveria a Suprema Corte, automática e imediatamente remeter os autos ao juízo natural, em consonância com o efeito imediato da mudança processual de competência (art. 2º do CPP). Ademais, como houve mudança de competência de natureza absoluta, não poderia mesmo haver perpetuação da competência (*perpetuatio jurisdicionis*), prevista no art. 43 do CPC e aplicável, por analogia, ao processo penal. Aportando os autos ao juízo competente de 1º grau, todo o trâmite dos inquéritos (e dos processos, é claro) ficaria a cargo dos juízes de piso, e dos membros do MP de 1ª instância.

Surpreendentemente, a 2ª Turma, do STF, ao invés de remeter os autos de inquérito policial ao juiz natural (Juízo de 1º grau), porque, em razão de decisão do seu próprio Pleno, deixou de existir a competência para supervisionar tais inquéritos, passou, de maneira inusitada, a arquivar, de ofício, os inquéritos policiais em relação aos quais havia perdido a competência! Em suma, a 2ª Turma, do Pretório Excelso, acabou por violar a decisão do Pleno, gerando imensa insegurança jurídica, dada a contradição da maioria de uma Turma com o *decisum* do Pleno que deveria ser respeitado! Ora, como é possível um juiz arquivar, de ofício ainda, um inquérito sendo incompetente para tanto?!

É a mesma situação insólita que ocorreria se um juiz, em determinado inquérito policial, declarar-se fundamentadamente como incompetente, para, imediatamente depois, arquivar de ofício aquele mesmo inquérito!

É claro, ainda, como acima se disse, que, além da violação ao princípio do juiz natural, que passou a ser depois da decisão do Pleno de 3 de maio de 2018, o Juízo de 1º grau, ao promover, de ofício, tais arquivamentos, sem qualquer postulação do MP, comprometeu-se a imparcialidade dos julgadores.

E ainda: sepultou-se a possibilidade de eventual responsabilização criminal de políticos- deputados federais e senadores- alguns deles que pudessem estar envolvidos em crimes de corrupção, a envolver recursos públicos! Claro que seria perfeitamente possível que não houve qualquer elemento de convicção sério contra os parlamentares, e fosse arquivado o inquérito em 1ª instância, mas, de qualquer forma, deveria, pelo menos, se dar a oportunidade de melhor apuração dos fatos.

O fundamento utilizado para o arquivamento de ofício é o Regimento Interno do STF, o qual, em seu art. 231, § 4º, prevê que o relator tem competência para determinar o arquivamento, quando o requerer o Procurador-Geral da República ou quando verificar:

a – a existência manifesta de causa excludente da ilicitude do fato;

b – a existência manifesta de causa excludente da culpabilidade do agente, salvo inimputabilidade;

c – que o fato narrado evidentemente não constitui crime;

d – a extinção da punibilidade;

e – a ausência de indícios mínimos de autoria ou materialidade, nos casos em que forem descumpridos os prazos para a instrução do inquérito ou para oferecimento da denúncia.

Evidente que, embora haja a possibilidade expressa regimental de arquivamento do inquérito, a Constituição, que estabelece o processo acusatório de partes (investigação, acusação, defesa e julgador, em órgãos independentes) deve (ria) prevalecer. Com base nesse dispositivo regimental- claramente inconstitucional- há diversas decisões, da 2ª Turma do STF, arquivando de ofício o inquérito policial- sem a manifestação do MP e mesmo depois de perdida a competência do Supremo- cujo fundamento se estriba na alínea *e* acima transcrita: ausência de indícios mínimos de autoria e materialidade, nos casos em que sejam descumpridos os prazos para "instrução" do inquérito. Ora, aquilatar se há ou não indícios mínimos de autoria e materialidade delitiva é função do titular da ação penal, do MP, e não do juiz, de ofício! Se houvesse uma acusação abusiva, sem fundamento em provas de materialidade e autoria, basta ao juiz rejeitar a denúncia, de modo que o direito individual à liberdade não estaria maculado nessa hipótese, além do que preservaria a indispensável imparcialidade dos juízes. Obviamente, no caso de rejeição da denúncia, é lícito ao juiz adentrar ao mérito da causa, expondo as incongruências da acusação, cotejando seus termos com os elementos informativos coligidos durante o inquérito policial, a fim de concluir que inexista justa causa, afinal, nesta etapa de juízo de admissibilidade da peça acusatória, já há ação penal e relação processual, além de expressa previsão legal para tanto (art. 395, III, do CPP).

E mais: havendo situação de claro abuso na tramitação de inquérito policial, por anos a fio, sem que tenha se obtido elementos mínimos informativos, comprometendo a razoável duração do processo, e atazanando a vida de quem é, quase que perpetuamente, um investigado constante a ponto de, de fato, comprometer a dignidade da pessoa humana, reputamos perfeitamente possível a concessão, *ex officio,* de *habeas corpus,* a fim de trancar-se o inquérito[86]. E qual a diferença entre o arquivamento de

---

86. STF- HC 106.124/PR, Rel. Min. Celso de Mello; Pet 3.825-QO/MT, Red. p/ o acórdão Min. Gilmar Mendes).

inquérito policial, de ofício, pelo Judiciário, e o trancamento do inquérito policial, via *habeas corpus*, também pelo Judiciário? A diferença é que, no trancamento do inquérito, através do *habeas corpus*, ao contrário do que se dá no arquivamento de ofício, o magistrado não entra – em profundidade – no mérito de futura causa penal, se contentando em apontar, em tese, a falta de justa causa, demonstrada pela demora excessiva na conclusão das investigações. É, a nosso ver, a melhor solução, pois, não se compromete a imparcialidade do julgador, tampouco se descuida dos direitos individuais do investigado.

Seguindo o novo entendimento de parte do Supremo, foram proferidas diversas decisões, especialmente pelos integrantes da 2ª Turma do STF, que, por maioria, vem arquivando, de ofício, inquéritos policiais que envolvem deputados federais e senadores que perderam o foro privilegiado, impedindo sua responsabilização pela Justiça de 1ª instância, nas seguintes situações: transcurso de mais de 15 meses de inquérito policial cujas investigações "não avançam", havendo excesso de prazo, mesmo estando pendentes, perícias e análises de empresas citadas nos autos, como observou o Min. Edson Faquin, voto vencido quanto ao arquivamento de ofício,[87]; transcurso de um ano de investigação "sem amparo em suspeita contundente, ofende o direito à razoável duração do processo e a dignidade da pessoa humana (a vingar esse raciocínio, grande parte dos inquéritos policiais, que podem- e normalmente- duram muito mais tempo, até porque certos delitos demandam apuração mais extensa e demorada, deveriam ser extintos ocasionado imenso prejuízo à sociedade)[88]"; transcurso de um ano de investigação, mesmo faltando perícia no sistema de contabilidade da Odebrecht[89].

Na 1ª Turma do STF também foi procedido ao arquivamento, de ofício, com fundamento no prazo prolongado de investigação sem a produção de elementos suficientes para a apresentação de denúncia[90]. Para o Min. Barroso[91], se encerrado o prazo para conclusão das investigações, e suas sucessivas prorrogações, o Ministério Público não apresentar manifestação conclusiva, será lícito ao Judiciário arquivar de ofício o inquérito, porque cabe ao juiz o controle de legalidade do procedimento de investigação. Há decisões, também, dos Ministros Edson Faquin[92] (da 2ª Turma do STF) e Alexandre de Moraes[93] (da 1ª Turma do STF), Ricardo Lewandowski[94] (da 2ª Turma do STF) de arquivar de ofício o inquérito policial, sem a manifestação do Ministério Público.

Comungamos do entendimento do Min. Celso de Mello[95], contrário ao arquivamento de ofício pelo Judiciário, para quem: "*Na realidade, não compete* ao Poder

---

87. Informativo do STF. 11/09/2018. STF. Inqu 4419. 2ª T. Rel. Min. Gilmar Mendes.
88. Informativo do STF. 21/08/2018. STF. Inqu 4420. 2ª T. Rel. Min. Gilmar Mendes.
89. Informativo do STF. 07/08/2018. STF. Inqu 4660. 2ª T. Rel. Min. Gilmar Mendes.
90. Informativo do STF. 8/07/2018. STF. Inqu 4442 e Inqu 4429, Relatores Ministros Luís Roberto Barro e Alexandre de Moraes
91. STF. Inq 4.442, Rel. Min. Roberto Barroso, DJe nº 12/06/2018.
92. STF. Inq 4.215/DF. Rel. Min. Edson Faquin. J. 1/08/2018.
93. Informativo do STF. 30/10/2018. Inq 3499 e 3404. Relatores Ministros Rosa Weber e Luiz Fux.
94. Informativo do STF. 23/10/2018. STF. Petição 7709, 4660, 4393, 3394. 2ª T.
95. STF. Ag. Reg. No Inquérito 4.244/DF. 2ª T. Min. Celso de Mello. 25/09/2018.

Judiciário, *em anômala substituição ao órgão estatal de acusação, avaliar* se os elementos de informação já produzidos no âmbito de uma dada investigação criminal *revelam-se suficientes, ou não, para justificar* a formação da *"opinio delicti" e para autorizar, em consequência, o oferecimento de denúncia, eis que o "O sistema acusatório confere ao Ministério Público, exclusivamente, na ação penal pública, a formação da "opinio delicti", separando a função de acusar daquela de julgar"* (RHC 120.379/RO, Rel. Min. Luiz Fux-grifei)." Conclui, então, magistralmente, nos seguintes termos: *"É por esse motivo que fale ao Poder Judiciário competência para ordenar "ex officio" (portanto, sem prévia e formal provocação* do Ministério Público), *o arquivamento de investigações penais, de inquéritos policiais ou de peças de informação, pois* tal comportamento judicial, *como o que se verificou nestes autos, importaria em clara ofensa a uma das mais expressivas funções institucionais do Ministério Público, a quem se conferiu, em sede de "persecutio criminis", o monopólio constitucional* do poder de acusar, *sempre que se tratar* de ilícitos perseguíveis *mediante* ação penal de iniciativa pública."

2.17.1.1.1. O arquivamento de ofício procedido por parte dos Ministros do STF é extensível a todos os juízes?

O artigo 231, § 4º, do RISTF, que tem sido a base normativa para o arquivamento, de ofício, pelo STF, é aplicável aos demais órgãos do Judiciário? A nosso ver, não; a uma, porque o dispositivo regimental colide frontalmente com a Constituição, como acima vimos; a duas, porque, o Regimento Interno do STF, como é obvio, se aplica apenas às suas decisões, exclusivamente, não se espraiando para os demais órgãos judiciários, em relação aos quais prevalece o que determinado na legislação processual penal, que não contempla a possibilidade de arquivamento, de ofício, pelo magistrado.

Pode haver, não obstante, pensamento diverso do nosso no sentido de que a norma regimental deveria se estender aos demais órgãos de justiça, uma vez que vem ao encontro dos direitos individuais, ao permitir o arquivamento de investigações fadadas ao fracasso e que comprometam a dignidade da pessoa e a razoável duração do processo. Tal argumento não convence: perfeitamente possível tutelarem direitos individuais eventualmente comprometidos por investigações excessivamente demoradas, mediante o trancamento da investigação por meio de *habes corpus*, sem que se subverta todo o sistema constitucional de persecução criminal pré-processual.

2.17.2. Apenas o inquérito policial pode ser arquivado?

Além do inquérito policial em si, podem ser arquivados o procedimento investigatório presidido pelo próprio MP, ou quaisquer outras peças de informação, como documentos remetidos pela vítima, processo administrativo, autos de investigação procedida por CPI (Comissão Parlamentar de Inquérito), etc. Pode ser arquivado também o denominado Termo Circunstanciado – o procedimento investigatório utilizado para se apurar as infrações de menor potencial ofensivo de competência dos Juizados Especiais Criminais.

2.17.3. Hipóteses que legitimam o arquivamento

De acordo com Renato Brasileiro de Lima[96], em posição com a qual concordamos, as hipóteses que autorizam o arquivamento são as mesmas que permitem a rejeição da peça acusatória, previstas no art. 395 do CPP, bem como as que autorizam a absolvição sumária (art. 397 do CPP). Isto porque, se estiverem presentes quaisquer das situações que autorizariam a rejeição da peça acusatória ou a absolvição sumária significa dizer que o inquérito deveria ter sido arquivado, e não proposta a denúncia.

Desse modo, o inquérito policial deve ser arquivado nos seguintes casos:

1º – Falta de pressuposto processual ou de condição para o exercício da ação penal (art. 395, II, do CPP)

Pode-se dar como exemplo, referido pelo citado autor, a retratação da representação no caso de ação penal pública condicionada, como motivo para se arquivar o inquérito policial.

2º – Falta de justa causa para o exercício da ação penal (art. 395, III, do CPP)

Por justa causa entende-se o substrato mínimo probatório para que se ofereça denúncia e que normalmente é angariado, através de elementos informativos, no decorrer do inquérito policial. É o chamado *fumus comissi delicti* (fumaça da existência da prática de uma infração penal), isto é, provas mínimas de autoria e materialidade delitivas. Importante dizer que, para se legitimar o arquivamento, não é imprescindível a inexistência completa de qualquer elemento informativo que verse sobre a autoria e a materialidade delitiva; inúmeras vezes, até existem elementos informativos a respeito da infração, mas são eles de tal modo frágeis, por serem contraditórios, escassos, ou pouco confiáveis, que tomá-los a sério a ponto de se oferecer uma denúncia traduziria aventura jurídica leviana a comprometer, sem qualquer motivo, pelo menos potencialmente, a liberdade (e dignidade) do indiciado.

3º – O fato narrado evidentemente não constituir crime (art. 397, III, do CPP)

Trata-se da atipicidade da conduta. Além de prevista como causa para a absolvição sumária, certo que também se encaixa no conceito de uma das condições da ação penal – possibilidade jurídica do pedido – a ensejar a rejeição da peça acusatória por esse motivo. A prova da atipicidade deve ser cabal para o arquivamento; se houver dúvidas fundadas, ao ponto de ser provável a tipicidade da conduta, a denúncia deve ser oferecida. Se, todavia, os elementos informativos forem dúbios, frágeis contraditórios, é caso de arquivarem-se os autos, por não haver justa causa para a ação penal (art. 395, III, do CPP).

4º – Existência manifesta de causa excludente de ilicitude do fato (art. 397, I, do CPP)

Para que se arquive o inquérito com base nas excludentes (legítima defesa, estrito cumprimento do dever legal, exercício regular de direito e estado de necessidade),

---
96. Renato Brasileiro de Lima, Curso de Processo Penal, p. 122.

é preciso que sua existência e limites estejam perfeitamente delineados no caderno investigatório. Se houver dúvidas relevantes, deverá ser oferecida ação penal, a fim de que se esclareça, durante a instrução judicial, o que efetivamente aconteceu. Nessa situação, prevalece, como menciona parte da doutrina, o brocardo *in dubio pro societate* (na dúvida, decide-se em favor da sociedade). Em verdade, para nós, não há qualquer dúvida: ou existem elementos insofismáveis da existência de causa excludente de ilicitude, e os autos devem ser arquivados; ou a prova é incompleta, e é possível que a conduta seja ilícita, porque há elementos de convicção que apontem nesse sentido. Se tal ocorrer, deverá ser oferecida denúncia, porque a instrução poderá esclarecer melhor o que de fato ocorreu; isso se dá quando, mais do que possível, for provável que a conduta ilícita tenha sido praticada. Haverá, nesse contexto, justa causa para o oferecimento da denúncia.

Importante esclarecer, contudo, que, mesmo que os elementos de convicção carreados no inquérito não venham a apontar, estreme de dúvida, a existência de causa excludente de ilicitude, não haverá justa causa para o oferecimento de denúncia (art. 395, III, do CPP) e será caso de arquivamento, se houver uma fundada dúvida de sua existência, ao ponto de se tornar inútil o desencadeamento de uma ação penal cujo desfecho seja absolutório. Nesse sentido, entendemos que pode lastrear o arquivamento do inquérito policial também o art. 386, VI, do CPP, ao incluir nas causas absolutórias a fundada dúvida sobre a existência de causas excludentes de ilicitude.

5º – Existência manifesta de causa excludente de culpabilidade, salvo inimputabilidade (art. 397, II, do CPP)

É o caso do erro de proibição, coação moral irresistível e obediência hierárquica (arts. 21/22 do CP).

Se houver fundada dúvida a respeito da excludente de culpabilidade, e o contexto probatório apontar a probabilidade de que o autor possa ser culpável a denúncia será oferecida, porque presente a justa causa. No entanto, se não houver prova consistente da excludente de culpabilidade, mas, ao mesmo tempo, os elementos de convicção não foram suficientes para desencadear a ação penal, o inquérito será arquivado com fundamento na falta de justa causa (art. 395, III, do CPP).

Em se tratando de semi-imputável ou inimputável (art. 26 do CP), e se houver justa causa (elementos informativos mínimos de autoria e materialidade delitivas), deve ser oferecida denúncia, porque apenas após o transcurso do devido processo legal, e depois de transitada a decisão, poderá se impor a medida de segurança cabível.

Claro que se, embora inimputável o indiciado, se estiverem evidenciadas quaisquer das causas que permitam o arquivamento (falta de condição da ação, atipicidade dos fatos, existência manifesta de causa excludente de ilicitude, etc.) o arquivamento deverá ser promovido, por esses motivos, sendo irrelevante o estado mental mórbido ou não do autor.

6º – Existência de causa extintiva da punibilidade do agente (art. 397, IV, do CPP)

É o caso da prescrição, da decadência, da morte do indiciado, etc.

Para nós, além das causas citadas que legitimam a promoção de arquivamento, existem ainda outras, que podem ser extraídas das causas de absolvição propriamente dita (não da absolvição sumária), previstas no art. 386 do CPP e que são as seguintes:

7º – Estar provada a inexistência do fato (art. 386, I, do CPP)

Não teria qualquer sentido se deflagrar uma ação penal quando certa a inexistência da materialidade delitiva. Essa causa de arquivamento é a idêntica a hipótese de falta de justa causa – ausência ou insuficiência de provas de autoria e materialidade para ajuizar uma ação, o que se dá, na hipótese em estudo, porque existe prova demonstrando que o fato, em sua materialidade, não existiu.

8º – Não existir prova da existência do fato (art. 386, II, do CPP)

Ao contrário da hipótese anterior não existe uma prova positiva de que o fato não existiu, mas apenas não se produziu prova de sua existência. É também caso de arquivamento, por falta de justa causa para a ação penal (art. 395, III, do CPP).

9º – Não constituir o fato infração penal (art. 386, III, do CPP)

Já referido quando tratamos da absolvição sumária porque o fato narrado evidentemente não constitui crime (art. 397, III, do CPP).

10º – Estar provado que o réu não concorreu para a infração penal (art. 386, IV, do CPP)

Evidenciado, por prova positiva, de que o indiciado não praticou a infração penal, é caso de se arquivarem os autos por falta de justa causa (art. 395, III, do CPP), mais especificamente, ausência de prova de autoria.

11º – Não existir prova de ter o réu concorrido para a infração penal (art. 386, V, do CPP)

Nessa situação, não há prova positiva de não autoria ou participação do indiciado no crime, mas simplesmente não se angariou nada de concreto em face dele. É caso de arquivamento por falta de justa causa para a ação penal (art. 395, III, do CPP).

12º – Existirem circunstâncias que excluam o crime ou isentem o réu de pena, ou mesmo se houver fundada dúvida sobre sua existência (art. 386, VI, do CPP)

Tratamos desse item quando falamos da absolvição sumária por existência de manifesta causa excludente de ilicitude (art. 397, I, do CPP).

Importante notar que a causa absolutória prevista no art. 386, VII, do CPP – não existir prova suficiente para a condenação – não serve de fundamento para se arquivar o inquérito policial, porque, com os elementos informativos do procedimento investigatório, pretende-se, apenas, iniciar uma ação penal, e não se condenar de plano o indiciado, de modo que é inaplicável tal dispositivo de lei como motivo para o não ajuizamento da ação penal.

2.17.4. Controle judicial do arquivamento

Como vigora em relação à ação penal pública o princípio da obrigatoriedade que impõe o dever de o Ministério Público oferecer denúncia em face de quem tenha praticado um crime, não estando autorizado a transigir com esta imposição (salvo na hipótese de transação penal nas infrações de competência do Juizado Especial Criminal, como acima visto), institui-se um controle externo, pelo Judiciário, de tal dever.

Sendo assim, o arquivamento promovido pelo Ministério Público submete-se ao controle do juiz, a quem cabe tomar duas decisões:

1º – O juiz homologa o arquivamento, por aquiescer com as razões expostas pelo órgão ministerial. Trata-se de função anômala do judiciário, a de controlar o respeito, por parte do Ministério Público, do princípio da legalidade/obrigatoriedade da ação penal pública, isto é, verificar os motivos que levaram o *Parquet* a não oferecer denúncia em crime cujos bens jurídicos tutelados são de ordem pública, de interesse social, logo, indisponíveis. Nessa verificação da legalidade dos atos do Ministério Público – *verdadeiro controle externo* – o magistrado, se aquiescer com a manifestação ministerial em que se requer o arquivamento, bastará homologá-lo, fazendo referência às razões expostas pelo *Parquet* (é a fundamentação por relação).

Desta decisão não cabe recurso, em regra.

Há apenas uma exceção: arquivamento de inquérito em se tratando de crimes contra a economia popular ou contra a saúde pública, os quais impõem, ao juiz que determinou o arquivamento, recorrer de sua própria decisão ao Tribunal (recurso *ex officio*), para que o órgão de superior instância verifique se era mesmo caso de não se dar início à ação penal (art. 7º da Lei 1.521/51).

A possibilidade que existia de qualquer um do povo de interpor recurso em sentido estrito contra arquivamento de inquérito que tivesse apurado a contravenção penal do jogo do bicho (art. 6º da Lei 1.508/51) e o jogo sobre corridas de cavalos feito fora dos hipódromos, foi tacitamente revogada pela Lei 9099.95, a qual regulamentou, na integralidade, o procedimento de todas as contravenções penais.

2º – O juiz não homologa o arquivamento, por discordar das razões apresentadas pelo MP.

Procedimento perante a Justiça Estadual

Em se tratando da Justiça estadual, caberá ao juiz remeter os autos de inquérito policial ou peças de informação ao Procurador-Geral de Justiça (chefe do Ministério Público), a quem se abrem três possibilidades:

1ª – O Procurador Geral de Justiça discorda do juiz e entende que o arquivamento estava correto; nesta situação, o juiz é obrigado a arquivar;

2ª – O Procurador Geral de Justiça concorda com o juiz e entende que não era mesmo caso de arquivamento e sim de oferecimento de denúncia

Poderá, então, o chefe do Ministério Público, oferecer, ele próprio, a peça acusatória, ou designar outro promotor para tanto (art. 10, IX, d, da Lei 8.625/93), que estará obrigado a denunciar, porque é considerado um *longa manus* do Procurador Geral (uma extensão dele, agindo em seu nome). Embora obrigado a denunciar por ordem do Procurador Geral, nada impedirá que o promotor, ao final da instrução, peça absolvição do acusado; trata-se, desse modo, de uma delegação estrita: apenas para o oferecimento da peça acusatória.

Importante referir que o órgão do MP que tenha arquivado o inquérito ou as peças de informação não pode ser obrigado a denunciar, porque tal imposição violaria sua independência funcional (art. 127, § 1º, da CF).

3º – O Procurador Geral concorda com o juiz e entende que não é caso de arquivamento, mas também não é de oferecimento de denúncia, mas sim de realização de novas diligências, para melhor se apurar o fato.

Cabe então ao chefe do MP apontar quais são as diligências necessárias e designar um membro da Instituição a atuar na realização delas, que agirá em nome dele. Concluídas as diligências, o membro do *Parquet* designado terá ampla liberdade para oferecer denúncia, ou mesmo promover novamente o arquivamento, porque, *v.g.*, não se angariou justa causa para a ação penal. O juiz poderá homologar esse novo arquivamento, mas nada impedirá que novamente discorde do entendimento do novo membro do MP e, mais uma vez, mande os autos ao Procurador Geral, o qual, por sua vez, designará outro promotor, ou para oferecer denúncia, ou para realizar mais outras diligências (situação essa que, por sinal, já vimos ocorrer em algumas oportunidades).

O que não poderá jamais ocorrer é o juiz, ao não homologar o arquivamento, determinar a realização de novas diligências, situação essa que quebraria o sistema acusatório, em que cada órgão se encarrega de funções em separado – o MP aparelha a ação penal, normalmente através de diligências produzidas em inquérito policial; a defesa contradita tais elementos de convicção; e o juiz decide a respeito deste choque dialético. A figura do juiz – investigador é inaceitável em nosso ordenamento por, obviamente, comprometer sua imparcialidade. Da decisão esdrúxula de produção de provas pelo magistrado, como fundamento para não se proceder ao arquivamento, caberá correição parcial, porque manifesto o *error in procedendo*. Em outras palavras, caso entenda o juiz que o membro do MP foi precipitado em seu arquivamento, porque seriam cabíveis novas diligências probatórias, caberá a ele tão somente remeter os autos ao chefe do MP, podendo até sugerir, de maneira não incisiva, um ou outro elemento de convicção que pudesse ainda ser colhido com proveito na persecução penal.

Procedimento perante a Justiça Federal, a Justiça Comum do Distrito Federal e a Justiça Eleitoral

Na hipótese de se tratar da Justiça Federal e da Justiça Comum do Distrito Federal há uma diferenciação quanto ao órgão de controle do MP autorizado a exercer o controle de legalidade do arquivamento, que é realizado não pelo Procurador Geral da República, mas por um órgão colegiado: a Câmara de Coordenação e Revisão.

Os membros do MP da Justiça Federal e do DF são integrantes do MP da União. O art. 62, IV, da LC 75/93 (Lei Complementar que regulamenta o MP da União) estabelece que compete à Câmara de Coordenação e Revisão do Ministério Público Federal manifestar-se sobre o arquivamento de inquérito policial. À 2ª Câmara de Coordenação e Revisão do MPF incumbe a coordenação, integração e revisão do exercício profissional do MPF relativo à matéria criminal e ao controle externo da atividade policial.

De acordo com o art. 171, V, da LC 75/93 compete à Câmara de Coordenação e Revisão do Ministério Público do Distrito Federal e Territórios manifestar-se sobre o arquivamento de inquérito policial, inquérito parlamentar ou peças de informação, exceto nos casos de competência originária do Procurador Geral.

Sendo assim, em se tratando do MPF, o arquivamento promovido por Procurador da República, caso o juiz federal discorde de seus fundamentos, deverá remeter os autos à 2ª Câmara de Coordenação e Revisão para que decida a respeito: poderá ratificar o arquivamento promovido ou determinar o oferecimento de denúncia por outro procurador da república, ou ainda, determinar diligências investigatórias.

De idêntica maneira, será o mesmo procedimento quando o arquivamento for promovido por Promotor de Justiça integrante do MPDF: se o juiz do DF discordar das razões invocadas, remeterá os autos também à Câmara de Coordenação e Revisão do MPDFT (Ministério Público do Distrito Federal e Territórios), para que delibere a respeito da forma já comentada.

Pergunta-se: a manifestação da Câmara de Coordenação e Revisão do MPF ou do MPDFT é vinculativa?

Há **duas posições** a respeito:

1ª Posição: É vinculativa. A manifestação da Câmara é definitiva, e não pode ser alterada por vontade do Procurador-Geral da República.

2ª Posição: Não é vinculativa. Trata-se de mera manifestação, parecer, que pode ser ratificado ou não pelo Procurador Geral da República, porque apenas a ele cabe insistir, com o magistrado, na promoção de arquivamento (art. 28 do CPP). Este é o posicionamento de Renato Brasileiro de Lima[97]. Como observa o autor, nada impede que o Procurador Geral da República delegue tal função à Câmara de Coordenação e Revisão como lhe faculta o art. 50, I, da LC 75/93.

Entende-se, majoritariamente, que o arquivamento promovido pelo promotor que exerça funções eleitorais referentes a um crime eleitoral, poderá ter suas razões repelidas por magistrado exercendo função eleitoral e a questão deverá ser dirimida perante a 2ª Câmara de Coordenação e Revisão do MPF.

---

97. Renato Brasileiro de Lima, Curso de Processo Penal, p. 130.

2.17.5. A decisão judicial que determina o arquivamento faz coisa julgada formal e material?

Tratando-se, como se viu, a homologação judicial de arquivamento, de verdadeira decisão judicial, deve ser e fundamentada apenas fazendo referência aos motivos expostos pelo MP, como suas razões de decidir. Tal *decisum* faz coisa julgada formal, e pode fazer também, em determinadas hipóteses, coisa julgada material.

Por essa razão é muito importante que se saiba por qual motivo o inquérito policial foi arquivado, o que pode ocorrer de duas formas:

1ª – o juiz, ao homologar o arquivamento, fundamenta tal decisão, o que é extremamente raro, e não recomendável: quem forma, ou não, a *opinio delicit* é o MP, por mandamento constitucional (art. 129, I, da CF), e não o magistrado, o que comprometeria inclusive sua imparcialidade. Nada impediria, contudo, uma análise superficial pelo magistrado dos elementos de convicção apontados pelo MP, a fim de chancelar idêntica conclusão;

2º – o juiz se vale (o que é o mais comum) – e o correto – dos fundamentos do próprio Ministério Público fazendo das razões do *Parquet*, as suas próprias; é a chamada fundamentação *per relatione* (por relação).

Como abaixo se verá, para que se saiba então por qual motivo o inquérito foi arquivado, e se apurar se fará coisa julgada formal ou material, deverá ser analisada a própria promoção de arquivamento do MP, e não sua homologação pelo magistrado.

A coisa julgada formal (também denominada de preclusão máxima) caracteriza-se pela imutabilidade dos efeitos da decisão nos autos em que foi proferida; significa dizer que seu teor poderá ser revisto, em outro procedimento. O arquivamento que faz coisa julgada formal tem por fundamento a condição *rebus sic stantibus* (enquanto as coisas assim permanecerem), isto é, enquanto não houver elementos de convicção, o inquérito permanece arquivado; se surgirem novas evidências, poderá ser desarquivado.

Já a coisa julgada material ocorre quando a decisão judicial não pode ser atingida por qualquer outro feito criminal, estendendo-se seus feitos para toda a ordem jurídica, que deverá respeitar a autoridade do comando que emerge daquela decisão, não podendo contrariá-la. A coisa julgada material pressupõe um julgamento de mérito da questão penal, definitivamente decidida.

O instituto processual da coisa julgada visa assegurar a estabilidade das relações jurídicas definitivamente estabelecidas, e se revela como verdadeira garantia individual que não pode ser elidida sequer pela lei, como assegura a CF, em seu art. 5º, XXXVII, ao determinar que a lei não prejudicará a coisa julgada.

A coisa julgada formal é a etapa necessária para que se chegue à coisa julgada material; em miúdos, não há coisa julgada material sem, antes, ocorrer o trânsito em julgado formal; mas a recíproca não é verdadeira: existem decisões que fazem coisa julgada formal, mas não material.

2.17.5.1. Hipótese de decisão de arquivamento que faz coisa julgada formal

1º – Falta de pressuposto processual ou de condição para o exercício da ação penal (art. 395, II, do CPP)

Tratando-se de questões processuais – não envolvendo o mérito – tal arquivamento produz coisa julgada formal, como, por exemplo, a ausência de legitimidade ativa ou passiva do autor ou acusado, falta de representação nos crimes de ação penal pública condicionada, etc. Nada impedirá que seja oferecida denúncia, mesmo após a decisão de arquivamento, desde que adimplidas as condições processuais faltantes, e que, por outro motivo, não tenha ocorrido a extinção da punibilidade, por decadência ou prescrição. Tendo havido a extinção da punibilidade, por tais motivos, não se poderá ajuizar denúncia, porque tais causas extintivas da punibilidade, como se verá, fazem coisa julgada material.

2º – Falta de justa causa para o exercício da ação penal (art. 395, III, do CPP)

É o motivo mais comum da maioria dos arquivamentos de inquérito policial. Por justa causa, como vimos, entende-se o substrato mínimo probatório para que se ofereça denúncia e que normalmente é angariado, através de elementos informativos, no decorrer do inquérito policial. O arquivamento fundamentado na ausência de justa causa permite que sejam os autos desarquivados caso surjam outras evidências do fato investigado e, confirmados as novas fontes de provas, poderá ser ajuizada ação penal. Como preconiza o art. 18 do CPP, depois de ordenado o arquivamento pela autoridade judiciária, por falta de base para a denúncia, a autoridade policial poderá proceder a novas diligências, se de outras provas tiver notícias. A falta de base para a denúncia citada na lei significa falta de base probatória para se desencadear uma ação penal. De idêntico teor a Súmula 524 do STF: "Arquivado o inquérito policial, por despacho do juiz, a requerimento do Promotor de Justiça, não pode a ação penal ser iniciada sem novas provas".

3º – Não existir prova da existência do fato (art. 386, II, do CPP)

Situação em que apenas não se produziu prova da existência do fato típico. Na verdade, é também caso de arquivamento, por falta de justa causa para a ação penal (art. 395, III, do CPP). Como a hipótese anterior, pode ser desarquivado o inquérito, se surgirem novas provas, e oferecida ação penal.

4º – Não existir prova de ter o réu concorrido para a infração penal (art. 386, V, do CPP)

Nessa situação, não há prova positiva de não autoria ou participação do indiciado no crime, mas simplesmente não se angariou nada de concreto em face dele. É caso de arquivamento por falta de justa causa para a ação penal (art. 395, III, do CPP). Pode ser desarquivado o inquérito, havendo novas provas, as quais podem ser usadas como substrato para oferecimento de denúncia.

5º – Existindo fundada dúvida a respeito de circunstâncias que excluam o crime ou isentem o réu de pena (art. 386, VI, parte final, do CPP)

Se houver fundada dúvida a respeito da existência de causa excludente de ilicitude ou de isenção de pena, não haverá justa causa para o oferecimento da ação penal (art. 395, III, do CPP). Porém, se após o arquivamento surgirem novas evidências apontando que não houve qualquer excludente de ilicitude ou culpabilidade, os autos poderão ser desarquivados e oferecida ação penal.

Todas essas situações de coisa julgada formal autorizam, caso surjam novas provas, o desarquivamento do inquérito e, após a produção de novos elementos informativos, o ajuizamento de ação penal, como permite o art. 18 do CPP.

2.17.5.2. Hipótese de decisão de arquivamento que faz coisa julgada material

1º – O fato narrado evidentemente não constituir crime (art. 397, III, do CPP)

Trata-se da atipicidade da conduta. Além de prevista como causa para a absolvição sumária, certo que também se encaixa no conceito de uma das condições da ação penal – possibilidade jurídica do pedido – a ensejar a rejeição da peça acusatória por esse motivo. A prova da atipicidade deve ser cabal para que o arquivamento faça coisa julgada material, no sentido de se emitir um juízo de certeza. Se houver dúvidas fundadas, ao ponto de ser provável a tipicidade da conduta, a denúncia deve ser oferecida. Se, todavia, os elementos informativos forem dúbios, frágeis contraditórios, é caso de arquivarem-se os autos, por não haver justa causa para a ação penal (art. 395, III, do CPP), situação em que não haverá coisa julgada material, mas apenas formal.

O STF[98] já decidiu que, arquivado o inquérito, por atipicidade da conduta, depois de uma investigação de 6 anos, durante a qual foi determinada a quebra dos sigilos fiscal, bancário e telefônico, não é mais possível oferecer denúncia, posteriormente, pelos mesmos fatos, e, em razão disso, a ação penal foi trancada.

2º – Existência manifesta de causa excludente de ilicitude do fato (art. 397, I, do CPP)

Como já se viu, para que se arquive o inquérito com base nas excludentes de ilicitude (legítima defesa, estrito cumprimento do dever legal, exercício regular de direito e estado de necessidade), é preciso que sua existência e limites estejam perfeitamente delineados no caderno investigatório. Nessa situação, a decisão fará coisa julgada material.

Importante lembrar que há decisão do STF[99] em sentido contrário: o arquivamento com base em uma excludente de ilicitude, se surgirem novas evidências de que o fato foi ilícito, em novas investigações, não estará obstado o oferecimento da ação penal,

---

98. Informativo do STF. 10/12/2013. STF. HC 108748. 2ª T. Rel. Ricardo Lewandowski.
99. STF – 1ª T. HC 95.211/ES, Rel. Min. Carmem Lúcia, j. 10/03/2009.

o que nos parece ser a melhor posição; para o Pretório Excelso só estaria impedido o desarquivamento do inquérito se o seu fundamento tivesse sido a atipicidade da conduta. Existe, todavia, posição diversa, no próprio STF[100] (e também do STJ[101]), sobre o tema, entendendo que o reconhecimento de uma excludente de ilicitude gera a coisa julgada formal e material, impedindo seu posterior desarquivamento.

Se, entretanto, houver dúvidas a respeito da existência ou não da causa excludente de ilicitude, a denúncia deverá ser oferecida para que a questão se esclareça durante a instrução. Nessa situação, prevalece, como menciona parte da doutrina, o brocardo *in dubio pro societate* (na dúvida, decide-se em favor da sociedade). Haverá, nesse contexto, justa causa para o oferecimento da denúncia.

Importante esclarecer, contudo, que, mesmo que os elementos de convicção carreados no inquérito não venham a apontar, estreme de dúvida, a existência de causa excludente de ilicitude, não haverá justa causa para o oferecimento de denúncia (art. 395, III, do CPP) e será caso de arquivamento, se houver uma fundada e muito razoável dúvida a respeito de sua existência, ao ponto de se tornar inútil o desencadeamento de uma ação penal cujo desfecho seja absolutório. Essa decisão fará apenas coisa julgada formal, como se viu acima.

3º – Existência manifesta de causa excludente de culpabilidade, salvo inimputabilidade (art. 397, II, do CPP)

É o caso do erro de proibição, coação moral irresistível e obediência hierárquica (arts. 21/22 do CP). O arquivamento que tenha por base esse fundamento, faz coisa julgada formal e material. Se houver fundada dúvida a respeito da excludente de culpabilidade, e o contexto probatório apontar a probabilidade de que o autor possa ser culpável a denúncia será oferecida, porque presente a justa causa. No entanto, se não houver prova consistente da excludente de culpabilidade, mas, ao mesmo tempo, os elementos de convicção não foram suficientes para desencadear a ação penal, o inquérito será arquivado com fundamento na falta de justa causa (art. 395, III, do CPP), e não fará coisa julgada material (apenas formal).

4º – Existência de causa extintiva da punibilidade do agente (art. 397, IV, do CPP)

É o caso da prescrição, da decadência, da morte do indiciado, etc. **E se for declarada extinta a punibilidade com base em uma certidão de óbito falsa?**

Tal decisão acarretará a coisa julgada material impeditiva de se oferecer denúncia em face daquele que se beneficiou da fraude?

Há **duas posições** sobre o assunto:

1ª Posição: A decisão, por ser de mérito, faz coisa julgada material, o que impediria o ajuizamento de ação penal em face do seu beneficiário, porque o nosso ordenamento jurídico veda (art. 617 do CPP) a revisão criminal *pro societate*. O

---

100. STF – Pleno – HC 87.395/PR, Rel. Min. Ricardo Lewandowski, j. 26/08/2010.
101. STJ – RHC 46.666/MS. 6ª T. Rel. Min. Sebastião Reis Júnior, DJe de 28/04/2015.

autor da fraude poderia, no máximo, ser processado por crime contra a fé pública, mas não mais por aquele delito que foi investigado e cujo inquérito encerrou-se com a declaração extintiva de punibilidade embasada em certidão de óbito falsa.

2ª Posição: A decisão foi fundamentada em uma fraude, não sendo admissível que um crime perpetrado pelo investigado ou um seu comparsa possa beneficiá-lo ao ponto de impedir que venha a ser processado pelo outro delito que era investigado, afinal, consoante conhecido princípio geral de direito: ninguém pode ser beneficiado pela própria torpeza. A decisão declaratória de extinção da punibilidade não gera, nessa situação de fraude, coisa julgada, como entendem o STF[102] e o STJ[103], posição essa que nos parece mais aceitável.

5º – Estar provada a inexistência do fato (art. 386, I, do CPP)

Por ser um juízo de mérito a respeito da materialidade delitiva, faz coisa julgada material.

6º – Não constituir o fato infração penal (art. 386, III, do CPP)

Já referido quando tratamos da absolvição sumária porque o fato narrado evidentemente não constitui crime (art. 397, III, do CPP), fazendo coisa julgada material.

7º – Estar provado que o réu não concorreu para a infração penal (art. 386, IV, do CPP)

Evidenciado, por prova positiva, de que o indiciado não praticou a infração penal, é caso de se arquivarem os autos por falta de justa causa (art. 395, III, do CPP), mais especificamente, ausência de prova de autoria. Por ser um juízo de certeza que adentrou no mérito fará coisa julgada material.

8º – Existirem circunstâncias que excluam o crime ou isentem o réu de pena, ou mesmo se houver fundada dúvida sobre sua existência (art. 386, VI, do CPP).

Tratamos desse item quando falamos da absolvição sumária por existência de manifesta causa excludente de ilicitude (art. 397, I, do CPP). Comprovada a causa excludente de ilicitude, de acordo com o entendimento a ser seguido, fará ou não coisa julgada material. No entanto, se o arquivamento estiver estribado em dúvida a respeito da existência ou não de causa excludente de ilicitude haverá apenas coisa julgada formal e não material.

2.17.5.3. Arquivamento por juiz absolutamente incompetente faz coisa julgada material?

Como iremos ver ao tratar do tema competência, cujo significado é o de delimitação do poder jurisdicional, esta pode se dividir em competência relativa e absoluta; a

---

102. STF – 2ª T. HC 84.525/MG, Rel. Min. Carlos Velloso, j. 16/11/2004, DJ 03/12/2004; STF – 1ª T. HC 104.998/SP, Rel. Min. Dias Toffoli, 14/12/2010.
103. STJ – 6ª T. – HC 143.474/SP, Rel. Min. Celso Limongi, Desembargador convocado do TJ/SP, j. 06/05/2010, DJe 24/05/2010.

relativa tem por objeto a divisão de trabalho entre juízes, fixada com base no interesse público, cujas regras se estabelecem no CPP e nas leis de organização judiciária. Já a competência absoluta visa atender também o interesse público e se lastreia em regras expressamente estabelecidas na Constituição Federal. A violação da competência relativa acarreta a nulidade relativa do processo, que só pode ser reconhecida em tempo oportuno, sob pena de preclusão; o desrespeito à competência absoluta gera a nulidade absoluta do processo, a ser declarada a qualquer tempo, sem se submeter à preclusão.

A competência relativa se fundamenta precipuamente em regras de fixação estabelecidas com base no território-local onde foi praticada a infração (art. 70 do CPP) – e em leis de organização judiciária.

A competência absoluta se estriba em regras hauridas da Lei Maior que terão por base o cargo ocupado pelo indiciado ou acusado (competência ou foro por prerrogativa de função), ou a natureza da infração a ser julgada (competência em razão da matéria).

Fixadas essas premissas básicas, entendemos que, se um inquérito policial tiver sido arquivado por juiz relativamente incompetente, tal decisão fará coisa julgada formal e material. Exemplo: um crime de homicídio ocorreu na cidade de Osasco, mas, inadvertidamente, foi instaurado inquérito policial em São Paulo, onde os autos investigatórios foram arquivados. O correto seria que o juiz a quem foi distribuído inquérito policial (o de São Paulo) tivesse remetido os autos ao juízo competente (o de Osasco), mas se assim não agiu, o arquivamento homologado, por exemplo, em razão de uma causa excludente de ilicitude (legítima defesa), fará coisa julgada formal e material no Juízo de São Paulo, mesmo que tenha sido prolatado por juiz relativamente incompetente.

Entretanto, se o inquérito policial for arquivado por juiz absolutamente incompetente tal decisão fará apenas coisa julgada formal (não poderá a questão ser rediscutida no mesmo feito), mas não produzirá coisa julgada material (isto é, será admissível a reabertura do caso em outra investigação).

Vamos exemplificar. Inquérito policial arquivado por juiz de 1ª instância que possuía por objeto investigatório crime cometido por Ministro de Estado; inquérito arquivado pela Justiça Estadual referente a crime militar; inquérito arquivado pela Justiça Estadual tendo por objeto crime de competência da Justiça Federal; inquérito arquivado pela Justiça Militar referente a delito doloso contra a vida praticado por militar contra civil.

Em todas essas situações, não é possível que tais esdrúxulos arquivamento possam produzir efeitos: haverá apenas coisa julgada formal, jamais material, sob pena de óbvia violação da Carta da República, não apenas em relação à competência nela fixada, mas também à própria garantia individual ao devido processo legal, que engloba a do juiz natural.

No entanto, há posicionamento no sentido de que, mesmo que o arquivamento tenha sido determinado por juiz absolutamente incompetente, tal decisão faria coisa julgada material; isso porque, a permissão para ajuizar ação perante a justiça competente, mesmo depois de um arquivamento homologado pela Justiça, caracterizaria verdadeira modalidade de revisão criminal *pro societate*, vedada pela Constituição Federal e pela Convenção de Direitos Humanos (Pacto de São José da Costa Rica – art. 8º, § 4º).

Todavia, se for compreendido que o arquivamento promovido por juiz absolutamente incompetente não deve produzir efeitos, como solucionar tal problema?

Há duas soluções possíveis:

1ª Solução. Reputar inexistente o arquivamento homologado por juiz absolutamente incompetente, e instaurar outro inquérito policial perante o juízo competente, sem que fique obstada a possível ação penal estribada em novo caderno investigativo. Esta solução simplesmente ignora, por entender inexistente no mundo jurídico, o arquivamento por autoridade desprovida de competência constitucional.

2ª Solução: Deve-se declarar a nulidade absoluta por ofensa a preceito constitucional; não é possível simplesmente ignorar-se uma decisão judicial, mesmo que prolatada por magistrado desprovido de competência estabelecida na Lei Maior, porque, assim agindo, iria grassar a insegurança jurídica, ao reputar-se inexistente algo que, de fato, ocorreu no mundo físico. A vingar a tese – perigosa – da inexistência jurídica de uma decisão judicial – abre-se margem para, numa simples interpretação jurídica de determinada situação-sempre discutível – levar-se à solene desconsideração imotivada de um ato soberano do Estado – uma decisão judicial, o que é inadmissível.

Para nós, ante o arquivamento por juiz em violação às normas constitucionais, só caberá, ao magistrado respaldado pela Lei Maior em sua competência, suscitar perante o órgão de justiça adequado o conflito de competência para que seja dirimido, com base no art. 114, I, do CPP (conflito positivo de competência – quando duas ou mais autoridades judiciárias se considerarem competentes para conhecer do mesmo fato criminoso).

Ressalte-se que existe entendimento do STF[104] e no STJ[105] no sentido que o arquivamento, quando se basear na atipicidade da conduta ou na extinção da punibilidade acarretará a coisa julgada material, mesmo que prolatada por juiz absolutamente incompetente.

2.17.5.4. Arquivamento de inquérito policial pelo Procurador-Geral referente a crimes em tese praticados por indiciados com foro por prerrogativa de função

Arquivado o inquérito policial pelo Procurador Geral de Justiça (Justiça Estadual) ou pelo Procurador Geral da República (Justiça Federal e do DF), nos casos de competência originária, por falta de base probatória para a denúncia (ausência ou fragilidade dos elementos de informação coligidos), o Tribunal apenas acatará o arquivamento, por decisão monocrática do Relator (art. 3º, I, da Lei 8.038/90), e sobre

---

104. STF – 1ª T. HC 94.982/SP, Rel. Min. Cármen Lúcia, j. 31/03/2009, DJe 84 07/05/2009; STF – 1ª T. HC 83.346/SP, Rel. Min. Sepúlveda Pertence, j. 17/05/2005, DJ 19/08/2005.
105. STJ – 6ª T., HC 173.397/RS, Rel. Min. Maria Thereza de Assis Moura, j. 17/03/20111.

seu teor (mérito) sequer se manifestará, por ser decisão cogente, contra a qual, nem mesmo o STF, poderia se insurgir.

Todavia, se nas razões do arquivamento forem a extinção da punibilidade, ou a atipicidade da conduta, e apenas nessas hipóteses, segundo o STF, o Tribunal poderá analisar o mérito daquela manifestação do Procurador Geral porque, se acolhida, levará ao trânsito em julgado material daquela homologação, o que impedirá o ajuizamento de ação penal pelos mesmos fatos.

De acordo com o Pretório Excelso[106], "(...) A Jurisprudência do Supremo Tribunal Federal assevera que o pronunciamento de arquivamento, em regra, deve ser acolhido sem que se questione ou se entre no mérito da avaliação deduzida pelo titular da ação penal. (...) Esses julgados ressalvam, contudo, duas hipóteses em que a determinação judicial do arquivamento possa gerar coisa julgada material, a saber: prescrição da pretensão punitiva e atipicidade da conduta. Constata-se, portanto, que apenas nas hipóteses de atipicidade da conduta e extinção da punibilidade poderá o Tribunal analisar o mérito das alegações trazidas pelo PGR".

Analisando essa postura do STF, podemos chegar a duas conclusões:

1ª – o arquivamento que gera coisa julgada material pode se dar por vários outros motivos, além da atipicidade do fato e pela extinção da punibilidade (já analisados no tópico em que tratamos de arquivamentos que fazem coisa julgada material) e que são, por exemplo, causas excludentes de ilicitude, de culpabilidade, estar provada a inexistência do fato etc.

2ª – o Tribunal pode discordar das razões apresentadas pelo Procurador Geral, não no sentido de obrigá-lo a oferecer denúncia, o que violaria o sistema acusatório, comprometendo a imparcialidade do julgador, mas sim para demonstrar que a fundamentação apresentada pelo Chefe do MP é incorreta. Exemplo: o Procurador-Geral arquiva um inquérito com fundamento na atipicidade da conduta, mas o Tribunal discorda dessa fundamentação, apontando que não se encontra comprovada, extreme de dúvida, como sustentado pelo *Parquet*, a falta de tipicidade da conduta, mas sim, apenas, a falta de elementos informativos idôneos; nesse caso, a homologação do arquivamento não abarcará as razões do Procurador – Geral, mas terá como fundamento, apenas, a falta de base empírica para a denúncia. Com essa fundação diversa daquela apresentada pelo Procurador – Geral, o Tribunal assegura que o arquivamento produza apenas coisa julgada formal e não material, não impedindo, assim, que possa ser oferecida, no futuro, ação penal. Todavia, se o Tribunal acolher na integralidade, os fundamentos apresentados pelo Procurador Geral que se refiram ao mérito, como nos exemplos citados da atipicidade da conduta ou extinção da punibilidade, o arquivamento fará coisa julgada material, o que impossibilitará o oferecimento de futura denúncia.

Promovido o arquivamento pelo Procurador Geral por falta de base probatória para a denúncia, o inquérito só poderá ser desarquivado, se surgirem novos elementos

---

106. STF – Pleno, Inq. 2.341 QO/MT, Rel. Min. Gilmar Mendes, j. 28/06/2007, DJe 82 16/08/2007.

probatórios; a denúncia, por sua vez, só deverá ser oferecida se as provas forem inéditas consubstanciando a justa causa necessária, como veremos ao tratarmos do tema desarquivamento de inquérito policial.

No caso de arquivamento de inquérito policial pelo Procurador Geral, referendado pelo STF (ou por outro Tribunal com competência originária em razão do foro por prerrogativa de função), se houver o envolvimento de outros investigados que não ostentem a prerrogativa de foro, os autos (arquivados) devem retornar à 1ª instância para apuração quanto aos demais investigados[107].

Em regra, do arquivamento promovido, por qualquer motivo, pelo Procurador Geral, não caberá qualquer recurso. Mas há uma exceção: Em se tratando do MP dos Estados, o arquivamento promovido pelo Procurador Geral de Justiça, de acordo com o que determina o art. 12, XI, da Lei Complementar 8.625/93 (Lei Orgânica Nacional do MP), poderá ser revisto, pelo Colégio de Procuradores de Justiça, mediante requerimento de legítimo interessado, nos termos da Lei Orgânica, nos casos de sua atribuição originária.

2.17.5.5. Arquivamento implícito

O arquivamento deve ser fundamentado, de maneira explícita, apontando o órgão do Ministério Público as razões que o levaram a não oferecer denúncia quanto a um indiciado ou ao fato delituoso apurado. Dessa forma, não é admitido o arquivamento implícito, em que a acusação oferece denúncia em face de apenas um indiciado, e não se manifesta em relação ao outro, ou então, oferece denúncia quanto a um delito, e ignora a outra infração penal investigada. Nesta situação, deve o representante do MP, na cota introdutória da denúncia, promover, expressamente, o arquivamento, apontando suas razões para tanto, ou então requisitar diligências investigatórias em autos suplementares de inquérito policial para melhor apurar tais averiguados ou fatos ilícitos; o que não se admite é a pura e simples omissão do MP.

Na hipótese em que o representante do MP oferece denúncia em face de um dos indiciados, e não se pronuncia quanto ao outro, ou apresenta peça acusatória apenas quanto a um dos fatos criminosos, ignorando os demais, o juiz, ao receber a incoativa, deve instar o *Parquet* a expressamente se manifestar a respeito dos demais indiciados ou quanto às infrações restantes, no sentido de que adite a denúncia, acrescentando novos autores ou fatos, ou, explicitamente, arquive o inquérito quanto a eles. Se o membro do MP se recusar a se manifestar a respeito do tema, não arquivando ou oferecendo aditamento à denúncia, o juiz deverá aplicar o art. 28 do CPP, por analogia, remetendo os autos ao Procurador Geral de Justiça (no caso da Justiça Estadual), ou ás Câmaras de Coordenação e Revisão (em se tratando da Justiça Federal ou da Justiça do DF), a fim de que decidam a respeito.

Aberta a vista ao MP e aquiescendo a se manifestar sobre a questão, poderá o *Parquet* aditar a peça acusatória, acrescentando indiciados ou fatos criminosos que,

---

107. STF. INQ 3.056/RJ. Min. Rel. Celso de Mello. J. 28/08/2013.

por lapso, não constaram da denúncia; poderá, ainda, promover o arquivamento do inquérito policial quanto a eles – o que passará pelo controle do judiciário – como acima estudamos. Por fim, é facultado ao *Parquet* requisitar novas diligências investigatórias quanto a tais fatos ou indiciados, por não julgar madura a investigação ao ponto de oferecer denúncia ou promover seu arquivamento, o que se dará, necessariamente, em autos suplementares de inquérito policial. Esses autos suplementares de inquérito policial poderão ser juntados aos autos de processo criminal, se houver conexão ou continência entre eles (vínculos entre infrações penais ou seus autores – tema que será estudado quando tratarmos de competência), desde que antes da sentença. Poderá, assim, em tese, o MP, ao receber os autos suplementares de inquérito policial, havendo justa causa, oferecer aditamento da denúncia, para acrescentar fatos criminosos ou novos acusados, no processo já iniciado, apenas se não for acarretar atraso injustificado no andamento do feito, hipótese essa que justificará o desmembramento do processo, com oferecimento de denúncia em outro processo, como permite o art. 80 do CPP. Na hipótese de não ter sido ainda prolatada sentença no processo, os autos suplementares de inquérito policial são juntados ao processo, e, se não houver justa causa para o aditamento da denúncia, o *Parquet* promove o arquivamento. Se, entretanto, já existir sentença no processo, os autos suplementares de inquérito policial não deverão ser apensados ao processo original e poderão ser arquivados perante qualquer juízo, porque não há se falar mais em conexão ou continência quando já existe decisão final no processo que tramitava anteriormente.

Pergunta-se: **E se o MP oferece denúncia quanto a um indiciado ou fato criminoso, ignorando os demais autores ou fatos ilícitos, e o magistrado não se apercebe de tais omissões, ocorrerá o arquivamento implícito?**

Em hipótese alguma, porque o arquivamento de inquérito policial só existe quando as razões invocadas pelo MP são analisadas pelo magistrado, como deixa claro o art. 28 do CPP; e o mais importante, como muito bem decidiu o STJ[108], o art. 569 do CPP admite o aditamento da denúncia em qualquer fase do processo, desde que antes da sentença, para que se supram suas omissões, justamente porque tal dispositivo legal torna efetivos os princípios da obrigatoriedade da ação penal pública e da busca da verdade real. Em outras palavras, a persecução penal em juízo de crimes de ação penal pública é uma questão indisponível, de interesse público, que deve se dar a qualquer tempo, desde que não ocorrida a prescrição, pouco importando que o MP e o Judiciário tenham, por lapso, deixado de se manifestar a respeito de tal infração no momento oportuno (quando iniciada a ação penal).

Entendemos ser plenamente possível, no caso de falta de manifestação do MP e do Judiciário a respeito de coautor ou de fato criminoso referente a crime de ação penal pública, quando do oferecimento da denúncia, a configurar inaceitável arquivamento implícito, que o ofendido, seu representante legal ou sucessores ajuízem a denominada ação penal privada subsidiária da pública, substituindo o MP na titularidade da *actio*,

---

108. STJ – 6ª T. HC 46.409/DF, Rel. Min. Paulo Gallotti, j. 29/06/2006, DJ 27/11/2006.

porque, de acordo com o art. 29 do CPP (assunto que trataremos no capítulo da ação penal), é assegurado ao ofendido o direito de iniciar o processo criminal em face do autor de uma infração quando o *Parquet* é desidioso em suas funções.

Ora, se o MP não oferece denúncia, não arquiva, nem requisita diligências fica patenteada sua desídia, ao ponto de legitimar o ofendido, representante legal ou sucessores a ajuizarem, por conta própria, a ação penal privada subsidiária da pública, que tramitará, se houver conexão ou continência (vínculos entre infrações e autores), no mesmo processo. Existe, todavia, entendimento diverso do STJ.[109]

O arquivamento implícito é repudiado pelo STF[110], para quem o não oferecimento de denúncia não implica na renúncia tácita ao *jus puniendi* (direito de punir) estatal, pois o arquivamento da ação penal pública depende de pedido expresso do Ministério Público, e somente pode ser determinada pelo juiz.

2.17.5.6. Arquivamento indireto

Arquivamento indireto é nome dado por parte da doutrina à manifestação do MP em que deixa de oferecer denúncia, por entender que a competência não é do juízo perante o qual oficia. Exemplo: quando o órgão do MP estadual postula a remessa dos autos de inquérito policial à Justiça Federal, porque o crime atinge bens e serviços da União (art. 109, IV, da CF).

Se o *Parquet* requer a remessa dos autos a outro juízo por não ter atribuição para tanto, nem o juízo competência, e o juiz concordar com tal solicitação, haverá o denominado arquivamento indireto de inquérito policial.

Todavia, como vimos acima, pode o juiz discordar desse entendimento por reputar-se competente. Exemplificando. O membro do MP estadual requer a remessa dos autos de inquérito policial que tratem de um homicídio tendo como vítima um índio (mas sem qualquer relação com a disputa de direitos indígenas), por entender que o crime é de competência da Justiça Federal. O juiz, todavia, acertadamente, nota que o *Parquet* está equivocado, porque o requisito constitucional para tanto não se encontra preenchido (art. 109, XI, da CF – justamente o contexto de o homicídio ter ocorrido quando de uma disputa sobre direitos dos silvícolas). Pois bem, nessa hipótese, o juiz pode se recusar a remeter os autos ao Juízo Federal, por entender-se competente; mas, por outro lado, não tem como obrigar o representante do MP a oferecer denúncia. Como resolver? A única solução é remeter os autos ao chefe do MP, por analogia com o art. 28 do CPP (que trata da rejeição pelo juiz do arquivamento de inquérito pelo *Parquet*), para que decida a questão. Se entender o Procurador Geral que o juiz se encontra certo, determinará que os autos permaneçam na Justiça Comum Estadual, nomeando-se outro membro do MP para nele oficiar, em deferência à independência funcional do que tinha entendimento diverso (art. 127, § 1º, da CF). Se, entretanto, no nosso exemplo, de maneira equivocada, o Procurador Geral concordar com o promotor

---

109. STJ – 5ª T. HC 21.074/RJ, Rel. Min. Gilson Dipp, j. 13/05/2003, DJ 23/06/2003, p. 396.
110. Informativo do STF. 19/10/2010. STF. HC 104356. 1ª T. Rel. Min. Ricardo Lewandowski.

de que a competência é da Justiça Federal, os autos de inquérito serão remetidos ao MP da União, constando a expressa divergência do magistrado estadual a respeito da competência.

2.17.5.7. Arquivamento de inquérito policial em crimes de ação penal privada

Normalmente, o ofendido, representante legal ou sucessores não se preocupam em requerer o arquivamento do inquérito policial instaurado para se apurar tais infrações; simplesmente deixa-se escoar o prazo decadencial de seis meses, o que acarretará a extinção da punibilidade pela decadência (art. 107, IV, do CP).

Todavia, se o ofendido oferecer arquivamento, tal manifestação será tida como verdadeira renúncia expressa, o que levará, igualmente, à extinção da punibilidade do indiciado, desta vez com fulcro no art. 107, V, do CP.

Como bem observa Renato Brasileiro de Lima[111], é possível que o ofendido, em crimes de ação penal privada, promova o arquivamento do inquérito policial, sem que tal ato possa ser considerado como renúncia expressa, o que ocorre quando não se apura a autoria delitiva; como o prazo decadencial começa a correr do conhecimento da autoria do crime, não pode se entender que o ofendido tenha renunciado à ação penal, mas, apenas, que julga não ser possível, pelo menos naquele momento, apurar quem foi o autor da infração.

Nada impediria, ainda, a nosso ver, que, surgindo novas evidências de autoria, o ofendido, representante legal ou sucessores, requeiram ao juiz, ouvido o MP como fiscal da lei, o desarquivamento dos autos de inquérito policial para que melhor se investigue os fatos. Surgindo novas fontes de informação no decorrer do inquérito desarquivado, poderá ser oferecida queixa-crime.

2.17.5.8. Desarquivamento e oferecimento de denúncia

2.17.5.8.1. Procedimento de desarquivamento de inquérito policial. Quem desarquiva o inquérito policial?

Mesmo arquivado o inquérito policial, a autoridade policial poderá proceder a novas pesquisas, se tiver notícias de outras provas (art. 18 do CPP).

Mas, pergunta-se: quem desarquiva os autos de inquérito policial?

De acordo com a literalidade da lei (art. 18 do CPP), quem deverá desarquivar os autos é o delegado. Na prática, o procedimento é bem diverso: o delegado irá representar ao magistrado para que os autos de inquérito – arquivados no próprio Judiciário-sejam fisicamente desarquivados, porque surgiram novas evidências apontando mudança no panorama das fontes probatórias. Após essa representação, o magistrado deverá abrir

---

111. Renato Brasileiro de Lima, p. 136.

vista ao MP para manifestação, como titular que é da *opinio delicti*, e a quem incumbe, em razão disso, o ajuizamento privativo da ação penal pública (art. 129, I, da CF). Caso o MP concorde e o juiz defira o desarquivamento, a autoridade policial, nos próprios autos desarquivados, continuará a investigação.

E se o MP discordar da representação e o juiz indeferir o desarquivamento, por entenderem que não há motivo para que se reiniciem as investigações?

Nessa situação, o delegado não estará autorizado a iniciar nova persecução penal, servindo o parecer ministerial e a decisão do juiz como verdadeiro mecanismo de controle a evitar injusta perseguição a quem já foi beneficiado pelo arquivamento de inquérito policial. A instauração de novos autos de inquérito policial, pelo delegado, mesmo que com a discordância do MP e do magistrado, acarretará o seu trancamento, por manifesto constrangimento ilegal, através da impetração de *habeas corpus*.

O importante a se fixar é que o arquivamento de inquérito policial fará, no mínimo, coisa julgada formal, como acima vimos, instituto que visa preservar a segurança jurídica; ora, qual a segurança jurídica de alguém que, por exemplo, foi investigado, por anos (o que não é incomum), por meio de um inquérito policial, se, finalmente depois de arquivada tal investigação, ao talante do delegado, que possa estar movido por espírito de perseguição, se reiniciasse a persecução penal do início, sem motivo relevante para tanto? Justamente para evitar-se tal injustiça que deve existir um controle do MP e do Judiciário[112] a respeito do desarquivamento de inquérito policial: tutelar-se a liberdade individual, a segurança jurídica e a razoável duração da persecução criminal, não se admitindo um seu recomeço infindável sem que haja fundadas e ponderáveis razões.

Em outras palavras, é o mesmo raciocínio (só que inverso) ao que se aplica ao arquivamento de inquérito policial: para se assegurar o respeito ao princípio da obrigatoriedade da ação penal pública (isto é, de que será oferecida denúncia se estiver provada a prática de um crime), o membro do MP deverá promover, fundamentadamente, o arquivamento, que passará pelo crivo do magistrado, a quem se permite, se discordar das razões apresentadas pelo *Parquet*, remeter os autos ao Procurador-Geral ou a outro órgão superior de revisão para que verifiquem se seria mesmo caso de se encerrar a persecução penal. Esse mesmo controle ministerial e judicial tendo por finalidade o interesse público à persecução penal em se tratando de crimes de ação penal pública, é válido em situação inversa: arquivado o inquérito policial, após análise do MP e do Judiciário, o investigado tem o direito de não ser novamente investigado, pelos mesmos fatos, se não surgirem novas evidências de autoria, que passarão pelo crivo, novamente, do MP e do Judiciário. Apenas depois da concordância de tais órgãos, o inquérito policial será desarquivado. Em conclusão, se o procedimento do arquivamento de inquérito policial é um meio de se assegurar o respeito à obrigatoriedade das ações penais públicas, o procedimento de desarquivamento é o meio encontrado de se tutelar

---

112. Há entendimento diverso no sentido de quem desarquiva o inquérito policial é o delegado; existe, ainda, posição capitaneada por Renato Brasileiro de Lima- Curso de Processo Penal, p. 126, no sentido de que quem determina o desarquivamento é o MP como titular da ação penal pública.

a liberdade e dignidade do indiciado e o direito à razoável duração do processo a quem foi investigado e se concluiu que não deveria ser processado.

Ademais, entendemos que a autoridade policial não poderá determinar o desarquivamento de inquérito policial, sem parecer ministerial e autorização judicial, porque se não pode arquivar inquérito policial (como veda expressamente o art. 17 do CPP), em respeito à obrigatoriedade da investigação dos crimes de ação penal pública, é vedado a ele também desarquivar investigação, a seu bel prazer, colocando em risco, sem fundamento relevante, direitos individuais, tão sagrados quanto os públicos, diga-se, sem que tal desarquivamento, igualmente, passe pelo controle do MP e do Judiciário. Na hipótese de o desarquivamento representado não ter sido acolhido por manifesto erro (ou mesmo má fé) do membro do MP ou do magistrado, nada impedirá que o delegado de polícia, em nome próprio, impetre mandado de segurança em face deles com o escopo de resguardar seu direito (na verdade, dever) de investigar, sem prejuízo, ainda, se houver algum conluio indevido entre o *Parquet* e o juiz com o escopo de protegerem indevidamente o investigado, de representar frente à Corregedoria de tais órgãos públicos e perante o CNJ (Conselho Nacional de Justiça) e CNMP (Conselho Nacional do Ministério Público). O que se quer frisar é que existem diversos mecanismos de controle de eventuais arbitrariedades tanto do MP quanto da magistratura caso impeçam o regular e legítimo trabalho policial.

E se, apesar de inexistir qualquer fundamento de prova inédita, for desarquivado o inquérito policial em razão da concordância do MP e do magistrado? Será caso também de trancamento do inquérito por via do remédio heroico de *habeas corpus*.

Por fim, questão relevantíssima: nada impediria que o próprio MP, de ofício (mesmo que sem representação nesse sentido formulada pela autoridade policial), requeira o desarquivamento de inquérito policial, ou mesmo de um procedimento investigatório do próprio *Parquet* que tenha sido arquivado; esta legitimidade para pedir o desarquivamento, para nós, é clara, afinal possui a Instituição o monopólio da ação penal pública (art. 129, I, do CPP).

Mas a questão se complica, caso o juiz indefira o desarquivamento solicitado diretamente pelo MP, ou quando o *Parquet* oferece parecer concordando com a representação do delegado em idêntico sentido, e também o magistrado proíba tal desarquivamento. Nessa situação a controvérsia deverá ser solucionada de modo diverso ao que se dá quando a representação da autoridade policial é indeferida pelo juiz, depois de idêntico parecer ministerial. Como o titular constitucional da ação penal pública é o MP não pode simplesmente o magistrado impedir sua atuação quando este vislumbra a possibilidade de se angariar provas que lastreiem o oferecimento da denúncia através do desarquivamento de inquérito policial. Por outro lado, como vimos, o membro do MP poderá estar utilizando-se de desarquivamento infundado por mero espírito de vingança, ou outro sentimento menos nobre, em face de quem teve uma investigação criminal arquivada, e por isso, referido desarquivamento poderia ter sido obstado corretamente pelo Judiciário. O que fazer? A nosso pensar, poderá se utilizar o art. 28 do CPP por analogia: remeter os autos de inquérito policial ao Procurador Geral ou outro órgão superior de revisão do MP para que verifiquem se é mesmo caso de desarquivamento, por terem surgido novas evidências, ou se os autos devem permanecer arquivados, em hipótese diversa. Se a última palavra a respeito do arquivamento de inquérito policial é do MP (através dos seus órgãos de cúpula), não há razão para que, de idêntica maneira, o desarquivamento ou não do inquérito deixe de passar pelo crivo do mesmo órgão. Claro que, se desarquivado o inquérito policial, por determinação do MP, e ajuizada ação penal destituída de fundamento fático para tanto, nada impedirá a rejeição da peça acusatória, ou mesmo, caso recebida, o trancamento da ação penal, por ausência de justa causa, via *habeas corpus*, pelo Tribunal.

Caso o juiz não aplique, por analogia, o art. 28 do CPP, e simplesmente proíba o desarquivamento, caberá correição parcial ou a impetração de mandado de segurança, pois é direito líquido e certo do MP ajuizar ação penal pública, e, para aparelhá-la, não pode prescindir do desarquivamento de inquérito policial, o que não pode ser obstado, arbitrariamente, pelo magistrado.

2.17.5.8.2. Notícia de fatos novos que justifiquem o desarquivamento. Provas novas que autorizam o oferecimento de denúncia. Diferenciação

Para que se possa, de maneira legítima, desarquivar os autos de inquérito policial é preciso que surjam novas notícias que apontem que o fato criminoso poderá ser esclarecido. Essa notícia de que existem novos elementos de convicção podem ser trazidos das mais diversas formas: através de informação em jornal, mediante outro inquérito policial, de processo judicial, administrativo, CPI, etc.

Basta, então, como afirma o art. 18 do CPP, a existência de notícia de fato novo; não é suficiente, entretanto, a mera informação verbal ou por escrito do delegado de polícia nesse sentido, desacompanhada de evidências; é preciso mais: juntar à sua representação pelo desarquivamento algum fundamento probatório (algum elemento informativo inédito), mesmo que tênue e precário – que aponte para a existência de novas evidências. É como se fosse a justa causa necessária para o desarquivamento de inquérito. Sendo apresentados, quando do desarquivamento, os mesmos elementos informativos já existentes, o segundo inquérito policial, ilegitimamente instaurado, deverá ser trancado, conforme já decidiu o STJ[113].

Cabe diferenciar duas situações distintas: o que exige o art. 18 do CPP para que seja desarquivado o inquérito policial é que existam notícias de fontes de informação novas que justificam referida medida; depois de desarquivada a investigação, deverá ser angariada fonte de provas idônea a consubstanciar justa causa ao recebimento da denúncia. É justamente sobre essa segunda situação o teor da Súmula 524 do STF: "Arquivado o inquérito policial, por despacho do juiz, a requerimento do promotor de justiça, não pode a ação penal ser iniciada sem novas provas". Em suma, conseguindo a autoridade policial obter novas provas no decorrer do inquérito desarquivado, será permitido ao órgão do Ministério Público oferecer denúncia; entretanto, se não forem obtidos elementos de convicção bastantes, o caso será de novo arquivamento (o

---

113. STJ. Recurso em Habeas Corpus nº 41.933-SP (2013/0355117-2). Rel. Min. Felix Fischer.

segundo no mesmo inquérito), ou, no caso de oferecimento de denúncia sem lastro probatório, de sua rejeição.

Como bem diferenciou o STJ[114], "é preciso que se faça a distinção entre **desarquivamento** do inquérito por força de notícias de outras provas (CPP, art. 18) e **oferecimento de denúncia sem novas provas**, com base em inquérito arquivado" (Súmula 524/STF: "*Arquivado o inquérito policial por despacho do juiz, a requerimento do promotor de justiça, não pode a ação penal ser iniciada, sem novas provas*").

Na primeira hipótese (CPP, art. 18), a norma processual penal faculta a continuidade da investigação policial após o arquivamento do feito, na hipótese de **notícias de novas provas**, ao passo que o enunciado sumular exige a existência de novas provas (não meras notícias) **para fins do início da ação penal** (fase posterior à policial)".

E se, apesar de não colhidas novas provas no inquérito policial desarquivado, for oferecida denúncia que não tenha sido rejeitada, que medida tomar para jugular o patente constrangimento ilegal?

Entendemos que a medida cabível é a impetração de *habeas corpus* visando trancar a ação penal. Há, entretanto, o interessante posicionamento de Renato Brasileiro de Lima[115] no sentido de que é cabível exceção de coisa julgada formal (art. 95, V, do CPP), afinal, o primeiro inquérito transitou em julgado formalmente e, sem novas provas que lastreassem uma denúncia, tal arquivamento acarretaria o efeito de impedir o oferecimento de denúncia. De qualquer maneira, pensamos ser mais prática a impetração do remédio heroico.

Para o oferecimento de denúncia, em inquérito desarquivado, a doutrina costuma apontar a produção de novas provas como verdadeira condição de procedibilidade da ação; para nós, em verdade, não se trata de nova condição de procedibilidade, mas sim, simplesmente, de justa causa, como condição de qualquer ação penal condenatória baseada em inquérito policial; pouco importa que se trate de procedimento anteriormente arquivado.

E o que deve se entender por prova nova que autorize o oferecimento de denúncia em inquérito desarquivado?

Segundo boa parte da doutrina, as provas novas se dividem em:

1ª – Substancialmente novas: inéditas materialmente; não eram conhecidas anteriormente. Exemplos: nova perícia, testemunha que nunca fora ouvida antes, confissão surpreendente etc.

2ª – Formalmente novas: elementos probatórios já conhecidos e documentados nos autos arquivados de inquérito, mas que, em seu conteúdo, são modificados.

---

114. STJ-Recurso em Habeas Corpus nº 41.933/SP (2013/0355117-2). Rel. Min. Felix Fischer.
115. Renato Brasileiro de Lima, Curso de Processo Penal, p. 128.

Exemplos: nova versão de testemunha já ouvida; retificação de perícia equivocada etc.

Essas duas espécies de novas evidências, desde que alterem o panorama probatório substancialmente, autorizam o oferecimento da denúncia.

2.17.6. Trancamento de inquérito policial

Excepcionalmente, o inquérito policial poderá ser trancado, por via de *habeas corpus*, pelo juiz ou pelo Tribunal quando manifesta a atipicidade da conduta, a existência de uma causa extintiva de punibilidade, ou a completa ausência de justa causa – falta de indícios mínimos de autoria e materialidade delitivas.

Também de modo excepcional, é possível que o inquérito seja suspenso em sua tramitação, mediante liminar em Reclamação Constitucional, como já admitiu o STF[116].

Em se tratando de crime ambiental imputado à pessoa jurídica, o inquérito policial só poderá ser trancado mediante mandado de segurança (e não *habeas corpus*), porque, por óbvio, embora a pessoa jurídica possua direitos líquidos e certos, dentre eles não se inclui o direito à liberdade ambulatória. No mesmo sentido, a Súmula 693 do STF: "Não cabe *habeas corpus* contra decisão condenatória a pena de multa, ou relativo a processo em curso por infração penal a que a pena pecuniária seja a única cominada". Nessa situação de pena de multa como única cominada ao delito que se investiga através de inquérito policial, seu trancamento dependerá da impetração de mandado de segurança, e não *habeas corpus*, porque não se coloca em risco a liberdade de locomoção do indiciado.

2.17.7. Poder investigatório da CPI – Comissão Parlamentar de Inquérito

2.17.7.1. CPI. Conceito

De acordo com o art. 58, § 3º, da Constituição Federal, as comissões parlamentares de inquérito, que terão poderes de investigação próprios das autoridades judiciais, além de outros previstos nos regimentos internos, serão criadas pela Câmara dos Deputados e pelo Senado Federal, em conjunto ou separadamente, mediante requerimento de 1/3 de seus membros, para apuração de fato determinado e por prazo certo, sendo suas conclusões, se for o caso, encaminhadas ao Ministério Público, para que promova a responsabilidade civil ou criminal dos infratores.

De acordo com o art. 1º, *caput*, da Lei 1.579/52 (com a redação trazida pela Lei 13.367/2016) as Comissões Parlamentares de Inquérito terão poderes de investigação próprios das autoridades judiciais, além de outros previstos nos regimentos internos da Câmara dos Deputados e do Senado Federal, com ampla ação nas pesquisas destinadas a apurar fato determinado e por prazo certo.

---

116. Informativo do STF. 24/09/2015. STF. RCL (Reclamação) 21880. Rel. Min. Marco Aurélio.

2.17.7.2. CPIs federais, estaduais, distrital e municipais

As Comissões Parlamentares podem ser federais (aquelas formadas na Câmara dos Deputados e/ou no Senado Federal), estaduais (estruturada nas Assembleias Legislativas), distrital (formada na Câmara Legislativa) e municipais (convocada na Câmara Municipal).

2.17.7.3. Ações impugnativas em face de decisões das CPIs

Os mandados de segurança e *habeas corpus* impetrados em face de decisões das CPIs serão julgados pelo STF (art. 102, I, *d* e *i*, da CF), quando se tratar de CPI instaurada pela Câmara dos Deputados ou Senado Federal, uma vez que "enquanto projeção orgânica do Poder Legislativo da União, nada mais são senão a **longa manus** do próprio Congresso Nacional ou das Casas que o compõem"[117]. No caso de CPIs instauradas por Assembleias Legislativas tais ações impugnativas serão apreciadas pelos Tribunais de Justiça de cada ente federativo. Isso porque a Comissão Parlamentar de Inquérito é um prolongamento, a "longa manus" do próprio órgão legislativo da qual são aglutinados seus integrantes, como acima se viu. Já no caso de CPIs municipais as ações impugnativas deverão ser ajuizadas perante o juiz de 1ª instância, porque, em regra, vereadores não possuem imunidade formal de serem julgados pelo Tribunal.

Quando, no âmbito federal, é aglutinada uma CPI, com integrantes da Câmara dos Deputados e do Senado Federal, a CPI é denominada mista (CPMI).

2.17.7.4. Atribuições das CPIs. Convocação para depoimento e direito ao silêncio. Condução coercitiva

Segundo o art. 2º, *caput*, da Lei 1.579/52 (com a redação trazida pela Lei 13.367/2016), as Comissões Parlamentares de Inquérito poderão, no exercício de suas atribuições, determinar diligências que reputarem necessárias e requerer a convocação de Ministros de Estado, tomar o depoimento de quaisquer autoridades federais, estaduais ou municipais, ouvir indiciados, inquirir testemunhas sob compromisso, requisitar da administração pública direta, indireta ou fundacional informações e documentos, e transportar-se aos lugares onde se faz mister a sua presença. Existe a obrigatoriedade de comparecimento, inclusive de particulares, desde que devidamente intimados para prestar esclarecimentos perante a CPI[118]. Quanto aos membros do Ministério Público eventualmente convocados a depor perante a CPI, o art. 18, III, *g*, da Lei Complementar 75/93, e o art. 41, I, da Lei 8625/93, asseguram a prerrogativa de serem ouvidos em dia, hora e local previamente ajustados com a autoridade competente, o que a CPI deverá respeitar; de idêntica maneira tal regra se aplica também aos magistrados (art. 33, I, da Lei Complementar 35/79). Essa prerrogativa de inquirição como testemunhas em data, horário e local previamente ajustados com quem tomará o depoimento se estende aos

---

117. STF – Pleno. MS 23.452/RJ. Rel. Min. Celso de Mello. DJ 12/05/2000.
118. Informativo do STF. 14/11/2017. STF. HC 150180. Rel. Min. Alexandre de Moraes.

deputados, senadores, presidente, vice – presidente, ministros de estado, governadores, secretários de estado, prefeitos (art. 221, *caput*, do CPP). No caso de necessidade de oitiva, deliberado pela CPI, do Presidente da República, Vice – Presidente, presidentes do Senado Federal, da Câmara dos Deputados ou do Supremo, tais autoridades poderão optar por prestar depoimento, à CPI, por escrito (art. 221, § 1º, do CPP).

Não se impede, em princípio, segundo o STF[119], a convocação, para depor, de integrantes do Ministério Público e do Judiciário por Comissões Parlamentares, mesmo que colocados, tais agentes públicos, no polo de investigados, ressalvando-se, porém, que "essa convocação não pode ser vinculada a fatos estritamente relacionados a competência de poder". Em outras palavras, não é admissível a ingerência de um poder sobre o outro, como se daria, por exemplo, se fosse convocado um juiz para depor em uma CPI a respeito de uma decisão judicial por ele proferida. É ilegítima a convocação de membro do Ministério Público a fim de se apreciar o mérito de suas funções institucionais – a atuação funcional do *Parquet* – sob pena de ingerência indevida do Poder Legislativo em outra esfera de poder[120].

Constitui prerrogativa essencial das comissões de inquérito a convocação para prestar depoimento, independentemente de prévia autorização judicial, desde que se assegure o direito ao silêncio ao convocado[121]. Pouco importa que no ofício endereçado ao convocado pela CPI não haja especificação à sua condição de investigado; se, pelo desenrolar das investigações da CPI, ou então, se, do próprio noticiário da mídia, se depreender que tal pessoa está, em verdade, sendo investigada, lhe será assegurado o direito constitucional ao silêncio, e o de não assinar o termo de compromisso de dizer a verdade[122].

Segundo o Pretório Excelso[123], qualquer pessoa, convocada a comparecer à CPI tem o dever de comparecer, responder às indagações, inclusive as que se refiram a sua própria qualificação[124], e de dizer à verdade, sendo garantido, entretanto, o direito de permanecer em silêncio, como corolário ao direito a não autoincriminação; sendo assim, não configura falso testemunho, quando a testemunha ouvida pela CPI, deixa de revelar fatos que possam incriminá-la, e, em razão, disso não pode ser presa. Importante salientar que a convocação de quem quer que seja pela CPI, a fim de ser ouvido, deve guardar relação com o objeto da CPI – com a sua finalidade apuratória, não podendo ser utilizada para outro fim[125].

Há vários precedentes do STF[126], concedendo medidas liminares em *habeas corpus*, em que se assegura, a convocados a comparecer à CPI, o direito de exercer a prerrogativa contra a autoincriminação, sem que lhe imponha a obrigação de assinar termo de

---

119. STF – MS 35204. Rel. Min. Dias Toffoli.
120. STF – MS 35354/DF. Rel. Min. Dias Toffoli.
121. Informativo do STF. 12/09/2014. STF. RCL 17623. Rel. Min. Teori Zavascki.
122. Informativo do STF. 24/11/2017. STF. HC 150411. Rel. Min. Gilmar Mendes.
123. STF. HC 113.548/DF. Min. Rel. Celso de Mello. J. 21/05/2012. STF. HC 115055. Rel. Min. Rosa Weber.
124. Informativo do STF. 24/11/2017. STF. HC 150411. Rel. Min. Gilmar Mendes.
125. STF – MS 35.354/DF. Rel. Min. Dias Toffoli.
126. STF – Medida Cautelar no Habeas Corpus 113.862/DF. Rel. Min. Celso de Mello. J. 04/07/2012. STF – HC 129929- Rel. Min. Teori Zavascki.

compromisso, e sem que lhe possa ser aplicada qualquer medida restritiva de direitos ou privativa de liberdade; e ainda, o direito de ser assistido por advogado e de comunicar-se com ele, reservadamente, durante o curso de seu depoimento, perante a CPI.

É possível a CPI determinar a condução coercitiva da testemunha faltosa?

Há entendimento de que se inclui entre os poderes da CPI a condução coercitiva da testemunha faltosa, porque se insere dentre os poderes de investigação próprios das autoridades judiciais (art. 58, § 3º, da CF), de modo que, por autoridade própria, a CPI poderia determinar a condução coercitiva de testemunha, sendo dispensável requer-se ao Judiciário tal medida. Há posição diversa – pela não admissibilidade de a CPI determinar a condução coercitiva da testemunha – estribada no fato de que a Lei 13.367/2016, ao alterar a Lei 1.579/52, que dispõe sobre as Comissões Parlamentares de Inquérito, deixar explícito, em seu art. 3º, § 1º, da Lei 1.579/52, que, em caso de não comparecimento da testemunha sem motivo justificado, *a sua intimação será solicitada ao juiz criminal* da localidade em que resida ou se encontre, nos termos do art. 218 e 219 do CPP, que tratam justamente da condução coercitiva pelo magistrado De fato, como a condução coercitiva restringe a liberdade de locomoção, só poderia ser decretada pelo Judiciário; trata-se, em suma, de cláusula de reserva de jurisdição.

2.17.7.5. Acesso do advogado aos autos da CPI. Assistência do advogado durante a oitiva pela CPI

É direito do advogado, regularmente constituído pelo indiciado, ter acesso aos autos de inquérito parlamentar, mesmo que sujeito a regime de sigilo – desde que se trate de provas produzidas e incorporadas formalmente ao procedimento investigatório; excluídas, apenas, aquelas que ainda estão em curso, e, em razão disso, ainda não documentadas[127].

Em suma, é plenamente aplicável às CPIs a Súmula Vinculante 14: "É direito do defensor, no interesse do representado, ter acesso amplo aos elementos de prova que, já documentados em procedimento investigatório realizado por órgão com competência de polícia judiciária, digam respeito ao exercício do direito de defesa".

Possui, ainda, o convocado, o direito de comparecer para ser ouvido pela CPI, acompanhado de advogado, como prevê o art. 3º, § 2º, da Lei 1.579/52, e com ele comunicar-se pessoal e reservadamente; mas não assiste, ao convocado, o direito de simplesmente não comparecer a CPI. Ao advogado se assegura, ainda, o direito de fazer uso da palavra em órgão de deliberação coletiva de Administração Pública ou do Poder Legislativo (art. 7º, XII, da Lei 8.906/94), e o direito de retirar-se do recinto independentemente de licença ou justificativa (art. 7º, VI e VII, da Lei 8.906/94)[128].

A Lei 1.579/52 trata, em seus arts. 2º e 3º, da figura do indiciado, ou seja, aquela pessoa que, a juízo do órgão investigativo, ostenta a condição de suspeito de ter praticado

---

127. STF. Extensão na medida cautelar no *habeas corpus* 150.411/DF. Rel. Min. Gilmar Mendes.
128. Informativo do STF. 27/10/2015. STF. HC 131062. Re. Min. Teori Zavascki.

alguma conduta relacionada aos fatos que são objeto da investigação conduzida pelo Poder Legislativo. Esse indiciamento, promanado de decisão colegiada da CPI, não vincula a Polícia Judiciária ou o Ministério Público, dada a ampla autonomia entre o inquérito parlamentar e a persecução penal[129].

2.17.7.6. CPI e delação premiada (Lei 12.850/13)

O direito ao silêncio do convocado à comparecimento à CPI permanece, mesmo que o indiciado ou acusado criminal tenha acordado com o Ministério Público – a colaboração premiada prevista na Lei 12.850/13 (Lei das Organizações Criminosas), e já homologado pelo juízo referida delação; isso porque o compromisso do colaborador – de dizer a verdade-se mantém quanto ao Ministério Público, a Polícia Federal e a Receita Federal. Em outras palavras, a renúncia ao direito ao silêncio restringe-se ao âmbito da colaboração, não se estendendo à CPI, de modo que o indiciado/acusado colaborador poderá exercer o direito ao silêncio na comissão[130].

O art. 7º da Lei 12.850/13 regulamenta o sigilo da colaboração premiada, sendo restringido o acesso aos autos ao juiz, ao Ministério Público e ao delegado de polícia, como forma de garantir o êxito das investigações; o acordo de colaboração premiada deixa de ser sigiloso assim que recebida a denúncia.

Segundo o STF[131], esse sigilo também se aplica às CPIs, as quais não possuem a prerrogativa de possuir acesso aos autos de colaboração premiada, enquanto não recebida a denúncia, sob pena de, no "período crítico" anterior ao recebimento da denúncia, comprometer-se o sucesso das apurações, o conteúdo dos depoimentos a serem colhidos e a decisão de outros envolvidos em colaborar ou não.

2.17.7.7. CPI e atos praticados por particulares

As CPIs poderão investigar atos praticados inclusive na esfera privada, desde que evidenciada a presença de interesse público no tema[132].

2.17.7.8. CPI e quebra de sigilo bancário, fiscal e telefônico. Necessidade de fundamentação da medida

À Comissão Parlamentar de Inquérito assiste competência para decretar a quebra dos sigilos bancário, fiscal e telefônico das pessoas sujeitas a suas investigações. Todavia, essa determinação de quebra de sigilo deve ser fundamentada em indícios que a justifiquem, ou seja, a devassa da intimidade do investigado deve ser precedida de indispensável ato fundamentado.

---

129. STF – Medida Cautelar em Mandado de Segurança 34.864/DF. Rel. Min. Celso de Mello.
130. Informativo STF. 02/12/2015. STF. HC 131806. Rel. Min. Marco Aurélio. Informativo STF. 27/10/2015. HC 131062. Rel. Min. Teori Zavascki.
131. Informativo do STF. 18/11/2014. STF. MS 33278. Rel. Min. Luís Roberto Barroso.
132. Informativo do STF. 28/08/2015. STF. MS 33751. Rel. Min. Edson Fachin.

Se for determinada, pela CPI, a quebra de sigilo bancário, fiscal, telefônico e telemático, sem a necessária fundamentação, o Poder Judiciário poderá suspender, liminarmente, em mandado de segurança impetrado pelo interessado, a eficácia do ato promanado da Comissão, sem que se alegue interferência indevida do Judiciário na esfera do Legislativo, não se ofendendo o princípio da separação de poderes. Em miúdos, ás Comissões Parlamentares de Inquérito se aplica o art. 93, IX, da CF (indispensabilidade de fundamentação das decisões), especialmente no caso de medidas restritivas de direitos fundamentais. Desse modo, totalmente inadmissível "a aprovação conjunta de diversos e heterogêneos requerimentos igualmente não atende à cláusula do Estado Democrático de Direito, da qual decorre a exigência de exposição dos fatos e fundamentos determinantes para a prática de atos do Poder Público"[133].

A mera referência ao noticiário não pode ser fundamento suficiente para a quebra de sigilo do investigado, sendo indispensável, pela CPI, a apresentação de um fato concreto e específico que justifique a medida excepcional.[134]

Ressalte-se que, se para a decretação de qualquer quebra de sigilo pela CPI, indispensável a fundamentação do ato, mas não há que se exigir a mesma fundamentação comumente cobrada dos membros do Poder Judiciário, sob pena de desnaturação do funcionamento de um órgão político, que toma decisões de índole jurídico – políticas. Sendo assim, o elemento de convicção mínimo que justifique a quebra de sigilo pode ser extraído dos debates da Comissão, elementos que podem estar contidos nas notas taquigráficas de sessão da Comissão.[135] Adquiridos, pela CPI, os dados bancários ou fiscais, de pessoas naturais ou jurídicas, tais dados não poderão ser disponibilizados ao público em geral, muito menos com a divulgação do relatório da CPI pela internet[136].

2.17.7.9. CPI e busca e apreensão domiciliar e interceptação telefônica

É autorizada à CPI determinar a busca e apreensão de bens, objetos e computadores, desde que essa diligência, não se efetive em local inviolável, como o domicílio, sob pena de invalidade da diligência e de ineficácia da prova assim produzida, dada a sua evidente ilicitude.

As CPIs não possuem a competência de praticar atos sujeitos à cláusula constitucional de reserva de jurisdição – aqueles atos privativos de membros do Poder Judiciário, como a decretação de prisão cautelar (ressalvada a prisão em flagrante); apreensão, sequestro ou indisponibilidade de bens; proibição de o investigado se afastar do país; interceptação telefônica e busca e apreensão domiciliar.

No entanto, segundo o art. 3º – A da Lei 1.579/52 (com a redação alterada pela Lei 13.367/2016), caberá ao presidente da Comissão Parlamentar de Inquérito, por deliberação desta, solicitar, em qualquer fase da investigação, ao juízo criminal competente,

---

133. Informativo do STF. 09/07/2015. STF. MS 33681. Rel. Min. Marco Aurélio.
134. STF. Medida Cautelar em Mandado de Segurança 33.688/DF. Rel. Min. Teori Zavascki. Julgado pelo Min. Celso de Mello em 07/07/2015.
135. STF. Medida Cautelar em Mandado de Segurança 34.036/DF. Rel. Min. Rosa Weber. J. 24/02/2016.
136. Informativo do STF. 26/04/2018. STF. MS 25940. Pleno, Rel. Min. Marco Aurélio.

medida cautelar necessária, quando se verificar a existência de indícios veementes da proveniência ilícita de bens.

Quanto a vedação de se determinar a interceptação telefônica – gravação de conversas mantidas entre pessoas atualmente – não se impede, todavia, que a CPI que determine a vinda de registros telefônicos já concretizados no passado[137].

2.17.7.10. CPI e acesso aos autos de inquérito policial

Às CPIs se assegura o livre acesso às provas colhidas em inquérito policial, inclusive as que se referem às interceptações telefônicas, autorizando-se que possam ser extraídas cópias integrais das mídias relativas a escutas telefônicas. Em suma, o sigilo das provas de interceptação não abrange os integrantes das CPIs, os quais possuem livre acesso a elas, não se autorizando, apenas, que divulguem o seu teor, sob pena de responsabilização criminal prevista na Lei 9.296/96[138].

2.17.7.11. Conclusões da CPI e prioridade do MP e do Judiciário

Estabelece a Lei 10.001/2000 que o Ministério Público e o Poder Judiciário, em todas as suas esferas, deverão dar prioridade – quanto a todas as suas demais funções constitucionais – às conclusões emanadas das Comissões Parlamentares de Inquérito. A citada lei fixa o prazo de 30 dias para que sejam informadas as providências adotadas ou a justificativa no caso de eventual omissão, sob pena de sanções administrativas.

Foi ajuizada – em bom tempo! – Ação Direta de Inconstitucionalidade (ADI 5351), pelo Procurador-Geral da República, apontando a inconstitucionalidade de tal diploma legal, por ofensa ao princípio da isonomia, proibição do arbítrio, independência funcional dos membros do Judiciário e do MP, além de sua autonomia institucional[139].

O art. 6º – A, da Lei 1.579/52 (com a redação alterada pela Lei 13.367/2016) estipula que a Comissão Parlamentar de Inquérito encaminhará relatório circunstanciado, com suas conclusões, para as devidas providências, entre outros órgãos, ao Ministério Público ou à Advocacia – Geral da União, com cópia da documentação, para que promovam a responsabilidade civil ou criminal por infrações apuradas e adotem outras medidas decorrentes de suas funções institucionais.

---

137. STF. Medida Cautelar em Mandado de Segurança 33.663/DF. Rel. Min. Celso de Mello. J. 19/06/2015.
138. Informativo do STF. 24/05/2012. STF. INQ 3430. Rel. Min. Ricardo Lewandowski.
139. Informativo do STF. 27/07/2015.

CAPÍTULO 3
AÇÃO PENAL

3.1. CONCEITO DE AÇÃO NO PLANO CONSTITUCIONAL

Ação é o direito público, subjetivo, autônomo e abstrato de se obter um provimento jurisdicional.

É público porque exercido contra o Estado-juiz, que tem o dever de prestar jurisdição; subjetivo porque é imanente à pessoa, que é seu titular que pode exigir do Estado a prestação do serviço jurisdicional; autônomo porque independe da existência do direito material, pouco importando da procedência ou improcedência da pretensão veiculada na ação; abstrato, porque é previsto genericamente como um direito.

O Fundamento constitucional do direito de ação é o art. 5º, XXXV, da CF que tem o seguinte teor: "a lei não excluirá da apreciação do Poder Judiciário lesão ou ameaça a direito" (princípio da inafastabilidade).

3.2. CONCEITO DE AÇÃO NO PLANO PROCESSUAL

Ação é o direito público, subjetivo de se obter um provimento jurisdicional, a fim de se satisfazer uma pretensão vinculada ao direito material.

Pretensão é o interesse que o autor da ação tem de obter um bem jurídico.

3.3. CONCEITO DE AÇÃO PENAL

Ação penal é o direito público, subjetivo de se obter um provimento jurisdicional, a fim de satisfazer uma pretensão vinculada ao direito penal.

Através da ação penal é possível se veicular uma pretensão punitiva (intenção de punir o autor de uma infração penal, aplicando-lhe uma sanção), ajuizando-se, para tanto, a denúncia (ação penal pública) ou queixa (ação penal privada). Trata-se da ação penal de conhecimento condenatória em que se postula ao Estado-juiz, que é detentor exclusivo do poder de punir (o chamado *jus puniendi*), a aplicação da sanção penal àquele que infringiu a norma penal.

Mas as ações penais não são exclusivamente condenatórias; é possível o ajuizamento de ações penais de conhecimento constitutivas como, por exemplo, a revisão criminal; igualmente admitidas as ações penais de conhecimento declaratórias, como, por exemplo, o *habeas corpus* em que se pretende seja declarada a nulidade de um processo criminal.

Como bem ensina Vicente Greco Filho[1], as ações penais podem ser declaratórias, constitutivas e condenatórias; declaratória, se o pedido se limitar à definição de uma incerteza; constitutiva se a pretensão se referir a alteração de situações jurídicas; condenatórias, se o pedido for de aplicação de uma sanção penal. Não são cabíveis, no processo penal, como frisa o referido autor, "a distinção entre ações de conhecimento, execução e cautelares, porque a única existente é a de conhecimento. A execução penal não é ação, porque não há pedido de tutela jurisdicional específica. Trata-se de um procedimento complementar à sentença com incidentes próprios. A execução se realiza por força da própria sentença, que já tem carga executiva. (...) Também inexiste ação ou processo cautelar. Há decisões ou medidas cautelares, como a prisão preventiva, o sequestro e outras, mas sem que se promova uma ação ou se instaure um processo cautelar diferente da ação ou do processo de conhecimento. As providências cautelares são determinadas como incidente do processo de conhecimento". Mas, ainda, como frisado pelo jurista, "Não se deve confundir, contudo, a função acautelatória de certas ações de conhecimento que são definitivas, como o *habeas corpus* preventivo. Essa finalidade acautelatória, de prevenir litígios, é uma das características ou aspectos da jurisdição, mas o pedido e consequentemente o provimento são definitivos".

Cabe exclusivamente à parte o ajuizamento da ação, sendo vedado ao juiz fazê-lo, sob pena de óbvio comprometimento de sua imparcialidade (*nullum iudicio sine actore* ou *ne procedat iudex ex officio*): o juiz não procede de ofício, dependendo da iniciativa da parte.

A própria CF, ao estabelecer as funções de investigar (art. 144), acusar (art. 129, I) e defender (art. 133/134), implicitamente, consagra o sistema acusatório, em que cada parte exercerá suas funções, sobrepairando a elas o magistrado na resolução da controvérsia.

Em regra, portanto, não há jurisdição sem ação. Dissemos em regra, porque na hipótese de *habeas corpus* concedido de ofício (art. 654, § 2º, do CPP), haverá jurisdição, sem ação; a quebra, nessa situação, da inércia do Poder Judiciário se justifica em razão do bem jurídico que se tutela: a irrenunciável e indisponível liberdade. Não haveria sentido, realmente, que o magistrado, verificando a existência de constrangimento ilegal patente a um indiciado ou acusado, fechasse os olhos a essa realidade, no aguardo de que alguém a apontasse para, aí sim, agir. O bem jurídico – liberdade – tutelado na Carta Magna tem supremacia, desse modo, sob o sistema acusatório processual consagrado no mesmo diploma, por ter nítida maior relevância.

---

1. Vicente Greco Filho, Manual de Processo Penal, p. 110.

3.4 - ELEMENTOS DA AÇÃO PENAL

Seus elementos (partes necessárias da ação) são os seguintes:

1º - **Partes**; uma que pede; outra em face de quem se postula;

2º - **Pedido** de tutela jurisdicional:

3º - **Causa de pedir**: a razão fática e jurídica de se postular um provimento jurisdicional.

3.5 - CONDIÇÕES GENÉRICAS DA AÇÃO PENAL

São os requisitos para que uma ação penal possa ser validamente ajuizada, e que devem ser necessariamente analisadas pelo juiz quando do oferecimento da denúncia, queixa-crime, *habeas corpus*, revisão criminal, etc. Em se tratando de ações penais condenatórias, ausentes quaisquer das condições da ação, autoriza-se, ao juiz, rejeitar a denúncia ou queixa, como prevê o art. 395, II, do CPP.

As condições da ação penal são as seguintes:

3.5.1. Legitimidade de parte

3.5.1.1. Conceito

É a denominada pertinência subjetiva da ação (*legitimatio ad causam*); em outras palavras, o ordenamento jurídico autoriza determinada pessoa ou órgão ajuizar ação em face de certa pessoa ou perante o Estado. Exemplo: a CF, em seu art. 129, I, autoriza o MP a ajuizar ações penais públicas, privativamente; o art. 5º, LIX, da CF, e o art. 29 do CPP autorizam a vítima, seu representante legal ou sucessores a ajuizarem a queixa-crime subsidiária em crime de ação penal pública, no caso de inércia do *Parquet*, etc. Já, *v.g.*, o art. 228 da CF não autoriza que o menor de 18 anos possa ser processado criminalmente, por ser considerado absolutamente inimputável, faltando a ele legitimidade para ser processado.

Percebe-se, assim, que normalmente as ações são ajuizadas por pessoas naturais ou jurídicas em face de outras pessoas também naturais ou jurídicas. Todavia, de acordo com o art. 82, III, c.c. o art. 80, da Lei 8.078/90 os órgãos da administração pública, direta ou indireta, *ainda que sem personalidade jurídica*, desde que destinados à defesa dos interesses e direitos protegidos pelo Código de Defesa do Consumidor, poderão ajuizar queixa-crime subsidiária, no caso de inércia do MP. É a única hipótese, no processo penal, em que a ação é ajuizada por ente sem personalidade jurídica.

3.5.1.2. Legitimidade ativa e passiva

A legitimidade se divide em legitimidade ativa, referente a quem é permitido ajuizar ação penal e legitimidade passiva, que trata do polo passivo da demanda: quem a ela responderá.

Legitimidade ativa: sendo a ação pública, é ajuizada, em regra, privativamente, pelo Ministério Público, no caso de oferecimento de denúncia, nas ações penais condenatórias. Em se tratando de delitos de iniciativa privada, a ação penal condenatória seja ajuizada pela vítima, seus representantes legais ou sucessores, através da queixa crime. Mas, como vimos, as ações, no processo penal, não são apenas condenatórias; desse modo, será também a analisada a legitimidade, por exemplo, no caso de ações penais declaratórias (*habeas corpus* com pedido de nulidade do processo), que é amplíssima (qualquer um, mesmo que não seja advogado pode impetrá-lo); na ação penal de conhecimento constitutiva, como a revisão criminal, que visa desconstituir a coisa julgada, e que pode ser ajuizada pelo sentenciado, representante legal ou sucessores, etc.

A legitimidade ativa para ajuizar ação pode ser de pessoas físicas e mesmo jurídicas, como, por exemplo, quando se difama uma empresa ou causam-se danos ao seu patrimônio, hipóteses que admitem o ajuizamento de queixa-crime pelo ente moral.

Legitimidade passiva: a ação penal condenatória só pode ser ajuizada em face do maior de 18 anos. Nos casos das ações penais de conhecimento constitutivas (como a revisão criminal) ou declaratórias (como o já citado *habeas corpus* para anular-se o processo) o legitimado passivo é o Estado. Na maior parte das vezes, no caso de ações penais condenatórias, são elas ajuizadas em face de pessoas naturais e não jurídicas. Mas, como é permitido o ajuizamento de ação penal em face de pessoa jurídica na hipótese de crimes ambientais, como prevê o art. 225, § 3º da CF e a Lei 9.605/98, art. 3º e parágrafo único, nada impediria, excepcionalmente, que conste do polo passivo da demanda uma empresa e não uma pessoa natural. Houve entendimento, do STF[2], no sentido de que, na situação em que a pessoa jurídica é denunciada pela prática de crime ambiental, simultaneamente deve também ser processada a pessoa natural que atua em seu nome e benefício, não se podendo compreender a responsabilização do ente moral separada da pessoa física; é a teoria da dupla imputação. O STJ tinha posicionamento semelhante.

Atualmente, porém, o posicionamento de pelo menos parte do Pretório Excelso[3] é de que é possível o ajuizamento de ação penal, por crime ambiental, apenas contra pessoa jurídica, sem a necessidade de se imputar, simultaneamente, à pessoa natural idêntica conduta; em suma, a teoria da dupla imputação foi rechaçada, porque tal teoria – que condiciona a responsabilização da pessoa jurídica por crime ambiental à acusação paralela em face de pessoa natural – não foi acolhida pelo art. 225, § 3º, da Constituição Federal – o qual prevê a possibilidade de que pessoas jurídicas se sujeitem a sanções penais por crimes ambientais, sem estabelecer condicionantes.

---

2. STF – 2ª T. HC 72.451/SP, Rel. Min. Marco Aurélio, j. 27/02/1996, DJ 19/04/1996.
3. Informativo STF. 06/08/2013. STF. 1ª T. Min. Rel. Rosa Weber, RE 548181

3.5.1.3. Legitimação ordinária e extraordinária

Havendo coincidência entre o titular do direito material e o autor da ação que visa, com o seu ajuizamento, tutelar o seu direito violado ou colocado em risco, define-se tal situação como sendo de legitimação ordinária. Existe uma identificação perfeita entre o direito material – quem possui o direito subjetivo – e o ente que ajuíza uma ação visando seu reconhecimento.

A legitimação extraordinária, por sua vez, é a dissociação – a não coincidência – entre o titular do direito material e quem ajuíza a ação com a finalidade de obter seu reconhecimento: são entes distintos, o autor da ação não é quem possui o direito material; postula, em nome próprio, direito material alheio.

Segundo o conceito do art. 18 do CPC, "Ninguém poderá pleitear direito alheio, em nome próprio, salvo quando autorizado pelo ordenamento jurídico".

Deste conceito legal, extrai-se a legitimação ordinária e extraordinária, e que essa última é excepcional, e só pode ser admitida quando a lei expressamente a autoriza.

Na maior parte das vezes, vigora, no processo penal, a legitimação ordinária, postulando o autor direito próprio em nome próprio, como por exemplo, o MP ao ajuizar denúncia postula, em nome próprio, direito próprio – o de punir o infrator. Tratar-se-ia de legitimação ordinária, porque o MP postula, em seu próprio nome, interesse que lhe é próprio como integrante de um órgão do Estado, que é o de punir o infrator de uma infração penal, conforme entendimento de boa parte da doutrina.

Há, todavia, entendimento (que nos parece realmente o melhor tecnicamente) no sentido de que o direito (dever ou poder de punir) não é do MP, e sim do Estado – Juiz (de outro órgão independente do Estado), de modo que o *Parquet* estaria, em verdade, postulando, em nome próprio, direito alheio, tratando-se de legitimação extraordinária, portanto. O que o MP possui é o direito de acusar, de maneira privativa, como estabelece o art. 129, I, da CF, e não o direito de punir, que pertence ao sujeito processual equidistante da acusação e da defesa, que é o juiz, o qual, como representante do Estado, exerce em seu próprio nome, o poder de punir.

As hipóteses de legitimação extraordinária no processo penal mais apontadas pela doutrina são:

1ª – Ação Penal Privada

Na verdade, trata-se de uma ação penal de *iniciativa* privada, pois o instituto da ação é sempre público, porque dirigido contra o Estado, exigindo-lhe uma prestação de serviço jurisdicional.

O ofendido, seu representante legal ou sucessores recebem do Estado, em determinados delitos que afetem preponderantemente o interesse particular, o direito de acusar o autor da infração, conferindo-lhe a legitimidade ativa para tanto. A vítima, ao oferecer a queixa-crime, passará a defender, em nome próprio, um direito alheio – justamente o *jus puniendi* – o direito/dever de punir, exclusivo do Estado, e nunca do particular.

2ª – **Habeas corpus**

É possível que quem impetre o *habeas corpus* (impetrante) não seja a mesma pessoa que esteja sofrendo o constrangimento ilegal (denominado paciente), mas um terceiro, como é autorizado pelo art. 654, *caput*, do CPP.

3ª – **Curador especial**

No caso de ofendido menor de 18 anos, ou mentalmente enfermo, retardado mental, e não tiver representante legal ou, havendo representante legal, mas se seus interesses colidirem, o direito de queixa crime poderá ser exercido por curador especial, nomeado especialmente para isso pelo juiz, de ofício ou a requerimento do Ministério Público, como prevê o art. 33 do CPP. Caso realmente o curador especial decida por ajuizar a queixa-crime, estará agindo em nome próprio, mas em prol de interesse alheio.

3.5.1.4. Legitimação ad causam. Legitimação ad processum. Capacidade processual. Diferenciação

A legitimação *ad causam* é a legitimidade, ativa e passiva, ordinária ou extraordinária, acima vistas, de ajuizar ação e de respondê-las em juízo, relacionando-se com o direito material: quem é o detentor desse direito e quem o teria violado ou colocado em risco.

A legitimidade *ad processum* relaciona-se com a capacidade de alguém exercer, em juízo, de maneira pessoal, direitos e deveres processuais. Quem pode participar, integrando, em nome próprio, uma relação processual é a pessoa maior e capaz, ou mesmo a pessoa jurídica representada pelos seus sócios ou administradores de fato. Já o menor de 18 anos, vítima de um crime, embora detentor de legitimidade ativa *ad causam* para ajuizar uma queixa-crime em relação a delito de iniciativa privada, não poderá ele próprio fazê-lo, por não possuir legitimidade *ad processum*, mostrando-se necessário que seja representado, na relação jurídica processual, por pessoa maior e capaz. O inimputável, em razão de doença mental que lhe retire a capacidade de entendimento e volição, pode ser processado criminalmente, porque possui legitimidade passiva *ad causam*, mas deve ser-lhe nomeado um curador (normalmente o próprio advogado), em razão de não possuir legitimidade *ad processum* (não pode exercer por conta própria os direitos e deveres processuais, necessitando ser representado por curador para tanto).

Quanto à capacidade postulatória, certo que se refere à aptidão conferida pela Lei em postular perante o Judiciário. Quem a possui são os advogados, defensores públicos e representantes do MP.

3.5.2. Interesse de agir

É a demonstração de que a prestação jurisdicional é imprescindível à consecução do bem da vida desejado pelo autor: sem a intervenção do Judiciário, mostrar-se-ia inviável a obtenção da utilidade que se pretende obter.

A doutrina tradicionalmente divide o interesse de agir em três diferentes prismas:

1º – Interesse – necessidade. É a necessidade da intervenção do Poder Judiciário, por não se vislumbrar outra forma de se solucionar o conflito de interesses. No processo penal, essa faceta do interesse de agir é pouco importante, pois, sempre, será necessária a intervenção do Poder Judiciário, seja para se impor uma sanção penal no caso das ações penais condenatórias (*nulla poena sine judicio*), seja para que se assegure a liberdade individual (*jus libertatis*) de alguém, através, *v.g.*, da *ação de habeas corpus*, da revisão criminal. Se o *jus puniendi* (o dever de punir) é um instrumento de coação indireto a exigir o devido processo legal para a sua consecução – que é a efetiva imposição da sanção penal pelo Estado-juiz – não menos certo que os atos do Estado ou de particular que atentem contra a liberdade individual também só poderão ser cassados através de decisões fundamentadas do mesmo Estado-juiz.

2º – Interesse – adequação. Demonstrada a necessidade de intervenção do Poder Judiciário, deve o autor escolher a ação adequada ao seu desiderato – ao fim que pretende atingir. Este conceito tem pouquíssima relevância no processo penal, no caso das ações penais condenatórias, que possuem pedidos genéricos de condenação. Poderá existir alguma importância no caso das ações de revisão criminal, reabilitação criminal, ou *habeas corpus* que possuem requisitos próprios, como se verá, os quais, caso não atendidos, poderão resultar na rejeição, *ad limine*, da ação.

3º – Interesse – utilidade. É preciso demonstrar que o provimento jurisdicional pretendido, do momento do ajuizamento da ação até o do seu julgamento, continua sendo útil ao autor – o bem da vida pretendido permanece suscetível de aproveitamento por quem iniciou a demanda. Se não houver interesse de agir, desde o ajuizamento da *actio*, fala-se em falta inicial do interesse de agir; desaparecendo a utilidade no decorrer do trâmite da ação, denomina-se em falta superveniente do interesse de agir. Exemplo: ação de *habeas corpus* em face de prisão ilegal do acusado, que acaba por ser absolvido e solto; nessa situação, se o *habeas corpus* ainda não tiver sido julgado, evidente que faltará interesse de agir superveniente do remédio heroico, que tornará prejudicado o seu julgamento.

No caso das ações penais condenatórias, o interesse de agir da acusação (do MP nas ações penais públicas e do querelante no caso das ações penais privadas) é a de que a sanção penal possa ser aplicada ao acusado a quem se imputa a prática da infração.

3.5.3. Interesse de agir na modalidade utilidade e prescrição virtual

Importante mencionar o instituto da denominada prescrição virtual e sua direta relação com o interesse de agir. A prescrição virtual é aquela alvitrada, de acordo com a possível pena concreta a ser fixada ao acusado na sentença condenatória, e, com base em tal possível sanção, calcular, antecipadamente, se, entre os marcos interruptivos da prescrição, não teria havido o fenômeno prescricional. Tal construção doutrinária tem recebido diversas críticas porque se baseia em uma ficção – uma pena futura e hipotética – que não poderia impedir o desenvolvimento de algo real e concreto, que é a persecução criminal.

Nesse sentido a Súmula 438 do STJ: "É inadmissível a extinção da punibilidade pela prescrição da pretensão punitiva com fundamento em pena hipotética, independentemente da existência ou sorte do processo penal".

De igual maneira, esse é o entendimento no STF[4] para quem "É inadmissível a extinção da punibilidade em virtude da prescrição da pretensão punitiva com base em previsão da pena que hipoteticamente seria aplicada, independentemente da existência ou sorte do processo criminal".

Saliente-se, ainda, que de acordo com o art. 110, § 1º, do CP, "A prescrição, depois da sentença condenatória com trânsito em julgado para a acusação ou depois de improvido seu recurso, regula-se pela pena aplicada, não podendo, em nenhuma hipótese, ter por termo inicial data anterior à da denúncia ou queixa".

Este dispositivo do CP veda o reconhecimento da prescrição da pretensão punitiva retroativa (*real e não virtual*) entre a data do fato e a data do recebimento da denúncia ou queixa. Em outras palavras, a pena concreta fixada na sentença condenatória não pode ser usada como parâmetro a fim de se verificar se houve ou não a prescrição, entre a data do fato e a data do recebimento da denúncia, de acordo com os prazos fixados no art. 109 do CP.

O entendimento pacificado pelos Tribunais Superiores, portanto, é de que não é permitido promover-se o arquivamento de inquérito policial baseado na possível pena que receberia o acusado em uma hipotética sentença condenatória, para que, com essa pena, cotejada com os prazos prescricionais do art. 109 do CP, verificar se ocorreu ou não a prescrição entre a data do fato e a data provável do recebimento da peça acusatória. Um arquivamento com esse fundamento seria manifestamente ilegal e deveria ser rechaçado pelo magistrado, nos termos do que determina o art. 28 do CPP, determinando o envio dos autos à análise pelos órgãos superiores do MP. Proibida, também, de acordo com o art. 110, § 1º, do CP, a prescrição retroativa (*real e não virtual*) entre a data do fato e a data do recebimento da peça acusatória; não se veda, entretanto, a prescrição retroativa entre a data da sentença condenatória e a data do recebimento da denúncia ou queixa.

O efeito prático de tais vedações é um só: como não há prescrição retroativa, real ou virtual, no período que antecede o oferecimento de peça acusatória – fase das investigações criminais (normalmente procedidas mediante inquérito policial), significa dizer que os procedimentos investigatórios poderão se dilatar no tempo (como comumente ocorre), por não existir qualquer espécie de controle a respeito de sua razoável duração, comprometendo direitos individuais, e a própria eficácia do serviço público da persecução criminal na etapa pré-processual . O que ainda não se entendeu é que o instituto da prescrição, especialmente aquela que abate a pretensão punitiva na fase investigativa, é um *instrumento com o qual se visa exigir eficácia – e presteza – do*

---

4. STF – Pleno – RE 602.527 RG-QO/RS, Rel. Min. Cezar Peluso, j. 19/11/2009, DJe 237 17/12/2009.

Poder Público na sua indisponível missão de prestar segurança pública, como preconiza o art. 144, *caput*, da Constituição Federal.

Não obstante o posicionamento dos Tribunais Superiores, pensamos que não deveria existir qualquer óbice ao reconhecimento, com critério e excepcionalmente, da prescrição virtual ou antecipada, quando se constata, com grau de convicção próximo da certeza, de que o provimento jurisdicional seria inútil, porque, em razão da provável pena *in concreto* a ser fixada na sentença condenatória, fatalmente ocorrerá a prescrição da pretensão punitiva. Visando resguardar-se, literalmente, a *economia* processual não há porque se exaurir, os sempre parcos recursos públicos, com processos que não alcançarão qualquer resultado útil à sociedade; por que se impulsionar processos cujo deslinde será uma *sentença de papel*, inócua, não executável?!

Não obstante a posição majoritária dos Tribunais Superiores a quem repugna o instituto da prescrição virtual, pensamos ser possível, depois de *ajuizada a ação penal*, se transcorrido tempo significativo em seu trâmite, o reconhecimento da prescrição virtual intercorrente entre a data do recebimento da denúncia e a da possível sentença condenatória (calculando-se, hipoteticamente, qual seria a pena aplicável, utilizando-se, para tanto, os prazos do art. 109 do CP).

Exemplo: tramitando processo há mais de 4 anos em que se imputa ao acusado a prática de um delito de um estelionato, cuja pena mínima é de um ano, pode-se *verificar*, antecipadamente, que, caso a sanção a ser eventualmente aplicada (se julgado procedente o pleito acusatório) não ultrapassar dois anos, a prescrição será fatalmente reconhecida, quando da prolação do futuro édito condenatório, com fulcro no art. 109, V, do CP: prescrevem em quatro anos os delitos se o máximo da pena não ultrapassar a dois anos.

Ora, nesse caso, não conseguimos enxergar nenhuma utilidade em gastarem-se recursos públicos, energias processuais, e o mais escasso dos bens, o tempo, de servidores públicos (promotores, juízes, escreventes, oficiais de justiça etc), com um processo totalmente rifado em sua sorte, que redundará em um melancólico fim: extinção da punibilidade, pela prescrição, quando da sentença!

Nesse nosso exemplo, pensamos que a situação se enquadra em uma verdadeira *falta de interesse de agir – modalidade utilidade – superveniente*. E qual seria a decisão judicial que obstaria o andamento do feito com base na prescrição virtual intercorrente? Não é caso de se declarar extinta a punibilidade, simplesmente porque tal fato não ocorreu: a punibilidade subsiste como fato possível, embora pouco provável de ser efetivada. Em verdade, o que se deve declarar é a ausência superveniente de uma condição da ação penal – o interesse de agir. Trata-se, assim, de questão de natureza processual – condição da ação penal – e não de direito penal – extinção da punibilidade.

Parece, então, que a melhor solução é julgar extinto o processo sem julgamento do mérito, por falta de uma das condições da ação penal – o interesse de agir, questão essa de ordem pública que pode ser reconhecida pelo juiz, mesmo que de ofício, em qualquer momento processual. Com esse entendimento, Renato Brasileiro de Lima[5].

---

5. Renato Brasileiro de Lima, Curso de Processo Penal, p. 170.

Dessa decisão com força de definitiva, caberá a interposição do recurso de apelação (art. 593, II, do CPP).

3.5.4. Justa Causa

3.5.4.1. Justa causa. Conceito

No caso das ações penais condenatórias, a justa causa se define como a existência de um lastro probatório mínimo de que houve um fato típico, ilícito, culpável e punível e que tal conduta possa ser imputada a determinada pessoa. A justa causa é um conceito utilizável apenas em relação às ações penais condenatórias e se refere à existência do *fumus comissi delicti* – a fumaça da existência de infração penal, em sua autoria e materialidade delitivas. Normalmente, a justa causa é trazida através das investigações coligidas durante o inquérito policial, mas nada impede que a acusação consiga os elementos probatórios através de outras fontes, como procedimento investigatório presidido pelo próprio MP, autos de procedimento administrativo, autos de CPI, ou quaisquer outras peças de informação, desde que possuam base empírica suficiente ao desencadeamento, de maneira responsável, de uma ação penal. Essa preocupação maior com a existência da justa causa – um conceito próprio do direito processual penal – tem como razão de ser o fato de que o mero ajuizamento de uma ação penal, além de colocar em risco, em tese, a liberdade do acusado, certamente compromete sua dignidade (o denominado *status dignitatis*), de modo que acusações levianas, desprovidas de provas mínimas, devem ser rechaçadas desde o início, rejeitando-se as peças acusatórias que as veiculem (denúncias ou queixas).

Como ensina Vicente Greco Filho[6], (...) " para haver justa causa, exige-se um juízo de probabilidade da ocorrência da infração penal quanto a todos os seus elementos, inclusive a antijuridicidade e a culpabilidade. Para a instauração do inquérito bastou um juízo de possibilidade. Para a ação exige-se a probabilidade, porque a ação penal já é um constrangimento que depende de base para submeter qualquer pessoa".

A falta de justa causa é motivo para que a denúncia ou queixa sejam rejeitadas, como prevê o art. 395, III, do CPP.

3.5.4.2. Justa causa duplicada

Como bem ensina Renato Brasileiro de Lima[7], em se tratando dos delitos de lavagem de capitais (Lei 9.613/98), é preciso que se demonstre a existência de provas quanto ao delito em si de ocultação de bens, direitos e valores como também que tais valores têm por origem, direta ou indiretamente, uma infração penal. É a chamada *justa causa duplicada*: duplicada porque exige a presença de elementos probatórios referentes a duas infrações, simultaneamente, como demanda o art. 2º, § 1º, da Lei 9.613/98.

---

6. Vicente Greco Filho, Manual de Processo Penal, p. 113.
7. Renato Brasileiro de Lima, Curso de Processo Penal, p. 173.

De idêntica forma, haverá justa causa duplicada na hipótese do delito de receptação, referente a tal infração e também a que lhe antecedeu (normalmente, um roubo ou furto anterior).

Na denúncia, em relação a tais infrações penais, caberá ao MP apontar a existência da justa causa, apontando os elementos demonstrativos do delito antecedente, sob pena de rejeição da peça acusatória, mesmo que a autoria do crime anterior não tenha sido esclarecida. É o que ocorre comumente quanto às acusações referentes ao delito de receptação: sabe-se quem recebeu, por exemplo, o automóvel roubado, conhecedor de sua origem criminosa, mas não se apura quem foi assaltante; nessa situação, descrito o delito de roubo anterior, mesmo que sem apontar-se a sua autoria, não haverá qualquer empecilho ao recebimento da inicial, porque o crime precedente foi descrito e devidamente comprovada sua existência.

3.5.4.3. Justa causa e crimes contra a ordem tributária

Para que seja ajuizada ação pela prática de crimes contra a ordem tributária (art. 1º da Lei 8.137/90) a justa causa é materializada pela constituição definitiva do crédito tributário.

Nesse sentido o teor da Súmula Vinculante 24: "Não se tipifica crime material contra a ordem tributária, previsto no art. 1º, incisos I a IV, da Lei n. 8.137/90, antes do lançamento definitivo do tributo".

Os delitos previstos no art. 1º, incisos I a IV, da Lei 8.137/90 são crimes materiais, que exigem, para a sua consumação, resultado naturalístico, consistente em dano ao Erário. Esse ano ao erário se investiga através de um auto de infração, em que o contribuinte/responsável deverá ser notificado, seguido de um processo administrativo fiscal, onde se assegurará ao investigado o contraditório e a ampla defesa. Encerrado o processo administrativo-fiscal, se constatado o débito tributário, haverá a constituição definitiva do crédito tributário com a inscrição da dívida ativa, lançando-se, de forma definitiva, o tributo. Apenas depois de exaurida a etapa administrativa, se autoriza ao Ministério Público oferecer denúncia por sonegação fiscal, mas não se obriga, à acusação, que faça a juntada da íntegra do processo administrativo tributário para comprovar a materialidade do delito que se verifica pela constituição definitiva do crédito tributário[8]. Eventuais vícios no processo administrativo fiscal deverão ser discutidos em sede próprio- na seara não criminal- e não no âmbito da Justiça Criminal[9].

Se, em ação anulatória de débito fiscal, em Vara Cível ou da Fazenda Pública, for implementada medida cautelar suspendendo a exigibilidade do tributo (art. 151, V, do Código Tributário Nacional), como haverá reflexos no processo-crime instaurado, uma vez que se coloca em dúvida o cerne da questão discutida na causa criminal, que é a sonegação fiscal em si, a ação penal deverá ser suspensa[10]. Pelo mesmo raciocínio,

---

8. STJ- Recurso em *Habeas Corpus* 94.288/RJ (2018/0015938-8). Rel. Min. Reynaldo Soares da Fonseca.
9. STJ- HC 139.308/AC. 6ª T. Rel. Min. Sebastião Reis Júnior. DJe 26/10/2012.
10. Informativo do STF. 04/07/2018. STF. HC 157022. Min. Marco Aurélio.

evidente que se for desconstituído o débito tributário, na Justiça Cível, a ação penal que se estriba naquele crédito tributário deverá ser trancada, através de *habeas corpus*, porque manifesto o constrangimento ilegal sofrido pelo acusado.

Em se tratando, porém, do crime de descaminho (art. 334 do CP), não se aplica a Súmula Vinculante referida, porque se pacificou o entendimento, junto ao STF[11] e STJ[12] de que o descaminho é crime formal, não exigindo, para sua caracterização, a conclusão de prévio procedimento administrativo – fiscal.

Também não se aplica a Súmula Vinculante, no caso de o crime contra a ordem tributária se relacionar com o descumprimento de obrigação acessória de o agente colacionar nas mercadorias ou produtos, o selo oficial, com a finalidade de comprovar o devido recolhimento do tributo (art. 293, § 1º, III, *b*, do CP). Portanto, não há necessidade de procedimento administrativo prévio para se apurar eventual débito tributário nessa hipótese, pois o crime referido possui natureza formal, de modo que não haverá óbice ao recebimento da denúncia desacompanhada de tal procedimento. De idêntica maneira, decidiu o STJ[13] que o crime previsto no art. 3º da Lei 8.137/90, cometido por funcionário público, é crime formal e não exige, para a sua caracterização, que o crédito seja constituído na via administrativa; por fim, conclui o aresto que: "Mesmo que o tributo seja pago, ou que haja a extinção da punibilidade do contribuinte, remanesce a responsabilidade penal do funcionário público, já que os crimes do art. 3º da Lei 8.137 não ofendem apenas a ordem tributária, mas também a moralidade administrativa".

Não se impede a tramitação de inquéritos policiais que visem apurar crimes tributários, mesmo que ainda não tenham sido lançados os créditos tributários, desde que os procedimentos investigatórios tenham por objeto também crimes conexos, de natureza distinta da fiscal, como delitos contra a administração em geral, "lavagem e ocultação de bens"[14].

3.5.4.4. *Justa causa e excesso acusatório*

E se a denúncia não se ajustar com o teor das investigações, ao ponto de se verificar que houve um excesso acusatório, como, *v.g.*, ao denunciar-se por roubo tentado uma conduta de subtrair, sem violência ou ameaça, celular da vítima que nele dialogava?

Neste caso, a equivocada adequação típica trará evidente prejuízo de natureza penal ao acusado, afinal, o furto simples tentado, delito efetivamente ocorrido, admite a proposta de suspensão condicional do processo (art. 89 da Lei 9.099/95), ao passo que o roubo não, além, obviamente, das implicações referentes à pena corporal e ao

---

11. STF – 2ª T. Min. Rel. Ayres Brito, HC 99740/SP, DJe 31/01/2011. STF-1ª T. Min. Rel. Luiz Fux, RHC 119960, j. 13/05/2014, DJe 105, Divulg. 30-05-2014. Public 02-06-2014.
12. STJ – Recurso Especial nº 1.343.463/BA (2012/0191394-2). Min. Assusete Magalhães. STF – 5ª T. Min. Rel. Laurita Vaz, HC 218.961/SP, j. 15/10/2013, DJe 25/10/2013. STJ – 6ª T. Min. Rogerio Schietti Cruz, AgRg no REsp 1435165/PR, j. 18/11/2014, DJe 05/12/2014.
13. Informativo STJ. 02/12/2011. STJ. 5ª T. Min. Rel. Jorge Mussi. HC 137462.
14. Informativo do STF. 28/11/2017. STF. 1ª T. RcL 28147. Rel. Min. Luiz Fux.

regime de cumprimento, à possibilidade de substituição da pena privativa de liberdade por restritivas de direitos (art. 44 do CP), muito mais gravosas no caso de roubo.

Poderia o juiz corrigir a acusação?

A nosso ver, não, uma vez que o magistrado não pode se substituir ao membro do MP, "aditando suas denúncias", afinal, cabe ao *Parquet* a prerrogativa de ajuizar ações penais públicas (art. 129, I, da CF). Restará, então, ao magistrado, como caminho mais óbvio, rejeitar, de plano, a peça acusatória por falta de justa causa (art. 395, III, do CPP), ou, de maneira mais prática, determinar que o membro do MP se manifeste a respeito de possível aditamento da peça acusatória, apontando sua incongruência na comparação com os elementos informativos coligidos no inquérito, sem antecipar qual a adequação típica correta, a fim de se evitar possível prejulgamento; se o *Parquet* aditar a peça acusatória nos termos sugeridos pelo magistrado, a questão estará solucionada, e a denúncia será recebida; se o membro do Ministério Público optar por manter o teor original da denúncia oferecida, o único caminho será a rejeição, pelo juiz, da peça acusatória.

A esse poder de frear o excesso acusatório parte da doutrina[15] denomina de princípio da correção do excesso.

Em se tratando de erro material de capitulação, *v.g.*, denúncia em que se descreve furto, mas se capitula como roubo, o juiz deverá apontar o erro ao membro do MP para que adite a denúncia; mesmo que o erro passe despercebido, no decorrer do processo, nada impede que o juiz corrija a imputação, quando da sentença (art. 383 do CPP – *emendatio libelli*).

O ideal, todavia, é que o juiz desclassifique a infração capitulada para aquela adequada, o mais rápido possível, de preferência, quando do próprio recebimento da peça acusatória. Nessa decisão interlocutória o juiz poderá corrigir o erro material, ao mesmo tempo em que, determina que se siga o rito adequado da infração correta; ou se envie o processo ao Juízo verdadeiramente competente para julgar a infração; ou ainda, que se oportunize ao acusado possíveis benefícios penais como a transação penal, suspensão condicional do processo, adequados à imputação formulada, mas erroneamente classificada. Claro que se o *Parquet* discordar do entendimento do magistrado que capitulou a infração em outro tipo penal mais brando, abrindo a possibilidade de o acusado obter benefícios penais, como a transação penal ou a suspensão condicional do processo, caberá, ao membro do *Parquet*, ajuizar correição parcial, ou impetrar mandado de segurança, com a finalidade de corrigir eventual *error in procedendo*.

3.5.5. Possibilidade jurídica do pedido

A prestação jurisdicional pretendida deve estar prevista no ordenamento jurídico. No caso das ações penais condenatórias, o fato imputado deve ser típico, ilícito, culpável

---

15. Renato Brasileiro de Lima, Curso de Processo Penal, p. 1045.

e punível: apenas com a coexistência de todos esses elementos haverá a possibilidade jurídica de um pedido de condenação; faltando qualquer um deles, a inviabilidade da ação será manifesta. Se o fato for atípico, a peça acusatória deverá ser rejeitada por ausência de uma das condições da ação penal (art. 395, II, do CPP). Mas não basta que o fato seja típico para que a peça acusatória (denúncia ou queixa) seja recebida. É preciso que o fato também seja ilícito, culpável e punível. Claro que, ausentes à tipicidade, ilicitude e culpabilidade, o próprio MP, em se tratando de ações penais públicas, deveria ter promovido o arquivamento. Caso, entretanto, assim não aja, e ofereça denúncia, caberá ao juiz rejeitá-la. A rejeição tendo por fundamento a ausência de tipicidade, ilicitude ou culpabilidade acarreta, como alerta Renato Brasileiro de Lima[16], por entrar no mérito, coisa julgada formal e material. Não se trata, assim, de mera decisão processual, mas sim de decisão de mérito da questão penal. No caso de acusado inimputável, referida causa excludente de culpabilidade (art. 26 do CP) não impedirá o ajuizamento da ação, porque poderá a ele ser imposta a sanção da medida de segurança (é a chamada absolvição imprópria, em que o juiz absolve o acusado, por não ser culpável, mas lhe impõe uma medida de segurança).

Se, todavia, o juiz não tiver notado a falta da possibilidade jurídica do pedido quando do recebimento da peça acusatória, poderá, em sede de absolvição sumária, apontar a inexistência de tipicidade, antijuridicidade, culpabilidade e punibilidade (art. 397 do CPP), decisão essa que transitará em julgado formal e materialmente.

3.5.5.1. Possibilidade jurídica do pedido e crimes contra a ordem tributária

Pacificou-se junto ao STF[17] que os crimes contra a ordem tributária (Lei 8.137/90), e nos crimes de descaminho (art. 334 do CP), se envolverem valores inferiores a R$ 20.000,00 (vinte mil reais)[18], importará em reconhecimento da atipicidade material do fato, reconhecendo-se sua insignificância (delito de bagatela), de modo que a denúncia oferecida quanto a tais delitos – desde que, repita-se, o valor do prejuízo para a Fazenda Pública não ultrapasse o teto de R$ 20.000 (vinte mil reais) – deverá ser rejeitada.

Não obstante a corrente majoritária encampe essa argumentação, entendemos que, como bem decidido pelo STJ[19] – em posicionamento minoritário – não há como se reputar insignificante o valor de R$ 20.000,00; tal reconhecimento, acarreta a sistemática impunidade de autores de crimes graves advindos de burla ao pagamento de tributos devidos, materializando evidente prejuízo ao erário e, por via de consequência, também à sociedade como um todo.

O próprio Ministério da Fazenda[20] considerou equivocado o uso do piso de R$ 20.000,00 (vinte mil reais) estabelecido pelo Supremo, a fim de se processar

---

16. Renato Brasileiro de Lima, Curso de Processo Penal, p. 175.
17. STF. Min. Rel. Dias Toffoli, HC 119.849/PR, DJe 07/10/2014; STF. Min. Rel. Rosa Weber, HC 123.479/RS, DJe 08/10/2014. STF – Min. Rel. Roberto Barroso, HC 120.096/PR, DJe 04/04/2014.
18. Valor esse fixado pela Portaria MF n. 75/2012.
19. STJ. Recurso Especial nº 1.393.317/PR (2013/0257645-1).
20. Jornal Valor Econômico. 29/09/2014 com o título "Fazenda considera errado uso do piso de R$20 mil pelo STF".

criminalmente o autor do crime contra a ordem tributária. A orientação da Portaria 75/2012, que fixou o valor de R$ 20.000,00 (vinte mil reais) como o limite para se ajuizar ou não a execução fiscal, teve por objetivo evitar que os procuradores ingressassem com execução fiscal para essa cobrança, até porque a Fazenda tem utilizado meios mais eficientes para obter o pagamento dos débitos, como protestos em cartório; não fornecimento de certidão negativa de débitos aos devedores, o que os impede de obtenção de empréstimos em bancos públicos e contratos com a Administração Pública. Em outras palavras, o valor de R$ 20.000,00 (vinte mil reais) *não é insignificante para o Estado* (e, por via de consequência, à sociedade), tanto que a Fazenda cobrará, por outros meios menos dispendiosos que os custos que envolvem uma execução fiscal, referido valor. Em suma, o valor de R$ 20.000,00 (vinte mil reais) foi utilizado, pela Fazenda Pública, apenas como um critério para escolher-se a modalidade de cobrança da dívida: se acima de tal valor, é economicamente viável o ajuizamento da execução fiscal; se inferior ao valor, cobra-se de outros meios menos dispendiosos que a execução fiscal. Em nenhum momento, a Fazenda abriu mão desse valor, por considera-lo desprezível! O STJ[21], porém, acabou por se adaptar ao posicionamento do Supremo, que tem considerado o parâmetro fixado nas Portarias n. 75 e 130 do Ministério da Fazenda, de R$ 20.000,00 (vinte mil reais), para aplicação do princípio da insignificância aos crimes tributários federais e de descaminho,

3.5.5.2. Possibilidade jurídica do pedido e pagamento do débito tributário

O pagamento dos débitos tributários, antes do oferecimento da denúncia, acarreta a extinção da punibilidade do indiciado/acusado, de acordo com o art. 34, *caput*, da Lei 9.249/95. Desse modo, faltará possibilidade jurídica ao pedido de condenação formulado na denúncia a qual deverá ser rejeitada por tal motivo.

Por sua vez, o art. 67 da Lei 11.941/2009 estipula que, na hipótese de parcelamento do crédito tributário *antes do oferecimento da denúncia*, essa somente poderá ser aceita na superveniência de inadimplemento da obrigação objeto da denúncia. Com o mesmo teor o § 1º do art. 83 da Lei 12.382/2011, o qual dispõe que, na hipótese de concessão de parcelamento do crédito tributário, a representação fiscal para fins penais somente será encaminhada ao Ministério Público após a exclusão da pessoa física ou jurídica do parcelamento.

No caso de ação penal por crime tributário em trâmite, se houver o pagamento, mesmo que parcelado da dívida com a Fazenda, e sendo quitada integralmente durante a marcha processual, é caso, segundo o STF[22], de se declarar extinta a punibilidade do acusado, com base no art. 9º, § 2º da Lei 10.684/03.

De acordo com o art. 9º, *caput*, da Lei 10.684/03, é suspensa a pretensão punitiva do Estado, referente aos crimes previstos nos arts. 1º e 2º da Lei 8.137/90 (crimes contra a ordem tributária), e nos arts. 168 – A (apropriação indébita previdenciária)

---

21. Informativo do STJ. 06/03/2018. STJ- 3ª Seção. Revisão da tese proposta pelo Min. Relator Sebastião Reis Júnior. REsp 1.709.029. REsp 1.688.878.
22. Informativo STF. 15/05/2014. STF. Plenário. Min. Rel. Cármem Lúcia. AP 613.

e 337 - A, do CP (sonegação de contribuição previdenciária), durante o período em que a pessoa jurídica relacionada com o agente dos aludidos crimes estiver incluída no regime de parcelamento. Isso significa dizer que, em qualquer fase da persecução penal - inquérito policial ou ação penal, enquanto não transitar em julgado, mesmo em grau recursal - a pretensão punitiva do Estado estará suspensa, quando a pessoa jurídica vinculada ao indiciado ou acusado for incluída em regime de parcelamento de débitos tributários. Sendo assim, o inquérito ou processo, pouco importando a fase em que estejam, permanecerão suspensos. Como veremos em breve, a Lei 12.382/2011 passou a dispor do assunto de maneira diversa, ao admitir a suspensão da prescrição, em razão do parcelamento, apenas se o pedido de parcelamento ocorrer antes do oferecimento da denúncia.

A prescrição criminal não corre durante o período de suspensão da pretensão punitiva (§ 1º do art. 9º da Lei 10.684/03).

Extingue-se a punibilidade dos crimes referidos quando a pessoa jurídica relacionada com o agente efetuar o pagamento integral dos débitos oriundos de tributos e contribuições sociais, inclusive acessórios (§ 2º, do art. 9º da Lei 10.684/03).

A Lei 11.941/2009, em seu art. 68, *caput*, por sua vez, também estabeleceu a suspensão da pretensão punitiva do Estado, referente aos delitos previstos nos arts. 1º e 2º da Lei 8.137/90 (crimes contra a ordem tributária), e nos arts. 168 - A (apropriação indébita previdenciária) e 337 - A, do CP (sonegação de contribuição previdenciária); igualmente previsto que a prescrição não corre durante o período de suspensão da pretensão punitiva (art. 68, § único, da Lei 11.941/2009); e ainda que será extinta a punibilidade quando a pessoa jurídica relacionada com o agente efetuar o pagamento integral dos débitos oriundos de tributos ou contribuições sociais, inclusive acessórios, que tiverem sido objeto de concessão de parcelamento.

Dispõe, por fim, ainda sobre sobre o tema - Crimes contra a ordem tributária - com dispositivos legais muito semelhantes aos analisados acima - a Lei 12.382/2011.

Crime de descaminho e pagamento do tributo

O STF[23] decidiu que, no caso de descaminho (art. 334, § 1º, alíneas *c* e *d*, do CP), o pagamento do tributo, antes do oferecimento da denúncia, acarretará, à semelhança dos crimes contra a ordem tributária, a extinção da punibilidade, de modo a impor-se a rejeição da peça acusatória, isso porque "é nítida a natureza tributária do crime de descaminho".

3.5.6. Momento para análise das condições da ação penal

Em regra, a existência ou não das condições da ação penal condenatória devem ser aferidas pelo juiz quando se oferece a peça acusatória. Faltando quaisquer dos requisitos legais, será caso de rejeição da denúncia ou queixa (art. 395, II, do CPP).

---

23. Informativo STF, 25/05/2011. STF. 1ª T. Min. Rel. Luiz Fux, HC 85942.

Se a rejeição da peça acusatória se referir a questões tão somente processuais, sem reflexo no direito penal, tal decisão fará apenas coisa julgada formal. Nada impedirá que, adimplida a condição da ação penal faltante, volte-se a ajuizar nova denúncia ou queixa. Fazem então coisa julgada formal as rejeições de peça acusatória que reconheçam a ausência de justa causa ou a falta de legitimidade das partes, desde que não tenha ocorrido a extinção da punibilidade, por exemplo, pela decadência ou pela prescrição.

Todavia, se tiver havido uma decisão de mérito, ao não receber a peça acusatória, por reconhecer o juiz a atipicidade do fato, a existência de causa excludente de ilicitude ou culpabilidade e de punibilidade, referida decisão produzirá coisa julgada formal e material.

Caso passe despercebida a ausência das condições da ação, e recebida inadvertidamente a peça acusatória, o juiz poderá, como visto acima, em se tratando de questão de mérito, como a possibilidade jurídica do pedido que exige a existência de fato típico, ilícito, culpável e punível, esperar a resposta à acusação pela defesa para absolver sumariamente o acusado (art. 397 do CPP). Se tiver deixado passar mais essa oportunidade, deverá aguardar o fim do processo para sentenciar o acusado.

Porém, se a falta de uma das condições da ação penal envolver questão puramente processual, como a falta de legitimidade, ausência de justa causa, interesse de agir, e a denúncia ou queixa tiverem sido recebidas, não haverá se falar em absolvição sumária, que apenas compreende questões de natureza penal, e não processual penal. O que fazer, então, se, por exemplo, depois de recebida a peça acusatória, percebe o juiz a completa falta de justa causa (a inexistência de material probatório mínimo de autoria e materialidade delitivas), ou que, embora ajuizada queixa-crime, o delito era de ação penal pública, ou ainda que não existe mais interesse de agir superveniente? É caso de se reconhecer a nulidade do processo por ausência de condição da ação penal, desde o recebimento da peça acusatória, incluindo a própria, é claro, extinguindo-se o processo sem julgamento de mérito, fazendo coisa julgada formal.

Não obstante tal possibilidade, alerta Renato Brasileiro de Lima[24] que, segundo a *teoria da asserção*, a presença das condições da ação penal devem ser analisadas pelo juiz, quando do recebimento da inicial acusatória, sendo rejeitada a peça caso falte alguma delas (art. 395, II, do CPP). Mesmo durante o transcurso do processo criminal, na hipótese em que a peça acusatória já tenha sido recebida, e verificando o magistrado a ausência de uma das condições da ação penal, como a falta de justa causa ou de legitimidade, poderá anular o processo *ab initio*, como se viu. Essas duas possibilidades – rejeição inicial ou rejeição tardia e anulação do processo – no entanto, só serão admissíveis, se não tiver existido nenhuma perquirição maior da questão, a qual fora percebida, sem esforço, pelo juiz quando da própria análise da inicial acusatória. Entretanto, a partir do momento em que o magistrado se aprofunda na verificação da existência ou não das condições da ação penal – *v.g.*, ao perceber, durante a instrução, que nunca houve qualquer elemento de convicção em face do acusado (falta de justa

---

24. Renato Brasileiro de Lima, Curso de Processo Penal, p. 162.

causa), deverá sentenciar, ao final, enfrentando as questões de fato e de direito, o que produzirá a coisa julgada formal e material, com a prolação de sentença absolutória.

3.5.7. Condições específicas de determinadas ações penais (condições de procedibilidade)

Algumas ações penais exigem não apenas as condições genéricas de toda e qualquer ação, mas também condições específicas para que o direito de ação possa ser admitido: são as chamadas condições de procedibilidade. Na verdade, como ensina Vicente Greco Filho[25], as condições de procedibilidade, nada mais são do que condições especiais subsumidas na possibilidade jurídica do pedido.

São exemplos de condições de procedibilidade, dentre outras, a representação da vítima, ou a requisição do Ministro da Justiça, nas ações penais públicas condicionadas; a autorização da Câmara dos Deputados para que seja iniciado processo criminal contra o Presidente da República, Vice – Presidente, Ministros de Estado, que serão julgados pelo STF (art. 51, I, da CF).

3.6. CLASSIFICAÇÃO DAS AÇÕES PENAIS

De acordo com a doutrina tradicional processual civil, as ações se dividem em ações de conhecimento, cautelares e de execução. No processo penal, não existe uma categoria autônoma de ações cautelares ou de execução; existem medidas cautelares diversas sem que se possa enxergar nelas a autonomia de uma ação ou processo independente, até porque a maior parte delas pode ser decretada, de ofício, pelo magistrado sem qualquer provocação da parte (*v.g.* prisão preventiva decretada de ofício pelo juiz no transcurso do processo). De igual maneira, a execução das sanções penais opera de ofício, com exceção da pena de multa que depende de a Fazenda Pública (ou, conforme o entendimento esposaso, o MP) ajuizar a ação executiva.

Percebe-se, assim, que a única modalidade de ação existente no processo penal é a de conhecimento, que se subdivide, como se sabe, em:

1º – **ação de conhecimento condenatória**. Forma a maioria das ações penais, em que se veicula, após a cognição dos fatos e do direito, a pretensão de se aplicar uma sanção penal (pena ou medida de segurança);

2º – **ação de conhecimento constitutiva**. Aquela que pretende criar, modificar ou extinguir uma relação jurídica. Exemplo: revisão criminal em que se pretende desconstituir a coisa julgada condenatória e substituí-la por uma sentença absolutória.

3º – **ação de conhecimento declaratória**. Pretende-se apenas a declaração da existência ou não de uma relação jurídica. É o que ocorre, por exemplo, quando, através de um *habeas corpus*, postula-se seja declarada a nulidade do processo.

---

25. Vicente Greco Filho, Manual de Processo Penal, p. 108.

3.7. CLASSIFICAÇÃO GERAL DAS AÇÕES PENAIS DE CONHECIMENTO CONDENATÓRIAS

São aquelas ações em que se imputa ao acusado, de maneira eminentemente descritiva, a prática de um fato típico, ilícito, culpável e punível, ao mesmo tempo em que se pede, de maneira genérica, a aplicação da sanção penal ao réu. A ação penal condenatória veicula, portanto, a pretensão punitiva.

A doutrina em sua imensa maioria utiliza uma das condições da ação – a legitimidade ativa de partes – para classificar as ações penais, as quais se dividem então em duas grandes espécies:

Ações Penais Públicas: são aquelas em que o exercício da ação penal é um dever do Estado, através do Ministério Público, com fundamento no art. 129, I, da CF, porque, com a prática dos crimes de ação penal pública, se violam bens jurídicos de especial relevância para a sociedade, como, por exemplo, o homicídio, a extorsão, o roubo.

Ações Penais Privadas: são aquelas em que o exercício da ação penal é um direito do ofendido, de seu representante legal ou sucessores, porque, com a prática dos crimes de ação penal privada, se violam bens jurídicos de especial relevância para o ofendido, como, por exemplo, os crimes contra a honra, ou certos crimes contra o patrimônio, como o dano.

3.7.1. Classificação das ações penais públicas

As ações penais públicas se dividem em duas espécies:

1º – Ações penais públicas incondicionadas

São aquelas em que, por se tratar de crime que viola mais gravemente os interesses da sociedade, o ajuizamento da ação penal pelo Ministério Público independe de qualquer manifestação de vontade por parte da vítima, de seu representante legal ou sucessores.

Tendo sido cometido o crime em detrimento de patrimônio ou interesse da União, Estado ou Município a ação será pública incondicionada, porque o interesse lesado é público, social (art. 24, § 2º, do CPP). Interessante notar que no caso de delito de violação de dispositivo informático (art. 154-A do CP), em regra, a ação penal é pública condicionada à representação, mas, se o crime for cometido contra a administração pública direta ou indireta de qualquer dos Poderes da União, Estados, Distrito Federal ou Municípios ou contra empresas concessionárias de serviços públicos a ação será pública incondicionada (art. 154-B do CP).

Quando o tipo penal silencia a respeito da ação penal, é porque o crime é de ação penal pública incondicionada.

2º – Ações penais públicas condicionadas

Estas ações penais são divididas em duas subespécies a ação penal pública condicionada à representação e ação penal pública condicionada à requisição do Ministro da Justiça.

3.7.1.1. Ação penal pública condicionada à representação

3.7.1.1.1. Conceito

É aquela ação em que, por se tratar de crime que afeta, ao mesmo tempo, os interesses da sociedade e os da vítima, depende da manifestação de vontade do ofendido, seu representante legal ou sucessores, no sentido de autorizar primeiro a Polícia a investigá-lo e, depois, o Ministério Público a oferecer denúncia. Assim se permite, porque, em certos casos, o ajuizamento da ação poderá trazer maior prejuízo, pela publicidade indevida do fato à vítima (*strepitus iudicii*) que a própria impunidade do autor da infração, cabendo, desse modo, ao ofendido decidir o que deve ou não fazer, num juízo exclusivo seu de oportunidade e conveniência. Não é possível, em regra, renunciar-se ao direito de representação, porque o art. 104 do CP trata apenas da renúncia ao direito de queixa (ação penal privada), não sendo admissível a analogia para se criar hipótese de extinção da punibilidade não prevista em lei. Porém, no caso das infrações de menor potencial ofensivo em que se apure a prática de crime de ação penal pública condicionada à representação, a homologação de acordo de composição de danos civis acarreta a renúncia do direito de representação (art. 74, § único, da Lei 9.099/95).

3.7.1.1.2. Conceito de representação como condição de procedibilidade. Natureza jurídica. Titularidade. Conteúdo. Forma. Endereçamento. Prazo. Retratação

A representação autoriza o delegado de polícia a instaurar inquérito policial, ao mesmo tempo em que permite também ao membro do Ministério Público oferecer denúncia em face de todos os autores do crime.

A representação é, portanto, uma autorização à persecução penal, em sede policial e judicial. Oferecida denúncia, sem que tenha havido representação por parte da vítima, representante legal ou sucessores, a peça acusatória deverá ser rejeitada, por falta de uma das condições da ação – possibilidade jurídica do pedido, mais especificamente, ausência de uma condição de procedibilidade (que é, justamente, a representação) (art. 395, II, do CPP).

Quanto ao Ministério Público, este estará autorizado a oferecer denúncia, mas não obrigado a fazê-lo, dependendo, sempre, da formação da sua *opinio delicti* (convicção jurídica de que é caso de iniciar-se a ação penal, por se tratar de fato típico, ilícito, culpável e punível). Estará também autorizado o *Parquet* a oferecer denúncia contra todos os envolvidos no crime de ação penal pública, mesmo que a representação tenha sido oferecida contra apenas um deles, isto porque a representação autoriza a persecução penal quanto ao fato delituoso e não contra um ou outro agente. É a chamada eficácia objetiva da representação, encampada pelo STJ[26]. Não obstante, se a vítima oferece representação quanto a determinado episódio delitivo, e, mesmo que se saiba que existe outro fato de igual jaez a depender também de representação, o MP não poderá oferecer denúncia pelos dois fatos criminosos; dependerá de representação para fazê-lo quanto ao outro acontecimento delitivo.

Natureza jurídica da representação

Como acima se viu ao se tratar das condições da ação penal, a representação é uma condição de procedibilidade, ou seja, uma condição da ação penal específica exigida quando se trata de ações penais públicas condicionadas (art. 24 do CPP e 100, § 1º, do CP).

Como se sabe que uma ação é condicionada à representação?

Quando na redação do crime se dispõe que "somente se procede mediante representação".

Titularidade do direito de representação

A vítima, em primeiro lugar, é a titular do direito de representação. No caso de sua morte, ou se declarada ausente por decisão judicial, o direito de oferecer representação passará ao cônjuge, companheiro (por equiparação constitucional ao cônjuge – art. 226, § 3º, da CF), ascendente, descendente ou irmão, como prevê o parágrafo § 1º do art. 24 do CPP. Deve-se seguir, caso exista a vontade ativa dos sucessores do ofendido, a ordem de preferência do dispositivo legal: primeiro o cônjuge ou companheiro, depois o ascendente, e assim sucessivamente. Se um dos sucessores pretender representar e os demais não, prevalecerá a vontade ativa de desencadear a persecução penal.

Se a vítima for maior de 18 anos e capaz, o direito de representação será exercido exclusivamente por ela, como permite o art. 5º do Código Civil, ao determinar que a menoridade cessa aos 18 anos.

Encontram-se, assim, revogados tacitamente pelo Código Civil os arts. 34 e 50, § único, do CPP.

Curador especial

Sendo o ofendido menor de 18 anos ou incapaz (por retardo ou doença mental), exercerá, por ele, o direito de representação seus representantes legais, ou seja, seus pais, tutores ou curadores, ou mesmo aqueles que, informalmente, cuidem dos interesses do incapaz.

E se o menor de 18 anos ou incapaz não tiverem representante legal?

Nesta situação, o juiz deverá nomear, de ofício ou a requerimento do MP, curador especial, que irá avaliar se é conveniente ou não oferecer a representação (art. 33 do CPP).

---

26. STJ – 5ª T, HC 57.200/RS, Rel. Min. Gilson Dipp, DJ 30/10/2006, p. 348.

Importante dizer que o curador especial não é obrigado a oferecer representação, mas, apenas, analisar se os interesses do menor serão melhor atendidos ou não com tal providência.

E se o menor de 18 anos ou o incapaz tiverem representante legal, mas os interesses entre eles colidirem?

Nesta situação, igualmente, deve o juiz nomear curador especial isento, para que decida a respeito do exercício ou não do direito de representação (art. 33 do CPP).

Embora o art. 33 do CPP trate da nomeação de curador especial apenas em relação à ação penal privada, é certo que tal instituto é aplicável também às ações penais públicas condicionadas à representação, por interpretação extensiva (a lei disse menos do que pretendia dizer).

Emancipação e direito de representação

E se o maior de 16 anos, menor de 18, estiver emancipado pelo casamento, poderá oferecer representação, sem depender do seu representante legal para tanto?

Entendemos correta a posição de Renato Brasileiro de Lima[27] no sentido de que, muito embora o menor, nessas condições, tenha capacidade *civil* plena, não possui a capacidade *penal* de oferecer representação, porque, como só se tornará responsável criminalmente por seus atos a partir dos 18 anos, não teria sentido permitir que, com sua vontade exclusiva, desencadeasse a persecução penal, sem que fosse possível sua responsabilização criminal, caso tenha agido dolosamente representando contra pessoa inocente, o que faria com que fosse incurso, em tese, no delito de Denunciação caluniosa – art. 339 do CP.

Nessa situação do menor emancipado, como adverte o citado autor, ou nomeia-se um curador especial, utilizando-se por analogia o art. 33 do CPP, ou então se espera até que o menor complete 18 anos; antes dessa data, não se conta a decadência, porque ele não pode exercer seu direito.

Representação da pessoa jurídica

Além da vítima ou sucessores pessoas naturais, é perfeitamente possível que a pessoa jurídica ofereça representação, desde que representada por quem os contratos ou estatutos designarem ou, no silêncio deles, pelos seus diretores ou sócios – gerentes, como prevê o art. 37 do CPP, que trata do direito de queixa, mas que, numa interpretação extensiva, se aplica também ao direito de representação.

Conteúdo, forma e endereçamento da representação

A representação tem como conteúdo uma manifestação de vontade de ver processado o autor de um crime, ao mesmo tempo em que pode veicular informações que sirvam à apuração do fato e da autoria.

---

27. Renato Brasileiro de Lima, Curso de Processo Penal, p. 210.

É a chamada *notitia criminis postulatória* (dá a notícia do crime e postula a punição do seu autor).

A forma da representação é livre, não se submetendo a rigores formais. Não é preciso, assim, que conste, expressamente, da manifestação de vontade da vítima, de seu representante legal ou sucessores, a palavra "representação"; basta que não haja dúvidas de sua intenção de ver processado o autor do crime, como, quando, por exemplo, pede-se para lavrar boletim de ocorrência do fato, o ato em si de prestar declarações na delegacia etc.

Segundo o STF[28]: "O ato de representação, para fins penais, prescinde de qualquer formalidade, bastando a inequívoca manifestação da vítima no sentido de processar o ofensor".

A representação pode ser exercida pessoalmente pela vítima, pelo seu representante legal ou sucessores, ou por procurador com poderes especiais, mas não é necessária a intervenção de advogado (art. 39, *caput* do CPP). Na procuração deverá constar, expressamente, o requerimento para se iniciar a persecução penal, apontando, inclusive, se houver essa informação, o nome do suposto autor da infração.

A representação pode assumir a forma de declaração escrita, com assinatura autenticada, ou oral; quando feita oralmente, ou quando formalizada por escrito, mas sem ser autenticada, deverá ser reduzida a termo (ou seja, será redigida e assinada), e será endereçada ao juiz, ao órgão do Ministério Público ou à autoridade policial (art. 39, *caput* do CPP). A representação deve conter todas as informações que devem servir à apuração do fato criminoso e de sua autoria (art. 39, § 2º do CPP).

Oferecida ou reduzida a termo a representação, a autoridade policial procederá a inquérito, ou, não sendo competente, remetê-lo – á à autoridade que o for (art. 39, § 3º, do CPP). Todavia, tal dispositivo deve ser interpretado adequadamente: a autoridade policial, com *atribuição administrativa* (e não competência, própria de autoridades *judiciais*) para apurar a infração noticiada só instaurará inquérito se houver verossimilhança dos fatos alegados, um mínimo de substrato probatório, tipicidade da conduta e caso não tiver havido a extinção da punibilidade.

Quanto à representação oferecida ao Ministério Público abrem-se duas possibilidades: se houver elementos suficientes de autoria e materialidade dos fatos criminosos, poderá oferecer denúncia no prazo de 15 dias, dispensando o inquérito policial (art. 39, § 5º, do CPP); caso haja necessidade de aprofundar as investigações, ou o *Parquet* requisita inquérito policial ou instaura, em nome próprio, procedimento investigatório criminal ministerial para tanto (para aqueles que, como nós, admitem a possibilidade de o MP investigar crimes). Mas, se com a representação oferecida, entender o MP que é caso de arquivamento, por qualquer motivo (ausência de probabilidade já antevista de se apurar autoria e materialidade, prescrição, atipicidade dos fatos etc), a tanto procederá, porque a representação oferecida não o vincula a denunciar; ressaltando-se que, à semelhança dos inquéritos policiais arquivados pelo *Parquet*, a representação arquivada será submetida ao controle judicial.

---

28. Informativo do STF. 22/05/2012. STF-HC-112668. 2ª T. Rel. Min. Gilmar Mendes.

Quanto ao juiz destinatário da representação, poderá enviá-la ao Ministério Público ou requisitar à autoridade policial a instauração de inquérito policial.

Prazo para exercer o direito de representação

De acordo com o art. 38 do CPP, o prazo para oferecimento da representação é de 6 meses, contado do dia em que o ofendido, seu representante legal ou sucessores souberem quem é o autor do crime. Este prazo é decadencial e gera a extinção da punibilidade do autor do crime (art. 107, IV, do CP); trata-se, assim, de prazo de natureza penal, que deve seguir a regra do art. 10 do CP (conta-se o dia do começo), é fatal e improrrogável.

E se não tiver sido oferecida a representação, e, mesmo assim, o Ministério Público ter oferecido a denúncia, a qual foi recebida, equivocadamente, pelo juiz, o que fazer?

De acordo com o ensinamento de Norberto Avena[29], no caso de ausência de representação, e ação penal recebida, se a falha for suprida, através de apresentação da representação, desde que no prazo decadencial de 6 meses do conhecimento da autoria, não haverá se falar em nulidade, e o processo poderá ter seguimento. Porém, se, naquela mesma hipótese, já ter se escoado o prazo decadencial, o adimplemento da representação intempestiva não surtirá qualquer efeito, impondo-se a declaração de extinção da punibilidade pela decadência (art. 107, IV, do CP).

E se o ofendido for menor de idade, ou mentalmente enfermo, e o seu representante legal deixar escoar o prazo de 6 meses sem oferecer a representação, contado do conhecimento da autoria do crime, haverá a extinção da punibilidade pela decadência?

Há **duas posições** sobre o tema:

1ª Posição: O prazo do ofendido e de seu representante legal é distinto (são dois prazos); embora escoado o prazo decadencial por parte do representante legal do menor de idade ou do enfermo mental, nada impedirá que, quando alcançada a idade de 18 anos, ou restabelecida a saúde da vítima, o prazo decadencial seja contadopara, para o ofendido, a partir do momento em que estaria apto a exercer o seu direito. Essa nos parece ser a melhor posição, pois repugna ao senso jurídico deixar fenecer um direito que não podia ser exercido antes, pessoalmente, pela vítima, por expressa vedação legal.

2ª Posição: O prazo do ofendido e de seu representante legal formam um só prazo. Tomando conhecimento da autoria da infração, o prazo de seis meses, se transcorrido *in albis* pelo representante legal do menor ou do enfermo mental, acarretará a inexorável decadência do direito de representação.

---

29. Norberto Avena, Processo Penal Esquematizado, p. 233.

Representação e morte

No caso de morte ou ausência do ofendido, seus sucessores terão o direito de oferecer representação no prazo remanescente. Exemplificando para melhor esclarecer: o ofendido tomou conhecimento da autoria do crime e nada fez no período de três meses, até o seu falecimento; depois de sua morte, seus sucessores poderão representar no período de três meses, contado, sempre, o período restante, do conhecimento da autoria do crime pela vítima falecida que será abatido do prazo geral de seis meses.

Retratação da representação

Oferecida a representação, é possível que o ofendido, seu representante legal ou sucessores se retratem da representação ofertada, até o oferecimento da denúncia (art. 25 do CPP e 102 do CP).

Após o oferecimento da denúncia, mesmo que antes do seu recebimento, a retratação não produzirá mais nenhum efeito.

Mas há uma única hipótese em que será possível a retratação da representação, mesmo que depois de oferecida a denúncia, que é a do art. 16 da Lei Maria da Penha. Como nota Renato Brasileiro de Lima[30], referido dispositivo legal prevê, em verdade, não a renúncia, como mencionado na lei, ao direito de representação, mas sim sua retratação; é a situação em que a mulher vítima de um crime de ação penal pública condicionada à representação, como estupro ou ameaça, oferece representação, e, depois, manifesta a vontade de se retratar. Ocorrendo tal fato, o juiz deverá designar uma audiência especialmente designada a fim de verificar a espontaneidade dessa retratação da representação, antes de recebida a denúncia, e ouvido o Ministério Público.

Essa audiência não é obrigatória; só será designada se houver a vontade de a vítima se retratar da representação anteriormente oferecida; nada sendo requerido por ela, o processo seguirá seu trâmite normal, sem que tal audiência seja designada. Em outras palavras, não há qualquer exigência legal de ratificação da representação em audiência, como conclui, com acerto, Renato Brasileiro de Lima[31].

Trataremos posteriormente, no capítulo referente aos procedimentos previstos em leis extravagantes, a respeito da Lei Maria da Penha, apenas ressaltando, desde já, que o STF, em julgamento da ADIn 4.424, de 9 – 2 – 2012, deu interpretação conforme ao art. 16 da Lei Maria da Penha a fim de estabelecer que a ação penal é pública incondicionada, *em se tratando de lesões corporais dolosas leves ou culposas em face da mulher vítima* no contexto de violência doméstica ou familiar.

Retratação da retratação

Entende-se, majoritariamente, que é admissível a retratação da retratação (ou seja, o oferecimento de nova representação), desde que não tenha se exaurido o prazo decadencial.

---

30. Renato Brasileiro de Lima, Curso de Processo Penal, p. 215.
31. Renato Brasileiro de Lima, Curso de Processo Penal, p. 215.

3.7.1.1.3. Mudança da natureza da ação penal nos crimes contra a liberdade sexual

A Lei 13.718, de 24 de setembro de 2018, acrescentou o § 5º ao artigo 217-A, do Código Penal, e alterou a redação do art. 225, *caput*, do CP, a fim de declarar que os crimes contra a liberdade sexual (art. 213 até o art. 216-A), e os crimes sexuais contra vulnerável (art. 217-A até art. 218-C) são de natureza pública incondicionada (até então, eram, em regra, de natureza pública condicionada à representação).

3.7.1.2. Ação penal pública condicionada à requisição do Ministro da Justiça

3.7.1.2.1. Conceito

Quando o crime afetar interesses políticos da União, notadamente no campo político ou diplomático, que dependam de um juízo de oportunidade e conveniência privativo do Presidente da República, a ação será pública condicionada à requisição do Ministro da Justiça. Como se disse, o juízo de conveniência e oportunidade é privativo do Presidente da República, o qual, se entender politicamente útil, ordenará a seu subordinado, o Ministro da Justiça, que exerça o direito de requisição. O Ministro da Justiça requisitará, então, a instauração de inquérito policial à Polícia Judiciária ou a ação penal ao Ministério Público, os quais, apenas suprida essa condição, estarão autorizados a iniciar a persecução criminal, respectivamente, inaugurando o inquérito policial ou oferecendo denúncia. A requisição do Ministro da Justiça não tem o sentido de ordem à Polícia ou ao Ministério Público, mas de simples autorização; em outras palavras, a Polícia e, em especial, o órgão do MP são livres para formar sua *opinio delicti*, podendo o *Parquet* oferecer denúncia contra o autor do crime ou arquivar o procedimento investigatório. A requisição deverá ser endereçada, pelo Ministro da Justiça, no caso de autorização para a ação penal, ao chefe do MP da União – Procurador Geral da República – ou do MP dos Estados – Procuradores Gerais de Justiça.

Exemplos de crimes que se procedem mediante requisição: crime contra a honra cometido contra o Presidente da República ou chefe de governo estrangeiro (art. 141, I, c.c. o art. 145, § único, do CP); crime cometido contra brasileiro fora do Brasil (art. 7º, § 3º, *b*, do CP).

3.7.1.2.2. Natureza jurídica da requisição. Sua identificação. Prazo. Retratação

É uma condição de procedibilidade das ações públicas condicionadas à manifestação de vontade do Ministro da Justiça. Oferecida denúncia, sem que tenha havido requisição do Ministro da Justiça, a peça acusatória deverá ser rejeitada, por falta de uma das condições da ação, que é a possibilidade jurídica do pedido – ausência de condição de procedibilidade referente a não requisição por parte do Ministro da Justiça, conforme dispõe o art. 395, II, do CPP. De igual maneira, instaurado inquérito policial sem a autorização do Ministro da Justiça tal procedimento investigatório poderá ser trancado através de *habeas corpus* porque manifesto o constrangimento ilegal sofrido pelo indiciado.

Como alerta Renato Brasileiro de Lima[32], à semelhança das ações penais públicas condicionadas à representação, também a requisição é dotada de eficácia objetiva, pois, oferecida requisição quanto a um dos autores da infração, se estenderá aos demais agentes, mesmo que não tenha havido menção expressa na requisição. Mas, como se viu acima, se existir outro fato delituoso a ser apurado mediante ação penal pública condicionada à requisição e que não tenha sido alegado pelo Ministro da Justiça, ao MP não se admitirá a inclusão, na denúncia, de tal episódio delituoso, que dependerá, para que se deflagre a ação penal quanto a ele, de nova requisição.

Como se sabe que uma ação é condicionada à requisição?

Quando na redação do crime se dispõe que "somente se procede mediante requisição do Ministro da Justiça".

Prazo para a requisição

Não há prazo decadencial para o oferecimento da requisição, ao contrário do direito de representação, cujo prazo geral é de 6 meses.

É possível retratação da requisição?

Há **duas posições** a respeito:

1ª Posição: não é possível, porque a lei não previu tal possibilidade, ao contrário da retratação da representação a qual é tratada expressamente; além do mais, a requisição do Ministro da Justiça deve ser um ato sério e pensado, não se podendo admitir sua desistência, sob pena de se comprometer a credibilidade dos atos políticos emanados do Ministério da Justiça e da própria Presidência da República.

2ª Posição: é possível, bastando utilizar-se o art. 25 do CPP, que trata da retratação da representação, por analogia; ademais, justamente por ser a requisição um ato político, sujeito às mais variadas mudanças, é que deve ser autorizada sua relativa maleabilidade. Esta nos parece a melhor posição.

3.7.1.3. Ação penal pública subsidiária da pública

Parte da doutrina, como lembra Renato Brasileiro de Lima[33], aponta a existência de ações penais públicas subsidiárias da pública, e que seriam as seguintes:

1ª – Crimes de responsabilidade de prefeitos e vereadores (Decreto-Lei 201/67)

Dispõe o art. 2º, § 2º, da referida lei que, "se as providências para a abertura do inquérito policial ou instauração da ação penal não forem atendidas pela autoridade policial ou pelo Ministério Público estadual, poderão ser requeridas ao Procurador-Geral

---

32. Renato Brasileiro de Lima, Curso de Processo Penal, p. 219.
33. Renato Brasileiro de Lima, Curso de Processo Penal, p. 187.

da República". Pelo teor desse curioso dispositivo legal, a não investigação pela Polícia Judiciária dos Estados – membros ou o não ajuizamento da ação pelo MP estadual não forem providenciados, automaticamente, estará legitimado o Procurador Geral da República a investigar e oferecer denúncia em face dos autores dos delitos previstos no diploma legal em comento. Mais do que evidente a imprestabilidade desta norma, porque viola, frontalmente, a CF, a qual estipula a autonomia dos Ministérios Públicos dos Estados frente ao *Parquet* da União, não existindo qualquer ascendência entre eles, mas sim faixas de atribuições distintas; é o princípio da unidade de cada Ministério Público: o da União e o dos Estados (art. 127, § 1º, da CF). Absurda ainda a usurpação da atribuição investigativa da Polícia Judiciária dos Estados – membros pelo Procurador-Geral da República, quando se sabe que as funções de cada polícia estão estatuídas no art. 144 da CF. E mais, como aponta Renato Brasileiro de Lima[34], os crimes em tela não são de competência da Justiça Federal, não existindo assim razão para a intervenção do Chefe do MP da União. Em suma, o dispositivo em pauta é totalmente imprestável juridicamente por ser inconstitucional. Havendo inércia do MP estadual caberá ou a provocação do Colégio de Procuradores de Justiça, em se tratando de desídia do Procurador Geral de Justiça, ou simplesmente o ajuizamento da ação penal de iniciativa *privada* subsidiária da pública (art. 5º, LIX da CF e art. 29 do CPP), por qualquer cidadão do município cujo prefeito ou vereador tenham cometido delitos previstos no diploma legislativo mencionado (Decreto-Lei 201/67).

2ª – Inércia na apuração dos crimes eleitorais

Segundo estipula o art. 357, § 3º, do Código Eleitoral, "se o órgão do Ministério Público não oferecer a denúncia no prazo legal representará contra ele a autoridade judiciária, sem prejuízo da apuração da responsabilidade penal". Nessa situação de desídia, o magistrado solicitará ao Procurador Regional Eleitoral a designação de outro promotor, que, no mesmo prazo, oferecerá denúncia. Na verdade, nessa hipótese, não há uma ação penal pública subsidiária da pública, mas, sim simplesmente, a designação de outro membro do MP a substituir aquele que se omitiu.

3ª – Incidente de deslocamento de competência da Justiça Estadual para a Federal no caso de crime em que tenha havido grave violação de direitos humanos

Prevê o art. 109, V – A e o art. 109, § 5º, ambos da CF, que, havendo crime que tenha violado, de maneira grave, direitos humanos, e existindo risco de descumprimento de obrigações decorrentes de tratados internacionais de direitos humanos dos quais o Brasil seja parte, em razão da inércia na apuração dos fatos pelo Estado – membro, caberá o ajuizamento, pelo Procurador-Geral da República, ao STJ, do incidente de deslocamento de competência, da Justiça Estadual para a Federal.

Se a mudança de competência ocorrer na fase do inquérito policial, não haverá a denominada ação penal pública subsidiária da pública, porque a persecução criminal estará apenas na fase investigativa; ocorrerá, apenas, num primeiro momento, a

---

34. Renato Brasileiro de Lima, Curso de Processo Penal, p. 187.

mudança do órgão público encarregado da investigação, passando da Polícia Judiciária à Polícia Federal.

Porém, se já tiver sido ajuizada uma ação penal pública perante a Justiça Estadual pelo MP Estadual, sendo deferido o deslocamento de competência, pode se entender ter havido uma ação penal pública (pelo MP Federal) subsidiária daquela também ação penal pública oferecida pelo MP do Estado, afinal a atribuição passaria, com exclusividade, ao MP Federal, cessando a do MP do Estado. Parece-nos ser, na verdade, a única hipótese de ação penal pública subsidiária da pública.

Tal mudança de atribuição do MP e de competência para a Justiça Federal só se justificará se houver a inércia e desídia do *Parquet* ou do Judiciário estadual (ou de ambos).

3.7.2. Princípios das ações penais públicas

São os seguintes:

1º – Princípio da obrigatoriedade ou da legalidade

O Ministério Público é obrigado a ajuizar a ação penal (art. 24 do CPP), quando comprovadas autoria e materialidade delitivas; não há um juízo discricionário de conveniência e oportunidade por parte da acusação em oferecer ou não denúncia; isso porque está em jogo o interesse público, social, que não pode ser objeto de um ato de renúncia por parte de um órgão de estado. Em suma, presentes as condições da ação penal, é dever funcional do MP o ajuizamento da denúncia. Isso não significa dizer que o *Parquet* esteja obrigado a requerer, no final da ação penal, invariavelmente, a condenação do acusado; pode se convencer de sua inocência, por ausência de provas ou por qualquer outro motivo, e postular sua absolvição, afinal, se é função institucional do MP a promoção privativa da ação penal pública (art. 129, I, da CF), faz parte de sua própria definição constitucional, como verdadeira missão e razão de sua existência, a defesa da ordem jurídica (art. 127, *caput*, da CF). Claro que não seria estar à altura de sua missão constitucional de defensor da ordem jurídica o esforçar-se pela condenação de um inocente, ou a exasperação indevida da pena de alguém não tão culpado quanto se imaginava inicialmente, quando do oferecimento da denúncia. Em suma, a função institucional da promoção privativa da ação penal pública se legitima quando, em seu desenvolvimento perante o Judiciário, se procura alcançar a defesa da ordem jurídica, do regime democrático e dos interesses sociais e individuais indisponíveis. Nesse contexto, a condenação injusta, ou excessiva, ofenderá a própria razão de ser do MP, não podendo, em hipótese alguma, contribuir seu membro, conscientemente, com esse despautério moral.

No que se refere ao inquérito policial, vigora, quanto à Polícia Judiciária, a obrigação de investigar delitos de ação penal pública, sem qualquer margem de discricionariedade política quanto a referido dever (art. 5º, do CPP).

Exceções ao princípio da obrigatoriedade/legalidade das ações penais públicas

Há as seguintes exceções a esse princípio apontadas por Renato Brasileiro de Lima[35], e que são:

---

35. Renato Brasileiro de Lima, Curso de Processo Penal, p.193/196.

I – Infrações de menor potencial ofensivo (Lei 9099/95)

Em se tratando das infrações de menor potencial ofensivo (todas as contravenções e crimes cuja pena não ultrapasse dois anos), situação em que o órgão do MP pode propor a transação penal (a aplicação imediata de penas restritivas de direitos ou multa), em vez de oferecer denúncia, como prevê o art. 76 da Lei 9099/95. Vigora, quanto a tais infrações, o princípio da obrigatoriedade mitigado ou da discricionariedade regrada.

II – Acordo de Leniência (Lei 12.259/11, que dispõe sobre o Sistema Brasileiro de Defesa da Concorrência)

Prevê o art. 86 da Lei 12.529/11, que o Conselho Administrativo de Defesa Econômica (CADE) poderá celebrar acordo de leniência com pessoas físicas e jurídicas que forem autoras de infração à ordem econômica, desde que colaborem efetivamente com as investigações e o processo administrativo e que dessa colaboração resulte:

I – a identificação dos demais envolvidos na infração;

II – a obtenção de informações e documentos que comprovem a infração noticiada ou sob investigação.

Por sua vez, determina o art. 87 da mencionada Lei que "Nos crimes contra a ordem econômica, tipificados na Lei 8.137/90 e nos demais crimes diretamente relacionados à prática de cartel, tais como os tipificados na Lei nº 8.666/93 e os tipificados no art. 288 do Código Penal, a celebração de acordo de leniência impede o oferecimento da denúncia com relação ao agente beneficiário da leniência". Por sua vez, o § único do citado artigo refere que "cumprido o acordo de leniência pelo agente extingue-se automaticamente a punibilidade dos crimes acima referidos".

Apesar de pessimamente redigido, o que se pode compreender do confuso art. 87 é o seguinte:

A – Quaisquer crimes contra a ordem econômica e relacionados à prática de cartel poderão admitir o acordo de leniência. Isto porque o art. 87, de maneira apenas exemplificativa, cita como sendo possível o acordo de leniência em se tratando dos delitos tipificados nas Leis 8.137/90 e 8666/93 (a lei se refere ao último diploma como "tais como os tipificados na Lei nº 8.666/93"); perfeitamente compreensível, então, a interpretação de que outros delitos contra a ordem econômica e referentes à prática de cartel admitam o acordo de leniência.

B – O acordo de leniência deverá ser celebrado antes do oferecimento da denúncia, impedindo o seu oferecimento, mesmo que haja evidências de autoria e materialidade delitiva, o que bem caracteriza uma exceção ao princípio da obrigatoriedade.

C – O acordo de leniência para ser válido – impedindo o oferecimento da denúncia – deverá ser celebrado entre o CADE e a pessoa física que for autora de infração à ordem econômica ou referente à prática de cartel, desde que colabore efetivamente com as investigações e que dessa colaboração resulte:

I – a identificação dos demais envolvidos na infração;

II – a obtenção de informações e documentos que comprovem a infração noticiada ou sob investigação.

D – se o acordo for descumprido, estará autorizado o oferecimento de denúncia;

E – se o acordo for cumprido, extingue-se a punibilidade do autor do crime.

III – Parcelamento do débito tributário nos crimes materiais contra a ordem tributária

Como vimos anteriormente, as Leis 10.684/03 (art. 9º, *caput*), e a Lei 11.941/09 (art. 68, *caput*) dispõem que, estabelecido o regime de parcelamento de débitos tributários, é suspensa a pretensão punitiva do Estado, referente aos delitos previstos nos arts. 1º (Sonegação Tributária) e 2º (crimes da mesma natureza), da Lei 8.137/90, e nos arts. 168 – A (Apropriação Indébita Previdenciária) e 337 – A do CP (Sonegação de contribuição previdenciária), sendo limitada a suspensão (da pretensão punitiva) aos débitos que tiverem sido objeto de concessão de parcelamento, enquanto não forem rescindidos os parcelamentos. Ressalva o § único do art. 68 da Lei 11.941/09 que a prescrição criminal não correrá durante o período da suspensão da pretensão punitiva (de idêntica maneira dispõe o § primeiro do art. 9º da Lei 10.684/2003).

A Lei 13.606, de 9 de janeiro de 2018, estipula que não se autorizará o perdão judicial, nos casos de parcelamento superior ao estabelecido, no âmbito administrativo, como o mínimo para ajuizar a execução fiscal.

Isso significa dizer que, de acordo com as leis acima citadas, o autor da infração penal, desde que celebre um acordo de parcelamento de débito com o Fisco ou a Previdência Social, teria a pretensão punitiva do Estado em face dele obstada, pouco importando a etapa da persecução penal (na fase do inquérito policial ou durante a tramitação do processo). Em miúdos, o devedor de tributos ou de contribuições que seja investigado em um inquérito policial, se celebrar um acordo de parcelamento da dívida, a investigação será suspensa (bem como o lapso prescricional), impedindo o oferecimento da denúncia; se o devedor já tiver sido denunciado, e se celebrar, no decorrer do processo, um acordo de parcelamento, a relação processual deverá, também, ser suspensa (e também a prescrição).

O art. 69, *caput*, da Lei 11.941/09 e o art. 9º, § 2º, da Lei 1.684/2003 determinam que, efetuado integralmente o pagamento dos débitos oriundos dos tributos e contribuições sociais, inclusive acessórios que tiverem sido objeto de concessão de parcelamento, haverá a extinção da punibilidade do agente. Se, por outro lado, o parcelamento não tiver sido cumprido, o inquérito policial ou a ação penal retomarão seu curso, voltando a correr a prescrição da pretensão punitiva.

Ocorre que a Lei 12.382, de 25 de fevereiro de 2011 alterou a redação do art. 83, § 1º da Lei 9.430/96 (que disciplina os crimes contra a ordem tributária), para estabelecer dois pontos distintos:

A – A representação fiscal para fins penais somente será encaminhada ao Ministério Público após a exclusão da pessoa física ou jurídica do parcelamento. Em outras palavras, apenas se inviável o parcelamento ou dele excluído o devedor, o MP estará legitimado a oferecer denúncia; estará impedido de oferecê-la, se houver parcelamento, como já se viu.

B – Suspende-se a pretensão punitiva do Estado, durante o tempo em que a pessoa física ou jurídica relacionada estiver incluída no parcelamento, *desde que o pedido de parcelamento tenha sido formalizado antes do recebimento da denúncia criminal.*

Nota-se uma diferença entre a Lei 12.385/11 e as Leis 11.941/09 (e também a Lei 10.684/03); as Leis 11.941/09 e 10.684/03 permitem o parcelamento do débito tributário ou previdenciário, *a qualquer momento da persecução criminal*, acarretando, tanto na fase do inquérito ou do processo, a suspensão da pretensão punitiva e da prescrição; já a Lei mais recente – Lei 12.385/2011 – admite que o parcelamento do débito suspenda a pretensão punitiva *desde que antes do recebimento da denúncia, e não na fase processual – após o recebimento da peça acusatória.* Em suma, na fase do inquérito policial, ou mesmo que oferecida a denúncia (mas ainda não recebida), o parcelamento do débito suspenderá a pretensão punitiva e a prescrição, de acordo com a Lei 12.385/2011; mas, a partir do momento em que a denúncia tiver sido recebida, o parcelamento do débito tributário não mais suspenderá o prosseguimento do processo. Isso porque a Lei 12.385/11, a nosso ver, revogou, tacitamente, a Lei 11.941/09 e a Lei 10.684/03, ao restringir o efeito da suspensão da pretensão punitiva em razão do parcelamento do débito tributário e previdenciário, apenas a fase pré-processual. No entanto, a tendência dos Tribunais Superiores é a de aceitarem o parcelamento do débito tributário, a qualquer tempo, antes ou depois do recebimento da denúncia, uma vez que o espírito das leis que tratam do assunto é o de "ampliar as possibilidades de arrecadar (o Estado) a exação devida, deixando transparecer que, uma vez em dia com o Fisco, o Estado não teria mais interesse em atribuir-lhe uma reprimenda corporal em razão da sonegação verificada"[36].

Estipula o art. 83, § 3º, da Lei 12.382/2011 que, durante o período da suspensão da pretensão punitiva, não correrá a prescrição.

Efetuado, pela pessoa física ou jurídica, o pagamento integral dos débitos oriundos dos tributos, inclusive acessórios, objeto de concessão de parcelamento, estará extinta a punibilidade (art. 83, § 4º, da Lei 12.382/2011).

Em conclusão quanto aos delitos contra a ordem tributária, o parcelamento dos débitos é uma exceção ao princípio da obrigatoriedade/legalidade da ação penal pública, pois impede o oferecimento da denúncia, mesmo existindo prova da autoria e materialidade delitivas.

IV – Termo de Ajustamento de Conduta

O art. 5º, § 6º da Lei 7347/85[37] refere que os órgãos públicos legitimados poderão celebrar compromisso de ajustamento de conduta às exigências legais, mediante cominações, e que tal termo terá eficácia de título executivo extrajudicial. Estabelece

---

36. STJ – HC 362.478-SP (2016/0182386-0). Rel. Min. Jorge Mussi.
37. Lei que dispõe sobre a ação civil pública de responsabilidade por danos causados ao meio ambiente, ao consumidor, a bens e direitos de valor artístico, estético, histórico, turístico e paisagístico, à ordem econômica e à economia popular, à ordem urbanística e a qualquer outro interesse difuso ou coletivo).

também o art. 79-A da Lei 9.605/98 que os órgãos ambientais poderão celebrar termos de compromisso com pessoas físicas ou jurídicas responsáveis por danos ambientais.

A questão que se coloca é a seguinte: o termo de ajustamento de conduta celebrado, e desde que o acordo seja cumprido, impedirá o ajuizamento da ação penal?

Há **duas posições** sobre o tema:

A - Não será autorizada a ação penal, estando o MP impedido de oferecer denúncia, por faltar condição da ação penal – interesse de agir utilidade. Esta é a posição de Renato Brasileiro de Lima[38].

B – Estará sim autorizada a ação penal, porque o termo de ajustamento de conduta não impede a instauração do processo penal, com o oferecimento da denúncia, pois são esferas distintas: uma administrativa, a outra, processual penal. Este, que nos parece o melhor posicionamento, porque separa responsabilidades jurídicas distintas, que não guardam entre si dependência, e é o entendimento do STJ[39]. Parece que o tema está se pacificando no STJ[40], tendo as Turmas especializadas em matéria penal (5ª e 6ª Turmas) decidido que, em razão da independência das instâncias penal e administrativa, a celebração de termo de ajustamento de conduta é incapaz de impedir a persecução penal, repercutindo, apenas, em hipótese de condenação, na dosimetria da pena.

Controle externo do princípio da obrigatoriedade

O princípio da obrigatoriedade é controlado pelo juiz, quando fiscaliza o teor do arquivamento do inquérito policial promovido pelo MP, analisando as suas razões, para homologá-lo ou não (art. 28 do CPP).

Também exerce o controle de tal princípio a vítima, seu representante legal ou sucessores, quando o Ministério Público não oferece denúncia, nem arquiva ou requisita diligências, no prazo legal, situação em que tais pessoas estarão legitimadas a promover a acusação, no lugar do MP, oferecendo queixa subsidiária da pública (ação penal privada subsidiária da pública) (art. 29 do CPP e art. 5º, LIX, da CF), que será analisada posteriormente.

2º – Princípio da indisponibilidade ou da indesistibilidade

Uma vez oferecida a denúncia pelo Ministério Público, não cabe a ele desistir, dispor da ação, porque o interesse em sua continuidade é público, da sociedade, e não pode ser objeto de um ato de disposição; o *Parquet* é, então, obrigado a promover o andamento da ação até o fim, mesmo que, ao final, peça absolvição (art. 42

---

38. Renato Brasileiro de Lima, Curso de Processo Penal, p. 194.
39. STJ – 6ª T- HC 187.043/RS, Rel. Min. Maria Thereza de Assis Moura, j. 22/03/2011, DJe 11/04/2011; 5ª T- HC 82.911/MG, Rel. Min. Arnaldo Esteves Lima, j. 05/05/2009, DJe 15/06/2009.
40. STJ- AgRg no AREsp 984.920/BA. 6ª T. DJe 31/08/2017. HC 160.525/RJ. 5ª T. DJe 14/03/2013.

do CPP). Como nota Renato Brasileiro de Lima[41], o princípio da indisponibilidade é um desdobramento lógico do princípio da obrigatoriedade; se cabe ao MP ajuizar a ação penal se presentes todas as suas condições, não haveria qualquer sentido em, depois de oferecida a denúncia, desistisse da *actio*. De acordo com referido autor, o princípio da obrigatoriedade aplica-se na fase pré-processual, e o da indisponibilidade na etapa processual.

Como consequência de tal princípio, o Ministério Público não poderá desistir do recurso oferecido (art. 576 do CPP), uma vez que o recurso, na maior parte das vezes, é uma mera continuidade da ação penal.

Como exceção a este princípio, existe a possibilidade de o Ministério Público oferecer a suspensão condicional do processo (art. 89 da Lei 9099/95) aos autores de crimes cuja pena mínima não ultrapasse um ano, suspendendo-se o processo, após o recebimento da denúncia, por determinado período de tempo em que o acusado cumprirá determinadas condições, sendo que, ao fim do prazo, se cumpridas as obrigações processuais, haverá a extinção da punibilidade.

Nessa situação, o Ministério Público dispõe, legitimamente, da ação penal já interposta, quando preenchidas determinadas condições, porque há expressa autorização legal para tanto.

Decorre, ainda, do princípio da indisponibilidade, como adverte Vicente Greco Filho[42], a vedação a que o Ministério Público possa "desistir da prova, se essa atitude puder comprometer o resultado do processo. Pode ele, somente, reconhecer que determinada prova, ainda que requerida, seja inútil ou impossível, como, por exemplo, uma testemunha que não foi localizada nem há qualquer possibilidade de sê-lo".

3º – Princípio da oficialidade

O órgão encarregado de oferecer a acusação é público, oficial: o Ministério Público (art. 129, I, da CF).

Como acima se viu, é possível, entretanto, a vítima, seu representante legal ou sucessores, oferecer ação penal (queixa subsidiária), quando o Ministério Público não oferecer denúncia no prazo legal: é a ação penal privada subsidiária da pública prevista no art. 29 do CPP e art. 5º, LIX, da CF.

4º – Princípio da divisibilidade

Havendo mais de um autor, ou possivelmente a prática de mais de um fato criminoso, o MP pode oferecer denúncia em relação a apenas um deles, deixando de fazê-lo quanto aos demais, a fim de obter melhores elementos de provas. Este princípio tem sido reconhecido pelo STJ.[43]

Há, todavia, quem entenda que às ações penais públicas vigora o princípio da indivisibilidade: o *Parquet*, existindo provas, não poderia deixar de oferecer denúncia

---

41. Renato Brasileiro de Lima, Curso de Processo Penal, p. 197.
42. Vicente Greco Filho, Manual de Processo Penal, p. 114.
43. STJ – 6ª T., Resp. 388.473/PR, Rel. Min. Paulo Medina, j. 07/08/2003, DJ 15/09/2003, p. 411.

em relação a todos os autores da infração penal, sob pena de ofensa ao próprio princípio da obrigatoriedade. Mas essa não é a posição do STF[44], para quem vigora, no que tange às ações penais públicas, o princípio da divisibilidade. Com idêntica posição o STJ.[45]

5º – Princípio da oficiosidade

Os órgãos públicos encarregados da persecução penal – Polícia Judiciária e MP – agem de ofício, mesmo não havendo provocação para tanto, em se tratando de ações penais públicas incondicionadas. No caso das ações públicas condicionadas, imprescindível a representação oferecida pelo ofendido, seu representante legal ou sucessores, à Polícia e ao *Parquet*, os quais, para que possam agir, dependerão do assentimento expresso daqueles; de idêntica maneira no caso de crime de ação penal pública condicionada à requisição do Ministro da Justiça.

6º – Princípio da intranscendência

A ação penal condenatória visa a imposição de sanção penal ao possível autor do delito, não lhe sendo lícito transcender (ultrapassar) o acusado para atingir terceira pessoa não envolvida na empreitada criminosa. Tal princípio é mera consequência da responsabilidade penal, que é subjetiva (art. 5º, XLV, da CF).

3.7.3. Procedimentos investigatórios de crimes de ação penal pública e atuação do Ministério Público após o seu término: oferecimento de denúncia, arquivamento ou requisição de novas diligências

3.7.3.1. Oferecimento de denúncia

Encerradas as investigações criminais, procedidas através de inquérito policial ou por meio de trabalho investigativo realizado pelo próprio Ministério Público, ou outro órgão legitimado por lei para tanto (para aqueles que, como nós, entendem que as investigações criminais não são monopólio da Polícia Judiciária), os autos são dirigidos ao órgão do *Parquet*, o qual, se entender que existem provas de autoria e materialidade delitivas, oferecerá denúncia, dando início à ação penal.

Como o inquérito policial não é essencial, o Ministério Público poderá dispensá-lo se, com a representação, ou através de outras peças de informação (como, por exemplo, cópias de procedimento administrativo), houver elementos que o habilitem a oferecer denúncia (art. 39, § 5º, do CPP). De idêntico modo procederá o MP, se, com o recebimento de cópias de processo que lhe tenham sido remetidas pelos juízes ou tribunais houver elementos que o habilitem ao oferecimento imediato de denúncia (art. 40 do CPP).

---

44. STF – Pleno. AP 470, Min. Rel. Joaquim Barbosa, j. 17/12/2012. DJe 19-04-2013, Public. 22-04-2013, p. 54057.
45. STJ. Recurso em Habeas Corpus 52.465/PE (2014/0252916-2). Min. Rel. Jorge Mussi.

Por fim, se as informações fornecidas por qualquer um do povo ao MP, por escrito, sobre o fato, autoria, local, tempo, apresentando elementos de convicção (provas), forem seguras e suficientes, o órgão do Ministério Público poderá oferecer denúncia, dispensando o inquérito (art. 27 do CPP).

3.7.3.2. Natureza jurídica da denúncia

A denúncia é uma petição inicial em que se narra um fato criminoso, imputando – o a uma pessoa determinada ou determinável, classifica-se tal fato em algum artigo de lei penal, e, por fim, se postula a aplicação do direito penal objetivo, punindo-se o seu autor. A denúncia bitolará a sentença, que não poderá decidir fora do objeto da imputação – é o princípio da correlação entre acusação e sentença. A imputação precisa do fato delituoso assegura ao acusado e ao seu defensor a possibilidade de conhecê-los, e, assim, exercer a ampla defesa e o contraditório.

3.7.3.3. Requisitos da denúncia

São os seguintes, previstos no art. 41 do CPP:

1º – exposição do fato criminoso, com todas suas circunstâncias relevantes ao entendimento do evento. Deve a denúncia conter as elementares do tipo penal, as circunstâncias qualificadoras, as causas de aumento ou diminuição de pena, agravantes, atenuantes, apontando-se os dados concretos da realidade que são subsumidos às elementares do crime e às suas circunstâncias legais; não basta a mera menção à descrição típica isolada, ou de uma qualificadora, por exemplo, citando a redação legal abstrata dos tipos. Não é admissível, assim, acusação implícita no processo penal: a peça acusatória deve narrar fatos e apontá-los a determinado autor ou partícipe, de maneira explícita, sob pena de evidente ofensa à ampla defesa e ao contraditório.

De igual maneira, e pelo mesmo motivo, não se admite a denúncia alternativa – aquela que imputa uma conduta ou outra ao acusado; claro que tal acusação dificulta (se não, impossibilita) a defesa do acusado e de seu defensor, e não podem ser admitidas. Em outras palavras, ou a acusação é certa na imputação, ou não tem estofo processual que justifique a *persecutio criminis* em juízo, e deve ser rejeitada.

Deve também conter a denúncia todos os dados possíveis referentes ao tempo, local e modo de execução da conduta.

Em outras palavras, toda e qualquer denúncia deverá responder às seguintes perguntas: **quem?** (cometeu o crime ou foi vítima dele); **onde?** (em que lugar foi perpetrada a infração); **quando?** (data e horário da infração); **como?** (de que modo se praticou o ilícito).

Esses são os *elementos essenciais da denúncia*, sem os quais ficará inviabilizada a defesa do acusado, e sua ausência acarretará a nulidade absoluta do processo por ofensa à ampla defesa e ao contraditório. Mas, no caso de erro ou omissão quanto a data ou local do fato, desde que haja retificação a tempo, será caso de mera irregularidade, por não ter resultado prejuízo ao acusado; porém, se a tese da defesa foi construída justamente tendo por base o horário ou local diferentes ao que apontado pela denúncia (para sustentar um álibi, por exemplo), em havendo sua alteração pelo *Parquet*, haverá nulidade por prejuízo comprovado à ampla defesa e ao contraditório.

Para a melhor compreensão do fato criminoso, poderão ser descritos outros acontecimentos, mesmo que apenas ligados indiretamente com o delito em si, mas que facilitam a melhor compreensão do quadro probatório, como, por exemplo, em que circunstâncias o acusado foi preso, como as investigações chegaram à autoria do delito etc. Esses são os *elementos acidentais ou acessórios da denúncia*.

A denúncia pode narrar um ou mais fatos delituosos, assim como imputar a um ou mais autores sua prática. Na feliz terminologia utilizada por Renato Brasileiro de Lima[46] haverá cumulação objetiva de imputações quando houver a descrição de dois ou mais delitos por um só autor; a cumulação subjetiva de imputações de dará quando ocorrer a prática de uma infração por dois ou mais agentes. E, por fim, poderá existir ainda a cumulação objetiva – subjetiva de imputações: a imputação de dois ou mais fatos criminosos a dois ou mais agentes.

Como explica Renato Brasileiro de Lima[47] citando João Mendes Júnior, a denúncia é uma peça narrativa e demonstrativa; narrativa porque deve apresentar o fato com todas as suas circunstâncias; demonstrativa porque apresenta as razões da convicção acusatória.

Para nós, a denúncia é uma peça eminentemente narrativa, e, apenas de maneira secundária, será demonstrativa, afinal, a peça acusatória é a imputação de um fato criminoso a alguém, ao mesmo tempo em que se pede a aplicação da sanção penal a ele; não é – nem pode se transformar – em arrazoado como se fossem alegações finais, citando-se doutrina, jurisprudência; tal análise se presta, apenas, ao final da instrução, antes da sentença. A denúncia bitola a acusação e trará como efeito a necessária correlação entre a imputação formal e a sentença, que dela não poderá fugir, sob pena de nulidade por ofensa aos princípios da ampla defesa e do contraditório. Tomando conhecimento da imputação fática oferecida, e sua qualificação jurídico – penal, o acusado e o seu defensor poderão exercer, sem dificuldades, a ampla defesa e o contraditório.

Há denúncias que dispensarão quase que completamente uma parte demonstrativa, como, *v.g.*, acusações de roubo, furto, embora possa conter uma demonstração de que o acusado é o seu autor citando-se o auto de reconhecimento pessoal da vítima, a confissão extrajudicial do acusado em seu interrogatório policial etc. O fato de arrolar testemunhas e indicar as folhas do procedimento em que foram ouvidas (normalmente o inquérito policial) não deixa de ser uma parte demonstrativo – probatória da denúncia; é a indicação do lastro probatório mínimo da acusação, a denominada justa causa, sem a qual a denúncia deverá ser rejeitada (art. 395, III, do CPP).

Todavia, denúncias que veiculem acusações de estelionato, tráfico, receptação, falso testemunho, possivelmente exigirão do seu subscritor trechos demonstrativos que apontem para os elementos informativos coligidos, em regra, no decorrer do inquérito e que tragam seriedade à acusação – sua justa causa.

---

46. Renato Brasileiro de Lima, Curso de Processo Penal, p. 266.
47. Renato Brasileiro de Lima, Curso de Processo Penal, p. 253.

É imprescindível a descrição de *agravantes* (ou atenuantes) da peça acusatória?

Há **duas posições** sobre o tema:

1ª Posição: Não é necessária a descrição das agravantes na denúncia. Como o art. 385 do CPP determina que o juiz poderá reconhecer agravantes, embora não tenha sido articulada – na peça acusatória – não haveria qualquer obrigação de o MP descrevê-las na denúncia. Esse é o entendimento do STF.[48]

2ª Posição: Não é possível o reconhecimento, *ex officio*, pelo juiz, de agravantes não articuladas pela acusação. Há entendimento no sentido de que, a fim de se resguardar a ampla defesa e o contraditório, a acusação deve articular as agravantes, permitindo à defesa que se manifeste a respeito, antes da decisão do juiz quanto ao tema, o que nos parece mais apropriado.

A questão da denúncia genérica e a prática de crimes societários. Teoria do Domínio do fato e seu reflexo no processo penal

A narrativa da denúncia, na hipótese de crimes praticados em concurso de pessoas, deve descrever, sempre que possível, de maneira individualizada, a conduta de cada um dos agentes, sob pena de inépcia, uma vez que a descrição falha da conduta dificultaria a compreensão da imputação, violando a ampla defesa e o contraditório.

Nas hipóteses de agentes que tenham se utilizado de uma empresa para, em seu nome, perpetrar crimes, poderá surgir a dificuldade de se individualizar a conduta de cada um deles na peça acusatória, o que motivou o Supremo[49] a admitir a ausência de indicação individualizada da conduta de cada indiciado, bastando a menção de que eram responsáveis, de algum modo, pela condução da sociedade comercial.

Esse posicionamento, todavia, atualmente, foi revisto pelo próprio STF[50], uma vez que se passou a entender que a denúncia genérica, na situação de crimes societários, é inadmissível, porque se deve necessariamente estabelecer o nexo de causalidade entre a atividade do administrador da empresa e o ato criminoso imputado; não basta que, simplesmente, conste o nome do acusado como sócio da empresa; é preciso que, de fato, tenha o indiciado exercido o controle da sociedade e, através dela, ter perpetrado o ilícito, sob pena de inadmissível responsabilidade penal objetiva, além de se ofender os princípios constitucionais da ampla defesa e do contraditório.

Este também é o posicionamento atual do STJ[51].

Renato Brasileiro de Lima[52], citando Eugênio Pacelli de Oliveira, cita a diferenciação entre acusação geral e acusação genérica: acusação geral se dá quando a denúncia imputa a todos os responsáveis pela administração da empresa, sem distinções, a

---

48. STF – 2ª T., HC 93.211/DF, Rel. Min. Eros Grau, j. 12/02/2008, DJe 74 24/04/2008.
49. STF – 2ª T., HC 85.579/MA, Rel. Min. Gilmar Mendes, DJ 24/06/2005, p. 73.
50. STF – 2ª T., HC 80.549/SP, Rel. Min. Nelson Jobim, DJ 24/08/2001.
51. STJ – 6ª T., HC 24.239/ES, Rel. Min. Og Fernandes, j. 15/08/2006, DJ 20/10/2006; 5ª T. HC 171.976/PA, Rel. Min. Gilson Dipp, j. 02/12/2010, DJe 13/12/2010.
52. Renato Brasileiro de Lima, Curso de Processo Penal, p. 265/266.

mesma conduta delituosa; tal imputação não é inepta, porque permite a compreensão perfeita dos termos acusatórios, sem impossibilitar a ampla defesa e o contraditório. Já a acusação genérica em que se imputam várias condutas criminosas a vários acusados, sem especificar o que cada um deles fez, de maneira individualizada, é inadmissível.

Teoria do domínio do fato

O tema em estudo se relaciona à denominada teoria do domínio do fato para a qual, segundo Fernando Capez[53], "autor é aquele que detém o controle final do fato, dominando toda a realização delituosa, com plenos poderes para decidir sobre sua prática, interrupção e circunstâncias. Não importa se o agente pratica ou não o verbo descrito no tipo legal, pois o que a lei exige é o controle de todos os atos, desde o início da execução até a produção do resultado. Por essa razão, o mandante, embora não realize o núcleo da ação típica, deve ser considerado autor, uma vez que detém o controle final do fato até a sua consumação, determinando a prática delitiva".

É possível, então, que a denúncia impute ao acusado a autoria a título de domínio do fato, desde que, narre, na peça acusatória, e demonstre, através de elementos informativos e provas coligidas (oitiva de testemunhas, interceptações telefônicas, depoimentos em colaboração premiada, etc), que o réu tinha o completo controle sobre a prática do crime (ou crimes), com poderes amplos a fazê-lo (s), a seu bel prazer, eclodir, suspender, interromper, perdurar.

Sem dúvida alguma, trata-se das mais difíceis peças acusatórias a serem elaboradas, pois, se for genérica em sua narrativa e/ou não estribada em elementos de convicção convincentes, deverá ser rejeitada, sob pena de consagrar verdadeira responsabilidade penal objetiva[54] (aquela estabelecida, apenas, pela posição profissional eminente do acusado, sem se comprovar sua responsabilidade pessoal na prática do ato criminoso).

Se possível a imputação do domínio do fato aos crimes dolosos, com as ressalvas apontadas acima, inviável a aplicação de tal teoria, em se tratando de delitos culposos; em caso interessante julgado pelo STF[55], reputou-se inadmissível que o *CEO – Chief Executive Officer* de parque de diversões (*Hopi Hari*) pudesse ser responsabilizado pelo homicídio culposo ocorrido em seu interior, onde a vítima sofreu queda fatal, quando se divertia em um dos brinquedos cuja cadeira apresentava defeito (não apresentava travamento).

Crimes permanentes e data precisa da infração

Em determinados crimes, notadamente os permanentes, torna-se impossível apontar a data precisa do evento delito; é o que ocorre, *v.g.*, no caso de associação para o tráfico, organização criminosa, e outros, em que se tornará, apenas, possível descrever na denúncia a *data aproximada* do ilícito[56].

---

53. Curso de Direito Penal, Parte Geral 1, p. 363.
54. Informativo do STF. 23/05/2017. STF. HC 136250. 2ª T. Rel. Min. Ricardo Lewandowski.
55. STF – HC 138.637/SP. Rel. Min. Celso de Mello. J. 12/05/2017.
56. STJ. HC 229.648/RS. 5ª T. Rel. Min. Laurita Vaz. Julgado em 10/12/2013. DJe 03/02/2014.

Nessa hipótese de data aproximada constante da denúncia, como se contará a prescrição?

Deve-se utilizar, para fins de contagem do prazo prescricional, a primeira data a partir da qual a consumação poderia ocorrer, porque esse modo de contagem favorece o acusado[57].

2º - a qualificação do acusado, ou esclarecimentos pelos quais se possa identificá-lo. A qualificação do acusado é composta por dados pessoais que o individualizam quanto aos demais cidadãos, como data de nascimento, filiação, documentos de identidade, fotos, etc. Na situação em que não se saiba a qualificação do acusado, embora certa sua identidade física, não haverá qualquer obstáculo ao oferecimento de denúncia; quando apurada a real identidade do acusado haverá aditamento do processo, em qualquer fase que esteja, ou mesmo dos assentamentos das execuções criminais. Como estipula o art. 259 do CPP "a impossibilidade de identificação do acusado com o seu verdadeiro nome ou outros qualificativos não retardará a ação penal, quando certa a identidade física. A qualquer tempo, no curso do processo, do julgamento ou da execução da sentença, se for descoberta a sua qualificação, far-se-á a retificação, por termo, nos autos, sem prejuízo da validade dos atos precedentes".

A necessidade da correta identificação do acusado na denúncia, não significa dizer que se esteja autorizado a inserir fotografia na exordial; segundo o STJ[58], a inserção de fotografia violaria o direito de imagem e o princípio da dignidade da pessoa humana. A nosso ver, só seria possível apor-se fotografia à peça acusatória se os dados qualificativos do acusado forem incertos ou incompletos (embora certa, é claro, sua identidade física).

3º - a classificação do crime, ou seja, deve-se apontar, na denúncia, os artigos de lei penal em que se encontra incurso o acusado. Não basta a menção ao *nomem juris* do delito, é preciso apontar a norma penal violada. No entanto, a falta de menção do artigo de lei ou sua incorreta inserção acarretam mera irregularidade, que pode ser sanada a qualquer tempo (art. 569 do CPP), sem que disso acarrete prejuízo ao acusado e seu defensor, os quais irão preparar a autodefesa e a defesa técnica baseados nos fatos imputados ao réu, e não em sua qualificação jurídica. Entende-se, em regra, que não cabe ao juiz corrigir a imputação do MP, apontando os artigos de lei efetivamente violados, quando do recebimento da denúncia, mas apenas quando da sentença (art. 383 do CPP).

4º - rol de testemunhas (requisito facultativo)

Este requisito é facultativo, porque, algumas vezes, toda a prova é documental ou pericial, sem a necessidade de oitiva de qualquer pessoa – testemunhas ou vítimas. A indicação de quem se pretende ouvir deve se dar quando do oferecimento da denúncia, sob pena de preclusão.

5º - Outros requisitos

Além desses requisitos previstos em lei, também deve constar da denúncia o pedido de condenação do acusado, sua citação, o requerimento de oitiva das pessoas

---

57. STF. HC 92695. 1ª T. Rel. Min. Ricardo Lewandowski. Julgado em 20/05/2008. DJe 107.
58. Informativo STJ. 24/05/2010. STJ – 6ª T. Min. Rel. Og Fernandes, HC 88448.

arroladas na peça acusatória (vítimas e testemunhas), o endereçamento da peça acusatória, sua redação em português e a assinatura do representante do Ministério Público. Quanto ao endereçamento da denúncia, o STF[59] já decidiu que não se trata de requisito essencial da peça acusatória e não anula a denúncia.

A denúncia deverá ser subscrita (assinada) pelo representante do MP. A simples ausência de assinatura poderá ser suprida a qualquer tempo, desde que, claro, não haja dúvida de que foi um membro da instituição que a redigiu.

3.7.3.4. Cota introdutória à denúncia

Quando do oferecimento da peça acusatória, em peça apartada à denúncia, ou nos próprios autos do processo no espaço reservado à vista do *Parquet*, o membro do MP deve indicar que está oferecendo denúncia em apartado; além disso, poderá requerer diligências complementares (a instauração de inquérito policial suplementar para apurar outros fatos, a realização de laudo pericial etc), ou ainda que o juiz decida a respeito de determinadas postulações como, por exemplo, a quebra de sigilo bancário e telefônico, a decretação da prisão preventiva do acusado, a promoção de arquivamento em relação a outro indiciado ou quanto a outro fato, etc. Pode, ainda, como ensina segundo Vicente Greco Filho[60], na cota introdutória, o membro do *Parquet*, justificar o enquadramento legal proposto na denúncia; fundamentar a competência do Juízo, a inexistência de prescrição; justificar a não inclusão como réu de algum indiciado ou o não oferecimento da denúncia em relação a algum fato punível referido no inquérito, o que, nesse caso, equivale a um pedido de arquivamento.

3.7.3.5. Prazos para oferecimento da denúncia

Estando o indiciado preso, o prazo para o oferecimento da denúncia é de 5 dias; se o indiciado estiver solto, o prazo será de 15 dias; tais prazos contarão da data em que o órgão do MP receber os autos do inquérito policial, ou quando tiver recebido as peças de informação ou a representação (art. 46, *caput* e § 1º, do CPP).

Quando há a devolução do inquérito à delegacia de polícia para diligências imprescindíveis requeridas pelo MP, o prazo para oferecimento da denúncia irá ser contado da data em que o *Parquet* receber novamente os autos.

No caso de indiciado solto, não resta dúvida de que o prazo para o oferecimento da denúncia seguirá a regra do art. 798, §§ 1º e 3º, do CPP: não se computa o dia do começo, incluindo-se, porém, o do vencimento; o prazo que termine em domingo ou dia feriado considerar-se-á prorrogado até o dia útil imediato.

Surge a controvérsia a respeito da contagem do prazo para oferecimento da denúncia, na hipótese de indiciado preso; há **duas posições** sobre o assunto:

1ª – **Posição:** Estando o acusado preso, o prazo seria penal, seguindo a regra do art. 10 do CP: o dia do começo inclui-se no cômputo do prazo;

---

59. STF – 2ª T. RHC 60.216/RO, Rel. Min. Cordeiro Guerra, j. 31/08/1982, DJ 24/09/1982.
60. Vicente Greco Filho, Manual de Processo Penal, p. 89.

2ª – Posição: Deve seguir a regra do art. 798 do CPP: o prazo para oferecimento de uma peça acusatória só pode ter natureza processual.

Na legislação extravagante, podem existir prazos diferentes, como os seguintes:

1º – no caso de tráfico de drogas, cujo prazo para oferecer denúncia é de 10 dias, estando o acusado preso ou solto (art. 54 da Lei 11.343/06).

2º – crimes contra a economia popular (Lei 1521/51, art. 10, § 2º): prazo de dois dias para oferecer a denúncia, no caso de indiciado solto ou preso.

3º – Código Eleitoral: 10 dias para oferecer denúncia, no caso de indiciado preso ou solto (art. 357, *caput*, da Lei 4.737/65).

3.7.3.6. Recebimento e rejeição da denúncia e sua fundamentação

Segundo jurisprudência majoritária, inclusive do STF[61], o recebimento da denúncia não se qualifica como ato de caráter decisório, não reclamando fundamentação, nos termos do que determina o art. 93, IX, da CF.

No entanto, o entendimento doutrinário majoritário é que, o recebimento da denúncia ou queixa é ato decisório a reclamar a devida fundamentação.

Essa nos parece ser a melhor posição, afinal, se a rejeição da denúncia deve ser--sempre – fundamentada, até para possibilitar que a acusação recorra dessa decisão e exponha seus argumentos contrários aquilo que foi decidido, não há porque deixar de se fundamentar também o ato decisório que inicia a persecução penal em juízo: a uma, dada a relevância da relação jurídica a envolver o direito à liberdade e a segurança pública em sua etapa processual; e a duas, a fim de se permitir que, em sede de eventual *habeas corpus* impetrado pela defesa, perante o Tribunal, visando o trancamento da ação penal, possa se discutir a respeito do acerto ou não das razões apontadas pelo juiz de 1º grau ao receber a peça acusatória.

A nosso ver, a fim de tutelar com eficácia o direito individual a liberdade e fiscalizar a seriedade e responsabilidade da acusação, o juiz deve, em primeiro lugar, em uma leitura da peça acusatória (denúncia ou queixa), verificar se a petição é apta no sentido de ser compreensível: peças acusatórias extremamente mal redigidas, confusas, ambíguas, daquelas que tornam difícil (se não de impossível compreensão) devem ser rejeitadas porque ineptas: se o magistrado, que é um profissional do direito, está tendo dificuldades de compreensão, o que não se dirá do acusado! Por isso, em homenagem aos princípios constitucionais do contraditório e da ampla defesa a peça acusatória deve ser rejeitada, por ser inepta (art. 395, I, do CPP). Depois, cabe ao magistrado averiguar a tipicidade do fato narrado (que nada mais é que a possibilidade jurídica do pedido); a tipicidade a ser perquiria é a tipicidade formal (adequação do fato narrado com o tipo penal previsto em lei), e também a tipicidade material, ou seja, a constatação de efetiva lesão ou risco de lesão ao bem jurídico tutelado pela norma; como exemplo de

---

61. STF – HC 101.971. 1ª T. Rel. Min. Cármem Lúcia, DJe 170.

falta de tipicidade material cita-se o denominado furto de bagatela, de insignificante valor, como o furto de um lata de aspargos em supermercado de rede multinacional, o que autorizaria ao juiz a rejeitar a peça acusatória. Após estudo da tipicidade- formal e material- constata-se a questão referente à legitimidade de partes, e pressupostos processuais (exigência de representação nos crimes de ação penal pública, por exemplo). Em uma segunda etapa, ao juiz se incumbe o dever de verificar se há justa causa para a ação penal (art. 395, III, do CPP); para tanto, deverá cotejar o arcabouço probatório coligido normalmente através do inquérito policial com a proposta acusatória vazada na petição inicial (denúncia ou queixa). Não basta perscrutar, apenas, a respeito da tipicidade do fato- normalmente o que menos esforço exige- necessário, ainda, pesquisar se o fato é ilícito, pois podem existir evidências, por exemplo, de que o indiciado tenha agido em legítima defesa ou estado de necessidade, situações essas que autorizam a rejeição da peça acusatória, por falta de justa causa. E, por fim, incumbe ao magistrado perquirir da culpabilidade e punibilidade do agente. Enfim, cabe ao juiz exigir provas mínimas de autoria, materialidade, de fato típico, ilícito, culpável e punível; em suma, uma acusação lastreada em fatos comprovados e não em pura criação mental do acusador. Como bem elucida o Min. Celso de Mello, do STF[62], não basta ao órgão da acusação se limitar a transcrever os elementos do tipo penal, sem relacioná-los aos fatos apurados durante a investigação. E é esse nexo entre a norma e os fatos que deverá ser apurado pelo juiz, na fase de admissibilidade da acusação (denominada de instância delibatória).

Se o juiz deixar de proferir um ato decisório formal de recebimento da peça acusatória, mas determinar a citação do acusado, já entendeu o STF[63] tratar-se de recebimento implícito ou tácito da inicial.

Do recebimento da denúncia não cabe recurso, mas será possível impetrar-se *habeas corpus* com o intuito de se trancar a ação penal.

3.7.3.6.1. Recebimento/rejeição parcial da denúncia

Normalmente, a denúncia é recebida – ou rejeitada – na sua integralidade. Comumente, porém, como se constata em diversas decisões do Pretório Excelso, recebe-se uma parte da denúncia, referente à infração cujas condições da ação penal estejam presentes, e rejeita-se a outra parte da peça acusatória – o outro crime descrito – nas hipóteses em que, *v.g.*, houver prescrição, ausência de justa causa, falta de legitimidade etc. Da decisão de rejeição parcial da denúncia cabe recurso em sentido estrito (art. 581, I, do CPP).

Há várias decisões de recebimento/rejeição parcial da denúncia: reconhecimento da prescrição quanto a um dos delitos[64], pela idade – mais de 70 anos – dos réus; atipicidade de um dos crimes[65]; ausência de justa causa quanto à uma das infrações

---

62. STF- Inquérito 3.995/DF. Rel. Min. Celso de Mello.
63. STF – 1ª T., HC 68.926/MG, Rel. Min. Celso de Mello, j. 10/12/1991, DJ 28/08/1992.
64. Informativo STF, 29/09/2011. STF. Plenário. Inquérito 2471. Min. Relator Ricardo Lewandowiski.
65. Informativo STJ. 01/02/2012. STJ. Corte Especial. Min. Rel. Teori Zavascki.

imputadas[66]. Nada impede que uma denúncia seja integralmente rejeitada, por inépcia, mas se determine, ao mesmo tempo, o aproveitamento dos atos investigatórios até então procedidos, a fim de seja instaurado inquérito policial, apurando-se melhor os fatos aparentemente delituosos e que foram mal descritos na peça acusatória rechaçada[67].

3.7.3.6.2. Recebimento da denúncia: efeito penal

O recebimento da denúncia acarreta, como efeito de direito penal, a interrupção da prescrição (art. 117, I, do CP).

E se o juiz que tenha recebido a denúncia for absolutamente incompetente?

Nessa situação, o ato de recebimento não terá qualquer eficácia na interrupção da prescrição, a qual fluirá normalmente, como já decidiu o STF[68].

Pela interpretação que se deve dar a esse aresto do Pretório Excelso, conclui-se que, se a incompetência absoluta não interrompe a prescrição; a *contrario sensu*, a incompetência relativa (*v.g.*, competência territorial, por prevenção) mantem o efeito de interromper a prescrição.

E no caso de queixa-crime oferecida perante juiz incompetente o prazo decadencial é interrompido ou não?

Entendemos que, como o que se pretende com o oferecimento da queixa-crime no prazo, é demonstrar o interesse da vítima ou do seu representante legal em processar o acusado, o oferecimento da peça acusatória, mesmo que perante juiz incompetente, desde que no prazo de seis meses, valerá como ato jurídico válido (não havendo se falar em perda do direito de acusar do querelante), pouco importando que o juiz rejeite a queixa ou a remeta ao juízo competente.

3.7.3.6.3. Modificação da imputação pelo juiz no ato de recebimento da denúncia

Em regra, de acordo com a doutrina e a jurisprudência majoritárias, não se admite que, no ato de recebimento da denúncia, o magistrado altere a classificação do crime para outra que julgue mais adequada, pois tal proceder seria uma violação ao princípio da inércia jurisdicional, assumindo o juiz a figura de uma magistrado – acusador, totalmente incompatível com o princípio acusatório estabelecido na Lei Maior (de separação das funções da acusação, defesa e do julgador em órgãos diferentes), bem como com a necessária imparcialidade que se espera de um membro do Poder Judiciário. Os eventuais equívocos na formulação da peça acusatória poderão ser supridos quando da sentença (art. 383 do CPP – *emendatio libelli*). No entanto, como bem ressaltado

---

66. Informativo STF. 20/07/2011. STF. Plenário. Inq. 2527. Min. Rel. Ellen Gracie.
67. Informativo do STF. 08/08/2017. STF. 2ª T. AP 1005. Rel. Min. Edson Fachin.
68. Informativo STF. 10/05/2011. STF. 2ª T. Min. Rel. Celso de Mello, HC 104907.

pelo STJ[69], é possível que o magistrado, excepcionalmente, quando do recebimento da denúncia, altere sua classificação, a fim de beneficiar o acusado, apontando, por exemplo, que o enquadramento legal é equivocado (porque o crime é menos grave que o imputado); ou quando da correção depender a fixação da competência. No entanto, acentua o aresto, só é permitida tal alteração precoce do teor da denúncia, pelo juiz, se o intuito for o de favorecer o acusado, "não se podendo admitir que o magistrado, em prejuízo ao réu, e sem que exista erro grosseiro por parte do membro do *Parquet*, atue de modo a alterar os parâmetros da denúncia formulada, o que, consoante consignado alhures, configura violação ao princípio dispositivo, desrespeito à titularidade da ação penal, e antecipação do julgamento do mérito do processo".

3.7.3.7. Aditamento da denúncia

Aditamento, como o próprio nome indica, significa *acréscimo* de novos delitos, ou de suas circunstâncias, ou de novos autores a uma denúncia já oferecida; significa também *correção da imputação à realidade* (exemplo: da imputação de prática de furto ao acusado verifica-se não ser verdadeira, porque o crime praticado foi, na realidade, um roubo); ou ainda, a mera *retificação de dados equivocados da acusação*, como o nome errado do acusado, indicação errônea do local do crime ou seu horário etc. Não há, assim, aditamento para excluir acusação ou acusado da denúncia.

Apenas é admissível o aditamento pelo representante do Ministério Público, porque corolário da prerrogativa institucional de que a ação penal pública é privativa do *Parquet* (art. 129, I, da CF), não sendo permitido que o assistente da acusação assim proceda. O aditamento pelo membro do MP pode ser espontâneo (sem provocação judicial) em decorrência do princípio da obrigatoriedade ou legalidade da ação penal pública; o primeiro interessado em acrescentar novos fatos ou autores, em virtude do surgimento de prova de elementares do fato típico ou de novas circunstâncias ou em corrigir a acusação inicial, é justamente o *dominus litis* – o *Parquet*. No entanto, se o representante ministerial se quedar inerte, o juiz provocará o titular da ação penal pública a aditar (é o chamado aditamento provocado), atuando o magistrado como verdadeiro fiscal do princípio da legalidade; é o que preconiza o art. 384 do CPP (*mutatio libelli*), tema que trataremos com profundidade quando estudarmos a sentença penal.

Conforme estipula o art. 569 do CPP as omissões da denúncia podem ser supridas a todo o tempo, antes da sentença. Como vigora em relação às ações penais públicas o princípio da obrigatoriedade e da indisponibilidade o acréscimo ou correção da denúncia é uma injunção legal imposta ao Ministério Público, que, afinal, não pode mesmo dispor da persecução criminal em juízo.

O aditamento pode se dar nas seguintes situações:

1ª) Correção a respeito de dados incorretos da denúncia (equívoco quanto ao nome do acusado, lugar e tempo do fato, classificação do crime, por exemplo). É o denominado aditamento impróprio que visa corrigir defeitos da denúncia e

---

69. Recurso em Habeas Corpus nº 27.628/GO (2010/0020662-6). Min. Relator Jorge Mussi.

é previsto no art. 569 do CPP. Há quem, como Marcellus Polastri Lima[70], denomine a alteração dos dispositivos legais – penais ou processuais equivocados da denúncia – ou seja, quando houver erro na classificação do delito ou do procedimento a ser seguido, como hipóteses de aditamento próprio real legal, porque se altera a classificação do delito ou o rito a ser seguido, sem inovação quanto ao fato delituoso, contudo;

2ª) **Adaptação da denúncia às novas circunstâncias trazidas pela instrução que tenham alterado a classificação do crime** (art. 384 do CPP – *mutatio libelli*, que será analisada quando estudarmos a sentença no Capítulo 10). É o chamado aditamento próprio real material;

3ª) **Acréscimo à denúncia de novos fatos criminosos ou de novos autores**; importante referir que este aditamento só será possível se houver relação de conexão ou continência entre tais fatos (tema que será visto quando tratarmos de competência) e não causar tumulto e atraso ao andamento processual (de preferência, antes de iniciada a instrução criminal, ou quando esta estiver no seu início). Isso porque não faz sentido proceder-se tal espécie de aditamento quando a instrução já se encontra finda, à espera de sentença; nesta situação, o órgão do Ministério Público deve oferecer nova denúncia, em outro processo, desincumbindo-se, assim, de maneira mais racional, com o seu dever de velar pelo princípio da obrigatoriedade ou legalidade das ações penais públicas, como permite inclusive o art. 80, *in fine*, do CPP. O aditamento de novos fatos criminosos caracterizará o aditamento próprio real material; o aditamento que acrescente pessoas – coautores ou partícipes – será hipótese de aditamento próprio pessoal.

O aditamento da denúncia acarretará sempre a interrupção da prescrição, como previsto no art. 117, I, do CP?

Se o aditamento versar apenas quanto a dados acessórios da acusação (horário, nome equivocado do acusado, classificação do crime), o denominado aditamento impróprio, não haverá a interrupção do prazo prescricional.

De idêntica maneira, se for acrescentado autor ou partícipe – o chamado aditamento próprio pessoal – não haverá também a interrupção do prazo prescricional, porque o próprio recebimento da denúncia quanto a um dos autores da infração interrompe a prescrição quanto aos demais (art. 117, § 1º, do CP).

No caso de aditamento para acrescentar novo fato delituoso – inédito – o chamado aditamento próprio real material – a prescrição será interrompida com o recebimento do aditamento oferecido.

Pergunta-se: e se o aditamento real material versar a respeito do mesmo fato da vida, mas com nova definição jurídica em consequência de prova existente nos autos de elemento ou circunstância da infração penal não contida na acusação (art. 384, *caput*, do CPP), e o MP aditar a denúncia, haverá a interrupção da prescrição?

---

70. Marcellus Polastri Lima, Manual de processo penal, 2ª Edição, Rio de Janeiro, Editora Lumen Juris, 2009, p. 194.

Em ocorrendo a mudança de elementar do fato típico – por exemplo, apura-se, durante a instrução, que, em verdade, ocorreu um roubo, pela violência exercida pelo acusado contra a vítima durante a subtração e não um furto – como originariamente imputado – entendemos que o fato jurídico é inédito e, sendo assim, deverá interromper a prescrição a partir do recebimento do aditamento à denúncia.

No entanto, se houver apenas um acréscimo de circunstância ao tipo penal – por exemplo, durante a instrução, apura-se que o furto praticado foi qualificado pelo rompimento de obstáculo e não em sua forma simples como inicialmente se pensava – como o acréscimo não alterou a essência da figura típica que continua a mesma – furto – não há porque interromper a prescrição com o recebimento desse aditamento.

3.7.3.8. Hipóteses de rejeição da denúncia

Consoante determina o art. 395 do CPP, a denúncia será rejeitada quando:

1º – for manifestamente inepta

Ou seja, aquela denúncia que, por não preencher os requisitos do art. 41 do CPP acima estudados, torna-se incompreensível, seja porque foi mal redigida, seja porque é tão incompleta, que inviabiliza a ampla defesa e o contraditório. Não basta a denúncia ser falha na técnica de sua redação, ou ser lacunosa em alguns trechos, para que seja rejeitada, pois, nestas situações, bastaria um aditamento para que fossem efetuadas as correções necessárias. A denúncia que não descreve, em sua narrativa fática, a conduta do acusado, remetendo sua compreensão a outras peças constantes dos autos é inepta e deve ser rejeitada, como decidiu o STJ.[71]

A falta de aposição de data do fato, na denúncia, traduz mera irregularidade, não impedindo o acusado de exercer o direito à ampla defesa, de acordo com o entendimento do STJ[72].

No caso de crimes culposos em que se deixa de narrar, na denúncia, a inobservância do dever objetivo de cuidado e sua relação com a morte da vítima (acidente de trânsito com vítima fatal), o STJ[73] reconheceu a inépcia da denúncia, anulando a ação penal, *ab initio*, sem prejuízo de que seja oferecida outra ação penal; entendeu-se que não foi descrita, na peça acusatória, de forma clara e precisa, qual teria sido a conduta negligente, imperita ou imprudente que pudesse ter gerado o resultado morte, o que, se fosse aceito, seria a consagração da responsabilidade penal objetiva.

2º – faltar pressuposto processual ou condição para o exercício da ação penal

As condições da ação penal são aquelas já vistas (possibilidade jurídica do pedido, legitimidade de parte, interesse de agir). Os pressupostos processuais são condições

---

71. Informativo STJ. 03/06/2011. Min. Relator. Napoleão Nunes Maia Filho. HC 207663
72. Informativo STJ. 10/03/2011. Desembargador Convocado Celso Limongi. RHC 29084.
73. STJ. HC 305.194. Min. Relator Rogério Schietti Cruz.

para a constituição e validade da relação jurídica processual. Exemplo de rejeição da denúncia por falta de condição da ação penal: oferecimento de denúncia por crime de ação penal privada, em desacordo com a legitimidade de parte, que só pode ser do particular e não do Ministério Público. Exemplo de rejeição da denúncia por falta de pressuposto processual: oferecimento de denúncia em face de alguém por fato criminoso cujo autor já foi julgado com sentença transitada em julgado.

3º – faltar justa causa para o exercício da ação penal

A denúncia, para que seja recebida, deve vir acompanhada de provas mínimas de autoria e materialidade delitivas; para nós, em posicionamento minoritário, devem existir, ainda, evidências da ilicitude do fato, de culpabilidade do autor e de não existir qualquer causa extintiva de punibilidade. Em outras palavras, se houver elementos de convicção que apontem, por exemplo, de que o indiciado agiu em legítima defesa (causa excludente de ilicitude); ou obrou impelido por coação moral irresistível (causa de isenção de pena); ou ainda, que o fato está prescrito, nos parece óbvio que a denúncia, nessas hipóteses, deve ser rejeitada, porque não pode existir interesse de agir em uma causa penal em que o réu tenha praticado fato lícito (caso da legítima defesa), não seja culpável (caso da coação moral irresistível), ou o fato tenha deixado de ser punível (caso da prescrição)! Seria um gasto inútil de recursos públicos, além de ferir a dignidade da pessoa humana, um dos princípios fundadores do nosso ordenamento jurídico (art. 1º, III, da CF), obrigando um acusado a quem se sabe que não será imposta pena às agruras do processo criminal.

Normalmente as provas que alicerçam a denúncia são trazidas através do inquérito policial, mas, como já se viu, tais elementos de convicção podem estar encartados em peças de informação ou até em procedimento investigatório presidido pelo órgão do Ministério Púbico, ou por outra autoridade administrativa.

Mesmo que haja – na apuração de crimes previstos na Lei de Licitações (Lei 8.666/93), pelo Tribunal de Contas, um parecer favorável, atestando a lisura do procedimento, não se impede que o Ministério Público ofereça denúncia por tais delitos, mas, conforme decidiu o STF[74], "a aprovação do procedimento pelo Tribunal de Contas vem a exigir do Ministério Público um esforço maior no encargo de reunir elementos concretos que atestem a real necessidade de se dar início à persecução penal, mormente indícios indicativos de que a Corte de Contas, ao apreciar o feito, equivocou-se em sua conclusão".

Importante salientar que, como elucidado por Vicente Greco Filho[75], "(..) a ação tem início quando é oferecida, apresentada em juízo, a denúncia ou queixa. A partir daí pode haver, inclusive, sentença de mérito ou com força equiparada, como acontece na decisão que rejeita a peça em virtude de estar extinta a punibilidade, ou que a rejeita porque manifestamente não existiu a infração, (...). Ora, se nesse momento ainda não houvesse o exercício do direito de ação e o processo, seria

---

74. Informativo STF. 21/06/2011. STF. 2ª T. Min. Relator Gilmar Mendes. HC 107263.
75. Vicente Greco Filho, Manual de Processo Penal, p. 125.

impossível explicar a existência de sentença, com força de coisa julgada material inequivocamente reconhecida".

Normalmente, a rejeição da denúncia ocorre quando do seu próprio oferecimento pelo Ministério Público, de modo que, em regra, após o seu recebimento não seria mais admitido ao juiz rejeitar a peça acusatória.

No entanto, no caso de estar patenteada a ausência das condições da ação ou de pressuposto processual, o que se notou apenas depois do recebimento da peça acusatória, pensamos que o juiz poderá, excepcionalmente, em prol da economia processual e da razoável duração do processo, rejeitar posteriormente a denúncia ou queixa.

Vamos exemplificar para melhor esclarecer.

Constatado, pelo início da instrução, que o fato é diverso do narrado na peça acusatória, por ser, *v.g.*, atípico (falta de possibilidade jurídica do pedido), ou que o crime está sendo apurado em outro processo criminal ou já foi definitivamente julgado (pressupostos processuais objetivos negativos da litispendência e da coisa julgada), não existe nenhum sentido em obrigar-se o juiz a dar andamento ao feito até a prolação da sentença; muito mais prático, extinguir o processo, com ou sem julgamento do mérito da causa penal, de plano e sem delongas.

Há entendimento, do STJ[76], no sentido de que, o fato de a denúncia já ter sido recebida não impede que o Juízo de primeiro grau, logo após o oferecimento da resposta do acusado, reconsiderar a anterior decisão e venha a rejeitar a peça acusatória, ao constatar a presença das hipóteses elencadas no art. 395 do CPP (de rejeição de denúncia); as matérias previstas no citado artigo – condições da ação e pressupostos processuais – são de ordem pública e não se sujeitam à preclusão.

3.7.3.8.1. Rejeição de denúncia e recurso

Da decisão que rejeita a denúncia, cabe recurso em sentido estrito (art. 581, I, do CPP). Interpondo o Ministério Público recurso contra a rejeição da denúncia, o juiz deverá providenciar, sob pena de nulidade, a intimação daquele que foi denunciado, para que possa, através de advogado (constituído ou dativo) oferecer contrarrazões ao recurso da acusação, em homenagem aos princípios da ampla defesa e do contraditório.

É o que determina a Súmula 707 do STF: "constitui nulidade a falta de intimação do denunciado para oferecer contrarrazões ao recurso interposto da rejeição da denúncia, não a suprindo a nomeação de defensor dativo".

3.7.4. Conceito de ações Penais Privadas

São aquelas em que o exercício da ação penal é um direito do ofendido, de seu representante legal ou sucessores, porque com a prática dos crimes de ação penal privada se violam bens jurídicos de especial relevância para o ofendido, como, por exemplo,

---
76. STJ. EDcl no Recurso Especial n] 1.318.180/DF (2012/0082250-9). Min. Rel. Sebastião Reis Júnior.

os crimes contra a honra, alguns delitos contra o patrimônio, como o dano. A legitimidade para a propositura da ação penal é transferida para o particular – vítima, seu representante legal ou sucessores; é o *jus persequendi in judicio*; caberá a eles, num juízo de oportunidade e conveniência, decidir se irão ajuizar ou não a ação penal. Deverão avaliar se o escândalo que pode surgir com a publicidade do processo (*strepitus judicii*) não seria mais prejudicial que a própria impunidade do autor da infração.

A ação penal privada é verdadeira hipótese de legitimação extraordinária: a vítima, em nome próprio, postula direito alheio – o direito (poder) de punir, que é exclusivo do Estado. Nas ações penais privadas, o autor será denominado querelante, e o acusado, de querelado.

3.7.4.1. Classificação das ações penais privadas

As ações penais privadas se dividem em 3 espécies:

1º – Ações penais privadas exclusivas

São aquelas em que a ação pode ser intentada pelo ofendido, por seu representante legal, no caso de incapacidade, ou por seus sucessores (cônjuge, companheiro, ascendente, descente e irmão – art. 31 do CPP), na hipótese de morte ou declaração judicial de ausência.

2º – Ação penal privada personalíssima

É a ação que só pode ser ajuizada pela vítima, não se admitindo que o seu representante legal ou sucessores ofereçam queixa por ela, nem que se nomeie curador especial. Só há um crime de ação penal privada personalíssima em nosso ordenamento: art. 236 do CP – induzimento a erro essencial ou ocultação de impedimento para casamento, cuja ação penal dependerá de oferecimento de queixa, apenas, pelo contraente enganado. No caso de morte ou ausência do querelante nessa espécie de ação ocorrerá a extinção da punibilidade do querelado. Se o ofendido for menor de 18 anos, emancipado pelo casamento, deverá alcançar a maioridade para oferecer, se o desejar, queixa-crime, começando-se a contar o prazo de decadencial de 6 meses a partir do dia que completar 18 anos. Relembremos que o delito de adultério, que era outro exemplo de ação penal privada personalíssima, foi revogado pela Lei 11.106/2005.

3º – Ações penais privadas subsidiárias da pública ou acidentalmente privada ou supletiva

Não oferecendo o Ministério Público denúncia no prazo legal, o ofendido, seu representante legal ou sucessores poderão oferecer queixa subsidiária, como preveem os arts. 5º, LIX, da CF e o art. 29 do CPP. Percebe-se, assim, que ação penal privada subsidiária da pública, na verdade, é uma ação pública, porque versa a respeito de crimes de ação pública, em que o Ministério Público foi negligente; consubstancia, assim, verdadeiro mecanismo de controle do trabalho do *Parquet* pela vítima. Como observa Renato Brasileiro de Lima[77], trata-se de um direito fundamental – cláusula pétrea – funcionando como importante forma de fiscalização do exercício da ação penal pública pelo Ministério Público.

Embora a lei mencione que será cabível a queixa subsidiária se o *Parquet* não oferecer a ação penal (denúncia) no prazo legal, entende a doutrina e jurisprudência, que o que legitima a intervenção do particular é a inércia do órgão do Ministério Público, por não oferecer denúncia no prazo, ou deixando de se manifestar em outro sentido, como promovendo o arquivamento; suscitando o conflito de atribuições com outro órgão da Instituição; suscitando o conflito de competência; requerendo o retorno dos autos à delegacia de polícia para a realização de diligências etc.

Em outras palavras, apenas a absoluta inércia e desídia do órgão do MP autoriza o ajuizamento da ação penal subsidiária da pública.

De acordo com a arguta observação de Renato Brasileiro de Lima[78], depois de vencido o prazo para o MP oferecer denúncia, surge a legitimação ativa do ofendido, ou de representante legal ou sucessores, para ajuizarem a queixa subsidiária da pública, ao mesmo tempo em que não se proíbe que o órgão do *Parquet* desidioso ofereça a denúncia, mesmo que ultrapassado o prazo legal para tanto. Isto porque o prazo para oferecer a denúncia é um prazo impróprio, que não impede o exercício do ato processual, por se tratar de uma ação penal pública – de interesse indisponível da sociedade submetido ao princípio da obrigatoriedade ou legalidade. Em outras palavras, escoado o prazo para oferecer a denúncia, forma-se verdadeira hipótese de legitimação ativa concorrente, porque tanto a vítima quanto o *Parquet* podem ajuizar a ação penal.

De acordo ainda com Renato Brasileiro de Lima[79], citando Denilson Feitosa, só poderá haver ação penal privada subsidiária da pública se houver uma vítima determinada (caso de homicídio, extorsão, sequestro etc); no entanto, em havendo a prática de delitos de perigo (concreto ou abstrato), por não existir vítima determinada (crimes da lei de drogas, de porte ilegal de arma de fogo), não se admitirá o ajuizamento de queixa subsidiária.

Mas há exceções referidas pelo autor: nas infrações penais que envolvam relações de consumo, uma vez que as entidades e órgãos da administração pública, direta ou indireta, ainda que sem personalidade jurídica, especialmente destinados à defesa dos interesses e direitos protegidos pelo Código de Defesa do Consumidor, assim como as associações legalmente constituídas há pelo menos 1 ano e que incluam entre seus fins institucionais a defesa dos interesses e direitos protegidos pelo CDC, dispensada a autorização assemblear, poderão, além de intervir como assistentes do MP, propor ação penal privada subsidiária, se a denúncia não for proposta no prazo legal pelo Ministério Público. É o que preveem os arts. 80 e 82, III e IV, da Lei 8.078/90.

A Lei 11.101/05 (Lei de Falências, recuperação judicial e extrajudicial), em seu art. 184, § único, estipula que, caracterizada a inércia do MP, qualquer credor habilitado ou

---

77. Renato Brasileiro de Lima, Curso de Processo Penal, p. 222.
78. Renato Brasileiro de Lima, Curso de Processo Penal, p. 223.
79. Renato Brasileiro de Lima, Curso de Processo Penal, p. 223.

o administrador judicial poderão o oferecer ação penal privada subsidiária da pública, observado o prazo decadencial de 6 meses. Nota-se que os credores ou o administrador judicial não são, necessariamente, vítimas de quaisquer dos crimes falimentares, mas estão autorizados a oferecer queixa-crime, no caso de desídia do órgão do MP.

A ação penal subsidiária da pública submete-se ao prazo decadencial de 6 meses que se inicia, não da tomada de conhecimento da autoria do crime, mas sim do dia em que se esgotou o prazo para oferecimento da denúncia pelo MP; nessa situação, escoado o prazo de 6 meses, ocorrerá a decadência, mas, como se trata de ação penal pública, não terá ocorrido a extinção da punibilidade. O prazo decadencial seguirá, entretanto, a regra do art. 10 do CP: contará o dia do começo, como já se viu, pois se trata de um prazo de natureza penal.

3.7.4.2. O que é Ação Penal secundária?

É a denominação empregada por Norberto Avena[80], tratando-se das hipóteses em que "(...) a lei estabelece que a apuração do crime será feita por meio de uma determinada modalidade de ação penal, prevendo, contudo, secundariamente, diante do surgimento de circunstâncias especiais, uma nova espécie de ação para aquela mesma infração". É o que se dá, por exemplo, com delito previsto no art. 345 do CP (Exercício arbitrário das próprias razões), em que, havendo violência, o crime é de ação penal pública; não existindo violência, o crime é de ação penal privada (art. 345, § único, do CP). Outro exemplo: crimes contra a dignidade sexual, em regra, são de ação penal pública condicionada à representação (art. 225 do CP); mas se tais crimes forem praticados contra pessoa menor de 18 anos ou pessoa vulnerável, a ação penal passará, então, de pública condicionada à representação para pública incondicionada (art. 225, § único, do CP).

3.7.4.3. Ações Penais Privadas e atuação do Ministério Público

Na ação penal exclusiva e personalíssima, o MP atua como *custos legis* (fiscal da lei), mas o protagonista da ação é o querelante, ou seja, é ele quem oferece a ação penal, fornece elementos de prova, interpõe recursos, tanto que o *Parquet* sequer tem legitimidade para oferecer recurso contra a absolvição do querelado. Importante lembrar, como referido por Vicente Greco Filho[81], que "Na ação penal privada o Ministério Público se manifesta depois do querelante e não depois das partes, como no processo civil. O querelado se manifesta em último lugar, como um direito decorrente da ampla defesa".

Diferente é a posição do Ministério Público, em se tratando de ação subsidiária da pública, por ter, nesse caso, a obrigação de acompanhar a ação como verdadeiro assistente litisconsorcial (ou interveniente adesivo obrigatório), imbuído de poderes próprios de parte, sendo-lhe permitido:

---

80. Norberto Avena, Processo Penal Esquematizado, p. 227.
81. Vicente Greco Filho, Manual de Processo Penal, p. 121.

1º – manifestar-se pela rejeição da queixa oferecida;

2º – aditar a acusação veiculada na queixa, a fim de corrigir defeitos formais da peça acusatória (erro de data, de local, do nome do acusado etc), ou mesmo para acrescentar novos acusados ou fatos criminosos omitidos pelo querelante;

3º – intervir em todos os termos do processo, podendo fornecer elementos de provas, recorrer. A não intervenção do MP acarretará a nulidade do processo (art. 564, III, *d*, do CPP);

4º – Retomar a ação como parte principal, no caso de negligência do querelante. É a ação penal indireta, pois a inação do querelante não induz perempção; pelo contrário, autoriza a pronta retomada da ação pelo *Parquet*;

5º – repudiar a queixa-crime. Nessa situação, como observa Renato Brasileiro de Lima[82], citando Eugênio Pacelli de Oliveira, não basta repudiar a queixa-crime oferecida e arquivar o caso; deve o MP oferecer denúncia substitutiva, porque, o direito à ação penal subsidiária da pública é verdadeiro direito de ação de índole constitucional assegurado ao particular, como instrumento de controle do *Parquet*, não sendo lícito obstaculizar esse direito com um indevido arquivamento.

3.7.4.4. Análise das ações penais privadas

3.7.4.4.1. Como se sabe que uma ação é privada?

Quando na redação do crime se dispõe que "somente se procede mediante queixa", sabe-se que ação é penal privada exclusiva ou personalíssima.

No caso da ação penal privada subsidiária da pública, como se trata, em verdade, de ação pública, nada refere o tipo penal a respeito, afinal a ação só se tornará privada, quando o Ministério Público tiver deixado transcorrer seu prazo processual sem se manifestar.

3.7.4.4.2. Titularidade do direito de queixa

A vítima, em primeiro lugar, é a titular do direito de queixa; pode ser pessoa física ou jurídica. No caso da pessoa natural, se ocorrer sua morte, ou se declarada ausente por decisão judicial, o direito de oferecer queixa passará ao cônjuge, companheiro, ascendente, descendente ou irmão, como prevê o art. 31 do CPP. Sendo a vítima pobre, sem condições de contratar advogado, poderá o juiz nomear advogado dativo ou a Defensoria Pública para representá-la (art. 32 do CPP).

Se a vítima for maior de 18 anos e capaz, o direito de queixa será exercido exclusivamente por ela; sendo o ofendido menor de 18 anos ou incapaz (por retardo ou doença mental), exercerá por ela o direito de queixa seus representantes legais, ou

---
82. Renato Brasileiro de Lima, Curso de Processo Penal, p. 225.

seja, seus pais, tutores ou curadores, ou mesmo aqueles que, informalmente, cuidem dos interesses do incapaz.

E se o menor de 18 anos ou incapaz não tiverem representante legal?

Nesta situação, o juiz deverá nomear curador especial, que irá avaliar se é conveniente ou não oferecer a queixa (art. 33 do CPP).

Importante dizer que o curador especial não é obrigado a oferecer queixa, mas, apenas, analisar se os interesses do menor ou do incapaz serão mais bem atendidos ou não com tal providência.

E se o menor de 18 anos ou o incapaz tiverem representante legal, mas os interesses entre eles colidirem?

Nesta situação, igualmente, deve o juiz nomear curador especial isento, para que decida a respeito do exercício ou não do direito de queixa (art. 33 do CPP).

O art. 34 do CPP que previa a possibilidade de o direito de queixa ser exercido pelo ofendido ou por seu representante legal, quando tivesse a vítima entre 18 e 21 anos, está tacitamente revogado pelo art. 5º, *caput*, do Código Civil que estabeleceu que a menoridade cessa aos dezoito anos completos.

Todas essas regras são válidas para a ação penal privada exclusiva e para a subsidiária da pública.

Em se tratando de ação penal personalíssima, entretanto, a queixa só pode ser oferecida pela vítima, e por mais ninguém.

3.7.4.5. Queixa. Conceito

A queixa é uma petição inicial oferecida, através de advogado, em nome da vítima, seu representante legal, ou sucessores, em que se narra um fato criminoso, imputando-o a alguém, ao mesmo tempo em que se formula uma pretensão a que o acusado seja punido por tal delito.

3.7.4.5.1. Oferecimento da queixa. Prazo

Em se tratando de ação penal privada exclusiva ou personalíssima, encerradas as investigações criminais, os autos de inquérito policial são remetidos ao cartório judicial, onde aguardarão a iniciativa do ofendido, seu representante legal ou sucessores, que poderão pedir a entrega dos autos originais a eles, desde que extraiam cópias, entregando-as ao Juízo (art. 19 do CPP).

Como o inquérito policial não é indispensável, se o querelante, através de outras peças de informação (como, por exemplo, cópias de jornais, de declarações, de boletim de ocorrência), conseguir angariar elementos de prova que o habilitem a oferecer queixa, poderá fazê-lo, por interpretação extensiva do art. 39, § 5º, do CPP. Importantíssimo referir que, na maior parte das vezes, o inquérito policial instaurado para apurar um delito de ação penal privada não se encerra no prazo de seis meses. Desse modo, certamente, o ofendido perderá o seu direito de queixa se resolver aguardar o desfecho do inquérito para então oferecer a ação penal privada; nessa situação, entendemos absolutamente correta a sugestão de Renato Brasileiro de Lima[83], no sentido de que deverá oferecer a queixa, sem o inquérito, requerendo ao juiz, na inicial, que os autos de inquérito sejam apensos ao processo iniciado, quando aquele tiver se encerrado. Acrescentamos, apenas, que nos parece ser melhor que o querelante instrua a inicial com cópias das peças do inquérito policial em andamento, a fim de mostrar que a ação penal possui justa causa – prova mínima de autoria e materialidade delitivas.

No caso de ação penal privada subsidiária da pública, apenas após o transcurso do prazo legal pelo Ministério Público sem que nada tenha sido providenciado (oferecimento de denúncia, promoção de arquivamento, diligência investigatória etc), será possível ao querelante o ajuizamento da queixa, utilizando-se, para instruí-la, do inquérito policial ou peças de informação que estavam à disposição do *Parquet* até então.

3.7.4.5.2. Requisitos da queixa. Procuração especificada

São os mesmos da denúncia acima analisados, previstos no art. 41 do CPP: exposição do fato criminoso, com todas suas circunstâncias, qualificação do acusado, ou esclarecimentos pelos quais se possa identificá-lo, classificação do crime e rol de testemunhas.

O oferecimento de queixa exigirá do querelante a confecção de procuração com poderes especiais, em que deve constar o nome do querelado e a menção ao fato criminoso, salvo quando tais esclarecimentos dependerem de diligências que devem ser previamente requeridas no juízo criminal (art. 44 do CPP). A razão de ser de tal norma é a de bem delimitar a responsabilidade do querelante e do seu advogado pela eventual prática do delito de denunciação caluniosa.

A questão polêmica se cinge na obrigatoriedade ou não de constar da procuração, além do nome do querelado, e do artigo de lei penal que este teria violado, também a menção do fato criminoso em si.

Há **duas posições** sobre o tema:

1ª Posição: Basta a menção à norma penal violada pelo querelado para que a formalidade do art. 44 do CPP seja cumprida. Com esse entendimento o STJ.[84]

2ª Posição: A procuração deve conter, pelo menos, uma síntese do fato criminoso, não bastando a simples menção genérica ao tipo penal. Todavia, as eventuais deficiências da procuração poderão ser sanadas antes do decurso do lapso decadencial, como já decidiu o STF.[85] Há entendimento no sentido de que a procuração pode

---

83. Renato Brasileiro de Lima, Curso de Processo Penal, p. 227.
84. STF – 6ª T., REsp 663.934/SP, Rel. Min. Paulo Medina, DJU 27/03/2006, p. 367.
85. STF – 2ª T., RHC 105.920/RJ, Rel. Min. Celso de Mello, j. 08/05/2012.

ser retificada, mesmo após o transcurso do prazo decadencial, sem que acarrete a extinção da punibilidade, porque se refere a mera falha de ilegitimidade do representante da parte (advogado) que pode ser sanada, a qualquer tempo, mediante ratificação dos atos processuais (art. 568 do CPP), especialmente quando o querelante tiver acompanhado o processo, por estar presente nas audiências, ou quando tiver assinado a queixa-crime com o advogado; com tal posição o STF.[86]

No entanto, é certo que, embora falha a procuração, se o querelante tiver assinado junto com o seu advogado a queixa-crime, estará chancelando o conteúdo da peça acusatória; sendo assim, estando perfeitamente delimitada a responsabilidade do querelante, como é o intento da lei ao determinar a lavratura de procuração específica, não há se falar em qualquer nulidade.

O STJ[87] já decidiu que o oferecimento de queixa-crime instruída com mero substabelecimento com poderes para o foro em geral, não preenche os requisitos do art. 44 do CPP, uma vez que não se conferiu poderes especiais para a propositura da ação penal privada, nem fez referência ao nome do querelado, ao fato delituoso a ele atribuído, ou ao artigo de lei do enquadramento típico, constituindo, assim, óbice inarredável ao regular desenvolvimento da ação penal. Foi declarada, desse modo, a nulidade *ab initio* da queixa-crime.

É preciso reconhecer a firma do querelante?

Embora a lei nada mencione, há decisão do STJ[88] no sentido de que, para a validade dos poderes especiais contidos no mandato, necessariamente deverá ser reconhecida a firma do constituinte.

O querelante, ao ajuizar a queixa, deve arcar com o pagamento das custas?

Prevê o art. 806, *caput*, do CPP que, ressalvada a hipótese de vítima pobre, nas ações intentadas mediante queixa, nenhum ato ou diligência se realizará, sem que seja depositada em cartório a importância das custas. De igual maneira, o § 1º do art. 806 do CPP determina que nenhum ato requerido no interesse da defesa será realizado, sem o prévio pagamento das custas, salvo se o acusado for pobre.

A falta do pagamento das custas, nos prazos fixados em lei, ou marcados pelo juiz, importará renúncia à diligência requerida ou deserção do recurso interposto (art. 806, § 2º, do CPP). Por fim, a falta de qualquer prova ou diligência que deixe de realizar-se em virtude do não pagamento das custas não implicará a nulidade do processo, se a prova de pobreza do acusado só posteriormente foi feita (art. 806, § 3º, do CPP).

Não obstante essas rígidas disposições legais, prevê o art 807 do CPP que não se obsta ao juiz a faculdade de determinar de ofício a inquirição de testemunhas ou outras diligências, especialmente se requeridas pela defesa, justamente porque o que

---

86. STF – 2ª T., RHC 65.879/PR, Rel. Min. Célio Borja, j. 15/04/1988, DJ 06/05/1998.
87. STJ – 6ª T. RHC 33.790/SP (2012/0189707-4). Min. Rel. Maria Thereza de Assis Moura.
88. STJ – 5ª T., REsp 616.435/PE, Rel. Min. José Arnaldo da Fonseca, j. 04/08/2005, DJ 05/09/2005, p. 461.

deve nortear o magistrado é a busca pela verdade real, notadamente quando se sabe que se encontram em discussão bens jurídicos de inestimável valor: a segurança pública e a liberdade individual.

Já os honorários advocatícios serão devidos, impondo-se ao querelante vencido o pagamento dos honorários ao advogado do querelado.

Por fim, importante dizer que o pagamento das custas processuais é devido, apenas no caso das ações penais privadas (exclusiva e personalíssima), *e não em se tratando de ação penal privada subsidiária da pública*, a qual possui como já se viu, natureza pública; em suma, na ação penal privada subsidiária da pública, o querelante não paga as custas.

3.7.4.5.3. Prazo para oferecimento da queixa

Em se tratando de ação penal privada exclusiva, a queixa deverá ser oferecida no prazo de 6 meses a contar do dia em que a vítima, seu representante legal ou sucessores tenham tomado conhecimento da autoria da infração, sob pena de decadência do direito de ação, ou seja, perda do direto de ação (art. 103 do Código Penal). Como saber em que data o ofendido, representante legal ou sucessores tomaram conhecimento da autoria do crime? Se houver um registro no inquérito policial do nome do indiciado no boletim de ocorrência, por exemplo, e constando a presença da vítima em tal lavratura, o prazo decadencial será contado dessa data, que pode ser ou não a mesma data da prática do crime. Caberá ao querelante, todavia, no caso de ultrapassar-se o prazo de 6 meses para o oferecimento da queixa-crime contado da data do crime, o ônus de comprovar que soube da autoria após a ocorrência da infração e que, da tomada de conhecimento de quem foi o seu autor, respeitou o prazo decadencial. É o entendimento de Renato Brasileiro de Lima[89].

Porém, como frisa Norberto Avena[90], se, durante as investigações do inquérito policial se apura a autoria de um crime de ação penal privada, autoria essa que, até então, era ignorada, o prazo decadencial contará a partir da intimação do ofendido a respeito do esclarecimento da autoria delitiva, e não da data em que a autoridade policial elucidou o crime.

Mesmo que oferecida queixa-crime, no prazo legal de 6 meses, perante juízo incompetente (incompetência absoluta ou relativa) ou não deliberado a respeito do seu recebimento não há se falar em decadência, como já decidiu o STJ.[91] Afinal, o importante é a manifestação de vontade da vítima em ver processado o autor da infração.

Queixa – crime e crimes contra a propriedade imaterial

No caso de crimes contra a propriedade imaterial, que deixem vestígios, em se tratando de delitos de ação penal privada, além de imprescindível a realização de laudo

---

89. Renato Brasileiro de Lima, Curso de Processo Penal, p. 227.
90. Norberto Avena, Processo Penal Esquematizado, p. 163.
91. STJ – HC 11.292/SE-6ª T. Rel. Min. Hamilton Carvalhido- DJ 23/10/2000.

pericial, após sua juntada nos autos e homologação judicial, o ofendido deverá ajuizar queixa-crime no prazo de trinta dias de acordo com o que determina o art. 529 do CPP.

O prazo decadencial, contudo, continuará sendo de 6 meses para o oferecimento da queixa, contados do conhecimento da autoria, mas, a partir do momento em que tiver sido realizada a apreensão, e, depois perícia, devidamente homologada pelo juiz, o prazo para ajuizar a ação penal privada será de trinta dias. Com esse entendimento Renato Brasileiro de Lima[92].

Queixa-crime e ação privada personalíssima

Na hipótese de ação penal privada personalíssima, o prazo decadencial de 6 meses será contado após o trânsito em julgado da sentença que, por motivo de erro ou impedimento, tenha anulado o casamento (art. 236, § único, do CP).

Superado o prazo de 6 meses, ocorrerá a decadência, extinguindo-se a punibilidade do autor da infração.

Queixa-crime e ação privada subsidiária

No caso de ação penal subsidiária da pública, o prazo decadencial de 6 meses será contado a partir do fim do prazo do Ministério Público; ultrapassado tal prazo, ocorrerá a decadência do direito de queixa, mas não a extinção da punibilidade, pois nada impede que o Ministério Público resolva agir e ajuíze denúncia.

Natureza do prazo decadencial para se oferecer queixa

O prazo decadencial é peremptório, não se interrompe, nem se suspende, e, por se tratar de prazo penal, o dia de seu início é computado, mas o do seu término não (art. 10 do CP). Não há prorrogação do prazo, no caso de seu o último dia cair em dia não útil, como feriado ou fim de semana.

Se o indiciado estiver preso, o prazo para o oferecimento da queixa será idêntico ao prazo da denúncia: 5 dias; se este prazo não for respeitado, a prisão será relaxada, mas não ocorrerá a decadência, que só se opera com o transcurso do lapso temporal de 6 meses.

3.7.4.5.4. Recebimento da queixa

O recebimento da queixa não se qualifica como ato de caráter decisório, não reclamando fundamentação.

Do recebimento da queixa não cabe recurso, mas será possível impetrar-se *habeas corpus* com o intuito de se trancar a ação penal.

3.7.4.5.5. Aditamento da queixa

É possível o aditamento, tanto pelo querelante como pelo MP (art. 45 e 569 do CPP), em se tratando da ação penal privada exclusiva ou personalíssima, a fim de

---

92. Renato Brasileiro de Lima, Curso de Processo Penal, p. 228.

acrescentar dados, ou corrigir imperfeições (por exemplo, acrescentando o local da infração, corrigindo a data certa do delito); é o chamado aditamento impróprio. Não pode, entretanto, o *Parquet* aditar a queixa para acrescentar outro acusado ou novo fato, porque a titularidade da ação é exclusiva do particular; em outras palavras, é vedado ao MP o denominado aditamento próprio, legitimando-se a tanto, com exclusividade, o querelante.

Todavia, o querelante só poderá acrescentar novo fato criminoso ou novo querelado, desde que não tenha transcorrido o prazo decadencial de 6 meses, contado da data em que tiver conhecimento da autoria da infração; é o caso em que a prova da existência de outra infração penal ou de outro autor tenha surgido durante a instrução; se tal ocorrer, ou o querelante oferece aditamento à queixa-crime no processo em trâmite, ou oferece nova queixa-crime em outro processo, dependendo a escolha do adiantado da instrução (tal aditamento deverá ser rechaçado se a instrução já estiver em seu término); o aditamento só será admitido se houver conexão ou continência entre os fatos criminosos (regras de competência que serão vistas por nós adiante).

Mas, se o querelante já tinha conhecimento prévio, desde quando do oferecimento da queixa, de que havia um outro delito ou outro coautor deve-se entender tal omissão como verdadeira renúncia tácita ao direito de queixa em relação a todos os querelados que tenham agido em concurso de agentes (efeito extensivo da renúncia).

No caso de ações penais subsidiárias da pública, o órgão ministerial pode aditar a queixa, a fim de acrescentar novos fatos criminosos ou autores diversos (aditamento próprio), como prevê o art. 29 do CPP, porque se trata, em verdade, de ação penal pública, que só está sendo movida por um particular, porque o Ministério Público deixou de atuar no prazo legal. Também poderá, obviamente, aditar a queixa para acrescentar ou corrigir dados periféricos da acusação (lugar da infração, horário, nome correto do acusado, etc).

O prazo para o MP aditar a denúncia é de 3 dias (art. 46, § 2º, do CPP).

Permite também o art. 29 do CPP, no caso de ação penal privada subsidiária da pública, que o MP, no caso de a queixa ser tecnicamente mal formulada, simplesmente repudiá-la e oferecer denúncia substitutiva, que passará a valer como a acusação formal em face do acusado.

3.7.4.5.6. Hipóteses de rejeição da queixa

São as mesmas da rejeição da denúncia, por nós já analisadas acima, e que são previstas no art. 395 do CPP, como inépcia da peça acusatória, falta de condição da ação, de justa causa ou de pressuposto processual.

Como falta de pressuposto processual específico das ações penais privadas pode-se citar a procuração do querelante ao seu advogado, cujo instrumento (mandato) deverá constar o nome do querelado e a menção do fato criminoso (art. 44 do CPP); se não cumprida esta formalidade, a queixa deverá ser rejeitada.

3.7.4.5.7. Rejeição da queixa e recurso

Da decisão que rejeita a queixa, cabe recurso em sentido estrito (art. 581, I, do CPP).

3.7.4.6. Princípios das ações penais privadas

São os seguintes:

1º – Princípio da oportunidade ou da conveniência

O ofendido, seu representante legal ou sucessores têm a plena liberdade de processar ou não o autor da infração.

Em razão do princípio da oportunidade, pode-se deixar de propor a ação penal das seguintes maneiras.

I – Através da decadência. Deixar que o prazo para oferecer a queixa se escoe, permitindo que ocorra sua decadência (a perda do direito de ação), que se estende a todos os autores do delito.

II – Através da renúncia ao direito de queixa. A renúncia é um ato de vontade unilateral, ou seja, que produz efeitos jurídicos sem depender da aquiescência de mais ninguém, e é irretratável. A renúncia pode decorrer da manifestação de vontade do ofendido ou de seu representante legal.

Em se tratando de maior de 18 anos, a renúncia é ato seu privativo, encontrando-se revogado tacitamente o § único do art. 50 do CPP, na parte em que previa a possibilidade de não produzir efeito a renúncia do maior de 18 e menor de 21 anos, se o seu representante legal não concordar com tal ato, porquanto, pelo Código Civil atual, a maioridade se estabelece com os 18 anos completos.

A renúncia só pode ocorrer antes do oferecimento da queixa, e traz como efeito, no caso da ação penal privada exclusiva e personalíssima, a extinção da punibilidade (art. 107, V, do Código Penal). No caso de ação penal privada subsidiária da pública, como a ação, no fundo, é pública, a renúncia não produzirá nenhum efeito, autorizando-se o Ministério Público a oferecer denúncia, a qualquer tempo, desde que não extinta a punibilidade por outro motivo, como, por exemplo, a prescrição.

A **renúncia** pode ser:

a) expressa: manifestação escrita assinada pelo ofendido, por seu representante legal ou procurador com poderes especiais (art. 50, *caput*, do CPP);

b) tácita: aquela que decorre de ato incompatível com a vontade de processar o autor da infração (art. 104, § único do Código Penal). Exemplo: a vítima escolhe como padrinho de seu filho o autor do crime. Tal renúncia admitirá todos os meios de prova (art. 57 do CPP).

Renúncia e indenização dos danos causados pela infração

De acordo com o art. 104, § único, do CP, o fato de o ofendido receber a indenização do dano causado pelo crime não acarreta a renúncia tácita. Mas, no caso dos Juizados Especiais Criminais, havendo homologação da composição civil entre as partes, ocorrerá a renúncia ao direito de queixa ou de representação, conforme art. 74, § único, da Lei 9.9099/95.

A renúncia é indivisível: renunciado ao direito de queixa em relação a um dos autores do crime, se estenderá aos demais (art. 49 do CPP). Essa indivisibilidade da renúncia decorre do princípio da indivisibilidade, a seguir estudado, que obriga o querelante a processar todos os autores e partícipes da conduta criminosa, sem poder escolher arbitrariamente quem deseja ver processado. Claro que a renúncia ao direito de queixa por parte de uma vítima, quanto a determinado delito, não se estenderá a outro ofendido do mesmo crime, que não deseje abrir mão do seu direito de ação.

2º – Princípio da disponibilidade

Depois de oferecida a queixa, o ofendido, seu representante legal ou sucessores poderão dispor do processo, das seguintes maneiras.

I – Através da desistência

Após o oferecimento da queixa, o querelante, expressamente, manifesta sua vontade de desistir em dar andamento ao processo. Embora não prevista expressamente em lei como causa extintiva de punibilidade, é perfeitamente possível sua ocorrência, estendendo-se seus efeitos a todos os querelados. Poderá haver desistência como causa de extinção da punibilidade, no caso da ação penal privada exclusiva e na personalíssima, mas não na ação penal subsidiária da pública, hipótese em que o MP assumirá a titularidade da ação.

II – Através do perdão

O querelante, após o recebimento da queixa e até o trânsito em julgado da sentença condenatória (art. 106, § 2º, do CP), pode perdoar (desculpar) o querelado pela prática do crime.

É um ato bilateral, que depende da aceitação do perdão pelo querelado.

Sendo aceito pelo querelado, extingue-se a punibilidade (art. 107, V, do CP). Este instituto é aplicável no caso das ações privadas exclusivas e personalíssima; em se tratando de ação penal subsidiária da pública, o perdão não produzirá nenhum efeito, assumindo o MP a titularidade da ação.

O perdão é indivisível: se concedido a um dos querelados, a todos se estende, mas só produzirá a extinção da punibilidade daqueles que o aceitarem (art. 51 do CPP); é o princípio da indivisibilidade das ações penais privadas. Para que o querelado tome conhecimento do perdão oferecido, deverá ser providenciada sua intimação. De qualquer modo, se houver mais de uma vítima, e apenas um dos ofendidos perdoar os querelados, o processo prosseguirá sua marcha quanto aos demais, porque se trata de direito autônomo (art. 106, II, do CP).

O perdão pode ser concedido ou aceito por procurador com poderes especiais.

O ofendido maior de 18 anos tem o poder exclusivo de perdoar o querelado; o art. 52 do CPP, que permitia ao representante legal do maior de 18 e menor de 21, discordar do perdão concedido pelo ofendido foi tacitamente revogado pelo Código Civil que estabeleceu a maioridade civil aos 18 anos.

De idêntica maneira, e pelo mesmo motivo, o art. 54 do CPP que previa a necessidade de aceitação do perdão, pelo querelado maior de 18 e menor de 21 anos, e também por parte do seu representante legal, encontra-se revogado tacitamente também. A aceitação do perdão pelo querelado maior de 18 anos é ato seu exclusivo.

Sendo o querelado mentalmente enfermo ou retardado mental, e não tiver representante legal, ou colidir seus interesses com os do querelado, a aceitação do perdão caberá ao curador especial que cabe ao juiz nomear (art. 53 do CPP).

O perdão e sua aceitação podem assumir as **seguintes formas:**

a) **perdão processual expresso**: aquele que é concedido nos autos, mediante declaração expressa do ofendido, seu representante legal ou procurador com poderes especiais; o querelado será intimado a se manifestar a respeito, em 3 dias; poderá então aceitá-lo, através de declaração também escrita nos autos (aceitação expressa), o que acarretará a extinção da sua punibilidade. Poderá, simplesmente, não se manifestar (aceitação tácita), que levará também a extinção da sua punibilidade; por fim, poderá recusar expressamente o perdão, o que impõe a continuidade do processo (art. 58 do CPP).

b) **perdão extraprocessual expresso**: é aquele concedido fora do processo, através de declaração escrita assinada pelo ofendido, por seu representante legal ou procurador com poderes especiais (art. 56 do CPP). A aceitação deve ser também expressa assinada pelo querelado, seu representante legal ou procurador com poderes especiais (art. 59 do CPP). De qualquer forma, o perdão e sua aceitação exarados em declaração escrita deverão ser anexados aos autos de processo para que surtam efeitos.

c) **perdão extraprocessual tácito**: ocorre quando o querelante pratica ato incompatível com a vontade de continuar com o processo contra o querelado (batiza o filho do querelado, por exemplo). Tal ato aceita qualquer meio de prova. A aceitação deve ser expressa constando de declaração assinada pelo querelado, seu representante legal ou procurador com poderes especiais (art. 59 do CPP) que, para produzir efeitos, deve ser anexada aos autos.

III – Através da perempção

Perempção é uma sanção, de ordem processual, imposta ao querelante ou aos seus sucessores que negligenciem o andamento da ação penal.

Tratando-se de ação penal privada exclusiva ou personalíssima, o efeito da perempção é a extinção da punibilidade (art. 107, IV, do CP). Se existirem dois ou mais querelantes, em litisconsórcio ativo, a perempção ocasionada por um deles não prejudica o direito do outro.

No caso de ação privada subsidiária da pública não ocorrerá o fenômeno da perempção e sua consequente extinção da punibilidade, porque o Ministério Público retoma a ação como parte principal (art. 29, parte final, do CPP), a partir do momento que o querelante negligencia a acusação.

As **hipóteses de perempção** são as seguintes (art. 60 do CPP):

I – quando o querelante deixar de promover o andamento do processo durante 30 dias seguidos. Há entendimento de que, antes de ser decretada a extinção da punibilidade pela perempção, o querelante e o seu advogado devem ser intimados para que apresentem justificativa à inércia no andamento do processo. Se tal justificativa convencer o juiz, como, por exemplo, morte em família, doença grave, etc (do advogado ou do querelante), poderá deixar de decretar a extinção da punibilidade; caso contrário, julgará a ação perempta. Como explica Renato Brasileiro de Lima[93], para que haja a perempção, a paralisação de 30 dias deve ser contínua; sendo assim, mesmo que ocorram diversas paralisações no andamento do processo, desde que menores que 30 dias, não haverá a perempção.

II – quando, falecendo o querelante, ou sobrevindo sua incapacidade, não prosseguirem com o processo, dentro do prazo de 60 dias, seus sucessores. Existe posição no sentido de que não se mostra imprescindível a intimação dos sucessores – cônjuge, companheiro, ascendente, descendente e irmão – (nessa ordem de preferência), a respeito da necessidade de prosseguirem com a ação – dando-se início ao prazo imediatamente após a morte ou a incapacidade do querelante. Entendemos, porém, que o mais adequado é que sejam intimados os sucessores do querelante a respeito, os quais muito provavelmente não seriam sabedores da possibilidade que teriam de, em nome do falecido ou incapaz, continuar a dar andamento à ação penal. Com entendimento diverso, Vicente Greco Filho[94], para quem o prazo de 60 dias corre automaticamente da morte ou da incapacidade, independentemente de intimação.

Prevalecerá sempre a vontade positiva de continuar com a ação penal; assim, *v.g.*, se o cônjuge, os ascendentes e descendentes não pretenderem a retomada da *actio*, nada impedirá que o irmão lhe dê andamento.

III – quando o querelante deixar de comparecer, sem motivo justificado, a qualquer ato do processo a que deva estar presente. Exemplo: o não comparecimento do querelante à audiência concentrada de instrução debates ou julgamento (arts. 400 e 531 do CPP).

IV – quando o querelante deixa de formular o pedido de condenação na sua manifestação final. O pedido de condenação deve ser, em regra, expresso, mas não se reconhecerá a perempção, se o querelante, depois de analisar toda a prova, e apontar a autoria e materialidade delitiva, encerrar suas alegações finais orais com um pedido genérico de justiça, subentendido como verdadeira manifestação

---

93. Renato Brasileiro de Lima, Curso de Processo Penal, p. 233.
94. Vicente Greco Filho, Manual de Processo Penal, p. 117.

pela condenação. Mas, se não se puder depreender da manifestação do querelante o pedido de condenação, ou na hipótese em que ele pugna pela absolvição do querelado, ao juiz caberá decretar a extinção da punibilidade pela perempção, em se tratando de ação penal privada exclusiva ou personalíssima, sem julgar o mérito propriamente dito da causa. Todavia, se a ação penal for privada subsidiária da pública, a ausência do pedido de condenação ou o pedido de absolvição pelo querelante não irão produzir qualquer efeito, porque o MP assumirá o andamento da ação. Saliente-se, ainda, que a perempção, por ausência de pedido acusatório, pode ser parcial, quando, havendo mais de um querelante, apenas um deles deixa de pedir a condenação do querelado, o que acarreta como efeito a continuidade do feito, perempta a ação penal apenas quanto ao acusador particular negligente, mas sem atingir o direito do querelante ativo, ou seja, sem que se decrete a extinção da punibilidade do querelado. Outra hipótese é a de que o mesmo querelante deixa de requerer a condenação quanto a um delito, mas pede a procedência quanto a outro; nessa situação, a perempção, com a consequente extinção da punibilidade, ocorrerá apenas quanto a um delito, em nada atingindo o outro em que se postulou a condenação.

V – quando, sendo o querelante pessoa jurídica, esta se extinguir sem deixar sucessor.

3º – Princípio da indivisibilidade

Tal princípio referente às ações penais privadas está consagrado no art. 48 do CPP que estipula que a "queixa contra qualquer dos autores do crime obrigará ao processo de todos, e o Ministério Público velará pela sua indivisibilidade".

Na hipótese em que duas ou mais pessoas tenham praticado, em concurso de agentes, um crime de ação privada, e que todas elas tenham sido identificadas, o ofendido não poderá escolher apenas alguns para processar, dividindo a acusação: ou processa todos ou não processa ninguém.

A acusação privada é indivisível; sendo assim, se o ofendido tiver oferecido queixa apenas contra alguns dos autores do crime, embora tivesse conhecimento da identidade dos demais, tal omissão será considerada como uma renúncia tácita, quanto àqueles que não estão sendo acusados, que se estenderá também aos que constam como querelados na queixa, extinguindo-se, assim, a punibilidade de todos eles (art. 49 do CPP).

O Ministério Público tem por obrigação fiscalizar o cumprimento, pelo ofendido, da indivisibilidade da acusação, alertando ao juiz, caso tenha havido seu desrespeito, a fim de que julgue extinta a punibilidade de todos os autores da infração penal.

O princípio da indivisibilidade também é aplicável ao perdão do querelante, uma vez que o perdão oferecido a um, se estende a todos que o tenham aceitado (art. 51 do CPP). O princípio da indivisibilidade, segundo o STF[95], não se aplica às ações penais públicas.

---

95. STJ – Pleno. AP 470. Min. Rel. Joaquim Barbosa, j. 17/12/2012, DJe 074- Divulg. 19/04/2013. Public. 22/04/2013, p. 54057.

3.8. QUESTÕES PROCESSUAIS DIVERSAS

3.8.1. Ação Penal Popular

Há doutrinadores que apontam o *habeas corpus* como verdadeira ação penal popular, porque ampla sua legitimidade ativa – qualquer um do povo, sem necessidade de advogado, poderá impetrá-lo sempre que alguém sofrer ou se achar ameaçado de sofrer violência ou coação em sua liberdade de locomoção, por ilegalidade ou abuso de poder (art. 5º, LXVIII, da CF).

Existe referência ainda, pela doutrina, também sob a denominação de ação penal popular, a respeito da denúncia que pode ser oferecida por qualquer cidadão, por crime de responsabilidade perpetrado pelo Presidente da República ou Ministro de Estado, perante a Câmara dos Deputados; ainda é prevista a denúncia, perante o Senado Federal, de cidadão, em face de Ministros do Supremo Tribunal Federal ou do Procurador-Geral da República; por fim, ainda, se admite denúncia, perante a Assembleia Legislativa em face do Governador do Estado, conforme previsões todas essas da Lei 1.079/50.

O Decreto-Lei 201/61 estipula que qualquer eleitor poderá propor ação de cassação do prefeito, mediante denúncia endereçada à Câmara Municipal, em razão da prática de infrações político – administrativas.

Embora tais diplomas legislativos mencionem a palavra *denúncia*, não se trata, tecnicamente, da peça acusatória apresentada pelo Ministério Público em uma ação penal condenatória visando impor uma sanção penal ao agente que tenha perpetrado um delito; em verdade, a expressão denúncia é tomada, normalmente, no sentido de acusação formal de qualquer cidadão em face de um chefe do Executivo, ou de outro cargo de especial relevância, e que tem por finalidade não a imposição de uma pena criminal, mas sim sua responsabilização política, acarretando-lhe a perda do cargo e a suspensão dos seus direitos políticos.

Sendo assim, os crimes de responsabilidade e o seu processo político desencadeado pela denúncia de qualquer um do povo não pode ser considerado como ação penal popular, mas sim como verdadeira *ação política popular*, que visa à imposição de uma sanção política e não penal. De idêntica maneira, o *habeas corpus* não é uma ação penal popular, mas, pelo contrário, é um remédio constitucional assegurado à garantia da liberdade do cidadão. Em conclusão, não existe no processo penal a ação penal popular no sentido de uma *actio* que pudesse ser ajuizada por qualquer um do povo.

3.8.2. Ação de Prevenção Penal

Nos dizeres de Renato Brasileiro de Lima[96] ação de prevenção geral é aquela ajuizada com o objetivo de aplicar ao inimputável uma medida de segurança (art. 26 do CP).

---
96. Renato Brasileiro de Lima, Curso de Processo Penal, p. 236.

3.8.3. Ação Penal Secundária

É aquela em que o tipo penal, dependendo de determinadas circunstâncias que possam ocorrer ou não, permitem a alteração da ação penal de pública incondicionada para pública condicionada (ou vice – versa); de pública para privada (ou vice – versa).

Um exemplo sempre citado é o crime contra a honra de injúria (art. 140, *caput*, do CP) que, em regra, se processa mediante ação penal privada, mas que, no caso de utilização de elementos referentes a raça, cor, etnia, religião, origem ou a condição de pessoa idosa ou portadora de deficiência, se processará mediante ação penal pública condicionada à representação (art. 140, § 3º, do CP).

3.8.4. Ação Penal Adesiva

Nos dizeres de Renato Brasileiro de Lima[97], citando Nestor Távora e Rosnar Rodrigues Alencar, a ação penal adesiva se dá quando constar, do mesmo polo ativo, o Ministério Público e o querelante, na hipótese de conexão entre crimes de ação penal pública e privada; não haverá, entretanto, uma petição única, mas peças autônomas: uma denúncia e uma queixa.

3.8.5. Direito de ação no tempo

E se houver a mudança da ação penal pela edição de nova lei, esta norma se submeterá à proibição de retroatividade da lei penal mais severa (art. 2º, § único, do CP e art. 5º, XL, da CF) ou, por ser questão processual (direito de ação), deve-se aplicar o princípio do efeito imediato, previsto no art. 2º do CPP?

Vamos exemplificar para melhor esclarecer. A Lei 12.015, de 7 de agosto de 2009, alterando o artigo 225 do CP, estabeleceu, como regra, que os crimes contra a liberdade sexual (art. 213 até o art. 216-A), e os crimes sexuais contra vulnerável (art. 217-A até art. 218-C) eram de natureza pública condicionada (até então, eram, em regra, de natureza privada).

Ocorre que a Lei 13.718, de 24 de setembro de 2018, acrescentou o § 5º ao artigo 217-A, do Código Penal, e alterou a redação do art. 225, *caput*, do CP, a fim de declarar que os crimes contra a liberdade sexual (art. 213 até o art. 216-A), e os crimes sexuais contra vulnerável (art. 217-A até art. 218-C) são de natureza pública incondicionada (até então, eram, em regra, de natureza pública condicionada à representação, como vimos).

Pergunta-se então: a mudança de ação penal foi prejudicial ao acusado?

Não há dúvida que a mudança prejudicou o acusado, pois, quando tais delitos eram perseguidos mediante ação penal pública condicionada, poderia ocorrer a decadência do direito de representação se não exercido no prazo de seis meses, em suma,

---

97. Renato Brasileiro de Lima, Curso de Processo Penal, p. 236.

havia uma maneira de ser extinta a punibilidade do indiciado ou acusado, que é a decadência do direito de representação, que deixou de existir. Evidente, assim, que a nova legislação não se aplica aos crimes cometidos antes de 24 de setembro de 2018, mas apenas às infrações ocorridas desta data em diante.

Percebe-se, desse modo, que a mudança da ação penal, nesse exemplo, por retirar a única hipótese de extinção da punibilidade, é norma prejudicial ao acusado e que não pode retroagir, sob pena de violação do mandamento constitucional que preconiza a irretroatividade da lei penal mais gravosa (art. 5º XL, da CF).

Como se deve proceder então?

A lei anterior – mais benéfica ao acusado por prever a ação penal pública condicionada à representação como regra para se processar o autor do crime – deverá prevalecer, por possuir ultraatividade – gerará efeitos mesmo depois de sua revogação. Logo, se o crime contra a dignidade sexual tiver ocorrido antes da edição da nova lei, a acusação dependerá de representação, nos casos que a previa, se submetendo- a persecução criminal- à possibilidade de ocorrência do fenômeno decadencial.

E se determinado crime é processado mediante ação penal pública, incondicionada ou condicionada, e passa a ser, a persecução penal, através de nova lei, de ação penal privada?

Nessa situação, pelos mesmos motivos acima expostos, a *novatio legis* é mais benéfica ao acusado e deve retroagir.

Isso porque, o acuado, com a mudança de ação, de pública para privada, passa a ter a possibilidade de ver sua punibilidade extinta de diversas formas: renúncia, perdão, desistência, perempção, causas essas inexistentes no caso de ações penais públicas.

Se a persecução criminal estiver na fase extrajudicial, a vítima ou seu representante legal deverão ser intimados a oferecer queixa crime no prazo de seis meses, sob pena de decadência; já tendo sido oferecida denúncia, o ofendido ou o seu representante legal deverão ser intimados a dar andamento ao processo, contratando advogado, que deverá assumir, se o desejarem, a acusação no estado em que se encontrar, aditando a denúncia (que passará a ser uma queixa), se o caso. Caso a vítima manifeste, expressamente, o desejo de não assumir a ação penal, será caso de desistência, a acarretar a extinção da punibilidade. Em razão da mudança superveniente da ação penal – que de pública passa a ser privada – o querelante, mesmo que inicialmente tenha manifestado a vontade de prosseguir com a ação, poderá dela desistir, perdoar o querelado, ou, ainda, deixar ocorrer a perempção, fatos esses que acarretarão a extinção da punibilidade do querelado.

CAPÍTULO 4
REPARAÇÃO DE DANOS OCASIONADOS PELO CRIME. AÇÃO CIVIL *EX DELICTO*

4.1. ATO ILÍCITO. ILÍCITO PENAL E CIVIL. CONCEITOS

Ato ilícito é a conduta que contraria o direito. Na definição do art. 186 do Código Civil: "Aquele que, por ação ou omissão voluntária, negligência ou imprudência, violar direito e causar dano a outrem, ainda que exclusivamente moral, comete ato ilícito".

A ilicitude penal contraria as normas penais, que tutelam os bens jurídicos mais relevantes da sociedade (vida, incolumidade física, patrimônio etc).

A ilicitude civil contraria as normas civis, que protegem valores disponíveis (direito das obrigações, *v.g.*), como também indisponíveis (direitos da personalidade, por exemplo).

Não há diferença, na natureza da ilicitude, entre o ilícito penal e o ilícito civil; ambos serão considerados fatos ilícitos, pelo ordenamento jurídico, que é um sistema coeso e coerente.

Há, apenas, entre tais ilícitos, uma única nota diferenciadora referente ao motivo porque o legislador escolheu selecionar determinada conduta como ilícito penal e não civil: a necessidade de especial proteção de determinados bens jurídicos, prevendo-se a punição mais severa prevista em nosso ordenamento jurídico, em caso de sua violação: a sanção criminal.

O ilícito penal poderá acarretar a responsabilidade penal e civil de seu autor que responderá pela prática do crime e pelos danos materiais e morais causados ao ofendido ou seus sucessores (é o caso, por exemplo, de um homicídio, em que o criminoso responderá perante a Justiça Criminal e também pela Justiça cível, se os sucessores ajuizarem uma ação de indenização por danos materiais e morais). É o que estipula o art. 927, *caput*, do Código Civil: "Aquele que, por ato ilícito (arts. 186 e 187), causar dano a outrem, fica obrigado a repará-lo".

Dipõe, ainda, o art. 91, I, do CP que, transitada em julgado a condenação, torna-se certa a obrigação de indenizar o dano causado pelo crime; esse é um efeito automático da sentença, sendo desnecessária a prova do dano no cível, pois já comprovado no processo criminal.

Nem sempre, todavia, um ilícito penal levará à responsabilização de seu autor na esfera cível, a título de indenização a um terceiro, como nas hipóteses dos crimes de perigo abstrato, em que sua prática não causa dano a pessoas determinadas; exemplo: porte ilegal de entorpecente para uso próprio (art. 28 da Lei 11.343/06). Nesta situação, o ato ilícito penal não gerará o direito à indenização no cível.

De igual maneira, há fatos ilícitos para o direito civil que não são considerados como ilícitos criminais (não são infrações penais), como a mora no inadimplemento de obrigações (art. 394 do Código Civil).

4.2. SISTEMAS DE APURAÇÃO DA RESPONSABILIDADE PENAL E CIVIL

Muitas vezes, da infração penal, surge, simultaneamente, o ilícito civil, com a possibilidade de seu autor ser submetido à obrigação de indenizar a vítima ou seus sucessores pelos danos materiais e morais advindos daquele fato criminoso.

Nestas situações em que o autor da infração poderá responder perante a justiça penal (responsabilidade penal) e também a justiça civil (responsabilidade civil), pela prática de uma mesma conduta ilícita, tem-se buscado diferentes mecanismos de apuração de tais responsabilidades, que são os seguintes **sistemas**:

1º – **Sistema da identidade ou da confusão**: o juiz criminal decidirá, simultaneamente, a respeito da prática do crime e também quanto ao direito à indenização, em uma só ação e processo, em que se discutirá a imposição de sanção penal e a reparação do dano causado pela infração.

2º – **Sistema da solidariedade ou da cumulação obrigatória:** há uma cumulação obrigatória de ações em um mesmo processo: uma de natureza penal e outra cível; separadas as ações, mas desenvolvidas em idêntico processo.

3º – **Sistema da livre escolha ou da cumulação facultativa:** é permitido ao autor a escolha de ajuizar uma ação civil que tramitará em conjunto com a ação penal no mesmo processo, ou então oferecer uma ação, no Juízo cível, a ser desenvolvida em outro processo, facultando-se, nessa última situação, ao juiz suspender o andamento da ação que visa reparar os danos no aguardo do deslinde do processo criminal, com a finalidade de evitar decisões contraditórias.

4º – **Sistema da independência absoluta**: há a separação absoluta das esferas de apuração das responsabilidades; a justiça penal decide apenas a respeito do ilícito penal; a justiça civil quanto ao ilícito civil e a indenização devida pelo autor da infração.

5º – Sistema da independência relativa ou da interdependência. Em regra, as instâncias penais e civis são independentes, mas certas decisões penais prevalecem sobre o que será decidido no cível.

Este foi o sistema adotado por nós no art. 935 do Código Civil: "A responsabilidade civil é independente da criminal, não se podendo questionar mais sobre a existência do fato, ou sobre quem seja o seu autor, quando estas questões se acharem decididas no juízo criminal".

4.3. EXECUÇÃO CIVIL *EX DELICTO*

É efeito extrapenal automático da sentença condenatória, a obrigação de o autor do crime indenizar o dano causado pela infração (art. 91, I, do CP).

Sendo assim, a condenação criminal transitada em julgado transforma-se em título executivo judicial, que pode ser executada no juízo cível (art. 515, VI, do CPC).

O devedor será citado no juízo cível para o cumprimento da sentença ou para liquidação no prazo de 15 dias (art. 515, § 1º, do CPC).

Neste sentido, dispõe o art. 63, *caput*, do CPP que "Transitada em julgado a sentença condenatória, poderão promover-lhe a execução, no juízo cível, para o efeito da reparação do dano, seu representante legal ou seus herdeiros".

A execução deverá ser promovida no juízo cível, no prazo prescricional de 3 anos (art. 206, § 3º, V, do Código Civil).

É a execução civil *ex delicto* (em razão do delito), ajuizada no cível.

Como o valor da indenização normalmente não é fixado na sentença condenatória, ou seja, o valor é ilíquido, será necessária, antes da execução, a liquidação dos valores devidos, para que se chegue ao *quantum* devido. Em outras palavras, a sentença condenatória transitada em julgado reconhece a existência do débito – da responsabilidade em indenizar (*an debeatur*), prevista no art. 91, I, do CP, mas não o valor exato da indenização devida (*quantum debeatur*). Para que se fixe o valor exato da indenização será necessário o desenvolvimento da liquidação, em que se produz provas do *quantum* devido (art. 515, § 1º, do CPC).

Poderá, entretanto, o juiz, ao proferir sentença condenatória, fixar valor mínimo para a reparação dos danos causados pela infração, considerando os prejuízos sofridos pelo ofendido (art. 387, IV do CPP).

Nesta hipótese, a execução poderá ser efetuada pelo valor fixado na sentença, sem prejuízo do processo de liquidação no cível para a apuração do dano efetivamente sofrido (art. 63, § único, do CPP).

A execução no cível só poderá ser ajuizada em face daquele que foi condenado no juízo criminal, e não contra o responsável civil, porque este último não fez parte da relação jurídica processual penal que redundou na condenação do autor da infração penal, e não pode, assim, se submeter aos efeitos da coisa julgada, sob pena de se ofender aos princípios da ampla defesa e do contraditório.

4.4. AÇÃO CIVIL *EX DELICTO*

4.4.1. Ação civil *ex delicto*. Natureza. Suspensão do seu trâmite

Se o ofendido ou seus sucessores não pretenderem aguardar o desfecho do processo penal, poderão ajuizar ação para o ressarcimento do dano no juízo cível, contra o autor do crime e, também, se for o caso, contra o responsável civil (art. 64, *caput*, do CPP).

A ação civil *ex delicto* (em razão do delito) é uma ação de conhecimento condenatória, em que se procura apurar a prática do fato criminoso, sua autoria e o seu nexo de causalidade com os danos sofridos pela vítima. O prazo para ajuizá-la é de 3 anos (art. 206, § 3º, V, do Código Civil), mas só fluirá a partir do trânsito em julgado da sentença penal, de acordo com o que determina o art. 200 do Código Civil: "Quando a ação se originar de fato que deva ser apurado no juízo criminal, não correrá a prescrição antes da respectiva sentença definitiva".

Tramitando simultaneamente a ação penal e a ação civil *ex delicto*, o juiz civil, a fim de evitar decisões contraditórias, poderá suspender o curso desta, até o julgamento definitivo do processo criminal (art. 64, § único do CPP).

Por quanto tempo ficará suspensa a ação civil?

Há **duas posições** sobre o tema:

1ª Posição: a ação civil ficará suspensa por prazo indeterminado até o encerramento (com trânsito em julgado) do processo criminal, porque o parágrafo único do art. 64 do CPP não estabelece prazo para a suspensão do processo civil; pelo contrário, determina o dispositivo legal em comento que o juiz civil poderá suspender o curso da ação *até o julgamento definitivo* da demanda penal. Embora tal suspensão seja mera faculdade do magistrado, poderia ser utilizada como instrumento eficaz a fim de se evitar a prolação de decisões contraditórias.

2ª Posição: A suspensão do processo de indenização pelos danos causados pela infração deverá seguir as regras especificadas do processo civil a respeito do tema. Dispõe, então, o art. 315, *caput*, do CPC que se o conhecimento do mérito da causa cível depender de verificação da existência de fato delituoso, o juiz pode determinar a suspensão do processo até que se pronuncie a justiça criminal.

No caso de a ação penal ainda não ter sido proposta no prazo de 3 meses, contado da intimação do ato de suspensão, cessará o efeito desta, incumbindo ao juiz cível examinar incidentalmente a questão prévia (art. 315, § 1º, do CPC).

Já tramitando processo que visa à indenização dos danos ocasionados pela infração, quando já proposta a ação penal, ficará aquele suspenso pelo prazo máximo de 1 ano; encerrado esse prazo, incumbirá ao juiz cível examinar incidentalmente a questão prévia (art. 315, § 2º, do CPC).

Como se nota, pela clara dicção legal, os prazos de suspensão são expressamente demarcados no CPC, de modo que esses são os seus limites temporais, que não podem ser superados; desse modo, a regulamentação específica da legislação processual civil deve prevalecer – pelo princípio da especialidade – sobre o § único do art. 64 do CPP, o qual não estabelece prazo de suspensão do processo que tramite no Juízo Cível.

4.4.2. Causa impeditiva de prescrição no cível

O art. 200 do Código Civil estipula que, quando a ação se originar de fato que deva ser apurado no juízo criminal, não correrá a prescrição antes da respectiva sentença definitiva.

Esta é uma causa impeditiva de prescrição de natureza civil, que só é aplicável quando houver relação de prejudicialidade entre as esferas cível e penal, sendo, ainda, fundamental a existência de ação penal em curso (ou ao menos inquérito policial em andamento).

Como bem explica Fábio Ulhoa Coelho[1], "Quando a ação civil tiver por pressuposto fato que deva ser apurado no juízo criminal, o prazo de prescrição somente começa a correr da sentença definitiva (CC, art. 200). Desse modo, se o direito surge de ato ilícito que a lei penal tipifica como crime, contravenção ou outra modalidade de ilicitude, não corre a prescrição enquanto não se concluir o processo penal. Se o prejuízo cujo ressarcimento se pretende deriva de conduta criminosa do demandante (homicídio, latrocínio, roubo, dano, etc), apenas após a condenação ou absolvição definitiva do agente a quem se imputa o ato é que tem início a fluência do prazo de prescrição da pretensão objetivando a indenização civil. Embora sejam independentes as esferas da responsabilidade civil e penal, respeita a lei o interesse da vítima em aguardar a definição, no processo criminal, da tipificação da conduta causadora do dano, antes de ingressar com o seu pleito civil, para, em caso de condenação no foro penal, poder robustece-lo com mais argumentos e provas".

Em decisão paradigmática a respeito do tema, o STJ[2] salientou que é direito subjetivo do ofendido lesado por ato que constitui crime, *havendo instauração de inquérito policial ou de ação penal*, escolher entre ajuizar a ação antecipadamente, ou aguardar a resolução da questão no âmbito criminal. O prazo prescricional de três anos se iniciará a partir do arquivamento do inquérito policial ou do trânsito em julgado da sentença penal. No entanto, se não houver qualquer relação de prejudicialidade entre as esferas cível e criminal ou se não tiver sequer sido instaurado inquérito policial, não haverá se falar em suspensão de prescrição no cível para o ajuizamento de ação de reparação de danos.

4.4.3. Ação civil *ex delicto* julgada antes da ação penal

Se a ação civil *ex delicto* tiver sido julgada antes da ação penal, a sentença prolatada pelo juiz cível não será, em regra, alterada pela decisão do processo criminal,

---

1. Fábio Ulhoa Coelho, Curso de Direito Civil: parte geral, Vl. I, São Paulo: Saraiva, 2012, p. 397.
2. STJ – 3ª T. Recurso Especial 1.631.870/SE (2016/0025292/4). Rel. Min. Villas Bôas Cueva.

seja ela qual for (absolutória, condenatória, de declaração de extinção da punibilidade etc), porque são esferas independentes de decisão.

4.4.4. Ação civil *ex delicto* julgada depois da ação penal que redundou em condenação

Havendo uma ação penal condenatória e outra ação civil *ex delicto* simultaneamente tramitando, e se a ação penal for definitivamente julgada antes da civil (com trânsito em julgado), a sentença penal condenatória vinculará a decisão do juiz cível.

Sendo assim, o juiz cível não poderá questionar a respeito da existência do fato nem sua autoria, quando tais questões já tiverem sido decididas pelo juízo criminal; em outras palavras, a decisão do juiz civil, julgando procedente ou não o ressarcimento requerido, não poderá afastar as conclusões do juiz criminal a respeito da existência do fato e de sua autoria.

Resta, assim, ao juiz cível verificar, apenas, se houve danos, e qual o valor devido de indenização.

É o que se extrai do art. 935 do Código Civil que afirma não ser possível mais questionar sobre a existência do fato, ou sobre quem seja o seu autor, quando estas questões se acharem decididas no juízo criminal.

Além disso, importante relembrar que é efeito extrapenal automático de toda sentença condenatória a obrigação de o autor do crime indenizar o dano causado pela infração (art. 91, I, do CP).

Se na ação civil *ex delicto* figurar como réu, além do criminoso, também o seu responsável civil, e se tiver sido proferida uma sentença penal condenatória transitada em julgado apenas contra o primeiro (o criminoso), o juiz do cível não estará obrigado, necessariamente, a condenar o responsável civil a pagar a indenização.

Isto porque deverá o juiz do cível apurar se quem é apontado como responsável civil tinha ou não por lei a obrigação de responder por atos de terceiro (art. 932 do Código Civil). Certo, ainda, que o responsável civil poderá alegar todo tipo de matéria em sua defesa, inclusive a respeito da autoria e materialidade delitivas, uma vez que tais questões, decididas no juízo criminal apenas quanto ao autor do crime, podem perfeitamente ser rediscutidas, no cível, por aquele apontado como sendo o responsável pela conduta do agente que praticou o crime.

E se, no julgamento da revisão criminal, o acusado for absolvido ou tiver sido anulado o processo criminal que redundou em sua condenação, o que acontecerá com a execução do título judicial que legitimava a execução *ex delicto*?

Nessa situação, o título executivo judicial desaparece (art. 515, VI, do CPC), por se tornar inválido, e, assim, inapto à execução, que não poderá mais ser ajuizada pelo ofendido ou seus sucessores. No entanto, se a execução já tiver se iniciado, estará inviabilizada sua continuação, por invalidação subsequente do título executivo judicial, o que poderá ser contestado através de exceção de pré – executividade. Mas se a indenização já tiver sido paga, abrem-se dois caminhos: o executado postular a indenização por erro judiciário do Estado, na própria revisão criminal (art. 630 do CPP), ou recobrar o valor indevido pago, diretamente, através de ação de repetição de indébito em face do exequente.

4.4.5. Ação civil *ex delicto* julgada depois da ação penal que redundou em absolvição

A absolvição criminal, transitada em julgado, pode vincular ou não o juiz do cível; há absolvições criminais indiferentes à decisão a ser tomada pelo juiz cível, que terá inteira liberdade para condenar ou não o autor da infração a ressarcir os danos, de acordo com as provas do processo civil.

Há certas absolvições, entretanto, que, vinculam o juiz do cível a julgar improcedente a ação civil *ex delicto*.

4.4.5.1. Absolvições criminais que vinculam o juiz do cível

1ª – absolvição fundada no reconhecimento, pelo juiz criminal, a respeito da inexistência do fato (arts. 66 e 386, I, do CPP)

De acordo com o art. 66 do CPP, "Não obstante a sentença absolutória no juízo criminal, a ação civil poderá ser proposta quando não tiver sido, categoricamente, reconhecida a inexistência material do fato". Relembre-se, ainda, mais uma vez, o teor do art. 935 do Código Civil: "A responsabilidade civil é independente da criminal, não se podendo questionar mais sobre a existência do fato, ou sobre quem seja o seu autor, quando estas questões acharem decididas no juízo criminal".

2ª – absolvição fundada no reconhecimento, pelo juiz criminal, que o réu não concorreu para a infração penal (art. 386, IV, do CPP)

Nessa absolvição, o juiz criminal afirma, num juízo de certeza, que não houve qualquer conduta do acusado (autoria ou participação). Há, assim, decisão categórica a respeito da autoria a impedir o ajuizamento da ação cível (art. 935 do CC).

3ª – absolvição fundada no reconhecimento, pelo juiz criminal, que o réu agiu acobertado por causas excludentes de ilicitude (legítima defesa, estado de necessidade, estrito cumprimento de dever legal e exercício regular de direito) (art. 65 do CPP)

As referidas excludentes são consideradas, pelo art. 188 do Código Civil, como atos lícitos; sendo assim, como regra, não podem acarretar a quem os pratica o dever de indenizar, mesmo que tenha acarretado prejuízos a terceiros em decorrência de sua ação.

Há, todavia, exceções que obrigam a quem agiu sob o amparo de uma excludente de ilicitude a indenizar, que são as seguintes:

1ª – No caso de legítima defesa em que o autor atinge bem jurídico de terceiro (que não o agressor), causando-lhe prejuízos (art. 929 do Código Civil).

2ª – Agindo o autor em situação de estado de necessidade agressivo (aquele em que atinge bem jurídico de terceiro que não causou o perigo), causando-lhe danos (art. 930 do Código Civil).

Nessas duas hipóteses, porém, haverá direito de regresso – daquele que indenizou o terceiro pelos danos causados – em face do autor da agressão (legítima defesa) ou do criador do perigo (estado de necessidade).

4.4.5.2. Absolvições criminais que não vinculam o juiz do cível

1ª – absolvição por não haver prova da existência do fato (art. 386, II, do CPP)

Como não foi produzida prova da inexistência do fato, o juiz não afirma, peremptoriamente, sua inexistência, mas, simplesmente, declara que não foi produzida prova de sua ocorrência (mas não é impossível que o fato tenha se dado), o que não impede, assim, a discussão sobre o assunto no cível.

2ª – absolvição por não constituir o fato infração penal (arts. 67, III e 386, III, do CPP)

A simples falta de tipicidade penal não impede que o mesmo fato acarrete uma responsabilidade no campo cível.

3ª – absolvição por não existir prova de ter o réu concorrido para a infração penal (art. 386, V, do CPP)

A não existência de prova de autoria declarada pelo magistrado não impede a propositura da ação civil, porque não se afirmou, de maneira definitiva, que o réu não concorreu para a infração penal.

4ª – absolvição com fundamento em causas de isenção de pena (art. 386, VI, do CPP)

As excludentes de culpabilidade (erro de proibição, coação moral irresistível, obediência hierárquica, inexigibilidade de conduta diversa como causa supralegal de exclusão de ilicitude) não afastam a responsabilidade do autor da conduta, o qual, porém, poderá exercer o direito de regresso em face daquele que lhe provocou a ação ilícita causadora de danos.

5ª – fundada dúvida sobre causas excludentes de ilicitude ou de isenção de pena (art. 386, VI, do CPP)

As dúvidas quanto ás causas excludentes de ilicitude ou de culpabilidade levam à absolvição, porque a dúvida favorece ao acusado (*in dubio pro reo*), mas não impedirá sua responsabilização no cível.

6ª – não existir prova suficiente para a condenação (art. 386, VII, do CPP)

Pelo mesmo motivo acima explicado (*in dubio pro reo*), a absolvição por esse fundamento não impedirá a responsabilização do acusado no cível.

7º-sentença absolutória imprópria

Sendo aplicada uma medida de segurança ao acusado inimputável, através de uma sentença absolutória (imprópria), tal decisão, embora tenha imposto uma sanção, não valerá como título executivo judicial, e não poderá ser executada no cível, porque a execução só estará autorizada se tiver sido proferida sentença condenatória própria, ou seja, apenas aquela que impõe pena. Isso não, impede, todavia, que o interessado ajuíze ação de conhecimento condenatória civil com a finalidade de apurar a responsabilidade daquele que representava o inimputável (pais, curadores, responsável de fato) que poderão ter sido negligentes em sua guarda (art. 932, II, do Código Civil).

8º-sentença absolutória proferida pelo Tribunal do Júri

Como bem observado por Renato Brasileiro de Lima[3], por ser impossível se aquilatar a verdadeira razão que levou os jurados a absolver o acusado (afinal decidem pela íntima convicção e sem fundamentação), ainda que tenham, em tese, negado a materialidade ou autoria (rechaçando, respectivamente, o 1º e 2º quesitos), ou mesmo que reconheçam, por exemplo, uma excludente de ilicitude (legítima defesa), ao responderem sim ao quesito que indaga se o jurado absolve o acusado, de qualquer modo, sempre será possível que o verdadeiro motivo para o veredicto absolutório seja outro (piedade, dúvida, absolvição por política criminal, por contradições na prova etc), o que não pode vincular, por uma questão de justiça e lógica, o juiz cível.

4.5. OUTRAS DECISÕES JUDICIAIS QUE NÃO VINCULAM O JUIZ DO CÍVEL

1ª – decisão homologatória de arquivamento de inquérito policial

O art. 67, I, do CPP estipula que, textualmente, que "o despacho de arquivamento do inquérito ou das peças de informação" não impedem a propositura da ação civil.

2ª – decisão que declara a extinção da punibilidade (art. 67, II, do CPP)

A punibilidade é mero pressuposto para a aplicação da sanção penal, em nada interferindo na responsabilidade civil do autor da conduta.

3º – Extinção da punibilidade pela morte do agente

De acordo com o art. 107, I, do CP, a morte acarreta a extinção da punibilidade do indiciado ou acusado.

---

3. Renato Brasileiro de Lima, Curso de Processo Penal, p. 282.

Se a morte ocorrer antes da decisão condenatória transitar em julgado, não importa em qual fase estiver o processo (pode até ser a de julgamento do recurso especial ou extraordinário), certo que não poderá ser ajuizada a execução em face dos herdeiros do acusado, que pressupõe a definitividade da condenação.

No entanto, se a decisão condenatória tiver transitado em julgado, e o acusado, após o trânsito, morrer, é perfeitamente possível a execução *ex delicto* em face dos herdeiros, observado, claro, os limites do patrimônio herdado (art. 5º, XLV, da CF).

4º – Extinção da punibilidade pela prescrição

No caso de prescrição da pretensão punitiva, como não terá havido o trânsito em julgado da condenação, não será possível a execução *ex delicto*4, mas não se obstará o ajuizamento de ação de conhecimento no âmbito civil, visando ver reconhecido o direito a indenização dos danos causados pela infração penal. Já o reconhecimento da prescrição da pretensão executória impede, apenas, o cumprimento da pena, mas não a execução *ex delicto*.

5º – Extinção da punibilidade pela anistia, graça ou indulto

A anistia – causa extintiva da punibilidade prevista no art. 107, II, do CP, e que provem de atribuição do Congresso Nacional (art. 48, VIII, da CF), apaga todos os efeitos da condenação criminal, mas não afasta a incidência dos efeitos extrapenais da condenação transitada em julgado, dentre eles a obrigação de reparar o dano causado pela infração (art. 91, I, do CP). Existindo o trânsito em julgado da condenação, mesmo que de condenado anistiado, não se impedirá a execução *ex delicto*.

A graça também é uma causa extintiva da punibilidade prevista no art. 107, II, do CP, mas só pode ser concedida pelo Presidente da República, ou a autoridade por ele delegada (art. 84, XII e § único, da CF). A graça é individual, ao passo que o indulto (ou graça coletiva) atinge um número indeterminado de pessoas que estejam na situação jurídica prevista no decreto presidencial. Tanto a graça quanto o indulto afastam, parcial ou integramente, os efeitos de uma decisão penal condenatória transitada em julgada, mas não impedem a execução *ex delicto*.

6º – Extinção da punibilidade pelo perdão judicial

É uma causa extintiva da punibilidade que faculta ao juiz deixar de aplicar a pena em hipóteses previstas em lei, como, por exemplo, o perdão judicial no caso de crime culposo, em que as consequências da infração tenham atingido o próprio agente de forma tão grave que a sanção penal se torne desnecessária (art. 121, § 5º, do CP).

Para que o juiz perdoe o acusado é preciso que, antes, reconheça que ele praticou um fato típico, ilícito, culpável, mas não punível por uma questão de política criminal;

Pergunta-se: o perdão judicial impede a execução *ex delicto*?

---

4. Informativo STJ. 29/10/2013. STJ. REsp 678143- 4ª T. Min. Rel. Raul Araújo.

Há **duas posições** sobre o assunto:

1ª Posição: A sentença concessiva de perdão judicial seria condenatória, não impedindo, assim, a execução civil. Com esse entendimento, há decisão do STF[5].

2ª Posição: A sentença concessiva de perdão judicial é meramente declaratória, não produzindo qualquer efeito penal ou extrapenal (de reparação dos danos). Com esse entendimento a Súmula 18 do STJ: "A sentença concessiva do perdão judicial é declaratória da extinção da punibilidade, não subsistindo qualquer efeito condenatório".

7º – Extinção da punibilidade pela *abolitio criminis*

Prevê o § único do art. 2º do CP que ninguém será punido por fato que lei posterior deixe de considerar como crime, cessando em virtude dela a execução e os efeitos penais da sentença condenatória. Como devem cessar, apenas, os efeitos penais da sentença, a consequência extrapenal de ressarcimento dos danos causados prevalece, e a sentença penal condenatória transitada em julgado poderá ser considerada como título válido à execução *ex delicto*.

8ª – Transação penal (Lei 9099/95)

A homologação da transação penal celebrada entre o MP e o autor do fato, impondo a este o pagamento de uma multa ou de pena restritiva de direitos não acarreta qualquer efeito civil (art. 76, § 6º, da Lei 9099/95).

4.6. LEGITIMIDADE ATIVA DA AÇÃO E DA EXECUÇÃO *EX DELICTO*

A ação de conhecimento condenatória *ex delicto* poderá ser ajuizada no juízo cível pela vítima, seus representantes legais ou sucessores; da mesma maneira, a execução *ex delicto*.

Prevê o art. 68 do CPP que, quando o titular do direito à reparação do dano for pobre, tanto a ação de conhecimento *ex delicto*, quanto a execução, poderão ser promovidas, a seu requerimento, pelo MP.

Segundo o STF[6], tal norma ainda é constitucional, mas está a caminho da inconstitucionalidade (a chamada *inconstitucionalidade progressiva ou temporária*), pois só será aplicável enquanto não forem criadas e organizadas as Defensorias Públicas em todos os estados; quando isso acontecer, o art. 68 será considerado inconstitucional.

Em outras palavras, quando o titular do direito ao ressarcimento pelos danos causados pela infração penal for pobre, quem promoverá, em regra, as ações *ex delicto* será a Defensoria Pública, e não o Ministério Público; não existindo Defensoria Pública

---

5. STF – 1ª T. RE 104.977/SP, Rel. Min. Rafael Mayer, j. 04/02/1986
6. STF: Pleno, RE 135.328/SP, Rel. Min. Marco Aurélio, j. 29/06/1994, DJ 20/04/2001. STF – 1ª T., RE 147.776/SP, Rel. Min. Sepúlveda Pertence, j. 19/05/1998, DJ 19/06/1998, p. 136.

na comarca, ou se não for possível nomear advogado dativo, poderá, como última alternativa, o Ministério Público atuar. Mesmo na hipótese em que, havendo Defensoria Pública instituída no Estado, mas se mostre insuficiente (em estrutura) para a efetiva defesa da vítima carente de recursos econômicos, estará admitida a intervenção do *Parquet*, como já decidiu o STJ[7].

4.7. LEGITIMIDADE PASSIVA DA AÇÃO E DA EXECUÇÃO *EX DELICTO*

A ação civil de conhecimento condenatória *ex delicto* pode ser movida em face do autor da infração e também do responsável civil (art. 64 do CPP). O responsável civil que poderá ser acionado será o curador em razão de ato do curatelado que se achar em sob sua autoridade e companhia; o empregador ou comitente, por seus empregados, serviçais e prepostos, no exercício do trabalho que lhes competir, ou em razão dele; os donos de hotéis, hospedarias, casas ou estabelecimentos onde se albergue por dinheiro, mesmo para fins de educação, pelos seus hóspedes, moradores e educandos; os que gratuitamente houverem participado nos produtos do crime, até a concorrente quantia (art. 932 do Código Civil).

Refere, ainda, o art. 933 do Código Civil que os responsáveis civis responderão pelos atos de terceiros, ainda que não haja culpa de sua parte.

A execução civil *ex delicto*, como já se viu, só pode ser ajuizada contra o autor da infração e nunca contra o responsável civil, porque o título executivo judicial (sentença condenatória transitada em julgado) constituiu-se após o desenvolvimento de um processo criminal em que se assegurou ampla defesa e contraditória apenas ao acusado de ter praticado um delito, não podendo gerar efeitos a terceiros que não tenham participado daquele processo (como o responsável civil).

Quais bens podem ser penhorados para pagamento da indenização pelos danos *ex delicto*?

Podem ser penhorados todos os bens do condenado, inclusive o bem de família (o imóvel único usado para a moradia da entidade familiar), uma vez que o bem que tiver sido adquirido com produto de crime, ou que se destine à execução de sentença condenatória a ressarcimento, é sujeito ao ato constritivo patrimonial (art. 3º, VI, da Lei 8.009/90)[8].

---

7. STJ – 4ª T. AgRg no Ag 509.967/GO, Rel. Min. Barros Monteiro, j. 12/12/2005, DJ 20/03/2006, p. 276.
8. Informativo STJ. 11/11/2011. STJ. 4ª T. REsp 947518. Min. Rel. Luis Felipe Salomão.

CAPÍTULO 5
JURISDIÇÃO E COMPETÊNCIA

5.1. JURISDIÇÃO. CONCEITO

Jurisdição é o poder exercido com exclusividade pelo Estado, em geral, pelo Judiciário, de decidir conflitos de interesses, aplicando, para tal finalidade, as normas jurídicas.

A regra é que o Poder Judiciário resolva as controvérsias, mas, em hipóteses excepcionais, o poder jurisdicional será exercido pelo Poder Legislativo (é o caso, por exemplo, do julgamento do Presidente da República, pelo Senado Federal, nos crimes de responsabilidade, e também do julgamento de Governadores e Prefeitos, em se tratando de infrações políticas, respectivamente, pelo Tribunal Especial formado por cinco desembargadores e cinco deputados estaduais presidido pelo presidente do Tribunal de Justiça (art. 78, § 3º, da Lei 1.079/50), e Câmara Municipal). É a chamada jurisdição política, como será oportunamente estudado neste capítulo.

A jurisdição é una (princípio da unidade da jurisdição), porque representa o poder do Estado, previsto em abstrato, de, através de seus órgãos, dirimir (resolver) os conflitos de interesses.

5.2. CLASSIFICAÇÃO DA JURISDIÇÃO

A doutrina costuma fazer a seguinte **classificação da jurisdição**:

Quanto ao objeto ou matéria a ser julgada: civil, penal, militar, trabalhista, contenciosa (quando houver conflito de interesses entre as partes) e voluntária (quando não houver).

Quanto à graduação: inferior (1ª instância) ou superior (Tribunais)

Quanto à função: comum (os julgamentos realizados por órgãos do poder judiciário); especial (julgamentos realizados por órgãos políticos).

5.3. ELEMENTOS DA JURISDIÇÃO

A doutrina aponta os seguintes elementos da jurisdição:

Notio ou *cognitio*: conhecimento da causa posta em juízo, o que abrange, além do mérito, a análise das condições da ação e dos pressupostos processuais, e a direção da instrução, facultando-se ao magistrado determinar a produção de provas de ofício.

Vocatio: é o poder inerente à Jurisdição de citar o acusado a respeito da acusação que em face dele pesa, bem como a de se intimarem vítimas, testemunhas, peritos a depor.

Coertio: é o poder de impor meios coercitivos a fim de que a jurisdição alcance suas finalidades, o que abrange o poder de requisitar, por via policial, a presença do acusado, da vítima ou de testemunhas, incluindo-se, ainda, o poder de polícia, exclusivo do magistrado em audiências e sessões.

Judicium: é a fase final e razão da existência da Jurisdição, que é o deslinde da causa penal, aplicando o direito penal objetivo à controvérsia.

Executio: é a execução do dispositivo da sentença.

5.4. PRINCÍPIOS DA JURISDIÇÃO

São os seguintes:

1º – Princípio do juiz natural: é previsto no art. 5º, XXXVII e LIII, da CF, ao estabelecerem que ninguém será processado nem julgado senão pela autoridade competente, vedando-se a criação de tribunais de exceção. O princípio do juiz natural assegura que o julgador seja pré-estabelecido, antes do fato, abstratamente.

2º – Princípio da investidura: só pode exercer a jurisdição quem estiver investido, regularmente, no cargo de juiz, seja através de concurso público; pelo quinto constitucional, ou por nomeação pelo Presidente da República, em se tratando de cargos de Ministros nos Tribunais Superiores.

3º – Princípio da inércia: o juiz não pode dar início ao processo, devendo ser provocado, pela parte, quando ajuíza a ação penal; apenas a partir deste momento, passa o magistrado a imprimir o impulso oficial ao feito. A inércia jurisdicional é a maneira mais adequada de se preservar a imparcialidade do juiz.

4º – Princípio da indeclinabilidade: a lei não poder afastar do juiz a apreciação de lesão ou ameaça a direito (art. 5º, XXXV, da CF). O juiz, igualmente, não pode declinar de sua função jurisdicional.

5º – Princípio da indelegabilidade: o magistrado não pode delegar suas funções a outro juiz; é consequência do princípio do juiz natural. Uma parte da doutrina entende que a expedição de carta precatória é uma exceção ao princípio da indelegabilidade, porque o juiz estaria delegando seu poder ao permitir que outro magistrado pratique atos processuais. Temos pensamento diverso, afinal, não se delega o poder jurisdicional com a expedição de carta precatória, mas, tão somente, se solicita a cooperação entre juízos.

6º – **Princípio da improrrogabilidade**: o juiz não pode usurpar a competência de outro.

7º – **Princípio da inevitabilidade ou irrecusabilidade**: as partes não podem recusar o juiz, a não ser que demonstrem sua suspeição, impedimento ou incompatibilidade com a jurisdição.

5.5. COMPETÊNCIA. CONCEITO

É o limite qualitativo de jurisdição estabelecido para cada órgão do Poder Judiciário, como uma forma encontrada de se dividir racionalmente o trabalho entre seus membros e de se prestar, de maneira eficaz, o serviço público jurisdicional. Cada juiz recebe então, da lei, um trecho delimitado de poder jurisdicional, onde poderá exercer sua atividade; este círculo de atividade jurisdicional, construído abstrata e impessoalmente pela lei, chama-se competência.

Como vimos, jurisdição é o poder genérico e abstrato de aplicar o direito, pelos membros do Judiciário; já a competência é a forma concreta, estabelecida pela Constituição e pelas leis, de se dividir entre os magistrados as mais variadas causas.

5.6. ESPÉCIES DE COMPETÊNCIA

Como vimos, competência é, antes de tudo, divisão de trabalho; é a forma encontrada pela Constituição Federal e pelas leis de repartir a função jurisdicional entre os juízes. O modo encontrado para se estabelecer a competência segue os seguintes critérios inspiradores, desde já se apresentando sucintamente as espécies de competência.

1ª – **Competência em razão da matéria (*ratione materiae*), também denominada de "Competência de Justiça" ou "Competência de Jurisdição"**

É aquela estabelecida de acordo com a matéria (pela natureza da infração que está em julgamento). Visa obter a especialização da função jurisdicional, ao afetar a determinado órgão do judiciário certas causas penais. Pode se tratar da Justiça Comum (Federal e Estadual) ou Justiça Especial (Eleitoral, Militar ou Trabalhista, sendo que a trabalhista não julga crimes). Entretanto, a Justiça Trabalhista tem competência para julgar *habeas corpus* quando a questão envolvida for trabalhista (art. 114, IV, da CF).

2ª – **Competência em razão da pessoa (*ratione personae*)**

É aquela criada em razão da prerrogativa de função de determinados ocupantes de cargos públicos de serem julgados originariamente por Tribunal. Essa competência é fixada pela Constituição Federal e pelas Constituições dos Estados.

Como bem ressalta Renato Brasileiro de Lima[1], a expressão correta não é competência *ratione personae* (em razão da pessoa), mas sim *ratione funcionae*, porque, em verdade, a competência é estabelecida não em razão das qualidades pessoais do acusado (o que seria inadmissível privilégio violador do princípio da isonomia), mas sim pela especial deferência a determinados cargos públicos, com o escopo de assegurar à sociedade e aos próprios acusados um julgamento imparcial e livre, tanto quanto possível, de pressões indevidas.

É o chamado foro por prerrogativa de função.

3ª – Competência em razão do local ou território (*ratione loci ou locus comissi delicti*) (arts. 70/73 do CPP)

É a competência que tem por base o território (local) onde o crime foi praticado ou, subsidiariamente, aquele território onde se situa o domicílio ou residência do acusado.

4º – Competência por distribuição (art. 75 do CPP)

Previamente estabelecida a competência pelo território, resta definir qual o juízo competente, quando nele houver mais de um juiz igualmente competente. Estabelece-se uma distribuição (sorteio) de feitos entre juízes com idêntica competência. Percebe-se, assim, que a competência de Juízo por distribuição nada mais é que uma verdadeira complementação da competência territorial. Isto porque, num primeiro momento, se estabelece o foro (território) competente, para depois, definir-se o juízo competente, quando exista mais de um juiz igualmente competente naquele local. Claro que, se no foro, houver apenas um Juízo (vara cumulativa única) não haverá qualquer distribuição.

De se ressaltar que a competência por distribuição ocorre também nos Tribunais, distribuindo-se, livremente, os recursos ou ações ajuizadas em quaisquer instâncias.

5º – Competência de Juízo

Competência de juízo é aquela que estabelece qual o órgão judiciário que terá competência, pela matéria – pela infração penal – para julgar a demanda penal.

A competência do Juízo, na imensa quantidade de vezes, tanto na Justiça Comum Estadual como na Federal, é genérica abarcando todos os delitos, como, por exemplo, roubo, furto, tráfico, violência doméstica (Lei Maria da Penha – Lei 11.340/06), etc, com exceção dos crimes dolosos contra a vida que deverão ser julgados, em virtude de previsão constitucional (art. 5º, XXXVIII, *d*, da CF), pelo Tribunal do Júri – que é o juízo competente para tanto (art. 74 do CPP); pelo mesmo fundamento – previsão constitucional-sempre haverá um juízo – o denominado Juizado Especial Criminal – para julgar as infrações de menor potencial ofensivo (Lei 9.099/95), que são, por mandamento da Lei Maior (art. 98, I, da CF), de competência de referido órgão judiciário.

---

1. Renato Brasileiro de Lima, Curso de Processo Penal, p. 299.

Além da competência normalmente genérica dos Juízos, é comum que seja estabelecida, de maneira especificada, sua competência, levando-se em consideração, v.g., a espécie de pena privativa de liberdade (reclusão ou detenção), a espécie de delito (crimes patrimoniais, crimes contra a dignidade sexual, delitos de lavagem de dinheiro, violência doméstica e familiar contra a mulher), ou qualquer outro critério diferenciador (crimes contra vítimas menores de idade, idosos, etc). Essa especialização da matéria a ser julgada pelo juízo, por permitir a capacitação de juízes, promotores e defensores em determinados assuntos específicos, pode, eventualmente, assegurar resultados melhores na resolução da controvérsia penal.

A competência de Juízo – que nada mais é do que determinação de quais órgãos judiciários irão julgar quais infrações penais – pode ser estabelecida através de diversas fontes legislativas, como a Constituição Federal, Leis Federais, Leis de Organização Judiciária dos Estados, Atos administrativos dos Tribunais, como será visto oportunamente.

6ª – Competência em razão das funções exercidas no processo

É a divisão de funções diversas entre magistrados, em fases distintas de desenvolvimento de um mesmo processo; a repartição de funções diferentes, num mesmo processo e na mesma etapa processual; a colaboração de órgãos judiciários, em processos autônomos, visando a solução de questões jurídicas de natureza diversa. E, por fim, a repartição entre jurisdição inferior e superior.

Para tornar mais claro o conceito vamos verificar cada componente integrante da competência funcional que se divide em:

Competência funcional horizontal por fases do processo

Em razão de cada fase do processo, a competência varia entre os juízes. Exemplos: juiz de 1º instância que possui competência apenas para a 1ª fase do rito do júri – da denúncia até a pronúncia, enquanto que outro magistrado se encarrega da preparação e do julgamento pelo plenário do Júri. Essa competência é denominada de *competência funcional horizontal* porque os magistrados que dividem as funções jurisdicionais estão no mesmo grau hierárquico.

Competência funcional horizontal por objeto do juízo

No mesmo processo ou em processos distintos, dois ou mais órgãos do Judiciário dividem funções jurisdicionais diversas entre si. É o que ocorre no Tribunal do Júri – órgão de justiça colegiado heterogêneo – em que o julgamento de mérito do crime doloso contra a vida é do Conselho de Sentença (formado por 7 jurados), absolvendo, condenando o acusado, ou desclassificando a infração, enquanto que as consequências de tais decisões (a sentença absolutória, condenatória e aquela que tem por objeto do crime desclassificado) são de exclusiva alçada do juiz presidente, assim como as questões incidentais surgidas e o poder de polícia da sessão. Importante dizer que, no caso do Júri, essas funções distintas – dos jurados e do juiz presidente – são exercidas, no mesmo processo e em idêntica etapa processual que é a do julgamento pelo Tribunal do Júri.

Outra hipótese de competência horizontal funcional por objeto do juízo se dá no caso das questões prejudiciais heterogêneas obrigatórias ou facultativas (arts. 92/93 do CPP). Essas questões são aquelas de natureza extrapenal que devam ser, obrigatória ou facultativamente, decididas antes da controvérsia penal, como, por exemplo, o crime de bigamia, o qual, para ser apurado, depende da decisão do juiz cível, a respeito de eventual nulidade do casamento anterior, em processo autônomo. Nesse nosso exemplo, haverá a instauração de dois processos simultâneos – um no juízo criminal para apurar o delito de bigamia e outro no juízo cível com o escopo de se verificar a nulidade do casamento anterior – em que órgãos judiciários distintos, da mesma instância (e por isso, se diz competência horizontal) decidirão, cada um deles, *em processos distintos*, matérias específicas.

Trata-se, frise-se, como a competência funcional por fase do processo, de *competência funcional horizontal*, porque os integrantes dos órgãos judiciais estão no mesmo grau hierárquico.

Competência funcional por grau de jurisdição, vertical ou hierárquica

A competência é repartida entre jurisdição inferior e superior. Compete à superior o julgamento dos detentores do foro por prerrogativa de função, como, *v.g.*, o STF tem competência para julgar, pela prática de crimes, os deputados federais e senadores; compete também à jurisdição superior o julgamento de recursos interpostos contra as decisões de órgãos jurisdicionais inferiores.

Como bem explica Renato Brasileiro de Lima[2], em razão da competência funcional por grau de jurisdição, juízes que exerçam jurisdição inferior não podem rescindir decisões de Tribunais de jurisdição superior, mesmo quando patente uma nulidade absoluta, sob pena de violação às normas processuais e constitucionais que dividem a competência, hierarquicamente, entre os órgãos do Poder Judiciário. Exemplos dessa vedação: é vedado a um juiz de 1º grau rescindir uma decisão do Tribunal, ou a um Tribunal de Justiça anular um acórdão do STJ, ou este uma ordem judicial promanada do STF.

7º – Competência por prevenção (art. 83 do CPP)

É aquela estabelecida quando dois ou mais juízes igualmente competentes, pela matéria e pelo território, ou apenas pela matéria, mas não pelo território, para julgar determinada infração penal, e um deles se antecipa aos outros na prática de algum ato do processo ou de medida a este relativa, ainda que anterior ao oferecimento da denúncia ou da queixa.

A razão de ser da competência por prevenção é que o magistrado que, desde o início, tomou conhecimento da causa penal, analisando pedidos de prisão preventiva, busca e apreensão, interceptação telefônica, etc, é aquele melhor preparado para julgar o feito, tornando-se, assim, prevento.

---

2. Renato Brasileiro de Lima, Curso de Processo Penal, p. 300.

A prevenção também é utilizada como método subsidiário de fixação da competência, quando não se consegue identificar, pelo território, o juiz competente.

A competência por prevenção é aplicável também aos Tribunais, de modo que o relator ou a Turma que, por distribuição, primeiro julgou determinado recurso ou ação, estarão preventos para julgar os demais.

8º – Competência por conexão e continência (arts. 76/79 do CPP)

É aquela que se estabelece quando existe nexo probatório entre duas ou mais infrações penais, quando acusados praticarem o mesmo fato, em concurso de agentes, ou se, de uma só conduta, resultar a prática de dois ou mais crimes, tudo a recomendar o seu julgamento conjunto como modo de se assegurar a economia processual e, com isso, a razoável duração do processo, a visão panorâmica da prova, evitando-se, por fim, a existência de possíveis decisões contraditórias.

Exemplos: Um roubo praticado por quatro agentes, em concurso de pessoas, contra um estabelecimento comercial deve ser julgado em um mesmo processo, não havendo sentido em sua separação; os crimes de roubo e receptação do mesmo bem devem ser processados e julgados perante o mesmo Juízo. O homicídio culposo praticado na condução de veículo automotor de 5 pessoas em um ponto de ônibus por motorista deve ser processado e julgado em um só feito criminal, inexistindo lógica na separação de processos para cada um dos homicídios – 5 processos criminais! Claro que todas essas situações demonstram a conveniência de que os fatos criminosos e os agentes neles envolvidos sejam objeto de um só processo, o que permite a visão completa do panorama probatório pelo juiz, além de zelar pela economia processual, e evitar decisões contraditórias, caso os fatos ou os acusados tivessem seus julgamentos cindidos. Em outras palavras, a razão de ser da competência pela conexão e continência é o compartilhamento de provas; não cindir artificialmente os elementos de convicção, prejudicando a busca da verdade real.

5.7. COMPETÊNCIA ABSOLUTA E RELATIVA. CONCEITO. DIFERENCIAÇÕES. ARGUIÇÃO

5.7.1. Conceito de competência absoluta

Competência absoluta é aquela estabelecida tendo por base a Constituição Federal, e que visa ao interesse público na correta prestação do serviço público jurisdicional e, por visar um interesse social de grande importância, é indisponível, de cogente observação pelas partes, que dela não podem dispor, e pelo juiz que deve ser o fiscal da própria competência.

A não observância das regras de competência absoluta leva à nulidade absoluta do processo, como se verá.

5.7.2. Características essenciais da competência absoluta

São as seguintes:

1ª – Pode ser reconhecida a qualquer tempo, mesmo após o trânsito em julgado

A competência absoluta é fixada tendo por base o indisponível interesse público e, em razão disso, é reconhecível a qualquer tempo e grau de jurisdição, mesmo após o trânsito em julgado. A incompetência absoluta não admite convalidação ou prorrogação, o que significa dizer que não é admissível que um juiz absolutamente incompetente, caso não arguida ou reconhecida a sua incompetência no momento oportuno, passe a sê-lo.

Mas há que se fazer uma salutar distinção: no caso de coisa julgada que tenha imposto uma sanção ao acusado – aplicação de pena (sentença condenatória) ou medida de segurança (sentença absolutória imprópria), e sendo o juiz absolutamente incompetente, o trânsito em julgado poderá ser rescindido através de revisão criminal ou *habeas corpus*.

Por outro lado, certo que não existe no nosso ordenamento processual penal a revisão criminal *pro societate* – a uma, porque a Constituição apenas menciona a revisão de condenações, a duas, porque a Convenção Americana de Direitos Humanos (Decreto 678/92 – art. 8º, nº 4) proclama que "o acusado absolvido por sentença passada em julgado não poderá ser submetido a novo processo pelos mesmos fatos". Sendo assim, se uma decisão absolutória, ou mesmo extintiva de punibilidade for proferida por juiz absolutamente incompetente, caso a acusação não tenha recorrido e a sentença ou decisão transitem em julgado, não será admissível a rescisão do trânsito em julgado porque só é admitida a revisão criminal *pro reo*. Em outras palavras, não obstante a incompetência absoluta que geraria a nulidade absoluta do processo, tal decisão, que em tese seria imprestável, gerará efeitos e não poderá ser rescindida.

2ª – O prejuízo pela violação à competência absoluta é presumido

Como houve a violação de norma constitucional, presume-se, *jures et jure*, o prejuízo causado, o que traria como efeito a anulação de todo o processo que tenha tramitado perante juiz absolutamente incompetente. Trata-se, assim, de nulidade absoluta do processo e não de sua inexistência; em outras palavras, é imprescindível uma declaração judicial atestando a nulidade absoluta, mas, enquanto isso não ocorrer, as decisões emanadas do juiz incompetente produzem efeitos. A jurisprudência do STF, no caso das hipóteses de incompetência absoluta, tem-se orientado no sentido de declarar-se a invalidade, apenas, dos atos de conteúdo decisório, não afetando, assim, os atos instrutórios[3]. Ademais, a Corte Suprema chegou a admitir até a possibilidade de ratificação, pelo órgão judiciário com competência, dos próprios atos decisórios[4].

---

3. STF- HC 71.278/PR. RHC 72.962/GO, Rel. Min. Néri da Silveira- RHC 72.962/GO, Rel. Min. Maurício Corrêa.
4. STF- HC 88.262-2/SP, Rel. Min. Gilmar Mendes. HC 83.006/SP, Rel. Min. Ellen Gracie.

5.7.3. Competência absoluta e espécies de competência

São de natureza absoluta as competências fixadas tendo em vista o critério material (competência em razão da matéria); a competência estabelecida por prerrogativa de foro e a denominada competência funcional. Quanto à competência de juízo, se estabelecida pela Constituição Federal, ou por Leis Federais serão de natureza absoluta; fixada a competência de juízo pelas Leis de Organização Judiciária, ou por atos administrativos do Tribunal, em razão da matéria (espécie de delito), a competência também será absoluta.

5.7.4. Conceito de competência relativa

É aquela estabelecida, pela lei e não pela Constituição Federal, e que visa, preponderantemente, atender ao interesse da parte, embora sempre exista ponderável parcela de interesse público no estabelecimento de suas regras.

Não obstante esse seja o conceito tradicional da doutrina entendemos que, tanto no caso da competência absoluta quanto no da relativa, o interesse visado é, sempre, o público, jamais o particular, porque, no desenrolar do processo penal, a controvérsia de direito material – poder/dever de punir e direito à liberdade – é indisponível e de óbvio interesse social em sua resolução, para cuja eficácia mostra-se imprescindível a fixação de regras racionais de competência.

Mais uma vez, segundo a doutrina majoritária, por predominar o interesse da parte e não o público, a violação à regra de competência relativa geraria nulidade relativa, a qual demanda, para o seu reconhecimento, prova de prejuízo, na oportunidade processual adequada, sob pena de preclusão.

5.7.5. Características essenciais da competência relativa

1ª – Só pode ser arguida, a pedido da parte, e reconhecida, de ofício, pelo juiz, no momento processual oportuno, sob pena de preclusão

Como vimos, a competência relativa, segundo a doutrina majoritária, é fixada tendo por base o disponível interesse da parte, embora ainda exista coexistência do interesse público (de maneira secundária), e, em razão disso, só pode ser reconhecida na oportunidade processual adequada, sob pena de preclusão (normalmente, a fase adequada para a sua arguição ocorre quando da resposta à acusação – art. 396-A do CPP). Caso não seja reconhecida na oportunidade adequada, o juízo relativamente incompetente terá sua competência prorrogada; em outras palavras, inicialmente incompetente, passará a ser competente para julgar o feito. Com o trânsito em julgado da decisão condenatória proferida por juiz relativamente incompetente, como houve a preclusão, não há se falar em rescisão da coisa julgada, via *habeas corpus* ou revisão criminal, pelo menos por esse motivo.

Não obstante prepondere o interesse da parte no estabelecimento da competência relativa, não se impede que o juiz reconheça, de ofício, a incompetência relativa (o que bem demonstra que, na verdade, como dissemos acima, o interesse preponderante é mesmo o público, e não o privado, como insiste ainda boa parte da doutrina em dizer).

No caso de reconhecimento de ofício pelo juiz de sua incompetência relativa só poderá fazê-lo antes do início da colheita da prova oral – antes, portanto, da audiência única de instrução, debates e julgamento, pois, a partir do momento em que coligida a prova oral (mesmo que parcialmente), o juiz que presidiu sua produção fica jungido ao julgamento da causa, em obediência ao princípio da identidade física do juiz (art. 399, § 2º, do CPP).

2ª – O prejuízo pela violação à competência relativa deve ser comprovado

Como houve a violação de norma legal e não de natureza constitucional, não se presume a existência de prejuízo causado pela sua inobservância; o prejuízo deve ser devidamente comprovado, sob pena de não reconhecimento da incompetência relativa, e de sua prorrogação. A presunção, assim, é *juris tantum*.

5.7.6. Competência relativa e espécies de competência

São de natureza relativa as seguintes competências:

1ª Competência territorial – aquela fixada tendo em vista o local da infração e, subsidiariamente, pelo domicílio ou residência do réu);

2ª – Competência por prevenção. Este é, inclusive, o teor da Súmula 706 do STF: "É relativa a nulidade decorrente da inobservância da competência penal por prevenção".

3ª – Competência por distribuição.

4ª – Competência por conexão ou continência.

5ª – Competência de Juízo, quando for estabelecida por Lei de Organização Judiciária Estadual ou ato administrativo do Tribunal, desde que em casos em que a competência não tenha sido estabelecida pela matéria – espécie de infração penal.

5.7.7. Arguição de incompetência relativa e absoluta pela parte. Reconhecimento, de ofício, pelo juiz

A incompetência – absoluta ou relativa – pode ser arguida pela parte – normalmente a defesa – através da exceção de incompetência prevista no art. 95, II, do CPP. A exceção de incompetência poderá ser oposta no prazo da resposta à acusação (art. 396-A do CPP), pela defesa, que será processada em autos apartados, não suspendendo, em regra, o andamento da ação (art. 111 do CPP).

Em regra, a acusação não poderá opor a exceção de incompetência, porque ela própria ofereceu a peça acusatória perante juiz incompetente, não havendo sentido que solicite, depois, o deslocamento territorial do processo, quando já sabia (ou deveria saber) da incompetência territorial. Entretanto, se a informação a respeito da incompetência pelo território fosse desconhecida da acusação quando do oferecimento da denúncia ou queixa, só surgindo no início do processo (por exemplo, descobre-se que o furto ocorreu na comarca de São Paulo e não em Osasco onde o acusado apenas foi preso na posse da *res furtiva*, dado esse surgido pelas declarações extemporâneas da vítima anexadas aos autos após o oferecimento da denúncia), nada impediria que, nessa situação, o Ministério Público pudesse opor a exceção de incompetência, além da defesa, é claro.

Se a parte suscitar a incompetência relativa nos próprios autos principais, sem se utilizar do incidente procedimental adequado (exceção de incompetência), haverá mera irregularidade, que não impedirá a apreciação da matéria pelo juiz. É o caso, *v.g.*, em que a defesa, no corpo da própria resposta à acusação (art. 396-A), sustenta a incompetência relativa; ou quando, em sede de alegações finais, a argui, como preliminar.

O juiz, como vimos acima, pode reconhecer, de ofício, independentemente de provocação das partes, tanto a incompetência absoluta quanto a relativa, pois o art. 109 do CPP, ao possibilitar tal reconhecimento pelo magistrado, não distingue a modalidade de competência.

Há parte da doutrina e jurisprudência que opõe como óbice ao reconhecimento, de ofício, pelo juiz, de sua incompetência relativa, tendo por base o teor da Súmula 33 do STJ: "A incompetência relativa não pode ser declarada de ofício".

Nada mais falso. Como muito bem observado por Renato Brasileiro de Lima[5], a Súmula referida foi editada sob o ponto de vista do processo civil, e não do processo penal; sob a ótica do processo civil em que se coloca em jogo – em regra – interesses disponíveis, pode ter lógica a proibição do magistrado de reconhecer sua incompetência relativa, que deveria ser preocupação do particular interessado, pois a regra visa ao seu favorecimento. No entanto, sob o ponto de vista processual penal – em que, sempre, está em discussão um interesse público – tal vedação é absolutamente inaceitável: a fixação da competência é matéria de ordem pública porque, acima do eventual interesse das partes – prepondera a busca da verdade real dos fatos e, com isso, a justa resolução da controvérsia penal que tem por objeto, simultaneamente, o poder de punir e o direito à liberdade subjacente à causa penal.

No caso da incompetência relativa, o juiz pode reconhecer, de ofício, sua incompetência até o início da instrução criminal com a colheita da prova oral; ouvida mesmo que apenas uma testemunha arrolada pelas partes, o magistrado, pelo princípio da identidade física do juiz (art. 399, § 2º, do CPP), deverá proferir sentença, não podendo remeter o processo a outro que entenda ser competente.

Quanto à incompetência absoluta, seu reconhecimento poderá ocorrer a qualquer tempo, como vimos.

---

5. Renato Brasileiro de Lima, Curso de Processo Penal, p. 304.

A decisão em que o juiz declara, de ofício, sua incompetência, determinando o envio do processo a outro juízo é recorrível, através de recurso em sentido estrito (art. 581, II, do CPP).

5.7.8. Recurso das partes e reconhecimento da incompetência relativa e absoluta

Em se tratando de incompetência relativa, para que a parte possa ter reconhecida, em sede de recurso, pelo Tribunal, a nulidade (relativa) pela inobservância da regra de competência, deverá ter arguido a violação à norma legal, no momento processual oportuno, em 1ª instância (normalmente, como se viu, na fase da resposta a acusação –art. 396-A do CPP), sob pena de preclusão, e ainda demonstrar o prejuízo sofrido pelo seu desrespeito.

Claro que se a parte nada requereu, em seu recurso, a respeito da incompetência relativa, o Tribunal não poderá reconhecê-la de ofício, porquanto a questão já terá sido fulminada pela preclusão.

No caso de incompetência absoluta, existem duas situações distintas:

1ª – Houve violação à regra de competência absoluta em detrimento do interesse do acusado

É possível que o Tribunal reconheça a incompetência absoluta, em recurso das partes (inclusive da acusação), ou mesmo em sede de *habeas corpus*, de ofício, isto é, sem qualquer menção à matéria pelas partes, que podem ter recorrido ou impetrado o remédio heroico para discutir outros temas, como, por exemplo, redução de pena, mudança de regime, etc.

Nessa hipótese, a doutrina majoritária entende que não vigora o princípio *tantum devolutum quantum apelatum* (só será apreciado pelo órgão ad quem aquilo que foi arguido pelas partes); pelo contrário, mesmo sem qualquer provocação das partes, o Tribunal não estaria impedido de reconhecer a incompetência absoluta e, em decorrência dela, a nulidade absoluta, *desde que tal anulação seja favorável ao acusado*.

Isto porque não há qualquer vedação à *reformatio in mellius*, em sede recursal: mesmo no caso de recurso exclusivo da acusação visando agravar a situação do acusado, é permitido que o Tribunal reconheça, de ofício, situação jurídica que o beneficie.

Exemplificando para melhor esclarecer. O acusado é processado e condenado pela Justiça Estadual a pena de 5 anos e 4 meses de reclusão pela prática de um roubo agravado cometido contra a Caixa Econômica Federal (empresa pública federal), em afronta à competência estatuída no art. 109, IV, da CF, que estabelece que o órgão com competência para julgar tal delito é a Justiça Federal.

Poderão apresentarem-se, *in casu*, as seguintes situações:

I – apenas a acusação recorre sustentando a incompetência absoluta do órgão julgador; o Tribunal, acolhendo a preliminar, anula o processo e remete ao órgão com competência para julgamento, o qual estará plenamente livre para julgar como bem entender o acusado, inclusive aumentando a pena anterior;

II – apenas a acusação recorre, mas sustenta outros temas, como, v.g., aumento de pena, mudança de regime, sem nada articular a respeito da incompetência absoluta; nessa situação, o Tribunal declara a incompetência absoluta, anula o processo e remete os autos ao juízo competente, o qual, entretanto, estará vinculado à pena anteriormente fixada, porque, como não houve pedido expresso da acusação, não é possível que a situação do acusado piore, sob pena de violação ao princípio da proibição da *reformatio in pejus* indireta (quando a decisão anterior é anulada por recurso exclusivo da defesa, impõe-se ao juiz, no novo julgamento, que a possível nova sanção jamais ultrapasse a anterior). Embora o recurso não tenha sido exclusivo da defesa no nosso exemplo, como não houve pedido da acusação, entende-se que a situação do acusado não poderá ser agravada.

III – Apenas a defesa recorre e sustenta a ocorrência da incompetência absoluta; estará autorizado o Tribunal a anular o processo e remeter ao juiz competente, o qual, a toda evidência, estará vinculado à pena anteriormente fixada – sob pena de violação ao princípio da *reformatio in pejus* indireta.

IV – Apenas a defesa recorre, mas nada menciona quanto à inobservância da competência absoluta; estará autorizado o Tribunal a anular o processo e remeter ao juiz competente, o qual, como se viu, estará vinculado à pena anteriormente fixada – sob pena de violação ao princípio da proibição da *reformatio in pejus* indireta.

V – A defesa e a acusação recorrem, mas nada mencionam quanto à inobservância da competência absoluta; estará autorizado o Tribunal a anular o processo, de ofício, e remeter ao juiz competente, o qual, como se viu, estará vinculado à pena anteriormente fixada – sob pena de violação ao princípio da *reformatio in pejus* indireta.

Resumindo, anulado o processo por ofensa à regra de fixação da competência absoluta, só estará autorizado o juízo a quem for remetido o feito a condenar o acusado a uma pena maior se houver pedido expresso da acusação, apontando a violação da norma de competência; se não, o novo magistrado receptor dos autos estará jungido à sanção estabelecida anteriormente como verdadeiro "teto". Este é o entendimento prevalecente[6].

Há, todavia, **posição em sentido contrário**, com o seguinte teor: como as regras da competência absoluta são hauridas da Constituição Federal, com a nulidade do julgamento anterior, o órgão constitucionalmente competente terá ampla liberdade para julgar como bem quiser o acusado, sem estar vinculado ao *quantum* de pena fixada anteriormente, sob pena de a legislação processual (infraconstitucional) que proíbe a

---

6. STF – RHC 72.175/SP – Pleno – Rel. Min. Marco Aurélio– DJ 18/08/200; STJ – RHC 20.337/PB– 5ª T. Rel. Min. Laurita Vaz– DJe 04/05/2009.

reformatio in pejus (art. 617 do CPP) se sobrepor aos mandamentos da Lei Maior, o que seria um despautério. Há decisões do STJ[7] nos dois sentidos apontados.

2ª – Houve violação à regra de competência absoluta em prejuízo do interesse acusatório

O Tribunal só poderá reconhecer a incompetência absoluta (e a consequente nulidade absoluta do processo), se houver recurso da acusação, expressamente, requerendo seu reconhecimento; o Tribunal não poderá declarar, de ofício, a incompetência absoluta, em prejuízo do acusado.

Este é o teor da Súmula 160 do STF: "É nula a decisão do Tribunal que acolhe, contra o réu, nulidade não arguida no recurso da acusação, ressalvados os casos de recurso de ofício".

Nessa situação, vigora plenamente o princípio *tantum devolutum quantum apelatum*: só será apreciado pelo órgão *ad quem* aquilo que foi arguido pela parte acusatória: nada mais.

Perfeitamente aplicável o raciocínio acima na hipótese em que o acusado é absolvido e apenas a acusação recorra, sustentando a condenação do réu, sem nada referir quanto à incompetência absoluta; nesse caso, o Tribunal não poderá reconhecer, de ofício, a nulidade absoluta por violação à regra de competência absoluta, porque, se assim agisse, estaria reconhecendo nulidade em prejuízo do réu não arguida no recurso da acusação, o que violaria a Súmula 160 do STF acima referida.

Como já decidiu o STF[8], na hipótese de absolvição prolatada por juiz absolutamente incompetente, em que a acusação tenha recorrido sem sustentar sua ocorrência, não está autorizado ao Tribunal reconhecer, de ofício, a nulidade, porque em prejuízo do acusado, conforme a Súmula acima mencionada.

5.7.9. Reconhecimento da incompetência absoluta e relativa. Consequências para o processo. Marco interruptivo da prescrição pelo recebimento da peça acusatória. Ratificação da denúncia pelo MP

5.7.9.1. *Consequências para o processo*

Seja em razão de recurso, *habeas corpus*, ou mesmo de ofício, pelo juiz, caso seja reconhecia a incompetência, relativa ou absoluta, quais são os efeitos dessa declaração para o processo?

A doutrina aponta as seguintes hipóteses:

1ª – Incompetência relativa. Caso seja reconhecida a incompetência relativa ocorrerá a nulidade apenas dos atos decisórios, mas não dos atos probatórios,

---

7. STJ – HC 54.254/SP – 5ª T. – Rel. Min. Gilson Dipp- DJ 01/08/2006, p. 489; STJ – 6ª T., HC 105.384/SP, Rel. Min. Haroldo Rodrigues (Desembargador convocado do TJ/CE), j. 06/10/2009, DJe 03/11/2009.
8. STF – Pleno – HC 80.263/SP, Rel. Min. Ilmar Galvão, DJ 27/06/2003.

remetendo-se os autos ao juiz competente, como determina o disposto no art. 567 do CPP

2ª – Incompetência absoluta. Seu reconhecimento acarretaria a nulidade dos atos decisórios e também probatórios, não sendo aplicável, assim, o art. 567 do CPP, o que significa dizer que praticamente todos os atos processuais produzidos perante juiz absolutamente incompetente seriam imprestáveis, e deveriam ser renovados.

Esse rigor doutrinário, entretanto, vem sendo, acertadamente, abrandado pela jurisprudência[9], a qual reconhece que, quer no caso de incompetência relativa ou absoluta, devem ser anulados apenas os atos decisórios, permanecendo hígidos os demais atos, que devem ser apenas ratificados pelo juízo. Essa é a melhor posição porque vem ao encontro do princípio da conservação dos atos processuais, da economia processual e da razoável duração do processo.

Existe ainda a possibilidade, segundo o STF[10], no caso de incompetência absoluta, de o juiz competente ratificar não apenas os atos probatórios, mas também alguns atos decisórios, como, por exemplo, o sequestro de bens ou a decretação da prisão preventiva.

Ocorre que, na ratificação dos atos probatórios operada pelo juiz competente a quem foram remetidos os autos e referente à prova oral coligida no juízo anterior (oitiva de vítimas, testemunhas, interrogatório do acusado), poderá surgir a seguinte dúvida: **a mera ratificação (confirmação) da prova oral pelo juiz competente, livrando – o de produzir novamente a prova, não violaria o princípio da identidade física do juiz (art. 399, § 2º, do CPP), que determina que o juiz que encerrou a instrução deverá julgá-lo?**

Pode haver **duas posições** sobre o assunto:

1ª Posição. A mera ratificação da prova oral pelo juiz competente viola o princípio da identidade física do juiz. Tanto no caso de incompetência absoluta ou relativa, o juiz competente estaria obrigado a reproduzir novamente toda a prova oral para que pudesse julgar. Com esse entendimento Renato Brasileiro de Lima[11].

2ª Posição. Basta a ratificação da prova oral pelo juiz competente, que não pode se ver obrigado a repetir, muitas vezes inutilmente, toda a prova oral, sob pena de se comprometer o princípio constitucional da razoável duração do processo. Mesmo porque, é bom que se lembre, que a possível violação ao princípio da identidade física do juiz acarretaria nulidade relativa, ensejadora, para seu reconhecimento, de prova do prejuízo causado pela sua inobservância. Isso não quer dizer que, em determinados casos de prova mais controversa o juiz, fundamentadamente, não se contente em ratificar a prova como um todo, determinando a repetição de toda ela, ou pelo menos de uma parte sua, a depender da necessidade concreta da

---

9. STF – HC 71.278/PR, Rel. Min. Néri da Silveira, 2ª T., j. 31.10.1994, DJ de 27.09.1996; RHC 72.962/GO, Rel. Min. Maurício Correa, 2ª T., j. 12.09.1995, DJ de 20.10.1996. STJ – HC 37.641/MG- 6ª T. – Rel. Min. Héligo Quaglia Barbosa- DJ 07/11/2005, p. 388; HC 18.537/SP – 6ª T., Rel. Min. Vicente Leal- DJ 27/05/2002, p. 201.
10. STF – HC 83.006/SP – Pleno – Rel. Min. Ellen Gracie- DJ 29/08/2003; STF-HC 88.262/SP – 2ª T. Rel. Min. Gilmar Mendes- DJ 30/03/2007; RE 464.894 AgR/PI- 2ª T. – Rel. Min. Eros Grau- DJe 152 14/08/2008.
11. Renato Brasileiro de Lima, Curso de Processo Penal, p. 310.

nova produção probatória para a prolação da decisão. O que não tem sentido é a repetição automática, e sem necessidade, da prova oral, quando se verifica que tal providência, além de inútil, irá comprometer a duração razoável do processo. Essa nos parece a melhor posição.

5.7.9.2. Marco interruptivo da prescrição pelo recebimento da peça acusatória

O recebimento da denúncia ou queixa por juiz incompetente não gerará o efeito de interromper a prescrição, como previsto no art. 117, I, do CP, porque é um ato nulo[12]. A prescrição só será interrompida quando o juiz competente, ao receber os autos, ratificar o recebimento da denúncia.

5.7.9.3. Ratificação da denúncia

Em se tratando de denúncia oferecida e recebida perante juiz incompetente, que remete o processo ao juízo com competência para julgar aquele processo, se o membro do MP a quem couber intervir como *dominus litis* nos autos remetidos pertencer à mesma Instituição daquele que ofereceu originariamente denúncia (*v.g.*, ambos promotores do Estado de São Paulo), não se exigirá, do membro do *Parquet* que recebe os autos, a ratificação da denúncia apresentada anteriormente, porque os dois órgãos ministeriais pertencem à mesma instituição caracterizada pela unidade e indivisibilidade[13]. É o caso, por exemplo, de incompetência territorial entre comarcas do mesmo Estado da Federação, em que há a remessa do processo entre juízes estaduais, abrindo-se vista ao MP do Estado; nessa situação, a instituição ministerial é a mesma, tornando-se, desse modo, dispensável a ratificação pelo órgão do MP, embora possa ele aditar a denúncia, como lhe faculta o art. 569 do CPP.

Porém, no caso de instituições diversas – *v.g.*, MP Federal e MP Estadual, ou entre órgãos de Ministérios Públicos de diferentes estados da federação, a denúncia oferecida no processo presidido por juiz incompetente e remetido ao juízo competente, deverá ser necessariamente ratificada, quando não apresentada nova denúncia pelo *Parquet* com atribuição para oficiar naquele feito, sob pena de inexistência do próprio processo, que não pode subsistir como relação jurídica processual sem que subsista, sob o ponto de vista jurídico, uma peça acusatória. Com esse entendimento Renato Brasileiro de Lima.[14] O STF[15], entretanto, reconheceu, nessa situação, a nulidade absoluta do processo (e não sua inexistência), afastando a tese da ratificação implícita da peça acusatória pelo MP com atribuição, anulando-se o processo a partir da denúncia, inclusive.

---

12. STF Inq. 1544 QO/PI- Pleno – Rel. Min. Celso de Mello- DJ 14/12/2001; STF – 2ª T. – HC 104.907/PE, Rel. Min. Celso de Mello, 10/05/2011. STJ – REsp 819.168/PE- 5ª T- Rel. Min. Gilson Dipp- DJ 05/02/2007, p. 356; STJ – HC 10.449/SP – 5ª T. – Rel. Min. José Arnaldo da Fonseca- DJ 20/03/2000, p. 84.
13. STF – HC 85.137/MT- 1ª T. – Rel. Min. Cezar Peluso- DJ 28/10/2005.
14. Renato Brasileiro de Lima, Curso de Processo Penal, p. 311.
15. STF – HC 77.024/SC- 1ª T. rel. Min. Ilmar Galvão- DJ 21/08/1998; STF – HC 68.269/DF- 1ª T. – Rel. Min. Sepúlveda Pertence- DJ 09/08/1991.

5.8. Competência em razão da matéria (*ratione materiae*)

Esta competência é também chamada de competência de jurisdição ou de justiça. É estabelecida pela natureza da infração, e é absoluta, seguindo, em primeiro lugar, os ditames da Constituição Federal, e, secundariamente, as normas estabelecidas pela legislação infraconstitucional e pelas Leis de Organização Judiciária; seu desrespeito acarreta a nulidade absoluta do processo, pois o interesse em sua obediência é público.

Esta incompetência não preclui, e pode ser arguida a qualquer tempo.

A competência em razão da matéria é dividida entre a Justiça Comum (Federal e Estadual) e a Justiça Especial (Eleitoral, Militar, Trabalhista), de acordo com a natureza da infração penal.

5.8.1. Órgãos de Superposição. STF e STJ. Competência nacional

Antes de analisarmos a competência da Justiça Comum e Especial, essencial apontarmos a competência estrita – constitucional – do STF e do STJ, que possuem jurisdição nacional.

Competência estrita do STF

O STF é composto por onze ministros, mas é dividido em duas Turmas Julgadoras, sendo que há classes processuais que deverão, de acordo com o regimento interno, ser julgadas por uma das Turmas (compostas de cinco ministros) ou pelo Pleno (reunião dos 11 ministros). O presidente participa dos julgamentos pelo Pleno, mas não integra as Turmas.

Cabe ao STF, em matéria penal, excluída a competência por foro por prerrogativa de função estudada em outro tópico, o julgamento das seguintes classes processuais:

1º – extradição solicitada por Estado estrangeiro (art. 102, I, *g*, da CF); a competência para dirimir essa questão será de umas Turmas (art. 9º, I, *h*, do Regimento Interno do STF);

2º – revisão criminal de seus julgados (art. 102, I, *j*, da CF); a competência será do Plenário (art. 6º, I, *b*, do RISTF);

3º – reclamação para a preservação de sua competência e garantia da autoridade de suas decisões (art. 102, I, *l*, da CF); a competência será de uma das Turmas (art. 9º, I, *c*, do RISTF);

4º – execução de sentença nas causas de sua competência originária, facultada a delegação de atribuições para a prática de atos processuais (art. 102, I, *m*, da CF); a competência será de uma das Turmas (art. 9º, I, *b*, do RISTF);

5º – conflitos de competência entre o STJ e quaisquer tribunais, entre Tribunais Superiores, ou entre estes e qualquer outro tribunal (art. 102, I, *o*, da CF);

6º – julgar, em recurso ordinário, o *habeas corpus* e o mandado de segurança decididos em única instância pelos Tribunais Superiores, se denegatória a decisão (art. 102, II, *a*, da CF); competência das Turmas (art. 9º, I, *a*, do RISTF);

7º – julgar o recurso extraordinário (art. 102, III, da CF); competência das Turmas (art. 9º, III, do RISTF);

8º – decidir a respeito de pedido de arquivamento por atipicidade de conduta; competência do Plenário (art. 5º, I, do RISTF);

9º – julgar os *habeas corpus* em que forem **pacientes** as seguintes autoridades (art. 102, I, *d*, da CF):

9.1 – Presidente e Vice – Presidente da República;

9.2. – Os membros do Congresso Nacional;

9.3. – Os Ministros do STF;

9.4. – O Procurador-Geral da República;

9.5. – Ministros de Estado;

9.6. – Comandantes da Marinha, do Exército e da Aeronáutica;

9.7. – Os integrantes dos Tribunais Superiores;

9.8. – Os membros do Tribunal de Contas da União;

9.9 – Os chefes de missão diplomática de caráter permanente.

Se for paciente o Presidente da República, o da Câmara dos Deputados, do Senado Federal, o Presidente do STF ou qualquer um de seus ministros, ou o Procurador-Geral da República, a competência para julgar o *habeas corpus* será do Plenário (art. 6º, I, *a*, do RISTF). No caso das demais autoridades, o *habeas corpus* será julgado por uma das Turmas (art. 9º, I, *a*, do RISTF).

10º – julgar os *habeas corpus* quando o **coator** for Tribunal Superior ou quando o coator ou paciente for autoridade ou funcionário cujos atos estejam sujeitos diretamente à jurisdição do Supremo (art. 102, I, *i*, da CF).

Se for coator o Presidente da República, o da Câmara dos Deputados, do Senado Federal, o Presidente do STF ou qualquer um de seus ministros, ou o Procurador-Geral da República, a competência para julgar o *habeas corpus* será do Plenário (art. 6º, I, *a*, do RISTF). No caso das demais autoridades, o *habeas corpus* será julgado por uma das Turmas (art. 9º, I, *a*, do RISTF).

Constando como autoridade coatora Tribunal Superior, no caso de indeferimento, por seu relator, em sede de liminar, de *habeas corpus*, não estará, em regra, autorizada a concessão de ordem pelo Supremo, porque o coator não será o Tribunal Superior – como colegiado, mas apenas o relator, em decisão monocrática. A vingar a possibilidade de análise do remédio heroico pelo Supremo, sem antes passar pelo julgamento colegiado por Tribunal Superior, acarretaria a supressão de instância. Esse é o entendimento cristalizado na Súmula 691 do STF: "Não compete ao Supremo

Tribunal Federal conhecer de *habeas corpus* impetrado contra decisão do Relator que, em *habeas corpus* requerido a tribunal superior, indefere a liminar". Essa Súmula, todavia, é abrandada quando a decisão, por parte do Tribunal Superior, for teratológica, a ponto de justificar, em prol do direito individual à liberdade de locomoção, a supressão de instância, certamente de menor relevância quando comparada a tão relevante franquia individual.

11º – as ações contra atos individuais do Presidente do Conselho Nacional de Justiça e do Presidente do Conselho Nacional do Ministério Público. Competência do plenário (art. 5º, XI, do RISTF); já as ações contra atos do Conselho Nacional de Justiça ou do Conselho Nacional do Ministério Público serão decididas pelas Turmas (art. 9º, I, *i*, do RISTF). A competência originária do STF, em relação ao CNJ e ao CNMP, será reconhecida apenas na hipótese de ações de natureza mandamental (mandado de segurança, *habeas data*, *habeas corpus* ou mandado de injunção), pois, nessas situações, tais órgãos se qualificam como órgãos coatores. As demais ações deverão ser julgadas pela Justiça Federal de 1ª instância[16]

12º – a arguição de suspeição. Competência do plenário (art. 6º, I, *h*, do RISTF);

13º – os mandados de segurança contra atos do Tribunal de Constas da União e do Procurador-Geral da República (competência das Turmas, art. 9º, I, *d*, do RISTF);

14º – a ação em que mais da metade dos membros do tribunal de origem estejam impedidos ou sejam direta ou indiretamente interessados (art. 102, I, *n*, da CF);

15º – Havendo arguição de inconstitucionalidade em processo da competência da Turma, considerada relevante, a questão será submetida ao Plenário, independentemente de acórdão, depois de ouvido o Procurador-Geral (art. 176, § 1º, do RISTF).

Competência estrita do STJ

Em matéria criminal, caberá ao STJ, em corte especial, formada pelos quinze ministros mais antigos e presidida pelo Presidente do Tribunal, julgar determinadas classes processuais previstas no regimento interno; caberá também, à 3ª Seção do STJ, formada pela reunião das 5ª e 6ª Turmas do Tribunal, que possuem competência exclusivamente criminal, julgar causas penais especificadas no regimento; por fim, a 5º e 6ª Turmas do STJ possuem, como se viu, competência exclusiva para julgar matéria penal.

Cabe ao STJ, em matéria penal, excluída a competência por foro por prerrogativa de função a ser estudada em outro tópico, o julgamento das seguintes classes processuais:

1º – os conflitos de competência entre quaisquer tribunais, bem como entre tribunal e juízes a ele não vinculados e entre juízes vinculados a tribunais diversos (art. 105, I, *d*, da CF). De acordo com o art. 12, IV, do Regimento Interno do STJ, a competência para dirimir a questão será dirimida pela 3ª Seção que possui competência criminal;

---

16. Informativo do STF. 10 de julho de 2018. Ação Originária (AO) 1892. Rel. Min. Dias Toffoli.

2º – as revisões criminais de seus julgados (art. 105, I, *e*, da CF). As revisões criminais serão, conforme o caso, julgadas pela Corte Especial ou pela 3ª Seção (art. 11, V e art. 12, II, do RISTJ);

3º – reclamação para a preservação de sua competência e garantia da autoridade de suas decisões (art. 105, I, *f*, da CF); as reclamações serão julgadas, conforme o caso, pela Corte Especial ou pela 3ª Seção (art. 11, X e art. 12, III, do RISTJ);

4º – homologação de sentenças estrangeiras e concessão de *exequatur* às cartas rogatórias (art. 105, I, *i*, da CF). Para que uma decisão do Judiciário de outro país tenha validade no Brasil, é preciso o ato judicial pátrio de homologação; da mesma forma, as cartas rogatórias precisão da ordem de execução no território nacional (o *exequatur*, ou "execute-se"), conforme prevê o art. 961 do CPC. O presidente do STJ tem competência para, monocraticamente, homologar sentença estrangeira e conceder *exequatur* às cartas rogatórias[17], salvo se houver contestação ou impugnação, caso em que os autos serão distribuídos a julgamento pela Corte Especial. Para que a sentença estrangeira seja homologada, bem como para que se conceda o *exequatur*, indispensáveis as seguintes condições: ter sido proferida por autoridade competente; ser precedida de citação regular; ser eficaz no país em que foi produzida; não ofender a coisa julgada brasileira; estar acompanhada de tradução oficial, salvo dispensa prevista em tradado; não conter manifesta ofensa à ordem pública. Importante notar que, após a homologação ou o "exequatur", pelo STJ, compete aos juízes federais a execução da carta rogatória ou da sentença estrangeira (art. 109, X, da CF)

5º – julgar em recurso ordinário os *habeas corpus* decididos em única ou última instância pelos Tribunais Regionais Federais ou pelos Tribunais de Estados, do DF, quando a decisão for denegatória (art. 105, II, *a*, da CF). Tal competência será da 5ª ou 6ª Turmas do STJ, e é prevista no art. 13, II, *a*, do RISTJ. Já se entendeu que, mesmo não sendo o acórdão denegatório da ordem de *habeas corpus*, e tenha sido, pelo contrário, de concessão da ordem, ainda assim será possível a interposição de recurso ordinário constitucional, quando se vise insurgir-se contra excesso na concessão da ordem, como, *v.g.*, desproporcionais e excessivas medidas cautelares[18].

6º – julgar em recurso ordinário os mandados de segurança decididos em única ou última instância pelos Tribunais Regionais Federais ou pelos Tribunais de Estados, do DF, quando a decisão for denegatória (art. 105, II, *b*, da CF) (art. 13, II, *b*, do RISTJ);

---

17. O STF reconheceu a possibilidade de o Superior Tribunal de Justiça, por meio de decisão monocrática, conceder autorização (*exequatur*) para cumprimento de carta rogatória expedida por autoridade judiciária estrangeira. Entendeu-se que, na concessão do *exequatur*, se limita, a autoridade judicial à análise dos requisitos formais, sendo vedada a revisão do mérito do ato processual, salvo de houver ofensa à soberania nacional, à dignidade da pessoa humana ou à ordem pública. Informativo do STF, 3 de abril de 2018. STF. 2ª T. RE 634595.
18. STJ. Recurso em Habeas Corpus 65.974/SC (2015/0301023-4). Min. Rel. Reynaldo Soares da Fonseca.

7º – julgar o recurso especial (art. 105, III, da CF) Competência da 5ª ou 6ª Turmas (art. 13, IV, do RISTJ);

8º – os mandados de segurança contra ato do próprio Tribunal serão julgados pela Corte Especial (art. 11, IV, do RISTJ);

9º – Ao STJ incumbe ainda julgar os *habeas corpus*, quando for coator ou paciente as seguintes autoridades e órgãos (art. 105, I, c, da CF):

9.1. – Governadores de Estado e do Distrito Federal;

9.2. – Desembargadores dos Tribunais de Justiça dos Estados e do Distrito Federal;

9.3. – Os membros dos Tribunais de Contas dos Estados e do Distrito Federal, e dos Municípios;

9.4. – Os membros dos Tribunais Regionais Federais;

9.5. – Os membros dos Tribunais Regionais Eleitorais;

9.6. – Os membros dos Tribunais Regionais do Trabalho;

9.7 – Os membros do Ministério Público da União que oficiem perante Tribunais, acima estudados.

9.8 – Quando for coator Ministros de Estado ou Comandante da Marinha, do Exército ou da Aeronáutica, ressalvada a competência da Justiça Eleitoral. Sendo, tais autoridades, pacientes, o *habeas corpus* será julgado pelo STF (art. 102, I, *d*, da CF).

9.9 – Quando for coator Tribunal sujeito à sua jurisdição (Tribunais de Justiça dos Estados e do Distrito Federal e os Tribunais Regionais Federais), ressalvada a competência da Justiça Eleitoral.

No caso de serem **pacientes** Governadores dos Estados e do DF, Desembargadores dos Tribunais de Justiça e do DF, membros do Tribunal de Contas dos Estados, do DF, e dos Municípios, os dos Tribunais Regionais Federais, dos Tribunais Regionais do Trabalho e Eleitoral, e os membros do Ministério Público que oficiem perante Tribunais, os *habeas corpus* serão de competência da Corte Especial (art. 11, II, do RISTJ).

Sendo **coatores**, as autoridades acima nomeadas, os *habeas corpus* serão de competência da 5ª ou 6ª Turma Criminais (art. 13, I, *a*, do RISTJ).

9.10 – os mandados de segurança e os *habeas corpus* contra ato de Ministro de Estado serão julgados pela 3ª Seção (art. 12, I, do RISTJ);

9.11 – compete às Turmas com competência criminal (5ª e 6ª Turmas) julgar originariamente os *habeas corpus* quando for coator Governadores de Estado ou do DF, Desembargadores dos Tribunais de Justiça dos Estados e do DF, membros dos Tribunais de Contas dos Estados e do DF, os membros dos Tribunais Regionais Federais, dos Tribunais Regionais do Trabalho e dos Tribunais Regionais Eleitorais, os membros dos Tribunais de Contas dos Municípios e os do Ministério Público que oficiem perante Tribunais (art. 13, I, *a*, do RISTJ);

9.12 – julgar os *habeas corpus*, quando o coator for Tribunal cujos atos estejam diretamente subordinados à jurisdição do STJ (art. 13, I, *b*, do RISTJ); competência das Turmas.

10º – a exceção da verdade quando o querelante, em virtude da prerrogativa de função, deva ser julgado originariamente pelo Tribunal; competência da Corte Especial (art. 11, VII, do RISTJ);

11º – os embargos de divergência, conforme o caso, serão julgados pela Corte Especial ou pela 3ª Seção (art. 11, XIII e art. 12, § único, I, do RISTJ);

12º – as suspeições e impedimentos serão dirimidas pela Corte Especial ou pela 3ª Seção conforme o caso (art. 11, XV, e art. 12, VIII, do RISTJ);

13º – o recurso especial repetitivo será julgado pela Corte Especial (art. 11, XVI, do RISTJ)

14º – os conflitos de competência existentes no próprio STJ serão julgados, conforme o caso, pela Corte Especial ou pela 3ª Seção (que abrange a 5ª e a 6ª Turmas). É o que prevê o art. 11, XII e art. 12, V, do RISTJ);

15º – cabe à Corte Especial, ás Seções e às Turmas, nos processos de sua competência, julgarem os agravos, os embargos de declaração e as demais arguições (art. 15, I, do RISTJ).

5.8.2. Justiça Comum e Justiça Especial

Competência da Justiça Comum: abrange as infrações penais previstas na legislação ordinária (CP e legislação penal comum).

Competência da Justiça Especial: abrange as infrações penais previstas no Código Eleitoral, que serão julgadas pela Justiça Eleitoral. Os crimes previstos no Código Penal Militar serão julgados pela Justiça Militar.

A competência da Justiça Comum, por sua vez, se subdivide em Justiça Comum Federal e Estadual:

5.8.2.1. Justiça Comum Federal

5.8.2.1.1. Razão de sua existência. Organização

A ideia que fundamentou a criação de uma competência específica criminal para a Justiça Federal é a de que deveria existir uma Justiça Especializada quando, em determinadas causas expressamente previstas na Lei Maior, estivesse em jogo os interesses da União, afetados pelo cometimento de crimes em detrimento de seus órgãos centralizados ou descentralizados; os crimes políticos que possam colocar em risco as Instituições do Estado Democrático de Direito, ou ainda para que se dê efetividade ao teor das convenções e tratados internacionais celebrados pelo Brasil. Essa é a fonte inspiradora que originou a previsão da competência criminal da Justiça Federal.

Quanto à competência criminal, pela matéria, da Justiça Federal, a Constituição Federal elenca, de maneira taxativa, quais infrações penais devam ser julgadas por ela (art. 109, incisos IV ao VIII, da CF): são os delitos políticos e as infrações penais praticadas em detrimento de bens, serviços ou interesses da União ou de suas entidades autárquicas ou empresas públicas; os crimes previstos em tratado ou convenção internacional, quando, iniciada a execução no País, o resultado tenha ou devesse ter ocorrido no estrangeiro, ou reciprocamente; as causas relativas a direitos humanos; os crimes contra a organização do trabalho, e, nos casos determinados por lei, contra o sistema financeiro e a ordem econômico – financeira; os *habeas corpus*, em matéria criminal de sua competência; os crimes cometidos a bordo de navios e aeronaves; os crimes de ingresso e permanência irregular de estrangeiro; as disputas sobre direitos indígenas.

Essa competência discriminada na Constituição é material: estabelece-se, pela matéria (pela natureza e circunstâncias do delito), a competência da Justiça Federal.

Depois de estabelecida, pela matéria, a competência da Justiça Federal, genericamente, prevista no art. 109 da CF, como vimos, é preciso que se aponte, pelo território, quais são os órgãos competentes para julgá-la.

Calha, explicitar, então que a Justiça Federal é composta pelos juízes federais, pelos Tribunais Regionais Federais (art. 106 da CF), pelo Tribunal do Júri federal e pelos Juizados Especiais Criminais Federais (art. 98, § 1º da CF e a Lei 10.259/01).

E como tais órgãos são distribuídos pelo território nacional?

A divisão judiciária, pelo território, da Justiça Federal, estabelece-se em cinco regiões espalhadas pelo país, onde haverá um Tribunal Regional Federal para cada uma delas. Em cada região estabelecem-se Seções Judiciárias, sendo que cada Estado e o Distrito Federal correspondem a uma Seção Judiciária. E cada Seção Judiciária é subdividida em subseções judiciárias que correspondem a trechos delimitados territoriais daquele Estado.

São as seguintes Regiões da Justiça Federal:

Tribunal Regional Federal da 1ª Região: Sede em Brasília. É composto pelo Distrito Federal, Goiás, Mato Grosso, Maranhão, Pará, Amapá, Piauí, Tocantins.

Tribunal Regional Federal da 2ª Região: Sede no Rio de Janeiro. É composto pelos Estados do Rio de Janeiro e o Espírito Santo.

Tribunal Regional Federal da 3ª Região: Sede em São Paulo. Abrange o Estado de São Paulo e o Mato Grosso do Sul.

Tribunal Regional Federal da 4ª Região: Sede em Porto Alegre. É composto pelo Estado do Rio Grande do Sul, Paraná e Santa Catarina.

Tribunal Regional da 5ª Região. Sede em Recife. É composto pelos Estados de Pernambuco, Alagoas, Ceará, Paraíba, Rio Grande do Norte.

Importante notar que a Emenda Constitucional 73, de 6 de junho de 2013 criou as seguintes novas regiões.

Tribunal Regional da 6ª Região. Sede em Curitiba. Abrange os Estados do Paraná, Santa Catarina e Mato Grosso do Sul.

Tribunal Regional da 7ª Região. Sede em Belo Horizonte. Compreende o Estado de Minas Gerais.

Tribunal Regional da 8ª Região. Sede em Salvador. Abrange os Estados da Bahia e Sergipe.

Tribunal Regional da 9ª Região. Sede em Manaus. Abrange os Estados do Amazonas, Acre, Rondônia e Roraima.

Em julho de 2013, o então Min. Joaquim Barbosa concedeu liminar suspendendo a instalação dos novos tribunais regionais federais (TRF-6, TRF-7, TRF-8, TRF-9), a qual continua em vigor, de modo que não há previsão de efetiva criação desses órgãos da Justiça Federal.

5.8.2.1.2. Competência dos Tribunais Regionais Federais

De acordo com o art. 108 da CF compete aos Tribunais Regionais Federais processar e julgar, originariamente:

1º – os juízes federais da área de sua jurisdição, incluídos os da Justiça Militar e da Justiça do Trabalho, nos crimes comuns e de responsabilidade, e os membros do Ministério Público da União, ressalvada a competência da Justiça Eleitoral;

2º – as revisões criminais de julgados seus ou dos juízes federais da região;

3º – os mandados de segurança contra ato do próprio Tribunal ou de juiz federal;

4º – os *habeas corpus*, quando a autoridade coatora for juiz federal;

5º – os conflitos de competência entre juízes federais vinculados ao mesmo Tribunal;

6º – julgar, em grau de recurso, as causas decididas pelos juízes federais e pelos juízes estaduais no exercício da competência federal da área de sua jurisdição.

5.8.2.1.3. Competência dos juízes federais

A competência dos juízes federais é estabelecida expressamente na Constituição Federal (art. 109 da CF) e a eles incumbe julgar:

1º – os crimes políticos e as infrações penais praticadas em detrimento de bens, serviços ou interesses da União ou de suas entidades autárquicas ou empresas públicas, excluídas as contravenções penais, ressalvada a competência da Justiça Militar e Eleitoral (art. 109, IV)

Crimes políticos

Os crimes políticos são aqueles previstos no art. 2º da Lei 7.170/83 (crimes contra a segurança nacional), que exigem, para sua configuração típica, a motivação política, ou seja, o dolo de atingir ou colocar em risco as instituições políticas da nação, lesando ou expondo – as à lesão, como já decidido pelo STF[19].

Para que se configure o crime político necessário que ação delituosa viole ou coloque em risco os seguintes bens jurídicos:

a) a integridade territorial e a soberania nacional;

b) o regime representativo e democrático, da Federação e do Estado de Direito;

c) os que atinjam a honra, a integridade corporal, a saúde, a liberdade pessoal ou a vida do Presidente da República, do Senado Federal, da Câmara dos Deputados ou do STF.

Os crimes políticos serão julgados pela Justiça Federal de 1ª instância; da sentença proferida caberá recurso ordinário constitucional ao STF (art. 102, II, *b*, da CF).

Importante salientar que o art. 30 da Lei 7.170/1983, que dispõe ser competente a Justiça Militar para julgar o crime político, não foi recepcionado pela Constituição.

Extraterritorialidade incondicionada e competência. Crimes cometidos no estrangeiro e sujeitos à lei brasileira (art. 7º, I, *a*, *b*, *c*, *e*, *d*, e § 1º, do CP)

Ficam sujeitos à lei penal e processual penal brasileira, embora cometidos no estrangeiro, os crimes a seguir elencados, os quais serão julgados pela Justiça nacional, independentemente de quaisquer condições.

Esses crimes serão julgados, e poderão ser punidos, ainda que absolvido ou condenado o agente no estrangeiro (art. 7º, § 1º, do CP).

São os seguintes:

a) crimes contra a vida ou a liberdade do Presidente da República

Tais infrações serão de competência da Justiça Federal, por afetar diretamente a interesse da União (art. 109, IV, da CF).

b) crimes contra o patrimônio ou fé pública da União, do DF, Estado, Município, empresa pública, sociedade de economia mista, autarquia ou fundação instituída pelo poder público

Esses crimes podem ser praticados por servidores públicos ou por particulares. Se a infração tiver sido praticada em detrimento do patrimônio ou da fé pública da União, ou de sua empresa pública, ou autarquia instituída pelo poder público federal, a competência para julgá-la será da Justiça Federal.

---

19. STF – RHC- 85.286/SP – 2ª T. – Rel. Min. Joaquim Barbosa- DJ 24/03/3006, p. 55.

Sendo a infração perpetrada contra o patrimônio ou fé pública do Estado, de Município, empresa pública – municipal ou estadual, sociedade de economia mista, autarquia ou fundação pública (municipal ou estadual) a competência será estabelecida perante a Justiça Estadual. Afetando-se, pela prática dos crimes contra o patrimônio ou contra a fé pública, os interesses do Distrito Federal, na sua administração direta ou indireta (autarquia, fundações, empresas públicas), a competência para julgar tais infrações será da Justiça do Distrito Federal.

c) crimes praticados contra a administração pública, por quem está a seu serviço

Esses crimes são perpetrados por servidores públicos. Tais infrações serão de alçada da Justiça Federal se atingirem bens, serviços ou interesses da União ou de suas entidades autárquicas ou fundações (art. 109, IV, da CF). Caso não haja interesse da União, a competência será da Justiça Estadual.

d) crime de genocídio, quando o agente for brasileiro ou domiciliado no Brasil

O crime de genocídio poderá ser julgado pela Justiça Federal ou Estadual, conforme o caso concreto; se o genocídio envolver, *v.g.*, a disputa sobre direitos indígenas tal infração será julgada pela Justiça Federal por expressa previsão constitucional (art. 109, XI, da CF); se não houver qualquer relação entre o genocídio e faixa estreita de circunstâncias que atraem a competência da Justiça Federal (prevista casuisticamente no art. 109 da CF), a competência para julgar o crime será da Justiça Estadual.

Extraterritorialidade condicionada (art. 7º, II, §§ 2º e 3º, do CP) e competência

Prevê o art. 7º, II, § 2º, do CP que ficam sujeitos à jurisdição brasileira, embora cometidos no estrangeiro, os seguintes crimes:

a) crimes que, por tratado ou convenção, o Brasil se obrigou a reprimir

A competência será fixada na Justiça Federal ou Estadual, conforme o caso concreto, se envolver ou não interesse da União dentro das hipóteses taxativas do art. 109 da CF, como acima vimos.

b) crimes praticados por brasileiro no estrangeiro

A competência poderá ser estabelecida na Justiça Federal ou Estadual, conforme o caso. O STJ[20] decidiu que, no caso de crime cometido integralmente por brasileiro, contra brasileiro, fora do país (crime de furto perpetrado no Japão), a competência para julgar, com o ingresso do agente no território nacional, era da Justiça Estadual, fixando-se a comarca pelo último domicílio do indiciado/acusado, conforme determina o art. 88 do CPP. Afastou-se a competência da Justiça Federal, tendo em vista a ausência de qualquer das hipóteses previstas no art. 109 da CF. Em outro caso a envolver a

---

20. STJ- CC 115.375/SP, 3ª Seção. Rel. Min. Laurita Vaz, DJe 29/02/2012.

prática de crime por brasileiro, em Portugal, o STJ[21] reputou a Justiça Federal como sendo competente para julgar tais infrações penais (falsificação e uso de documento falso), uma vez que o Decreto n. 1.325/1994, incorporou ao ordenamento jurídico o Tratado de Extradição entre o Governo da República Federativa do Brasil e o Governo da República Portuguesa, de modo que haveria interesse da União, através de sua Justiça, para julgar casos relativos às relações com estados estrangeiros e cumprimento de tratados firmados (art. 21, I, e 84, VII e VIII, da CF).

c) crimes praticados em aeronaves ou embarcações mercantes ou de propriedade privada, quando em território estrangeiro e aí não sejam julgados

A competência para julgar esses crimes será da Justiça Federal por expressa previsão do art. 109, IX, da Constituição.

d) crime cometido por estrangeiro contra brasileiro fora do Brasil

De idêntica forma ao que já foi dito anteriormente, a competência poderá ser fixada perante a Justiça Federal ou Estadual.

Condições para incidência da lei penal (e processual penal brasileira):

I – entrar o agente no território nacional;

II – **ser** o fato punível também no país em que foi praticado;

III – estar o crime incluído entre aqueles pelos quais a lei brasileira autoriza a extradição;

IV – não ter sido o agente absolvido no estrangeiro ou não ter aí cumprido a pena;

V – não ter sido o agente perdoado no estrangeiro ou, por outro motivo, não estar extinta a punibilidade, segundo a lei mais favorável.

VI – No caso de crimes cometidos no estrangeiro contra brasileiro fora do Brasil, a extraterritorialidade da lei penal (e processual penal) brasileira dependerão ainda de duas condições (art. 7º, § 3º, do CP):

a) não ter sido pedida ou negada a extradição;

b) se houver requisição do Ministro da Justiça.

Crimes contra os interesses da União e suas entidades

Crimes contra a União

São aqueles crimes praticados em detrimento das entidades diretas da União vinculadas aos Poderes Executivo, Legislativo ou Judiciário.

---

21. STJ- CC 154.656/MG (2017/0250437-1). Rel. Min. Ribeiro Dantas.

Crimes contra as entidades descentralizadas da União

Empresas Públicas

Quanto à administração indireta da União incluem-se as empresas públicas, como a Caixa Econômica Federal (por exemplo, num roubo contra tal estabelecimento a competência será da Justiça Federal); Empresa Brasileira de Correio e Telégrafos (EBCT); Casa da Moeda do Brasil, BNDES (Banco Nacional de Desenvolvimento Econômico e Social), etc.

Um estelionato ou furto praticado tendo por objeto uma conta corrente da Caixa Econômica Federal, usando o agente da *internet* como *modus operandi* (prática cada vez mais comum) terá como vítima (sujeito passivo) o próprio correntista, o que nos leva a concluir que a competência deve ser firmada perante a Justiça Estadual e não na Justiça Federal. Ocorre que, como a empresa pública federal – a Caixa Econômica Federal – se verá obrigada a indenizar o correntista pelos prejuízos ocasionados pelo delito, há entendimento, com o qual não concordamos, no sentido de que se atingiram seus bens e interesses, o que justifica a competência da Justiça Federal para julgar tais infrações. A nosso ver, essa interpretação peca por confundir *vítima* da infração penal com *prejudicado* pelo delito; o que atrai a competência da Justiça Federal é a violação de interesse da União ou de suas entidades, de maneira direta, e não reflexa.

O crime cometido em detrimento de Casa Lotérica (*v.g.*, um furto) será julgado pela Justiça Estadual, porque se trata de mero permissionário de serviço público, sem que se vislumbre uma violação direta aos direitos e interesses da União, autarquias ou empresas públicas, como já decidiu o STJ[22].

Quanto aos crimes em detrimento de agência da Empresa Brasileira de Correios e Telégrafos (EBCT), o STJ[23] firmou posição a respeito da competência nas seguintes hipóteses:

I – Exploração direta da agência pela EBCT: competência da Justiça Federal, porque atingido, pelo crime, diretamente, o interesse de uma empresa pública federal;

II – Exploração indireta da agência através de franquia por particulares. Como não haveria prejuízo, diretamente, à empresa pública federal, a competência é da Justiça Estadual.

III – Exploração indireta através de Agência de Correios Comunitária, mediante convênio. Embora indireta a participação da empresa pública federal, há o interesse público federal no funcionamento do serviço postal, o que atrai a competência da Justiça Federal[24].

IV – Banco Postal

O uso de documento falso para abrir conta – corrente em agência do Banco do Brasil que funcione como Banco Postal nos correios é de competência da Justiça

---

22. STJ – 3ª Seção, CC 100.740/PG, Rel. Min. Maria Thereza de Assis Moura, j. 12/08/2009.
23. STJ – 6ª T. – HC 39.200/SP, Rel. Min. Hélio Quaglia Barbosa, DJ 19/12/2005, p. 475; STJ – 3ª Seção, CC 122.596/SC, Rel. Min. Sebastião Reis Júnior, j. 08/08/2012.
24. STJ. Conflito de Competência 122.596/SC (2012/0098960-7) (f). Rel. Min. Sebastião Reis Júnior.

Estadual. Isso porque o serviço relativo ao Banco Postal é de responsabilidade da instituição financeira contratada, o Banco do Brasil, de modo que eventual lesão sofrida em razão da abertura de conta – corrente atinge o patrimônio e os serviços da instituição financeira, e não dos Correios[25].

Sociedades de Economia Mista

Estão excluídas da competência da Justiça Federal, como o Banco do Brasil e a Petrobrás. É o que informa a Súmula 42 do STJ: "compete à Justiça Comum Estadual processar e julgar as causas cíveis em que é parte sociedade de economia mista e os crimes praticados em seu detrimento".

No entanto, mesmo em se tratando de sociedade de economia mista, havendo interesse expresso da União, a competência poderá ser fixada na Justiça Federal[26].

Crimes cometidos contra concessionárias ou permissionárias de serviço público federal

A competência será da Justiça Estadual, como é o caso, por exemplo, de crime que acarrete prejuízos a uma empresa concessionária de telefonia.

Autarquias Federais

É de competência da Justiça Federal os crimes perpetrados em prejuízo das autarquias federais, como o INSS (Instituto Nacional de Seguridade Social), Instituto Nacional de Colonização e Reforma Agrária (INCRA), Banco Central do Brasil, Comissão de Valores Mobiliários (CVM), Instituto Brasileiro do Meio Ambiente e dos Recursos Naturais Renováveis (IBAMA).

Quanto ao INSS, a prática de estelionato em que se utiliza, como *modus operandi*, a falsificação de guias de recolhimento das contribuições previdenciárias, não ocorrendo prejuízo para a autarquia federal referida, a competência para julgá-lo será da Justiça Estadual (Súmula 107 do STJ), e não da Justiça Federal.

Sendo assim, se houver, o que não é raro, fraude, utilizando-se os recursos de um pensionista ou aposentado do INSS, contraindo-se, falsamente, em seu nome um empréstimo, a competência para julgar o estelionato será da Justiça estadual e não federal, porque a autarquia, em si, não teve seus direitos ou interesses, diretamente, afetados[27].

Fundações Públicas

A Constituição nada se refere a respeito das fundações instituídas pela União, mas entende o STF[28] que são elas espécie de autarquia federal e, por isso, a competência para julgar os crimes perpetrados em seu prejuízo é da Justiça Federal.

---

25. Informativo do STJ. 07/01/2016. STJ. CC 129804. 3ª Seção. Rel. Min. Reynaldo Soare da Fonseca.
26. Informativo do STF. 29/04/2016. ACO 2780. Rel. Min. Cármen Lúcia.
27. STJ – CC 100.725/RS, Rel. Min. Jorge Mussi, j. 28/04/2010.
28. STF – 2ª T., RE 215.741/SE, Rel. Min. Maurício Correa, j. 30/03/1999, DJ 04/06/1999.

Crimes cometidos em face de entidades de fiscalização profissional

O STF, através da ADI 1.717, reconheceu a natureza de autarquia federal dos conselhos de fiscalização profissional, como, por exemplo, a OAB; sendo assim, os crimes que atinjam diretamente os bens, serviços e interesses dos Conselhos de Fiscalização profissional serão julgados pela Justiça Federal.

A falsificação de carteira de identificação de advogado ou de estagiário, emitidas pela OAB, são crimes de competência da Justiça Federal, como já decidiu o STJ[29].

Por fim, o Plenário, do STF[30], no julgamento de recurso extraordinário, com repercussão geral reconhecida, fixou, a respeito do tema, a seguinte tese: "Compete à Justiça Federal processar e julgar ações em que a Ordem dos Advogados do Brasil, quer mediante o Conselho Federal, quer seccional, figure na relação processual".

Crimes cometidos em prejuízo de consulado estrangeiro

A competência será da Justiça Estadual, pois a representação do Estado estrangeiro – formada pelo Consulado – quando cometidos crimes em seu detrimento, não necessariamente violam bens, interesses da União, conforme decisão do STJ[31].

Crimes cometidos em detrimento do MPDFT ou do Poder Judiciário do Distrito Federal

O Ministério Público do Distrito Federal e Territórios é mantido e organizado pela União, mas compõe a estrutura do Distrito Federal, de modo que crime cometido em seu prejuízo será de competência da Justiça do Distrito Federal e não da Justiça Federal, conforme posicionamento do STJ[32]. O crime contra a honra de promotor do Distrito Federal será julgado pelo Justiça do Distrito Federal.[33]

Os crimes cometidos em detrimento do Poder Judiciário do Distrito Federal – também criado e mantido pela União-serão de competência da Justiça do Distrito Federal e não da Justiça Federal. Os delitos praticados tendo por alvo servidores do Judiciário do Distrito Federal ou seus magistrados também serão de competência da Justiça do Distrito Federal[34].

Bens tombados

Sendo os bens tombados pertencentes ao patrimônio histórico nacional, a competência será da Justiça Federal a respeito de crimes praticados em detrimento de tais bens como furto, receptação etc. Mas se o tombamento ocorreu por decisão dos

---

29. STJ – CC 33.198/SP, Rel. Min. Felix Fischer, DJ 25.03.2002; STJ, CC 10.998/MG, Rel. Min. Edson Vidigal, DJ 04/09/1995.
30. STF. Pleno. Recurso Extraordinário 595332. Rel. Min. Marco Aurélio.
31. STJ – CC 45.650/SP – Rel. Min. Maria Thereza de Assis Moura, j. 14/03/2007.
32. STJ – 3ª Seção, CC 122.369/DF, Rel. Min. Alderita Ramos de Oliveira- Desembargadora convocada do TJ/PE- j. 24/10/2012.
33. STJ – 3ª Seção- CC 119.484/DF, Rel. Min. Marco Aurélio Bellizze, j. 25/04/2012.
34. STJ – CC 29.229/DF- 3ª Seção- Rel. Min. Gilson Dipp- DJ 23/10/2000, p. 105.

Estados – membros ou dos Municípios os delitos em face de tal patrimônio serão julgados pela Justiça Estadual[35].

Desvio de verbas públicas da União e convênios com Estados ou Municípios

Há duas situações distintas reconhecidas pelo STF[36]:

1ª – Situação: Verba federal já incorporada em definitivo ao patrimônio do Estado ou município. Competência da Justiça Estadual, por não haver ofensa ao interesse da União.

2ª – Situação: Verba federal, mesmo que transferida ao Estado ou Município, ainda se encontra sujeita à prestação de contas perante órgão federal, remanesce a competência da Justiça Federal.

Importante também referir a respeito das Súmulas 208 e 209 do STJ:

Súmula 208: "Compete à Justiça Federal processar e julgar prefeito municipal por desvio de verba sujeita a prestação de contas perante órgão federal".

Súmula 209: "Compete à Justiça Estadual processar e julgar prefeito por desvio de verba transferida e incorporada ao patrimônio municipal".

Contrabando e descaminho

Há interesse direto da União no seu combate, de modo que a competência será da Justiça Federal para julgar tais infrações.

Crime de Moeda Falsa brasileira

Cabe à União, de acordo com o estipulado no art. 21, VII, da CF, emitir moeda, através da Casa da Moeda, de modo que o delito de moeda falsa é da Justiça Federal. No entanto, para que se fixe a competência da Justiça Federal, é imprescindível que o papel moeda ou a moeda metálica tenha capacidade de iludir a média das pessoas, colocando, assim, em risco a fé pública; se a falsificação for grosseira, perceptível a olho nu, tratar-se-á de eventual delito de estelionato de competência da Justiça Estadual. Nessa toada, a Súmula 73 do STJ: "A utilização de papel moeda grosseiramente falsificado configura, em tese, o crime de estelionato, da competência da Justiça Estadual". De acordo ainda com o STJ[37], "a boa qualidade do falso, grosseira apenas do ponto de vista estritamente técnico, assim atestada em laudo pericial, é capaz de tipificar, em tese, o crime de moeda falsa".

---

35. STJ – 3ª Seção, CC 106.413/SP, Rel. Min. Arnaldo Esteves Lima, j. 14/10/2009, DJe 09/11/2009; STJ – CC 56.102/SP – 3ª Seção- Rel. Min. Laurita Vaz- DJU 23/10/2006, p. 256.
36. STF – RE 464.621/RN- 2ª T. Rel. Min. Ellen Gracie- DJe 222 20/11/2008; STF – 2ª T. HC 100.772/GO, Rel. Min. Gilmar Mendes, 22/11/2011; STF – HC 89.523, Rel. Min. Carlos Britto, j. 25/11/2008.
37. STJ – CC 79.889/PE- 3ª Seção- Rel. Min. Jane Silva- DJe 04/08/2008.

Crime de moeda falsa estrangeira

O delito será de competência da Justiça Federal, porque atenta contra os interesses do Banco Central, autarquia federal encarregada de controlar as reservas de moeda estrangeira, controlando o câmbio no país.

Crime de desenvolvimento clandestino de telecomunicações – estação de radiodifusão clandestino

A competência é da Justiça Federal pois cabe, de acordo com o art. 21, XI, da CF, à União explorar, direta ou mediante autorização, os serviços de telecomunicações.

O delito de desenvolvimento clandestino de telecomunicações é previsto no art. 183 da Lei 9.472/97 (Lei Geral das Telecomunicações). Já o art. 70 da Lei 4.117/62 prevê o delito de agir de forma contrária aos preceitos legais e regulamentares, embora autorizado a operar.

Clonagem de números de aparelho celular

A competência é da Justiça Estadual, porque prejudica apenas o legítimo titular da linha (além das empresas concessionárias de telefonia móvel); geralmente, tais crimes são perpetrados tendo em vista a obtenção de vantagem econômica ilícita, sem que se caracterize um delito em detrimento, genericamente, aos serviços de telecomunicações, o que atrairia a competência da Justiça Federal, como já decidiu o STJ[38].

Delito de violação de conversa telefônica – interceptação não autorizada judicialmente

A competência é da Justiça Estadual, não se evidenciando qualquer atentado aos bens, serviços ou interesses da União[39] que justificasse o julgamento pela Justiça Federal.

Estatuto do Desarmamento

As condutas criminosas previstas na Lei 10.826/03 serão de competência, em regra, da Justiça Estadual. O crime de tráfico internacional de armas, previsto no art. 18 da referida Lei, será de competência da Justiça Federal, porque é previsto em Tratado internacional, além de estar presente a internacionalidade da conduta (art. 109, V, da CF).

Como já decidiu o STJ[40], mesmo que um militar porte, no quartel, arma de fogo de origem estrangeira, a competência será da Justiça Estadual para julgá-lo, e não da Justiça Militar ou Federal; não será da Justiça Militar porque não há previsão legal de tal delito no CP Militar; não atrairá a competência da Justiça Federal, pois inexiste ofensa direta aos interesses da União.

---

38. STJ – 3ª Seção, CC 113.443/SP, Rel. Min. Marco Aurélio Bellizze, j. 28/9/2011.
39. STJ – CC 98.890/SP – 3ª Seção– Rel. Min. Maria Thereza de Assis Moura– DJe 20/02/2009.
40. STJ – CC 28.251/RJ– 2ª T. – Rel. Min. Hélio Quaglia Barbosa– DJ 05/10/2005, p. 160.

Delitos praticados em detrimento do regular trâmite de processos perante a Justiça Federal, do Trabalho, Eleitoral e Militar da União

Como explica Renato Brasileiro de Lima[41], "a Justiça Federal, a Justiça do Trabalho, a Justiça Eleitoral e a Justiça Militar da União não são pessoas jurídicas, mas sim integrantes da pessoa jurídica de direito público interno que é a União, como partes do Poder Judiciário da União. Portanto, eventual delito contra elas praticado é cometido, em última análise, em detrimento do serviço jurisdicional da União, justificando a competência da Justiça Federal com base no art. 109, inciso IV, da CF/88".

Já decidiu o STJ[42] que o uso de cartões de ponto ideologicamente falsos nos autos de reclamação trabalhista deve ser processado e julgado pela Justiça Federal. Igualmente, a prática de quaisquer dos delitos de falso em processos que tramitem perante o Judiciário da União, por atentarem contra os interesses de tal ente federativo na prestação do serviço público jurisdicional, serão de competência da Justiça Federal, como decidiu o STF[43].

De acordo com a Súmula 165 do STJ: "Compete a Justiça Federal processar e julgar crime de falso testemunho cometido no processo trabalhista".

O crime de falso testemunho em um processo eleitoral, igualmente, será de competência da Justiça Federal, e não da Justiça Eleitoral, porque, em primeiro lugar, tal falso não é um crime eleitoral; em segundo, evidente a existência, pelo menos potencial, de prejuízo, a uma das Justiças da União, que é a Eleitoral[44].

A coação no curso do processo – ameaça de morte contra vítima ou testemunha para que não preste declarações ou deponha em processo federal, trabalhista, eleitoral ou militar federal será de competência da Justiça Federal, porque traduz um atentado ao regular funcionamento das Justiças da União[45].

Crimes praticados por ou contra funcionário público federal

Os crimes cometidos por servidor público federal ou contra ele, em razão de suas funções, será julgado pela Justiça Federal, porque tais delitos atentam, diretamente, contra os interesses da União na prestação regular de seus serviços.

Nesse sentido o teor da Súmula 147 do STJ: "Compete à Justiça Federal processar e julgar os crimes praticados contra funcionário público federal, quando relacionado com o exercício da função".

Todavia, decidiu o STJ[46] que o crime contra a honra praticado contra promotor de Justiça do Distrito Federal, Ministério Público esse mantido pela União, não atrai

---

41. Renato Brasileiro de Lima, Curso de Processo Penal, p. 395.
42. STJ – RHC 23.500/SP – Rel. Min. Jorge Mussi, j. 05/05/2011.
43. STF – RHC 79.331/RJ- 2ª T. – Rel. Min. Celso de Mello- DJ 29/10/1999.
44. STJ – CC 55.432/RS- 3ª Seção- Rel. Min. Hamilton Carvalhido- DJ 21/08/2006, p. 232.
45. STJ – CC 33.265/RJ- 3ª Seção- Rel. Min. Paulo Gallotti- DJ 14/04/2003, p. 177.
46. STJ. CC 36.929/DF. Rel. Min. Felix Fischer. DJU 24/03/2003. STJ. CC. 119.484/DF (2010/0250670-7). Rel. Min. Marco Aurélio Bellizze.

a competência da Justiça Federal, competindo o julgamento do fato à Justiça Comum do Distrito Federal.

Sempre se exigirá, todavia, que o crime cometido pelo servidor público federal, ou em seu detrimento, se relacione com a função pública federal exercida, ou seja, indispensável, para que se estabeleça a competência da Justiça Federal, um nexo entre o serviço federal e o delito; se não houver tal relação, a competência será da Justiça Estadual. Como já decidiu o STF[47], o homicídio perpetrado por Policial Rodoviário Federal, no exercício de suas funções, é de competência do Tribunal do Júri Federal, porque evidente o interesse da União em apurar a conduta de seu servidor no desempenho de suas atividades próprias.

De idêntica maneira e pelos mesmos motivos, os delitos praticados, no exercício de suas funções, por funcionário de autarquia, empresa pública ou fundação federal serão de competência da Justiça Federal.

Como lembra Renato Brasileiro de Lima[48], o crime de desacato praticado contra juiz estadual exercendo funções eleitorais será de competência da Justiça Federal, porque atenta contra os interesses da União (em detrimento de uma de suas "Justiças": a Justiça Eleitoral). Dessa maneira, já decidiu o STJ.[49]

Crimes cometidos contra funcionário público e *aberratio ictus*

Explica Renato Brasileiro de Lima[50] que, "Como a competência é sempre fixada com base em critérios objetivos, independentemente da análise do elemento subjetivo do agente, nas hipóteses de *aberratio ictus*, deve ser levada em consideração a pessoa sobre a qual recaiu a conduta, independentemente da chamada "vítima virtual". Como se sabe, no caso de erro na execução do crime previsto no art. 73 do Código Penal, o agente que pretende atingir uma pessoa acaba, por acidente ou erro no uso dos meios de execução, por atingir pessoa diversa. Nesse caso, *para fins penais*, responde como se tivesse atingido a pessoa que pretende ofender. Sendo assim, se o agente quer matar um funcionário público federal, contudo, mata uma outra pessoa por erro na execução, deve responder perante um Tribunal do Júri na Justiça Estadual. Agora, se queria matar alguém e acaba produzindo a morte de um funcionário público federal (*aberratio ictus*), deve responder pelo delito perante um Tribunal do Júri Federal".

Crimes contra o meio ambiente

Os crimes contra a flora ou fauna são, em regra, de competência da Justiça Estadual. Só serão de competência da Justiça Federal se ocorrerem em área (bens) da União (*v.g.*, Parque Nacional administrado pelo IBAMA), entidades autárquicas ou fundacionais ou em seu detrimento.

---

47. STF – 2ª T. – HC 79.044/RJ Rel. Min. Nelson Jobim- DJ 30/06/2000, p. 40.
48. Renato Brasileiro de Lima, Curso de Processo Penal, p. 397.
49. STJ – HC 18.078/RJ- 6ª T. Rel. Min. Hamilton Carvalhido- DJ 24/06/2002, p. 345.
50. Renato Brasileiro de Lima, Curso de Processo Penal, p. 398.

O simples fato de o IBAMA – uma autarquia federal – ter sido o órgão fiscalizador de determinada infração ambiental não acarreta, *ipso facto*, a competência da Justiça Federal, quando não tenha sido perpetrada a infração no interior de área da União ou de autarquia federal, ou em seu prejuízo direto, como já decidiu o STJ[51]. O STF decidiu que a prática de crime ambiental que afete espécies ameaçadas de extinção atrai a competência da Justiça Federal, quando houver violação à Instrução Normativa do IBAMA, porque o dever de catalogar as espécies ameaçadas de extinção, em todo o território nacional, é de tal autarquia federal (art. 53 da Lei 9.985/2000)[52].

E quais são os bens da União que justificam a competência da Justiça Federal para julgar crimes ambientais?

Como exemplifica Renato Brasileiro de Lima[53], os seguintes crimes são de competência da Justiça Federal:

I – crime de extração ilegal de recursos minerais (art. 55 da Lei 9.605/98) é de competência da Justiça Federal, ainda que cometido em propriedade particular, porque os recursos minerais, inclusive os do subsolo, são bens da União (art. 20, IX, da CF).

II – Pesca de camarão, no período proibido, no mar territorial, porque tal território é bem da União (art. 20, VI, da CF).

III – crime ambiental de destruir ou danificar floresta de preservação permanente (art. 38, *caput*, da Lei 9.605/98), perpetrado no interior de unidade de conservação da União.

IV – delito de pesca proibida perpetrado em rio que faz divisa entre dois Estados, porquanto, de acordo com o art. 20, III, da CF, são bens da União os lagos, rios e quaisquer correntes de água em terrenos de seu domínio, ou que banhem mais de um Estado, sirvam de limites com outros países, ou se estendam a território estrangeiro ou dele provenham, bem como os terrenos marginais e praias fluviais.

V – manutenção em cativeiro de espécies em extinção, porque, de acordo com a Lei 9.985/2000, cabe ao IBAMA, que é uma autarquia federal, autorizar que se capturem espécies ameaçadas de extinção e que sejam destinadas a programas de criação em cativeiro ou coleções científicas.

VI – crimes ambientais que se relacionem com organismos genéticos modificados (transgênicos), *v.g.*, soja transgênica; de acordo com a Lei 11.105/05 a Comissão Técnica Nacional de Biossegurança – órgão vinculado à Presidência da República, com a finalidade de assessoramento na elaboração e implementação da Política Nacional de Biossegurança – é o responsável pela autorização de plantio de soja

---

51. STJ – Resp 480.411/TO- 5ª T. – Rel. Min. José Arnaldo da Fonseca, DJ 13/10/2003, p. 416.
52. Informativo STF. 03/01/2018. HC 121681. Rel. Min. Rosa Weber.
53. Renato Brasileiro de Lima, Curso de Processo Penal. p. 403.

transgênica no Brasil. Como há interesse direto da União, é a Justiça Federal competente para julgar tais crimes.

VII – crime ambiental de parcelamento irregular de solo urbano em terras da União, porque atinge bens de tal ente federativo.

VIII – contrabando de animais silvestres; pesca predatória no mar territorial, crime contra a fauna nos parques nacionais; conduta criminosa que ultrapasse os limites de um único estado ou as fronteiras da nação.

Conforme boa síntese de decisão do Supremo[54], "a competência da Justiça Federal aplica-se aos seguintes crimes ambientais, que também se enquadram nas hipóteses previstas na Constituição, quando: a) atentarem contra bens, serviços ou interesses diretos e específicos da União ou de suas entidades autárquicas; b) previstos tanto no direito interno quanto em tratado ou convenção internacional, tiverem a execução iniciada no país, mas o resultado tenha ou devesse ter ocorrido no estrangeiro, ou na hipótese inversa; c) tiverem sido cometidos a bordo de navios ou aeronaves; d) houver grave violação de direitos humanos; ou ainda e) guardarem conexão ou continência com outro crime de competência federal, ressalvada a competência da Justiça Militar e da Justiça Eleitoral, conforme previsão expressa da Constituição".

Adverte o autor, são da competência da Justiça Estadual e não da Federal os seguintes delitos envolvendo o meio ambiente:

I – crime ambiental de extração de areia sem autorização do órgão competente;

II – crime ambiental referente à realização de obras ou serviços potencialmente poluidores sem licença ou autorização do órgão ambiental competente, ocorrido em terras particulares.

III – crimes praticados contra o patrimônio nacional. Consoante o art. 225, § 4º, da CF, a Floresta amazônica, a Mata Atlântica, a Serra do Mar, o Pantanal Mato-grossense, a Zona Costeira fazem parte do patrimônio nacional, e não são bens pertencentes à União, de modo que, cometidos crimes ambientais em tais regiões, deverão ser processados pela Justiça Estadual.

Crimes que atinjam o bem jurídico fé pública – Crimes de falso

São de competência da Justiça Federal:

I – O crime de moeda falsa (art. 289 do CP), porque incumbe à União emitir moeda (art. 20, VII, da CF);

II – qualquer falsificação material ou ideológica de documento emitido por órgão federal. Exemplos: certidão falsa de débito do INSS, falsificação de selos postais (afetam os interesses da Empresa Brasileira de Correios e Telégrafos); falsificação de CPF (cadastro de pessoas físicas), documento esse que é expedido pelo Ministério da Fazenda; falsificação de carteira de habilitação para conduzir

---

54. STF – Pleno. RE 835558/SP. Rel. Min. Luiz Fux. J. 09/02/2017.

embarcação aquática de esporte ou recreio – categoria arrais – amador – apesar de tal documento ser emitido pela Marinha do Brasil, a competência é da Justiça Federal, porque não se trata de crime contra as instituições militares, mas sim contra a atividade de polícia marítima de atribuição da União[55].

O crime previsto no art. 297, § 4º do CP – omissão de dados da Carteira de Trabalho e Previdência Social, como prejudica os interesses do INSS (autarquia federal), que deixa de arrecadar a contribuição previdenciária, deverá ser de competência da Justiça Federal, com estribo no art. 109, IV, da CF. Com esse entendimento o STJ[56]; contraditoriamente, com posição diversa no sentido de que a competência é da Justiça Estadual, o próprio STJ, em outra decisão.[57]

III – uso de documentos falsos perante órgãos ou agentes federais. Elucida Renato Brasileiro de Lima[58] que se o agente falsifica um documento público cuja fiscalização de autenticidade couber a órgão federal a competência será da Justiça Federal; de idêntica maneira, se o agente falsifica – material ou ideologicamente – documento que deva ser fiscalizado por órgão federal, e a mesma pessoa, em momento posterior, o usa, tal fato é considerado como mero *post factum* não punível (exaurimento do crime anterior), de modo que a competência será, de idêntica forma, da Justiça Federal; pouco importa a quem tal documento tenha sido apresentado, se a órgão público, estadual ou municipal ou a instituição privada.

Se, todavia, o uso do documento – mesmo que sujeito à fiscalização de órgão federal – ocorrer perante órgãos estaduais, municipais ou mesmo particulares, a competência será da Justiça Estadual, se quem fizer uso de referido documento for outro agente que não aquele que o tenha falsificado material ou ideologicamente. Claro que se referido documento for apresentado a um órgão federal a competência será da Justiça Federal. Sendo assim, no caso de apresentação de carteira nacional de habilitação falsa a um agente da polícia rodoviária federal, cuja atribuição é a de policiamento ostensivo de estradas federais, a competência será da Justiça Federal, porque atingido, diretamente, interesse referente a um serviço prestado por um órgão da União (art. 109, IV, da CF), como já decidiu o STJ.[59]

Crime fim de estelionato e crime – meio de falso

E se foi praticado pelo agente um delito meio de falso (falso material ou ideológico), como fraude para se perpetrar um estelionato, como se fixa a competência?

De acordo com a Súmula 17 do STJ: "Quando o falso se exaure no estelionato sem mais potencialidade lesiva, é por este absorvido". Significa dizer que, se o falso

---

55. Nesse sentido a Súmula Vinculante 36 do STF: "Compete à Justiça Federal comum processar e julgar civil denunciado pelos crimes de falsificação e de uso de documento falso quando se tratar de falsificação da Caderneta de Inscrição e Registro (CIR) ou de Carteira de Habilitação de Amador (CHA), ainda que expedidas pela Marinha do Brasil".
56. STJ – CC 58.443/MG- 3ª Seção- Rel. Min. Laurita Vaz- DJe 26/03/2008.
57. STJ – 3ª Seção- CC 96.365/PR, Rel. Min. Jorge Mussi, j. 26/05/2010.
58. Renato Brasileiro de Lima, Curso de Processo Penal, p. 408.
59. STJ – CC- 99.105/RS- 3ª Seção- Rel. Min. Jorge Mussi- DJe 27/02/2009.

foi criado, exclusivamente, para induzir a vítima em erro, sem possibilidade de ser utilizada em outro crime, o agente responderá apenas pelo delito de estelionato que absorverá o falso, e a competência será determinada pela qualidade da vítima. Se a vítima for particular, ou pessoa jurídica, particular ou pública vinculada aos Estados ou Municípios a competência será da Justiça Estadual; se a fraude for perpetrada em detrimento dos interesses da União, autarquias ou empresas públicas federais a competência será da Justiça Federal.

Sendo assim, se houver a falsificação de documentos expedidos por órgãos federais, como, *v.g.*, certidão negativa de débitos do INSS ou CPF, mas utilizados para a prática de estelionato, abrindo-se contas em bancos particulares para perpetrar golpes, a competência será da Justiça Estadual e não da Federal, como vem decidindo o STJ[60].

Porém, a *contrario senso* da Súmula referida, se o falso não se exaurir no estelionato, e puder ser utilizado para a prática de outros delitos (de estelionato ou diversos delitos de falso), poderá haver concurso de crimes, e a questão da competência poderá ser diversa. No nosso exemplo acima, de falsificação do CPF, caso tal documento seja utilizado para abrir uma conta corrente e cometerem-se estelionatos, mas apenas a cópia do documento falsificado tenha ficado na agência bancária, e o agente se utilize daquele CPF para apresentar-se como pessoa diversa, ou mesmo o use para outros golpes, certo que o falso não terá se esgotado naquele estelionato – será autônomo – levando a responsabilização, em tese, do acusado por dois crimes – o de falso e pelo estelionato. O estelionato, como atingiu uma instituição financeira privada, deveria ser julgado pela Justiça Estadual, mas como o falso afetou interesse da União – documento emitido por órgão público federal – a competência, pela conexão (a prova de um crime influi na de outro), entre tais infrações, será da Justiça Federal, que atrairá o delito da Justiça Estadual, para julgamento conjunto. Este é o teor da Súmula 122 do STJ: "Compete à Justiça Federal o processo e julgamento unificado dos crimes conexos de competência federal e estadual, não se aplicando a regra do art. 78, II, *a*, do Código de Processo Penal".

Contravenções penais

As contravenções penais, mesmo que contra os bens, interesses ou serviços da União, serão julgados pela Justiça Estadual, jamais pela Justiça Federal, porque o art. 109, IV, da CF, é expresso em excluir as contravenções penais da Justiça Federal. Confira-se:

"Art. 109. Aos juízes federais compete processar e julgar:

(...)

IV – os crimes políticos e as infrações penais praticadas em detrimento de bens, serviços ou interesses da União ou de suas entidades autárquicas ou empresas públicas, *excluídas as contravenções penais* e ressalvada a competência da Justiça Militar e da Justiça Eleitoral" (grifo nosso).

Sendo assim, mesmo que exista uma conexão entre uma contravenção penal e um delito de competência da Justiça Federal, não se aplicará a Súmula 122 do STJ:

---

60. STJ – Resp. 993.153/MG- 5ª T. Rel. Min. Jorge Mussi DJe 15/09/2008.

"Compete à Justiça Federal o processo e julgamento unificado dos crimes conexos de competência federal e estadual, não se aplicando a regra do art. 78, II, *a*, do Código de Processo Penal". Isto porque o julgamento conjunto pela Justiça Federal apenas se opera se houver prática de *crimes* conexos, e não de contravenção, de modo que, nessa situação, haverá um processo pela prática da contravenção, perante a Justiça Estadual e o crime tramitará na Justiça Federal.

Para pacificar a questão, a Súmula 38 do STJ: "Compete à Justiça Estadual Comum, na vigência da Constituição de 1988, o processo por contravenção penal, ainda que praticado em detrimento de bens, serviços ou interesses da União ou de suas entidades autárquicas".

Como bem advertido por Renato Brasileiro de Lima[61], na hipótese de agente público com foro por prerrogativa de função perante o Tribunal Regional Federal, *v.g.*, juiz federal ou procurador da república, que cometam uma contravenção penal, excepcionalmente, a Justiça Federal – o Tribunal Regional Federal – poderá julgar uma contravenção penal.

Crime de terrorismo (Lei 13.260/2016)

Os crimes de terrorismo consideram-se praticados contra o interesse da União, cabendo à Polícia Federal a investigação criminal, em sede de inquérito policial, e à Justiça Federal o seu processamento e julgamento, nos termos do inciso IV do art. 109, da Constituição Federal (art. 11 da Lei 13.260/2016).

2º – os crimes previstos em tratado ou convenção internacional, quando, iniciada a execução no País, o resultado tenha ou devesse ter ocorrido no estrangeiro, ou reciprocamente. (art. 109, V)

Para que a competência da Justiça Federal seja estabelecida são necessárias duas condições cumulativas:

a) A previsão em tratado ou convecção internacional

Exemplo: a Convenção contra a tortura e outros tratamentos degradantes ou penas cruéis, desumanas ou degradantes (Decreto 40, de 15 de fevereiro de 1991);

b) A internacionalidade da conduta

O caráter internacional da conduta se caracteriza pelo início da execução no estrangeiro e consumação (ou tentativa) no Brasil, ou o contrário: atos de execução no Brasil e consumação – ou tentativa – no exterior.

Não basta, assim, que o crime esteja previsto em tratado ou convenção internacional, é preciso que tenha também repercussão internacional, ou seja, que, em sua execução, tenha se transposto as fronteiras do país, ou, pelo menos, se pretendesse fazê-lo.

---

61. Renato Brasileiro de Lima, Curso de Processo Penal, p. 414.

O tráfico de drogas, por exemplo, embora previsto em tratados internacionais em que o Brasil se compromete a combatê-lo, se praticado dentro do país, a competência para julgá-lo será da Justiça Estadual; tratando-se de tráfico internacional, aí sim, a competência será da Justiça Federal. Mesmo que não se tenha a prova cabal de que o tráfico era internacional, mas houver indícios de que o agente visasse a transposição de fronteiras (passaportes e passagens apreendidas, celular com mensagens em língua estrangeira, etc) a competência será da Justiça Federal[62].

Igualmente, o simples fato de um crime ter seu *iter* desenvolvido entre o Brasil e algum país estrangeiro, não atrairá, por si só, a competência da Justiça Federal; deverá, também, tal delito ser previsto em tratado internacional. Se não houver essa previsão, a competência será da Justiça Estadual.

Como ensina Renato Brasileiro de Lima[63], "A nosso ver, a internacionalidade da conduta criminosa não acarreta, de per si, lesão a bens, serviços ou interesses da União. Tanto é verdade que a própria Constituição Federal, em seu art. 109, V, faz menção à necessidade de que a essa internacionalidade territorial da conduta delituosa se acresça a previsão em Tratado ou Convenção Internacional".

Em caso interessante citado pelo autor, de aparente tráfico internacional de cloreto de etila (lança perfume) importado da Argentina, decidiu o STJ[64], que a competência era da Justiça Estadual e não Federal, pois não existe proibição de uso de tal substância na Argentina, não constando das listas da Convenção firmada entre Brasil e Argentina. Em outras palavras, nessa situação, havia apenas a internacionalidade da conduta, mas não a previsão em tratado internacional, o que afasta a competência da Justiça Federal, estabelecendo-se a competência da Justiça Estadual, porque violou-se apenas a ordem jurídica brasileira em se tratando de tráfico interno e não internacional.

Crimes cometidos através da internet

Para que sejam da competência da Justiça Federal, necessário que o alcance da conduta seja internacional e que o crime praticado seja daqueles previstos em tratados internacionais.

Na situação em que o agente coloca em site de acesso internacional – como, *v.g.*, o facebook, imagens pornográficas envolvendo crianças e adolescentes, a competência será da Justiça Federal, porque referidas imagens poderiam ser acessadas em qualquer lugar do mundo e tais fatos se inserem em condutas cuja repressão é prevista em tratados internacionais celebrados pelo Brasil.

No entanto, se houver apenas a troca de fotografias ou vídeos pornográficos envolvendo crianças e adolescentes, entre pessoas determinadas, sem acesso irrestrito, a competência será da Justiça Estadual, porque faltará a internacionalidade da conduta criminosa. Esse é o entendimento do STF e STJ[65].

---

62. Informativo do STJ. STJ. 3ª Seção. CC 115595. Rel. Min. Laurita Vaz.
63. Renato Brasileiro de Lima, Curso de Processo Penal, p. 415.
64. STJ – CC 34.767/PR- 3ª Seção- Rel. Min. Gilson Dipp- DJ 23/09/2002, p. 221.
65. STF – 1ª T. HC 86.289/GO, Rel. Min. Ricardo Lewandowski, DJ 20/10/2006, p. 62. STJ – 3ª Seção- CC 57.411/RJ, Rel. Min. Hamilton Carvalhido, Dje 30/06/2008.

Quando houver a prática de um crime não previsto em Tratado ou Convenção Internacional, através de páginas eletrônicas internacionais – facebook, twitter – como delitos patrimoniais – furtos mediante fraude, estelionatos, crimes contra a honra – a competência será da Justiça Estadual e não federal, porque haverá, apenas, a internacionalidade da conduta, sem a previsão de sua repressão em Tratados ou Convenções Internacionais. Em caso de injúria perpetrada pela internet, entendeu o STJ[66] pela competência da Justiça Estadual.

O crime de invasão de dispositivo informático (art. 154-A do CP) é de competência da Justiça Estadual, em regra. No entanto, se a invasão do dispositivo eletrônico acarretar prejuízo a interesses da União ou de suas autarquias e empresas públicas a competência será da Justiça Federal, com fundamento no art. 109, IV, da CF.

Competência territorial para julgar os delitos cometidos através da internet

Pouco importando se a competência é da Justiça Federal ou Estadual para julgar o delito, o certo é que a competência territorial será fixada pelo local de onde consumou-se a infração; nos casos de crimes formais ou de mera conduta, pelo local da ação; em caso de crimes materiais como estelionato ou furto – pelo local onde se obteve a vantagem ilícita.

Tráfico interno e internacional de pessoas

O delito de promoção de migração ilegal, previsto no art. 232-A, do Código Penal, acrescentado pela Lei 13.445/2017[67], será processado e julgado pela Justiça Federal, pois se insere em sua competência o julgamento dos crimes de ingresso ou permanência irregular de estrangeiro no Brasil (art. 109, X, da CF), além do que é interesse da União executar os serviços de polícia de fronteiras (art. 21, XXII, da CF).

O delito de tráfico de pessoas, previsto no art. 149-A, do Código Penal, acrescentado pela Lei 13.344/2016, será processado e julgado pela Justiça Federal, pois tal infração, além de ser de repercussão internacional, é prevista no Protocolo Adicional à Convenção das Nações Unidas contra o Crime Organizado Transnacional relativo à prevenção, repressão e punição do tráfico de pessoas, em especial mulheres e crianças, e foi aprovado por meio do Decreto Legislativo 231/2003, promulgado pelo Decreto 5.017/2004. Nesse sentido o STJ.[68]

O delito previsto no art. 239 do ECA (Lei 8.069/90) – promoção ou auxílio destinado ao envio de criança ou adolescente para o exterior com inobservância das formalidades legais ou com o fito de obter lucro – é de competência da Justiça Federal porque há a internacionalidade da conduta, além do que o Brasil é signatário da Convenção sobre os Direitos da Criança, promulgada pelo Decreto 99.710/90, aprovada pelo Decreto Legislativo 28, de 18 de setembro de 1990. Some-se, ainda, que o Brasil

---

66. STJ – 3ª Seção- CC 121.431/SE, Rel. Min. Marco Aurélio Bellizze, j. 11/04/2012.
67. Art. 232-A. Promover, por qualquer meio, com o fim de obter vantagem econômica, a entrada ilegal de estrangeiro em território nacional ou de brasileiro em país estrangeiro.
68. STJ – 3ª Seção-CC 47.634/PR, Rel. Min. Paulo Medina, DJ 27/08/2007, p. 188.

também é signatário da Convenção Interamericana sobre Tráfico Internacional de Menores, aprovada pelo Decreto Legislativo 105, de 30 de outubro de 1996, e promulgada pelo Decreto 2.740, de 20 de agosto de 1998.

Tráfico internacional de arma de fogo

A conduta prevista no art. 18 da Lei 10.826/03 (Estatuto do Desarmamento), com o *nomem juris* de Tráfico internacional de arma de fogo, será julgada pela Justiça Federal, pois, além da internacionalidade da conduta, o Brasil assinou a Convenção Interamericana contra a fabricação e o tráfico ilícito de armas de fogo, munições, explosivos, através do Decreto 3.229, de 29 de outubro de 1999 – Convenção Interamericana contra a Fabricação e o Tráfico Ilícito de Armas de Fogo, Munições, Explosivos e outros Materiais Correlatos. Com esse entendimento, diversas decisões do STJ[69].

3º – as causas relativas a direitos humanos (art. 109, V – A e § 5º do art. 109)

Quando houver grave violação de direitos humanos, o Procurador-Geral da República, com a finalidade de assegurar o cumprimento de obrigações decorrentes de tratados internacionais de direitos humanos dos quais o Brasil seja parte, poderá suscitar, perante o STJ, em qualquer fase do inquérito ou do processo, incidente de deslocamento de competência para a Justiça Federal. Para que ocorra este deslocamento em que se transfere o julgamento da Justiça Estadual ou do DF para a Justiça Federal, não basta a grave violação de direitos humanos, é preciso que haja risco de descumprimento das obrigações decorrentes de tratados internacionais firmados pelo Brasil, em razão de inércia, negligência, falta de vontade política ou de condições da Justiça local de proceder à persecução penal.

Fundamento constitucional do incidente de deslocamento

O Brasil, como subscritor da Convenção Americana sobre Direitos Humanos, através do Decreto 678/92, reconheceu a competência da Corte Interamericana de Direitos Humanos, mediante o Decreto Legislativo 89/98, que julgará a prática de violação de direitos humanos perpetrados no território dos Estados – membros da Convenção, desde que não tenha havido sua regular apuração e julgamento. Em outras palavras, caso exista a violação de direitos humanos, mediante a prática de delitos no Brasil, e as instituições do país responsáveis pela sua apuração, processamento e julgamento – Polícia, MP e Judiciário – tenham demonstrado desídia, indiferentismo ou, de algum modo, tenham sido obstadas em sua missão por pressões diversas, de desenvolver seu mister, a responsabilização pela inércia dos órgãos encarregados da persecução penal, no plano internacional, será a União, que se comprometeu a julgar tais violações, o que legitimaria, em tese, o julgamento pela Corte Interamericana de Direitos Humanos.

Sendo assim, como é possível que delitos atentatórios aos direitos humanos tenham sua persecução e julgamento afetados às instituições de algum Estado-membro

---

69. STJ- CC 130267/RS, 3ª Seção, Rel. Min. Ribeiro Dantas, julgado em 26/04/2017, DJe 09/05/2017. AgRg no Ag 1389833/MT, 6ª T., Rel. Min. Sebastião Reis Júnior, julgado em 11/04/2013, DJe 25/04/2013.

da Federação (Polícia Civil, MP Estadual e Justiça Local) e tais órgãos tenham demonstrado desídia na apuração da violação de direitos humanos, nada mais justo que possa a Justiça da União verdadeiramente avocar tais inquéritos ou processos, afinal, caso não fizesse, sob o aspecto do direito internacional, seria responsabilizada.

Este é o fundamento que legitima o incidente de deslocamento de competência em estudo: garantir que a convenções internacionais de direitos humanos sejam respeitadas pela Justiça do Brasil como um todo.

O deslocamento da competência abrange apenas a transferência de inquéritos ou processos da Justiça Estadual para a Federal?

Como bem observa Denilson Feitosa citado por Renato Brasileiro de Lima[70] o deslocamento de competência estará autorizado também a ocorrer no caso da Justiça Eleitoral ou Militar, porque o art. 109, V – A e § 5º da CF não fazem qualquer distinção.

Condições para o deslocamento da competência

Como dissemos acima, as condições são duas, cumulativas:

I – prática de crime que acarrete grave violação de direitos humanos. Pelo próprio critério de gravidade objetiva, entendemos que apenas um delito poderá justificar essa excepcional alteração de competência, jamais uma mera contravenção penal, até porque a Justiça Federal jamais julga contravenções penais.

II – existência de risco ponderável de descumprimento das obrigações oriundas de tratados internacionais de direitos humanos subscritos pelo Brasil, em virtude da desídia, falta de vontade política, insuficiência ou ausência de estrutura organizacional eficiente das Justiças Estaduais, Eleitoral ou mesmo Militar para apurar, processar e julgar determinados ilícitos.

Provocação e julgamento do incidente

Só poderá suscitar o incidente o Procurador-Geral da República perante o STJ, cuja 3ª Seção – reunião da 5ª e 6ª Turma com competência criminal – irá julgá-lo.

Casos concretos de pedido de deslocamento

Incidente de Deslocamento nº 1

Requereu-se o deslocamento da competência no caso do homicídio da missionária norte – americana Dorothy Stang, fato ocorrido no município de Anapu, Pará. O STJ[71] indeferiu o deslocamento postulado porque, embora presente a grave violação de direitos humanos, não se demonstrou a negligência ou inércia do Estado-membro na persecução penal dos autores do delito.

---

70. Renato Brasileiro de Lima, Curso de Processo Penal, p. 424.
71. STJ – 3ª Seção- IDC 1/PA, Rel. Min. Arnaldo Esteves Lima, DJ 10/10/2005, p. 217.

Incidente de Deslocamento nº 2

No Estado da Paraíba, um vereador conhecido por ser defensor dos direitos humanos foi vítima de homicídio por um grupo de extermínio, decidindo o STJ[72], nesse caso, que estariam presentes os requisitos para o deslocamento de competência: grave violação de direitos humanos e incapacidade das instâncias e autoridades locais de oferecer respostas efetivas, investigando e reprimindo a ação de grupos de extermínio atuantes naquele Estado-membro e que tantas vítimas fizeram.

Tratamos, com maior profundidade do tema em pauta, em outra obra nossa[73], da seguinte maneira: "Prevê citado dispositivo constitucional que "nas hipóteses de grave violação de direitos humanos, o Procurador-Geral da República, com a finalidade de assegurar o cumprimento de obrigações decorrentes de tratados internacionais de direitos humanos dos quais o Brasil seja parte, poderá suscitar, perante o Superior Tribunal de Justiça, em qualquer fase do inquérito ou do processo, incidente de deslocamento de competência para a Justiça Federal".

Estipulou-se, assim, um incidente de deslocamento de competência no qual, ao verificar, o Procurador-Geral da República, que a Justiça local (dos Estados ou do Distrito Federal) esteja se omitindo em suas funções ao ponto de colocar em risco o cumprimento das obrigações decorrentes de tratados internacionais firmados pelo Brasil, em razão de crassa negligência, falta de vontade política e condições, através de suas instituições, de proceder à eficaz persecução penal, caber-lhe – á solicitar a transferência, seja do inquérito seja do processo, à justiça federal.

O STJ[74] estabeleceu que o deslocamento da competência precisa "[...] atender ao princípio da proporcionalidade (adequação, necessidade e proporcionalidade em sentido estrito), compreendido na demonstração concreta de risco de descumprimento de obrigações decorrentes de tratados internacionais firmados pelo Brasil, resultante da inércia, negligência, falta de vontade política ou de condições reais do Estado – membro, por suas instituições, em proceder à devida persecução penal".

Se nessa situação de grave violação de direitos humanos e inércia da Polícia e da Justiça do ente federativo em sua apuração envolver um crime doloso contra a vida, caso seja deferido pelo STJ o incidente de deslocamento de competência da justiça local para a justiça federal, o processo e o julgamento ocorrerão perante o Tribunal do Júri federal.

Em outro incidente de deslocamento de competência, o STJ,[75] em caso envolvendo o homicídio de um vereador por integrantes de grupo de extermínio no Estado da Paraíba, entendeu que houve grave violação de direitos humanos, evidenciando-se, ainda, a incapacidade das autoridades locais de apurar, combater, prevenir e reprimir as ações daquele grupo criminoso.

---

72. STJ – 3ª Seção- IDC 2/DF, Rel. Min. Laurita Vaz, j. 27/10/2010.
73. Walfredo Cunha Campos, Tribunal do Júri, Teoria e Prática, p. ...
74. STJ, 3ª Seção. IDC 1/PA, Rel. Min. Arnaldo Esteves Lima, j. 8.6.2005, *DJ* 10.10.2005, p. 217).
75. STJ, 3ª Seção, IDC 2/DF, Rel. Min. Laurita Vaz, j. 27.10.2010.

Relevante tratarmos do emblemático Incidente de Deslocamento de competência nº 5, ajuizado no STJ; tal incidente possui por substrato fático o homicídio, aparentemente por grupo de extermínio, do promotor de justiça do Estado de Pernambuco da comarca de Itaíba/PE, Thiago Faria Soates, em 14 de outubro de 2013, na Rodovia Estadual PE – 300, na cidade de Itaíba/PE.

A falta de entendimento operacional – entre a Polícia Civil e o Ministério Público do Estado de Pernambuco ("aberto conflito institucional") – levaram a um conjunto de falhas na investigação criminal de tão grave delito que podia comprometer o resultado final da persecução criminal, consagrando a possível impunidade dos mandantes e executores do homicídio. Essas foram as conclusões do próprio Ministério Público local que ofereceu a representação para que fosse ajuizado o Incidente de Deslocamento de Competência; remeteu, ainda, a citada instituição, os *autos originais* de inquérito policial ao Procurador-Geral da República com tal solicitação.

Além de o Ministério Público de Pernambuco, o Procurador-Geral do Estado e o Secretário de Defesa Social do mesmo Estado manifestaram expressa concordância que o procedimento investigatório fosse deslocado para a competência da Justiça Federal.

O Procurador-Geral da República encampou a representação do Ministério Público de Pernambuco e suscitou o incidente de deslocamento de competência, perante o STJ, para que a investigação, o processamento e o julgamento dos executores do assassinato do promotor Thiago Faria Soares fossem deslocados para o âmbito da Justiça Federal daquele Estado.

No bojo do incidente de deslocamento de competência, o Procurador-Geral da República requereu a concessão de liminar no sentido de que a investigação retomasse seu curso imediatamente, tramitando cautelarmente na esfera federal, com atuação da Polícia Federal, do Ministério Público Federal e, no que submetido à reserva de jurisdição, da Seção Judiciária de Pernambuco, antes do julgamento, em definitivo, do incidente, pelo STJ. O fundamento do pedido cautelar do Procurador-Geral da República se estribava no fato de que, como os autos *originais* do inquérito policial encontram-se no STJ, a investigação estava completamente paralisada, "colocando em risco até mesmo o que já se havia colhido, o que inclui interceptação telefônicas anteriormente determinadas". Observava, ainda, o chefe do Ministério Público da União, que "no âmbito da investigação, a concessão de liminar não elimina nem afasta qualquer das garantias que o devido processo legal contempla".

A medida liminar foi indeferida por decisão do Relator, Ministro Rogério Schietti Cruz, sob o fundamento de que, embora plausível o pedido (*fumus boni iuris*), não se mostrava plenamente configurado o *periculum in mora* a autorizar a medida cautelar postulada; não se vislumbrava providência específica que pudesse ser realizada, em caráter de urgência, até porque, na época da decisão singular, já havia se transcorrido sete meses do homicídio citado.

Da decisão do relator, foi interposto agravo regimental que não foi provido. No entanto, o Ministro Relator acabou por deferir o pedido, em caráter excepcional, para que fosse autorizada, à Polícia Federal, em contato com as autoridades estaduais, colher elementos "que estariam sendo veiculados, a fim de que não se perca a oportunidade de tal apuração"; autorizou-se também a atuação do Ministério Público Federal, em caráter urgente e precário, com o escopo de que auxiliasse na busca de elementos indiciários, *desde que não se constitua em reserva de jurisdição*, e que poderiam ter o resultado comprometido com o decorrer do tempo, até o julgamento final do Incidente de Deslocamento de Competência.

Quando do julgamento colegiado do incidente, pela 3ª Seção do STJ, assentaram-se diversas premissas e condições a seguir analisadas, para, ao final, julgar-se procedente o Incidente de Deslocamento de Competência, com o escopo de se determinar a transferência do Inquérito Policial para a atribuição da Polícia Federal, sob o acompanhamento e o controle do Ministério Público Federal, e sob a jurisdição, no que depender de sua intervenção, do Juízo Federal Criminal com jurisdição no local do fato criminoso.

Dessa decisão colegiada, o Procurador-Geral da República opôs embargos declaratórios, porque deixou o acórdão de explicitar qual Juízo Federal iria exercer jurisdição no caso; os embargos foram acolhidos e supriu-se a omissão a fim de se declarar que o Juízo Federal competente é o da Capital do Estado de Pernambuco, Recife, local *afastado, portanto, do local do agreste pernambucano, onde os grupos de extermínio atuam e dominam, pela violência*.

Da análise mais aprofundada de todo o transcurso desse incidente de deslocamento podemos extrair as seguintes conclusões:

A) O incidente de deslocamento de competência só pode ser suscitado pelo Procurador-Geral da República, mas pode haver representação, endereçada ao Chefe do Ministério Público da União, para que assim proceda. Essa representação pode ser formulada por órgãos públicos, como o Ministério Público local, pela Polícia Civil, pela Procuradoria Geral do Estado; a nosso ver, não se impede, também, que pessoas jurídicas privadas possam representar nesse sentido, como associações, ONGs, sindicatos e outros, e até mesmo particulares (vítimas, parentes dos ofendidos, testemunhas).

B) A representação formulada ao Procurador-Geral da República deve estar devidamente documentada; geralmente, devem ser enviadas *cópias* do inquérito policial (ou processo); reportagens; estudos a respeito da violência na região; comprovação da ineficácia na apuração de determinados delitos por parte das instituições do Estado-membro (Polícia Judiciária, MP, Judiciário). No caso em estudo, de maneira equivocada, o Ministério Público de Pernambuco, quando recebeu o inquérito policial por parte da Polícia Civil, com pedido de dilação de prazo (art. 10, § 3º, do CPP), remeteu os *autos originais* ao Procurador-Geral da República, acompanhado da representação em que solicitava fosse instaurado o incidente de deslocamento de competência para a Justiça Federal. Ora, esse proceder é completamente desarrazoado, porque impossibilita que investigações de caráter urgente possam ser procedidas pela Polícia Civil do Estado; inviabiliza, também, a juntada, nos autos de inquérito, de provas cautelares, como perícias, interceptações telefônicas, resultados de busca e apreensão, etc. Em suma, o que deveria ter sido feito era simplesmente devolverem-se os autos *originais* à delegacia de polícia de origem, depois de extraídas as *cópias* do inquérito e, instruído delas, representar-se ao Procurador-Geral da República; com essa singela providência prática, assegurar-se-ia a continuidade das investigações no Estado de origem, pela Polícia Civil, ao mesmo tempo em que seria perfeitamente materializada e instruída a representação endereçada ao chefe do *Parquet* da União.

C) A representação ao Procurador-Geral da República pode ser indeferida, sem que caiba qualquer recurso dessa decisão.

D) Caso deferida a representação ofertada ao chefe do Ministério Público da União, cabe a ele documentar, da melhor maneira possível, o incidente de deslocamento, ao anexar elementos outros de convicção que demonstrem sua procedência, complementando o que possivelmente já fora juntado no corpo do pedido a ele endereçado.

E) É facultado ao Procurador-Geral da República solicitar, no bojo do incidente de deslocamento de competência para a Justiça Federal, medida liminar, se presentes o *fumus boni iuris* e o *periculum in mora*. A *fumaça de bom direito* é a probabilidade de êxito no deslocamento da competência, dado o quadro fático apresentado; o *perigo na demora* se consubstancia na necessidade urgente de que a Polícia Federal e o Ministério Público, cautelarmente, procedam a investigações criminais, com a finalidade de que provas importantes à persecução criminal não pereçam. Esse pedido, no caso em concreto em análise, foi deferido, mas ressalvou-se que não haveria intervenção do Judiciário Federal. A nosso ver, essa decisão, quanto a exclusão do Judiciário Federal, mostra-se equivocada, pois diligências investigatórias fundamentais só podem ser concretizadas através da reserva de jurisdição – mediante decisões exclusivas do Poder Judiciário – como a quebra de sigilo telefônico, bancário, prisão processual, busca e apreensão e outras. Alijar-se o Poder Judiciário de, em caráter liminar, controlar a investigação, deferindo ou não medidas cautelares solicitadas pela Polícia Federal e pelo Ministério Público Federal, coloca, a um só tempo, em risco a eficácia da persecução penal em apurar a autoria delitiva, assim como também compromete os direitos e garantias individuais que possam ser violados pelos órgãos públicos encarregados da investigação criminal, dado o artificial afastamento de quem é encarregado, pela Constituição, de tutelá-los, que são, justamente, os magistrados. Desse modo, entendemos que, concedida a liminar, deve ser chamada a atuar – mesmo que provisoriamente – o Ministério Público Federal, sob controle da Justiça Federal competente, em tese, para julgar o delito.

F) Do deferimento da medida cautelar, caso exista indiciado ou acusado definido, seria cabível a impetração de *habeas corpus* perante o STF, ou, dada a interpretação restritiva que parte da Suprema Corte tem dado ao remédio heroico, não o conhecendo quando prevista a possibilidade de recurso previsto em lei, caberia a interposição de agravo regimental contra a decisão do relator que concedeu a liminar. Do indeferimento da cautelar cabível a interposição de agravo regimental.

G) O estudo do acórdão que determinou o deslocamento da competência permite esquadrinharem-se todos os requisitos para sua concessão, e que são os seguintes:

G.1) grave violação de direitos humanos por meio da prática de crime; no caso, a morte de um promotor de justiça pela atuação de um grupo de extermínio. O cometimento de um homicídio doloso viola direitos consagrados em tratados internacionais de direitos humanos – em especial, o Pacto de San Jose da Costa Rica, do qual o Brasil é signatário e que integra o ordenamento jurídico, através do Decreto 678/92. O art. 4º, n. 1 da Convenção declara que "Toda pessoa tem o direito de que se respeite sua vida. Esse direito deve ser protegido pela lei e, em geral, desde o momento da concepção. Ninguém pode ser privado da vida arbitrariamente". Como se percebe, então, todo homicídio, em tese, é uma violação de direito humano consagrado em Tratado internacional.

G.2) As obrigações decorrentes de tratados internacionais, dentre eles o Pacto de São Jose da Costa Rica acima visto, são colocadas em risco – ou seja, podem deixar de ser adimplidas pelo Brasil, submetendo – o à responsabilização internacional, por essa omissão, motivado na incapacidade – oriunda de inércia, omissão, ineficácia, negligência, falta de vontade política, de condições pessoais e/ou materiais etc. – de o Estado – membro, por suas instituições e autoridades, levar a cabo, em toda a sua plenitude, a persecução penal. Em outras palavras, o delito de homicídio ficará sem apuração – e punição – pela ineficiência, ou qualquer outro motivo menos nobre imputável ao Estado – membro, o que violaria, dessa maneira, tratado internacional subscrito pelo Brasil. Ora, como quem responde pelas obrigações internacionais do Brasil é a União (art. 21, I, da CF), nada mais adequado que, nessa situação de desajuste institucional do Estado – membro, passe a assumir, ela própria (a União), a responsabilidade pela apuração do delito, através da Justiça Federal; se assumirá as consequências, no plano internacional, que chame para si então a responsabilidade, na esfera interna, com a finalidade de evitar consequências nocivas no plano da comunidade das nações.

A incapacidade de o Estado-membro desenvolver a persecução penal deverá estar devidamente comprovada no incidente. Como salienta a ementa do acórdão em estudo, "O incidente de deslocamento de competência não pode ter o caráter de *prima ratio*, de primeira providência a ser tomada em relação a um fato (por mais grave que seja). Deve ser utilizado em situações excepcionalíssimas, em que efetivamente demonstrada a sua necessidade e a sua imprescindibilidade, ante provas que revelem descaso, desinteresse, ausência de vontade política, falta de condições pessoais e/ou materiais das instituições – ou de uma ou outra delas – responsáveis por investigar, processar e punir os responsáveis pela grave violação a direitos humanos, em levar a cabo a responsabilização dos envolvidos na conduta criminosa, até para não se esvaziar a competência da Justia Estadual e inviabilizar o funcionamento da Justiça Federal."

G.3) A solução, apontada pela Constituição, para o risco de não serem cumpridos os tratados internacionais de direitos humanos por incúria das instituições do Estado – membro, é o deslocamento da competência da Justiça Estadual para a Justiça Federal, o que leva à mudança, também, dos órgãos da Polícia e do Ministério Público encarregados da persecução penais, que serão, respectivamente, a Polícia Federal e não mais Polícia Civil; Ministério Público Federal e não mais Ministério Público Estadual.

Não basta, entretanto, para dirimir a questão, o mero deslocamento para a Justiça Federal; o inquérito ou o processo deve ser enviado ao Juízo Federal (*in casu*, Tribunal do Júri federal), em que *não persistam os mesmos motivos ensejadores do deslocamento da competência*. De nada adiantaria, no caso em tela, deslocar-se o inquérito para a mesma região onde domina idêntico grupo de extermínio, denominado de "triângulo da pistolagem". Em razão de não ter sido especificado, no acórdão que determinou o deslocamento de competência, para qual Juízo federal seriam enviados os autos, o Procurador-Geral da República opôs embargos declaratórios, que foram acolhidos, no sentido de que os autos deveriam ser deslocados para o juízo federal da capital do Estado – Recife. Em suma, deve ser aplicado, por analogia, o instituto do desaforamento (art. 427 do CPP), *remetendo-se os autos ao juízo onde não existam os mesmos motivos que levaram ao deferimento do incidente de deslocamento de competência.*

G.4) Do indeferimento do incidente de deslocamento de competência caberia, em tese, a interposição de recurso extraordinário. Do seu deferimento, a princípio, são cabíveis, além do recurso extraordinário, também a interposição de *habeas corpus*, sob o fundamento de que o indiciado ou acusado estão submetidos a constrangimento ilegal em razão da mudança de competência".

4º – os crimes contra a organização do trabalho e, nos casos determinados em lei, contra o sistema financeiro e a ordem econômico – financeira (art. 109, VI)

Crimes contra a organização do trabalho

Os crimes contra a organização do trabalho só serão julgados pela Justiça Federal se as circunstâncias do caso concreto apontarem uma lesão coletiva aos direitos dos trabalhadores. Sendo o direito violado individual, a competência será da Justiça Estadual.

Entendeu o STF[76] que o crime de redução à condição análoga à de escravo (art. 149 do CP) é da competência da Justiça Federal, por se tratar, em verdade, além de crime contra a liberdade individual, também de delito contra a organização do trabalho, dos direitos trabalhistas e previdenciários, e sob a influência do princípio constitucional da dignidade da pessoa humana que inspira todo o ordenamento jurídico, devendo-se ser fixada a competência da Justiça Federal, nos termos do art. 109, VI, da CF.

---

76. STF – RE 398.041/PA- Pleno – Rel. Min. Joaquim Barbosa- DJe 241 18/12/2008. STF – RE 541.627/PA- 2ª T. rel. Min. Ellen Gracie- DJe 222 20/11/2008. STF. RE 459510. Rel. Min. Joaquim Barbosa. STF. RE 459510 (sem repercussão geral reconhecida). Pleno. Rel. Min. Cezar Peluso.

Para que seja recebida a denúncia pelo crime de redução à condição análoga a de escravo (art. 149 do CP), não é necessário que se prove a coação física da liberdade de ir e vir ou mesmo de cerceamento da liberdade de locomoção, bastando a submissão da vítima "a trabalhos forçados ou a jornada exaustiva" ou "a condições degradantes de trabalho"[77].

Com o intuito de se compreender melhor a problemática do trabalho escravo e a interpretação que se deve dar ao tipo penal em comento, sob o ponto de vista dos princípios constitucionais, recomenda-se a excelente decisão monocrática da Minª. Rosa Weber, do STF, que suspendeu liminarmente a Portaria 1.129, do Ministério do Trabalho, de 13/10/2017, e que tinha por objeto regulamentar o tipo penal da redução à condição análoga a de escravo[78].

O STF, na sua jurisprudência mais recente, não faz distinção a respeito da quantidade de trabalhadores a quem são impostas condições análogas a de escravos para se fixar a competência da Justiça Federal. O STJ[79], porém, leva em consideração o número de trabalhadores vítimas do crime, apenas reconhecendo a competência da Justiça Federal quando for significativa a quantidade de sujeitos passivos.

Crimes contra o sistema financeiro e a ordem econômico – financeira

Pelo texto da norma constitucional em estudo, apenas nos casos determinados em lei, os crimes contra o sistema financeiro e a ordem econômico – financeira serão julgados pela Justiça Federal. Não havendo essa previsão, em regra, a competência será da Justiça Estadual.

Isso significa dizer que não basta a existência de um crime que afete o sistema financeiro ou a ordem econômico-financeira para que se atraia a competência da Justiça Federal, sendo necessário que haja previsão expressa em lei (art. 109, VI, da CF).

Pode ser que, embora não haja previsão legal expressa da competência da Justiça Federal, o delito praticado tenha colocado em risco, ao menos potencialmente, o regular funcionamento do sistema financeiro ou a ordem econômico-financeira, como um todo, afetando, assim, o interesse da União em preservar a economia do país (art. 109, IV da CF).

Também factível que, mesmo não existindo previsão legal expressa da incidência da Justiça Federal para processar e julgar a infração, o crime perpetrado afete, diretamente, bens e serviços da União, empresas públicas ou entidades autárquicas, o que justifica o estabelecimento da competência na Justiça Federal.

Crimes contra a economia popular

Os crimes previstos na Lei que trata dos crimes contra a economia popular (Lei 1.521/51) são de competência da Justiça Estadual, porque o diploma legal nada menciona a respeito da competência da Justiça Federal.

---

77. STF. Pleno. Inq 3412/AL, Redatora p/acórdão Minª. Rosa Weber. J. 29/03/2012. DJe 12/11/2012.
78. STF. Medida Cautelar na Arguição de Descumprimento de Preceito Fundamental 489/DF. Rel. Minª. Rosa Weber.
79. STJ – CC 95.707/TO, Rel. Min. Maria Thereza de Assis Moura, j. 11/02/2009.

Este é o teor da Súmula 498 do STF: "Compete à Justiça dos Estados, em ambas as instâncias, o processo e o julgamento dos crimes contra a economia popular".

Crimes contra o sistema financeiro nacional

Os crimes tipificados na Lei 7.492/86 (crimes contra o sistema financeiro nacional) serão julgados pela Justiça Federal, por expressa menção do se art. 26, *caput*. Pouco importa que o prejuízo pela infração tenha se circunscrito à uma instituição financeira privada, pois, segundo entendimento do STF[80], há, de qualquer forma, interesse da União na segurança e confiabilidade do sistema financeiro nacional.

O tipo penal do art. 19 da lei 7.492/86 tem a seguinte redação: "Obter, mediante fraude, financiamento em instituição financeira".

Há quem entenda que qualquer fraude visando obter financiamento ou empréstimo atrairia a competência da Justiça Federal, porque o art. 26 assim prevê, sem estabelecer exceções.

O *financiamento*, citado pela lei e que justifica a atuação da Justiça Federal, difere do *empréstimo*. Em irrepreensível decisão, o STJ[81] bem explicou que obter, mediante fraude, financiamento difere de concessão de empréstimo; obter financiamento significa dizer que há uma vinculação certa, distinguindo-se do empréstimo que possui destinação livre. Quando, por exemplo, o empréstimo fraudulento envolve valores com finalidade certa (*v.g.*, aquisição de veículo automotor), a conduta, ao menos em tese, deve se subsumir ao tipo penal do art. 19 da Lei 7.492/86, o qual deverá ser julgado, de acordo com o art. 26 da mesma lei, perante a Justiça Federal. Em outra decisão, o STJ[82] ratificou o mesmo entendimento no sentido de que basta a existência de fraude em financiamento junto a Instituição Financeira para se atrair a competência da Justiça Federal, sem a necessidade de se comprovar potencial abalo ao sistema financeiro como um todo em razão da conduta criminosa; salientou-se, ainda, na decisão em comento que "a nova orientação no âmbito do Ministério Público Federal no sentido de que compete à Justiça Estadual apurar condutas delitivas que afetam apenas o patrimônio de instituições financeiras e não o Sistema Financeiro como um todo não prosperou nesta Corte, a qual entende que, para a configuração do delito descrito no art. 19 da Lei 7.492/86, basta a obtenção, mediante fraude, de financiamento em instituição financeira com destinação específica dos valores obtidos".

Porém, se foi obtido apenas um empréstimo fraudulento perante um Banco Privado ou uma sociedade de economia mista (Banco do Brasil, *v.g.*), estará caracterizado mero estelionato de competência da Justiça Estadual; claro que se, do empréstimo fraudulento, acarretar prejuízo à União, suas entidades autárquicas ou empresas públicas (por exemplo, estelionato praticado contra a Caixa Econômica Federal), a competência será da Justiça Federal.

---

80. STF HC 93.733/RJ- 1ª T. Rel. Min. Carlos Britto- DJe 064- 02/04/2009.
81. STJ – 3ª Seção- CC- 120412- SC 2011/0303413-6, Relator: Ministra Alderita Ramos de Oliveira (Desembargadora convocada do TJ/PE), j. 28/08/2013, DJe 30/08/2013.
82. STJ – CC 161.707/MA (2018/0275748-1). 3ª Seção. Rel. Min. Joel Ilan Paciornik.

Já decidiu, entretanto, o STJ[83] que a operação de leasing financeiro, mediante fraude, seria crime de competência da Justiça Federal, porque seria crime contra o Sistema Financeiro Nacional.

Crimes contra a ordem tributária, econômica e contra as relações de consumo

Os delitos previstos nas leis 8.137/90 (crimes contra a ordem tributária, econômica e contra as relações de consumo) e 8.176/91 (crimes contra a ordem econômica), normalmente, serão julgados pela Justiça Estadual, e só serão de competência da Justiça Federal, se houver lesão a bens, serviços ou interesses da União (art. 109, IV, da CF).

Os crimes que envolvem a sonegação de tributos federais são crimes de competência da Justiça Federal, é claro; já a sonegação de tributos estaduais ou municipais deverão ser julgados pela Justiça Estadual.

Crimes de adulteração de combustível

Os crimes de adulteração de combustível (Lei 8.176/91) deverão ser julgados pela Justiça Estadual, não sendo relevante o fato de que o órgão encarregado do controle da qualidade dos combustíveis – a Agência Nacional de Petróleo (ANP)-ser uma autarquia federal. O interesse da mencionada autarquia federal é apenas reflexo ou indireto, não justificando a atuação da Justiça Federal, como já decidiu o STF.[84]

Crime de formação de cartel

Quanto aos delitos de formação de cartel (art. 4º da Lei 8.737/90), como já decidiu o STJ[85], em regra, deverão ser julgados pela Justiça Estadual, a não ser que sua prática acarrete prejuízo a bens, serviços ou interesses da União, autarquias ou empresas públicas, ou que a extensão da atuação do grupo econômico conluiado abranja vários Estados da Federação, prejudicando o setor estratégico da economia nacional ou o fornecimento de serviços essenciais que justifiquem a interferência da União.

Crimes de lavagem de capitais

A lei 9.613/98, em seu art. 2º, III, estabelece que a competência será da Justiça Federal, em duas hipóteses:

a) quando praticados contra o sistema financeiro e a ordem econômico – financeira, ou em detrimento de bens, serviços ou interesses da União, ou de suas entidades autárquicas ou empresas públicas. Sendo assim, o crime de lavagem quando ocorrer em instituição bancária situada fora do país referente à evasão de divisas, sem declaração à Receita Federal, atrairá a competência da Justiça

---

83. STJ – 3ª Seção, CC 114.322/SP, Rel. Min. Maria Thereza de Assis Moura, j. 14/03/2011.
84. STF – RE 454.737/SP – Pleno – Rel. Min. Cezar Peluso- DJe 222 20/11/2008.
85. STJ – HC 117.169/SP – 5ª T. Rel. Min. Napoleão Nunes Maia Filho- DJe 16/03/2009; STJ – HC 32.292/RS- 5ª T. Rel. Min. José Arnaldo da Fonseca- DJ 03/05/2004.

Federal, porque se trata de crime contra o sistema financeiro nacional e a própria Ordem Econômica Nacional, como decidido pelo STJ[86];

b) quando a infração penal antecedente for de competência da Justiça Federal.

Logo, por eliminação, o crime de lavagem de capitais será da competência da Justiça Estadual, quando:

b.1) Não houver prejuízo à União, entidades autárquicas ou empresas públicas federais;

b.2) O crime antecedente for de competência da Justiça Estadual;

b.3) O crime não for praticado contra o sistema financeiro, ou em face da ordem econômica nacional.

5º – os *habeas corpus*, em matéria criminal de sua competência ou quando o constrangimento provier de autoridade cujos atos não estejam diretamente sujeitos a outra jurisdição (art. 109, VII).

Contra ato de delegado de polícia federal, caberá *habeas corpus* perante o juiz federal; partindo o constrangimento de ato do juiz federal ou procurador da república, caberá *habeas corpus* perante o Tribunal Regional Federal, o órgão de 2ª instância da Justiça Federal. Compete aos Tribunais Regionais Federais também julgar em *habeas corpus* o eventual constrangimento ilegal praticado por juízes da Justiça Militar da União, da Justiça do Trabalho e os membros do Ministério Público da União, ressalvada, em todos os casos, a competência da Justiça Eleitoral. Se houver requisição de instauração de inquérito policial pelo juiz federal ou pelo procurador da república a autoridade coatora não será o delegado da polícia federal, mas sim a autoridade requisitante, de modo que o remédio heroico deverá ser endereçado ao TRF. Se a requisição provier de desembargador do TRF ou de Procurador Regional da República o *habeas corpus* será julgado pelo STJ (art. 105, I, *a*, da CF). Como se nota, a fixação da competência de julgamento do *habeas corpus* é estabelecida no órgão com jurisdição para apreciar, em tese, a prática de algum delito de abuso de autoridade, seja ele perpetrado por delegado federal, juiz federal, procurador da república, desembargador ou procurador regional da república, quando instaurarem ou requisitarem inquéritos policiais, ou através de qualquer ato de persecução criminal; o delegado federal seria julgado pelo juiz federal; o juiz federal e procurador da república pelo TRF, o desembargador federal e o procurador regional da república pelo STJ.

Questão interessante trazida à baila por Renato Brasileiro de Lima[87] se refere ao julgamento de *habeas corpus* no caso de requisição de inquérito policial procedida por membro do Ministério Público da Justiça Militar da União e pelo integrante do MPDFT (Ministério Público do Distrito Federal e Territórios). Como esses membros do *Parquet*, em caso da prática de crimes, deverão ser julgados pelo Tribunal Regional Federal,

---

86. STJ – CC 32.861/SP – 3ª Seção- Rel. Min. Gilson Dipp- j. 10/10/2001; DJ 19/11/2001, p. 231.
87. Renato Brasileiro de Lima, Curso de Processo Penal, p. 437.

indaga-se: se o *habeas corpus* impetrado tendo por objeto a requisição de inquérito policial por eles deverá ser julgado pelo Tribunal Regional Federal (órgão com competência originária para julgar os integrantes do MP da União pela prática de crimes) ou pelo STM (Superior Tribunal Militar) e TJDF (Tribunal de Justiça do Distrito Federal), órgãos com competência para julgar as infrações que estão sendo investigadas, respectivamente, pela autoridade militar encarregada da persecução penal e pela Polícia Civil do DF?

O citado autor propõe duas soluções:

I – Na hipótese de manifesto constrangimento ilegal (abuso de autoridade) pelo membro do Ministério Público Militar ou do DF, a competência para julgar o *habeas corpus* seria endereçado ao Tribunal Regional Federal;

II – Se, durante a análise do *writ* se discutir a competência da Justiça do Distrito Federal ou da Justiça Militar da União, seria inviável que o Tribunal Regional Federal invadisse tais competências, decidindo a respeito da apuração ou não de ilícitos que não são de sua alçada. Não haveria, assim, qualquer sentido em o Tribunal Regional Federal, *v.g.*, trancar um inquérito policial que investiga um crime militar, ou um delito de competência da Justiça do Distrito Federal. Propõe então o autor que, apenas nessa situação, o julgamento do *habeas corpus* ocorresse perante o STM ou no Tribunal de Justiça do DF.

Embora engenhoso o raciocínio, ousamos discordar; para nós, a melhor solução é outra: havendo requisição de instauração de inquérito policial pelo membro do MP Militar da União ou do DF, o julgamento do remédio heroico será, respectivamente, do STM ou do TJDF, para que, no exercício de sua competência fixada constitucionalmente – em respeito, portanto, ao princípio constitucional do juiz natural – decidam pelo trancamento ou não da persecução penal referente a delitos que poderiam, em tese, ser julgados por tais órgãos judiciários. Não haverá sentido, mesmo que o constrangimento ilegal fosse gritante, caracterizador mesmo de abuso de autoridade por membro do *Parquet*, que o *habeas corpus* decidindo a respeito de um trancamento de inquérito policial requisitado pelo MP fosse decidido por órgão jurisdicional sem qualquer competência sobre a matéria – Tribunal Regional Federal. E se houver indício da prática de crime por parte do membro do MP Militar da União ou do MPDF, o que fazer? Simples; o STM ou o TJDF, após decidirem a respeito do writ, utilizando de sua competência constitucional, remeteriam cópias das peças dos autos de *habeas corpus* ao Procurador Geral da República para que, se o caso, venha a processar criminalmente o promotor militar e o promotor do DF, em sede própria, qual seja, perante o TRF.

6º – os mandados de segurança contra ato de autoridade federal, excetuados os casos de competência dos Tribunais Federais (art. 109, VIII)

Os mandados de segurança contra ato de delegado da polícia federal serão julgados pelos juízes federais. Mas os mandados de segurança tendo por objeto decisões dos juízes federais ou do TRF serão julgados pelo próprio TRF (art. 108, I, *c*, da CF).

O mandado de segurança é previsto na CF, em seu art. 5°, LXIX, com a finalidade de tutelar direito líquido e certo não amparado por *habeas corpus* ou *habeas data*. O writ é regulamentado pela Lei 12.016/2009.

7° – os crimes cometidos a bordo de navios ou aeronaves, ressalvada a competência da Justiça Militar (art. 109, IX)

Navios

Os navios devem ser de grande envergadura, com capacidade de deslocamentos internacionais, para que seja atraída a competência da Justiça Federal. O crime cometido a bordo de lanchas, botes com motor, jet ski, veleiros, serão de competência da Justiça Estadual e não Federal, como já decidiu o STJ[88]. Navios, para efeito de incidência da Justiça Federal, devem ser apenas aqueles que tenham capacidade de navegação em alto mar, possibilitando que adentre em águas internacionais, o que afetaria, em tese, o interesse da União.

Já decidiu o STJ[89] que o crime que justifica a competência da Justiça Federal é aquele que se dá no interior do navio; se alguém se lesionar ao embarcar em um navio ancorado, por não haver a possibilidade de deslocamento internacional, a competência deverá ser da Justiça Estadual. Em semelhante situação, da mesma forma, entendeu o STJ[90] que a ocorrência de um homicídio culposo, em tese, vitimando uma pessoa estranha à embarcação estrangeira – e não por passageiro ou funcionário do navio – tratava-se de operação de carregamento de veículo – atrairia a competência da Justiça Estadual e não federal, justamente porque não havia a possibilidade-sequer potencial – de navegação internacional, uma vez que o navio se encontrava fundeado. Portanto, a condição para que se atraia a competência da Justiça Federal é que o crime ocorra no interior de um navio se deslocando com possibilidade de navegação internacional, ou na iminência de fazê-lo; se o crime ocorrer quando do transporte de pessoas ou coisas do lado de fora para dentro (ou vice – versa), a competência será da Justiça Estadual.

Aeronaves

À semelhança do que dissemos em relação aos navios, os crimes cometidos no interior de aeronaves só fundamentam a competência da Justiça Federal se os aparelhos forem de grande porte, com capacidade de deslocamento nacional ou internacional. Crimes cometidos a bordo de ultraleves ou monomotores devem ser julgados pela Justiça Estadual.

Mesmo que a aeronave tenha autonomia para voar apenas no território nacional, a competência continuará sendo da Justiça Federal, porque cabe à União explorar, diretamente ou mediante autorização, concessão ou permissão a navegação aérea (art.

---

88. STJ – CC 24.249/ES, Rel. Min. Gilson Dipp, 3ª Seção, DJ 17/04/2000, p. 41.
89. STJ – CC 43.404/SP – 3ª Seção- Rel. Min. Arnaldo Esteves Lima- DJ 02/03/2005, p. 184.
90. Informativo do STJ. STJ. CC. 116011. 3ª Seção. Rel. Min. Gilson Dipp.

21, XII, c, da CF). Sendo assim, é do interesse da União, através da sua Justiça, julgar os delitos praticados no interior das aeronaves tenham ou não capacidade de deslocamento internacional.

A aeronave onde tenha sido praticado o crime pode estar voando ou ainda em terra. O STF[91] entendeu que um crime de roubo cometido no interior de uma aeronave, mesmo que ainda em terra, deveria ser julgado pela Justiça Federal, sendo irrelevante tal circunstância, afinal o delito ocorreu, nos termos do dispositivo constitucional em comento, no interior de uma aeronave.

No mesmo sentido, o STJ[92] decidiu pela competência da Justiça Federal em caso de roubo praticado no interior de aeronave que estava em solo, isso porque o art. 109, IX, da CF, estabelece a competência, genericamente, em razão de o crime ser praticado a bordo de aeronave, sendo irrelevante que esteja em ar ou em terra.

Como bem observa Renato Brasileiro de Lima[93], o delito de tráfico de drogas que tenha sido cometido no interior de navio ou de aeronave será da competência da Justiça Federal, mesmo que o deslocamento espacial dos aparelhos não seja internacional (a já estudada internacionalidade da conduta).

Ressalta o referido autor que o flagrante do tráfico de entorpecentes, para justificar a incidência da Justiça Federal, deverá ocorrer no interior de navio ou de aeronave; se, em voos ou viagens de navios pelo interior do Brasil, o agente sai das aeronaves ou navios, e é preso na posse de drogas, no aeroporto ou porto, a competência será da Justiça Estadual, podendo se tratar de tráfico interestadual, "pouco importando que o transporte, que antecedera a prisão, tenha sido feito por meio de avião". Segundo o STF[94] "o fato de a droga haver sido transportada por via aérea não ocasiona, por si só, a competência da Justiça Federal. Prevalece, sob tal ângulo, o local em que apreendida".

Em complemento ás explicações acima, acrescentamos que, mesmo que o agente, na posse de drogas para o tráfico, saia do navio ou da aeronave, após realizar viagem internacional, ou ainda que antes de entrar em tais meios de locomoção, mas com a *nítida intenção* de realizar o tráfico internacional, será atraída a competência da Justiça Federal, pela internacionalidade da conduta (art. 109, V, da CF).

Os crimes militares cometidos no interior de navios ou aeronaves serão julgados pela Justiça Militar e não federal porque o dispositivo em estudo ressalva a competência da Justiça Militar nessas hipóteses.

8º – os crimes de ingresso ou permanência irregular de estrangeiro, a execução de carta rogatória, após o *exequatur*, e de sentença estrangeira, após a homologação (art. 109, X)

São os crimes de ingresso ou permanência de estrangeiro com nome falso ou atribuição de falsa identidade e de reingresso de estrangeiro expulso (art. 309 e 338

---

91. STF – 1º T. – RHC 86.998/SP – Rel. Min. Cármen Lúcia, DJe 004 2/04/2007.
92. STJ – HC 108.478/SP (2008/0128786-3). Rel. (Desembargador Convocado) Adilson Vieira Macabo.
93. Renato Brasileiro de Lima, Curso de Processo Penal, p. 440.
94. STF – RE 43.500/DF- 1ª T. rel. Min. Marco Aurélio- DJe 092- 21/05/2008.

do CP). Tais crimes podem ser praticados por estrangeiros e também por brasileiros. Importante notar que, apenas após a homologação ou o "exequatur", pelo STJ (art. 107, I, *i*, da CF), a competência passará aos juízes federais, a fim de que promovam a execução da carta rogatória ou da sentença estrangeira (art. 109, X, da CF);

9º - a disputa sobre direitos indígenas (art. 109, XI)

Não é suficiente, para que se atraia a competência da Justiça Federal, que em um crime conste, como autor ou vítima, um índio; é também necessário que o delito se relacione à disputa sobre direitos indígenas, a ponto de afetar o interesse geral (transindividual) da comunidade silvícola. Atingido, apenas, o interesse individual da pessoa do índio, o crime será julgado pela Justiça Estadual. Neste sentido, a Súmula 140 do STJ: "compete à justiça comum estadual processar e julgar crime em que o indígena figure como autor ou como vítima".

Sendo assim, mesmo que crimes ocorridos no interior de uma aldeia indígena, mas sem qualquer relação com disputa a respeito de direitos indígenas (um crime de furto, homicídio passional entre silvícolas, por exemplo) serão de competência da Justiça Estadual.

E o que são os "direitos indígenas"?

Segundo o art. 231 da CF, "São reconhecidos aos índios sua organização social, costumes, línguas, crenças e tradições, e os direitos originários sobre as terras que tradicionalmente ocupam, competindo à União demarcá-las, proteger e fazer respeitar todos os seus bens".

Portanto, qualquer crime que envolva litígio que comprometa, mesmo que potencialmente, a organização social, costumes, tradições, a posse de terras, etc, justificará a incidência da Justiça Federal. Como julgou o STJ[95], o homicídio de um índio, relacionado à disputa sobre terras ocupadas pelos silvícolas, justifica a competência do Tribunal do Júri Federal. De idêntica maneira, crime de calúnia e difamação perpetrados na disputa pela definição de quem seria o cacique de uma tribo, faz prevalecer a competência da Justiça Federal[96]. A regra de competência para processar e julgar indígena, quer como autor ou como vítima de crime, é da Justiça comum estadual. Somente estará caracterizada a competência da Justiça Federal, se o crime cometido por indígena ou contra indígena tiver correlação com direitos indígenas, "*vale dizer*, se o delito **guardar conexão** com a cultura, com a terra, com os costumes, com a organização social, com as crenças e tradições dos silvícolas, *ou*, ainda **quando a prática delituosa**, *por afetar a própria existência ou sobrevivência de uma etnia indígena*, **importar** em atos **configuradores** *de genocídio* (**Lei** nº 2.889/1956). **Precedentes**". Este é o teor da Súmula 140 do STJ: "Compete à Justiça Comum Estadual processar e julgar crime em que o indígena figure como autor ou vítima".

---

95. STJ - HC 77.280/RS- 5ª T. Rel. Min. Arnaldo Esteves Lima- DJe 09/03/2009.
96. STJ. Conflito de Competência 123.016/TO (2010/0119013-6). Rel. Min. Marco Aurélio Bellizze.

Como salientado por Renato Brasileiro de Lima[97], os crimes cometidos em detrimento de terras indígenas – por silvícolas ou não-serão sempre de competência da Justiça Federal, a uma, porque as terras tradicionalmente ocupadas pelos índios são bens da União (art. 20, XI, da CF); a duas, a disputa por tais terras compreende nitidamente direitos indígenas (art. 109, XI, da CF), e, por isso, dentre outros crimes, os ambientais, serão sempre julgados pela Justiça Federal. O simples fato, todavia, de um crime ser cometido no interior de uma reserva indígena, mas sem pertinência com direitos indígenas, não atrai a competência da Justiça Federal, devendo tal infração ser julgada pela Justiça comum estadual, por não envolver qualquer "disputa sobre direitos indígenas"[98]. Se a invasão de terras for promovida pelos índios, mas sem qualquer relação com a sua reserva indígena, a competência para julgar tais infrações será da Justiça comum estadual, e não da Justiça Federal[99].

Interessante notar que o art. 57 do Estatuto do Índio estabelece não ser permitido aos líderes de grupos tribais a imposição de sanções de caráter cruel ou infamante, nem de pena de morte contra seus membros, sendo típica, portanto, a conduta que venha expor a vítima a intenso sofrimento físico, como forma de aplicar castigo. Nessa situação-, de sofrimento, lesão ou morte, no contexto da cultura indígena, atrairá a competência da Justiça Federal para julgamento das infrações penais[100].

A intervenção da FUNAI (Fundação Nacional do Índio), ingressando em processo criminal em que constam como acusado indígena, *mesmo não se relacionando em nada com a disputa de direitos indígenas*, acarreta o eventual deslocamento da competência da Justiça Estadual para a Justiça Federal, pois a FUNAI é autarquia fundacional federal. Caso a FUNAI requeira o ingresso no processo em que é acusado índio, *sendo irrelevante se o silvícola é tido por integrado à sociedade ou não*, e sendo indeferido, pelo Juízo Estadual, tal pedido, o feito será anulado, por incompetência absoluta, a partir da data do pedido, e de todos os atos subsequentes[101].

5.8.2.2. Justiça Comum Estadual

A Justiça Comum Estadual possui competência residual, sendo seu campo de incidência estabelecido por eliminação: tudo que não for de competência da Justiça Comum Federal e das Justiças Especiais, será de sua alçada. Em outras palavras, tratando-se de crimes que não sejam de competência da Justiça Comum Federal, da Justiça Eleitoral ou da Justiça Militar, deverão ser julgados pela Justiça Comum Estadual.

É formada pelo Tribunal de Justiça, em segunda instância, e pelos Tribunais do Júri, pelos Juízes de Direitos, pelos Juizados Especiais, em primeira instância. As Turmas Recursais dos Juizados, integradas por juízes de 1º grau, formam verdadeiro órgão revisor das decisões de primeira instância dos Juizados Especiais.

---

97. Renato Brasileiro de Lima, Curso de Processo Penal, p. 443.
98. STF. HC 81.827/MT, Rel. Min. Maurício Corrêa.
99. STF. HC 158.657/Rio Grande do Sul. Rel. Min. Celso de Mello.
100. STJ – HC 208.634/RS, 6ª T. Rel. Min. Rogerio Schietti Cruz, julgado em 14/06/2016, DJe 23/06/2016.
101. STJ. Recurso em Mandado de Segurança 30.675/AM (2009/0200796-2). Rel. Min. Gilson Dipp.

É autorizado aos Estados – membros que legislem, através de suas normas de organização judiciárias, estabelecendo juízos competentes, pela matéria, para julgar determinados delitos, como, por exemplo, varas especializadas em julgar infrações que envolvam organizações criminosas, delitos relacionados a tóxicos, crimes contra o patrimônio etc. Como explica Vicente Greco Filho[102], as "normas de organização judiciária estão entre o direito administrativo e o direito processual. São administrativas na medida em que estruturam órgãos públicos, não interferindo em direitos e ônus das partes, servem de apoio ao direito processual e estão a serviço deste".

Embora ampla a possibilidade de estabelecimento de competências pela matéria, é certo que as leis de organização judiciária, em hipótese alguma, poderão retirar do júri a competência para julgar os crimes dolosos contra a vida, porque tal competência é uma imposição constitucional (art. 5º, XXXVIII, *d*, da CF e art. 74 do CPP).

5.8.2.3. Conexão e continência entre delitos de competência da Justiça Federal e Estadual. Perpetuação da jurisdição

5.8.2.3.1. Conexão e continência entre delitos de competência da Justiça Federal e Estadual

Se houver conexão entre delitos da competência da Justiça Federal e da Justiça Estadual prevalecerá a competência da Justiça Federal, estabelecida, diretamente, na própria Constituição Federal, expressamente, como vimos acima, sob pena de, assim não procedendo, configurar-se evidente incompetência absoluta, gerando igualmente a nulidade absoluta do processo, por ofensa ao princípio do juiz natural.

Estipula a Súmula 122 do STJ que: "Compete à Justiça Federal o processo e julgamento unificado dos crimes conexos de competência federal e estadual, não se aplicando a regra do art. 78, II, *a*, do Código de Processo Penal".

Isso significa dizer que, pouco importa, como critério para atrair uma infração penal a julgamento conjunto em outro juízo, a gravidade da infração ou mesmo a quantidade de delitos, como estabelece o art. 78 do CPP referido na Súmula. Mesmo que a infração de competência da Justiça Estadual tenha pena máxima superior ao delito de competência da Justiça Federal, ou que a haja mais delitos de alçada da Justiça Estadual, de qualquer forma, sempre prevalecerá a infração de competência da Justiça Federal a fim de atrair todos os delitos para julgamento comum perante a Justiça Federal.

Na situação de um crime doloso contra a vida de competência da Justiça Estadual tiver sido praticado em conexão com outro delito que deve ser julgado pela Justiça Federal (por exemplo, tráfico internacional de entorpecentes), prevalecerá, para julgamento conjunto de tais delitos, a Justiça Federal, mais especificamente, o Tribunal do Júri Federal, competente para julgar tais delitos. Some-se, ainda que, ao mesmo tempo, fixando-se a competência do Tribunal do Júri *federal* se respeita, mais uma vez, a Lei Maior, porque o Tribunal Popular é organizado pela Justiça da União, com

---

102. Vicente Greco Filho, Manual de Processo Penal, p. 68.

competência para julgar os delitos expressamente previstos nela (no nosso exemplo, o tráfico internacional de entorpecentes).

Havendo conexão entre um crime de competência da Justiça Federal e uma contravenção – mesmo que praticada em detrimento da União, de suas autarquias ou empresas federais, o crime será processado pela Justiça Federal e a contravenção penal pela Justiça Estadual, porque a Justiça Federal, como vimos, não julga – jamais – contravenções penais.

Na situação em que existe mera casualidade na descoberta de infrações de competência da Justiça Federal e Estadual, a Súmula 122 do STJ não deverá prevalecer: cada crime será julgado em processos distintos por cada Justiça, pois não terá havido, tecnicamente, de acordo com o preconiza o CPP, conexão ou continência.

Exemplo comum de tal hipótese ocorre quando, na prisão em flagrante de alguém pela prática do delito de tráfico interno de entorpecentes (de competência da Justiça Estadual), apreenderem-se cédulas falsas (crime de competência da Justiça Federal). Se não se apurar a ligação entre tais infrações, mas simplesmente a mera casualidade na sua descoberta, cada delito será processado separadamente: o tráfico de entorpecentes será julgado pela Justiça Estadual e o delito de moeda falsa pela Justiça Federal.

Esse entendimento encontra-se praticamente pacificado no STJ.[103]

Claro que tal posição – firme na jurisprudência – acarreta duplicidade de processos, maiores gastos e esforços de todas as instituições persecutórias; basta imaginar, no nosso exemplo, a apreensão conjunta de moeda falsa e drogas para o tráfico por dois policiais. Serão ajuizadas duas denúncias, pela Procuradoria da República (quanto ao delito de moeda falsa), e de tráfico de entorpecentes pelo MP Estadual, que darão início a dois processos – perante a Justiça Federal e Estadual – duas instruções, defesas, sentença, e, no final, toda a prova se baseará nos mesmos depoimentos dos agentes da lei; na audiência da Justiça Federal irão depor sobre a moeda falsa; na audiência da Justiça Estadual a respeito das drogas encontradas, sendo que tudo ocorreu no mesmo momento!

Essa interpretação nos parece comprometer o princípio da razoável duração do processo (art. 5º, LXXVIII, da CF), pois, afinal, não seria muito mais prático aplicar-se a Súmula 122 do STJ para julgamento conjunto das infrações, perante a Justiça Federal?

E mais: a prova de uma infração – o depoimento dos policiais no exemplo ora desenvolvido por nós – não influencia a prova da outra (conexão probatória – art. 76, III, do CPP)?!; não é claro que ao tratar do entorpecente apreendido, naturalmente, falará a testemunha a respeito das moedas falsas encontradas, v.g., no mesmo cômodo?

Por que, então, artificial, inútil e dispendiosamente, cindirem-se os processos quando é óbvia a conexão probatória entre eles, e evidente o ganho de tempo e recursos, inutilmente gastos com a instauração de dois processos?

Poder-se-ia dizer que, em verdade, a prova do delito de tráfico não necessariamente influenciará a apuração do crime de moeda falsa e que, tecnicamente, assim, não haveria conexão probatória entre infrações, mas mera conveniência de sua apuração conjunta quando simultaneamente descobertas; mas, de qualquer modo, embora a nossa solução possa não ser a melhor, numa interpretação estrita do conceito legal

---

103. STJ – 3ª Seção- CC 110.702/RS, Rel. Min. Jorge Mussi, j. 22/06/2011.

de conexão probatória, entendemos que é a mais prática e melhor se coaduna com a necessidade imperiosa de um processo mais célere, sem inúteis dispêndios de recursos do Estado no campo da persecução penal, sabidamente escassos.

5.8.2.3.2. Conexão entre infrações federais e estaduais e perpetuação da jurisdição

Já sabemos que, admitida a existência de infrações conexas ou continentes federais e estaduais, a competência que irá prevalecer é a da Justiça Federal para julgamento conjunto.

Indaga-se: **E se durante o julgamento pelo Juízo Federal, por exemplo, de um crime de tráfico internacional de drogas, apura-se que, em verdade, o tráfico era interestadual, portanto, de competência da Justiça Estadual, haverá a perpetuação da jurisdição e o juiz federal julgará o crime, ou deverá enviar o processo ao juiz de direito estadual, com competência residual para julgar tal infração?**

Há **duas posições** sobre o tema:

1ª Posição: é aplicável a *perpetuatio jurisdicionis* prevista no art. 81, *caput*, do CPP, que tem a seguinte redação: "Verificada a reunião dos processos por conexão ou continência, ainda que no processo de sua competência própria venha o juiz ou tribunal a proferir sentença absolutória ou que desclassifique a infração para outra que não se inclua na sua competência, continuará competente em relação aos demais processos". O juiz federal, mesmo no caso de verificar que o crime objeto daquele processo é de competência da Justiça Estadual deverá julgá-lo. De idêntica forma, se houver a atração, pela conexão ou continência, de um delito de competência da Justiça Estadual, em razão de outro crime conexo da alçada da Justiça Federal, e se verificar que o autor desse delito conexo federal teve extinta sua punibilidade ou que tal crime não era de competência da Justiça Federal, de qualquer modo, deveria perpetuar-se a competência da Justiça especializada federal, e não se remeter o processo para a Justiça Estadual.

2ª Posição: Não há perpetuação da jurisdição. A competência da Justiça Federal, prevista na Constituição, é de natureza absoluta, e de direito estrito: só é da competência dessa Justiça especializada determinadas causas expressamente previstas na Lei Maior. Desse modo, nos termos do art. 383, *caput* e § 2º, os autos devem ser remetidos ao Juízo competente. Esse entendimento foi seguido pelo STF, em caso concreto que tramitava perante a Justiça Federal, ocorrendo a reclassificação do crime para delito de competência da Justiça Estadual; entendeu-se que, por se tratar de competência absoluta, como é o caso da Justiça Federal, os autos deveriam ser remetidos à Justiça Estadual, sem prosseguir na Justiça Federal, sob pena de nulidade da sentença a ser proferida[104].

De qualquer modo, caso o juiz federal absolva o acusado pelo delito de competência da Justiça Federal em conexão com crime de competência da Justiça Estadual, como firmou sua competência – julgando o mérito – deverá decidir também o delito atraído proveniente da Justiça Estadual. Esse é o entendimento de Renato Brasileiro de Lima[105].

---

104. Informativo do STF. 20/08/2013. STF. HC 113845. 2ª T. Rel. Min. Teori Zavascki.
105. Renato Brasileiro de Lima, Curso de Processo Penal, p. 419.

5.8.3. Justiças Especiais

Como vimos, a Justiça Especial se compõe da Justiça Eleitoral, que julga as infrações eleitorais, e da Justiça Militar que julga os crimes militares.

5.8.3.1. Justiça Eleitoral. Competência

A Justiça Eleitoral tem por campo de ação o processo e julgamento dos crimes eleitorais, previstos no Código Eleitoral (Lei 4.737/65). São crimes eleitorais aqueles previstos no Código Eleitoral, ou aqueles que sejam eventualmente criados por lei federal. Os crimes eleitorais envolvem violação ou risco de lesão a bem jurídico bem definido: o processo eleitoral, abarcando desde o alistamento do eleitor até a diplomação de quem foi eleito. Os crimes contra a honra previstos no Código Eleitoral só serão considerados como infrações eleitorais, a atrair a competência da Justiça Eleitoral, quando houver intenção de surtirem efeito quando da propaganda eleitoral; se fora desse momento eleitoral, o crime contra a honra será daqueles previstos no Código Penal de competência da Justiça Comum e não Eleitoral.

5.8.3.2. Justiça Eleitoral e mera motivação eleitoral do delito

Como observa Renato Brasileiro de Lima[106], a mera motivação eleitoral de um delito que não esteja previsto como crime no Código Eleitoral, por exemplo, um homicídio perpetrado por motivação política, não atrai a competência da Justiça Eleitoral, porque não se trata de crime eleitoral. O homicídio com tal motivação será julgado pelo Tribunal do Júri.

5.8.3.3. Justiça Eleitoral e investigação judicial para imposição de sanção eleitoral

A Justiça Eleitoral possui, em sua esfera de atribuições, o poder de processar e julgar representações de caráter extrapenal, mesmo que contra membros do Congresso Nacional, desde que se vise apurar o uso indevido, desvio ou abuso de poder econômico ou do poder de autoridade, etc. É a denominada Ação de Investigação de Justiça Eleitoral (AIJE)[107]. Sendo julgada procedente a representação, mesmo depois da proclamação dos eleitos, o Tribunal declarará a inelegibilidade do representado, cominando-lhe a sanção de inelegibilidade para as eleições que se realizarem nos próximos oito anos subsequentes à eleição, além da cassação do registro ou diploma do candidato beneficiado diretamente pela interferência do poder econômico (art. 22, XIV, da Lei Complementar 64/90). Nessa situação de investigação judicial – como não há crime eleitoral – não se fale em competência da Suprema Corte e sim da Justiça Eleitoral[108]. Foi o que se deu com a apuração de abuso de poder econômico nas eleições presidenciais de 2014 (chapa "Dilma – Temer"), onde, em razão de representação de partido político (o PSDB), o TSE (Tribunal Superior Eleitoral), após investigar os fatos – doações da empreiteira

---

106. Renato Brasileiro de Lima, Curso de Processo Penal, p. 376.
107. Informativo do STF. 07/03/2018. STF. Pleno. ADPF 167. Rel. Min. Luiz Fux.
108. STF. Medida Cautelar em Reclamação 13.286/Rio Grande do Norte. Min. Celso de Mello.

Odebrecht (propina), no valor assustador de R$ 150.000.000,00 (cento e cinquenta milhões de reais), em benefício da campanha da coligação PT – PMDB, acabou, por maioria, decidindo não cassar a citada chapa (julgamento encerrado em 9/6/2017).

5.8.3.4. Justiça Eleitoral e conexão com delito de competência da Justiça Estadual e Federal

Havendo conexão entre um crime de competência da Justiça Estadual e outro de competência da Justiça Eleitoral, ambos serão julgados pela Justiça Eleitoral, de extração constitucional (art. 121, *caput*, da CF). É o que determina o art. 78, IV, do CPP – existindo conexão entre juízo comum e especial, o especial deverá prevalecer, bem como o que estabelece o art. 35, II, do Código Eleitoral.

E se houver conexão entre delitos de competência da Justiça Eleitoral e da Justiça Federal?

Pensamos que, nessa hipótese, deverá existir a necessária separação de processos: o crime federal será julgado pela Justiça Federal, e o eleitoral pela Justiça Eleitoral, porque as duas Jurisdições possuem extrato constitucional – são modalidades de competência absoluta pela matéria – de modo que não podem ser derrogadas por qualquer regra processual infraconstitucional. Ademais, sob o ponto de vista eminentemente prático, a Justiça Eleitoral não possui estrutura de funcionamento para dar vazão ao trâmite de processos de extrema complexidade (dezenas de acusados, perícias, citações, intimações, etc), como os de corrupção, concussão, organização criminosa. Sua competência é especializada: o Direito Eleitoral; sua estrutura apta para dar cobro a tais questões jurídicas; não há porque turbar seu funcionamento, ao ponto até, se vingar a tese da competência *universal* da Justiça Eleitoral, inviabilizá-la, levando graves delitos como os acima enumerados à inevitável prescrição e consequente impunidade.

No dia 14 de março de 2019, o Pleno, do STF, ao julgar o agravo regimental, no inquérito 4435, decidiu que, havendo conexão entre um crime de competência da Justiça Federal e outro eleitoral, deverá prevalecer a competência da Justiça Eleitoral, com estribo no art. 35, II, do Código Eleitoral e no art. 78, IV, do CPP. Reputou-se que as normas citadas deveriam prevalecer com fundamento no art. 109, IV, da CF, que, ao apontar a competência da Justiça Federal, ressalva que os crimes eleitorais deverão ser julgados pela Justiça Eleitoral. Reputamos equivocado tal entendimento, porque, certo que, se a competência da Justiça Eleitoral possui status constitucional, também a Justiça Federal o possui, com uma notável diferença: a competência da Justiça Federal é expressa, casuisticamente, na Lei Maior, enquanto que a faixa de competência da Justiça Eleitoral é discriminada em Lei Complementar (o Código Eleitoral). Ademais, a ressalva a competência da Justiça Eleitoral, prevista no inciso IV, do art. 109 da CF, tem o sentido de exigir que a Justiça Eleitoral julgue a infração eleitoral, enquanto que a Justiça Federal julgará o crime federal, sem que uma prevaleça sobre a outra. Obviamente, não é possível que a legislação infraconstitucional (Código Eleitoral e CPP) possam prevalecer sobre as normas da Constituição Federal; em outras palavras, não é jurídico subtrair-se da Justiça Federal crimes de sua competência material, com base em legislação infraconstitucional; seria necessária uma emenda constitucional para tanto. Esse, todavia, não foi o entendimento do Supremo, como vimos. E os processos em que não foi respeitada a regra de conexão, prevalecendo a competência da Justiça Eleitoral sobre a federal, para julgamento conjunto, deverão ser anulados? Depende: se tiver sido processado crime de competência da Justiça Federal e eleitoral, perante a Justiça Federal, será caso de se decretar a nulidade absoluta do processo, por violação à competência absoluta prevista na Lei Maior; havendo a cisão de processos, julgando a Justiça Federal o crime de sua competência, e a Justiça Eleitoral o crime eleitoral, será caso de nulidade relativa do processo, por ofensa aos artigos 35, II, do Código Eleitoral e art. 78, IV, do CPP, eiva essa submetida à preclusão e à demonstração do prejuízo. Nada impedirá, contudo, que o Juiz Eleitoral, a quem se incumbe apontar- ou não a conexão- delibere pela separação dos feitos, com fulcro no art. 80 do CPP, notadamente em casos em que a complexidade do feito (vários réus, necessidade de perícias, delações premiadas com diversos itens, etc) justifique a cisão com o escopo de se salvaguardar a razoável duração do processo.

Com esse entendimento, há uma decisão do STJ[109] apontando que "A conexão e a continência entre crime eleitoral e crime da competência da Justiça Federal não importa unidade de processo e julgamento". A 1ª Turma do STF, seguindo o voto do Min. Roberto Barroso, decidiu remeter ao Plenário a análise integral da questão referente a existência de conexão, ou não, entre a Justiça Eleitoral e a Justiça Federal. A questão deve ser discutida no colegiado porque a questão envolve arguição de inconstitucionalidade, além do que há divergência entre as Turmas, uma vez que foram proferidas decisões, pela 2ª Turma do STF[110], no sentido de que, havendo conexão entre a Justiça Eleitoral e Federal, deverá prevalecer a competência eleitoral. Obtemperou-se que seria necessário dar-se uma interpretação conforme ao art. 35, II, do Código Eleitoral que estabelece ser da competência da Justiça Eleitoral processar e julgar os crimes eleitorais e os comuns que lhe forem conexos. Para o Min. Barroso, é o caso de declaração parcial de inconstitucionalidade do citado dispositivo legal[111]. A nosso ver, mostra-se evidente que o que deve prevalecer não é o disposto no Código Eleitoral, ou o art. 78, IV, do CPP (que prevê que a Justiça especializada atraí por conexão os demais delitos), os quais, numa interpretação literal, sugerem que a competência que deva prevalecer, no caso de conexão entre uma infração de competência da Justiça Federal e outra de competência da Justiça Eleitoral, seria a da Justiça Eleitoral. Isso porque, por óbvio, a competência da Justiça Federal, prevista no art. 109, IV, da Constituição, não pode ser subtraída por dispositivos infraconstitucionais como os acima mencionados.

5.8.3.5. Justiça Eleitoral e conexão com crime doloso contra a vida

Existindo conexão entre um crime doloso contra a vida e um crime eleitoral entende-se, majoritariamente, à semelhança do que se disse a respeito da conexão entre

---

109. STJ-CC 19.478/PR- 3ª Seção- Rel. Min. Fontes de Alencar- DJ 04/02/02.
110. Informativo do STF. 06/02/2018. STF. 2ª T. Petição 6820. Rel. Min. Edson Faquin, re. p/o acórdão Ricardo Lewandowki. Informativo do STF. 03/04/2018. 2ª T. Petição 6694. Rel. Min. Edson Faquin.
111. Informativo do STF. 924. STF. 1ª T. Inq 4435 Quarto AgR/RJ, rel. Min. Marco Aurélio, red. p/ o acórdão Min. Roberto Barroso, julgamento em 20/11/2018.

delitos da alçada da Justiça Federal e crimes eleitorais, que a cisão será obrigatória: o crime doloso contra a vida será julgado pelo Júri, enquanto que o crime eleitoral pela Justiça Eleitoral, porque a competência de ambos é fixada pela Constituição e não podem ser derrogadas por normas processuais legais.

Há entendimento, absolutamente minoritário, em sentido contrário: de que a Justiça Eleitoral deveria julgar o crime eleitoral e *também o crime doloso contra a vida*. Posição essa totalmente inaceitável porque viola, a mais não poder, a competência do Júri fixada na Lei Maior como verdadeira garantia individual, insuscetível de ser abolida, por caracterizar verdadeira cláusula pétrea – núcleo intangível da Lei Maior (art. 60, § 4º, IV, da CF).

5.8.3.6. Crime cometido contra juiz ou membro do MP investido da função eleitoral

O delito cometido contra magistrado, membro do MP, investidos temporariamente da função eleitoral, ou contra funcionários da Justiça Eleitoral, um desacato por exemplo, serão julgados pela Justiça Federal, porque a Justiça Eleitoral faz parte da estrutura da Justiça da União, tornando evidente, assim, seu interesse em julgar tais infrações penais (art. 109, IV, da CF).

5.8.3.7. Composição da Justiça e do Ministério Público Eleitoral

A primeira instância da Justiça Eleitoral é formada por juízes de direito da Justiça Comum Estadual, por períodos específicos, a exercer a jurisdição eleitoral (Lei 4.737/65 – Código Eleitoral – arts. 25 e 32). Quanto ao Ministério Público, exercem a função eleitoral, também por tempo delimitado, os membros do Ministério Público dos Estados que oficiem na 1ª instância. Já os membros do *Parquet* federal exercerão suas funções eleitorais junto aos Tribunais Regionais Federais e ao Tribunal Superior Eleitoral. O Procurador-Geral da República é o chefe do Ministério Público Eleitoral, sendo assim, natural que as regras de designação dos membros do Ministério Público para desempenhar as funções junto à Justiça Eleitoral sejam disciplinadas pela Lei Complementar 75/1993 (Estatuto do Ministério Público da União). Segundo o STF[112], o fato de o promotor eleitoral (membro do Ministério Público estadual) ser designado pelo procurador regional eleitoral (membro do MPF), conforme estatuí o art. 27, § 4º, do Código Eleitoral, não viola a autonomia administrativa do Ministério Público estadual. Há, desse modo, subordinação hierárquico – administrativa – mas não funcional – do promotor eleitoral em face do procurador regional eleitoral e não ao procurador – geral de justiça. A designação do promotor eleitoral é ato complexo que conjuga a indicação do membro do MP estadual, por parte do Procurador-Geral de Justiça, seguindo-se o ato formal de designação para a função eleitoral por parte do procurador regional eleitoral.

Desse modo, o quadro da Justiça Eleitoral é o seguinte: juízes e promotores eleitorais em 1º instância, em cada comarca; a 2º instância é composta pelo Tribunal

---

112. Informativo do STF. 14/18 de novembro de 2016. Informativo nº 847. ADI 3.802/DF. Rel. Min. Dias Toffoli.

Regional Federal, que existe em cada um dos Estados; e o órgão de cúpula é o TSE (Tribunal Superior Eleitoral), com sede em Brasília.

Competência criminal dos Juízes eleitorais (art. 35 do Código Eleitoral – Lei 4.737/65)

1º – julgar os crimes eleitorais e comuns conexos;

2º – decidir *habeas corpus* e mandados de segurança, em matéria eleitoral;

Competência criminal do Tribunal Regional Eleitoral (art. 29 do Código Eleitoral – Lei 4.737/65)

1º – decidir os conflitos de jurisdição entre juízes eleitorais do mesmo Estado;

2º – decidir a respeito da suspeição ou impedimento de seus membros, do Procurador – Regional Eleitoral e dos juízes e dos escrivães eleitorais;

3º – os crimes eleitorais cometidos pelos juízes e promotores eleitorais;

4º – o *habeas corpus* e o mandado de segurança em matéria eleitoral contra ato de autoridades que respondam perante os Tribunais de Justiça por crime de responsabilidade e, em grau de recurso, os denegados ou concedidos pelos juízes eleitorais;

5º – pedido de desaforamento dos feitos não decididos pelos juízes eleitorais em 30 dias da sua conclusão para julgamento, formulado por candidato, MP ou parte legitimamente interessada;

6º – as decisões dos juízes eleitorais que concedam ou deneguem *habeas corpus* ou mandado de segurança.

7º – julgar os recursos interpostos em face de decisões dos juízes eleitorais.

Competência criminal do Tribunal Superior Eleitoral (art. 22 do Código Eleitoral – Lei 4.737/65)

1º – julgar os conflitos de jurisdição entre Tribunais Regionais e juízes eleitorais de Estados diferentes;

2º – a suspeição e o impedimento de seus membros, Procurador-Geral e funcionários;

3º – *habeas corpus* ou mandado de segurança em matéria eleitoral;

4º – o pedido de desaforamento dos feitos não decididos pelos Tribunais Regionais Eleitorais dentro de 30 dias da conclusão do relator, formulada pelo partido, candidato, MP ou parte interessada.

5º – para julgar, originariamente, recursos contra a diplomação de governadores, senadores e deputados estaduais e federais. É o chamado RCED (Recurso Contra Expedição de Diploma). No dia 7 de março de 2018, o Plenário do STF[113] estabeleceu a

---

113. Informativo do STF. 07/03/2018. STF. Pleno. ADPF 167. Rel. Min. Luiz Fux.

seguinte tese: "O Tribunal Superior Eleitoral é o órgão competente para julgar recursos contra expedição de diploma nas eleições presidenciais e gerais (federais e estaduais)".

6º – para responder a consultas por parlamentares (art. 23, XII, do Código Eleitoral). Segundo tal dispositivo, o TSE é a corte competente para, privativamente, responder sobre matéria eleitoral, às consultas que lhe forem feitas em tese por autoridade com jurisdição federal ou órgão nacional de partido político.

5.8.4. Competência criminal da Justiça do Trabalho

Como vimos acima, a Justiça Trabalhista tem competência para julgar *habeas corpus* quando a questão envolvida for trabalhista (art. 114, IV, da CF), mas não para julgar crimes.

Sendo assim, *v.g.*, o *habeas corpus* impetrado em face da prisão por falso testemunho ordenada por um juiz trabalhista será julgado pelo Tribunal Regional Trabalhista, e não pelo Tribunal Regional Federal. Tratando-se – o *habeas corpus* – de uma ação *penal* de conhecimento, de índole constitucional, não é correto, tecnicamente, dizer-se que a Justiça Trabalhista não possua competência penal, uma vez que julga, por expressa previsão constitucional, uma ação penal – o *habeas corpus* – quando o ato questionado envolver matéria trabalhista.

5.8.5. Justiça Militar. Linhas gerais. Competência criminal. Competência para o processo e julgamento de ações judiciais contra atos disciplinares militares

5.8.5.1. *Organização da Justiça Militar. Competência. Previsão constitucional*

A Justiça Militar se divide em Justiça Militar da União e Justiça Militar Estadual e deve julgar, em regra, os militares acusados da prática de crimes militares previstos no Código Penal Militar (Decreto Lei 1.001/69).

A Justiça Militar da União é prevista no art. 124, *caput*, da CF, ao estipular que a ela cabe processar e julgar os crimes militares definidos em lei, que são aqueles definidos no Código Penal Militar.

A Justiça Militar da União deve julgar os integrantes das forças armadas – Exército, Marinha e Aeronáutica, nos crimes militares definidos em lei. Excepcionalmente, apenas a Justiça Militar da União (e nunca a Justiça Militar dos Estados) poderá julgar civis, pela prática de crime contra as instituições militares federais, quer os tenha praticado sozinhos ou em concurso de agentes com acusados militares. A competência da Justiça Militar da União é fixada em razão da matéria- crime militar: é *ratione materiae*, podendo julgar militares e civis.

A Justiça Militar Estadual é prevista no art. 125, § 4º da CF, competindo-lhe processar e julgar os militares dos Estados, nos crimes militares definidos em lei, ressalvada a competência do Tribunal do Júri quando a vítima for civil. A Justiça Militar estadual irá julgar, exclusivamente, os policiais militares, os bombeiros militares e os policiais rodoviários militares pela prática de crimes militares, mas *jamais julgará civis por tais ilícitos*. A competência da Justiça Militar Estadual se define pela matéria (crime militar, *ratione materiae*), e também em razão da pessoa (*ratione personae*), ou seja, apenas militares serão por ela julgados.

5.8.5.2. Julgamento de civil pela Justiça Militar

A interpretação que o STF e o STJ têm dado à possibilidade de o civil ser julgado pela Justiça Militar da União[114] é muito restritiva, só sendo admitido seu julgamento quando, de maneira dolosa, o agente pratica uma infração penal em detrimento das instituições militares. Certo, então, como adverte Renato Brasileiro de Lima,[115] que não se atrairá a competência da Justiça Militar, no caso de homicídio culposo[116] ou lesões corporais culposas[117] praticadas por civil contra militar, mesmo que atingindo, de maneira relevante, o funcionamento e a estrutura militar, como se daria com a colisão com uma viatura militar; de igual maneira, na hipótese de ocorrência de dano culposo (previsto no CP Militar)[118], que tenha ocasionado prejuízos de monta, porque, nessas situações, o agente não pretendia, deliberadamente, atingir o bem jurídico tutelado: a regularidade das instituições militares.

No que se refere ao delito de estelionato praticado em detrimento do patrimônio afetado à administração militar federal, mesmo que praticado por civil, a competência para processar e julgar o fato será da Justiça Militar Federal, como já decidiu o STF[119].

Os crimes praticados por civis, no interior de lugares sujeitos à administração militar, contra militar em situação de atividade serão julgados pela Justiça Militar Federal (art. 9º, III, *b*, do CP Militar); por exemplo, delitos de furto, lesão corporal, desacato, no interior de um quartel cometidos por um civil contra um militar.

Em caso criminal julgado pelo STJ[120], entendeu-se que o furto praticado por civil, ainda que em local sob administração militar, mas de bem de propriedade particular de um capitão do Exército, deveria ser julgado pela Justiça Comum, e não pela Justiça Militar, não importando- tal ação criminosa- em um ataque à instituição militar.

No entanto, em outro processo que tinha por objeto a subtração de uma arma de fogo de soldado da Aeronáutica, por civil, em área militar, o STJ[121] confirmou a competência da Justiça Militar, uma vez que o delito foi praticado em detrimento do patrimônio militar.

Não obstante o art. 9º, III, *b*, do CP Militar estipule que o civil que praticar um crime em lugar sujeito à administração militar, contra funcionário de Ministério Militar ou da Justiça Militar, no exercício de função inerente ao cargo, será julgado pela Justiça Militar

---

114. Foi ajuizada pela Procuradoria Geral da República ADPF (Ação de Descumprimento de Preceito Fundamental), de número 289, pretendendo o reconhecimento da incompetência da Justiça Militar da União para julgar civis em tempo de paz.
115. Renato Brasileiro de Lima, Curso de Processo Penal, p. 360/361.
116. STF – HC 89.592/DF- 1ª T. Rel. Min. Carlos Britto- DJ-26/04/2007.
117. STF – HC 99.671/DF- Rel. Min. Ellen Gracie j. 24/11/2009.
118. STF – HC 105.348/RS, Rel. Min. Ayres Britto, j. 19/10/2010.
119. STF – HC 84.735/PR- 1ª T. Rel. Min. Eros Grau- DJ 03/06/2005.
120. STJ – CC 115.311/PA, 3ª Seção. Rel. Min. Maria Thereza de Assis Moura, julgado em 14/03/2011, DJe 21/03/2011.
121. STJ – CC 145.721/SP (2016/0066058-8). Rel. Min. Joe Ilan Paciornik.

Federal, certo que, como bem adverte Renato Brasileiro de Lima[122], tais funcionários, em verdade, não são militares, mas sim integrantes, respectivamente, do Poder Executivo Federal e do Poder Judiciário da União; em suma, são funcionários públicos federais, de modo que deverão ser julgados pela Justiça Comum Federal. Incide quanto a eles o teor da Súmula 147 do STJ: "Compete à Justiça Federal processar e julgar os crimes praticados contra funcionário público federal, quando relacionados com o exercício da função".

Como explica o mencionado autor[123], embora o art. 82 do Código de Processo Penal Militar especifique que os crimes funcionais contra a administração militar ou contra a administração da Justiça Militar praticados pelos Juízes – Auditores, Membros do Ministério Público devam ser julgados pela Justiça Militar, certo que tal dispositivo legal não foi recepcionado pela atual Constituição.

Os Juízes – Auditores da Justiça Militar Federal nada mais são que Juízes da União, de modo que serão julgados pelo Tribunal Regional Federal, ressalvada a competência da Justiça Eleitoral (art. 108, I, *a*, da CF).

Os membros do MP Militar da União, por serem integrantes do MP da União serão julgados pelo Tribunal Regional Federal, ressalvada a competência da Justiça Eleitoral (art. 108, I, *a*, da CF): são os Promotores e Procuradores da Justiça Militar que atuam em primeira instância. Já os membros do MP Militar que oficiem perante o STM (Subprocuradores – gerais e Procurador-Geral do Ministério Público Militar) serão julgados perante o STJ (art. 105, I, *a*, *in fine*, da CF).

Os integrantes do STM – Ministros-serão julgados pelo STF (art. 102, I, *c*, da CF).

Na hipótese em que um militar reformado, ou mesmo um militar da ativa estadual, pratiquem crime contra as instituições militares federais serão julgados, pela Justiça Militar da União, sendo considerado, para tanto, como civis.

No entanto, se um militar, de folga, praticar um crime de desacato contra outro militar, em local estranho à administração militar, a competência será da Justiça Comum e não da Justiça Militar[124].

Os crimes militares praticados por civil, mesmo que fora do lugar sujeito à administração militar, contra militar que integre as Forças Armadas, em função de natureza militar, ou no desempenho de serviço de vigilância, garantia e preservação da ordem pública, quando legalmente requisitado para aquele fim, serão julgados pela Justiça Militar.

5.8.5.3. Ampliação da competência da Justiça Militar trazida pela Lei 13.491/17

5.8.5.3.1. O novo conceito de crime militar trazido pela nova legislação

Os incisos I e II do art. 9º do Código Penal Militar estabelecem as hipóteses em que os crimes militares praticados por militares deverão ser julgados pela Justiça Militar. Em linhas gerais, tratam-se de crimes praticados por militares contra outros militares (inclusive reformados), ou civis, em situação de serviço *lato sensu*, ou em lugar sujeito à

---

122. Renato Brasileiro de Lima, Curso de Processo Penal, p. 364.
123. Renato Brasileiro de Lima, Curso de Processo Penal, p. 365.
124. STJ. Recurso Especial 1.320.129/DF (2012/0088048-0). Rel. Min. Rogerio Schietti Cruz.

administração militar. E quais são os crimes militares? São, em regra, os crimes previstos no Código Penal Militar. Ocorre que a Lei 13.491/17 ampliou o conceito de crime militar, abarcando não apenas os crimes previstos no Código Penal Militar, como também todos aqueles apenas tipificados na legislação penal comum (sem previsão no Código Penal Militar), desde que praticados por militar, em serviço ou em lugar sujeito à administração militar, contra civil ou outro militar. Significa dizer que aqueles crimes apenas previstos na legislação comum (mas que não tinham previsão no Código Penal Militar), como facilitação de fuga de preso de estabelecimento penal, abuso de autoridade, disparo de arma de fogo, tortura, os crimes de trânsito, crimes previstos na Lei de Licitação, dentre outros, desde que praticados por militar, em situação de atividade, ou em lugar sujeito à administração militar, serão da competência da Justiça Militar, e não mais da Justiça Comum Estadual, como ocorria antes da edição da Lei 13.491/17. E as contravenções penais praticadas pelo militar, em serviço ou em área militar, serão julgadas pela Justiça Comum ou Militar? Como o art. 9º, II, do Código Penal Militar, modificado pela lei 13.491, de 13 de outubro de 2017, elenca, como competência da Justiça Militar, *os crimes previstos no Código Penal Militar e os delitos* previstos na legislação penal comum, certo que as contravenções penais, se praticadas pelo miliciano, deverão ser julgadas pela Justiça Comum, onde, inclusive, será possível a concessão dos benefícios previstos na Lei 9.099/95, como a transação penal e a composição civil. E mais: a ampliação do conceito de crime militar, abarcando aqueles previstos na legislação penal comum, se praticados pelo militar em serviço ou em área militar, deve ainda incidir sobre os institutos previstos na parte geral do Código Penal, como, *v.g.*, as penas restritivas de direitos (art. 43 do CP), a suspensão condicional da pena (art. 77 do CP), o livramento condicional (art. 83 do CP). Possível, ainda, o reconhecimento do crime hediondo militar, mais precisamente, recebendo a etiqueta de crime hediondo cuja relação de infrações é elencada na Lei 8.072/90; e mais: condenado o militar, por crime hediondo, na hipótese estudada, as consequências da hediondez do crime estarão presentes, como a impossibilidade de anistia, graça e indulto; progressão de regime após o cumprimento de 2/5 da pena, se primário, e de 3/5, se for reincidente. O Juízo da Execução será o Juízo Militar, a não ser que o militar tenha sido expulso da Corporação, situação em que compete à Justiça Comum a execução da pena imposta pela Justiça Castrense[125].

E se o militar tiver sido, durante o processo a que responde perante a Justiça Militar, excluído da Corporação? Os autos deverão ser remetidos para a Justiça Comum, ou permanecem na Justiça Militar? Firmada a competência na Justiça Militar, perpetuando-se a jurisdição (art. 43 do CPC), os autos devem permanecer na Justiça Militar, até porque, quando da conduta criminosa, tinha-se, de fato, a existência de crime militar, que não deixou de existir pelo fato de o acusado ter sido expulso da Corporação Militar.

Antes da modificação legislativa, entendia-se que a infração penal tipificada apenas na legislação penal comum (e não no Código Militar), e praticada por policial militar, em serviço ou em área militar, deveria ser julgada pela Justiça Comum, e não pela Justiça Militar (que à época tinha competência exclusivamente para julgar os crimes

---

125. STJ – CC 109.355/RJ, 3ª Seção. Rel. Min. Maria Thereza de Assis Moura, julgado em 27/04/2011, DJe 30/05/2011.

previstos no Código Penal Militar). Antes da Lei 13.491/2017, se o militar praticasse, em conexão, um crime previsto no Código Penal Militar, e outro previsto na legislação penal comum, deveriam ser instaurados dois processos: um, perante a Justiça Militar, para apurar o crime militar, e outro, na Justiça Comum, para julgar a infração penal comum, Com base nesse entendimento, editou-se a Súmula 90 do STJ: "Compete à Justiça Militar processar e julgar o policial militar pela prática do crime militar, e à Comum pela prática do crime comum simultâneo àquele". Com a nova lei, essa Súmula perdeu sua razão de ser, uma vez que o crime cometido pelo militar, em serviço ou em lugar militar, contra civil ou outro militar, seja tal crime previsto no CP Militar, ou apenas na legislação comum- pouco importa- tratam-se de crimes militares, de competência da Justiça especializada militar. Havendo concurso de agentes entre militar estadual e civil praticando crimes militares e conexos previstos na legislação penal comum, o militar será julgado pela Justiça Militar estadual, por ambas infrações consideradas como delitos militares, enquanto que o civil será julgado- pelo delito previsto na legislação penal comum (e não pelo crime militar), pela Justiça Comum. Por iguais motivos, perderam sua razão de ser as Súmulas 172 e 75, ambas do STJ; a Súmula 172 estipulava que o abuso de autoridade perpetrado por policial militar deveria ser julgado pela Justiça Comum, enquanto que a Súmula 75 rezava que o crime de facilitação de fuga de preso praticada por policial militar seria de competência da Justiça Comum. Ora, ambas as infrações, deverão ser julgadas, atualmente, pela Justiça Militar, e não mais pela Justiça Comum.

5.8.5.3.2. A lei 13.491/2017 é inconstitucional?

Há dois entendimentos quanto ao tormentoso tema:

1º A lei é inconstitucional. A Justiça Militar, como justiça especializada prevista na Constituição Federal, deveria julgar apenas os crimes previstos no Código Penal Militar, que viessem a tratar- exclusivamente- de ofensa a bens jurídicos específicos da vida castrense, a comprometer a disciplina e hierarquia militar, e não qualquer outra infração prevista na legislação penal comum, unicamente porque perpetrada por militar, em serviço ou em lugar militar. Em suma, a lei seria inconstitucional porque iria de encontro ao espírito da Lei Maior que previu uma justiça especializada- e por isso preparada- para julgar infrações relacionadas à atividade militar típica.

2º A lei é constitucional. Os crimes militares, para receberem o rótulo de crimes militares, deverão ser definidos em lei, como prevê o art. 124, *caput*, da Lei Maior. Ora, a Lei 13.491/2017 apenas modificou, ampliando, o conceito de crime militar, de modo que não houve qualquer ofensa à Constituição. Essa nos parece a melhor posição.

5.8.5.3.3. Norma processual de efeito imediato

Além de ampliar o conceito material (de direito penal) de crime militar, a Lei 13.491/2017 modificou a competência, atraindo, para a Justiça Militar, os delitos previstos na legislação penal comum, desde que praticados por militar, em serviço ou em local militar, contra civil ou outro militar. Em se tratando de competência de natureza absoluta (pela matéria), a norma processual possui efeito imediato (art. 2º do CPP), de modo que os inquéritos policiais ou ações penais em andamento (até antes da sentença) deverão ser remetidos, pela Justiça Comum, para a Justiça Militar. Não haverá, em suma, a *perpetuatio jurisdicionis* (perpetuação da jurisdição), na Justiça Comum, prevista no art. 43 do CPC: os autos de inquérito policial ou de processo (antes de proferida a sentença) não permanecerão mais na Justiça Comum, devendo ser imediatamente remetidos à Justiça Militar, uma vez que a alteração de competência absoluta operada pela nova lei impede a perpetuação da competência do órgão judiciário inicialmente competente.

Sendo já proferida sentença pela Justiça Comum, não haverá mais a remessa porque a jurisdição já terá se esgotado; o recurso eventualmente interposto desta sentença será julgado pelo Tribunal que componha a organização da Justiça Comum (Federal ou Estadual). No entanto, se houver a anulação da sentença proferida pela Justiça Comum, os autos deverão ser remetidos a Justiça Militar.

A Lei 13.491/2017 trouxe também um efeito de natureza material (de direito penal) muito relevante. As infrações penais comuns praticadas por militar, em serviço ou em lugar militar, antes da nova lei, se consideradas como infrações de menor potencial ofensivo (art. 61 da Lei 9.099/95), que nada mais são que as contravenções penais e os delitos cuja pena máxima não ultrapasse dois anos, permitiam, aos seus autores militares, perante a Justiça Comum, o benefício da transação penal e composição civil de danos, bem como, no caso de pena mínima não superior a um ano, o beneplácito da suspensão condicional do processo (art. 89 da Lei 9.099/95). A partir da publicação da Lei 13.491/2017, em 13 de outubro de 2017, os militares que praticarem, em serviço ou em lugar militar, desta data em diante, infrações de menor potencial ofensivo ou delitos que prevejam pena igual ou inferior a um ano, estarão automaticamente impedidos de serem agraciados pelos benefícios penais previstos na Lei 9.099/95, uma vez que o art. 90-A da citada lei veda, expressamente, a aplicação de quaisquer de seus dispositivos no âmbito da Justiça Militar. Claro que os crimes previstos na legislação penal comum que passaram a ser considerados como crimes militares, praticados antes de 13 de outubro de 2017, não impedirão que seus autores recebam os benefícios penais previstos na Lei 9.099/95 (como a transação penal, a suspensão condicional do processo), uma vez que a lei penal mais gravosa não pode retroagir: reza o art. 5º, XL, da CF, que a lei penal não retroagirá, salvo para beneficiar o réu. Deste modo, o acusado militar, nestas condições, poderá receber, se o caso, os benefícios penais da Lei 9.099/95, que serão, todavia, instrumentalizados perante a Justiça Militar, e não mais na Justiça Comum, dado a necessidade da cogente aplicação da norma processual penal que alterou, pela matéria, a competência absoluta.

5.8.5.4. Justiça Militar e exercício, pelas Forças Armadas, de função subsidiária de segurança pública

Entende Renato Brasileiro de Lima[126], com acerto, que a competência da Justiça Militar Federal abarca no conceito de função de natureza militar, não somente as

---
126. Renato Brasileiro de Lima, Curso de Processo Penal, p. 368.

atribuições principais das Forças Armadas – defesa da pátria e garantia dos poderes constitucionais –, como também as secundárias – garantia da lei e da ordem-sendo que essas últimas abrangem o policiamento naval, aéreo, de fronteiras, como também a segurança de representantes de governos ou de entidades estrangeiras no país.

Há, todavia, entendimento diverso por parte do STJ[127] em que se decidiu que o crime cometido por civil contra militar, no contexto do policiamento naval efetuado pela Marinha (delito de resistência e desacato), não deveria ser julgado pela Justiça Militar, porque a Marinha, no caso, desempenharia função subsidiária (de policialmente) e não a principal, própria das Forças Armadas.

O STF está dividido, em suas Turmas, a respeito da possibilidade de civil responder ou não, perante a Justiça Militar, por desacato, desobediência, resistência praticados contra integrantes das Forças Armadas, pela Justiça Militar. A 1ª Turma entende que deve o civil ser julgado pela Justiça Militar enquanto que a 2ª Turma tem compreensão diversa no sentido de que o civil deva ser julgado pela Justiça Comum Federal. Para maiores detalhes, ver a parte final deste capítulo, sob o título "Casuística de Competência".

5.8.5.5. Conexão entre crime militar e crime da Justiça Comum

A Justiça Militar julga, no campo penal, exclusivamente crimes militares, de modo que se houver conexão entre um delito militar e outro de competência da Justiça Comum Federal ou Estadual, haverá a instauração de dois processos, e nunca sua reunião.

5.8.5.6. Competência civil da Justiça Militar Estadual

Muito embora a competência da Justiça Militar seja, predominantemente, de natureza criminal, o art. 125, § 4º, da CF, determina que, além de competir à Justiça Militar estadual processar e julgar os militares dos Estados, nos crimes militares definidos em lei, também incumbe a tal Justiça Especial Estadual julgar as ações judiciais contra atos disciplinares militares. Isso significa dizer que os mandados de segurança que questionem atos disciplinares, a ação de reintegração de cargo, etc deverão ser julgados pela Justiça Militar Estadual e não pela Justiça Cível (geralmente as Varas da Fazenda Pública). No entanto, se forem ajuizadas ações judiciais contra atos disciplinares militares tomados no bojo das Forças Armadas, a competência para dirimir tais questões não será da Justiça Militar Federal, uma vez que a Lei Maior, nada ressalva quanto a ela, estabelecendo apenas sua competência criminal; desse modo, a ação cível deverá ser distribuída perante uma Vara Cível da Justiça Federal.

5.8.5.7. Justiça Militar Estadual. Competência. Estrutura

De acordo com o que prevê o art. 125, § 5º, da CF, em primeira instância, a Justiça Militar estadual é formada por Conselhos de Justiça ou pelos juízes de direito do juízo

---

127. STJ – HC 68.928/PA- 2ª T. Rel. Min. Néri da Silveira- DJ 19/12/1991. STJ. Conflito de Competência 130.996/PA (2013/0366635-5). Rel. Min. Rel. Min. Rogerio Schietti Cruz.

militar. A competência da Justiça Militar Estadual se estabelece para julgar apenas os crimes militares praticados por militares – policiais militares, bombeiros militares e os policiais rodoviários militares – jamais por civis. Se o militar estadual, após praticar o crime militar for exonerado, a competência da Justiça Militar permanece.[128]

5.8.5.7.1. Justiça Militar Estadual e crime praticado por civil

Se um civil praticar um crime contra as instituições militares estaduais será julgado pela Justiça Comum Estadual, como prevê a Súmula 53 do STJ: "Compete à Justiça Comum Estadual processar e julgar civil acusado de prática de crime contra instituições militares estaduais". Se um militar e um civil praticarem, em concurso de agentes, um crime contra as instituições militares estaduais serão eles julgados separadamente: o militar pela Justiça Militar Estadual e o civil pela Justiça Estadual.

Importante mencionar que o crime praticado por soldado das Forças Armadas contra policial militar ou contra instituições militares estaduais será julgado pela Justiça Comum Estadual e não pela Justiça Militar do Estado, porque, nesse contexto, o soldado das Forças Armadas é considerado como civil, como decidiu o STF.[129] No entanto, se um policial militar praticar um crime militar contra um integrante das Forças Armadas, em razão da função por ele exercida, será julgado pela Justiça Militar Estadual[130].

O Soldado PM Voluntário (Lei 10.029/2000), como nota Renato Brasileiro de Lima[131], presta apenas, serviços administrativos e auxiliares de saúde e de defesa civil, não podendo ser considerado militar, e assim, não será julgado pela Justiça Militar Estadual por eventual crime contra as instituições militares, mas sim pela Justiça Comum Estadual (se o fato for típico, é claro). A competência da Justiça Militar Estadual, desse modo, segundo o mesmo autor, é fixada em razão da matéria (*ratione materiae*) – crimes militares, e também da pessoa (*ratione personae*), porque julga apenas militares e não civis.

5.8.5.7.2. Crime militar praticado em outro Estado

Mesmo que o crime militar tenha sido cometido em outro Estado, será o agente julgado pela Justiça Militar do seu Estado originário; é o que determina a Súmula 78 do STJ: "compete à Justiça Militar processar e julgar policiais de corporação estadual ainda que o delito tenha sido praticado em outra unidade federativa".

5.8.5.7.3. Crime militar e concurso de agentes. Crimes militares e crimes praticados por militares

Se o militar, sozinho, praticar um crime militar em concurso de crimes com outra infração de competência da Justiça Comum, respondia a dois processos, de acordo com

---
128. STJ – RHC 20.348/SC- 6ª T. rel. Min. Maria Thereza de Assis Moura- DJe 01/09/2008.
129. STF – CC 7.051/SP – Pleno – Rel. Min. Maurício Correa- DJ 09/03/2001; STF – 2ª T, HC 83.003/RS, Rel. Min. Celso de Mello, DJ 24/04/2008.
130. STF – 1ª T. – HC 105.844/RS, Rel. Min. Cármen Lúcia, j. 21/06/2011, DJe 158 17/08/2011.
131. Renato Brasileiro de Lima, Curso de Processo Penal, p. 323.

o estipulado na Súmula 90 do STJ: "Compete à Justiça Estadual Militar processar e julgar o policial militar pela prática do crime militar, e à Comum pela prática do crime comum simultâneo àquele". Todavia, com o advento da Lei 13.491, de 13 de outubro de 2017, que passou a prever a competência da Justiça militar para julgar os crimes militares, previstos no Código Penal Militar, bem como os previstos na legislação penal comum, se praticados por militar em serviço ou em área militar, certo que o acusado militar passará a responder- com a nova legislação- apenas perante a Justiça Militar, encarregada de julgar ambas as infrações. Desse modo, se o militar cometer uma infração prevista no Código Penal Militar e outra tipificada na legislação penal comum, a Súmula 90 do STJ não será aplicável, uma vez que o acusado militar será julgado perante a Justiça Militar, por ambas as infrações, como vimos; todavia, sendo praticado, em concurso de agentes, por um militar estadual e um civil, crimes previstos no Código Penal Militar e na legislação comum, a Súmula 90 do STJ terá plena incidência: a Justiça Militar Estadual julgará o militar pelas duas infrações, enquanto que a Justiça Comum julgará o civil pela infração prevista na legislação penal comum.

O crime praticado por ou contra militar na inativa ou exonerado será julgado pela Justiça Comum e não pela Militar.

Os crimes praticados por militar da ativa contra militar na mesma condição serão da competência da Justiça Militar, mas se não houver qualquer relação com a atividade castrense em si, por exemplo, uma briga de casal, a competência será da Justiça Comum, como já decidiu o STF.[132]

O STJ[133], em caso de homicídio culposo envolvendo militares da ativa que não se encontravam em situação de atividade (churrasco realizado em área não militar), entendeu que a competência para julgar o delito era da Justiça Comum e não da Militar porque as partes, quando dos fatos, agiam como civis e não como milicianos.

No mesmo sentido já decidiu o STF[134], em caso concreto de homicídio doloso praticado por militar da ativa contra também militar da ativa, fato ocorrido no contexto de uma roda de samba em boate, estabelecendo que a competência para julgar o crime é da Justiça Comum (Tribunal do Júri) e não da Justiça Militar.

Em suma, para que se estabeleça a competência da Justiça Militar, além de o crime envolver militares da ativa, é preciso que guarde alguma relação com a atividade castrense ou tenha sido praticado dentro da administração militar.

5.8.5.7.4. Primeira instância da Justiça Militar Estadual. Competência dos juízes de direito do juízo militar e dos Conselhos de Justiça

Os juízes de direito do juízo militar têm competência para processar e julgar, singularmente, os crimes militares cometidos contra civis e as ações judiciais contra atos disciplinares militares. Nos Estados em que há Tribunal de Justiça Militar (MG,

---

132. STF – HC 58.883.-
133. STJ CC 91.267/SP – 3ª Seção- Rel. Min. Maria Thereza de Assis Moura- DJ 22/02/2008, p. 164.
134. STF – 1ª T. HC 110.286/RJ, Rel. Min. Marco Aurélio, j. 14/02/2012, DJe 4 28/03/2012.

SP, RS), haverá concurso específico para o cargo de juiz de direito do juízo militar, organizado pelo Tribunal de Justiça Militar. Nos demais Estados, não haverá concurso direcionado para a magistratura militar, e as funções serão exercidas pelos próprios juízes de direito.

Conselhos de Justiça. Composição. Competência

O Conselho de Justiça, sob a presidência de juiz de direito, por eliminação, caberá processar e julgar os demais crimes militares que não aqueles praticados contra civis, esses últimos de competência do juiz de direito militar.

O Conselho de Justiça é uma espécie de escabinado, formado por um Juiz de direito do juízo militar, e por mais juízes militares, sorteados entre os oficiais de carreira.

De acordo com Renato Brasileiro de Lima[135], os Conselhos de Justiça podem ser de duas espécies:

Conselho Especial de Justiça: é constituído pelo juiz de direito do juízo militar, seu presidente, e por quatro Juízes Militares que sejam de patente maior que o acusado ou, pelo menos, no caso de posto idêntico, que os juízes militares sejam mais antigos. O conselho especial tem competência para julgar os crimes militares cometidos por oficiais, mesmo que constem como corréus praças. O Conselho Especial é constituído para cada processo e depois dissolvido.

Conselho Permanente de Justiça: é constituído pelo juiz de direito do juízo militar, que será o seu presidente, e por quatro Juízes Militares, dentre os quais pelo menos um oficial superior. Constituído, funcionará por três meses consecutivos, podendo ser prorrogada sua manutenção como órgão judicante por lei. Possui a competência para processar e julgar crimes militares que não tenham sido praticados por oficiais.

Nas votações colegiadas, primeiro vota o Juiz de Direito, e depois os Juízes militares, na ordem inversa de hierarquia, ficando o Oficial de maior patente como aquele que vota por último. A presidência do Conselho é do Juiz de direito, cumulando as funções de relator e presidente, e com a primazia do primeiro voto.

Segunda Instância. Tribunais de Justiça e Tribunais de Justiça Militares

Apenas os Estados de Minas Gerais, Rio Grande do Sul e São Paulo possuem Tribunais de Justiça Militar, enquanto que, nos demais Estados da Federação, o próprio Tribunal de Justiça julga as causas em segunda instância. Nos Estados em que há Tribunais de Justiça Militar, haverá um concurso especial, procedido pelo TJM, para o cargo de juiz de direito do juízo militar substituto. Nos demais Estados que não possuem TJM, as funções de juiz de direito do juízo militar serão exercidas pelos juízes de direito da capital do Estado, de acordo com o que dispuser a Lei de Organização Judiciária daquela unidade da Federação.

---
135. Renato Brasileiro de Lima, Curso de Processo Penal, p. 325.

As causas que serão julgadas pelo Tribunal de Justiça Militar, ou pelo Tribunal com competência para julgar a matéria (naqueles Estados onde não há Tribunal de Justiça Militar) são os recursos interpostos em face de decisões proferidas pelo juiz de direito militar, quando decide monocraticamente, o que inclui as ações judiciais contra atos disciplinares militares, e aquelas emanadas dos Conselhos de Justiça.

Das decisões do Tribunal de Justiça Militar (MG, SP, RS) ou do Tribunal de Justiça (demais Estados), poderão ser interpostos recursos extraordinários e especiais, respectivamente, ao STF e ao STJ. Não é cabível qualquer recurso ao STM (Superior Tribunal Militar), tribunal superior vinculado, como veremos, exclusivamente, à Justiça Militar da União.

Como ensina Renato Brasileiro de Lima[136], nos Estados onde não houver Tribunal de Justiça Militar, o conflito de jurisdição entre juiz de direito e o juiz de direito do juízo militar será solucionado pelo próprio Tribunal de Justiça, porque ambos pertencem ao mesmo Tribunal. Nessa situação, é válida a Súmula 555 do STF: "É competente o Tribunal de Justiça para julgar conflito de jurisdição entre juiz de direito do Estado e a Justiça Militar local". Mas, nos Estados onde houver Tribunal de Justiça Militar (MG, SP, RS), o conflito de competência será dirimido perante o STJ, porque os órgãos de justiça conflitantes pertencem a Tribunais distintos (art. 105, I, *d*, da CF).

5.8.5.8. Justiça Militar da União. Competência. Estrutura

De acordo com o que prevê o art. 123, da CF, em primeira instância, a Justiça Militar da União é formada por Conselhos de Justiça. A competência da Justiça Militar da União é a de julgar delitos militares, praticados por militares ou por civis. Segundo Renato Brasileiro de Lima[137], a competência é estabelecida apenas tendo por base a matéria (*ratione materiae*), pouco importando a condição pessoal do acusado, se civil ou militar.

Primeira instância. Competência dos Juízes Federais da Justiça Militar e dos Conselhos de Justiça

O Juiz – Auditor (denominação antiga dada aos juízes militares "togados" da Justiça Militar Federal) passou a ser designado, depois da Lei 13.774, de 19 de dezembro de 2018, como Juiz Federal da Justiça Militar. Antes da entrada em vigor da citada lei, todos os delitos de competência da Justiça Militar da União eram julgados pelos Conselhos de Justiça. Agora, na vigência da nova lei, quando o delito militar for praticado por um civil, ou por um militar em concurso de agentes com um civil, a competência passou a ser monocrática do Juiz Federal da Justiça Militar (art. 30, I-B introduzido pela Lei 13.774/2018). Quanto aos demais crimes praticados apenas por militares, permanece a competência dos Conselhos de Justiça. No entanto, o Juiz Federal da Justiça Militar não tem competência para julgar ações judiciais contra atos disciplinares militares, ao

---

136. Renato Brasileiro de Lima, Curso de Processo Penal, p. 328.
137. Renato Brasileiro de Lima, Curso de Processo Penal, p. 324.

contrário do que ocorre com a Justiça Militar Estadual. O ingresso na carreira da Magistratura da Justiça Militar da União se dá com o cargo de Juiz Federal Substituto da Justiça Militar, mediante concurso público de provas e títulos realizado pelo Superior Tribunal Militar, e a promoção ao cargo de Juiz Federal da Justiça Militar se procede mediante critérios de antiguidade e merecimento, de maneira alternada.

Conselhos de Justiça. Composição. Competência

O Conselho de Justiça é uma espécie de escabinado em que se reúnem um juiz técnico e juízes militares, sorteados entre os oficiais de carreira, em um mesmo órgão judiciário.

De acordo com Renato Brasileiro de Lima[138], os Conselhos de Justiça podem ser de duas espécies:

Conselho Especial de Justiça: é constituído pelo Juiz Federal da Justiça Militar, que o presidirá, e por 4 Juízes Militares, dentre eles 1 oficial-general, de posto superior ao do acusado, ou do mesmo posto, mas de maior antiguidade. O conselho especial tem competência para julgar os crimes militares cometidos por oficiais, mesmo que constem como corréus praças. No caso de exclusão de oficial do processo em que figurem como corréus praças, o Conselho Especial permanecerá competente para julgar as praças (art. 23, § 3º, e art. 27, I, da Lei 8.457/92, com a redação dada pela Lei 13.774/2018). O Conselho Especial de Justiça tem competência para julgar oficiais, mas não os oficiais – generais, cuja competência será do Superior Tribunal Militar (Lei 8.457/92, art. 6º, I, a). O Conselho é formado por oficiais da Arma à qual pertencer o acusado – Marinha, Exército ou Aeronáutica. Se houver múltiplos acusados pertencentes a Armadas diferentes, o Conselho Especial será formado por oficiais da Corporação do corréu de maior posto.

O Conselho Especial é constituído para cada processo e depois dissolvido.

Conselho Permanente de Justiça: é constituído por um Juiz Federal da Justiça Militar que o presidirá e por 4 Juízes Militares, dentre os quais pelo menos um oficial superior. Constituído, funcionará por três meses consecutivos, podendo ser prorrogada sua manutenção como órgão judicante por lei. Possui a competência para processar e julgar crimes militares que não tenham sido praticados por oficiais. O Conselho Permanente de Justiça, com o advento da Lei 13.774/2018, perdeu a competência para julgar civis pela prática de crimes militares, uma vez que essa competência passou a ser atribuída, monocraticamente, ao Juiz Federal da Justiça Militar. Se o crime militar tiver sido cometido, *v.g.*, contra a Marinha, os oficiais militares que funcionarão como juízes militares serão da Marinha; se houver crime que viole mais de uma Arma – Marinha e Aeronáutica, por exemplo, será estabelecido quais serão os oficiais que funcionarão como juízes militares de acordo com a prevenção (prática de ato processual pelo juiz anterior aos demais).

---

138. Renato Brasileiro de Lima, Curso de Processo Penal, p. 325.

Segunda Instância. Superior Tribunal Militar

Embora o art. 122 da CF mencione que são órgãos da Justiça Militar (Federal) o Superior Tribunal Militar, os Tribunais e Juízes Militares instituídos por lei, certo que não existem Tribunais Regionais Militares, sendo que a segunda instância é exercida exclusivamente pelo STM.

O STM, como já vimos, julga originariamente os oficiais – generais pela prática de crimes militares (art. 6º, I, *a*, da Lei 8.457/92). No entanto, se o oficial – general for Comandante da Marinha, do Exército ou da Aeronáutica será julgado originariamente pelo STF (art. 102, I, *c*, da CF).

Caberá, normalmente, ao STM julgar os recursos contra as decisões tomadas pelos Conselhos de Justiça. As decisões tomadas pelo STM, como bem observa Renato Brasileiro de Lima[139], não poderão ser combatidas através de recurso especial ao STJ, Tribunal esse que só julga, em recurso especial, as causas decididas em única ou última instância pelos Tribunais Regionais Federais ou pelos Tribunais dos Estados ou do DF (art. 105, III, da CF). Será cabível, contudo, o recurso extraordinário ao STF.

5.8.5.9. Crimes militares próprios e impróprios

Crimes militares próprios são aqueles que exigem a qualidade de militar do sujeito ativo da infração (são crimes próprios), sob pena de atipicidade da conduta, como ocorre com os crimes militares de deserção, embriaguez no serviço, etc. São crimes previstos apenas na legislação penal militar e não na comum. São também denominados de crimes militares de tipificação direta, bastando, para um juízo de subsunção da conduta, verificar se guarda compatibilidade com os tipos penais previstos no CP Militar.

Crimes militares impróprios são os que não exigem a qualidade de militar do sujeito ativo do delito, uma vez que poderiam ser cometidos por quaisquer agentes, militares ou não, como roubo, furto, estelionato. São previstos na legislação penal militar e na comum. São chamados de crimes militares de tipificação indireta, porque não basta mero juízo de subsunção da conduta aos tipos penais previstos no CP Militar, sendo necessário, ainda, que se verifique se quaisquer das situações previstas nos incisos II e III do art. 9º do CP Militar estão presentes, para se verificar se o crime é realmente militar, uma vez que a conduta inquinada também estará prevista no Código Penal Comum; as circunstâncias específicas do art. 9º do CP Militar serão o critério utilizado para se verificar se o crime é militar ou não.

5.8.5.10. Crime militar praticado em lugar sujeito à administração militar por militar contra vítima civil ou militar

De acordo com o art. 9º, II, *a* e *b*, do Código Penal Militar, o crime praticado por militar da ativa contra civil ou militar em lugar sujeito à administração militar será julgado pela Justiça Militar.

---

139. Renato Brasileiro de Lima, Curso de Processo Penal, p. 327.

Por administração militar se entende o espaço onde se situam as Forças Armadas, as Polícias Militares, o Corpo de Bombeiros, como os quartéis, aeronaves, ônibus, navios, e também as vilas militares (locais destinados à moradia dos servidores das Forças Armadas), no que se referem às áreas comuns.

Os crimes praticados no interior de uma residência ocupada por militar, mesmo que contra outro militar, mas sem guardar qualquer relação com a função será julgado pela Justiça Comum.

Em caso referente a um homicídio praticado por um militar contra sua mulher, no interior da residência onde moravam, decidiu o STF[140] que, embora a casa se situasse em local sujeito à administração militar, o crime deveria ser julgado pela Justiça Comum, porque a Justiça Militar não deveria se imiscuir na intimidade do casal.

Em outra decisão, o STF[141] afastou a competência da Justiça Militar, em caso criminal em que militar era acusado de praticar lesão corporal contra outro militar, em evento particular; compreendeu-se que o delito cometido fora do ambiente militar ou cujo resultado não atinja as instituições militares deverá ser julgado pela Justiça Comum.

E no caso de crime praticado por policial militar homem contra sua mulher, também policial militar, no contexto da violência doméstica e familiar (Lei 11.340/06 – Lei "Maria da Penha")?
Quem irá julgá-lo, a Justiça Comum ou a Justiça Militar?

Posiciona-se Renato Brasileiro de Lima[142] no sentido de que a competência seria da Justiça Militar, porque se trata de crime praticado por militar da ativa contra militar da ativa, incidindo o art. 9º, II, *a*, do CPM. Pensamos de maneira diversa, pois, à semelhança do que se disse acima a respeito do delito de homicídio, praticado em área militar, mas sem qualquer relação com a função militar (crime decorrente de uma discussão entre o casal), entendemos que a competência deve ser da Justiça Comum, aplicando-se, na integralidade, a Lei Maria da Penha.

Importante lembrar que os crimes cometidos no interior da administração militar, mas contra pessoa jurídica, *v.g.*, um furto ou roubo contra uma agência bancária da Caixa Econômica Federal ou do Banco do Brasil, será julgado pela Justiça Comum (respectivamente, Justiça Federal ou Estadual), porque a competência, nas hipóteses das alíneas *b*, *c* e *d*, do inciso II do art. 9º, do CPM só se estabelece se o crime for praticado contra pessoa física, e não jurídica, como ensina Renato Brasileiro de Lima[143]

Por fim, os crimes cometidos no interior, ou em detrimento do STM (Superior Tribunal Militar) ou contra as auditorias militares serão de competência da Justiça

---

140. STF – 1ª T. HC 58.883/RJ, Rel. Soares Munoz, DJ 09/10/1981.
141. Informativo do STF. 31/08/2018. STF. RHC 157308. Rel. Min. Ricardo Lewandowski. Há outro precedente em idêntico sentido: Informativo do STF. 04/05/2018. STF. HC 142933. Rel. Min. Gilmar Mendes.
142. Renato Brasileiro de Lima, Curso de Processo Penal, página 344
143. Renato Brasileiro de Lima, Curso de Processo Penal, página 345.

Comum Federal, porque praticados contra órgãos do Poder Judiciário da União, conforme decisão do STJ.[144]

5.8.5.11. Crime militar praticado por militar em serviço contra civil ou militar, ainda que fora de lugar sujeito à administração militar

Se o militar não estiver de serviço e cometer um crime por motivos pessoais, a competência será da Justiça Comum e não da Militar.

Mas, se utiliza do serviço militar, para, por exemplo, furtar, roubar quando do policiamento ostensivo efetuado pela Polícia Militar como sua função precípua (art. 144, § 5º, da CF), será julgado pela Justiça Militar.

5.8.5.12. Acidentes de trânsito e competência da Justiça Militar

Dispõe a Súmula 6 do STJ que "Compete à Justiça Comum Estadual processar e julgar delito decorrente de acidente de trânsito envolvendo viatura de Polícia Militar, salvo se autor e vítima forem policiais militares em situação de atividade".

Como bem observa Renato Brasileiro de Lima[145], essa Súmula parece equivocada, pois são de competência da Justiça Militar aqueles crimes praticados em serviço, ainda que fora de lugar sujeito à administração militar, contra civis, de modo que o homicídio culposo ou a lesão corporal, decorrentes de acidentes de trânsito, deveriam fazer incidir o CP Militar – onde tais condutas são expressamente previstas – e não o CTB (Código de Trânsito Brasileiro).

O próprio STJ[146] entendeu que a Justiça Militar deverá julgar delito decorrente de acidente de trânsito envolvendo viatura da Polícia Militar, quando o autor for policial militar, em serviço, e as vítimas civis ou policiais militares, também em situação de atividade. No mesmo sentido, o STF.

Atualmente, a discussão deixou de ter sentido, porque, com o advento da Lei 13.491, de 13 de outubro de 2017, que alargou o conceito de crime militar, abarcando não apenas os delitos previstos no Código Penal, mas também aqueles tipificados na legislação penal comum, certo, que ocasionado o acidente de viatura, pelo policial militar, em serviço ou em área militar, ferindo ou matando civil ou outro militar em razão da colisão, a competência para julgar o militar será- necessariamente- da Justiça Militar. O militar poderá responder pela prática dos delitos previstos no Código de Trânsito Brasileiro: por homicídio culposo, previsto no art. 302 do CTB, ou por lesão corporal culposa, tipificada no art. 303 do CTB.

5.8.5.13. Policiais militares ou integrantes das Forças Armadas de folga

O policial militar possui, sempre, o dever de agir, de modo que se um crime que estiver sendo praticado na sua frente – mesmo que, de folga e em trajes civis, deverá,

---

144. STJ – CC 52.174/DF- 3ª Seção- Rel. Min. Maria Thereza de Assis Moura- DJ 04/10/2007, p. 167.
145. Renato Brasileiro de Lima, Curso de Processo Penal, p. 349.
146. STJ – 3ª Seção, CC 34.749/RS, Rel. Min. Felix Fischer, DJ 18/11/2002, p. 156.

por injunção legal (art. 301 do CPP), prender em flagrante seu autor. Se o fato ganhar contornos penais, porque o policial tenha praticado lesões corporais, *v.g.* no preso, deverá ser julgado pela Justiça Militar, porque o miliciano agiu em serviço. No entanto, se se tratar de um crime doloso contra a vida praticado contra um civil, a competência para julgá-lo será da Justiça Comum (Tribunal do Júri).

Como faz notar Renato Brasileiro de Lima[147], a situação é diferente se um integrante das Forças Armadas presenciar a prática de um crime comum (não militar): agirá como qualquer um do povo, podendo prender em flagrante seu autor (flagrante facultativo – art. 301 do CPP). Caso se exceda na detenção do autor do crime, praticando, por exemplo, lesões corporais será julgado pela Justiça Comum e não pela Justiça Militar, considerado como civil para tanto. Isso porque, ao efetuar a prisão de alguém que tenha praticado um delito comum (não militar), agirá como um particular; não terá efetuado a prisão no exercício de sua função militar, pois não é sua missão, de integrante das Forças Armadas, prender quem quer que seja que comete um crime comum, mas, tão somente, aqueles que perpetrarem crimes militares-sejam os autores militares ou mesmo civis.

5.8.5.14. *Previsão expressa da conduta no Código Penal Militar. Crimes que podem ser praticados por militares, em serviço, não previstos na legislação militar e que serão julgados pela Justiça Militar, e não mais pela Comum, em razão do advento da Lei 13.491, de 13 de outubro de 2017*

Para que os militares respondessem perante a Justiça Militar era essencial que a conduta estivesse prevista expressamente no CP Militar. Se não houvesse essa tipificação no Estatuto Repressivo castrense, a competência para julgar o crime era da Justiça Comum, mesmo que o militar tivesse praticado a infração em serviço.

As situações mais corriqueiras em que o militar respondia perante a Justiça Comum eram as seguintes:

Os crimes de abuso de autoridade (Lei 4898/65) perpetrados por militares eram julgados pela Justiça Comum, porque não há previsão dessas condutas no CP Militar.

Éra esse o entendimento da Súmula 172 do STJ: "Compete à Justiça Comum processar e julgar militar por crime de abuso de autoridade, ainda que praticado em serviço".

Se o militar, no mesmo contexto fático, praticasse o delito de abuso de autoridade e outras infrações militares, havia a cisão de processos: os crimes militares eram julgados pela Justiça Militar, e o abuso de autoridade pela Justiça Comum. Nesse sentido a Súmula 90 do STJ: "Compete à Justiça Estadual militar processar e julgar o policial militar pela prática do crime militar, e à Comum pela prática do crime comum simultâneo àquele".

Os crimes de posse, porte ilegal, ou disparo de arma de fogo (art. 12, 14, 15 e 16 da Lei 10.826/03) eram julgados pela Justiça Comum, porque não previstos no CP Militar.

---

147. Renato Brasileiro de Lima, Curso de Processo Penal, página 350.

O delito de tráfico de drogas, se praticado em lugar sujeito à administração militar, será considerado como delito militar (art. 290 do CPM) e, como tal, julgado pela Justiça Militar; se, entretanto, fosse praticado fora do espaço reservado à administração militar era considerado como tráfico previsto no art. 33 da Lei 11.343/06, o que levaria a sua responsabilização pela Justiça Comum.

O crime de facilitação de fuga de estabelecimento penal, se praticado por militares, em estabelecimento penal comum, isto é, não militar, era julgado pela Justiça Comum, de acordo com a Súmula 75 do STJ, que tem o seguinte texto: "Compete à Justiça Comum Estadual processar e julgar o policial militar por crime de promover ou facilitar a fuga de preso de estabelecimento penal". No entanto, se o estabelecimento prisional fosse militar, e houvesse a facilitação de fuga por parte do militar, o crime, indubitavelmente, era militar (art. 178 do CPM), a ser julgado pela Justiça Militar.

Pois bem! O entendimento jurídico a respeito da competência da Justiça Militar, cristalizada em Súmulas inclusive, mudou radicalmente com o advento da Lei 13.491, de 13 de outubro de 2017, que passou a prever que, se o militar, em serviço ou em lugar militar, praticar crimes previstos no Código Militar, *ou na legislação penal comum*, deverá ser julgado pela Justiça Militar, e não mais pela Justiça Comum. Desse modo, os crimes acima apontados, como, o abuso de autoridade, facilitação de fuga de preso, tráfico (e outros, se perpetrados, por militar, em serviço ou em área militar), deverão ser julgados pela Justiça Militar.

5.8.5.15. Os crimes dolosos contra a vida de civil praticado por militares. Regras gerais

De acordo com o art. 125, § 4º, da CF, compete à Justiça Militar estadual processar e julgar os militares dos Estados, nos crimes militares definidos em lei, ressalvada a competência do júri quando a vítima for civil.

Por sua vez, o § 1º, do art. 9º, do Código Penal Militar (Decreto-Lei nº 1.001/69), alterado pela Lei 13.491/2017, dispõe que os crimes previstos no Estatuto Repressivo militar, quando dolosos contra a vida e cometidos por militares contra civil, serão da competência do Tribunal do Júri. Essa é a regra geral de competência.

Em se tratando de integrantes da Polícia Militar serão julgados pelo Tribunal do Júri Estadual; sendo componentes das Forças Armadas serão julgados pelo Tribunal do Júri Federal.

Embora a regra seja que o Tribunal do Júri julgue os crimes dolosos contra a vida praticados por militares contra civis, isso não significa dizer que a competência da Justiça Militar para julgar tais crimes tenha sido totalmente esvaziada, pois o crime de homicídio praticado por militar contra outro militar, em regra, em se tratando de situação de serviço, será da competência da Justiça Militar e não do Júri.

E se o homicídio de um militar por outro militar tiver sido praticado em concurso de agentes com um civil, quem irá julgá-los?

Nessa situação, haverá necessária bifurcação de processos: o militar será julgado pela Justiça Militar, enquanto que o civil pelo Tribunal do Júri, como já decidiu o STJ[148].

Há decisões no sentido de que não basta a prática de um crime doloso contra a vida perpetrado por um militar contra outro militar para que a competência da Justiça Militar se justifique. É preciso, ainda, que o crime ocorra no desempenho da função propriamente militar, ou em local sujeito à Administração Militar. Se o crime for cometido fora do exercício da função militar, sem farda, e com motivação estranha à função, a competência será do Tribunal do Júri e não da Justiça Militar, como já decidiu o STJ.[149]

Tem entendimento diverso Renato Brasileiro de Lima[150], para quem, o fato de o crime ser praticado por um militar da ativa contra outro militar, pouco importando se estavam ou não de serviço ou a motivação do crime, incidirá a competência da Justiça Militar, em respeito ao que estipula o art. 9º, II, *a*, do CP Militar.

Interessante questão é suscitada pelo mesmo autor[151] e versa a respeito da *aberratio ictus* (erro na execução – art. 73 do CP): e se um militar efetuar disparo de arma de fogo contra outro militar, mas, por erro na execução, não consegue atingir quem pretendia, acertando outra vítima – um civil, quem irá julgá-lo, a Justiça Militar ou o Tribunal do Júri?

Responde com proficiência o autor que, em se tratando de questão que versa a respeito da competência, fixada sempre com base em critérios objetivos, pouco importará o elemento subjetivo do agente (quem pretendia atingir), mas sim quem efetivamente foi atingido, de modo que a competência será do Tribunal do Júri e não da Justiça Militar.

O homicídio doloso cometido por civil contra militar das Forças Armadas em serviço é crime militar, de modo que a Justiça Militar irá julgar o autor do crime, e não o Tribunal do Júri, como já decidiu o STF.[152]

No entanto, se o civil matar um policial militar será julgado pelo Tribunal do Júri e não pela Justiça Militar Estadual que, como vimos, jamais julga civil.

5.8.5.16. *Crimes dolosos contra a vida de civil por integrante das Forças Armadas. Regras especiais*

Como vimos, o § 1º, do art. 9º, do Código Penal Militar, alterado pela Lei 13.491/2017, estabeleceu, *como regra geral*, a competência do Tribunal do Júri para julgar os crimes dolosos contra a vida cometidos por militares contra civil. Essa norma é válida tanto no caso de militares das Forças Armadas, que serão julgados pelo Júri federal, como também em se tratando de policiais militares, os quais serão julgados pelo Júri estadual.

---

148. STJ – 3ª Seção- CC 96.330/SP, Rel. Min. Arnaldo Esteves Lima, j. 22/04/2009.
149. STJ – CC 91.267/SP – 3ª Seção- Rel. Min. Maria Thereza de Assis Moura- DJ 22/02/2008, p. 164.
150. Renato Brasileiro de Lima, Curso de Processo Penal, p. 371.
151. Renato Brasileiro de Lima, Curso de Processo Penal, p. 370.
152. STF – 1ª T. – HC 91.003/BA, Rel. Min. Cármem Lúcia, DJe 072 02/08/2007.

Ocorre que o § 2º do art. 9º, do Código Penal Militar, também acrescentado pela Lei 13.491/2017, criou *regras especiais* que retiram a competência do Tribunal do Júri, no caso de crimes dolosos contra a vida praticados por integrantes das Forças Armadas contra civis, transferindo – a à Justiça Militar da União.

Essas regras especiais que excepcionam a competência do Júri estão previstas nos incisos I a III, alíneas *a, b, c,* e, *d,* do § 2º, do Código Penal Militar, acrescentados pela Lei 13.491/2017.

Sendo praticados os crimes dolosos contra a vida, por integrantes das Forças Armadas, contra civis, no contexto abaixo descrito, a competência para julgá-los será da Justiça Militar da União e não do Júri:

1º – no contexto do cumprimento de atribuições que lhe foram estabelecidas pelo Presidente da República ou pelo Ministro de Estado da Defesa; é o caso de determinação às Forças Armadas para que atuem em atividades de defesa civil, por exemplo, de desastres naturais, enchentes, incêndios.

2º – de ação que envolva a segurança de instituição militar ou de missão militar, mesmo que não beligerante; cita-se como exemplo da "ação que envolva a segurança da instituição militar", o homicídio praticado por soldado do exército contra civil que tenha tentado invadir o quartel. Quanto à missão não beligerante, pode-se apontar as missões de paz patrocinadas pelo Brasil, fora do país, como a que ocorreu no Haiti; havendo a prática de um homicídio, cometido por militar das Forças Armadas, durante a missão de paz, será competente a Justiça Militar da União.

3º – de atividade de natureza militar, de operação de paz, de garantia da lei e da ordem ou de atribuição subsidiária, realizada em conformidade com o disposto no art. 142 da Constituição Federal, e na forma dos seguintes diplomas legais. Quanto às operações de garantia da lei e da ordem, cuja disciplina é tratada na Lei Complementar 97/99 (Lei que dispõe a respeito das normas gerais para a organização, preparo e emprego das Forças Armadas)[153], pode-se citar a já costumeira tomada de morros das Favelas Cariocas pelo exército. Foi ajuizada pela Procuradoria Geral da República Ação Direta de Inconstitucionalidade (ADI) em que se questiona o parágrafo 7º, do art. 15, da Lei Complementar 97/1999, que detalha a atuação subsidiária das Forças Armadas em operações para garantia da lei e da ordem (GLO) e de combate ao crime. O relator, Min. Marco Aurélio, bem como o Min. Alexandre de Moraes, julgaram improcedente a ação, reputando ser constitucional que os militares respondam perante a Justiça Militar pela prática de delitos no âmbito de uma operação típica de segurança pública, afinal, como frisou o Min. Marco Aurélio: "Seja no combate ao crime organizado nas favelas, nas fronteiras, nas eleições livres ou em ações de defesa civil, as Forças Armadas desempenham papel constitucionalmente atribuído na garantia da soberania e da ordem democrática, em dimensão qualitativamente diversa daquela realizada pelas forças ordinárias de segurança". O Min. Fachin votou pela procedência da

---

153. Informativo do STF. 05/04/2018. STF. Pleno. ADI 5032. Rel. Min. Marco Aurélio.

ação, por entender que não caberia ao legislador ampliar o rol de crimes próprios militares. Como o Min. Barrou pediu vista, o julgamento foi suspenso.

a) Código Brasileiro de Aeronáutica (Lei 7.565/1986); o art. 303 do Código Brasileiro de Aeronáutica (Lei 7.565/86) prevê a possibilidade do abate de aeronave considerada hostil, a qual pode ser destruída pelas Forças Armadas, após autorização do Presidente da República ou autoridade por ele delegada. Desse modo, se houver a destruição de uma aeronave, e a morte de seus ocupantes, os militares, responsáveis pelo abate, responderão- pelos homicídios – perante a Justiça Militar da União, e não perante o Júri. De acordo com o § 3º do art. 303 do Código Brasileiro de Aeronáutica, a autoridade que determina o abate da aeronave será o Comandante da Aeronáutica – autoridade a quem a Presidência da República delegou tal poder, e que responderá por seus atos, quando agir com excesso, abuso de poder, ou espírito emulatório, e, nessas circunstâncias, mesmo que esteja caracterizada a prática de um crime doloso contra a vida, a competência para julgá-lo será do STF (art. 102, I, *c*, da CF), não do Tribunal do Júri. Havendo, todavia, a participação de militares ou mesmo civis na destruição ilícita da aeronave, e caso não possuam foro por prerrogativa de função, serão julgados pela Justiça Militar da União.

b) Lei Complementar 97/1999 (Lei que dispõe sobre as normas gerais para a organização, o preparo e o emprego das Forças Armadas); já tratamos desta Lei acima.

c) Código de Processo Penal Militar (Decreto-Lei nº 1.002/1969); praticado um delito militar, caberá à Justiça Militar da União instaurar inquérito policial militar (IPM) para apurá-lo; se, no decorrer das diligências investigativas ou no decorrer da persecução penal em juízo, algum militar das forças armadas cometer um homicídio, por exemplo quando do cumprimento de um mandado de prisão, o miliciano responderá perante a Justiça Militar, e não ao Júri.

d) Código Eleitoral (Lei 4.737/1965). Faculta-se ao Tribunal Superior Eleitoral (TSE) requisitar a força federal necessária ao cumprimento da lei, de suas próprias decisões ou das decisões dos Tribunais Regionais que o solicitarem, e para garantir a votação e a apuração (art. 23, XIV, do Código Eleitoral). Deste modo, se for determinada a atuação do exército para garantir a votação e apuração das eleições em determinado lugar, e se houver a prática de um homicídio, nesse contexto, por militar contra civil, a competência será da Justiça Militar.

5.8.5.16.1. A retirada da competência do Júri Federal para processar e julgar os crimes dolosos praticados por integrantes das Forças Armadas contra civil, atribuindo-a à Justiça Militar da União, é inconstitucional?

Como já tivemos oportunidade de tratar em outra obra nossa[154], há dois posicionamentos quanto ao tema:

---

154. Walfredo Cunha Campos, Tribunal do Júri, Teoria e Prática, p. 36.

1ª Posição: A alteração legislativa é inconstitucional, porque subtrair do Júri Federal a competência para julgar crimes dolosos contra a vida de civil praticados por integrantes das Forças Armadas, especialmente no caso de operações relativas à segurança pública, violaria a competência constitucional do Júri (art. 5º, XXXVIII, *d*, da CF), além de acarretar, como efeito, o tratamento desigual a indivíduos que encontram-se na mesma situação jurídica: os policiais militares, em atividade típica de segurança pública serão julgados pelo Júri, enquanto que os integrantes das Forças Armadas, exercendo atividade idêntica, pela Justiça Militar da União, quando o certo que ambos, pela regra do art. 125, § 4º, da Constituição, deveriam ser julgados pelo Júri. Com essa posição, Nestor Távora e Rosmar Rodrigues Alencar[155]. Foi ajuizada pelo Partido Socialismo e Liberdade (PSOL) Ação Direta de Inconstitucionalidade (ADI) 5901, junto ao Supremo, questionando os dispositivos legais que preveem as hipóteses de competência da Justiça Militar para julgar crimes dolosos contra a vida cometidos por militares das Forças Armadas contra civis.

2ª Posição: A alteração legislativa não fere a Constituição, porque, se é certo que a competência do Júri é estabelecida pela Lei Maior (art. 5º, XXXVIII, *d*, da CF), de idêntica forma, a competência da Justiça Militar tem base constitucional, uma vez que o art. 124, *caput*, determina que a Justiça Militar deverá julgar os crimes militares definidos em Lei. Ora, a partir do momento em que a Lei 13.491/2017 passou a estabelecer que os crimes dolosos contra a vida praticados por militares das Forças Armadas contra civis passam a ser considerados como crimes militares, seu corolário lógico é que sejam julgados pela Justiça Militar da União, e não mais pelo Júri, em obediência ao citado art. 124, *caput*, da Lei Maior. Segue essa posição Renato Brasileiro de Lima[156]. Pensamos que esta é a melhor posição. Acrescentamos, ainda, que, como as funções das Forças Armadas destinam-se, de acordo com o art. 142 da Constituição, à defesa da Pátria, à garantia dos poderes constitucionais e à garantia da lei e da ordem, se, no transcurso do cumprimento de quaisquer dessas missões, inclusive aquelas que se refiram às operações de Garantia da Lei e da Ordem e subsidiária de segurança pública, houver a prática de um crime doloso contra a vida de civil por integrante das Forças Armadas, a competência para julgá-lo deverá ser da Justiça Militar e não do Júri, porque, de acordo com a Lei 13.491/2017, tal conduta é considerada como crime militar.

5.8.5.17. *Crime cometido por civil contra componente das Forças Armadas no exercício de função subsidiária de preservação da ordem pública*

No exercício de função subsidiária das Forças Armadas – de exercício de segurança pública, por exemplo, sendo cometido um crime por civil contra

---

155. Nestor Távora e Rosmar Rodrigues Alencar, Curso de Direito Processual Penal, p. 402.
156. Renato Brasileiro de Lima, Manual de Processo Penal, p. 416.

militar em atividade a competência para julgar tal infração será da Justiça Militar ou da Justiça Comum?

A questão guarda pertinência atualmente, tendo em vista a ocupação do Morro do "Alemão", no Estado do Rio de Janeiro, pelas Forças Armadas, e, mais recentemente, a "invasão", em 2017, da favela da "Rocinha"; sendo assim, *v.g.*, um desacato, resistência ou desobediência praticado por civil (um morador da comunidade local) contra soldado do exército será julgado pela Justiça Militar ou pela Justiça Comum?

Há **duas posições** sobre o tema:

1ª Posição. Os crimes serão julgados pela Justiça Militar, porque, quando praticado um crime por civil contra integrantes das Forças Armadas, não será relevante saber se a função exercida pelo militar é a precípua ou subsidiária; sendo a função militar, e prevista na Constituição, a competência será da Justiça Militar. Ora, explica Renato Brasileiro de Lima[157], como o art. 142 da Constituição Federal especifica as atribuições das Forças Armadas, igualando suas atribuições principais – defesa da pátria e garantia dos poderes constitucionais – às secundárias – garantia da lei e da ordem, não haveria motivo para não se reconhecer a competência da Justiça Militar, nas hipóteses ora em estudo.

2ª Posição: Os crimes serão julgados pela Justiça Comum Federal e não pela Militar, porque o crime cometido contra militar se deu quando se exercia função subsidiária de manter a lei e a ordem (atividade de segurança pública), e não função propriamente militar. A distinção em tela possui grande relevância, porque, se entendendo que o crime é militar, os benefícios da Lei 9.099/95 estarão automaticamente afastados, como prevê o art. 90-A da citada lei; sendo a posição diversa, no sentido de que o crime deva ser julgado pela Justiça Comum, serão aplicáveis os benefícios penais da Lei 9.099/95; é o caso, por exemplo, da prática de desacato ou desobediência contra integrante das Forças Armadas em que seria cabível, em tese, dentre outros, a transação penal.

5.9. COMPETÊNCIA EM RAZÃO DA FUNÇÃO EXERCIDA PELA PESSOA (*RATIONE PERSONAE* OU *RATIONE FUNCIONAE*)

5.9.1. Natureza jurídica dessa competência. Prerrogativa funcional e não privilégio pessoal

Em deferência à importância de determinados cargos públicos, a Constituição Federal e as Constituições dos Estados estabelecem a prerrogativa de seus ocupantes de serem julgados pelos Tribunais. Esta competência é absoluta, podendo ser arguida a qualquer tempo, porque não preclui. O desrespeito a esta regra de competência gera a nulidade absoluta do processo. A competência é estabelecida não em razão da pessoa, o que configuraria odioso privilégio, mas sim pelo cargo exercido, considerado de especial relevância a ponto de justificar seja seu ocupante julgado por Tribunal.

---

157. Renato Brasileiro de Lima, Curso de Processo Penal, p. 368.

5.9.2. Crimes comuns e de responsabilidade. Distinção conceitual. Previsão na Constituição Federal da prerrogativa de foro.

5.9.2.1. *Crimes comuns e de responsabilidade. Distinção conceitual*

Cabe, por primeiro, para que se compreenda o significado de termos usados pela Constituição Federal, definir, e diferenciar, crime comum de crime de responsabilidade.

Crimes comuns, na dicção da Lei Maior, são as infrações penais, que abarcam os crimes, as contravenções penais, as infrações eleitorais e militares, delitos de competência da Justiça Federal e Estadual, os quais, em se tratando de acusados que gozem da prerrogativa de foro, serão julgados por órgãos do Poder Judiciário de superior instância, que poderão aplicar-lhes sanções penais.

Já os crimes de responsabilidade são as infrações político – administrativas que implicam em sanções políticas apenas (sem carga penal), aos ocupantes de cargos públicos, como a perda do cargo e a suspensão dos direitos políticos. As infrações e o procedimento de sua apuração estão previstos na Lei 1.079/50. Tais infrações políticas, em tese, poderão ser julgadas por órgãos do poder legislativo – é a chamada Justiça Política, ou pelo próprio Judiciário, como se verá oportunamente.

5.9.2.2. *Previsão na Constituição Federal da prerrogativa de foro*

Supremo Tribunal Federal – STF

Incumbe ao STF julgar originariamente, **nas infrações penais comuns**, as seguintes autoridades (art. 102, I, *b*, da CF):

1º – Presidente e Vice – Presidente da República;

2º – Os membros do Congresso Nacional;

3º – Os Ministros do STF;

4º – O Procurador-Geral da República;

Todas essas autoridades serão processadas pelo Procurador-Geral da República, com exceção, claro, na hipótese em que o próprio Procurador-Geral da República é o acusado.

Nos crimes comuns, os Ministros do STF e o Procurador-Geral da República serão julgados pelo Plenário do STF (art. 5º, I, do Regimento Interno do STF).

Presidente da República

No caso do **Presidente da República**, oferecida a denúncia ou queixa, haverá duas fases de admissibilidade de tal acusação:

1ª **fase: admissibilidade política**: a peça acusatória deverá ser admitida pela Câmara dos Deputados, por 2/3 dos seus integrantes (art. 86, *caput*, da CF); essa admissão não levará a suspensão do Presidente de suas funções;

2ª fase: admissibilidade jurídica: recebida a incoativa – denúncia ou queixa – no Supremo Tribunal Federal, o presidente ficará impedido – suspenso de suas funções (*impeachment*) (art. 86, § 1º, I, da CF). A suspensão das funções presidenciais terá o prazo máximo de 180 dias, tempo em que o processo deverá estar encerrado (art. 86, § 2º, da CF).

A fase de admissibilidade jurídica da denúncia será exercida pelo Plenário do STF (art. 5º, I, do RISTF).

Decidiu, o Pretório Excelso[158], que, apenas após a autorização da Câmara dos Deputados, caso seja deferida, se determinará, pelo Supremo, nos termos do art. 4º da Lei 8.038/90, que seja o denunciado (o Presidente da República) notificado a, no prazo de quinze dias, apresentar sua resposta à acusação. Sendo assim, o juízo de admissibilidade jurídica a ser realizado pelo Supremo só poderá ser exercido depois de superada a admissibilidade política (se positiva) da Câmara dos Deputados. Desse modo, não se mostra possível, ao Pretório Excelso, simplesmente trancar a ação penal instaurada contra o Presidente da República, por *v.g.*, ocorrência de prova ilícita ou falta de justa causa, antes da deliberação da Câmara. Não obstante essa posição tomada pelo Supremo por ampla maioria (10 votos nesse sentido, e um voto contra, proveniente do Min. Gilmar Mendes), frisou, o Min. Celso de Mello, que, *excepcionalmente*, o Pretório Excelso poderia se antecipar à deliberação da Câmara dos Deputados, efetuando um controle jurisdicional preliminar da acusação penal, se, por exemplo, fosse evidenciada a atipicidade penal ou a ocorrência manifesta de causa extintiva de punibilidade, ou ainda falta de legitimidade ativa do acusador.

A regra, portanto, é que, oferecida denúncia em face do Presidente da República, pelo Procurador-Geral da República, perante o STF, este, tão somente, oficiará à Câmara dos Deputados, para que delibere a respeito de seu recebimento ou não (art. 51, I, da CF), sem que exerça qualquer precoce juízo de admissibilidade jurídico a respeito da peça acusatória.

O Presidente da República, nos termos do art. 86, § 4º, da CF, possui uma imunidade penal e processual penal temporárias que abarca infrações penais estranhas ao exercício de suas funções, quer tenham sido praticadas, antes ou durante o seu mandato. E ainda: o Presidente da República, exclusivamente enquanto durar seu mandato, é imune à prisão, nas infrações penais comuns, enquanto não sobrevier sentença condenatória (art. 86, § 3º, da CF). Essa garantia não é estendida aos Governadores. Em outras palavras, como ensina o Min. Celso de Mello, do STF[159]: "**Essa cláusula de exclusão**, *que inibe a atividade processual* do Poder Público, **impede** que, *em sede judicial*, o Presidente da República, **enquanto** durar o seu mandato, *possa ser responsabilizado* por infrações penais comuns **praticadas em momento anterior** ao da investidura no cargo de Chefe do Poder Executivo da União, **bem assim** por aqueles ilícitos penais **cometidos** na vigência do mandato, **desde que estranhos**, *no entanto*, ao ofício presidencial."

---

158. STF. Inquérito 4.483/DF. Rel. Min. Edson Fachin.
159. STF. Questão de Ordem no Inquérito 4.483/DF. Min. Celso de Mello.

Findo o mandato, o ex-Presidente da República poderá ser processado por tais infrações penais, cessando, desse modo, a imunidade que ostentava quando do exercício do cargo.

Referida imunidade é exclusiva do Presidente da República, não podendo ser estendida aos Governadores de Estados, através das Constituições locais.

Eventuais investigações criminais contra o Presidente da República terão livre curso perante o Supremo, sem necessidade de prévia autorização da Câmara dos Deputados. Essas investigações poderão ter por objeto delitos cometidos pelo Presidente, antes do momento da investidura do mandato, bem como aquelas infrações eventualmente praticadas durante a vigência do mandato, mas que sejam estranhas ao exercício das funções presidenciais. Em suma, não há a imunidade processual penal prevista no § 4º do art. 86 da Constituição Federal, em se tratando de persecução penal pré-processual (etapa investigativa)[160].

Presidente da República e corréu sem prerrogativa de foro denunciados em conjunto

Em caso histórico, pela primeira vez, um Presidente da República – o Presidente Michel Temer, no exercício do cargo, e corréu sem foro, o ex-deputado Rodrigo Santos da Rocha Loures, foram denunciados, em conjunto, pelo Procurador-Geral da República, Rodrigo Janot, em 2017[161]. Decidiu, o relator do feito, Min. Edson Fachin[162], que como os fatos imputados a ambos eram interligados, não havia porque se desmembrar o feito. Como foi negada, pela Câmara dos Deputados, a autorização para instauração de processo penal em face do Presidente da República, o processo, com fulcro no art. 80 do CPP, foi desmembrado, quanto ao acusado Rodrigo Santos da Rocha Loures, contra quem determinou-se que o feito prosseguiria nas instâncias ordinárias; quanto à denúncia contra o Presidente, declarou-se que o feito deveria permanecer suspenso, enquanto durasse o mandato presidencial, ante a inadmissibilidade política da ação[163].

O Presidente da República, Michel Temer, foi, mais uma vez, no ano de 2017, denunciado pelo Procurador-Geral da República, mas, nessa última oportunidade, em coautoria com dois Ministros de Estado; negada, novamente, a autorização por parte da Câmara dos Deputados, determinou-se a suspensão do processo, incluindo, nesse sobrestamento, além do Presidente da República, igualmente os Ministros de Estado também denunciados, enquanto durasse o mandato presidencial e a investidura nos cargos ministeriais[164].

Deputados federais e senadores

Quanto aos deputados federais e senadores, pela prática dos **delitos comuns**, serão processados pelo Procurador-Geral da República perante o STF.

---

160. STF. Questão de Ordem no Inquérito 4.483/DF. Min. Celso de Mello.
161. Autos de Inquérito nº 4.483/DF. Rel. Min. Edson Fachin.
162. STF. Ação Cautelar 4.329/DF. Rel. Min. Edson Fachin.
163. STF – Inquérito 4.517 DF. Rel. Min. Edson Fachin.
164. STF – Inquéritos 4.327 e 4.483. Rel. Min. Edson Faquin.

A competência originária do STF só se fixa a partir da diplomação como deputado federal ou Senador; enquanto não sobrevier a diplomação, mesmo que o candidato tenha sido eleito, não disporá, ainda, de prerrogativa de foro[165]. Esse entendimento encontra-se totalmente superado, uma vez que, conforme o novo paradigma seguido pelo Supremo, a partir de maio de 2018, apenas os crimes cometidos, depois da diplomação como deputado federal e senador, e ainda, relacionados com tais cargos (deve haver um nexo funcional), serão julgados pelo Supremo. Desse modo, os crimes eventualmente cometidos antes da diplomação como deputado federal ou senador, serão julgados pela 1ª instância, e não mais pelo Pretório Excelso.

A denúncia poderá ser recebida ou rejeitada por uma das duas Turmas do STF. De acordo com o art. 9º, I, *j*, do Regimento Interno do STF (RISTF) caberá às Turmas julgar, nos crimes comuns, os deputados e senadores, ressalvada a competência do plenário, bem como apreciar pedidos de arquivamento por atipicidade de conduta. O art. 21, § 1º, do Regimento Interno do STF (RISTF), autoriza que o relator decida, monocraticamente, ações penais privadas ajuizadas em face de deputados ou senadores, negando seguimento a elas, arquivando os autos, quando o pleito nelas contido for contrário à jurisprudência dominante ou a Súmula do Tribunal[166].

No caso de crimes comuns praticados, em tese, pelo Presidente do Senado Federal ou Presidente da Câmara dos Deputados, caberá ao Plenário processar e julgar originariamente tais autoridades (art. 5º, I, do RISTF).

Sendo recebida, pelo Pretório Excelso, a denúncia em face do Presidente da Câmara dos Deputados ou do Senado Federal, esses acusados ficarão excluídos da linha sucessória presidencial, mas não perderão seus cargos de chefia e direção das Casas Legislativas[167].

Se recebida a denúncia (em face de deputado ou senador), o Supremo comunicará à Casa respectiva (Câmara dos Deputados ou Senado Federal) que, por iniciativa de partido político nela representado e pelo voto da maioria de seus membros, poderá sustar o andamento da ação, permanecendo suspensa a prescrição, enquanto durar o mandato (art. 53, § 3º e 5º, da CF).

Importante salientar que essa possibilidade de sustar o andamento do processo, após o recebimento da denúncia ou queixa oferecida contra deputado ou senador, só seria possível se o crime em tese praticado pelo parlamentar ocorresse após a diplomação. Se o delito tivesse sido praticado antes da diplomação como deputado ou senador, o parlamentar era processado pelo STF, mas não havia a possibilidade de sustação no andamento do processo pelo Poder Legislativo. Como vimos acima, os crimes cometidos por Senador ou Deputado Federal, antes da diplomação, não serão mais julgados pelo Supremo, e sim pela primeira instância, de modo que a sustação do andamento do processo só poderá ocorrer se o crime imputado ao parlamentar tiver sido perpetrado durante o mandato e se relacionar à função pública exercida. Sendo, porém, o deputado

---

165. STF. Inquérito 3.927/SC. Rel. Min. Celso de Mello. Julgado em 5/12/2014.
166. STF. Petição 5.732/Minas Gerais. Min. Celso de Mello.
167. Informativo do STF. 07/12/2016. Arguição de Descumprimento de Preceito Fundamental (ADPF) 402. Rel. Min. Marco Aurélio.

federal ou o senador processado em 1ª instância- por atos estranhos às suas funções parlamentares- não haverá a possibilidade de suspensão do andamento do processo, apenas cabível quando a ação tramita perante o Supremo.

O inquérito judicial eleitoral (previsto na Lei Complementar 64/90, art. 22, XIV) é um procedimento administrativo – eleitoral que se destina a impor sanções de direito eleitoral – como perda do mandato e inabilitação política para as novas eleições – as quais não possuem natureza criminal. Como a natureza da eventual sanção não é criminal, é possível, não só a instauração do inquérito, como também a quebra de sigilo bancário, de deputado federal ou senador investigado, por Tribunal Regional Eleitoral e não pelo STF, pois, embora o parlamentar possua prerrogativa de foro para os crimes em geral (inclusive os crimes eleitorais), não possuem imunidade quanto à investigação judicial eleitoral[168].

Por fim, **os suplentes dos deputados e senadores** não possuem foro por prerrogativa de função junto ao Supremo, por serem titulares de mera expectativa de direito, a não ser que, temporária ou definitivamente, ocupem o cargo daquele que foi eleito[169].

Se o membro do Congresso nacional estiver licenciado para o exercício de determinados cargos no Poder Executivo, como o de Secretário de Estado, não perde a prerrogativa de foro, perante o STF, nas infrações penais comuns[170].

Prisão de deputados federais e senadores. A atual posição do STF a respeito do assunto

Em tese, não podem ser presos cautelarmente (prisão preventiva e temporária) e só lhes seria autorizado sofrer prisão em flagrante de crime inafiançável, sendo que, nas 24 horas seguintes à prisão, cópias do auto de prisão em flagrante devem ser remetidas à Câmara dos Deputados, Senado Federal ou Assembleia Legislativa, para que deliberem sobre a prisão (art. 53, § 2º, da CF). Estas regras se aplicariam aos deputados estaduais por força do art. 27, § 1º, da CF.

Importante ressaltar que os senadores, deputados federais e, por consequência, deputados estaduais, podem ser presos em decorrência de sentença condenatória que seja passível de execução[171]. A garantia da imunidade parlamentar formal não veda a execução de penas privativas de liberdade impostas definitivamente ao membro do Congresso Nacional[172].

Em caso emblemático, a 2ª Turma do STF[173] referendou, por unanimidade, a prisão preventiva de Senador da República a quem se imputava a conduta de aliciar delator a aceitar sua proposta para fugir do país, inclusive oferecendo meios materiais para tanto; a decisão foi tomada pelo saudoso Min. Teori Zavascki. Em seu requerimento, o Procurador-Geral da República, numa interpretação inteligente dos dispositivos

---

168. STF. Medida Cautelar em Reclamação 13.286/Rio Grande do Norte. Min. Celso de Mello.
169. STF. Inquérito 3.900/DF. Rel. Min. Celso de Mello. Julgado em 5/12/2014.
170. STF. Inquérito 3.357/Paraná. Rel. Min. Celso de Mello.
171. Informativo do STF. 11/11/2016. STF. HC 138316. Rel. Min. Teori Zavascki.
172. Informativo do STF. 10/10/2018. SL – Suspensão Liminar 1179. Rel. Min. Dias Toffoli.
173. STF. Ação Cautelar 4039. Rel. Min. Teori Zavascki.

constitucionais, entendeu que, a vedação à prisão de deputados federais e senadores, se levada de maneira literal e absoluta, não faria qualquer sentido, afinal nem sequer os direitos fundamentais são absolutos. Reputou-se ser possível a prisão de congressistas desde que, de um lado, haja elevada clareza probatória, próxima daquela trazida pela prisão em flagrante; de outro, deve haver os pressupostos que autorizam a prisão preventiva. Sendo o Supremo Tribunal Federal o juiz natural dos congressistas, nas causas penais, não faria sentido alijá-lo de julgar as medidas cautelares pertinentes.

Em sua decisão monocrática, o Min. Teori Zavascki reputou que, como participar de organização criminosa (art. 2º da Lei 12.850/2013) é crime permanente – cuja conduta se protrai no tempo – possível concluir que seus participantes – dentre eles o Senador da República *Delcídio do Amaral* – estariam em situação de flagrante.

Mas a única hipótese de prisão em flagrante dos congressistas se dá em caso de crime inafiançável (art. 53, § 2º, da CF), e o crime do art. 2º da Lei 12.850/2013, é afiançável.

Como resolver a questão? Ora, como não é possível conceder-se fiança quando presentes os motivos que autorizam a decretação da prisão preventiva (art. 324, IV, do CPP), pode-se entender que sendo o caso de se decretar a prisão preventiva de congressista que pretendia destruir elementos probatórios dos autos – o crime se tornou inafiançável – e, sendo inafiançável, permite, nos termos do art. 53, § 3º, a prisão do senador, como conclui, brilhantemente, o Min. Teori Zavascki.

Referendada, pela 2ª Turma, a prisão do Senador, o Senado Federal foi comunicado a respeito da prisão (art. 53, § 2º, da CF), decidindo, no dia 25 de novembro de 2015, por ampla maioria e voto aberto, confirmar a decisão do Supremo, mantendo-se preso preventivamente o Senador Delcídio.

Em outra investigação criminal, dessa vez envolvendo o Senador, pelo PSDB, Aécio Neves, o Supremo[174] não decretou sua prisão preventiva, como ainda lhe permitiu o livre e desembaraçado exercício da atividade parlamentar, tendo por base a imunidade ostentada pelos Senadores (art. 53, § 8º, da CF). Ressaltou-se que, sem a existência de processo – crime contra o parlamentar, mostra-se incabível a suspensão do exercício de seu mandato, sem prejuízo de, internamente, o próprio Senado resolver se houve, ou não, quebra de decoro parlamentar, através de processo administrativo – político; em suma, o Judiciário não poderia substituir-se ao Legislativo, comprometendo a harmonia e independência dos Poderes.

A decisão acima que assegurava a imunidade do mandato do Senador Aécio Neves, não decretando sua prisão preventiva e permitindo o livre exercício de sua função parlamentar, foi combatida através de recurso de agravo interposto pela Procuradoria – Geral da República, o qual foi provido pela 1ª Turma do STF, que determinou a suspensão das funções parlamentares do Senador; o recolhimento domiciliar noturno; a proibição de manter contato com outros investigados por qualquer meio; proibição

---

174. STF – Agravo Regimental na Ação Cautelar 4.327/DF. Rel. Min. Marco Aurélio.

de se ausentar do país, com entrega do passaporte. Todas essas medidas cautelares impostas estão previstas no art. 319 do CPP[175].

A questão referente à possibilidade de o Supremo impor medidas cautelares a membros do Congresso Nacional (Senadores e Deputados Federais) foi levada à apreciação do Plenário, quando do julgamento da Ação Direta de Inconstitucionalidade (ADI) 5526, a qual foi julgada parcialmente procedente. Nessa oportunidade, em síntese, decidiu-se que o Supremo pode impor quaisquer das medidas cautelares previstas no art. 319 do CPP, mas, se a medida dificultar ou impedir, direta ou indiretamente, o exercício regular do mandato, a decisão judicial deverá ser remetida, em 24 horas, à respectiva Casa Legislativa para deliberação, nos termos do art. 53, § 2º, da Constituição Federal.

Por fim, voltando ao emblemático caso do Senador Aécio Neves, as medidas cautelares impostas pela 1ª Turma do STF foram remetidas, ao Senado Federal, para deliberação, sendo que tal Casa legislativa, por maioria, em votação aberta[176], levantou todas as restrições impostas do Pretório Excelso ao Senador.

Os deputados estaduais possuem as mesmas prerrogativas processuais dos deputados federais?

Quanto aos deputados estaduais, seguindo-se o raciocínio referente aos deputados federais, seria possível decretar-se sua prisão cautelar, ou imporem-se medidas cautelares pessoais, mas, de qualquer maneira, tais decisões, por impossibilitarem ou, ao menos, restringirem o livre exercício do mandato parlamentar, deveriam passar pelo crivo da Assembleia Legislativa, que poderá confirma-las ou derrubá-las. Em suma, seria o caso de se estenderem as prerrogativas concedidas aos deputados federais, também aos deputados estaduais, por força do art. 27, § 1º, da Constituição Federal que consagraria tal equiparação. Foi o que aconteceu, em novembro de 2017, no Estado do Rio de Janeiro, quando o Tribunal Regional Federal determinou a prisão de três deputados estaduais fluminenses; levada a questão à Assembleia Legislativa do Rio de Janeiro, em votação maciça, através da Resolução 577/2017, revogou-se a prisão cautelar decretada[177].

A soltura dos parlamentares foi, posteriormente, cassada pelo Tribunal Regional Federal, o qual determinou fossem os deputados estaduais novamente presos.

A AMB (Associação dos Magistrados Brasileiros) ajuizou ADINS (Ações Diretas de Inconstitucionalidade) em que se questionam dispositivos de Constituições Estaduais, inclusive a do Rio de Janeiro[178], que estendem aos deputados estaduais as mesmas

---

175. Informativo do STF. 26/09/2017. Agravo na Ação Cautelar 4327. Rel. Min. Marco Aurélio.
176. O Min. Alexandre de Moraes, do STF, concedeu liminar, na medida cautelar em mandado de segurança 35.265/DF, a fim de determinar que a votação no Senado Federal fosse aberta, ostensiva e nominal, quanto às medidas cautelares aplicadas pela 1ª Turma do Supremo.
177. Notícia veiculada pelo Jornal "O Estado de São Paulo", de 18 de novembro de 2017, Caderno Política, página A6.
178. Informativo do STF. 22/11/2017. ADIs 5823, 5824, 5825. A respeito de idêntico tema, a Procuradoria--Geral da República ajuizou, no STF, Arguição de Descumprimento de Preceito Fundamental (ADPF) 497, cujo relator é o Min. Edson Faquin.

imunidades formais asseguradas aos deputados federais e senadores, previstas no art. 53 da Constituição Federal. Argumentou-se, com propriedade, nas Ações Diretas referidas, que, aos deputados estaduais, por força do art. 27 da Constituição Federal, se estendem apenas as imunidades materiais concedidas aos deputados federais, que se referem à inviolabilidade, civil e penal, por suas opiniões, palavras e votos. No entanto, as imunidades formais que possuem os deputados federais de que, na hipótese de imposição de medida que dificulte ou impeça, direta ou indiretamente, o exercício regular do mandato, seja, a decisão judicial, remetida em 24 horas à respectiva casa legislativa para deliberação, não se aplica aos deputados estaduais, porque, tal prerrogativa, "considera a República, e não os estados e municípios". As ADINS citadas, ADIs 5823, 5824 e 5825, que discutem, no STF, a extensão a deputados estaduais das imunidades formais previstas no artigo 53 da Constituição Federal foram suspensas por decisão do Plenário; por enquanto, há cinco votos a favor da concessão da liminar (não se estendendo as imunidades formais a favor dos deputados estaduais), de modo que a prisão e as medidas cautelares decretadas não devem passar pelo crivo da Assembleia Legislativa; há, todavia, quatro votos contrários (assegurando, aos deputados estaduais, as mesmas prerrogativas formais dos deputados federais), de modo que a prisão e as medidas cautelares decretadas aos deputados estaduais devem passar pelo controle da Assembleia Legislativa. Aguarda-se o julgamento final da questão pelo Supremo.

Perda do cargo de deputados federais e senadores

Proferida condenação criminal transitada em julgado, pelo STF, a perda do cargo estará condicionada à soberana decisão, conforme o caso, do *plenário* da Câmara dos Deputados ou do Senado Federal, através de voto aberto e maioria absoluta (art. 55, VI, e § 2º, da CF)[179]. Em outras decisões, proferida pela 1ª Turma do STF[180], condenou-se deputado federal a pena superior a 12 anos de reclusão, em regime fechado; decidiu-se, então, que a perda do mandato do parlamentar seria decretada, automaticamente, pela *Mesa Diretora da Câmara dos Deputados e não pelo Plenário*, com base no seguinte raciocínio: de acordo com art. 55, III e § 3º, da Constituição Federal, perde, *por decisão da Mesa Diretora da Casa Legislativa*, o mandato, o parlamentar que falte a um terço das sessões ordinárias; ora, o parlamentar condenado a pena de 12 anos de reclusão, em regime fechado, fatalmente faltará a mais de um terço das sessões, incorrendo na punição de perda do mandato; logo, como será declarada a perda de seu cargo, não se mostra necessário que a questão seja submetido ao Plenário, decretando-se, a perda do mandato, automaticamente, pela Mesa Diretora da Câmara dos Deputados.

Como bem explica o Min. Barroso[181], embora caiba a cada uma das Casas do Congresso a decisão a respeito da perda do mandato de deputado ou senador, se a condenação criminal transitada em julgado, em regime inicial fechado, for por tempo superior ao prazo remanescente do mandato parlamentar, a perda do mando se dará automaticamente, em razão da impossibilidade física e jurídica de seu exercício; nessa

---
179. STF. AP 470. Rel. Min. Joaquim Barbosa.
180. STF – AP 694. 1ª T. Rel. Min. Rosa Weber. STF – AP- 863. 1ª T. Rel. Min. Edson Fachin.
181. STF. MS 32.326, Rel. Min. Barroso. 02/09/2013.

situação, a decisão da Câmara dos Deputados ou do Senado Federal será vinculada, e meramente declaratória.

Em caso emblemático referente à condenação do deputado federal Paulo Maluf, condenado pelo Supremo pela prática dos crimes de lavagem de dinheiro, em regime inicial fechado, à pena de 7 anos, 9 meses e 10 dias de reclusão, decidiu-se pela licitude da perda do cargo de deputado federal procedida pela Mesa da Câmara dos Deputados, justamente porque se tratava de uma perda automática, dada a impossibilidade- física e jurídica- do exercício do mandato parlamentar[182].

Salientou-se, porém, que, no caso de o parlamentar ter sido condenado criminalmente a cumprir pena privativa de liberdade em regime inicial aberto ou semiaberto, regimes esse que autorizam o trabalho externo, não haverá, necessariamente, a perda do mandato, uma vez que nada impede que o condenado cumpra a sanção e, ao mesmo tempo, exerça suas funções no legislativo.

Entende-se que essa prerrogativa dos parlamentares federais de não perderem o cargo senão por decisão da Casa Legislativa a que pertencem, não se estende aos prefeitos, governadores, presidente da república, deputados estaduais e vereadores, pois, em relação a eles, é permitido que percam o cargo eletivo como efeito da condenação, que é o de suspenderem-se os direitos políticos[183].

Ministros de Estado. Conceito legal

Quanto aos Ministros de Estado serão julgados pelo STF, por uma de suas Turmas (art. 9º, I, *k*, do RISTF), e processados pelo Procurador-Geral da República, pela prática dos **crimes comuns**.

São Ministros de Estado, de acordo com o art. 25 da Lei 10.683/03:

1º – os titulares dos Ministérios;

2º – os titulares das Secretarias da Presidência da República;

3º – o advogado – geral da União;

4º – o chefe da Casa Civil da Presidência da República;

5º – o chefe do Gabinete de Segurança Institucional da Presidência da República;

6º – o chefe da Controladoria – Geral da União;

7º – o presidente do Banco Central do Brasil.

Outras autoridades sujeitas à competência originária do STF

Cabe, também, ao STF julgar, **nos crimes comuns e nos de responsabilidade**, os seguintes ocupantes de cargos (art. 102, I, *c*, da CF):

1º – Ministros de Estado;

---

182. Informativo do STF. 19/02/2018. STF. MS 35985. Rel. Min. Luiz Fux.
183. Informativo do STF. 22/05/2015. Suspensão de Liminar (SL) 864. Rel. Min. Ricardo Lewandowski.

Consoante novo entendimento do STF consagrado em maio de 2018, na AP 937, os ocupantes de cargos e funções públicas só terão direito ao foro por prerrogativa de função, se as infrações penais forem perpetradas durante o exercício da função e em razão delas. Há decisão do STF estendendo esse entendimento também aos Ministros de Estado, de modo que se o ato tem tese criminoso tiver sido praticado pelo Ministro de Estado, antes de tomar posse no cargo, ou depois, mas não se relacionar com suas funções, a competência deverá ser estabelecida em 1ª instância, e não no Supremo. O curioso é que, sendo remetidos os autos para a 1ª instância, e sendo oferecida denúncia pelo Ministério Público, o magistrado de piso poderá recebê-la, independentemente de autorização da Câmara dos Deputados, uma vez que referida condição de procedibilidade só é exigível na hipótese de o Ministro de Estado estar sendo acusado em conjunto com o Presidente ou Vice-Presidente da República, nos termos do art. 51, I, da CF.

2º – Comandantes da Marinha, do Exército e da Aeronáutica;

O STF apenas julgará, entretanto, nos crimes de responsabilidade, os Ministros de Estado e os Comandantes das Forças Armadas, desde que o crime por eles praticado não seja conexo a delito perpetrado pelo Presidente e Vice – Presidente da República. Se houver a aludida conexão, os crimes serão julgados pelo Senado Federal (art. 52, I, da CF).

3º – Os integrantes dos Tribunais Superiores;

4º – Os membros do Tribunal de Contas da União;

5º – Os chefes de missão diplomática de caráter permanente.

Todas as autoridades acima serão julgadas por uma das Turmas do STF (art. 9º, I, *k*, do RISTF).

O STF não possui competência originária para processar delegado da polícia federal, mesmo que exercendo o cargo de chefe da Interpol no Brasil; o detentor de tal função deve ser julgado por uma das varas federais do local onde esteja lotado[184].

Atribuição para ajuizar ação penal originária no STF

Está legitimado a ajuizar ações penais originárias no Supremo Tribunal Federal o Procurador-Geral da República, como estipula a Lei Complementar 75/93, no seu art. 46, § único, III, c.c. o art. 48, II); tal atribuição, no entanto, pode ser delegada ao integrante do Ministério Público Federal que ocupe o cargo de Subprocurador – Geral da República, sem que haja ofensa ao princípio do promotor natural, como possibilita o art. 47, § 1º, c.c. o art. 48, § único, da Lei 75/93.

Competência originária e delegação de poderes instrutórios pelo STF

De acordo com o art. 3º, III, da Lei 8.038/90 (acrescido pela Lei 12.019/2009), é permitido, ao relator, nos processos de competência originária do STJ e do STF, delegar

---

184. Informativo do STF. 03/10/2013. STF. Pleno. Rel. Min. Cármen Lúcia.

poderes instrutórios, convocando desembargadores de Turmas Criminais dos Tribunais de Justiça ou dos Tribunais Regionais Federais, bem como juízes de varas criminais da Justiça dos Estados e da Justiça Federal, pelo prazo de seis meses, prorrogável por igual período, até o máximo de dois anos, para a realização do interrogatório e de outros atos da instrução, na sede do tribunal ou no local onde se deva produzir o ato.

A delegação de poderes instrutórios é detalhadamente prevista no art. 21-A, do RISTF, abarcando a possibilidade de designar e realizar audiências de interrogatório e inquirição de testemunhas, acareação, transação penal, etc.

As decisões proferidas pelo magistrado instrutor ficam sujeitas ao posterior controle do relator, de ofício ou mediante provocação do interessado, no prazo de cinco dias contados da ciência do ato (art. 21-A, § 2º, do RISTF).

Superior Tribunal de Justiça – STJ
Governadores dos Estados e do DF

Compete ao STJ julgar originariamente, nos **crimes comuns**, os Governadores de Estado e do Distrito Federal (art. 105, I, *a*, da CF). À Corte Especial do STJ (art. 11, I, do RISTJ) cabe julgar os Governadores, recebendo a denúncia ou arquivando o inquérito policial. Quando do recebimento da denúncia, a Corte Especial deliberará a respeito da necessidade da imposição de medidas cautelares, inclusive o afastamento, se o caso, do cargo de governador[185]. A prisão preventiva de Governador só poderá ser decretada pelo STJ. Como exemplo desta possibilidade, pode-se citar a prisão preventiva decretada pelo STJ contra o Governador do Estado do Rio de Janeiro, Luiz Fernando Pezão, em 29 de novembro de 2018. Pezão foi preso preventivamente porque se imputava a ele a continuidade no desenvolvimento de organização criminosa capitaneada inicialmente pelo ex-governador do Rio de Janeiro, Sergio Cabral, e visando recuperar o dinheiro público desviado. Interessante notar que a cláusula de imunidade à prisão, nas infrações penais comuns, enquanto não sobrevier sentença condenatória, é exclusiva do Presidente da República (art. 86, § 3º, da CF), não se estendendo aos Governadores. Desse modo, os dispositivos das Constituições Estaduais que prevejam a mesma garantia aos seus Governadores foram reputados inconstitucionais.

Quem oferecerá denúncia em face do **Governador de Estado ou do Distrito Federal**, perante o STJ, pela prática de crime comum, é o Procurador-Geral da República ou Subprocurador Geral da República (no caso de delegação).

Diversas Constituições Estaduais trazem a previsão de que os governadores só podem ser processados, perante o STJ, após prévia autorização de suas Assembleias Legislativas, geralmente pelo voto de 2/3 de seus membros; seria, à semelhança do que ocorre com o Presidente da República, um juízo de admissibilidade política (verdadeira condição de procedibilidade), prévio à admissibilidade jurídica, a ser procedida pelo STJ: em suma, oferecida a ação penal em face do Governador, seria, a peça acusatória, objeto de votação da Assembleia Legislativa; se não obtidos os 2/3 de votos favoráveis

---
185. Informativo do STJ. 06/12/2017. STJ. APn 843. Corte Especial. Min. Rel. Herman Benjamim.

à admissibilidade da acusação, o Governador não seria processado; alcançados os 2/3 de votos pela admissibilidade da denúncia, a peça acusatória seria submetida ao juízo técnico – jurídico, de recebimento ou rejeição, pelo STJ. Em suma, haveria dois filtros à acusação em face de Governador: um filtro político, exercido pela Assembleia Legislativa, e um filtro jurídico representado pelo STJ.

O entendimento do Supremo, durante quase três décadas, era de que essas normas previstas nas Constituições Estaduais não colidiam com a Lei Maior, sendo válidas, portanto.

No entanto, em 2017, o Pretório Excelso[186] deu uma guinada a respeito do tema, decidindo ser inconstitucional a exigência de autorização prévia da assembleia legislativa para instauração de ação penal contra o governador, porque violaria o princípio republicano, o princípio da separação dos Poderes, por submeter a atuação do Poder Judiciário a um ato de outro Poder, sem qualquer previsão constitucional nesse sentido. Como bem ressaltado pelo Ministro Alexandre de Moraes, do STF, as disposições do art. 86 da Constituição Federal, que consagram a necessidade de 2/3 dos votos da Câmara dos Deputados para que possa ser processado o Presidente da República, são exclusivas da mais alta autoridade do país, não se aplicando aos governadores; salientou, ainda, o Min. Alexandre de Moraes que a necessidade de autorização prévia pelas Assembleias propicia "conluios" entre Executivo e Legislativo estaduais, resultando em anos e anos de impunidade.

Em conclusão: após essa decisão histórica do STF, passou a existir apenas um juízo de admissibilidade de acusação penal em face de Governadores dos Estados e do DF, que é exercido, exclusivamente, pelo STJ; vedada, porque inconstitucional, a possibilidade de as Assembleias Legislativas exercerem qualquer juízo prévio de admissibilidade política a respeito da acusação.

Sendo recebida a peça acusatória contra o Governador, seu afastamento ou não do cargo, ficará a critério do STJ, em razão das peculiaridades de cada caso concreto, em decisão fundamentada.

A tese fixada no julgamento foi a seguinte: "Não há necessidade de prévia autorização da Assembleia Legislativa para o recebimento de denúncia ou queixa-crime e instauração de ação penal contra o governador de estado, por crime comum, cabendo ao STJ, no ato de recebimento da denúncia ou no curso do processo, dispor fundamentadamente sobre a aplicação de medidas cautelares, inclusive afastamento do cargo".

Como resultado dessa mutação de entendimento do Supremo, o STJ[187], exerceu juízo de admissibilidade a respeito de denúncia oferecida contra o Governador de Minas Gerais, sem que se passasse pelo crivo político da Assembleia Legislativa daquele ente da federação.

Já, **nos crimes comuns e de responsabilidade**, o STJ julgará as seguintes autoridades (art. 105, I, *a*, da CF):

---

186. STF-Pleno. ADI 5540. Re. Min. Edson Fachin. ADIs 4798, 4764, 4797, 185, 4771.
187. STJ – Corte Especial. APn 815. Min. Rel. Og Fernandes. A imputação contida na denúncia foi rechaçada pelo STJ, pela prescrição de parte dos fatos, e por inépcia, de outro trecho da imputação.

1º – Desembargadores dos Tribunais de Justiça dos Estados e do Distrito Federal;

2º – Os membros dos Tribunais de Contas dos Estados e do Distrito Federal, e dos Municípios;

3º – Os membros dos Tribunais Regionais Federais;

4º – Os membros dos Tribunais Regionais Eleitorais;

5º – Os membros dos Tribunais Regionais do Trabalho;

6º – Os membros do Ministério Público da União que oficiem perante Tribunais (são os membros do *Parquet* que laborem no Tribunal de Justiça do Distrito Federal (procuradores de justiça do Distrito Federal), nos Tribunais Regionais Federais (procuradores regionais da república), nos Tribunais Regionais Trabalhistas (procuradores regionais do trabalho), e ainda os que oficiem nos Tribunais Superiores – Superior Tribunal de Justiça – STJ, Superior Tribunal Militar – STM, Tribunal Superior do Trabalho – TST). São, por fim, julgados pelo STJ os subprocuradores – gerais da República, os subprocuradores – gerais da Justiça Militar, o procurador – geral da Justiça Militar, os subprocuradores – gerais do Trabalho e o procurador – geral da Justiça do Trabalho.

Competência para julgar as autoridades com prerrogativa de foro no STJ

Será da Corte Especial do STJ (art. 11, I, do RISTJ).

Atribuição para ajuizar ação penal originária no STJ

Está legitimado a ajuizar ações penais originárias no Superior Tribunal de Justiça o Procurador-Geral da República, como estipula a Lei Complementar 75/93, no seu art. 46, § único, III, c.c. o art. 48, II); tal atribuição, no entanto, pode ser delegada ao integrante do Ministério Público Federal que ocupe o cargo de Subprocurador – Geral da República, sem que haja ofensa ao princípio do promotor natural, como possibilita o art. 47, § 1º, c.c. o art. 48, § único, da Lei 75/93.

Competência originária e delegação de poderes instrutórios pelo STJ e pelo STF

De acordo com o art. 3º, III, da Lei 8.038/90 (acrescido pela Lei 12.019/2009), é permitido, ao relator, nos processos de competência originária do STJ e do STF, delegar poderes instrutórios, convocando desembargadores de Turmas Criminais dos Tribunais de Justiça ou dos Tribunais Regionais Federais, bem como juízes de varas criminais da Justiça dos Estados e da Justiça Federal, pelo prazo de seis meses, prorrogável por igual período, até o máximo de dois anos, para a realização do interrogatório e de outros atos da instrução, na sede do tribunal ou no local onde se deva produzir o ato.

A delegação de poderes instrutórios é detalhadamente prevista no art. 21-A, do RISTF e do STJ, abarcando a possibilidade de designar e realizar audiências de interrogatório e inquirição de testemunhas, acareação, transação penal, etc.

As decisões proferidas pelo magistrado instrutor ficam sujeitas ao posterior controle do relator, de ofício ou mediante provocação do interessado, no prazo de cinco dias contados da ciência do ato (art. 21-A, § 2º, do RISTF e do STJ).

Tribunal Superior Eleitoral (TSE)

Compete ao Superior Tribunal de Justiça, como vimos acima, julgar os integrantes do Tribunal Regional Federal que cometam crimes eleitorais. Já os membros do TSE serão julgados, por tais infrações, pelo STF. O TSE, desse modo, não possui competência de por prerrogativa de função.

Superior Tribunal Militar (STM)

O STM possui competência originária para julgar os oficiais – generais das Forças Armadas, nos crimes militares definidos em lei. Recorde-se que os comandantes das Forças Armadas serão julgados, pela prática de quaisquer delitos (inclusive os militares) pelo Supremo; se houver a prática, em conexão, de um crime de responsabilidade perpetrado pelo comandante das Forças Armadas, juntamente com o Presidente da República, ambos serão julgados pelo Senado Federal (art. 102, I, c, da CF).

Está legitimado o Procurador-Geral da Justiça Militar, que exerce as funções do Ministério Público Militar perante o Superior Tribunal Militar, a oferecer denúncia contra os Oficiais – Generais das Forças Armadas, conforme reza o art. 123 da Lei Complementar 75/93.

Já os Comandantes das Forças Armadas – Exército, Marinha e Aeronáutica-serão julgados pelo STF, como acima se viu. (art. 102, I, c, da CF), e quem oferecerá denúncia em face deles será o Procurador-Geral da República.

Tribunais Regionais Federais (TRF)

Tais Tribunais possuem competência para julgar, de maneira originária, nos crimes comuns e de responsabilidade, os juízes federais de sua jurisdição, conceito amplo esse a incluir os seguintes magistrados, todos de 1ª instância: os juízes que pertençam à Justiça Comum Federal; os juízes do trabalho componentes da Justiça Trabalhista; os juízes integrantes da Justiça Militar Federal. Incluem-se, ainda, na competência do Tribunal Regional Federal os membros do Ministério Público da União, ressalvando-se, sempre, a competência da Justiça Eleitoral (art. 108, I, a, da CF).

Os membros do Ministério Público da União são os procuradores da República que oficiam perante a Justiça Federal; os promotores da Justiça Militar da União, que oficiam junto aos juízes – auditores e Conselhos Permanentes e Especiais da Justiça Militar da União; os procuradores do trabalho, junto à Justiça Trabalhista; os promotores que oficiem perante a Justiça de 1ª instância do Distrito Federal.

Essa ressalva quanto à Justiça Eleitoral significa dizer que crimes praticados por juízes e promotores que integrem, respectivamente, o Judiciário e o MP da União, caso cometam crimes eleitorais, serão julgados pelo Tribunal Regional Eleitoral (TRE), como se verá, e não pelo Tribunal Regional Federal (TRF).

Está legitimado a oferecer denúncia, perante o TRF, algum Procurador Regional da República.

Pergunta-se: se o magistrado ou o membro do Ministério Público que oficiem na Justiça Militar da União cometerem um crime militar serão julgados perante o STM (Superior Tribunal Militar) ou pelo TRF (Tribunal Regional Federal)?

Como bem ensina Renato Brasileiro de Lima[188], "Como a Constituição Federal limitou-se a afastar a competência dos Tribunais Regionais Federais tão somente no que toca aos crimes eleitorais, hipótese em que a competência será do Tribunal Regional Eleitoral, conclui-se que a competência para o julgamento de crimes militares praticados por magistrados integrantes do Poder Judiciário da União e membros do Ministério Público da União recai sobre o respectivo Tribunal Regional Federal".

Caso o juiz ou membro do Ministério Público da União cometam um crime de competência da Justiça estadual serão julgados pelo Tribunal Regional Federal, e não pelo Tribunal de Justiça, porque, como não há qualquer ressalva quanto à Justiça estadual, mas apenas à eleitoral, a competência ampla será do TRF, porque prevista na Lei Maior.

Cabe, também, ao TRF julgar os delitos de competência da Justiça Federal praticados por autoridades estaduais que possuam prerrogativa de foro, estipulado na Constituição Estadual, como deputados estaduais, além, também, dos prefeitos, cuja competência para julgá-los vem prevista na Constituição Federal, como veremos.

Tribunais Regionais Eleitorais (TRE)

Possuem a competência para julgar, originariamente, juízes e promotores que exerçam funções eleitorais e que tenham praticado delitos eleitorais.

O TRE julgará, ainda, autoridades estaduais com prerrogativa de foro prevista na Carta Estadual, como deputados estaduais, secretários de estado. Crimes eleitorais praticados por prefeitos também serão julgados pelo TRE. A acusação em todos esses casos será promovida pelo Procurador Regional Eleitoral. O inquérito policial para apurar eventual crime eleitoral praticado por Prefeito dependerá de prévia autorização – e supervisão – do Tribunal Regional Eleitoral competente, sob pena de nulidade de toda a investigação, caso o procedimento investigatório tenha sido supervisionado por juízo eleitoral de primeiro grau[189].

Essa é a interpretação a ser dada à Súmula 702 do STF: "A competência do Tribunal de Justiça para julgar Prefeitos, restringe-se aos crimes de competência da Justiça comum estadual; nos demais casos, a competência originária caberá ao respectivo tribunal de segundo grau".

Tribunais de Justiça dos Estados e do DF

Possuem competência para julgar os magistrados estaduais e do distrito federal, assim como os membros dos Ministérios Públicos dos Estados, tanto os que oficiem

---

188. Renato Brasileiro de Lima, Curso de Processo Penal, pgs. 474/475.
189. Informativo do STF. 06/10/2015. STF. AP 933. 2ª T. Rel. Min. Dias Toffoli.

na 1ª instância (promotores de justiça), como também os que atuam na 2ª instância (procuradores de justiça) pela prática de delitos comuns e de responsabilidade, independentemente do local de sua prática, ressalvada a competência da Justiça Eleitoral (art. 96, III, da CF). Praticado, então, um crime eleitoral por magistrado ou promotor os quais integrem, respectivamente, a Justiça ou o MP Estaduais, serão julgados pelo Tribunal Regional Eleitoral (TRE) e não pelo Tribunal de Justiça. A acusação, no caso de crime eleitoral, será formulada pelo Procurador Regional Eleitoral. Nos demais crimes eventualmente praticados por membros do MP dos Estados ou do Judiciário dos Estados – quaisquer ilícitos – como crimes militares – aqueles praticados contra instituições militares da União por civis; contravenções penais; crimes dolosos contra a vida – a acusação ficará a cargo do Procurador-Geral de Justiça a quem compete ajuizar a ação penal de competência originária dos Tribunais, e a competência será-sempre – do Tribunal de Justiça para julgá-los. O Procurador-Geral poderá designar Procurador de Justiça para tanto (art. 10, IX, g, da Lei 8.625/93). O Procurador-Geral de Justiça será julgado, pela prática de crimes comuns, pelo Tribunal de Justiça.

Como observa argutamente Renato Brasileiro de Lima[190], há uma diferenciação entre os órgãos de Justiça que julgarão o magistrado pertencente à Justiça do Distrito Federal e o promotor que lá oficia, uma vez que, "(...) enquanto membros do Ministério Público do Distrito Federal que atuam na primeira instância são processados e julgados perante o Tribunal Regional Federal, por serem integrantes do Ministério Público da União (CF, art. 108, I, "a"), juízes do Distrito Federal são processados e julgados perante o Tribunal de Justiça do Distrito Federal e dos Territórios (CF, art. 96, III)."

O Tribunal de Justiça local terá competência para julgar, originariamente, os integrantes da Justiça Militar Estadual nos Estados em que há sua instalação – São Paulo, Minas Gerais e Rio Grande do Sul, o que inclui os juízes de direito do Juízo Militar e os membros do Tribunal de Justiça Militar.

Importante dizer que, como não há qualquer ressalva quanto à Justiça Federal, ao contrário do que se dá no que se refere à Justiça Eleitoral, como se nota pelo já citado art. 96, III, da CF, os crimes de competência da Justiça Federal eventualmente praticados por juízes e promotores dos Estados deverão ser julgados pelo Tribunal de Justiça e não pelo Tribunal Regional Federal. Há, no entanto, posição diversa entendendo que a competência para julgar tais infrações é do TRF.

Como nota Renato Brasileiro de Lima[191], os juízes de 1º grau convocados para o Tribunal de Justiça para exercer a função de desembargador não possuem o foro por prerrogativa de função próprio dos desembargadores de serem julgados pelo STJ (art. 105, I, a, da CF); como não deixam de ser juízes, serão julgados pelo Tribunal de Justiça.

Os Tribunais de Justiça dos Estados possuem competência para julgar os prefeitos pela prática de delitos de competência da Justiça Estadual (art. 29, X, da CF). Os prefeitos podem ser julgados por Câmaras Criminais do Tribunal de Justiça, e não

---

190. Renato Brasileiro de Lima, Curso de Processo Penal, p. 475.
191. Renato Brasileiro de Lima, Curso de Processo Penal, p. 484.

necessariamente pelo órgão especial, desde que previsto, em resolução do Tribunal, a competência do órgão fracionário.[192]

Cometidos, porém, por prefeito, crimes de alçada da competência da Justiça Federal ou Eleitoral, os prefeitos serão julgados, respectivamente, pelo Tribunal Regional Federal (TRF) ou pelo Tribunal Regional Eleitoral (TRE). Esse é o entendimento da Súmula 702 do STF: "A competência do Tribunal de Justiça para julgar prefeitos restringe-se aos crimes de competência da Justiça Comum estadual; nos demais casos, a competência originária caberá ao respectivo tribunal de segundo grau". Se os prefeitos cometerem crimes contra as instituições militares federais (crimes militares) serão julgados pelo STM (Superior Tribunal Militar).

Tratam do assunto as Súmulas 208 e 209 do STJ que possuem o seguinte teor:

Súmula 208: "Compete à Justiça Federal processar e julgar prefeito municipal por desvio de verba sujeita à prestação de contas perante órgão federal".

Súmula 209: "Compete à Justiça Estadual processar e julgar prefeito por desvio de verba transferida e incorporada ao patrimônio municipal".

Pacífico, ainda, que se o prefeito praticar um crime doloso contra a vida será julgado pelo Tribunal de Justiça e não pelo Júri, pelo princípio da especialidade, uma vez que a prerrogativa de foro emana da própria Carta Política.

Foro por prerrogativa de função de magistrados e membros do Ministério Público

Como vimos acima, os magistrados e Ministério Público possuem, dependendo de cada cargo ocupado, foro por prerrogativa de função, no STF, STJ, TRF, TRE, e Tribunais de Justiça dos Estados e do DF. No caso dos Tribunais de Justiça, não se impede que o Órgão Especial do Tribunal de Justiça seja o órgão competente para o julgamento da ação penal originária, desde que prevista tal possibilidade em seu regimento interno[193].

Indaga-se: o promotor ou juiz em disponibilidade perde o foro por prerrogativa de função? Não, porque para que autoridade detentora do foro por prerrogativa de função deixe de ostentá-lo, é indispensável a perda definitiva do cargo[194].

Perda do cargo de juízes e membros do MP

Só podem perder o cargo mediante ação judicial específica, em razão da garantia da vitaliciedade, de modo que, mesmo a condenação criminal transitada em julgado prolatada pelo Tribunal competente, não poderá declarar esse efeito. A perda do cargo, no caso de membros do Ministério Público dos Estados, dependerá, em primeiro lugar, do trânsito em julgado da sentença penal condenatória; depois, do ajuizamento de ação civil proposta pelo Procurador-Geral de Justiça, impondo-se, como condição de procedibilidade, que haja prévia autorização pelo Colégio de Procuradores. Essa

---
192. Informativo do STF. 02/12/2016. RHC 134123. Rel. Min. Luiz Fux.
193. STJ. HC 437.033/SP (2018/0033455-1). Rel. Min. Reynaldo Soares da Fonseca.
194. STF. Recurso Ordinário em Habeas Corpus 155.516/SP. Rel. Min. Alexandre de Moraes.

última decisão – do cível – de perda do cargo deve, igualmente, transitar em julgado, para que gere o efeito de sua efetiva perda. Em miúdos: "É dizer, a ação penal transitada é condição *sine qua non* para a instauração da ação civil, da qual também não caiba mais recurso"[195].

Trata-se, em suma, de aplicar-se o princípio da especialidade – a Lei Orgânica Nacional do Ministério Público (art. 38, §§ 1º e 2º, da Lei 8.625/93), ao tratar especificamente da perda de cargo de membro do *Parquet*, com regras próprias, as quais devem prevalecer sobre as regras gerais do Código Penal (art. 92 do CP) (*lex specialis derogat generali*)[196].

Constituições Estaduais e prerrogativa de foro

Nada impede que as Constituições dos Estados prevejam, para determinadas autoridades, a prerrogativa de foro de serem julgadas pelo Tribunal de Justiça local, desde que exista simetria (paralelismo) com a Constituição Federal, como se dá, por exemplo, com os deputados estaduais (simetria com os deputados federais que são julgados pelo STF), secretários de estado (simétricos com os ministros de estado os quais são julgados pelo STF), Vice – Governador (simétrico com o cargo de Vice – Presidente). Quanto ao Vice – Governador, interessante notar que, se prevista sua prerrogativa de foro na Constituição Estadual, será julgado pelo Tribunal de Justiça, pela prática de crimes comuns e de responsabilidade, mas nunca pelo STJ, uma vez que a esse incumbe, por expressa previsão da Constituição Federal, julgar o Governador do Estado, e não o seu Vice, mesmo que este último, interinamente, esteja ocupando o cargo do Governador (por viagem, por exemplo), como já decidiu o STJ. [197] Em suma, a interpretação que deve se dar à competência originária de Tribunais para determinados ocupantes de cargos públicos deve ser necessariamente restritiva, porque o foro privilegiado em si é uma derrogação do princípio da isonomia. O foro privilegiado para autoridades estaduais deve estar previsto na Constituição do Estado – membro, não podendo essa competência ser transferida ao legislador infraconstitucional[198].

Se não houver a simetria constitucional, entendemos que a prerrogativa de foro prevista na Constituição Estadual seria inconstitucional, como, por exemplo, se for estabelecida a competência privativa do Tribunal de Justiça para julgar vereadores, delegados[199] ou procuradores do Estado[200].

---

195. Informativo do STF. 09/11/2017. STF. Mandado de Segurança (MS) 35221. Rel. Min. Ricardo Lewandowski.
196. STJ. Recurso Especial 1.251.621/AM (2011/0082630-6) (f). Rel. Min. Laurita Vaz. STJ – AgRg no Recurso Especial 1.409.692/SP (2013/0338346-9). Rel. Min. Reynaldo Soares da Fonseca.
197. STJ-Rcl 980/AP- Corte Especial- Rel. Min. Cesar Asfor Rocha- DJ 07/04/2003, p. 208.
198. Informativo do STF. 01/07/2014. Pleno. HC 103803. Rel. Min. Teori Zavascki.
199. A Constituição do Estado de São Paulo, em seu art. 74, II, estabeleceu o foro por prerrogativa de função a delegado de polícia, nos casos de infrações penais comuns e crimes de responsabilidade. Foi ajuizada, pelo Procurador-Geral da República, Ação Direta de Inconstitucionalidade 5591 (Rel. Min. Dias Toffoli), no STF, quanto a tal dispositivo constitucional.
200. O STF – AP 460. Rel. Min. Joaquim Barbosa- reconheceu a constitucionalidade da previsão em Constituição Estadual de foro por prerrogativa de função a Procurador de Estado. Na ADI 2.587-2/GO, o STF declarou a constitucionalidade de foro por prerrogativa para Procurador de Assembleia Legislativa.

O STJ[201] já reputou inconstitucional norma da Constituição Estadual que criava foro privilegiado para delegado de polícia.

O Supremo tem, todavia, decidido como fundamento para reconhecer a constitucionalidade ou não do foro por prerrogativa de função previsto na Constituição Estadual a especial relevância de determinados cargos públicos (funções essenciais de Estado) e não sua simetria com cargos equivalentes federais que possuam tal prerrogativa expressamente prevista na Lei Maior.

Com base nesse entendimento, o Pretório Excelso[202] afirmou a constitucionalidade do foro por prerrogativa de função, previsto na Constituição Estadual, de Procuradores de Estado, da Assembleia Legislativa, e dos Defensores Públicos, negando, porém, tal privilégio processual aos delegados de polícia.

Quanto aos vereadores, que tem foro por prerrogativa de função assegurado na Constituição do Estado do Rio de Janeiro, tal privilégio foi reconhecido como constitucional pelo STF[203]; embora possa o foro privilegiado subtrair os vereadores do julgamento de 1ª instância, quando à generalidade dos delitos, no que se refere aos crimes dolosos contra a vida, todavia, necessariamente, deverão ser julgados pelo Júri, uma vez que a competência do Tribunal Popular tem assento constitucional, prevalecendo sobre norma estatuída, exclusivamente, na Carta Política estadual.

Em suma, trata-se de aplicar a Súmula Vinculante 45: "A competência constitucional do tribunal do júri prevalece sobre o foro por prerrogativa de função estabelecido exclusivamente pela Constituição Estadual".

No entanto, se o vereador, em Estado onde haja previsão de foro para tal parlamentar como o Rio de Janeiro, praticar crime federal deverá ser julgado pelo Tribunal Regional Federal[204].

Deputados estaduais

Prevista a prerrogativa de foro para os deputados estaduais, nas Constituições Estaduais, quanto aos crimes de competência da Justiça estadual, serão julgados pelo Tribunal de Justiça; crimes de competência da Justiça Federal, pelo Tribunal Regional Federal (TRF); crimes eleitorais, pelo Tribunal Regional Eleitoral (TRE). Se praticarem, os deputados estaduais, crimes contra as instituições militares da União serão julgados pelo Superior Tribunal Militar (STM).

A denúncia – no caso de ação penal pública – ou queixa serão oferecidas, em face do deputado estadual, respectivamente, pelo ofendido ou pelo Procurador-Geral de Justiça perante o Tribunal de Justiça; no caso de crime da competência da Justiça Federal, pelo Procurador Regional da República, perante o Tribunal Regional Federal (TRF); no caso de crime eleitoral, pelo Procurador Regional Eleitoral, perante o Tribunal Regional Eleitoral (TRE); na Justiça Militar, pelo Procurador – geral da Justiça

---

201. STJ-6ª T., RHC 74/RJ, Rel. Min. José Candido de Carvalho Filho, DJ 16/10/1989.
202. STF – Pleno, ADI 2.587/GO, Rel. Min. Carlos Britto, DJ 06/11/2006.
203. Informativo do STF. 18/04/2016. STF. HC 130358. Rel. Min. Edson Faquin.
204. Informativo do STF. 10/10/2011. STF. HC 110496. Rel. Min. Gilmar Mendes.

Militar ou por subprocuradores gerais da Justiça Militar (por delegação), perante o STM (Superior Tribunal Militar).

Á semelhança – e por simetria constitucional – com o sistema de persecução judicial existente quanto aos deputados federais – ajuizada, perante o Tribunal competente, a denúncia ou queixa em face do deputado estadual, se recebida a peça acusatória, poderá a Assembleia Legislativa suspender o processo, por maioria absoluta dos seus membros (art. 53, §§ 3º e 5º, da CF).

Acusado um deputado estadual da prática de um crime doloso contra a vida, surge o questionamento: deverá ser julgado pelo Tribunal de Justiça, caso a Constituição estadual preveja o foro privilegiado, ou pelo Júri?

Há **duas posições** a respeito do tema:

1ª Posição. Deverá ser julgado pelo Júri porque a Constituição estadual não pode prevalecer sobre a regra de competência fixada na Constituição Federal que inseriu como juiz natural para julgar os crimes dolosos contra a vida o Júri;

2ª Posição. O deputado estadual deverá ser julgado pelo Tribunal de Justiça, pois essa prerrogativa de foro é simétrica ao dos deputados federais, pelo paralelismo constitucional, de modo que o juiz natural dos parlamentares dos estados, para julgar os delitos contra a vida, é o Tribunal de Justiça e não o Júri. Vem se entendendo que a prerrogativa de foro, quanto aos deputados estaduais é prevista na própria Constituição Federal, no art. 27, § 1º, que estipula igual tratamento a eles ao já dispensado aos deputados federais, o que abarcaria o foro por prerrogativa de função. Assim já decidiu o STJ.[205]

5.9.2.3. Concurso de agentes e foro por prerrogativa de função

Quando dois ou mais agentes são processados pela prática de um ou mais delitos, nas hipóteses de conexão e continência, sendo que um deles possui foro por prerrogativa de função e o (s) outro (s) não, há dois caminhos que podem ser trilhados na condução do processo e julgamento:

1º – Julgamento conjunto dos acusados perante o Tribunal com competência para julgar quem possua o foro por prerrogativa de função, quando, para o julgamento da causa, por questão probatória, for essencial a análise conjunta da causa. Por exemplo: juiz de direito e particular cometem, em concurso de agentes, determinado delito; se for indispensável, pelo intenso entrelaçamento da prova, o julgamento conjunto, ambos serão julgados pelo Tribunal de Justiça, com fulcro no art. 78, III, do CPP (no concurso de jurisdições de diversas categorias, predominará a de maior graduação). Nessa situação, quem não possui foro por prerrogativa de função – o particular – será julgado, originariamente, por Tribunal. Como tal situação acaba por afastar o juiz natural da

---

205. STJ – 5º T., Resp 738.338/PR, Rel. Min. Gilson Dipp, DJ 21/11/2005, p. 292.

causa – quanto àquele que não possui foro privilegiado – que seria o juiz de 1ª instância, impossibilitando, ainda, o duplo grau de jurisdição (que não existe na competência originária), entendemos que a junção de processos deve ser a exceção, devidamente fundamentada, sob pena de se violarem direitos individuais do cidadão sem prerrogativa funcional de foro.

A respeito da reunião de processos de acusados com e sem foro por prerrogativa de função foi editada a Súmula 704 do STF com o seguinte teor: "Não viola as garantias do juiz natural, da ampla defesa e do devido processo legal a atração por continência ou conexão do processo do corréu ao foro por prerrogativa de função de um dos denunciados".

2º – separação dos processos e dos julgamentos. Quando não houver a necessidade de julgamento conjunto, sem que se prejudique a produção de provas quanto aos acusados, é recomendável que haja a separação de processos: quem possua foro por prerrogativa de função será julgado pelo Tribunal originariamente; quem não detenha o privilégio processual é julgado pela 1º instância.

Quem determinará a cisão de processos será o relator do Tribunal que tiver competência para julgar o acusado que possua foro por prerrogativa de função, e nunca o juiz de 1º grau.

Para tanto, o relator, deverá levar em consideração dois aspectos:

1º – se há ou não prejuízo à produção de provas e, consequentemente, risco de não se realizar um julgamento justo; sendo essencial o julgamento conjunto, não haverá separação; se tal não se der, será preferível a cisão de processos com a finalidade de se assegurar ao cidadão sem prerrogativa de foro o direito ao juiz natural e a possibilidade de exercer o duplo grau de jurisdição (de recorrer, pelo mérito, de eventual decisão condenatória), como acima se viu.

2º – a razoável duração do processo (art. 5º, LXXVIII, da CF), quando houver diversos acusados, especialmente se estiverem presos preventivamente, usando-se, como fundamento, o art. 80 do CPP.

5.9.2.4. Concurso de agentes com e sem foro por prerrogativa e Júri

Praticado um crime, em concurso de agentes, com um autor que tenha prerrogativa de função e outro que não a possua, como vimos acima, poderá ou não haver o julgamento conjunto pelo Tribunal com competência originária, aquilatando, o relator, a conveniência da junção com a finalidade de melhor se produzir a prova e sem que se comprometa a razoável duração do processo.

No entanto, se o crime cometido pelos agentes for doloso contra a vida, entendemos que não deverá haver o julgamento conjunto de ambos pelo Tribunal com competência originária, pois seria suprimida a garantia individual do acusado que não possua foro privilegiado de ser julgado pelos seus pares através do Tribunal do Júri, como já decidiu o STJ[206]. Em suma, nessa hipótese, deverá haver a cisão de julgamentos: o acusado com prerrogativa de foro deverá ser julgado pelo Tribunal competente e o corréu que não a detenha pelo Júri. Inaplicável, desse modo, a Súmula 704 do STF[207] nessa situação. No entanto, há decisão do STF[208] em sentido contrário, reputando válida a junção de processos, perante o Tribunal com competência originária, afastando, desse modo, a competência do Júri para julgar o acusado sem foro privilegiado.

5.9.2.5. Corréus com prerrogativa de função distintas

É a situação em que dois ou mais réus possuem prerrogativa de função distintas, como, por exemplo, um crime praticado em concurso por promotor de justiça e por governador de Estado; indaga-se, quem seria competente para julgá-los?

Há **duas posições** sobre o tema:

1ª Posição. Deveriam ambos ser julgados pelo Tribunal com competência originária; no nosso exemplo, o STJ, sendo aplicável, nessa situação, a regra processual prevista no art. 78, III, do CPP (no concurso de jurisdições de diversas categorias, predominará a de maior graduação). Há decisão, do STF[209], seguindo essa posição em caso referente a delito praticado em coautoria por membro do *Parquet* estadual e desembargador, cujo processo tramitou perante o STJ.

2ª Posição. Cada um dos acusados deve ser julgado pelo Tribunal estabelecido na Constituição Federal; no nosso exemplo, o Governador será julgado pelo STJ (art. 105, I, *a*, da CF); já o promotor perante o TJ (art. 96, III, da CF), em processos distintos, necessariamente cindidos, porque é a única maneira de se respeitar dispositivos da Lei Maior que tratam da competência absoluta (por prerrogativa de função). Sua violação, levando-se em consideração dispositivos infraconstitucionais (regras de conexão e continência do CPP), acarretaria a evidente nulidade absoluta do processo e julgamento. As normas legais devem ser lidas e interpretadas à luz da Constituição Federal e não o contrário, como é evidente. Essa nos parece ser a melhor posição.

5.9.2.6. Foro por prerrogativa de função estabelecido na Constituição Estadual e Tribunal do Júri

Estabelecido na Constituição Estadual o foro por prerrogativa de função – como, por exemplo, a de os deputados estaduais, vice – governadores e secretários de estado serem julgados pelo Tribunal de Justiça, mesmo que tenha cometido um crime doloso

---

206. STJ – 5º T- Resp 738.338/PR, Rel. Min. Gilson Dipp, DJ 21/11/2005, p. 292.
207. Súmula 704 do STF: "Não viola as garantias do juiz natural, da ampla defesa e do devido processo legal a atração por continência ou conexão do processo do corréu ao foro por prerrogativa de função de um dos denunciados".
208. STF – 2º T. HC 83.583/PE, Rel. Min. Ellen Gracie, DJ 07/05/2004.
209. STF – 2º T. HC 91.437/PI, Rel. Min. Cezar Peluso, DJe 126 18/10/2007.

contra a vida deverão, a nosso ver, ser julgados pelo Tribunal de Justiça e não pelo Júri, à semelhança do se dá, por simetria com a Carta Política, com os deputados federais e senadores, vice – presidente e ministros de Estado.

Há, porém, posição em sentido contrário no sentido de que deve prevalecer, quanto às autoridades com foro estatuído na Constituição Estadual, a competência do Júri que é prevista na Constituição Federal.

5.9.2.7. Crimes contra a honra cometido em detrimento de vítima que possua prerrogativa de foro. Exceção da verdade. Pedido de explicações

Exceção da verdade

Na hipótese em que tenha sido praticado um crime contra a honra (calúnia) tendo por vítima pessoa que possua foro por prerrogativa de função, e ajuizada queixa crime ou denúncia, conforme o caso, poderá o acusado ou querelado, quando da resposta à acusação, opor a exceção da verdade (art. 138, § 3º, do CP), visando comprovar que o fato imputado ao autor da ação é verdadeiro; que houve a prática de um crime, e que, portanto, não há se falar em calúnia.

Pense-se no seguinte exemplo: um juiz de direito é caluniado por uma pessoa e, em razão da ofensa, ofereça queixa-crime em face dele; na resposta à acusação, o querelado oferece exceção da verdade, em que se propõe comprovar que os fatos criminosos imputados ao magistrado são verdadeiros e que, portanto, sua conduta é atípica, devendo ser absolvido.

Nessa situação, deve-se seguir a regra do art. 85 do CPP, que tem a seguinte redação: "Nos processos por crimes contra a honra em que forem querelantes as pessoas que a Constituição sujeita à jurisdição do Supremo Tribunal Federal e dos Tribunais de Apelação, aquele ou a este caberá o julgamento, quando oposta e admitida a exceção da verdade".

Em outras palavras, como o excepto é autoridade com foro privilegiado, e o julgamento da exceção da verdade poderá declarar que houve a prática de crime por parte daquela, a competência para tal julgamento só poderá ser mesmo do Tribunal com competência originária.

Essencial que sejam estudadas duas fases distintas da exceção da verdade, na hipótese de ter sido oposta em face de querelante com foro privilegiado, e que são as seguintes:

1ª fase: admissibilidade e instrução probatória da exceção da verdade: será realizada pelo juiz de primeiro grau.

2ª fase: julgamento do mérito da exceção da verdade: se dará pelo Tribunal com competência originária. Trata-se de decisão que pode declarar que o excipiente não conseguiu comprovar que o excepto (a autoridade com foro privilegiado) tivesse praticado algum delito. Nesse contexto, o juiz de 1º grau retoma o andamento do processo, com inteira liberdade para decidir como bem lhe aprouver. A outra possibilidade é que o Tribunal declare que o excipiente conseguiu comprovar que o excepto (a autoridade com prerrogativa de foro) praticou o crime a ele imputado, e que, assim, não houve qualquer calúnia por parte do querelado. Os autos, nessa situação, retornam à 1ª instância, e ao juiz só caberá absolver o querelado, por ser o fato atípico. Como foi afirmado pelo Tribunal que a autoridade cometeu, em tese, um crime, cópias do processo criminal, e sobretudo da exceção da verdade, deverão ser remetidas ao Ministério Público para que, se for o caso, oferecer denúncia, ou requerer a abertura de inquérito policial em face do querelante se for necessária a colheita de melhores provas do fato.

E se o querelado – excipiente opõe exceção da verdade em face do querelante – excepto visando comprovar que não houve difamação porque os fatos são verdadeiros?

Em regra, só é cabível exceção da verdade no caso de crime de calúnia, sendo admissível, porém, referida exceção na hipótese em que o ofendido é funcionário público e a ofensa for relativa ao exercício de suas funções.

Na hipótese de se imputar, por exemplo, a um magistrado que, em seu trabalho, costuma estar costumeiramente embriagado, e, sentindo-se ofendida a autoridade, será cabível o oferecimento de queixa-crime. A exceção da verdade poderá ser oposta pelo querelado – excipiente em face do querelante – excepto, com a finalidade de comprovar que os fatos são verdadeiros. Essa exceção, todavia, ao contrário do que se dá com a calúnia, será julgada pelo juiz de 1ª instância, porque não se analisará a prática de qualquer crime praticado pelo magistrado, mas sim a de conduta imprópria, sem prejuízo, é claro, que os órgãos correcionais tomem as providências administrativas cabíveis.

E se a difamação imputar a prática de contravenção penal perpetrada pela autoridade com foro por prerrogativa de função?

Bem explica a questão Renato Brasileiro de Lima[210], " (...) como a difamação versa sobre a imputação de fato que não constitui infração penal, não se admite, em regra, a aplicação do art. 85 do CPP. Porém, uma importante ressalva deve ser feita: na medida em que o crime de calúnia diz respeito única e exclusivamente à falsa imputação de crime, eventual imputação de contravenção penal irá caracterizar o delito de difamação. Imaginando-se que a vítima dessa difamação seja funcionário público titular de foro por prerrogativa de função, e que tal delito guarde relação com o exercício de suas funções, é possível, então, que o julgamento da *exceptio veritatis* nessa hipótese fique a cargo do respectivo Tribunal, aplicando-se a regra do art. 85 do CPP, pois, aí, ter-se-ia espécie de infração penal. No entanto, tem prevalecido o entendimento de que o art. 85 do CPP tem aplicação restrita ao crime de calúnia, no qual se destaca, como elemento essencial do tipo, a imputação de fato determinado revestido de caráter delituoso. Cuidando-se de difamação, a exceção da verdade deve ser processada e julgada pelo próprio juiz de 1ª instância, ainda que o excepto disponha de foro por prerrogativa de função".

---

210. Renato Brasileiro de Lima, Curso de Processo Penal, p. 468.

Pedido de explicações

No caso de ofensas dúbias, ambíguas, é possível que o ofendido ajuíze pedido de explicações, providência essa prevista no art. 144 do Código Penal, quanto àquele que tenha proferido palavras de sentido não bem definido; nessa situação, se o autor, em tese, do crime contra a honra for autoridade com prerrogativa de foro, o pedido de explicações será dirigido ao Tribunal com competência originária para julgá-lo. Exemplo: ofensas equívocas proferidas por Ministro de Estado; o pedido de explicações do ofendido deverá ser endereçado ao STF, Tribunal competente para julgar, originariamente, tal autoridade.

5.9.2.8. *Instauração e tramitação de inquérito policial para apurar a conduta de agente com prerrogativa de função*

Instauração de inquérito policial

Imprescindível, para que seja instaurado inquérito policial em face de um ocupante de cargo público com foro por prerrogativa de função, de autorização do Tribunal com competência para julgá-lo, através do relator; de idêntica maneira, o indiciamento só poderá ocorrer com autorização do relator[211]. Porém, o STF, em outra decisão[212], entendeu de maneira diversa, ao reputar lícita a investigação de crime, por parte do Ministério Público, em procedimento próprio, em que se apurava a prática de ilícitos penais por promotor de justiça, sem que tivesse havido autorização prévia do Tribunal de Justiça local para tal investigação. Reputou-se que a investigação atendeu à Lei Orgânica do Ministério Público (Lei 8625/93) que determina que a chefia da Instituição investigue crimes eventualmente praticados por algum dos seus integrantes. Em suma, a competência do Tribunal só se estabelece quanto à ação penal, mas não para o procedimento investigatório instaurado pela Procuradoria – Geral de Justiça.

O STJ[213] reputa só ser indispensável autorização judicial para instauração de inquérito policial quando o investigado possuir foro por prerrogativa de função junto ao STF, porque o regimento interno daquele Pretório assim exige (art. 21, XV, do RISTF). No entanto, quanto àqueles que possuem foro por prerrogativa de função em outros Tribunais que não o STF, não se poderia estender a aplicação do Regimento Interno do Supremo, que disciplina situação específica e particular, para as demais instâncias do Judiciário. Isso porque as demais instâncias do Judiciário são regradas pelo art. 5º do CPP, o qual não exige prévia autorização do Poder Judiciário para a abertura de procedimento investigatório criminal. Com base nesse entendimento, reputou-se válido procedimento investigatório criminal instaurado pelo Ministério Público em face de investigado com foro por prerrogativa, sem que tenha havido prévia autorização judicial.

Todavia, existe posição diversa, reputando que, perante qualquer Tribunal com competência originária por prerrogativa de função (inclusive o STJ é claro), sempre

---

211. STF. Pet. 3.825-QO/MT. Red p/ o acórdão Min. Gilmar Mendes).
212. Informativo do STF. 06/12/2016. STF. HC 133513. 1ª T. Rel. Min. Marco Aurélio.
213. Informativo do STJ. 11/11/2016.

será indispensável autorização judicial para abertura de inquérito policial ou qualquer outra forma de investigação.

Indiciamento da autoridade investigada

Importante notar que o Tribunal não poderá indiciar membro do Ministério Público (Lei Orgânica do Ministério Público da União – art. 18, II, *f*, e art. 41, II da Lei Orgânica Nacional do Ministério Público), nem da magistratura (art. 33, § único da Lei Orgânica da Magistratura).

Em caso concreto submetido à análise do STF[214], se decidiu que, embora privativo do delegado de polícia a competência para indiciar, fundamentadamente, por autoridade própria, em se tratando de Governador de Estado, submetido à competência originária do STJ, pela prática de crimes comuns, o indiciamento dependerá de prévia autorização do relator do inquérito originário no Tribunal competente (o STJ). O indiciamento, pela autoridade policial, sem autorização do Tribunal, através de seu relator, acarreta a nulidade do ato. A nosso ver, para que haja o mínimo de *coerência sistêmica* na apuração dos fatos praticados por investigado com prerrogativa de foro, seja qual for o caso de competência originária (STF, STJ, TRF, TJ, TRE, STM), será-sempre – indispensável a autorização prévia do relator, do Tribunal, para que o investigado com foro privilegiado possa ser validamente indiciado.

A instauração e tramitação de inquérito policial sem autorização do Tribunal

A instauração e tramitação de inquérito policial em face de investigado com prerrogativa de função, sem a prévia autorização do Tribunal competente, acarreta a invalidade dos elementos informativos e provas colhidos durante a persecução penal[215]. Caso oferecida ação penal embasada em inquérito policial que não contou com autorização e supervisão do Tribunal com competência originária para julgar a autoridade, é caso de trancamento do processo, por ausência de justa causa (art. 395, III, do CPP), porque patenteada a nulidade do procedimento investigativo[216].

Arquivamento do inquérito pelo Procurador – Geral

Arquivado o inquérito policial pelo Procurador-Geral de Justiça ou da República, necessariamente deverá ser acatado pelo Tribunal com competência originária, que não pode iniciar, de ofício, ação penal, sob pena de ofensa, simultânea, à função institucional do Ministério Público de promover a ação penal (art. 129, I, da CF), bem como da própria separação das funções de acusar, defender e julgar, através de órgãos distintos.

O Presidente da República pode ser investigado?

De acordo com o art. 86, § 4º, da Constituição, o Presidente da República não pode ser responsabilizado por atos estranhos ao exercício de suas funções. O sentido dessa norma, que traduz prerrogativa de imunidade penal temporária exclusiva do chefe

---

214. STF. Medida Cautelar no Habeas Corpus 133.835/DF. Re. Min. Celso de Mello.
215. STF. Inquérito 3.071/Espírito Santo. Rel. Min. Celso de Mello.
216. Informativo do STF. 06/10/2016. STF. AP 933. 2ª T. Rel. Min. Dias Toffoli.

de Estado e chefe de Governo da nação, impede que o Presidente seja processado por *atos estranhos* às suas funções – cometidos *antes* ou *durante* a vigência de seu mandato, desde que não relacionados com o exercício do mandato presidencial. A imunidade penal em tela não se estende a codenunciados[217]. Desse modo, a *contrario sensu*, os atos relativos ao exercício da função de chefe de Estado/Governo são passíveis de serem submetidos à persecução penal, seja através de inquérito policial seja mediante ação penal deduzida perante o Supremo.

Indaga-se: e os atos não relativos ao exercício funcional da Presidência da República podem ser, ao menos, investigados pela Polícia?

Há **duas posições** a respeito do assunto:

1ª Posição: não é possível a investigação, dada a cláusula de imunidade penal constitucional, de modo que a instauração de inquérito policial – ou outro procedimento investigatório – só poderão ser instaurados depois do término do mandato presidencial.

2ª Posição: é possível a investigação, a fim de não se correr o risco de fazer perecer os elementos informativos e de provas, vedando-se apenas o ajuizamento de ação penal enquanto viger o mandato presidencial. Possui esse entendimento o Min. Celso de Mello[218], do STF, para quem (a colheita antecipada de provas pelo inquérito) "É preciso fazê-la, porque as provas se dissipam, as testemunhas morrem e os documentos desaparecem". Este entendimento tem sido sufragado pelo STF[219] no sentido de que a imunidade temporária do Presidente da República, prevista no art. 86, § 4º, da CF, quanto a atos estranhos ao exercício de suas funções, obsta a sua responsabilização processual, mas não a investigação criminal em si. A investigação criminal tendo por objeto atos do Presidente da República se materializará através de Inquérito Policial presidido por delegado da Polícia Federal, cujos prazos e diligências serão supervisionados por Ministro Relator do STF. Encerrado o inquérito policial, se ainda o Presidente da República não tiver encerrado o seu mandato, como não é possível sua responsabilização processual, os autos de inquérito policial são sobrestados, suspendendo-se, ainda, a prescrição da pretensão punitiva[220]. Findo o mandato do Presidente, os autos são remetidos à 1ª instância, para que o membro do MP com atribuição possa formar a sua *opinio delicti*, denunciando o ex-Presidente, ou promovendo o arquivamento do inquérito.

5.9.2.9. Procedimento da ação penal no Tribunal em face de acusado com prerrogativa de função

O procedimento que será seguido é previsto na Lei 8.038/90 e é válido para todos os Tribunais que detenham competência originária.

---

217. STF – INQ 567-QO. Rel. Min. Sepúlveda Pertence. RJT 144/136.
218. Entrevista concedida ao Jornal "O Estado de São Paulo", do dia 30 de abril de 2017.
219. STF- Inquérito 4.462/DF. Min. Edson Faquin.
220. STF. Inquérito 4.462/DF. Rel. Min. Edson Faquin.

No caso de arquivamento requerido pelo Ministério Público, cabe ao relator homologá-lo, ou submeter a questão ao Tribunal (art. 3º, I, da Lei 8.038/90); poderá também o relator decretar a extinção da punibilidade (art. 3º, II, da Lei 8.038/90).

O prazo para oferecer denúncia, em se tratando de acusado solto é de 15 dias; no caso de acusado preso, 5 dias (art. 1º, da Lei 8.038/90).

Após apresentada a denúncia ou queixa, segue-se a notificação do acusado para que ofereça resposta à acusação (defesa preliminar), no prazo de 15 dias (art. 4º, *caput*, da Lei 8.038/90). Se, com a juntada da resposta, forem apresentados documentos, será intimada a parte contrária para sobre eles se manifestar, no prazo de 5 dias (art. 5º da Lei 8.038/90).

Após a juntada da resposta, o relator pedirá dia para que o Tribunal delibere a respeito do recebimento ou rejeição da denúncia ou queixa, ou a improcedência da acusação, se a decisão não depender de outras provas (art. 6º, *caput*, da Lei 8.038/90).

No dia do julgamento, será facultada sustentação oral pelo prazo de 15 minutos, primeiro à acusação, depois à defesa (art. 6º, § 1º, da Lei 8.038/90).

O Tribunal poderá tomar as seguintes decisões:

1ª – recebimento ou rejeição parcial da peça acusatória quando parte dela for inepta.

2ª – improcedência parcial ou total da acusação, se a acusação não depender de outras provas. É um verdadeiro julgamento antecipado da lide, em que o mérito é julgado, como quando, por exemplo, declara-se extinta a punibilidade pela prescrição, ou absolve-se por insuficiência de provas. No caso de rejeição da peça acusatória quanto ao réu com prerrogativa de foro, determinar-se-á a remessa dos autos para a 1ª instância para que se prossiga quanto aos demais corréus que não ostentem o foro privilegiado[221].

Recebida a peça acusatória, não haverá fase de resposta à acusação, posterior ao recebimento da peça acusatória, como previsto no art. 396-A do CPP, aplicável apenas aos ritos de 1ª instância. Vigora, em razão do princípio da especialidade, o procedimento próprio estabelecido para o julgamento dos ocupantes de cargos com prerrogativa de função previsto na Lei 8.038/90 que prevê a defesa preliminar – antes do recebimento da denúncia ou queixa – pelo acusado, o que, inclusive, é mais benéfico ao acusado[222].

É possível a absolvição sumária (art. 397 do CPP) no procedimento da Lei 8.038/90?

O STF[223] já decidiu ser possível, utilizando-se por analogia o disposto no CPP.

Recebida a peça acusatória e sendo necessária a produção de provas, como oitiva de vítimas, de testemunhas, reconhecimentos etc, poderá o relator, do STJ e do STF, convocar desembargadores de Turmas Criminais dos Tribunais de Justiça ou dos Tribunais Regionais Federais, bem como juízes de varas criminais da Justiça dos Estados

---

221. Informativo do STF. 14/08/2018. STF. Inq 4657. 2ª T. Rel. Min. Gilmar Mendes.
222. Informativo do STF. 18/02/2014. HC 116653. 2ª T. Rel. Min. Cármen Lúcia.
223. Informativo do STF. 05/12/2013. STF. QO na AP 616. Pleno. Rel. Min. Gilmar Mendes.

e da Justiça Federal, pelo prazo de seis meses, prorrogável por igual período, até o máximo de 2 anos, para a realização do interrogatório e de outros atos de instrução, na sede do tribunal ou no local onde se deva produzir o ato (art. 3º, III, da Lei 8.038/90). Essa delegação também é aplicável para se operacionalizar transação penal, suspensão condicional do processo, decidir questões incidentes, requisitar documentos ou informações, realizar inspeções judicias, questões essas que sejam relacionadas a inquéritos criminais ou ações penais originárias (art. 21-A do RISTF).

Percebe-se, assim, que não é necessário que sejam expedidas cartas de ordem para tanto, o que acarreta maior celeridade ao feito. Mas, de qualquer modo, essa modalidade de delegação instrutória *só é admissível no caso de ações penais originárias que tramitem no STJ e no STF, mas não perante outros Tribunais.*

Encerrada a inquirição de testemunhas, serão intimadas a acusação e a defesa, para requerimento de diligências no prazo de cinco dias (art. 10 da Lei 8.038/90).

O interrogatório do acusado, embora previsto expressamente no art. 7º da Lei 8.038/90 como o primeiro ato da instrução, deve ser o último, utilizando-se a ordem do art. 400 do CPP, porque mais benéfica ao réu[224].

Após essa fase, a acusação e a defesa, sucessivamente, apresentam, no prazo de 15 dias, alegações escritas. Apresentadas as alegações, o relator poderá determinar de ofício a realização de provas reputadas imprescindíveis para o julgamento da causa (art. 11, § 3º, da Lei 8.038/90).

No dia do julgamento, a acusação e a defesa terão, sucessivamente, o prazo de uma hora para sustentação oral, assegurado ao assistente um quarto do tempo da acusação (art. 12, I, da Lei 8.038/90).

Encerrados os debates, o Tribunal passará a proferir o julgamento (art. 12, II, da Lei 8.038/90). O Tribunal deverá julgar, em regra, apenas o detentor por foro de prerrogativa de função, mas se houver litisconsórcio passivo, em que um dos corréus não possuir foro privilegiado, nada impede que o Tribunal, caso absolva a autoridade do crime imputado, por celeridade processual, quando os fatos forem idênticos, absolva também o corréu mesmo não ostentando tal qualidade[225].

Certo que o desembargador ou ministro que vier a absolver o acusado com prerrogativa de foro, não poderá participar da votação colegiada que decidirá a respeito da aplicação da pena, sob pena de evidente contradição, além de violentar a própria consciência do magistrado[226].

Entendemos que não é possível que juízes de 1º grau, convocados emergencialmente para colaborar com os desembargadores no julgamento de recursos e ações, estejam autorizados a julgar, originariamente, detentores de foro por prerrogativa de função. Ora, quem possui foro por prerrogativa de função no Tribunal de Justiça ou Tribunal Regional Federal tem o direito ao juízo natural, qual seja, o de ser julgado efetivamente por integrantes permanentes da 2ª instância, e não por juízes de 1º grau,

---

224. Informativo do STJ. 08/07/2013. STJ. HC 208554. 5ª T. Rel. Min. Jorge Mussi. STF. AgRg na Apn 528.
225. Informativo do STF. 08/05/2014. STF. AP 689. Pleno. Rel. Min. Gilmar Mendes.
226. Informativo do STF. 23/10/2012. STF. QO na AP 470. Pleno. Rel. Min. Joaquim Barbosa.

os quais, excepcional e temporariamente, auxiliam nos julgamentos colegiados do Tribunal[227].

A causa criminal podia ser encerrada prematuramente na hipótese em que o recebimento da denúncia fora procedido pelo juiz de 1ª instância (o acusado ainda não possuía o foro por prerrogativa), seguindo-se a remessa dos autos ao Tribunal, quando, por exemplo, o acusado havia sido diplomado deputado federal, e o STF, evidenciando a falta de justa causa, trancava a ação penal, concedendo *habeas corpus* de ofício[228]. Essa hipótese deixou de existir, uma vez que, como vimos, pacificou-se, junto ao Supremo, que a incidência da competência originária no caso de foro por prerrogativa de função demanda dois requisitos: o crime deve ter sido perpetrado durante o exercício do cargo ou função pública e deve se relacionar às funções exercidas, de modo que as infrações cometidas antes da diplomação de deputado federal serão julgadas pela 1ª instância e não mais pelo Supremo.

5.9.2.10. Crime cometido antes, durante ou depois do exercício do cargo público e competência. Alteração do entendimento do Supremo a respeito do foro privilegiado. Improbidade administrativa e foro privilegiado

Cometido o crime por pessoa que **ainda não ocupa cargo que possua prerrogativa de função**, mas que, após, passe a exercê-lo, se houver sido instaurado inquérito policial ou processo, tais autos da persecução criminal eram automaticamente remetidos ao Tribunal com competência originária.

Exemplificando, se um particular comete um delito qualquer e, depois, vem a ser eleito e diplomado como deputado federal, ou logra aprovação no concurso de juiz estadual, e tendo sido instaurado, antes da diplomação ou da posse, inquérito policial ou ação penal, os autos do procedimento inquisitorial ou de processo eram remetidos, de maneira automática, para, respectivamente, o STF (no caso do deputado federal) ou para o TJ (em se tratando de juiz estadual). Importante dizer que os atos processuais anteriores praticados perante a 1ª instância remanescem válidos, porque ocorridos sob a égide do juiz natural, à época, não havendo se falar em repetição do procedimento, afinal, na situação, vigora o princípio *tempus regit actum* consagrado no art. 2º do CPP.

No caso de o acusado que ainda não detivesse foro por prerrogativa de função, tenha sido processado e condenado, com decisão transitada em julgado, não caberá mais qualquer recurso ao Tribunal com competência originária, afinal a jurisdição do então juiz natural já havia se exaurido. Mas não se impossibilitava o ajuizamento de revisão criminal, se estivessem preenchidos os requisitos legais, perante o Tribunal com competência para julgar o detentor do cargo com prerrogativa de foro: por exemplo, o acusado, ainda como particular sem foro privilegiado, é condenado por decisão transitada em julgado pela prática de crime; depois de diplomado como deputado federal, se surgissem fundamentos para o ajuizamento da revisão criminal essa ação

---

227. STJ. HC 88.739/BA (2007/0188878-9). Rel. Desembargador Convocado. Haroldo Rodrigues.
228. Informativo do STF. 23/02/2016. STF. AP 905. 1ª T. Rel. Min. Luís Roberto Barroso.

devia tramitar perante o STF, órgão com competência para julgar, por crimes comuns, os parlamentares federais.

Se o acusado sem cargo público é processado e condenado pela prática de crime, pelo juízo de 1º grau e apela, sendo que, nesse interregno, passa a ocupar cargo com prerrogativa de foro, *v.g.*, é diplomado como deputado federal, o recurso de apelação era julgado pelo STF, Tribunal com competência para julgar o parlamentar[229].

Claro que **os crimes cometidos durante o exercício da função** eram investigados, processados e julgados, desde o início, pelo Tribunal competente.

Já os crimes perpetrados pelos ocupantes de cargo, **após a cessação do exercício funcional**, serão julgados pela 1ª instância, sem qualquer privilégio.

Pouco importa que o crime seja praticado antes ou durante o exercício da função que tenha prerrogativa de função; cessado o exercício, do cargo (disponibilidade do magistrado, não reeleição do deputado federal, *v.g.*), automaticamente estará finda a competência originária, e os autos – quer sejam de inquérito policial ou de processo-serão enviados ao juízo de 1ª instância. Este é o teor da Súmula 451 do STF: "A competência especial por prerrogativa de função não se estende ao crime cometido após a cessação definitiva do exercício funcional".

Saliente-se, ainda, que o § 1º do art. 84, do CPP que estabelecia que a competência por prerrogativa de função, relativa a atos administrativos do agente, prevalecia ainda que o inquérito ou a ação judicial fossem instaurados após a cessação do exercício da função público foi declarado inconstitucional pelo STF quando do julgamento da ADIns 2.797 – 2 e 2.860 – 0, em 15/9/2005. De igual maneira, o § 2º do art. 84 do CPP, que estabelecia que a ação de improbidade seria proposta perante o tribunal competente para processar e julgar criminalmente o funcionário ou autoridade na hipótese de prerrogativa de foro em razão do exercício de função pública também foi declarado colidente com a Lei Maior.

Alteração do entendimento do Supremo a respeito do foro privilegiado

O STF[230] vinha discutindo o alcance que devia ser dado ao foro por prerrogativa de função estabelecido na Constituição; para o Min. Roberto Barroso, relator do processo, o foro por prerrogativa deve valer apenas aos crimes cometidos durante o exercício do cargo *e* relacionados às funções desempenhadas; para o Min. Barroso ainda, processado o agente público, perante o STF, após o final da instrução processual, "com a publicação do despacho de intimação para apresentação de alegações finais, a competência para processar e julgar ações penais não será mais afetada em razão de o agente público vir a ocupar outro cargo ou deixar o cargo que que ocupava, qualquer que seja o motivo". Quando do início do julgamento do tema, em 31 de maio de 2017, o Min. Relator foi acompanhado pelo Ministro Marco Aurélio, e as Ministras Rosa Weber e Cármen Lúcia, que, ao anteciparem seus votos, acompanharam o

---

229. STF. AP 595/SC. Rel. Min. Luiz Fux. Julgado em 25/11/2014.
230. STF – Pleno AP 937. Min. Rel. Luiz Barroso.

relator; na oportunidade, pediu vista o Min. Alexandre de Moraes. O Pleno do STF, então, novamente, reuniu-se para decidir a questão, em 22 de novembro de 2017[231], oportunidade em que o voto do relator, Min. Roberto Barroso, foi seguido, integralmente, pelos Ministros Edson Faquin, Luiz Fux e Celso de Mello. O Min. Alexandre de Moraes acompanhou o relator na parte em que fixa o foro, no STF, apenas para os crimes praticados no exercício do cargo, após a diplomação, valendo até o final do mandato. Em suma, para o Min. Alexandre de Moraes, os crimes praticados antes da diplomação (como deputados federais ou senadores) por agentes que, posteriormente, assumiram tais mandatos deveriam ser julgados pela 1ª instância e não pelo Supremo. Em divergência com o teor do voto do relator, o Min. Alexandre de Moraes, em seu voto, concluiu que, pela leitura do art. 102, I, *b*, da CF, *todas* as infrações penais comuns eventualmente praticadas por agentes com prerrogativa de foro junto ao Pretório Excelso deveriam ser julgadas pelo Supremo, não havendo como se exigir, pela literalidade do texto constitucional, que a competência apenas se estabeleça se houver relação com o exercício do mandato.

Formada maioria de votos – eram então sete votos favoráveis à mudança de interpretação a ser conferida ao instituto do foro por prerrogativa de função – tal alteração de paradigma, todavia, não teve, naquela oportunidade, aplicabilidade, uma vez que, como o Min. Dias Toffoli, do STF, pediu vista dos autos, o julgamento ainda não se encerrou naquela oportunidade e, sendo assim, não podia gerar qualquer efeito. Retomado o julgamento, em 3 de maio de 2018, o Plenário do STF[232], por maioria de votos, decidiu que o foro por prerrogativa de função conferido aos deputados federais e senadores se aplica apenas a crimes cometidos no exercício do cargo e em razão das funções a ele relacionadas. O entendimento deve ser aplicado aos processos em curso, ficando resguardados os atos e as decisões do Supremo, tomados com base na jurisprudência anterior. Prevaleceu, ainda, o entendimento de que, após o final da instrução processual, com a publicação do despacho de intimação para apresentação de alegações finais, a competência para processar e julgar ações penais não será mais afetada em razão de o agente público vir a ocupar outro cargo, deixar o cargo que ocupava, qualquer que seja o motivo (o inclui, claro, a renúncia ao cargo). Em outras palavras, o crime cometido pelo agente que é beneficiário do foro privilegiado junto ao STF, se tiver sido cometido antes do exercício do cargo ou função pública, será julgado pela 1ª instância, normalmente; se o crime tiver sido perpetrado, durante o exercício do cargo ou função pública, mas não se relacionar em nada com a atividade pública exercida, *v.g.*, um delito de feminicídio (homicídio de mulher no contexto de violência doméstica e familiar, art. 121, § 2º-A, do CP), a competência para processar e julgar o acusado será da Justiça Comum (*in casu*, o Tribunal do Júri). Repetindo: para que se atraia o foro por prerrogativa, são indispensáveis duas condições cumulativas: crime cometido durante o exercício da função ou cargo público, e relacionado com tal exercício.

---

231. Informativo do STF. 23/11/2017. STF. Pleno. AP (Ação Penal) 937. Rel. Min. Luiz Barroso.
232. Informativo do STF. 03/05/2018. STF. Pleno. Ação Penal 937. Rel. Min. Roberto Barroso.

Qual o alcance dessa nova interpretação a respeito da prerrogativa de foro?

Essa interpretação restritiva dada ao instituto, no sentido de que apenas os crimes relacionados com a função pública podem justificar a prerrogativa de foro, abarcaria, além dos deputados federais e senadores, também outros detentores de cargos e funções públicas, como, por exemplo, governadores, desembargadores, promotores, juízes e prefeitos que também possuem o direito ao foro privilegiado? Em outras palavras, se governadores, desembargadores, juízes, promotores ou prefeitos praticarem crimes não relacionados com as funções públicas por eles exercidas deverão ser julgados pelo Tribunal originariamente ou pela primeira instância?

A fim de se estabelecer o alcance da interpretação que deveria ser dada, o Min. Alexandre de Moraes, do STF, indagou, quando do julgamento do Pleno, em 22 de novembro de 2017, ao Min. Relator, Roberto Barroso, se a tese majoritária seria válida para todas as autoridades com prerrogativa de fogo; em resposta, o Relator esclareceu que sua tese se aplica apenas aos parlamentares federais e "não vai além disso"[233]. Para os Ministros Gilmar Mendes e Dias Toffoli [234], todavia, o novo entendimento deveria ser estendido também às demais autoridades que gozem de prerrogativa de foro, como os próprios Ministros do Supremo, membros do Ministério Público, membros do Tribunal de Contas da União, ministros de Estado, inclusive declarando-se inconstitucionais todas as normas que dão prerrogativas a tais agentes, uma vez que essa extensão de efeitos da decisão para outros agentes públicos seria inevitável, até por uma questão de isonomia- tratar igualmente quem possua qualquer prerrogativa de foro. Certamente, a posição mais justa e lógica é a defendida pelos citados Ministros: de fato, todos os demais cargos ou funções públicas que possuam a prerrogativa de foro, promotores, juízes, ministros, deveriam ser julgados pela 1ª instância como qualquer cidadão. Mas se o crime tiver sido praticado pelo agente público, no exercício do cargo- e ainda- a infração tiver relação com o cargo exercido, aí sim, incidirá o foro por prerrogativa.

Mas tal tese não se sagrou, aparentemente, vencedora, de modo que- parece- sendo formada maioria no Supremo a respeito da interpretação restritiva conferida ao foro por prerrogativa de função, esse novo entendimento seria aplicável, *exclusivamente*, aos deputados federais e senadores que devem ser julgados originariamente pelo STF, mas não quanto às demais funções ou cargos públicos que possuam também idêntica prerrogativa processual. Dissemos aparentemente, porque, a 1ª Turma, do STF[235], deliberou por aplicar a nova interpretação restritiva de prerrogativa de foro "a toda de qualquer autoridade" detentora de tal prerrogativa: "A *ratio decidendi* do julgamento realizado pelo Supremo Tribunal Federal na AP 937-QO aplica-se, indistintamente, a qualquer hipótese de competência especial por prerrogativa de função (...)."

Com base nessa guinada jurisprudencial, diversos inquéritos policiais e processos que envolviam indiciados ou acusados que possuíam prerrogativa de foro, foram remetidos para a 1ª instância, porque tais condutas criminosas que se visava apurar

---

233. Notícia veiculada Jornal "Valor Econômico", do dia 24 de novembro de 2017. Página A5.
234. Informativo do STF. 03/05/2018. STF. Pleno. Ação Penal 937. Rel. Min. Roberto Barroso. Jornal Valor Econômico, 4 de maio de 2018. A5, "Supremo Restringe foro especial de parlamentares".
235. STF. Inquérito 4.462/DF. Rel. Min. Edson Fachin.

não teriam sido perpetradas na vigência do exercício do cargo ou função pública que ostentem a prerrogativa de foro como garantia judicial. É o caso de Senador da República a quem se imputa delito cometido antes da diplomação como Senador, cujo inquérito foi remetido do Supremo para a 1ª instância[236]. Em suma: devem permanecer no Supremo apenas os inquéritos e processos relacionados a crimes cometidos no exercício do cargo e em razão das funções a ele relacionadas.

Foro por prerrogativa e Governador de Estado. Novo entendimento do STJ

De acordo com o art. 105, I, *a*, da Constituição Federal, os Governadores dos Estados e do Distrito Federal deverão ser julgados nos crimes comuns, pelo STJ. A questão que se impõe é a seguinte: a mudança jurisprudencial do Supremo a respeito do entendimento dado à prerrogativa de foro se aplica também às demais autoridades com foro privilegiado, em outros Tribunais?

Os governadores, que tem a prerrogativa de serem julgados originariamente pelo STJ, se cometerem delitos antes da posse, ou, então, após assumirem o cargo, mas se não for relacionada- a infração- com o cargo assumido, deverão responder perante o STJ ou na 1ª instância?

Decidiu o STJ[237] que, por aplicação da simetria e em consonância com o que já decidido pelo Supremo quanto ao alcance e interpretação a ser dado ao foro por prerrogativa de função, que os autos de inquérito policial ou processo crime que envolvam Governadores ou conselheiros dos Tribunais de Contas deverão ser remetidos para a 1ª instância, se os delitos não tiverem sido praticados durante o exercício daqueles cargos (e relacionados com as atribuições do cargo). Sendo assim, Governadores dos Estados ou Conselheiros dos Tribunais de Contas só serão julgados pelo STJ se praticarem- em tese- delitos durante o exercício do cargo, e relacionados com a função exercida.

Foro por prerrogativa e desembargador. Entendimento do STJ

Consoante determina o art. 105, I, *a*, da CF, os desembargadores dos Tribunais de Justiça dos Estados e do Distrito Federal deverão ser julgados, pelos crimes comuns e os de responsabilidade, perante o STJ. Ocorrida a mudança de paradigma de interpretação conferida pelo Supremo ao foro por prerrogativa, indaga-se: os desembargadores se cometem delitos, antes do exercício do cargo, ou, durante o exercício, mas não relacionados com o cargo público, deverão ser julgados pelo STJ ou pela 1ª instância? Em um critério de lógica jurídica e de isonomia- de tratar igualmente os iguais, ou seja, aqueles que estão na mesma situação jurídica de detentores de foro privilegiado, a resposta seria uma só: os desembargadores, se praticarem delitos não relacionados com o cargo, devem ser julgados pela 1ª instância, assim como ocorre, como acima visto, com os Governadores dos Estados e do DF e os membros do Tribunal de Contas. Ocorre que, paradoxalmente, o STJ[238] decidiu que os desembargadores, se cometerem crimes

---

236. Informativo do STF. 12/06/2018. STF. Inq 4703. 1ª T. Rel. Min. Luiz Fux. Há diversas outras decisões com idêntico teor: Informativo do STF. 08/05/2018. STF. AP 562; AP 942; AP 994 e 1024.
237. Informativo do STJ. 20/06/2018. STJ. Corte Especial. APn 857; APn 866/DF. Rel. Min. Luiz Felipe Salomão.
238. Informativo do STJ. 21/11/2018. STJ. Apn 878. Corte Especial. Rel. Min. Benedito Gonçalves.

comuns e de responsabilidade, mesmo que não tenham sido praticados em razão do cargo, não perderão o foro privilegiado. Fundamentou-se a decisão no entendimento que o foro especial tem por finalidade resguardar a imparcialidade do julgamento, uma vez que evita o conflito de interesses entre magistrados vinculados ao mesmo tribunal, assegurando a independência no exercício da função judicante. Em miúdos, a compreensão do STJ é a de que um juiz de 1ª instância não teria a independência necessária para julgar imparcialmente e com justiça um desembargador, sentindo-se constrangido a fazê-lo.

Para a corrente vencedora, o foro por prerrogativa de função tem dupla função: assegurar que o detentor do cargo ou função pública possa exercer suas funções de forma livre e independente; e também, garantir que o julgador possa reunir as condições necessárias para o desempenho de suas atividades judicantes de forma imparcial. Essa segunda função do foro por prerrogativa de função- a de garantir a independência do julgador- é o fundamento para se manter o foro privilegiado aos desembargadores, mesmo que cometam crimes não relacionados com o cargo público.

Para nós, que nos filiamos à corrente vencida, o foro por prerrogativa de função deve ser aplicado apenas aos casos em que os desembargadores venham a cometer crimes durante o exercício do cargo e relacionados às funções desempenhadas. Assim se dá porque o foro privilegiado tem apenas uma razão de ser: assegurar a independência ao ocupante de cargo ou função pública, jamais a de garantir a "independência" ou "imparcialidade do julgador", afinal qualquer juiz da nação, *inclusive os de primeira instância*, possuem as mesmas prerrogativas, não havendo razão para se desconfiar de sua capacidade moral de julgador. Ademais, pensamos, ou foro por prerrogativa de função se espraia para todos os cargos e funções públicas em que haja previsão constitucional para tanto, como era antes da guinada jurisprudencial (mutação constitucional) promovida pelo Supremo, ou, então, por uma questão de igualdade, com fundamento republicano, *as novas regras se aplicam a todas as autoridades*. O que não é possível, a nosso ver, é escolher, pinçando, arbitrariamente, qual autoridade deva ou não ter foro por prerrogativa de função.

Foro por prerrogativa e membros do Ministério Público da União que oficiam perante tribunais

Prescreve o art. 101, I, *a*, da CF, que os membros do Ministério Público da União que oficiem perante Tribunais deverão ser julgados pelo STJ. Questiona-se: apenas os crimes perpetrados no exercício do cargo e relacionados à função serão julgados pelo STJ, de acordo com o novo entendimento do Supremo, ou todo e qualquer crime (mesmo que não guarde nexo com a função pública exercida)? A Corte Especial do STJ[239] começou a julgar a questão a respeito do alcance do foro por prerrogativa de função dos membros do Ministério Público, tendo o Min. Relator, Luis Felipe Salomão votado no sentido de que o foro privilegiado se restrinja apenas no caso dos crimes cometidos durante o exercício do cargo e relacionados às funções desempenhadas. O julgamento foi suspenso por pedido de vista do Ministro Mauro Campbell Marques.

---

239. Informativo do STJ. 18/12/2018. STJ. APn 828. Corte Especial. Rel. Min. Luis Felipe Salomão.

Improbidade administrativa e perda do cargo

Indaga-se: se é possível, através da ação de improbidade, decretar a perda de cargo público, não seria o caso de essa ação ser julgada – no caso de detentor de foro por prerrogativa de função – pelo Tribunal com competência originária para julgá-lo pela prática de crime?

Vamos exemplificar. Um juiz de 1ª instância pode ser processado e julgado, por outro juiz de 1ª instância, por improbidade administrativa e ser decretada a perda de seu cargo?

Há precedentes antigos do STJ[240] no sentido de que o processo e julgamento dos atos de improbidade administrativa, quando possam importar a perda do cargo público, deveriam ser decididas pelo Tribunal com competência originária, e não pelo juízo de 1º grau.

Em decisões mais recentes, o STJ[241] decidiu que o processo por improbidade administrativa, por ter natureza cível, mesmo que acarrete a perda da função pública, que nada mais é que uma sanção político – administrativa, mas não penal, não atrai a competência originária dos Tribunais, no caso de detentor de foro por prerrogativa de função. Desse modo, as autoridades processadas por improbidade administrativa não têm direito a foro privilegiado. No mesmo sentido, o STF[242]. Em decisão mais recente, o STF, através do Pleno, assentou que o foro por prerrogativa de função previsto na CF em relação às infrações penais comuns, não é extensível às ações de improbidade administrativa, que têm natureza civil[243].

5.9.2.11. Renúncia ao cargo e continuidade do julgamento

Questão tormentosa que vem desafiando a jurisprudência, principalmente do STF, é saber se, após a renúncia ao cargo público que atrai o foro por prerrogativa de função, mesmo assim, deverá haver a continuidade ou não do julgamento.

Há **duas posições** sobre o tema:

1ª Posição: A renúncia afasta automaticamente o foro por prerrogativa de função, desde que não iniciado o julgamento. Esse já foi o entendimento do STF[244], em que deputado federal conseguiu evitar ser julgado pelo Pretório Excelso ao renunciar ao seu mandato 5 dias antes do julgamento, sendo determinado o envio do processo para a 1ª instância.

2ª Posição: A renúncia não afasta automaticamente o foro por prerrogativa de função, quando se evidencie a má fé, o abuso de direito, situação anômala essa a justificar a permanência dos autos no STF, mesmo tendo perdido o cargo público

---

240. Informativo do STJ. 20/06/2011. STJ. Corte Especial. Rel. Min. Felix Fischer.
241. STJ. Recurso Especial 1.138.173/RN (2009/0084671-2). Rel. Min. Humberto Martins. STJ. Corte Especial. Rcl 10037. Rel. Min. Luís Felipe Salomão. STJ. REsp 1569811. 2ª T. Re. Min. Rel. Humberto Martins.
242. Informativo do STF. 13/03/2014. ACO 2356. Rel. Min. Cármen Lúcia.
243. Informativo do STF. 10/05/2018. STF. Pleno. Petição 3240. Rel. Min. Teori Zavascki.
244. STF – AP 333/PB- Pleno, Rel. Min. Joaquim Barbosa, DJe 065 10/04/2008.

que justificava a competência originária. Esse entendimento já foi seguido pelo STF[245] quando o deputado federal então acusado, literalmente, na véspera do julgamento, renunciou ao seu mandato. No entanto, o Supremo decidiu que, se a renúncia do deputado federal não se der na iminência do julgamento, mas sim na fase das alegações finais – a competência para a continuidade do feito seria estabelecida na 1ª instância para onde foram remetidos os autos[246].

Acabou prevalecendo, no Pleno, do STF, , em 3 de maio de 2018, ao julgar a AP Ação Penal 937, que, após o final da instrução processual, com a publicação do despacho de intimação para apresentação de alegações finais, a competência para processar e julgar ações penais não será mais afetada em razão de o agente público vir a ocupar outro cargo, deixar o cargo que ocupava, qualquer que seja o motivo (o inclui, claro, a renúncia ao cargo). Desse modo, pacificou-se a questão em tela.

5.9.2.12. Nomeação para cargo com prerrogativa de foro para se efetivar a mudança do juiz natural

Ao julgar monocraticamente caso emblemático, o Min. Gilmar Mendes, do STF[247], suspendeu a posse do ex-presidente Lula como Ministro de Estado, nomeado pela então Presidente Dilma Roussef, por entender, em razão de interceptação telefônica que captou conversa entabulada entre a dignatária máxima da nação e o ex-presidente, que o ato de nomeação era uma forma de burlar a competência estabelecida em 1ª instância, transferindo – a ao Pretório Excelso, o que violaria os princípios da moralidade da impessoalidade, além de evidenciar desvio de finalidade do ato administrativo. Decidiu-se que a nomeação a um cargo público, a fim de se assegurar a um investigado ou acusado foro por prerrogativa de função, assim como a renúncia a um cargo público com o escopo de não ser julgado pelo Tribunal com competência originária, materializam a mesma "fraude à Constituição", nos dizeres do Min. Gilmar Mendes. Atualmente, essa questão deixou de ter relevância prática, uma vez que a nomeação com desvio de finalidade- evitar a responsabilização do agente perante a 1ª instância ao nomeá-lo em cargo com foro privilegiado- não altera a competência: como o indiciado ou acusado perpetrou delitos antes de ocupar o cargo pelo qual foi nomeado, e, evidentemente, sem qualquer relação com o seu exercício, não será beneficiado pela prerrogativa de foro.

5.9.2.13. Competência fixada, pelo cargo ocupado, vinculado a determinado Tribunal. Irrelevância da competência pelo território

Pouco importa o lugar onde foi praticado o delito para se estabelecer a competência por prerrogativa de função, a qual é estabelecida, exclusivamente, de acordo com o Tribunal que é vinculado a julgar a autoridade com foro por prerrogativa de função.

---

245. STF – Pleno, AP 396/RO, Rel. Min. Cármem Lúcia, j. 28/10/10.
246. Informativo do STF. 27/03/2014. STF. AP 536. Pleno. Rel. Min. Luís Roberto Barroso.
247. STF. Medida Cautelar em Mandado de Segurança 34.070/DF. Rel. Min. Gilmar Mendes.

Exemplos: promotor de justiça de São Paulo comete um homicídio em Salvador/Bahia, será julgado pelo Tribunal de Justiça de São Paulo; deputado federal que venha a cometer delito em qualquer das cidades do país, invariavelmente será julgado pelo STF; governador de estado que cometa crime em outra unidade da federação será julgado pelo STJ; deputado estadual com foro por prerrogativa de função estabelecido na Constituição de seu Estado se cometer crime em outra unidade da federação – deputado estadual de São Paulo que comete crime na cidade do Rio de Janeiro, por exemplo – será julgado pelo Tribunal de Justiça de São Paulo. Após o dia 3 de maio de 2018, data em que o Supremo, ao julgar a AP 937, modificou o entendimento a respeito do foro por prerrogativa de função, exigindo que a infração penal tenha sido praticada quando do exercício do cargo ou função pública e relacionado a atividade exercida, alguns dos exemplos acima perderam a atualidade. Deputado Federal e Senador que cometam crime não relacionado com o mandato, por exemplo, um homicídio, serão julgados pela Justiça Comum (e não pelo Júri); da mesma forma, segundo a atual posição do STJ, os Governadores e membros do Tribunal de Contas; desembargadores, todavia, mesmo que cometam crimes em nada relacionados com o cargo público, não perderam a prerrogativa de função, como já decidido pelo STJ. Quanto aos membros do Ministério Público e os demais juízes, ainda não há uma posição, perante os Tribunais Superiores, a respeito do tema.

5.9.2.14. Justiça Política. Crimes de responsabilidade

Os crimes de responsabilidade previstos na Lei 1.079/50, em verdade, são infrações político – administrativas que acarretam como efeito, caso a ação seja julgada procedente, a perda do cargo e a suspensão dos direitos políticos, por prazo determinado.

Presidente da República

O Presidente da República, pela prática dos crimes de responsabilidade, será julgado pelo Senado Federal.

De acordo com a Constituição (art. 85, I a VII) são considerados crimes de responsabilidade os praticados contra a existência da União, o livro exercício do Poder Legislativo, Judiciário e Ministério Público, o exercício dos direitos políticos, individuais e sociais, a segurança interna do país, a probidade na administração, a lei orçamentária e o cumprimento das leis e decisões judiciais. Esse rol não encerra a matéria e, por ser genérico na descrição das condutas, não pode ser considerado como uma tipificação penal de condutas atribuídas ao Presidente da República. Os denominados crimes de responsabilidade e o procedimento para a sua apuração são regulados pela Lei 1.079/50.

O processo de afastamento do Presidente da República (*impeachment*) é iniciado por denúncia – acusação veiculada por qualquer cidadão perante a Câmara dos Deputados; para que seja admitida essa verdadeira acusação popular (porque basta ser cidadão no gozo dos direitos políticos para veiculá-la), é necessário o voto de 2/3 dos integrantes da Câmara dos Deputados. Recebida a denúncia, o Presidente fica afastado de suas funções, e o processo é remetido ao Senado Federal que julgará, no mérito, a acusação de crime de responsabilidade imputado ao Presidente (art. 86, § 2º, da CF), sendo que o Presidente do STF presidirá o órgão julgador. A fase de decisão a respeito da admissibilidade da acusação, pela Câmara dos Deputados, pode ser comparada à fase da pronúncia, no rito do Júri, em que se verifica a verossimilhança da acusação; a existência de provas mínimas de autoria e materialidade delitiva; já o julgamento pelo Senado Federal equivale ao julgamento, pelo mérito, do Tribunal do Júri.

No Senado Federal, caso condenado o Presidente, pelo voto de 2/3 dos seus integrantes, se decretará a perda do cargo *e* a inabilitação, por oito anos, para o exercício de função pública (art. 52, § único, da CF). Todavia, no caso de impeachment da Presidente Dilma Roussef, o Senado Federal, inovadoramente, durante a votação, cindiu os quesitos, de modo que se aprovou a perda do cargo de Presidente, mas, em outra votação, não se alcançou o número de votos suficientes para que fosse decretada a inabilitação política pelo período de oito anos para o exercício de função pública.

Condenado, o Presidente da República, pela prática de delito de responsabilidade, perante o Senado Federal, não é possível, ao Supremo, modificar a conclusão de mérito daquele órgão político, juízo natural da causa; não cabe, portanto, daquela condenação, qualquer recurso, ação ou sua revisão[248].

Vice – Presidente da República

Será julgado, pela prática de crime de responsabilidade, pelo Senado (art. 52, I, da CF).

Ministros do STF e Procurador-Geral da República

Serão julgados, por crime de responsabilidade, pelo Senado Federal (art. 52, II, da CF).

Deputados federais e senadores

São julgados, pelos delitos de reponsabilidade, perante a Casa Legislativa a que pertencerem (art. 55, § 2º, da CF).

Ministros de Estado e Comandantes da Marinha, do Exército e da Aeronáutica

São julgados, pelo crime de responsabilidade em conexão com o do Presidente da República, pelo Senado Federal (art. 52, I, da CF).

Advogado – Geral da União

Julgado, pela prática de delito de responsabilidade, pelo Senado Federal (art. 52, II, da CF).

Membros do CNJ (Conselho Nacional de Justiça) e do CNMP (Conselho Nacional do Ministério Público)

São julgados, pela prática de crimes de responsabilidade, pelo Senado Federal (art. 52, II, da CF).

---

248. Informativo do STF. 10/12/2018. STF. MS 34193; MS 34371; MS 3441. Rel. Min. Alexandre de Moraes.

Governador de Estado

Nos crimes de responsabilidade, serão julgados por um Tribunal misto, composto de 5 desembargadores e 5 deputados estaduais, sob a presidência do Presidente do Tribunal de Justiça, que terá direito de voto no caso de empate (art. 78, § 3º, da Lei 1.079/50), após admitida a acusação, por maioria absoluta, dos integrantes da Assembleia Legislativa, o que ocasionará o afastamento imediato do Governador de suas funções (art. 77 da Lei 1.079/50). A condenação do Governador dependerá de 2/3 dos votos dos membros do Tribunal Misto (art. 78, § 2º, da Lei 1.079/50).

Importante dizer que as Constituições Estaduais que prevejam, em seus dispositivos, ao arrepio da Lei 1.079/50, que o Governador deve ser julgado, exclusivamente, pela Assembleia Legislativa, e não pelo Tribunal Misto, foram declaradas inconstitucionais pelo Supremo[249].

O órgão misto, através de sua maioria absoluta, poderá julgar procedente a acusação, decretando a perda do cargo e inabilitação das funções públicas.

O STF cristalizou o entendimento de que a disciplina processual dos crimes de responsabilidade deve partir da União, através do seu poder legislativo (art. 22, I, da CF), não sendo lícito, assim, que as Constituições dos Estados tratem do assunto.

Este é o teor da Súmula 722 do STF: "São da competência legislativa da União a definição dos crimes de responsabilidade e o estabelecimento das respectivas normas de processo e julgamento".

De idêntico teor a Súmula Vinculante 46: "A definição dos crimes de responsabilidade e o estabelecimento das respectivas normas de processo e julgamento são de competência legislativa privativa da União".

Em razão disso foi suspensa, pelo STF, pelas Ações Diretas de Inconstitucionalidade 1021 – 2 e 2220 – 2, a parte final do art. 49 da Constituição do Estado de São Paulo que previa, com composição diversa de membros, o mesmo Tribunal misto, formado por desembargadores e deputados estaduais.

Prefeito

Praticado crime de responsabilidade por Prefeito, previsto no art. 4º do Decreto-Lei 201/67, será julgado pela Câmara Municipal, podendo ser decretada a perda do seu mandato. O procedimento a ser seguido é o do Decreto-Lei 201/67, não sendo admissível que se siga o rito do regimento interno da Câmara Municipal, sob pena de nulidade[250]. A denúncia contra o Prefeito pode ser oferecida por qualquer cidadão; não se trata de uma denúncia, sob o ponto de vista técnico-processual, que só poderia ser oferecida por membro do Ministério Público, assumindo, pelo contrário, o sentido de uma acusação política, e não criminal. Oferecida a denúncia, a Câmara Municipal, se a receber, determina a instauração de comissão processante do impeachment. As

---

249. Informativo do STF. 12/02/2015. STF. ADI 4791. Rel. Min. Teori Zavascki. ADI 4792 e 4800. Rel. Min. Cármen Lúcia.
250. Informativo do STF. 26/11/2015. STF. RCL 22034. Rel. Min. Luís Roberto Barroso.

oitivas das testemunhas eventualmente arroladas devem se dar publicamente. Mesmo que o Regimento Interno da Câmara Municipal discipline a oitiva de testemunhas, em regime de sigilo, deverá prevalecer o art. 4º do Decreto-Lei 201/1967, que não prevê a inquirição secreta[251]. Trata-se, em suma, de aplicar-se a Súmula Vinculante 46: "A definição dos crimes de responsabilidade e o estabelecimento das respectivas normas de processo e julgamento são da competência legislativa da União".

Deputados Estaduais

Julgados, à semelhança dos deputados federais, pelos crimes de responsabilidade perante a Assembleia Legislativa.

Procurador – Geral de Justiça

Será julgado, pela prática de crime de responsabilidade, pelo Poder Legislativo Estadual ou Distrital (art. 128, § 4º, da CF).

Praticado o crime de responsabilidade do Procurador-Geral de Justiça em conexão com o Governador do Estado ambos serão julgados pelo Tribunal Especial acima descrito, composto de 5 desembargadores e 5 deputados estaduais, sob a presidência do Presidente do Tribunal de Justiça.

5.10. Competência em razão do território ou local (*ratione loci*)

5.10.1. Competência territorial ou de foro. Conceito. Finalidades

A competência territorial é aquela estabelecida, prioritariamente, pelo local da infração ou, não sendo conhecido este, pelo domicílio ou residência do réu. Nesses lugares, dar-se-á o julgamento por órgão judiciário, com competência territorial. Essa é a regra da competência territorial estabelecida em lei (arts. 69, I, 70/73 do CPP).

As finalidades visadas com o estabelecimento dessa norma espacial de competência são as seguintes:

1º – Finalidade de prevenção geral (função material da competência): como se sabe, uma das justificativas da pena criminal é justamente a prevenção geral, isto é, a de, pela exemplaridade da pena, desestimular a prática de outros crimes por potenciais outros agentes. De pouco adiantaria, entretanto, uma pena exemplar a um autor de delito, se os que sentiram os efeitos do crime – a comunidade onde o fato delituoso eclodiu – não pudesse verificar com seus próprios olhos, através dos órgãos de justiça instalados no local onde se vive, as consequências do crime – a justa punição, se o caso, daquele que transgrediu as normas básicas de convivência social. Ao estabelecer, como regra da competência territorial, o lugar da infração, o processo penal, como instrumento que é do direito penal, vem em seu auxílio, facilitando um dos escopos mais importantes do direito material, que

---

251. Informativo do STF. 28/09/2018. STF. RcL 31850. Rel. Min. Alexandre de Moraes.

é, justamente, o de prevenção geral visada pela aplicação da pena. Pode-se dizer que a finalidade a ser alcançada pela regra de competência territorial, consubstancia uma função material (penal) da norma processual; auxilia, o critério de competência, mais diretamente, a um dos escopos do direito penal.

2º – Finalidade probatória (função processual da competência). Estabelecida a competência no lugar da infração, facilita-se a colheita dos elementos de convicção, oitiva de testemunhas, da vítima, interrogatório do acusado, perícias, etc, essenciais para que se alcance a verdade real dos fatos.

3º – Ampla defesa e contraditório. Caso não se tenha apurado o local da infração, obviamente as duas primeiras finalidades da competência territorial acima estudadas não poderão ser atendidas, porquanto não há como se prevenir a prática de um crime, pela intimidação geral decorrente da aplicação da pena, se não se sabe onde a infração foi praticada; tampouco se há falar em facilidade na colheita da prova, se é desconhecido o local do crime. Sendo assim, estabelece-se a competência territorial pelo domicílio ou residência do réu, certamente com o escopo de se facilitar o seu direito à defesa e ao contraditório.

5.10.2. Momento da análise da competência territorial

O primeiro passo para a fixação da competência é verificar-se se o acusado possui ou não foro por prerrogativa de função, o qual, por si só, já resolverá a questão de qual será o órgão judiciário competente para processá-lo e julgá-lo. Caso não haja foro por prerrogativa de função, analisa-se a competência de Justiça – ou competência pela matéria – a natureza da infração penal que deva ser julgada, indagando-se se é afeta à Justiça Comum – Federal ou Estadual, ou às Justiças Especiais – Justiça Militar e Justiça Eleitoral. Sendo assim, apenas se não for o caso de fixar-se a competência de foro por prerrogativa de função, passasse a verificar a questão da competência de Justiça, e, aí sim, à verificação da competência territorial.

5.10.3. Competência relativa. Nulidade relativa. Reconhecimento de ofício e por provocação das partes

Competência relativa. Nulidade relativa

A doutrina, de maneira majoritária, afirma que a competência territorial é relativa, porque sua função seria a de tutelar o interesse das partes, e não o interesse público, e, por isso, sujeitar-se – ia, a preclusão, se não arguida no tempo oportuno. Sua violação gera a nulidade relativa do processo – deve ser arguida no tempo oportuno, e deve ser demonstrado o prejuízo sofrido. O grande diferencial da competência absoluta (competência pela matéria, ou Competência de Justiça, competência for prerrogativa de função e competência funcional), é que essa não preclui, podendo ser arguida a qualquer momento; sua violação gera a nulidade absoluta do processo, dispensando a arguição em tempo oportuno, bem como demonstração do prejuízo sofrido.

Em linhas gerais, os conceitos acima, largamente aceitos, pela doutrina e jurisprudência, estão, em geral, corretos, mas há uma ressalva a se fazer: é equivocado se dizer que a competência territorial é estabelecida em prol do interesse das partes, quando se sabe que no processo penal predomina o interesse público – de um lado a persecução penal na apuração de fato criminoso, de outro, o direito à liberdade, de modo que não há interesse particular das partes, mas sim, público, da sociedade, na busca da justa composição da controvérsia penal.

Mas, perguntar-se: se o interesse é, na verdade, público, porque a competência é relativa e a nulidade é sanável, ou seja, também relativa?

Certamente porque se entendeu que, embora violado o interesse público, pois desatendidas as finalidades públicas da competência territorial, acima vistas, da prevenção geral da pena, da eficaz busca das provas, e da ampla defesa e do contraditório, para que se decreta a nulidade, deve-se demonstrar, concretamente, o prejuízo causado pelo desatendimento da norma; em outras palavras, o prejuízo não se presume nessa situação.

A nulidade absoluta, que independe de demonstração de prejuízo, por violação de regras de competência, é reservada, apenas, para as situações em que há clara violação de normas constitucionais que estabeleçam a competência por prerrogativa de foro e de Justiça – Justiça Comum e Justiças Especiais – Eleitoral e Militar.

Reconhecimento de ofício e por provocação das partes

A nulidade pela violação da competência territorial é relativa, mas poderá ser reconhecida, de ofício, pelo juiz, independentemente de provocação das partes; nada mais lógico que assim seja, pois, se cabe ao juiz sanar o processo, visando resguardar sua regularidade, é compatível com essa sua missão que saneie suas nulidades absolutas, e também relativas – e dentre essas últimas, está, justamente, a questão da competência territorial.

A inobservância das regras de competência territorial acarreta a nulidade relativa do processo, devendo ser apontada até o momento processual oportuno (até a resposta à acusação – art. 396-A do CPP), pela defesa; quanto a acusação, deve se manifestar, antes do oferecimento da peça acusatória, sob a forma de exceção de incompetência, sob pena de preclusão. Não arguida no tempo oportuno, a competência será prorrogada, ou seja, o juízo que não era, originariamente, competente, pelo território, para julgar a ação, passará a sê-lo.

5.10.4. Conceito de lugar da infração. Diferenciação do lugar da infração do processo penal e do direito penal

5.10.4.1. Conceito de lugar da infração no processo penal

O que se entende por local da infração? De acordo com o art. 70 do CPP, local da infração é o lugar onde se consumou o crime ou, no caso da tentativa, pelo lugar em que foi praticado o último ato de execução. Quanto à tentativa, se houver uma sequência de atos executórios os quais porventura tenham permeado diversas cidades, a competência será estabelecida no local onde houve o derradeiro ato de execução.

É o chamado *locus comissi delicti*.

5.10.4.2. Diferenciação do lugar da infração no processo penal e no direito penal. Crimes plurilocais e crimes de espaço máximo

Conceito de lugar da infração no direito penal – crimes à distância ou de espaço máximo – art. 6º do CP

A regra do art. 6º do CP, ao considerar como lugar do crime o lugar em que ocorreu a ação ou omissão, bem como onde se produziu ou deveria produzir-se o resultado (teoria da ubiquidade), relaciona-se aos crimes praticados no Brasil e em outra nação. A conduta pode ter se iniciado no Brasil e o resultado ter ocorrido, ou devesse ter ocorrido, fora do país, ou vice – versa; exemplo: estelionato cuja execução ocorreu no Brasil, mas seu resultado se deu no Uruguai, ou vice – versa; de qualquer maneira, tendo a conduta, seu resultado (crime consumado), ou possível resultado (crime tentado) tocado no Brasil irá se autorizar o exercício da Jurisdição Brasileira, com fundamento no art. 6º do CP, que trata da lei penal no espaço. Em outras palavras, essencial, para atrair a aplicação do direito penal pátrio, que a ação ou omissão tenham ocorrido no Brasil, ou que o resultado, ou o local onde deveria ocorrer (no caso de tentativa) fosse nosso país.

Crimes plurilocais – art. 70 do CPP

São aqueles em que a conduta é praticada em um local e o resultado em outro, mas ambos no território brasileiro. Aplica-se a regra do art. 70 do CPP.

Como ensina Renato Brasileiro[252] a utilidade do conceito de crime plurilocal só tem "pertinência aos crimes materiais, ou seja, aqueles em que pode haver nítida dissociação entre a ação (ou omissão) e o resultado".

5.10.4.3. Teorias para o estabelecimento da competência territorial (do lugar do crime)

O que deve ser considerado como o local do crime, o local de sua ação, de seu resultado (se houver), ou de ambos?

Existem três teorias para se conceituar o local do crime e estabelecer, com base nele, a competência territorial, que são as seguintes:

1º – Teoria do resultado: considera-se como competente o juízo onde a infração se consumou ou, no caso de tentativa, o local onde o último ato executório foi praticado.

---

252. Renato Brasileiro de Lima, Curso de Processo Penal, p. 496.

2º – Teoria da atividade: estabelece-se a competência do Juízo onde a atividade criminosa (os atos de execução) se deram.

3º – Teoria da ubiquidade: a competência pode ser estabelecida tanto pelo local da atividade quanto da consumação do crime.

O CPP, em seu art. 70, *caput*, determina que a competência será, de regra, determinada pelo lugar em que se consumar a infração, ou, no caso de tentativa, pelo lugar em que for praticado o último ato de execução. Adotou-se, assim, como regra, a teoria do resultado no processo penal.

Exceções a teoria do resultado

O CPP adotou, assim, como regra, a teoria do resultado, mas há as seguintes exceções:

1ª – Crimes dolosos contra a vida

Em se tratando de crimes dolosos contra a vida, de competência do Tribunal do Júri, o STJ[253] e o STF[254] têm entendido, em diversas oportunidades, que a competência para o processo, em geral, é a do lugar da consumação do crime (a morte da vítima, por exemplo); mas, se o local da atividade ou da ação (local dos disparos efetuados pelo agente, por exemplo) melhor servir para a formação da verdade real, ouvindo-se testemunhas, vítimas, além de se dar com mais eficácia a exemplaridade da pena, lá será fixada a competência. Percebe-se, assim, que, nesta hipótese, adota-se a teoria da atividade e não do resultado.

2ª – Crimes à distância ou crimes de espaço máximo

Como já dissemos acima, crimes à distância ou de espaço máximo são aqueles em que a execução se inicia no Brasil e sua consumação, ou o último ato executório, ocorrerem em outra nação, ou vice – versa: o crime tem sua execução iniciada fora do Brasil, mas o resultado ocorre no Brasil, ou deveria ocorrer (no caso da tentativa) no nosso país.

Determina o § 1º do art. 70 do CPP que, se, iniciada a execução no território nacional, a infração se consumar fora dele, a competência será determinada pelo lugar em que tiver sido praticado, no Brasil, o último ato de execução. Exemplo: agente que pratica, na fronteira do Brasil com o Paraguai, disparos de arma de fogo, atingindo a vítima pretendida, matando – a ou ferindo – a, no Paraguai; a competência será fixada no loca onde houve, no Brasil, o último ato de execução-local dos disparos.

O § 2º do art. 70 do CPP, por sua vez, dispõe que, quando o último ato de execução for praticado fora do território nacional, será competente o juiz do lugar em que o crime, embora parcialmente, tenha produzido ou devia produzir seu resultado.

---

253. STJ-HC 196.458-SP, Rel. Min. Sebastião Reis Júnior, julgado em 6.12.2011.
254. STF – HC 112.348/SP, Rel. Min. Ricardo Lewandowski.

Exemplo: Disparos de arma de fogo efetuados por agente em cidade situada na fronteira do Paraguai com o Brasil, acabando por atingir vítima, e matando – a ou ferindo – a no nosso país; a competência será fixada no lugar onde o ofendido foi atingido, no Brasil.

Percebe-se, deste modo, que nos crimes à distância adotou-se a teoria da ubiquidade.

3ª – Crimes cometidos no exterior

É previsto no art. 88 do CPP e se refere ao processo por crimes praticados fora do território brasileiro, estabelecendo que será competente o juízo da Capital do Estado onde houver por último residido o acusado. Se este nunca tiver residido no Brasil, será competente o juízo da Capital da República. Tais infrações penais só serão julgadas pelo Brasil se estiverem presentes as condições previstas no art. 7º do CP (Extraterritorialidade da lei penal brasileira).

Ao contrário do que pode parecer à primeira vista, nem sempre se firmará a competência da Justiça Federal para julgar delitos praticados integralmente praticados no estrangeiro, sendo, em regra, estabelecida a competência da Justiça Estadual, a não ser que, em razão do delito, tenha se atingido bens, serviços ou interesses da União, de suas entidades autárquicas e empresas públicas, como, *v.g.*, o homicídio de um agente da polícia federal que trabalhava nas fronteiras do país, em razão de suas funções.

Em outras palavras, não é pelo simples fato de o crime ter sido praticado fora do Brasil que estará atraída a competência da Justiça Federal, se não estiverem presentes as hipóteses do art. 109 da CF, como já decidiu o STJ[255].

Em caso julgado pelo STJ[256], decidiu-se que o crime de tortura cometido por policiais uruguaios contra brasileiros, em território estrangeiro (Uruguai), deveria ser julgado pela Justiça Comum da Capital Federal, Brasília, nos termos do art. 88 do CPP, uma vez que os agentes nunca residiram no Brasil.

4ª – Juizados Especiais Criminais

Determina o art. 63 da Lei 9099/95 que a competência do Juizado será determinada pelo lugar em que foi praticada a infração penal, ou seja, o lugar onde ocorreu a ação ou a omissão, adotando-se, assim, a teoria da atividade.

5.10.4.4. *Critério subsidiário para a fixação da competência territorial: competência pelo domicílio ou residência do réu (forum domicilii)*

Não sendo conhecido o lugar da infração, a competência irá se regular pelo domicílio ou residência do réu (art. 72, *caput*, do CPP).

Se o réu tiver mais de uma residência, a competência é firmada pela prevenção (§ 1º do art. 72 do CPP), significando dizer que o juiz que primeiro tomar conhecimento

---

255. STJ-CC 104.342/SP, 3ª Seção- Rel. Min. Laurita Vaz, j. 12/08/2009.
256. STJ. Conflito de Competência 107.397/DF (2009/0158191-9). Rel. Min. Nefi Cordeiro.

da infração, tomando medidas, mesmo que antes do oferecimento da denúncia ou queixa, será o competente para julgá-la (é chamado de juiz prevento).

Se o réu não tiver residência certa ou for ignorado o seu paradeiro, será competente o juiz que primeiro tomar conhecimento do fato (§ 2º do art. 72 do CPP). Será, também, o juiz prevento.

5.10.4.5. Foro de eleição

Nos casos de exclusiva ação privada, o querelante poderá preferir o foro de domicílio ou da residência do réu, ainda quando conhecido o lugar da infração (art. 73 do CPP). Trata-se de um foro de eleição – o único no processo penal – que apenas se aplica às ações penais privadas exclusivas ou personalíssima, mas não às ações penais subsidiárias das públicas.

5.10.4.6. Competência territorial da Justiça Estadual

As Justiças Estaduais são divididas em comarcas, que podem compreender uma ou mais cidades; na hipótese de diversas cidades, sempre haverá uma delas, como sede da comarca.

5.10.4.7. Competência territorial da Justiça Federal

O termo usado para a divisão territorial da Justiça Federal não é comarca e sim Seção Judiciária e Subseção Judiciária. Cada Estado da Federação é uma Seção Judiciária, com sede na capital do referido Estado; mas é comum que, no interior da unidade federativa, haja subseções judiciárias com a competência federal regionalizada. Exemplo: O Estado de São Paulo de São Paulo é uma seção judiciária, que engloba todo o Estado, mas há subseções judiciárias no interior, como a de Santos, Campinas, Presidente Prudente, que compreendem diversos municípios além dos nominados; sendo assim, se um crime de competência da Justiça Federal for praticado na cidade de Praia Grande, a competência para julgá-lo será da Subseção Judiciária de Santos, que abrange a cidade de Praia Grande onde não há órgão judicial federal.

5.10.4.8. Competência territorial da Justiça Militar

A Justiça Militar da União é dividida em 12 Circunscrições Judiciárias Militares, que abrangem todas as unidades federativas do Brasil, onde estão instaladas as Auditorias Militares com competência para julgar os crimes militares.

Quanto à Justiça Militar dos Estados, cada unidade da federação forma uma Circunscrição Judiciária Militar estadual, contando com um Auditoria Militar, sediada na capital do Estado, que terá competência para julgar, em todo o seu território, os crimes militares praticados por policiais militares e bombeiros. No Estado de São Paulo há 4 auditorias; Minas Gerais 3 auditorias; Rio Grande do Sul 4 auditorias. Nos demais Estados onde não há Justiça Militar, os juízes estaduais serão os competentes para julgar as infrações militares ocorridas em suas comarcas.

5.10.4.9. *Competência territorial da Justiça Eleitoral*

O território de cada unidade federativa é dividido em zonas eleitorais, onde há um juiz eleitoral (estadual) oficiando.

5.10.4.10. *Competência para julgar os crimes praticados a bordo de embarcações ou aeronaves*

Noções penais

De acordo com o art. 5º, § 1º, do CP, considera-se, para efeitos penais, como extensão do território nacional, as embarcações e aeronaves brasileiras, de natureza pública ou a serviço do governo brasileiro onde quer que se encontrem, bem como as aeronaves e as embarcações brasileiras, mercantes ou de propriedade privada que se achem, respectivamente, no espaço aéreo correspondente ou em alto – mar.

Determina, ainda, o art. 5º, § 2º, do CP ser aplicável a lei brasileira aos crimes praticados a bordo de aeronaves ou embarcações estrangeiras de propriedade privada, achando-se aquelas em pouso no território nacional ou em voo no espaço aéreo correspondente, e estas em porto ou mar territorial do Brasil.

Crimes praticados a bordo de navios mercantes e competência

Diante dessas normas de direito penal, dispõe o art. 89 do CPP que os crimes cometidos em qualquer embarcação nas águas territoriais do país, ou nos rios e lagos fronteiriços, bem como a bordo de embarcações nacionais, em alto – mar, serão processados e julgados pela justiça do primeiro porto brasileiro em que tocar a embarcação, após o crime, ou, quando se afastar do País, pela do último em que houver tocado.

Importante notar que, não obstante o teor do referido artigo do Código Penal, certo que a Lei 8.617/93, em seu art. 3º, *caput*, e § 1º, estabelece, aos navios de todas as nacionalidades, o direito de passagem inocente no mar territorial brasileiro. Considera-se como passagem inocente aquela que não prejudique a paz, a boa ordem ou a segurança do Brasil, devendo, ainda, ser contínua e rápida.

Significa dizer que, mesmo se um crime tiver sido praticado no interior de um navio estrangeiro que esteja singrando nas águas territoriais brasileiras, poderá ser julgado não pelas leis brasileiras, mas sim pela Justiça do país cuja bandeira ostente, desde que estejam presentes, cumulativamente, as seguintes condições:

1º – não tenha atracado em nenhum porto brasileiro após o crime;

2º – a passagem pelas águas territoriais brasileiras seja contínua e rápida;

3º – o crime não tenha afetado de qualquer maneira, a paz, a boa ordem ou a segurança do Brasil.

Crimes cometidos a bordo de aeronaves e competência

Dispõe, por seu turno, o art. 90 do CPP que os crimes praticados a bordo de aeronave nacional, dentro do espaço aéreo correspondente ao território brasileiro, ou ao alto – mar, ou a bordo de aeronave estrangeira, dentro do espaço aéreo correspondente ao território nacional, serão processados e julgados pela justiça da comarca em cujo território se verificar o pouso após o crime, ou pela da comarca de onde houver partido a aeronave.

Prevenção como critério subsidiário

Quando incerta e não se puder determinar a competência de acordo com as normas estabelecidas acima, a competência se firmará pela prevenção (art. 91 do CPP).

Como vimos acima, a competência para julgar os crimes praticados a bordo de navios e aeronaves é da Justiça Federal (art. 109, IX, da CF).

5.10.4.11. *Indefinição dos limites territoriais entre 2 ou mais jurisdições*

Quando incerto o limite territorial entre 2 ou mais jurisdições, ou quando incerta a jurisdição por ter sido a infração consumada ou tentada nas divisas de 2 ou mais jurisdições, a competência será firmada pela prevenção (art. 70, § 3º do CPP). Essa regra é aplicável à Justiça Estadual, dividida em comarcas; à Justiça Federal dividida em Seções e Subseções Judiciárias e à Justiça Militar Federal repartida em Circunscrições Judiciárias Militares. Não parece aplicável no que tange a Justiça Militar Estadual, a qual possui competência para, exclusivamente, julgar crimes militares praticados no território do Estado; nunca, por exemplo, a Justiça Militar do Estado de São Paulo poderá julgar um crime militar cometido no território de Minas Gerais, porque cada Justiça Militar estadual tem competência para julgar os *seus* policiais militares e bombeiros e não os milicianos de outro ente federativo. Sendo assim, por exemplo, se policiais militares do Estado de São Paulo praticarem um crime militar na fronteira com o Estado de Minas Gerais, a competência para julgá-los será da Justiça Militar do Estado de São Paulo e não da Justiça Militar do Estado de Minas Gerais.

A prevenção é um critério subsidiário de fixação da competência territorial estabelecido quando um dos juízes igualmente competentes se antecipar na prática de algum ato do processo ou medida a este relativa, mesmo que anteriormente ao oferecimento da ação penal (art. 83 do CPP).

5.10.4.12. *Crimes continuados e permanentes praticados nos territórios de 2 ou mais jurisdições*

Tratando-se de infração continuada ou permanente, praticada em território de 2 ou mais jurisdições, a competência também se firmará pela prevenção (art. 71 do CPP).

Essa regra é aplicável à Justiça Estadual, dividida em comarcas; à Justiça Federal dividida em Seções e Subseções Judiciárias e à Justiça Militar Federal repartida em

Circunscrições Judiciárias Militares. Não parece, como acima se explicou, aplicável no que tange a Justiça Militar Estadual, a qual possui competência para, exclusivamente, julgar crimes militares praticados no território do Estado. Sendo assim, se um crime militar, de natureza permanente, ou crimes continuados militares perpassarem, *v.g.*, o Estado de São Paulo, por policiais militares de São Paulo, ingressando no Estado de Minas Gerais, a competência para julgar os milicianos é, apenas, da Justiça Militar do Estado de São Paulo.

5.11. COMPETÊNCIA DE JUÍZO

Como já vimos, o primeiro passo para se estabelecer a competência é saber se existe ou não o foro por prerrogativa de função; se não houver, verifica-se a competência de Justiça – competência material; Justiça Comum (Federal ou Estadual), Justiças Especiais (Eleitoral e Militar); detectada qual é a Justiça, passasse a procurar, pelo território – comarca (Justiça Estadual), Seção/Subseção (Justiça Federal), zonas eleitorais (Justiça Eleitoral), Circunscrições (Justiça Militar). Confirmada a competência territorial, resta, ainda, estabelecer qual o juízo competente – qual o órgão do judiciário que irá julgar a demanda criminal.

Competência de juízo é, portanto, aquela que estabelece qual o órgão judiciário que terá competência, pela matéria – pela infração penal – para julgar a demanda penal.

A competência do Juízo, na imensa quantidade de vezes, tanto na Justiça Comum Estadual como na Federal, é genérica abarcando todos os delitos, como, por exemplo, roubo, furto, tráfico, violência doméstica (Lei Maria da Penha – Lei 11.340/06), etc, com exceção dos crimes dolosos contra a vida que deverão ser julgados, em virtude de previsão constitucional, pelo Tribunal do Júri – que é o juízo competente para tanto (art. 74 do CPP); pelo mesmo fundamento – previsão constitucional-sempre haverá um juízo – o denominado Juizado Especial Criminal – para julgar as infrações de menor potencial ofensivo (Lei 9.099/95), que são, por mandamento da Lei Maior (art. 98, I, da CF), de competência de referido órgão judiciário.

Além da competência normalmente genérica dos Juízos, é comum que seja estabelecida, de maneira especificada, sua competência, levando-se em consideração, *v.g.*, a espécie de pena privativa de liberdade (reclusão ou detenção), a espécie de delito (crimes patrimoniais, crimes contra a dignidade sexual, delitos de lavagem de dinheiro, violência doméstica e familiar contra a mulher), ou qualquer outro critério diferenciador (crimes contra vítimas menores de idade, idosos, etc). Essa especialização da matéria a ser julgada pelo juízo, por permitir a capacitação de juízes, promotores e defensores em determinados assuntos específicos, pode, eventualmente, assegurar resultados melhores na resolução da controvérsia penal.

A competência de Juízo – que nada mais é do que determinação de quais órgãos judiciários irão julgar quais infrações penais pode ser estabelecida através das seguintes fontes legislativas:

1ª – Constituição Federal:

A Lei Maior aponta que para julgar os crimes dolosos contra a vida o órgão judiciário competente é o Tribunal do Júri (art. 5º, XXXVIII, *d*, da CF); também estabelece que, para julgar as infrações de menor potencial ofensivo, são competentes os Juizados Especiais Criminais (art. 98, I, da CF).

2ª – Leis Federais: A Lei 11.340/06 (Lei Maria da Penha)

Estatuiu, em seu art. 14, *caput*, os Juizados de Violência Doméstica e Familiar contra a Mulher, órgãos da Justiça Ordinária com competência cível e criminal; ressalva, porém, a Lei, que tais juízos deverão ser criados por Lei proveniente da União, do Distrito Federal e dos Estados, para o processo, o julgamento e a execução das causas decorrentes da prática de violência doméstica e familiar contra a mulher. Como se nota, a Lei Federal em comento prevê, genericamente, a existência de um juízo especializado em violência doméstica contra a mulher, mas dispõe que cabe aos entes federativos, através de leis, a criação efetiva de tais Juizados.

A **Lei 9099/95 (Lei dos Juizados Especiais Criminais)** regulamenta a competência dos Juizados Especiais Criminais para julgar as infrações penais de menor potencial ofensivo, prevista abstratamente na Constituição Federal, e estabelece o seu procedimento; em outras palavras, a citada lei federal estabelece, concretamente, o que se deve entender por infração de menor potencial ofensivo – crimes e contravenções cuja pena máxima não supere dois anos – e as insere na competência de juízo dos Juizados Especiais Criminais.

A Lei 12.694/2012 – Lei que dispõe sobre o processo e o julgamento colegiado em 1º grau de jurisdição de crimes praticados por organizações criminosas – possibilita que os crimes praticados por organizações criminosas sejam julgados por colegiado formado pelo juiz do processo e por outros 2 escolhidos por sorteio eletrônico dentre aqueles de competência criminal em exercício na 1ª instância.

Veja-se que essa competência de juízo – colegiado – não é obrigatória, porque, embora o processo verse sobre crimes praticados por organização criminosa, o juiz natural pode não se sentir intimidado e continuar atuando no feito monocraticamente.

3º – Leis estaduais (Leis de Organização Judiciária do Estado) e Leis de Organização Judiciária da Justiça Federal emanadas da União

Cabe aos Estados – membros da Federação, no exercício da administração de sua Justiça (art. 125 da CF), bem como à União (art. 22, XVII, da CF) editar leis que criem órgãos judiciários, com ampla discricionariedade; a competência de juízo – a vinculação de determinado órgão judiciário a certas infrações penais – pode se dar através dos mais diversos critérios que houver por bem o legislador escolher como, por exemplo, a qualidade da pena – reclusão ou detenção, espécie delitiva; Juízos especializados em crimes da Lei de Tóxicos, em delitos contra o patrimônio, etc. Os únicos limites instransponíveis ao legislador estadual, assim como ocorre com o legislador federal, é não retirar do Júri a competência para julgar os crimes dolosos contra a vida, nem dos Juizados Especiais Criminais as infrações penais de menor potencial ofensivo.

Por exemplo, na comarca da capital de São Paulo, foram criadas, por lei estadual, 32 Juízos Criminais (Varas Criminais Centrais) com competência ampla para julgar a generalidade dos delitos apenados com reclusão, com exceção das infrações de menor potencial ofensivo (Lei 9.099/95), aquelas de competência do Juizado da Violência Doméstica e Familiar (Lei Maria da Penha – Lei 11.340/06), e os crimes dolosos contra a vida de competência do Júri. Praticado, então, um roubo, um furto, extorsão mediante sequestro ou outro crime, na cidade de São Paulo, a competência para julgar tal delito será de um dos 32 Juízos Criminais da Capital, que possuem a mesma competência genérica, pela matéria, estabelecendo-se a competência, por distribuição (sorteio), que recairá sobre um daqueles 32 órgãos judiciários, o que será a analisado quando tratarmos da competência por distribuição.

4º – Atos administrativos dos Tribunais de Justiça, no âmbito de sua organização judiciária

Segundo entendimento do STF[257] é possível ao Poder Judiciário, através da edição de atos administrativos, modificar a competência de Varas Criminais, criadas anteriormente por lei; *in verbis*: "O Poder Judiciário tem competência para dispor sobre especialização de varas, porque é matéria que se insere no âmbito da organização judiciária dos Tribunais. O tema referente à organização judiciária não se encontra restrito ao campo de incidência exclusiva da lei, eis que depende da integração dos critérios preestabelecidos na Constituição, nas leis e nos regimentos internos dos Tribunais"[258]. Esse entendimento interpreta, corretamente, o próprio espírito da Constituição, ao dispor que compete aos Tribunais, privativamente, dispor sobre sua competência e o funcionamento dos respectivos órgãos jurisdicionais (art. 96, I, *a*, da CF).

Foi o que ocorreu com o Provimento 238, de 27 de agosto de 2004, proveniente do Tribunal Regional Federal da 3ª Região, especializando a competência da 2ª e 6ª Varas Criminais da 1º Subseção Judiciária de São Paulo, transformando – as em Varas especializadas em julgar crimes de lavagem ou ocultação de bens, direitos e valores; essas varas transformaram-se em Juízos criminais especializados pela matéria. Determinou-se, ainda, no citado provimento, que fossem remetidos, para as Varas especializadas, todos os feitos em andamento que tramitavam perante as outras Varas, com exceção daqueles em que a fase instrutória estivesse encerrada. Importante ressaltar que essa possibilidade de atos administrativos provenientes dos Tribunais alterarem a competência dos Juízos só é lícita se, *anteriormente*, já existir, criada por lei, Vara Criminal. Em suma, não é admissível, sob pena de ofensa à cláusula pétrea da separação de poderes, a criação, por mero ato administrativo, de Vara Criminal especializada pela matéria, mesmo que utilizando de denominações outras como "anexo de Vara" para encobrir sua verdadeira natureza de novo Juízo criado sem a necessária edição de lei[259]; concluindo, é admissível ao Tribunal alterar, especializar, reduzir ou aumentar a competência de varas criminais, desde que tais varas tenham sido anteriormente criadas por lei – este campo de movimentação lhe é assegurado – mas é vedado ao Tribunal

---

257. STF – 1ª T. HC- 86.660/CE, Rel. Min. Cármem Lúcia, j. 15/05/2008.
258. STF – 2ª T. HC 91.024/RN, Rel. Min. Ellen Gracie, j. 05/08/2008, DJe 157 21/08/2008.
259. É o que estabelece o art. 96, I, *d*, da CF, especificando que compete privativamente aos Tribunais, "propor a criação de novas varas judiciais".

criar – mesmo que escamoteando sua verdadeira natureza – nova Vara Criminal sem a edição de nova lei.

5º – Leis de Organização Judiciária integradas com atos administrativos do Tribunal

Nada impede que leis estaduais (Leis de Organização Judiciária), depois de criarem Juízos com competência para processar e julgar determinados delitos, permitam ao Tribunal que, expressamente, altere, por critério próprio, e por ato seu, a extensão da competência do órgão judiciário.

É o que se dá, por exemplo, com os Tribunais do Júri da comarca de São Paulo; foram criados, através de Lei Estadual de Organização Judiciária, 5 Tribunais do Júri na comarca; através de outra Lei de Organização Judiciária (Lei 3.947/83 – art. 14, § 3º) estipulou-se que "As Varas do Júri poderão servir a regiões específicas da Comarca de São Paulo, *por ato do Tribunal de Justiça*" (grifo nosso).

O texto citado da Lei de Organização Judiciária delega ao Tribunal de Justiça o poder de estabelecer, por ato administrativo próprio, a competência territorial de cada Tribunal do Júri da Comarca. Com base nessa disposição legal, foram editados, pelo Tribunal de Justiça de São Paulo, diversas Resoluções estabelecendo a competência territorial de cada Tribunal do Júri da capital, com base nos limites de atribuições dos distritos policiais da comarca. Em miúdos, cada distrito policial tem uma área de atuação delimitada; essa área corresponderá ao local onde se exercerá a competência territorial de determinado Tribunal do Júri. O Tribunal de Justiça elencou, assim, através de resoluções, uma relação de distritos policiais apontando que a área de cada um deles pertencia a esse ou aquele Tribunal do Júri, dentre os 5 existentes na capital. Complementando o exemplo, o 1º Tribunal do Júri da capital tem competência territorial equivalente à área de 54 distritos policiais, devidamente apontados através de Resoluções do Tribunal de Justiça.

Como se percebe, a competência de Juízo, no caso em estudo, se formou através de uma Lei de Organização Judiciária Estadual que criou os órgãos judiciários (5 Tribunais do Júri); a norma legal delega ao Poder Judiciário a regulamentação de tal competência territorial, possibilitando-se sua alteração, redução, complementação, compensação por meros atos administrativos, sem a necessidade de se editar lei.

5.12. COMPETÊNCIA FUNCIONAL

5.12.1. Conceito

Mesmo depois de apurada a competência de Justiça – Justiça Comum ou Especiais, a territorial e a do juízo, pode restar uma derradeira etapa para se fixar concretamente a competência: a competência funcional.

Competência funcional é aquela que aponta o poder jurisdicional de integrantes do mesmo órgão judiciário, ou de diversos órgãos judiciais, em etapas distintas do mesmo processo, quer estejam atuando na mesma instância, ou em instâncias diversas.

5.12.2. Finalidade

A competência funcional é estabelecida para se maximizar o trabalho dos juízes, pela sua divisão inteligente, sem sobrecarregar nenhum dos órgãos judiciários, ao mesmo tempo que permite prestação jurisdicional de melhor qualidade, pelo fato de permitir a maior especialização dos órgãos jurisdicionais.

5.12.3. Modalidades de competência funcional

A doutrina aponta para a existência das seguintes **modalidades de competência funcional**:

Competência funcional horizontal por fases do processo

É a divisão da função jurisdicional, entre juízos diversos da mesma instância (por isso, horizontal), chamados a atuar em fases distintas do mesmo processo, em razão de previsão expressa de Lei de Organização Judiciária Estadual, Federal ou de qualquer outro órgão da Justiça, comum ou especial.

É comum, em comarcas do interior, a divisão das funções jurisdicionais entre a 1ª e a 2ª fases do rito do Júri, em decorrência de previsão expressa da Lei de Organização Judiciária do Estado. Entre dois ou mais juízos criminais estabelece-se, por exemplo, a competência para exercerem a função jurisdicional da fase da denúncia referente aos crimes dolosos contra a vida até a pronúncia; depois de preclusa a pronúncia, os autos são remetidos a determinado juízo, dentre os criminais, com exclusividade, para imprimir continuidade da 2ª fase do rito até o julgamento pelo plenário.

Como se nota, pelo exemplo dado, depois de estabelecida a competência territorial, e do juízo, deve-se indagar, ainda, a competência funcional, por fases do processo: em razão de expressa previsão na Lei de Organização Judiciária, certos juízos terão competência funcional para desenvolver a marcha processual da denúncia até a pronúncia, enquanto que um outro órgão judiciário específico, será o competente para a exercer a função de preparar o julgamento pelo Júri e de presidi-lo. Na comarca de São Vicente, no Estado de São Paulo, por exemplo, as 3 Varas Criminais lá existentes possuem a competência para processar todos os crimes, inclusive os dolosos contra a vida, até a fase de pronúncia; entretanto, preclusa a decisão de pronúncia, os autos necessariamente deverão ser remetidos para a 1ª Vara Criminal, que possui a competência exclusiva para preparar o julgamento pelo Júri, e realizá-lo. É uma competência funcional – porque estabelecida em razão de funções distintas, no mesmo processo, separando, entre órgãos jurisdicionais diversos, da mesma instância (e por isso é chamada de horizontal), a atividade jurisdicional na 1ª e 2ª fase do rito do Júri. Como se nota, essa divisão de trabalho entre os Juízos da comarca citada atende plenamente às finalidades da competência funcional: evitar o excesso injusto de trabalho, porque divide a competência para processar os crimes dolosos contra a vida, na 1ª fase do rito do Júri, entre todos os juízos criminais; ao mesmo tempo, se assegura, a um juízo específico (o da 1ª Vara Criminal), de maneira exclusiva, a competência para preparar o julgamento em plenário e presidi-lo, o que contribuiu com o aperfeiçoamento funcional do magistrado na complexa realização da sessão de julgamento pelo Júri.

Competência funcional horizontal por objeto do juízo

É aquela competência que estabelece, **no mesmo órgão judiciário (por isso, é horizontal)**, quando do julgamento de um só processo, as funções de seus integrantes, na apreciação da causa penal. Essa modalidade de competência é estabelecida por lei federal.

O Tribunal do Júri, depois de formado o Conselho de Sentença, é composto pelo juiz presidente e por 7 jurados; aos jurados incumbe julgar, no mérito, absolvendo, condenando ou desclassificando o crime doloso contra a vida e os delitos conexos (art. 482 do CPP); ao juiz – presidente cabe decidir sobre a aplicação da pena, resolver as questões processuais incidentes, o mérito da extinção da punibilidade, e outras questões de direito (art. 497 do CPP). Percebe-se que o mesmo órgão judiciário – Tribunal do Júri, entre seus integrantes que o integram – jurados e juiz presidente – possuem funções jurisdicionais perfeitamente delimitadas.

Outra hipótese de competência funcional horizontal por objeto do juízo ocorre com os recursos, como, por exemplo, a apelação criminal, em que, após a distribuição do recurso, é sorteado um relator que, depois de anexar o relatório aos autos, encaminha os autos ao revisor, designando-se data para o julgamento colegiado pela Turma de julgadores de 2ª instância, os quais deliberarão em conjunto (art. 613 do CPP).

Além das regras da legislação federal que tratam dos diversos recursos existentes (apelação, recurso em sentido estrito, embargos infringentes, recurso especial, extraordinário etc), as normas que disciplinam a competência funcional horizontal por objeto do juízo são complementadas pelos regimentos internos dos Tribunais e relacionam-se ao julgamento de recursos.

Competência funcional vertical em razão dos recursos

É aquela competência que trata dos diversos recursos previstos na legislação federal, e, muitas vezes regulamentados nos regimentos internos dos Tribunais. É vertical porque, muitas vezes, o recurso é julgado por Tribunal de instância superior. Exemplo: condenado, pelo Tribunal do Júri da comarca de São Vicente/SP a uma pena de 14 anos de reclusão, pela prática de um homicídio duplamente qualificado, o acusado interpõe recurso de apelação cuja competência para julgá-lo, pelo critério de competência funcional vertical em razão dos recursos, será do Tribunal de Justiça de São Paulo. Percebe-se que a espécie de competência em estudo se confunde com o tema Recursos, a ser devidamente estudado por nós em capítulo próprio, a quem remetemos o leitor que queira se aprofundar nesse momento no assunto.

Apresenta Fernando da Costa Tourinho Filho[260], como modalidade de competência funcional vertical, a competência originária, *ratione personae* – o foro por prerrogativa de função acima estudado. Entendemos que essa espécie de competência se insere

---

260. Fernando da Costa Tourinho Filho, *Processo Penal*, volume 2, p. 295.

na questão referente à prerrogativa de função, e não constitui modalidade autônoma da competência funcional, razão porque sua inserção aqui se mostra indevida.

5.13. COMPETÊNCIA POR DISTRIBUIÇÃO

5.13.1. Conceito

Previamente estabelecida a competência pelo território, resta definir qual o juízo competente, quando nele houver mais de um juiz igualmente competente. Estabelece-se uma distribuição (sorteio) de feitos entre juízes com idêntica competência. Percebe-se, assim, que a competência de Juízo por distribuição nada mais é que uma verdadeira complementação da competência territorial. Isto porque, num primeiro momento, se estabelece o foro (território) competente, para depois, definir-se o juízo competente, quando exista mais de um juiz igualmente competente naquele local. Claro que, se no foro, houver apenas um Juízo (vara cumulativa única) não haverá qualquer distribuição.

5.13.2. Precedência da distribuição e prevenção

Estipula o art. 75, *caput*, do CPP que a precedência da distribuição fixará a competência quando, na mesma circunscrição judiciária, houver mais de um juiz igualmente competente.

A distribuição realizada para o efeito da concessão de fiança ou da decretação de prisão preventiva ou de qualquer diligência anterior à denúncia ou queixa prevenirá a da ação penal (art. 75, § único do CPP). Essa é a 1ª distribuição – 1º sorteio – referente a atos anteriores à acusação formalizada através de denúncia ou queixa, e que normalmente se refere, à distribuição de autos de inquérito policial em que se formaliza a representação para que seja decretada a prisão preventiva, concedido mandado de busca e apreensão domiciliar, ordem de interceptação telefônica, etc. Depois dessa 1ª distribuição, independentemente da decisão tomada a respeito das diligências requeridas, que pode ser de deferimento ou indeferimento, o juiz que tomar conhecimento das diligências anteriores torna-se prevento, de modo que não haverá 2ª distribuição, quando o inquérito estiver relatado. É o que se denomina **distribuição por dependência**, em que o Juízo se encontra prevento para processar e julgar determinada causa, em razão da distribuição prévia que tinham por objeto medidas anteriores ao ajuizamento da ação penal (prisão preventiva, busca e apreensão, fiança etc); nessa situação, não haverá mais qualquer outra distribuição de inquérito policial, devendo os autos serem remetidos diretamente ao juízo prevento.

Pode haver, ainda, que, distribuído inquérito policial a determinado juízo, tenha sido oferecida ação penal – denúncia ou queixa, sendo que, posteriormente, através de outro inquérito, apura-se a existência de conexão e continência com os fatos articulados na peça acusatória já apresentada, de modo que se reputa conveniente a junção de feitos; nessa situação, os novos autos de inquérito policial não devem ser livremente distribuídos, mas, sim, distribuídos por dependência ao juízo onde já foi apresentada a peça acusatória e dado início ao processo. À acusação caberá, conforme o andamento do feito, aditar a denúncia ou queixa articulando novos fatos ou imputando – os a outros réus.

5.13.3. Distribuição e Juízos especializados

Havendo Juízo especializado – Vara privativa do Júri, Vara especializada em crimes de lavagem de dinheiro, crimes da lei de drogas, etc, os autos de inquérito policial deverão ser remetidos diretamente àquele, sem que haja distribuição, a não ser que, claro, exista mais de um Juízo especializado.

5.13.4. Compensação de distribuição

Criada uma Vara Criminal nova, a fim de que haja uma proporcionalidade na quantidade de feitos nos órgãos judiciários da comarca (Justiça Estadual), seção/subseção judiciária (Justiça Federal), circunscrição (Justiça Militar) é comum que, durante um período de tempo, seja determinada, excepcionalmente, uma distribuição diferenciada de feitos, a fim de se remeter maior quantidade deles para a Vara recém criada, na proporção, por exemplo, de dois inquéritos para o Juízo novo e 1 para os antigos; equilibrados os números de feitos nos Juízos, a distribuição é normalizada.

Haverá também a compensação de distribuição se, por equívoco, for remetido a um Juízo um feito criminal; para corrigir o erro, bastará, na próxima distribuição, quando sorteado o Juízo prejudicado pela remessa indevida de um feito criminal, excluí-lo do seu acervo, redistribuindo para outro juízo.

5.13.5. Baixa na distribuição

Quando há erro na distribuição para determinado Juízo, remetem-se os autos ao Juízo competente, dando-se baixa (cancelando-se) a distribuição pretérita.

5.13.6. Redistribuição de feitos em razão da criação de vara nova

Criado um novo Juízo com competência especializada pela matéria, é possível que os feitos já distribuídos para as Varas anteriormente existentes sejam redistribuídos ás Varas recém – criadas, sem que se considere haver ofensa ao princípio do juiz natural.

Foi o que se deu quando o Tribunal Regional Federal da 3ª Região, através do Provimento 238/2004, especializou, pela matéria, a 2ª e 6ª Varas Criminais da 1ª Subseção Judiciária de São Paulo, a fim de que julgassem os crimes contra o sistema financeiro nacional e os crimes de lavagem ou ocultação de bens, direitos e valores; determinou-se, ainda, no citado Provimento, que fossem redistribuídos todos os feitos em andamento relativos a tais delitos que tramitavam nas outras Varas Criminais, remetendo – os às novas Varas Criminais especializadas pela matéria, excetuando os que estivessem com a fase instrutória exaurida.

A possibilidade de nova redistribuição, na hipótese de criação de vara nova especializada pela matéria, não ofende o princípio do juiz natural, nem a perpetuação da jurisdição, pois, de acordo com o art. 43 do CPC, "Determina-se a competência no momento do registro ou da distribuição da petição inicial, sendo irrelevantes as modificações do estado de fato ou de direito ocorridas posteriormente, salvo quando suprimirem órgão judiciário ou *alterarem a competência absoluta*" (grifo nosso). No caso concreto em análise, como foram criadas varas criminais especializadas pela matéria, tratando-se, assim, de *alteração da competência absoluta*, como citado na norma transcrita, não haverá perpetuação de competência, de modo que os feitos criminais que tramitavam em outras varas criminais e que tratavam dos crimes contra o sistema financeiro e lavagem de capitais, poderiam mesmo ser redistribuídos às novas varas instaladas especializadas em tais delitos.

5.14. COMPETÊNCIA POR PREVENÇÃO

5.14.1. Conceito

É aquela estabelecida quando dois ou mais juízes igualmente competentes, pela matéria e pelo território, ou apenas pela matéria, mas não pelo território, para julgar determinada infração penal, e um deles se antecipa aos outros na prática de algum ato do processo ou de medida a este relativa, ainda que anterior ao oferecimento da denúncia ou da queixa.

A razão de ser da competência por prevenção é que o magistrado que, desde o início, tomou conhecimento da causa penal, analisando pedidos de prisão preventiva, busca e apreensão, interceptação telefônica, etc, é aquele melhor preparado para julgar o feito, tornando-se, assim, prevento.

De acordo com o art. 83 do CPP, verifica-se a competência por prevenção toda vez que, concorrendo dois ou mais *juízes igualmente competentes* ou com *jurisdição cumulativa*, um deles tiver antecedido aos outros na prática de algum ato do processo ou de medida a este relativa, ainda que anterior ao oferecimento da denúncia ou da queixa.

Como bem explica Fernando da Costa Tourinho Filho[261], **Juízes igualmente competentes** são os que oficiam no mesmo foro, com idêntica competência, que é fixada pela distribuição de feitos; em outras palavras, os Juízes têm a mesma competência *ratione materiae* e *ratione loci*.

Juízes com jurisdição cumulativa são aqueles que têm a mesma competência, pela matéria, mas que exercem jurisdição em foros diversos. Como explica novamente Fernando da Costa Tourinho Filho[262], os Juízes, nessa situação, têm a mesma competência *ratione materiae*, mas não tem *ratione loci*, a não ser excepcionalmente; cita então, o autor[263], exemplo que bem elucida a questão: "Assim, por exemplo, o Juiz da 1ª Vara Criminal de Londrina tem a mesma competência *ratione materiae* do Juiz Criminal estadual de Maringá. Cada um deles tem competência *ratione loci* diversa. Mas se A furta um relógio em Londrina e o vende a B, que sabe tratar-se de produto de crime, na Comarca de Maringá, ambos os Juízes têm competência *ratione materiae* e *ratione loci*, por força do art. 78, II, *c*, do CPP".

---
261. Fernando da Costa Tourinho Filho, Processo Penal, volume 2, p. 178.
262. Fernando da Costa Tourinho Filho, **Processo Penal**, volume 2, p. 178.
263. Fernando da Costa Tourinho Filho, **Processo Penal**, volume 2, p. 179.

No exemplo em estudo, haverá nítida conexão probatória entre os delitos – furto e receptação, sendo caso da junção de processos em um só feito (art. 76, III, do CPP). Qual será o juiz com competência para julgar os processos reunidos em um só feito? Como veremos ao tratar do tema conexão, os critérios para a atração de processo são a gravidade da pena, o número de infrações, e, em última hipótese, a prevenção. Ora, no nosso exemplo, a quantidade de crimes é a mesma (1 em cada comarca), e as penas idênticas. Sendo assim, manifesta a conexão entre os delitos, qualquer um dos juízes possuem competência material e territorial para julgá-los em conjunto, sendo o imbróglio resolvido pela prevenção.

A prevenção, como se viu, é instituto aplicável, apenas, a juízes que tenham a mesma competência; assim, *v.g.*, se houver conexão entre um delito de competência da Justiça Militar e Estadual, e que um dos juízes tenha se antecipado a medida a ele relativa, antes do oferecimento da peça acusatória, não há que se falar em prevenção, porque os Juízos têm competência, de natureza absoluta, diversa.

5.14.2. Atos do processo ou medida a este relativa e que justificam a prevenção. O que torna o juiz prevento?

São aqueles atos com conteúdo jurisdicional, como decretação de prisão preventiva, de medidas cautelares, ordem de interceptação telefônica etc; a mera concessão de prazo em inquérito policial não previne o juízo. Como explica Renato Brasileiro de Lima[264] "deve a medida ou diligência apresentar o mesmo caráter cautelar ou contra cautelar (a fiança é exemplo de contracautela) encontrado nas hipóteses exemplificadas na regra contida no parágrafo único do art. 75 do CPP". Exemplifica o autor hipótese em que se caracteriza a prevenção, a conversão da prisão em flagrante em preventiva, a decretação da prisão preventiva ou temporária, pedidos de medidas assecuratórias, expedição de mandado de busca e apreensão, interceptação telefônica ou quebra de sigilo bancário.

Para que seja reconhecida a prevenção, imprescindível que tenha havido distribuição prévia de representação da autoridade policial ou pedido da acusação que originou decisão anterior ao recebimento da denúncia ou queixa; a partir desse momento, o juiz encontra-se prevento.

O pedido de explicações, nos crimes contra a honra (art. 144 do CP, e a busca e apreensão para realização de laudo pericial nos crimes contra a propriedade industrial (arts. 525 e 528 do CPP), distribuídos a um Juízo, o tornam prevento?

Há **duas posições** sobre o tema:

1ª **Posição**: O pedido de explicações e o requerimento de busca e apreensão no caso de crimes contra a propriedade industrial não tornam prevento o juízo, porque, sua análise, não constituiria atividade própria jurisdicional, mas teria, apenas, natureza administrativa.

---

264. Renato Brasileiro de Lima, *Curso de Processo Penal*, p. 530.

2ª Posição: O pedido de explicações e o requerimento de busca e apreensão tornam prevento o juízo, porque são medidas que antecedem o oferecimento de denúncia ou queixa, possuindo, sim, caráter decisório, na medida em que não prescinde da análise, pelo magistrado, de seus requisitos legais. É a nossa posição.

5.14.3. O que não torna o juiz prevento?

Consoante ensina Renato Brasileiro de Lima[265] não tornam o juiz prevento as seguintes situações: *habeas corpus* em 1º grau; remessa de cópias do juiz ao MP (art. 40 do CPP); decisões do juiz plantonista; antecedência na distribuição de inquérito policial ou de ação penal, ainda não recebida, porque inexiste atuação jurisdicional.

5.14.4. Prevenção como critério subsidiário

Quando não se consegue fixar-se a competência pelo território, a prevenção servirá como maneira de se evitar que uma infração fique sem julgador.

São as seguintes hipóteses em que a prevenção é utilizada dessa maneira subsidiária:

1ª – crime cometido na divisa entre 2 ou mais jurisdições quando incerto o limite entre elas ou por ter sido a infração praticada nas divisas delas (art. 70, § 3º do CPP). Não se sabe o lugar exato da infração, e, em razão disso, utiliza-se da prevenção.

2ª – crime continuado ou permanente praticados em território de 2 ou mais jurisdições (art. 71 do CPP). Nessa situação, sabe-se que as infrações, no caso do crime continuado, ou a infração, em se tratando de crime permanente, perpassaram jurisdições diversas, de modo que qualquer uma delas será a competente, que será justamente aquela em que se der a prevenção.

3ª – não conhecido o lugar da infração, nem tendo o réu residência certa e ignorado seu paradeiro (art. 72, § 2º do CPP). Nessa hipótese, não se sabe o local da infração, nem onde o acusado reside, de modo que a competência será fixada pela prevenção.

4ª – juízes igualmente competentes, de acordo com as regras de conexão e continência, mas que, por não se conseguir decidir quem tem competência prevalente, acaba por se estabelecer a competência por prevenção (art. 78, II, *c* do CPP). A competência é simultânea de dois ou mais juízes, sabendo-se os locais onde foram praticadas as infrações, mas, mesmo utilizando-se as regras de avocação de processos não se chega a uma solução a respeito de quem será o Juízo competente, restando, no critério da prevenção, a alternativa para que se determine o Juízo competente.

5ª – infração cometida a bordo de navios e aeronaves, em águas territoriais, no espaço aéreo correspondente ao território brasileiro, em rios e lagos fronteiriços

---

265. Renato Brasileiro de Lima, *Curso de Processo Penal*, p. 532.

ou em alto mar, não sendo possível determinar o local de embarque ou chegada imediatamente anteriores ou posteriores à ocorrência do crime (art. 91 do CPP).

5.15. COMPETÊNCIA POR CONEXÃO E CONTINÊNCIA

5.15.1. Conceito

É aquela que se estabelece quando existe nexo probatório entre duas ou mais infrações penais, ou quando acusados praticarem o mesmo fato, em concurso de agentes, ou se, de uma só conduta, resultar a prática de dois ou mais crimes, tudo a recomendar o seu julgamento conjunto como modo de se assegurar a economia processual e, com isso, a razoável duração do processo, a visão panorâmica da prova, evitando-se, por fim, a existência de possíveis decisões contraditórias.

Exemplos: Um roubo praticado por quatro agentes, em concurso de pessoas, contra um estabelecimento comercial deve ser julgado em um mesmo processo, não havendo sentido em sua separação; os crimes de roubo e receptação do mesmo bem devem ser processados e julgados perante o mesmo Juízo. O homicídio culposo praticado na condução de veículo automotor de 5 pessoas em um ponto de ônibus por motorista deve ser processado e julgado em um só feito criminal, inexistindo lógica na separação de processos para cada um dos homicídios – 5 processos criminais! Claro que todas essas situações demonstram a conveniência de que os fatos criminosos e os agentes neles envolvidos sejam objeto de um só processo, o que permite a visão completa do panorama probatório pelo juiz, além de zelar pela economia processual, e evitar decisões contraditórias, caso os fatos ou os acusados tivessem seus julgamentos cindidos. Em outras palavras, a razão de ser da competência pela conexão e continência é o compartilhamento de provas; não cindir artificialmente os elementos de convicção, ao ponto de prejudicar a busca da verdade real.

5.15.2. Conexão e continência como critério para a fixação inicial da competência, e para a mudança da competência já estabelecida

As regras de competência pela conexão e continência podem servir de critério para a fixação inicial da competência, antes do ajuizamento da ação penal, ou, depois de iniciada a ação, hipótese última em que haverá a efetiva mudança de competência inicialmente fixada. As regras de competência por conexão ou continência são balizas que devem ser utilizadas perante qualquer juízo ou Tribunal.

Vejamos as diferenças:

1º – Conexão e continência para a fixação inicial da competência:

Quando da análise do inquérito policial ou das peças de informação que tramitam perante determinado Juízo, verifica-se que outro Juízo é o competente, pela conexão ou continência, para julgar os fatos ou os agentes envolvidos nele. Nessa situação, os autos devem ser remetidos ao Juiz competente, estabelecendo, desde o início, a competência pela conexão ou continência.

Exemplo: praticado um roubo na comarca de São Paulo, de um automóvel, tal bem é adquirido por agente, na comarca de Osasco, que sabe que o carro é produto de crime (receptação dolosa). Durante o tramitar do inquérito policial que trata do delito de receptação, o promotor de justiça da comarca de Osasco verifica que o autor do delito de roubo do mesmo automóvel está sendo processado perante uma Vara Criminal de São Paulo. Patente a conexão probatória entre os dois delitos, e a necessidade de seu julgamento conjunto. Qual dos foros irá prevalecer? O foro de São Paulo, porque a pena em abstrato do delito de roubo é maior. Portanto, caberá ao membro do Ministério Público de Osasco requerer ao Juízo o envio dos autos de inquérito policial para a comarca de São Paulo, mais precisamente para a Vara onde tramita o processo em face do autor do roubo de automóvel, em razão da conexão entre os delitos, para julgamento conjunto dos fatos. Entendemos que não cabe ao promotor de Osasco oferecer denúncia pelo delito de receptação, mas, sim, simplesmente remeter os autos para o Juízo da capital, a fim de que o promotor natural do feito – o da capital – ajuíze a denúncia por tal delito. Há, todavia, entendimento de que o promotor da comarca cujo feito é remetido ao juízo competente pela conexão deveria oferecer, ele próprio, denúncia para que fosse ratificada pelo membro do *Parquet* que lá oficia. De qualquer modo, oferecida ou não a denúncia, a competência pela conexão será fixada, desde o início, na comarca de São Paulo, quando os autos são para lá remetidos, *sem que haja, entretanto, o recebimento da denúncia na comarca de Osasco*. Percebe-se, desse modo, que não há, assim, propriamente, alteração da competência, o que só haveria se a denúncia fosse recebida pelo juízo incompetente (no nosso exemplo, o Juízo de Osasco), e, depois, remetido o processo para a comarca de São Paulo.

2º – Conexão e continência como critérios para a modificação da competência

Sendo ajuizadas duas ou mais ações penais, em juízos diversos, apura-se que devem incidir, nos processos em trâmite, as regras de competência pela conexão ou continência. Nessa situação, o processo que tramita em determinado juízo, *depois de recebida a denúncia ou queixa e firmada a competência*, deve ser remetido para outro juízo tido agora como competente, em razão das regras de competência pela conexão ou continência; há, assim, uma modificação da competência já fixada anteriormente. Usando o exemplo que desenvolvemos acima, havido um roubo de veículo na comarca de São Paulo, e a receptação do mesmo automóvel na comarca de Osasco, são instaurados, nos citados foros, dois processos criminais: em São Paulo, um processo tendo por objeto o delito de roubo em face do acusado "A", com denúncia já recebida; em Osasco, um processo em que se apura o delito de receptação em face do réu "B", com denúncia igualmente recebida. Em ambos os processos, com o recebimento das peças acusatórias, firmou-se a competência dos juízos. Ocorre que, durante o trâmite de ambos feitos criminais, nota-se a evidente conexão entre os fatos, de modo que o processo que tramita na comarca de Osasco é remetido para a comarca de São Paulo, cujo juízo é competente, pela conexão, para julgar os dois delitos. Nesse quadro, há modificação da competência fixada, inicialmente na comarca de Osasco, remetendo-se o processo que lá tramitava para o foro de São Paulo.

5.15.3. Conexão e continência e competência relativa e absoluta

Como já vimos, insere-se no conceito de competência absoluta a competência por prerrogativa de foro, a competência de Justiça – Justiça Comum e Especiais e a competência funcional.

A competência relativa, portanto, é a territorial, além daquela estabelecida pela distribuição e prevenção.

Em linhas gerais, a doutrina aponta para a possibilidade de aplicação das regras de competência por conexão e continência apenas em relação à competência territorial, vedada, entretanto, tais normas em se tratando de competência absoluta. Mas é preciso que aprofundemos a questão, analisando cada um dos critérios de fixação da competência.

5.15.4. Modalidades de conexão e continência possíveis entre os diversos órgãos judiciários

5.15.4.1. Conexão e continência entre infrações penais de competência da Justiça Comum Estadual

É o mais comum caso de competência fixada por conexão e continência entre infrações penais. Praticadas infrações penais em duas ou mais comarcas situadas no mesmo Estado-membro da Federação, são plenamente aplicáveis as regras de conexão e continência a seguir estudadas. Se houver conexão ou continência de infrações penais e de acusados referente a crimes perpetrados em comarcas de Estados diversos, já entendeu o STJ[266] que são aplicáveis as normas de competência que regem a conexão e continência; desse modo, a Justiça de um Estado estará autorizada a julgar os delitos perpetrados em seu território, como também aqueles praticados em outro ente federativo, havendo hipóteses de ocorrência de conexão e continência.

Exemplo: roubo de carga de caminhões perpetrados nos Estados de Minas Gerais, São Paulo, e Rio de Janeiro, por uma associação criminosa atuante naqueles entes federativos; para o STJ, nessa situação, a competência será estabelecida pelos critérios da conexão e continência, permitindo-se, então, que o Estado que ostentasse a maior quantidade de crimes, ou as penas mais graves (art. 78, II, *a* e *b*, do CPP), atraísse, para o processo e julgamento, perante a sua Justiça, os delitos praticados nos outros Estados, desde que conexos.

Com a devida vênia possuímos entendimento diverso; para nós, o Estado-membro da Federação só possui, em razão da Lei Maior, competência para julgar os delitos

---

266. STJ – 3ª Seção- CC 88.617/RJ, Rel. Min. Napoleão Nunes Maia Filho, DJ 10/03/2008, p. 1.

praticados em seu território. Quando a Constituição declara, em seu art. 125, que os Estados organizarão *sua* Justiça, certamente subentende-se que o Poder Judiciário do Estado membro só poderá julgar infrações penais praticadas nos limites territoriais onde se exerce a autonomia de poder do ente federativo; se for admitido que um Estado – membro, através da sua Justiça, possa julgar um delito praticado em comarca de outro Estado, certamente estaria sendo violada, diretamente, a forma federativa de Estado, cláusula pétrea (art. 60, § 4º, I, da CF).

Ora, é claro que os dispositivos infraconstitucionais de competência por conexão e continência previstos no CPP não podem prevalecer em detrimento de clara norma constitucional que consagra a forma federativa de Estado, de modo que, a nosso ver, se houver conexão e continência entre delitos ou acusados, em que as condutas criminosas perpassaram mais de um Estado da Federação, o adequado a se fazer é possibilitar que cada ente federativo, através da sua Justiça, julgue, tão somente, os delitos praticados na esfera de sua autonomia – em seu território, jamais aqueles ocorridos no território de outro Estado. Ao admitir-se que a Justiça do Estado-membro processe e julgue infração penal praticada em outro Estado violaria, como se viu, a Lei Maior, submetendo o processo – crime à mácula da nulidade absoluta.

5.15.4.2. Conexão e continência entre infrações penais de competência da Justiça Comum Federal

Havendo casos de conexão e continência de delitos de competência da Justiça Federal, na mesma Seção Judiciária (no mesmo Estado-membro onde está instalada a Justiça Federal), não há qualquer empecilho na junção de processos perante o Juízo prevalente, *v.g.*, aquele em que foi praticado o delito com pena maior. Exemplo: 3 crimes de contrabando e outros 4 da mesma espécie praticados, respectivamente, na subseção de Santos e de Sorocaba, no Estado de São Paulo, havendo conexão entre todos eles. Nesse caso, o Juízo prevalente será o de Sorocaba (onde foram praticados maior número de crimes), perante Vara Criminal com competência para julgar a integralidade dos ilícitos. Mesmo que os delitos de competência da Justiça Federal forem praticados em Estados diversos, *desde que integrantes da mesma Região Federal*, são aplicáveis as normas de competência por conexão e continência. Exemplo: o delito de contrabando ocorrido na cidade de Recife em conexão com o crime de homicídio praticado em Maceió, ambas cidades que integram o Tribunal Regional da 5ª Região. A competência, para julgar ambos os delitos, será da Justiça Federal de Maceió (onde foi praticado o crime mais grave, competência, por sinal, do Tribunal do Júri Federal).

No entanto, se houver conexão ou continência entre delitos praticados em Regiões Federais diversas a solução não poderá ser a mesma: cada Tribunal Regional Federal possui uma competência para julgar os delitos praticados no interior do Estado (s) nele inseridos; não lhe é lícito usurpar a competência territorial de outro Tribunal Regional Federal. Exemplo: um crime de contrabando é praticado em Brasília, que pertence ao Tribunal Regional Federal da 1ª Região, em conexão com o delito de lavagem de capitais perpetrado na cidade do Rio de Janeiro, inserida na competência do Tribunal Regional Federal da 2ª Região. Nesse contexto, embora comprovada a conexão delitiva, cada um dos Tribunais Regionais Federais (cada Região Federal, através dos seus juízes federas) caberá julgar os delitos, separadamente; a Justiça Federal da 1ª Região processará e julgará o contrabando, enquanto que, na Justiça Federal da 2ª Região, tramitará o processo referente ao crime de lavagem de capitais. Não podem dispositivos infraconstitucionais como as normas que tratam da competência por conexão e continência se sobreporem à competência estatuída aos Tribunais Regionais Federais pela Constituição Federal, sob pena de nulidade absoluta do processo que reunisse, para julgamento conjunto, as infrações penais praticadas em Regiões Federais diversas.

Mas pode haver – e há – entendimento majoritário diverso ao nosso, reputando como admissíveis hipóteses de conexão e continência entre processos referentes a condutas criminosas perpetradas em regiões federais diversas.

5.15.4.3. Conexão e continência entre delitos de competência da Justiça Comum Federal e Estadual

Se houver conexão entre delitos da competência da Justiça Federal e da Justiça Estadual prevalecerá a competência da Justiça Federal, estabelecida na própria Constituição Federal, expressamente, como já se viu. Nada mais lógico então que não se afaste a competência diretamente estabelecida na Lei Maior, sob pena de evidente incompetência absoluta, gerando igualmente a nulidade absoluta do processo, por ofensa ao princípio do juiz natural.

Estipula a Súmula 122 do STJ que: "Compete à Justiça Federal o processo e julgamento unificado dos crimes conexos de competência federal e estadual, não se aplicando a regra do art. 78, II, *a*, do Código de Processo Penal".

Isso significa dizer que pouco importa, como critério para atrair uma infração penal a julgamento conjunto em outro juízo, a gravidade da infração ou mesmo a quantidade de delitos, como estabelece o art. 78 do CPP referido na Súmula. Mesmo que a infração de competência da Justiça Estadual tenha pena máxima superior ao delito de competência da Justiça Federal, ou que a haja mais delitos de alçada da Justiça Estadual, de qualquer forma, sempre prevalecerá, para atrair todas essas infrações, a Justiça Federal, mesmo que a pena da infração ou o número de infrações de sua competência sejam menores.

Na situação de um crime doloso contra a vida de competência da Justiça Estadual tiver sido praticado em conexão com outro delito que deve ser julgado pela Justiça Federal (por exemplo, tráfico internacional de entorpecentes), prevalecerá, para julgamento conjunto de tais delitos a Justiça Federal, mais especificamente, o Tribunal do Júri Federal, pois se trata de delito doloso contra a vida, órgão com competência fixada na Constituição para julgar tais delitos. Some-se, ainda que, ao mesmo tempo, fixando-se a competência do Tribunal do Júri *federal* se respeita, mais uma vez, a Lei Maior, porque o Tribunal Popular é organizado pela Justiça da União, com competência para julgar os delitos expressamente previstos nela (no nosso exemplo, o tráfico internacional de entorpecentes).

Havendo conexão entre um crime de competência da Justiça Federal e uma contravenção – mesmo que praticada em detrimento da União, de suas autarquias ou empresas federais, o crime será processado pela Justiça Federal e a contravenção penal pela Justiça Estadual, porque a Justiça Federal, como vimos, não julga jamais contravenções penais.

Na situação em que existe mera casualidade na descoberta de infrações de competência da Justiça Federal e Estadual, a Súmula 122 do STJ não deverá prevalecer: cada crime será julgado em processos distintos por cada Justiça, pois não terá havido, tecnicamente, de acordo com o preconiza o CPP, conexão ou continência. Demonstramos, quando se tratou da competência da Justiça Federal nosso inconformismo com tal posição, a quem remetemos o leitor.

5.15.4.4. Conexão e continência entre crimes de competência da Justiça Eleitoral com delito de competência da Justiça Comum Estadual e Federal

Havendo conexão entre um crime de competência da Justiça Estadual e outro de competência da Justiça Eleitoral, ambos serão julgados pela Justiça Eleitoral, de extração constitucional (art. 121, *caput*, da CF). É o que determina o art. 78, IV, do CPP – existindo conexão entre juízo comum e especial, o especial deverá prevalecer.

E se houver conexão entre delitos de competência da Justiça Eleitoral e da Justiça Federal?

Pensamos que, nessa hipótese, deverá existir a necessária separação de processos: o crime federal será julgado pela Justiça Federal, e o eleitoral pela Justiça Eleitoral, porque as duas Jurisdições possuem extrato constitucional – são modalidades de competência absoluta pela matéria – que não podem ser derrogadas por qualquer regra processual infraconstitucional.

Com esse entendimento, há uma decisão do STJ[267] apontando que "A conexão e a continência entre crime eleitoral e crime da competência da Justiça Federal não importa unidade de processo e julgamento".

Pode haver, entretanto, entendimento contrário no sentido de que a Justiça Eleitoral, por ser especial, atrairia a competência do crime de competência da Justiça Comum Federal.

5.15.4.5. Conexão entre crime de competência da Justiça Eleitoral com crime doloso contra a vida

Existindo conexão entre um crime doloso contra a vida e um crime eleitoral entende-se, majoritariamente, à semelhança do que se disse a respeito da conexão entre delitos da alçada da Justiça Federal e crimes eleitorais, que a cisão será obrigatória: o

---

267. STJ-CC 19.478/PR- 3ª Seção- Rel. Min. Fontes de Alencar- DJ 04/02/02.

crime doloso contra a vida será julgado pelo Júri, enquanto que o crime eleitoral pela Justiça Eleitoral, porque a competência de ambos é fixada pela Constituição e não podem ser derrogadas por normas processuais legais.

5.15.4.6. Conexão e continência entre crimes de competência da Justiça Militar e da Justiça Comum – Federal ou Estadual

A Justiça Militar julga, no campo penal, exclusivamente crimes militares, de modo que se houver conexão ou continência entre um delito militar e outro de competência da Justiça Comum Federal ou Estadual, haveria a instauração de dois processos, e nunca sua reunião. No entanto, como já foi visto, se dois agentes, um deles militar e o outro civil, em concurso de pessoas, praticam crime contra as instituições militares federais – o que é considerado como crime militar – ambos serão julgados, pela mesma infração (militar), pela Justiça Militar federal. No entanto, se houver a prática, por dois agentes em concurso de pessoas, de atentado contra as instituições militares estaduais, cada um deles responderia por crime perante Justiças distintas: o militar responderá perante a Justiça Militar Estadual e o civil perante a Justiça Comum, porque, a Justiça Militar Estadual, ao contrário da Justiça Militar da União, não pode julgar civis. Este é o teor da Súmula 90 do STJ: "Compete à Justiça Militar processar e julgar o policial militar pela prática do crime militar, e à Comum pela prática do crime comum simultâneo àquele". No entanto, como vimos ao estudar a competência da Justiça Militar, a Lei 13.491, de 13 de outubro de 2017, ampliou a competência da Justiça Militar, de modo que, atualmente, os crimes previstos no CP Militar e na legislação penal comum, praticados por militares, em atividade ou em área militar, contra civil ou militar, serão julgados pela Justiça Militar. Desse modo, se um militar estadual, em serviço ou em local militar, cometer, em conexão ou continência com um civil, um crime militar ou uma infração prevista na legislação penal comum, será o miliciano julgado- *pelas duas infrações*- perante a Justiça Militar Estadual; quanto ao acusado civil, deverá ser julgado- apenas pela infração penal comum- pela Justiça Comum.

5.15.4.7. Conexão e continência entre crimes de competência da Justiça Militar e da Justiça Eleitoral – ambas Justiças Especiais

Como ambas as Justiças Especiais têm extração constitucional, com faixas estreitas de competência, jamais haverá reunião de feitos, em razão da continência ou conexão entre os feitos, mas, sim, indispensável cisão de processos.

5.15.4.8. Conexão ou continência entre acusado com foro por prerrogativa de função e réu que não o possua

Quando dois ou mais agentes são processados pela prática de um ou mais delitos, nas hipóteses de conexão e continência, sendo que um deles possui foro por prerrogativa de função e o (s) outro (s) não, há dois caminhos que podem ser trilhados na condução do processo e julgamento:

1º - Julgamento conjunto dos acusados perante o Tribunal com competência para julgar quem possua o foro por prerrogativa de função, quando, para o julgamento da causa, por questão probatória, for essencial a análise conjunta da causa. Por exemplo: juiz de direito e particular cometem, em concurso de agentes, determinado delito; se for indispensável, pelo intenso entrelaçamento da prova, o julgamento conjunto, ambos serão julgados pelo Tribunal de Justiça, com fulcro no art. 78, III, do CPP (no concurso de jurisdições de diversas categorias, predominará a de maior graduação). Nessa situação, quem não possui foro por prerrogativa de função - o particular - será julgado, originariamente, por Tribunal. Como tal situação acaba por afastar o juiz natural da causa - quanto àquele que não possui foro privilegiado - que seria o juiz de 1ª instância, impossibilitando, ainda, o duplo grau de jurisdição (que não existe na competência originária), entendemos que a junção de processos deve ser a exceção, devidamente fundamentada, sob pena de se violarem direitos individuais do cidadão sem prerrogativa funcional de foro.

A respeito da reunião de processos de acusados com e sem foro por prerrogativa de função foi editada a Súmula 704 do STF com o seguinte teor: "Não viola as garantias do juiz natural, da ampla defesa e do devido processo legal a atração por continência ou conexão do processo do corréu ao foro por prerrogativa de função de um dos denunciados".

2º - Separação dos processos e dos julgamentos. Quando não houver a necessidade de julgamento conjunto, sem que se prejudique a produção de provas quanto aos acusados, é recomendável que haja a separação de processos: quem possua foro por prerrogativa de função será julgado pelo Tribunal originariamente; quem não detenha o privilégio processual é julgado pela 1º instância.

Quem determinará a cisão de processos será o relator do Tribunal que tiver competência para julgar o acusado que possua foro por prerrogativa de função, e nunca o juiz de 1º grau.

Tratamos melhor do assunto que abordamos o tema do foro por prerrogativa de função a quem remetemos o leitor.

5.15.4.9. Conexão e continência entre acusado com foro por prerrogativa de função e réu que não o possua no caso de crimes dolosos contra a vida

Praticado um crime, em concurso de agentes, com um autor que tenha prerrogativa de função e outro que não a possua, como vimos acima, poderá ou não haver o julgamento conjunto pelo Tribunal com competência originária, aquilatando, o relator, a conveniência da junção com a finalidade de melhor se produzir a prova e sem comprometer a razoável duração do processo.

No entanto, se o crime cometido pelos agentes for doloso contra a vida, entendemos que não deverá haver o julgamento conjunto de ambos pelo Tribunal com competência originária, pois seria suprimido a garantia individual do acusado que não possua foro privilegiado de ser julgado pelos seus pares através do Tribunal do Júri, como já decidiu o STJ[268]. Em suma, nessa hipótese, deverá haver a cisão de julgamentos: o acusado com prerrogativa de foro deverá ser julgado pelo Tribunal competente e o corréu que não a detenha pelo Júri. Inaplicável, desse modo, a Súmula 704 do STF[269] nesse caso. No entanto, há decisão do STF[270] em sentido contrário, reputando válida a junção de processos, perante o Tribunal com competência originária, afastando, desse modo, a competência do Júri para julgar o acusado sem foro privilegiado.

5.15.4.10. Conexão e continência entre acusados que possuam foro por prerrogativa de função distintos

É a situação em que dois ou mais réus possuem prerrogativa de função distintas, como, por exemplo, um crime praticado em concurso por promotor de justiça e por governador de Estado; indaga-se, quem seria competente para julgá-los?

Há **duas posições** sobre o tema:

1ª Posição. Deveriam ambos ser julgados pelo Tribunal com competência originária; no nosso exemplo, o STJ, sendo aplicável, nessa situação, a regra processual prevista no art. 78, III, do CPP (no concurso de jurisdições de diversas categorias, predominará a de maior graduação). Há decisão, do STF[271], seguindo essa posição em caso referente a delito praticado em coautoria por membro do *Parquet* estadual e desembargador, cujo processo tramitou perante o STJ.

2ª Posição. Cada um dos acusados deve ser julgado pelo Tribunal estabelecido na Constituição Federal; no nosso exemplo, o Governador será julgado pelo STJ (art. 105, I, *a*, da CF); já o promotor perante o TJ (art. 96, III, da CF), em processos distintos, necessariamente cindidos, porque é a única maneira de se respeitar dispositivos da Lei Maior que tratam da competência absoluta (por prerrogativa de função). Sua violação, levando-se em consideração dispositivos infraconstitucionais (regras de conexão e continência do CPP), acarretaria a evidente nulidade absoluta do processo e julgamento. As normas legais devem ser lidas e interpretadas à luz da Constituição Federal e não o contrário, como é evidente. Essa nos parece ser a melhor posição.

5.15.4.11. Conexão e continência entre infrações de menor potencial ofensivo e infrações de competência da Justiça Comum – Federal e Estadual

A competência, pela matéria, para julgar as infrações de menor potencial ofensivo, pertence aos Juizados Especiais Criminais, consoante clara disposição constitucional

---

268. STJ – 5º T- Resp 738.338/PR, Rel. Min. Gilson Dipp, DJ 21/11/2005, p. 292.
269. Súmula 704 do STF: "Não viola as garantias do juiz natural, da ampla defesa e do devido processo legal a atração por continência ou conexão do processo do corréu ao foro por prerrogativa de função de um dos denunciados".
270. STF – 2º T. HC 83.583/PE, Rel. Min. Ellen Gracie, DJ 07/05/2004.
271. STF – 2º T. HC 91.437/PI, Rel. Min. Cezar Peluso, DJe 126 18/10/2007.

– art. 98, I, da CF. Tratando-se, desse modo, de competência material haurida da Carta Maior, se houvesse conexão ou continência entre uma infração de menor potencial ofensivo – que deve ser julgada pelo Juizado Especial Criminal – e outro ilícito penal, de competência da Justiça Comum Estadual e Federal, seria impositiva a separação de feitos.

Ocorre que o parágrafo único do art. 60 da Lei 9.099/95, acrescentado pela Lei 11.313, de 28 de junho de 2006, passou a dispor que "na reunião de processos, perante o juízo comum ou o Tribunal do Júri, decorrente da aplicação das regras de conexão ou continência, observar-se – ão os institutos da transação penal e da composição dos danos civis". Referida lei acrescentou também um parágrafo ao art. 12 da Lei 10.259, de 12 de julho de 2001 (Lei do Juizado Especial Criminal Federal), cuja redação é idêntica.

Resta, assim, a indagação: a reunião de processos, perante o Juízo Comum ou perante o Tribunal do Júri, de infrações penais de competência do Juizado Especial Criminal, viola ou não a Constituição Federal?

Há **2 posições** sobre o tema:

1ª Posição: Há clara violação da competência constitucional do Juizado Especial Criminal; cabe, com exclusividade, a esse órgão de Justiça processar, julgar e deliberar a respeito da concessão ou não de benefícios como a transação penal e composição civil. Não é possível que normas infraconstitucionais que tratam da competência por conexão e continência, previstas no CPP e na Lei 9.099/95, prevaleçam sobre dispositivos constitucionais. Em miúdos, sendo caso de conexão e continência entre infração de menor potencial ofensivo e outras de competência do Juízo Comum ou do Júri, necessariamente, deveria haver a cisão dos processos, porque o parágrafo único do art. 60, da Lei 9.099/95, seria inconstitucional.

Com esse entendimento, a Procuradoria Geral da República ajuizou Ação Direta de Inconstitucionalidade (ADI 5264), perante o STF, em face dos dispositivos legais em estudo, sob o fundamento de que, o deslocamento da competência dos Juizados Especiais Criminais para o Juízo Comum ou o Júri violaria o princípio do juiz natural (art. 5º, LIII, e art. 98, I, da CF), por estabelecerem hipóteses de modificação, por norma infraconstitucional (normas de conexão ou continência, previstas no CPP), de competência estabelecida na Lei Maior. Em suma, a competência dos Juizados Especiais Criminais é absoluta, não podendo ser modificada pela vontade das partes ou por causas legais de prorrogação, como a conexão ou continência. A relatora da ação é a Min. Cármen Lúcia.

2ª Posição: Não há violação à Lei Maior. Tratamos do assunto em outra obra de nossa autoria[272], nos seguintes termos:" Pode existir, entretanto, outra posição, que nos parece, mudando nosso pensamento anterior, a melhor, no sentido da constitucionalidade do referido dispositivo legal, pois o que importa é que os benefícios penais (transação penal e composição civil) da Lei 9.099/95 sejam oportunizados

---

272. Walfredo Cunha Campos, *Tribunal do Júri, Teoria e Prática*, p. 60/61.

ao autor do fato, no próprio Juizado Especial Criminal (sede própria para tanto), ou na Vara Criminal ou Vara do Júri.

Como a lei não afasta a aplicação dos benefícios quando o processo tramita fora do Juizado Especial não haveria impedimento ao exercício do direito individual do autor de uma infração de menor potencial ofensivo, quando preencher os requisitos legais, de receber os benefícios penais consagrados na Constituição; como a *ultima ratio* da Lei Maior, quando estabeleceu a criação dos Juizados Especiais Criminais era justamente evitar o cumprimento de penas privativas de liberdade a agentes que praticassem infrações penais consideradas de menor potencial ofensivo, e o parágrafo único do art. 60 da Lei 9.099/95 não impede tal meta, parece mesmo não haver qualquer inconstitucionalidade.

Poder-se-ia indagar: e a competência prevista na Constituição Federal para os Juizados Especiais processarem e julgarem as infrações penais de menor potencial ofensivo, inclusive aplicando as medidas despenalizadoras previstas na Lei 9.099/95 (art. 98, I, da CF), não estaria sendo violada, quando, por força de meras regras infraconstitucionais de conexão ou continência, tal competência é derrogada a favor do Juízo comum criminal e do Juízo do Júri?

Aparentemente sim, mas o que é essencial, como se disse, é não impedir a concretização de benefícios penais ao autor do fato, preocupação maior do Legislador Constituinte; onde irão se concretizar tais benefícios, se na sede do Juizado Especial, se em outro juízo, não será tão relevante; em outras palavras, só haveria inconstitucionalidade se os benefícios da transação penal e da composição civil fossem negados ao autor do fato pelo simples fato de não estarem sendo processados no Juizado Especial Criminal.

Quanto à derrogação da competência do Juizado Especial Criminal, na situação de conexão ou continência com outros delitos, não se vislumbra inconstitucionalidade também, porque:

1) As infrações penais de menor potencial ofensivo são *ilícitos criminais comuns*, não pertencem a um ramo especializado da justiça penal, como os crimes militares ou eleitorais, não trazendo nenhum prejuízo seu julgamento por outros órgãos da justiça criminal, desde que, ressalte-se mais uma vez, a *única nota diferenciadora de tais delitos* seja atendida, proporcionando-se aos seus autores os benefícios penais cabíveis.

E tanto tal raciocínio é verdadeiro que basta o autor do fato não ser citado pessoalmente ou havendo complexidade probatória no feito, para que o processo seja remetido do Juizado Especial Criminal para o Juízo comum, tudo a indicar que as infrações originariamente de competência do Juizado são mesmo comuns e podem ser julgadas por outros órgãos de justiça.

2) A conexão ou continência favorece *o princípio constitucional implícito da unidade da jurisdição* (art. 2º, da CF), evitando decisões contraditórias e injustas, além de possibilitar uma análise conjunta de todo o panorama probatório quando as infrações são imbricadas entre si; assim, as regras de conexão ou continência podem ser entendidas como o instrumento normativo infraconstitucional que garante efetividade ao princípio da unidade da jurisdição acima referido.

Claro que a competência do Juizado Especial Criminal para julgar as infrações de menor potencial ofensivo, *que não é privativa*, por sinal, deve ceder ante a maior importância da *unidade da jurisdição*, a possibilitar decisões justas e que respeitem o tratamento igualitário a pessoas que se encontrem na mesma situação jurídica (art. 5º, *caput*, da CF).

3) Se, no Juízo Comum ou do Júri, o autor das infrações penais de menor potencial ofensivo não aceitar os benefícios penais, ou não sendo cabíveis a ele tais benefícios, não haverá qualquer prejuízo ao acusado pelo fato de não se ver processado no Juizado Especial Criminal; isso porque o rito que se seguirá (rito ordinário, sumário ou especial do Júri) lhe possibilitará melhores oportunidades de se defender que o rito célere e informal do Juizado, favorecendo, assim, o amplo exercício de sua defesa e do contraditório.

Questão interessante é saber se ao autor de um crime doloso contra a vida e de uma infração de menor potencial ofensivo é possível propor a transação penal, passando ele a responder, se aceitar o benefício proposto, apenas pelo delito mais grave.

Como o parágrafo único do art. 60 da Lei 9.099/95 determinou que devem ser observados os institutos da transação penal e da composição de danos a quaisquer autores de infrações penais conexas aos crimes dolosos contra a vida, nada impediria a proposta de transação penal ou de composição de danos formulada ao réu a quem é imputada a prática de um crime doloso contra a vida em conexão com um ilícito de menor potencial ofensivo, condicionada a proposta, apenas, aos requisitos subjetivos para tal favor legal (art. 76, § 2º, III, da Lei 9.099/95). Em outras palavras, para que se proponha o benefício da transação penal ou da composição civil deve-se analisar, isoladamente, a infração penal de menor potencial ofensivo, em específico, sua sanção penal, *sem* cumulá-la com a pena do delito doloso contra a vida, ou seja, sem o acréscimo decorrente do concurso de crimes".

5.15.4.12. Conexão e continência entre infrações de menor potencial ofensivo e infrações de competência da Justiça Eleitoral e Militar

Como só é possível, nos termos do § único do art. 60 da Lei 9.099/95, a reunião de processos, em virtude da conexão e continência, de processos referentes às infrações de menor potencial ofensivo e aquelas de competência do juízo comum ou do Tribunal do Júri, evidentemente encontra-se rechaçada a possibilidade de junção de feitos quando se tratar de crimes de competência da Justiça Militar ou Eleitoral. Obrigatória, assim, a cisão de feitos: os crimes de competência da Justiça Eleitoral ou Militar serão julgados pelas respectivas Justiças, enquanto que as infrações de menor potencial ofensivo serão processadas pelo Juizado Especial Criminal.

5.15.5. Conexão e continência em inquéritos policiais

A lei processual apenas prevê a possibilidade de se reunirem, pela conexão ou continência, processos criminais, mas não inquéritos, de modo que não se admitiria referida junção durante a persecução criminal administrativa.

Mas, como bem alerta Renato Brasileiro de Lima[273], "Obviamente, caso a reunião dos procedimentos investigatórios em um só seja útil ao esclarecimento dos fatos, pensamos ser possível a unificação dos procedimentos investigatórios mediante autorização judicial, ouvido previamente o órgão do Ministério Público".

5.15.6. Conexão

5.15.6.1. Conceito

Conexão é o vínculo existente entre duas ou mais infrações a recomendar seu julgamento conjunto, em um mesmo processo, a fim de facilitar a colheita da prova, em busca da verdade real dos fatos, além de se evitar a prolação de decisões contraditórias, que poderiam surgir se fossem instaurados, para cada fato criminoso, um processo diferente.

5.15.6.2. Espécies de conexão

5.15.6.2.1. Conexão intersubjetiva

É aquela que envolve dois ou mais crimes praticados por dois ou mais agentes. A conexão intersubjetiva, que é uma das espécies de conexão, apresenta as seguintes modalidades:

1ª – **Conexão intersubjetiva por simultaneidade ou ocasional (conexão subjetivo – objetivo)**: se, ocorrendo duas ou mais infrações, houverem sido praticadas, ao mesmo tempo, por várias pessoas reunidas (art. 76, I, 1ª parte, do CPP).

É o caso em que 2 ou mais pessoas cometem 2 ou mais infrações penais, sem que tenham agido em concurso de agentes. Exemplo: depredação e saque de um comércio por multidão, em que cada agente pratica o crime por conta própria, sem qualquer vínculo subjetivo com os demais.

2ª – **Conexão intersubjetiva por concurso ou concursal**: se, ocorrendo duas ou mais infrações, houverem sido praticadas, ao mesmo tempo, por várias pessoas em concurso, embora diverso o tempo e o lugar (art. 76, I, 2ª parte). Deve existir o vínculo subjetivo entre os agentes caracterizador do concurso de agentes. Exemplo: 3 acusados roubam um banco, na fuga, invadem um domicílio, e colocam seus ocupantes em cárcere privado, e estupram uma das vítimas.

3ª – **Conexão intersubjetiva por reciprocidade**: se, ocorrendo duas ou mais infrações, houverem sido praticadas, ao mesmo tempo, por várias pessoas, umas contra as outras (art. 76, I, 3ª parte). Exemplo: briga entre gangues, em que um grupo pratica lesões corporais contra o outro, e reciprocamente.

---

273. Renato Brasileiro de Lima, *Curso de Processo Penal*, p. 535.

5.15.6.2.2. Conexão objetiva, material ou lógica ou teleológica

A conexão objetiva se refere à prática de dois ou mais crimes, vinculados entre si, pelos desígnios do agente, que delibera praticar os delitos com a finalidade de cumprir um plano criminoso.

Há posição doutrinária no sentido de que tal espécie de conexão dependeria, além da existência de duas ou mais infrações, também, de dois ou mais agentes.

Entendemos, porém, que basta a existência de dois ou mais crimes, *mesmo que praticados por um só agente*, desde que a prática deles se justifique pelos elementos subjetivos apontados na lei.

Essa conexão apresenta as seguintes modalidades:

1ª – **Conexão objetiva teleológica**: se dá quando o agente pratica um crime visando facilitar a prática de outra infração (art. 76, II). Exemplo: um agente mata o marido da vítima, para permitir que o seu comparsa estupre a mulher do ofendido.

2ª – **Conexão objetiva consequencial**: se dá quando o agente pratica uma infração com a finalidade de ocultar a anterior, ou para garantir sua impunidade ou vantagem. Exemplos: incineração do cadáver da vítima (crime de destruição de cadáver), para ocultar o homicídio perpetrado (ocultar); homicídio da testemunha presencial (conseguir impunidade); homicídio do comparsa de roubo, para ficar com todo o dinheiro subtraído para si (conseguir vantagem).

5.15.6.2.3. Conexão instrumental ou probatória ou processual

Quando a prova de uma infração ou de qualquer de suas circunstâncias elementares influir na prova de outra infração (art. 76, III, do CPP).

Exemplo: a prova do roubo anterior do carro influencia a prova do crime de receptação do mesmo carro. Para nós, na hipótese de continuidade delitiva, mostra-se conveniente a junção de processos, porque a prova das infrações certamente será facilitada se produzida em um só feito criminal, bastando imaginar um furto, com abuso de confiança, de um estabelecimento comercial, em que o funcionário, diariamente, subtraia, no mesmo local, mercadorias da empresa – vítima; claro que todo o conjunto probatório se formará naquele local, ouvindo-se vítimas, testemunhas, eventual perícia etc.

5.15.7. Continência

Haverá continência quando for praticada uma só infração penal por duas ou mais pessoas em concurso de agentes, ou, se, através de uma só conduta criminosa, o autor acabe por praticar dois ou mais crimes decorrentes daquela ação inicial.

Assim como a conexão, a continência existe para se facilitar a colheita da prova em busca da verdade real dos fatos, além de se evitar a prolação de decisões contraditórias, que poderiam surgir caso fossem instaurados, para cada agente ou fato criminoso, um processo diverso.

5.15.7.1. Espécies de continência

Continência concursal ou por cumulação subjetiva (art. 77, I, do CPP)

É aquela que decorre da prática de uma infração por duas ou mais pessoas em concurso de agentes, tanto o concurso eventual, como o concurso necessário – os chamados crimes plurissubjetivos, como o de associação criminosa (art. 288 do CP). Exemplo: um crime de roubo praticado por três agentes, o delito de rixa, etc. A continência por cumulação subjetiva difere da conexão intersubjetiva concursal, porque, nesta última, há dois ou mais crimes praticados por duas ou mais pessoas em concurso de agentes, enquanto que, na continência em estudo, há apenas uma infração penal perpetrada em concurso de pessoas. Trata-se, assim, de unidade de infração e pluralidade de agentes.

Continência por cumulação objetiva (art. 77, II, do CPP)

Da conduta inicial criminosa do agente ocasionam-se outros crimes, todos eles vinculados por um nexo único de causalidade, que, por uma questão de coerência, exigem um julgamento conjunto. Trata-se de unidade de agente e pluralidade de infrações.

A continência por cumulação objetiva decorre do:

1º – Concurso formal (art. 70 do CP): o autor, mediante uma só ação ou omissão, pratica 2 ou mais crimes. Exemplo: o agente conduzindo com excesso de velocidade seu automóvel, imprudentemente, atropela e mata 4 pessoas que estavam paradas em um ponto de ônibus. Responderá por 4 homicídios culposos em concurso formal.

2º – Erro na execução (*aberratio ictus*) (art. 73, 2ª parte, do CP): O agente, por erro na execução, atinge quem pretendia, e acaba por acertar também quem não desejava. É a chamada *aberratio ictus* com resultado duplo ou complexo. Exemplo: o agente efetua disparo de arma de fogo contra o seu inimigo, matando – o, mas acaba por acertar, e matar, sem pretender, terceira pessoa.

3º – Resultado diverso do pretendido (*Aberratio delicti*) (art. 74, 2ª parte, do CP): O agente, por erro, além de atingir o bem jurídico pretendido, acaba por acertar também outro não almejado inicialmente. Exemplo: o agente joga um tijolo contra o vidro do veículo de seu inimigo, mas os estilhaços acertam um pedestre, lesionando – o.

5.15.8. Regras da determinação da conexão ou continência

Havendo conexão ou continência, o adequado é que, desde o início, haja o oferecimento de uma só ação penal, que tramite perante o mesmo juízo, no denominado *simultaneus processus*.

E se os crimes conexos e continentes forem de ação penal pública e privada? Nessa situação, como explica Renato Brasileiro de Lima[274], "estabelecer-se-á litisconsórcio

---

274. Renato Brasileiro de Lima, *Curso de Processo Penal*, p. 538.

ativo entre o Ministério Público e o titular do *jus querelandi*". Claro que o litisconsórcio ativo não implicará numa peça acusatória única, mas na junção, no mesmo processo, das duas exordiais: a denúncia e a queixa.

Se, inadvertidamente, forem instaurados dois ou mais processos, em juízos diversos, embora haja conexão ou continência entre os delitos, é necessário que haja a reunião deles em um só feito.

Como balizas para que ocorra o julgamento conjunto, são definidas regras que determinam o juízo que exercerá a *vis attractiva*, ou seja, aquele que prevalecerá, atraindo (ou avocando) o outro processo para sejam julgados simultaneamente; será o foro prevalente.

As **regras de determinação** são as seguintes:

1ª – no concurso entre a competência do júri e a de outro órgão da jurisdição comum, prevalecerá a competência do júri (art. 78, I, do CPP)

A competência do Júri prevalece, porque é estabelecida na CF (art. 5º, XXXVIII, *d*). Exemplo: um homicídio em conexão com o crime de corrupção passiva; ambas as infrações serão julgadas pelo Júri. Se o delito contra a vida for conexo com um crime militar ou eleitoral, não haverá a junção de processos, mas sim sua necessária cisão: o crime doloso contra a vida será julgado pelo Júri, enquanto que, respectivamente, o crime eleitoral será processado e julgado pela Justiça Eleitoral e o militar pela Justiça Castrense, porque ambas são Justiças Especiais com competências estritas previstas na Lei Maior.

2º – no concurso de jurisdições da mesma categoria (art. 78, II, do CPP):

a) **preponderará a do lugar da infração, à qual for cominada a pena mais grave**; exemplo: crime de roubo na cidade de Guarulhos e receptação em São Paulo, ambos conexos; prevalecerá a competência de Guarulhos, porque o roubo tem pena em abstrato maior. Mesmo que, *v.g.*, seja praticado um roubo na comarca de São Paulo, em conexão com três receptações do mesmo bem em Guarulhos a competência prevalecente continuará sendo a de São Paulo, porque o crime praticado nessa cidade tem pena mais grave que o delito de receptação perpetrado em Guarulhos, pouco importando, quanto a esse primeiro critério, a quantidade de crimes em cada local.

Considera-se como pena mais grave, dentre as privativas de liberdade, a de reclusão, depois a de detenção e, por fim, a de prisão simples. Pouco importa que a pena mínima de uma infração seja maior que a de outra; o essencial, como critério para verificar qual delito deverá prevalecer, é o da pena máxima em abstrato.

b) **prevalecerá a do lugar em que houver ocorrido o maior número de infrações, se as respectivas penas forem de igual gravidade**; exemplo: 2 crimes de furto simples em Praia Grande, e 1 delito de furto simples em São Vicente;

como as penas dos crimes são idênticas, prevalecerá a competência de Praia Grande, onde foram praticadas maior número de infrações.

c) **firma-se a competência pela prevenção, nos outros casos**; quando as regras acima não resolverem a questão, firma-se a competência pela prevenção.

3ª – no concurso de jurisdições de diversas categorias, predominará a de maior graduação (art. 78, III, do CPP)

Havendo conexão e continência entre agentes que possuam foro por prerrogativa de função e outros que não a possuam, o *simultaneus processus* deverá ocorrer perante o Tribunal que tenha competência originária para julgar o agente com foro privilegiado.

Exemplo: crimes de corrupção passiva, associação criminosa e lavagem de capitais conexos entre si e que envolvam, em concurso de agentes, deputados federais e cidadãos comuns, sem prerrogativa de foro; nesta hipótese, todos os acusados poderão ser julgados pelo STF, de acordo com a Súmula 704 do STF ("não viola as garantias do juiz natural, da ampla defesa e do devido processo legal a atração por continência ou conexão do processo de corréu ao foro por prerrogativa de função de um dos denunciados").

Atualmente, porém, a tendência do STF é a de desmembrar os autos, remanescendo no Pretório Excelso apenas a acusação em face do detentor do foro por prerrogativa de função, enquanto que os demais corréus-sem o foro privilegiado – deverão ser julgados pela 1ª instância; o julgamento conjunto, perante o Tribunal com competência originária para julgar a autoridade com prerrogativa de foro, só ocorrerá se, a critério exclusivo do Tribunal, mostrar-se conveniente a junção de feitos em virtude da busca da verdade real.

E se o autor de um crime doloso contra a vida praticá-lo em concurso com quem tenha foro por prerrogativa de função (por exemplo, um deputado federal), o julgamento será realizado por qual órgão de justiça?

Há **2 posições** sobre o assunto:

1ª Posição: O agente que tem prerrogativa de função será julgado pelo Tribunal competente (no nosso exemplo, o STF), e o cidadão comum pelo Júri. Para nós, esta é a melhor posição porque preserva as competências estabelecidas na Constituição Federal.

2ª Posição: Ambos serão julgados pelo Tribunal competente para julgar quem tem prerrogativa de função (o STF, no nosso exemplo). Para os adeptos desta posição, o seu fundamento é a citada Súmula 704 do STF: "não viola as garantias do juiz natural, da ampla defesa e do devido processo legal a atração por continência ou conexão do processo de corréu ao foro por prerrogativa de função de um dos denunciados".

4ª – no concurso entre a jurisdição comum e a especial, prevalecerá esta (art. 78, IV, do CPP)

Se houver conexão ou continência entre uma infração eleitoral e outra comum, ambas serão julgadas pela Justiça Eleitoral, por força do citado art. 78, IV. Como já visto, no caso de conexão entre um crime eleitoral e um crime de competência da Justiça Estadual, é pacífico que a Justiça Eleitoral atrairá este último para julgamento em conjunto das infrações.

No entanto, em se tratando de crime de competência da Justiça Federal conexo com crime da alçada da Justiça Eleitoral, há discussão sobre o tema, existindo duas posições a respeito do assunto:

1ª Posição: ambas as infrações seriam julgadas pela Justiça Eleitoral, seguindo-se a norma do CPP ora em estudo;

2ª Posição: deve se proceder a necessária cisão de processos: o crime eleitoral seria julgado pela Justiça Eleitoral, enquanto que o crime federal tramitaria pela Justiça Federal, porque as competências de ambas as Justiças estão previstas na Lei Maior, e uma não pode prevalecer sobre a outra. Em outras palavras, a separação de processos é decorrência lógica das normas constitucionais, que devem prevalecer, obviamente, sobre as normas infraconstitucionais de competência, previstas no CPP. Com esse último entendimento, há decisão do STJ[275].

E se houver conexão entre um crime eleitoral e outro de competência do Júri?

Nesta situação, haverá a separação obrigatória de processos: o crime eleitoral será julgado pela Justiça Eleitoral, e o crime doloso contra a vida pelo Júri, pois suas competências são estabelecidas diretamente na CF, como já tivemos oportunidade de analisar.

Existindo conexão entre delitos de competência da Justiça Federal e da Justiça Estadual, prevalecerá a competência da Justiça Federal, por ser considerada especial em relação à Justiça dos Estados, uma vez que sua faixa de competência é estabelecida taxativamente na Constituição.

É o que estabelece a Súmula 122 do STJ: "compete à Justiça Federal o processo e o julgamento unificado dos crimes conexos de competência Federal e Estadual, não se aplicando a regra do art. 78, "a", do Código de Processo Penal".

Quanto às diversas possibilidades de conexão entre crimes das Justiças Especiais – Militar e Eleitoral e da Justiça Comum – Federal e Estadual tratamos, vide nossas explicações acima.

5.15.9. Momento processual oportuno para a reunião de feitos pela conexão ou continência

O adequado processualmente é que, havendo conexão ou continência, o juízo prevalente atraía os demais feitos, a fim de que seja oferecida uma só denúncia a tramitar em apenas um processo.

Mas, se tal não ocorrer, e forem instaurados processos diversos, a autoridade de jurisdição prevalente deverá avocar os processos que corram perante os outros juízos,

---

275. STJ – 3ª Seção- CC 19.478/PR, Rel. Min. Fontes de Alencar, DJ 04/02/02.

salvo se já estiverem com sentença definitiva – este é o momento processual limite para a junção de processos, como prevê o art. 82 do CPP.

É o que prevê a Súmula 235 do STJ: "A conexão não determinará a reunião de processos, se um deles já foi julgado".

Entendemos, porém, que só haverá sentido na reunião de processos, pela conexão ou continência, se não tiver sido produzida a prova – oitiva de vítima, testemunhas e interrogatório do acusado, porque, unindo-se os feitos, *antes da instrução*, será colhida, na integralidade e em conjunto, todos os elementos de convicção, atingindo, a um só tempo, os dois escopos pretendidos por essa espécie de competência – a economia processual e a completa visão do panorama probatório. Anexarem-se processos, depois de produzida a prova, mesmo que antes da sentença, é contraproducente, na medida em que o feito criminal – que já se encontra na sua fase derradeira-seria obrigado a retroceder ao início, repetindo-se todos os atos já praticados: decisão de recebimento da peça acusatória, citação, resposta a acusação, designação de nova audiência, com a colheita de toda a prova, o que, certamente, comprometeria a razoável duração do processo (art. 5º, LXXVIII, da CF). Além disso, certamente, tal posição ofenderia ao princípio da identidade física do juiz – cabe ao juiz que presidiu a audiência sentenciar (art. 399, § 2º do CPP), porque colheu, direta e pessoalmente a prova oral; ora, como transferir o processo maduro para julgamento, de que é conhecedor o magistrado, para outro juiz que não participou em nada da produção das provas?

A nosso sentir, então, o art. 82 do CPP, que prevê, como momento – limite de junção dos processos, pela conexão e continência, a prolação de sentença definitiva, deve ser interpretado em conjugação com o art. 399, § 2º, do CPP, da seguinte forma: permitir-se-á a reunião de processos até o momento anterior à instrução; iniciada a instrução, torna-se vedada a reunião de feitos, pela conexão e continência, sob pena de ofensa à identidade física do juiz.

Mas, de qualquer maneira, não obstante nossa posição, precisamos analisar como vem sendo entendida a questão em estudo, pela doutrina e jurisprudência em geral. O art. 82 do CPP se refere como momento limite para a reunião de processos a prolação de sentença definitiva, mas, pergunta-se, o que se considera sentença definitiva para fins de conexão e continência?

Deve-se entender como sentença definitiva não aquela em que já se deu o trânsito em julgado, mas sim a que solucionou a controvérsia penal, após o desenrolar da instrução criminal, exaurindo-se o rito; não haveria sentido – nem seria possível, sob pena de supressão de instância – reunirem-se processos, na fase recursal, depois de exaurida a jurisdição de 1ª instância com a colheita das provas e manifestação das partes, quando o que se pretende, com os institutos da conexão e continência, é, justamente, a economia processual e a visão panorâmica do conjunto probatório pelo magistrado. Como o Tribunal julgaria, em recurso, um processo em que já existe decisão prolatada por um magistrado de 1ª instância, conexo com delitos ainda não julgados pelo juiz? Manifesta seria, como já se falou, a supressão de instância. Concluindo, o momento derradeiro - o momento - limite, para a junção de processos é até a sentença - até *antes* da sentença.

Mas pode existir uma hipótese em que, mesmo após a prolação de decisão de mérito, ocorra a junção de processos, pela conexão e continência.

Vamos exemplificar para melhor esclarecer: oferecida denúncia pelo delito de furto qualificado de um aparelho de televisão (não recuperada), o juiz a recebe e, após resposta à acusação, acolhendo os argumentos da Defesa, absolve sumariamente o acusado por entender que a *res furtiva* era de valor irrisório - menor de que 1 salário mínimo, sendo o caso de se reconhecer, assim, a atipicidade material da conduta. O Ministério Público apela da decisão e, no Tribunal de Justiça, reverte a decisão de 1ª instância, que é reformada. Os autos então retomam seu andamento normal, até que se apura que o televisor furtado foi adquirido por outro acusado, sabedor de sua origem criminosa. Sendo manifesta a conexão entre os delitos de furto e receptação e não tendo sequer se iniciado a instrução, não vemos qualquer inconveniente na junção de processos, mesmo tendo havido antes a absolvição sumária, afinal a *decisão definitiva* foi cassada pelo Tribunal. Da mesma forma, e pelos mesmos motivos, se, mesmo após prolatada, ao final da instrução, sentença de mérito, sendo anulada a decisão ou mesmo todo o processo, nada impediria a junção de processos pelas regras da conexão e continência, porque estaria afastado, pela nulidade, o momento - limite para tanto - a prolação de decisão definitiva.

Não sendo reunidos os processos por conexão e continência no momento oportuno, e se seguirem duas condenações, a unidade dos processos só se dará, ulteriormente, para o efeito de soma ou de unificação das penas.

5.15.10. Conexão e continência e separação obrigatória de julgamentos

Nas seguintes hipóteses, previstas em lei, a separação de processos ou julgamentos é obrigatória, não obstante a existência de conexão ou continência:

1ª - em se tratando de crime militar conexo com infração comum, haverá a separação obrigatória de feitos (art. 79, I, do CPP). Essa regra não pode ser mais aplicada literalmente. Como vimos ao estudar a competência da Justiça Militar, a Lei 13.491, de 13 de outubro de 2017, ampliou a competência da Justiça Militar, de modo que, atualmente, os crimes previstos no CP Militar e na legislação penal comum, praticados por militares, em atividade ou em área militar, contra civil ou militar, serão julgados pela Justiça Militar. Desse modo, se um militar estadual, em serviço ou em local militar, cometer, em conexão ou continência com um civil, um crime militar ou uma infração prevista na legislação penal comum, será o miliciano julgado- *pelas duas infrações*- perante a Justiça Militar Estadual; quanto ao acusado civil, deverá ser julgado- apenas pela infração penal comum- pela Justiça Comum. Se o militar praticar isoladamente, em serviço ou área militar, crime previsto no CP Militar e outro tipificado na legislação penal comum, será julgado, por ambas infrações, perante a Justiça Militar.

2ª - concurso de agentes quando um dos autores é acometido de doença mental que sobreveio à infração, situação que acarreta a suspensão do processo até o restabelecimento do réu (art. 152 do CPP). Neste contexto, apenas o processo quanto ao acusado que não tenha doença mental prosseguirá, sendo ele julgado. Porém, se a doença mental era contemporânea à data da prática da infração, a comprovação da inimputabilidade do acusado não obstará o prosseguimento do feito quanto a ele, e também em face do corréu imputável, pois, quanto ao doente mental se fará possível, quando da sentença, a eventual imposição de medida de segurança, modalidade essa de sanção penal que não prescinde, para sua efetivação, do exaurimento do devido processo legal.

3ª – quando, em razão das recusas dos jurados, não for obtido o número mínimo de 7 jurados, o que acarretará a separação dos julgamentos, sendo julgado em primeiro lugar o autor, e depois, o partícipe (art. 469, § 2º do CPP).

4ª – se um corréu for citado por edital, sendo determinada a suspensão do processo quanto a ele (art. 366 do CPP); quanto ao outro acusado, citado pessoalmente, o processo prosseguirá, havendo, assim, julgamentos diversos.

5ª – sendo possível a proposta de suspensão condicional do processo a um dos réus (art. 89 da Lei 9099/95), e havendo sua aceitação, o processo quanto a ele ficará suspenso. Se houver, entretanto, corréu que não tenha aceitado a proposta, ou a quem não seja possível propô-la, o processo, quanto a ele, prosseguirá.

5.15.11. Conexão e continência e separação facultativa de julgamentos

Dispõe o art. 80 do CPP que será facultativa a separação dos processos quando as infrações tiverem sido praticadas em circunstâncias de tempo ou de lugar diferentes, ou, quando pelo excessivo número de acusados e para não lhes prolongar a prisão provisória, ou por outro motivo relevante, o juiz reputar conveniente a separação.

Quando a norma em estudo se refere à separação de processos, deve-se entender que se trata da situação em que, na ocasião do oferecimento da denúncia ou queixa, foram aplicadas as regras da conexão e continência, como forma de se estabelecer, desde o início, a competência correta para o julgamento das infrações. Exemplo: praticado um roubo de automóvel na cidade de Santos pelo acusado "A", em 27 de maio de 2013; referido bem é adquirido, pelo acusado "B", na cidade de São José do Rio Preto, em 20 de dezembro de 2014, sendo ele sabedor da origem criminosa do carro. Patenteada a conexão probatória entre os delitos de roubo e receptação, sabe-se que o foro prevalente que avocará o outro delito conexo é o de Santos, local onde foi praticado o crime mais grave (art. 78, II, a, do CPP); nesta comarca de Santos será oferecida ação penal em face de "A", pelo delito de roubo, ocorrido em Santos, e de "B", pelo delito de receptação praticado em São José do Rio Preto.

No entanto, se, no nosso exemplo, depois de oferecida e recebida a denúncia pelos delitos de roubo e receptação, o magistrado do juízo competente – o de Santos – reputar conveniente aos interesses da Justiça, pelo fato de as infrações penais terem sido praticadas em circunstâncias de tempo e lugar diferentes, a separação de processos, o que se deve fazer? Deve-se determinar o desmembramento do processo, remetendo cópias para a comarca de São José do Rio Preto, para que continue a processar o acusado "B", naquela comarca, pelo delito de receptação; enquanto que, na comarca de Santos, o processo prosseguirá apenas quanto ao réu "A", acusado de roubo. Essa é a situação em que há a separação de processos referida expressamente pelo art. 80 do CPP.

Pode acontecer, também, que, mesmo evidenciada a conexão e continência, a autorizar o *simultaneos processus*, verifique-se, antes do recebimento da peça acusatória quanto a todos os delitos e acusados, não ser conveniente sua reunião, em um só feito criminal, em virtude de as infrações terem sido praticadas em circunstâncias de tempo ou de lugar diferentes. Nesse contexto, e usando o nosso exemplo acima para elucidar a questão, seria facultado ao juiz de Santos, logo depois de oferecida a denúncia pelos delitos de roubo e receptação, não a receber, remetendo cópias do processo ao Juízo de São José do Rio Preto para apurar o delito de receptação; o processo, apenas quanto ao delito de roubo, prosseguiria em Santos. O mais adequado, contudo, é o seguinte: o membro do Ministério Púbico, ao analisar o inquérito policial que teve por objeto a apuração do delito de roubo, na cidade de Santos, e também o de receptação, em São José do Rio Preto, pode optar por oferecer denúncia, perante o Juízo de Santos, apenas pelo delito de roubo, requerendo ao magistrado de Santos que remeta cópias dos autos para a comarca de São José do Rio Preto para que lá tramite o processo pelo delito de receptação; a justificativa seria a conveniência do trâmite processual em virtude de as infrações terem sido perpetradas em lugares e tempo diversos; caso deferido o pedido, não haverá, tecnicamente, separação de processos (que ainda não existe), mas sim medida cautelar que visa impedir seu futuro desmembramento.

Deve-se dar interpretação ampliativa ao art. 80 do CPP, concedendo poderes ao juiz para que, em um processo já em trâmite, separe as ações penais em processos distintos, excepcionando as regras de competência da conexão e continência a separação de processos, e também para que assim possa agir, *mesmo antes de oferecida a denúncia*, cautelarmente, evitando o *simultaneus processus*.

Vamos analisar cada uma dessas circunstâncias apontadas em lei:

Infrações praticadas em circunstâncias de tempo ou de lugar diferentes

De acordo com o ensinamento de Renato Brasileiro de Lima[276], é possível que duas ou mais infrações penais sejam praticadas em circunstâncias de tempo e local diferentes, na continência, na conexão intersubjetiva concursal (duas ou mais infrações praticadas em concurso de agentes), na conexão objetiva material (crime cometido para assegurar a ocultação, impunidade e vantagem de outro delito), e na conexão probatória (influência recíproca probatória entre infrações). Impossível no caso da conexão intersubjetiva eventual (duas ou mais infrações praticadas por duas ou mais pessoas, ao mesmo tempo) e da conexão intersubjetiva recíproca (duas ou mais infrações praticadas por agentes uns contra os outros), pois, nestas duas hipóteses, pressupõe-se que as circunstâncias de tempo e de local em se deram as ações ilícitas são as mesmas.

---

276. Renato Brasileiro de Lima, *Curso de Processo Penal*, p. 546.

Mais especificamente a respeito da continência, entendemos que a continência por cumulação subjetiva ou concursal é possível que seja praticada em circunstâncias de tempo e local diversos; por exemplo, um estelionato praticado pelo telefone em que um agente que reside na cidade do Rio de Janeiro induz a erro a vítima em São Paulo, convencendo – a, mediante fraude, a depositar quantia em dinheiro em uma conta corrente situada em uma agência de Porto Alegre, onde outro acusado, previamente ajustado com o primeiro, recebe, em proveito de ambos, a quantia depositada.

No que se refere, entretanto, à continência por cumulação objetiva, que compreende as hipóteses de concurso formal de delitos, *aberractio ictus* e *aberratio delicti*, acima estudadas, mostra-se evidente que os crimes praticados, em decorrência da conduta inicial do agente, ocorreram no mesmo contexto fático e temporal. Exemplo: um acidente de trânsito em que o agente – condutor, embriagado e desenvolvendo excesso de velocidade, invade um ponto de ônibus e mata 4 pessoas que lá se encontravam; claro que o concurso de crimes – 4 homicídios culposos – ocorreram nas mesmas circunstâncias de tempo e local, e devem ser julgadas no mesmo processo.

Concluindo esse tópico, mesmo que as infrações sejam praticadas em circunstâncias de tempo e local diversos, estando presentes as regras de conexão e continência, impõe-se, como regra, o julgamento conjunto dos ilícitos e dos acusados; todavia, se, em virtude da considerável distância entre comarcas onde foram praticados os delitos (*v.g.*, roubo em Santos, receptação em São José do Rio Preto) ou pelo substancioso lapso temporal percorrido entre uma conduta ilícita e outra (mais de dois anos entre o roubo e a receptação, por exemplo), pode o magistrado reputar conveniente a separação de processos, porque não comprometeria a busca da verdade real – os fatos, embora tecnicamente conexos, podem ser apurados com eficácia em cada juízo, sem a necessidade de sua reunião em um só feito; facultado, ainda, ao juiz, utilizar da separação de processos como forma de zelar pela razoável duração do processo (art. 5º, LXXVIII, da CF), evitando-se, por exemplo, a expedição de diversas cartas precatórias, deslocamento de réus presos, duplicidade de citação, respostas a acusação etc.

Excessivo número de acusados e para não lhes prolongar a prisão provisória

Nesse caso, o juiz desmembra o processo como forma de evitar o constrangimento ilegal, em se tratando de réus presos cautelarmente, assegurando que o trâmite, dos feitos cindidos, seja mais célere. Embora a lei não diga expressamente, é possível, numa interpretação extensiva, aplicar-se o dispositivo legal também no caso de réus soltos, com o escopo de se resguardar a razoável duração do processo, garantia constitucional assegurada a todos os réus (art. 5º, LXXVIII, da CF), independentemente de estarem presos ou não cautelarmente.

Outro motivo que o magistrado repute como relevante ao ponto de justificar a separação de processos

Essa é uma cláusula em aberto: dependerá do prudente arbítrio fundamentado do juiz que examinará a conveniência da separação, ao analisar o caso concreto. Exemplo:

grande número de acusados soltos; iminência da prescrição, perícia imprescindível para um dos acusados e dispensável quanto aos demais, etc.

Até que momento pode ser determinada essa separação de processos?

Pensamos que até o início da instrução criminal, antes da audiência de instrução, debates e julgamento; depois de iniciada a instrução, não será mais possível a separação, porque ofenderia o princípio da identidade física do juiz, regente no processo penal, e que determina que "O juiz que presidiu a instrução deverá proferir a sentença" (art. 399, § 2º, do CPP). A conveniência ou não da separação de processos é perfeitamente verificável, pelo magistrado, quando do recebimento da denúncia, após a resposta à acusação pela defesa, porque todos os dados para tanto estarão disponíveis: informação a respeito do número de infrações, o tempo e o local de sua prática, o número de acusados, e qualquer outro motivo relevante para tanto, como, por exemplo, a iminência da prescrição quanto a um dos acusados, a avançada idade de um dos réus, a demandar, quanto a ele, um julgamento mais rápido, etc.

Possui entendimento diverso Renato Brasileiro de Lima[277], no sentido de que a separação de processos, à semelhança do que ocorre com a reunião deles, seria possível de ocorrer até o momento da sentença, desde que fosse renovada a instrução processual, com o escopo de ser resguardar o princípio da identidade física do juiz.

5.16. PERPETUAÇÃO DA JURISDIÇÃO (COMPETÊNCIA)

5.16.1. Conceito

Oferecida ação penal perante um juízo competente, os autos deverão, em regra, prosseguir naquele órgão de justiça, em homenagem à segurança jurídica e estabilidade das relações processuais.

Diz-se então que houve a perpetuação da jurisdição, a chamada *perpetuatio jurisdicionis*; em verdade, o que se perpetua é a competência de determinado juízo, e não a jurisdição que todo magistrado, genericamente, possui.

O CPP não trata do assunto, razão porque deve ser utilizado, por analogia, o art. 43 do CPC que tem a seguinte redação:

> "Determina-se a competência no momento do registro ou da distribuição da petição inicial, sendo irrelevantes as modificações do estado de fato ou de direito ocorridas posteriormente, salvo quando suprimirem órgão judiciário ou alterarem a competência absoluta".

A regra, portanto, é que, iniciado um processo em determinado Juízo tido por competente, seu trâmite se perpetuará naquele órgão de justiça.

Todavia, a norma citada aponta duas exceções a essa regra:

---

277. Renato Brasileiro de Lima, *Curso de Processo Penal*, p. 547.

1ª Exceção: Supressão de órgão judiciário. Se, através de lei ou emenda constitucional, deixar de existir o próprio órgão judiciário, não pode perdurar, obviamente, sua competência. Os processos que tramitavam no Juízo extinto deverão, de acordo com o venha a prever a emenda constitucional ou a lei, ser remetidos a outro órgão judiciário que passará a ser o competente.

2ª Exceção: Alteração da competência absoluta. Se houver mudança, em razão de lei ou da função pública ocupada pelo acusado, que leve à alteração da competência absoluta, não haverá perpetuação da competência: o deslocamento para o órgão judiciário com competência absoluta para processar e julgar o acusado é inevitável. Exemplos: Antes da entrada em vigor da Lei 9.299/96 os crimes dolosos contra a vida praticados por militares contra civis eram julgados pela Justiça Militar; depois, com a vigência do referido diploma legal, passou-se a prever que tais delitos seriam julgados pelo Tribunal do Júri. Foi uma mudança de competência absoluta (pela matéria), pois se deixou de considerar como militar o homicídio praticado por militar contra civil como crime militar, tornando – o crime comum. Com essa mudança, que alterou a competência absoluta – pela matéria (natureza da infração penal), não houve perpetuação da competência da Justiça Militar; pelo contrário, os processos criminais que tramitavam na Justiça Castrense foram remetidos para a Justiça Comum (Tribunais do Júri).

Se um acusado que não ostente foro por prerrogativa de função é processado criminalmente, mas acaba por se eleger, por exemplo, como Governador de Estado, que tem como foro privativo para julgar nos crimes comuns, o Superior Tribunal de Justiça – STJ, os autos devem ser remetidos do juízo de 1ª instância para referido Tribunal; não há, também nesse exemplo, perpetuação da competência, porque a competência por prerrogativa de foro é absoluta.

5.16.2. Perpetuação da Jurisdição (competência) e competência por conexão e continência

Determina o art. 81, *caput*, do CPP que, verificada a reunião dos processos por conexão ou continência, ainda que no processo da sua competência própria venha o juiz ou tribunal a proferir sentença absolutória ou que desclassifique a infração para outra que não se inclua na sua competência, continuará competente em relação aos demais processos.

Como vimos acima, há regras que apontam qual será o juízo que atrairá, exercendo a *vis atractiva*, as demais infrações conexas ou continentes, a fim de que seja realizado o julgamento conjunto de todas elas. Uma vez tendo havido esta junção de feitos, ocorrerá sua perpetuação naquele juízo, pouco importando que o crime que justificou a atração dos demais seja desclassificado ou julgado improcedente.

5.16.3. Perpetuação da competência e Júri

Tratando-se de conexão ou continência de delitos atraídos pela competência do júri, é certo que se, no final da 1ª fase do seu rito especial, houver desclassificação, impronúncia ou absolvição sumária quanto ao delito doloso contra a vida que justificou a atração das demais infrações, o juiz deverá remeter o processo para o juízo competente. Percebe-se, assim, que a regra ora comentada inserida no § único do art. 81 do CPP estabelece que não haverá a perpetuação de jurisdição na 1ª fase procedimental do júri.

5.16.4. Perpetuação da competência e infrações penais de competência da Justiça Federal e Estadual

Admitida a existência de infrações conexas ou continentes federais e estaduais, sabe-se que a competência que irá prevalecer é a da Justiça Federal para julgamento conjunto.

E se durante o julgamento pelo Juízo Federal, por exemplo, de um crime de tráfico internacional de drogas, apura-se que, em verdade, o tráfico era interestadual, portanto, de competência da Justiça Estadual, haverá a perpetuação da jurisdição e o juiz federal julgará o crime, ou deverá enviar o processo ao juiz de direito estadual, com competência residual para julgar tal infração?

Há **duas posições** sobre o tema:

1ª Posição: é aplicável a *perpetuatio jurisdicionis* prevista no art. 81, *caput*, do CPP. O juiz federal, mesmo no caso de verificar que o crime por ele julgado é de competência da Justiça Estadual deverá julgá-lo. De idêntica forma, havendo a atração, por conexão ou continência, de um delito de competência da Justiça Estadual para a Justiça Federal para julgamento conjunto, e se verificar que o autor desse delito conexo federal teve extinta sua punibilidade ou que tal crime não possuía as características para atrair a competência da Justiça Federal, de qualquer modo, deveria perpetuar-se a competência da Justiça especializada federal, e não se remeter o processo para a Justiça Estadual.

2ª Posição: Não há perpetuação da jurisdição. A competência da Justiça Federal, prevista na Constituição, é de natureza absoluta, e de direito estrito: só é da competência dessa Justiça especializada determinadas causas expressamente previstas na Lei Maior.

De qualquer modo, caso o juiz federal absolva o delito de competência da Justiça Federal em conexão com crime de competência da Justiça Estadual, como firmou sua competência – julgando o mérito – deverá julgar o delito atraído proveniente da Justiça Estadual. Esse é o entendimento de Renato Brasileiro de Lima[278].

5.17. CASUÍSTICA SOBRE COMPETÊNCIA

Crimes qualificados pelo resultado (roubo, extorsão, extorsão mediante sequestro, estupro com resultado morte) devem ser julgados pelo juízo onde o evento qualificador tenha ocorrido, como já decidiu o STJ. [279]

---

278. Renato Brasileiro de Lima, Curso de Processo Penal, p. 419.
279. STJ – RHC 22.295/MS, 5ª T. Rel. Min. Jane Silva- DJ- 17.12.2007- p. 229).

Homicídio culposo. Conduta e resultados em territórios de juízos diferentes. A Competência será estabelecida onde o resultado morte tenha ocorrido, como já decidiu o STF[280].

Estelionato por emissão de cheque sem fundo. Súmula 521 do STF: "O foro competente para o processo e julgamento dos crimes de estelionato, sob a modalidade da emissão dolosa de cheque sem provisão de fundos, é o do local onde se deu a recusa do pagamento pelo sacado". No mesmo sentido a Súmula 244 do STJ, com a seguinte redação: "Compete ao foro do local da recusa processar e julgar o crime de estelionato mediante cheque sem provisão de fundos".

Se o cheque for falso, a competência será do local onde obtida a vantagem ilícita (local onde foi efetuado o pagamento do cheque clonado), por exemplo, São Paulo, embora o cheque se vincule a conta corrente cuja agência esteja localizada no Rio de Janeiro[281]. Nesse sentido a Súmula 48 do STJ: "Compete ao Juízo do local da obtenção da vantagem ilícita processar e julgar crime de estelionato cometido mediante falsificação de cheque".

Falso testemunho ocorrido em carta precatória

A competência será do juízo onde tiver sido prestado o falso testemunho, ou seja, no juízo deprecado, como já decidido pelo STJ[282].

Crimes cometidos por meio da internet

Divulgação de imagens pornográficas de crianças e adolescentes pela internet

O delito previsto no art. 241-A da Lei 8.069/90 (Estatuto da Criança e do Adolescente) é de competência da Justiça Federal, quando torna disponível, para um número indeterminado de pessoas tais imagens, via facebook, inclusive para usuários residentes fora do território nacional[283]. O Plenário do STF[284] ratificou o entendimento supra, a fim de abarcar, na competência da Justiça Federal, os arts. 241, 241 - A e 241 - B, da Lei 8.069/90 (Estatuto da Criança e do Adolescente), quando praticados por meio da rede mundial de computadores.

Manifestação discriminatória regional

O STF decidiu que práticas discriminatórias (art. 20, § 2º, da Lei 7.716/1989), via facebook, contra nordestinos devem ser apurados perante a Justiça Estadual, porque teriam caráter nacional[285]. Todavia, em precedente, o STJ decidiu ser competente a

---

280. STF – 1ª T. –HC 69.088/SP, Rel. Min. Sepúlveda Pertence– DJ 12.06.1991)
281. Informativo do STF. 15/09/2014. ACO 2505. Rel. Min. Gilmar Mendes.
282. STJ – CC 30.309/PR– Rel. Min. Gilson Dipp– DJ 11.03.2002– p. 163.
283. Informativo do STJ. 30/09/2016. Rel. Min. Rogerio Schietti Cruz.
284. Informativo do STF. 28/10/2015. STF. Pleno. RE 628624 com repercussão geral reconhecida. Rel. Min. Marco Aurélio.
285. Informativo do STF. 31/03/2016. ACO 2701. Rel. Min. Cármen Lúcia. Informativo do STF. 22/09/2015. STF. ACO 2708. Rel. Min. Luiz Fux.

Justiça Federal, quando se tratava da prática de diversos crimes de racismo, em vários Estados da Federação, formando uma verdadeira associação criminosa virtual de racistas[286]. Em outra decisão, também do STJ[287], reputou-se que a prática de racismo contra nordestinos, em tese praticado por conhecido jornalista em programa televisivo, seria de competência da Justiça Federal, porque, a uma, a acusação de racismo é uma violação a tratado internacional do qual o Brasil é signatário; a duas, a declaração racista teve alcance transnacional, dentro e fora do país, "produzindo resultados transnacionais, revelando-se indiscutível a competência da Justiça Federal para conduzir a investigação".

Injúria praticada pela internet

O fato de a injúria ser publicada em redes sociais não atrai, só por si, a competência da Justiça Federal, quando as ofensas tiverem caráter estritamente pessoal[288].

Ameaça mediante mensagem por Whatsapp

No caso de ameaça produzida mediante mensagem de Whatsapp, e diante da impossibilidade de se saber em que local o crime foi praticado, não há como se exigir a descrição do local onde se encontrava o acusado, uma vez que o texto ameaçador poderia ter sido subscrito e enviado de qualquer lugar do mundo[289]. O local onde a vítima tomou conhecimento das ameaças proferidas via Whatsapp ou pelo Facebook poderá ser tido como o local da consumação do crime[290]. No caso de ameaças por redes sociais (Facebook e aplicativos como o WhatsApp), o juízo competente para o julgamento de pedido de medidas protetivas é aquele onde a vítima tomou conhecimento das intimidações, que é o local da consumação do crime previsto no art. 147 do CP[291].

Ameaça através do Facebook

O STJ[292], ao analisar ameaça proferida pelo acusado que morava nos EUA contra a vítima, residente no Brasil (com quem manteve relacionamento amoroso), decidiu que, sendo o mal injusto proferido através de rede social de grande alcance, Facebook, a competência para julgar a infração é da Justiça Federal, uma vez que se encontram presentes os requisitos legais necessários para tanto: o fato é previsto como crime no Brasil e no Estrangeiro; o Brasil é signatário de convenção ou tratado internacional por meio do qual assume o compromisso de reprimir a criminalmente aquela espécie delitiva; a conduta tenha ao menos se iniciado no Brasil e o resultado tenha ocorrido ou devesse ter ocorrido no exterior, ou reciprocamente (ou seja, nessa última hipótese, a conduta inicia-se fora do Brasil e o resultado ocorreu, ou poderia ter ocorrido, no caso de crime tentado, no Brasil). Em suma, trata-se da internacionalidade da conduta

---

286. Informativo do STJ. 22/02/2013. CC 116926. 3ª Seção. Rel. Min. Sebastião Reis Júnior.
287. STJ – CC 146983- 3ª Seção. Min. Rel. Reynaldo Soares da Fonseca.
288. STJ. CC 121.431/SE (2012/0048706-4). Rel. Min. Marco Aurélio Bellizze.
289. STJ. HC 376.343/SP. 5ª T. Rel. Min. Ribeiro Dantas, DJe 16/03/2017.
290. STJ. CC 156.284/PR. 3ª Seção. Rel. Min. Ribeiro Dantas. Julgado em 28/02/2018.
291. Informativo do STJ. 02/03/2018. STJ. CC 156.284. 3ª Seção. Rel. Min. Ribeiro Dantas.
292. STJ. CC 150.712/SP (2017/0014052-4). Rel. Min. Joel Paciornik.

que tenha relevância ao direito nacional, tanto que previsto em tratado internacional por nós subscrito. No entanto, se a ameaça for proferida através de e-mail ou mediante messenger (comunicação entre os participantes do Facebook), como "o conteúdo permaneceu enclausurado entre os participantes da conversa virtual, (...) não há se falar em internacionalidade do resultado"[293].

Crimes contra a honra promovidos em blogs

O STJ[294] definiu que o lugar do provedor do site estabelecerá a competência territorial, que será, em regra, da Justiça Estadual.

Uso de documento falso (passaporte)

A competência é da Justiça Federal onde o passaporte foi apresentado, conforme Súmula 200 do STJ.

Delação premiada e competência (Lei 12.850/13)

O juiz que homologa a delação premiada não se torna competente para processar e julgar todas as infrações penais delatadas, mas apenas aquelas que tenham relacionamento com a persecução penal sob sua responsabilidade, de acordo com as normas processuais atinentes à conexão e continência[295].

Crime de genocídio (Lei 2.889/56)

Em regra, são de competência da Justiça Estadual, a não ser que envolvam bens, serviços ou interesses da União.

O STF[296] firmou posição no sentido que, havendo homicídios, como meio de exterminar um grupo nacional, étnico, racial ou religioso o agente deverá responder pela prática do genocídio, em concurso com os crimes dolosos contra a vida, sendo todos eles julgados, em razão da conexão, pelo Tribunal do Júri.

O genocídio, quando praticado contra indígenas no contexto de disputa de terras, é de competência da Justiça Federal[297].

O crime de genocídio, nas suas figuras típicas previstas nos arts. 1º, 2º e 3º da Lei 2.889/56, passou a ser considerado como hediondo com o advento da Lei 13.497/2017.

Desvio de verbas efetuadas por Prefeitos

Súmula 208 do STJ: "competirá à justiça comum federal processar e julgar prefeito municipal por desvio de verba sujeita a prestação de conta perante o órgão federal".

---

293. STF. RE 628624. Pleno. Min. Marco Aurélio. Relator p/ Acórdão: Min. Edson Faquin. Julgado em 29/10/2015.
294. Informativo do STJ. 26/04/2011. STJ. CC 97201. 3ª Seção. Rel. Desembargador Convocado Celso Limongi.
295. Informativo do STF. 23/09/2015. STF. Pleno. Questão de Ordem no Inq 4130. Rel. Min. Dias Toffoli.
296. STF – RE 351.487/PR.
297. STF- RE 179.485/AM, Rel. Min. Marco Aurélio.

Mesmo que a verba da União destinada ao SUS e repassada – e incorporada – definitivamente – ao patrimônio dos Estados ou dos municípios, de qualquer modo, haverá a necessária fiscalização do uso dos recursos, cuja incumbência será da União, através do Ministério da Saúde e de seu sistema de Auditoria, além da indispensável prestação de contas perante o Tribunal de Contas da União, o que faz surgir o interesse da União na regularidade do repasse e da correta aplicação desses recursos, de modo a incidir a competência da Justiça Federal[298].

Nesta situação, o prefeito será julgado pelo TRF, que é o órgão de 2ª instância da Justiça Federal, conforme determina a Súmula 702 do STF: "a competência do Tribunal de Justiça para julgar Prefeitos restringe-se aos crimes de competência da Justiça comum estadual; nos demais casos, a competência caberá ao respectivo tribunal de segundo grau".

E, ainda, a Súmula 209 do STJ: "competirá à justiça comum estadual processar e julgar prefeito municipal por desvio de verba transferida e incorporada ao patrimônio municipal".

Julgamento de *habeas corpus* impetrado contra decisão das Turmas Recursais do Juizado Especial Criminal

Compete aos Tribunais estaduais ou Tribunais Regionais Federais julgar o *habeas corpus*.

Delitos de contrabando ou descaminho

De acordo com a Súmula 151 do STJ, "a competência para o processo e julgamento por crime de contrabando ou descaminho define-se pela prevenção do Juízo Federal do lugar da apreensão dos bens". A 3ª seção do STJ reiterou tal entendimento ao assentar que o delito de descaminho, tal como o de contrabando, é de competência da Justiça Federal, independentemente da existência de indícios de transnacionalidade na conduta, uma vez que compete- prioritariamente- à União definir os produtos de ingresso proibido no país, além de exercer a fiscalização aduaneira e das fronteiras[299].

Falsificação e uso de documento falso – caderneta de inscrição e registro e habilitação de Amador expedidos pela Marinha

De acordo com a Súmula Vinculante 36: "Compete à Justiça Federal comum processor e julgar civil denunciado pelos crimes de falsificação e de uso de documento falso quando se tratar de falsificação de Caderneta de Inscrição e Registro (CIR) ou Carteira de Habilitação de Amador (CHA), ainda que expedidas pela Marinha do Brasil.

Também de competência da Justiça Comum, e não da Justiça Militar, os crimes de falsidade de documentação para renovar certificado de colecionar, atirador e uso desportivo, perante o Exército[300].

---

298. STJ – CC 122376/RJ. Rel. Min. Sebastião Reis Júnior. DJe 22/08/2012. STJ. HC 110704/RJ. Rel. Min. Jorge Mussi. DJe 09/03/2009. STF. ACO 2370. Rel. Min. Luís Roberto Barroso.
299. Informativo do STJ. 27/09/2018. STJ. 3ª Seção. CC 160748. Rel. Min. Sebastião Reis Júnior.
300. Informativo do STF. 23/09/2015. HC 130210. Rel. Min. Gilmar Mendes.

Estelionato Previdenciário contra o INSS

A competência será determinada pelo local em que o agente, mediante fraude, recebeu o benefício, uma vez que, naquele *locus*, o delito de consumou, sendo certo, ainda, que, como o INSS é uma autarquia federal, impõe-se o julgamento pela Justiça Federal.

Mesmo que o agente, em um certo momento, tenha iniciado o recebimento do benefício previdenciário em determinada cidade, e venha a mudar-se para outra, onde continuará a receber indevidamente valores, certo que a competência será estabelecida pela consumação do crime, que se deu na primeira cidade em que se iniciou a obter a vantagem patrimonial em detrimento alheio[301].

No entanto, se for concedido o benefício, pelo INSS, em uma comarca, mas o recebimento de valores ocorrer em outra, nesta última será fixada a competência[302].

Uso indevido de brasão da Polícia Federal

A competência para julgar a infração prevista no art. 296, § 1º, III, do CP, nessa hipótese, é da Justiça Federal[303].

Extorsão: constrangimento e consumação em lugares distintos

Por ser crime formal, a extorsão, praticada em uma comarca, *v.g.*, São Paulo, por telefonema, para a vítima que resida no Rio de Janeiro, a consumação do crime ocorreu em São Paulo-local do constrangimento – e não no Rio de Janeiro, mesmo que seja o local da obtenção da vantagem ilícita (*v.g.* depósito de dinheiro na conta do extorsionário pelo ofendido)[304].

Operação de rádio clandestina

A competência para apurar o delito previsto no art. 183 da Lei 9472/97 é da Justiça Federal, porque o bem jurídico afetado é o serviço de telecomunicações, de atribuição da (art. 21, inciso XI, da CF).

Crime de violação de direitos autorais e contra a Lei de Software, relacionados à atividade de fornecimento ilícito de sinal de TV por assinatura

A competência para julgar tais infrações (art. 183 da Lei 9.472/97) é da Justiça Federal, porque há tratado internacional – previsão normativa internacional, que é a Convenção de Berna, integrada ao nosso ordenamento jurídico, através do Decreto nº 75.699/75, tendo por objeto tal tema; ademais, trata-se de crime à distância, com parcela do crime no Brasil, e outra parte da conduta do *iter criminis* fora do país, havendo atuação transnacional de agentes, por meio da internet[305].

---

301. STJ. Conflito de Competência 125.023/DF (2012/0214849-4). Rel. Min. Marco Aurélio Bellizze.
302. STJ. Conflito de Competência 112.969/SP. Rel. Min. Gilson Dipp, DJe 16/12/2010.
303. Informativo do STJ. 12/03/2018. STJ. AREsp 800235. 6ª T. Rel. Min. Nefi Cordeiro.
304. Informativo do STF. 02/07/2015. ACO 2451. Rel. Min. Luís Roberto Barroso.
305. STJ- CC 150.629/SP (2017/0008160-2). Rel. Min. Nefi Cordeiro.

Compra premiada e competência

Compra premiada ou venda premiada é a promessa de aquisição de bens, mediante formação de grupos, com pagamento de contribuições mensais e sorteios. A compra premiada se assemelha ao consórcio (trata-se de verdadeira simulação de consórcio por meio de venda premiada), equiparando-se- a pessoa jurídica que a promova- a verdadeira instituição financeira, que funciona sem autorização do Banco Central. Como há a captação e administração de recursos de terceiros, a caracterizar verdadeira instituição financeira, por equiparação (art. 16, § único, I, da Lei 7.492/86), atrai-se a competência da Justiça Federal, de acordo com o art. 109, VI, da CF, e do art. 26 da Lei 7.492/86)[306].

Crime de falso perpetrado contra Junta Comercial

A competência será da Justiça Estadual, porque não há ofensa direta a bens, serviços ou interesses da União[307].

Crime de insider trading (uso indevido de informações privilegiadas)

Compete à Justiça Federal julgar os crimes contra o mercado de capitais que afetem o Sistema Financeiro Nacional. Em caso concreto referente a processo criminal em que consta como acusado o empresário Eike Batista, a quem se imputa a conduta de gerar prejuízos superiores a setenta milhões de reais, ao usar de informação privilegiada, o STJ[308] decidiu que, como do resultado da ação criminosa, adveio reflexos na credibilidade do sistema financeiro como um todo, inclusive com perdas a um grande número de investidores, estaria justificada a competência da Justiça Federal. Obtemperou-se que a competência da Justiça Federal para julgar os crimes contra o sistema financeiro e a ordem econômico-financeira é prevista no art. 109, VI, da Constituição Federal, desde que, haja previsão legal para tanto. Ocorre que, embora a Lei 6.385/76 (que dispõe sobre o mercado de valores mobiliários) não traga a previsão expressa de competência da Justiça Federal, não estaria vedada a incidência da competência federal, uma vez havendo lesão a bens, serviços ou direitos da União, de suas autarquias ou empresas públicas, o que de fato ocorreu, uma vez que o sistema financeiro, como um todo, sofreu forte abalo; em outras palavras, o mercado de capitais, que integra a ordem econômico-financeira e os seus órgãos reguladores, como as autarquias federais da Comissão de Valores Mobiliários e o próprio Banco Central foram afetados.

Crimes envolvendo bitcoin

Para o STJ[309], a moeda digital não representa crime contra o Sistema Financeiro pois não configura ativo financeiro, e sua operação não se encontra sujeita ao controle

---

306. STJ- CC 160.077/PA (2018/0196318-0). Rel. Min. Joel Ilan Paciornik.
307. STJ. CC 119.576/BA. 3ª Seção. Rel. Min. Marco Aurélio Bellizze. DJe 21/06/2012. STJ. CC. 130.516/SP (2013/0337099-7). Rel. Min. Rogerio Schietti Cruz.
308. STJ- Informativo. 21/11/2018. STJ. RHC 82799. 6ª T. Rel. Min. Rogério Schietti Cruz.
309. Informativo do STJ. 03/12/2018. STJ. CC 161.123. 3ª Seção. Rel. Min. Sebastião Reis Júnior.

do Banco Central, de modo que a competência para processar e julgar a infração será da Justiça Estadual.

Competência para apurar irregularidades em entidade do *Sistema S*

O Sistema S é um conjunto de organizações e instituições ligadas aos setores produtivos que têm como objetivo promover saúde, lazer e formação profissional aos associados, incluindo o Senai, Sesi, Senac, Sesc, Sebrae e outros.

Compete à Justiça Estadual julgar ações que tratem de irregularidades ou crimes junto ao Sistema S, porque, os serviços sociais são autônomos, e prestados por pessoas jurídicas de direito privado, apesar de receberem recursos públicos e serem fiscalizados pelo Tribunal de Contas da União, mas não são entidades integrantes da Administração Pública Federal[310]. Pensamos que esse entendimento deve ser alterado, atribuindo-se como competente a Justiça Federal para julgar eventuais infrações perpetradas no contexto do Sistema S, afinal, só no ano de 2016, o Sistema S recebeu repasses da Receita Federal no valor de R$ 16 bilhões de reais[311], o que deixa mais do que evidente o interesse da União em verificar qual o destino dado a tais vultosos recursos.

Invasão e danos a consulado

O STF decidiu no sentido de que, pichamento de paredes, e o impedimento de que o agente consular norte-americano deixasse a sala, são fatos criminosos (dano, violação de domicílio, corrupção de menores e cárcere privado) que devem ser apurados pela Justiça Federal, porque é dever da União assegurar a incolumidade de agentes e agências consulares, como decorrência direta das relações diplomáticas que a União mantém com os Estados estrangeiros[312].

Crime de apropriação indébita

Consuma-se onde o agente tenha invertido a posse, passando a se comportar como dono, conforme o STJ[313].

O crime de apropriação indébita se consuma, segundo Vicente Greco Filho[314], "(...) no local em que foi praticado um ato que exterioriza a decisão do possuidor ou detentor de se transformar em proprietário, desprezando-se a indagação do real momento subjetivo da mudança".

Crime contra a ordem tributária e competência

A competência será fixada pelo local onde se consumou a supressão ou redução do tributo, com seu lançamento definitivo, independentemente do local onde se encontra

---

310. Informativo do STF. 28/08/2015. STF. ACO 2640. Rel. Min. Luís Roberto Barroso. Informativo do STF. 11/12/2013. ACO 953. Rel. Min. Ricardo Lewandowiski.
311. Informação trazida por interessante artigo de Celso Ming, no jornal "O Estado de São Paulo", no dia 14 de maio de 2017, em artigo intitulado "A Caixa-preta do Sistema S".
312. Informativo do STF. 30/09/2015. RE 831996. Rel. Min. Cármen Lúcia.
313. STJ – CC 1.646- Rel. Min. Fláquer Scartezzini- RT 679/410).
314. Vicente Greco Filho, Manual de Processo Penal, p. 152.

sediada a empresa sonegadora[315]. Há entendimento, do STF, em sentido oposto, reputando não relevante, para se estabelecer a competência, o local onde houve o prejuízo pela sonegação de imposto, quando se trata de crime formal, que se consuma sem a necessidade de eclosão do resultado[316]. Quanto aos crimes materiais contra a ordem tributária, a competência para processar e julgá-los será do local onde ocorrer a consumação do delito com a constituição definitiva do crédito tributário[317].

Violação de direito autoral

Em regra, a competência é da Justiça Estadual, a não ser que, evidenciada a transnacionalidade do crime de violação de direito autoral, firme-se a competência pela Justiça Federal (art. 109, V, da CF)[318].

Danos ambientais a reservas da União ou a duas unidades da federação

A competência será da União, se a área que sofreu o dano ambiental for parque nacional, porque gerido por órgãos federais, especialmente o Ibama, que é autarquia federal[319]. Atingindo – o dano ambiental – duas ou mais unidades da Federação, a competência para apurar eventual crime ambiental será da Justiça Federal, porque as medidas de recomposição do meio ambiente afetado são de competência da União (art. 7º, XIV, e, da Lei Complementar 140/2011)[320].

A extração irregular de minérios causando degradação ambiental deve ser julgada pela Justiça Federal, porque tem relação direta com a exploração e usurpação de bem da União[321].

Furto eletrônico de valores

A prática de furto, mediante recursos tecnológicos, de uma agência situada em uma cidade (*v.g.*, São Bernardo do Campo, Estado de São Paulo) para outra (Belém do Pará, Estado do Pará), fará com que a competência seja fixada no local da consumação, que coincide com o local onde houve a subtração de numerário, saindo da esfera de disponibilidade da vítima; no nosso exemplo, a competência será fixada na comarca de São Bernardo do Campo[322].

Crimes de fraude contra o Fundef

Os crimes praticados em detrimento do Fundef (Fundo de Manutenção e Desenvolvimento do Ensino Fundamental e de Valorização do Magistério) deverão ser

---

315. Informativo do STF. 06/05/2016. ACO 2817. Rel. Min. Cármen Lúcia.
316. Informativo do STF. 15/07/2015. STF. ACO 2638 e 2639. Rel. Min. Dias Toffoli.
317. STJ – 5ª T. RHC 53434/SP. Rel. Min. Jorge Mussi. J. 07/03/2017, DJe 15/03/2017. STJ – 3ª Seção. CC 144872/RJ, Rel. Min. Reynaldo Soares da Fonseca. J. 25/02/2016, DJe 02/03/2016.
318. STJ. Conflito de Competência 127.584/PR (2013/0096747-0) (f).
319. Informativo do STJ. 20/02/2013. STJ. CC 104942. 3ª Seção. Rel. Min. Marco Aurélio Bellizze.
320. Informativo do STF. CC 7867. Rel. Min. Ricardo Lewandowski.
321. Informativo do STF. 27/11/2015. ACO 2752. Rel. Min. Luís Roberto Barroso.
322. Informativo do STJ. 21/02/2013. STJ. CC 126014. 3ª Seção. Rel. Min. Marco Aurélio Bellizze.

julgados pela Justiça Federal, pois o Fundo prejudicado atente à interesse da União, na sua missão constitucional na coordenação nacional do direito fundamental da educação, além do que a aplicação de verbas do fundo é fiscalizada pelo Tribunal de Contas da União (TCU)[323].

Havendo infrações penais cometidas na gestão das verbas educacionais (desvios), mesmo que não se relacionem aos repasses de dinheiro federal, atrairá a competência da Justiça Federal, uma vez que a política de educação é nacional e há interesse da União na correta aplicação dos recursos. Porém, as ações cíveis por improbidade administrativa serão promovidas pelo Ministério Público estadual, a não ser que haja reconhecimento posterior de lesão ao patrimônio da União[324].

Os crimes cometidos contra universidades privadas serão apuradas pela Justiça Estadual, por inexistir prestação de serviço ou emprego de recurso federal, segundo precedente do STF[325]. Há entendimento diametralmente oposto, do mesmo STF, sob o fundamento de que o ensino superior, ministrado por entidades particulares, constitui atividade delegada do Poder Público federal, de modo que, eventuais irregularidades nelas cometidas revela interesse da União, estabelecendo-se, assim, a competência da Justiça Federal[326]. Seguindo o raciocínio dessa última decisão que estabeleceu como competente a Justiça Federal no caso de irregularidades praticadas em instituições de ensino superior, havendo crime de falsificação de diplomas de tais entidades, seria atraída a competência da Justiça Federal.

Crime de perigo de desastre ferroviário (art. 260, IV, § 2º, do CP)

Segundo o STJ[327], a competência será da Justiça Estadual e não da Federal, porque o bem jurídico tutelado com o tipo penal é a incolumidade pública, sem afetar bens, serviços ou interesses da União.

Uso de documento falso perante policial rodoviário federal

O uso de carteira nacional de habilitação falsa perante autoridade da Polícia Federal, por caracterizar lesão a serviço da União, atrai a competência da Justiça Federal[328].

Apresentação de documento falso perante a Justiça Trabalhista

Apresentado o falso à jurisdição federal trabalhista, é tal órgão de justiça a vítima, assim fazendo incidir a competência federal[329].

---

323. Informativo do STJ. 02/03/2012. STJ. 3ª Seção. CC 119305. Rel. Desembargador Convocado Adilson Macabu.
324. Informativo do STF. STF. Pleno. ACOs 1109, 1241, 1250. Rel. Min. Ellen Gracie.
325. Informativo do STF. 08/10/2015. PET (petição) 5578. Rel. Min. Marco Aurélio.
326. Informativo do STF. 04/05/2016. ACO 2516. Rel. Min. Dias Toffoli.
327. STJ Recurso em Habeas Corpus 50.054/SP (2014/0177864-9). Rel. Min. Nefi Cordeiro.
328. STJ. CC 112.984/SE. Rel. Min. Marco Aurélio Bellizze. DJe 07/12/2011. STJ. CC 99.105/RS. Rel. Min. Jorge Mussi. DJe 27/02/2009.
329. STJ- CC 141.661/SP. Rel. Min. Reynaldo Fonseca, Rel. para o acórdão Min. Nefi Cordeiro. Julgado em 28/10/2015, publicado no DJe de 30/11/2015.

Falsificação de documento da Justiça Federal como meio para prática de estelionato

A competência será da Justiça Estadual e não Federal, porque, apenas indiretamente, poderia ser afetado o interesse da União, além do que o falso foi utilizado como meio para a prática de uma fraude – comprovação inverídica de prestação de serviços advocatícios, que não foram prestados[330].

Como alerta Vicente Greco Filho[331], "Se um crime seria, em tese, da competência da Justiça Federal, mas ele é crime – meio que fica absorvido pelo crime – fim, da competência da Justiça Estadual, esta é que se aplica, inexistindo competência da Justiça Federal. É o que acontece, por exemplo, com uma falsificação de documento federal, exclusivamente feita para a prática de crime de estelionato. Sendo este da competência da Justiça Estadual, esta é que prevalece".

Uso de documento federal falso

A apresentação de carteira funcional falsa da Polícia Federal é crime de competência da Justiça Estadual, quando apresentado perante autoridade estadual, não configurando lesão ao interesse da União[332].

Omissão de dados de carteira de trabalho

Há precedente do STF[333] no sentido de que o crime referente à omissão de dados relativos a contrato de trabalho, na Carteira de Trabalho e Previdência Social (CTPS) – art. 297, § 4º do CP – é de competência da Justiça Estadual, porque não há lesão a interesse ou bem da União para atrair a competência da Justiça Federal.

Em outra decisão, o mesmo STF[334] decidiu de maneira diametralmente oposta: a omissão de dados em carteira de trabalho é de competência da Justiça Federal, pois cabe aos juízes federais processar e julgar os crimes contra a organização do trabalho, além do que se visa tutelar – com tal tipificação penal – a fé pública e veracidade dos documentos relacionados à Previdência Social.

Crimes contra o sistema financeiro

Os crimes contra o sistema financeiro (Lei 7.492/86), como gestão fraudulenta e temerária, são de competência da Justiça Federal (art. 26 da Lei 7.492/86). O crime de contratação de empréstimo bancário pessoal fraudulento (em nome de terceira pessoa que não tem conhecimento do negócio), *sem destinação específica*, constitui crime de estelionato (art. 171 do CP), de competência da Justiça Estadual, e não crime contra o sistema financeiro (art. 19 da Lei 7.492/86).

---

330. Informativo do STJ. STJ. 3ª Seção. CC. 125065. Rel. Min. Rel. Sebastião Reis Júnior.
331. Vicente Greco Filho, Manual de Processo Penal, p. 148.
332. STJ. Conflito de Competência 123.304/SP (2010/0132005-0) (f). Rel. Min. Jorge Mussi. Julgado em 28/04/2012.
333. Informativo do STF. 28/09/2015. Petição (PET) 5084. Rel. Min. Marco Aurélio.
334. Informativo do STF. 03/06/2013. STF. Ação Cível Originária (ACO) 1440. Rel. Min. Celso de Mello.

Todavia, se o empréstimo bancário fraudulento tiver destinação específica (aquisição de carro, por exemplo), estabelece-se o elemento normativo do tipo penal do art. 19 da Lei 7.492/86, qual seja, a de *fraude em financiamento* (e não em empréstimo), o que faz com que seja estabelecida a competência da Justiça Federal como determina o art. 26, *caput*, da Lei 7.492/86)[335].

Crime de cartel

Em regra, o crime de cartel (previsto na Lei 8.137/90) é de competência da Justiça Estadual[336]. Todavia, se a prática de cartel atingir diversos Estados da Federação, será atraída a competência da Justiça Federal[337].

Remessa de drogas por via postal

Trata do assunto a Súmula 528 do STJ: "Compete ao juiz federal do local da apreensão da droga remetida do exterior pela via postal processar e julgar o crime de tráfico internacional".

Irregularidades no programa "Minha Casa, Minha Vida"

Havendo possíveis irregularidades no cadastro do programa citado, ainda que cometidas por autoridades estaduais ou municipais, a atribuição para apurá-las será do Ministério Público Federal, e o processo deverá ser ajuizado perante a Justiça Federal, porque patente o interesse da União, dado o fato de que deve – tal ente federativo – fiscalizar a correta aplicação dos recursos federais[338].

Crimes praticados por empresas de *factoring*

Se a concessão de empréstimos, através de recursos próprios e não captados de terceiros, por empresas de *factoring*, caracterizarem empréstimos a juros abusivos, seus responsáveis poderão ser responsabilizados pelo crime de usura (art. 4º da Lei 1.521/51), cuja competência será da Justiça Estadual, e não crime contra o Sistema Financeiro[339].

Porém, se a empresa de *factoring* realizar, sem autorização legal, a captação e aplicação de recursos financeiros de terceiros, operando como verdadeira instituição financeira, configura-se, em tese, o crime previsto no art. 16 da Lei 7.492/86 (fazer operar instituição financeira sem autorização), crime este contra o Sistema Financeiro, de competência da Justiça Federal[340].

Desacato contra integrante das Forças Armadas em função de segurança pública

Em caso julgado pelo STF, por sua 1ª Turma, referente aos delitos de desacato e lesões corporais perpetrados por civil contra soldado do Exército que ocupava o

---

335. Informativo do STJ. STJ. CC 112244. 3ª Seção. Rel. Min. Og Fernandes.
336. Informativo do STF. 13/07/2016. RHC 121985. Rel. Min. Edson Fachin.
337. Informativo do STJ. REsp 1265395. Rel. Min. Laurita Vaz.
338. Informativo do STF. 19/02/2015. STF. ACO 2166. Rel. Min. Luiz Fux.
339. STJ. CC 99.305/PR. Rel. Min. Maria Thereza de Assis Moura. DJe 20/02/2009.
340. STJ. Conflito de Competência 115.338/PR (2010/0227777-6). Rel. Min. Marco Aurélio Bellizze.

"Morro do Alemão", na cidade do Rio de Janeiro, entendeu-se que a competência é da Justiça Militar da União, porque os delitos ocorreram dentro de estabelecimento sob administração militar e contra militar em serviço[341]. Em outra decisão do Pretório Excelso, também por parte da sua 1ª Turma, que tratava de desacato em área não militar – no território do "Morro do Alemão", praticado por civil contra integrante do Exército, optou-se pela competência da Justiça Militar da União, sob o fundamento que a função de segurança pública, embora atípica, é prevista em lei, e as Forças Armadas devem ter essa proteção institucional, qual seja, de julgamento de ocorrências penais pela Justiça Castrense[342].

A 2ª Turma, do STF[343], porém, tem entendimento diverso, no sentido de que réus-civis – em tempos de paz, acusados, por exemplo, de desacato, resistência e desobediência a militares que participavam da ocupação do Complexo do Alemão devem ser julgados pela Justiça Comum Federal e não pela Justiça Militar da União, porque a função exercida pelos militares era de policiamento ostensivo, atividade essa atípica de segurança pública.

Aguarda-se a decisão do Plenário, do STF, nos autos de HC 112848, a respeito desse tormento tema.

O STJ[344], em sentido semelhante ao que decidido pela 2ª Turma do STF, reputou ser de competência da Justiça Comum Federal o crime de desacato, por civil, contra militar da Marinha do Brasil, em atividade de vigilância naval.

Polícia administrativa naval exercida por Militar: competência da Justiça Militar

A Justiça Militar da União é competente para processar e julgar militar acusado de autorizar a navegação de uma balsa sem realizar as vistorias necessárias; decidiu, o STF[345], por maioria, que a conduta do militar vulnerou a ordem administrativa militar consistente na segurança da navegação aquaviária de incumbência da Marinha do Brasil, o que atrairia a competência da Justiça Militar.

Pichação de muro de imóvel sob administração militar

Por se tratar de dano ao patrimônio urbanístico (Lei 9.605/68), cuja conduta não é prevista no CP Militar, não se configura crime militar, mas crime comum que deve ser julgado pela Justiça Comum, no entanto, se o militar, em serviço ou área militar, praticar tal conduta criminosa, o crime será considerado como militar, de acordo com a atual redação do inciso II do art. 9 do Código Penal Militar, trazido pela Lei 13.491, de 13 de outubro de 2017.

---

341. Informativo do STF. 27/05/2014. STF. HC 121083. 1ª T. Rel. Min. Luiz Fux.
342. Informativo do STF. 13/05/2014. STF. HC 112932. 1ª T. Rel. Min. Luís Roberto Barroso.
343. Informativo do STF. 30/04/2015. STF. HC 127194. 2ª T. Rel. Min. Dias Toffoli. Informativo do STF. 05/02/2013. HC 112936. 2ª T. Rel. Min. Celso de Mello.
344. STJ. Conflito de Competência 130.996/PA (2013/0366635-5). Rel. Min. Rogerio Schietti Cruz.
345. Informativo do STF. 10 de outubro de 2017. STF. 1ª T. HC 110233. Rel. Min. Luiz Fux.

Crime licitatório em detrimento do patrimônio militar

A competência será da Justiça Comum, porque os crimes contra o processo licitatório são previstos apenas na Lei 8.666/90, e não no Código Penal Militar[346], porém, se o militar, em serviço ou área militar, praticar tal conduta criminosa, o crime será considerado como militar, de acordo com a atual redação do inciso II do art. 9 do Código Penal Militar, trazido pela Lei 13.491, de 13 de outubro de 2017.

Estelionato em detrimento do patrimônio militar

A competência será da Justiça Militar, porque o objeto do delito é afeto à administração militar, mesmo que o crime seja praticado por civil[347]. O saque indevido por civil, de benefício de pensão militar, por afetar bens e serviços das instituições militares, atrai a competência da Justiça Militar[348]. Evidente que o civil só poderá ser julgado pela Justiça Militar da União, jamais pela Justiça Militar Estadual, que só possui competência para julgar militares e não civis.

Criação de nova vara e redistribuição de feitos

A criação de nova vara criminal autoriza a redistribuição de feitos, não havendo se falar em ofensa à *perpetuatio jurisdicionis*, sob pena de se comprometer o princípio constitucional da razoável duração do processo[349].

Pensamos que esse entendimento deve ser temperado com o princípio da identidade física do juiz (art. 399, § 2º, do CPP), de modo que os feitos criminais, em que ainda não se iniciou a instrução, podem ser remetidos para a Vara recém – criada; já os outros, em que se deu início à colheita da prova oral, fica vinculado o magistrado daquele Juízo, não se autorizando a remessa para o novo Juízo.

Vara da Infância e Juventude com competência criminal

Pacificou o STF a possibilidade de que lei estadual confira poderes ao Conselho da Magistratura para atribuir aos juizados da infância e da juventude competência para processar e julgar crimes de natureza sexual praticados contra criança e adolescente, de acordo com a competência que possuem os tribunais (art. 96, I, da CF) de alterar a competência dos órgãos do Poder Judiciário através de provimentos[350].

O STJ[351] passou a seguir o mesmo entendimento, após decisões do STF pela constitucionalidade do julgamento de crimes pelo Juizado da Infância e da Juventude.

Transferência de preso para presídio de segurança máxima federal

A Lei 11.671/2008 prevê a possibilidade de transferência, para presídios de segurança máxima federais, de presos provisórios ou definitivos, recolhidos em presídios

---

346. STJ. Conflito de Competência 146.388/RJ (2016/0113026-3). Rel. Min. Felix Fischer.
347. Informativo do STF. 27/08/2013. HC 117180 e 117428. 2ª T. Rel. Min. Cármen Lúcia.
348. Informativo do STF. 04/11/2014. STF. HC 124819. Rel. Min. Luiz Fux.
349. Informativo do STF. 23/04/2013. STF. HC 108749. 2ª T. Rel. Min. Cármen Lúcia.
350. STF. HC 113018/RS. 2ª T. Rel. Min. Ricardo Lewandowski. 29/10/2013.
351. STJ. HC 238.110/RS (2012/0067504-0). Rel. Min. Rogerio Schietti Cruz.

estaduais, quando a medida se justificar no interesse da segurança pública ou do próprio preso. Tanto a admissão do preso, pelo período máximo de permanência de 360 dias, quanto a renovação de sua estada no presídio federal, dependem de decisão do juízo federal competente. No caso de a solicitação do juízo estadual, seja no caso de transferência do preso ou de sua renovação de permanência, for rejeitada pelo juízo federal, será possível suscitar-se conflito de competência perante o STJ. O STJ[352] decidiu que o mérito quanto à necessidade de permanência do preso em presídio de segurança máxima é do juiz estadual, juízo originário que detém informações detalhadas a respeito da situação carcerária e periculosidade do detento, e não do juiz federal. Ao Juízo Federal não compete realizar juízo de valor sobre as razões de fato emanadas pelo Juízo solicitante, sendo-lhe atribuído, pelo art. 4º da Lei 11.671/2008, apenas, o exame da regularidade formal da solicitação[353].

Competência para interditar presídio

Segundo o STJ[354], a competência para interditar presídios é do juiz da execução criminal competente, seja da Justiça Federal (presídio federal), seja da Justiça Estadual (presídio estadual), de acordo com o art. 66, VIII, da Lei de Execução Penal.

5.18. CRITÉRIOS PRÁTICOS PARA A FIXAÇÃO DA COMPETÊNCIA

Para se estabelecer, de maneira concreta, a competência, deve-se seguir as seguintes fases de análise:

1ª - Fase - verificar se o acusado possui foro por prerrogativa de função

Na hipótese de o acusado ser, *v.g.*, deputado federal será processado e julgado pelo STF, pouco importando o lugar onde foi praticada a infração; se for juiz de direito ou promotor de justiça serão processados pelo Tribunal de Justiça, pouco importando o lugar onde foi praticada a infração; o crime perpetrado por desembargador do Tribunal de Justiça será julgado pelo STJ, igualmente, pouco importando o local onde foi cometido o delito.

Como vimos acima, ao tratar da competência por prerrogativa de função, o que é relevante é o nexo entre o cargo ocupado pelo acusado e o Tribunal com competência originária para processá-lo e julgado, sendo irrelevante, assim, o local da infração. Verificar se o acusado possui prerrogativa de foro é o primeiro passo para se estabelecer a competência.

Se houver previsão de prerrogativa de foro do acusado perante o STF e STJ, os quais julgarão todas as infrações penais, inclusive as militares e eleitorais, a competência já estará estabelecida e não será necessário recorrer aos outros critérios – competência pela matéria (ou competência de Justiça – Justiça Comum – federal ou estadual; Justiça

---
352. STJ. 3ª Seção. CC 154.679. Rel. Min. Reynaldo Soares da Fonseca.
353. STJ- CC 161.377/RJ (2018/0261087-0). Rel. Min. Laurita Vaz.
354. Informativo do STJ. 19/10/2018. STJ. REsp 1618316. 2ª T. Rel. Min. Francisco Falcão.

Especial – Eleitoral ou Militar), ou competência territorial. É o caso dos deputados federais, senadores, ministros de estado que responderão, por quaisquer delitos, perante o STF, não se perquirindo, desse modo, a competência pela matéria, nem pelo local.

De igual maneira, se um desembargador ou governador de estado cometerem qualquer delito (inclusive militar e federal) serão julgados pelo STJ, sem que se preocupe a respeito da competência pela matéria (da Justiça Militar ou Eleitoral), ou pelo local. Haverá casos, entretanto, que será necessário combinar a competência por prerrogativa de função com a competência pela matéria (competência de "Justiça"), como, por exemplo: juiz ou promotor que cometam crimes eleitorais serão julgados pelo Tribunal Regional Eleitoral (combinação da prerrogativa de foro – Tribunal – com a competência de Justiça – Justiça Eleitoral). Deputado estadual que cometa um crime federal será julgado pelo Tribunal Regional Federal – combinação da competência por prerrogativa de foro prevista na Constituição Estadual com a competência de Justiça – pela matéria – Justiça Federal. Deputado estadual que cometa crime contra as instituições militares federais será julgado pelo Superior Tribunal Militar, solução de competência que mescla a competência por prerrogativa de função (Tribunal) com a competência pela matéria (Justiça Militar). Prefeito que pratique um crime eleitoral ou federal será julgado, respectivamente, pelo Tribunal Regional Eleitoral ou pelo Tribunal Regional Federal – junção de dois critérios de competência: por prerrogativa de foro – Tribunal e pela matéria – competência de Justiça.

Há, como se nota, duas variantes da competência de foro:

1ª – **competência de foro pura** (basta o cargo para se saber o órgão competente para julgar o crime, por exemplo, STF para deputado federal; STJ para desembargador);

2ª – **competência de foro mista** (necessária a análise do cargo ocupado e a competência pela matéria (ou de Justiça), simultaneamente; exemplos já citados: deputado estadual que cometa crime federal ou eleitoral é julgado pelo TRF ou TRE.

2ª Fase – Verificação da Competência de Justiça ou de Jurisdição, ou pela matéria (natureza da infração penal)

Verificada a questão da competência por prerrogativa de função, a qual poderá responder, isoladamente, ou em combinação com a competência de Justiça a questão – competência de foro pura e mista – passa-se a analisar a questão da competência de Justiça: Justiça Comum – Federal ou Estadual; Justiças Especiais – Justiça Militar ou Eleitoral, todas estabelecidas pela natureza da infração.

3ª – Fase – Verificação da competência territorial

Constatada qual é a Justiça competente, deve-se verificar qual é o território, pelo local da infração, onde está instalado o órgão judiciário que irá julgá-la. São as comarcas, na Justiça Comum Estadual; as Seções e Subseções Judiciárias, na Justiça Comum Federal; as zonas eleitorais, na Justiça Eleitoral, as Circunscrições, no caso da Justiça Militar. Se não se souber precisamente o local da infração, será utilizada a prevenção (Competência pela prevenção), como critério subsidiário a fim de se fixar a competência. Nessa fase também deve-se pesquisar se a infração penal não é conexa ou se é continente com outro ilícito ou agente, a ponto de se exigir uma prorrogação de competência (Competência pela conexão ou continência).

4ª Fase – Verificação da Competência de Juízo

Verificado o território, deve-se perquirir qual é o órgão judiciário competente *in concreto* para julgar a infração penal; se o Juízo for especializado pela matéria para julgar a infração em tela, e não houver outro com essa especialização, será tal órgão de justiça o competente. Se não, passasse à próxima fase.

5ª Fase – Verificação da Competência por distribuição

Havendo mais de um juízo competente para julgar a infração, é preciso acompanhar a distribuição – sorteio – para que se saiba em qual Juízo "caiu" a ação penal distribuída.

6ª Fase – Verificação da competência funcional horizontal por fases do processo ou por objeto do juízo

Embora se saiba já qual é o juízo competente, é possível que o processo, dependendo da sua fase, seja remetido a outro que passa a ser o competente (competência funcional horizontal por fases do processo). Exemplo: Juízo com competência para exercer a jurisdição na 1ª fase do rito do Júri, depois de encerrada essa etapa, remete a outro juízo com competência exclusiva após a decisão de pronúncia para dar continuidade ao feito até a sessão plenária, o que é comum ser estabelecido através de Lei de Organização Judiciária dos Estados. Há, ainda, a competência funcional horizontal por objeto do juízo que se desenvolve, *v.g.*, no caso de julgamento pelo Tribunal do Júri, em que são divididas funções entre o Presidente do Júri e os membros do Conselho de Sentença: o juiz togado decide as questões processuais e detém o poder de polícia, enquanto que os jurados proferem veredicto a respeito das questões de mérito.

7ª Fase – Verificação da competência funcional vertical recursal

Prolatada decisão pelo juízo competente, e havendo irresignação, a parte deverá estudar qual é o órgão judiciário competente a quem deve ser endereçado o recurso.

CAPÍTULO 6
DAS QUESTÕES E PROCEDIMENTOS INCIDENTES

6.1. QUESTÕES E PROCEDIMENTOS INCIDENTES. CONCEITO. ESPÉCIES

São questões de mérito ou processuais que incidem no decorrer de um processo, e que precisam ser solucionadas antes da sentença.

Há **2 espécies de incidentes processuais,** *lato sensu*:

1ª – As questões prejudiciais: são aquelas que têm por objeto questões de mérito;

2ª – Processos incidentes: Os procedimentos incidentes são instaurados para a resolução de questões processuais, não se referindo ao mérito, como as prejudiciais. Embora a lei fale em *processos* incidentes, tecnicamente, a denominação correta é de procedimento incidente, pois existe um só processo onde incidem um ou mais procedimentos. Os procedimentos incidentes são: as exceções, as incompatibilidades e impedimentos, conflitos de jurisdição, restituição das coisas apreendidas, medidas assecuratórias, incidente de falsidade e o incidente de insanidade mental do acusado.

6.2. QUESTÕES PREJUDICIAIS

6.2.1. Conceito

Questões prejudiciais são pontos controvertidos a respeito da existência ou não de relações jurídicas de natureza penal ou civil cuja solução prévia é essencial ao julgamento da causa penal, que fica, assim, prejudicada.

Em outras palavras, o antecedente lógico da decisão criminal (que é a **questão prejudicada**) é a solução da **questão prejudicial** de natureza penal ou civil; apenas resolvendo-se a questão prejudicial, se saberá se houve ou não crime.

Exemplo: para que se constate a tipicidade do delito de bigamia, é imprescindível a apuração da validade do casamento anterior; se for válido, haverá o crime de bigamia; se nulas as núpcias pretéritas, estará caracterizada a atipicidade da conduta do crime de bigamia.

O casamento anterior é questão prejudicial à apuração do crime de bigamia, que se torna, assim, prejudicado.

Outro exemplo: crime de lavagem de dinheiro pressupõe a prática de delito anterior – um estelionato, furto, corrupção ativa, etc; o crime anterior é questão prejudicial à apuração do delito de lavagem de capitais, que se torna, assim, prejudicado.

Como se nota, as questões prejudiciais e prejudicadas, cíveis (bigamia e casamento anterior) ou penais (lavagem de dinheiro e crime anterior) são fatos conexos, no campo lógico e probatório, o que justifica sua discussão concomitante.

6.2.2. Características essenciais das questões prejudiciais

As questões prejudiciais são dotadas de **autonomia**, ou seja, elas poderiam ser objeto de um processo autônomo para a solução de sua controvérsia; usando dos nossos exemplos acima, os crimes antecedentes ao delito de lavagem de capitais – estelionato, corrupção, furto – podem ser objeto de processo autônomo para sua apuração; a validade ou não do casamento, no caso da bigamia, pode ser objeto de um processo autônomo no cível.

As questões prejudiciais têm como atributo também a **anterioridade**: devem ser decididas, necessariamente, antes das questões prejudicadas. O juiz, para sentenciar o delito de bigamia e de lavagem de capitais (questões prejudicadas), pela lógica, deverá verificar, respectivamente, se o casamento anterior era ou não válido, e constatar se houve crimes anteriores à lavagem de capitais.

6.2.3. Diferenças entre questões prejudiciais e questões preliminares

Existem distinções entre as questões prejudiciais e as questões preliminares, que são as seguintes:

1ª – As questões prejudicais referem-se ao mérito da causa, ao direito material (penal), enquanto que as preliminares têm por objeto o direito processual, porque se referem aos pressupostos processuais;

2ª – As questões prejudiciais são autônomas, existem por si sós, mesmo que não houvesse as questões prejudicadas; exemplo: o crime de roubo de um automóvel que, depois, é recebido por agente que sabia de sua origem criminosa (receptação) aponta para uma questão prejudicial (o crime de roubo anterior à receptação) e uma questão prejudicada (a receptação, que depende da prova da existência do crime anterior); é certo que o delito de roubo possui existência autônoma, a justificar um processo apenas para sua apuração. Quanto à preliminar, v.g., de nulidade da citação, é claro que não possui existência autônoma, dependendo, para sua existência, de um processo criminal em que se discute sua regularidade; a preliminar, por si só, jamais justificaria a instauração de um processo criminal para sua análise.

3ª – As questões prejudiciais podem ser decididas pelo juízo criminal ou pelo juízo civil, conforme o caso. As questões preliminares devem ser dirimidas, exclusivamente, pelo juiz criminal.

6.2.4. Espécies de questões prejudiciais

1ª – Questões prejudiciais homogêneas, comuns ou imperfeitas, ou não devolutivas

São aquelas em que a questão prejudicial e a prejudicada têm natureza criminal. Exemplo: para se apurar a prática do crime de receptação de um bem (questão prejudicada), se constata, antes, a existência do furto daquele objeto (questão prejudicial). Como já viu no Capítulo competência, o correto é que os delitos que apresentam conexão probatória (art. 76, III, do CPP), como, no nosso exemplo, a receptação e o furto, por serem fatos conexos, fossem julgados no mesmo processo, o que, em ocorrendo, levará com que o juiz decida, em primeiro lugar, a respeito da existência do crime anterior (furto), que é uma questão prejudicial homogênea (ambas de direito penal), para, apenas depois, julgar a receptação em si (questão prejudicada). Se não tiver ocorrido o *simultaneus processus* dos delitos de furto e receptação, mas apenas tramitar o feito criminal tendo por objeto o delito de receptação (crime prejudicado), o juiz, ao sentenciar, embora não julgue o delito anterior (o furto), certamente aquilatará a respeito da sua existência ou não, pois se trata de questão prejudicial.

A questão prejudicial homogênea não é tratada expressamente no CPP, pois se trata de questão incidental lógica do julgamento, não necessitando de qualquer previsão legal.

Se houver conexão probatória de delitos levando à sua reunião em um mesmo processo, *v.g.*, furto (questão prejudicial) e receptação (questão prejudicada), é certo que a decisão a respeito das infrações penais levará à coisa julgada de ambas. No entanto, como observa Renato Brasileiro de Lima[1], quando não há essa conexão, por exemplo, se tramitou isoladamente um feito criminal tendo por imputação exclusiva o delito de receptação, e o juiz, ao condenar, declarou existir prova do ilícito anterior (furto), essa decisão, a respeito do crime prejudicial (questão prejudicial) – o furto – não transitará em julgado. Significa dizer que, mesmo que o juiz admita a prática do furto, para condenar o acusado de receptação, nada impediria que, no processo em que se apura a autoria do delito de furto, o acusado desse último delito fosse absolvido, por qualquer fundamento, inclusive o de inexistência material do fato (nessa hipótese, seria possível o ajuizamento de revisão criminal para rescindir a condenação por receptação, se houver transitado em julgado a decisão; se ainda não houver o trânsito, cabível a interposição de recurso de apelação, ou mesmo *habeas corpus* visando afastar a condenação injustamente imposta).

---

1. Renato Brasileiro de Lima, *Curso de Processo Penal*, p. 1059.

As questões prejudiciais homogêneas são também denominadas **não devolutivas**, porque sua solução se dá no âmbito do próprio feito criminal, sem a remessa a qualquer outro juízo.

2ª – Questões prejudiciais heterogêneas, perfeitas ou jurisdicionais ou devolutivas

São aquelas em que a questão prejudicada é penal, mas a questão prejudicial tem natureza extrapenal. Exemplo: para que se julgue um processo pelo crime de bigamia (questão prejudicada), é necessário apurar no juízo cível a validade do casamento anterior (questão prejudicial); se for válido o matrimônio anterior, haverá crime; se não, o fato será atípico.

As questões prejudiciais heterogêneas são também denominadas de questões prejudiciais devolutivas, porque devem, ou podem, conforme o caso, ser solucionadas por juízo diverso do penal. A decisão tomada pelo juízo cível vincula o magistrado penal, que não pode decidir contrariamente ao seu teor.

Classificação das questões prejudicais heterogêneas:

1ª – Questões prejudiciais totais e parciais

As questões prejudiciais heterogêneas podem ser **totais**, por se referirem à própria tipicidade do fato, ou **parciais**, por se vincularem a determinadas circunstâncias do fato criminoso, como, por exemplo, qualificadoras, causas de aumento de pena. Critica essa classificação, com acerto, Renato Brasileiro de Lima[2], para quem, por definição legal (arts. 92/93 do CPP), as prejudiciais necessariamente serão totais, porque se referem à própria existência da infração penal, à sua tipicidade, pois, como explica o citado autor, "(...) há de se concluir que essa classificação revela-se imprópria, porquanto somente a questão prejudicial que afetar a existência da infração penal (prejudicial total) pode ser tratada como tal".

2ª – Questões prejudiciais devolutivas absolutas ou obrigatórias (necessárias) e questões prejudiciais relativas ou facultativas

As questões prejudiciais absolutas ou obrigatórias ou necessárias são aquelas em que só podem ser solucionadas pelo juízo extrapenal; o juiz penal é obrigado, por força de lei, a remeter a questão prejudicial ao juízo não penal, para dirimi-la. É o que se dá quando a questão prejudicial se refere ao estado civil das pessoas, como se verifica pelo art. 92 do CPP. Exemplo: se houver dúvida, no desenrolar do processo crime pelo delito de bigamia, a respeito da validade do casamento anterior do acusado, o juiz deve suspender o processo, e remeter a questão prejudicial à decisão do juiz cível; em hipótese alguma poderá o magistrado penal dirimir essa questão prejudicial, quando

---

2. Renato Brasileiro de Lima, *Curso de Processo Penal*, p. 1061.

envolver o estado civil da pessoa. A decisão tomada pelo magistrado cível vincula o juiz penal, que não pode decidir contrariamente ao seu teor.

Já as questões prejudiciais relativas ou facultativas são as questões prejudiciais extrapenais que podem ser apreciadas ou não pelo juízo extrapenal, o que dependerá da análise do magistrado penal: se entender por sua necessidade, remeterá a questão prejudicial para ser deliberada pelo juízo extrapenal; se entender despicienda a providência, decidirá, ele próprio – o juiz penal – a questão prejudicial. Essa modalidade de questão prejudicial é prevista no art. 93 do CPP, e se refere a questões extrapenais não relacionadas ao estado civil das pessoas. Do mesmo modo que ocorre com as prejudiciais obrigatórias, a decisão do juiz cível vincula o magistrado penal.

6.2.5. Métodos de solução das questões prejudiciais

Tratando-se das questões prejudiciais homogêneas, a solução se dará perante o próprio juízo penal onde se discute a questão prejudicada (é o nosso exemplo do processo por crime de receptação, em que o juiz penal deverá decidir, antes, a respeito da existência do crime anterior de furto do objeto receptado).

Quanto à **solução das questões prejudiciais heterogêneas**, a doutrina aponta a existência de 4 **sistemas**:

1º – Sistema do predomínio da jurisdição ou da justiça penal ou da cognição incidental

A competência do juízo penal abarcaria todos os antecedentes lógicos de sua decisão, incluindo as questões extrapenais.

2º – Sistema da separação jurisdicional absoluta ou da prejudicialiade civil absoluta ou da prejudicialidade obrigatória

Cada ramo de justiça deve ter competência para julgar a matéria que lhe é própria, separadamente; desse modo, o juiz penal jamais julgaria uma questão prejudicial extrapenal.

3º – Sistema da Prejudicialidade facultativa

Caberá ao juízo penal, discricionariamente, remeter ou não, ao juízo extrapenal, a questão prejudicada heterogênea.

4º – Sistema misto ou eclético

É uma mistura dos dois anteriores – o sistema da prejudicialidade obrigatória e o da prejudicialidade facultativa; a lei distingue casos em que o juízo penal poderá decidir a questão prejudicial extrapenal, e outros em que deverá remeter ao juízo competente tal questão. Este é o sistema adotado pelo CPP. O denominado princípio da suficiência da ação penal é relacionado com o sistema eclético adotado em nosso ordenamento, porque, em regra, o processo penal será suficiente para que o juiz penal decida todas as questões prejudiciais, homogêneas e heterogêneas, desde que, estas últimas, não se relacionem com o estado civil das pessoas; também não será suficiente o processo penal, na hipótese de questão prejudicial heterogênea relacionada a controvérsia extrapenal reputada pelo juiz penal como de difícil solução.

6.2.6. Espécies de questões prejudiciais heterogêneas

São 2 as espécies:

1ª – Questões prejudiciais heterogêneas obrigatórias ou devolutivas absolutas

Se a decisão sobre a existência da infração depender da solução de controvérsia, que o juiz repute séria e fundada, sobre o estado civil das pessoas, o curso da ação penal ficará suspenso até que no juízo cível seja a controvérsia dirimida por sentença passada em julgado, sem prejuízo, entretanto, da inquirição das testemunhas e de outras provas de natureza urgente (art. 92 do CPP).

São chamadas de prejudiciais obrigatórias porque a solução do processo criminal dependerá, obrigatoriamente, de decisão do juízo cível sobre a questão. A suspensão do processo é por prazo indeterminado, até que a decisão do juízo cível transite em julgado.

Requisitos para o reconhecimento pelo juiz da questão prejudicial obrigatória ou devolutiva absoluta:

I – A questão prejudicial heterogênea deve versar a respeito do estado civil da pessoa, imprescindível para que se saiba se há ou não tipicidade

É o exemplo por nós citado do processo crime em que se imputa o crime de bigamia em que surge controvérsia a respeito da validade do casamento anterior; se o casamento anterior foi inválido, o fato será atípico; se válido, o fato em si seria típico.

A situação do estado civil da pessoa se refere, exclusivamente, como salientado por Vicente Greco Filho[3], ao "(..) parentesco e casamento. Capacidade não, porque a inimputabilidade é sempre aferida por meio do incidente de insanidade no próprio processo penal. Também não os outros estados, como o profissional e o político. A despeito de importantes, não se referem ao estado civil e, portanto, a suspensão não será obrigatória, (...)".

A solução da questão prejudicial extrapenal é o pressuposto para que se saiba se foi praticado ou não crime, relacionando-se à tipicidade do fato, como dissemos; se a questão prejudicial se referir a fatos que não se relacionam com a tipicidade, mas apenas com suas circunstâncias, como, por exemplo, agravantes ou atenuantes (a menoridade relativa do acusado – mais de 18 anos e menos de 21 anos –, crime contra ascendente, descendente etc), não haverá, nos termos da lei, questão prejudicial, que só pode ser total – se relacionar com a tipicidade da imputação formulada na denúncia –, jamais com um dado acessório que possa influenciar apenas na dosagem da pena.

---

3. Vicente Greco Filho, Manual de Processo Penal, p. 168.

II – A controvérsia a respeito do estado civil deve ser séria e fundada

Pelo texto da norma em estudo, não basta que surja uma controvérsia a respeito do estado civil da pessoa, essa controvérsia deve passar pelo filtro do magistrado que deverá reputá-la séria e fundada; se tal não ocorrer – se o juiz entender como manifestamente protelatória a controvérsia, porque sem fundamento, poderá indeferir, justificadamente, o pedido de suspensão do processo para dirimir a questão prejudicial heterogênea.

Efeitos do reconhecimento da questão prejudicial heterogênea obrigatória

I – Suspensão do processo até o trânsito em julgado da sentença cível

O juiz determinará a suspensão do processo criminal para dirimir a questão prejudicial que se refere ao estado civil, de ofício ou a pedido das partes. O processo criminal ficará suspenso por prazo indeterminado – até o trânsito em julgado da sentença cível, cujo conteúdo, como já se viu, vincula o magistrado penal.

II – Suspensão da prescrição

Determinada a suspensão do processo em razão da prejudicial, estará suspensa, automaticamente, por força de lei (art. 116, I, do CP), a prescrição, independentemente de declaração expressa do magistrado a respeito. Como se trata de suspensão, o prazo prescricional corrido entre o recebimento da denúncia ou queixa e a data em que foi determinada a suspensão do processo, porque reconhecida a questão prejudicial heterogênea, é computado; reiniciado o processo, após o trânsito em julgado da sentença cível, o prazo prescricional voltará a contar, mas levará em conta, para efeito do prazo prescricional, o lapso temporal já percorrido, antes da decretação da suspensão (o tempo transcorrido entre o recebimento da denúncia ou queixa e a data em que o processo foi suspenso).

III – Inquirição das testemunhas arroladas e produção de outras provas de natureza urgente

Como o prazo em que poderá ficar suspenso o processo pode ser significativo – normalmente anos – o magistrado pode determinar a produção antecipada da prova testemunhal, dado o fato, absolutamente notório, que a memória humana fraqueja ante o decurso do tempo; por isso, determina-se a produção antecipada da prova testemunhal, que deve englobar, também, por interpretação extensiva, a colheita, igualmente, e pelos mesmos motivos, das declarações das vítimas. Além da prova oral, pode-se determinar a produção de outros elementos de convicção reputados urgentes, como, *v.g.*, perícias, reconhecimento de pessoas ou coisas, acareação entre testemunhas (que nada mais é que depoimentos contraditórios confrontados), etc.

IV – Atuação do Ministério Público ou do querelante no processo cível

Se for o crime de ação pública, condicionada ou incondicionada, o Ministério Público, quando necessário, promoverá a ação civil ou prosseguirá na que tiver sido iniciada, com a citação dos interessados (art. 92, § único do CPP). Se não tiver sido ajuizada a ação civil, o *Parquet* deverá dar início à *actio*; se já ajuizada a ação cível, o Ministério Público deverá velar por sua celeridade. Esse dever é do membro do *Parquet* que oficiar no cível e não daquele que atua, com atribuição exclusiva, no crime.

Mas, no caso de ação penal privada, em que surge uma questão prejudicial heterogênea relacionada ao estado civil da pessoa, o Ministério Público não estará autorizado a promover a ação civil ou prosseguir na que tiver sido iniciada, em razão de sua evidente falta de legitimidade para tanto; caberá, exclusivamente, ao querelante tais funções. Com entendimento diverso Norberto Avena[4], para quem poderia o *Parquet* promover a ação civil no caso de inércia, como fiscal da lei.

2ª – Questões prejudiciais heterogêneas facultativas ou devolutivas relativas

Se o reconhecimento da existência da infração penal depender de decisão sobre questão de competência do juízo cível, mas não relacionada com o estado civil, e se, no juízo cível, houver sido proposta ação para resolvê-la, o juiz criminal poderá, desde que essa questão seja de difícil solução e não verse sobre direito cuja prova a lei civil limite, suspender o curso do processo, após a inquirição das testemunhas e realização das outras provas de natureza urgente (art. 93, *caput*, do CPP).

São as chamadas prejudiciais facultativas ou devolutivas relativas porque a solução do processo criminal poderá depender, de maneira facultativa e não obrigatória, de decisão do juízo cível sobre a questão. A suspensão do processo é por prazo determinado, que poderá ser razoavelmente prorrogado, se a demora não for imputável à parte. Expirado o prazo, sem que o juiz cível tenha proferido decisão, o juiz criminal fará prosseguir o processo, retomando sua competência para resolver, de fato e de direito, toda a matéria da acusação ou da defesa (art. 93, § 1º do CPP).

Um bom exemplo de questão prejudicial heterogênea facultativa é trazido por um caso concreto decidido pelo STJ[5] em que, em um processo criminal contra a ordem tributária (crime de descaminho), suspendeu-se o andamento do feito porque, em outro processo que corria perante a Vara Cível, se reconheceu não ter havido prova de importação fraudulenta de mercadorias.

Em outra decisão, também do STJ[6], em que um débito fiscal tinha sido anulado por decisão judicial, foi sobrestado o andamento da própria investigação criminal – do inquérito – até que fosse dirimida, em definitivo, a questão de natureza civil.

---

4. Norberto Avena, Processo Penal Esquematizado, p. 330.
5. STJ – Recurso Especial nº 1.413.829-CE (2013/0357713-9). Min. Rel. Maria Thereza de Assis Moura.
6. STJ – 5ª T. Min. Rel. Jorge Mussi, HC 130.507/SP, j. 12/04/2011, DJe 04/05/2011..

Requisitos para o reconhecimento pelo juiz da questão prejudicial facultativa ou devolutiva relativa:

I - A questão prejudicial heterogênea deve versar a respeito de tema não relacionado com o estado civil da pessoa, imprescindível para que se saiba se há ou não tipicidade

A solução da questão prejudicial extrapenal é o pressuposto para que se saiba se foi praticado ou não crime, relacionando-se à tipicidade do fato, como dissemos. A questão extrapenal pode se relacionar ao direito civil, administrativo, trabalhista, tributário, comercial etc.

Se a questão prejudicial se referir a fatos que não se relacionam com a tipicidade, mas apenas com suas circunstâncias, não haverá, nos termos da lei, questão prejudicial, que só pode ser total – se relacionar com a tipicidade da imputação formulada na denúncia –, jamais com um dado acessório que possa influenciar apenas na dosagem da pena.

II - A controvérsia a respeito da questão extrapenal deve ser de difícil solução

Pelo texto da norma em estudo, não basta que surja uma controvérsia a respeito de questão extrapenal, essa controvérsia deve passar pelo filtro do magistrado que deverá reputá-la de difícil solução; se tal não ocorrer-se o juiz entender como manifestamente protelatória a controvérsia, porque sem fundamento, ou então que pode ser perfeitamente solucionada no Juízo Penal, sem necessidade de socorrer do Juízo especializado extrapenal, poderá indeferir, justificadamente, o pedido de suspensão do processo para dirimir a questão prejudicial heterogênea em outro juízo, chamando para si a integral solução da controvérsia.

III - Deve existir uma ação cível em andamento

No caso das questões prejudiciais obrigatórias, acima vistas, não era indispensável a existência de uma ação cível em andamento, mas, em se tratando de questões prejudiciais facultativa, sim. A ação cível deve ter sido ajuizada, como explica Renato Brasileiro de Lima[7], "pelo menos em momento anterior a sua arguição no âmbito processual penal".

IV - Não pode existir qualquer limitação à prova fixada pela lei civil

O art. 447, *caput*, do CPC dispõe que podem depor todas as pessoas, exceto as incapazes, impedidas ou suspeitas, ao passo que os arts. 202, 208 e 214 do CPP, permitem a oitiva dos doentes e deficientes mentais, assim como daqueles em que pairem suspeitas de parcialidade. Percebe-se, por esse exemplo, que a liberdade de produção de provas no cível pode sofrer limitações, enquanto que, no processo penal, por possuir, como objeto, a resolução de uma controvérsia em que se entrechocam os

---

7. Renato Brasileiro de Lima, *Curso de Processo Penal*, p. 1067.

interesses indisponíveis à liberdade individual e à segurança pública, vigora o princípio da verdade real ou material assegurando ampla liberdade probatória, só limitada, em regra, pela vedação à prova ilícita.

Em razão desse tratamento díspar quanto a prova, na esfera processual penal e civil, proíbe o art. 93 do CPP que a questão prejudicial heterogênea seja resolvida pelo juízo cível, quando houver, prevista em lei, limitação à prova, na lei civil; isto porque, se assim não fosse, reflexamente, estaria sendo atingido o princípio da verdade real, comprometendo os altos interesses do processo penal – a liberdade individual e a tutela da segurança pública. Nessa situação de limitação à prova, melhor que o próprio magistrado penal, a quem não se impõem peias a busca da verdade real, produza a prova da questão prejudicial heterogênea.

Efeitos do reconhecimento da questão prejudicial heterogênea facultativa

I – Suspensão do processo por prazo determinado até a prolação de sentença no cível

O juiz determinará a suspensão do processo criminal para dirimir a questão prejudicial que se refira a questão diversa do estado civil, de ofício ou a pedido das partes. O processo criminal ficará suspenso por prazo determinado, estipulado pelo juiz, até a prolação de decisão do juízo cível, sem necessidade de se aguardar o trânsito em julgado da sentença. Prolatada a decisão no cível, a sentença vincula o magistrado penal. Há uma importante nota diferenciadora entre a questão prejudicial heterogênea obrigatória e a facultativa: a obrigatória exige o trânsito em julgado da decisão cível, enquanto que a facultativa se contenta com a decisão, de 1ª instância, do Juízo cível, mesmo que recorrível. O prazo da suspensão do processo pode ser prorrogado pelo magistrado penal. Expirado o prazo, sem que o juiz cível tenha proferido decisão, o juiz criminal fará prosseguir o processo, retomando sua competência, para resolver, de fato e de direito, toda a matéria da acusação ou da defesa (art. 93, § 1º, do CPP).

II – Suspensão da prescrição

Determinada a suspensão do processo em razão da prejudicial, estará suspensa, automaticamente, por força de lei (art. 116, I, do CP), a prescrição, independentemente de declaração expressa do magistrado a respeito. A respeito do tema, vide nossas considerações acima.

III – Inquirição das testemunhas arroladas e produção de outras provas de natureza urgente

Como o prazo em que poderá ficar suspenso o processo pode ser significativo, o magistrado pode determinar a produção antecipada da prova testemunhal, dado o fato, absolutamente notório, que a memória humana fraqueja ante o decurso do tempo; por isso, determina-se a produção antecipada da prova testemunhal, que deve englobar, também, por interpretação extensiva, a colheita, igualmente, e pelos mesmos motivos, das declarações das vítimas. A respeito da matéria, vide nossas considerações acima.

IV – Atuação do Ministério Público no processo cível

Se for o crime de ação pública, condicionada ou incondicionada, o Ministério Público, quando suspenso o processo, deverá intervir imediatamente na causa cível, para o fim de promover-lhe o rápido andamento (art. 93, § 3º, do CPP). Esse dever é do membro do *Parquet* que oficiar no cível e não daquele que atua, com atribuição exclusiva, no crime.

Mas, no caso de ação penal privada, em que surge uma questão prejudicial heterogênea diversa do estado civil da pessoa, o Ministério Público não estará autorizado a velar pelo rápido andamento da ação civil já ajuizada, em razão de sua evidente falta de legitimidade para tanto; caberá, exclusivamente, ao querelante referido dever.

6.2.7. Natureza jurídica da questão prejudicial heterogênea obrigatória e facultativa: competência funcional horizontal por objeto de juízo

As duas questões prejudiciais – tanto a obrigatória quanto a facultativa – são exemplos de competência funcional horizontal por objeto do juízo; a lei estipula a divisão de trabalho – a competência de juízo entre magistrados da mesma instância (por isso, o termo horizontal): o juiz extrapenal julgará a questão prejudicial heterogênea, para, após solucionada a controvérsia de natureza civil, o juiz penal julgar a causa criminal; o juiz criminal, todavia, estará jungido ao que foi decidido pelo juiz cível, sem poder contrariá-lo.

No caso da questão prejudicial heterogênea obrigatória vinculada ao estado civil da pessoa, a competência para julgar a controvérsia civil é transferida, em definitivo, para o juiz cível: apenas ele solucionará a questão. Em se tratando da questão prejudicial heterogênea facultativa, a competência para julgar a questão civil – diversa do estado civil das pessoas – é transferida, a título precário – temporariamente – ao juízo extrapenal; se houver a prolação da decisão pelo juízo cível, no prazo determinado pelo juiz penal, essa decisão condicionará a sentença a ser proferida pelo juízo penal, do mesmo modo que ocorre com a prejudicialidade obrigatória; no entanto, se o juiz extrapenal não sentenciar no prazo assinalado pelo juiz criminal, este retoma plenamente sua competência, para julgar a questão prejudicial extrapenal e a controvérsia penal, retirando, desse modo, a competência do juízo cível; por isso, fala-se em competência funcional horizontal potencialmente precária ou temporária.

6.2.8. Questões prejudiciais heterogêneas e recursos

Da decisão que determina a suspensão do processo, em razão do reconhecimento, pelo juízo penal, da existência de questões prejudiciais heterogêneas, obrigatórias ou facultativas, cabe recurso em sentido estrito (art. 581, XVI, do CPP). Se for dado provimento ao recurso, ou seja, em hipótese em que a questão prejudicial heterogênea tenha sido reconhecida equivocadamente pelo magistrado penal, o tempo transcorrido, entre a decisão que determinou a suspensão e o provimento do recurso, será contato para fins prescricionais, podendo-se, até, conforme o caso, declarar-se extinta a punibilidade, se ocorrida a prescrição em abstrato nesse interregno. Isto porque a decisão que determinou a suspensão da prescrição terá sido cassada, não podendo produzir, desse modo, qualquer efeito.

A decisão que indefere a suspensão é irrecorrível (art. 93, § 2º, do CPP); de idêntica maneira, o art. 581, XVI, do CPP, prevê apenas a possibilidade de se interpor recurso em sentido estrito da decisão que ordenar a suspensão do processo, em virtude da questão prejudicial. Todavia, poderá ser impetrado, conforme o caso, *habeas corpus*, mandado de segurança, ou ser arguida eventual nulidade em preliminar do recurso de apelação.

Explica Renato Brasileiro de Lima[8] que, no caso da questão prejudicial heterogênea obrigatória (vinculada ao estado civil das pessoas), se o juiz penal, erroneamente, deixar de remeter a questão ao juízo cível, quando seria caso de fazê-lo, e sentenciar, ele próprio, decidindo inclusive a respeito da controvérsia civil, tal sentença será invalidada, em recurso de apelação, pelo Tribunal. E será nulificada a sentença por ofensa à competência funcional horizontal por objeto do juízo, que é absoluta. O processo então será devolvido à 1ª instância a fim de que o juízo penal remeta a questão prejudicial ao juízo civil, e apenas depois de transitada em julgada a sentença de natureza civil, decida a causa penal.

E no caso da questão prejudicial heterogênea facultativa, não reconhecida pelo juízo penal, quando seria conveniente que fosse, haverá nulidade?

Nulidade em si não haveria, porque a lei não obriga ao magistrado penal que remeta a questão prejudicial ao juízo civil; cabe ao juízo criminal aquilatar, discricionariamente, se a questão era ou não de difícil solução a ponto de se remeter a competência para decidi-la ao juízo especializado extrapenal. No entanto, indaga-se: e se, de fato, a questão era de difícil solução, e não foi assim reconhecida, indevidamente, pelo juiz criminal, e tal omissão prejudicou a verdade real, ao ponto de se prolatar uma decisão provavelmente injusta? A nosso ver, nessa situação, se interposto recurso de apelação, poderá ser reconhecido, pelo Tribunal, nulidade em razão do cerceamento de acusação ou de defesa, conforme o caso.

E se, no caso da questão prejudicial heterogênea obrigatória (vinculada ao estado civil da pessoa), o juiz penal, equivocadamente, não remeter ao juiz cível a controvérsia extrapenal, o que acontecerá?

Como vimos acima, será caso de, em grau de recurso, se anular a sentença do juiz penal por ofensa à competência funcional horizontal por objeto do juízo; mesmo que não tenha havido recurso, se a sentença do juiz penal for condenatória, caberá o ajuizamento de revisão criminal e *habeas corpus* com a finalidade de se desconstituir a coisa julgada, uma vez patenteada a incompetência absoluta do juízo penal; todavia, se a sentença tiver sido absolutória, e tenha transitado em julgado, nada mais poderá ser feito, se não tiver sido interposto recurso pela acusação, sustentando, expressamente, a nulidade.

---

8. Renato Brasileiro de Lima, *Curso de Processo Penal*, p. 1069.

Na mesma hipótese acima – equivocada não remessa da questão prejudicial heterogênea obrigatória pelo juiz penal ao juízo cível – se tiver sido instaurado uma *ação autônoma*, no cível, a respeito da mesma questão e for prolatada sentença, essa decisão vinculará o magistrado penal.

Vamos exemplificar para melhor esclarecer: foi oferecida denúncia pelo crime de bigamia, sendo certo que pairava séria controvérsia a respeito da validade do casamento anterior; não obstante isso, o juiz penal não remeteu a questão prejudicial referente ao estado da pessoa ao juiz cível, como lhe caberia fazer. Entretanto, foi ajuizada ação no cível discutindo justamente a validade do casamento anterior do acusado.

Sendo proferida decisão pelo juízo cível a respeito da validade do casamento, necessariamente, a sentença vinculará o magistrado penal, pouco importando o momento em que isso tenha ocorrido, senão vejamos as hipóteses possíveis:

1ª – A sentença declara a invalidade do casamento anterior, enquanto ainda tramita a ação penal pelo crime de bigamia; nesse caso, cópia da sentença do juiz cível deve ser anexada aos autos, e o juiz penal deverá, obrigatoriamente, absolver o acusado, pela atipicidade de sua conduta; se não o fizer, bastará à defesa impetrar *habeas corpus* para trancar a ação penal injustamente mantida.

2ª – A sentença do juiz cível declara a invalidade do casamento anterior, após a prolação de decisão condenatória, pelo crime de bigamia; se tiver havido recurso, bastará anexar-se cópia da sentença para que o Tribunal absolva o acusado, ou mesmo, dado o evidente constrangimento ilegal, através de *habeas corpus*, será possível que o processo seja trancado; se tiver havido o trânsito em julgado da decisão condenatória penal, será cabível o ajuizamento de revisão criminal ou a impetração de *habeas corpus*, a fim de se reformar a decisão anterior e absolver-se quem foi injustamente condenado.

3ª – A sentença declara a validade do casamento anterior, enquanto ainda tramita a ação penal pelo crime de bigamia; nesse caso, cópia da sentença do juiz cível deve ser anexada aos autos, e o juiz penal deverá, obrigatoriamente, levar em consideração essa decisão, para condenar ou absolver o acusado, pois o fato, em si, é típico, se comprovada a conduta do agente, é claro; se o magistrado se recusar a deferir a juntada de cópias da sentença, a acusação poderá impetrar mandado de segurança para tanto. Se o juiz penal, embora admitindo a juntada de cópias da sentença do cível, não levar em consideração seu teor, declarando a invalidade do casamento anterior, não obstante decisão em sentido contrário do juiz cível, caberá recurso dessa sentença penal que desconsiderou a força vinculante do *decisum* cível, e a sentença penal será anulada.

4ª – A sentença do juiz cível declara a validade do casamento anterior, após a prolação de decisão absolutória, pelo crime de bigamia, pelo juízo penal, que levou como fundamento para absolver justamente a invalidade do casamento anterior. Caberá recurso pelo MP dessa decisão e a sentença penal será anulada. No entanto, se houver trânsito em julgado da sentença absolutória, nada mais poderá ser feito porque não existe em nosso ordenamento jurídico revisão criminal *pro societate*.

As hipóteses acima são plenamente aplicáveis também no caso das questões prejudiciais heterogêneas facultativas, senão vejamos.

Vamos também exemplificar: foi oferecida denúncia pelo crime de furto, sendo certo que pairava séria controvérsia a respeito da propriedade do bem subtraído que aparentava ser do próprio acusado; não obstante isso, o juiz penal não remeteu a questão prejudicial referente à propriedade ao juiz cível, como lhe caberia fazer. Entretanto, foi ajuizada ação no cível discutindo justamente a propriedade do bem subtraído.

Sendo proferida decisão pelo juízo cível a respeito da questão do domínio, necessariamente, a sentença vinculará o magistrado penal, pouco importando o momento em que isso tenha ocorrido, senão vejamos as hipóteses possíveis:

1ª – A sentença declara que o bem subtraído é de propriedade do acusado, enquanto ainda tramita a ação penal pelo crime de furto; nesse caso, cópia da sentença do juiz cível deve ser anexada aos autos, e o juiz penal deverá, obrigatoriamente, absolver o acusado, pela atipicidade de sua conduta; se não o fizer, bastará à defesa impetrar *habeas corpus* para trancar a ação penal injustamente mantida.

2ª – A sentença do juiz cível declara que o acusado é proprietário do bem "furtado", após a prolação de decisão condenatória, pelo crime de furto; se tiver havido recurso, bastará anexar-se cópia da sentença para que o Tribunal absolva o acusado, ou mesmo, dado o evidente constrangimento ilegal, será suficiente a impetração de *habeas corpus* para que o processo seja trancado; se tiver havido o trânsito em julgado da decisão condenatória penal, será cabível o ajuizamento de revisão criminal ou a impetração de *habeas corpus*, a fim de se reformar a decisão anterior e absolver-se quem foi injustamente condenado.

3ª – A sentença declara que o acusado não é o proprietário do bem furtado, enquanto ainda tramita a ação penal pelo crime de furto; nesse caso, cópia da sentença do juiz cível deve ser anexada aos autos, e o juiz penal deverá, obrigatoriamente, levar em consideração essa decisão, para condenar ou absolver o acusado, pois o fato, em si, é típico, se comprovada a conduta do agente, é claro; se o magistrado se recusar a deferir a juntada de cópias da sentença, a acusação poderá impetrar mandado de segurança para tanto. Se o juiz penal, embora admitindo a juntada de cópias da sentença do cível, não levar em consideração seu teor, declarando que o acusado é o proprietário do bem subtraído, não obstante decisão em sentido contrário do juiz cível, caberá recurso dessa sentença penal que desconsiderou a força vinculante do *decisum* cível, e a sentença penal será anulada.

4ª – A sentença do juiz cível declara que o acusado não é proprietário do bem subtraído, após a prolação de decisão absolutória, pelo crime de furto, pelo juízo penal, que levou como fundamento para absolver justamente o fato de que o réu teria o domínio da *res furtiva*. Caberá recurso pelo MP dessa decisão e a sentença penal será anulada. No entanto, se houver trânsito em julgado da sentença absolutória, nada mais poderá ser feito porque não existe em nosso ordenamento jurídico revisão criminal *pro societate*.

6.3. EXCEÇÕES

6.3.1. Conceito. Natureza Jurídica de objeções processuais

As exceções são uma forma de defesa indireta ou processual, em que se aponta a falta de condições da ação penal ou dos pressupostos processuais de validade da relação jurídica processual, requerendo-se, nesse último caso, ou a correção dos vícios processuais e sua regular repetição ou a própria extinção do processo.

As exceções processuais, por tratarem de questões de ordem pública, como as condições da ação e os pressupostos processuais de validade do processo, podem ser opostas tanto pela acusação como pela defesa, além de ser permitido seu reconhecimento, de ofício, pelo magistrado; são, na verdade, objeções processuais. Isso porque, tecnicamente, exceções são alegações da defesa que devem ser expressamente arguidas, sob pena de preclusão. Já o termo objeção processual refere-se a matéria de ordem pública, de interesse da defesa, e que pode ser reconhecida, de ofício, pelo magistrado, sem que dependa de manifestação da parte, e que não preclui.

6.3.2. Classificação das exceções processuais

Segundo a doutrina, as exceções classificam-se, quanto à **natureza**, em:

1º – **Exceção processual**: arguição de ausência das condições da ação ou de pressupostos processuais. São as exceções de suspeição, incompetência de Juízo, litispendência, ilegitimidade de parte, coisa julgada.

Clássica, também, a distinção, **quanto aos efeitos**, das exceções processuais e que é a seguinte:

> **1.1.** – **Exceções dilatórias:** aquelas que, caso providas, retardam o andamento do processo. São as seguintes: exceção de suspeição, de incompetência do juízo, de ilegitimidade de parte *ad processum* (falta de regularidade processual da parte em juízo).
>
> **1.2.** – **Exceções peremptórias:** aquelas que, se providas, levam à extinção do processo. São as seguintes: exceção de litispendência, de coisa julgada, de ilegitimidade de parte *ad causam* (falta de legitimidade para integrar a relação processual).

2º – **Exceção material ou substancial**: é a defesa de mérito penal e que se subdivide em:

Direta, ou defesa direta de mérito: a defesa de mérito relaciona-se a resposta à própria imputação da peça acusatória; é o que ocorre se o acusado nega a conduta ou afirma ser atípica sua ação, por exemplo.

Indireta ou defesa indireta de mérito ou preliminar de mérito: é a oposição de fato extintivo, modificativo ou impeditivo do direito do autor. É o caso de alegação de ter o acusado agido em legítima defesa, ou de que existem privilégios ou causas de redução de pena que devam ser reconhecidos, que ocorreu a prescrição, etc.

Exceções, nesse sentido amplo ora tratado, significa o direito genérico à ampla defesa, assegurado constitucionalmente, que compreende tanto a resposta de mérito como também a resposta processual frente à imputação acusatória. A exceção é, então, à semelhança do que se disse a respeito do conceito de direito de ação, um direito público (exercido contra o Estado), subjetivo (da pessoa natural ou jurídica), autônomo (independe da existência do direito material), abstrato (previsto genericamente, na Constituição Federal como sendo o direito à ampla defesa). Em suma, o direito à exceção é o contraposto lógico e jurídico ao direito de ação.

6.3.3. Forma de processamento das exceções processuais

As exceções serão processadas em autos apartados e não suspenderão, em regra, o andamento da ação penal (art. 111 do CPP).

Mesmo que as exceções não sejam veiculadas em peça própria, em autos apartados, como exige a lei, certo que seu conteúdo é de ordem pública – condições da ação penal e pressupostos processuais (as chamadas objeções processuais) – o que permite seu reconhecimento, quer tenham sido articuladas na resposta à acusação, quer em qualquer peça autônoma juntada ao processo, pela acusação ou pela defesa, ou mesmo de ofício pelo juiz.

Como bem dilucida Vicente Greco Filho[9], se a matéria veiculada na exceção puder ser examinada pelo juiz, de plano, através da análise de prova documental, poderá fazê-lo nos próprios autos, sem a necessidade de instaurar um procedimento para tanto; todavia, havendo a necessidade de apresentação de prova, o magistrado determinará a autuação em apenso, para que não se turbe o regular desenvolvimento do processo principal. No apenso, se desenvolverá a atividade probatória específica.

6.3.4. Recurso cabível das decisões a respeito das exceções processuais

Da procedência das exceções, salvo a de suspeição, caberá recurso em sentido estrito (art. 581, III, do CPP). Da improcedência das exceções não cabe recurso, mas é possível a impetração de *habeas corpus* ou mandado de segurança contra tal decisão, além de se arguir eventual nulidade como preliminar da apelação.

6.3.5. Espécies de exceções

6.3.5.1. Exceção de suspeição, de impedimento ou de incompatibilidade. Conceito

É a exceção dilatória que tem por finalidade apontar a parcialidade do magistrado, e visa afastá-lo do processo, anulando-se os atos por ele praticados, para que outro juiz assuma o feito.

---

9. Vicente Greco Filho, Manual de Processo Penal, p. 171.

As causas de suspeição estão previstas no art. 254 do CPP, como amizade íntima ou inimizade capital com as partes, o aconselhamento a qualquer das partes, etc.

Embora a lei mencione apenas a suspeição, é certo que as causas de impedimento dos juízes (art. 252 do CPP), bem como as incompatibilidades também podem ser arguidas através de exceção, que se denominará exceção de impedimento ou de incompatibilidade. Quanto aos conceitos e diferenciações entre suspeição, impedimento e incompatibilidade, remetemos o leitor ao Capítulo 8 – Dos sujeitos processuais, onde abordamos em profundidade o tema.

6.3.5.2. Reconhecimento ex officio da suspeição

O juiz que espontaneamente afirmar sua suspeição deverá fazê-lo por escrito, declarando o motivo legal, e remeterá imediatamente o processo ao seu substituto, intimadas as partes (art. 97 do CPP).

O juiz poderá, também, declarar, *ex officio*, seu impedimento, ou sua incompatibilidade (incompatibilidade é algum outro motivo, não previsto em lei como causa de impedimento ou suspeição, e que possa tornar o juiz parcial), como previsto no art. 112 do CPP.

Embora a lei determine que o juiz o qual, *ex officio*, se declare suspeito (impedido ou incompatível) deva remeter, imediatamente, os autos para o substituto legal, entendemos que tal questão, que se refere ao exercício da jurisdição por magistrado imparcial, é de tamanha importância que não pode se alijar o conhecimento deste fato aos órgãos superiores da Magistratura, como a Presidência do Tribunal, sua Corregedoria ou Conselho Superior, dependendo do que prever a Lei de Organização Judiciária do Estado ou os Provimentos dos Tribunais de Justiça. Não é jurídico que um magistrado, ao seu bel prazer, se declare, pura e simplesmente, suspeito ou impedido, mesmo que não presentes, de fato, as causas legais que legitimariam seu afastamento, e se afaste do seu dever de prestar jurisdição em feito criminal, por motivos outros com, por exemplo, os autos serem volumosos, complexos e de repercussão, possuir excessivo número de réus, etc; o controle, pelos órgãos superiores da magistratura, a respeito da lisura do ato de afastamento, de ofício, do magistrado de um determinado feito criminal deveria ser exercido, até para verificar se o magistrado não prevaricou (art. 319 do CP), ao declarar-se, indevidamente, como suspeito ou impedido.

A questão da remessa imediata ao substituto legal no caso de o juiz reconhecer-se suspeito (ou impedido ou incompatível) para julgar o processo, referida no art. 97 do CPP, deve ser conjugada com o que prever a Lei de Organização Judiciária do Estado ou, no silêncio desta, o que estipularem os Tribunais, através de seus provimentos, como alerta Renato Brasileiro de Lima[10]. Citado autor menciona, como exemplo, o Provimento 36/92 da Presidência do Tribunal de Justiça de São Paulo que dispõe que, no caso de o juiz declarar-se suspeito ou impedido nos autos, deve oficiar à presidência do Tribunal de Justiça, solicitando a designação de um substituto, comunicando as

---

10. Renato Brasileiro de Lima, *Curso de Processo Penal*, p. 1074.

razões do seu afastamento, que pode deferido ou indeferido; deferido o afastamento, designará um substituto para sentenciar; se indeferido for o afastamento pretendido pelo juiz que se declarou suspeito, seria possível,, em tese, determinar que o magistrado continue a exercer a jurisdição naquele feito.

Entendemos, porém, que, caso o magistrado, mesmo que indevidamente, se declare suspeito por motivo íntimo, não caberá ao órgão de controle do Judiciário, determinar ao juiz, julgando improcedentes suas razões de afastamento, que volte a judicar. Se isso ocorrer, a partir do momento em que o juiz autodeclarado suspeito voltar a exercer a exercer jurisdição, o processo – quanto aos atos posteriores – será anulado, como já decidiu o STJ[11]; isso porque as partes têm o direito público subjetivo constitucional de que na condução do processo atue um juiz que se considere, *subjetivamente*, insuspeito, dotado dos predicamentos da magistratura, de independência e imparcialidade, com respeito ao princípio do juiz natural (art. 5º, XXXVII e LII, da CF).

No caso de a suspeição ocorrer por motivo de foro íntimo, o juiz declara tal situação nos autos e comunicaria reservadamente à Corregedoria o motivo de seu afastamento, como prevê a Resolução 82 do Conselho Nacional de Justiça, que obriga os magistrados de 1ª e 2ª instância a essa comunicação.

Ocorre que o art. 145, § 1º, do CPC, aplicável ao processo penal (art. 3º do CPP), por analogia, faculta que o juiz poderá se declarar suspeito por motivo de foro íntimo, *sem necessidade de declarar suas razões*.

Significa dizer que o magistrado, ao se sentir desconfortável psicologicamente com determinada causa, a ponto de verificar que, por motivos diversos (histórico familiar, traumas, convicções religiosas arraigadas, etc), sua imparcialidade estará comprometida, poderá, de maneira não fundamentada em causas específicas de suspeição ou impedimento, declarar-se suspeito, por foro íntimo. Em verdade, trata-se da aplicação da incompatibilidade como motivo para afastamento do magistrado, por vontade própria.

Dessa declaração de suspeição por foro íntimo (incompatibilidade por iniciativa do juiz) não cabe recurso, nem é obrigado o magistrado a comunicar seus motivos a qualquer órgão superior do Poder Judiciário, como a sua Presidência ou Corregedoria, como expressamente prevê o art. 145, § 1º, do CPC. Desse modo, a Resolução 82 do CNJ, que obrigava os magistrados de 1º e 2º graus a revelarem, em ofícios reservados remetidos às Corregedorias, as razões de foro íntimo de suas declarações de suspeição, é manifestamente ilegal, e deve ser desconsiderada, do mundo jurídico, pelos juízes, ante o teor do novo CPC.

Todavia, em razão desse estado de coisas – não revogação, pelo CNJ, da ilegal resolução 82, a AMB (Associação de Magistrados Brasileiros) impetrou mandado de segurança[12], com pedido de liminar, junto ao STF, para que fosse declarada inexigível referida resolução, que obriga os magistrados, de 1ª e 2ª instância, a informarem, às Corregedorias, o motivo de foro íntimo invocado nos processos em que se declararem

---

11. STJ – Recurso em Mandado de Segurança nº 33.531- SC (2010/0225259-2), Rel. Min. Raul Araújo.
12. Informativo do STF. 27/07/2016. Mandado de Segurança (MS) 34316.

suspeitos. A liminar foi concedida pelo Ministro Teori Zavaski, do STF[13], o qual determinou a suspensão da resolução 82 do CNJ; segundo o ministro, a norma do CNJ, à primeira vista, é incompatível com o art. 145, § 1º, do novo Código de Processo Civil, segundo o qual o juiz poderá declarar-se suspeito por motivo de foro íntimo, sem necessidade de declarar suas razões.

Como vimos, o reconhecimento, de ofício, pelo juiz, do seu impedimento, suspeição ou incompatibilidade é irrecorrível. Mesmo que um juiz se declare, equivocadamente, como suspeito para julgar um processo, não há como, através de recurso, obrigá-lo a exercer a jurisdição, sem prejuízo, todavia, de ser responsabilidade administrativa e penalmente (prevaricação, por exemplo), em razão de sua conduta.

6.3.5.3. Momento da arguição da exceção de suspeição. Inquérito Policial. Processo Criminal

6.3.5.3.1. Exceção de suspeição durante o inquérito policial

A exceção de suspeição é um incidente processual, isto é, incide sobre o andamento de um processo criminal, em regra, mas, a nosso ver, não haverá qualquer impedimento que seja arguida referida exceção também na fase do inquérito policial, quando se patentear a parcialidade do magistrado que nele oficia; nem se diga que não haverá qualquer prejuízo ao investigado ou à apuração da autoria e materialidade delitiva, pois, um juiz comprometido em sua imparcialidade, pode, a fim de atingir um desafeto seu, decretar sua prisão temporária e preventiva injustamente; determinar a busca e apreensão domiciliar por espírito de emulação; impor a constrição patrimonial indevida do seu inimigo, mediante sequestro de bens do indiciado, dentro outras decisões que possam comprometer a liberdade individual, o patrimônio e a imagem de um investigado e indiciado; de outro giro, possível que um magistrado, comprometido em sua imparcialidade, possa beneficiar um seu protegido, ora investigado em inquérito policial, indeferindo todas e quaisquer medidas salutares à apuração da autoria e materialidade delitiva, como, por exemplo, a busca e apreensão, a quebra de sigilo bancário e telefônico, o sequestro patrimonial, etc.

Fácil perceber, assim, que se deve dar uma interpretação extensiva à exceção de suspeição a fim de compreender, além do processo criminal em si, também a fase da persecução criminal através do inquérito policial.

Com o mesmo entendimento, Renato Brasileiro de Lima[14], para quem "É plenamente possível a arguição da suspeição do juiz mesmo antes do início do processo. Considerando a possibilidade de intervenção da autoridade jurisdicional durante o curso das investigações, sobretudo na decretação de medidas cautelares, e considerando que tais medidas só podem ser decretadas por um juiz competente e imparcial, é evidente que a suspeição pode ser arguida mesmo antes do início da persecução criminal *in judicio*".

---

13. Informativo do STF. 25/08/2016. STF. MS 34316. Min. Relator Teori Zavaski.
14. Renato Brasileiro de Lima, *Curso de Processo Penal*, p. 1075.

6.3.5.3.2. Exceção de suspeição durante o processo

Oferecida a denúncia ou queixa, se a acusação – Ministério Público ou querelante (no caso de ação penal privada) tiverem conhecimento da parcialidade do magistrado, poderão arguir a exceção de suspeição, já quando do oferecimento da peça acusatória.

Quanto à defesa, será oportunizada opor a exceção de suspeição, quando do oferecimento da resposta à acusação (art. 396-A, do CPP).

É o que afirma o art. 96 do CPP: A arguição de suspeição precederá a qualquer outra, salvo quando fundada em motivo superveniente.

A interpretação que deve ser dada a esse dispositivo legal é a seguinte: a exceção de suspeição deve preceder todas as outras – incompetência, coisa julgada, litispendência, ilegitimidade de parte, que poderiam ser eventualmente opostas, porque, antes de tudo, para decidir qualquer questão, de mérito ou processual, *inclusive aquelas pertinentes às exceções processuais referidas*, pressupõe-se que haja um magistrado imparcial para tanto.

É possível, entretanto, que a exceção de suspeição não tenha sido arguida no primeiro momento processual – quando do oferecimento da peça acusatória, pelo Ministério Público ou pelo querelante, ou da resposta à acusação, pela defesa, pois não se tinha conhecimento da causa que maculava a imparcialidade do julgador; nessa situação, o incidente de suspeição pode ser arguido até o momento da sentença; se as partes tiverem conhecimento de causa que comprometia a isenção do magistrado, após a prolação da sentença, ainda não decorrido o prazo recursal, poderão suscitar a nulidade da decisão, em preliminar de apelação, pela suspeição do juiz. Se já transitada em julgado a decisão condenatória proferida por juiz suspeito, cabível o ajuizamento de revisão criminal ou mesmo *habeas corpus* para desconstituir o édito condenatório; caso a sentença absolutória prolatada por juiz suspeito tenha transitado em julgado, nada poderá ser feito, pois não se admite, em nosso ordenamento, a revisão criminal *pro societate*.

Por fim, possível que o juiz isento que oficie no processo seja substituído por outro, em razão de férias do titular, licença, aposentadoria, etc, e que o novo magistrado tenha comprometida sua imparcialidade, o que, por se tratar de fato superveniente, autoriza a oposição da exceção de suspeição pelas partes, como ressalva a parte final do art. 96 do CPP.

6.3.5.3.3. Quem pode arguir a exceção de suspeição?

Estão autorizados o Ministério Público, o querelante (no caso de ações penais privadas), o acusado, seu defensor, e, pensamos, também o assistente da acusação. Embora não prevista, expressamente, no art. 271 do CPP, a possibilidade de o assistente da acusação opor exceção de suspeição, certo que a parte secundária só poderá bem desincumbir-se de suas atividades processuais, como propor meios de provas, formular perguntas em audiência, participar do debate oral, dentre outras, se, como pressuposto da regular atividade processual, houver um juiz imparcial, sob pena de inutilização de todo o trabalho desenvolvido no feito pelo reconhecimento de nulidade motivada pela suspeição do magistrado.

6.3.5.3.4. Forma escrita da exceção de suspeição. Procuração. Testemunhas

De acordo com o art. 98 do CPP, as partes, quando pretenderem recusar o juiz, deverão fazê-lo em petição por escrito, assinada por ela própria ou por procurador com poderes especiais, aduzindo as suas razões acompanhadas de prova documental ou do rol de testemunhas. Não é admissível analisar-se a suspeição de magistrado mediante impetração de *habeas corpus*, mas, sim, através exceção própria.[15]

É possível apresentar a exceção de suspeição, no transcurso da audiência?

Em caso concreto submetido à decisão do STJ[16], o juiz, em processo de natureza civil envolvendo ação de improbidade (mas cuja análise também se mostra pertinente ao processo penal), demonstrando indignação com a exceção oposta pela defesa, em audiência, a indeferiu liminarmente e deu seguimento ao ato; em razão deste comportamento do magistrado que demonstrou "raiva", *não seguindo o trâmite legal da exceção de suspeição*, acabou por se demonstrar, segundo o aresto, interesse subjetivo em processar e julgar aquela causa, e, em razão disso, foi considerado como suspeito, e afastado do julgamento daquele processo.

Como a oposição da exceção referida pode, em tese, configurar algum delito contra a honra tendo por vítima o juiz (calúnia, *v.g.*), exige a lei, para bem se verificar a responsabilidade do excipiente, que a própria parte assine a petição em que se suscita o incidente processual. Poderá, assim, o membro do Ministério Público, nas ações penais públicas, o querelante, nas ações penais privadas, o acusado, e a vítima ou os representantes legais e sucessores (cônjuge, companheiro, ascendente, descendente e irmão), funcionando como assistente de acusação no processo (nas ações penais públicas), redigirem e assinarem a exceção de suspeição em face do magistrado; pelo teor literal do dispositivo legal em comento, não seria necessário ser advogado para se opor a exceção de suspeição, porque a lei se refere à parte; a nosso ver, contudo, tratando-se de peça processual indispensável que seja subscrita por advogado.

A nosso ver, nada impediria, que o Ministério Público, atuando como fiscal da lei, em ação penal privada, possa opor a exceção de suspeição, pois deve velar pelo respeito ao ordenamento jurídico no desenrolar da relação processual, que pressupõe, antes de tudo, a existência de um juiz imparcial.

No caso de a parte opor exceção de suspeição, através de seu advogado, será necessária a confecção de procuração em que se especifique a concessão de poderes especiais ao seu defensor para tanto. Essa exigência é válida, mesmo em relação à Defensoria Pública ou em face de advogado nomeado, que devem juntar procuração sempre que a lei exigir poderes especiais[17], a não ser claro, que o acusado assine, em conjunto com o defensor, público ou nomeado, a petição que veicula a exceção. Não se cumprindo essas exigências formais, a exceção de suspeição não será conhecida.

---

15. STJ – 5ª T. RHC 68893. Min. Rel. Reynaldo Soares da Fonseca.
16. STJ – 1ª T. REsp 1440848. Min. Rel. Napoleão Nunes Maia Filho.
17. STJ. Recurso Especial 1.431.043. Min. Rel. Maria Thereza de Assis Moura.

Se, no entanto, como vimos, não for redigida essa procuração especial, mas a parte assinar, em conjunto com o seu advogado, a exceção de suspeição, a formalidade exigida por lei estará suprida, pois, com a firma da parte, estará demonstrada sua intenção de imputar a suspeição ao magistrado; eventual responsabilidade criminal por delito de calúnia, tendo em vista a procuração especial ou a assinatura em conjunto com o advogado, bem demonstrariam ser, em regra, da parte, e não do seu advogado, usado como mero facilitador dos desejos de seu cliente.

O prosseguimento de exceção de suspeição, sem procuração especificada (apenas com a juntada da procuração *ad judicia*) ou sem a assinatura da parte na petição, em desacordo, assim, com as prescrições legais, deve ser rechaçado e desentranhado dos autos.

A exceção de suspeição conterá, além de suas razões, também prova documental ou rol de testemunhas, visando comprovar a parcialidade do julgador. Quanto ao número de testemunhas, nem o CPP ou o CPC, tratam do assunto, de modo que podem ser arroladas, pela ausência de critério norteador legal, a quantidade de testemunhas necessárias à prova dos fatos.

Como se verá em momento oportuno, todas as demais exceções (incompetência, coisa julgada, litispendência, ilegitimidade de parte) podem ser opostas por escrito, através de incidente processual próprio, autuado em apartado, ou verbalmente, em audiência, devendo constar, do seu termo, a arguição. No caso da exceção de suspeição, entretanto, dada a sua importância, só é admissível a *forma escrita* de sua oposição. Todavia, no caso de arguição de exceção de suspeição em face do magistrado, em plenário de Júri, onde há a predominância da forma oral da prova, bem como dos demais atos processuais, a exceção de suspeição será oposta verbalmente.

6.3.5.3.5. Procedimento da exceção de suspeição

Terminologicamente, quem argui a exceção denomina-se **excipiente**; o juiz em face de quem é oposta a exceção é o **excepto**.

Arguida a suspeição, existem **2 possibilidades**:

1ª Possibilidade: O juiz reconhece a suspeição. Determina, então, que seja sustada a marcha do processo, mandando juntar aos autos a petição do recusante com os documentos que a instruam, e por despacho se declarará suspeito, ordenando a remessa dos autos ao substituto (art. 99 do CPP). Entendemos, porém, não obstante os termos da lei, que determina a imediata remessa dos autos ao substituto do juiz, que, sempre que houver o reconhecimento da suspeição pelo juiz, seja de ofício ou por provocação da parte, deverão ser comunicados os órgãos superiores da Magistratura (Presidência, Corregedoria, Conselho Superior), para que se fiscalize a lisura do comportamento pessoal e funcional do magistrado. No entanto, como vimos, de acordo com o art. 145, § 1º, do CPC, o magistrado não é obrigado a revelar os motivos, se a suspeição se der por foro íntimo.

2ª Possibilidade: O juiz não aceita a suspeição; mandará autuar em apartado a petição, dará sua resposta dentro em três dias, podendo instruí-la e oferecer testemunhas, e, em seguida, determinará sejam os autos da exceção remetidos, dentro em 24 vinte e quatro horas, ao tribunal a quem competir o julgamento (art. 100, *caput*, do CPP). Na exceção de suspeição, o magistrado passa a funcionar como verdadeira parte, apresentando resposta em que deve justificar porque não pode ser inquinado de suspeito, instruindo – a com documentos e indicação de testemunhas. A exceção de suspeição, quando não aceita pelo magistrado, necessariamente será julgada pelo Tribunal; no caso do Estado de São Paulo, as exceções de suspeição dos juízes são julgadas pela Câmara Especial do Tribunal de Justiça, mas podem existir, em outros Estados da federação, previsões diversas de julgamento das exceções, dependendo do que dispuserem as normas das Leis de Organização Judiciária e os atos administrativos dos Tribunais.

Normalmente, a exceção de suspeição não acarreta a suspensão do processo, mas, se a parte contrária reconhecer a procedência da arguição, poderá ser sustado, a seu requerimento, o processo principal, pelo Tribunal, até que se julgue o incidente da suspeição (art. 102 do CPP). Essa possibilidade de suspensão do processo é exclusiva da exceção de suspeição, o que não ocorre quanto às demais exceções. Contudo, não basta a mera concordância da parte contrária com a suspeição do juiz para que, automaticamente, o processo seja suspenso; o Tribunal deverá aquilatar, como verdadeira medida cautelar que é a suspensão do processo, a *fumaça de bom direito* do alegado na exceção: a probabilidade de o processo ser anulado motivado pela parcialidade do julgador, o que deve ser evitado, por economia processual, com a paralisação dos atos processuais futuros. Entendemos que, mesmo sem a concordância da parte adversária ao excipiente, estará autorizado o Tribunal, de ofício, exercendo verdadeiro poder geral de cautela[18], suspender o processo, quando as provas anexadas à exceção apontarem, como provável, a suspeição do juiz; não seria razoável que, ante essa realidade de provável inutilização de atos processuais vindouros, o Tribunal permanecesse inerte.

Aportando ao Tribunal a exceção, abrir-se-á, também, 2 caminhos distintos:

1º – Se o relator considerar como sendo de manifesta improcedência a exceção, a rejeitará liminarmente (art. 100, § 2º, do CPP), sendo que, dessa decisão, caberá agravo regimental. No caso de a exceção de suspeição ser julgada, diretamente, pela Turma ou Câmara, em razão de o relator ter remetido a tais órgãos a questão, caberá a esses últimos decidir a respeito da suspeição. Do acórdão prolatado, cabível, se preenchidos os requisitos legais, a interposição de recurso especial ou extraordinário, além do mandado de segurança e *habeas corpus*, conforme o caso.

Indeferida a exceção de suspeição pelo relator e sendo interposto, pela parte, agravo regimental contra tal decisão, a questão processual referente à suspeição será decidida pelo órgão colegiado do Tribunal. Desse acórdão – reconhecendo ou não a suspeição – será possível a interposição, em tese, de recurso especial ou extraordinário,

---

18. Seria o caso de aplicação, por analogia, do art. 300 do CPC, que trata da tutela de urgência quando houver elementos que evidenciem a probabilidade do direito e o perigo de dano ou o risco ao resultado útil do processo.

se preenchidos seus requisitos, além do mandado de segurança e *habeas corpus*, conforme o caso.

2º – Reconhecida, entretanto, a relevância da arguição, o Tribunal, com citação das partes – o *excipiente* e o *excepto* – marcará dia e hora para a inquirição das testemunhas, seguindo-se o julgamento, independentemente de mais alegações (art. 100 § 1º, do CPP).

A colheita de provas poderá ser procedida, diretamente pelo relator, ou, através de carta de ordem, determinando a juízes de 1ª instância que assim procedam, ouvindo as testemunhas arroladas pelas partes.

Depois de colhidas todas as provas, marcar-se-á data para julgamento colegiado da exceção de suspeição pelo Tribunal. Não obstante, inexistente previsão legal, mostra-se importante a oitiva do Ministério Público de 2ª instância, como fiscal da lei, a respeito do mérito da exceção de suspeição.

6.3.5.3.6. Suspeição do juiz: nulidade absoluta ou relativa?

Julgada procedente a suspeição, ficarão nulos os atos do processo principal (art. 101 e 564, I, do CPP).

O acórdão que declara como suspeito o juiz, possui efeito *ex tunc* (retroativo), retrocedendo até a data em que se mostrou existente a parcialidade do magistrado; dessa data para frente todos os atos processuais praticados pelo juiz suspeito deverão ser invalidados. Claro que, se desde o recebimento da denúncia ou queixa, o magistrado já era suspeito, todo o processo será anulado.

Para nós, a nulidade ocasionada pela suspeição do magistrado é absoluta, porque compromete a essência dos princípios constitucionais do juiz natural e do devido processo legal, podendo ser sustentada e reconhecida, mesmo de ofício, por qualquer grau de jurisdição, a qualquer momento, não se submetendo à preclusão. Mas há entendimento em sentido contrário, reputando como sendo caso de nulidade relativa, sujeita à preclusão. No caso de sentença condenatória proferida por juiz suspeito e que tenha transitado em julgado será possível a desconstituição do julgado mediante revisão criminal ou impetração de *habeas corpus*; se, no entanto, a sentença proferida por juiz parcial tenha sido absolutória, com o seu trânsito em julgado, não será possível sua invalidação, porque vedada a revisão criminal *pro societate*.

Determina, ainda, o art. 101 do CPP que, se julgada procedente a suspeição, o magistrado será condenado a pagar as custas do procedimento, no caso de erro inescusável; essa punição pecuniária nos parece não ter sido recepcionada pela Constituição, a qual assegura, aos magistrados, como prerrogativa institucional, a irredutibilidade de subsídios (art. 95, III, do CPP). Claro que, não obstante a vedação à redução de subsídios pelo pagamento de custas, o magistrado poderá ser punido administrativamente. Quanto ao excipiente que deu causa à instauração de incidente processual julgado improcedente será imposto o pagamento das custas processuais, desde que evidenciada sua malícia, ou seja, sua má fé (art. 804 do CPP).

6.3.5.3.7. Suspeição nos Tribunais

Aos membros dos Tribunais aplicam-se as mesmas regras de suspeição, com as adaptações necessárias, como previsto no art. 103 do CPP.

A exceção de suspeição pode ser reconhecida, de ofício, pelos integrantes dos Tribunais, à semelhança do que ocorre com os juízes de 1ª instância, com as seguintes particularidades:

1ª - se o relator do processo se der por suspeito, deve declarar, por escrito, sua impossibilidade de julgar a causa, fazendo constar dos autos sua manifestação e apresentar o feito para nova distribuição;

2ª - se o revisor do processo se der por suspeito, depois de declarar, por escrito, sua vedação legal em participar do julgamento, remeterá os autos ao seu substituto;

3ª - se o julgador não for relator nem revisor, declarará, verbalmente sua suspeição, na sessão de julgamento, registrando-se na ata a declaração. Não obstante seja prevista a declaração verbal de suspeição pelo integrante do Tribunal, no dia mesmo do julgamento colegiado, entendemos que, se for ele conhecedor da causa de sua suspeição antes da sessão, deveria declarar, por escrito, sua impossibilidade de participar do ato, com a finalidade de se providenciar um substituto seu, a tempo de viabilizar a realização do julgamento agendado; essa medida certamente atenderia o princípio constitucional da razoável duração do processo (art. 5º LXXVIII, da CF).

Arguida a exceção de suspeição pelas partes, e aceita a exceção, pelo desembargador ou ministro, deve-se seguir o procedimento aplicável ao magistrado de 1ª instância, no que for cabível (art. 103, § 3º, do CPP); sendo assim, se o integrante do Tribunal reconhecer a suspeição, sustará a marcha processual, mandará juntar aos autos a petição do recusante com os documentos que a instruam e por despacho se declarará suspeito, ordenando a remessa dos autos ao seu substituto (art. 99 do CPP).

Não sendo aceita a exceção de suspeição pelo integrante do Tribunal, será julgada pelo Tribunal pleno, funcionando como relator o presidente (art. 103, § 4º, do CPP); se o recusado for o presidente do tribunal, o relator será o vice – presidente (art. 103, § 5º, do CPP). O detalhamento do incidente de exceção de suspeição se dará pelo que dispuserem as Leis de Organização Judiciária dos Estados e os regimentos internos dos Tribunais.

6.3.5.3.8. Impossibilidade de se reconhecer a suspeição quando propositalmente criada

A suspeição não poderá ser declarada nem reconhecida, quando a parte injuriar o juiz ou de propósito der motivo para criá-la (art. 256 do CPP). Em caso criminal decidido pelo STJ[19], entendeu-se que um encontro realizado, entre o acusado (ex – governador de Estado), e juiz de direito em férias, fora do ambiente forense, não configuraria caso de suspeição do magistrado, uma vez que a reunião foi marcada a pedido do próprio réu, tornando "inadmissível que agora pretenda acoimar o ato de suspeito".

---

19. Informativo STJ. STJ. 6ª T. HC 206706. Min. Rel. Og Fernandes.

6.3.5.3.9. Suspeição de membros do MP, peritos, intérpretes, jurados, autoridade policial

6.3.5.3.9.1. Suspeição de membros do MP

Se for arguida a suspeição do órgão do Ministério Público, o juiz, depois de ouvi-lo, decidirá, sem recurso, podendo antes admitir a produção de provas no prazo de três dias (art. 104 do CPP). A exceção será formulada por escrito, salvo em plenário de Júri, em que é arguida oralmente; segundo a lei, a exceção de suspeição será decidida pelo magistrado, que poderá admitir a produção de provas, inclusive oitiva de testemunhas, no prazo de três dias.

Como já tivemos oportunidade de esclarecer em outra obra nossa[20], a respeito da arguição de suspeição de Membro do Ministério em plenário de Júri, e cujo raciocínio é válido ao processo penal como um todo, entendemos que "Não obstante a previsão legal do incidente de suspeição oral do membro do Ministério Público, de rigor uma mudança no entendimento do assunto, que deve evoluir e se submeter a uma interpretação constitucional no sentido de declararem-se não recepcionadas pela Lei Maior as normas que tratam do reconhecimento da suspeição do promotor pelo magistrado. Fundamentamos. O art. 5º, LIII, da CF estabelece que "ninguém será processado nem sentenciado senão pela autoridade competente". Parte da doutrina e da jurisprudência, inclusive do STF, tem reconhecido neste inciso (e a nosso ver, com acerto), além do princípio do juiz natural, igualmente o do promotor natural: é direito individual de todo e qualquer cidadão ser processado por promotor isento a oficiar em determinado feito, segundo critérios genéricos e abstratos, vedadas designações casuísticas da Chefia da instituição. Pretende-se com isso evitar a figura odiosa do *acusador de encomenda*, instrumento de vingança ou de favorecimento indevidos, traduzindo evidente desserviço social de uma instituição essencial à atividade jurisdicional, que deve ser, antes de tudo, proba. Para se assegurar o direito individual de todo cidadão ao promotor natural, existe a prerrogativa dos membros do Ministério Público à vitaliciedade e à inamovibilidade (art. 128, § 5º, I, *a* e *b*, da CF). Quanto à inamovibilidade, certo que abrange, além da vedação ao afastamento do membro ministerial de seu cargo, igualmente, proíbe-se que determinada causa lhe seja, indevidamente, excluída de nela oficiar, embora permaneça no cargo. Para que o membro do Ministério Público seja removido deve haver interesse público, mediante decisão do *órgão colegiado competente do Ministério Público*, pelo voto da maioria absoluta de seus membros, assegurada ampla defesa (art. 128, § 5º, I, *b*, da CF). Desse modo, para que o promotor seja afastado de suas funções em determinado processo de competência do Júri, por ser inquinado de suspeito, não é lícito que tal ocorra por vontade do juiz, mas sim, segundo clara dicção constitucional, por decisão do *órgão colegiado competente do Ministério Público*. Trata-se, simplesmente, de se assegurar aos membros do *Parquet* (e também, o que é mais importante, a todos os cidadãos), as mesmas garantias da Magistratura, afinal, quanto aos juízes, apenas o Tribunal ou o CNJ (Conselho Nacional de Justiça) podem removê-los de suas funções, retirando – os de seus cargos ou, declarando-lhes a suspeição, impedindo – os de atuar em específico processo. Na seara prática, significa

---

20. Walfredo Cunha Campos, *Tribunal do Júri- Teoria e Prática*, p. 218/219.

dizer que a suspeição de membro do Ministério Público deve ser articulada, pelo juiz ou pela parte, através de pedido formulado ao Conselho Superior do Ministério Público ou ao Conselho Nacional do Ministério Público (art. 130-A, § 2º, II, da CF e art. 15, VIII da Lei 8.625/93 – Lei Orgânica Nacional do Ministério Público) (...)".

E se o promotor for afastado indevidamente pelo juiz por declará-lo suspeito? O que fazer? Como explica Renato Brasileiro de Lima,[21] "Não há previsão legal de recurso adequado para a impugnação da decisão judicial que determina o afastamento do órgão ministerial em virtude do reconhecimento da suspeição, impedimento ou incompatibilidade pelo juiz de 1ª instância. [...] é cabível a impetração de mandado de segurança, a fim de resguardar o direito líquido e certo do órgão ministerial afastado de atuar em determinado feito, consectário lógico da garantia da inamovibilidade (CF, art. 128, § 5º, I, *b*)".

Indaga-se, ainda: e se é apurado, depois do julgamento em plenário, que um promotor suspeito atuou? Há entendimento que se trataria de mera irregularidade;[22] para nós, todavia, é caso de nulidade absoluta, pois o membro do Ministério Público que atua com parcialidade compromete, diretamente, o próprio princípio constitucional do promotor natural, que pressupõe, como uma garantia da sociedade e um direito do cidadão, um agente público isento no exercício de suas funções".

6.3.5.3.9.2. Suspeição de peritos, intérpretes e funcionários da justiça

As partes poderão também arguir de suspeitos os peritos, os intérpretes e os serventuários ou funcionários de justiça, decidindo o juiz de plano e sem recurso, à vista da matéria alegada e prova imediata (art. 105 do CPP). Pelo que se extrai do artigo em estudo, não há possibilidade de produção probatória, como a oitiva de testemunhas. Os peritos, intérpretes e funcionários da justiça poderão se declarar, de ofício, como suspeitos. A atuação de perito, intérprete ou funcionário da justiça suspeitos em processo criminal poderá caracterizar mera irregularidade ou, quando muito, nulidade relativa, para cuja existência não se prescinde de prova do prejuízo e arguição no tempo oportuno, sob pena de preclusão.

6.3.5.3.9.3. Declaração, de ofício, da suspeição, por parte do MP, intérpretes e funcionários da justiça

O órgão do Ministério Público, os serventuários ou funcionários de justiça e os peritos ou intérpretes podem se declarar, de ofício, suspeitos, impedidos ou quando houver incompatibilidade deles com suas funções, à semelhança do que é permitido aos juízes (art. 112 do CPP).

6.3.5.3.9.4. Suspeição dos jurados

A suspeição dos jurados deverá ser arguida oralmente, decidindo de plano o presidente do Tribunal do Júri, que a rejeitará se, negada pelo recusado, não for imediatamente comprovada, o que tudo constará da ata (art. 106 do CPP).

---

21. Renato Brasileiro de Lima, *Curso de processo penal*, p. 1.081.
22. Renato Brasileiro de Lima, *Curso de processo penal*, p. 1.080.

6.3.5.3.9.5. Suspeição das autoridades policiais

Não se poderá opor suspeição às autoridades policiais nos atos do inquérito, mas deverão elas declarar-se suspeitas, quando ocorrer motivo legal (art. 107 do CPP). Eventual suspeição da autoridade policial que atuou em determinado inquérito policial não terá o condão de anular o processo dele decorrente, uma vez que o procedimento investigativo serve como mero angariador de elementos informativos, para o oferecimento da peça acusatória, elementos esses que deverão ser ratificados em juízo, sob o manto do contraditório e da ampla defesa, para que se tornem efetivamente prova.

É evidente que a atuação de um delegado suspeito em inquérito policial – *v.g.*, inimigo capital ou amigo íntimo da vítima ou do indiciado – redundará em evidente prejuízo na apuração dos fatos, comprometendo, em futuro próximo – quando da deflagração da ação penal – a verdade real; provável que a atuação do delegado suspeito sepulte a busca das fontes de provas, não restando outro caminho ao *Parquet* que não o de arquivar o inquérito policial, por falta de confiança na veracidade dos elementos informativos coligidos por autoridade policial comprometida em sua isenção.

Para se evitar esse descalabro, entendemos perfeitamente possível ao representante do Ministério Público, ao futuro querelante (na ação penal privada), e até ao futuro assistente da acusação, além do próprio juiz oficiante na investigação criminal, representarem ao Delegado Geral de Polícia ou ao Secretário da Segurança Pública, apontando a falta de isenção de seu subordinado e a necessidade de substitui-lo por outro profissional.

6.3.5.4. Exceção de incompetência. Conceito. Procedimento

6.3.5.4.1. Conceito

É a exceção dilatória que tem por finalidade apontar a incompetência, absoluta ou relativa, além de se requerer a remessa do processo ao juízo competente. É chamada de *exceptio declinatoria fori*. Relembrando o que expusemos no Capítulo Competência, segundo a doutrina majoritária, competência absoluta é aquela estabelecida tendo por parâmetro o interesse público na divisão de trabalho entre os juízes e que dimana, direta ou indiretamente, de normas constitucionais; competência relativa é a que é fixada tendo em vista o interesse público, mas também, concomitantemente, o interesse das partes.

A incompetência relativa, se não reconhecida em tempo oportuno, se prorroga, de modo que o juiz originariamente não competente, passa a sê-lo; a violação às normas que fixam a competência relativa pode ocasionar eventual nulidade relativa do processo que dependerá, para o seu reconhecimento, de prova do prejuízo e arguição em tempo oportuno. Já a incompetência absoluta pode ser reconhecida a qualquer tempo é improrrogável.

6.3.5.4.2. Reconhecimento da incompetência absoluta e relativa, de ofício, pelo juiz, ou a pedido da parte

Em regra, o juiz poderá reconhecer, de ofício, ou a pedido das partes, sua incompetência relativa e a absoluta (art. 109 do CPP); todavia, se já tiver iniciado a instrução criminal, e a incompetência for relativa, o juiz não poderá declarar-se incompetente e remeter ao juízo que entenda ser o competente, porque vigora, no processo penal, o princípio da identidade física do juiz (art. 399, § 2º, do CPP): o juiz que presidiu a instrução deverá julgar a causa.

Isso significa dizer que, a pedido das partes ou de ofício, o juiz só poderá declarar sua incompetência relativa e remeter os autos ao juiz competente, *enquanto não se iniciar a instrução*; sendo assim, o lapso temporal em que o magistrado poderá reconhecer a incompetência relativa abarca o momento anterior ao recebimento da denúncia até depois da resposta à acusação (art. 396-A, do CPP), e antes da audiência de instrução, debates e julgamento. Referida audiência pode até ter sido designada por despacho, o que não impedirá o reconhecimento da incompetência relativa, mas não deverá ter se iniciado a instrução; se iniciou-se, mesmo que com a oitiva de uma só testemunha ou vítima, o juiz que colheu – mesmo que parcialmente – a prova, estará jungido ao processo e deve sentenciar, como prevê o princípio da identidade física do juiz (art. 399, § 2º, do CPP).

No caso da incompetência absoluta, todavia, por tratar de critério fixado tendo por parâmetro a Constituição Federal, o juiz poderá reconhecê-la, de ofício ou a pedido das partes, a qualquer momento, mesmo depois de iniciada (ou até encerrada) a instrução criminal, desde que antes de proferida a sentença, não se aplicando, assim, quanto a tal espécie de competência, a limitação do princípio da identidade física do juiz. Esse princípio, por ser de extração infraconstitucional (art. 399, § 2º, do CPP), não pode prevalecer sob a competência estabelecida tendo por norte a Lei Maior.

Se o juiz reconhecer, de ofício, sua incompetência, caberá recurso em sentido estrito desta decisão (art. 581, II, do CPP).

6.3.5.4.3. Procedimento da exceção de incompetência

A exceção de incompetência pode ser oposta, verbalmente (devendo ser reduzida por escrito no termo de audiência) ou por escrito, no prazo de defesa (art. 108, *caput*, e § 2º, do CPP).

O prazo para ser oposta a exceção de incompetência é o da resposta à acusação – 10 dias (art. 396-A, do CPP). A exceção de incompetência deverá ser processada em autos apartados, não suspendendo, em regra, o andamento da ação penal (art. 111 do CPP).

Como vimos, as partes podem se utilizar do incidente procedimental da exceção de incompetência tanto para arguir a incompetência relativa como a absoluta.

Ajuizada a exceção de incompetência, é ouvido o Ministério Público, e se o juiz aceitar a declinatória de competência, o feito será remetido ao juízo competente, onde, ratificados os atos anteriores, o processo prosseguirá (art. 108, § 1º do CPP).

E se não se seguiu o procedimento previsto em lei que determina a instauração de incidente procedimental e, por exemplo, a defesa se aproveitou para arguir a incompetência do juízo, no corpo da própria resposta à acusação, em sede de preliminar (art. 396-A, do CPP)?

Haverá mera irregularidade, que não prejudicará a apreciação do tema pelo juiz; não há porque não se relevar a aparente falha técnica processual, quando se sabe que, em primeiro lugar, não haverá qualquer prejuízo a quem quer que seja; em segundo, se o juiz pode decidir, de ofício, no bojo dos autos principais, que é incompetente, inexiste sentido em vedar-se às partes a arguição da incompetência nos mesmos autos. Há quem entenda, como Renato Brasileiro de Lima[23], que, suscitada a incompetência nos autos principais, deve-se extrair cópia da manifestação e juntá-la em autos apartados, intitulados de exceção de incompetência; pensamos que tomada ou não tal providência, na prática, não afetará em nada a questão de fundo: determinar-se a competência do Juízo.

Recusada a incompetência pelo juiz, o processo prosseguirá nos seus ulteriores termos (art. 108, § 2º, do CPP).

Importante dizer que, caso não seja usado pela parte o instrumental próprio previsto em lei para questionar a incompetência do juízo – exceção de incompetência em autos apartados – utilizando-se, ao reverso, de simples petição apresentada nos autos principais, bastará ao juiz abrir vista à parte adversária (normalmente o Ministério Público) e decidir de maneira fundamentada, declarando-se ou não incompetente para julgar aquele feito.

É possível a acusação – Ministério Público ou querelante – suscitarem a exceção de incompetência?

Nada impediria, pois, relatado o inquérito policial, tanto o *Parquet* quanto o querelante, no caso das ações penais privadas, poderão entender que o Juízo para quem foi distribuído o procedimento investigativo é incompetente, requerendo, então, a remessa dos autos ao Juízo competente.

Se for deferido o pedido pelo magistrado, será providenciada a remessa para o Juízo que se entendeu como competente; se o juiz indeferir o pleito, no caso de requerimento por parte do Ministério Público, não haverá como o magistrado, que, divergindo da acusação, se julga competente, obrigar o *Parquet* a oferecer denúncia, razão porque restará, a fim de solucionar a questão, o envio do inquérito ao Procurador Geral, aplicando-se, por analogia, o art. 28 do CPP; é o caso já analisado, quando tratamos de inquérito policial, de arquivamento indireto.

Como observa Renato Brasileiro de Lima,[24] pode o membro do MP que entender que o juízo perante o qual oficia é incompetente, remeter cópias dos autos para o juízo que seja, a seu sentir, competente, a fim de que o promotor lá lotado suscite, através do Juízo, o incidente de conflito positivo de competência, que se dá quando dois ou mais juízes se declaram competentes para julgar o mesmo processo.

No caso do querelante, em ação penal privada, na posse de inquérito policial, poderá sustentar a posição de que o juízo não é o competente, mas se o magistrado dele discordar, julgando-se competente, não será possível a aplicação, por analogia, do art. 28 do CPP, remetendo-se os autos ao Procurador Geral, porque tal solução só é aplicável no caso de ações penais públicas.

---

23. Renato Brasileiro de Lima, *Curso de Processo Penal*, p. 1084.
24. Renato Brasileiro de Lima, *Curso de Processo Penal*, p. 1084.

Qual a solução então, nessa situação?

Não vemos outra, senão a impetração de mandado de segurança, a fim de tutelar o direito líquido e certo de promover ação penal perante o juiz natural.

6.3.5.4.4. Recursos cabíveis

Da decisão, de ofício, em que o magistrado se declare incompetente, nos próprios autos principais, caberá recurso em sentido estrito (art. 581, II, do CPP).

Caso o juiz julgue procedente o incidente de exceção de incompetência, caberá dessa decisão recurso em sentido estrito (art. 581, III, do CPP). Se o pleito tiver sido articulado em petição autônoma, nos autos principais e não nos do incidente, e deferido o pedido, caberá, também, o recurso em sentido estrito dessa decisão, porque, nessa situação, o juiz terá se declarado incompetente, o que desafia recurso em sentido estrito, dessa vez com estribo no art. 581, II, do CPP.

Julgada improcedente a exceção de incompetência, decisão essa proferida em incidente próprio instaurado, ou, caso o pleito e a decisão indeferindo o reconhecimento da incompetência sejam proferidos no bojo dos autos principais, de qualquer forma, em nenhuma das situações, caberá a interposição de recurso; a parte inconformada com a decisão poderá manejar, conforme o caso, mandado de segurança, *habeas corpus*, ou sustentar a nulidade do processo, por incompetência, em preliminar de apelação.

6.3.5.5. Exceção de litispendência. Conceito. Procedimento

6.3.5.5.1. Conceito

É a exceção peremptória que tem por finalidade apontar a existência de duas ações penais condenatórias ajuizadas contra o mesmo acusado, tendo por objeto idênticos fatos criminosos, e que estejam pendentes de julgamento definitivo, ao mesmo tempo em que se requer a extinção do 2º processo repetido.

O fundamento desta exceção é a proibição de alguém ser processado duas vezes pelo mesmo fato (*ne bis in idem*), e seu objetivo é o de extinguir a ação penal posteriormente ajuizada, quando já pendente processo anterior, pelos mesmos fatos criminosos, contra o mesmo réu.

Como se sabe, os elementos de toda ação são: partes, pedido, causa de pedir (próxima – fatos e remota – direito aplicável). Para se identificar então, a identidade de ações penais, os três elementos da ação deveriam ser repetidos em dois ou mais processos: mesmas partes, pedido, mesma causa de pedir.

O raciocínio acima, válido para efeito da teoria geral do processo, possui particularidades no processo penal, o qual, para que se veja configurada a litispendência, bastará identificar-se a identidade de parte passiva (o acusado), e de fatos (causa de pedir próxima), sendo irrelevantes o pedido, a parte ativa (quem processa), e a causa de pedir remota (dispositivos legais aplicáveis, em tese, ao fato).

Vamos exemplificar para melhor esclarecer. Praticado um roubo na comarca de São Paulo, e apurada a autoria – acusado "A" – os autos de inquérito policial são remetidos ao Ministério Público, o qual queda-se inerte no prazo estipulado para oferecer denúncia, em se tratando de indiciado preso – 5 dias. Em razão disso, a vítima do roubo, através de advogado, oferece queixa-crime subsidiária da pública, em face do acusado "A", pela prática do delito de roubo – a vítima foi levemente empurrada a fim de que o acusado lhe subtraísse seu celular. Sem que tomasse conhecimento do oferecimento da queixa-crime, posteriormente, o membro do Ministério Público, desidioso, oferece denúncia, narrando os mesmos fatos, em face também do acusado "A", mas classifica os fatos praticados subsumidos no tipo do furto, e não roubo.

Pergunta-se: há litispendência? Seguindo-se a teoria geral do processo, não haveria, porque os sujeitos ativos da ação penal são distintos (querelante e Ministério Público); também diferentes as causas de pedir: para o querelante os fatos narram um roubo, enquanto que para o *Parquet* um furto.

Adaptando-se a teoria geral processual ao processo penal, pode-se chegar às seguintes conclusões:

1ª – O pedido como critério identificador de demandas, para fins de litispendência, no processo penal, é totalmente irrelevante, porque o pedido, nas ações penais, é sempre genérico, de condenação;

2ª – O sujeito ativo da ação pode ser diferente, como no nosso exemplo – querelante e Ministério Público, mas tampouco, essa identidade terá relevância, para fins de litispendência, no processo penal;

3ª – A causa de pedir remota (indicação das normas legais aplicáveis) não se presta a ser critério de identificação de ações penais, pois, os mesmos fatos, podem ser tipificados, de acordo com o entendimento jurídico do sujeito ativo da ação, de maneiras diferenciadas.

Haverá litispendência no nosso exemplo, porque são idênticas à causa de pedir próxima (os fatos) e o sujeito passivo da ação penal (o acusado "A") e, em razão disso, a segunda ação penal ajuizada pelo Ministério Público será extinta. Em conclusão, para que se estabeleça a litispendência, no processo penal, basta a identidade de fatos e do sujeito passivo da ação, sendo irrelevantes o pedido (sempre genérico no processo), a causa de pedir remota (o direito penal aplicável aos fatos), e o sujeito ativo da ação penal.

6.3.5.5.2. Em que momento pode ser reconhecida a litispendência?

A litispendência deverá ser reconhecida a partir do momento em que a segunda peça acusatória, tratando dos mesmos fatos perpetrados por idêntico acusado, é recebida; não basta o mero oferecimento de segunda denúncia ou queixa com idêntica acusação; a exordial tratando dos mesmos fatos deverá ter sido recebida pelo Juízo para que se caracterize a litispendência. Claro que, no caso de oferecimento de denúncia ou queixa veiculando fatos já tratados em outra ação penal, se conhecida essa realidade pelo juízo, a inicial acusatória não deverá ser recebida, por falta de pressuposto processual (art. 395, II, do CPP).

Em outras palavras, oferecidas duas ações penais idênticas (mesmos fatos e mesmo acusado), enquanto não recebida uma delas, não se poderá falar, ainda, em litispendência, no sentido dado ao instituto pelo CPP.

Já sabemos que na hipótese de duas ações penais tramitarem tendo por objeto os mesmos fatos imputados ao mesmo acusado, uma delas deverá ser extinta, mas qual delas?

Certamente a segunda, mas como saber, exatamente, qual delas iniciou-se posteriormente? A resposta se dará pela prevenção – aquele Juízo que se antecipou, mesmo que antes do recebimento da denúncia ou queixa com algum ato relativo ao processo, ou aquele juízo a quem foi primeiro distribuído o feito, será o competente, enquanto que o segundo processo distribuído deverá ser extinto pelo reconhecimento da litispendência.

Embora a doutrina majoritária e o próprio CPP mencionem litispendência como a repetição de ação idêntica (a 2ª ação repetida, portanto), o correto, tecnicamente, é conceituar litispendência como a demanda inicialmente ajuizada (a 1ª ação), afinal, do próprio sentido etimológico, se depreende o significado do instituto: *litis* (lide/controvérsia) pendente, de julgamento. A *pendência* de uma lide penal anterior obstaculiza o surgimento de outra ação idêntica.

Esse é o sentido do o art. 240, *caput*, do CPC que determina que, somente a partir da citação válida, se induz litispendência; induzir litispendência é apontar que há uma lide pendente de julgamento e que outra demanda-se idêntica – deverá ser extinta.

Vimos acima o momento inicial em que pode ser reconhecida a litispendência no processo penal – a partir do recebimento da 2ª peça acusatória; quanto ao momento limite em que pode ser declarada a existência de litispendência, certo que, como verdadeira objeção processual que é – questão de ordem pública consistente em evitar-se que uma pessoa seja processada duas vezes pelo mesmo fato – poderá ser reconhecida a qualquer tempo, inclusive de ofício pelo magistrado, não se submetendo à preclusão.

A exceção de litispendência pode ser oposta com o escopo de se impedir o prosseguimento de inquérito policial que trata dos mesmos fatos articulados em ação penal pendente perante determinado Juízo?

Dá-nos a resposta Renato Brasileiro de Lima[25], para quem "Considerando que a finalidade da exceção é obstacularizar o andamento de determinado processo, entende--se que a exceção de litispendência não pode ser utilizada para impedir o trâmite de inquérito policial, ainda que o fato sob investigação e o investigado sejam idênticos aqueles pertinentes a processo penal em curso. Isso, no entanto, não impede que a parte prejudicada impetre *habeas corpus* objetivando o trancamento do respectivo inquérito policial".

25. Renato Brasileiro de Lima, *Curso de Processo Penal*, p. 1088.

Nessa situação de inquérito policial que tenha por objeto os mesmos fatos criminosos e o mesmo investigado que já estão já sendo apurados em regular ação penal em trâmite, certamente obrigarão, ao membro do Ministério Público, que arquive os autos do procedimento investigatório, justamente para evitar-se que o indiciado seja processado duas vezes pelo mesmo fato (*ne bis in idem*).

6.3.5.5.3. Reconhecimento da litispendência, de ofício, pelo juiz, ou a pedido das partes

O juiz poderá reconhecer, de ofício, por se tratar de objeção processual (questão de ordem pública), ou a pedido das partes, a litispendência, a qualquer momento.

6.3.5.5.4. Procedimento da exceção de litispendência

A exceção de litispendência deverá seguir o mesmo rito da exceção de incompetência, podendo ser oposta, verbalmente (devendo ser reduzida por escrito no termo de audiência) ou por escrito, no prazo de defesa (art. 108, *caput*, e § 2º, do CPP).

O prazo para ser oposta a exceção de litispendência é o da resposta à acusação – 10 dias (art. 396-A, do CPP). A exceção de litispendência deverá ser processada em autos apartados, não suspendendo, em regra, o andamento da ação penal (art. 111 do CPP).

Ajuizada a exceção de litispendência, é ouvido o Ministério Público, deliberando o juiz a respeito da questão (art. 108, § 1º do CPP).

Embora a lei se refira apenas à defesa, é assente que o Ministério Público, quer como autor da ação penal (no caso das ações penais públicas), como também como fiscal da lei (em se tratando de ações penais privadas), poderá articular referida exceção, por se tratar de verdadeiro pressuposto processual de validade da relação jurídica processual.

E se não se seguiu o procedimento previsto em lei que determina a instauração de incidente procedimental e, por exemplo, a defesa se aproveitou para arguir a litispendência no corpo da própria resposta à acusação, em sede de preliminar (art. 396-A, do CPP)?

Haverá mera irregularidade, que não prejudicará a apreciação do tema pelo juiz; não há porque não se relevar a aparente falha técnica processual, quando se sabe que, em primeiro lugar, não haverá qualquer prejuízo a quem quer que seja; em segundo, a litispendência, como já se disse, é questão de ordem pública – objeção processual – que deve ser decidida, de ofício, pelo juiz a qualquer momento; ora, se o juiz pode decidir de ofício no bojo dos autos principais a respeito da litispendência, inexiste sentido em vedar-se às partes a arguição da incompetência nos mesmos autos.

Recusada o reconhecimento da litispendência, o processo prosseguirá nos seus ulteriores termos (art. 108, § 2º, do CPP).

Importante dizer que, caso não seja usado pela parte o instrumental próprio previsto em lei para questionar a existência de litispendência – exceção de litispendência em autos apartados – utilizando-se, ao reverso, de simples petição apresentada nos autos principais, bastará ao juiz abrir vista à parte adversária (normalmente o Ministério Público) para que se manifeste e, após, decidir de maneira fundamentada, declarando a existência ou não de litispendência.

6.3.5.5.5. Recursos cabíveis

Da decisão, de ofício, em que o magistrado reconheça a litispendência caberá recurso em sentido estrito (art. 581, III, do CPP).

De idêntica maneira, caso o juiz julgue procedente o incidente de exceção de litispendência, caberá, dessa decisão, recurso em sentido estrito (art. 581, III, do CPP).

Se o pleito de reconhecimento da litispendência for articulado em petição autônoma, nos autos principais, e não nos do incidente processual próprio (exceção de litispendência), que não chegou sequer a ser instaurado, e sendo deferido o pedido formulado no bojo do processo, caberá, dessa decisão, a nosso ver, também recurso em sentido estrito, com fulcro no art. 581, III, do CPP, pois, de qualquer modo, mesmo que não em incidente próprio, o magistrado reconheceu a existência da objeção processual, que é a litispendência, não havendo porque não se utilizar da mesma via recursal quando a matéria processual é idêntica.

Julgada improcedente a exceção de litispendência, decisão essa proferida em incidente próprio instaurado, ou, caso o pleito e a decisão indeferindo o reconhecimento da litispendência sejam proferidos no bojo dos autos principais, de qualquer forma, em nenhuma das situações, caberá a interposição de recurso; a parte inconformada com a decisão poderá manejar, conforme o caso, mandado de segurança, *habeas corpus*, ou sustentar a nulidade do processo, em preliminar de apelação.

6.3.5.6. Exceção de coisa julgada. Conceito. Procedimento

6.3.5.6.1. Conceito

É a exceção peremptória que tem por finalidade apontar que o acusado está sendo processado pela prática dos mesmos fatos criminosos pelos quais já foi condenado, com decisão transitada em julgado, e, em razão, disso, se requerer a extinção do processo atual.

O fundamento desta exceção é a proibição de alguém ser condenado duas vezes pelo mesmo fato (*ne bis in idem*).

Como se sabe, os elementos de toda ação são: partes, pedido, causa de pedir (próxima – fatos e remota – direito aplicável). Para se identificar então, a identidade de ações penais, e identificar a exceção de coisa julgada, os três elementos da ação deveriam ser repetidos em dois ou mais processos: mesmas partes, pedido, mesma causa de pedir.

O raciocínio acima, válido para efeito da teoria geral do processo, possui particularidades no processo penal, o qual, para que se veja configurada a coisa julgada, bastará identificar-se a identidade de parte passiva (o acusado), e de fatos (causa de pedir próxima), sendo irrelevantes o pedido, a parte ativa (quem processa), e a causa de pedir remota (aplicação do direito aos fatos). Quanto ao que se deve entender por mesmos fatos, como ensina Vicente Greco Filho[26], reputa-se como o "núcleo da infração (...) ainda que os elementos secundários ou acidentais sejam diferentes na realidade, não se admitirá nova ação penal sobre o mesmo fato".

Tratamos mais profundamente do assunto quanto tratamos da exceção de litispendência.

6.3.5.6.2. Em que momento pode ser reconhecida a coisa julgada?

A exceção de coisa julgada deverá ser reconhecida a partir do momento em que a segunda peça acusatória, tratando dos mesmos fatos perpetrados por idêntico acusado, é recebida; não basta o mero oferecimento de segunda denúncia ou queixa com idêntica acusação; a exordial tratando dos mesmos fatos deverá ter sido recebida pelo Juízo para que se autorize a oposição da exceção de coisa julgada.

Claro que, no caso de oferecimento de denúncia ou queixa veiculando idênticos fatos, se conhecida essa realidade pelo juízo, a inicial acusatória não deverá ser recebida, por falta de pressuposto processual (art. 395, II, do CPP).

Em outras palavras, oferecidas uma ação penal idêntica a outra que já redundou em condenação transitada em julgado (mesmos fatos e mesmo acusado), enquanto não recebida a 2ª ação, não se poderá falar, ainda, em exceção de coisa julgada, no sentido dado ao instituto pelo CPP.

Evidentemente, para se evitar, o *bis in idem*, a 2ª ação ajuizada deverá ser extinta.

Vimos acima o momento inicial em que pode ser reconhecida a exceção de coisa julgada – a partir do recebimento da 2ª peça acusatória; quanto ao momento limite em que pode ser declarada a exceção da coisa julgada, certo que, como verdadeira objeção processual que é – questão de ordem pública consistente em evitar-se que uma pessoa seja processada duas vezes pelo mesmo fato – poderá ser reconhecida a qualquer tempo, inclusive de ofício pelo magistrado, não se submetendo à preclusão.

Em interessando caso criminal julgado pelo STJ[27], haviam sido proferidas duas condenações, pelos mesmos fatos, por duas varas criminais de comarcas distintas, em datas diferentes; aplicando-se a objeção processual da coisa julgada, que impede que alguém possa ser condenado duas vezes pelos mesmos fatos, certo que, após o trânsito em julgado da 1ª condenação, o processo – e a condenação – pelo 2º processo deveriam ser anulados. Mas, o caso em questão tinha uma peculiaridade: a 2ª condenação – que é aquela que deveria ser anulada porque proferida após o trânsito em julgado da 1ª condenação – tinha uma pena *menor* que a 1ª condenação (que era justamente a

---

26. Vicente Greco Filho, Manual de Processo Penal, p. 324.
27. STJ – HC 281.101/SP (2013/0363494-0). Rel. Min. Sebastião Reis Júnior.

condenação válida). O que fazer? Nesse caso, decidiu-se, com justiça, que, em homenagem aos princípios do *favor rei* e *favor libertatis*, deveria prevalecer o critério mais favorável ao réu, em detrimento do critério temporal, de modo que a 2ª condenação, embora teoricamente nula, acabou por preponderar sobre a 1ª condenação, válida, porém prejudicial ao interesse à liberdade do acusado.

A exceção de coisa julgada pode ser oposta com o escopo de se impedir o prosseguimento de inquérito policial que trata dos mesmos fatos articulados em ação penal já julgada com condenação transitada em julgado?

Como fizemos notar acima ao tratar da exceção de litispendência, como a exceção de coisa julgada é instrumento utilizável apenas quando há processo criminal ajuizado tendo por objeto fatos já decididos em outra ação penal, com trânsito em julgado, mostra-se inadmissível referido incidente, no caso de inquérito policial. Todavia, o inquérito poderá ser trancado através da impetração de *habeas corpus*.

Nessa situação de inquérito policial que tenha por objeto os mesmos fatos criminosos e o mesmo investigado que já foram objeto de julgamento em processo que redundou em condenação transitada em julgado, incumbirá ao membro do Ministério Público arquivar os autos do procedimento investigatório, justamente para evitar-se que o indiciado seja processado duas vezes pelo mesmo fato (*ne bis in idem*).

6.3.5.6.3. Reconhecimento da coisa julgada, de ofício, pelo juiz, ou a pedido das partes

O juiz poderá reconhecer, de ofício, por se tratar de objeção processual (questão de ordem pública), ou a pedido das partes, a coisa julgada, a qualquer momento.

6.3.5.6.4. Procedimento da exceção de coisa julgada

A exceção de coisa julgada deverá seguir o mesmo rito da exceção de incompetência, podendo ser oposta, verbalmente (devendo ser reduzida por escrito no termo de audiência) ou por escrito, no prazo de defesa (art. 108, *caput*, e § 2º, do CPP).

O prazo para ser oposta a exceção de coisa julgada é o da resposta à acusação – 10 dias (art. 396-A, do CPP). A exceção de coisa julgada deverá ser processada em autos apartados, não suspendendo, em regra, o andamento da ação penal (art. 111 do CPP).

Ajuizada a exceção de coisa julgada, é ouvido o Ministério Público, deliberando o juiz a respeito da questão (art. 108, § 1º do CPP).

Embora a lei se refira apenas à defesa, é assente que o Ministério Público, quer como autor da ação penal (no caso das ações penais públicas), como também como fiscal da lei (em se tratando de ações penais privadas), poderá articular referida exceção, por se tratar de verdadeiro pressuposto processual de validade da relação jurídica processual.

E se não se seguiu o procedimento previsto em lei que determina a instauração de incidente procedimental e, por exemplo, a defesa se aproveitou para arguir a coisa julgada no corpo da própria resposta à acusação, em sede de preliminar (art. 396-A, do CPP)?

Haverá mera irregularidade, que não prejudicará a apreciação do tema pelo juiz; não há porque não se relevar a aparente falha técnica processual, quando se sabe que, em primeiro lugar, não haverá qualquer prejuízo a quem quer que seja; em segundo, a coisa julgada, como já se disse, é questão de ordem pública – objeção processual – que deve ser decidida, de ofício, pelo juiz a qualquer momento; ora, se o juiz pode decidir de ofício no bojo dos autos principais a respeito da coisa julgada, inexiste sentido em vedar-se às partes a sua arguição nos mesmos autos.

Recusada o reconhecimento da coisa julgada, o processo prosseguirá nos seus ulteriores termos (art. 108, § 2º, do CPP).

Importante dizer que, caso não seja usado pela parte o instrumental próprio previsto em lei para questionar a existência de coisa julgada – exceção de coisa julgada em autos apartados – utilizando-se, ao reverso, de simples petição apresentada nos autos principais, bastará ao juiz abrir vista à parte adversária (normalmente o Ministério Público) para que se manifeste e, após, decidir de maneira fundamentada, declarando a existência ou não de coisa julgada.

6.3.5.6.5. Recursos cabíveis

Da decisão, de ofício, em que o magistrado reconheça a coisa julgada, a nosso ver, caberá a interposição de recurso em sentido estrito (art. 581, III, do CPP), pois pouco importa o veículo processual em que o magistrado reconheceu a objeção processual da coisa julgada – se em incidente próprio ou nos autos principais, a pedido das partes ou de ofício – sendo relevante apenas a matéria processual decidida, referente a qual, segundo a lei, cabe recurso em sentido estrito.

Caso o juiz julgue procedente o incidente de exceção de coisa julgada, caberá dessa decisão também recurso em sentido estrito (art. 581, III, do CPP).

Se o pleito de reconhecimento da coisa julgada for articulado em petição autônoma, nos autos principais, e não nos do incidente processual próprio (exceção de coisa julgada), que não chegou sequer a ser instaurado, e sendo deferido o pedido formulado no bojo do processo, caberá, dessa decisão, a nosso sentir, a interposição de recurso em sentido estrito, com fulcro no art. 581, III, do CPP, pois, de qualquer modo, mesmo que não em incidente próprio, o magistrado reconheceu a existência da objeção processual, que é a coisa julgada, não havendo porque não se utilizar da mesma via recursal quando a matéria processual é idêntica.

Julgada improcedente a exceção de coisa julgada, decisão essa proferida em incidente próprio instaurado, ou, caso o pleito e a decisão indeferindo o reconhecimento da coisa julgada sejam proferidos no bojo dos autos principais, de qualquer forma, em nenhuma das situações, caberá a interposição de recurso; a parte inconformada com a decisão poderá manejar, conforme o caso, mandado de segurança, *habeas corpus*, ou sustentar a nulidade do processo, em preliminar de apelação.

6.3.5.7. Exceção de ilegitimidade de parte

6.3.5.7.1. Conceito de ilegitimidade ad processum e ad causam

É uma exceção dilatória, quando tem a finalidade de apontar a ilegitimidade *ad processum*, (ilegitimidade em razão do processo), isto é, a falta de capacidade processual para a parte integrar, pessoalmente, a relação processual, requerendo-se, assim, a correção de tal defeito.

Exemplo: queixa crime ajuizada por menor de 18 anos, sem assistência de seu representante legal.

Em se tratando da *ilegitimidade ad processum*, tal nulidade pode ser sanada a qualquer tempo, ratificando-se os atos processuais (art. 568 do CPP).

A *ilegitimidade ad processum* (em relação ao processo) corresponde à falta de um pressuposto processual a caracterizar uma *exceção dilatória*: a regular capacidade processual das partes, de exercerem atos processuais, assumindo direitos e deveres na relação jurídica processual.

A *ilegitimidade de parte (ilegitimidade ad causam)* caracteriza uma *exceção peremptória*, pois faltará, à parte, legitimidade ativa ou passiva para figurar em um dos polos da ação penal; em essência, é caso de extinção do processo por falta de uma das condições da ação penal.

Quanto à falta de legitimidade ativa *ad causam*, podemos citar como exemplo a situação em que órgão do MP oferece denúncia em crime de ação penal privada; ou vice – versa, em crime de ação penal pública, a vítima oferece queixa-crime, enquanto ainda não escoou o prazo legal para que o *Parquet* apresente denúncia.

Nesta espécie de ilegitimidade os atos processuais não podem ser ratificados, por serem irremediavelmente nulos (nulidade absoluta – art. 564, II, do CPP).

A legitimidade para a causa deve ser também passiva, ou seja, devem ser verificadas as qualidades pessoais de quem é o acusado; faltaria, assim, *v.g.*, legitimidade passiva para a causa se fosse oferecida denúncia em face de quem é menor de 18 anos, e, portanto, sujeito, tão somente, às medidas socioeducativas previstas na Legislação Menorista (Estatuto da Criança e do Adolescente).

É possível, e não incomum, que, no decorrer do processo, apure-se que o acusado, a quem foi imputada a prática de um crime, é homônimo do verdadeiro infrator; ou que o real criminoso usou os documentos da pessoa que se vê injustamente acusada; ou, ainda, ter havido erro material na peça acusatória, constando como réu quem deveria estar inserido na condição de vítima ou testemunha.

Quanto ao erro material da peça acusatória – erro do nome do acusado, fazendo dela constar o nome de vítima ou testemunha, entendemos que bastará a mera retificação pela parte acusadora – Ministério Púbico ou querelante, fazendo constar o nome do verdadeiro autor da infração, ratificando-se os atos até então produzidos, nos termos do que dispõe o art. 569 do CPP.

Questão mais complexa ocorre nas outras duas situações: acusado homônimo do verdadeiro criminoso ou de agente que se utiliza dos documentos de terceira pessoa que se vê processada indevidamente.

Caso patenteado o erro, e, assim, a clamorosa injustiça de processo penal instaurado contra pessoa inocente, como solucionar-se a questão? É preciso aguardar-se o desfecho do processo, a fim de se absolver quem foi erroneamente acusado, ou basta reconhecer-se, de ofício ou a pedido das partes, a ilegitimidade de parte?

Há **2 posições** sobre o tema:

1ª Posição: Não é admissível o reconhecimento incidental da ilegitimidade de parte; o processo deverá seguir seu regular trâmite até ser proferida decisão absolutória;

2ª Posição: É admissível que se reconheça, de ofício ou a pedido das partes, a ilegitimidade de parte, extinguindo-se, o mais celeremente possível, o feito. Exigir-se a continuidade do feito em face de pessoa que já se sabe inocente seria de um formalismo atroz, utilizando-se o processo penal como um fim em si mesmo, e não como instrumento de realização do direito material, além de ofender, a mais não poder, um dos fundamentos da República, que é o da dignidade da pessoa humana (art. 1º, III, da CF). Possível, desse modo, a extinção do processo, sem julgamento do mérito, por falta de uma das condições da ação penal (legitimidade passiva *ad causam*). Parece – nos, todavia, a medida mais justa, nessa situação em que se viu processada pessoa inocente, absolver-se sumariamente o acusado, com fulcro no art. 415, II, do CPP (estar provado que o acusado não é o autor ou partícipe do fato).

6.3.5.7.2. Em que momento pode ser reconhecida a ilegitimidade de parte?

A ilegitimidade de parte (*ad causam*), ativa ou passiva, pode ser reconhecida a qualquer momento pelo juiz, pois se trata de condição da ação penal, caracterizando questão de ordem pública consistente em velar-se para que apenas a parte autorizada em lei inicie ou sofra a persecução penal em juízo. Reconhecida a ilegitimidade de causa, é extinto o processo sem julgamento de mérito, porque se trata de hipótese de nulidade absoluta do processo (art. 564, II, do CPP); nada impediria que, mesmo após a extinção do processo, a parte legítima ativa ofereça a ação penal em face de quem tenha também legitimidade para constar como réu no processo.

Já a ilegitimidade *ad processum*, por ser uma nulidade relativa, poderá ser sanada, mediante a ratificação dos atos anteriores, a qualquer tempo (art. 568 do CPP).

6.3.5.7.3. Reconhecimento da ilegitimidade da parte, de ofício, pelo juiz, ou a pedido das partes

O juiz poderá reconhecer, de ofício, por se tratar de objeção processual (questão de ordem pública), ou a pedido das partes, a ilegitimidade da parte, a qualquer momento. Em se tratando de ilegitimidade *ad causam*, o juiz, primeiro, declara a nulidade absoluta do processo, desde o recebimento da denúncia, e extingue o processo sem julgamento de mérito, em regra. No caso da ilegitimidade *ad processum*, constatada a irregularidade na representação processual (*v.g.* menor de idade que, sem representante legal, contrata advogado para oferecer queixa-crime), o juiz determinará o saneamento da nulidade relativa, em prazo determinado; sanada a eiva, com a representação processual do representante do menor, suprindo sua incapacidade, o feito prosseguirá normalmente, ratificados todos os anteriores atos processuais; se, todavia, não houver o necessário suprimento da incapacidade do sujeito processual (no nosso exemplo, o querelante menor de idade), o processo deverá ser anulado pelo juiz, e, em razão disso, extinto sem julgamento de mérito.

6.3.5.7.4. Procedimento da exceção de ilegitimidade de parte

A exceção de ilegitimidade de parte deverá seguir o mesmo rito da exceção de incompetência, podendo ser oposta, verbalmente (devendo ser reduzida por escrito no termo de audiência) ou por escrito, no prazo de defesa (art. 108, *caput*, e § 2º, do CPP).

O prazo para ser oposta a exceção de ilegitimidade de parte é o da resposta à acusação – 10 dias (art. 396-A, do CPP). A exceção de ilegitimidade de parte deverá ser processada em autos apartados, não suspendendo, em regra, o andamento da ação penal (art. 111 do CPP).

Ajuizada a exceção de ilegitimidade de parte é ouvido o Ministério Público, deliberando o juiz a respeito da questão (art. 108, § 1º do CPP).

Embora a lei se refira apenas a defesa, é assente que o Ministério Público, quer como autor da ação penal (no caso das ações penais públicas), como também como fiscal da lei (em se tratando de ações penais privadas), poderá articular referida exceção, por se tratar, conforme o caso, de condição da ação penal ou de pressuposto processual de validade da relação jurídica processual. Embora inusitado, é teoricamente possível que o representante do Ministério Público, após oferecer denúncia, em crime de ação penal privada, ele próprio se aperceba do equívoco e requeira, ao Juízo, o reconhecimento da ilegitimidade de parte, e a correlata extinção do processo.

E se não se seguiu o procedimento previsto em lei que determina a instauração de incidente procedimental e, por exemplo, a defesa se aproveitou para arguir a ilegitimidade de parte no corpo da própria resposta à acusação, em sede de preliminar (art. 396-A, do CPP)?

Haverá mera irregularidade, que não prejudicará a apreciação do tema pelo juiz; não há porque não se relevar a aparente falha técnica processual, quando se sabe que, em primeiro lugar, não haverá qualquer prejuízo a quem quer que seja; em segundo, a legitimidade de parte, como já se disse, é questão de ordem pública – objeção processual – que deve ser decidida, de ofício, pelo juiz a qualquer momento; ora, se o juiz pode decidir de ofício no bojo dos autos principais a respeito da ilegitimidade de parte, inexiste sentido em vedar-se às partes a sua arguição nos mesmos autos.

Recusada o reconhecimento da ilegitimidade de causa, o processo prosseguirá nos seus ulteriores termos (art. 108, § 2º, do CPP).

Importante dizer que, caso não seja usado pela parte o instrumental próprio previsto em lei para questionar a ilegitimidade de parte – exceção de ilegitimidade de parte em autos apartados – utilizando-se, ao reverso, de simples petição apresentada nos autos principais, bastará ao juiz abrir vista à parte adversária – o Ministério Público ou o querelante – para que se manifeste e, após, decidir de maneira fundamentada, declarando a existência ou não de ilegitimidade de parte.

6.3.5.7.5. Recursos cabíveis

Da decisão, de ofício, em que o magistrado reconheça a ilegitimidade de parte – ilegitimidade *ad causam*, extinguindo o processo em razão da nulidade absoluta do feito, caberá, a nosso ver, recurso em sentido estrito, com fulcro no art. 581, III, do CPP, pois, de qualquer modo, mesmo que não em incidente próprio (incidente de ilegitimidade de parte), o magistrado reconheceu a existência da objeção processual, que é a ilegitimidade de parte, não havendo porque não se utilizar da mesma via recursal quando a matéria processual é idêntica.

Se o magistrado, de ofício, por constatar a existência de ilegitimidade processual, determinar que a parte a retifique, em determinado lapso temporal, sob pena de extinção do processo, desse despacho não caberá recurso, mas, se houver irresignação quanto a essa determinação (a parte reputa inexistir qualquer irregularidade processual), caberá o ajuizamento de correição parcial, se se entender que houve manifesto *error in procedendo* (inversão tumultuário de atos processuais), ou a impetração de mandado de segurança.

Se, também na hipótese de ilegitimidade processual, o juiz, de plano, reconhecer a nulidade do processo, e extingui-lo, sem julgamento de mérito, caberá, dessa decisão, recurso em sentido estrito, como acima explanamos.

Caso o juiz julgue procedente o incidente de ilegitimidade de parte, caberá dessa decisão recurso em sentido estrito (art. 581, III, do CPP). Percebe que há, então, duas situações distintas que ensejam o mesmo recurso:

1ª – o juiz julga procedente o incidente de ilegitimidade de parte *ad causam*, e extingue o processo sem julgamento de mérito, por reconhecer a nulidade absoluta do feito; caberá, dessa decisão, recurso em sentido estrito;

2ª – o juiz julga procedente o incidente de ilegitimidade de parte *ad processum*, de plano, sem dar oportunidade à parte para retificar a representação processual, extinguindo-se o processo sem julgamento de mérito; caberá, dessa decisão, recurso em sentido estrito. Pode ocorrer, também, que, intimada a parte, pelo juízo, a fim de corrigir sua representação processual, quede-se inerte ou corrija a irregularidade de maneira não satisfatória, a critério do juiz, que acaba por julgar procedente o incidente de ilegitimidade de parte *ad processum*, extinguindo o processo; dessa decisão, igualmente, caberá recurso em sentido estrito.

Se o pleito de ilegitimidade de parte for articulado em petição autônoma, nos autos principais, e não nos do incidente processual próprio (exceção de ilegitimidade de parte), que não chegou sequer a ser instaurado, e sendo deferido o pedido formulado no bojo do processo, caberá, dessa decisão, recurso em sentido estrito (art. 581, III, do CPP).

Explicamos. Se cabe tal recurso da decisão que julga procedente a exceção de ilegitimidade de parte (art. 581, III, do CPP), pela mesma razão, será permitida idêntica via recursal caso a questão de fundo processual – a ilegitimidade-seja discutida no bojo dos autos principais e não em incidente próprio; em suma, pouco importa o veículo processual em que foi discutida a questão-se em autos de incidente ou nos autos principais, mas sim *a matéria processual discutida*, a qual autoriza a interposição de recurso em sentido estrito.

Julgada improcedente a exceção de coisa julgada, decisão essa proferida em incidente próprio instaurado, ou, caso o pleito e a decisão indeferindo o reconhecimento da coisa julgada sejam proferidos no bojo dos autos principais, de qualquer forma, em nenhuma das situações, caberá a interposição de recurso; a parte inconformada com a decisão poderá manejar, conforme o caso, mandado de segurança, *habeas corpus*, ou sustentar a nulidade do processo, em preliminar de apelação.

6.4. CONFLITO DE JURISDIÇÃO

6.4.1. Conceito

É um procedimento incidental processual através do qual se soluciona a controvérsia existente entre autoridades judiciárias a respeito da competência para julgar determinada infração penal.

6.4.2. Denominação

Parte da doutrina entende que o termo conflito de jurisdição só é apropriado quando houver controvérsia a respeito da competência entre órgãos de justiças diferentes entre si. Exemplo: divergência entre a Justiça Militar e a Justiça comum. Se a controvérsia se der entre órgãos da mesma justiça (exemplo: juízes do mesmo Estado situados em comarcas diversas), o conflito seria de competência.

Para nós, em todas as hipóteses de discussão a respeito de competência, seja entre juízes integrantes da mesma Justiça, ou entre órgãos de justiças diversos, o termo apropriado é sempre conflito de competência, e não de jurisdição, afinal, a jurisdição, como se sabe, é o poder genérico do Estado de aplicar o direito, ao passo que a competência é a medida e extensão deste poder. No conflito em estudo não se discute a existência ou não do poder jurisdicional do Estado, o qual, em si, todo e qualquer integrante do Judiciário possui, mas sim a competência de seus órgãos de justiça.

6.4.3. Espécies de conflitos de competência

Há 3 espécies de conflitos de competência previstos no art. 114 do CPP:

1º – conflito de jurisdição ou competência positivo: quando duas ou mais autoridades judiciárias se considerarem competentes para conhecer do mesmo fato criminoso;

2º – conflito de jurisdição ou competência negativo: quando duas ou mais autoridades judiciárias se considerarem incompetentes para conhecer do mesmo fato criminoso

3º – controvérsia entre juízes a respeito da reunião ou separação de processos, em razão da conexão ou continência: quando surgir entre os Juízos controvérsia sobre unidade de juízo, junção ou separação de processos, nos casos de conexão e ou continência.

6.4.4. Conflito de competência e fases da persecução penal em que pode ser suscitado

6.4.4.1. Conflito de competência na fase do inquérito policial

Mesmo antes do oferecimento da ação penal, é possível surgir o conflito de competência, o que ocorre, e com certa frequência, quando o Ministério Público requer, ao Juízo perante o qual oficia, a remessa dos autos de inquérito policial para outro juízo, por reputar ser aquele o competente para julgar a futura persecução crimina em juízo. Se esse juízo a quem foram remetidos os autos, encapando a manifestação contrária a essa remessa dos autos do Ministério Público oficiante naquele órgão de justiça, ou mesmo de ofício, discordar da competência que lhe foi atribuída, poderá suscitar o conflito de competência.

Verifica-se, então, que, nessa situação em que a manifestação do Ministério Público, em sede de inquérito policial, é encampada, de maneira fundamentada pelos Juízos, não se trata de conflito de atribuições entre membros do *Parquet*, mas de verdadeiro conflito de competência entre juízos.

6.4.4.2. Conflito de competência durante o processo. Até quando se pode suscitar o conflito de competência?

Instaurado o processo, em qualquer fase do rito, em regra, o conflito de competência poderá ser suscitado, até o seu trânsito em julgado. Só pode haver conflito de competência enquanto não tiver transitado em julgado uma das causas penais. Este é o teor da Súmula 59 do STJ: "não há conflito de competência se já existe sentença com trânsito em julgado, proferida por um dos juízos conflitantes".

As afirmações acima são plenamente válidas, desde que se trate de discussão de competência absoluta, *v.g*, pela matéria, quando surge o conflito entre a Justiça Comum Estadual e Federal a respeito de certa infração penal; a Justiça Federal se posicionou no sentido de que o delito deve ser julgado por aquele órgão de justiça, enquanto que a Justiça Estadual reputa que o crime é de sua competência e não da Justiça Federal (conflito positivo de competência). Nesse caso, por se tratar de competência absoluta, o incidente de conflito de competência poderá ocorrer, desde a fase do inquérito policial até o trânsito em julgado da decisão, porque se trata de questão de ordem pública – competência absoluta, pela matéria, estabelecida na Constituição Federal, improrrogável, portanto, e não submetida à preclusão.

Em se referindo o conflito de competência a respeito da competência relativa, por exemplo, a competência territorial ou por conexão e continência entre processos da Justiça Comum Estadual, havendo discussão a respeito da reunião ou separação de feitos criminais entre juízos de comarcas distintas, entendemos que a situação deva ser tratada diferentemente do que ocorre no caso da competência absoluta. Explicamos. Por ser a competência relativa estabelecida tendo em mira o interesse público, mas também o interesse das partes, segundo remansosa doutrina e jurisprudência, e inspirada pela Lei, e não diretamente pela Constituição, tal competência pode ser prorrogada, se não for arguida em tempo oportuno, submetendo-se à preclusão; em outras palavras, o juízo que não era o originariamente competente para julgar determinada causa, passa a sê-lo. Como vimos no Capítulo Competência, o momento limite para as partes arguirem a incompetência relativa se dá, no caso da defesa, na oportunidade da apresentação da resposta à acusação (art. 396-A do CPP); sem embargo de tanto a acusação quanto a defesa poderem apontar a incompetência relativa, além de o próprio juiz a reconhecer, mesmo que de ofício, até antes do início da instrução criminal; depois de começada a instrução, mesmo que com a oitiva de uma só testemunha, o magistrado que presidiu a audiência fica vinculado a julgar o processo, em obediência ao princípio da identidade física do juiz, consagrado no art. 399, § 2º, do CPP. Isso significa dizer que, iniciada a instrução criminal, não se toleram mais mudança de competência que retire o poder de julgar das mãos do magistrado que já conheceu, direta e pessoalmente a prova; em miúdos, mesmo que um magistrado não seja competente (pelo critério da competência relativa) para julgar determinado feito, sua competência será mantida – prorrogada – até a prolação de sentença, a partir do momento em que se iniciou a instrução criminal. Todavia, se o magistrado for incompetente (pelo critério da competência absoluta), não vigorará o princípio da identidade física do juiz; sendo assim, mesmo que iniciada, ou até encerrada a instrução, desde que antes da sentença, o processo criminal deverá ser enviado ao Juízo competente para julgá-lo, de acordo com as regras da competência absoluta.

Aplicando-se esses conceitos ao conflito de competência, a conclusão é de meridiana clareza: o conflito de competência que tem por escopo alterar-se a competência de determinado Juízo só pode ser admissível, em qualquer momento processual até o trânsito em julgado como se refere a Súmula 59 do STJ acima citada, quando se referir à competência absoluta; se se referir à competência relativa, o conflito de competência será processável, verificando-se qual é o Juízo competente, *se não houver ainda iniciado a instrução criminal*; começada a instrução, e fixada, assim, a identidade física do juiz, o incidente de conflito de competência sequer deve ser conhecido, no caso da incompetência relativa.

6.4.4.3. Sujeitos processuais autorizados a suscitar o conflito de competência e a forma de fazê-lo

De acordo com o art. 115 e 116, *caput*, do CPP, o conflito será suscitado:

1º – Através de requerimento fundamentado pela parte interessada e pelos órgãos do Ministério Público

As partes – querelante, acusado, e o Ministério Público, quer atuando como parte acusadora, na ação penal pública, quer como *custos legis*, na ação penal privada, poderão suscitar, mediante requerimento, junto ao Tribunal competente, o conflito de competência. Se as partes ou o Ministério Público atuarem em 1ª instância, deverão suscitar, perante o Tribunal competente, em regra o Tribunal de Justiça ou Tribunal Regional Federal, o conflito de competência entre os Juízos de 1º grau; pode ser que o processo esteja tramitando perante os Tribunais (em razão de recurso ou por se tratar de competência penal originária – foro por prerrogativa de função), e à parte também é oportunizado que suscite o conflito de competência a ser solucionado perante Tribunal Superior, como iremos analisar a seguir; mas, de qualquer maneira, a forma de se suscitar o conflito será a mesma: mediante requerimento.

O requerimento em que se suscita o conflito de competência será sempre escrito, apresentando-se as razões de fato e de direito para a mudança de competência, e juntando os documentos comprobatórios, como estipula o art. 116, *caput*, do CPP. Esses documentos comprobatórios serão as cópias dos processos em que os juízes oficiam, e as manifestações dos magistrados a respeito de suas competências; em suma, a comprovação documental da controvérsia existente.

O pressuposto para que seja apresentado o requerimento pelas partes ao Tribunal competente é que, antes, os Juízos já tenham se declarado competentes (conflito de competência positivo) ou incompetentes (conflito de competência negativo); ou tenha havido controvérsia entre eles a respeito da junção ou separação de processos em razão da conexão ou continência.

Em outras palavras, há um conflito de competência latente entre os Juízos e a lei autoriza que as partes possam levar, independentemente da manifestação dos juízes a respeito do assunto, tal fato ao conhecimento do Tribunal para que decida a respeito de quem é o detentor do poder jurisdicional em relação àquele processo, trazendo a segurança jurídica necessária à relação jurídica processual.

Nada impediria, ainda, que as partes manejassem, para dirimir a controvérsia a respeito da competência, conforme o caso, *habeas corpus* ou mandado de segurança, ao Tribunal competente, em substituição ao procedimento incidental do conflito de jurisdição, quando o desrespeito às normas de competência fosse claro e houvesse probabilidade de prejuízo às partes, notadamente havendo réu preso, e não fosse conveniente aguardar-se o moroso procedimento do incidente próprio.

Por esse motivo que se autoriza que as partes possam suscitar, *diretamente*, ao Tribunal, o conflito de competência, sem sujeita-las, para tanto, da aquiescência dos juízes que controvertem a respeito de seu quinhão de jurisdição. Até porque é possível que os juízes que controvertem a respeito de suas competências, não desejem, por algum motivo, levar ao conhecimento do Tribunal tal conflito, por receio de sucumbirem no julgamento do incidente e se verem jungidos a processar e julgar processo complexo, com vários réus, diversos volumes...

De maneira mais bem redigida e clara, o CPC, estipula em seu art. 953, II (aplicável, por analogia, ao processo penal) que:

Art. 953. O conflito será suscitado *ao tribunal*:

II – pela parte e pelo Ministério Público, por petição. (grifo nosso)

Além de a parte suscitar diretamente ao Tribunal o conflito de competência, pode ela também optar, o que é mais comum, em requerer ao Juízo perante o qual oficia que suscite o conflito ao Tribunal. Nessa hipótese, a parte requer, fundamentadamente, nos próprios autos de inquérito ou de processo que o juízo suscite o conflito de competência; se acatado o pedido, o juízo *representa* ao Tribunal competente, suscitando o conflito.

Se indeferido o pedido, pelo juiz, haverá três caminhos para a parte que requereu fosse suscitado o conflito:

1º – suscitar, ela própria, diretamente ao Tribunal, o conflito, nos termos acima estudados;

2º – impetrar, conforme o caso, *habeas corpus* ou mandado de segurança visando dirimir, perante o Tribunal, a questão da competência, por serem remédios, em regra, mais céleres que o procedimento de conflito de competência;

3º – conformar-se com o indeferimento, e permanecer inerte, voltando a sustentar a questão da incompetência, em sede de preliminar, em eventual apelação. Nota-se, nesse caso, que se a controvérsia versar quanto à competência relativa, como não houve irresignação oportuna, a questão estará já preclusa quando de eventual recurso de apelação; no entanto, como já dissemos anteriormente, no caso de incompetência absoluta, indevidamente não reconhecida pelo magistrado, não haverá preclusão e a matéria poderá ser rediscutida em grau de recurso.

Entendemos que, além das partes e do Ministério Público, também está legitimado a suscitar o conflito de competência o assistente da acusação, pois, embora não prevista essa possibilidade expressamente no art. 271 do CPP, à semelhança do que dissemos ao tratar da exceção de incompetência, é do pleno interesse do assistente que o Juízo que processe e julgue a causa penal tenha competência para tanto, sob pena de o feito ser possivelmente anulado no futuro. Como observa Renato Brasileiro de Lima[28], a tese de que o assistente está autorizado a suscitar o conflito de competência se robustece quando se sabe que a parte contingente pode requerer o desaforamento – alteração da competência territorial – no rito do Júri; conclui o autor então, acertadamente: "Ora, se o assistente tem legitimidade para requerer o desaforamento, hipótese de deslocamento da competência territorial, não há por que não se conferir a ele a possibilidade de suscitar eventual conflito de competência".

2º – Através de representação fundamentada de qualquer dos juízes ou tribunais em causa

Nesse caso o Juízo, de ofício, ou mediante requerimento das partes, suscita, ele próprio, perante o Tribunal, o conflito de competência; o fará mediante a forma de representação, que nada mais é do que a exposição circunstanciada, de fato e de direito, a respeito do assunto, encartando cópias dos processos, que deverão conter necessariamente as decisões dos juízes quanto ao que julgam ser suas competências.

6.4.4.4. Procedimento do conflito de competência

Como dissemos, o conflito pode ser positivo, negativo, ou envolver a questão de junção ou separação de processos, no caso de competência por conexão ou continência.

Vamos analisar o procedimento de cada uma das modalidades de conflito:

1º – Conflito positivo de competência

Hipótese em que dois ou mais juízos se declaram competentes. Como os juízes em conflito afirmaram a competência deles, os autos continuam a tramitar perante eles; não são os autos enviados ao Tribunal, e, em razão disso, são extraídas cópias e formado autos de conflito de competência, que deverão ser distribuídos ao relator do Tribunal.

Procedimento do conflito positivo de competência em 1ª instância – formação de instrumento

Vamos exemplificar para melhor esclarecer o procedimento nessa situação.

Dois furtos qualificados foram praticados na comarca de Guarulhos em conexão com dois roubos perpetrados na comarca de São Paulo, sendo que já foram instauradas as ações penais quanto a tais delitos; no foro de Guarulhos, pelos delitos de furto; na comarca de São Paulo, pelos crimes de roubos.

O Juízo de Guarulhos reputa ser competente para julgar todas as infrações – os furtos ocorridos em Guarulhos e também os roubos perpetrados em São Paulo, todos eles conexos; assim entende porque, embora os crimes de sua competência territorial sejam de menor gravidade (furtos), foi ele quem tomou primeiro conhecimento do feito, decretando a prisão preventiva dos indiciados; seria, então, competente pela prevenção.

---

28. Renato Brasileiro de Lima, *Curso de Processo Penal*, p. 1097.

Em razão desse entendimento, o Juízo de Guarulhos requer ao Juízo de São Paulo que remeta os autos que lá tramitam tendo por objeto os delitos de roubo para a comarca de Guarulhos, por ser prevento; o Juízo de São Paulo discorda do pedido do Juízo de Guarulhos afirmando (corretamente) que a prevenção é um critério subsidiário de fixação de competência pela conexão, quando os outros parâmetros não puderem ser atendidos, como a gravidade abstrata das penas dos crimes conexos; ora, como se sabe que os crimes praticados em São Paulo – roubos – são mais graves que os delitos de furto ocorridos em Guarulhos, certo que o Juízo competente é São Paulo, de acordo com a regra do art. 78, II, *a*, do CPP.

Como um Juízo não pode obrigar o outro a aceitar sua competência, o Juízo de São Paulo deve suscitar o conflito de competência positivo perante o Tribunal de Justiça de São Paulo; para tanto, o magistrado de São Paulo extrai cópias dos processos, de São Paulo e de Guarulhos, contendo as manifestações dos dois magistrados, e, em autos apartados, representa ao Tribunal. Este conflito de competência será procedido medianterepresentação para que a 2ª instância decida qual dos foros é o prevalente.

Nada impediria também que, ante o requerimento do Juízo de Guarulhos de julgamento conjunto de todas as infrações penais, fosse aberta vista às partes, inclusive ao Ministério Público que oficia perante o Juízo de São Paulo, e e este requeresse, ao Juízo de São Paulo, que suscitasse o conflito de competência perante o Tribunal.

Poderiam, ainda, como já se viu, as partes suscitarem, diretamente, ao Tribunal, o incidente de conflito de competência; argumentariam que a competência deveria ser estabelecida no Juízo de São Paulo para julgar todas as infrações (roubos e furtos). Nessa situação, o conflito de competência seria iniciado pelo requerimento das partes. A forma seria a mesma: extraídas cópias dos processos, de Guarulhos e São Paulo, contendo as manifestações dos juízes e o requerimento das partes que suscitaram o conflito; essas peças formariam autos apartados de conflito de competência, dessa vez suscitado pela parte, e enviados ao Tribunal de Justiça para decisão a respeito.

Procedimento do conflito de competência positivo no Tribunal

Medidas cautelares que podem ser tomadas pelo relator

Enviados os autos que veiculam o conflito positivo de competência ao Tribunal, haverá regular distribuição e o Relator sorteado poderá determinar imediatamente que se suspenda o andamento do processo (art. 116, § 2º, do CPP).

Aplicável, por analogia, ao processo penal, o disposto no art. 955, *caput*, do CPC, cujo teor é o seguinte: "O relator poderá, de ofício ou a requerimento de qualquer das partes, determinar, quando o conflito for positivo, o sobrestamento do processo e, nesse caso, bem como no de conflito negativo, designará um dos juízes para resolver, em caráter provisório, as medidas urgentes".

A interpretação que deve ser dada a esse artigo é a de que, nos casos em que houver dúvida relevante a respeito de qual será o Juízo competente, o Tribunal poderá, cautelarmente, determinar o sobrestamento do processo, ou mesmo dos processos, caso tenha havido a instauração de duas ou mais ações penais em juízos diversos; essa primeira medida cautelar tem por finalidade evitar que, no futuro, os atos processuais sejam invalidados por terem sido praticados por Juízo incompetente. Ao mesmo tempo em que se paralisa o processo (ou os processos, como se viu), é possível que medidas urgentes possam surgir no bojo dos processos a demandar pronta resolução, como, por exemplo, pedido de decretação ou de revogação de prisão preventiva; representação pelo sequestro de bens; pedido de concessão ou revogação de medidas restritivas de liberdade, etc; para que não se crie uma insegurança a respeito de quem seria o Juízo competente para decidir tais medidas urgentes, o Tribunal, mais uma vez, de maneira cautelar, se antecipa e indica, através do seu Relator, quem é o Juízo com competência para dirimir, em caráter provisório, as medidas emergenciais. Normalmente (mas não necessariamente), o Relator indicará, para solucionar, em caráter precário, as medidas urgentes, o Juízo que provavelmente será considerado como o competente quando do julgamento do conflito de competência; como toda cautelar, além do perigo da demora, a justificar a indicação de um Juízo para solucionar as questões emergenciais que não podem esperar (*periculum in mora*), soma-se, ainda, a fumaça de bom direito (*fumus boni iuris*): designa-se para atuar, em caráter transitório e precário, quem, provavelmente, será o escolhido para, em definitivo, exercer jurisdição no feito.

Requisição de informações

O relator requisitará informações às autoridades em conflito, remetendo-lhes cópia do requerimento ou representação (art. 116, § 3º, do CPP). Se o conflito foi iniciado por requerimento das partes, o relator envia cópias desses requerimentos aos juízes; se o conflito tiver sido levado ao Tribunal por representação judicial, pela autoridade suscitante, a outra autoridade judiciária em conflito – a suscitada – receberá cópia do teor daquela. Não obstante pareça ser norma de cogente observação, o dispositivo em apreço deve ser interpretado com razoabilidade: em muitas oportunidades, não será necessário que o relator requisite quaisquer informações às autoridades em conflito, nem lhes mande cópias do requerimento ou representação; bastará, na maior parte das vezes em que se tratar de questões de direito a envolver a competência, a pura análise das normas legais aplicáveis, sem que qualquer informação fática das autoridades conflitantes pudesse ajudar na decisão a respeito. Seria um desperdício de tempo e recursos requisitarem-se informações aos juízos em conflito, em hipóteses como essas, de análise abstrata da competência prevalecente; só se requisitarão informações, se houver insuficiente prova documental para se decidir. No nosso exemplo acima de conexão entre crimes de roubo e de furto, nas comarcas de Guarulhos e São Paulo, para que o Tribunal pudesse decidir o conflito, bastariam cópias dos dois processos, e análise dos dispositivos do CPP; seriam irrelevantes as "informações" das autoridades judiciárias a respeito do que pensam quanto à competência delas, nem tampouco a remessa a elas de cópias do requerimento ou representação, quando a própria lei regulamenta, de maneira clara, a questão.

No caso de requisição de informações, serão elas prestadas no prazo assinalado pelo relator (art. 116, § 4º, do CPP).

Oitiva do Ministério Público e diligências

Depois de recebidas as informações, no caso delas serem imprescindíveis como acima se viu, será determinada a oitiva do Procurador – Geral, sendo o conflito decidido na 1ª sessão, salvo se a instrução do feito depender de diligência (art. 116, § 5º, do CPP). Deve ser ouvido o Ministério Público de 2ª instância, que emitirá parecer a respeito da competência; quanto à diligência mencionada no dispositivo legal em comento que pode ser determinada antes do julgamento, pensamos que terá por objeto eventual prova documental imprescindível à decisão, como, por exemplo, o envio de cópias de processos ou de decisões judiciais.

A defesa deve ser intimada do julgamento do conflito de competência?

Em nossa compreensão, sim, em evidente respeito ao contraditório e a ampla defesa, afinal é de pleno interesse da defesa do acusado tomar conhecimento e se manifestar a respeito de qual Juízo é o competente para julgar o réu – inclusive podendo, a defesa, sustentar oralmente, no Tribunal, seu entendimento, à semelhança do que se permite ao Ministério Público. Permitir-se que, apenas ao *Parquet* se posicione a respeito do incidente processual, sem ouvir-se a defesa sobre o assunto, traduz óbvia mutilação ao princípio do devido processo legal e da própria isonomia.

Todavia, há posição, do STJ[29], em sentido contrário, entendendo que o conflito de competência é mero incidente processual, "sem cunho decisório" (?!), e que não gera a obrigação de o Judiciário intimar as partes interessadas.

Possibilidade de decisão do conflito de competência, de plano, pelo relator

Aparentemente, seria possível, por analogia, a aplicação, ao conflito de competência suscitado no processo penal, do art. 955, § único, do CPC, que tem a seguinte redação:

Art. 955 (...)

Parágrafo único. O relator poderá julgar de plano o conflito de competência quando sua decisão se fundar em:

I – súmula do Supremo Tribunal Federal, do Superior Tribunal de Justiça ou do próprio tribunal;

II – teses firmadas em julgamentos de casos repetitivos ou em incidente de assunção de competência.

Sendo o caso pacificado na jurisprudência e na doutrina, não haveria porque convocar-se julgamento colegiado para decidir a questão; muito mais prático, indo ao encontro da economia processual e à busca da razoável duração do processo, que o relator decidisse, unipessoalmente, o conflito de competência que pudesse dispensar grandes questionamentos jurídicos, quando a matéria fosse remansosa na doutrina e na jurisprudência. Nem se alegaria ofensa ao princípio da colegialidade das decisões do

---

29. Informativo do STJ. 30/11/2011. STJ. HC 132484- 5ª T. Rel. Min. Jorge Mussi.

Tribunal, porque sempre seria possível à parte inconformada com a decisão monocrática a interposição de agravo regimental a ser julgado pelo órgão colegiado do Tribunal.

Não obstante a engenhosidade do raciocínio, certo que o conflito de competência tem regulamentação própria no art. 116, § 5º, do CPP, o qual determina que o conflito seja dirmido na primeira *sessão – julgamento colegiado –* do Tribunal, o que bem demonstra que, pelo *princípio da especialidade*, a decisão a respeito de tal questão processual deverá ser, necessariamente, colegiada, e não unipessoal.

Comunicação da decisão e seu cumprimento

Proferida a decisão, as cópias necessárias serão remetidas, para a sua execução, às autoridades contra as quais tiver sido levantado o conflito ou que o houverem suscitado (art. 116, § 6º, do CPP). Como o Tribunal decidirá qual dos juízos em conflito é o competente, nada mais lógico que remeter a eles o teor da decisão sobre o tema; no nosso exemplo de conflito entre os Juízos das comarcas de São Paulo e Guarulhos, ambos receberão cópia da decisão que fixará a competência na comarca de São Paulo para julgar todos os delitos conexos, com fulcro no art. 78, II, *a*, do CPP (o fundamento seria que deve prevalecer a competência do local onde foram praticados os crimes mais graves); será determinado então que o Juízo de Guarulhos remeta os autos instaurados naquela comarca ao Juízo de São Paulo, competente para processar e julgar todas as infrações, para que haja o seu apensamento ao processo já instaurado em São Paulo.

2º – Conflito negativo de competência:

Hipótese em que dois ou mais juízos se declaram incompetentes. Como os juízes em conflito afirmaram a incompetência deles, os autos não tramitam mais perante eles – permanecem paralisados. Em razão disso, o conflito pode ser suscitado nos próprios autos, como faculta o § 1º do art. 116 do CPP; não é necessária, como se dá no conflito positivo de competência, a formação de instrumento – autos de conflito de competência.

Procedimento do conflito negativo de competência em 1ª instância – envio dos próprios autos

Vamos exemplificar para melhor esclarecer o procedimento nessa situação.

Um roubo é praticado por dois agentes na comarca de Guarulhos, mas, na perseguição, já no foro de São Paulo, são presos em flagrante, cujo auto foi lavrado em distrito policial da capital. Os autos de inquérito policial são remetidos ao foro de São Paulo, e o *Parquet*, acertadamente, aduz ao Juízo que, embora a prisão em flagrante, como medida administrativa, tenha sido procedida em São Paulo, o crime se consumou em Guarulhos, de modo que a competência é desse último juízo; o Juízo de São Paulo aquiesce com a argumentação do Ministério Público, declara-se incompetente, pelo território, para processar e julgar o fato, e remete os autos ao Juízo de Guarulhos; os autos são distribuídos no Foro de Guarulhos, e o juiz de uma das Varas Criminais, reputa-se, de maneira equivocada, incompetente, porque, a seu ver, a competência deveria ser fixada no território de onde se efetivou a prisão em flagrante. Nessa situação de conflito negativo de competência, os próprios autos – no nosso exemplo, de inquérito policial – devem ser enviados ao Tribunal para que decida a respeito da questão.

Procedimento do conflito de competência negativo no Tribunal

Medida cautelar que pode ser tomada pelo relator

Enviados os autos que veiculam o conflito negativo de competência ao Tribunal, haverá regular distribuição e o Relator sorteado poderá designar um dos juízes em conflito para que dirima as questões urgentes que possam surgir no transcurso do inquérito policial ou do processo, como, por exemplo, decretação ou revogação da prisão preventiva, imposição de medidas cautelares reais como sequestro, arresto, restituição de bens apreendidos, etc.

Para tanto, basta a aplicação, por analogia, ao processo penal, do disposto no art. 955, *caput*, do CPC, cujo teor é o seguinte: "O relator poderá, de ofício ou a requerimento de qualquer das partes, determinar, quando o conflito for positivo, o sobrestamento do processo e, nesse caso, bem como no de *conflito negativo, designará um dos juízes para resolver, em caráter provisório, as medidas urgentes*" (grifo nosso).

Para que não se crie uma insegurança a respeito de quem seria o Juízo competente para decidir tais medidas urgentes, o Tribunal, mais uma vez, de maneira cautelar, se antecipa e indica, através do seu Relator, quem é o Juízo com competência para dirimir, em caráter provisório, as medidas emergenciais. Normalmente, o Relator indicará, para solucionar, em caráter precário, as medidas urgentes, o Juízo que provavelmente será considerado como o competente quando do julgamento do conflito de competência; como toda cautelar, além do perigo da demora, a justificar a indicação de um Juízo para solucionar as questões emergenciais que não podem esperar (*periculum in mora*), soma-se, ainda, a fumaça de bom direito (*fumus boni iuris*): designa-se para atuar, em caráter transitório e precário, quem, provavelmente, será o escolhido para, em definitivo, exercer jurisdição no feito.

Requisição de informações

O relator requisitará informações às autoridades em conflito, remetendo-lhes cópia do requerimento ou representação (art. 116, § 3º, do CPP). Se o conflito foi iniciado por requerimento das partes, o relator envia cópias desses requerimentos aos juízes; se o conflito foi levado ao tribunal por representação judicial, pela autoridade judiciária suscitante, a outra autoridade judicial em conflito – a suscitada – receberá cópia do teor daquela. Não obstante pareça ser norma de cogente observação, o dispositivo em apreço deve ser interpretado com razoabilidade: em muitas oportunidades, não será necessário que o relator requisite quaisquer informações às autoridades em conflito, nem lhes mande cópias do requerimento ou representação; bastará, na maior parte das vezes em que se tratar de questões de direito a envolver a competência, a pura análise das normas legais aplicáveis, sem que qualquer informação fática das autoridades conflitantes pudesse ajudar na decisão a respeito. Seria um desperdício de tempo e recursos requisitarem-se informações aos juízos em conflito, em hipóteses como essas, de análise abstrata da competência prevalecente; só se requisitarão informações, se houver insuficiente prova documental para se decidir. No nosso exemplo acima de roubo cometido em Guarulhos e perseguição e prisão em flagrante efetuadas em São Paulo, para que o Tribunal pudesse decidir o conflito, bastam as cópias do inquérito policial e análise dos dispositivos do CPP; seriam irrelevantes as "informações" das autoridades judiciárias a respeito do que pensam quanto à competência delas, nem tampouco a remessa a elas de cópias do requerimento ou representação, quando a própria lei regulamenta a questão.

No caso de requisição de informações, serão elas prestadas no prazo assinalado pelo relator (art. 116, § 4º, do CPP).

Oitiva do Ministério Público e diligências. Decisão pelo Tribunal

Depois de recebidas as informações, no caso delas serem imprescindíveis como acima se viu, será determinada a oitiva do Procurador – Geral, sendo o conflito decidido na 1ª sessão, salvo se a instrução do feito depender de diligência (art. 116, § 5º, do CPP). Deve ser ouvido o Ministério Público de 2ª instância, que emitirá parecer a respeito da competência; quanto à diligência mencionada no artigo que pode ser determinada antes do julgamento, pensamos que terá por objeto eventual prova documental imprescindível à decisão, como, por exemplo, o envio de cópias de processos ou de decisões judiciais.

Possibilidade de decisão do conflito de competência, de plano, pelo relator

Como já dissemos anteriormente, embora prevista no art. 955, § único, do CPC a possibilidade de decisão monocrática pelo relator do conflito de competência, entendemos que, pelo princípio da especialidade, deverá prevalecer o art. 116, § 5º, do CPP, que exige julgamento colegiado para decidir a questão.

Comunicação da decisão e seu cumprimento

Proferida a decisão, as cópias necessárias serão remetidas, para a sua execução, às autoridades contra as quais tiver sido levantado o conflito ou que o houverem suscitado (art. 116, § 6º, do CPP). Como o Tribunal decidirá qual dos juízos em conflito é o competente, nada mais lógico que remeter a eles o teor da decisão sobre o tema; no nosso exemplo de conflito entre os Juízos das comarcas de São Paulo e Guarulhos, ambos receberão cópia da decisão que fixará a competência na comarca de Guarulhos, com fulcro no art. 70 do CPP (local da consumação do crime); será determinado então que o Juízo de Guarulhos processe e julgue o fato.

3º – Controvérsia a respeito da unidade de juízo, junção ou separação de processos

Essa controvérsia se cinge a discussão entre Juízos quanto à competência pela conexão ou continência entre processos, cujo decisão poderá acarretar a reunião ou não de processos em *simultaneus processos*. Como se nota, essa previsão legal *aparentemente* autônoma (art. 114, III, do CPP) nada mais é do que um conflito positivo ou negativo de competência, e não uma espécie independente de conflito de competência, sendo inútil sua previsão legal especificada. Explicamos. Se um Juízo se julga competente ou incompetente para julgar determinado processo, em razão das regras de conexão ou continência, trata-se de um conflito positivo ou negativo de competência, previsto nos incisos I e II do art. 114 do CPP, que bastam para solucionar o problema, sem a necessidade do tautológico inciso III do mesmo artigo.

6.4.4.5. Decisões possíveis do Tribunal a respeito do conflito de competência

O Tribunal poderá fixar a competência quanto a quaisquer dos Juízos em conflito, ou mesmo, quanto a um terceiro juízo – que não participou do conflito – mas cuja competência para julgar o feito seja apontada pela 2ª instância. Esse é o entendimento do STJ[30].

6.4.4.6. Avocatória. Reclamação constitucional. Conflito de competência. Distinções

Avocatória

Como bem explica Renato Brasileiro de Lima[31], o critério que deve ser utilizado para se saiba qual será o Tribunal competente para verificar se existe ou não conflito de competência será o da hierarquia: não há conflito entre juiz submetido hierarquicamente a um Tribunal, nem de Tribunal hierarquicamente inferior a outro Tribunal; sendo assim, não é possível conflito de competência entre, por exemplo, juiz estadual e o Tribunal de Justiça a ele vinculado; entre juiz federal e Tribunal Regional Federal a ele vinculado; entre o Superior Tribunal de Justiça e os Tribunais de Justiça dos Estados e os Tribunais Regionais Federais; entre o STF e qualquer Juízo ou Tribunal do país.

Na hipótese em que se verifique que um Juízo ou Tribunal tenha usurpado a competência de Tribunal hierarquicamente superior, a questão será solucionada pelo instrumento da avocatória, e não do conflito de competência; simplesmente, o Tribunal com competência, de ofício ou a pedido das partes, avocará o processo indevidamente tramitando perante outro órgão de justiça; não se dirime qualquer conflito; determina, ordena – o Tribunal hierarquicamente superior – o envio imediato do feito de sua competência. Exemplificando: suponha-se que um prefeito esteja sendo processado pela prática de infração penal perante um magistrado de 1ª instância ao invés do Tribunal de Justiça, em óbvia afronta a prerrogativa de foro estabelecida no art. 29, X, da CF; nessa situação, não haverá qualquer conflito de competência, bastará ao Tribunal de Justiça avocar o processo que tramitava indevidamente no Juízo de 1º grau, utilizando, com fundamento, além da própria Lei Maior, também no art. 117 do CPP que trata de

---

30. STJ – 3ª Seção- CC 100.545/SP, Rel. Min. Napoleão Nunes Maia Filho, DJe 01/07/2009.
31. Renato Brasileiro de Lima, *Curso de Processo Penal*, p. 1098.

tal instrumento processual. Muito embora a norma citada refira-se apenas ao Supremo Tribunal Federal, é claro que a avocatória é aplicável a qualquer Tribunal hierarquicamente superior a outro Tribunal ou Juízo.

A avocatória, quando se trata de causas da competência do STF e do STJ, pode assumir a forma de reclamação, sendo prevista, respectivamente, no art. 102, I, *l*, e 105, I, *f*, da CF. Em outras palavras, se qualquer Juízo ou Tribunal do país usurpar a competência do STF e do STJ, bastará o oferecimento de reclamação, perante o STF e o STJ, para que se avoque o processo de suas competências, restabelecendo-se a jurisdição deles. A nosso ver, mesmo que não haja reclamação da parte, tais tribunais superiores, se tomarem conhecimento da usurpação de suas competências, poderão avocar, de ofício, os autos.

6.4.4.7. Tribunais competentes para dirimir o conflito de competência

Estabelecido, em primeiro lugar, que se trata de verdadeiro conflito de competência e não de hipótese de avocatória, deve-se questionar, em um segundo momento, qual será então o Tribunal competente para dirimi-lo.

Nesse ponto, deve-se buscar o Tribunal superior aos órgãos judiciários em conflito e a que ambos estão hierarquicamente vinculados. Exemplo: conflito de competência entre Juízos das comarcas de São Paulo e de Diadema será dirimido pelo Tribunal de Justiça – órgão superior aos Juízos em conflito e a que ambos estão hierarquicamente submetidos; conflito de competência entre Juízos Federais da mesma região será resolvido pelo Tribunal Regional Federal.

Fincadas as premissas para se verificar a competência, e assim, para se equacionarem os conflitos de competência, vamos especificar os Tribunais encarregados de dirimi-los.

Supremo Tribunal Federal

O STF, de acordo com o art. 102, I, *o*, da CF, decidirá os seguintes conflitos:

1º – entre o STJ e quaisquer tribunais;

2º – entre os Tribunais Superiores;

3º – entre os Tribunais Superiores e qualquer outro Tribunal.

Importante dizer que, como dissemos acima, para que o STF decida os conflitos de competência, é necessário que não haja hierarquia entre os Tribunais; em outras palavras, para que se trate de verdadeiro conflito de competência, um dos órgãos de justiça não deve estar submetido ao outro, pela hierarquia jurisdicional. Se, *v.g.*, houver um dissenso a respeito de competência entre o Tribunal de Justiça de São Paulo e o STJ, não se tratará de conflito de competência a ser dirimido pelo STF, mas de simples avocatória, em razão de o Tribunal de Justiça de São Paulo ser hierarquicamente inferior ao STJ; sendo assim, se a competência for do STJ, este avocará o processo para si, retirando – o da Justiça de São Paulo.

Se houver conflito de competência entre o STJ e o STM (Superior Tribunal Militar) ou com o TSE (Tribunal Superior Eleitoral) ou com o TST (Tribunal Superior do Trabalho) a competência para dirimi-lo será do STF, porque nenhum dos Tribunais é sujeito hierarquicamente ao outro.

Havendo conflito de competência entre o STM (Superior Tribunal Militar), o TSE (Tribunal Superior Eleitoral) e o TST (Tribunal Superior Trabalhista) e qualquer Tribunal de Justiça do Estado ou Tribunal Regional Federal, ou mesmo, entre aqueles Tribunais superiores citados e juízes de 1ª instância estaduais ou federais, o conflito de competência será resolvido pelo STF, porque, mais uma vez, não há hierarquia jurisdicional entre esses Tribunais. Porém, se houver uma discordância a respeito da competência entre o STJ e Tribunal de Justiça do Estado ou Tribunal Regional Federal, não se tratará de verdadeiro conflito de competência, porque tais Tribunais são submetidos hierarquicamente ao STJ.

Se o STJ dissentir a respeito da sua competência em face do Tribunal Regional Eleitoral ou do Tribunal Regional Trabalhista, ou mesmo com juízes eleitorais ou juízes trabalhistas ou com integrantes da Justiça Militar – magistrados estes judicando em 1ª instância – o conflito será resolvido pelo STF, porque não há hierarquia entre esses Tribunais.

Superior Tribunal de Justiça

O STJ decidirá os conflitos entre quaisquer Tribunais, bem como entre Tribunais e juízes a ele não vinculados e entre juízes vinculados a tribunais diversos (art. 105, I, *d*, da CF).

O STJ possui competência para dirimir conflitos de competência existentes na Justiça Estadual, do Distrito Federal e na Justiça Federal, que lhe são hierarquicamente submetidos. Exemplos: conflito entre juiz estadual e juiz federal; conflito entre Tribunal Regional Federal e juiz estadual; entre juiz do distrito federal e juiz federal ou estadual.

Mesmo não existindo, por parte do STJ, hierarquia jurisdicional em face da Justiça Eleitoral, Justiça Militar ou da Justiça Trabalhista, referido Tribunal Superior deverá dirimir o conflito de competência, se houver dissenso entre um juiz federal ou estadual e juiz eleitoral; entre juiz federal ou estadual e juiz militar; entre juiz federal ou estadual e juiz trabalhista; entre juiz eleitoral e juiz oficiante nos Juizados Especiais Criminais[32]. Isso ocorre porque, por expressa previsão do art. 105 da Constituição Federal, *cabe ao STJ resolver os conflitos de competência entre juízes vinculados a Tribunais distintos, sejam eles quais forem.*

E se houver conflito de competência entre o Conselho de Justiça militar dos Estados e juiz estadual ou entre juiz de direito do Juízo Militar e Juiz Estadual, quem solucionará o conflito?

Dependerá da existência ou não do Tribunal de Justiça Militar no Estado; se houver Tribunal de Justiça Militar no Estado – como se dá nos Estados de São Paulo,

---

32. STJ. Conflito de competência 134.005/PR (2014/0122121-4) (f). Rel. Min. Rogerio Schietti Cruz.

Minas Gerais e Rio Grande do Sul, como se trata de hipótese em que os magistrados estão vinculados a Tribunais distintos, a competência será do STJ.

No entanto, se não houver Tribunal de Justiça Militar nos Estados, todos os magistrados envolvidos no dissenso a respeito da competência estão submetidos ao mesmo Tribunal – o Tribunal de Justiça – de modo que o conflito será solucionado pela 2ª instância estadual. É o que estabelece a Súmula 555 do STF: "É competente o Tribunal de Justiça para julgar conflito de jurisdição entre juiz de direito do Estado e a Justiça Militar local".

Tribunais Regionais Federais

Os Tribunais Regionais Federais decidirão os conflitos referentes a juízes vinculados ao Tribunal (art. 108, I, e, da CF). Existindo dissenso a respeito da competência entre juiz federal e juizado especial criminal federal o conflito será dirimido pelo Tribunal Regional Federal. É o teor da Súmula 428 do STJ: "Compete ao Tribunal Regional Federal decidir os conflitos de competência entre juizado especial federal e juízo federal da mesma seção judiciária".

Tribunais de Justiça dos Estados e do Distrito Federal

Os Tribunais de Justiça decidirão os conflitos entre juízes vinculados a eles, bem como entre juízes de direito e juízes da Justiça Militar estadual, se não houver Tribunal de Justiça Militar no Estado, como estabelecido na Súmula 555 do STF, porque, nessa situação, tanto o magistrado militar quanto o juiz de direito estarão submetidos ao mesmo Tribunal. O conflito de competência entre juízes de direito vinculados a Tribunais diversos será dirimido pelo STJ, como se viu.

Tribunal de Justiça Militar

Nos Estados que possuem o Tribunal de Justiça Militar (São Paulo, Minas Gerais e Rio Grande do Sul), os conflitos de competência existentes entre Conselhos de Justiça ou Juízes Militares serão dirimidos pela 2ª instância militar. Se não houver Tribunal Militar no Estado, tal conflito de competência entre a 1ª instância militar será resolvido pelo Tribunal de Justiça.

Superior Tribunal Militar

Caberá decidir os conflitos de competência havidos entre Conselhos de Justiça, entre Juízes – auditores, ou entre estes e aqueles, desde que, claro, pertençam todos à Justiça Militar federal (Lei 8.457/92, art. 6º, II, g).

No caso de conflito entre juiz de direito do Juízo militar da Justiça Militar do Estado e Conselhos de Justiça, ou Juízes – auditores da Justiça Militar da União a competência para dirimir a questão será do STJ, porque os juízos estão vinculados a Tribunais diversos.

Tribunal Superior Eleitoral

Havendo conflito de competência entre Tribunais Regionais Eleitorais de Estados diferentes ou entre juízos eleitorais, também de unidades federativas diversas, a competência para julgá-los será do TSE (art. 22, I, *b*, do Código Eleitoral).

Tribunal Regional Eleitoral

No caso de conflitos de competência estabelecidos entre juízes eleitorais do mesmo Estado, a competência para dirimi-los será do TRE (art. 29, I, *b*, do Código Eleitoral).

Se o conflito versar a respeito de discussão de competência a envolver juiz estadual ou federal e juiz exercendo as funções eleitorais, como se trata de Juízos vinculados a Tribunais diversos, a competência para resolver a questão será do STJ.

6.5. CONFLITO DE ATRIBUIÇÕES ENTRE MEMBROS DO MINISTÉRIO PÚBLICO. CONCEITO. DIFERENÇA COM O CONFLITO DE COMPETÊNCIA

O conflito de atribuições entre membros do Ministério Público se dará quando houver uma discussão entre seus integrantes a respeito de qual órgão terá autorização legal para oficiar na persecução criminal, tanto na fase investigativa quanto na judicial.

Se houver manifestação do Ministério Público a respeito da competência ou incompetência do Juízo perante o qual oficia, e este parecer ministerial for encampado, fundamentadamente, pelo magistrado, permanecendo ou remetendo os autos a outro Juízo, caso haja discordância de outro juiz, tratar-se-á, em verdade, de conflito de competência e não de atribuições – é o denominado falso conflito de atribuições. Se o magistrado, no caso de o Ministério Público, na fase do inquérito policial, entender que o Juízo é incompetente, e o magistrado dele discordar, ocorrerá o denominado arquivamento indireto, autorizando-se a utilização do art. 28 do CPP, por analogia, remetendo-se os autos ao Procurador-Geral para que decida a respeito.

No entanto, se o magistrado, laconicamente, aquiesce com a manifestação do Ministério Público em que se postula a incompetência do juízo, deferindo – a, "nos termos do que requerido pelo Ministério Público", e o outro Juízo a quem foram remetidos os autos, em que oficie diverso membro ministerial, discorde do posicionamento do colega, sem que seja colhida decisão fundamentada do magistrado a respeito, que meramente a encampa, tratar-se-á de conflito de atribuições e não de competência, a ser dirimido pelo Procurador – Geral. Nesse sentido, já decidiu o STF[33] para quem, se os magistrados se limitarem a remeter os autos a outro Juízo a requerimento dos representantes do Ministério Público, *sem proferir qualquer decisão jurisdicional*, não se fala em conflito de competência e sim em conflito de atribuições. Claro que, para que se verifique, nessa situação, o conflito de atribuições é necessário que os membros do *Parquet* nele envolvidos sejam integrantes da mesma instituição, como, por exemplo, membros do Ministério Público do mesmo Estado, do Ministério Público Federal, etc.

---

33. STF – Pet 3.631/SP – Pleno – Rel. Min. Cezar Peluso- DJe 041- 06/03/2008.

Se houver procedimento investigatório diverso de inquérito policial – procedimento investigatório presidido pelo Ministério Público – como poderá não existir tramitação judicial nessa investigação ministerial – tratar-se-á, na hipótese de dissenso entre os membros do *Parquet* a respeito da atribuição para oficiar naquele feito ministerial, de puro conflito de atribuições.

6.5.1. Diversos conflitos de atribuições possíveis entre membros do Ministério Público

Conflito de atribuições entre membros do Ministério Público do mesmo Estado

Os conflitos de atribuições entre órgãos do MP do mesmo Estado são dirimidos pelo Procurador Geral de Justiça (art. 10, X, da Lei 8.625/93).

Conflito de atribuições entre Membros do Ministério Público da União

O conflito entre membros de distintos Ministérios Públicos da União – por exemplo, entre o MP Federal e o MP do Trabalho, ou entre o MP Federal e o MP do Distrito Federal – será dirimido pelo Procurador-Geral da República (art. 26, VII, da Lei Complementar 75/93).

Conflito de atribuições entre membros do Ministério Público Federal

Estabelecido o conflito entre membros do Ministério Público Federal quem o soluciona é a Câmara de Coordenação e Revisão do Ministério Público Federal (art. 62, VII, da Lei Complementar 75/93). Dessa decisão colegiada caberá recurso ao Procurador-Geral da República (art. 49, VIII, da Lei Complementar 75/93).

Conflito de atribuições entre membros do Ministério Público Militar da União

A competência para dirimi-lo será da Câmara de Coordenação e Revisão do Ministério Público Militar, com recurso para o Procurador-Geral da Justiça Militar (art. 136, VI c/c art. 124, VI, da Lei Complementar 75/93).

Conflito de atribuições entre membros do Ministério Público de Estados diversos ou entre órgãos do Ministério Público Federal e do Ministério Público Estadual

Os conflitos entre membros do MP de Estados diversos ou entre órgãos do MP dos Estados e o MP Federal eram solucionados pelo STF (art. 102, I, *f*, da CF). Esse era o entendimento pacificado perante o STF[34], o qual passou a entender que o con-

---

34. STF – ACO 853/RJ- Pleno – Rel. Min. Cezar Peluso- DJe 004 26/04/2007; ACO 889/RJ, Rel. Min. Ellen Gracie- DJe 227 27/11/2008.

flito de atribuições deve ser dirimido pelo Procurador-Geral da República, e não mais pelo STF[35].

Para que se trate de verdadeiro conflito de atribuições, como já se viu, necessário que não exista decisão fundamentada da autoridade judiciária, hipótese em que se verificará conflito de competência e não de atribuição.

6.5.2. A decisão do Ministério Público a respeito da atribuição de seus membros vincula o Juízo?

A questão a se saber é a seguinte: havendo dissenso entre membros do Ministério Público – surgido assim o conflito de atribuições entre eles – como vimos, quem o solucionará será o Procurador-Geral de Justiça ou a Câmara de Coordenação e Revisão, conforme o caso; pergunta-se: **a decisão desses órgãos de cúpula do Ministério Público vinculam o Juízo para quem foram remetidos os autos?**

Vamos exemplificar para melhor esclarecer. Surgido um conflito de atribuições entre o membro do Ministério Público da comarca de São Paulo e seu colega da comarca de Guarulhos a respeito de um procedimento investigatório criminal, os autos são remetidos ao Procurador-Geral de Justiça que decide ser o promotor de São Paulo aquele com atribuição legal para oficiar na investigação criminal. Esse promotor, encerrado o procedimento investigatório, oferece denúncia, mas o magistrado perante o qual oficia, da comarca de São Paulo, possui o entendimento de que a competência não é daquela comarca, e sim de Guarulhos. Pensamos, nessa hipótese, que é perfeitamente possível ao Juízo de São Paulo rejeitar a denúncia, por faltar competência (falta de pressuposto processual), ou, mesmo após o recebimento da peça acusatória, reconhecer, de ofício, sua incompetência, como lhe permite o art. 109 do CPP; em qualquer das hipóteses possível a interposição de recurso em sentido estrito ao Tribunal de Justiça, a quem caberá dar a última palavra a respeito do tema. Em síntese: o conflito de atribuições solucionado *interna corporis*, no Ministério Público, não vincula o Juízo a quem sejam remetidos os autos, que pode se declarar incompetente, de modo que, a questão, havendo recurso, será solucionada, em definitivo, pelo Judiciário.

Todavia, em se tratando de conflito de atribuições entre membros do Ministério Público de Estados distintos ou entre membros do Ministério Público Federal e Estadual, a solução advirá por decisão do Procurador-Geral da República (e não mais pelo Supremo Tribunal Federal); estabelecida a atribuição do Ministério Público para atuar em determinado procedimento, o magistrado perante o qual for oferecida denúncia por parte do membro do Ministério Público considerado – pelo Procurador-Geral da República – como aquele que tinha verdadeiramente atribuição, não está vinculado ao parecer do chefe do Ministério Público da União e poderá, perfeitamente, rejeitar a peça acusatória, se entender pela incompetência do Juízo.

Exemplo: conflito de atribuições entre promotores do Estado de São Paulo e de Minas Gerais, solucionado pelo Procurador-Geral da República no sentido de que a

---

35. Informativo do STF. 19/05/2016. ACO 924 e 1394 e Pet 4706 e 4863. Rel. Min. Luiz Fux.

atribuição é do Ministério Público do Estado de São Paulo. Oferecida a denúncia em comarca do Estado de São Paulo, será perfeitamente lícito, ao Juízo de São Paulo, rejeitar a denúncia, ou declarar-se incompetente com fundamento na convicção de que a competência seria de comarca situada no Estado de Minas Gerais; isso porque *tal questão não se encontra, em verdade, decidida pelo Judiciário, mas, apenas, dirimida, administrativamente, pelo Procurador-Geral da República cuja manifestação – quanto ao Judiciário – não é vinculante.* No entanto, se o Procurador-Geral da República apenas decidiu, genericamente, que a atribuição é do Ministério Público de São Paulo, sem apontar a comarca onde deverá tramitar o procedimento, nada impedirá que o Juízo de São Paulo, embora reconhecendo a competência do Estado de São Paulo, aponte outra comarca com competência territorial para tramitar a persecução penal; esse entendimento não se chocaria com o teor do parecer do Procurador-Geral da República, afinal, não se negou a atribuição do MP do Estado de São Paulo – o que foi reconhecido pelo chefe do *Parquet* da União – mas apenas se apontou a comarca com competência para tramitar eventual ação penal. Por fim, é autorizado ao juiz não apenas rejeitar a denúncia fundamentado na incompetência, como também é certo que poderá fazê-lo por outro motivo, como falta de justa causa, extinção da punibilidade pela prescrição, etc.

Compreendido que ao Juízo a quem se endereçou a denúncia é facultado rejeitar, por incompetência, a peça acusatória, discordando do parecer do Procurador-Geral da República, indaga-se, então, se o membro do MP tido como o detentor da atribuição é obrigado a ter esse mesmo entendimento, oferecendo, por exemplo, denúncia?

Podem haver **duas posições** a respeito do tema:

1ª Posição: O parecer do Procurador-Geral da República é vinculativo, de modo que o membro do MP com atribuição não pode discordar de tal entendimento, sob pena de que a solução imposta pelo Supremo para dirimir a questão, apontando que quem decidirá o tema será o chefe do MP da União, se tornaria completamente inócua.

2ª Posição: O parecer do Procurador-Geral da República é vinculativo, *se o membro do MP apontado como possuidor de atribuição pertencer ao MP da União*, afinal, nada mais seria que, pelo princípio da Unidade e Indivisibilidade do MP (art. 127, § 1º, da CF), seguirem-se as ordens do chefe da Instituição. No entanto, se o membro do MP com atribuição pertencer a um dos MPs estaduais, *que é outra Instituição*, não haveria como se obrigá-lo a seguir a mesma posição jurídica de chefe de *Instituição distinta* (do chefe do MP da União), afinal, pelo princípio da indivisibilidade e unidade do MP (art. 127, § 1º, da CF), só lhe cabe seguir as ordens do chefe da *sua Instituição*. O problema – insolúvel – desse posicionamento é o de que, se o parecer do Procurador-Geral da República não precisar ser seguido pelo membro do MP dos Estados, se comprometeria, no cível ou no crime, interesses públicos relevantíssimos (danos ambientais, desvio de recursos públicos, improbidade administrativa, crimes de corrupção, lavagem de dinheiro e organizações criminosas etc), pois, simplesmente, não haveria atuação daquela Instituição que tem a missão de promover a ordem jurídica (art. 127, *caput*, da CF)!

Diante dessa *realidade prática*, parece-nos que o parecer do Procurador-Geral da República **deve vincular** os membros dos MPs dos Estados, acrescentando, ainda, como *argumento jurídico* relevante, que, como chefe do Conselho Nacional do Ministério Público (art. 130-A, I, da CF), o Procurador-Geral toma decisões que afetam, sobremaneira, a vida funcional dos membros do *Parquet* de todas as unidades federativas, como a remoção, a disponibilidade, ou a aposentadoria (art. 131, § 2º, III, da CF), de modo que parece lógico e coerente com o sistema constitucional que possa, também, decidir, *de maneira cogente*, a respeito de quem tem ou não atribuição para atuar em determinado feito. Em miúdos, se o Procurador-Geral da República pode, juntamente com o Conselho Nacional do Ministério Público, *o mais* – remover, aposentar, colocar em disponibilidade – também deve poder, mesmo que individualmente, o *menos*: impor que determinado membro atue em feito considerado como de sua atribuição.

6.6. RESTITUIÇÃO DE COISAS APREENDIDAS

6.6.1. Conceito

É a devolução ordenada pela autoridade policial ou judicial de objetos apreendidos em autos de inquérito policial ou processo, a pedido do interessado, mediante termo nos autos, quando não houver dúvidas a respeito do direito do reclamante, e tais coisas não interessarem mais à persecução penal. Este conceito é extraído do art. 118, *caput*, e 120, *caput*, do CPP.

6.6.2. Natureza dos objetos apreensíveis. O que pode ser apreendido

São todos os bens móveis que possam ser o objeto material do crime, seu instrumento ou seu produto. Exemplos: apreensão de um carro produto de receptação (objeto material do crime); apreensão da faca utilizada para a prática de um homicídio (instrumento do crime); apreensão da carteira roubada (produto do crime).

6.6.3. O que não pode ser apreendido

Pode ser apreendido, como acima se viu, o produto do crime, ou seja, o proveito direto do crime; no nosso exemplo, a carteira da vítima de um roubo. No entanto, não se permite a apreensão dos proventos da infração – seu proveito ou produto indireto.

Os proventos da infração – proveito ou produto indireto – se materializam das seguintes formas:

1ª – **Sucessiva especificação ou transformação**: o bem é transformado através de processos físico – químicos, como se daria, *v.g.*, na transformação de joias em ouro em lingotes do mesmo material.

2ª - **Alienação do bem**: o produto do crime é vendido ou trocado por outro bem. Exemplo: com o produto de um crime de estelionato - um automóvel - o indiciado vende o bem e compra a mobília de sua casa.

Esses bens resultantes dos proventos da infração não são apreensíveis, mas sim sequestráveis.

O art. 121 do CPP, entretanto, afirma que, no caso de apreensão da coisa adquirida com os proventos da infração (seja por especificação seja por alienação, acrescentamos nós), aplica-se o art. 133, e parágrafo do CPP; esse dispositivo legal, por sua vez, estipula que, transitada em julgado a sentença condenatória, o juiz, de ofício ou a requerimento do interessado, determinará a avaliação e a venda dos bens em leilão público, e do dinheiro apurado, será recolhido ao Tesouro Nacional o que não couber ao lesado ou a terceiro de boa-fé. O art. 133, em verdade, trata da conclusão do procedimento de sequestro de bens móveis, em que os bens sequestrados, quando prolatada sentença condenatória, são vendidos para, primordialmente, ressarcir a vítima dos prejuízos sofridos.

Embora mal colocada a remissão legal pelo art. 121 do CPP, ao se referir apenas à parte derradeira do procedimento incidental de sequestro, a interpretação racional que deve ser dada a esse artigo é a seguinte: apreendido, equivocadamente, bens móveis que constituam produto indireto (proventos) da infração, tais bens não serão devolvidos - permanecerão apreendidos - determinado, o juiz, por representação da autoridade policial, requerimento do Ministério Público, da vítima, ou de ofício, seu sequestro, evidentemente se estiverem presentes seus pressupostos e requisitos legais (o que se verá quando tratarmos do procedimento do sequestro).

6.6.4. Modo de apreensão dos bens

Os objetos podem ser apreendidos das seguintes maneiras:

1ª - **Apreensão durante as investigações policiais:**

A autoridade policial poderá apreender objetos que guardem relação com o fato apurado, depois de liberado pelos peritos, conforme determina o art. 6º, II, do CPP. Deverá ser lavrado um auto de apreensão do objeto arrecadado.

2ª - **Apreensão durante o cumprimento de busca e apreensão pessoal ou domiciliar (art. 240 do CPP)**

Deve ser lavrado um auto de busca e apreensão em que se relaciona o que foi apreendido, bem como se descreve a diligência que culminou com a retenção do objeto.

3ª - **Apreensão de objetos fornecidos pelo averiguado, pela vítima ou por testemunhas**

Deve ser lavrado um auto de exibição e apreensão do objeto exibido.

6.6.5. Finalidade da apreensão dos bens

As finalidades da apreensão dos objetos durante a persecução criminal são as seguintes:

1ª – Reter objetos que possam ser utilizados como meio material de prova, permitindo, inclusive, a realização de sua perícia, se necessário

Exemplo: a arma do crime de homicídio, que pode ser exibida, em plenário de Júri, aos jurados, ao mesmo tempo em que a perícia poderá constatar sua eficácia vulnerante;

2ª – Guardar-se objetos, conservando – os, a fim de que possam ser restituídos aos seus legítimos proprietários ou possuidores

Exemplo: depois de um roubo de celular, o indiciado é detido na posse do celular subtraído, crime esse presenciado por diversas testemunhas, mas sem que tenha se identificado, no momento da ação delitiva, a vítima; nessa situação, o celular será apreendido para que, apurada a identidade da vítima no futuro, seja-lhe devolvido seu bem.

3ª – Permitir a perda dos bens apreendidos em favor da União, ressalvado o direito do lesado ou de terceiro de boa-fé, dos instrumentos do crime, desde que consistam em coisas cujo fabrico, alienação, uso, porte ou detenção constitua fato ilícito; também permitir a perda do produto do crime ou de qualquer bem ou valor que constitua proveito auferido pelo agente com a prática do fato criminoso (art. 91, II, *a* e *b*, do CP)

6.6.6. Custódia dos bens apreendidos

Apreendidos os objetos no decorrer do inquérito policial ficarão a ele vinculados, sob a responsabilidade da Polícia. Mas, a partir do momento em que se encerra a investigação policial e os autos de inquérito policial são remetidos ao Juízo, os objetos devem acompanha-los (art. 11 do CPP), e a sua custódia passará a ser responsabilidade do Judiciário.

6.6.7. Proibição de restituição

Cumpridas as finalidades da apreensão, em regra, não haverá empecilho na restituição dos bens apreendidos a quem de direito.

Mas, primordialmente, o que deve nortear a restituição ou não do objeto apreendido é o interesse público na preservação do bem com o intuito de colherem-se as provas necessárias da materialidade e autoria delitivas; é o que se extrai do art. 118 do CPP que tem a seguinte redação: "Antes de transitar em julgado a *sentença final*, as coisas apreendidas não poderão ser restituídas enquanto interessarem ao *processo*" (grifos nossos).

Quando a norma afirma processo, deve-se dar uma interpretação ampla ao termo, no sentido de abarcar o inquérito policial e o processo propriamente dito, ou seja, a persecução penal como um todo. O que se visa atingir com a norma é a preservação do bem apreendido a ser utilizado como meio de se obter a prova de autoria e materialidade delitiva. Como exemplifica Renato Brasileiro de Lima[36], (...) "(...) se determinada pessoa foi encontrada morta a tiros no interior de um veículo automotor, que havia sido anteriormente furtado, é evidente que a restituição somente será possível ao legítimo proprietário após a realização do trabalho pericial em busca de vestígios de pólvora, resíduos de sangue, impressões digitais etc. Portanto, enquanto for útil à persecução penal, não será possível a devolução da coisa apreendida, ainda que tal bem pertença a terceiro de boa-fé e não seja coisa de posse ilícita".

Em outras palavras, o interesse público de apurar-se a autoria e materialidade delitivas – de eficaz persecução penal – deve prevalecer sob o interesse particular na restituição do bem apreendido.

Refere-se, ainda, o art. 118 do CPP, como termo final para a devolução do bem apreendido, a *sentença final*, o que deve, numa interpretação extensiva, abranger as sentenças condenatórias e absolutórias, mas também as decisões interlocutórias mistas terminativas como a impronúncia, e terminativas de mérito, como a declaração de extinção da punibilidade, e até as de rejeição da peça acusatória ou arquivamento de inquérito policial. Afinal, todas essas decisões, extinguindo-se o processo ou mesmo o inquérito policial, encerram, com ou sem julgamento de mérito, a persecução penal, de modo que não haveria mais interesse público na preservação dos bens, permitindo-se, assim, que o interesse privado na sua devolução possa ser satisfeito.

Para a restituição dos bens é necessário o trânsito em julgado da decisão?

Embora o art. 118 do CPP faça menção no sentido de que os objetos apreendidos não possam ser restituídos, até sentença final, a interpretação que pode ser dada a essa norma, é a de que tais bens permanecerão retidos até proferida decisão, normalmente de 1ª instância, que encerre, com o sem julgamento do mérito, o processo, pouco importando a existência ou não de recursos das partes. Pode haver posicionamento contrário, no sentido de que os bens apreendidos, enquanto não houver o trânsito em julgado da decisão, deverão permanecer vinculados ao processo, pois nada impede que, eventualmente, seja dado provimento ao recurso interposto e anulada a decisão de 1ª instância, tornando-se necessário, por exemplo, nova perícia na arma do crime, ou sua exibição ao Conselho de Sentença, no caso do Júri.

Hipóteses em que não haverá a restituição

Além da regra geral que veda a restituição de bens que possam interessar à persecução penal, também não poderá haver restituição, mesmo depois de transitar em julgado a sentença final, salvo se pertencerem ao lesado ou a terceiro de boa-fé, dos seguintes bens (art. 119 do CPP):

---

36. Renato Brasileiro de Lima, *Curso de Processo Penal*, p. 1107.

1º – dos instrumentos do crime (*instrumenta sceleris*)

Quando seu fabrico, alienação, uso, porte ou detenção constitua fato ilícito. Exemplo: arma com numeração raspada utilizada para a prática de um latrocínio; apetrechos de falsificação de documentos ou de preparação de drogas etc. Se, no entanto, o instrumento do crime for lícito, como, *v.g.*, arma de fogo devidamente registrada e identificado seu proprietário, não se impedirá a restituição, desde que não interesse mais à persecução criminal; deve-se sempre aquilatar o interesse púbico na manutenção ou não do objeto apreendido.

Armas de fogo

Quanto às armas de fogo de origem ilícita apreendidas, após a elaboração do laudo pericial e sua juntada aos autos, quando não mais interessarem à persecução penal (o que será aquilatado, necessariamente, abrindo-se vista ás partes para se manifestar a respeito), serão encaminhadas pelo juiz competente ao Comando do Exército, no prazo máximo de 48 horas, para destruição ou doação aos órgãos de segurança pública ou às Forças Armadas (art. 25 da Lei 10.826/03 – Estatuto do Desarmamento).

Conclui-se desse dispositivo legal que regulamenta, especificamente, o destino a ser dado às armas de fogo apreendidas, que tais instrumentos vulnerantes – desde que periciados – poderão ser destruídos ou doados, mesmo antes do encerramento do processo, desde que as partes concordem com essa disponibilização; se não concordarem, as armas deverão permanecer apreendidas, pelo menos, até ser proferida decisão final, ou, em concepção melhor asseguradora dos fins de realização de justiça inerentes ao processo, até o trânsito em julgado da sentença, porque nada impediria que, anulado o primeiro julgamento, fosse necessária nova perícia ou exibição da arma em plenário do Júri, por exemplo, o que seria inviabilizado caso a arma já tivesse sido destruída.

Objeto do crime

Como ensina Renato Brasileiro de Lima[37] não pode ser devolvido, assim como o instrumento do crime, também o objeto do crime, como, por exemplo, as cédulas falsas no crime de moeda falsa ou a droga apreendida no delito de tráfico.

2º – do produto do crime, ou seja, a vantagem direta do crime

É o denominado *producta sceleris*. Exemplo: o celular furtado da vítima;

3º – de qualquer bem ou valor que constitua proveito auferido pelo agente com a prática do fato criminoso (produto ou vantagem indireta do crime)

É o chamado *fructus sceleris*. Exemplo: o autor do furto do celular vende – o e, com o dinheiro obtido, adquire um computador.

---

37. Renato Brasileiro de Lima, *Curso de Processo Penal*, p. 1108.

Estes objetos não são restituíveis porque são confiscados pela União, como efeito da condenação (91, II, *a* e *b*, do CP). Mas só serão confiscados, se não puder haver a restituição ao lesado e ao terceiro de boa-fé.

A finalidade da norma, no caso da vedação a restituição dos produtos diretos e indiretos ao autor da infração, é impedir que ele se beneficie, economicamente, de sua prática; em miúdos, evitar que o crime possa, de alguma maneira, compensar.

4º – Quando houver dúvida quanto ao direito do reclamante:

Se houver dúvida a respeito da propriedade do bem, mesmo que sua apreensão não interesse mais à persecução penal, o objeto não poderá ser devolvido. Por exemplo, seria possível a devolução ao seu proprietário ou possuidor de carro onde houve a prática de um latrocínio, e que já foi periciado, porque inexistira interesse na conservação do automóvel para fins da persecução penal; no entanto, se não tiver sido comprovada a propriedade ou a posse do bem, porque pairam dúvidas quando ao direito do reclamante, o bem ficará retido nos autos, a espera de quem comprove ser o legítimo proprietário ou possuidor; é a maneira encontrada pela lei de resguardar os direitos que terceiros possam ter em relação ao objeto apreendido.

6.6.8. Pedido de restituição sem a necessidade de instauração de incidente

Para que a restituição seja procedida, de maneira simplificada, sem a necessidade de instauração de um incidente procedimental em autos apartados, são necessárias duas condições cumulativas:

1ª – O bem não pode mais interessar mais à persecução criminal;

2ª – O direito do reclamante em face do bem é certo – não há margem a dúvidas, e está devidamente comprovado.

Essa restituição poderá se dar em qualquer fase da persecução penal; tanto na fase do inquérito quanto do processo. Sendo assim, de acordo com uma interpretação literal da lei, se estiver tramitando o inquérito policial, o pedido de restituição do bem poderá ser formulado pelo interessado diretamente ao delegado de polícia, o qual decidirá a questão, *sem que se exija prévia manifestação do Ministério Público ou decisão do juiz a respeito*; já deflagrada a ação penal, e instaurado o processo, o pedido de restituição será endereçado ao juiz, que decidirá a *questio*, colhendo-se o parecer do *Parquet*.

Poderão requerer a restituição dos bens o investigado ou indiciado, a vítima ou mesmo terceiro cujo bem tenha sido apreendido nos autos.

Para que se defira a restituição devem ser anexados aos autos documentos idôneos que comprovem o direito do reclamante; deferido o pleito é lavrado um termo de restituição.

Restituição determinada pelo delegado de polícia

O delegado de polícia, mais uma vez numa interpretação literal do art. 120, *caput*, do CPP, poderá deferir o pedido de restituição, lavrando-se um auto de restituição em que se especificará o que foi restituído e a quem o foi, assinado, o documento, pela autoridade policial e pelo reclamante ou por seu representante legal. Para que a autoridade policial restitua o bem deverá ser-lhe apresentada prova idônea que aponte, de maneira líquida e certa, o direito do reclamante, como exige o art. 118 do CPP.

Nada refere a lei, entretanto, à oitiva do Ministério Público nem a decisão fundamentada do juiz sobre o tema, o que poderia se levar a concluir serem dispensáveis tais atos; estaria, desse modo, autorizado, ao delegado de polícia, deferir, sem qualquer espécie de controle externo, o pedido de restituição, independentemente de sua oitiva. Nada mais equivocado. Explicamos. Como é missão constitucional do Ministério Público o controle externo da atividade policial e a persecução penal em juízo, através do ajuizamento, privativo, da ação penal pública, é claro que o procedimento investigatório (inquérito policial) que embasará o oferecimento da denúncia deve permanecer sob sua supervisão e controle; e, dentro do inquérito policial, a apreensão de objetos pode se mostrar de grande importância, especialmente no sentido de se realizarem perícias, ou para que possam ser exibidos, *v.g.*, em plenário, aos jurados, objetos ou os instrumentos do crime, sem falar da possível necessidade de os bens apreendidos serem sequestrados. O prejuízo que pode ser causado à persecução penal em juízo, e na busca da verdade real, pela restituição de bens pela autoridade policial, sem a oitiva do Ministério Público, é enorme; imaginemos as seguintes situações: apreensão de veículo onde se praticou homicídio, cuja devolução é deferida pela autoridade policial, sem a oitiva do *Parquet*, e sem que tenha se realizado qualquer perícia no automóvel, como a colheita de impressões digitais, exame nas substâncias hematóides aparentes etc; restituição da arma de fogo utilizada em um latrocínio ao seu proprietário sem que o artefato seja periciado e se comprove se, de fato, foi utilizado para matar a vítima do crime patrimonial, através do chamado laudo de confronto balístico (comparação do projétil retirado do corpo da vítima com aqueles que são produzidos na arma suspeita); devolução dos bens adquiridos com o produto da infração ao autor do crime – o criminoso vende o carro furtado e compra cinco computadores, os quais, depois de apreendidos pela polícia, são devolvidos a ele, providência essa que inviabiliza, num primeiro momento, o sequestro de tais bens, visando ressarcir a vítima e impedir que o criminoso obtenha vantagem da prática do ilícito. Todos esses exemplos – encontradiços na prática forense – bem demonstram a imperiosa necessidade de que se colha, sempre, o parecer do Ministério Público a respeito da devolução ou não dos objetos apreendidos, *inclusive na fase do inquérito policial*: cabe ao *Parquet* aquilatar como melhor será aparelhada, em termos probatórios, a ação penal, e zelar para que o autor da infração penal não se beneficie, patrimonialmente, de sua prática, o que seria, processual e moralmente, inaceitável. A nosso ver, o citado art. 120, *caput*, do CPP, deve receber essa interpretação vertical – constitucional; a norma deve ser lida sob o enfoque teleológico da Lei Maior. Ora, dispõe a Carta Maior, quanto trata das funções do Ministério Público, em primeiro lugar, como missão institucional, a promoção da ação penal pública; promover a ação penal pública compreende, em seu conceito, o melhor aparelhamento possível da pretensão punitiva em juízo – que pode não prescindir da retenção de determinados objetos aos autos; ademais, como seria possível dizer que se cumpriria a relevante função constitucional do controle externo da atividade policial, se o delegado pudesse dispor, a seu bel prazer, de todo e qualquer bem apreendido, sem qualquer satisfação ao Ministério Público a respeito?!

De outro giro, é função anômala – mas essencial – do magistrado criminal velar pela indisponibilidade da persecução penal dos crimes de ação penal pública (justamente porque os bens jurídicos tutelados pelas normas penais desses crimes são de interesse público, como a vida, patrimônio, probidade administrativa etc); e essa função do juízo criminal é exercida em todo o decorrer da persecução criminal, desde a fase do inquérito até o encerramento do processo.

Ora, se diversos elementos informativos, e até provas definitivas, que não permitam sua repetição, como as perícias, são produzidas no decorrer do inquérito policial, e o magistrado poderá leva-las em consideração quando da prolação da sentença – como prevê o art. 155, *caput*, do CPP, como alijá-lo completamente de seu controle, embora seja sujeito processual imparcial e equidistante? Como permitir que o magistrado nada saiba a respeito da restituição deferida pela autoridade policial de um bem a um terceiro que pode comprometer completamente a busca futura pela verdade real? Esse proceder não estaria, por via indireta, violando justamente o poder do magistrado de controlar a indisponibilidade dos crimes de ação penal pública?

A nosso sentir, em todo requerimento de restituição de objetos apreendidos, mesmo que em sede de inquérito policial, mas que trate de crime de ação penal pública, dever-se-á oportunizar a manifestação do Ministério Público e a decisão do juiz a respeito, com a finalidade de se assegurar a eficácia probatória do procedimento, bem como o não locupletamento, por parte do autor da infração, de benefícios patrimoniais em virtude de sua prática. Claro que, antes do parecer do MP e da decisão do juiz, o delegado, também fundamentalmente, se manifesta a respeito do pedido. Deferido o pedido de restituição-se*mpre pelo juiz* – determina-se o envio dos autos de inquérito policial à delegacia de polícia, a fim de que a autoridade policial lavre o termo de restituição ao interessado; indeferido o pedido pelo magistrado, a restituição pleiteada fica inviabilizada.

Não se trata de uma desnecessária burocratização do inquérito policial, mas de medida salutar em salvaguarda, prioritariamente, da verdade real dos fatos em apuração.

Indeferimento pelo juiz da restituição, mesmo com parecer favorável do *Parquet*

E se, numa solicitação de restituição de bem apreendido, em sede de inquérito policial ou de processo, o Ministério Público opina favoravelmente a sua devolução, mas o magistrado nota que tal entrega poderia comprometer a eficácia probatória da persecução penal, *v.g.*, devolução de arma ao legítimo proprietário sem a realização de perícia, em se tratando de homicídio?

Em regra, não cabe ao magistrado imiscuir-se na busca de elementos informativos do inquérito policial, afinal essa missão é, prioritariamente, da Polícia e do Ministério Público, sem prejuízo de a vítima também requerer diligências; a intromissão do juiz na busca de provas no inquérito poderia comprometer sua imparcialidade. Todavia, repugna ao senso de justiça, por incúria dos órgãos encarregados da persecução penal – Polícia e *Parquet*, no caso de crime de ação penal pública, simplesmente o magistrado deixar ruir o futuro arcabouço probatório, sem nada fazer. Nessa situação, entendemos, percebendo o juiz, seja em sede de inquérito policial ou de processo, que o órgão do Ministério Público se manifestou favoravelmente a restituição de um bem que deveria ficar retido nos autos com o escopo de ser periciado, ou para outra finalidade (exibição aos jurados, *v.g.*), também importante para a busca da verdade real e da consequente realização da justiça, deve o magistrado, como fiscal do interesse público próprio dos crimes de ação penal pública, indeferir o pedido. No caso de indeferimento da restituição de bem ocorrer, no decorrer do processo, e se for útil a realização de perícia, o juiz determinará tal prova, de ofício. Entretanto, em sendo indeferido o pedido de restituição durante o inquérito policial e imprescindível a realização da sobredita perícia, é vedado ao juiz, como regra, intrometer-se na função investigatória e determinar, de ofício, a prova técnica, sob pena de quebra de sua imparcialidade. O que fazer? Para nós, pode ser aplicado o art. 28 do CPP, por analogia: o magistrado indefere a restituição pleiteada, apesar do parecer favorável do Ministério Público, e determina o envio dos autos de inquérito policial ao Procurador-Geral (MP Estadual) ou às Câmaras de Coordenação e Revisão (MP Federal), para que decidam se deve ser determinada ou não a perícia cuja utilidade tenha sido vislumbrada pelo juiz; se os órgãos superiores do MP encamparem o parecer do MP pela devolução do bem (e consequente desnecessidade de perícia), nada poderia ser feito, não se realizando a prova almejada; se, todavia, entenderem que o magistrado acertadamente apontou a necessidade da realização de perícia, será tal prova determinada. Essa solução por nós propugnada soluciona, da melhor maneira possível, a busca pelos elementos informativos de inquérito policial, ao mesmo tempo que preserva a imparcialidade do magistrado, ambos interesses públicos eminentes do processo penal.

Sem prejuízo da solução alvitrada, poderá também o magistrado que reputar imprescindível realizar a perícia no objeto apreendido, *mesmo que na fase do inquérito policial*, determina-la de ofício, com estribo no art. 156, I, do CPP, o qual permite ao juiz ordenar, mesmo antes de iniciada a ação penal, de ofício, a produção antecipada de provas consideradas urgentes e relevantes.

Havendo manifestação favorável do *Parquet*, em sede de inquérito policial ou de processo, ao pedido de restituição de bens apreendidos os quais possam ser, em tese, sequestráveis, nada impediria que o magistrado indeferisse o pedido, e decretasse o seu sequestro, de ofício, desde que, claro, presentes estivessem os seus requisitos legais. De idêntica maneira, e não obstante a manifestação favorável do MP pela restituição, o juiz está autorizado a indeferir o pedido de restituição, quando verificar que o bem é produto direto do crime, porque, em eventual sentença condenatória a ser prolatada, haverá o possível confisco do objeto.

6.6.9. Procedimento incidental de restituição de bens apreendidos

6.6.9.1. *Hipótese de instauração do procedimento incidental*

No caso de dúvida a respeito do direito do reclamante, deve-se instaurar o procedimento incidental de restituição de coisas apreendidas, tanto na fase do inquérito policial quanto do processo, mas, de qualquer forma, apenas o juiz poderá decidir a questão. Os autos de restituição de bens apreendidos serão apensados aos de inquérito policial ou de processo.

Enquanto perdurar o procedimento citado, o qual sempre tramitará perante a autoridade judiciária (jamais a policial), os bens apreendidos poderão ficar sob a custódia da autoridade pública (delegado, no caso de tramitação de inquérito policial ou Juízo, nesse último caso se já deflagrada a ação penal), ou depositados a alguém.

Há duas hipóteses legais que autorizam a instauração do procedimento de restituição de bens apreendidos, em autos apartados (art. 120, §§ 1º e 2º, do CPP), e que são as seguintes:

1ª – **dúvida a respeito do direito do reclamante**. O reclamante – vítima, indiciado, acusado ou terceiro interessado – requer a restituição do bem, em pedido autuado nos próprios autos de inquérito policial ou processo. Contudo, o reclamante não consegue comprovar satisfatoriamente, e de plano, o seu direito ao bem apreendido quando do pedido de restituição. Nessa situação o pedido de restituição será autuado em apartado, estabelecendo-se ao requerente o prazo de 5 dias para a prova de seu direito ao bem. Esgotado esse prazo, com ou sem a apresentação de provas pelo reclamante, abre-se vista ao Ministério Público, e depois segue-se decisão do magistrado.

2ª – **coisas apreendidas em poder de terceira pessoa (de boa-fé), cuja posse ou propriedade do bem é questionada pelo reclamante**. Nessa situação, o bem é apreendido com terceira pessoa – aparentemente de boa-fé – mas o reclamante, tomando conhecimento, requer a devolução para si, surgindo, assim, um litígio entre o terceiro de boa-fé e o reclamante (vítima, indiciado ou acusado, seus familiares) quanto a posse ou propriedade do objeto arrecadado aos autos. Nesse caso, o reclamante deverá provar o seu direito no prazo de dois dias; após seu pedido, o terceiro de boa-fé será intimado para, igualmente, apresentar as provas do seu direito, em respeito ao contraditório. Escoadas as oportunidades às partes de comprovarem seus direitos, é ouvido o Ministério Público, e o juiz em seguida decidirá a questão.

Em conclusão, ao magistrado caberá deferir ou, não, a restituição do bem postulada pelo reclamante, no caso de dúvida a respeito de sua posse ou propriedade; também lhe cabe decidir se o direito ao bem apreendido assiste ao terceiro de boa-fé ou ao reclamante.

Nessa última hipótese, nada impede que o magistrado indefira a restituição ao terceiro de boa-fé *e* ao reclamante, por entender que nenhum dos dois têm direito sobre o bem.

6.6.10. Recursos cabíveis da decisão a respeito do pedido de restituição de bem apreendido

Para quem entenda, ao contrário de nós, que o delegado de polícia tem o poder de deferir ou indeferir pedido de restituição, em autos de inquérito policial, sem qualquer controle por parte do Ministério Público e do Juízo, da decisão da autoridade policial não caberá qualquer recurso.

Contudo, é possível, como observa Renato Brasileiro de Lima[38] que o Ministério Público, vendo perecer a prova da materialidade delitiva, com a indevida disponibilidade pelo delegado de polícia de bem que ainda interessava à persecução penal, possa postular ao juízo a busca e apreensão da coisa, impetrando, ainda, mandado de segurança, pelo fato de a restituição violar direito líquido e certo à produção da prova, "consectário lógico do direito de ação penal pública, do qual é titular (CF, art. 129, I)."

Quanto à decisão proferida pelo juiz, deferindo ou indeferindo a restituição de bens, seja através de simples pedido de restituição ou de autos apartados de incidente de restituição, assente a doutrina e a jurisprudência que o recurso cabível é o de apelação (art. 593, II, do CPP), por se tratar de decisão com força de definitiva, da qual não é prevista a impugnação por meio do recurso em sentido estrito, como já decidiu o STJ[39].

Além do recurso de apelação, a parte inconformada poderá impetrar mandado de segurança a fim de obter efeito suspensivo (art. 5º, II, da Lei 12.016/09 - Lei do Mandado de Segurança).

6.6.11. Dúvida insanável a respeito da posse ou propriedade do bem apreendido

Importante dizer que o procedimento incidental em estudo tem por escopo permitir a produção de uma curta e célere instrução probatória que estabeleça a posse ou a propriedade do bem apreendido, de preferência através de prova documental, sem prejuízo de que se colha o depoimento de uma ou outra testemunha. Juntado documentos ou designada data para oitiva das testemunhas, necessariamente a parte adversa - no caso de bens apreendidos em poder de terceiro de boa-fé - deve ser intimada para tomar ciência do que foi anexado e participar da produção da prova testemunhal, em homenagem ao princípio do contraditório.

Se a questão de natureza civil a ser dirimida for intrincada, a demandar extensa dilação probatória, não existe sentido em que sua resolução se dê em um procedimento incidental ao processo penal, o que poderia comprometer a razoável duração do processo, além de subverter a verdadeira razão de ser da persecução criminal em juízo; em razão disso, havendo dúvida invencível - apesar da tentativa de produção de provas nos autos incidentais - o juiz deverá remeter as partes para o juízo cível (art. 120, § 4º, do CPP). Esse é o entendimento do STJ[40] sobre o assunto.

O magistrado poderá, então, determinar o envio das partes ao cível, depois de instaurado o incidente de restituição e produzidas provas (insuficientes) para determinar o direito do reclamante. Nesse contexto, caberá ao magistrado ordenar o depósito

---

38. Renato Brasileiro de Lima, *Curso de Processo Penal*, p. 1112.
39. STJ - 5ª T. RMS 25.043/SP, Rel. Min. Laurita Vaz, j. 27/03/2008, DJe 22/04/2008.
40. STJ-5ª T. Resp. 788.301/PA, Rel. Min. Laurita Vaz, j. 10/09/2009, DJe 28/09/2009.

das coisas em mãos do depositário ou do próprio terceiro que as detinha, se for pessoa idônea (art. 120, § 5º, do CPP).

Tratando-se de coisas facilmente deterioráveis, serão avaliadas e levadas a leilão público, depositando-se o dinheiro apurado, ou serão entregues ao terceiro que as detinha, se este for pessoa idônea e assinar termo de responsabilidade (art. 120, § 5º do CPP).

É possível que o juiz, desde o início, verifique, pelo pedido de restituição do reclamante ou pelo dissídio existente entre reclamante e o terceiro de boa-fé, que se trata de questão civil complexa ao ponto de exigir um juízo cível especializado para dirimi-la; isso ocorrendo, não haveria nenhum sentido na instauração de procedimento incidental que não lograria êxito em sua finalidade; muito mais prática a remessa, *incontinente*, das partes ao cível, para não se tumultuar o processo penal, e em atendimento à razoável duração do processo.

Da decisão que remete as partes ao cível não cabe recurso, mas poderia ser interposto, em tese, correição parcial, caso a decisão se mostre desarrazoada, evidenciado o *error in procedendo*, o que se daria caso a questão civil a ser solvida fosse dotada de grande singeleza, sem nenhuma necessidade de se acionar o juízo especializado cível para tanto.

6.6.12. Coisas apreendidas não restituídas e não submetidas à medida cautelar de sequestro. Coisas confiscáveis. Coisas não confiscáveis

Muito comumente coisas apreendidas nos autos, não são restituídas, nem sequestradas, quer porque o pedido de restituição ou de sequestro tenham sido indeferidos, quer em razão da ausência de requerimento nesse sentido. Como os objetos ficam vinculados aos autos, é preciso que se encontre um destino a ser dado a eles, que será diferenciado de acordo com a natureza dos bens, se confiscáveis ou não.

Coisas confiscáveis

Tratando-se de bens que sejam instrumentos do crime e que consistam em coisas cujo fabrico, alienação, uso, porte ou detenção constituam fato ilícito, ou de produto do crime ou de qualquer bem ou valor que constitua proveito auferido pelo agente com a prática do fato criminoso, é certo que, como efeito automático da condenação, haverá sua perda em favor da União, ressalvado o direito do lesado ou de terceiro de boa-fé (art. 91, II, *a* e *b*, do CP).

Confisco dos instrumentos do crime

No caso dos instrumentos do crime, o juiz, de acordo com o art. 122 do CPP, decorrido o prazo de 90 dias, após transitar em julgado a sentença condenatória, decretará a perda das coisas confiscáveis, e ordenará que sejam vendidas em leilão público; o dinheiro das vendas será depositado em conta vinculada ao Tesouro Nacional. Esse período de 90 dias entre a data do trânsito em julgado da sentença condenatória e a decretação da perda das coisas confiscáveis é estabelecido para que possam o lesado ou o terceiro de boa-fé requerer a restituição dos bens apreendidos.

Na maior parte das vezes, os instrumentos do crime, especialmente aqueles cuja posse constitua fato ilícito, serão destruídos (como as armas de fogo apreendidas e utilizadas para a prática de roubos e homicídios), após o trânsito em julgado da sentença condenatória, mas também poderão ser recolhidos a museu criminal, se houver interesse na sua conservação (art. 124 do CPP).

O art. 122 do CPP se refere ao trânsito em julgado da sentença condenatória, para autorizar, apenas depois de decorrido o prazo de 90 dias, a decretação da perda em favor da União dos objetos confiscáveis.

E se for proferida sentença absolutória, de extinção da punibilidade ou simplesmente arquivado o inquérito policial e houver, vinculado aos autos, a apreensão de objetos confiscáveis não restituídos?

Nesse caso, se se tratarem de instrumentos do crime cuja posse configure fato ilícito (art. 91, II, *a*, do CP), *v.g.*, arma de fogo com numeração raspada, haverá também a perda em favor da União, ou a destruição do artefato vulnerante, como ocorreria se tivesse sido proferida sentença condenatória. Não pode haver outra solução que não essa, afinal a posse do instrumento do crime, por si só, é fato ilícito (crime), cabendo ao Estado vendê-lo, se possível (venda de armas a colecionadores, por exemplo), auferindo renda dessa venda, ou simplesmente destruí-lo.

Em suma, pouco importa que, depois da apreensão e não restituição dos instrumentos do crime que constituam, *de per si*, fato ilícito, sejam proferidas sentença absolutória, de extinção da punibilidade ou arquivado o inquérito policial: de qualquer maneira, imprescindível a intervenção controladora do Estado no destino a ser dado a objetos cuja posse seja fato ilícito.

Essa intervenção ocorre em nome da incolumidade pública que correria risco se não houvesse esse controle quando os instrumentos do crime constituem fatos ilícitos, como, por exemplo, armas de fogo, explosivos, facas, objetos esses apreendidos, mas não restituídos; irrelevante, nessa situação, que a sentença proferida tenha sido de absolvição, de extinção da punibilidade ou de arquivamento de inquérito policial: a perda em favor da União ou a destruição dos objetos é uma injunção legal.

Confisco do produto do crime ou de seu proveito

O art. 91, II, *b*, do CP, determina a perda em favor da União, ressalvado o direito do lesado ou de terceiro de boa-fé, do produto do crime ou do seu proveito, *quando proferida sentença condenatória transitada em julgado*. A finalidade que visa a norma legal ao prever a perda do produto do crime ou do seu proveito é justamente impedir que o autor do crime se beneficie com sua prática.

E se for proferida sentença absolutória, de extinção da punibilidade ou arquivado o inquérito policial e apreendidos, mas não restituídos, bens que constituam produto do crime ou seu proveito, o que fazer com tais objetos?

Exemplificando para melhor esclarecer: em um processo crime que visava apurar o delito de roubo de um celular, a vítima não é mais localizada, não solicitando a restituição do bem, e, ao final, o acusado é absolvido por dúvidas quanto à autoria; certo, todavia, que o objeto apreendido era produto do delito de roubo, presenciado por testemunhas, que não puderam, entretanto, reconhecer o réu como seu autor; outro exemplo: o autor de um estelionato, com o produto da infração, adquire dois automóveis, apreendidos nos autos, confessando sua prática quando do seu interrogatório, mas, antes de haver o trânsito em julgado da sentença condenatória, o acusado falece e é declarada extinta sua punibilidade.

Em ambos os casos, embora não tenha sido proferida sentença condenatória com trânsito em julgado, certo que o celular apreendido era produto de um crime (de furto); também certo que os carros apreendidos eram proveito de um delito (de estelionato). Mas, mesmo assim, não poderá ser decretada a perda em favor da União – confisco previsto no art. 91, II, *a*, do CP, que exige, para tanto, a prolação de um édito *condenatório* transitado em julgado.

Voltando a pergunta inicial: o que fazer com tais objetos apreendidos, mas não restituídos, que constituam produto ou proveito do crime? Como não são objetos confiscáveis, nos termos do art. 91, II, *a*, do CP, deverão seguir a regra do art. 123 do CPP, que trata do destino a ser dado aos objetos não confiscáveis, a seguir estudado: venda em leilão, depositando-se o saldo à disposição do juízo de ausentes.

Coisas não confiscáveis

As coisas não confiscáveis são, por eliminação, todos os bens que não sejam instrumentos do crime, cuja posse seja fato ilícito; produto do crime, ou seu proveito; em suma, coisas não confiscáveis são aquelas que não se enquadram no conceito do art. 91, II, *a* e *b*, do CP, acima visto.

As coisas não confiscáveis apreendidas aos autos e que não tenham sido restituídas, de acordo com o art. 123 do CPP, depois de transitar em julgado a sentença final, absolutória ou condenatória, aguardar-se-á o prazo de 90 dias, e se não forem reclamados ou não pertencerem ao réu, serão vendidos em leilão, depositando-se o saldo à disposição do juízo de ausentes. Não haverá, assim, a perda em favor da União, como se dá com os objetos confiscáveis. A mesma regra vale para o caso de arquivamento de inquérito policial, ou de declaração de extinção da punibilidade.

6.7. MEDIDAS ASSECURATÓRIAS REAIS OU PATRIMONIAIS

6.7.1. Conceito

As medidas assecuratórias reais ou patrimoniais são instrumentos cautelares através dos quais se garante, de um lado, *o direito do ofendido* de ser indenizado pelo dano causado pelo crime e de receber a prestação pecuniária eventualmente imposta; de outro lado, tais medidas se prestam a tutelar *o direito do Estado* de receber o pagamento das custas processuais e da multa fixada; por fim, as medidas cautelares possuem uma *finalidade estritamente moral*: assegurar que o indiciado ou acusado não se beneficiarão com os proveitos auferidos com a prática do fato criminoso, tornando indisponíveis bens móveis ou imóveis que estavam em sua posse ou domínio.

6.7.2. Finalidade das medidas cautelares reais

São as seguintes:

Indenizar a vítima dos danos causados pelo crime

As medidas cautelares reais visam dar eficácia aos efeitos extrapenais automáticos da sentença condenatória; estes efeitos impõem a obrigação de o condenado em definitivo indenizar a vítima pelo dano causado pelo crime, privando, ainda, o sentenciado, do produto do crime e do proveito auferido com a prática do fato criminoso (art. 91, I e II, *b*, do CP).

Pagamento da prestação pecuniária fixada à vítima

As medidas cautelares reais visam, ainda, resguardar o interesse da vítima no caso de futura condenação do acusado à prestação pecuniária em favor do ofendido, com pagamento em dinheiro em seu favor ou a seus dependentes de importância não inferior a um salário mínimo nem superior a 360 salários mínimos (art. 45, § 1º, do CP).

Pagamento das custas e da multa penal

Além de assegurar os efeitos extrapenais automáticos da sentença condenatória transitada em julgado, as medidas cautelares, apenas secundariamente, resguardam o interesse Estatal ao pagamento das custas processuais e da multa penal.

6.7.3. Pressuposto e fundamentos

Pressuposto

Como toda medida cautelar, seu pressuposto é a existência de fumaça de bom direito (*fumus boni iuris ou fumus comissi delicti*), ou seja, provas da existência da infração penal e, assim, probabilidade de que seja proferida uma sentença condenatória; não podem existir elementos probatórios que apontem para a existência de causas excludentes de ilicitude ou de culpabilidade, as quais, se acolhidas, acarretam a absolvição. Afinal, não haveria qualquer sentido se decretar uma medida cautelar real se houver indícios de que o indiciado ou o acusado tenha agido amparado pela excludente de ilicitude da legítima defesa ou sob coação mora irresistível, por exemplo, que poderão acarretar sua absolvição.

Fundamento

Seu fundamento é o *periculum in mora* (perigo na demora da prestação jurisdicional), caracterizado pelo risco que pode correr o direito do ofendido à indenização (ou ao pagamento da prestação pecuniária), ou ainda, o risco que correria o Estado de não receber o valor da multa ou das custas processuais; e ainda, o perigo de que o autor da infração se beneficie dos seus proveitos (o que seria imoral), se os bens não forem imediatamente retirados da disponibilidade do indiciado ou acusado.

6.7.4. Reserva de jurisdição

As medidas cautelares reais só podem ser decretadas, no decorrer da persecução penal – procedimento investigatório (normalmente inquérito policial) ou processo – pela autoridade judiciária. Não é autorizada às CPIs (Comissões Parlamentares de Inquérito) a decretação de medidas cautelares reais; as CPIs possuem apenas poderes instrutórios – os chamados "poderes investigatórios próprios das autoridades judiciais" (art. 58, § 3º, da CF), podendo, por exemplo, apenas, quebrar o sigilo telefônico, bancário, ouvir testemunhas etc, mas não decretar a indisponibilidade de bens.

6.7.4.1. Possibilidade de a Fazenda Pública decretar a indisponibilidade de bens

A Lei 13.606, de 9 de janeiro de 2018, em seu art. 20-B, prevê a possibilidade de a Fazenda Pública tornar indisponíveis os bens do devedor que não pagar, em 5 dias, sua dívida. Evidentemente, referido dispositivo legal é inconstitucional[41], pois o poder indiscriminado conferido à Fazenda Pública para, de maneira unilateral, e sem intervenção do Poder Judiciário, bloquear bens de devedores e contribuintes inscritos na dívida ativa federal, viola a reserva de jurisdição, e o devido processo legal: ninguém será privado da liberdade ou de *seus bens* sem o devido processo legal (art. 5º, LIV, da CF). O devido processo legal pressupõe Poder Judiciário, contraditório e ampla defesa, não compactuando com atos unilaterais, de império, da Fazenda Pública. Ademais, a norma em estudo é inconstitucional porque viola o art. 146, III, *b*, da CF, que reserva à lei complementar a competência para procedimento de lançamento e cobrança de créditos tributários pela Fazenda Pública, o que não foi respeitado, uma vez que tal espúrio procedimento de cobrança e lançamento foi previsto em lei ordinária[42]. As diversas Ações Diretas de Inconstitucionalidade ajuizadas no Supremo serão decididas diretamente pelo Plenário[43], já havendo parecer, da Procuradoria-Geral da República, no sentido da inconstitucionalidade da norma[44].

6.7.5. Existe contraditório prévio à decretação das medidas cautelares reais?

De acordo com Renato Brasileiro de Lima[45], as medidas cautelares reais devem, em regra, ser submetidas ao contraditório prévio antes de serem decretadas pelo juiz, à semelhança do que estipula o art. 282, § 3º, do CPP, ao tratar das medidas cautelares pessoais.

Ora, se a regra é o contraditório prévio em se tratando das medidas cautelares *pessoais* não haveria porque ser diferente quanto às medidas cautelares *reais*, até para

---

41. Foram ajuizadas ADINs (Ações Diretas de Inconstitucionalidade) para se questionar tal diploma legislativo: ADI 5881; ADI 5886; ADI 5925.
42. Informativo do STF. 05/02/2018. STF. ADI 5.886. Rel. Min. Marco Aurélio.
43. Informativo do STF. 23/04/2018. STF. ADI 5925. Rel. Min. Marco Aurélio.
44. Consultor Jurídico (conjur.com.br). 18/09/2018. "É inconstitucional bloqueio de bens pela Fazenda sem ordem judicial, diz PGR".
45. Renato Brasileiro de Lima, *Curso de Processo Penal*, p. 1116.

que se haja uma coerência lógica e sistêmica nas cautelares de modo geral. Essa nos parece ser, realmente, a melhor posição.

Pode haver, todavia, entendimento diverso no sentido de inexistir o contraditório prévio, e sim, apenas, o diferido; em outras palavras, o juiz poderá decretar toda e qualquer medida cautelar real, *inaudita altera parte* (sem ouvir a outra parte), mas a parte atingida pela decisão, como meio de se efetivar a ampla defesa e o contraditório, poderá opor embargos, discutindo a constrição patrimonial.

De qualquer forma, não obstante entendamos que a regra seja a do contraditório prévio à decretação das medidas cautelares reais, se houver urgência ou perigo de ineficácia da medida, o juiz poderá decretar a medida cautelar, sem ouvir a outra parte (art. 282, § 3º, do CPP), a quem resta, então, a oportunidade de se valer do contraditório postergado através da oposição de embargos.

6.7.6. Medidas cautelares reais podem ser decretadas de ofício pelo juiz?

Seguindo-se, por analogia, o disposto no art. 282, § 2º, do CPP, que trata das medidas cautelares pessoais, as medidas cautelares reais também só poderiam ser decretadas, de ofício, pelo juiz, se houver sido instaurado processo; se a persecução penal se desenvolver na fase pré-processual investigativa – normalmente o inquérito policial – dependerá o magistrado de provocação do Ministério Público, da vítima, ou de representação da autoridade policial. Essa nos parecer ser a melhor posição pois, como já dissemos, é a que atende à necessidade de coerência lógica e sistêmica das cautelares em geral. Com o mesmo entendimento Renato Brasileiro de Lima.[46]

Pode haver posição em sentido contrário, fundamentado em que as medidas cautelares reais possuem regras próprias que não podem ser derrogadas por disposições diversas, referentes ás normas que tratam das medidas cautelares pessoais; em miúdos, a tutela cautelar patrimonial forma um subsistema único que não se confunde, nem se influencia pelas cautelares pessoais que incidem sobre a liberdade individual do indiciado ou acusado.

6.7.7. Espécies de medidas cautelares reais

Existem 3 medidas cautelares reais: sequestro, hipoteca legal e arresto, que dão ensejo à instauração de um procedimento incidente.

6.7.7.1. Sequestro

6.7.7.1.1. Conceito. Bens sequestráveis

É a medida cautelar real que decreta a indisponibilidade de bens móveis ou imóveis do indiciado ou acusado, que tenham sido adquiridos com os proventos da infração, mesmo que tenham sido transferidos a terceiros (art. 125 do CPP).

---

46. Renato Brasileiro de Lima, *Curso de Processo Penal*, p. 1115.

Nada impede, de acordo com o STF[47], que os bens sequestrados, no caso concreto, automóveis de alto valor como *Lamborghini, Ferrari* e outros, sejam restituídos ao indiciado ou acusado, tendo em vista o fato de que a manutenção e conservação desses automóveis demandar "cuidados especiais".

O produto direto do crime (por exemplo: o relógio furtado) não é, em regra, sequestrado, mas sim apreendido. São sequestráveis apenas os bens adquiridos com o produto do crime, ou seja, os proventos da infração (por exemplo: com o dinheiro da venda do relógio furtado, o acusado adquire um computador, que pode então ser sequestrado, por ser um provento da infração).

E se o produto do crime ou os bens adquiridos pelo condenado, em razão da prática do crime, não forem encontrados, ou se localizarem no exterior?

Importante dizer que, se houver prova que o indiciado ou acusado tenham se assenhoreado do produto do crime ou adquirido bens com o produto da infração (proventos da infração), mas tais bens não sejam mais encontrados ou quando se localizarem no exterior, mesmo assim, poderá ser decretado o sequestro de outros bens ou valores do investigado ou acusado equivalentes ao produto do crime ou ao proveito do crime, para posterior decretação de sua perda, conforme previsto no art. 91, §§ 1º e 2º, do CP. Em suma, nessa hipótese, são sequestrados bens de *origem lícita* do indiciado ou acusado, *na proporção, equivalentes*, em valor, ao *produto do crime* e ao *proveito do crime*. Essa é uma exceção à regra de que o produto do crime não pode ser sequestrado, afinal, *in casu*, o equivalente – em valor – ao produto do crime não apreendido – é sequestrado. Também é uma exceção à regra de que o sequestro só pode ser decretado em relação a bens de origem *ilícita*, uma vez que o patrimônio que sofre a constrição (que será sequestrado) será de origem *lícita*.

Vamos exemplificar para melhor esclarecer: o indiciado ou acusado pratica um estelionato e, com o valor obtido, adquire duas casas e três carros; o acusado, no decorrer do processo sofre o sequestro de tais bens adquiridos com o proveito da infração; após regular tramite processual, é condenado, com decisão transitada em julgado, pelo crime de estelionato. Ora, os bens adquiridos por ele, por constituírem proveito do crime auferido pelo agente, e que já se encontravam sequestrados, devem ser perdidos, em favor da União, ressalvado o direito do lesado ou de terceiro de boa-fé (art. 91, II, *b*, do CP).

Mas, se as duas casas e os três carros adquiridos pelo condenado, em razão da prática do estelionato, não forem localizadas, ou se ele tiver adquirido esses bens na cidade de Miami (EUA), deverá ser decretada a perda de bens de *origem lícita* do autor do crime situados no Brasil, de valor equivalente, como outras casas ou carros, como se disse, localizados em nosso país; a única ressalva é que os valores dos bens perdidos coincida com aqueles adquiridos em razão da prática do crime e que não foram localizados ou se encontram no estrangeiro. Essa é a única hipótese em que o *sequestro e a perda* de bens relacionados ao proveito auferido pelo agente com a prática de fato criminoso recai sobre *bens de origem lícita* do condenado. Essa medida é salutar porque,

---

47. Informativo STF – 16/02/2016- 2ª T.

mesmo que o autor do delito adquira, com a venda dos bens que sejam produto de crime, outros bens e consiga astuciosamente ocultá-los (muitas vezes, transferindo a terceiros, os "laranjas"), ou faça aquisições, com os valores ilicitamente arrecadados, de bens, no exterior, não conseguirá escapar da ação da Justiça brasileira, a qual poderá decretar, primeiro, o sequestro, e depois, com a condenação com trânsito em julgado, a perda de outros bens do condenado, de *origem lícita*, desde que equivalentes em valor com o proveito econômico auferido pelo agente.

6.7.7.1.2. Finalidade do sequestro

O sequestro, como nota Renato Brasileiro de Lima[48], se funda no interesse privado do ofendido em obter a reparação do dano causado pela infração e também no interesse público consistente no posterior perdimento dos bens como efeito automático da condenação – confisco – dos proventos da infração (art. 91, I e II, *b*, do CP).

De fato, o sequestro, como uma espécie de medida cautelar real, visa assegurar, no decorrer da persecução penal, o resultado útil do processo penal, no campo dos efeitos automáticos extrapenais (patrimoniais) de uma sentença condenatória transitada em julgado. Já sabemos que, *com o trânsito em julgado de uma condenação*, automaticamente, torna-se obrigatória a indenização à vítima, além de levar à perda os proventos da infração, ressalvado o direito do lesado ou do terceiro de boa-fé (art. 91, I e II, *b*, do CP).

Mas, como o trânsito em julgado de uma sentença condenatória pode levar anos até ocorrer, e, nesse meio tempo, o indiciado ou o acusado podem dilapidar ou ocultar os bens adquiridos com o produto da infração (transferindo bens e valores para terceiros, "laranjas", remetendo valores para o estrangeiro, esbanjando pura e simplesmente o dinheiro obtido ilicitamente etc), o sequestro, ao tornar indisponíveis bens móveis e imóveis adquiridos com o proveito da infração, assegura o resultado útil – de natureza extrapenal – do processo, que, frise-se, são dois:

1º – **reparação dos danos causados pela infração** (interesse particular do ofendido ou de seus familiares) – art. 91, I, do CP;

2º – **o confisco, pela União, dos bens e valores que constituam proveito auferido pelo agente com a prática do fato criminoso** (art. 91, II, *b*, do CP), ressalvado o direito do lesado ou de terceiro de boa-fé. Esse dispositivo legal assegura o interesse público do Estado em impedir a imoralidade de o autor da infração se beneficiar patrimonialmente de sua prática, desestimulando, pela perda das vantagens econômicas obtidas com o delito, a sua reiteração pelo condenado (prevenção específica), assim como servindo de exemplo para todos os integrantes da comunhão social (prevenção geral). Em miúdos, o perdimento de bens deve chancelar o conhecido dito popular que o "crime não compensa".

---

48. Renato Brasileiro de Lima, *Curso de Processo Penal*, p. 1117.

6.7.7.1.3. Pressuposto do sequestro – Fummus comissi delicti. Fundamento do sequestro – periculum in mora

Fummus comissi delicti. Nexo de causalidade entre a medida do sequestro e o crime objeto de apuração

Conforme estipula o art. 126 do CPP, para a decretação do sequestro, bastará a existência de indícios veementes da proveniência ilícita dos bens. Todavia, é também imprescindível que haja um *nexo de causalidade* entre os delitos apurados no decorrer do inquérito policial ou do processo com o enriquecimento ilícito (proventos da infração) os quais fundamentam o sequestro de bens; em outras palavras, os proventos da infração – a vantagem indevida auferida pelo indicado ou acusado (*v.g.*, os computadores adquiridos em razão da venda do veículo roubado) é consequência do crime praticado pelo indiciado (roubo) e que é objeto da persecução penal. Em nosso exemplo, os computadores adquiridos em razão da venda do carro roubado pelo indiciado ou acusado só podem ser sequestrados no bojo de um inquérito policial ou processo que tenha por objeto o delito de roubo. Mesmo que se saiba que os bens adquiridos pelo indiciado ou acusado tenham origem criminosa, mas se *não relacionada com os delitos apurados em determinado inquérito policial ou processo*, não poderá ser decretado o sequestro (pelo menos naqueles autos). Assim, retomando ao nosso exemplo, se os bens adquiridos pelo indiciado tiverem origem em outro delito (um estelionato), não poderá ser decretado o sequestro no decorrer de um inquérito policial ou processo que tenha por objeto exclusivo o delito de roubo; deverá ser deflagrada outra persecução penal – outro inquérito ou processo – que tenha por escopo apurar o delito de estelionato e que legitime o sequestro de referidos bens.

Verificação da fumaça de bom direito

O sequestro pode ser decretado em qualquer momento da persecução penal – na fase do inquérito ou do processo – mas com tratamentos diversos na verificação dos pressupostos para a decretação da medida cautelar; na etapa inquisitiva da persecução, o requerente deverá comprovar que existem provas que apontem para a existência da infração, como testemunhas que tenham sido ouvidas, perícias, interrogatório do indiciado etc; na etapa judicial, como observa Renato Brasileiro de Lima[49], pelo fato de a denúncia ou queixa não ter sido rejeitada por falta de justa causa (art. 395, III, do CPP), mas sim recebida, é porque "o juiz vislumbrou a presença de lastro probatório mínimo para que se possa dar início à persecução penal *in iudicio*". Em miúdos, sendo requerido o sequestro em juízo, a parte não precisaria fazer prova da existência da *fumaça de bom direito*, porque presumida sua existência, ante o recebimento da peça acusatória. Não nos parece ser essa a melhor solução, pois, uma coisa é haver prova de autoria e materialidade delitiva de determinada infração imputada na peça acusatória, outra, é a vantagem auferida pelo agente criminoso com tal infração; em suma, a prova do crime não pressupõe, de *per si*, a prova do proveito auferido com sua prática, de modo que,

---

49. Renato Brasileiro de Lima, *Curso de Processo Penal*, p. 1133.

incumbe à acusação, no decorrer do processo, comprovar, de maneira idônea, o *nexo de causalidade* entre o crime praticado e o proveito auferido.

Periculum in mora

Embora não citado pela lei, é certo que deve existir o *periculum in mora*, ou seja, o risco de que tais bens sejam alienados pelo indiciado ou acusado, colocando em risco a futura indenização da vítima, ou autorizando crer-se que o autor da infração se beneficiará com os seus proventos.

6.7.7.1.4. Cláusula de reserva de jurisdição e sequestro/bloqueio de bens

Em regra, como se viu, é indispensável decisão judicial, devidamente fundamentada, para que bens do indiciado ou acusado sejam sequestrados.

No entanto, importante registrar que o Tribunal de Contas da União está autorizado a decretar medida cautelar de indisponibilidade de bens, com amparo no art. 44, § 2º, da Lei 8.443/92, além dos artigos 273 e 274 do Regimento Interno do Tribunal de Contas da União[50]. Segundo o entendimento da Min. Rosa Weber, na liminar ora citada "(...) Estabelecida as premissas de que o poder geral de cautela se destina a assegurar o resultado útil das decisões da Corte de Contas e as decisões daquele podem contemplar a condenação de particulares contratantes com entes da administração pública federal, adequado concluir, ao menos em primeiro olhar, que a indisponibilidade de bens configura medida passível de aplicação, quando presentes os requisitos legais, a qualquer pessoas sujeitas à fiscalização da autoridade impetrada, independentemente de serem, ou não, titulares de função pública".

No caso de ter sido decretada a indisponibilidade de bens de empresa em recuperação judicial, caberá ao juízo da falência resolver as questões atinentes ao patrimônio da empresa recuperanda, como o uso e disposição de bens da empresa vinculados ao Plano de Recuperação Judicial[51]. A medida cautelar imposta pelo Tribunal de Contas pode ser decretada, conforme entendimento do Min. Gilmar Mendes, do STF[52], sem a audiência da parte contrária, por deliberação fundamentada da Corte de Contas, "sempre que necessárias à neutralização imediata de situações de lesividade ao interesse público ou à garantia da utilidade prática de suas deliberações finais".

A indisponibilidade cautelar de bens decretada pelo Tribunal de Contas da União, prevista na Lei Orgânica do TCU (Lei 8.443/1992) não pode ultrapassar a um ano, não havendo autorização para a sua prorrogação; caso excedido o prazo a medida cautelar poderá ser cassada através de mandado de segurança[53].

---

50. Informativo do STF. 24/11/2016. Mandado de Segurança (MS) 34446. Min. Rel. Rosa Weber.
51. Informativo do STF. 14/05/2018. STF. MS 35158. Rel. Min. Edson Faquin.
52. Informativo do STF. 23/04/2018. STF. MS 35555. Rel. Min. Gilmar Mendes.
53. Informativo do STF. 07/06/2018. STF. MS 34545. Rel. Min. Ricardo Lewandowski.

6.7.7.1.5. Procedimento do sequestro

6.7.7.1.5.1. Autuação em apartado aos autos de inquérito policial, de qualquer caderno investigativo, ou de processo

Tratando-se de um incidente processual, o sequestro deverá ser autuado em apartado (art. 129 do CPP), aos autos de inquérito policial ou processo, conforme tenha sido decretado, respectivamente, pelo magistrado, na fase pré-processual ou judicial. Decretado o sequestro no decorrer do inquérito policial, sendo, assim, autuado em apartado àquele, claro que, se iniciada a ação penal, como o inquérito policial acompanha a denúncia ou queixa (art. 12 do CPP), seu apenso será também anexado à ação penal.

O sequestro, na fase investigatória, normalmente é decretado no bojo do inquérito policial, mas nada impede que, em autos investigatórios diversos, como o procedimento investigatório conduzido pelo Ministério Público ou em CPI, seja determinada tal medida cautelar real, desde que, sempre, por ordem judicial, é claro.

6.7.7.1.5.2. Legitimidade para requerer o sequestro

O sequestro pode ser decretado, de ofício, pelo juiz, ou a requerimento do Ministério Público ou do ofendido, ou mediante representação da autoridade policial, em qualquer fase do processo ou ainda antes de oferecida a denúncia ou queixa, na fase das investigações criminais (art. 127 do CPP).

Para que o ofendido possa requerer a medida de sequestro, na fase do inquérito ou do processo, não será necessário que se habilite como assistente da acusação para tanto, pelo que deixa claro o art. 127 do CPP, ao se referir apenas à "vítima". Numa necessária interpretação extensiva desse dispositivo legal deve-se abarcar, na legitimidade ativa do requerimento do sequestro, não apenas a vítima em si, como também seus sucessores ou representante legal; ademais, claro que se a vítima, seus sucessores ou representante legal, na etapa processual, se habilitarem como assistentes da acusação (art. 268 do CPP), será plenamente possível que possam requerer o sequestro.

6.7.7.1.5.3. Contraditório prévio ao sequestro

Como já dissemos acima ao tratar das características gerais das cautelares reais, o sequestro, em regra, deve ser submetido ao contraditório prévio antes de ser decretadas pelo juiz, à semelhança do que estipula o art. 282, § 3º, do CPP, ao tratar das medidas cautelares pessoais, a fim de que exista uma coerência lógica e sistêmica nas cautelares de modo geral. Ressalte-se, todavia, entendimento diverso no sentido de inexistir o contraditório prévio, e sim, apenas, o diferido, no caso de sequestro, o qual seria decretado, *inaudita altera parte* (sem ouvir a outra parte). A ampla defesa e o contraditório seriam exercidos posteriormente mediante a oposição de embargos, como já decidiu o STJ[54].

---

54. STJ – Recurso em Mandado de Segurança nº 30.172-MT (2009/0153233-9), Min. Rel. Maria Thereza de Assis Moura.

De qualquer forma, não obstante entendamos que a regra seja a do contraditório prévio à decretação das medidas cautelares reais, se houver urgência ou de perigo de ineficácia da medida, o juiz poderá decretar a medida cautelar, sem ouvir a outra parte (art. 282, § 3º, do CPP), a quem resta, então, a oportunidade de se valer do contraditório postergado através da oposição de embargos.

6.7.7.1.5.4. O sequestro pode ser decretado de ofício?

Seguindo-se, por analogia, o disposto no art. 282, § 2º, do CPP, que trata das medidas cautelares pessoais, o sequestro também só poderá ser decretado, de ofício, pelo juiz, se houver sido instaurado processo; se a persecução penal se desenvolver na fase pré-processual investigativa – normalmente o inquérito policial – dependerá o magistrado de provocação do Ministério Público,[55]

Pode haver posição em sentido contrário, fundamentado que, pelo princípio da especialidade, deve prevalecer o art. 127 do CPP que permite ao magistrado, mesmo na fase do inquérito policial, decretar o sequestro de ofício.

6.7.7.1.5.5. Quais bens podem ser sequestrados?

Podem ser sequestrados bens móveis e imóveis do indiciado ou acusado, adquiridos com o produto da infração; os bens têm, portanto, origem ilícita, criminosa. Exemplo: o indiciado ou acusado pratica um estelionato e, com o valor obtido, adquire duas casas e três carros; tais bens, por terem origem criminosa, podem ser sequestrados.

E se os bens adquiridos pelo indiciado ou acusado em razão da prática do crime não forem encontrados ou se localizarem no exterior?

Nessa situação, como já vimos, poderá ser decretado o sequestro de bens ou valores equivalentes do investigado ou acusado para posterior decretação de perda pelo confisco (art. 91, § 2º, do CP). Voltando ao nosso exemplo, se as duas casas e os três carros adquiridos pelo indiciado ou acusado, em razão da prática do estelionato, não forem localizadas, ou se ele tiver adquirido esses bens na cidade de Miami (EUA), poderia ser decretado o sequestro de bens de *origem lícita* do autor do crime situados no Brasil, de valor equivalente, como outras casas ou carros, situados no nosso país; a única ressalva é que os valores dos bens sequestrados coincida com aqueles adquiridos em razão da prática do crime e que não foram localizados ou se encontram no estrangeiro. Essa é a única hipótese em que um sequestro pode recair sobre bens de *origem lícita* do indiciado ou acusado.

Bens imóveis e sequestro. Bem de família. Automóveis e registro no Detran

Como dissemos, podem ser sequestrados bens móveis e imóveis, mas, em se tratando de bens imóveis, imprescindível que, após decretada a medida constritiva

---

55. Renato Brasileiro de Lima, *Curso de Processo Penal*, p. 1115.

patrimonial, o juiz determine a inscrição do sequestro no Registro de Imóveis, como determinam os arts. 128 do CPP e 239 da Lei dos Registros Públicos (Lei 6.015/73). A finalidade desse registro é dar publicidade ao sequestro, de modo que torne público o conhecimento a terceiros de que o bem está gravado por medida cautelar real. Para que não seja prejudicado, bastará, ao terceiro de boa-fé extrair certidão do imóvel que pretende negociar, junto ao cartório de registro de imóveis, para que tome conhecimento da restrição pendente junto ao bem. Se, todavia, o terceiro, de boa-fé, não tomar essa cautela básica e negociar, *v.g.*, adquirindo um bem sequestrado, arcará com o prejuízo, pois o imóvel, caso proferida sentença condenatória, com o trânsito em julgado, será confiscado em favor da União, ressalvados os direitos do lesado (art. 91, II, *b*, do CP).

Como salientado por Renato Brasileiro de Lima[56], o sequestro e posterior registro, apesar de tornarem o bem sequestrado inalienável, não priva seu uso, pelo indiciado ou acusado, podendo este continuar residindo no imóvel, ou percebendo aluguéis, se o bem estiver alugado, até o momento em que seja proferida sentença condenatória a qual, com o trânsito em julgado, decretará a perda do bem (o que, convenhamos, pode demorar anos...).

O bem imóvel poderá ser sequestrado mesmo que tenha sido transferido a terceiros (art. 125 do CPP).

A impenhorabilidade do bem de família estipulada na Lei 8.009/90 não subsiste na hipótese de sequestro. O art. 3º, VI, da Lei 8.009/90 assegura a impenhorabilidade do bem de família no caso de processos de execução civil, fiscal, previdenciária, trabalhista, mas, se o *bem imóvel foi adquirido com produto do crime* (imóvel adquirido, por exemplo, com o proveito auferido pelo agente pela prática de um estelionato), será perfeitamente possível sua penhora; a lei não compactua com o locupletamento ilícito de autores de infração penal – não é possível que o criminoso aufira, de qualquer modo, vantagens pela prática do crime, mesmo que disso decorra a perda de sua única moradia.

No caso de sequestro de bens móveis, não há se falar, normalmente, em registro, a não ser na hipótese de sequestro de veículos, que deverá ser registrado junto ao DETRAN.

6.7.7.1.5.6. Defesa em face do sequestro

São admitidos, como meio de defesa contra o sequestro, os embargos, previstos nos arts. 129 e 130 do CPP, nas seguintes hipóteses:

1ª – Embargos do acusado, sob o fundamento de não terem os bens sido adquiridos com os proventos da infração

O indiciado ou acusado poderá opor embargos com a finalidade de demonstrar ao juiz que os bens sequestrados possuem origem lícita, em nada se relacionando com os proventos da infração, aduzindo, por exemplo, que tais bens foram adquiridos muito antes do crime, e que pertencem ao seu patrimônio legal.

---

56. Renato Brasileiro de Lima, *Curso de Processo Penal*, p. 1118.

Momento em que os embargos do acusado poderão ser julgados

Segundo o § único do art. 130, do CPP, os embargos do acusado só serão julgados depois do trânsito em julgado da sentença condenatória. Isso significa dizer que, pela análise isolada desse dispositivo legal, em regra, decretado o sequestro dos bens do indiciado ou acusado, no decorrer do inquérito policial ou do processo, e apontando-se a origem criminosa deles (proventos ou produto indireto da infração penal), poderá o autor da infração, em sua defesa, opor embargos, que serão anexados aos autos do incidente procedimental do sequestro. De acordo com a interpretação literal da norma, esses embargos ficarão num compasso de espera para que sejam decididos apenas após o trânsito em julgado da sentença condenatória. **Qual a razão dessa dependência de julgamento dos embargos do acusado ao trânsito em julgado da sentença condenatória?** Tal se dá porque, prolatada sentença condenatória, que tenha transitado em julgado, os proventos da infração penal serão perdidos à União, ressalvado os direitos do lesado e do terceiro de boa-fé (art. 91, II, *b*, do CP); esse é um efeito extrapenal automático da sentença condenatória.

E justamente para que um dos resultados úteis do processo penal, que é a perda dos proventos da infração, seja materialmente possível é que se decreta a medida cautelar do sequestro; tornam-se indisponíveis os bens do indiciado ou acusado, adquiridos em razão da infração penal por ele praticada para que, na hipótese de um decreto condenatório, tais bens sejam perdidos. Em suma, sequestram-se bens para que, em caso de condenação, esses bens sejam perdidos em favor da União, ressalvados os direitos do lesado ou do terceiro de boa-fé. Se não se esperasse o trânsito em julgado da sentença condenatória, julgando-se procedentes os embargos opostos pelo acusado, existira o risco de os bens sequestrados serem restituídos, ao indiciado ou acusado, e tal patrimônio poderia ser dilapidado ou desviado pelo autor da infração, beneficiando-se, assim, imoralmente, dos proventos da infração. Como veremos em breve, a nosso ver, o § único do art. 130 do CPP foi tacitamente revogado, não se exigindo mais o trânsito em julgado da sentença condenatória para que se decidam os embargos do acusado.

É possível restituir os bens sequestrados ao indiciado ou acusado antes do trânsito em julgado da decisão condenatória, julgando-se procedentes os embargos opostos pelo acusado?

A resposta, indubitavelmente, pelo que consta da literalidade do § único do art. 130, é negativa, pois, consoante a norma: "Não poderá ser pronunciada decisão nesses embargos antes de passar em julgado a sentença condenatória".

Sendo, assim, opostos os embargos pelo acusado, não há como o juiz se antecipar e decidi-los antes do trânsito em julgado de eventual condenação, justamente porque, como já visto, caso fossem julgados procedentes, com a restituição do patrimônio, ao autor da infração, este poderia se desfazer, ocultar ou simplesmente dilapidar tais bens, que não poderiam mais ser recuperados. Por isso, a cautela da lei. Todavia, não é improvável que possa ter sido, equivocadamente, decretado o sequestro de bens de origem lícita do acusado. Exemplo: sequestram-se dois apartamentos do acusado na suposição de que teriam sido adquiridos em razão do proveito auferido pelo autor decorrente de um estelionato por ele perpetrado no ano de 2015; todavia, após o sequestro de tais bens, verifica-se que os apartamentos foram adquiridos no ano de 2005 – 10 anos antes, portanto, do crime de estelionato, possuindo origem lícita. **O que fazer nessa situação, quando o acusado, ao opor os embargos, comprova documentalmente, sem qualquer sombra de dúvida, que os bens sequestrados possuem origem lícita?** Seria injusto esperar-se o trânsito em julgado de eventual sentença condenatória – que normalmente demora anos a fio; por outro lado, a lei expressamente veda que os embargos do acusado possam ser apreciados antes do trânsito em julgado da sentença condenatória (art. 130, § único, do CPP).

Nesse contexto, entendemos que, excepcionalmente, seria possível ao acusado impetrar mandado de segurança, ante a não apreciação pelo magistrado dos embargos, a fim de que, comprovado o direito líquido e certo de sua propriedade, os bens sequestrados fossem liberados.

No caso do *writ*, o acusado, a quem incumbe o ônus da prova, deverá demonstrar que os bens sequestrados eram de sua propriedade anteriormente à prática da infração, ou que, mesmo posteriores ao delito, tem origem lícita; em outras palavras, caberá ao impetrante demonstrar a inexistência do *nexo de causalidade* entre a infração por ele, em tese, perpetrada e o patrimônio sobre o qual incidiu a medida cautelar; em miúdos, este – o patrimônio sequestrado – não é decorrente daquele – do delito anteriormente praticado. Para tanto, em conclusão, o impetrante deverá demonstrar cabalmente – mediante prova pré-constituída (documental) a licitude da origem do patrimônio constrito judicialmente.

Interessante notar que, se para decretar-se o sequestro, basta a existência de *indícios veementes* de origem criminosa do patrimônio, mas, para que sejam, em sede mandamental, liberados os bens sequestrados, será indispensável *a prova definitiva* – documental e irrefutável de sua licitude; ou seja, do direito líquido e certo que se pretende comprovar.

Pode haver, todavia, entendimento diverso do nosso no sentido de que seja possível, ao magistrado, embora a expressa vedação legal, acolher os embargos do acusado, mesmo que antes do trânsito em julgado de eventual sentença condenatória.

Para essa posição, haveria uma verdadeira inversão do ônus da prova, pois à defesa incumbiria comprovar, em sede de embargos do acusado, a licitude do bem, e não à acusação sua ilicitude. O ônus probatório se restringiria, unicamente, à liberação de bens sequestrados antes da prolação de sentença, inexistindo qualquer ofensa aos princípios da ampla defesa e do contraditório; comprovada a licitude do bem sequestrado, o juiz poderia determinar sua restituição, acolhendo os embargos. Essa inversão do ônus probatório se estriba no fato de que o sequestro, que é uma medida cautelar real, de natureza provisória, não afeta, em definitivo, a órbita patrimonial do acusado, o qual teria, tão somente, por período especificado (o do transcurso do processo), um dos seus direitos inerentes à propriedade (o direito de alienação de bens) suspenso, no que se refere aos bens sequestrados.

No entanto, quando da prolação da sentença condenatória, para que se determine a perda dos bens sequestrados, como efeito da condenação (art. 91, II, *b*, do CP), por se tratarem de proventos da infração penal praticada pelo acusado (produto indireto do crime), *caberá à acusação o ônus da prova no sentido de demonstrar, extreme de dúvidas, a origem ilícita dos bens sequestrados*, o que será feito durante o transcurso do processo.

Embargos do acusado contra o sequestro de bens lícitos, decretado em razão de não terem sido encontrados os proventos da infração ou se localizarem no exterior. Impossibilidade, em tese. Interpretação progressiva

Se os bens adquiridos pelo indiciado ou acusado, em razão da prática do crime, não forem encontrados, ou se localizarem no exterior, poderá ser decretado o sequestro de bens ou valores equivalentes do investigado ou acusado para posterior decretação de perda pelo confisco (art. 91, § 1º e 2º, do CP). A única ressalva é que os valores dos bens sequestrados coincidam com aqueles adquiridos em razão da prática do crime e que não foram localizados ou se encontram no estrangeiro. Essa é a única hipótese, como já vimos, em que um sequestro pode recair sobre bens de origem lícita do indiciado ou acusado.

Ora, nessa situação de sequestro de bens lícitos, logicamente, será inadmissível a oposição de embargos pelo acusado com fundamento na assertiva de que os bens não possuem vinculação com o crime praticado (art. 130, I, do CPP): o magistrado, quando decreta esse sequestro de patrimônio lícito, *sabe de sua origem não criminosa*, mas o decreta, mesmo assim, justamente porque os proventos da infração (os proveitos do crime) não foram encontrados, ou estão localizados no exterior, como lhe autoriza o art. 91, § 2º, do CP.

Pergunta-se, então, é possível a oposição de embargos pelo acusado quando, na hipótese prevista no art. 91, § 2º, do CP, lhes são sequestrados bens lícitos?

É preciso uma interpretação atual do art. 130, I, do CPP, no sentido de torna-lo compatível com o art. 91, § 1º e 2º, do CP: será possível ao acusado opor os embargos em face do sequestro de bens lícitos, desde que aponte que o patrimônio restringido não é equivalente aos bens ou valores referentes ao proveito do crime. Exemplo: o autor da infração pratica um grande estelionato que lhe aufere vantagem indevida no valor de R$ 5.000.000; com esse dinheiro, adquire um imóvel na cidade de Miami (USA). Como o bem se localiza no estrangeiro, o juiz decreta o sequestro de todos 15 bens imóveis, de origem lícita, do autor da infração, situados no Brasil, cujo valor de mercado é de R$ 15.000.000. Nesse exemplo, como houve uma evidente desproporção entre os valores dos bens sequestrados e aqueles referentes aos proventos da infração, o acusado poderá opor embargos com a finalidade de obter a liberação de parte de seu patrimônio indevidamente restringindo; no nosso exemplo, o acusado iria requerer que a indisponibilidade de bens se restringisse aqueles que alcancem o valor da vantagem obtida com a infração – R$ 5.000.000; os demais imóveis que corresponderiam ao valor de R$ 10.000.000 deveriam ser liberados.

Quanto à possibilidade de se decidirem os embargos do acusado antes do trânsito em julgado e a necessidade de decisão fundamentada a respeito do incidente do sequestro, reiteramos o que já dissemos quando tratamos do sequestro de bens de origem ilícita, no sentido da possibilidade de discussão da questão, seja através da impetração de mandado de segurança, seja pelo julgamento antecipado (antes do trânsito em julgado da condenação) dos embargos, pelo juiz do feito.

2ª – Embargos de terceiro completamente estranho aos fatos criminosos

Tendo o sequestro, erroneamente, recaído sobre bem de terceiro que não possuía qualquer relação com o fato criminoso, será lícita a oposição dos embargos (art. 129 do CPP). Aplicável, por analogia, o art. 674 do CPC, que possui a seguinte redação: "Que, não sendo parte no processo, sofrer constrição ou ameaça de constrição sobre bens que possua ou sobre os quais tenha direito incompatível com o ato constritivo, poderá requerer seu desfazimento ou sua inibição por meio de embargos de terceiro".

Pelo dispositivo legal em comento, percebe-se que esses embargos de terceiro serão cabíveis, se os bens já tiverem sido sequestrados, como também quando houver risco de sequestro – nos termos da lei, "ameaça de constrição"; se trataria, *in casu*, de verdadeira medida contracautelar, visando obstar uma providência cautelar ilegal, antes que esta se materialize. Exemplo: antes de o juiz decidir o pedido de sequestro formulado pela vítima, o terceiro estranho ao fato criminoso opõe os embargos de terceiro; outro exemplo, o juiz decreta, em decisão fundamentada, o sequestro de bens do terceiro, mas, antes de o seu patrimônio ser tornado efetivamente indisponível, com, *v.g.*, registro do sequestro no cartório de imóveis, são opostos os embargos.

Os embargos de terceiro completamente estranho ao fato criminoso podem ser opostos, de acordo com o art. 675 do CPC, aplicável, por analogia, ao processo penal, a qualquer tempo, no processo de conhecimento, enquanto não transitada em julgado a sentença; podem também ser opostos, quando do cumprimento de sentença ou no processo de execução, até cinco dias depois da adjudicação, da alienação por iniciativa particular ou da arrematação, mas sempre antes da assinatura da respectiva carta. Mas, importante salientar, que a decisão a respeito desses embargos ocorrerá no bojo dos autos incidentais de sequestro e será tomada pelo *juiz criminal* do processo de conhecimento, porque a este Juízo devem ser opostos.

Esses embargos de terceiro completamente estranho aos fatos devem ser julgados imediatamente, e não necessitam aguardar o trânsito em julgado da decisão que será proferida no processo criminal. Não se aplica, então, a esses embargos, a regra do § único do art. 130 do CPP de que "Não poderá ser pronunciada decisão nesses embargos antes de passar em julgado a sentença condenatória". A decisão a respeito desses embargos será devidamente fundamentada, e proferia no bojo do incidente de sequestro, deferindo ou não a restituição do bem ao terceiro; o patrimônio sequestrado será restituído ao terceiro quando se verificar que inexistiu qualquer vínculo seu com o autor da infração ou com os proventos do crime; em suma, quando se notar que a constrição patrimonial foi, mesmo, um equívoco.

3ª – Embargos de terceiro, a quem houverem sido transferidos os bens a título oneroso, sob o fundamento de tê-los adquirido de boa-fé

Na hipótese de um terceiro ter adquirido do criminoso, a título oneroso, bens que eram proveito da infração, será possível o sequestro de tais bens. O adquirente inconformado poderá opor embargos de terceiro, a fim de comprovar que não tinha conhecimento da origem criminosa daquele patrimônio a ele transferido, a título oneroso.

Exemplo: o autor de um roubo à banco, subtrai, para si, R$ 6.000.000,00; com esse dinheiro, adquire um apartamento tríplex de luxo na cidade do Rio de Janeiro; colocado o imóvel à venda, terceira pessoa, de boa-fé, sem que tenha conhecimento da origem espúria do bem, adquire o apartamento do autor do crime pelo valor de R$ 7.000.000. Decretado o sequestro do bem, esse terceiro poderá opor embargos, argumentando que nada sabia a respeito da origem criminosa daquele bem, e que agiu de boa-fé.

Há uma marcante distinção entre a situação jurídica do terceiro de boa-fé, ora estudado, e o terceiro completamente estranho ao fato criminoso, hipótese vista no tópico anterior: o terceiro de boa-fé algum contato teve com o autor da infração penal, ou com o bem por este adquirido em razão do crime, ou com ambos, mesmo que tenha agido com lisura na negociação, sem que soubesse que negociava proventos de uma infração penal; existe, desse modo, mesmo que de boa-fé, alguma relação com o proveito do fato criminoso ou com seu autor; já com o terceiro completamente estranho isso inexistiu; houve mesmo um equívoco no sequestro de seus bens. Existe, ainda, importante diferença no momento de julgamento dos embargos do terceiro de boa-fé referente ao terceiro completamente estranho ao fato criminoso: os embargos do terceiro de boa-fé só poderão ser julgados após o trânsito em julgado da sentença condenatória, enquanto que os embargos do terceiro estranho à trama delitiva serão julgados imediatamente.

Os embargos do terceiro de boa-fé possuem como pressuposto o fato de que a aquisição se deu a título oneroso. O terceiro, aproveitando o nosso exemplo acima, adquiriu um imóvel pelo valor de R$ 7.000.000,00, a título oneroso, portanto, e, caso sequestrado o bem, poderá opor embargos de terceiro, comprovando ter comprado aquele apartamento sem saber que era proveito de crime anterior. No entanto, se o bem houvesse sido doado – transferido a título gratuito ao terceiro – não será possível a oposição de embargos.

Os embargos de terceiro de boa-fé podem ser opostos, de acordo com o art. 675 do CPC, aplicável, por analogia, ao processo penal, a qualquer tempo no processo de conhecimento enquanto não transitada em julgado a sentença e, no cumprimento de sentença ou no processo de execução, até cinco dias depois da adjudicação, da alienação por iniciativa particular ou da arrematação, mas sempre antes da assinatura da respectiva carta. Mas, importante salientar, que a decisão a respeito desses embargos ocorrerá no bojo dos autos incidentais de sequestro e será tomada pelo juiz criminal do processo de conhecimento a quem devem ser opostos.

Os embargos do terceiro de boa-fé serão julgados, nos autos do incidente de sequestro, após o trânsito em julgado da sentença condenatória, de acordo com o que prevê o art. 130, § único, do CPP.

Como já dissemos anteriormente, há entendimento de que não é necessário esperar esse momento processual de imutabilidade da decisão condenatória, para que sejam decididos os embargos. De qualquer forma, pode-se questionar a constrição judicial por meio de mandado de segurança.

A decisão será fundamentada, e poderá determinar ou não a restituição do bem ao terceiro; o bem será restituído ao terceiro apenas se houver prova inquestionável de que a aquisição se deu desconhecendo-se a origem ilícita daquele patrimônio.

Prestação de caução pelo terceiro de boa-fé

O terceiro, com o escopo de obter a livre disponibilidade dos seus bens sequestrados, poderá prestar caução ao Juízo. Naquele nosso exemplo acima, o terceiro de boa-fé, adquirente do apartamento, caso o imóvel seja sequestrado, poderá afastar a constrição cautelar, bastando depositar em juízo não o valor do imóvel em si pago por ele (R$ 7.000.000,00), mas sim o valor do provento da infração – o valor auferido pelo autor do crime com o qual adquiriu um imóvel, depois vendendo – o ao terceiro; no nosso exemplo, R$ 6.000.000,00. É o que estipula o art. 131, II, do CPP.

Provas que podem ser produzidas nos embargos

Opostos os embargos pelo acusado, pelo terceiro completamente estranho à infração ou pelo terceiro de boa-fé, serão anexados aos autos incidentes do sequestro. Nos embargos, além de conterem fundamentação fática ou jurídica, poderão se juntar documentos e requerer a produção de provas, como oitiva de testemunhas, realização de perícias, pedido de quebra de sigilo bancário, telefônico etc. Depois de produzidas as provas, na presença das partes (assegurando-se o respeito ao contraditório), no caso de embargos opostos por terceiro completamente estranho ao fato, serão imediatamente julgados, determinando-se a o levantamento (procedência dos embargos) ou não do sequestro decretado (improcedência dos embargos). Todavia, se os embargos foram opostos pelo acusado ou pelo terceiro de boa-fé, após produzidas as provas, haverá um compasso – muitas vezes longo – de espera: aguarda-se o trânsito em julgado da decisão condenatória para que sejam julgados os embargos, os quais poderão ser julgados procedentes (levantando-se os bens sequestrados) ou improcedentes (mantendo a indisponibilidade do patrimônio). Essa é a interpretação literal da lei. Como veremos em breve, nosso entendimento é de que os embargos deverão ser julgados quando da prolação da sentença condenatória, não sendo necessário aguardar-se o trânsito em julgado para tanto.

6.7.7.1.5.7. Recurso da decisão que defere ou indefere o sequestro

A decisão que indefere o sequestro requerido é apelável (art. 593, II, do CPP – decisão definitiva em sentido amplo – que decido o mérito de uma questão sem condenar ou absolver), sendo cabível, ainda, a impetração de mandado de segurança.

No caso de deferimento do sequestro, além da possibilidade de se apelar de tal decisão, o prejudicado pela medida, como já se viu, poderá opor embargos, além de mandado de segurança.

Em que hipóteses o prejudicado se deve valer da apelação, dos embargos ou do mandado de segurança?

Dependerá do grau persuasivo dos elementos de convicção à disposição do prejudicado para comprovar seu direito.

Será adequado o mandado de segurança se houver prova pré – constituída, documental, do direito do autor; apelação, existindo provas de mérito que apontem pela procedência do direito do autor, mas que exijam o revolvimento de questões fáticas e jurídicas; por fim, se ainda for necessária a comprovação do direito do prejudicado, cabível será a oposição de embargos, os quais permitem ampla produção probatória

6.7.7.1.5.8. Levantamento do sequestro

O sequestro poderá ser levantado, ou seja, declarada a disponibilidade dos bens retidos. Como bem sintetiza Renato Brasileiro de Lima[57], é a perda da eficácia da medida constritiva.

O **levantamento do sequestro** ocorre nas seguintes situações, previstas no art. 131 do CPP:

1ª – se a ação penal não for intentada no prazo de 60 dias, contado da data em que ficar concluída a diligência

Nesta hipótese, o sequestro foi decretado durante as investigações criminais, normalmente, no transcurso do inquérito policial e não foi oferecida ação penal no prazo legal. Esse prazo poderá ser razoavelmente prorrogado, dependendo da complexidade da investigação criminal, dentre outros fatores que justifiquem – à luz do princípio da proporcionalidade – que se ultrapasse o lapso temporal previsto em lei; de qualquer forma, deverá existir requerimento expresso, prévio, ao juiz, por parte do Ministério Público ou do querelante, antes que tenha sido esgotado o prazo de 60 dias para se oferecer a peça acusatória. O futuro autor da ação penal irá solicitar o não levantamento do sequestro, embora na iminência de se esgotar o prazo de 60 dias, requerendo, ainda, a prorrogação do prazo para oferecer a peça acusatória (por 30 dias, 60, 90, *v.g.*), sem que haja o levantamento do sequestro; justificará o pedido na complexidade da imputação criminosa. O pedido de prorrogação pode ser indeferido pelo juiz, quando entender que a dilação do prazo para oferecer a peça acusatória é injustificada, o que levará ao levantamento do sequestro, quando ultrapassado o prazo de 60 dias, sem oferecimento de denúncia ou queixa. Por outro giro, o pleito pode ser deferido, prorrogando-se o prazo para oferecer-se a incoativa, sem que seja levantado o sequestro.

2ª – se o terceiro, a quem tiverem sido transferidos os bens a título oneroso, prestar caução que assegure o efeito automático da condenação de ser decretada a perda do proveito do crime

Saliente-se que não é cabível, em hipótese alguma, a prestação de caução pelo acusado a fim de obter o levantamento do sequestro.

---
57. Renato Brasileiro de Lima, *Curso de Processo Penal*, p. 1126.

3ª – se for julgada extinta a punibilidade ou absolvido o réu, por sentença transitada em julgado

Pela literalidade do art. 131, III, do CPP, é necessário, para que seja levantado o sequestro, o *trânsito em julgado* da sentença absolutória e da decisão que julgou extinta a punibilidade.

Esse dispositivo legal foi tacitamente derrogado pela Lei 11.690, de 9 – 6 – 2008, a qual deu nova redação ao inciso II do parágrafo único, do art. 386 do CPP, que é a seguinte:

"Art. 386. O juiz absolverá o réu, mencionando a causa na parte dispositiva, desde que reconheça:

(...)

Parágrafo único. Na sentença absolutória, o juiz:

(...)

II – ordenará a cessação das medidas cautelares e provisoriamente aplicadas;"

Pelo que se nota, proferida uma sentença absolutória, imediatamente todas as medidas cautelares – pessoais e reais (dentre estas últimas, o sequestro) perderão eficácia.

Nada mais justo, afinal, pois, sendo o sequestro medida cautelar, que, como já se estudou, pressupõe a existência de fumaça de bom direito (*fumus comissi delicti*), para a sua decretação e a manutenção; ora, se houver sentença absolutória ou decisão que decrete a extinção da punibilidade, certo que deixou de existir o *fumus comissi delicti*; sendo assim, até por uma questão lógica, a cautelar do sequestro torna-se insustentável; seria o mesmo que manter preso preventivamente um acusado absolvido!

Com esse entendimento o STF[58] e o STJ.[59]

O mesmo raciocínio é válido no caso de promoção de arquivamento, rejeição da denúncia e declaração da extinção da punibilidade: o sequestro, nessas hipóteses, será imediatamente levantado, o que não obsta, contudo, ao prejudicado, tentar obter reparação no juízo cível, inclusive mediante o ajuizamento de cautelares previstas no CPC.

E no caso de o processo estar suspenso por força do art. 89 da Lei 9.099.95 (suspensão condicional do processo), o sequestro será levantado?

Vamos exemplificar para melhor esclarecer. O autor de um estelionato que gerou prejuízos à vítima na ordem de R$ 1.000.000,00, no decorrer do inquérito policial, tem os bens auferidos com o produto do crime – dois imóveis-sequestrados. Oferecida a denúncia imputando-lhe o delito de estelionato, o representante do Ministério Público oferece ao acusado o benefício da suspensão condicional do processo (art. 89 da Lei

---

58. STF – AP 470, Min. Rel. Joaquim Barbosa, j. 14/03/2013, DJe 26/03/2013.
59. STJ-AgRg no Resp 1.254.603/PR. 5ª T. Min. Rel. Laurita Vaz, j. 17/10/2013, DJe 29/10/2013. STJ – AgRg no REsp 1.258.191/PR. 5ª T. Min. Rel. Jorge Mussi, j. 14/08/2012, DJe 22/08/2012.

9.099/95), porque o réu reúne as condições legais para tanto; dentre essas condições está justamente a reparação do dano a vítima: restituição da vantagem indevida obtida de R$ 1.000.000,00; o acusado e o seu defensor aceitam o benefício do *sursis* processual, e suspende-se o processo pelo período de dois anos. O simples fato de ter sido determinada a suspensão do processo, nessa situação, não levará ao levantamento do sequestro, o qual perdurará até o deslinde da suspensão condicional do processo: *se cumpridas as condições da suspensão pelo acusado*, inclusive a reparação do dano, será declarada extinta a punibilidade e levantado o sequestro; se descumpridas as condições, o processo prosseguirá com os bens retidos pelo sequestro, até final julgamento.

4ª – Embargos julgados procedentes

Como acima se viu, os embargos, se procedentes, acarretam o levantamento dos bens sequestrado.

6.7.7.1.5.9. Destinação dos bens sequestrados

Transitada em julgado a sentença condenatória, o juiz criminal, de ofício ou a requerimento do interessado, determinará a avaliação e a venda dos bens em leilão público; do dinheiro apurado, será recolhido à União o que não couber ao lesado ou a terceiro de boa-fé (art. 133 do CPP).

É preciso aprofundar a questão. Sabemos que, prolatada sentença condenatória, com o seu trânsito em julgado, os proventos da infração penal serão perdidos à União, ressalvado os direitos do lesado e do terceiro de boa-fé (art. 91, II, *b*, do CP); esse é um efeito extrapenal automático da sentença condenatória.

E justamente para que um dos resultados úteis do processo penal, que é a perda dos proventos da infração, seja materialmente possível é que se decreta a medida cautelar do sequestro; tornam-se indisponíveis bens do indiciado ou acusado, adquiridos em razão da infração penal por ele praticada para que, na hipótese de um decreto condenatório, tais bens sejam perdidos. Em suma, sequestram-se bens para que, em caso de condenação, esses bens sejam confiscados em favor da União, ressalvados os direitos do lesado ou do terceiro de boa-fé.

A prioridade maior do sequestro, e posterior perdimento dos bens com o trânsito em julgado da sentença condenatório, é o de, através da venda dos bens sequestrados em leilão público, ressarcir a vítima, o terceiro prejudicado, e, depois, secundariamente, obter-se também o pagamento da multa, e das custas processuais.

Destinação final do sequestro no caso de condenação. Perda e posterior venda dos bens sequestrados após a condenação definitiva. Necessidade de decisão fundamentada a respeito, no bojo da sentença condenatória, *mesmo que sem a oposição de embargos pelo acusado*

Estabelecida, de maneira definitiva (com o trânsito em julgado), a condenação do acusado, existirá a certeza de que os proventos da infração deverão ser perdidos, como efeito automático da sentença. Como houve sequestro de bens, os possíveis proventos da infração (ou pelo menos parte deles) já estão bem definidos quais são: os bens móveis e imóveis tornados indisponíveis pelo sequestro. Se não tiverem sido opostos os embargos pelo acusado, bastará ao juiz, após o trânsito em julgado da sentença condenatória, de ofício ou a requerimento do interessado, determinar a avaliação e a venda dos bens sequestrados em leilão público, sendo que, do dinheiro apurado, será recolhido ao Tesouro Nacional o que não couber ao lesado ou a terceiro de boa-fé (art. 133 do CPP). A providência processual citada nada mais é do que a medida que instrumentaliza o efeito automático da sentença condenatória de perda dos proventos da infração previsto no art. 91, II, *b*, do CP.

Essa interpretação literal – *e fácil* – da lei, necessita de um aprofundamento com o escopo de se entender como deve ser operacionalizada, de maneira lógica, prática e justa, os institutos legais.

De acordo com o art. 387, § 1º, do CPP, o juiz decidirá, quando da prolação de sentença condenatória, fundamentadamente, sobre a manutenção ou, se for o caso, a imposição de prisão preventiva ou de *outra medida cautelar*, sem prejuízo do conhecimento de apelação que vier a ser interposta.

Essa outra medida cautelar, genericamente mencionada no dispositivo legal, abrange as medidas cautelares pessoais não privativas de liberdade (arts. 319/320 do CPP), como também as medidas cautelares *reais*, o que inclui o sequestro. Todas as cautelares – pessoais ou reais-serão obrigatoriamente analisadas pelo juiz quando proferir sentença condenatória, o qual poderá mantê-las ou revogá-las, desde que o faça fundamentadamente.

Decretado o sequestro de bens, e proferida sentença condenatória, cabe ao juiz, de maneira fundamentada, em um capítulo específico do ato processual decisório, deliberar quanto ao destino a ser dado aos bens sequestrados; em outras palavras, o incidente do sequestro será necessariamente julgado pelo juiz quando proferir sentença condenatória, determinando a destinação a ser dada aos bens tornados indisponíveis.

Para nós, não é pelo simples fato de ter sido proferida uma sentença condenatória que, automaticamente e sem qualquer fundamentação concreta, deverá ser decretado, pelo juiz a perda dos bens sequestrados, como efeito extrapenal automático da condenação (art. 91, II, *b*, do CP) como parece apontar a norma em estudo.

Como sabemos, para que se decrete o sequestro de bens é indispensável a existência de indícios veementes da origem criminosa dos bens, os quais motivaram a decretação do sequestro, conforme preconiza o art. 126 do CPP; esses indícios – termo muitas vezes usado pelo Código como maneira de expressar a existência de uma prova não definitiva a respeito da existência de algo, deverão ser confirmados e robustecidos (em profundidade e extensão de provas), no decorrer do processo criminal. Exemplo: o autor de um estelionato em detrimento de uma instituição financeira, com os produtos da infração, aufere R$ 10.000.000,00 (dez milhões de reais), com os quais, aparentemente, adquire uma mansão, duas lanchas, e três carros. Comprovada a origem ilícita dos bens adquiridos pelo autor da infração, decreta-se o sequestro de todos eles. No decorrer do trâmite processual, apura-se, sem qualquer margem de dúvida, não apenas a prática do crime, como também sua circunstância posterior de que, com o seu produto, o autor da infração adquiriu os bens acima referidos (mansão, lanchas, carros); tal prova é trazida através da oitiva de testemunhas e também por prova documental. Havendo condenação pelo delito de estelionato, e sendo extreme de dúvidas que os bens sequestrados eram, mesmo, proventos da infração, caberá ao juiz, de maneira fundamentada, em capítulo distinto da sentença, apontar esse nexo de causalidade entre o crime de estelionato e a aquisição de bens e, aí sim, decretar o seu perdimento concreto, apontando o patrimônio especificado que será perdido. É remansoso, na doutrina, dizer-se que o perdimento dos proventos da infração é um efeito extrapenal automático de uma sentença condenatória transitada em julgado, que não precisa sequer ser mencionado na sentença para que gere efeitos, o que é correto. Contudo, no caso de terem sido sequestrados bens do acusado apontados como sendo proventos da infração por ele praticada, e proferida sentença condenatória por tal delito, não há como se eximir o juiz de analisar, concretamente, se os bens sequestrados são ou não o proveito da infração, decretando, se o caso, seu perdimento concreto; não há campo, nessa hipótese, para a lei em abstrato atuar: o juiz deve decidir se há nexo de causalidade entre o crime e o seu proveito e se, portanto, deve existir ou não o perdimento do patrimônio retido aos autos.

Essa é a interpretação constitucional que deve ser dada ao sistema de perda de bens sequestrados, afinal, violaria claramente o princípio do devido processo legal, que proclama que ninguém poderá *perder seus bens* sem o devido processo legal (art. 5º LIV, da CF), decretar a perda do patrimônio do condenado sem estar amparada em decisão judicial precedente devidamente fundamentada. Essa decisão será proferida através de sentença condenatória, e deverá apontar, pela análise de fatos e provas colhidos durante o processo, que os bens sequestrados possuíam, de fato, origem ilícita, e que, por isso, será decretada sua perda. Em outro giro, e voltando ao nosso exemplo, é possível que, não obstante o autor do estelionato tenha sido condenado, os bens sequestrados (mansão, lanchas, carros) tenham origem lícita, em nada se relacionando com a infração penal, fatos esses comprovados durante a instrução processual. Não sendo, tais bens, comprovadamente, proventos da infração, ou pairando dúvidas a respeito disso, não se decretaria sua perda; desse modo, o juiz deveria então restituir ao condenado os bens sequestrados (claro caso esses bens não estiverem indisponíveis por outro motivo, como a hipoteca legal, que estudaremos em breve). Ocorre que, mesmo sendo os bens sequestrados de origem lícita, poderá o magistrado, ao proferir sentença condenatória, de ofício ou a pedido do membro do Ministério Público ou do ofendido, decretar a sua perda quando não forem encontrados os bens adquiridos pelo acusado com os proventos da infração ou se localizarem no estrangeiro (art. 91, §§ 1º e 2º, do CP), desde que o faça de modo devidamente fundamentado. Nessa última hipótese, a perda dos bens de origem lícita se restringirá aqueles cujo valor corresponda ao proveito da infração penal (se, por exemplo, o valor total do proveito da infração for de R$ 1.000.000,00 e os bens de origem lícita sequestrados alcançarem o valor de R$ 2.000.000,00, será decretada a perda daqueles que alcançaram o primeiro valor (R$ 1.000.000,00), e restituído o valor restante ao condenado – também R$ 1.000.000).

Esse nosso exemplo bem ressalta a necessidade de uma decisão a respeito da perda de bens sequestrados baseada em dados empíricos idôneos e não na letra abstrata da lei.

O capítulo da sentença que decide a respeito da perda especificada e concreta dos bens sequestrados não gera, contudo, efeito imediato: deverá, consoante prevê o art. 133 do CPP, aguardar-se o trânsito em julgado da sentença condenatória; trata-se de verdadeiro efeito suspensivo dos recursos eventualmente interpostos.

Operado o trânsito em julgado, o juiz criminal, de ofício ou a requerimento do interessado, determinará a avaliação e a venda dos bens em leilão público, como determina o art. 133 do CPP. Trata-se de decisão interlocutória que instrumentaliza a perda dos bens sequestrados decidida no mérito da sentença condenatória; sintetizando, primeiro há uma sentença de mérito em que, num capítulo específico seu, decide-se a respeito da perda dos bens sequestrados, decisão essa cujos efeitos ficam suspensos até o trânsito em julgado da condenação; ocorrido o trânsito, exige-se uma outra decisão do magistrado criminal, dessa vez uma interlocutória simples, em que determina a avaliação e a venda dos bens, os quais anteriormente havia decretado seu perdimento em sentença de mérito.

Operada a venda dos bens, do dinheiro apurado, será restituído ao lesado e ao terceiro de boa-fé, sendo recolhido o restante ao Tesouro Nacional (art. 133, § único, do CPP).

Destinação dos bens sequestrados no caso de condenação. Perda e venda dos bens sequestrados após a condenação definitiva. Necessidade de decisão fundamentada a respeito, no bojo da sentença condenatória, *no caso de oposição de embargos pelo acusado*

Como vimos acima, de acordo com o art. 387, § 1º, do CPP, o juiz decidirá, fundamentadamente, no caso de prolatar sentença condenatória, a respeito da manutenção ou, se for o caso, a imposição de prisão preventiva ou de *outra medida cautelar*, sem prejuízo do conhecimento de apelação que vier a ser interposta.

Já ressaltamos que essa *outra medida cautelar*, genericamente mencionada no dispositivo legal, abrange as medidas cautelares pessoais não privativas de liberdade (arts. 319/320 do CPP), como também as medidas cautelares reais, o que inclui o sequestro. Todas as cautelares – pessoais ou reais-serão obrigatoriamente analisadas pelo juiz quando proferir sentença condenatória, o qual poderá mantê-las ou revogá-las, desde que o faça fundamentadamente.

Decretado o sequestro de bens, e proferida sentença condenatória, cabe ao juiz, de maneira fundamentada, em um capítulo específico do ato processual decisório, deliberar quanto ao destino a ser dado aos bens sequestrados; em outras palavras, o incidente do sequestro será necessariamente julgado pelo juiz quando proferir sentença condenatória, determinando a destinação a ser dada aos bens tornados indisponíveis.

De outro lado, o § único do art. 130 do CPP dispõe que não pode ser pronunciada decisão nos embargos opostos pelo acusado ou pelo terceiro de boa-fé antes de passar em julgado a sentença condenatória.

Seguindo-se, na literalidade, os dispositivos legais (o art. 387, § 1º e o art. 130, § único do CPP) teríamos a seguinte esdrúxula situação: proferida uma sentença condenatória, o juiz decide o incidente de sequestro (porque é uma medida cautelar e deve ser deliberada necessariamente naquele momento processual, como determina o § 1º do art. 387); os embargos do acusado ou do terceiro de boa-fé, os quais nada mais são do que a defesa ao sequestro, deverão ser ignorados pelo juiz, na sentença condenatória; ficarão em compasso de espera, até o trânsito em julgado da condenação (que pode demorar anos), de acordo com o § único do art. 130; depois de tornada irrecorrível a condenação, e após o juiz já ter decidido a respeito do que fazer com os bens sequestrados (porque já havia decidido a respeito dessa questão na sentença condenatória), irá ser analisada a defesa oferecida contra o sequestro, quando já determinado o perdimento dos bens sequestrados...

Ora, como decidir isoladamente o sequestro, ignorando a outra face da mesma moeda, que é a defesa contra o sequestro instrumentalizada pelos embargos?

Seria manifestamente injusto – ofensivo a mais não poder ao contraditório e à ampla defesa – decidir-se a respeito do pedido da acusação consubstanciado no sequestro, ao mesmo tempo em que se trata como se não existisse a defesa do acusado ou do terceiro de boa-fé. Não é possível, sob pena de ofensa a mais rudimentar lógica, cindir-se a decisão do incidente do sequestro: deliberar-se sobre o pedido do sequestro, relegando-se o julgamento dos embargos opostos contra o sequestro para data futura e incerta – a data do trânsito em julgado.

A absoluta falta de lógica da interpretação literal dos dispositivos legais reclama um modo de entendimento diverso, sistêmico e racional que é o seguinte: quando for proferida sentença condenatória, o magistrado deverá decidir o incidente de sequestro, inclusive a defesa oferecida contra a medida cautelar, através dos embargos; em miúdos, na sentença condenatória, em capítulo próprio, o juiz julgará o sequestro, decretando a perda dos bens tornados indisponíveis, se o caso, além de, necessariamente, analisar os embargos oferecidos.

A nosso ver, o § 1º do art. 387, do CPP, introduzido pela Lei 11.719, de 20 – 6 – 2008, revogou tacitamente o § único do art. 130 do CPP: os embargos do acusado ou do terceiro de boa-fé não serão mais julgados após o trânsito em julgado da condenação, mas sim, quando proferida a sentença condenatória, a qual deverá, necessariamente, conter deliberações a respeito de todas as medidas cautelares –pessoais ou reais – decretadas durante o processo, o que inclui o sequestro propriamente dito e os embargos opostos contra tal medida cautelar.

Se tiverem sido opostos embargos pelo acusado, nos autos incidentes do sequestro, o juiz, da mesma maneira como vimos acima, não poderá, de maneira pura e simples, ao proferir sentença condenatória, determinar a venda dos bens sequestrados; deverá fundamentar sua decisão.

Nesses embargos, o acusado deverá articular que os bens sequestrados eram de origem lícita – ou porque adquiridos anteriormente à prática da infração, ou, mesmo que após o crime, em decorrência de negócios lícitos em nada relacionados a conduta incriminada.

Caberá, entretanto, à acusação o ônus da prova no sentido de demonstrar, extreme de dúvidas, a origem ilícita dos bens sequestrados; tal ônus se desenvolverá no decorrer da instrução processual. Comprovada a origem ilícita, e não tendo os embargos força probatória para infirmar tal fato, o juiz, de maneira fundamentada, determinará a avaliação e venda dos bens sequestrados. Em outro prisma, se os embargos comprovarem a origem lícita dos bens, ou se pairar dúvidas a respeito de sua origem espúria, o juiz julgará procedentes os embargos, e devolverá o patrimônio retido ao acusado, salvo no caso de hipoteca legal ou de sequestro de bens de origem lícita, como acima ressalvamos.

Como vimos acima, o capítulo da sentença que decide a respeito do sequestro (o que inclui necessariamente decisão a respeito dos embargos eventualmente opostos pelo acusado ou pelo terceiro de boa-fé), e determina, se o caso, a perda especificada e concreta dos bens sequestrados não gera, contudo, efeito imediato: deverá, consoante prevê o art. 133, *caput*, do CPP, aguardar-se o trânsito em julgado da sentença condenatória; trata-se de verdadeiro efeito suspensivo dos recursos eventualmente interpostos.

Operado o trânsito em julgado, o juiz criminal, de ofício ou a requerimento do interessado, determinará a avaliação e a venda dos bens em leilão público, como determina o art. 133, *caput*, do CPP. Trata-se de decisão interlocutória que instrumentaliza a perda dos bens sequestrados decidida no mérito da sentença condenatória; sintetizando, primeiro há uma sentença de mérito em que, num capítulo específico seu, decide-se a respeito da perda dos bens sequestrados, *levando-se em consideração os argumentos expostos em eventuais embargos, os quais serão igualmente julgados*, decisão essa cujos efeitos ficam suspensos até o trânsito em julgado da condenação; ocorrido o trânsito, exige-se uma outra decisão do magistrado criminal, dessa vez uma interlocutória simples, em que determina a avaliação e a venda dos bens, os quais anteriormente havia decretado seu perdimento em sentença de mérito.

Operada a venda dos bens, do dinheiro apurado, será restituído ao lesado e ao terceiro de boa-fé, sendo recolhido o restante ao Tesouro Nacional (art. 133, § único, do CPP).

6.7.7.1.5.10. Sequestro de bens e crimes que resultam prejuízo para a Fazenda Pública

O Decreto-Lei 3.240/41 regulamenta o sequestro de bens de pessoa indiciada por crime de que resulta prejuízo para a Fazenda Pública, desde que resulte locupletamento ilícito para o indiciado (art. 1º do Decreto-Lei).

O sequestro é decretado pela autoridade judiciária, a requerimento do Ministério Público, fundado em representação da autoridade incumbida do processo administrativo ou do inquérito policial (art. 2º do Decreto-Lei).

A ação penal terá início no prazo de 90 dias contados da decretação do sequestro (art. 2º, § 1º, do Decreto-Lei). Não sendo oferecida denúncia, é caso de se levantar o sequestro.

O sequestro só poderá ser embargado por terceiros (art. 2º, do Decreto-Lei). Afastada, assim, a possibilidade de o indiciado ou acusado oporem embargos.

Á semelhança do sequestro previsto no CPP, exige-se, para sua decretação, indícios veementes da responsabilidade do indiciado ou acusado, indicando-se, ainda, os bens que devem ser objeto da medida (art. 3º do Decreto-Lei).

Podem ser sequestrados todos os bens do indiciado, inclusive aqueles que estejam em poder de terceiros, desde que estes os tenham adquirido dolosamente, ou com culpa grave (art. 4º, *caput*, do Decreto-Lei). Os bens doados após a prática do crime serão compreendidos no sequestro.

Em se tratando de bens móveis, a autoridade judiciária nomeará depositário, o qual assinará termo de compromisso (art. 4º, § 1º, do Decreto-Lei).

Tratando-se de imóveis o juiz determinará, *ex officio*, a averbação do sequestro no registro de imóveis (art. 4º, § 2º, 1, do Decreto-Lei). No caso de imóveis sequestrados, o *Parquet* deverá providenciar a hipoteca legal em favor da Fazenda Pública (art. 4º, § 2º, 2, do Decreto-Lei).

O sequestro ou a hipoteca legal perdem o efeito se ação não for iniciada ou se for proferida sentença, transitada em julgado, absolutória ou extinta a punibilidade do indiciado ou acusado (art. 6º, do Decreto-Lei). No entanto, certo que, com a absolvição ou extinção da punibilidade, *mesmo que antes do trânsito em julgado dessas decisões*, cessam todas as medidas cautelares anteriormente decretadas, com arrimo no art. 386, § único, II, do CPP. Tal dispositivo legal com redação determinada pela Lei 11.690, de 9 – 6 – 2008, revogou, assim, tacitamente, o art. 6º do Decreto-Lei em estudo.

Transitada em julgado, a sentença condenatória importa a perda, em favor da Fazenda Pública, dos bens que forem produto, ou adquiridos com o produto do crime, ressalvado o direito de terceiro de boa-fé (art. 8º, do Decreto-Lei).

Posiciona-se o STJ[60] no sentido de que o Decreto-Lei 3.240/41 continua em plena vigência, e que o sequestro decretado em detrimento de um indiciado ou réu não pode ser estendido – a pedido de corréu prejudicado – aos outros cujos bens não sofreram constrição patrimonial, uma vez que o sequestro depende de pedido expresso do Ministério Público.

6.7.7.1.5.11. Medidas acautelatórias reais na Lei 13.260/2016 (Lei que disciplina o terrorismo)

De acordo com o art. 12 da Lei, o juiz, de ofício, a requerimento do Ministério Público ou mediante representação do delegado de polícia, ouvido o Ministério Público, em vinte e quatro horas, havendo indícios suficientes de crime de terrorismo, poderá decretar, no curso da investigação ou da ação penal, medidas assecuratórias de bens, direitos ou valores do investigado ou acusado, ou existentes em nome de interpostas pessoas, que sejam instrumento, produto ou proveito dos crimes previstos na Lei.

---

60. STJ – Recurso em Mandado de Segurança nº 48.619/RS (2015/0148255-2), Min. Rel. Maria Thereza de Assis Moura.

Possível a alienação antecipada para a preservação do valor dos bens quando houver risco de deterioração ou depreciação, sem prejuízo de o juiz determinar a liberação total ou parcial dos bens, direitos ou valores quando comprovada a licitude de sua origem e destinação, mantendo-se a constrição dos demais na medida da possível reparação do dano e pagamento de prestações pecuniárias, multas e custas (art. 12, §§ 1º e 2º, da Lei).

Nenhum pedido de liberação será conhecido sem o comparecimento pessoal do acusado ou de interposta pessoa (art. 12, § 3º, da Lei).

Poderão ainda ser decretadas medidas assecuratórias sobre bens, direitos ou valores para reparação do dano decorrente da infração penal antecedente à prevista na Lei para pagamento de prestação pecuniária, multas e custas (art. 12, § 4º, da Lei).

O juiz poderá nomear, ouvido o MP, pessoa física ou jurídica qualificada para a administração dos bens, direitos ou valores sujeitos a medidas assecuratórias, mediante termo de compromisso (art. 13 da Lei).

As medidas assecuratórias referidas poderão, no caso de existência de tratado ou convenção internacional, ou no caso de reciprocidade, e por solicitação de autoridade estrangeira competente, incidir sobre bens, direitos ou valores oriundos dos crimes previstos na Lei praticados no estrangeiro (art. 15, *caput*, e § 1º da Lei).

6.8. HIPOTECA LEGAL

6.8.1. Conceito

É a imposição, pela lei civil, de um direito real de garantia que incide sobre os bens imóveis do indiciado ou acusado que integrem seu patrimônio lícito, em benefício do ofendido ou de seus herdeiros, para que lhes seja assegurado que o dano causado pela infração seja ressarcido; terá também a finalidade de assegurar o direito do Estado de que as despesas judiciais sejam efetivamente pagas pelo condenado.

Quando da prática de uma infração penal, automaticamente, pela lei (art. 1489, III, do Código Civil), os bens imóveis do autor do crime são hipotecados ao ofendido e seus herdeiros, a fim de que satisfaçam os danos causados pelo delito e pagamento das despesas judiciais.

Trata-se, assim, de um *direito real de garantia* imposto automaticamente pela lei quando ocorrida uma infração penal: terá por objeto os bens imóveis do indiciado ou acusado e por beneficiários, prioritariamente, o ofendido ou seus herdeiros, no que toca ao direito que possuem de serem indenizados pelos danos causados pelo delito; em segundo plano, a hipoteca legal assegurará ao Estado o direito de ser ressarcido pelas custas judiciais oriundas de um processo penal condenatório.

Em miúdos, hipotecam-se os bens imóveis do autor da infração, para que seja assegurado que a indenização pelos danos causados pela infração e o pagamento das custas judiciais possam ser satisfeitos com a venda de tal patrimônio do acusado.

A hipoteca legal diferencia-se do sequestro porque este, em regra, tem por objeto os bens adquiridos pelo indiciado ou acusado, com o produto do crime, que formam, assim, um patrimônio de origem ilícita, enquanto que a hipoteca legal tem por objeto seu patrimônio lícito.

6.8.2. Especialização e inscrição da hipoteca legal

A lei civil impõe, abstratamente, a hipoteca legal sobre os bens imóveis do autor da infração penal, sem nada referir a respeito de pedido do ofendido, seu representante legal ou sucessores; como se disse, o direito real de garantia é imposto pela própria lei, de maneira automática.

No entanto, para que se assegure, de maneira mais confiável, o direito do ofendido (genérico e abstrato) à futura indenização, através da hipoteca legal, é necessário que sejam individualizados, concretamente, quais bens imóveis sofrerão a incidência desse direito real de garantia.

O CPP regulamenta então apenas a *especialização* (a individualização concreta de imóveis especificados) da hipoteca que decorre genericamente da lei, a fim de haja inscrição deste direito real de garantia em cartório de Registro de Imóveis, assegurando-se o direito ao ressarcimento dos prejuízos causados pela infração à vítima. A especialização e registro da hipoteca legal terá por alvo apenas o patrimônio imobiliário do acusado, e jamais de terceiro, diferenciando-se do sequestro que pode atingir bens em nome de terceiros.

Em conclusão, a lei processual penal não cria o direito real de garantia – estatuído, como vimos, no Código Civil, apenas assegura – o, concretamente.

6.8.3. Aplicação subsidiária da especialização e inscrição da hipoteca legal

Como a inscrição e especialização da hipoteca legal tem por objeto o patrimônio imobiliário lícito do acusado, visando resguardar o direito à indenização do ofendido pelos danos causados pela infração, sua aplicação será subsidiária: será cabível, apenas, quando não se mostrarem suficientes as medidas de busca e apreensão e o sequestro.

Como bem explica Renato Brasileiro de Lima[61] a respeito dessa questão, "Pelo fato de recair sobre os bens imóveis obtidos licitamente pelo acusado, a especialização e inscrição da hipoteca legal deve ser utilizada como medida subsidiária à busca e apreensão e ao sequestro de bens, visto que a reparação do dano pode ocorrer com a simples restituição do próprio produto direto do crime, apreendido durante as investigações, ou com o valor apurado com o leilão dos bens sequestrados. A especialização e inscrição da hipoteca legal deve funcionar, portanto, como medida *ultima ratio*, isto é, deve ser empregada apenas quando as demais medidas assecuratórias se revelarem insuficientes para garantir a reparação do dano causado pela infração".

6.8.4. Especialização e inscrição de hipoteca legal e bem de família

A impenhorabilidade do bem de família, prevista na Lei 8.009/90, não é aplicável no caso de especialização da hipoteca legal, à semelhança do que ocorre com o sequestro. De acordo com o art. 3º, VI, da Lei 8.009/90, a impenhorabilidade é oponível em qualquer processo, salvo se movido para execução de sentença penal condenatória a ressarcimento, indenização ou perdimento de bens.

---

61. Renato Brasileiro de Lima, *Curso de Processo Penal*, p. 1131.

6.8.5. Pressuposto e fundamento da hipoteca legal

Conforme estipula o art. 134 do CPP, para *a decretação da hipoteca legal*, é necessária a certeza da infração e indícios suficientes de autoria; note-se, de pronto, no dispositivo legal em apreço, uma imprecisão técnica: o que o juiz decreta não é a hipoteca legal – automaticamente imposta, de maneira abstrata, pela lei, mas sim, a especialização e inscrição da hipoteca legal a recair sobre bens determinados do acusado, a pedido do ofendido.

O pressuposto da especialização e inscrição da hipoteca legal se consubstanciam na prova da materialidade delitiva (certeza da infração) e nos indícios de autoria, expressão essa – indícios de autoria – que, na linguagem do código, significa a existência de prova não definitiva de autoria. É o *fumus boni iuris* (*fumus comissi delicti*): a prova de que houve uma infração penal. Para nós, a especialização e inscrição da hipoteca legal pode ser decretada em qualquer momento da persecução penal – na fase do inquérito ou do processo – mas com tratamentos diversos na verificação dos pressupostos para a decretação da medida cautelar; na etapa inquisitiva da persecução, o ofendido deverá comprovar que existem provas que apontem para a existência da infração – nos termos da lei, *certeza da infração* e *indícios suficientes de autoria*, apontando testemunhas que tenham sido ouvidas, perícias, interrogatório do indiciado etc; na etapa judicial, como observa Renato Brasileiro de Lima[62], pelo fato de a denúncia ou queixa não ter sido rejeitada por falta de justa causa (art. 395, III, do CPP), mas sim recebida, é porque "o juiz vislumbrou a presença de lastro probatório mínimo para que se possa dar início à persecução penal *in iudicio*". Em miúdos, sendo requerida a especialização da hipoteca legal em juízo, o ofendido não precisaria fazer prova da existência da *fumaça de bom direito*, porque presumida sua existência. Pensamos, todavia, que, embora comprovadas, no plano da peça acusatória oferecida, autoria e materialidade delitiva da infração, não significa dizer, *necessariamente*, que está plenamente esclarecido o dano – sua extensão, e, sobretudo o nexo de causalidade entre o crime e o prejuízo; muitas vezes, são questões diversas, de modo que, mesmo em juízo, cabe à parte demonstrar a existência do prejuízo, sua quantificação e o nexo de causalidade com a infração penal.

Além de tal pressuposto, necessário que haja o fundamento de toda cautelar que é o *periculum in mora*, ou seja, o risco que os bens imóveis sejam alienados pelo acusado, colocando em risco a futura indenização da vítima. Embora não citado expressamente pela lei, a doutrina aponta a existência de tal fundamento como condição para que se decrete a especialização da hipoteca.

6.8.6. Legitimidade para requerer a hipoteca legal

A hipoteca legal sobre os imóveis do indiciado ou acusado poderá ser requerida pelo ofendido em qualquer fase do processo (art. 134 do CPP), deixando claro que, ao contrário do sequestro, não pode o juiz decretar, de ofício, a hipoteca legal, dependendo, sempre, de requerimento do interessado. Ao contrário do sequestro, igualmente, não é prevista a possibilidade de o delegado de polícia representar pela especialização da hipoteca legal.

---

62. Renato Brasileiro de Lima, *Curso de Processo Penal*, p. 1133.

Normalmente, o ofendido, na fase judicial, ao se habilitar como assistente da acusação, poderá requerer a especialização da hipoteca legal, mas nada impedirá que a solicitação ocorra sem que a vítima tenha a tanto se habilitado; em outras palavras, o ofendido poderá requerer, sempre através de advogado é claro, em juízo, apenas a especialização da hipoteca, deixando de atuar no desenrolar do processo. Além do ofendido, seu representante legal (caso seja incapaz) ou seus herdeiros estão igualmente legitimados a requerer a especialização da hipoteca.

Como o Código Civil, em seu art. 1.489, III, confere, genericamente, ao ofendido ou aos seus herdeiros, hipoteca legal sobre os imóveis do delinquente, para satisfação do dano causado pelo delito e pagamento das despesas judiciais, certo que, *v.g.*, nos casos de crimes de corrupção e desvios de verbas, é perfeitamente possível que a União, Estados, DF, Municípios, autarquias e fundações públicas – pessoas jurídicas de direito público – possam requerer a especialização da hipoteca legal, visando assegurar a reparação dos prejuízos causados.

Prevê o art. 142 do CPP que caberá ao Ministério Público promover a inscrição da hipoteca legal quando houver interesse da Fazenda Pública ou se o ofendido for pobre e assim requerer.

Quanto a legitimidade para o *Parquet* atuar em prol da Fazenda Pública, tal parte do dispositivo legal claramente não foi recepcionada pela Constituição Federal, pois é vedado ao Ministério Público a representação judicial e a consultoria jurídica de entidades públicas (art. 129, IX, da CF). Não cabe ao Ministério Público postular pela decretação de medidas cautelares em defesa da Fazenda Pública, a qual contará com os seus procuradores para tanto (Procuradoria da Fazenda Nacional, do Estado ou do Município). Ademais, para colocar uma pá de cal no assunto, nem existe mais a hipoteca legal em favor da Fazenda Pública sobre os imóveis do acusado para cumprimento das penas pecuniárias e o pagamento das custas, no novo Código Civil.

O Ministério Púbico poderá requerer a hipoteca, se o ofendido for pobre, como estipula o art. 142 do CPP, apenas se não houver, na localidade, Defensoria Pública instalada. Como vimos ao estudar a ação civil *ex delicto*, o Ministério Público só estará legitimado a ajuizar a ação de indenização em prol do interesse da vítima, se esta for pobre, e não houver Defensoria Pública no Juízo; da mesma forma, o *Parquet* só estará legitimado a requerer a especialização da hipoteca legal se o ofendido for pobre, e assim o requerer, e ainda se não houver Defensoria Pública naquela comarca ou seção judiciária. É mais uma norma, à semelhança da que trata da ação civil *ex delicto* pelo Ministério Público (art. 68 do CPP), no caso de vítima pobre, a caminho da inconstitucionalidade – a denominada *inconstitucionalidade progressiva* ou *temporária*: ainda é constitucional, mas caminha para deixar de ser.

6.8.7. Momento em que pode ser decretada a especialização da hipoteca legal

Há duas posições sobre o tema:

1ª Posição: a inscrição da hipoteca legal só pode ser decretada no decorrer do processo e não na fase de inquérito, pois o art. 134 do CPP dispõe expressamente que "A hipoteca legal sobre os imóveis do indiciado poderá ser requerida pelo ofendido *em qualquer fase do processo*, desde que haja certeza da infração e indícios suficientes da autoria". Para os adeptos dessa posição, uma medida cautelar da gravidade da inscrição da hipoteca legal, que recai sobre o patrimônio lícito do autor da infração, só se justificaria na hipótese de existir acusação formalizada em peça acusatória (denúncia ou queixa), recebida; isso porque, num juízo preliminar de recebimento da exordial, parece existente prova mínima de autoria e materialidade delitivas, tanto que desencadeada a persecução penal em juízo, com o recebimento da incoativa acusatória.

2ª Posição: É possível decretar-se a especialização da hipoteca legal em qualquer fase da persecução penal, seja durante o inquérito ou no transcurso do processo. Deve ser dada uma interpretação extensiva ao vocábulo *processo* constante do art. 134 do CPP para o compreender como abrangente de qualquer fase da persecução penal desenvolvida, inclusive o procedimento investigatório. Entendemos que essa é a melhor posição, porque, muitas vezes, se existirem os requisitos legais, não há porque se aguardar o início do processo, quando houver risco imediato de que a vítima ficará desguarnecida no seu direito a indenização (indiciado, *v.g.*, que passa a transferir bens imóveis para o nome de terceiros, vende – os a preço vil só para não ressarcir a vítima). Como impedir que o ofendido requeira providências cautelares em situações como essa só porque ainda não iniciada ainda a fase processual? Esse compasso de espera, imposto em razão de uma interpretação literal da lei, não seria danoso ao direito do ofendido a uma justa indenização pelos danos causados pela infração, e, ao mesmo tempo, um prêmio imerecido ao autor do delito?

6.8.8. Procedimento da especialização e inscrição da hipoteca legal

O procedimento da especialização da hipoteca legal é previsto no art. 135 e seus parágrafos, correndo em autos apartados (art. 138 do CPP).

Petição inicial

A especialização é instrumentalizada mediante requerimento, em que a parte estimará o valor da responsabilidade civil, e apontará os imóveis e o seu valor, que terão de ficar especialmente hipotecados, instruindo a petição com as provas ou a indicação de provas em que se fundar a estimação da responsabilidade, com a relação dos imóveis que o responsável possuir, se outros tiver, além dos indicados no requerimento, e com os documentos comprobatórios do domínio (art. 135, *caput*, e § 1º do CPP).

Mais didaticamente, podemos apontar os seguintes itens da petição em que se requer a especialização da hipoteca legal:

1º – **valor aproximado da responsabilidade civil referente aos danos (materiais e morais) causados pela infração penal.** Esse valor deverá ser comprovado, através de documentos (exemplo: despesas de funeral, no caso de homicídio; recuperação judicial da empresa destruída por incêndio criminoso), declarações de testemunhas, laudos contábeis etc. Essa é a causa do pedido de especialização da hipoteca legal: o prejuízo gerado pelo delito à vítima. Além de prova já constituída, o requerente poderá indicar provas que tragam subsídios a respeito do valor da responsabilidade civil, requerendo a oitiva de testemunhas, a realização de perícias, por exemplo.

2º – **designação do imóvel ou imóveis do autor do crime que deverão ficar especialmente hipotecados, acompanhada de documentos comprobatórios do domínio.** Como consequência do crime, o ofendido requer que os imóveis do autor do delito sejam hipotecados judicialmente a fim de assegurar sua futura indenização pelos danos causados; deve haver, entre a estimativa da responsabilidade civil do acusado e a hipoteca judicial de bens imóveis, um equilíbrio de valores, uma proporcionalidade de numerário de modo que um valor não suplante ou seja muito inferior que ao outro. Exemplo: calculada uma responsabilidade civil da ordem de R$ 500.000,00 (quinhentos mil reais), não existe sentido em requerer-se a hipoteca judicial de todos os 5 bens do acusado que alcançam o valor de R$ 5.000.000,00 (cinco milhões de reais); bastaria a hipoteca de um cujo valor fosse, *v.g.*, R$ 600.000,00.

3º – **Designação de outros imóveis do autor da infração, acompanhada de documentos comprobatórios do domínio.** Além dos imóveis indicados para serem hipotecados, o requerente deve informar a existência também de outros imóveis porventura também de domínio do acusado. Isso se dá porque pode haver necessidade, de acordo com nova avaliação da responsabilidade civil ou dos imóveis a serem hipotecados, providências essas determinadas pelo Juízo, de hipotecarem-se outros bens imóveis do autor do delito para que se assegure, na integralidade, o ressarcimento futuro dos danos causados pela infração. É uma verdadeira medida que visa buscar a eficácia e celeridade da hipoteca judicial a ser decretada. Exemplo: são apresentados, pelo ofendido, dois bens imóveis do acusado para que sejam hipotecados, no valor ambos de R$ 1.000.000,00 (um milhão de reais), quando estimada a responsabilidade civil em cerca de R$ 800.000,00 (oitocentos mil reais); contudo, após avaliação judicial da responsabilidade civil, apura-se que o seu valor é de R$ 2.000.000,00 (dois milhões de reais); nessa situação, os demais bens imóveis do acusado deverão ser hipotecados para que se alcance o valor atual da responsabilidade civil. Outro exemplo: o valor estimado da responsabilidade civil é de cerca de R$ 800.000,00 (oitocentos mil reais), e os bens imóveis a serem hipotecados alcançam o valor de R$ 1.000.000,00 (um milhão de reais); no entanto, após avaliação judicial chega-se à conclusão que os imóveis apontados para a hipoteca valem apenas R$ 400.000,00 (quatrocentos mil reais); nessa hipótese, os outros bens imóveis do acusado serão hipotecados para se assegurar a integralidade da responsabilidade civil. Em miúdos, havendo uma incorreção numérica, seja da responsabilidade civil seja do valor dos bens imóveis, estimadas em valor inferior à realidade, tal incorreção poderá ser corrigida hipotecando-se outros bens imóveis.

Perícia avaliadora dos bens imóveis e da responsabilidade civil. Avaliação não definitiva

O arbitramento do valor da responsabilidade e a avaliação dos imóveis designados são realizados por perito nomeado pelo juiz, sendo-lhe facultada a consulta dos autos do processo (art. 135, § 2º, do CPP). Serão avaliados os imóveis indicados à hipoteca judicial pelo requerente, como também os demais, de propriedade do autor da infração, e que podem, eventualmente, mostrarem-se como essenciais à busca da reparação do dano, caso os apontados pelo ofendido sejam insuficientes ao ressarcimento pretendido.

Os valores obtidos pelo trabalho pericial possuem a finalidade apenas de apontar quais bens imóveis do acusado devam ser objeto do direito real de garantia – hipoteca – em favor do ofendido, titular do direito à futura indenização, tendo em vista provável responsabilidade civil; de qualquer maneira, tanto o *quantum* referente à responsabilidade civil quanto aos valores dos imóveis não são definitivos, afinal a especialização da hipoteca legal é medida cautelar que visa resguardar o direito ao ressarcimento da vítima, *caso* seja proferida uma sentença condenatória transitada em julgado.

A apuração, de maneira definitiva, do valor dos danos causados à vítima irá ser apurado, na liquidação de sentença condenatória transitada em julgado, perante o juízo cível (art. 509/512 do CPC).

É o que estabelece o art. 135, § 5º, do CPP quando determina que o valor da responsabilidade será liquidado definitivamente após a condenação, podendo ser requerido novo arbitramento se qualquer das partes não se conformar com o arbitramento anterior à sentença condenatória.

Consulta às partes a respeito do resultado da perícia. Correção do seu teor

Após realizada a perícia, arbitrando-se o valor da responsabilidade civil e a avaliação dos imóveis designados, o juiz, ouvidas as partes no prazo de 2 dias, poderá corrigir o arbitramento do valor da responsabilidade, se lhe parecer excessivo ou deficiente, para aquele que entenda adequado ao caso concreto (art. 135, § 3º, do CPP). O magistrado poderá corrigir o valor estipulado pelo perito, de ofício ou a pedido das partes. Se o pedido de especificação de hipoteca não tiver sido formulado pelo Ministério Público, este será ouvido como fiscal da lei. As partes podem impugnar os valores – da responsabilidade civil ou a estimativa dos imóveis, ou ambos, e requerer a correção do *quantum* apurado, ou, até mesmo, a realização de nova perícia, se entenderem como irremediavelmente imprestável aquela realizada. Poderão, ainda, as partes indicar assistente técnico (art. 159, § 5º, II, do CPP). Essa faculdade concedida às partes para que se manifestem a respeito da iminente constrição patrimonial de bens imóveis, como adverte Renato Brasileiro de Lima[63], traduz verdadeiro exercício do contraditório, pois abre a oportunidade de se questionar não apenas o valor estipulado para o ressarcimento dos danos e dos imóveis, como também o próprio acerto da hipoteca que se pretende inscrever, apontando-se, eventualmente, a falta de requisitos legais para tanto.

6.8.9. Defesa autônoma pelo proprietário do bem imóvel que se pretende hipotecar

A lei processual, ao contrário do sequestro, que prevê a possibilidade da oposição de embargos (pelo acusado, de terceiro de boa-fé ou de terceiro completamente estranho à infração penal), nada refere quanto à possibilidade de defesa autônoma por parte daquele que está na iminência de ter seu bem imóvel hipotecado por ordem judicial.

Mas, pergunta-se: e se o bem que se pretende especializar e inscrever sua hipoteca pertencer a terceiro completamente estranho ao fato criminoso, cuja restrição patrimonial ocorrerá por manifesto equívoco, o que fazer?

Restará a possibilidade de se impetrar mandado de segurança, inclusive com pedido liminar, ou mesmo da oposição de embargos de terceiro previstos no CPC (arts. 674/681).

6.8.10. Decisão judicial. Inscrição da hipoteca legal

Após tais etapas, o juiz, em decisão fundamentada, relacionará o valor tido como idôneo referente à responsabilidade civil, de um lado, e de outro, indicará quais bens imóveis servirão de garantia a futura indenização. Após essa correlação fundamentada entre futura indenização e garantia de sua efetivação através da hipoteca de bens imóveis do acusado, o juiz, em conclusão, na parte dispositiva da decisão, determinará somente a inscrição da hipoteca dos imóveis, no cartório de Registro de Imóveis, necessários à garantia da responsabilidade (art. 135, § 4º, do CPP). Como adverte Norberto Avena[64], importante dizer que essa inscrição em cartório tem a finalidade de possibilitar que eventuais adquirentes do imóvel hipotecado tenham conhecimento dessa garantia real, mas *não impede, por si só, a alienação do bem, no caso de o adquirente decidir correr o risco de comprar o imóvel, mesmo sabedor do risco de perdê-lo futuramente* (art. 1.475 do Código Civil).

6.8.11. Recurso da decisão que defere ou não a inscrição da hipoteca legal

Dessa decisão caberá o recurso de apelação (art. 593, II, do CPP), sem prejuízo de se impetrar mandado de segurança, desde que existente prova pré-constituída, documental de direito líquido e certo que se vise tutelar (art. 5º, II, da Lei 12.016/09).

---

63. Renato Brasileiro de Lima, *Curso de Processo Penal*, p. 1137.
64. Norberto Avena, Processo Penal Esquematizado, p. 406.

6.8.12. Destino final da inscrição da hipoteca legal

Determinada, nos autos de hipoteca legal, a especialização e inscrição do referido direito real de garantia, esse procedimento aguardará o deslinde da ação penal.

Proferida sentença condenatória, de acordo com o art. 387, § 1º, o juiz deveria, fundamentadamente, decidir a respeito de todas as medidas cautelares, o que incluiria a inscrição da hipoteca legal, a semelhança do que já ocorre com o sequestro.

Mas há uma diferenciação: no sequestro, existe um valor definido, durante o trâmite do processo, referente aos proventos da infração perpetrada pelo acusado (exemplo: o acusado praticou um estelionato no valor de R$ 1.000.000 – um milhão de reais – e adquiriu, com o produto da infração, 5 carros de luxo); sequestram-se, então, os cinco carros de luxo, e, quando da prolação de sentença condenatória, é perfeitamente possível que o juiz, decrete a perda de tais bens visando ressarcir a vítima da infração, como vimos acima ao tratar do sequestro. Depois de decidida a perda dos bens sequestrados, em sentença condenatória em que se determinou seu perdimento, após o trânsito em julgado de tal decisão, o próprio juiz criminal determina a avaliação e a venda dos bens sequestrados, conforme prevê o art. 133 do CPP.

No caso da hipoteca legal, no entanto, a situação é diferente, porque é imprescindível a liquidação do valor referente à responsabilidade civil pelos danos – materiais e morais – causados pela infração penal, o que não é matéria a ser decidida pelo juiz penal, mas apenas pelo juízo cível. Em razão disso, o art. 143 do CPP estipula que, passando em julgado a sentença condenatória, os autos de hipoteca legal são remetidos ao juiz do cível. Percebe-se, desse modo, uma nítida diferenciação entre o sequestro e a hipoteca legal; todo o sequestro, iniciado com a sua decretação, até a avaliação e a venda dos sequestrados tramita perante o juízo criminal; já a hipoteca legal inicia-se no juízo penal, com sua especificação e inscrição, mas se encerra, com a determinação da responsabilidade civil, avaliação e venda dos bens imóveis para ressarcir os danos a vítima, no juízo cível.

Como bem adverte Norberto Avena[65], os bens não podem permanecer hipotecados por prazo indeterminado, à espera de providências da vítima, de modo que, por analogia com o art. 122 do CPP, os bens permanecerão hipotecados, pelo prazo máximo de 90 dias, a contar do trânsito em julgado da condenação; e, como refere o autor citado: "Se, decorrido esse prazo, nada for providenciado pela vítima no sentido de buscar o ressarcimento do prejuízo sofrido com a prática do crime, caberá ao juiz da vara cível, ao qual foi distribuída a hipoteca, determinar-lhe o cancelamento".

6.8.13. Prestação de caução

Se o réu oferecer caução suficiente, em dinheiro ou em títulos de dívida pública, o juiz poderá deixar de mandar proceder à inscrição da hipoteca legal (art. 135, § 6º, do CPP).

---

65. Norberto Avena, Processo Penal Esquematizado, p. 404.

É possível prestar-se caução, antes de encerrado o procedimento de especialização e inscrição da hipoteca legal – em seu curso, portanto, como também após o seu encerramento, afinal tal medida só vem ao encontro do interesse da vítima na busca da indenização; melhor já ter disponível, em espécie, a quantia do ressarcimento devido a depender da venda futura de imóveis para tanto. Eventual negativa, sem fundamento, do juiz em substituir a inscrição da hipoteca pela caução ofertada pelo acusado é passível de ser coarctada através da impetração de mandado de segurança.

6.8.14. Cancelamento da hipoteca legal

De acordo com o art. 141 do CPP a hipoteca legal será cancelada se o réu for absolvido ou julgada extinta sua punibilidade por sentença irrecorrível (art. 141 do CPP).

Esse dispositivo legal foi tacitamente derrogado pela Lei 11.690, de 9 – 6 – 2008, a qual deu nova redação ao inciso II do parágrafo único, do art. 386 do CPP, que é a seguinte:

> "Art. 386. O juiz absolverá o réu, mencionando a causa na parte dispositiva, desde que reconheça:
>
> (...)
>
> Parágrafo único. Na sentença absolutória, o juiz:
>
> (...)
>
> II – ordenará a cessação das medidas cautelares e provisoriamente aplicadas;"

Pelo que se nota, proferida uma sentença absolutória, imediatamente todas as medidas cautelares – pessoais e reais (dentre estas últimas, a hipoteca legal) perderão eficácia.

Nada mais justo, afinal a hipoteca legal é medida cautelar que, como já se estudou, pressupõe a existência de fumaça de bom direito (*fumus comissi delicti*), para a sua decretação e manutenção. Ora, se houver sentença absolutória ou decisão que decrete a extinção da punibilidade, certo que deixou de existir o *fumus comissi delicti*; sendo assim, até por uma questão lógica, a cautelar referente à especificação e inscrição da hipoteca legal torna-se insustentável.

O mesmo raciocínio é válido no caso de promoção de arquivamento, rejeição da denúncia e declaração da extinção da punibilidade: a hipoteca legal, que, para nós, pode ser decretada antes mesmo de iniciada a ação penal, nessas hipóteses, será imediatamente cancelada, o que não obsta, contudo, ao prejudicado, tentar obter reparação no juízo cível, inclusive mediante o ajuizamento de cautelares previstas no CPC.

E no caso de o processo estar suspenso por força do art. 89 da Lei 9.099.95 (suspensão condicional do processo), a hipoteca será cancelada?

Vamos exemplificar para melhor esclarecer. O autor de um estelionato que gerou prejuízos à vítima na ordem de R$ 1.000.000,00, no decorrer do inquérito policial, tem seus bens, de origem lícita hipotecados. Oferecida a denúncia imputando-lhe o delito de estelionato, o representante do Ministério Público oferece ao acusado o benefício da suspensão condicional do processo (art. 89 da Lei 9.099/95), porque o réu reúne as condições legais para tanto; dentre essas condições está justamente a reparação do dano a vítima: ressarcimento do prejuízo causado ao ofendido de R$ 1.000.000,00; o acusado e o seu defensor aceitam o benefício do *sursis* processual, e suspende-se o processo pelo período de dois anos. O simples fato de ter sido determinada a suspensão do processo não levará ao cancelamento da hipoteca legal, que perdurará até o deslinde da suspensão condicional do processo: se cumpridas as condições da suspensão pelo acusado, inclusive a reparação do dano, será declarada extinta a punibilidade e cancelada a hipoteca; se descumpridas as condições, o processo prosseguirá com os bens gravados pela hipoteca, até sentença final.

6.8.15. Arresto prévio ou preventivo de bens imóveis – medida preparatória da hipoteca legal

Como a especialização da hipoteca legal é um procedimento complexo que pode demorar até estar concluído, o art. 136 do CPP estipula um arresto prévio de bens imóveis do indiciado ou acusado com a finalidade de evitar a alienação indevida do patrimônio imobiliário do autor da infração. Em miúdos, é uma *cautelar da cautelar* que grava os bens imóveis do acusado, enquanto se providencia a especialização da hipoteca legal.

Decretado o arresto prévio, o ofendido deve, no prazo de 15 dias, promover o procedimento de inscrição da hipoteca legal, sob pena de sua revogação.

Da mesma forma que a inscrição da hipoteca legal, no arresto prévio, o ofendido deverá demonstrar a existência do *fumus boni iuris* (*fumus comissi delicti*) e do *periculum in mora*, dirigindo seu pedido ao juízo criminal. No entanto, essa cautelar preparatória da cautelar da hipoteca legal não precisa estar instruída com estimativa da responsabilidade civil e dos valores dos bens imóveis de propriedade do autor da infração, como exige a hipoteca legal; basta um esboço numérico – algum dado empírico razoável – menos denso que na hipoteca legal – para que seja possível decretar-se o arresto prévio. O arresto prévio é passível de ser decretado, a fim de se ressarcir dano causado pela prática de corrupção passiva, das despesas processuais e das penas-pecuniárias (dias-multa), especialmente "na criminalidade econômica e do colarinho branco, a constrição de bens é reconhecidamente o meio mais eficaz de combater à impunidade", como frisou, com propriedade, o Min. Roberto Barroso, do STF[66].

6.9. ARRESTO SUBSIDIÁRIO DE BENS MÓVEIS

6.9.1. Conceito e requisitos

Se o responsável não possuir bens imóveis ou os possuir de valor insuficiente, poderão ser arrestados bens móveis suscetíveis de penhora, nos termos em que é

---

66. Informativo do STF. 12/07/2018. STF. Pet 7069. Rel. Min. Marco Aurélio.

facultada a hipoteca legal dos imóveis (art. 137, *caput*, do CPP). Em razão desse caráter residual, no sentido de que o arresto de bens móveis só é decretado se não existirem bens imóveis ou se o valor deles for insuficiente, que se denomina essa medida cautelar de arresto subsidiário.

Da mesma maneira que na hipoteca legal, são arrestados os bens móveis que integram o patrimônio lícito do autor da infração. Os requisitos, o procedimento e a destinação dos bens arrestados seguem, no que cabíveis, em linhas gerais, as mesmas regras da hipoteca legal, acima estudadas, para as quais se remete o leitor, mas existem algumas particularidades do arresto subsidiário a seguir tratadas.

6.9.2. Particularidades do procedimento de arresto subsidiário

Petição inicial do pedido de arresto subsidiário

No pedido de arresto subsidiário, o requerente deverá comprovar, além do pressuposto e fundamento de toda cautelar – a existência do *fumus boni iuris* e do *periculum in mora* – ainda que o indiciado ou acusado não possui bens imóveis ou os tem em valor insuficiente, e que, por isso, se solicita, subsidiariamente, o arresto também de bens móveis.

Exemplo: o prejuízo causado pela infração penal ao ofendido atingiu o patamar de R$ 500.000,00 (quinhentos mil reais), e o acusado possui um bem imóvel no valor de R$ 250.000,00 (duzentos e cinquenta mil reais). Nessa situação, o ofendido deverá solicitar, antes de qualquer outra providência, a especialização e inscrição da hipoteca legal, como primeira providência (ou, pelo menos, o arresto prévio ou preventivo da hipoteca legal); apenas depois de ajuizada a cautelar referente a hipoteca legal, estará autorizado o ofendido a postular o arresto subsidiário dos bens móveis do acusado, pelo valor restante de R$ 250.000,00 (duzentos e cinquenta mil reais).

Percebe-se, desse modo, que a comprovação da ausência de bens móveis do indiciado ou acusado, ou sua insuficiência de valor, funciona como verdadeira *condição de procedibilidade* para que se ajuíze o pedido de arresto subsidiário.

Bens arrestados fungíveis ou facilmente deterioráveis

Tratando-se de bens móveis submetidos ao arresto subsidiário, e que sejam coisas fungíveis e facilmente deterioráveis, poderão ser alvitradas duas soluções, pelo juízo:

1ª – **Providência**: os bens arrestados serão entregues, em regime de depósito, a terceiro que a detinha (o que inclui o próprio indiciado ou acusado), desde que sejam pessoas idôneas e assinarem termo de responsabilidade. O depósito e a administração dos bens arrestados ficarão sujeitos ao regime do processo civil (art. 148 a 150 do CPP).

2ª – **Providência**: os bens arrestados serão avaliados e vendidos em leilão público, depositando-se o dinheiro apurado.

Tratando-se de bens infungíveis (obras de arte, por exemplo) deverão ser mantidas arrestados, nas mãos do acusado ou de terceiro idôneo, que devem assinar um termo de depósito.

Bens arrestados e recursos econômicos para a manutenção do indiciado ou acusado

Estipula o § 2º do art. 137 do CPP que, das rendas dos bens móveis, poderão ser fornecidos recursos arbitrados pelo juiz, para a manutenção do indiciado e de sua família.

6.9.3. Bens submetidos ao arresto subsidiário e bem de família

Como explica Renato Brasileiro de Lima[67], não podem ser arrestados os bens móveis que guarnecem a residência do bem de família, porque tais objetos são *impenhoráveis* (Lei 8.009/90, art. 1º, § único), e o art. 137, *caput*, do CPP, permite apenas o arresto subsidiário de *bens suscetíveis de penhora*.

6.9.4. Arresto prévio ou preventivo do arresto subsidiário de bens móveis

O art. 136 do CPP trata do arresto prévio ou preventivo da hipoteca legal, nada se referindo a respeito do arresto prévio ao arresto subsidiário. No entanto, a doutrina tem admitido, numa interpretação extensiva, que o arresto prévio seja utilizado, como medida preparatória, ao arresto subsidiário de bens móveis, porque a mesma disciplina legal da hipoteca legal deve ser aplicada ao arresto subsidiário (art. 137, *caput*, do CPP), além do que a utilidade da medida cautelar é intuitiva: se for aguardar-se o complexo e moroso procedimento do arresto subsidiário, o acusado já poderá ter vendido, ocultado, transferido de qualquer forma os bens móveis que assegurariam o direito a indenização da vítima.

6.10. ALIENAÇÃO ANTECIPADA DE BENS

6.10.1. Conceito

Quando houver risco de qualquer deterioração ou depreciação de bens apreendidos, sequestrados, hipotecados ou arrestados, ou quando houver dificuldade em sua manutenção, o juiz poderá determinar a alienação antecipada deles a fim de preservar seu valor, como possibilita o art. 144-A do CPP.

6.10.2. Pressuposto da alienação antecipada

Deve ter ocorrido, previamente, a apreensão, sequestro ou arresto subsidiário de bens móveis, hipoteca ou sequestro de bens imóveis.

---

67. Renato Brasileiro de Lima, *Curso de Processo Penal*, p. 1141/1142.

6.10.3. Requisitos da alienação antecipada

A alienação antecipada só pode ser decretada quando os bens móveis ou imóveis estiverem submetidos a uma das duas seguintes situações:

1ª – **A um relevante grau de deterioração** (possibilidade de estragar-se, tornar-se imprestável) ou **depreciação** (desvalorização) dos bens;

2ª – **dificuldade, acima da normalidade, em manter-se o bem** (por exemplo, manter-se um navio ou avião sequestrados ou uma frota de automóveis).

Os requisitos acima são alternativos, ou seja, a presença de qualquer uma das situações de anormalidade acima permitem a alienação antecipada, e, obviamente, a existência dos requisitos em conjunto – bem submetido a grau de deterioração, depreciação e dificuldade em sua guarda (é o exemplo de um navio sequestrado, mantido no estacionamento do fórum) – autorizam, com mais razão, a medida.

6.10.4. Fase da persecução em que pode ser decretada

A alienação antecipada poderia, numa interpretação literal da lei, ser decretada em qualquer fase da persecução penal – do procedimento investigatório (normalmente o inquérito policial) até o trânsito em julgado da sentença condenatória.

No entanto, comungamos do mesmo entendimento de Renato Brasileiro de Lima[68] para quem, com acerto, uma medida tão drástica quanto a alienação antecipada de bens só pode se dar quando evidenciada a justa causa pelo recebimento da peça acusatória (denúncia ou queixa), ou seja, a venda prévia de bens há de aguardar a fase processual da persecução penal para ser legitimamente determinada.

6.10.5. Legitimidade para requerer a alienação antecipada

Como a medida de alienação só está autorizada, a nosso pensar, na fase judicial, nada impedira que o magistrado, de ofício, a determinasse. São legitimados a requerer a alienação antecipada, o Ministério Público, o assistente da acusação, o querelante, o ofendido (sem ter se habilitado como assistente da acusação), o acusado, o terceiro interessado. Quanto ao assistente da acusação, embora o pedido de alienação antecipada não esteja previsto no rol de suas atribuições legais (art. 268 do CPP), certo que um dos fatores que autorizam sua intervenção adesiva é justamente a busca pela indenização do dano causado pela infração, de modo que a legitimação para requerer a venda antecipada de bens guarda perfeita compatibilidade com a razão de ser de sua intervenção processual, e deve ser permitida.

6.10.6. Procedimento da alienação antecipada

É previsto nos parágrafos do art. 144-A do CPP.

---

68. Renato Brasileiro de Lima, *Curso de Processo Penal*, p. 1145.

Em petição que será encartada em autos apartados, será formulado o pedido de alienação antecipada, apresentando, documental e fundamentadamente, a existência do pressuposto (apreensão, sequestro, hipoteca legal, arresto prévio, arresto subsidiário anteriormente decretados) da medida; deve-se ainda demonstrar a existência dos requisitos – deterioração ou depreciação dos bens, dificuldade em sua manutenção. O magistrado deverá abrir vista à parte contrária, em respeito ao contraditório.

Depois de ouvida a parte contrária, o juiz poderá deferir ou não o pedido de alienação antecipada. Se deferir, determinará a avaliação dos bens a ser realizada por perito. Elaborado o laudo pericial, deverá ser dada ciência ás partes do seu teor, que podem se insurgir em face das conclusões do trabalho técnico. Após manifestação das partes, o juiz homologará o laudo pericial, ou deixará de homologá-lo, determinando a realização de outra perícia, se, fundamentadamente, considerar o laudo incompleto, equivocado, contraditório. Da homologação do laudo pericial, caberá o recurso de apelação, por se tratar de decisão com força de definitiva (art. 593, II, do CPP).

Homologado o laudo, será determinada a realização de leilão – preferencialmente por meio eletrônico – e os bens deverão ser vendidos pelo valor fixado na avaliação judicial ou por valor maior. Não alcançado o valor estipulado pela administração judicial, será realizado novo leilão, em até 10 dias, contados do primeiro, podendo os bens ser alienados por valor não inferior a 80% do estipulado na avaliação judicial (art. 144-A, §§ 1º e 2º, do CPP).

Quando a indisponibilidade recair sobre dinheiro, inclusive moeda estrangeira, títulos, valores mobiliários ou cheques emitidos como ordem de pagamento, o juízo determinará a conversão do numerário apreendido em moeda nacional corrente e o depósito das correspondentes quantias em conta judicial (art. 144-A, § 4º, do CPP).

No caso da alienação de veículos, embarcações ou aeronaves, o juiz ordenará à autoridade competente a expedição de certificado de registro e licenciamento em favor do arrematante, ficando este livre do pagamento de multas, encargos e tributos anteriores, sem prejuízo de execução fiscal em relação ao antigo proprietário (art. 144-A, § 5º, do CPP).

O valor dos títulos da dívida pública, das ações das sociedades e dos títulos de crédito negociáveis em bolsa será o da cotação oficial do dia, provada por certidão ou publicação no órgão oficial (art. 144-A, § 6º, do CPP).

6.10.7. Destino dos valores arrecadados com a alienação antecipada

O produto da alienação ficará depositado em conta vinculada ao juízo até a decisão final do processo, procedendo-se à sua conversão em renda para a União, Estado ou Distrito Federal, no caso de condenação, ou, no caso de absolvição (ou de extinção da punibilidade), à sua devolução ao acusado (art. 144-A, § 3º, do CPP). O teor desse dispositivo deve ser interpretado em conjunto com o sistema de cautelares do processo penal e com o que determina o art. 91 do CP, ao tratar dos efeitos da condenação, dentre eles, a obrigação de se indenizar o dano causado pelo crime à vítima, bem como os direitos do terceiro de boa-fé. A prioridade sempre será a de resguardar-se os interesses do ofendido e do terceiro de boa-fé; depois de suficientemente reparados nos prejuízos sofridos, o que sobrar, será convertido em renda para a União, Estado ou Distrito Federal (dependendo se o processo tramitou perante a Justiça Federal, Estadual ou Distrital).

6.11. BUSCA E APREENSÃO. SEQUESTRO. ARRESTO. HIPOTECA LEGAL NOS CRIMES DE LAVAGEM (LEI 9.613/98)

O juiz, de ofício, a requerimento do Ministério Público ou mediante representação do delegado de polícia, ouvido o Ministério Público, em 24 horas, havendo indícios suficientes de infração penal, poderá decretar medidas assecuratórias de bens, direitos ou valores do investigado ou acusado, ou existentes em nome de interpostas pessoas, que sejam instrumento ou produto do crime (é uma busca e apreensão); poderá também ser decretada a medida assecuratória tendo por objeto o proveito dos crimes previstos na Lei 9.613/98 ou das infrações penais antecedentes (trata-se de sequestro de bens). É o que dispõe o art. 4º, *caput*, da Lei 9.613/98.

Pode-se proceder à alienação antecipada para preservação do valor dos bens sempre que estiverem sujeitos a qualquer grau de deterioração ou depreciação, ou quando houver dificuldade para sua manutenção (art. 4º, § 1º, da Lei 9.613/98).

O juiz determinará a liberação total ou parcial dos bens, direitos ou valores quando comprovada a licitude de sua origem, mantendo-se a constrição dos bens, direitos e valores necessários e suficientes à reparação dos danos e ao pagamento de prestações pecuniárias, multas e custas decorrentes da infração penal (art. 4º, § 2º, da Lei 9.613/98). Esse dispositivo legal trata da possibilidade de aquele que teve seu bem apreendido ou sequestrado solicitar sua devolução – uma espécie de embargo – que pode ser formulado pelo indiciado/acusado ou por terceiro; comprovando a licitude do bem, será a ele restituído.

Nenhum pedido de liberação será conhecido sem o comparecimento pessoal do acusado ou de interposta pessoa (aquela a quem se transferiram bens), podendo o juiz determinar a prática de atos necessários à conservação de bens (art. 4º, § 3º, da Lei 9.613/98).

Poderão ser decretadas medidas assecuratórias sobre bens, direitos ou valores para reparação do dano decorrente da infração penal antecedente ou da prevista na Lei 9.613/98 (crime de lavagem de dinheiro), ou para pagamento de prestação pecuniária, multa e custas (art. 4º, § 4º, da Lei 9.613/98). Esse artigo trata de hipótese de hipoteca legal e de arresto em que se visa tutelar o direito do ofendido à reparação do dano.

6.12. INCIDENTE DE FALSIDADE

6.12.1. Conceito

É um incidente processual que tem por finalidade apurar a falsidade material ou ideológica de um documento acostado aos autos do processo, que tenha relevância para o julgamento. Os documentos que podem ser objeto deste incidente são tanto os documentos em sentido estrito (documentos escritos), como também os documentos em sentido amplo, isto é, qualquer base física que registre um fato juridicamente relevante (como, por exemplo, fitas, gravações, fotografias).

6.12.2. Finalidade do incidente de falsidade. Coadjuvante na busca da verdade real. Apuração de eventual responsabilidade criminal

A busca da verdade real, como princípio processual, pressupõe que os elementos que tenham a potencialidade de formar a convicção do magistrado sejam idôneos: autênticos e verazes. Por isso, as testemunhas, em regra, prestam depoimento com o compromisso de responder pelo crime de falso testemunho e, caso neguem ou calem a verdade, poderão ser responsabilizadas por tal delito. Além da prova testemunhal – a mais comum no processo penal – o Código também se preocupa com a lisura da prova documental e regulamenta a possibilidade de as partes arguirem a falsidade de um documento juntado aos autos, ou de o juiz, de ofício, determinar a verificação de sua autenticidade ou veracidade quando delas desconfiar.

Além da busca da verdade real, consubstanciada em elementos idôneos de prova que permitam ao juiz julgar sem ter sido induzido a erro por documentos falsos, o incidente ainda tem por finalidade a apuração, mesmo que a título precário e sumário, do delito de falso (arts. 297, 298 e 299 do CP) ou de uso de documento falso (art. 304 do CP). Dissemos a título precário, porque o incidente de falso não responsabiliza criminalmente qualquer pessoa; seu campo de atuação é delimitado: serve para, numa apuração sumária, verificar se o documento é idôneo e deve ser mantido nos autos, podendo licitamente formar a convicção do magistrado; ou, pelo contrário, apurar-se que é espúrio e deve ser desentranhado do processo, juntamente com os autos do incidente procedimental; a responsabilidade criminal de quem falsificou o documento ou dele fez uso será apurada em outro procedimento criminal (em outro processo eventualmente a ser instaurado).

6.12.3. Objeto apuratório do incidente: falsidade material e ideológica

O incidente de falsidade pode apurar a falsificação material do documento – sua alteração física, falsificando um documento verdadeiro (**contrafação**) (exemplo: criação de uma carteira de identidade falsa em nome de uma pessoa existente); ou alterando parcialmente um documento autêntico (**alteração**) (exemplo: mudança da data de nascimento de uma carteira de identidade verdadeira); ou ainda criando um documento falso novo sem qualquer relação com documento verdadeiro existente (**formação**) (exemplo: criação de documento de CNH com dados qualificativos fictícios).

Além da falsidade material, o incidente pode desvendar a falsidade ideológica do documento, ou seja, documento cuja base material é verdadeira, mas que possui conteúdo intelectual (por isso, ideológico) mentiroso.

O incidente de falsidade terá por objeto o delido de falso – material ou ideológico – de um documento que tenha relevância probatória ao deslinde da causa penal, *mas que não se refira ao crime imputado ao réu naquele processo*. Vamos exemplificar para melhor esclarecer. Se a acusação imputa ao acusado a conduta de falsificação de documento ou de uso de documento falso, a causa criminal terá por objeto a falsidade em si, de modo que a comprovação da conduta ilícita ocorrerá no decorrer no processo criminal, com a realização de perícia, não havendo se falar em procedimento incidental de falso. No entanto, em outro exemplo, se, em um processo criminal em que se imputa ao acusado o delito de roubo, é anexado, pela defesa, um comprovante de emprego aparentemente falso em que se declara que o acusado estava trabalhando por ocasião do crime (álibi) será possível a instauração do incidente de falso para apurar a veracidade do fato. Em miúdos, o incidente de falso tem por objeto quaisquer falsidades documentais periféricas, entendidas como aquelas que não refiram à acusação de falsificação ou uso de documento falso; afinal, se imputado ao agente algum crime contra a fé pública, a apuração a seu respeito é da substância do processo principal, e nunca matéria que pudesse ser discutida incidentalmente em autos apartados.

6.12.4. Legitimidade para requerer o incidente de falso

O incidente, que deve ser autuado em apartado, pode ser determinado, de ofício, pelo juiz (art. 147 do CPP), ou pelas partes, Ministério Público, querelante, acusado, assistente da acusação.

A própria parte que juntou o documento poderia requerer a instauração do incidente de falso?

A princípio, parece contraditório que tal ocorra, mas, se a parte argumentar que recebeu o documento, de boa-fé, de terceira pessoa, dele fez uso, acreditando na sua autenticidade e veracidade, e, depois, descobriu que seria falso, não seria inviável a instauração do incidente, na busca da verdade real, mesmo que desencadeado pelo responsável pela juntada do elemento probatório aos autos, até porque o juiz pode instaurar tal procedimento de ofício (art. 147 do CPP).

É verdade que não se encontra no rol de atribuições do assistente da acusação do art. 271 do CPP (que não é taxativo, por sinal), a possibilidade de requerer a instauração do incidente de falso, mas entendemos que não é possível tolher essa iniciativa processual da parte adesiva, a qual interessa, antes de qualquer pretensão a futura indenização, que o magistrado possa decidir lastreado em elementos de convicção verazes e autênticos; não há porque, então, se negar a colaboração do assistente na busca da verdade real, e idônea, dos fatos. Afinal, se cabe ao assistente, de acordo com o art. 271 do CPP, perguntar às testemunhas, quando de sua inquirição em audiência, dentre outras finalidades, com o intuito de verificar se falam a verdade e se devem ser responsabilizadas pelo delito de falso testemunho, de igual forma, cabe à parte secundária questionar a idoneidade de um documento encartado aos autos.

A arguição do incidente de falsidade exige que o procurador (o advogado) tenha poderes especiais (art. 146 do CPP), não sendo suficiente a cláusula *ad judicia*; na procuração, deve constar, expressamente, que o advogado está autorizado a requerer o incidente de falso. Essa precaução legal se dá porque a mera arguição de falsidade, apontando que a outra parte processual, mesmo que em tese, falsificou ou fez uso de documento falso pode caracterizar os delitos de calúnia ou denunciação caluniosa, de modo que é preciso bem delimitar a responsabilidade da parte e do seu advogado; se o advogado pudesse arguir o incidente de falso, sem expressa autorização do seu cliente, a parte poderia se eximir de qualquer responsabilidade criminal alegando que não tinha dado essa autorização ao causídico. Ao passo que, com a autorização expressa na procuração, fica claro que a eventual responsabilidade criminal será da parte e não de seu advogado, o qual meramente cumpriu com as determinações de seu cliente. A ausência de procuração especificada poderá ser suprida se, na petição em que se postula a instauração do incidente de falso, o advogado e a parte a assinarem conjuntamente.

De qualquer modo, mesmo que não se cumpra com a determinação legal de procuração especificada, não suprida pela assinatura conjunta na arguição do falso, o juiz, se notar a existência de *fumus boni iuris* apontando a possível existência de falso documental pela leitura da petição apresentada, determinará, de ofício, a inauguração do procedimento apuratório, como lhe permite o art. 147 do CPP.

No caso de defensor nomeado pelo juiz ou de integrante da Defensoria Pública, como não existe procuração, bastará que a parte, em conjunto com o advogado, assine a petição.

6.12.5. Procedimento

No pedido de instauração do incidente de falsidade, na petição inicial, a parte deverá demonstrar quais fatos que apontariam para a falsidade – material ou ideológica – do documento inquinado. Deve existir uma fundamentação idônea que justifique a instauração do incidente, que não pode ser motivado por mero capricho, vontade de protelar o andamento processual ou de, simplesmente, tumultuá-lo. Em suma, na petição devem ser trazidos pelo menos indícios da falsidade que justifiquem a instauração do incidente, não bastando sua simples assertiva – destituída de qualquer base empírica que a alicerce.

No próprio pedido de instauração do incidente de falso a parte poderá, desde já, requerer a produção de provas que demonstrem a falsidade do documento, como perícias, a quebra de sigilo bancário ou fiscal, etc.

Exemplos de incidentes de falsidade: documento rasurado ou com assinatura divergente daquela ostentada pela pessoa; declaração escrita assinada por testemunhas – documento aparentemente verdadeiro na sua forma – cujo conteúdo, um possível falso álibi, pode-se chocar com os depoimentos de testemunhas presenciais do crime que visualizaram o acusado no local e o avistaram praticando o delito. Esses são exemplos que, por possuírem *fumaça de bom direito*, autorizam a instauração do incidente de falsidade.

Depois de autuado o incidente em apartado, porque deferida sua instauração, será dada vista a parte contrária, em homenagem ao princípio do contraditório, que, no prazo de 48 horas, oferecerá resposta, como preconiza o art. 145, I e II, do CPP. Em se tratando de ação penal privada, manifestam-se querelante, o MP, como fiscal da lei, e o querelado.

E se a parte contrária ao incidente concordar com o teor da arguição da falsidade, será necessária sua continuidade?

Há **duas posições** sobre o tema:

1ª Posição: Não será necessária a continuidade do procedimento incidental, porque não haveria mais qualquer controvérsia a respeito do tema, de modo que o documento seria simplesmente desentranhado dos autos sem necessidade de diligências outras (como perícias) para verificar sua falsidade.

2ª Posição. Pouco importa a aquiescência do *ex adverso*, de qualquer modo, o incidente de falso deverá continuar e produzir-se a prova da falsidade ou não do inquinado documento. Essa posição nos parece ser a melhor, porque, a uma, é a mais compatível com os interesses indisponíveis que são tutelados pelo processo penal, que repudiam, em regra, a existência de negócios jurídicos processuais entre as partes (acordos); a duas, a aquiescência entre elas pode escamotear um seu espúrio conluio com o escopo de subtrair provas do conhecimento do magistrado, o que pode prejudicar, a um só tempo, a busca da verdade real e a melhor apuração de eventual responsabilidade criminal de quem falsificou ou fez uso de documento inautêntico ou mendaz.

Entendemos que a parte contrária, quando da resposta ao incidente de falso, poderá requerer a produção de provas, da mesma forma que o autor do incidente.

Após a resposta, será concedido às partes, sucessivamente, 3 dias para a prova de suas alegações (art. 145, II, do CPP); essa *prova de suas alegações* só pode ser entendida como demonstração documental cujo encarte aos autos é providenciado pelas partes.

Os autos então são conclusos ao magistrado, o qual poderá ordenar as diligências que entender necessárias (art. 145, III, do CPP). Nesse momento processual, o juiz poderá aquilatar da necessidade ou não de se produzir as provas requeridas pelas partes, sem prejuízo de, mesmo que de ofício, determinar a realização de outras provas importantes à apuração do eventual falso documental. A perícia, muitas vezes, em se tratando de falso material será imprescindível; todavia, na hipótese de falso ideológico, a prova da falsidade se dará por outros meios que não a perícia, pois a questão se atine ao conteúdo das ideias do documento (aparentemente falsas), e não à sua forma (perfeita e autêntica).

Do indeferimento do pedido de provas postulado pelas partes, poderá, em tese, ser impetrado, como meio impugnativo, as ações de mandado de segurança (pela acusação) e *habeas corpus* (pela defesa).

Encerramento do incidente

Produzidas as provas, se tiver sido demonstrada a falsidade do documento, o magistrado determinará o desentranhamento do documento e o remeterá, com os autos do processo incidente, ao Ministério Público (art. 145, IV, do CPP). Nesse caso de desentranhamento, o documento reconhecido como falso será rubricado pelo juiz e pelo escrivão em cada uma de suas folhas (art. 15 da Lei de Introdução ao CPP). Esse dispositivo visa assegurar que o documento apontado como falso seja realmente o mesmo enviado ao Ministério Público, dificultando sua indevida substituição. O desatendimento de tal norma que consagra a necessidade de rubrica pelo magistrado e escrivão, contudo, gerará mera irregularidade quando não haja dúvidas de que foi remetido ao *Parquet* o documento inquinado de falso no incidente próprio.

Claro que, quando da prolação de sentença nos autos principais, o juiz não levará em consideração, em seu ato decisório, tal documento, comprovadamente falso.

Encerrado o incidente, como vimos, é possível que se conclua ser falso o documento, o que ensejará o seu desentranhamento dos autos e remessa ao Ministério Público, com os autos do incidente, como estabelece o art. 145, IV, do CPP. Ao Ministério Público caberá, se houver elementos probatórios suficientes de autoria e materialidade delitiva, oferecer denúncia, utilizando-se do incidente de falso como verdadeiras peças de informação, dispensada a instauração de inquérito policial ou de procedimento investigativo próprio (presidido pelo representante do *Parquet*). Se houver necessidade de apurar a prática do delito de falso, o representante do Ministério Público poderá requisitar inquérito policial ou instaurar procedimento investigativo próprio. Resta, ainda, um terceiro caminho ao órgão ministerial: se entender, a *prima facie*, por exemplo, que não houve dolo por parte do suposto autor da conduta, ou potencial lesivo à fé pública, poderá simplesmente arquivar, de plano, o incidente de falso que lhe foi remetido, pois não se encontra adstrito juridicamente à decisão do magistrado que, em outro feito criminal, declarou, incidentalmente (*incidenter tantum*) a falsidade documental; esse arquivamento passará pelo controle judicial, sendo que o magistrado dele encarregado pode dissentir, nos termos do que estabelece o art. 28 do CPP.

Mesmo que o documento apontado como falso e enviado ao Ministério Público, que formou sua *opinio delicti* a ponto de oferecer denúncia pelo crime de falso, o magistrado criminal, em outro processo, poderá, se o caso, absolver o acusado de falso, inclusive por entender que o objeto material do delito – o documento – é verdadeiro, e não falso; isso porque a conclusão de que o documento era falso se deu a título precário, *incidenter tantum*, no bojo de um procedimento incidental de outro processo, a título de aproveitamento ou não de documento acostado aos autos, decisão essa que não vincula a sentença a ser proferida por outro juiz penal.

O segundo caminho que decorre do encerramento do procedimento de apuração do falso é concluir-se que o documento é verdadeiro e autêntico; certo, então, que o documento permanecerá nos autos e poderá ser livremente utilizado, pelo magistrado, como elemento de convicção a embasar a sentença.

Qualquer que seja a decisão, declarando-se ou não a falsidade documental no incidente próprio, só gerará efeitos no processo em que for decidido o incidente, não fazendo coisa julgada em prejuízo de posterior processo penal ou civil (art. 148 do CPP). A eficácia dessa declaração a respeito da falsidade ou não do documento se restringirá, portanto, exclusivamente aos autos em que ocorreu.

6.12.6. Ação declaratória no cível tendo por objeto a falsidade

Existe, ainda, a hipótese de, após a resolução do incidente que declarou a falsidade do documento, a parte ajuizar uma ação declaratória no cível cujo desate chegue à conclusão diversa, qual seja, a de que o documento é verdadeiro; pode ocorrer o inverso também: o incidente no processo penal declara a autenticidade ou veracidade do documento e a ação no cível aponta o falso. **Ante tais contradições a respeito do mesmo documento, o que fazer?**

Como no cível a busca pela verificação da idoneidade do documento foi exauriente – até porque essa declaração era a meta da ação declaratória, ao contrário da via sumária, precária do incidente apenso ao processo penal, a jurisdição cível deverá prevalecer. Sendo assim, se não houver o trânsito em julgado, antes da sentença ou em grau de julgamento de recurso, as conclusões do juízo cível a respeito da falsidade do documento serão levadas em consideração pelo juízo penal; o seu aproveitamento a fim de buscar a condenação do acusado, em grau recursal, dependerá de ter a acusação oferecido recurso; se não tiver assim procedido, em razão da proibição da *reformatio in pejus* (art. 617 do CPP), as conclusões do cível, desfavoráveis ao réu, não serão aproveitadas; a recíproca, porém, não é verdadeira: as conclusões do juízo cível que aproveitem ao acusado (*v.g.*, documento que falsamente incriminava o réu) serão aproveitadas, mesmo que em recurso exclusivo da acusação (que pretendia, por exemplo, aumentar a pena exclusivamente), porque não há vedação à *reformatio in melius*. Transitada em julgado a condenação depois de apurado, no cível, que o documento era falso ou verdadeiro em oposição às conclusões do incidente de falso anterior, demonstrando a inocência do acusado, estará legitimado o ajuizamento da revisão criminal ou a impetração de *habeas corpus* visando desconstituir a condenação. O contrário, todavia, não é verdadeiro: transitada em julgado a absolvição, mesmo que surja, no cível, declaração a respeito da falsidade ou veracidade do documento que fora objeto de procedimento de falso anterior, e tal declaração demonstre que tenha sido absolvido um provável culpado, em razão da má análise de documento juntado aos autos de processo criminal original, nada mais poderá ser feito, porque não contemplada em nosso ordenamento jurídico a revisão criminal *pro societate*.

6.12.7. Certidão de óbito falsa

Como nota Renato Brasileiro de Lima[69], deve-se ressalvar o caso de extinção da punibilidade com base em certidão de óbito falsa, pois tem prevalecido o entendimento que essa decisão não transitará em julgado materialmente, e é possível que volte a

---

69. Renato Brasileiro de Lima, *Curso de Processo Penal*, p. 1157.

correr o processo extinto em razão de documento falso atestando, fraudulentamente, a morte do acusado.

6.12.8. Decisão a respeito do pedido de instauração do incidente. Recurso cabível

Da petição em que se requer a instauração do incidente, cabe ao juiz, fundamentadamente, deferir ou indeferir a instauração do procedimento incidental, não sem antes, em homenagem ao contraditório, abrir vista à parte contrária para se manifestar a respeito.

Se indeferir, de plano, entendemos que dessa decisão caberá o recurso de apelação (art. 593, II, do CPP), por se tratar de uma decisão com força de definitiva, sem prejuízo da impetração de mandado de segurança (direito líquido e certo que a parte possui de que o juiz decidirá apoiado em material probatório confiável), no caso da acusação, ou mesmo de *habeas corpus*, pela defesa, quando for patente, na hipótese defensiva, que os documentos encartados aos autos, aparentemente falsos, possam estribar eventual condenação injusta.

Há entendimento, contudo, no sentido de que, do indeferimento, de plano, da instauração do incidente de falso, caberia recurso em sentido estrito previsto no art. 581, XVIII, do CPP, o qual prevê como cabível tal recurso em face de decisão "que *decidir o incidente de falso*". Ora, a nosso ver, a decisão que decide o incidente de falso, é aquela que julga o seu mérito, ao final do procedimento, declarando a falsidade ou não do documento, sendo que, dessa decisão, por expressa previsão legal, cabe recurso em sentido estrito. Diferente é a decisão que indefere, *de plano*, a instauração do incidente, por entender que não estão presentes os requisitos legais de sua admissibilidade, por reputar, o magistrado, a prova irrelevante, impertinente ou protelatória, como permite fazê-lo o art. 400, § 1º, do CPP. Nessa última decisão, o juiz não *decidiu* o incidente de falso (em seu mérito); pelo contrário, sequer permitiu sua instauração, de modo que, para nós, não é caso de se interpor recurso em sentido estrito, mas sim apelação.

Todavia, como alerta Vicente Greco Filho[70], mesmo não havendo recurso das partes no momento em que foi indeferido o incidente de falsidade, ao Tribunal não se impede a apreciação, em sede de apelação, da eventual falsidade documental, porque devolvida toda a profundidade da matéria pelo recurso amplo de apelação.

Caso deferida a instauração do incidente pelo magistrado, dessa decisão, em tese, não cabe recurso, mas se o incidente de falso tiver sido deferido, sem qualquer base empírica – por inexistir *fumus boni iuris* de que o documento inquinado seja falso – será possível interpor-se correição parcial, arguindo-se a inversão tumultuária de atos processuais a comprometer a razoável duração do processo.

6.12.9. Autos apartados. Não suspensão do processo

Deferida a instauração do incidente, será providenciada seu encarte em autos apartados (art. 145, *caput*, do CPP), mas não se suspenderá o andamento do feito

---

70. Vicente Greco Filho, Manual de Processo Penal, p. 182.

principal, o que permite que o magistrado sentencie o processo, mesmo não tendo se encerrado o incidente.

A questão se complica quando o juiz sentencia, absolvendo ou condenando o acusado, estribado em convicção formada por documento que se apura, posteriormente, ser falso, nos autos de incidente próprio, uma vez que, pela literalidade da lei, o processo não se suspende pela não conclusão do incidente de falsidade. Em miúdos, é perfeitamente possível que uma sentença seja prolatada antes das conclusões do incidente de falsidade

Exemplo: o juiz condena o acusado de estelionato, dando credibilidade aos atos de constituição de sociedade comercial que documentava ser o réu o administrador da empresa envolvida na emissão de *duplicatas frias* (sem negócio ou serviço subjacente à emissão do título de crédito), auferindo vantagem ilícita com sua venda; pois bem, após a condenação proferida pelo magistrado, havendo recurso, o incidente documental apura que os atos de constituição da sociedade em que constava o nome do acusado como sócio – administrador eram falsos. Ora, com essa informação, certamente será dado provimento ao recurso defensivo, absolvendo-se o acusado (claro que não se poderá alegar supressão de instância, sob pena de se consagrar clamorosa injustiça!). Importante dizer que, mesmo se tiver sido interposto apenas recurso pela acusação, postulando o aumento da pena, por exemplo, nada impedirá que o Tribunal absolva o acusado, tendo em vista a prova da falsidade documental, porque não se veda, no processo penal, a possibilidade de *reformatio in melius* (melhorar a situação do acusado em recurso exclusivo da acusação que tenha por escopo único agravar a situação do réu).

E se já tiver sido proferida sentença condenatória transitada em julgado (trânsito esse que inclui os autos principiais e o incidente de falso é claro), e depois, em autos do cível, por exemplo, constata-se a falsidade do documento que estribou a condenação do acusado?

Nessa situação, será cabível o ajuizamento de revisão criminal ou de *habeas corpus* para se desconstituir a condenação injusta.

Em outro giro, se tiver sido proferida uma absolvição com base em documento falso, e, depois, através do encerramento do incidente de falso, havendo recurso acusatório, apura-se a falta de autenticidade ou veracidade daquele documento, o que fazer?

Entendemos que o recurso acusatório poderá ser provido, em prol da verdade real, levando-se em consideração a prova de falso documental, condenando-se, se o caso, o réu, desde que, claro, antes do julgamento colegiado pelo Tribunal, seja dada oportunidade à defesa para se manifestar.

No entanto, se apenas a defesa tiver recorrido da absolvição (postulando, por exemplo, a mudança de fundamentação da sentença, de insuficiência de provas, para a prova de que o fato não ocorreu), a evidência trazida, posteriormente, na conclusão do incidente de falso, no sentido de que o documento que estribou a absolvição era inautêntico ou mendaz, não será levado em consideração pelo Tribunal, porque vigente, na espécie, a vedação à *reformatio in pejus* – a situação do acusado não poderá ser, de qualquer forma, prejudicada por recurso exclusivo da defesa – art. 617 do CPP.

Em suma, no caso de absolvição imerecida, embasada em documento que se apura, posteriormente ao trânsito em julgado, ser falso, nada poderá ser feito, pois vedado, em nosso ordenamento jurídico, a revisão criminal *pro societate*.

Para evitar tamanho imbróglio, reputamos mais conveniente, se o documento for de crucial importância para se chegar ao deslinde da causa penal (*v.g.*, prova do álibi em que se discute a veracidade das declarações assinadas por testemunhas no documento; documento escrito pela vítima, já falecida, que isenta o acusado de ter efetuado disparos contra ela, apontando terceira pessoa), que o juiz aguarde o desfecho do incidente de falso, para que possa bem decidir, como se fosse verdadeira questão prejudicial. Como bem observa Renato Brasileiro de Lima[71], "(...) se o juiz considerar que a verificação da falsidade do documento é imprescindível para o julgamento do feito, pode converter o julgamento em diligência, nos exatos termos do art. 404, *caput*, do CPP, determinando o sobrestamento do feito até a solução da controvérsia. Ademais, se a falsidade documental funcionar como questão prejudicial da questão principal, a suspensão do processo será obrigatória".

Poderá, assim, a parte, na própria petição em que requer a instauração do incidente de falsidade, demonstrar, ao magistrado, que a solução do incidente de falso é de crucial importância à busca da verdade real e que deve ser solucionada antes da prolação de sentença, evitando-se possível erro judiciário; postulará, então, que a sentença aguarde – suspendendo-se o deslinde do processo – à espera da conclusão do incidente. Como vimos, se houver fundamento bastante, entendemos como admissível que o juiz acolha tal pretensão, desde que não utilizada, é claro, como estratégia para comprometer a razoável duração do processo, visando obter, *v.g.*, a extinção da punibilidade pela prescrição.

6.12.10. Recurso cabível da decisão que julga o incidente de falso

Da decisão que decide o incidente, julgando – o procedente ou improcedente, cabe recurso em sentido estrito (art. 581, XVIII, do CPP). Depois de reconhecida a falsidade, na hipótese em que o incidente é julgado procedente, declarando a falsidade documental, o documento inquinado será desentranhado, depois de preclusa a decisão – em razão de não interposição de recurso no prazo legal ou de seu esgotamento; esse é o sentido do art. 145, IV, do CPP, que estabelece que "se reconhecida a falsidade por decisão irrecorrível, mandará desentranhar o documento e remetê-lo, com os autos do processo incidente, ao Ministério Público".

---

71. Renato Brasileiro de Lima, *Curso de Processo Penal*, p. 1156.

6.12.11. Momento em que pode se arguido o incidente

O incidente, por afetar diretamente à busca da verdade real, pode ser suscitado em qualquer momento processual, mesmo em grau recursal. Há entendimento diverso, no sentido de que não seria possível a instauração do incidente de falsidade em 2ª instância, porque haveria a indevida supressão de instância – a análise inédita a respeito da autenticidade e veracidade, diretamente, pelo Tribunal sem passar pelo crivo analítico da 1ª instância. Pensamos de modo diverso. Para nós, a busca da verdade real – em um juízo axiológico – de valor dos bens jurídicos tutelados – deve-se sobrepor a eventual supressão de instância, afinal repugnaria ao mais elementar senso de justiça, condenar-se um inocente ou absolver-se um culpado, em razão de se impedir a verificação da existência de prova possivelmente falsa juntada aos autos, e que tenha ludibriado o juiz de 1ª instância! Seria lícito perpetuar-se o erro, quando há a possibilidade de saná-lo?!

Importante ressaltar que o juiz poderá declarar a falsidade de um documento juntado aos autos, sem a necessidade de instauração do incidente, o qual só será determinado, se houver a necessidade de produção de provas para a comprovação do vício.

6.12.12. É possível a instauração do incidente de falso em autos de inquérito policial?

Não será possível porque o incidente é processual, de modo que, anexado ao inquérito policial documento aparentemente falso, caberá à autoridade policial determinar seu desentranhamento e a apuração do delito de falso em outro inquérito.

6.12.13. Visão crítica do incidente de falsidade

Reputamos completamente inútil e prejudicial a previsão do incidente de falso como procedimento autônomo do feito principal, pelas seguintes razões:

1º – se **o documento juntado aos autos, em que se discute sua veracidade ou autenticidade, for essencial ao julgamento da causa** (*v.g.*, álibi assinado por testemunhas que declaram que o acusado estava em outro lugar no momento do crime; declaração assinada pela vítima, antes de sua morte, isentando o acusado de culpa; certidão de casamento anterior aparentemente falsa em processo de bigamia, etc) é óbvio que a discussão a respeito de sua idoneidade ou não é da *medula* do processo principal, jamais podendo ser relegado a um procedimento incidental, que não suspenda o andamento dos atos processuais, sob pena de gravíssimas consequências, acima estudas, que podem redundar na absolvição de um culpado, ou a condenação de um inocente!

A apuração do falso, nessas hipóteses todas em que a prova do falso documental influi diretamente na responsabilidade ou não do acusado, deve se dar no bojo dos autos principais, realizando-se perícias, ouvindo testemunhas, promovendo acareações etc e, enquanto não dirimida a questão, por se desenvolver a fase instrutória do processo, não se advém a sentença. Esse é o sistema lógico e justo que deveria imperar no processo penal: as partes, tanto a acusação, quando do oferecimento da peça acusatória, quanto à defesa, na resposta à acusação, poderiam requerer a produção de provas visando a apuração da falsidade documental, e a instrução abarcaria, na busca da verdade real, também essa verificação. Entendemos, inclusive, que, mesmo enquanto permaneça no nosso sistema esse incidente de falso, não haveria qualquer nulidade se o juiz, ao verificar a falsidade de documento, não instaurasse os autos incidentes de falso, e dirimisse a questão nos autos principais, condicionando – a à prolação de sentença, visando evitar decisões contraditórias – e por isso injustas – quando contrariassem o que concluído no incidente de falso.

2º – se o documento juntado aos autos, em que se discute sua veracidade ou autenticidade, não for essencial ao julgamento da causa, por exemplo, declaração de promessa de emprego aparentemente falsa juntada pela defesa, comprovante de residência inverídico em pedido de revogação da prisão preventiva, bastará ao juiz, se desconfiar da veracidade de tais documentos, enviá-los ao Ministério Público ou requisitar inquérito policial para apurar eventual delito de falso. Seria prejudicial à razoável duração do processo a instauração de um dispendioso e moroso procedimento incidental para verificar tais fatos, em caráter provisório e sumário, quando é perfeitamente possível a apuração definitiva do fato, via Polícia Judiciária ou *Parquet*, encarregados, constitucionalmente, da persecução criminal, função essa que, evidentemente, não é afeta ao juízo criminal.

Em conclusão, se o documento for essencial à apuração do crime, é dispensável a instauração do incidente de falso, porque a questão será dirimida, necessariamente, durante a instrução criminal, como pressuposto lógico da sentença a ser proferida; já se o documento inquinado de falso não for essencial à verificação do crime imputado ao acusado, deverá se proceder à apuração do fato em sede própria: inquérito policial ou processo criminal autônomos, encarregados, respectivamente, da persecução penal, o delegado de polícia e o membro do Ministério Público.

Nota-se, assim, que, de um modo ou de outro, sempre, o incidente de falso será uma medida procedimental inútil e comprometedora da razoável duração do processo; mais um penduricalho processual por onde se esvai a seiva do processo.

6.13. INCIDENTE DE INSANIDADE MENTAL DO ACUSADO

6.13.1. Conceito

É um incidente processual instaurado com a finalidade de apurar, através de perícia médica, se o indiciado ou acusado é inimputável, semi-imputável ou imputável, quando existirem dúvidas razoáveis acerca de sua sanidade mental.

6.13.2. Relevância do incidente

A perquirição a respeito da higidez mental do indiciado ou acusado possui grande relevância, pois, conforme o resultado da perícia, quando da sentença, serão possíveis a aplicação de sanções penais diversas: medida de segurança para o inimputável; pena para o imputável; pena reduzida ou, conforme o caso, medida de segurança ao semi--imputável.

6.13.3. Sistema biopsicológico do Código Penal e sua influência no processo penal

O sistema adotado pelo Código Penal, ao tratar da inimputabilidade e semi-imputabilidade, no seu art. 26, é o biopsicológico.

Para que o agente seja reconhecido como inimputável e a ele seja imposta medida de segurança, ou, no caso de semi-imputabilidade, sua pena seja reduzida ou substituída por medida de segurança, **é necessária a coexistência de dois fatores**:

1º – como causa, uma doença mental, um desenvolvimento mental incompleto ou retardado, ou perturbação da saúde mental; é o fator biológico.

2º como efeito daquelas anomalias, a incapacidade de entendimento do caráter ilícito do fato ou de determinação de acordo com esse entendimento (inimputabilidade), ou a capacidade diminuída de entendimento ou redução da possibilidade de autodeterminação (semi-imputabilidade); é o fator psicológico.

Sendo esse o sistema adotado no Código Penal, como condição para que seja imposta medida de segurança aos inimputáveis ou redução de pena aos semi – imputáveis, a lei processual exige que a perícia aponte, de um lado, a existência de doença mental, desenvolvimento mental incompleto ou retardado, perturbação da saúde mental, como causa biológica, devidamente comprovada; depois, apura-se a consequência *psicológica* daquelas anomalias *biológicas*, que são a incapacidade de entendimento quanto ao caráter ilícito do fato (se total, trata-se de imputabilidade; se parcial, semi-imputabilidade) ou de determinação quanto à sua conduta (da mesma forma, se total, inimputabilidade; se parcial, semi-imputabilidade).

A perícia psiquiátrica deverá descrever e explicar o *nexo causal* entre a doença, desenvolvimento incompleto ou retardado, perturbação da saúde mental como desencadeante da falta de capacidade (ou sua reduzida capacidade no caso da semi--imputabilidade), de entender o caráter ilícito do fato (incapacidade intelectiva) ou de determinar-se de acordo com aquele entendimento (incapacidade volitiva).

6.13.4. Necessidade de realização de perícia para o caso concreto. Impossibilidade de uso de prova emprestada

Surgida a dúvida a respeito da sanidade mental do agente, deverá ser determinada perícia para verificar-se a higidez da saúde mental do indiciado ou acusado, no decorrer do inquérito ou processo em trâmite. Não é admissível a utilização, como prova emprestada, de laudos periciais produzidos no juízo cível (*v.g.*, processo de interdição), ou mesmo em outro processo criminal, em que tenha se instaurado incidente de insanidade mental. Como já decidiu o STJ[72], " a conclusão do laudo pericial, ora acostado aos autos, produzido no processo de interdição civil do acusado, é válido apenas em relação aos atos de sua vida civil, não sendo capaz de isentá-lo de culpabilidade penal. Tal dúvida somente será solucionada após a realização correta do incidente de sanidade mental do acusado, (...)".

A perícia deve ser concretamente particularizada, referindo-se à doença ou anomalia mental, como fato gerador do delito praticado em data especificada; pode, ainda, o estudo técnico apontar que a falta de higidez mental surgiu, após a data da infração, sendo que, na época do crime, o acusado era mentalmente são.

E se houver vários processos em face do mesmo acusado, surgindo dúvida a respeito de sua sanidade mental, o que fazer?

Numa visão não muito prática do problema, restaria a solução de se instaurar um incidente de insanidade mental para cada processo, uma vez que deverá ser apurada, numa relação de causa e efeito, a anormalidade mental e o seu efeito – incapacidade intelectiva e volitiva – a ser aferida especificamente em cada uma das datas dos diversos crimes perpetrados e que podem variar de feito criminal para feito criminal.

Reputamos, todavia, mais prático e consentâneo com a economia processual e razoável duração do processo, sem que se viole, ao mesmo tempo, os interesses da sociedade e do próprio acusado, a seguinte solução: instaurados, fundamentadamente, incidentes de insanidade mental em cada um dos processos, determina-se a realização de uma perícia única, em que o *expert* apontará, se o caso, a anormalidade mental e a eventual incapacidade intelectiva ou volitiva, relacionando – a com a data dos crimes em apuração nos diversos feitos. Exemplo: surgem dúvidas, em processos pela prática de homicídio, extorsão e latrocínio, ocorridos, cada um deles, no dia 10 de agosto de 2013, 25 de setembro de 2014, e 17 de abril de 2015, de que o acusado de tais infrações seja portador de anomalia mental. Nessa situação, serão instaurados incidentes de insanidade mental, fundamentadamente, em todos os processos; mas, sabedores os juízes de tal fato, poderão, em conjunto, determinar que o *expert* realize uma só perícia, verificando constatar eventual anormalidade mental, no dia de cada um dos fatos criminosos, relacionando, separadamente, para cada processo, a doença ou perturbação da saúde mental pré – existentes como causadoras ou não da incapacidade de entendimento e de auto – determinação, quando da prática dos diversos ilícitos penais. Em outras palavras, o perito descreverá se, no homicídio, ocorrido no dia 10 de agosto de 2013, o acusado era imputável, inimputável, ou semi-imputável; desse mesmo procederá quanto à extorsão ocorrido no dia 15 de setembro de 2014, e, por fim, quanto ao latrocínio praticado em 17 de abril de 2015. Todas essas conclusões exaradas serão decorrentes de uma só perícia, subscrita em um só laudo, cujas cópias serão remetidas a todos os juízos envolvidos na apuração dos crimes.

---

72. STJ – 5ª T. HC 49.767/PA, Rel. Min. Laurita Vaz, j. 07/03/2006, DJ 03/04/2006, p. 384.

6.13.5. Legitimidade para requerer a instauração do incidente e decidir a respeito. Decisão exclusivamente judicial

O incidente de insanidade mental poderá ser instaurado por representação da autoridade policial, na fase do inquérito policial. O delegado de polícia não pode determinar a realização de perícia para apurar a higidez mental do indiciado, de ofício, dependendo de autorização judicial para tanto, mediante representação. Da mesma forma, incabível que o Ministério Público requisite, diretamente, à autoridade policial a feitura de referida perícia; deverá o *Parquet* requerer, na fase do inquérito policial, do processo ou mesmo da execução criminal, autorização do magistrado para tanto. Poderão requerer, também, a instauração do incidente de insanidade mental (que nada mais é que simplesmente uma espécie de perícia tendo por objeto a sanidade mental do indiciado ou acusado), além do Ministério Público, o assistente da acusação, o defensor, o curador, o ascendente, descendente, irmão ou cônjuge/companheiro do acusado, em regra em qualquer fase do inquérito policial, do processo ou da execução criminal, como estipula o art. 149, *caput*, do CPP. Quanto ao assistente da acusação, como lhe é facultado propor meios de prova (art. 271, *caput*, do CPP), entendemos que seria possível tal requerimento da parte acessória, porque já assente na doutrina e jurisprudência que seu interesse primordial em atuar em um feito criminal é o de auxiliar na realização da Justiça, mais do que buscar uma indenização pelos danos causados pela infração; sem dúvida, repugnaria ao mais elementar senso de justiça impor-se uma pena a um inimputável ou a um semi-imputável que necessitasse de tratamento curativo e não de uma reprimenda penal pura e simples. As únicas ressalvas quanto a possibilidade de requerimento do assistente são, por primeiro, a de que só estará autorizado a postular tal incidente, na fase processual, após ajuizada a ação penal, como determina o art. 268 do CPP, e antes da execução criminal, fase essa da qual não participa, em hipótese alguma, o assistente; em segundo lugar, o Ministério Público deverá ser ouvido a respeito da prova proposta pelo assistente, antes do seu deferimento ou indeferimento pelo juiz (art. 271, § 1º, do CPP).

Quanto ao curador referido no *caput* do art. 149 do CPP, claro que não mais será aquele que assistia o maior de 18 e menor de 21 anos, na denominada menoridade relativa, que deixou de existir, com o surgimento do novo Código Civil a estabelecer que a menoridade cessa aos 18 anos (art. 5º). O art. 194 do CPP que determinava a nomeação de curador ao menor de 21 anos foi tacitamente revogado pelo novo Código Civil. Mas pode-se entender que a figura do curador mencionada no artigo se refira ao curador do cível, *v.g.*, que atue no processo de interdição, a quem se legitimaria que pudesse requerer, na fase do inquérito policial ou do processo penal, a instauração do incidente de sanidade mental, quando seu curatelado estivesse sendo investigado ou acusado de determinado crime. Plena, a nosso ver, sua legitimidade jurídica para tanto, extraída dos arts. 1767/1778 do Código Civil.

Quanto ao cônjuge, certo que abarca em seu conceito também o companheiro que mantenha união estável com aquele de quem se suspeita sofrer das faculdades mentais; permite-se, assim, ao companheiro, em razão da igualdade de direitos entre eles, consagrada no art. 226, § 3º, da Lei Maior, que também possa requerer a realização de perícia tendo por objeto a integridade mental do indiciado ou acusado.

Também possui legitimidade para requerer a instauração do incidente o querelante, tanto no caso de crime de ação penal privada propriamente dita, quanto no de ação penal privada subsidiária da pública (art. 29 do CPP), porque, no primeiro caso, é o titular da ação, e, no segundo, assumiu sua titularidade em razão da desídia do Ministério Público em oferecer ação penal no prazo legal.

O juiz poderá, independentemente de requerimento de quem quer que seja, na etapa pré-processual do inquérito ou em qualquer fase do processo, determinar, de ofício, a instauração do incidente, providenciando, porém, a intimação das partes para que se manifestem a respeito, oferecendo quesitos, por exemplo.

E o indiciado ou acusado, em nome próprio, poderão requerer a instauração do incidente, mesmo que sem o intermédio do seu defensor?

A lei não trata expressamente do assunto, mas não se vislumbra nenhum óbice ao inusitado requerimento, a uma, porque possível que, mesmo sendo o acusado inimputável ou semi-imputável, tenha consciência (limitada e falha, obviamente) de sua doença mental; a duas, se o juiz pode determinar a instauração do incidente de ofício, não há porque não acolher o requerimento do acusado (mesmo que de próprio punho), ordenando a realização da perícia mental.

6.13.6. Recurso da decisão que defere ou indefere o incidente

Da decisão que *defere*, de ofício ou a requerimento, o incidente de insanidade não se prevê recurso específico, mas é possível, conforme o caso, a impetração de *habeas corpus* ou mandado de segurança. O remédio heroico seria cabível porque pode atender melhor ao interesse a liberdade do acusado, por exemplo, a imposição de uma pena de curta duração que a fixação de medida de segurança, por prazo indeterminado.

Possível, ainda, a interposição de correição parcial, sendo a instauração do incidente pelo juiz for arbitrária, sem qualquer base empírica que a fundamentasse, a acarretar, pelo *error in procedendo*, balbúrdia na persecução criminal, seja na fase do inquérito seja na etapa processual.

Da decisão que *indefere* o incidente, poderá ser interposto, também, mandado de segurança ou *habeas corpus*, sustentando-se que não seria jurídico impor-se ao acusado uma pena quando possível que padecesse de doença mental a exigir especial tratamento curativo. Do indeferimento, poderá se arguir, quando da prolação de sentença no processo, nulidade, em sede de preliminar.

Entendemos, também, que, como a decisão que indefere o incidente de insanidade é uma decisão com força de definitiva, a semelhança daquela que indefere o sequestro de bens, seria cabível a interposição de apelação (art. 593, II, do CPP).

6.13.7. Momento de sua instauração

Como vimos, a perquirição da sanidade mental poderá ocorrer na fase do inquérito policial ou do processo, através do incidente de insanidade mental, ou mesmo da execução criminal, via incidente de execução.

No caso de perícia produzida na fase inquisitiva concluir pela inimputabilidade do indiciado, ao tempo da infração penal, caberá ao representante do Ministério Público, obviamente se houver justa causa para a ação penal, oferecer denúncia, mas com uma particularidade: como a medida de segurança ao inimputável se materializa através de uma sentença absolutória imprópria, o *Parquet* formulará pedido de absolvição, com a imposição de medida de segurança, e não um pleito condenatório. Na hipótese de o incidente de insanidade mental instaurado durante o inquérito policial apurar que o indiciado era semi-imputável, o Ministério Público oferecerá denúncia e formulará pedido de condenação, isso porque, o magistrado, se for o caso logicamente, sempre deverá condenar, antes, o semi-imputável para, depois, se houver necessidade de especial tratamento curativo, substituir a pena por medida de segurança; nessa situação, o pleito da acusação só pode ser mesmo o de condenação, uma vez que a questão referente à substituição de pena por medida de segurança é de alçada do magistrado.

6.13.8. Procedimento

Para que seja instaurado o incidente, por representação do delegado, pedido das partes ou, de ofício, pelo juiz, imprescindível que exista uma *fundada suspeita* a recair sobre a integridade mental do indiciado ou acusado. É necessária uma base empírica idônea que traga um *fumus boni iuris* de possível doença ou perturbação mental, seja pela especial gravidade da infração penal (*v.g.*, homicida que pratica atos de canibalismo com o corpo da vítima), seja por informações a respeito da vida pretérita do agente, como internações em institutos psiquiátricos; interdição no cível; atestados médicos prescrevendo remédios controlados ou apontando como diagnosticadas doenças mentais; a instauração de incidentes de insanidade mental em outros processos criminais, etc.

Sem a fundada dúvida quanto à integridade mental do agente, o pedido de instauração do incidente será legitimamente indeferido, pois não seria consentâneo com a economia processual e razoável duração do processo, determinar-se a produção de prova pericial, que levaria à suspensão do processo, na prática, por vários meses, atendendo a pedido procrastinatório; com estribo no §1º do art. 400 do CPP, cabe ao magistrado indeferir as provas consideradas irrelevantes, impertinentes ou protelatórias.

Determinada a instauração do incidente de insanidade mental do indiciado ou acusado, pelo juiz, de ofício, a pedido das partes ou em virtude da representação da autoridade policial (neste último caso, apenas na hipótese de tramitar inquérito policial), a decisão, devidamente fundamentada, deverá constar dos autos principais (inquérito policial ou processo), formando-se, entretanto, autos do incidente, em apartado.

Nos autos apartados, constará o pedido da parte, a representação do delegado e a decisão judicial que deferiu o pleito, ou ainda, ou a própria decisão, de ofício, do magistrado nesse sentido. Após, segue-se portaria em que a autoridade judicial aponta o objeto do incidente – realização de perícia que terá por objeto a apuração da higidez mental do indiciado ou acusado, acompanhados dos quesitos elaborados pelo magistrado, e eventualmente pelas partes, que devem ser respondidos pelo perito.

Após a portaria, deverá ser concedida oportunidade ás partes, inclusive ao querelante, ao assistente da acusação (depois de iniciado o processo, como vimos acima), e ao acusado, através de seu defensor, para que apresentem quesitos endereçados ao perito responsável pelo laudo; poderão, ainda, as partes, nomear assistentes técnicos (art. 159, § 3º, do CPP). A possibilidade de apresentar quesito, no caso de representação da autoridade policial para a instauração do incidente, será concedida ao delegado e também ao membro do Ministério Público. Entendemos que essa faculdade de elaborar quesitos não pode ser cerceada ao delegado, quando este representa pela instauração do incidente, porque a autoridade policial, na prática, é quem terá tido o contato mais próximo com o indiciado, e melhor poderá questionar suas possíveis anomalias mentais, até porque, cobrado, nos concursos públicos de ingresso à carreira policial, a matéria de medicina legal, que inclui a psiquiatria forense, o que dá, à autoridade policial, maior conhecimento teórico da questão relacionada à doença mental ou perturbação da saúde mental.

As partes podem requerer a nomeação de assistente técnico, como lhes faculta o § 5º, II, do art. 159 do CPP.

É determinada a instauração de autos apartados justamente para que o perito tenha livre acesso às informações nele contidas, e que possa utilizar tais autos quando da realização do estudo técnico; em razão disso, quando o magistrado lavra a portaria deverá determinar que sejam extraídas as cópias principais do inquérito policial ou do processo, sendo anexadas aos autos incidentais.

Caso assim não tenha procedido, de acordo com o § 2º, do art. 150, do CPP, se não houver prejuízo para a marcha do processo, o juiz poderá autorizar sejam os autos entregues aos peritos, para facilitar o exame; mas, como vimos, muito mais prático será, simplesmente, extraírem-se cópias das peças principais, instruindo os autos incidentais.

6.13.8.1. Diferenciações do incidente instaurado no inquérito policial e no decorrer do processo

Importante salientar as seguintes diferenciações, em se tratando de incidente instaurado na fase pré-processual (de inquérito policial) e processual:

1ª – só seria nomeado curador se houvesse processo instaurado, pois o § 2º, do art. 149, do CPP menciona que o "O juiz nomeará curador ao *acusado*, quando determinar o exame, ficando *suspenso o processo* (...)". Como se nota, pela *interpretação literal da lei*, só há se falar em nomeação de curador ao acusado, na etapa processual, inexistindo tal obrigação se tramitar ainda o inquérito policial. A razão seria simples: na fase policial, o indiciado não é acusado, mas sim, simplesmente investigado, bem ao contrário da etapa processual em que se imputa uma acusação criminal ao agente; se efetivamente incapaz, apenas nessa última hipótese, necessitaria de uma especial assistência prestada pelo curador, na fase judicial. Pensamos, porém, que, é sempre conveniente, *em qualquer etapa da persecução penal,* inclusive quando do tramitar do inquérito policial, que se assegure ao indiciado – potencialmente acometido de doença mental – um especial cuidado de um curador.

2ª – Apenas o processo ficará suspenso pela instauração do incidente, e não o inquérito, pois, como se viu, o § 2º do art. 149, do CPP, determina a suspensão do processo, de modo que, na fase do inquérito policial, não se sustará sua marcha.

6.13.8.2. *Nomeação de curador*

Na etapa processual, instaurado o incidente de insanidade mental, o juiz, necessariamente, deve nomear um curador ao acusado. Este curador normalmente é o próprio defensor, ou o ascendente ou descente do acusado. A nomeação de curador, pelo juiz, ao acusado, é essencial à validade dos atos processuais, pois, se o réu for considerado inimputável pela perícia, e não tiver sido nomeado curador, essa omissão poderá acarretar a nulidade do processo, a partir da instauração do incidente, porque se deixou o acusado – plenamente incapaz-sem ter seus interesses melhor velados por alguém nomeado especialmente para tanto (curador). A nosso ver, trata-se de nulidade relativa, a qual, para ser caracterizada, demanda prova do prejuízo, de modo que, se não houve qualquer prejuízo ao réu, que teve seus interesses adequadamente resguardados pelo seu advogado, pela Defensoria Pública ou pelo próprio Ministério Público, como fiscal da lei, não há que se reconhecer a eiva. No caso de não nomeação de curador a acusado diagnosticado, em perícia, como semi-imputável através de incidente de insanidade mental, também só se poderá falar em nulidade se houver demonstração de prejuízo, o que será, convenhamos, mais difícil de se comprovar; afinal o réu, nessa hipótese, possuiria apenas *parcial* capacidade de entendimento. Por fim, a não nomeação de curador, no caso de incidente de insanidade ao acusado que se conclui ser plenamente imputável, não acarreta qualquer nulidade, porque torna-se impossível a ocorrência de qualquer prejuízo (sequer presumido) ao réu: a nomeação de curador só se justifica como forma de melhor proteger os interesses de quem sofre de doença mental ou perturbação de sua saúde mental e que não tem condições de fazê-lo pessoalmente; se o acusado é são, não era necessário, afinal, que fosse assessorado por curador.

6.13.8.3. *Suspensão do processo. Prescrição. Provas urgentes*

Reza o § 2º do art. 149, do CPP que o processo, quando instaurado o incidente de insanidade, ficará suspenso, mas, como não há qualquer menção a respeito da suspensão da prescrição, certo que o prazo prescricional corre normalmente (não é suspenso). Sendo assim, se houver, durante o trâmite do incidente de insanidade, a ocorrência da prescrição em abstrato do delito, o juiz, julgando prejudicada a questão da saúde mental do réu, declarará extinta sua punibilidade, mesmo que de ofício.

Não obstante suspenso o processo em razão do incidente, poderá ser determinada a produção de provas de natureza urgente, como a realização de outras perícias, oitiva de testemunhas que, por enfermidade, velhice ou outro motivo, inspirem o receito de que não possam prestar depoimento (art. 225 do CPP), etc.

A razão de ser da suspensão do processo, na fase processual de instauração do incidente, é a de aguardar-se o resultado da perícia, concluindo a respeito da sanidade mental ou não do acusado, a permitir diferentes soluções, quando da prolação da sentença, como se verá a seguir.

6.13.8.4. Perícia. Número de peritos. Prazo

O §§ 1º e 2º do art. 150, do CPP mencionam o trabalho de *peritos* na elaboração do laudo pericial, deixando a impressão que a feitura do exame de insanidade mental dependerá, sempre, do trabalho conjunto de pelo menos dois peritos.

Todavia, essa exigência de nomeação de dois peritos para elaborarem o exame de insanidade contradiz a regra geral de todas as perícias do processo penal que se contenta com o trabalho de um só perito, quando oficial, e de dois peritos, quando nomeados pelo juiz (art. 159, *caput*, e § 1º, do CPP).

Qual das normas deve prevalecer? Será imprescindível a realização da perícia por dois peritos oficiais para o incidente de insanidade, como preconizam os §§ 1º e 2º do art. 150, do CPP, ou bastará o trabalho de um só perito oficial, como possibilita o art. 159, *caput*, do CPP?

Há **duas posições** sobre o tema:

1ª Posição. São necessários dois peritos oficiais para a realização da perícia de insanidade mental, porque, *in casu*, deve prevalecer o princípio da especialidade: entendeu o legislador haver maior complexidade de elaboração desse trabalho técnico e, por isso, exigiu a existência de, pelo menos, dois peritos para sua elaboração, particularizando essa espécie de perícia das demais.

2ª Posição: Bastará a realização de perícia por apenas um perito, como regra. A aparente exigência de dois peritos para a realização do incidente de insanidade mental não passou de mais um *cochilo* do legislador. Quando a Lei 11.690/08 modificou a redação do *caput* do art. 159 do CP, retirando a exigência de dois peritos oficiais para os trabalhos periciais, e se contentando com apenas um *expert*, esqueceu-se o legislador de alterar, por uma questão de coerência sistêmica, também os demais artigos do Código que previam o trabalho de dois experts na confecção dos laudos periciais. Em suma, o art. 159, *caput*, do CPP, alterado pela Lei 11.690/08, revogou tacitamente os §§ 1º e 2º, do art. 150, do CPP, de modo que toda e qualquer perícia no processo poderá ser realizada por apenas um perito oficial. Essa nos parecer ser a melhor posição, porque consentânea com o nosso histórico de elaboração das leis; corriqueiramente, presenciamos alterações de dezenas, às vezes, centenas de artigos, de um

Código, sem quase nunca se preocupar, o legislador, com a coerência daquele sistema de leis, dando a aparência ao Estatuto Legislativo, de verdadeira *colcha de retalhos*! Seria muito irrealista enxergar, no caso em estudo, uma sabedoria e cautela incomuns do legislador que teria se atentado e preocupado com a perícia de insanidade mental, ao ponto de manter a exigência de dois peritos; mais crível, simplesmente, o comum esquecimento decorrente do improviso e amadorismo na confecção das leis...

Além disso, a realização de perícia de insanidade por apenas um perito oficial, como regra, não trará nenhum prejuízo, porque, se, excepcionalmente, a complexidade da doença mental do indiciado ou acusado exigir que o trabalho técnico seja elaborado por dois ou mais peritos oficiais, nada impedirá sua designação como permite o § 7º, do art. 159, do CPP.

Prazo para a realização da perícia

O exame deverá ser realizado no prazo de 45 dias; mas poderá haver sua prorrogação, caso se demonstre a necessidade de maior prazo (art. 150, § 1º, do CPP).

A prorrogação do prazo deverá ser por tempo não superior a outros 45 dias, mas, na prática, por falta de peritos nos institutos oficiais, é comum laudos que demoram diversos meses para ser elaborados. No caso de perícia determinada em processo no qual o acusado esteja preso, será cabível a impetração de *habeas corpus*, caso o prazo para a realização do laudo seja excessivo, *v.g.* seis ou sete meses, o que, aliás, não é incomum na prática.

6.13.8.5. Condução coercitiva do indiciado ou acusado para realização da perícia

Caso o indiciado ou acusado negue-se a submeter-se à perícia que visa atestar sua sanidade mental, poderá ser determinada, pela autoridade judicial apenas (porque se trata de perícia a ser determinada exclusivamente pelo juiz, vedada sua determinação pelo delegado de polícia), sua condução coercitiva para tanto.

Não há qualquer violação ao privilégio contra a autoincriminação, porque o indiciado ou acusado não estará, ativamente, produzindo prova contra si, mas sim, sendo, passivamente, examinado, como medida imprescindível, e de interesse público, que é a de se apurar ser caso de aplicação de pena (sendo o agente imputável), pena reduzida (agente semi-imputável) ou medida de segurança (agente inimputável ou semi-imputável mas carecedor de especial medida curativa).

6.13.9. Resultados possíveis do incidente de insanidade e seus efeitos na prolação das sentenças

Os resultados das perícias, e as sentenças que poderão ser prolatadas com base nelas, são os seguintes:

1º – Conclui-se que o agente era imputável durante a prática do crime, permanecendo mentalmente são após o delito

Sendo o agente imputável, conclusão essa exarada em laudo pericial, os autos de incidente de insanidade mental que tramitavam em separado, serão anexados aos autos principais. Se o incidente tiver sido instaurado na fase processual, terá sido determinada a suspensão do processo e a nomeação de curador ao acusado, como vimos; na situação de o acusado ter sido considerado imputável, à época do crime, e também depois de sua prática, e anexados os autos incidentais, o processo prosseguirá na sua marcha, sem a necessidade de continuidade do curador, afinal, o acusado, por ser mentalmente são, não necessita de tal assistência. Quando da prolação da sentença, ao final do processo, o acusado poderá ser condenado ou absolvido, mas não se autoriza, o magistrado, a impor a ele medida de segurança, porque já concluído, por perícia, ser o réu imputável.

2º – Conclui-se que o agente era inimputável ou semi-imputável durante a prática da conduta delitiva, assim permanecendo após sua prática

Nessa hipótese, anexados os autos do incidente ao processo, o processo voltará ao seu trâmite normal, mas sendo o acusado assistido por curador, anteriormente nomeado, que permanecerá atuando no feito, inclusive na hipótese de o acusado ser considerado semi-imputável.

Quando da sentença ao juiz abrem-se as seguintes possibilidades:

2.1. Absolvição própria

Não obstante reconhecida a inimputabilidade ou semi-imputabilidade do agente, durante a instrução criminal, comprova-se que o fato era atípico, *v.g.*, por atipicidade material da conduta, ou ainda, que há causa excludente de ilicitude (legítima defesa por exemplo), de culpabilidade (*v.g.*, coação moral irresistível). Nessas situações, que inclui, também, a dúvida razoável a respeito de circunstâncias que excluam o crime ou isentem o réu de pena (art. 386, VI, do CPP), caberá ao magistrado, pura e simplesmente, absolver o acusado, sem impor medida de segurança, a qual pressupõe, para que seja legítima sua imposição, a existência de um fato típico, ilícito e punível. De igual maneira, mesmo que tenha se apurado, extreme de dúvida que o autor do delito é mesmo o agente inimputável ou semi-imputável, mas se tiver ocorrido a extinção da punibilidade (por exemplo, pela prescrição), não estará autorizado o magistrado a impor-lhe medida de segurança a ele, devendo apenas declarar extinta sua punibilidade.

2.2. Absolvição imprópria do inimputável

Apurado que o acusado era inteiramente incapaz de entender o caráter ilícito de sua conduta ou de se autodeterminar, à época da conduta delitiva, de acordo com esse entendimento, sendo, portanto, inimputável, caberá ao juiz absolvê-lo, impondo ao sentenciado medida de segurança, desde que comprovada, anteriormente e acima de qualquer dúvida razoável, a prática de fato típico, ilícito, e punível, como seu pressuposto.

A medida de segurança pode consistir na internação ou no tratamento ambulatorial, as quais têm prazo de duração indeterminada, a perdurar enquanto não for constatada a cessação da periculosidade, por perícia médica (art. 97, *caput*, e § 1º, do CP). O prazo mínimo é de 1 a 3 anos. No seu término, será realizada perícia médica para se verificar se cessou a periculosidade (art. 97, § 1º, do CP). Importante conhecer-se o teor da Súmula 527 do STJ: "O tempo de duração da medida de segurança não deve ultrapassar o limite máximo da pena abstratamente cominada ao delito praticado".

2.3. Redução de pena ou absolvição imprópria do semi-imputável

Concluída a perícia no sentido de que o acusado possuía perturbação de saúde mental ou desenvolvimento mental incompleto ou retardado ao ponto de não ser inteiramente capaz de entender o caráter ilícito do fato ou de determinar-se de acordo com esse entendimento, sendo, portanto, semi-imputável, o juiz, se comprovada, anteriormente e acima de qualquer dúvida razoável, a prática de fato típico, ilícito, culpável e punível, poderá condenar o acusado, mas reduzindo sua pena de 1 a 2/3 (art. 26, § único, do CP). Mas, se houver a necessidade de especial tratamento curativo ao semi-imputável, poderá o juiz substituir a pena por medida de segurança (art. 98 do CP). Porém, fique claro que, sempre, haverá, no caso de fato ilícito praticado por semi-imputável, a fixação de pena, a qual poderá, conforme o caso, excepcionalmente, ser substituída por medida de segurança, apenas quando se comprovar a necessidade de especial tratamento curativo do agente.

3º – Conclui-se que o agente era inimputável ou semi-imputável durante a prática da conduta delitiva, mas, após o fato criminoso, se restabeleceu, tornando-se imputável

Nessa hipótese, o agente, quando da prática do delito, era inimputável ou semi-imputável, mas, depois do fato criminoso, se restabelece completamente, tornando-se mentalmente são.

Pela literalidade do art. 26 do Código Penal, deveria ser imposta ao acusado medida de segurança, porque, afinal, quando da prática do crime, era portador de doença mental ou perturbação da saúde mental. Porém, **indaga-se: como aplicar medida de segurança – que nada mais que uma imposição coativa de tratamento médico – a quem dele não necessite, por ser saudável?!** Seria uma nítida ofensa à dignidade da pessoa humana, um dos fundamentos da República (art. 1º, III, da CF), internar-se em um manicômio quem não padece de doenças mentais!

Por outro lado, o Estatuto Repressivo não permite a aplicação de pena àquele que, quando da prática da infração era inimputável ou semi-imputável, de modo que, a essa questão, não se encontra solução no ordenamento jurídico, até porque, em se tratando de normas de direito penal, não há como se suprir suas omissões, utilizando-se de analogia ou princípios gerais de direito, a fim de encontrar algum fundamento para se impor uma sanção penal, não prevista expressamente em lei. Diante desse quadro, nada mais restará ao juiz que absolver o acusado.

A única possibilidade que vislumbramos em que se poderá aplicar sanção penal, é aquela em que o acusado, quando da prática do crime, ser inimputável, e depois, tornar-se semi-imputável; nessa situação, de acordo com o art. 26 do CP, possível a aplicação de medida de segurança ao acusado, porque afinal, à época do crime, padecia o agente de doença mental, mesmo que, depois de sua prática, tenha a moléstia abrandado. Mostra-se, desse modo, humana, justa e jurídica a aplicação de sanção penal, sob a modalidade exclusiva de medida de segurança.

4º – Conclui-se que o agente era imputável à época do crime, mas tornou-se, depois de sua prática, inimputável (crise da instância)

A perícia de insanidade mental pode concluir que o indiciado ou acusado era perfeitamente são quando praticou o delito, mas, após sua prática, passou a padecer de doença mental, tornando-se inimputável. Se o incidente tiver sido instaurado durante a fase do inquérito policial, e houver justa causa para o ajuizamento da ação, será oferecida a denúncia ou queixa, suspendendo-se, após o recebimento da peça acusatória, da resposta à acusação e da nomeação de curador ao acusado, o processo, de acordo com o que determina o art. 152, *caput*, do CPP; tal suspensão do processo perdurará até o restabelecimento do acusado, e não impedirá a produção de provas de natureza urgente (art. 149, § 2º, do CPP), como, por exemplo, a realização de perícias, oitiva de testemunhas que inspirem receio, por enfermidade, velhice ou outro motivo (residirem em outro país, *v.g.*) de que não poderão prestar depoimento no futuro (art. 225 do CPP). Por outro vértice, sendo o incidente instaurado durante o processo, de acordo com o § 2º, do art. 149 do CPP, o processo será suspenso e nomeado curador ao acusado, permitida também a produção de provas de natureza urgente. Apurado, por perícia, que o acusado se tornou inimputável, após a infração penal, o processo, que já estava suspenso e no qual intervinha curador, assim permanecerá – suspenso e com a participação de curador – até o restabelecimento do acusado; é a denominada crise da instância.

Crise da instância e prescrição

O processo permanecerá suspenso por prazo indeterminado – sujeito a fato futuro e incerto – a convalescência do acusado inimputável; como dissemos, é a chamada crise da instância. Mas, nesse lapso temporal, correrá, normalmente, a prescrição, por falta de previsão legal de sua interrupção ou suspensão.

Crise da instância e ação penal privada

Se o acusado tiver se tornando inimputável, após o crime por ele cometido, como vimos acima, não será possível aplicar-lhe pena, porque não a entenderia, nem medida de segurança, a qual pressupõe a existência de doença mental contemporânea ao delito, e, no caso, o agente era perfeitamente são quando da infração penal, tornando-se insano apenas posteriormente. Em suma, a crise da instância, nessa hipótese, perdurará até a extinção da punibilidade, como citado, pela ocorrência da prescrição, ou mesmo pela morte do acusado. Pode acontecer também que, no caso de uma ação penal privada ajuizada em face de acusado que, após o crime, se tornou inimputável, que o querelante, mesmo depois de suspenso o processo, perdoe o acusado (perdão esse que deverá ser aceito pelo seu representante legal); ou expressamente manifeste o desejo de desistir da ação penal, o que levará à inexorável extinção da punibilidade do réu tornado insano, fazendo cessar a crise da instância, por esses motivos, e não pela prescrição.

Crise da instância e corréus

Se o acusado que se tornou insano após a prática do delito estiver sendo processado juntamente com outros corréus, o processo ficará suspenso por prazo indeterminado apenas em relação a ele; quanto aos demais acusados, o feito deverá prosseguir em sua marcha normalmente.

Qual a razão que levou o legislador a criar essa verdadeira crise de instância, suspendendo o processo, sem data para sua retomada, a espera de fato futuro e incerto, que é o restabelecimento do acusado inimputável?

Assim dispõe a lei, porque, se o acusado padece de doença mental que o impossibilite entender a sanção penal – os motivos que o levaram a sofrer a aplicação de uma *pena* – certamente não haveria condições (mentais) dele assumir uma posição reflexiva que o leve a se emendar, e de voltar ao convívio social regenerado (por isso, aliás, é que se denomina, quem cumpre sanção penal, de reeducando). Em miúdos, a pena aplicada a quem não possua capacidade intelectiva mínima de compreendê-la (seus motivos, sua finalidade) é inútil e nociva; também nociva – e perigosa – aos detentos (no caso de penas privativas de liberdade) que fossem obrigados a dividir cela com um insano, o qual poderia colocar em risco sua própria vida e a de outros presos.

E por qual razão não se aplica medida de segurança a quem sofre de doença mental, surgida após a prática do crime?

Não é possível se impor medida de segurança, porque autorizada essa sanção penal, apenas se o autor, *quando cometer o crime*, já sofrer de anomalias mentais, como deixa claro o art. 26 do CP.

Chega-se, então, a um dilema: não é aplicável a pena, porque o acusado não a compreenderia; não se impõe medida de segurança em razão da insanidade mental ter surgido depois do crime, o que não autoriza essa espécie de sanção penal.

Outro caminho não encontrou o legislador senão (acertadamente) determinar a suspensão do processo até o restabelecimento do acusado; convalescido da doença mental, e apto em compreender porque a ele foi imposta uma penalidade pelo Estado, aí sim, a pena poderá ser considerada como de utilidade; isto porque atenderá à sua dupla finalidade – repressiva – a de punir o infrator que tenha consciência das razões que levaram o Estado-juiz a impor-lhe uma reprimenda penal, e possa regenerar-se, pelo *aprendizado da dor*; satisfeita, ainda, a finalidade preventiva da pena: prevenir o cometimento de novas delitos, pelo exemplo da punição a quem transgrediu a norma penal.

Solução da crise da instância

Suspendendo-se o processo por doença mental do acusado superveniente à infração penal, abrem-se duas possibilidades:

1ª) O acusado não se restabelece: o processo, nessa hipótese, não voltará a tramitar, o que levaria o magistrado, quando alcançada a prescrição da pretensão punitiva pela pena em abstrato, declarar extinta sua punibilidade (art. 107, IV, do CP). No entanto, a Súmula 527 do STJ dispõe que o tempo de duração da medida de segurança não deve ultrapassar o limite máximo da pena abstratamente cominada ao delito praticado, de modo que, cumprido esse prazo, o acusado deverá ser solto, *antes da ocorrência da prescrição*.

Mas devemos aprofundar um pouco o assunto. O art. 152 do CPP, ao tratar da crise da instância, refere apenas, genericamente, a existência de *doença mental* que haja surgido após a infração.

Indaga-se, então: essa doença mental que acarreta a crise da instância refere-se, necessariamente, à inimputabilidade ou se refere também à semi-imputabilidade?

Como o dispositivo processual menciona, sem preocupação com o apuro na menção aos conceitos médicos, simplesmente, o vocábulo *doença* poder-se-ia abarcar, nesse termo, tanto a inimputabilidade quanto a semi-imputabilidade. Isso porque, se necessário, o magistrado pode substituir a pena por medida de segurança, quando se tratar de semi-imputável que necessite de especial tratamento curativo, o que demonstraria que sofre, também o semi-imputável, de alguma espécie de doença mental (mesmo que reduzida se comparada com o inimputável). Assim, seria sustentável que, tanto o inimputável quanto o semi-imputável, sejam considerados como doentes mentais, de modo que, comprovada a inimputabilidade ou semi-imputabilidade surgidas após o crime, haveria a inexorável suspensão do processo até o restabelecimento do acusado (crise da instância).

Não comungamos desse entendimento, porém. Para nós, a crise da instância só ocorre se o acusado for inimputável, e não semi-imputável, pelas seguintes razões:

1.1. - Sob o ponto de vista da análise da lei, a interpretação que deve se dar ao termo "doença mental" usada no *caput* do art. 152, do CPP, só pode ser a do Código Penal que define como inimputável quem sofre de *doença mental* (dentre outas anomalias), reservando a expressão *perturbação da saúde mental* aos semi – imputáveis (dentre outras anomalias que pode padecer). O sentido que deve ser dado a uma expressão usada em uma norma processual penal que tenha correspondente no Código Penal, só pode ser o do Estatuto Repressivo; logo, doença mental, quem a possui, segundo o Código Penal, é o inimputável, não o semi-imputável, de modo que, apenas se o acusado tiver se tornado inimputável, padecendo assim, na correta acepção do termo trazida pelo direito material, de doença mental, haverá a suspensão do processo, como claramente impõe o *caput* do art. 152 do CPP. Essa nossa interpretação literal da norma processual em comento se justifica porque regras que levem à suspensão indeterminada do feito criminal, podendo comprometer, a um só tempo, a efetividade do Direito Penal e a razoável duração do processo devem ser interpretadas restritivamente.

1.2. – Sob o ponto da realidade da vida, se o acusado se tornou, após eclodida a infração penal, semi-imputável e possuir, comprovada pericialmente, reduzida capacidade de entendimento ou de autodeterminação, não vemos motivo algum para se instaurar a crise da instância, suspendendo-se o processo por prazo indeterminado. Explicamos. Sendo o acusado dotado de capacidade de autodeterminação reduzida, isto é, inaptidão *parcial* em de controlar seus impulsos, mas mantendo íntegra seu entendimento das coisas, não há nenhum motivo, lógico ou jurídico, que o impedisse de sofrer uma sanção penal praticada à época em que era perfeitamente são. Exemplo: o acusado pratica um homicídio, em 18 de abril de 2012; arrependido, passa a usar compulsivamente drogas para amenizar sua dor moral; as investigações se seguem, e, três anos depois, apenas, em 20 de maio de 2015, apura-se a autoria do crime contra a vida. Oferecida a denúncia, e, em razão de demonstrado o desequilíbrio mental do réu, instaura-se o incidente de insanidade mental, nomeando-se curador ao réu, que aponta ter o acusado se tornado semi-imputável, quanto à capacidade de autodeterminação relativa ao uso de drogas (consumidas pelo agente de maneira descontrolada), perturbação mental essa surgida, todavia, após o crime. Ora, como o acusado manteve intacta sua capacidade cognitiva, não vemos razão em se instaurar a crise da instância, porque o eventual condenado terá pleno entendimento das razões e finalidades da pena criminal a ele imposta. Em miúdos, sua incapacidade de autodeterminação (no nosso exemplo, pelo uso de drogas), surgida após o delito, não impede a compreensão plena do sofrimento imposto pela pena, a qual, sendo assim, não pode ser obstaculizada por uma suspensão processual sem sentido. A única cautela é que, para assegurar os interesses do semi-imputável, mantenha-se a presença do curador nomeado quando da instauração do incidente próprio, até o fim do processo em que se vê acusado. A sanção penal a ser aplicada, todavia, não sofrerá qualquer redução.

Diferente será a situação do acusado tornado semi-imputável em razão de sua *reduzida capacidade cognitiva*; como sua compreensão da vida é limitada (o que inclui, claro, seu entendimento a respeito da pena criminal que lhe possa ser imposta), o justo é que sofra a sanção aflitiva, reduzida, todavia, na proporção de seu grau de entendimento: quanto mais próximo chegar do pleno entendimento da vida (grau reduzido de semi-imputabilidade), sofrerá a imposição minimamente reduzida; quanto menos compreender as coisas (grau médio e grave de semi-imputabilidade), o justo é que sua pena seja também proporcionalmente abrandada. Para essa solução por nós alvitrada bastará a aplicação do § único do art. 26 do CP, que trata da redução de pena no caso crime praticado por semi-imputável, por analogia. De qualquer modo, o curador nomeado deverá acompanhar aquele acusado tornado semi-imputável após os fatos, até o deslinde do processo.

2ª) **Restabelecimento do acusado e fim da crise de instância**

Se o acusado se restabelecer, antes de ocorrida a prescrição ou sem que ocorra, por outro motivo, a extinção de sua punibilidade, o processo retoma a sua marcha, sendo-lhe assegurada a faculdade de reinquirir as testemunhas que houverem prestado depoimento sem a sua presença (art. 152, § 2º, do CPP). Essa nova inquirição de testemunhas, a pedido do acusado, só ocorrerá se tiverem sido elas ouvidas anteriormente, por entender o magistrado que tal prova tinha, à época, natureza urgente, como permite o já visto § 2º do art. 149 do CPP.

Crise da instância e internação do acusado

Permite o § 1º do art. 152 do CPP que, suspenso o processo pela constatação de doença mental a qual sobreveio à data da infração, possa o juiz ordenar a internação do acusado em manicômio judiciário ou em outro estabelecimento adequado.

No que toca a aparente internação automática de quem padece de doença mental, surgida após a infração penal, temos que, certamente, tal dispositivo legal não pode ser interpretado isolada e literalmente, sob pena de evidente ofensa à presunção de inocência: como manter em um manicômio alguém – privando – o de sua liberdade, ao impor-se, na prática, uma medida de segurança, que é a internação forçada em um manicômio-sem que haja qualquer fundamento cautelar que justifique a medida? Evidente, desse modo, que essa interpretação literal (quase sempre rasa e superficial), redundaria na completa inaplicabilidade do dispositivo legal em comento por violar, crassamente, além do princípio da presunção de inocência, também o do devido processo legal que consagra que ninguém poderá ser privado da liberdade, *sem o devido processo legal.*

No entanto, o art. 152, § 1º, do CPP, deve ser submetido a uma interpretação progressiva e sistemática, conjugando – o, para que possa ter aplicação prática e validade constitucional, com a medida cautelar prevista no art. 319, VII, do CPP: internação provisória do acusado nas hipóteses de crimes praticados com violência ou grave ameaça, quando os peritos concluírem ser inimputável ou semi-imputável e houver risco de reiteração.

E por quanto tempo durará essa internação provisória?

Como sabemos toda e qualquer medida cautelar tem por finalidade resguardar o resultado útil do processo; no processo penal, as medidas cautelares pessoais têm por escopo assegurar que a sanção penal (pena ou medida de segurança) possa ser aplicada, no futuro; sua função é secundária, de permitir o resultado útil do processo de conhecimento de natureza condenatória, não podendo, em hipótese alguma, a duração de uma medida cautelar, igualar ou superar a duração da sanção penal que possa ser eventualmente imposta; o acessório não pode ser igual ou maior que o principal.

Exemplo: o acusado é processado pela prática de um homicídio qualificado e, após a instauração do incidente de insanidade mental, constata-se que ele se tornou inimputável, depois do delito; nessa situação, o processo deverá ser suspenso até o seu restabelecimento, podendo ser determinada, ainda, se presentes os requisitos legais, sua internação provisória com fulcro no art. 152, § 1º e 319, VII, do CPP. Como a pena máxima em abstrato do delito de homicídio qualificado é de 30 anos, certo que, em tese, a internação provisória não poderia ultrapassar esse período; alcançado tal marco temporal, a internação provisória deveria imediatamente cessar, sob pena de, como já se disse, o acessório igualar (e até suplantar) o principal, que é a duração da sanção penal em si mesma.

Com esse entendimento, Renato Brasileiro de Lima[73].

Não obstante a aparente lógica do argumento exposto, entendemos que seria desproporcional e não razoável a imposição de uma medida cautelar – como a internação provisória – por prazos muito longos, como, no exemplo acima, por 30 anos, pois haveria uma equivalência, em duração, entre a sanção penal a ser eventualmente imposta e a medida cautelar que visa acautela-la, comprometendo a função meramente acessória e instrumental das cautelares, como acima se viu.

A nosso ver, a medida cautelar de internação provisória poderia ser, em tese, legitimamente mantida, *v.g.*, pelo prazo de alguns meses, e até um ano, para que seja considerada como razoável, tudo a depender do caso concreto (tomando a média de duração das prisões cautelares e medidas restritivas de liberdade no caso de processos com grande complexidade); passado esse período, sem que o acusado tenha se restabelecido, deverá ser relaxada a medida cautelar de internação provisória, sem prejuízo de que, no cível, seja o réu interditado, e, possivelmente, internado, o que nos parece, inclusive, ser a melhor solução, sob o ponto de vista jurídico e prático.

6.13.10. Recurso da homologação judicial do laudo pericial

Apresentado o laudo pericial será anexado aos autos de incidente, os quais, por sua vez, serão apensados aos autos de inquérito policial ou de processo, conforme a fase em que foram instaurados.

Será então aberta vista às partes para se manifestarem a respeito das conclusões exaradas no estudo técnico, podendo concordar com o seu teor ou, discordando, requerer, ao juiz, sua complementação ou esclarecimento, no caso de omissões, obscuridades ou contradições, como permite o art. 181 do CPP.

Claro que o próprio juiz, de ofício, ou a requerimento das partes, poderá determinar a correção do laudo, ou até a realização de nova perícia, por outro perito ou peritos, se o trabalho técnico for muito complexo ou se entender que as falhas das conclusões

---

73. Renato Brasileiro de Lima, *Curso de Processo Penal*, p. 1169.

exaradas são gritantes e incorrigíveis pelo subscritor do laudo que, por isso, deverá ser substituído. (art. 181, § único, do CPP).

Corrigido o laudo (no caso de falhas), ou refeita a perícia por outro *expert* (no caso de laudo imprestável), ao juiz, se se der por satisfeito com a complementação ou substituição do trabalho técnico, caberá homologar o laudo apresentado.

Dessa homologação, por ser decisão com força de definitiva, entendemos cabível a interposição de apelação (art. 593, II, do CPP), *habeas corpus* ou mandado de segurança conforme o caso.

CAPÍTULO 7
PROVA

7.1. TEORIA GERAL

7.1.1. Prova. Conceito genérico. Natureza jurídica

É o meio físico através da qual se demonstra a existência de um fato. Sob o ponto de vista processual, prova é a maneira de se reconstruir a realidade histórica que tenha importância para o processo. Exemplos: através de uma testemunha (prova testemunhal), documento (prova documental), perícia (prova pericial) é possível atestar-se a existência de fatos que tragam dados relevantes ao deslinde do processo. O instituto da prova, no processo, é tão fundamental que se pode dizer, quase sempre, que *processar é provar e provar, para que tenha efeito em face de todos, é processar*; isso em todas as áreas do direito, é válido para quase todas as ações[1]: no cível, *v.g.*, um despejo por falta de pagamento; anulação de casamento por erro essencial; investigação de paternidade, obrigatória a comprovação da ausência de pagamento, do erro essencial, da paternidade negada; uma denúncia em que se pede a condenação por um latrocínio, estupro, homicídio, deve-se provar tais condutas típicas; um *habeas corpus*, uma revisão criminal, uma reabilitação deve-se comprovar, na sequência, o constrangimento ilegal, a causa desconstitutiva da condenação transitada em julgado, a efetiva reabilitação do condenado.

7.1.2. Conceitos de prova. Prova como atividade. Prova como meio (meio de prova). Prova como resultado. Prova como direito subjetivo das partes

Prova como atividade (atividade probatória)

No decorrer do processo, as partes e o juiz praticam atos processuais que visam provar a existência de fatos relevantes ao processo; nessa acepção, prova é atividade

---
1. Uma exceção são as ações em que se discute, em abstrato, objetivamente, a inconstitucionalidade ou constitucionalidade de lei, como a Ação Direta de Inconstitucionalidade, a Ação Declaratória de Constitucionalidade, Arguição de Descumprimento de Preceito Fundamental, ações essas que não visam provar fatos, mas sim demonstrar a compatibilidade ou não da norma, em abstrato, com a Lei Maior.

processual demonstrativa de fatos que devem guardar pertinência com a controvérsia processual, e que podem ser importantes ou não para sua solução.

Prova como meio (meios de prova)

Caracterizada a atividade processual probatória das partes e do juiz, a lei regulamenta a forma, o instrumento, através do qual a prova irá ser inserida no processo; é o meio de prova. Exemplos: a prova testemunhal, a prova pericial são meios de prova, através dos quais, o relato de uma testemunha, a perícia realizada no local do crime, inserem, no bojo do processo, a demonstração de fatos que podem ser importantes à controvérsia penal. Conclui-se, então, que a atividade probatória só pode se desenvolver, na prática, quando as partes e o juiz se utilizam dos meios de prova – instrumentos materiais que inoculam no processo a demonstração de fatos que tenham o potencial de influir na solução da questão penal. Os conceitos de prova como atividade e como meio são interdependentes, afinal a atividade probatória só se desenvolve através do uso de meios de prova; em miúdos, não há atividade probatória sem o uso de meios de prova; não há meios de prova sem o desenvolvimento da atividade probatória.

Prova como resultado

Desenvolvida intensa atividade probatória, oferecendo, as partes, os meios de provas, sem prejuízo de o magistrado determinar, de ofício, também sua produção, chega-se à derradeira etapa que motivou o que havia sido feito até então: conseguiu-se comprovar ou não o fato? O juiz convenceu-se dos fatos alegados pelas partes, e que teriam sido por elas demonstrados? Percebe-se que a prova como resultado é o convencimento do juiz a respeito dos elementos demonstrativos produzidos nos autos, chamados, por isso mesmo, de elementos de convicção... Convicção de quem? Certamente do magistrado. Claro que, em qualquer ramo do conhecimento humano, inclusive no Direito, não existe a verdade ou certeza absolutas, mas apenas a verdade processual, a certeza possível, e é o que basta para que o magistrado prolate uma decisão, seja condenando, seja absolvendo (*v.g.*, quando se convencer que as provas não são suficientes para a condenação, o que não deixa de ser uma convicção...), ou rescindindo uma condenação transitada em julgado (no caso da revisão criminal), reabilitando um condenado, etc.

Prova como direito subjetivo das partes

A prova é também um direito subjetivo das partes de veicularem meios de provas endereçados ao juiz que atestem a veracidade dos fatos alegados por elas. O direito a prova é inerente ao direito de ação e ao direito de defesa, um seu corolário, ou consequência: se existe o direito de ação e de defesa, esses direitos só podem ser efetivamente exercidos se se permitir às partes que desenvolvam a atividade processual probatória, apresentando meios de provas dos fatos que alegam ter acontecido. Por isso, na peça acusatória – denúncia ou queixa-se apresenta o rol de testemunhas, cujos depoimentos visam comprovar os fatos narrados na inicial; na resposta a acusação, pela defesa, igualmente, se faculta que a Defesa apresente testemunhas; tanto na peça acusatória quanto na sua resposta pela defesa permite-se o requerimento de outras provas, como perícias, quebra de sigilo telefônico, bancário, etc. Em suma, quando se fala em direito de ação e de defesa, implicitamente, se insere no seu conceito o direito - líquido e certo - a produção da prova, tanto que pode, tal direito, ser reafirmado por meio de mandado de segurança ou *habeas corpus*, conforme o caso, se indevidamente, for impedido ou dificultado, pelo magistrado, seu exercício. Como veremos em breve, o direito a prova não é absoluto, por serem vedadas, no nosso ordenamento, as provas ilícitas (art. 5º, LVI, da CF).

7.1.3. Conceito de prova no processo penal. Diferenciação entre elementos informativos e provas

Prova, no processo penal, é o elemento material (perícia, apreensão de bens, documentos, etc) ou pessoal (interrogatório, oitiva de testemunhas, de vítimas) que forma a convicção do magistrado, produzida, sob o pálio do contraditório e da ampla defesa, ou seja, normalmente, no transcurso da relação jurídica processual. As provas, na verdadeira acepção do termo, são apenas aquelas produzidas no decorrer do processo - em regra - submetidas, portanto, aos princípios do contraditório e da ampla defesa, e também aquelas que, mesmo surgidas antes ou durante a relação processual (laudos periciais, interceptações telefônicas, quebra de sigilo bancário e fiscal, etc), não se submetem ao contraditório simultâneo, mas sim posterior ou diferido.

De outra banda, **elementos de informação (ou elementos informativos)** são os colhidos na fase investigatória, normalmente durante o inquérito policial, sem a existência, portanto, do contraditório e da ampla defesa. Esses elementos informativos, embora não possam ser considerados como provas, na sua correta acepção técnica, embasam o *fumus comissi delicti* que irá fundamentar a *opinio delicti* do *Parquet* ao oferecer a denúncia, bem como a imposição, pelo juiz, de medidas cautelares reais e pessoais, como por exemplo, o sequestro de bens, a prisão temporária ou preventiva. Os procedimentos investigatórios, em regra consubstanciados através de inquéritos policiais, são procedimentos administrativos formados por elementos informativos apenas (como, por exemplo, a oitiva de vítimas, testemunhas, interrogatório do indiciado), e não provas propriamente ditas, porque, no inquérito, não vigoram a ampla defesa e o contraditório; todavia, é possível que provas, no seu conceito próprio, sejam produzidas e encartadas aos autos de inquérito, como a interceptação telefônica, a quebra de dados fiscais e bancários, a juntada de laudos periciais; essas provas não se submetem ao contraditório simultâneo - de produção do elemento de convicção e conhecimento da defesa e do acusado - mas sim ao contraditório diferido ou postergado: a defesa terá dele conhecimento posteriormente, e poderá se manifestar a respeito do seu conteúdo.

Essa diferenciação entre prova e elemento informativo é trazida pelo *caput* do art. 155 do CPP que tem a seguinte redação: "O juiz formará sua convicção pela livre apreciação da prova produzida em contraditório judicial, não podendo fundamentar sua decisão exclusivamente nos elementos informativos colhidos na investigação, ressalvadas as provas cautelares, não repetíveis e antecipadas".

Como se nota, a norma aponta que prova é aquela produzida em contraditório judicial, enquanto que elementos informativos são colhidos na investigação, que abarca, em seu conceito, tanto o inquérito policial, procedido pela Polícia Judiciária, como os procedimentos investigatórios instaurados por outros agentes públicos legalmente investidos em tal função, como, *v.g.*, os membros do Ministério Público, os quais instauram procedimento investigatório criminal sob autoridade própria, integrantes da Receita Federal, do IBAMA, COAF, Banco Central, etc.

Os elementos informativos têm validade para o convencimento do juiz?

Como vimos, os elementos informativos trazidos aos autos de procedimento investigatório auxiliam na formação da *opinio delicti*, do membro do Ministério Público, nas ações penais públicas, bem como do querelante, ao oferecer queixa-crime, no caso das ações penais privadas; subministram, ainda, subsídios para que o magistrado possa decretar medidas cautelares, como a prisão preventiva.

Mas o que se indaga é se o juiz poderá condenar o acusado com base *exclusiva* em elementos informativos colhidos durante a investigação criminal, o que, desde já, se responde negativamente: é absolutamente vedado, sob o ponto de vista constitucional e legal, que o magistrado possa condenar o acusado, com base apenas em elementos informativos, e não provas, sob pena de evidente ofensa ao devido processo legal que compreende em seu conceito o contraditório e à ampla defesa. Isso porque não há participação dialética do acusado no decorrer da investigação, de modo que os elementos informativos lá produzidos não se submetem ao contraditório e à ampla defesa; são unilateralmente produzidos pela autoridade investigante (normalmente, o delegado de polícia). Autorizar-se uma condenação com base nesses elementos, seria fazer tábula rasa dos mandamentos constitucionais citados, o que acarretaria a nulidade absoluta de sentença assim proferida. Esse posicionamento está pacificado, no STF.[2] Afinal, como veremos em breve, o ônus da prova é da acusação – de comprovar – no decorrer do processo – a autoria e materialidade delitivas – de modo que, se os elementos informativos colhidos no inquérito policial fossem considerados, em si, como provas, o Ministério Público ficaria dispensado de seu ônus; bastaria oferecer denúncia, e pedir ao juiz a condenação do acusado, o que tornaria despicienda a produção de elementos de convicção, como, *v.g.*, a oitiva de testemunhas em juízo.

Todavia, de *maneira subsidiária*, será lícito, ao magistrado, proferir condenação, com base em elementos informativos colhidos na investigação criminal, desde que corroborados por provas produzidas, sob o manto do contraditório e da ampla defesa. Como afirma o *caput* do art. 155 do CPP, veda-se a utilização, pelo juiz, dos elementos informativos, de maneira exclusiva, para decidir, mas não seu uso parcial, desde que confirmado por provas surgidas em juízo. E tal raciocínio é válido tanto no caso de condenação ou absolvição; se é injurídico ao magistrado condenar estribado apenas em elementos informativos colhidos durante a investigação criminal, sem que

---

2. STF – HC- 96.356/RS, Rel. Min. Marco Aurélio; STF-1ª T. RE 136.239/SP, Rel. Min. Celso de Mello, j. 07/04/1992, DJ 14/08/1992.

as provas produzidas no processo os tenham confirmado, igualmente será vedado, ao juiz, absolver o acusado, embasado, tão somente, em prova inquisitorial, não confirmada por nenhuma prova produzida em juízo. Vamos exemplificar. Durante o inquérito policial que apure o delito de roubo de um celular, o indiciado é preso em flagrante, confessa o delito, a vítima o reconhece, os policiais militares que o detiveram relatam a apreensão da *res furtiva* em seu poder; segue-se então sua confissão, bem como o reconhecimento pessoal positivo por parte da vítima. Com base nesses elementos informativos, o representante do Ministério Público oferece denúncia; durante o processo, todavia, a vítima não é localizada para prestar declarações; os policiais militares nada se recordam dos fatos, em seus depoimentos, e, por fim, o acusado, em seu interrogatório, nega o crime, e diz ter sido coagido a "assinar sua confissão", quando do interrogatório policial. Claro que não será possível ao juiz condenar o acusado com base, exclusivamente, nos elementos informativos colhidos durante o inquérito policial, porque nenhuma prova produzida em juízo os corroborou; se, todavia, mesmo com a ausência das declarações e reconhecimento pessoal da vítima em juízo, caso os policiais militares confirmassem, em seus depoimentos em juízo, que, de fato, o celular subtraído foi encontrado em poder do réu, que este foi reconhecido pela vítima como o autor do roubo, e que o acusado, quando foi preso, admitiu a prática do delito, não se impedirá que o magistrado profira uma sentença condenatória, utilizando as declarações da vítima e o seu reconhecimento na fase do inquérito policial, como elementos informativos que auxiliaram no seu convencimento, pois confirmados pelas provas surgidas em juízo: *in casu*, os depoimentos prestados pelos policiais militares. Tal interpretação é perfeitamente legítima e se coaduna com o teor do art. 155, *caput*, do CPP, já analisado.

Outro exemplo: uma emprega doméstica é acusado de furto qualificado por abuso de confiança, pois subtraiu gêneros alimentícios da vítima – sua patroa; os elementos informativos colhidos durante o inquérito policial se materializam nas declarações da vítima, que presenciou o momento em que o porteiro visualizou a mercadoria subtraída escondida no lixo da área de serviço, e a pronta admissão da acusada quando apreendidos os alimentos, fato este corroborado pelo depoimento do funcionário do prédio. Quando de seu interrogatório policial, a então indiciada admite o crime de furto, mas o justifica, dizendo que assim procedeu, porque seus filhos pequenos passavam necessidade – fome – e que aqueles alimentos subtraídos iriam alimentá-los (arguição de estado de necessidade caracterizando-se, em tese, o furto famélico). Com base nesses elementos informativos, é oferecida denúncia, e, no decorrer da instrução, a vítima confirma suas declarações em sede policial, assim como a testemunha, que é o porteiro, ambos relatando que a acusada prontamente confessou o crime, acrescentando que venderia as mercadorias subtraídas em um empório, para que pudesse comprar bijuterias para si; acrescenta, ainda, a vítima/patroa que a acusada era solteira e não tinha filhos. A acusada, em seu interrogatório, permaneceu em silêncio. Diante desse contexto probatório, caberá ao juiz proferir sentença condenatória, não lhe sendo lícito usar, exclusivamente, o elemento informativo colhido – a confissão em sede de inquérito da acusada, em que alega o estado de necessidade – para afastar todos as provas colhidas em juízo, e absolver a acusada. Em suma, o juiz não pode condenar ou absolver estribado, exclusivamente, nos elementos informativos colhidos durante a investigação criminal; esses elementos, para legitimarem uma condenação ou absolvição, devem ser *secundados* por provas colhidas em juízo. Voltando ao nosso exemplo da empregada doméstica acusada de furto, se o elemento informativo referente à tese do estado de necessidade (furto famélico), arguido quando do interrogatório policial da indiciada, fosse confirmado, em juízo, por provas testemunhais arroladas pela defesa, juntada de certidões de nascimento comprovando que a ré tinha filhos de tenra idade, e que, realmente, passavam necessidade, poder-se-ia, em tese, absolve-la, porque, como se percebe, os elementos informativos teriam sido confirmados, mesmo que parcialmente, por provas, autorizando-se, pela clara dicção legal, que o juiz pudesse absolver a acusada com base, também, naquela informação da investigação criminal.

7.1.4. Fonte de Prova. Meio de Prova. Meios de obtenção da prova

Fonte de prova é a origem dos elementos que formarão a convicção do juiz, e que podem ser fontes pessoais (advindas das pessoas que vierem a prestar esclarecimentos em juízo, como vítimas, testemunhas, acusado, peritos, assistentes técnicos) e reais ou materiais (documentos em geral, e objetos, coisas, e seres humanos que possam ser periciados). Em síntese, fontes de prova são os elementos de convicção trazidos por objetos materiais por pessoas de um fato ilícito criminal, anteriores à instauração da investigação criminal e do processo.

Elementos informativos (ou meios informativos) são o instrumento através dos quais as fontes de provas são introduzidas no procedimento administrativo investigatório (normalmente, o inquérito policial). É ainda uma atividade extraprocessual, mas que *documenta uma fonte de prova no interior de autos de algum procedimento investigativo* estatal.

Já os **meios de prova** são o instrumento pelos quais as os elementos informativos, geralmente colhidos durante o inquérito policial, são introduzidos no processo. Trata-se de uma atividade endoprocessual, desenvolvendo-se no interior do processo, sob a presidência do juiz e a participação dialética das partes.

Os meios de prova são as diversas maneiras ou instrumentos através dos quais a prova é trazida ao processo. A prova pode ser trazida aos autos por meios materiais como, por exemplo, o exame de corpo de delito e outras perícias (arts. 158 a 184 do CPP). Pode também a prova ser anexada aos autos por meios pessoais como o interrogatório do acusado (art. 185 a 196 do CPP), oitiva de testemunhas etc.

Os meios de prova podem estar expressamente previstos em lei, caracterizando-se as denominadas **provas típicas ou nominadas**, que são aquelas previstas no CPP. Também são admissíveis no processo as chamadas **provas inominadas ou atípicas** – aquelas que não são regulamentadas em lei, mas que são lícitas. Exemplo: filmagens da cena do crime; perícia de comparação de voz etc.

Em suma, o rol de meios de provas previsto no CPP não é taxativo e exaustivo, porque, na busca da verdade real dos fatos, outros meios de provas devem ser acolhidos pelo juiz. A regra é a liberdade na busca de quaisquer meios de prova, desde que lícitos.

Vamos exemplificar para melhor fixar tais conceitos. Um grupo de agentes adentra a uma casa noturna frequentada por centenas de pessoas, e mediante o uso de metralhadoras, fuzila 110 (cento e dez) pessoas, ferindo 30 ofendidos; após o massacre, os facínoras são detidos. As fontes de provas dos crimes serão pessoais e reais; as fontes pessoais se referem às vítimas sobreviventes, às testemunhas, e aos agentes presos; as fontes reais ou materiais se relacionam aos corpos das vítimas, mortas e vivas que tenham sido feridas e que serão periciadas (laudos necroscópicos e de lesões corporais); as armas apreendidas e projéteis arrecadados; ao local do crime, que igualmente será submetido à perícia mediante fotos.

Todas essas fontes de provas serão, num primeiro momento – o da investigação criminal – convertidos em elementos informativos (ou meios informativos), colhendo-se as declarações das vítimas, o depoimento das testemunhas, interrogando-se os indiciados, confeccionando-se diversos laudos periciais. Em suma, as fontes de provas serão documentadas em autos de um procedimento investigatório estatal, formando os elementos informativos. No que se refere às perícias-laudos necroscópicos, laudos de lesões corporais, laudo do local do crime, das armas, dos projéteis encontrados – certo que tais fontes de provas, com a realização do trabalho técnico – pericial, se convertem, diretamente, em meios de prova. A urgência na realização de tais perícias, e a impossibilidade de sua realização posterior (*v.g.*, cadáveres e corpos das vítimas feridas que precisam ser periciados) determinam que a produção da prova seja imediata, sem prejuízo de as partes, durante o processo, se manifestarem a respeito do teor do laudo pericial apresentado; é o denominado contraditório diferido.

Depois de produzidos todos os elementos informativos (ou meios informativos) e os meios de provas periciais, e encerrado o procedimento investigatório, o Ministério Público, formado a *opinio deliciti* apontando a materialidade e autoria delitivas, oferecerá denúncia, iniciando-se o processo. Já no decorrer da relação processual, **os elementos informativos (ou meios informativos) deverão ser convertidos em meios de prova**, colhendo-se, novamente, as declarações das vítimas, depoimento das testemunhas e interrogatório dos acusados; afinal, como acima se viu, prova, só existe, em regra, quando produzida durante a relação processual, com a participação das partes e a direção do magistrado, em suma, sob o palio da ampla defesa e do contraditório.

Como veremos em breve, nem todos os meios de prova serão aceitáveis; haverá meios lícitos e ilícitos, esses inadmissíveis segundo a Lei Maior, e o CPP.

Meios de investigação ou de obtenção da prova

São os procedimentos utilizados para se buscar a fonte de prova, normalmente realizáveis na fase anterior à instauração do processo. Os meios de prova constituem uma atividade endoprocessual (que se realiza no processo), perante o juiz, e com a participação das partes, que visa a integração – ao processo – de elementos de convicção, como oitiva de testemunhas, reconhecimentos, etc, que serão utilizados, diretamente, pelo magistrado para sentenciar; já os meios de obtenção da prova (meios de pesquisa ou investigação) tratam de procedimentos – em geral, extraprocessuais, que têm por objetivo conseguir provas materiais do fato. Sendo assim, os meios de prova servem ao convencimento direto e imediato do juiz, enquanto que os meios de obtenção da prova, de maneira indireta, podem formar seu convencimento. Exemplo: a oitiva de uma vítima ou testemunha incide diretamente no processo de formação de convicção do magistrado, ao passo que uma interceptação telefônica ou mandado de busca e apreensão domiciliar deferidos, a quebra de sigilo bancário ou telefônico, etc, nada provam, em si; depois de concluídas as diligências, se obtido sucesso na apreensão da prova, com esses elementos probatórios colhidos através daqueles procedimentos, formar-se-á, indiretamente, o convencimento do juiz.

Como meio de obtenção da fonte de prova material, pode-se citar a busca e apreensão pessoal ou domiciliar; não se trata, a busca e apreensão em si, de um meio de prova, mas de verdadeiro meio de obtenção de uma fonte de prova. É o caso, por exemplo, da busca e apreensão realizada em escritório de averiguado, apreendendo-se livros contábeis e computadores, com o escopo de se apurar os crimes de evasão de divisas e lavagem de dinheiro.

Outro exemplo de meio de obtenção da prova é a delação ou colaboração premiada (art. 4º da Lei 12.850/13 – Lei das Organizações Criminosas), em que o agente colaborador, em troca de eventual redução de pena privativa de liberdade ou sua substituição por restritivas de direitos, ou até mesmo o perdão judicial da sanção, deve fornecer, através de seu depoimento, a indicação de fontes de provas que alcancem, depois de transformadas em meios de prova, os seguintes resultados:

1º – identificação dos demais coautores e partícipes da organização criminosa e das infrações por eles praticadas;

2º – a revelação da estrutura hierárquica e da divisão de tarefas da organização hierárquica;

3º – a localização de eventual vítima com a sua integridade física preservada.

Percebe-se, assim, que o colaborador, quando presta depoimento, apenas relata fatos e indica fontes de provas – de como pode ser comprovado o que disse; sua colaboração ou delação é, portanto, um meio de se buscar a prova, a qual será introduzida, seja como elemento informativo (na fase investigatória), seja como prova propriamente dita (na fase judicial), respectivamente, como meios informativos e meios de prova, materializando-se através, *v.g.*, de depoimentos, acareações, quebras de sigilo telefônico, bancário, fiscal, interceptação telefônica etc.

Outra forma de meio de obtenção da prova é a ação controlada prevista no art. 8º da Lei 12.850 (Lei das Organizações Criminosas), em que se retarda a intervenção policial ou administrativa relativa à ação praticada por organização criminosa ou a ela vinculada, desde que mantida sob observação e acompanhamento para que a medida legal se concretize no momento mais eficaz à formação de provas e obtenção de informações. Prevê, ainda, o art. 10º da mesma Lei, o instituto da infiltração de agentes, como mais um meio de obtenção da prova. Tais meios de obtenção da prova também são previstos, com pequenas diferenciações, também da Lei 11.343/06 (Lei de Drogas). Aprofundamos os temas no final deste capítulo.

7.1.5. Destinatários da Prova

O destinatário primordial da prova produzida é o magistrado ou Tribunal que solucionará a controvérsia penal, sem prejuízo, contudo, de se considerar, como também seu destinatário mediato ou indireto, as partes, e a própria sociedade que possui, em razão da publicidade ampla – em geral – dos atos processuais (art. 93, IX, da CF), o direito de procurar informar-se a respeito dos elementos de convicção coligidos em quaisquer feitos criminais, salvo se decretado, fundamentadamente, o sigilo judicial do processo. Não há se falar que o *Parquet* seja o destinatário das provas produzidas no inquérito policial, quando forma a *opinio delicti* e oferece denúncia, pois, como vimos, não há, tecnicamente, a produção de provas na investigação criminal, mas sim de elementos de informação, de modo que o Ministério Público é o órgão incumbido de analisar se são suficientes aquelas informações (e não provas!), a fim de oferecer ou não a peça acusatória. Com o mesmo entendimento Renato Brasileiro de Lima[3].

7.1.6. Finalidade da prova

A finalidade da produção da prova é instruir o magistrado a decidir, através da reconstrução histórica dos fatos, da maneira mais próxima com a realidade do ocorrido, alcançando-se a verdade possível em um processo, que é a verdade sempre relativa, processual; a verdade absoluta – a perfeita coincidência dos meios de provas com o fato pretérito – é empreitada impossível: uma volta ao passado só ocorre na ficção científica, não na realidade.

7.1.7. Elemento de prova. Resultado da prova

O conceito de elemento de prova coincide com o de sujeito de prova ou fonte de prova, ou seja, no que se constitui a prova, em sua origem.

A título de exemplo, o cadáver da vítima de um homicídio, e a testemunha presencial deste mesmo crime são elemento de prova, e ainda, sujeitos de prova e fontes de provas. A partir do momento em que é colhido o depoimento daquela testemunha, e confeccionado o laudo de exame necroscópico do cadáver estão materializados os meios de prova – instrumentos através dos quais os elementos de provas são inseridos nos autos. O meio de prova será utilizado pelo juiz para formar o seu convencimento a respeito dos fatos alegados pelas partes.

Já o resultado da prova se traduz pelas conclusões extraídas pelo juiz da análise dos meios de prova introduzidos no processo. Resultado da prova é, em suma, trabalho

---

3. Renato Brasileiro de Lima, *Curso de Processo Penal*, p. 559.

intelectual, raciocínio do julgador, aquilatando, não apenas a soma dos elementos de prova coligidas (aspecto quantitativo), mas, sobretudo, em sua face qualitativa, verificar a maior ou menor coincidência das provas com os fatos pretéritos que se pretende evidenciar. Esse caminho do julgador em sopesar os meios de prova, *que deve ser expressamente apontado quando de sua decisão*, serve de base para que se possa recorrer de tal análise, por eventual erro de raciocínio do julgador, pretendendo-se a reforma do ato judicial, pelo mérito.

7.1.8. Sujeitos da prova ou Fontes de prova

São a origem da prova, de onde dimanam; a origem pode ser pessoal, advinda do ser humano, da vítima, de testemunhas, do acusado; pode ser, ainda, uma origem ou fonte real, surgida de documentos, objetos, ou mesmo do corpo humano – cadáver ou o corpo vivo, submetido à perícia, para apurar eventuais lesões.

7.1.9. Forma da prova

O conceito doutrinário de forma da prova coincide com o de sujeito da prova ou fonte de prova: é como se materializa a fonte de prova; pode ela ser documental, material ou testemunhal ou pessoal; a prova pode ainda se consubstanciar em documentos, em objetos materiais (inclusive corpos de vivos e cadáveres para fins de exame de corpo de delito) ou em pessoas (vítimas, testemunhas, acusados).

7.1.10. Objeto da prova

O objeto da prova ou tema da prova (*thema probandum*), em regra, são apenas os fatos, porque se presume que o juiz conheça as normas de direito, e não precise ser instruído a respeito delas (*jura novit curia* – o juiz conhece o direito).

7.1.10.1. Prova de fatos incontroversos

Importante notar que, mesmo que os fatos sejam incontroversos, ou seja, admitidos por ambas as partes, devem ser comprovados por aquela parte a quem sua comprovação lhe será benéfica processualmente; é o que se dá, a título de exemplo, no caso de réu que admite ter praticado o crime, confessando – o, o que não exime a acusação de comprovar, por outros meios de prova, a autoria delitiva, para assegurar sua condenação; em suma, remanesce, na íntegra, nessa situação, o ônus probatório da acusação.

7.1.10.2. O que não é objeto de prova

Não são objeto da prova os seguintes fatos:

1º – **O teor e a vigência do direito**. O juiz deve estar informado a respeito e é desnecessário que as partes o instruam quanto a tal realidade. Em se tratando, porém, da vigência de direito municipal, estadual, estrangeiro ou consuetudinário, a parte que o alegar deverá provar-lhe o teor e a vigência (art. 376 do CPC, aplicável por analogia ao CPP, como permite o art. 3º do Estatuto Adjetivo Penal).

2º - Os fatos notórios. Aqueles de pleno conhecimento pela média da população brasileira. Exemplo: dia 1º de janeiro é feriado. É o que prevê o art. 374 I, do CPC, aplicável ao CPP.

3º - Os fatos axiomáticos ou intuitivos. Aqueles que são intuídos por conhecimento comum, de todos, quanto à realidade física da natureza (conhecimento leigo de verdades científicas). Exemplo: lei da gravidade e a sua consequência de um corpo ser atraído a terra, quando jogado no ar.

4º - Os fatos acobertados por presunção legal de veracidade. São as presunções absolutas (*jures et de jure*), que não admitem comprovação em contrário. Há previsão expressa no CPC, no art. 374, IV. Exemplo: a inimputabilidade do menor de 18 anos. As presunções relativas (*jures tantum*) admitem prova em contrário.

5º - Os fatos inúteis, impertinentes ou irrelevantes. São fatos possíveis de ser comprovados, mas não tem a menor relevância para o processo. Esta prova pode ser indeferida, como prevê especificamente o § 1º do art. 400 do CPP.

Caso alguma das partes venha a requerer a produção de qualquer dos fatos acima elencados, o juiz deverá indeferi-las, sem que isso acarrete qualquer nulidade.

7.1.11. Ônus da Prova

7.1.11.1. Conceito de ônus da prova

Ônus significa faculdade, e não dever ou obrigação; as partes têm uma série de ônus processuais, que são faculdades a elas concedidas de desenvolver determinadas atividades processuais em seu próprio benefício. Se elas não se desincumbirem de seus ônus, não haverá qualquer sanção a elas, mas simplesmente não irão obter a vantagem que poderiam se tivessem agido.

Dentre os ônus processuais, está o ônus da prova, isto é, a faculdade que possuem as partes de provar as alegações que fizerem no decorrer do processo, sob pena de, permanecendo inertes, suportarem o efeito da inação ou da ação deficiente, julgando-se a causa em seu desfavor.

7.1.11.2. Diferença entre ônus, obrigação e dever

Ônus, como já visto, é uma faculdade ativa a ser exercida pela parte para que possa usufruir de uma vantagem processual. O descumprimento do ônus acarreta apenas uma situação de desvantagem processual; não se trata de um ato ilícito, de modo que não incidirá qualquer sanção à parte por não haver se incumbido de seu ônus.

Já a **obrigação processual** se circunscreve à existência de uma relação jurídica entre as partes que celebram um **negócio jurídico**, em que uma delas exerce uma situação jurídica ativa, exigindo da outra – colocada em uma situação jurídica passiva – que faça ou deixe de fazer algo. O não cumprimento da obrigação processual acarreta a ilicitude do ato, e a consequente possibilidade de sofrer uma sanção por isso. Exemplo: a suspensão condicional do processo prevista no art. 89 da Lei 9.099/95, em que o Ministério Público e o acusado e o seu defensor celebram verdadeiro negócio jurídico processual: o *Parquet* deixa de promover o andamento da persecução penal em juízo – que permanece suspensa – enquanto o acusado cumpre determinadas obrigações, como a de comparecimento periódico em juízo e a proibição de ausentar-se da comarca sem autorização judicial. Nesse negócio jurídico processual, a situação jurídica ativa é do Ministério Público enquanto que a situação jurídica passiva é encarnada pelo acusado, o qual tem a obrigação processual de cumprir com o acordado. Se descumprir suas obrigações, será caso de se reconhecer a ilicitude do ato, aplicando-se uma sanção por isso, que será a revogação do negócio jurídico processual celebrado, qual seja, a suspensão condicional do processo, dando-se continuidade ao feito.

Os **deveres processuais** podem ser conceituados como uma obrigação, um imperativo amplo, de fazer ou não fazer, determinado ato processual, mas não relacionado, de maneira especificada, com uma parte processual como se dá com a obrigação processual, mas com a sociedade como um todo. O dever é um imperativo que vincula a parte – situação jurídica passiva – ao dever de fazer ou deixar de fazer algo em prol da sociedade ou coletividade, ente abstrato esse colocado na situação jurídica ativa. O descumprimento do dever processual pela parte, da mesma forma que ocorre com o inadimplemento da obrigação processual, consubstancia ato ilícito, gerando uma sanção.

Exemplos: as testemunhas têm o dever de falar a verdade (art. 203 do CPP); a vítima tem o dever de comparecer para prestar declarações (art. 201 do CPP). O descumprimento do dever, a semelhança do que se dá com a obrigação, acarreta a imposição de uma sanção; no caso da testemunha ou da vítima ausentes, apesar de regularmente intimadas, a condução coercitiva e o pagamento de uma multa. Como se nota, a relação jurídica estabelecida não é entre a testemunha ou a vítima e a acusação ou a defesa que as arrolaram para que fossem ouvidas em juízo, mas *entre o ofendido e a testemunha e a própria sociedade organizada – o Estado-juiz*. Em miúdos, a obrigação é estabelecida *inter partes*, predominando o interesse específico de cada uma delas; já no caso do dever, estabelecido entre uma parte e a sociedade, prevalecendo o interesse público, superior ao das partes, na sua consecução.

7.1.11.3. Distribuição do ônus da prova no processo penal. Ônus da prova perfeito e menos perfeito

Distribuição do ônus da prova

Nas ações penais condenatórias, cabe à acusação comprovar a autoria e a materialidade delitivas, ou seja, a existência do fato típico, com todos os elementos, de natureza objetiva, subjetiva e normativa do tipo penal; é ônus da acusação comprovar igualmente as circunstâncias agravadoras, *lato sensu*, do tipo penal, como as qualificadoras e causas de aumento de pena. Não conseguindo, a acusação, comprovar satisfatoriamente, *acima de qualquer dúvida razoável*, a existência do fato típico e de sua autoria, a consequência será a absolvição do acusado, mesmo que prova exista, mas seja insuficiente para uma condenação, em razão do princípio *in dubio pro reo* (a dúvida será dirimida favoravelmente ao acusado, pois milita a seu favor a presunção de inocência).

De acordo com o art. 373, I, do CPC, o ônus da prova incumbe ao autor, quanto ao fato constitutivo de seu direito. De idêntica forma, o art. 156, *caput*, do CPP estabelece que a prova da alegação incumbe a quem a fizer.

No caso das ações penais condenatórias, será ônus da acusação – Ministério Público nas ações penais públicas e do querelante, nas ações penais privadas – comprovar o *fato constitutivo do seu direito*

Que direito é esse? Certamente o direito de punir (*jus puniendi*), que, em verdade, é o poder/dever *do Estado* (e não das partes) de punir quem infringe as normas penais. Desse modo, o direito de punir é do Estado, o qual, todavia, como vimos, não pode exercer direta e imediatamente essa prerrogativa; deve ser desenvolvida, antes, a persecução penal em juízo para que, finda, com o trânsito em julgado da eventual condenação, impor-se a sanção penal. A efetivação do direito de punir está, assim, condicionada ao exaurimento da ação penal que redunde em uma condenação imutável. Para que se torne possível o exercício do direito/poder de punir, a Constituição estabelece o Ministério Público como órgão estatal encarregado da persecução penal em juízo, incumbindo – o de, privativamente, ajuizar a ação penal pública (art. 129, I, da CF). O Ministério Público, quando oferece denúncia, postula interesse – do Estado – que lhe seria próprio[4], conforme boa parte da doutrina entende, em punir o autor de violação da norma penal (legitimação ordinária). No caso do querelante, em ação penal privada, certo que encarna interesse alheio, do Estado, em punir o infrator, mas age em nome próprio (legitimação extraordinária).

Entendido o que se deve conceituar o que significa o *direito da parte*, resta verificar o sentido de *fato constitutivo*

No caso das ações condenatórias, o fato constitutivo do direito tem o mesmo sentido de fato típico.

E o que é fato típico?

Para os crimes materiais consumados, os elementos do fato típico serão os seguintes:

---

4. Pensamos ser tecnicamente mais aceitável configurar a legitimidade do Ministério Público como extraordinária, e não ordinária, porque, ao ajuizar a ação penal condenatória, postula interesse do Estado, genericamente, em punir os infratores, e não o interesse próprio do *Parquet*; isto é, embora o Ministério Público seja órgão integrante do Estado, não encarna, institucionalmente, o direito de punir- próprio do Judiciário- mas sim, tão somente, o direito de postular em juízo, requerendo a punição do infrator ao Estado-juiz (art. 129, I, da CF).

1º – conduta (ação ou omissão). Adotada a teoria finalista da conduta, o dolo e a culpa integram a ação do agente;

2º – resultado naturalístico (mudança ocorrido no mundo, como a morte, no crime de homicídio);

3º – relação ou nexo de causalidade;

4º – tipicidade. A tipicidade, por sua vez, engloba a tipicidade formal e material. A tipicidade formal é a mera adequação formal da conduta ao tipo penal, um juízo de subsunção. Já a tipicidade material ou substancial compreende a existência de efetiva lesão ou perigo de lesão ao bem jurídico penalmente tutelado ocorrido em razão da conduta imputada ao agente.

Nos crimes materiais tentados, como não haverá resultado naturalístico (nem nexo causal), os elementos do fato típico abarcarão a ação *lato sensu* e a tipicidade. De idêntica maneira, nos crimes formais e de mera conduta, os elementos constitutivos do fato típico serão a ação e a tipicidade.

Em resumo, caberá a acusação demonstrar, acima de qualquer dúvida razoável, a existência de um fato típico, com todos os seus elementos, inclusive o dolo e a culpa os quais, como vimos, de acordo com a teoria finalista, integram o próprio fato típico, inseridos que estão na conduta do agente.

Além dos fatos constitutivos do direito do autor, cabe à acusação – também será seu ônus – demonstrar os fatos modificativos do seu direito, os quais podem surgir no decorrer da demanda. Vamos supor que, durante o tramitar de um processo em que se imputa o delito de furto, surja prova de que a vítima teve seu bem assenhoreado pelo réu, mediante violência e grave ameaça; essa mudança da situação fática autoriza o membro do Ministério Público aditar a denúncia, alterando a imputação de furto para roubo, nos termos do art. 384 do CPP (*mutatio libelli*). Caberá a acusação, o ônus de demonstrar então os fatos modificativos apresentados; *in casu*, o *Parquet* tem o ônus de demonstrar que, de fato, o acusado usou de grave ameaça e violência contra o ofendido; em conclusão, o ônus de comprovar os fatos modificativos do direito de punir é atribuído integralmente à acusação. E se for o contrário? Se surgirem novas provas, durante a instrução, de que o acusado não praticou um roubo, mas sim um furto, o ônus de comprovar o fato modificativo será também da acusação? Entendemos que sim, porque a comprovação da imputação penal-seja a que acarrete uma pena maior ou menor, tanto faz – é carreada a quem acusa, e não à defesa. Por outro prisma, se surgida uma circunstância nova, que recrudesça, em tese, a sanção penal, será também ônus da acusação demonstrar sua existência; exemplificando, no transcurso da instrução referente à prática de um homicídio, surgem evidências das qualificadoras da motivação torpe e do recurso que dificultou a defesa da vítima (art. 121, § 2º, I e IV, do CP); para fazê-las prevalecer, incumbe à acusação sua demonstração do fato modificativo do seu direito. Outro exemplo, no tramitar de um processo criminal em que se apura a ocorrência de um roubo simples, exsurgem provas que apontam que o acusado usou de arma de fogo e dividiu tarefas, na empreitada delitiva, com um comparsa; a prova dessas novas circunstâncias (causas de aumento de pena previstas no art. 157, § 2°, II, e §2°-A, I[5], do CP), que modificam o direito do autor – tornando mais pesado o direito de punir constitui um ônus exclusivo da acusação.

Espraiando o tema ônus da prova para outra seara, e usando de um conceito analítico de crime que o defina como fato típico, ilícito e culpável indaga-se: a acusação incumbe o ônus de comprovar, além do fato típico (já analisado), igualmente a ilicitude do fato e a culpabilidade do seu autor?

Há **duas posições** sobre o tema:

1ª Posição: Não é ônus da acusação demonstrar que o acusado não agiu amparado por causas excludentes de ilicitude (legítima defesa, estado de necessidade etc), e que é culpável; caberá à defesa comprovar a existência das excludentes de ilicitude e de culpabilidade.

2ª Posição: O ônus probatório de demonstrar que o acusado não agiu amparado por causas excludentes de ilicitude (legítima defesa, estado de necessidade etc), ou por causas de isenção de pena (excludentes de culpabilidade) é também da acusação e não da defesa. Trata-se de posição minoritária, que entende, em razão do princípio da presunção de inocência, e do seu corolário – o *in dubio pro reo* – que se deve carrear, exclusivamente, a acusação o ônus de se demonstrar a existência do fato típico (ação, resultado, nexo de causalidade, tipicidade, dolo e a culpa), e ainda a inexistência de excludentes de ilicitude e de culpabilidade. Para essa corrente, basta a mera alegação, pela defesa – mesmo que totalmente desacompanhada de provas – de que o acusado tenha, *v.g.*, agido em legítima defesa, para que o ônus de comprovar recaia sob a acusação, a quem caberá se desincumbir de demonstrar sua inexistência; se não demonstrar que inexistiu a legítima defesa meramente arguida pelo acusado, este será absolvido.

A nosso ver esse entendimento não se sustenta: o art. 156, *caput*, do CPP, com meridiana clareza, estatuí que a prova da alegação incumbe a quem a fizer; ora, tal dispositivo legal é aplicável tanto à acusação quanto à defesa; nada mais justo que quem alegue comprove o que alegou. Seria supinamente injusto, uma parte processual alegar, gratuita e até levianamente, um fato que a beneficie, sem nada demonstrar a respeito de sua existência, divertindo-se com o ingente esforço do seu adversário processual em comprovar que aquele fato inexistiu!

À defesa impõe-se o ônus de demonstrar a ocorrência de causas excludentes de ilicitude, de culpabilidade, do álibi, de extinção da punibilidade, ou causas de redução de pena; não há que se falar em qualquer violação ao princípio da presunção de inocência na imposição desse ônus a defesa, pois se trata de mera repartição, equânime e justa, do ônus probatório, entre as partes, numa relação jurídica processual, como corolário, no campo do direito processual, do princípio reitor constitucional da igualdade. E tanto inexiste prejuízo à presunção de inocência que, caso a defesa não se

---

5. O tipo penal de roubo (art. 157 do CP) foi alterado pela Lei 13.654, de 23 de abril de 2018.

desincumba com sucesso em comprovar o fato que a beneficie, mesmo assim, *surgida dúvida razoável* a respeito de sua ocorrência, a alegação será tida como demonstrada; por isso, denomina-se o ônus da defesa, no processo penal, como **ônus imperfeito** que tem o significado de ônus cujo não atendimento não acarreta, necessariamente, prejuízo ou perda de vantagem à parte a quem aproveitaria. Entender-se de modo inverso, eximindo a defesa de qualquer ônus na comprovação dos fatos impeditivos, extintivos e modificativos do direito do autor acarreta o desequilíbrio da relação processual, imaginando ter a acusação superpoderes a ponto de conseguir demonstrar fatos negativos (provar que não ocorreu a legítima defesa, que inexistiu o privilégio ou a redução de pena), ao mesmo tempo que a defesa é reduzida a uma verdadeiro estado de indigência mental, desprezando-se sua capacidade de arguir e demonstrar fatos, tratada como se necessitasse de curador para praticar atos processuais, o que é absolutamente injusto!

Vem ao encontro desse entendimento o art. 373, II, do CPC, o qual estipula que o ônus da prova incumbe ao réu, quanto à existência de fato impeditivo, modificativo ou extintivo do direito do autor.

Conceito de fatos impeditivos, modificativos e extintivos do direito do autor

Os fatos impeditivos do direito do autor são os acontecimentos que inviabilizam a formação do direito/poder de punir; são as causas excludentes de ilicitude, de culpabilidade (salvo a inimputabilidade), de punibilidade (como a prescrição ou a decadência), e o álibi.

Sua caracterização tem a força de impedir a formação, *ab initio*, do direito de punir; este jamais existiu. Por exemplo: um homicídio em legítima defesa, se demonstrado cabalmente, descaracteriza, desde o início, o direito de punir, que nunca chegou a existir como direito. É um fato que impede, *a priori*, a existência do direito de punir, que não chega a se constituir; há um fato, penalmente relevante (no nosso exemplo, a legítima defesa), que impede sua constituição.

É ônus da defesa demonstrar a existência das causas excludentes de ilicitude e de culpabilidade, cabendo à acusação, como vimos, evidenciar a ocorrência do fato típico, que pode englobar a ação *lato sensu*, o resultado, o nexo de causalidade, a tipicidade, além do dolo e a culpa.

Existindo fundada dúvida a respeito da existência ou não de causas excludentes de ilicitude ou de isenção de pena, será caso de se absolver o acusado, porque prevalece – por força da presunção de inocência – o brocardo *in dubio pro reo* (art. 386, VI, do CPP).

Importante ressaltar que alguma prova – idônea – que traga relativa capacidade de convencimento, quanto a existência das excludentes ou dirimentes, deve ter sido trazida aos autos, pela defesa, a fim de que o acusado possa ser absolvido; nunca será o bastante – para a absolvição – sua mera alegação, desacompanhada de provas sérias da sua ocorrência.

Outro exemplo de fato impeditivo do direito do autor é o **álibi**, cujo ônus de sua comprovação é exclusivo da defesa a quem se encarrega de demonstrar que o acusado estava em outro lugar quando da prática do crime, quando a ele se imputa sua autoria, o que tornaria fisicamente impossível sua responsabilização criminal. Embora carreado à defesa o ônus de comprovação do álibi, mesmo que sua demonstração não seja perfeita, mas desde que *faça surgir uma dúvida razoável*, é o que bastará à absolvição, tendo em vista, igualmente, o brocardo *in dubio pro reo*.

Os fatos modificativos do direito do autor, como a própria denominação indica, alteram a configuração do direito o qual, em abstrato, remanesce, mas cujo figurino se modifica, beneficiando o acusado, ao possibilitar a redução, em abstrato, da sanção penal. Exemplo: a comprovação de um furto privilegiado (art. 155, § 2º, do CP); a demonstração de que o agente obrou amparado por uma causa de redução de pena da parte geral do Código Penal, como a embriaguez proveniente de caso fortuito ou força maior (art. 28, § 2º, do CP). Pode-se citar ainda o homicídio privilegiado (art. 121, § 1º, do CP), que é causa de redução de pena, cujo ônus de sua demonstração pertence à defesa. Nesses exemplos nota-se que o direito de punir se formou e se mantém, mas, caso comprovados os fatos alegados, haverá modificação do seu teor, em benefício da defesa.

O ônus da defesa, nessa situação de modificação do direito do autor que lhe traz possível benefício penal, é um ônus perfeito ou imperfeito?

À semelhança do que dissemos ao tratar do ônus da defesa quanto às causas excludentes de ilicitude e de culpabilidade, entendemos que, no caso da modificação do direito do autor em benefício do acusado, o ônus também é imperfeito. Sendo assim, caberá a defesa, em regra, comprovar a existência do privilégio ou da causa de redução de pena, mas, caso não consiga obter sucesso na empreitada, *mas remanescendo uma fundada dúvida a respeito da sua existência6*, será possível ao juiz reconhecer a minorante *lato sensu*. Para tanto, basta a utilização, por analogia, do art. 386, VI, do CPP, que permite a absolvição no caso de fundada dúvida a respeito da existência das causas excludentes de ilicitude ou culpabilidade; se é autorizada a absolvição havendo dúvida razoável quanto a fatos que excluem o ilícito do fato ou o tornam não culpável, pela lógica, deve ser permitido, também, a redução da pena, se houver, igualmente, fundada dúvida a respeito de circunstâncias fáticas que possam tornar mais branda, em abstrato, a pena do acusado (privilégios e causas de redução de pena). *Quem pode o mais, pode o menos*. E, para arrematar, o princípio subjacente que autoriza a analogia apontada é justamente o da presunção de inocência: como o acusado se presume inocente, cabe à acusação comprovar sua culpa no sentido amplo; à defesa incumbe comprovar, em regra, as excludentes de ilicitude, de culpabilidade e as circunstâncias que possam reduzir a pena; se a defesa conseguir, embora sem sucesso integral, comprovar, ao menos em parte, a existência daquelas circunstâncias, ao ponto de colocar em dúvida o julgador, deve prevalecer o *in dubio pro reo*, seja para absolver, seja para reduzir a pena.

---

6. Claro que a alegação, pura e simples, de ter o acusado agido amparado por uma causa fática que autorize a redução de sua pena, sem estar alicerçada em algum elemento de prova idôneo, não autorizará o reconhecimento da minorante.

Diferença existente entre a acusação e a defesa quanto ao ônus de se comprovar o fato modificativo do seu direito

O ônus da prova referente aos fatos modificativos do direito do autor, quando alterarem a imputação penal (*v.g.*, de roubo para furto, ou de furto para roubo), ou envolverem o acréscimo de circunstâncias referentes a qualificadoras ou causas de aumento de pena (v.g., de homicídio simples para homicídio qualificado, de roubo simples para roubo majorado) será carreado à acusação, exclusivamente.

Se esse ônus não for exercido com êxito, pela acusação, no que se refere ao acréscimo de circunstância nova ao tipo penal (é o exemplo da qualificadora ao homicídio simples ou da causa de aumento de pena ao roubo simples), não haverá o recrudescimento da pena; ou seja, não demonstrada, acima de qualquer dúvida razoável, sua existência, será o caso de seu afastamento. Em se tratando, de nova tipificação penal (nosso exemplo, de mudança da acusação, *v.g.*, de roubo para furto ou vice-versa), se não comprovado o novel tipo penal pela acusação, será caso de se absolver o acusado.

De outro giro, se o fato modificativo do direito do autor se referir a privilégios (*v.g.* homicídio privilegiado) ou causas de redução de pena (furto privilegiado, embriaguez fortuita incompleta), por exemplo, caberá, exclusivamente, à defesa, o ônus de sua demonstração (sem prejuízo de, eventualmente, o MP pugnar pelo seu reconhecimento se entender comprovada nos autos as minorantes penais, mesmo que não se preocupe a defesa em se desincumbir desse ônus).

Em regra, portanto, se a defesa não exercer o ônus de comprovar o fato modificativo do direito do autor, não será beneficiada pela redução de pena; mas, como vimos acima, se houver dúvida razoável e idônea a respeito da sua ocorrência, será possível o reconhecimento da circunstância benéfica penalmente ao acusado, aplicando-se o brocardo *in dubio pro reo*.

Os fatos extintivos do direito do autor, cujo ônus de sua comprovação é do réu, são aqueles que, demonstrados, levam ao perecimento de um direito que, no passado, existia. Vamos exemplificar para melhor esclarecer. Imputado ao acusado a prática de um delito abatido pelo fenômeno prescricional da pretensão punitiva, fato este ocorrido, quer no decorrer da ação penal ou mesmo antes do seu oferecimento, pouco importa; certo que tal ocorrência leva à extinção do direito do autor (de fazer valer a pretensão punitiva); o direito do autor, no passado, existiu, mas, com o tempo pereceu. Esta é a nota que difere a arguição, pelo réu, do fato impediente em relação ao fato extintivo do direito do autor: no fato impeditivo, o direito do autor nunca existiu (relembre-se o nosso exemplo da legítima defesa, fato lícito que impede que sequer surja o direito de punir); já no fato extintivo do direito do autor, o direito existiu, mas foi extinto, seja pela prescrição da pretensão punitiva (nosso exemplo), ou por outro motivo como a decadência, renúncia, perdão, etc.

Ônus da prova: perfeito ou absoluto e imperfeito ou relativo. Diferença entre ônus processual e dever processual no caso do Ministério Público

Nota-se, assim, que o ônus da defesa, no que toca a demonstrar a existência de causas impeditivas do direito do autor (como as excludentes de ilicitude, de culpabilidade, de punibilidade e álibi) é um *ônus imperfeito* ou *incompleto*, pois, mesmo que não se desincumba, à perfeição, em demonstrar o fato que lhe fosse assegurar a vantagem pretendida (*in casu*, a absolvição), de qualquer maneira, se conseguir, ao menos, semear alguma *dúvida razoável* a respeito da sua eventual ocorrência, já colherá o benefício do édito absolutório. Já a definição de *ônus perfeito*, como já se pode deduzir, é aquele em que a parte só aufere a vantagem pretendida se dele se desincumbir de maneira completa, perfeita e acabada, sem deixar dúvidas remanescentes a respeito do fato que pretendia comprovar. Em conclusão, e em decorrência lógica do princípio da presunção de inocência, deve-se deixar assentado que *o ônus perfeito é carreado à acusação, enquanto que o ônus imperfeito beneficia apenas a defesa*. O ônus perfeito é inexorável: a parte que dele não se desincumbiu com perfeição não receberá a vantagem pretendida; o ônus imperfeito é menos inclemente: a parte que não obteve completo êxito em sua consecução, desde que algo tenha produzido em seu abono, poderá ser beneficiado de alguma forma.

Sendo a acusação patrocinada pelo Ministério Público, *existe o dever funcional – e não o ônus processual – de ajuizar a ação penal, e acompanha-la até o seu fim*, sem que lhe seja permitido desistir da *actio* (art. 42 do CPP), ou mesmo do recurso interposto (art. 576 do CPP), sob pena de nulidade (art. 564, III, *d*, do CPP).

Desse modo, mesmo que escoado o prazo para oferecer denúncia, arrazoar ou contra-arrazoar recursos, de qualquer forma, não se impede que o Ministério Público atue, extemporaneamente que seja, justamente por se tratar de dever processual cuja natureza é constitucional (art. 129, I, da CF). Afinal, compete, segundo o texto constitucional, ao *Parquet*, privativamente, ajuizar a ação penal pública, o que compreende do seu nascedouro até seu término, incluindo a fase recursal.

Todavia, no caso de recurso, o ônus do Ministério Público é perfeito: deixando escoar o prazo de recurso, materializa-se a preclusão, impossibilitada a irresignação recursal, pela preclusão.

Ônus probatório para a defesa quanto a ações de conhecimento constitutivas ou declaratórias

Ajuizando a defesa, *v.g.*, uma ação de reabilitação criminal, o remédio heroico do *habeas corpus* visando trancar o processo por atipicidade do fato, ou ainda uma revisão criminal com o escopo de se desconstituir a sentença condenatória transitada em julgado por alegada violação da lei penal ou à evidência das provas, incumbirá ao autor da *actio* (a defesa), o ônus de demonstrar os fatos alegados. Nessa situação, não se aplica o princípio da presunção de inocência e seu corolário – o *in dubio pro reo*, só incidentes no caso de ações penais de conhecimento condenatórias; no caso das ações de conhecimento constitutivas ou declaratórias ajuizadas pela defesa (reabilitação criminal, *habeas corpus*, revisão criminal), o ônus de comprovar os fatos alegados é, exclusivamente, do autor, normalmente a defesa, de modo que, se dele não se desincumbir a contento, seu pleito será julgado improcedente; em suma, trata-se de ônus perfeito, não agraciado pela presunção de inocência e pela dúvida que favoreceria a defesa.

Ônus da prova objetivo e subjetivo

O **ônus da prova objetivo** dirige-se ao juiz, exercendo a função de regra de julgamento quando, após a instrução, não forem produzidas provas suficientes ou, por serem insuficientes, criem um possível estado de dúvida a respeito da existência ou não dos fatos. É o caso da aplicação do brocardo *in dubio pro reo*: na dúvida se o acusado praticou ou não um delito, ou se estão ou não presentes as excludentes de ilicitude ou de culpabilidade, absolve-se o réu, como decorrência do princípio da presunção de inocência.

Já o **ônus da prova subjetivo** tem por destinatária as partes, destinando a elas a missão de comprovar o que alegam, a fim de fazerem vingar suas pretensões; como assevera Renato Brasileiro de Lima[7], o ônus da prova subjetivo funciona como "pressão psicológica para as partes, tendo o efeito de motivá-las a participar ativamente a fornecer a prova dos fatos que pretende ver reconhecidos no processo. As partes são estimuladas a provar suas alegações, ante o risco da prova frustrada".

É possível a inversão do ônus da prova no processo penal?

Como já se viu, o ônus de comprovar-se, no caso da ação penal condenatória, o fato típico com todas as suas circunstâncias, é da acusação (Ministério Público ou querelante), descabendo que ao acusado comprovar sua inocência.

Esse ônus acusatório é decorrência do princípio da presunção de inocência; se o acusado, por postulado constitucional, é presumido inocente, quem deve quebrar essa presunção é quem acusa; esse o seu ônus, sob pena de, caso dele não se desempenhe, manter-se a presunção, o que acarretará a absolvição do réu.

No entanto, quanto à decretação de medidas cautelares, notadamente o sequestro de bens, a doutrina aponta que o ônus da prova seria invertido: ao acusado cujos bens tenham sido tornados indisponíveis caberia comprovar sua origem lícita, a fim de liberá-los. Em verdade, não se trata de inversão do ônus da prova, mas de sua mais equânime repartição: cabe, sempre, à acusação demonstrar, com base em dados empíricos idôneos, a provável origem ilícita dos bens que pretende sejam sequestrados; depois de sequestrados, será ônus de quem teve seu bem tornado indisponível comprovar a origem lícita de seu patrimônio.

Ônus da prova e iniciativa do juiz na busca de meios de provas

O art. 156 do CPP consagra, como regra, que é ônus das partes provar a alegação que fizerem; no entanto, ressalta o dispositivo legal que é facultado ao juiz, de ofício:

1º – ordenar, mesmo antes de iniciada a ação penal, a produção antecipada de provas consideradas urgentes e relevantes, observada a necessidade, adequação e proporcionalidade da medida;

2º – determinar, no curso da instrução, ou antes de proferir sentença, a realização de diligências para dirimir dúvida sobre ponto relevante.

---

7. Renato Brasileiro de Lima, *Curso de Processo Penal*, p. 578.

Busca de provas pelo juiz na fase de investigação

Interpretando-se, na literalidade, o art. 156, inciso I, do CPP, o juiz poderá, de ofício, ordenar, mesmo antes de iniciada a ação penal, a produção antecipada de provas consideradas urgentes e relevantes, observando a necessidade, adequação e proporcionalidade da medida.

Isso significa dizer que o juiz poderia, na fase do inquérito policial, determinar, de ofício, isto é, sem qualquer representação por parte da autoridade policial ou pedido formulado pelo Ministério Público, *v.g.*, uma busca e apreensão domiciliar, interceptação telefônica – meios de busca de prova –, quebra de sigilo bancário e fiscal (provas documentais), etc.

Entendemos que essa interpretação literal do artigo de lei em comento é equivocada, no sentido de possibilitar a produção de provas, *ex officio*, pelo magistrado, na fase pré-processual; isto porque, o dispositivo legal colide, frontalmente, com o sistema consagrado na Carta Maior.

A Constituição Federal, visando evitar abusos próprios da excessiva concentração de poderes num só órgão público, estipulou a separação de funções investigatórias – próprias da Polícia e do Ministério Público em regra – das funções acusatórias, de defesa, e de julgamento; em outras palavras, quem investiga o crime, na fase pré-processual, é a Polícia e o *Parquet*; quem acusa é o Ministério Público, seguido da defesa do acusado, cabendo ao juiz decidir a controvérsia penal, depois de deduzida a pretensão penal em juízo. O juiz que se arvorasse em ser, além de julgador, também um investigador teria comprometia, obviamente, sua necessária imparcialidade; como julgaria o delito que ele próprio investigou? Mesmo nas comarcas como a de São Paulo em que há um departamento de inquéritos policiais (DIPO), em que estão lotados juízes que apenas decidem questões incidentais ocorrentes em investigações criminais (sem que decidam quanto aos processos criminais propriamente ditos), o raciocínio acima é válido; pois, ainda que os magistrados que fossem julgar as ações penais (os magistrados das Varas Criminais), sejam outros que não os do DIPO, de qualquer modo, os juízes deste órgão, se fossem determinar a produção de provas, de ofício, teriam se metamorfoseado em juízes – investigadores, comprometendo a imparcialidade que se deve esperar de magistrado chamado a atuar, na fase pré-processual, apenas como um garante das liberdades individuais do investigado/indiciado, e não como verdadeiro inquisidor, sob pena de grave retrocesso do nosso sistema.

Em suma, a nosso ver, o artigo de lei em tela, é inconstitucional, por afronta ao sistema acusatório previsto na Constituição: ao juiz é vedado determinar a produção de provas na fase investigatória, de ofício; imprescindível que haja, em regra, representação da autoridade policial ou requerimento do Ministério Público (sem prejuízo, ainda, de requerimento por parte da vítima ou de seu representante legal, ou mesmo do indiciado).

Saliente-se, por oportuno, que a vedação a produção de provas engloba as provas propriamente ditas (submetidas ao contraditório e a ampla defesa mesmo que diferidas), como também os elementos de informação (em que não há contraditório e ampla defesa e que precisam ser confirmados em juízo para que tenham validade), de acordo com o conceito já visto, de ambas, extraído do art. 155, *caput*, do CPP. Sendo assim, tanto ao juiz é proibido, por exemplo, determinar a oitiva de uma testemunha na fase do inquérito (elemento informativo), como também a produção de provas (quebra de sigilo bancário ou telefônico, perícias etc).

Pode haver, entretanto, **posição diversa da nossa**, diferenciando a determinação, de ofício, pelo juiz, da produção de provas que seria distinta da busca de elementos informativos; em outras palavras, de acordo com esse entendimento, ao juiz seria vedado apenas a busca, *ex officio*, de elementos informativos da investigação criminal (oitiva de vítimas, testemunhas, acareações no decorrer do inquérito policial etc), cabendo, sua consecução, tão somente, à Polícia e ao *Parquet*; no que se refere à produção de provas propriamente ditas (submetidas ao contraditório e a ampla defesa, mesmo que diferidas), no transcurso da investigação criminal, como a interceptação telefônica, a quebra de sigilo telefônico ou fiscal, a produção antecipada de provas (art. 225 do CPP), estaria autorizada a atuação sem provocação do juiz.

Para nós, entretanto, a diferenciação acima não se sustenta: o que se visa com a consagração do sistema acusatório, distinguindo-se as funções investigatórias/acusatórias da missão de julgar é a de se evitar a concentração indevida de poderes, buscando tornar o magistrado equidistante da investigação e da acusação (e assim, imparcial), justamente para que seja o garantidor dos direitos individuais de quem é investigado. De acordo com essa finalidade perseguida pelo sistema acusatório, mostra-se incoerente que ao magistrado se permita produção, *ex officio*, de provas, porque o comprometimento de sua imparcialidade é o mesmo que ocorre com a determinação, sem provocação, da busca de elementos informativos (e, na verdade, o comprometimento do juiz ao decidir a produção de provas é muito maior, pois demanda mais aprofundada fundamentação de fato e de direito).

Busca de provas pelo juiz na fase processual

De acordo com o que estipula o art. 156, II, do CPP, o juiz poderá determinar, no curso da instrução, ou antes de proferir sentença, a realização de diligências para dirimir dúvida sobre ponto relevante.

Importante lembrar que a iniciativa probatória do juiz deve ser supletiva, subsidiária à das partes, sob pena de comprometimento de sua imparcialidade. Em outras palavras, o juiz não substitui as partes, nas suas funções acusatórias e de defesa, apenas assessora, secunda, subsidia – as, não na busca de seus interesses parciais, mas de obter a verdade material do fato histórico posto sob julgamento; o resultado da prova poderá ou não beneficiar uma das partes, mas não será esse o motivo que impele o magistrado a determinar a prova, mas sim a de satisfazer uma dúvida que, já vislumbre, terá quando da prolação de uma possível sentença de mérito.

Quanto a essa quadra da persecução penal – a da relação processual penal – é plenamente legítimo que o juiz determine a produção de provas, de ofício, sem depender da provocação das partes, afinal ao magistrado incumbe o desenvolvimento regular e profícuo da demanda posta a julgamento, inclusive sob o ponto de vista probatório. Isto porque já houve uma investigação da qual o juiz permaneceu equidistante, apenas assegurando o respeito aos direitos e garantias individuais do indiciado, dela não participando; mas, a partir do momento em que foi iniciada a fase processual, que será possivelmente encerrada com uma sentença de mérito, nada mais lógico que aquele que irá julgar o acusado esteja legitimado a apurar a verdade real dos fatos a ele imputados; como não se sabe qual será o resultado da prova-se favorável ou não aos interesses da acusação ou da defesa – não se poderá acoimar o julgador de parcial. Seria mesmo uma violência – com o magistrado e com o interesse social na busca de uma sentença justa – que o juiz fosse manietado em suas funções probatórias, tornado numa figura impassível, apática e marmórea, sem iniciativas ou pretensões de auxiliar na busca de uma decisão justa ao mais relevante conflito intersubjetivo que existe no direito – que é justamente a controvérsia penal.

Determinada a prova pelo juiz, de ofício, será necessária fundamentação que a estribe, como qualquer outra decisão judicial; normalmente, com a produção da prova determinada *ex officio*, *v.g.*, oitiva de testemunha do juízo, haverá o *contraditório para a prova* (no mesmo momento de sua produção, facultando-se às partes que façam perguntas a testemunha cuja oitiva foi determinada pelo juiz). Poderá ainda haver o *contraditório sobre a prova*, naquela situação em que a parte não participou da produção da prova em si, mas tem acesso, posteriormente, ao seu conteúdo, podendo questioná-la (*v.g.*, interceptação telefônica).

Mas, de qualquer modo, a prova produzida *ex officio* pelo juiz será submetida à possibilidade de contraprova pelas partes: requerimento da produção de outro elemento de convicção que possa fazer frente à inédita prova surgida por determinação do magistrado. Caberá ao juiz, obviamente, aquilatar se tal contraprova requerida pela parte é pertinente ou não, devendo deferi-la apenas se entender como útil na busca da verdade real.

7.1.11.4. Sistemas de avaliação das provas

São os métodos que, reconhecidas pelo ordenamento jurídico, apontam de que maneira o magistrado deverá avaliar as provas e, assim, decidir.

São três os sistemas de avaliação das provas:

1º – Sistema da certeza moral do juiz ou da íntima convicção

O juiz está completamente livre para decidir e não é obrigado a fundamentar sua decisão, tomada com base em sua íntima convicção, sem estar necessariamente vinculado aos elementos de provas juntados aos autos.

Como bem sintetiza Renato Brasileiro de Lima[8], "A decisão é o resultado da convicção do magistrado, sem que seja necessária a demonstração de razões empíricas que justifiquem seu convencimento, o que permite, em tese, que o juiz julgue com base na prova dos autos, sem a prova dos autos, e até mesmo contra a prova dos autos".

---
8. Renato Brasileiro de Lima, *Curso de Processo Penal*, p. 588.

No nosso ordenamento, como regra, o sistema da íntima convicção não foi adotado, porque vigora, no campo da avaliação das provas, o sistema do livre convencimento motivado, fundamentado (art. 93, IX, da CF), em que o juiz deve expor as razões de fato e de direito que o levaram a decidir, sob pena de nulidade do ato.

Apenas no Tribunal do Júri ainda remanesce o sistema da íntima convicção, uma vez que os jurados, acobertados pelo sigilo das votações, podem decidir como bem lhes aprouver: de acordo com as provas dos autos; sem a prova dos autos; e até contra a prova dos autos.

Não obstante a soberania do veredicto emanado do Tribunal do Júri, é certo que a íntima convicção sofre limites: se a decisão dos jurados for frontalmente contrária à prova dos autos, poderá ser invalidada pelo Tribunal, dando provimento ao recurso de apelação (art. 593, § 3º, do CPP), para que outra seja prolatada por diferente Conselho de Sentença.

2º – Sistema da prova legal, tarifada ou da certeza moral do legislador

Por esse sistema, se estabelece o valor que cada prova deverá ter, definindo uma hierarquia e um valor específico entre elas; fica o juiz vinculado em sua decisão às diretrizes probatórias previstas abstratamente na lei. Em outras palavras, o legislador estabelece, abstratamente, o valor de cada espécie de prova, cabendo ao juiz o papel de apenas, mecanicamente, proceder à soma dos elementos de convicção; o magistrado se converte em mero contador, especializado em operações aritméticas simples.

Desse sistema de positiva desconfiança (senão *hostilidade*) à capacidade de o juiz decidir, de acordo com o seu raciocínio, o caso concreto posto a julgamento, defluem-se afirmações ainda hoje levadas, inadvertidamente, em consideração como a de a confissão é a rainha das provas: significa dizer que, mesmo uma confissão falsa – de quem não é culpado – desacreditada por diversas testemunhas e pela própria vítima do delito que exime de culpa o réu – levaria o juiz, inexoravelmente, à condenação.

Consectário também do sistema da prova tarifada o brocardo *testis unus, testis nullus* – o depoimento de uma só testemunha não possui valor; mesmo que apenas uma testemunha tenha sido encontrada e dito a verdade, esse depoimento não teria qualquer valor; se duas ou mais pessoas dissessem uma mentira, o juiz deveria levar em consideração seus relatos, porque numericamente aceitáveis (embora, no mérito, imprestáveis...).

Não se adotou, no nosso ordenamento jurídico, esse sistema completamente irracional e distante da realidade da vida, mas há, todavia, resquícios seus em três hipóteses previstas no CPP, onde são impostas ao juiz determinadas espécies de provas para decidir: no art. 158, quando determina a realização de perícia se a infração deixar vestígios materiais; a prova do estado civil que demanda obediência às regras da lei civil (art. 155, § único); por fim, a prova de óbito do acusado em que se exige certidão de óbito original (art. 62 do CPP). Quanto ao estado civil, o STF[9] já decidiu que, no caso de imputação do crime de corrupção de menores – (art. 244-B do ECA), caberá ao

---

9. STF – 1ª T. HC 73.338/RJ, Rel. Min. Celso de Mello, DJ 19/12/1996.

Ministério Público, ao oferecer denúncia, demonstrar, documentalmente, a condição etária (menor de 18 anos) da vítima do delito, mediante certidão de nascimento. Há decisão, em sentido oposto, do STJ[10], reputando como válido qualquer documento hábil para se comprovar a idade do menor envolvido no tráfico de entorpecentes (artigo 40, VI, da Lei 11.343/2006), não se restringindo- tal prova- ao registro civil. Em outras decisões, o STJ[11] assentou que, para se comprovar a idade do menor, no crime de corrupção de menores (art. 244-B do ECA), bastará que seja atestada por outros documentos oficiais, dotados de fé pública, emitidos por órgãos estatais de identificação civil, como o termo emitido pela Delegacia de Polícia, ou ainda um boletim de ocorrência, auto de prisão em flagrante, termo de declarações em que o menor foi ouvido e o termo de entrega, todos constando sua menoridade.

Outro caso de prova tarifada prevista no sistema processual lembrado por Renato Brasileiro de Lima[12], se dá na hipótese de questão prejudicial referente ao estado civil das pessoas (questão prejudicial heterogênea obrigatória) em que a prova do estado civil (*v.g.*, validade do casamento anterior), para verificar a prática ou não do crime de bigamia, será estabelecida no juízo cível, de acordo com o seu sistema próprio probatório, e não pelas provas admissíveis no processo penal.

3º – Sistema do livre convencimento motivado ou fundamentado, da persuasão racional ou livre apreciação judicial da prova

Este é o sistema seguido, como regra, em nosso processo; as exceções referentes aos outros sistemas de apreciação da prova (sistema da íntima convicção e da prova tarifada) possuem previsão esparsa no nosso ordenamento.

O próprio teor do art. 155, *caput*, do CPP deixa claro a regra do nosso sistema de avaliação das provas: "O juiz formará sua convicção pela livre apreciação da prova produzida em contraditório judicial, não podendo fundamentar sua decisão exclusivamente nos elementos informativos colhidos na investigação, ressalvadas as provas cautelares, não repetíveis e antecipadas".

7.1.11.5. Sistema de avaliação de provas do CPP

7.1.11.5.1. Funcionamento geral

Como já tivemos oportunidade de dizer, de acordo com o art. 155, *caput*, do CPP, prova é termo que se utiliza apenas quanto a elemento de convicção produzido em juízo, sob o contraditório e a ampla defesa. Para a lei, aquilo que tenha sido apurado na investigação criminal (normalmente o inquérito policial) não é considerado prova, mas, apenas, elemento informativo.

10. STJ- AgRg no Recurso Especial 1.662.249/AM (2017/0067183-0). Rel. Min. Reynaldo Soares da Fonseca.
11. STJ – AgRg no HC 331.602/SC. 6ª T. Rel. Min. Sebastião Reis Júnior. Julgado em 1º/10/2015, DJe 26/10/2015. STJ – AgRg no AREsp 1013254/SC. 6ª T. Rel. Min. Rogerio Schietti Cruz. Julgado em 15/12/2016, DJe 02/02/2017.
12. Renato Brasileiro de Lima, *Curso de Processo Penal*, p. 590.

O sistema do livre convencimento prevê que o juiz formará sua convicção pela livre apreciação da prova, podendo, assim, valorizar, como melhor lhe aprouver, as provas constantes dos autos, sem que sofra limitações impostas pela lei, *desde que fundamente suas escolhas*. Em nenhuma hipótese o juiz poderá valer-se do seu conhecimento pessoal (de sua experiência de vida ou de terceiras pessoas que eventualmente conheça) – informações essas *extra – autos* – para decidir, afinal, segundo conhecido brocardo, *o que não está nos autos não está no mundo (jurídico)*.

O convencimento do juiz é livre, mas necessariamente fundamentado, em obediência ao comando constitucional de que todas as decisões judiciais serão fundamentadas (art. 93, IX), porque, se assim não fosse, iria reinar o arbítrio e o capricho como molas propulsoras das decisões.

Exige-se, ainda, que o livre convencimento devidamente fundamentado tenha sido formado através das provas produzidas em contraditório judicial, ou seja, aquelas que surgiram no decorrer do processo, sob o manto do contraditório e da ampla defesa. Extrai-se como consequência disso que, se é direito da parte produzir a prova, também lhe assiste *o direito subjetivo de vê-la analisada – nem que seja para rechaça-la – pelo magistrado*; de nada adiantaria prever-se o direito à prova se fosse permitido ao juiz ignorar sua existência. E essa injunção legal obrigando o juiz a analisar as provas produzidas pelas partes se verifica na fundamentação da sentença.

Estabelece, como regra, o já citado art. 155, *caput*, do CPP que só poderão ser levadas em consideração, pelo juiz, em sua decisão, os elementos probatórios produzidos em juízo.

Ao magistrado se proíbe decidir, *de maneira exclusiva*, com base nos elementos informativos colhidos na investigação, porque, como não existe contraditório e ampla defesa na fase investigativa (normalmente o inquérito policial, que é inquisitivo), a decisão que fosse fundamentada apenas nos seus informes violaria as garantias individuais de índole constitucional citadas (art. 5º, LV, da CF).

Sendo proibido que a sentença se fundamente, de maneira exclusiva, em elementos informativos da investigação, é decorrência lógica que possa se basear, *parcialmente*, em informações da fase investigativa, desde que confirmados e complementados por provas produzidas durante o processo.

7.1.11.5.2. Provas cautelares, não repetíveis e antecipadas

O juiz só estará autorizado a utilizar os elementos informativos da investigação criminal, no caso das provas cautelares, não repetíveis e antecipadas, como refere o art. 155, *caput*, do CPP. **E o que são provas cautelares, não repetíveis e antecipadas?**

Prova cautelar

Na verdade, o termo correto não é prova cautelar, e sim, procedimento cautelar de obtenção da prova, que, como toda cautelar, se submete ao binômio de *fumus boni iuris* e *periculum in mora*; em outras palavras, para que seja determinada a medida cautelar de obtenção da prova é preciso que haja elementos de convicção que apontem para a existência do crime, e risco de perecimento da prova. A prova cautelar é determinada por decisão judicial fundamentada. Exemplo de "provas cautelares": interceptação telefônica, busca e apreensão. O contraditório não será simultâneo, no caso das provas cautelares, mas diferido, postergado ou adiado, ou seja, o contraditório será posterior à sua produção. O procedimento cautelar probatório (rotulado, pela lei, como prova cautelar) pode ser produzido na fase da investigação ou judicial, mas, normalmente, é determinada, pelo juiz, na etapa pré-processual.

Entendemos que se incluem no rótulo "prova cautelar" também as perícias que visem a comprovar a materialidade delitiva nos crimes que deixam vestígios materiais, os quais, de acordo o art. 158 do CPP, exigem a confecção de laudo de exame de corpo de delito, sob pena de nulidade (art. 564, III, *b*, do CPP).

Essas perícias são, por natureza, urgentes, devendo ser realizadas de imediato, como, *v.g.*, o laudo necroscópico no cadáver de vítima de homicídio; laudo de local referente a um furto mediante rompimento de obstáculo, etc, sob pena de perecimento da comprovação da materialidade delitiva. Quanto ás perícias, o contraditório será diferido ou postergado, porque, em juízo, como ensina Vicente Greco Filho[13], "o acusado tem a oportunidade de contrapor-se a ela, demonstrando, se for o caso, a sua falha técnica, a impropriedade da colheita, a inaptidão do perito e outras circunstâncias que possam comprometer sua credibilidade".

As provas não repetíveis são aquelas que, por sua própria natureza, não podem ser repetidas, como se dá, por exemplo, com uma vítima ou testemunha não localizada para depor em juízo. Como ensina Vicente Greco Filho[14], há duas impropriedades do termo "provas não repetíveis": em primeiro lugar, uma prova nunca se repete, "(...) pode haver uma segunda perícia sobre o mesmo objeto, mas a segunda não é repetição da primeira; a testemunha ouvida no inquérito será ouvida em juízo, porém o depoimento judicial não é repetição do primeiro etc"; em segundo lugar, é inadmissível que uma prova "não repetida", em juízo, como por exemplo, no caso de vítima de uma tentativa de homicídio que só foi ouvida na fase do inquérito policial, mas não foi mais encontrada para prestar declarações em juízo, possa ser suficiente, por si só, para que se profira uma sentença condenatória (o que, numa interpretação literal do art. 155, *caput*, do CPP, parece ser possível), a não ser que outros dados probatórios, colhidos sob o manto do contraditório e da ampla defesa, corroborem aquelas declarações colhidas no inquérito. Como aponta o citado autor: "exemplificando com a testemunha falecida ou que não é encontrada para depor em juízo, de duas uma: ou seu depoimento será corroborado por provas submetidas a contraditório (prévio, concomitante ou diferido) ou não está. Se está, pode, e isso sempre foi possível, compor o conjunto probatório suficiente para a condenação; se não está, exclusivamente não pode servir de base para a condenação e não há disposição legal que possa fazê-lo valer em virtude do princípio constitucional do contraditório". Em suma, trata-se de dar uma interpretação conforme à Constituição ao *caput* do art. 155 do CPP que seria a seguinte: a prova "não repetida" em juízo não tem o condão de legitimar uma condenação, sob pena de nulidade absoluta da decisão, *salvo se houver elementos probatórios produzidos na fase judicial*

---

13. Vicente Greco Filho, Manual de Processo Penal, p. 205.
14. Vicente Greco Filho, Manual de Processo Penal, p. 204.

onde se tenha respeitado o contraditório e a ampla defesa, e *que tenham confirmado os elementos informativos anteriores*.

Nessa situação de vítima/testemunha não mais localizada para prestar declarações/depoimento em juízo, poderão, como se disse, colher provas, em juízo, que corroborem o teor daquele elemento informativo, *v.g.*, com a oitiva de quem tenha colhido as declarações da vítima ou o depoimento da testemunha, ou quem tenha tido, informalmente, contato com elas e delas ouvido a versão dos fatos.

Provas antecipadas são aquelas em que se colhe o depoimento de uma testemunha ou vítima que houver de ausentar-se, ou, por enfermidade ou por velhice, inspirar receio de que ao tempo da instrução criminal já não exista, oportunidade em que o juiz poderá, de ofício ou a requerimento de qualquer das partes, tomar-lhe antecipadamente o depoimento (art. 225 do CPP). A prova antecipada pode ser produzida durante a investigação criminal (antes da instauração do processo), ou, em qualquer fase do processo, mas dependerá sempre de determinação judicial. É certo que o contraditório, no caso de produção antecipada de provas, é atual, concomitante e não diferido, pois a defesa tem a oportunidade de influir, com perguntas durante a audiência, na produção desse meio de prova.

No caso da prova antecipada é incorreta a previsão do art. 155 do CPP, como sendo espécie de prova que, excepcionalmente, tenha sido produzida sem o contraditório; muito pelo contrário, como vimos, essa modalidade de prova é produzida em juízo, na presença do defensor.

Outra hipótese de prova antecipada se dá quando, de acordo com o art. 366 do CPP, o juiz, após suspender o processo e a prescrição do processo cujo acusado foi citado por edital e não constituiu defensor, determina a produção antecipada de provas urgentes. Também nessa situação é respeitado o contraditório e a ampla defesa, pois a prova será produzida dialeticamente, com a presença e participação da defesa técnica.

A interpretação que se deve dar, então, ao *caput* do art. 155 do CPP acima transcrito e aos conceitos ora analisados de prova cautelar, não repetível e antecipada é a de que o juiz, em regra, não pode fundamentar sua decisão exclusivamente nos elementos informativos colhidos na investigação, mas, se for produzida, nessa etapa da persecução criminal – fase da investigação – uma "prova cautelar" (procedimentos cautelares probatórios como a interceptação telefônica, busca e apreensão, quebra de dados bancários, telefônicos e fiscais, e perícias em geral), será perfeitamente possível, com base unicamente nessas provas, se proferir uma sentença condenatória. Já no caso das provas não repetíveis, como no exemplo da vítima ou testemunhas ouvidas no inquérito, mas não localizadas em juízo, será indispensável que haja algum elemento probatório confiável, produzido em juízo, para que se proferia um édito condenatório. Por fim, a referência à "prova antecipada" no art. 155, *caput*, do CPP, é completamente equivocada, pois, como se viu, essa prova é colhida em juízo, com a presença de juiz, advogado e membro do Ministério Público.

7.1.11.6. *Prova ilegal. Prova Ilícita. Prova ilegítima. Conceitos doutrinários e legais*

Um dos direitos decorrentes do devido processo legal – *due process of law* (devido processo legal) – é o de produzir prova. A busca pela prova – sobretudo por parte dos agentes do Estado (Polícia, Ministério Público e Judiciário) é livre, ampla, mas regulamentada, submete-se a normas, de direito material e processual, que visam evitar o arbítrio, a perseguição, e mesmo a prática de delitos, justamente por agentes do Estado que deveriam combater o crime e não, eles próprios, praticá-los a pretexto de apura-los. Em suma, ao inadmitir as provas obtidas por meios ilícitos, a Lei Maior (art. 5º, LVI) nega validade à conhecida máxima de que *os fins justificam os meios*. Entre a busca desenfreada e sem limites da verdade dos fatos se interpõe um *limite ético*, que é justamente o respeito aos direitos e garantias individuais. Em um primeiro momento da história do direito processual, a prova, mesmo que obtida por meios ilícitos, era considerada válida como elemento de convicção, no processo a que se referia; não obstante isso, por outro lado, quem fosse o responsável pela ilicitude poderia ser responsabilizado no campo administrativo, cível e criminal. Era o predomínio da máxima *male captum bene retentum* (mal colhida – a prova – era bem retida, nos autos de processo).

Seguindo-se a evolução do sistema processual de provas (especialmente o norte-americano), passou-se a entender – e, no caso Brasileiro, a partir da Constituição de 1988, que, patenteada a ilicitude da prova, não seria permitido seu ingresso no processo; é a chamada regra de exclusão (*exclusionary rule*): em outras palavras, a prova ilícita não deve ser entranhada no processo; se o foi, deverá ser excluída. Esta regra foi adotada expressamente no art. 157, § 3º do CPP, que estipula o desentranhamento da prova declarada inadmissível, inutilizada por decisão judicial.

O conceito doutrinário de **prova ilícita** é o seguinte: prova ilícita é aquela em que, na sua busca, se violam disposições de direito material, previstas como garantias e direitos individuais na Constituição Federal, ou quando se desrespeitam normas penais.

Exemplos de provas ilícitas: confissão mediante tortura; violação de domicílio para obter provas materiais do delito; quebra de sigilo telefônico ou bancário sem autorização judicial; interrogatório do acusado em juízo sem que se o informe a respeito do seu direito ao silêncio; o depoimento de pessoas que, em razão de função, ministério, ofício ou profissão, devam guardar segredo (sigilo profissional) e que não são obrigadas a depor, a não ser se, desobrigadas pela parte interessada, quiserem dar o seu testemunho (art. 207 do CPP). Significa dizer que, se essas pessoas forem constrangidas a depor, mesmo havendo oposição da parte interessada e do próprio depoente, a prova testemunhal produzida será considerada ilícita, por afronta às disposições que tratam do sigilo profissional, como por exemplo, o sigilo imperioso do advogado quanto aos interesses do seu cliente.

Como vimos, vigora uma ampla liberdade quanto aos meios de provas, que não é, entretanto, absoluta porque existe uma limitação imposta pela Constituição Federal, ao determinar em seu art. 5º, LVI que "são inadmissíveis, no processo, as provas obtidas por meio ilícito".

Como explica Renato Brasileiro de Lima[15], normalmente a prova ilícita é produzida em momento anterior ou concomitante ao processo, mas exterior a ele; conclui o autor que "prova ilícita é aquela obtida fora do processo com violação de direito mate-

---

15. Renato Brasileiro de Lima, *Curso de Processo Penal*, p. 593.

rial" (é o exemplo da interceptação de conversa telefônica sem autorização judicial na fase do inquérito policial). Mas não é impossível se imaginar que a prova ilícita possa ser produzida no decorrer do processo, quando, *v.g.*, o magistrado constrange o acusado a confessar em seu interrogatório, sob pena de exasperar-se sua pena.

Tem-se entendido, também, que a prova ilícita se caracteriza quando sua produção ocorra com base em procedimento ainda não aceito pela ciência, e que dependa de crença religiosa (por exemplo: psicografia), ou que possa atentar contra a moral (exemplo: reprodução simulada de um estupro).

Como bem ensina Vicente Greco Filho[16], a prova também se caracteriza como ilícita se fundada em crença sobrenatural, escapando aos limites da razão e da ciência, como se dá com a psicografia (mensagens emanadas de espíritos de pessoas mortas através de médium, como acredita existir o espiritismo).

Prova ilegítima é aquela em que na sua busca ou produção tenha se desrespeitado normas processuais previstas na Constituição Federal ou na legislação processual. É um *ilícito processual*, portanto. Exemplo: laudo pericial firmado por apenas um perito não oficial, violando a exigência prevista no art. 159, § 1º do CPP, que, nesta situação, exige dois peritos; exibição de provas em plenário de Júri sem se respeitar o tríduo legal (art. 479 do CPP).

A prova ilegítima é endoprocessual ou intraprocessual; isto é, a prova ilegítima surge no bojo do processo.

Pode-se concluir, então, que tanto a prova ilícita quanto a prova ilegítima são espécies do gênero prova ilegal.

Pergunta-se: uma prova pode ser, simultaneamente, ilegal e ilegítima, isto é, afrontar, a um só tempo, normas materiais e processuais?

Sim, basta pensar na situação em que a acusação ou a defesa, em plenário de Júri, se utilizam de um documento bancário obtido sem autorização judicial e não anexado no período de três dias anterior ao julgamento; certamente estará caracterizada a ofensa ao direito material, e também ao art. 479 do CPP; violação conjunta de normas penais e processuais penais, tratando-se de prova ilícita e ilegítima simultâneas.

Conceito legal de prova ilícita

O art. 157, *caput*, do CPP determina que são inadmissíveis, devendo ser desentranhadas do processo, as provas ilícitas, assim entendidas as obtidas em violação a normas constitucionais ou legais.

Percebe-se que o conceito legal de prova ilícita é diferente do conceito doutrinário de prova ilícita ou ilegítima, pois o art. 157 define prova ilícita como qualquer violação às normas constitucionais ou *legais*, o que incluiria, assim, no conceito de ilicitude, as normas de direito material e também as de direito processual.

---

16. Vicente Greco Filho, *Manual de Processo Penal*, p. 211.

Há **duas posições** a respeito do conceito legal de provas ilícitas:

1ª Posição: Provas ilícitas são aquelas que violam normas de direito material ou processual, indistintamente. Para essa posição, como a lei não distingue a ilicitude material da processual, não seria permitido ao intérprete fazê-lo, de modo que, seja a violação do meio de prova de natureza material – quebra de sigilo telefônico ou bancário sem autorização judicial, confissão mediante tortura etc – ou de matéria processual – como oitiva das testemunhas de defesa antes das de acusação, proibição de que o acusado mantenha contato com seu advogado antes do interrogatório – de qualquer forma, essa prova será considerada, genericamente, como ilícita, de acordo com o amplo conceito do art. 157 do CPP.

2ª Posição: Provas ilícitas são apenas aquelas que ofendam aos dispositivos materiais e não processuais. A interpretação do art. 157 do CPP deve ser restritiva e não ampliativa: a ilicitude só surge se houver violação de normas materiais; quanto às provas ilegítimas – aquelas que ofendam normas processuais – sua invalidação ou não será matéria do sistema de nulidades do processo penal. Entender-se como prova ilícita qualquer desrespeito à norma processual infraconstitucional traria como efeito a inutilização de todo o arcabouço de nulidades do Código de Processo Penal, deixando o sistema processual como um todo sem uma *teia* eficaz de proteção para os atos processuais que não respeitem o figurino legal, que é justamente o sistema de nulidades. Muito mais prático e útil – indo ao encontro da norma constitucional que estabeleceu o direito à razoável duração do processo (art. 5º LXXVIII, da CF) que um ato do processo que tenha violado às regras formais do Estatuto Processual seja declarado ineficaz pelo juiz, determinada sua renovação; totalmente sem sentido declarar-se sua ilicitude, decidir pelo seu desentranhamento e inutilização, que ainda deverá ser acompanhada pelas partes!! Em suma, *muito barulho por nada...* Mais rápido e eficaz, simplesmente declarar-se a invalidade do ato processual probatório e determinar-se sua pronta repetição de acordo com os ditames processuais.

7.1.11.7. Prova ilícita por derivação. Fruits of poisonous tree doctrine (teoria dos frutos da árvore envenenada)

7.1.11.7.1. Conceito de prova ilícita por derivação

Segundo o § 1º do art. 157 do CPP são também inadmissíveis as provas derivadas das ilícitas, salvo quando não evidenciado o nexo de causalidade entre umas e outras, ou quando as derivadas puderem ser obtidas por uma fonte independente das primeiras.

Este dispositivo legal que consagra a ilicitude por derivação tem origem na jurisprudência da suprema corte norte – americana.

A explicação para a metáfora da árvore envenenada e dos seus frutos é a de que a árvore contaminada atinge, com seu veneno, também seus frutos; a prova ilícita na origem (por exemplo: a confissão obtida mediante tortura, a interceptação telefônica sem ordem judicial que desmantela uma associação criminosa de assaltantes) irá contaminar todas as demais provas delas decorrentes. Nos nossos exemplos, se, através da confissão mediante tortura ou das informações coligidas através de interceptação ilegal, alcançar-se, através de um nexo de causalidade, novas provas, em si mesmas, lícitas, todas elas, não obstante, estarão contaminadas pela ilicitude inicial e serão imprestáveis. É o *pecado original* do processo penal.

Se, entretanto, não for evidenciado o nexo de causalidade a vincular as provas ilícitas e as derivadas, não haverá ilicitude por derivação, como prevê o § 1º do art. 157 do CPP. É a chamada *independent source exception* do direito americano, ou limitação da fonte absolutamente independente.

Em resumo, a regra é que, havendo ilicitude no meio de prova, este *veneno processual* se espraia por todas as demais provas, mesmo que lícitas, dela decorrentes, *desde que evidenciado o nexo causal*. A prova ilícita contamina não apenas todas aquelas que dela derivem, no processo criminal, como ainda tem o poder de vedar, à autoridade administrativa, que utilize, em processo administrativo disciplinar, tais elementos de convicção ilícitos, como substrato probatório a fim de punir, no âmbito administrativo, quem quer que seja, a não ser que haja outras provas lícitas colacionadas nos autos, independentes daquelas maculadas pela ilicitude[17]. A razão é clara: declarada a ilicitude de um ato jurídico, no âmbito processual penal, não há como aproveita-lo, na órbita administrativo – punitiva, posto que tido como imprestável pelo ordenamento jurídico como um todo.

7.1.11.7.2. Exceções à ilicitude por derivação

Há duas exceções à ilicitude por derivação:

1ª – Teoria ou exceção da Fonte independente (*independent source exception*)

Essa teoria nem precisaria ser expressamente prevista em lei, porque é bastante óbvia: se não houver nexo de causalidade entre a prova ilícita e outra prova, cuja fonte é independente, não haverá qualquer contaminação daquele elemento de convicção idôneo. Só pode haver utilidade prática nessa teoria, quando, evidenciada a ocorrência de uma prova ilícita que tenha originado a produção, em cadeia causal, de outros elementos de convicção, apresenta, *simultaneamente*, a acusação, também outras provas – desvinculadas das ilícitas (sem nenhum nexo de causalidade com elas), demonstrando que a origem desses novos elementos de convicção é independente da prova ilícita, sendo, portanto, lícita. Essa teoria é expressamente prevista no § 1º do art. 157 do CPP, quando afirma que, *verbis*: "São também inadmissíveis as provas derivadas das ilícitas, salvo quando não evidenciado o nexo de causalidade entre umas e outras, ou quando as derivadas puderem ser obtidas por uma fonte independente das primeiras". O texto é redundante, afinal trata, apenas, da inexistência de nexo de causalidade entre a prova lícita e ilícita, e é o que bastaria a ser dito, mas acaba por consagrar a teoria da fonte independente, a seguir estudada.

---

17. Informativo do STF. 28/11/2017. STF. 2ª T. Mandado de Segurança 32788. Rel. Min. Gilmar Mendes.

2º – Teoria da Descoberta Inevitável ou exceção da fonte hipotética independente (*inevitable discovery exception*)

De acordo com essa teoria, existe sim um nexo de causalidade entre a prova ilícita e a derivada, mas esta última, seria de inevitável descoberta, seguindo-se a praxe do que normalmente ocorre em uma investigação ou procedimento criminal. Como a prova derivada fatalmente emergiria, seria um despautério inutiliza-la porque acabou sendo produzida, prematura e ilicitamente. Para que essa doutrina seja aceita, é indispensável que a inevitabilidade da descoberta não seja um mero exercício de imaginação, mas sim uma probabilidade concreta de acordo com a experiência do que normalmente ocorre em uma investigação ou processo criminal. Essa teoria também é reconhecida no § 2º do art. 157 do CPP, quando afirma que "Considera-se como fonte independente aquela que por si só, seguindo os trâmites típicos e de praxe, próprios da investigação ou instrução criminal, seria capaz de conduzir ao fato objeto da prova".

Percebe-se, claramente, o *erro na conceição de fonte independente dada pela norma em comento*, pois, no campo doutrinário, como vimos, fonte independente é aquele encadeamento de provas lícitas que não possuem qualquer nexo de causalidade com a prova ilícita anteriormente produzida, e que, por isso, devem ser preservados.

O que na verdade a lei apresenta, equivocadamente, como fonte independente, no § 2º do art. 157 do CPP, trata-se da chamada *inevitable discovery exception* do direito americano (teoria ou limitação da descoberta inevitável). Nesta situação, ao contrário da limitação da fonte absolutamente independente, *existe um nexo de causalidade entre a prova ilícita e a prova derivada*, mas, chega-se à conclusão que, de acordo com o que normalmente ocorre durante a investigação ou instrução criminal, iria se chegar, inevitavelmente, ao esclarecimento do fato que é objeto da prova. Exemplo: quebra-se o sigilo bancário de uma pessoa, sem autorização judicial, para se apurar a existência de uma das vítimas de uma associação criminosa de estelionatários e, através dessa informação obtida ilicitamente, o ofendido é ouvido e descreve a trama delitiva; a prova original é ilícita e contaminaria as declarações do ofendido; mas, se era certo que o próprio ofendido prestaria declarações relatando os fatos, porque já tinha sido notificada a comparecer na delegacia para tanto, não haverá ilicitude por derivação, porque a descoberta era inevitável.

O reconhecimento legislativo da teoria da descoberta inevitável é inconstitucional?

Há **duas posições** sobre o tema:

1ª Posição: A previsão legal admitindo a descoberta inevitável como exceção ao reconhecimento da ilicitude da prova é inconstitucional, porque a Lei Maior declara, como inadmissível, toda e qualquer prova ilícita, sem exceções, de modo que legislação infraconstitucional não poderia tolerar o que é repudiado genericamente como garantia individual.

2ª Posição: Não há qualquer inconstitucionalidade no reconhecimento da teoria da descoberta inevitável, pois a previsão, bastante genérica, da Constituição

Federal, a respeito da inadmissibilidade das provas ilícitas demanda regulamentação concreta, necessariamente infraconstitucional, de seu conceito processual, de seu funcionamento, exceções, desentranhamento e inutilização, particularidades essas que jamais podem ser tratadas numa Carta de Direitos individuais como são as garantias individuais. Essa nos parece ser a melhor posição.

7.1.11.8. Prova ilícita e recebimento de denúncia

Constatado, no limiar da ação penal, a existência de prova ilícita que lastreie a acusação como um todo, o juiz deverá rejeitar a denúncia por falta de justa causa – substrato probatório mínimo *lícito* a amparar a imputação.

No entanto, se a prova ilícita alicerçar apenas um dos delitos imputados ao acusado, a rejeição da denúncia poderá ser parcial.

7.1.11.9. Prova produzida por agentes que não integrem os quadros policiais

O STJ[18] decidiu que a participação de particulares, ou de órgãos públicos não policiais, como a Abin (Agência brasileira de inteligência), por determinação da autoridade policial, na investigação de crimes, configura prova ilícita, a contaminar todas as demais que decorram dela. Nessa decisão considerou-se que os vícios do inquérito contaminavam todo o processo, justamente porque a acusação era baseada naquele trabalho investigativo espúrio.

7.1.11.10. Prova ilícita e sentença

Quando da prolação da sentença, verificando o magistrado que toda a prova acusatória se estribou em meios ilícitos de aquisição, deverá absolver o acusado; no entanto, se apenas parte da acusação estava lastreada em meio ilícito de prova, mas se os demais elementos de convicção forem lícitos, o pleito acusatório poderá ser julgado parcialmente procedente.

7.1.11.11. Decisão declaratória de ilicitude da prova. Desentranhamento e inutilização da prova ilícita

A prova ilícita, por ser, de acordo com o comando constitucional (art. 5º, LVI), inadmissível, não deverá sequer ser anexada aos autos de qualquer caderno da persecução criminal (ou mesmo de apuração administrativa), seja da fase extraprocessual (como inquérito policial, procedimento investigatório do Ministério Público, apuração da Receita Federal, do IBAMA, etc), e sobretudo, da etapa processual. Na fase anterior ao processo (processos ou procedimentos administrativos de apuração de falta administrativa ou delito), a decisão para que a prova ilícita não seja anexada aos autos poderá

---

18. STJ. HC 149. 250- 5ª T. Rel. Desembargador Convocado Adilson Macabu.

partir da própria autoridade administrativa que preside a investigação (autoridade policial, membro do Ministério Público, auditor fiscal em procedimento de apuração de sonegação fiscal, por exemplo), sem prejuízo de também, o magistrado, caso chamado a decidir, pelo investigado, a respeito da questão, determine sua não juntada aos autos; afinal, por ser matéria pertinente ao tema garantias e direitos individuais, não pode o Judiciário eximir-se de analisar o pleito. Obviamente, já no transcurso da relação processual, incumbirá ao juiz, exclusivamente, decidir pela não inclusão da prova ilícita, de ofício ou por provocação da parte.

Essas hipóteses acima vistas são de declaração de ilicitude da prova que se pretende anexar aos autos, tornando a juntada, assim, inadmissível.

Caso, todavia, já tenha ocorrido a indevida admissão da prova ilícita, deverá ser expungida dos autos. Se a inclusão tiver ocorrido na fase pré-processual, a exclusão se dará por decisão fundamentada da autoridade administrativa (por exemplo, delegado de polícia que exclui prova ilícita anexada ao inquérito policial), sem prejuízo de ser chamado a decidir a respeito do tema o juiz, sobretudo se a referida autoridade administrativa tiver se quedado inerte ou tenha indeferido a retirada da prova ilícita.

Incluída a prova ilícita nos autos de processo, sua exclusão será deliberada pelo juiz, de ofício ou a pedido das partes.

Na etapa judicial em que se exclui a prova ilícita, o magistrado deve declarar, em decisão fundamentada, de ofício, ou a pedido da parte, a ilicitude da prova, no exato momento em que seja produzido o elemento de convicção, como, *v.g.*, na juntada de documentos em audiência ou em plenário de julgamento pelo Júri, mas deve sempre permitir que, antes de decidir a questão, as partes possam se manifestar a respeito do tema.

Embora o § 3º do art. 157 do CPP não preveja a declaração judicial de inadmissibilidade da prova ilícita juntada aos autos, apenas determinando seu desentranhamento e destruição, sem nada referir também quanto às partes, é certo que todo o procedimento de inutilização da prova ilícita deverá respeitar o direito às partes de se manifestar a respeito, antes de ser objeto de decisão fundamentada do magistrado.

Sendo assim, entendemos que, detectada a possível ilicitude da prova, o juiz deverá dar oportunidade às partes para que se posicionem sobre o tema, as quais poderão inclusive requerer a produção de provas (prova para se verificar se a prova é lícita ou ilícita – a *prova da prova*); após tal etapa, o juiz poderá declarar ou não a ilicitude da prova; se considerar ilícita a prova, determinará o seu desentranhamento dos autos, para que seja inutilizada; sendo considerada lícita, o elemento de convicção permanecerá nos autos.

A decisão declaratória de ilicitude da prova é recorrível?

Entendemos que, como a declaração de ilicitude da prova impede que venha o elemento de convicção acoimado de ilícito a produzir efeitos no processo, equivale, tal decisão, a verdadeira anulação de um ato processual (probatório), de modo que, de tal *decisum*, caberá, em regra, recurso em sentido estrito, com fulcro no art. 581,

XIII, do CPP (recurso em sentido estrito da decisão que anular o processo da instrução criminal, no todo ou em parte). Mesmo que não tenha sido interposto o recurso em sentido estrito, a questão pode ser ventilada, em sede de preliminar de eventual recurso de apelação, mas pouca valia terá esse recurso, quanto a tal questão, porque a prova já poderá sido destruída. Mais prático e eficaz a impetração, conforme o caso de mandado de segurança ou *habeas corpus*, com pedido liminar.

A prova ilícita deve ser destruída?

Depois de declarada a ilicitude da prova produzida no processo, e preclusa essa decisão, os elementos de convicção serão inutilizados por decisão judicial, facultado às partes acompanhar o incidente (art. 157, § 3º, do CPP).

Trata-se de verdadeira destruição física da prova, mas há que se fazer algumas ressalvas:

1ª – se a prova ilícita consistir, *de per si*, corpo de delito de uma infração penal (falsidade material) ou pertencer a alguém licitamente (hipótese previstas por Renato Brasileiro de Lima[19]), não poderá haver sua destruição; será importante a não destruição da prova ilícita, a fim de se apure a prática de um crime na sua obtenção (por exemplo, a tortura para obter a confissão);

2ª – se a prova ilícita conter em seu bojo elementos que comprovem a inocência do acusado, nos parece que não poderá ser simplesmente ignorada e inutilizada pelo juiz; a nosso ver, deve-se aplicar o princípio *favor rei*, absolvendo-se o acusado, pois, o direito à liberdade (evitando-se a condenação de um inocente) sobrepuja a vedação ao uso das provas ilícitas em sede de persecução criminal.

Como bem adverte Vicente Greco Filho[20], "(...) a declaração da ilicitude da prova em virtude de sua indevida obtenção não quer dizer que a prova seja totalmente imprestável para qualquer fim e mereça ser incinerada. (...) O que o juiz penal decide é se a prova pode, ou não, ser utilizada naquele processo e em face de determinado réu, recusando sua utilização se a obtenção for ilícita. Não quer que mereça ser picotada ou o anátema do fogo". Conclui o autor, com total acerto, no sentido de que "(...) a prova deverá ficar preservada em cartório até o trânsito em julgado da sentença, porque o Tribunal, em grau de apelação, poderá querer examiná-la e poderá rever a declaração da ilicitude".

Prova ilícita produzida em audiência ou plenário

Se a prova ilícita for produzida na audiência de instrução, debates e julgamento ou em plenário de Júri, proferindo-se sentença na mesma ocasião o recurso cabível será o de apelação e não de recurso em sentido estrito, pois, de acordo com o art. 593, § 4º, do CPP, quando cabível a apelação, não poderá se utilizar o recurso em sentido estrito, ainda que somente de parte da decisão se recorra.

---

19. Renato Brasileiro de Lima, *Curso de Processo Penal*, p. 614.
20. Vicente Greco Filho, Manual de Processo Penal, p. 191.

A decisão que não declara a ilicitude da prova é recorrível?

Essa decisão que declara ser lícita a prova é irrecorrível, mas é cabível, conforme a hipótese, a impetração de mandado de segurança ou *habeas corpus*, visando sua reforma, afinal é direito líquido e certo da parte a utilização, no processo, apenas de provas lícitas; possível, ainda, a arguição da questão, em sede de eventual recurso de apelação, como preliminar.

7.1.11.12. Encontro fortuito ou casual de provas e ilicitude

Determinada a produção de determinada prova, como, *v.g.*, interceptação telefônica, busca e apreensão, ou mesmo a oitiva de testemunhas é possível que surjam elementos de convicção referentes a outros delitos, os quais poderão ser, licitamente, apurados, normalmente em outros autos de inquérito policial ou de processo criminal; a sua normal utilização dependerá, apenas, que não tenha havido o desvio de finalidade – a intenção dissimulada da autoridade em determinar a busca de determinada prova com a intenção de alcançar a verdade a respeito de outro fato que visava, desde o início, apurar: mira num alvo e atira em outro para que o ricochete do primeiro atinja o outro que, desde o início, se almejava, o que caracterizaria a ilicitude da prova.

7.1.11.13. Origem da prova ilícita. Atos públicos ou particulares

A prova ilícita é adquirida, normalmente, através de atos da autoridade policial e seus agentes, mas é possível que a produção da prova espúria tenha surgido da ação de particulares, como, por exemplo, vítima que produz a interceptação telefônica das linhas do acusado; testemunha que furta documentos da casa do acusado que o impliquem na prática de um estelionato, etc.

Qualquer que tenha sido a origem da prova ilícita – emanada de atos de agentes estatais ou de particulares – sua consequência será a mesma: sua imprestabilidade processual.

7.1.11.14. Prova ilícita e princípio da proporcionalidade

Tem-se entendido que a vedação à prova ilícita, embora prevista na Constituição Federal, não pode ser absoluta, e, sendo assim, em hipóteses excepcionais, a prova, mesmo que ilícita, pode ser aproveitada em um processo, quando for necessária, num juízo de proporcionalidade, para a tutela de um bem jurídico de maior valor.

Exemplo: se a prova ilícita comprovar a inocência do acusado, não haveria razão para deixar de aproveitá-la, uma vez que a liberdade é bem jurídico de maior relevância que a exigência constitucional da licitude da prova. Majoritariamente, a doutrina e jurisprudência só aceitam o aproveitamento da prova ilícita *pro reo*, ou seja, para proteger os interesses do acusado.

Para nós, a prova, embora ilicitamente produzida, poderia também ser aproveitada, excepcionalmente, *pro societate*, ou seja, para tutelar os interesses da sociedade. Em caso referente à tentativa de fuga de presos e sequestro de juiz de direito veio à tona o macabro plano delitivo graças à violação de correspondência dos presos; nesse caso, entendeu o STF[21] que, por razões de segurança, disciplina e de preservação da ordem jurídica será possível, excepcionalmente, interceptar-se a correspondência entre os presos, quando o direito à inviolabilidade do sigilo epistolar não constituir instrumento de salvaguarda de práticas ilícitas.

Realmente, numa situação como essa, não vemos como deixar de colocar em patamar superior, ao direito à intimidade dos presos, os interesses da sociedade, bem como o da própria vida de um agente de estado – juiz de direito, na iminência de ser sequestrado e possivelmente morto. Em outro caso decidiu o STJ[22] que a instalação de um gravador, atrás de um vaso sanitário, para gravar conversas entre detentos, não violaria o direito à intimidade ou da privacidade dos presos, e que, portanto, a prova assim produzida, não estaria contaminada pela ilicitude. Reputou-se ser inviável proteger ilimitadamente a liberdade individual em prejuízo dos interesses da sociedade, admitindo-se, excepcionalmente, a flexibilização de algumas garantias individuais-sem eliminá-las –, sob pena de ter-se o crescimento incontrolável da impunidade".

7.1.11.15. Prova ilegítima, nulidades e recursos

Prova ilegítima e nulidade absoluta

A violação de uma norma processual referente à prova que acarrete violação direta à Constituição Federal consubstanciará a nulidade absoluta do processo, que pode, segundo a doutrina majoritária, ser reconhecida a qualquer momento, mesmo que de ofício, presumindo-se seu prejuízo.

Prova ilegítima e nulidade relativa

Se a norma processual atinente à prova se referir ao interesse predominante das partes, segundo a doutrina majoritária, estará caracterizada a nulidade relativa do processo, a depender, para o seu reconhecimento, de arguição no tempo oportuno e prova do prejuízo causado.

Prova ilegítima referente à nulidade absoluta e recurso

Se a prova ilegítima tiver beneficiado, de alguma forma, a defesa, reduzindo, *v.g.*, a sanção pelo reconhecimento de uma causa de diminuição inexistente, a mácula só poderá ser reconhecida pelo Tribunal, em grau de recurso, se houver pedido expresso por parte da acusação, sob pena de *reformatio in pejus* (se apenas a defesa recorre, não pode a situação processual do acusado, de qualquer forma, piorar, como preconiza o art. 617 do CPP).

---

21. STF – 1ª T. HC 70.814/SP, Rel. Min. Celso de Mello, DJ 24/06/1994.
22. Informativo do STJ. 13/03/2014. STJ. HC 251132. 5ª T. Rel. Min. Marco Aurélio Belizze.

É esse o sentido da Súmula 160 do STF: "É nula a decisão do tribunal que acolhe, contra o réu, nulidade não arguida no recurso da acusação, ressalvados os casos de recurso de ofício".

No caso de ilegitimidade de prova produzida em detrimento dos interesses defensivos, nada impedirá que o Tribunal, mesmo que de ofício, reconheça a nulidade. Se apenas a defesa tiver recorrido sustentando a nulidade absoluta, por ilegitimidade de prova que a tenha prejudicado, certo que a pena a ser eventualmente fixada no próximo julgamento não poderá ser mais gravosa, a fim de se evitar a *reformatio in pejus* (art. 617 do CPP). Em suma, a nulidade absoluta por ilegitimidade da prova, se prejudicar o acusado, poderá ser reconhecida, a pedido das partes, ou, de ofício, pelo Tribunal.

Prova ilegítima referente à nulidade relativa e recurso

A prova ilegítima consubstanciada em nulidade relativa dependerá, sempre, para ser reconhecida, em grau recursal, de manifestação em tempo oportuno pela parte prejudicada e demonstração de prejuízo. Se não tiver havido requerimento para a decretação da eiva pela parte prejudicada no momento processual oportuno, ou não houver demonstração de prejuízo, a prova ilegítima que acarrete nulidade relativa será tida por sanada, podendo ser usada pelas partes bem como pelo juiz para decidir.

Prova ilegítima que acarrete nulidade absoluta e trânsito em julgado

Proferida decisão condenatória ou absolutória imprópria (aquela que impõe medida de segurança) transitadas em julgado, fundamentadas em prova ilegítima que caracterize nulidade absoluta, caberá revisão criminal (se houver necessidade de produção de prova da origem ilícita da prova), ou mesmo a impetração de *habeas corpus*, visando desconstituir a condenação. No entanto, se a prova ilegítima tiver estribado uma sentença absolutória, e esta transitar em julgado, nada mais poderá ser feito, porque vedado, em nosso ordenamento jurídico, a revisão criminal *pro societate*.

7.1.11.16. *Prova ilícita, nulidades e recursos*

A prova ilícita, se tiver beneficiado de alguma forma a defesa, reduzindo, por exemplo, a sanção penal que seria a adequada, acarreta como efeito que a mácula só poderá ser reconhecida pelo Tribunal, em grau de recurso, se houver pedido expresso por parte da acusação, sob pena de *reformatio in pejus* (se apenas a defesa recorre, não pode a situação processual do acusado, de qualquer forma, piorar, como preconiza o art. 617 do CPP).

É esse o teor da Súmula 160 do STF: "É nula a decisão do tribunal que acolhe, contra o réu, nulidade não arguida no recurso da acusação, ressalvados os casos de recurso de ofício".

O inverso, porém, não é verdadeiro: se a prova ilícita tiver *prejudicado*, de alguma forma, a defesa, o reconhecimento da ilicitude, poderá se dar, de ofício, no julgamento de recurso, pelo Tribunal, mesmo que nada seja referido no recurso defensivo, ou até aproveitando-se de recurso da acusação que visasse matéria totalmente diversa como, por exemplo, o aumento da pena fixada; isto porque, se é vedada a *reformatio in pejus*, não se proíbe a *reformatio in mellius*.

Nessa situação, se o Tribunal verificar que não há qualquer outra prova – além da ilícita – absolverá, de plano, o acusado, por economia processual, utilizando, por analogia, do art. 282, § 2º, do CPP, *in verbis*: "Quando puder decidir o mérito a favor da parte a quem aproveite a decretação da nulidade, o juiz não a pronunciará nem mandará repetir o ato ou suprir-lhe a falta".

Prova ilícita e trânsito em julgado

Proferida decisão condenatória ou absolutória imprópria (aquela que impõe medida de segurança) transitadas em julgado, fundamentadas em prova ilícita, caberá revisão criminal (se houver necessidade de produção de prova da origem ilícita da prova), ou mesmo a impetração de *habeas corpus*, visando desconstituir a condenação. No entanto, se a prova ilícita tiver estribado uma sentença absolutória, e esta transitar em julgado, nada mais poderá ser feito, por vedado, em nosso ordenamento jurídico, a revisão criminal *pro societate*.

7.1.12. Princípios atinentes às provas

São citados pela doutrina os seguintes princípios informadores da prova:

7.1.12.1. *Princípio do contraditório ou da audiência contraditória ou bilateral*

Estabelece o direito de as partes conhecerem a prova, com a possibilidade de manifestação a seu respeito, visando influenciar o convencimento do juiz. É o princípio da igualdade ou isonomia aplicável a relação jurídica processual. O **contraditório** pode ser real – ou **para a prova**, o qual pressupõe que as partes tenham contato direto com o elemento de prova, ajudando na produção do elemento de convicção; o contraditório pode ser classificado como **diferido, postergado ou adiado** – **contraditório sobre a prova**, em que à parte, após a produção da prova, se possibilita que se manifeste criticamente a respeito; exemplo: produzido o laudo necroscópico que aponte a *causa mortis*, a defesa questiona o nexo causal e requer que o perito responda a quesitos complementares, ou seja ouvido em juízo, ou ainda, junta laudo particular, confeccionado por assistente técnico, colocando em cheque o trabalho oficial.

7.1.12.2. *Princípio da aquisição ou comunhão das provas*

Requerida a produção de prova pela parte, o elemento de convicção, além de passar a pertencer ao processo, pode ser explorado e usado como fonte argumentativa pela parte adversa. Exemplo: arrolada uma testemunha pela defesa, é facultado à acusação dirigir--lhe perguntas, visando comprovar a tese acusatória, bem como, nas alegações finais, explorar o depoimento daquela testemunha em prol da acusação. Como bem elucida o

Min. Celso de Mello, do STF[23], o princípio da comunhão da prova (ou da aquisição) da prova possibilita que, quem sofre a persecução penal, ainda possui o direito de conhecer todos os elementos de informação existentes nos autos, de inquérito ou de processo.

7.1.12.3. Princípio da imediação, da oralidade, da concentração e da identidade física do juiz

Como quase todos os procedimentos previstos no CPP seguem o formato de uma audiência única de instrução, debate e julgamento, é consequência lógica desta concentração de atos probatórios que sejam eles produzidos, de maneira imediata, direta, em face do juiz, e através da forma oral. Por fim, esse contato pessoal do magistrado com a prova o vincula a decidir (princípio da identidade física do juiz), consagrado no art. 399, § 2º, do CPP.

7.1.12.4. Princípio da publicidade

Os atos processuais probatórios são públicos, como determina o art. 93, IX, da CF (é o sistema da publicidade ampla ou irrestrita). A própria Constituição autoriza a restrição à publicidade, nos casos em que seja preciso preservar o direito à intimidade do interessado no sigilo, desde que não prejudique o interesse público à informação.

Regulamenta esse sigilo de atos processuais o art. 792, § 1º do CPP.

7.1.12.5. Princípio do privilégio contra a autoincriminação (nemo tenetur se detegere)

O indiciado ou acusado não é obrigado a colaborar, *de maneira ativa*, com a produção da prova contra si mesmo, por exemplo, assoprando o bafômetro, fornecendo material gráfico para perícia etc. No entanto, é lícita a produção passiva da prova, como, por exemplo, o reconhecimento de pessoas, não podendo se eximir da produção dessa prova o indiciado ou acusado. Decidiu o STJ[24] que submeter indiciado ao exame de raios X para detectar a ingestão de cápsulas de cocaína não ofende o princípio da proibição da autoincriminação, porque tal procedimento não é invasivo nem degradante, além do que se trata de verdadeira intervenção estatal para a preservação da vida dos indiciados/pacientes.

7.1.12.5.1. Privilégio contra a autoincriminação e fuga de local de acidente de trânsito (art. 305 do CTB)

O Plenário, do STF[25], decidiu que o tipo penal do art. 305 do Código de Trânsito Brasileiro (CTB) é constitucional, por não violar o privilégio contra a autoincriminação

---

23. STF-Medida Cautelar no Habeas Corpus 144.652/DF. Min. Celso de Mello. J. 12/06/2017.
24. Informativo do STJ. 19/04/2011. STJ. HC 149.146. 6ª T. Rel. Min. Og Fernandes.
25. Informativo do STF. 15/11/2018. STF. Pleno. Recurso Extraordinário (RE) 971959, com repercussão geral reconhecida. Rel. Min. Luiz Fux.

insculpido no art. 5º, LXIII, da CF. Entendeu-se, por maioria, que o princípio da não autoincriminação não é absoluto, sendo admissível certa mitigação, além do que a presença do condutor no local do acidente, por si só, não significa qualquer autoincriminação, podendo, até, constituir um meio de autodefesa. Ressaltou-se, porém, que o eventual risco de agressões que o condutor possa sofrer por parte dos envolvidos no acidente, ou uma lesão corporal que exija o abandono do local do acidente pode ser legitimado mediante a alegação de uma excludente de ilicitude, tal como a legítima defesa ou o estado de necessidade. Com lógica irretocável, o Min. Gilmar Mendes, que foi voto vencido no recurso, sustentou que a obrigação de o agente permanecer no local do acidente, obriga-o, sim, a produzir prova de autoria e materialidade delitiva, de modo que pouco útil seria meramente se resguardar que permaneça em silêncio naquele local. Salientou, ainda, o Min. Gilmar Mendes que, em outros crimes muito mais graves, como homicídio ou estupro, não se exige que o agressor permaneça postado no local da infração.

7.1.12.6 Princípio da liberdade probatória

As partes são livres para produzir as provas que entenderem convenientes a fim de consagrarem suas teses, mas essa liberdade de produção não é absoluta, porque há limites materiais e formais.

O princípio da liberdade probatória é aplicável às partes e também ao magistrado, o qual possui discricionariedade relativa tanto na produção, de ofício, das provas que visem a obtenção da verdade real das provas, quanto na análise do resultado da produção probatória; quanto a esse último aspecto, seu critério de apreciação da prova será *qualitativo e não quantitativo*; sendo assim, por exemplo, uma só testemunha presencial, idônea em seu depoimento, pode ser mais convincente que cinco testemunhas cujos depoimentos tenham sido contraditórios entre si.

7.1.12.6.1. Limites materiais

Referem-se à vedação das provas ilícitas, acima estudadas, inadmissíveis, em regra.

7.1.12.6.2. Limitações formais

As limitações formais ou de ordem processual podem se relacionar aos seguintes temas:

1º – violação de dispositivos processuais (ilegitimidade da prova) referentes ao momento da produção da prova. Qual o momento adequado para a apresentação das provas?

São aquelas provas que violam dispositivos processuais, acarretando a possível nulidade do processo, por serem ilegítimas em virtude de serem apresentadas em tempo inoportuno processualmente. Quanto ao **momento adequado para se produzir ou se**

requerer a produção da prova, podem-se citar os seguintes exemplos: apresentação de documento novo em plenário do Júri relacionado ao fato em julgamento, incidindo na vedação prevista no art. 479 do CPP; arrolar testemunhas após o momento processual oportuno (para a acusação, quando do oferecimento da denúncia ou queixa; para a defesa, no oferecimento da resposta à acusação).

2º – violação de dispositivos processuais (ilegitimidade da prova) referentes à forma de produção da prova. Qual a forma adequada para a apresentação das provas?

A violação da norma processual pode se referir, ainda, à **forma prevista em lei para a produção da prova**. Exemplo: para se comprovar o estado civil das pessoas deverão ser observadas as restrições da lei civil, como determina o § único do art. 155 do CPP. Desse modo, a morte do acusado deverá ser comprovada por certidão de óbito (art. 62 do CPP); o delito de corrupção de menores (art. 244-B do Estatuto da Criança e de adolescente), para que haja a condenação do acusado que tenha corrompido o menor, será imprescindível a juntada de certidão de nascimento do menor; a agravante de ter sido cometido o crime contra cônjuge (art. 61, II, *e*, do CP) só pode ser reconhecida se houver certidão de casamento (art. 1543 do Código Civil). Há decisão, em sentido oposto, do STJ[26], reputando como válido qualquer documento hábil para se comprovar a idade do menor envolvido no tráfico de entorpecentes (artigo 40, VI, da Lei 11.343/2006), não se restringindo- tal prova- ao registro civil. Em outras decisões, o STJ[27] assentou que, para se comprovar a idade do menor, no crime de corrupção de menores (art. 244-B do ECA), bastará que seja atestada por outros documentos oficiais, dotados de fé pública, emitidos por órgãos estatais de identificação civil, como o termo emitido pela Delegacia de Polícia, como boletim de ocorrência, auto de prisão em flagrante, termo de declarações em que o menro foi ouvido e o termo de entrega, todos constando sua menoridade.

3º – análise da relevância da prova (a questão da utilidade da prova). A prova é útil?

A prova, para ser produzida, necessariamente deverá passar pelo crivo do magistrado, a fim de aquilatar a sua utilidade para a resolução da controvérsia penal. Se útil, será produzida; se inútil, será indeferida, fundamentadamente, sua realização. Como prevê o § 1º do art. 400 do CPP, se a prova que se pretenda produzir for irrelevante, impertinente ou protelatória o juiz poderá indeferir a sua produção. Essa faculdade discricionária concedida ao magistrado nada mais é que um consectário lógico do princípio da economia processual e da razoável duração do processo (art. 5º, LXXVIII, da CF): não há por que se gastarem tempo e recursos públicos (sempre escassos) com provas que nada de relevante esclarecerão a respeito dos fatos discutidos

---

26. STJ – AgRg no Recurso Especial 1.662.249/AM (2017/0067183-0). Rel. Min. Reynaldo Soares da Fonseca.
27. STJ – AgRg no HC 331.602/SC. 6ª T. Rel. Min. Sebastião Reis Júnior. Julgado em 1º/10/2015, DJe 26/10/2015. STJ – AgRg no AREsp 1013254/SC. 6ª T. Rel. Min. Rogerio Schietti Cruz. Julgado em 15/12/2016, Dje 02/02/2017.

no processo. Em resumo, é um verdadeiro *filtro de relevância probatória*. Com base nesse entendimento, o STJ[28] reputou como válido o indeferimento de juntada de documentos – milhares deles – pela defesa do ex – presidente Lula – referentes a atas de reuniões ordinárias e extraordinárias realizadas em órgãos da Petrobrás, porque não demonstrada a sua relevância probatória.

7.1.13. Classificação das provas

A doutrina usualmente classifica a prova da seguinte maneira:

Quanto ao objeto:

1 – **prova direta**: aquela relacionada diretamente com o fato que se quer provar (*fato probando*). Exemplo: testemunha que presencia o exato momento em que o acusado efetua disparos de arma de fogo contra a vítima, matando – a. Essa prova exige apenas a realização de um raciocínio, ligando a prova, diretamente, à imputação do crime.

2 – **Prova direta positiva e prova direta negativa ou contrária**

A prova direta positiva se consubstancia na confirmação da existência de um fato; é a comprovação do fato constitutivo do direito do autor – a prova da existência de um fato típico. Já a prova direta negativa ou contrária se define como a comprovação da inexistência do fato imputado ao acusado, como ocorre, por exemplo, no caso do álibi.

3 – **prova indireta, crítica ou indiciária**: relaciona-se a um acontecimento não ligado diretamente com o fato probando, mas que, por intermédio de um raciocínio indutivo, pode-se concluir sua ligação com o fato principal. Exemplo: o acusado de homicídio a facadas é visto, antes do fato, andando abraçado com a vítima, em um matagal, onde foi ela morta, sendo certo que estava inconformado com o fim do relacionamento amoroso com a ofendida, e, foi visto, depois, ensanguentado, com uma faca na sua cintura, bêbado, em um bar, dizendo que tinha feito uma besteira. Esses fatos, anteriores, concomitantes e posteriores se relacionam com a imputação de homicídio, afinal temos o motivo do crime (fim do relacionamento amoroso e o inconformismo do acusado); a sua ocasião (o acusado foi visto entrando no matagal onde a vítima foi morta); e fatos posteriores relacionados a ele (réu manchado de sangue com uma faca na cintura, em um bar, se lamentando). No caso da prova indiciária é preciso que, ao contrário da prova direta, seja elaborado um raciocínio mais sofisticado de ligação de um fato periférico ao acontecimento principal, nexo esse estabelecido de acordo com aquilo que normalmente acontece de acordo com a experiência comum das pessoas. Trataremos melhor do assunto quando estudarmos os indícios, como uma das provas em espécie.

---

28. STJ. HC 390.433/PR (2017/0044204-9). Re. Min. Felix Fischer.

Quanto ao sujeito ou causa:

1 – Real: a prova constitui-se de objetos ou coisas. Exemplo: o entorpecente apreendido que será objeto de prova pericial; o cadáver que será objeto de laudo necroscópico.

2 – Pessoal: consiste na prova produzida através da participação de pessoas, em interrogatório (o acusado), depoimentos (testemunhas), e declarações (vítimas).

Quanto ao efeito ou valor:

1 – prova plena: é a necessária para a condenação, que traduz a certeza possível da ocorrência dos fatos e de sua autoria.

2 – prova não plena ou indiciária: é a que não traz aquela certeza exigida para uma condenação, mas que pode autorizar a decretação da prisão preventiva ou de medidas cautelares, reais ou pessoais.

7.1.14. Prova emprestada

A prova emprestada é a que se refere àquela que foi produzida em outro processo e é trasladada para outro feito, formando um documento novo. Terá o mesmo valor da prova original. Significa dizer que um testemunho ou perícia produzidos em determinado processo, se forem transferidos para outro feito – caracterizando-se a prova emprestada – terão o mesmo valor originário, reciprocamente, de prova testemunhal e pericial. Todavia, para que seja admitida a prova emprestada, é imprescindível que, na produção dos elementos de convicção originários, **a parte contra a qual se pretenda utilizar a prova seja a mesma.** Visa-se, com esa condição, evitar-se a violação dos princípios do contraditório e da ampla defesa. **E se a juntada de cópias do processo não se referir ao mesmo acusado?** Nesse caso, as cópias do processo irão ter natureza de mera prova documental, *não tendo o mesmo valor da prova originária.*

E se o processo originário, cujas cópias serviram para instruir, como prova emprestada, outro processo, for anulado?

Entendemos que, nesse caso, a prova emprestada, por uma questão de lógica, será declarada imprestável, pouco importando a causa da eiva, como *v.g.*, ausência de citação, incompetência, prova ilícita, etc.

É possível condenar-se exclusivamente tendo por base a prova emprestada?

Entende o STJ[29] que não: a prova emprestada deve ser secundada por outros elementos de convicção colhidos no processo posterior; e, de fato, se não fosse assim, a nova relação jurídica processual seria, *de per si*, inútil, por meramente chancelar as provas de outro processo.

---
29. STJ – 5ª T. – HC 94.624/SP, Rel. Min. Félix Fischer, j. 26/05/2009, DJe 22/06/2009.

7.1.15. Prova nominada. Prova nominada – gênero. Espécies: prova nominada típica ou ritual (procedimento probatório previsto). Prova nominada atípica ou irritual (sem procedimento probatório previsto). Prova inominada. Prova Anômala. Diferenças

Prova nominada é aquela que é prevista expressamente em lei, estabelecendo-se ou não um procedimento probatório para a sua produção. Exemplos: reprodução simulada dos fatos (art. 7º do CPP), em que se nomina a prova, mas não se estabelece seu procedimento. A oitiva de testemunhas, prevista nos arts. 202/225, estabelece não apenas o nome da prova – dita testemunhal – como, também, em detalhes, o procedimento de sua colheita. Ambas as provas são, portanto, nominadas, mas, como se percebe, a prova nominada é o gênero do qual defluem duas espécies: a **prova nominada típica ou ritual** (aquela que prevê um procedimento de produção da prova; *v.g.* oitiva de testemunhas, interrogatório do acusado, reconhecimento de pessoas e coisas) e a **prova nominada atípica ou irritual** (a que não estipula o procedimento de sua confecção; *v.g.* reprodução simulada dos fatos, prova essa que é apenas nominada no art. 7º do CPP, mas onde não se estabelece seu ritual de produção). O descumprimento do rito, ou tipicidade probatória estabelecido para a produção da prova pode acarretar a sua ilegitimidade e possível nulidade do elemento de convicção.

Prova inominada

É aquela que não é prevista, sequer com uma denominação própria, em lei. Exemplo: perícia de reconhecimento de vozes. É permitido pelo sistema processual, que consagra a liberdade dos meios de provas, desde que seja lícita. A prova inominada é facultada, em prol da verdade real, mas tem *caráter subsidiário*: só é admitida após esgotados os meios nominados de prova (aqueles previstos na legislação), e que são justamente as já estudadas provas nominadas típicas ou rituais e atípicas ou irrituais.

Prova anômala

É a violação do procedimento de produção de um meio de prova, utilizando-se outro, previsto como próprio para diferente modalidade de prova.

O exemplo característico da prova anômala é o de juntarem-se declarações escritas – documentos assinados – contendo informações ou conceitos abonadores de acusados; em vez de essas pessoas serem ouvidas, oralmente, como testemunhas, prestando compromisso, e sendo submetidas à inquirição do juiz e das partes, sob o manto do contraditório; são, ao contrário, simplesmente juntados documentos em seus nomes (muitas vezes sequer redigidos por tais "declarantes"!).

Nesse exemplo – infelizmente corriqueiro – mostra-se clara violação à prova testemunhal; transmuda-se o procedimento próprio da prova testemunhal, que seria o adequado, em procedimento probatório documental. É caso de prova anômala.

Existe diferença entre a prova nominada típica ou ritual, acima vista, e a prova anômala; a prova típica, não sendo seguido o procedimento previsto em lei, acarretará a ilegitimidade da prova; por exemplo, não compromissar, o juiz, a testemunha, quanto ao dever de dizer a verdade; já a prova anômala troca-se um meio de prova por outro completamente diferente; *v.g.* a prova testemunhal – com o seu procedimento previsto em lei – é substituída pela prova documental. Em miúdos, *a prova irritual ou atípica é deficiente no seguimento do rito probatório* ao não cumprir integralmente com as prescrições legais, mas, em essência, é mantido o mesmo meio de prova; a prova anômala traduz verdadeira mudança da natureza de prova para outra completamente diferente, acarretando, por óbvio, também a ilegitimidade da prova.

7.1.16. Procedimento ou atividade probatória

As etapas de formação da prova são chamadas de procedimento ou atividade probatória e compõem-se das seguintes fases:

1ª – Fase da proposição: é o momento em que as partes podem requerer a produção das provas ao juiz. Quanto à acusação, o momento propício é o de oferecimento da denúncia ou queixa; para a defesa é o da resposta à acusação (art. 396-A do CPP). Afora essas fases processuais, nada impede que as partes postulem a produção de elementos de provas, no decorrer da instrução processual, principalmente quando a necessidade da prova surja no seu trâmite; tal pleito pode ser atendido, se o juiz entender que são importantes à busca da verdade real.

2ª Fase da admissão: É a etapa em que o juiz decide se autoriza ou não a produção da prova pretendida.

3ª – Fase da produção: É a realização da prova requerida, ouvindo-se as testemunhas arroladas pelas partes, realizando-se a perícia etc. Esta prova deverá ser submetida ao contraditório.

4ª – Fase da valoração: É o momento em que o juiz faz uma análise crítica da prova, a fim de fundamentar sua decisão.

7.1.17. Diferenciação doutrinária entre meios de prova e meios de obtenção da prova

Segundo ensina Antônio Magalhães Gomes Filho[30], os meios de prova se diferenciam dos meios de obtenção da prova, uma vez que os meios de prova se relacionam a uma atividade endoprocessual (interna do processo), se desenvolvendo perante o juiz, com o conhecimento e participação ativa das partes, enquanto que os meios de obtenção da prova (interceptação telefônica, busca e apreensão, gravação ambiental, quebra de sigilo de dados bancários e telefônicos, etc), se concretizam, em regra, de maneira extraprocessual (fora do processo, podendo ser realizado, não pelas partes processuais, mas por terceiros, como técnicos especializados ou policiais). Os meios de prova se destinam ao *convencimento direto do juiz*, como se dá, por exemplo, com a oitiva de uma testemunha, interrogatório, perícia. Já no caso dos meios de obtenção

---

30. Antônio Magalhães Gomes Filho. Notas sobre a terminologia da prova – reflexos no processo penal brasileiro. In: Estudos em homenagem à professora Ada Pellegrini Grinover. Org: Flávio Luiz Yarshell e Maurício Zanoiede de Moraes. São Paulo. DSJ. Ed 2005, p. 303/318.

da prova, o *convencimento do juiz será indireto*, uma vez que, dependendo do resultado obtido com a investigação da prova, *v.g.*, uma carta apreendida quando de uma busca e apreensão, o conteúdo de uma conversa gravada mediante interceptação telefônica, poderá se formar a convicção do magistrado. Em outras palavras, apenas depois de arrecadada a prova que se almejava com o meio de obtenção da prova, a prova em si coligida, poderá ser idônea para convencer o juiz (e não, obviamente, o meio utilizado para a encontrar).

7.2. MEIOS DE PROVAS EM ESPÉCIE

7.2.1. Exame de corpo de delito e perícias em geral

7.2.1.1. Conceito de perícia, de corpo de delito, e de exame de corpo de delito

Perícia é o exame realizado em uma coisa ou pessoa por quem possua conhecimento técnico, científico ou artístico especializado.

Corpo de delito é a própria infração penal em sua materialidade; ou, dito de outra forma, os elementos sensíveis, materiais, tangíveis de uma infração formam o corpo de delito (são os **vestígios do crime**). Exemplos: o cadáver de um homicídio é um corpo de delito; a porta arrombada por agentes que cometeram um furto é o corpo de delito.

Já o **exame de corpo de delito** é a perícia realizada para apurar os vestígios materiais da infração penal (é o exame realizado no corpo de delito). Nos nossos exemplos acima, para o cadáver, será realizado o laudo necroscópico; para o local do arrombamento, laudo pericial que comprove os danos sofridos na porta. Verifica-se que, nestas situações, há vestígios materiais que podem ser comprovados por perícias.

7.2.1.2. Imprescindibilidade do exame de corpo de delito. Espécies. Exame de corpo de delito direto e indireto. Consequências da não realização do exame

Dispõe o art. 158 do CPP que, quando a infração deixar vestígios, será indispensável o exame de corpo de delito, direto ou indireto, não podendo supri-lo a confissão do acusado. Em razão dessa obrigatoriedade, a autoridade policial ou o juiz não poderão negar a realização de exame de corpo de delito (art. 161 do CPP). Conclusão evidente desse dispositivo é que o juiz poderá indeferir o requerimento de perícia *outra* que entenda ser inútil ou protelatória.

Esta exigência legal é um resquício do **sistema de avaliação da prova tarifada ou legal**, acima estudado, em que a lei determina quais provas o juiz deve considerar para decidir.

As infrações que deixam vestígios são chamadas de ***delicta facti permanentis***, as quais exigem a realização do exame de corpo de delito.

Já as infrações que não deixam vestígios (*delicta facti transeuntis*) não exigem a realização de exame de corpo de delito. Exemplo: injúria verbal, roubo mediante grave ameaça e sem violência física.

Qual a consequência da não realização do exame de corpo de delito nas infrações penais que o exijam?

Há cinco possibilidades distintas:

1ª-sentença condenatória proferida quanto a crime que deixe vestígios materiais sem realização de laudo pericial. Recurso que, argui, em preliminar, a nulidade

Deverá ser reconhecida a nulidade do processo a partir do momento em que deveria ter sido juntado o laudo de exame de corpo de delito de acordo com o que preconiza o art. 564, III, *b*, do CPP.

Exemplo: na apuração de um delito de incêndio, não se confecciona laudo constatando tal fato, e se profere sentença condenatória, com base em fotografias tiradas por testemunhas além dos depoimentos e confissão judicial do acusado. Havendo recurso da defesa arguindo a nulidade, ou mesmo recurso da acusação nesse sentido, o Tribunal anulará o processo – inclusive a sentença, com fulcro no mencionado art. 564, III, *b*, do CPP, determinando-se a realização de exame pericial. Realizada a perícia, caberá ao juiz, novamente, julgar o feito, dessa vez instruído com prova idônea – a prova pericial.

2ª-sentença condenatória proferida quanto a crime que deixa vestígios materiais sem realização de laudo pericial. Recurso que *não* argui, em preliminar, a nulidade

Citando-se o mesmo exemplo acima do crime de incêndio em que é proferida uma sentença condenatória sem a imprescindível prova pericial, havendo recurso, da defesa ou da acusação, em que não haja pedido expresso de nulidade do processo por ausência de prova pericial, o Tribunal não poderá decretar a eiva, de ofício, pois configuraria hipótese de *reformatio in pejus* (art. 617 do CPP); restará, tão somente, ao Tribunal, absolver-se o acusado por não estar provada a materialidade delitiva (art. 386, II, do CPP). Para tanto, o Tribunal, poderá utilizar, por analogia, o art. 282, § 2º, do CPC, decidindo o mérito a favor da parte a quem pudesse aproveitar a nulidade, não a pronunciando, nem determinando sua repetição.

3ª-sentença condenatória proferida quanto a crime que deixa vestígios materiais sem realização de laudo pericial. Recurso que argui, em preliminar, a nulidade, mas em situação que não seja mais possível a realização da perícia

E se não puder mais ser realizado o laudo pericial, porque, *v.g.*, a casa incendiada já foi reconstruída, e não remanesce mais nenhum vestígio do crime praticado? Nessa situação, o Tribunal não reconhecerá a nulidade, aproveitando para absolver-se o acusado por falta de prova da materialidade delitiva (art. 386, II, do CPP), nos termos do que prescreve o § 2º do art. 282 do CPC, aplicável, por analogia ao CPP (art. 3º). Reza o § 2º do art. 282 do CPC que: "Quando puder decidir o mérito a favor da parte a quem aproveite a decretação da nulidade, o juiz não a pronunciará nem mandará repetir o ato ou suprir-lhe a falta".

4ª-sentença absolutória fundada na ausência de prova da materialidade delitiva, quando o juiz não determinou a realização de exame pericial. Recurso da acusação que argui, em preliminar, a nulidade, e ainda é possível realizar o trabalho técnico

Havendo recurso da acusação, inconformada com a ausência de determinação judicial para a realização de laudo pericial antes da sentença, o Tribunal anulará o processo, e determinará a realização da perícia faltante, cabendo ao juiz, novamente, julgar o processo.

5ª-sentença absolutória fundada na ausência de prova da materialidade delitiva, quando o juiz não determinou a realização de exame pericial. Recurso da acusação que argui, em preliminar, a nulidade, mas não sendo mais possível realizar-se o trabalho técnico

Havendo recurso da acusação, inconformada com a ausência de determinação judicial para a realização de laudo pericial antes da sentença, mas se não for mais possível a realização de exame de corpo de delito por desaparecimento dos vestígios do crime (casa incendiada totalmente reformada, *v.g.*), o Tribunal absolverá o acusado, por falta de prova da materialidade delitiva (art. 386, II, do CPP), deixando de reconhecer a nulidade, ao aplicar o art. 282, § 2º, do CPC, acima citado.

Em conclusão, o laudo de exame de corpo de delito, embora, em regra, não tenha que ser juntado quando do oferecimento da denúncia, deve estar anexado aos autos, para que possa ocorrer o julgamento, ou seja, antes da sentença.

7.2.1.3. Oportunidade para se realizar o exame de corpo de delito

O exame de corpo de delito, e as demais perícias, poderão ser feitos em qualquer dia e a qualquer hora (art. 161 do CPP).

7.2.1.4. Exame de corpo de delito e ação penal pública e privada

Em se tratando de ação penal pública, a perícia deverá ser determinada, de ofício, pela autoridade policial ou judicial; já a perícia, no caso de ação penal privada, seja na fase do inquérito policial seja na etapa processual, dependerá de requerimento do ofendido ou de seu representante legal (art. 19 e 183 do CPP), para que seja determinada. Exemplo: crime de dano (art. 163, *caput*), cuja iniciativa da ação penal é, em regra, privada (art. 167 do CP), durante o inquérito policial ou no decorrer do processo, deverá a vítima ou o seu representante legal solicitarem – ao delegado ou ao juiz – a confecção de laudo pericial a fim de comprovar a materialidade delitiva. Porém, em se tratando de ação penal privada subsidiária da pública, cuja essência é pública, a perícia poderá ser determinada, de ofício, pela autoridade judicial, sem depender de solicitação do querelante.

7.2.1.5. Espécies de exames de corpo de delito

Há 2 espécies de exame de corpo de delito:

1ª – **Direto**: aquele que é realizado pelo perito no objeto da prova, diretamente. Exemplo: a perícia no cadáver, no caso do homicídio, para se verificar a causa da morte.

2ª – **Indireto**: na impossibilidade de exame direto, o perito analisa outros dados relacionados com o objeto da prova que possam, através de conhecimento especializado, fazer com que se comprove a materialidade do crime. Exemplo: através do estudo das fichas clínicas de um hospital e boletins médicos, o médico pode chegar à conclusão da materialidade do delito de lesões corporais.

7.2.1.6. Desaparecimento dos vestígios e suprimento do exame pericial por prova testemunhal

Dispõe o art. 167 do CPP que, não sendo possível o exame de corpo de delito, por haverem desaparecido os vestígios, a prova testemunhal poderá suprir-lhe a falta.

Exemplo: a vítima de um homicídio é incinerada ou jogada em alto mar de um avião, não sendo seu corpo recuperado; nestas situações, percebe-se que os vestígios do crime desapareceram por obra do criminoso, e não por ineficiência dos agentes do Estado. Sendo assim, a prova testemunhal poderá suprir a falta do exame de corpo de delito, ouvindo-se, por exemplo, as testemunhas que presenciaram o crime de homicídio, a fim de se comprovar a materialidade delitiva.

Para nós, o suprimento da prova da materialidade delitiva engloba *não apenas a prova testemunhal*, mas também se deve admitir a produção da prova documental e até, a confissão do acusado, apesar da aparente proibição no uso desse meio de prova pelo art. 158 do CPP. Na verdade, o princípio que vige quanto aos meios de prova é o de sua liberdade, desde que lícita a forma com que trazidos, aos autos, os elementos de convicção.

Parte da doutrina entende que o suprimento do exame de corpo de delito pela oitiva das testemunhas forma um verdadeiro exame de corpo de delito indireto.

Mas, se os vestígios tiverem desaparecido, porque não se realizou o exame pericial por ineficiência dos agentes do Estado que não o providenciaram, a nosso ver, o exame de corpo de delito não poderá ser suprido pela prova testemunhal.

Com o mesmo entendimento Vicente Greco Filho[31] para quem "Se, porém, os vestígios desaparecerem em virtude de inércia, inclusive burocrática, dos órgãos

---
31. Vicente Greco Filho, Manual de Processo Penal, p. 212.

policiais ou judiciais, a menor segurança da prova testemunhal não pode ser carreada ao acusado".

Há, todavia, precedente do STJ[32] no sentido de que, desaparecidos os cheques originais falsificados, por incúria da Polícia, a prova pericial poderia ser suprida pela oitiva de testemunhas (art. 167 do CPP).

7.2.1.7. Outras perícias. Critério discricionário de sua realização

Quanto às demais perícias, que não se refiram ao exame de corpo de delito, à autoridade policial ou judicial caberá deferir ou não, de acordo com a utilidade que possua na busca da verdade real (art. 184 do CPP). O investigado, indiciado ou ofendido não possuem, portanto, direito líquido e certo à produção de determinada prova pericial, cujo deferimento passará pelo crivo da autoridade policial ou do magistrado.

7.2.1.8. Regras de realização do exame de corpo de delito e outras perícias

7.2.1.8.1. Perito. Sujeito de prova. Generalidades. Prioridade à realização do exame de corpo de delito.

O exame de corpo de delito e outras perícias serão realizados por perito oficial, portador de diploma de curso superior (art. 159, *caput*, do CPP). O perito é um sujeito de prova – um auxiliar do juízo que traz elementos de convicção ao processo – detentor de conhecimentos técnicos ou – científicos – que – de maneira imparcial – deve esclarecer a respeito de fatos relevantes ao processo, como o estado de pessoas e coisas. Diz-se que a atuação do perito deve ser imparcial – equidistante das partes – porque a ele se aplicam as regras de suspeição dos juízes (art. 280 do CPP).

Não existe possibilidade de as partes escolherem o perito, inclusive no caso de ação penal privada, como determina o art. 276 do CPP.

Expedindo-se carta precatória, pode ser a perícia determinada pelo juízo deprecado, nomeando esse o perito. Mas, se houver acordo entre as partes, *apenas no caso de ação penal privada*, frise-se, a nomeação do perito pode ser determinada pelo juízo deprecante (art. 177 do CPP).

A Lei 13.721, de 2 de outubro de 2018, acrescentou ao artigo 158, do CPP, um parágrafo e dois incisos com o seguinte teor:

> "Art. 158.....
>
> Parágrafo único. Dar-se-á prioridade à realização do exame de corpo de delito quando se tratar de crime que envolva:
>
> I – violência doméstica e familiar contra a mulher;
>
> II – violência contra criança, adolescente, idoso ou pessoa com deficiência".

---

32. Informativo do STJ. 07/05/2012. HC 124908. 6ª T. Rel. Min. Og Fernandes.

7.2.1.8.2. Espécies de Peritos. Número de peritos

Perito oficial

O perito pode integrar os quadros do Estado, e será chamado então de perito oficial. No caso de perito oficial, o qual, necessariamente, deverá ser portador de diploma de curso superior, bastará *um* expert para elaborar qualquer laudo, como determina o art. 159, *caput*, do CPP.

Basta, portanto, um perito para a realização válida de qualquer exame pericial, desde que seja perito oficial, ou seja, vinculado ao Estado.

Na falta de perito oficial, o exame será realizado por duas pessoas idôneas, portadoras de diploma de curso superior preferencialmente na área específica, dentre as que tiverem habilitação técnica relacionada com a natureza do exame; esses peritos não oficiais prestarão o compromisso de bem e fielmente desempenhar o encargo e serão nomeados pelo juiz (art. 159, §§ 1º e 2º do CPP).

7.2.1.8.3. A autonomia funcional do perito

De acordo com o art. 2º da Lei 12.030/09 (Lei que dispõe sobre as perícias oficiais), no exercício da atividade de perícia oficial de natureza criminal, é assegurado, ao perito, autonomia técnica, científica e funcional, o que significa dizer que o perito oficial não fica subordinado ao entendimento ou às pretensões da autoridade policial, do magistrado, ou do membro do Ministério Público; o perito é livre para chegar às conclusões que bem entender estribadas, claro, na sua experiência e conhecimentos especializados, de maneira independente, portanto.

Essa garantia de independência de entendimento assegurada ao perito oficial se estende aos peritos nomeados pelo juiz (na ausência de perito oficial), uma vez que a finalidade da norma é assegurar que a prova técnica seja elaborada de maneira isenta, sem injunções e pressões espúrias de quem quer que seja, em prol da verdade material dos fatos, não se admitindo manipulações.

7.2.1.8.4. Oitiva do perito e formulação de quesitos

Durante o curso do processo judicial, é permitido às partes, requerer a oitiva dos peritos para esclarecerem a prova ou para responderem a quesitos, desde que o mandado de intimação e os quesitos ou questões a serem esclarecidas sejam encaminhados com a antecedência mínima de 10 dias, podendo apresentar as respostas em laudo complementar (art. 159, § 5º, I, do CPP).

7.2.1.8.5. Divergência entre peritos

Havendo divergência entre os peritos, serão consignadas no auto do exame as declarações e respostas de um e de outro, ou cada um redigirá separadamente o seu laudo, e a autoridade nomeará um terceiro; se este divergir de ambos, a autoridade poderá mandar proceder a novo exame por outros peritos (art. 180 do CPP).

Se houver dois laudos contraditórios entre si, há dois caminhos ao magistrado; determinar a realização de um terceiro por outro perito (art. 180 do CPP), ou, simplesmente optar por aquele que lhe parece o mais adequado a dar suporte técnico à questão discutida.

7.2.1.8.6. Laudo pericial

O exame pericial é documentado através de um laudo pericial, onde se descreverá minuciosamente o que foi examinado, e se responderá aos quesitos formulados (art. 160, *caput*, do CPP).

O laudo pericial, por sua vez, é formado por quatro partes: preâmbulo – qualificação do perito e do objeto do estudo técnico; exposição ou relatório do que é estudado; fundamentação: motivos de ordem técnica alinhavados; conclusão: encerramento do laudo, respondendo a quesitos. A mera falta de assinatura do laudo, por lapso, mas sendo certa a autoria do trabalho técnico pela juntada de termo de compromisso, traduz mera irregularidade, uma vez que não causa prejuízo à parte[33].

O prazo para realização do laudo é de 10 dias, podendo este prazo ser prorrogado, em casos excepcionais, a requerimento dos peritos (art. 160, § único, do CPP).

7.2.1.8.6.1. Oportunidade processual para a juntada do laudo pericial

O laudo pericial pode ser juntado em qualquer oportunidade da persecução criminal, seja na fase da investigação ou do andamento processual, desde que, antes da prolação da sentença, a fim de possibilitar a aferição da materialidade delitiva. Isso significa dizer que, em regra, não é imprescindível a juntada do laudo pericial para que possa ser recebida a peça acusatória (denúncia ou queixa).

Mas há duas exceções em que, expressamente, estabelece a lei a necessidade da existência de determinados laudos periciais para que a peça acusatória possa ser recebida, e que são as seguintes:

1ª – **Lei de Drogas art. 50, § 1º e 2º, da Lei 11.343/06**: imprescindível a juntada de laudo provisório de constatação das drogas; é uma condição especial de procedibilidade; para que possa ser recebida a denúncia, deverá estar anexado aos autos, pelo menos, o laudo provisório, a fim de se trazer alguma idoneidade à materialidade delitiva.

2ª – **Crimes contra a propriedade imaterial** (os conhecidos produtos "piratas"), deixando vestígios materiais o delito, *v.g.*, DVD falsificado, impõe, o art. 525 do CPP, a realização de perícia tendo por objeto o material apreendido.

---

33. STJ-HC 201.175-MS (2011/0062941-0). Rel. Min. Jorge Mussi.

7.2.1.8.6.2. Laudo pericial e contraditório

Na imensa maioria das vezes, os laudos periciais são confeccionados no transcurso da investigação criminal (normalmente o inquérito policial), sem que se possibilite o contraditório imediato sobre a prova; isso porque, trata-se, na dicção legal, de prova cautelar (art. 155, *caput*, do CPP), que deve ser produzida imediatamente, sob pena de perecimento do material da prova. Depois de anexado o laudo nos autos, já na fase judicial, as partes poderão questionar o teor do trabalho técnico, arrolando o perito para ser ouvido, ou para responder a quesitos, e, ainda, nomeando assistente técnico para ser ouvido como testemunha e/ou para elaborar parecer. É o chamado contraditório sobre a prova, diferido ou postergado.

7.2.1.8.6.3. Suprimento de falhas do laudo pericial

No caso de inobservância de formalidades, ou havendo omissões, obscuridades ou contradições no laudo, a autoridade judiciária mandará suprir a formalidade, complementar ou esclarecer o laudo, ou poderá ordenar que se proceda a novo exame, por outros peritos, se julgar conveniente (art. 181, *caput*, e § único do CPP).

7.2.1.8.7. Perícias e convencimento judicial

Há dois sistemas de apreciação da prova pericial pelo magistrado:

1º - Sistema vinculatório: O juiz fica adstrito ao teor das conclusões do laudo pericial, não se permitindo que possa decidir em sentido contrário. Esse sistema é corolário do sistema geral de apreciação das provas denominado tarifado – em que a lei, abstratamente, indica o valor que cada prova deve ter para o juiz;

2º - Sistema liberatório: o juiz tem plena liberdade para decidir como melhor lhe aprouver, podendo inclusive refutar as conclusões do laudo pericial, desde que fundamentadamente. É o sistema adotado por nós no art. 182 do CPP. Normalmente, a rejeição ao teor do laudo é resolvida, não pelas conclusões do magistrado, que não é um técnico, mas sim através da nomeação de outro perito. Todavia, não haveria impedimento a que o juiz, utilizando-se, por exemplo, de livros de medicina legal, estudos técnicos, rechace o laudo pericial ofertado e conclua, fundamentadamente, de maneira diversa.

7.2.1.8.8. Casuística das perícias

Roubo com arma de fogo

Se a arma de fogo for apreendida, necessariamente deverá ser periciada. A ausência de perícia na arma, possível de ser feita, mas não realizada por desídia do Estado, acarretará a impossibilidade de se condenar o acusado com essa causa de exasperação, pois o art. 175 do CPP determina que "Serão sujeitos a exame os instrumentos empregados para a prática da infração, a fim de se lhes verificar a natureza e a eficiência". Caso a condenação indevidamente leve em consideração o emprego de arma de fogo, embora apreendida, mas não periciada, caberá, em recurso, o afastamento desse agravamento penal. Há, porém, decisões do STJ[34] reputando que o crime de porte ilegal de arma de fogo, acessório ou munição de uso permitido (art. 14 da Lei 10.826/2003), é de perigo abstrato e de mera conduta, bastando, para a sua caracterização, a prática de um dos núcleos do tipo penal, sendo desnecessária a realização de perícia.

No entanto, se o roubo for praticado mediante emprego de arma de fogo, *não sendo a arma apreendida*, seja porque o acusado não foi preso em flagrante, ou conseguiu, de qualquer forma, se livrar dela, a majorante referida poderá ser reconhecida pelas declarações da vítima. Quando o acusado alegar, em sua autodefesa, que a arma de fogo utilizada era de brinquedo (simulacro), sem potencialidade lesiva, caberá a ele provar esse fato; é o seu ônus probatório.

Esse entendimento pacificou-se no STF[35] e no STJ.[36]

Crimes contra as relações de consumo

A conduta de vender, ter em depósito, expor à venda, ou de qualquer forma, entregar matéria – prima ou mercadoria, em condições impróprias ao consumo (Lei 8.137/90, art. 7º, IX) demanda a realização de perícia que constate a impropriedade da matéria – prima ou do produto direcionado ao consumo. No caso de alimentos impróprios para o consumo, em razão do prazo de validade estar vencido (art. 7º, IX, da Lei 8.137/90), indispensável a realização de perícia por deixar- a infração- vestígios materiais, nos termos do art. 158 do CPP.[37]

Crime de porte ou posse ilegal de arma de fogo (Lei 10.826/03)

Tais delitos só podem ser comprovados com a realização de laudo pericial que ateste a eficiência da arma, ou seja, a possibilidade ou não de realização de disparos. Há, porém, decisões do STJ[38] reputando que o crime de porte ilegal de arma de fogo, acessório ou munição de uso permitido (art. 14 da Lei 10.826/2003), é de perigo abstrato e de mera conduta, bastando, para a sua caracterização, a prática de um dos núcleos do tipo penal, sendo desnecessária a realização de perícia.

---

34. STJ – AgRg no RHC 086862/SP. 5ª T. Rel. Min. Felix Fischer. Julgado em 20/02/2018, DJe 28/02/2018. HC 396863/SP. 5ª T. Rel. Min. Ribeiro Dantas. Julgado em 13/06/2017. DJe 22/06/2017.
35. STF – Pleno, HC 96.099/RS, Rel. Min. Ricardo Lewandowski, DJe 104 04/06/2009.
36. STJ – 3ª Seção, EREsp 961.863/RS, Rel. Min. Gilson Dipp, j. 13/12/2010, DJe 06/04/2011; 6ª T. HC 135.002/SP, Rel. Min. Sebastião Reis Júnior, j. 23/08/2011, DJe 19/09/2011; 6ª T. HC 245.816/SP, Rel. Min. Og Fernandes, j. 11/09/2012, DJe 24/09/2012.
37. STJ – RHC 69.692/SC. 6ª T. Rel. Min. Rogerio Schietti Cruz, DJe 13/06/2017. STJ- RHC 86.698/MS. 5ª T. Rel. Min. Reynaldo Soares da Fonseca. Julgado em 03/08/2017.
38. STJ –AgRg no RHC 086862/SP. 5ª T. Rel. Min. Felix Fischer. Julgado em 20/02/2018, DJe 28/02/2018. HC 396863/SP. 5ª T. Rel. Min. Ribeiro Dantas. Julgado em 13/06/2017. DJe 22/06/2017.

Crimes ambientais

O crime previsto no art. 54 da Lei 9.605/98 (causar poluição) prescinde da realização de perícia, sendo suficiente a potencialidade de dano à saúde humana para a configuração da conduta delitiva, não se exigindo, portanto, a realização de perícia[39].

7.2.1.8.9. Quesitos e assistente técnico

Faculta-se ao Ministério Público, ao assistente de acusação, ao ofendido, ao querelante e ao acusado a formulação de quesitos e indicação de assistente técnico (art. 159, § 3º do CPP).

Quesitos são perguntas escritas, de conteúdo técnico, formuladas ao perito a respeito do objeto do exame pericial. O **assistente técnico** é o especialista em uma área que assessora uma das partes na análise do laudo pericial. Se a perícia for complexa, por abranger mais de uma área de conhecimento especializado, pode-se designar mais de um perito oficial, e a parte indicar mais de um assistente técnico (art. 159, § 7º do CPP).

O assistente técnico atuará a partir de sua admissão pelo juiz e após a conclusão dos exames e elaboração do laudo pelos peritos oficiais, sendo as partes intimadas desta decisão (art. 159, § 4º do CPP). **O assistente técnico só será admitido quando houver ação penal em curso (e não durante o inquérito), e após a juntada do laudo pelos peritos oficiais.**

Os assistentes técnicos poderão oferecer pareceres em prazo a ser fixado pelo juiz ou ser inquiridos em audiência (art. 159, § 5º, II do CPP). Não é lícito oferecer-se denúncia lastreada exclusivamente em parecer técnico emanado de assistente, porque se exige, a teor do art. 159, *caput*, do CPP, que as perícias sejam realizadas por perito oficial.[40]

Não se admite, ainda, a utilização de laudo pericial elaborado por técnico que atue em grupo técnico de apoio ao MP, uma vez que, a nomeação de perito não pode sofrer interferência das partes, e o expert deve pertencer aos quadros dos Institutos de Criminalística ou Institutos de Medicina Legal, a fim de assegurar sua necessária imparcialidade[41].

Havendo requerimento das partes, o material probatório que serviu de base à perícia será disponibilizado no ambiente do órgão oficial, que manterá sempre sua guarda, e na presença de perito oficial, para exame pelos assistentes, salvo se for impossível a sua conservação (art. 159, § 6º do CPP).

7.2.2. Perícias em espécie

Passa o código a disciplinar, **de modo exemplificativo**, algumas perícias, dentre elas, as seguintes:

---

39. STJ – Embargos de Divergência em RESP 1.417.279/SC (2013/0373808-9). Rel. Min. Joel Ilan Paciornik.
40. STJ. HC 119.354/GO (2008/0238284-0). Rel. Min. Nilson Naves.
41. STJ – HC 154.093-RJ (2009/0226404-2). Rel. Min. Jorge Mussi.

7.2.2.1. Perícias realizadas no corpo humano:

Laudo necroscópico ou autópsia, que deve ser realizada, pelo menos, 6 horas depois do óbito, salvo se os peritos, pela evidência dos sinais de morte, julgarem que possa ser feita antes daquele prazo, o que declararão no laudo (art. 162, *caput*, do CPP).

Para complementar o laudo necroscópico, quando possível, poderá ser anexado provas fotográficas, esquemas ou desenhos, devidamente rubricados (art. 165 do CPP).

Prevê o § único do art. 162 do CPP que, "Nos casos de morte violenta, bastará o simples exame externo do cadáver, quando não houver infração penal que apurar, ou quando as lesões externas permitirem precisar a causa da morte e não houver necessidade de exame interno para a verificação de alguma circunstância relevante".

Seria o caso, por exemplo, de um cadáver decapitado, de um corpo despedaçado por um trem ou metrô (espostejamento), circunstâncias essas que, segundo a lei, dispensariam o exame interno do corpo da vítima, quando não houvesse infração penal a se apurar – hipótese de suicídio ou acidente por culpa exclusiva do ofendido.

Pensamos, porém, que, de qualquer forma, por cautela, mostra-se, sempre, imprescindível a realização do exame interno do corpo da vítima, pois é perfeitamente possível que o ofendido seja morto por uma facada, envenenado, asfixiado, por exemplo, e, para encobrir a causa da morte (e sua autoria), o criminoso jogue – já um cadáver – no trilho de um trem do metrô, a fim de confundir a direção a ser seguida pelas investigações, assegurando sua impunidade.

Exumação para exame cadavérico. No caso de exumação, a autoridade providenciará para que, em dia e hora previamente marcados, se realize a diligência, da qual se lavrará auto circunstanciado (art. 163, *caput*, do CPP).

O administrador de cemitério público ou particular indicará o lugar da sepultura, sob pena de desobediência. No caso de recusa ou de falta de quem indique a sepultura, ou de encontrar-se o cadáver em lugar não destinado a inumações, a autoridade procederá às pesquisas necessárias, o que tudo constará do auto (art. 163, § único, do CPP).

Havendo dúvida sobre a identidade do cadáver exumado, procede-se ao reconhecimento pelo Instituto de Identificação e Estatística ou pela inquirição de testemunhas, lavrando-se auto de reconhecimento de identidade, no qual se descreverá o cadáver com todos os seus sinais e indicações, arrecadando-se os objetos que possam ser úteis à identificação do morto (art. 166, *caput* e § único, do CPP).

Os dispositivos legais em estudo preveem duas formas legais de identificação do cadáver exumado (e que também se aplicam a quaisquer cadáveres, mesmo aqueles que não são exumados, desde que não se conheça sua identidade), e que são:

1ª – colheita de impressões datiloscópicas do cadáver e comparação com a ficha de identificação que a vítima eventualmente possua no Instituto de Identificação (em São Paulo, o IIRGD), onde estará armazenada suas impressões datiloscópicas em uma ficha constante do documento de RG.

Ocorre que, em diversas oportunidades, o cadáver poderá estar em avançado estado de putrefação – destruindo os tecidos das mãos (cristas papilares), o que inviabiliza, por completo, essa identificação datiloscópica;

2ª – **identificação pelos objetos apreendidos com o cadáver**, como algum documento, alianças, joias etc.

Numa interpretação progressiva do dispositivo legal, deve-se mencionar a possibilidade de identificação do cadáver por exame odontológico (comparação da ficha panorâmica da arcada dentária arquivada no dentista com a arcada do cadáver) e exame de DNA, os mais utilizados modernamente.

Exame para apurar lesões corporais

Em caso de lesões corporais, se o primeiro exame tiver sido incompleto, proceder-se-á a exame complementar por determinação da autoridade policial ou judiciária, de ofício, ou a requerimento do Ministério Público, do ofendido ou do acusado, ou de seu defensor (art. 168, *caput*, do CPP).

Nesse exame complementar, o perito deverá ter presente o laudo de exame de corpo de delito original para suprir-lhe a falta ou retificá-lo (art. 168, § 1º, do CPP).

No caso de verificação do delito de lesão corporal grave – por afastamento das ocupações habituais por mais de 30 dias (art. 129, § 1º, I, do CP), o exame complementar deverá ser feito logo que decorra o prazo de 30 dias, contado da data do crime (art. 168, § 2º, do CPP).

Em se tratando de falta de exame complementar – para acrescer informações técnicas ou retificar o laudo anterior – poderá – tal perícia – ser suprida pela prova testemunhal (art. 168, § 3º, do CPP). Significa dizer que um laudo de exame de corpo de delito incompleto ou defeituoso que não caracterize perfeitamente, por exemplo, a prática de uma lesão corporal grave (afastamento das ocupações habituais por mais de 30 dias, debilidade permanente de membro) ou gravíssima (deformidade permanente, aborto) *poderá ser suprida por prova testemunhal, sem necessidade da realização de outra perícia complementar, por expressa disposição legal*. Mas é preciso que se compreende o dispositivo legal em estudo utilizando-se de uma interpretação sistemática, com as normas que tratam da imprescindibilidade do exame de corpo de delito quando o delito deixa vestígios (art. 158 do CPP), e a possibilidade *subsidiária* de que a prova material da existência do delito seja suprida pela prova testemunhal (art. 167 do CPP).

Pela ótica mais abrangente dessa interpretação, conclui-se que o laudo complementar – para retificar ou acrescentar dados ao anterior – tendo por objeto as lesões corporais sofridas pela vítima – deve ser obrigatório, sob pena de nulidade processual. Todavia, se for impossível a confecção de laudo complementar, *v.g.*, porque a vítima não foi encontrada para se submeter a exame que pudesse constatar sua incapacidade para as ocupações habituais por mais de 30 dias, aí sim, o laudo complementar poderia ser suprido pela prova testemunhal, como permite o § 3º do art. 168 do CPP, de maneira subsidiária.

7.2.2.2. Perícias realizadas no local do crime

Para efeito de **exame do local onde houver sido praticada a infração**, a autoridade providenciará imediatamente para que não se altere o estado das coisas até a chegada dos peritos, que poderão instruir seus laudos com fotografias, desenhos ou esquemas elucidativos (art. 169 do CPP). Essencial, ainda, que os objetos apreendidos sejam devidamente periciados, apreendidos, etiquetados e lacrados, assegurando a idoneidade dos vestígios do crime (é a denominada **cadeia de custódia**); com tais providências, se permite que, no futuro, seja possível analisar o que foi apreendido, pelo assistente técnico, bem como que tal material arrecadado seja submetido a eventual nova perícia.

Conforme o art. 164 do CPP, os cadáveres serão sempre fotografados na posição em que forem encontrados, bem como, na medida do possível, todas as lesões externas e vestígios deixados no local do crime.

No caso de **incêndio**, os peritos verificarão a causa e o lugar em que houver começado, o perigo que dele tiver resultado para a vida ou para o patrimônio alheio, a extensão do dano e o seu valor e as demais circunstâncias que interessarem à elucidação do fato (art. 173 do CPP).

Nos crimes cometidos com **destruição ou rompimento de obstáculo a subtração da coisa, ou por meio de escalada**, os peritos, além de descrever os vestígios, indicarão com que instrumentos, por que meios e em que época presumem ter sido o fato praticado (art. 171 do CPP).

O furto qualificado (art. 155, § 4º, I e II – rompimento de obstáculo e escalada), pela dicção legal, depende de realização de perícia, a fim de se comprovar tais circunstâncias, como já decidiu o STJ[42]. No entanto, há entendimento, do mesmo STJ[43], apontando que, se o furto mediante escalada for comprovado por meio de sistema de monitoramento com câmeras, fotos e testemunhos, a falta de exame de corpo de delito não acarretará a nulidade do feito, porque tal perícia foi suprida por diversos outros elementos de prova.

Em idêntico sentido, há outra decisão do STJ[44] reconhecendo a qualificadora do rompimento de obstáculo no furto (destruição do portão da casa subtraída), quando, mesmo depois de consertado o portão e impossibilitada a perícia que comprovasse seu arrombamento, supriu-se a prova pericial pela prova testemunhal.

7.2.2.3. Perícias de laboratório

Realizada perícia no laboratório, deve o perito guardar material suficiente para a eventualidade de nova perícia – para possível contraprova (art. 170 do CPP).

7.2.2.4. Perícia em instrumentos e objetos

Procede-se a avaliação de **coisas destruídas, deterioradas** ou que constituam **produto do crime** (art. 172 do CPP).

---

42. STJ – HC 141.466/MS, Rel. Min. Maria Thereza de Assis Moura, DJe 27/08/2012).
43. STJ – Recurso Especial 1.392.386-RS (2013/0244860-2). Rel. Min. Marco Aurélio Belizze.
44. Informativo do STJ. 27/05/2013. STJ. HC 266856. 6ª T. Rel. Min. Og Fernandes.

Serão sujeitos a exame os **instrumentos** empregados para a prática da infração, a fim de verificar a natureza e a eficiência (art. 175 do CPP).

7.2.2.5. Perícia em escritos por comparação de letra

Tal perícia, denominada **exame grafotécnico**, é prevista no art. 174 do CPP.

Essa perícia tem por objetivo verificar se assinaturas e quaisquer sinais gráficos apostos em documentos provieram do punho do indiciado ou acusado; para tanto, compara-se, cientificamente (grafologia), as letras do documento suspeito com a letra daquele que é investigado ou processado.

Esse meio de prova tem especial relevância nos delitos de falso materiais, sendo mesmo, em muitos casos, imprescindível à prova da materialidade delitiva (existência da infração penal).

Esta modalidade de prova possui *um verdadeiro procedimento probatório* – que especifica de que maneira a prova será produzida, e que é o seguinte:

1ª – A pessoa a quem se atribuir o escrito será intimada para o ato, se for encontrada;

2ª – para a comparação, poderão servir quaisquer documentos que a dita pessoa reconhece ou já tiverem sido judicialmente reconhecidos como de seu punho, ou sobre cuja autenticidade não houver dúvida;

3ª – a autoridade, quando necessário, requisitará para o exame, os documentos que existirem em arquivos ou estabelecimentos públicos, ou nestes realizará a diligência, se daí não puderem ser retirados;

4ª – quando não houver escritos para a comparação ou forem insuficientes os exibidos, a autoridade mandará que a pessoa escreva o que lhe for ditado. Se estiver ausente a pessoa, mas em lugar certo, esta última diligência poderá ser feita por precatória, em que se consignarão as palavras que a pessoa será intimada a escrever.

Desse conjunto de regras legais, deflui-se que, primeiro, deve-se buscar a existência de documentos em que não haja dúvida que emanaram do punho do indiciado ou acusado; caso não sejam encontrados esses documentos ou sejam insuficientes para a perícia, *apenas num segundo momento*, o indiciado ou acusado é intimado a escrever um ditado, a fim de fornecer material gráfico que permita a comparação de letras almejada.

Importante notar que, na prática, os exames grafotécnicos são determinados na fase do inquérito policial, e o seu trâmite costuma ser justamente o inverso: primeiro intima-se o indiciado para fornecer material gráfico, mediante ditado; caso o indiciado não seja encontrado ou se recuse a fornecê-lo, aí sim, a autoridade policial procede a pesquisas em órgãos públicos e privados que possam conter algum sinal gráfico do investigado.

O indiciado e o acusado poderão se recusar a fornecer material gráfico para a perícia, como corolário do direito de não se autoincriminar, mediante condutas ativas (*nemo tenetur se detegere*).

7.2.2.6. Perícia em material genético encontrado no local do crime ou no corpo da vítima

Dispõe o art. 3º da lei 12.037/2009 (Lei da identificação criminal) que, mesmo sendo apresentado documento de identificação, poderá ocorrer identificação criminal, em diversas hipóteses, inclusive quando for essencial às investigações policiais, segundo despacho da autoridade judiciária competente, que decidirá de ofício ou mediante representação da autoridade policial, do Ministério Público ou da defesa. A nosso ver, não é admissível que a autoridade judicial, de ofício, em sede de inquérito policial, determine a identificação criminal quando for essencial às investigações policiais, porque estaria comprometida sua imparcialidade ao se imiscuir em questões referentes ao mérito das investigações criminais. Repugna ao senso jurídico a figura do juiz – investigador, que é totalmente incompatível com a nossa arquitetura constitucional que bem separa as funções de investigar – normalmente exercida pela Polícia Judiciária (sem prejuízo de demais órgãos públicos legitimados a tanto); de acusar, cujo titular é o MP; e o de julgar, privativo dos juízes. Para que o juiz decrete a identificação criminal como ato necessário as investigações, numa interpretação conforme a Constituição da norma em comento, imprescindível requerimento do *Parquet* ou representação da autoridade policial.

E no que consiste a necessidade de identificação criminal do suspeito para as investigações policiais? Significa que a colheita de fotos, de impressões datiloscópicas, e, em casos determinados, de material genético do indiciado podem se mostrar imprescindíveis à apuração da autoria do crime, como se daria, por exemplo, com a comparação de impressões datiloscópicas deixadas na arma do crime que ceifou a vida da vítima; pela juntada de fotografias do indiciado que pudessem ser apresentadas a testemunhas. Nessa situação particular, não existe qualquer dúvida a respeito da identidade do indiciado – sabe-se perfeitamente quem ele é – mas a colheita de suas impressões datiloscópicas, de fotos ou de seu material genético tornarão possível a apuração da autoria de delitiva. No que se refere à identificação criminal que se perfaz através da colheita de impressões datiloscópicas e de fotografias, o indiciado não poderá se recusar a colaborar com tais atos, não sendo cabível arguir o princípio de que ninguém é obrigado a produzir prova contra si mesmo (*nemo tenetur se detegere*). Como vimos quando tratamos do princípio da vedação à autoincriminação, ao indiciado e acusado é possível recusar-se a produzir, ativamente, prova contra si; mas posar para fotos ou, passivamente, deixar com que suas impressões digitais sejam colhidas (externamente, é claro, nos dedos de suas mãos) apenas revelam atos que não configuram prova invasiva e que independem de qualquer atitude do indiciado. Nesse contexto, se o indiciado se recursar a ser identificado criminalmente, caberá sua condução coercitiva para tanto (art. 260 do CPP). Com o mesmo entendimento, Renato Brasileiro de Lima.[45]

A identificação criminal, com tal finalidade, depende de decisão judicial fundamentada. Caso a decisão seja desprovida de fundamentos fáticos e jurídicos que embasem a medida de exceção, poderá ser combatida através de *habeas corpus*, porque

---

45. Renato Brasileiro de Lima, Curso de Processo Penal, p. 105.

estaria configurado o constrangimento ilegal a atingir a liberdade do indiciado contra quem se colheria ilegalmente fontes de provas com potencial de serem utilizadas em detrimento de sua liberdade. E mais: a determinação judicial-sem fundamento – que obrigue o indiciado a ser identificado criminalmente, embora certa sua identidade civil, a fim de produzir fontes de provas essenciais às investigações criminais viola o art. 5º, LVIII, da CF ("o civilmente identificado não será submetido a identificação criminal, salvo nas hipóteses previstas em lei"). Como a lei exige que a identificação criminal apenas se dê, embora certa a identidade civil, quando for essencial às investigações policiais, se não se demonstrar, na decisão judicial, tal imprescindibilidade para a busca de fontes de provas do inquérito, certo que tal proceder desrespeita a lei em estudo e também, reflexamente, a própria Constituição. Vulnera, ainda, a decisão desprovida de fundamento o art. 93, IX, da CF que proclama que todas as decisões do Judiciário serão fundamentadas. Diante desse quadro, se através de uma decisão não fundamentada, e, portanto, em afronta ao texto de lei e também de normas constitucionais, como se viu, for determinada a identificação criminal e, através dela, se chegar à prova que aponte a autoria delitiva (colheita de impressões digitais em comparação com as digitais do acusado que concluam ser ele quem deixou sua marca na arma do crime, fotografia sua reconhecida por testemunha etc.), certo que se tratarão de provas ilícitas, porque obtidas em violação a normas constitucionais ou legais, como determina o art. 157, *caput*, do CPP. Deverão, assim, ser desentranhadas, porque destituídas de validade jurídica.

Dispõe o art. 4º da Lei que "Quando houver necessidade de identificação criminal, a autoridade encarregada tomará as providências necessárias para evitar o constrangimento do identificado".

A identificação criminal não pode expor o indiciado a qualquer constrangimento, sob pena de responder o policial por abuso de autoridade (art. 4º, *b*, da Lei 4898/65).

Identificação criminal e coleta de material biológico para a obtenção do perfil genético. (§ único do art. 5º, da Lei 12.037/2009)

Prevê o parágrafo único do art. 5º da Lei introduzido pela Lei 12.654/2012 que "Na hipótese do inciso IV do art. 3º, a identificação criminal poderá incluir a coleta de material biológico para a obtenção do perfil genético".

Apenas quando a identificação criminal for essencial às investigações policiais, será possível incluir, além do processo datiloscópico e fotográfico, a coleta de material biológico, a fim de se obter o perfil genético do indiciado. Como já se disse acima, nessa situação, a identidade do indiciado é certa – não existe qualquer dúvida a respeito de quem ele seja. Procede-se à coleta de material genético para se apurar a autoria delitiva, como medida imprescindível à investigação criminal.

Para tanto, é indispensável ordem judicial.

É a situação em que, havendo restos orgânicos no local do crime, como saliva, sangue, sêmen etc., pretenda-se comprovar a presença do indiciado no local, o que apontaria ser ele o autor do crime; para tanto, colhendo-se o material genético do suspeito iria se cotejá-los com as amostras colhidas no local dos fatos.

Como explica Renato Brasileiro de Lima[46], por se tratar de intervenção corpórea no indiciado (invasiva), para que o magistrado determine essa espécie de identificação criminal, deverá demonstrar que não é possível obter a prova de autoria de outra forma. É, então, sua *ultima ratio*. E acrescentamos nós: se for determinada a colheita de material genético para as investigações criminais de maneira não fundamentada a consequência será a ilicitude de todas as provas, e a sua inutilização, como vimos acima.

É possível, todavia, discutir a constitucionalidade desta norma[47], podendo existir *três posições* sobre o tema:

1ª Posição: A norma é inconstitucional

Não se pode obrigar o indiciado a fornecer material biológico, que será usado para produzir prova contra ele, sob pena de ofender-se o princípio da não autoincriminação: ninguém é obrigado a produzir, ativamente, provas contra si mesmo (*nemo tenetur se detegere*), que se fundamenta no art. 5º, LXIII, da CF. Para esta posição o § único em estudo é inconstitucional, se interpretado no sentido de que o indiciado é obrigado, apesar de sua recusa, por ordem judicial, a fornecer seu material genético com o intuito de produzir prova contra si mesmo. No entanto, se o próprio indiciado fornecesse seu material genético para que possa excluir a suspeita que pesa sobre ele de autoria delitiva, não haverá, obviamente, qualquer arbitrariedade na medida; de idêntica maneira, se, por solicitação judicial, espontaneamente colabora com a perícia, doando seu material biológico.

A nosso ver, se o indiciado for constrangido fisicamente a fornecer seu material genético, produzindo, "na marra", prova contra si mesmo, tal elemento de convicção será ilícito, por afrontar princípio constitucional, a contaminar todas as outras provas que guardem nexo de causalidade com a prova pericial.

2ª Posição: A norma não é inconstitucional

A Constituição assegura ao indiciado e ao acusado é o direito ao silêncio, ou seja, de não produzir prova verbal contra si, não sendo obrigado a confessar o delito. Não se vedaria ao Estado que, de maneira indolor, não vexatória e minimamente invasiva, extraísse material genético do suspeito, mesmo que contra a vontade dele, a fim de se investigar um crime. O direito à segurança pública preponderaria sobre o direito individual do indiciado.

3ª Posição: A norma pode ser inconstitucional, mas não se impossibilita a colheita de material genético desde que prescinda da colaboração do indiciado

A intervenção corpórea no indiciado é inadmissível, porque ele não pode ser constrangido a, de maneira ativa, fornecer seu material biológico e, assim, produzir contra si mesmo uma prova pericial que pode ser decisiva à sua condenação criminal.

---

46. Renato Brasileiro de Lima, Curso de Processo Penal, p. 104.
47. Foi reconhecida a repercussão geral da matéria, pelo Supremo, no RE 973837/MG.

No entanto, se, no local do crime, ou em quaisquer outros lugares forem descartados material orgânico do indiciado não se impede que tais amostras sejam recolhidas e submetidas a exame pericial, porque, nessa hipótese, não existirá qualquer colaboração ativa do suspeito. Com esse entendimento, Renato Brasileiro de Lima[48]. Esse também é o entendimento do STF.[49] Há decisão do STJ[50] reputando como lícita a produção de prova por meio de exame de DNA, sem o consentimento do investigado, se o material biológico estiver fora do corpo do investigado e abandonado; em outras palavras, o que não se permite é o recolhimento do material genético à força, mediante constrangimento moral ou físico. No caso em estudo, o material genético foi recolhido de um copo e colher de plásticos utilizados pelo acusado de homicídio triplamente qualificado, estupro e extorsão, sendo que tais utensílios foram usados por ele quando estava preso e recolhido na Polícia. Comparou-se o material genético do imputado com aquele encontrado na calcinha da vítima, permitindo o esclarecimento do crime. Rechaçou-se, por fim, a alegação de que o material genético fora recolhido clandestinamente, uma vez que deixou de fazer parte do corpo do acusado, tornando-se objeto público.

Dispõe o art. 6º da Lei que "É vedado mencionar a identificação criminal do indiciado em atestados de antecedentes ou em informações não destinadas ao juízo criminal, antes do trânsito em julgado da sentença condenatória". É uma medida que visa resguardar o princípio da presunção de inocência.

O art. 7º da Lei possibilita, ao indiciado ou réu, no caso de não oferecimento da denúncia, sua rejeição, ou absolvição, após o arquivamento definitivo do inquérito, ou trânsito em julgado da sentença, requerer a retirada da identificação fotográfica (mas não a colheita do material datiloscópico, que deve permanecer encartada aos autos) do inquérito ou processo, desde que apresente provas de sua identificação civil. Para tanto, bastará mostrar, através de documento idôneo, sua identificação civil.

A Lei 12.037/2009 é regulamentada pelo Decreto nº 7.950, de 12 de março de 2013, que criou o Banco Nacional de Perfis Genéticos, que possibilitam o compartilhamento e comparação dos dados dos bancos de perfis genéticos da União, Estados e Distrito Federal. O material coletivo será utilizado para a identificação criminal e também para se apurar a identidade de pessoas desaparecidas.

O art. 9º-A, *caput*, da Lei de Execução Penal, prevê que os condenados por crime praticado, dolosamente, com violência de natureza grave contra pessoa, ou por qualquer dos crimes previstos no art. 1º da Lei 8.072/90 (Lei dos Crimes Hediondos), serão submetidos, obrigatoriamente, à identificação do perfil genético, mediante extração de DNA, por técnica adequada e indolor.

A identificação do perfil genético será armazenada em banco de dados sigiloso (§ 1º do art. 9º-A, da LEP).

---

48. Renato Brasileiro de Lima, Curso de Processo Penal, p. 107.
49. STF – Pleno – HC 71.373/RS, Rel. Min. Marco Aurélio, j. 10/11/1994, DJ 22/11/1996; STF – Pleno, Rcl-QO 2.040/DF, Rel. Min. Néri da Silveira, DJ 27/06/2003, p. 31.
50. Informativo do STJ. 17/03/2018. STJ. 5ª T. HC. Rel. Min. Reynaldo Soares da Fonseca (número não divulgado de processo em razão de segredo judicial).

A autoridade policial, federal ou estadual, poderá requerer ao juiz competente, no caso de inquérito instaurado, o acesso ao banco de dados de identificação de perfil genético (§ 2º, do art. 9º-A, da LEP).

Na prática, o sistema pode funcionar da seguinte maneira: aos condenados, com trânsito em julgado, por crimes violentos de natureza grave contra a pessoa, ou por qualquer dos crimes hediondos ou equiparados (homicídio, latrocínio, estupro, tráfico de drogas, terrorismo, por exemplo), impõe-, coativamente, a obrigação de ceder seu material genético, por técnica adequada e indolor. Não há que se falar em violação ao princípio da presunção de inocência, porque o material é extraído compulsoriamente apenas de condenados, com trânsito em julgado, ou seja, de pessoas que perderam a presunção de inocência, porque são, de fato, culpadas; além disso, certo que não se pode negar o uso de técnicas avançadas cientificamente que trazem maior segurança na identificação das pessoas, inclusive afastando o risco de se condenarem inocentes. [51]Cedido, de maneira compulsória, o material genético, a identificação do perfil genético é armazenada em banco de dados sigiloso. Se cometido algum crime com violência ou grave ameaça (homicídio, estupro por exemplo), e havendo resíduos de material genético no local ou no corpo da vítima, a autoridade policial determinará a apreensão deste material e a comparação com os perfis genéticos armazenados no banco de dados acima citado, para se verificar se o autor de crime já condenado, no passado, não é o mesmo criminoso ora investigado no crime recém-cometido.

7.2.3. Interrogatório do acusado

7.2.3.1. Conceito, natureza jurídica e características essenciais

Interrogatório é o ato processual em que se faculta ao acusado apresentar ou não ao juiz sua versão a respeito dos fatos, sempre acompanhado de defensor, prévia e concomitantemente ao ato processual. Possui **natureza jurídica híbrida, porque é meio de prova, e, sobretudo, de defesa.**

Através do interrogatório, o acusado exerce o **direito à autodefesa**, enquanto seu defensor exerce a defesa técnica, ambas modalidades da ampla defesa, assegurada constitucionalmente (art. 5º, LV, da CF). Como faceta do direito à autodefesa, o acusado pode optar por ser interrogado, apresentando sua versão, ou, simplesmente, optar por permanecer em silêncio – (direito constitucional ao silêncio – o direito de não produzir, ativamente, provas contra si). Em outras palavras, a autodefesa, ao contrário da defesa técnica, é renunciável.

Interrogatório propriamente dito só existe em juízo; as declarações do indiciado na fase do inquérito policial, embora devam seguir, no que aplicável, as regras

---

51. Quanto à constitucionalidade de tal norma, importante saber que o Recurso Extraordinário 937.387, teve sua repercussão geral reconhecida pelo Supremo, aguardando-se o julgamento do tema pelo Pleno. O STJ, porém, no julgamento da Arguição de Inconstitucionalidade 1,0024.07,521170-6/005 rejeitou o incidente para afirmar a constitucionalidade do artigo 9º- A. No mesmo sentido decisão da 5ª Turma, do STJ: RHC 69.127/DF. Rel. Min. Felix Fischer. J. 27/09/2016, DJe 26/10/2016.

do interrogatório judicial (art. 6º, V, do CPP), não podem ser consideradas como um ato de interrogatório.

O interrogatório é um **ato personalíssimo (apenas o réu pode ser interrogado, não podendo delegar a terceira pessoa)**. Quando o acusado for pessoa jurídica a quem se imputa a prática de um crime ambiental, como admitido pelo art. 225, § 3º da CF, o representante legal da empresa ou responsável por ela será ouvido em seu lugar.

É ato **oral**, em regra, vazada em língua portuguesa, como todos os atos processuais. Mas no caso do acusado mudo, as perguntas serão efetuadas oralmente e a resposta por escrito; sendo o acusado surdo, as perguntas serão realizadas por escrito, e as respostas oralmente; no caso de surdo – mudo, tanto as perguntas quanto as respostas serão por escrito (art. 192, *caput*, do CPP). Caso o réu não saiba ler nem escrever intervirá no ato intérprete (art. 192, § único, do CPP).

No caso de interrogado que não fale a língua nacional, o interrogatório será feito por meio de intérprete (art. 194 do CPP).

O ato de interrogatório é, em regra, **público** – podendo ser acompanhado por qualquer pessoa.

O interrogatório pode ser realizado a **qualquer momento do processo** enquanto não transitar em julgado a decisão (**não se submete à preclusão**). Significa dizer que o ato de interrogatório poderá ser realizado até o trânsito em julgado, inclusive na fase recursal, tanto que o art. 616 do CPP permite que, no julgamento das apelações, o Tribunal, Câmara ou Turma poderá proceder a novo interrogatório do acusado.

7.2.3.2. Interrogatório e presença das partes

O interrogatório, para ser válido, deve contar com a participação do defensor e do MP. A ausência do representante do MP ao ato de interrogatório caracteriza mera irregularidade do ato, segundo a doutrina; a ausência do defensor acarreta a nulidade absoluta por ofensa à ampla defesa. Pensamos que, se o membro do MP, por vontade própria, desídia, apesar de intimado, não comparece ao interrogatório, não pode alegar a nulidade do ato, nem, muito menos à defesa seria facultado levantar a eiva, por falta de interesse. No entanto, se o *Parquet* não tiver sido intimado do ato, propositalmente para que não participasse do interrogatório, por má fé ou desorganização do juízo, entendemos que seria plenamente possível o reconhecimento da nulidade relativa do processo, afinal poderia advir prejuízo à busca da verdade real com a impossibilidade de o fiscal da lei dirigir reperguntas esclarecedoras ao acusado.

7.2.3.3. Interrogatório e momento da instrução

Consagram todos os procedimentos do CPP o interrogatório como o último ato da instrução.

É prerrogativa dos acusados, em regra, oferecerem-se o desejarem – sua versão dos fatos vazada no interrogatório, após a produção da prova acusatória, como forma de se plenificar a ampla defesa.

Mesmo nos procedimentos em que haja previsão expressa de que o interrogatório seja o primeiro ato da instrução, como a Lei de Drogas – 11.343/06, e a Lei 8.038/90 (Lei que regulamenta o processo dos detentores de foro por prerrogativa de função), o STF[52] se manifestou no sentido de que, como o art. 400 do CPP (que estipula o interrogatório como último ato da instrução) possibilita ao réu exercer de modo mais eficaz sua defesa, tal dispositivo deve suplantar a legislação específica que trate do assunto de maneira diversa, sob o ponto de vista de uma interpretação sistemática do ordenamento jurídico. Evidente que o fato de o acusado e o seu advogado terem presenciado a produção de toda a prova, facilitará a versão ou teses a serem sustentadas por eles perante o juiz, tornando mais efetivos o exercício do contraditório e da ampla defesa.

O STF[53], inclusive, firmou posição de que se aplica ao processo penal militar a exigência de realização do interrogatório do réu no final da instrução criminal, conforme previsão do art. 400 do CPP. A decisão do Pretório Excelso foi modulada (forma de preservar, mesmo havendo uma brusca mudança jurisprudencial, a segurança jurídica dos atos processuais anteriores à alteração, sem provocar sua invalidação) no sentido de que, a partir da publicação da ata do julgamento, seja aplicável a regra do art. 400 do CPP, quanto às instruções ainda não encerradas nos processos de natureza militar. Desse modo, a *contrario sensu*, as instruções encerradas anteriormente à decisão do STF, mesmo que não tenham seguido a regra do CPP, serão válidas.

7.2.3.4. O indiciado ou acusado podem optar por não serem interrogados?

Como o interrogatório é ato eminentemente de defesa, pode o indiciado, na fase do inquérito policial, ou o acusado, em juízo, simplesmente se recusarem a comparecer ao ato, sem que possam ser conduzidos coercitivamente; se há o direito de permanecer em silêncio, no ato de interrogatório, nada mais lógico que se faculte também o direito de não comparecer ao ato, como corolário do direito a não auto – incrimação (*nemo tenetur se detegere*). Caso o delegado ou juiz determinem a condução coercitiva do indiciado ou acusado para interrogatório, poderão responder por abuso de autoridade, sendo cabível a impetração de *habeas corpus* com a finalidade de evitar o constrangimento ilegal.

No entanto, para o ato de reconhecimento pessoal – por vítima ou testemunhas – é perfeitamente lícita a condução coercitiva do indiciado ou acusado, porque o ato probatório mencionado é passivo – não exige qualquer conduta ativa incriminatória por parte do reconhecido; toda a atividade é do reconhecedor.

7.2.3.4.1. Condução coercitiva de investigado ou acusado – posição atual do Supremo a respeito do tema

O plenário do Supremo[54] estabeleceu que a condução coercitiva de réu ou investigado para interrogatório, constante do artigo 260 do CPP, não foi recepcionado pela

---

52. Informativo do STF. 24/03/2011. STF. AP-528. Rel. Min. Ricardo Lewandowski.
53. Informativo do STF. 03/03/2016. STF. HC 127900. Plenário. Rel. Min. Dias Toffoli.
54. Informativo STF. 14/06/2018. STF. ADPFs 395 e 444. Pleno. Rel. Min. Gilmar Mendes.

Constituição. A condução coercitiva para interrogatório representa restrição à dignidade da pessoa humana (especialmente quando há a denominada espetacularização da investigação com a condução espalhafatosa de pessoas para serem interrogadas), à liberdade de locomoção, violando, ainda, a presunção de não culpabilidade, e, especialmente, o privilégio contra a autoincriminação (ninguém é obrigado a comparecer à delegacia de polícia para ser interrogado, produzindo – forçadamente – prova contra si mesmo). Declarou-se, em suma, a não recepção da expressão "para o interrogatório", constante do art. 260 do CPP. Pela decisão do Pleno, o agente ou autoridade que desobedecerem a decisão poderão ser responsabilizados nos âmbitos disciplinar, civil e penal, consideradas- as provas obtidas por meio desse interrogatório ilegal- como ilícitas, sem prejuízo da responsabilidade civil do Estado. Para modularem a decisão- a fim de assegurar a segurança jurídica dos atos processuais praticados antes da decisão em tela – ressalvou-se que a decisão do Tribunal não desconstitui interrogatórios realizados até a data do julgamento – dia 14 de junho de 2018 –, mesmo que o investigado ou réu tenha sido coercitivamente conduzido para tal ato. Importante ressaltar, como frisou o Min. Gilmar Mendes[55], relator das Ações de Descumprimento de Preceito Fundamental, que o julgamento tem por objeto a questão da condução coercitiva de imputados ou réus para interrogatórios, e não de outras pessoas, como testemunhas ou réus, para atos diversos do interrogatório. Salientou-se, ainda, o Min. Gilmar Mendes que é lícita a condução coercitiva quando houver dúvida sobre a identidade civil do imputado, na medida em que é uma hipótese que autoriza medida mais gravosa – a prisão preventiva (art. 313, § único, do CPP). Lícita, ainda, a condução coercitiva do acusado a fim de que qualificá-lo, dando-se cobro a primeira parte do interrogatório – aquele relacionado à pessoa do acusado (art. 187, § 1º, e art. 185, § 10º, do CPP). E o mesmo poderíamos dizer quanto ao reconhecimento pessoal (art. 226 do CPP), a permitir a condução coercitiva do investigado ou acusado, desde que injustificadamente não tiver atendido a convocação da autoridade, porquanto, nessa situação, não se vê o imputado constrangido a produzir- ativamente- qualquer prova; pelo contrário, será tido como objeto da prova (embora resguardada sua dignidade de pessoa humana, vedando-se a imposição de qualquer situação vexatória), prova essa produzida por outras pessoas (os eventuais reconhecedores), que são as testemunhas ou vítimas.

7.2.3.5. Interrogatório por carta precatória e identidade física do juiz

O princípio da identidade física do juiz (art. 399, § 2º, do CPP) não impede que seja expedida carta precatória para que se colha o interrogatório do acusado que resida em outra comarca.

7.2.3.6. Interrogatório e citação no mesmo dia

É possível que o acusado seja citado pessoalmente e, na mesma oportunidade, seja interrogado? O STF[56] decidiu que não haverá qualquer óbice à sucessão imediata

---

55. Informativo STF. 12/06/2018. STF. ADPFs 394 e 444. Pleno. Rel. Min. Gilmar Mendes.
56. Informativo STF. 20/05/2014. STF. 1ª T. Min. Rel. Luís Roberto Barroso. HC 98434.

de atos – citação/interrogatório – desde que o defensor do acusado, anteriormente, tenha tido contato com o réu, por já estar atuando em seu favor.

7.2.3.7. Elementos do interrogatório

De acordo com o art. 187 do CPP, o interrogatório será constituído de duas partes: sobre a pessoa do acusado e sobre os fatos.

No **interrogatório pessoal**, ao acusado será perguntado sobre sua vida, profissão, se foi preso ou processado alguma vez, dentre outras informações (art. 187, § 1º do CPP).

Já **no interrogatório de mérito**, será perguntado ao acusado, se é verdadeira a acusação que lhe é feita; não sendo verdadeira a acusação, se tem algum motivo particular a que atribuí-la, e se conhece a pessoa ou pessoas a quem se deva atribuir a prática do crime, e quais sejam, e se com elas esteve antes da prática da infração ou depois dela; onde estava ao tempo em que foi cometida a infração e se teve notícia desta; as provas já apuradas; se conhece as vítimas e testemunhas já inquiridas ou por inquirir, e desde quando, e se tem o que alegar contra elas; se conhece o instrumento com que foi praticada a infração, ou qualquer objeto que com esta se relacione e tenha sido apreendido; todos os demais fatos e pormenores que conduzam à elucidação dos antecedentes e circunstâncias da infração; se tem algo mais a alegar em sua defesa (art. 187, § 2º, do CPP).

Deverá, ainda, ser indagado (e também pesquisado), no caso de acusado preso, a respeito da existência de filhos, respectivas idades e se possuem alguma deficiência e o nome e o contato de eventual responsável pelos cuidados dos filhos (art. 185, § 10, do CPP).

Cabe à autoridade judicial perguntar, durante o interrogatório do acusado, a respeito da existência de filhos, suas idades e se possuem deficiência, a fim de que, *caso o preso possua filhos menores ou com deficiência*, a própria autoridade judicial ou funcionário da justiça como escrevente ou oficial de justiça, possam entrar em contato – telefônico ou pessoal – com o eventual responsável pelos filhos; a esses se comunicará que o acusado se encontra preso, e que se mostra necessário que seja providenciado os cuidados necessários – de abrigo, alimentação, educação e saúde, a seus filhos. Se não houver responsáveis pelos menores, caberá a autoridade judicial determinar a entidades assistenciais que providenciem abrigo e cuidados necessários aos menores.

7.2.3.8. Procedimento do interrogatório

O interrogatório, que deve ser o último ato da instrução (art. 400 do CPP), possui **as seguintes etapas:**

1ª – **presença do defensor, constituído ou nomeado no ato, sob pena de nulidade** (art. 185, caput, do CPP)

2ª – **direito à entrevista prévia e reservada do réu com o seu defensor** (art. 185, § 5º do CPP)

A Defensoria Pública tem como função institucional entrevistar-se com o acusado (art. 4º, XVII, da Lei Complementar 80/94), visitando – o, caso esteja preso, no centro penitenciário, previamente à audiência, se seu membro reputar necessário esse contato. Não se autoriza, porém, que a Defensoria Pública possa exigir do Poder Judiciário que requisite o preso para prévia entrevista com o Defensor Público, antes do oferecimento da resposta à acusação, porque é dever institucional *de seu membro* o deslocamento até a cadeia para entrevistar o detido, se entender conveniente, não podendo delegar essa função ao já exaurido Poder Público[57].

3ª – **qualificação do réu e sua cientificação a respeito do inteiro teor da acusação e do seu direito de permanecer calado, não respondendo às perguntas que lhe forem formuladas (art. 186, *caput*, do CPP)**

A não advertência – pela autoridade policial ou judicial – a respeito do direito ao silêncio que assiste ao investigado, ao indiciado e ao acusado, *se acaso confessarem o crime*, acarretará a ilicitude dessa prova[58]. Claro que, não obstante tenha se deixado de alertar o indiciado ou o acusado a respeito do direito ao silêncio, se este permanecer calado, não haverá se falar em qualquer nulidade, dada a inexistência de prejuízo.

Se o acusado, nesse momento, apresentar a qualificação de outra pessoa, responderá pelo crime de falsa identidade (art. 307 do CP).

4ª – **interrogatório propriamente dito realizado pelo juiz**

Sendo possível a gravação do interrogatório, não se permite que o magistrado não se utilize de tal recurso tecnológico, sob pena de nulidade do processo, pois o § 1º do art. 405 do CPP estabelece uma nítida preferência ao interrogatório colhido oralmente e registrado de maneira mais fidedigna que aquele meramente colhido por escrito[59]. Assentou-se no aresto em comento que não cabe ao juiz escolher entre o ditado do interrogatório ao escrevente ou a gravação; se ambos recursos estiverem disponíveis, deve determinar a gravação.

5ª – **as partes poderão formular perguntas, através do juiz, se este entender pertinente e relevante (art. 188 do CPP)**

Vigora, em relação ao interrogatório, ao contrário das oitivas das testemunhas e das vítimas, o sistema presidencialista: a parte direciona a pergunta ao magistrado que a formula ao acusado (repergunta). Quem inicia as reperguntas é a acusação (MP, assistente da acusação, querelante) e, depois, a defesa. No caso de sessão plenária do

---

57. STJ – HC- 50.791/RJ (2014/0211840-3). Rel. Min. Sebastião Reis Júnior. STJ. RHC 40.980/RJ. 5ª T. Rel. Min. Laurita Vaz. DJe 08/05/2014.
58. Informativo do STF. 12/08/2014. STF. RHC 122279. 2ª T. Rel. Min. Gilmar Mendes.
59. STJ – RHC 68922. 5ª T. Rel. Min. Felix Fischer.

Júri, encerradas as indagações do juiz, as partes poderão formular perguntas, diretamente, ao acusado (art. 474, § 1º do CPP). Os jurados perguntarão por intermédio do juiz presidente (art. 474, § 2º do CPP).

6ª – o termo de interrogatório é assinado pelo réu, pelo juiz e pelas partes

Se o acusado não quiser assinar, tal fato constará do termo (art. 195 do CPP).

Havendo mais de um acusado, serão interrogados separadamente (art. 191 do CPP).

7.2.3.9. Interrogatório e direito ao silêncio. Limites

O acusado poderá manifestar-se ou então exercer seu direito de permanecer calado, não respondendo às perguntas que lhe forem formuladas, porque o silêncio não importa em confissão, e não pode ser interpretado em prejuízo da defesa (art. 186, *caput*, e § único do CPP).

É o que prevê o art. 5º, LXIII, da CF, no sentido que "o preso será informado de seus direitos, entre os quais o de permanecer calado, sendo-lhe assegurada a assistência da família e de advogado".

É claro que o direito ao silêncio abrange os indiciados presos e também os soltos, além dos acusados em um processo.

Como o silêncio é direito do acusado, é certo que o art. 198 do CPP, que afirma que o silêncio do acusado pode contribuir como elemento para a formação do convencimento do juiz, não foi recepcionado pela Constituição Federal. Em outras palavras, **o silêncio do acusado em seu interrogatório em nada poderá influenciar o juiz em sua decisão.**

Justamente em razão dessa possibilidade de o acusado permanecer silente, que se entende que **o interrogatório é, predominantemente, um ato de defesa,** porque, se o réu desejar calar-se, nenhuma prova será produzida neste ato processual.

O direito ao silêncio pode ser exercido quando se trata da 2ª parte do interrogatório (art. 187, § 2º, do CPP), em que se questiona o acusado a respeito do mérito da acusação.

No que se refere à qualificação do acusado, realizada antes do interrogatório propriamente dito (art. 186, *caput*, do CPP), oportunidade em que serão indagados seus dados qualificativos (nome, filiação, data e local de nascimento), o réu não poderá silenciar, nem apresentar dados falsos. Se silenciar, poderá responder pela contravenção penal prevista no art. 68 da LCP (Lei de Contravenções Penais – Decreto-Lei 3.688/41): Recusa de dados sobre a própria identidade ou qualificação. Apresentando o acusado dados de outra pessoa, cometerá o delito de falsa identidade (art. 307 do CP).

7.2.3.10. Local do interrogatório

Estipula o § 1º do art. 185 do CPP que o interrogatório do réu preso será realizado, em sala própria, no estabelecimento em que estiver recolhido, desde que estejam garantidas a segurança do juiz, do membro do Ministério Público e dos auxiliares bem como a presença do defensor e a publicidade do ato.

Esta é providência de *raríssima ocorrência*, até porque comprometeria a publicidade do ato, sendo certo que a quase totalidade dos interrogatórios dos réus presos se realiza na sede do juízo. Em se tratando de réu preso, será requisitado (art. 185, § 7º do CPP).

Não há impedimento que o interrogatório se realize através de carta precatória, embora como bem sugerido por Renato Brasileiro de Lima[60], o melhor fosse a realização do interrogatório, do acusado que resida em outra cidade ou Estado, por videoconferência.

7.2.3.11. Interrogatório por videoconferência

Prevê o § 2º do art. 185 do CPP que, **excepcionalmente**, o juiz, por decisão fundamentada, de ofício ou a requerimento das partes, poderá realizar o interrogatório do réu preso por sistema de videoconferência, desde que a medida seja necessária para atender a uma das seguintes finalidades:

1ª – prevenir risco à segurança pública, quando exista fundada suspeita de que o preso integre organização criminosa ou de que, por outra razão, possa fugir durante o deslocamento;

2ª – viabilizar a participação do réu no referido ato processual, quando haja relevante dificuldade para seu comparecimento em juízo, por enfermidade ou outra circunstância pessoal;

3ª – impedir a influência do réu no ânimo de testemunha ou da vítima, desde que não seja possível colher o depoimento destas por videoconferência, nos termos do art. 217 deste Código;

4ª – responder à gravíssima questão de ordem pública.

Durante esta modalidade de interrogatório é permitido que o réu mantenha contato com o defensor que esteja na sala de audiência e também com aquele que está no presídio, além dos advogados entre si (art. 185, § 5º do CPP).

7.2.3.12. Momento de realização do interrogatório

O acusado que comparecer perante a autoridade judiciária, no curso de qualquer fase do processo penal, até na recursal, enquanto não transitar em julgado a decisão, será interrogado (art. 185, *caput*, do CPP).

O juiz poderá determinar novo interrogatório, de ofício ou a pedido fundamentado de qualquer das partes (art. 196 do CPP).

---

60. Renato Brasileiro de Lima, Curso de Processo Penal, p. 664.

7.2.3.13. Ausência de interrogatório

O STF[61] já entendeu que a ausência de interrogatório é causa de nulidade relativa, mas, atualmente, tem prevalecido que a não realização de interrogatório, quando possível, acarreta a nulidade absoluta do processo por ofensa à ampla defesa e ao contraditório.

O STF[62] já anulou audiência (e sentença) em que o magistrado, ante o não comparecimento do acusado que se encontrava preso em outra comarca, decretou sua revelia, não o interrogou, e colheu toda a prova oral, que redundou na condenação do acusado. Segundo o Pretório Excelso era direito do réu preso, não apenas comparecer à audiência, como também ser interrogado, o que não se lhe permitiu em evidente ofensa à ampla defesa.

7.2.3.14. Interrogatório e corréus (havendo delação ou não)

No caso de o acusado, ao ser interrogado, após confessar, também delatar os corréus, os advogados dos delatados terão direito a reperguntas no interrogatório do delator; se indeferidas as reperguntas, estará caracterizada a nulidade absoluta do processo por ofensa à ampla defesa, como já decidiu o STF[63].

Mesmo que não haja delação de corréus, os advogados dos demais réus têm o direito de acompanhar os interrogatórios dos outros acusados a fim de formular-lhes perguntas (que poderão ser respondidas ou não, exercendo o acusado indagado o direito ao silêncio, é claro), pois todas as partes podem contribuir na busca da verdade real, sob pena de nulidade, como já decidiu o STJ[64].

O STF[65] já assentou a tese de que, a cada litisconsorte penal passivo assiste o direito de estar presente por intermédio de seus advogados à sessão de interrogatório judicial e formular reperguntas aos demais réus do mesmo processo.

Importante registrar que há decisão, do STJ[66], no sentido de que, mesmo não havendo a intimação de advogado de corréu para acompanhar o interrogatório de outro litisconsorte passivo do mesmo processo, não seria caso de nulidade do ato, a uma, porque não há previsão legal de comparecimento de advogados de corréus ao interrogatório; a duas, pelo fato de não ter havido qualquer prejuízo ao acusado uma vez que nada que lhe pudesse comprometer fora dito no interrogatório que não foi acompanhado por seu defensor.

---

61. STF – HC 68.490/DF. 1ª T. Rel. Min. Celso de Mello. DJ 09/08/1991. P. 10.363.
62. Informativo STF. 9/06/2015. STF – 2ª T. Min. Rel. Dias Toffoli. Recurso Ordinário em Habeas Corpus (RHC) 127507.
63. STF – 2ª T. HC 94.016/SP, Rel. Min. Celso de Mello, DJe 038 26/02/2009.
64. STJ – HC 112.993-ES (2008/0174519-9). Rel. Min. Maria Thereza de Assis Moura.
65. Informativo do STF. 04/05/2010. HC 93607. STF – 2ª T. Min. Rel. Ellen Gracie.
66. Informativo do STJ. 25/04/2012. STJ. 6ª T. Min. Rel. Og Fernandes. HC 175606

7.2.4. Confissão

7.2.4.1. Conceito

Confissão é a admissão, total ou parcial, do acusado a respeito da infração penal que lhe é imputada. Normalmente, a confissão é realizada durante o interrogatório, mas poderá ocorrer fora do interrogatório, tomando – a, por termo, nos autos (art. 199 do CPP); nesta situação, entendemos que o juiz deve aproveitar a oportunidade e interrogar novamente o acusado.

7.2.4.2. Valor probatório da confissão

De acordo com o art. 197 do CPP, o valor da confissão se aferirá pelos critérios adotados para os outros elementos de prova, e, para a sua apreciação, o juiz deverá confrontá-la com as demais provas do processo, verificando se há compatibilidade ou concordância. Em outras palavras, **o valor da confissão**, como todas as demais provas, **é relativo**.

7.2.4.3. Confissão. Características essenciais e espécies

7.2.4.3.1. Características essenciais

A confissão é **divisível** e **retratável**, sem prejuízo do livre convencimento do juiz, fundado no exame das provas em conjunto (art. 200 do CPP). Por **divisível** significa dizer que o juiz pode considerar uma parte da confissão, e desconsiderar a outra, quando faz a comparação desta prova com as demais dos autos. Exemplo: o réu admite ter matado a vítima, em legítima defesa; nesta situação, o juiz pode aceitar como certa a autoria delitiva, tendo em vista a confissão do acusado, mas afastar a tese da excludente de ilicitude, porque há testemunhas que atestam não ter havido qualquer agressão do ofendido contra o réu.

A confissão é **retratável**, porque o acusado pode retratar-se da confissão anteriormente feita, cabendo ao juiz analisar em que momento o réu foi verdadeiramente sincero.

7.2.4.3.2. Espécies de confissão

São as seguintes:

1ª – **confissão simples:** o acusado admite a prática de uma infração penal.

2ª – **confissão complexa:** o acusado admite duas ou mais infrações.

3ª – **confissão qualificada:** o acusado admite a conduta, mas apresenta causas que a justifiquem, como excludentes de ilicitude ou culpabilidade. Há entendimento do STJ[67] que a confissão qualificada não acarreta o reconhecimento da atenuante,

---

67. Informativo STJ. 24/03/2013.

porque materializa apenas um ato de autodefesa. Todavia, o entendimento que prevalece atualmente no STJ[68] é o de que a confissão qualificada, isto é, aquela na qual o agente agrega, ao reconhecimento de autoria, teses defensivas discriminantes ou exculpantes, enseja a aplicação da atenuante prevista na alinea *d*, do inciso III, do art. 65 do CP.

4ª – **confissão judicial**: aquela que é realizada em juízo.

5ª – **confissão extrajudicial**: aquela ocorrida em sede de investigações criminais, sobretudo no inquérito policial. Por ser uma fonte de prova cuja origem é um procedimento em que não vigora o contraditório nem a ampla defesa, deverá ser confirmada por outras provas produzidas em juízo (por exemplo, a confissão judicial do acusado, depoimentos de testemunhas, declarações da vítima), não podendo sustentar, isoladamente, uma condenação. A confissão extrajudicial, mesmo que renegada no interrogatório judicial pelo acusado, pode valer como atenuante, se for utilizada como elemento de convicção para que se condene o réu, de acordo com o STJ.[69]

7.2.5. Declarações do ofendido

7.2.5.1. Ofendido. Declarações. Conceitos

Para o direito penal, o ofendido ou vítima é o sujeito passivo da infração, ou seja, o titular do bem jurídico tutelado pelo direito penal que tenha sido violado ou colocado em risco pelo acusado. No campo do processo penal, o ofendido presta declarações.

7.2.5.2. Tratamento processual do ofendido

7.2.5.2.1. Oitiva obrigatória do ofendido. Inquirição

A oitiva da vítima, sempre que possível, é obrigatória, e será perguntado a ele sobre as circunstâncias da infração, quem seja ou presuma ser o seu autor, as provas que possa indicar, tomando-se por termo as suas declarações (art. 201, *caput*, do CPP). Nota-se que, segundo a lei, **o ofendido presta declarações e não depoimento**.

Se as partes não tiverem arrolado a vítima, o juiz, de ofício, determinará sua inquirição. Acaso a vítima não tenha sido ouvida, porque não foi localizada, ou deixou de comparecer à audiência, tal omissão não acarretará nulidade, desde que a prova da autoria tenha sido confirmada por outros elementos de convicção (oitiva de testemunhas, confissão do acusado etc).

O ofendido não presta compromisso, e não responde pelo crime de falso testemunho, mas se tiver acusado falsamente o acusado poderá responder pelo crime de denunciação caluniosa (art. 339 do CP).

---

68. STJ – AgRg no REsp 1384067/SE. 5ª T. Rel. Min. Moura Ribeiro, j. 06/02/2014. DJe 12/02/2014. STJ-AgRg no REsp 146247/GO. 6ª T. Rel. Min. Maria Thereza de Assis Moura. J. 06/05/2014. DJe 15/05/2014.
69. Informativo STJ. 24/03/2013.

A vítima deverá ser ouvida nos crimes de ação penal pública e também privada; nessa última situação, o querelante será ouvido em juízo.

As perguntas das partes serão feitas diretamente à vítima, sem a intermediação do juiz, da mesma maneira como ocorre com as indagações às testemunhas, cabendo ao juiz complementar a inquirição (art. 212, § único, do CPP).

7.2.5.2.2. Condução coercitiva

Se, intimado para ser ouvido, o ofendido deixar de comparecer sem motivo justo, poderá ser conduzido coercitivamente (art. 201, § 1º do CPP), a nosso ver, apenas pelo juiz – e não pela autoridade policial – uma vez que uma medida restritiva de liberdade – mesmo que temporária como essa – deve ser submetida à cláusula de reserva de jurisdição: apenas o judiciário poderá decretar medidas que afetem, mais diretamente, direitos individuais.

7.2.5.2.3. Comunicação dos atos processuais

O ofendido será comunicado dos atos processuais relativos ao ingresso e à saída do acusado da prisão, à designação de data para audiência e à sentença e respectivos acórdãos que a mantenham ou modifiquem (art. 201, § 2º do CPP). A não comunicação é **mera irregularidade**.

Importante salientar, como frisado por Vicente Greco Filho[70], que, para que o ofendido seja comunicado dos atos processuais, é necessário que haja *requerimento seu* nesse sentido; seria absurdo comunicar-se o ofendido-sem pedido expresso seu – do andamento do processo, suas marchas e contramarchas, quando a vítima quer retomar sua vida, esquecendo, na medida do possível, o trauma da ação delitiva, como ocorreria, por exemplo, em um estupro. Essa comunicação obrigatória à vítima do andamento processual, que parece defluir da literalidade da lei, como lembra o autor mencionado, seria uma violação ao direito à intimidade, à paz interior e à própria dignidade da pessoa humana, combatível mediante mandado de segurança.

7.2.5.2.4. Direitos do ofendido

Antes do início da audiência e durante a sua realização, será reservado espaço separado para o ofendido (art. 201, 4º do CPP), justamente para que não tenha contato pessoal com o réu e seus familiares.

Se o juiz entender necessário, poderá encaminhar o ofendido para atendimento multidisciplinar, especialmente nas áreas psicossocial, de assistência jurídica e de saúde, a expensas do ofensor ou do Estado (art. 201, § 5º do CPP). As despesas só serão descontadas do acusado, *se houver sentença penal condenatória transitada em julgado*, sob pena de violação ao princípio constitucional da presunção de inocência.

---

70. Vicente Greco Filho, Manual de Processo Penal, p. 222.

Caberá, também, ao juiz, tomar as providências necessárias à preservação da intimidade, vida privada, honra e imagem do ofendido, podendo, inclusive, determinar o segredo de justiça em relação aos dados, depoimentos e outras informações constantes dos autos a seu respeito para evitar sua exposição aos meios de comunicação (art. 201, § 6º do CPP).

7.2.6. Das testemunhas

7.2.6.1. Conceito

Testemunhas são as pessoas que prestam depoimento em juízo sobre fatos relevantes ao processo.

7.2.6.2. Quem pode ser testemunha

Pela definição do art. 202 do CPP toda pessoa poderá ser testemunha, inclusive o menor de 18 anos, os doentes e deficientes mentais. Essa ampla liberdade da prova testemunhal se deve à busca da verdade real ínsita ao processo penal, que não pode opor peias ao esclarecimento dos fatos.

7.2.6.3. Características essenciais da prova testemunhal

A prova testemunhal tem por **características essenciais**:

1ª – **a oralidade:** o depoimento deve ser oral (art. 204 do CPP). A única exceção a esta regra é prevista no § 1º do art. 221 do CPP que permite o depoimento por escrito em se tratando de testemunha que ocupe os cargos de Presidente, ao Vice – Presidente da República, os presidentes do Senado Federal, da Câmara dos Deputados e do STF.

2ª **judicialidade:** a prova testemunhal só é produzida em juízo.

3ª – **objetividade:** a testemunha depõe sobre fatos, não devendo manifestar suas opiniões, a não ser que sejam inseparáveis da narrativa dos fatos (art. 213 do CPP).

Além dessas características, a doutrina aponta a **retrospectividade** (a testemunha depõe sobre fatos passados) e a **individualidade** (cada testemunha depõe, de per si, individualmente).

7.2.6.4. Obrigações da testemunha

A testemunha tem a **obrigação de comparecer**, quando regularmente intimada para a audiência; se, intimada, a testemunha deixar de comparecer sem motivo justificado, o juiz poderá determinar sua condução coercitiva (art. 218 do CPP). Poderá ser aplicada à testemunha faltosa, multa, sem prejuízo do processo penal por crime de desobediência, e condená-la ao pagamento das custas da diligência (art. 219 do CPP).

Os militares são intimados mediante requisição da autoridade superior (art. 221, § 2º do CPP).

Os funcionários públicos são intimados normalmente, mas deve ser comunicado ao chefe da repartição em que servirem, com indicação do dia e da hora marcados para a audiência (art. 221, § 3º do CPP), a fim de não se comprometer a continuidade do serviço público prestado devido à ausência momentânea do servidor intimado.

O Presidente e o Vice-Presidente da República, os senadores e deputados federais, os ministros de Estado, os governadores de Estados, os secretários de Estado, os Prefeitos do DF e dos Municípios, os deputados estaduais, os membros do Poder Judiciário, os ministros e juízes dos Tribunais de Contas da União, dos Estados, do DF, bem como os do Tribunal Marítimo serão inquiridos em local, dia e hora previamente ajustados entre eles e o juiz (art. 221, *caput*, do CPP).

É prerrogativa dos membros do Ministério Público que sejam ouvidos, como testemunha ou ofendido, em qualquer processo ou inquérito, em dia, hora e local previamente ajustados com o Juiz ou a autoridade competente (art. 40, I, da Lei 8.625/93).

Essas autoridades terão essa prerrogativa de escolher o local e horário de suas oitivas, se constarem como vítimas ou testemunhas do procedimento investigatório instaurado ou do processo, mas, sendo indiciados ou acusados, não lhes assiste qualquer escolha quanto ao ato de seu interrogatório, que será estabelecido a critério da autoridade processante (policial ou judicial)[71].

Como já vimos, apenas o Presidente e o Vice-Presidente da República, os presidentes do Senado Federal, da Câmara dos Deputados e do Supremo Tribunal Federal poderão optar pela prestação de depoimento por escrito, caso em que as perguntas, formuladas pelas partes e deferidas pelo juiz, lhes serão transmitidas por ofício (art. 221, § 1º, do CPP); quanto a essas autoridades, não se exige que cumpram com a obrigação de comparecimento em juízo. Embora essa possibilidade de depoimento por escrito se refira á oitiva de tais autoridades, *na condição de testemunhas*, o STF[72] já decidiu que, em se tratando de Presidente da República, *mesmo que na condição de investigado e não de testemunha* em inquérito policial, deverá ser-lhe facultada a possibilidade de encaminhar por escrito suas respostas ás indagações a ele dirigidas (igualmente formuladas por escrito, é claro).

Além de comparecer, **a testemunha presta compromisso de dizer a verdade** daquilo que souber e lhe for perguntado, além de fornecer seus dados qualificativos, mencionando se é aparentado com qualquer das partes, ou qual relação possui com elas (art. 203 do CPP). Se negar, calar a verdade ou mentir responderá pelo crime de falso testemunho.

São, portanto, três **os deveres da testemunha: comparecer, prestar compromisso e dizer a verdade**. Se, eventualmente, o juiz não colher da testemunha o compromisso de dizer a verdade tal omissão traduz **mera irregularidade**, e não impede a responsabilização do depoente pelo crime de falso testemunho.

---

71. STF. Pet 4600. Rel. Min. Celso de Mello. J. 05/11/2009. DJe 223, Divulg. 26/11/2009. Public. 27/11/2009. STJ. HC 250.970/SP (2012/0165845-0). Rel. Min. Jorge Mussi.
72. STF. Inquérito 4.621/DF. Rel. Min. Roberto Barroso.

7.2.6.4.1. Testemunha e compromisso de dizer a verdade

Não apenas o acusado tem o direito de permanecer calado- ou seja, de não produzir prova contra si mesmo (art. 5º, LXIII, da CF), uma vez que também assiste às testemunhas o direito ao silêncio, para não se auto-incriminarem, quando de seus depoimentos. Colhido o depoimento comprometedor, especialmente se a testemunha invocou sua vontade de permanecer em silencia, a prova será considerada ilícita[73].

7.2.6.4.2. Condução coercitiva da testemunha

O plenário do Supremo[74] estabeleceu que a condução coercitiva de réu ou investigado para interrogatório, constante do artigo 260 do CPP, não foi recepcionado pela Constituição. Declarou-se a não recepção da expressão "para o interrogatório", constante do art. 260 do CPP. Importante ressaltar, como frisou o Min. Gilmar Mendes[75], relator das Ações de Descumprimento de Preceito Fundamental, que o julgamento tem por objeto a questão da condução coercitiva de imputados ou réus para interrogatórios, e não de outras pessoas, como testemunhas ou réus, para atos diversos do interrogatório. Para que a condução coercitiva de testemunhas, peritos ou ofendidos seja lícita, segundo o STF[76], é imprescindível as seguintes condições: prévia e regular intimação pessoal daquele que é convocado a comparecer perante autoridade estatal competente; seu não comparecimento e inexistência de causa legítima que justifique a ausência ao ato processual que motivou a convocação, além do que a condução coercitiva, por implicar em supressão da liberdade do conduzido, exige prévia decisão judicial.

7.2.6.5. Pessoas dispensadas de depor. Declarantes ou informantes

Poderão recusar-se a depor, o ascendente ou descendente (avô, bisavô, neto, bisneto), o afim em linha reta, o cônjuge (e também o companheiro que viva ou tenha vivido em união estável – como prevê o art. 226, § 3º da CF), ainda que separado, o irmão e o pai, a mãe, ou o filho adotivo do acusado, salvo quando não for possível, por outro modo, chegar-se à verdade real dos fatos, como prevê o art. 206 do CPP.

Os *afins* são os parentes advindos do casamento ou da união estável; são os parentes do cônjuge ou companheiro considerados como parentes por afinidade do outro cônjuge ou companheiro, como preconiza o art. 1595, *caput*, do Código Civil. Os afins em linha reta são os parentes do cônjuge – em linha ascendente ou descendente. Exemplo: os pais e avós, filhos e enteados do cônjuge ou companheiro são parentes por afinidade do outro cônjuge ou companheiro.

O parentesco por afinidade não se extingue com a dissolução do casamento ou da união estável (art. 1.595, § 2º, do Código Civil).

---

73. STJ – HC 330.559/SC (20150174133-9). Rel. Min. Rogerio Schietti Cruz. STF – HC 79.812/SP. Pleno. Rel. Min. Celso de Mello. DJ 16/02/2001.
74. Informativo STF. 14/06/2018. STF. ADPFs 395 e 444. Pleno. Rel. Min. Gilmar Mendes.
75. Informativo STF. 12/06/2018. STF. ADPFs 394 e 444. Pleno. Rel. Min. Gilmar Mendes.
76. ADPF 395. 14/06/2018. Voto do Min. Celso de Mello.

Não estão dispensados de prestar compromisso e de depor os tios, primos e cunhados do réu, porque são parentes colaterais, não se incluindo no rol do art. 206 do CPP, afinal, como lembra Norberto Avena[77], "Entre os colaterais, como vimos, o único dispensado do compromisso é o irmão do réu, por expressa disposição legal".

Em regra, as pessoas dispensadas de depor, não são obrigadas a fazê-lo: só irão depor se o desejarem; mas, **se o depoimento deles for essencial à prova serão obrigados a depor**, não prestando, todavia, compromisso de dizer a verdade. A nosso ver, **não responderão pelo crime de falso testemunho**, porque seria desumano que pessoas com tão estreitos laços familiares ou afetivos com o réu fossem obrigados a dizer a verdade com a possibilidade de prejudicá-lo.

Há, entretanto, **entendimento diverso** no sentido de que tais pessoas estão dispensadas de depor, podendo se recusar a fazê-lo, mas, a partir do momento que decidam depor, se mentirem, **responderão pelo delito de falso testemunho**.

As pessoas dispensadas de depor *prestam declarações e não depoimento*; não são consideradas testemunhas, mas sim **informantes ou declarantes**, porque não prestam compromisso de dizer a verdade.

Existe, porém, o dever de o declarante comparecer perante o Juízo caso arrolado por uma das partes.

Também são dispensados de depor, os deputados e senadores a respeito de informações recebidas ou prestadas em razão do exercício do mandato, nem sobre as pessoas que lhes confiaram ou deles receberam informações (art. 53, § 6º da CF), o que se estende também aos deputados estaduais (art. 27, § 1º, da CF).

E os parentes ou cônjuge *do ofendido* são testemunhas ou declarantes? De acordo com a lei, que prevê, apenas, a possibilidade de não responderem por falso testemunho, aqueles declarantes que sejam parentes ou cônjuge *do acusado*, parece claro, então, que os parentes, cônjuge ou companheiro *da vítima* devem ser tratadas como testemunhas, respondendo inclusive pelo delito de falso testemunho. Mas há entendimento doutrinário e jurisprudencial no sentido de que os parentes da vítima, seu cônjuge ou companheiro gozariam do mesmo favor legal concedido aos parentes do acusado, sendo considerados informantes e não testemunhas, não respondendo pelo crime de falso testemunho.

7.2.6.6. *Pessoas dispensadas de prestar compromisso. Declarantes*

Estão obrigadas a depor, mas não prestam compromisso de dizer a verdade os doentes e deficientes mentais e os menores de 14 anos (art. 208 do CPP). Essas pessoas também são consideradas como declarantes, e não testemunhas. Existe, porém, o dever de o representante legal do menor ou do incapaz fazer comparecer o declarante a Juízo caso arrolado por uma das partes.

---

77. Norberto Avena, Processo Penal Esquematizado, p. 559.

Não existe previsão legal que isente a testemunha que seja amiga íntima ou inimiga pessoal do acusado ou da vítima de prestar compromisso de dizer a verdade e de depor.

7.2.6.7. Pessoas proibidas de depor

De acordo com o art. 207 do CPP são proibidas de depor as pessoas que, em razão de função, ministério, ofício ou profissão, devam guardar segredo, salvo se, desobrigadas pela parte interessada, quiserem dar o seu testemunho. Se descumprirem o dever de sigilo responderão pelo crime de violação do segredo profissional (art. 154 do CP) e a prova produzida por esse depoimento será considerada ilícita.

É o caso em que a testemunha toma conhecimento a respeito de um fato por ser advogado, médico, psiquiatra, sacerdote etc; para essas pessoas, por uma questão de ética profissional, vigora a proibição de depor.

A doutrina costuma classificar **função** como atividade pública ou assemelhada (função de jurado, de policial, de juiz etc); **ministério** é a atividade de natureza religiosa ou social (sacerdotes, assistentes sociais); **ofício** é a atividade manual; **profissão** a atividade intelectual (médicos, engenheiros, advogados etc).

Se o interessado na preservação do sigilo (por exemplo, o paciente de um médico) permitir ao profissional que revele o fato que tenha tomado conhecimento no exercício de sua atividade, este estará **autorizado a depor, mas não obrigado**, ou seja, seu depoimento, nesta situação, será uma faculdade.

Importante notar que o advogado, *mesmo que desobrigado por seu cliente*, não poderá depor a respeito de fatos cujo conhecimento tenha adquirido em razão do exercício da profissão (art. 7º, XIX, da Lei 8.906/94 e art. 26 do Código de Ética e Disciplina da OAB). No entanto, em relação a fatos estranhos ao exercício da advocacia, o advogado que os tenha presenciado possui os mesmos deveres que qualquer cidadão: comparecer, prestar compromisso e dizer a verdade.

7.2.6.8. Oitiva de testemunha por videoconferência

Conforme prevê o § 3º do art. 222 do CPP, a oitiva de testemunha que more fora da jurisdição será determinada por carta precatória, e poderá ser realizada por meio de videoconferência ou outro recurso tecnológico de transmissão de sons e imagens em tempo real, permitida a presença do defensor e realizada, se possível, inclusive, durante a realização da audiência de instrução e julgamento.

A utilização de videoconferência substituindo a morosa carta precatória já é uma realidade na Justiça Federal[78].

7.2.6.9. Classificação da prova testemunhal

Costuma-se classificar-se a prova testemunhal da seguinte maneira:

---

78. Informativo STJ – 28/11/2012.

1ª – **Testemunhas diretas:** são aquelas que têm conhecimento direito e imediato dos fatos.

2ª – **Testemunhas indiretas:** têm conhecimento dos fatos, indiretamente, através de outras pessoas.

3ª – **Testemunhas próprias:** são aquelas que depõem sobre o fato que é objeto do processo.

4ª – **Testemunhas impróprias:** depõem sobre a regularidade formal de algum ato do inquérito ou do processo, como por exemplo, testemunhas de uma busca e apreensão.

5ª – **Testemunhas numerárias:** aquelas arroladas pelas partes em cumprimento ao número permitido em lei.

6ª – **Testemunhas extranumerárias:** aquelas que ultrapassam o número legal, mas podem se ouvidas como testemunhas do juízo (art. 209 do CPP).

7ª – **Testemunhas referidas:** são as mencionadas por uma outra testemunha – denominada referente – em seu depoimento, e que podem ser ouvidas a critério do juiz (art. 209, § 1º do CPP).

8ª – **Testemunhas fedatárias:** são aquelas que presenciam a leitura do auto de prisão em flagrante, quando o preso se recusa a assiná-lo, não sabe ou não pode fazê-lo (art. 304, § 3º do CPP).

9ª – **Testemunha do juízo:** são as testemunhas que não foram arroladas pelas partes no momento processual oportuno, e cuja oitiva é determinada pelo juiz, de ofício ou a pedido da parte, com a finalidade de se alcançar a verdade real (art. 209 do CPP).

10º – **Depoentes:** são as testemunhas que depõem e prestam compromisso de dizer a verdade;

11º – **Declarantes ou informantes:** são as testemunhas depõem, mas que não prestam compromisso de dizer a verdade.

7.2.6.10. Número de testemunhas

O número de testemunhas para cada rito varia; no rito ordinário ou do Júri o número de testemunhas é de 8; no rito sumário e do Juizado Especial Criminal é de 5; para serem ouvidas em plenário de Júri, as partes poderão arrolar até 5 testemunhas.

Entendemos que a quantidade de testemunhas é para cada fato criminoso; exemplo: imputa-se ao acusado a prática de três roubos – crimes para cuja apuração deve ser seguido o rito ordinário – a nosso ver, as partes poderão arrolar até 24 testemunhas.

7.2.6.11. Formalidades e sequência do depoimento

São as seguintes:

1ª – Antes do início da audiência e durante a sua realização, serão reservados espaços separados para a garantia da incomunicabilidade das testemunhas (§ único do art. 210 do CPP). São as salas de testemunhas.

2ª – As testemunhas serão inquiridas cada uma *de per si*, de modo que umas não saibam nem ouçam os depoimentos das outras (art. 210, *caput*, do CPP).

3ª – Antes de iniciado o depoimento, as partes poderão **contraditar a testemunha**, ou seja, requerer ao juiz que não colha o seu depoimento por ser ela **proibida de depor** (art. 207 do CPP); é a chamada **contradita**.

Podem, também, as partes, demonstrar circunstâncias ou defeitos que tornem a testemunha suspeita de parcialidade, ou indigna de fé (é a chamada **arguição de defeito ou circunstâncias**).

Inclui-se nessa **arguição de defeito** que torne a **testemunha indigna de fé**, exemplificando, o fato de a testemunha já ter sido processada por falso testemunho, ser alcoólatra e drogada, etc; exemplo de **circunstâncias** que pudessem tornar a testemunha **suspeita de parcialidade** elencaríamos a amizade íntima ou a inimizade pronunciada com o réu ou a vítima.

Mesmo que caracterizadas essas arguições de defeitos que tornem a testemunha indigna de fé ou de circunstâncias a caracterizar sua parcialidade, de qualquer forma, remanesce a condição jurídica de testemunha: a obrigação de depor e o dever de dizer a verdade, assim como a possibilidade de ser processada por falso testemunho.

O juiz fará consignar a **contradita** ou **arguição** e a resposta da testemunha, mas **só excluirá a testemunha, se ela for proibida de depor**; as demais serão ouvidas normalmente, sendo certo que o seu valor probatório não é diferente dos demais elementos de convicção, tudo a depender do grau de confiança emanado daquelas declarações, e a sua harmonia com as demais provas hauridas.

A contradita e a arguição são previstas no art. 214 do CPP.

E se quem vier a depor for ascendente, descendente, afim em linha reta, cônjuge, companheiro, irmão, pai, mãe, filho adotivo do acusado (art. 206 do CPP), e o juiz não se aperceber dessas condições e ouvir como se fosse testemunha, inclusive colhendo-lhe o compromisso de dizer a verdade sob pena de responder pelo delito de falso testemunho?

Nessa situação, poderá ou não ser reconhecida a nulidade da prova – ilegitimidade da prova por violação de dispositivo processual – dependendo do teor do depoimento; se o depoimento comprometer a defesa do acusado, incriminando – o, estará patente o prejuízo sofrido, e poderá ser declarada a eiva (nulidade relativa) desse elemento de convicção, desde que apontada a ilegitimidade, no tempo oportuno, sob pena de preclusão. Se o depoimento, entretanto, não tiver qualquer relevância, não haverá porque se decretar a nulidade desse meio de prova, por ausência de prejuízo.

E se o magistrado exigir o compromisso legal de dizer à verdade no caso de menores de 14 anos e aos deficientes e doentes mentais (art. 208 do CPP)?

Nesse caso, embora a irregularidade do ato, não se vislumbra qual o prejuízo que possa surgir desse fato, não havendo se falar em nulidade, portanto.

Por fim, e se o magistrado colher o depoimento de pessoa que seja proibida – por lei – de prestar depoimento, em razão de função, ministério, ofício ou profissão, deva guardar segredo (art. 207 do CPP)?

Essa é uma hipótese em que a prova será declarada como ilícita, devendo ser desconsiderada.

4ª – se o juiz verificar que a presença do réu poderá causar humilhação, temor, ou sério constrangimento à testemunha ou ao ofendido, de modo que prejudique a verdade do depoimento, fará a inquirição por videoconferência e, somente na impossibilidade dessa forma, determinará a retirada do réu, prosseguindo na inquirição, com a presença do seu defensor. A adoção de qualquer dessas medidas deverá constar do termo do termo de audiência (art. 217 do CPP).

5ª – o juiz deve advertir as testemunhas das penas cominadas ao falso testemunho (art. 210, *caput*, parte final, do CPP).

6ª – as perguntas serão formuladas pelas partes **diretamente** à testemunha, não admitindo o juiz aquelas que puderem induzir a resposta, não tiverem relação com a causa ou importarem na repetição de outra já respondida. Sobre os pontos não esclarecidos, o juiz poderá complementar a inquirição (art. 212 do CPP). É direito das partes questionar as testemunhas diretamente, sob pena de nulidade absoluta do processo, pois, segundo o STJ[79], "se cuida de regramento jurídico cogente e de interesse público, portanto, seu descumprimento afeta os princípios do devido processo legal, da economia e celeridade processual, bem como da prestação jurisdicional justa e imparcial". Esse entendimento também foi seguido pela 1ª Turma do STF, que anulou a oitiva de testemunhas em razão de ter sido iniciada por perguntas formuladas pelo juiz, e não pelas partes, o que impossibilitaria, ao magistrado, manter a necessária "equidistância". A nulidade, porém, se circunscreveu apenas aos atos de instrução, mantendo-se hígidos os demais atos processuais[80].

É a chamada *direct ou cross examination*, em que as partes participam ativamente da produção da prova testemunhal, devendo o juiz meramente complementá-la, após as indagações delas. Na *direct examination*, a parte dirige perguntas à testemunha que arrolou; na *cross examination*, a parte indaga a testemunha arrolada pelo adversário.

A **não obediência a este preceito** poderá acarretar **nulidade relativa do processo**, dependendo de manifestação de inconformismo da parte, na própria audiência (registrada a irresignação no termo de audiência), e prova do prejuízo[81]. Em suma, a parte

---

79. STJ. HC 212. 618/RS (2011/0158427-1). Rel. Min. Og Fernandes.
80. Informativo do STF. 14/11/2017. STF. 1ª T. HC 111815. Rel. Min. Marco Aurélio.
81. STJ – HC 147.634/RJ. 6ª T. Rel. Min. Og Fernandes. DJe 04/05/2011.

deverá registrar o inconformismo em audiência, e salientar a ocorrência da nulidade em sede de alegações finais; não logrando êxito, e proferida sentença repelindo essa preliminar, caberá a interposição de recurso, a fim de se sustentar novamente a eiva, da qual se deverá demonstrar a ocorrência do prejuízo. Mas, como acima se viu, há decisões, dos Tribunais Superiores, assentando que a nulidade é absoluta, podendo ser reconhecida, sem que se questione a existência de eventual prejuízo para a parte.

As perguntas à testemunha ou ao declarante devem ser iniciadas pelas partes, cabendo ao magistrado meramente complementar a inquirição, posteriormente?

Há **duas posições** a respeito do tema:

1ª Posição: o art. 212 do CPP consagra a inquirição direta, pelas partes, as quais devem iniciar as perguntas formuladas em audiência; ao juiz caberia apenas *complementar* as indagações, nos pontos lacunosos ainda não esclarecidos, de maneira subsidiária, a fim de se assegurar sua imparcialidade.

2ª Posição: o modo de se colher a prova em juízo não se alterou, de modo que, cabe ao magistrado, em primeiro lugar, colher os depoimentos, passando ás partes a oportunidade de fazerem suas indagações, diretamente, à vítima e testemunhas; ao final, o magistrado poderá ainda complementar a inquirição, formulando novas perguntas. Este nos parece o melhor entendimento, porque não é possível que o magistrado assuma, na busca da prova, uma posição apática e desinteressada, quando o certo é que, ao juiz, e a ninguém mais, cabe decidir o mérito da causa penal!

Não há que se falar em quebra da imparcialidade do magistrado, afinal quando formula a indagação – o juiz – não sabe qual será a resposta, e se beneficiará a acusação ou a defesa; em suma, o magistrado pergunta para esclarecer a verdade, e não para beneficiar quem quer que seja. Ademais, há dispositivos no CPP (*v.g.*, arts. 156, II, 209, 404, *caput*, do CPP) que consagram a possibilidade de o juiz determinar a produção de provas, de ofício, até antes da instauração do processo (*v.g.*, art. 156, I), de modo que seria uma completa falta de lógica, numa interpretação sistemática do Código, entender que, apenas na audiência, o juiz fica numa situação de completa coadjuvância!

Com esse entendimento, Vicente Greco Filho[82].

O que não se pode permitir é que o magistrado, ante a ausência ou total apatia de uma das partes – defesa ou acusação – faça o trabalho de parte – inquirindo, com ênfase, testemunhas arroladas por elas.

Em caso concreto julgado pelo STJ[83], decidiu-se anular a audiência em que, ausente o representante do Ministério Público, o juiz, lhe assumindo as vezes, ao inquirir as testemunhas a respeito dos fatos que envolviam a imputação penal; em suma,

---

82. Vicente Greco Filho, Manual de Processo Penal, p. 225.
83. Informativo STJ. 18/10/2011. STJ – 5ª T. REsp 1259482. Min. Rel. Marco Aurélio Bellizze.

concluiu-se que "a inquirição pelo juiz não se deu em caráter complementar, mas sim principal, em verdadeira substituição ao órgão incumbido da acusação".

7ª – Na redação do depoimento, o juiz deverá cingir-se, tanto quanto possível, às expressões usadas pelas testemunhas, reproduzindo fielmente as suas frases (art. 215 do CPP), caso o depoimento não seja colhido por estenotipia, meio audiovisual ou equivalente.

Segundo precedente do STJ[84], não se admite ao juiz apenas ler o depoimento anterior da testemunha na fase inquisitiva, para que a testemunha a ratifique, sem a efetiva tomada de depoimento, sob pena de nulidade do ato. No entanto, o mesmo STJ[85], em outras oportunidades, afastou a eiva por referido motivo, ao decidir no sentido de que o fato de as testemunhas ratificarem o depoimento anterior não nulifica o julgamento, porque à defesa se assegura o direito de realizar perguntas às testemunhas; não há que se falar, assim, em nulidade sem que se demonstre o prejuízo sofrido pela parte, que poderia muito bem suprir a omissão do magistrado, o que nos parece correto.

8ª – O depoimento da testemunha será reduzido a termo, assinado por ela, pelo juiz e pelas partes. Se a testemunha não souber assinar, ou não puder fazê-lo, pedirá a alguém que o faça por ela, depois de lido na presença de ambos (art. 216 do CPP).

9ª – Quando a testemunha não conhecer a língua nacional, será nomeado intérprete para traduzir as perguntas e respostas. Tratando-se de mudo, surdo ou surdo – mudo, as perguntas e respostas serão formuladas ou respondidas, conforme o caso, por escrito, com a finalidade de suprir a deficiência da testemunha (art. 223, § único, do CPP).

10ª – se o juiz, ao pronunciar sentença final, reconhecer que alguma testemunha fez afirmação falsa, calou ou negou a verdade, remeterá cópia do depoimento à autoridade policial para a instauração de inquérito. Se a sentença for proferida em audiência, no Tribunal, ou pelo júri após a votação dos quesitos, poderá o magistrado determinar a apresentação imediata da testemunha à autoridade policial (art. 211, § único, do CPP).

7.2.6.12. Local do depoimento. Testemunha impossibilitada de comparecer

Em regra, o depoimento é prestado na sede do juízo, obrigando-se a testemunha a comparecer ao fórum, onde as partes poderão lhe formular perguntas, bem como o acusado acompanhar a instrução, exercendo o direito de presença. No entanto, as pessoas impossibilitadas, por enfermidade ou por velhice, de comparecer para depor, serão inquiridas onde estiverem (art. 220 do CPP).

---

84. STJ – HC 183.696/ES (2010/0160319-0). Rel. Min. Maria Thereza de Assis Moura.
85. STJ – HC 128.716/MS, 5ª T. Rel. Min. Napoleão Nunes Maia Filho, j. 15/10/2009. DJe 23/11/2009. STJ. RHC 15.365/SP. 6ª T. Rel. Desembargador Convocado Haroldo Rodrigues. J. 08/09/2009. DJe 21/09/2009.

7.2.6.13. Expedição de carta precatória para oitiva de testemunha

A testemunha que morar fora da jurisdição do juiz será inquirida pelo juiz do lugar de sua residência, expedindo-se, para esse fim, carta precatória, com prazo razoável, intimadas as partes (art. 222, *caput*, do CPP). A intimação das partes refere-se apenas à expedição da precatória; quanto à data em que foi designada a audiência no juízo deprecado, deverá ser acompanhada pelas partes.

A falta de intimação da expedição da precatória gera a **nulidade relativa do processo**, conforme Súmula 155 do STF que tem o seguinte teor: "É relativa a nulidade do processo criminal por falta de intimação da expedição de precatória para inquirição de testemunha".

A expedição da precatória não suspenderá a instrução criminal, sendo que, findo o prazo marcado, poderá realizar-se o julgamento, mas, a todo tempo, a precatória, uma vez devolvida, será junta aos autos (art. 222, §§ 1º e 2º do CPP).

Na oitiva de testemunha por precatória, seu depoimento poderá ser colhido por meio de videoconferência ou outro recurso tecnológico de transmissão de sons e imagens em tempo real, permitida a presença do defensor e podendo ser realizada, inclusive, durante a realização da audiência de instrução e julgamento (art. 222, § 3º do CPP). A utilização de videoconferência substituindo a morosa carta precatória já é uma realidade na Justiça Federal.[86]

7.2.6.14. Direito de o acusado solto ou preso acompanhar a instrução (direito de presença)

O acusado tem o direito de presenciar os atos de instrução, notadamente a oitiva da vítima ou testemunhas, a fim de poder auxiliar seu defensor quanto a eventuais contradições, inverdades do que declarado em audiência, permitindo a simbiose da defesa técnica e autodefesa; essa é a principal finalidade do direito de presença do acusado.

Como se trata de direito processual de magnitude constitucional, deve se providenciar a intimação do acusado solto da audiência a ser realizada; o réu, intimado, poderá ou não comparecer à audiência, de acordo com o seu alvedrio; porém, se, por falha do juízo, não foi providenciada sua intimação, tal omissão poderá acarretar a nulidade do processo, a partir da audiência.

No caso de acusado preso, remanesce o seu direito de presenciar os atos de instrução, mesmo que esteja detido em estabelecimento carcerário situado em outra cidade ou mesmo Estado diverso do país; a regra é que o acusado preso deve ser conduzido à audiência, sob pena de nulidade.

Há antigo precedente do STF[87] no sentido de que seriam irrelevantes as alegações do Poder Público a respeito das dificuldades materiais de locomoção do réu preso em outra comarca, uma vez que o mandamento constitucional da ampla defesa e do

---

86. Informativo STJ – 28/11/2012.
87. Rel. Min. Celso de Mello. HC 86634.

contraditório devem prevalecer sobre razões de mera conveniência administrativa; segundo referido precedente, não sendo conduzido o réu preso à audiência, para acompanhar a instrução deve ser decretada a nulidade absoluta do ato. Há decisão – mais recente – também do STF[88], no mesmo sentido.

Em outra decisão, o STF[89] decidiu que, não sendo necessária a intimação do advogado do réu quanto à data de inquirição da testemunha em outra comarca, é sempre indispensável a intimação da expedição da carta precatória; no mesmo aresto se acentuou, ao não se decretar a nulidade do processo pelo fato de o acusado preso não ter sido conduzido ao juízo deprecado para acompanhar a audiência, que, em nenhum momento, o advogado postulou pelo comparecimento do acusado ao ato deprecado (audiência realizada por carta precatória), o que sinaliza falta de interesse no acompanhamento das audiências. Pode-se concluir, pelo raciocínio expendido nessa decisão que, se houver pedido expresso da defesa a que o acusado – preso-seja conduzido à audiência deprecada, e se o Estado não se desincumbir desse dever, poderá, nessa hipótese, ser decretada a nulidade do ato.

7.2.6.15. Carta rogatória para oitiva de testemunha

Morando a testemunha no estrangeiro, em lugar sabido, será expedida carta rogatória, apenas se demonstrada previamente a sua imprescindibilidade, arcando a parte requerente com os custos de envio (art. 222-A, *caput*, do CPP). O STJ[90] reputou como válido o indeferimento de oitiva de testemunha arrolada pela defesa e residente no estrangeiro, quando certo que seria testemunha "abonatória" das condutas do réu, não sendo demonstrada a importância de seu depoimento a fim de se apurar os fatos imputados na peça acusatória.

7.2.6.16. Direito de a defesa ter acesso à qualificação da testemunha com identidade protegida

Preveem provimentos dos Tribunais de Justiça (como o Provimento 32/2000, da Corregedoria Geral de Justiça de São Paulo) que a testemunha ou vítima que esteja sendo ameaçada ou de alguma forma coagida possam, se o requererem, excluir dos autos seus dados qualificativos (nome, filiação, endereço), os quais permanecem arquivados em pasta própria no cartório. Terão acesso a esses autos, além do juiz e do membro do MP, também a defesa técnica do acusado; não é possível obstar esse direito da defesa em tomar conhecimento da identidade da testemunha, a fim de verificar, junto ao acusado, se aquela pessoa realmente teria algum conhecimento dos fatos ou se é desafeto do réu e possui interesse, em razão disso, de prejudica-lo. O indeferimento de tal acesso pela defesa pode ser coarctado mediante *habeas corpus*.

---

88. Informativo do STF. 19/02/2013. STF. 2ª T. Min. Rel. Cármem Lúcia. HC 111728.
89. STF – Informativo, 24/02/2014- HC 117517- Min. Rel. Gilmar Mendes.
90. STJ – HC 390.433/PR (2017/0044204-9). Rel. Min. Felix Fischer.

7.2.6.17. Ordem de inquirição das testemunhas

Como regra geral, as testemunhas de acusação devem ser ouvidas antes das de defesa, como forma de se assegurar, procedimentalmente, a ampla defesa, afinal, a defesa deve se manifestar por último, depois de apresentada a prova pela acusação.

Pergunta-se: é possível que haja, por questão prática, uma inversão da ordem de oitiva de testemunhas, primeiro ouvindo-se testemunhas de defesa e, após, as de acusação?

Exemplo: em audiência marcada para ouvirem-se três testemunhas de acusação, e cinco de defesa, não comparece apenas uma das testemunhas de acusação, embora as de defesa tenham vindo; nessa situação, se o MP insistir na oitiva da testemunha ausente, seria possível ouvirem-se todas as testemunhas presentes – as duas de acusação e as cinco de defesa, mesmo sabendo que a testemunha de acusação ausente será ouvida depois das de defesa?

Como norma geral, essa inversão é proibida, e não deverá ser determinada, sob pena de nulidade relativa do processo a partir desse momento.

Mas, excepcionalmente, essa inversão não acarretará a eiva, se reunirem-se duas condições:

1ª – a defesa técnica, bem como o MP devem expressamente concordar com a inversão, constando do termo de audiência a aquiescência de ambos;

2ª – a prova da defesa não tenha sido prejudicada pela inversão, o que se daria com a oitiva de testemunhas de defesa que nada de útil tenham esclarecido a respeito dos fatos imputados ao réu, como, *v.g.*, as testemunhas de antecedentes.

A inversão poderá ocorrer no caso de expedição de carta precatória para a oitiva de testemunha arrolada pela acusação, situação em que será permitido que, antes da audiência designada no juízo deprecado, seja ouvida uma testemunha de defesa, como inclusive permite o § 1º do art. 222, do CPP, no sentido de que a expedição de precatória não suspende a instrução. Tratamos em profundidade a respeito do assunto no Capítulo 10 – Procedimentos: institutos comuns.

7.2.6.18. Produção antecipada da prova testemunhal

Se qualquer testemunha houver de ausentar-se, ou, por enfermidade ou por velhice, inspirar receio de que ao tempo da instrução criminal já não exista, o juiz poderá, de ofício ou a requerimento de qualquer das partes, tomar-lhe antecipadamente o depoimento (art. 225 do CPP). Tal produção de prova recebe o nome de prova *ad perpetuam rei memoriam*.

7.2.6.19. Substituição de Testemunha

Embora não prevista expressamente em lei, entendemos que se trata de *faculdade processual implícita* decorrente do direito das partes à prova. Ora, se uma testemunha faleceu, ou não é encontrada, nada mais justo que possa ser substituída por outra viva e localizável. Indeferida a substituição, entendemos ser cabível, conforme o caso, a impetração de mandado de segurança ou *habeas corpus*, sem prejuízo de constar a eiva quando do indeferimento, a qual poderá ser articulada como preliminar de possível apelação. Plenamente utilizável, por analogia, o art. 451 do CPC, o qual dispõe que a parte pode substituir a testemunha que falecer; que, por enfermidade, não estiver em condições de depor; que, tendo mudado de residência ou de local de trabalho, não for encontrada.

7.2.6.20. Depoimento sem dano

Certas vítimas, consideradas como vulneráveis, pela natureza do crime e por suas circunstâncias pessoais – idade, sexo, condição de saúde física e mental, dentre outras – devem prestar declarações, mas de forma a não vitimizá-las, fazendo – as sofrer (ainda mais), traumaticamente, pela falta de tato psicológico na inquirição pelos profissionais de direito, comprometendo-se a prova; por esses motivos, admite-se uma forma especial de depoimento tomado por profissionais da área psicológica e não pelas partes ou pelo juiz.

Para evitar essa vitimização secundária (vitimização causada pelo processo), bem como o risco à busca da verdade real, a doutrina refere ao depoimento sem dano – aquele que deve ser colhido por profissionais – como os psicólogos – ao invés do juiz e das partes, os quais formularão seus requerimentos por intermédio daqueles.

É medida muito útil especialmente em se tratando de crimes sexuais contra crianças de tenra idade – Estupro de Vulnerável (art. 217-A, do CP), por exemplo. Enquanto não havia previsão legal do instituto, o STF[91] decidiu como válido o depoimento sem dano colhido como prova antecipada (art. 225 do CPP), antes do oferecimento da denúncia, em caso concreto de vítimas de estupro de vulnerável e que eram menores de idade; salientou, na oportunidade, o Ministro Celso de Mello que "A técnica do depoimento sem dano tem um propósito único: evitar a revitimização da criança e do adolescente".

Previsão legal do depoimento sem dano

A Lei 13.341, de 4 de abril de 2017 estabeleceu o sistema de garantias de direitos da criança e do adolescente vítima ou testemunha de violência e, em seu arts. 8º até o 12, trata do *depoimento especial*, que nada mais é do que o depoimento sem dano.

Definição legal do depoimento especial

Define-se depoimento especial como o procedimento de oitiva de criança ou adolescente vítima ou testemunha de violência perante autoridade policial ou judiciária (art. 8º da Lei).

---

91. Informativo do STF. 04/11/2014. STF. RHC 121494. 2ª T. Rel. Min. Teori Zavascki.

Proteção de contato com o autor

A criança ou adolescente será resguardado de qualquer contato, ainda que visual, com o suposto autor ou acusado, ou com outra pessoa que represente ameaça, coação ou constrangimento (art. 9º da Lei).

Local do depoimento especial

O depoimento especial será realizado em local apropriado e acolhedor, com infraestrutura e espaço físico que garantam a privacidade da criança ou do adolescente vítima ou testemunha de violência (art. 10 da Lei). Pela interpretação da lei, é possível que o depoimento especial seja colhido em local diverso do Fórum, como em casa de acolhimento do menor, na residência de seus pais etc.

Depoimento especial e produção antecipada de provas

O depoimento especial reger-se-á por protocolos e, sempre que possível, será realizado uma única vez, em sede de produção antecipada de prova judicial, garantida a ampla defesa do investigado (art. 11, *caput*, da Lei). A produção antecipada de provas é prevista no art. 225 do CPP.

O depoimento especial seguirá o rito cautelar de antecipação de prova (art. 11, § 1º, I e II, da Lei):

I – quando a criança ou adolescente tiver menos de sete anos;

II – em caso de violência sexual.

Impossibilidade de novo depoimento especial, em regra

Não será admitida a tomada de novo depoimento especial, salvo quando justificada a sua imprescindibilidade pela autoridade competente e houver a concordância da vítima ou testemunha, ou de seu representante legal (art. 11, § 2º, da Lei).

Procedimento do depoimento especial

É previsto no art. 12 da Lei, e é o seguinte:

1º – os profissionais especializados esclarecerão a criança ou o adolescente sobre a tomada do depoimento especial, informando-lhe os seus direitos e os procedimentos a serem adotados e planejando sua participação, sendo vedada a leitura da denúncia ou de outras peças processuais; embora vedada a leitura – ao menor – das peças processuais como um todo, claro que o profissional especializado deverá ter lido as peças principais do processo a fim de que possa se inteirar dos fatos que se visa apurar;

2º – é assegurada à criança ou ao adolescente a livre narrativa sobre a situação de violência, podendo o profissional especializado intervir quando necessário, utilizando técnicas que permitam a elucidação dos fatos;

3º - no curso do processo judicial, o depoimento especial será transmitido em tempo real para a sala de audiência, preservado o sigilo; significa dizer que o depoimento será colhido pelo profissional especializado, em local próprio, e não em sala de audiência; isto é, a oitiva não contará com a presença física do juiz, do membro do MP, e do defensor;

4º - findo o procedimento previsto - a oitiva do menor - o juiz, após consultar o Ministério Público, o defensor, e os assistentes técnicos, avaliará a pertinência de perguntas complementares, organizadas em bloco;

5º - o profissional especializado poderá adaptar as perguntas à linguagem de melhor compreensão da criança ou do adolescente;

6º - o depoimento especial será gravado em áudio ou vídeo.

Á vítima ou testemunha de violência é garantido o direito de prestar depoimento diretamente ao juiz, se assim o entender (art. 12, § 1º, da Lei).

Preservação da intimidade e privacidade

O juiz tomará todas as medidas apropriadas para a preservação da intimidade e privacidade da vítima ou testemunha (art. 12, § 2º, do ECA).

O profissional especializado comunicará ao juiz se verificar que a presença, na sala de audiência, do autor da violência pode prejudicar o depoimento pessoal ou colocar o depoente em situação de risco, caso em que, fazendo constar em termos, será autorizado o afastamento do imputado (art. 12, § 3º, do ECA).

Na hipótese em que houver risco à vida ou à integridade física da vítima ou testemunha, o juiz tomará as medidas de proteção cabíveis (art. 12, § 4º, da Lei).

As condições de preservação e de segurança da mídia relativa ao depoimento da criança ou do adolescente serão objeto de regulamentação, de forma a garantir o direito à intimidade e à privacidade da vítima ou testemunha (art. 12, § 5º, da Lei).

O depoimento especial tramitará em segredo de justiça (art. 12, § 6º, da Lei).

7.2.7. Do reconhecimento de pessoas e coisas

7.2.7.1. Conceito

Ato probatório através do qual se exibe à testemunha, à vítima ou mesmo ao acusado, pessoa ou coisa para que aponte se são as mesmas observadas no passado.

7.2.7.2. Procedimento

Segundo determina o art. 226 do CPP, quando houver necessidade de fazer-se o reconhecimento de pessoa, o reconhecedor deverá descrever a pessoa que deva ser reconhecida; após, a pessoa, cujo reconhecimento se pretender, será colocada, se possível, ao lado de outras que com ela tiverem qualquer semelhança, convidando-se quem tiver de fazer o reconhecimento a apontá-la.

Do ato de reconhecimento deve lavrar-se auto pormenorizado, subscrito pela autoridade, pela pessoa chamada para proceder ao reconhecimento e por duas testemunhas presenciais (art. 226, IV, do CPP).

E se esse procedimento probatório detalhado em lei não for seguido pelo magistrado?

Há entendimento que haverá nulidade da prova; de outro giro, existe posição de que o não seguimento do procedimento probatório caracteriza mera irregularidade formal, sem consequências processuais.

Reconhecimento sempre individual

Se várias forem as pessoas chamadas a efetuar o reconhecimento de pessoa ou de objeto, cada uma fará a prova em separado, evitando-se qualquer comunicação entre elas (art. 228 do CPP); não cumprida essa formalidade, a prova será nula.

Receio de reconhecer

Havendo razão para recear que a pessoa chamada para o reconhecimento, por efeito de intimidação ou outra influência, não diga a verdade em face da pessoa que deve ser reconhecida, a autoridade providenciará para que esta não veja aquela.

7.2.7.3. Obrigação de o indiciado ou acusado participar do ato de reconhecimento

O acusado, embora possa se recusar a comparecer ao ato de seu interrogatório, como manifestação de seu direito ao silêncio, pode ser conduzido coercitivamente a fim de que seja submetido ao ato de reconhecimento pessoal.

7.2.7.4. Reconhecimento de coisas

O procedimento referente ao reconhecimento de pessoas é aplicável, no que couber, ao reconhecimento de coisas (art. 227 do CPP).

7.2.7.5. Reconhecimento fotográfico

O **reconhecimento fotográfico**, embora não previsto em lei, é admissível, tratando-se de **prova inominada**.

No entanto, para que o reconhecimento fotográfico realizado na delegacia seja apto, como meio de prova, identificando-se o acusado, deve ser corroborado por outras provas, colhidas sob o crivo do contraditório[92].

---

92. STJ – HC 232960. 6ª T. Rel. Min. Rogério Schietti Cruz.

7.2.8. Da acareação

7.2.8.1. Conceito

Segundo o art. 229 do CPP, existindo **divergências relevantes** entre declarações prestadas por acusados, testemunhas ou ofendidos, torna-se possível que eles sejam colocados frente a frente (cara a cara), para que expliquem tais diferenças, reduzindo-se a termo o ato de acareação.

Poderá ser expedida carta precatória para que se proceda à acareação (art. 230 do CPP), sem prejuízo da realização de acareação por videoconferência (art. 222, § 3º, do CPP).

7.2.9. Dos documentos

7.2.9.1. Conceito

Documento em sentido amplo é todo objeto através do qual se comprove a existência de um fato. Exemplos: fita de gravação, fonogramas.

Documento em sentido estrito, conforme estipulado pelo art. 232 do CPP são os escritos, instrumentos ou papéis, públicos ou particulares.

7.2.9.2. Momento de apresentação dos documentos

Salvo os casos expressos em lei, as partes poderão apresentar documentos em qualquer fase do processo (art. 231 do CPP). Não podem as partes exibir documentos novos, sem a antecedência mínima de três dias úteis, em plenário de julgamento pelo Júri (art. 479 do CPP).

7.2.9.3. Espécies de documentos

Documentos públicos: aqueles emanados de agentes que prestam serviços ao Estado.

Documentos privados: os que têm origem na vontade dos particulares.

Documentos originais: genuínos na sua confecção.

Documentos cópias: reproduções do original

Pré – constituídos ou instrumentos: aqueles formados com o intuito pré – concebido de formarem prova de um fato.

Casuais: os que casualmente tornam-se prova de um fato.

Documentos em língua estrangeira

Os documentos em língua estrangeira, para que sejam juntados aos autos, devem ser traduzidos por tradutor público ou, na falta, por pessoa nomeada pela autoridade (art. 236 do CPP). Mesmo que os profissionais do direito – juiz, membro do MP, advogado, acusado e vítima conheçam a língua estrangeira em que confeccionado o documento, a sua tradução é medida de rigor, a fim de que, qualquer um que possa ter acesso aos autos entenda o seu conteúdo; é um consectário lógico do princípio da publicidade ampla dos atos processuais.

Não há a necessidade de tradução de todos os documentos juntados aos autos, mas apenas aqueles que são essenciais ao julgamento, até porque o art. 236 do CPP estabelece que a tradução ocorrerá, se necessária[93].

7.2.9.4. Restituição de documentos

Os documentos originais, juntados a processo findo, quando não exista motivo relevante que justifique sua conservação nos autos, poderão, mediante requerimento, e ouvido o Ministério Público, ser entregues à parte que os produziu, ficando traslado nos autos (art. 238 do CPP). Seria motivo relevante para a conservação do documento nos autos – não o restituindo – no caso, por exemplo, em que o documento, *de per si*, caracterizar o corpo de delito (*v.g.*, falsificação de documento), pois pode ser útil sua conservação a fim de se instruir eventual revisão criminal a ser ajuizada.

A expressão traslado tem por significado cópia; com a entrega do documento original ao requerente, será anexada aos autos, no lugar do documento original, sua cópia.

Esses documentos tratados no dispositivo em comento referem-se aos anexados aos autos a requerimento das partes, ou aqueles que tenham sido apreendidos no decorrer da persecução penal, como, *v.g.*, no caso de busca e apreensão. Tais documentos poderão ser restituídos, no decorrer do inquérito ou do processo, ou, após o seu fim, como disciplina o art. 238 do CPP.

7.2.9.5. Prova documental e quebra de sigilo bancário e fiscal e telefônico

7.2.9.5.1. Quebra de sigilo e necessidade, em regra, de ordem judicial fundamentada

Como o art. 5º, inciso X e XII, da Constituição, asseguram a inviolabilidade da intimidade, vida privada e do sigilo da correspondência e das comunicações em geral, inclusive as telefônicas, certo que, para se decretar a quebra de dados telefônicos, bancários e fiscais, imprescindível decisão judicial devidamente fundamentada (art. 93, IX, da CF), por se tratar de verdadeira invasão à privacidade do cidadão, sob pena de nulidade das diligências[94].

Insere-se no conceito de prova documental a quebra, por decisão judicial, do sigilo bancário, quando, de acordo com o art. 1º, § 4º, da Lei Complementar 105/01, necessária para apurar a ocorrência de qualquer ilícito, em qualquer fase do inquérito

---

93. Informativo do STJ. 23/11/2011. STJ. REsp 1234097. 5ª T. Rel. Min. Gilson Dipp.
94. STJ. Recurso Especial nº 1.133.877-PR (2009/0112362-5). Rel. Min. Nefi Cordeiro.

ou do processo judicial. O art. 198, § 1º, do CTN (Código Tributário Nacional) autoriza a quebra do sigilo fiscal mediante requisição de autoridade judiciária no interesse da justiça.

Em resumo, a quebra de sigilo bancário, fiscal e telefônico, por atingir garantias individuais, só podem – em regra – ser decretadas por ordem fundamentada de autoridade judiciária.

7.2.9.5.2. Quebra de sigilo fiscal pela Receita Federal

O Plenário do STF[95] decidiu ser admissível, à Receita Federal, receber, *por autoridade própria*, dados bancários de contribuintes fornecidos diretamente pelos bancos, *sem necessidade de prévia autorização judicial*. Prevaleceu o entendimento de que não se trata de quebra de sigilo bancário – que se mantém hígido – mas sim de *transferência sigilosa de dados da órbita bancária para a fiscal, ambas protegidas contra o acesso de terceiros*. Tanto os bancos quanto o Fisco têm o dever de preservar o sigilo dos dados.

Depreende-se do aresto que, se a União, através do Decreto 3.724/2001, estabeleceu, como condição para se obter os dados sigilosos bancários, a instauração prévia de processo administrativo visando a obtenção de informações bancárias dos contribuintes, fincando-se, nesse processo, o *nexo temático* entre o tributo devido e os dados bancários que se pretende solicitar, também os Estados e Municípios deverão estabelecer regulamento de igual teor. Deverão também os fiscos, em todas as esferas, adotar sistemas certificados de segurança e registro de acesso do agente público para evitar a manipulação indevida de dados, e desvio de finalidade; assegura-se, ainda, que o contribuinte possui o direito a prévia notificação de abertura do processo e amplo acesso aos autos, inclusive com a possibilidade de obter cópias das peças.

Como se nota, em conclusão, o Pretório Excelso admitiu a transferência de informações bancárias sigilosas dos bancos até o Fisco, nas órbitas federal, estadual e municipal[96], sem a necessidade de ordem judicial para tanto. Uma vez obtidas as informações pelo Fisco, seu encaminhamento ao Ministério Público ou para a autoridade policial, dependerá de ordem judicial[97].

7.2.9.5.3. COAF e acesso a dados bancários e fiscais

Ao COAF (Conselho de Controle de Atividade Financeira) se concede a prerrogativa de receber informações cadastrais e de movimento de valores relativos a dados fiscais e bancários do Banco Central do Brasil, da Comissão de Valores Mobiliários

---

95. Informativo STF. 24/02/2016. STF. Plenário.
96. A Prefeitura de São Paulo disciplinou a troca de informações entre o fisco paulistano e as instituições financeiras, mediante decreto; estabeleceu-se, nesse ato normativo, que há a necessidade de haver processo administrativo para obter-se as informações bancárias dos contribuintes, e que, estes, deverão ser notificados previamente a respeito da abertura do processo e poderão ter amplo acesso aos autos, com possibilidade de obter cópias de suas peças.
97. STJ – RHC 75532. 5ª T. Rel. Min. Joel Ilan Paciornik.

e dos demais órgãos de fiscalização (art. 2º, § 6º, da Lei Complementar 105/2001). Sendo assim, o COAF não necessita requerer judicialmente acesso aos dados, porque faz parte do seu poder/dever ser o destinatário de informações referentes a operações financeiras consideradas atípicas pelo Banco Central e CVM. O COAF, por iniciativa própria, ou a pedido do MP, pode enviar relatório técnico em que aponte irregularidades em movimentações financeiras, de pessoas físicas ou jurídicas; ademais, o art. 15 da Lei 9.613/98 (Lei de "Lavagem de Capitais") estabelece que cabe ao COAF comunicar as autoridades competentes da prática de ilícitos penais ou administrativos, abrangendo o fornecimento de informações sobre operações que envolvam recursos provenientes de qualquer prática delitiva. Embora o MP não tenha acesso aos dados sigilosos do COAF, certo que há um intercâmbio de informações por sistema eletrônico entre eles, criado pelo próprio órgão, nos termos que estabelece o art. 14, § 2º, da Lei 9.613/98. O relatório do COAF pode ser remetido ao MP ou à autoridade policial, independentemente de autorização judicial; é o Relatório de Informações Financeiras (RIF), que pode revelar movimentações atípicas, mas sem fornecer dados sigilosos. Para a obtenção dos dados sigilosos em poder do COAF, imprescindível autorização judicial[98].

7.2.9.5.4. MP e quebra de sigilo bancário, fiscal ou telefônico

O Ministério Público não pode, por autoridade própria, determinar a quebra de sigilo bancário, fiscal ou telefônico, sendo indispensável ordem judicial para tanto; se o sigilo for quebrado por requisição do Ministério Público – sem passar pelo *pedágio judicial* – a prova assim adquirida aos autos será declarada como ilícita e desentranhada dos autos.[99]

Havendo documentos bancários em instituições financeiras no estrangeiro, quando houver a necessidade de se apurar, *v.g.*, crimes de evasão de divisas ou lavagem de dinheiro, tem sido admitido que, através de Acordos de Cooperação Mútua Internacional, como aquele entabulado entre Brasil e Estados Unidos, tais documentos sejam remetidos à Justiça Brasileira, diretamente, sem a necessidade de expedição de cartas rogatórias.

O STJ[100] já entendeu como lícito o compartilhamento de prova coligida pela Receita Federal, com o Ministério Público, independentemente de autorização judicial, no transcurso de ações fiscais, quando da conclusão do procedimento fiscalizatório, pois decorrente da obrigação fazendária de comunicar crimes, fornecendo, ainda, documentação necessária, aos órgãos de controle (art. 8º da Lei 8.021/90 e art. 1º, § 3º, IV, da Lei Complementar 105/2001). Em suma, o envio dos dados sigilosos da Receita Federal à Polícia e ao Ministério Público, quando do esgotamento da via administrativa e constituição definitiva do crédito tributário, decorre de mera obrigação legal de

---

98. STJ. HC 349.945/PE, 6ª T. Rel. Min. Nefi Cordeiro, Rel. p/Acórdão Min. Rogério Schietti Cruz, j. 02/02/2017.
99. STJ – HC 160.646/SP. Rel. Min. Jorge Mussi, DJe 19/09/2011.
100. STJ – HC 422.473/SP. 6ª T. Rel. Min. Sebastião Reis Júnior, DJe 27/03/2018. STJ – HC 75.532/SP. 6ª T. Rel. Min. Joel Ilan Paciornik.

comunicação as autoridades competentes acerca do possível ilícito cometido. No mesmo sentido, decisão da 1ª Turma do STF[101]. Foi reconhecido, pelo Pretório Excelso[102], a repercussão geral da matéria referente ao compartilhamento de dados do Fisco com o Ministério Público, para fins penais, dos dados bancários e fiscais de contribuintes obtidos pelo Fisco no exercício do dever de fiscalizar, sem a intermediação prévia do Poder Judiciário.

7.2.9.5.5. Requisição do MP e conta corrente de ente público

No caso de conta corrente de ente público, não há que se falar em garantia constitucional de proteção à intimidade, pois os recursos, por serem públicos, se submetem aos princípios da administração pública, como o da publicidade e moralidade; desse modo, o MP pode requisitar, diretamente, à instituição bancária, dados relevantes, notadamente, quando houver investigação criminal referente a crimes contra a administração pública[103]. Salienta-se, na decisão em comento, ser possível inclusive a requisição de informações bancárias pelo *Parquet* de contas de particulares, *desde que contratantes da Administração Pública*.

O STF[104] possui precedentes na mesma esteira, admitindo que o MP possa requisitar informações bancárias de instituições bancárias, inclusive de particulares, desde que tenham recebido verbas públicas.

7.2.9.5.6. Quebra de sigilo telefônico e bancário. Necessidade de decisão fundamentada

A lei 9.472/97 (dispõe sobre a organizações dos serviços de telecomunicações) assegura, em seu art. 3º, V, que o usuário de serviços de telecomunicações tem direito à inviolabilidade e ao segredo de sua comunicação, salvo nas hipóteses constitucionais e legais previstas que admitam sua quebra.

Segundo o Pretório Excelso, no caso de quebra de sigilo bancário e telefônico, se não houver decisão judicial devidamente fundamentada decretando tais medidas, os dados obtidos deverão ser desentranhados do processo, porque imprestáveis[105].

Não é admitido, segundo o STJ, que se decrete a quebra dos sigilos fiscal, bancário e telefônico, com base apenas no relatório da COAF (Conselho de Controle de Atividades Financeiras), sem que tenha havido qualquer investigação prévia a tais medidas, sob pena de ilicitude da prova, a qual contaminaria toda a prova decorrente da quebra de sigilo[106].

---

101. STF – RE 1041285 AgR-AgR/SP. 1ª T. Rel. Min. Roberto Barroso. Julgado em 27/10/2017, DJe 14/11/2017.
102. Informativo do STF. 17/04/2018. RE 1055941. Rel. Min. Dias Toffoli.
103. Informativo do STJ. 26/10/2015. STJ. HC 308493. 5ª T. Rel. Min. Reynaldo Soares da Fonseca.
104. STF. MS 33340- 1ª T. STF. MS 21729. Plenário.
105. Informativo do STF. 28/06/2011. STF. HC 96056. 2ª T. Rel. Min. Gilmar Mendes.
106. Informativo do STJ. 20/09/2011. STJ. HC 191378. 6ª T. Rel. Min. Sebastião Reis Júnior.

Mas há outra decisão, também do STJ[107], diametralmente oposta a comentada acima, reputando válida a quebra de sigilo bancário e fiscal apoiada *exclusivamente* em relatório do COAF, desde que a autoridade policial ou o Ministério Público, para receberem as informações sigilosas, tenham obtido autorização judicial prévia para tanto. Segundo o aresto, exigir-se, a fim de se decretar a quebra de sigilo bancário e fiscal, além de pormenorizado e técnico relatório da COAF, ainda outros elementos probatórios como testemunhas seria uma incongruência, destoando da realidade da apuração de crimes corporativos.

7.2.9.5.7. Prova documental, quebra de sigilo bancário e fiscal e telefônico e serendipidade

O encontro fortuito de provas referentes a outros delitos diversos dos que motivaram a quebra de sigilo é admissível, caracterizando-se o fenômeno da serindipidade[108].

7.2.9.5.8. Peças apócrifas podem ser consideradas como documentos?

Quaisquer peças apócrifas-sem assinatura – independentemente de seu conteúdo – não podem ser formalmente incorporadas ao processo, que pressupõe que todas as peças processuais tenham identificação de seu subscritor. No entanto, se as peças apócrifas constituírem o próprio corpo de delito – ameaça, extorsão, crime contra a honra, delito de falso, etc – deverão ser juntadas ao processo, porque essenciais ao convencimento a respeito da materialidade delitiva, podendo ser, inclusive, submetidas à perícia.

A denúncia não pode se estribar, como justa causa, em documento apócrifo, isoladamente, mas se baseando em outros elementos de confiança[109].

Se as peças sem assinatura não podem ser anexadas ao processo, é autorizada sua juntada no inquérito policial, ou na investigação preliminar criminal prévia ao inquérito, no sentido de melhor apura-la, quando, em tal escrito, delata-se determinada pessoa como a autora de um crime (*delatio criminis inqualificada*, ou notícia ou denúncia anônima).

7.2.10. Dos indícios

7.2.10.1. Conceito

Considera-se indício a circunstância conhecida e provada, que, tendo relação com o fato, autorize, por indução, concluir-se a existência de outra ou outras circunstâncias

---

107. STJ-HC 349945. 6ª T. Rel. Min. Nefi Cordeiro.
108. STJ – HC 187.189/SP – 6ª T. Rel. Min. Og Fernandes. DJe 23/08/2013. STJ. RHC 28794/RJ. 5ª T. Rel. Min. Laurita Vaz. DJe 13/12/2012. STJ. HC 282. 096-SP (2013/0376972-4). Rel. Min. Sebastião Reis Júnior.
109. STF. Medida Cautelar em Habeas Corpus 106.664/SP. Rel. Min. Celso de Mello. J. 19/05/2011.

(art. 239 do CPP). É meio válido de prova, classificada como indireta, porque relacionada, reflexamente com o fato probando. Como qualquer outra prova, pode fundamentar uma condenação, desde que seja confirmado por outros elementos de prova.

Como ensina Vicente Greco Filho[110], "entre a prova do indício e a convicção da existência do outro fato, o juiz, mentalmente, dá um salto, por meio de um raciocínio lógico, mediante a aplicação de presunções ou regras de experiência. "As regras de experiência comum são extraídas pelo juiz da observação do que ordinariamente acontece no comportamento humano. Quer dizer, as pessoas, dentro de uma comunidade, normalmente comportam-se de determinada maneira ou os fatos acontecem de determinada maneira, de modo que o conhecimento de um fato significa também a existência de outro, porque é assim que eles habitualmente acontecem ou é assim que as pessoas habitualmente se comportam. (...) As presunções que decorrem das regras de experiência, quer a técnica, quer a comum, admitem prova em contrário, ou seja, as partes podem pretender demonstrar que certo fato não tem o significado que parece ter ou que ordinariamente teria".

7.2.11. Da busca e apreensão

7.2.11.1. Conceito. Pressuposto. Fundamento

É uma providência cautelar de busca de provas relevantes à persecução penal. É um meio de busca de prova, e não de espécie distinta de prova.

Como toda medida cautelar, mostra-se necessário, como pressuposto, a **existência de fumaça de bom direito (*fumus boni iuris*)** – comprovação de que se vise apurar um fato criminoso – **e perigo na demora (*periculum in mora*)**, que é o fundamento da cautelar, qual seja, o risco de desaparecimento da prova.

7.2.11.2. Espécies de busca e apreensão

A busca pode ser domiciliar ou pessoal.

7.2.11.2.1. Busca e apreensão domiciliar

7.2.11.2.1.1. Definição constitucional

Segundo a CF (art. 5º, XI), "A casa é asilo inviolável do indivíduo, ninguém nela podendo penetrar sem consentimento do morador, salvo em caso de flagrante delito ou desastre, ou para prestar socorro, ou, durante o dia, por determinação judicial".

Conclui-se então que é possível entrar-se na casa de alguém, mesmo sem consentimento do morador, em qualquer hora do dia ou da noite, **em caso de flagrante delito, desastre ou para prestar socorro.**

---

110. Vicente Greco Filho, Manual de Processo Penal, p. 199/200.

No caso de cumprimento de ordem de **busca e apreensão domiciliar**, tal diligência **só pode ser efetivada durante o dia**, a não ser que o morador consinta que a diligência se realize à noite (art. 245, *caput*, do CPP), sendo precedida de indispensável decisão judicial, apresentando-se os motivos justificadores dessa medida que afeta a privacidade do indiciado, sob pena de nulidade.

Por dia, entende-se o horário das 6 horas da manhã até as 18 horas (critério cronológico). Também existe o critério físico-astronômico que define dia, no sentido de autorizar a medida cautelar em tela, como o momento que permeia o nascer do sol até o anoitecer.

7.2.11.2.1.2. Conceito de domicílio

Domicílio é qualquer compartimento habitado, aposento ocupado de habitação coletiva e o compartimento não aberto ao público, onde alguém exerce profissão ou atividade (art. 150, § 4º do CP). Incluem-se quartos de hotel, motel, escritórios profissionais[111] nesse conceito amplo do direito penal. Estabelecimentos particulares abertos ao público – como casa de show, restaurantes, bares não podem ser considerados domicílio; mas, se estiverem fechados, a inviolabilidade domiciliar existe.

7.2.11.2.1.3. Fundamentos legais para a busca domiciliar

Os fundamentos para a busca domiciliar são os seguintes: prender criminosos; apreender coisas achadas ou obtidas por meios criminosos; apreender instrumentos de falsificação ou de contrafação e objetos falsificados ou contrafeitos; apreender armas e munições, instrumentos utilizados na prática de crime ou destinados a fim delituoso; descobrir objetos necessários à prova de infração ou à defesa do réu; apreender pessoas vítimas de crimes; colher qualquer elemento de convicção (art. 240, § 1º, do CPP).

7.2.11.2.1.4. Casuística da busca e apreensão domiciliar

Busca e apreensão e cartas

Entende-se, **majoritariamente**, que **a possibilidade de apreender cartas, abertas ou não,** destinadas ao acusado ou em seu poder citada na alínea *f* do art. 240 do CPP, **não foi recepcionada pela CF**, pois atenta contra a inviolabilidade do sigilo de correspondência, prevista no art. 5º, XII.

No entanto, excepcionalmente, será possível a quebra do sigilo epistolar, que não é um direito absoluto, quando houver – em um juízo de proporcionalidade – bem jurídico de maior relevância a se tutelar, como, *v.g.*, a vida ou a liberdade. Na dicção do STF[112], "(...) a cláusula tutelar da inviolabilidade do sigilo epistolar não pode constituir instrumento de salvaguarda de práticas ilícitas".

---

111. Informativo do STF. 09/12/2014. STF. HC 106566. Rel. Min. Gilmar Mendes.
112. STF – HC 70814, 1ª T. Rel. Min. Celso de Mello, j. 01/03/1994, DJ de 24/06/1994)

No mesmo sentido o STJ[113].

Cartas já recebidas, e abertas, pelo destinatário, podem ser apreendidas?

Há precedente, no STJ[114], no sentido de que, quando a correspondência chega ao seu destinatário, deixa de ser uma comunicação e passa a ser documento particular, que pode ser livremente apreendido pela autoridade policial; assentou-se, ainda, na decisão em comento, que o interesse público, em casos excepcionais, deve se sobrepor aos direitos individuais, para evitar que direitos e garantias fundamentais sejam utilizados para resguardar condutas ilícitas.

E – mail, para ser interceptado ou aberto, precisa de autorização judicial?

Entendemos que sim, afinal o e – mail nada mais é que uma correspondência eletrônica (e não física) em que se deve assegurar proteção à intimidade daquele que envia e do que recebe tal forma de comunicação, de modo que, para se afastar o sigilo de correio eletrônico – que pode, inclusive, ser interceptado, imprescindível ordem judicial, sob pena de nulidade da prova[115]. O Supremo já decidiu como possível e lícita a interceptação de e-mails, uma vez que o sigilo de correspondência não é absoluto[116].

Há entendimento em sentido contrário: como o e – mail é um sucedâneo da correspondência escrita, a inviolabilidade de seu teor estaria resguardada pelo art. 5º, XII, da CF, que assegura a inviolabilidade epistolar, como regra impeditiva absoluta.

Como explica Norberto Avena[117], há quem considere – outra posição – que e – mail não é correspondência, de modo que sua violação equivaleria ao fluxo de dados, que podem ser interceptados como autoriza o art. 1º, § único, da Lei 9.296/96 (Lei das Interceptações Telefônicas). De acordo com essa corrente doutrinária, entende-se que os e – mails que podem ser interceptados são apenas aqueles que estejam em fluxo de comunicações em sistemas de informática e telemática (art. 1º, § único, da Lei 9.296/96); mas, a partir do momento em que os e – mails estiverem arquivados no computador, são considerados como correspondências, e, por isso, invioláveis.

A nosso ver, poderão ser interceptados os e – mails que estiverem no fluxo de comunicações – no momento do seu envio – como também poderão ser extraídos os e – mails já arquivados no computador, dependendo, de qualquer forma, tanto essa interceptação quanto essa extração de provas – de prévia autorização judicial.

Mesmo que a empresa controladora dos e – mails seja estrangeira (*v.g.* gmail), e os servidores da empresa encontrem-se em outro país, sujeita-se, todavia, às determinações da autoridade judiciária brasileira, uma vez que se trata de empresa constituída conforme as leis locais. Desse modo, a troca de mensagens, via e – mail,

---

113. STJ – HC 93.874/DF. 5ª T. Rel. Min. Arnaldo Esteves Lima, j. 15/06/2010, DJe 02/08/2010.
114. STJ. HC 203.371/RJ. Rel. Min. Laurita Vaz.
115. STJ – HC 315.220/RS. 6ª T. Rel. Min. Maria Thereza de Assis Moura. J. 15/09/2015. DJe 09/10/2015.
116. Informativo do STF nº 890. STF. RHC 132115/PR. 2ª T. rel. Min. Dias Toffoli, julgamento em 6/2/2018.
117. Norberto Avena, Processo Penal Esquematizado, p. 499.

entre brasileiros, em território nacional, com suspeita de envolvimento em crimes cometidos no Brasil, se submete à jurisdição brasileira, uma vez que tais dados constituem elementos de prova[118].

Busca e apreensão mediante ordem judicial e encontro de arma de fogo

Não haverá qualquer ilicitude se, malgrado o mandado de busca e apreensão estivesse direcionado à apreensão de objetos lícitos, durante a busca, apreender-se arma de fogo sem a permissão legal, pois se trata de crime permanente, justificando a prisão em flagrante do indiciado[119].

Busca e apreensão domiciliar sem ordem judicial e crime permanente

Como se viu, apenas o Judiciário poderá decretar a busca e apreensão domiciliar, e nunca outro órgão público de apuração, como, por exemplo as CPIs, o Fisco (*cláusula de reserva de jurisdição*). Também não estão autorizados os agentes de polícia a procederem buscas domiciliares a seu alvedrio, sem ordem judicial prévia, sob pena de responderem por abuso de autoridade.

No entanto, o STF[120] firmou tese de que "a entrada forçada em domicílio sem mandado judicial só é lícita, mesmo em período noturno, quando amparada em fundadas razões, devidamente justificadas *a posteriori*, que indiquem que, dentro da casa, ocorra situação de flagrante delito, sob pena de responsabilidade disciplinar, civil e penal do agente ou da autoridade e de nulidade dos atos praticados".

Dessa tese pode-se chegar às seguintes conclusões:

1ª – deve haver um *fumus comissi delicti* (fumaça de bom direito apontando que, em determinado domicílio, se comete um crime (tráfico de entorpecentes, cárcere privado, extorsão mediante sequestro etc);

2ª – caso a expectativa do agente policial seja frustrada, e nada de ilícito for encontrado no domicílio invadido, poderá o responsável pela invasão apresentar as razões que o levaram a tal ato (a sua justa causa); se a justificativa for razoável, os policiais não responderão por crime algum; caso contrário, poderá haver a responsabilização disciplinar e penal do agente da lei.

3ª – caso a expectativa do agente policial seja coroada de êxito ao constar, mediante a invasão domiciliar, que, de fato, no interior daquela residência se praticava delito, não haverá qualquer necessidade de justificativa porque, tal conduta, é amparada pela própria Lei Maior quando autoriza a invasão, inclusive no período noturno, em caso de flagrante delito (art. 5º, XI, da CF).

---

118. STJ. Questão de Ordem no Inquérito 784/DF. Corte Especial. Rel. Min. Laurita Vaz. Julgado em 17/04/2013.
119. Informativo do STF. 09/06/2015. HC 127457. 2ª T. Rel. Min. Dias Toffoli. Informativo do STJ. 18/12/2013. STJ. Corte Especial. Rel. João Otávio de Noronha.
120. STF. Plenário. RE (Recurso Extraordinário) 603616, com repercussão geral reconhecida. Rel. Min. Gilmar Mendes.

O STJ[121] reputou como ilícita a busca e apreensão domiciliar, sem mandado judicial, na seguinte situação fática: o acusado, em local supostamente conhecido como ponto de tráfico, ao avistar a guarnição policial, foge para o interior de sua casa, onde são encontradas dezoito pedras de crack; entendeu-se que a "mera intuição" não autorizaria a justa causa para o ingresso no domicílio, sem o consentimento do morador; em razão desse raciocínio, decretou-se a ilicitude da prova, e todas dela derivadas (teoria dos frutos da árvore envenenada), a fim de se manter-se a absolvição do réu.

A nosso ver, essa decisão é equivocada, pois havia fundada suspeita que justificava a busca e apreensão, no caso concreto, sem a necessidade de ordem de busca e apreensão: local conhecido por ser ponto de drogas, aliada a circunstância de que o indiciado, ao ver a polícia, fugir e se refugiar na sua própria residência! Se tal contexto fático não justificar a busca e apreensão pela polícia sem ordem judicial, fica-se a imaginar quando tal se dará...

Talvez se exija que o indiciado ostente placas luminosas anunciando o comércio ilícito de drogas, ou algo semelhante...

Busca e apreensão e casa vazia e abandonada

Pouco importa que a casa, no momento de sua violação esteja desocupada (moradores momentaneamente ausentes), pois, de qualquer modo, tutela-se o bem jurídico constitucional que é a intimidade, respondendo o agente, se particular, pelo delito de violação de domicílio e, se agente público, pelo delito de abuso de autoridade.

No entanto, se a casa estiver abandonada, a sua entrada será fato atípico, porque não há mais intimidade a proteger.

7.2.11.2.1.5. Busca e apreensão sem mandado judicial

A busca e apreensão realizada, sem mandado judicial, a pretexto de que os seus moradores teriam "convidado" os policiais a nela adentrarem, é ilícita, acarretando a extinção do processo, por nulidade[122].

7.2.11.2.1.6. Busca e apreensão e cumprimento estrito dos limites da ordem judicial

A busca domiciliar dependerá de ordem judicial devidamente fundamentada e de expedição de mandado (art. 241), que deverá conter os requisitos do art. 243 do CPP, dentre eles, a indicação da casa onde se realizará a diligência, os fins da diligência, assinatura do escrivão e do juiz. Apreendidos objetos durante a busca e apreensão domiciliar, deverão ser devidamente lacrados, a fim de se assegurar a cadeia de custódia das provas, até para que o material correto seja, se necessário, periciado, como, por exemplo, computadores, armas, livros de contabilidade

---

121. STJ – RE 1.574.681/RS. Rel. Min. Rogério Schietti Cruz.
122. Informativo do STF. 18/04/2017. STF. HC 138565. Rel. Min. Ricardo Lewandowski.

etc. Sendo o material apreendido muito grande, a ponto de se inviabilizar o seu completo lacramento, não haverá qualquer nulidade por ilicitude da prova ante tal impossibilidade, a não ser que se demonstre que os objetos apreendidos foram corrompidos ou adulterados, de forma a causar prejuízo á defesa e modificar o conteúdo da prova colhida[123].

Caso tenha sido apreendido algum bem danificado, a autoridade policial poderá representar pelo conserto do material para que se possa conhecer de seu conteúdo, como se dá na hipótese de *smartphone* danificado[124].

O mandado de busca e apreensão que, durante a sua execução, se desvia do alvo apontado, sendo cumprido em outro andar do mesmo prédio de escritórios, acarretam, caso coletadas provas, sua ilicitude, por ofensa ao preceito constitucional da inviolabilidade domiciliar e ao art. 243 do CPP[125].

7.2.11.2.1.7. Busca e apreensão e notícia anônima

Recebida notícia anônima de que, em determinado local, existe a possibilidade de se apreenderem pessoas ou objetos relacionados a uma infração penal, para se defira ordem judicial de busca e apreensão domiciliar, imprescindível que, previamente, a autoridade policial certifique-se da verossimilhança da informação anônima, descrevendo as diligências efetuadas para tanto[126].

7.2.11.2.1.8. Busca e apreensão em domicílio de autoridade com prerrogativa de foro

Determinada a busca e apreensão domiciliar tendo por destinação o domicílio ocupado por autoridade com prerrogativa de foro, apenas o Tribunal com competência originária poderá decretar tal medida, sob pena de nulidade do meio de obtenção da prova, e consequente ilicitude dos elementos de provas coligidos durante a busca. Com esse entendimento, o Supremo[127] reputou imprestável, para fins probatórios, o resultado da busca e apreensão em apartamento funcional de Senadora da República. Os eventuais elementos probatórios derivados daquela prova inicialmente ilícita (teoria dos frutos da árvore envenenada – *fruits of the poisonous tree*) ficaram também contaminados, imprestáveis, porque ilícitos, afinal a medida cautelar não fora decretada pelo juízo natural, que seria o Supremo Tribunal Federal, mas por juiz de 1ª instância.

7.2.11.2.1.9. Diferenciação conceitual entre ordem de busca e apreensão e mandado de busca e apreensão

Importante conceituar o que seja ordem de busca e apreensão domiciliar e mandado de busca e apreensão; ordem de busca e apreensão é a ordem judicial,

---

123. STJ. RHC 59.414/SP (2015/0100647-4). Rel. Min. Reynaldo Soares da Fonseca.
124. STF – Ação Cautelar 4.044 DF. Rel. Min. Edson Fachin.
125. Informativo do STF. 16/12/2014. STF. HC 1065566- 2ª T. Rel. Min. Gilmar Mendes.
126. STF. Inquérito 4.633/DF. Rel. Min. Edson Faquin.
127. STF- Rcl 24.473/SP. 2ª T. Rel. Min. Dias Toffoli.

devidamente fundamentada, encartada nos autos de inquérito policial ou de processo judicial, enquanto que o mandado de busca e apreensão é o documento cujas formalidades na sua confecção e apresentação no momento da diligência são estabelecidos em lei; em miúdos, o mandado de busca e apreensão domiciliar meramente corporifica documentalmente a ordem de mesmo nome, a fim de que, através dessa formalidade, se resguarde o direito individual à intimidade e vida privada, tolhidas pela medida cautelar em comento, impondo-se limites objetivos aqueles que irão cumprir a ordem (ao definir o local, a finalidade da busca, o nome do proprietário da casa, etc).

7.2.11.2.1.10. Busca e apreensão domiciliar determinada pela autoridade policial

Não é possível que a busca domiciliar seja determinada pela autoridade policial, como parece permitir o art. 241 do CPP, afinal, como já se viu, imprescindível ordem judicial prévia para tanto.

E a autoridade judicial pode, por conta própria, pessoalmente, efetuar a busca e apreensão?

Embora aparentemente admitida a possiblidade no art. 241 do CPP, pensamos que, tal agir, configuraria violação flagrante do sistema acusatório constitucional, em que as funções de investigar, acusar, defender e julgar são encarnadas por órgãos públicos diversos. Evidente que estaria comprometida a imparcialidade do julgador caso diligenciasse pessoalmente em busca de elementos probatórios.

7.2.11.2.1.11. Formalidades de cumprimento do mandado de busca e apreensão domiciliar

Quando do cumprimento da diligência, os executores da ordem lerão o mandado ao morador, intimando – o a abrir a porta, só se autorizando o emprego de força contra as coisas, em caso de desobediência, sendo certo que, apenas se o morador não franquear acesso, a porta será arrombada e forçada a entrada (art. 245, §§ 2º e 3º do CPP). Durante a busca na casa, as pessoas que estiverem no local, durante o cumprimento da medida, poderão ser revistadas.

7.2.11.2.1.12. Busca e apreensão em escritório de advocacia

A **busca em escritório de advocacia** dependerá de prova de crime pelo advogado, **sendo assegurado, no momento em que se cumpre a diligência, a presença de representante da OAB**; se não houver o representante da OAB, porque não foi acionado a tempo, a busca será considerada irregular, e as provas através dela obtidas ilícitas. No entanto, se não houver o acionamento prévio da OAB para indicar advogado para acompanhar a diligência, mas se, casualmente, algum profissional da advocacia, no momento do cumprimento da medida, a pedido dos policiais, acompanhar sua realização, haverá mera irregularidade[128].

Não se admite a apreensão de documentos referentes a clientes do profissional (art. 7º, §§ 6º e 7º da Lei 8.906/94). Só será possível a apreensão de documentos caso – o advogado e seus clientes – estejam sendo formalmente investigados como partícipes ou coautores pela prática do mesmo crime que motivou a busca; caso haja a apreensão de documentos fora do contexto de investigação em crimes, necessária a exclusão da prova[129].

7.2.11.2.1.13. Busca e apreensão domiciliar ocorrida quando da prisão em flagrante delito

No caso de prisão em flagrante, em todas as suas modalidades (flagrante próprio, impróprio ou ficto), estando o agente em fuga, se adentrar em sua residência ou na residência de terceiro, poderá ser violado o domicílio, a fim de prendê-lo, pois a prisão em flagrante autoriza essa violação.

É o que dispõe a CF: "a casa é asilo inviolável do indivíduo, ninguém nela podendo penetrar sem o consentimento do morador, *salvo em caso de flagrante delito*... (...)" (art. 5º, XI) (grifo nosso).

7.2.11.2.1.14. Busca e apreensão e encontro fortuito de provas

O objeto da busca e apreensão deve ser preciso; mira a busca de meios de provas, como documentos, armas, instrumentos de crime, produtos da infração, etc. Mas, pode acontecer que se pretenda obter determinado meio de prova, e acabe-se por descobrir outro – completamente diferente. Exemplo: ordena-se a busca e apreensão domiciliar para apurar o delito de falsidade material de documentos públicos, mas se apreende material relativo ao tráfico, como sua contabilidade, além de drogas. Os elementos apreendidos – prova documental e as drogas – depois de periciadas, revelam ser verdadeiros meios de prova perfeitamente lícitos, embora não pretendidos no início do procedimento. Só não será lícito o encontro fortuito de provas, na busca e apreensão, quando houver má – fé inicial no requerimento da medida, o que se daria, por exemplo, quando houve solicitação da medida, formalmente, para se apurar um delito de falso, quando, na verdade, pretendesse, a autoridade policial, investigar o delito de tráfico. A burla, a má – fé, merecem receber a punição da ilicitude da prova.

7.2.11.2.2. Busca e apreensão pessoal

7.2.11.2.2.1. Espécies de busca e apreensão pessoal

Como bem ensina Renato Brasileiro de Lima[130], a busca pessoal pode ser dividida em duas subespécies:

---

128. STJ. RHC- 39.412/SP (2013/0230625-6). Rel. Min. Felix Fischer.
129. STJ. HC 222.799/RS (2011/0297587-9). Rel. Min. Sebastião Reis Júnior.
130. Renato Brasileiro de Lima, Curso de Processo Penal, p. 709.

1ª – busca pessoal por razões de segurança

Aquela realizada em locais públicos, como aeroportos, festas, boates etc. Possui natureza contratual – quem tem acesso a esses locais conhece sua obrigação de se submeter a revista.

2º – busca pessoal de natureza processual penal

Procede-se à busca pessoal quando houver fundada suspeita de que alguém oculte consigo arma proibida ou os objetos citados no art. 240, § 1º, do CPP.

Busca e apreensão em veículo

A busca em veículo automotor é uma extensão da busca domiciliar, não sendo necessária autorização judicial para ser procedida[131]; no entanto, se, *v.g.*, um caminhão ou um trailer for usado como moradia, será indispensável a autorização judicial para a entrada em tais veículos, transformados que foram em verdadeira casa.

7.2.11.2.2.2. Quem expede o mandado de busca e apreensão pessoal?

A busca e apreensão pessoal pode ser cumprida através de mandado expedido pelo delegado ou pelo juiz. Não se exigirá mandado de busca e apreensão pessoal, no caso de prisão, de cumprimento de busca domiciliar, e quando houver suspeita que a pessoa esteja na posse de arma, objetos ou papéis que constituam o corpo de delito (art. 244 do CPP). A busca e apreensão efetuada, sem qualquer fundamento, por mera prepotência, poderá configurar o delito de abuso de autoridade.

Busca em mulher

A busca em mulher será feita por outra mulher, se não importar retardamento ou prejuízo da diligência (art. 249 do CPP).

Busca em advogado

A busca pessoal em advogado, *no que tange a documentos relativos ao exercício da advocacia*, não será submetido à medida em tela, salvo se o objeto perquirido for o próprio corpo de delito em si (por exemplo, um documento falso), ou se o advogado for autor de delito que ora se investiga.

7.2.12. Interceptação telefônica (Lei 9.296/96)

7.2.12.1. Previsão constitucional e legal

Conforme o art. 5º, XII, da CF "é inviolável o sigilo da correspondência e das comunicações telegráficas, de dados e das comunicações telefônicas, salvo, no último

---

131. STF. RHC 117767. 2ª T. Rel. Min. Teori Zavascki. STJ. HC 216.437/DF (2011/0198030-2). Rel. Min. Sebastião Reis Júnior.

caso, por ordem judicial, nas hipóteses e na forma que a lei estabelecer para fins de investigação criminal ou instrução processual".

A lei que regulamenta a possiblidade de interceptação telefônica, como estipulado pela Constituição, estabelecendo seus requisitos, é a Lei 9.296/96.

7.2.12.2. Conceito de interceptação telefônica propriamente dita e outros conceitos análogos. Objeto de incidência da Lei 9.296/96

Interceptação telefônica ou interceptação telefônica em sentido estrito: é a gravação de conversa telefônica, por terceiro, sem conhecimento dos interlocutores.

Escuta telefônica: é a gravação de conversa telefônica por terceiro, sem conhecimento por parte de um dos interlocutores, de modo que o outro interlocutor tem conhecimento que a conversa está sendo gravada.

Gravação telefônica ou gravação clandestina: é a gravação da conversa telefônica por um dos um dos interlocutores, sem conhecimento daquele com quem ele conversa.

Interceptação ambiental: captação oculta, por um terceiro, de conversa mantida por duas ou mais pessoas, sem conhecimento delas, em algum ambiente, por exemplo, restaurante, bar, escritório, hall de hotel etc.

Escuta ambiental: captação de uma conversa, feita por um terceiro, em um ambiente, com o conhecimento e consentimento de um daqueles que entabula o diálogo.

Gravação ambiental: gravação da conversa ambiental realizada por um daqueles que se comunica com os demais.

A Lei 9.296/96 regulamenta apenas a interceptação telefônica propriamente dita (conversa entre pessoas gravada por terceira pessoa sem conhecimento delas), bem como a escuta telefônica (conversa entre pessoas gravada por terceira pessoa com conhecimento de uma delas).

Sendo assim, a conversa gravada entre um dos interlocutores, por telefone, com outra pessoa (gravação telefônica ou gravação clandestina) não é prevista na Lei 9.296/96. A gravação clandestina poderá ou não ser considerada como prova lícita; se houver justa causa para a gravação clandestina, como, por exemplo, gravação de exigência dos sequestradores no caso de extorsão mediante sequestro, essa prova será considerada lícita; já se a gravação clandestina, por telefone, visar a obtenção de conversa que comprometa, gratuitamente, a intimidade de um dos interlocutores a prova poderá ser considerada ilícita.

A gravação clandestina se tiver por finalidade quebrar sigilo profissional será ilícita.[132]

A interceptação ambiental (gravação no ambiente, por terceiro, de conversa entre duas ou mais pessoas, sem o conhecimento delas), a escuta ambiental (gravação, por terceiro, de conversa entre duas ou mais pessoas com o conhecimento de uma delas) e a gravação ambiental ou clandestina (gravação de conversa ambiental por um dos

---

132. STF-HC 91613. 2ª T. Rel. Min. Gilmar Mendes. J. 15/05/2012.

presentes), não são disciplinas pela lei em comento. Tais conversas poderão ser consideradas ou não lícitas; dependerá do caso concreto: se a conversa for mantida em local privado – na casa de um daqueles onde há o diálogo, a prova poderá ser considerada ilícita; no entanto, se a conversa for mantida em local público – em uma praça, por exemplo, a prova poderá ser tida por lícita[133].

Em caso concreto submetido à análise do STJ[134], decidiu-se ser lícita a escuta ambiental procedida em camburão da polícia onde presos entabularam conversação, por se entender que não havia outra forma de esclarecer o crime, sendo atendidos os requisitos da Lei 9.296/96.

Em outra decisão, o STJ[135] reputou como ilícita a entrevista gravada-sem o conhecimento dos investigados – no interior de delegacia de polícia, entre agentes de polícia e os indiciados em que estes, sem saber que estavam sendo gravados, relataram detalhes das condutas criminosas. Entendeu-se, na decisão em tela, que não foram respeitados o direito ao silêncio dos investigados e o de não produzir prova contra si mesmos.

Ressalte-se que, pouco importa o local da gravação ambiental – local público ou privado – se o que há é a violação do sigilo profissional (conversa clandestina entre o médico ou paciente, entre advogado e seu cliente, por exemplo) ou da intimidade de um dos conversadores (conversa íntima entre ex-namorados), sem justa causa; nesses casos, a prova poderá ser considerada ilícita por ofensa a preceito constitucional.

Todavia, a gravação ambiental feita por um dos interlocutores em face do outro pode ser considerada lícita, desde que não comprometa, sem justa causa, a intimidade do outro, como, por exemplo, a conversa gravada por quem está sendo extorquido, em face do extorsionário; será um modo de agir, por parte da vítima, em legítima defesa. Em interessante caso julgado pelo STJ[136], reputou-se como legal a gravação ambiental realizada por vítima do delito de corrupção passiva, que gravou, por meio de aparelho de propriedade da polícia, conversa mantida com o advogado. Ressaltou-se, na decisão, que a lei não exige autorização judicial para a gravação ambiental, realizada por um dos interlocutores, na condição de vítima, a fim de resguardar direito próprio. O fato de ter sido gravada a conversa mantida com o advogado não macula a prova, pois o sigilo advogado/cliente visa proteger a ambos, e não proteger o advogado, em detrimento de seu cliente.

Importante dizer que a Lei 12.850/13 (Lei da Organização Criminosa), em seu artigo 3º, II, passou a prever, não chegando, todavia, a disciplinar, o procedimento probatório da captação ambiental de sinais eletromagnéticos, ópticos ou acústicos. Trata-se, assim, de prova nominada atípica ou irritual. Conclui-se que esse meio de busca da prova, agora expressamente previsto na Lei de Organização Criminosa, é aplicável a todos os crimes que demandem uma investigação mais complexa, e não apenas aos crimes vinculados ao delito de organização criminosa. A nosso ver, como a gravação

---

133. STF – RE 583.937-QO-RG/RJ, Min. Rel. Cezar Peluso, DJe 17/12/2009.
134. Informativo do STJ. 18/01/2011. STJ. HC 122967. 6ª T. Rel. Min. Maria Thereza de Assis Moura.
135. STJ. HC 244.977/SC (2012/0116883-6). Rel. Min. Sebastião Reis Júnior.
136. STJ – Recurso Especial 1.689.365/RR (2017/0201620-0). Rel. Min. Reynaldo Soares da Fonseca.

ambiental compromete a intimidade de quem é gravado, em conversas, muitas vezes entabuladas, na própria residência, esse meio de prova dependerá, sempre, de prévia autorização judicial, ouvido o MP; o juiz, numa análise de proporcionalidade da medida, deverá verificar se a medida é imprescindível à elucidação do crime – e se outra medida menos invasiva não poderia ser decretada.

Não se admite que se gravem as declarações do indiciado ou acusado a respeito da prática do crime, sem que o interrogado saiba que está sem gravado, e que seja advertido do seu direito ao silêncio. *Havendo essa gravação ambiental sub – reptícia do indiciado ou acusado, sem o seu conhecimento a respeito e sem a advertência referida, essa prova será considerada ilícita.*

7.2.12.3. Natureza jurídica da interceptação telefônica

A conversa telefônica é uma **fonte de prova**, de modo que a sua interceptação nada mais é que um **meio cautelar de busca da prova**; gravada a conversa, em mídia ou transcritos seus diálogos, tais meios materiais consistirão em **meios de provas** que serão incorporados aos autos do processo.

7.2.12.4. Diferenciação entre a interceptação telefônica e a quebra de dados telefônicos

A interceptação telefônica tem por objeto, como já foi visto, a conversa gravada por terceira pessoa, com ou sem o conhecimento dos interlocutores. Já a quebra de sigilo de dados telefônicos se refere, a título de exemplo, a registros de telefonemas efetuados, para quais números, duração, proprietários das linhas, endereços dos titulares das linhas, localização da radiobase (ERB), nesse último caso, para que se saiba em que lugar funcionava o celular utilizado.

A interceptação telefônica propriamente dita só pode ser determinada, exclusivamente, pelo Poder Judiciário, através de ordem devidamente fundamentada – é a denominada cláusula de reserva de jurisdição.

Já a quebra de sigilo de dados telefônicos não se submete à limitação da reserva de jurisdição, de modo que pode ser decretada, desde que fundamentadamente, também por CPI (Comissão Parlamentar de Inquérito).

O art. 17-B da Lei 9.613/98 (Lei de Lavagem de Capitais) e o art. 15 da Lei 12.850/13 (Lei das Organizações Criminosas) possibilitam que a autoridade policial e o Ministério Público possam ter acesso, *exclusivamente*, aos dados cadastrais do investigado que informem qualificação pessoal, filiação e endereço, independentemente de autorização judicial, mantida pela Justiça Eleitoral, *pelas empresas telefônicas*, pelas instituições financeiras, pelos provedores de internet e pelas administradoras de cartão de crédito. Em suma, mais especificamente em relação às empresas telefônicas, estarão autorizadas, apenas, a fornecer informações qualificativas e de endereços dos usuários de seus serviços, mas não dados a respeito de ligações recebidas ou efetuadas, duração da ligação, etc.

O art. 13-A, do CPP, acrescido pela Lei 13.344/2016 (Lei que dispõe sobre a prevenção e repressão ao tráfico interno e internacional de pessoas) permite que, nos crimes de Sequestro e Cárcere Privado (art. 148 do CP), Redução a condição análoga à de escravo (art. 149 do CP), Tráfico de Pessoas (art. 149-A do CP), "sequestro – relâmpago (art. 158, § 3º, do CP), e Extorsão Mediante Sequestro (art. 159 do CP), e no crime de envio de criança ou adolescente para o exterior com o fito de lucro (art. 239 do Estatuto da Criança e do Adolescente, Lei 8.069/90), o membro do Ministério Público ou o delegado de polícia poderão requisitar, de quaisquer órgãos do poder público ou de empresas da iniciativa privada, dados e informações cadastrais da vítima ou de suspeitos. A requisição deverá ser atendia em 24 horas (art. 13-A, § único, do CPP).

O art. 13-B, do CPP, também acrescido pela Lei 13.344/2016 (Lei que dispõe sobre a prevenção e repressão ao tráfico interno e internacional de pessoas), estabelece que, se necessário à prevenção e à repressão dos crimes relacionados ao tráfico de pessoas, o membro do Ministério Público ou o delegado de polícia poderão requisitar mediante autorização judicial, às empresas prestadoras de serviços de telecomunicações e/ou telemática que disponibilizem imediatamente os meios técnicos adequados – como sinais, informações e outros – que permitam a localização da vítima ou dos suspeitos do delito em curso.

Sinal, significa posicionamento da estação de cobertura, setorização e intensidade da radiofrequência (art. 13-B, § 1º, do CPP); o sinal não permitirá acesso ao conteúdo das comunicações de qualquer natureza, salvo mediante autorização judicial. O sinal deverá ser fornecido pela prestadora de telefonia móvel celular por período não superior a 30 dias, renovável por uma única vez, por igual período (art. 13-B, § 2º, II, do CPP). Para períodos superiores, será necessária a apresentação de ordem judicial (art. 13-B, § 2º, III, do CPP).

Prevê, ainda, o § 4º do art. 13-B, do CPP, que, não havendo manifestação judicial no prazo de 12 horas, a autoridade competente requisitará às empresas prestadoras de serviços de telecomunicações e/ou telemática que disponibilizem imediatamente os meios técnicos adequados – como sinais, informações e outros – que permitam a localização da vítima ou dos suspeitos do delito em curso, com imediata comunicação ao juiz.

A primeira vista, soam como inconstitucionais as normas citadas, ao autorizarem que Ministério Público e Polícia Judiciária, *independentemente de autorização judicial*, possam obter sinais de localização de suspeitos da prática do crime de tráfico de pessoas[137]: o local onde se vive, se transita, se permanece, se desloca, relaciona-se ao direito à intimidade de cada um, à semelhança do sigilo bancário ou telefônico (quanto se possui de patrimônio ou com quem se comunicou por telefone são questões de foro íntimo), o que demandaria, segundo tal ponto de vista, ordem judicial, para que tal direito individual fosse relativizado.

---

137. De acordo com o informativo do STF, de 24/01/2017, a Associação Nacional das Operadoras de Celulares (Acel) ajuizou Ação Direta de Inconstitucionalidade (ADI) 5642, no STF, a fim de impugnar dispositivos da Lei 13.344/2016, sob o fundamento de que, certas normas, esvaziam a proteção constitucional à privacidade e ao sigilo das comunicações, ao dispensar a autorização judicial para tanto. O relator é o Min. Edson Fachin.

Claro que o bem jurídico tutelado pela norma – vida, incolumidade física e psíquica de quem é vítima de tráfico de pessoas é de extrema relevância; muito maior, sem dúvida, que o direito a intimidade do suspeito da prática de tal crime, mas não haveria porque se atropelarem garantias individuais para se obter a eficácia das investigações em tão grave delito: basta requerer, o *Parquet* ou o delegado de polícia, em caráter de urgência, ao magistrado competente, uma decisão a respeito da determinação de obtenção de sinais do suspeito. Lembre-se, ainda, que há plantões judiciários, todos os dias, durante 24 horas, inclusive finais de semana, feriados e durante a madrugada, justamente para que se possam decidir os casos urgentes. Em suma, não haveria desculpa para se violar a Constituição, especialmente havendo – como há – instrumentos legais, eficazes e rápidos que instrumentalizam a busca de provas.

Pode haver posição oposta a essa, fundamentada no fato de que, no tráfico de pessoas, não é possível aguardar-se – mesmo que por algumas horas – uma decisão judicial que determine o rastreamento de sinais da vítima ou do suspeito, sob pena de, não raras vezes, o ofendido não ser mais localizado. Sob o ponto de vista de proporcionalidade dos bens jurídicos em jogo – intimidade do suspeito/ vida e liberdade da vítima do tráfico de pessoas – deve prevalecer, sem dúvida, o último, com estribo em um dos fundamentos da república, que é o princípio da dignidade da pessoa humana.

No entanto, entre as duas posições citadas, pensamos que é preciso chegar-se a um *meio – termo* entre elas: se não é jurídico colocar em risco a vida e a liberdade da vítima de tráfico de pessoas, não se mostra, também, compatível com a garantia individual à intimidade, permitir-se que, sem autorização judicial, o MP e a Polícia, monitorem a localização de um suspeito/investigado, por sessenta dias, sem que haja qualquer controle do uso que possa ser feito dessas informações.

A interpretação conforme à Constituição que se pode dar ao art. 13-B do CPP é a seguinte: recebida a notícia de deslocamento da vítima de tráfico de pessoas, sendo urgente a busca de sinais para localizar seu paradeiro (*v.g.*, risco de o ofendido ser levado para lugar indeterminado fora do país), no período de até 12 horas, pode, a autoridade policial, ou o MP requisitar, sem autorização judicial, a busca de sinais; passado esse período crítico de 12 horas, deve-se comunicar o juiz a respeito do fato, solicitando, ao Juízo, a partir desse momento até o final da diligência, prorrogações de prazo a fim de continuar buscando sinais do investigado. Essa interpretação, a nosso ver, concilia da melhor maneira possível a garantia individual à intimidade com o resguardo da vida e incolumidade da vítima de tão grave crime como o tráfico de pessoas.

Conclui-se, ainda que o art. 17-B da Lei 9.613/98 (Lei de Lavagem de Capitais), o art. 15 da Lei 12.850/13 (Lei das Organizações Criminosas), e o art. 13-A, do CPP, acrescido pela Lei 13.344/2016 (Lei que dispõe sobre a prevenção e repressão ao tráfico interno e internacional de pessoas), ao disporem a respeito da possibilidade de o MP e a Polícia pesquisarem, diretamente, dados qualificativos, de empresas telefônicas, sem necessidade de autorização judicial para tanto, são aplicáveis à persecução penal como um todo, na fase do inquérito ou judicial, pouco importa a espécie delitiva em apuração. Em outras palavras, a autorização dada ao Ministério Público e a autoridade policial de requisitarem, diretamente, dados informativos pertinentes à qualificação pessoal, filiação e endereço é franqueada, não apenas nos casos de apuração de delitos de lavagem de dinheiro ou referente a organizações criminosas, ou ao tráfico de pessoas, mas a toda e qualquer infração penal. Em suma, não normas gerais de busca de dados previstas em diplomas legais específicos, mas que se espraiam ao ordenamento processual penal como um todo.

No entanto, o MP e a autoridade policial só podem requisitar, diretamente, a qualificação pessoal, filiação e endereço das empresas telefônicas, porque tais informações não ofendem o direito à intimidade. Não podem, em hipótese alguma, requisitar, às empresas telefônicas, informações a respeito das ligações efetuadas recebidas ou efetuadas, duração, destinatário, ERB das chamadas; nessas situações em que se trata da intimidade do investigado – com quem, quando, como, onde, por quanto tempo conversou por telefone com quem quer que seja – é indispensável autorização judicial.

7.2.12.5. Objeto da interceptação telefônica

A interceptação telefônica, pelo próprio texto constitucional, do qual não poderia sair de sua órbita o legislador, permite tal meio cautelar de busca da prova, *para fins de investigação criminal ou instrução processual penal*, e ainda ressalta que só será cabível em relação aos crimes mais graves, justamente aqueles que são punidos com reclusão. Esse, portanto, o objeto da interceptação telefônica: a investigação de crimes punidos com reclusão.

Sendo assim, a interceptação poderá ser decretada no bojo de um inquérito policial, de uma CPI, em um procedimento investigatório presidido pelo MP, mas *sempre dependerá de decisão prévia judicial devidamente fundamentada*. As CPIs não estão autorizadas, por autoridade própria, a determinar a interceptação telefônica[138].

A interceptação telefônica deve ser decretada pelo juiz competente da ação penal principal (art. 1º, da Lei 9296/96), o que não impede, todavia, que juízes que atuem apenas na fase do inquérito policial, como os do DIPO (Departamento de Inquéritos Policias na capital de São Paulo), também possam decretar a medida em tela[139].

7.2.12.6. Delação anônima e interceptação telefônica

Não é possível, com base apenas em uma delação anônima apócrita, a chamada *notitia criminis* inqualificada, determinar-se, de plano, sem qualquer investigação prévia, a interceptação telefônica dos suspeitos; ocorrendo esse açodamento investigatório, declara-se a invalidade das provas produzidas na interceptação, por sua ilicitude[140].

Indispensável, assim, que, após a notícia anônima, se proceda a investigações prévias para que, depois de sua consecução, se confirmado o conteúdo da delação apócrifa, determinar-se a interceptação telefônica.

---

138. STF – MS 27483/MC-REF, Pleno. Rel. Min. Cezar Peluso. J. 14/08/2008.
139. STF-HC 81260. Pleno. Rel. Min. Sepúlveda Pertence. J. 14/11/2001.
140. Informativo do STJ. 28/08/2013. STJ. HC 131225. 6ª T. Rel. Min. Sebastião Reis Júnior. Informativo do STJ. 22/10/2012. STJ. HC 204778. 6ª T. Min. Rel. Og Fernandes.

7.2.12.7. Interceptação telefônica e prova emprestada

A interceptação telefônica pode ser utilizada como prova emprestada, *v.g.*, em processo cível ou em procedimento administrativo disciplinar, desde que em face do mesmo acusado, o qual, no processo penal, exerceu o seu direito ao contraditório[141]. A interceptação telefônica pode ser usada, como prova emprestada, em processo administrativo contra o servidor público a quem se imputam- condutas criminosas e atos administrativos ilícitos; com a mesma prova- a interceptação procedida- abrem-se duas searas de responsabilização: uma criminal e outra administrativa. No entanto, se a interceptação telefônica for considerada ilícita- e a interceptação for a única base probatória do processo administrativo, certo que tal apuração deverá ser anulada[142]. Ressaltou-se que a declaração de nulidade das interceptações telefônicas só não geraria nulidade do procedimento administrativo se houvesse outras provas, obtidas por fontes independentes e autônomas.

7.2.12.8. Interceptação telefônica e investigado detentor de foro por prerrogativa de função

Surgindo, durante as gravações telefônicas, indícios de que um dos envolvidos na trama delitiva possua prerrogativa de foro (deputado federal, senador, promotor, juiz, etc), os autos de investigação devem ser imediatamente remetidos ao Tribunal com competência originária para julgar a autoridade, sob pena de nulidade, caso a interceptação permaneça em 1ª instância, em razão de usurpação de competência. A descoberta fortuita ou serendipidade (casual) de envolvimento de pessoa com foro privilegiado, em razão das interceptações procedidas, não torna nula a prova, desde que remetidos, os autos investigatórios, *in continenti*, ao Tribunal com competência para julgar aquela autoridade. Caberá ao Tribunal – de maneira exclusiva – decidir se desmembrará ou não os autos de inquérito policial, permanecendo, em regra, na instância superior, apenas o procedimento envolvendo o detentor de foro especial. A regra, inclusive, estabelecida pelo STF, é de que, sempre que possível, se proceda ao desmembramento do inquérito ou do processo, mantendo-se, sob a jurisdição especial, apenas as autoridades invocadas na Constituição[143].

Com esse entendimento, o Min. Sebastião Reis Júnior, em voto vencido, no STJ[144], anulou interceptação telefônica instaurada e mantida por juízo de 1ª instância em que se gravaram, dentre outros, conversas telefônicas de Senador da República, sem remeter os autos ao STF; reputou, o Ministro do STJ citado, que as provas assim obtidas seriam ilícitas, por violação da competência constitucionalmente prevista; e como a denúncia foi lastreada naquela interceptação indevida (ilícita), a peça acusatória passou a não ter justa causa, razão porque foi trancada, em seu voto, a ação penal.

---

141. STF – Pet 3683 QO. Pleno. Rel. Min. Cezar Peluso. J. 13/08/2008.
142. Informativo do STF. 05/12/2017. STF. MS 32788. 2ª T. Rel. Min. Gilmar Mendes.
143. STF. AP 871/QO/PR. 2ª T. Min. Teori Zavascki. DJe 30/10/2014.
144. STJ. HC 307.152-GO. Rel. Min. Sebastião Reis Júnior.

Acabou por prevalecer, todavia, no STJ, o voto vencedor do Min. Rogério Schietti Cruz, o qual compreendeu que, embora tenha havido gravações telefônicas entabuladas, dentre outros, por Senador da República, os autos só deveriam ser remetidos ao STF quando houvesse indícios concretos de envolvimento dessa pessoa com a prática do crime; enquanto não houvesse essa demonstração e se captassem apenas conversas casuais com detentores de foro especial, não haveria porque se remeter imediatamente os autos ao Pretório Excelso, sob pena de poder se comprometer, precipitadamente, a própria honra da autoridade, além da eficácia na continuidade das investigações. A precaução necessária é que haja autuação separada dos autos de interceptação telefônica que envolvam autoridade com foro.

Registre-se, por fim, que o Pretório Excelso[145], ao julgar recurso da defesa do Senador no processo citado, **anulou** as interceptações telefônicas que serviram de base para a denúncia, por reputá-las ilícitas em razão da usurpação de competência do STF; decidiu-se que os autos deveriam ter sido remetidos à Suprema Corte, desde o início das investigações, já que havia indícios de envolvimento de parlamentar.

Interceptação telefônica de Presidente da República

A Suprema Corte[146] já decidiu que, constatando-se, através de interceptação telefônica, a presença de conversa entabulada entre Presidente da República e outro interlocutor que não ostente prerrogativa de foro, o dever do magistrado processante é o de remeter, imediatamente, os autos ao STF, não podendo, em hipótese alguma, permitir a divulgação das conversas, da então Presidente Dilma Roussef com o ex – presidente Lula, ainda que captadas fortuitamente.

Quanto à essa mesma situação, o Min. Gilmar Mendes, do STF[147], em medida liminar que impediu a posse do ex – Presidente Lula como Ministro de Estado por nomeação da então Presidente Dilma Roussef, esclareceu que, embora a interceptação telefônica entre a Presidente e o ex – Presidente Lula tivesse sido gravada, posteriormente, à decisão judicial que determinara a interrupção das gravações, a questão da eventual ilicitude da prova não seria naquele momento analisada, por ter havido confissão extrajudicial espontânea do teor daquela conversa pela então Presidente Dilma em diversas manifestações públicas.

7.2.12.9. *Interceptação telefônica. Pressuposto. Fundamento. Condição de admissibilidade, requisitos e objeto da interceptação telefônica*

7.2.12.9.1. *Pressuposto*

Como toda medida cautelar, a interceptação telefônica tem como pressuposto a *fumaça de bom direito* (*fumus boni iuris*, a qual, no processo penal, ganha o nome de

---
145. Informativo do STF. 25/10/2016. STF. RHC 135683. 2ª T. Rel. Min. Dias Toffoli.
146. STF. Reclamação 23.457/Paraná. Rel. Min. Teori Zavascki.
147. Medida Cautelar em Mandado de Segurança 34.070/DF. Min. Gilmar Mendes.

fumus comissi delicti); em outras palavras, imprescindível que haja algum elemento de convicção que aponte para a existência de uma infração penal e sua autoria dirigida a alguém, identificado ou não.

7.2.12.9.2. Fundamento da interceptação telefônica

O fundamento da medida cautelar de interceptação telefônica é o *periculum in mora*: a possibilidade de as fontes de prova desaparecerem caso não se proceda à interceptação, pelo fato de os interlocutores deixarem de conversar ao telefone.

7.2.12.9.3. Condição de admissibilidade

Só se determina a interceptação telefônica se comprovada a imprescindibilidade da medida como meio de se obter a prova almejada; existindo outro meio de se buscar o mesmo elemento de prova pretendido que não afete, tão intensamente como a interceptação, o direito individual à intimidade, como, por exemplo, a oitiva de uma testemunha, perícia, uma acareação, quebra de dados telefônicos, etc, a interceptação não será permitida. É o que se extrai do art. 2º, II, da Lei 9.296/96. À polícia ou ao MP cabe demonstrarem justificações plausíveis que demonstrem a imprescindibilidade da medida, mas o ônus de apontar que existiam outros meios alternativos menos invasivos é da defesa[148].

7.2.12.9.4. Requisitos

A interceptação telefônica só poderá ser decretada, por Juízo com competência criminal, no decorrer de investigações criminais ou no tramitar de processo criminal que apurem **delitos apenados com reclusão**. Isso significa dizer que não é possível a interceptação no caso de crimes investigados em que o sejam cominadas penas privativas de liberdade de detenção, ou pela prática de contravenções penais (art. 2º, III, da Lei 9.296/96).

Também não é possível, em tese, a decretação da interceptação telefônica por juízo cível. Todavia, em caso concreto submetido à análise do STJ[149], reputou-se válida a interceptação telefônica decretada por juízo cível, a fim de se obter o paradeiro de criança, medida essa necessária ao cumprimento de mandado de busca e apreensão; entendeu-se que, utilizando-se do *princípio de proporcionalidade*, os interesses do menor sobrepujariam o direito à intimidade, além do que, embora a ordem tenha partido de juízo cível, havia também a necessidade de se apurar delito previsto no art. 237 do ECA – Estatuto da Criança e do Adolescente.

---
148. Informativo do STJ. 14/07/2011. STJ. HC 134015. 5ª T. Rel. Min. Jorge Mussi.
149. Informativo do STJ. 01/09/2011. Rel. Min. Sidnei Beneti.

7.2.12.9.5. Base física ou virtual da interceptação

A interceptação terá por base o telefone, ou mesmo qualquer outra forma que use, para o diálogo, a internet como suporte.

É o que se pode depreender do § único do art. 1º da Lei 9.296/96, ao estipular que o objeto da lei se aplica à interceptação do fluxo de comunicações em sistemas de informática e telemática.

7.2.12.9.6. Conversas de WhatsApp se submetem à Lei de Interceptação telefônica? Ligação atendida por policial no momento da abordagem. Ligação e viva-voz. Espelhamento do WhatsApp.

A Lei 12.965/14 (Lei que estabelece os princípios, garantias e deveres para o uso da Internet no Brasil – o Marco Civil da Internet) estabelece, no seu art. 7º, III, que é direito do usuário de internet a inviolabilidade e sigilo de suas comunicações privadas armazenadas, salvo por ordem judicial.

Desse modo, o smartphone que possua acesso à internet, inclusive possibilite o entabulamento de conversas arquivadas via *WhatsApp*, não autoriza aos agentes de polícia devassar o conteúdo do aparelho, sem que haja ordem judicial autorizando tal proceder. Se forem anexadas ao inquérito ou processo o conteúdo do aparelho celular, sem autorização do juiz, as provas assim produzidas serão consideradas como ilícitas porque violadoras da intimidade e privacidade de seu detentor[150].

Conclui-se, então, que a obtenção de conteúdo de conversas e mensagens armazenadas em smartphone não se subordina ao regramento da Lei da Interceptação Telefônica (Lei 9.296/96), sendo permitido o acesso da polícia a tal possível prova, mediante busca e apreensão de coisas determinada pelo juiz, em que se autoriza à polícia, expressamente, que se tenha acesso aos dados armazenados no aparelho[151]. Em outra decisão, o STJ[152] ressaltou, mais uma vez, que a autoridade policial, após a apreensão do telefone, deve requerer judicialmente a quebra de sigilo dos dados armazenados, haja vista a garantia constitucional à inviolabilidade da intimidade e da vida privada (art. 5º, X, da CF). A utilização das conversas armazenadas, sem prévia autorização judicial devidamente fundamentada, configura prova ilícita, nos termos do artigo 157 do CPP.

A matéria em tela teve repercussão geral reconhecida pelo Supremo, devendo-se aguardar qual será a posição do Pretório Excelso a respeito do assunto[153]. Em caso interessante analisado pelo STJ[154], reputou-se como lícita a prova extraída de dados e conversas registradas no *WhatsApp*, mesmo sem autorização judicial, uma vez que a perícia realizada

---
150. STJ. RHC 51.531- RO (2014/0232367-7). Rel. Min. Nefi Cordeiro.
151. STJ. Recurso em Habeas Corpus 75.800-PR (2016/0239483-8). Rel. Min. Felix Fischer.
152. STJ – Recurso Em *Habeas Corpus* 89.981/MG (2017/0250966-3). Rel. Min. Reynaldo Soares da Fonseca.
153. Informativo do STF. 27/11/2017. Reconhecida a repercussão geral, no Plenário Virtual do Supremo, na matéria tratada no Recurso Extraordinário com Agravo (ARE) 1042075. Rel. Min. Dias Toffoli.
154. STJ – Recurso em habeas corpus nº 86.076/MT (2017/015814-6). Rel. Min. Sebastião Reis Júnior. Redator para o acórdão Min. Rogerio Schietti Cruz.

no aparelho de seu proprietário, que fora vítima de homicídio, havia sido entregue por sua esposa, interessada na apuração do crime, a polícia, afinal não havia mais sigilo algum a ser protegido (o titular do bem jurídico - o ofendido - estava morto).

Espelhamento de conversa de WhatsApp

Em curioso caso criminal que apurava delitos de tráfico de drogas e associação para o tráfico, a polícia apreendeu, por breves momentos, o celular de um investigado, devolvendo-o após inserir mecanismo de espelhamento de conversas, sem o conhecimento do indiciado: as conversas entabuladas pelo detentor do aparelho seriam espelhadas no aparelho dos policiais. Com base em tais conversas, foi decretada a prisão preventiva do agente bem como de outros investigados. Tais fatos foram submetidos ao crivo do STJ[155] que, em primeiro plano, assentou que a medida não poderia ser equipara à interceptação telefônica, já que esta permite escuta apenas após autorização judicial, enquanto que o espelhamento possibilita ao investigador acesso irrestrito a conversas registradas antes, podendo inclusive interferir ativamente na troca de mensagens entre os usuários. Pontuou, a Min. Laurita Vaz que o espelhamento era "um tipo híbrido de obtenção de prova", um misto de interceptação telefônica (quanto às conversas futuras) e de quebra de sigilo de e-mail (quanto às conversas passadas), não havendo previsão legal de tal meio de obtenção de prova. Com o espelhamento, os investigadores de polícia tiveram acesso a todas as conversas registradas no aplicativo, além de poder acompanhar aquelas entabuladas posteriormente ao emparelhamento de conversas. Mas, a polícia, no caso, não apenas pode atuar como observador de conversas, mas também se permite, em tese, que venha a participar das conversas, enviando novas mensagens ou excluindo as antigas. Como não havia autorização judicial prévia para a medida, e a confiabilidade da prova estava comprometida- justamente porque era possível aos próprios agentes da lei mandar mensagens, passando-se pelo investigado ou por seus comparsas- decretou-se a nulidade da prisão decretada com base em tais provas, as quais, a nosso sentir, são ilícitas.

E se o aparelho telefônico apreendido pela polícia não for um smarthphone, sem acesso, portanto, à internet?

Nesse caso, de acordo com a compreensão do STF[156], o uso, pela polícia, do celular, a fim de se descobrir os últimos registros telefônicos efetuados e recebidos, não traduz qualquer irregularidade, pois é dever da polícia coletar o material probatório referente à prática da infração.

Ligação atendida por policial durante a prisão

O fato de o agente policial, no momento da prisão em flagrante do indiciado, atender o telefone do detido, quando da abordagem, e, entabular conversa com o

---

155. Consultor Jurídico (conjur.com.br). 30/11/2018. "STJ anula prova colhida pelo WhatsApp Web sem conhecimento do dono do celular". STJ. 6ª T, Rel. Min. Laurita Vaz. Processo tramita em segredo de Justiça.
156. STF - HC 91.867/PA. Rel. Min. Gilmar Mendes.

interlocutor, obtendo a informação, através desse diálogo, do local onde estavam acondicionadas as drogas, não acarreta a ilicitude da prova, devendo-se resguardar o interesse público em detrimento do direito individual à intimidade do réu[157].

Ligação e viva-voz

Em caso curioso julgado pelo STJ[158], o indiciado, após ser revistado por policiais militares, foi compelido, pelos agentes da lei, a atender seu telefone celular que tocava, colocando – o, por ordem dos policiais, no modo viva – voz, ocasião em que foram passadas informações que culminaram na apreensão de drogas destinadas ao consumo de terceiros; assentou-se que, como o acusado foi compelido a atender o celular, acabou por se autoincriminar, produzindo prova contra si mesmo, caracterizando a ilicitude de todos os elementos de convicção decorrentes (contaminação da prova ilícita).

7.2.12.9.7. Interceptação e contraditório

A interceptação telefônica, pela sua própria natureza, pressupõe o desconhecimento da diligência por parte de quem está sendo interceptado; é, portanto, uma medida cautelar de busca da prova decretada *inaudita altera parte* – sem prévia oitiva do investigado ou acusado. Todavia, do resultado da prova – o meio de prova encartado aos autos de inquérito ou processo – será, posteriormente, dado livre acesso ao possível acusado e seu defensor, que poderão se manifestar a respeito; é o contraditório diferido ou postergado.

7.2.12.9.8. Procedimento da interceptação. Necessidade de decisão judicial fundamentada.

A autoridade policial poderá representar, no decorrer da investigação criminal, enquanto que ao representante do Ministério Público é facultado requerer a medida cautelar em estudo, no decorrer da investigação criminal ou durante a instrução processual penal. Ao magistrado se autoriza, em qualquer momento da persecução, decretar, de ofício, a medida (art. 3º da Lei 9.296/96).

A representação policial ou o requerimento do MP devem apontar o fato que se pretende investigar – o objeto da investigação, indicando ainda os investigados, salvo a impossibilidade manifesta, devidamente justificada, bem como a demonstração de que sua realização é imprescindível à apuração da infração penal, com indicação dos meios a serem empregados (art. 2º, § único, e art. 4º, *caput*, da Lei). Necessário apontar o nome, não necessariamente completo[159], ou pelo menos apelido do (s) investigado (s).

Normalmente o pedido ou representação devem ser formulados por escrito, mas, de maneira excepcional, o juiz pode autorizar sua veiculação *por forma oral*, mas a

---

157. Informativo do STJ. 08/04/2013. STJ. HC 55288. 6ª T. Rel. Min. Nilso Naves.
158. STJ – REsp 1630097. Rel. Min. Joel Ilan Paciornik.
159. Informativo do STJ. 02/05/2012. STJ. HC 138550. 5ª T. Rel. Desembargador Convocado Adilson Macabu.

determinação judicial será reduzida a termo, isto é, assumirá a forma escrita (art. 4º, § 1º, da Lei).

O prazo para o juiz decidir é de, no máximo, 24 horas (art. 4º, § 2º, da Lei).

Como todas as decisões judiciais devem ser fundamentadas (art. 93, IX, da CF), claro que, aquela que afeta o direito à intimidade como é o caso da interceptação telefônica, também deve ser fundamentada, sob pena de nulidade, como preconiza o art. 5º da Lei. Já decidiu o STF[160] que "fórmulas estereotipadas consubstanciadas em textos padronizados revestidos de conteúdo genérico", como "fundamento" para a interceptação telefônica, são inaceitáveis, qualificando-se como provas ilícitas

É direito da defesa ter acesso às informações quanto a data das decisões que autorizaram a interceptação; a data em que as companhias telefônicas foram oficiadas e a data em que as operadoras operacionalizaram a interceptação[161]. Na decisão que determina a interceptação telefônica também é especificado a forma de execução e o prazo, que não pode exceder 15 dias, renovável por igual período.

7.2.12.9.9. Prazo da interceptação telefônica

O prazo para a interceptação é de 15 dias, renovável por igual período, de maneira sempre fundamentada, como determina o art. 5º da Lei. A renovação das interceptações poderá se dar, segundo majoritária doutrina, *por prazo indeterminado*, alcançando, às vezes, meses.

Foi pacificado, na jurisprudência[162], que, persistindo os pressupostos que levaram à decretação da interceptação telefônica, não há obstáculos para sucessivas prorrogações, desde que devidamente fundamentadas. Para que haja a prorrogação pela autoridade competente, deverão ser apresentados os áudios (CD/DVD), com o inteiro teor das comunicações interceptadas, as transcrições das conversas relevantes à apreciação do pedido de prorrogação, e o relatório circunstanciado das investigações com o seu resultado (artigo 14, *caput*, da Resolução nº 59, do Conselho Nacional de Justiça, que disciplina e uniformiza o procedimento de interceptação de comunicações telefônicas e de sistemas de informática e telemática. O art. 4º da Resolução 36/2009, editada pelo CNMP (Conselho Nacional do Ministério Público), que dispõe sobre o pedido e a utilização das interceptações, no âmbito do Ministério Público, exige que, nos pedidos de prorrogação, deve vir acompanhado de mídia que contenha o inteiro teor do áudio das comunicações interceptadas, com a indicação dos trechos relevantes e o relatório circunstanciado. O parágrafo 2º do artigo 4º, da Resolução em tela, permite ao membro do Ministério Público responsável pela investigação criminal requisitar os serviços e técnicos especializados às concessionárias de serviço público, sem a intermediação da Polícia. A presente Resolução foi questionada- em sua constitucionalidade- junto ao Supremo, que conclui que seu conteúdo não maculava a Lei Maior[163].

---

160. STF – HC 130.038/DF, Rel. Min. Dias Toffoli; STF – HC 93.050/RJ, Rel. Min. Celso de Mello.
161. Informativo do STF. 23/08/2013. STF. HC 113628. 1ª T. Rel. Min. Marco Aurélio.
162. Informativo do STJ. 20/09/2012. STJ. HC 153600. 5ª T. Rel. Min. Laurita Vaz.
163. Informativo do STF. 27/04/2018. STF. ADI 4263. Pleno. Rel. Min. Barroso.

Mas essa prorrogação não pode ser automática, sem qualquer fundamentação: necessário que haja relatório do que se interceptou e demonstrada, pela autoridade policial, a necessidade de renovação da diligência, seguido de ordem judicial, devidamente fundamentada, decretando o prosseguimento da busca da prova, de modo que, se a decretação inicial por 15 dias for fundamentada, mas as demais não o sejam, as provas amealhadas no primeiro prazo serão válidas, mas as que emanaram das prorrogações desfundamentadas devem ser desentranhadas[164].

Em outra decisão, o STJ considerou como ilícitas as provas coligidas em razão de prorrogações de interceptação telefônica sem que, para cada uma das prorrogações, existisse decisão judicial fundamentada[165]. O STF[166] segue a mesma posição, considerando ser possível sucessivas prorrogações, desde que demonstrada, em cada renovação, mediante fundamentação jurídica idônea, a indispensabilidade de tal diligência. No caso de prorrogações não fundamentadas, haverá ilicitude da prova, inclusive por derivação[167].

Todavia, há entendimento em sentido contrário, do mesmo STJ[168], para quem "não é necessário apresentar outros motivos para prorrogar a interceptação telefônica, além da necessidade de continuar o monitoramento telefônico para a solução das investigações, bastando fazer referência à fundamentação exposta no primeiro deferimento da diligência".

Procedida a interceptação telefônica por prazo não abrangido pela ordem judicial, por exemplo, decretou-se a interceptação telefônica por apenas 15 dias, e foi gravada uma conversa no 16º dia, essa última gravação não poderá ser usada como prova, porque será considerada como prova ilegítima, segundo o STF[169] (na verdade, seria o caso de prova ilícita). De idêntica maneira, e pelo mesmo motivo, se ainda não tiver sido concedida judicialmente a interceptação telefônica, e já tiver sido gravada conversa telefônica, essa prova será imprestável, porque ilícita.

Há precedente do STF[170] admitindo a interceptação telefônica por 30 dias consecutivos, ao arrepio do teor da lei que fixa o prazo de 15 dias, prorrogável por igual período. No STJ, todavia, foi anulado processo e declarada a ilicitude da prova referente à interceptação que foi decretada por período superior a 15 dias, sem a devida motivação.[171] De acordo com o mesmo aresto do STF citado é admissível, excepcionalmente, que, em razão de particulares do caso concreto, a interceptação seja autorizada por prazo superior a 15 dias, mas, nesse caso, deve ser precedida de "detalhada e minuciosa justificativa".

---

164. STJ. HC 349945. 6ª T. Rel. Min. Nefi Cordeiro.
165. STJ – Recurso especial 1.691.902/AP (2015/0005810-6). Rel. Min. Nefi Cordeiro.
166. STF – HC 83.515/RS, Rel. Min. Nelson Jobim; HC 125.792-AgR/RO, Rel. Min. Teori Zavascki; RHC 88.371/SP, Min. Gilmar Mendes.
167. STF – HC 129.646/SP. Rel. Min. Celso de Mello.
168. Informativo do STJ. 20/09/2012. STJ. HC 153600. 5ª T. Rel. Min. Laurita Vaz.
169. STF. Reclamação 23.457/Paraná. Rel. Min. Teori Zavascki.
170. Informativo do STF. 06/03/2012. STF. HC 106129. 1ª T. Rel. Min. Dias Toffoli.
171. Informativo do STJ. 17/10/2013. STJ. HC 139581. 6ª T. Rel. Min. Sebastião Reis Júnior.

Prorrogação de interceptação telefônica em sede de plantão judiciário

O CNJ (Conselho Nacional de Justiça) editou a Resolução 59/2008, a qual disciplina e uniformiza o procedimento de interceptação de comunicações telefônicas e de sistemas de informática e telemática), e, em seu § 1º, do artigo 13, veda-se a concessão de prorrogação de interceptação telefônica durante o plantão judiciário, ressalvada a hipótese de risco iminente e grave à integridade ou à vida de terceiros. Essa proibição foi declarada, pelo STF, como inconstitucional, uma vez que o CNJ – como mero órgão administrativo – não poderia inovar, por ato administrativo, em matéria processual penal probatória, como se dá com a interceptação telefônica.

7.2.12.9.10. Processamento da interceptação

Deferida a medida, a autoridade policial conduzirá os procedimentos de interceptação, dando ciência ao Ministério Público, que poderá acompanhar a sua realização (art. 6º, *caput*, da Lei).

7.2.12.9.10.1. Há necessidade de degravação de todas as conversas telefônicas?

Conseguindo-se gravar a comunicação interceptada, será determinada sua transcrição (art. 6º, § 1º, da Lei). Não é imprescindível, de acordo com o STF, a transcrição integral das gravações, bastando a transcrição literal e integral das gravações que sustentaram a denúncia, que é justamente o que é indispensável ao exercício da ampla defesa[172].

Mas, de qualquer forma, à defesa é assegurado o livre acesso às mídias – ao seu conteúdo integral – onde estão gravadas todas as conversas telefônicas, além de também à integralidade dos autos de interceptação, o que inclui as decisões que a decretaram e suas prorrogações[173].

Em decisão diametralmente oposta, o mesmo STF[174] decidiu ser indispensável a degravação integral das interceptações telefônicas.

Não há necessidade de realização de perícia para a degravação que pode ser efetuada por servidores da delegacia de polícia ou do judiciário[175]. Todavia, pode ser realizada perícia quando houver dúvidas a respeito de trechos interceptados.[176]

Encerrada a diligência de interceptação, o resultado será encaminhado ao juiz, acompanhado de auto circunstanciado, contendo o resumo das operações realizadas (art. 6º, § 2º, da Lei). Esse auto circunstanciado é exigido quer tenha se obtido ou não êxito na gravação.

---

172. Informativo do STF. 18/05/2011. HC 107943. Rel. Min. Cármem Lúcia.
173. Informativo do STF. 24/08/2011. STF-RHC 103555. 2ª T. Rel. Min. Gilmar Mendes.
174. Informativo do STF. 07/02/2013. AP (Ação Penal) 508. Rel. Min. Marco Aurélio.
175. STJ – HC 66.967. STJ. REsp 1.134.455/RS.
176. Informativo do STJ. STJ. HC-185999/RJ. Rel. (Desembargador convocado) Haroldo Rodrigues.

7.2.12.9.10.2. É sempre indispensável a realização de perícia para identificação de voz captada nas interceptações?

Será deferida, tal perícia, apenas se houver concreta necessidade, devidamente fundamentada. Não há qualquer nulidade, por cerceamento de acusação ou de defesa, no indeferimento da medida, se não houver dúvidas quanto ao autor de quem promana a voz captada na interceptação[177].

7.2.12.9.11. Sigilo dos autos de interceptação telefônica

Sigilo no decorrer do inquérito policial

A interceptação telefônica – com a mídia das gravações e a possível transcrição das conversas – devem ser inseridas, pela autoridade policial, em autos apartados – autos de interceptação telefônica, que assegurarão o sigilo da medida (art. 8º da Lei 9.296/96). O apensamento dos autos de interceptação telefônica aos autos de inquérito policial ocorrerá *imediatamente antes* do relatório final do delegado (art. 8º, § único, da Lei 9.296/96).

Em outras palavras, apenas quando a autoridade policial estiver encerrando as investigações – momentos antes de anexar seu relatório final – poderá anexar aos autos de inquérito os autos de interceptação. Quando a lei exige-se que os autos de interceptação devam ser juntados "imediatamente antes" do relatório, não significa dizer que serão juntados nos mesmos autos de inquérito policial, mas simplesmente que – *na mesma oportunidade em que se encerram as investigações* – apresentando o delegado relatório final, os autos – de inquérito e interceptação-serão apensados.

Sigilo no decorrer do processo

No caso de interceptação determinada no transcurso do processo, igualmente, o seu resultado será encartado em autos apartados (art. 8º, *caput*, da Lei 9.296/96).

A esses autos deverá ser decretado sigilo, justamente porque afetam o direito constitucional à intimidade (art. 8º, caput, da Lei 9.296/96).

O momento processual oportuno para a juntada dos autos de interceptação telefônica aos autos de processo, ocorrerá, segundo o parágrafo único, do art. 8º, quando da "conclusão do processo ao juiz para despacho decorrente do disposto do art. 407, 502 ou 538 do Código de Processo Penal".

Todos esses artigos do CPP mencionados encontram-se revogados, de modo que, a interpretação progressiva e constitucional que se pode dar a esse dispositivo legal, é a de que os autos de interceptação telefônica devem ser juntados aos autos de processo, **no primeiro momento em que encerrada a interceptação**, a fim de que as partes possam logo se manifestar a respeito de seu teor, e, conforme o caso, requerer diligências, como perícias, transcrições mais completas, informações a respeito das datas das decisões que autorizaram a medida, etc.

---

177. STJ – HC 453357/SP. 5ª T. Rel. Min. Reynaldo Soares da Fonseca, julgado em 16/08/2018. DJe 24/08/2018. STJ AgRg no HC 445823/PR. 5ª T. Rel. Min. Felix Fischer, julgado em 16/08/2018. DJe 21/08/2018.

Regra: sigilo das interceptações telefônicas

O sigilo deve abarcar todas as conversas, e não apenas aquelas que se refiram ao fato em investigação.

Exceção ao sigilo das interceptações telefônicas

Há entendimento no sentido de que, em se tratando de pessoas que ocupem funções públicas (deputados, juízes, prefeitos, etc) eventualmente envolvidas e, por isso, investigadas como autores de crimes, e sendo colhidas pela interceptação telefônica diálogos comprometedores, reputa-se, excepcionalmente, como possível a divulgação de tais conversas porque o direito público à informação (art. 93, IX, da CF) sobrelevaria em importância o direito individual ao sigilo. De outro giro, se não houver qualquer interesse público na divulgação dos diálogos interceptados, não há porque divulga-los; nessa situação, o interesse individual prevaleceria sob o público[178].

7.2.12.9.12. Só a autoridade policial pode proceder à interceptação telefônica?

Normalmente, é a autoridade policial que procede a interceptação telefônica, mas outros órgãos públicos estão autorizados a fazê-lo, como o Ministério Público, quando investigar por autoridade própria, em procedimentos investigatórios a que presida. Já entendeu o STF que, até a Polícia Militar, poderá proceder a interceptação telefônica, quando houver a suspeita de envolvimento de autoridades policiais da delegacia local[179]. De idêntica maneira, o STJ[180] já admitiu a interceptação telefônica procedida pela polícia rodoviária federal.

Em caso concreto submetido à apreciação do STJ[181] reputou-se como lícita a interceptação telefônica patrocinada por mãe de vítima de crime sexual – menor de idade – em que se visava, mediante a contratação de detetive particular, verificar quem aliciava a menor sexualmente com ela entabulando conversas telefônicas. Reputou-se que, dada absoluta incapacidade civil da vítima para os atos civis – e como estaria sendo vítima de estupro – a iniciativa de sua mãe se assemelhava, por ser ela representante legal da ofendida, em verdade gravação de conversa telefônica com a autorização de um dos interlocutores, sem ciência do outro, o que é lícito.

7.2.12.9.13. Impossibilidade de gravação de conversa telefônica de advogado, no exercício da profissão

As conversas por telefone entre indiciados ou acusados e seus defensores não podem ser interceptadas.

---

178. César Dario Mariano Filho, "Grampos no caso Lava jato: legalidade", artigo publicado em abril de 2016 no Jornal Carta Forense.
179. STF – HC 96.986.
180. STJ HC 45.630.
181. STJ. Recurso Especial 1.026.605/ES (2008/0019794-6). Rel. Min. Rogério Schietti Cruz.

Como assegura o art. 7º, II, do Estatuto da Advocacia (Lei 8.906/94), é direito do advogado a inviolabilidade de seu escritório ou local de trabalho, bem como de seus instrumentos de trabalho, de sua correspondência escrita, eletrônica, telefônica e telemática, desde que relativas ao exercício da advocacia.

Isso significa dizer que, *nas conversas estritamente profissionais*, relativas ao contato próprio de advogado – cliente, é inadmissível a interceptação telefônica; se houver, a prova será ilícita. No entanto, se o advogado aproveitar da sua estrutura profissional (escritório, linhas de telefone, contatos, etc) para, ele próprio, perpetrar crimes (por exemplo, corrupção ativa, tráfico de drogas, extorsão) será permitida a interceptação telefônica, não podendo se alegar o direito ao sigilo profissional nessa hipótese.

Em suma, é possível a interceptação da conversa telefônica entre advogado e seu cliente, uma vez que a garantia do sigilo das comunicações não confere impunidade para a prática de crimes no exercício da advocacia[182].

Sendo gravadas, casualmente, conversas telefônicas entre os investigados e seus advogados, não haverá a ilicitude da prova, bastando a exclusão dos trechos de gravações em que houve os diálogos com o profissional; em suma, a captação foi fortuita e incidental, não havendo se falar em ilicitude da prova, até porque, em nenhum momento, o alvo da quebra de sigilo teria sido o advogado, sendo, assim, inaplicável o art. 7º, II, da Lei 8.906/94 (Estatuto da Advocacia)[183].

7.2.12.9.14. Serendipidade – encontro fortuito de provas

Sendo determinada a interceptação telefônica para apurar determinado crime (por exemplo, tráfico de drogas), é possível (e comum) que, durante as gravações telefônicas, apareçam provas de outros crimes (por exemplo, de uma extorsão mediante sequestro); pergunta-se: **a prova em relação ao delito cuja apuração não era visada inicialmente é válida?**

Há, basicamente, duas posições a respeito do encontro fortuito ou casual de prova (também denominado pela doutrina de serendipidade):

1ª – As provas descobertas casualmente e que se refiram a outro crime (que pode ser, inclusive, apenado com detenção), podem ser aproveitadas, desde que haja conexão ou continência com o delito ou com o autor inicialmente investigado. Exemplo: determinou-se a interceptação telefônica para apurar um homicídio e, durante a medida, apurou-se que o indicado ameaça testemunhas que o presenciaram cometer o assassinato (crime de coação no curso do processo). Como há conexão entre os delitos, o encontro fortuito de provas é admissível. Se não houver a conexão ou continência, as provas quanto ao crime que não se visava investigar através da interceptação telefônica, mas acabou se apurando, não será ilícita em si, porque motivará o início das investigações quanto ao fato novo, mas não servirá para processar-se (e condenar-se) o acusado.

---

182. Informativo do STJ. 17/10/2017. STJ. 6ª T. Rel. Min. Sebastião Reis Júnior. REsp 1465966.
183. Informativo do STJ. 01/03/2012. STJ. RHC 26704. 5ª T. Rel. Min. Marco Aurélio Bellizze.

2ª – Pouco importa a existência ou não de conexão ou continência entre os delitos ou agentes – a autorização judicial era, *de per si*, lícita, para apurar determinada crime, não se podendo fixar, antes das gravações autorizadas em lei, a que ponto chegarão as investigações. Desse modo, mesmo que o crime que venha a ser desvendado através das interceptações não possua nenhuma relação com aquele que motivou a diligência a prova poderá ser normalmente aproveitada. Com esse entendimento o STJ[184]. Exemplo: determina-se a interceptação para apurar um delito de homicídio e, durante as gravações, comprova-se a prática de tráfico de entorpecentes em nada relacionado com o crime anterior. A serendipidade também é denominada de *crime achado*[185], ou seja, infração penal desconhecida e não investigada até o momento em que se descobre o delito.

7.2.12.9.15. Teoria do Juízo aparente e interceptação telefônica

Sendo determinada a interceptação telefônica por juízo, naquele momento, aparentemente competente, caso se apure, no decorrer da investigação, que o juízo competente é outro, a prova, até então colhida, será válida, e remetidos os autos – com tais elementos de convicção – ao juízo natural[186].

7.2.12.9.16. Inutilização de gravação irrelevante à prova

De acordo com o art. 9º da Lei, a gravação que não interessar à prova será inutilizada por decisão judicial, durante o inquérito, a instrução processual ou após esta, em virtude de requerimento do Ministério Público ou da parte interessada.

O incidente de inutilização será assistido pelo Ministério Público, sendo facultado a presença do acusado ou de seu representante legal (art. 9º, § único, da Lei).

Esse dispositivo legal visa preservar a intimidade e a vida privada das pessoas que se comunicaram por telefone, mas cujos diálogos são irrelevantes sob o aspecto da prova.

Recurso da decisão que dispõe a respeito da inutilização ou não das gravações telefônicas

Da decisão do juiz que defira ou não a destruição da prova caberá recurso de apelação (art. 593, II, do CPP), por ser uma decisão interlocutória mista terminativa (decisão com força de definitiva), da qual não se prevê a possibilidade de interposição de recurso em sentido estrito. Cabível, ainda, e talvez mais célere, a impetração de mandado de segurança.

---

184. STJ-HC 189.735. Rel. Min. Jorge Mussi. STJ. HC 197.044. rel. Min. Sebastião Reis Júnior. STJ. HC 187. 189. Rel. Min. Jorge Mussi. STJ. RHC 28.794. Rel. Min. Laurita Vaz. STJ. HC 144.137. Rel. Min. Marco Aurélio Bellizze.
185. STF – HC 129678/SP. Rel. originário. Min. Marco Aurélio, red. p/acórdão Min. Alexandre de Moraes. 13.06.2017.
186. Informativo do STF. 14/03/2013. STF. HC 113145. Rel. Min. Gilmar Mendes.

7.3. MEIOS ESPECIAIS DE OBTENÇÃO DA PROVA PREVISTOS NA LEGISLAÇÃO EXTRAVAGANTE

7.3.1. Colaboração premiada prevista na Lei de Organização Criminosa (Lei 12.850/13)

7.3.1.1. Conceito

A colaboração premiada é um negócio jurídico processual entabulado entre o indiciado ou acusado, seu defensor, e o delegado de polícia ou membro do Ministério Público, sob a supervisão do juiz, que tem por finalidade buscar, por parte de quem é investigado ou réu, alguma espécie de abrandamento da futura pena criminal ou mesmo sua não punição, em troca de fornecer, aos agentes da lei, através de meios de prova – sua confissão e delação quanto aos demais coautores – bem como a indicação de outros meios de prova a respeito do funcionamento do esquema criminoso; sobre a recuperação dos produtos ou proveitos dos crimes perpetrados; sua prevenção; e, por fim, a localização de vítimas com sua integridade física preservada.

Como se percebe, a colaboração premiada possui natureza jurídica dúplice: é um meio de prova, porque abarca a confissão do indiciado ou acusado e sua delação quanto aos coautores (sendo, nesse aspecto, uma espécie de prova testemunhal), e, ainda, um meio de busca da prova, porque o colaborador deve indicar como se pode demonstrar o que foi afirmado, através de, por exemplo, quebra de sigilo bancário ou telefônico, indicação de testemunhas etc. Os depoimentos do colaborador constituem meios de prova que são hábeis ao convencimento do juiz, *se vierem corroborados por outros meios idôneos de provas*, isso porque "nenhuma sentença condenatória será proferida com fundamento apenas das declarações de agente colaborador" (art. 4º, § 16, da Lei 12.850/2013).

Tal instituto processual é previsto no art. 4º ao 7º da Lei 12.850/13.

7.3.1.2. Requisitos da colaboração premiada

1º – Prática do crime de organização criminosa (definido no Art. 1º, § 1º da Lei); prática de crimes diversos perpetrados pelos membros das organizações criminosas; financiamento do crime organizado (art. 2º da Lei);

2º – Existência de interesse jurídico entre indiciado ou acusado, e seu defensor, de um lado, e delegado de polícia e membro do Ministério Público, de outro, de celebrarem um negócio jurídico processual, que terá os seguintes termos:

Do lado dos interesses da persecução penal, deverá o indiciado ou acusado e seu defensor colaborarem efetiva e voluntariamente com a investigação e com o processo criminal, desde que, dessa colaboração, advenha um ou mais dos seguintes resultados:

1º – identificação dos demais coautores e partícipes da organização criminosa e das infrações penais por eles praticadas;

2º – a revelação da estrutura hierárquica e da divisão de tarefas da organização criminosa;

A obrigação assumida pelo colaborador referente ao cumprimento dos dois itens acima se materializa pelo dever de dizer a verdade, incluindo o de informar senhas, *logins*, contas e dados necessários para acessar contas de correio eletrônico e dispositivos eletrônicos. O colaborador possui legitimidade para renunciar ao sigilo bancário ou de operações com cartões de crédito, quanto às contas ou cartões de que seja titular ou representante legal, mas não poderá abrir mão do sigilo de contas ou cartões de terceiros[187].

3º – a prevenção de infrações penais decorrentes das atividades da organização criminosa;

4º – a recuperação total ou parcial do produto ou do proveito das infrações penais praticadas pela organização criminosa. Possível que, na colaboração premiada, fique estabelecido o dever de o colaborador indenizar pelos danos sofridos, antecipando, pelo acordo, um dos efeitos extrapenais da condenação (art. 91, I, do CP).

Em caso concreto referente à operação "Lava – Jato", o STF[188] decidiu que o pagamento de uma multa no valor de 75 milhões de reais a ser paga por um dos acusados deveria reverter integralmente à Petrobrás e não à União; deve-se aplicar, por analogia, o art. 91, II, *b*, do CP, que prevê que o proveito auferido pelo agente com a prática do fato criminoso deve ser perdido em favor da União, ressalvado o direito do lesado. Como a empresa lesada foi a Petrobrás, e o seu patrimônio não se confunde com o da União, nada mais jurídico que o ressarcimento dos danos se destine aos cofres daquela sociedade de economia mista.

5º – a localização de eventual vítima com a sua integridade física preservada. É o caso de organização criminosa que tenha sequestrado a vítima, a qual seja libertada, com sua integridade física preservada, em razão da colaboração premiada de um dos corréus.

Além desses requisitos objetivos que se caracterizam pela busca de resultados práticos, há, ainda, para que se verifique se é possível a proposta de colaboração e qual o benefício que será oferecido ao indiciado ou acusado, de se levar em conta a personalidade do colaborador, a natureza, as circunstâncias, a gravidade e a repercussão social do fato criminoso e a eficácia da colaboração (art. 4º, § 1º, da Lei).

Do lado do interesse à liberdade do indiciado ou acusado podem ser propostos os seguintes benefícios:

1º – concessão de perdão judicial (pode ser requerido na proposta inicial ou posteriormente – art. 4º, § 4º, da Lei);

2º – redução da pena em até 2/3 ou substituí-la por restritivas de direitos;

---

187. STF – Pet 5.897/DF. Rel. Min. Dias Toffoli.
188. Informativo do STF. 25/11/2016. PET 6138. Rel. Min. Teori Zavascki.

3º – substituição da pena privativa de liberdade;

O Ministério Público federal, em caso concreto, entabulou acordo de colaboração premiada em que se estabeleceram os seguintes benefícios ao agente colaborador: o perdão judicial de determinados crimes por ele perpetrados; o estabelecimento de regime inicial fechado, em pena unificada de quatro anos, quanto aos demais; o recolhimento noturno pelo prazo de um ano, consubstanciado no recolhimento domiciliar de segunda a domingo, a partir das 20 horas até as 6 horas, ressalvadas viagens nacionais e internacionais a trabalho; prestação de serviços à comunidade em atendimento por 20 horas semanais em entidade filantrópica; a suspensão dos demais inquéritos e procedimentos investigatórios, e ações penais, assim como a prescrição da pretensão punitiva de tais delitos pelo lapso de 10 anos; a renúncia geral e irrestrita à garantia contra a autoincriminação e ao direito ao silêncio; desistência antecipada de apresentação de recursos. No entanto, o Min. Ricardo Lewandowski, do STF[189], recusou-se a homologar o acordo de colaboração premiada, pois não seria lícito às partes contratantes fixar, em substituição ao Poder Judiciário, e de forma antecipada, a pena privativa de liberdade e o perdão de crimes ao colaborador. Ademais, salientou-se que seria incompatível, pela legislação em vigor, estabelecerem, as partes, o regime fechado e, ao mesmo tempo, o recolhimento domiciliar noturno, acrescido, ainda, de prestação de serviços à comunidade; admitirem-se tais sanções mescladas – não previstas em lei – "corresponderia a permitir ao Ministério Público atuar como legislador". Frisou-se, ainda, que, às partes contratantes, não se faculta estabelecer novas hipóteses de suspensão do processo ou de fluência do prazo prescricional, afora aquelas previstas pelo legislador, "sob pena de o negociado passar a valer mais do que o legislado na esfera penal". Quanto a renúncia geral e irrestrita à garantia contra a autoincriminação e ao direito ao silêncio e a desistência antecipada de apresentação de recursos acordado pelas partes, decidiu-se que tal acordo, nesse tópico, não pode operar qualquer efeito perante o Judiciário, pois "vulneram direitos e garantias fundamentais do colaborador". Após realizadas, contudo, as devidas modificações, o Min. Lewandowski acabou por homologar a delação[190].

4º – O MP deixa de oferecer denúncia, se o colaborar não for o líder da organização criminosa, e se for o primeiro a prestar efetiva colaboração. Esse não oferecimento da denúncia consubstancia verdadeiro arquivamento da investigação criminal; na hipótese de o juiz não concordar com esse arquivamento, será o caso de aplicar-se, analogicamente, o art. 28 do CPP, mandando-se os autos ao Procurador Geral (MP dos Estados) ou às Câmaras de Coordenação e Revisão (MP da União), para que decidam a respeito.

7.3.1.3. Das negociações

As negociações entre as partes para a formalização do acordo de colaboração ocorrerão entre o delegado de polícia, o investigado e o defensor, com a manifestação

---

189. STF – Petição 7.265/DF. Rel. Min. Ricardo Lewandowski.
190. Consultor Jurídico (conjur.com.br). 13/03/2018.

do Ministério Público, ou entre o Ministério Público e o investigado ou acusado e seu defensor; o juiz não participará das negociações (art. 4º, § 6º, da Lei).

Sempre que possível, o registro dos atos de colaboração será feito pelos meios ou recursos de gravação magnética, estenotipia, digital ou técnica similar, inclusive audiovisual, destinados a obter maior fidelidade de informações (art. 4º, § 13, da Lei).

Nos depoimentos que prestar, o colaborador renunciará, na presença de seu defensor, ao direito ao silêncio e estará sujeito ao compromisso legal de dizer a verdade (art. 4º, § 14, da Lei).

Em todos os atos de negociação, confirmação e execução da colaboração, o colaborador deverá estar assistido por defensor (art. 4º, § 15, da Lei).

7.3.1.4. Possibilidade de o delegado de polícia negociar com o investigado

Quanto à possibilidade de o delegado de polícia celebrar o acordo com o investigado e seu acusado, reputávamos como inconstitucional, porque os benefícios propostos ao indiciado, como o perdão judicial, redução de pena privativa de liberdade, sua substituição por restritivas de direitos eram medidas que reduziam ou mesmo extinguiam a pretensão punitiva (o *jus puniendi*), de modo que configurariam verdadeira exceção aos princípios da ação penal pública – o da obrigatoriedade ou legalidade e o da indisponibilidade (art. 129, I, da CF).. A questão, porém, já foi pacificada pelo Supremo, que, ao julgar a ADI (Ação Direta de Inconstitucionalidade) 5508[191], considerou constitucional a possibilidade de delegados de polícia realizarem acordos de colaboração premiada na fase do inquérito policial. Segundo se decidiu, a formulação de proposta de colaboração premiada pela autoridade policial como meio de obtenção de prova não interfere na atribuição constitucional do Ministério Público de ser titular da ação penal e de decidir sobre o oferecimento da denúncia. Destacou-se, ainda, que, mesmo que o delegado de polícia proponha ao colaborador a redução da pena ou o perdão judicial, a concretização desses benefícios ocorre apenas judicialmente, por ser privativo do Poder Judiciário. Depois de celebrado o acordo entre o delegado, o investigado e seu defensor, deve o Ministério Público opinar a seu respeito, cabendo ao juiz homologar ou não o acordo. Como bem notou o Min. Marco Aurélio[192], do STF, em seu substancioso voto favorável à possibilidade de celebração de acordo pelo delegado de polícia (argumentos esses que nos fizeram modificar nossa posição, agora, favoráveis que somos à licitude do acordo entre a autoridade policial e o indiciado), se à Polícia Judiciária se atribui, como atividade precípua (art. 144 da CF), a investigação de crimes, não há como alijá-la de um dos meios de obtenção de prova, que é justamente a colaboração premiada, que nada mais é que simples depoimento prestado à autoridade. Em suma, se há a missão de a Polícia Judiciária investigar crimes, há que se assegurar os meios a consecução de seu mister constitucional (teoria dos poderes implícitos), inclusive o meio de obtenção de prova, que é a colaboração.

---

191. Informativo do STF. 20/06/2018. STF. ADI 5508. Pleno. Rel. Min. Marco Aurélio. Informativo do STF nº 907.
192. Ação Direta de Inconstitucionalidade 5. 508/DF. Rel. Min. Marco Aurélio.

7.3.1.5. Formalização das negociações

Dispõe o art. 6º da Lei que o termo de acordo de colaboração premiada será feito por escrito e conterá:

I – o relato da colaboração e seus possíveis resultados;

II – as condições da proposta do Ministério Público ou do delegado de polícia;

III – a declaração de aceitação do colaborador e de seu defensor;

IV – as assinaturas do representante do MP ou do delegado de polícia, do colaborador e de seu defensor;

V – a especificação das medidas de proteção ao colaborador e à sua família, quando necessário.

7.3.1.6. Direitos do colaborador

Reza o art. 5º da lei que são direitos do colaborador:

I – usufruir das medidas de proteção previstas na Lei;

II – ter nome, qualificação, imagem e demais informações pessoais preservadas;

III – ser conduzido, em juízo, separadamente dos demais, coautores e partícipes;

IV – participar das audiências sem contato visual com os outros acusados;

V – não ter sua identidade revelada pelos meios de comunicação, nem ser fotografado ou filmado, sem sua prévia autorização por escrito;

VI – cumprir pena em estabelecimento penal diverso dos demais corréus ou condenados.

7.3.1.7. Momento das negociações

As negociações podem ocorrer, desde a fase da investigação, até o trânsito em julgado da sentença condenatória. Mesmo durante a execução da pena, ainda é possível a redução da pena até a metade ou admitida a progressão de regime ainda que ausentes os requisitos objetivos (art. 4º, § 5º, da Lei). A colaboração premiada, na fase da execução da pena, se materializará como um incidente da execução.

7.3.1.8. Possibilidade de retratação da proposta

As partes podem retratar-se da proposta, caso em que as provas autoincriminatórias produzidas pelo colaborador não poderão ser utilizadas exclusivamente em seu desfavor (art. 4º, § 10, da Lei). É sempre péssima a redação de lei que assume a forma negativa, mas, de qualquer forma, o que se pode extrair do dispositivo legal é o seguinte: as provas oferecidas pelo colaborador arrependido poderão ser utilizadas em seu desfavor – para condená-lo, mas não de maneira exclusiva; em outras palavras, para sua condenação, além das provas por ele fornecidas, são necessários outros elementos de convicção. De qualquer forma, a possibilidade de retratação só é possível até o momento em que há a homologação judicial da colaboração premiada; esse o momento limite processual.

7.3.1.9. Possibilidade de surgirem elementos informativos de outros crimes em razão do depoimento do colaborador

Sendo fornecidos, pelo colaborador, elementos informativos a respeito de outros crimes que não os inicialmente investigados há duas possibilidades:

1ª – **se** houver conexão ou continência, todo o procedimento tramitará em conjunto, no mesmo processo, sendo fixada a competência pelo juízo perante o qual foram prestados os depoimentos e apresentadas as provas pelo colaborador. Tal se dá apenas quando comprovado que, as atividades criminosas, mesmo que bastante diversificadas, promanem da *mesma* sofisticada organização criminosa;

2ª – **se** não houver conexão ou continência, será necessário o desmembramento, de modo que os fatos diversos deverão ser apurados em outro inquérito/processo que não o originário, não sendo fixada a competência, necessariamente, no juízo que colheu os depoimentos do colaborador ou que determinou a realização de diligências, como interceptação telefônica ou busca e apreensão.

E qual será o juízo competente para apurar os delitos não conexos com o processo originário e que foram relatados pelo colaborador?

Será a do local de sua consumação (art. 70 do CPP).

Seria, em suma, uma espécie de encontro fortuito de provas, plenamente válido, mas que *não autoriza a fixação, pela prevenção, da competência do juízo perante o qual foi concretizada a colaboração premiada, quando não houver conexão ou continência entre as infrações*. A prevenção, *por ser um critério subsidiário de aferição da competência*, só é aplicável quando a competência não puder ser fixada por outro modo. No entanto, se for possível saber-se em que local teria sido cometido, em tese, a infração delatada pelo colaborador (e que não se relaciona com o feito originário), deverão ser remetidas cópias ao Juízo territorialmente competente para que lá tramitem – as investigações e possível ajuizamento de ação penal.

Para melhor compreensão do tema, recomenda-se a leitura do excelente voto do Min. Dias Toffoli, na Questão de Ordem no Inquérito 4.130/Paraná.

7.3.1.10. Procedimento judicial de controle e sigilo das negociações

7.3.1.10.1. Distribuição sigilosa do pedido

Já redigido o termo de acordo constando o relato da colaboração, seus resultados possíveis, as condições da proposta, a aceitação do colaborador e seu defensor, assinaturas, especificação de eventuais medidas de proteção (art. 6°, da Lei) será elaborado pedido de homologação do acordo, o qual será *sigilosamente distribuído*, não contendo informações que possam identificar o colaborador e o seu objeto (art. 7°, *caput*, da Lei). Essa distribuição com o pedido de homologação não contém qualquer informação a respeito do nome de quem colabora nem o teor da colaboração; é apenas uma distribuição judicial para que o feito seja remetido ao juiz natural. O juiz a quem for distribuído o pedido de homologação torna-se prevento para julgar a causa penal, no caso de ajuizamento de denúncia (art. 83 do CPP).

7.3.1.10.2. Entrega direta das informações

Estabelecido quem é o juiz competente, pela distribuição, serão a ele remetidas, diretamente, informações pormenorizadas da colaboração, o qual decidirá no prazo de 48 horas (art. 7°, § 1°, da Lei). Essa remessa direta das informações indica que serão entregues ao juiz, pessoalmente, sem intermediação de seu cartório.

7.3.1.10.3. Sigilo dos autos

O acesso aos autos será restrito ao juiz, ao Ministério Público e ao delegado de polícia, como forma de garantir o êxito das investigações, assegurando-se ao defensor, no interesse do representado, amplo acesso aos elementos de prova que digam respeito ao exercício do direito de defesa, devidamente precedido de autorização judicial, ressalvados os referentes às diligências em andamento (art. 7°, § 2°, da Lei). Esse sigilo se aplica também aos demais corréus, e até ao Congresso Nacional (por meio de suas CPIs); o sigilo é o meio encontrado pela lei para garantir o êxito das investigações[193].

O acordo de colaboração premiada deixa de ser sigiloso assim que recebida a denúncia (art. 7°, § 3°, da Lei).

Após recebida a denúncia, é lícito, à defesa daquele que está sendo acusado em razão de colaboração premiada ter acesso aos vídeos de depoimentos prestados pelos colaboradores premiados que embasaram a ação penal[194]. Trata-se, em verdade, de aplicar-se a Súmula Vinculante n° 14: "É direito do defensor, no interesse do representado, ter acesso amplo aos elementos de prova que, já documentados em procedimento investigatório realizado por órgão com competência de polícia judiciária, digam respeito ao exercício do direito de defesa".

O acesso do acusado aos termos de depoimento do colaborador, todavia, se restringem ao acordo de colaboração premiada que lhe digam respeito, ou seja, em que tenha sido citado, e não quanto aos acordos em que figurem outros acusados[195].

---
193. Informativo do STF. 02/01/2015. PET (Petição) 5209. Decisão do então Presidente do STF, Min. Ricardo Lewandowski. STF. Pet 5.713/DF. Rel. Min. Teori Zavascki. Decidido pelo Min. Celso de Mello em 08/07/2015.
194. Informativo do STF. 14/03/2018. STF. HC 153843. Rel. Min. Gilmar Mendes.
195. Informativo do STF. 20/12/2017. STF. PET 7425. Rel. Min. Edson Faquin.

Não obstante a literalidade da lei, o STF[196] já decidiu que o sigilo deve ser mantido até o recebimento da denúncia, apenas se houver necessidade concreta, nada impedindo que, pelo princípio constitucional da publicidade (art. 5º, LX, da CF), o sigilo do acordo seja afastado em momento anterior ao recebimento da denúncia, possibilitando-se conhecer aquele que subscreveu o acordo, bem assim o conteúdo do que foi declarado. Frisou-se, ainda, que o colaborador não possui direito subjetivo a manter-se indefinidamente a restrição de acesso ao conteúdo do acordo, e que, tal afastamento do sigilo, visaria otimizar-se os princípios da ampla defesa e do contraditório, em favor do investigado ou dos atingidos pela colaboração premiada.

7.3.1.10.4. Decisão homologatória do acordo

Realizado o acordo, o respectivo termo, acompanhado das declarações do colaborador e de cópia da investigação, será remetido ao juiz para a homologação, o qual deverá verificar sua regularidade, legalidade e voluntariedade, podendo para esse fim, sigilosamente, ouvir o colaborador, na presença de seu defensor (art. 4º, § 7º, da Lei). Essa oitiva do juiz tem por finalidade apenas verificar a voluntariedade da colaboração, sem se imiscuir em relação ao mérito do que é dito; em razão disso, essa oitiva prévia não gera suspeição do magistrado[197].

De qualquer modo, a homologação judicial não é um juízo de valor a respeito da veracidade das declarações prestadas pelo colaborador, mas mero exercício de atividade de delibação que se circunscreve a perscrutar a regularidade, voluntariedade e legalidade do acordo.

O juiz poderá recusar homologação à proposta que não atender aos requisitos legais, ou adequá-la ao caso concreto (art. 4º, § 8º, da Lei). No caso de delação premiada que tramite em Tribunal, a homologação da proposta será procedida pelo desembargador ou ministro relator, monocraticamente.

Das decisões que homologam ou não o acordo, que são decisões interlocutórias mistas terminativas (decisões com força de definitivas), cabem recurso de apelação (art. 593, II, do CPP).

A homologação, pelo juiz, da colaboração premiada, não o torna suspeito ou impedido[198].

Não é lícito a terceiros, indiciados ou corréus, impugnarem o acordo de colaboração premiada celebrado por outrem, ainda que citados nominalmente no termo de colaboração, uma vez que a colaboração premiada se trata de meio de obtenção de prova proveniente de *negócio jurídico processual personalíssimo*, que gera obrigações e direitos entre as partes celebrantes – MP e colaborador – não interferindo, *diretamente*, na esfera jurídica de outras pessoas[199]. Essa restrição, contudo, não impede que o

---
196. Informativo do STF. 12/09/2017. STF. 1ª T. Inqu. 4435. Rel. Min. Marco Aurélio.
197. STJ – HC 367.156/MT. Rel. Min. Antônio Saldanha Palheiro.
198. STJ – HC 221231. 5ª T. Rel. Min. Reynaldo Soares da Fonseca.
199. STJ-HC 69.988-RJ (2016/0105405-0). Rel. Min. Reynado Soares da Fonseca.

acusado inquira o colaborador, a fim de confrontar o que contra si foi dito na delação premiada, bem como formule perguntas a respeito da questão ao ouvir testemunhas. Em outras palavras, não há afronta ao contraditório e à ampla defesa[200].

Homologação pelo Tribunal

Em se tratando de persecução penal que se processe perante o Tribunal – foro por prerrogativa de função – o Plenário do Supremo[201] decidiu que o acordo de colaboração premiada deve ser homologado, monocraticamente, pelo relator, nos termos do art. 4º, § 7º da Lei 12.850/2013, sob os aspectos da regularidade, voluntariedade e legalidade. No entanto, caberá ao Tribunal Pleno analisar o cumprimento dos termos do acordo homologado e sua eficácia, conforme previsão do art. 4º, § 11, da Lei 12.850/2013. Possibilita-se, ao órgão colegiado, segundo o Supremo, que, nos termos do art. 966, § 4º, do CPC, verifique se os atos de disposição de direitos, praticados pelas partes ou por participantes do processo e homologados pelo juiz, deverão ser anulados ou não. Se o acordo de colaboração premiada envolver autoridade com foro por prerrogativa de função, sua propositura dependerá de manifestação do Procurador-Geral e homologação pelo Tribunal competente para julgar originariamente o detentor do foro privilegiado. Em caso concreto decidido pelo STF, reputou-se como ineficaz o acordo celebrado e homologado em 1ª instância de caso a envolver Governador de Estado, uma vez que tal acordo só poderia ser celebrado pelo Procurador-Geral da República, junto ao STJ, juiz natural dos Chefes do Executivo estaduais (art. 105, I, *a*, da CF)[202].

Homologação e seu efeito vinculante

Homologado o acordo, pelo juiz, ou pelo relator, no Tribunal (nos casos de competência originária), o Poder Judiciário vincula-se, quando do julgamento de mérito da causa penal, de modo que, se as obrigações assumidas pelo agente colaborador tiverem sido efetivamente cumpridas, os benefícios acordados junto ao Ministério Público, quando da confecção da colaboração premiada devidamente homologada, devem ser efetivados. Essa posição encontra-se pacificada junto ao Supremo, o qual decidiu, por ampla maioria, que o cumprimento das obrigações assumidas pelo agente colaborador impede que o Poder Judiciário, se recuse a conceder-lhe os benefícios de ordem premial, sob pena de o Estado – Juiz incidir em comportamento desleal[203].

Como se salientou, em voto primoroso da lavra do Min. Celso de Mello, do STF[204], "*o acordo de colaboração premiada, desde que regularmente homologado por órgão judiciário competente*, **configura** *ato jurídico perfeito* **do qual resulta**, *quando* **adimplido** *pelo agente colaborador, direito subjetivo* **que lhe garante** *acesso aos benefícios de ordem legal*".

---

200. STJ – RHC 68.542/SP. 6ª T. Rel. Min. Maria Thereza de Assis Moura, j. 19/04/2016. DJe 03/05/2016.
201. STF-Pleno Agravo regimental na Petição (PET) 7074. Rel. Min. Edson Fachin.
202. Informativo do STF. 20/03/2018. STF. HC 151605. 2ª T. Rel. Min. Gilmar Mendes.
203. STF – Questão de Ordem na Petição 7.074/DF. Min. Celso de Mello. STF. Pleno. HC 127.483/PR.
204. STF – Questão de Ordem na Petição 7.074/DF. Min. Celso de Mello.

Importância probatória da colaboração premiada

Embora a colaboração premiada, por si só, inadmita a prolação de decisão condenatória, certo que, como elemento indiciário, poderá dar a base empírica necessária ao recebimento da peça acusatória, por materializar a justa causa[205]. Como explica o Min. Celso de Mello, do STF[206], em seu voto a respeito do tema ora em estudo, o depoimento do agente colaborar não legitima, se for o único elemento de prova, a prolação de condenação, mas autoriza a formulação, e até o recebimento, da denúncia, "**especialmente** se os elementos veiculadores da imputação penal acharem-se *minimamente* corroborados por *fontes autônomas de prova*". Tratamos melhor a seguir.

7.3.1.11. Colaboração do indiciado ou acusado

Após homologado o acordo, o colaborador poderá, sempre acompanhado de seu defensor, ser ouvido pelo membro do Ministério Público ou pelo delegado de polícia responsável pelas investigações (art. 4º, § 9º, da Lei). Da mesma forma, depois de homologado o acordo, e mesmo que não denunciado o colaborador ou beneficiado pelo perdão judicial, deverá, caso necessário, ser ouvido em juízo a requerimento das partes ou por iniciativa da autoridade judicial (art. 4º, § 12, da Lei). Nessa oitiva em juízo, o colaborador prestará o compromisso de dizer a verdade, podendo responder pelo crime de falso testemunho. O colaborador poderá ser corréu ou não, e, caso arrolado pela acusação, deverá constar, expressamente, da denúncia que se trata de depoimento de colaborador, a fim de que a defesa tenha conhecimento desse relevante fato[207].

7.3.1.12. Retratação do acusado em seu interrogatório

Caso o colaborador, quando do seu interrogatório, retratar-se do que foi dito no acordo de colaboração, não fará jus ao benefício legal, pois, em verdade, deixou de cumprir com a sua parte no negócio jurídico processual celebrado[208].

7.3.1.13. Contraditório e ampla defesa do investigado ou acusado delatado

Não se admite que possa, o investigado ou acusado delatado, questionar, por meio de *habeas corpus* (ou por qualquer outra ação), os termos do acordo celebrado, por reputá-lo ilegal, uma vez que se trata de negócio jurídico personalíssimo celebrado entre o Ministério Público e o agente colaborador, não vinculando a esfera jurídica de terceiros209. Todavia, o delatado, figurando como investigado ou acusado, poderá contestar, em juízo, ao exercer o direito de defesa, o depoimento do agente colaborador

---

205. STF – INQ- 3982. 2ª T. Rel. Min. Edson Faquin.
206. STF – INQ- 3982- Voto do Min. Celso de Mello.
207. STJ – RHC 75.856/SP. 6ª T. Rel. Min. Nefi Cordeiro.
208. STJ – HC 120.454.
209. STF. Questão de Ordem na Petição 7.074/DF. Min. Celso de Mello.

e as provas que foram produzidas quando da colaboração, além, claro, de buscar a cessação das medidas cautelares de privação de liberdade eventualmente impostas[210].

O delatado, seja investigado ou acusado, possui o direito de, através de seu advogado, amplo acesso, e conhecimento, aos elementos de informação ou provas, inclusive (e sobretudo) ao depoimento do agente colaborador, tendo em vista o princípio da comunhão das provas, uma vez que a prova penal, a partir do momento em que estiver incorporada ao inquérito policial ou ao processo deve ser acessível a qualquer interessado[211]. O direito de acesso do interessado, especialmente o delatado, refere-se a um acesso universal a todos os depoimentos prestados, sobretudo quanto aos que lhe digam respeito, ou seja, que lhe façam referência[212].

Ademais, como o acusado colaborador, no seu interrogatório, delata os demais acusados, será direito dos corréus delatados, através dos seus advogados, poderem efetuar perguntas ao delator, a respeito dos pontos específicos em que são acusados. O indeferimento desse pleito ofende a ampla defesa e o contraditório e acarretaria a nulidade do processo[213]. Em verdade, quando o réu colaborador delata corréus, quanto a essa delação, age como verdadeira testemunha, de modo que se vê na contingência de responder às reperguntas dos advogados dos demais acusados delatados.

Para que haja o compartilhamento de termos de colaboração premiada deve-se respeitar as balizas do acordo homologado em juízo[214].

7.3.1.14. Suspensão do prazo para a denúncia e do processo

Estipula o § 3º do art. 4º da Lei que o prazo para o oferecimento de denúncia ou o processo, relativos ao colaborador, poderá ser suspenso por até 6 meses, prorrogáveis por igual período, até que sejam cumpridas as medidas de colaboração, suspendendo-se o respectivo prazo prescricional.

7.3.1.15. A colaboração premiada, por si só, desacompanhada de elementos de corroboração, autoriza o recebimento da denúncia?

Antes de responder a indagação, necessário definir o que são elementos de corroboração. Elementos de corroboração são os elementos de convicção fornecidos ou indicados pelo agente colaborador, como, v.g., documentos ou computadores apreendidos, testemunha ouvida, perícia realizada, que confirmam, ratificam (corroboram) o depoimento do colaborador, trazendo verossimilhança ao seu conteúdo. Documentos elaborados unilateralmente pelo colaborador, como registros em agenda eletrônica e planilhas de contabilidade não podem ser considerados como elementos de corroboração[215].

---

210. STF. HC 127.483/PR. Rel. Min. Dias Toffoli.
211. STF – Questão de Ordem na Petição 7.074/DF. Min. Celso de Mello.
212. STF. Inquérito 4.327/DF. Rel. Min. Edson Faquin.
213. STJ – HC 86.875.
214. Informativo do STF. 30/10/2018. STF. Pet 7065. 2ª T. Rel. Min. Edson Faquin.
215. STF. Inq 4074. 2ª Turma. Rel. Min. Edson Faquin. Voto-vista Min. Gilmar Mendes.

Há **duas posições** quanto ao tema:

1ª Posição: Sim, autoriza, porque, embora a colaboração premiada não legitime a prolação de sentença condenatória (art. 4º, § 16º, da Lei 12.850/2013), certo que, para o recebimento da denúncia, haverá justa causa- lastro probatório mínimo- trazido pelo depoimento do colaborador[216].

2ª Posição: Não, autoriza, porque a colaboração, como meio de obtenção de prova, possui a aptidão para autorizar o procedimento investigativo, visando obter declarações, apreensões que tenham força probatória. Mas, os depoimentos do colaborador premiado, sem outras provas lícitas de corroboração (são os denominados elementos de corroboração) não trazem a justa causa necessária para o recebimento da denúncia. A fumaça de bom direito para o recebimento da peça acusatória (*fumus commissi delicti*) se estriba em uma probabilidade de condenação. Ora, se nenhuma sentença condenatória poderá ser proferida com fundamento apenas nas declarações de agente colaborador (art. 4º, § 16, da Lei 12.850/2013), conclui-se que as declarações do colaborador, isoladamente, "não autorizam a formulação de um juízo de probabilidade de condenação e, por via de consequência, não permitem um juízo de admissibilidade da acusação"[217]. A lógica irrefutável desta posição é, mesmo, evidente: inexistindo probabilidade, em tese de condenação, não há como a denúncia ser recebida.

7.3.1.16. *Descumprimento das condições estabelecidas na colaboração premiada: efeitos*

Descumpridas as condições fixadas no acordo de colaboração premiada pelo agente colaborador (indiciado ou acusado), é possível suspender-se cautelarmente a eficácia dos benefícios acordados entre o Ministério Público e os colaboradores, deferindo-se medidas cautelares, inclusive decretando, se o caso, a prisão temporária ou preventiva do antigo colaborador[218].

O descumprimento do acordo de delação premiada, por parte do agente colaborador, ou mesmo a frustração de sua realização – a não vontade do agente em colaborar, não autorizam, isoladamente, a imposição de prisão cautelar (preventiva ou temporária)[219].

Por outro lado, as provas colhidas em decorrência da colaboração premiada permanecerão válidas, em caso de descumprimento do acordo[220].

Ressalte-se, ainda, que a rescisão deve ser homologada judicialmente.

---

216. STF – Inq 3.987/DF, Rel. Min. Teori Zavascki. STF. Ag. Reg. No Inquérito 4.244/DF. 2ª T. Min. Celso de Mello.
217. STF- Inq. 4074. 2ª T. Rel. Edson Faquin. Voto-vista do Min. Gilmar Mendes sustentando a tese ora exposta.
218. STF. Ação Cautelar 4.352/DF. Min. Edson Fachin.
219. STF. 2ª T. HC 138.207. Rel. Min. Edson Fachin. STJ. HC 396.658/SP. Rel. Min. Antônio Saldanha Palheiro. J. 27/06/2017. DJe 01/08/2017.
220. STF – Pleno. HC 127.483. Rel. Min. dias Toffoli. DJe 04/02/2016.

Em emblemático caso de acordo de colaboração premiada entre a Procuradoria-Geral da República e empresários do ramo de alimentos, a Procuradoria, por entender que teria havido omissão intencional de informações, rescindiu os acordos, uma vez que os colaboradores deixaram de relatar fatos criminosos de que tinham conhecimento[221].

7.3.1.17. Sentença

De acordo com o art. 4º, § 11, da Lei, na sentença, o juiz apreciará os termos do acordo – o que foi prometido pelo indiciado ou acusado em termos de colaboração na busca de resultados práticos – e o que foi cumprido – ou seja, sua eficácia, e poderá, então, conceder-lhe o perdão judicial, reduzir a pena privativa de liberdade em até 2/3, ou substituí-la por restritivas de direitos. Facultado, ainda, ao magistrado não conceder qualquer benefício ao acusado, quando verificar que não houve qualquer efetividade na colaboração – por não ter se obtido resultado prático algum.

Nenhuma sentença condenatória será proferida com fundamento apenas nas declarações de agente colaborador (Art. 4º, § 16, da Lei). Isso significa dizer que, além das declarações do agente colaborador, **outros elementos de convicção também devem corroborar tal depoimento, para que se possa proferir uma sentença condenatória**. Seguindo esse entendimento a 2ª Turma, do STF, absolveu a senadora Gleise Hoffman, e outros acusados sem a prerrogativa de foro, porque a acusação não teria se encarregado de apresentar elementos externos de prova que corroborassem as informações prestadas em colaborações premiadas[222].

Não é admissível, tampouco, a fim de que se autorize a prolação de uma sentença condenatória, a denominada *corroboração recíproca* ou *cruzada* em que o depoimento do agente colaborador seja confirmado apenas por outros delatores[223].

7.3.1.18. Aplicação dos institutos da Lei de Organizações Criminosas (12.850/13) à Lei de Terrorismo Lei 13.260/2016)

Os dispositivos da Lei 12.850/2013 (Lei das Organizações Criminosas) que tratam da investigação, processo e julgamento são aplicáveis à Lei de Terrorismo (art. 16 da Lei 13.260/2016), o que inclui, assim, dentre outros, a colaboração premiada, a infiltração de agentes e a ação controlada.

7.3.2. Colaboração premiada prevista no art. 159, § 4º, do CP (Extorsão Mediante Sequestro)

Prevê o art. 159, § 4º, do CP que "Se o crime é cometido em concurso, o concorrente que o denunciar à autoridade, facilitando a libertação do sequestrado, terá sua pena reduzida de um a dois terços".

---

221. Consultor Jurídico. 26/02/2018. "PGR rescinde acordo de colaboração de Wesley Batista e Francisco de Assis".
222. Informativo do STF. 19/07/2018. STF. AP 1003. Rel. Min. Edson Fachin.
223. STF. Medida Cautelar no Habeas Corpus 144.652/DF. Min. Rel. Celso de Mello. J. 12/12/2017.

7.3.3. Colaboração premiada prevista na Lei dos Crimes Hediondos (Associação Criminosa na prática de crimes hediondos e equiparados)

O *caput* do art. 8º da Lei 8.072/90 tem a seguinte redação:

"Será de 3 (três) a 6 (seis) anos de reclusão a pena prevista no art. 288 do Código Penal, quando se tratar de crimes hediondos, prática da tortura, tráfico ilícito de entorpecentes e drogas afins ou terrorismo".

Já o § único do art. 8º da Lei 8.072/90 determina que: "O participante e o associado que denunciar à autoridade o bando ou quadrilha, possibilitando seu desmantelamento, terá a pena reduzida de 1 (um) a 2/3 (dois terços)."

O crime de bando ou quadrilha foi alterado, na sua denominação e conteúdo, pela Lei 12.850/13 e passou a ter o *nomen juris* de Associação Criminosa.

Mas, de qualquer forma, numa interpretação progressiva, continua hígida a possibilidade de delação premiada prevista na lei de crimes hediondos extensível aos delitos hediondos em si, bem como aos equiparados – tráfico, terrorismo e tortura.

7.3.4. Colaboração premiada prevista na Lei 7.492/86 (Crimes contra o Sistema Financeiro Nacional)

Estipula o art. 25, § 2º, da Lei 7492/86 que "nos crimes previstos nesta Lei, cometidos em quadrilha ou coautoria, o coautor ou partícipe que através de confissão espontânea revelar à autoridade policial ou judicial toda a trama delitiva terá sua pena reduzida de 1 (um) a 2/3 (dois terços)".

7.3.5. Colaboração premiada prevista na Lei de Lavagem de Capitais – Lei 9.613/98)

Reza o § 5º da Lei 9.613/98 que: "A pena poderá ser reduzida de um a dois terços e ser cumprida em regime aberto ou semiaberto, facultando-se ao juiz deixar de aplica-la ou substituí-la, a qualquer tempo, por pena restritiva de direitos, se o autor, coautor ou partícipe colaborar espontaneamente com as autoridades, prestando esclarecimentos que conduzam à apuração das infrações penais, à identificação dos autores, coautores e partícipes, ou à localização dos bens, direitos ou valores objeto do crime".

7.3.6. Colaboração premiada prevista na Lei de Drogas – Lei 11.343/06)

O art. 41, *caput*, da Lei 11.343/06 prevê que "o indiciado ou acusado que colaborar voluntariamente com a investigação policial e o processo criminal na identificação dos demais colaboradores ou partícipes do crime e na recuperação total ou parcial do produto do crime, no caso de condenação, terá pena reduzida de um terço a dois terços".

7.3.7. Colaboração premiada prevista na Lei de Proteção às testemunhas – Lei 9.807/99

A Lei 9.807/99, no seu art. 13, *caput*, prevê a colaboração premiada, *para qualquer delito*, podendo resultar, no caso de acusado primário, a concessão de perdão judicial e a extinção de sua pena, no caso de colaboração efetiva e voluntária com a investigação e o processo criminal, desde que dessa colaboração tenha resultado a identificação dos demais coautores ou partícipes da ação criminosa; a localização da vítima com a sua integridade preservada; a recuperação total ou parcial do produto do crime.

Para que se conceda o perdão judicial deve-se levar em conta a personalidade do beneficiário e a natureza, circunstâncias, gravidade e repercussão social do fato criminoso (art. 13, § único, da Lei 9.868/99).

Já o art. 14 da Lei 9.868/99 dispõe que o indiciado ou acusado que colaborar voluntariamente com a investigação policial e o processo criminal na identificação dos demais coautores ou partícipes do crime, na localização da vítima com vida e na recuperação total ou parcial do produto do crime, no caso de condenação, terá pena reduzida de 1 a 2/3.

Possível extraírem-se algumas conclusões a respeito da aplicabilidade da Lei de Proteção à vítima e testemunhas:

1ª – as regras de colaboração premiada previstas na Lei de Proteção à vítima e testemunhas é extensível **a todo e qualquer crime**, em qualquer fase da investigação criminal ou do processo, inclusive àqueles crimes que possuem regras específicas de colaboração premiada (exemplos: extorsão mediante sequestro, tráfico, associação criminosa de crimes hediondos). Esse entendimento já foi adotado pelo STJ[224];

2ª – para que seja possível o perdão judicial, na colaboração, é preciso que o acusado seja primário;

3ª – já para a concessão do benefício da redução de pena de 1 a 2/3 do acusado colaborador se aplica a todos os acusados, primários ou não.

7.3.8. As normas processuais que disciplinam a colaboração premiada e que são previstas na Lei 12.850/13 (Lei das Organizações Criminosas) aplicam-se apenas aos crimes de organizações e conexos ou a todos os crimes?

Como nenhuma das Leis anteriores previa o procedimento de colaboração premiada, mas apenas davam-lhe o nome sem especificar como se deveria proceder (ou seja, eram provas nominadas, mas atípicas, sem rito probatório estabelecido), certo que as normas processuais da Lei 12.850/13 as quais regulamentam, em detalhes, o instituto são plenamente aplicáveis a todas às leis que tratam do assunto; em outras palavras, o regramento de quem pode propor a colaboração premiada (MP); o modo de proposição (investigado e advogado, sempre presente, sem a intervenção do juiz); o termo escrito de colaboração; a distribuição sigilosa ao juiz; a homologação judicial; a menção, na sentença, dos termos da homologação do acordo; os direitos do colaborador; a possibilidade de retratação; a possibilidade de suspender-se o oferecimento da

---

224. STJ – HC 97.509.

denúncia ou o processo enquanto se aguarda o cumprimento das condições fixadas. Todas essas normas são gerais, de *índole processual*, aplicáveis a toda e qualquer crime em que tenha havido a colaboração premiada, e não apenas aos que se referem às organizações criminosas.

7.3.9. As normas de benefícios penais prevista na Lei 12.850/13 (Lei das Organizações Criminosas) aplicam-se apenas aos crimes de organizações e conexos ou a todos os crimes?

A questão agora é diferente: trata-se de indagar se os benefícios penais – como o perdão judicial, a redução de pena privativa de liberdade em até 2/3, sua substituição por pena restritiva de direitos (art. 4º, *caput*, da Lei 12.850/13) são aplicáveis ao réu colaborador, exclusivamente no caso dos crimes vinculados às organizações criminosas, ou a todo e qualquer delito em que haja a colaboração premiada?

Pode haver sobre o assunto **duas posições**:

1ª Posição: Pelo princípio da especialidade, os benefícios penais citados só podem ser aplicados no caso de colaboração premiada relacionada ao crime organizado, e não quanto aos demais delitos que prevejam também a colaboração premial, em leis específicas (Lei de Drogas, Lei de Lavagem de Dinheiro etc);

2ª Posição: As normas que estipulam benefícios penais da Lei das Organizações Criminosas, no caso de colaboração premiada, podem ser aplicadas a todos os delitos, inclusive aqueles que possuam regramento específico sobre o tema. Essa nos parece a melhor posição porque estimula a colaboração daquele investigado ou acusado envolvido em qualquer delito, sem distinções de qualquer natureza, o que poderia comprometer até o princípio constitucional da igualdade, pelo tratamento possivelmente injusto de acusados criminais que tenham igualmente colaborado, além de trazer maior segurança jurídica, ao uniformizar o tratamento dos colaboradores, sem qualquer discriminação.

7.3.10. Da ação controlada na Lei 12.850/13 (Lei da Organização Criminosa)

7.3.10.1. Conceito

É um meio de busca de prova, consistente na omissão deliberada, legalmente admitida, do dever de agir da polícia ou de outra autoridade administrativa tendo por objeto qualquer ação praticada por organização criminosa ou a ela vinculada, inclusive crimes que autorizariam a prisão em flagrante, com a finalidade de obter, com o tempo, melhores provas, desde que as ações da organização criminosa sejam mantidas sob observação e acompanhamento. Esse instituto é previsto nos arts. 8º a 9º da Lei. A ação controlada é uma hipótese de flagrante retardado ou diferido, em que o agente policial deixa de prender em flagrante quem esteja praticando um crime, a fim de aguardar o melhor momento para a produção da prova.

As investigações efetuadas pela polícia, em via pública, além da coleta de dados e informações, como boletins de ocorrência e lavratura de prisões em flagrante, podem configurar um flagrante esperado – em local onde provavelmente ocorrerá um delito – mas não se trata de ação controlada[225].

7.3.10.2. Procedimento

A ação controlada, na Lei de Organizações Criminosas, não necessita de autorização judicial, mas de simples comunicação ao juiz competente, o qual, se for o caso, poderá estabelecer seus limites, comunicando-se o fato ao Ministério Público (art. 8º, § 1º, da Lei).

A comunicação será sigilosamente distribuída de forma a não conter informações que possam indicar a operação a ser efetuada (art. 8º, § 2º, da Lei).

Até o encerramento da diligência, o acesso aos autos será restrito ao juiz, ao Ministério Público e ao delegado de polícia, como forma de garantir o êxito das investigações (art. 8º, § 3º, da Lei).

Ao término da diligência, é elaborado um auto circunstanciado acerca da ação controlada (art. 8º, § 4º, da Lei).

7.3.10.3. Ação controlada e transposição de fronteiras

Se a ação controlada envolver transposição de fronteiras, o retardamento da intervenção policial ou administrativa somente poderá ocorrer com a cooperação das autoridades dos países que figurem como provável itinerário ou destino do investigado, de modo a reduzir os riscos de fuga e extravio de produto, objeto, instrumento ou proveito do crime (art. 9º, da Lei). Sendo assim, cabe à autoridade policial ou administrativa acertar a cooperação com as autoridades internacionais para que possa, legitimamente, exercer a ação controlada. Mas, de qualquer modo, não é imprescindível prévia autorização judicial, mas simples comunicação.

7.3.11. Da ação controlada na Lei de Drogas (Lei 11.343/06)

7.3.11.1. Conceito

De acordo com o art. 53, II, da Lei de Drogas, em qualquer fase da persecução relativa aos crimes previstos na lei será permitida, *mediante prévia autorização judicial*, e ouvido o Ministério Público, a não atuação policial sobre os portadores de drogas, seus precursores químicos ou outros produtos utilizados em sua produção, que se encontrem no território brasileiro, com a finalidade de identificar e responsabilizar maior número de integrantes de operações de tráfico e distribuição, sem prejuízo da ação penal cabível. A autorização judicial dependerá do conhecimento do itinerário provável e da identificação dos agentes do delito ou dos colaboradores.

---

225. STJ. Recurso em Habeas Corpus 60.251/SC (2015/0130035-0). Rel. Min. Sebastião Reis Júnior.

A ação controlada é uma hipótese de flagrante retardado ou diferido, em que o agente policial deixa de prender em flagrante quem esteja praticando um crime, a fim de aguardar o melhor momento para a produção da prova.

7.3.11.2. Procedimento

Como a Lei de Drogas não regulamenta o procedimento da ação controlada deve-se usar, por analogia, o rito da Lei de Organização Criminosa (Lei 12.850/13): requerimento distribuído sigilosamente ao juiz, que deferirá ou não o pedido; durante a diligência o acesso dos autos permanecerá restrito ao juiz, MP e delegado de polícia. Ao término da diligência será anexado auto circunstanciado. Pensamos até que, na prática, o melhor é aplicar-se à Lei de Drogas integralmente a Lei da Organização Criminosa, dispensando o prévio requerimento de ação controlada ao magistrado – muitas vezes impossível de ser formulado – e contentando-se com a comunicação ao juiz competente a respeito daquela diligência.

7.3.12. Da ação controlada na Lei de Lavagem de Capitais (Lei 9.613/98)

O art. 4º – B da Lei 9.613/98 dispõe que: "A ordem de prisão de pessoas ou as medidas assecuratórias de bens, direitos ou valores poderão ser suspensas pelo juiz, ouvido o Ministério Público, quando a sua execução imediata puder comprometer as investigações".

No caso, há a decretação, por exemplo, de uma prisão preventiva, sequestro de bens, mas a ordem de cumprimento dessas cautelares permanece suspensa, pelo juiz, a fim de não se comprometer as investigações, quando, em razão dessas medidas cautelares, deixassem, por exemplo, os criminosos, de entabular diálogos comprometedores que estavam sendo gravados através de interceptação telefônica, até então bem sucedida na busca de provas. Essa ação controlada retarda a ordem de prisão – preventiva ou temporária – além das medidas assecuratórias de bens, direitos ou valores, e não a prisão em flagrante, como ocorre nas demais hipóteses de ação controlada.

7.3.13. Infiltração de agentes na Lei de Organização Criminosa (Lei 12.850/13)

7.3.13.1. Conceito

É o meio de busca de prova em que um agente da polícia, de maneira velada, passa aparentemente a integrar ou estabelecer contatos com uma organização criminosa, como se a ela pertencesse ou fosse seu colaborador, com a finalidade de obter provas a respeito de seu funcionamento e a identificação de seus integrantes, as quais não poderiam ser adquiridas por outro meio. Esse instituto de busca de provas é previsto nos arts. 10/14 da Lei.

7.3.13.2. Requisitos para a infiltração

Será admitida a infiltração, que poderá ser autorizada durante o inquérito policial ou no transcorrer de processo, se houver indícios de infração de organização criminosa e se a prova não puder ser produzida por outros meios disponíveis (art. 10, § 2º, da Lei).

Existem, desse modo, dois requisitos para que seja autorizada a infiltração, e que deverão estar devidamente comprovados no pedido de infiltração, e que são os seguintes:

1º - prova de que está em atividade determinada organização criminosa;

2º - evidência de que não existe outra maneira de se obter provas a respeito daquela organização, se não infiltrando um agente da polícia em sua estrutura

7.3.13.3. Procedimento

O pedido de infiltração

A infiltração de agentes de polícia em tarefas de investigação pode ser representada pelo delegado de polícia ou requerida pelo Ministério Público, hipótese última em que haverá manifestação técnica do delegado de polícia a respeito, quando solicitada no curso do inquérito policial (art. 10, *caput*, da Lei). Pela redação um pouco confusa da lei, se depreende que, representada, pela própria autoridade policial, a infiltração, não haverá necessidade de qualquer manifestação técnica do delegado, sob pena de evidente duplicidade de manifestação; no entanto, se o pedido de infiltração partir do Ministério Público, aí sim, deverá haver manifestação técnica do delegado de polícia, a fim de aquilatar a respeito da viabilidade ou não dessa prática excepcional de busca da prova.

Na hipótese de representação do delegado de polícia, o juiz competente, antes de decidir, ouvirá o Ministério Público (art. 10, § 1º, da Lei).

O pedido, pelo MP, ou representação, pela autoridade policial, deverão conter a demonstração da necessidade da medida, o alcance das tarefas dos agentes, quando possível, os nomes ou apelidos das pessoas investigadas e o local da infiltração (art. 11 da Lei).

Distribuição sigilosa do pedido de infiltração

O pedido de infiltração será sigilosamente distribuído, de forma a não conter informações que possam indicar a operação a ser efetivada ou identificar o agente que será infiltrado (art. 12, *caput*, da Lei).

Essa distribuição com o pedido de infiltração não contém qualquer informação a respeito do nome de quem será infiltrada nem o teor dessa medida; é apenas uma distribuição judicial para que o feito seja remetido ao juiz natural. O juiz a quem for distribuído o pedido de infiltração torna-se prevento para julgar a causa penal, no caso de ajuizamento de denúncia (art. 83 do CPP).

Entrega direta das informações

Estabelecido quem é o juiz competente, pela distribuição, serão a ele remetidas, diretamente, informações pormenorizadas da infiltração, o qual decidirá no prazo de 24 horas, após manifestação do Ministério Público na hipótese de representação do delegado de polícia (art. 12, § 1º, da Lei). Essa remessa direta das informações indica que serão entregues ao juiz, pessoalmente, sem intermediação de seu cartório.

Decisão a respeito do pedido de infiltração

O juiz poderá deferir ou não o pedido de infiltração. De qualquer maneira, por se tratar de uma decisão interlocutória mista terminativa (com força de definitiva) caberá, pelo MP, interposição de recurso de apelação (art. 593, II, do CPP). A decisão que deferir a infiltração, além de fundamentada, estabelecerá os limites dessa medida (art. 10, *caput*, da Lei).

Prazo da infiltração. Controle. Relatórios

A infiltração será autorizada pelo prazo de até 6 meses, sem prejuízo de eventuais renovações, desde que comprovada sua necessidade (art. 10, § 3º, da Lei). A cada renovação que seja deferida, imprescindível nova decisão judicial fundamentada a respeito.

Findo o prazo de 6 meses, será apresentado um relatório circunstanciado ao juiz competente, que imediatamente cientificará o MP (art. 10, § 4º, da Lei). Mesmo havendo renovações sucessivas da infiltração, a cada uma delas, segue-se um relatório circunstanciado para controle pormenorizado da ação.

Independentemente desses relatórios a cada período de infiltração, o delegado de polícia, no curso do inquérito policial, poderá determinar aos seus agentes, e o Ministério Público poderá requisitar, a qualquer tempo (na fase do inquérito ou judicial), relatório da atividade de infiltração (art. 10, § 5º, da Lei).

Sigilo do procedimento de infiltração

Os autos serão mantidos em sigilo, sendo disponibilizados à defesa, quando do oferecimento de denúncia pelo MP, assegurando-se a preservação da identidade do agente (art. 12, § 2º, da Lei).

7.3.13.4. *Direitos do agente infiltrado*

De acordo com o art. 14 da Lei são direitos do agente:

I – recusar ou fazer cessar a atuação infiltrada;

II – ter sua identidade alterada, bem como usufruir das medidas de proteção a testemunhas;

III – ter seu nome, qualificação, imagem, voz e demais informações pessoais preservadas durante a investigação e o processo criminal, salvo se houver decisão judicial em sentido contrário;

IV – não ter sua identidade revelada, nem ser fotografado ou filmado pelos meios de comunicação, sem sua prévia autorização por escrito.

7.3.13.5. Punibilidade do agente

Estabelece o § único do art. 13 da lei que não é punível, no âmbito da infiltração, a prática de crime pelo agente infiltrado no curso da investigação, quando inexigível conduta diversa.

Porém, o *caput* do ar. 13 da Lei ressalva que o se o agente não guardar, em sua atuação, a devida proporcionalidade com a finalidade da investigação, responderá pelos excessos praticados.

Pode-se adotar a seguinte diretriz a fim de estabelecer a responsabilidade do agente infiltrado: se cometer crimes, porque foi obrigado a praticar, a fim de não atrair suspeitas dos comparsas da organização, não será responsabilizado, em regra, desde que haja proporcionalidade entre os bens jurídicos tutelados – os da necessidade da investigação criminal e aqueles previstos no tipo penal violado. Exemplo: poderá ser inexigível conduta diversa do agente infiltrado que seja constrangido a praticar uma receptação, um furto, um estelionato; mas não pode ser reconhecida a referida causa de isenção de pena no caso de prática de uma extorsão mediante sequestro, um homicídio ou latrocínio, por exemplo.

7.3.14. Infiltração de agentes na Lei de Drogas (Lei 11.343/06)

O art. 53, I, da Lei, prevê que, em qualquer fase da persecução criminal relativos aos crimes previstos na lei é permitido, mediante autorização judicial e ouvido o MP, a infiltração por agentes de polícia, em tarefas de investigação, constituída pelos órgãos especializados pertinentes.

7.3.14.1. Disciplina legal da infiltração na Lei de Drogas

Como a Lei de Drogas apenas nomina a infiltração de agentes, sem nada disciplinar a respeito de seu funcionamento, certamente o procedimento de tal medida de busca de prova será aquele estabelecido da Lei de Organização Criminosa (arts. 10/14 da Lei 12.850/13), utilizável por analogia; assim, à infiltração da Lei de Drogas aplica-se a necessidade de requerimento pelo MP ou do delegado solicitando-a; a distribuição sigilosa; prazos da infiltração; direitos do agente infiltrado, causa de exclusão de culpabilidade quando cometer crimes durante a infiltração etc.

7.3.15. Acesso a registros, dados cadastrais, documentos e informações previstos na Lei de Organização Criminosa, na Lei de Lavagem de Capitais e Lei de tráfico de pessoas

Determinam os arts. 15 da Lei de Organização Criminosa e 17-B da Lei 9.613/98 (Lei de Lavagem de Capitais) que o delegado de polícia e o Ministério Público terão acesso, independentemente de autorização judicial, apenas aos dados cadastrais do investigado que informem exclusivamente a qualificação pessoal, a filiação e o endereço mantidos pela Justiça Eleitoral, empresas telefônicas, instituições financeiras, provedores de internet e administradoras de cartão de crédito.

De idêntico teor o art. 13-A, do CPP, acrescido pela Lei 13.344/2016 (Lei que dispõe sobre a prevenção e repressão ao tráfico interno e internacional de pessoas), ao permitir que, nos crimes de Sequestro e Cárcere Privado (art. 148 do CP), Redução a condição análoga à de escravo (art. 149 do CP), Tráfico de Pessoas (art. 149-A do CP), "sequestro – relâmpago (art. 158, § 3º, do CP), e Extorsão Mediante Sequestro (art. 159 do CP), e no crime de envio de criança ou adolescente para o exterior com o fito de lucro (art. 239 do Estatuto da Criança e do Adolescente, Lei 8.069/90), o membro do Ministério Público ou o delegado de polícia possam requisitar, de quaisquer órgãos do poder público ou de empresas da iniciativa privada, dados e informações cadastrais da vítima ou de suspeitos. A requisição deverá ser atendida em 24 horas (art. 13-A, § único, do CPP).

É possível extrair duas conclusões dos dispositivos legais em comento:

1ª – As normas em tela são aplicáveis à persecução penal como um todo, na fase do inquérito ou judicial, pouco importa a espécie delitiva em apuração. Em outras palavras, a autorização a que o Ministério Público e a autoridade policial possam, diretamente, pesquisar dados informativos pertinentes à qualificação pessoal, filiação e endereço é endereçada não apenas nos casos de apuração de delitos de organização criminosa, relativos à lavagem de capitais, ao tráfico de pessoas, mas a toda e qualquer infração penal. Em suma, são normas gerais de busca de dados previstas em diplomas legais específicos, mas que se espraiam ao ordenamento processual penal como um todo.

2ª – O MP e a autoridade policial só podem requisitar, diretamente, a qualificação pessoal, filiação e endereço das empresas telefônicas, da Justiça Eleitoral, das instituições financeiras, dos provedores de internet e das administradoras de cartões de crédito, porque tais informações não ofendem o direito à intimidade. Não podem, em hipótese alguma, requisitar, por exemplo, às empresas telefônicas, informações a respeito das ligações efetuadas recebidas ou efetuadas, duração, destinatário, ERB das chamadas; de igual maneira, não é lícito requisitarem informações referentes ao sigilo financeiro da pessoa procurada, como, por exemplo, relação de gastos no cartão de crédito, valores aplicados na conta corrente etc. Nessas situações em que se trata da intimidade do investigado é indispensável autorização judicial.

7.3.16. Busca de sinal pela autoridade policial ou pelo Ministério Público no caso de tráfico de pessoas

O art. 13-B, do CPP, acrescido pela Lei 13.344/2016 (Lei que dispõe sobre a prevenção e repressão ao tráfico interno e internacional de pessoas), estabelece que, se necessário à prevenção e à repressão dos crimes relacionados ao tráfico de pessoas, o membro do Ministério Público ou o delegado de polícia poderão requisitar mediante autorização judicial, às empresas prestadoras de serviços de telecomunicações e/ou telemática que disponibilizem imediatamente os meios técnicos adequados – como sinais, informações e outros – que permitam a localização da vítima ou dos suspeitos do delito em curso.

Sinal significa posicionamento da estação de cobertura, setorização e intensidade da radiofrequência (art. 13-B, § 1º, do CPP); o sinal não permitirá acesso ao conteúdo das comunicações de qualquer natureza, salvo mediante autorização judicial. O sinal deverá ser fornecido pela prestadora de telefonia móvel celular por período não superior a 30 dias, renovável por uma única vez, por igual período (art. 13-B, § 2º, II, do CPP). Para períodos superiores, será necessária a apresentação de ordem judicial (art. 13-B, § 2º, III, do CPP).

Pelo que se interpreta desses dispositivos legais, a requisição, pelo MP ou pelo delegado de polícia, de sinais, junto às empresas prestadoras de serviços de telecomunicações e/ou telemática, que tornem possível a localização da vítima ou dos suspeitos do delito em curso, dispensará autorização judicial, desde que não haja acesso a conteúdo da comunicação, nem ultrapasse 60 dias; a *contrario sensu*, se houver acesso à conversação ou se ultrapassar 60 dias o prazo de informações de sinais, será imprescindível ordem judicial.

Na hipótese de obtenção de sinais da vítima ou do suspeito o inquérito policial deverá ser instaurado no prazo máximo de 72 horas, contado do registro da respectiva ocorrência policial (art. 13-B, § 3º, do CPP).

Prevê, ainda, o § 4º do art. 13-B, do CPP, que, não havendo manifestação judicial no prazo de 12 horas, a autoridade competente requisitará às empresas prestadoras de serviços de telecomunicações e/ou telemática que disponibilizem imediatamente os meios técnicos adequados – como sinais, informações e outros – que permitam a localização da vítima ou dos suspeitos do delito em curso, com imediata comunicação ao juiz.

A primeira vista, soam como inconstitucionais as normas citadas, ao autorizarem que Ministério Público e Polícia Judiciária, *independentemente de autorização judicial*, possam obter sinais de localização de suspeitos da prática do crime de tráfico de pessoas[226]: o local onde se vive, se transita, se permanece, se desloca, relaciona-se ao direito à intimidade de cada um, à semelhança do sigilo bancário ou telefônico (quanto se possui de patrimônio ou com quem se comunicou por telefone são questões de foro íntimo), o que demandaria, segundo tal ponto de vista, ordem judicial, para que tal direito individual fosse relativizado.

Claro que o bem jurídico tutelado pela norma – incolumidade física e psíquica e vida de quem é vítima de tráfico de pessoas é de extrema relevância; muito maior, sem dúvida, que o direito a intimidade do suspeito da prática de tal crime, mas não haveria porque se atropelarem garantias individuais para se obter a eficácia das investigações em tão grave delito: basta requerer, o *Parquet* ou o delegado de polícia, em caráter

---

226. De acordo com o informativo do STF, de 24/01/2017, a Associação Nacional das Operadoras de Celulares (Acel) ajuizou Ação Direta de Inconstitucionalidade (ADI) 5642, no STF, a fim de impugnar dispositivos da Lei 13.344/2016, sob o fundamento de que, certas normas, esvaziam a proteção constitucional à privacidade e ao sigilo das comunicações, ao dispensar a autorização judicial para tanto. O relator é o Min. Edson Fachin.

de urgência, ao magistrado competente, uma decisão a respeito da determinação de obtenção de sinais do suspeito. Lembre-se, ainda, que há plantões judiciários, todos os dias, durante 24 horas, inclusive finais de semana, feriados e durante a madrugada, justamente para que se possam decidir os casos urgentes. Em suma, não haveria desculpa para se violar a Constituição, especialmente havendo – como há – instrumentos legais, eficazes e rápidos que instrumentalizam a busca de provas.

Pode haver posição oposta a essa, fundamentada no fato de que, no tráfico de pessoas, não é possível aguardar-se – mesmo que por algumas horas – uma decisão judicial que determine o rastreamento de sinais da vítima ou do suspeito, sob pena de, não raras vezes, o ofendido não ser mais localizado. Sob o ponto de vista de proporcionalidade dos bens jurídicos em jogo – intimidade do suspeito/ vida e liberdade da vítima do tráfico de pessoas – deve prevalecer, sem dúvida, o último, com estribo em um dos fundamentos da república, que é o princípio da dignidade da pessoa humana.

No entanto, entre as duas posições citadas, pensamos que é preciso chegar-se a um *meio – termo* entre elas: se não é jurídico colocar em risco a vida e a liberdade da vítima de tráfico de pessoas, não se mostra, também, compatível com a garantia individual à intimidade, permitir-se que, sem autorização judicial, o MP e a Polícia, monitorem a localização de um suspeito/investigado, por sessenta dias, sem que haja qualquer controle do uso que possa ser feito dessas informações.

A interpretação conforme à Constituição que se pode dar ao art. 13-B do CPP é a seguinte: recebida a notícia de deslocamento da vítima de tráfico de pessoas, sendo urgente a busca de sinais para localizar seu paradeiro (*v.g.*, risco de o ofendido ser levado para lugar indeterminado fora do país), no período de até 12 horas, pode, a autoridade policial, ou o MP requisitar, sem autorização judicial, a busca de sinais; passado esse período crítico de 12 horas, deve-se comunicar o juiz a respeito do fato, solicitando, ao Juízo, a partir desse momento até o final da diligência, prorrogações de prazo a fim de continuar buscando sinais do investigado. Essa interpretação, a nosso ver, concilia da melhor maneira possível a garantia individual à intimidade com o resguardo da vida e incolumidade da vítima de tão grave crime como o tráfico de pessoas.

7.3.17. Infiltração de agentes da polícia na internet e crimes contra a dignidade sexual da criança e de adolescente

A Lei 13.441, de 8 de maio de 2017 alterou a Lei 8.069/90 (Estatuto da Criança e do Adolescente), para prever a infiltração de agentes de polícia na internet com o fim de investigar crimes contra a dignidade sexual de criança e de adolescente.

Trata-se de um meio de busca de prova, em que o agente policial, utilizando-se de identidade fictícia, passa a investigar, pela internet, a prática de crimes contra a dignidade sexual da criança e do adolescente.

Objeto do procedimento probatório de infiltração

O art. 190-A, do ECA, prevê que a infiltração de agentes de polícia na internet pode ser determinada com o fim de investigar os crimes previstos nos arts. 240, 241,

241 – A, 241 – B, 241 – C e 241 – D, do ECA, e nos arts. 154 – A, 217 – A, 218 – A –, 218 – B, do Código Penal.

Procedimento da infiltração

É o seguinte:

Requerimento ou representação devidamente justificados

Deve haver requerimento do Ministério Público ou representação de delegado de polícia, contendo a demonstração de sua necessidade, o alcance das tarefas dos policiais, os nomes ou apelidos das pessoas investigadas e, quando possível, os dados de conexão ou cadastrais que permitam a identificação dessas pessoas (art. 190-A, I, do ECA).

Decisão judicial

O juiz, *que não poderá determinar a infiltração de ofício*, decidirá a produção da prova, de maneira circunstanciada e documentada, estabelecendo os limites da infiltração para obtenção da prova, ouvido o Ministério Público (se o próprio *Parquet* não tiver requerido a medida, é claro) (art. 190-A, I, do ECA).

Prazo da medida

O procedimento investigatório não poderá exceder o prazo de noventa dias, sem prejuízo de eventuais renovações, desde que o total não exceda a 720 (setecentos e vinte) dias e seja demonstrada sua efetiva necessidade, a critério da autoridade judicial (art. 190-A, III, do ECA).

Apresentação de relatórios no transcurso da medida

A autoridade policial e o Ministério Público poderão requisitar relatórios parciais da operação de infiltração antes do término do prazo (art. 190-A, § 1º, do ECA).

Caráter subsidiário da infiltração

A infiltração de agentes de polícia na internet não será admitida se a prova puder ser obtida por outros meios (art. 190-A, § 3º, do ECA).

Sigilo da infiltração

As informações da operação de infiltração serão encaminhadas diretamente ao juiz responsável pela autorização da medida, que zelará por seu sigilo (art. 190-B, *caput*, do ECA).

Antes da conclusão da operação, o acesso aos autos será reservado ao juiz, ao Ministério Público e ao delegado de polícia responsável pela operação, com o objetivo de garantir o sigilo das investigações (art. 190-B, § único, do ECA).

Identidade fictícia do agente infiltrado na internet

Em primeiro lugar, determina a lei que não comete crime o policial que oculta a sua identidade para, por meio da internet, colher indícios de autoria e materialidade dos crimes acima elencados (art. 190-C, *caput*, do ECA).

O agente infiltrado que deixar de observar a estrita finalidade da investigação responderá pelos excessos praticados (art. 190-C, § único, do ECA).

Os órgãos de registro e cadastro público poderão incluir nos bancos de dados próprios, mediante procedimento sigiloso e requisição da autoridade judicial, as informações necessárias à efetividade da identidade fictícia criada (art. 190-D, *caput*, do ECA).

Registro da infiltração

Concluída a investigação, todos os atos eletrônicos praticados durante a operação deverão ser registrados, gravados, armazenados e encaminhados ao juiz e ao Ministério Público, juntamente com o relatório circunstanciado (art. 190-E, *caput*, do ECA).

Os atos eletrônicos registrados serão reunidos em autos apartados e apensados ao processo criminal juntamente com o inquérito policial, assegurando-se a preservação da identidade do agente policial infiltrado e a intimidade das crianças e dos adolescentes envolvidos (art. 190-E, § único, do ECA).

CAPÍTULO 8
DOS SUJEITOS PROCESSUAIS

8.1. CONCEITO DE SUJEITOS PROCESSUAIS

A relação jurídica processual, como toda relação jurídica, possui um objeto (raio de atuação) e sujeitos (entes que participam, em direitos e obrigações, de tal relação).

O objeto da relação jurídica processual é o processo: a prestação da atividade jurisdicional pelo Estado, que é regulada pelo ordenamento jurídico. Os sujeitos da relação jurídica processual, ou simplesmente sujeitos processuais, são todos aqueles que dela participam, enfeixando direitos, obrigações, deveres, ônus e faculdades.

8.2. Classificação dos sujeitos processuais

8.2.1. Sujeitos processuais essenciais, indispensáveis ou principais

É sempre indispensável, na relação jurídica processual, o autor, ou seja, quem pede a prestação jurisdicional; também essencial que se aponte o réu, ou aquele em face de quem se postula uma providência, e, por fim, o Juiz. Esses são os sujeitos processuais essenciais, sem os quais não se forma a relação jurídica processual.

Na ação penal de conhecimento de natureza condenatória é essencial a existência de um autor (Ministério Público na ação penal pública ou querelante, na ação penal privada, sendo este último representado por um advogado), um acusado, que tem seus interesses representados por seu defensor, e o juiz.

Em se tratando de uma ação penal de conhecimento de natureza constitutiva (reabilitação, revisão criminal, por exemplo), ou declaratória (*habeas corpus* para que seja declarada a extinção da punibilidade, por exemplo), a ação possuirá um autor (que postula, genericamente, um direito correlato à liberdade ou aos direitos de quem tenha sido condenado, representado, processualmente, em regra, por um advogado, (embora quanto ao *habeas corpus* não seja necessária a atuação de advogado), constando o Estado como sujeito passivo processual, ou seja, aquele ente em face de quem se postula algo, e o Juiz.

8.2.2. Sujeitos processuais acessórios ou secundários

São aqueles cuja presença na relação processual é dispensável, facultativa, podendo ocorrer ou não, sem que haja prejuízo para sua existência.

São os seguintes: o assistente da acusação, os peritos e os intérpretes, os assistentes técnicos, e o fiador do indiciado ou acusado, o qual pode inclusive recorrer da decisão que quebra ou decreta a perda da fiança.

Quanto aos funcionários da justiça, certo que apenas colaboram, administrativa e juridicamente, com o Juízo, mas não integram a relação processual.

8.2.3. Sujeitos processuais parciais e imparciais

Os sujeitos processuais imparciais são aqueles que estão apenas comprometidos com a prestação do serviço público jurisdicional, sem estarem vinculados aos interesses das partes. São o juiz, os funcionários da justiça, os peritos e os intérpretes.

Os sujeitos processuais parciais são aqueles que representam um interesse na relação processual: Ministério Público, querelante, assistente da acusação, réu, defensor, curador, assistente técnico.

Quanto ao Ministério Público, é certo que, além de atuar como parte, veiculando a pretensão punitiva do Estado, não deixa de ser, ao mesmo tempo, fiscal da lei (*custos legis*), o que o coloca acima, portanto, do seu interesse parcial, qualificando-o, assim, como parte imparcial.

8.3. Do juiz

8.3.1. Conceito

É o sujeito processual essencial ou indispensável encarregado de prestar o serviço público jurisdicional, ou seja, de aplicar a lei à controvérsia penal, dirimindo-a (resolvendo-a).

8.3.2. Juiz natural no processo penal

É o juiz com competência estabelecida abstratamente, através da Constituição Federal e das leis, para julgar determinado fato efetivamente ocorrido e que tenha relevância penal.

Em outras palavras, o princípio do juiz natural funciona em dois momentos: em um primeiro momento, existe uma competência abstrata, prevista na Constituição Federal e nas leis, de julgar um fato com relevância penal; por exemplo: um roubo, hipoteticamente, se praticado na cidade de Fortaleza/CE, deverá ser julgado por um juiz com competência criminal em tal cidade; esta conclusão decorre da análise abstrata da Lei Maior, das leis nacionais e locais, e independe da existência real daquele crime; se, em um segundo momento, realmente ocorrer um roubo em Fortaleza, a competência abstrata estará concretizada, e o juiz natural será um determinado magistrado que oficie perante um juízo com competência criminal para julgar tal acontecimento, em obediência às regras de competência abstratas e impessoais estabelecidas anteriormente a este fato.

Percebe-se que o princípio do juiz natural é uma garantia individual de que não será criado, especificamente para julgar determinada pessoa, um juízo ou tribunal de exceção, o que acarretaria um óbvio prejuízo à imparcialidade do aplicador da lei. A competência estabelecida abstrata e impessoalmente, e antes da ocorrência do fato, preserva, desse modo, a imparcialidade do julgador.

O fundamento constitucional do princípio do juiz natural encontra-se no art. 5º, XXXVII, da CF: "não haverá juízo ou tribunal de exceção" e também no art. 5º, LIII, da CF: "ninguém será processado nem sentenciado senão pela autoridade competente".

8.3.3. Identidade física do juiz

O juiz (pessoa física) que presidiu a colheita das provas deverá julgar o processo (art. 399, § 2º, do CPP), porque teve contato, pessoalmente, com os elementos de convicção, estando mais bem aparelhado a decidir a causa que qualquer outro magistrado.

8.3.4. Juiz imparcial. Causas de impedimento e suspeição do juiz com a atividade jurisdicional

8.3.4.1. Imparcialidade do julgador

A imparcialidade do juiz é pressuposto de validade da relação jurídica processual, sob pena de nulidade absoluta do processo. A imparcialidade do magistrado é ínsita ao devido processo legal, e é prevista, sua necessidade, como garantia individual, expressamente, na Convenção Americana sobre Direitos Humanos (art. 8, nº 1).

8.3.4.2. Impedimento do Juiz

8.3.4.2.1. Conceito de Impedimento

São determinadas relações do juiz com o processo que acarretam a interdição do seu poder jurisdicional: são presunções legais absolutas de parcialidade do julgador, que, quando constatadas, não admitem prova em contrário.

No impedimento, há uma *incapacidade objetiva do juiz*, posto que vinculado ao processo, ao ponto de comprometer irremediavelmente sua imparcialidade. As causas de impedimento são taxativas (*numerus clausus*), e não podem ser ampliadas).

8.3.4.2.2. O impedimento do juiz gera a inexistência ou nulidade do processo?

Segundo parte da doutrina, o impedimento do juiz acarreta a inexistência do processo; outros entendem que o impedimento gera apenas a nulidade absoluta do processo.

Pensamos que as causas de impedimento geram a nulidade absoluta do processo e não a inexistência do feito, o que só estaria caracterizada se houvesse um verdadeiro *não – ato jurídico*, praticado com total afronta ao modelo legal, como, por exemplo, uma sentença lavrada por escrivão. O ato processual (e o processo como um ato) praticado por juiz impedido acarreta, portanto, a nulidade e não inexistência do ato, porquanto gera efeitos jurídicos. Exemplo: um acórdão prolatado por desembargador que oficiou, como juiz, em 1ª instância; fora de dúvida que esse acórdão, enquanto não for anulado, gerará efeitos, o que bem demonstra que a tese doutrinária do impedimento como ato inexistente não se sustenta.

Mesmo o ato absolutamente nulo – impedimento de juiz – não acarretará a nulidade do ato, quando sua participação indevida no julgamento não possa alterar o resultado da votação. Em caso submetido à análise do STJ[1] em que houve a participação de desembargador impedido em julgamento colegiado composto pelo total de 12 julgadores, e em que houve apenas um voto a favor da defesa, entendeu-se que seria "inócuo tornar nulo o julgamento, porque, mesmo que eliminada a participação do magistrado impedido, os demais votos permaneceriam válidos e o resultado seria o mesmo". (Mais uma comprovação de que o processo em que tenha oficiado juiz impedido, individualmente ou integrando órgão colegiado, não gera a inexistência da relação processual.)

8.3.4.2.3. Causas de impedimento

As causas de impedimento constituem um rol taxativo, não sujeito à interpretação extensiva de suas hipóteses[2].

Prevê o art. 252 do CPP que **o juiz não poderá exercer jurisdição no processo em que:**

1ª – tiver funcionado seu cônjuge ou parente, consanguíneo ou afim, em linha reta ou colateral até o terceiro grau, inclusive, como defensor ou advogado, órgão do Ministério Público, autoridade policial, auxiliar da justiça ou perito

Igualmente impedido o juiz na hipótese de ter mantido união estável, equiparada ao casamento pela CF (art. 226, § 3º), com quaisquer das pessoas acima referidas.

2ª – ele próprio houver desempenhado qualquer dessas funções ou servido como testemunha

Estará impedido o juiz que já tenha exercido, no processo, as funções de defensor, órgão do MP, autoridade policial, auxiliar da justiça ou perito.

Não haverá impedimento no caso de desembargador que tenha atuado, como membro do Ministério Público de 2º grau, em processo distinto de *habeas corpus* envolvendo o mesmo acusado, desde que se trate de questão diversa da discutida no bojo do processo em que se irá julgar[3].

---

1. Informativo STJ. 09/10/2013. HC 252927. 5ª T. Min. Rel. Marco Aurélio Belizze.
2. Informativo do STF. 21/08/2018. RHC 158.457. Rel. Min. Ricardo Lewandowski.
3. Informativo do STF. 23/09/2016. STF. HC 136614. Min. Rel. Teori Zavaski.

3ª – tiver funcionado como juiz de outra instância, pronunciando-se, de fato ou de direito, sobre a questão

A decisão do magistrado que o impede de atuar em outra instância deve ter *conteúdo decisório*, como a decretação de uma prisão preventiva, sequestro de bens, sentença condenatória ou absolutória. Se o provimento judicial se referir a *mero despacho de expediente*, para impulsionar o processo, não haverá causa de impedimento.

Exemplo: juiz de 1º instância que condena o acusado, estará impedido de julgar o recurso no Tribunal, caso seja promovido a Desembargador.

Todavia, não há óbice a que, o mesmo acusado, seja julgado por idêntico juiz, em processos diversos, mesmo que em diferentes instâncias. Exemplo: juiz, em 1ª instância, julga o mesmo acusado em dois processos diversos distribuídos à mesma Vara Criminal; se esse magistrado se promover a desembargador poderá julgar *outros processos* do mesmo réu, desde que não se referiam aos processos que tenha, ele próprio, julgado.

Não há, ainda, óbice que venha o mesmo juiz, presidir processo administrativo instaurado contra o acusado e julga-lo em um processo criminal, porque as instâncias administrativa e jurisdicional são diversas, não se amoldando ao impedimento ora em estudo que pressupõe que o mesmo magistrado funcione em instâncias – *jurisdicionais* – diversas.

Em caso concreto submetido à análise do STJ[4], decidiu-se que era perfeitamente lícito que os mesmos desembargadores que decidiram o processo administrativo referente a infrações administrativas praticadas por juíza de direito pudessem também julgar a causa penal em que a magistrada figurava como ré. Não haveria, assim, incidência, do art. 252, III, do CPP, em razão de as esferas administrativa e criminal possuírem objetivos totalmente distintos.

No entanto, importante registrar precedente com entendimento diverso oriundo do STF[5] que reconheceu o impedimento em caso onde o desembargador relator do processo administrativo, pronunciou-se, em detalhes, a respeito do mérito da questão, de modo que teria tangenciado o mérito da ação penal, ao ponto de torna-lo impedido de julgar o processo criminal instaurado em face da mesma pessoa que foi processada administrativamente.

Essa última decisão, do Pretório Excelso, a nosso ver, é equivocada: em primeiro lugar, é óbvio que o processo administrativo deve analisar, forçosamente, o mérito, no que tange a fatos, de uma imputação que coincidirá, na maior parte das vezes, com o mérito da ação penal, mas as óticas de análise do mesmo magistrado, em ambas esferas – a administrativa e a jurisdicional – são diversas: na administrativa, o enfoque é o da responsabilidade nessa seara, enquanto que, no processo criminal, apura-se a responsabilidade de natureza penal do imputado. Por isso, acertadamente, o art. 252, II, do CPP, estabelece que o juiz está impedido de atuar no processo em que tenha funcionado como magistrado de outra *instância judicial*, e não administrativa. Essa interpretação ampliativa seguida pelo STF, no caso em estudo, do instituto do

---

4. STJ. HC 131.792/SP. Min. Relator Jorge Mussi.
5. STF – 2ª T., HC 86.963/RJ, Rel. Min. Joaquim Barbosa, j. 12/12/2006, DJe 82 16/08/2007.

impedimento, englobando a instância administrativa no conceito de mesma instância, afronta o princípio interpretativo no sentido de que as restrições de direito (*e de poder*) – e as causa que impedem o juiz de exercer o poder jurisdicional é uma delas – devem ser interpretadas *restritivamente*.

Não haverá impedimento no fato de o mesmo magistrado julgar uma causa cível e penal que tenha por objeto os mesmos fatos (*v.g.* ação cível de improbidade administrativa e ação penal por corrupção passiva), pois, segundo o STF[6], "Não há comprometimento do julgador com as consequências dos atos por ele reconhecidos em julgamento anterior, na mesma instância, porém em outra esfera legal".

Nas ações de competência originária dos Tribunais, em processos em que serão julgadas autoridades com foro por prerrogativa de função, há necessidade de deliberação expressa a respeito dos motivos que alicerçaram o recebimento da denúncia; desse modo, exige-se do Relator, e do colegiado, fundamentação idônea a respeito da admissibilidade da ação penal; sendo assim, uma ou outra expressão eventualmente mais veemente não caracteriza impedimento do relator, até porque não se admite criação de causas de impedimento por via de interpretação[7]. No caso de competência originária de acusado com foro por prerrogativa de função no Tribunal, em conexão com outros acusados que não ostentem foro privilegiado e que, em razão disso, são julgados pelo juízo de 1ª instância, não haverá qualquer impedimento de o desembargador com competência para julgar a autoridade, também decida *habeas corpus* impetrados pelos corréus que estejam sendo processados em primeiro grau; pelo contrário, neste caso, vigora a prevenção, como determina o art. 69 do Regimento Interno do STF (RISTF)[8].

4ª – ele próprio ou seu cônjuge ou parente, consanguíneo ou afim, em linha reta ou colateral até o terceiro grau, inclusive, for parte ou diretamente interessado no feito

5ª – nos juízos coletivos (tribunais ou turmas recursais) não poderão servir no mesmo processo os juízes que forem entre si parentes, consanguíneos ou afins, em linha reta ou colateral até o terceiro grau, inclusive (art. 253 do CPP)

8.3.4.3. Suspeição do juiz

8.3.4.3.1. Conceito. Rol taxativo. Suspeição e nulidades

São aquelas situações em que a parcialidade do julgador é comprometida pela relação ou interesse que possa ter com alguma das partes ou com o resultado do processo; na suspeição, há uma vinculação do juiz com as partes ou com o resultado do processo, a ponto de comprometer sua imparcialidade. É uma causa de *incapacidade subjetiva* do julgador.

---

6. Informativo STF. 21/09/2010. STF. HC 97544. 2ª T. Min. Rel. Gilmar Mendes.
7. STF. Arguição de Impedimento 4- DF. Min. Presidente Cezar Peluso.
8. Informativo do STF. 21/08/2018. STF. RHC 158.457. Rel. Min. Ricardo Lewandowski.

Para nós, o rol dos casos de suspeição é taxativo, mas existe corrente a entender que o rol é meramente exemplificativo. A suspeição gera a nulidade absoluta do feito; mas há posição no sentido de que a nulidade seria relativa, dependendo de manifestação em tempo oportuno e prova do prejuízo.

O STF[9] já decidiu que, nos julgamentos colegiados realizados pelos Tribunais, não se reconhecerá a nulidade do processo, mesmo que um dos integrantes da Turma Julgadora seja considerado suspeito, quando a decisão colegiada for unânime, pois, nessa hipótese, "mesmo retirado o voto do desembargador, não se teria alterado o resultado". O raciocínio é de que não haveria qualquer prejuízo à parte, e, sem prejuízo, não há nulidade (art. 563 do CPP).

A suspeição é uma presunção relativa de parcialidade do julgador, admitindo prova em contrário.

Segundo o Código de Ética da Magistratura Nacional, aprovado pelo Conselho Nacional de Justiça, magistrado imparcial é aquele que busca nas provas a verdade dos fatos, com objetividade e fundamento, mantendo, ao longo de todo o processo, uma distância equivalente das partes, e evita todo tipo de comportamento que possa refletir favoritismo, predisposição ou preconceito (art. 8º do Código). Cumpre ao magistrado, justamente para preservar sua imparcialidade, abster-se de emitir opinião sobre processo pendente de julgamento, seu ou de outrem, ou juízo depreciativo sobre despachos, votos, sentenças ou acórdãos (art. 12, II, do Código).

8.3.4.3.2. Causas de suspeição

Prevê o art. 254 do CPP que **o juiz se dará por suspeito** nas seguintes hipóteses:

1ª – se for amigo íntimo ou inimigo capital das partes

O que gera a suspeição é a amizade ou inimizade relativa às partes, no sentido material, ou seja, vítima e réu, e não partes no sentido processual, como advogado, membro do Ministério Público ou o advogado do assistente da acusação.

Linguagem veemente e suspeição

O simples fato de o magistrado, ao decretar, *v.g.*, a prisão preventiva do acusado – necessariamente fundamentada – utilizar-se de linguagem veemente, ao apontar a prova da materialidade delitiva e indícios de autoria, não o torna suspeito, como já decidiu o STJ[10].

2ª – se ele, seu cônjuge, ascendente ou descendente, estiver respondendo a processo por fato análogo, sobre cujo caráter criminoso haja controvérsia

Além do cônjuge se acrescenta, numa interpretação progressiva da lei, também o companheiro, nos casos de união estável, reconhecida pela Constituição (art. 226, § 3º).

---

9. Informativo do STF. 04/11/2014. STF. 2ª T. RHC 123092. Min. Rel. Cármem Lúcia.
10. STJ – Informativo 4/03/2013, Apn 536, Min. Felix Fischer.

Exemplo: a companheira do magistrado responde a processo pela prática do delito de furto de objeto de pequeno valor, cuja tese, sustentada pela defesa, é de insignificância do valor (bagatela), e consequente atipicidade material do fato.

Ora, havendo, para decisão do juiz, um processo cujo conteúdo material é idêntico ao daquele que responde sua companheira, parece óbvio que sua tendência será de absolver o réu acusado de furto de bagatela, até para criar um precedente favorável a ela. Em razão disso, o juiz é suspeito; está comprometido, em sua parcialidade, com o resultado do processo.

Claro que, em outro exemplo, se a companheira do magistrado responder a um delito de roubo, tráfico, extorsão, não há se falar em suspeição do juiz para julgar tais delitos na Vara onde oficia, pois, quanto a tais ilícitos, não paira controvérsia a respeito do seu caráter criminoso. Sendo assim, conclui-se que, para que seja reconhecida a causa de suspeição ora em estudo, necessária a existência, de controvérsia, série e fundada, de caráter jurisprudencial e doutrinário, tendo por objeto a natureza criminosa do fato colocado em julgamento.

3ª – se ele, seu cônjuge, ou parente, consanguíneo ou afim, até o terceiro grau, inclusive, sustentar demanda ou responder a processo que tenha de ser julgado por qualquer das partes

Além do cônjuge se acrescenta, numa interpretação progressiva da lei, também o companheiro, nos casos de união estável, reconhecida pela Constituição (art. 226, § 3º).

Exemplo da causa de suspeição em estudo: filho de desembargador é detido pela prática de um homicídio culposo em acidente de trânsito, sendo processado perante a Vara Criminal de determinada comarca onde oficia o juiz "A". Ocorre que o juiz "A" acaba por ser processado, perante o Tribunal de Justiça (competência originária), pela prática do delito de concussão, devendo ser julgado, dentre outros, pelo desembargador que é justamente pai do réu que se envolveu em acidente de trânsito com vítima fatal cujo processo tramita na Vara onde oficia. Mostra-se evidente que o desembargador é suspeito de julgar, em competência originária, o juiz, justamente para que não haja um conluio entre os magistrados; favorecimento ao filho do desembargador, no processo de 1ª instância, em troca de favorecimento ao juiz – réu, perante o Tribunal.

4ª – se tiver aconselhado qualquer das partes

Claro que o aconselhamento a qualquer das partes – vítima ou acusado – compromete a imparcialidade do juiz, que não deve ter conhecimento pessoal da causa que irá julgar.

5ª – se for credor, devedor, tutor ou curador, de qualquer das partes

Nessas situações, o magistrado é interessado no resultado do processo; no caso de o juiz ser credor ou devedor da parte, poderia, de algum modo escuso, resolver sua pendência pecuniária com a parte, usando de seu poder jurisdicional para tanto; bastaria pressionar o seu credor a reduzir a dívida ou dela isenta-la, para ser absolvido; ou então, no caso contrário, ameaçar seu devedor de condenação se não pagar a dívida junto a ele.

Sendo o juiz tutor ou curador de qualquer das partes – acusado ou vítima – evidente que, por ser representante legal delas, seria suspeito de julgar um fato criminoso em que estejam envolvidas.

6ª – se for sócio, acionista ou administrador de sociedade interessada no processo

O juiz poderá ser sócio ou acionista de sociedade (art. 36, I, da Lei Complementar 35/79), mas não pode ser administrador de sociedade por expressa vedação legal (art. 36, II, da Lei Complementar 35/79).

Sendo, então, o juiz, sócio ou acionista de sociedade que tenha sido vítima, por exemplo, de um delito de roubo, ou autora de um crime ambiental (única possibilidade de pessoa jurídica figurar como acusada no processo penal), certamente estará suspeito de julgar a causa, porque interessado no resultado do processo.

8.3.4.3.3. Impossibilidade de se reconhecer a suspeição quando propositalmente criada

A suspeição não poderá ser declarada nem reconhecida, quando a parte injuriar o juiz ou de propósito der motivo para criá-la (art. 256 do CPP).

8.3.4.4. Cessação dos impedimentos e da suspeição

De acordo com o art. 255 do CPP, "O impedimento ou suspeição decorrente de parentesco ou afinidade cessará pela dissolução do casamento que lhe tiver dado causa, salvo sobrevindo descendentes; mas, ainda que dissolvido o casamento sem descendentes, não funcionará como juiz o sogro, o padrasto, o cunhado, o genro ou enteado de quem for parte no processo".

Além da dissolução do casamento, deve-se acrescentar a dissolução da união estável entre conviventes.

A nosso ver, embora dissolvido o casamento ou a união estável, o juiz estará suspeito para julgar seu ex – cônjuge ou ex – companheiro (a), porque sua imparcialidade estaria comprometida.

8.3.4.5. Reconhecimento dos impedimentos ou da suspeição

Pode o juiz, de ofício, reconhecer-se impedido ou suspeito; se não o fizer, às partes cabem oferecer exceção própria (arts. 96 a 103 do CPP) para afastar o juiz do processo.

8.3.4.6. Incompatibilidades

A incompatibilidade legal é meramente citada no art. 112 do CPP, assim como o impedimento e a suspeição, mas a lei não elenca, ao contrário do impedimento e da suspeição, no que consiste um juiz incompatível com a causa penal; diante da ausência de disciplina legal da incompatibilidade legal, que é apenas nominada em lei, a doutrina a define como uma causa indefinida, não prevista em lei, ao contrário das as causas de suspeição ou impedimento, mas que retira a imparcialidade do juiz para julgar a causa. A incompatibilidade é, assim, uma causa não prevista em lei que torna o juiz possivelmente parcial por algum outro motivo que o vincule ao objeto do processo ou às partes, possuindo, desse modo, *caráter residual*: tudo que não se amoldar nas hipóteses de impedimento ou suspeição, mas possa tornar o juiz parcial ao julgamento da causa, é uma incompatibilidade.

São motivos os mais diversos que podem tornar o magistrado incompatível com o julgamento da causa.

A incompatibilidade pode ser reconhecida, pelo juiz, de ofício, ou ser sustentada, através da exceção de incompatibilidade por qualquer das partes.

8.3.4.7. Suspeição do magistrado por foro íntimo

O art. 145, § 1º, do CPC, aplicável ao processo penal (art. 3º do CPP), por analogia, faculta que o juiz poderá se declarar suspeito por motivo de foro íntimo, sem necessidade de declarar suas razões.

Significa dizer que o magistrado, ao se sentir desconfortável psicologicamente com determinada causa, ao ponto de verificar que, por motivos diversos (histórico familiar, traumas, convicções religiosas arraigadas, etc), sua imparcialidade estará comprometida, poderá, de maneira não fundamentada em causas específicas de suspeição ou impedimento, declarar-se suspeito, por foro íntimo. Em verdade, trata-se da aplicação da incompatibilidade como motivo para afastamento do magistrado, por vontade própria.

Dessa declaração de suspeição por foro íntimo (incompatibilidade por iniciativa do juiz) não cabe recurso, **nem é obrigado o magistrado a comunicar seus motivos a qualquer órgão superior do Poder Judiciário**, como a sua Presidência, Corregedoria, como expressamente prevê o art. 145, § 1º, do CPC. Desse modo, a Resolução 82 do CNJ, a qual *obrigava* os magistrados de 1º e 2º graus a revelarem, em ofícios reservados remetidos às Corregedorias, as razões de foro íntimo de suas declarações de suspeição, é manifestamente ilegal, e de deve ser desconsiderada, do mundo jurídico, pelos juízes, ante o teor do novo CPC.

Em razão desse estado de coisas – não revogação, pelo CNJ, da ilegal resolução 82, a AMB (Associação de Magistrados Brasileiros) impetrou mandado de segurança[11], com pedido de liminar, junto ao STF, para que fosse declarada inexigível referida resolução, que obrigam os magistrados, de 1ª e 2ª instância, a informarem às Corregedorias o motivo de foro íntimo invocado nos processos em que se tenham se declarado suspeitos. A liminar foi concedida pelo Ministro Teori Zavaski, do STF[12], o qual determinou a suspensão da resolução 82 do CNJ; segundo o ministro, a norma do CNJ, à primeira

---

11. Informativo do STF. 27/07/2016. Mandado de Segurança (MS) 34316.
12. Informativo do STF. 25/08/2016. STF. MS 34316. Min. Relator Teori Zavaski.

vista, é incompatível com o art. 145, § 1º, do novo Código de Processo Civil, segundo o qual o juiz poderá declarar-se suspeito por motivo de foro íntimo, *sem necessidade de declarar suas razões*.

8.3.5. Poderes do juiz

8.3.5.1. Poder jurisdicional (ou poder-fim)

É a razão de ser da magistratura: decidir os conflitos de interesses; no caso penal, decidir a controvérsia penal. Irá decidir, além das questões de mérito, todas as questões processuais que incidam durante o trâmite do processo (incidente de insanidade mental do acusado, preliminares, exceções da verdade dos crimes contra a honra etc.).

8.3.5.2. Poderes – meios ou poderes instrumentais

Ao juiz, por ser o *dominus processus*, cabe imprimir andamento ao feito, sem descurar de sua regularidade formal, devendo-lhe ser assegurado, para que possa bem decidir, os seguintes poderes – meios ou poderes instrumentais:

> 1º – **o poder de impulsionar o processo (impulso oficial)** até o seu fim, determinando a prática dos mais diversos atos processuais (como, por exemplo, citação, intimação, audiência de instrução etc.). Se a iniciativa do oferecimento da ação depende da parte, **o andamento do processo** é de iniciativa, de ofício, do juiz, podendo, inclusive, determinar a condução coercitiva de vítimas, testemunhas, acusado, peritos, para tanto.

> 2º – **o poder de buscar, por si próprio, a verdade dos fatos (a busca da verdade real ou material)**. Em regra, cabe às partes o ônus de provar suas alegações, mas o juiz, **subsidiariamente**, poderá determinar, de ofício, a produção de provas que julgar relevantes (art. 156 do CPP).

8.3.5.3. Poderes administrativos

Deve manter a ordem durante os atos processuais, dispondo de poder de polícia durante a audiência ou sessão, e de requisitar a força policial (arts. 251 e 794 do CPP).

8.3.5.4. Poderes atípicos ou anômalos

São aqueles que não se inserem na função que lhe é própria de aplicar a lei ao caso concreto.

São os seguintes:

> **1º** – fiscalizar o princípio da obrigatoriedade pelo membro do MP, remetendo o arquivamento requerido por este, quando não concordar com as razões lá

apresentadas, ao Procurador-Geral de Justiça (art. 28 do CPP), ou às Câmaras de Coordenação e Revisão, no caso do Ministério Público federal.

2º – Receber representação de vítima de ação penal pública condicionada (art. 39 do CPP).

3º – Noticiar ao MP quando tiver conhecimento da prática de um crime de ação pública (art. 40 do CPP).

8.4. MINISTÉRIO PÚBLICO

8.4.1. Conceito. Atuação

É o sujeito processual essencial ou indispensável encarregado, privativamente, de oferecer a ação penal pública, além de fiscalizar a execução da lei (arts. 129, I, da CF e 257 do CPP).

De acordo com o art. 127, *caput*, da Constituição o "Ministério Público é instituição permanente, essencial à função jurisdicional do Estado, incumbindo-lhe a defesa da ordem jurídica, do regime democrático e dos interesses sociais e individuais indisponíveis".

Como as funções do Ministério Público só podem ser exercidas por integrantes da carreira (art. 129, § 2º, da CF), é vedada a nomeação de promotor *ad hoc* (para determinado ato), em substituição ao *parquet*.

O órgão do MP é essencial em toda ação penal condenatória; na ação penal pública, será o autor; em se tratando de ação penal privada, apenas o fiscal da lei, porque o titular da ação é o querelante.

Nas demais ações penais: ação penal constitutiva ou declaratória, como, por exemplo, a reabilitação criminal ou *habeas corpus* visando à nulidade do processo, o MP será ouvido como *custos legis* (fiscal da lei).

8.4.2. Princípios institucionais do Ministério Público

Estatui o art. 127, § 1º, da Constituição Federal que os princípios institucionais do Ministério Público são:

1 – Unidade

O Ministério Público, como instituição, é uno, mas, dentro dessa unidade, há divisão de atribuições entre a mesma instituição que se justifica, pelo pacto federativo, de modo a explicar a existência do MP da União e dos Estados. Em suma, o princípio da unidade se refere ao aspecto administrativo – hierárquico da Instituição, permitindo a criação de Ministérios Públicos diversos – com chefias distintas e organização própria – para cada unidade federativa (União, DF, Estados – membros).

O Ministério Público da União, chefiado pelo Procurador-Geral da República, é integrado pelo Ministério Público Federal, Ministério Público do Trabalho, Ministério Público Militar e Ministério Público do Distrito Federal.

Existem também os Ministérios Públicos dos Estados, chefiados pelo Procurador-Geral de Justiça.

Não há subordinação ou hierarquia entre esses Ministérios Públicos diversos, os quais pertencem, pelo princípio da unidade, a mesma instituição, tanto que todos os seus membros se submetem ao controle externo, administrativo, do Conselho Nacional do Ministério Público.

2 – Indivisibilidade

Os integrantes da carreira podem ser substituídos uns pelos outros, o que significa dizer que, dentro do mesmo Ministério Público estruturado para determinadas atribuições, *v.g.*, Ministério Público Federal, pode haver a substituição de um Procurador da República por outro; vedada, no entanto, no nosso exemplo, que um promotor do Estado de São Paulo ocupasse a função daquele Procurador da República afastado, porque o princípio da divisibilidade só se aplica ao Ministério Público estruturado especificamente de acordo com o pacto federativo e as atribuições que lhes são pertinentes; em miúdos, o Ministério Público da União não pode substituir membros do MP dos Estados, e o contrário também é vedado (membros do MP dos Estados substituir membros do MP da União).

3 – Independência funcional

O representante do Ministério Público possui a liberdade para oficiar nos feitos em que atua, de acordo com a sua convicção jurídica, não sendo hierarquicamente subordinado a seguir determinadas orientações jurídicas, dentro ou fora de sua Instituição, nem podendo sofrer retaliações em virtude delas.

Por possuir independência funcional, o membro do *Parquet* não encarna, necessariamente, o interesse punitivo, de modo que não há impedimento que postule benefícios penais ou processuais – penais ao acusado, ou até requeira sua absolvição (art. 385 do CPP).

Nesse sentido, como bem ensina Hugo Nigro Mazzili[13], sob o ponto de vista processual, o Ministério Público é parte, porque é titular de ônus e faculdades na relação processual, seja como órgão agente, seja como órgão interveniente. Mas, no sentido moral, o Ministério Público é imparcial, porque o interesse que defende não é privado, e sim público primário – o bem geral. Se há pretensão do *Parquet*, como parte, essa pretensão é processual, mas não vinculado a um interesse particular e sim ao interesse público, social.

---

13. Hugo Nigro Mazzili em artigo publicado na revista RT, 913/289 (São Paulo, Ed. Revista dos Tribunais, 2011).

8.4.3. Princípio do Promotor natural aplicado ao processo penal. Grupos especializados. Designações

Promotor natural

É o promotor com atribuição estabelecida abstratamente, pela Constituição Federal e pelas leis, para se manifestar a respeito de determinado fato efetivamente ocorrido e que tenha relevância penal.

O princípio do promotor natural é uma garantia individual de que não será designado, casuisticamente, um órgão do Ministério Público, para se acusar alguém, acarretando um óbvio prejuízo à sua isenção.

A atribuição do órgão do MP estabelecida, abstrata e impessoalmente, e antes da ocorrência do fato, preserva a isenção do acusador.

O fundamento constitucional do princípio do promotor natural é o mesmo do juiz natural, e encontra-se no art. 5º, LIII, da CF: "ninguém será processado nem sentenciado senão pela autoridade competente".

O STF[14], em mais de uma oportunidade, reconheceu o princípio do promotor natural que vem assegurar a inamovibilidade de seus membros, no sentido de impossibilitar que sejam afastados de suas atribuições, e substituídos, arbitrariamente, por membros escolhidos pelo Procurador – Geral; se isso ocorresse, estariam comprometidas, não só as prerrogativas dos membros do Ministério Público, mas também a garantia individual de ser processado por promotor isento, cuja intervenção se origine a partir de critérios abstratos e legais, anteriores à data dos fatos.

Grupos especializados

O princípio do promotor natural não impede a criação de grupos especializados, como os que se especializam em investigar e processar o crime organizados, o tráfico, etc, desde que o critério de distribuição de feitos entre seus membros seja aleatório, objetivo, e não direcionado.

Designações

Não há empecilho a que o Procurador-Geral designe membro do MP para atuar em determinado inquérito que tramite, dada a importância do fato (geralmente crimes graves de grande repercussão), mas, após a distribuição judicial, o procedimento seguirá ao promotor natural do caso.

Mesmo no caso de inquérito, processo ou plenário do Júri, em que já exista um promotor natural atuando, não há empecilho na designação de outro membro do MP, desde que com a concordância expressa do promotor natural.

Poderá, ainda, o promotor designado substituir o promotor natural em inquérito, processo ou plenário de Júri, condicionada apenas à aquiescência expressa do promotor natural (art. 10, IX, *f*, e 24 da Lei 8625/93).

---

14. STF – HC 92.885- j. 29.04.2008; STF – HC 102.147- j. 16.12.2010. STF – HC 67759/RJ; STF – HC 102.147/GO.

8.4.4. Promotor isento. Causas de impedimento e suspeição do membro do Ministério Público

As causas de impedimento, de suspeição (e de incompatibilidade também), dos membros do Ministério Público, são as mesmas dos juízes (art. 258 do CPP).

Ressalte-se o teor da Súmula 234 do STJ: "A participação de membro do Ministério Público na fase investigatória criminal não acarreta o seu impedimento ou suspeição para o oferecimento da denúncia".

A participação de membro do MP impedido ou suspeito em processo gera a nulidade relativa, consoante entendimento de boa parte da doutrina.

O oferecimento de parecer, em recurso de apelação, pelo Ministério Público de 2ª instância (procurador de justiça), que, quando atuava em 1ª instância, propôs a ação penal e ofereceu alegações finais da acusação, acarreta o seu impedimento, retirando, segundo o STJ[15], dos acusados, a garantia de uma análise isenta do Ministério Público no segundo grau de jurisdição. Com esse entendimento, a apelação criminal foi anulada, com fulcro no art. 252, III e 258 do CPP.

8.4.5. Capacidade postulatória do MP perante os Tribunais

O Ministério Público Federal é representado, em primeira instância, pelos procuradores da república, os quais oficiam perante as Varas Criminais Federais; em segunda instância, nos Tribunais Regionais Federais, o MP é representado pelos procuradores regionais da república, que podem interpor recursos das decisões proferidas, inclusive o recurso especial e o extraordinário.

O recurso interposto ou a ação oferecida pelo Ministério Público da União (Ministério Público Federal, Ministério Público do DF, Ministério Público do Trabalho, Ministério Público Militar), que tramitem perante o STF ou o STJ, serão representados pelo Procurador Geral da República, que é o chefe do Ministério Público da União.

Os Ministérios Públicos dos Estados têm atribuição para atuar nos respectivos Tribunais de Justiça, podendo interpor recursos, inclusive o especial e o extraordinário das decisões tomadas por aqueles tribunais locais. De acordo com o entendimento do STF[16] e do STJ[17], os Ministérios Públicos dos Estados estão legitimados, além de interpor recursos e ações aos tribunais superiores, igualmente a neles oficiar, opondo embargos de declaração, sustentando oralmente, interpondo agravos regimentais. Os MPs dos Estados funcionarão como parte, enquanto que o Procurador-Geral da República como *custos legis*. Assim se entende porque não há subordinação do Ministério Público dos Estados ao MP da União, que possuem capacidade de postular distintas e autônomas, como decorrência do próprio funcionamento da Federação, que demanda a coexistência de instituições federativas – da União e dos Estados

---

15. Informativo do STJ. 18/10/2011. STJ. HC 136771. 5ª T. Min. Rel. Jorge Mussi
16. STF – Pleno, QO RE 593.727/MG, Rel. Min. Cezar Peluso, j. 21/06/2012.
17. STJ – 1ª Seção, AResp 194.892/RJ, Rel. Min. Mauro Campbell Marques, j. 24/10/2012.

distintos; em suma, é a aplicação do princípio da Unidade, acima visto, ínsito ao Ministério Público como Instituição.

8.5. PREDICAMENTOS OU PRERROGATIVAS DA MAGISTRATURA E DO MINISTÉRIO PÚBLICO

Prevê, a Constituição, no seu art. 95, quanto aos magistrados, as seguintes garantias: vitaliciedade, inamovibilidade e irredutibilidade de subsídios; são assegurados, também, aos membros do MP idênticas garantias (art. 128, § 5º, inciso I, da CF).

Vitaliciedade (magistrados): são submetidos a estágio probatório, pelo período de dois anos, exercendo o cargo de juiz, em 1º grau de jurisdição, e, nesse período, só poderão perder o cargo pela deliberação do tribunal a que estiverem vinculados; completado o período de dois anos, automaticamente, os juízes tornam-se vitalícios, só podendo perder o cargo por sentença judicial transitada em julgado.

Desembargadores e ministros nomeados não se submetem ao estágio probatório e, na posse, já são automaticamente vitaliciados.

Vitaliciedade (membros do MP): são também submetidos a estágio probatório, pelo período de dois anos, exercendo o cargo de membro do MP, e só poderão perder o cargo, após esse período, quando já considerados vitalícios, por sentença judicial transitada em julgado.

Inamovibilidade (magistrados): possuem o direito de permanecer onde estão lotados, pelo tempo que desejarem (até a aposentadoria se assim almejarem), não podendo ser removidos daquele local, compulsoriamente, senão por interesse público. A remoção, disponibilidade ou aposentadoria do magistrado deverá ser fundamentada por voto da maioria absoluta do respectivo Tribunal ou do Conselho Nacional de Justiça, assegurada ampla defesa. A prerrogativa da inamovibilidade é relacionada ao princípio do juiz natural, vedando, não apenas a remoção compulsória do magistrado para outro órgão jurisdicional, como também que, mesmo permanecendo formalmente no mesmo cargo, pudessem ser retirados determinadas causas *v.g.*, penais, e remetidas a outro juiz; a ofensa à inamovibilidade e ao princípio do juiz natural, nessa última hipótese, seria a mesma da remoção compulsória de cargo, afinal, parte de sua competência seria arbitrariamente retirada.

Inamovibilidade (membros do MP): possuem o direito de permanecer onde estão lotados, pelo tempo que desejarem (até a aposentadoria se assim almejarem), não podendo ser removidos daquele local, compulsoriamente, a não ser por interesse público. A remoção, disponibilidade ou aposentadoria do membro do MP, por interesse público, fundamenta-se em decisão por voto da maioria absoluta do Conselho Superior do Ministério Público ou do Conselho Nacional do Ministério Público, assegurada ampla defesa. A prerrogativa da inamovibilidade é relacionada ao princípio do promotor natural, vedando, não apenas a remoção compulsória do membro do MP para outro cargo, como também que, mesmo permanecendo formalmente no mesmo cargo, pudessem ser retiradas suas atribuições de atuar em determinadas, *v.g.*, causas penais e remetidas a outro promotor; a ofensa à inamovibilidade e ao princípio do promotor natural, nessa última hipótese, seria a mesma da remoção compulsória de cargo, afinal, parte de sua atribuição seria arbitrariamente retirada.

Irredutibilidade de subsídios (magistrados e membros do MP): não são isentos do pagamento de impostos e contribuições pecuniárias. A irredutibilidade, segundo o STF[18], é apenas nominal, sem possibilidade de reajuste automático que recomponha as perdas inflacionárias, dependendo de lei específica para que tal ocorra.

Essa garantia, na verdade, não existe, compondo, apenas formalmente, os dispositivos constitucionais: os magistrados e membros do Ministério Público, ao contrário de parcela considerável dos trabalhadores brasileiros, não possuem seus salários corrigidos anualmente pela inflação do período; inexiste qualquer direito de reajuste de salários, quando se trata de membros do Ministério Público ou do Judiciário; a corrosão de seu poder aquisitivo acaba por se tornar inevitável, especialmente em país em que, historicamente, sempre houve inflação alta e renitente.

Essas carreiras públicas, em razão de seu trabalho profícuo no combate ao crime, especialmente dos atos de corrupção praticados pelos altos figurões da república, tem os projetos de lei de reajuste de subsídios, invariavelmente, torpedeados por políticos dos mais variados matizes ideológicos que tornam inviável qualquer recomposição salarial – merecida por todo trabalhador da nação. Reajuste salarial para essas carreiras públicas se torna sinônimo de vergonha nacional, causadora de verdadeira hecatombe nuclear no país, caso venha a ser aprovado.

Em suma, a irredutibilidade de subsídios é uma garantia constitucional, não apenas dos membros das carreiras públicas, mas também da sociedade que não pode prescindir que, defensores da sociedade e julgadores, tenham tranquilidade e isenção de trabalhar em prol do país. A absoluta defasagem salarial da Magistratura e do Ministério Público irá compromete, sem qualquer apelo retórico, em futuro próximo, o mínimo de condições materiais para que se assegure uma condição digna de vida aos seus integrantes.

Certamente, o plano para se esterilizar as carreiras públicas que tanto incomodam os poderosos não é o de retirar, do texto constitucional, prerrogativas institucionais, o que seria inviável, por serem cláusulas pétreas, mas, sim o de, simplesmente, não conceder qualquer reajuste a essas categorias, *por décadas*, como atualmente se pretende, a ponto de forçar exonerações de diversos membros, forçados a procurar ganhar a vida em outra profissão; além de desestimular os integrantes dessas instituições – tanto os que nelas já atuam como os futuros melhores candidatos – desiludidos com um salário que possa comprometer a sua subsistência e de sua família.

8.6. ACUSADO

8.6.1. Conceito. Denominações. Capacidade. Identificação

Conceito

É o sujeito passivo processual essencial quando se trata de uma ação penal condenatória; pode ser pessoa física, maior de 18 anos, ou jurídica, na hipótese dos

---

18. STF – 2ª T. AL 490.396 AgR/SP, Rel. Min. Carlos Velloso, j. 16/11/2004, DJ 17/12/2004.

crimes contra o meio ambiente, como permitido pelo art. 225, § 3º, da CF, e previsto na Lei n. 9.605/98.

Quanto à pessoa jurídica, prevalece hoje, nos Tribunais Superiores, que é possível oferecer-se denúncia apenas em relação a empresa, sem necessariamente incluir, no polo passivo da acusação, as pessoas físicas que tenham atuado em seu nome ou proveito. Ou seja, a *teoria da dupla imputação* – que exigia que se imputasse, na peça acusatória, o crime ambiental, à pessoa jurídica e também às pessoas naturais que atuavam em seu nome, sob pena de inépcia, foi abandonada, e está desatualizada.

Denominações

Na fase do inquérito policial, recebe o nome de suspeito ou investigado quando paira a mera possibilidade de ser o autor da infração; surgindo elementos informativos mais sólidos em face do investigado, será denominado indiciado (será um juízo de probabilidade). Oferecida a denúncia ou queixa, passará a ser chamado de denunciado, querelado (no caso das ações penais privadas), imputado ou réu. Transitada em julgado a sentença condenatória será chamado de condenado, executando ou reeducando (porque se submete à execução criminal da pena imposta).

Capacidade para ser acusado

Basta possuir 18 anos de idade, e ser pessoa física, em regra, ou jurídica (hipótese de crimes ambientais), como vimos. O acusado inimputável pode ser processado a fim de se postular a aplicação de uma sanção penal, que é a medida de segurança. Em outras palavras, oferecida a denúncia ou queixa em face do inimputável, o acusador postulará, não sua condenação, mas sim, sua absolvição, impondo-se medida de segurança ou tratamento ambulatorial (absolvição imprópria).

Identificação do acusado

Um dos requisitos da denúncia é constar a qualificação do acusado ou, se não for possível, esclarecimentos pelos quais se possa identificá-lo (art. 41 do CPP); ou seja, mesmo que não se conheçam os dados qualificativos de uma pessoa, é possível oferecer denúncia ou queixa em face dele, desde que certa a sua identidade física; é o que prevê o art. 259, 1ª parte, do CPP.

Apurada, entretanto, em qualquer fase do processo ou mesmo durante a execução da sentença sua qualificação, será procedida a retificação nos autos, *ex officio*, pelo próprio juiz, constando seus dados corretos, sem prejuízo quanto à validade dos atos processuais anteriores (art. 259, 2ª parte, do CPP).

8.6.2. Direitos processuais essenciais do acusado

O acusado possui, genericamente, o direito à autodefesa, o que inclui os seguintes direitos:

Direito de presença – direito de estar presente a produção das provas em juízo, mesmo que o ato processual, como a audiência, seja realizado em outra comarca ou seção, na hipótese de expedição de precatória, responsabilizando-se, o poder público, no caso de réu preso, em conduzi-lo até o juízo deprecado. Importante salientar que, mesmo que o defensor dispense a presença do acusado, certo que *o direito subjetivo à presença é do acusado e não de seu advogado*, o qual não pode, deste modo, licitamente, dispor de um direito que não é seu, sob pena de nulidade absoluta do ato processual, por violação ao princípio constitucional da ampla defesa. Para que o acusado – de modo jurídico – possa dispor do seu direito de presença, basta uma declaração escrita assinada em seu nome, em conjunto ou não – tanto faz – com o seu advogado.

Direito de audiência – direito de lhe ser oportunizado oferecer sua versão a respeito dos fatos, pessoalmente, ao magistrado que irá julga-lo, o que se dá durante o ato de interrogatório.

Capacidade postulatória autônoma – direito de postular, pessoalmente, sem a necessária intervenção de advogado; ao poder recorrer, em algumas hipóteses como no caso de interposição de recurso em sentido estrito e apelação; ajuizar ações – como a revisão criminal e o *habeas corpus*; requerer benefícios durante a execução criminal.

8.6.3. Condução coercitiva do acusado

Não atendendo à intimação para o interrogatório, reconhecimento ou qualquer outro ato que, sem ele, não possa ser realizado, a autoridade poderá mandar conduzi-lo à sua presença (art. 260 do CPP).

Entende, parte da doutrina, que essa condução coercitiva pode ser determinada pelo juiz e também pelo delegado de polícia. Mas, vem prevalecendo a tese de que a condução coercitiva de qualquer pessoa, vítima, testemunha, indiciado ou acusado, na fase do inquérito policial ou do processo, só pode ser determinado pelo magistrado, porque compromete, por algumas horas pelo menos, a liberdade de locomoção do conduzido, de modo que há que se exigir, pela importância do bem jurídico restringido (liberdade), exclusiva decisão judicial (*cláusula de reserva de jurisdição*).

Não será lícito, entretanto, determinar-se a condução coercitiva, obrigando o indiciado ou o acusado a comparecer a fim de que produza ativamente prova contra si mesmo; por exemplo, conduzir coercitivamente o acusado para que confesse o crime em seu interrogatório, ou para que forneça material gráfico com o intuito de comprovar-se, contra ele, a prática de um delito de falso; nestas situações, o indiciado ou acusado não poderá ser conduzido coercitivamente, porque não é obrigado a produzir prova contra si mesmo (*nemo tenetur se detegere*). Se o for, estará patente o constrangimento ilegal que poderá ser coarctado pela via do *habeas corpus*, além de se responsabilizar, em tese, a autoridade que determinou essa condução coercitiva com tal finalidade.

Sendo a condução coercitiva determinada apenas com a finalidade de obter--se a qualificação correta do indiciado ou acusado, ou para que ele se submeta a reconhecimento pessoal (produção de prova que independe de sua participação ativa), não há qualquer empecilho na sua condução forçada.

O plenário do Supremo[19] estabeleceu que a condução coercitiva de réu ou investigado para interrogatório, constante do artigo 260 do CPP, não foi recepcionado pela Constituição. A condução coercitiva para interrogatório representa restrição à dignidade da pessoa humana (especialmente quando há a denominada espetacularização da investigação com a condução espalhafatosa de pessoas para serem interrogadas), à liberdade de locomoção, violando, ainda, a presunção de não culpabilidade, e, especialmente, o privilégio contra a autoincriminação (ninguém é obrigado a comparecer à delegacia de polícia para ser interrogado, produzindo – forçadamente – prova contra si mesmo). Declarou-se, em suma, a não recepção da expressão "para o interrogatório", constante do art. 260 do CPP. Pela decisão do Pleno, o agente ou autoridade que desobedecerem a decisão poderão ser responsabilizados nos âmbitos disciplinar, civil e penal, consideradas – as provas obtidas por meio desse interrogatório ilegal – como ilícitas, sem prejuízo da responsabilidade civil do Estado. Para modularem a decisão- a fim de assegurar a segurança jurídica dos atos processuais praticados antes da decisão em tela – ressalvou-se que a decisão do Tribunal não desconstitui interrogatórios realizados até a data do julgamento – dia 14 de junho de 2018 –, mesmo que o investigado ou réu tenha sido coercitivamente conduzido para tal ato. Importante ressaltar, como frisou o Min. Gilmar Mendes[20], relator das Ações de Descumprimento de Preceito Fundamental, que o julgamento tem por objeto a questão da condução coercitiva de imputados ou réus para interrogatórios, e não de outras pessoas, como testemunhas ou réus, para atos diversos do interrogatório. Salientou-se, ainda, o Min. Gilmar Mendes que é lícita a condução coercitiva quando houver dúvida sobre a identidade civil do imputado, na medida em que é uma hipótese que autoriza medida mais gravosa – a prisão preventiva (art. 313, § único, do CPP). Lícita, ainda, a condução coercitiva do acusado a fim de que qualificá-lo, dando-se cobro a primeira parte do interrogatório – aquele relacionado à pessoa do acusado (art. 187, § 1º, e art. 185, § 10º, do CPP). E o mesmo poderíamos dizer quanto ao reconhecimento pessoal (art. 226 do CPP), a permitir a condução coercitiva do investigado ou acusado, desde que injustificadamente não tiver atendido a convocação da autoridade, porquanto, nessa situação, não se vê o imputado constrangido a produzir – ativamente – qualquer prova; pelo contrário, será tido como objeto da prova (embora resguardada sua dignidade de pessoa humana, vedando-se a imposição de qualquer situação vexatória), prova essa produzida por outras pessoas (os eventuais reconhecedores), que são as testemunhas ou vítimas.

8.7. DEFENSOR

8.7.1. Conceito. Prerrogativas

É o sujeito processual essencial, com habilitação técnica como advogado, que tem por missão representar, em juízo, o interesse à liberdade de uma pessoa em contraposição à pretensão punitiva, exercendo, dessa forma, verdadeiro *múnus público*.

---

19. Informativo STF. 14/06/2018. STF. ADPFs 395 e 444. Pleno. Rel. Min. Gilmar Mendes.
20. Informativo STF. 12/06/2018. STF. ADPFs 394 e 444. Pleno. Rel. Min. Gilmar Mendes.

O advogado é considerado, pela Constituição (art. 133), essencial à função jurisdicional do Estado, sendo inviolável por seus atos e manifestações no exercício da profissão. Desse modo, o fato de advogado representar contra juiz ou promotor, junto às Corregedorias respectivas, apontando atos que considera ilegais, não configura, por si só, o crime de denunciação caluniosa (art. 339 do CP), uma vez que não se pode cercear o livre exercício da profissão – verdadeiro exercício regular de direito por parte do causídico[21].

Não é obrigado, o advogado, a prestar esclarecimentos a respeito de fatos que tenha tomado conhecimento em decorrência do regular exercício profissional (art. 7º, XIX e 34, da Lei 8.906/94), sendo "preservada a confidencialidade que rege a relação entre cliente e advogado, inclusive no que toca à origem dos honorários advocatícios percebidos, notadamente para resguardar o sigilo profissional dos advogados e o direito de defesa"[22].

Embora livre em suas manifestações, o advogado não pode faltar com a verdade, negando ou falseando fatos objetivos, incontroversos, nos autos, a fim de ludibriar, em recurso, o Tribunal[23].

8.7.2. Imprescindibilidade de atuação defensiva efetiva

A defesa técnica é imprescindível, e não pode renunciar a ela o acusado, determinando o art. 261 do CPP que "nenhum acusado, ainda que ausente ou foragido, será processado ou julgado, sem defensor".

A defesa deve ser eficiente, ou seja, não pode ser uma defesa meramente formal, sem substância, sob pena de nulidade relativa; a ausência de defesa acarretará a nulidade absoluta do processo; é o que determina a Súmula 523 do STF.

Quando a atuação da defesa for extremamente deficiente, o juiz poderá declarar o acusado indefeso e nomear outro advogado, se o réu não constituir profissional de sua confiança.

8.7.3. Modalidades de defensores

Os defensores podem ser:

1ª – **Constituídos (os chamados procuradores)**: são aqueles que são escolhidos pelo acusado para assistir seus interesses; a constituição do defensor pode ocorrer através do instrumento de mandato (a procuração), ou quando do seu interrogatório (*apud acta*), dispensando a juntada de procuração, nesta última hipótese (art. 266 do CPP). Embora a lei trate apenas do interrogatório, nada impede que a constituição de defensor se dê quando da realização de qualquer audiência,

---
21. STJ. HC 61.334/SC (2015/0159923-7). Min. Rel. Rogério Schietti Cruz.
22. STF. Medida Cautelar no Habeas Corpus 129.569/DF. Min. Rel. Dias Toffoli. Cautelar decidida pelo Min. Ricardo Lewandowski.
23. Informativo STJ. 03/06/2015. STJ. 6ª T. Voto do Min. Rogério Schietti Cruz.

como, por exemplo, de oitiva das testemunhas arroladas, bastando constar, do termo da audiência, a constituição do advogado.

2ª – Dativos ou nomeados – são aqueles nomeados pelo juiz, seja porque o réu é pobre e não tem condições de constituir um advogado, ou porque, embora não seja pobre, não se interessou em constituir um defensor de sua confiança, quedando-se inerte. A nomeação judicial de advogado dativo, para fins de representação processual, equivale à procuração. Não é admitido que outro advogado, distinto daquele que fora nomeado pelo Juízo, atue no processo, peticionando ou interpondo recursos, se não houver nomeação judicial, procuração ou substabelecimento. No entanto, se for nomeado judicialmente um Núcleo de Prática Jurídica para patrocinar a defesa do acusado, dispensa-se a procuração, de modo que quaisquer dos defensores que integrem referido núcleo estão habilitados a patrocinar a causa[24]. O defensor dativo não pode, como regra, recusar-se a prestar o *múnus público* da advocacia, no caso de nomeação, salvo por motivo justificado (art. 34, XII, da Lei 8.906/94).

O advogado dativo é remunerado de acordo com os valores mínimos estabelecidos na Tabela da Ordem dos Advogados do Brasil, após arbitramento judicial constante da sentença.

O defensor dativo, que é conveniado com o Poder Público, a fim de exercer a função pública de assistência judiciária enquadra-se no conceito legal de funcionário público para o Direito Penal (art. 327 do CP), de modo que, se tiver solicitado, para si, honorários advocatícios indevidos do assistido, uma vez que já remunerado pelos cofres públicos, responde pelo crime de corrupção passiva (art. 317 do CP)[25].

Nada impede que o acusado, a qualquer tempo, nomeie outro defensor de sua confiança, que passará a atuar em substituição ao dativo ou nomeado (art. 263 do CPP).

3ª – Defensores públicos – são aqueles que integram a carreira da Defensoria Pública prevista no art. 134 da CF como instituição essencial à função jurisdicional do Estado, a quem incumbe assistir os necessitados, e que se organiza como a Defensoria Pública da União, do Distrito Federal e dos Estados. Como a missão institucional da Defensoria Pública é o de assistir aos necessitados, se um acusado – com recursos econômicos – se recusar a contratar advogado, por mero capricho, o juiz nomeará um advogado para a sua defesa, e não a Defensoria Pública. Esse acusado, abonado, porém recalcitrante, será obrigado a pagar os honorários do defensor dativo, ao final do processo, os quais serão arbitrados pelo juiz. O magistrado solicita, e não requisita, à Defensoria Pública a nomeação de profissional para assumir a defesa de hipossuficiente econômico (réu pobre, na

---

24. STJ – Embargos de divergência em agravo em recurso especial 798.496/DF (2015/0264257-5). Rel. Min. Nefi Cordeiro.
25. STJ. HC 264.459-SP (2013/00316-48-0). Min. Rel. Reynaldo Soares da Fonseca.

acepção jurídica), de modo que o não atendimento do pedido de atuação da Defensoria Pública, pelo Defensor Geral, não caracteriza crime de desobediência[26].

Para que a Defensoria Pública atue em prol de acusado hipossuficiente, não é necessária a juntada de procuração (art. 16, § único, da Lei 1.060/50), nem muito menos a apresentação de documentos que demonstrem a carência econômica do assistido, bastando, para tanto, sua declaração nesse sentido, a qual goza de presunção relativa de veracidade. Os defensores públicos não precisam de inscrição na OAB para que possam exercer a profissão, uma vez que têm regime disciplinar próprio e dependem de concurso para ingressar na carreira. Aplicam-se aos membros da Defensoria Pública, porém, as mesmas prerrogativas da advocacia, como a inviolabilidade por atos e manifestações (art. 2º, § 3º, da Lei 8.906/94) e o sigilo das comunicações (art. 7º, III, da Lei 8.906/94). Necessária interpretação conforme ao art. 3º, § 1º, da Lei 8.906/94, a fim de obstar a necessidade de inscrição na OAB dos membros das carreiras da Defensoria Pública[27]. Havendo Defensoria Pública na comarca, não se justifica a nomeação de advogado dativo, de modo que, através de *habeas corpus* da Defensoria, pode-se obter a imediata remessa dos autos à Instituição, que receberá o processo na fase em que encontrar, restando nulo o processo, apenas se demonstrado prejuízo pela atuação do defensor nomeado[28].

4ª – Defensores *ad hoc* (ou para o ato)– são aqueles que são nomeados, a título precário, pelo juiz para que realizem determinado e isolado ato processual; a diferença entre o defensor dativo e o *ad hoc*, encontra-se no fato de o dativo ser nomeado para o processo como um todo, enquanto o *ad hoc* para um ato do processo.

Prevê o § 2º do art. 265 do CPP que ao defensor constituído ou nomeado ou ao defensor público incumbe provar o impedimento de comparecer e permanecer em audiência, até sua abertura; se o motivo for justificado, a audiência poderá ser adiada (§ 1º do art. 265 do CPP).

Não justificando o defensor seu impedimento de comparecer à audiência, essa se realizará sem a sua presença, nomeando o juiz defensor *ad hoc* para o ato (§ 2º, 2ª parte, do art. 265 do CPP). O defensor *ad hoc* participa do ato de instrução, *v.g.*, oitiva de testemunhas, mas não será obrigado, pelo juiz, caso se encerre a instrução em audiência, a se manifestar-se em sede de alegações finais, porque não é conhecedor profundo do processo, e sua defesa final, sem preparo, apenas formal, acarretaria prejuízo a ampla defesa, e possível nulidade do processo.

5ª – Defensor curador. Denominação cunhada por Renato Brasileiro de Lima[29], e que tem o sentido de nomeação do advogado, constituído, nomeado ou membro da Defensoria Pública, como curador, do índio ou do acusado inimputável quando constatada essa condição pelo laudo de insanidade mental.

---

26. STJ. HC 310.901- SC (2014/0321269-4). Min. Rel. Nefi Cordeiro.
27. STJ – REsp 1.710.155. 2ª T. Rel. Min. Herman Benjamin.
28. STJ. HC 457.443. Decisão proferida pela Min. Laurita Vaz. Relator do processo o Min. Rogerio Schietti Cruz da 6ª T do STJ.
29. Renato Brasileiro de Lima, Curso de Processo Penal, p. 1230.

8.7.4. Manifestações fundamentadas dos defensores

Determina o parágrafo único do art. 261 do CPP que "a defesa técnica, quando realizada por defensor público ou dativo, será sempre exercida através de manifestação fundamentada".

A nosso ver, tal imposição é válida também para os defensores constituídos e mesmo para o advogado *ad hoc*, porque a defesa técnica, em qualquer situação, deve ser efetiva, sob pena de nulidade.

8.7.5. Abandono do processo pelo defensor

Determina o art. 265, *caput*, do CPP que o defensor não poderá abandonar o processo senão por motivo imperioso, comunicando previamente o juiz, sob pena de multa de 10 a 100 salários mínimos. Esta sanção processual é válida para os defensores constituídos e nomeados, mas não para os defensores públicos e para os *ad hoc*.

Pelo teor do dispositivo em estudo, o advogado poderá, desde que motivadamente, abandonar o processo, mas será obrigado a comunicar o juiz de sua decisão, expor suas razões, que poderão ser acatadas ou não pelo magistrado; se acatada, o magistrado não imporá multa ao advogado; caso contrário, sim.

Mas, de qualquer forma, mesmo deliberando o advogado em não mais defender o acusado, renunciando ao mandado, continuará, por dez dias, seguintes à notificação da renúncia, representando o mandante, salvo se for substituído antes do término desse prazo (art. 5º, § 3º, da Lei 8.906/94).

8.7.6. Defensor e causas de suspeição, impedimento ou incompatibilidade

O defensor é parte parcial, de modo que as causas de impedimento, suspeição ou incompatibilidade a ele não se aplicam, pouco importando que seja, por exemplo, inimigo figadal da vítima e amigo íntimo do acusado que defenda.

No entanto, o defensor não poderá atuar em processo em que já esteja oficiando, como juiz ou membro do Ministério Público, seu cônjuge, ou companheiro, parente, consanguíneo ou afim, em linha reta ou colateral até o terceiro grau, inclusive (art. 267 do CPP).

Sendo o contrário, ou seja, se o advogado já estiver atuando no processo criminal, estarão impedidos os magistrados e membros do MP (art. 252, I, do CPP).

8.7.7. Advogado indiciado, acusado ou vítima e intervenção da OAB

Prevê o art. 49 da Lei 8.906/94 que os Presidentes dos Conselhos e das Subseções da OAB têm legitimidade para intervir, inclusive como assistentes, nos inquéritos e processos em que sejam indiciados, acusados ou ofendidos os inscritos na OAB (ou seja, advogados).

No caso de *indiciado ou acusado advogado*, a intervenção da OAB, na fase do inquérito ou do processo, obviamente, só poderá se justificar em prol do advogado, caracterizando-se, assim, um inusitado instituto: a assistência da defesa.

Em se tratando, porém, de *advogado constando como vítima*, a intervenção da OAB será na qualidade de assistente da acusação, que tanto poderá ser promovida pelo Ministério Público (no caso de ação penal pública), quanto pelo querelante (na hipótese de ação penal privada).

8.7.8. Direitos e prazos processuais especiais para advogada gestante, lactante e adotante

Direitos

1º – é direito da advogada gestante a entrada em tribunais sem ser submetida a detectores de metais e aparelhos de raios – X (art. 7º-A, I, *a*, da Lei 8.906/94, (Estatuto da Ordem dos Advogados do Brasil);

2º – é direito da advogada gestante reserva de vaga em garagens dos fóruns dos tribunais (art. 7º-A, I, *b*, da Lei 8.906/94, (Estatuto da Ordem dos Advogados do Brasil);

3º – é direito da advogada lactante, adotante ou que der à luz, acesso a creche, onde houver, ou a local adequado ao atendimento das necessidades do bebê (art. 7º-A, II, do Estatuto;

4º – é direito da advogada gestante, lactante, adotante ou que der à luz, preferência na ordem das sustentações orais e das audiências a serem realizadas a cada dia, mediante comprovação de sua condição (art. 7º-A, III, do Estatuto);

5º – é direito da advogada gestante ou que der à luz, a suspensão de prazos processuais quando for a única patrona da causa, desde que haja notificação por escrito ao cliente (art. 7º-A, IV, do Estatuto).

A suspensão de prazos processuais referida será concedida pelo prazo previsto no § 6º do art. 313 do CPC, que é de trinta dias, contados da data do parto ou da adoção, mediante apresentação de certidão de nascimento ou documento similar que comprove a realização do parto, ou de termo judicial que tenha concedido a adoção, desde que haja notificação ao cliente (art. 7º-A, § 3º, do Estatuto).

Por quanto tempo perduram tais direitos?

Os direitos previstos à advogada gestante ou lactante aplicam-se enquanto perdurar, respectivamente, o estado gravídico ou o período de amamentação.

8.8. CURADOR

A nomeação de curador a indiciado ou acusado, maior de 18 anos e menor de 21, ainda encontra previsão nos arts. 15 e 262 do CPP, sob pena de nulidade do ato (art. 564, III, *c*, do CPP). Tais dispositivos legais, entretanto, têm sido considerados como revogados tacitamente pelo novo Código Civil (em seu art. 5º), que estabeleceu a plena capacidade para todos os atos a partir dos 18 anos.

Mas ainda existe a **figura do curador no processo penal** em algumas situações:

1ª – Quando o juiz determina a instauração do incidente de insanidade mental, suspendendo o processo (art. 149, § 1º, do CPP); se os peritos concluírem que o acusado é inimputável ou semi-imputável, o processo prosseguirá, mas com a presença do curador (art. 151 do CPP).

2ª – Quando o ofendido for menor ou retardado mental, nas hipóteses de crimes de ação penal privada e de ação penal pública condicionada à representação, e não tiver representante legal, ou se os interesses deles colidirem, situação em que o juiz nomeará curador especial à vítima (art. 33 do CPP).

3º – Falecendo, no curso da revisão criminal, a pessoa cuja condenação tiver de ser revista, o presidente nomeará curador para a defesa (art. 631 do CPP). Esse curador, que pode ser o cônjuge ou companheiro, ascendente, descendente ou irmão do autor da ação, ou seu advogado, terá como missão assumir o polo ativo da revisão criminal a fim de que chegue a seu termo; a finalidade dessa curadoria, sem dúvida, é a de permitir que se verifique se houve ou não erro judiciário na condenação que se pretendia rescindir, o que é matéria de interesse público.

4º – o índio, pouco importando que seja considerado como aculturado ou não, se processado criminalmente, poderá fazer jus à assistência da FUNAI (Fundação Nacional do Índio), que atuará como verdadeiro curador do silvícola, sob pena de nulidade do processo, quando indeferida a intervenção, como já decidiu o STJ[30].

Nessas situações de curadoria não é preciso que o curador seja advogado, basta ser pessoa maior, capaz e isenta. O curador é sujeito processual acessório ou secundário.

8.9. OFENDIDO OU VÍTIMA

8.9.1. Conceito. Participação processual

O Ofendido/vítima personificam o titular do bem jurídico tutelado pela norma penal e que sofre a ação delituosa; é o sujeito passivo da infração penal.

O ofendido, no caso de crimes de ação penal privada, pode assumir a condição de acusador – querelante. Poderá solicitar a nomeação de advogado para ajuizar a queixa-crime, se for pobre (art. 32 do CPP).

Já em se tratando de crime de ação penal pública, haverá duas hipóteses de sua possível intervenção:

1ª – como assistente de acusação do Ministério Público, secundando – o nas suas funções;

---

30. STJ – Recurso em Mando de Segurança nº 30.675-AM (2009/0200796-2). Rel. Min. Gilson Dipp.

2ª – oferecendo queixa-crime subsidiária da pública (art. 29 do CPP), se o Ministério Público se queda inerte, não se manifestando no prazo legal. Como ensina Renato Brasileiro de Lima[31], trata-se de uma garantia fundamental, verdadeira cláusula pétrea, como maneira de se fiscalizar o exercício da ação pública pelo Ministério Público.

Nessas duas situações de atuação da vítima como assistente ou querelante, mostra-se viável a nomeação de advogado, no caso de vítima pobre, numa interpretação extensiva do art. 32 do CPP.

Em todas essas condições – de querelante ou de assistente – o ofendido necessariamente deverá estar representado por advogado, e será considerado, além de parte no sentido material, também parte, processualmente falando, tendo o direito, dentre outros, de ser intimado de todos os atos processuais, de recorrer, produzir provas.

Direitos do ofendido

Interessa – nos, agora, verificar que o ofendido possui direitos outros, mesmo que não se faça representar por advogado, e que são os seguintes:

1º – direito de ser comunicado dos atos processuais relativos ao ingresso e saída do acusado da prisão, à designação de data para audiência e à sentença e respectivos acórdãos que a mantenham ou modifiquem (art. 201, § 2º, do CPP);

2º – direito de possuir, antes e durante a realização de audiência, espaço reservado para si (art. 201, § 4º, do CPP);

3º – direito de receber atendimento multidisciplinar, especialmente nas áreas psicossocial, de assistência jurídica e de saúde, a expensas do Estado, enquanto não houver condenação transitada em julgado; havendo o trânsito em julgado da condenação, as despesas poderão ser às expensas do ofensor (art. 201, § 5º, do CPP, por nós interpretado de maneira a conciliá-lo com o princípio da presunção de inocência);

4º – direito de ter preservadas, pelo magistrado, sua intimidade, vida privada, honra, e imagem, decretando-se segredo de justiça em relação a dados, depoimentos e outras informações constantes dos autos a seu respeito para evitar sua exposição aos meios de comunicação (art. 201, § 6º, do CPP).

5º – direito de requerer a abertura de inquérito policial e de solicitar, à autoridade policial, diligências, no caso de crime de ação penal pública incondicionada (art. 14 do CPP);

6º – direito de condicionar a abertura ou não de inquérito policial ou ação penal à sua manifestação de vontade, no caso de ação penal pública condicionada à representação;

---
31. Renato Brasileiro de Lima, Manual de Processo Penal, p. 222.

7° – direito de condicionar a abertura de inquérito policial, no caso de ação penal privada, a manifestação de sua vontade;

8° – direito de requerer à Defensoria Pública ou ao Ministério Público, quando não houver Defensoria, o ajuizamento de ação civil *ex delicto* ou execução da sentença penal condenatória, para satisfação do dano causado pela infração, no caso de ofendido pobre;

Quanto ao direito de o ofendido requerer o sequestro de bens do acusado (art. 127 do CPP) ou de sua hipoteca legal (art. 134 do CPP), entendemos que tais medidas cautelares reais só podem ser postuladas por advogado, e não pelo ofendido pessoalmente.

8.10. ASSISTENTE DA ACUSAÇÃO

8.10.1. Conceito

É sujeito processual acessório ou secundário representado pela vítima, por seu representante legal ou por seus sucessores (cônjuge, companheiro, ascendente, descendente ou irmão), na hipótese exclusiva de ação penal pública, e que tem como função intervir, auxiliando, o Ministério Público, desde o oferecimento da denúncia até o trânsito em julgado do processo. É o que preveem os arts. 268 e 269 do CPP.

O assistente só poderá atuar no processo através de advogado, no caso de ação penal pública, auxiliando o Ministério Público no seu mister acusatório.

Para fixar-se melhor a terminologia: assistente da acusação é a vítima, representante legal da vítima, cônjuge, companheiro, ascendente, descente ou irmão; já o advogado que representa a vítima no processo, não é o assistente da acusação, mas, sim, *advogado do assistente da acusação*. E se a vítima do crime for advogado, pode representar a si própria? Em tese, não há impedimento, colhendo-se as declarações da vítima, em audiência, para, depois, atuar, o ofendido, como parte processual, até o exaurimento da instrução e do processo.

8.10.2. Ofendido pobre

Se o ofendido não possuir recursos para contratar advogado que possa representar seus interesses na ação pública, é possível que o juiz nomeie, além de advogado dativo, também a Defensoria Pública para tanto, uma vez que a função da Defensoria não é incompatível com a função acusatória[32].

8.10.3. Fase da persecução em que é admitida a assistência

A assistência se desenvolve apenas durante o tramitar do processo, inexistindo na fase do inquérito policial; no entanto, a vítima, pessoalmente ou através de advogado, pode requerer, ao delegado, a realização de diligências, que podem ou não ser deferidas.

---

32. STJ. HC 293.979-MG (2014/0104367-7). Min. Rel. Gurgel de Faria.

Após o trânsito em julgado da condenação, e iniciada a execução da pena, não há mais qualquer intervenção do assistente, pois a relação jurídica, a partir desse momento, será entre o Estado e o condenado, sem a participação da vítima.

8.10.4. Crimes que admitem a assistência

A assistência da acusação é admissível no caso de crimes que possuam vítima – pessoa natural ou jurídica – certa e determinada; não há assistência no caso de delito de perigo, como, *v.g.*, o porte ilegal de arma de fogo, delito de embriaguez ao volante, cujos sujeitos passivos penais se consubstanciam na coletividade em geral (são os denominados crimes vagos). Há decisão – *isolada* – do STJ[33], admitindo a assistência de acusação em caso de crime de porte ilegal de arma de fogo, com a qual não concordamos uma vez que parece evidente que, como bem ressaltado em voto divergente pelo Min. Felix Fischer, "o porte ilegal de arma é crime vago, pois não há ofendido determinado. E, como não há ofendido, não é possível legitimar pessoa física ou jurídica como assistente de acusação".

8.10.5. Diferenciação conceitual entre vítima e prejudicado

Há que se distinguir entre vítima (sujeito passivo penal) do prejudicado, na esfera cível, por danos – materiais ou morais – sofridos em decorrência da infração penal. Apenas a vítima possui legitimidade para atuar como assistente da acusação, mas não aquele que tenha, apenas, arcado com prejuízos do crime, mas não sofrido, pessoalmente, a ação delitiva. Com esse entendimento, o STJ[34] decidiu não ser admissível integrar a relação jurídica processual penal, como assistente da acusação, em um processo pela prática de homicídio, uma companhia de seguros a qual foi obrigada a conceder indenização pecuniária ao acusado, que teria matado a vítima para auferir a indenização securitária. Em suma, concluiu-se que a ofensa ao patrimônio da companhia seguradora era reflexa, e que só poderia ser discutida na esfera cível.

8.10.6. É possível assistência da acusação em contravenções penais?

Sim, porque são infrações de ação penal pública, mas, para que haja a assistência, é preciso que, para além de haver uma vítima certa e determinada, haja sido oferecida ação penal, uma vez que o ingresso como assistente pressupõe a existência de denúncia oferecida.

8.10.7. Qual a razão de ser deste sujeito processual contingente (acessório), que é o assistente da acusação?

Há **duas posições** sobre o assunto:

---

33. Informativo STJ. 12/11/2015. STJ. RMS 43227. 5ª T. Min. Rel. Gurgel de Faria.
34. STJ. Recurso em Mandado de Segurança nº 47.575-SP (2015/0028755-5). Min. Rel. Maria Thereza de Assis Moura.

1ª posição: O interesse do assistente é obter uma indenização. A assistência se justifica porque visa auxiliar o Ministério Público a obter uma condenação criminal, e, através desta, conseguir-se uma indenização pelos danos sofridos em virtude da prática do crime; em suma, o interesse do assistente seria estritamente pecuniário. Para esta posição, o assistente da acusação não teria interesse em recorrer de uma decisão condenatória, com o intuito de aumentar-se a pena do acusado.

2ª posição: O interesse do assistente é a realização da justiça. O interesse do assistente não é o de, meramente, ressarcir-se dos prejuízos decorrentes da infração penal, mas de obter-se uma decisão justa; essa nos parece a melhor posição, além de hoje ser majoritária, porque atende aos legítimos interesses e sentimentos da vítima e de seus parentes. Para este entendimento, o assistente pode recorrer de uma sentença condenatória, visando ao aumento de pena do acusado.

8.10.8. Quem pode ser assistente?

Além das pessoas físicas acima referidas, também estão legitimadas as seguintes pessoas jurídicas: as associações de titulares de direitos autorais, quando há violação de direito autoral (arts. 184 do CP e 530-H do CPP); os órgãos federais, estaduais ou municipais interessados, nos crimes de responsabilidade de Prefeito (art. 2º, § 1º, do Decreto – lei n. 201/67); a OAB (art. 49, parágrafo único, da Lei n. 8.906/94); a CVM (Comissão de Valores Mobiliários) e o Banco Central do Brasil, quando praticado crime contra o sistema financeiro nacional, (art. 26, parágrafo único, da Lei n. 7.492/86). Por fim, a União, os Estados, os Municípios e o Distrito Federal, as entidades e órgãos da administração direta ou indireta, ainda que sem personalidade jurídica, desde que destinadas à defesa dos interesses e direitos do consumidor, além das associações que tenham por finalidade a defesa dos interesses e direitos do consumidor, quando praticados crimes contra as relações de consumo (art. 80 da Lei n. 8.078/90).

8.10.8.1. A Defensoria Pública pode atuar como assistente da acusação?

Há decisão do STJ[35] admitindo que a Defensoria Pública atue como assistente da acusação, mesmo que a Defensoria represente, no mesmo processo, vítima e réu, uma vez que a missão da Instituição é justamente o acesso universal à Justiça. Segundo parte da ementa do acórdão: "Não existe empecilho a que a Defensoria Pública represente, concomitantemente, através de Defensores distintos, vítimas de um delito, habilitadas no feito como assistentes de acusação, e réus no mesmo processo, pois tal atuação não configura conflito de interesses, assim como não configura conflito de interesses a atuação do Ministério Público no mesmo feito como parte e custos legis, podendo oferecer opiniões divergentes sobre a mesma causa". Entendeu-se, como um dos fundamentos, para a admissibilidade dessa atuação da Defensoria, que, por possuir a Defensoria Pública atribuição para patrocinar a ação penal privada e a ação penal subsidiária da

---

35. STJ RMS 45.793/SC (2014/0136623-4). 5ª T. Rel. Min. Reynaldo Soares da Fonseca.

pública (art. 40, XV, da LC 80/94), a legitimaria, com muito mais razão, a atuar como mero assistente da acusação; em miúdos, quem pode o mais, pode o menos.

8.10.9. Quem não pode ser assistente?

No caso de ação penal privada, não existe assistência, afinal, nessa *actio*, a própria vítima assume a titularidade da ação, oferecendo queixa-crime, sendo ilógico admitir que pudesse auxiliar a si mesma.

Também é proibida a assistência quando o corréu em um processo de ação penal pública também conste como vítima no mesmo feito (por exemplo, lesões recíprocas entre os dois réus, que são, simultaneamente, acusados e ofendidos) (art. 270 do CPP); nesta situação, mesmo sendo vítima do outro réu, não poderá se habilitar como assistente, porque é, também, acusado no mesmo processo.

8.10.10. Ingresso do assistente

O Ministério Público deverá ser ouvido, previamente, a respeito do pedido de assistência (art. 272 do CPP), mas o juiz só irá indeferir a assistência, quando faltar legitimidade legal para tanto (por exemplo, quando um primo pede para ser assistente).

Quanto ao pedido de assistência, não se analisa sua conveniência ou oportunidade; trata-se de direito líquido e certo de atuar no processo, desde que preenchidos os requisitos legais acima referidos; indeferida a assistência nesta hipótese, embora a decisão seja irrecorrível (art. 273 do CPP), caberá mandado de segurança contra tal ato ilegal.

Normalmente, o ofendido se habilita como assistente de acusação, durante o curso do processo, mas, no caso em que o ofendido – que não atuava como assistente até então – ingressa diretamente com recurso contra a decisão de impronúncia ou absolvição, por exemplo, o próprio recurso valerá como habilitação.

Se o assistente requerer sua habilitação no processo, e não houver decisão judicial a respeito, e, não obstante isso, o assistente participar de audiência, arrazoar recursos, debater em plenário do Júri, tal omissão, traduzirá simples irregularidade, sem ter o condão de anular o processo, como já decidiu o STJ[36].

E se o ofendido, devidamente habilitado como assistente da acusação for excluído, imotivadamente pelo juiz? Entende, com acerto, Renato Brasileiro de Lima[37] que o remédio cabível seria a correição parcial, por sanar *error in procedendo*, sem prejuízo da utilização do mandado de segurança.

8.10.11. Intimações do assistente da acusação

Seja em que fase processual estiver o feito, o assistente o acompanhará a partir do momento de seu ingresso (art. 269, parte final, do CPP), devendo ser intimado do

---

36. STJ – 6º T. – HC 69.570/MT, Rel. Min. Paulo Gallotti, j. 29/06/2009, DJe 10/08/2009.
37. Renato Brasileiro de Lima, Curso de Processo Penal, p. 1217.

andamento do processo, pela imprensa, como prevê o art. 370, § 1º, do CPP, sendo que, na publicação, deve ser incluído o nome do acusado, sob pena de nulidade.

Se, apesar de intimado, o advogado do assistente não comparecer a atos da instrução ou julgamento, apresentando motivo justificado, tais atos não se adiarão, a não ser por mera liberalidade do juiz. Continuará a existir o dever de o juízo intimar o advogado do assistente dos demais atos processuais.

No caso de o assistente da acusação não ter sido intimado do ato processual, e não comparecer, esse ato deverá ser adiado, pois é direito seu ser intimado de todos os atos do processo para deles participar (art. 370, § 1º, do CPP).

Todavia, se o advogado do assistente, sem motivo justificado, deixar de comparecer a ato processual a que foi intimado não será mais notificado (art. 271, § 2º, do CPP).

Mesmo no caso de julgamento em plenário do Júri, o não comparecimento do advogado do assistente da acusação, regularmente intimado, pouco importando se por motivo justificado ou não, não terá o condão de adiar a sessão de julgamento (art. 475, *caput*, do CPP). Porém, se o assistente não tiver sido regularmente intimado do plenário do Júri, o julgamento deverá ser adiado.

8.10.12. Atuação do assistente

Ao assistente é permitido (art. 271 do CPP):

1º – propor meios de provas; deverá, entretanto, antes, ser ouvido o MP a respeito (art. 271, § 1º). A desistência, por parte do MP, quanto à oitiva de alguma testemunha arrolada, não pode ser impugnada pelo assistente da acusação, uma vez que o *dominus litis* é o *Parquet*, sem prejuízo, todavia, de que o juiz, atendendo a pedido do assistente, determine a oitiva da testemunha, se considerar que seu depoimento possa contribuir com a busca da verdade real, ouvindo – a como testemunha do juízo (art. 209 do CPP).

2º – formular perguntas às testemunhas, às vítimas e ao réu em seu interrogatório;

3º – participar do debate oral nos mais diversos ritos de processo, inclusive o do júri, e até perante os Tribunais, quando do julgamento de recursos, podendo atuar, inclusive, nos processos em que o acusado ostente foro por prerrogativa de função;

4º – oferecer memoriais (alegações finais escritas), quando cabíveis, em substituição aos debates;

5º – aditar, ou seja, acrescentar às razões de recursos interpostos pelo MP, as suas razões (do assistente); aditar as contrarrazões de recursos. A manifestação do assistente é desvinculada daquela do MP, inexistindo subordinação jurídica entre assistente e *Parquet*. O assistente poderá arrazoar, no prazo de três dias, após o Ministério Público (art. 600, § único, do CPP). Para tanto, o assistente deverá ser intimado a apresentar as razões, ou contrarrazões de recurso, podendo, simplesmente, ratificar a manifestação do *Parquet*, ou acrescenta-la, em razões próprias. A não intimação do assistente da acusação para arrazoar o recurso ministerial apresentado acarreta, segundo decisão do STJ[38], nulidade do processo. Comungamos, porém, de entendimento diverso, exarado no mesmo aresto como voto vencido, em que não se reconheceu a nulidade pelo fato de o assistente não ter sido intimado a arrazoar recurso ministerial, uma vez que já havia apelo da acusação, acerca do qual o assistente nada teria a agregar. Em suma, decretou-se a nulidade, nesse caso em estudo, a nosso ver, por puro formalismo, sem que tivesse havido qualquer prejuízo, a quem quer que fosse.

6º – formular quesitos e indicar assistente técnico (art. 159, § 3º, do CPP);

7º – postular o desaforamento de julgamento a ser realizado pelo júri (art. 427, *caput*, do CPP).

8º – requerer a imposição de medidas cautelares e a decretação da prisão preventiva (art. 311 do CPP). Embora a lei expressamente não trate da possibilidade de o assistente da acusação requerer ao juiz a aplicação de medidas cautelares ao indiciado ou acusado, certo que o § 2º do art. 282 do CPP refere que as medidas cautelares podem ser decretadas a requerimento das partes, o que certamente inclui a parte acessória ou contingente, que é o assistente da acusação.

9º – arguição de impedimento, incompatibilidade ou suspeição do juiz ou do membro do MP. Essa atribuição não é prevista em lei, mas deflui do próprio interesse do assistente em que se respeite o devido processo legal, evitando-se a nulidade do processo, não havendo porque alijá-lo dessa função.

10º – arguição da incompetência. Da mesma maneira em que sustentamos acima, embora não prevista em lei essa faculdade, certo que é do interesse do assistente que o feito seja julgado por juiz competente.

11º – Requerimento de últimas diligências, ao final da instrução, na audiência de instrução, debates e julgamento, previsto para o rito ordinário (art. 402 do CPP).

12º – Requerimento de diligências, na fase preparatória de julgamento pelo Júri (art. 422 do CPP). Essa faculdade não é prevista expressamente na lei, mas decorre logicamente da própria atuação do assistente: sendo-lhe permitido participar dos debates em plenário do Júri, nada mais coerente que possa requerer, ao juiz, antes dessa fase culminante do processo, diligências que contribuam ao esclarecimento das teses que serão expostas aos jurados na sessão de julgamento. Não poderá, todavia, a nosso ver, arrolar testemunhas para serem ouvidas em plenário, função essa privativa do Ministério Público (mas, nessa hipótese, faculta-se, ao magistrado, ouvir essas testemunhas indicadas pelo assistente como testemunhas do juízo, se entender conveniente – art. 209, *caput*, do CPP).

Porém, há entendimento em sentido contrário, reputando válido que o assistente possa acrescentar, ao número das testemunhas arroladas pelo *Parquet*, outras, desde que não ultrapasse o máximo legal de 5 testemunhas para cada fato.

---

38. STJ. Recurso Especial nº 1.035.320-SP (2008/0041012-9). Min. Rel. Sebastião Reis Júnior.

13º - recorrer.

O assistente poderá recorrer das seguintes decisões:

1ª - da decisão de impronúncia, apelando (art. 584, § 1º, do CPP).

2ª - da decisão que declara extinta a punibilidade, recorrendo em sentido estrito (art. 584, § 1º, do CPP).

3ª - da sentença condenatória ou absolutória proferida pelo juiz singular ou pelo Tribunal do Júri.

4ª - interpor recurso de embargos de declaração. A hipótese não é prevista em lei, mas reputamos ser admissível ao assistente embargar decisão mal redigida, contraditória ou omissa, porque é interesse de todos que as decisões possam ser perfeitamente entendidas, e, assim, cumpridas.

5ª - interpor recurso especial e extraordinário.

É o que preconiza a Súmula 210 do STF: "O assistente do Ministério Público pode recorrer, inclusive extraordinariamente, na ação penal, nos casos dos artigos 584, parágrafos 1º e 598 do Código de Processo Penal".

Prazo para o assistente recorrer

O prazo para o assistente recorrer, se habilitado nos autos, é de cinco dias (arts. 586 e 593 do CPP); se não habilitado, 15 dias (art. 598, parágrafo único, do CPP), e nessa última hipótese (de assistente não habilitado), não há necessidade de pedido de habilitação expresso de assistência, porque o próprio recurso valerá como habilitação implícita. O assistente só recorrerá supletivamente, ou seja, apenas se o Ministério Público não tiver recorrido.

Em suma, como se percebe, além dos recursos expressamente apontados em lei como possíveis de serem interpostos pelo assistente da acusação, certo que, *implicitamente*, o assistente também está legitimado a interpor outros recursos, *desde que vinculados por um nexo de causalidade aquelas hipóteses recursais expressas*.

Exemplo: o assistente recorre de uma absolvição, interpondo apelação; a apelação é julgada pelo Tribunal; caberá, em 2ª instância, a interposição, pelo assistente, de embargos de declaração, recurso especial ou extraordinário, porque tais recursos constituem mero desdobramento causal do recurso originário de apelação para o qual é legitimado, expressamente, o assistente da acusação.

A Súmula 208 do STF estipula que "O assistente do Ministério Público não pode recorrer extraordinariamente de decisão concessiva de *habeas corpus*".

Assim se entendia, porque não era de interesse do assistente da acusação a questão referente à liberdade do acusado, mas, tão somente, a prolação de uma decisão justa, resguardando-se o interesse da vítima, ou de sua família, na indenização pelos danos causados pelo crime.

Ocorre que, como muito bem exposto por Renato Brasileiro de Lima[39], se, pela Lei 12.403/11, que alterou o art. 311 do CPP, o assistente da acusação passou a ter

---

39. Renato Brasileiro de Lima, Curso de Processo Penal, p. 1220.

legitimidade para requerer a decretação da prisão preventiva do acusado, também terá legitimidade para recorrer da decisão que a revoga ou relaxa, pois, pelo sistema atual, a questão da liberdade do acusado passou a ser de interesse processual, e recursal, do assistente. Desse modo, conclui-se que o assistente da acusação estará legitimado a interpor recurso especial e extraordinário da decisão que tenha concedido *habeas corpus*.

8.10.13. O rol de atribuições do assistente é taxativo ou ampliativo?

Entendemos que ao assistente se deve permitir, em regra, o exercício apenas das atividades expressamente previstas em lei, mas, em casos em que não haja previsão legal de sua intervenção, se, de sua não atuação possa resultar o comprometimento do resultado útil do processo, que é a busca de uma decisão, na medida do possível, justa e válida, justifica-se sua participação, *como colaborador do sistema judicial, que deve começar a levar em consideração o papel da vítima*.

Há, todavia, entendimento no sentido de que o rol de atribuições do assistente é taxativo (*numerus clausus*), sem possibilidade de ampliação.

8.10.14. É possível ao assistente da acusação aditar o rol de testemunhas do Ministério Público?

Há **duas posições** sobre o assunto:

1ª Posição: Não é possível, porque a participação do assistente da acusação só se dá, após o oferecimento da denúncia (e depois, portanto, da apresentação do rol de testemunhas pelo MP). Não é possível, ainda, sob pena de evidente turbação do processo, retornar-se a fase já superada do procedimento para que uma parte processual *secundária* acrescente testemunhas a um rol já apresentado, e recebido, pouco importando que seja respeitado o número máximo de testemunhas. Comungamos desse entendimento, afinal *processo* é marcha para a frente, e não *retrocesso*...

Porém, se as testemunhas indicadas pelo assistente puderem contribuir com a busca da verdade real, o juiz poderá determinar suas oitivas como sendo testemunhas do juízo (art. 209, *caput*, do CPP).

2ª Posição. É possível, desde que se respeite o número legal de testemunhas, e que o pedido de acréscimo seja realizado antes da audiência de instrução. Exemplo: no rito ordinário o número de testemunhas permitido é de 8, se o MP oferece denúncia arrolando 5 testemunhas, o advogado do assistente da acusação poderia arrolar até três testemunhas.

8.11. FUNCIONÁRIOS DA JUSTIÇA

São sujeitos processuais secundários ou acessórios, subordinados ao poder disciplinar do juiz, e que têm por missão documentar todos os atos do processo (por exemplo, termo de audiência, decisão de recebimento de denúncia, decisão de recebimento de recurso etc.) e efetuar todas as comunicações necessárias aos envolvidos na relação processual penal (intimações e citações).

Geralmente, o escrivão (chefe do cartório) e os escreventes (seus subordinados) são os encarregados dos atos de documentação e comunicação; o oficial de justiça é encarregado dos atos de comunicação, além das diligências externas, como, por exemplo, o cumprimento dos mandados de citação, intimação, prisão, busca e apreensão.

As prescrições sobre suspeição dos juízes estendem-se aos funcionários da justiça (art. 274 do CPP).

8.12. PERITOS E INTÉRPRETES

8.12.1. Conceito

Perito é o sujeito processual acessório ou secundário, nomeado pelo delegado ou pelo juiz, e que tem por finalidade emitir um laudo que tenha por objeto uma questão que exija conhecimentos especializados de ordem técnica ou científica, e que seja de real importância à resolução da controvérsia penal.

O perito é nomeado pelo juiz sem a participação das partes (art. 276 do CPP).

Exemplo de perícia: o exame de insanidade mental (art. 149 do CPP), para que se saiba se o acusado é inimputável.

O intérprete, na verdade, é um perito em línguas, não existindo diferença entre eles, a não ser pelo fato de que o intérprete não elabora um laudo como perito, mas apresenta tradução de um texto escrito em língua estrangeira, ou ainda, se encarrega de traduzir, em audiência, aquilo que seja falado por testemunha, vítima ou réu que não se comuniquem em português (por exemplo, testemunha de um crime que só conheça a língua francesa).

Necessário ainda intérprete no caso de deficiência de quem for prestar declarações em juízo e que só se comunique em linguagem própria de sinais.

8.12.2. Obrigações do perito

São as seguintes (art. 277 do CPP):

1ª – aceitar o encargo, salvo escusa legítima;

2ª – comparecer quando chamado pela autoridade; se não atender ao chamado, pode ser conduzido coercitivamente (art. 278 do CPP);

3ª – comparecer no dia e local designados para o exame;

4ª – apresentar o laudo no prazo estabelecido.

8.12.3. Quem não pode ser perito?

As vedações estão previstas no art. 279 do CPP e são as seguintes:

1ª – quem foi condenado criminalmente à pena restritiva de direitos de proibição de exercício de cargo ou função (art. 47 do CP);

2ª – aqueles que tiveram prestado depoimento no processo ou opinado anteriormente sobre o objeto da perícia;

3ª – os analfabetos e os menores de 21 anos.

8.12.4. Suspeição dos peritos

É extensivo aos peritos o disposto sobre a suspeição dos juízes (art. 280 do CPP).

CAPÍTULO 9

DA PRISÃO, DAS MEDIDAS CAUTELARES E DA LIBERDADE PROVISÓRIA

9.1. PRISÃO. CONCEITO. ESPÉCIES

9.1.1. Conceito

É a privação de liberdade ambulatorial de alguém, sempre provisória e respeitadora da dignidade da pessoa humana (porque vedadas as penas de morte, perpétuas, de trabalhos forçados e cruéis), pela prática de uma infração penal, após decisão transitada em julgada, ou, no transcurso da persecução criminal, em ordem a atender objetivos de direito penal ou processual penal, ou ainda, a fim de se resguardar a incolumidade social, evitando a prática de novos crimes.

9.1.2. Espécies

Há duas espécies de prisão:

1ª – **Prisão – pena ou definitiva**: é aquela imposta em uma sentença condenatória transitada em julgado, cuja pena privativa de liberdade pode ser cumprida em regime inicial fechado, semiaberto ou aberto. É prevista no CP e na LEP (Lei de Execução Penal).

2ª – **Prisão processual, provisória ou cautelar:** é uma espécie de medida cautelar pessoal decretada, quando das investigações policiais ou no decorrer do processo, antes do trânsito em julgado de uma sentença condenatória, a fim de se assegurar a eficácia das investigações, o regular angariamento de provas, a aplicação da lei penal e, finalmente, a ordem pública.

As prisões processuais existentes são: a prisão preventiva e a prisão temporária. A prisão em flagrante, como veremos, não é modalidade de prisão cautelar, mas de *prisão pré-cautelar*. A prisão preventiva e em flagrante estão previstas no CPP; a prisão temporária, na Lei n. 7.960/89.

9.1.3. Prisão processual ou cautelar. Conceitos gerais do instituto

9.1.3.1. Presunção de inocência e prisão cautelar. Excepcionalidade da prisão cautelar

A presunção de inocência ou da não culpabilidade é princípio consagrado no art. 5º, LVII, da CF, assegurando que "ninguém será considerado culpado até o trânsito em julgado de sentença condenatória". Numa interpretação literal e isolada deste dispositivo constitucional, seria juridicamente inadmissível a prisão processual de qualquer pessoa, sem que, antes, houvesse o trânsito em julgado da condenação. Ora, se ninguém é considerado culpado, antes do trânsito em julgado da acusação, não seria possível impor-se, a um possível inocente, sua prisão sem culpa formada.

Ocorre que, a mesma Constituição, em seu art. 5º, LXI, assegura que "ninguém será preso senão em flagrante delito ou por ordem escrita e fundamentada de autoridade judiciária competente, salvo nos casos de transgressão militar ou crime propriamente militar, definidos em lei".

Isso significa dizer que, ao lado da regra geral, que apenas permite a prisão depois do trânsito em julgado da sentença condenatória, em razão da presunção de inocência, a própria Lei Maior apresenta as exceções à regra, que admitem a prisão, mesmo antes do trânsito em julgado, e que são as seguintes:

1ª - prisão em flagrante;

2ª - ordem escrita e fundamentada do juiz competente, ao decretar a prisão preventiva e temporária. É possível que, no transcurso das investigações ou do processo, a liberdade do indiciado ou acusado possa colocar em risco a sociedade, o andamento das investigações ou do processo, ou a futura aplicação da lei penal, situação em que, excepcionalmente, autoriza-se que seja decretada sua prisão processual, antes da decisão definitiva condenatória.

9.1.3.2. STF: conceito atual de trânsito em julgado para efeito de prisão

Como vimos, segundo a Constituição, apenas o trânsito em julgado torna possível o cumprimento da pena, ou seja, a prisão penal, para ser efetivada, depende de que todas as oportunidades recursais tenham se escoado. Não obstante essa regra, antes do trânsito em julgado, pode ser determinada a prisão processual, desde que haja ordem judicial escrita e devidamente fundamentada (são as hipóteses de prisão preventiva e temporária).

Desde 2009, o STF entendia que só seria possível a execução da pena com o trânsito em julgado da decisão condenatória, ou seja, com o escoamento de todos os recursos possíveis, inclusive o extraordinário e o especial. Era expressamente vedada, pelo STF, portanto, a execução provisória da pena.

No entanto, em 17 de fevereiro de 2016, o plenário do STF passou a entender, por maioria (HC 126292), que não ofende o princípio constitucional da presunção de inocência a possibilidade de execução da sentença condenatória após a confirmação da sentença em segundo grau. Para o relator, Min. Teori Zavascki, a manutenção da sentença penal pela segunda instância encerra a análise de fatos e provas que assentaram a culpa do condenado, o que autoriza o início da execução da pena. Segundo o relator, até que seja prolatada a sentença penal, confirmada em segundo grau, deve-se presumir a inocência do réu. Mas, após esse momento, exaure-se o princípio da não culpabilidade, até porque os recursos cabíveis da decisão de segundo grau, ao STJ ou STF, não se prestam a discutir fatos e provas, mas apenas matérias de direito.

Em conclusão, de acordo com o STF, a prisão-penal não depende do trânsito em julgado da decisão condenatória, bastando a condenação em segunda-instância para que já se inicie a execução da pena.

A questão foi novamente discutida pelo Pleno do STF ao julgar-se o HC 152.752, que tinha por objeto impedir-se a execução provisória da pena ao ex-Presidente Lula. Votaram favoravelmente à execução provisória da pena seis ministros, e contrários à medida cinco ministros. Quando do julgamento das medidas cautelares nas Ações Declaratórias de Constitucionalidade (ADCs) 43 e 44, no dia 5 de junho de 2016, a votação foi idêntica, mas o Min. Dias Toffoli[1] propôs uma alternativa entre dois extemos: não se deve esperar o trânsito em julgado de todos os recursos previstos no nosso ordenamento jurídico, nem tampouco a mera confirmação da condenação pelo Tribunal, mas sim a confirmação da condenação pelo STJ, seja julgando o recurso especial em si ou o agravo em recuso especial, bem como os dos primeiros embargos declaratórios eventualmente propostos contra esses julgados, após o que poderá se iniciar a execução da pena, inclusive a restritiva de direitos[2]. Essa tese vem sendo defendida pelo Min. Gilmar Mendes[3]. Infelizmente, em todo o ano de 2018, a Presidência do Supremo não colocou em votação o mérito das ADCs, o que daria um fim ao imbróglio, de modo que condenados bafejados pela sorte, dependendo do Ministro com quem seja distribuído um *habeas corpus* são soltos[4]; já, os outros, os que não podem contar com a sorte[5], permanecem presos. Foi marcada, finalmente, data para se julgar as ADCs 43 e 44, pacificando-se essa tormentosa questão: dia 10 de abril de 2019.

9.1.4. Cláusula de reserva de jurisdição da prisão e crimes militares

Salvo a hipótese de prisão em flagrante, a prisão, em regra, só poderá ser decretada pela autoridade judiciária competente, e nunca por autoridade administrativa, o que exclui, desse poder, as CPIs, o Fisco, o MP.

---

1. STF – HC 152.752/Paraná. Voto do Min. Dias Toffoli.
2. O Min. Dias Toffoli, em seu voto no HC 152752/PR ressalta que só há uma possiblidade de execução provisória do julgado de segundo grau: "quando se tratar de acórdão confirmatório de condenação emanada do Tribunal do Júri, em decorrência da soberania dos veredictos, de matriz constitucional (art. 5º, XXXVIII, "c", da CF).
3. Informativo do STF. 05/04/2018. STF. Pleno. HC 152.752. Rel. Min. Edson Faquin. STF – HC 152.752/Paraná. Voto do Min. Gilmar Mendes.
4. STF. HC 162943. Rel. Min Ricardo Lewandowski. STF- HC 153466. Rel. Min. Gilmar Mendes,
5.

Mas a própria Constituição excepciona essa regra ao estatuir em seu art. 5º, LXI, "ninguém será preso senão em flagrante delito ou por ordem escrita e fundamentada de autoridade judiciária competente, *salvo nos casos de transgressão militar ou crime propriamente militar*, definidos em lei".

Essa exceção prevê que autoridades administrativas, sem que seja caso de prisão em flagrante, possam prender militares – integrantes das Forças Armadas, policiais militares e bombeiros militares – em duas hipóteses:

1ª – **transgressão militar**. Ocorrendo uma violação das normas militares, o superior hierárquico do militar, que é uma autoridade administrativa e não judicial, pode determinar sua prisão disciplinar, que não pode ultrapassar 30 dias (art. 47, § 1º, da Lei 6.880/80 – Estatuto dos Militares).

2ª – **crime militar próprio**. São aquelas infrações penais, previstas no Código Penal Militar praticadas exclusivamente por militares, e não civis. Essa prisão pode ser decretada pela autoridade administrativa, mas se submete ao controle judicial, posterior.

9.1.5. Pressuposto e fundamento da Prisão Cautelar ou processual

9.1.5.1. *Pressuposto da prisão cautelar*

Fumaça de bom direito (*fumus boni iuris* ou *fumus comissi delict*i – fumaça de bom direito; fumaça da prática de um delito). Devem existir provas mínimas de autoria e materialidade delitivas da prática de um crime para que seja decretada a prisão processual. Não haveria sentido algum impor-se uma prisão processual, se não houvesse a probabilidade de, no futuro, ser prolatada sentença condenatória. Isto porque toda medida cautelar visa assegurar o resultado útil do processo – no caso do processo com pedido condenatório – a aplicação de sanção penal; se for improvável a futura aplicação de pena, jamais deverá ser decretada a prisão cautelar. Este é o pressuposto da prisão processual ou cautelar, assim como de todas as outras medidas cautelares pessoas ou reais (sequestro, hipoteca legal, arresto).

9.1.5.2. *Fundamentos da prisão cautelar. Perigo da liberdade (periculum in mora ou periculum libertatis*

Perigo na demora, ou perigo da liberdade: a prisão do indiciado ou acusado é necessária, porque sua liberdade coloca em risco a ordem pública, a investigação criminal, o processo ou a futura aplicação da lei penal; não é possível, assim, esperar a natural demora de uma sentença condenatória. Estes são os fundamentos da prisão cautelar.

9.1.6. Prisão cautelar e princípio da proporcionalidade

9.1.6.1. *Fundamento constitucional das prisões cautelares*

O direito coletivo, constitucionalmente assegurado a todos, cidadãos ou estrangeiros, (art. 5º, *caput*, da CF), à segurança pública, compreende em seu conceito que todos nós podemos exigir do Estado que tutele, com eficiência, as nossas vidas, integridade física, patrimônio, e outros bens jurídicos de especial relevância. Como se nota, se trata de uma relação jurídica, de magnitude constitucional, entre os indivíduos, coletivamente considerados, que possuem o direito à segurança, de um lado e, de outro, a obrigação do Estado de prestar esse serviço público essencial.

O Estado se desincumbirá dessa sua obrigação de prestar segurança pública aos cidadãos de duas formas principais, sob o ponto de vista penal e processual penal:

1ª **forma**: mediante a prevenção da prática de delitos através da atuação da polícia ostensiva (Polícia Militar);

2ª **forma**: não sendo suficiente a 1ª forma, e praticado o crime, deverá o Estado investigar e processar o autor da infração, com eficiência. Pode se dar que, para que se alcance a indispensável eficácia, na investigação e no processo de apuração da infração praticada, bem como para se evitar que novos crimes vitimem outras pessoas, mostre-se indispensável a prisão processual daquele que é investigado ou processado. Certamente a prisão sem culpa formada do indiciado ou acusado é uma gravíssima restrição ao seu direito individual à liberdade, mas que se justifica porque visa tutelar um bem jurídico maior – de todos nós – que é a segurança pública. Então, em um juízo de proporcionalidade, mostra-se justificável o sacrifício momentâneo de um bem jurídico individual – a liberdade do indiciado ou acusado – se for um meio indispensável à busca da eficácia da persecução penal, e como forma de se impedir a prática de novos delitos.

A confirmar a excepcionalidade das prisões cautelares, o art. 283, *caput*, do CPP prevê que ninguém poderá ser preso senão em flagrante delito ou por ordem escrita e fundamentada da autoridade judiciária competente, em virtude de prisão temporária ou prisão preventiva. São apenas essas hipóteses taxativas que autorizam a prisão processual de alguém.

9.1.6.2. Homogeneidade das prisões cautelares

A prisão cautelar é cumprida em regime fechado – no cárcere – e, como tal, só tem sentido, como medida cautelar que visa resguardar o resultado útil do processo, se for decretada no bojo de uma causa penal que autorize, quando da prolação de eventual sentença condenatória, uma pena privativa de liberdade a ser cumprida no regime inicial fechado. Não haveria lógica alguma em se decretar uma prisão cautelar em processo cujo crime imputado ao acusado lhe permita a suspensão condicional do processo, o regime aberto, a substituição da pena privativa de liberdade por restritiva de direitos, etc. Deixaria de existir, nesses exemplos, a *necessária homogeneidade entre a cautelar e o provimento final visado*; indaga-se: qual o sentido de se prender cautelarmente alguém antes da condenação se, caso seja efetivamente condenado, o acusado fosse cumprir a pena solto, seja porque merecedor do regime aberto ou da substituição da pena privativa de liberdade por restritiva de direitos? A incompatibilidade lógica é manifesta: *o instrumento cautelar não pode ser mais gravoso que o provimento final judicial, afinal é um mero instrumento de resguardo da utilidade prática da sentença final.*

Como bem decidido pelo STJ, "(...) a aplicação do princípio da homogeneidade, corolário do princípio da proporcionalidade, que leva a concluir pela ilegitimidade da prisão provisória quando a medida for mais gravosa que a própria sanção a ser possivelmente aplicada na hipótese de condenação, pois não se mostraria razoável manter-se alguém preso cautelarmente em "regime" muito mais rigoroso do que aquele que ao final eventualmente será imposto"[6].

9.1.7. Quem pode ser preso cautelarmente? Imunidades à prisão precautelar (prisão em flagrante) e às prisões cautelares – prisão preventiva e temporária

Em regra, qualquer pessoa pode ser presa cautelarmente (ser preso em razão de prisão preventiva ou temporária), no entanto, a CF e as leis estabelecem imunidades à prisão para ocupantes de determinados cargos públicos, e que são estabelecidas, não em razão de privilégios pessoais, mas em atenção à importância de tais funções para a regularidade das funções estatais, bem como por motivo de acordos internacionais celebrados pelo Brasil.

As imunidades referentes a prisão cautelar são as seguintes:

1ª – Presidente da República

Jamais poderá ser preso cautelarmente, mas apenas depois de decisão condenatória transitada em julgado (art. 86, § 3º, da CF).

O Presidente da República não pode ser responsabilizado por atos estranhos ao exercício de sua função, sejam eles praticados antes ou no decorrer do mandato, de acordo com o art. 86, § 4º, da Lei Maior. Logo, pelo mandamento constitucional, o Presidente da República poderá ser responsabilizado pelos *atos ilícitos práticos no exercício de sua função – os atos de governo*. É a denominada *cláusula de irresponsabilidade relativa*. Após o exercício da presidência, contudo, o ex – presidente responderá pelos atos ilícitos perpetrados, antes ou durante o exercício de seu mandato.

Governadores de Estado e do DF

Os governadores *não possuem a mesma imunidade que o Presidente da República à prisão*, sendo certo que os dispositivos de algumas Constituições Estaduais, criando a mesma imunidade processual aos governadores, têm sido declaradas inconstitucionais pelo STF[7], porque "(...) são "Prerrogativas inerentes ao Presidente da República enquanto chefe de Estado (...)".

O STJ[8] já decidiu ser possível a decretação da prisão preventiva de governador de Estado e do DF, independentemente de prévia autorização da Assembleia Legislativa

---
6. STJ. HC 182.750/SP (2010/0153546-0). Rel. Min. Jorge Mussi.
7. STF – ADI 1.028/PE. Plenário. Rel. Min. Celso de Mello. DJ 17/11/1995.
8. STJ – Corte Especial- Inqu. 650/DF, Rel. Min. Fernando Gonçalves, j. 11/02/2010, DJe 15/04/2010.

(no caso dos Estados – membros) ou da Câmara Distrital (no caso do DF). Essa decisão do STJ foi chancelada pelo STF[9].

2ª – Deputados federais, senadores e deputados estaduais. A atual posição do STF a respeito do assunto

Em tese, não podem ser presos cautelarmente (prisão preventiva e temporária) e só lhes seria autorizado sofrer prisão em flagrante de crime inafiançável, sendo que, nas 24 horas seguintes à prisão, cópias do auto de prisão em flagrante devem ser remetidas à Câmara dos Deputados, Senado Federal ou Assembleia Legislativa, para que deliberem sobre a prisão (art. 53, § 2º, da CF). Estas regras se aplicariam aos deputados estaduais por força do art. 27, § 1º, da CF.

Importante ressaltar que os senadores, deputados federais e, por consequência, deputados estaduais, podem ser presos em decorrência de sentença condenatória que seja passível de execução[10].

Em caso emblemático, a 2ª Turma do STF[11] referendou, por unanimidade, a prisão preventiva de Senador da República que tentava aliciar delator a aceitar sua proposta para fugir do país, inclusive oferecendo meios materiais para tanto; a decisão foi tomada pelo saudoso Min. Teori Zavascki. Em seu requerimento, o Procurador-Geral da República, numa interpretação inteligente dos dispositivos constitucionais, entendeu que, a vedação à prisão de deputados federais e senadores, se levada de maneira literal e absoluta, não faria qualquer sentido, afinal nem sequer os direitos fundamentais são absolutos. Reputou-se ser possível a prisão de congressistas desde que, de um lado, haja elevada clareza probatória, próxima daquela trazida pela prisão em flagrante; de outro, deve haver os pressupostos que autorizam a prisão preventiva. Sendo o Supremo Tribunal Federal o juiz natural dos congressistas, nas causas penais, não faria sentido alijá-lo de julgar as medidas cautelares pertinentes.

Em sua decisão monocrática, o Min. Teori Zavascki reputou que, como participar de organização criminosa (art. 2º da Lei 12.850/2013) é crime permanente – cuja conduta se protrai no tempo – possível concluir que seus participantes – dentre eles o Senador da República *Delcídio do Amaral* – estariam em situação de flagrante.

Mas a única hipótese de prisão em flagrante dos congressistas se dá em caso de crime inafiançável (art. 53, § 2º, da CF), e o crime do art. 2º da Lei 12.850/2013, é afiançável...

Como resolver a questão? Ora, como não é possível conceder-se fiança quando presentes os motivos que autorizam a decretação da prisão preventiva (art. 324, IV, do CPP), pode-se entender que-sendo o caso de se decretar a prisão preventiva de congressista que pretendia destruir elementos probatórios dos autos – o crime se tornou inafiançável – e, sendo inafiançável, permite, nos termos do art. 53, § 3º, a prisão do senador, como conclui, brilhantemente, o Min. Teori Zavascki.

---

9. STF – Pleno – HC- 102.732, Rel. Min. Marco Aurélio, j. 04/03/2010, DJe 081 06/05/2010.
10. Informativo do STF. 11/11/2016. STF. HC 138316. Rel. Min. Teori Zavascki.
11. STF. Ação Cautelar 4039. Rel. Min. Teori Zavascki.

Referendada, pela 2ª Turma, a prisão do Senador, o Senado Federal foi comunicado a respeito da prisão (art. 53, § 2º, da CF), decidindo, no dia 25 de novembro de 2015, por ampla maioria, confirmar a decisão do Supremo, mantendo-se preso preventivamente o Senador Delcídio.

Em outra investigação criminal, dessa vez envolvendo o Senador, pelo PSDB, Aécio Neves, o Supremo[12] não decretou sua prisão preventiva, como ainda lhe permitiu o livre e desembaraçado exercício da atividade parlamentar, tendo por base a imunidade ostentada pelos Senadores (art. 53, § 8º, da CF). Ressaltou-se que, sem a existência de processo – crime contra o parlamentar, mostra-se incabível a suspensão do exercício de seu mandato, sem prejuízo de, internamente, o próprio Senado resolver se houve, ou não, quebra de decoro parlamentar, através de processo administrativo – político; em suma, o Judiciário não poderia substituir-se ao Legislativo, comprometendo a harmonia e independência dos Poderes.

A decisão acima que assegurava a imunidade do mandato do Senador Aécio Neves, não decretando sua prisão preventiva e permitindo o livre exercício de sua função parlamentar, foi combatida através de recurso de agravo interposto pela Procuradoria – Geral da República, o qual foi provido pela 1ª Turma do STF, que determinou a suspensão das funções parlamentares do Senador; o recolhimento domiciliar noturno; a proibição de manter contato com outros investigados por qualquer meio; proibição de se ausentar do país, com entrega do passaporte. Todas essas medidas cautelares impostas estão previstas no art. 319 do CPP[13].

A questão referente à possibilidade de o Supremo impor medidas cautelares a membros do Congresso Nacional (Senadores e Deputados Federais) foi levada à apreciação do Plenário, quando do julgamento da Ação Direta de Inconstitucionalidade (ADI) 5.526, a qual foi julgada parcialmente procedente. Nessa oportunidade, em síntese, decidiu-se que o Supremo pode impor quaisquer das medidas cautelares previstas no art. 319 do CPP, mas, se a medida dificultar ou impedir, direta ou indiretamente, o exercício regular do mandato, a decisão judicial deverá ser remetida, em 24 horas, à respectiva Casa Legislativa para deliberação, nos termos do art. 53, § 2º, da Constituição Federal.

Por fim, voltando ao emblemático caso do Senador Aécio Neves, as medidas cautelares impostas pela 1ª Turma do STF foram remetidas, ao Senado Federal, para deliberação, sendo que tal Casa legislativa, por maioria, em votação aberta[14], levantou todas as restrições impostas do Pretório Excelso ao Senador.

Os deputados estaduais possuem as mesmas prerrogativas processuais dos deputados federais?

Quanto aos deputados estaduais, seguindo-se o raciocínio referente aos deputados federais, seria possível decretar-se sua prisão cautelar, ou imporem-se medidas cautelares

---

12. STF – Agravo Regimental na Ação Cautelar 4.327/DF. Rel. Min. Marco Aurélio.
13. Informativo do STF. 26/09/2017. Agravo na Ação Cautelar 4327. Rel. Min. Marco Aurélio.
14. O Min. Alexandre de Moraes, do STF, concedeu liminar, na medida cautelar em mandado de segurança 35.265/DF, a fim de determinar que a votação no Senado Federal fosse aberta, ostensiva e nomimal, quanto às medidas cautelares aplicadas pela 1ª Turma do Supremo.

pessoais, mas, de qualquer maneira, tais decisões, por impossibilitarem ou, ao menos, restringirem o livre exercício do mandato parlamentar, deveriam passar pelo crivo da Assembleia Legislativa, que poderá confirma-las ou derrubá-las. Em suma, seria o caso de se estenderem as prerrogativas concedidas aos deputados federais, também aos deputados estaduais, por força do art. 27, § 1º, da Constituição Federal que consagraria tal equiparação. Foi o que aconteceu, em novembro de 2017, no Estado do Rio de Janeiro, quando o Tribunal Regional Federal determinou a prisão de três deputados estaduais fluminenses; levada a questão à Assembleia Legislativa do Rio de Janeiro, em votação maciça, através da Resolução 577/2017, revogou-se a prisão cautelar decretada[15].

A soltura dos parlamentares foi, posteriormente, cassada pelo Tribunal Regional Federal, o qual determinou fossem os deputados federais novamente presos.

A AMB (Associação dos Magistrados Brasileiros) ajuizou ADINS (Ações Diretas de Inconstitucionalidade) em que se questionam dispositivos de Constituições Estaduais, inclusive a do Rio de Janeiro[16], que estendem aos deputados estaduais as mesmas imunidades formais asseguradas aos deputados federais e senadores, previstas no art. 53 da Constituição Federal. Argumentou-se, com propriedade, nas Ações Diretas referidas, que, aos deputados estaduais, por força do art. 27 da Constituição Federal, se estendem apenas as imunidades materiais concedidas aos deputados federais, que se referem à inviolabilidade, civil e penal, por suas opiniões, palavras e votos. No entanto, as imunidades formais que possuem os deputados federais de que, na hipótese de imposição de medida que dificulte ou impeça, direta ou indiretamente, o exercício regular do mandato, seja, a decisão judicial, remetida em 24 horas à respectiva casa legislativa para deliberação, não se aplica aos deputados estaduais, porque, tal prerrogativa, "considera a República, e não os estados e municípios".

3ª – Juízes e membros do Ministério Público

Podem ser presos em flagrante (prisão pré-cautelar), assim como sofrerem a decretação de prisão preventiva ou temporária, não lhes beneficiando qualquer causa de imunidade, desde que decretada a medida pelo Tribunal competente. Exemplo: para que seja decretada a prisão preventiva de um desembargador é necessário que a ordem se origine do STJ, Tribunal competente para julgar essa autoridade.

No caso de prisão em flagrante, só podem ser presos na hipótese de flagrante de crime inafiançável; o juiz deve ser apresentado ao Presidente do Tribunal a que esteja vinculado (art. 33, II, da Lei Complementar n. 35/79); o membro do MP deve ser apresentado Procurador-Geral (art. 40, III, da Lei n. 8.625/93).

Preveem, ainda, o parágrafo único do art. 33 do Estatuto da Magistratura (Lei Complementar 35/79), e o parágrafo único do art. 41 da Lei Orgânica Nacional do Ministério Público (Lei 8.625/93), que, quando no curso da investigação, houver indício

---
15. Notícia veiculada pelo Jornal "O Estado de São Paulo", de 18 de novembro de 2017, Caderno Política, página A6.
16. Informativo do STF. 22/11/2017. ADIs 5823, 5824, 5825. A respeito de idêntico tema, a Procuradoria-Geral da República ajuizou, no STF, Arguição de Descumprimento de Preceito Fundamental (ADPF) 497, cujo relator é o Min. Edson Faquin.

da prática de crime – respectivamente – por magistrado ou membro do Ministério Público, a autoridade policial civil ou militar, deverá remeter os autos ao Tribunal (no caso dos Juízes), ou ao Procurador-Geral de Justiça (no caso dos promotores).

Como as investigações criminais envolvendo membros do Ministério Público ou da magistratura não seriam conduzidas pela Polícia, mas sim pelo Presidente do Tribunal ou Procurador – Geral, certo que **o auto de prisão em flagrante só poderia ser presidido e lavrado por eles, e não pelo Delegado de Polícia.**

Claro que, falecendo atribuições às autoridades policiais civis e militares para instaurarem inquérito em face de membro do Ministério Público ou da magistratura, igualmente não lhes seria facultado elaborar termo circunstanciado (TC), para investigar eventual infração de menor potencial ofensivo praticado pelo membro do *Parquet* ou da Magistratura.

Não obstante a literalidade da lei, deve-se dar intepretação conforme ao art. 33, § único da Lei Complementar 35/79 (Lei Orgânica da Magistratura), no sentido de que não cabe ao Judiciário investigar os crimes praticados por seus integrantes, mas sim, simplesmente, supervisionar, através de um desembargador relator, o andamento do inquérito policial. Essa é a nota diferenciadora entre a apuração dos crimes perpetrados entre os membros do Ministério Público e do Judiciário; ao Ministério Público, como tem poder investigatório por autoridade própria, é perfeitamente lícito que investigue, em procedimento próprio, seus membros, lavrando, através do Procurador-Geral, o auto de prisão em flagrante, que será a primeira peça de investigação; quanto à magistratura, que não possui poder investigatório, sob pena de se comprometer sua necessária imparcialidade, não resta outro caminho que aguardar o deslinde das investigações a respeito de seus membros procedida pela Polícia Judiciária. O § 2º do art. 1º, da Resolução 181 do CNMP (Conselho Nacional do Ministério Público), que regulamenta o poder investigatório do *Parquet*, em seu § 2º, do art. 1º, estabelece que o procedimento investigatório previsto não se aplica às investigações que tenham por objeto a apuração de delitos praticados por magistrados (art. 33, § único, da Lei Complementar 35/79). Em outras palavras, não é lícito instaurar procedimento investigatório criminal presidido por membro do Ministério Público quando o investigado for magistrado.

Importante notar que os juízes e membros do Ministério Público podem ser detidos pela prática de um crime afiançável, por qualquer pessoa, agente policial ou não, até para que se impeça a consumação do crime e se preserve a incolumidade pública, sempre abalada pela prática das infrações penais, especialmente quando visualizada por todos. Exemplo: crime de dano contra o patrimônio público perpetrado por membro do MP – destruição de um ponto de ônibus – embora se trate de crime afiançável, o autor pode ser detido em flagrante – a fim de se impedir a consumação ou exaurimento do crime – *mas não se lavrará o auto de prisão em flagrante*; será, tão somente, registrada a ocorrência para apuração do fato criminoso pelos órgãos competentes (Procurador Geral, no caso de membro do Ministério Público, e Polícia Judiciária, em se tratando de magistrado).

Já na hipótese de prisão em flagrante por crime inafiançável, igualmente, os membros do MP ou da magistratura poderão ser detidos em flagrante delito, por qualquer pessoa, e levados à delegacia de polícia, onde a autoridade policial fará imediata comunicação e apresentação do magistrado ao presidente do Tribunal a que esteja vinculado; o membro do MP será apresentado ao Procurador – Geral. Em se tratando de juiz preso em flagrante, o flagrante será lavrado pela autoridade policial, uma vez que, como vimos, não cabe ao Judiciário praticar qualquer ato de investigação. Preso o membro do *Parquet*, o flagrante poderá ser lavrado pelo Procurador-Geral.

Lavrado o auto de prisão em flagrante, pelo Procurador-Geral de Justiça ou pelo delegado de polícia, no último caso se for juiz preso em flagrante, caberá ao Tribunal de Justiça (ou seu órgão especial) determinar, se o caso, a conversão da prisão em flagrante em preventiva, conceder liberdade provisória, com ou sem medidas cautelares, ou ainda, relaxar a prisão em flagrante, por reputa-la ilegal.

4ª – Advogados

O advogado só pode ser preso em flagrante, por motivo de exercício da profissão, em caso de crime inafiançável (art. 7º, § 3º, da Lei n. 8.906/94 – Estatuto da OAB). Isso significa dizer que o advogado não pode ser preso em flagrante pelos delitos de desacato, desobediência, ou crimes contra a honra (todos afiançáveis), se praticados durante o exercício da atividade profissional, não obstante possa, em tese, ser investigado e processado por tais fatos.

No caso de prisão em flagrante por crime inafiançável, pelo advogado, durante o exercício da profissão (por exemplo, na hipótese de crime de racismo perpetrado em audiência), abre-se a possibilidade de sua prisão em flagrante, mas o profissional preso contará com a presença de representante da OAB na delegacia de polícia, sob pena de nulidade do ato (art. 7º, IV, da Lei n. 8.906/94).

Praticado, por advogado, um crime afiançável não relacionado com o exercício da profissão não haverá qualquer impedimento à sua prisão em flagrante. Todavia, o fato deve ser comunicado à seccional da OAB (art. 7º, IV, da Lei n. 8.906/94).

5ª – Diplomatas e cônsules

Diplomatas

De acordo com a Convenção de Viena de 1961 não podem ser presos ou julgados, não importa por qual delito tenham praticado, pelas autoridades do país onde exercem suas funções. Essa imunidade se estende aos familiares do diplomata, os quais, mesmo após o falecimento daquele, continuarão no gozo dos privilégios e imunidades a que têm direito, até a expiração de um prazo razoável. É o que prevê a Convenção de Viena sobre relações diplomáticas (art. 39, § 3º). Essa imunidade não beneficia os empregados particulares dos diplomatas. O **Estado acreditante** (ou seja, aquele a que pertence o diplomata) pode renunciar, expressamente, à imunidade de seu diplomata, o qual passaria a responder pelos atos ilícitos praticados no país por seu agente (**do Estado acreditado**).

De acordo com a Convenção de Viena de 1961 não podem ser presos em flagrante os agentes diplomáticos, seus familiares e funcionários de organizações internacionais (é uma imunidade absoluta).

Como bem alerta Renato Brasileiro de Lima[17], a imunidade não obsta que a autoridade policial investigue o delito praticado pelos diplomatas, remetendo-se o procedimento apuratório ao país de origem.

Cônsul

Os cônsules gozam de imunidade relativa que abarca apenas os crimes funcionais, ou seja, aqueles relacionados à atividade consular, como prevê a Convenção de Viena sobre Relações Consulares (Decreto nº 61.078). Mas, mesmo quanto a esses crimes relacionado com a atividade consular, o Estado a que pertence o cônsul pode renunciar à essa imunidade, fazendo com que responda pelos atos praticados no país (art. 45 da Convenção de Viena).

Os cônsules não podem ser presos em flagrante quanto aos atos praticados referentes às atividades que lhe sejam próprias (trata-se de uma imunidade restrita).

6ª – Menores de idade

Não são presos em flagrante, mas sim apreendidos em flagrante de prática de ato infracional (arts. 171 e seguintes da Lei n. 8.069/90 – Estatuto da Criança e do Adolescente).

7ª – Autor de homicídio ou lesão culposa em acidente de trânsito que preste socorro

Não poderá ser preso em flagrante, desde que o responsável pela lesão ou homicídio tenha prestado imediato e integral socorro à vítima (art. 301 da Lei n. 9.503/97 – Código de Trânsito Brasileiro).

9.1.8. Ocasião para cumprimento das prisões processuais ou cautelares. Restrições do direito eleitoral

As prisões cautelares – prisão preventiva ou temporária –, como regra, podem ser cumpridas em qualquer data ou horário, ou dia de semana, sábado, domingos, feriados.

No entanto, há restrições previstas no Código Eleitoral (art. 236, *caput* e § 1º, da Lei 4.737/1965), estatuídas com a finalidade de assegurar o universal direito ao voto, até daqueles que tenham ordem de prisão decretada contra si, e que são as seguintes:

1ª – 5 dias antes das eleições e até 48 horas após o encerramento delas, é vedado prender eleitor – em razão de prisão temporária ou preventiva, salvo em flagrante delito, ou em razão de sentença criminal, por crime inafiançável, transitada em julgado, ou por violação a salvo-conduto;

2ª – candidatos a qualquer cargo eletivo não podem ser presos até 15 dias antes das eleições;

---

17. Renato Brasileiro de Lima, Curso de Processo Penal, p. 823.

3ª – membros das mesas receptoras e os fiscais de partido, enquanto estiverem no exercício de suas funções, não poderão ser presos, salvo no caso de flagrante delito.

9.1.9. Formalização da ordem de prisão processual ou cautelar. Mandado de prisão: Requisitos intrínsecos e extrínsecos de validade

A ordem de prisão processual, devidamente fundamentada, pelo juiz, através de decisão interlocutória simples, será formalizada em um documento denominado mandado de prisão, que deverá conter os seguintes requisitos intrínsecos (inerentes ao mandado) de validade, previstos no art. 285 do CPP:

Requisitos intrínsecos de validade do mandado de prisão:

1º – ser lavrado pelo escrivão, ou pelo escrevente, e assinado pelo juiz. Indispensável a assinatura; mandado de prisão sem assinatura do juiz é verdadeiro não – ato jurídico, sem qualquer validade, porque inexistente. Não é autorizada a prisão por parte da polícia se não houver assinatura no mandado, o qual poderá configurar, caso se efetive a prisão dessa forma, o delito de abuso de autoridade. Todavia, basta o magistrado apor sua assinatura no mandado de prisão para que se constitua, com perfeição, o ato jurídico processual;

2º – designar a pessoa, que tiver de ser presa, por seu nome, alcunha ou sinais característicos;

3º – mencionará a infração penal que motivar a prisão;

4º – ser dirigido a quem tiver qualidade para dar-lhe execução;

5º – deve ser inserido no mandado a comarca (Justiça Estadual) ou seção judiciária (Justiça Federal), e vara;

6º – número do inquérito ou do processo;

7º – suma da decisão que decretou a prisão;

8º – data da decisão;

9º – prazo de validade do mandado que corresponde ao prazo prescricional.

O mandado de prisão será passado em duplicata, ambos os mandados assinados pela autoridade judiciária (art. 286 do CPP).

Cópias do mandado de prisão

Ao receber o mandado de prisão, o delegado de polícia pode expedir várias cópias daquele documento, a fim de facilitar as diligências (art. 297 do CPP).

Requisitos extrínsecos do mandado de prisão

O cumprimento do mandado de prisão possui os seguintes requisitos extrínsecos – que se referem-se ao modo como o mandado é cumprido – para que tenha validade:

1º- pode ser cumprido em qualquer dia e horário, respeitada a inviolabilidade do domicílio (art. 283, § 2º, do CPP);

2º- não é permitido o emprego de força, salvo a indispensável no caso de resistência ou fuga do preso (arts. 284 e 292 do CPP). Importante lembrar, quando se fala do cumprimento do mandado de prisão, o teor da Súmula Vinculante 11 do STF, que tem o seguinte conteúdo: "Só é lícito o uso de algemas em casos de resistência e de fundado receio de fuga ou de perigo à integridade física própria ou alheia, por parte do preso ou de terceiros, sob pena de responsabilidade disciplinar, civil e penal do agente ou da autoridade e de nulidade da prisão ou do ato processual a que se refere, sem prejuízo da responsabilidade civil do Estado".

Prevê o parágrafo único do art. 292 do CPP, introduzido pela Lei 13.434, de 12 de abril de 2017, que: "É vedado o uso de algemas em mulheres grávidas durante os atos médico – hospitalares preparatórios para a realização do parto e durante o trabalho de parto, bem como em mulheres durante o período de puerpério imediato".

3º – o executor do mandado entregará ao preso, logo depois da prisão, um dos exemplares do mandado de prisão com declaração do dia, hora e lugar da diligência. Da entrega deverá o preso passar recibo no outro exemplar; se recusar, não souber ou não puder escrever, o fato será mencionado em declaração, assinada por duas testemunhas (art. 286 do CPP), denominadas fedatárias ou instrumentárias. Essa formalidade de cumprimento do mandado de prisão corresponde à efetivação ao direito do preso de conhecer o responsável por sua prisão (art. 5º, LXIV, da CF).

O recibo do preso no outro exemplar do mandado de prisão será juntado aos autos de inquérito ou processo e servirá para que se conte o tempo de prisão, período esse que deverá ser descontado da eventual pena a ser imposta por sentença condenatória, por força da detração (art. 42 do CP), além de poder auxiliar a se patentear possível excesso de prazo na prisão cautelar.

No caso de infração inafiançável, a falta de exibição do mandado não obstará à prisão, e o preso, em tal caso, será imediatamente apresentado ao juiz que tiver expedido o mandado (art. 287 do CPP). Essa apresentação ao juiz é de raríssima ocorrência; mais prático que, após a prisão, se exiba, ao preso, o mandado de prisão. Importante esclarecer que, nessa situação, há ordem escrita e devidamente fundamentada da autoridade, bem como foi expedido mandado de prisão, mas tal documento, no momento da prisão, não estava em mãos do agente da polícia; pouco importa, sabedor da existência da ordem judicial, o policial prende o indiciado ou acusado; depois, ou entrega ao preso cópia do mandado de prisão, ou, simplesmente, apresenta o detido ao juiz, onde será formalizada a prisão, com a entrega de cópia do mandado de prisão.

4º – o mandado de prisão deve ser exibido ao respectivo diretor ou carcereiro, a quem será entregue cópia assinada pelo executor ou apresentada a guia expedida pela autoridade competente, devendo ser passado recibo da entrega do preso, com declaração de dia e hora (art. 288, *caput*, do CPP);

5º - o juiz e o MP deverão ser imediatamente comunicados da prisão cautelar - prisão preventiva ou temporária.

6º - audiência de custódia para verificar a legalidade da prisão.

9.1.10. Direitos do preso provisório

São os seguintes:

1º - ordem judicial de prisão concretamente fundamentada;

2º - expedição de mandado de prisão regular, com cumprimento dos requisitos intrínsecos e extrínsecos legais;

3º - ser detido sem violência desnecessária ou uso de algemas desmotivado;

4º - recebimento de cópia do mandado, para que tome conhecimento quem é o responsável por sua prisão (art. 5º, LXIV, da CF);

5º - o preso será informado de seus direitos, entre os quais o de permanecer calado, sendo-lhe assegurada a assistência da família e do advogado (art. 5º, LXIII, da CF). Caso o autuado não informe o nome de seu advogado, sua prisão será comunicada à Defensoria Pública (art. 289-A, § 4º, do CPP). Essa norma, embora inserida no dispositivo que trata do armazenamento de informações no Banco de Dados do CNJ (Conselho Nacional de Justiça), é verdadeira norma geral, de cogente aplicação, a todos aqueles que cumpram mandados de prisão preventiva ou temporária. Em outras palavras, aquele que for detido por força de prisão preventiva ou temporária será cientificado de seu direito de ser assistido por advogado, constituído, ou Defensor Público, caso não possua advogado de sua confiança. Caberá então ao juiz que for comunicado da prisão, oficiar à Defensoria Pública para que tome conhecimento da prisão e atue em prol do preso; na hipótese de não ter sido criada Defensoria Pública no local em que foi efetivada a prisão, o juiz deverá nomear advogado dativo para representar os interesses do indiciado ou acusado.

6º - o preso provisório deverá ficar separado dos definitivamente condenados (art. 300, *caput*, do CPP e art. 84, *caput*, da Lei de Execução Penal - Lei 7.210/84).

7º - Os presos provisórios ficarão separados entre si, de acordo com os seguintes critérios (art. 84, § 1º da Lei de Execução Penal - Lei 7.210/84):

- acusados pela prática de crimes hediondos ou equiparados;

- acusados pela prática de crimes cometidos com violência ou grave ameaça à pessoa;

- acusados pela prática de outros crimes ou contravenções diversas das anteriores.

De acordo com a lei, deveria haver, nas cadeias públicas, alas separadas para presos provisórios, de acordo com a espécie de delitos que motivaram suas prisões cautelares; embora mencione a lei, o termo "acusados", certo que a prisão cautelar incide em face dos indiciados (aqueles que estão sendo investigados) e acusados (aqueles que estão sendo processados).

9.1.11. Desnecessidade de expedição de mandado

No caso de indiciado ou acusado evadido, para que seja novamente preso, não é necessária a expedição de novo mandado de prisão, mas bastará a extração de cópia do anterior.

9.1.12. Prisão por precatória

O mandado de prisão pode ser expedido por precatória, quando o preso estiver fora da jurisdição do juiz processante, mas em território nacional (art. 289, *caput*, do CPP). Havendo urgência, o juiz poderá requisitar a prisão por qualquer meio de comunicação, tomando as precauções necessárias para averiguar a autenticidade da comunicação (art. 289, §§ 1º e 2º, do CPP). Esse qualquer meio possível abarca o uso de telefone, e-mail – fax, Whatsapp etc.

Se o preso estiver em outra comarca, o juiz processante (aquele que irá julgá-lo e de quem partiu a ordem de prisão) deverá providenciar a remoção do preso no prazo máximo de 30 dias, contados da prisão (art. 289, § 3º, do CPP).

9.1.13. Prisão e inviolabilidade domiciliar

A ordem de prisão não autoriza a invasão do domicílio do indiciado ou acusado, ou de terceira pessoa, mesmo que tenha havido perseguição, sob pena de responder, o agente policial, pelo delito de abuso de autoridade. Para que se adentre ao domicílio onde esteja refugiado quem deva ser preso, imprescindível que se obtenha ordem judicial de busca e apreensão domiciliar.

9.1.14. Registro do mandado de prisão no CNJ

O juiz competente providenciará o imediato registro do mandado de prisão em banco de dados mantido pelo Conselho Nacional de Justiça para essa finalidade (art. 289-A, *caput*, do CPP). Como o banco de dados tem caráter nacional, qualquer agente policial poderá efetuar a prisão determinada no mandado de prisão registrado no Conselho Nacional de Justiça, ainda que fora da competência territorial do juiz que o expediu (art. 289-A, § 1º, do CPP). Como sugere Renato Brasileiro de Lima[18], conveniente que sejam registradas, no banco de dados nacional, também as medidas cautelares impostas.

---

18. Renato Brasileiro de Lima, Curso de Processo Penal, p. 833.

Se não houver registro, mesmo assim, qualquer agente policial poderá efetuar a prisão decretada, adotando, porém, as precauções necessárias para averiguar a autenticidade do mandado e comunicando ao juiz que a decretou, devendo este providenciar, em seguida, o registro do mandado como lhe é exigido em lei (art. 289-A, § 2º, do CPP).

A prisão será imediatamente comunicada ao juiz do local de cumprimento da medida, o qual providenciará a certidão extraída do registro do Conselho Nacional de Justiça e informará ao juízo que a decretou (art. 289-A, § 3º, do CPP).

Havendo dúvidas das autoridades locais sobre a legitimidade da pessoa do executor ou sobre a identidade do preso, é permitido que seja mantido sob custódia o preso até esclarecida a dúvida (art. 289-A, § 5º, do CPP).

9.2. PRISÃO EM FLAGRANTE

9.2.1. Conceito

É aquela prisão em que o agente é detido, por agentes policiais ou por qualquer um do povo, quando pratica uma infração penal (crime ou contravenção penal), acaba de pratica-la, ou é perseguido ou encontrado, logo depois, em situações que façam presumir ser ele seu autor.

9.2.2. Natureza jurídica mista administrativa-jurídica (*pré-cautelar*) da prisão em flagrante

A prisão em flagrante é um ato, na sua complexidade, híbrido, materializado por atos administrativos e judiciais para que possa produzir efeitos.

Ato administrativo porque praticado por autoridade administrativa (autoridade policial ou agente de polícia), ou qualquer um do povo, ambos no exercício, permanente ou transitório, do poder administrativo, com finalidade também administrativa: resguardar a ordem pública, comprometida potencialmente pela clara violação das leis penais, evitando-se que as infrações penais se consumem, em prejuízo do titular do bem jurídico violado. Trata-se de verdadeira forma de autodefesa da sociedade; no caso do particular que, como veremos, não tem obrigação de prender, é um exercício regular de direito; como os agentes da polícia possuem o dever de prender, trata-se de verdadeiro caso de estrito cumprimento de dever legal. Em ambas as situações se verifica a prática de ato lícito, protegido e estimulado pelo direito.

Mas, segue-se, ao ato administrativo da prisão em flagrante, que dispensa, obviamente, ordem judicial para ser efetivada, um rígido controle jurídico de sua legalidade a envolver, em seu aperfeiçoamento, o juiz, o MP, e a Defesa. Em razão disso, acentuamos a **natureza híbrida, administrativa – judicial do ato.**

Diz-se que a prisão em flagrante é uma medida pré-cautelar, porque esse ato administrativo, ao ser submetido ao controle judicial, pode ser sucedido por uma medida cautelar verdadeira, como a decretação da prisão preventiva ou temporária, ou ainda, a imposição de liberdade provisória, com a imposição de medida cautelar diversa.

9.2.3. Finalidades da prisão em flagrante

Como forma de autodefesa da sociedade a ser exercida por qualquer dos seus membros ou por agentes da polícia, apontam-se os seguintes escopos da prisão em flagrante:

1º – impedir a consumação ou exaurimento da infração penal, tutelando o bem jurídico do sujeito passivo da infração penal, como a vida, integridade física, patrimônio etc., da vítima;

2º – a apreensão dos elementos informativos do fato ilícito, como evidências materiais e pessoais do ocorrido, como a coleta da arma do crime, identificação das testemunhas e da vítima, o que poderia ser prejudicado ou perdido com o decorrer do tempo;

3º – evitar a justiça com as próprias mãos pela comunidade, abalada com a prática do crime praticado à sua vista, o que poderia redundar no linchamento e morte do possível autor da infração, bem como descrédito quanto à validade das normas penais.

9.2.4. Fases da prisão em flagrante

Como ato jurídico complexo que é, a prisão em flagrante se desdobra nas seguintes fases:

1ª – **captura ou detenção do infrator** – por agentes da polícia ou qualquer um do povo, quando se encontrar em uma situação típica de flagrante (é a denominada voz de prisão);

2ª – **condução coercitiva do infrator a presença da autoridade administrativa (geralmente o delegado de polícia)**;

3ª – **ratificação da voz de prisão pela autoridade policial, se verificar que se trata de hipótese legal autorizadora;**

4ª-**lavratura do auto de prisão em flagrante pela autoridade policial;**

5ª – **recolhimento a prisão;**

6ª – **comunicação ao juiz, MP e Defensor da prisão;**

7ª – **audiência de custódia. Apresentação imediata do preso a autoridade judicial.**

9.2.5. Sujeitos da prisão em flagrante. Sujeito ativo (flagrante compulsório e facultativo). Sujeito passivo (quem pode ser preso em flagrante)

Sujeito ativo

O sujeito ativo refere-se a quem está autorizado a prender em flagrante. De acordo com o art. 301 do CPP, qualquer um do povo tem esta faculdade, denominando-se, assim, essa modalidade de flagrante de **flagrante facultativo**, porque existe a possibilidade de se prender, mas não o dever.

Tratando-se, porém, de autoridades policiais e seus agentes e integrantes da polícia militar existe o dever de prenderem em flagrante quem esteja praticando uma infração penal. São obrigados a prender em flagrante os integrantes da polícia ostensiva (policiais militares, os policiais rodoviários estaduais e federais, e os policiais ferroviários federais) e também os integrantes da Polícia Judiciária (policiais civis e integrantes da Polícia Federal). É o denominado **flagrante compulsório, necessário ou obrigatório**, também previsto no art. 301 do CPP. Essa obrigação não abrange os magistrados ou membros do MP. E os guardas civis municipais têm a obrigação de prender em flagrante? Não, porque não possuem a missão constitucional de exercer a segurança pública, mas apenas devem velar pelo patrimônio e pelos serviços municipais, mas lhes é facultado prender em flagrante, como o é a qualquer um do povo.

Sujeito passivo

O sujeito passivo do flagrante é quem pode ser preso. Em regra, qualquer pessoa pode ser presa em flagrante, pela prática de qualquer crime, mas existem exceções, referente a pessoas que, pelo cargo que ocupam ou pela situação que se encontram, não podem ser presas em flagrante ou só podem sê-lo se o crime for inafiançável, e que são as seguintes.

Quanto às restrições à prisão em flagrante de determinadas pessoas remete-se o leitor ao item 9.1.7. *Quem pode ser preso cautelarmente? Imunidades à prisão pré--cautelar (prisão em flagrante) e às prisões cautelares - prisão preventiva e temporária* deste capítulo.

9.2.6. Espécies de prisão em flagrante

Há **três espécies de prisão em flagrante**:

1ª – Flagrante próprio ou real

O agente é preso quando está cometendo a infração ou acaba de cometê-la (art. 302, I e II, do CPP).

Por **cometer a infração**, entende-se que o agente é preso quando está desenvolvendo atos de execução do crime. Exemplo: o agente é preso quando saca a arma de fogo e anuncia o assalto à vítima exigindo a entrega do celular.

Por **acabar de cometer a infração**, compreende-se aquela situação em que o agente é preso depois de encerrados os atos de execução do crime, sem que haja qualquer intervalo relevante de tempo. Exemplo: o autor do crime é preso depois de efetuar disparos contra a vítima, no momento em que coloca a arma em sua cintura.

Entendemos que, nessas duas hipóteses de flagrante próprio, o agente será preso em flagrante no próprio lugar do crime, ou nas suas imediações, dada a imediatidade de sua prisão.

2ª – Flagrante impróprio ou quase flagrante

O agente é perseguido, logo após a prática do crime, pela autoridade, pelo ofendido ou por qualquer pessoa, em situação que faça presumir ser o autor da infração (art. 302, III, do CPP).

O autor do crime, nessa hipótese, normalmente sai do local onde foi perpetrado o crime, após ter praticado os atos de execução, quando passa a ser perseguido, pela vítima ou pela polícia, logo após o crime, o que compreende o tempo necessário entre a ação delituosa e a tomada de conhecimento, imediata, ou, pelo menos, quase que imediata, de sua existência e o início das diligências de perseguição.

Exemplo: o agente pratica um roubo e foge; acionada a polícia, a vítima, com a chegada de seus integrantes, informa suas características físicas que, com base nesses informes, conseguem deter e prender em flagrante o autor do crime nas imediações do crime.

O que deve se entender por essa **perseguição** que autoriza a prisão em flagrante?

A própria lei informa o que deve se entender por perseguição em seu art. 290, § 1º, do CPP:

"Entender-se-á que o executor vai em perseguição do réu, quando:

a) tendo – o avistado, for perseguindo – o sem interrupção, embora depois o tenha perdido de vista;

b) sabendo, por indícios ou informações fidedignas, que o réu tenha passado, há pouco tempo, em tal ou qual direção, pelo lugar em que o procure, for no seu encalço".

Nota-se, assim, que mesmo que esta perseguição possa durar horas ou até dias, a prisão em flagrante do autor da infração será legal, desde que seja ininterrupta, ou seja, sem intervalos na busca pelo infrator, como exige a lei.

3ª – Flagrante presumido ou ficto

O agente é encontrado, logo depois, com instrumentos, armas, objetos ou papéis que façam presumir ser ele autor da infração (art. 302, IV, do CPP).

Não há perseguição, e os atos executórios do crime já se encerraram. Exemplo: o agente é revistado pela polícia e é encontrado em poder dele a arma utilizada para a prática de um homicídio.

A compreensão que a jurisprudência tem dado à expressão *logo depois* é mais extensa que a das demais espécies de flagrante acima citadas, podendo alcançar horas entre a ação criminosa e a prisão do agente na posse de objetos comprometedores.

9.2.7. Inviolabilidade de domicílio e prisão em flagrante

O art. 5º, XI, da CF estabelece, como direito individual à intimidade, que "a *casa* é asilo inviolável do indivíduo, ninguém nela podendo penetrar sem o consentimento do morador, *salvo em flagrante delito* ou desastre, ou para prestar socorro, ou, durante o dia, por determinação judicial" (grifos nosso).

Mas o que se compreende por casa?

O conceito de casa, para o direito penal (art. 150, § 4º, do CP), é o de qualquer compartimento habitado, mesmo que sem a intenção de residir com ânimo definitivo, o que tutela a intimidade de quem ocupe um quarto de hotel, motel, uma boleia de caminhão, a parte interna de comércios, escritórios, etc.

O art. 150, § 3º, do Código Penal esclarece que não constitui crime de violação de domicílio a entrada ou permanência em casa alheia ou em suas dependências a qualquer dia hora do dia ou da noite, quando algum crime estiver sendo praticado ou na iminência de o ser.

A indagação que se faz, dominado esse conceito da garantia individual da inviolabilidade da casa, sob o aspecto penal, entendida como qualquer compartimento habitado, é a seguinte: **é permitido que se adentre a casa de alguém no caso de qualquer espécie de flagrante delito, ou seja, o próprio, o impróprio e o presumido, ou apenas o próprio?**

Há **duas posições** sobre o assunto:

1ª Posição: Só está autorizada a violação de domicílio no caso de flagrante próprio ou real – aquele em que o crime está ocorrendo ou acabou de ser praticado; os outros flagrantes (impróprio ou quase flagrante e flagrante ficto), por serem uma extensão legal do flagrante propriamente dito, não trariam a certeza necessária da prática delitiva a ponto de justificar, sob o ponto de vista da proporcionalidade, a lesão ao direito à intimidade, cuja proteção material é justamente a inviolabilidade do recesso domiciliar.

2ª Posição. É autorizada a violação de domicílio em qualquer hipótese de prisão em flagrante, uma vez que nem a Lei Maior nem o Código Penal distinguem, de modo que não cabe ao interpreto fazê-lo; o conceito de flagrante autorizador da entrada em domicílio a qualquer momento, mesmo sem autorização do morador, é o estabelecido na Lei Processual Penal (CPP) que não faz distinções entre flagrantes quanto à sua eficácia, mas simplesmente disciplina quais as circunstâncias fáticas que são caracterizadoras do instituto da prisão em flagrante. Essa nos parece ser a melhor posição.

9.2.8. Local da infração e local da lavratura do auto de prisão em flagrante. Competência territorial. Competência absoluta

Competência relativa (territorial)

Muitas vezes ocorre que o local onde foi praticada a infração penal seja diferente daquele onde o agente é preso em flagrante. Essa distinção é relevante a fim de se caracterizar, primeiro, quem é a *autoridade administrativa* com atribuição para formalizar a prisão em flagrante; depois, qual é a *autoridade judiciária competente* para controlar a legalidade do auto de prisão em flagrante, o que são matérias processuais distintas.

Vamos exemplificar para melhor esclarecer. Um crime de roubo de automóvel *é praticado na comarca de Osasco*, e após a subtração, o agente, na condução do bem, *adentra à comarca de São Paulo*, onde, após perseguição pela polícia, é preso em flagrante (art. 302, III, do CPP – flagrante impróprio).

Nesse exemplo, o auto de prisão em flagrante será lavrado, pelo delegado de polícia, na comarca de São Paulo, onde se deu a prisão, mas as cópias do flagrante (bem como a possível audiência de custódia do preso) deverão ser remetidas à comarca de Osasco, porque o crime se consumou naquela cidade, de acordo com o art. 70 do CPP, local onde deverá oficiar o Juízo competente; a inobservância dessa regra, acarreta, pela incompetência relativa (territorial), a nulidade relativa da decisão a respeito da prisão e possível relaxamento da prisão em flagrante.

Claro que o oferecimento de denúncia deverá ser perante uma das varas criminais da comarca de Osasco e não na comarca de São Paulo; a violação a essa regra de competência territorial, oferecendo-se denúncia em São Paulo, acarreta, igualmente, a incompetência relativa (e a nulidade relativa do processo, podendo ser oposta, pela defesa, a exceção de incompetência).

Competência absoluta (pela matéria)

Vamos pensar em outra situação diversa: o autor de um delito de moeda falsa (de competência da Justiça Federal) é preso em flagrante e lavrado o auto pelo delegado de polícia estadual, indaga-se: há nulidade no auto de prisão em flagrante? Não haverá, porque inexiste nulidade, como regra, em inquérito policial, mas o controle sobre a legalidade do flagrante deve ser efetivado pelo Juízo Federal e não o Estadual, sob pena de nulidade – *absoluta* – da eventual decisão que venha a decretar a prisão do custodiado em flagrante, relaxá-la ou a de concessão de liberdade provisória, porque patente a incompetência de natureza absoluta (uma vez que violada a competência da Justiça Federal inscrita na Lei Maior). A denúncia pelo crime de competência da Justiça Federal (moeda falsa no nosso exemplo) não poderá ser oferecida na Justiça Estadual, sob pena de nulidade absoluta por incompetência por ofensa à preceito constitucional (incompetência absoluta).

9.2.9. Quem se apresenta espontaneamente ao delegado pode ser preso em flagrante?

Nessa situação, o agente, ao se apresentar espontaneamente ao delegado para relatar a prática do crime, não se amolda a quaisquer das espécies de flagrante acima estudas, de modo que não se mostra possível essa modalidade de prisão, sem prejuízo de, eventualmente, ser decretada sua prisão temporária ou preventiva.

9.2.10. Denominações dadas pela doutrina a certos flagrantes

As mais comuns denominações são as seguintes:

1ª - Flagrante provocado ou preparado

Determinadas pessoas (policiais ou não) induzem o agente a praticar um delito, ao mesmo tempo que tomam todos os cuidados necessários para que o crime não se consume. Quem provoca o agente a praticar a infração, denomina-se *agente provocador*.

Exemplo: o agente provocador instiga determinada pessoa a matar seu inimigo informando que a vítima estaria imobilizada e sozinha em sua casa onde poderia ser asfixiada. Convencido, o autor entra na casa do ofendido, e inicia a execução do crime asfixiando – o com seu travesseiro, momento em que é preso em flagrante pela polícia, que tinha sido avisada antes do que ocorreria naquele local e tomou as providências para que o crime não se consumasse.

De acordo com a Súmula 145 do STF "não há crime, quando a preparação do flagrante pela polícia torna impossível a sua consumação"; é hipótese de crime **impossível**, que é fato atípico de acordo com o art. 17 do CP. É o denominado *crime putativo por obra do agente provocador*.

Esse flagrante é ilegal, e deve ser relaxado.

2ª - Flagrante esperado

É aquele em que policiais tomam conhecimento de que haverá a prática de um crime em um local e, quando o agente inicia os seus atos de execução, é preso em flagrante. Neste flagrante, não há qualquer provocação ou induzimento do autor do crime, que age voluntariamente. Este flagrante é legal.

3ª - Flagrante forjado

Ocorre na situação em que policiais ou particulares incriminam falsamente o agente, para vê-lo ser preso em flagrante, colocando, por exemplo, drogas em sua mochila, a arma do crime de homicídio etc. O flagrante é manifestamente ilegal e deve ser relaxado, sem prejuízo da responsabilidade de quem o forjou pelos crimes de denunciação caluniosa (art. 339 do CP) e abuso de autoridade (Lei n. 4.898/65 – este último se aquele que forjou o flagrante for funcionário público).

4ª - Flagrante retardado, diferido ou postergado (ação controlada)

É aquele em que os agentes de polícia, embora visualizem a prática de um crime que possibilitaria a prisão em flagrante de seus autores, deixam de prendê-los, naquele momento, a fim de possibilitar a formação de melhores elementos de convicção e responsabilização de maior quantidade de pessoas envolvidas nas infrações.

Este flagrante é previsto em duas leis:

1ª - Lei que define organizações criminosas e dispõe sobre a investigação criminal, os meios de obtenção da prova e o procedimento criminal - Lei n. 12.850/2013

Em seu art. 8º, a lei prevê que a ação controlada consiste em retardar a intervenção policial relacionada à ação praticada por organização criminosa ou a ela vinculada, desde que mantida sob observação e acompanhamento para que a medida legal se concretize no momento mais eficaz à formação de provas e obtenção de informações.

2ª - Lei Antidrogas (Lei n. 11.343/2006)

Que em seu art. 53, II, permite a não atuação policial sobre os portadores de drogas, seus precursores químicos ou outros produtos utilizados em sua produção, que se encontrem no território brasileiro, com a finalidade de identificar e responsabilizar maior número de integrantes de operações de tráfico e distribuição.

Afora essas duas hipóteses, expressamente previstas em lei, em que se autoriza à polícia um juízo discricionário quanto a se prender ou não em flagrante o agente, é certo que, em todos os demais casos, é dever dos integrantes da polícia efetuar a prisão se ocorrer qualquer situação de flagrância.

9.2.11. Crimes que admitem a prisão em flagrante

A regra é que todos os crimes admitem a prisão em flagrante, mas existem certas particularidades, quanto a determinadas infrações, que são as seguintes:

1ª - Crimes de ação penal privada ou ação penal pública condicionada à representação

O flagrante referente a crime de ação penal pública incondicionada pode ser lavrado, independentemente da manifestação de vontade da vítima, ou de qualquer outra pessoa. Exemplo: crime de roubo ou de tentativa de homicídio; pouco importa a vontade da vítima de não querer ver processado o autor do delito, a lavratura do auto de prisão em flagrante será cogente.

No caso de flagrante por delito de ação penal pública condicionada ou ação penal privada, para que seja lavrado o auto de prisão em flagrante, indispensável que se colha a manifestação de vontade da vítima ou seu representante legal. Registre-se, contudo, que o autor de tais delitos poderá ser detido em flagrante, pela vítima ou por qualquer outra pessoa – até para impedir a consumação do crime e evitar o desassossego social – mas a formalização do flagrante dependerá da aquiescência do ofendido. Essa concordância poderá ser expressa no auto de prisão em flagrante, ou mesmo tácita, ao prestar declarações e mencionar que deseja ver processado o autor da infração. Se a vítima não puder comparecer à delegacia de polícia no momento da prisão em flagrante – por motivo relevante (por exemplo, tratamento médico ou internação inadiáveis), poderá se aguardar, para colher sua manifestação de vontade, no máximo, por 24 horas, que é o prazo para a entrega da nota de culpa, como formalidade essencial à lavratura do auto de prisão em flagrante, sob pena de seu relaxamento.

2ª - Infrações de menor potencial ofensivo

São todas as contravenções penais e os crimes cuja pena não ultrapasse dois anos. A prisão em flagrante, na sua primeira etapa que é a detenção e condução do agente até a delegacia, é autorizada, mas não se lavrará o auto de prisão em flagrante, quando o autor do fato for imediatamente encaminhado ao Juizado Especial Criminal ou assumir o compromisso de fazê-lo (art. 69, § único, da Lei 9.099/95). Nestas duas situações, só será lavrado o termo circunstanciado e não o auto de prisão em flagrante. Todavia, se o detido se recusar a comparecer ao Juizado, será lavrado o auto de prisão em flagrante.

3ª – Crimes permanentes

De acordo com o art. 303 do CPP, nas infrações permanentes, entende-se estar o agente em flagrante delito enquanto não cessar a permanência; ou seja, em qualquer momento da infração, o agente poderá ser preso em flagrante. Exemplo: em um sequestro, enquanto a vítima estiver mantida em cativeiro, o autor do crime pode ser preso.

4ª – Crime habitual

É aquele em que a reiteração de condutas, isoladamente atípicas, em seu conjunto, passa a configurar um modo de vida repudiado pelo direito penal a ponto de considerá-lo infração penal. Exemplo: Exercício ilegal de medicina (art. 282 do CP). Entendemos possível a prisão em flagrante no crime habitual, desde que comprovada, de plano, a habitualidade na conduta do agente; há, entretanto, posição oposta, que reputa impossível esta comprovação imediata, e, em razão disso, não admite a prisão em flagrante no crime habitual.

5ª – Crime continuado

Como cada ação criminosa que constitui o chamado crime continuado, previsto no art. 71 do CP, na verdade, é, isoladamente, um crime, mostra-se admissível a prisão em flagrante de seu autor quanto a cada uma das condutas delituosas.

9.2.12. Autoridade com atribuição para lavrar o auto de prisão

Normalmente quem lavra o auto de prisão em flagrante é a autoridade policial, mas, conforme deixa claro o art. 307 do CPP, se o crime for praticado na presença do delegado ou do *juiz*, ou contra ambos, no exercício de suas funções, tais autoridades poderão dar voz de prisão e confeccionar o auto de prisão, narrando o fato, as declarações do preso, os depoimentos das testemunhas, sendo tudo assinado pela autoridade, pelo preso e pelas testemunhas. No caso do delegado de polícia, a cópia da prisão em flagrante é remetida ao juiz; sendo o próprio juiz quem lavrou o auto de prisão, entendemos que as cópias do auto devem ser enviadas ao Tribunal competente, para controle da legalidade da prisão efetuada pelo juiz, não sendo jurídico que se possa imaginar um juiz de 1ª instância relaxando a prisão em flagrante de outro juiz de mesma hierarquia funcional. De qualquer forma, todas as formalidades e comunicações legais serão aplicáveis nesta situação. Claro que o juiz que determinou a prisão em flagrante de uma pessoa está *impedido* de julgar eventual ação penal oferecida tendo por objeto os mesmos fatos (art. 252, II e IV, do CPP). Já decidiu o STF[19] que o presidente

---
19. STF – HC 73.035/DF- Pleno – rel. Min. Carlos Velloso- DJ 19/12/1996, p. 51.766.

da comissão parlamentar de inquérito não é autoridade para fins de presidir auto de prisão em flagrante.

9.2.13. Auto de prisão em flagrante. Conceito. Procedimento. Comunicações obrigatórias. Decisões possíveis a respeito da prisão em flagrante. Audiência de Custódia

9.2.13.1. Conceito

Auto de prisão em flagrante é a documentação dessa prisão precautelar elaborada pela autoridade (normalmente delegado de polícia), em que colhe os elementos informativos referentes à infração penal (oitiva de vítima, do condutor, de testemunhas, interrogatório), e, após, de maneira fundamentada, expressa sua convicção jurídica, declarando como legal e válida a detenção operada.

A documentação, por escrito, do auto de prisão em flagrante, é a regra, mas nada impediria que os depoimentos fossem colhidos pelo sistema audiovisual (gravações), como faculta o art. 405, § 1º, do CPP.

9.2.13.2. Procedimento

De acordo com o art. 304 do CPP o procedimento do auto de prisão em flagrante terá a seguinte sequência:

1º – Oitiva do condutor

Condutor é aquele que apresentou (conduziu) o preso à autoridade. O condutor pode coincidir com o sujeito ativo do flagrante – hipótese em que quem prende também conduz o detido à autoridade; pode ocorrer, todavia, que o condutor só se encarregue de levar o preso à polícia, depois de o sujeito ativo tê-lo detido. É o que ocorre quando o preso é detido por populares não identificados, e a polícia se encarrega de levar o autor do crime até o distrito policial; nesta situação, o sujeito ativo do flagrante não coincide com a figura do condutor.

Após a oitiva do condutor, este assinará o termo de depoimento, receberá sua cópia e, também, um recibo de entrega do preso.

2º – Oitiva de, pelo menos, duas testemunhas e da vítima

Além do condutor, deverão ser ouvidas duas testemunhas. Se houver apenas uma testemunha, desde que, somada ao depoimento do condutor, estará cumprida a formalidade legal. Além das testemunhas, devem ser sempre ouvidas as vítimas do crime. E se não houver testemunhas? Determina o § 2º do art. 304 do CPP que a falta de testemunhas da infração não impedirá o auto de prisão em flagrante; mas, nesse caso, com o condutor, deverão assiná-lo pelo menos duas pessoas que hajam testemunhado a apresentação do preso à autoridade (são as chamadas *testemunhas de apresentação*). Após cada oitiva das testemunhas, elas assinarão o termo de depoimento, colhendo-se suas assinaturas.

3º – Interrogatório do indiciado

O preso deve ser informado do seu direito de permanecer calado (art. 5º, LXIII, da CF); imprescindível que conste do termo de interrogatório que a autoridade lhe assegurou tal prerrogativa; poderá, assim, o preso apresentar sua versão a respeito dos fatos ou calar-se.

Quando o indiciado se recusar a assinar, não souber ou não puder fazê – lo, o auto de prisão em flagrante será assinado por duas testemunhas, que tenham ouvido sua leitura na presença deste (art. 304, § 3º, do CPP). São as chamadas *testemunhas de leitura* ou *fedatárias*.

4º – Da lavratura do auto de prisão em flagrante

Deverá constar a informação sobre a existência de filhos, respectivas idades e se possuem alguma deficiência, e o nome e contato de eventual responsável pelos cuidados dos filhos indicado pela pessoa presa (art. 304, § 4º, do CPP).

Cabe à autoridade policial perguntar, durante o interrogatório do indiciado, a respeito da existência de filhos, suas idades e se possuem deficiência, a fim de que, *caso o preso possua filhos menores ou com deficiência*, a própria autoridade policial ou agente policial, possam entrar em contato – telefônico ou pessoal – com o eventual responsável pelos filhos; a esses se comunicará que o indiciado se encontra preso, e que se mostra necessário que seja providenciado os cuidados necessários – de abrigo, alimentação, educação e saúde, a seus filhos. Se não houver responsáveis pelos menores, caberá à autoridade policial requerer a entidades assistenciais o abrigo e cuidados necessários a eles.

5º – decisão a respeito da lavratura ou não do auto de prisão em flagrante

Após colhidas todas as informações, cabe à autoridade analisar se, de fato, é caso de ser confirmada a prisão em flagrante, verificando se os elementos informativos colhidos são consistentes e confiáveis, se o fato é típico, se a situação era mesmo de flagrante etc.

Considerando a autoridade que a prisão em flagrante é legal, lavrará o auto de prisão em flagrante, fundamentando, de maneira sucinta, suas razões para tanto, como estipula o § 1º do art. 304 do CPP.

Se o delegado entender que não é caso de prisão em flagrante, não lavrará o auto e determinará a imediata soltura do detido (é o denominado *auto de prisão em flagrante negativo*). Alguns consideram que a autoridade policial, nesta hipótese, estaria relaxando a prisão em flagrante; para nós, o termo relaxamento de prisão é impróprio, pois apenas o juiz poderá relaxar uma prisão ilegal; o delegado, na situação por nós tratada, simplesmente deixa de lavrar o auto de prisão em flagrante, e determina a soltura do preso.

9.2.13.3. *Comunicações obrigatórias. Comunicação imediata, Remessa das cópias do auto de prisão em flagrante em até 24 horas. Entrega da nota de culpa*

Comunicação imediata

Verificando a autoridade que é caso de se lavrar o auto de prisão em flagrante, deverá comunicar imediatamente ao juiz competente, ao MP e à família do preso ou à pessoa por ele indicada (art. 306, *caput*, do CPP). Tal norma regulamenta o art. 5º, LXII, da CF, que tem o seguinte teor: "a prisão de qualquer pessoa e o local onde se encontre serão comunicados imediatamente ao juiz competente e à família do preso ou à pessoa por ele indicada". Essa comunicação imediata será instruída com cópias da oitiva do condutor, de testemunhas, do Boletim de ocorrência, etc.

Remessa de cópias integrais do flagrante no prazo de até 24 horas

Além dessa comunicação imediata da prisão acima, no prazo de 24 horas, as cópias integrais de todo o auto de prisão em flagrante serão enviadas ao magistrado e à Defensoria Pública, caso o autuado não informe o nome de seu advogado, como estipula o § 1º do art. 306 do CPP.

Ressalte-se bem que a comunicação imediata da prisão em flagrante e a remessa de cópias integrais do flagrante no prazo de até 24 horas tratam-se de atos administrativos distintos: a comunicação imediata se perfaz com cópias de alguns elementos informativos coligidos quando da lavratura do auto de prisão e a remessa *incontinenti* ao magistrado e ao membro do Ministério Público; ao passo que a remessa de cópias integrais, no prazo de até 24 horas, se refere à integralidade das cópias do auto de prisão em flagrante.

A não realização dessas comunicações obrigatórias redundará na possível responsabilização do agente policial pelo crime de abuso de autoridade (art. 4º, *c*, da Lei n. 4.898/65), além do relaxamento da prisão em flagrante.

Entrega da nota de culpa

No mesmo prazo de 24 horas, será entregue ao preso, mediante recibo, a nota de culpa, assinada pela autoridade, com o motivo da prisão, o nome do condutor e os das testemunhas, como prevê o § 2º do art. 306 do CPP. Este artigo de lei regulamenta o art. 5º, LXIV, da CF, que tem a seguinte redação: "o preso tem direito à identificação dos responsáveis por sua prisão ou por seu interrogatório policial".

Não entregue a nota de culpa ao preso, no prazo de 24 horas, o flagrante deverá ser relaxado por ser ilegal.

Se o preso se recusar a assinar o recibo da nota de culpa, ou não puder fazê-lo (porque se encontra hospitalizado, por exemplo), a autoridade poderá determinar que se lavre certidão a respeito do fato, que pode ser assinada por duas testemunhas.

9.2.13.4. *Decisões possíveis quando o juiz recebe cópia do auto de prisão em flagrante*

De acordo com o art. 310, *caput*, do CPP, ao receber o auto de prisão em flagrante, o juiz deverá fundamentadamente:

I – relaxar a prisão ilegal

Apenas nas hipóteses em que não era cabível a prisão em flagrante, ou se não tiverem sido cumpridos o procedimento e as comunicações necessárias. Da decisão de relaxamento da prisão cabe recurso em sentido estrito (art. 581, V, do CPP). Deixando o juiz de ordenar o relaxamento da prisão em flagrante, poderá responder, em tese, obviamente se tiver agido com dolo, pelo delito de abuso de autoridade (art. 4º, *d*, da Lei 4898/65).

II – converter a prisão em flagrante em preventiva ou temporária

Quando presentes os requisitos constantes do art. 312 do CPP, e se revelarem inadequadas ou insuficientes as medidas cautelares diversas da prisão, que são previstas no art. 319 do CPP. Entendemos que o juiz pode decretar, de ofício, a prisão preventiva[20], mesmo sem representação do delegado ou pedido do promotor, não incidindo, nesta hipótese, a proibição de se decretar a prisão preventiva, de ofício, em sede de inquérito policial, como previsto no art. 311 do CPP. Assim entendemos, pelas seguintes razões: em primeiro lugar, o art. 310 em estudo não impõe qualquer restrição à decretação da prisão preventiva de ofício, e, assim, deve prevalecer como regra especial que é sobre a regra geral do art. 311; em segundo lugar, a expressão converter pressupõe ato de ofício, independente de provocação. Existe, entretanto, posição minoritária com entendimento diverso: o juiz só poderia converter a prisão em flagrante em preventiva, se houver provocação do delegado ou do MP. Não cabe recurso desta conversão, mas é possível a impetração de *habeas corpus*.

Como ensina Renato Brasileiro de Lima[21], é perfeitamente possível ao magistrado converter a prisão em flagrante em prisão temporária, se estiverem preenchidos os requisitos legais dessa última, dentre eles, o expresso requerimento do membro do Ministério Público ou representação da autoridade policial; nessa hipótese, porém, o magistrado não pode decretar, de ofício, a prisão temporária, por expressa vedação legal (art. 2º da Lei 7.960/89).

Na hipótese de conversão da prisão em flagrante em preventiva, o prazo para se encerrar o inquérito policial de indiciado preso será de 10 dias (art. 10 do CPP); já o prazo para se oferecer a peça acusatória (denúncia ou queixa), em regra, será de 5 dias (art. 46 do CPP). Para que haja a conversão da prisão em flagrante em preventiva é indispensável que o juiz que a decrete seja competente para tanto, sob pena de nulidade da prisão, por estar patenteado o constrangimento ilegal. Seria o caso, por exemplo, de um juiz estadual converter a prisão em flagrante em preventiva em delito de competência da Justiça Federal (moeda falsa), ou magistrado estadual que decreta a prisão preventiva de crime militar[22], prisões essas que devem ser cassadas.

Se o magistrado relaxar a prisão em flagrante, porque ilegal, poderá decretar a prisão preventiva do indiciado, mas, a nosso ver, não haverá mais prazo de continuidade do inquérito policial (que seria de dez dias em se tratando de indiciado preso), porque

---

20. Esse entendimento é amplamente majoritário como se colhe de alguns arestos: STJ – RHC 93050/MG. 6ª T. Rel. Sebastião Reis Júnior. J. 16/08/2018. DJe 28/08/2018. STJ. RHC 99122/PB. 5ª T. Rel. Joel Ilan Paciornik. J. 21/08/2018. DJe 31/08/2018. STJ – RHC 97289/MG. 5ª T. Rel. Min. Ribeiro Dantas. J. 26/06/2018. DJe 01/08/2018.
21. Renato Brasileiro de Lima, Curso de Processo Penal, p. 895.
22. Informativo do STJ. 19/01/2018. STJ. HC 431912. CC 156116. Min. Laurita Vaz.

o ato inaugural do procedimento investigatório, que é o auto de prisão em flagrante, foi considerado ilegal e, como tal, imprestável; desse modo, os autos de inquérito policial devem ser, imediatamente, enviados ao MP ou ao querelante, a fim de que ofereçam a peça acusatória – denúncia ou queixa – no prazo de 5 dias, sob pena de relaxamento da prisão preventiva decretada. Entendemos que não haveria qualquer sentido em conceder-se prazo de dez dias para continuidade de uma investigação criminal que tenha se iniciado sob o signo da ilegalidade; seria dar tratamento processual idêntico aquele dispensado ao inquérito iniciado através de flagrante legal (o qual foi, posteriormente, convertido em preventiva), o que repugna ao senso de justiça: como premiar-se o Estado – investigador com o prazo de dez dias para encerramento das investigações, se o ato inaugural do inquérito foi fulminado pela ilegalidade?!

Existe posição diversa da nossa (e que é majoritária), entendendo que, sendo decretada a prisão preventiva na fase do inquérito policial, o prazo para encerramento das investigações será de dez dias, pouco importando que tenha havido ou não relaxamento anterior da prisão em flagrante.

III – conceder liberdade provisória, com ou sem fiança

Se não for caso de se decretar a prisão preventiva, o juiz poderá conceder liberdade provisória, com ou sem fiança, cumulada, se for o caso, com as medidas cautelares em espécie previstas no art. 319 do CPP. Sobre o tema liberdade provisória trataremos mais adiante.

9.2.13.5. Audiência de Custódia ou de apresentação

9.2.13.5.1. Origem normativa. Constitucionalidade

O art. 7º, § 5º, da Convenção Americana sobre os Direitos Humanos (Decreto 678/92) estipula que "toda pessoa detida ou retida deve ser conduzida, sem demora, à presença de um juiz ou outra autoridade autorizada pela lei a exercer funções judiciais".

Com base nesse dispositivo convencional, pioneiramente, a Presidência do Tribunal de Justiça e da Corregedoria Geral de Justiça de São Paulo, no dia 27 de janeiro de 2015, em provimento conjunto, determinaram a apresentação da pessoa detida em flagrante delito até 24 horas após sua prisão para participar de audiência de custódia (art. 1º do provimento).

A indagação que se faz é a seguinte: como um mero procedimento administrativo, e não lei federal, como exige o art. 22, I, da CF, pode dispor sobre processo penal, regulamentando a prisão em flagrante? Não seria, então inconstitucional esse provimento? Outra questão: não haveria violação da separação de poderes (art. 5º, II, da CF), quando o Poder Judiciário, através de provimento, passa a legislar em matéria processual?

O STF[23], por seu plenário, pacificou a questão ao fixar a compreensão de que as audiências de custódia regulamentadas por provimentos ou resoluções dos Tribunais

---

23. STF – Pleno. ADI 5.240/SP. Rel. Min. Luiz Fux, j. 20/08/2015.

de Justiça dos Estados e dos Tribunais Regionais Federais não violam a Constituição Federal; em outras palavras, não se ofende a competência privativa da União de legislar em matéria processual (art. 22, I, da CF), nem a separação de poderes (art. 5º, II, da CF). Não há qualquer ofensa porque as normas da Convenção Americana de Direitos Humanos – *inclusive a que estipula a apresentação imediata do preso ao juiz* – possuem *status normativo supralegal* – de normas apenas inferiores às normas constitucionais, mas superior à legislação infraconstitucional, e de aplicação imediata pelos juízes e tribunais do país. Desse modo, o estabelecimento, por provimento dos Tribunais, da audiência de custódia nada mais fez do que dar eficácia prática a dispositivo supralegal.

9.2.13.5.2. Conceito. Finalidades. Prazo. Procedimento. Registro. Valor Probatório

9.2.13.5.2.1. Conceito

A audiência de custódia é uma solenidade judicial, contando com a presença do preso, do juiz, do Ministério Público e do defensor, em que se verifica, em regra, a legalidade da prisão em flagrante, e se oportuniza que se postule, pelo órgão do Ministério Público, medidas cautelares, como a prisão preventiva, temporária, a imposição de medidas cautelares pessoais, e ainda, normalmente pela Defesa, mas de possível solicitação também pelo promotor como fiscal da lei, a concessão de liberdade provisória ou o relaxamento da prisão em flagrante.

Quando do julgamento de cautelar na Arguição de Descumprimento de Preceito Fundamental (ADPF) 347, o Plenário do STF determinou a juízes e tribunais de todo o país que realizassem audiências de custódia, de modo a viabilizar o comparecimento do preso perante a autoridade judiciária em até 24 horas do momento da prisão, como forma de se enfrentar a crise prisional brasileira. As audiências de custódia devem ser realizadas quanto a todo e qualquer delito, o que abarca aqueles relacionados a violência doméstica e familiar contra a mulher, no prazo de 24 horas, inclusive quando ocorrido em fim de semana, feriado ou recesso forense[24].

9.2.13.5.2.2. Finalidades da audiência de custódia

As finalidades da audiência de custódia são as seguintes:

1ª – verificar a legalidade da *prisão – captura*

O magistrado irá perquirir o preso, constatando se houve alguma ilegalidade, como, *v.g.*, agressões, tortura, tratamento desumano e degradante, no ato de sua prisão, por parte de agentes policiais; surgido, através da oitiva do preso, algum elemento de convicção que aponte para a prática de abusos quanto à prisão – captura, o magistrado

---

24. Informativo do STF. 22 de setembro de 2017. STF. Reclamação 27206. Rel. Min. Marco Aurélio.

determinará as providências cabíveis, comunicando o fato ao MP e, à Corregedoria da Polícia.

Se constatada a ilegalidade na prisão – captura, como, *v.g.*, a prática de violência desnecessária, tortura, humilhações, tal prisão será considerada como ilegal, por ofensa ao art. 5º, XLIX, da CF, que assegura aos presos o respeito à integridade física e moral.

E mais: o 284 do CPP tem a seguinte redação:

Art. 284. Não será permitido o emprego de força, salvo a indispensável no caso de resistência ou de tentativa de fuga do preso.

Constatada a ilegalidade da prisão – captura pelo emprego de força desnecessária, deve ser relaxada a prisão, *mesmo que o auto de prisão em flagrante seja formalmente perfeito, e, ainda que presentes os requisitos da prisão preventiva*, sob pena de tornar inócuo o sistema de garantias daquele que é preso em flagrante.

De se relembrar o teor da Súmula Vinculante 11: "Só é lícito o uso de algemas em casos de resistência e de fundado receio de fuga ou de perigo à integridade física própria ou alheia, por parte do preso ou de terceiros, justificada a excepcionalidade por escrito, sob pena de responsabilidade disciplinar, civil e penal do agente ou da autoridade e de nulidade da prisão ou do ato processual a que se refere, sem prejuízo da responsabilidade civil do Estado".

Preso o indiciado, e algemado ao arrepio das prescrições da Súmula em comento, a prisão também deverá ser relaxada.

2ª – verificar a legalidade do auto de prisão em flagrante como ato jurídico emanado da autoridade policial

O auto de prisão em flagrante, normalmente lavrado pela autoridade policial, em seus requisitos legais, como, *v.g.*, oitiva de testemunhas, oitiva do preso, entrega de nota de culpa, comunicações obrigatórias, deverá ser constatado pelo magistrado, verificando as cópias do auto de prisão em flagrante remetidas, bem como através da oitiva do preso. Se ilegal o flagrante, deverá ser relaxado; se legal, por ter cumprido todos os requisitos legais, passa-se para a terceira verificação. Concluindo, o juiz da custódia, que o fato é atípico, tal apreciação jurídica, formulada em caráter precário, não vincula o juiz natural, não fazendo coisa julgada, de modo a vincular o titular da ação penal[25].

3ª – verificar se é possível a concessão, de pronto, de liberdade provisória, com ou sem medidas cautelares, ou da necessidade de se decretar a prisão preventiva ou temporária

Ultrapassadas as duas verificações anteriores, incumbe ao magistrado aquilatar se o indiciado pode ser solto, com ou sem o estabelecimento de medidas cautelares, ou

---

25. Informativo do STF. 25/09/2018. STF – HC 157.306. 1ª T. Rel. Min. Luiz Fux.

ainda, se é o caso de se decretar sua prisão preventiva ou temporária, se preenchidos os requisitos legais, para uma ou outra modalidade de prisão cautelar.

É necessária a realização de audiência de custódia no caso daquele que tenha sido preso em razão de prisão preventiva, temporária, ou mesmo, prisão definitiva?

O art. 13 da Resolução 213/2015 do CNJ estabelece que a apresentação à autoridade judicial no prazo de 24 horas também será assegurada às pessoas presas em decorrência de cumprimento de mandados de prisão cautelar ou definitiva, aplicando-se, no que couber, os procedimentos previstos na Resolução.

Por sua vez, o parágrafo único do art. 13 exige que em todos os mandados de prisão conste, expressamente, a determinação para que, no momento de seu cumprimento, a pessoa presa seja imediatamente apresentada à autoridade judicial que determinou a expedição da ordem de custódia, ou, nos casos em que forem cumpridos fora da jurisdição do juiz processante, à autoridade judicial competente, conforme lei de organização judiciária local.

Pelo que se depreende dos citados dispositivos, a autoridade que decretar a prisão preventiva, temporária ou definitiva determinará que o preso lhe seja apresentado; no caso de ordem de prisão determinada fora da jurisdição do juiz, *v.g.*, outro Estado da Federação, o magistrado encarregado de verificar a legalidade da prisão será aquele indicado pelas normas de organização judiciária local.

A finalidade da audiência de custódia, nessa situação de prisões cautelares ou definitiva, será, primordialmente, a de perquirir a legalidade do ato de prisão efetuado por agentes da polícia para apurar eventual violência ou constrangimentos desnecessários, determinando a tomada de providências cabíveis. Sem prejuízo disso, à autoridade judicial será permitido verificar se existe, de fato, a necessidade da prisão cautelar, por ela mesma decretada, do indiciado ou acusado (nos casos de prisão preventiva ou temporária), podendo ser convencido, eventualmente, pela oitiva do preso, da impertinência da medida, como se daria, por exemplo, quando o detido demonstrasse que estava viajando para fora do país na época em que testemunhas dizem terem sido ameaçadas, pessoalmente, por ele.

Contraditório simultâneo

Interessante notar que, de qualquer pedido formulado pela parte – MP ou Defesa – existirá o contraditório simultâneo; assim, por exemplo, do pedido de conversão da prisão em flagrante em preventiva, requerido pelo MP, seguirá, em contraditório, a manifestação da Defesa e imediata decisão judicial a respeito.

9.2.13.5.2.3. Prazo para realização da audiência

Quanto ao prazo de apresentação do preso à audiência de custódia, a Resolução 213, do CNJ (Conselho Nacional de Justiça), que regulamenta a implantação da audiência de custódia em todo o território nacional, estabeleceu o prazo de 24 horas para a apresentação do preso[26], salvo por situações excepcionais devidamente justificadas. De acordo com o art. 1º da Resolução do CNJ, a comunicação da prisão em flagrante à autoridade judicial por meio do encaminhamento das cópias do auto de prisão em flagrante não supre a apresentação pessoal do preso por meio da audiência de custódia. A recíproca, porém, não é verdadeira, ou seja, a apresentação pessoal do preso por meio da audiência de custódia supre, perfeitamente, o encaminhamento das cópias do auto de prisão em flagrante.

9.2.13.5.2.4. Procedimento da audiência de custódia

Apresentado o preso, o juiz o cientificará de seu direito de permanecer em silêncio, e o indagará se lhe foram respeitados os direitos constitucionais de ser assistido por advogado e de comunicar-se com seus familiares. Será indagado, ainda, ao preso, a respeito das circunstâncias de sua prisão, sobre as condições do estabelecimento onde se encontra detido. Constarão quaisquer reclamações do preso a respeito da conduta policial ou a respeito das condições do local onde se encontra detido. O Ministério Público ficará ciente de tais reclamações do preso, cabendo a tal órgão, se o caso, tomar as providências cabíveis. Não serão permitidas perguntas a respeito do mérito da investigação em si, mas será autorizado que o preso, espontaneamente, declare o que bem quiser. Poderão ser formuladas perguntas quanto às condições econômicas do preso, profissão, domicílio, com a finalidade de se averiguar a possibilidade de imposição de fiança, ou outras medidas cautelares a ele.

Registro da audiência de custódia

A audiência de custódia será registrada em autos apartados, que serão apensados aos autos de inquérito policial, e que acompanham, por sua vez, os autos de processo crime, iniciados pelo oferecimento da denúncia ou queixa.

De acordo com o art. 8º, § 2º, da Resolução 213/2015, do CNJ, a oitiva da pessoa presa será registrada, preferencialmente, em mídia, dispensando-se a formalização de termo de manifestação da pessoa presa ou do conteúdo das postulações das partes, e ficará arquivada na unidade responsável pela audiência de custódia.

No entanto, a deliberação fundamentada do magistrado deverá constar em ata escrita, resumida, quanto à legalidade e manutenção da prisão, cabimento de liberdade provisória sem ou com a imposição de medidas cautelares diversas da prisão, considerando-se o pedido de cada parte, como também as providências tomadas, em caso de constatação de indícios de tortura e maus tratos (art. 8º, § 3º, da Resolução).

Concluída a audiência de custódia, cópia de sua ata será entregue à pessoa presa em flagrante delito, ao Defensor e ao Ministério Público, tomando-se a ciência de todos, e apenas o auto de prisão em flagrante, com antecedentes e cópia da ata, seguirá para livre distribuição (art. 8º, § 4º, da Resolução).

---

26. O Plenário do STF, ao deferir a liminar na ADPF 347, consignou a obrigatoriedade de realização da audiência de custódia no prazo de 24 horas após a prisão, inclusive nos fins de semana, feriados ou recesso forense.

Como bem salienta o Min. Rogério Schietti Cruz, do STJ[27], faculta-se, "durante a audiência de custódia, a utilização de mídia (gravação audiovisual) para **registrar a oitiva da pessoa presa e eventuais postulações feitas pelas partes**. Tal faculdade, no entanto, **não permite ao magistrado desincumbir-se de fazer constar em ata escrita** os fundamentos quanto à legalidade e à manutenção da prisão, bem assim de fornecer cópia da ata à pessoa presa e a seu defensor".

Não se permite, assim, de acordo com a decisão em estudo, que seja decretada a prisão preventiva de alguém com base em decisão proferida oralmente, na audiência de custódia, cujo teor se encontra registrado, tão somente, em mídia audiovisual, sem que haja redução a termo; e, realmente, não poderia ser outra forma, uma vez que o art. 5º, LXI, da CF, assegura, como garantia individual, que ninguém pode ser preso senão em flagrante delito ou por *ordem escrita* e fundamentada de autoridade judiciária competente; com o mesmo teor o art. 283 do CPP.

9.2.13.5.2.5. Valor probatório das declarações do preso na audiência de custódia

Como todo elemento de investigação produzido no decorrer do inquérito policial, as declarações prestadas pelo preso na audiência de custódia poderão ser levadas em consideração pelo juiz, quando da prolação de sua sentença, desde que não exclusivamente, como prevê o art. 155, *caput*, do CPP. Trata-se, em verdade, de uma prova judicial, porque colhida em audiência, inserida em um procedimento investigatório a que se deu início através do auto de prisão em flagrante.

9.3. PRISÃO PREVENTIVA

9.3.1. Conceito

É a prisão cautelar decretada em qualquer fase das investigações policiais ou do processo penal, quando demonstrada a ineficácia ou a impossibilidade de aplicação de medidas cautelares pessoais diversas da prisão, tendo por fundamento a necessidade de se assegurar a ordem pública, a instrução criminal ou a futura aplicação da lei penal, quando houver prova suficiente de existência e autoria de um crime.

Esta prisão cautelar é prevista nos arts. 311 a 316 do CPP.

Ressalte-se, porém, que não é permitida a decretação de prisão preventiva quanto às contravenções penais, porque a lei se refere, expressamente, apenas a crimes.

Prisão Preventiva: *ultima ratio* das medidas cautelares

Importante registrar, desde o início, que a prisão preventiva só pode ser decretada quando se demonstrarem insuficientes ou impossíveis de aplicação, quaisquer

---

27. STJ – AgRg no Recurso em Habeas Corpus nº 77.014/BA. Min. Rel. Rogério Schietti Cruz.

das medidas cautelares diversas da prisão, como uso de tornozeleira eletrônica, comparecimento periódico para justificar suas atividades, etc, como estipula o art. 282, § 6º, do CPP. A prisão preventiva é, assim, por ser a mais gravosa de todas as medidas cautelares pessoais, a *ultima ratio* (última razão, último recurso), de todas elas: quando as cautelares pessoais diversas da prisão se mostrarem insuficientes, inadequadas, estará legitimado o juiz a decretar a prisão preventiva, a qual tem caráter subsidiário.

9.3.2. Momento para se decretar a prisão preventiva. Fase investigativa. Fase processual

Fase investigativa

Normalmente, a prisão preventiva, na fase das investigações, é decretada durante o trâmite do inquérito policial, mas pode ser decretada também no decorrer de um procedimento investigatório presidido pelo MP, ou durante o funcionamento de uma CPI. Até mesmo antes da formal instauração do procedimento investigatório (inquérito policial ou outra investigação por autoridade administrativa) poderá ser decretada a prisão preventiva, desde que exista, de fato, uma investigação, devidamente documentada, presidida por autoridade legitimada a fazê-lo, por lei.

Durante a investigação criminal – normalmente procedida através de inquérito policial – não é autorizado ao magistrado decretar, de ofício, a prisão preventiva do indiciado (salvo a hipótese de conversão da prisão em flagrante em preventiva, acima vista); dependerá, o juiz, de representação da autoridade policial ou de pedido do Ministério Público (art. 311 do CPP).

É possível decretar-se a prisão preventiva, sem que haja oferecimento simultâneo de denúncia?

Há **duas posições** a respeito do tema:

1ª Posição: Não é possível, porque se há elementos informativos suficientes para se decretar a prisão preventiva, com prova da materialidade e indícios de autoria, com mais razão ainda, já deveria ter sido oferecida denúncia, imputando-se ao indiciado a prática da infração penal. Por esse entendimento, se o *Parquet* vier a requerer a prisão preventiva do indiciado, deverá oferecer, *simultaneamente*, denúncia, sob pena de, não o fazendo, o juiz indeferir o pedido de prisão preventiva (embora venha a receber a denúncia).

2ª Posição: O juiz poderá decretar a prisão preventiva, *mesmo que sem o oferecimento simultâneo de denúncia*, desde que exista prova de materialidade e indício de autoria; no entanto, a peça acusatória deverá ser oferecida no prazo impreterível de 5 dias, sob pena de relaxamento da prisão decretada. Essa nos parece a melhor solução e já foi desse modo decidido pelo STF[28]

---

28. Informativo do STF. 14/09/2017. STF. Ação Cautelar 4352. Rel. Min. Edson Fachin.

Fase processual

A prisão preventiva pode ser decretada, desde o recebimento da peça acusatória, até o encerramento do processo, com a prolação de sentença, de ofício ou a pedido do MP, do querelante ou do assistente de acusação.

No caso de competência originária – foro por prerrogativa de função – quem possui poderes para decretar a prisão preventiva é o relator (art. 2º, § único, da Lei 8.038/90), não obstante caiba recurso de sua decisão (agravo regimental), a ser julgado pelo órgão colegiado.

9.3.3. Pressuposto e fundamentos da prisão preventiva

Pressuposto da prisão preventiva

O pressuposto da prisão preventiva, como o de toda medida cautelar, é a fumaça de bom direito (*fumus boni iuris* ou *fumus comissi delicti* – fumaça de bom direito; fumaça da prática de um delito).

O pressuposto da prisão preventiva se traduz, assim, em prova da existência do crime e indício suficiente de autoria (art. 312, 2ª parte, do CPP). Os fatos criminosos devem guardar contemporaneidade com a decisão que decreta a prisão preventiva, de modo que uma prisão preventiva decretada muito tempo após a infração pode ser ilegítima, porque desnecessária através do transcurso do tempo, de modo que seria suficiente a imposição de uma medida cautelar[29].

Prova da existência do crime

A prova da existência do crime engloba os seguintes elementos: fato típico, ilícito (sem causas aparentes de exclusão da ilicitude), culpável (sem causas aparentes de isenção de pena), e punível (sem causas aparentes de extinção da punibilidade, falta de condição de procedibilidade ou objetiva de punibilidade).

Desse modo, não há sentido decretar-se a prisão preventiva, no caso de patente legítima defesa ou coação moral irresistível, ou ainda, no caso de crime fulminado pela prescrição da pretensão punitiva.

Indício suficiente de autoria

O vocábulo *indício* tem sentido próprio, nesse dispositivo legal: elemento de convicção, mesmo que incompleto, apontando a autoria do delito a alguém, e não de prova indireta como define o art. 239 do CPP.

Fundamentos da prisão preventiva

É o chamado *periculum in mora* ou *periculum libertatis*. A prisão do indiciado ou acusado é decretada com os seguintes fundamentos, previstos no art. 312, 1º parte,

---

[29]. Informativo do STJ. 24/04/2018. STJ – RHC 99588. 6ª T. Rel. Min. Rogerio Schietti Cruz.

do CPP, os quais são todos de ordem pública, isto é, visam à inadiável satisfação de interesses públicos, como evitar-se a reprodução de fatos criminosos que comprometam a ordem pública ou a ordem econômica; impedir-se a turbação das provas; obstar o impedimento à futura aplicação da lei penal.

Vamos analisar os fundamentos em espécie.

1º – Garantia da ordem pública

A prisão é decretada em virtude de o acusado demonstrar periculosidade social, evidenciada quer pelas circunstâncias concretas do crime, quer pelo fato de participar de organizações criminosas, ou ainda, por possuir diversos antecedentes, a indicar que, provavelmente, voltará a delinquir; em todas essas situações é legítima a decretação da prisão preventiva com a finalidade de se acautelar o meio social. Em outras palavras, prende-se o indiciado ou acusado, para se proteger a sociedade. Como bem fundamentado pelo Min. Roberto Barroso, do STF, "nas hipóteses envolvendo crimes praticados com especial violência ou grave ameaça à pessoa, o ônus argumentativo em relação à periculosidade concreta do agente é menor"[30].

Segundo entendimento do STF[31], "a existência de organização criminosa impõe a necessidade de se interromper ou diminuir a atuação de seus integrantes como garantia da ordem pública, constituindo fundamentação cautelar idônea e suficiente para a prisão preventiva".

A finalidade da prisão será **extraprocessual, de preservação social**.

Garantia da ordem pública e clamor social

O clamor social, em virtude da repercussão, pela imprensa, do delito, não justifica, por si só, a decretação da prisão preventiva, como vem decidido majoritariamente a jurisprudência, inclusive do STF[32]. No entanto, quando a repercussão social do fato criminoso, por sua gravidade concreta, coloca em xeque a própria credibilidade da Justiça, a ponto de poder fomentar atos de linchamento, saques, destruição de patrimônio público, pretendendo, a comunidade onde eclodiu o crime, desacreditada da Justiça organizada, *fazer justiça pelas próprias mãos*, mostra-se, a nosso ver, possível a decretação da prisão preventiva, como garantia da ordem pública.

Garantia da ordem pública e circunstâncias do delito

Se não é autorizado, ao juiz, decretar a prisão preventiva estribado, apenas, na *gravidade em abstrato* do delito, mostra-se perfeitamente possível a decretação da prisão preventiva, pelas *circunstâncias concretas* especialmente gravosas da infração,

---

30. Informativo do STF. 30/11/2018. STF. RHC 165231. Rel. Min. Roberto Barroso.
31. STF. HC 95.024/SP. 1ª T. Rel. Min. Cármen Lúcia. DJe 20/02/2009.
32. STF. Medida Cautelar no Habeas Corpus 118.580/SP. Rel. Min. Cármen Lúcia. Decisão monocrática proferida pelo Min. Celso de Mello, em 9 de julho de 2013.

que demonstrem a periculosidade social do indiciado/acusado, justificando, em prol da ordem pública, sua prisão preventiva.

Garantia da ordem pública e antecedentes criminais

De igual, maneira, o agente que ostente diversos antecedentes criminais por crimes graves, gera a presunção – legítima – de que, se solto, voltará a delinquir, fazendo novas vítimas, o que também justifica a decretação de sua prisão preventiva como modo de se assegurar a incolumidade pública (ordem pública). Nesse caso, entende-se que inquéritos e processos em andamento, embora não possuam o condão de exasperar a pena – base no momento da dosimetria da pena, são elementos aptos a demonstrar eventual reiteração delitiva, fundamento suficiente para a decretação da prisão preventiva[33].

Passagens pela Vara da Infância e garantia da ordem pública

Ressalte-se ainda que, muito embora as passagens pela Vara da Infância e da Juventude, não possam ser levadas em consideração para fins de reincidência ou como maus antecedentes criminais, poderão justificar a decretação da prisão preventiva do acusado, se especialmente graves (roubos, homicídios, estupros, por exemplo), como maneira de se assegurar a ordem pública[34].

Há, também, entendimento em sentido contrário: a vida da época da menoridade não pode ser levada em consideração, para fins de Direito Penal, bem como para fundamentar prisão preventiva[35].

2º – Garantia da ordem econômica

A finalidade da prisão é evitar a repetição de crimes contra a ordem tributária (Lei n. 8.137/90), sistema financeiro (Lei n. 7.492/86), ordem econômica (Lei n. 8.176/91), Lei 1521/51 (crimes contra a economia popular), Lei 7.134/83 (crimes de aplicação ilegal de créditos, financiamentos e incentivos fiscais), Lei 8.078/90 (crimes previstos no Código de Defesa do Consumidor), Lei 9.279/96 (crimes contra a propriedade industrial), Lei 9.613/98 (crimes de lavagem de capitais). Na verdade, a garantia da ordem econômica nada mais é que uma modalidade de garantia da ordem pública sob o prisma econômico.

3º – Por conveniência da instrução criminal

O objetivo é prender o indiciado ou acusado porque, em liberdade, coloque em risco a produção de provas, quando, por exemplo, ameaça testemunhas, destrói evidências etc. Não pode ser decretada a prisão preventiva, com esse fundamento,

---

33. STJ. RHC 55365/CE. 5ª T. Rel. Min. Jorge Mussi. Julgado em 17/03/2015. DJe 06/04/2015. STJ. RHC 52402/BA. 6º T. Rel. Min. Sebastião Reis Júnior. Julgado em 18/12/2014. DJe 05/02/2015.
34. STJ. RHC 60.213/MS. 5ª T. Rel. Min. Gurgel de Faria. DJe 03/09/2015. STJ. RHC 55.996/BA. 5ª T. Rel. Min. Jorge Mussi. DJe 04/03/2016. STF. RHC 134121 MC/DF. Rel. Min. Luiz Fux. Julgado em 20/04/2016.
35. STJ. RHC 55.058/CE. 6ª T. Rel. Min. Rogerio Schietti Cruz. Rel. p/Acórdão Min. Nefi Cordeiro. DJe 28/05/2015.

se o indiciado ou acusado simplesmente se recusou a colaborar com a investigação policial ou optou por não comparecer ao ato de interrogatório, mesmo que decretada sua revelia, condutas essas compatíveis com o direito a não se autoincriminar (*nemo tenetur se detegere*)[36].

4º – Para assegurar a aplicação da lei penal

Decreta-se a prisão porque existe risco concreto, evidenciado por alguma prova, de que o indiciado ou acusado possa fugir, comprando passagens para o estrangeiro, vendendo todos seus bens etc. No caso de indiciado ou acusado que fuja para evitar ser preso em virtude de decisão judicial completamente sem fundamento – e, por isso, ilegal – o STJ[37] entendeu que se tratava de verdadeiro exercício regular de direito, dado o evidente constrangimento ilegal a que foi submetido quem poderia ser detido indevidamente por ato tão arbitrário.

A prisão preventiva decretada para assegurar a recuperação de valores, no caso de crimes de corrupção, é legítima, quando se comprova que o acusado, em liberdade ou interpostas pessoas instruídas por ele possam movimentar valores espúrios desviados do Erário, especialmente havendo plausibilidade de ocultação de valores em contas bancárias no exterior. A futura aplicação da lei penal, como fundamento para se decretar a prisão preventiva nesta hipótese, se relaciona a um dos efeitos da condenação, que é justamente o de se reparar o dano (art. 91, I, do CP)[38].

5º – Descumprimento de qualquer das obrigações impostas por força de outras medidas cautelares (arts. 312, parágrafo único, e 282, § 4º, do CPP)

Na verdade, a prisão preventiva decretada por descumprimento de medida cautelar tem seu fundamento na própria conveniência da instrução criminal ou para assegurar a aplicação da lei penal, fundamentos esses já previstos no art. 312, *caput*, do CPP; não se trata, assim, de fundamento novo.

Fundamentos alternativos e dependentes de base empírica idônea

Esses **fundamentos são alternativos**; ou seja, se presente qualquer um deles, isoladamente, justifica-se a decretação da prisão preventiva.

O STF, reiteradamente, tem decidido que a prisão preventiva só pode ser decretada se houver a chamada **base empírica idônea**, ou seja, elementos concretos (de fatos apurados na persecução criminal) que apontem para a necessidade da custódia do indiciado ou acusado. Exemplos: a periculosidade do agente demonstrada pela especial gravidade e brutalidade do crime; seu envolvimento em outros crimes ou com organizações criminosas etc. Não basta, para que a prisão preventiva seja válida, a mera afirmação da gravidade, em abstrato, do delito.

---

36. Informativo do STF. 21/08/2014. HC 123043. Rel. Min. Celso de Mello.
37. STJ – 6ª T. – HC 91.083/BA, Rel. Min. Maria Thereza de Assis Moura, DJ 10/03/2008, p. 1.
38. STJ – HC 412.846/DF (2017/205874-7). Rel. Min. Rogerio Schietti Cruz. STF. Informativo. 14/12/2018. STF. HC 162041. Rel. Min. Edson Faquin.

No caso de decretação da prisão preventiva por juiz de 1ª instância, e impetrado *habeas corpus* em face dessa decisão, não pode o Tribunal inovar ou suprir a falta de fundamentação da decisão de prisão preventiva do juiz singular[39].

9.3.4. Condições de admissibilidade ou requisitos da prisão preventiva

A prisão preventiva só será admitida, de acordo com o que estipula o art. 313 do CPP, nas seguintes hipóteses:

1ª – nos crimes dolosos punidos com pena privativa de liberdade máxima superior a quatro anos

Para se chegar à pena superior a quatro anos, pode-se considerar a existência de qualificadoras e causas de aumento de pena, bem como os concursos de delitos (concurso material[40], formal, formal próprio, formal impróprio, crime continuado), mas não se leva em consideração as agravantes e atenuantes.

Fixa-se o número superior a 4 anos de pena privativa de liberdade, como regra, para se possibilitar a prisão preventiva porque os crimes com essa pena autorizam a fixação do regime de fechado ou semiaberto de cumprimento de pena, e assim, evita-se a incongruência de manter-se o acusado preso preventivamente, para soltá-lo, quando da prolação de sentença, impondo-lhe o regime inicial aberto ou mesmo a substituição da pena privativa de liberdade por restritiva de direitos. Em miúdos, essa regra foi estatuída para se preservar o *princípio da homogeneidade* das cautelares.

Entende-se, majoritariamente, que, em se tratando de descumprimento de medidas cautelares, mesmo que a pena do crime seja igual ou inferior a quatro anos, será possível decretar-se a prisão preventiva. Isso porque o parágrafo único do art. 312 do CPP determina, como consequência possível do descumprimento da medida cautelar, a prisão preventiva, sem qualquer restrição relativa ao máximo da pena em abstrato. Ademais, se assim não fosse, todo o sistema de medidas cautelares pessoais seria inócuo, porque o beneficiário das medidas teria conhecimento que, por mais que as desrespeitasse, jamais seria preso. Há, todavia, posição minoritária no sentido de que a prisão preventiva pelo descumprimento de cautelar só poderá ser decretada se a pena do delito for superior a quatro anos.

É possível a decretação da prisão preventiva no caso de descumprimento de medida cautelar de quem foi denunciado pela prática de contravenção penal relacionada à violência doméstica e familiar contra a mulher? Decidiu, com acerto, o STJ[41], por maioria, ser inviável essa prisão, pois os artigos 312 e 313 do CPP deixam claro que a prisão preventiva só pode ser decretada na hipótese de *crime*. Mais especificamente, o

---

39. STJ. HC 309740/RJ. 5ª T. Rel. Min. Felix Fischer. Julgado em 19/03/2015. DJe 27/03/2015. STJ. HC 313156/MG. 6ª T. Min. Rel. Rogerio Schietti Cruz. Julgado em 10/03/2015. DJe 17/03/2015.
40. Informativo do STF. 03/09/2018. STF. HC 159899. Rel. Min. Marco Aurélio.
41. STJ – HC 437.535/SP (2018/0036864-5). Rel. Min. Maria Thereza de Assis Moura. Red. p/ acordão Min. rogerio Schietti Cruz. Julgamento 26/06/2018.

artigo 313, III, do CPP, possibilita a decretação da prisão preventiva *se o crime* envolver violência doméstica e familiar contra a mulher, criança, adolescente, idoso, enfermo ou pessoa com deficiência, para garantir a execução das medidas protetivas de urgência. O voto vencido da Min. Maria Thereza de Assis Moura, do STJ[42], sustentava ser possível a decretação da prisão, uma vez que o art. 20 da Lei 11.340/2006 (Lei Maria da Penha), admite a prisão preventiva do agressor, em qualquer fase do inquérito policial ou da instrução criminal, sem exigir que a medida constritiva fosse decretada apenas na hipótese de crimes, o que tornaria possível a custódia cautelar, também em se tratando de contravenções penais; em suma, a norma especial da Lei Maria da Penha prevaleceria em face dos dispositivos gerais que tratam da prisão preventiva no CPP.

2ª – se o indiciado ou acusado for reincidente em crime doloso, enquanto durarem os efeitos da reincidência

Conforme disposto no inciso I do *caput* do art. 64 do CP. Nesta situação de reincidência, poderá ser decretada a prisão do indiciado ou acusado, mesmo que o crime a que responda tenha pena igual ou inferior a quatro anos. A razão de ser desse dispositivo é que, no caso do reincidente, por força do art. 33, § 2º, do CP, o regime inicial será o fechado, mesmo que a pena seja inferior a 4 anos, de modo que, aquele acusado que esteja preso preventivamente, se condenado, por ser reincidente, iniciará o cumprimento da pena privativa de liberdade no regime inicial fechado, de modo que se resguarda o princípio da homogeneidade das cautelares.

3ª – se o crime envolver violência doméstica e familiar contra a mulher, criança, adolescente, idoso, enfermo ou pessoa com deficiência, para garantir a execução das medidas protetivas de urgência

A prisão é decretada com finalidade específica: assegurar a efetivação das medidas de urgência, e pode ser decretada, mesmo que o crime a que responda o indiciado ou acusado tenha pena igual ou inferior a quatro anos. Descumprida a medida protetiva estabelecida em benefício da mulher, é perfeitamente possível, a bem da ordem pública, decretar-se a prisão preventiva do agente[43].

O curioso é que as medidas protetivas de urgência só encontram previsão legal na Lei 11.340/06 (Lei Maria da Penha), tendo como beneficiário dessas medidas apenas a mulher.

Mas há entendimento doutrinário no sentido de que essas medidas protetivas de urgência, previstas na Lei Maria da Penha e que tem por escopo a proteção da mulher, podem ser estendidos também a pessoas que possuam alguma espécie de vulnerabilidade e que são, justamente, além da mulher, criança, adolescente, idoso, enfermo ou pessoa com deficiência, para garantir a execução das medidas protetivas de urgência.

Sendo, então, essas medidas protetivas de urgência aplicáveis, por analogia, a outras vítimas vulneráveis, caso sua execução seja colocada em risco pela conduta do indiciado ou acusado será possível decretar-se a prisão preventiva, pouco importando que a pena máxima do crime não ultrapasse 4 anos.

---

42. STJ – HC 437.535/SP (2018/0036864-5). Aditamento de voto. Min. Maria Thereza de Assis Moura.
43. Informativo do STJ. 17/07/2017. STJ. RHC 86288. Min. Laurita Vaz.

4ª – quando houver dúvida sobre a identidade civil da pessoa ou quando esta não fornecer elementos suficientes para esclarecê-la

O indiciado e o acusado, embora possam exercer o direito ao silêncio quanto aos fatos que lhe sejam apurados ou imputados, não possuem o direito de se recusarem à identificação pessoal ou de mentir a respeito dela, apresentando-se como sendo outra pessoa. Em miúdos, é dever do indiciado ou acusado apresentar sua identidade certa, a fim de se evitar que seja processado outra pessoa inocente em seu lugar, e enquanto não se desincumbir dessa obrigação poderá ser preso preventivamente, unicamente para tal mister.

Deve, no entanto, o preso ser colocado imediatamente em liberdade após sua identificação, salvo se outra hipótese recomendar a manutenção da medida. A prisão preventiva, nesta hipótese, pode ser decretada mesmo que o crime a que responda o indiciado ou acusado tenha pena igual ou inferior a quatro anos.

É também a única situação em que, em tese, seria possível a decretação de prisão preventiva pela prática de crime culposo. Todavia, embora obstinadamente o indiciado ou acusado se recuse a esclarecer sua identidade, sendo esta obtida mediante o processo de identificação criminal (datiloscópico), não há porque se decretar sua prisão preventiva, porque não haverá mais dúvida a respeito de sua identidade e, assim, utilidade, na prisão cautelar (pelo menos com esse fundamento).

As condições de admissibilidade acima, como já se disse, são **alternativas**; basta a existência de uma delas para que a prisão preventiva possa ser decretada.

9.3.5. Vedação à prisão preventiva

A prisão preventiva em nenhum caso será decretada se o juiz verificar pelas provas constantes dos autos ter o agente praticado o fato amparado pelas excludentes de ilicitude, como legítima defesa, estado de necessidade etc. (art. 314 do CPP).

De idêntica maneira, numa interpretação extensiva, não há sentido na decretação de prisão preventiva quando se comprovar que o agente obrou escorado por causas excludentes de culpabilidade (*v.g.*, coação moral irresistível).

9.3.6. Possibilidade de o juiz decretar a prisão preventiva de ofício. Fundamentação da decisão. Fundamentação acrescida. Fundamentação por relação

Na fase de investigações criminais, o juiz só poderá decretar a prisão preventiva se houver requerimento do MP ou representação do delegado. Não poderá, assim, o juiz decretar a preventiva, de ofício, nesta fase, salvo na hipótese de comunicação da prisão em flagrante, pois, como acima comentado, a própria lei excepciona expressamente tal situação, permitindo a conversão da prisão em flagrante em preventiva, de ofício.

Já na fase judicial, o juiz poderá decretar a prisão preventiva a requerimento do MP, do querelante ou do assistente, e também de ofício, como prevê o art. 311 do CPP.

A decisão que decretar, substituir ou denegar a prisão preventiva será sempre motivada (art. 315 do CPP). Se a decisão que decreta a prisão preventiva não contiver qualquer motivação concreta, simplesmente repetindo expressões legais, poderá ser relaxada, por ofensa ao art. 5º, LXI, da CF (exigência de ordem escrita e fundamentada para a prisão processual).

Na fundamentação por relação (*fundamentação per relationem*), o magistrado ou membro do Tribunal decreta a prisão preventiva inserindo na sua decisão manifestação do MP, do querelante ou a representação da autoridade policial, que passam a fazer parte dela; é admissível, segundo jurisprudência majoritária.

Já na *fundamentação por acréscimo, ou reforço de fundamentação*, o Tribunal, no julgamento de recurso ou de *habeas corpus* manejados em face da decretação da prisão preventiva pelo juiz, acrescenta argumentos à decisão monocrática para melhor sustentá-la, e, assim, manter a prisão do acusado. Essa fundamentação é tida por inadmissível pela doutrina e jurisprudência, porque é um meio de burlar a obrigatoriedade de o juiz prolatar, *por si mesmo*, uma decisão devidamente fundamentada – especialmente quando tenha por objeto a liberdade individual – vedando que a decisão falha ou omissa possa ser amparada pelas *muletas argumentativas* do Tribunal.

9.3.7. Prisão preventiva e cláusula *rebus sic stantibus*

Prevê o art. 316 do CPP que o juiz poderá revogar a prisão preventiva se, no correr do processo, verificar a falta de motivo para que subsista, bem como de novo decretá-la, se sobrevierem razões que a justifiquem.

Esta é a *mutabilidade própria de toda medida cautelar*, no sentido de que as decisões se mantêm enquanto as coisas permanecem como estão (*rebus sic stantibus*); se mudanças fáticas acontecerem, a decisão pode e deve ser revista.

9.3.8. Prisão preventiva e excesso de prazo

A prisão preventiva não possui prazo de duração, ao contrário da prisão temporária que será estudada a seguir. Mas isso não significa que poderá durar indefinidamente; se o acusado for mantido preso por tempo desarrazoado, desproporcional, sem que a defesa ou o réu tenham contribuído para sua demora, a preventiva poderá ser relaxada, por meio de pedido dirigido ao juiz ou Tribunal, e, em caso de indeferimento do pleito, mediante *habeas corpus*, a ser decidido pelo Tribunal competente, por se considerar como constrangimento ilegal sua manutenção. Em iniciativa pioneira, o Tribunal de Justiça de Alagoas, através de provimento, instituiu a obrigatoriedade de reexames semestrais, pelos juízes, da situação processual dos réus presos; em suma, deverão, os magistrados, pelo menos a cada seis meses, verificar se ainda estão presentes os pressupostos e fundamentos da prisão preventiva, a fim de se evitar "(...) casos de pessoas presas há meses e, não raro, há anos, sem que o juiz tenha reexaminado os requisitos da prisão preventiva"[44].

A fuga do indiciado ou acusado não impede que a sua defesa requeira a revogação ou relaxamento de sua prisão[45].

---

44. STJ. HC 83.973/AL (2017/0103337-8). Rel. Min. Rogerio Schietti Cruz.
45. Informativo do STF. HC 124535. 2ª T. Rel. Min. Teori Zavascki.

Se o acusado que estiver preso preventivamente, por tempo excessivo, e, ao mesmo tempo, esteja cumprimento pena por outro feito criminal onde já possua o direito a progressão para o regime semiaberto, não haverá empecilho no relaxamento dessa prisão cautelar[46].

Se o Tribunal relaxar a prisão, por excesso de prazo, não é autorizado ao juiz de 1ª instância novamente decretá-la, pelos mesmos fatos; todavia, se surgirem fatos novos, posteriormente, atribuídos ao indiciado ou acusado que justifiquem a sua prisão preventiva, não haverá empecilho na sua decretação pelo magistrado.

Relaxamento e revogação da prisão preventiva

Alguns doutrinadores apontam uma diferença conceitual entre relaxamento da prisão e revogação da prisão: relaxamento é aquela prisão desconstituída por ser ilegal.

Exemplo de relaxamento de prisão: prisão com excesso de prazo em sua duração ou decretada contra acusado primário a quem se imputa crime com pena máxima inferior a 4 anos, etc.

Nem sempre a anulação de um processo acarreta, necessariamente, o relaxamento da prisão preventiva, sendo possível que, decrete-se a eiva, determinando a repetição dos atos processuais, ao mesmo tempo em que é mantida a prisão cautelar do acusado[47].

Já a revogação da prisão é aquela prisão que foi legal durante a sua permanência, por ser necessária, mas que, em determinado momento do processo, deixou de sê-la. Exemplo: na prisão decretada, exclusivamente tendo por base a conveniência da instrução criminal, após produzidas as provas, a prisão não é mais útil e, por isso, pode ser revogada (mas não relaxada).

9.3.9. Prisão preventiva e recurso

Da decisão que indefere o pedido de prisão preventiva ou a revoga, caberá recurso em sentido estrito (art. 581, V, do CPP); já a decisão que decrete a prisão preventiva é irrecorrível, mas caberá a impetração de *habeas corpus* para combate-la.

9.3.10. Casuística prisão preventiva e cautelares

Prisão preventiva com fundamentação padronizada: ilegalidade

Totalmente inadmissível a decretação de prisão preventiva padronizada – meramente repetindo a fórmula legal-sem fundamentação concreta, ou aquela que apenas reitera a manifestação do Ministério Público, sem transcrever as partes que pretenda encampar e sem agregar fundamentação própria, a fim de legitimar o raciocínio que enseje uma medida processual de tal repercussão na liberdade do indiciado ou acusado[48].

---

46. Informativo do STJ. 02/05/2011. STJ. HC 188564. 5ª T. Rel. Min. Laurita Vaz.
47. Informativo do STF. 29/05/2017. STF. HC 140758.
48. STJ. AgInt no Recurso em Habeas Corpus 70.939/MG (2016/0121648-0). Rel. Min. Rogerio Schietti Cruz.

Prisão preventiva e *direito à fuga*

Como bem decidiu o STJ[49], mesmo que a decisão que tenha decretado a prisão preventiva seja sucinta e genérica na sua fundamentação, de qualquer forma, patenteando-se a necessidade da prisão processual, não assiste, ao indiciado ou acusado, "direito à fuga", ou seja, não lhe é legitimado discutir a legalidade ou não da medida, simplesmente fugindo; inadmissível, também, que o seu status de foragido não seja considerado como fundamento da prisão provisória; em suma, claro que, se está desaparecido, é porque oferece risco à aplicação da lei penal.

Por outro lado, como salientado na decisão ora em comento, se a ordem de prisão for, formal ou materialmente ilegal, "a resistência é um direito natural", sem embargo de os erros cometidos sejam sanados pelo próprio Poder Judiciário, especialmente através do *habeas corpus*.

Prisão preventiva e descumprimento de colaboração premiada

O descumprimento, por si só, do acordo de colaboração premiada não acarreta, automaticamente, a necessidade de ser decretada a prisão preventiva do acusado. De igual maneira, a celebração, só por si do acordo, não demonstra a desnecessidade da prisão preventiva decretada[50].

Prisão preventiva decretada em audiência

Nada impede sua decretação, desde que se possibilite, à defesa, se manifestar oralmente a respeito do pedido de prisão preventiva requerido pelo Ministério Público, sob pena de nulidade[51].

Prisão preventiva de membros de associação ou organização criminosa como única forma de diminuir ou interromper suas atividades

Nessa situação de proeminência dentro do núcleo criminoso, mostra-se imprescindível a manutenção da prisão preventiva, não se admitindo sequer sua substituição pela prisão domiciliar, com ou sem tornozeleira eletrônica, pois, de sua residência, perfeitamente possível que o agente criminoso, através da internet, realize movimentos bancários, transferência de bens, assegurando a impune vantagem dos delitos adrede praticados[52].

Instrução encerrada e necessidade de manter-se a prisão preventiva decretada

Não obstante encerrada a instrução criminal, como é possível, nos termos do art. 616 do CPP, que o Tribunal competente para julgar eventual recurso determine a reinquirição de testemunhas, bem como outras provas que entender necessárias,

---

49. STJ – HC 337.183/BA (2015/0242930-0). Rel. Min. Rogério Schietti Cruz.
50. Informativo do STF. 25/04/2017. STF. HC 138207. 2ª T. Rel. Min. Edson Fachin.
51. STJ – RHC 75.716/MG (2016/0237332-9). Rel. Min. Maria Thereza de Assis Moura. R. p/ acórdão: Min. Rogério Schietti Cruz.
52. STJ – HC 381.871/SP (2016/0323676-4). Rel. Min. Rogério Schietti Cruz.

poderá remanescer a necessidade da custódia cautelar, a fim de se resguardar a possível produção de provas[53].

Prisão preventiva e rito do Júri

No caso do rito do Júri, é possível que remanesça a necessidade de se manter preso o acusado, mesmo após encerrada a primeira fase do rito especial, quando houver necessidade de se produzir, novamente, a instrução em plenário, na etapa do julgamento da causa.

9.3.11. Prisão domiciliar

9.3.11.1. Conceito

É uma espécie de prisão preventiva cumprida no domicílio do indiciado ou acusado, e não no cárcere, em hipóteses taxativas previstas em lei, devidamente comprovadas. É um mecanismo legal de substituição da prisão preventiva comum pela prisão domiciliar, por questões humanitárias.

Segundo determina o art. 317 do CPP, a prisão domiciliar consiste no recolhimento do indiciado ou acusado em sua residência, só podendo dela ausentar-se com autorização judicial.

9.3.11.2. Hipóteses de cabimento

O juiz, de acordo com o art. 318 do CPP, só poderá substituir a prisão preventiva pela domiciliar quando o agente for:

I – maior de 80 anos;

II – extremamente debilitado por motivo de doença grave; nada impede que a prisão domiciliar, para tratamento médico específico, como uma cirurgia, seja determinada, de maneira temporária, ou seja, para o ato cirúrgico em si e a convalescença do preso[54]. O STJ determinou a prisão domiciliar de detento acometido de tuberculose, e que estava preso preventivamente, uma vez que, diante da conhecida falta de estrutura do sistema penitenciário para tratar de tais situações, mostrava-se imperioso seu afastamento da unidade prisional a fim de receber o tratamento médico adequado em sua residência, onde deveria permanecer recolhido, apenas podendo dela se ausentar para compromissos relativos ao tratamento de saúde que viesse a submeter-se, sendo que o descumprimento de tais condições, imporia o restabelecimento da custódia preventiva[55].

III – imprescindível aos cuidados especiais de pessoa menor de 6 anos de idade ou com deficiência;

---

53. STJ – HC 381.871/SP (2016/0323676-4). Rel. Min. Rogério Schietti Cruz.
54. Informativo do STF. 23/02/2017. AP 470. Rel. Min. Luís Roberto Barroso.
55. STJ-HC 415.508/RJ (2017/0229778-8). Rel. Min. Rogerio Schietti Cruz.

IV – gestante;

V – mulher com filho de até 12 anos de idade incompletos;

VI – homem, caso seja o único responsável pelos cuidados do filho de até 12 anos de idade incompletos.

Para a substituição, o juiz exigirá prova idônea dos requisitos estabelecidos em lei (art. 318, parágrafo único, do CPP).

O magistrado poderá determinar a prisão domiciliar, cumulada com a vedação a utilização de telefones ou de internet, conforme o caso concreto, com o escopo de se evitar a reiteração delitiva ou a comunicação com pessoas a quem se tenta estabelecido proibição de contato[56].

Não basta a comprovação dos requisitos legais, é preciso também que a substituição não coloque em risco os fundamentos da prisão preventiva originariamente decretada.

Como bem decidido pelo STJ[57], a mera presença de um dos pressupostos do art. 318 do CPP não autoriza, *de per si*, a obrigatoriedade de o magistrado beneficiar o acusado com tal medida; deve o juiz avaliar, no caso concreto, se a decretação da prisão preventiva não seria o meio mais eficaz de afastar o *periculum libertatis*.

Quanto às medidas que preveem a concessão de prisão domiciliar à indiciada ou acusada que seja gestante, ou em prol daquele – homem ou mulher – que seja responsável por filho menor, certo que tais normas vão ao encontro da proteção integral assegurado aos menores de idade consagrada no art. 227 da Lei Maior (doutrina da proteção integral e o princípio da prioridade absoluta ao menor); sob o ponto de vista legal, tais disposições legais estão em harmonia com o Marco Legal da Primeira Infância (Lei 13.257/2016), com o Estatuto da Criança e do Adolescente (Lei 8.069/90); por fim, sob a ótica convencional, as normas processuais visam cumprir o disposto na Convenção Internacional dos Direitos da Criança (Decreto 99.710/1990) que consagra a interpretação das normas PRO INFANS em que os direitos da criança deve prevalecer sobre os demais[58].

Ressalte-se, ainda, as Regras de Bangkok, aprovadas pela Assembleia Geral da Organização das Nações Unidas, e que formam um conjunto de normas voltadas ao tratamento das mulheres presas e medidas não privativas de liberdade para mulheres infratoras. São setenta regras, sendo certo que, como o Brasil participou ativamente para sua elaboração e aprovação na Assembleia Geral, consubstancia-se em verdadeiro compromisso internacional assumido pelo Brasil.

Dentre as regras citadas, merece maior atenção a Regra 64: "Penas não privativas de liberdade serão preferíveis às mulheres grávidas e com filhos dependentes, quando for possível e apropriado, sendo a pena de prisão apenas considerada quando o crime for grave ou violento ou a mulher representar ameaça contínua, sempre velando pelo melhor interesse do filho ou dos filhos e assegurando as diligências adequadas para seu cuidado".

---

56. STF. Inquérito 4.633/DF. Rel. Min. Edson Faquin.
57. STJ. HC 352.467/RJ (2016/0082965-0). Rel. Min. Rogerio Schietti Cruz.
58. STJ. HC 411.779/RS (2017/0199315-3). Rel. Min. Rogerio Schietti Cruz.

Em 20 de fevereiro de 2018, a 2ª Turma do STF[59] concedeu *habeas corpus* coletivo para determinar a substituição da prisão preventiva por domiciliar de mulheres presas, em todo o território nacional, que sejam gestantes, puérperas ou mães de crianças de até 12 anos ou de pessoas com deficiência, sem prejuízo da aplicação de medidas cautelares previstas no art. 319 do CPP. Excetuaram-se os casos em que as infrações tiverem sido praticadas mediante violência ou grave ameaça, contra seus descendentes ou, ainda, em situações excepcionalíssimas. Assentou-se que se tratava da única solução viável para se garantir o acesso à Justiça de grupos sociais mais vulneráveis.

Importante ressaltar que a Lei 13.769, de 19 de dezembro de 2018 acrescentou, ao CPP, o art. 318-A e 318-B, nos seguintes termos:

> "Art. 318-A. A prisão preventiva imposta à mulher gestante ou que for mãe ou responsável por crianças ou pessoas com deficiência será substituída por prisão domiciliar, desde que:
>
> I – não tenha cometido crime com violência ou grave ameaça à pessoa;
>
> II – não tenha cometido o crime contra seu filho ou dependente".
>
> Art. 318-B. A substituição de que tratam os arts. 318 e 318-A poderá ser efetuada sem prejuízo da aplicação concomitante das medidas alternativas previstas no art. 319 deste Código".

Percebe-se que a nova lei praticamente repetiu os dizeres da decisão do Supremo comentada, estabelecendo a regra de que é cabível a substituição da prisão preventiva, em prisão domiciliar, sem prejuízo da aplicação concomitante de medidas cautelares como, *v.g.*, uso de tornozeleira eletrônica, proibição de comunicação com terceiras pessoas, mas abrindo duas vedações ao benefício:

1ª – no caso de crime cometido com violência ou grave ameaça à pessoa; exemplos: roubo, homicídio, extorsão; já o tráfico de drogas, o crime de corrupção ativa ou passiva, por exemplo, não impediriam o favor legal;

2ª – não tenha cometido o crime contra filho ou dependente; como a norma não especificou que espécie de delito veda o benefício, devem-se incluir quaisquer crimes, aqueles praticados com violência (roubo, lesão corporal, etc) ou não (v.g., furto, apropriação indébita)

9.4. PRISÃO TEMPORÁRIA (LEI N. 7.960/89)

9.4.1. Conceito e natureza jurídica da prisão temporária

Prisão temporária é uma modalidade de prisão processual, decretada apenas durante a investigação criminal, quando não for possível outra medida cautelar menos gravosa, e que tem por finalidade proporcionar uma melhor investigação criminal

---
59. Informativo do STF. 20/02/2018. STF – HC 143.641. 2ª T. Rel. Min. Ricardo Lewandowski.

de determinados crimes, taxativamente elencados em lei, apurando-se sua autoria e materialidade.

Importante salientar que a prisão temporária só pode ser decretada quando se demonstrarem insuficientes ou impossíveis de aplicação, quaisquer das medidas cautelares diversas da prisão, como, por exemplo, uma condução para qualificar-se o indiciado, uma busca e apreensão, ou mesmo uma das medidas cautelares pessoais previstas no art. 319 do CPP. Trata-se de aplicação, por analogia, do art. 282, § 6º, do CPP, que estabelece ser a prisão preventiva a *ultima ratio* das medidas, cabível apenas se as outras medidas cautelares menos gravosas não forem suficientes. O mesmo raciocínio é válido quanto à prisão temporária.

9.4.2. Crimes que autorizam a decretação da prisão temporária

A lei, taxativamente, em seu art. 1º, III, elenca quais crimes autorizam a prisão temporária, que são, na atualidade, os seguintes: homicídio doloso, sequestro ou cárcere privado, roubo, extorsão, extorsão mediante sequestro, estupro, estupro de vulnerável; epidemia com resultado de morte, envenenamento de água potável ou substância alimentícia ou medicinal qualificado pela morte, associação criminosa, genocídio, tráfico de drogas, crimes contra o sistema financeiro, crimes previstos na lei de terrorismo (Lei 13.260/2016).

9.4.3. Pressuposto e fundamentos para a decretação da prisão temporária

9.4.3.1. Pressuposto da prisão temporária. Existência de fundadas razões, de acordo com qualquer prova admitida na legislação penal, de autoria ou participação do indiciado em determinados crimes (art. 1º, III, da Lei 7.960/89)

É a fumaça de bom direito *(fumus boni iuris* ou *fumus comissi delicti* – fumaça de bom direito; fumaça da prática de um delito).

Para que seja decretada a prisão temporária, é imprescindível, como pressuposto, que existam elementos informativos que apontem para a existência de um crime e de sua provável autoria. Como o texto da lei menciona "qualquer prova admitida na legislação penal de autoria e participação do indiciado", percebe-se que, para decretação da prisão temporária, exige-se menos, de arcabouço probatório, que a prisão preventiva a qual só pode ser determinada, quando "houver prova da existência do crime e indício suficiente de autoria" (art. 312, *caput*, do CPP). Em conclusão, os pressupostos, para a decretação da prisão temporária e preventiva, embora semelhantes, não são iguais: para a temporária, exige-se a presença de elementos informativos não tão convincentes quanto aqueles necessários para a prisão preventiva, mas, em compensação, a temporária só é decretada, na fase de investigação, tem prazo certo de duração, e visa apurar, tão somente, delitos especialmente graves, diferenciando-se, quanto a esses aspectos, da prisão preventiva (que pode ser decretada no processo, não tem prazo certo de duração, e pode ser imposta a crimes menos graves). Em outras palavras, embora possa parecer que o direito individual a liberdade corra risco com a possibilidade de se decretar a prisão temporária não ancorada em elementos de convicção mais sólidos, certo que essa prisão tem prazo certo e sua decretação é excepcional, uma vez que admissível apenas aos delitos mais graves; desse modo, nota-se que não se compromete, com essa modalidade especial de prisão cautelar, as franquias individuais.

À semelhança do que dissemos quando tratamos da prisão preventiva, os elementos de convicção autorizadores da prisão temporária englobam os seguintes elementos: fato típico, ilícito (sem causas aparentes de exclusão da ilicitude), culpável (sem causas aparentes de isenção de pena), e punível (sem causas aparentes de extinção da punibilidade, ou de falta de condição de procedibilidade ou de ausência de condição objetiva de punibilidade).

Desse modo, não há sentido decretar-se a prisão temporária, no caso de patente legítima defesa ou coação moral irresistível, ou ainda, no caso de crime fulminado pela prescrição da pretensão punitiva.

9.4.3.2. Fundamento para a decretação da prisão temporária. Imprescindibilidade da prisão para as investigações criminais (normalmente do inquérito policial – art. 1º, I, da Lei 7.960/89)

Esse é o fundamento da prisão temporária: tutelar a eficácia das investigações criminais para apurar determinados delitos (em outras palavras, trata-se do fundamento de toda e qualquer cautelar: o *periculum in mora*, que, no processo penal, recebe o nome de *periculum libertatis*). Isso quer dizer que a permanência do indiciado em liberdade seria um perigo ao sucesso das investigações, o que justifica, em tese, apenas para determinados crimes, sua prisão temporária.

A prisão temporária só pode ser decretada durante o inquérito policial, como numa interpretação literal do art. 1º, I, da Lei, faz crer?

Entendemos que, utilizando-se de uma interpretação extensiva e progressiva do inciso I do art. 1º da Lei 7.960/89, a prisão temporária estará autorizada a ser decretada, além de no bojo de um inquérito policial, também no tramitar de uma comissão parlamentar de inquérito ou em procedimento investigatório conduzido pelo MP, afinal, como a função de se apurar delitos não é exclusivo da Polícia Judiciária, através do inquérito policial, mas também de outros órgãos públicos legitimados em lei para tanto, nada mais consentâneo com o sistema persecutório que os instrumentos apuratórios sejam disponibilizados a todos os agentes estatais, e não apenas a polícia.

Para a decretação da temporária não basta a conveniência da medida para as investigações criminais, uma vez que a lei exige mais: a imprescindibilidade da prisão para o trabalho investigativo, o qual, se não decretada a cautelar, será comprometido. Cabe à autoridade policial ou ao MP demonstrarem, com dados concretos, essa indispensabilidade à eficácia da persecução penal.

9.4.3.3. Imprescindibilidade da prisão para as investigações criminais em razão de o indicado não possuir residência fixa ou não fornecer elementos necessários ao esclarecimento de sua identidade (art. 1º, II, da Lei 7.960/89)

Embora a Lei mencione, no referido inciso, apenas, que a prisão temporária poderá ser decretada "quando o indiciado não tiver residência fixa ou não fornecer elementos necessários ao esclarecimento de sua identidade", certo que, não basta, a nosso ver, por si só, como fato que autorize a decretação da prisão temporária, que o indiciado não possua residência fixa ou que não forneça elementos para esclarecer sua identidade; é preciso que essas circunstâncias – ausência de residência fixa e dúvida quanto a sua identidade – comprometam, efetivamente, de maneira concreta, o bom sucesso das investigações. Em outras palavras, o inciso II (quando o indiciado não possuir residência fixa e não fornecer elementos de identificação) deve ser necessariamente combinado com o inciso I (imprescindibilidade da prisão para as investigações), para que se decrete a prisão temporária, jamais a justificando isoladamente.

Não existe, assim, presunção de necessidade da prisão temporária por ser, por exemplo, o indiciado morador de rua (sem residência fixa) ou possuir um documento em mau estado de conservação, *sem que isso comprometa, concretamente, o bom sucesso das investigações*, especialmente se, através da identificação criminal (datiloscópica), apurar-se a identidade do investigado.

9.4.4. Procedimento para a decretação da prisão temporária e sua duração

Estipula o art. 2º da lei que: "A prisão temporária será decretada pelo Juiz, em face da representação da autoridade policial ou de requerimento do Ministério Público, e terá o prazo de 5 (cinco) dias, prorrogável por igual período em caso de extrema e comprovada necessidade".

A prisão temporária não pode ser decretada, de ofício, pelo juiz; dependerá, sempre, de representação da autoridade policial ou de requerimento do Ministério Público. Em suma, o juiz deve ser provocado a decidir a respeito da prisão, quando instado a fazê-lo, pelo delegado, em forma de representação, ou pelo promotor, em forma de requerimento.

O prazo de prisão temporária, em regra, é de cinco dias, prorrogável por mais cinco, em caso de extrema e comprovada necessidade. O juiz não pode prorrogar, de ofício, a prisão temporária, dependendo, sempre, da representação do delegado de polícia ou de pedido do promotor neste sentido.

Prazo da prisão temporária em se tratando de crimes hediondos e equiparados

Em se tratando de crimes hediondos, tráfico ilícito de entorpecentes (Lei 11.343/06), tortura (Lei 9.455/97) e terrorismo (Lei 13.260/16), o prazo da prisão temporária será de 30 dias, prorrogável por mais 30, como determina o art. 2º, § 4º, da Lei n. 8.072/90.

O crime de tráfico que autoriza a prisão temporária é aquele previsto no art. 33, *caput*, e § 1º, art. 34, art. 36 e art. 37, da Lei 11.343/06.

O prazo da prisão temporária pode ser fracionado?

Pela literalidade da lei, a prisão temporária deve ser decretada pelo prazo inicial de 5 dias ou 30 dias, não havendo, assim, possibilidade de o juiz fracionar tais lapsos temporais em períodos menores. No caso de crimes hediondos e equiparados, comungamos do entendimento de Guilherme de Souza Nucci[60] para quem "não é preciso, em caso de crime hediondo ou equiparado, decretar-se a temporária pelo prazo máximo de trinta dias, nem prorrogá-lo, automaticamente, para outro período de trinta dias. O caso concreto irá demonstrar qual a melhor posição a ser adotada tanto pela polícia quanto pelo juízo". Desse modo, nada impediria que o juiz decretasse a prisão temporária pelo prazo de 15 dias ou 20 dias, por exemplo.

Oitiva prévia do Ministério Público

Prevê o § 1º do art. 2º da lei que, "Na hipótese de representação da autoridade policial, o Juiz, antes de decidir, ouvirá o Ministério Público".

9.4.5. Prisão temporária e recurso

Entendemos que o indeferimento do pedido de prisão temporária é desafiado pela interposição de recurso em sentido estrito, por interpretação extensiva do art. 581, V, do CPP (do indeferimento do pedido de prisão preventiva cabe recurso em sentido estrito), a ser interposto pelo Ministério Público. Já a decretação da prisão temporária pode ser sempre impugnada por meio da ação de *habeas corpus*.

9.4.6. Cumprimento do mandado de prisão temporária

Afirma o § 5º do art. 2º da lei que "A prisão somente poderá ser executada depois da expedição de mandado judicial". Se o indiciado for preso antes da expedição do mandado de prisão temporária, estará configurado o crime de abuso de autoridade (art. 4º, *a*, da Lei n. 4.898/65).

9.4.7. Expiração da prisão temporária e a soltura automática do preso

Determina o § 7º do art. 2º da lei que "Decorrido o prazo de cinco dias de detenção, o preso deverá ser posto imediatamente em liberdade, salvo se já tiver sido decretada sua prisão preventiva". Expirado o prazo legal da prisão inicial ou de sua prorrogação, o preso deve ser solto, independentemente de qualquer ordem judicial e expedição de alvará de soltura; a soltura é automática, a não ser que tenha havido alteração do título da prisão, na hipótese de ter sido decretada a prisão preventiva do indiciado.

---

60. Guilherme de Souza Nucci, Leis Penais e Processuais Penais Comentadas, p. 1100.

9.4.8. O delegado de polícia pode soltar o indiciado antes do fim do prazo da prisão?

Há duas posições sobre o assunto:

1ª posição: Não é possível: só pode mandar soltar quem pode mandar prender, ou seja, o juiz. Se o delegado entender que não existe mais necessidade de se manter preso o indiciado, deverá representar ao juiz pela revogação da prisão temporária, o qual ouvirá, previamente, o Ministério Público. Essa nos parece ser a melhor posição.

2ª posição: É possível. Cabe à autoridade policial, como presidente do inquérito policial, o juízo discricionário exclusivo a respeito da necessidade ou não de se manter preso o indiciado com a finalidade de angariar elementos informativos na investigação.

9.4.9. Conversão da prisão temporária em preventiva

É possível que, expirado o prazo da prisão temporária, seja decretada a prisão preventiva do indiciado. Não se trata, em verdade, de *conversão* da prisão temporária em preventiva, como habitualmente se intitula doutrinariamente esta situação, mas sim de verdadeira mudança do título da prisão processual, porque tais prisões processuais apresentam requisitos completamente diversos.

9.5. PRISÃO PROCESSUAL ESPECIAL

9.5.1. Conceito

É a prisão processual em que determinadas pessoas, em razão do cargo público ou profissão que ostentem, pela educação formal que tiveram, ou pelos serviços prestados, terão a prerrogativa de não ocuparem cela comum. Só é válida tal prisão até o trânsito em julgado da condenação.

O preso especial também tem o direito de não ser transportado juntamente com o preso comum (art. 295, § 4º, do CPP).

Tal prisão é prevista nos arts. 295 e 296 do CPP, dentre outros dispositivos legais que serão citados.

9.5.2. Beneficiários

Possuem referido privilégio as seguintes pessoas (art. 295 do CPP):

I – os ministros de Estado;

II – os governadores ou interventores de Estados ou Territórios, o prefeito do Distrito Federal, seus respectivos secretários, os prefeitos municipais, os vereadores e os chefes de Polícia;

III – os membros do Parlamento Nacional, do Conselho de Economia Nacional e das Assembleias Legislativas dos Estados;

IV – os cidadãos inscritos no "Livro de Mérito";

V – os oficiais das Forças Armadas e os militares dos Estados, do Distrito Federal e dos Territórios;

VI – os magistrados;

VII – os diplomados por qualquer das faculdades superiores da República. Foi ajuizada, pelo Procurador-Geral da República, perante o STF, Arguição de Descumprimento de Preceito Fundamental (ADPF) 334, em face desse dispositivo legal, porque ofenderia o princípio da isonomia, separando os presos discriminatoriamente, pelo grau de instrução, "contribuindo para a perpetuação da inaceitável seletividade do sistema de justiça criminal (...)";

VIII – os ministros de confissão religiosa;

IX – os ministros do Tribunal de Contas;

X – os cidadãos que já tiverem exercido efetivamente a função de jurado, salvo quando excluídos da lista por motivo de incapacidade para o exercício daquela função;

XI – os delegados de polícia e os guardas – civis dos Estados e Territórios, ativos e inativos.

Além de tais pessoas, também têm direito à prisão especial os oficiais da marinha mercante, pilotos, dirigentes sindicais, advogados, professores, membros do MP.

Advogados

Quanto aos advogados, o art. 7º, V, da Lei n. 8.906/94 (Estatuto da OAB), estipula que o advogado tem o direito de ser preso, antes do trânsito em julgado, em sala de Estado Maior, com instalações e comodidades condignas, e, na sua falta, por prisão domiciliar, como já decidiu o STF[61].

O STF[62] declarou a constitucionalidade do inciso V do art. 7º da Lei 8.906/94, no sentido de permitir que o advogado aguarde preso, em Sala de Estado Maior; decidiu-se pela inconstitucionalidade apenas da expressão "assim reconhecida pela OAB", referente à Sala de Estado Maior, inscrita na norma em comento.

O que é Sala de Estado Maior?

Sala de Estado Maior é o local – uma sala e não uma cela – onde se reúnem um grupo de oficiais que assessoram o Comandante de uma organização militar, que pode ser das Forças Armadas (Exército, Marinha, Aeronáutica), ou do Corpo de Bombeiros e Polícia Militar.

---

61. STF – 1ª T., HC 91.150/SP, Rel. Min. Menezes Direito, DJ 31/10/2007, p. 91. STF. Medida Cautelar em Reclamação 11.515/SP. Min. Rel. Celso de Mello. Julgado em 04/04/2011.
62. STF. ADI 1.127/DF. Rel. Min. Ricardo Lewandowski.

E se não houver Sala de Estado Maior onde o advogado será preso?

Há entendimento do STF[63] de que, na hipótese de não existência de Sala de Estado Maior, geralmente informada pela Secretaria de Segurança Pública do Estado, deve ser concedida ao advogado prisão domiciliar.

Todavia, se não for recomendável o recolhimento do advogado em seu domicílio (prisão domiciliar), dada a possibilidade de reiteração criminosa, e não havendo Sala de Estado Maior, perfeitamente possível que o acusado seja acomodado em estabelecimento penitenciário, desde que em cárcere separado dos demais presos[64].

Importante mencionar que houve uma mudança na jurisprudência do STF, no sentido de que, embora seja direito do advogado a prisão especial, o conceito de "Sala de Estado Maior" foi definido como um recinto com instalações e comodidades condignas e adequadas à higiene e a segurança do advogado, em ambiente separado, sem grades, localizado em unidades prisionais ou em batalhões da Polícia Militar, onde o advogado é recolhido, de forma separada dos demais presos[65].

Isso significa dizer que, na falta de genuína sala de Estado Maior, o advogado pode ser preso em estabelecimento carcerário comum, desde que em local separado dos demais detentos, que apresente condições mínimas para sua sobrevivência naquele ambiente, "quando não se afigurar recomendável a prisão domiciliar e não existir sala de estado maior na localidade"[66].

Se não houver nem Sala de Estado Maior nem outro local que lhe faça as vezes, com as condições mínimas de higiene, separação dos outros presos, sem grades, etc, será o caso de conversão da prisão cautelar em prisão domiciliar, sem prejuízo de se decretarem medidas cautelares outras[67].

A prisão especial do advogado só é considerada como direito subjetivo do causídico que esteja regularmente inscrito nos quadros da OAB; se o advogado estiver suspenso do exercício de sua atividade profissional ou cassado (art. 70, § 3º da Lei 8.906/94) não fará jus ao benefício[68].

O direito à prisão especial do advogado se refere apenas ás prisões processuais penais (prisão preventiva e prisão temporária), mas não à prisão civil do devedor de alimentos[69].

Membros do Ministério Público e Juízes

A Lei Orgânica do MP (art. 40, V, da Lei n. 8.625/93 – Lei Orgânica Nacional do MP – e art. 18, II, e, da Lei Complementar 75/93 – Lei Orgânica do MP da União) e

---

63. STF. Medida Cautelar em Reclamação 11.515/SP. Rel. Min. Celso de Mello. Julgado em 04/04/2011. Medida Cautelar em Reclamação 12.282/SP. Rel. Min. Celso de Mello. Julgado em 02/09/2011. STF. HC 123391. Rel. Min. Ricardo Lewandowski.
64. Informativo do STF. 25/08/2014. RCL 18023. Rel. Min. Rosa Weber.
65. Informativo do STF. 05/08/2014. RHC 122685. Rel. Min. Gilmar Mendes.
66. Informativo do STF. 03/06/2013. STF. RCL 15755. Rel. Min. Luiz Fux.
67. Informativo do STF. 18/07/2014. HC 123391. Rel. Min. Ricardo Lewandowski.
68. STF. HC 88702. 2ª T. Rel. Min. Celso de Mello. Julgado em 19/09/2006. Publicada em 24/11/2006.
69. Informativo do STJ. 25/04/2011. STJ. Desembargador Convocado Vasco Della Giustina.

a Lei Orgânica da Magistratura (Lei Complementar n. 35/79) também asseguram aos seus membros a mesma garantia.

Funcionários da administração da Justiça Criminal

Os presos que, ao tempo do fato eram funcionários da administração da Justiça Criminal, terão direito à cela separada dos demais presos, inclusive durante a execução da pena (art. 84, § 2º e art. 106, § 3º, da LEP – Lei de Execução Criminal).

9.6. SEPARAÇÃO DE PRESOS PROVISÓRIOS

Dispõe o art. 84, § 1º da Lei 7.210/84 (Lei das Execuções Criminais), com redação dada pela Lei 13.167/2015, que os presos provisórios ficarão separados de acordo com os seguintes critérios:

I – acusados pela prática de crimes hediondos ou equiparados;

II – acusados pela prática de crimes cometidos com violência ou grave ameaça;

I – acusados de outros crimes, que não sejam os anteriormente elencados.

Trata-se, como se percebe, de prisão cautelar de indiciados ou acusados de determinadas infrações, que permanecerão juntos de outros detentos a quem se imputam crimes semelhantes, mas separados dos demais presos. Não se trata, assim, de prisão especial.

Medida legal puramente demagógica, sem qualquer aplicação prática na calamitosa situação carcerária do país.

9.7. MEDIDAS CAUTELARES DIVERSAS DA PRISÃO

9.7.1. Conceito. Binômio das cautelares e sua taxatividade

Medidas cautelares diversas da prisão são restrições à liberdade do indiciado ou acusado, decretadas quando houver a necessidade de se garantir a aplicação da lei penal, a investigação ou instrução criminal e para evitar a prática de infrações penais.

A escolha da medida cautelar adequada se pautará por um juízo de proporcionalidade, em que se irá ponderar a gravidade concreta do crime, as circunstâncias do fato e as condições pessoais do indiciado ou acusado. É a adequação da medida cautelar ao caso concreto.

Este é o chamado binômio necessidade – adequação de toda medida cautelar previsto no art. 282, I e II, do CPP.

As medidas cautelares, por restringirem a liberdade do indiciado ou acusado, são taxativas, não podendo ser criadas novas restrições pelo juiz, empregando interpretação extensiva ou analogia.

O binômio necessidade – adequação é válido para as medidas cautelares diversas da prisão, previstas nos arts. 319 e 320 do CPP, como também para a prisão preventiva e temporária. Como bem elucidado pelo Min. Rogerio Schietti Cruz, do STJ[70]: "as medidas alternativas à prisão não pressupõem a inexistência de requisitos da prisão preventiva, mas sim a existência de uma providência igualmente eficaz para o fim colimado com a medida cautelar extrema, porém com menor grau de lesividade à esfera de liberdade do indivíduo".

9.7.2. Indispensabilidade de fundamentação

A medida cautelar imposta deve ser devidamente fundamentada, não bastando a repetição da fórmula legal; o magistrado deve apontar fatos concretos que a justifiquem, sob pena de nulidade do ato que pode ser jugulado mediante a impetração de *habeas corpus*[71].

9.7.3. Aplicação isolada ou cumulativa das medidas cautelares

As medidas cautelares poderão ser aplicadas isolada ou cumulativamente, dependendo da necessidade maior ou menor de acordo com o caso concreto (art. 282, § 1º, do CPP).

9.7.4. Momento de decretação das cautelares

As medidas cautelares podem ser decretadas em qualquer momento das investigações criminais ou do processo; na fase de investigação, o juiz não poderá decretar, de ofício, medidas cautelares, dependendo de representação do delegado ou requerimento do MP; já na fase processual, é autorizado ao juiz decretar medidas cautelares de ofício (art. 282, § 2º, do CPP).

9.7.5. Medidas cautelares e contraditório

Prevê o § 3º do art. 282 do CPP que, ressalvados os casos de urgência ou de perigo de ineficácia da medida, o juiz, ao receber o pedido de medida cautelar, determinará a intimação da parte contrária, acompanhada de cópia do requerimento e das peças necessárias, permanecendo os autos em juízo. Tal providência visa assegurar o contraditório e só pode ser tomada quando não comprometer a eficácia da medida cautelar que se pretenda adotar.

Esse contraditório prévio é aplicável apenas na fase judicial – depois de ajuizada a ação – ou também na fase investigatória?

Pode haver **duas posições** a respeito:

1ª Posição (restritiva): A intimação da parte contrária a respeito do pedido de medida cautelar somente é admissível quando a ação penal já tiver sido ajuizada.

---
70. STJ – RHC 90.418/RS. 6ª T. Rel. Min. Rogerio Schietti Cruz. DJe 06/11/2017.
71. Informativo do STF. 5 de janeiro de 2017. STF. HC 138453. Rel. Min. Dias Toffoli.

Como o inquérito policial possui natureza inquisitiva não há se falar em contraditório quanto às medidas cautelares requeridas durante o seu trâmite.

2ª Posição (ampliativa): Pouco importa que não vigore no inquérito policial o contraditório e a ampla defesa, o certo é que a medida cautelar afeta o direito à liberdade e é requerida ao juiz, de modo que, judicializada a medida, não há como se afastar a possibilidade de contraditório. Em miúdos, o fato de o inquérito policial não ser regido pelos princípios do contraditório e da ampla defesa não impede que decisões judiciais atinjam a liberdade individual do indiciado durante o seu trâmite se submetam a tais princípios. Tecnicamente, parece ser a melhor posição.

9.7.6. Descumprimento das medidas cautelares

No caso de descumprimento de qualquer das obrigações impostas, o juiz, de ofício ou mediante requerimento do Ministério Público, de seu assistente ou do querelante, poderá substituir a medida, impor outra em cumulação, ou, em último caso, decretar a prisão preventiva (art. 282, § 4º, do CPP). O querelante e o assistente só terão legitimidade para tal requerimento na fase judicial, e não no decorrer do inquérito policial, por falta de previsão legal neste sentido.

9.7.7. Transitoriedade das medidas cautelares

O juiz poderá revogar a medida cautelar ou substituí-la quando verificar a falta de motivo para que subsista, bem como voltar a decretá-la, se sobrevierem razões que a justifiquem (art. 282, § 5º, do CPP).

9.7.8. Infrações que autorizam a aplicação das medidas cautelares

As medidas cautelares não se aplicam à infração a que não for isolada, cumulativa ou alternativamente cominada pena privativa de liberdade (art. 283, § 1º, do CPP). Em outras palavras, é possível a aplicação de medidas cautelares a crimes e contravenções (para aquelas apenadas com prisão simples), desde que a pena prevista seja a de prisão. **A infração apenada exclusivamente com multa não permite a imposição de medidas cautelares.** As medidas cautelares são aplicáveis, ainda, às infrações de menor potencial ofensivo, de competência dos Juizados Especiais Criminais, desde que estabelecidas, para tais ilícitos, pena privativa de liberdade. A única medida cautelar que não será aplicável, no caso de infrações de menor potencial ofensivo, será a fiança, por expressa vedação legal (art. 69, § único, da Lei 9.099/95).

9.7.9. Medidas cautelares e recursos

O art. 581, V, do CPP autoriza a interposição de recurso em sentido estrito contra a decisão que indefere prisão preventiva ou a revoga; desse modo, entendemos que, numa *interpretação extensiva* de tal dispositivo de lei, também a decisão que indefere medida cautelar requerida ou a revoga pode ser combatida através do recurso em sentido estrito. Pode-se usar, por analogia, o art. 294, § único, do CTB, que determina que, da decisão que decreta a suspensão ou a medida cautelar, ou da que indeferir o requerimento do Ministério Público, caberá recurso em sentido estrito, sem efeito suspensivo.

9.7.10. Medidas cautelares pessoais em espécie

Estipula o art. 319 do CPP que são medidas cautelares diversas da prisão:

I - comparecimento periódico em juízo, no prazo e nas condições fixadas pelo juiz, para informar e justificar atividades;

É uma medida cautelar que estabelece o dever processual ao indiciado ou acusado de demonstrar ao juízo, periodicamente, seu cotidiano ("atividades"). As finalidades almejadas por essa medida cautelar são implícitas: a de assegurar que a futura aplicação da lei penal não será comprometida (demonstrando o autor que possui vínculos com o local onde reside e que não pretende fugir), bem como de que a ordem pública não restou abalada (comprovando o autor que vem desenvolvendo atividades lícitas no seu dia – a – dia).

A periodicidade com que deverá o indiciado ou acusado comparecer dependerá da necessidade do caso concreto, podendo ser semanal, quinzenal, mensal etc.

Caso o indiciado ou acusado resida em outra comarca, será possível a expedição de carta precatória para que o cumprimento da medida cautelar imposta pelo juízo deprecante seja controlado pelo juízo deprecado.

II - proibição de acesso ou frequência a determinados lugares quando, por circunstâncias relacionadas ao fato, deva o indiciado ou acusado permanecer distante desses locais para evitar o risco de novas infrações;

Essa medida cautelar fixa, ao indiciado ou acusado, a proibição de acesso – de meramente comparecer mesmo que uma vez, ou de frequência (de acesso regular), a determinados lugares, quando houver histórico de infração penal naquele local. Indispensável, como se nota, um *nexo de causalidade* entre, de um lado, o local onde o fato criminoso teria ocorrido e, de outro, a vedação de acesso e frequência aquele local ou a local semelhante. Além do nexo causal, a lei estabelece, expressamente, uma finalidade específica da medida cautelar: evitar o risco de novas infrações, ou seja, como garantia da ordem pública. Em caso criminal decidido pelo STJ[72] no qual se imputava à acusada a prática de tráfico – tentativa de ingressar em presídio com drogas para fornecer ao seu companheiro lá detido – reputou-se como legítima a imposição de medida cautelar vedando sua frequência a unidades prisionais.

Essa medida cautelar para ser imposta é duplamente vinculada: vinculada na sua origem a uma causa: o histórico da infração ocorrida em determinado local; também

---

72. STJ – HC 437.538/SP (2018/0036888-4). Rel. Min. Rogerio Schietti Cruz.

vinculada à sua finalidade: evitar o risco de novas infrações, naquele mesmo local ou em local que lhe guarde semelhança.

Exemplo dessa medida cautelar é o de envolvimento do indiciado ou acusado na prática de lesões corporais em estádios de futebol, bares etc., em que pode se proibir, além da frequência (ida contínua), também o mero acesso, ou seja, não poderá o agente ir ao local, nem que seja apenas uma vez.

Essa proibição de acesso ou frequência pode se estender à própria residência do autor da infração, desde que haja uma relação com o fato criminoso.

A fiscalização desta cautelar pode ser cumulada com a medida cautelar da monitoração eletrônica (tornozeleira eletrônica).

Indaga-se, então: É possível decretar-se a proibição de acesso e frequência a determinado local relacionado à infração, com a finalidade não de evitar a prática de novas infrações, como previsto em lei, mas de, por exemplo, preservar os elementos probatórios naquele local (conveniência da instrução criminal)?

Há **duas posições** sobre o tema:

1ª Posição: Não é possível desconsiderar a finalidade legal da medida cautelar, prevista expressamente, para encaixar-se outra, não prevista, sob pena de comprometer a liberdade individual, utilizando-se de analogia em seara indevida, que é a da necessária tipicidade das cautelares pessoais, as quais não podem ser alargadas sem autorização legal explícita.

2ª Posição: Não é vedada a medida cautelar referida, buscando outra finalidade que não a expressa no inciso em tela, pois essa aplicação guarda total pertinência com as regras gerais aplicáveis a todas as cautelares (inclusive a que ora se estuda), expressas no art. 282, I, do CPP. Ora, tal dispositivo admite a aplicação das cautelares tendo por finalidade, genericamente, a necessidade para a aplicação da lei penal, para a investigação ou instrução criminal, e para evitar a prática de infrações penais. Em outras palavras, a medida cautelar de proibição e acesso a determinados locais, embora sugerida pela lei a finalidade de se evitar novas infrações, não impede que seja determinada também visando outra finalidade, desde que compatível com aquelas do art. previstas no art. 282, I, do CPP.

III – proibição de manter contato com pessoa determinada quando, por circunstâncias relacionadas ao fato, deva o indiciado ou acusado dela permanecer distante;

É uma medida cautelar que estabelece a proibição de o indiciado ou acusado manter qualquer contato – pessoal, por telefone, por mensagem de celular, etc, com pessoa determinada (vítima, testemunha ou outros investigados ou acusados[73]), quando

---

73. Informativo do STF. 17/12/2015. AC 4036 e 4039. Rel. Min. Teori Zavascki.

houver relação com o fato em apuração. O fim, implícito, dessa medida, é a conveniência da instrução criminal, evitando-se que seja turbada pelo indiciado ou acusado, por qualquer espécie de contato que pudesse atemorizar pessoas que prestarão depoimentos, declarações, ou interrogatório em juízo, comprometendo a veracidade do que será colhido pela prova oral.

A incomunicabilidade do indiciado/acusado com terceiras pessoas, não pode incluir seu próprio genitor, ou irmãos, caso sejam corréus, por ser, a família, base da sociedade, merecendo especial proteção do Estado (art. 226, caput, da CF)[74]. A proibição de contato pode ser pessoal, telefônico ou virtual com outros réus, testemunhas ou pessoas que possam interferir na produção probatória[75].

IV – proibição de ausentar-se da Comarca quando a permanência seja conveniente ou necessária para a investigação ou instrução;

A medida cautelar prevê a proibição de o indiciado ou acusado sair da comarca, tendo em vista o objetivo de resguardar os interesses da investigação ou da instrução, como se daria, por exemplo, quando se pretende a realização de seu reconhecimento pessoal. Cabível a cumulação desta cautelar com a de monitoração eletrônica para fiscalizar a medida. Essa medida pode ser decretada para fim diverso do previsto em lei, como, *v.g.*, a garantia da futura lei penal (e não por conveniência da investigação ou instrução criminal), evitando que o indiciado ou acusado desapareçam da sede do Juízo, tendo em vista a compatibilidade desse desiderato com os fins genéricos das cautelares, previstos no art. 282, I, do CPP.

V – recolhimento domiciliar no período noturno e nos dias de folga quando o investigado ou acusado tenha residência e trabalho fixos;

Essa cautelar estabelece a obrigação de o indiciado ou acusado recolher-se, no período noturno, e nos dias de folga, quando tiver residência e trabalho fixos. A residência onde possa se recolher é pressuposto da medida, mas o trabalho fixo não se mostra indispensável, de modo que seria perfeitamente possível impor-se tal recolhimento, mesmo ao indiciado ou acusado desempregado ou com ocupação esporádica. A cautela visa, implicitamente, evitar novas infrações penais, notadamente quando a infração que se apure tenha alguma relação com a vida noturna, em razão de excesso de álcool, frequência de prostíbulos, discussões e brigas, etc.

Pertinente a cumulação desta medida com a cautelar de monitoração eletrônica para fiscalizar a medida.

Evidentemente, por uma questão de lógica, essa medida cautelar não pode ser decretada se o crime imputado ao agente tiver sido praticado no interior da sua própria residência (caso de indiciado que trafica na própria casa)[76].

---

74. STJ – HC 380.734/MS (2016/0315838-9). Rel. Min. Maria Thereza de Assis Moura.
75. Informativo do STJ. 20/02/2018. STJ – HC 422.113 e HC 422.122. 6ª T. Rel. Min. Rogerio Schietti Cruz.
76. Informativo do STJ. 12/07/2018. STJ. HC 457100. Min. Laurita Vaz.

VI – suspensão do exercício de função pública ou de atividade de natureza econômica ou financeira quando houver justo receio de sua utilização para a prática de infrações penais;

Suspende-se, por essa medida cautelar, por ordem judicial, uma função pública, de, por exemplo, auditor da receita federal, de promotor de justiça, juiz de direito, etc, desde que a suspensão tenha nexo de causalidade com o crime: o indiciado ou acusado deve ter usado da função pública ou da atividade econômica financeira para perpetrar delitos, e o seu afastamento é indispensável para evitar a reiteração delitiva. Segundo assentado no STJ[77], "A medida cautelar de afastamento das funções públicas prevista no artigo 319, VI, do CPP, exige a demonstração cumulativa do nexo funcional entre o delito praticado e a atividade funcional desenvolvida pelo agente e sua imprescindibilidade para evitar a continuidade da utilização indevida do cargo/emprego/mandato pelo autor para a consecução de seus objetivos espúrios em usurpação aos interesses públicos inerentes à função.

Poderá se patentear o excesso de prazo da medida cautelar de suspensão do exercício de determinadas funções públicas ou atividades econômicas a ser coarctada mediante *habeas corpus*[78], uma vez que, embora o afastamento não se refira diretamente à liberdade de locomoção, tal medida cautelar pode ensejar a decretação da prisão preventiva[79], especialmente se a medida impor a proibição de acesso a determinados lugares[80].

Suspensão de função pública: deputados federais e senadores

Essa medida cautelar pode atingir, inclusive, detentores de cargos públicos eletivos, como deputados federais; em caso concreto, o STF[81], por unanimidade, afastou deputado federal do exercício do mandato e da função de Presidente da Câmara dos Deputados, com a finalidade de impedir a interferência do deputado em investigações criminais, como a coação de testemunhas.

A questão referente à possibilidade de o Supremo impor medidas cautelares a membros do Congresso Nacional (Senadores e Deputados Federais) foi levada a apreciação do Plenário, quando do julgamento da Ação Direta de Inconstitucionalidade (ADI) 5526, a qual foi julgada parcialmente procedente. Nessa oportunidade, em síntese, se decidiu que o Supremo pode impor quaisquer das medidas cautelares previstas no art. 319 do CPP, a deputados federais e senadores, mas, se a medida dificultar ou impedir, direta ou indiretamente, o exercício regular do mandato, a decisão judicial deverá ser remetida, em 24 horas, à respectiva Casa Legislativa para deliberação, nos termos do art. 53, § 2º, da Constituição Federal.

Suspensão do exercício funcional dos magistrados

Podem ser suspensos do exercício funcional inclusive os magistrados, quando, recebida a denúncia ou queixa, o Tribunal ou seu órgão especial decidirem, pelo voto

---

77. STJ – Recurso em Habeas Corpus 88.804/RN (2017/0226325-3). Rel. Min. Reynaldo Soares da Fonseca.
78. Informativo do STF. STF. HC 147303 e HC 147426. 2ª T. Rel. Min. Edson Faquin.
79. STJ – HC 262.103/AP. 5ª T. Rel. Min. Jorge Mussi. DJe 15/09/2014.
80. STJ – HC 370.268/SE. 5ª T. Rel. Min. Ribeiro Dantas. J. 14/03/2017. DJe 22/03/2017.
81. STF. Ação Cautelar (AC) 4070/DF. Rel. Min. Teori Zavascki. 05/05/2016.

de 2/3 dos seus membros, determinar o afastamento do cargo do magistrado denunciado (art. 29 da LC 35/79, Lei Orgânica da Magistratura). O Conselho Nacional de Justiça poderá, também, afastar, como medida cautelar, membro do Poder Judiciário de qualquer instância, mediante decisão fundamentada tomada em regular Procedimento Administrativo Disciplinar.

Suspensão de suas funções de membro do Tribunal de Contas

De igual maneira, poderá ser afastado, pelo STJ, de sua função, conselheiro do Tribunal de Contas, com supedâneo no art. 29 da LC 35/79, o qual, nos termos dos arts. 73, § 3º, e 75, da Constituição Federal, se estende àqueles que estejam no exercício do cargo de conselheiro de Tribunal de Contas, acarretando, como efeito prático, a proibição de utilização de carros oficiais, motoristas, além da vedação, ainda, de acesso às dependências privativas de servidores e membros do Tribunal, sem prejuízo dos subsídios e vantagens do cargo, todavia[82]. A duração do afastamento do Conselheiro poderá se estender até o término da instrução.

Suspensão do exercício da função pública de Governador de Estado

Recebida a denúncia oferecida contra Governador de Estado, pelo STJ, poderá se determinar a suspensão do exercício de sua função pública, bem como outras medidas decorrentes do poder geral de cautela conferido pelo ordenamento jurídico aos juízes[83].

Afastamento de prefeito do cargo

O Tribunal de Justiça, com base no Decreto-Lei 201/67, bem como no art. 319 do CPP, pode, quando receber denúncia por crime comum, determinar o afastamento do prefeito de seu cargo. No caso de crime eleitoral perpetrado por prefeito, a competência para afastá-lo de suas funções será do Tribunal Regional Eleitoral[84].

A medida de afastamento do prefeito do cargo deve ter duração restrita sob pena de assumir caráter definitivo, especialmente no caso de mandato eletivo, que apresenta limitação de tempo[85].

Afastamento de vereador do cargo

É possível ao juiz de 1ª instância determinar o afastamento de vereador, uma vez que, ao contrário dos deputados, federais e estaduais e senadores, não possui – o vereador – imunidade processual (foro por prerrogativa de função).

Afastamento de funcionário público acusado de tráfico

Ainda na legislação extravagante, consta do art. 56, § 1º da Lei 11.343/06 (Lei de Drogas) a medida cautelar de afastamento do funcionário público de suas atividades,

---

82. STJ. INQ 780/CE. Min. Rel. Nancy Andrighi.
83. STF. Pleno. ADI 4764. Min. Rel. Celso de Mello. Relator para o Acórdão: Min. Roberto Barroso. J. 04/05/2017. Processo Eletrônico DJe 178. Publicação 15/08/2017.
84. Informativo do STJ. 14/11/2017. STJ. HC 424567. Rel. Min. Ribeiro Dantas.
85. Informativo do STF. 15/12/2017. STF – HC 150059. Rel. Min. Marco Aurélio.

no caso de acuação por tráfico. A nosso sentir, essa medida só será cabível, a semelhança do que dispõe o inciso ora em estudo, se houver um nexo funcional entre o tráfico e a suspensão da função pública. Exemplo: escrevente que trafica drogas no Fórum aproveitando-se do fato de possuir livre acesso a todas as suas dependências. Não havendo esse nexo, essa cautelar não poderá ser aplicada, sob pena de violação ao princípio da presunção de inocência.

Suspensão de atividade de natureza econômica ou financeira

Poderá haver também a suspensão de atividade de natureza econômica ou financeira (de direção de um Banco, por exemplo), com a finalidade específica de evitar a prática de novas infrações. A medida cautelar pode se referir ao afastamento da direção e da administração de empresas envolvidas nas investigações, ficando o indiciado ou acusado proibido de ingressar em quaisquer de seus estabelecimentos[86].

Se o indiciado ou acusado – empresário ou banqueiro – não cumprir a medida cautelar de afastamento de suas funções, usando de suas funções para ocultar bens e receitas de seu grupo econômico, demonstrando, desse modo, que a atividade criminosa continua a se desenrolar, essas circunstâncias justificam a decretação de sua prisão preventiva[87].

Deve existir um nexo entre a medida cautelar e a infração penal: só se suspende uma função pública ou atividade econômica – financeira se o crime envolver o exercício desses misteres. A finalidade da medida cautelar também é prevista em lei: evitar a prática de infrações penais aproveitando-se, o indiciado ou acusado, para tanto, de sua função pública ou de sua atividade econômico – financeira.

Mas, nada impede, embora a finalidade da cautelar seja aparentemente vinculada a evitarem-se novas infrações, que seja imposta para atingir outro escopo como preservarem-se as provas no local do cometimento do crime, evitar que o indiciado ou acusado intimidem testemunhas que sejam seus subordinados do trabalho, etc. Em suma, havendo compatibilidade da finalidade referida com as diretrizes do art. 282, I, do CPP, mesmo que diversa do objetivo, meramente exemplificativo, enunciada pelo dispositivo legal, sua imposição será legítima.

Suspensão do exercício da advocacia

Possível, ainda, a suspensão do exercício da advocacia, como medida cautelar[88].

VII – internação provisória do acusado nas hipóteses de crimes praticados com violência ou grave ameaça, quando os peritos concluírem ser inimputável ou semi-imputável e houver risco de reiteração;

Essa medida cautelar, por exceção quanto às demais, constitui verdadeira privação de liberdade, equivalente à prisão preventiva ou temporária, mas em que se determina

---

86. Informativo do STF. 17/12/2015. AC 4036 e 4039. Rel. Min. Teori Zavascki.
87. STJ. HC 339.763/DF (2015/0271583-0). Rel. Min. Rogerio Schietti Cruz.
88. Informativo do STF. 24/02/2016. Rel. Min. Teori Zavascki.

deva receber, o indiciado ou acusado, adequado tratamento médico consistente em internação, com a finalidade específica de ser resguardar a ordem pública, evitando-se o cometimento de novos crimes.

Pelo texto da lei os requisitos desta cautelar são cumulativos: laudo concluindo a inimputabilidade ou semi-imputabilidade, crime cometido com violência ou grave ameaça, e risco de reiteração.

Como os laudos psiquiátricos costumam demorar meses para que sejam elaborados, entendemos que, sendo evidenciado, por outros informes, que o indiciado ou acusado é inimputável (laudos de médicos particulares, cópia de ação cível de interdição, etc), poderia se determinar a internação provisória, enquanto se aguarda o estudo técnico oficial; seria uma hipótese de *cautelaridade da cautelar*, evitando que um inimputável possa colocar em risco a vida de outras pessoas, bem como a própria, se solto permanecesse, enquanto se aguarda – por meses, senão anos – a confecção de laudo pericial. Deve-se levar em consideração, ainda, que o grave perigo de se prender, em cela comum, com diversos outros detentos, um possível inimputável.

Na falta (corriqueira) de estabelecimentos adequados ao tratamento médico psiquiátrico, o que compromete não apenas a internação provisória do indiciado/acusado, como também a internação definitiva – aquela decorrente da imposição de uma medida de segurança – o que se deve assegurar, pelo menos, como medida de redução de riscos, é que se coloque o indiciado ou acusado em local separado dos demais detentos, determinando-se que lhe seja ministrado o atendimento médico adequado a doença que seja portador.

Não obstante seja previsto em lei apenas a internação provisória, entendemos, utilizando-se de um *critério de proporcionalidade*, ser plenamente admissível a imposição de *tratamento ambulatorial provisório*, e não necessariamente a internação provisória, caso o laudo pericial conclua ser o tratamento ambulatorial o mais adequado ao caso concreto.

Não existindo vaga em estabelecimento público para internar o indiciado ou acusado (manicômio judiciário), nada impediria, a nosso ver, que pudesse ser internado em clínica particular, desde que assegurado, pelos responsáveis pela clínica, não apenas o tratamento adequado como também o caráter de sua efetiva internação, sem possibilidade de saídas, consentidas ou não, pela administração do instituto.

Na hipótese de impossibilidade de internação em casa de tratamento de qualquer natureza (pública ou privada), seria possível, como bem sugere Renato Brasileiro de Lima[89], a prisão domiciliar, desde que comprovado que o indiciado ou acusado esteja extremamente debilitado por motivo de doença grave, cumulativamente aplicada com tratamento ambulatorial.

VIII – fiança, nas infrações que a admitem, para assegurar o comparecimento a atos do processo, evitar a obstrução do seu andamento ou em caso de resistência injustificada à ordem judicial;

Trataremos, com mais detalhes da fiança, quando do tema Liberdade provisória, apenas deixando registrado aqui que se trata de medida cautelar de natureza real

---

89. Renato Brasileiro de Lima, Curso de Processo Penal, p. 994.

consistente na entrega de dinheiro ou objetos de valor econômico, com o intuito de assegurar que o indiciado ou acusado colabore com o andamento do inquérito ou processo, sem tumultuá-los.

A fiança pode assumir duas formas: a primeira delas como medida cautelar autônoma, não necessariamente vinculada à prisão em flagrante, que é justamente a prevista no dispositivo em análise; em outras palavras, durante o desenrolar da investigação criminal ou de um processo, mesmo que o acusado esteja solto, a ele pode ser imposta a medida cautelar de fiança; a segunda forma de fiança no processo penal é a que se dá, quando se possibilita ao indiciado, preso em flagrante, a concessão de liberdade provisória mediante pagamento de fiança, como um facilitador à busca da liberdade.

IX – monitoração eletrônica

É um dispositivo eletrônico (geralmente tornozeleiras ou pulseiras eletrônicas) colocadas, discretamente, junto ao corpo do indiciado ou acusado e que permitem verificar por quais lugares ele se deslocou. Como vimos, esta medida serve como reforço de controle de diversas outras cautelares previstas neste artigo. Se o indiciado ou acusado danificar ou retirar o dispositivo eletrônico, o juiz, se entender não cabível a substituição ou cumulação de outras cautelares, poderá decretar-lhe a prisão preventiva (art. 282, § 4º, do CPP).

A monitoração eletrônica é regulamentada nos arts. 146 – A/146 – D, da Lei de Execução Penal. Para que seja decretada essa medida cautelar, isoladamente ou em cumulação com outra providência cautelar, exige-se motivação concreta; não é possível, pura e simplesmente, determinar-se a monitoração eletrônica, sem que se fundamente, em dados concretos, sua necessidade[90].

Proibição de ausentar-se do país

Por fim, a última medida cautelar, prevista no art. 320 do CPP, é a de proibição de o indiciado ou acusado ausentar-se do País, o que será comunicado pelo juiz às autoridades encarregadas de fiscalizar as saídas do território nacional, intimando-se o indiciado ou acusado a entregar o passaporte, no prazo de 24 horas. A não entrega do passaporte poderá acarretar a decretação da prisão preventiva.

Medidas cautelares e Código de Trânsito Brasileiro

Suspensão da permissão ou habilitação para dirigir veículo para os crimes em geral

O Código de Trânsito Brasileiro (Lei 9.503/97), prevê, em seu art. 294 que pode ser determinado, em qualquer fase da investigação ou do processo, havendo necessidade para a garantia da ordem pública, a medida cautelar, de ofício ou a requerimento do Ministério Público ou ainda mediante representação da autoridade policial, de

---

90. STJ – HC 351.273/CE (2016/0066419-9). Rel. Min. Nefi Cordeiro.

suspensão da permissão ou da habilitação para dirigir veículo automotor, ou a proibição de sua obtenção.

Essa hipótese legal é aplicável se o agente praticar os crimes de homicídio culposo na direção de veículo automotor (art. 302 do CTB), lesão corporal culposa a direção de veículo automotor (art. 303), embriaguez ao volante (art. 306 do CTB), e de outros delitos previstos no Código de Trânsito, incluindo, ainda, o homicídio, com dolo direto ou eventual ou lesão corporal, também dolosa, perpetrados na condução de veículo automotor.

A nosso ver, os requisitos para a imposição dessa medida cautelar são os seguintes:

1º – investigação ou processo criminal pela prática de delitos em geral cometidos na direção de veículo automotor. Em miúdos, trata-se do *fumus boni iuris (ou fumus comissi delicti)*, ou seja, prova da ocorrência destas infrações; se não houver prisão em flagrante, mas sim mera investigação policial ou processo, de igual forma se legitima a medida cautelar em estudo;

2º – deve existir um nexo de causalidade entre a infração que é objeto da investigação ou do processo e a medida cautelar restritiva de direitos, que visa impedir a prática, utilizando-se de veículo, automotor, de novos delitos como homicídio, lesão corporal, embriaguez. É o *periculum in mora*.

Da decisão que decreta mencionada medida cautelar, ou da que indeferir o requerimento do Ministério Público, caberá recurso em sentido estrito, sem efeito suspensivo (art. 294, § único, do CTB).

Suspensão da permissão ou da habilitação para os crimes de receptação, descaminho, contrabando

Reza o art. 278-A do Código de Trânsito Brasileiro (Lei 9.503/1997), inserido pela Lei 13.804, de 10 de janeiro de 2019, que o condutor que se utilize de veículo para a prática do crime de receptação (art. 180 do CP), descaminho (art. 334 do CP), e contrabando (art. 334-A) do Código Penal, se condenado, por tais delitos, em decisão transitada em julgado, terá cassado seu documento de habilitação ou será proibido de obter a habilitação para dirigir veículo automotor pelo prazo de cinco anos. O § 2º, do art. 278-A, introduzido pela Lei 13.804, de 10 de janeiro de 2019, criou nova medida cautelar em que o juiz, *no caso do condutor preso em flagrante*, em qualquer fase da investigação ou da ação penal, se houver necessidade para a garantia da ordem pública, de ofício, ou a requerimento do Ministério Público, ou ainda mediante representação da autoridade policial, poderá decretar, em decisão motiva, a suspensão da permissão ou da habilitação para dirigir veículo automotor, ou a proibição de sua obtenção.

A nosso ver, os requisitos para a imposição dessa medida cautelar são os seguintes:

1º – prisão em flagrante do agente pela prática dos delitos de receptação, contrabando e descaminho; esse é o *fumus boni iuris (ou fumus comissi delicti)*, ou seja, prova da ocorrência destas infrações; se não houver prisão em flagrante, mas sim mera investigação policial, não se legitima a medida cautelar em estudo que, expressamente, elenca, como condição para a restrição de direitos, a prisão em flagrante; como se sabe as normas que limitam direitos devem ser interpretadas restritivamente;

2º – deve existir um nexo de causalidade entre a infração que motivou a prisão em flagrante e a medida cautelar restritiva de direitos, que visa impedir a prática, utilizando-se de veículo, automotor, de novos delitos de receptação, contrabando e descaminho. É o *periculum in mora*.

O dispositivo legal em estudo não prevê qual a modalidade de recurso em face da decisão que decreta a medida cautelar de suspensão da permissão ou da habilitação, nem tampouco da indefere o requerimento do Ministério Público nesse sentido, mas pensamos ser cabível, por analogia, a utilização do § único do art. 294, do CTB, que estipula que, de tais decisões, caberá recurso em sentido estrito, sem efeito suspensivo.

9.7.11. Medidas cautelares e detração

O tempo em que o acusado cumpriu as medidas cautelares poderá ser abatido da pena privativa de liberdade imposta na sentença condenatória, como ocorre com a prisão provisória? Em suma, a detração prevista no art. 42 do CP é aplicável também às medidas cautelares?

Há **duas posições** a respeito:

1ª posição: toda e qualquer medida cautelar terá o seu tempo de cumprimento computado para abater a pena privativa de liberdade imposta, porque foi restringida, de qualquer forma, a liberdade de locomoção do acusado.

2ª posição: a detração só será cabível quando houver uma compatibilidade entre a medida cautelar determinada e a pena imposta na sentença condenatória. É a nossa posição e a explicamos. A medida cautelar de suspensão do exercício de função pública (art. 319, VI, do CPP) poderá ter o seu tempo detraído da pena restritiva de interdição temporária de direitos de proibição do exercício de cargo ou função pública (art. 47, I, do CP). De igual maneira, o recolhimento domiciliar no período noturno e nos dias de folga pode ser abatido dos dias de pena. Claro que o tempo de prisão domiciliar (art. 327 do CPP), que nada mais é que a própria prisão preventiva substituída, será descontado da pena a ser aplicada. As medidas cautelares de comparecimento periódico em juízo, proibição de acesso ou frequência a determinados lugares, proibição de ausentar-se da comarca (art. 319, I, II e IV, do CPP) poderão ter o seu tempo de cumprimento abatido no caso do *sursis* especial previsto no § 2º do art. 78 do CP, porque as condições lá previstas são idênticas. O tempo da internação provisória pode ser descontado do prazo mínimo de internação da medida de segurança (art. 97, § 1º, do CP). Não comportarão qualquer abatimento no tempo da pena, portanto, a imposição de fiança (art. 319, VIII, do CPP) e a monitoração eletrônica (art. 319, IX), por serem medidas puramente processuais e que não encontram correspondente nas sanções penais.

9.7.12. Existe poder geral de cautela do juiz no processo penal?

Poder geral de cautela do juiz é o poder ínsito a todo o magistrado de determinar medidas cautelares, de ofício ou a requerimento das partes, mesmo que não previstas em lei (inominadas), com a finalidade de evitar perecer o bem da vida que é tutelado pelo processo.

A questão tormentosa é se, no processo penal, onde se tutela a liberdade individual, seria possível impor-se uma medida cautelar inominada, que pode comprometer o *jus libertatis*, sem expressa previsão legal a autorizando.

Sobre o tema, há **duas posições**:

1ª Posição. Contrária. Não há poder geral de cautela do juiz no processo penal: as medidas cautelares se submetem a tipicidade processual, só podendo ser decretadas, havendo expressa previsão legal.

2ª Posição. Favorável. Será possível decretar uma medida cautelar, mesmo que ausente previsão legislativa, desde que a imposição da medida seja menos gravosa à liberdade do indiciado ou acusado que a imposição de uma prisão que pode ser desproporcional ao fim processual a que se almeja. Com esse entendimento, que nos parece acertado, Renato Brasileiro de Lima[91].

9.8. LIBERDADE PROVISÓRIA

9.8.1. Conceito e fundamento constitucional

É o direito à liberdade processual daquele que foi preso em flagrante, nas hipóteses de não cabimento da prisão preventiva, impondo-se ao indiciado alguma obrigação processual, o pagamento de fiança, ou a imposição de medidas cautelares não privativas de liberdade, como requisito para a concessão e manutenção da liberdade que, por isso, denomina-se provisória.

O direito à liberdade provisória é previsto no art. 5º, LXVI, da CF: "ninguém será levado à prisão ou nela mantido, quando a lei admitir a liberdade provisória, com ou sem fiança".

A possibilidade de ser concedida a liberdade provisória é condicionada apenas a ausência de requisitos que autorizem a decretação da prisão preventiva, como prevê o art. 321 do CPP.

9.8.2. Momento de concessão da liberdade provisória

Quando o juiz recebe as cópias do auto de prisão em flagrante, poderá decretar a preventiva, relaxar a prisão em flagrante ou conceder liberdade provisória (art. 310 do CPP). Esse, para nós, é o momento único de concessão da liberdade provisória. A

---

91. Renato Brasileiro de Lima, Curso de Processo Penal, p. 1004.

revogação ou relaxamento da prisão preventiva ou temporária não deveria ser denominada, como frequentemente o é, como liberdade provisória, uma vez que esse instituto se vincula exclusivamente ao momento da prisão em flagrante.

9.8.3. Espécies de liberdade provisória

A doutrina aponta três espécies de liberdade provisória:

1ª – "Liberdade provisória" obrigatória

Assim é denominada pela doutrina as hipóteses em que o indiciado não deve ser preso em flagrante, pela autoridade policial, no caso de flagrante delito, quando a lei inadmitir sua custódia precautelar. Na verdade, não se está diante do instituto de liberdade provisória propriamente dita, concedida pela autoridade judiciária ou policial, depois de formalizada a prisão em flagrante de alguém, mas de proibição legal da própria custódia precautelar em si.

Em miúdos, a liberdade provisória propriamente dita pressupõe a prisão precautelar em flagrante, com todas as suas fases (detenção do indiciado, sua condução coercitiva à autoridade, lavratura do auto de prisão em flagrante, e prisão); já a "liberdade provisória obrigatória" autoriza a detenção do indiciado pela prática da infração, e sua condução coercitiva à autoridade policial para que seja registrada a ocorrência; no entanto, não se será lavrado o auto de prisão em flagrante nem permanecerá preso o autor da infração, o qual seria beneficiado pela "liberdade provisória obrigatória".

Hipóteses de liberdade provisória obrigatória

As hipóteses em que não se lavra a prisão em flagrante, nem se prende o autor da infração, são as seguintes:

I – Infrações penais de menor potencial ofensivo, em que, se o autor for imediatamente encaminhado ao juizado especial criminal ou assumir o compromisso de comparecer, não se imporá prisão em flagrante, nem se exigirá fiança (art. 69, § único, da Lei n. 9.099/95).

II – Porte de drogas para uso pessoal (art. 48, § 2º, da Lei n. 11.343/2006).

III. Acidentes de trânsito que resultem vítima, havendo prestação de socorro pelo indiciado (art. 301 da Lei n. 9.503/97 – Código de Trânsito Brasileiro).

IV – Infrações que não cominem pena privativa de liberdade, isto porque nenhuma medida cautelar, muito menos a prisão em flagrante, pode validamente existir, se não for prevista pena privativa de liberdade para a infração (art. 283, § 1º, do CPP).

2ª – Liberdade provisória proibida

É aquela liberdade provisória vedada abstratamente pela lei.

A vedação de concessão de liberdade provisória pode ser parcial, relacionando-se apenas a uma modalidade de liberdade provisória, como se dá com a proibição de liberdade provisória, *mediante fiança*, a determinados delitos, ora elencados:

I – crime de tortura (art. 5º, XLIII, da CF e art. 1º, § 6º da Lei 9.455/97) – vedada a liberdade provisória *com fiança*;

II – crimes hediondos e equiparados (art. 5º, XLIII, da CF e art. 2º, II, da Lei 8.072/90) – vedada a liberdade provisória *com fiança*;

III – ação de grupos armados, civis ou militares, contra a ordem constitucional e o Estado Democrático (art. 5º, XLIV, da CF, e Lei 7.170/83) – vedada a liberdade provisória *com fiança*;

IV – racismo (art. 5º, XLII, da CF, e Lei 7.716/89) – vedada a liberdade provisória mediante *fiança*;

V – crimes contra o Sistema Financeiro Nacional (art. 31 da Lei 7.492/86) – vedada a liberdade provisória mediante *fiança*, nos crimes punidos com reclusão.

A conclusão que se extrai dessa vedação parcial à liberdade provisória é a de que, embora proibida a liberdade provisória mediante fiança, nada impede que seja concedida liberdade provisória, *sem fiança*, impondo-se, se o caso, medidas cautelares diversas da prisão.

Vedação à concessão de liberdade provisória, com ou sem fiança

O art. 44 da Lei n. 11.343/2006 (Lei de Drogas) proíbe a concessão de liberdade provisória aos autores dos delitos de tráfico e de outros crimes relacionados ao tráfico.

Especificamente quanto à vedação à liberdade provisória, com ou sem fiança, do indiciado pelo delito de tráfico, há **duas posições** a respeito:

1ª posição: a vedação ao benefício da liberdade provisória, em se tratando de agente indiciado por tráfico, é estabelecida na própria CF, que, em seu art. 5º, XLII, determina a inafiançabilidade de tal crime. Seria um contrassenso interpretar-se que a Constituição, ao proibir a liberdade provisória mediante fiança ao traficante, ao mesmo tempo, autorizasse sua concessão desvinculada sequer da garantia processual da fiança. É a posição do ministro Marco Aurélio, do STF, para quem, no caso de tráfico, não é possível a liberdade provisória, com ou sem fiança.

2ª posição: a CF apenas proibiu a concessão de liberdade provisória mediante o pagamento de fiança, mas não vedou que fosse ela concedida quando não estivessem presentes os requisitos da preventiva. Entende-se que o deferimento ou não de liberdade provisória só pode ser decidido pelo juiz, ao analisar o caso concreto; a vedação em abstrato, pela lei, da concessão de liberdade provisória ofenderia a presunção de inocência. Esta é a posição francamente majoritária do STF e do STJ. O STF[92], no HC 104.339, em 2012, declarou, incidentalmente, a inconstitucionalidade de parte do art. 44 da Lei n. 11.343/2006, que proíbe a concessão de liberdade provisória no delito de tráfico de entorpecentes por ser incompatível com a presunção de inocência. Decidiu-se, porém, como existem entendimentos divergentes na Suprema Corte, que cada ministro tratará individualmente a questão. Essa posição foi, mais uma vez, referendada, pelo Supremo[93], por seu plenário, no julgamento de Recurso Extraordinário com repercussão geral reconhecida, em que se fixou a seguinte tese, por ampla maioria[94]: "É inconstitucional a expressão e liberdade provisória, constante no *caput* do artigo 44 da Lei 11.343/2006)". Fixada a tese em repercussão geral, esse entendimento deverá ser aplicado pelas demais instâncias.

3ª – Liberdade provisória permitida

É aquela em que não existe qualquer vedação legal à sua concessão, passando o juiz a verificar se se encontram ou não presentes os requisitos da preventiva; se presentes, não se concederá a liberdade; se ausentes, é direito do indiciado ser solto.

A liberdade provisória permitida, que é a mais comum, é um direito do preso em flagrante, desde que desnecessária sua prisão preventiva, impondo-se, ao seu beneficiário, alguma obrigação que o vincule ao processo, como condição para que o benefício seja concedido e mantido.

A liberdade provisória permitida pode assumir as seguintes formas:

I – Liberdade provisória com vinculação, sem medidas cautelares e sem fiança (indiciado que agiu amparado por excludentes de ilicitude)

Quando não existir necessidade maior de acautelamento processual, porque o indiciado praticou o fato acobertado por uma causa excludente de ilicitude, o juiz poderá, fundamentadamente, conceder liberdade provisória, mediante termo de comparecimento a todos os atos processuais, sob pena de revogação (art. 310, § único, do CPP).

Essa liberdade provisória só pode ser concedida, pela literalidade da lei, pelo juiz e não pelo delegado.

A única obrigação processual estabelecida ao indiciado é a de comparecimento aos atos processuais; inadmissível que se arbitre fiança ou se imponha qualquer medida cautelar, afinal não faria sentido acautelar-se o resultado final de um processo cuja improcedência é muito provável; para a imposição de qualquer cautelar, como se sabe, imprescindível o *fumus comissi delicti* (a prova de materialidade e indício de autoria de um fato típico e ilícito), o que, há hipótese em estudo, não se configura, uma vez que a conduta parece ser lícita, e não criminosa.

---

92. STF. HC 104.339/SP. Rel. Min. Gilmar Mendes.
93. Informativo do STF. 01/09/2017. STF. Pleno. RE 1038925. Rel. Min. Gilmar Mendes.
94. O único voto vencido foi do Min. Marco Aurélio.

E se o indiciado não cumprir com a sua obrigação processual de comparecer aos atos do processo?

Pela redação da lei, seria o caso de se revogar a liberdade provisória, e determinar sua prisão, o que, no entanto, seria um completo absurdo, afinal qual o sentido de se prender alguém cautelarmente que, ao final do processo, será provavelmente absolvido?!

Inviável a prisão cautelar, a não ser que, durante o processo, as evidências de que agiu o acusado amparado por causa excludente de ilicitude (*v.g.*, legítima defesa) sejam contrariadas por outras provas, de modo que, nessa situação em que se verifica a eventual inexistência de causa de antijuridicidade, seria possível, pelo descumprimento da obrigação processual de comparecimento, decretar-se a prisão preventiva, uma vez que surgida, a *posteriori*, o *fumus comissi delicti* (a prova de materialidade e indício de autoria de um fato típico e ilícito).

II – Liberdade provisória sem fiança, mas com vinculação e possibilidade de imposição de medidas cautelares (dispensa de fiança/indiciado pobre)

No caso em que o indiciado não possa pagar a fiança, o juiz concede liberdade provisória, sem a imposição de fiança, mas com a imposição das obrigações processuais de comparecimento a todos os atos processuais, e de não mudar de sua residência, nem de ausentar-se dela, por mais de 8 dias (art. 350, *caput*, do CPP), sob pena de revogação (art. 350, § único, do CPP). Tal vinculação processual poderá ser cumulada, se o caso, com as medidas cautelares do art. 319 do CPP. Essa liberdade provisória só pode ser concedida pelo juiz. No caso de indiciado representado pela Defensoria Pública presume-se sua hipossuficiência jurídica e econômica[95].

III – Liberdade provisória com fiança e imposição de medidas cautelares

Ao indiciado com condições econômicas, o juiz poderá determinar o pagamento de fiança, que obriga o beneficiário a comparecimento a todos os atos processuais, de não mudar de sua residência, nem de ausentar-se dela, por mais de 8 dias (arts. 327 e 328 do CPP), além de impor medidas cautelares do art. 319 do CPP. Nessa modalidade de liberdade provisória em que, numa única decisão, se impõe o pagamento de fiança e o cumprimento de medida cautelar, só poderá ser concedida pelo juiz. Mas será possível que o delegado, conceda liberdade provisória, mediante fiança, desde que se trate de infração que lhe permita, e, depois, o magistrado decrete, em cumulação, alguma medida cautelar.

IV – Liberdade provisória mediante fiança, sem medidas cautelares

Poderá ser concedida, desde que autorizado em lei, pelo delegado de polícia, ou pelo juiz, sujeitando-se o beneficiário as obrigações de comparecimento a todos os atos processuais, de não mudar de sua residência, nem de ausentar-se dela, por mais de 8 dias (arts. 327 e 328 do CPP)

---

95. STF. HC 137.078/SP. Rel. Min. Rosa Weber.

V - Liberdade provisória sem fiança, mas com imposição de medidas cautelares (não é caso de dispensa de fiança/indiciado pobre)

O juiz opta por impor apenas medidas cautelares e não fiança, embora o indiciado pudesse arcar com as despesas. Essa liberdade provisória só pode ser concedida pelo juiz.

9.8.4. Liberdade provisória com fiança

9.8.4.1. Conceito de fiança

É uma garantia real prestada pelo indiciado ou acusado, ou por terceiro em seu favor, consistente em valores, objetos, títulos ou hipoteca com a finalidade de assegurar a presença do autor do crime nos atos do inquérito ou processo, e que não prejudicará o andamento normal da persecução criminal (art. 319, VIII, do CPP).

9.8.4.2. Quem pode conceder a fiança?

A autoridade policial somente poderá conceder fiança nos casos de infração cuja pena privativa de liberdade máxima não seja superior a quatro anos; nos demais casos, a fiança será requerida ao juiz, que decidirá em 48 horas (art. 322 do CPP). No caso de crime de descumprimento de medida cautelar de urgência, no caso de violência doméstica e familiar contra a mulher, previsto no art. 24-A, da Lei 11.340/2016 (Lei Maria da Penha), acrescentado pela Lei 13.641, de 3 de abril de 2018, a fiança, no caso de prisão em flagrante de tal infração, só poderá ser concedida pela autoridade judicial (e não policial), conforme o § 2º do art. 24-A.

A não concessão de fiança, quando cabível, poderá configurar, por parte da autoridade policial ou judiciária, crime de abuso de autoridade (art. 4º, *e*, da Lei 4898/65), legitimando a concessão de *habeas corpus*, porque manifesto o constrangimento ilegal (art. 648, V, do CPP).

A negativa de concessão de fiança, pelo delegado de polícia, pode ser combatida de duas formas: impetrando-se *habeas corpus* perante o juiz de 1º grau, ou, de maneira mais prática, requerendo, diretamente ao magistrado, mediante simples *petição*, a concessão de liberdade provisória mediante fiança (art. 335 do CPP).

9.8.4.3. Crimes inafiançáveis

São os seguintes:

1º - crime de tortura (art. 5º, XLIII, da CF e art. 1º, § 6º da Lei 9.455/97) - vedada a liberdade provisória *com fiança*;

2º - crimes hediondos e equiparados - tráfico, terrorismo e tortura (art. 5º, XLIII, da CF e art. 2º, II, da Lei 8.072/90) - vedada a liberdade provisória *com fiança*;

3º – ação de grupos armados, civis ou militares, contra a ordem constitucional e o Estado Democrático (art. 5º, XLIV, da CF, e Lei 7.170/83) – vedada a liberdade provisória *com fiança*;

4º – racismo (art. 5º, XLII, da CF, e Lei 7.716/89) – vedada a liberdade provisória mediante *fiança*;

5º – crimes contra o Sistema Financeiro Nacional (art. 31 da Lei 7.492/86) – vedada a liberdade provisória mediante *fiança*, nos crimes punidos com reclusão.

O art. 323 do CPP elenca os crimes considerados inafiançáveis repetindo os quatro primeiros itens acima.

9.8.4.4. Proibição processual à fiança

Estão proibidos de prestar fiança, embora o crime cometido, em tese, seja afiançável, quem, no mesmo processo, tenha quebrado fiança anteriormente concedida ou infringido, sem motivo justo, as obrigações previstas nos arts. 327 e 328 do CPP. É vedada também a fiança em caso de prisão civil ou militar e quando presentes os motivos que autorizam a decretação da prisão preventiva (art. 324 do CPP).

9.8.4.5. Valor da fiança

Seguirá os seguintes parâmetros fixados no art. 325 do CPP:

1º – de 1 a 100 salários mínimos, quando se tratar de infração cuja pena privativa de liberdade, no grau máximo, não for superior a 4 anos;

2º – de 10 a 200 salários mínimos, quando o máximo da pena privativa de liberdade cominada for superior a quatro anos.

A fiança poderá ser dispensada, *exclusivamente pelo juiz*, se o indiciado não tiver condições de arcar com o seu custo (art. 350 do CPP). A fiança poderá ser reduzida até o máximo de 2/3 ou aumentada em até 1.000 vezes, seja pelo delegado seja pelo juiz, como autorizam os incisos II e III do § 1º do art. 325 do CPP.

Para determinar o valor da fiança, a autoridade levará em consideração a natureza da infração, as condições pessoais de fortuna e vida pregressa do acusado, as circunstâncias indicativas de sua periculosidade, bem como a importância provável das custas do processo, até final julgamento (art. 326 do CPP).

9.8.4.6. Obrigações do afiançado

A fiança tomada por termo obrigará o afiançado a comparecer perante a autoridade, todas as vezes que for intimado para atos do inquérito e da instrução criminal e para o julgamento. Quando o réu não comparecer, a fiança será havida como quebrada (art. 327 do CPP).

O réu afiançado não poderá, sob pena de quebramento da fiança, mudar de residência, sem prévia permissão da autoridade processante, ou ausentar-se por mais de oito dias de sua residência, sem comunicar àquela autoridade o lugar onde será encontrado (art. 328 do CPP).

9.8.4.7. No que pode consistir a fiança?

Consistirá em depósito de dinheiro, pedras, objetos ou metais preciosos, títulos da dívida pública, federal, estadual ou municipal, ou em hipoteca inscrita em primeiro lugar (art. 330, *caput*, do CPP).

9.8.4.8. Modo e momento de concessão da fiança

A fiança será concedida independentemente de audiência do Ministério Público (art. 333 do CPP). Todavia, prestada a fiança, será aberta visa ao MP para que, se o desejar, interponha recurso em sentido estrito (art. 581, V, do CPP).

A fiança poderá ser prestada enquanto não transitar em julgado a sentença condenatória (art. 334 do CPP).

Recusando ou retardando a autoridade policial a concessão da fiança, o preso, ou alguém por ele, poderá prestá-la, mediante simples petição, perante o juiz competente, que decidirá em 48 horas (art. 335 do CPP).

9.8.4.9. Fiança e contraditório

Em regra, no caso de fiança estabelecida na fase judicial, deve-se, por cautela, oportunizar ao acusado que se manifeste, previamente ao estabelecimento do valor da garantia, podendo esclarecer ao magistrado sua real capacidade financeira, notadamente quando a decretação da medida não for urgente[96].

9.8.4.10. Destino dos valores ou bens entregues a título de fiança

Acusado condenado e destino da fiança

O dinheiro ou objetos dados como fiança servirão ao pagamento das custas, da indenização do dano, da prestação pecuniária e da multa, se o réu for condenado (art. 336, *caput*, do CPP). A ordem de preferência de pagamentos deve ser: indenização do ofendido, prestação pecuniária (para a vítima), custas processuais e multa, sempre privilegiando a busca de ressarcimento do ofendido pelo crime; apenas depois dessa indenização à vítima, vai se ocupar com o uso dos recursos para o pagamento das despesas do Estado com os custos do processo e, finalmente, o dinheiro a ser depositado, a título de multa, em um fundo.

---

96. Informativo do STF. 05/01/2017. HC 138453. Rel. Min. Dias Toffoli.

Do que eventualmente sobrar dos descontos da fiança, poderá ser restituído ao condenado. Claro que esses descontos, bem como possível restituição das sobras ao condenado só se operacionaliza após o trânsito em julgado da condenação, sob pena de violação do princípio da presunção de inocência.

Acusado condenado pelo crime de lavagem de dinheiro e destino da fiança

No caso de crimes de lavagem de dinheiro (art. 7º, I, da Lei 9.613/98), um dos efeitos da condenação é a perda em favor da União (se for crime de competência da Justiça Federal) ou dos Estados ou do DF (se for crime da competência desses entes federativos), de todos os bens, direitos e valores relacionados, direta ou indiretamente, à prática dos crimes previstos na lei, inclusive dos valores utilizados para prestar fiança, ressalvado o direito do lesado ou de terceiro de boa-fé.

Note-se bem a diferença entre o art. 336, *caput*, do CPP e o art. 7º, I, da Lei 9.613/98 da Lei de lavagem de dinheiro: de acordo com o art. 336 do CPP, depois do trânsito em julgado da condenação, o valor da fiança será utilizado para indenizar a vítima pelos danos ocasionados pela infração, bem como ao pagamento da prestação pecuniária, e ao pagamento das custas judiciais e da pena de multa; se sobrar, apesar de todos esses descontos, valores, esses serão restituídos ao condenado. No caso da Lei de Lavagem de dinheiro, após a condenação transitada em julgado, e se efetuados todos os descontos cabíveis (indenização à vítima, prestação pecuniária, custas judiciais e multa), sobrando valores, esses não serão restituídos ao condenado, mas sim perdidos em favor da União, dos Estados ou do DF.

Acusado absolvido ou extinta sua punibilidade e destino da fiança

Se o acusado tiver sido absolvido ou extinta sua punibilidade pelo reconhecimento da prescrição da pretensão punitiva, havendo o trânsito em julgado dessas decisões, a fiança deverá ser restituída, na sua integralidade e atualizada, como reza o art. 337 do CPP. Esse dispositivo legal, ao exigir o trânsito em julgado da absolvição ou da decisão que reconheça a prescrição da pretensão punitiva, para que se devolva a integralidade do valor da fiança ao acusado é logicamente incompatível com o art. 386, § único, II, do CPP, o qual dispõe que o juiz, quando da prolação de sentença absolutória, ordenará a cessação das medidas cautelares (dentre elas, a fiança) aplicadas.

Qual das duas normas deve prevalecer?

Certamente a do art. 386, § único, II, do CPP, por duas razões:

1ª – Não há cautelar sem o seu pressuposto, que é a fumaça de bom direito (*fumus boni iuris* ou *fumus comissi delicti*). Ora, se o acusado foi absolvido ou extinta sua punibilidade, certamente não há mais fumaça da existência de um delito, não havendo nenhum sentido lógico em tutelar-se cautelarmente um direito (penal) que se esvaneceu, pouco importando a existência de recurso da decisão;

2ª – Entre as duas normas em antinomia (contradição lógica), ambas de natureza infraconstitucional, certamente a que melhor atende ao comando constitucional da presunção de inocência é a do art. 386 do CPP, pois reter-se o valor de fiança de réu absolvido ou cuja punibilidade foi extinta, enquanto se aguarda o recurso da acusação, seria presumir-se a culpabilidade do acusado, em manifesta afronta à Lei Maior.

Destino final do valor da fiança quebrada ou perdida

As fianças quebradas ou perdidas serão destinadas ao Fundo Penitenciário Nacional (FUNPEN), criado pela Lei Complementar 79/94.

Execução da Fiança

Ocorrido o trânsito em julgado da sentença condenatória, os bens dados em garantia devem ser convertidos em dinheiro, para propiciar o pagamento das custas, da indenização do dano, da prestação pecuniária e quitar eventual multa (art. 336, *caput*, do CPP).

Fiança sob a forma de hipoteca e entrega de pedras, objetos ou metais preciosos

No caso de fiança prestada por hipoteca, a sua execução será promovida no Juízo Cível pelo Ministério Público (art. 348 do CPP).

Havendo sido prestada a fiança pela entrega de pedras, objetos ou metais preciosos, o juiz determinará a venda por leiloeiro ou corretor (art. 349 do CPP).

Absolvição ou extinção de punibilidade de acusado em processo em que houve quebra da fiança

Caso tenha sido decretada, no processo que redundou em absolvição ou extinção da punibilidade, a quebra da fiança, só se restituirá metade do valor da fiança. Isso porque a sanção processual de quebra da fiança por violação de dever processual pelo indiciado ou acusado permanece válida, pouco importando o resultado útil da causa penal.

Fiança e prescrição da pretensão executória

Havendo a prescrição da pretensão executória da condenação, irá se operar a perda dos valores da fiança, pois, com o trânsito em julgado da condenação, já se firmou a culpa do acusado, de maneira definitiva (art. 336, parágrafo único, do CPP), de modo que a fiança poderá ser utilizada para os fins legais, e não devolvida ao condenado.

Fiança declarada sem efeito

Se a fiança for declarada sem efeito, no decorrer do inquérito ou do processo, seja porque foi considerada insuficiente, e não reforçada, ou porque ilegalmente concedida, e, por isso, cassada será devolvida integralmente.

9.8.4.11. Cassação da fiança

É a decisão judicial que julga sem efeito a fiança concedida ilegalmente, seja porque o delito era inafiançável, seja porque os requisitos legais para sua concessão não foram atendidos (arts. 338 e 339 do CPP). A fiança cassada deve ser devolvida, sem descontos. Pode ser determinada, em lugar da fiança cassada, a imposição de outra cautelar ou, se necessário, decretar-se a prisão preventiva.

Em homenagem ao contraditório, antes de se cassar a fiança, pode-se abrir vista à defesa para que se manifeste, utilizando-se, por analogia, o art. 282, § 3º, do CPP, que trata das medidas cautelares em geral, o que inclui a fiança.

A decisão que julga cassada a fiança ilegal é recorrível, mediante recurso em sentido estrito, sem efeito suspensivo (art. 581, V, do CPP).

Se a decisão que cassa a fiança se operar em sede de sentença condenatória recorrível, o recurso adequado para combater esse tópico da decisão será o recurso de apelação (art. 593, § 4º, do CPP).

9.8.4.12. Reforço da fiança

Nos termos do art. 340 do CPP, será exigido o reforço da fiança:

I – quando a autoridade tomar, por engano, fiança insuficiente;

II – quando houver depreciação material ou perecimento dos bens hipotecados ou caucionados, ou depreciação dos metais ou pedras preciosas;

III – quando for inovada a classificação do delito.

Antes de se determinar o reforço da fiança, o juiz poderá determinar a oitiva da parte para que se manifeste a respeito, em respeito ao contraditório, utilizando-se, por analogia, o art. 282, § 3º, do CPP, que trata das medidas cautelares em geral, o que inclui a fiança.

Se não for efetuado o reforço da fiança, a fiança será considerada sem efeito, podendo ser determinada a imposição de outra medida cautelar ou, se for o caso, decretar-se a prisão preventiva do indiciado ou acusado.

A decisão que julga sem efeito a fiança que não foi reforçada é recorrível, mediante recurso em sentido estrito, sem efeito suspensivo (art. 581, V, do CPP).

Se a decisão que determina o reforço da fiança se operar em sede de sentença condenatória recorrível – o que é possível, porque a fiança pode ser fixada até o trânsito em julgado da condenação – o recurso adequado para combater esse tópico da decisão será o recurso de apelação (art. 593, § 4º, do CPP).

9.8.4.13. Quebra da fiança

Como estipula o art. 341 do CPP, julga-se quebrada a fiança quando o acusado:

I – regularmente intimado para ato do processo, deixar de comparecer, sem motivo justo;

II – deliberadamente praticar ato de obstrução ao andamento do processo;

III – descumprir medida cautelar imposta cumulativamente com a fiança;

IV – resistir injustificadamente a ordem judicial;

V – praticar nova infração penal dolosa.

Também é motivo para se quebrar a fiança a mudança de residência ou ausência por mais de oito dias, sem comunicação à autoridade (art. 328 do CPP). No entanto, se o preso não foi comunicado a respeito dessas vedações, não é lícito determinar-se a quebra de sua fiança, caso tenha viajado para o exterior após ter sido solto[97].

A quebra da fiança tem como efeito a perda de metade do seu valor, cabendo ao juiz decidir sobre a imposição de outras medidas cautelares ou, se for o caso, a decretação da prisão preventiva (art. 343 do CPP). A decretação da prisão preventiva não é, assim, automática; dependerá da insuficiência das demais medidas cautelares.

Em homenagem ao contraditório, antes de se decretar a quebra da fiança, pode-se abrir vista à defesa para que se manifeste, utilizando-se, por analogia, o art. 282, § 3º, do CPP, que trata das medidas cautelares em geral, o que inclui a fiança.

A decisão que quebra a fiança é recorrível, mediante recurso em sentido estrito que terá *efeito suspensivo*, apenas quanto ao perdimento da metade do valor prestado em fiança (art. 584, § 3º, do CPP). Esse recurso pode ser interposto pelo indiciado ou acusado e até pelo terceiro que tenha prestado fiança em benefício daquele.

Se a decisão que determina a quebra da fiança se operar em sede de sentença condenatória recorrível, o recurso adequado para combater esse tópico da decisão será o recurso de apelação (art. 593, § 4º, do CPP), que absorverá o recurso em sentido estrito, porque mais amplo; a perda da metade do valor da fiança também será suspensa pela apelação.

9.8.4.14. Perda da fiança

Considera-se perdido, na totalidade, o valor da fiança, se, condenado, o acusado não se apresentar para o início do cumprimento da pena definitivamente imposta (art. 344 do CPP). A decisão de perda da fiança deverá ser tomada pelo Juízo das Execuções, pois, pressupõe sentença condenatória transitada em julgado, acrescida da circunstância de o condenado não se apresentar para dar início ao cumprimento da pena (privativa de liberdade, restritiva de direitos ou multa). A decisão de perda da fiança desafiará recurso de agravo em execução (art. 197 da Lei de Execução Penal), e não recurso em sentido estrito. Com esse entendimento, Renato Brasileiro de Lima[98].

---

97. Informativo do STF. 21/02/2017. STF. HC 138567. 2ª T. Rel. Min. Dias Toffoli.
98. Renato Brasileiro de Lima, Curso de Processo Penal, p. 1030.

9.8.4.15. Redução, dispensa e substituição de fiança

Determinado, pela autoridade policial ou judicial, o pagamento da fiança, se for muito onerosa às forças econômicas do indiciado ou acusado, poderá ser requerido, apenas o magistrado, sua dispensa (art. 350 do CPP). Poder-se-á postular, ao juiz ou ao delegado, a redução de valor da fiança em até 2/3 (art. 325, § 1º, II, do CPP). Como derradeira alternativa, permitido que se requeira, apenas ao juiz, a substituição da liberdade provisória mediante fiança, em liberdade provisória sem fiança, com ou sem medidas cautelares.

9.8.4.16. Concessão ou denegação de liberdade provisória. Recursos. Decisão que concede, nega, arbitra, cassa ou julga inidônea a fiança

Da concessão de liberdade provisória, mediante fiança, pelo delegado de polícia, não caberá qualquer recurso processual, pois se trata de autoridade administrativa cuja decisão é, assim, irrecorrível. No entanto, o MP poderá requerer ao magistrado a cassação da fiança concedida pelo delegado, se ilegal, e, se for o caso, a decretação da prisão preventiva do indiciado ou acusado.

Da decisão judicial que concede liberdade provisória, caberá a interposição, pelo MP, de recurso em sentido estrito (art. 581, V, do CPP), que não tem efeito suspensivo. De qualquer forma, a fim de se conceder tal efeito ao recurso, o MP poderá interpor mandado de segurança, com pedido liminar, a fim de sustar a ordem de soltura tida por ilegal (Lei 12.016/09). Ressalte-se, porém, o teor da Súmula 604, do STJ, contrária a tal possibilidade, e que tem o seguinte teor: "O mandado de segurança não se presta para atribuir efeito suspensivo a recurso criminal interposto pelo Ministério Público".

Já da decisão que indefere o pedido de liberdade provisória, não caberá recurso, mas será possível impetrar *habeas corpus*.

Da decisão que conceda, negue, arbitre, casse ou julgue inidônea a fiança caberá recurso em sentido estrito (art. 581, V, do CPP). Da decisão que conceda fiança, e depois, venha a *dispensá-la* não caberá recurso em sentido estrito, por falta de previsão legal.

CAPÍTULO 10
PROCEDIMENTOS: INSTITUTOS COMUNS

10.1. CONCEITO DE PROCEDIMENTO

Procedimento é a sequência de atos processuais, lógica e cronologicamente interligados entre si, com a finalidade de se obter, ao fim, uma decisão judicial.

É o lado visível, concreto, da relação jurídica processual.

10.2. ESPÉCIES DE PROCEDIMENTO. PROCEDIMENTOS COMUNS PREVISTOS NO CPP

Se o processo tem por finalidade a aplicação do direito penal objetivo ao caso concreto, no caso das ações penais condenatórias, nada mais adequado que adaptar o procedimento ao tipo de infração que se pretende ver apurada.

Com base neste pensamento, o processo penal brasileiro divide os seus procedimentos de acordo com a gravidade em abstrato das infrações penais, e as especificidades de determinados crimes, o que resulta na seguinte grande divisão:

Procedimentos comuns previstos no CPP:

Procedimento comum ordinário. Crimes mais graves

Aqueles com pena igual ou superior a quatro anos seguirão o mais completo dos ritos, que oferece a maior possibilidade de apuração da verdade real e que fornece mais chances de se exercer a ampla defesa: o rito ordinário (art. 394, § 1º, I, do CPP).

Procedimento comum sumário. Crimes de média gravidade

Aqueles com pena inferior a quatro anos e superior a dois anos seguirão o rito sumário, que oferece menos possibilidades de busca da verdade real que o ordinário, mas é muito semelhante a ele (art. 394, § 1º, II, do CPP), sendo mais rápido no seu trâmite.

Procedimento comum sumaríssimo. Infrações de menor gravidade (menor potencial ofensivo)

Seguirão este rito todas as contravenções penais e os crimes cujas penas não ultrapassem dois anos, com exceção das infrações que se refiram à violência doméstica e familiar contra a mulher, as quais seguirão o rito ordinário ou sumário, dependendo da pena máxima do crime. O rito sumaríssimo é o mais simplificado e célere de todos, previsto na Lei n. 9099/95 (art. 394, § 1º, III, do CPP).

Como se nota, os procedimentos acima são estabelecidos de acordo com a pena máxima em abstrato, sem qualquer análise quanto à natureza da infração penal; quanto mais grave a sanção, mais longo e completo o rito; sendo de média gravidade a sanção, menos completo o rito; por fim, se de pequena gravidade a sanção, extremamente simplificado será o procedimento.

É certo que, em regra, as infrações penais previstas no CP, e na legislação extravagante, seguirão os ritos ora analisados, de acordo com a pena máxima cominada nos seus tipos penais, a não ser que haja expressa previsão em contrário, prevista no CPP ou na lei especial (art. 394, § 2º, do CPP).

Cálculo para se estabelecer o rito havendo causas de aumento ou diminuição de pena

Para que se determine a competência, pela pena máxima estabelecida para a infração, existindo causa de aumento de pena, se levará em conta o máximo do aumento. Exemplo: a causa de aumento eleva a pena máxima de 1/6 a metade; para efeito de fixação da competência, se elevará a pena em abstrato até a metade. No caso de causa de diminuição de penal, para efeito de competência, considera-se a causa que menos reduz a pena. Exemplo: a causa de redução opera entre 1 a 2/3 da pena; se reduzirá a pena, então, para efeito de fixação da competência, em 1/3.

As agravantes e atenuantes não são levadas em consideração para se fixar a competência pela pena máxima da infração, porque não há patamar estabelecido para o aumento ou diminuição da pena pelo juiz.

10.3. PROCEDIMENTOS ESPECIAIS PREVISTOS NO CPP

Procedimento dos crimes dolosos contra a vida julgados pelo tribunal do júri (arts. 406 a 497 do CPP)

Rito específico de apuração dos crimes contra a vida e o seu juiz natural, que é o Júri.

Procedimento dos crimes de responsabilidade dos funcionários públicos (arts. 513 a 518 do CPP)

Rito específico para apurar determinados crimes praticados por servidores públicos contra a Administração Pública.

Procedimento dos crimes contra a honra (arts. 519 a 523 do CPP)

Rito específico para apuração dos crimes de calúnia, injúria e difamação.

Procedimento dos crimes contra a propriedade imaterial (arts. 524 a 530 – I do CPP)

Rito específico para apurar os delitos de violação de direito autoral.

10.4. PROCEDIMENTOS ESPECIAIS PREVISTOS NA LEGISLAÇÃO EXTRAVAGANTE

São procedimentos previstos especificamente para a apuração de determinados crimes também tipificados na legislação esparsa. Exemplos: Lei n. 11.343/2006 (Lei de Drogas); Lei n. 10.741/2003 (Estatuto do Idoso); Lei n. 11.101/2005 (Crimes falimentares), dentre outros.

10.5. PRIORIDADE DE TRAMITAÇÃO DE PROCESSOS

Crimes hediondos

No caso de processos que apurem a prática de crimes hediondos terão prioridade de tramitação em todas as instâncias (art. 394 – A, do CPP). Claramente, esta mostra-se ser mais uma norma demagógica – absolutamente inócua – que, demonstrando uma – aparente – preocupação com os crimes mais graves, por parte do legislador, na verdade esconde um descaso pelo caos da segurança pública: orçamentos do Judiciário, do Ministério Público e da Polícia cada vez mais estrangulados. Como se exigir, num passe de mágica, "prioridade" na tramitação de feitos, sem funcionários de cartório, juízes, promotores, sem estrutura, em suma, de Justiça organizada?! Mais uma lei hipócrita e inexequível. E, de tão açodada e mal redigida a lei, que esqueceu de incluir, na "tramitação prioritária", os delitos equiparados a hediondos: tráfico, tortura e terrorismo.

Prioridade na tramitação do processo e Lei de Proteção à vítima e testemunhas (Lei 9.807/99)

Prevê o art. 19 – A, *caput*, da Lei 9.807/99 que terão prioridade na tramitação o inquérito e o processo criminal em que figure indiciado, acusado, vítima ou réu colaborador, vítima ou testemunha protegida pelos programas de proteção.

Possibilidade de mudança do rito e Lei de Proteção à vítima e testemunhas (Lei 9.807/99) quando houver vítima ou testemunhas sob proteção

Reza o § único do art. 19 – A da Lei 9.807/99 que, qualquer que seja o rito processual, o juiz, após a citação, tomará antecipadamente o depoimento das pessoas incluídas nos programas de proteção previstas na Lei, devendo justificar a eventual impossibilidade de fazê-lo no caso concreto ou o possível prejuízo que a oitiva antecipada traria para a instrução criminal.

10.6. RAZÃO DE SER DOS PROCEDIMENTOS ESPECIAIS

Percebe-se que todos os procedimentos especiais do CPP ou da legislação extravagante são previstos como maneiras de melhor apurar determinadas espécies de crimes, que violam certos bens jurídicos, como a vida, a administração pública, a honra, a propriedade imaterial, a saúde pública, a economia etc. Os procedimentos especiais não são, assim, aleatórios, mas são criados, cada um deles, como uma sequência coordenada de atos processuais, que visa conseguir uma melhor apuração e decisão a respeito de crimes que tenham afetado bens jurídicos tutelados em normas específicas do CP ou da legislação especial.

Em outras palavras, para se criar qualquer procedimento, deve-se analisar, por primeiro, o direito material, as sanções previstas para cada crime e os bens jurídicos tutelados pela norma penal; depois desse estudo, o rito é criado como a forma, tecnicamente melhor adaptada, para apurar e decidir aqueles ilícitos. Em razão disso, se diz que os procedimentos são matéria de ordem pública, que não podem ser alterados por vontade das partes ou decisão do juiz, sob pena de nulidade do processo.

Por fim, como o procedimento ordinário é o mais extenso de todos, havendo lacunas nos ritos especial, sumário ou sumaríssimo, poderão ser preenchidas pelas disposições do rito ordinário (art. 394, § 5º, do CPP).

10.7. CONEXÃO E CONTINÊNCIA DE DELITOS QUE POSSUEM RITOS DIVERSOS. PREVALÊNCIA DO MAIS AMPLO

No caso de conexão ou continência entre crimes cujos ritos sejam diversos, a doutrina se posiciona no sentido de que seja adotado o procedimento mais amplo, ou seja, aquele em que melhor possa se exercer o direito à ampla defesa, ao contraditório, e, sobretudo, a faculdade de se produzir prova, com mais extensão e liberdade.

No caso, por exemplo, de um crime com pena máxima de 3 anos de reclusão, que seguirá o rito sumário, em conexão com delito com pena máxima de 5 anos de reclusão (rito ordinário), deverá prevalecer o rito ordinário, porque o número de testemunhas é maior (8 para o ordinário, e 5 para o sumário), e existe a possibilidade de as partes requererem, após a instrução, antes da sentença, derradeiras diligências, o que não é previsto no rito sumário. Em suma, *a possibilidade maior de se produzirem provas é o critério essencial para se escolher o rito mais amplo* que deve prevalecer quando houver conexão ou continência entre delitos que possuam ritos diversos.

10.8. MUDANÇA DE RITO NO DECORRER DO PROCESSO

É possível que haja mudança de rito no transcurso do processo, por mudança legislativa, o que acarretará a implementação da alteração do procedimento, a partir do momento da entrada em vigência da lei, apenas quanto aos atos processuais futuros, *mantendo-se, porém, íntegros os atos processuais pretéritos* (aqueles praticados seguindo o figurino da legislação revogada).

Isso porque, de acordo com o art. 2º do CPP, "A lei processual penal aplicar-se-á desde logo, *sem prejuízo da validade dos atos realizados sob a vigência da lei anterior*"; esse dispositivo legal consagra o *princípio do efeito imediato* das normas processuais novas, ao mesmo tempo que declara o *princípio da conservação dos atos processuais* praticados de acordo com a legislação revogada.

Era comum, ainda, a mudança de rito quando o acusado passava, em razão de nomeação ou eleição, a exercer cargo público que ostentava a prerrogativa de ser julgado originariamente por Tribunal (foro por prerrogativa de função). Era o caso, por exemplo, de acusado processado criminalmente em 1ª instância e que era eleito deputado federal; a partir da diplomação como deputado, o processo devia ser remetido ao STF para julgamento, sem prejuízo dos atos processuais anteriores praticados pelo magistrado de 1º grau. Segundo o STJ[1], "à diplomação superveniente do acusado, na pendência de processo já instaurado, não se concedem efeitos retroativos". No aresto, assim, foi negada a ratificação dos atos processuais anteriores. Essas situações deixaram de existir, porque, a partir de maio de 2018, o Supremo passou a entender, quando da votação da AP 937, que, para se estabelecer o foro por prerrogativa de função, indispensável que a infração tenha sido praticada no decorrer do exercício da função ou cargo públicos, e relacionados a tais funções. No nosso exemplo acima citado, a eleição do acusado como deputado federal não mais acarreta a remessa do processo ao STF: o processo continuará a tramitar em 1ª instância.

Frequente, ainda, que o acusado, em razão de exoneração ou fim do mandato eletivo, perca a prerrogativa de cargo de ser julgado originariamente por Tribunal, de modo que o processo, nessa hipótese, deve ser remetido à 1ª instância, sem prejuízo dos atos processuais anteriormente praticados na instância superior.

Tratamos com profundidade a respeito do assunto no Capítulo 5: Jurisdição e Competência.

10.9. FASES COMUNS A TODOS OS PROCEDIMENTOS DE 1º GRAU

De acordo com o § 4º do art. 394 do CPP, as disposições previstas nos arts. 395 a 398 deste Código aplicam-se a todos os procedimentos penais de primeiro grau, ainda que não regulados neste Código.

Significa dizer que, apesar de toda a grande diversidade de procedimentos previstos no CPP ou na legislação extravagante, há determinadas fases procedimentais que são comuns entre si, e que devem ser sempre cumpridas, sob pena de nulidade do processo. As etapas procedimentais a seguir estudas aplicam-se a todos os ritos de 1ª instância, quer sejam comuns ou especiais, previstos no CPP ou em legislação extravagante.

10.9.1. Fases genéricas de todos procedimentos penais

Segundo a doutrina, o procedimento é formado por três fases. Antes de explicá-las, cabe a ressalva que essas fases de desenvolvem no decorrer do procedimento, não

---

1. Informativo STJ. 09/10/2013. HC 252927. 5ª T. Min. Rel. Marco Aurélio Bellizze.

apenas em momentos topicamente determinados, mas durante todo o desenrolar do processo, havendo inclusive duas ou mais fases que coincidem na mesma oportunidade processual. A divisão ora apresentada é referida por possuir valor didático.

1ª – Fase: Fase postulatória: é formada, no processo penal condenatório, pela denúncia ou queixa, em que se postula a aplicação de uma sanção ao pretenso infrator da norma penal (pedido de natureza penal); pode solicitar, ainda, a acusação, pedidos de ordem processual, como o sequestro de bens, prisão preventiva, etc. A fase postulatória também permite que a defesa, através da resposta à acusação, requeira pedidos de ordem material (*v.g.* absolvição sumária), e solicitações de natureza processual, como revogação da prisão preventiva decretada, perícias etc. A fase postulatória inicia-se com a acusação e sua resposta, e se encerra com as alegações finais orais em audiência.

2ª – Fase: Fase de comunicação. É a fase espraiada por todo o procedimento em que, em um primeiro momento, o acusado toma conhecimento da acusação e a respeito da oportunidade que tem de se defender; já no decorrer do procedimento, tanto a acusação quanto a defesa, deverão ser intimadas dos atos processuais praticados por ambos, bem como daqueles atos determinados pelo juiz.

3ª – Fase: Fase instrutória. É a fase em que as provas requeridas pelas partes são determinadas pelo juiz e produzidas, em contraditório, como a oitiva de testemunhas, realização de perícias. Nada impede que o próprio juiz determine, *ex officio*, a produção de determinadas provas a fim de esclarecer os fatos.

4ª – Fase: Fase decisória. É aquela em que o juiz, depois de instruído pelas provas produzidas em contraditório e pelos argumentos sustentados pelas partes, decide a causa.

10.9.2. 1ª Fase (postulatória): Fase do oferecimento e recebimento ou rejeição da denúncia ou queixa

10.9.2.1. Denúncia ou queixa e crivo judicial quanto ao seu recebimento

A denúncia ou queixa oferecida passará pelo controle judicial de sua regularidade, oportunidade em que o magistrado deverá verificar a presença das condições da ação penal, das condições de procedibilidade e dos pressupostos processuais. É o que estipula o art. 395 do CPP no sentido de que a denúncia ou queixa será rejeitada quando for manifestamente inepta; faltar pressuposto processual ou condição para o exercício da ação penal, ou faltar justa causa para o exercício da ação penal.

Da decisão que rejeita a denúncia ou queixa cabe recurso em sentido estrito (art. 581, I, do CPP).

Não é, em hipótese alguma, admissível que o magistrado, antes de decidir a respeito do recebimento ou não da denúncia, determine, de ofício, diligências investigatórias para melhor apurar os fatos, uma vez que essa esdrúxula conduta comprometeria a sua imparcialidade pelo fato de o juiz assumir, indevidamente, a função acusatória/ investigatória, o que violaria o sistema acusatório consagrado na Constituição (de separação das funções de investigação, acusação, defesa e daquela exercida pelo julgador em órgãos diferentes). Dessas diligências determinadas, de ofício, pelo juiz, caberá a interposição de correição parcial dado o evidente *error in procedendo*.

Da decisão que recebe a denúncia, a jurisprudência majoritária[2] entende que se trata de mero despacho, sem necessidade de fundamentar-se o ato de admissão da peça acusatória.

10.9.2.2. Modificação da imputação pelo juiz no ato de recebimento da denúncia

Em regra, de acordo com a doutrina e a jurisprudência majoritárias, não se admite que, no ato de recebimento da denúncia, o magistrado altere a classificação do crime para outra que julgue mais adequada, pois tal proceder violaria o princípio da inércia jurisdicional, assumindo o juiz a figura de uma magistrado – acusador, totalmente incompatível com o princípio acusatório estabelecido na Lei Maior (de separação das funções da acusação, defesa e do julgador em órgãos diferentes), bem como, estaria comprometida a imparcialidade que se espera de um membro do Poder Judiciário. Os eventuais equívocos na formulação da peça acusatória deveriam ser supridos apenas quando da sentença (art. 383 do CPP – *emendatio libelli*).

No entanto, como bem ressaltado pelo STJ[3], é possível que o magistrado, excepcionalmente, quando do recebimento da denúncia, altere sua classificação, a fim de beneficiar o acusado, apontando, por exemplo, que o enquadramento legal é equivocado (porque o crime é menos grave que o imputado); ou quando da correção depender a fixação da competência. No entanto, acentua o aresto, só é permitida essa alteração precoce do teor da denúncia, pelo juiz, se o intuito for o de favorecer o acusado, "não se podendo admitir que o magistrado, em prejuízo ao réu, e sem que exista erro grosseiro por parte do membro do *Parquet*, atue de modo a alterar os parâmetros da denúncia formulada, o que, consoante consignado alhures, configura violação ao princípio dispositivo, desrespeito à titularidade da ação penal, e antecipação do julgamento do mérito do processo".

Em outra decisão, o STJ[4] reputou válido, ao magistrado, quando do recebimento da peça acusatória, emenda-la, a fim de enfrentar matérias de ordem pública, de análise necessária em qualquer fase processual, como se dá com a competência, trancamento da ação, possibilidade de se propor o benefício da suspensão condicional do processo, prescrição. A fim de verificar essas questões, admite-se que o magistrado faça o enquadramento típico adequado à proposta acusatória, para que possa, por exemplo, viabilizar ao acusado o benefício de uma proposta de suspensão condicional do processo, ou a

---

2. Informativo STJ. 05/08/2011. STJ. 6ª T. Min. Rel. Sebastião Reis Júnior. HC 142734
3. Recurso em Habeas Corpus nº 27.628/GO (2010/0020662-6). Min. Relator Jorge Mussi.
4. STJ. HC 241.206/SP (2012/0090096-9). Rel. Min. Nefi Cordeiro.

transação penal. Em suma, como ressalta o aresto em comento, ao juiz deve-se impor a decisão – o quanto antes, inclusive quando do recebimento da peça acusatória, a respeito da existência de direito subjetivo que assista ao acusado; autoriza-se, ainda, como se viu, a emenda da inicial, pelo juiz a fim de se estabelecer, *ad limine* (já no início), a competência ou os ritos apropriados à infração, dentre outras questões processuais de ordem pública, reconhecíveis em qualquer momento processual.

No caso de crime cuja competência não seja do Juízo processante, poderá o magistrado, quando da fase do recebimento da peça acusatória, simplesmente rejeitá-la, ou então, declarar sua incompetência e remeter ao Juízo com competência para processar e julgar aquele fato.

10.9.3. 2ª Fase (Fase de comunicação ou chamamento). Citação/Intimação

10.9.3.1. Conceito

Citação é o ato processual através do qual se comunica ao acusado a existência de uma ação penal condenatória em face dele instaurada, além de notificá-lo a apresentar resposta escrita à acusação, através de advogado.

Prevê o art. 363 do CPP que o processo terá completada a sua formação quando realizada a citação do acusado, isto porque, a partir do momento que o acusado toma conhecimento da acusação através da citação, todas as partes principais – juiz, autor e réu – estão vinculadas na relação jurídica processual.

A citação é um instituto atinente ao processo penal condenatório (processo de conhecimento). Com o trânsito em julgado da condenação, o processo de execução de cumprimento da pena, q*ue será uma extensão do processo de conhecimento*, não demandará, justamente por isso, de nova citação. Todavia, quanto á execução da pena de multa, de acordo com o art. 164 da LEP (Lei de Execução Penal), extraída a certidão da sentença condenatória com trânsito em julgado, que valerá como título executivo judicial, o Ministério Público requererá, em autos apartados, a citação do condenado, para que, no prazo de 10 dias, pague o valor da multa ou nomeie bens à penhora.

10.9.3.2. Citação. Fundamento constitucional e convencional

A citação, por assegurar ao acusado o conhecimento do teor da acusação e a possibilidade de oferecer resposta a ela, está vinculada diretamente aos princípios constitucionais da ampla defesa e do contraditório (art. 5º, LV, da CF); em razão disso, a ausência ou nulidade do ato citatório acarretará a nulidade absoluta do processo (art. 564, III, *e*, do CPP), a não ser que o acusado, antes de o ato consumar-se, compareça em juízo, embora com o fim único de argui-la (art. 570 do CPP). A nulidade do processo, por ausência de citação, pode ser decretada em sede de revisão criminal ou mesmo em *habeas corpus*.

A Convenção Americana sobre os Direitos Humanos (Pacto São José de Costa Rica) declara que toda pessoa acusada de delito tem direito à comunicação prévia e pormenorizada da acusação formulada (art. 8º, 2, *b*).

10.9.3.3. Espécies de citação

Há duas espécies de citação: citação pessoal ou real e citação ficta. Quanto aos processos eletrônicos, é vedada a citação eletrônica no processo penal (art. 6º da Lei 11.419/06).

10.9.3.3.1. Citação pessoal ou real. Conceito

É aquela citação em que o acusado pessoalmente toma conhecimento da acusação através do oficial de justiça.

10.9.3.3.1.1. Espécies de citação pessoal ou real

10.9.3.3.1.1.1. Citação pessoal por mandado

Quando o acusado se encontra no território sujeito à jurisdição do juiz que a houver ordenado será expedido mandado de citação (art. 351 do CPP).

O mandado de citação, por ser a prova de que houve o ato processual e que ele foi regular, se reveste de formalidades intrínsecas e extrínsecas de validade impostas pela lei, sob pena de nulidade do ato.

As formalidades intrínsecas de validade do mandado de citação (formalidades referentes ao conteúdo do próprio mandado) estão previstas no art. 352 do CPP, e são as seguintes:

I – o nome do juiz;

II – o nome do querelante nas ações iniciadas por queixa;

III – o nome do réu, ou, se for desconhecido, os seus sinais característicos;

IV – a residência do réu, se for conhecida;

V – o fim para que é feita a citação;

VI – o juízo e o lugar, o dia e a hora em que o réu deverá comparecer;

VII – a subscrição do escrivão e a rubrica do juiz.

Importante notar que a indicação do juízo, o lugar, o dia e a hora em que o réu deverá comparecer a ser inscrita no mandado de citação, como estipula o art. 352, VI, do CPP deixou de existir, porque, em todos os procedimentos de 1º grau, como acima se viu, o acusado é citado para oferecer resposta à acusação (art. 396, *caput*, do CPP), e não para comparecer e ser interrogado. Desse modo, **essencial que conste, em verdade, do mandado de citação que o acusado deve responder, através de advogado, à acusação, no prazo de 10 dias**. Normalmente, o oficial de justiça indaga ao citando se possui condições de constituir advogado; se não as possuir, o acusado declara que necessita da assistência de um advogado nomeado pelo Estado; com essa informação, o Juízo nomeia a Defensoria Pública ou um advogado dativo para tanto.

As **formalidades extrínsecas** de validade do mandado de citação (formalidades referentes ao modo como o oficial de justiça cumpre o mandado) estão previstas no art. 357 do CPP, e são as seguintes:

I – leitura do mandado ao citando pelo oficial e entrega da contrafé, na qual se mencionarão dia e hora da citação; a contrafé é a entrega de cópia da denúncia ou queixa onde foi veiculada a acusação; além da contrafé é entregue ao acusado cópia do mandado de citação.

II – declaração do oficial, na certidão, da entrega da contrafé, e sua aceitação ou recusa. A certidão do oficial de justiça a respeito da existência ou não da citação tem fé pública, e presunção *juris tantum* (relativa, que admite prova em contrário) de veracidade, só podendo ser afastada por prova idônea em sentido contrário.

A citação pode ser cumprida em qualquer dia, horário e local, inclusive finais de semana e feriados, inexistindo, no processo penal, as restrições da lei civil (art. 244 do CPC), que proíbe, em regra, a citação de quem estiver em ato religioso, de noivos nos três dias seguintes ao casamento, etc.

O mandado de citação será cumprido pelo oficial de justiça, não se prevendo que seja procedida pelo escrivão ou diretor de secretaria.

E como será citada a pessoa jurídica no caso de crime ambiental?

Será citada na pessoa do seu representante legal ou diretor, que tenha poderes para dar-se por citado.

O inimputável pode ser citado?

Dependerá da situação: se, durante o inquérito policial, tiver sido instaurado incidente de insanidade mental do indiciado e apurada sua doença mental, o próprio curador nomeado pelo juiz será citado em nome do acusado.

Sugere, Renato Brasileiro de Lima[5], que, surgida dúvida quanto à integridade mental do acusado durante o processo, será certificada tal circunstância no verso do mandado, determinando-se, em consequência, a instauração do incidente de insanidade mental e, afirmada a inimputabilidade do acusado, o seu curador será, finalmente, citado.

Não pensamos que essa seja a melhor solução ao problema: depender das conclusões do incidente de insanidade mental (que frequentemente demora meses para que seja realizado), para que, então, seja nomeado um curador, a fim de que este seja citado em nome do acusado, é um proceder que poderá paralisar a instância, na prática, por aproximadamente um ano!

Parece melhor a utilização, por analogia, admissível segundo prevê o art. 3º do CPP, da citação do mentalmente incapaz prevista no art. 245 do CPC, que tem as seguintes etapas:

1ª – o oficial de justiça descreve a ocorrência (o que o leva crer que o citando sofre das faculdades mentais);

---

5. Renato Brasileiro de Lima, Curso de Processo Penal, p. 1241.

2ª – para examinar o citando, o juiz nomeia médico, que apresenta laudo em 5 dias;

3ª – no caso de pessoa da família do citando apresentar declaração de médico que ateste a incapacidade do citando, será dispensada a nomeação de médico;

4ª – reconhecida a impossibilidade de o acusado compreender o ato citatório, seja pelo laudo médico ou pela declaração de médico do citando apresentada por sua família, o juiz nomeará curador ao citando, o qual será citado em nome do acusado.

5ª – Procedida a citação, abre-se a oportunidade para o oferecimento de resposta à acusação pela defesa, determinando o juiz a instauração do incidente de insanidade mental.

Haverá, na possibilidade por nós aventada, dois momentos distintos de nomeação de curador: uma nomeação restrita ao ato citatório, e outra, decorrente da conclusão do laudo pericial no sentido da inimputabilidade do acusado, para assisti-lo, genericamente, em todos os atos processuais. Para exercer as funções de curador nessas etapas procedimentais diversas pode ser nomeada a mesma pessoa (*v.g.*, advogado do réu), ou pessoas distintas (por exemplo, para a citação, o pai do acusado, e para acompanhar o processo até o fim, o advogado do réu).

10.9.3.3.1.1.2. Citação pessoal do réu preso

Se o réu estiver preso, será pessoalmente citado (art. 360 do CPP), exigindo-se os mesmos requisitos intrínsecos e extrínsecos do mandado de citação acima expostos. Se o preso estiver detido em outra comarca ou seção judiciária, será expedida carta precatória, e, aportando a precatória, ao juízo deprecado, será determinada a expedição de mandado de citação ao preso.

Citação indevida do acusado preso por edital

Dispõe a Súmula 351 do STF que "É nula a citação por edital de réu preso na mesma unidade da Federação em que o juiz exerce a sua jurisdição".

O raciocínio dessa Súmula é o de que o juízo tem o dever de verificar se o acusado submetido à sua jurisdição encontra-se detido na mesma unidade da Federação onde exerce suas funções, antes de determinar sua citação por edital, quando não o localiza para ser citado; exemplo: o juiz estadual da comarca de São Paulo determina a citação de acusado, que não é localizado, pelo oficial de justiça, nos endereços constantes dos autos; nessa situação, *antes de se determinar sua citação por edital*, imprescindível que se verifique, junto aos órgãos competentes (SAP-secretaria de Administração Penitenciária, por exemplo), se o acusado não se encontra preso em algum estabelecimento carcerário localizado no Estado de São Paulo. Se o acusado estiver preso em São Paulo, e se tiver sido determinada sua citação por edital, sem se tomar a cautela de pesquisar antes esse fato, o processo será nulo; todavia, se o acusado foi citado por edital, porque se encontrava preso no Estado de Pernambuco, não haverá se falar em nulidade, de acordo com a Súmula, porque a obrigação do juízo é verificar, tão somente, a prisão do citando, no seu Estado da Federação, e não em todos os Estados do Brasil.

No entanto, como a partir da Lei 12.043/11, foi criado o Banco Nacional de Dados de Mandados de Prisão, mantido pelo Conselho Nacional de Justiça, para fins de registro dos mandados de prisão expedidos *em todo o território nacional* (art. 289-A do CPP), o alcance da Súmula em estudo deve ser revisto, pois, com o Banco Nacional, o magistrado, em tese, *antes de determinar a citação por edital do acusado não localizado*, poderá se informar se foi expedido mandado de prisão em face do citando, por algum Juízo de qualquer uma das unidades da Federação, utilizando-se, apenas, da rede mundial de computadores (internet, no sítio eletrônico).

Sendo assim, a nosso ver, a interpretação atual que se deve dar à Súmula em estudo é a de que, determinada a citação por edital, de acusado preso, na mesma unidade da Federação *ou em outra* – pouco importa – o processo estará irremediavelmente nulo, a partir do ato citatório (citação editalícia). Pouco importará se o fato ocorreu em virtude de negligência do Juízo que decretou a prisão do acusado, em outro Estado, não se preocupando em registrar o mandado de prisão no Banco de Dados; ou se o erro se deu porque o Juízo que determinou a citação por edital não consultou referido Banco de Dados para saber se o citando não poderia eventualmente estar preso em alguma outra unidade da Federação; ou seja, numa hipótese ou em outra, a falha só pode ser carreada ao Estado, de modo que a eiva fica patenteada, por solapar os direitos do acusado à ampla defesa e ao contraditório.

Há, todavia, entendimento em sentido contrário, do STJ[6], para quem, se o acusado se encontra preso em localidade diversa em que tramita o processo no qual se determinou a citação por edital, não haveria se falar em nulidade.

10.9.3.3.1.1.3. Citação pessoal do militar

Na citação do militar, pela prática de crime comum, não é expedido mandado de citação, nem o oficial de justiça o cumpre. O juiz deverá remeter um ofício ao superior hierárquico do militar, comunicando – o a respeito da prática de crime pelo acusado, que deverá estar instruído com cópia da denúncia ou queixa; o chefe do acusado, que também é um militar, o citará, dando-lhe ciência da imputação e entregando-lhe cópia da peça acusatória enviada (art. 358 do CPP).

Tal disciplina especial de citação tem sido justificada em razão da disciplina e hierarquia próprias do sistema militar que poderiam ficar comprometidas com a presença de oficial de justiça nas repartições militares. Essa especialidade da citação pessoal só tem aplicação em se tratando de militares da ativa, enquanto que, os já reformados, serão citados por mandado, normalmente como qualquer civil.

E se o militar da ativa residir em outra comarca ou seção judiciária?

Nessa situação, o juízo expedirá carta precatória, cabendo ao juízo deprecado determinar a requisição do militar.

---

6. STJ – 5ª T. – HC 162.339/PE, Rel. Min. Jorge Mussi, j. 27/09/2011, DJe 28/10/2011.

Já o militar acusado de crime militar será citado de acordo com as normas do Código de Processo Penal Militar e não pelas normas do CPP.

10.9.3.3.1.1.4. Citação pessoal do funcionário público

As regras de citação do acusado funcionário público são as mesmas da citação comum, expedindo-se mandado de citação a ser cumprido pelo oficial de justiça.

Mas possui uma particularidade: o chefe da repartição do funcionário citado deverá ser comunicado, não da citação em si, mas do dia em que o funcionário não comparecerá ao trabalho porque deverá deslocar-se até a sede do juízo para participar da audiência de instrução, oportunidade em que poderá ser, inclusive, interrogado (art. 359 do CPP). Com tal providência, pretende-se assegurar a continuidade do serviço público. Justamente por isso, se o funcionário público estiver afastado de suas funções – licença-saúde, férias, etc – não haverá necessidade de notificação do chefe da repartição.

10.9.3.3.1.1.5. Citação por carta precatória

Se o acusado estiver em outra comarca onde o juiz não tenha jurisdição, deverá expedir carta precatória requerendo ao juiz da comarca onde se localiza o acusado sua citação pessoal (art. 353 do CPP). O juízo que expede a carta precatória chama-se juízo deprecante; o juízo que a recebe, juízo deprecado.

A carta precatória deve conter a identificação do juízo deprecado e do juízo deprecante, a sede da jurisdição de um e de outro, além de cópia da denúncia ou queixa (art. 354 do CPP).

Interessante notar que a citação, na verdade, não é feita por carta precatória, mas sim pessoalmente, através de mandado, da seguinte forma: o juízo deprecante expede a carta precatória, e o juízo deprecado a recebe; na posse do endereço do acusado, o juízo deprecado determina ao oficial de justiça que intime o acusado naquele local, expedindo assim um mandado de citação a ser cumprido por ele (art. 355, *caput*, do CPP).

Estipula o § 1º do art. 355 do CPP que, verificado que o réu se encontra em território sujeito à jurisdição de outro juiz, a este remeterá o juiz deprecado os autos para efetivação da diligência, desde que haja tempo para fazer-se a citação. Este é o chamado *caráter itinerante da carta precatória*.

Certificado pelo oficial de justiça do juízo deprecado que o réu se oculta para não ser citado, a precatória será imediatamente devolvida, para que o juízo deprecante tome as providências cabíveis (art. 355, § 2º, do CPP). Este artigo precisa ser interpretado corretamente: verificando o oficial de justiça do juízo deprecado que o acusado se oculta para não ser citado, deverá citá-lo com hora certa, de acordo com o que prevê o art. 362 do CPP, que será estudado a seguir; apenas após tal citação, a precatória será devolvida ao juízo deprecante.

Se houver urgência, a precatória, que conterá um resumo dos requisitos enumerados no art. 354 do CPP, poderá ser expedida por via telegráfica, depois de reconhecida a firma do juiz, o que a estação expedidora mencionará (art. 356 do CPP); além da via telegráfica, são também admissíveis, por interpretação progressiva da lei, telefone, e-mail, fax, por exemplo. O ideal, certamente, é que as cartas precatórias sejam expedidas, não fisicamente, mas que sejam transmitidas por via eletrônica (art. 7º da Lei 11.419/06).

Após o cumprimento do mandado de citação começa a correr o prazo para o acusado oferecer resposta á acusação em 10 dias, e não da juntada da precatória aos autos. Este é o teor da Súmula 710 do STF: "no processo penal, contam-se os prazos da data de intimação, e não da juntada aos autos do mandado ou da carta precatória ou de ordem".

10.9.3.3.1.1.6. Citação por carta de ordem

Enquanto que a carta precatória é um ato de colaboração entre Juízos da mesma instância, a carta de ordem é uma determinação de um Tribunal superior a outro Tribunal inferior ou ao juízo de 1ª instância.

No caso de foro por prerrogativa de função, o Tribunal que venha a receber a peça – acusatória oferecida contra a autoridade, poderá determinar a expedição de carta de ordem com a finalidade de citar-se o acusado, dirigida a Tribunal inferior ou ao juízo de 1º grau para tanto.

10.9.3.3.1.1.7. Citação por carta rogatória

Dispõe o art. 368 do CPP que, estando o acusado no estrangeiro, em lugar sabido, será citado mediante carta rogatória, suspendendo-se o curso do prazo de prescrição *até o seu cumprimento*. O Juízo que expede a carta rogatória denomina-se juízo rogante, enquanto que o Juízo que a recebe o nome de Juízo rogado. Como explica Norberto Avena[7], "Retornando esta ao juízo rogante e constatado o efetivo cumprimento, a fluência do prazo prescricional do crime é automática, devendo-se considerar como *dies a quo* não a data em que os autos da carta aportaram em cartório, mas sim aquela em que houve seu cumprimento no juízo rogado".

As citações que houverem de ser feitas em legações estrangeiras serão efetuadas também mediante carta rogatória (art. 369 do CPP). As legações estrangeiras são embaixadas e consulados, mas, nesse caso, não se suspende a prescrição até o seu cumprimento, por falta de previsão legal a respeito.

A carta rogatória é expedida pelo juiz e enviada ao Ministério da Justiça, que a encaminha para ser cumprida, pela via diplomática, através do Ministério das Relações Exteriores. A citação no estrangeiro será feita, de acordo com a lei processual do país, pessoalmente.

Como o tempo para cumprimento de uma carta rogatória costuma ser lento, determinou a lei a suspensão da prescrição até a data do seu cumprimento, entendendo-se por cumprimento a data em que foi citado o acusado, no estrangeiro, e não da

---

7. Norberto Avena, Processo Penal Esquematizado, p. 134.

juntada da carta rogatória aos autos, como acima vimos. Deve-se, em suma, interpretar-se extensivamente a Súmula 710 do STF que estabelece que, "no processo penal, contam-se os prazos *da data de intimação, e não da juntada aos autos* do mandado ou da carta precatória ou de ordem" (grifo nosso).

Diante desse quadro, verifica-se que, após o recebimento da denúncia, que interrompe a prescrição, o prazo prescricional flui normalmente até o momento em que o Juízo determina a citação do acusado por carta rogatória; enquanto não cumprida a carta rogatória com a citação, no estrangeiro, do acusado, o prazo prescricional permanecerá suspenso; citado, no estrangeiro, o acusado, *da data de sua citação*, volta a prescrição a correr, independentemente da data em que a carta rogatória for juntada aos autos.

A carta rogatória só será expedida se o acusado estiver em local conhecido do exterior; se estiver no exterior, mas em local incerto, será citado por edital.

As cartas rogatórias, quando veicularem um ato citatório, não poderão deixar de ser expedidas pelo Juízo, sob pena de nulidade absoluta do processo, por ofensa à ampla defesa e ao contraditório. Não há qualquer juízo de conveniência ou oportunidade quanto a isso, sendo, desse modo, inaplicável o art.222 – A, do CPP que determina que as cartas rogatórias só serão expedidas se demonstrada previamente a sua imprescindibilidade, e arcando a parte que a requer com os custos de envio. Como observa Renato Brasileiro de Lima[8], a restrição do art. 222-A, do CPP, se refere à oitiva de testemunhas, jamais a citação do acusado.

10.9.3.3.2. Citação ficta. Citação com hora certa. Citação por edital

10.9.3.3.2.1. Citação ficta. Conceito

É aquela citação em que se presume, por uma ficção legal, que o acusado tenha tomado conhecimento da acusação.

10.9.3.3.2.2. Espécies de citação ficta

10.9.3.3.2.2.1. Citação com hora certa

Estipula o art. 362, *caput*, do CPP que, verificando que o réu se oculta para não ser citado, o oficial de justiça certificará a ocorrência e procederá à citação com hora certa, na forma estabelecida nos arts. 227 a 229 do CPC (atualmente, pelo novo Código de Processo Civil, os dispositivos legais são os artigos 252 a 254).

O procedimento da citação com hora certa é o seguinte: o oficial de justiça deve ter procurado o acusado, para citá-lo, por pelo menos duas vezes, em seu domicílio ou residência sem o encontrar; se suspeitar que o acusado está se ocultando, deverá intimar qualquer pessoa da família do acusado ou, em sua falta, qualquer vizinho, de que, no dia seguinte, voltará para citar o acusado, na hora que designar (art. 252, *caput*, do CPC).

---

8. Renato Brasileiro de Lima, Curso de Processo Penal, p. 1248.

Nos condomínios edifícios ou nos loteamentos com controle de acesso, será válida a intimação acima, feita a funcionário da portaria responsável pelo recebimento de correspondência (art. 252, § único, do CPC).

No dia e hora designados, o oficial de justiça, independentemente de novo despacho, comparecerá ao domicílio ou a residência do citando a fim de realizar a diligência (art. 253, *caput*, do CPC).

Se o citando não estiver presente, o oficial de justiça procurará informar-se das razões da ausência, dando por feita a citação, ainda que o citando se tenha ocultado em outra comarca, seção ou subseção judiciárias (art. 253, §1º, do CPC).

A citação com hora certa será efetivada mesmo que a pessoa da família ou vizinho que houver sido intimado esteja ausente, ou se, embora presente, se recusarem a receber o mandado (art. 253, § 2º, do CPC).

Da certidão da ocorrência, o oficial de justiça deixará contrafé com qualquer pessoa da família ou vizinho, conforme o caso, declarando-lhe o nome (art. 253, § 3º, do CPC). Nesse momento, se concretiza a citação por hora certa.

Feita a citação com hora certa, o escrivão ou chefe de secretaria enviará ao réu, no prazo de 10 dias, contado da data da juntada do mandado aos autos, carta, telegrama ou correspondência eletrônica, dando-lhe de tudo ciência (art. 254, *caput*, do CPC). Essas providências formam uma necessária complementação da citação já realizada, que deve ser observada, sob pena de nulidade do ato.

Após a citação com hora certa, se o acusado não comparecer, será nomeado a ele defensor dativo (art. 362, parágrafo único, do CPP).

O processo não é suspenso pelo fato de ter se realizada a citação com hora certa e prosseguirá normalmente.

O plenário do STF[9] considerou constitucional a citação por hora certa, no processo penal, por não haver qualquer ofensa à ampla defesa, uma vez que o objetivo do instituto é assegurar a continuidade do processo nas situações em que o réu deliberadamente se esconde para evitar a citação, o que representaria um prêmio a sua atuação ilícita.

A citação com hora certa é aplicável a todos os procedimentos de 1ª instância, com exceção, a nosso ver, dos Juizados Especiais Criminais, que julgam as infrações de menor potencial ofensivo (pena máxima não ultrapassa dois anos). Isso porque, *no caso de o réu não ser encontrado para ser citado pessoalmente*, o juiz do Juizado Especial Criminal deverá encaminhar os autos ao juiz comum, como determina o § único do art. 66 da Lei 9.099/95; no juízo comum se adotará o rito sumário (art. 538 do CPP), onde, inclusive, será possível proceder-se à citação com hora certa. O STF ainda não decidiu, especificamente, a respeito desse tema, embora o Ministro Marco Aurélio, quando do julgamento do RE 635145 acima referido, já tenha adiantado que, no seu entendimento, a citação por hora certa é inaplicável no âmbito dos juizados especiais criminais, devendo, nessa situação, ser enviado o processo a uma vara da Justiça comum.

---

9. Informativo do STF. 1º/08/2016. STF. Plenário. Recurso Extraordinário (RE) 635145, com repercussão geral. Min. Rel. Marco Aurélio.

10.9.3.3.2.2.2. Citação por edital

Se o réu não for encontrado, será citado por edital, com o prazo de 15 dias (arts. 361 e 363, § 1º, do CPP). Depois de esgotado o prazo de 15 dias, aguarda-se o eventual oferecimento de resposta à acusação, por mais 10 dias (art. 396-A do CPP).

O edital de citação é uma comunicação escrita, efetuada através da imprensa ou de sua afixação na porta do edifício do fórum, onde consta o teor, mesmo que resumido, da acusação imputada ao réu. Trata-se, como se percebe, de uma verdadeira presunção (ficção jurídica) de que o acusado, de algum modo, tomará conhecimento daquela acusação que pesa contra ele.

A citação editalícia só tem lugar quando esgotadas todas as possibilidades de se citar pessoalmente o acusado nos endereços constantes dos autos. A prova de que é impossível a citação pessoal é extraída da certidão do oficial de justiça (que tem fé pública) informando que o acusado está em local incerto e não sabido. Não basta, para fim de se justificar a citação por edital do acusado, o fato de, quando do tramitar do inquérito policial, o então indiciado não ter sido encontrado; de qualquer modo, deve-se procurar seu paradeiro diligenciando-se quanto a eventuais novos endereços atualizados seus, sob pena de nulidade do processo por ofensa à ampla defesa, como já decidiu o STF[10].

Se o acusado não tiver sido procurado nos endereços constantes dos autos, e, mesmo assim, indevidamente, se proceder à sua citação editalícia, o processo será anulado (nulidade absoluta) a partir do edital, por ofensa à ampla defesa. De igual maneira, se o réu estiver preso no mesmo Estado da Federação em que o juiz exerce sua jurisdição, e se for citado por edital, tal citação é nula. Este é o teor da Súmula 351 do STF. Desse modo, é conveniente que o juiz, antes de determinar a citação por edital do acusado, verifique se o réu não está preso em algum estabelecimento carcerário situado no Estado onde exerce sua jurisdição. Como vimos acima, essa Súmula deve ser atualizada de acordo com o art. 222-A, do CPP, que criou o Banco de Dados Nacional de Mandados de Prisão, organizado pelo CNJ, onde se pode obter informação quanto à expedição de mandados de prisão oriundos de qualquer das unidades da Federação.

Os **requisitos intrínsecos** de validade da citação por edital (aqueles inerentes ao edital em si) estão previstos no art. 365 do CPP e são os seguintes:

1º – a indicação do nome do juiz que a determinar;

2º – o nome do réu, ou, se não for conhecido, os seus sinais característicos, bem como sua residência e profissão, se constarem do processo;

3º – o fim para que é feita a citação; o ideal é que constasse do edital, na impossibilidade de se transcrever completamente a acusação, ao menos, um resumo da imputação com os dados fáticos mínimos (nome da vítima, dia e local dos fatos etc.), que permitissem o seu conhecimento. Entende, porém, o STF, que

---

10. STF – 2ª T. – HC 88.548/SP, Rel. Min. Gilmar Mendes, j. 18/03/2008, DJe 182 25/09/2008.

basta a indicação dos dispositivos legais em que se encontra incurso o acusado. É o que dispõe a Súmula 366 do STF: "Não é nula a citação por edital que indica o dispositivo da lei penal, embora não transcreva a denúncia ou queixa, ou não resuma os fatos em que se baseia".

4º – o juízo e o dia, a hora e o lugar em que o réu deverá comparecer; esta previsão do inciso IV do art. 365 do CPP deixou de ter razão de existir, porque o acusado, hoje em dia, é citado para oferecer resposta à acusação e não para comparecer em juízo para ser interrogado, de modo que, no edital de citação, deverá constar o prazo de dez dias para que seja oferecida, através de advogado, resposta à acusação.

5º – o prazo, que será contado do dia da publicação do edital na imprensa, se houver, ou da sua afixação.

Os **requisitos extrínsecos** de validade da citação por edital (aqueles referentes ao modo como é feita a citação) estão previstos no parágrafo único do art. 365 do CPP e são os seguintes:

1º – o edital deverá ser afixado na porta do edifício onde funcionar o juízo e será publicado pela imprensa, onde houver.

2º – a afixação será certificada pelo oficial que a tiver feito e a publicação provada por exemplar do jornal ou certidão do escrivão, da qual conste a página do jornal com a data da publicação.

A citação por edital é aplicável a todos os procedimentos de 1ª instância, com exceção dos Juizados Especiais Criminais, que julga as infrações de menor potencial ofensivo (pena máxima não ultrapassa dois anos). No caso de o réu não ser encontrado para ser citado pessoalmente, o juiz do Juizado Especial Criminal deverá encaminhar os autos ao juiz comum (art. 66, § único, da Lei 9.099/95), que adotará o rito sumário (art. 538 do CPP).

Realizada a citação por edital, se o acusado comparecer ou constituir advogado, o processo seguirá seu andamento normal.

10.9.3.3.2.2.3. Citação por edital. Suspensão do processo e possibilidade de se decretar a prisão preventiva e a produção antecipada de provas

Procedida a citação por edital, se o acusado não comparecer, nem constituir advogado, ficarão suspensos o processo e o curso do prazo prescricional, podendo o juiz determinar a produção antecipada das provas consideradas urgentes e, se for o caso, decretar prisão preventiva, nos termos do disposto no art. 312 (art. 366 do CPP).

A prisão preventiva, como se nota, não é automática, pelo simples fato de o acusado ter sido citado por edital, sendo necessário o preenchimento de todos os seus requisitos legais para que seja decretada.

Quanto à produção antecipada de provas, igualmente, não é determinada automaticamente pelo juiz; apenas se demonstrada a imprescindibilidade da medida, como, por exemplo, quando se colhe antecipadamente o depoimento de testemunha idosa, adoentada, que pode não existir quando da retomada do andamento processual, nos termos do que permite a produção antecipada de provas do art. 225 do CPP.

Neste sentido foi editada a Súmula 455 do STJ: "a decisão que determinar a produção antecipada de provas com base no art. 366 do CPP deve ser concretamente fundamentada, não a justificando o mero decurso do tempo".

Essa posição também é seguida pela 1ª Turma, do STF[11].

A produção antecipada de provas sem que houvesse sua necessidade concreta acarretaria a nulidade relativa do processo, devendo-se a defesa demonstrar o prejuízo que sofreu com a medida. Reconhecida a nulidade pela indevida produção antecipada de provas, os elementos de convicção devem ser desentranhados dos autos, como já decidiu o STJ.[12]

Há, todavia, outro entendimento, que reputamos mais consentâneo com a realidade processual e a própria natureza humana; a prova testemunhal, *que é a principal prova produzida no processo penal*, pode ser reputada como urgente, a legitimar sua produção antecipada, a uma, porque os arts. 92 e 93 do CPP, quando tratam das questões prejudiciais, a qualificam expressamente como de natureza urgente; a duas, é de conhecimento de todos que a memória humana cede com o tempo, e que depoimentos, colhidos anos seguidos após os fatos, se esvanecerão, comprometendo a busca da verdade real. *Diante dessa realidade humana, ignorada solenemente pela parte majoritária da jurisprudência*, a prova testemunhal deveria ser produzida antecipadamente, antes que perca sua substância, no caso de processo suspenso por aplicação do art. 366 do CPP. Esse entendimento já foi seguido pelo STF[13] e pelo STJ[14].

Com essa medida, preservar-se-ia a prova oral, ao mesmo tempo que não se vislumbra possa existir qualquer prejuízo ao acusado que não foi localizado e, por isso, foi citado por edital, uma vez que a prova será produzida perante um defensor nomeado pelo Juízo (ou Defensor Público); e mais: quando localizado o acusado, poderá requerer a repetição da prova, dessa vez, na sua presença.

Suspensão do processo e lavagem de capitais

Determina o art. 2º, § 2º, da Lei 9.613/98 (Lei de Lavagem de Capitais), que o art. 366 do CPP não é aplicável no caso em que o acusado não comparece nem constitui advogado, e é citado por edital; segundo o dispositivo legal, mesmo nessa situação, o processo deverá prosseguir, com a nomeação de defensor dativo.

Parece – nos que a discriminação legislativa não tem razão de ser, sendo completamente *desproporcional*: por mais grave que seja um delito de lavagem de capitais, não há motivo para deixar de se aplicar o art. 366 do CPP, quanto a tal infração, e, ao

---

11. STF – 1ª T. – HC 108.064/RS, Rel. Min. Dias Toffoli, j. 13/12/2011, DJe 39 24/02/2012.
12. Informativo STJ. 28/01/2013. STJ. 5ª T. Min. Relator Jorge Mussi. HC 189695
13. STF – 2ª T. – HC 110.280/MG, Rel. Min. Gilmar Mendes, j. 07/08/2012. STF – HC 135386/DF, 2ª T. Rel. orig. Ricardo Lewandowski, red. p/ac. Min. Gilmar Mendes, j. 13/12/2016.
14. STJ – Recurso em Habeas Corpus nº 64.086-DF (2015/0234797-0)

mesmo tempo, suspender-se o processo, aplicando-se na íntegra o art. 366 do CPP, nos casos, v.g., de homicídio qualificado, genocídio, extorsão mediante sequestro com resultado morte, etc. É claro que o direito à ampla defesa, que é tutelado através da suspensão do processo referente aquele que é citado por edital, tem como beneficiários quaisquer acusados, independentemente da espécie de crime que tenham, em tese, praticado. Ante a evidente ofensa aos princípios constitucionais da ampla defesa e do contraditório, entendemos que o art. 2º, § 2º, da Lei 9.613/98 (Lei de Lavagem de Capitais), ao reputar inaplicável o art. 366 do CPP na apuração judicial de tais crimes, é inconstitucional, sem prejuízo de, como dissemos acima, se produzir antecipadamente as provas de natureza urgente.

Por quanto tempo ficará suspensa a prescrição?

De acordo com a Súmula 415 do STJ "o período de suspensão do prazo prescricional é regulado pelo máximo da pena cominada". Depois de escoado este prazo, a prescrição voltará a correr.

Cabe recurso em sentido estrito contra a decisão que suspende o processo com base no art. 366 do CPP; aplica-se o art. 581, XVI, do CPP, por analogia.

Comparecendo o acusado citado por edital ou se constituir advogado, revoga-se a suspensão do processo e do lapso prescricional e o processo retomará seu curso (art. 363, § 4º, do CPP).

10.9.3.4. Revelia

10.9.3.4.1. Conceito

É uma sanção processual que decorre da não apresentação, pelo acusado, de resposta à acusação, por meio de advogado, apesar de regularmente citado para tanto, ou quando, já instaurada a instância, o acusado é intimado pessoalmente para um ato processual e deixa de comparecer, sem motivo justificado, ou, muda de endereço sem comunicar o novo ao juízo.

O instituto da revelia é previsto no art. 367 do CPP.

10.9.3.4.2. Hipóteses de decretação da revelia

As hipóteses de decretação da revelia e seus efeitos são os seguintes:

1ª – o acusado é citado pessoalmente, mas não apresenta, por meio de advogado, resposta à acusação, no prazo de 10 dias. Diante dessa inércia, o juiz nomeia a Defensoria Pública ou um advogado dativo para apresentar a resposta à acusação. Como prevê o art. 396-A, § 2º, do CPP, se o réu, citado pessoalmente, deixar de apresentar resposta à acusação, o juiz deverá nomear advogado para apresentá-la. O acusado, segundo a lei, não será intimado dos demais atos processuais, com exceção da sentença (art. 392 do CPP), de cujo teor deverá ser pessoalmente intimado.

Sob um ponto de vista um pouco mais garantista (de se assegurar, com eficácia, direitos e garantias individuais de quem é acusado criminalmente), é sustentável que, mesmo que o acusado citado pessoalmente deixe de constituir advogado de sua confiança ou de requerer a nomeação de um profissional para defendê-lo por não possuir recursos para tanto, não seja decretada sua revelia, sendo obrigatória sua intimação para a audiência de instrução, debates e julgamento, oportunidade em que poderá ser interrogado. Apenas se deixar de comparecer à audiência, e a instrução continuar, é que seria decretada – aí sim – sua revelia.

2ª – depois de já instaurado o processo, o acusado é intimado pessoalmente para um ato processual e deixa de comparecer, sem motivo justificado, o que acarretará a sua não intimação quanto aos demais atos, com exceção da sentença, de cujo teor deverá ser pessoalmente intimado (art. 392 do CPP).

Se a ausência do acusado for justificada, apresentada antes da realização do ato processual (*v.g.*, doença própria ou de ente familiar), o juiz deverá adiar ao ato. Se a ausência foi justificada depois do ato, o juiz poderá levantar a revelia decretada, o que significa dizer que o réu continuará a ser intimado dos atos processuais, mas não haverá se falar em qualquer nulidade do ato processual realizado validamente.

Indaga-se: **E se o acusado deixou de comparecer a uma audiência, porque sofreu, por exemplo, um grave acidente de trânsito, foi submetido a uma cirurgia de emergência, etc, e a audiência tiver sido realizada sem a sua presença, poderá o juiz, a pedido da Defesa, anular o ato processual e designar outra data para a sua repetição?** Entendemos que sim, pois, a ausência do acusado terá sido justificada, desde que devidamente comprovada, é claro. Caso o juiz não defira a esse pedido, será cabível arguir a nulidade, por ofensa à ampla defesa (modalidade autodefesa – direito de presença e de audiência), em sede de apelação, ou, impetrar-se *habeas corpus* requerendo a nulidade do processo a partir (e inclusive) da audiência realizada sem a presença do acusado.

3ª – o acusado muda de endereço sem comunicar o novo ao juízo. Na prática essa hipótese funciona da seguinte forma: o oficial de justiça tenta intimar o acusado na sua residência, não o encontra, certifica que ele se mudou de residência. O mandado, acompanhado dessa certidão circunstanciada, é anexado aos autos, e o magistrado, então, decreta a revelia do acusado, determinando a sua não intimação quanto aos demais atos do processo, com exceção da sentença, de cujo teor deverá ser pessoalmente intimado (art. 392 do CPP).

Revelia e Júri

O acusado será julgado à revelia pelo Júri, caso, sem motivo justificado, deixe de comparecer ao ato (art. 457, *caput*, do CPP).

10.9.3.4.3. Efeitos da revelia no processo penal

A revelia, no processo penal, não acarreta o efeito de se possam ser presumidos como verdadeiros os fatos alegados pela acusação; mesmo revel o acusado, a acusação continua com o ônus de provar a imputação narrada na denúncia ou queixa.

Como se disse, a revelia acarretará um único efeito processual: o de o acusado não ser mais intimado dos demais atos processuais, com exceção da sentença, da qual, mesmo o acusado revel, deve ser intimado. Mas, de qualquer forma, o defensor do acusado será sempre intimado de todos os atos praticados no processo, uma vez que a *revelia se aplica, exclusivamente, ao acusado, e não ao seu defensor*.

10.9.3.4.4. Levantamento da revelia

Como vimos, se, apesar de revel, o acusado voltar a comparecer aos atos processuais, a revelia será levantada, e, assim, o réu passa a ser, novamente, intimado dos demais atos processuais. Será, ainda, levantada a revelia decretada, se o acusado comprovar que deixou de comparecer ao ato processual, por motivo justificável.

10.9.3.5. Intimações

10.9.3.5.1. Conceito

Intimação ou notificação é o ato processual através do qual se informa à parte ou aos colaboradores da justiça (como peritos e testemunhas) a respeito de um ato processual que irá se realizar ou que já se realizou.

Alguns doutrinadores diferenciam notificação de intimação: intimação é a ciência de ato processual passado; notificação é a comunicação de um ato processual que irá se realizar (no futuro, portanto). O CPP, entretanto, não faz qualquer distinção entre os termos.

O procedimento da intimação será, no que for aplicável, o mesmo das citações (art. 370, *caput*, do CPP), o que inclui a intimação com hora certa.

São comuns, atualmente, as intimações por via eletrônica – nos denominados processos digitais – disciplinados pela Lei 11.419/2006. Nos processos digitais, considera-se realizada a intimação no dia em que o intimando efetivar a consulta eletrônica ao teor da intimação, certificando-se nos autos a sua realização (art. 5º, § 1º, da Lei 11.419/2006). No caso em que a consulta se dê em dia não útil, a intimação será considerada como realizada no primeiro dia útil seguinte (art. 5º, § 2º, da Lei 11.419/2006). Referida consulta deverá ser realizada no período de até 10 dias corridos contados da data do envio da intimação; se não for efetivada a consulta nesse período de tempo, a intimação será considerada como realizada (*intimação tácita*) – automaticamente – na data do término desse prazo (art. 5º, § 3º, da Lei 11.419/2006). Mesmo nessa última hipótese, de intimação tácita, que tenha se consumado em feriado ou fim de semana, a data a ser considerada como dia da intimação, para efeito de contagem dos prazos processuais, inclusive os recursais, é o primeiro dia útil subsequente, como já decidiu o STJ[15].

---

15. Informativo do STJ. 14/09/2017. STJ. 3ª T. REsp 1663172. Rel. Minª. Nancy Andrighi.

10.9.3.5.2. Direito de amplo acesso do advogado aos autos

O advogado tem direito a examinar, em cartório de fórum e secretaria de tribunal, mesmo sem procuração, autos de qualquer processo, independentemente da fase de tramitação, assegurados a obtenção de cópias e o registro de anotações, salvo na hipótese de segredo de justiça, nas quais apenas o advogado constituído terá acesso aos autos (art. 107, I, do CPC), aplicável, por analogia, ao processo penal. Esse dispositivo aplica-se integralmente a processos eletrônicos (§ 5ª, do artigo 107, do CPC, inserido pela Lei 13.793, de 3 de janeiro de 2019).

Os documentos digitalizados juntados em processo eletrônico estarão disponíveis para acesso por meio da rede externa pelas respectivas partes processuais, pelos advogados, independentemente de procuração nos autos, pelos membros do Ministério Público e pelos magistrados, sem prejuízo da possibilidade de visualização nas secretarias dos órgãos julgadores, à exceção daqueles que tramitarem em segredo de justiça (art. 11, § 6º, da Lei 11.419/2006, alterado pela Lei 13.793, de 3 de janeiro de 2019).

Os sistemas de informação pertinentes a processos eletrônicos devem possibilitar que advogados, procuradores e membros do Ministério Público cadastrados, mas não vinculados a processo previamente identificado, acessem automaticamente todos os atos e documentos processuais armazenados em meio eletrônico, desde que demonstrado interesse para fins apenas de registro, salvo nos casos de processos em segredo de justiça (art. 11, § 7º, introduzido o parágrafo pela Lei 13.793, de 3 de janeiro de 2019).

10.9.3.5.3. Intimação dos defensores constituídos

A intimação do defensor constituído, do advogado do querelante e do assistente é realizada por publicação no órgão incumbido da publicidade dos atos judiciais da comarca, incluindo, sob pena de nulidade, o nome do acusado (art. 370, § 1º, do CPP). No caso de procuração dada a diversos advogados, bastará que conste, da publicação, o nome de um deles, mesmo que já falecido, não ocorrendo a nulidade do processo em tal hipótese, como já decidiu o STJ[16]. No entanto, se houver requerimento prévio e expresso para que seja realizada a publicação em nome de determinado profissional, e sendo intimado outro constante da procuração, deverá ser reconhecida a nulidade[17].

Caso não haja órgão de publicação dos atos judiciais na comarca, a intimação será realizada diretamente pelo escrivão, por mandado, ou via postal com comprovante de recebimento, ou por qualquer outro meio idôneo (art. 370, § 2º, do CPP).

10.9.3.5.4. Intimação do defensor nomeado, defensor público e MP

A intimação do defensor nomeado, do defensor público e do MP será realizada pessoalmente (art. 370, § 4º, do CPP).

---

16. STJ – 5ª T. – HC 33.771/RJ, Rel. Min. José Arnaldo da Fonseca, j. 17/06/2004, DJ 23/08/2004.
17. STJ – Informativo 16/12/2011. REsp 977452, Rel. Min. Antônio Carlos Ferreira.

A contagem dos prazos para manifestação dos membros de tais instituições – Defensoria Pública ou Ministério Público – começa a fluir da data do recebimento dos autos com vista no respectivo órgão, e não da ciência de seu membro no processo.

Quanto à prerrogativa de recebimento dos autos com vista, entende-se que o acesso aos autos deve ser integral, inclusive com os apensos, estejam em meio físico ou eletrônico; apenas com o acesso à integralidade dos autos o prazo para o Ministério Público poderá ser contado, como já decidiu o STJ[18].

Mesmo que o defensor público esteja presente em audiência, a intimação pessoal da Defensoria Pública somente se concretizará com a entrega dos autos com vista, em homenagem ao princípio constitucional da ampla defesa, como decidiu o STF.[19]

Nada impede que os defensores dativos autorizem que suas intimações, quanto aos processos que tenham sido nomeados, sejam realizadas pela imprensa, o que afastara qualquer nulidade dessas comunicações[20]. No entanto, não existindo essa autorização expressa, e se o defensor dativo for intimado pela imprensa e não pessoalmente, será caso de se decretar a nulidade do processo a partir do ato em que o Juízo se omitiu.

Defensoria Pública e prazo em dobro

Importante registrar que os Defensores Públicos contam com o prazo em dobro para as suas manifestações futuras – notificações – como denominado pela doutrina (art. 44, I, da Lei Complementar 80/94). O prazo em dobro somente se iniciará após a efetiva disponibilização dos autos para vista à Defensoria[21].

10.9.3.5.5. Adiamento da audiência e intimação das partes

Adiada a audiência, o juiz marcará desde logo, na presença das partes e testemunhas, dia e hora para seu prosseguimento, do que se lavrará termo nos autos, de modo que as partes e testemunhas, nesta oportunidade processual, já saem intimadas do ato futuro (art. 372 do CPP), sendo desnecessária a repetição de suas intimações.

10.9.3.5.6. Sentença publicada em audiência e intimação

No caso de sentença prolatada na presença das partes, estas já sairão intimadas de seu teor, mas, se o acusado não compareceu ao ato, deverá ser intimado da sentença, para que, dessa intimação, comece a fluir o prazo recursal.

10.9.3.5.7. Intimação das partes no processo eletrônico

Nos processos digitais, considera-se realizada a intimação no dia em que o intimando efetivar a consulta eletrônica ao teor da intimação, certificando-se nos autos a sua realização (art. 5º, § 1º, da Lei 11.419/2006)

---

18. STJ – Informativo 27/01/2014. Resp 1226283, Rel.ª Min. Laurita Vaz.
19. STF – Informativo 25/02/20116. HC 132336- Rel. Min. Gilmar Mendes.
20. STJ. HC-311.676-SP (2014/0330663-5). Rel. Min. Jorge Mussi.
21. STJ – REsp 1.698.821. 3ª T. Rel. Min. Villas Bôas Cueva.

10.9.3.5.8. Intimação das partes, testemunhas ou acusado por carta precatória

Se a vítima, testemunhas ou o acusado residirem em outra comarca, será necessário a expedição de carta precatória, para ser cumprida, em prazo razoável, intimadas as partes da expedição da carta (art. 222, *caput*, do CPP). Nessa carta precatória, o juízo que expede a carta precatória denomina-se juízo deprecante; o juízo que a recebe nomeia-se juízo deprecado. O juízo deprecado em cuja comarca residem a vítima, testemunhas ou o acusado se encarregará de determinar suas intimações; é a denominada intimação por carta precatória.

A precatória nada mais é que um mecanismo de colaboração entre magistrados que judicam em foros ou seções judiciárias distintas.

A expedição da carta precatória não suspenderá a instrução criminal (art. 222, § 1º, do CPP).

Reza o art. 222, § 2º, do CPP) que, findo o prazo para cumprimento da carta precatória, poderá ser realizado o julgamento, a todo o tempo, e a precatória, uma vez devolvida, será anexada aos autos.

10.9.3.5.9. Intimação por carta rogatória

Existem duas modalidades de carta rogatória: a *carta rogatória ativa*, em que a Jurisdição brasileira expede a carta a fim de que seja cumprida, com a colaboração da Justiça Estrangeira, fora do país. Por outro lado, há a *carta rogatória passiva* em que há uma decisão judicial oriunda de tribunais estrangeiros que, para ser executada no Brasil, deve passar pelo crivo do STJ, como prevê o art. 105, I, *i*, da Constituição Federal; é a denominada concessão do *exequatur* às cartas rogatórias. No entanto, nos casos de cooperação jurídica internacional, que tenham caráter de auxílio direto, não se reconhece a natureza de carta rogatória, de modo que se dispensa a concessão de *exequatur* pelo STJ. É o caso do Acordo de Assistência Judiciária em Matéria Penal firmado entre EUA e Brasil, a permitir que autoridade estrangeira encarregada da investigação requeira colaboração do Ministério Público Federal, no intuito de colaboração internacional, passando-se, tal solicitação, pelo crivo da Justiça Federal, e não do STJ[22].

As cartas rogatórias que visem a intimação de testemunhas só serão expedidas se demonstrada previamente a sua imprescindibilidade, arcando a parte requerente com os custos do envio (art. 222-A, caput, do CPP).

Só se pode se exigir do querelante, no caso de ação penal privada exclusiva ou personalíssima, que arque com os custos do envio; tratando-se de querelado, não há como se cobrar valores, sob pena de ofensa ao princípio da ampla defesa; de igual forma, não é jurídica a cobrança nas ações penais públicas, afinal são patrocinadas pelo Ministério Público justamente porque visam ao interesse social indisponível (mesma regra a ser seguida nas ações penais privadas subsidiárias da pública que possuem, também, índole pública).

---

22. Informativo do STJ. 08/09/2017. STJ. Corte Especial. Rel. Min. Laurita Vaz. Número de processo não divulgado (segredo de justiça).

Mas, de qualquer forma, tanto ao querelante (nas ações penais privadas subsidiárias das públicas), ao querelado, como ainda ao Ministério Público *sempre se exigirá a comprovação da imprescindibilidade da expedição da carta rogatória, sob pena de seu indeferimento.*

A expedição de carta rogatória não suspende a instrução criminal (art. 222, § 1º, do CPP, aplicável às rogatórias como estipula o § único do art. 222-A, do CPP), de modo que, mesmo sendo uma testemunha de acusação a ser ouvida por rogatória, não se impedirá que, antes, no Brasil, seja ouvida testemunha arrolada pela defesa.

Findo o prazo marcado para cumprimento da rogatória, poderá ser realizado o julgamento, mas, a todo tempo, a carta rogatória, uma vez devolvida, será junta aos autos (art. 222, § 1º, do CPP, aplicável às rogatórias como estipula o § único do art. 222-A, do CPP).

A carta rogatória para a citação do réu suspende a prescrição (art. 368 do CPP), mas, no caso de expedição de rogatória para a intimação de testemunha, não há suspensão do prazo prescricional, por ausência de previsão legal nesse sentido.

10.9.4. 3ª Fase (Fase postulatória): Fase da resposta escrita à acusação. Resposta a acusação. Defesa preliminar

10.9.4.1. Resposta à acusação. Conceito

Prevê o art. 396, *caput*, do CPP, o qual se refere aos procedimentos ordinário e sumário, que, oferecida a denúncia ou queixa, o juiz, se não a rejeitar liminarmente, recebê-la – á e ordenará a citação do acusado para responder à acusação, por escrito, no prazo de 10 dias. Esse prazo de 10 dias é contado da citação do acusado, e não da juntada do mandado de citação aos autos, como determina a Súmula 710 do STF: "No processo penal, contam-se os prazos da data da intimação, e não da juntada aos autos do mandado ou da carta precatória ou de ordem".

Essa fase se aplica a todos procedimentos de 1ª instância, comuns ou especiais. Registre-se, entretanto, que, no rito dos Juizados Especiais Criminais (Lei 9.099/95), e na Lei de Drogas (Lei 11.343/06), dentre outras leis, a resposta à acusação é apresentada antes da decisão de recebimento da denúncia, denominando – a de resposta preliminar.

10.9.4.2. Prazo em dobro para a Defensoria Pública

Os defensores públicos contarão com o prazo em dobro (20 dias) para oferecer à resposta á acusação (art. 44, I e 89, I, da Lei Complementar 80/94).

10.9.4.3. Prazo para a defesa do réu citado por edital

No caso de citação por edital, o prazo para a defesa apresentar a resposta à acusação começará a fluir a partir do comparecimento pessoal do acusado ou do defensor constituído (art. 396, parágrafo único, do CPP).

10.9.4.4. Não apresentação da defesa no prazo legal

Não apresentada a resposta no prazo legal, ou se o acusado, citado, não constituir defensor, o juiz nomeará defensor para oferecê-la, concedendo-lhe vista dos autos por 10 dias (art. 396-A, § 2º, do CPP), o que demonstra que a resposta à acusação (também chamada por alguns doutrinadores de defesa prévia ou defesa preliminar) é sempre obrigatória, sob pena de nulidade absoluta do processo, por ofensa ao princípio da ampla defesa.

A gratuidade da Justiça é prevista atualmente nos artigos 98/102 do CPC. O interessado poderá requerer a gratuidade da Justiça a qualquer momento processual, através de petição simples; presume-se, de acordo com o § 3º do artigo 99 do CPC, como verdadeira a alegação de insuficiência deduzida exclusivamente por pessoa natural. Nessa situação, o juízo nomeará defensor dativo ou a Defensoria Pública para representar os interesses do réu, gratuitamente. O pedido pode ser formulado – e normalmente o é – no início do processo, mas não há impedimento que seja requerida, a gratuidade da justiça, no decorrer do trâmite do feito, como já decidiu o STJ, ressaltando, porém, caso deferido o pleito, que tal providência aplica-se somente às despesas vindouras, sem efeito retroativo.[23]

10.9.4.5. Conteúdo da resposta à acusação

A resposta à acusação pode constar de preliminares, e é a oportunidade em que se pode alegar tudo o que interesse à defesa, oferecer documentos e justificações, especificar as provas pretendidas e arrolar testemunhas, qualificando-as, e requerendo sua intimação, quando necessário (art. 396-A, *caput*, do CPP).

A resposta à acusação é a oportunidade propícia para que seja articulada a ausência de pressupostos processuais ou de condições da ação penal (é a denominada defesa processual); possível, também, a discussão, em seu bojo, de questões de mérito, visando-se obter eventual absolvição sumária (é a chamada defesa de mérito). Reconhecida a ausência de alguma condição da ação penal ou de pressuposto processual, nada impede a nosso ver, que o juiz extinga o processo, normalmente sem julgamento de mérito, mesmo após o recebimento da peça acusatória, pois referidas questões processuais são de ordem pública, reconhecíveis a qualquer momento.

Algumas questões preliminares (questões referentes aos pressupostos processuais e condições da ação) podem ser arguidas na resposta à acusação, ou em incidente próprio. Exemplos: a incompetência do juízo, as exceções de incompetência, ilegitimidade de parte, coisa julgada, litispendência; ocorre que tais questões preliminares deveriam ser veiculadas através de exceções próprias previstas nos arts. 95 a 112 do CPP, sendo assim, processadas em apartado. Porém, no nosso ponto de vista, não haveria qualquer empecilho que a discussão quanto à falta de pressupostos processuais ou condições da ação (litispendência, coisa julgada, ilegitimidade de parte, etc) pudesse ser articulada

---
23. Informativo STJ. 13/12/2011. STJ. 4ª T. Min. Relator Luis Felipe Salomão. REsp 903779.

no bojo da própria resposta à acusação, que se presta, mesmo, a tal finalidade, como decorre da própria redação do art. 396-A, do CPP.

Na resposta à acusação, poderão ser alegadas questões de mérito que visem convencer o juiz a absolver sumariamente o acusado, reconhecendo, por exemplo, a legítima defesa, a coação moral irresistível, a ocorrência da prescrição etc.

A defesa inicial é a oportunidade processual para que sejam oferecidos documentos e se requeira, especificando, quais as provas que se pretende produzir (por exemplo, perícia, nomeação de assistente técnico), arrolando-se, ainda, as testemunhas.

As testemunhas deverão ser arroladas quando da resposta á acusação, sob pena de preclusão, mas, mesmo que arroladas fora do momento processual oportuno, a defesa poderá requer sua oitiva, como testemunhas do juízo; caso o juiz entenda que a prova postulada seja relevante, em busca da verdade real dos fatos (art. 209, *caput*, do CPP), bem como da ampla defesa, poderá determinar que tal elemento de convicção seja produzido.

Alguns juízes criminais, depois de arroladas as testemunhas pela defesa, na resposta à acusação, intimam a defesa para que informe se as testemunhas são de "antecedentes", ou se irão depor a respeito dos fatos. Reputamos o teor desse despacho como supinamente ilegal, a uma, porque não há qualquer obrigatoriedade legal de a defesa informar, antecipadamente, o teor do depoimento; a duas, a antecipação de estratégia defensiva pode comprometer, na prática, a ampla defesa e o contraditório[24].

Abusiva, também, a nosso ver, a determinação, de alguns juízes, para que a defesa substitua a oitiva de testemunhas de antecedentes por documentos escritos e assinados por elas, uma vez que a defesa tem o direito de produzir prova oral, não sendo jurídico forçá-la a produzir prova documental em sua substituição.

A ausência de oportunidade a defesa para apresentar a resposta à acusação induzirá nulidade absoluta do processo, por evidente prejuízo à ampla defesa, como já se viu.

10.9.4.6. Momento de apresentação da resposta à acusação

Importante referir que a resposta à acusação só é oferecida *após o recebimento da denúncia ou queixa*, como deixa claro o art. 396, *caput*, do CPP, com exceção, como vimos, do rito dos juizados especiais criminais e da Lei de Drogas, dentre outras hipóteses legais, em que a resposta é apresentada após o oferecimento da peça acusatória, mas *antes do seu recebimento*.

10.9.4.7. Defesa preliminar

A defesa preliminar é a resposta à acusação formulada após o oferecimento da denúncia ou queixa, mas antes do seu recebimento, e tem por finalidade apresentar argumentos ao magistrado para que não receba a peça acusatória.

---

24. A respeito do assunto, vale a pena a leitura do artigo- Opinião, do Conjur, "É ilegal obrigar defesa a informar o que dirão testemunhas por si arroladas", de Marcelo Feller, Rafael Valentini e Gabriel Thompson, publicado em 29 de novembro de 2017.

A nota diferenciadora entre a resposta à acusação e a defesa preliminar é de que a resposta à acusação ocorre depois de recebida a denúncia ou queixa e tem por objetivo obter a absolvição sumária do acusado, enquanto que a defesa preliminar se dá, após o oferecimento da peça acusatória mas antes do seu recebimento, visando a sua rejeição.

A prova que pode ser apresentada quando da defesa preliminar será, como lembrado por Renato Brasileiro de Lima[25], uma prova documental, pois não se permite, à defesa, uma ampla produção probatória, *v.g.*, solicitando a oitiva de testemunhas, interrogando-se o acusado, etc.

10.9.4.7.1. Hipóteses legais de previsão da defesa preliminar

1ª – Lei de Drogas (art. 55, *caput*, da Lei 11.343/06); seu prazo é de 10 dias;

2ª – Foro por prerrogativa de função – autoridade julgada originariamente pelo Tribunal (art. 4º da Lei 8.038/90); seu prazo é de 15 dias. Dentre as diversas autoridades com foro privilegiado, situam-se os Prefeitos, que possuem a prerrogativa de serem julgados pelos Tribunais. Sendo assim, a Lei aplicável ao rito de julgamento dos prefeitos é o da Lei 8.038/90, acima citada, que revogou tacitamente o art. 2º, I, do Decreto-Lei 201/67), o qual estabelecia o prazo de 5 dias para a defesa preliminar. Com esse entendimento, Renato Brasileiro de Lima[26].

3ª – Juizados Especiais Criminais (art. 81, *caput*, da Lei 9.099/95); a resposta preliminar é oferecida, verbalmente, pelo defensor, antes da decisão que recebe a denúncia ou queixa;

4ª – Crimes praticados por funcionários públicos em serviço (crimes funcionais). Art. 514 do CPP – nos crimes funcionais afiançáveis (art. 312 a 326 do CP), praticados por funcionários públicos, a defesa preliminar será apresentada no prazo de 15 dias.

E se não for oportunizada a defesa preliminar ao acusado, o processo é nulo?

A nulidade será relativa, sendo necessária a demonstração do prejuízo, além de dever ser arguida no tempo oportuno, sob pena de preclusão, como já decidiu o STF[27]; assim se entende porque, apesar de se violar, aparentemente, o devido processo legal, sob a modalidade da ampla defesa e do contraditório, nada impede que a defesa se manifeste, com plenitude, quando da resposta à acusação (art. 396-A do CPP), articulando preliminares e questões de mérito visando extinguir o processo ou absolver-se sumariamente o acusado, de modo que não haveria qualquer prejuízo ao acusado.

No caso de não ter sido oportunizada ao acusado a defesa preliminar, que, como se sabe, é anterior à peça acusatória, *mas sendo suprida pela resposta à acusação* (art.

---

25. Renato Brasileiro de Lima, Curso de Processo Penal, p. 1290.
26. Renato Brasileiro de Lima, Curso de Processo Penal, p. 1291.
27. STF – 1ª T. – HC 91.760/PI, Rel. Min. Cármen Lúcia, j. 30/10/2007, DJe 36 28/02/2008.

396-A do CPP), posterior ao seu recebimento, e havendo sentença condenatória, com mais razão, não há porque se decretar a nulidade do processo. Isso porque, com a sentença condenatória que julgou procedente a pretensão punitiva, pelo mérito, significa dizer que a ausência de resposta preliminar não trouxe prejuízo algum à defesa, pois, mesmo que tivesse sido ofertada, o quadro probatório, desfavorável ao réu tanto que foi condenado, não teria se desfeito. Esse entendimento já foi seguido pelo STF.[28]

10.9.4.8. Depois de oferecida defesa preliminar ou resposta à acusação, pela defesa, a acusação se manifesta em réplica?

Imaginemos que a defesa, na defesa preliminar ou na resposta à acusação, tenha anexado documentos novos, suscitado questões preliminares ou mesmo postulado a absolvição sumária (no caso de resposta á acusação), pergunta-se: **é permitida a manifestação a respeito dessas questões processuais e de mérito pelo MP ou pelo querelante, no caso de ação penal privada, antes da decisão do juiz a respeito delas?**

Há **três posições** a respeito:

1ª posição: A acusação não se manifesta mais a respeito de nenhuma dessas questões, porque cabe à defesa manifestar-se por último, em homenagem ao princípio da ampla defesa; assim, não se abre vista para que a acusação se pronuncie a respeito.

2ª posição: A acusação deve se manifestar apenas se a defesa tiver anexado documento ou suscitado preliminares, respeitando-se, assim, o contraditório. Para tanto, deve-se utilizar o art. 409 do CPP, do rito do júri, por analogia, dispositivo legal esse em que se prevê, expressamente, a possibilidade da oitiva do MP ou do querelante sobre preliminares e documentos juntados pela defesa quando da apresentação da resposta à acusação, em cinco dias. Para esta posição, a acusação não pode se manifestar a respeito do pedido de absolvição sumária, no caso de resposta à acusação, pois a última manifestação deve ser, sempre, da defesa.

3ª posição: A acusação deve ser manifestar sempre que houver a juntada de documentos, arguição de preliminares, *e* mesmo quando houver pedido de absolvição sumária, em respeito ao princípio do contraditório. E tanto é relevante esta manifestação em réplica da acusação, que, se acolhido o pleito de absolvição sumária, o feito estará extinto com julgamento de mérito, de modo que não se pode impedir a acusação de se manifestar a respeito do pedido. O argumento de que a defesa deve sempre se manifestar por último, o que impediria o autor da ação de replicar, não convence, por dois motivos: primeiro, se, apesar da manifestação da acusação, o réu tiver sido absolvido sumariamente, não terá havido prejuízo para a defesa; segundo, se a absolvição sumária não tiver sido acolhida, e o processo continuar, a derradeira manifestação das partes nos autos – quando da sentença

---
28. STF – 2ª T. – HC 89.517/SP, Rel. Min. Cezar Peluso, j. 15/12/2009, DJe 27 11/02/2010.

– será necessariamente da defesa, não havendo se falar em qualquer prejuízo a ela. É a nossa posição. Esse entendimento já foi seguido pelo STF[29] e pelo STJ[30].

10.9.4.9. No caso de rito especial que preveja a defesa preliminar, antes da denúncia ou queixa, é obrigatória também a resposta á acusação, posterior ao recebimento da peça acusatória?

Entendemos que não, pois a adoção de duas defesas, no mesmo processo, seria medida de exagerado formalismo, o qual comprometeria a razoável duração do processo sem que se traga qualquer vantagem real à defesa. Sendo assim, havendo previsão expressa em Lei da defesa preliminar, apenas essa deverá ser apresentada, e não a resposta á acusação, prevista no art. 396-A do CPP. Essa defesa preliminar será bastante ampla, abrigando as teses que visem à rejeição da peça acusatória, como também aquelas que levariam à absolvição sumária.

A interpretação que se deve dar ao art. 394, § 4º, do CPP, no sentido de que o art. 396-A (que trata da resposta à acusação) se aplica a todos os ritos de 1ª instância, é a de que essa resposta posterior a peça acusatória é essencial e de cogente imposição a todos os procedimentos de 1º grau, *desde que não haja previsão de rito especial disciplinando a defesa preliminar*; nessa última hipótese, em razão do *princípio da especialidade*, deve prevalecer o dispositivo específico que prevê a defesa preliminar em detrimento da resposta á acusação inserida, *genericamente*, no art. 394, § 4º, do CPP.

No entanto, como vimos, se, apesar de prevista a defesa preliminar – antes do recebimento da peça acusatória – não se assegurar, ao acusado, tal oportunidade processual, mas sendo suprida, tal omissão, pelo oferecimento da resposta à acusação (sempre posterior ao recebimento da denúncia ou queixa), pela defesa, não deve ser reconhecida a nulidade porque ausente prejuízo ao acusado.

10.9.5. 4ª Fase (Fase decisória): Fase da decisão a respeito da absolvição sumária

10.9.5.1. Conceito de Absolvição Sumária

É um julgamento antecipado da lide penal quando se verifica, cabalmente, após a resposta à acusação, que o fato não existiu, ou existiu, mas é lícito ou atípico; que o acusado não é o seu autor; ou existe causa de isenção de pena (excludente de culpabilidade) ou extintiva da punibilidade do agente.

Essa possibilidade de absolvição antecipada, logo no início do rito, após a resposta á acusação, é uma maneira concreta de se velar pela razoável duração do processo (art. 5º, LXXVIII, da CF), além de se evitar o constrangimento de perdurar-se processo contra alguém em situações que sequer a peça acusatória deveria ter sido oferecida, o que violaria a ampla defesa, e até o princípio da dignidade da pessoa

---

29. STF – 1ª T. HC 105.739/RJ, Rel. Min. Marco Aurélio, j. 07/02/2012, DJe 41 27/02/2012
30. Informativo STJ. 18/10/2013. STJ. 5ª T. Min. Rel. Laurita Vaz. RHC 37056.

humana. A absolvição sumária pode ser total ou parcial: total é a que julga improcedente, como um todo, a pretensão punitiva quanto à imputação deduzida na peça acusatória, de modo que o acusado se livra, por completo, do peso da ação penal; parcial é aquela que, quanto a um dos delitos, absolve o acusado, remanescendo, a ação penal, quanto aos demais[31].

10.9.5.2. Hipóteses de absolvição sumária

Segundo prevê o art. 397 do CPP, após citado o acusado e oferecida resposta à acusação, o juiz deverá absolver sumariamente o acusado quando verificar:

1ª – a existência manifesta de causa excludente da ilicitude do fato

As excludentes (legítima defesa, estado de necessidade etc.), para que sejam reconhecidas, devem estar plenamente comprovadas nos autos. Se a comprovação da excludente não for satisfatória, e houver dúvida a respeito de sua existência, o juiz determinará o prosseguimento do processo, não absolvendo sumariamente.

2ª – a existência manifesta de causa excludente da culpabilidade do agente, salvo inimputabilidade

As causas excludentes de culpabilidade (coação moral irresistível, obediência hierárquica etc.) devem, igualmente, encontrar comprovação acima de qualquer dúvida nos autos, para que o juiz possa absolver sumariamente o acusado.

Sendo o acusado inimputável, mesmo que comprovada tal situação por laudo pericial, o juiz não pode absolvê-lo sumariamente e impor medida de segurança, ainda que a única tese defensiva tenha sido justamente a inimputabilidade; ao contrário, deve o magistrado determinar a continuidade do processo. A razão de tal proibição se dá porque, com o andamento normal do processo, existe a possibilidade de o acusado ser absolvido, sem que lhe imposta qualquer sanção penal; é o que se dá quando, por exemplo, se comprova que o réu agiu amparado pela excludente da legítima defesa, situação em que será absolvido. Em suma, melhor atende aos interesses da ampla defesa a vedação à absolvição sumária em caso de excludente de culpabilidade por inimputabilidade, porque não retira, do acusado, a possibilidade de ser absolvido no fim do processo, por outro motivo (v.g., legítima defesa, coação moral irresistível, etc), sem a imposição de sanção penal. No caso do rito do Júri, será possível a absolvição sumária, *apenas depois de encerrada a instrução criminal*, tendo por causa a inimputabilidade, desde que seja a única tese defensiva (art. 415, § único, do CPP), o que diferencia esse rito especial, quanto a esse tópico, no que se refere aos demais procedimentos.

3ª – que o fato narrado evidentemente não constitui crime

Ocorre quando há a certeza da atipicidade da conduta.

---
31. Informativo do STF. 28/11/2017. STF. 2ª T. Ação Penal 991. Rel. Min. Edson Faquin.

4ª – que se encontra extinta a punibilidade do agente

A punibilidade pode estar extinta pela prescrição, pela decadência, etc.

10.9.5.3. Causas de absolvição sumária no Júri e sua extensão aos demais ritos

No procedimento do Júri também é prevista a possibilidade de absolvição sumária, mas com uma seguinte distinção, quanto ao momento processual da sentença: nos procedimentos comuns, a absolvição sumária é proferida logo após a resposta à acusação, enquanto que a absolvição sumária do rito do Júri só pode se dar após encerrada a instrução.

As causas de absolvição sumária do Júri são previstas no art. 415 do CPP e são as seguintes: quando provada a inexistência do fato; provado não ser o acusado seu autor ou partícipe; o fato não constituir infração penal; demonstrada causa de isenção de pena ou exclusão de crime.

Como se verifica cotejando o art. 415 do CPP com o art. 397 do CPP, que trata da absolvição sumária nos demais procedimento de 1º grau, há duas causas de absolvição previstas no dispositivo específico do Júri que não são repetidas no art. 397 do CPP, e que são: quando provada a inexistência do fato e se provado não ser o acusado seu autor ou partícipe. Pergunta-se, então: **essas causas específicas de absolvição sumária previstas no rito do Júri são aplicáveis aos demais procedimentos de 1ª instância?** Pensamos que sim, bastando utilizar-se, por analogia, o art. 415 do CPP, afinal não teria qualquer sentido se deixar de absolver o acusado quando cabalmente demonstrado que o fato não existiu ou que não é o agente seu autor ou partícipe.

10.9.5.4. Necessidade de decisão fundamentada após o oferecimento da resposta à acusação

Oferecida a resposta à acusação pela defesa, o juiz, mesmo que repila as preliminares ou questões de mérito suscitadas pela defesa, e não absolva sumariamente o acusado, deve fazê-lo de maneira fundamentada, não se admitindo, como já decidiu o STJ[32], que deixe de apreciar "nem que minimamente as teses defensivas". Caso haja essa lacuna de fundamentação, é caso de anular-se o processo desde a decisão que marcou a audiência de instrução e julgamento, determinando-se que o magistrado se manifeste, expressamente, a respeito da resposta defensiva.

Em suma, a ausência de qualquer fundamentação na decisão interlocutória que decide não ser o caso de se absolver sumariamente o acusado é nula, por ofensa ao comando constitucional que determina que todas as decisões judiciais devam ser fundamentadas (art. 93, IX, da CF).

---

32. Informativo STJ. 07/11/2012. STJ. 6ª T. Min. Rel. Og Fernandes, HC 232842

10.9.5.5. É possível absolvição sumária, quando o rito especial prevê apenas a defesa preliminar?

Vamos exemplificar para melhor esclarecer: um servidor público é processado pela prática do delito de peculato pelo Ministério Público; oferecida a denúncia, abre-se oportunidade para que o denunciado ofereça defesa preliminar (art. 514 do CPP). Depois de oferecida essa defesa, o juiz afasta os argumentos defensivos e recebe a denúncia. Como não há resposta à acusação (que é posterior ao recebimento da denúncia, justamente porque já houve a defesa preliminar), não poderia haver, nessa hipótese, em tese, a fase da absolvição sumária. Explicamos. O art. 397 do CPP estabelece que, *após a apresentação da resposta à acusação*, o juiz deverá absolver nas hipóteses especificadas em lei; claro então que, pela lógica, só seria possível absolvição sumária embasada em teses absolutórias contidas na resposta à acusação, a qual é oferecida depois de recebida a peça acusatória; se não há resposta à acusação (causa), não pode haver absolvição fundada nela (efeito).

Ocorre que nem tudo na vida, nem no Direito, se estriba unicamente em lógica, afinal Direito deve servir a vida, e não o contrário.

De fato, existindo previsão legal da defesa preliminar, não haverá resposta á acusação, e, consequentemente, a fase de absolvição sumária.

Mesmo que não exista essa fase de decisão a respeito da absolvição sumária como parte especificada do rito, se surgirem, após o recebimento da denúncia oferecida contra o funcionário público acusado de peculato no nosso exemplo, evidências incontestáveis de que o agente agiu amparado por uma causa excludente de ilicitude ou culpabilidade, por exemplo, o juiz deverá, a pedido da defesa ou do próprio MP, por simples petição, ou, mesmo de ofício, absolver sumariamente o acusado. Para nós, o instituto da absolvição sumária é ínsito a todos os procedimentos de 1º grau, mesmo quanto aqueles em que se preveja a defesa preliminar, e pode ser aplicável, embora não haja uma fase delimitada no procedimento para tanto. Essa possibilidade de absolvição sumária indistinta para todos os procedimentos atende às finalidades da razoável duração do processo e a própria economia processual, afinal, fosse vedada o julgamento antecipada da lide, as partes teriam que aguardar o resultado final do processo ou, quando muito, abarrotarem ainda mais os Tribunais com a impetração de *habeas corpus*. Por que não encurtar caminho, poupar esforços e gastos inúteis com a absolvição sumária em todas as hipóteses procedimentais?

Em conclusão, a nosso ver, a possibilidade de absolvição sumária, logo após o oferecimento da resposta à acusação, aplica-se a todos os procedimentos de 1ª instância, comuns ou especiais, com exceção do rito do Júri, o qual só permite a absolvição sumária depois de encerrada a instrução, ao final do procedimento.

10.9.5.6. Absolvição sumária. Recurso. Trânsito em julgado

Da absolvição sumária, cabe recurso de apelação, em todas as situações retratadas no art. 397 do CPP; há, entretanto, posição diversa, sustentando que, quando a absolvição sumária ocorrer porque o juiz reconheceu extinta a punibilidade do agente (art. 397, IV, do CPP), o recurso cabível seria o recurso em sentido estrito (art. 581, VIII, do CPP).

10.9.6. 5ª Fase (Fase instrutória, postulatória e decisória) – Regra geral para todos os julgamentos de 1ªinstância: audiência única de instrução, debates e julgamento. Princípio da identidade física do juiz

10.9.6.1. Designação de audiência de instrução, debates e julgamento

Não sendo o caso de absolvição sumária, deverá ser designada audiência de instrução, debates e julgamento; no caso do procedimento comum ordinário a audiência será designada no prazo máximo de 60 dias (art. 400 do CPP); no rito sumário, a audiência é designada no prazo máximo de 30 dias (art. 531 do CPP). Esses prazos são contados do dia do despacho que designa a audiência.

Para que não se aceite as teses sustentadas no pedido de absolvição sumária formulado pela defesa, não basta ao juiz, laconicamente, declarar que não estão presentes as hipóteses de absolvição sumária; deverá, como vimos, mesmo que de maneira superficial, refutar o alegado, apontando os elementos informativos e provas até então colhidas (declarações de vítimas, depoimentos de testemunhas, laudo pericial, etc) que formam o arcabouço acusatório).

A regra, nos procedimentos de 1ª instância, é que toda a prova oral seja colhida em uma audiência única, de instrução, debates e julgamento. Isso porque foi consagrado, no processo penal, o *princípio da identidade física do juiz* (art. 399, § 2º, do CPP), ou seja, a *regra de julgamento* no sentido de que, o mesmo magistrado que colhe a prova, deve julgar o processo; decorrência lógica desse princípio, os subprincípios da *imediatidade* (contato direto, imediato, do juiz com os elementos de convicção); da *oralidade* (a prova assume, como regra, a forma oral); e da concentração dos atos processuais (os atos processuais são concentrados em apenas uma oportunidade processual, que é a da audiência).

Embora previsto o princípio da identidade física do juiz em norma inserida no rito ordinário (art. 399, § 2º, do CPP), certo que se trata de norma geral – *regra de julgamento* – que se espraia a todos os procedimentos penais.

As provas, comumente, são requeridas quando a acusação oferece denúncia ou queixa e, em se tratando da defesa, na oportunidade em que apresenta a resposta à acusação; todavia, as partes poderão requerer a produção das provas, a qualquer momento, inclusive antes da audiência, ou mesmo durante a sua própria realização, cabendo ao juiz deferir ou indeferir sua realização, sempre tendo em mira a verdade real.

10.9.6.1.1. Expedição de carta precatória

Se a vítima, testemunhas ou o acusado residirem em outra comarca, será necessário a expedição de carta precatória, para ser cumprida, em prazo razoável, intimadas as partes da expedição da carta (art. 222, *caput*, do CPP). O juízo que expede a carta precatória denomina-se juízo deprecante; o juízo que a recebe nomeia-se como juízo deprecado. A precatória nada mais é que um mecanismo de colaboração entre magistrados que judicam em foros ou seções judiciárias distintas. Para que haja efetiva colaboração, é imprescindível que o juízo deprecante forneça as principais peças do processo para o juízo deprecado, como denúncia, interrogatório, depoimentos, perícias e outras. Uma precatória mal instruída reflete na qualidade da instrução, de modo que, se a defesa, quando de um interrogatório realizado por carta precatória, que não contenha peças de informação básicas a respeito do teor do processo, a ponto de comprometer a eficácia da defesa técnica, poderá requerer o adiamento do ato, e a vinda das peças principais do processo. Caso indeferido o pleito defensivo, poder-se-á, por meio de *habeas corpus*, decretar-se a nulidade do ato, especialmente se o acusado tiver permanecido silente, exatamente porque não conhecedor das provas contra ele carreadas até aquele momento, o que compromete o seu direito à autodefesa e o desempenho de sua defesa técnica.

A expedição da carta precatória não suspenderá a instrução criminal (art. 222, § 1º, do CPP). Pela interpretação literal desta norma, se as testemunhas de acusação residirem em outra comarca, enquanto que as de defesa possuírem residência na comarca do Juízo deprecante, certo que, como a expedição da carta precatória não suspenderá a instrução, as testemunhas de defesa poderão ser ouvidas antes das de acusação, se a data designada para a audiência pelo juízo deprecado for posterior à data da audiência marcada pelo juízo deprecante. Exemplo: ação penal pela prática de crime de homicídio ocorrido na cidade de São Paulo, em que são arroladas cinco testemunhas de acusação, todas elas residentes na cidade de Fortaleza/CE; já as testemunhas de defesa moram em São Paulo. Ora, nessa situação, é bem provável que a data designada pelo juízo deprecado para a oitiva das testemunhas de acusação em Fortaleza seja posterior a oitiva das testemunhas, de defesa, em São Paulo. Haveria, nesse exemplo muito comum de correr na prática, uma completa inversão de prova: a acusação poderia produzir a prova depois da defesa, contrariando seus termos, quando é certo que, de acordo com os princípios da ampla defesa e do contraditório, é a defesa que tem o direito de contrariar a prova acusatória, fornecendo seus elementos de convicção depois de apresentadas as provas pela acusação. Em razão disso, pensamos que o dispositivo legal em estudo deve ser interpretado com razoabilidade, determinando o juízo (deprecante) que se aguarde o cumprimento da carta precatória expedida para a oitiva de testemunhas de acusação (que residem em Fortaleza no nosso exemplo), e, depois de produzida a prova acusatória pelo juízo deprecado (o de Fortaleza), marcar-se a audiência para colher-se o depoimento das testemunhas de defesa (residentes na comarca do juízo onde tramita a ação). O STJ[33], contudo, não vem declarando nulidade de processos em que a houve inversão da oitiva das testemunhas- primeiro foram ouvidas as testemunhas de defesa, residentes na comarca, e depois, as de acusação, ouvidas por precatória; reputou-se ser possível a citada inversão de oitivas quando há a expedição de carta precatória.

---

33. STJ – RHC 34.435/SP. 6ª T. Rel. Min. Rogério Schietti Cruz. J. 06/05/2014, DJe 15/05/2014. STJ- HC 277.376. 5ª T. Rel. Jorge Mussi. J. 08/04/2014. STJ – Recurso em Habeas Corpus 105.154/SP (2018/0296951-6). Rel. Min. Sebastião Reis Júnior.

Reza o art. 222, § 2º, do CPP) que, findo o prazo para cumprimento da carta precatória, poderá ser realizado o julgamento, a todo o tempo, e a precatória, uma vez devolvida, será anexada aos autos. Esse dispositivo legal, mais uma vez, deve ser interpretado com razoabilidade e inteligência: em regra, deve-se esperar a juntada da carta precatória para que se proceda ao julgamento, especialmente se for expedida para ouvir a vítima ou uma testemunha presencial (a vítima, por exemplo, de uma tentativa de homicídio); sendo, porém, a oitiva pouco importante para o deslinde da verdade real- oitiva, *v.g.*, de uma testemunha de antecedentes do acusado-, não haveria porque aguardar-se o retorno da carta precatória, podendo-se sentenciar de imediato.

Precatória realizada por videoconferência

O § 3º do art. 222, do CPP, permite que a oitiva de testemunhas por carta precatória seja realizada por videoconferência ou outro recurso tecnológico de sons e imagens em tempo real, permitida a presença do defensor e podendo ser realizada, inclusive, durante a realização da audiência de instrução e julgamento. Exemplificando: expedida carta precatória para oitiva de testemunhas de acusação em outra comarca, o juízo deprecado marca o dia 8 de agosto de 2019 para suas oitivas; de posse dessa informação, o juízo deprecante- aquele onde tramita a ação penal- designa sua audiência para oitiva das testemunhas de defesa na mesma data (dia 8 de agosto de 2019). Ora, nesse dia, serão ouvidas, pelo juízo deprecado, por carta precatória realizada por videoconferência as testemunhas de acusação; depois de ouvidas as testemunhas de acusação, cujos depoimentos as partes- acusação e juiz- puderam presenciar em tempo real- aí sim, o magistrado passará a ouvir as testemunhas de defesa.

10.9.6.2. Indeferimento de produção de provas

Como aponta o § 1º do art. 400 do CPP, as provas serão produzidas numa só audiência, podendo o juiz indeferir a provas irrelevantes (são aquelas que se relacionam ao fato probando, mas não possuem relevância para a decisão); as provas impertinentes (aquelas que não se vinculam ao fato probando); e as provas protelatórias (aquelas que possuem escassa ou nenhuma utilidade, sendo requeridas, de má fé, para retardar a marcha processual). Não se autoriza, porém, ao magistrado, extrapolando os limites do razoável, indeferir a oitiva de todas as testemunhas de defesa, arroladas na resposta à acusação, por reputar que tais oitivas seriam protelatórias, já que as testemunhas não teriam vinculação com os fatos criminosos em apuração[34]. As partes têm direito subjetivo à prova, não sendo lícito ao juiz indeferir a oitiva de testemunhas por não estar convencido das razões do arrolamento: ora, as razões que levam a arrolar testemunhas fazem parte da estratégia da acusação e da defesa, e não podem sofrer interferência do juiz, que deve se manter equidistante das partes.

Esse *filtro probatório* operado pelo juiz tem por escopos resguardar a ética do processo, sua razoável duração e a economia de recursos públicos na sua atuação. O

---

34. STF – HC 155.363/RJ. Rel. Min. Dias Toffoli.

indeferimento de provas, por serem irrelevantes, impertinentes ou protelatórias será sempre devidamente motivado, sob pena de nulidade, afinal é um *limitador do direito subjetivo à prova* que é ínsito ao direito constitucional de ação e de defesa.

Caso a parte não se conforme com o indeferimento de produção de provas, decisão essa proferida antes da audiência, poderá fazer constar tal indeferimento, como preliminar de eventual apelação, a fim de sustentar a nulidade do processo por violação ao direito subjetivo à prova. Nada impede também que se impetre imediatamente *habeas corpus* ou mandado de segurança conforme o caso.

Se o indeferimento de produção de provas ocorrer durante a audiência, bastará que tal decisão conste, com os seus fundamentos, no termo de audiência, para que possa a parte prejudicada recorrer sustentando, em sede de preliminar, a nulidade do processo por ofensa ao direito de produzir prova, o mesmo impetrar, conforme o caso, *habeas corpus* ou mandado de segurança.

10.9.6.3. Ordem de produção da prova em audiência

A ordem em que será produzida a prova em audiência é a seguinte (arts. 400 e 531 do CPP): oitiva da vítima, depoimentos de testemunhas arroladas pela acusação e pela defesa, oitiva de peritos, acareações, reconhecimento de pessoas e coisa, e interrogatório.

Essa ordem – em que consta o ato de interrogatório por último, deve ser seguida em todos os procedimentos de 1ª instância, inclusive às ações penais em trâmite na Justiça Militar, conforme posição pacífica do STF[35]. A não observância, pela Justiça Militar, da ordem de oitiva em audiência prevista no art. 400 do CPP (com o interrogatório como último ato), acarreta a nulidade absoluta do ato por violar as garantias constitucionais do contraditório e da ampla defesa[36].

Evidentemente, a produção da prova em audiência deverá ser acompanhada pelo representante do Ministério Público e pela defesa, a fim de que se materializem os princípios do contraditório e da ampla defesa. O STJ[37], com acerto, decretou a nulidade de audiência e da sentença condenatória que a seguiu, em processo criminal que visava apurar o delito de roubo, onde foram ouvidas as testemunhas de acusação, sem a presença de advogado do acusado.

10.9.6.4. Inversão da ordem na oitiva das testemunhas

Se faltar uma testemunha arrolada pela acusação à audiência, e o MP ou o querelante insistirem na sua oitiva, a audiência deverá ser adiada, e não se poderá ouvir a testemunha arrolada pela defesa que esteja presente, sob pena de nulidade por ofensa à ampla defesa; isto porque é direito do acusado produzir prova por último justamente para que consiga contrariar os elementos de provas produzidos pela acusação. Mesmo

---

35. Informativo STF. 30/03/2014. STF. 1ª T. Min. Rel. Dias Toffoli. HC 121907.
36. Informativo STF. 19/02/2015. STF. 1ª T. Min. Rel. Rosa Weber. HC 126080.
37. Informativo STJ – 10/02/2011- Min. Rel. Og Fernandes- HC 102226.

que haja a indébita inversão, deverá se verificar se houve prejuízo concreto ao direito de defesa, o que deixaria de ocorrer se as testemunhas, em seus depoimentos, apenas confirmassem relatos anteriormente prestados, hipótese em que não se decreta a nulidade[38].

Só será permitida a referida inversão probatória, se o defensor do acusado concordar expressamente com a oitiva de sua testemunha, antes de encerrada a prova da acusação.

10.9.6.5. Procedimento para a oitiva de vítima e testemunhas e do acusado em seu interrogatório

10.9.6.5.1. Modo de se proceder à oitiva de vítimas e testemunhas. Direito de presença do acusado

As perguntas serão formuladas pelas partes **diretamente** à testemunha e à vítima, não admitindo o juiz aquelas que puderem induzir a resposta, não tiverem relação com a causa ou importarem na repetição de outra já respondida. Sobre os pontos não esclarecidos, o juiz poderá complementar a inquirição. (art. 212 do CPP).

É a chamada *direct ou cross examination*, em que as partes participam ativamente da produção da prova oral, cabendo, ao juiz, meramente complementá-la, após as indagações da acusação e da defesa. Na *direct examination*, a parte dirige perguntas a testemunha que arrolou; na *cross examination*, a parte indaga a testemunha arrolada pelo adversário.

Pela *literalidade do dispositivo legal*, as partes devem iniciar as perguntas, diretamente, à vítima e testemunhas; depois, de maneira apenas supletiva, o juiz complementaria a inquirição a respeito de pontos não esclarecidos.

E se não for respeitada a literalidade do art. 212 do CPP?

A **não obediência a este preceito** poderá acarretar **nulidade relativa do processo**, dependendo de manifestação de inconformismo da parte e prova do prejuízo sofrido[39]. Mas há entendimentos, do STJ[40] e do STF[41], no sentido de que, desobedecida a forma legal, estaria patenteada a nulidade absoluta da prova produzida em audiência.

Em caso também julgado pelo STJ[42], decidiu-se anular a audiência em que, ausente o representante do Ministério Público, o juiz acabou por lhe assumir as vezes, inquirindo as testemunhas a respeito dos fatos que envolviam a imputação penal; em suma, concluiu-se que "a inquirição pelo juiz não se deu em caráter complementar, mas sim principal, em verdadeira substituição ao órgão incumbido da acusação".

Não obstante o posicionamento majoritário na jurisprudência no sentido de que o magistrado atua, na audiência, como mero complementador das perguntas

---

38. Informativo STJ. STJ. HC 402171. 5ª T. Rel. Min. Joel Ilan Paciornik.
39. STJ – HC 147.634/RJ. 6ª T. Rel. Min. Og Fernandes. DJe 04/05/2011.
40. STJ – HC 212.618/RS (2011/0158427-1). Rel. Min. Og Fernandes.
41. STF – 1ª T. HC 111815. Rel. Min. Marco Aurélio.
42. Informativo STJ. 18/10/2011. STJ – 5ª T. REsp 1259482. Min. Rel. Marco Aurélio Bellizze.

formuladas pelas partes, pensamos que a interpretação do dispositivo legal em comento – art. 212 do CPP – deve se dar com a necessária *interpretação sistemática e teleológica* do Código.

Ora, não existe sentido em se relegar o magistrado a uma *tímida* função de mero espectador da produção da prova protagonizada pelas partes (como se não fosse ele, afinal, que tivesse que decidir o mérito da causa!). A finalidade da prova é buscar elementos de convicção para que o juiz possa bem decidir; pergunta-se: como fazê-lo dando-lhe uma função subsidiária, coadjuvante?! Pelo que se nota, numa *interpretação teleológica* (de fim visado pela lei), a interpretação literal não subsiste.

Sob o ponto de vista da *interpretação sistemática* – do conjunto da legislação processual penal – não assiste melhor sorte à interpretação literal, afinal, o art. 156, incisos I e II, do CPP, permitem ao juiz ordenar, mesmo que antes de iniciada a ação penal, a produção antecipada de provas, além do que poderá também determinar sua realização a qualquer momento da instrução criminal, o que bem demonstra que o magistrado não é – *nem pode ser* – um mero espectador – *praticamente mudo* – da prova.

Em suma, a nosso ver, o magistrado deve iniciar formulando – ele próprio – perguntas ás vítimas e testemunhas – seguindo-se as perguntas das partes, não havendo que se falar em nulidade-sequer relativa – nesse proceder. Depois de esgotadas as perguntas das partes, ainda se permite, que o juiz complemente as perguntas formuladas. Não conseguimos enxergar qual o prejuízo que as partes sofreriam com esse procedimento racional de produção da prova.

Direito de presença (e de ausência) do acusado na produção da prova oral

O acusado possui o direito de presenciar todos os atos da instrução (oitiva de testemunhas, da vítima etc). O direito de presença, outra face da autodefesa, consiste no direito assegurado ao acusado de acompanhar, pessoalmente, os atos de instrução, se assim pretender; como é uma faculdade que lhe assiste, poderá deixar de exercê--la, desde que, claro, nos atos processuais esteja presente seu defensor. De qualquer modo, **o direito de presença é do acusado, e não de seu defensor**, razão porque o advogado não pode abrir mão do comparecimento do acusado – sobretudo se estiver o réu preso – uma vez que, assim agindo, **estaria renunciando a direito que não é seu** (o direito de presença como modalidade da autodefesa que é próprio do acusado), e não de seu defensor. O acusado, se estiver solto, como corolário do privilégio contra a autoincriminação, pode deixar de comparecer à audiência designada, desde que não tenha lhe sido imposta a medida cautelar de comparecimento a juízo em todos os atos processuais; estando preso, pensamos ser possível, nos termos do art. 457, § 2º, do CPP, requerer, expressamente, para que seja dispensado de comparecer à audiência. Obrigar o comparecimento do acusado ás audiências que não deseje acompanhar constitui constrangimento ilegal que pode ser combatido mediante *habeas corpus*. Sendo necessária, a presença do acusado, a fim de se proceder ao reconhecimento pessoal, o acusado poderá ser conduzido para tal fim, coercitivamente.

10.9.6.5.2. Número de testemunhas

No caso do rito ordinário, cada parte poderá arrolar até 8 testemunhas para cada fato (art. 401, caput, do CPP); em se tratando do rito sumário, o número é de 5 (art. 532 do CPP).

Quanto ao número de testemunhas dos demais ritos, será analisado quando estudarmos cada um deles, separadamente.

10.9.6.5.3. Desistência de oitiva de testemunhas e da vítima. Substituição de testemunhas

A parte poderá desistir da inquirição de qualquer das testemunhas arroladas, ressalvada a possibilidade de o juiz, como permite o art. 209 do CPP, determinar sua oitiva como testemunha do juízo (art. 401, § 2º, do CPP).

Assim, se as testemunhas tiverem sido arroladas por ambas as partes (testemunhas comuns), e uma das testemunhas não comparecer à audiência, o juiz deverá consultar a defesa e acusação para saber se insistem ou não na sua oitiva; se uma das partes insistir, a audiência não se encerrará naquele dia, e se marcará nova data para que seja colhido o depoimento pretendido da testemunha faltosa.

No entanto, se não comparecer à audiência *testemunha arrolada por apenas uma das partes*, a parte que a arrolou poderá desistir ou não de sua oitiva; já a outra parte (que deixou de arrolar tal testemunha) não poderá insistir em sua oitiva. Permitido, porém, ao juiz, na busca da verdade real, determinar que tal pessoa seja ouvida como testemunha do juízo (art. 209 do CPP).

No que se refere a vítima, cuja oitiva é obrigatória, por força do art. 201, *caput*, do CPP, certo que, mesmo que não arrolada por qualquer das partes, cogente a colheita de suas declarações que poderá ser determinada, de ofício, pelo juiz. Todavia, se a vítima não for encontrada, as partes poderão licitamente desistir de sua oitiva. Quanto ao modo de inquirição da vítima, seguem-se os mesmos moldes da oitiva de testemunhas disciplinado pelo art. 212 do CPP.

Quanto à possibilidade de substituição de testemunhas, o CPP é omisso a respeito do tema. Todavia, o artigo 451 do CPC prevê a existência de hipóteses que autorizam a substituição de testemunha e que são as seguintes:

I – Falecimento da testemunha;

II – Enfermidade da testemunha que a impossibilite de depor;

III – No caso em que a testemunha tenha mudado de residência ou de local de trabalho, e não for encontrada.

Entendemos perfeitamente possível a aplicação, por analogia, do dispositivo acima referido à legislação processual penal, de modo que, tanto a acusação quanto a defesa, se ocorridas quaisquer das situações enumeradas no art. 451 do CPC (falecimento, enfermidade ou não localização da testemunha), poderão requerer a substituição de suas testemunhas.

Esse entendimento já foi seguido pelo STF[43], ressaltando, porém, o entendimento divergente do Min. Dias Toffoli, do STF, segundo o qual, no processo criminal, a substituição de testemunhas não deveria ficar restrita às hipóteses de falecimento, enfermidade e não localização, pois, nessa área do direito, a garantia da ampla defesa, por decorrer diretamente da Constituição Federal, imporia ao juiz o dever de substituir a testemunha de forma a garantir a efetividade do referido princípio constitucional, desde que, a defesa, apresente justificativa plausível para a substituição pleiteada.

10.9.6.5.4. Interrogatório do acusado e direito de audiência

Deverá ser o último ato da instrução. Depois de entrevistado reservadamente perlo defensor (art. 185, § 5º, do CPP), o réu é interrogado pelo juiz, o qual, necessariamente, começará a inquirição nos moldes do que estabelecido no art. 187 do CPP; depois de encerradas as perguntas do magistrado, primeiro a acusação, depois a defesa, poderão formular, *através do juiz (indiretamente, portanto)*, perguntas ao acusado, uma vez que a possibilidade de inquirição direta se restringe à oitiva da vítima e das testemunhas e não do acusado. Porém, se as partes indagarem, diretamente, ao acusado, sem o intermédio do juiz, pensamos existir mera irregularidade, e não qualquer nulidade, sequer relativa.

Interrogatório e direito de audiência do acusado

O acusado tem o direito de ser ouvido pelo juiz em seu interrogatório, e apresentar sua versão a respeito dos fatos, sendo-lhe possibilitado, assim, influir no convencimento do magistrado.

Como o acusado pode calar como consequência do seu direito ao silêncio, tem-se que o interrogatório é, predominantemente, um ato de defesa – mais especificamente um ato de autodefesa a compor a ampla defesa.

10.9.6.5.5. Registro da prova oral em audiência

Sempre que possível, o registro dos depoimentos das testemunhas, das declarações do ofendido e do interrogatório do acusado serão feitos pelos meios de recurso de gravação magnética, estenotipia, digital ou similar, inclusive audiovisual, destinada a obter maior fidelidade das informações (art. 405, § 1º, do CPP). No caso de registro audiovisual, as partes que requererem poderão obter cópia do registro original, sem necessidade de transcrição (art. 405, § 2º, do CPP). Dispondo o magistrado de meio ou recurso para gravação, não lhe cabe a discricionariedade de usar ou não referido material tecnológico: o juiz deverá, obrigatoriamente, utilizá-lo para o registro dos depoimentos, declarações e interrogatório. Apenas se houver impedimento de ordem concreta- quebra dos aparelhos, falta de energia, por exemplo- o juiz então determinará o registro da prova oral pela sistemática tradicional, colhendo no termo os depoimentos. O magistrado que, por capricho, deixar de usar os recursos tecnológicos ao seu dispor, colhendo os depoimentos pelo método tradicional (no termo), se sujeita a fazer com

---

43. Informativo do STF. 07/11/2017. STF. 2ª T. Agravo Regimento na Ação Penal 1002. Min. Rel. Edson Fachin.

que a instrução seja anulada, porque, com a sua conduta, se compromete a busca da verdade real, ao se dificultar que a testemunha possa relatar tudo o que sabe- *do seu modo*- sendo amputada em sua narrativa pelo filtro do magistrado, que só fez constar do termo de depoimento o que lhe pareceu ser o mais relevante[44].

10.9.6.5.6. Alegações finais orais

Colhida a prova, segue-se a fase dos debates ou das denominadas alegações finais orais: 20 minutos para cada parte, admitindo-se a prorrogação por mais 10 minutos (art. 403, *caput*, e 534, *caput*, do CPP).

De acordo com o art. 403, § 1º, e 534, § 1º, do CPP, se houver mais de um acusado, o tempo previsto para a defesa de cada um será individual. Desse modo, pouco importa que dois ou mais acusados sejam defendidos pelo mesmo advogado ou por advogados distintos, *o tempo de debate – será integral – será para cada acusado individualmente*. Exemplo: o mesmo advogado que patrocina a defesa de quatro acusados terá direito a se manifestar, em alegações finais orais, por 80 minutos.

E a acusação?

Por uma questão de isonomia e seu corolário processual, que é o contraditório, a acusação também terá o tempo individualizado para cada réu; sendo assim, no nosso exemplo acima, a acusação também poderia se manifestar, sob a forma de alegações finais orais, por 80 minutos. Basta utilizar, por analogia, o art. 411, § 5º, do CPP, que prevê, no rito do Júri, expressamente, que "Havendo mais de 1 (um) acusado, o tempo previsto para a acusação e a defesa de cada um deles será individual".

No caso de ação penal pública, normalmente é o Ministério Público o encarregado da acusação, de modo que as alegações finais orais serão apresentadas por ele, podendo complementa-las, em seguida, por 10 minutos, o assistente da acusação, tempo esse que será acrescido à defesa (art. 403, § 2º, do CPP). Em se tratando de ação penal privada subsidiária da pública, o querelante apresenta alegações finais e o MP, que funciona como verdadeiro assistente da acusação, se manifesta, por 10 minutos, após o querelante, utilizando-se, por analogia, o art. 403, § 2º, do CPP, que trata da atuação em debates do assistente da acusação. Caso o querelante, na ação penal privada subsidiária da pública não se manifeste em alegações finais orais, o MP assume a acusação integral, de acordo com o que prevê o art. 29 do CPP.

Nas demais ações penais privadas – a exclusiva ou propriamente dita e a personalíssima – se o querelante deixar de se manifestar em sede de alegações finais, haverá a perempção (art. 60, III, do CPP), e consequente extinção da punibilidade do acusado.

Forma das alegações finais orais e sua publicidade. Ausência de alegações

Essas alegações finais devem ser necessariamente orais, sendo direito da acusação e da defesa que suas expressões, textuais e literais, *com os seus argumentos inteiriços*,

---

44. STJ – HC 428.511/RJ (2017/0321402-3). Rel. Min. Ribeiro Dantas. STJ – RHC 68.922/SP. 5ª T. Rel. Min. Felix Fischer, julgado em 16/03/2017, DJe 31/03/2017.

constem do termo de audiência, para que possam, caso suas teses não sejam acolhidas, recorrer com possibilidade de êxito no Tribunal. Essas alegações finais podem assumir a forma de ditado ao escrevente da sala de audiência ou em gravação das alegações finais orais da parte; o que não é admissível, a nosso ver, é que o magistrado determine que sejam registradas só as expressões que repute essenciais, em manifesto prejuízo ao direito de as partes exporem suas teses ao juízo de piso, e caso não acolhidas, *também ao Tribunal*.

Entendemos inadmissível que as partes redigam em seus computadores pessoais as alegações finais, as gravem em *pen drive*, e entreguem ao escrevente, para que conste do termo de audiência seu teor (o que é bastante comum), porque ofenderia a publicidade ampla dos atos processuais, inclusive do que postulado pelas partes. Como é facultado, em regra, a qualquer um do povo acompanhar os atos processuais – inclusive as audiências – não há como se obstar que tome conhecimento do seu integral teor, especialmente o que alegado pelas partes. De qualquer modo, a praxe de se gravar a manifestação em *pen drive* para que seja repassada ao computador da sala de audiência traduz mera irregularidade, sem ter o condão de anular o ato processual.

É obrigatório que a acusação e a defesa se manifestem em alegações finais orais, sob pena de nulidade do processo; quanto ao Ministério Público indispensável sua manifestação final em razão do princípio da indisponibilidade da ação penal; nesse contexto, deixar de se manifestar em alegações finais orais teria o significado de dispor do conteúdo – de interesse público – da ação penal condenatória. A ausência de manifestação do assistente da acusação não gera qualquer nulidade, porque se trata de parte acessória da ação penal.

Quanto a defesa, certo que o deixar de se manifestar em sede de alegações derradeiras compromete, de maneira evidente, a ampla defesa. Nessa hipótese de omissão, o juiz deverá nomear outro advogado (advogado dativo), depois de oportunizar ao acusado, em prazo determinado, que constitua, se o desejar, advogado de sua confiança. Ao advogado que tenha abandonado, sem justa causa, a ação poderá ser imposta multa de 10 a 100 salários mínimos (art. 265, *caput*, do CPP).

Importante ressaltar que, no rito do Júri, a jurisprudência costuma aceitar que a defesa não se manifeste em alegações finais orais, por motivo estratégico – o de apresentar seus argumentos de mérito apenas em plenário de julgamento.

10.9.6.5.7. Sentença

Encerrada a instrução, segue-se a sentença, normalmente em audiência, ou no prazo de 10 dias, quando as partes tenham, excepcionalmente, se manifestado por escrito e não oralmente (art. 403, § 3º, do CPP).

Em miúdos: segue-se, em regra, das alegações finais orais uma sentença em audiência; sendo as alegações orais convertidas, como se verá, em memoriais escritos – apenas nessa hipótese-seria admissível que o juiz sentencie em até 10 dias; ou seja, não é permitido, como norma, que o magistrado deixe de sentenciar, em audiência, quando as partes se manifestarem em alegações orais, porque ficaria sem sentido a celeridade do rito com essa *quebra* de continuidade a atingir justamente o ato que iria dirimir a controvérsia penal (que é a sentença).

No entanto, se o juiz não puder sentenciar em audiência, deverá lavrá-la no prazo de 10 dias. No cotidiano forense, comum que, designadas várias audiências para o mesmo dia, para evitar que o atraso das primeiras obrigue os réus, vítimas, testemunhas, advogados, a esperar por horas a fio a vez de serem ouvidos e participar do ato, o juiz, por consideração e respeito a tais pessoas, deixe de sentenciar em audiência, justamente para que o atraso não seja ainda maior.

Caso a sentença seja proferida em audiência, torna-se pública no próprio ato, já sendo intimadas as partes do seu teor.

10.9.6.5.7.1. Princípio da identidade física do juiz

O princípio da identidade física do juiz, prevista no art. 399, § 2º, do CPP, determina que o juiz que encerrar a prova oral, pelo fato de ter mantido contato direto com aqueles que foram inquiridos em audiência, é quem deve sentenciar. O princípio da identidade física do juiz se desdobra nos subprincípios da imediatidade (contato imediato, direto do juiz com a prova), concentração (de atos processuais em uma só audiência), e oralidade (as provas assumem, preferencialmente, a forma oral).

Embora o princípio da identidade física do juiz esteja previsto no § 2º do art. 399 do CPP, que trata apenas do procedimento ordinário, é certo que a imposição de o magistrado que presidiu a instrução ser o mesmo que deva proferir sentença, trata-se de norma geral aplicável a todos os procedimentos de 1ª instância, por se tratar de *regra de julgamento*.

Os subprincípios – da imediatidade, da concentração e da oralidade, decorrentes da identidade física do juiz, também são princípios gerais de cogente observação em todos os procedimentos.

Como o § 2º do art. 399 do CPP apenas declara o princípio da identidade física do juiz, sua regulamentação e funcionamento eram extraídos do *já revogado* art. 132 do CPC, que tratava em minúcias do tema (atualmente, de acordo com o novo Código de Processo Civil, não existe mais o princípio do juiz natural).

Pergunta-se: se não há mais previsão do instituto da identidade física do juiz no processo civil, continua a existir no processo penal tal instituto?

Indubitavelmente que sim: não pode haver maior segurança à prolação de decisões justas que o contato pessoal do juiz com a prova oral coligida, como a oitiva de vítima, de testemunhas e da versão do acusado em seu interrogatório. Retirar tal princípio do processo penal seria desumanizá-lo, comprometendo a busca da verdade real e abrindo flanco ao erro judiciário. Pouco importa que o CPC atual não trate mais do assunto, afinal, o diploma processual penal consagra, expressamente, o princípio da naturalidade do juízo, cuja existência – e permanência – são justificadas pela relevância dos bens jurídicos em jogo – liberdade pessoal e segurança pública.

E, por fim, repisando o que já dissemos, em todos os ritos processuais de 1ª instância, é previsto o contato direto do magistrado com a prova, em uma só audiência de instrução; não haveria sentido, então, em desvincular esse magistrado da prova produzida diante dele, alijando – o de analisa-la ao julgar a causa.

O princípio da identidade física do juiz não impede que outro magistrado que não colheu a prova venha a decidir a causa, no caso de férias, licença, aposentadoria, morte, promoção, ou remoção do juiz anterior. Em caso concreto em que uma juíza substituta encerrou a instrução, e, depois, foi sucedida pela juíza titular que sentenciou o feito, decidiu o STJ[45] não haver qualquer ofensa ao princípio da identidade física do juiz, que pode ser excepcionado em casos legalmente previstos.

O STJ[46], em outra decisão, houve por bem anular sentença condenatória proferida por juiz que presidiu a instrução, mas que, quando da decisão, encontrava-se em férias; entendeu-se que "Durante as férias do juiz, competiria ao magistrado substituto da vara de tóxicos apreciar o mérito do processo penal, inexistindo motivos que justifiquem a prolação de sentença durante o período de seu descanso regulamentar"; por fim, foi salientado que o julgamento da causa pelo juiz durante suas férias poderia caracterizar até mesmo suspeição, na medida em que revela intenção de se manifestar sobre o feito, o que poderia demonstrar possível atuação parcial em relação a determinado processo.

10.9.6.5.8. Registro formal da audiência. Possibilidade de gravação da audiência pelas partes

Todos os atos probatórios, de postulação pelas partes ou de decisão (inclusive a sentença) serão registrados em documento formal apensado aos autos – que é o termo de audiência, o qual deve ser assinado pelo juiz e pelas partes (art. 405 do CPP).

Toda prova oral – oitiva de vítimas, testemunhas, interrogatório, eventual acareação – poderá ser registrada através de meios ou recursos de gravação magnética, estenotipia, digital ou técnica similar, inclusive audiovisual, destinada a obter maior fidelidade das informações (art. 405, § 1º, do CPP). Pelo menos nas capitais dos Estados (como, por exemplo, na comarca de São Paulo), e perante a Justiça Federal, é comum que as audiências sejam gravadas por meio audiovisual, utilizando-se de recursos – câmeras e gravação – do próprio Judiciário.

O art. 367, § 6º, do CPC, prevê que a gravação da prova oral em audiência pode ser realizada diretamente por qualquer das partes, *independentemente de autorização judicial*.

Indaga-se: esse dispositivo do CPC é aplicável ao processo penal?

Entendemos que, por analogia (permitida pelo art. 3º do CPP), é admissível a aplicação, *parcial*, do art. 367, § 6º, do CPC, ao processo penal, mas com algumas ressalvas:

---

45. STJ – Informativo 17/05/2012- HC 219482. Min. Rel. Og Fernandes.
46. Informativo STJ – 12/08/2011. STJ – 5ª T. Min. Rel. Jorge Mussi. HC 184838.

1º – no caso de oitiva de testemunhas com identidade protegidas, o juiz indeferirá a gravação, pelas partes, do depoimento de testemunha cujo sigilo de sua qualificação tenha sido requerido por ela própria, em virtude de receio de represálias;

2º – se vítima ou testemunha manifestarem oposição à gravação de suas declarações ou depoimentos pelas partes, o juiz indeferirá tal gravação, verificando ser necessário resguardar a vida privada e a honra delas;

3º – *a gravação deve ser ostensiva, precedida de expresso pedido de autorização judicial pela parte*; não se pode compactuar com gravação clandestina, sub-reptícia, sob pena de se atentar contra a boa-fé, tornando, essa gravação, *ilícita*, por atentar contra a boa-fé, que, além de princípio geral de direito, foi consagrado, como princípio expresso, no art. 5º, do CPC. Ora, se é possível aplicar-se, por analogia, o CPC para se autorizar, com expressa autorização judicial, a gravação, pelas partes, da audiência, não há porque ignorar-se a necessidade de os litigantes, também no processo penal, agirem de boa-fé, sem tentar ludibriar o juiz, com gravações clandestinas.

E mais: se, *no processo civil*, é possível a gravação da audiência pelas partes, *dispensando autorização pelo juiz, em se tratando de audiência em procedimento penal, imprescindível requerimento prévio da parte, seguida de decisão judicial fundamentada a respeito*, justamente para se tutelar, com eficácia, como vimos, a vida, a honra e a intimidade de vítimas e testemunhas.

E, ainda: como cabe ao juiz o poder de polícia das audiências (art. 794 do CPP), poderá indeferir, justificadamente, o pleito de gravação pelas partes, visando resguardar, como vimos, a incolumidade física e a vida – da testemunha com identidade protegida – bem como das testemunhas, e sobretudo das vítimas, as quais possuem o direito processual à preservação da intimidade, da vida privada, honra e imagem, podendo-se, inclusive, ser determinado o segredo de justiça em relação ao depoimento prestado nos autos a seu respeito para evitar sua exposição aos meios de comunicação (art. 201, § 6º, do CPP).

Registre-se a existência de decisão, do STJ[47], afastando a possibilidade de gravação em audiência penal, uma vez que a norma do CPC é específica, não se aplicando ao CPP.

10.10. SUSPENSÃO CONDICIONAL DO PROCESSO

10.10.1. Conceito. Previsão legal e constitucional. Requisitos legais

É um negócio jurídico processual celebrado, no caso das infrações (crimes ou contravenções) cuja pena mínima não ultrapasse a um ano, entre o Ministério Público, em regra, e o autor do fato, em que o acusador abre mão do seu poder de prosseguir no processo, após o recebimento da denúncia, mas, em contrapartida, condiciona tal benefício, ao cumprimento, pelo acusado, de determinadas condições, por período de tempo

---

47. STJ – HC 398.577. Rel. Min. Felix Fischer.

que varia de dois a quatro anos, sendo que, cumpridas as exigências, declara-se extinta sua punibilidade e o acordo não consta de sua folha de antecedentes do réu; não cumprido o acordo pelo acusado, o processo tem prosseguimento em seus ulteriores termos.

A suspensão condicional do processo é um acordo entre o Ministério Público e o acusado e seu advogado; de um lado, o promotor, após oferecer a denúncia, dispõe da continuidade do processo, que poderia redundar em eventual condenação do autor a uma pena privativa de liberdade; de outro lado, o autor aceita, por período determinado, a imposição de determinadas condições, com a finalidade de evitar uma possível condenação que lhe pudesse impor uma pena corporal, além de constar de sua folha de antecedentes referida condenação.

A suspensão condicional do processo é também, acima de tudo, um *benefício de natureza penal* concedido ao acusado, pois, mediante certas condições a serem cumpridas por ele em determinado lapso temporal, se não der causa à sua revogação, terá decretada a extinção de sua punibilidade.

Previsão legal e constitucional

Tal benefício é previsto no art. 89, *caput*, da Lei n. 9.099/95, ao estipular que, nos crimes em que a pena mínima cominada for igual ou inferior a um ano, o Ministério Público, ao oferecer a denúncia, poderá propor a suspensão do processo, por dois a quatro anos, desde que o acusado não esteja sendo processado ou não tenha sido condenado por outro crime, presentes os demais requisitos que autorizariam a suspensão condicional da pena.

Trata-se de mais uma espécie de transação penal celebrada entre o Ministério Público e o acusado cuja possibilidade é prevista, genericamente, no art. 98, I, da CF; difere da transação penal, prevista no art. 72 da Lei n. 9.099/95, porque, na suspensão condicional do processo, já foi oferecida e recebida a denúncia, e visa-se estancar o andamento do processo criminal; na transação penal propriamente dita, pelo contrário, ainda não há processo, mas sim sua fase preliminar. Outra nota diferenciadora fundamental: a transação penal é restrita, exclusivamente, ás infrações de menor potencial ofensivo, enquanto que a suspensão condicional do processo é aplicável, genericamente, a todas as infrações penais, de menor potencial ofensivo ou não, desde que a pena mínima não ultrapasse a um ano.

Suspensão condicional do processo e princípio da indisponibilidade

Este acordo penal previsto em lei é uma exceção, autorizada pela Lei Maior, ao princípio da indisponibilidade da ação penal; segundo este princípio, o Ministério Público é obrigado a dar continuidade à ação penal, após o oferecimento da denúncia, não podendo deixar de atuar, em relação processual já existente, visando atender a critérios de conveniência ou de oportunidade.

No caso da suspensão condicional do processo se dá exatamente o contrário: o Ministério Público possui uma discricionariedade que, embora regrada, porque deve atender a determinados requisitos da lei, não o obriga, automaticamente, a imprimir continuidade ao processo, após o oferecimento da denúncia, mesmo que muito provável a condenação do acusado; em se tratando de suspensão condicional do processo, vigora não o princípio da indisponibilidade, mas sim o da *disponibilidade regrada ou temperada*.

A suspensão condicional do processo é aplicável às infrações de menor potencial ofensivo em relação as quais caiba transação penal?

Sim, afinal se a pena máxima da infração não ultrapassar a dois anos e a pena mínima não for superior a um ano, será possível, *simultaneamente*, tanto a transação penal quanto a suspensão condicional do processo. Embora possíveis ambos os benefícios, deve-se oferecer, em um primeiro momento, a transação penal, que se mostra mais favorável ao autor do fato, afinal, tem curta duração, suas condições, em regra, são menos gravosas, e sequer se dá início ao processo. Apenas se não for possível a transação penal, será oportunizada, se o caso, a suspensão condicional do processo, oferecendo-se denúncia, e dando início ao processo.

Requisitos da suspensão condicional do processo

Quanto aos requisitos legais que autorizam a suspensão condicional do processo, são os seguintes:

1º – a pena mínima do crime não pode ser superior a um ano

As qualificadoras do delito, suas causas de aumento e diminuição de pena são importantes para se verificar se é possível ou não o benefício da suspensão condicional do processo, também conhecido como *sursis processual*. Para se verificar tal possibilidade, deve-se calcular a pena visando aquele limite que menos aumente a pena do delito, ou que mais o diminua, pois, desse modo, aproxima-se da pena mínima fixada à infração penal, que é justamente o escopo da Lei.

Exemplos: se um delito consumado, pela pena, não permitir a suspensão condicional do processo, mas sua forma tentada admitir o benefício, deve-se reduzir a pena, em abstrato, do delito consumado, em 2/3 (máximo da redução da tentativa); já no caso de um delito com causa de aumento de pena, deve-se aumentar, em abstrato, a pena, no mínimo permitido.

Lembre-se que, nos termos da Súmula 243 do STJ, o benefício da suspensão não é possível nas hipóteses de crimes cometidos em concurso material, formal ou crime continuado, quando a pena mínima cominada ultrapassar o limite de um ano.

De idêntico teor a Súmula 723 do STF: "não se admite a suspensão condicional do processo por crime continuado, se a soma da pena mínima da infração mais grave com o aumento mínimo de 1/6 (um sexto) for superior a 1 (um) ano".

Importante dizer que, no caso de pena privativa de liberdade superior a um ano, mas que seja cominada de forma alternativa com a pena de multa, será possível a suspensão condicional do processo, como vem decidindo o STF[48] e o STJ[49].

---

48. STF – 2ª T. – HC 83.926/RJ, Rel. Min. Cezar Peluso, j. 07/08/2007, DJe 101 13/09/2007.
49. STJ – RHC 54429/SP. 6ª T. Rel. Min. Maria Thereza de Assis Moura. Julgado em 24/03/2015, DJe 29/04/2015.
    STJ – HC 126085/RS. 5ª T. Rel. Min. Arnaldo Esteves Lima. Julgado em 15/10/2009, DJe 16/11/2009.

2º – o acusado não pode estar sendo processado ou ter sido condenado por outro crime;

Essa condição estabelece que, havendo condenação, pela prática de crime (mas não de contravenção), ou mesmo apenas um processo criminal em curso, ainda sem sentença, tendo por objeto também a prática de um crime (e não contravenção) estará, automaticamente, obstado o benefício da suspensão condicional do processo.

Majoritariamente, entende-se que a presunção de inocência não é violada por essa exigência que tem o condão, apenas, de obstar um benefício, impondo obstáculos legítimos à sua concessão, sem que tenha havido qualquer discriminação reprovável na restrição escolhida pelo legislador.

No entanto, o mero inquérito policial instaurado em face do acusado, não impede, por si só, o benefício[50]. Havendo absolvição, mesmo que com recurso da acusação, igualmente não estará impedido o benefício; de idêntica forma, o processo criminal trancado por *habeas corpus*, ou anulado via remédio heroico ou revisão criminal não obstam o *sursis processual*.

Quanto a condenação, como fato obstativo à proposta de suspensão condicional do processo, como se disse, não há exigência que transite em julgado, mas, indaga-se: **por quanto tempo a condenação proferida em face do acusado gerará o efeito de impedir o benefício da suspensão condicional?**

Entendemos que não é possível que uma condenação isolada, proferida, *v.g.*, há décadas impeça, por tempo indeterminado, a proposta de *sursis processual*, como se concluiria, caso se interpretasse literal (e *servilmente*) a lei.

A nosso ver, numa interpretação sistemática com o instituto da reincidência (art. 64, I, do CP), o benefício do *sursis processual* ficará inviabilizado, pelo período de 5 anos após o cumprimento da pena ou de sua extinção; transcorrido esse lapso temporal, seria perfeitamente possível a proposta de suspensão condicional do processo, afinal, se a reincidência deixa de gerar efeito *penal* em prejuízo do acusado, depois de transcorridos 5 anos, não teria sentido que o efeito processual, *e sobretudo penal* – benéfico – do *sursis processual* fosse impossibilitado eternamente, sob pena de se instituir verdadeira perpetuidade da sanção penal. Com esse entendimento o STF[51].

3º – presença dos requisitos favoráveis do *sursis* (art. 77 do CP)

Os requisitos do *sursis penal*, previstos no art. 77 do CP e que são plenamente aplicáveis ao *sursis processual*, são os seguintes: condenado não ser reincidente em crime doloso; a culpabilidade, os antecedentes, a conduta social e a personalidade do agente, bem como os motivos e as circunstâncias autorizem a concessão do benefício.

---

50. STJ – RHC 79751/SP. 6ª T. Rel. Min. Maria Thereza de Assis Moura. Julgado em 18/04/2017, DJe 26/04/2017. STJ – HC 36132/BA. 5ª T. Rel. Min. Laurita Vaz. Julgado em 28/06/2005, DJ 29/08/2005, p. 374.
51. STF -1ª T. HC 88.157/SP, Rel. Min. Carlos Britto, j. 28/11/2007; STF – 1ª T. HC 86.646/SP, Rel. Min. Cezar Peluso, j. 11/04/2006, DJ 09/06/2006, p. 18.

E a anterior condenação, pela prática de crime, à pena de multa, impede a suspensão condicional do processo?

Não impede porque, ao se aplicar o instituto do sursis *penal* por analogia, o que é indicado pelo próprio art. 89, *caput*, da Lei 9.099/95, verifica-se o seguinte dispositivo – art. 77, § 1º, do Código Penal: A condenação anterior à pena de multa não impede a concessão do benefício. Ora, se o art. 89 da Lei 9.099/95 determina que as condições do *sursis penal* devem ser avaliadas, a fim de se verificar a possibilidade da suspensão condicional do processo, e se a condenação por multa não obsta o *sursis penal*, não impedirá, também, pela lógica, o *sursis processual*.

10.10.2. O acusado pode ser beneficiado novamente pelo *sursis* processual?

Em outras palavras: **depois de cumprido o período de *sursis processual*, pelo acusado, e extinta sua punibilidade, pode ele ser merecedor de idêntico benefício, quanto a outro delito, a qualquer tempo?**

O art. 76, § 2º, II, da Lei 9.099/95 estabelece que, sendo beneficiado, o agente, pela transação penal, não poderá voltar a obter tal benefício penal, no prazo de cinco anos; logo, superado esse lapso temporal, não há qualquer impedimento legal à sua renovação.

Quanto à suspensão condicional do processo, certo que *a lei não estabeleceu qualquer prazo limite* como condição à renovação do *sursis* processual. Em outras palavras, cumpridas as condições da suspensão condicional do processo e extinta a punibilidade do agente, não haveria qualquer óbice a que, no dia seguinte, fosse ao acusado proposto idêntico benefício, dessa vez quanto a outro delito. Exemplo: processado e beneficiado o acusado pela suspensão condicional do processo quanto a um delito de receptação, poderia, o mesmo acusado, passados apenas três meses da data em que tiver sido extinta sua punibilidade pelo cumprimento do benefício anterior, ser beneficiado novamente, pelo *sursis* processual, desta vez pela prática de um delito de furto simples.

Mas, como observa Renato Brasileiro de Lima[52], enquanto estiver em curso o período de prova de 2 a 4 anos referente a uma primeira suspensão condicional do processo, o acusado não está autorizado a ser beneficiado por outra suspensão, que só seria, em tese, possível, depois de extinta sua punibilidade; isso porque, enquanto cumprir o benefício da suspensão, *estará sendo o acusado processado*, o que, como vimos, impede o benefício.

Há, todavia, decisões do STJ utilizando, por analogia, à suspensão condicional do processo, o prazo de cinco anos, estabelecido para a renovação de proposta de transação penal, como condição para que seja validamente oferecido novo *sursis* processual[53]. Em miúdos, segundo o STJ, apenas depois de passados cinco anos da proposta da suspensão, não se impedirá sua renovação.

---

52. Renato Brasileiro de Lima, Curso de Processo Penal, p. 1480.
53. STJ – 5ª T. RHC 80170/MG, Rel. Min. Jorge Mussi. J. 28/03/2017, DJe 05/04/2017. STJ – 5ª T. HC 370047/PR. Rel. Min. Felix Fischer. J. 17/11/2016, DJe 01/02/2016.

A nosso ver, não é possível utilizar-se, por analogia, um dispositivo legal que restringe direitos, no âmbito da transação penal, a fim de inviabilizar *outro* benefício de natureza penal (*sursis* processual), referente ao qual a lei silenciou a respeito de sua possibilidade de reiteração no decorrer do tempo. Em suma, a utilização da analogia no caso em estudo se consubstancia em verdadeira analogia *in malan parten*, vedada em nosso ordenamento jurídico penal. Claro que poder-se-á deixar de propor, legitimamente, o benefício da suspensão condicional do processo, se as condições subjetivas do acusado forem desfavoráveis (art. 89, *caput*, parte final, da Lei 9.099/95), como se daria, por exemplo, na hipótese de réu, que, periodicamente, é preso conduzindo veículos roubados, sendo useiro e vezeiro na prática do delito de receptação.

10.10.3. Quem pode propor a suspensão condicional do processo?

Entende-se, majoritariamente, que apenas o Ministério Público pode propor a suspensão, sendo incabível que o juiz tome esta iniciativa, de ofício, sob pena de comprometer sua imparcialidade; não é aceitável que um magistrado transacione com o acusado, como se parte fosse. No caso de competência originária em que a autoridade com foro por prerrogativa de função é julgada diretamente perante o Tribunal, *v.g.*, prefeitos municipais, quem terá atribuição para fazer a proposta de suspensão do processo será o Procurador-Geral de Justiça, não sendo lícito ao Tribunal, de ofício, propô-la. Da recusa do Procurador-Geral em propor o benefício não cabe qualquer recurso ou medida a órgão do Tribunal – para colmatar eventual excesso seu, como já entendeu o STF[54]. Entendendo como incabível a proposta de suspensão condicional do processo, o membro do Ministério Público deve fundamentar suas razões para tanto, que não podem ser ato de puro arbítrio ou capricho[55].

O Ministério Público deverá propor a suspensão condicional do processo, na cota introdutória da denúncia, estabelecendo, de plano, as condições do benefício; caso entenda não ser o acusado merecedor do benefício, deixará de propô-lo, mas de maneira fundamentada. Se o *Parquet* oferecer denúncia, e não se manifestar a respeito do *sursis processual*, em delito que o admita, a defesa poderá requerer, na resposta à acusação ou em outro momento posterior, uma manifestação expressa do MP a respeito, sem prejuízo de, o próprio magistrado, mesmo que de ofício, acenar para a possibilidade da suspensão condicional, e determinar a abertura de vista ao MP para que se posicione quanto ao tema.

E o querelante poderá propor a suspensão condicional do processo?

Majoritária doutrina e jurisprudência posicionam-se no sentido afirmativo, bastando utilizar-se por analogia, para a ação penal privada, os mesmos requisitos da ação

---

54. STF – 1ª T. HC 83.458/BA, Rel. Min. Joaquim Barbosa, j. 18/11/2003, DJ 06/02/2004.
55. STJ – HC 417876/PE. 5ª T. Rel. Min. Reynaldo Soares da Fonseca. Julgado em 14/11/2017, DJe 27/11/2017. STJ – AgRg no RHC 74464/PR. 6ª T. Rel. Min. Sebastião Reis Júnior. Julgado em 02/02/2017, DJe 09/02/2017.

pública, como já decidiu o STJ[56]; sendo assim, o querelante, depois de oferecida e recebida a queixa-crime, apresentada resposta a acusação, e não sendo o caso de absolvição sumária, poderá propor as condições do *sursis processual* ao acusado e a seu defensor.

O querelante poderá escolher entre propor o benefício, ou simplesmente recusar-se a fazê-lo, hipótese última da qual não cabe qualquer recurso ou meio de transferir essa decisão para outro órgão. Isso porque, o querelante é quem possui legitimidade ativa para ajuizar a ação penal, de modo que cabe a ele aquilatar, por um critério de conveniência e/ou oportunidade, se lhe é mais interessante dar prosseguimento ao feito ou transacionar, *lato sensu*, com o querelado.

O conteúdo das condições será estabelecido, exclusivamente, pelo querelante, sem a participação do Ministério Público, o qual atuará no feito apenas como *custos legis* (fiscal da lei). Esse entendimento já foi sufragado pelo STF[57] e pelo STJ.[58]

No caso de querelante, o benefício, em havendo corréus, pode ser oferecido a um deles, e deixado de oferecer aos outros, desde que fundamentadamente (apresentado as causas legais de impedimento do sursis processual, *v.g.*, corréu condenado por crime). Porém, se não houver justificativa plausível, do querelante, para se oferecer o benefício a um querelado e não aos demais, pensamos que, *pelo princípio da indivisibilidade da ação penal privada*, a proposta de *sursis processual*, com as condições estabelecidas, quanto a um querelado se estenderá aos demais; basta utilizar-se, por analogia, os arts. 48 e 49 do CPP, que tratam da indivisibilidade da ação penal e o efeito extensivo da renúncia a todos os acusados.

10.10.3.1. Discordância entre o juiz e o promotor a respeito do benefício

Havendo discordância entre eles (o promotor entende que é caso de se propor a suspensão e o juiz não; ou, o contrário; o promotor pensa que é inviável a suspensão, e o juiz a reputa cabível), deve o magistrado remeter os autos ao chefe do Ministério Público (Procurador – Geral de Justiça) para que decida a respeito, aplicando-se o art. 28 do CPP por analogia.

Esse é o teor da Súmula 696 do STF: "Reunidos os pressupostos legais permissivos da suspensão condicional do processo, mas se recusando o Promotor de Justiça a propô-la, o juiz, dissentindo, remeterá a questão ao Procurador – Geral, aplicando-se por analogia o art. 28 do Código de Processo Penal".

O MP poderá oferecer o benefício, no caso de corréus a quem se imputa o mesmo delito, a um dos acusados, e deixar de oferecer quanto ao outro, desde que fundamentadamente, sob pena de o juiz, verificando possível discriminação remeter os autos ao Procurador-Geral para dirimir a questão.

---

56. STJ – 5ª T., HC 60.933/DF, Rel. Min. Arnaldo Esteves Lima, j. 20/05/2008, DJe 23/06/2008.
57. STF – 1ª T. HC 81.720/SP, Rel. Min. Sepúlveda Pertence, DJ 19/04/2002, p. 49.
58. STJ – 5ª T. HC 187.090/MG, Rel. Min. Adilson Vieira Macabu (desembargador convocado do TJ/RJ), j. 01/03/2011, DJe 21/03/2011.

10.10.3.2. Aceitação ou recusa da proposta pelo acusado e seu defensor

Tanto o acusado como seu defensor devem aceitar a proposta para que ela tenha validade (art. 89, § 1º, da Lei n. 9.099/95); se houver discordância entre eles, há quem entenda que deve prevalecer a vontade do seu defensor, por ser técnico em direito, à semelhança do que ocorre com a transação penal. No entanto, tem prevalecido a posição no sentido de que a vontade preponderante é a do acusado, nos termos do art. 89, § 7º, da Lei 9.099/95, que expressamente determina que o processo seguirá em seus termos, *se o acusado* não aceitar o benefício.

O acusado deve estar presente, não se admitindo, em regra, que se utilize de um procurador, mesmo que com poderes especiais para aceitar a proposta em seu lugar; mas, excepcionalmente, se o acusado estiver no estrangeiro, em viagem, ou acamado no hospital ou em casa, não haveria empecilho, a nosso ver, na aceitação do *sursis processual* por meio de procurador.

Com a discordância do acusado a proposta de suspensão, o processo prosseguirá (art. 89, § 7º, da Lei n. 9.099/95). O acusado deverá estar acompanhado de defensor quando da audiência que tenha por objeto a suspensão do processo, sob pena de nulidade absoluta do ato processual.

Se houver corréus acusados da mesma infração penal, é possível que um deles aceite o *sursis processual* proposto, e os demais o recusem, o que levará à separação de processos (na verdade, desmembramento de autos); quanto ao acusado que recusou a proposta, o processo seguirá em seus ulteriores termos; quanto aquele que a aceitou, será providenciada a confecção de autos apartados de processo criminal, que tramitaram apenas quanto a ele, utilizando-se o art. 80 do CPP.

10.10.3.3. Condições da suspensão condicional do processo

10.10.3.3.1. Condições legais

Aceita pelo acusado e seu defensor a proposta de suspensão condicional do processo, poderão ser fixadas as seguintes condições (são as chamadas condições legais), que deverão ser cumpridas pelo réu durante o período de prova, e que são as seguintes (art. 89, § 1º, da Lei n. 9.099/95):

I – reparação do dano, salvo impossibilidade de fazê-lo;

A reparação do dano engloba os danos materiais e também os morais, como se dá, por exemplo, no caso de um crime contra a honra, conduta que atinge a honra objetiva (reputação) ou subjetiva (o conceito íntimo que se faz de si próprio), merecedor de tutela pelo direito e que pode ser objeto da proposta de suspensão condicional.

II – proibição de frequentar determinados lugares;

Quanto a essa proibição, pensamos que deva ter uma relação – nexo causal – com o crime praticado; por exemplo, se o acusado foi processado pelo crime de lesões corporais de natureza grave ocorrido num contexto de bebedeira e discussões de bar, faz sentido que se proíba sua frequência a tais lugares. No entanto, se o delito for o de falsificação de documento particular (art. 298 do CP, *v.g.*), não existe nenhuma lógica que ao acusado se imponha a proibição de frequentar bares.

III – proibição de ausentar-se da comarca onde reside, sem autorização do Juiz;

IV – comparecimento pessoal e obrigatório a juízo, mensalmente, para informar e justificar suas atividades

Embora a lei determine o comparecimento mensal do acusado, doutrina, jurisprudência, e a prática forense vem admitindo comparecimentos mais espaçados – como bimensais ou até trimestrais – como forma de não prejudicar a atividade laborativa do beneficiado.

10.10.3.3.2. Condições judiciais

Faculta-se, ainda, a teor do § 2º do art. 89, ao juiz, especificar outras condições (as chamadas condições judiciais), de ofício ou a requerimento do MP, a que fica subordinada a suspensão, *desde que adequadas ao fato e à situação pessoal do acusado*.

Condições desumanas, cruéis e vexatórias – atentatórias à dignidade da pessoa humana – ou que violem a liberdade religiosa são vedadas, como, por exemplo, obrigação de doar sangue, imposição de comparecimento a cultos religiosos, etc.

Pode-se estabelecer, como condição judicial da suspensão condicional do processo, a perda do valor pago a título de fiança, como já decidiu o STJ[59].

10.10.3.3.3. Suspensão condicional do processo e penas restritivas de direitos

Não há qualquer óbice, segundo o STF[60] e o STJ[61], a que sejam estabelecidas, no bojo do *sursis processual*, como condições judiciais, penas restritivas de direitos, como, por exemplo, a prestação de serviços à comunidade pelo acusado, ou de prestação pecuniária à vítima.

10.10.3.3.4. Controle de cumprimento das condições fixadas

O controle da regularidade de cumprimento das condições pelo acusado será efetuado pelo juiz do processo de conhecimento; se o acusado vier a residir em outra comarca, tal controle poderá ser exercido, mediante carta precatória, pelo juízo deprecado.

---

59. STJ – 5ª T. AgRg no RHC 85835/PR, Rel. Min. Reynaldo Soares da Fonseca. J. 21/09/2017, DJe 27/09/2017. STJ – 6ª T. AgRg no RHC 83810/PR, Rel. Min. Rogerio Schietti Cruz. J. 17/08/2017, DJe 29/08/2017.
60. STF – 1ª T., HC 108.914/RS, Rel. Min. Rosa Weber, j. 29/05/2012.
61. STJ – 5ª T., HC 37.502/PE, Rel. Min. Gilson Dipp, j. 15/02/2005, DJ 07/03/2005.

O juízo deprecado apenas documentará o cumprimento ou não do benefício; caso sejam cumpridas as condições, a carta precatória retorna ao juízo deprecante para que – o juízo deprecante – possa declarar extinta a punibilidade do acusado; se não forem cumpridas as condições, a carta precatória retorna ao juízo deprecante para que revogue, se o caso, o benefício; em suma, as decisões judiciais propriamente ditas são tomadas sempre pelo juízo deprecante e não pelo juízo deprecado, que é mero colaborador, *longa manus*, do juízo deprecante, na fiscalização do *sursis processual*. Por economia processual, nada impede que o defensor, ao apresentar resposta á acusação, declare a aceitação, ou não, do benefício da suspensão condicional do processo proposta pelo MP; com essa informação o magistrado designará, ou não, a audiência tendo por objeto o *sursis processual*.

10.10.3.3.5. Condições da suspensão condicional do processo no caso de crimes ambientais

De acordo com o art. 28 da Lei 9.605/98 (Lei dos crimes ambientais) é possível a suspensão condicional do processo quanto a tais delitos, mas há uma especial preocupação do legislador quanto a necessidade de reparação integral dos danos ambientais, visando a restauração do meio ambiente.

Para tanto, se insere, como condição da suspensão condicional do processo, a reparação do dano ambiental, sendo que, para que seja declarada extinta a punibilidade do acusado, será imprescindível a constatação, através de laudo de constatação, da reparação do dano ambiental, salvo impossibilidade de fazê-lo (art. 28, I, da Lei 9.605/98).

No caso de, ao final do período fixado para a suspensão (de dois a quatro anos), o laudo de constatação comprovar que a reparação do dano ambiental foi integral, o juiz declarara extinta a punibilidade do acusado, caso cumpridas as demais condições, é claro.

No entanto, se o laudo de constatação comprovar não ter sido completa a reparação do dano, o prazo da suspensão poderá ser prorrogado até 5 anos, com suspensão do prazo da prescrição (art. 28, II, da Lei 9.605/98), mas, nesse período de prorrogação, não se exige o cumprimento das demais condições (comparecimento pessoal em juízo, proibição de frequentar determinados lugares, etc), conforme determina o art. 28, III, da Lei 9.605/98.

Findo o prazo de prorrogação (de até 5 anos), procede-se à lavratura de novo laudo de constatação (o 2º laudo) de reparação do dano ambiental, e se comprovada a reparação integral do dano, será declarada extinta a punibilidade do acusado, se cumpridas todas as condições do benefício (art. 28, IV, da Lei 9.605/98).

Mas, se o laudo apontar que a restauração do dano não for completa, poderá ainda haver outra prorrogação (a 2º), até o máximo de 5 anos (art. 28, IV, da Lei 9. 605/98).

Esgotada a 2ª prorrogação – que poderia alcançar, no limite, o prazo de 10 anos, restaurado o dano, extingue-se a punibilidade do acusado; se não reparado o dano, por inércia do acusado, revoga-se o benefício; já se não reparado o dano, mas comprovado ter o acusado tomado a providências necessárias a reparação integral do dano, de rigor a extinção de sua punibilidade (art. 28, V, da Lei 9.605/98)

Não se admite a 3ª prorrogação da suspensão do processo.

10.10.3.4. Momento adequado para a realização da proposta de suspensão condicional do processo

Recebida a denúncia em que se ofereceu a proposta de suspensão condicional do processo o magistrado deve, antes de colher a eventual concordância do acusado e de seu defensor, *e após recebida a peça acusatória*, abrir a oportunidade para que a defesa ofereça sua resposta à acusação (art. 396-A do CPP) onde poderá sustentar preliminares e postular a absolvição sumária. *Apenas se não for o caso de se absolver sumariamente o acusado*, o juiz determinará a abertura de vista à defesa para se manifestar a respeito do benefício, notificando, o defensor e o acusado, a comparecerem a uma audiência designada especialmente para que se delibere a respeito da aceitação ou não do *sursis processual*.

É possível que, no decorrer de um processo criminal não suspenso em que se imputava ao acusado determinada infração penal, as provas coligidas venham a apontar para sua responsabilização por infração diversa da imputada, cuja pena mínima não ultrapasse um ano, e que permita, em tese, o benefício da suspensão condicional do processo.

Possível – e aliás – comum, na prática, que se desenhe, através das provas coligidas em instrução já finda, no momento imediatamente anterior à sentença, um novo figurino típico a apontar a prática, pelo acusado, de delito que autorize a suspensão condicional do processo.

Pergunta-se: é possível efetivar-se a suspensão condicional do processo, depois de já encerrada a instrução, ou seja, quando o próprio processo em si está praticamente findo?

Não seria uma inutilidade suspender-se um processo que já se desenvolveu em todas as suas etapas, quando se sabe que a finalidade do *sursis* processual é justamente reduzir a quantidade de demandas postas à decisão do Judiciário?

Posição minoritária entende que a suspensão condicional do processo só estará autorizada a ser proposta na fase inicial do processo, sendo um contrassenso efetivá-la no seu término, por ir de encontro a uma das finalidades do instituto que é o de reduzir a quantidade de demandas.

No entanto, prevalece posição em sentido contrário, realçando a verdadeira natureza jurídica do instituto da suspensão condicional do processo, que é, como vimos, a de **espécie de transação penal** que traz como efeito, no caso de seu cumprimento, a extinção da punibilidade, tema próprio do direito penal. Em miúdos, a suspensão condicional do processo é instituto misto, de direito penal e processual penal, e a sua natureza de direito material – *como direito subjetivo de um acusado* – de poder ter sua punibilidade extinta, mediante condições, não lhe pode ser arbitrariamente retirada, pelo fato de os próprios órgãos de Estado, muitas vezes por incúria, não terem oferecido o benefício que lhe era devido, no tempo oportuno. Ademais, muito comum, como já dissemos, que a melhor configuração legal do tipo do injusto só surja durante a instrução – o que, se não pode ser considerado como falha dos agentes do Estado – não pode, igualmente, ser carreado ao acusado, tolhendo – o de exercer um direito subjetivo.

Em conclusão, o benefício da suspensão condicional do processo pode ser operacionalizado a qualquer momento do processo, momentos antes da sentença, em 1º grau, ou até mesmo no Tribunal.

Vamos exemplificar para melhor esclarecer. O acusado "A" é processado pela prática do delito de lesão corporal dolosa gravíssima consumada (art. 129, § 2º, I, do CP), por ter resultado a incapacidade permanente para o trabalho da vítima. Durante a instrução, comprova-se a autoria e materialidade delitiva das lesões corporais, mas, após a oitiva da vítima e juntada do laudo de exame de corpo de delito, verifica-se que a lesão não ocasionou a incapacidade permanente para o trabalho, mas sim sua incapacidade para as ocupações habituais pelo período de 40 dias. Em síntese, depois de exaurida a instrução, nota-se que o caso seria de desclassificação do delito de lesão corporal gravíssima (art. 129, § 2º, I, do CP, cuja pena varia de 2 a 8 anos e que não permite a suspensão condicional do processo, para o delito de lesão corporal grave (art. 129, § 1º, I, do CP, cuja pena mínima é de 1 ano, e que permite a suspensão condicional do processo).

O que fazer?

Prevê o art. 383, *caput*, do CPP, que o juiz, sem modificar a descrição do fato contida na denúncia ou queixa, poderá atribuir-lhe definição jurídica diversa, ainda que, em consequência, tenha de aplicar pena mais grave. É a denominada *emendatio libelli* (emenda da acusação), estudada por nós neste capítulo, e que se divide em *emendatio com correção de erro da capitulação* (há um mero erro material na capitulação do delito, corrigida pelo juiz); *emendatio por interpretação diversa* (os fatos ganham, de acordo com a interpretação do juiz, nova capitulação legal); e *emendatio com supressão de elementar ou circunstância do crime* (durante o processo, verifica-se que determinada elementar – dado essencial do crime, ou uma circunstância sua não estão comprovadas, o que gera uma possível desclassificação da conduta que pode se amoldar ao tipo penal de outro delito).

Já o § 1º, do art. 383 do CPP dispõe que, se em consequência de definição jurídica diversa, houver possibilidade de proposta de suspensão condicional do processo, o juiz procederá de acordo com o disposto na lei.

Por sua vez, o § 2º, do art. 383 do CPP reza que em se tratando de infração da competência de outro juízo, a este serão encaminhados os autos.

Como se nota, de acordo com os dispositivos legais apontados, havendo, em razão de definição jurídica diversa, a possibilidade de proposta de suspensão condicional do processo, caberá ao juiz efetivá-la.

Em outras palavras, se demonstrado, quanto a determinado crime imputado ao acusado, durante a colheita de provas, a inexistência de uma elementar ou circunstância sua, o que acarreta a desclassificação do crime para outro delito, cuja pena mínima é de 1 ano e permite, em tese, a suspensão condicional do processo, caberá ao magistrado assegurar a possibilidade de, ao acusado, ser formulada a proposta do benefício penal em comento.

Indaga-se: o que deve o juiz fazer para materializar a possibilidade do benefício da suspensão condicional do processo ao acusado?

Voltando ao nosso exemplo, o juiz, em decisão interlocutória que desclassifique o delito, mas sem julgar o mérito da causa, ou seja, sem absolver nem condenar, abre, então, vista ao MP para que se manifeste a respeito da proposta de suspensão condicional do processo; suspende-se, assim, o julgamento de mérito no aguardo a respeito da posição a ser definida pelo *Parquet* a respeito do tema.

Essa recomendação só será útil, havendo elementos probatórios que autorizem a condenação do acusado quanto ao delito desclassificado. Isso porque, evidentemente, se, verificar, o juiz, que é caso de se absolver o acusado quanto ao delito que vier a ser desclassificado, muito mais vantajosa, ao réu, uma *desclassificação seguida de absolvição*, que uma *desclassificação seguida de proposta de "benefício" de suspensão condicional do processo*; não há porque se sujeitar o acusado a um "benefício", cuja duração será de 2 a 4 anos, vinculando – o a condições judiciais, muitas delas que se assemelham a penas restritivas de direitos, como a prestação de serviços à comunidade. Claro que é muito mais razoável que, pura e simplesmente, após a desclassificação da infração, absolver-se o acusado, afinal repugnaria ao mais elementar senso de justiça que o magistrado chancelasse restrições ao direito de liberdade de acusado que entenda ser inocente.

Lado outro, depois de desclassificada a infração, se o juiz verificar que condenaria o acusado pelo delito superveniente (aquele que permita, em tese, o benefício do *sursis processual*), não julgará tal infração, mas apenas irá declarar a possibilidade de o acusado ser beneficiado pela suspensão condicional do processo, mantendo suspenso o julgamento, ao determinar a abertura de vista ao Ministério Público.

Em síntese: o magistrado, ao desclassificar a infração para outro delito com pena mínima que não ultrapasse a 1 ano, não poderá julgar o mérito da infração penal desclassificada (no nosso exemplo, a pena do crime de lesão corporal dolosa grave), aplicando pena, como já decidiu o STJ.[62]

Como argutamente observa Renato Brasileiro de Lima[63], para que se operacionalizasse a suspensão condicional do processo, seria necessário o trânsito em julgado daquela decisão; transcorrendo *in albis* o prazo recursal, e, apenas depois disso, seria possível a proposta do benefício em tela. Sugere então, referido autor, com acerto, que o Ministério Público ou renuncie ao direito de recurso ou, simplesmente, ofereça, se for do seu convencimento é claro, a proposta de suspensão condicional do processo, na própria audiência, onde houve a desclassificação, comportamento processual esse que apontaria para a preclusão lógica do direito de recorrer do *Parquet*, por ser incompatível com a vontade de interpor recurso.

Em resumo, ao Ministério Público se abrirão dois caminhos:

1º – Poderá recorrer da decisão que desclassificou a infração e que determinou a abertura de vista para que se manifestasse a respeito da proposta de suspensão

---

62. STJ – 6ª T. Resp. 237.265/RJ, Rel. Min. Vicente Leal, DJ 16/09/2002, p. 236.
63. Renato Brasileiro de Lima, Curso de Processo Penal, p. 1482.

condicional do processo; nessa situação deverá se aguardar o trânsito em julgado da decisão. Não se conformando a acusação com a decisão tomada pelo juiz de desclassificar a infração e suspender a sentença quanto ao mérito, poderá interpor recurso de apelação, com fundamento no art. 592, II, do CPP (decisão interlocutória mista terminativa, ou decisão com força de definitiva). Pode-se entender, também, que caberia a interposição de recurso em sentido estrito, por analogia, com fundamento no art. 581, XVI, do CPP (suspensão do processo, em virtude de questão prejudicial).

2º – O Ministério Público concorda com o teor da decisão, e renuncia ao direito de recurso, ou, simplesmente, já faz a proposta de suspensão do processo, na própria audiência, se for o caso, o que implica, como já dissemos, em verdadeira preclusão lógica do direito de recorrer.

Nessa última hipótese de proposta do MP, se o acusado e o seu defensor aceitarem o benefício, o processo se suspende (bem como a prescrição) a partir daquele momento, estabelecendo-se as condições que deverão ser cumpridas pelo acusado, no período de 2 a 4 anos; se o acusado não aceitar o benefício, o processo segue para a sentença de mérito – uma vez que o julgamento quanto ao delito remanescente estava apenas suspenso, retomando-se, assim, a competência integral ao juiz.

Aceita a suspensão condicional do processo, e cumpridas as condições, declara-se extinta a punibilidade do acusado, e o julgamento suspenso no aguardo do deslinde do cumprimento do benefício torna-se prejudicado.

De outro giro, se o acusado não cumprir as condições do *sursis processual*, haverá a revogação do benefício e retomada do processo, o que implicará no levantamento da suspensão do julgamento, impondo ao juiz que julgue o mérito da infração superveniente desclassificada.

Pode ocorrer que ao acusado sejam imputadas duas ou mais infrações, em conexão, e que, *v.g.*, absolvido de uma delas, a remanescente possua pena mínima de um ano, a permitir a proposta de suspensão condicional do processo. É o caso de procedência parcial da condenação, em que caberá ao juiz, em primeiro lugar, proferir uma sentença absolutória quanto a um dos crimes; depois, não julgar, como regra, o outro delito, se houver elementos para condenar o acusado. Isso porque, evidentemente, se, verificar o juiz que é caso de se absolver também o delito remanescente que permitiria, em tese, o benefício da suspensão condicional do processo, não há porque se sujeitar o acusado, a um "benefício", cuja duração será de 2 a 4 anos, sujeito a condições judiciais, muitas delas que se assemelham a penas restritivas de direitos, como a prestação de serviços à comunidade. Claro que é muito mais justo que, pura e simplesmente, se absolva o acusado, das duas infrações, a impor-lhe restrições à liberdade de pessoa que o magistrado julgue ser inocente.

Lado outro, depois de proferida a absolvição quanto a um dos crimes, se o juiz verificar que condenaria o acusado pelo delito supérstite (aquele que permita, em tese, o benefício do *sursis processual*), não julgará tal infração, mas apenas irá declarar a possibilidade de o acusado ser beneficiado pela suspensão condicional do processo, mantendo suspenso o julgamento, ao determinar a abertura de vista ao Ministério Público.

Nesse sentido o teor da Súmula 337 do STJ: "É cabível a suspensão condicional do processo na desclassificação do crime e na procedência parcial da pretensão punitiva".

Ao Ministério Público se abrirão dois caminhos:

1º – poderá apelar da sentença que absolveu quanto a um dos delitos e que determinou a abertura de vista quanto ao outro para a proposta de suspensão condicional do processo; nessa situação deverá se aguardar o trânsito em julgado da decisão.

2º-segundo caminho, o Ministério Público concorda com o teor da decisão, e renuncia ao direito de recurso, ou, simplesmente, já faz a proposta de suspensão do processo, na própria audiência, se for o caso, o que implica em verdadeira preclusão lógica do direito de recorrer.

Nessa última hipótese de proposta do MP, se o acusado e o seu defensor aceitarem o benefício, o processo se suspende (bem como a prescrição) a partir daquele momento, estabelecendo-se as condições que deverão ser cumpridas pelo acusado, no período de 2 a 4 anos; se o acusado não aceitar o benefício, o processo segue para a sentença de mérito – uma vez que o julgamento quanto ao delito remanescente estava apenas suspenso, retomando-se, assim, a competência integral ao juiz.

Aceita a suspensão condicional do processo, e cumpridas as condições, declara-se extinta a punibilidade do acusado, e o julgamento, quanto ao delito remanescente, que estava suspenso no aguardo do deslinde do cumprimento do benefício, torna-se prejudicado.

Por outro giro, se o acusado não cumprir as condições do *sursis processual*, haverá a revogação do benefício e retomada do processo, o que implicará no levantamento da suspensão do julgamento, impondo ao juiz que julgue o mérito da infração remanescente.

Caso o acusado e seu defensor não tenham aceitado a proposta de suspensão condicional do processo formulada, em regra, pelo MP, quando do oferecimento da denúncia, não poderão, em outro momento processual (após a instrução, antes da sentença, ou então, depois da sentença condenatória), arrependidos, requererem que se proponha, novamente, o benefício; nessas situações, terá havido a *preclusão consumativa* da oportunidade processual exaurida pela negativa da proposta, sem possibilidade de retorno a fases processuais ultrapassadas.

Por fim, após a prolação de sentença penal condenatória, não é mais possível se o oferecimento de proposta de suspensão condicional do processo (ou de transação penal), porque já operada a preclusão[64].

E se a desclassificação para delito que permita o *sursis processual* ocorrer em 2ª instância?

À semelhança do que se disse acima, caberá ao Tribunal, não julgar o mérito, mas sim, reconhecer a desclassificação do delito, apontando para a possibilidade de se conceder o benefício da suspensão condicional do processo. Se o acusado for titular de

---

64. STJ – AgRg nos EDcl no REsp 1611709/SC. 5ª T. Rel. Min. Felix Fischer. Julgado em 04/10/2016, DJe 26/10/2016. STJ – RHC 66196/RJ. 5ª T. Rel. Min. Jorge Mussi. Julgado em 19/05/2016, DJe 27/05/2016.

foro por prerrogativa de função, e, por isso, julgado originariamente perante o Tribunal, caberá ao Tribunal, normalmente através do Relator, abrir vista ao Procurador-Geral para que ofereça, se o caso, o benefício, para posterior homologação do Tribunal.

No caso de acusado que não possua foro por prerrogativa de função e que tenha sido julgado em 1ª instância, se durante o julgamento de recurso, o Tribunal entender que o delito deva ser desclassificado para outro que permita, em tese, a suspensão condicional do processo, deverá remeter os autos à 1ª instância, para a materialização do benefício, se preenchidos os demais requisitos legais, com a manifestação do membro do MP de 1ª instância, e homologação pelo juiz. Vedado estaria que o Tribunal tomasse a iniciativa de abrir vista, para tanto, ao MP de 2ª instância, pois, se assim o fizesse, haveria indevida *supressão de instância* – do Judiciário – e também *supressão de atribuição* – do Ministério Público, o que é inadmissível no nosso sistema escalonado de órgãos públicos encarregados da persecução penal.

Pacificada a questão a respeito da possibilidade de suspensão condicional do processo no caso de desclassificação, pergunta-se, então: **essa possibilidade de definição jurídica diversa, a fim de concretizar o benefício penal da suspensão condicional do processo pode se estender ao benefício, também penal, da transação?**

Indubitavelmente que sim. Ambos são benefícios da mesma natureza, *penais*, e devem ser disponibilizados em qualquer momento da relação processual, porque constituem direito subjetivo do acusado sua proposta (de índole constitucional, como se nota pelo art. 98, I, da CF), desde que preenchidos os requisitos legais é claro, não sendo lícito opor-se obstáculos de mera oportunidade processual para tanto.

Necessário então que seja dada ao § 1º do art. 383 do CPP uma *interpretação extensiva*, a fim de abarcar a possibilidade, não apenas da suspensão condicional do processo, mas também da transação penal, quando houver *emendatio libelli* que as autorize.

10.10.3.5. Homologação da suspensão condicional do processo e recurso

Celebrada a suspensão condicional do processo entre o MP, acusado e seu defensor, em audiência especialmente designada para tanto, certo que o teor deste negócio jurídico processual deverá ser submetido ao controle judicial, cabendo ao juiz homologar ou não o acordo; poderá, ainda, o juiz, antes de homologar a suspensão, especificar outras condições a que ficará subordinado o acusado, desde que adequadas ao fato e à sua situação pessoal (art. 89, § 2º, da Lei 9.099/95).

Cabe recurso da homologação?

Será cabível, de acordo com o entendimento que se tiver, a interposição do recurso de apelação dessa decisão, por se tratar de decisão com força de definitiva (art. 593, II, do CPP); há quem pense que o recurso adequado é o recurso em sentido estrito tendo por objeto a decisão que suspende o processo (art. 581, XI, do CPP).

Bem alerta Renato Brasileiro de Lima[65] que é facultado, ao acusado, mesmo tendo aceitado a proposta de suspensão, questionar a justa causa do processo, impetrando-se *habeas corpus* com a finalidade de trancar o processo, desde que à infração seja prevista pela privativa de liberdade.

Cabe recurso da não homologação da suspensão condicional do processo?

De igual forma, entendemos que caberá a interposição de recurso de apelação (art. 593, II, do CPP); há também posição no sentido de que é possível interpor-se recurso em sentido estrito (art. 581, XI, do CPP).

10.10.3.6. Revogação obrigatória da suspensão

Segundo o § 3º do art. 89 da Lei n. 9.099/95, a suspensão será revogada se, no curso do prazo, o beneficiário vier a ser processado por outro crime ou não efetuar, sem motivo justificado, a reparação do dano.

Processo pela prática de outro crime

Quanto a prática de novo crime, há posição minoritária no sentido de que, a revogação automática do benefício, pelo mero fato de o acusado se ver processado por outro crime, seria uma clara violação do princípio da presunção de inocência. Para essa corrente, deve ser aplicado, por analogia, o art. 81, § 2º, do CP, que trata da prorrogação do *sursis penal* até o julgamento definitivo. Em outras palavras, processado o acusado por outro delito, a suspensão do processo se prorrogaria até o julgamento final daquele processo; se condenado em definitivo, a suspensão do processo seria revogada; se absolvido, a suspensão seria mantida (se não for caso de revogá-la por outro motivo), e poderia se declarar extinta sua punibilidade, no caso de cumprimento de todas as condições. Importante dizer que apenas a suspensão do processo seria prorrogada até o deslinde do outro feito criminal em que se vê processado o acusado, mas não se prorrogaria o prazo das condições do benefício, cujo lapso temporal (de 2 a 4 anos, de acordo com o art. 89, *caput*, da Lei 9.099/95) permaneceria o mesmo.

Mas a posição majoritária é a de que a existência de processo inédito contra o acusado já é motivo suficiente para a revogação do *sursis processual*, sem que tal providência comprometa a presunção de inocência. Claro que, se a denúncia do outro processo criminal for rejeitada, ou o acusado for absolvido, sumariamente ou ao final daquele processo, tais situações processuais não terão o condão de revogar o benefício da suspensão do processo.

Não reparação do dano

Justificada a razão porque não se reparou o dano – desemprego, insolvência, dívidas, etc – não se revogará a suspensão.

---

65. Renato Brasileiro de Lima, Curso de Processo Penal, p. 1485.

Efeito da revogação do benefício

Revogado o benefício, a prescrição voltará a correr a partir do dia em que foi publicada a decisão interlocutória que revogou a suspensão. Como houve mera suspensão do prazo prescricional, o lapso prescricional anterior – do recebimento da denúncia até a data da suspensão do processo – se somará ao lapso restante que será contado da data da revogação do benefício.

10.10.3.7. Revogação facultativa da suspensão

O § 4º do art. 89 da Lei n. 9.099/95 faculta a revogação da suspensão se o acusado vier a ser processado, no curso do prazo, por contravenção, ou descumprir qualquer outra condição imposta.

10.10.3.8. Condenação do acusado sem que tenha sido feita a proposta do benefício

E se determinado acusado for condenado por crime que admitia o benefício da suspensão condicional do processo, quedando-se inertes, entretanto, no decorrer do processo, o MP, a defesa e o magistrado quanto a tal direito do réu, o processo será anulado?

Há entendimento do STF[66] no sentido de que a nulidade é relativa, e fica preclusa se não for arguida no momento próprio. Pensamos, porém, que, se todos os requisitos – objetivos e subjetivos – à concessão do benefício foram preenchidos pelo acusado, que, por inércia do Estado – acusação e do Estado – juiz (além, claro, da incúria de seu advogado), deixa de ser proposto, o processo deverá ser anulado, mesmo que, de ofício, pelo Tribunal ao julgar recurso (da acusação ou da defesa, pouco importando que tenham aventado ou não o assunto); se transitada em julgado a condenação será caso de rescindir a sentença através de revisão criminal ou *habeas corpus*.

Isso porque o benefício penal do *sursis processual* tem status constitucional (art. 98, I, da CF), de ordem pública, não podendo deixar de ser aplicável, quando potencialmente cabível, por desídia das partes ou do juiz.

10.10.3.9. Suspensão e prescrição

Durante o prazo da suspensão não correrá a prescrição (art. 89, § 6º, da Lei n. 9.099/95).

10.10.3.10. Extinção da punibilidade

Expirado o prazo sem revogação, o Juiz declarará extinta a punibilidade (§ 5º do art. 89 da Lei n. 9.099/95).

---

66. STF – 1ª T. HC 86.039/AM, Rel. Min. Marco Aurélio, j. 29/11/2005, DJ 17/02/2006.

Se uma causa de revogação do benefício (obrigatória ou facultativa) ocorrer durante o período do benefício, como, *v.g.*, ausência de reparação do dano ou se o acusado for processado por outro crime na vigência do *sursis processual, mas sendo esses fatos apurados apenas depois de transcorrido o período de prova*, indaga-se: **é possível a revogação do sursis processual ou tal oportunidade já estaria preclusa?**

Entende-se, majoritariamente, que a suspensão condicional do processo pode ser revogada, *mesmo que após o período de prova*, pois se trata de mero controle a respeito do cumprimento das condições avençadas entre as partes, e que não se sujeita a qualquer preclusão; isso porque a decisão que revoga o benefício tem natureza de decisão declaratória, possuindo efeitos *ex tunc*, retroagindo para a data do fato jurídico – o descumprimento da condição.

Claro que, se houver decisão declarando extinta a punibilidade do acusado, pelo cumprimento integral das condições do *sursis processual*, e se essa decisão transitar em julgado, não será mais possível revogar-se o benefício, posteriormente, mesmo que demonstrado cabalmente o descumprimento pelo acusado de suas obrigações, porque não existe revisão criminal *pro societate*. No entanto, se houver decisão declarando extinta a punibilidade do acusado pelo cumprimento das condições do *sursis* processual, mas sendo combatida, tal decisão, por recurso em sentido estrito do MP, justamente porque se comprovou a violação das obrigações processuais do acusado durante o período do benefício, será perfeitamente possível que o Tribunal, dando provimento ao recurso, revogue o benefício, determinando a retomada da marcha processual.

10.11. AÇÕES, PROCESSOS E DECISÕES CONDENATÓRIAS, DECLARATÓRIAS E CONSTITUTIVAS (POSITIVAS E NEGATIVAS)

As ações que se instrumentalizam em processos cujo desfecho necessário será uma decisão judicial podem se dividir em:

Ações de conhecimento condenatórias: são aquelas ações penais iniciadas mediante denúncia ou queixa e que postulam a aplicação de uma sanção penal ao acusado; **se procedente o pleito, a decisão será condenatória; se improcedente, a decisão será declaratória** – (declarando que o acusado é inocente). Não existe decisão condenatória sem ação condenatória, pois a jurisdição é inerte, não procede de ofício, dependendo, sempre de provocação.

Ações de conhecimento declaratórias: são as ações que visam a declaração da existência ou inexistência de um fato jurídico e cuja **decisão será declaratória**, declarando ou não o que pretendia o autor. Exemplo: *habeas corpus* em que se requer seja declarada a nulidade do processo (art. 648, VI, do CPP)

Admissíveis decisões declaratórias pelo juiz, sem que haja provocação da parte através do ajuizamento de ação, como se dá, *v.g.* na declaração de extinção da punibilidade do acusado, em qualquer momento do processo (art. 61 do CPP), ou na concessão de *habeas corpus* de ofício, ou seja, mesmo não existindo a ação de *habeas corpus* (art. 654, § 2º, do CPP).

Ações de conhecimento constitutivas: são aquelas que veiculam uma pretensão de alterar uma determinada situação jurídica ou de desconstituir um ato jurídico que produzia efeitos.

As ações de conhecimento constitutiva, ou simplesmente constitutivas podem se dividir em:

Ações constitutivas positivas: aquelas que visam alterar uma situação jurídica. Exemplo: Ação de reabilitação criminal. Se procedente a ação, a decisão será constitutiva positiva; se improcedente a ação, a decisão será declaratória.

Ações constitutivas negativas: são aquelas ações em que se pretende desconstituir um ato processual anterior, até então válido. Exemplo: ação de revisão criminal, que, se procedente, invalida a sentença condenatória ou absolutória imprópria (aquela que absolve mas impõe medida de segurança); será uma decisão constitutiva negativa. Se for julgada – a revisão criminal – como improcedente, a decisão será declaratória.

10.12. DECISÕES JUDICIAIS

10.12.1. Classificação genérica doutrinária das decisões judiciais

A doutrina costuma adotar determinadas denominações para as decisões judiciais.

Decisões subjetivamente simples: aquelas emanadas de uma só pessoa – juízo monocrático ou singular

Decisões subjetivamente plúrimas: aquelas emanadas de órgãos coletivos, homogêneos (acórdãos dos Tribunais, por exemplo)

Decisões subjetivamente complexas: aquelas advindas de órgãos judiciários heterogêneos (decisões do Conselho de Sentença do Júri composto por um juiz togado e por 7 jurados).

Decisão suicida: a fundamentação se choca, logicamente, com a parte dispositiva (a decisão propriamente dita); uma decisão assim proferida é nula, a não ser que corrigida por embargos de declaração.

Decisões vazias: decisões ocas de fundamentação; são nulas por violação à exigência constitucional de que todas as decisões devam ser fundamentadas (art. 93, IX, da CF); essas decisões não são corrigíveis por meio de embargos de declaração.

Decisões autofágicas: julga-se procedente a demanda condenatória, mas, ao mesmo tempo, se reconhece extinta a punibilidade do acusado, como se dá, por exemplo, no reconhecimento da prescrição superveniente, ou no caso do perdão judicial.

10.12.2. Classificação específica das decisões judiciais no processo penal. Despachos de mero expediente. Decisões Interlocutórias. Decisões interlocutórias mistas. Decisões definitivas em sentido estrito e amplo. Recorribilidade dessas decisões

Para que se entenda a dinâmica processual é preciso que se compreenda a classificação doutrinária dada aos provimentos judiciais – aquelas determinações de providências e decisões emanadas dos juízes.

A doutrina costuma apresentar a classificação das decisões judiciais da seguinte forma:

Despachos de mero expediente

São as decisões que tem por finalidade impulsionar o andamento do processo, sendo destituídas de carga decisória. Exemplos: determinação para citar o acusado; ordem de intimação das testemunhas; ordem para que se providencie a intimação das partes a respeito da juntada de mandado do oficial de justiça aos autos etc.

O art. 93, XIV, da CF permite que os servidores do judiciário possam receber delegação para atos de mero expediente, sem caráter decisório, como uma forma de racionalizar a grande massa (milhões) de processos que tramitam no país.

Em regra, os despachos de mero expediente não são recorríveis, mas se de seu teor redundar tumulto processual será cabível a interposição de correição parcial.

Os despachos de mero expediente devem ser proferidos em um dia (art. 800, III, do CPP).

Decisões interlocutórias simples

São aquelas que possuem carga decisória, e que deliberam a respeito de questões processuais, sem decidir o mérito da causa – não há condenação, absolvição ou decisão a respeito da punibilidade do acusado.

Exemplos: determinação de instauração de incidente de insanidade mental do acusado; deferimento de pedido de prisão preventiva ou de imposição de medida cautelar; decisão admitindo ou inadmitindo assistente da acusação, etc.

A regra, no processo penal, é que as decisões interlocutórias são irrecorríveis, a não ser que a decisão que se pretenda impugnar esteja prevista, expressamente, no rol do art. 581 do CPP, que trata da interposição de recurso em sentido estrito. Todavia, mesmo que não prevista a decisão que se visa impugnar, no rol taxativo das hipóteses de recurso em sentido estrito, poderá a parte manifestar seu inconformismo através da impetração de mandado de segurança (exemplo: não admissão do pai da vítima de homicídio como assistente da acusação em crime de ação penal pública); *habeas corpus* (exemplo: indeferimento do pedido de revogação da prisão preventiva), ou mesmo correição parcial, dada a inversão tumultuária de atos do processo (exemplo: determinação para que as testemunhas de defesa sejam ouvidas antes das testemunhas de acusação).

Nada impede também que a parte, não resignada com a decisão interlocutória proferida, registre seu inconformismo, a fim de, em sede de preliminar de recurso de apelação, possa sustentar a nulidade do processo (no caso das nulidades relativas, que se submetem à preclusão); em se tratando de nulidade absoluta, poderá ser reconhecida, mesmo que de ofício, pelo Tribunal.

O prazo para se proferir decisão interlocutória simples é de 5 dias (art. 800, II, do CPP)

Decisão interlocutória mista ou decisões com força de definitivas

São aquelas que decidem o processo ou um procedimento incidental, ou que determinam o fim de uma etapa do procedimento, sem julgamento de mérito da causa penal (são decisões de conteúdo processual). Essas decisões não entram, profundamente, no mérito da causa, mas podem conter uma análise, mesmo que superficial, das provas do processo, mas sem condenar ou absolver o acusado ou decidir a respeito da pretensão punitiva estatal.

As decisões interlocutórias, por sua vez, se dividem em:

Decisões interlocutórias mistas não terminativas

São aquelas que encerram uma fase do procedimento, sem encerrar a relação processual e sem julgar o mérito da causa. Ex: decisão de pronúncia no rito do Júri.

Decisões interlocutórias mistas terminativas

São aquelas que encerraram o processo, extinguindo a relação jurídica processual, ou que resolvem um procedimento incidental de maneira definitiva, mas sem que se julgue o mérito da causa penal. Como todas decisões interlocutórias, são decisões de conteúdo processual. Exemplos: decisão de impronúncia; decisão de rejeição da denúncia ou queixa; procedência das exceções de litispendência ou coisa julgada; indeferimento do pedido de sequestro de bens; indeferimento de restituição de coisa apreendida.

Recorribilidade das decisões interlocutórias mistas

Normalmente, as decisões interlocutórias mistas, terminativas ou não terminativas, são contestadas mediante recurso em sentido estrito, desde que conste a modalidade de decisão do rol do art. 581 do CPP.

Mas, se a decisão interlocutória mista que se pretende recorrer não constar do rol do art. 581 do CPP (rol das hipóteses do recurso em sentido estrito como se viu) caberá a interposição de apelação, com base no art. 593, II, do CPP (Caberá apelação, no prazo de cinco dias, das *decisões com força de definitivas*).

As decisões interlocutórias mistas devem ser proferidas no prazo de 10 dias (art. 800, I, do CPP)

Decisões definitivas

São as que analisam o mérito penal da causa, ou seja, o direito de punir do Estado, se procedente ou não, é julgado; tais decisões são vazadas sob a forma de sentença.

As decisões definitivas podem ser divididas em:

Sentença definitiva ou decisão definitiva em sentido estrito: o juiz analisa o mérito da causa, julgando o fato criminoso que é imputado ao acusado, podendo absolvê-lo ou condená-lo. São as sentenças de absolvição ou condenação.

Decisões definitivas em sentido amplo ou decisões terminativas de mérito: são aquelas em que o magistrado julga o mérito da causa – o direito de punir do Estado – mas sem condenar ou absolver o acusado. Exemplos: julgamento de *habeas corpus*, concedendo ou não a ordem (dessa decisão cabe recurso em sentido estrito); julgamento de mandado de segurança (dessa decisão cabe apelação); decisão de extinção da punibilidade, declarando ou não a prescrição da pretensão punitiva estatal (cabível recurso em sentido estrito).

Recorribilidade das decisões definitivas em sentido estrito e das decisões definitivas em sentido amplo ou terminativas de mérito

Das decisões definitivas em sentido estrito (sentenças de absolvição e condenação) será cabível a interposição do recurso de apelação (art. 593, I, do CPP).

De uma decisão definitiva em sentido amplo poderá caber a interposição de recurso em sentido estrito, quando houver *expressa previsão legal* nesse sentido, como se dá, por exemplo, da decisão que julga extinta a punibilidade pela prescrição (decisão que julga o mérito da pretensão punitiva do Estado, sem absolver ou condenar o acusado), possibilidade recursal essa inserida no art. 581, VIII, do CPP.

No entanto, se a decisão definitiva em sentido amplo não estiver inserida no rol de hipóteses do recurso em sentido estrito, caberá, subsidiariamente, a interposição de recurso de apelação, com fulcro no art. 593, II, do CPP (1ª parte – Caberá apelação no prazo de cinco dias das *decisões definitivas*).

As decisões definitivas devem ser proferidas no prazo de 10 dias (art. 800, I, do CPP).

10.12.3. Sentença

10.12.3.1. Conceito. Classificação

Em seu sentido estrito, de acordo com o art. 593, I, do CPP, sentença é o ato processual através do qual o juiz julga o mérito da ação penal, condenando-se ou absolvendo-se o acusado. São as chamadas decisões definitivas em sentido estrito, que podem ser veiculadas através de sentenças condenatórias (julgando procedente a pretensão punitiva) ou absolutórias próprias (julgando improcedente a pretensão punitiva). Existem também as sentenças absolutórias impróprias, que impõem ao acusado uma medida de segurança.

Sendo assim, não se compreende, no sentido adotado pelo CPP ao termo *sentença*, as chamadas, pela doutrina, *decisões definitivas em sentido amplo*, ou, simplesmente, *terminativas de mérito*, que são aquelas em que o mérito da causa penal é julgado, mas sem condenar ou absolver o acusado, como, por exemplo, aquela decisão que decreta a extinção da punibilidade pela prescrição; a decisão que concede ou nega a ordem de *habeas corpus* ou mandado de segurança etc. Mas é certo que tais decisões acima referidas são vazadas sob a forma de sentença.

De idêntica forma, a impronúncia, no rito do Júri, que nada mais é que uma *decisão interlocutória mista terminativa* (*decisão com força de definitiva*, ou seja, uma decisão que encerra o processo sem julgamento do mérito da causa penal), *e não, tecnicamente, uma sentença*, não obstante isso, é lavrada sob a forma de sentença (art. 416 do CPP).

10.12.3.2. Classificação das sentenças

De acordo com a doutrina, as sentenças podem ser classificadas em:

1ª – **condenatórias** – aquelas que julgam procedente a pretensão punitiva do Estado;

2ª – **absolutórias** – aquelas que julgam improcedente a pretensão punitiva (**absolutórias próprias**), ou as que impõem medida de segurança ao acusado (**absolutórias impróprias**).

3ª – **declaratórias** – aquelas que meramente declaram a existência ou não de uma determinada relação jurídica, como, *v.g.*, as que julgam improcedente a ação de reabilitação criminal (arts. 743/750 do CPP). As sentenças que julgam improcedente a pretensão do autor, no caso das ações penais condenatórias, declaratórias ou constitutivas, são – todas elas – declaratórias.

4ª – **constitutivas** – são as que modificam uma situação jurídica anterior, como a sentença que concede a reabilitação ou a revisão criminal que desconstitui uma condenação transitada em julgado;

5ª – **mandamentais** – aquelas em que o juiz determina o seu imediato cumprimento, sob pena de responsabilização por desobediência, como ocorre nos casos de ordem de *habeas corpus* ou de concessão de segurança no mandado de segurança.

10.12.3.3. Elementos da sentença

Os elementos integrantes da sentença estão previstos no art. 381 do CPP, e formam as quatro partes essenciais ou fases indispensáveis de qualquer sentença, e que são as seguintes:

1ª – Relatório

A sentença deve conter os nomes das partes e expor, mesmo que sucintamente, as teses da acusação e da defesa, além de fazer um breve relato do andamento do processo (art. 381, I e II, do CPP). A ausência de relatório na sentença acarreta sua nulidade absoluta.

As sentenças proferidas no Juizado Especial Criminal dispensam o relatório (art. 81, § 3º, da Lei n. 9.099/95).

2ª – Fundamentação

Necessário que a sentença contenha os motivos de fato e de direito em que se fundam a decisão, avaliando, o juiz, os argumentos das partes (art. 381, III, do CPP).

É o momento em que o juiz fundamenta sua decisão, em obediência ao art. 93, IX, da CF, que exige a fundamentação de todas as decisões judiciais, sob pena de nulidade absoluta da sentença. Decisão sem fundamentação-sentença oca ou vazia – por ser nula, é apelável; mas, se a sentença vazia é condenatória caberá, além da interposição de apelação, ainda a impetração simultânea de *habeas corpus* dado o evidente constrangimento ilegal sofrido. Anulada a sentença condenatória sem fundamentação desaparece o marco interruptivo da prescrição (art. 117, IV, do CP), pois um ato nulo, depois de declarado como tal, não pode mais produzir efeitos. A sentença que seja incompleta na sua fundamentação – *citra petita* – admite a oposição de embargos declaratórios com o escopo de se suprir a omissão; suprida a omissão, poderá ser oferecida ainda apelação; pode ser mais prático, todavia, interpor-se diretamente o apelo, dada a evidente nulidade referente à falta de fundamentação (parcial) da sentença.

O juiz é livre para julgar, mas deve fundamentar, apontando as *trilhas do seu raciocínio*, ou seja, quais fatos, argumentos, dispositivos legais foram preponderantes na sua decisão. Deve apontar, como elemento de formação de sua convicção, apenas as provas existentes no processo, lícitas e legítimas.

De maneira secundária, o magistrado poderá usar os elementos informativos colhidos na fase do inquérito policial, desde que corroborados pelas provas produzidas, sob o manto do contraditório e da ampla defesa, como já decidiu o STF.[67]

Consoante ensinamento de Antônio Scarance Fernandes[68], a relevância da fundamentação das decisões judiciais se materializa na possibilidade de as partes do processo tomarem conhecimento do seu teor, porque diretamente atingidas por seus efeitos (*função endoprocessual da motivação*). Com o tempo, verificou-se que a fundamentação das decisões judiciais possui como destinatário, além das partes envolvidas, também a sociedade como um todo que tem o direito de fiscalizar quaisquer atos de Poder, o inclui, obviamente, as sentenças emanadas dos juízes. É a *função extraprocessual* da fundamentação das decisões.

Fundamentação por relação ou *per relationem*

É aquela decisão judicial cuja fundamentação se estriba na manifestação de uma das partes. De modo geral, vem sendo admitida pela jurisprudência, mas, como bem alerta Renato Brasileiro de Lima[69], não é admissível que uma sentença condenatória ou absolutória se baseie, em sua fundamentação, apenas, na manifestação de uma das partes. Em verdade, a fundamentação por relação ou *per relationem* só pode ser validamente aplicada no que se refere às decisões interlocutórias, como, *v.g.*, as medidas cautelares pessoais ou reais, prisão preventiva, sequestro, hipoteca legal, etc, e desde que os fundamentos invocados sejam suficientemente claros.

---

67. STF – 2ª T., RE-AgR 425.734/MG, Rel. Min. Ellen Gracie, DJ 28/10/2005, p. 57.
68. Antônio Scarance Fernandes, Processo penal constitucional, 3ª ed. São Paulo, Editora Revista dos Tribunais, 2002, p. 129.
69. Renato Brasileiro de Lima, Curso de Processo Penal, p. 1507.

3ª – Parte dispositiva ou conclusão

Oportunidade em que o juiz julga procedente ou improcedente o pedido formulado na ação e indica os artigos de lei aplicáveis ao caso (art. 381, IV e V, do CPP). Caso não se transcrevam os artigos da lei, mas se insira, na sentença, o nome do delito, descrevendo suas circunstâncias (v.g., homicídio qualificado pelo emprego de recurso que dificultou a defesa da vítima, ao invés de se apontar o artigo 121, § 2º, inciso I, do CP), a omissão estará suprida, e haverá mera irregularidade.

A ausência de dispositivo legal da sentença traduz verdadeiro não – ato jurídico, e por isso mesmo, inexistente.

4ª – Autenticação

Aposição da assinatura do juiz, com a data da sentença (art. 381, VI, do CPP). Entende-se que sentença sem estar assinada equivale a ato juridicamente inexistente. Porém, se o juiz perceber que deixou de assinar a sentença e procurar o escrivão antes que esse a publique, a assinando, estará suprida a omissão, e o ato estará regular.

O art. 388 do CPP exige que o juiz que rubrique todas as páginas da sentença, mas, se o magistrado assim não o fizer, apenas assinando – a, na sua última página, haverá mera irregularidade. Modernamente, em se tratando de processos digitais, haverá a assinatura digital.

A ausência de quaisquer das partes ou fases essenciais da sentença acarretará sua nulidade absoluta (art. 564, IV, do CPP).

10.12.3.4. Embargos declaratórios

Dispõe o art. 382 do CPP que qualquer das partes poderá, no prazo de dois dias, pedir ao juiz que declare a sentença, sempre que nela houver obscuridade, ambiguidade, contradição ou omissão.

Embora esteja inserido nos dispositivos que tratam da sentença, é certo que o referido artigo, implicitamente, prevê o recurso de embargos de declaração, que, por sinal, são cabíveis contra toda e qualquer decisão do juiz de 1ª instância, e não apenas na situação em que se pretenda esclarecer uma sentença.

Caberão os embargos quando a sentença for obscura (de difícil compreensão); ambígua (com dois ou mais sentidos); contraditória (incompatível logicamente em suas razões) ou omissa (deixar de decidir a respeito de ponto relevante). Os embargos serão julgados pelo próprio juiz de 1º grau.

10.12.3.5. Sentença absolutória

10.12.3.5.1. Conceito

É uma sentença que declara, fundamentadamente, improcedente a pretensão punitiva, ou que julga procedente a pretensão de se impor uma medida de segurança a um inimputável.

10.12.3.5.2. Sentença absolutória. Espécies

Segundo a doutrina[70], as sentenças absolutórias podem ser classificadas da seguinte forma:

Sentença absolutória própria: são aquelas que declaram improcedente o pleito punitivo, inviabilizando a aplicação de qualquer sanção ao acusado.

Sentença absolutória imprópria: são aquelas que declaram que o acusado praticou fato típico, ilícito e punível, mas que, por ser inimputável à época do crime, receberá, como sanção penal, uma medida de segurança e não uma pena. Denomina-se absolvição imprópria, porque, de absolvição, somente possui o nome, uma vez que a imposição de medida de segurança, que é uma sanção por prazo indeterminado, pode ser até mais aflitiva, a esse acusado absolvido, que a outro condenado, mas com uma pena de pouco tempo de duração.

Absolvição sumária: é um julgamento antecipado da controvérsia penal, quando, após recebida a denúncia e apresentada resposta à acusação, se evidencia que o fato não existiu; que o acusado não é o seu autor; que há causa excludente de ilicitude ou de culpabilidade; que há causa extintiva de punibilidade, ou que o fato é atípico. A absolvição sumária é prevista no art. 397 do CPP (procedimento comum) e também no art. 415 do CPP (procedimento especial do Júri).

Absolvição sumária imprópria: é aquela que declara que o acusado praticou um fato típico, ilícito e punível, mas que era, ao tempo da ação, inimputável, e, em razão disso, a ele se impõe medida de segurança e não pena, *sendo aplicável, tal modalidade de absolvição, exclusivamente, na 1ª fase do rito do Júri*, desde que a única tese defensiva seja, justamente, a inimputabilidade. É prevista essa possibilidade no art. 415, § único, do CPP. No caso dos demais procedimentos comuns, não se permite a absolvição sumária imprópria, como se verifica pelo art. 397, II, do CPP; desse modo, mesmo que patenteada a inimputabilidade do acusado desde o início do processo, e tendo a defesa sustentado apenas a tese da inimputabilidade quando do oferecimento da resposta à acusação, o feito criminal deverá necessariamente ser instruído para que, ao final, seja proferida sentença.

Sentença absolutória anômala: é a que concede o perdão judicial ao acusado. Há corrente doutrinária entendendo que o perdão é decisão condenatória, porque só faria sentido falar-se em perdão a quem foi considerado como culpado. Porém, prevalece na doutrina e na jurisprudência que a sentença que concede o perdão não tem natureza condenatória, mas sim declaratória de extinção da punibilidade. Nesse sentido, a Súmula 18 do STJ: "A sentença concessiva do perdão judicial é declaratória da extinção da punibilidade, não subsistindo qualquer efeito condenatório".

10.12.3.5.3. Fundamentos absolutórios

O juiz utilizará para fundamentar sua absolvição, em regra, os elementos probatórios coligidos no decorrer do processo, mas poderá utilizar, também, os elementos

---

70. Renato Brasileiro de Lima, Curso de Processo Penal, p. 1508/1509.

informativos do inquérito policial, desde que de maneira subsidiária (art. 155, *caput*, do CPP).

Excepcionalmente, poderá o juiz, para absolver, utilizar-se de prova ilícita ou ilegítima, ao construir a fundamentação de sua sentença, como vimos no Capítulo Provas, no tema possibilidade de aproveitamento da prova ilícita *pro reo*.

De acordo com o art. 386 do CPP, o juiz absolverá o réu, mencionando a causa na parte dispositiva, desde que reconheça:

I – estar provada a inexistência do fato; nesta situação, existe prova que traz a certeza que o fato não existiu.

II – não haver prova da existência do fato; não há a certeza da existência ou não do fato, porque não foi produzida prova de sua ocorrência.

III – não constituir o fato infração penal; o fato é atípico.

IV – estar provado que o réu não concorreu para a infração penal; existe prova que traz a certeza que, embora o fato criminoso tenha existido, o réu não participou dele.

V – não existir prova de ter o réu concorrido para a infração penal; não existe a certeza da autoria, coautoria, ou participação do acusado no evento delitivo.

VI – existirem circunstâncias que excluam o crime ou isentem o réu de pena, ou mesmo se houver fundada dúvida sobre sua existência; são duas situações que levam à absolvição: a certeza da existência de causas excludentes de ilicitude ou de isenção de pena, ou, pelo menos, uma fundada dúvida a respeito de sua ocorrência.

VII – não existir prova suficiente para a condenação.

Há elementos probatórios, mas não concludentes ao ponto de se condenar alguém.

10.12.3.5.3.1. Possibilidade de se recorrer para alterar o fundamento da absolvição

É permitido à defesa recorrer para alterar o fundamento da sentença absolutória, a fim de excluir a responsabilidade do acusado, no âmbito civil, como, quando, por exemplo, apela de decisão absolutória fundada na insuficiência de provas, e requer ao tribunal que reconheça que o fato não existiu; caso seja dado provimento ao recurso, ficará impossibilitada a responsabilização do réu no cível.

10.12.3.5.4. Sentença absolutória: Efeitos

São os seguintes:

1º – Cessação de todas as medidas cautelares pessoais

O efeito automático da sentença absolutória própria é o de colocar o réu, imediatamente, em liberdade, caso esteja preso preventivamente, ou, na hipótese de estar submetido a medidas cautelares pessoais, fazê-las cessar, independentemente de haver ou não recurso por parte da acusação.

No caso de sentença absolutória imprópria (aquela que impõe medida de segurança ao inimputável), o juiz poderá determinar ou manter, se for o caso, sua internação provisória decretada anteriormente (art. 319, VII, do CPP).

2º – **Cessação de todas as medidas cautelares reais**

Cessam todas as medidas cautelares reais impostas como o sequestro (que deve ser levantado), a hipoteca legal e o arresto, que devem ser cancelados.

3º – **Proibição de o acusado ser processado pelo mesmo fato**

Transitada em julgado a absolvição, quem foi absolvido jamais poderá ser processado, novamente, pelos mesmos fatos, uma vez que não existe revisão criminal *pro societate* (mas apenas *pro reo*), de modo que, ainda que comprovado, posteriormente, que o réu foi o autor do crime em relação ao qual foi absolvido, não poderá mais ser processado por tal infração.

10.12.3.6. *Sentença condenatória*

10.12.3.6.1. Conceito

É uma sentença que declara procedente a pretensão punitiva, afirmando, de maneira fundamentada, que o acusado praticou fato típico, antijurídico, culpável e punível, impondo a ele uma sanção penal, que deverá seguir o sistema trifásico de aplicação da penal.

A sentença condenatória é prevista no art. 387 do CPP.

10.12.3.6.2. Fundamentos condenatórios

O juiz utilizará para fundamentar sua condenação, em regra, os elementos probatórios coligidos no decorrer do processo, mas poderá utilizar, também, os elementos informativos do inquérito policial, desde que de maneira subsidiária (art. 155, *caput*, do CPP).

É vedada, como norma geral, a utilização de provas ilícitas e ilegítimas, pelo juiz, ao construir a fundamentação de sua sentença; remetemos o leitor a Capítulo Provas, onde tratamos, em profundidade, a respeito do assunto.

10.12.3.6.3. Sentença condenatória. Fundamentação dos fatos e do direito. Aplicação fundamentada da pena pelo método trifásico

Ao proferir sentença, o juiz deverá, após elaborar relatório do processo, fundamentar, em provas e elementos informativos constantes dos autos, sua convicção no sentido de que o acusado praticou um fato típico, ilícito, culpável e punível, sem se eximir de examinar as teses de acusação e de defesa. Analisados os fatos, o magistrado passará a expor quais as normas aplicáveis ao caso em julgamento, sob um ponto de vista legal e constitucional, sempre fazendo prevalecer, claro, a Lei Maior frente ao ordenamento infraconstitucional; em suma, trata-se de um trabalho intelectual *cogente* do juiz (porque é uma interpretação que vincula as partes). Concluindo pela culpa, *lato sensu*, do acusado, o magistrado deverá aplicar a pena, também fundamentadamente, em cada uma de suas fases, para que essa parte da decisão possa ser compreendida pelas partes que dela podem recorrer.

10.12.3.6.3.1. Aplicação da pena pelo método trifásico

10.12.3.6.3.1.1. Método trifásico: noções gerais

Cabe ao juiz, ao proferir sentença condenatória, utilizar-se do método trifásico de aplicação da pena, e estabelecer a pena – base, utilizando-se das circunstâncias judiciais (art. 59 do CP); depois, deve considerar as circunstâncias agravantes e atenuantes e, por fim, aplicar as causas de aumento e diminuição de pena. Após o estabelecimento da pena, o juiz deverá fixar o regime inicial de cumprimento de pena (art. 33 do CP), e verificar se há a possibilidade de substituir a pena privativa de liberdade por restritivas de direitos (art. 44 do CP). Quanto à fixação da pena de multa, o número de dias – multa seguirá o parâmetro das circunstâncias judiciais do delito, e o valor de cada dia – multa levará em conta a situação econômica do condenado. Quanto à natureza da pena de multa, o Plenário do Supremo[71] assentou a legitimidade do Ministério Público para propor a cobrança de multa decorrente de sentença penal condenatória transitada em julgado, com a possibilidade subsidiária de cobrança pela Fazenda Pública. Embora a multa, nos termos do art. 51 do CP, seja considerada como dívida de valor, não se retirou sua natureza penal, prevista na Lei Maior (art. 5º, XLVI, *c*, da CF). A legitimidade, assim, para a execução da pena de multa é do Ministério Público, perante a vara de execuções criminais, como prevê o art. 164 da LEP (Lei de Execuções Penais), até porque, nos termos do art. 129, I, da CF, o titular da ação penal pública é o *Parquet*, a quem se encarrega, como missão institucional, de promover a ação penal, ao longo de todo o processo de conhecimento e de execução, ou seja, buscar a condenação e, uma vez obtida, executá-la. Entretanto, se o titular da ação penal, devidamente intimado, não proponha a execução da multa no prazo de noventa dias, o juiz da execução criminal deverá dar ciência do feito ao órgão competente da Fazenda Pública (federal ou estadual), para a respectiva cobrança na própria vara de execução fiscal.

10.12.3.6.3.1.2. Estabelecimento da pena – base

Pena – base e fatos posteriores ao delito

Os vetores do art. 59 do CP, que tratam das circunstâncias judiciais, devem ser fundamentadamente analisados pelo magistrado ao fixar a pena – base. Para se aquilatar

---

71. Informativo do STF. 927. STF. ADI 3150/DF. Pleno. Rel. Min. Marco Aurélio, julgamento em 12 e 13/12/2018. AP 470/MG, Rel. Min. roberto Barroso, julgamento em 12 e 13/12/2018.

as circunstâncias judiciais, o fato desabonador apontado pelo magistrado não pode se referir ao tipo penal em si. Exemplo: juiz que aumenta a pena-base pelo fato de o réu ter ameaçado a vítima, quando da prática de um crime de roubo, hipótese em que, obviamente, se constata que a ameaça faz parte do próprio tipo penal de roubo, não sendo fundamento idôneo para se aumentar a pena-base. Quanto às consequências do crime, só servirão para recrudescer a pena-base, se os efeitos do crime para a vítima forem especialmente deletérios. Exemplo: condenado que matou pai de família, que tinha cinco filhos pequenos; se, todavia, a pena-base for aumentada, no caso de homicídio, simplesmente porque a vítima morreu, evidentemente, que tal resultado naturalístico é próprio do tipo penal em tela, de modo que uma pena-base por esse motivo aumentada, é absolutamente ilegal (e ilógica). No que se refere ao comportamento da vítima, certo que é um vetor a ser utilizado pelo magistrado para abrandar a pena (e não a agravá-la); em outras palavras, como a vítima contribuiu, com seu comportamento para o crime, a reprovabilidade do condenado é menor.

Os fatos posteriores ao crime não podem ser utilizados como circunstância judicial negativa, mesmo que se trata de decisão condenatória com trânsito em julgado[72].

Maus antecedentes

A folha de antecedentes criminais é documento hábil e suficiente a comprovar os maus antecedentes e a reincidência, não sendo necessária a apresentação de certidão cartorária[73].

A Suprema Corte, ao julgar o recurso Extraordinário (RE) 591054 (Rel. Min. Marco Aurélio), com repercussão geral reconhecida, estabeleceu a seguinte tese: "A existência de inquéritos policiais ou de ações penais sem trânsito em julgado não podem ser considerados como maus antecedentes para fins de dosimetria de pena".

Decidiu-se que não podem ser considerados como antecedentes: processos em andamento; sentenças condenatórias ainda não confirmadas (recorríveis); indiciamento em inquérito policial; fatos posteriores não relacionados com o crime; fatos anteriores à maioridade penal ou sentenças absolutórias, sob pena de ofensa ao princípio constitucional da presunção de inocência (art. 5º, LVII, da CF).

Nesse sentido também o teor da Súmula 444 do STJ: "É vedada a utilização de inquéritos policiais e ações penais em curso para agravar a pena – base".

Existe prazo limite para que os maus antecedentes agravem a pena?

Era pacífico na jurisprudência e doutrina que os antecedentes criminais – condenações transitadas em julgado há mais de 5 anos, que não geram mais reincidência, poderiam ser levadas em conta, quando da fixação da pena – base, com base nos maus antecedentes do acusado.[74] Para o STJ[75], o ordenamento jurídico adota, quanto aos maus

---

72. STJ. HC 189.385/RS (2010/0134948-0). Rel. Min. Sebastião Reis Júnior.
73. STJ – HC 369322/SP. 5ª T. Rel. Min. Ribeiro Dantas. J. 20/02/2018, DJe 26/02/2018. STJ – HC 426265/SP. 5ª T. Rel. Min. Joel Ilan Paciornik. J. 06/02/2018, DJe 20/02/2018.
74. STJ – HC 337.068/SP. 6ª T. Rel. Min. Nefi Cordeiro, DJe 28/06/2016. STJ – HC 413.693/SP. 5ª T. Rel. Min. Reynaldo Soares da Fonseca. DJe 16/10/2017.
75. Informativo do STJ. 21/06/2018. AREsp 1249427. 6ª T. Rel. Min. Maria Thereza de Assis Moura.

antecedentes, o sistema da perpetuidade; quanto à reincidência, o sistema que prevalece é o da temporariedade, uma vez que, nesta última hipótese, transcorrido o prazo de cinco anos, não se reconhece mais a reincidência, como circunstância agravante.

Discute-se, atualmente, no STF, se os antecedentes, anteriores a 5 anos, podem gerar ou não o efeito de acrescer a pena – base; segundo o Min. Dias Toffoli[76], do STF, o período depurador de 5 anos é válido para se afastar os efeitos da reincidência e também de "qualquer outra valoração negativa por condutas pretéritas praticadas pelo agente", sob pena de perpetuação de efeitos que violariam a dignidade da pessoa humana, da proporcionalidade e do caráter socializador da reprimenda penal. Em suma, o condenado teria o "direito ao esquecimento". Esse entendimento já foi seguido pela 2ª Turma do STF, sob o fundamento de que maus antecedentes, por mais afastados no tempo que fossem, caracterizaria verdadeira "pena de caráter perpétuo mal revestida de legalidade"[77] e também pela 1ª Turma do Pretório Excelso[78].

Aguarda-se que a questão seja dirimida pelo Plenário do STF, ao julgar o mérito do Recurso Extraordinário RE 593.818/RG/SC, com repercussão geral reconhecida.

Pena – base e corréus

Havendo corréus, mesmo que acusados de idênticas infrações, deve o magistrado fundamentar, de maneira individualizada, suas condutas e reprimendas, com o escopo de se cumprir o princípio da individualização da pena, sob pena de nulidade da sentença[79].

10.12.3.6.3.1.3. Análise das circunstâncias agravantes e atenuantes

A reincidência, como agravante da pena (art. 61, I, do CP), já foi reconhecida, pelo Plenário do STF[80], como sendo uma causa de aumento de pena constitucional, porque materializa o princípio constitucional da individualização da pena: pune-se mais quem reincide no crime do que aquele que é primário.

A folha de antecedentes criminais é documento hábil e suficiente a comprovar os maus antecedentes, e também a reincidência, não sendo necessária a apresentação de certidão cartorária[81]. Estabelecida a reincidência, a jurisprudência do STJ[82] vem entendendo que a majoração da pena deve se dar na proporção de 1/6; se o acusado for multireincidente, *v.g.*, sete condenações com trânsito em julgado, justifica-se a exasperação da pena, pela agravante da reincidência acima do mínimo (de 1/6).

A *confissão qualificada* – aquela em que o agente admite a ação delituosa, mas apresenta uma justificativa (*v.g.*, ter agido em legítima defesa, sob coação moral irresistível), é

---

76. STF. HC 119.200/Paraná. Rel. Min. Dias Toffoli.
77. STF. HC 126315/SP. 2ª T. Rel. Min. Gilmar Mendes. Julgado em 15/09/2015
78. STF – RHC 118977. 1ª T.
79. Informativo do STF. 17/05/2011. STF. HC 104864. 1ª T. Rel. Min. Marco Aurélio.
80. Informativo do STF. 04/04/2013. STF. RE 453000. Rel. Min. Marco Aurélio.
81. STJ – HC 369322/SP. 5ª T. Rel. Min. Ribeiro Dantas. J. 20/02/2018, DJe 26/02/2018. STJ – HC 426265/SP. 5ª T. Rel. Min. Joel Ilan Paciornik. J. 06/02/2018, DJe 20/02/2018.
82. Informativo do STJ. 03/05/2012. STJ. HC231791. 6ª T. Rel. Min. Og Fernandes.

considerada como atenuante[83], e, no caso de acusado reincidente, haverá a compensação de uma pena outra; em outras palavras, o aumento de 1/6 da reincidência é apagado pela redução de 1/6 em virtude da confissão[84]. É possível assim, compensar-se a reincidência pela confissão, pouco importando que a reincidência seja genérica ou específica[85].

10.12.3.6.3.1.4. Aplicação das causas de aumento e diminuição de pena

Crime continuado

No caso de crime continuado (art. 71 do CP), a fração de aumento da pena dependerá do número de infrações cometidas: para dois crimes continuados, se aplica o acréscimo de 1/6; para três crimes, 1/5; para quatro crimes, 1/4 para cinco crimes, 1/3; para seis crimes, metade (1/2); e finalmente, para mais de seis crimes, o aumento máximo de 2/3[86].

10.12.3.6.3.1.5. Estabelecimento do regime de cumprimento de pena

10.12.3.6.3.1.5.1. Noções gerais

De acordo com o art. 33, § 2º, *a*, *b* e *c*, do CP, as penas privativas de liberdade superiores a 8 anos deverão ser cumpridas obrigatoriamente em regime fechado; o condenado, não reincidente, cuja pena seja superior a 4 anos, mas não exceder a oito, poderá cumprir a pena no regime semiaberto; o condenado, não reincidente, cuja pena seja inferior a 4 anos poderá, desde o início, cumpri-la em regime aberto.

Além dessas balizas legais fornecidas ao magistrado para estabelecer o regime apropriado, o art. 33, § 3º, do CP, assegura que poderá o juiz levar em consideração, para tanto, também as circunstâncias judiciais do crime.

O entendimento pacificado dos Tribunais Superiores[87] é de que, sendo a pena superior a 8 anos, o regime, obrigatoriamente, será o fechado; superior a 4 anos e não excedendo a 8 anos, o regime – pelo parâmetro legal – é o semiaberto, mas ao juiz é autorizado, fundamentadamente, estabelecer o regime fechado, desde que aponte circunstâncias judiciais desfavoráveis que justifiquem a maior gravidade do regime. No caso de penas de até 4 anos, o regime legal é o aberto, mas pode o magistrado fixar o regime semiaberto ou até o fechado, desde que, pela análise das circunstâncias judiciais especialmente gravosas, entenda ser o regime mais gravoso aquele necessário e suficiente para a reprovação e prevenção do crime.

Esse entendimento foi cristalizado na Súmula 719 do STF: "A imposição do regime de cumprimento mais severo do que a pena aplicada permitir exige motivação idônea".

---

83. STJ. Embargos de Divergência em RESP 1.416.247/GO (2014/0124536-1). Rel. Min. Ribeiro Dantas.
84. Informativo do STJ. 03/08/2012. STJ. HC 194189; EREsp 1154752. 3ª Seção. Rel. Desembargador Convocado Adilson Macabu.
85. Informativo do STJ. 18/10/2017. STJ. 3ª Seção. HC 365963. Rel. Min. Felix Fischer.
86. Informativo do STF. 23/05/2016. HC 134327. Min. Rel. Dias Toffoli.
87. Informativo do STF. 04/05/2010. STF. HC 100678. 2ª T. Rel. Ricardo Lewandowski.

Na hipótese de concurso de crimes com aplicação das penas de reclusão e de detenção, o regime inicial de cumprimento para cada uma das penas deverá ser especificado, podendo ser diversos os regimes.

O art. 2º, § 1º, da Lei 8.072/90 (Lei dos Crimes Hediondos), estabelece que o regime inicial de cumprimento da pena privativa de liberdade, quanto aos crimes hediondos e equiparados (tráfico, terrorismo e tortura), será o fechado. Este dispositivo legal foi reconhecido como inconstitucional pelo Supremo por violar o princípio da individualização da pena[88], uma vez que não estaria autorizada a lei a, abstratamente, estabelecer o regime inicial de cumprimento de pena daquele que foi condenado, usurpando, do juiz, o poder de decidir a respeito, de maneira concreta e individual, frente a realidade pessoal de cada condenado.

No entanto, tal declaração de inconstitucionalidade se deu pela via incidental – quando do julgamento de um caso concreto – de modo que não possuía eficácia *erga omnes*, ou seja, não vinculava os demais juízes e Tribunais do país, que podiam decidir, a respeito do tema, como bem lhes aprouvesse, inclusive no sentido de que a norma em comento não padeceria de qualquer inconstitucionalidade.

A fim de se dirimir a insegurança jurídica de uma situação não definida a respeito do assunto que possibilitava a existência de decisões completamente contraditórias, o Pretório Excelso, em julgamento de recurso extraordinário com repercussão geral reconhecida,[89] estabeleceu a seguinte tese (a ser seguida pelos demais Tribunais e juízes do país), a respeito do tema: "É inconstitucional a fixação *ex lege*, com base no artigo 2º, parágrafo 1º, da Lei 8.072/90, do regime inicial fechado, devendo o julgador, quando da condenação, ater-se aos parâmetros previstos no artigo 33 do Código Penal". Em conclusão, para que o magistrado fixe o regime inicial fechado quanto aos crimes hediondos e equiparados, não basta a simples menção ao art.2º, § 1º, da Lei 8.072/90, sendo necessário que se fundamente concretamente as razões que autorizam o estabelecimento do regime mais gravoso, utilizando-se das balizas previstas no art. 33 do Código Penal, a fim de que seja respeitado o princípio constitucional da individualização da pena.

10.12.3.6.3.1.5.2. Estabelecimento do regime e Súmula Vinculante 56

Estabelece a Súmula Vinculante 56 o seguinte: "A falta de estabelecimento penal adequado não autoriza a manutenção do condenado em regime prisional mais gravoso, devendo-se observar, nessa hipótese, os parâmetros fixados no RE 641.320/RS".

Significa dizer, de acordo com o entendimento fixado pelo Plenário do STF[90], que, havendo déficit de vagas – no regime semiaberto ou aberto – deverão ser determinadas: a saída antecipada de sentenciado no regime com falta de vagas (para liberar vagas para os demais); a liberdade eletronicamente monitorada ao sentenciado que sai

---

88. STF. Pleno. HC 111840.
89. Informativo do STF. 16/11/2017. STF. Pleno. Recurso Extraordinário com Agravo (ARE) 1052700. Rel. Min. Edson Faquin.
90. STF. RE 641320. Pleno. Rel. Min. Gilmar Mendes. Julgamento em 11/05/2016. DJe de 8/8/2016.

antecipadamente ou é posto em prisão domiciliar por falta de vagas; o cumprimento de penas restritivas de direito e/ou estudo ao sentenciado que progride ao regime aberto. Até que sejam estruturadas as medidas alternativas propostas, poderá ser deferida a prisão domiciliar ao sentenciado.

Na prática, sabemos que a "estruturação das medidas alternativas", como liberdade monitorada eletronicamente, *dificilmente irão sair do papel*; o que é apontado na decisão da Suprema Corte como sendo *provisório* – que é o deferimento da prisão domiciliar ao sentenciado, até a implementação das "medidas estruturadas", na verdade, será o *permanente*.

Sendo assim, fixado o regime de cumprimento da pena, na sentença, nas modalidades semiaberto ou aberto, como, *na vida real*, na maior parte dos Estados da Federação, não existem vagas suficientes em colônias agrícolas ou industriais (próprias do regime semiaberto), ou casa do albergado (no caso de regime aberto), deveria o juiz determinar o cumprimento da pena em prisão domiciliar, a fim de cumprir a Súmula Vinculante em estudo.

Porém, no caso do regime semiaberto, se for providenciado ao condenado local relativamente compatível (semelhante) a uma colônia agrícola ou industrial, vedando-se que seja inserido no mesmo ambiente dos condenados pelo regime fechado, será possível essa adaptação, sem que se fale em violação a Súmula Vinculante 56[91].

A questão processual que se indaga é a seguinte: quem deverá determinar a aplicação da Súmula Vinculante 56, o juiz da condenação (do processo de conhecimento), ou o juiz das execuções criminais?

Pensamos que, sob o ponto de vista técnico, como a matéria se relaciona à execução – mesmo que provisória da pena – deveria ser dirimida pelo Juízo das Execuções, e não pelo magistrado que proferiu a sentença condenatória, o qual, inclusive, já teve exaurida sua jurisdição ao proferir decisão definitiva.

No entanto, há decisão do STF[92] no sentido de que caberia, ao juiz da sentença (Juízo da Vara Criminal), a aplicação da Súmula Vinculante a condenado em regime semiaberto e que esteja preso no regime fechado, por falta de vaga; o juiz da condenação, segundo referido *decisum*, deveria determinar a colocação do condenado em prisão domiciliar, e, caso surja vaga no regime semiaberto antes do julgamento final da ação, o sentenciado seria inserido naquele regime.

Sendo *realistas*, é de *conhecimento público e notório* que nenhum Estado da Federação tem a quantidade de vagas suficientes de estabelecimentos penais apropriados ao regime semiaberto e aberto. Não é preciso aguardar-se a autuação de um processo de execução para se tomar conhecimento dessa realidade...

Sendo assim, a nosso ver, nada impediria que a defesa, em sede de alegações finais, requeira ao magistrado, como tese subsidiária, no caso de condenação do acusado em

---

91. STF. Rcl 25054 MC, Rel. Luís Roberto Barroso, decisão monocrática. Julgamento em 19/09/2016. DJe 21/09/2016.
92. Informativo do STF. 16/09/2016. STF. Rcl 24892. Rel. Min. Luís Roberto Barroso.

regime semiaberto ou aberto, que, na própria sentença condenatória, aplique a Súmula Vinculante 56, estabelecendo, se o caso, prisão domiciliar ao condenado, por falta de vaga no regime a ser aplicado (semiaberto ou aberto). Caso o pleito não seja atendido, pode-se aguardar a decisão do Juízo da Execução Criminal, ou, simplesmente, oferecer-se Reclamação Constitucional, com pedido liminar, ao STF, apontando a violação da Súmula Vinculante, pelo Juízo da condenação, além, claro, de *habeas corpus*, ao Tribunal, sem prejuízo, evidentemente, do recurso de apelação.

Indaga-se: A Súmula Vinculante 56 é aplicável no caso de medidas de segurança?

Pensamos que sim, afinal, se não houver estabelecimento adequado ao inimputável, a quem tenha sido imposta medida de segurança, totalmente inadequada sua manutenção em estabelecimento prisional comum. Desse modo, não sendo efetuada a imediata transferência do paciente para hospital de custódia e tratamento psiquiátrico, em razão de ausência de vaga, poderá o juiz – do processo de conhecimento ou das Execuções – determinar que o sentenciado seja submetido a regime de tratamento ambulatorial, até o surgimento de vaga correspondente[93].

10.12.3.6.3.1.5.3. Possibilidade de conversão do regime fechado ou semiaberto em Prisão domiciliar

Prevê a Lei de Execução Penal:

> Art. 117. Somente se admitirá o recolhimento do beneficiário de regime aberto em residência particular quando se tratar de:
>
> I – condenado maior de 70 anos;
>
> II – condenado acometido de doença grave;
>
> III – condenado com filho menor ou deficiente físico ou mental;
>
> IV – condenada gestante.

Tem-se entendido[94], com total acerto, que a possibilidade de conversão da pena privativa de liberdade estabelecida no regime fechado ou semiaberto em prisão domiciliar *não pode restringir-se, apenas ao regime aberto como expresso em lei*, devendo-se dar uma *interpretação extensiva* no sentido de admitir o benefício, excepcional e fundamentadamente, *v.g.*, àqueles que estejam cumprindo pena no regime fechado ou semiaberto, quando estejam acometidos de doença grave, ou que sejam muito idosos, em face da ausência – *crônica* – de recursos necessários para a restauração da saúde do custodiado no âmbito carcerário. Trata-se da harmonização do dispositivo legal a um dos pilares da República, que é o princípio da dignidade da pessoa humana

---

93. STJ. HC 231.124/SP (2012/0009866-0). Rel. Min. Laurita Vaz. STF. RHC 125389. 2ª T. Rel. Min. Celso de Mello.
94. STJ. RHC 26.814/RS. Rel. Min. Jorge Mussi. DJe 29/03/2010. STJ. HC 366.517/DF (2016/0211302-0). Rel. Min. Jorge Mussi.

(art. 1º, III, da CF), além de sua adequação ao Pacto Internacional dos Direitos Civis e Políticos (Decreto 592/92), o qual, em seu art. 10 assegura que "toda pessoa privada de sua liberdade deverá ser tratada com humanidade e respeito à dignidade inerente à pessoa humana". De idêntica maneira, o Pacto de São José da Costa Rica (Decreto 678/92), em seu art. 5º, item 1, declara que "toda pessoa tem direito a que se respeite sua integridade física, psíquica e moral"; item 2: "toda pessoa privada de liberdade deve ser tratada com o respeito devido à dignidade inerente ao ser humano".

Importante salientar que a possibilidade de conversão da pena privativa de liberdade, em regime fechado ou semiaberto, em prisão domiciliar, costuma ser decidida, e normalmente o é, pelo Juízo da Execução Criminal; mas, a nosso ver, nada impede que o juiz, ao proferir sentença condenatória, constatando o grave quadro de saúde do apenado ou sua idade avançada, e a ausência de recursos humanos e médicos, *que é proverbial*, nos estabelecimentos penitenciários, aplique o art. 117 da LEP (Lei de Execução Penal), convertendo a pena corporal, estabelecida no regime fechado ou semiaberto, em prisão domiciliar.

10.12.3.6.4. Fixação de valor mínimo de reparação

10.12.3.6.4.1. Noções gerais. Possibilidade de indenização pelos danos materiais e morais sofridos

Deve ainda o juiz, ao proferir sentença condenatória, fixar o valor mínimo para reparação dos danos causados pela infração, considerando os prejuízos sofridos pelo ofendido (art. 387, IV, do CPP, incluído pela Lei 11.719/2008).

Há entendimento no sentido de que o juiz pode fixar, de ofício, tal reparação, quando houver comprovação nos autos do prejuízo sofrido pela vítima; isto porque, com tal providência, estaria o magistrado apenas reconhecendo, como autoriza o art. 91, I, do CP, o efeito extrapenal automático de toda a condenação, que é a de tornar certa a obrigação de se indenizar o ofendido pelo dano causado pela infração. Entretanto, registre-se posição em sentido contrário a exigir requerimento expresso, por parte da vítima ou do Ministério Público como fiscal da lei, vedando-se, ao juiz, a fixação do valor, *ex officio*, porque ofenderia os princípios do contraditório e da ampla defesa, afinal a defesa deve participar da discussão a respeito de um valor que lhe será exigido a título de indenização. E tanto mostra-se verdadeira essa posição que, para fixar-se o valor de sentença ilíquida, no cível, demanda-se a citação e participação em contraditório do devedor (art. 515, § 1º, do CPC), o que demonstra, claramente, que, na fixação do *quantum debeatur* (quanto se deve), o devedor não pode ficar alheio à tal discussão cujo resultado reverterá em seu prejuízo material.

Danos materiais e morais

Segundo o STJ[95], perfeitamente possível que se fixe, na decisão condenatória, a reparação por danos morais, quando houver elementos suficientes para o seu

---

95. STJ – AgRg no REsp 1.626.962/MS- 6ª T. Rel. Min. Sebastião Reis Júnior, DJe 16/12/2016.

arbitramento. Em outra decisão, o STJ[96] reconheceu a viabilidade da fixação de valor mínimo indenizatório, a título de dano moral, no caso de violência contra a mulher praticada no âmbito doméstico e familiar, desde que tenha havido a dedução de pedido expresso da acusação ou da parte ofendida, ainda que não especificada a quantia, e independentemente de instrução probatória. Entendeu-se que "O merecimento à indenização é ínsito à própria condição de vítima de violência doméstica e familiar. O dano, pois, é *in re ipsa*". No caso de dano material, será indispensável que a acusação, ou a vítima, tragam aos autos elementos de prova que possibilitem, ao juiz, fixar o *quantum* pretendido.

10.12.3.6.4.2. Retroatividade da reparação de danos

A Lei 11.719, de 20 de junho de 2008, introduziu o inciso IV, no art. 387, do CPP, prevendo a possibilidade de o juiz fixar o valor mínimo de reparação dos danos causados pela infração, considerando os prejuízos sofridos pelo ofendido.

Indaga-se: essa possibilidade de fixação na sentença do valor de reparação é aplicável apenas aos crimes cometidos posteriormente à data da edição da Lei (20/06/2008), ou pode a norma retroagir?

O STF[97] já pacificou a compreensão de que essa norma processual, possuiria efeitos materiais, de modo que não pode retroagir para prejudicar o réu.

Para nós, a norma em tela não possui efeitos materiais – de direito penal – que a impediriam de retroagir; é nitidamente norma processual que assegura à vítima a possibilidade de obter indenização, de maneira mais célere, sem a necessidade de proceder ao processo de liquidação do dano, no cível. O direito material do ofendido à reparação do dano sofrido pela infração é previsto no art. 91, I, do CP, sendo que o art. 397, IV, do CPP, apenas *instrumentalizou* maior rapidez nessa indenização pelos prejuízos causados, não havendo se falar em irretroatividade de lei penal (art. 2º, § único, do CP), mas sim de aplicação imediata de lei processual (art. 2º, do CPP). A única cautela – indispensável – é a de que, ao acusado, se faculte manifestar-se a respeito do pedido de indenização formulado pelo MP ou pelo assistente da acusação, a fim de se resguardar o contraditório e a ampla defesa.

10.12.3.6.4.3. Sentença condenatória e prisão preventiva ou outras medidas cautelares

Prevê o § 1º do art. 387 do CPP que o juiz decidirá, fundamentadamente, sobre a manutenção ou, se for o caso, a imposição de prisão preventiva ou de outra medida cautelar, sem prejuízo do conhecimento de apelação que vier a ser interposta.

---

96. STJ – Recurso Especial 1.675.874/MS (2017/0140304-3). Rel. Min. Rogerio Schietti Cruz.
97. Informativo do STF. 17/12/2014. STF. RvC 5437. Pleno. Rel. Min. Teori Zavascki.

É possível decretar-se a prisão preventiva, na sentença em que tenha se fixado o regime semiaberto ou aberto?

Há **duas posições** sobre o tema:

1ª Posição: Não é possível, por ser incompatível a imposição/manutenção de prisão preventiva na sentença condenatória a réu condenado a cumprir pena no regime inicial diverso do fechado, especialmente quando não há recurso da acusação quanto a esse ponto; para essa corrente, essa prisão cautelar, que nada mais é do que a imposição do regime fechado a quem teria direito a regime menos gravoso (semiaberto ou aberto) que o fechado, ofenderia o princípio da proporcionalidade[98]. Ante essa contradição entre a prisão preventiva e o regime diverso do fechado, já decidiu o STJ[99] no sentido de que, dada a incompatibilidade referida, seria possível ao juiz fazer uso de medidas cautelares diversas da prisão previstas no art. 319 do CPP, inclusive a prisão domiciliar (art. 318 do CPP).

2ª Posição: Não há incompatibilidade entre a prisão preventiva e a fixação do regime semiaberto, pois não seria lógico manter-se preso alguém durante todo o desenrolar da ação penal, e, mantendo-se os motivos que justificaram a prisão preventiva, libertá-lo, justamente após sua condenação, apenas porque foi agraciado com regime de execução diverso do fechado. A única ressalva, conforme já decidido pelo STJ[100], é a de que o sentenciado a quem foi decretada a prisão preventiva, aguarde o julgamento da apelação em regime adequado aquele fixado na sentença condenatória, ou seja, o semiaberto. Essa nos parece ser a melhor posição.

10.12.3.6.4.4. Sentença condenatória. Detração penal e fixação do regime inicial de cumprimento da pena. Sentença condenatória, prescrição e detração

Reza o § 2º do art. 387 do CPP que o tempo de prisão provisória, de prisão administrativa ou de internação, no Brasil ou no estrangeiro, será computado para fins de determinação do regime inicial de pena privativa de liberdade.

Em um primeiro momento, o juiz, aplica o método trifásico de aplicação da pena, chegando a determinada pena privativa de liberdade, mas sem fixar, ainda, o regime de cumprimento dessa pena. Exemplo: réu condenado pela prática de um homicídio qualificado a 12 anos de reclusão.

Depois de o magistrado ter chegado a essa pena privativa de liberdade de 12 anos de reclusão, irá descontar (detrair – utilizando o art. 42 do CP), *para fim de estabelecer o regime inicial de cumprimento de pena adequado*, o tempo em que o acusado permaneceu

---

98. STF. HC 118.257/PI. 2ª T. Rel. Min. Teori Zavascki. DJe 06/03/2014. STF. HC 115.786/MG. 2ª T. Rel. Min. Gilmar Mendes. DJe 20/08/2013.
99. STJ. Recurso em Habeas Corpus 52.407/RJ (2014/0258008-5). Rel. Min. Felix Fischer.
100. STJ. Recurso em Habeas Corpus 53.828/ES (2014/0305587-3). Rel. Min. Jorge Mussi. STJ. RHC 48.138/SP. 5ª T. Rel. Min. Jorge Mussi. DJe 04/11/2014. STJ. HC 289. 636/SP (2014/0045510-3). Rel. Min. Moura Ribeiro.

preso cautelarmente que será, por exemplo, de 4 anos de prisão provisória. Efetuado esse desconto, chega-se a uma pena privativa de liberdade de 8 anos de reclusão.

Fixada a pena, em razão da detração, em 8 anos de reclusão, ao juiz escolherá o regime inicial de cumprimento adequado: o regime fechado ou o semiaberto (art. 33, § 2º, *a* e *b*, do CP), podendo optar pelo regime mais brando (semiaberto), no caso de as circunstâncias judiciais serem favoráveis e se o acusado não for reincidente (art. 33, § 2º e 3º, do CP).

O abatimento do tempo de prisão provisória ocorre apenas para efeito de se estabelecer o regime de cumprimento de pena; a pena fixada inicialmente – no nosso exemplo – 12 anos de reclusão, permanece para todos os efeitos jurídicos, inclusive, para fins de cômputo do prazo prescricional. A detração propriamente dita da pena se dará perante o Juízo das Execuções Criminais.

Importante compreender que, em razão da detração operada na sentença condenatória, o magistrado não se vê obrigado a, sempre, escolher o regime mais brando possível, podendo determinar o cumprimento da pena em regime mais severo que o permitido em lei, desde que o fundamento na gravidade concreta das circunstâncias judiciais ou na reincidência do condenado. No nosso exemplo acima que trata de acusado condenado por homicídio, poderá entender o magistrado que, pelas circunstâncias judiciais do caso concreto – por exemplo, morte por esquartejamento em vida do ofendido – e pela reincidência, que não seja ele merecedor de regime mais brando.

Comunga do mesmo entendimento, Guilherme de Souza Nucci[101]: "Saliente-se, entretanto, deva o julgador computar a detração, abatendo-se o montante da pena fixada em razão do tempo de prisão provisória, não significando seja obrigado a estabelecer, sempre, o regime mais favorável. Aliás, a individualização da pena envolve a escolha do regime de cumprimento, abrangendo o fechado, o semiaberto e o aberto. Ilustrando, caso seja o réu condenado a 9 anos de reclusão, estando preso há 2, cumprirá, como pena definitiva, somente 7. Em tese, poderia receber o regime inicial semiaberto, desde que tenha merecimento. Imagine-se um acusado reincidente, com vários fatores negativos relativos aos elementos do art. 59 do Código Penal: deve iniciar no regime fechado, cabendo ao juiz da execução avaliar o momento ideal para a progressão".

Há entendimento no sentido de que o art. 387, § 2º, do CPP, ao prever que é possível fixar-se o regime inicial de pena, levando em conta a detração da pena seria inconstitucional, pelos seguintes motivos:

1º – ofenderia o princípio do juiz natural: apenas o juiz das execuções penais pode determinar a detração, e depois, auferindo os requisitos objetivos e subjetivos do preso, determinar o regime de cumprimento de pena.

2º – ofenderia o princípio da individualização da pena, em que deve ser observado o mérito do condenado, para que se analise se ele merece progredir.

Já reputamos como correta essa posição, mas, hoje, pensamos que o dispositivo legal em comento é constitucional, pelas seguintes razões:

---
101. Guilherme de Souza Nucci, Código Penal Comentado, p. 404.

1ª – não se trata, em verdade, de progressão de regime de cumprimento de pena, mas de fixação de seu regime inicial. A progressão de pena, sim, só pode ser decidida pelo Juízo das Execuções Criminais, estando posta sob sua análise o requisito objetivo de lapso temporal e o merecimento do encarcerado (art. 66, III, *b*, da Lei de Execuções Criminais). No caso em estudo, o condenado, tecnicamente, não progride de regime de execução, mas leva-se em conta, *para o fim de fixação do regime inicial de cumprimento da pena*, pelo juiz da condenação, o tempo em que ficou preso cautelarmente.

2ª – a vinculação da detração com o regime inicial de cumprimento da pena, pelo próprio juiz da condenação, é medida das mais práticas e justas, uma vez que o acusado tem o direito subjetivo de ver descontado, o mais rápido possível, o tempo em que efetivamente esteve preso, sem a necessidade de aguardar-se a decisão a respeito por parte do Juízo da Execução Criminal; ademais, pode haver a possibilidade de o condenado, com a subtração do tempo em que esteve preso, ser beneficiado com regime menos gravoso, desde que dele merecedor.

3ª – não se compromete o princípio da individualização da pena, pois, mesmo detraindo a pena, o juiz deverá levar em consideração, para fixar o regime inicial da pena, não apenas o *quantum* da pena, mas também as circunstâncias judiciais (art. 33, § 3º, do CP) e a eventual reincidência do condenado.

Com esse entendimento, o STJ.[102]

Vamos pensar na seguinte situação: a pena a ser estabelecida em sentença condenatória permitiria, em tese, o estabelecimento do regime inicial fechado; porém, com a detração do tempo em que o acusado permaneceu preso preventivamente, torna-se possível que seja fixado o regime aberto. Indaga-se: seria possível essa aparente progressão por salto, do regime fechado para o aberto?

Vamos exemplificar para melhor esclarecer. O réu foi condenado à pena de 9 anos de reclusão, pena essa que exige que o regime inicial de seu cumprimento seja o fechado (art. 33, § 2º, *a*, do CP). Ocorre que o condenado permaneceu provisoriamente preso por 5 anos, de modo que, o juiz da condenação, utilizando-se do instituto da detração, subtrairia, da pena originária, para o fim de se fixar o regime inicial de cumprimento da pena, o tempo de prisão provisória, que redundaria, portanto, em uma pena final de 4 anos de reclusão; nessa situação, se as circunstâncias judiciais forem favoráveis e o réu não for reincidente, poderá o juiz da condenação fixar, de plano, o regime inicial aberto, como permite o art. 33, § 2º, *b*, do CP).

E que não se alegue que houve progressão de regime por salto (*per saltum*), vedada pelo art. 112, *caput*, da Lei de Execução Criminal, uma vez que, como já vimos, não se trata de progressão de regime, que pressupõe a permanência do condenado em regimes distintos de pena, matéria sujeita ao Juízo das Execuções a quem cabe decidir se se encontram preenchidos o lapso temporal exigido e o mérito do reeducando; trata-se, em

---

102. STJ – 6ª T. HC 321808-SP, 6ª T., Min. Rel. Maria Thereza de Assis Moura, 09/06/2015.

verdade, de fixação de regime inicial de cumprimento de pena (forçosamente estabelecido antes do início da execução), matéria essa de competência do Juízo da condenação (que é o de conhecimento), o qual está autorizado a tanto, pelo art. 387, § 2º, do CPP.

E se, pela detração do tempo de prisão provisória, a pena vier a ser extinta?

Vamos exemplificar para melhor entendermos a questão.

O acusado "A" é processado e, ao final, condenado pela prática de um delito de tentativa de homicídio, à pena de 4 anos; ocorre que o acusado permaneceu provisoriamente preso por 5 anos... Certo que, nesse exemplo, a sanção estabelecida estará extinta, pela detração, o que deve ser decidido pelo juiz da condenação; caberá a esse magistrado *declarar a extinção da pena – por seu efetivo integral cumprimento*. O juiz deve declarar *a extinção da pena, e não da punibilidade*, pelas seguintes razões: no caso da extinção da pena, há o seu efetivo cumprimento pelo acusado; por outro lado, em se tratando de extinção da punibilidade, o que ocorre, em verdade, é a extinção de pena que poderia ser *potencialmente* estabelecida (e cumprida), pelo acusado, mas que não se concretiza, como, por exemplo, nos casos de ocorrência da decadência, perempção, prescrição, etc.

Sentença condenatória, prescrição e detração

Como se sabe, um dos efeitos da sentença condenatória, é a interrupção da prescrição (art. 117, IV, do CP).

A prescrição se regulará pela pena aplicada, de acordo com o art. 110, *caput*, e § 1º, do CP.

Pergunta-se: a pena fixada na sentença condenatória que regulará a prescrição é aquela sem a detração penal, ou a que já sofreu a detração?

Exemplificando para melhor esclarecer, uma pena de 12 anos de reclusão possui o lapso prescricional fixado em 16 anos (art. 109, II, do CP); no entanto, se houver a detração de 4 anos de prisão cautelar, a pena – detraída – será de 8 anos, pena essa que possui o lapso prescricional fixado em 12 anos (art. 109, III, do CP).

Pensamos que o único efeito possível da detração penal antecipada, pelo juiz de condenação (e não pelo de Execução), se vincula, exclusivamente, à fixação de regime inicial possivelmente mais benéfico ao sentenciado, mas sem ter o condão de mudar o prazo da pena concreta para efeitos de prescrição, cuja baliza continua sendo a pena inicial fixada inicialmente, *sem a detração*.

Com idêntico entendimento, Renato Brasileiro de Lima[103].

10.12.3.6.4.5. Sentença condenatória e pedido de absolvição

Importante lembrar que, consoante determina o art. 385 do CPP, nos crimes de ação pública, o juiz poderá proferir sentença condenatória, ainda que o Ministério

---

103. Renato Brasileiro de Lima, Curso de Processo Penal, p. 1526.

Público tenha opinado pela absolvição, bem como reconhecer agravantes, embora nenhuma tenha sido alegada. Tal possibilidade decorre da indisponibilidade da ação penal pública.

Porém, se a ação penal for privada, exclusiva ou personalíssima, e se o querelante tiver pedido absolvição, o juiz deverá extinguir a punibilidade, pela perempção (art. 60, III, do CPP), porque, nessa modalidade de ação, o princípio que vige é o da disponibilidade. Já no caso de ação penal privada subsidiária da pública, se o querelante pedir a absolvição, o juiz não poderá extinguir a punibilidade pela perempção, uma vez que, nessa hipótese, o MP deve reassumir a acusação, nos termos do que estabelece o art. 29 do CPP; isso porque, como se sabe, a verdadeira natureza jurídica dessa ação é pública e não privada, sujeita, desse modo, ao princípio da indisponibilidade.

10.12.3.6.4.6. Efeitos das sentenças condenatórias. Efeitos penais principais e secundários. Efeitos extrapenais. Efeitos extrapenais obrigatórios ou automáticos. Efeitos extrapenais específicos

Efeitos penais. Principais e secundários

Efeito penal principal

Segundo a doutrina, **o efeito principal ou primário** é de natureza penal e se consubstancia no cumprimento da sanção penal imposta.

Caso o condenado esteja preso preventivamente, e estabelecido, na sentença, o regime inicial semiaberto ou fechado, será possível que a pena – mesmo pendente recurso de apelação-seja imediatamente cumprida, a fim de beneficiar o acusado, o qual, com o transcurso do tempo de sua prisão, poderá ser beneficiado pela progressão de regime ou livramento condicional.

Nesse sentido o teor da Súmula 716 do STF: "Admite-se a progressão de regime de cumprimento de pena ou a aplicação imediata de regime menos severo nela determinada, antes do trânsito em julgado da sentença condenatória".

Essa verdadeira *execução provisória de pena* será decidida pelo Juízo das Execuções, a quem cabe dar, em regra, cobro à Sumula Vinculante 56, do STF, que dispõe o seguinte: "A falta de estabelecimento penal adequado não autoriza a manutenção do condenado em regime prisional mais gravoso, devendo-se observar, nessa hipótese, os parâmetros fixados no RE 641.320/RS".

Desse modo, se o condenado – pendendo recurso dessa condenação – estiver em regime mais gravoso que aquele fixado na sentença (*v.g.* está cumprindo pena em regime fechado quando a pena foi fixada no regime semiaberto), caberá ao Juízo da Execução providenciar sua readequação, seja concedendo regime domiciliar ao preso, seja determinando que a pena seja executada em regime apropriado aquele que foi fixado[104].

---

104. STF. Rcl 25200. Rel. Min. Luís Roberto Barroso.

Efeitos penais secundários ou reflexos

Já **os efeitos penais secundários ou reflexos**, também de natureza penal, da sentença condenatória são os seguintes: induz a reincidência (art. 63 do CP); regressão do regime de progressão de pena (art. 118, II, da Lei de Execução Criminal); revogação do *sursis* (art. 81, I, do CP); revogação do livramento condicional (art. 84 do CP).

Efeitos extrapenais. Efeitos extrapenais obrigatórios ou automáticos. Efeitos extrapenais específicos

Efeitos extrapenais. Conceito

São aqueles efeitos – de natureza civil, administrativa ou constitucional – produzidos por uma sentença condenatória.

Efeitos extrapenais obrigatórios ou automáticos de índole patrimonial

São aqueles previstos no art. 91 do CP, a que se submete o condenado, como também, no caso de sua morte, os seus herdeiros, com o trânsito em julgado da condenação.

O STF passou a entender que a presunção de inocência atuaria em favor do acusado até o momento em que a condenação é confirmada (ou estabelecida) em 2ª instância, de modo que a pena corporal poderá ser executada independentemente da interposição de recurso especial ou extraordinário[105]. Como decorrência lógica desse raciocínio, todos os efeitos extrapenais obrigatórios ou automáticos de índole patrimonial, a nosso ver, poderiam ser implementados, com a condenação de 2ª instância, sem a necessidade de aguardar-se o trânsito em julgado propriamente dito; afinal, como não se impor os efeitos da condenação, com a confirmação da condenação pela 2ª instância, se, com tal decisão, a pena corporal – a mais grave das sanções penais – já é executada?! Claro que, se a pena criminal já é executada, com a confirmação da condenação pela 2ª instância, seus efeitos extrapenais obrigatórios ou automáticos também deverão sê-lo. No entanto, fundamental ressaltar que esse entendimento NÃO FOI ACOLHIDO pelo Supremo[106], de modo que os efeitos da sentença condenatória, como a indenização do dano, perda do cargo ou função pública, só podem ser implementados após o efetivo trânsito em julgado da condenação (julgando-se todos os recursos interpostos).

Os efeitos extrapenais obrigatórios ou automáticos de índole patrimonial são os seguintes:

1 – tornar certa a obrigação de indenizar o dano causado pelo crime (art. 91, I, do CP)

Havendo o trânsito em julgado da sentença condenatória, a decisão passa a valer como título executivo judicial que pode ser executado no cível – cumprimento de sentença (art. 515, VI, do CPC).

---

105. STF – HC 126.292. Pleno.
106. STF – HC 152.752/Paraná. Rel. Min. Edson Faquin. Voto do Min. Alexandre de Moraes. STF – Recurso Extraordinário 696.533/Santa Catarina. Rel. Min. Luiz Fux. Voto-Vogal do Min. Alexandre de Moraes.

O trânsito em julgado da decisão condenatória define a questão da existência da obrigação de o condenado indenizar a vítima pelos danos causados – danos materiais e morais. Não se irá mais discutir, no cível, em um processo de conhecimento, essa obrigação do condenado, que já foi decidia, em definitivo, pela Justiça Criminal.

Segundo entendimento atual do STF[107], para fins de execução provisória da pena corporal, caracteriza-se o trânsito em julgado com a mera confirmação da condenação pelo Tribunal, independentemente da interposição de recurso especial ou extraordinário, uma vez que a análise das provas já teria se esgotado em 2ª instância.

Partindo dessa premissa, pode-se concluir, como seu consectário lógico, que, para fins de execução de valor a ser indenizado pelo acusado ao ofendido, o trânsito em julgado se caracterizará com a confirmação da condenação pela 2ª instância; se é jurídica a execução provisória da pena *corporal* do acusado, o que se dirá da execução provisória de valores *materiais* atinentes ao ressarcimento à vítima! Não obstante a lógica de tal argumentação, como vimos acima, essa compreensão do tema não teve acolhida no Pretório Excelso.

Claro que, se a pena criminal já é executada, com a confirmação da condenação pelo Tribunal, seu mero efeito automático – a indenização dos danos causados – também deverá sê-lo.

A questão, em suma, da obrigação do condenado a pagar uma indenização (*an debeatur*) ao ofendido se pacifica com o trânsito em julgado da condenação. Resta, agora, verificar qual deve ser o valor da indenização (é a questão do *quantum debeatur*). A imensa maioria das sentenças penais condenatórias, em sua fundamentação, se debruçam a respeito do fato criminoso em si, não restando uma linha sequer a respeito dos danos causados pela infração, até por total desconhecimento do juiz a respeito deste fato. Segue-se, então, que a sentença penal condenatória transitada em julgado, normalmente, é um título executivo judicial *ilíquido*, e que, por isso, precisa ser *liquidado*, citando-se o devedor para participar, em contraditório, dessa fase (art. 515, § 1º, do CPC).

Pode ser, entretanto, que o juiz, quando da prolação da sentença condenatória, fixe um valor mínimo de reparação dos danos causados pela infração, considerando os prejuízos sofridos pelo ofendido (art. 387, IV, do CPP). Fixado, de plano, um valor líquido de indenização, o ofendido poderá utilizar a sentença condenatória, como título executivo judicial, citando o devedor, no juízo cível, para o cumprimento da sentença, sem a necessidade de se utilizar do procedimento da liquidação. Claro que, se pretender, o ofendido, um valor maior de indenização do que aquele que foi fixada pelo juiz da condenação, terá que se valer, no cível, da utilização de um processo de liquidação, quanto a essa parte que pretende a mais de ressarcimento, como expressamente permite o art. 63, § único, do CPP.

O cumprimento de sentença condenatória pode ser instaurado em face do condenado – e apenas em face dele, enquanto estiver vivo, não sendo lícito constar como sujeito passivo processual o responsável civil que não participou da relação jurídica processual penal e que, portanto, não pode ser afetado por seus efeitos.

Mas o cumprimento de sentença pode constar como legitimados passivos, no caso de morte do condenado – devedor, também seus herdeiros, contanto que a dívida em

---

107. STF – HC 126292- Pleno

razão da indenização não supere as forças da herança. Exemplo: a herança transmitida ao filho de devedor orça a R$ 500.000,00 (quinhentos mil reais), enquanto que a dívida decorrente da infração penal foi estabelecida em R$ 1.000.000,00 (um milhão de reais); certo, então, que apenas o valor recebido a título de herança – R$ 500.000,00 será usado para indenizar o dano; os restantes valores (os outros R$ 500.000,00) não serão devidos, porque extrapolam as forças da herança recebida.

2 – Perda em favor da União, ressalvado o direito do lesado ou de terceiro de boa-fé, dos instrumentos do crime, desde que consistam em coisas cujo fabrico, alienação, uso, porte ou detenção constitua fato ilícito (art. 91, II, *a*, do CP)

Os objetos utilizados pelo sujeito ativo do crime denominam-se *instrumenta sceleris*, os quais, normalmente são apreendidos pela autoridade policial (art. 6°, II, do CPP), ou por ordem de busca e apreensão (art. 240, §§ 1°, e 2°, do CPP); se a posse desses instrumentos constituir, de per si, fato ilícito, serão confiscados à União, ressalvado o direito do lesado ou de terceiro de boa-fé. Se o instrumento do crime for lícito – *v.g.* um taco de bilhar ou de golfe, poderão ser restituídos ao acusado ou a um terceiro, antes ou depois da condenação. Quanto às armas de fogo apreendidas, deverão ser, depois de periciadas, enviadas, pelo Juízo competente, ao Comando do Exército, no prazo de 48 horas, para destruição ou doação aos órgãos de segurança pública ou às Forças Armadas (art. 25 da Lei 10.826/03).

3 – Perda em favor da União, ressalvado o direito do lesado ou de terceiro de boa-fé, do produto do crime ou de qualquer bem ou valor que constitua proveito auferido pelo agente com a prática do fato criminoso (art. 91, II, *b*, do CP)

O produto do crime é denominado pela doutrina de *producta sceleris* e se refere ao proveito imediato do crime auferido pelo agente. Exemplo: carro roubado ou furtado; celular roubado. O produto do crime deve ser devolvido, prioritariamente, ao ofendido, é claro; mas, se a vítima não for localizada ou não se interessar na sua restituição, o produto do crime será confiscado à União, simplesmente porque seria imoral que o condenado pudesse dele se apossar, sob pena de o crime compensar.

Além do produto do crime, ainda devem ser confiscados pela União, ressalvado os interesses do prejudicado e do terceiro de boa-fé, o proveito do crime (*fructus sceleris*), que nada mais é que o proveito indireto auferido pelo agente com a prática do crime. Exemplo: furta-se um carro e se adquirem, com o dinheiro da venda do veículo, 10 aparelhos celulares. Esses aparelhos são o proveito do crime (ou produto indireto), e não o produto da infração.

4 – Não sendo localizados o produto da infração ou proveito auferido pelo crime, ou no caso de se localizarem no estrangeiro, poderá ser decretada a perda em favor da União, ressalvado o direito do lesado ou de terceiro de boa-fé, de outros bens ou valores, de origem lícita, de valor equivalente, do condenado (art. 91, § 1°, do CP)

Nessa situação, o produto do crime (*v.g.*, o carro roubado), ou o proveito auferido pelo agente pela prática do crime (*v.g.*, os 10 celulares adquiridos com a venda do carro roubado) não são localizados; para que o condenado não se beneficie de sua própria torpeza em prejuízo da vítima, permite o § 1º do art. 91 do CP que o juiz determine o confisco de bens *lícitos* do condenado na proporção do valor do prejuízo. Exemplo: o acusado pratica um delito de roubo de automóvel importado cujo valor de mercado era de R$ 150.000,00 (cento e cinquenta mil reais); o automóvel, que é o produto do crime, não é localizado; no entanto, verifica-se que o acusado possui dois outros automóveis, de origem lícita, em seu nome, cujo valor, em conjunto, perfaz o prejuízo sofrido pelo ofendido com o roubo de seu automóvel. Assim, bastará que o juiz decrete o confisco daqueles dois automóveis do condenado. Como todo efeito automático da condenação, esse confisco de bens se estende, no caso de morte do condenado, aos seus herdeiros.

5 - Efeito da condenação na Lei de Lavagem de Dinheiro (art. 7º, I da Lei 9.613/98)

Condenado o acusado pelo crime de lavagem, surge como efeito a perda, em favor da União - e dos Estados, nos casos de competência da Justiça Estadual -, de todos os bens, direitos e valores, direta ou indiretamente, à prática dos crimes previstos na Lei, inclusive aqueles utilizados para prestar a fiança, ressalvado o direito do lesado ou do terceiro de boa-fé.

Efeito extrapenal obrigatório ou automático de índole constitucional

Suspensão dos direitos políticos do condenado

A condenação criminal transitada em julgado, enquanto persistirem seus efeitos, ocasiona, *automaticamente*, a suspensão dos direitos políticos do condenado, com fulcro no art. 15, III, da Constituição, de modo que ao sentenciado se impõe, temporariamente, a suspensão de sua capacidade eleitoral ativa e passiva (ou seja, o seu direito de votar e ser votado). Como é um efeito automático, não há necessidade de que conste expressamente da sentença condenatória.

Como esse efeito extrapenal depende do trânsito em julgado da condenação, o preso submetido a prisão cautelar (prisão preventiva ou temporária) possuiria o direito de votar e ser votado. O STF, porém, passou a entender que a presunção de inocência atuaria em favor do acusado até o momento em que a condenação é confirmada (ou estabelecida) em 2ª instância, de modo que a pena corporal poderá ser executada independentemente da interposição de recurso especial ou extraordinário[108]. Como decorrência lógica desse raciocínio, a suspensão dos direitos políticos advirá com a condenação de 2ª instância, sem a necessidade de aguardar-se o trânsito em julgado propriamente dito; afinal, como não se impor o efeito imediato da suspensão dos direitos políticos, com a confirmação da condenação pela 2ª instância, se, com tal decisão, a pena corporal - a mais grave das sanções penais - já é executada?! Claro que, se a pena criminal já é executada, com a confirmação da condenação pela 2ª

---

108. STF - HC 126.292. Pleno.

instância, seu mero efeito automático – a suspensão dos direitos políticos – também deverá sê-lo. Não obstante a lógica de tal argumentação, como vimos acima, essa compreensão do tema não teve acolhida no Pretório Excelso.

Extinta a pena ou cumprida a sanção, estará cessada a suspensão dos direitos políticos do condenado, que voltará a exercer seus direitos políticos em plenitude, independentemente de pedido de reabilitação criminal. Nesse sentido o teor da Súmula 9 do TSE: "A suspensão de direitos políticos decorrentes de condenação criminal transitada em julgado cessa com o cumprimento ou a extinção da pena, independentemente de reabilitação ou prova de reparação de danos".

Efeitos extrapenais específicos ou não – automáticos

Conceito. Necessidade de expressa menção e fundamentação

São aqueles efeitos administrativos e civis que incidem, no caso de sentença condenatória *transitada em julgado*, mas que devem ser expressamente inseridos na decisão, como preconiza o § único do art. 92 do CP.

Como vimos anteriormente, o STF, porém, passou a entender que a presunção de inocência atuaria em favor do acusado até o momento em que a condenação é confirmada (ou estabelecida) em 2ª instância, de modo que a pena corporal poderá ser executada independentemente da interposição de recurso especial ou extraordinário[109]. Como decorrência lógica desse raciocínio, todos os efeitos extrapenais específicos ou não automáticos da condenação, a nosso ver, serão implementados com a condenação de 2ª instância, sem a necessidade de aguardar-se o trânsito em julgado propriamente dito; afinal, como não se impor os efeitos da condenação, com a confirmação da condenação pela 2ª instância, se, com tal decisão, a pena corporal – a mais grave das sanções penais – já é executada?! Claro que, se a pena criminal já é executada, com a confirmação da condenação pela 2ª instância, seus efeitos automáticos ou não automáticos – também deverão sê-lo. No entanto, fundamental ressaltar que esse entendimento NÃO FOI ACOLHIDO pelo Supremo[110], de modo que os efeitos da sentença condenatória, como a indenização do dano, perda do cargo ou função pública) só podem ser implementados após o efetivo trânsito em julgado da condenação (julgando-se todos os recursos interpostos).

Além da expressa menção ao artigo 92, incisos I a III, do CP (a seguir enumerados), o juiz deve demonstrar, fundamentadamente, o motivo de aplicar, no caso concreto, tal ou qual efeito extrapenal específico, sob pena de nulidade dessa parte da decisão, como já decidiu o STJ.[111]

Como são efeitos da condenação, para que sejam implementados, não dependem de requerimento expresso da acusação ou do assistente da acusação, podendo ser aplicados, de ofício, pelo magistrado, sem prejuízo, é claro, de as partes, nas suas alegações

---

109. STF – HC 126.292. Pleno.
110. STF – HC 152.752/Paraná. Rel. Min. Edson Faquin. Voto do Min. Alexandre de Moraes. STF – Recurso Extraordinário 696.533/Santa Catarina. Rel. Min. Luiz Fux. Voto-Vogal do Min. Alexandre de Moraes.
111. STJ – 6ª T, HC 180.981/GO, Rel. Min. Celso Limongi- Desembargador convocado do TJ/SP, j. 18/11/2010, DJe 07/02/2011; STJ – 5ª T., Resp 810.931/RS, Rel. Min. Gilson Dipp, j. 19/06/2007, DJ 06/08/2007, p. 649.

finais orais, ou mesmo em plenário de julgamento pelo Júri, se manifestarem sobre o assunto, favoravelmente ou contrariamente, a tais efeitos.

Espécies de efeitos específicos ou não – automáticos da condenação

São previstos no art. 92 do CP, e são os seguintes:

1 – perda de cargo, função pública ou mandato eletivo, quando aplicada pena privativa de liberdade por tempo igual ou superior a um ano, nos crimes praticados com abuso de poder ou violação de dever para com a administração pública

O crime praticado deve ter relação com o cargo, função pública ou mandato eletivo, ou seja, o agente, no exercício de tais atividades públicas, ou em razão delas, pratica o ilícito. Para que se saiba se o crime foi praticado em violação de dever ou com abuso de poder, basta excluir a condição funcional do condenado; se dessa exclusão, se chegaria à conclusão de que o crime não teria sido praticado, pelo menos daquele modo, há um evidente liame entre a atividade pública e o crime, mostrando-se jurídica a imposição do efeito específico em estudo. Por outro giro, se, pela exclusão mental da atividade pública exercida pelo agente, o crime aconteceria de qualquer modo, não terá havido nexo entre a infração e a função pública, descabendo-se, por esse motivo, a imposição do efeito de perda de cargo, função pública ou mandato eletivo.

Além do nexo existente entre a atividade pública e crime, necessário que a pena imposta seja privativa de liberdade; se a pena privativa de liberdade for substituída por restritiva de direitos (art. 44 do CP), não caberá a imposição do efeito em tela, porque não é permitido, no direito penal, como se sabe, analogia *in malam parte*.

2 – perda de cargo, função pública ou mandato eletivo, quando aplicada pena privativa de liberdade superior a 4 anos em qualquer infração penal

Nessa hipótese não há nenhum vínculo entre a infração penal e a atividade pública exercida pelo agente.

Disciplina comum da perda de cargo, função pública ou mandato e eletivo – questões comuns

Trataremos de analisar algumas questões particulares decorrentes do efeito da perda do cargo, função pública ou mandato eletivo, quer no caso de condenação por crime praticado com abuso de poder ou de dever com a Administração Pública, quer também nos demais crimes praticados pelo agente público não relacionados à sua função (art. 92, I, *a*, e *b*, do CP).

Demissão pela autoridade administrativa

Tornada definitiva a sentença condenatória em que se impôs a perda do cargo, a autoridade administrativa responsável deve demitir automaticamente o servidor, não sendo cabível qualquer juízo de conveniência ou oportunidade administrativa quanto ao assunto.

Efeito permanente da perda do cargo, função ou mandato

A perda do cargo, função pública ou mandato eletivo como efeito extrapenal específico da condenação, acarreta a incapacidade permanente para o exercício de outra atividade pública, a qual se protrai no tempo, enquanto o condenado não for reabilitado; a ação de reabilitação (art. 93/95 do CP), se julgada procedente, assegura ao condenado o direito de exercer *outro* cargo, função pública ou mandato eletivo, mas não podendo retornar ao exercício da atividade anterior (art. 93, § único, do CP).

Pode a aposentadoria de servidor público ser cassada por decisão condenatória referente a crime praticado durante o exercício funcional?

Há duas posições a respeito do assunto no STJ; a primeira[112], entende que sim, bastando a declaração expressa e fundamentada do juiz, na sentença condenatória, de que o crime foi praticado quando o condenado estava em atividade; a segunda[113], que nos parece mais aceitável, se manifesta pela impossibilidade de se decretar a cassação da aposentadoria na sentença condenatória, sendo necessário processo administrativo para tanto. Realmente, se o efeito da condenação é a perda do cargo, função pública, ou mandato eletivo, pressupõe-se que o condenado esteja no exercício de tais atividades quando do édito condenatório; se já tiver se aposentado, a sentença, quanto a esse efeito, terá perdido seu objeto. Em suma, para se cassar a aposentadoria é necessário o uso de instrumento diverso: o processo administrativo.

Perda do cargo ocupado à época do delito

Se o acusado, durante o processo em que se lhe imputa a prática de crime cometido em razão do cargo público então exercido, por concurso público, passar a ocupar outro cargo, sua condenação, pela prática de crime ocorrido quando da função pública anterior, não se estenderá ao cargo atual. Em caso concreto, o STJ[114] decidiu que "A perda do cargo público, por violação de dever inerente a ele, necessita ser por crime cometido no exercício desse cargo, valendo-se o envolvido da função para a prática do delito. Dessa forma, como o crime em questão fora praticado quando o acusado era empregado público da Empresa Brasileira de Correios e Telégrafos, não poderia, sem qualquer fundamentação e por extensão, ser determinada a perda do cargo na UFPE (Universidade Federal de Pernambuco)".

Casos especiais de perda do cargo

Juízes e membros do MP

Só podem perder o cargo mediante ação judicial específica, em razão da garantia da vitaliciedade, de modo que, mesmo a condenação criminal transitada em julgado prolatada pelo Tribunal competente, não poderá declarar esse efeito. A perda do cargo,

---
112. STJ – 5ª T., Resp. 914.405/RS, Rel. Min. Gilson Dipp, j. 23/11/2010, DJe 14/02/2011.
113. STJ – 6ª T., RMS 31.980/ES, Rel. Min. Og Fernandes, j. 02/10/2012.
114. STF – REsp 1452935. 5ª T. Rel. Min. Reynaldo Soares da Fonseca.

no caso de membros do Ministério Público dos Estados, dependerá, em primeiro lugar, do trânsito em julgado da sentença penal condenatória; depois, do ajuizamento de ação civil proposta pelo Procurador-Geral de Justiça, impondo-se, como condição de procedibilidade, que haja prévia autorização pelo Colégio de Procuradores. Essa última decisão – do cível – de perda do cargo deve, igualmente, transitar em julgado, para que gere o efeito de sua efetiva perda. Em miúdos: "É dizer, a ação penal transitada é condição *sine qua non* para a instauração da ação civil, da qual também não caiba mais recurso"[115].

Trata-se, em suma, de aplicar-se o princípio da especialidade – a Lei Orgânica Nacional do Ministério Público (art. 38, §§ 1º e 2º, da Lei 8.625/93), ao tratar especificamente da perda de cargo de membro do *Parquet*, com regras próprias, as quais devem prevalecer sobre as regras gerais do Código Penal (*lex specialis derogat generali*)[116].

Militares

Policiais militares poderão, se condenados com o trânsito em julgado, *v.g.*, pela prática de crime doloso contra a vida de civil (que é um crime comum e não militar, sujeito à competência da Justiça Comum), perder o cargo militar. Da mesma forma, integrante das Forças Armadas que pratique delito comum e seja condenado pela Justiça Comum poderá perder o seu cargo.

Senadores e Deputados Federais

Proferida condenação criminal transitada em julgado, pelo STF, a perda do cargo estará condicionada à soberana decisão, conforme o caso, do *plenário* da Câmara dos Deputados ou do Senado Federal, através de voto secreto e maioria absoluta (art. 55, § 2º, da CF)[117]. Em outras decisões, proferida pela 1ª Turma do STF[118], condenou-se deputado federal a pena superior a 12 anos de reclusão, em regime fechado; decidiu-se, então, que a perda do mandato do parlamentar seria decretada, automaticamente, pela *Mesa Diretora da Câmara dos Deputados e não pelo Plenário*, com base no seguinte raciocínio: de acordo com art. 55, III e § 3º, da Constituição Federal, perde, *por decisão da Mesa Diretora da Casa Legislativa*, o mandato do parlamentar que falte a um terço das sessões ordinárias; ora, o parlamentar condenado a pena de 12 anos de reclusão, em regime fechado, fatalmente faltará a mais de um terço das sessões, incorrendo na punição de perda do mandato; logo, como será declarada a perda de seu cargo, não se mostra necessário que a questão seja submetido ao Plenário, decretando-se, a perda do mandato, automaticamente, pela Mesa Diretora da Câmara dos Deputados.

Salientou-se, porém, que, no caso de o parlamentar ter sido condenado criminalmente a cumprir pena privativa de liberdade em regime inicial aberto ou semiaberto,

---

115. Informativo do STF. 09/11/2017. STF. Mandado de Segurança (MS) 35221. Rel. Min. Ricardo Lewandowski.
116. STJ. Recurso Especial 1.251.621/AM (2011/0082630-6) (f). Rel. Min. Laurita Vaz. STJ – AgRg no Recurso Especial 1.409.692/SP (2013/0338346-9). Rel. Min. Reynaldo Soares da Fonseca.
117. STF. AP 470. Rel. Min. Joaquim Barbosa.
118. STF – AP 694. 1ª T. Rel. Min. Rosa Weber. STF – AP- 863. 1ª T. Rel. Min. Edson Fachin.

regimes esse que autorizam o trabalho externo, não haverá, necessariamente, a perda do mandato, uma vez que nada impede que o condenado cumpra a sanção e, ao mesmo tempo, exerça suas funções no legislativo.

Entende-se que essa prerrogativa dos parlamentares federais de não perderem o cargo senão por decisão da Casa Legislativa a que pertencem, não se estende aos prefeitos, governadores, presidente da república, deputados estaduais e vereadores, pois, em relação a eles, é permitido que percam o cargo eletivo como efeito da condenação, que é o de suspenderem-se os direitos políticos[119].

Crime de tortura

A condenação, do servidor público, pelo crime de tortura traz como efeito automático, sem a necessidade de expressa menção e fundamentação, a perda do cargo, função pública e a interdição para o seu exercício pelo dobro do prazo da pena aplicada (art. 1º, § 5º, da Lei 9.455/97).

Crimes de racismo

Será efeito da condenação a perda do cargo ou da função pública aplicável ao servidor público, independentemente da quantidade da pena, que pode ser inclusive restritiva de direitos ou de multa, desde que expressamente fundamentado tal efeito (art. 16 da Lei 7.716/89).

Licitações

Servidores públicos que cometam crimes previstos na Lei de Licitações (Lei 8.666/93), consumados ou tentados, independentemente da quantidade da pena aplicada, que pode ser inclusive restritiva de direitos ou de multa, perderão o cargo desde que expressamente fundamentado tal efeito.

2.1. Interdição de funções pela Lei de Lavagem de Capitais (art. 7º, II, da Lei 9.613/98)

É efeito automático da condenação a interdição do exercício de cargo ou função pública de qualquer natureza e de diretor, de membro de conselho de administração ou de gerência de pessoas jurídicas, pelo dobro do tempo da pena privativa de liberdade aplicada.

3 – incapacidade para o exercício do poder familiar, da tutela ou da curatela nos crimes dolosos sujeitos à pena de reclusão cometidos contra outrem igualmente titular do mesmo poder familiar, contra filho, filha ou outro descendente ou contra tutelado ou curatelado (redação atual do inciso II do art. 92, do CP, alterado pela Lei 13.715, de 24 de setembro de 2018)

Para que se imponha esse efeito específico, basta que o crime seja doloso e que a pena cominada, em abstrato, seja privativa de liberdade, e de reclusão. Pouco importará

---

119. Informativo do STF. 22/05/2015. Suspensão de Liminar (SL) 864. Rel. Min. Ricardo Lewandowski.

que a pena concretamente fixada seja substituída por penas restritivas de direitos (art. 44 do CP): o efeito extrapenal referente à incapacidade de poder familiar, tutela e curatela se mantêm.

O efeito dessa incapacidade civil se estende não apenas ao filho, tutelado ou curatelado que sejam os sujeitos passivos da infração penal, mas também a todos aos outros filhos, tutelados ou curatelados que possua eventualmente o condenado; visa-se, assim, a proteção de quem estava submetido ao seu poder familiar, tutela ou curatela.

Como tivemos a oportunidade de dizer em outras oportunidades, os efeitos da condenação, inclusive o da incapacidade, devem ser implementados, a nosso ver, a partir do momento em que a condenação é confirmada pela 2ª instância, cessando, a partir desse momento, a presunção de inocência, conforme decisão do Pretório Excelso[120]. Todavia, como já dissemos alhures, esta posição não vingou junto ao Supremo.

Efeito permanente da incapacidade

A incapacidade para o exercício do pátrio poder, tutela e curatela, como efeito extrapenal específico da condenação, acarreta a incapacidade permanente de seu exercício, quer em relação ás vítimas do crime, quer quanto a outros filhos, tutelados ou curatelados do agente, como vimos. Tal efeito, assim, se protrai no tempo, enquanto o condenado não for reabilitado; a ação de reabilitação (arts. 93/95 do CP), se julgada procedente, assegura ao condenado o direito de voltar a exercer o pátrio poder, tutela ou curatela, *desde que não volte a situação anterior*, ou seja, desde que a vítima de seu crime não seja, novamente, submetida a seu pátrio poder, tutela ou curatela (art. 93, § único, do CP).

4 – incapacitação para dirigir veículo, quando utilizado como meio para a prática de crime doloso

No caso de o agente ser condenado por ter praticado crime doloso (incluindo o dolo direito e eventual), utilizando como instrumento da infração qualquer veículo (carro, lancha, avião, etc), ficará inabilitado para conduzi-los, como efeito da condenação.

Se quiser voltar a conduzir tais veículos, dependerá de ser reabilitado (arts. 93/95 do CP), e, enquanto não o for, o efeito irá se prolongar no tempo por prazo indeterminado.

5 – Cassação do documento de habilitação ou proibição de obter a habilitação para dirigir veículo automotor

Reza o art. 278-A do Código de Trânsito Brasileiro (Lei 9.503/1997), inserido pela Lei 13.804, de 10 de janeiro de 2019, que o condutor que se utilize de veículo para a prática do crime de receptação (art. 180 do CP), descaminho (art. 334 do CP), e contrabando (art. 334-A) do Código Penal, se condenado, por tais delitos, em decisão

---

120. STF – HC 126.292. Pleno.

transitada em julgado, terá cassado seu documento de habilitação ou será proibido de obter a habilitação para dirigir veículo automotor pelo prazo de cinco anos. Essa cassação ou proibição devem ser fundamentadas expressamente na sentença, apontando o nexo de causalidade entre a infração cometida com utilização do veículo, e a restrição temporária de direitos como consequência; em miúdos: o agente que abusa do direito de dirigir, cometendo crimes mediante utilização de veículos, perde esse direito, por prazo juridicamente relevante: 5 anos.

10.12.3.7. Publicação da sentença

10.12.3.7.1. Conceito

É o procedimento ou o ato de tornar pública uma sentença, disponibilizando – a às partes, bem como a qualquer um do povo, como forma de se efetivar o princípio constitucional da publicidade dos julgamentos pelo Judiciário.

Consoante o art. 389 do CPP, a sentença será publicada em mão do escrivão, que lavrará nos autos o respectivo termo (termo de publicação de sentença), registrando – a em livro especialmente destinado a esse fim.

A sentença enquanto não for publicada, traduz mero ato intelectual do magistrado, sem existir no mundo jurídico, o que passará a acontecer apenas quando for publicada.

Caso a sentença seja prolatada em audiência de instrução, debates e julgamento ou em plenário de julgamento pelo Júri, considera-se publicada na própria audiência, e as partes presentes intimadas, por sua leitura, sem a exigência de maiores formalidades (art. 798, § 5º, b, do CPP). Nessa situação, em um só ato se publica a sentença, tornando – a um ato jurídico – processual, ao mesmo tempo em que se intimam as partes do seu teor.

Sendo a sentença elaborada pelo magistrado em outro momento em que não o em audiência, caberá entregar a sentença impressa ao escrivão, que lavrará nos autos o "Termo de Sentença", registrando – a em livro próprio de registro de sentenças (art. 389 do CPP). Providenciadas pelo escrivão tais formalidades exigidas em lei, considera-se, então, publicada a sentença, o que lhe dá existência como ato jurídico, possibilitando que, a partir desse momento, produza efeitos no mundo jurídico.

No caso de processo eletrônico, a sentença é publicada, isto é, torna-se pública, com a sua anexação ao processo digital, previsto na Lei 11.419/06; inclusive o livro cartorário de registro de sentença poderá ser gerado e armazenado em meio totalmente eletrônico (art. 16 da Lei 11.419/06).

Como bem aponta Renato Brasileiro de Lima[121], "Não se deve confundir, portanto, a publicação em cartório, que se dá quando a sentença é entregue nas mãos do escrivão, com a intimação das partes, a ser feita pessoalmente ou por meio de publicação na imprensa. A intimação das partes representa apenas o termo inicial

---

121. Renato Brasileiro de Lima, Curso de Processo Penal, p. 1543.

para o exercício de um direito – o de recorrer – que preexiste, nascido no dia em que se proferiu o julgado".

As decisões proferidas pelos Tribunais tornam-se públicas no próprio ato de julgamento, quando se anuncia o resultado.

10.12.3.7.2. Efeito penal da publicação da sentença condenatória

A publicação da sentença ou acórdão condenatórios recorríveis interrompem a prescrição (art. 117, IV, do CP).

10.12.3.7.3. Exaurimento da jurisdição e possibilidade de modificação do teor da sentença publicada

Enquanto a sentença não for lida em audiência ou em plenário de julgamento pelo Júri (ou, o que é mais comum, disponibilizada a sentença impressa às partes, ou ainda inserida no processo eletrônico), esse ato intelectual pode ser revisado, alterado, modificado em todos os seus termos; mas, a partir do momento em que as partes, e o público em geral, tomarem conhecimento de seu teor, tornado público, não poderá mais, em regra, existir qualquer alteração em seu conteúdo.

Da mesma forma, quando publicada a sentença em mão do escrivão, não será lícita sua alteração pelo magistrado.

Sendo assim, publicada a sentença, o juiz não exerce mais, em regra, o poder de decidir, novamente, o mérito da causa penal, que se já se encontra, através de ato decisório seu, exaurido; entretanto, não perde o magistrado, de todo, o poder jurisdicional, como se verá.

Há dispositivos do CPC que são utilizáveis, por analogia, ao CPP, como permite o art. 3º do CPP, os quais autorizam a alteração, no mérito, da sentença já publicada pelo próprio juiz prolator. O artigo 494 do CPC permite que, depois de publicada a sentença, o juiz a altere para corrigir, de ofício ou a requerimento da parte, inexatidões materiais ou erros de cálculo, o que também é possível mediante a oposição de embargos de declaração.

Pode ser alterada a sentença também no caso de procedência de recurso que tenha efeito regressivo (v.g., recurso em sentido estrito), ou seja, aquele em que a própria autoridade prolatora da decisão pode dela se retratar.

O juízo de prelibação dos recursos – de verificação de sua admissibilidade – das decisões proferidas em 1ª instância, são exercidas pelo Juízo sentenciante, que pode receber ou não, fundamentadamente, os recursos interpostos, de modo que continua o magistrado com poder jurisdicional, mesmo no caso de já ter se exaurido, quanto ao mérito, a função jurisdicional.

Por derradeiro, as causas extintivas da punibilidade, como a morte do condenado ou a prescrição podem ser reconhecidas a qualquer tempo (art. 61 do CPP), mesmo após a publicação da sentença.

10.12.3.8. Intimação das sentenças

Intimação do MP, querelante e assistente

O MP deverá ser intimado pessoalmente (art. 390 do CPP).

O querelante ou o assistente será intimado da sentença, pessoalmente ou na pessoa de seu advogado. Se nenhum deles for encontrado no lugar da sede do juízo, a intimação será feita mediante edital com o prazo de 10 dias, afixado no lugar de costume (art. 391 do CPP).

Intimação do acusado e seu defensor

Quanto à intimação do acusado e do seu defensor, embora haja uma série de regras de intimação da sentença previstas no art. 392 do CPP, a jurisprudência e doutrina majoritárias entendem imprescindível a intimação do réu, pessoalmente, ou, por edital, se não for encontrado, *e* também a intimação do seu defensor, especialmente se a sentença for condenatória. A imprescindibilidade de tentar-se intimar o acusado pessoalmente reside no fato de o acusado possuir capacidade postulatória e poder recorrer de sua condenação ou mesmo de sua absolvição, quando não aquiescer com o fundamento do decreto absolutório, como se dá, *v.g.*, no caso de absolvição por insuficiência de provas, em que o sentenciado pretenda a mudança do fundamento absolutório para a inexistência do fato ou para aquele em que se afirme que o acusado não foi seu autor, a fim de resgatar sua honra e evitar possível futura indenização no cível.

No entanto, **importante registrar que as intimações, quanto ao acusado, das decisões proferidas pelos Tribunais, mesmo aquelas que condenem o réu apenas em grau de recurso, se concretizarão com a mera publicação do acórdão pela imprensa, não se exigindo sua intimação pessoal**, como já decidiu o STJ[122].

Contraditoriamente, o mesmo STJ[123], que teria por missão constitucional justamente a uniformização do direito federal, decidiu de maneira contrária: da condenação proferida, pela primeira vez, perante o Tribunal, em grau de recurso interposto pela acusação (hipótese em que o réu é absolvido em 1ª instância, o MP apela e o Tribunal dá provimento ao recurso e condena), imprescindível a intimação pessoal do réu e de seu defensor.

Melhor analisando a questão, pensamos que, condenado o acusado pelo Tribunal, em razão do provimento do recurso da acusação contra a sentença absolutória de 1ª instância, atende com maior eficácia aos princípios da ampla defesa e do contraditório que seja ele intimado pessoalmente do acórdão condenatório. De idêntica maneira, aquele que é condenado pelo Tribunal em julgamento originário- hipótese de foro por prerrogativa de função- também deve ser intimado pessoalmente da condenação. Em suma, para nós, a intimação pessoal da condenação ao acusado, em primeira ou segunda instância, é uma obrigação do Estado.

---

122. STJ – 5ª T.-HC 111.698/MG, Rel. Min. Felix Fischer, j. 05/02/2009, DJe 23/03/2009; STJ – 5ª T. – HC 196.784/SP, Rel. Min. Gilson Dipp, j. 09/08/2011, DJe 26/08/2011.
123. STJ – 5ª T. – HC 74.550/MG, Rel. Min. Gilson Dipp, j. 17/05/2007, DJ 29/06/2007, p. 681.

Claro que, sendo o caso de defensor nomeado ou da Defensoria Pública, haverá a intimação pessoal do profissional como preconiza o § 4º do art. 370 do CPP, inclusive das decisões condenatórias proferidas pelo Tribunal.

A intimação do réu por edital só será admitida se não for ele localizado, e terá o prazo de 90 dias, se tiver sido imposta pena privativa de liberdade por tempo igual ou superior a um ano, e de 60 dias, nos outros casos (art. 392, § 1º, do CPP).

Sentença proferida em audiência ou plenário

Se a sentença tiver sido proferida em audiência ou em plenário de julgamento pelo Júri, as partes e o réu, se presentes, serão considerados intimados através da publicação da sentença que se dá com sua leitura (art. 798, § 5º, *b*, do CPP).

10.12.3.9. Princípio da correlação entre a acusação e sentença. Emendatio libelli e mutatio libelli

10.12.3.9.1. Noções gerais

A sentença, no caso das ações penais condenatórias, deve ter por objeto de sua decisão os fatos narrados na denúncia ou queixa (causa de pedir ou *causa petendi*), dos quais se defende o acusado. Imprescindível, assim, que haja uma correlação entre os fatos narrados na acusação e aquilo que será julgado quando da sentença.

A sentença não poderá julgar a mais do que foi pedido (*ultra petita*), nem fora do que foi pedido (*extra petita*); se o fizer, a sentença será nula, especialmente se a decisão for condenatória, por ofensa à ampla defesa; afinal, o acusado seria surpreendido se for condenado por fatos criminosos dos quais não era acusado inicialmente, e que não pôde, assim, se defender. Exemplo: réu acusado pelo delito de roubo, imputação da qual se defendeu durante todo o procedimento, é surpreendido por sentença que o condena pelo delito de receptação; decisão tipicamente *extra petita*.

Interessante notar que o juiz poderia julgar a menos do que foi pedido (*citra petita*), quando, por exemplo, descrevesse, a acusação, um delito consumado, e o juiz entendesse que o crime não ultrapassou a fase da tentativa, condenando o réu pelo crime tentado e não pelo consumado. Na verdade, não se trata, propriamente, de julgamento *citra petita*, mas de julgamento do fato como um todo – e não a menos do que imputado – apenas o adequando, de acordo com o convencimento jurídico do magistrado, à figura da tentativa e não do crime consumado.

Com a finalidade de se resguardar o princípio da correlação, o CPP prevê os institutos da *emendatio libelli* e da *mutatio libelli*.

10.12.3.9.2. Emenda da acusação. Emendatio libelli

10.12.3.9.2.1. Previsão legal

Dispõe o art. 383, *caput*, do CPP que o juiz, sem modificar a descrição do fato contida na denúncia ou queixa, poderá atribuir-lhe definição jurídica diversa, ainda que, em consequência, tenha de aplicar pena mais grave.

Como o acusado defende-se dos fatos imputados a ele na denúncia ou queixa e não de sua classificação jurídica, o juiz, sem que haja necessidade de aditamento da peça acusatória ou abertura de vista para a defesa se manifestar, julgará, imediatamente, dando a definição jurídica aos fatos que entender mais apropriada, mesmo que a pena seja mais grave.

Através da *emendatio libelli* o juiz poderá reconhecer qualificadoras, causas de aumento de pena, e até condenar pela prática de mais um crime, desde que todas essas circunstâncias ou elementares fáticas estejam *descritas na peça acusatória*, embora não inseridas na classificação dos crimes constantes da denúncia ou queixa.

10.12.3.9.2.2. *Emendatio libelli* e julgamento pelo Tribunal

É aplicável a *emendatio libelli* pelo Tribunal, mas, se for recurso exclusivo da defesa, não será possível, através da retificação da classificação do crime, impor ao acusado pena mais grave, em razão da vedação à *reformatio in pejus* (art. 617 do CPP). No entanto, o inverso não é verdadeiro: será permitido que o Tribunal, em recurso da defesa ou mesmo recurso exclusivo da acusação, emendar a acusação, de ofício, mesmo sem pedido das partes, acarretando a redução da pena originariamente fixada, pois, no processo penal, se admite a *reformatio in mellius*.

10.12.3.9.2.3. *Emendatio libelli* e proposta de suspensão condicional do processo

Se, em consequência de definição jurídica diversa, houver possibilidade de proposta de suspensão condicional do processo, o juiz procederá de acordo com o disposto no art. 89 da Lei n. 9.099/95, que disciplina o instituto (art. 383, § 1º, do CPP).

10.12.3.9.2.4. *Emendatio libelli* e incompetência

Operada a modificação da classificação jurídica do fato pelo juiz, tratando-se de infração da competência de outro juízo, a este serão encaminhados os autos (art. 383, § 2º, do CPP), se, em razão da *emendatio* operada pelo juiz, o crime passar a ser de competência de outro juízo.

10.12.3.9.2.5. Classificação doutrinária da *emendatio libelli*

De acordo com classificação doutrinária[124] podemos apontar 3 espécies de *emendatio libelli*:

1ª – *Emendatio libelli* por erro na capitulação da peça acusatória:

A denúncia ou queixa, ao classificar a infração penal, equivoca-se na menção dos artigos de lei, o que pode ser corrigido, de ofício, pelo juiz, quando da prolação

---

124. Renato Brasileiro de Lima, Curso de Processo Penal, p. 1549/1550.

de decisão de pronúncia ou de condenação. Trata-se de mero erro material da parte classificatória da denúncia ou queixa.

2ª – *Emendatio libelli* por interpretação diversa dos mesmos fatos

A denúncia ou queixa, após narrar os fatos delitivos, aponta um figurino típico, na interpretação do acusador, adequado. Ocorre que o magistrado, quando da prolação de sentença ou pronúncia, discorda da interpretação dada aos mesmos fatos pelo acusador, e apresenta outra tipificação. Exemplo: é oferecida denúncia pela prática de furto, mesmo tendo o acusado, no momento da subtração, empurrado a vítima, e arrancado a corrente do seu pescoço; ora, nesse caso, evidente que o delito cometido foi o de roubo e não de furto, de modo que poderá o juiz, dando uma interpretação diversa (e correta), aos mesmos fatos narrados na denúncia, capitular o crime como sendo o de roubo. Também é possível ao magistrado, nessa modalidade de *emendatio*, desclassificar o crime de consumado para tentado, sem que seja necessário ao MP aditar previamente a denúncia[125]. De igual forma, no sentido inverso, não há empecilho que o juiz condene por crime consumado, quando o crime descrito na peça acusatória narre uma tentativa. Exemplo: o promotor ofereceu denúncia pelo delito de roubo tentado, quando o agente subtrai o celular da vítima e é preso em flagrante, momentos depois, sem que tenha tido "a posse mansa e pacífica do bem subtraído; ora, como esse entendimento é absolutamente superado pela jurisprudência mais moderna[126], nada impede que o juiz venha a condenar o acusado por roubo consumado, e não tentado como articulou a acusação, sob o fundamento de que, em se tratando de crime patrimonial, mostra-se como irrelevante a posse – pacífica ou não – de bem que saiu – mesmo que por instantes – da esfera de poder de seu possuidor ou detentor. Como a defesa se manifesta a respeito dos fatos – e os fatos são os mesmos, embora possam ter interpretações diversas, não há qualquer ofensa ao contraditório e à ampla defesa, com esse procedimento.

3ª – *Emendatio libelli* por afastamento de elementar e/ou circunstância

Durante a instrução ocorre uma alteração do panorama probatório, apontando-se que determinada elementar do fato típico ou algumas de suas circunstâncias não existiram efetivamente e devam ser, em razão disso, suprimidas quando da prolação de sentença.

Exemplos: réu acusado de praticar um roubo mediante concurso de agentes, emprego de arma de fogo e restrição da liberdade da vítima (art. 157, § 2º, II, V c.c. § 2º-A, I[127], do CP); durante a instrução do processo, apura-se que, na verdade, a arma utilizada pelo agente era de brinquedo e que a vítima não ficou sequer 2 minutos em seu poder; diante desse quadro probatório alterado, o juiz, ao prolatar sentença, poderá

---

125. STJ. HC 297.551/MG (2014/0152418-0). Rel. Min. Rogério Schietti Cruz.
126. Súmula 582 do STJ: "Consuma-se o crime de roubo com a inversão da posse do bem mediante emprego de violência ou grave ameaça, ainda que por breve tempo e em seguida à perseguição imediata ao agente e recuperação da coisa roubada, sendo prescindível a posse mansa e pacífica ou desvigiada".
127. O tipo penal do delito de roubo foi alterado pela Lei 13.654, de 23 de abril de 2018.

afastar as duas causas de aumento de pena (emprego de arma que pressupõe ser um instrumento efetivamente vulnerante, e restrição de liberdade da vítima que só ocorre quanto permanece em poder do roubador por tempo significativo), condenando o acusado pela prática do delito de roubo agravado apenas pelo concurso de agentes.

Para proferir essa sentença não será necessário que se abra vista as partes, podendo o juiz decidir de ofício essa questão.

Se, em virtude do afastamento de circunstâncias do fato delituoso, a pena mínima do delito não ultrapassar a 1 ano, será permitida, em tese, a proposta de suspensão condicional do processo. Como vimos ao tratar do instituto da suspensão condicional do processo, caberá ao juiz não julgar no mérito, condenando o acusado pelo crime desclassificado, mas, simplesmente apontar para a possibilidade do benefício, ao mesmo tempo em que determina a abertura de vista ao MP para tal fim.

Tratamos até aqui da supressão de circunstâncias do delito que alteram sua classificação (exemplo do roubo com afastamento de duas causas de aumento de pena), o que pode ser operada, pelo juiz, de ofício, quando da prolação de sentença.

Pergunta-se: e se a supressão for de elementar do fato típico, e não de sua mera circunstância, o juiz poderá aplicar a nova configuração típica, de ofício, sem necessidade de participação das partes?

Vamos exemplificar para melhor discutir a questão. Instaurado processo pela prática de delito de roubo simples – agente empurrou violentamente a vítima, que caiu ao chão, e teve seu celular subtraído. Durante a instrução, o ofendido esclarece que, em verdade, seu celular foi subtraído enquanto falava caminhando pela rua, sem o emprego de qualquer violência. Diante dessa alteração probatória, é caso de desclassificar-se a conduta do acusado de roubo simples para furto simples. Pergunta-se então, novamente: **o juiz poderá operar a essa desclassificação, de ofício, sem a participação das partes, condenando o acusado pelo furto e não pelo roubo?**

Pode-se entender que sim[128], pois o cerne da acusação – subtrair coisa alheia móvel – permaneceu, afastando-se, apenas, a elementar do tipo penal que é a *violência* ínsita ao roubo, de modo que não haveria prejuízo ao contraditório e a ampla defesa, pois, tanto o defensor técnico quanto o acusado, puderam se defender da imputação de subtrair coisa alheia móvel. Pode haver outra posição no sentido de que, como houve o afastamento de uma elementar do tipo (violência contra a pessoa), e, em razão disso, a subsunção a outro tipo penal – do art. 157, *caput*, para o art. 155, *caput*, do CP, haveria a necessidade de aditamento da peça acusatória pelo MP, e de manifestação pela defesa, nos termos do que prescreve o art. 384 do CPP (*mutatito libelli*), a seguir estudado, como uma forma de se assegurar, efetivamente, o contraditório e a ampla defesa. Parece – nos que essa última posição é mais consentânea com uma interpretação constitucional do processo penal, pois não há como se negar que a condenação por furto, e não por roubo, cuja imputação o acusado se defendeu o processo inteiro, o surpreenderia (embora tal "desclassificação" resulte em pena

---

128. Vicente Greco Filho, Manual de Processo Penal, p. 308.

menor), a ponto de *impedir que sua defesa pudesse apresentar teses especificamente adaptadas à nova imputação típica*. Explicamos. Havendo a desclassificação de roubo para furto, de ofício, pelo juiz, sem permitir a participação dialética das partes quanto à nova configuração típica, não irá se oportunizar, *v.g.*, que a defesa pudesse sustentar a insignificância do valor do bem subtraído (se for bem menor que um salário mínimo); o arrependimento posterior pela reparação do dano ou restituição da coisa, nos crimes cometidos sem violência, até o recebimento da denúncia (art. 16 do CP). É evidente, assim, o prejuízo, ao menos potencial, à ampla defesa e ao contraditório, sem falar que à acusação, e mais precisamente ao fiscal da lei – membro do Ministério Público – não se permitirá que se manifeste a respeito do novo tipo do injusto e de seus desdobramentos penais.

Em caso concreto decidido pelo STJ[129], reputou-se inválida a "desclassificação" de delito doloso para sua forma culposa, na sentença, mesmo que tenha acarretado pena menor ao acusado, sem que, antes, tenha se procedido à *mutatio libelli* (art. 384 do CPP), com o consequente aditamento da denúncia por parte do *dominus litis*.

Entendeu-se que a alteração da modalidade dolosa para a culposa, na sentença condenatória, mostrava-se ofensiva à regra da correlação entre acusação e sentença.

Em conclusão, pensamos que, no caso de *emendatio libelli* com *supressão de elementar do tipo penal*, deverá se aplicar, em verdade, o procedimento da *mutatito libelli* (art. 384 do CPP), com aditamento da denúncia, resposta da defesa, possibilidade de ouvirem-se novas testemunhas, e novo interrogatório do acusado, seguido de novas alegações finais das partes. Mas, em se tratando de *emendatio libelli* com *supressão de circunstância* (qualificadora, causa de aumento de pena, desclassificação de crime consumado para tentado etc.), o juiz poderá sentenciar, de ofício, sem a manifestação das partes, porque não se vislumbra, nessa última hipótese, qualquer cerceamento à atividade dialética das partes na análise do figurino típico. De idêntica forma, a *emendatio libelli* por erro na capitulação dos fatos e por interpretação diversa será procedida, de ofício, pelo juiz, sem qualquer manifestação das partes. Em resumo, a *regra*, no caso da *emendatio libelli*, é a de *não há necessidade de aditamento da peça acusatória, a não ser que haja supressão de elementar do fato típico*, hipótese essa que demanda aditamento por parte do órgão acusador, seguindo-se, excepcionalmente, o procedimento da *mutatio libelli*.

10.12.3.9.2.6. A *emendatio libelli* só é aplicável, pelo juiz, na sentença?

O artigo 383 do CPP, que trata do instituto da *emendatio libelli*, está inserido no Título "Da sentença", de modo que, numa *interpretação literal*, a nova definição jurídica do fato pelo juiz só poderia ocorrer na fase culminante do processo.

Há relevante posição doutrinária no sentido de que a *emendatio* só seria aplicável, quando da prolação de sentença, e não na fase de oferecimento da peça acusatória (denúncia ou queixa), pois, se o magistrado se envolvesse na escolha da melhor adequação típica, função própria da acusação, iria comprometer sua imparcialidade.

---

129. STJ. Recurso Especial 1.388.440/ES (2013/0199670-0). Rel. Min. Nefi Cordeiro.

Entendemos, em regra, válido esse argumento, mas, em determinadas hipóteses, o magistrado deve alterar a definição jurídica do fato, no limiar da acusação, logo após o oferecimento da peça acusatória, ao recebe-la. Isso se dará quando o magistrado verifica, de plano, pela leitura da denúncia ou queixa, erro ou excesso da acusação, ao interpretar os fatos típicos ou ao lhes dar definição legal inadequada, que acarretem mudança indevida da competência, do procedimento, ou a supressão de direitos subjetivos penais do acusado, como o direito à transação penal ou a suspensão condicional do processo.

Nessas hipóteses, pensamos que o magistrado está autorizado a corrigir, liminarmente, o erro ou excesso acusatório, seja para estabelecer sua competência; para imprimir o rito adequado; ou, ainda, para que sejam assegurados direitos subjetivos do acusado, não havendo sentido em se postergar a análise de *questões de ordem pública* como essas para o término de um processo que será, muito provavelmente, em razão de omissão do magistrado, anulado. Com esse entendimento o STJ[130], para quem é possível que o magistrado, excepcionalmente, quando do recebimento da denúncia, altere sua classificação, a fim de beneficiar o acusado, apontando, por exemplo, que o enquadramento legal é equivocado (porque o crime é menos grave que o imputado); ou quando da correção depender a fixação da competência. No entanto, acentua o aresto, só é permitida essa alteração precoce do teor da denúncia, pelo juiz, se o intuito for o de favorecer o acusado, "não se podendo admitir que o magistrado, em prejuízo ao réu, e sem que exista erro grosseiro por parte do membro do *Parquet*, atue de modo a alterar os parâmetros da denúncia formulada, o que, consoante consignado alhures, configura violação ao princípio dispositivo, desrespeito à titularidade da ação penal, e antecipação do julgamento do mérito do processo".

10.12.3.9.3. Modificação da acusação. Mutatio libelli

10.12.3.9.3.1. Conceito legal

Estipula o art. 384, *caput*, do CPP que, encerrada a instrução probatória, se entender cabível nova definição jurídica do fato, em consequência de prova existente nos autos de elemento ou circunstância da infração penal não contida na acusação, o Ministério Público deverá aditar a denúncia ou queixa, no prazo de cinco dias, se em virtude desta houver sido instaurado o processo em crime de ação pública, reduzindo-se a termo o aditamento, quando feito oralmente.

Por **elemento da infração penal**, entende-se como os dados essenciais da figura típica, os quais, se afastados, resultam na atipicidade do fato (atipicidade absoluta) ou na configuração de novo tipo penal (atipicidade relativa).

Exemplo: o "matar alguém" do art. 121, *caput*, do CP é elemento do tipo penal; o "subtrair coisa alheia móvel" do art. 155, *caput*, do CP, é elemento do tipo de furto, etc.

---

130. Recurso em Habeas Corpus nº 27.628/GO (2010/0020662-6). Min. Relator Jorge Mussi.

Por **circunstância da infração penal** compreende-se o dado acessório, secundário, que gravita ao redor do tipo penal, como as qualificadoras, causas de aumento ou redução de pena. Exemplo: o emprego de arma ou concurso de agente são meras circunstâncias do delito de roubo (art. 157, § 2º, II e § 2º- A, I[131], do CP); afastada tais circunstâncias, o fato continua a ser típico.

10.12.3.9.3.2. Diferença entre *emendatio* e *mutatio libelli*

Importante notar que, ao contrário da *emendatio libelli*, na *mutatio libelli* surge prova de fato novo, durante a instrução processual, que altera o teor da acusação, a ponto de exigir-se do MP que adite a denúncia, a fim de modificar a acusação e permitir que o acusado se defenda, adequadamente, dos novos fatos ou de suas circunstâncias que passam a ser imputados a ele.

Exemplo: a denúncia narra a prática de um furto, mas, durante a instrução, a vítima afirma ter sofrido violência por parte do réu, que a agrediu; nesta situação, como os fatos mudaram, *em razão de prova nova surgida durante a instrução*, o MP terá que aditar a denúncia, a fim de descrever a prática de um roubo, narrando a violência sofrida pela vítima. Com o aditamento, a defesa tomará conhecimento da nova acusação, e poderá se defender adequadamente, sem qualquer dificuldade.

O aditamento é imprescindível quando se trate de mudança fática que altere as elementares do crime (como no nosso exemplo acima, em que as elementares do roubo substituíram as do furto), e também no caso de modificação das circunstâncias do delito, como causas de aumento de pena e qualificadoras.

De igual maneira, se a acusação descreve um crime tentado, e, durante a instrução, comprova-se que o crime se consumou, necessário o aditamento.

A *mutatio libelli* acrescenta circunstâncias ao tipo penal, ou modifica suas elementares, enquanto que a emendatio libelli, ou dá nova definição jurídica, aos mesmos fatos, ou afasta circunstâncias do fato típico. Havendo modificação de elementares do fato típico, o caso será de *mutatio libelli* e não *emendatio libelli*.

10.12.3.9.3.3. Momento processual para a aplicação da *mutatio libelli*

É permitida a *mutatio libelli* a partir do primeiro momento em que surgir, durante a instrução, prova nova de elementar ou circunstância do crime, não sendo necessário aguardar-se o fim da instrução criminal para tanto. Porém, a derradeira oportunidade que se tem de aplicar-se a *mutatio libelli* é a do encerramento da instrução, após o interrogatório do acusado.

10.12.3.9.3.4. Iniciativa e procedimento da *mutatio libelli*

No caso da *mutatio libelli*, o MP deverá aditar a denúncia de ofício, quando tenha surgido elemento de convicção novo que altere a acusação. O *marco inicial* para que

---

131. O tipo penal do roubo foi modificado pela Lei 13.654, de 23 de abril de 2018.

o órgão do MP adite a denúncia é aquele momento processual em que surge o novo elemento de convicção que altere a elementar do tipo penal ou suas circunstâncias, o que normalmente ocorre quando da oitiva das testemunhas em audiência. Já o *marco final* para o aditamento pelo Ministério Público, no caso de encerramento da instrução em audiência, será o das alegações finais orais; se convertidas as alegações finais orais em memoriais escritos, o momento derradeiro será o dessa peça escrita, onde, em preliminar, o *Parquet* deverá oferecer aditamento à denúncia.

O assistente da acusação não tem legitimidade para oferecer aditamento à denúncia, pois a titularidade da ação penal pública, por mandamento constitucional (art. 129, I, da CF), é do Ministério Público o que abrange, não apenas o oferecimento de denúncia, como também suas possíveis retificações ou aditamentos, como corolário lógico do princípio geral de direito de que, quem pode, privativamente, *o mais* – que é oferecer denúncia, também pode, com exclusividade, *o menos* – aditá-la.

Poderá também o MP ser instado pelo juiz a aditar, quando o magistrado verificar a ocorrência de fato novo surgido na instrução e a necessidade de se alterar a imputação inicial, agindo, o juiz, *como verdadeiro fiscal do princípio da legalidade ou obrigatoriedade da ação penal pública*, princípio esse atuante, não apenas quando do oferecimento da denúncia, mas durante toda a relação processual.

O marco inicial para que o magistrado inste o órgão do MP a aditar a denúncia é aquele momento processual em que surge o novo elemento de convicção que altere a elementar do tipo penal ou suas circunstâncias, o que normalmente ocorre quando da oitiva das testemunhas em audiência. Já o *marco final* para que haja a provocação do MP, pelo juiz, a fim de o *Parquet* adite a peça acusatória, se dá quando da prolação de sentença, em que o magistrado converte o julgamento em diligência, a fim de intimar o MP a respeito da possibilidade de aditamento; para tanto, bastará a utilização do art. 156, II, do CPP (que está no inserido no Título Provas), mas pode ser utilizado por analogia, no caso da *mutatio libelli*.

Instado o membro do MP a se manifestar pelo juiz, e aquiescendo com o aditamento sugerido, aditará a denúncia; se não concordar, por entender que não houve qualquer alteração na acusação, que deve continuar idêntica, o juiz, inconformado com a posição do órgão acusatório, poderá remeter os autos ao Procurador-Geral para que resolva a questão, utilizando-se do art. 28 do CPP (art. 384, § 1º, do CPP). Ao Procurador-Geral caberá oferecer aditamento à denúncia, ou designar outro promotor a fazê-lo; poderá, ainda, deixar de proceder ao aditamento sugerido por entender que a acusação original não deva ser alterada. Na hipótese em que houver o aditamento por parte do chefe do *Parquet*, ou a seu mando, entendemos que o promotor designado para oferecer o aditamento deverá acompanhar o processo até o seu deslinde, em homenagem ao princípio da independência funcional, afinal não faria sentido que, após o aditamento da denúncia por um promotor designado pelo Procurador – Geral, fosse convocado a atuar, daquele momento até a sentença, justamente o promotor que discordava daquele aditamento!

De outro giro, em não havendo o aditamento, por decisão do Procurador – Geral, a acusação permanecerá a mesma a bitolar a sentença do juiz, que não poderá inovar a imputação original para aquela que pensava ser a mais adequada, sob pena de nulidade absoluta da decisão. Claro que, muito provavelmente, como o magistrado posicionou-se no sentido de que a imputação remanescente é inadequada, só lhe restaria absolver o réu. Exemplo: se o juiz entendesse que a denúncia devia ser aditada para o delito de roubo e não de furto, e sua tese não se sagrasse vencedora frente ao Procurador – Geral, sua decisão estaria circunscrita à existência ou não do delito de furto, que, para o magistrado, em verdade, não existiu; nessa situação processual outro caminho não se lhe abriria que não absolver o acusado do delito de furto.

Mas, no caso de aditamento sugerido pelo juiz, mas não acatado, nem pelo membro do MP, nem pelo Procurador – Geral, referente a *mera circunstância do delito* – qualificadora ou causa de aumento de pena – restará, ao magistrado, julgar sem levar em consideração as circunstâncias que entendia presentes, mas que não foram acrescentadas à imputação original.

Procedimento dialético do aditamento

O aditamento espontâneo pelo MP pode ocorrer, no prazo de cinco dias, ou, oralmente, em audiência (nessa última hipótese será reduzida a termo, no próprio termo de audiência).

O defensor do acusado deverá se manifestar a respeito do aditamento, no prazo de cinco dias (do art. 384, § 2º, 1ª parte, do CPP). Nada impede que o defensor se manifeste oralmente quanto ao pedido de aditamento formulado em audiência pelo MP, registrando suas manifestações no termo de audiência.

Nessa hipótese de alteração fática da imputação surgida em audiência, o ideal, a fim de se velar pelo princípio da razoável duração do processo, é que as partes se manifestem, e que o juiz decida a respeito do aditamento, na própria audiência, constando, o incidente, do termo de audiência.

Após a manifestação da defesa, o juiz decidirá a respeito do aditamento; se o receber, o processo seguirá seu trâmite, agora com a acusação alterada, e, a requerimento de qualquer das partes, designará dia e hora para continuação da audiência, com inquirição de testemunhas, novo interrogatório do acusado, realização de debates e julgamento (art. 384, § 2º, do CPP).

Recebido o aditamento, cada parte poderá arrolar até três testemunhas (o que é uma faculdade e não uma obrigação), no prazo de cinco dias, ficando o juiz, na sentença, adstrito aos termos do aditamento (art. 384, § 4º, do CPP). A lei apresenta o procedimento da *mutatio* em etapas bem definidas: o aditamento pela acusação, sua resposta pela defesa, recebimento do aditamento, possibilidade de arrolar testemunhas pelas partes. Parece, todavia, mais prático, quando do próprio aditamento pela acusação, e também na ocasião da resposta ao aditamento pela defesa, arrolarem-se, naquelas etapas processuais, as testemunhas que as partes pretendam ouvir.

Além da prova testemunhal, quando do aditamento e de sua resposta pela defesa, poderá ser requerida, pelas partes, a produção de outra prova, como a documental, pericial, etc, designando, o juiz, audiência para inquirir as novas testemunhas e interrogar o acusado. Mesmo sem o requerimento de provas pelas partes, de qualquer modo, novo interrogatório deverá ser designado, para que o acusado tenha a possibilidade de se manifestar a respeito da nova acusação. No entanto, se o aditamento, pela *mutatio*, ocorrer, o que é muito comum, durante a instrução, *mas antes do interrogatório*, bastará a realização de apenas um interrogatório, afinal o acusado irá se manifestar a respeito da acusação já aditada.

10.12.3.9.3.5. Recurso do não recebimento do aditamento

Se não for recebido o aditamento, o processo prosseguirá, (art. 384, § 5º, do CPP), mas caberá recurso em sentido estrito, em regra, desta decisão (art. 581, I, do CPP, por interpretação extensiva), *se tiver sido tomada no decorrer do procedimento*, através de decisão interlocutória.

Caso o aditamento da denúncia seja procedido pelo MP, quando se manifestou em alegações finais orais, nada impediria que o juiz determinasse a oitiva da defesa, recebesse o aditamento e desse prosseguimento, em nova data, a audiência, ouvindo-se as testemunhas e interrogando novamente o acusado a respeito da nova imputação. **Mas e se o juiz, quando da sentença – absolutória ou condenatória – rechaçasse o aditamento, após oitiva da defesa, caberia recurso em sentido estrito ou apelação?** Nesse caso, o recurso correto é o de apelação, porque mais amplo a abarcar o conteúdo recursal do recurso em sentido estrito (art. 593, § 4º, do CPP).

Com esse entendimento Renato Brasileiro de Lima[132].

Caso o MP tenha requerido o aditamento em alegações finais escritas, e o juiz o tenha repelido, *sem sequer ouvir a defesa a respeito*, quando da prolação de sentença, igualmente caberá recurso de apelação.

10.12.3.9.3.6. *Mutatio libelli* pelo Tribunal

A *mutatio libelli* não é aplicável quando do julgamento de recurso pelo Tribunal; este é teor da Súmula 453 do STF: "Não se aplicam à segunda instância o art. 384 e parágrafo único do Código de Processo Penal, que possibilitam dar nova definição jurídica ao fato delituoso, em virtude de circunstância elementar não contida explícita ou implicitamente na denúncia ou queixa".

Não se aplica a *mutatio*, pelo Tribunal, porque implicaria em supressão de instância, uma vez que não se admite que, em grau recursal, se modifique a acusação delimitada pela correlação denúncia-sentença. Verificando, o Tribunal, ao julgar um recurso quanto a determinada acusação, que deveria a imputação ser aditada para outro tipo penal em 1ª instância, mas não o foi, deverá absolver o acusado.

---

132. Renato Brasileiro de Lima, Curso de Processo Penal, p. 1564.

Só é possível a *mutatio libelli*, pelo Tribunal, nos casos de competência originária em que o titular da ação seja o Procurador-Geral quanto a acusados que possuam foro por prerrogativa de função.

10.12.3.9.3.7. Efeito da não aplicação da *mutatio libelli*

A não aplicação pelo juiz do instituto da *mutatio libelli*, condenando-se o acusado por crime do qual não pôde se defender, acarreta óbvia violação ao princípio da correlação da acusação e sentença, e a nulidade do processo, por ofensa ao contraditório e à ampla defesa.

Exemplo: acusado a quem se imputa o delito de receptação dolosa de veículo roubado, tendo o magistrado se convencido que, em verdade, o agente teria praticado o roubo do automóvel, condenando – o por tal infração, sem abrir vista ao MP para aditamento; havendo violação à correlação acusação-sentença, com evidente prejuízo à ampla defesa e ao contraditório, caberá recurso dessa decisão a qual será anulada pelo Tribunal, que determinará o retorno dos autos à 1ª instância para que seja aplicada a *mutatio libelli* do art. 384 do CPP; ou seja, a abertura de vista ao MP para oferecer eventual aditamento à peça acusatória. O Ministério Público ou a Defesa podem recorrer dessa sentença, e, mesmo que não seja arguida a nulidade pelas partes, o Tribunal poderá reconhece-la, de ofício, (até em recurso exclusivo da acusação que trate de outras matérias), uma vez que não se veda a *reformatio in mellius* (reforma para o melhor aos interesses da defesa). E é claro que atende aos interesses da defesa uma anulação de sentença pela prática de delito de roubo, quando a acusação era de receptação. Nesse exemplo, anula-se a sentença e se determina o envio dos autos à 1ª instância para que eventualmente o MP ofereça aditamento, seguindo-se o procedimento da *mutatio*.

Vamos raciocinar sobre outro exemplo. Acusado é processado por delito de roubo e, na sentença, o juiz se convence que, na verdade, o agente praticou o crime de receptação, e o condena por tal crime, sem aplicar o procedimento da *mutatio libelli*. Se a acusação recorrer, postulando a nulidade, a sentença será anulada, e o Tribunal determinará o retorno à 1ª instância para que seja dado seguimento ao rito da *mutatio*, com aditamento da denúncia pelo MP, se o caso.

Mas e se a acusação não recorrer, postulando essa nulidade?

Se o MP não recorrer, ou recorrer sustentando outras matérias, e a defesa ou não recorrer, ou recorrer postulando outras questões, entendemos que será possível, ao Tribunal, reconhecer a nulidade em tela, mesmo que de ofício, remetendo os autos à 1ª instância, a fim de que se siga o procedimento da *mutatio*, com a ressalva que, havendo recurso exclusivo da defesa, a nova sentença a ser proferida tendo por objeto o mesmo delito de receptação no nosso exemplo, não poderá ter sanção superior a primeira decisão que foi anulada (princípio da vedação a *reformatio in pejus* indireta).

10.12.3.9.3.8. É preciso usar-se da *mutatio libelli* para se reconhecer agravantes?

De acordo com o art. 385 do CPP, *nos crimes de ação pública*, o juiz poderá proferir sentença condenatória, ainda que o Ministério Público tenha opinado pela absolvição, bem como reconhecer agravantes, embora nenhuma tenha sido alegada.

A primeira interpretação que deve ser dada ao artigo é a de que, *nos crimes de ação penal privada*, o juiz não pode reconhecer agravantes que não sejam suscitadas pelo querelante.

E no caso das ações penais públicas o juiz pode reconhecer as agravantes de ofício?

A jurisprudência majoritária[133] entende que não há qualquer violação ao princípio da correlação ao se permitir o reconhecimento de agravantes pelo juiz, independentemente de requerimento pela acusação, em se tratando de ação pública, desde que existam elementos nos autos que permitam o seu reconhecimento, é claro.

Para essa posição, só é imprescindível o aditamento da denúncia para acrescer qualificadora ou causa de aumento de pena, mas não agravantes.

Pensamos, todavia, de modo diverso: sendo a agravante aplicável na 2ª fase de aplicação da pena do seu método trifásico, o que geralmente eleva a pena – base em 1/6 (para cada agravante), não vemos como possa o juiz aplica-la, de ofício, sem requerimento do Ministério Público, e, o que é pior, sem manifestação da defesa a respeito. Parece – nos evidente a ofensa aos princípios do contraditório, da ampla defesa e do próprio sistema acusatória, uma vez que o juiz, ao fazer incidir, sem provocação do Ministério Público, uma causa de exasperação de pena acaba por assumir o papel de acusador, o que é inadmissível. Para nós, a agravante, se já conhecida desde a fase do inquérito policial, deverá ser articulada na peça acusatória pelo Ministério Público; se a prova a respeito de sua existência surgir durante a instrução, pensamos que se deva aplicar o instituto da *mutatio libelli* (art. 384 do CPP), na sua integralidade.

E não é mero *formalismo* nosso, como bem ilustra o seguinte exemplo: durante o desenrolar de um processo por delito de furto, na instrução, surge elemento de convicção apontando que o acusado praticou o crime contra cônjuge, o que levaria, segundo a jurisprudência majoritária, à possibilidade de o juiz reconhecer, de ofício, tal agravante prevista no art. 61, II, *e*, do CP. Mas nada impede que o acusado alegue que a informação surgida, durante a instrução, no sentido de que teria praticado o crime contra cônjuge é falsa, uma vez que, nunca teve qualquer relacionamento íntimo com a ofendida. Como se nota, apenas se preservando a dialética de partes no processo, inclusive quanto ao reconhecimento ou não de agravantes, estará se tutelando, efetivamente, o contraditório e a ampla defesa.

---

133. STF – 2ª T. – HC 93.211/DF, Rel. Min. Eros Grau, j. 12/02/2008, Dje 74 24/04/2008; STJ – 6ª T. REsp 857.066/RJ, Rel. Min. Hamilton Carvalhido, j. 27/11/2007, DJe 14/04/2008.

10.12.3.9.3.9. É possível a *mutatio libelli* para acrescentar à acusação fato completamente novo?

Fato novo é aquele cujos elementos essenciais, sem os quais deixa de existir aquela infração, são totalmente diversos da imputação típica inicial; enquanto que **fato diverso (ou diferente)** é aquele que ainda mantém uma relação com a acusação originária, possuindo, desse modo, entre os fatos, notas de semelhança (e de diferenças).

Exemplos: no decorrer de um processo – crime em que se imputa ao acusado o delito de furto, surgem provas, durante a instrução, que, na verdade, a subtração foi cometida pelo agente mediante emprego de grave ameaça contra a vítima. Pacificamente admite-se a *mutatio libelli* nessa situação em que há uma essência comum entre tais delitos, afinal ambos possuem como elemento objetivo do tipo o "subtrair coisa alheia móvel para si ou para outrem", diferenciando – os, apenas, no que se refere à existência ou não de "violência ou grave ameaça", que é, justamente, a nota diferenciadora do roubo em relação ao furto. Trata-se, desse modo, *não de fato novo, mas de fato diverso*, tornando perfeitamente aplicável o instituto da *mutatio*, nesse caso.

A discussão que se trava é se seria possível a *mutatio libelli* surgindo fato completamente novo.

Exemplo: o acusado é processado pelo delito de receptação dolosa simples (art. 180 do CP), porque conduzia veículo automotor tendo conhecimento que era produto de roubo. Durante a instrução, a vítima é ouvida e reconhece o acusado como o autor do delito de roubo a que foi vítima, acrescentando que o réu estava armado e acompanhado de duas outras pessoas no momento do crime. Como se verifica pelo exemplo, os crimes não possuem o seu núcleo essencial em comum; os elementos dos tipos penais de receptação e roubo são completamente diversos.

Pergunta-se: **será possível ao MP oferecer aditamento à denúncia, aplicando a *mutatio libelli* do art. 384 do CPP, mesmo sendo hipótese de fato novo?** Entendemos que sim, uma vez que, embora os elementos típicos sejam diversos, há um substrato fático – probatório em comum (o roubo anterior do veículo e a condução do automóvel pelo acusado), de modo que acaba por existir uma relação fática indireta entre as condutas incriminadas; ademais, não se vislumbra nenhum prejuízo à defesa que se manifestará a respeito do aditamento, podendo inclusive arrolar testemunhas. Pensamos, assim que, mesmo na hipótese de fato novo, *desde que relacionado indiretamente com a conduta originária, é lícita a mutatio libelli.*

Nesse exemplo, não haverá a necessidade de oferecimento de nova denúncia, pelo delito de roubo, reiniciando-se toda a marcha processual, o que, certamente, comprometeria a razoável duração do processo. Muito mais prático que o membro do MP ofereça aditamento da denúncia (do delito de receptação para o delito de roubo no nosso exemplo), no mesmo processo (art. 569 do CPP), aplicando-se o procedimento da *mutatio libelli*.

Situação diversa ocorria se alguém fosse acusado de ter praticado um roubo à residência, mas, durante a instrução, ouvindo-se a vítima, acaba por se concluir que, em verdade, não houve crime patrimonial, mas sim o delito de estupro. Nessa situação, *não há nenhuma ligação indireta que seja entre tais condutas totalmente díspares,* de modo que, quanto ao estupro, deverá ser oferecida nova denúncia, no mesmo processo, por aditamento, ou em outros autos de processo, reiniciando-se a marcha processual, do seu início, sem a aplicar-se o instituto da *mutatio libelli.*

Assim pensamos, por ser o meio mais eficaz a assegurar, ao acusado, o amplo exercício de sua defesa e do contraditório *quanto a fato criminoso completamente novo*; e, sem dúvida, atende melhor aos princípios constitucionais citados (contraditório e ampla defesa), que venha o acusado – *por fato completamente novo* – ser processado (nos mesmos autos de processo ou em autos diversos), com a possibilidade de oferecer resposta á acusação (art. 396-A do CPP), visando obter-se eventual absolvição sumária (art. 397 do CPP), o que não lhe seria permitido se houvesse mera *mutatio libelli*, com aditamento da denúncia. Em caso de homicídio consumado em que atuamos, na Vara do Júri, constatado, além daquele crime contra a vida, também os delitos de aborto e ocultação de cadáver, aditamos a denúncia para incluir as outras duas infrações. Ora, nessa situação, percebe-se que o melhor- a fim de se tutelar o contraditório e a ampla defesa- é citar-se o acusado da imputação quanto aos novos crimes, reabrindo-se prazo para oferecer resposta à acusação, oportunidade em que a defesa poderá arrolar oito testemunhas para cada fato. Se fosse aplicado o procedimento da *mutatio libelli*, seria possível apenas o arrolamento de três testemunhas, em cinco dias, o que evidencia o prejuízo que sofreria a defesa.

10.12.3.9.3.10. É possível a *mutatio libelli* em ação penal privada?

Posição majoritária entende que, em regra, não, porque o art. 384 do CPP, expressamente, menciona que o aditamento será procedido pelo *Ministério Público*; logo, apenas seria cabível a *mutatio* no caso de ações penais públicas, incondicionadas ou condicionadas, além da ação penal privada subsidiária da pública, que, afinal, é, na essência, uma ação pública, apenas assumindo sua titularidade o ofendido em virtude da inércia do *Parquet*.

No caso de ação penal privada subsidiária da púbica o aditamento poderá ser procedido pelo querelante, ou pelo próprio MP que atua como fiscal da lei.

Quanto às ações penais privadas exclusivas e personalíssima, entendemos que seria perfeitamente possível o aditamento pelo querelante, utilizando-se o art. 384 do CPP, por analogia. Explicamos. Surgidos, durante a instrução, elemento delitivo novo ou circunstância diversa do mesmo fato também inédita, *que não alterem a natureza privada da ação penal*, é possível que o querelante possa oferecer aditamento, a fim de, não apenas permitir que o acusador particular bem se desincumba de sua missão; mas, sobretudo, para que o juiz possa julgar o fato historicamente ocorrido em todas as suas circunstâncias, até como salvaguarda da verdade real e da própria justiça da causa; não pode ser tolhida da parte acusatória – *pública ou privada* – a possibilidade de adequar a imputação aos fatos efetivamente ocorridos.

Sendo assim, a partir do conhecimento do elemento ou circunstância novos, o querelante possui o prazo decadencial de 6 meses para proceder ao aditamento. Vedado, obviamente, o aditamento da queixa-crime pelo MP que não tem legitimidade para modificar a acusação privada, no caso de ação penal privada exclusiva ou personalíssima; só existirá essa legitimidade em se tratando de ação penal privada subsidiária da pública.

Se o elemento ou circunstância já eram conhecidos do querelante, quando do oferecimento de sua queixa-crime caracterizar-se-á renúncia tácita a qualquer modificação da acusação particular, que não poderá mais ser alterada.

Pode ocorrer também que, durante o transcurso de ação penal privada, em sua instrução, surjam provas da prática de *outro* crime, *esse de ação penal pública*, conexo ao de iniciativa privada, situação em que caberá ao MP oferecer aditamento, nos próprios autos de processo original ou, o que pode ser mais prático, apresentar peça acusatória em outros autos de processo quanto a tal infração.

10.12.3.9.3.11. *Mutatio libelli* e falta de legitimidade superveniente do titular da ação penal

A questão fica mais dificultosa se, em virtude de mudança de elementar do tipo penal ou de sua circunstância, surgidas durante a instrução de crime de ação penal privada, se verifica que, com a mudança a ser operada pela *mutatio*, a natureza da ação se transforma de privada em pública.

Exemplo: o querelante oferece queixa-crime pelo delito de injúria praticada pelo querelado – crime de ação penal privada – perpetrado na presença de várias pessoas (art. 140, *caput*, combinado com o art. 141, III, ambos do CP).

Ocorre que, no transcorrer da instrução, surge circunstância nova: a injúria consistiu na utilização de elementos de raça; a chamada injúria racial (art. 140, § 3º, do CP), que é crime de ação penal pública (art. 145, § único, do CP).

Como proceder ante a falta de legitimidade superveniente do querelante em prosseguir com a ação penal?

Nessa situação, o Ministério Público deve assumir a ação penal, oferecendo denúncia quanto a crime de sua titularidade, iniciando-se um novo processo, sem aproveitamento do anterior em que se veiculou a ação penal privada; a queixa-crime oferecida pela vítima será considerada como sua representação, porque demonstra sua inequívoca vontade de ver processado o autor do crime; nada impedirá que o ex-querelante requeira participar do feito, agora como assistente da acusação do Ministério Público.

Além do caso acima estudado, de mudança da acusação, graças a *mutatio*, de crime de ação penal privada para crime de ação pública condicionada a representação, é possível ocorrer ainda que um crime de ação pública incondicionada se transforme em crime de ação privada. Nessa hipótese o processo deverá ser inteiramente anulado, oferecendo-se à vítima a possibilidade de oferecer queixa-crime em face do autor da infração, no prazo decadencial de 6 meses.

Possível, ainda, que, em virtude do aditamento, o crime se modifique de ação penal pública incondicionada para crime de ação penal pública condicionada, situação em que se deverá verificar se houve, durante o inquérito ou o processo, alguma manifestação de vontade da vítima de ver processado o autor do crime; se houver, o MP poderá continuar na titularidade da ação penal, porque a condição de procedibilidade (representação), terá sido suprida. Se não for possível depreender-se se a vítima pretendia ou não processar o acusado, deverá ser intimada a se manifestar a respeito, sustando-se o andamento do processo; se o ofendido representar contra o acusado, o processo prossegue sob a titularidade da ação pelo MP; se o ofendido optar por não representar contra o acusado, passará a inexistir uma condição de procedibilidade (que é justamente a representação), só cabendo ao magistrado um caminho: rejeitar a denúncia, anulando o processo *ab initio*, ante a falta de uma condição específica da ação penal – questão essa de ordem pública – reconhecível a qualquer momento, mesmo que de ofício.

Poder-se-á, para tanto, por analogia, aplicar-se o art. 485, VI, do CPC (dispositivo que permite ao juiz, em qualquer tempo e grau de jurisdição, extinguir o processo, sem julgamento de mérito, quando verificar a ausência de legitimidade para a causa). E, de fato, o Ministério Público, sem a autorização da vítima, no caso de crime de ação penal pública condicionada, *deixa de ser parte legítima* para o ajuizamento da *actio*.

Mais uma hipótese: factível que, ocorrida a *mutatio*, o crime, quanto a espécie de ação, se modifique, de ação penal pública privada para crime de ação penal pública incondicionada, hipótese em que o processo deverá ser anulado integralmente, por falta de legitimidade ativa, sem prejuízo de o MP, se o caso, oferecer denúncia, em outro processo.

Por fim, as duas últimas possibilidades de mudança de ação penal: *mutatio* que altere a acusação de ação penal pública condicionada para ação penal pública incondicionada; a representação oferecida mostra-se, agora, como despicienda de importância, de modo que se bastará dar andamento normal ao feito, afinal o titular da ação, o MP, não se alterou. Já no caso de alteração de ação penal pública condicionada para ação penal privada, o processo deverá ser anulado na sua totalidade, porquanto patente a mudança de titularidade da ação penal – do MP para o ofendido. Poderá ainda ser oferecida queixa-crime, desde que no prazo decadencial de 6 meses *contado da data em que a vítima tome conhecimento de que a titularidade da ação é sua e não do MP.*

10.12.3.9.3.12. O aditamento da *mutatio* bitola sempre o juiz?

De acordo com o art. 384, § 4º, do CPP, recebido o aditamento, fica, o juiz, na sentença, adstrito aos seus termos.

O sentido que deve ser dado ao termo *adstrito* pensamos ser o seguinte: havendo alteração do elemento integrante da conduta imputada ao acusado, o juiz só poderá condenar ou não *pelo crime novo imputado, sem possibilidade de condená-lo pelo delito anterior*, sob pena de nulidade da sentença. Exemplo: durante a instrução de processo que apure o delito de furto, surgem provas de que houve violência contra a vítima na subtração, o que motiva o MP a oferecer aditamento pelo delito de roubo; recebido o aditamento, a nova imputação será a de roubo, e não poderá o juiz, na sentença, condenar o acusado por furto (o delito anteriormente imputado), sob pena de óbvia violação ao contraditório e a ampla defesa, afinal a defesa passou a se defender do novo delito (roubo), e não mais do anterior (furto).

Diferente situação ocorreria em caso de aditamento para acrescentar apenas circunstâncias novas, como causas de aumento de pena ou qualificadoras, pois, ao final, quando da sentença, o juiz, se não estiver convencido de sua efetiva existência, poderá afastá-las, sem que haja qualquer ofensa ao direito da defesa.

10.12.3.9.3.13. *Emendatio* ou *mutatio libelli* e suspensão condicional do processo

Ocorrendo, em razão da *emendatio ou mutatio libelli*, definição jurídica diversa ou mudança da imputação que permita a proposta de suspensão condicional do processo, será aberto vista para o MP se manifestar a respeito (art. 383, § 1º e 384, § 3º, do CPP).

É possível que, no decorrer de um processo criminal em que se imputa ao acusado determinada infração penal, em razão de nova definição jurídica (*emendatio libelli*), ou mudança do quadro probatório *(mutatio libelli)*, verifique-se a possibilidade de o acusado ser responsabilizado por infração diversa, cuja pena mínima não ultrapasse a um ano, e que permita, em tese, o benefício da suspensão condicional do processo (art. 89 da Lei 9.099/95).

A Súmula 337 do STJ trata da matéria: "É cabível a suspensão condicional do processo na desclassificação do crime ou na procedência parcial da pretensão punitiva".

Nessa situação, caberá ao juiz dois procedimentos:

1º – no caso de nova definição jurídica do fato (*emendatio libelli* – art. 383 do CPP)

O magistrado aponta a classificação típica que entende oportuna, e abre vista ao MP para se manifestar a respeito de eventual proposta de suspensão condicional do processo. Na decisão em que se aponta a nova definição jurídica ao fato, não há condenação, nem aplicação de pena.

O Ministério Público pode optar em não recorrer dessa decisão, simplesmente se recusando a oferecer a proposta de suspensão condicional do processo; caberá, nessa hipótese, ao juiz, remeter os autos à decisão do Procurador-Geral (art. 384, § 1º, do CPP, aplicável por analogia).

Mas, de qualquer forma, da decisão em que o juiz aponta a nova definição jurídica do fato, caberá recurso de apelação (art. 592, II, do CPP); para outra posição, o recurso correto seria o recurso em sentido estrito (art. 581, XI, do CPP).

Interposto recurso pelo *Parquet*, e sendo provido, o certo é que esse provimento surtirá poucos efeitos: o Ministério Público não proporá o benefício do *sursis* processual, podendo o magistrado remeter a questão para ser decidida pelo Procurador-Geral (art. 384, § 1º, do CPP, aplicável por analogia).

Na hipótese de o recurso ministerial não ser provido, e seu membro não aquiescer em oferecer o benefício apontado pelo magistrado, caberá, então, ao juiz, remeter os autos à decisão do Procurador-Geral (art. 384, § 1º, do CPP, aplicável por analogia).

Importante se conhecer o teor da Súmula 696 do STF: "Reunidos os pressupostos legais permissivos da suspensão condicional do processo, mas se recusando o promotor de justiça a propô-la, o juiz, dissentindo, remeterá a questão ao procurador – geral, aplicando-se por analogia o art. 28 do código de processo penal".

Se o Procurador-Geral der razão ao magistrado, poderá propor, ele próprio, ou através de promotor designado, a suspensão condicional do processo ao acusado. Caso o Procurador-Geral entenda que não era mesmo caso de se propor a suspensão condicional do processo, o juiz não poderá propor, de ofício, tal benefício; embora inviável a propositura da suspensão condicional do processo, pelo juiz, sem provocação do *Parquet*, certo que, quando do julgamento da causa, o magistrado poderá dar a definição jurídica que melhor lhe aprouver ao fato, ou seja, aplicando o instituto da *emendatio libelli*.

Poderá o membro do MP aquiescer com a nova definição jurídica do fato sugerida pelo magistrado, mas se recusando a propor o benefício da suspensão condicional do processo, por reputá-la incabível; caberá ao juiz, então, remeter os autos ao Procurador-Geral para dirimir a questão (art. 384, § 1º, do CPP, aplicável por analogia).

Existe, ainda, a possibilidade de o membro do MP aquiescer com a desclassificação, propondo, ainda, a suspensão condicional do processo; sendo aceita a suspensão, pelo acusado e seu defensor, e cumpridas suas condições, a punibilidade do acusado estará extinta, perdendo objeto a decisão judicial que apontou a nova definição jurídica ao fato, e que permanecia suspensa no aguardo do cumprimento do benefício; se aceita a proposta de suspensão pelo acusado e seu defensor, mas não cumpridas suas condições, a suspensão será revogada, e a competência retorna ao magistrado, ao qual incumbirá, nesse momento, julgar o mérito da infração, condenando ou absolvendo o acusado. Se a proposta de suspensão condicional do processo não for aceita pelo acusado, o processo voltará a sua marcha, cabendo ao juiz julgar o mérito da causa.

2º – no caso de *mutatio libelli* – mudança fático-probatória ocorrida durante a instrução que altera elemento ou circunstância da infração penal (art. 384 do CPP)

O magistrado aponta a conduta típica que entende oportuna, e abre vista ao MP para que adite a denúncia *e* se manifeste a respeito de possível proposta de suspensão condicional do processo. Na decisão que aponta a nova definição jurídica ao fato o magistrado não condena o acusado nem aplica pena.

O Ministério Público pode optar em não recorrer dessa decisão, simplesmente se recusando a aditar a denúncia e a oferecer a proposta de suspensão condicional do processo; caberá, nessa hipótese, ao juiz, remeter os autos à decisão do Procurador-Geral (art. 384, § 1º, do CPP).

Mas, de qualquer forma, da decisão em que o juiz aponta a nova definição jurídica do fato, caberá recurso de apelação (art. 592, II, do CPP); para outra posição, o recurso correto seria o recurso em sentido estrito (art. 581, XI, do CPP).

Interposto recurso pelo *Parquet*, e sendo provido, o certo é que esse provimento surtirá poucos efeitos: o Ministério Público não ofereça aditamento nem proporá o benefício do *sursis* processual, podendo o magistrado remeter a questão para ser decidida pelo Procurador-Geral (art. 384, § 1º, do CPP).

Na hipótese de o recurso ministerial não ser provido, e seu membro não aquiescer em aditar a denúncia, e oferecer o benefício apontado pelo magistrado, caberá, então, ao juiz, remeter os autos à decisão do Procurador-Geral (art. 384, § 1º, do CPP).

Importante se conhecer o teor da Súmula 696 do STF: "Reunidos os pressupostos legais permissivos da suspensão condicional do processo, mas se recusando o promotor de justiça a propô-la, o juiz, dissentindo, remeterá a questão ao procurador – geral, aplicando-se por analogia o art. 28 do código de processo penal".

Se o Procurador-Geral der razão ao magistrado, poderá, depois de aditada a denúncia, propor, ele próprio, ou através de promotor designado, a suspensão condicional do processo ao acusado. Caso o Procurador-Geral entenda que não era mesmo caso de se aditar a denúncia e propor a suspensão condicional do processo, o juiz não poderá propor, de ofício, tal benefício; nesse caso, como o juiz não poderá alterar, de ofício, a imputação penal, sem que tenha havido aditamento da denúncia pelo MP, estará jungido à imputação inicial.

Poderá o membro do MP aquiescer com a nova definição jurídica do fato sugerida pelo magistrado, aditando a denúncia nos termos sugeridos pelo juiz, mas se recusando a propor o benefício da suspensão condicional do processo, por reputá-la incabível; caberá ao juiz, então, remeter os autos ao Procurador-Geral para dirimir a questão (art. 384, § 1º, do CPP).

Existe, ainda, a possibilidade de o membro do MP aquiescer com o aditamento sugerido, propondo, ainda, a suspensão condicional do processo; sendo aceita a suspensão, pelo acusado e seu defensor, e cumpridas suas condições, a punibilidade do acusado estará extinta, perdendo objeto a decisão judicial que apontou a nova definição jurídica ao fato, e que permanecia suspensa no aguardo do cumprimento do benefício; se aceita a proposta de suspensão pelo acusado e seu defensor, mas não cumpridas suas condições, a suspensão será revogada, e a competência retorna ao magistrado, ao qual incumbirá, nesse momento, julgar o mérito da infração, condenando ou absolvendo o acusado. Se a proposta de suspensão condicional do processo não for aceita pelo acusado, o processo voltará a sua marcha, cabendo ao juiz julgar o mérito da causa.

10.12.3.9.3.14. *Emendatio* ou *mutatio libelli* e transação penal

Ocorrendo, em razão da *emendatio ou mutatio libelli*, definição jurídica diversa ou mudança da imputação que permita a proposta de transação penal, será aberto vista para o MP se manifestar a respeito (art. 383, § 1º e 384, § 3º, do CPP); a tais dispositivos legais deve ser dada interpretação ampliativa no sentido de que são aplicáveis os institutos, *não apenas no caso de alteração que possibilite a suspensão condicional do processo, como também em se tratando de transação penal*, afinal ambos são benefícios penais que traduzem, se preenchidos os requisitos legais, verdadeiro direito subjetivo do acusado.

Possível que, no desenrolar de um processo criminal, em que se imputa ao acusado determinada infração penal, em razão de nova definição jurídica (*emendatio libelli*), ou mudança do quadro probatório (*mutatio libelli*), verifique-se a possibilidade de o acusado ser responsabilizado por infração diversa, cuja pena máxima não ultrapasse 2 anos, e que permita, em tese, o benefício da transação penal (art. 76 da Lei 9.099/95).

Nessa situação, caberá ao juiz dois procedimentos:

1º - no caso de nova definição jurídica do fato (*emendatio libelli* - art. 383 do CPP)

O magistrado aponta a classificação típica que entende oportuna, e abre vista ao MP para se manifestar a respeito de possível proposta de transação penal. Na decisão que aponta a nova definição jurídica ao fato o magistrado não condena o acusado nem aplica pena.

O Ministério Público pode optar em não recorrer dessa decisão, simplesmente se recusando a oferecer a transação penal; caberá, nessa hipótese, ao juiz, remeter os autos à decisão do Procurador-Geral (art. 384, § 1º, do CPP, aplicável por analogia).

Mas, de qualquer forma, da decisão em que o juiz aponta a nova definição jurídica do fato, caberá recurso de apelação (art. 592, II, do CPP); para outra posição, o recurso correto seria o recurso em sentido estrito (art. 581, XI, do CPP).

Interposto recurso pelo *Parquet*, e sendo provido, o certo é que esse provimento surtirá poucos efeitos: o Ministério Público não proporá o benefício da transação penal, podendo o magistrado remeter a questão para ser decidida pelo Procurador-Geral (art. 384, § 1º, do CPP, aplicável por analogia).

Na hipótese de o recurso ministerial não ser provido, e seu membro não aquiescer em oferecer o benefício apontado pelo magistrado, caberá, então, ao juiz, remeter os autos à decisão do Procurador-Geral (art. 384, § 1º, do CPP, aplicável por analogia).

Importante se conhecer o teor da Súmula 696 do STF: "Reunidos os pressupostos legais permissivos da suspensão condicional do processo, mas se recusando o promotor de justiça a propô-la, o juiz, dissentindo, remeterá a questão ao procurador – geral, aplicando-se por analogia o art. 28 do código de processo penal".

Essa súmula mostra-se, a nosso ver, também aplicável em se tratando do instituto da transação penal.

Se o Procurador-Geral der razão ao magistrado, poderá propor, ele próprio, ou através de promotor designado, a transação penal ao acusado.

Caso o Procurador-Geral entenda que não era mesmo caso de se propor a transação penal, o juiz não poderá propor, de ofício, tal benefício; nessa situação, o juiz, não obstante vedada a propositura de ofício da transação penal, estará autorizado a dar ao fato imputado a definição jurídica que melhor lhe aprouver (aplicando o instituto da *emendatio libelli*).

Poderá o membro do MP aquiescer com a nova definição jurídica do fato sugerida pelo magistrado, mas se recusando a propor o benefício da transação penal, por reputá-la incabível; caberá ao juiz, então, remeter os autos ao Procurador-Geral para dirimir a questão (art. 384, § 1º, do CPP, aplicável por analogia).

Existe, ainda, a possibilidade de o membro do MP aquiescer com a desclassificação sugerida, propondo, ainda, o benefício da transação penal; sendo aceita a transação penal, pelo acusado e seu defensor, e cumpridas suas condições, a punibilidade do acusado estará extinta, perdendo objeto a decisão judicial que apontou a nova definição jurídica ao fato, e que permanecia suspensa no aguardo do cumprimento do benefício; se aceita a proposta de transação penal pelo acusado e seu defensor, mas não cumpridas suas condições, o processo voltará a ter andamento, e a competência retorna ao magistrado, ao qual incumbirá, nesse momento, julgar o mérito da infração, condenando ou absolvendo o acusado. Se a proposta de transação penal não for aceita pelo acusado, o processo voltará a sua marcha, cabendo ao juiz julgar o mérito da causa.

2º – no caso de *mutatio libelli* – mudança fático-probatória ocorrida durante a instrução que altera elemento ou circunstância da infração penal (art. 384 do CPP)

O magistrado aponta a conduta típica que entende oportuna, e abre vista ao MP para que adite a denúncia *e* se manifeste a respeito de possível proposta de transação penal. Na decisão que aponta a nova definição jurídica ao fato o magistrado não condena o acusado nem aplica pena.

O Ministério Público pode optar por não recorrer dessa decisão, simplesmente se recusando a aditar a denúncia e a oferecer a transação penal; caberá, nessa hipótese, ao juiz, remeter os autos à decisão do Procurador-Geral (art. 384, § 1º, do CPP).

Mas, de qualquer forma, da decisão em que o juiz aponta a nova definição jurídica do fato, caberá recurso de apelação (art. 592, II, do CPP); para outra posição, o recurso correto seria o recurso em sentido estrito (art. 581, XI, do CPP).

Interposto recurso pelo *Parquet*, e sendo provido, o certo é que esse provimento surtirá poucos efeitos: o Ministério Público não ofereça aditamento nem proporá o benefício da transação penal, podendo o magistrado remeter a questão para ser decidida pelo Procurador-Geral (art. 384, § 1º, do CPP).

Na hipótese de o recurso ministerial não ser provido, e seu membro não aquiescer em aditar a denúncia, e oferecer o benefício apontado pelo magistrado, caberá, então, ao juiz, remeter os autos à decisão do Procurador-Geral (art. 384, § 1º, do CPP).

Importante se conhecer o teor da Súmula 696 do STF: "Reunidos os pressupostos legais permissivos da suspensão condicional do processo, mas se recusando o promotor de justiça a propô-la, o juiz, dissentindo, remeterá a questão ao procurador – geral, aplicando-se por analogia o art. 28 do código de processo penal".

Essa Súmula se mostra aplicável também, a nosso ver, em se tratando do benefício da transação penal.

Se o Procurador-Geral der razão ao magistrado, poderá, depois de aditada a denúncia, propor, ele próprio, ou através de promotor designado, a transação penal ao acusado.

Caso o Procurador-Geral entenda que não era mesmo caso de se aditar a denúncia e propor a transação penal, o juiz não poderá propor, de ofício, tal benefício; nessa situação, ao juiz é vedado, não apenar propor a transação penal de ofício, como também aditar a denúncia, de modo que ficará jungido à imputação original.

Poderá o membro do MP aquiescer com a nova definição jurídica do fato sugerida pelo magistrado, aditando a denúncia nos termos sugeridos pelo juiz, mas se recusando a propor o benefício da transação penal, por reputá-la incabível; caberá ao juiz, então, remeter os autos ao Procurador-Geral para dirimir a questão (art. 384, § 1º, do CPP).

Existe, ainda, a possibilidade de o membro do MP aquiescer com o aditamento sugerido, propondo, ainda, o benefício da transação penal; sendo aceita a transação penal, pelo acusado e seu defensor, e cumpridas suas condições, a punibilidade do acusado estará extinta, perdendo objeto a decisão judicial que apontou a nova definição jurídica ao fato, e que permanecia suspensa no aguardo do cumprimento do benefício; se aceita a proposta de transação penal pelo acusado e seu defensor, mas não cumpridas suas condições, o processo voltará a ter andamento, e a competência retorna ao magistrado, ao qual incumbirá, nesse momento, julgar o mérito da infração, condenando ou absolvendo o acusado. Se a proposta de transação penal não for aceita pelo acusado, o processo voltará a sua marcha, cabendo ao juiz julgar o mérito da causa.

10.12.3.9.3.15. *Emendatio* ou *mutatio libelli*, transação penal e remessa aos Juizados Especiais Criminais

Há entendimento, nos casos de *emendatio* e *mutatio libelli* que apontem a prática de infração de menor potencial ofensivo, no sentido de que, com o trânsito em julgado de tais decisões, os autos deveriam ser remetidos aos Juizados Especiais Criminais, para que lá se operacionalize o benefício da transação penal, uma vez que o próprio § 2º do art. 383, e o art. 384, § 3º do CPP, determinam que, tratando-se de infração de competência de outro juízo, a este serão encaminhados os autos. Da decisão de remessa dos autos aos Juizados Especiais cabe a interposição de recurso em sentido estrito (art. 581, II, do CPP). Aportando os autos nos Juizados, deverá ser designada audiência preliminar de transação penal, ocasião em que poderá ser imposta pena restritiva de direitos ou multa, se o acusado aceitar; se não aceitar, será oferecida denúncia quanto ao delito de menor potencial ofensivo, seguindo-se o procedimento especial até a prolação de sentença. Entendemos, porém, mais prático, como sugerido acima, que o próprio Juízo Comum onde tramitava o feito operacionalize, se for o caso, a aplicação do benefício da transação penal.

10.12.3.9.3.16. *Emendatio* e *mutatio libelli* e alteração de competência

Pode ocorrer que, em decorrência da nova definição jurídica do fato (*emendatio libelli*), ou de alteração da imputação decorrente da instrução criminal (*mutatio libelli*), altere-se a competência do órgão julgador. O art. 383, § 2º, e o art. 384, § 3º, do CPP, estipulam que, se em razão da emenda ou alteração da imputação aditada, modificar-se a competência, os autos devem ser enviados ao juiz competente.

No caso de competência absoluta (*v.g.*, competência pela matéria, por prerrogativa de função, etc), fora de dúvida que os autos devem ser mandados ao Juízo competente, mesmo que já tenha sido colhida toda a instrução. Exemplo: durante a instrução de um processo de tráfico interno, perante a Justiça Estadual, apura-se que o crime era de tráfico internacional (circunstância essa que caracteriza, por sinal, uma causa de aumento de pena específica (art. 40, I, da Lei 11.343/06). Nessa situação, o juiz de direito estadual determinará a remessa imediata dos autos à Justiça Federal, competente para julgar o tráfico internacional, pois é crime previsto em tratado internacional e existe a transnacionalidade da conduta (art. 109, V, da CF).

Não haverá, assim, qualquer aditamento perante a Justiça Comum Estadual, reservando-se o aditamento ao MPF que oficia perante a Justiça Federal.

Porém, se a *emendatio* ou *mutatio* alterarem apenas a competência relativa (*v.g.*, competência territorial), e já tiver se iniciado a instrução, o Juízo não poderá remeter os autos ao Juízo territorialmente competente, porque violaria o princípio da identidade física do juiz (art. 399, § 2º, do CPP), que vincula o juiz ao feito criminal em que já principiou a se colher a prova oral.

Claro que, operada a mudança de competência por força da *emendatio* ou *mutatito*, *antes do início da instrução*, o magistrado poderá, mesmo de ofício, remeter os autos ao Juízo competente, seja no caso de incompetência relativa, seja sendo incompetência absoluta.

10.13. PRECLUSÃO

A preclusão, **sob o aspecto objetivo**, é um mecanismo processual que impõe aos atos processuais uma marcha para frente, que é justamente a ideia de *processo*, até o deslinde da causa penal, seu fim último, evitando-se o *retrocesso*, ou seja, o retorno a fases já superadas.

Sob o ponto de vista subjetivo, a preclusão é a perda da faculdade de a parte praticar determinado ato processual, seja porque o tempo se escoou, ou porque já foi praticado ato anterior logicamente incompatível, ou ainda, porque o ato pretérito se exauriu validamente sob a forma legal, e não necessita ser repetido.

Como se nota a **preclusão** pode ter **três espécies**:

1ª – **Preclusão temporal**: perda da faculdade processual da parte em razão do transcurso de tempo previsto em lei para a sua prática. Exemplo: perda do prazo recursal da apelação, que é de 5 dias.

2ª – **Preclusão lógica**: perda da faculdade processual em virtude da prática anterior de ato logicamente incompatível. Exemplo: a parte, depois de renunciar ao direito de recurso, interpõe recurso.

3ª - **Preclusão consumativa**: perda da faculdade processual em virtude da prática anterior de ato processual regular. Exemplo: oferecida, pela defesa, resposta à acusação (art. 396-A, do CPP), não há porque a defesa pretender oferecer outra defesa.

10.14. PRESSUPOSTOS PROCESSUAIS

São requisitos de existência e validade do processo, a fim de que a marcha processual se desenvolva a ponto de permitir que o juiz, ao final, profira uma decisão a respeito do pleito inicial.

Pressupostos processuais de existência

São aqueles que, obrigatoriamente, devem estar presentes, sob pena de inexistência de uma relação jurídica processual.

São os seguintes:

1º – uma demanda veiculada através de ação penal que tenha por objeto um bem da vida, ou seja, um pedido. Esse bem da vida pode ser uma sanção penal na ação penal condenatória; a liberdade em uma ação de *habeas corpus*; a invalidade de uma condenação transitada em julgado, através do ajuizamento de revisão criminal, etc;

2º – partes – Uma que postula um provimento jurisdicional (sujeito processual ativo); outra em face de quem se requer algo (sujeito processual passivo);

3º – um juiz investido regulamente na função.

Pressupostos processuais de validade da relação jurídica

Presentes os pressupostos processuais de existência da relação jurídica processual, devem ser analisados se foram cumpridos os pressupostos processuais de validade ou validez da relação; em outras palavras, verifica-se se, depois de constatada a existência da relação jurídica, se ela é válida ou não.

Pressupostos processuais objetivos positivos (aqueles que devem estar presentes na relação processual, e que se relacionam a fatos objetivos do processo) e que são os seguintes:

Pressupostos processuais objetivos positivos

1º – Observância dos requisitos formais da ação penal (demanda regularmente proposta)

No caso de ações penais condenatórias, a peça acusatória deverá preencher os requisitos legais do art. 41 do CPP: descrever a infração com todas as suas circunstâncias; constar a qualificação do acusado; classificação do crime; rol de testemunhas (requisito esse facultativo). Devem estar presentes também as condições da ação – legitimidade das partes, interesse de agir, possibilidade jurídica do pedido e justa causa (lastro probatório mínimo da ocorrência do fato e de sua autoria), sob pena de rejeição da denúncia ou queixa com estribo no art. 395 do CPP.

Em se tratando de ações penais de conhecimento, declaratórias (*v.g.*, *habeas corpus* visando a anulação do processo); ou constitutivas (ação de reabilitação ou revisão criminal, por exemplo), há, igualmente, requisitos formais que devem ser observados.

2º – juiz natural competente

Devem ser seguidas as normas gerais e abstratas da Constituição Federal, do CPP, e das Leis de Organização Judiciária), a fim de estabelecer o juiz competente para a causa penal.

3º – Citação válida

É a materialização do princípio constitucional da ampla defesa e do contraditório – ou seja, o conhecimento do teor da acusação, pelo acusado, e a possibilidade de se manifestar a respeito, oferecendo, através de advogado, resposta à acusação.

4º – Intimação regular das partes quanto aos atos processuais praticados

As partes possuem o direito de serem sempre intimadas dos atos praticados pelo adversário processual e pelo juiz, a fim de tomarem conhecimento de seu teor e poderem se manifestar a respeito, como corolário do princípio constitucional do contraditório.

5º – Ampla e igualitária possibilidade de produção de provas pelas partes, e, subsidiariamente, pelo magistrado

As partes têm o direito à produção de provas durante o procedimento, especialmente quando do oferecimento da peça acusatória e do oferecimento da resposta à acusação. Subsidiariamente, o magistrado, em prol da verdade real dos fatos, é autorizado a determinar a produção, mesmo que de ofício, de provas (art. 156, incisos I e II, do CPP).

6º – Decisões judiciais fundamentadas

Todas as decisões que solucionem pontos controvertidos (sequestro, hipoteca legal, prisão preventiva etc.), especialmente a sentença de mérito, devem ser devidamente fundamentados, sob pena de nulidade por ofensa ao art. 93, IX, da CF.

Pressupostos processuais subjetivos (aqueles que se referem aos sujeitos processuais)

1º – Juiz imparcial (não podem estar presentes quaisquer das causas de impedimento, suspeição ou incompatibilidade).

2º – Partes processualmente capazes (*legitimidade ad processum*); as partes, no sentido material, devem ser capazes, isto é, aptas a exercerem, pessoalmente, a parte ativa ou passiva na relação jurídica processual. Exemplos: o querelante, para que possa oferecer a queixa-crime, deve ser maior de 18 anos e capaz; para que a vítima possa atuar como assistente da acusação, nos crimes de ação penal pública, deverá ser maior de 18 anos e capaz.

Nesses dois exemplos, inexistindo a capacidade civil, à parte não se autorizará o exercício, pessoal, de direitos na relação jurídica processual.

3º – capacidade postulatória. As partes, no sentido processual, devem ter capacidade postulatória, ou seja, de postular em juízo, capacidade essa ínsita aos representantes do Ministério Público e aos advogados. Segundo o STF[134] a capacidade postulatória "constitui indeclinável pressuposto processual de natureza subjetiva essencial à válida formação da relação jurídico – processual"; conclui, a decisão citada, que "são nulos de pleno direito os atos processuais que, privativos de advogado, venham a ser praticados por quem não dispõe de capacidade postulatória". Dessa forma, os atos processuais operados por advogado desligado ou suspenso dos quadros da OAB são nulos; de idêntica forma, atos processuais praticados por membro do Ministério Público que esteja suspenso de suas funções ou em disponibilidade serão considerados nulos. Não se exige capacidade postulatória no caso de *habeas corpus* que pode ser impetrado por qualquer pessoa, física ou jurídica; até mesmo o interditado, o inimputável, ou o menor de idade poderão utilizarem-se do remédio heroico.

Pressupostos processuais objetivos negativos (aqueles pressupostos que se relacionam com fatos processuais, e que não podem estar presentes).

São os seguintes:

Coisa julgada (a mesma causa penal já ter sido objeto de processo cuja decisão transitou em julgado). Visa evitar o *bis in idem*.

Litispendência (a mesma causa penal já tramita perante outro órgão de justiça)

A litispendência pode se referir a, apenas, *parte* da acusação, de modo que a outra(s) imputação(ções)-se não idênticas – poderá(ão) ser mantida(s). Com esse entendimento o STJ[135] trancou, em *habeas corpus*, parcialmente, uma ação penal, por considerar a existência de litispendência quanto ao delito de lavagem de dinheiro, mantendo, contudo, as demais acusações. Em suma, trata-se de litispendência parcial.

10.15. DISPOSIÇÕES GERAIS DO CPP

10.15.1. Audiências e sessões e atos processuais. Publicidade em geral

As audiências, sessões e os atos processuais serão, em regra, públicos, e se realizarão nas sedes dos juízos e tribunais, com assistência dos escrivães, do secretário, do

---
134. Informativo STF. 12/11/2015. STF. Plenário. Arguição de Impedimento (AImp) 28. Min. Rel. Celso de Mello.
135. STJ – Informativo de 25/09/2012.

oficial de justiça que servir de porteiro, em dia e hora certos, ou previamente designados (art. 792, *caput*, do CPP).

Se da publicidade da audiência, da sessão ou do ato processual, puder resultar escândalo, inconveniente grave o perigo de perturbação da ordem, o juiz, ou o tribunal, câmara ou turma, poderá, de ofício ou a requerimento da parte ou do Ministério Público, determinar que o ato seja realizado a portas fechadas, limitando o número de pessoas que possam estar presentes (art. 792, § 1º, do CPP).

A publicidade é a regra, mas, excepcionalmente, e sempre de maneira fundamentada o magistrado poderá determinar a restrição dessa publicidade, sem que haja ofensa aos artigos 5º, LX e 93, X, da Constituição Federal, quando a publicidade puder comprometer o interesse à intimidade ou o interesse público.

10.15.1.1. Polícia das audiências e das sessões. Requerimentos

A polícia das audiências e das sessões compete aos respectivos juízes ou ao presidente do tribunal, câmara ou turma, que poderão determinar o que for conveniente á manutenção da ordem. Para tal fim, requisitarão força pública, que ficará *exclusivamente* à sua disposição (art. 794 do CPP). Desse dispositivo legal se depreende que os agentes da polícia, que comumente exercem a segurança das audiências e sessões, deverão obedecer, *exclusivamente*, às determinações do magistrado, e a mais ninguém, sob pena de completa balbúrdia do ato processual.

Os espectadores das audiências ou das sessões não poderão manifestar-se (art. 795, *caput*, do CPP). Para assegurar essa vedação, o juiz poderá, primeiro, advertir quem tenha se manifestado a não mais fazê-lo; se não surtir efeito, poderá determinar a retirada compulsória do transgressor, requisitando o agente policial que estiver no ambiente para tanto; é o que estabelece o § único do art. 795 do CPP.

Se o acusado não se portar convenientemente, *v.g.*, xingando as testemunhas, urrando, etc, o magistrado poderá determinar sua retirada do recinto, durante os atos de instrução ou julgamento (art. 796 do CPP)

Os advogados poderão requerer, ao juízo ou ao Tribunal, sentados ou em pé (art. 7º, XII, da Lei 8.906/94 – Estatuto da Ordem dos Advogados do Brasil).

Aos membros do Ministério Público assegura-se tomar assento à direita dos juízes de primeira instância ou do Presidente do Tribunal, Câmara ou Turma (art. 41, XI, da Lei 8.625/93 – Lei Orgânica do Ministério Público Nacional).

10.15.2. Datas em que podem ser praticados os atos processuais

As audiências e as sessões de julgamento serão marcadas em dias úteis da semana; mas os atos processuais em geral, como o ato de intimação, de citação, de busca e apreensão domiciliar, de reprodução simulada dos fatos, e outros, poderão ser praticados em quaisquer dias (art. 797 do CPP).

10.15.3. Prazos processuais

10.15.3.1. Regras gerais

Todos os prazos correrão em cartório e serão contínuos e peremptórios, não se interrompendo por férias, domingos ou feriado (art. 798, *caput*, do CPP). Quanto aos prazos em cartório citado pela lei, certo que o Defensor Público, o advogado nomeado, e o Ministério Público possuem a prerrogativa de intimação pessoal, com entrega dos autos com vista; e, além disso, sendo mais de um defensor, cada um deles disporá de prazo individual para se manifestar no processo, sob pena de ofensa ao princípio constitucional da ampla defesa.

O prazo do processo penal, como se viu, é contínuo e peremptório, não se estabelecendo em dias úteis, como se dá com o processo civil – art. 219 do CPC. No caso de acusados defendidos por advogados distintos, firmou-se o entendimento, no STF[136], de que não caberá prazo em dobro para cada um deles, de modo que não se mostra aplicável, por analogia, o art. 229, *caput*, do CPC, o qual prevê tal possibilidade. Entendeu-se que os inquéritos e ações penais originárias em curso perante o STF tramitam por via eletrônica de modo que todos os interessados – advogados e membros do Ministério Público – têm acesso amplo e simultâneo ao inteiro teor dos autos. Certamente essa decisão do Pretório Excelso mostra-se aplicável a todas as hipóteses de processos digitais, quer tramitem ou não perante o STF.

Não se computará no prazo o dia do começo, incluindo-se, porém, o do vencimento (art. 798, § 1º, do CPP).

O prazo que terminar em domingo ou dia feriado considerar-se-á prorrogado até o dia útil imediato (art. 798, § 2º, do CPP).

10.15.3.2. Início da contagem do prazo

Segundo o artigo 798, § 5º, do CPP, os prazos correrão:

1 – Da intimação;

2 – Da audiência ou sessão em que for proferida a decisão, se a ela estiver presente a parte;

3 – Do dia em que a parte manifestar nos autos ciência inequívoca da sentença ou decisão

10.15.3.3. Prazo concedido ao escrivão para a prática dos atos processuais

O escrivão deverá, sob pena de suspensão, executar os atos processuais determinados pelo juiz ou estabelecidos em lei, dentro do prazo de dois dias (art. 799 do CPP). Cabe, também, ao escrivão, remeter, sob pena de suspensão, os autos ao Ministério (e

---

136. Informativo do STF. 09/11/2017. STF. Ação Penal (AP) 1003. Re. Min. Edson Faquin.

também à defesa), no dia da abertura da vista; e ao juiz, no dia da abertura da conclusão (art. 800, § 4º, do CPP).

10.15.3.4. Prazos do juiz

Vimos, ao tratar dos provimentos judiciais, os prazos para a prática de cada ato judicial pelo juiz, para o qual remetemos o leitor. O juiz, de qualquer forma, poderá exceder o prazo, declarando o motivo para tanto (art. 800, § 3º, do CPP).

10.15.3.5. Punição de juízes e membros do MP que ultrapassarem o prazo dos atos processuais

Os arts. 801/802 do CPP que preveem punições – pecuniárias e funcionais – aos membros do MP e do Judiciário pelo atraso na prática de atos processuais não foram recepcionados pela Constituição Federal, a qual assegura a prerrogativa de irredutibilidade de subsídios dos membros de tais carreiras. Além disso, tanto o *Parquet* quanto a magistratura, possuem sistemas próprios e específicos de infrações administrativas e punição (Corregedorias e Conselhos Nacionais), não se aplicando, para tanto, as normas gerais (e ultrapassadas) do CPP

10.15.4. Suspensão do expediente e dos prazos processuais

Não correrão os prazos, se houver impedimento do juiz, força maior (enchentes, depredação do fórum etc.), ou obstáculo judicial oposto pela parte contrária (art. 798, § 4º, do CPP).

Suspensão do expediente forense

Os Tribunais de Justiça dos Estados e os Tribunais da União poderão **suspender o expediente forense**, configurando o recesso judiciário, no período de **20 de dezembro até o dia 6 janeiro do ano**, segundo a Resolução 244/2016, do CNJ, a qual assegura, o atendimento aos casos urgentes, novos ou em curso, por meio de sistema de plantões.

Os tribunais regulamentarão o funcionamento de plantões judiciários, de modo a garantir o caráter ininterrupto da atividade jurisdicional (art. 1º, § único, da Resolução).

Embora o art. 3º, *caput*, da Resolução em comento, afirme que, no período de 20 de dezembro até 20 de janeiro, não se realizarão audiências ou sessões de julgamento, certo que, de acordo com o art. 2º, § 2º, da mesma Resolução, assegura-se que a suspensão não obsta a prática de ato processual *necessário à preservação de direitos e de natureza urgente* (art. 2º, § 2º, da Resolução).

Ora, sendo assim, nada impede que os juízes ou tribunais realizem audiências ou sessões, no caso de acusados presos, após o retorno do expediente forense, que se dá, como vimos, no dia 7 de janeiro, afinal, tal providência, se afigura como necessária à preservação do direito à liberdade do acusado.

O expediente forense será executado normalmente no período de **7 a 20 de janeiro**, inclusive, mesmo com a suspensão dos prazos, audiências e sessões, com o exercício, por magistrados e servidores, de suas atribuições regulares (art. 3º, § único, da Resolução).

Suspensão dos prazos processuais

Ficam suspensos, de acordo com o art. 2º, *caput*, da citada resolução, não apenas o expediente forense, mas, igualmente, os prazos processuais e da publicação de acórdãos, sentenças e decisões, bem como a intimação das partes ou de advogados, exceto quanto ás medidas consideradas urgentes.

Fica suspensa a contagem dos prazos processuais em todos os órgãos do Poder Judiciário, inclusive da União, entre **20 de dezembro a 20 de janeiro** (art. 3º, caput, da Resolução).

10.15.5. Retirada dos autos em cartório pelas partes

É direito dos advogados retirar os autos de cartório, findos ou em andamento, pelo prazo legal, como assegura o art. 7º, incisos XV e XVI, da Lei 8.906/94 (Estatuto da Ordem dos Advogados do Brasil).

A vedação a essa prática do art. 803 do CPP foi revogada.

Quanto ao Ministério Público, lhe é assegurada a vista, com entrega dos autos (art. 41, IV, da Lei 8.625/93 – Lei Orgânica do Ministério Público).

10.15.6. Pagamento de custas

Ao Ministério Público, como órgão acusador ou fiscal da lei, não se impõe, o pagamento de custas.

No caso de ações penais privadas, se o querelante possuir condições econômicas, será determinado o pagamento das custas, sem que nenhum ato ou diligência se realizará (art. 806, *caput*, do CPP).

No entanto, no que se refere a defesa, no caso de ação penal privada, não há como se impor o pagamento de custas, sob pena de ofensa ao princípio da ampla defesa; a nosso ver, não foi recepcionado o art. 806, § 1º, do CPP, que impõe – à defesa – o pagamento de custas, salvo se o acusado for pobre; pobre ou não, possuirá o réu direito à ampla defesa, sem prejuízo de cobrar-se, posteriormente, do acusado, o valor das custas.

A falta de pagamento das custas – por parte do querelante com recursos econômicos – acarretará a renúncia à diligência requerida ou deserção do recurso interposto (art. 806, § 2º, do CPP). Não obstante essa vedação, o juiz poderá determinar de ofício inquirição de testemunhas ou outras diligências, como permite o art. 807 do CPP, afinal, ao magistrado interessa, mais do que ninguém, a busca da verdade real.

Dependerá da Lei de Organização Judiciária – dos Estados, DF, ou União, regulamentarem o pagamento de custas judiciais. No Estado de São Paulo por exemplo, foi editada a Lei 11.608/2003 que impõe o recolhimento da taxa judiciária, nas ações penais públicas, em geral, exceto as dos Juizados Especiais Criminais; quanto às ações penais privadas, exige-se, do querelante, o pagamento no momento da distribuição da ação, bem como quando da interposição de recurso cabível.

10.16. O QUE É A *VERDADE* NO PROCESSO PENAL?

Toda a persecução penal – tanto na fase do inquérito policial como em juízo, no caso das ações penais condenatórias, traduz uma sucessão de imputações provisórias de fatos criminosos ao indiciado/acusado, etapas essas que se sucedem e podem alterar a proposta de imputação anterior; é o que se dá, por exemplo, quando a autoridade policial indicia por determinado fato criminoso o investigado, e o membro do MP oferece denúncia por outro tipo penal; o juiz, por sua vez, na sentença, emenda a acusação, para condenar o acusado por outro tipo penal, por entender que houve erro de capitulação; e ainda, havendo recurso pelas partes, nada impede que o Tribunal possa modificar o teor da sentença; e assim sucessivamente, por meio de diversos recursos ou ações impugnativas (como o *habeas corpus*), até que ocorra o trânsito em julgado do decidido.

Como expõe com brilhantismo Vicente Greco Filho[137], "o processo é uma sucessão de verdades provisórias: há a verdade da autoridade policial que lavra o flagrante ou instaura o inquérito ou lavra o Termo Circunstanciado; há a verdade provisória do Ministério Público que forma a *opinio delicti* e oferece a denúncia ou propõe as medidas da Lei n.9099/95; há a verdade provisória do juiz quando recebe a denúncia e a verdade da sentença recorrível, sendo a verdade definitiva somente a verdade da sentença transitada em julgado e, em matéria penal, ainda, se for absolutória, porque mesmo o trânsito em julgado da sentença penal condenatória ainda não é definitiva, porque sujeita a revisão criminal e eventualmente *habeas corpus*".

10.16.1. Existe litigância de má-fé no processo penal?

Pacificou-se, junto ao STJ, a inadmissibilidade da aplicação do instituto da litigância de má-fé, previsto nos arts. 79/81 do CPC, porque, na seara penal, não seria possível a analogia *in malam parten*, haja vista a ausência de tal dispositivo no ordenamento processual penal[138]. Pensamos que não há qualquer empecilho ao reconhecimento da litigância de má-fé, no processo penal, embora se reconheça que alguns dispositivos que tratam do tema não poderem ser integralmente aplicados à legislação adjetiva penal.

Segundo o art. 80 do CPC considera-se litigante de má-fé aquele que:

I – deduzir pretensão ou defesa contra texto expresso de lei ou fato incontroverso; esse inciso não é aplicável ao processo penal, uma vez que sustentar-se, em uma defesa,

---

137. Vicente Greco Filho, Manual de Processo Penal, p. 95.
138. STJ – HC 401.965/RJ (2017/0128946-5). Rel. Min. Ribeiro Dantas. STF. AgRg nos EDcl nos EAREsp 316.129/SC. 3ª Seção. Rel. Min. Reynaldo Soares da Fonseca. Julgado em 25/05/2016, DJe 1º/06/2016.

contra texto expresso de lei ou questionando fato incontroverso, é algo perfeitamente admissível, por ir ao encontro da ampla defesa, especialmente no rito do Júri.

II – alterar a verdade dos fatos; aplicável ao processo penal, em casos em que, por exemplo se instrui testemunha a mentir, altera-se o local dos fatos, retirando objetos, placas, antes da reprodução simulada dos fatos;

III – usar do processo para conseguir objetivo ilegal; aplicável ao processo penal.

IV – opuser resistência injustificada ao andamento do processo penal; aplicável ao processo penal.

V – proceder de modo temerário em qualquer incidente ou ato do processo; de difícil aplicação no processo penal, uma vez que não se sabe até que ponto alguém, na defesa ou na acusação de uma tese, especialmente no Júri, não está sendo- simplesmente- combativo.

VI – provocar incidente manifestamente infundado; aplicável ao processo penal, até porque incidentes desnecessários custam dinheiro público e comprometem a razoável duração do processo, como o abandono injustificado de plenários de julgamento pelo Júri;

VII – interpuser recurso com intuito manifestamente protelatório; perfeitamente possível de ser utilizado no processo penal, quando se tenta, *v.g.*, obter o reconhecimento da extinção da punibilidade, pela prescrição.

A nosso sentir, a litigância de má-fé é aplicável, por analogia, aos defensores e também aos membros do Ministério Público, pois, quanto a estes últimos, caso cometam alguma das condutas acima elencadas, terão agido com dolo ou fraude no exercício de suas funções (art. 181 do CPC). A possibilidade de se impor a litigância de má-fé no processo penal é um instrumento utilíssimo a fim de se moralizar a seara penal, afastando chicanas, de advogados ou promotores. Não é uma analogia para punir como referem os arestos que não reconhecem a aplicabilidade do instituto no processo, mas sim uma analogia para moralizar o processo que trata dos bens jurídicos mais importantes do ordenamento jurídico pátrio: a liberdade e a segurança pública. Como dispensar-se um comportamento ético de seus protagonistas?

CAPÍTULO 11

PROCEDIMENTOS COMUNS DO CPP

11.1. ESPÉCIES DE PROCEDIMENTOS PREVISTOS NO CPP

Segundo estipula o art. 394, § 1º, do CPP, os procedimentos comuns poderão ser:

1º – Comum ordinário: quando tiver por objeto crime cuja sanção máxima cominada for igual ou superior a quatro anos de pena privativa de liberdade (art. 394, § 1º, I, do CPP).

2º – Comum sumário: quando tiver por objeto crime cuja sanção máxima cominada seja inferior a quatro anos e superior a dois anos de pena privativa de liberdade (art. 394, § 1º, II, do CPP).

3º – Comum sumaríssimo: para as infrações penais de menor potencial ofensivo, que são todas as contravenções penais e os crimes cuja pena máxima abstrata não ultrapasse dois anos de pena privativa de liberdade, na forma da Lei n. 9.099/95 (art. 394, § 1º, III, do CPP).

11.2. PROCEDIMENTO COMUM ORDINÁRIO

11.2.1. Aplicação subsidiária do procedimento comum ordinário

O § 5º do art. 394 do CPP estipula que se aplicam, subsidiariamente, aos procedimentos especiais, sumário e sumaríssimo as disposições do procedimento ordinário.

Por ser o rito comum ordinário o que melhor permite a ampla produção de provas às partes, e assim, a busca da verdade real, além de assegurar com mais eficácia o contraditório e a ampla defesa, se houver lacunas em outros procedimentos, sejam eles previstos no CPP ou em leis extravagantes, o procedimento ordinário as suprirá.

11.2.2. Objeto do procedimento comum ordinário

O procedimento comum ordinário terá por objeto os crimes cujas sanções máximas cominadas forem iguais ou superiores a quatro anos de penas privativas de liberdade (art. 394, § 1º, I, do CPP). Exemplos: roubo, extorsão, estupro etc.

Para se estabelecer o rito, levam-se em consideração as qualificadoras, causas de aumento e diminuição de pena; sempre que a pena máxima em abstrato for igual ou superior a quatro anos, deverá ser seguido o procedimento ordinário.

Exemplo: o crime de sequestro ou cárcere privado (art. 148, *caput*, do CP), na sua forma simples, deverá seguir o rito sumário, porque a pena é inferior a quatro anos; se o sequestro for qualificado, porque, por exemplo, praticado contra menor de 18 anos (art. 148, § 1º, IV, do CP), a pena máxima será de cinco anos e o procedimento adequado será o ordinário.

De igual maneira, havendo concurso de crimes (concurso material, formal ou crime continuado), a incidência das penas máximas em abstrato de cada crime cometido, seja somando – as (no caso do concurso material e do concurso formal impróprio), ou acrescendo – as de uma fração (concurso formal próprio e crime continuado), se alcançada pena máxima igual ou superior a quatro anos, o rito que deve ser adotado é o ordinário.

Exemplo: o crime de extorsão indireta (art. 160 do CP) tem pena máxima de três anos, devendo seguir o rito sumário; mas, se houver concurso material entre dois desses crimes, a pena máxima em abstrato alcançará seis anos, fazendo com que se siga o procedimento ordinário.

11.2.3. Etapas do procedimento comum ordinário

11.2.3.1. *Recebimento ou rejeição da denúncia ou queixa*

A denúncia ou queixa poderá arrolar até oito testemunhas (art. 401, *caput*, do CPP); segundo nosso entendimento, este número é por cada fato criminoso, a fim de se possibilitar que a acusação consiga comprovar os fatos em juízo. Por exemplo: três agentes praticam três roubos, em concurso material de infrações, em contextos fáticos totalmente distintos; a denúncia, nesta situação, poderá arrolar, em tese, até 24 testemunhas. Claro que idêntico número de testemunhas, por cada fato, é válido também para a defesa.

No número legal não se compreendem as que não prestem compromisso e as referidas (§ 1º do art. 401 do CPP), nem muito menos a oitiva da vítima (art. 201 do CPP), que é outra modalidade de prova diversa da testemunhal.

As causas de rejeição da peça acusatória foram estudadas por nós no capítulo em que tratamos da ação penal e estão previstas no art. 395 do CPP. A denúncia ou queixa será rejeitada quando for manifestamente inepta, faltar pressuposto processual ou condição para o exercício da ação penal, ou faltar justa causa para o exercício da ação penal.

Da rejeição da denúncia ou queixa, caberá recurso em sentido estrito (art. 581, I, do CPP).

11.2.3.2. Recebimento da denúncia ou queixa

Recebida a peça acusatória, será determinada a citação do acusado para responder à acusação, por escrito, no prazo de 10 dias (art. 396, *caput*, do CPP).

No caso de citação por edital, o prazo para a defesa começará a fluir a partir do comparecimento pessoal do acusado ou do defensor constituído (parágrafo único do art. 396 do CPP).

11.2.3.3. Resposta escrita à acusação

Na resposta, o acusado poderá arguir preliminares e alegar tudo o que interesse à sua defesa, oferecer documentos e justificações, especificar as provas pretendidas e arrolar testemunhas, qualificando-as e requerendo sua intimação, quando necessário (art. 396-A, *caput*, do CPP). O número de testemunhas que pode arrolar a defesa, para cada réu, é de oito (art. 401, *caput*, do CPP), para cada fato.

As exceções (suspeição, incompetência, litispendência, ilegitimidade de parte e coisa julgada), previstas nos arts. 95 a 112 do CPP, devem ser processadas em apartado (§ 1º do art. 396-A do CPP), mas não haverá qualquer prejuízo em sua apresentação no bojo da própria resposta à acusação.

Não apresentada a resposta no prazo legal, ou se o acusado, citado, não constituir defensor, o juiz nomeará defensor para oferecê-la, concedendo-lhe vista dos autos por 10 dias (§ 2º do art. 396-A do CPP).

11.2.3.4. Decisão a respeito da absolvição sumária

11.2.3.4.1. Não incidência das hipóteses de absolvição sumária

Após o oferecimento da resposta à acusação, o juiz poderá entender que não estão presentes quaisquer das hipóteses que autorizariam a absolvição sumária, desde que fundamente – mesmo que sucintamente – suas razões para tanto; no mesmo despacho em que o magistrado afasta a absolvição sumária, também designa audiência de instrução, debates e julgamento, ordenando a intimação do acusado, de seu defensor, do Ministério Público e, se for o caso, do querelante e do assistente (art. 399, *caput*, do CPP). O acusado preso será requisitado (§ 1º do art. 399 do CPP).

11.2.3.4.2. Incidência das hipóteses de absolvição sumária

Presentes as situações previstas no art. 397 do CPP (existência manifesta de causa excludente da ilicitude do fato ou de culpabilidade do agente, salvo inimputabilidade; quando o fato narrado evidentemente não constitui crime; ou estiver extinta a punibilidade do agente), o juiz deverá absolver sumariamente o acusado, julgando o mérito do processo. Entendemos que, provada a inexistência do fato ou se provado que o réu não é seu autor ou partícipe, o acusado também deverá ser absolvido sumariamente, com base no art. 415 do CPP, que trata da absolvição sumária no rito do Júri, mas que também é, aplicável, por analogia, a nosso ver, a todos os ritos do processo penal.

Da decisão de absolvição sumária caberá apelação (art. 593, I, do CPP).

11.2.3.5. Audiência de instrução, debates e julgamento

11.2.3.5.1. Prazo para sua designação

De acordo com o art. 400 do CPP, a audiência de instrução e julgamento deve ser realizada no prazo máximo de 60 dias.

11.2.3.5.2. Ordem da instrução na audiência

Segundo o art. 400 do CPP, a audiência de instrução terá a seguinte ordem (ou sequência) de produção de provas:

1ª – tomada de declarações do ofendido;

2ª – inquirição das testemunhas arroladas pela acusação;

3ª – inquirição das testemunhas arroladas pela defesa;

4ª – esclarecimentos dos peritos;

5ª – acareações;

6ª – reconhecimento de pessoas e coisas;

7ª – interrogatório.

As provas serão produzidas numa só audiência, podendo o juiz indeferir as consideradas irrelevantes, impertinentes ou protelatórias (§ 1º do art. 400 do CPP); são aquelas que não têm nenhuma importância na busca da verdade real. Os esclarecimentos dos peritos dependerão de prévio requerimento das partes (§ 2º do art. 400 do CPP).

Sempre que possível, o registro dos depoimentos do investigado, indiciado, ofendido e testemunhas será feito pelos meios ou recursos de gravação magnética, estenotipia, digital ou técnica similar, inclusive audiovisual, destinada a obter maior fidelidade das informações (§ 1º do art. 405 do CPP).

No caso de registro por meio audiovisual, será encaminhada às partes cópia do registro original, sem necessidade de transcrição (§ 2º do art. 405 do CPP).

11.2.3.5.3. Requerimento de diligências

Consoante determina o art. 402 do CPP, produzidas as provas, ao final da audiência, o Ministério Público, o querelante e o assistente e, a seguir, o acusado poderão requerer diligências cuja necessidade se origine de circunstâncias ou fatos apurados na instrução.

Se for deferido o pedido, e ordenada diligência considerada imprescindível, a audiência será concluída sem as alegações finais (art. 404, *caput*, do CPP).

Realizada, em seguida, a diligência determinada, as partes apresentarão, no prazo sucessivo de cinco dias, suas alegações finais, por memorial, e, no prazo de 10 dias, o juiz proferirá a sentença (parágrafo único do art. 404 do CPP).

Nada impede que o juiz determine, de ofício, a diligência imprescindível, mesmo sem requerimento da parte, como lhe permite o art. 156, II, do CPP.

Ao juiz cabe, se entender a diligência requerida como inútil ou protelatória, a indeferir, o que obrigará as partes a se manifestarem em audiência, apresentando alegações finais orais; nesta peça processual, poderão alegar, em sede de preliminar, a ocorrência de nulidade por cerceamento à atividade defensiva ou acusatória, em razão do indeferimento da diligência requerida. Se a parte que requereu a diligência for contrariada em sua tese, pela sentença prolatada, poderá apelar sustentando, em sede de preliminar, a nulidade por cerceamento de sua atividade probatória.

11.2.3.5.4. Alegações finais orais e sentença

Não havendo requerimento de diligências, ou sendo indeferido, serão oferecidas alegações finais orais por 20 minutos, respectivamente, pela acusação e pela defesa, prorrogáveis por mais 10, proferindo o juiz, a seguir, sentença (art. 403, *caput*, do CPP). O juiz deve, portanto, proferir sentença, imediatamente após as alegações finais orais das partes, de acordo com a lei; se, entretanto, isso não for possível, seja porque atrasaria as outras audiências designadas para o mesmo dia, ou porque exista certa complexidade nas provas do processo, não haverá qualquer nulidade se o juiz sentenciar posteriormente (no prazo de 10 dias).

Havendo mais de um acusado, o tempo previsto *para a defesa* de cada um será individual (§ 1º do art. 403 do CPP). **E a acusação?** Pensamos que também deverá ter o seu tempo individualizado, para cada acusado, como é assegurado à defesa, em respeito ao princípio da isonomia, afinal, não é difícil imaginar processos contando, *v.g.*, com uma grande quantidade de réus – 8, 10, ou mais – reunidos em associação criminosa complexa; ora, repugnaria a lógica e ao senso de justiça, que fosse factível (e justo), ao representante do *Parquet*, se manifestar a respeito da conduta particularizada de cada um deles, em parcos 20 minutos!

Deve-se aplicar, a nosso ver, por analogia, a todos os procedimentos de 1ª instância, o art. 411, § 5º, do CPP, inserido no rito do Júri, e que estipula que, havendo mais de um acusado, o tempo previsto para a acusação e a defesa de cada um deles será *individual*.

Ao assistente do Ministério Público, após a manifestação desse, serão concedidos 10 minutos, prorrogando-se por igual período o tempo de manifestação da defesa (§ 2º do art. 403 do CPP).

Memoriais escritos

O juiz poderá, considerada a complexidade do caso ou o número de acusados, conceder às partes o prazo de cinco dias sucessivamente para a apresentação de memoriais. Nesse caso, terá o prazo de 10 dias para proferir a sentença (§ 3º do art. 403 do CPP).

11.2.3.5.5. Termo de audiência

Do ocorrido em audiência será lavrado termo em livro próprio, assinado pelo juiz e pelas partes, contendo breve resumo dos fatos relevantes nela ocorridos (art. 405, *caput*, do CPP).

11.3. PROCEDIMENTO SUMÁRIO

11.3.1. Objeto do procedimento comum sumário

O procedimento comum sumário terá por objeto os crimes cujas sanções máximas cominadas sejam inferiores a quatro e superiores a dois anos de penas privativas de liberdade (art. 394, § 1º, II, do CPP). Exemplos: perigo de inundação (art. 255 do CP); interrupção ou perturbação de serviço telegráfico, telefônico, informático, telemático ou de informação de utilidade pública (art. 266, *caput*, do CP), ambos com pena máxima de três anos.

Importante lembrar que as infrações com penas máximas iguais ou inferiores a dois anos serão processadas perante o Juizado Especial Criminal, seguindo o rito sumaríssimo da Lei n. 9.099/95, e não o rito sumário.

Em outras palavras, o rito sumário tem seu campo de incidência bastante restrito, pois seguirão tal procedimento apenas as infrações com pena máxima superiores a dois anos e inferiores a quatro.

Juizados Especiais Criminais e rito sumário

Se o acusado da prática de uma infração de menor potencial ofensivo não for encontrado para ser citado, perante o Juizado Especial Criminal, o juiz deverá encaminhar as peças existentes ao juízo comum (parágrafo único do art. 66 da Lei n. 9.099/95), onde seguirá o procedimento sumário (art. 538 do CPP). O fato de se seguir o rito sumário não impede que o autor da infração de menor potencial ofensivo seja beneficiado pela transação penal, composição civil ou suspensão condicional do processo.

E, ainda, se as provas forem complexas (§ 2º do art. 77 da Lei n. 9.099/95), os autos podem ser remetidos dos Juizados Especiais Criminais ao Juízo Comum, onde se seguirá o rito sumário.

Como já dissemos, e voltamos a frisar, a aplicação do rito sumário, perante o Juízo Comum, não impossibilita que ao acusado se apliquem os benefícios penais previstos na Lei 9.099/95, como a transação penal e a composição civil.

O recurso das decisões proferidas pelo Juízo Comum, que seguiu o rito sumário em relação a feitos criminais remetidos pelo Juizado Especial Criminal será endereçado ao Tribunal competente (Tribunal de Justiça ou Tribunal Regional Federal), e não ás Turmas Recursais dos Juizados Especiais Criminais.

Lei Maria da Penha e rito sumário

Por fim, é certo que as infrações de menor potencial ofensivo em que figure como vítima mulher, no contexto da violência doméstica e familiar, embora tenham pena máxima não superior a dois anos, não serão processadas pelo Juizado Especial Criminal, e sim pelo Juízo comum, seguindo-se o rito sumário; isto porque o art. 41 da Lei n. 11.340/2006 veda, expressamente, a aplicação de qualquer dispositivo da Lei n. 9.099/95, em se tratando de violência doméstica contra a mulher.

Estatuto do idoso e rito sumário

De acordo com o que determina o art. 94 da Lei n. 10.741/2003 (Estatuto do Idoso), os crimes previstos nesse diploma, cuja pena máxima não ultrapasse quatro anos de prisão, seguirá o procedimento do Juizado Especial Criminal (Lei n. 9.099/95), e não o rito sumário.

11.3.2. Etapas do procedimento comum sumário

11.3.2.1. Recebimento ou rejeição da denúncia ou queixa

A denúncia ou queixa poderá arrolar até cinco testemunhas e não oito, para cada fato, como o rito ordinário (art. 532 do CPP). Quanto às causas de rejeição e recurso cabível, *vide* nossas observações quando tratamos do rito ordinário.

11.3.2.2. Recebimento da denúncia ou queixa

Recebida a peça acusatória, determinará a citação do acusado para responder à acusação, por escrito, no prazo de 10 dias (art. 396, *caput*, do CPP).

11.3.2.3. Resposta escrita à acusação

Idêntico ao rito ordinário; *vide* nossas explicações acima. O número de testemunhas que pode arrolar a defesa, para cada réu, é de cinco, para cada fato (art. 532 do CPP).

11.3.2.4. Decisão a respeito da absolvição sumária

Idêntico ao rito ordinário; *vide* nossas explicações acima.

11.3.2.5. Audiência de instrução, debates e julgamento

11.3.2.5.1. Prazo para sua designação

De acordo com o art. 531 do CPP, a audiência de instrução e julgamento deve ser realizada no prazo máximo de 30 dias e não 60 como o rito ordinário.

11.3.2.5.2. Ordem da instrução na audiência

É idêntico ao procedimento ordinário (arts. 531 e 533 do CPP); *vide* nossas explicações acima.

O art. 536 do CPP, ao tratar do rito sumário, determina que a testemunha que comparecer será inquirida, independentemente da suspensão da audiência, observada, em qualquer caso, a ordem estabelecida no art. 531 do CPP.

Esse dispositivo legal – mal redigido – deve ser analisado com cautela: não é possível que, faltando uma testemunha de acusação, mas comparecendo uma arrolada pela defesa, *em nome da celeridade processual*, se colha o depoimento daquela testemunha indicada pela defesa, e que compareceu à audiência, *antes da testemunha de acusação*, sob pena de evidente ofensa à ampla defesa (afinal a defesa tem o direito de produzir suas provas, depois da acusação).

A única interpretação que pode ser dada a essa norma é a seguinte: faltando uma testemunha arrolada pela acusação, a testemunha de defesa *não poderá ser ouvida naquela audiência*, mesmo em se tratando do rito sumário, sob pena de nulidade, por inversão da prova em prejuízo da ampla defesa, a não ser que a defesa, expressamente, aquiesça com a inversão.

11.3.2.5.3. Requerimento de diligências em audiência

Não é prevista a possibilidade de as partes requererem, após produzidas as provas, ao final da audiência, diligências cuja necessidade se origine de circunstâncias ou fatos apurados na instrução, como se faculta no rito ordinário (art. 402 do CPP).

Estas diligências só podem, em tese, ser requeridas no rito ordinário e não no sumário; entendemos, porém, que, sendo imprescindíveis ao esclarecimento da verdade real, não haveria qualquer nulidade se o juiz deferisse tais requerimentos, até mesmo porque pode determinar a produção de provas, de ofício, em qualquer rito, como lhe faculta o art. 156, II, do CPP.

Sendo assim, deferida a diligência pelo juiz, a audiência será concluída sem as alegações finais, aplicável, assim, o art. 404 do CPP, que trata do rito ordinário, por analogia; realizada, em seguida, a diligência determinada, as partes apresentarão, no prazo sucessivo de cinco dias, suas alegações finais, por memorial, e, no prazo de 10 dias, o juiz proferirá a sentença, aplicando-se, por analogia, o parágrafo único do art. 404 do CPP, que disciplina o rito ordinário.

11.3.2.5.4. Alegações finais orais e sentença

A regulamentação é idêntica ao do procedimento ordinário e é prevista no art. 534 e parágrafos do CPP; *vide* nossas explicações do rito ordinário.

Memoriais escritos

Não é prevista a possibilidade de o juiz, considerada a complexidade do caso ou o número de acusados, conceder às partes prazo para a apresentação de memoriais, nem de proferir sentença, nessa hipótese, em 10 dias, como permite o § 3º do art. 403 do CPP, ao tratar do rito ordinário.

Entendemos, porém, que se o fizer, aplicando por analogia o dispositivo acima, não haverá qualquer nulidade, porque, com tais medidas, apenas se permitirá o melhor desempenho, pelas partes e pelo juiz, de suas funções.

11.3.2.5.5. Termo de audiência

Idêntico ao procedimento ordinário; *vide* nossas explicações acima.

CAPÍTULO 12
PROCEDIMENTOS ESPECIAIS DO CPP

12.1. PROCEDIMENTO ESPECIAL DO JÚRI[1]

12.1.1. Conceito. Previsão constitucional e natureza jurídica

O Júri é um órgão da Justiça comum federal e estadual, de 1ª instância, colegiado e heterogêneo, composto pelo juiz presidente e por 25 cidadãos, com competência mínima para julgar os crimes dolosos contra a vida, temporário (porque constituído para sessões periódicas, sendo depois dissolvido), possuidor de soberania quanto às suas decisões, tomadas sigilosamente e por maioria de votos.

O Júri é previsto na Constituição Federal (art. 5º, XXXVIII) e tem a natureza jurídica de verdadeira garantia individual ao direito à liberdade de todos os acusados de terem praticado um crime doloso contra a vida. Como garantia individual, o júri é uma cláusula pétrea da CF (art. 60, § 4º), que não admite sua exclusão do ordenamento jurídico.

12.1.2. Princípios constitucionais do Júri

São os seguintes:

1º – Plenitude de defesa

A defesa no Júri, além de ampla, deve ser plena, ou seja, de boa qualidade técnica, sob pena de se dissolver o Conselho de Sentença, quando se considerar o acusado indefeso (art. 497, V, do CPP).

---

1. Tratamos profundamente do tema em nossa obra Tribunal do Júri, Teoria e Prática. Editora Atlas/Gen.

2º – Sigilo das votações

Os jurados julgam a causa criminal sigilosamente, através de votação secreta.

3º – Soberania dos veredictos

O veredicto, em regra, não pode ser modificado pelo Tribunal, pelo mérito, mas se a decisão dos jurados for manifestamente contrária à prova dos autos, será permitida sua invalidação, determinando-se a realização de novo julgamento com outros jurados. É possível, assim, que as decisões do Júri sejam cassadas, em sede de recurso de apelação (art. 593, III, *d*, do CPP), bem como que a sentença condenatória transitada em julgado proferida pelo Tribunal do Júri seja desconstituída através de revisão criminal (arts. 621 a 631 do CPP). Como analisamos ao tratar da revisão criminal, os Tribunais Superiores consagraram o entendimento de que, acolhida a revisão criminal, o Tribunal poderá absolver diretamente o réu, sem remetê-lo a novo julgamento pelo júri, o que não comprometeria soberania dos veredictos.

4º – Competência mínima para julgamento dos crimes dolosos contra a vida

São os delitos previstos na parte especial do Código Penal, no Título Dos Crimes contra a Pessoa, Capítulo I, Dos Crimes contra a Vida, quais sejam: homicídio (art. 121), induzimento, instigação ou auxílio ao suicídio (art. 122), infanticídio (art. 123) e aborto (arts. 123 e 125). Este rol não é taxativo, sendo possível ampliá-lo, mas não reduzi-lo. O latrocínio deverá ser julgado pelo juiz singular e não pelo Tribunal do Júri, como estabelece a Súmula 603 do STF.

12.1.3. Procedimento especial do Júri

O rito do Júri é bifásico ou escalonado (dividido) em duas fases: a do juízo da acusação e do juízo da causa.

12.1.3.1. *Juízo da acusação ou judicium accusationes*

Tem por fim produzir provas de autoria e materialidade da infração dolosa contra a vida. Esta primeira fase do rito é prevista nos arts. 406/421 do CPP e se desenvolve a partir do oferecimento da denúncia, até a decisão de pronúncia, de impronúncia, de desclassificação e de absolvição sumária que serão analisadas a seguir.

12.1.3.1.1. *Denúncia, resposta à acusação ou defesa prévia*

Determina o art. 406 do CPP que o juiz, ao receber a denúncia ou queixa, que poderá arrolar até oito testemunhas (art. 406, § 2º, do CPP), ordenará a citação do acusado para responder à acusação, por escrito, no prazo de 10 dias. A resposta à acusação versará a respeito de preliminares e alegações de tudo que interesse à defesa, podendo se oferecer documentos e justificações, especificar provas e arrolar testemunhas, até o máximo de oito, qualificando – as e requerendo sua intimação.

Se não for apresentada a resposta no prazo legal, o juiz nomeará defensor para oferecê-la em até 10 dias, concedendo-lhe vista dos autos; apresentada a defesa, o juiz ouvirá o Ministério Público ou o querelante (na hipótese de ação penal de iniciativa privada) sobre preliminares e documentos, em cinco dias (arts. 408 e 409 do CPP).

A não apresentação da resposta à acusação é causa de nulidade absoluta, por ofensa à ampla defesa.

As exceções, previstas nos arts. 95 a 112 do CPP serão processadas em apartado, mas não haverá qualquer prejuízo que sejam articuladas no bojo da própria resposta à acusação.

12.1.3.1.2. Despacho inicial

Após a resposta à acusação, o juiz, em 10 dias, determinará a inquirição das testemunhas e a realização das diligências requeridas pelas partes (art. 410 do CPP), designando-se data para audiência. Certamente esse prazo de 10 dias não se refere à realização da audiência em si – o que seria, na maior parte das vezes – impraticável – mas sim, para que, nesse interregno, o magistrado despache designando data para o ato solene.

12.1.3.1.3. Audiência de instrução, debates e julgamento

Na audiência, deverão ser tomadas as declarações do ofendido, se possível, à inquirição das testemunhas arroladas pela acusação e pela defesa, nesta ordem, bem como os esclarecimentos dos peritos, às acareações e ao reconhecimento de pessoas e coisas, interrogando-se, em seguida, o acusado e procedendo-se ao debate (art. 411, *caput*, do CPP).

Colhida toda a instrução, as partes se manifestam em debates orais. À acusação e à defesa serão concedidos 20 minutos, prorrogáveis por mais 10, para que se manifestem.

Se houver mais de um acusado, o tempo referido é individual; ou seja, para cada réu, tanto a acusação quanto a defesa terão o tempo de 20 minutos e a possibilidade de sua prorrogação. Quando houver assistente de acusação, este se manifestará após o Ministério Público, no tempo de 10 minutos; nessa última hipótese, o tempo da defesa será acrescido também em 10 minutos.

É o que preveem os §§ 4º, 5º, 6º do art. 411 do CPP.

As alegações finais orais do Ministério Público são obrigatórias.

No caso de querelante em ação penal privada exclusiva, por delito conexo, o pedido de absolvição ou a não manifestação em debates acarreta a perempção (art. 60, III, do CPP).

Ao defensor do acusado é permitido que não se manifeste oralmente, como estratégia para não expor com muita antecedência suas teses que serão sustentadas quando do julgamento pelo júri. Essa omissão não acarreta nulidade, segundo majoritária jurisprudência.

12.1.3.1.4. Decisões possíveis

Após a manifestação das partes, o juiz proferirá a sua decisão, em audiência, ou o fará em 10 dias, ordenando que os autos para isso lhe sejam conclusos (art. 411, § 9º, do CPP). O prazo para conclusão da 1ª fase do procedimento é de 90 dias (art. 412 do CPP).

Finda a instrução da primeira fase do rito do Júri, as decisões possíveis são: pronúncia, impronúncia, desclassificação e absolvição sumária.

12.1.3.1.4.1. Pronúncia: fundamentação e efeitos

A pronúncia é uma decisão interlocutória mista não terminativa que encerra uma fase do processo sem julgar o mérito da causa, e que declara admissível a realização do julgamento pelo júri, porque há provas mínimas de autoria e materialidade delitivas (art. 413, *caput*, do CPP).

O juiz, quando da pronúncia, deve emitir um juízo de probabilidade e não de certeza, ou seja, deve ser comedido na decisão; não pode, assim, se exceder na linguagem (*excesso de linguagem na pronúncia*), sob pena de nulidade, porque poderia indevidamente influenciar os jurados.

Da pronúncia não podem constar causas de diminuição de pena, agravantes ou atenuantes, nem regras de concurso de crimes (crime continuado, concurso material ou formal), pois tais normas serão aplicadas, se houver sentença condenatória, pelo juiz presidente, após decisão dos jurados.

As qualificadoras e causas de aumento de pena, entretanto, devem constar da pronúncia (art. 413, § 1º, do CPP).

É praticamente pacífico na jurisprudência e na doutrina que, se houver dúvidas a respeito da autoria do crime, o juiz deve pronunciar o acusado para que os jurados, juízes naturais da causa, decidam. Esse entendimento visaria preservar a competência constitucional do júri, e é também conhecido pelo brocardo *in dubio pro societate (na dúvida se houve ou não o crime, ou se o réu é ou não seu autor, o juiz deve pronuncia-lo)*.

Embora minoritários, sustentamos entendimento diverso: se as provas forem frágeis, dúbias, insubsistentes, daquelas que não autorizariam uma condenação em hipótese alguma – não há porque se remeter a causa penal à julgamento pelo Júri, sob pena de se correr o risco – absolutamente inaceitável – de se condenar um provável inocente. A interpretação dada ao *in dubio pro societate*, no sentido de se remeterem *todos* os processos a julgamento pelo Júri, vai de encontro ao entendimento majoritário de que o Tribunal do Júri é uma *garantia individual*, justamente porque colocaria em risco a liberdade do acusado, submetendo – o ao risco-sempre presente – de ser condenado, pelo Júri, sem provas dignas de tal nome. Por outro lado, muito melhor aos *interesses sociais* que sejam remetidos ao Júri, apenas casos criminais que estejam alicerçados em provas que tragam uma *probabilidade* de autoria, por dois motivos: primeiro, a pauta de realização de julgamentos do Júri se reduziria, e a resposta penal, entre a data da infração penal e o julgamento do acusado pelos seus pares, seria encurtada, afastando, desse modo, a deletéria sensação de impunidade; segundo, impronunciando-se o acusado, nada impediria que, surgidas novas provas, pudesse ser novamente processado e – eventualmente – condenado pelo Júri. Mas, se o acusado fosse pronunciado – sem nenhuma prova séria – e levado a julgamento pelo Júri, sendo absolvido, e transitada em julgado essa decisão, *mesmo que posteriormente surjam novas provas contra ele*, nada mais poderia ser feito, porque não se permite, no nosso ordenamento jurídico, revisão criminal *pro societate* (apenas *pro reo*).

A decisão de pronúncia produz os seguintes efeitos:

1º – submissão do acusado a julgamento pelo Tribunal do Júri (art. 421 do CPP);

2º – interrupção da prescrição (art. 117, II, do Código Penal).

12.1.3.1.4.1.1. Pronúncia e prisão do acusado

O juiz, quando da pronúncia, deve decidir motivadamente a respeito da revogação ou manutenção da prisão do réu (art. 413, § 3º, do CPP).

12.1.3.1.4.1.2. Intimação da decisão de pronúncia

Prevê o art. 420, I e II, do CPP que o Ministério Público, o acusado e o defensor nomeado serão sempre intimados pessoalmente da decisão de pronúncia; já o defensor constituído, o querelante e o assistente do Ministério Público serão, em regra, intimados pela imprensa.

O parágrafo único do art. 420 do CPP determina que o acusado solto que não for encontrado seja intimado por edital. Significa dizer que o acusado que não é localizado para tomar ciência da decisão de pronúncia, será intimado por edital, prosseguindo-se normalmente o feito até o julgamento pelo júri que poderá ocorrer, mesmo que sem a presença do réu.

12.1.3.1.4.1.3. Recurso da decisão de pronúncia

O recurso cabível da decisão de pronúncia é o recurso em sentido estrito (art. 581, IV, do CPP). O recurso contra a decisão de pronúncia suspende o julgamento pelo Júri (art. 584, § 2º, do CPP).

12.1.3.1.4.2. Impronúncia

É uma decisão interlocutória mista terminativa (que encerra o processo, sem condenar nem absolver). O juiz declara inadmissível que a acusação seja julgada pelo Júri, porque não se convenceu da existência de provas de materialidade e indícios suficientes de autoria ou participação (art. 414, *caput*, do CPP).

A decisão de impronúncia não faz coisa julgada material, possibilitando a propositura de nova ação penal, desde que sejam apresentadas novas provas. Esses elementos inéditos probatórios formam verdadeira *condição de procedibilidade*, sem os quais a peça acusatória não poderá ser recebida. Esta possibilidade é prevista no parágrafo único do art. 414 do CPP, ressalvando-se apenas que a nova denúncia ou queixa só poderá ser formulada enquanto não ocorrer a extinção da punibilidade (pela prescrição da pretensão punitiva, por exemplo).

12.1.3.1.4.2.1. Impronúncia e recurso

Da sentença de impronúncia cabe **o recurso de apelação** (art. 416 do CPP).

12.1.3.1.4.3. Desclassificação

A desclassificação é uma decisão interlocutória em que o juiz se declara incompetente, pela matéria, para prosseguir no andamento do feito; tal se dá quando o juiz, em desacordo com a imputação contida na denúncia ou queixa-crime, entende que o delito em análise é outro que não um doloso contra a vida, cuja competência para julgar será de um juiz togado e não do Júri (art. 419, *caput*, do CPP).

12.1.3.1.4.3.1. Desclassificação e conflito de competência

Entendemos que o magistrado que receber os autos do remetidos pelo juiz do Júri, em razão da decisão desclassificatória desse último, não é obrigado a julgar o delito desclassificado a ele enviado, se entender que não é competente para tanto, podendo suscitar o conflito negativo de competência (arts. 113 a 117 do CPP).

E assim poderá fazê-lo, mesmo tendo havido o trânsito em julgado da desclassificação, porque a decisão desclassificatória que declinou da competência do Júri, normalmente, é questão jurídica diversa da competência do juiz a quem foi enviado o processo; em outras palavras, o juiz pode não aceitar a remessa dos autos, porque entende ser, ele próprio, incompetente para julgá-lo.

12.1.3.1.4.3.2. Recurso da decisão desclassificatória

Da decisão desclassificatória cabe recurso em sentido estrito (art. 581, II, do CPP).

12.1.3.1.4.4. Absolvição sumária

É uma sentença definitiva em sentido estrito (de mérito) em que o juiz absolve o acusado, julgando improcedente a pretensão punitiva (art. 415 do CPP).

É permitida nas seguintes hipóteses, previstas no art. 415 do CPP:

1ª – quando estiver provada a inexistência do fato;

2ª – quando estiver provado não ser o réu autor ou partícipe;

3ª – quando o fato não constituir infração penal;

4ª – quando estiver comprovada causa de isenção de pena ou exclusão do crime.

Deve haver uma prova robusta de tais fatos para que o juiz absolva sumariamente; se houver duas versões a respeito dos mesmos fatos, o juiz deverá pronunciar e não absolver sumariamente, remetendo o julgamento aos juízes naturais da causa, que são os jurados, conforme entendimento majoritário.

A absolvição sumária, após o seu trânsito em julgado, fará coisa julgada material.

12.1.3.1.4.4.1. Inimputabilidade e absolvição sumária

Determina o parágrafo único do art. 415 do CPP que o juiz não poderá absolver sumariamente, quando houver prova que o réu é inimputável por doença mental ou desenvolvimento incompleto ou retardado, *se existir, além da inimputabilidade, outra tese defensiva.*

A razão do dispositivo em tela é clara: se houver outra tese defensiva, como, por exemplo, legítima defesa, é possível que o acusado seja absolvido pelo Júri, decisão essa mais favorável lhe ser imposta uma medida de segurança, que é uma sanção penal, por prazo indeterminado. Dessa maneira, quando existir uma tese defensiva que possa levar à absolvição (própria) do acusado, como no nosso exemplo, a legítima defesa, o juiz não deve absolver sumariamente, mas sim pronunciar o réu, para que, quando do julgamento pelo júri, não se subtraia dele a possibilidade de ser absolvido.

12.1.3.1.4.4.2. Recurso da sentença de absolvição sumária

O recurso cabível é o de apelação (art. 416 do CPP).

A defesa pode recorrer da absolvição sumária, quando imposta medida de segurança ao réu (é a chamada sentença absolutória imprópria).

12.1.3.2. Juízo da causa ou judicium causae

A segunda fase do rito do júri é denominada *judicium causae* (juízo da causa) e apenas se apresentará com a preclusão da decisão de pronúncia, já enviado o processo para ser julgado pelo Tribunal do Júri. Tal fase do rito é prevista nos arts. 422/424 e 453/497 do CPP, e se inicia com intimação da acusação e da defesa, para apresentarem rol de testemunhas, juntarem documentos e requererem diligências, encerrando-se com o julgamento pelo júri.

Pode haver julgamento pelo Júri, na pendência de recurso especial ou extraordinário em face da decisão de pronúncia?

Há **duas posições** a respeito do tema:

1ª **Posição**. A pendência de recurso especial ou extraordinário não impede a realização imediata do julgamento pelo Tribunal do Júri; tal posição se estriba no fato de que, se a pena criminal, com a confirmação da sentença condenatória em segunda instância[2], pode ser executada provisoriamente, independentemente da interposição de recurso especial ou extraordinário, com mais razão ainda, o mero julgamento pelo Júri não pode ser obstado por tais recursos, os quais não possuem efeito suspensivo. Essa posição já foi adotada pelo STF[3].

2ª **Posição**. A interposição de recurso especial ou extraordinário em face da decisão de pronúncia impede a realização pelo Júri, afinal o art. 421 do CPP, *expressamente*, determina que a fase de preparação para o julgamento pelo Júri – e o seu julgamento em si, é claro, só estarão autorizados, se *preclusa* estiver a decisão de pronúncia. A verdade é que não haverá preclusão da decisão de pronúncia, se houver discussão a respeito de sua eventual afronta ao texto constitucional ou à legislação infraconstitucional, matérias essas discutidas, respectivamente, no bojo do recurso extraordinário ou especial. Essa nos parece ser a melhor posição.

12.1.3.2.1. Da preparação do processo para julgamento em plenário – Requerimento de diligências e arrolamento de testemunhas

Depois de preclusa a decisão de pronúncia, o presidente do Tribunal do Júri, ao receber os autos, determinará a intimação do órgão do Ministério Público ou do querelante, no caso de queixa, e do defensor, para, no prazo de cinco dias, apresentarem rol de testemunhas que irão depor em plenário, até o máximo de cinco, para cada fato, oportunidade em que poderão juntar documentos e requerer diligências (art. 422 do CPP). Há entendimento de que é possível o arrolamento de testemunhas pelo assistente da acusação (art. 271 do CPP), desde que respeitado o limite de cinco testemunhas[4]. Dentre as diligências requeridas, pode se incluir a realização de perícias, e a exibição da arma do crime – caso apreendida – em plenário.

Essa é a oportunidade processual oportuna, a nosso ver, para que as partes se manifestem a respeito de nulidades ocorridas posteriormente à decisão de pronúncia.

As testemunhas podem ser arroladas em *caráter de imprescindibilidade*, que tem o sentido de declaração, pelas partes, que entendem como *imprescindíveis* as oitivas das testemunhas indicadas para que seja realizado o julgamento, o qual, sem a presença delas, não será iniciado (art. 461, *caput*, do CPP). A vítima não é computada no número máximo de cinco testemunhas, porque se trata de elemento probatório distinto, previsto em capítulo próprio do CPP (Capítulo 5 – art. 201 e parágrafos do CPP).

12.1.3.2.2. Despacho saneador e juntada de relatório sucinto aos autos

Prevê o art. 423 do CPP que o juiz decidirá a respeito dos requerimentos de provas a serem produzidas ou exibidas no plenário do júri e ordenará as diligências necessárias para sanar qualquer nulidade ou esclarecer fato que interesse ao julgamento da causa.

---

2. A possibilidade de execução provisória da pena, no caso de confirmação da condenação em 2ª instância, foi admitida pelo STF – HC- 126292- Pleno, e em outras decisões.
3. Informativo do STF. 25/05/2017. HC 143767. RE. Min. Gilmar Mendes.
4. STJ – AgRg no RHC 89886/SP. 5ª T. Rel. Min. Jorge Mussi. J. 21/11/2017, DJe 27/11/2017. STJ – AgRg no AREsp 988.640/RS. 5ª T. Rel. Min. Reynaldo Soares da Fonseca. J. 03/08/2017, DJe 16/08/2017.

Elaborará, também, relatório sucinto do processo, que será juntado ao processo.

12.1.3.2.3. Julgamento pelo júri

12.1.3.2.3.1. Quórum mínimo de jurados. Arguição de nulidades

Quórum mínimo de jurados

No dia e hora designados para a sessão do Júri, o juiz presidente verificará se a urna contém as cédulas dos vinte e cinco jurados sorteados e mandará que o escrivão proceda à chamada dos jurados presentes (art. 462 do CPP).

Comparecendo pelo menos quinze deles, que é o quórum mínimo, o juiz presidente declarará instalados os trabalhos, anunciando o processo que será submetido a julgamento (art. 463, *caput*, do CPP). São computados, para compor o número mínimo legal, os jurados excluídos por impedimento ou suspeição, os jurados isentos e aqueles que foram dispensados (art. 463, § 2º, do CPP).

Não havendo quórum, será procedido ao sorteio dos jurados suplentes (art. 464 do CPP).

Arguição de nulidades

Este é o momento oportuno para as partes arguirem nulidades ocorridas posteriormente à decisão de pronúncia (art. 571, V, do CPP), sob pena de preclusão, devendo tal incidente processual constar da ata de julgamento (art. 495, XV, do CPP). A nosso sentir, porém, as nulidades posteriores à decisão de pronúncia deveriam ter sido articuladas, pelas partes, na fase anterior (fase de manifestação do art. 422 do CPP), não havendo porque se silenciar a respeito da eiva, naquela oportunidade, para sustenta-la, surpreendentemente, em plenário. A possibilidade de se alegar nulidades, em plenário, deverá se circunscrever, apenas, àquelas ocorridas, depois da fase do art. 422 do CPP até a data do julgamento.

12.1.3.2.3.2. Ausência das partes e do réu

Ausência do representante do MP

Ausente o órgão do MP, justificadamente, o juiz adiará o julgamento para o primeiro dia desimpedido da mesma reunião, cientificadas as partes e as testemunhas (art. 455, *caput*, do CPP); se a ausência for injustificada, será adiado o julgamento, comunicando-se o fato ao Procurador-Geral de Justiça, com a data designada para a nova sessão (art. 455, parágrafo único, do CPP).

Ausência do defensor

Ausente o defensor, justificadamente, o juiz designará outra data para a realização do julgamento.

Na hipótese de ausência injustificada do defensor, de acordo com o que determina o art. 456 do CPP, o fato será imediatamente comunicado ao presidente da seccional da Ordem dos Advogados do Brasil, com a data designada para a nova sessão, intimando-se a Defensoria Pública para o novo julgamento, desde que outro advogado não tenha sido constituído pelo acusado, além de ser imposta, se for o caso, ao profissional, multa de 10 a 100 salários mínimos como prevê o art. 265 do CPP.

Ausência do réu

No caso de ausência justificada do réu, embora a lei não regulamente a hipótese, entendemos que deva o juiz marcar nova data para o julgamento, e não realizar a sessão, sem a sua presença, porque importaria em afronta ao princípio constitucional da ampla defesa (art. 5º, LV, da CF), acarretando nulidade absoluta.

É preciso, portanto, verificar-se o motivo da ausência do acusado; se justificada, o julgamento deve ser adiado; se injustificado, a sessão será realizada.

Se a ausência tiver sido injustificada, a sessão não será adiada pelo não comparecimento do acusado solto, como determina o art. 457, *caput*, do CPP. A intimação do réu quanto ao julgamento poderá ter sido pessoal ou por edital.

Tratando-se de acusado preso, se houver pedido de dispensa de comparecimento subscrito por ele e seu defensor, o julgamento poderá ser realizado sem a presença dele; se não houver essa solicitação e o preso não tiver sido conduzido, o julgamento será adiado (art. 457, § 2º, do CPP).

Ausência do representante do assistente da acusação

Tendo sido regularmente intimado o advogado do assistente da acusação, pouco importa se justificada ou não sua ausência, o julgamento não será adiado.

12.1.3.2.3.3. Ausência de testemunha arrolada pelas partes

Sendo a testemunha arrolada pelas partes, sem caráter de imprescindibilidade, o julgamento se iniciará mesmo sem ela (art. 461, *caput*, do CPP). Arrolada, no entanto, a testemunha pela parte com caráter de imprescindibilidade e intimada no endereço fornecido, se deixar de comparecer, o juiz presidente suspenderá os trabalhos e mandará conduzi-la ou adiará o julgamento para o primeiro dia desimpedido, ordenando sua condução (art. 461, § 1º, do CPP).

Não tendo sido localizada a testemunha no local indicado, certificada essa situação pelo oficial de justiça, o julgamento se realizará (art. 461, § 2º, do CPP).

12.1.3.2.3.4. Advertência do juiz presidente aos jurados a respeito dos impedimentos, incompatibilidades e suspeições e sobre o dever de incomunicabilidade

Antes de se proceder ao sorteio dos membros do Conselho de Sentença, o juiz presidente esclarecerá aos jurados sobre os impedimentos, a suspeição e as incompatibilidades (art. 466, *caput*, do CPP). Os impedimentos, a suspeição e as incompatibilidades dos juízes togados aplicam-se aos jurados (art. 448, § 2º, do CPP).

A participação de jurado impedido acarretará a nulidade absoluta do julgamento, por ofensa ao devido processo legal.

A participação de jurado suspeito ou incompatível induz também nulidade absoluta.

Não obstante tais assertivas, há entendimento de que a participação de jurados impedido, suspeito ou incompatível não acarretaria a nulidade do julgamento, porque a parte deve se encarregar de pesquisar os jurados que irão compor o Conselho de Sentença, podendo recusar o juiz leigo, motivadamente, quando do sorteio para a formação do Conselho de Sentença[5].

O juiz deve advertir aos jurados de que, uma vez sorteados, não poderão comunicar-se entre si e com outrem, nem manifestar sua opinião sobre o processo, sob pena de exclusão do Conselho e multa (art. 466, § 1º, do CPP).

A incomunicabilidade deverá ser certificada nos autos por oficial de justiça (art. 466, § 2º, do CPP). A ausência de certidão não dá causa à nulidade do julgamento, a qual só pode ser decretada se houver prova efetiva da quebra de incomunicabilidade.

12.1.3.2.3.5. Análise pelo juiz presidente dos casos de impedimentos, isenção ou dispensa dos jurados

Ao magistrado cabe decidir a respeito de eventual impedimento de jurado, seu pedido de isenção ou de dispensa. A relação dos impedimentos, de causa de isenção ou pedido de dispensa consta no art. 437 do CPP.

O **impedimento** deve ser analisado de ofício pelo juiz, mesmo que não tenha havido solicitação por parte do jurado impedido, pois se trata de questão de ordem pública, pertinente à regular composição do Conselho de Sentença. Nos incisos I a VIII do art. 437 do CPP constam os impedimentos ao exercício da função de jurados. Estão impedidos o Presidente da República, Ministro de Estado, Governador e seus Secretários, Prefeitos Municipais, membros do Congresso Nacional, das Assembleias Legislativas, das Câmaras Distritais e Municipais, os Magistrados e membros do Ministério Público e da Defensoria Pública, os servidores do Poder Judiciário, do Ministério Público e da Defensoria Pública, as autoridades e os servidores da polícia e da segurança pública, os militares em serviço ativo. Apresentando-se jurado que ocupa alguma dessas funções, deve o juiz declarar seu impedimento constando da ata o motivo, excluindo seu nome da lista geral.

Se o jurado tiver mais de 70 anos e requerer sua **isenção** (art. 437, IX, do CPP), o juiz o liberará da sessão, constando em ata o motivo (art. 495, IV, do CPP) e excluindo seu nome da lista geral.

Já os jurados que requerem sua **dispensa**, demonstrando justo impedimento (art. 437, X, do CPP), se deferido seu pedido pelo juiz presidente, serão dispensados

---

5. STJ – 5ª T. HC 208.900/SP, Rel. Min. Ribeiro Dantas, j. 11/10/2016, DJe 8/11/2016. STJ – 5ª T., HC 342.821/RO, Rel. Min. Felix Fischer, j.15/03/2016, DJe 01/04/2016.

do serviço do júri, excluídos seus nomes da lista geral, constando, tal fato, de ata (art. 495, IV, do CPP).

Não poderão servir no mesmo Conselho por estarem **impedidos** (art. 448 do CPP):

1 – marido e mulher;

2 – ascendente e descendente;

3 – sogro e genro ou nora;

4 – irmãos e cunhados, durante o cunhadio;

5 – tio e sobrinho;

6 – padrasto, madrasta ou enteado;

7 – pessoas que mantenham união estável.

Desses impedimentos entre si por parentesco ou relação de convivência, servirá o que houver sido sorteado em primeiro lugar (art. 450 do CPP), estando os outros impedidos de compor o Conselho de Sentença.

Estão igualmente **impedidos** (art. 449 do CPP) os jurados que:

1 – tiverem funcionado em julgamento anterior do mesmo processo, independentemente da causa determinante do julgamento posterior;

2 – no caso do concurso de pessoas, houver integrado o Conselho de Sentença que julgou o outro acusado;

3 – tiverem manifestado prévia disposição para condenar ou absolver o acusado.

Os jurados excluídos por impedimento, suspeição ou incompatibilidade serão considerados para a constituição do número legal exigível para a realização da sessão, que é de 15 jurados (art. 451 do CPP).

12.1.3.2.3.6. Recusas peremptórias ou imotivadas

É a possibilidade de as partes recusarem imotivadamente até três jurados. A recusa peremptória, em número de três, é exercida para cada réu; significa dizer que, tanto a defesa quanto a acusação, especificamente, para cada réu, poderão recusar até três jurados. Exemplo: três acusados são julgados, simultaneamente, pelo Júri; a defesa e a acusação poderão recursar nove jurados; três para cada réu.

A recusa peremptória é exercida, primeiro pela defesa, depois, pela acusação. É o que prevê o parágrafo único do art. 468 do CPP. Além das recusas imotivadas, as partes poderão recusar os jurados, motivadamente, arguindo-se, oralmente, sua suspeição, impedimento ou incompatibilidade (art. 470 do CPP).

12.1.3.2.3.7. Estouro de urna

Não se obtendo o número de sete jurados para formar o Conselho de Sentença, em razão das recusas motivadas e imotivadas, ocorrerá o chamado estouro de urna, o que impossibilita a realização do julgamento, que será adiado.

Nessa situação, a lei determina que os julgamentos sejam separados, sendo julgado em primeiro lugar o autor e depois o partícipe (art. 469, § 1º e 2º do CPP). Esta ordem deve ser seguida sempre que, por qualquer motivo, houver acontecido a separação de julgamentos. É uma verdadeira *regra geral válida para todos os julgamentos do júri* em que exista concurso de agentes.

12.1.3.2.3.8. Formação do Conselho de Sentença e compromisso dos jurados

Formado o Conselho de Sentença, após sorteados os sete jurados que o compõem, o presidente tomará o solene compromisso dos jurados de examinarem a causa com imparcialidade e a proferir a decisão de acordo com a consciência e com os ditames da justiça (art. 472 do CPP).

12.1.3.2.3.9. Entrega de cópias da pronúncia e do relatório do processo

Depois de prestado o compromisso, os jurados receberão cópias da pronúncia ou, se for o caso, das decisões posteriores, que julgaram admissível a acusação e do relatório do processo (art. 472, parágrafo único, do CPP).

12.1.3.2.3.10. Instrução em plenário

A instrução em plenário começará pela oitiva da vítima, se for possível, inquirição das testemunhas arroladas pela acusação, depois, as indicadas pela defesa. Os esclarecimentos dos peritos, acareações e reconhecimentos de pessoas e coisas dependem de requerimento das partes ou dos jurados ou ainda determinação de ofício do juiz presidente. Após as oitivas referidas, segue-se a leitura de peças, que também deve ser solicitada pelas partes, pelos jurados, ou ordenada de ofício pelo juiz presidente; por fim, o acusado é interrogado. É o que determinam os arts. 473 e 474 do CPP. O registro dos depoimentos será feito pelos meios ou recursos de gravação magnética, eletrônica, estereotipia ou técnica similar, destinada a obter maior fidelidade e celeridade na colheita da prova (art. 475, *caput*, do CPP).

12.1.3.2.3.10.1. Testemunha residente em outra comarca

Residindo a testemunha ou a vítima em outra comarca, muito embora não seja obrigada a comparecer para ser ouvida em plenário, é preciso que seja expedida carta precatória solicitando seu comparecimento.

A parte tem o direito de exigir a expedição de carta precatória, sob pena de nulidade do julgamento, por cerceamento da acusação ou da defesa[6].

Importante salientar que a nulidade é relativa e que é preciso ser ela arguida em plenário, logo depois de anunciado o processo e apregoadas as partes (art. 571, V, do CPP), sob pena de preclusão, e que tenha havido prejuízo à parte.

---

6. STJ-HC 960026933-PE.

12.1.3.2.3.10.2. Incomunicabilidade das testemunhas

Antes de constituído o Conselho de Sentença, as testemunhas serão recolhidas a lugar onde umas não possam ouvir os depoimentos das outras (art. 460 do CPP). O descumprimento dessa norma poderá acarretar a nulidade do julgamento, desde que tenha constado de ata tal fato, e que tenha havido prejuízo à parte. A nulidade é relativa.

12.1.3.2.3.10.3. Inquirição das vítimas e testemunhas

As partes tomarão, diretamente, as declarações do ofendido, se possível, e inquirirão as testemunhas arroladas (art. 473, *caput* e § 1º, do CPP). O não cumprimento dessa norma não gera nulidade, sendo, portanto, mera irregularidade.

Quando a inquirição for realizada pelo jurado, este formulará perguntas por intermédio do juiz presidente (art. 473, § 2º, do CPP). Nada impede que o jurado formule a sua indagação por escrito ao juiz presidente.

12.1.3.2.3.10.4. Dissolução do Conselho para a realização de diligências

Não sendo possível a realização da diligência probatória no decorrer do julgamento, o juiz presidente dissolverá o Conselho, ordenando sua realização (art. 481, *caput*, do CPP). O Conselho também poderá ser dissolvido caso alguns dos jurados adoeça e não possa continuar participando do julgamento ou por outro motivo de força maior.

12.1.3.2.3.10.5. Leitura de peças

Após a instrução, poderão as partes e os jurados requerer a leitura de peças que se refiram, exclusivamente, às provas colhidas por carta precatória e às provas cautelares, antecipadas ou não repetíveis (art. 473, § 3º, 2ª parte, do CPP).

12.1.3.2.3.10.6. Interrogatório

A instrução se finda com o interrogatório do acusado, se estiver presente na sessão (art. 474, *caput*, do CPP), e não optar por permanecer calado (art. 186 do CPP).

O Ministério Público, o assistente, o querelante e o defensor, nessa ordem, poderão formular, diretamente, perguntas ao acusado (art. 474, § 1º, do CPP).

Os jurados, entretanto, formularão perguntas por intermédio do juiz presidente (art. 474, § 2º, do CPP) e após as perguntas feitas pelo juiz e pelas partes. Havendo mais de um acusado, serão interrogados separadamente (art. 191 do CPP).

12.1.3.2.3.10.7. Uso de algemas em plenário

O art. 474, § 3º, do CPP estabelece que o uso de algemas em plenário durante o período em que o réu estiver em plenário é excepcional e só deve ser determinado se necessário por questão de segurança ou pela ordem dos trabalhos.

A decisão que determina o uso de algemas não pode ser usada pelas partes em seus debates como argumento de autoridade que beneficie ou prejudique o acusado (art. 478, I, do CPP).

Registre-se, por fim, a existência da Súmula Vinculante 11 do STF criada para disciplinar o uso de algemas e que tem o seguinte teor:

"Só é lícito o uso de algemas em caso de resistência e de fundado receio de fuga ou de perigo à integridade física própria ou alheia, por parte do preso ou de terceiros, justificada a excepcionalidade por escrito, sob pena de responsabilidade disciplinar, civil e penal do agente ou da autoridade e da nulidade da prisão ou do ato processual a que se refere, sem prejuízo da responsabilidade civil do Estado".

12.1.3.2.3.11. Debates

Encerrada a instrução, são iniciados os debates. Será concedida a palavra ao Ministério Público, que fará a acusação, nos limites da pronúncia ou das decisões que julgaram admissível a acusação, sustentando, se for o caso, alguma circunstância agravante (art. 476, *caput*, do CPP).

Finda a acusação, terá a palavra a defesa. A acusação poderá replicar e a defesa treplicar (art. 476, §§ 3º e 4º, do CPP).

12.1.3.2.3.11.1. Tempo dos debates

O tempo destinado à acusação e à defesa será de uma hora e meia para cada, e de uma hora para a réplica e outro tanto para a tréplica (art. 477, *caput*, do CPP). Havendo mais de um acusado, o tempo para a acusação e à defesa será de duas horas e meia para a acusação e a defesa; a réplica e a tréplica serão de duas horas (art. 477, § 2º, do CPP).

12.1.3.2.3.11.2. Limitação temática aos debates

São vedadas às partes, sob pena de nulidade, as seguintes manifestações em debates:

1ª – A proibição de as partes se referirem ao teor da pronúncia, como argumento de autoridade (art. 478, I, 1ª parte, do CPP).

2ª – Proibição de as partes se manifestarem a respeito da determinação para que o acusado permaneça algemado, como argumento de autoridade (art. 478, I, 2ª parte, do CPP).

3ª – Proibição de se fazer referências ao silêncio do acusado ou à ausência de interrogatório em seu prejuízo (art. 478, II, do CPP).

A nosso ver, tais proibições são inconstitucionais porque violam a competência constitucional do Júri para julgar os crimes dolosos contra a vida (art. 5º, XXXVIII, *d*, da CF), uma vez que limitam o amplo conhecimento da causa pelos jurados.

O STF, entretanto, já declarou como válida a vedação à leitura, em plenário, da decisão de pronúncia, sob pena de nulidade[7], sinalizando, assim, que, provavelmente, julgará tais vedações como constitucionais.

De qualquer forma, caso se entendam essas absurdas limitações à liberdade de expressão e à competência do Júri, como constitucionais, certo que a nulidade será relativa, a depender de arguição, em tempo oportuno (em plenário, e registrado o acontecimento em ata), sob pena de preclusão, além da comprovação do prejuízo sofrido.

12.1.3.2.3.11.3. Aparte

É a interrupção do discurso da parte que está com a palavra pelo adversário. É previsto no art. 497, XII, do CPP que confere ao juiz presidente a atribuição de regulamentar, durante os debates, a intervenção de uma das partes, quando a outra estiver com a palavra, podendo conceder até três minutos para cada aparte requerido, que serão acrescidos ao tempo de quem teve seu discurso suspenso.

Além do aparte acima referido, conhecido como aparte regulamentar ou legal, continua existindo o aparte, que sempre foi praxe no Júri, que é o aparte consensual, decorrente da livre disposição do tempo por quem está com a palavra ao seu adversário para uma curta intervenção; caso recusado este aparte, o tribuno que pretender apartear poderá requerer, ao juiz, a concessão do aparte legal.

12.1.3.2.3.11.4. Pedido de informações ou esclarecimentos de fatos pela parte ou pelos jurados

O art. 480, *caput*, do CPP possibilita que as partes e os jurados, a qualquer momento, mas por intermédio do juiz presidente, peçam ao orador que indique a folha dos autos onde se encontre a peça por ele lida ou citada, facultando-se, ainda, que os jurados solicitem, pelo magistrado, esclarecimento de fato por ele alegado.

12.1.3.2.3.11.5. Réplica e tréplica

Réplica é a possibilidade de a acusação novamente tomar a palavra, por mais uma hora, se for um réu, ou por duas horas, se forem dois ou mais réus, após sua fala inicial.

Tréplica é a faculdade que tem a defesa de discursar, por uma hora, se for um réu, ou por duas horas, se forem dois ou mais acusados, após sua fala inicial, encerrando os debates.

---

7. STF – HC 86.414/PE. 1ª T. Rel. Min. Marco Aurélio. DJe 25/06/2009.

Pensamos que não é uma obrigação da defesa a utilização do tempo destinado à tréplica.

Não é possível tréplica sem réplica porque a tréplica pressupõe a existência da réplica, e tem por finalidade rebater, responder a última manifestação da acusação.

12.1.3.2.3.11.5.1. Inovação da tese defensiva na tréplica

Quanto à possibilidade que tem a defesa de, após sua fala inicial, já na tréplica, apresentar nova tese defensiva não mencionada antes, há **duas posições** a respeito:

1ª Posição: É possível, pois essa faculdade estaria em harmonia com **o princípio constitucional da plenitude de defesa**, próprio do Tribunal do Júri (art. 5°, XVIII, *a*, da CF). Para quem assim entende, não haveria nenhuma nulidade, porque simplesmente a defesa exerceu um direito seu.

2ª Posição: Não é possível porque ofende **o princípio da isonomia** (art. 5°, *caput*, da CF) e o do **contraditório** (art. 5°, LV, da CF), afinal, não poderá a acusação rebater a tese nova exposta, porque com a fala última da defesa se encerram os debates. Além disso, o Tribunal do Júri deixará de conhecer o entendimento da acusação a respeito da nova tese, para formar seu convencimento, o que é uma afronta à competência do Júri, a qual pressupõe, antes do poder de decisão, o direito de conhecer os fatos e o direito, sob o ângulo dialético da defesa, *e também da acusação*. É a nossa posição.

12.1.3.2.3.11.6. Proibição da leitura ou produção de documento novo em plenário

Durante o julgamento não é permitida a leitura de documento ou a exibição de objeto que não tiver sido juntado aos autos com a antecedência mínima de três dias úteis, ciente à outra parte. Compreende-se na proibição a leitura de jornais ou qualquer escrito, bem como a exibição de vídeos, gravações, fotografias, laudos, quadros, croqui ou qualquer outro meio assemelhado, cujo conteúdo versar sobre a matéria de fato submetida à apreciação e julgamento dos jurados (art. 479 do CPP). O prazo de três dias úteis deve seguir o tratamento legal do § 1° do art. 798 do CPP: não se computará no prazo o dia do começo, incluindo-se, porém, o do vencimento. Pensamos que o dia do vencimento do prazo deverá coincidir, pelo menos, com o da véspera do julgamento pelo Júri, justamente para que a parte tome conhecimento dos documentos juntados (que podem ser centenas de páginas, aliás), permitindo-lhe que, eventualmente, requeira ou providencie a juntada de contraprova; desse modo, *o dia do vencimento do prazo, que é o terceiro dia útil contado da juntada do novo documento pela parte, não pode coincidir com o dia do julgamento pelo Júri, sob pena de se inviabilizar o contraditório.*

A finalidade dessa proibição de apresentação de documento inédito em plenário é a de assegurar o contraditório, inclusive a possibilidade de a parte adversária produzir contraprova ao elemento de convicção juntado.

Tem-se entendido que a nulidade é relativa, devendo a infringência da norma em comento ser registrada em ata e comprovar-se o prejuízo sofrido pela parte adversária, em razão da exibição do documento inédito em plenário de julgamento.

12.1.3.2.3.12. Dos quesitos

Quesitos são indagações redigidas pelo presidente do tribunal aos jurados e que têm por objeto os fatos criminosos admitidos na pronúncia em face do réu. Os jurados responderão a essas indagações pelo voto secreto a cada uma delas. O questionário é a soma de todos os quesitos.

12.1.3.2.3.12.1. Ordem dos quesitos

É a sequência, ordem de formulação dos quesitos estipulada pela lei e que deve ser seguida pelo juiz presidente, sob pena de nulidade.

A ordem dos quesitos que serão apresentados aos jurados é a seguinte (art. 483 do CPP):

1º – materialidade do fato: é perguntado a respeito da existência física, material, do fato. No caso de homicídio, por exemplo, indaga-se dos jurados se a vítima sofreu os ferimentos relatados no laudo de exame necroscópico que lhe causaram a morte.

2º – a autoria ou participação: é perguntado a respeito da ação do autor ou do partícipe. É necessário que o juiz narre sucintamente nos quesitos a conduta do réu imputada na denúncia e julgada admissível na pronúncia.

3º – se o acusado deve ser absolvido: todas as teses defensivas que visem à absolvição serão votadas nesse quesito. Podem ser causas excludentes de antijuridicidade, de isenção de pena, de exclusão de dolo.

4º – causas de diminuição de pena *alegadas pela defesa*: não há qualquer impedimento, entretanto, que a acusação possa, também, requerer a inclusão no questionário de uma causa de redução de pena, como, por exemplo, a do homicídio privilegiado (art. 121, § 1º, do CP).

5º – circunstâncias qualificadoras: devem ser descritas, de maneira resumida, apontando-se os fatos que as constituem, não bastando a mera repetição da fórmula legal.

6º – causas de aumento de pena: essas causas precisam constar da decisão de pronúncia a fim de que possam ser quesitadas.

O quesito da tentativa (art. 483, § 5º, do CPP) será formulado após o segundo quesito, que se refere à autoria ou participação.

12.1.3.2.3.13. Julgamento na sala especial

Após a leitura dos quesitos, e decididas as reclamações e requerimentos das partes a respeito de sua ordem e redação, bem como sanadas as dúvidas dos jurados, o juiz presidente, os jurados, o Ministério Público, o assistente, o querelante, o defensor do acusado, o escrivão e o oficial de justiça irão se dirigir até à sala especial, a fim de ser procedida a votação (art. 485, *caput*, do CPP).

O juiz presidente advertirá as partes de que não será permitida qualquer intervenção que possa perturbar a livre manifestação do Conselho e fará retirar da sala quem se portar inconvenientemente (art. 485, § 2º, do CPP).

12.1.3.2.3.14. Votação dos quesitos

Antes de proceder-se à votação de cada quesito, o juiz presidente mandará distribuir aos jurados pequenas cédulas, feitas de papel opaco e facilmente dobráveis, contendo sete delas a palavra "sim" e sete a palavra "não".

São verificados, pelo juiz presidente, os votos válidos e as cédulas não utilizadas (o descarte), sendo determinado ao escrivão que registre no termo a votação de cada quesito, bem como o resultado do julgamento (art.488, *caput*, do CPP). Do termo de votação constará a conferência das cédulas não utilizadas (art. 488, parágrafo único, do CPP). As decisões do Tribunal do Júri serão tomadas por maioria de votos (art. 489 do CPP).

Se a resposta a qualquer dos quesitos estiver em contradição com outra ou outras já dadas, o presidente, explicando aos jurados em que consiste a contradição, submeterá novamente à votação ambos os quesitos (art. 490, *caput*, do CPP).

12.1.3.2.3.15. Sigilo das votações

O art. 483, nos §§ 1º e 2º, do CPP estabelece que, respondidos afirmativa ou negativamente, por mais de três jurados, os quesitos relativos à materialidade do fato e a autoria e participação, a votação não continuará em relação aos outros três votos restantes. Com a edição dessa norma se pretende assegurar o princípio constitucional do sigilo das votações (art. 5º, XXXVIII, *b*, da CF). Isto porque se a votação for unânime, se saberá como cada jurado votou, ao passo que, se a votação se encerrar no quarto voto (não sendo computados os demais), efetivamente, o sigilo do veredicto será garantido.

Entendemos que estas regras valem para a votação de todos os quesitos, sendo permitido não constar do termo de votação o número total de votos afirmativos e negativos, em respeito ao princípio do sigilo das votações, como inclusive já decidiu o STF[8].

Além de não constar no termo de votação a totalidade de votos afirmativos e negativos dos jurados, o mais importante é que a votação se interrompa quando já se sabe o resultado por maioria de votos (a partir do momento em que houver quatro votos no mesmo sentido); neste instante, a votação deve ser interrompida pelo juiz

---

8. STF-HC 104.308/RN. 1ª T. Rel. Min. Luiz Fux. DJe 123. J. 29/06/2011.

presidente, a fim de se garantir, com maior eficácia, o sigilo das votações[9], como já decidiu o STJ a respeito.

12.1.3.2.3.16. Leitura da sentença e sua intimação

A sentença deve ser lida em plenário pelo presidente antes de encerrada a sessão de instrução e julgamento (art. 493 do CPP). A sentença é considerada publicada em plenário, já saindo as partes intimadas de seu teor, começando a fluir o prazo para recurso.

A sentença pode ser absolutória própria, mandando o juiz colocar o réu em liberdade, além de revogar as medidas restritivas impostas (art. 492, II, *a* e *b*, do CPP).

No caso de sentença absolutória imprópria (absolvição em que se impõe uma medida de segurança), o juiz deverá especificar o período mínimo da internação ou tratamento ambulatorial (art. 492, II, *c*, do CPP).

Proferindo sentença condenatória, o juiz, depois de fixar a pena – base, considerará as agravantes e atenuantes alegadas pelas partes nos debates e imporá os aumentos ou diminuições de pena, em atenção às causas admitidas pelo júri (qualificadoras, causas de aumento ou diminuição de pena); por fim, estabelecerá os efeitos genéricos e específicos da condenação e decidirá a respeito da necessidade de decretar-se a prisão preventiva do acusado ou de impor outras medidas cautelares pessoais previstas no art. 319 (art. 492, I, *a*, *b*, *c*, *d*, *e*, *f*, do CPP).

Por fim, **a decisão pode ser desclassificatória**, quando os jurados declaram ser incompetentes para julgar o crime doloso contra a vida.

Há **duas espécies de desclassificação**:

1ª – **Desclassificação própria**: os jurados decidem que o réu não cometeu um crime doloso contra a vida, mas não definem qual teria sido o delito por ele praticado. Nesta desclassificação, o juiz presidente tem inteira liberdade para decidir a nova imputação, podendo absolver ou condenar o acusado.

2ª – **Desclassificação imprópria**: os jurados, após afastarem a tipificação do crime doloso contra a vida, definem qual foi o crime de fato praticado pelo réu. Não pode o juiz se afastar desta nova classificação e deve condenar o réu com base nela.

O delito pode ser desclassificado para uma infração penal de menor potencial ofensivo, e os seus benefícios serão aplicados pelo próprio juiz presidente (art. 492, § 1º, do CPP).

Ocorrida a desclassificação, o crime conexo ao doloso contra a vida será julgado pelo juiz presidente (art. 492, § 2º, do CPP).

12.1.3.2.3.17. Atribuições do presidente do Tribunal do Júri

O juiz presidente exerce o comando dos trabalhos em plenário de julgamento pelo júri, cabendo a ele, dentre diversas funções, previstas no art. 497 do CPP, regular

---

9. STJ. REsp. 957.993/RN. 5ª T. Rel. Min. Felix Fischer. DJe 22/06/2009.

a polícia das sessões, requisitar o auxílio da polícia, dirigir os debates, intervindo em caso de excesso de linguagem etc.

12.1.3.2.3.18. Ata dos trabalhos

Ata é o documento que registra todos os fatos relevantes ocorridos no julgamento, como apontados, a título de exemplo, no art. 495 do CPP, como o sorteio dos jurados, a formação do conselho de sentença, os debates etc.

12.1.4 Desaforamento

12.1.4.1. Conceito e hipóteses de cabimento

É a transferência do julgamento e do processo de um crime doloso contra a vida de competência do Tribunal do Júri, de uma comarca ou seção ou subseção judiciária para outra, da mesma região, em hipóteses que haja risco à ordem pública (risco à sociedade); dúvida a respeito da imparcialidade dos jurados; dúvida quanto à segurança pessoal do acusado, ou excesso de prazo na realização do plenário (arts. 427, *caput*, e 428, *caput*, do CPP).

Hipóteses de cabimento (art. 427 do CPP):

São as seguintes:

1ª – Em razão de interesse da ordem pública; é a possibilidade de verdadeira convulsão social no local onde eclodiu o crime, pelo fato de acusado e/ou vítima serem muito conhecidos no local, a ponto de colocar em risco a incolumidade pública.

2ª – Dúvida sobre a imparcialidade do júri; a repercussão do fato, geralmente quando ocorrida em locais pouco densos em sua população, poderia gerar dúvida a respeito da imparcialidade dos jurados.

3ª – Dúvida a respeito da segurança pessoal do acusado; traduz-se pela falta de condições de estrutura física, e de segurança necessária para se resguardar a vida do réu.

4ª – Em razão de comprovado excesso de prazo, se o julgamento não puder ser realizado no prazo de seis meses do trânsito em julgado da decisão de pronúncia (art. 428, *caput*, do CPP). Tal dispositivo visa assegurar a razoável duração do processo.

12.1.4.2. Legitimidade e momento oportuno para o pedido de desaforamento

Essa medida pode ser requerida, perante o Tribunal, pelo Ministério Público, pelo assistente, pelo querelante ou pelo defensor do acusado. Pode também o juiz representar pelo desaforamento. O desaforamento será concedido sempre para a comarca mais próxima da região, onde não existam os mesmos motivos que o justificaram (art. 427 do CPP).

O desaforamento só pode ser pedido após a preclusão da decisão de pronúncia. Efetivado o julgamento, não será cabível o pedido de desaforamento, a não ser que o plenário tenha sido anulado e tenha ocorrido fato, durante a sessão ou após o julgamento, que autorizasse a medida (art. 427, § 4º, do CPP).

12.1.4.3. Suspensão do julgamento

O pedido de desaforamento, em regra, não tem efeito suspensivo, mas o relator da câmara do Tribunal para onde foi distribuído o pedido de desaforamento pode determinar, fundamentadamente, a suspensão do julgamento pelo Júri, se forem relevantes os motivos alegados, evidenciados esses motivos pelas provas carreadas no sentido de atestarem a veracidade do que foi alegado (art. 427, § 2º, do CPP).

12.1.4.4. Processamento

Quando o desaforamento tiver sido postulado pelas partes, será ouvido a seu respeito o juiz presidente (art. 427, § 3º, do CPP). O desaforamento será distribuído perante o Tribunal, onde terá preferência de julgamento (art. 427, § 1º, do CPP).

A defesa deve ser intimada para se manifestar a respeito do desaforamento, sob pena de nulidade por ofensa ao princípio da ampla defesa. Este é o teor da Súmula 712 do STF: "é nula a decisão que determina o desaforamento de processo da competência do Júri sem audiência da defesa".

Embora não preveja a lei a manifestação da Procuradoria – Geral de Justiça a respeito do desaforamento, de rigor que seja dada essa oportunidade, afinal cabe ao Ministério Público intervir em todos os termos da ação penal, sob pena de nulidade (art. 564, III, *d*, do CPP).

O desaforamento pode ser reiterado, desde que instruído com novas provas, não sendo mera repetição do anterior.

Se for deferido o desaforamento, o julgamento deverá ser realizado na comarca mais próxima da mesma região onde não existam os mesmos motivos que levaram à concessão da medida. A indicação pelo Tribunal de comarca mais distante deve ser fundamentada, não sendo lícito, desde logo, se desaforar o julgamento para a capital do Estado, sem justificar a razão de não se ter apontado uma comarca mais próxima.

Reaforamento é o retorno do processo desaforado para a comarca de onde inicialmente foi transferido, não havendo vedação legal a sua admissão.

Incidente de realização imediata do Júri

Não havendo excesso de serviço que justifique o atraso no julgamento pelo júri, poderá o acusado requerer ao Tribunal que determine a imediata realização do julgamento pelo Júri (art. 428, § 2º, do CPP).

Este dispositivo vem ao encontro da garantia constitucional à razoável duração do processo (art. 5º, LXXVIII, da CF), mas merece uma ressalva: necessário que se dê à norma interpretação conforme a Constituição, afinal, deve ser assegurado, *também ao Ministério Público*, que, como fiscal da lei e com a missão de preservar a ordem jurídica, possa requerer esse verdadeiro incidente processual que, se acolhido, impõe o julgamento imediato de causa pelo Júri.

12.1.5 Jurados

12.1.5.1. Conceito

É o cidadão brasileiro, nato ou naturalizado, entre 18 e 70 anos, de notória idoneidade, alistado para julgar os crimes dolosos contra a vida (art. 436, *caput*, do CPP).

Nenhum cidadão poderá ser excluído dos trabalhos do Júri ou deixar de ser alistado em razão de cor ou etnia, raça, credo, sexo, profissão, classe social ou econômica, origem ou grau de instrução (art. 436, § 1º, do CPP).

12.1.5.2. Benefícios

O exercício efetivo da função de jurado traz as seguintes vantagens (arts. 439/440 do CPP):

1ª – prisão provisória especial;

2ª – presunção de idoneidade moral;

3ª – preferência, em igualdade de condições, nas licitações públicas e no provimento, mediante concurso, de cargo ou função pública, bem como nos casos de promoção funcional ou remoção voluntária.

12.1.5.3. Recusa ao serviço do Júri

A recusa injustificada ao serviço do Júri acarretará multa no valor de 1 a 10 salários mínimos, a critério do juiz, de acordo com a condição econômica do jurado (art. 436, § 2º, do CPP).

A recusa ao serviço do Júri fundada em convicção religiosa, filosófica ou política importará o dever de prestar serviço alternativo, sob pena de suspensão dos direitos políticos, enquanto não for prestado o serviço imposto (art. 438, *caput*, do CPP). Cumprida sua obrigação, são restituídos os direitos políticos do jurado.

12.1.5.4. Responsabilidade criminal do jurado

O jurado, no exercício da função ou a pretexto de exercê-la, será responsável criminalmente nos mesmos termos em que o são os juízes togados (art. 445 do CPP).

12.1.5.5. Vedação de desconto nos vencimentos ou salário do jurado

Nenhum desconto será feito nos vencimentos ou salário do jurado sorteado que comparecer à sessão do Júri (art. 441 do CPP).

12.1.6. Organização do Júri

12.1.6.1. Lista de jurados

O juiz presidente requisitará às autoridades locais, associações de classe e de bairro, entidades associativas e culturais, instituições de ensino em geral, universidades, sindicatos, repartições públicas e outros núcleos comunitários a indicação de pessoas que reúnam as condições para exercer a função de jurado (art. 425, § 2º, do CPP).

12.1.6.2. Publicação da lista

Composta a lista geral dos jurados, com indicação das respectivas profissões, será publicada pela imprensa até o dia 10 de outubro de cada ano e divulgada em editais afixados à porta do Tribunal do Júri (art. 426, *caput*, do CPP).

A lista poderá ser alterada, de ofício ou mediante reclamação de qualquer do povo, pelo juiz presidente, até o dia 10 de novembro, data de sua publicação definitiva (art. 426, § 1º, do CPP).

Os nomes e endereços dos alistados, em cartões iguais, após serem verificados na presença do Ministério Público, de advogado indicado pela seção local da Ordem dos Advogados do Brasil e de defensor indicado pelas Defensorias Públicas competentes, permanecerão guardados em urna fechada a chave, sob a responsabilidade do juiz presidente (art. 426, § 3º, do CPP). Essas cautelas se aplicam também à lista de jurados suplentes (art. 425, § 1º, do CPP), que deve também ser publicada pela imprensa e através de editais afixados à porta do Tribunal do Júri.

12.1.6.3. Renovação da lista

O jurado que tiver integrado o Conselho de Sentença nos 12 meses que antecederam a publicação da lista geral fica dela excluído (art. 426, § 4º, do CPP).

Em razão dessas exclusões por força de lei, a lista geral, será obrigatoriamente completada todo ano (art. 426, § 5º, do CPP).

Para nós, a inclusão indevida de Jurado que participou de julgamento no ano anterior, acarretaria mera irregularidade, pois não se consegue enxergar qual seria o prejuízo – a qualquer das partes ou a realização da justiça, com tal inclusão; de toda forma, há entendimento que referida inclusão acarretaria nulidade relativa ou até absoluta, o que nos soa como rematado formalismo.

12.1.6.4. Sorteio dos jurados

O sorteio dos jurados que funcionarão na próxima reunião periódica é realizado a portas abertas, e presidido pelo juiz que retirará as cédulas da *urna geral* (a que contém os nomes de todos os alistados do ano) até completar o número de 25 jurados, as quais são colocadas na outra urna (a *urna da reunião periódica*), ficando a chave em poder do juiz (art. 433 do CPP).

Serão intimados dessa audiência de sorteio o Ministério Público, o representante da Ordem dos Advogados do Brasil e da Defensora Pública, para acompanharem, em dia e hora designados, o sorteio dos jurados que atuarão na reunião periódica (art. 432 do CPP). No entanto, referida audiência não será adiada pelo não comparecimento das partes (art. 433, § 2º, do CPP).

12.1.6.5. Convocação dos jurados

Depois de realizado o sorteio dos 25 jurados, serão eles convocados pelo correio ou por qualquer outro meio hábil a comparecer no dia e hora designados para a reunião (art. 434, *caput*, do CPP). Os jurados, através dessa convocação, são notificados a comparecer a todas as sessões do mês.

Serão afixados na porta do edifício do Tribunal do Júri a relação dos jurados convocados, o nome do acusado e dos procuradores das partes, além do dia, hora e local das sessões de julgamento (art. 435 do CPP).

12.1.6.6. Organização da pauta de julgamentos pelo Júri

12.1.6.6.1. Regra geral (art. 429 do CPP)

Terão preferência na realização dos julgamentos pelo Júri:

1º – os acusados presos;

2º – dentre os acusados presos, aqueles que estiverem há mais tempo na prisão;

3º – em igualdade de condições, os precedentemente pronunciados.

Havendo motivo relevante, é possível alterar a alteração na ordem dos julgamentos.

Antes do dia designado para o primeiro julgamento da reunião periódica, será afixada na porta do edifício do Tribunal do Júri a lista dos processos a serem julgados (art. 429, § 1º, do CPP). Essa publicidade tem por função possibilitar que as partes verifiquem se o juiz seguiu a ordem legal.

O juiz presidente reservará datas na mesma reunião periódica para a inclusão de processo que tiver o julgamento adiado (art. 429, § 2º, do CPP).

12.2. PROCEDIMENTO DOS CRIMES DE RESPONSABILIDADE DOS FUNCIONÁRIOS PÚBLICOS

12.2.1. Objeto do rito

Os denominados crimes de responsabilidade dos funcionários públicos, na verdade, são aqueles crimes praticados por funcionário público contra a Administração em Geral, previstos nos arts. 312 a 326 do CP.

As infrações funcionais seguirão o rito previsto nos arts. 513 a 518.

Os crimes de abuso de autoridade (Lei n. 4.898/65) seguem o procedimento da Lei n. 9.099/95 (Lei dos Juizados Especiais Criminais), porque as infrações lá previstas são todas de menor potencial ofensivo.

12.2.2. Especialidade do rito

A diferença deste rito em relação ao rito ordinário é apenas uma: a existência de uma defesa ou resposta preliminar, oferecida antes do recebimento da denúncia e que visa sua rejeição.

Segundo determina o art. 514 do CPP, nos crimes afiançáveis, estando a denúncia ou queixa em devida forma, o juiz mandará autuá-la e ordenará a notificação do acusado, para responder por escrito, dentro do prazo de quinze dias.

Como os delitos previstos nos arts. 312 a 326 do CP são afiançáveis, caberá defesa preliminar em relação a todos eles.

Esta resposta preliminar busca obter, precipuamente, a rejeição da denúncia, anexando documentos e expondo argumentos (sem prejuízo de também se postular, se o caso, a absolvição sumária do acusado). Não será possível sustentar, em sede de resposta preliminar, a ausência de justa causa da peça acusatória, em razão da insignificância do valor do bem público afetado, pois, consoante a Súmula 599 do STJ, "o princípio da insignificância é inaplicável aos crimes contra a administração pública". É, também, a resposta preliminar, como se verá, a oportunidade processual oportuna para que, caso recebida a peça acusatória, se arrolem as testemunhas a serem ouvidas, bem como sejam requeridas diligências.

Prevê o parágrafo único do art. 514 do CPP que, se não for conhecida a residência do acusado, ou este se achar fora da jurisdição do juiz, ser-lhe - á nomeado defensor, a quem caberá apresentar a resposta preliminar.

Entende-se, todavia, que o juiz só nomeará defensor ao acusado para oferecer a resposta preliminar, se não se souber sua localização; se o acusado estiver em outra comarca, não é lícito ao juiz nomear defensor para ele; deve expedir carta precatória para que, na comarca onde resida, seja intimado a oferecer a defesa preliminar, constituindo advogado de sua confiança; esta é a interpretação da lei que melhor atende aos princípios da ampla defesa e contraditório.

12.2.3. Defesa preliminar e inquérito policial

A denúncia poderá ser oferecida tendo por base cópias de processos administrativos que apuraram a responsabilidade do funcionário público; se com essas peças de informação for possível ao órgão do MP oferecer denúncia, torna-se dispensável a instauração de inquérito policial, como permite o art. 39, § 5º, do CPP.

Nesta situação em que não foi instaurado inquérito policial para apurar o fato, a resposta preliminar é imprescindível.

Entende-se, majoritariamente, que, na hipótese em que foi instaurado inquérito policial para apurar o delito funcional, como o acusado teve conhecimento daquilo que se investigava contra ele, não é necessário que se ofereça oportunidade para a resposta preliminar.

Este é o teor da Súmula 330 do STJ "é desnecessária a resposta preliminar de que trata o art. 514 do Código de Processo Penal, na ação instruída por inquérito policial".

Em conclusão, segundo a majoritária jurisprudência, os delitos funcionais só seguirão o rito especial, com a oferta da resposta preliminar, se sua apuração tiver ocorrido através de simples processo administrativo; se houver sido instaurado inquérito policial para apurar os delitos funcionais, o acusado não fará jus à resposta preliminar, e o rito a ser seguido será o ordinário.

Importante observar que o STF[10] já decidiu contrariamente à Súmula 330 do STJ, no sentido de que a defesa preliminar do funcionário público é indispensável, *mesmo quando houver investigação através de inquérito policial*, sob pena de nulidade absoluta do processo, por violação aos princípios da dignidade da pessoa humana (CF, art. 1º, II), do direito de defesa (CF, art. 5º, LV) ao devido processo legal (CF, art. 5º, LIV) e ao contraditório (CF, art. 5º, LV).

Há diversas decisões, entretanto, do próprio STF, considerando a ausência de oportunidade para o acusado oferecer defesa preliminar como causa de nulidade relativa do processo[11]. No mesmo sentido o STJ.[12]

Para aumentar ainda mais a discrepância de julgamentos, o próprio STF[13] já decidiu, amparado na Súmula 330 do STJ, que é desnecessária a resposta preliminar no caso de ação instruída por inquérito policial.

Ausência de defesa preliminar e sentença condenatória

Em outra decisão, o STF[14] asseverou que, havendo sentença condenatória em processo em que constou como réu servidor público por crime funcional a quem não foi dada oportunidade de oferecer defesa preliminar, não haverá mais falar-se em nulidade, uma vez que não teria havido qualquer prejuízo ao acusado: a finalidade da defesa preliminar é a de tentar persuadir o magistrado a não receber a peça acusatória; ora, se houve decisão condenatória é porque havia provas bastantes de autoria e materialidade delitivas, de modo que, mesmo que a defesa preliminar tivesse sido oportunizada, não impediria o recebimento da denúncia; não havendo prejuízo, portanto, não há que se declarar a nulidade.

Coautoria: funcionário público e particular

Se houver particular associado com funcionário público na prática de um crime funcional, na situação de concurso de agentes, não fará, o particular, jus à defesa

---

10. STF – 1ª T, HC 95.969/SP, Rel. Min. Ricardo Lewandowski, j. 12/05/2009, DJe 108 10/06/2009; HC 96.058-8-São Paulo. Rel. Min. Eros Grau. 17/03/2009. STF – Pleno 85.779/RJ, Rel. Min.ª Cármen Lúcia, j. 28/02/2007, DJe 047 28/06/2007.
11. STF – HC 60.021. HC 60.826.
12. STJ – 5ª T. HC 72.306/SP, rel. Min. Felix Fischer, j. 06/09/2007, DJ 05/11/2007, p. 308.
13. Informativo STF. 06/06/2012. Min. Rel. Luiz Fux. HC 113620.
14. STF – 2ª T. HC 89.517/SP, Rel. Min. Cezar Peluso, j. 15/12/2009, DJe 27 11/02/2010; STF, 2ª T., HC 100.515/SP, Rel. Min. Luiz Fux, 16/08/2011.

preliminar, porque o objetivo do dispositivo é proteger a própria Administração Pública, na figura do funcionário, segundo o STJ[15].

12.2.4. Defesa preliminar e ex-funcionário

A partir do momento em que o servidor público deixar a administração pública (por aposentadoria ou demissão, por exemplo), não terá mais o direito à resposta preliminar, pois, como se viu, o que se visa tutelar é a Administração Pública, no seu regular funcionamento, evitando-se acusações infundadas contra seus agentes, e não a pessoa do funcionário público.

12.2.5. Procedimento após o oferecimento da resposta preliminar

O juiz poderá, após a resposta preliminar, receber a denúncia ou rejeitá-la, neste último caso, de acordo com o que determina o art. 516 do CPP, em despacho fundamentado, se convencido, pela resposta do acusado ou do seu defensor, da inexistência do crime ou da improcedência da ação.

Recebida a denúncia, *segue-se o rito ordinário* (art. 517 do CPP), mesmo que a infração tenha pena inferior a quatro anos que deveria seguir, em tese, o rito sumário.

12.2.6. Resposta preliminar e resposta à acusação

A resposta à acusação, prevista no art. 396-A do CPP, é aplicável ao rito especial dos crimes funcionais, cumulando-se, desse modo, duas defesas – uma preliminar ao recebimento da denúncia e outra, após o seu recebimento?

Há **três posicionamentos** a respeito:

1ª Posição: A resposta à acusação prevista no art. 396-A do rito ordinário é aplicável ao procedimento especial em estudo, porque o objeto da resposta à acusação é diferente da resposta preliminar: a resposta preliminar visa rejeitar a denúncia; já a resposta à acusação, após o recebimento da denúncia, tem por finalidade obter-se a absolvição sumária do réu, além de ser a oportunidade de serem arroladas testemunhas pelo acusado; desse modo, mostram-se compatíveis as duas defesas, no mesmo processo: a defesa preliminar e a resposta à acusação.

2ª Posição: A resposta à acusação prevista no art. 396-A do rito ordinário não é aplicável ao procedimento especial em estudo, pois bastaria, a fim de se materializar a ampla defesa e o contraditório – *e sem prejudicar a razoável duração do processo* – o oferecimento da defesa preliminar – antes do recebimento da denúncia – oportunidade em que se arrolariam testemunhas e se poderia requerer a produção de prova. Na defesa preliminar, como anota Renato Brasileiro de

---

15. Informativo STJ. 22/09/2011. STJ. 6ª T. Min. Rel. Maria Thereza de Assis Moura. HC 102816.

Lima[16], buscar-se-ia tanto a rejeição da peça acusatória, como também a absolvição sumária, especificando-se as provas que se pretenda produzir. A norma especial que prevê a defesa preliminar deve prevalecer em detrimento da norma geral do art. 396-A, do CPP. Essa nos parece ser a melhor posição.

3ª – Posição: Deve ser oferecida apenas a resposta a acusação, prevista no art. 396-A, do CPP, depois de recebida a denúncia.

12.2.7. Crime funcional e infração de menor potencial ofensivo

Tratando-se de crime funcional com pena igual ou inferior a dois anos (ou seja, infração de menor potencial ofensivo de competência dos Juizados Especiais Criminais), como, por exemplo, a prevaricação (art. 319 do CP), a resposta preliminar será exercida, na prática, através da própria defesa preliminar prevista no art. 81, 1ª parte, da Lei n. 9.099/95 (Lei dos Juizados Especiais Criminais); segue-se, então, o rito do Juizado, não havendo se falar em aplicação do rito especial dos crimes praticados por funcionários públicos previsto no CPP.

12.2.8. Crimes funcionais e prerrogativa de foro

Aos titulares de cargos com foro por prerrogativa de função, que são julgados perante os tribunais, aplica-se o rito previsto nos arts. 1º a 12 da Lei n. 8.038/90, e não o rito especial do CPP.

12.2.9. Crimes funcionais em conexão com outros delitos

Havendo conexão entre crime funcional (corrupção passiva, por exemplo) e outros delitos (*v.g.*, lesão corporal, ameaça, assédio sexual), não há como se mesclar os procedimentos, criando uma outra espécie de rito: quanto aos delitos funcionais, seria oferecida defesa preliminar, antes da denúncia, enquanto que, no que se refere aos demais, seria cabível a resposta a acusação, depois de recebida a peça acusatória. Nessa situação – de bastante comum ocorrência – o ideal é seguir-se, de plano, o rito ordinário. Nesse sentido, prevê o art. 22 da Lei 12.850/2013 (Lei das Organizações Criminosas) que os crimes tipificados naquele estatuto e as infrações conexas deverão ser apuradas mediante procedimento ordinário.

12.3. PROCEDIMENTO DOS CRIMES CONTRA A HONRA

12.3.1. Objeto do rito

São os crimes contra a honra: injúria, calúnia e difamação, previstos nos arts. 138, 139 e 140 do CP. A denominada injúria racial (art. 140, § 3º, do CP) é imprescritível,

---

16. Renato Brasileiro de Lima, Curso de Processo Penal. p. 1296.

nos termos do art. 5º, XLII, da CF, porque embora não conste do rol da Lei 7.716/89 (Lei que define os crimes resultantes de preconceito de raça ou de cor), encontram-se presentes o preconceito e a intolerância[17].

12.3.2. Ação penal dos crimes contra a honra

A regra é que os crimes contra a honra são de ação penal privada e devem ser processados mediante o ajuizamento de queixa, conforme determina o art. 145 do CP.

Mas existem as seguintes **exceções**:

1ª – se a ofensa for dirigida contra o Presidente da República ou chefe de governo estrangeiro, a ação será pública condicionada à requisição do Ministro da Justiça (art. 145, parágrafo único, do CP).

2ª – se a ofensa for dirigida contra funcionário público, *em razão de suas funções*, a ação será pública condicionada à representação do ofendido (art. 145, parágrafo único, do CP).

Tem-se entendido, porém, que, no caso de funcionário público ofendido em sua honra, a legitimidade é concorrente: o ofendido poderá oferecer representação ao Ministério Público ou poderá oferecer queixa-crime. Este é o teor da Súmula 714 do STF: "é concorrente a legitimidade do ofendido, mediante queixa, e do Ministério Público, condicionada à representação do ofendido, para a ação penal por crime contra a honra de servidor público em razão do exercício de suas funções". Importante salientar que o ofendido, se oferecer representação, e esta for arquivada pelo MP, não pode oferecer queixa-crime; e se tiver oferecido queixa-crime, e esta for rejeitada, não pode oferecer representação. Em outras palavras, a partir do momento em que a vítima escolhe ou representar ou oferecer queixa-crime, a outra opção resta irremediavelmente excluída. E, ainda, segundo o STJ[18], se o ofendido pelo crime contra a honra entender que o enquadramento legal dado aos fatos pelo Ministério Público está equivocado, não estará autorizado a oferecer queixa-crime; isso porque o ofendido optou pela ação pública condicionada, precluindo a via de iniciativa privada.

3ª – se a vítima for injuriada em razão de elementos referentes à raça, cor, etnia, religião, origem, condição de idosa ou portadora de deficiência, a ação será pública condicionada à representação do ofendido (art. 145, parágrafo único, do CP). É a chamada *injúria racial* prevista no § 3º do art. 140 do CP.

4ª – se o ofendido sofrer violência ou vias de fato, que, pela sua natureza, for aviltante, e lhe ocasionar lesões corporais leves, a ação penal será pública condicionada à representação; se as lesões forem graves ou gravíssimas, a ação será

---

17. STF – Ação cautelar 4.216/DF. Rel. Min. Roberto Barroso.
18. Informativo STJ. 24/12/2012. STJ. Corte Especial. Min. Rel. Eliana Calmon.

pública incondicionada. O art. 145, *caput*, do CP deve ser aplicado de acordo com o art. 88 da Lei n. 9.099/95 que passou a exigir a representação para os crimes de lesão corporal dolosa leve.

12.3.3. Especialidades do rito

12.3.3.1. Audiência de reconciliação

De acordo com o art. 520 do CPP, *no caso das ações penais privadas*, o juiz, antes de receber a queixa, oferecerá às partes oportunidade para se reconciliarem, fazendo – as comparecer em juízo e ouvindo – as, separadamente, *sem a presença dos seus advogados*, não se lavrando termo.

Como bem observado por Renato Brasileiro de Lima[19], o art. 520 do CPP, ao prever a não participação de advogados em audiência, não foi recepcionado pela Constituição Federal, uma vez que o art. 93, IX, da Lei Maior determina que a lei poderá limitar a presença, em determinados atos, às próprias partes *e* a seus advogados, ou *somente a estes*, em casos nos quais a preservação do direito à intimidade do interessado no sigilo não prejudique o interesse público à informação. Percebe-se, claramente, que, pela Constituição, nenhum ato judicial pode ser alijada a participação do advogado, separando – o de seu cliente. A interpretação conforme à Constituição que deve ser dada ao art. 520 do CPP é a de que, além das partes, seus advogados deverão participar da audiência de reconciliação.

Estipula o art. 521 do CPP que o magistrado, se depois de ouvir o querelante e o querelado, achar provável a reconciliação, promoverá entendimento entre eles, na sua presença; no caso de reconciliação, depois de assinado pelo querelante o termo da desistência, a queixa será arquivada (art. 522 do CPP).

Esta audiência de reconciliação só é possível ser realizada no caso das ações penais privadas, *jamais nas ações públicas*, que envolvem interesse público, acima do interesse das partes, que não pode ser negociado pelo Ministério Público.

E se o querelante não comparecer à audiência de reconciliação, qual a consequência?

Há **duas posições** sobre o assunto:

1ª posição: O não comparecimento do querelante acarreta a perempção, extinguindo-se a punibilidade do querelado, com base no art. 60, III, do CPP.

2ª posição: O não comparecimento do querelante não gera a perempção, que só pode ocorrer com o seu não comparecimento a ato do processo, e a audiência de reconciliação ocorre antes do recebimento da queixa, não existindo, portanto,

---
19. Renato Brasileiro de Lima, Curso de Processo Penal, p. 30.

processo. Seu não comparecimento, embora intimado, deve ser interpretado como a sua intenção em não se reconciliar.

12.3.3.2. Rito dos crimes contra a honra

Depois de superada a fase da audiência de reconciliação, e se não tiver sido possível o acordo entre as partes, o juiz irá deliberar a respeito do recebimento ou rejeição da queixa-crime; se a receber, há dois ritos que podem ser seguidos:

1º – Rito dos Juizados Especiais Criminais (Lei n. 9.099/95). Como, em regra, os crimes contra a honra são infrações de menor potencial ofensivo, por terem pena máxima em abstrato não superior a dois anos, o procedimento será o dos Juizados. Importante lembrar que os crimes contra a honra contra vítima mulher no contexto de violência doméstica ou familiar não serão jamais processados de acordo com o rito da Lei n. 9.099/95, pois o art. 41 da Lei n. 11.340/2006 veda expressamente sua aplicação. Estes crimes serão julgados perante o Juizado da Violência Doméstica ou Vara Criminal (se não houver juizado) e seguirão o rito ordinário, como se verá.

2º – Rito ordinário do CPP: seguirão o rito ordinário aqueles crimes que possuem pena superior a dois anos, não sendo, desse modo, de competência dos Juizados Especiais Criminais, e que são os seguintes: o crime de injúria racial (art. 140, § 3º, do CP) e os crimes de calúnia agravada prevista no art. 141 do CP (calúnia contra Presidente da República, chefe de governo estrangeiro, contra funcionário público em razão de suas funções, na presença de várias pessoas, ou por meio que facilite a divulgação da calúnia, contra pessoa maior de 60 anos ou portadora de deficiência, ou se o crime for cometido mediante paga ou promessa de recompensa).

Por expressa disposição do art. 519 do CPP, tais infrações *devem seguir o rito ordinário* e não o sumário, mesmo tendo penas máximas inferiores a quatro anos.

12.3.3.3. Exceção da verdade e da notoriedade

12.3.3.3.1. Conceito

A exceção da verdade é a forma de defesa indireta, de mérito, em que é facultado ao querelado (no caso de ação penal privada) ou ao acusado (no caso de ação penal pública), que estejam sendo acusados dos crimes contra a honra de calúnia ou de difamação, de provar que os fatos imputados são verdadeiros, através de uma peça processual, autuada em apartado, que deverá ser oferecida, quando da defesa preliminar (se o rito seguido for do Juizado Especial Criminal – Lei n. 9.099/95), ou na oportunidade da resposta à acusação (art. 396-A), tratando-se do rito ordinário do CPP.

A consequência do reconhecimento da exceção da verdade é que o fato imputado ao querelado ou acusado passa a ser atípico: *não há crime contra a honra quando o que se diz é verdade*, de modo que o réu deverá ser absolvido, por atipicidade da conduta.

Não sendo reconhecida a exceção da verdade, o acusado ou querelado poderão, de acordo com as provas coligidas durante o processo, ser absolvidos ou condenados.

Vamos exemplificar para melhor esclarecer: "A" imputa a "B" a prática de um delito de furto; "B", inconformado com a afirmação de "A", ajuíza uma queixa crime em face de "A", pelo crime de calúnia; "A", que passa a ser querelado, opõe exceção da verdade visando comprovar que, de fato, "B" praticou o furto; se conseguir comprovar o crime de furto por parte de "B", através da exceção, "A" deverá ser absolvido, necessariamente (por atipicidade da conduta, afinal não mentiu, disse a verdade); se "A" não consegue demonstrar a prática do delito de furto por parte de "B", a exceção será julgada improcedente. **Indaga-se: Nessa situação de improcedência da exceção da verdade, "A", que é o querelado, deverá ser necessariamente condenado?** Normalmente sim, pois, a partir do momento em que não conseguiu demonstrar a veracidade de sua imputação no sentido de que "B" seria o autor de um furto, deduz-se que tenha mentido, caluniando "B"; no entanto, se, durante a instrução do crime contra a honra, por exemplo, surgir evidências de que "A" teria sofrido coação moral irresistível (art. 22 do CP), e, por isso, tenha caluniado "B", "A" deverá ser absolvido; ou ainda, v.g., se for comprovado durante a instrução do crime contra a honra, que "A" teria caluniado "B", porque estava ("A"), em razão de embriaguez completa, proveniente de caso fortuito ou força maior, ao tempo da ação, inteiramente incapaz de entender o caráter ilícito do fato ou de determinar-se de acordo com esse entendimento (art. 28, II, § 1º, do CP), certamente "A" deverá ser absolvido.

12.3.3.3.2. Modalidades de exceção da verdade

Há **duas modalidades de exceção da verdade**:

1ª – Exceção da verdade no processo por crime de calúnia (art. 138, § 3º, do CP)

Como só há calúnia se o fato imputado for falso, se o acusado conseguir provar que o fato é verdadeiro, através da exceção, será absolvido. Há, entretanto, expressa proibição do uso da exceção da verdade nas hipóteses do § 3º do art. 138 do CP: se, constituído o fato imputado crime de ação penal privada, o ofendido não foi condenado por sentença irrecorrível; se o fato for imputado ao Presidente da República ou chefe de governo estrangeiro; se, no crime de ação penal pública, o ofendido foi absolvido por sentença irrecorrível.

2ª – Exceção da verdade no processo por crime de difamação contra funcionário público, sendo a ofensa relativa ao exercício das suas funções (art. 139, parágrafo único, do CP)

Se comprovado o fato através da exceção, o acusado será absolvido; a possibilidade de se comprovar a veracidade do fato ofensivo à reputação do ofendido só é possível se ele permanecer como funcionário público (se deixar de sê-lo não será permitida a exceção), e mesmo assim, se o fato desabonador for relacionado com suas funções públicas.

12.3.3.3.3. Exceção da notoriedade

É a alegação por parte do acusado do crime de difamação que o fato era de conhecimento de todos (é fato notório), de modo que não haveria ofensa nova à reputação do ofendido; acolhida esta exceção, o acusado é absolvido, porque o fato é atípico.

12.3.3.3.4. Processamento das exceções

Prevê o art. 523 do CPP que, quando for oferecida a exceção da verdade ou da notoriedade do fato imputado, o querelante poderá contestar a exceção no prazo de dois dias, podendo ser inquiridas as testemunhas arroladas na queixa, ou outras indicadas naquele prazo, em substituição às primeiras, ou para completar o máximo legal.

Quem ajuíza a exceção é chamado de *excipiente (é o acusado)*; aquele contra quem se ofereceu a exceção denomina-se *excepto (é o querelante ou o MP)*.

As exceções podem ser ajuizadas no caso das ações penais públicas e privadas.

As exceções serão instruídas com a oitiva das testemunhas arroladas na peça acusatória, em uma mesma instrução, e julgadas quando da sentença, por se tratar de verdadeiras questões prejudiciais ao mérito.

12.3.3.3.4.1. Exceções e foro por prerrogativa de função

Vamos pensar, por hipótese, em alguém que tenha caluniado, imputando a prática de um crime a um deputado federal, o qual venha a oferecer queixa-crime contra seu ofensor, o qual, por sua vez, ajuíza exceção da verdade pretendendo comprovar que os fatos por ele alegados são verdadeiros; **pergunta-se: quem julgará a exceção?**

As exceções da verdade ou notoriedade opostas contra pessoas que ocupem funções públicas que tenham prerrogativa de foro serão, *após admitidas e instruídas pelo juiz de 1º grau*, julgadas pelo Tribunal com competência originária para julgar a autoridade detentora do foro privilegiado (art. 85 do CPP).

Depois do julgamento da exceção, o Tribunal com competência originária remeterá os autos da exceção para que o juiz de 1ª instância possa decidir a causa[20]. Segundo o Pretório Excelso, a exceção da verdade deve ser admitida, processada e julgada, ordinariamente, pelo juízo competente para apreciar a ação penal condenatória. No entanto, quando se trata de exceção da verdade deduzida contra pessoa que dispõe de prerrogativa de foro perante o STF (art. 102, I, *b* e *c*, da CF), a atribuição da Corte será restrita ao julgamento da referida exceção.

O julgamento da exceção pelo Tribunal poderá chegar à duas conclusões:

1ª – procedência da exceção da verdade – hipótese em que o querelado ou acusado comprova que o querelante (nas ações penais privadas) ou o ofendido (nas ações penais públicas) praticou o crime a ele imputado; nessa hipótese, o juiz deverá absolver o querelado ou acusado, por atipicidade de conduta.

---

20. Informativo STF. 24/11/2011. Plenário. Min. Rel. Ricardo Lewandowiski, Petição 4898.

2ª – **improcedência da exceção da verdade**, situação em que se conclui que o autor da exceção não demonstrou ou não quis apresentar as provas da veracidade das acusações imputadas. O eventual sigilo das investigações dos fatos envolvendo o querelante não afasta a necessidade de o autor do pedido de exceção da verdade provar a veracidade de suas alegações, consoante entendimento do Pretório Excelso[21]. O juiz, nesse caso, conforme vimos acima, poderá, de acordo com as provas do processo do crime contra a honra, absolver ou condenar o acusado.

Como bem ensina o Ministro Celso de Mello[22], do STF, sintetizando, com maestria, o que já dito até o momento, "**Com a formalização** da *exceptio veritatis*, **instauram-se relações processuais** regidas pelo princípio do contraditório, incumbindo, o "ônus probandi", exclusivamente, **ao próprio** excipiente. **A este compete**, em consequência, **fazer a prova de suas alegações**. O ônus da adequada instrução probatória, no procedimento incidental da "exceptio veritatis", **pertence** ao próprio excipiente, **a quem se aplicam** as normas relativas à disciplina legal da prova. **Demonstrada** a veracidade do fato delituoso imputado a terceiro, **restará descaracterizado**, no plano da tipicidade penal, **o próprio** delito de calúnia. O **eventual** estado de dúvida **referente** à falsidade das imputações caluniosas **deve ser desfeito** mediante atividade probatória **plenamente** desenvolvida **por iniciativa** dos excipientes. **Se estes** não conseguem, **por falta** de melhor diligência, **demonstrar** a veracidade das alegações, **impõe-se a rejeição** da "excepcio veritatis", prevalecendo, em consequência, **a presunção** "juris tantum" de falsidade, que é inerente à figura da calúnia".

12.3.3.4. Pedido de explicações em juízo

Esta é uma medida preliminar ou preparatória ao ajuizamento de uma ação penal por crime contra a honra, que seguirá o rito dos arts. 726/729 do CPC (interpelação judicial), e que é prevista no art. 144 do CP.

Segundo o STF[23], "o pedido de explicações, admissível em qualquer das modalidades de crimes contra a honra constitui típica providência cautelar, sempre facultativa e que tem como função aparelhar ação penal principal tendente a sentença condenatória. O interessado, ao formulá-lo, invoca, em juízo, tutela cautelar penal, visando a que se esclareçam situações revestidas de equivocidade, ambiguidade ou dubiedade, a fim de que viabilize o exercício eventual de ação penal condenatória".

Mas se a ofensa for clara – *não existir qualquer dúvida do seu conteúdo ofensivo* – não terá pertinência a interpelação judicial. E ainda, a legitimidade para se ajuizar o pedido de explicações é restrita ao ofendido, atingido em sua honra de maneira subentendida ou reflexa, consoante entendimento do STF[24]. Assim, terceiros – não

---

21. Informativo STF. 24/11/2011. STF. Pleno. Min. Rel. Ricardo Lewandowiski. Petição 4898.
22. RTJ 145/546, Rel. Min. Celso de Melo, citado na ação penal 602/Santa Catarina. 1º/07/2011.
23. Informativo STF 16 a 20 de junho de 2014- nº 751. Pet 5.146/DF. Min. Rel. Celso de Mello. J. 2102/2014. DJe 27/02/2014.
24. Informativo STF. 29/04/2011. Ação Cautelar (AC 2853). Min. Rel. Gilmar Mendes.

mencionados nas alusões supostamente ofensivas – carecem de legitimidade e interesse para propor o pedido de explicações.

O *pedido de explicações será ajuizado perante o juízo criminal*, podendo o notificado oferecer ou não explicações; após tal procedimento, os autos do pedido de explicações serão entregues ao ofendido. Do indeferimento liminar pelo juiz criminal do pedido de explicações é cabível o recurso de apelação (art. 593, II, do CPP).

O pedido de explicações não interrompe o prazo decadencial ou prescricional.

O pedido de explicações não obriga o interpelado, o qual não se vê constrangido a prestar esclarecimentos.

O juiz criminal, ao processar a interpelação – com ou sem explicações dadas pelo interpelado – não julgará o seu mérito, e simplesmente entregará os autos de interpelação ao requerente.

Claro que, se, a *prima facie*, já se notar que não há qualquer crime contra a honra ou mesmo em quadro que, existindo a ofensa, há uma causa de imunidade (por exemplo a imunidade parlamentar por suas opiniões, palavras e votos), o pedido de explicações – *que é acessório e cautelar frente à possível queixa-crime a ser ajuizada*, será reputado como inadmissível, como já decidiu o STF[25], afinal, como consabido, o acessório segue a sorte do principal.

Importante notar que, no caso de o autor do crime contra a honra possuir foro com prerrogativa de função (Presidente da República, deputado federal, promotor, juiz, etc), o pedido de explicações deverá ser ajuizado perante o órgão judicial com competência para julgar a autoridade. No nosso exemplo, ofensa perpetrada por Presidente da República e por deputado federal, o pedido de explicação será formulado ao STF; ainda outro exemplo, no caso de promotor e juiz, o pedido de explicações será endereçado ao Tribunal de Justiça; isso porque, em se tratando de foro por prerrogativa de função, os Tribunais com competência originária são os juízes naturais das autoridades que eventualmente tenham cometido crimes, inclusive os contra a honra.

12.4. PROCEDIMENTO DOS CRIMES CONTRA A PROPRIEDADE IMATERIAL

12.4.1. Objeto do rito

É o a apuração do crime contra a propriedade intelectual, mais especificamente, a violação de direito autoral, crime este previsto no art. 184 do CP.

12.4.2. Ação penal do crime de violação de direito autoral e procedimento

O crime de violação de direito autoral pode ser processado mediante:

1º – Ação penal privada com o oferecimento de queixa-crime pelo ofendido (art. 186, I, do CP): quando a violação de direito autoral for praticada sem intuito

---

25. STF. Ação cautelar 3.883-DF. Min. Rel. Celso de Mello.

de lucro direto ou indireto (art. 184, *caput*, do CP). A queixa será oferecida perante o Juizado Especial Criminal, seguindo-se o **rito sumaríssimo da Lei n. 9.099/95**, porque a pena é inferior a dois anos.

2º – Ação penal pública incondicionada com o oferecimento de denúncia (art. 186, II e III, do CP): quando a violação de direito autoral for praticada com o intuito de lucro direto ou indireto (art. 184, §§ 1º e 2º, do CP), ou se o crime for cometido em desfavor de entidade de direito público, autarquia, empresa pública, sociedade de economia mista ou fundação pública. O rito a ser seguido será o **ordinário do CPP**.

3º – Ação penal pública condicionada à representação da vítima (art. 186, IV, do CP): se a violação de direito autoral ocorrer nas situações do § 3º do art. 184 do CP (violação de direito autoral por oferecimento da obra ao público através de cabo, fibra ótica, satélite, com intuito de lucro, direto ou indireto). O rito a ser seguido será o **ordinário do CPP**.

12.4.3. Especialidades do rito

12.4.3.1. *Imprescindibilidade do exame de corpo de delito quando a infração deixar vestígios*

De acordo com o art. 525 do CPP, no caso de haver o crime deixado vestígio, a queixa ou a denúncia não será recebida se não for instruída com o exame pericial dos objetos que constituam o corpo de delito. Esta regra vale, portanto, para os crimes de ação penal privada e pública, por se tratar de condição de procedibilidade da ação penal.

Certo que, segundo o STJ[26], não é indispensável que sejam periciadas todas as mídias apreendidas, uma vez que, para a comprovação da materialidade do delito previsto no art. 184, § 2º, do CP, basta a perícia realizada por amostragem, sobre os aspectos externos do material apreendido, ou seja, em padronização das impressões gráficas, presença de logotipo de padrão, nome do fabricante, etc, sem necessidade de perícia no conteúdo da mídia. Em outras palavras, no caso de crime de "pirataria", é dispensável periciar todas as mídias apreendidas (o que seria mesmo impossível, até porque, frequentemente, são apreendidas, em operações policiais, milhares de CDs e DVDs). Claro que a quantidade do material apreendido influenciará, apenas, na fixação da pena – base.

Também assentou o STJ, no mesmo aresto citado, a dispensabilidade, para a caracterização do delito em estudo, da identificação do detentor do direito autoral, bastando que seja comprovada a falsificação do material apreendido. Por fim, embora disseminada a conduta de expor – e se adquirir – normalmente, produtos piratas, já se pacificou[27] que essa ação não é socialmente adequada, de modo que remanesce, sim, a tipicidade formal e material do tipo incriminador.

---

26. STF. Recurso Especial nº 1.485.832/MG (2014/0262836-2). Min. Relator Rogério Schietti Cruz.
27. STJ – HC 191.568-SP (2010/0219439-0). Min. Rel. Jorge Mussi.

12.4.3.2. Especialidades da ação penal privada por crime de violação de direito autoral

12.4.3.2.1. Prova do direito à ação no caso de ação penal privada

Na hipótese de violação de direito autoral, na sua forma simples (art. 184, *caput*, do CP), que só se processa mediante queixa-crime, para que se ajuíze tal peça acusatória, o autor deverá, em primeiro lugar, nos termos do art. 526 do CPP, fazer prova do seu direito à ação, sem a qual não será recebida a queixa, nem ordenada qualquer diligência preliminarmente requerida pelo ofendido.

A prova deste direito é a que demonstra que o ofendido é o titular do direito autoral.

12.4.3.2.2. Diligência de busca e apreensão na ação penal privada. Laudo pericial. Prazo para oferecimento da queixa

A busca e apreensão é a medida solicitada pelo ofendido ao juiz a fim de apreender o material cujo conteúdo esteja violando o direito do autor. De acordo com o art. 527 do CPP, a diligência de busca ou de apreensão será realizada por *dois* peritos nomeados pelo juiz, que verificarão a existência de fundamento para a apreensão, e quer essa se realize, quer não, o laudo pericial será apresentado dentro de três dias após o encerramento da diligência.

O requerente da busca e apreensão poderá impugnar o laudo contrário à apreensão, e o juiz ordenará que essa se efetue, se reconhecer a improcedência das razões aduzidas pelos peritos (parágrafo único do art. 527 do CPP).

A regra do presente dispositivo de lei exigindo a realização de laudo por *dois peritos*, por ser especial, prevalece em relação à norma do art. 159, *caput*, do CPP, que estipula a realização de perícia com apenas um perito oficial.

Encerradas as diligências de busca e apreensão e elaborado o laudo, os autos serão conclusos ao juiz para homologação do trabalho técnico pelo juiz (art. 528 do CPP). Da homologação cabe recurso de apelação (art. 592, II, do CPP).

O prazo decadencial para se oferecer a queixa-crime seguirá a regra geral: seis meses a partir da data do conhecimento da autoria delitiva. Neste período, o ofendido deve providenciar a busca e apreensão dos materiais, a realização da perícia, a homologação do laudo pericial e o oferecimento da queixa-crime.

Da data da homologação do laudo, conforme determinam os arts. 529 e 530 do CPP, o prazo para o oferecimento da queixa, com fundamento em apreensão e em perícia, será, no caso de acusado solto, de 30 dias, e em se tratando de acusado preso, de oito dias.

Se o ofendido não respeitar tais prazos, a busca e apreensão perderá sua eficácia, mas só ocorrerá a decadência, se o prazo de seis meses, contado do conhecimento da autoria da infração, tiver sido ultrapassado.

12.4.3.3. Especialidades da ação penal pública por crime de violação de direito autoral

12.4.3.3.1. Diligência de busca e apreensão. Laudo pericial

No caso das ações penais públicas incondicionadas, a autoridade policial, de ofício, procederá à apreensão dos bens ilicitamente produzidos ou reproduzidos, em sua totalidade, juntamente com os equipamentos, suportes e materiais que possibilitaram a sua existência, desde que estes se destinem precipuamente à prática do ilícito (art. 530 – B do CPP). Para que haja a apreensão de materiais, *em se tratando de ações penais públicas condicionadas*, é necessário, antes, a representação da vítima à autoridade policial.

Na ocasião da apreensão será lavrado termo, assinado por duas ou mais testemunhas, com a descrição de todos os bens apreendidos e informações sobre suas origens, o qual deverá integrar o inquérito policial ou o processo (art. 530 – C do CPP).

Após a apreensão, será realizada, por perito oficial, ou, na falta deste, por pessoa tecnicamente habilitada, perícia sobre todos os bens apreendidos e elaborado o laudo que deverá integrar o inquérito policial ou o processo (art. 530 – D do CPP). Note-se que, *em se tratando de crime de ação penal pública, bastará apenas um perito, ao contrário da ação penal privada que exige dois peritos para realização do laudo*, como acima se viu.

12.4.3.3.2 Depósito dos bens

Os titulares de direito de autor e os que lhe são conexos serão os fiéis depositários de todos os bens apreendidos, devendo colocá-los à disposição do juiz quando do ajuizamento da ação (art. 530 – E do CPP). Este dispositivo também é aplicável às ações penais privadas.

12.4.3.3.3. Destruição dos bens

Ressalvada a possibilidade de se preservar o corpo de delito, o juiz poderá determinar, a requerimento da vítima, a destruição da produção ou reprodução apreendida quando não houver impugnação quanto à sua ilicitude ou quando a ação penal não puder ser iniciada por falta de determinação de quem seja o autor do ilícito (art. 530 – F do CPP). Essa última hipótese – "falta de determinação de quem seja o autor do ilícito" – nada mais é que o arquivamento do inquérito policial por ausência de elementos de autoria, o que autoriza a destruição do material apreendido.

Proferida sentença condenatória, o juiz poderá determinar a destruição dos bens ilicitamente produzidos ou reproduzidos e o perdimento dos equipamentos apreendidos, desde que precipuamente destinados à produção e reprodução dos bens, em favor da Fazenda Nacional, que deverá destruí-los ou doá-los aos Estados, Municípios e Distrito Federal, a instituições públicas de ensino e pesquisa ou de assistência social, bem como incorporá-los, por economia ou interesse público, ao patrimônio da União, que não poderão retorná-los aos canais de comércio (art. 530 – G do CPP). Este dispositivo é aplicável às ações penais privadas.

12.4.3.3.4. Assistentes da acusação

As associações de titulares de direitos de autor e os que lhes são conexos poderão, em seu próprio nome, funcionar como assistente da acusação nos crimes previstos no art. 184 do Código Penal, quando praticado em detrimento de qualquer de seus associados (art. 530-H do CPP).

Este dispositivo só é válido se houver ação penal pública ajuizada, porque não existe assistência à acusação em ação penal privada, uma vez que, como na ação movida pelo ofendido, ele próprio é o titular da ação, não é possível que seja, ao mesmo tempo, assistente da acusação patrocinada por si.

CAPÍTULO 13

PROCEDIMENTOS ESPECIAIS DA LEGISLAÇÃO EXTRAVAGANTE

13.1. LEI DE DROGAS – LEI N. 11.343/2006

13.1.1. Rito especial e aplicação subsidiária do CPP

O procedimento dos crimes previstos na Lei Antidrogas segue o rito especial lá estabelecido, aplicando-se, subsidiariamente, as disposições do Código de Processo Penal e da Lei de Execução Penal (art. 48 da lei).

13.1.2. Fase investigatória (inquérito policial) – particularidades

13.1.2.1. Prazos do inquérito policial

De acordo com o art. 51 da Lei de Drogas, o inquérito policial será concluído no prazo de 30 dias, se o indiciado estiver preso, e de 90 dias, quando solto. Estes prazos, de acordo com o parágrafo único do art. 51, podem ser duplicados pelo juiz, ouvido o Ministério Público, mediante pedido justificado da autoridade de polícia judiciária.

13.1.2.2. Relatório da autoridade policial

Ao contrário da apuração das demais infrações penais em que o delegado de polícia, em seu relatório policial que encerra o inquérito, faz um minucioso, e objetivo, relato do que apurado nas investigações (art. 10, § 1º, do CPP), em se tratando dos crimes da Lei de Drogas, cabe à autoridade policial justificar as razões que a levaram à classificação do delito, indicando a quantidade e natureza da substância ou do produto apreendido, o local e as condições em que se desenvolveu a ação criminosa, as circunstâncias da prisão, a conduta, a qualificação e os antecedentes do agente (art. 52, I). Esta fundamentação do delegado é imprescindível para que se saiba se o indiciado portava drogas para fornecer a terceiros (art. 33) ou se as possuía para uso próprio (art. 28).

13.1.2.3. Remessa do inquérito a juízo e continuidade das investigações

Os autos de inquérito devem ser remetidos a juízo, quando encerrada a investigação, mas, ao mesmo tempo, em autos suplementares de inquérito policial, a autoridade policial poderá providenciar as seguintes diligências complementares, previstas no parágrafo único do art. 52:

> I – necessárias ou úteis à plena elucidação do fato, cujo resultado deverá ser encaminhado ao juízo competente até 3 (três) dias antes da audiência de instrução e julgamento; essa norma é completamente sem sentido, afinal, todos os elementos informativos referentes à autoria e materialidade delitiva devem estar disponibilizados, pela autoridade policial, *antes do oferecimento da denúncia*, justamente para que essa peça acusatória seja estribada em justa causa; obviamente, não se autoriza, no nosso sistema processual, a juntada de elementos informativos na fase da audiência de instrução e julgamento; em suma, a norma penal em tela deve ser solenemente ignorada.

> II – necessárias ou úteis à indicação dos bens, direitos e valores de que seja titular o agente, ou que figurem em seu nome, cujo resultado deverá ser encaminhado ao juízo competente até 3 (três) dias antes da audiência de instrução e julgamento.

13.1.2.4. Infiltração de agentes de polícia

Prevê o art. 53, I, da lei que, em qualquer fase da persecução criminal relativa aos crimes de drogas, é permitida, mediante autorização judicial e ouvido o Ministério Público, a infiltração por agentes de polícia, em tarefas de investigação, constituída pelos órgãos especializados pertinentes; em outras palavras, os policiais disfarçados "integram", veladamente, organizações criminosas, por certo período de tempo, para angariar melhores provas contra seus participantes. Deve-se seguir, quanto a esse meio de busca da prova – infiltração de agentes – o procedimento previsto na Lei 12.850/13 (Lei de Organizações Criminosas) que disciplina, em detalhes, sua consecução, limites e rito. Tratamos, em detalhes, do tema, no capítulo Provas.

13.1.2.5. Flagrante retardado ou diferido

Estipula o inciso II do art. 53 que é permitida a não atuação policial, mediante autorização judicial e ouvido o Ministério Público, sobre os portadores de drogas, seus precursores químicos ou outros produtos utilizados em sua produção, que se encontrem no território brasileiro, com a finalidade de identificar e responsabilizar maior número de integrantes de operações de tráfico e distribuição.

A autorização judicial será concedida desde que sejam conhecidos o itinerário provável e a identificação dos agentes do delito ou de colaboradores (parágrafo único do art. 53).

É hipótese que excepciona a regra geral que impõe à autoridade policial e aos seus agentes o dever de prender quem se encontre em flagrante delito (art. 301 do CPP – flagrante obrigatório). Aos policiais, pela Lei de Drogas, é permitido não prender em flagrante os portadores de drogas e aqueles que se ocupam de sua produção, através de precursores químicos e outros produtos, com a finalidade de responsabilizar o maior número de integrantes da prática criminosa. Deve-se seguir, quanto a esse meio de busca da prova – ação controlada – o procedimento previsto na Lei 12.850/13 (Lei de Organizações Criminosas) que disciplina, em detalhes, sua consecução, limites e rito. Tratamos, em detalhes, do tema, no capítulo Provas.

13.1.2.6. Delação ou colaboração premiada e Lei de Drogas

Prevê o art. 41 da lei que o indiciado ou acusado que colaborar voluntariamente com a investigação policial e o processo criminal na identificação dos demais coautores ou partícipes do crime e na recuperação total ou parcial do produto do crime, no caso de condenação, terá a pena reduzida de um a dois terços.

A delação pode se dar na fase do inquérito ou durante o processo. O produto do crime é a própria droga e não as vantagens advindas com a venda dela (como dinheiro, bens etc.), que se referem ao proveito do crime. O grau de redução da pena dependerá da importância da delação na identificação dos demais agentes e no sucesso, maior ou menor, na apreensão de drogas.

Deve-se seguir, quanto a esse meio de busca da prova – colaboração premiada – o procedimento previsto na Lei 12.850/13 (Lei de Organizações Criminosas) que disciplina, em detalhes, sua consecução, limites e rito. Tratamos, em detalhes, do tema, no capítulo Provas.

13.1.2.7. Flagrante na Lei de Drogas

Estipula o § 1º do art. 50 que, para efeito da lavratura do auto de prisão em flagrante e estabelecimento da materialidade do delito, é suficiente o laudo de constatação da natureza e quantidade da droga, firmado por perito oficial ou, na falta deste, por pessoa idônea.

Sem esta prova mínima de materialidade delitiva (prova de que a substância apreendida é uma droga) o auto de prisão em flagrante deve ser relaxado. Prevê o § 2º do art. 50 que o perito que subscrever o laudo não ficará impedido de participar da elaboração do laudo definitivo.

O Supremo fixou orientação no sentido de que o preso em flagrante, para que seja decretada sua prisão preventiva, deverá ser levado à presença do juiz, a fim de se evitar que usuários sejam presos por tráfico sem provas suficientes, atribuindo-se ao juiz a função de analisar as circunstâncias do crime, avaliando se a droga apreendida destinava-se ao uso ou ao comércio[1].

Na prática, esse contato do juiz com o indiciado preso se dará quando da audiência de custódia, instituto por nós estudado no capítulo Prisão e medidas cautelares.

---

1. Informativo STF. 20/08/2015. RE 635659 (com repercussão geral). Min. Rel. Gilmar Mendes.

13.1.2.8. Lei de Drogas e liberdade provisória

Prevê o art. 44 da lei que os crimes previstos nos arts. 33, *caput* e § 1º, e 34 a 37 são inafiançáveis e insuscetíveis de liberdade provisória.

O plenário do STF[2], por maioria de votos, declarou, incidentalmente, a inconstitucionalidade deste artigo porque "incompatível com o princípio constitucional da presunção de inocência e do devido processo legal"; entendeu-se que a Constituição negou a fiança aos acusados de tráfico, mas não a concessão de liberdade provisória, sem fiança, que pode ser concedida, no caso concreto, pelo juiz, quando não presentes os requisitos da prisão preventiva. Essa posição foi, mais uma vez, referendada, pelo Supremo[3], por seu plenário, no julgamento de Recurso Extraordinário com repercussão geral reconhecida, em que se fixou a seguinte tese, por ampla maioria[4]: "É inconstitucional a expressão e liberdade provisória, constante no *caput* do artigo 44 da Lei 11.343/2006)". Fixada a tese em repercussão geral, esse entendimento deverá ser aplicado pelas demais instâncias.

13.1.3. Fase judicial – particularidades

13.1.3.1. Remessa dos autos ao MP

De acordo com o art. 54 da lei, recebidos os autos do inquérito policial, de Comissão Parlamentar de Inquérito ou peças de informação será aberta vista ao Ministério Público para, no prazo de 10 dias, adotar uma das seguintes providências:

1ª – requerer o arquivamento (do arquivamento dos crimes previstos na lei não cabe recurso de ofício ou necessário, por falta de previsão legal; apenas quando se trata de arquivamento dos crimes contra a saúde pública, previstos na Lei n. 1.521/51, caberá tal recurso, mas não na Lei de Drogas).

2ª – requisitar as diligências que entender necessárias;

3ª – oferecer denúncia, arrolando até *cinco testemunhas*, com a possibilidade de requerer as demais provas que entender pertinentes.

O prazo para se oferecer denúncia é de 10 dias, quer se trate de réu preso ou solto.

Como regra geral, a denúncia, quanto aos crimes da Lei de Drogas, para que seja recebida, mostra-se necessário que haja prova da materialidade da infração (auto ou laudo de constatação que aponte que a substância apreendida é droga). Se não houver essa prova, a denúncia será rejeitada, de plano (art. 395, III, do CPP – falta de justa causa para a ação penal).

No entanto, pode se dar de ser oferecida denúncia por tráfico de drogas (e proferida sentença condenatória inclusive), *sem que haja apreensão de drogas*, desde que existam

---

2. STF – HC 10.4339. Plenário.
3. Informativo do STF. 01/09/2017. STF. Pleno. RE 1038925. Rel. Min. Gilmar Mendes.
4. O único voto vencido foi do Min. Marco Aurélio.

meios probatórios idôneos, que possam provar a materialidade delitiva, baseados em investigações e na quebra de sigilo telefônico do grupo criminoso, identificando-se quem são os seus integrantes[5].

13.1.3.2. Defesa prévia ou preliminar

Estipula o art. 55, *caput*, da lei que, oferecida a denúncia, o juiz ordenará a notificação do acusado para oferecer defesa prévia, por escrito, no prazo de 10 dias. Na resposta, consistente em defesa preliminar e exceções, o acusado poderá arguir preliminares e invocar todas as razões de defesa, oferecer documentos e justificações, especificar as provas que pretende produzir e, até o número de cinco, arrolar testemunhas (§ 1º do art. 55).

Se a resposta não for apresentada no prazo, o juiz nomeará defensor para oferecê-la em 10 dias, concedendo-lhe vista dos autos no ato de nomeação (§ 3º do art. 55).

Pelo texto da lei, a defesa preliminar deve ser apresentada, *após o oferecimento da denúncia e antes do seu recebimento*, e tem a finalidade justamente de convencer o juiz a rejeitar a denúncia.

Ocorre que o § 4º do art. 394 do CPP estipula que as disposições do art. 395 (que tratam das causas de rejeição da denúncia ou queixa); do art. 396 (que trata da citação); do art. 396-A (que regulamenta a resposta à acusação); e do art. 397 (que se refere à absolvição sumária) aplicam-se a todos os procedimentos penais de primeiro grau, inclusive aqueles previstos na legislação extravagante, o que inclui a Lei de Drogas.

Quanto às causas de rejeição da denúncia ou queixa (art. 395 do CPP), ou quando houver fundamento para a absolvição sumária (art. 397 do CPP), é certo que estas disposições legais são inteiramente aplicáveis à Lei de Drogas.

A questão polêmica se refere a resposta à acusação, prevista no art. 396-A do CPP, que estipula que o acusado, *depois de recebida a denúncia*, poderá arguir preliminares e alegar tudo o que interessa à sua defesa, oferecer documentos e justificações, especificar as provas pretendidas e arrolar testemunhas.

Indaga-se, então: assiste ao acusado de crimes relacionados na Lei de Drogas o direito de oferecer a defesa preliminar, prevista no art. 55, § 1º, da Lei de Drogas, *antes do recebimento da denúncia*, e ainda, o de apresentar a resposta à acusação, prevista no art. 396-A do CPP, *depois de recebida a denúncia*?

Em outras palavras, indaga-se: é direito do acusado por crime previsto na Lei de Drogas a existência de duas defesas, uma, antes do recebimento da denúncia, e outra, depois do seu recebimento, mesmo sendo certo que as duas defesas possuem idêntico conteúdo?

Há **três posições** sobre o assunto:

---

5. STJ – HC 131.455/MT (2009/0048372-3). Min. Rel. Maria Thereza de Assis Moura.

1ª posição: Só haverá uma defesa, após o recebimento da denúncia, que é a resposta à acusação prevista no art. 396-A do CPP

Para esta corrente, como o § 4º do art. 394 do CPP prevê a aplicação integral do art. 396-A a todos os procedimentos penais de primeiro grau, o que inclui a Lei de Drogas, é certo que a defesa preliminar tratada no § 1º do art. 55 da Lei n. 11.343/2006, foi tacitamente revogada, até porque não existe nenhum sentido na coexistência de duas defesas com conteúdo idêntico, uma antes do recebimento da denúncia, e outra após seu recebimento, no mesmo processo. Sendo assim, a denúncia será recebida ou rejeitada, *sem que se faculte a manifestação prévia do acusado a respeito deste juízo prévio de admissibilidade*; se recebida, o acusado será citado e intimado para oferecer a resposta à acusação, nos termos do previsto no art. 396-A do CPP. Essa parece ser uma boa solução, porque, sendo tecnicamente aceitável, além de, *na prática*, permitir uma celeridade maior ao procedimento, sem que se comprometa, ao mesmo tempo, a ampla defesa do acusado.

2ª posição: Serão apresentadas duas defesas, uma preliminar, antes do recebimento da denúncia, e visando sua rejeição, com base nas causas elencadas no art. 395 do CPP; será, ainda, oferecida *outra* defesa, após o recebimento da denúncia, e com a finalidade de se obter a absolvição sumária (art. 396-A do CPP)

Esta é a posição de Norberto Avena a respeito do tema[6]. Para quem seja adepto desta posição, o acusado, primeiro, seria intimado a oferecer defesa preliminar; caso recebida a denúncia, será ainda citado e intimado para oferecer resposta à acusação, o que nos parece sobrecarregar ainda mais o Poder Judiciário, já tão carente de recursos humanos e materiais, a comprometer, ainda, a razoável duração do processo.

3ª posição: Será apresentada apenas uma defesa, a preliminar, prevista na Lei de Drogas

Isto porque, pelo **princípio da especialidade**, deve prevalecer o dispositivo da Lei de Drogas, que trata da defesa preliminar antes do recebimento da denúncia, que, justamente por ser especial, deveria preponderar sobre as disposições gerais do CPP. Para os adeptos desta posição, oferecida a denúncia, o acusado é notificado a oferecer defesa preliminar, visando à rejeição da peça acusatória, além de poder sustentar teses que visem obter sua absolvição sumária (art. 397 do CPP), bem como, incluindo-se, na defesa, o rol de testemunhas e as provas eventualmente requeridas. Recebida a denúncia, o acusado deverá ser citado, já sendo designada audiência de instrução, debates e julgamento, sem que lhe seja dada a oportunidade de apresentar a resposta à acusação prevista no art. 396-A do CPP. Esta é posição defendida por Victor Eduardo Rios Gonçalves e Alexandre Cebrian[7]. Essa posição, *sob o ponto de vista estritamente da técnica processual*, ressoa como a melhor.

---

6. Norberto Avena, Processo penal esquematizado, p. 745.
7. Victor Eduardo Rios Gonçalves e Alexandre Cebrian, Direito Processual Penal Esquematizado, p. 552.

13.1.3.3. Decisões possíveis na fase de recebimento da denúncia

Para aqueles que entendem que ainda subsiste a defesa preliminar, antes do recebimento da denúncia, o que é o entendimento majoritário, continua aplicável o § 4º do art. 55 da Lei de Drogas, que estipula que, apresentada a defesa, o juiz decidirá em cinco dias a respeito do recebimento ou não da peça acusatória.

Prevê o § 5º do art. 55 que, se entender imprescindível, o juiz, no prazo máximo de 10 dias, determinará a apresentação do preso, realização de diligências, exames e perícias, providências essas determinadas, antes da decisão de recebimento da denúncia, para justamente saber se deve a peça acusatória ser recebida ou rejeitada.

Pode então o juiz, segundo a lei, tomar as seguintes decisões:

1ª – receber a denúncia;

2ª – rejeitá-la, sem determinar diligências;

Da rejeição da denúncia, cabe recurso em sentido estrito (art. 581, I, do CPP).

3ª – não receber, nem rejeitar a denúncia, determinando diligências, como exames, perícias ou apresentação do preso; depois de cumpridas tais diligências, num segundo momento processual, poderá receber ou rejeitar a denúncia, dispondo de outro prazo de cinco dias para tanto. Essa "realização de diligências" pelo juiz, de ofício, nos parece evidentemente afrontosa à Lei Maior, na medida em que confere, antes de iniciado o processo, ao magistrado, poderes de investigação/acusação, o que comprometeria, de maneira evidente, sua necessária imparcialidade, bem como o sistema acusatório constitucional, em que as funções de investigar, acusar, defender e julgar devem ser exercidas por órgãos distintos. Felizmente, esse artigo de lei é diariamente – e merecidamente – esquecido pelos magistrados, que não o aplicam, na maior parte das vezes, justamente porque possuem a consciência de que não podem *se quedar pelo lado acusatório*, sob pena de perderem o que os diferencia das partes parciais – que é sua imparcialidade, da qual decorre a vedação de agirem de ofício. Ademais, é ônus da acusação- e não do juiz- a produção de provas.

13.1.3.4. Designação de audiência

De acordo com o art. 56 da lei, recebida a denúncia, o juiz designará dia e hora para a audiência de instrução e julgamento, ordenará a citação pessoal do acusado, a intimação do Ministério Público, do assistente, se for o caso, e requisitará os laudos periciais.

13.1.3.5. Recebimento da denúncia e medida cautelar

Quando do recebimento da denúncia, o juiz poderá impor a medida cautelar pessoal de afastamento do denunciado de suas atividades, se for funcionário público, comunicando ao órgão respectivo, quando as condutas imputadas a ele sejam aquelas tipificadas como infração do disposto nos arts. 33, *caput* e § 1º, e 34 a 37 da lei (§ 1º do art. 56). A nosso ver, essa medida cautelar só pode ser imposta ao acusado quando o delito de drogas estiver vinculado à sua atividade como servidor público, sob pena de violação ao princípio da presunção de inocência; essencial, assim, que haja nexo causal entre o tráfico de drogas e a função pública exercida, como ocorreria, por exemplo, no caso de servidor público que vendesse drogas no interior da repartição, aproveitando-se do grande afluxo de pessoas. Sem prejuízo dessa cautelar expressamente prevista na Lei, certo que as cautelares do art. 319 do CPP são plenamente aplicáveis à Lei de Drogas (como também a qualquer outra lei extravagante).

13.1.3.6. Exceções processuais

As exceções serão processadas em apartado, nos termos do que prevê o CPP (§ 2º do art. 55), mas nada impediria que o seu conteúdo seja inserido no bojo, da resposta preliminar ou da resposta à acusação, conforme entendimento que se venha a ter a respeito do tema.

13.1.3.7. Audiência de instrução, debates e julgamento

A audiência de instrução e julgamento será realizada dentro dos 30 dias seguintes ao recebimento da denúncia, salvo se determinada a realização de avaliação para atestar dependência de drogas, quando se realizará em 90 dias (§ 2º do art. 56).

13.1.3.8. Audiência de instrução, debates e julgamento

A produção da prova oral em audiência seguirá a seguinte ordem: interrogatório do acusado e a inquirição das testemunhas; após, será dada a palavra, sucessivamente, ao representante do Ministério Público e ao defensor do acusado, para sustentação oral, pelo prazo de 20 minutos para cada um, prorrogável por mais 10, a critério do juiz (art. 57, *caput*). As perguntas formuladas pelas partes serão indagadas ao acusado, em seu interrogatório, através do juiz, se o entender pertinente e relevante (parágrafo único do art. 57).

Percebe-se que a ordem da instrução em audiência da Lei de Drogas, determinando que o interrogatório seja o primeiro ato da audiência, é diferente de quase todo o sistema processual penal, pois, em se tratando do rito ordinário, sumário, o especial do júri e da Lei dos Juizados Especiais Criminais, o interrogatório é o último ato da instrução.

Pergunta-se: o acusado de conduta prevista na Lei de Drogas será interrogado no início da audiência, como prevê especificamente a lei, ou no seu final, como previsto na maioria dos procedimentos penais?

Há **duas posições** sobre o assunto:

1ª posição: O acusado será interrogado no início da audiência, porque a lei especial de drogas, pelo princípio da especialidade, deve prevalecer sobre os dispositivos previstos no CPP ou em outras leis. Com esse entendimento, decisão – *já ultrapassada* – do STJ[8]

2ª posição: O acusado será interrogado por último, porque esta regra melhor atende ao princípio constitucional da ampla defesa. É a nossa posição e já está pacificada na jurisprudência[9].

Encerrados os debates, proferirá o juiz sentença de imediato, ou o fará em 10 dias, ordenando que os autos para isso lhe sejam conclusos (art. 58, *caput*).

13.1.3.9. Destruição das drogas

Destruição das drogas apreendidas na hipótese de prisão em flagrante

Recebida cópia do auto de prisão em flagrante, o juiz, no prazo de 10 dias, certificará a regularidade formal do laudo de constatação e determinará a destruição das drogas apreendidas, guardando-se amostra necessária à realização do laudo definitivo (art. 50, § 3º).

Pelo que se depreende deste dispositivo legal, no caso de prisão em flagrante onde tenham sido apreendidas drogas, com a juntada do mero laudo provisório ou auto provisório de constatação de drogas (normalmente elaborado por investigadores de polícia), o juiz "certificará a regularidade formal do laudo de constatação", determinando sua destruição. O que significa essa certificação de regularidade de um magistrado a respeito de uma constatação provisória exarada por agentes da polícia tendo por objeto a natureza da substância apreendida, é, certamente, um *mistério*. Incompreensível a lei, nesse tópico. Mas, de qualquer forma, depois de verificado o laudo ou auto de constatação (provisório), o juiz determina a destruição das drogas, com a ressalva de que se deve guardar amostra necessária à realização do laudo definitivo, Em suma, pela *interpretação literal da lei*, deverá haver duas destruições de drogas: a primeira, logo após a juntada do laudo provisório de constatação; com as drogas remanescentes será realizado laudo definitivo de constatação, e, após sua juntada aos autos, será determinada a segunda destruição (justamente das drogas remanescentes). Obviamente, é muito mais inteligente e prático, aguardar-se a juntada de laudo de constatação definitivo da natureza da substância apreendida, elaborado por perito, e, depois disso, determinar uma única destruição, o que, no dia-a-dia, é o que tem ocorrido.

Destruição das drogas apreendidas sem a ocorrência de prisão em flagrante

A destruição de drogas apreendidas sem a ocorrência de prisão em flagrante será feita por incineração, no prazo máximo de 30 dias contado da data da apreensão, guardando-se amostra necessária à realização do laudo definitivo (art. 50 – A), aplicando-se, no que couber, o procedimento de destruição previsto no caso de apreensão de drogas no contexto de prisão em flagrante. Em suma, deve-se certificar – o juiz – a

---
8. STJ – Habeas Corpus nº 275.070- SP (2013/0257808-0). Min. Rel. Laurita Vaz.
9. STF – HC 127.900/AM. STJ – HC 403.730/RJ. 5ª T. Rel. Min. Reynaldo Soares da Fonseca. DJe 06/11/2017.

regularidade formal do laudo de constatação provisória, determinando a destruição das drogas, mas preservando-se amostra necessária; após a destruição parcial, e com a juntada do laudo toxicológico definitivo, determina-se a destruição, completa, dos entorpecentes. O mais prático, contudo, como já dissemos: é a destruição completa das drogas, após juntada do laudo toxicológico definitivo.

Destruição de drogas e necessidade de se seja guardada parcela do material para contraprova

Deve-se, ainda, a nosso ver, *enquanto não houver o trânsito em julgado da decisão*, guardar-se, pelo menos, parte das drogas apreendidas, após a destruição de sua maior parcela, com o escopo de se assegurar, sobretudo à defesa, na fase judicial, a possibilidade de requerer a produção de contraprova, exercida através de assistente técnico, em contato com o material apreendido (art. 159, § 6º, do CPP), podendo elaborar parecer no sentido que a droga não possua princípio ativo (e que, portanto, o fato é atípico), por exemplo. Como o laudo toxicológico é elaborado pela Polícia Científica, *sem qualquer participação das partes em contraditório a respeito da produção dessa prova*, é direito das partes – especialmente da defesa – pelo *contraditório diferido ou postergado* – ter acesso à materialidade delitiva – aos entorpecentes apreendidos – a fim de que, através de assistente técnico, possa contrariar o teor do estudo técnico elaborado por perito oficial. Se destruídas todas as drogas, deixa de existir a possibilidade de contraditório diferido, em clara afronta a Lei Maior.

Destruição das drogas. Procedimento

A destruição das drogas será executada pelo delegado de polícia competente no prazo de 15 dias na presença do Ministério Público e da autoridade sanitária (art. 50, § 4º).

O local será vistoriado antes e depois de efetivada a destruição das drogas, sendo lavrado auto circunstanciado pelo delegado de polícia, certificando-se neste a destruição total delas (art. 50, § 5º).

13.1.3.10. Sentença e perda de produtos, bens ou valores apreendidos

Ao proferir a sentença de mérito, o juiz decidirá sobre o perdimento do produto, bem ou valor apreendido, sequestrado ou declarado indisponível (art. 63, *caput*).

O confisco de bens apreendidos, em decorrência do tráfico de entorpecentes, não está condicionado a sua utilização habitual para a prática do crime; em sede de repercussão geral, o STF[10] fixou a seguinte tese: "É possível o confisco de todo e qualquer bem de valor econômico apreendido em decorrência do tráfico de drogas, sem a necessidade de se perquirir habitualidade, reiteração do uso do bem para tal finalidade, a sua modificação para dificultar a descoberta do local ou do acondicionamento da

---

10. STF. Pleno RE 638491. Rel. Min. Luiz Fux.

droga, ou qualquer outro requisito, além daqueles previstos expressamente no artigo 243, parágrafo único, da Constituição Federal".

13.1.3.11. Sentença condenatória e prova da materialidade delitiva

Para que seja proferida sentença condenatória, é imprescindível a juntada de laudo toxicológico definitivo, a fim de se comprovar a materialidade delitiva; afinal, os crimes previstos na Lei de Drogas, quando há apreensão de entorpecentes, deixam vestígios materiais que demandam a realização de perícia (art. 158 do CPP).

Esse é o entendimento da 6ª Turma do STJ[11], para quem a prova testemunhal, documental, a juntada de laudo provisório quando da prisão em flagrante, ou mesmo a confissão não suprem a ausência do laudo definitivo; trata-se de uma espécie de prova legal ou tarifada, de cogente observação, a qual, se não for produzida, acarretará a absolvição pela prática do crime de tráfico de entorpecentes, porque incerta estaria a materialidade delitiva.

A 5ª Turma do STJ[12], porém, possuía posição diversa no sentido de que seria possível, excepcionalmente, que a ausência de exame toxicológico definitivo fosse suprida por prova documental e testemunhal produzidas durante a instrução criminal, comprovando-se, sem a necessidade de perícia, a materialidade delitiva.

Havendo esse dissídio entre as duas Turmas Criminais do STJ[13], foram opostos embargos de divergência, os quais assentaram a tese de que, como exceção, a prova da materialidade dos delitos de entorpecentes pode ser produzida por meio de auto de constatação provisório da droga, desde que acompanhado por outras provas robustas, dentre elas a prova testemunhal.

A nosso sentir, a decisão consagrada pela 3ª Seção Criminal do STJ (que reúna a 5ª e a 6ª Turmas especializadas em matéria criminal), ao dirimir a controvérsia entre as Turmas Criminais choca-se com o teor do art. 50, § 1º, da Lei 11.343/06, que trata do *laudo provisório, para efeito apenas de se lavrar o auto de prisão em flagrante*; colide, ainda, o aresto, com o art. 50-A da Lei 11.343/06, o qual autoriza a incineração das drogas apreendidas, guardando-se amostra necessária à realização do *laudo definitivo*. Como se nota, a realização de perícia, por *expert*, para se comprovar a materialidade delitiva, é uma injunção legal, que deve ser, obrigatoriamente, respeitada, não se podendo carrear a maior insegurança da prova (*v.g.*, talco tomado por cocaína, constada por pessoa "idônea") ao acusado, quando o Estado, através de seus órgãos de segurança pública, tenha sido desidioso na constatação – técnica e segura – da droga apreendida; assim se entendendo, com a devida vênia, *está a se premiar a ineficiência e incompetência estatais*, em detrimento do direito à liberdade em crimes cujas penas são especialmente rigorosas (crimes equiparados a hediondos como o de tráfico de drogas).

---

11. STJ – 6ª T. HC 213.643/RJ, Rel. Min. Nefi Cordeiro, j. 03/05/2013, DJe 18/05/2016.
12. STJ – 5ª T. REsp 1.009.380/MS, Rel. Min. Arnaldo Esteves Lima, j. 12/05/2009, DJe 15/06/2009. STJ-5ª T. HC 312.888/AL, Min. Rel. Felix Fischer, j. 04/08/2015. DJe 25/08/2015.
13. STJ. Embargos de Divergência em REsp 1.544.057-RJ (2015/0173496-7)

13.1.3.12. Sentença condenatória e recurso

O art. 59 dispõe que nos crimes previstos nos arts. 33, *caput* e § 1º, e 34 a 37 da lei, o réu não poderá apelar sem recolher-se à prisão, salvo se for primário e de bons antecedentes, assim reconhecido na sentença condenatória.

Entendemos que o artigo citado foi revogado tacitamente pela Lei n. 12.736/2012, que acrescentou o § 1º ao art. 387 do CPP, o qual estipula que o juiz deve decidir, fundamentadamente, sobre a manutenção ou imposição de prisão preventiva ou outra medida cautelar, deixando de ser condição, para se apelar em liberdade, ser o réu primário e de bons antecedentes.

Interessante notar que o delito previsto no art. 33, § 4º, da Lei 11.343/2006 (o denominado tráfico privilegiado), cuja pena pode ser reduzida de um sexto a dois terços, desde que o agente seja primário, com bons antecedentes, não se dedique a atividades criminosas, nem integre organização criminosa, não é considerado como equiparado a hediondo[14].

13.1.3.13. Expropriação de terras em que se cultiva plantas psicotrópicas

A expropriação de terras onde se plantam plantas psicotrópicas, prevista no art. 243 da Constituição Federal é regulamentado pela Lei 8.257/91, e se materializa através de ação de natureza civil. Expropriada a terra essa se estenderá à totalidade do imóvel, indo além da área efetivamente plantada.

O STF[15] fixou a tese de que "A expropriação prevista no art. 243, da Constituição Federal, pode ser afastada desde que o proprietário comprove que não incorreu em culpa, ainda que *in vigilando* ou *in elegendo*".

Culpa *in vigilando* é a falta de atenção ao procedimento de outra pessoa; culpa *in eligendo* se refere a má escolha da pessoa a quem se confia a prática de um ato.

13.1.3.14. Lei de Drogas e Juizado Especial Criminal

De acordo com o § 1º do art. 48 da lei, o agente de qualquer das condutas previstas no art. 28 (porte de drogas para uso próprio), salvo se houver concurso com os crimes previstos nos arts. 33 a 37 (crimes de tráfico e seus equiparados), será processado e julgado de acordo com o que dispõe a Lei n. 9.099/95 (Lei dos Juizados Especiais Criminais, sendo cabível o oferecimento de transação penal a ele (art. 48, § 5º).

Tratando-se da conduta prevista no art. 28 da lei, não se imporá prisão em flagrante, devendo o autor do fato ser imediatamente encaminhado ao juízo competente ou, na falta deste, assumir o compromisso de a ele comparecer, lavrando-se termo circunstanciado e providenciando-se as requisições dos exames e perícias necessários (art. 48, § 2º), vedada, sempre, a detenção do agente (art. 48, § 3º).

---

14. Informativo do STJ. 16/07/2018. STJ. HC 457419. Rel. Min. Laurita Vaz.
15. Informativo STF. 14/12/2016. Recurso Extraordinário (RE) 635336, com repercussão geral reconhecida. Min. Rel. Gilmar Mendes.

Os crimes de oferecimento de droga, sem objetivo de lucro, a pessoa de seu relacionamento, para juntos a consumirem (art. 33, § 3º) e o de prescrição culposa de drogas (art. 38) possuem penas que não ultrapassam dois anos, de modo que são também infrações de menor potencial ofensivo, de competência dos Juizados Especiais Criminais.

Se houver conexão entre os delitos acima que, isoladamente, são de competência dos Juizados Especiais, por exemplo, com o delito previsto no art. 33 da Lei, o rito a ser seguido será o especial da Lei de Drogas e não o da Lei n. 9.099/95.

É cabível a suspensão condicional do processo quanto aos delitos previstos nos arts. 33, § 2º, e 39 da lei, pois a pena mínima não ultrapassa um ano.

13.1.3.15. Lei de Drogas e conexão com outros delitos

Se houver conexão entre algum crime da Lei de Drogas, cujo rito especial seja aplicável (tráfico, por exemplo, previsto no art. 33 da lei), e um delito que se processe mediante o procedimento ordinário (um roubo, por exemplo), o rito a ser seguido será o mais amplo, qual seja, o ordinário, que permite o exercício mais completo do direito à ampla defesa[16].

13.1.3.16. Lei de Drogas e competência da Justiça Federal

Os crimes previstos nos arts. 33 a 37, se caracterizado ilícito transnacional, são da competência da Justiça Federal (art. 70, *caput*, da lei). Não havendo sede de Vara Federal no local dos fatos, serão os crimes julgados na Vara Federal da circunscrição respectiva (art. 70, parágrafo único), geralmente, a capital do Estado. Quanto ao tráfico transnacional, explicita a Súmula 607 do STJ que: "A majorante do tráfico transnacional de drogas (art. 40, inciso I, da Lei 11.343/06) configura-se com a prova da destinação internacional das drogas, ainda que não consumada a transposição de fronteiras". Dessa Súmula se extraem duas conclusões, uma de ordem penal (material), e outra processual: quanto a causa de aumento de pena do tráfico transnacional, percebe-se que a sanção deverá ser recrudescida, mesmo que não tenha havido a efetiva transposição de fronteiras, desde que se evidencie que a intenção fosse realmente aquela; no que tange à questão processual, a competência será da Justiça Federal para julgar o tráfico internacional, apesar de não ter ocorrido a ultrapassagem de fronteiras, havendo provas desse desiderato.

13.2. LEI N. 11.340/2006 (LEI MARIA DA PENHA)

13.2.1. Violência doméstica e familiar contra a mulher: hipóteses de incidência da Lei Maria da Penha

A lei só será aplicável quando reunidas as seguintes condições, cumulativamente:

---

16. Informativo do STF. 24/08/2011. STF – RHC 103555. 2ª T. Rel. Min. Gilmar Mendes. STJ – HC 116.334/DF. Rel. Min. Arnaldo Esteves Lima. DJ 01/02/2010.

1ª – as violências descritas no art. 7º da lei, quais sejam, a violência física, psicológica, sexual, patrimonial ou moral, inclusive a violação de sua intimidade[17], devem ser cometidas contra vítima mulher, e o sujeito ativo será, normalmente, um homem (embora possa ser também mulher). Se a vítima, entretanto, for homem, a lei não é aplicável, mesmo que a violência ocorra no ambiente doméstico ou familiar.

Á primeira vista, o sujeito passivo só poderia ser geneticamente mulher: ou seja, na hipótese de um travesti ou transexual mesmo que tivessem alterado, através de cirurgia, seu sexo, continuariam a ser, em seus genes, homem, o que afastaria a aplicação da Lei Maria da Penha, sob pena de se aplicar, em sede de direito penal, analogia *in malan parten*.

Não obstante o aparente acerto deste raciocínio linear, o Supremo[18] reconheceu que o transexual, maior de 18 anos, tem o direito subjetivo à alteração de seu prenome, e de sua classificação de gênero, no registro civil, independentemente de cirurgia de transgenitalização. Em outras palavras, o homem transexual ou transgênero pode obter, sem a intervenção do Judiciário, diretamente, no cartório de registro civil, a mudança de seu prenome e gênero. Reputou-se, desse modo, desnecessária autorização judicial para a alteração, dando-se interpretação conforme ao art. 58 da Lei 6.015/73 (Lei de Registros Públicos).

As alterações de prenome e gênero devem ser averbadas, sigilosamente, no assento de registro civil do transexual. Nas certidões de registro não deverá constar qualquer observação a respeito da origem do ato, como, por exemplo, "transexual", vedada a expedição de certidão de inteiro teor, salvo a requerimento do próprio interessado ou por determinação judicial.

Percebe-se que, nessa condição de alteração do registro civil de homem para mulher, o homem passa a ser considerado, no mundo jurídico, como sendo uma mulher, de modo que, *in casu*, se torna juridicamente possível que o transexual seja tido como sujeito passivo de quaisquer das condutas descritas na Lei Maria da Penha, em estudo, bem como vítima do feminicídio previsto no art. 121, § 2º VI, do CP.

A conclusão acima exposta no sentido de se conferir ao transexual o direito de ser considerado, juridicamente, como mulher, pelo que se depreende do teor dos votos proferidos do Min. Relator, Dias Toffoli, do STF, abarcaria, inclusive, os travestis, uma vez que, segundo ele, a autoderminação de gênero estaria no campo psicológico, devendo ser reconhecida no âmbito social e jurídico. Desse modo, em tese, os travestis poderiam ser contemplados pelas medidas protetivas previstas na Lei Maria da Penha, bem como serem vítimas do delito de feminicídio. Já os homossexuais masculinos que não tenham qualquer pretensão de mudarem de sexo, nem se comportam como se

---

17. A violação da intimidade da mulher como espécie de violência doméstica e familiar contra a mulher foi inserida pela Lei 13.772, de 19 de dezembro de 2018.
18. Informativo do STF. 22/11/2017. STF. Recurso Extraordinário com repercussão geral 670422. Rel. Min. Dias Toffoli. Votaram pelo provimento do recurso, até o momento, os Ministros Dias Toffoli, Alexandre de Moraes, Edson Faquin, Luís Roberto Barroso e a Minª. Rosa Weber. Pediu vista o Min. Marco Aurélio.

fossem do sexo feminino, não podem ser considerados, obviamente, como mulheres, não se aplicando a eles quaisquer dos institutos da Lei Maria da Penha.

O parágrafo único do art. 5º da lei abre margem ao reconhecimento da violência doméstica nas relações homossexuais femininas, pois a vítima, como se viu, deve ser sempre uma mulher.

2ª – tais violências deverão ter sido cometidas no âmbito da unidade doméstica (espaço de convívio permanente de pessoas), da família, ou de qualquer relação íntima de afeto, como a de companheiros, namorados etc. (art. 5º, I ao III, da lei). O âmbito de ocorrência da violência doméstica –unidade doméstica, família ou relação íntima de afeto – é alternativo, ou seja, a ocorrência de qualquer uma dessas situações já é o suficiente para que se aplique a Lei Maria da Penha. A Súmula 600, do STJ, vem ao encontro deste entendimento ao estabelecer que "Para configuração da violência doméstica e familiar prevista no artigo 5º da Lei 11.340/2006, Lei Maria da Penha, não se exige a coabitação entre autor e vítima".

13.2.2. Fase policial – Do atendimento pela autoridade policial da mulher vítima de violência doméstica e familiar. Providências preliminares e medidas protetivas

O atendimento à mulher pela autoridade policial é tratado nos arts. 10 a 12 da lei em comento. São medidas preliminares, urgentes, que devem ser tomadas de imediato pela autoridade policial antes de qualquer outra providência.

Deve a autoridade policial, no atendimento à mulher em situação de violência doméstica e familiar, dentre outras diversas providências, garantir a segurança da mulher e de seus dependentes (proteção policial), requerendo a concessão de medidas protetivas aplicáveis ao caso concreto, encaminhar a ofendida ao hospital, posto de saúde ou ao IML etc.

Importante registrar que a Lei 13.721, de 2 de outubro de 2018, acrescentou ao artigo 158, do CPP, um parágrafo e dois incisos, apontando a prioridade à realização de exame de corpo de delito no caso de violência doméstica contra a mulher. Eis o teor da nova lei:

> "Art. 158. ...
>
> Parágrafo único. Dar-se-á prioridade à realização do exame de corpo de delito quando se tratar de crime que envolva:
>
> I – violência doméstica e familiar contra a mulher;
>
> II – violência contra criança, adolescente, idoso ou pessoa com deficiência".

Deve remeter, no prazo de 48 horas, expediente apartado ao juiz com o pedido da ofendida, para a concessão de medidas protetivas de urgência (art. 12, III), como o afastamento do agressor do lar, proibição de contato do agressor com a ofendida etc.

Este pedido deve ser feito de forma cautelar, vale dizer, nos termos da lei, em expediente apartado, sendo remetido ao Juizado da Violência Doméstica e Familiar contra a Mulher (art. 14), ou, na sua falta, a uma Vara Criminal (art. 33). É importante ressaltar que somente deverá ser encaminhado este pedido cautelar, se a mulher efetivamente pretender que lhe seja concedida alguma medida protetiva, não cabendo à autoridade policial a formulação, de ofício, de pedidos não desejados pela vítima.

13.2.3. Ações penais públicas condicionadas à representação

Determina o art. 16 da lei que nas ações penais públicas condicionadas à representação da ofendida, somente será admitida a renúncia à representação perante o juiz, em audiência especialmente designada para esse fim, antes do recebimento da denúncia, com prévia oitiva do Ministério Público. Na realidade, há uma impropriedade técnica no dispositivo em comento, eis que não se trata de renúncia à representação, mas de retratação da representação anteriormente oferecida.

É a única hipótese legal em que é possível a retratação da representação após o oferecimento da denúncia (e antes do seu recebimento); isso porque, a regra geral, prevista no art. 25 do CPP, é a de que a representação seja irretratável após o oferecimento da denúncia.

Esta retratação da representação não pode ocorrer na delegacia de polícia e ser documentada em autos de inquérito policial. *Se a vítima manifestar a intenção de se retratar da representação oferecida em face de seu agressor*, deverá ser designada audiência especialmente para se verificar se tal retratação é voluntária ou não; em juízo, na presença do Juiz e do Ministério Público, verificar-se-á a efetiva sinceridade e espontaneidade no ato, de modo a evitar que se colha a retratação quando a ofendida tiver sido coagida a tanto por seu agressor. Mas, *se a ofendida não manifestar a vontade de se retratar da representação oferecida, não deve ser designada a audiência em estudo*, porque seria um ato processual inútil e sem sentido.

Importantíssimo registrar que o STF, por maioria de votos, ao julgar a Ação Direta de Inconstitucionalidade (ADI 4424), entendeu ser possível, ao Ministério Público, dar início à ação penal, sem necessidade de representação da vítima, *nas hipóteses de crime de lesão corporal dolosa leve (art. 129, caput, do CP) e de lesão corporal culposa (art. 129, § 6º, do CP)*. Decidiu-se que, quando o art. 16 da lei dispõe que as ações penais, no caso de crimes de lesão corporal dolosa leve e lesão corporal culposa, são condicionadas à representação da ofendida, tal circunstância esvaziaria a proteção constitucional assegurada às mulheres.

Assim, o art. 16, ao exigir a representação da mulher, *nas hipóteses dos crimes de lesão corporal dolosa leve e lesão corporal culposa*, afronta, segundo o STF, o princípio da dignidade da pessoa humana (art.1º, III, da CF) e a norma constitucional que dispõe ser dever do Estado assegurar a assistência à família, criando mecanismos para coibir a violência no âmbito das suas relações (art. 226, § 8º, da CF). Estes crimes devem, assim, ser processados mediante ação penal pública incondicionada, também em razão do princípio constitucional da proibição da proteção deficiente (ao Estado é imposta a obrigação de tutelar, com eficácia, os bens jurídicos mais relevantes, sendo que as normas que não os assegurem são inconstitucionais).

No entanto, *em se tratando dos demais crimes praticados contra a mulher que exijam representação*, como, por exemplo, o crime de ameaça (art. 147 do CP), *continua existindo o direito de representação por parte da mulher vítima de tais delitos, mesmo que no contexto da violência doméstica e familiar*. É possível, também, que a vítima desses crimes se retrate da representação ofertada; mas, para tanto, a retratação deverá observar as formalidades do art. 16 da lei: deverá ser formalizada perante o juiz, em audiência especialmente designada com tal finalidade, antes do recebimento da denúncia, e ouvido o Ministério Público.

No caso de delitos que se processam mediante ação penal privada, como o crime de injúria, certo que a ação penal se procede mediante queixa, *mesmo que cometida a infração, no âmbito doméstico*, de modo que o Ministério Público é parte ilegítima para propor ação penal pública condicionada à representação, por ser ação de exclusiva iniciativa privada; escoado o prazo de seis meses, impõe-se o reconhecimento da decadência, como já decidiu o STJ[19].

13.2.4. Violência doméstica e familiar e impossibilidade de aplicação de "penas de cesta básica ou outras de prestação pecuniária". Impossibilidade de substituição da pena privativa de liberdade por restritivas de direitos e de reconhecimento do princípio da insignificância

O art. 17 veda a aplicação, nos casos de violência doméstica e familiar contra a mulher, de penas de cesta básica; em verdade, não existe "pena de cesta básica", mas sim a entrega de cestas básicas, como uma modalidade de pena restritiva de direitos (art. 43 do CP). Proíbe também o legislador a aplicação da prestação pecuniária, bem como a substituição da pena privativa de liberdade que implique o pagamento isolado de multa. Inviável, igualmente, a substituição da pena privativa de liberdade por restritivas de direitos, no caso de violência doméstica e familiar contra a mulher. Nesse sentido a Súmula 588 do STJ: "A prática de crime ou contravenção penal contra a mulher com violência ou grave ameaça no ambiente doméstico impossibilita a substituição da pena privativa de liberdade por restritivas de direitos".

Possui o mesmo entendimento o STF[20], para quem, nos termos do art. 17 da Lei 11.340/2006, encontra-se vedada, quer no caso de crimes ou de contravenções penais, desde que praticados com violência contra a mulher, a substituição da pena privativa de liberdade por quaisquer restritivas de direitos, prevista no art. 44 do CP, mesmo que se trata de simples contravenção de vias de fato.

Dispõe, ainda, a Súmula 589, do STJ que "É inaplicável o princípio da insignificância nos crimes ou contravenções penais praticados contra a mulher no âmbito das relações domésticas".

---

19. STJ – RHC 32.593/AL, Rel. Min. Sebastião Reis Júnior.
20. STF – 1ª T. HC 137888. Rel. Minª. Rosa Weber

13.2.5. Competência dos Juizados de Violência Doméstica e Familiar contra a Mulher

Dispõe o art. 14 que os Juizados de Violência Doméstica e Familiar contra a Mulher são órgãos da Justiça Ordinária que reunirão competência cível e criminal para o processo, o julgamento e a execução das causas decorrentes da prática de violência doméstica e familiar contra a mulher. Trata-se, assim, de uma competência cumulativa.

13.2.6. Norma de transição

Estipula o art. 33 da lei, em suas disposições transitórias, que, enquanto não estruturados os Juizados de Violência Doméstica e Familiar contra a Mulher, as varas criminais acumularão as competências cível e criminal para conhecer e julgar as causas decorrentes da prática de violência doméstica e familiar contra a mulher.

13.2.7. Lei Maria da Penha e Juizados Especiais Criminais (Lei n. 9.099/95)

Dispõe o art. 41 da lei que aos crimes praticados com violência doméstica e familiar contra a mulher, independentemente da pena prevista, não se aplica a Lei n. 9.099/95.

Segundo texto expresso da lei, não se aplicam os benefícios penais previstos na Lei dos Juizados aos autores de infrações penais praticadas no âmbito doméstico ou familiar contra vítima mulher. O agressor não fará jus, portanto, à transação penal, à composição civil e à suspensão condicional do processo; e jamais a infração, mesmo que de menor potencial ofensivo, tramitará perante o Juizado Especial Criminal.

Não deverá, assim, a autoridade policial lavrar termo circunstanciado, mas sim inquérito policial, para apurar infrações penais contra a mulher vitimada no âmbito doméstico ou familiar, mesmo que os ilícitos sejam considerados de menor potencial ofensivo.

O STF decidiu, por unanimidade, ao julgar o HC 106212, que o art. 41 da Lei Maria da Penha é constitucional; entendeu-se que o art. 41 dá concretude ao art. 226, § 8º, da CF, que dispõe que o "Estado assegurará a assistência à família na pessoa de cada um dos que a integram, criando mecanismos para coibir a violência no âmbito de suas relações".

Pergunta-se: estão excluídas do Juizado Especial Criminal, além dos crimes, também as contravenções penais praticadas no âmbito doméstico e familiar contra a mulher?

Há **duas posições** sobre o assunto:

1ª posição: As contravenções penais não estão excluídas do Juizado Especial Criminal. Como o art. 41 excluiu apenas os crimes da aplicação da Lei n. 9.099/95, nada se referindo a respeito das contravenções penais perpetradas na situação de violência doméstica e familiar contra a mulher, a tais infrações seriam aplicáveis todos os institutos dos Juizados Especiais Criminais, como a transação penal, composição civil, suspensão condicional do processo.

2ª posição: As contravenções penais estão excluídas do Juizado Especial Criminal. O art. 41, ao proibir a incidência da Lei n. 9.099/95 aos crimes praticados com violência doméstica e familiar contra a mulher, quis referir-se ao gênero infração penal, abarcando, assim, na proibição, além dos crimes, também as contravenções penais. Este é o entendimento do STF e do STJ[21].

13.2.8. Lei Maria da Penha e Júri

Ocorrido um crime doloso contra a vida (por exemplo, uma tentativa de homicídio), no âmbito da violência doméstica e familiar contra vítima mulher, a competência será do Júri ou do Juizado da Violência Doméstica e Familiar?

Há **duas posições** a respeito:

1ª posição: O Juizado da Violência Doméstica e Familiar atrairá o julgamento da causa até a fase de pronúncia; após proferida tal decisão, o feito será remetido ao Tribunal do Júri. Este entendimento já foi encampado pelo STJ[22] e, em sede liminar, pelo STF[23].

2ª posição: Ao Tribunal do Júri é assegurado constitucionalmente o julgamento dos crimes dolosos contra a vida, de forma que, *desde o início da causa*, o feito deverá seguir o procedimento estabelecido em lei (rito bifásico específico do Júri), sendo aplicáveis, entretanto, as medidas protetivas de urgência em prol da mulher vítima de violência doméstica. Essa nos parece a melhor posição.

13.2.9. Procedimento

O procedimento a ser seguido no Juizado da Violência Doméstica ou na Vara Criminal (se não instalado o Juizado) será o ordinário (no caso de crimes com penas iguais ou superiores a quatro anos); sumário (crimes com pena inferior a quatro anos); ou especial do júri (crimes dolosos contra a vida), sendo vedado, apenas, o rito dos Juizados Especiais Criminais (Lei n. 9.099/95).

13.2.10. Das medidas protetivas de urgência

As medidas protetivas de urgência são previstas nos arts. 22/24, como, por exemplo, suspensão da posse ou restrição do porte de armas do autor, afastamento do agressor do lar, domicílio ou local de convivência com a ofendida, proibição de aproximação da

---

21. STF-HC 106.212/MS. Pleno. Rel. Min. Marco Aurélio. DJe 13/06/2011. STJ – CC 102.571/MG. 3ª Seção. Rel. Min. Jorge Mussi. 13/05/2009, v.u.
22. STJ – HC 73.161/SC. 5ª T. Rel. Min. Jane Silva.
23. STF – HC 92.538 MC/SC. Rel. Min. Joaquim Barbosa, j. 25/09/2007. DJ- 02/10/2007.

ofendida, de seus familiares e das testemunhas, fixando o limite mínimo de distância entre estes e o agressor etc. O descumprimento das medidas protetivas configura a prática crime[24], previsto no art. 24-A da Lei 11.340/2016 (inserido pela Lei 13.641, de 3 de abril de 2018). No caso de prisão em flagrante pela prática deste crime, apenas a autoridade judicial poderá conceder fiança (artigo 24-A, § 2º, da Lei). Além das consequências processuais carreadas ao agente,e em decorrência do descumprimento das medidas protetivas, como a substituição por outras medidas mais gravosas, ou a decretação da prisão preventiva do autor, não se afasta o reconhecimento, cumulativo, de sua responsabilidade pela prática do delito previsto no art. 24-A, nos termos do § 3º do citado dispositivo legal. Relevante mencionar-se que o descumprimento de medida protetiva de urgência, em se tratando de inquéritos ou processos pela prática do delito de homicídio, consumado ou tentado, configura uma causa de aumento de pena do homicídio contra a mulher (feminicídio) que aumenta a pena de 1/3 até a metade[25].

São medidas cautelares, que poderão ser **substituídas**, a qualquer tempo, por outras de maior eficácia, sempre que os direitos reconhecidos na lei puderem ser violados ou colocados em risco (§ 2º do art. 19), e que podem ser impostas em qualquer fase do inquérito policial ou processo.

A Lei 13.505/2017 acrescentou o art. 10 – A à Lei 11.340/2006 (Lei Maria da Penha) a fim de declarar ser direito da mulher, em situação de violência doméstica e familiar, o atendimento policial e pericial especializado, ininterrupto e prestado por servidores – preferencialmente do sexo feminino – previamente capacitados.

Segundo o art. 12 – A, da Lei 11.340/2006, acrescentado pela Lei 13.505/2017, os Estados e o Distrito Federal, na formulação de suas políticas e planos de atendimento à mulher em situação de violência doméstica e familiar, darão prioridade, no âmbito da Polícia Civil, à criação de Delegacias Especializadas de Atendimento à Mulher (Deams), de Núcleos Investigativos de Feminicídio e de equipes especializadas para o atendimento e a investigação das violências graves contra a mulher.

13.2.11. Medidas protetivas e prisão preventiva

Prevê o art. 20 da lei que, em qualquer fase do inquérito policial ou da instrução criminal, caberá a prisão preventiva do agressor, decretada pelo juiz, *de ofício*, a requerimento do Ministério Público ou mediante representação da autoridade policial.

---

24. Seção IV
    Do Crime de Descumprimento de Medidas Protetivas de Urgência
    Descumprimento de Medidas Protetivas de Urgência
    Art. 24-A. Descumprir decisão judicial que defere medidas protetivas de urgência prevista nesta Lei:
    Pena- detenção, de 3 (três) meses a 2 (dois) anos.
    § 1º A configuração do crime independe da competência civil ou criminal do juiz que deferiu as medidas.
    § 2º Na hipótese de prisão em flagrante, apenas a autoridade judicial poderá conceder fiança.
    § 3º O disposto neste artigo não exclui a aplicação de outras sanções cabíveis.
25. Essa causa de aumento de pena foi introduzida no ordenamento jurídico através da Lei 13.771, de 19 de dezembro de 2018, que acrescentou o inciso IV ao § 7º, do art. 121, do CP.

Pela clara dicção legal, ao juiz se autoriza, *mesmo em sede de inquérito policial*, a decretação, *de ofício*, da prisão preventiva do agressor, distanciando-se do que determina o art. 311 do CPP, o qual apenas legitima a decretação da prisão preventiva, durante o inquérito, se houver pedido do MP ou representação da autoridade policial; em suma, o art. 311 do CPP *veda, implicitamente, a decretação da prisão preventiva, de ofício, pelo juiz, se a persecução penal estiver na fase inquisitiva.*

Qual dos dispositivos legais deve prevalecer?

A nosso ver, *pelo princípio da especialidade*, o art. 20 da Lei Maria da Penha, que, ao tentar cercar a mulher vítima de violência doméstica de uma proteção mínima à sua vida e incolumidade pública, dispensa certas formalidades previstas no CPP; pode haver entendimento diverso, no sentido de que a regra geral do art. 311 do CPP deve prevalecer, sob pena de se instituírem regimes diversos de um instituto único que é a prisão preventiva, gerando insegurança jurídica.

A qualquer momento, se alterada a situação, o juiz poderá revogar a prisão ou novamente decretá-la (parágrafo único do art. 20). De igual forma, se alguma medida protetiva de urgência decretada tiver se mostrado inócua na proteção da mulher, porque desrespeitada pelo agressor, o juiz poderá decretar sua prisão preventiva. A regulamentação exauriente da prisão preventiva encontra-se nos arts. 311/316 do CPP, que devem ser aplicados à Lei Maria da Penha naquilo que não colidir com o teor da legislação especial.

Interessante notar que o art. 313, III, do CPP prevê, como uma das condições de admissibilidade para a decretação da prisão preventiva, o fato de o crime envolver violência doméstica e familiar contra a mulher, criança, adolescente, idoso, enfermo ou pessoa com deficiência, a fim de garantir a execução das medidas protetivas de urgência.

Em outras palavras, a prisão preventiva pode ser decretada contra o agressor da mulher no contexto de violência doméstica e familiar, mesmo quando a pena do crime não seja superior a quatro anos (inciso I do art. 313 do CPP), ou não seja ele reincidente em crime doloso (inciso II do art. 313 do CPP); basta que a prisão seja necessária para se garantir a eficácia das medidas protetivas de urgência.

13.2.12. Da atuação do Ministério Público

Estabelece o art. 25 da lei a obrigatoriedade de intervenção do Ministério Público, seja como parte ou como fiscal da lei, nas causas cíveis e criminais, decorrentes de violência doméstica e familiar contra a mulher.

13.2.13. Inquirição da mulher em situação de violência doméstica e familiar ou de testemunha de violência doméstica

13.2.13.1. Linhas gerais

Determina o § 1º do art. 10 – A, da Lei 11.340/2007, acrescentado pela Lei 13.505/2017, que a inquirição de mulher em situação de violência doméstica e familiar ou de testemunha de violência doméstica, quando se tratar de violência contra a mulher, obedecerá às seguintes diretrizes:

I – salvaguarda da integridade física, psíquica e emocional da depoente, considerada sua condição peculiar de pessoa em situação de violência doméstica e familiar;

II – garantia de que, em nenhuma hipótese, a mulher em situação de violência doméstica e familiar, familiares e testemunhas terão contato direto com investigados ou suspeitos e pessoas a ele relacionados.

Para se salvaguardar o direito da mulher, familiares e testemunhas, no caso de audiência de instrução criminal, o acusado não deverá estar presente na mesma sala, embora possa acompanhar o ato por videoconferência, se disponível tal recurso; se não for possível, ausente o acusado da sala de audiência, seu advogado necessariamente acompanhará o ato processual.

III – não revitimização da depoente, evitando sucessivas inquirições sobre o mesmo fato nos âmbitos criminal, cível e administrativo, bem como questionamento sobre a vida privada.

Obviamente, no caso de apurações criminais, como, por exemplo, tentativa de homicídio contra mulher, vítima de violência doméstica, pode ser imprescindível, a fim de se apurar a verdade real, ou seja, o fato e todas as suas circunstâncias, questionar-se a respeito da vida privada da ofendida e do autor da infração, até para se possa aquilatar se o motivo do crime teria sido torpe, fútil, de relevante valor social, se houve ou não injusta provocação da vítima, etc.

Em se tratando do rito do Júri, que é bifásico na sua instrução, no caso de tentativas de feminicídio, muitas vezes, mostra-se indispensável a oitiva da vítima em duas oportunidades: quando da audiência de instrução, debates e julgamento e, ainda, posteriormente, em plenário. Não há que se alegar, nessa hipótese, qualquer "revitimização da depoente", em razão de suas inquirições sucessivas, uma vez que, para que possam os jurados bem decidir, e, eventualmente, proferir um veredicto condenatório, torna-se relevante a oitiva da ofendida *direta e pessoalmente* ao órgão julgador, o Conselho de Sentença, constituído por cidadãos leigos.

13.2.13.2. Procedimento de inquirição

De acordo com o § 2º, incisos I a III, do art. 10 – A, da Lei 11.340/2006, acrescentado pela Lei 13.505/2017, a inquirição de mulher em situação de violência doméstica e familiar ou de testemunha de delitos de que trata a lei deve adotar, preferencialmente, o seguinte procedimento:

I – a inquirição será feita em recinto especialmente projetado para esse fim, o qual conterá os equipamentos próprios e adequados à idade da mulher em situação de violência doméstica e familiar ou testemunha e à gravidade da violência sofrida.

II – quando for o caso, a inquirição será intermediada por profissional especializado em violência doméstica e familiar designado pela autoridade judiciária ou policial.

Esses dois incisos parecem ser destinados, especialmente, ás vítimas menores de idade, sobretudo aquelas que tenham sofrido violência sexual, e visam à inquirição, tanto na fase investigativa, quanto na processual. A lei trata, nesses incisos, do denominado depoimento sem dano, ou depoimento especializado, o qual é disciplinado, em pormenores, pela Lei 13.431/2017, tema por nós abordado no Capítulo Provas.

III – o depoimento será registrado em meio eletrônico ou magnético, devendo a degravação e a mídia integrar o inquérito. Claro que, os depoimentos e declarações, se prestados na fase judicial, também serão registrados em meio eletrônico ou magnético, e a degravação e a mídia integrarão *o processo*.

13.3. JUIZADO ESPECIAL CRIMINAL (LEI 9.099/95)

13.3.1. Previsão constitucional

A criação do Juizado especial criminal é prevista no art. 98, I, da CF, que tem a seguinte redação:

> Art. 98. A União, no Distrito Federal e nos Territórios, e os Estados criarão:
>
> I – juizados especiais, providos por juízes togados, ou togados e leigos, competentes para a conciliação, o julgamento e a execução de causas cíveis de menor complexidade e infrações penais de menor potencial ofensivo, mediante os procedimentos oral e sumaríssimo, permitidos, nas hipóteses previstas em lei, a transação e o julgamento de recursos por turmas de juízes de primeiro grau.

A Lei 9.099/95 que criou os Juizados Especiais Cíveis e Criminais veio atender ao comando constitucional citado (que era uma norma de eficácia limitada, que dependia da edição de uma lei federal para produzir plenos efeitos).

13.3.2. Competência do Juizado Especial Criminal

13.3.2.1. Competência material do Juizado

O Juizado tem competência, segundo a CF, para conciliar, julgar e executar as infrações penais de menor potencial ofensivo; mas, pergunta-se: o que são infrações de menor potencial ofensivo?

Conceito de infrações de menor potencial ofensivo

Segundo o art. 61 da Lei, consideram-se infrações penais de menor potencial ofensivo as contravenções penais (todas elas) e os crimes a que a lei comine pena máxima não superior a 2 (dois) anos, cumulada ou não com multa. Sendo as infrações penais (crimes e contravenções) de competência da justiça estadual, serão julgados pelos Juizados das Justiças dos Estados ou do Distrito Federal; se os crimes de menor potencial ofensivo forem praticados em detrimento de bens, serviços ou interesses da União ou de suas entidades autárquicas ou empresas públicas serão julgadas pelo

Juizado Especial Federal, de acordo com o que preveem o art. 109, IV, da CF, e a Lei 10.259/01, que criou os Juizados na esfera da Justiça Federal.

Contravenções penais e Juizados Especiais Criminais Federais

Importante referir que o Juizado Especial Criminal Federal *processará apenas crimes de menor potencial ofensivo, mas, jamais contravenções*, que são de alçada exclusiva do Juizado Especial dos Estados e do Distrito Federal, como deixa claro o art. 109, IV, da CF.

Rito especial e Juizados Especiais

A existência de rito especial para apurar as infrações penais de menor potencial ofensivo, como se dá, por exemplo, com os crimes contra a honra, não afasta a competência do Juizado Especial.

Concurso de infrações de menor potencial ofensivo

No caso de concurso de infrações (concurso material, concurso formal ou crime continuado) de menor potencial ofensivo, se a soma das penas máximas dos ilícitos ou o resultado da causa de aumento não ultrapassar a dois anos, a competência será dos Juizados; no entanto, ultrapassado esse patamar, seja pela somatória das penas máximas em abstrato ou pela incidência da causa de aumento de pena, a competência será fixada no Juízo Comum, e não nos Juizados. Essa posição encontra-se pacificada. Pensamos, todavia, de modo diverso: o que importa, para se fixar a competência dos Juizados Especiais Criminais, é, apenas, um requisito objetivo: que as infrações sejam etiquetadas como contravenções penais (todas elas) ou crimes cuja pena máxima não ultrapasse dois anos. Não existe nenhuma relevância, *sob o ponto de vista processual*, se as penas das infrações penais (contravenções ou crimes) ultrapassarem, em razão de concurso de crimes (crime continuado, concurso material ou concurso formal) a pena máxima de dois anos. Isso porque, *apenas sob a ótica penal*, caso a pena máxima das infrações exceder a dois anos, estará inviabilizado o benefício da transação penal e da composição civil, *mas não se alterará a regra de competência dos Juizados Especiais Criminais*. Vamos exemplificar para melhor esclarecer. Uma pessoa ofende a dignidade pessoal, mediante mensagens enviadas por Whatsapp, de 50 vítimas distintas, no decorrer de 30 dias corridos; haverá, em tese, 50 delitos de injúria (art. 141 do CP), em concurso material de delitos (art. 70 do CP); aplicando-se o entendimento majoritário, a pena máxima, de todos os delitos, será superior a dois anos, o que afastaria a competência dos Juizados Especiais Criminais. A nosso sentir, o que se impede, na hipótese de a soma das infrações de menor potencial ofensivo ultrapassar a dois anos, é o benefício penal da transação penal e da composição civil; em suma, o contumaz injuriador *não poderá receber qualquer benefício penal*; porém, *a competência para julgar, em abstrato, infrações de menor potencial ofensivo*, pelo que se depreende da clara redação do art. 98, I, da Lei Maior, só pode ser dos Juizados Especiais Criminais, *pouco importa se se trata de uma ou de mil infrações de menor potencial ofensivo*. Poder-se-ia objetar ao nosso entendimento que, um processo multitudinário (com diversas vítimas ou réus) tramitando perante os Juizados Especiais Criminais fatalmente comprometeria a celeridade ínsita a este procedimento especial (art. 62 da Lei 9.099/95). Depende. Se houver, realmente, grande complexidade fática bastará remeter os autos ao Juízo Comum, como permite expressamente o § 2º do art. 77 da Lei 9.099/95. Porém, inexistindo complexidade fática, mas sendo processo em que haja diversos autores do fato ou vítimas, como no exemplo acima, bastará ao magistrado dos Juizados simplesmente desmembrar o processo, a fim de não comprometer a celeridade do seu trâmite, como permite o art. 80 do CPP.

A violação à competência dos Juizados Especiais Criminais gera a nulidade absoluta do processo?

A competência dos Juizados Criminais tem sua fonte na Constituição Federal, como vimos, logo, a competência é de natureza absoluta, e seu desrespeito – geraria a nulidade absoluta do processo, o que ocorreria se um crime de competência dos Juizados, sem motivo para tanto, fosse enviado para o Juízo Comum.

Comungamos, todavia, de posição diferente: para nós, o essencial é que os benefícios de natureza penal previstos na Lei 9.099/95 possam ser oferecidos ao autor do fato, mesmo que, por um lapso procedimental, o feito tenha sido remetido ao Juízo comum; materializados ou, pelo menos, possibilitados os benefícios penais dos Juizados, como a transação penal e a composição civil, *mesmo que perante o Juízo Comum e não nos Juizados*, não haverá qualquer prejuízo ao autor do fato, de modo que não teria sentido anular-se o processo.

Situação diferente ocorreria se, ao autor de uma infração de menor potencial ofensiva se recusasse a oportunidade dos favores penais da Lei 9.099/95, unicamente porque, de maneira errônea, o processo tivesse tramitado perante o Juízo comum e não o Juizado Especial Criminal; nesse caso a nulidade – absoluta – por violação de direitos subjetivos de natureza penal consagrados na Constituição – do processo deve ser decretada.

13.3.3. Exceções à competência material do Juizado

As exceções abaixo referidas afastam a competência dos Juizados Especiais Criminais, mas não impedem, se preenchidos os requisitos legais, a concessão dos benefícios penais previstos na Lei 9.099/95, aos autores das infrações, como a transação penal e a composição civil dos danos.

13.3.3.1. Autores com foro por prerrogativa de função

Os autores do fato que tenham praticado infrações de menor potencial ofensivo e que possuam foro por prerrogativa de função (promotores, juízes, prefeitos etc) serão submetidos à competência originária dos Tribunais onde o procedimento a ser seguido será aquele estabelecido na Lei 8.038/90. Mas, tem-se entendido que o simples fato de alguém possuir o chamado foro privilegiado não impede a proposta dos benefícios penais previstos na Lei 9.099/95, como os institutos da transação penal, conciliação civil e suspensão condicional do processo, sob pena de ofender-se ao princípio da igualdade ou isonomia (tratar-se desigualmente aqueles que estão em situação jurídica idêntica); no caso, se uma infração é de menor potencial ofensivo, ao seu autor, *seja ele quem for*, deve ser facultada a possibilidade de receber os benefícios penais previstos em lei, se cabíveis é claro.

13.3.3.2. Conexão e continência entre infrações de menor potencial ofensivo e crimes de competência do Juízo Comum ou do Júri

Havendo conexão ou continência entre uma infração de competência do Juizado e outra de competência do Juízo comum ou do Júri a demandar julgamento conjunto, a reunião ocorrerá perante esses últimos.

É o que estabelece o parágrafo único do art. 60, que tem a seguinte redação: "Na reunião de processos, perante o juízo comum ou o tribunal do júri, decorrentes da aplicação das regras de conexão e continência, observar-se – ão os institutos da transação penal e da composição dos danos civis".

Possui a mesma redação o parágrafo único do art. 2º da Lei 10.259/2001 que trata dos Juizados Especiais Criminais Federais.

A análise do texto da lei nos leva a concluir que prevalecerá a competência do juízo comum ou do júri em detrimento da competência do juizado, sendo que esta última é estabelecida, como vimos, na Constituição; diante deste fato, seria possível chegar-se a conclusão que o dispositivo legal ora analisado seria inconstitucional, por derrogar a competência material do Juizado fixada na Lei Maior.

A nosso ver, não há inconstitucionalidade[26], porque os benefícios penais previstos na Lei 9.099/95, como a transação penal e a composição civil, são passíveis de aplicação ao autor da infração de menor potencial ofensivo, mesmo quando processado perante o juízo comum ou pelo tribunal do júri; não há, assim, ao autor do fato, qualquer prejuízo que lhe tenha sido trazido pela mudança de competência. Deste modo, como a lei preserva a possibilidade de concretização dos benefícios penais da transação penal e da conciliação previstos na Lei Maior, não há como entender-se tal dispositivo legal como inconstitucional.

E como se operacionalizam os benefícios penais no caso de conexão e continência de infração de menor potencial ofensivo com crimes de competência do Juízo Comum ou do Júri?

Em primeiro lugar, quando do oferecimento da denúncia, o MP deverá se manifestar, fundamentadamente, quando da cota introdutória da denúncia, a respeito da possibilidade de se propor a transação penal quanto a infração de menor potencial ofensivo. Entendíamos que, mostrava-se mais prático denunciar também pela infração

---

26. Foi ajuizada, porém, pelo Procurador-Geral da República, Ação Direta de Inconstitucionalidade (ADI) 5264 contestando os artigos de lei citados, sob o fundamento de que afrontariam o princípio do juiz natural, por estabelecerem hipótese de modificação de competência estabelecida na Constituição Federal, de natureza absoluta. A relatora da ação é a Ministra Cármen Lúcia.

de menor potencial ofensivo, *mesmo quando se reputasse possível a transação penal*, para que o processo não se submetesse a aditamentos da peça acusatória a demandarem novas citações, tudo a comprometer a razoável duração do processo. Mudando nossa posição anterior, pensamos que, como a finalidade da transação penal é justamente a de impedir que o autor da infração penal de menor potencial ofensivo seja processado, não existe sentido em denunciá-lo, se houver a probabilidade de o imputado ser beneficiado pelo favor legal. Apenas se não houver sua aceitação, se autorizará o aditamento da peça acusatória para acrescentar como acusado também o autor da infração de menor potencial ofensivo.

Oferecida a denúncia quanto a todas as infrações, na própria audiência de instrução se acomodará a proposta de transação penal, quanto à infração de menor potencial ofensivo.

13.3.3.3. Impossibilidade de citação pessoal do acusado

Prevê o § único do art. 66 que, não encontrado o acusado para ser citado, o Juiz encaminhará as peças existentes ao Juízo comum para adoção do procedimento previsto em lei, que é o sumário (art. 538 do CPP). Essas peças só serão encaminhadas ao Juízo Comum, após o oferecimento pelo MP de denúncia, *perante o Juizado* (art. 77 da Lei 9.099/95). Caberá ao membro do MP que atue perante o Juízo comum ratificar a peça acusatória, seguindo-se o procedimento sumário.

Esse dispositivo legal afasta, obviamente, a possibilidade de citação por edital nos Juizados Especiais.

E a citação com hora certa, é possível de ser procedida nos Juizados Especiais?

A nosso ver, no caso de o acusado estiver se ocultando para não ser citado, o que tornaria cabível sua citação por hora certa (art. 362 do CPP), os autos devem ser enviados ao Juízo Comum, uma vez que, como, na hipótese, *sua citação não seria pessoal*, não é caso de se seguir o procedimento perante o Juizado. Com esse entendimento, o Min. Marco Aurélio, do STF[27], mas ainda não há decisão do Plenário a respeito do tema.

Citação e intimação por carta rogatória

E a citação ou intimação por parte rogatória (autor ou testemunha residentes em local certo fora do país) são compatíveis com os Juizados Especiais Criminais?

O STJ[28] entendeu, com acerto, que a expedição de carta rogatória não se amolda aos princípios da economia e da celeridade processuais próprios do rito sumaríssimo e, em razão disso, determinou a remessa dos autos à Justiça Comum.

---

27. STF. RE 63.5145.
28. STJ-RHC 10.476/SP-6ª T. – Rel. Min. Fernando Gonçalves- DJ 05/03/2001.

Não sendo localizado o autor do fato para ser citado perante o Juizado Especial, a denúncia será oferecida, como vimos, perante o Juizado (art. 77 da Lei 9.099/95). Oferecida a denúncia, os autos serão remetidos aos Juizados Especiais Criminais, onde se seguirá o rito sumário. **E se o acusado for encontrado durante o trâmite do processo perante o Juízo Comum? Os autos retornam ao Juizado?** Não, os autos deverão permanecer no Juízo Comum, até o seu deslinde, sendo que, da sentença, caberá recurso endereçado ao Tribunal (de Justiça ou Tribunal Regional Federal), e não ás Turmas Recursais dos Juizados Especiais. Em suma, trata-se da aplicação da regra da *perpetuatio jurisdicionis* (art. 43 do CPC) – perpetuação da jurisdição, a partir do momento em que uma demanda regularmente se fixa perante um órgão de justiça.

Recursos das decisões proferidas pelo Juízo Comum a quem foram remetidos os autos pelos Juizados Especiais

Como dissemos, os recursos contra as decisões proferidas no Juízo comum, no caso de julgamento de infrações penais de menor potencial ofensivo, serão julgados pelos Tribunais (de Justiça ou Tribunal Regional Federal), e não pelas Turmas Recursais.

13.3.3.4. Complexidade fática da causa

Estipula o § 2º do art. 77 que se a complexidade ou circunstâncias do caso não permitirem a formulação da denúncia, o Ministério Público poderá requerer ao Juiz o encaminhamento das peças existentes, como ocorre quando o acusado não é localizado para ser citado. A complexidade só pode ser *fática* (por exemplo, necessidade de perícias complexas, acareações, grande quantidade de pessoas que devam ser ouvidas etc), ou seja, aquela que possa acarretar demora excessiva no andamento do caso, comprometendo a celeridade que é inerente ao rito do Juizado. Não é admissível, entretanto, a remessa ao juízo comum quando a *complexidade for apenas jurídica*, como, por exemplo, no caso da existência de diversas correntes doutrinárias e jurisprudenciais a respeito de um tema.

13.3.3.5. Crimes militares. Crimes eleitorais

Jamais serão julgados pelo Juizado os crimes militares, como determina o art. 90 – A da Lei 9.099/95. Não se aplicam, ainda, *aos militares, pela prática de crimes militares, os benefícios da Lei, como a transação penal e a composição civil*. No entanto, se o militar praticar uma infração de menor potencial ofensivo, como particular, ou seja, sem estar de serviço ou em área militar, tal conduta será julgada pela Justiça Comum, podendo o miliciano ser merecedor dos benefícios da Lei 9.099/95.

E no caso de um civil praticar uma infração de menor potencial ofensivo contra as instituições militares da União, será possível a transação penal?

De acordo com o entendimento do STF[29], quaisquer crimes militares – praticados por militares ou *civis* (os civis só poderão ser eventualmente julgados pela prática de

---

29. STF – Pleno – HC 99.743/RJ, Rel. Min. Luiz Fux, j. 06/10/2011.

crime militar, no caso da Justiça Militar da União a qual possui competência para julgar civis, ao contrário da Justiça Militar dos Estados que não possuem essa competência) deverão ser julgados pela Justiça Militar, não sendo cabíveis, em hipótese alguma, os benefícios penais da Lei 9.099/95, como a transação penal e a composição civil.

Seguindo esse entendimento, um delito de desacato, por exemplo, praticado por civil contra um soldado do Exército, seria processado perante a Justiça Militar, não se permitindo, ao autor do fato, quaisquer benefícios da Lei 9.099/95, como a transação penal, por exemplo. Mas há forte entendimento jurisprudencial (inclusive no STF), como já ressaltamos ao tratar do assunto no Capítulo Competência, no sentido de que, se o integrante das Forças Armadas que venha a ser vítima de crime militar praticado por civil estiver no exercício de *função subsidiária de segurança pública* (invasão dos Morros do Rio de Janeiro, por exemplo, pelo Exército), a infração (no nosso exemplo, o desacato) perderia sua natureza militar, tornando-se infração comum a ser julgada pelo Juízo Comum; *in casu*, os Juizados Especiais Criminais, o que possibilitaria, desse modo, a concessão dos benefícios penais da Lei 9.099/95, como a transação penal e a composição civil.

Crimes eleitorais

Não serão julgados pelos Juizados Especiais Criminais, e sim pela Justiça Eleitoral, mas não se impede a proposição da transação penal e da composição civil aos autores de infrações penais eleitorais de menor potencial ofensivo, *desde que perante a Justiça Eleitoral*.

Como observa Renato Brasileiro de Lima[30], os benefícios penais da Lei 9.099/95, no caso de infrações eleitorais, embora, em regra, possíveis, aos seus autores, não serão admissíveis no caso de crime eleitoral com sistema punitivo especial, qual seja, aquele que se soma, a pena privativa de liberdade, a cassação do registro, se o responsável for candidato (art. 334 do Código Eleitoral).

13.3.3.6. Quaisquer Infrações penais contra a mulher no contexto de violência doméstica e familiar (Lei 11.340/06 – "Lei Maria da Penha")

O art. 41 da Lei Maria da Penha determina que os crimes praticados com violência doméstica e familiar contra a mulher, independentemente da pena prevista, não se aplica a Lei 9099/95. Estão, assim, completamente afastados, além da competência do Juizado, também os benefícios penais previstos na Lei 9099/95, como a transação penal, composição civil e suspensão condicional do processo, para aqueles que tenham praticado crimes de menor potencial ofensivo, no contexto da violência doméstica.

O STF[31], por unanimidade, declarou a constitucionalidade do art. 41 da Lei Maria da Penha.

Sendo assim, toda e qualquer infração penal praticada contra a mulher no contexto de violência doméstica, mesmo as contravenções penais como a de vias

---

30. Renato Brasileiro de Lima, Curso de Processo Penal, p. 1435.
31. STF – HC 106.212.

de fato, não serão de competência dos Juizados Especiais Criminais, como já decidiu o STF[32].

13.3.4. Princípios informadores do Juizado Especial

Segundo prevê o art. 62, o processo perante o Juizado Especial orientar-se-á pelos critérios da oralidade, informalidade, economia processual e celeridade, objetivando, sempre que possível, a reparação dos danos sofridos pela vítima e a aplicação de pena não privativa de liberdade.

Oralidade: predominância da forma verbal sob a escrita; apenas atos essenciais devem ser vertidos para a forma escrita; os demais, podem ser gravados ou filmados. É o que determina o § 3º do art. 65, ao afirmar que serão objeto de registro escrito exclusivamente os atos havidos por essenciais; quanto aos atos realizados em audiência de instrução e julgamento poderão ser gravados em fita magnética ou equivalente.

Informalidade: desburocratização do processo, que não dependerá, para sua validade, de formas fixas e imutáveis, bastando que os atos processuais tenham atingido sua finalidade, mesmo que sob diferente forma procedimental. É o que determina o art. 65, ao afirmar que os atos processuais serão válidos sempre que preencherem as finalidades para as quais foram realizados. Seguindo o mesmo raciocínio, o § 1º do art. 65 determina que não se pronunciará qualquer nulidade sem que tenha havido prejuízo.

A Lei 13.603, de 9 de janeiro de 2018, passou a prever, também, o princípio da **simplicidade**, de singeleza da forma dos atos processuais.

Economia processual: decorrência da oralidade e da informalidade e se traduz na seguinte fórmula: o maior resultado de justiça possível com o menor dispêndio de energias processuais.

Celeridade: rapidez na solução da controvérsia penal. É o resultado da aplicação prática de todos os princípios acima, que nada mais são do que meios a tal desiderato: alcançar-se a celeridade.

13.3.5. Investigação das infrações de menor potencial ofensivo

13.3.5.1. Termo circunstanciado

Dispõe o art. 69 que a autoridade policial que tomar conhecimento da ocorrência lavrará termo circunstanciado e o encaminhará imediatamente ao Juizado, com o autor do fato e a vítima, providenciando-se as requisições dos exames periciais necessários.

Como regra, em se tratando de infração de menor potencial ofensivo, não é instaurado inquérito policial, mas sim termo circunstanciado. Se, ao invés de ser lavrado termo circunstanciado, for instaurado inquérito policial, não haverá, entretanto, qualquer nulidade.

---

32. STF – Pleno – HC 106.212/MS, Rel. Min. Marco Aurélio, j. 24/03/2011, DJe 112 10/06/2011.

Mas, o que é termo circunstanciado?

É um caderno investigativo simplificado, com a finalidade de encartar os documentos (declarações das vítimas, depoimentos, laudos, *croquis* na hipótese de acidente de trânsito etc.), referentes ao trabalho de investigação e que visa comprovar autoria e materialidade de infrações de menor potencial ofensivo. É a materialização do trabalho investigativo realizado pela polícia judiciária, em se tratando de infrações de competência do Juizado. Sendo imprescindível, dada a necessidade de melhor apuração de elementos informativos, a autoridade policial, a seu critério, pode determinar, em substituição ao termo circunstanciado, a instauração de inquérito policial.

Se houver conexão entre infração de menor potencial ofensivo e outras de competência do Júri ou do Juízo comum, na fase investigativa, todas serão apuradas através do inquérito policial, o que não impedirá, se for o caso, que as oportunidades de transação penal e composição civil sejam possibilitadas ao autor da infração de competência dos Juizados Especiais como acima se viu.

Não é cabível indiciamento em termo circunstanciado, porque se trata de ato formal submetido a prévia fundamentação da autoridade policial, que demanda tempo na sua confecção, o que poderia comprometer a celeridade e simplicidade ínsitas aos institutos dos Juizados Especiais. Certo, ainda, que o ato de indiciamento do autor do fato passaria a constar do assentamento do agente, de modo a comprometer sua dignidade como resultado de mera investigação pela prática de infração de menor potencial ofensivo; patente seria o contrassenso: a mera investigação de uma infração de menor potencial ofensiva deixaria marcas indeléveis na folha de antecedentes, para, depois, em Juízo, quando cumpridos os termos da transação penal, por exemplo, tal apontamento fosse apagado, não constando das certidões de antecedentes criminais (art. 76, § 6º, da Lei 9.099/95).

Indaga-se: quem pode lavrar o termo circunstanciado, apenas a autoridade policial, ou outros agentes de polícia, como a polícia militar?

Há **duas posições** a respeito:

1ª Posição: Qualquer agente de polícia, mesmo um soldado da polícia militar, pode lavrar o termo circunstanciado, que é peça pré-processual extremamente simplificada e informal. Nesse sentido foi editado o Provimento n. 758/2001, do Conselho Superior da Magistratura de São Paulo, o qual autoriza o policial militar que atendeu a ocorrência a elaborar termo circunstanciado, desde que assinado concomitantemente por Oficial da Polícia Militar;

2ª Posição: Apenas a autoridade policial, que tem formação técnico – jurídica, pode lavrar termo circunstanciado; não é possível que um leigo em direito analise questões complexas, que demandam conhecimento especializado, como dolo, culpa, direito de não produzir prova contra si mesmo, perícias indispensáveis à prova da materialidade delitiva, competência etc. Sem dúvida alguma esta é, a nosso ver, a melhor posição, contando com o apoio de Vicente Greco Filho[33], para quem: "o suspeito, o indiciado ou o acusado tem o direito de somente assim ser colocados pela autoridade que tenha a formação técnica especializada, a investidura e a responsabilidade constitucional e tal direito está ligado à garantia das liberdades públicas e da dignidade da pessoa humana". Como bem explica referido autor[34], a eventual formação jurídica acadêmica do Policial Militar-sendo um oficial da PM – não é um argumento sustentável, porque lhe falta a investidura e a responsabilidade legal funcional, no caso de imputação – mesmo que provisória – de um fato criminoso a alguém; de igual sorte, a possível maior celeridade do feito não pode ser acolhida como razão justificadora quando certo que deve prevalecer a liberdade, o devido processo legal e a dignidade da pessoa humana.

Saliente-se, ainda, que apenas a Polícia Civil pode desempenhar a função de Polícia Judiciária (art. 144, § 4º, da CF), cabendo a tal Instituição, com exclusividade, lavrar termo circunstanciado, que nada mais é que um ato de investigação. De outro giro, cabe à Polícia Militar a função de polícia preventiva, ou ostensiva, atuando como Polícia Judiciária, apenas no caso de crimes militares, e jamais nos comuns (art. 144, § 5º, da CF).

Diante desse quadro constitucional, remanesce claro que falece atribuição constitucional aos integrantes da Polícia Militar para que apurem infrações – mesmo que de menor potencial ofensivo, afinal sua missão institucional é a de evitar a ocorrência desses ilícitos, mediante policiamento ostensivo, e não de investiga-los (art. 144, § 5º, da CF).

13.3.5.2. Prisão em flagrante do autor do fato

Permite o parágrafo único do art. 69 que ao autor do fato, após a lavratura do termo circunstanciado, se for imediatamente encaminhado ao juizado ou assumir o compromisso de a ele comparecer, não se imporá prisão em flagrante, nem se exigirá fiança.

Isto significa dizer que, *como regra*, não se lavra o auto de prisão em flagrante do autor de uma infração de menor potencial ofensivo nem se exige fiança.

No entanto, se o autor do fato se recusar a comparecer ao Juizado Especial Criminal ou não assumir o compromisso, pelo menos, de fazê-lo, posteriormente, será cabível sua prisão em flagrante, como se extrai da interpretação do § único do art. 69 da Lei 9.099/95.

Nessa peculiar situação, o autor do fato poderá permanecer preso, mas será facultado a autoridade policial que lhe conceda liberdade provisória mediante fiança.

O que a lei estabelece, como regra, é a não confecção do auto de prisão em flagrante a ser lavrado pela autoridade policial, *mas isso não quer dizer que alguém que esteja praticando uma infração penal de menor potencial ofensivo* (por exemplo, um ato obsceno, um desacato, etc.) *não possa ser preso em flagrante, no momento da prática*

---
33. Vicente Greco Filho, Manual de Processo Penal, p. 95.
34. Vicente Greco Filho, Manual de Processo Penal, p. 96.

da infração; o autor da infração de menor potencial ofensivo pode e deve ser preso e levado à delegacia de polícia; o que dispensa a lei é, apenas, a *lavratura do flagrante,* o arbitramento de fiança e o encarceramento do detido, quando o autor for encaminhado diretamente ao juizado ou assumir o compromisso de fazê-lo (normalmente assinando um termo de comparecimento); nestas duas hipóteses, é lavrado, *na presença do autor do fato conduzido à delegacia,* tão somente, o termo circunstanciado, pela autoridade policial, *e não o auto de prisão em flagrante,* e o agente é liberado.

No caso de infração de menor potencial ofensivo praticado contra mulher no contexto de violência doméstica e familiar não se aplicará o § único do art. 69 da Lei 9.099/95, de modo que, *necessariamente,* deverá ser lavrado auto de prisão em flagrante em face do autor do fato, pois, como já vimos, de acordo com o art. 41 da Lei 11.340/06, não se aplicam quaisquer dos dispositivos da Lei 9.099/95, nessa hipótese.

13.3.6. Competência territorial do Juizado

Estabelece o art. 63 que a competência do Juizado será determinada pelo lugar em que foi praticada a infração penal.

O que deve se entender por local em que foi praticada a infração penal?

Há **três posições** a respeito:

1ª Posição: Local do crime é o local onde foi praticada a infração penal, compreendendo tanto o local da ação quanto o do resultado, ou, no caso da tentativa, onde foram praticados os últimos atos de execução; assim, a competência territorial do juizado teria seguido a mesma regra do art. 6º do CP, onde se consagrou a teoria da ubiquidade; isto é, a competência poderia ser fixada em qualquer dos dois locais – o da ação ou do resultado, indiferentemente;

2ª Posição: O local do crime, isto é, o local onde foi praticada a infração penal, corresponde ao local do resultado, ou, no caso da tentativa, onde foram praticados os últimos atos de execução; a competência do juizado teria adotado a teoria do resultado, de idêntica maneira ao art. 70 do CPP;

3ª Posição: O local onde foi praticada a infração penal corresponde ao local da ação, adotando o Juizado a teoria da ação. Esta é a posição mais difundida, e a melhor, a nosso ver.

De qualquer forma, a competência territorial do Juizado é relativa; seu desrespeito só gerará a nulidade do processo, se comprovado o prejuízo, na fase processual oportuna.

13.3.7. Fase preliminar do Juizado – composição civil e transação penal

13.3.7.1. Audiência Preliminar

Se possível, a lei dá prioridade ao comparecimento imediato do autor do fato e a vítima ao Juizado para a realização de audiência preliminar; apenas se não for viável tal comparecimento, será designada data próxima, da qual ambos sairão cientes (art. 70 da Lei 9.099/95).

Se no dia marcado para a audiência não tiver comparecido qualquer dos envolvidos, a Secretaria do Juizado providenciará sua intimação e, se for o caso, a do responsável civil (art. 71 da Lei 9.099/95)

Afirma o art. 72 da Lei 9.099/95 que, na audiência preliminar, presente o representante do Ministério Público, o autor do fato e a vítima e, se possível, o responsável civil, acompanhados por seus advogados, o Juiz esclarecerá sobre a possibilidade da composição dos danos e da aceitação da proposta de aplicação imediata de pena não privativa de liberdade.

A audiência preliminar tem por finalidade facilitar a conciliação entre as partes, tanto na esfera cível quanto criminal. O autor do fato deve comparecer à audiência acompanhado de advogado (art. 68 da Lei 9.099/95).

13.3.7.2. Composição dos danos

Conceito

É um negócio jurídico processual celebrado, no caso de infrações de menor potencial ofensivo, entre o autor da infração, o responsável civil e a vítima, com o escopo de ressarcir-se o ofendido pelos danos causados pela infração, ao mesmo tempo que se obtêm, em contrapartida, a extinção da punibilidade de quem praticou a infração, nos casos de ação penal pública condicionada a representação e ação penal privada.

Ocorrendo prejuízos à vítima em decorrência da infração, será tentada a conciliação entre as partes, o que pode envolver também o responsável civil, além do autor do fato; para tal finalidade, o juiz pode ser auxiliado por conciliadores (art. 73 da Lei 9.099/95).

Estipula o art. 74 da Lei 9.099/95 que, alcançada a conciliação entre as partes, a composição dos danos civis será reduzida a escrito e, homologada pelo Juiz mediante sentença irrecorrível, a qual terá eficácia de título a ser executado no juízo civil competente

Tratando-se de ação penal de iniciativa privada ou de ação penal pública condicionada à representação, o acordo homologado acarreta a renúncia ao direito de queixa ou representação, como prevê o parágrafo único do art. 74 da Lei 9.099/95; sendo assim, opera-se a extinção da punibilidade do agente.

No caso de infrações de menor potencial ofensivo, em se tratando de crime de ação penal privada, como vimos, a homologação da composição civil acarreta a renúncia do direito de queixa (art. 74 da Lei 9.099/95); no entanto, se a infração não for de menor potencial ofensivo, sendo o crime de ação penal privada, mesmo havendo recebimento de indenização do dano paga pelo autor da infração ao ofendido, *esse ressarcimento não acarreta a renúncia ao direito de queixa*, consoante prevê o § único do art. 104 do CP.

No caso de ações penais públicas incondicionadas, a composição civil em nada afeta a punibilidade do autor do fato, a quem pode-se ou não, se presentes os requisitos legais, oferecer, o MP, a transação penal.

Não sendo o acordo de composição civil honrado pelo autor do fato, não será possível que ao ofendido seja restituído ao seu direito de queixa ou representação, uma vez que já houve a extinção da punibilidade do autor; caberá, tão somente, ao ofendido executar o título executivo judicial em face do autor.

Se não for obtida a composição dos danos civis, será dada imediatamente ao ofendido a oportunidade de exercer o direito de representação verbal, que será reduzida a termo (art. 75, *caput,* da Lei 9.099/95. Havendo elementos, na própria audiência, o Ministério Público poderá oferecer denúncia.

Mas o ofendido não é obrigado a representar imediatamente contra o autor, pois poderá fazê-lo até o prazo de seis meses contado do dia em que tomou conhecimento da autoria da infração (art. 75, parágrafo único, da Lei 9.099/95).

Como ensina Renato Brasileiro de Lima[35], no caso de ação penal privada, se não for obtida a composição civil entre as partes, poderá o ofendido, desde que através de advogado, oferecer queixa-crime em face do autor do fato. Se o ofendido não estiver na audiência de composição, poderá exercer o seu direito de queixa no prazo decadencial de 6 meses.

13.3.7.3. Transação penal

13.3.7.3.1. Conceito

É um negócio jurídico processual celebrado, no caso das infrações de menor potencial ofensivo, pelo Ministério Público em regra e pelo autor do fato, em que o acusador abre mão do seu poder de denunciar, mas, em contrapartida, o condiciona ao cumprimento pelo acusado de uma pena restritiva de direitos ou multa, sendo que, cumpridas as exigências, declara-se extinta sua punibilidade e o acordo não consta de sua folha de antecedentes.

Após a fase da composição civil, segue-se a da transação penal. Segundo estipula o art. 76, *caput,* da Lei 9.099/95, havendo representação ou tratando-se de crime de ação penal pública incondicionada, não sendo caso de arquivamento, o Ministério Público poderá propor a aplicação imediata de pena restritiva de direitos ou multa a ser especificada na proposta. Antes mesmo do oferecimento da denúncia, já deve ser proposta a transação penal; se não for possível a transação na etapa inicial, pode ser viabilizada em qualquer momento do processo, porque se trata de um benefício de natureza penal que não pode ser limitado por fases processuais estanques.

A transação penal é um acordo entre o Ministério Público e o autor do fato e seu advogado; de um lado, o promotor não oferece denúncia, dispondo da persecução penal em juízo que poderia redundar em eventual condenação do autor a uma pena privativa de liberdade; de outro lado, o autor aceita a imposição imediata de uma pena restritiva de direito ou multa, com a finalidade de se livrar de um processo e uma

---
35. Renato Brasileiro de Lima, Curso de Processo Penal, p. 1450.

possível condenação que lhe pudesse impor uma pena corporal, além de constar de seus antecedentes tal condenação.

Este acordo penal previsto em lei é uma exceção, autorizada pela Lei Maior, ao princípio da obrigatoriedade ou da legalidade da ação penal; segundo este princípio, o Ministério Público é obrigado a oferecer denúncia, quando existirem provas idôneas de autoria e materialidade, e não pode deixar de acusar visando atender a critérios de conveniência ou de oportunidade.

No rito do Juizado acontece exatamente o contrário: o Ministério Público tem uma discricionariedade que, embora regrada, porque deve atender a determinados requisitos da lei, não o obriga, automaticamente, a oferecer denúncia, mesmo que plenamente comprovadas autoria e materialidade da infração; no Juizado, vigora não o princípio da obrigatoriedade, mas sim o da oportunidade ou discricionariedade regradas.

13.3.7.3.2. Condições da transação penal

As condições para que seja possível a transação penal são as seguintes, previstas no art. 76, § 2º, da Lei 9.099/95:

1ª – a infração – crimes ou contravenções – deve ter pena máxima que não ultrapasse a dois anos. É uma *condição objetiva*, que decorre diretamente do texto legal.

2ª – não ter sido o autor da infração condenado, pela prática de crime, à pena privativa de liberdade (reclusão ou detenção), por sentença definitiva. Significa dizer que a condenação por contravenção, ou a condenação pela prática de crime à pena de multa ou restritiva de direitos não impedem, por si sós, a proposta de transação penal. É uma *condição objetiva* para que se torne viável a transação penal.

3ª – não ter sido o agente beneficiado anteriormente, no prazo de cinco anos, pela aplicação de pena restritiva ou multa. Também é uma *condição objetiva* da transação.

4ª – indicarem os antecedentes, a conduta social e a personalidade do agente, bem como os motivos e as circunstâncias, ser necessária e suficiente a adoção da medida, isto é, o oferecimento da transação penal. Esta é uma *condição subjetiva* que confere uma certa *discricionariedade* ao membro do MP para verificar se o autor do fato é merecedor ou não do benefício, verificando, para tanto, seus antecedentes, conduta social, personalidade, motivos e circunstâncias do crime; se esses vetores forem desfavoráveis, poderá o *Parquet, motivadamente,* recusar-se a oferecer a transação; sendo favoráveis, deverá propor a transação, que não pode, assim, ser afastada por capricho infundado do titular da ação penal.

Em se tratando de ação penal condicionada à representação, em que tenha havido composição civil, fica inviabilizada a transação, porque foi extinta a punibilidade do autor do fato (art. 74, § único, da Lei 9.099/95). Se a ação for pública incondicionada, a composição civil, quer tenha havido ou não, não afetará a transação penal, que será sempre possível.

Prevendo pena de multa como a única sanção aplicável ao infrator, o juiz poderá reduzi-la até a metade do que proposto na transação penal (§1º do art. 76 da Lei 9.099/95).

É possível transação penal no caso de ação penal privada?

Há **duas posições** a respeito:

1ª Posição: Não é possível, pois, como o ofendido poderá, a todo tempo, exercer o perdão ou deixar que ocorra a perempção, haveria sempre modos de desistir do andamento do processo, que não se utilizando da transação penal, instituto de uso privativo de autoridade do Estado (Ministério Público); não é possível a um particular oferecer a aplicação de uma pena criminal (mesmo que de multa ou restritiva de direitos) ao autor do fato.

2ª Posição: É admissível a proposta feita por particular, pois, embora a lei não tenha previsto tal possibilidade, certo que a Constituição possibilita, *genericamente*, a transação penal, em seu art. 98, I, sem estabelecer distinções entre ações penais públicas e privadas. Seria o uso da analogia *in bonam partem*, como já decidiu o STJ[36]. Entendemos ser esse o melhor entendimento, apenas registrando que a proposta de transação penal, sua iniciativa e conteúdo, deve partir do titular do direito de queixa e jamais do Ministério Público, que atuará apenas como *custos legis* (fiscal da lei).

13.3.7.3.3. Condições da transação penal em se tratando de crime ambiental

De acordo com o art. 27 da Lei 9.605/98 (Lei dos Crimes Ambientais), nos crimes ambientais de menor potencial ofensivo, a proposta de aplicação imediata de pena restritiva de direitos ou multa, somente poderá ser formulada desde que tenha havido a prévia composição do dano ambiental, salvo comprovada impossibilidade.

13.3.7.3.4. Procedimento da transação

Apenas participam da transação o Ministério Público (ou o querelante, para aqueles que admitem a transação penal em se tratando de ação penal privada), o autor do fato e seu advogado. A presença do advogado é essencial a fim de assessorar o autor do fato a aceitar ou não uma proposta que lhe aplica penas criminais – embora não privativas de liberdade; desse modo, ausente o defensor, é caso de se reconhecer a nulidade absoluta da audiência, por ofensa à ampla defesa.

No caso de ação penal pública, quem propõe a transação penal é, exclusivamente, o MP, sem a interferência da eventual vítima do crime.

A transação penal formulada pelo MP pode ser especificada, antes da audiência, por escrito, em petição juntada aos autos, ou ser proposta oralmente no próprio dia da audiência.

A proposta de transação pode ser feita oralmente ou por escrito, mas deve ser bem especificada no que consiste; após isso, o autor do fato e seu advogado manifestaram

---

36. STJ-HC 31.527/SP. 6ª T.

sua aceitação ou não; **se houver discordância entre eles, por exemplo, o autor do fato aceitando a proposta e o defensor não, ou vice-versa, qual das manifestações de vontade preponderará?**

1ª Posição: a vontade do advogado deve prevalecer, porque é um técnico no direito, e tem condições de melhor tutelar os interesses do seu cliente, que é um leigo; é a posição majoritária.

2ª Posição: a vontade do autor do fato deve predominar, afina, pode, inclusive, desconstituir seu defensor.

13.3.7.3.5. Discordância entre promotor e juiz a respeito da transação

A discordância entre o MP e o juiz a respeito da transação penal pode assumir duas formas:

1ª – Recusa do membro do MP em oferecer a transação penal

Se o membro do *Parquet* não oferecer proposta de transação penal, e o juiz entender que seria cabível tal benefício, deverá remeter os autos ao Procurador Geral de Justiça, para que decida a respeito da questão, aplicando, por analogia, o art. 28 do CPP. Caberá, então, ao Procurador-Geral oferecer a proposta, ou designar membro do MP diverso para fazê-lo (no caso de o promotor ter se recusado a fazê-lo, equivocadamente), em homenagem ao princípio da independência funcional; possível, ainda, ao Procurador – Geral, manter a recusa de formulação da proposta, por entender que o promotor agiu com acerto; recusada, pelo chefe do *Parquet*, a proposta de transação penal, o juiz nada pode fazer, pois vedado que ofereça, de ofício, a transação penal.

2ª – Membro do MP oferece proposta de transação penal considerada inadmissível pelo magistrado

O membro do *Parquet* oferece a transação penal, mas o seu teor é considerado como inadmissível pelo juiz, como, *v.g.*, se daria, em casos em que fossem estabelecidas, como condições – que o autor do fato venha a frequentar determinado culto religioso; doe regularmente sangue; comprometa-se a doar seus órgãos após a morte, etc.

Propostas tais "condições" da transação penal pelo órgão do MP – obviamente inconstitucionais – o juiz se recusará a sequer designar audiência visando a transação penal entre as partes; e, mesmo que tenha sido designada essa audiência, e colhida a concordância do autor do fato e seu defensor, o magistrado decidirá, fundamentadamente, por negar a homologação a tais absurdas imposições.

Ao juiz abrem-se, então, dois caminhos:

2.1. Recusar-se, pura e simplesmente a homologar a transação penal; dessa decisão, caberá recurso de apelação pelo MP (art. 593, II, do CPP). Esse recurso, em regra, será julgado pelas Turmas Recursais; se não for dado provimento ao recurso, a transação penal não será homologada, de modo que o benefício penal não será materializado, a não ser que o membro do MP venha a oferecer outra proposta que seja viável, e conte com aquiescência do magistrado, como, por exemplo, a prestação de serviços à comunidade por prazo determinado. Caso a apelação seja provida, a própria Turma Recursal homologará a transação penal, que será, desse modo, materializada.

2.2. O juiz não homologa a transação penal, mas remete a questão para ser dirimida pelo Procurador – Geral.

O Procurador-Geral poderá aquiescer com o entendimento do juiz, reputando como absolutamente inapropriadas as condições oferecidas pelo membro do MP de 1ª instância, de modo que, ou oferece outras, em nome próprio, ou designa outro membro do *Parquet* para oferece-las (em homenagem ao princípio da independência funcional); aquiescendo o juiz com as novas condições propostas, homologará a transação penal. Caso o Procurador-Geral discorde do entendimento do magistrado, e repute como válidas as condições propostas pelo MP de 1ª instância, insistindo em seu teor, o juiz se recusará a homologar a transação penal. Dessa recusa à homologação, como vimos, caberá recurso de apelação às Turmas Recursais (art. 593, II, do CPP); se provido o recurso, a homologação da transação se dá pela própria Turma Recursal; se improvido, não haverá homologação, e sem homologação, inexiste transação penal que possa produzir efeitos. Nada impede, como vimos, que o membro do MP de 1ª instância venha a oferecer outra espécie de transação penal que o magistrado concorde com o seu teor, o que resolverá o problema.

Como dissemos, é absolutamente inadmissível que o juiz, ante a recusa do membro do Ministério Público em oferecer a transação penal, formule a proposta em lugar do *Parquet*; de idêntica maneira, não pode o magistrado tornar sem efeito o mérito da proposta do MP, apresentando outras condições, de ofício, em seu lugar, pois, nessas duas hipóteses, o juiz estaria, com tal conduta, comprometendo irreversivelmente sua imparcialidade; não é aceitável que que um magistrado transacione com uma das parte em um processo.

E se o querelante se recusar a fazer a proposta de transação penal (para aquela corrente que entende que a transação penal é possível nos crimes de ação penal privada)?

Nesse caso, nada pode ser feito, afinal o particular não pode ter sua conduta processual omissiva examinada e corrigida pelo Procurador – Geral, que não é seu superior hierárquico.

13.3.7.3.6. Discordância entre promotores a respeito da transação

Pode ocorrer que, oferecida a transação penal por um membro do Ministério Público, outro promotor, que venha a ocupar o cargo do primeiro (em razão de férias, licença, aposentadoria, promoção e outros), discorde do benefício proposto, oferecendo, em seu lugar, denúncia. Essa mudança de posicionamento jurídico é lícita uma vez que estribada no princípio da independência funcional dos membros do Ministério Público (art. 127, § 1º, da CF). No entanto, se a proposta oferecida de transação tiver sido homologada pelo juízo, não haverá a possiblidade de se oferecer denúncia em seu lugar, já estando preclusa a matéria. A *contrario sensu*, não havendo a homologação da transação penal, nada impede a mudança de posicionamento do outro membro do *Parquet*, oferecendo denúncia. Como salientado pelo STJ[37], "(...) a mera proposta é ato revogável a qualquer momento pelo órgão acusatório, diante da alteração da situação fática (..)".

13.3.7.3.7. Homologação da proposta de transação

Prevê o § 3º do art. 76, da Lei 9.099/95, que, aceita a proposta pelo autor da infração e seu defensor, será submetida à apreciação do Juiz. O juiz então, na hipótese de acolher a proposta do Ministério Público que foi aceita pelo autor da infração, aplicará a pena restritiva de direitos ou multa, que não importará em reincidência, sendo registrada apenas para impedir novamente o mesmo benefício no prazo de cinco anos (§ 4º do art. 76 da Lei 9.099/95). Na hipótese de ser a pena de multa a única aplicável, o juiz poderá reduzi-la até a metade (art. 76, § 1º, da Lei 9.099/95).

A homologação nada mais é que uma sentença homologatória de transação penal, em que o juiz não julga o mérito da questão (não absolve, nem condena), mas apenas declara – é uma sentença declaratória – formalmente válida a transação penal. A homologação da transação penal, por sentença, não é uma sentença condenatória ou absolutória, mas sim, como se disse, declaratória, ao legitimar um negócio jurídico processual celebrado pelas partes com consequências jurídicas relevantes: não gera reincidência; não se reconhece a culpa; nem efeitos civis ou administrativos, impedindo, porém, a concessão de idêntico benefício no prazo de 5 anos.

13.3.7.3.8. Recurso da sentença homologatória

Prevê o § 5º do art. 76 que da sentença homologatória caberá o recurso de apelação.

E da decisão que se recusa a homologar a transação penal, por entender o juiz que não estão preenchidos os requisitos legais para tanto?

Nesse caso, o recurso cabível será também o de apelação, como acima vimos, uma vez que se trata de decisão interlocutória mista terminativa (decisão com força de definitiva que encerra uma fase processual, *in casu*, a fase preliminar), da qual não cabe recurso em sentido estrito (art. 593, II, do CPP).

As apelações tendo por objeto a decisão de homologação da transação penal ou aquela que se recusou a homologar o teor do acordo poderão ser julgadas pelas Turmas

---

37. STJ – Recurso em Habeas Corpus 88.337/RJ (2017/0205323-0). Rel. Min. Reynaldo Soares da Fonseca.

Recursais compostas por três juízes em exercício no primeiro grau de jurisdição, reunidos na sede do Juizado, devendo, como se verá ao tratarmos dos recursos, ser interpostas no prazo de 10 dias, por petição escrita, acompanhada das razões do recorrente.

E o assistente poderá recorrer da homologação da transação penal?

Explica Renato Brasileiro de Lima[38], com acerto, que é legítima a possibilidade de o assistente recorrer de uma homologação da transação penal, quando não preenchidos os requisitos legais para o favor penal, uma vez que o seu prejuízo com a celebração do acordo é manifesto: a homologação possui efeitos penais, exclusivamente, *mas não civis* (art. 76, § 6º, da Lei 9.099/95); desse modo, o ofendido, em virtude da celebração da transação penal, seria obrigatoriamente compelido a ajuizar uma ação de conhecimento no cível (*ação civil ex delicto*) para obter o ressarcimento dos danos ocasionados pela infração penal. Ao passo que, rechaçada a homologação judicial da transação, por recurso interposto pelo assistente, o MP, muito provavelmente, ofereceria denúncia, e, numa eventual sentença condenatória, já haveria, com o seu trânsito em julgado, título executivo para iniciar-se a execução *ex delicto*, o que é muito mais prático que o ajuizamento de ação de conhecimento perante o Juízo Cível.

13.3.7.3.9. Ocasião processual para a proposta de transação penal

Normalmente, a transação penal, que é um benefício de natureza penal, deve ser formulada em audiência preliminar, antes do oferecimento de denúncia ou queixa, justamente porque se evitaria o desenrolar de todo o processo criminal.

Todavia, não tendo sido possível a proposta de transação penal, porque o autor do fato, por exemplo, não compareceu à audiência preliminar, nada impede que, oferecida e recebida a denúncia, e mesmo durante a audiência, após a instrução e interrogatório (*na undécima hora*, portanto, antes da sentença), o autor do fato aceite eventual proposta a ser formulada, se o caso, pelo membro do MP ou querelante (para aqueles que admitem a transação penal em ação penal privada).

É possível que, no decorrer do processo que imputava ao acusado determinada infração penal, as provas coligidas apontem para sua responsabilização por infração diversa, de menor potencial ofensivo, de competência, portanto, dos Juizados Especiais Criminais. Se, como vimos, é admitida a oportunidade de se materializar o benefício penal da transação, a qualquer momento do processo, resta verificar como se operacionalizar a transação penal.

Vamos exemplificar para melhor esclarecer. O acusado "A" é processado pela prática do delito de tráfico de entorpecentes (art. 33 da Lei 11.343/06), porque portava, para fornecer a terceiros, 10 porções de cocaína. Durante a instrução são ouvidas diversas testemunhas que afirmam que o acusado era dependente químico e que as drogas com ele apreendidas destinavam-se ao seu próprio consumo; são, ainda, anexadas aos autos

---
38. Renato Brasileiro de Lima, Curso de Processo Penal, p. 1461.

fichas clínicas de internações em estabelecimentos de tratamento para dependentes químicos. Diante desse contexto probatório, verifica o juiz que, em verdade, o acusado praticou, em tese, o delito do art. 28 da Lei 11.343/06 – porte ilegal de drogas, para uso próprio (e não tráfico), infração essa de menor potencial ofensivo, de competência dos Juizados Especiais Criminais.

Prevê o art. 383, *caput*, do CPP, que o juiz, sem modificar a descrição do fato contida na denúncia ou queixa, poderá atribuir-lhe definição jurídica diversa, ainda que, em consequência, tenha de aplicar pena mais grave. É a denominada *emendatio libelli* (emenda da acusação), estudada por nós no capítulo Institutos Comuns a todos os procedimentos, e que se divide em *emendatio com correção de erro da capitulação* (há um mero erro material na capitulação do delito, corrigida pelo juiz); *emendatio por interpretação diversa* (os fatos ganham, de acordo com a interpretação do juiz, nova capitulação legal); e *emendatio com supressão de elementar ou circunstância do crime* (durante o processo, verifica-se que determinada elementar – dado essencial do crime, ou uma circunstância não estão comprovadas, o que gera uma possível desclassificação da conduta que pode se amoldar ao tipo penal de outro delito).

Já o § 1º, do art. 383 do CPP dispõe que, se em consequência de definição jurídica diversa, houver possibilidade de proposta de suspensão condicional do processo, o juiz procederá de acordo com o disposto na lei.

Por sua vez, o § 2º, do art. 383 do CPP reza que em se tratando de infração da competência de outro juízo, a este serão encaminhados os autos.

Como se nota, de acordo com os dispositivos legais apontados, apenas se houver, em razão de definição jurídica diversa, a possibilidade de proposta de suspensão condicional do processo (art. 89 da Lei 9.099/95), o juiz estará autorizado a efetivá-la. Em outras palavras, demonstrado, quanto a determinado crime imputado ao acusado, durante a colheita de provas, a inexistência de uma elementar ou circunstância sua, o que acarreta a desclassificação do crime para outro delito, cuja pena mínima é de 1 ano e permite, em tese, a suspensão condicional do processo, aplicam-se os dispositivos legais acima mencionados.

Pergunta-se: essa possibilidade de nova definição jurídica diversa, a fim de concretizar o benefício penal da suspensão condicional do processo pode se estender ao benefício, também penal, da transação?

Indubitavelmente que sim. Ambos são benefícios da mesma natureza – *penais* – e devem ser disponibilizados a qualquer momento da relação processual, porque constitui direito subjetivo do acusado sua proposta (de índole constitucional, como se nota pelo art. 98, I, da CF), desde que preenchidos os requisitos legais, é claro; não é lícito se oporem obstáculos de mera oportunidade processual para vedar-se um direito subjetivo de fonte constitucional, como é óbvio. Necessário, então, que seja dada ao § 1º do art. 383 do CPP uma *interpretação extensiva*, a fim de abarcar a possibilidade, não apenas da suspensão condicional do processo, mas também da transação penal, quando houver *emendatio libelli* que as autorize.

Voltando ao nosso exemplo do acusado por tráfico que se demonstra ser, durante a instrução, mero usuário de drogas, indaga-se: **o que deve o juiz fazer para materializar a possibilidade do benefício penal da transação penal ao acusado?**

Há duas possibilidades abertas ao magistrado, após encerrada a instrução:

1ª Possibilidade (mais formalista) – O magistrado, em uma decisão interlocutória, reconhece a possibilidade de desclassificação do delito de tráfico de drogas para porte ilegal para uso próprio (hipótese de aplicação de *emendatio libelli*), mas não condena nem absolve o acusado; em outras palavras, não será uma decisão de mérito, mas simplesmente uma decisão interlocutória em que o juiz declara ser incompetente, pela matéria, para julgar aquela infração de menor potencial ofensivo, praticada, em tese, pelo acusado (porte ilegal de drogas), ao mesmo tempo em que aponta qual é o órgão de justiça competente para fazê-lo (Juizados Especiais Criminais), determinando, como é lógico, a sua remessa aquele. Com o trânsito em julgado da decisão, da qual caberá recurso em sentido estrito (art. 581, II, do CPP), a remessa se efetivará.

2ª Possibilidade (mais prática). O juiz, na decisão interlocutória aponta para a desclassificação do delito, aplicando o instituto da *emendatio libelli*, mas não remete os autos para o Juizado Especial Criminal, optando por decidir a questão perante o Juízo Comum. Como vimos, a competência dos Juizados não é absoluta, embora prevista na Lei Maior, até porque possível tramitar, perante o Juízo Comum ou o do Júri, infrações penais de menor potencial ofensivo, como permite o art. 60, § único, da Lei 9.099/95, desde que os benefícios penais previstos na Constituição sejam concretizados, se preenchidos os requisitos legais.

Partindo desse raciocínio, muito mais prático que o próprio juiz, depois de desclassificar a infração, em decisão que não julga o mérito, nem absolvendo nem condenando, abra vista ao MP, nos próprios autos, para que se manifeste a respeito da proposta de transação penal. Como argutamente observa Renato Brasileiro de Lima[39], para que se operacionalizasse a transação penal no próprio processo onde houve a desclassificação, seria necessário o trânsito em julgado daquela decisão, transcorrendo *in albis* o prazo recursal, e, apenas depois disso, seria possível a proposta do benefício em tela. Sugere então, referido autor, com acerto, que o Ministério Público ou renuncie ao direito de recurso ou, simplesmente, ofereça, se for do seu convencimento é claro, a transação penal, na própria audiência onde houve a desclassificação, comportamento processual esse que apontaria para a preclusão lógica do direito de recorrer do *Parquet*, por ser incompatível com a vontade de interpor recurso.

Se o MP não aquiescer com a desclassificação, poderá interpor recurso de apelação, pois se trata de decisão com força de definitiva (art. 593, II, do CPP); se provido o recurso, estará afastada a desclassificação, e o juiz deverá julgar o acusado pela imputação original (no nosso exemplo, o tráfico); se for negado provimento ao recurso, mas o MP de 1ª instância se negar a oferecer a transação penal, o juiz deverá remeter os

---

39. Renato Brasileiro de Lima, Curso de Processo Penal, p. 1458.

autos ao Procurador-Geral para que dirima a questão (art. 384, § 1º, do CPP, utilizável por analogia). Entendendo, o Procurador-Geral que era mesmo caso de se propor a transação penal, oferecerá, em nome próprio, o benefício, ou designará outro membro do *Parquet* de 1ª instância para tanto (em homenagem ao princípio da independência funcional); se for aceito o benefício pelo acusado e seu advogado, e cumpridas as condições, estará extinta a punibilidade do réu, e o julgamento da causa, que estava suspenso com a decisão desclassificatória, torna-se prejudicada. Pode ocorrer, ainda, de o autor do fato, depois de aceitar a transação penal, descumprir suas condições, o que levará à retomada do processo, com o julgamento da causa (que estava suspenso). Outra possibilidade ainda: o acusado e o seu advogado não aceitam a transação penal, o que leva à retomada da marcha processual, proferindo-se sentença.

Pode, ainda, o Procurador – Geral, provocado pelo juiz a dirimir a questão a respeito da proposta de transação penal, deixar de oferecer (ou determinar) a formulação de tal benefício, por reputa-lo incabível; nessa situação, o juiz, como não poderá transacionar de ofício, deverá julgar o delito desclassificado (no nosso exemplo, o delito previsto no art. 28 da Lei Antidrogas – porte de drogas para uso próprio).

No caso de o MP de 1ª instância não recorrer da decisão desclassificatória, mas, ao mesmo tempo, se recusar a oferecer a transação penal aventada pelo magistrado, a este caberá remeter a questão para ser decidida pelo Procurador-Geral (art. 384, § 1º, do CPP, aplicável por analogia).

Importante dizer que, após a prolação de sentença penal condenatória, não é mais possível se o oferecimento de proposta de suspensão condicional do processo ou de transação penal, porque já operada a preclusão[40].

13.3.7.3.10. Efeitos da transação penal

O § 6º do art. 76 da Lei 9.099/95 dispõe que a imposição da sanção não privativa de liberdade (pena restritiva de direitos ou multa) não constará de certidão de antecedentes criminais, e não terá efeitos civis, cabendo aos interessados propor ação cabível no juízo cível.

13.3.7.3.11. Consequências do descumprimento da transação penal

Descumpridas as condições da transação penal, deve ser aberto vista ao Ministério Público para o oferecimento de denúncia; se o promotor não possuir elementos probatórios suficientes para ajuizar, de plano, a ação, deve requisitar a instauração de termo circunstanciado para melhor apurar os fatos. Esta é a posição atual do STF firmada no julgamento do recurso extraordinário 602.072, em que foi reconhecida repercussão geral. Em outras palavras, a sentença homologatória da transação penal não faz coisa julgada material, sendo, de acordo com o STJ[41],

---

40. STJ – AgRg nos EDcl no REsp 1611709/SC. 5ª T. Rel. Min. Felix Fischer. Julgado em 04/10/2016, DJe 26/10/2016. STJ – RHC 66196/RJ. 5ª T. Rel. Min. Jorge Mussi. Julgado em 19/05/2016, DJe 27/05/2016.
41. STJ – 5ª T.-HC 188.959/DF, Rel. Min. Jorge Mussi, j. 20/10/2011.

seus termos, submetidos a uma *condição resolutiva*, que é, justamente, o descumprimento do pactuado.

Por fim, sintetizando o posicionamento do STF, foi editada a Súmula Vinculante 35: "A homologação da transação penal prevista no artigo 76 da Lei 9.099/95, não faz coisa julgada material e, descumpridas suas cláusulas, retorna-se a situação anterior, possibilitando-se ao Ministério Público a continuidade da persecução penal mediante oferecimento de denúncia ou requisição de inquérito policial".

A transação penal, como vimos ao tratar da ocasião processual para sua proposta (item 13.3.7.3.8), pode ser formulada a qualquer momento processual, até mesmo na etapa da sentença que desclassifica a infração original para outra de menor potencial ofensivo; desse modo, se descumpridas as condições da transação penal efetivada durante o tramitar do processo, a interpretação que deve ser dada a Súmula Vinculante 35 é a de que se deve retornar a *situação processual anterior*, possibilitando-se a continuidade do feito até o seu deslinde.

Encontra-se totalmente superada a posição que admitia a conversão da pena restritiva de direitos, fixada na sentença homologatória de transação penal, em pena privativa de liberdade, quando o autor do fato descumprisse as condições lá estabelecidas; isto porque tal prática redundaria em óbvia violação ao princípio de que ninguém pode ser privado de sua liberdade sem o devido processo legal (art. 5º, LIV, da CF).

A pena de multa deve ser paga na Secretaria do Juizado (art. 84 da Lei 9.099/95); caso não seja adimplida, será providenciada a inscrição da multa na dívida ativa e executada pela Procuradoria da Fazenda, de acordo com o art. 51 do CP; há entendimento no sentido de que caberia a execução da multa ao *Parquet*.

13.3.8. Procedimento sumariíssimo do Juizado

13.3.8.1. Denúncia ou queixa

Explicita o art. 77 da Lei 9.099/95 que, não tendo sido possível a composição civil ou a transação penal, na audiência preliminar, quer porque o autor do fato não compareceu à audiência de conciliação designada, quer porque não reunia as condições legais necessárias para que a proposta de transação penal fosse oferecida, o Ministério Público oferecerá ao Juiz, de imediato, denúncia oral, se não houver necessidade de diligências imprescindíveis (art. 77, § 3º, da Lei 9.099/95). Também é facultado ao querelante oferecer queixa-crime oral, na mesma oportunidade processual, desde que anexe procuração com poderes especiais (art. 44 do CPP).

13.3.8.1.1. Substrato probatório da denúncia ou da queixa

Dispõe o § 1º do art. 77 da Lei 9.099/95 que, para o oferecimento da denúncia (e também da queixa), que será elaborada com base no termo circunstanciado, com dispensa do inquérito policial, pode-se prescindir-se do exame de corpo de delito quando a materialidade do crime estiver aferida por boletim médico ou prova equivalente. Este artigo *não* é uma exceção à norma do art. 158 do CPP, que prevê a indispensabilidade do exame de corpo de delito quando a infração deixa vestígios. *Mesmo no rito do juizado especial criminal, se houver vestígios materiais do crime, sempre será imprescindível a realização de exame de corpo de delito*, para que se tenha como comprovada a materialidade delitiva, sob pena de nulidade absoluta do processo (art. 564, III, *b*, do CPP). O que o § 1º do art. 77 da Lei 9.099/95 prevê é que, *para fins de oferecimento de denúncia apenas*, a materialidade do crime poderá ser comprovada, nessa fase inicial do processo, por boletim médico ou prova equivalente; na fase da sentença, todavia, será imprescindível a juntada de perícia que comprove a materialidade delitiva. Mas há decisão em sentido contrário ao nosso entendimento proferida pelo STF[42].

13.3.8.1.2. Complexidade dos fatos

Se a complexidade ou circunstâncias do caso não permitirem a formulação da denúncia, o Ministério Público poderá requerer ao Juiz o encaminhamento das peças existentes ao Juízo comum (art. 77, § 2º, da Lei 9.099/95). De igual maneira, no caso de queixa-crime, o juiz deverá verificar a conveniência de igual remessa, ante a complexidade dos fatos (§ 3º do art. 77, da Lei 9.099/95).

13.3.8.1.3. Formalização da denúncia

Embora em regra formulada oralmente, a denúncia deve ser reduzida a termo (transcrita), como determina o art. 78 da Lei 9.099/95, seguindo-se os requisitos do art. 41 do CPP (exposição do fato criminoso com todas as suas circunstâncias, a qualificação do acusado, classificação do crime e rol de testemunhas).

13.3.8.1.4. Número de testemunhas da peça acusatória

Há quem entenda que o número de testemunhas é de 3, por analogia com os Juizados Especiais Cíveis (art. 34 da Lei 9.099/95); pensamos, porém, que melhor se utilizar, por analogia, o procedimento sumário do CPP, que autoriza arrolar até 5 testemunhas (art. 532 do CPP), para cada fato, a nosso ver.

13.3.8.2. Citação

Citação do acusado na sede do Juizado

Oferecida a denúncia ou queixa, será reduzida a termo, entregando-se cópia ao acusado, *que esteja presente na sede do Juizado*, e que, com ela, *ficará citado* e imediatamente cientificado da designação de dia e hora para a audiência de instrução e

---

42. STF – 1ª T. – HC 80.419/RS, Rel. Min. Sepúlveda Pertence, DJ 07/12/2000, p. 6.

julgamento (art. 78, *caput*, da Lei 9.099/95). Nessa hipótese legal, a entrega de cópia da denúncia ao acusado que *esteja presente na sede do Juizado*, consubstancia verdadeira citação, como preconiza o art. 66, *caput*, da Lei 9.099/95. Como não será expedido mandado de citação, caberá, ao oficial de justiça, ao escrivão ou ao escrevente, informar ao acusado a respeito da data da audiência, devendo ser lhe dito que deverá comparecer acompanhado de advogado, com a advertência de que, na sua falta, ser-lhe – á designado defensor público (art. 68 da Lei 9.099/95); deve-se informar, ainda, ao acusado, que poderá trazer suas testemunhas à audiência, ou requerer sua intimação cinco dias antes da audiência (art. 78, § 1º, da Lei 9.099/95). Recomenda-se que o servidor do Judiciário que entregou a cópia da peça acusatória ao acusado e o informou da necessidade de comparecer acompanhado de advogado, além de ter-lhe dito a respeito da faculdade de produzir prova testemunhal, certifique tais relevantes fatos nos autos.

Citação do acusado fora do Juizado

Não estando o acusado presente na sede do Juizado, será citado fora da sede do Juizado (em sua casa ou local de trabalho, por exemplo), o que demanda a expedição de mandado de citação; as formalidades intrínsecas e extrínsecas da expedição e cumprimento do mandado de citação são aquelas previstas nos arts. 352 e 357/360 do CPP.

A citação será sempre pessoal (art. 66, *caput*, da Lei 9.099/95). Deverá constar do mandado de citação a necessidade de o acusado comparecimento a audiência, cuja data lhe será informada, acompanhado de advogado, com a advertência de que, na sua falta, ser-lhe – á designado defensor público (art. 68 da Lei 9.099/95).

Deve-se ser informado, ainda, pelo oficial de justiça, ao acusado, quando do ato citatório, que deve trazer, no dia da audiência, suas testemunhas, ou requerer a intimação delas, no mínimo cinco dias antes de sua realização. É o que prevê o § 1º do art. 78 da Lei 9.099/95.

Se for inviável a citação pessoal do acusado, o juiz deve encaminhar as peças ao Juízo comum, como determina o § único do art. 66 da Lei 9.099/95; isto ocorre quando forem necessárias as citações por edital ou por hora certa (art. 362 do CPP), bem como a citação por carta rogatória, cuja complexidade da expedição e longa demora na sua execução mostram-se completamente incompatíveis com os princípios da celeridade e informalidade próprios dos Juizados Especiais.

13.3.8.3. *Intimação da vítima, responsável civil, testemunhas, membro do MP, advogados, e Defensoria Pública*

Se estiverem presentes na audiência preliminar que resultar infrutífera, já serão intimados da audiência designada (art. 70, da Lei 9.099/95).

Estando presentes quando do oferecimento da denúncia, e citação pessoal do acusado na sede do Juizado, tomarão ciência da data de audiência de instrução, debates e julgamento, na mesma ocasião, desde que estejam presentes naquele local, é claro (art. 78, *caput*, da Lei 9.099/95).

O representante do MP, da Defensoria Pública e o defensor dativo deverão ser intimados pessoalmente.

A vítima, o responsável civil ou as testemunhas serão intimados por correspondência, com aviso de recebimento pessoal, ou, tratando-se de pessoa jurídica ou firma individual, mediante entrega ao encarregado da recepção; sendo necessário, a intimação será procedida, por oficial de justiça, *independentemente de mandado ou carta precatória*, ou, ainda, por qualquer outro meio idôneo de comunicação (telefonema, e – mail etc). É o que determinam o art. 67, *caput*, da Lei 9.099/95. Em outras palavras, o instrumento de mandado de intimação ou de carta precatória não serão confeccionados, mas essa ausência de formalidade não exime o oficial de justiça de certificar o ato de intimação em si.

13.3.8.4. Audiência de instrução, debates e julgamento

Comparecimento das partes

Devem estar presentes o MP, o acusado e seu defensor. Ausente o querelante, na ação penal privada exclusiva ou personalíssima, ocorre a perempção, e consequente extinção da punibilidade do autor da infração. Já no caso de ação penal privada subsidiária da pública, ante a ausência do querelante, assumirá a acusação o MP (art. 29 do CPP).

13.3.8.4.1. Tentativa de conciliação

Se na fase preliminar não tiver havido possibilidade de tentativa de conciliação e de oferecimento de proposta de transação pelo Ministério Público, reabre-se essa oportunidade, como estipula o art. 79 da Lei 9.099/95.

13.3.8.4.2. Defesa preliminar

Aberta a audiência, será dada a palavra ao defensor para responder à acusação, oralmente, após o que o Juiz receberá, ou não, a denúncia ou queixa (art. 81, *caput*, da lei 9.099/95). Essa defesa preliminar, que assumirá a forma oral, mas que deve ser reduzida a termo a semelhança do que ocorre com a denúncia ou queixa, é um pedido fundamentado do advogado do acusado, expondo as razões fáticas e jurídicas no sentido de convencer o juiz a não receber a peça acusatória, bem como a de tentar lograr, desde já, sua absolvição sumária. Nada impede que a defesa apresente a resposta preliminar em petição escrita, já pronta, traduzindo tal forma mera irregularidade.

Como dissemos no capítulo em que tratamos dos Institutos comuns a todos os procedimentos, no rito especial dos Juizados Especiais Criminais, só há uma defesa: é a defesa preliminar que nada mais é que uma resposta a acusação formulada *antes do recebimento da denúncia ou queixa*; não há possibilidade de oferecer-se, depois de recebida a peça acusatória, ainda outra defesa – a resposta à acusação prevista no art. 396-A, do CPP, sob pena de evidente comprometimento da celeridade do rito dos Juizados.

13.3.8.4.3. Decisão de recebimento ou rejeição da acusação

Se o juiz acatar o pedido da defesa e rejeitar a peça acusatória, a audiência se encerra neste momento; se recebê-la, haverá a sua continuidade. Pensamos que a decisão que rejeite ou receba a peça acusatória deve ser fundamentada, a fim de não transformar em letra morta o dispositivo que trata da defesa preliminar, cujos argumentos contidos nesta peça processual devem ser levados em consideração pelo magistrado, mesmo que para rechaça-los.

Como referimos no Capítulo Institutos comuns a todos os procedimentos, embora a absolvição sumária não seja prevista na Lei 9.099/95 como uma das fases de seu rito, certo que a absolvição sumária é instituto aplicável a todos os procedimentos do 1º grau (art. 394, § 4º, do CPP), de modo que se mostra possível ao juiz, após a resposta preliminar, absolver sumariamente o acusado com estribo no art. 397 do CPP.

13.3.8.4.4. Ordem da instrução

Não sendo o caso de rejeição da peça acusatória nem de absolvição sumária, mas sim de seu recebimento, passa-se à instrução. Serão ouvidas, nessa ordem, a vítima e as testemunhas de acusação e defesa, interrogando-se a seguir o acusado, se presente (art. 81, *caput*, da Lei 9.099/95). As testemunhas da acusação terão sido arroladas na peça acusatória, enquanto que as de defesa, poderão ser trazidas pela própria defesa, ou, se desejar a intimação delas, deverá requere-la ao Juízo, em petição constando o endereço das testemunhas, com no mínimo 5 dias de antecedência da audiência (art. 78, § 1º, da Lei 9.099/95). O ofendido e o responsável civil também poderão ser intimados da audiência (art. 78, § 2º, da Lei 9.099/95).

Tem sido admitida a expedição de carta precatória para a intimação de testemunhas, no rito dos Juizados Especiais, como já decidiu o STJ[43]

13.3.8.4.5. Limitação das provas a serem produzidas em audiência

Como todas as provas serão produzidas na audiência de instrução e julgamento, é facultado ao juiz limitar ou excluir as que considerar excessivas, impertinentes ou protelatórias (art. 81, § 1º, da Lei 9.099/95).

Ante a ausência de alguma testemunha, da vítima, ou mesmo do acusado (quando for necessário seu reconhecimento pessoal), durante a instrução criminal, poderá o juiz determinar sua condução coercitiva a qual mostra-se incabível apenas quando se trata de audiência preliminar, uma vez que, a ausência das partes esse ato, embora regularmente intimadas, possui o significado claro de que não pretendem conciliar entre si.

13.3.8.4.6. Registro do ocorrido em audiência

De todo o ocorrido na audiência será lavrado termo, assinado pelo Juiz e pelas partes, contendo breve resumo dos fatos relevantes ocorridos em audiência e a sentença (art. 81, § 3º, da Lei 9.099/95).

---

43. STJ – 5ª T. – RHC 9.740/MG, Rel. Min. José Arnaldo da Fonseca, DJ 19/02/2001, p. 185.

13.3.8.4.7. Debates

Após a produção das provas, passasse imediatamente aos debates orais, e à prolação da sentença (art. 81, *caput*, da Lei 9.099/95). Pensamos que o prazo dos debates deverá ser de vinte minutos para cada parte, por analogia com o art. 534 do CPP, que fixa tal limite no caso do rito sumário.

13.3.8.4.8. Sentença

A sentença dispensa relatório, mas deve mencionar os elementos de convicção do juiz, ou seja, deve ser fundamentada, sob pena de nulidade (art. 81, § 3º, da Lei 9.099/95).

13.3.9. Aplicação do art. 394, § 4º do CPP ao rito do Juizado

Prevê o art. 394, § 4º do CPP que os dispositivos referentes às causas de rejeição da peça acusatória (art. 395), à resposta à acusação (art. 396) e às causas de absolvição sumária (art. 397) são aplicáveis a todos os procedimentos penais de primeiro grau, o que inclui o rito do Juizado.

Entendemos que os dispositivos que tratam das causas que autorizam a rejeição da peça acusatória (art. 395) e as que levam à absolvição sumária (art. 397) são aplicáveis ao procedimento do Juizado; mas, no que tange à resposta a acusação prevista no art. 396 do CPP, *que é admissível apenas após o recebimento da denúncia ou queixa*, não tem aplicação no Juizado, porque a defesa preliminar da Lei 9099/95 se dá *antes* do recebimento de tais peças processuais. Não existe nenhum sentido em se instituírem duas defesas preliminares no mesmo processo; uma, antes do recebimento da denúncia; outra, logo após o seu recebimento, sob pena de comprometer-se a racionalidade e a celeridade do rito do Juizado, como já se disse. Em miúdos, pelo princípio da especialidade, deve prevalece a norma especial do Juizado e não as normas gerais do CPP.

13.3.10. Sistema recursal do Juizado

13.3.10.1. Turmas recursais

Os recursos contra as decisões do Juizado podem ser julgados por turmas recursais, compostas por três juízes de primeira instância (art. 82, *caput*, da Lei 9.099/95). Se não houver instalação das Turmas Recursais os recursos serão endereçados aos Tribunais de Justiça ou ao Tribunal Regional Federal competentes.

No caso das Turmas Recursais, o MP de 1ª instância (o promotor ou procurador da república) atua como fiscal da lei (*custos legis*).

Como nota Renato Brasileiro de Lima[44], é proibida a participação, nessa turma recursal de três juízes de 1ª instância, do magistrado de quem emanou a decisão

---

44. Renato Brasileiro de Lima, Curso de Processo Penal, p. 1469.

recorrida. É uma causa de impedimento (art. 252, III, do CPP), que deve ser respeitada, sob pena de nulidade absoluta do julgamento pela Turma Recursal.

13.3.10.2. Dos recursos em espécie

13.3.10.2.1. Apelação

A apelação pode ser dirigida às turmas recursais; seu prazo é de dez dias, contados da ciência da sentença pelo Ministério Público, pelo réu e seu defensor, por petição escrita, da qual constarão as razões e o pedido do recorrente. Como a interposição e as razões devem ser apresentadas simultaneamente, apenas o advogado poderá arrazoar o recurso, e não o acusado, a não ser que seja, ele próprio, advogado. Nada impediria, contudo, que o acusado manifeste o desejo de recorrer, e, seu advogado, posteriormente, apresente as razões recursais, desde que a interposição e as razões recursais não ultrapassem o prazo de dez dias.

O recorrido será intimado para oferecer resposta escrita no prazo de dez dias. É o que estipulam os parágrafos 1º e 2º do artigo 82 da Lei 9.099/95.

A apelação deve ser interposta por petição escrita, acompanhada das razões recursais (art. 82, § 1º, da Lei 9.099/95).

Sendo a interposição de apelação interposta, desacompanhada das razões recursais, as razões podem ser oferecidas, de maneira regular, desde que juntadas no prazo de 10 dias; se ultrapassado esse prazo ocorrerá mera irregularidade.

Há precedentes, inaceitáveis, a nosso ver, do STF[45], no sentido de que seriam dispensáveis as razões de apelação, a qual, mesmo acéfala, poderia ser conhecida pelo Tribunal (ou, *in casu*, pela Turma Recursal). Essa visão mostra-se colidente com os princípios da ampla defesa e do contraditório (quando a defesa deixa de apresentar razões recursais), e também, quanto ao Ministério Público, choca-se com o princípio da indisponibilidade da ação penal pública, em que a inércia do *Parquet* caracteriza *verdadeira disposição do que é indisponível* – o caráter público da ação penal que possui a prerrogativa de ser o seu titular exclusivo (art. 129, I, da CF). Igual raciocínio é válido quanto a ausência de contrarrazões que comprometem o caráter dialético (de oposição de teses), do processo penal. Em suma, não apresentadas razões ou contrarrazões pelo Ministério Público ou pela Defesa, deve-se intimar, respectivamente, o Procurador-Geral ou o acusado, da omissão, a fim de que se providencie profissional mais diligente a atuar no feito, sob pena de nulidade absoluta do processo.

Intimação da sessão de julgamento pelas Turmas Recursais

As partes serão intimadas da data da sessão de julgamento da apelação pelas Turmas Recursais através da imprensa (§ 4º do art. 82, da Lei 9.099/95), *inclusive o membro*

---

45. STF – 1ª T., HC 85.344/MS, Rel. Min. Carlos Britto, DJ 31/03/2006, p. 17; STF – 1ª T. – HC 86.619/SC, Rel. Min. Sepúlveda Pertence, j. 27/09/2005; STF – 2ª T., HC 85.006/MS, Rel. Min. Gilmar Mendes, j. 15/02/2005, DJ 11/03/2005, DJ 11/03/2005.

do Ministério Público, o defensor nomeado ou a Defensoria Pública que não dispõem, nos Juizados, de prerrogativa de intimação pessoal, como abaixo se verá; se a sentença for confirmada pelos próprios fundamentos, a súmula do julgamento servirá de acórdão (§ 5º do art. 82, da Lei 9.099/95). Significa dizer que é dispensada a lavratura formal de acórdão, no caso de confirmação, pela Turma Recursal, pelos próprios fundamentos, da sentença, o que não ofenderia o postulado constitucional da fundamentação de todas as decisões judiciais, como decidiu o STF[46].

Decisões apeláveis

São apeláveis a decisão que rejeita a denúncia ou queixa (art. 82, *caput*, da Lei 9.099/95), a decisão que homologa ou não homologa a transação penal (art. 76, § 5º, da Lei 9.099/95), e as sentenças condenatórias e absolutórias.

Das decisões que rejeitam a denúncia ou queixa, o recorrido (ou seja, o acusado) será intimado para oferecer resposta escrita (contrarrazões de apelação), no prazo de 10 dias, conforme dispõe o art. 82, § 2º, da Lei 9.099/95.

13.3.10.2.2. Embargos de declaração

Consoante o art. 83 da Lei 9.099/95, caberão embargos de declaração quando, em sentença ou acórdão, houver obscuridade, contradição ou omissão. Os embargos de declaração serão opostos por escrito ou oralmente, no prazo de cinco dias, da ciência da decisão (§ 1º do art. 83, da Lei 9.099/95). Os embargos de declaração **interrompem** o prazo para a interposição de recurso (§ 2º do art. 83 da Lei 9.099/95). Os erros materiais podem ser corrigidos de ofício, pelo juiz, sem a necessidade de se oposição de embargos declaratórios (§ 3º do art. 83).

13.3.10.2.3. Recurso em sentido estrito

Não é prevista sua utilização na sistemática dos Juizados Especiais Criminais, em razão da maior celeridade que se visa imprimir a esse rito, o que desaconselharia a possibilidade, em tese, de recorrer das decisões interlocutórias tomadas durante o processo.

Ocorre que, em certos casos, mostra-se possível a interposição de recurso em sentido estrito das seguintes decisões: decisão que julga procedente a arguição de litispendência, coisa julgada ou de ilegitimidade de parte; decisão que declara ou não extinta a punibilidade do acusado; decisão que anula o processo; decisão que denega apelação; decisão que suspende o processo em virtude de questão prejudicial.

Os recursos em sentido estrito devem ser julgados pelas Turmas Recursais, se criadas.

13.3.10.2.4 Recurso especial

Não é admissível contra as decisões do Juizado, porque tal recurso só é admissível contra decisões de tribunais (art. 105, III, da CF), e as turmas recursais não podem

---

46. STF – RE 635.729 RG/SP, Rel. Min. Dias Toffoli, j. 30/06/2011, DJe 162 23/08/2011.

ser consideradas como órgãos de segunda instância, porque reúnem juízes de 1º grau. Nesse sentido o teor da Súmula 203 do STJ: "Não cabe recurso especial contra decisão proferida por órgão de segundo grau dos Juizados Especiais".

13.3.10.2.5. Recurso extraordinário

É cabível, consoante possibilita o art. 102, III, da CF, contra as decisões das turmas recursais.

13.3.10.2.6. Intimações dos julgamentos das Turmas Recursais

De acordo com o art. 82, § 4º, da Lei 9.099/95 as partes serão intimadas da data da sessão de julgamento pela imprensa, o que inclui o MP e o Defensor, mesmo o nomeado e o integrante da Defensoria Pública. De acordo com o STF[47], as normas que asseguram ao *Parquet* e aos defensores nomeados e públicos a prerrogativa de serem intimados pessoalmente devem se submeter ao princípio da especialidade do disposto na Lei 9.099/95, como forma de assegurar a celeridade e economia processual ínsitas aos Juizados.

13.3.10.2.7. Habeas corpus e mandado de segurança

Habeas corpus

A competência para julgar *habeas corpus* contra ato de juiz que oficia no Juizado especial é das turmas recursais.

O STF[48] estabeleceu o entendimento, de maneira já pacificada, que compete ao Tribunal de Justiça estadual ou ao Tribunal Regional Federal julgar *habeas corpus* impetrados contra ato da turma recursal.

Importante notar que o *habeas corpus* só será cabível se houver risco à liberdade de locomoção do paciente, seja porque o processo que tramita tenha por objeto uma infração penal ou uma condenação, em que se comine, ou tenha sido imposta, uma pena privativa de liberdade. Significa dizer que, condenado o acusado por uma pena privativa de liberdade, mesmo que substituída por pena restritiva de direitos (art. 44 do CP), será possível a impetração de *habeas corpus*, porque a pena restritiva, se não cumprida, pode ser convertida em pena privativa de liberdade. No entanto, se for prevista, na lei, ou imposta, na sentença, tão somente, a pena pecuniária, como sanção penal, não caberá a impetração de *habeas corpus*, mas sim de mandado de segurança.

Nesse sentido o teor da Súmula 693 do STF "Não cabe *habeas corpus* contra decisão condenatória a pena de multa, ou relativa a processo em curso por infração penal a que a pena pecuniária seja a única cominada".

---

47. STF – 1ª T., HC 86.007/RJ, Rel. Min. Sepúlveda Pertence, j. 29/06/2005, DJ 01/09/2006.
48. STF. HC 86.838/SP. Rel. Min. Marco Aurélio.

Mandado de segurança

A Súmula 376 do STJ tem o seguinte enunciado: "compete à turma recursal processar e julgar o mandado de segurança contra ato de juizado especial".

O mandado de segurança impetrado em face das Turmas Recursais deverá ser julgado por elas próprias, e não perante os Tribunais como se dá no caso de *habeas corpus*, pois, conforme entendimento do STF[49], deve ser aplicado, analogicamente, o art. 21, VI, da Lei Complementar 35/79 (Estatuto da Magistratura) no sentido de competir aos Tribunais – e igualmente às Turmas Recursais dos Juizados Especiais Criminais – *o julgamento originário de mandados de segurança contra suas decisões*.

13.3.10.2.8. Revisão criminal

Não há previsão de sua incidência nos Juizados Especiais Criminais, o que não impede que se utilize, o CPP, que disciplina essa ação de conhecimento constitutiva negativa, que tem por escopo invalidar decisões condenatórias transitadas em julgado, em casos expressos em lei. Bastará, para tanto, a utilização subsidiária do CPP, como autoriza o art. 92 da Lei 9.099/95.

Ademais, além da previsão no CPP, certo que a revisão é também é tratada na Lei Maior, de modo que assume uma forma de garantia individual implícita ao sistema de direitos e garantias individuais, visando rescindir uma condenação injusta, na busca da restauração da liberdade ou da dignidade de quem foi vítima de um erro judiciário, que, certamente, teve sua reputação abalada, mesmo que já esteja morto.

13.3.10.2.9. Outros recursos

Não obstante a lei dos Juizados preveja a existência de apenas alguns recursos (apelação, embargos de declaração), é certo que esta previsão não é exaustiva; sendo assim, como é possível a aplicação subsidiária do CPP à Lei 9. 099/95(art. 92 da Lei 9.099/95), o recurso em sentido estrito (art. 581 do CPP), dentre outros, como vimos, deve ser admitido no juizado, podendo ser interposto quando, por exemplo, o juiz decretar a extinção da punibilidade do agente ou anular o processo.

13.3.10.3. Execução penal e Juizados Especiais Criminais

De acordo com o art. 86 da Lei 9.099/95, a competência para execução das penas privativas de liberdade e restritivas de direitos, e a de multa, *caso cumulada com as anteriores*, será do Juízo das Execuções Criminais. Tão somente a multa, *se isoladamente imposta*, será executada perante os Juizados Especiais Criminais. Não efetuado o pagamento da multa, caberá à Procuradoria Fiscal, perante a Fazenda Pública, executar a pena de multa, por ser dívida de valor, nos termos do art. 51 do CP; há entendimento de que a multa deveria ser executada pelo MP.

---

49. STF – Pleno – MS 24.691 QO/MG, Rel. Min. Sepúlveda Pertence, j. 04/12/2003, DJ 24/06/2005; mais recentemente: RE 586.789/PR, Min. Ricardo Lewandowski, 16/11/2011.

13.3.10.4. Aplicação subsidiária do CP e do CPP ao rito do juizado

Aplicam-se subsidiariamente as disposições dos Códigos Penal e de Processo Penal, no que não forem incompatíveis com a Lei (art. 92 da Lei 9.099/95).

13.3.10.4.1. Prazos dos Juizados Especiais

A Lei 13.728, de 31 de outubro de 2018, introduziu o art. 12-A à Lei 9.099/95, que reza que, na contagem de prazo em dias, estabelecido por lei ou pelo juiz, para a prática de qualquer ato processual, inclusive para a interposição de recursos, computam-se apenas os dias úteis. A nosso ver, essa disposição aplica-se apenas aos Juizados Especiais Cíveis, e não aos criminais, porque visou fazer coincidir o sistema de prazos, dos Juizados Cíveis, com o do novo CPC, que em seu art. 219 consagra que, na contagem dos prazos, computam-se somente os dias úteis. Dessa forma, os prazos dos Juizados Especiais Criminais devem continuar a seguir a sistemática do art.798 do CPP, o qual estabelece que todos os prazos são contínuos (não se interrompendo nos finais de semana nem feriados).

13.3.10.5. Juizados Especiais Itinerantes

O parágrafo único do art. 95 da Lei 9099/95 prevê a criação dos Juizados Especiais Itinerantes com a finalidade de dirimirem os conflitos existentes nas áreas rurais ou em locais de menor concentração populacional, que podem ser, nesta última situação, áreas rurais ou urbanas.

13.4. CRIMES FALIMENTARES

Os crimes falimentares estão previstos na Lei 11.101/2005.

13.4.1. Competência

O Juízo competente para conhecer a ação penal será aquele que possuir jurisdição onde tenha sido decretada a falência, concedida a recuperação judicial ou homologado o plano de recuperação extrajudicial (art. 183 da Lei 11.101/2005).

13.4.2. Ação penal

Os crimes previstos na lei são de ação penal pública incondicionada (art. 184 da Lei 11.101/2005), podendo o Ministério Público oferecer denúncia, tendo por base a sentença que decreta a falência ou concede a recuperação judicial, quando verificar a ocorrência de crime falimentar, promovendo imediatamente a ação penal; se entender necessário, poderá, porém, requisitar a abertura de inquérito policial (art. 187, *caput*, da Lei 11.101/2005).

Se o *Parquet* não oferecer denúncia no prazo legal, poderá ser oferecida ação penal privada subsidiária da pública, mediante ajuizamento de queixa-crime por qualquer credor habilitado ou pelo administrador judicial, observado o prazo decadencial de seis meses (art. 184, § único, da Lei 11.101/2005).

O prazo para o oferecimento de denúncia seguirá as regras do CPP, salvo se o Ministério Público, estando o réu solto ou afiançado, decidir aguardar a apresentação da exposição circunstanciada a ser apresentada pelo administrador judicial, devendo, em seguida, oferecer denúncia em 15 dias (art. 187, § 1º, da Lei 11.101/2005).

13.4.3. Rito

Oferecida denúncia, o processo seguirá o rito sumário previsto nos artigos 531/538 do CPP (art. 185 da Lei 11.101/2005).

13.4.4. Competência do Juízo cível para julgar crimes falimentares

Questão tormentosa, na doutrina e na jurisprudência, se refere à validade, ou não, de Leis Estaduais, como a Lei de São Paulo (Lei 3.947/83) e a Resolução 200/2005 do Tribunal de Justiça de São Paulo, que preveem ser de competência do Juízo Cível o julgamento dos crimes falimentares, transformado, assim, em verdadeiro Juízo Universal, a decidir questões cíveis e criminais.

Essas leis estaduais permanecem válidas?

Há **duas posições** a respeito do tema:

1ª Posição. A lei estadual é válida, porque se trata de Lei de Organização Judiciária, de competência de cada Estado – membro, cabendo ao ente federativo organizar sua Justiça como bem lhe aprouver (art. 125, § 1º, da CF). Seria, para esse entendimento, inconstitucional o art. 183 da Lei 11.101/2005 que estabeleceu a competência do juízo criminal para julgar os crimes falimentares, pois não cabe a lei federal se imiscuir em assunto de colorido local. Há precedente do STJ reconhecendo a constitucionalidade da lei estadual paulista que instituiu o Juízo Universal da falência[50].

2ª Posição. A lei federal deve prevalecer sobre a lei estadual, pois cabe à União legislar a respeito de processo penal (art. 22, I, da CF), notadamente em se tratando, como é o caso, de norma de competência, além do que é conveniente separar a Jurisdição Civil da Penal, com o escopo de se assegurar a imparcialidade do magistrado. Explica-se. O juiz, enfronhado nas questões peculiares ao processo falimentar, poderia ficar influenciado pelas suas próprias decisões no processo de falência ao ponto de procurar legitimá-las através de decisões criminais, reconhecendo delitos em cada uma das irregularidades eventualmente cometidas e apuradas no processo falimentar. Melhor que um Juízo especializado – o Criminal

---

50. STJ. HC 106.406/SP. Rel. Min. Felix Fischer. Julgado em 16/06/2009. STJ. HC 35352/SP. 5ª T. Rel. Min. Gilson Dipp. Julgado em 26/04/2005.

– e distante das questões civis propriamente falimentares – possa decidir se houve ou não crime. É a nossa posição.

E se houver conexão entre um crime falimentar e um crime comum, o Juízo Universal Cível julgará todas as infrações?

Sendo as infrações conexas de competência da Justiça Estadual, caberá ao Juízo Universal Cível julgar ambos os delitos (inclusive o conexo), mesmo que o delito falimentar tenha sua punibilidade extinta, porque já consagrada a *perpetuatio jurisdicionis* (art. 81, *caput*, do CPP)[51].

No entanto, se houver conexão de crime falimentar com delito de competência da Justiça Federal, Justiça Eleitoral, ou se for crime doloso contra a vida de competência do Júri, ou infração de menor potencial ofensivo de competência do Juizado Especial (Lei 9.099/95), o crime falimentar será atraído, para julgamento conjunto, pela Justiça Federal ou Eleitoral, porque prevalecerá o Juízo com competência especializada (art. 78, IV, do CPP), os quais tem previsão constitucional; quanto ao delito de competência do Júri, prevista na Lei Maior, igualmente, o foro prevalente será o do Júri que atrairá, para julgamento simultâneo, o crime falimentar, nos termos do art. 78, I, do CPP. Por fim, havendo concurso entre crime falimentar e delito de menor potencial ofensivo, o Juízo falimentar, seja o Juízo Universal Cível seja o Juízo Criminal, processarão a ambos, podendo, inclusive, materializar os benefícios penais previstos na Lei dos Juizados Especiais Criminais, como permite o parágrafo único do art. 60 da Lei 9.099/95.

13.5. ESTATUTO DO IDOSO (LEI 10.741/2003)

Os crimes previstos no Estatuto do Idoso, cuja pena máxima não ultrapasse a quatro anos de prisão, seguirão o rito da Lei 9.099/95, ou seja, aquele estabelecido para os Juizados Especiais Criminais; não se aplica, assim, o rito sumário a tais infrações (art. 94 do Estatuto do Idoso – Lei 10.741/03), mas sim o sumaríssimo.

Importante notar que a aplicação da Lei dos Juizados Especiais Criminais aos crimes do Estatuto se refere, *exclusivamente ao rito a ser seguido*, mas não significa dizer que aqueles que violem os direitos dos idosos serão favorecidos pelos benefícios da transação penal ou da composição civil quando as infrações por eles cometidas não ultrapassem a quatro anos. Essa foi a interpretação do Pleno do STF[52], no sentido de que os benefícios despenalizadores da Lei 9.099/95 não foram alargados para aqueles que violem os direitos dos idosos, ampliando o teto de pena a autorizar o benefício da transação penal de dois para quatro anos; não faria qualquer sentido que uma lei editada visando a proteção do idoso pudesse, na prática, favorecer aquele que atente contra os seus direitos; a *ratio essendi* (sentido) da lei é clara: imprimir maior rapidez ao feito criminal, em razão da idade avançada da vítima dos delitos, que é idosa.

---

51. STJ. HC 83837/SP. Desembargadora Convocada Jane Silva. Julgado em 25/01/2007.
52. STF. Pleno. Ação Direta de Inconstitucionalidade (ADI) 3096. Rel. Min. Cármen Lúcia.

O art. 71, *caput*, da Lei 10.741/2003 (Estatuto do Idoso), assegura prioridade na tramitação dos processos e procedimentos e na execução de atos e diligências judiciais em que figure como parte ou interveniente pessoa com idade igual ou superior a 60 anos, em qualquer instância.

Para obter essa prioridade, o interessado, fazendo prova de sua idade, requererá o benefício referido à autoridade judiciária competente para decidir o feito, que determinará as providências a serem cumpridas, anotando-se essa circunstância nos autos do processo (art. 71, § 1º, do Estatuto).

A prioridade não cessará com a morte do beneficiado, estendendo-se em favor do cônjuge supérstite, companheiro ou companheira, com união estável, maior de 60 anos (art. 71, § 2º, do Estatuto).

Por fim, o § 5º do art. 71, do Estatuto, acrescido pela Lei 13.466/2017, assegura, dentre os processos de idosos, prioridade especial aos maiores de oitenta anos.

13.6. PROCESSO EXTRADICIONAL

13.6.1. Extradição. Conceito. Competência originária do Supremo

Extradição é um ato político de colaboração internacional entre nações em que um país requer a outro a entrega de um nacional seu, a fim de que, retornando ao país de origem (local onde foi perpetrado o crime), responda a processo criminal cuja prisão cautelar tenha sido decretada ou inicie cumprimento de sanção penal – privativa de liberdade – já definitivamente estabelecida.

De acordo com o art. 81, *caput*, da Lei 13.445, de 24 de maio de 2017, "A extradição é medida de cooperação internacional entre o Estado brasileiro e outro Estado pelo qual se concede ou solicita a entrega de pessoa sobre quem recaia condenação criminal definitiva ou para fins de instrução de processo penal em curso".

Como meio de se concretizar o pedido de extradição de súdito estrangeiro que se encontre no Brasil, o procedimento este submetido originariamente à competência do Supremo (art. 102, I, *g*, da CF), a uma de suas Turmas (art. 9º, I, *h*, do Regimento Interno do Supremo).

13.6.2. Hipóteses de vedação à extradição

O art. 82 da Lei elenca as hipóteses em que não será concedida a extradição, e que são as seguintes:

1ª – quando o indivíduo cuja extradição é solicitada ao Brasil for brasileiro nato; admite-se, porém, a extradição do brasileiro naturalizado (art. 82, § 5º, da Lei), nas circunstâncias previstas na Lei Maior.

2ª – quando o fato que motivar o pedido de extradição não for considerado crime no Brasil ou no Estado requerente (é o denominado requisito da dupla tipicidade);

3ª – quando o Brasil for competente, segundo suas leis, para julgar o crime imputado ao extraditando;

4ª – quando a lei brasileira impuser ao crime pena de prisão inferior a dois anos;

5ª – quando o extraditando estiver respondendo a processo ou já houver sido condenado ou absolvido no Brasil pelo mesmo fato em que se fundar o pedido (evita-se, com essa norma, o *bis in idem*);

6ª – a punibilidade estiver extinta pela prescrição, segundo a lei brasileira ou a do Estado requerente;

7ª – o fato constituir crime político ou de opinião; a extradição por crime político, entretanto, poderá ser concedida quando o fato constituir, principalmente, infração à lei penal comum ou quando o crime comum, conexo ao delito político, constituir o fato principal (art. 82, § 1º, da Lei), cabendo à autoridade judiciária competente – o STF – decidir a respeito do caráter da infração (art. 82, § 2º, da Lei). O Supremo poderá deixar de considerar como crime político o atentado contra chefe de Estado ou quaisquer autoridades, bem como crime contra a humanidade, crime de guerra, crime de genocídio e terrorismo (art. 82, § 4º, da Lei).

8ª – o extraditando tiver de responder, no Estado requerente, perante Tribunal ou juízo de exceção;

9ª – o extraditando for beneficiário de refúgio, nos termos da Lei 9.474/1997, ou se asilo territorial;

13.6.3. Hipóteses de concessão da extradição

São condições para concessão da extradição, previstas no art. 83 da Lei:

1ª – ter sido o crime cometido no território do Estado requerente ou serem aplicáveis ao extraditando as leis penais desse Estado;

2ª – estar o extraditando respondendo a processo investigatório ou a processo penal ou ter sido condenado pelas autoridades judiciárias do Estado requerente a pena privativa de liberdade.

O pedido de extradição poderá ser estendido: mesmo já sendo concedida a extradição, se o Estado requerente notar que havia outros crimes praticados pelo nacional, poderá formular o o pedido de extensão ao Brasil, que, atendendo aos requisitos formais, poderá concedê-lo, autorizando-se, assim, que o Estado estrangeiro julgue seu nacional pelas outras infrações penais apuradas, sobre a qual o STF ainda não tinha decidido[53].

13.6.4. Prisão cautelar extradicional

Em caso de urgência do pedido, o Estado interessado na extradição poderá, previamente ou conjuntamente com a formalização do pedido extradicional, requerer, por

---

53. Informativo do STF. 04/12/2018. STF. Pedido de extensão na Extradição (EXT 1363). 1ª T. Rel. Min. Alexandre de Moraes.

via diplomática ou por meio de autoridade central do Poder Executivo, prisão cautelar com o objetivo de assegurar a executoriedade da medida de extradição que, após exame da presença dos pressupostos formais de admissibilidade exigidos na lei ou em tratado, deverá representar à autoridade judicial competente, ouvido previamente o Ministério Público Federal (art. 84, *caput*, da Lei).

O pedido de prisão cautelar deverá conter informação sobre o crime cometido e deverá ser fundamentado, podendo ser apresentado por correio, fax, mensagem eletrônica ou qualquer outro meio que assegure a comunicação por escrito (art. 84, § 1º, da Lei).

O pedido de prisão cautelar poderá ser transmitido à autoridade competente para extradição no Brasil por meio de canal estabelecido com o ponto focal da Organização Internacional de Polícia Criminal (Interpol) no País, devidamente instruído com a documentação comprobatória da existência de ordem de prisão proferida por Estado estrangeiro, e, em caso de ausência de tratado, com a promessa de reciprocidade recebida por via diplomática (art. 84, § 2º, da Lei).

Efetivada a prisão do extraditando, o pedido de extradição será encaminhado à autoridade judiciária competente (art. 84, § 3º, da Lei).

Na ausência de disposição específica em tratado, o Estado estrangeiro deverá formalizar o pedido de extradição no prazo de sessenta dias, contado da data em que tiver sido cientificado da prisão do extraditando (art. 84, § 4º, da Lei).

Caso o pedido de extradição não seja apresentado no prazo previsto, o extraditando deverá ser posto em liberdade[54], não se admitindo novo pedido de prisão cautelar pelo mesmo fato sem que a extradição tenha sido devidamente requerida (art. 84, § 5º, da Lei).

A prisão cautelar poderá ser prorrogada até o julgamento final da autoridade judiciária competente quanto à legalidade do pedido de extradição (art. 84, § 6º, da Lei).

13.6.5. Possibilidade de imposição de prisão albergue, domiciliar ou medidas cautelares diversas

O Supremo, ouvido o Ministério Público, poderá autorizar prisão albergue ou domiciliar ou determinar que o extraditando responda a processo de extradição em liberdade, com retenção do documento de viagem ou outras medidas cautelares necessárias, até o julgamento da extradição ou a entrega do extraditando, se pertinente, considerando a situação administrativa migratória, os antecedentes do extraditando e as circunstâncias do caso (art. 86 da Lei).

13.6.6. Extradição voluntária

O extraditando poderá entregar-se voluntariamente ao Estado requerente, desde que o declare expressamente, esteja assistido por advogado e seja advertido

---

54. Informativo do STF. 30/04/2018. Pedido de Extradição 1517. Rel. Min. Marco Aurélio.

de que tem direito ao processo judicial de extradição e à proteção que tal direito encerra, caso em que o pedido será decidido pelo Supremo Tribunal Federal (art. 87 da Lei). A extradição voluntária permite a liberação antecipada do extraditando, pelo Poder Judiciário, antes do encerramento de processo ou do cumprimento da pena, bem como a determinação da transferência do condenado. De qualquer forma, continua existindo a prerrogativa do Presidente da República de promover a entrega imediata do extraditando[55]. A declaração de consentimento do extraditando deverá ser homologada pelo Supremo, monocraticamente, pelo Min. Relator, pressupondo-se que o Estado estrangeiro, por meio de seus agentes, promova a retirada do extraditando do Brasil[56].

13.6.7. Procedimento da extradição

Extradição ativa

Extradição ativa é aquela requerida pelo Brasil em face de estado estrangeiro

Todo pedido que possa originar processo de extradição em face de Estado estrangeiro deverá ser encaminhado ao órgão competente do Poder Executivo diretamente pelo órgão do Poder Judiciário responsável pela decisão ou pelo processo penal que a fundamenta (art. 88, *caput*, da Lei).

Compete ao órgão do Poder Executivo o papel de orientação, informação e de avaliação dos elementos formais de admissibilidade dos processos preparatórios para encaminhamento ao Estado requerido (art. 88, § 1º, da Lei).

Compete aos órgãos do sistema de Justiça vinculados ao processo penal gerador de pedido de extradição a apresentação de todos os documentos, manifestações e demais elementos necessários para o processamento do pedido, inclusive suas traduções oficiais (art. 88, § 2º, da Lei).

O pedido deverá ser instruído com cópia autêntica ou com o original da sentença condenatória ou da decisão penal proferida, conterá indicações precisas sobre o local, a data, a natureza e as circunstâncias do fato criminoso e a identidade do extraditando e será acompanhada de cópia dos textos legais sobre o crime, a competência, a pena e a prescrição (art. 88, § 3º, da Lei).

Extradição passiva

É aquela requerida pelo Estado estrangeiro ao Brasil.

O pedido de extradição originado de Estado estrangeiro será recebido pelo órgão competente do Poder Executivo e, após exame da presença dos pressupostos formais de admissibilidade exigidos nesta Lei ou em tratado, encaminhados à autoridade judiciária competente (art. 89, *caput*, da Lei). Não preenchidos os pressupostos, o pedido será arquivado mediante decisão fundamentada, sem prejuízo da possibilidade

---

55. Informativo do STF. 11/09/2018. Pedido de extradição. EXT 1492. Rel. Min. Rosa Weber.
56. STF – Prisão Preventiva para extradição 843/DF. Min. Relator Ricardo Lewandowski.

de renovação do pedido, devidamente instruído, uma vez superado o óbice apontado (art. 89, § único, da Lei).

Nenhuma extradição será concedida sem prévio pronunciamento do Supremo a respeito de sua legalidade e procedência, não cabendo recurso da decisão (art. 90 da Lei). A competência para julgar a extradição é de uma das Turmas do STF (art. 9º, I, *h*, do Regimento Interno do STF – RISTF).

Ao receber o pedido, o relator designará dia e hora para o interrogatório do extraditando e, conforme o caso, nomear-lhe curador ou advogado, se não o tiver (art. 91, *caput*, da Lei).

A defesa, a ser apresentada no prazo de dez dias contado da data do interrogatório, versará sobre a identidade da pessoa reclamada, defeito de forma de documento apresentado ou ilegalidade da extradição (art. 91, § 1º, da Lei).

Não estando o processo devidamente instruído, o Tribunal, a requerimento do MP, poderá converter o julgamento em diligência para suprir a falta, no prazo improrrogável de sessenta dias (art. 91, § § 2º e 3º, da Lei).

Julgado procedente o pedido extradicional, se o extraditando entregue ao Estado requerente voltar ao Brasil, poderá ser determinado seu reingresso à nação requerente, por decisão monocrática de Ministro do STF, sem necessidade de novo julgamento colegiado[57].

13.6.8. Julgamento da extradição

Procedência da extradição

Julgada procedente a extradição e autorizada a entrega pelo órgão competente do Poder Executivo, será o ato comunicado por via diplomática ao Estado requerente, que, no prazo de sessenta dias da comunicação, deverá retirar o extraditando do território nacional (art. 92 da Lei). Depois da decisão do Supremo a respeito da extradição, se julgada procedente, caberá ao Presidente da República decidir, discricionariamente, a respeito da efetivação da extradição já deferida pelo Supremo, aquilatando a conveniência ao interesse nacional, como verdadeiro ato de soberania.

Se o Estado requerente não retirar o extraditando do território nacional no prazo previsto, será ele colocado em liberdade (art. 93 da Lei).

Quando o extraditando estiver sendo processado ou tiver sido condenado, no Brasil, por crime punido com pena privativa de liberdade, a extradição será executada somente depois da conclusão do processo ou do cumprimento da pena, ressalvadas as hipóteses de liberação antecipada pelo Poder Judiciário e de determinação da transferência da pessoa condenada (art. 95, *caput*, da Lei).

Quando o extraditando estiver sendo processado ou tiver sido condenado, no Brasil, por infração de menor potencial ofensivo, a entrega poderá ser imediatamente efetivada (art. 94, § 2º, da Lei).

---

57. Informativo do STF. 21/11/2017. STF. 2ª T. Ext 1225. Rel. Min. Gilmar Mendes.

A extradição poderá ser adiada se sua efetivação puser em risco a vida do extraditando em virtude enfermidade grave comprovada por laudo médico oficial (art. 95, § 1º, da Lei).

A entrega do extraditando será feita com os objetos e instrumentos do crime encontrados em seu poder, de acordo com as leis brasileiras e respeitado o direito de terceiro (art. 97, *caput*, da Lei). Tais objetos poderão ser entregues independentemente da entrega do extraditando (art. 97, § único, da Lei). Claro que os objetos que são confiscáveis – instrumentos do crime que constituam, de per si, coisas ilícitas, ou o produto do crime ou o proveito da infração, não serão devolvidos por expressa vedação do art. 91, II, *a* e *b*, do CP, mas poderá ser entregues ao estado requerente.

O extraditando que, depois de entregue ao Estado requerente, escapar à ação da Justiça e homiziar-se no Brasil, ou por ele transitar, será detido mediante pedido feito diretamente por via diplomática ou pela Interpol e novamente entregue, sem outras formalidades (art. 98 da Lei).

Condições impostas ao Estado requerente para que a extradição se efetive

São as seguintes previstas no art. 96 da Lei:

1ª – não submeter o extraditando a prisão ou processo por fato anterior ao pedido de extradição;

2ª – computar o tempo da prisão ou processo por fato anterior ao pedido de extradição;

3ª – computar a pena corporal perpétua ou de morte em pena privativa de liberdade, respeitado o limite máximo de cumprimento de trinta anos;

4ª – não entregar o extraditando, sem consentimento do Brasil, a outro Estado que o reclame;

5ª – não considerar qualquer motivo político para agravar a pena;

6ª – não submeter o extraditando a tortura ou a outros tratamentos ou penas cruéis, desumanos ou degradantes.

Improcedência da extradição

Negada a extradição em fase judicial, não se admitirá novo pedido baseado no mesmo fato (art. 94 da Lei).

CAPÍTULO 14
NULIDADES

14.1. NULIDADES. RAZÃO DE SUA EXISTÊNCIA. CONCEITO

O processo é constituído, em seu aspecto interno, por uma relação jurídica complexa e dinâmica que disciplina poderes, uma série de direitos, obrigações, faculdades e ônus entre pessoas que, de qualquer modo, nele atuem (como as partes, juiz, defensor, testemunhas, perito, funcionários da justiça etc.).

Já em seu aspecto externo, o processo se manifesta através de um procedimento – uma sequência de atos processuais encadeados que visam a um provimento final (uma sentença).

O processo reúne, portanto, a relação jurídica processual (sua parte imaterial, intangível) e o procedimento (sua parte formal, tangível, concreta).

A lei regulamenta o procedimento estipulando quais atos o compõem, qual a sua forma, e sequência; é a *tipicidade processual*: da mesma forma que, no direito penal, existem tipos penais, e, fora deles, não há crime, no processo penal, há tipos processuais e, fora deles, não há processo.

A lei processual impõe ao juiz e às partes o dever de seguirem, estritamente, os tipos processuais (os modelos legais), cuja previsão decorre da Constituição Federal e nas leis, porque, apenas com sua obediência, os direitos das partes e o interesse público pela busca por uma decisão justa serão respeitados. São normas cogentes, de cumprimento obrigatório pelos sujeitos processuais, porque se relacionam com o devido processo legal (*due process of law*).

Procedimento é forma; forma, por sua vez, é o modo encontrado pela lei de assegurar os direitos das partes e os interesse na busca de uma decisão justa, conciliando o direito público, social, indisponível à segurança pública em possível conflito com a liberdade individual; ou, em outras palavras, **forma é segurança jurídica**, a previsibilidade de que como se desenvolverá a marcha processual.

Exemplificando: existem formalidades para que o mandado de citação seja expedido e cumprido (arts. 352 e 357 do CPP), como constar do mandado o nome do juiz, do réu, a leitura do mandado pelo oficial ao citando etc.; tais formalidades existem para se assegurar o direito do acusado ao contraditório e à ampla defesa; forma é, portanto, a maneira encontrada, pelo direito processual, de se assegurar o respeito aos direitos das partes.

Para assegurar que todos os atos que formam o procedimento sejam respeitados pelos sujeitos processuais, ameaça a lei, com uma sanção processual, se houver seu desrespeito: a invalidade ou nulidade do ato ou de todo o procedimento, obrigando à sua repetição.

A nulidade é, assim, um **vício na sua origem** (o desrespeito à forma, ao procedimento) **e uma sanção**, como consequência, invalidando os atos que não respeitarem a tipicidade processual.

As nulidades possuem por escopo, ante o receio de que os atos processuais sejam invalidados, obrigar o juiz e as partes a respeitar a forma prevista em lei, sob pena de o trabalho até então desenvolvido ser perdido, comprometendo a razoável duração do processo; deixando em suspenso, indefinidamente, a situação do acusado; exacerbando a sensação de impunidade, principalmente caso suceda a prescrição devido à demora na marcha – e contramarcha – do processo.

14.2. EXISTE NULIDADE EM INQUÉRITO POLICIAL?

A nulidade, em regra, é instituto exclusivo do processo: eventuais irregularidades ocorridas em atos do inquérito policial não anulam o processo (não há contaminação); um flagrante ilegal, por exemplo, acarretará o seu relaxamento, mas não impedirá o ajuizamento da ação penal. Poderia se enxergar como exceção a essa regra o art. 7º, XXI, do Estatuto da Ordem dos Advogados do Brasil (Lei 8.906/94, com a nova redação trazida pela Lei 13.242, de 12 de janeiro de 2016), a qual estipula que, se a autoridade policial impedir que o advogado assista ao seu cliente que vier a ser interrogado ou ouvido em depoimento, na delegacia de polícia, na fase do inquérito policial portanto, acarretará a nulidade absoluta do respectivo interrogatório ou depoimento, e, subsequentemente, de todos os elementos investigatórios e probatórios dele decorrentes ou derivados, direta ou indiretamente, podendo atingir, assim, os atos processuais.

Essa é uma situação em que a irregularidade do inquérito policial é considerada como prova ilícita – oitiva do indiciado ou de testemunha sem presença do advogado, mesmo tendo, o defensor, requerido o acompanhamento daquele ato – o que acarreta a ilicitude, por derivação, de todos os demais atos probatórios vinculados (*teoria dos frutos da árvore envenenada*), pelo nexo de causalidade, ao depoimento ou interrogatório ilícitos referidos, sejam eles praticados no decorrer do próprio inquérito ou mesmo do processo. Em suma, atos processuais podem ser anulados, pela ilicitude da prova, em decorrência da ilicitude de elemento informativo colhido na fase inquisitorial, desde que haja um nexo de causalidade entre eles.

Outros exemplos de prova ilícita colhida durante o inquérito que pode contaminar – e anular – o processo: cumprimento de mandado de busca e apreensão, à noite, sem autorização do morador (os elementos probatórios colhidos serão considerados ilícitos e as provas decorrentes da busca serão inutilizadas); interceptação telefônica deferida pelo juiz sem qualquer fundamentação (as provas colhidas pela interceptação e aquelas dela advindas, por um nexo de causalidade, serão contaminadas pela ilicitude da prova).

Importante esclarecer que só haverá contaminação das provas do processo, pela ilicitude, se houver nexo de causalidade direto com elemento informativo ou a prova do inquérito colhidos de maneira ilícita. Se houver, no processo, outras provas lícitas, colhidas por fonte independente, ou seja, que não tenham vinculação com o elemento probatório ilícito coligido em sede de inquérito policial, não há se falar em nulidade do processo como um todo, desde que os elementos probatórios remanescentes (a prova lícita) continuem a dar justa causa para a ação penal.

14.3. NULIDADE E DECLARAÇÃO JUDICIAL

A nulidade de um ato processual dependerá sempre de reconhecimento judicial, que apontará o vício e sua consequência: sua invalidade. Enquanto não advier a declaração judicial, o ato nulo continuará produzindo efeitos.

14.4. INEXISTÊNCIA. ESPÉCIES DE NULIDADES. NULIDADE ABSOLUTA. NULIDADE RELATIVA. IRREGULARIDADE

14.4.1. Inexistência

Quando se fala em inexistência, refere-se à inexistência jurídica de um ato processual, praticado com tamanha desconformidade com o modelo legal, a ponto de ser considerado imprestável, e de sequer depender de decisão judicial para retirá-lo do mundo jurídico, porque nunca produzirá quaisquer efeitos. É um não ato jurídico.

Exemplos: sentença produzida por escrivão; audiência presidida por oficial de justiça; sentença sem a parte dispositiva (isto é, sentença sem decisão).

Tamanha é atrocidade processual de tais atos que nem precisarão de decisão judicial para anulá-los; basta desconsiderá-los, sendo certo que não poderão produzir qualquer efeito, jamais transitando em julgado o processo inexistente.

Ocorre que, na prática, mesmo o ato inexistente produz efeitos enquanto não for notada a barbaridade cometida, de modo que não se dispensa a declaração judicial de inexistência do ato a fim de coarctar suas consequências.

O ato inexistente não se convalida (não é sanado), mesmo que tenha ocorrido o trânsito em julgado da decisão, seja condenatória seja absolutória. Exemplos: "proferida" sentença condenatória ou absolutória por escrivão, não será necessário ajuizamento de revisão criminal ou impetração de *habeas corpus* (pela defesa), nem de mandado de segurança pela acusação; bastará a declaração judicial, do juiz de 1ª instância, apontando a inexistência do ato para que deixe de produzir efeitos. Na hipótese de inexistência, a "decisão judicial" não transitará em julgado, de modo que a "absolvição" não fará coisa soberana julgada, nem impedirá sua desconstituição. Claro que o réu que tenha sido absolvido, pelo escrivão e não pelo juiz, mesmo que essa decisão esdrúxula tenha "transitado em julgado", não tem o direito de ver mantida tal atrocidade processual em seu benefício.

Outro exemplo: juiz militar que arquiva, de ofício, inquérito policial por entender que determinado policial militar agiu em legítima defesa ao matar um civil. Essa decisão configura verdadeiro não – ato jurídico, por usurpar nitidamente a competência do Tribunal do Júri, embora emanado de quem possua jurisdição, e não pode transitar em julgado, de modo que não poderá arguir sua "autoridade" quem – pela atrocidade processual – for dela beneficiário.

Há forte entendimento doutrinário no sentido de que os processos em que atuaram juízes impedidos (art. 252 do CPP) são inexistentes.

14.4.2. Espécies de nulidades. Nulidade absoluta. Nulidade relativa

Há duas espécies de nulidades:

1ª – **Nulidade absoluta**: é aquela em que há violação de normas do procedimento que tutelam, diretamente, direitos assegurados na Constituição ou em tratados internacionais sobre direitos humanos (como, por exemplo, o Pacto de São José da Costa Rica), cujo cumprimento é questão de ordem pública, acima do interesse das partes.

Há quem entenda[1] que as nulidades previstas casuisticamente no art. 564 do CPP são absolutas, com exceção do inciso III, *d* e *e*, segunda parte, *g* e *h*, e IV, pois, o art. 572 do CPP considera sanadas tais hipóteses de nulidades enumeradas, se não forem arguidas em tempo oportuno (o que é uma característica das nulidades relativas). Se, pela interpretação da lei, são relativas as nulidades previstas no art. 564 do CPP, inciso III, *d* e *e*, segunda parte, *g* e *h*, e IV, as demais hipóteses de eiva previstas no mesmo artigo seriam absolutas. Embora logicamente irretocável tal análise, certo que o critério mais seguro, a nosso sentir, para se distinguir uma nulidade relativa de uma absoluta é a ofensa direta à Constituição Federal e aos Tratados Internacionais de Direitos Humanos.

Exemplos de nulidades absolutas: não nomear advogado ao acusado que não possua recursos para contratar um profissional de sua confiança; não interrogar o acusado, que queira dar sua versão dos fatos, por estar o juiz convencido de sua culpabilidade etc.

Nulidade absoluta e necessidade de comprovação do prejuízo

O prejuízo ocasionado pelo desrespeito à forma legal é presumido, não precisando ser comprovado pela parte prejudicada, a quem bastaria apontar o vício do ato para que conseguisse sua automática invalidação. Este entendimento, todavia, tem sido alterado pelo STF[2], que passou a exigir a comprovação da ocorrência de efetivo prejuízo às partes, para que seja reconhecida a nulidade absoluta.

---

1. Renato Brasileiro de Lima, Curso de Processo Penal, p. 1585.
2. STF – 2ª T. 110. 623/DF, Rel. Min. Ricardo Lewandowski, j. 13/03/2012, DJe 61 23/03/2012. STF – 2ª T. HC 85.155/SP, Rel.ª Min. ª Ellen Gracie, j. 22/03/2005, DJ 15/04/2005.

Segundo o STF[3] ainda: "Apesar de existir entendimento deste Supremo Tribunal no sentido de que o prejuízo de determinadas nulidades seria de "prova impossível", o princípio do *pas de nullité sans grief* exige, em regra, a demonstração de prejuízo concreto à parte que suscita o vício, independentemente da sanção prevista para o ato, podendo ser ela tanto a de nulidade absoluta quanto a relativa, pois não se decreta nulidade processual por mera presunção".

Diante desse entendimento do Pretório Excelso, certo que a regra do art. 563 do CPP, de que "nenhum ato será declarado nulo, se da nulidade não resultar prejuízo para a a acusação ou para a defesa" *é aplicável às hipóteses de nulidade relativa e absoluta*, indistintamente.

Isso significa dizer que, ao contrário do que afirma boa parte da doutrina, as nulidades absolutas podem ser convalidadas (sanadas), isto é, *autoriza-se o aproveitamento do ato processual defeituoso, mesmo que maculado pela nulidade absoluta, desde que não tenha ocorrido prejuízo.*

Reconhecimento a qualquer tempo da nulidade absoluta

A nulidade absoluta pode ser arguida pelas partes, e reconhecida, de ofício, pelo juiz, a qualquer tempo e grau de jurisdição, pois o que está em jogo é o interesse público, e não apenas o particular dos envolvidos; sendo assim, como regra, a nulidade absoluta não se submete à preclusão. Normalmente, os Tribunais em geral podem reconhecer, de ofício, as nulidades absolutas; no entanto, em se tratando de recurso especial ou extraordinário, deverá haver prequestionamento da matéria, de modo que a nulidade, mesmo que absoluta, sem sua prévia discussão, não poderá ser reconhecida, de ofício, pelo Pretório Excelso e pelo STJ. É o que determina a Súmula 356 do STF: "O ponto omisso da decisão, sobre o qual foram opostos embargos declaratórios, não pode ser objeto de recurso extraordinário, por faltar o requisito do prequestionamento". No mesmo sentido a Súmula 320 do STJ: "A questão federal somente ventilada no voto vencido não atende ao requisito do prequestionamento".

Mas, de qualquer forma, se for patente a nulidade absoluta, nada impede que o STF e o STJ, em havendo constrangimento à liberdade de locomoção, concedam *habeas corpus* de ofício, reconhecendo a eiva.

Enquanto não declarada judicialmente, a nulidade absoluta produz efeitos.

Se uma nulidade absoluta tiver ocorrido em um processo, *em prejuízo da defesa*, mesmo que com o trânsito em julgado da sentença condenatória ou da sentença absolutória imprópria (aquela que impõe medida de segurança), será possível, através da impetração de *habeas corpus* ou ajuizamento de revisão criminal, obter-se sua invalidação. A nulidade, nesta situação, não se convalidará jamais.

Mas, se a nulidade absoluta eclodir em processo tendo como *prejudicada a acusação* pela eiva, havendo o trânsito em julgado da sentença absolutória, nada mais poderá ser feito porque não existe revisão criminal *pro societate* (a favor do interesse

---

3. STF – 1ª T., HC 107.769/PR, Rel. ª Min.ª Cármem Lúcia, j. 18/10/2011, DJe 225 25/11/2011.

da sociedade), de acordo com o Pacto de San José da Costa Rica (Decreto 678/92, art. 8º, nº 4), mas, apenas, a favor do réu; em outras palavras, nesta hipótese, a nulidade, mesmo sendo absoluta, não será jamais decretada, nem sanada, fazendo coisa soberanamente julgada.

2ª – **Nulidade relativa:** é aquela em que há violação de normas previstas na legislação infraconstitucional, mesmo que tais normas disciplinem, *indiretamente*, direitos assegurados na Constituição e em Tratados Internacionais de Direitos Humanos. O interesse no estrito cumprimento dessas normas legais, segundo majoritária doutrina, seria, predominantemente, das partes, e não do magistrado. Esse é o conceito doutrinário generalizado a respeito das nulidades relativas, o qual, ao nosso ver, deveria ser revisado, afinal, *a regularidade dos atos processuais* é, acima de tudo, *uma questão de ordem pública*, atinente ao *devido processo legal*, estando muito acima do interesse particular das partes; se é direito das partes que se sigam as formas previstas em lei – e não se nega esse direito subjetivo – também é dever do juiz velar pela estrita legalidade dos atos processuais – a chamada *tipicidade dos atos processuais*-sem depender da caprichosa, incerta e sempre mutável etiquetagem doutrinária a discriminar as eivas em relativas e absolutas.

E justamente por ser a questão das nulidades – *inclusive as relativas* – uma matéria de ordem pública, torna-se plenamente admissível que o juiz de primeira instância, reconheça, mesmo que de ofício, as nulidades relativas. Até porque incumbe ao juiz resguardar a regularidade da marcha processual (art. 251 do CPP), não havendo qualquer sentido em se impedir que o magistrado, de ofício, reconheça a existência de nulidade relativa, e determine a repetição do ato defeituoso. Conclui-se, assim, que o **juiz pode (e deve) reconhecer, de ofício, nulidades absolutas e relativas.**

Critério diferenciador entre as nulidades absolutas e relativas

Há quem entenda[4], como já dissemos, que as nulidades relativas são aquelas previstas casuisticamente no art. 564 do CPP, inciso III, *d* e *e*, segunda parte, *g* e *h*, e IV. Isso porque, como o art. 572 do CPP considera sanáveis tais hipóteses de nulidades enumeradas, se não forem arguidas em tempo oportuno ou se, embora praticados os atos de forma diversa da legal, mesmo assim, atingirem ao seu fim, significa dizer que se tratam de nulidades relativas, justamente porque submetidas à preclusão.

Embora concordemos com a lógica dessa interpretação, nos parece mais seguro usar como critério diferenciador a fim de se distinguir uma nulidade relativa de uma absoluta, verificar se houve ofensa direta à Constituição Federal e aos Tratados Internacionais de Direitos Humanos; em havendo *ofensa direta*, o caso é de *nulidade absoluta*; em ocorrendo *violação direta* de normas infraconstitucionais (mesmo que *reflexamente* venha a atingir normas constitucionais ou convencionais) será caso de se apontar a existência de *nulidade* meramente *relativa*.

---

4. Renato Brasileiro de Lima, Curso de Processo Penal, p. 1585.

Nulidade relativa e prejuízo

O prejuízo ocasionado pelo desrespeito à forma legal, no caso de nulidade relativa, deve ser comprovado (ao contrário da nulidade absoluta que é presumido), segundo a doutrina majoritária. Ressalte-se, como já se disse, que o Pretório Excelso firmou posição no sentido de que qualquer nulidade – relativa ou absoluta – para que seja reconhecida, indispensável a comprovação do prejuízo sofrido pela parte.

Nulidade relativa e preclusão

A nulidade relativa se submete à preclusão, não podendo mais ser reconhecida se passada a oportunidade processual para se postular seu reconhecimento, como preconiza o art. 571 do CPP. Enquanto não declarada judicialmente, a nulidade relativa produz efeitos.

Á parte, no tempo oportuno, compete arguir a nulidade relativa, ocasião em que o juiz poderá nulificar o ato impugnado ou mantê-lo; se sanado o ato processual nulo, a questão se encerra; já no caso de indeferimento do pedido de decretação da nulidade, a questão poderá voltar a ser discutida, na eventualidade de ser interposto recurso pela parte prejudicada pela nulidade, a qual articulará a eiva, em preliminar de seu recurso.

Exemplos de nulidades relativas: falta de intimação das da expedição de carta precatória; é o teor da Súmula 155 do STF: "É relativa a nulidade do processo criminal por falta de intimação da expedição de precatória para a inquirição de testemunha"; falta de requisição de réu preso à audiência de oitiva de testemunha no juízo deprecado[5], etc.

Nulidades relativas e convalidação

As nulidades relativas, se ocorrida sua preclusão ou se não demonstrado o prejuízo pela violação da forma legal, podem ser convalidadas (sanadas), isto é, o ato, mesmo defeituoso, acaba por ser aproveitado, sem necessidade de sua renovação.

14.4.3. Nulidades absolutas e relativas e recursos

Em sede de recurso, só poderá ser reconhecida, pelo Tribunal, nulidade – relativa ou absoluta – *contra os interesses do acusado*, se a acusação postular expressamente seu reconhecimento, a não ser que se trate de recurso de ofício, hipótese em que ao Tribunal será permitido reconhecer a eiva, mesmo que não requerida pela acusação. Este é o teor da Súmula 160 do STF: "é nula a decisão do Tribunal que acolhe, contra o réu, nulidade não arguida no recurso da acusação, ressalvados os casos de recurso de ofício".

Em outras palavras, se é permitido ao juiz de 1ª instância reconhecer nulidades relativas (e absolutas), de ofício, o Tribunal, ao julgar recursos, não possui a mesma liberdade de apreciação, ficando vinculado a proibição da *reformatio in pejus* (vedação a que reconheça, contra a defesa, qualquer espécie de nulidade que não

---

5. STJ – 5ª T., HC 95.441/SC, Rel. Min. Arnaldo Esteves Lima, j. 09/02/2010, DJe 15/03/2010.

tenha sido postulada pela acusação, proibição essa extraída do art. 617 do CPP). É indispensável que a questão da nulidade que possa prejudicar os interesses da defesa seja levada, *expressamente*, pela acusação, através de seu recurso, ao Tribunal, cumprindo-se, à risca, neste caso, o princípio do *tantum devolutum quantum apelatum* e o da inércia da jurisdição (*ne procedat judex ex officio*). Além disso, claro que, no caso de nulidade relativa, necessário que tenha sido arguida em tempo oportuno a eiva, sob pena de preclusão.

Como a súmula 160 não estabelece distinção entre nulidade relativa e absoluta, assentou-se, na doutrina e na jurisprudência, a tese de que ao Tribunal é vedado reconhecer, *ex officio*, sem arguição expressa da acusação, quaisquer espécies de nulidades, relativas ou mesmo absolutas, desde que "contra o réu".

E na situação inversa? Se apenas a defesa apela, pelo mérito, nada arguindo a respeito de nulidades, o Tribunal pode reconhecer, *ex officio*, nulidade que a favoreça? Tem-se entendido que é perfeitamente possível o reconhecimento de nulidades que favoreçam a defesa, mesmo que de ofício, pelo Tribunal, em decorrência do princípio da ampla defesa e da *reformatio in mellius*.

De igual maneira e pelos mesmos motivos (princípio da ampla defesa e da *reformatio in mellius*) se o MP recorrer postulando o reconhecimento de nulidades que favoreçam os interesses acusatórios, mesmo assim, o Tribunal pode reconhecer, de ofício, nulidade que beneficie a defesa.

14.4.4. Irregularidade

É a violação de normas do procedimento que tenham conteúdo de mera exigência formal, sem que tutelem, direta ou indiretamente, direitos assegurados na Constituição.

A irregularidade não se enquadra, portanto, no conceito de nulidade, e, por isso, não gera a invalidade do ato defeituoso.

Exemplo: oferecimento de denúncia fora do prazo legal; razões de recursos extemporâneas.

14.5. PRINCÍPIOS APLICÁVEIS ÀS NULIDADES

14.5.1. Princípio da instrumentalidade das formas ou princípio da finalidade

Determina o art. 566 do CPP que "não será declarada a nulidade de ato processual que não houver influído na apuração da verdade substancial ou na decisão da causa".

O art. 277 do CPC consagra o mesmo princípio: "Quando a lei prescrever determinada forma, o juiz considerará válido o ato se, realizado de outro modo, lhe alcançar a finalidade".

O ato processual que, embora praticado em desconformidade com o modelo legal, não tenha influído negativamente na busca da verdade real ou da decisão justa, não precisa ser invalidado, porque não trouxe nenhum prejuízo à prestação jurisdicional.

A forma do ato processual não é um fim em si mesmo; é, isto sim, um instrumento que tutela a busca da verdade real e da decisão justa; se ambas não foram comprometidas, não há por que anular-se o ato processual; este é o significado do princípio acima.

14.5.2. Princípio da eficácia

Os atos processuais, mesmo que acometidos de nulidade absoluta ou relativa, enquanto não forem declarados judicialmente como tais, continuaram a produzir efeitos. Em outras palavras, a nulidade do ato processual não é automática, decorrente de sua prática irregular. Necessário que, posteriormente, através de decisão fundamentada, o juiz declare a razão da eiva, e sua extensão, se o caso, uma vez que, se do ato nulo não tiver advindo prejuízo à parte ou influenciado na decisão da causa, o magistrado poderá simplesmente não declarar a eiva.

14.5.3. Princípio do prejuízo

Dispõe o art. 563 do CPP que "nenhum ato será declarado nulo, se da nulidade não resultar prejuízo para a acusação ou para a defesa" (*pas de nullité sans grief*).

Em complementação a esse dispositivo o art. 566 do CPP que reza que "não será declarada a nulidade de ato processual que não houver influído na apuração da verdade substancial ou na decisão da causa".

O sistema de nulidades do CPC é previsto no arts. 276/283, valendo ressaltar o § 1º do art. 282 do CPC o qual estipula que "O ato não será repetido nem sua falta será suprida quando não prejudicar a parte".

Como já observamos, as formas dos atos processuais e seu encadeamento são instrumentos de proteção aos direitos subjetivos dos sujeitos processuais no decorrer da complexa relação jurídica processual, disciplinando, ainda, a persecução penal em juízo; ocorrendo a violação à forma do ato processual (ofensa à tipicidade processual), em regra, será o ato defeituoso invalidado.

Não basta, todavia, o mero desrespeito à forma para que o ato processual seja anulado; é preciso, também, como condição imprescindível, que tenha resultado prejuízo, devidamente comprovado, à acusação ou à defesa. A expressão em francês para o princípio é *pas de nullité sans grief*.

Este princípio é válido, tanto para as nulidades relativas como também para as absolutas, como vem decidindo o Pretório Excelso a respeito da matéria, como acima visto[6].

14.5.4. Princípio da lealdade ou da boa-fé

Determina o art. 565, 1ª parte, do CPP que nenhuma das partes pode arguir nulidade a que haja dado causa, ou para a qual tenha concorrido. A parte pode dar

---

6. STF – HC 122.229- 2ª T. Min. Rel. Ricardo Lewandowski.

causa à nulidade, por dolo (com intenção de gera-la), ou por negligência ou pura falta de conhecimento técnico; pouco importa, de qualquer maneira, quer tenha dado causa ao ato nulo, propositalmente ou não, não poderá arguir a eiva. O princípio da lealdade só é aplicável no caso de nulidades relativas; no caso de eiva absoluta, por se relacionar ao interesse indisponível público, não se discute a boa ou má – fé da parte que arguiu a nulidade.

14.5.5. Princípio do interesse

Reza o art. 565 do CPP, que "nenhuma das partes poderá arguir nulidade a que haja dado causa, ou para que tenha concorrido, ou *referente a formalidade cuja observância só à parte contrária interesse*".

Como vimos acima, a primeira parte do dispositivo trata do princípio da lealdade ou boa-fé, enquanto que a parte destacada do mesmo dispositivo tem por objeto o princípio do interesse.

E o que é o princípio do interesse?

É a regra que estabelece que a parte só pode arguir a nulidade de um ato processual que lhe tenha prejudicado, vedando que articule eiva que favoreça seu adversário processual.

O princípio do interesse só é válido no caso de nulidade relativa, em que preponderaria o interesse das partes. No caso de nulidade absoluta, cuja finalidade em declarar-se a invalidade do ato é de ordem pública, não se discute, por irrelevante, o interesse da parte.

O princípio do interesse é perfeitamente aplicável no caso da defesa, a quem se veda insurgir-se quanto a nulidade vinculada às pretensões da acusação. Exemplo: não pode a defesa requerer a nulidade de audiência realizada na ausência de representante do Ministério Público, porque lhe falta interesse para tanto[7].

Todavia, o princípio do interesse não se aplica ao Ministério Público, o qual, como fiscal da lei, incumbe defender a ordem jurídica (art. 127, *caput*, da CF); desse modo, ao *Parquet* se autoriza postular o reconhecimento de nulidades que favoreçam os interesses do acusado.

Exemplos: advogado, em plenário de Júri, que apresente uma defesa insubsistente e incompreensível, comprometendo o direito de defesa do acusado; plenamente autorizado que o membro do Ministério Público requeria, nessa situação, no próprio julgamento, a dissolução do Conselho de Sentença, em razão de o réu estar indefeso. Outro exemplo: ausência de advogado ao ato de interrogatório do acusado; proibição de o advogado entrevistar-se reservadamente com o acusado antes de seu interrogatório, matérias essas que podem – e devem-ser articuladas, como nulidades, pelo membro do Ministério Público, até porque, a questão não se circunscreve exclusivamente aos

---

7. STF – 2ª T., RHC 97.182/RO, Rel. Min. Celso de Mello, j. 14/04/2009, DJe 113 18/06/2009.

interesses privados da defesa, vez que, certas garantias mínimas de qualquer acusado fazem parte da essência do próprio devido processo legal, a ser velado pelo *Parquet*.

O Ministério Público está autorizado a postular o reconhecimento de nulidades que favoreçam à defesa seja nos processos em que é parte (ação penal pública), como também naqueles em que atua como fiscal da lei (ações penais privadas).

14.5.6. Princípio da causalidade ou da consequencialidade ou do efeito expansivo

Determina o § 1º do art. 573 do CPP que a "nulidade de um ato, uma vez declarada, causará a dos atos que dele diretamente dependam ou sejam consequência".

Como o procedimento é um encadeamento lógico e cronológico de atos processuais visando à prestação jurisdicional, é preciso saber se a nulidade de determinado ato *contaminou* os demais, ou se, ao contrário, o resto do procedimento continua válido.

No mesmo sentido o art. 281 do CPC: "Anulado o ato, consideram-se de nenhum efeito todos os subsequentes que dele dependam, todavia, a nulidade de uma parte do ato não prejudicará as outras que dela sejam independentes".

Havendo uma dependência lógica entre os atos processuais – uma relação de causa e efeito entre eles – aqueles que dependerem do ato anulado serão também, igualmente, invalidados. É a nulidade derivada que decorre do princípio da causalidade.

Exemplo: a ausência ou nulidade de citação válida acarretará a nulidade de todo o processo, porque todos os atos subsequentes dependem de que a citação seja regular.

Percebe-se, assim, que o ato nulo, acometido de nulidade originária, ao se estender aos demais atos, os contamina, acarretando a denominada nulidade derivada.

A existência ou não de nulidade derivada será objeto de expressa decisão judicial a respeito, que deverá deixar clara essa questão (§ 2º do art. 573 do CPP), quando declarar a nulidade de qualquer ato processual.

Esse ainda é o teor do art. 282, *caput*, do CPC: "Ao pronunciar a nulidade, o juiz declarará que atos são atingidos e ordenará as providências necessárias a fim de que sejam repetidos ou retificados".

E se o juiz decretar a nulidade do ato, mas deixar de se manifestar quanto à sua extensão aos demais atos processuais? Nesse caso, como observa Renato Brasileiro de Lima[8], cabível a oposição de embargos declaratórios posto que a decisão judicial terá sido omissa.

Se o Tribunal superior decretar a nulidade, especificando quais atos foram atingidos pela eiva – isto é, sua comunicabilidade – não é possível, que o juiz ou Tribunal *a quo*, contrariando o que decidido pela superior instância, considerem como atos processuais válidos aqueles já reputados como contagiados pela nulidade[9].

---

8. Renato Brasileiro de Lima, Curso de Processo Penal, p. 1601.
9. STF. Rcl (reclamação) 8823/RJ. 1ª T. Rel. Min. Marco Aurélio. j. 20/10/2015 (Rcl-8823).

14.5.7. Princípio da conservação dos atos processuais ou do confinamento da nulidade

Relaciona-se diretamente com o princípio da causalidade acima estudado, pois preconiza que, em não havendo relação de causalidade entre atos processuais, não se declara a nulidade dos atos processuais posteriores que não guardem vínculo causal com os atos acometidos de nulidade originária.

Em miúdos, os atos processuais subsequentes que não se relacionem com o ato nulo não serão atingidos e permanecerão íntegros.

É o que prevê art. 281 do CPC: "Anulado o ato, consideram-se de nenhum efeito todos os subsequentes que dele dependam, todavia, *a nulidade de uma parte do ato não prejudicará as outras que dela sejam independentes*".

Aponta Renato Brasileiro de Lima[10] que, mesmo nos atos processuais complexos, aqueles compostos de atos processuais diversos praticados em um mesmo momento, *v.g.*, como as audiências de instrução, debates e julgamento, em regra, não haverá a contaminação da nulidade entre atos processuais que não se se relacionem, por um nexo de causalidade, entre si.

De fato, a nulidade presente, *v.g.*, na sentença prolatada em audiência, por falta de fundamentação, não contaminará a produção da prova naquela mesma audiência, nem as alegações finais das partes; desse modo, a eiva se circunscreverá, apenas, a decisão judicial, mantendo-se íntegros os demais atos processuais, quais sejam, as provas e as alegações finais das partes. Todavia, se, por exemplo, for proibido – indevidamente – pelo juiz, que as partes perguntem, de maneira direta, às testemunhas, ou tendo o magistrado reduzido, de modo ilegal, o tempo de fala das alegações finais orais das partes, essas nulidades atingiriam o ato complexo como um todo, inclusive a sentença, de modo que será indispensável a repetição integral do ato.

Do mesmo modo, qualquer nulidade do ato complexo referente ao julgamento pelo Tribunal do Júri, como, por exemplo, quebra da incomunicabilidade dos jurados, deficiência da defesa nos debates, ausência de interrogatório do acusado etc, anulam o ato como um todo, que deverá ser refeito.

14.5.8. Princípio da convalidação

São mecanismos processuais de conservação ou convalidação que, por economia e visando a razoável duração do processo, estabelecem um verdadeiro sistema de aproveitamento dos atos processuais acometidos de nulidade relativa, os quais, em certas hipóteses, serão sanados, gerando plenos efeitos no processo, mesmo quando fosse caso, em tese, de se ter decretado sua nulidade.

O princípio da convalidação forma uma verdadeira *rede de proteção* de atos defeituosos que deveriam sair do processo e ser substituídos por outros, mas que, graças à *rede*, serão salvos e aproveitados, em determinadas situações.

---

10. Renato Brasileiro de Lima, Curso de Processo Penal, p. 1601.

Segundo a doutrina majoritária, como vimos, só podem ser convalidados atos processuais atingidos por nulidade relativa, mas não aqueles em que se verifica a existência de nulidade absoluta, que seria insanável.

Ocorre que o entendimento atual do Pretório Excelso é de que, mesmo as nulidades absolutas, se não ocasionarem prejuízo, podem ser sanadas, logo, convalidadas.

Se nenhuma das regras de convalidação puder ser aplicável, os atos processuais deverão ser renovados ou retificados (art. 573, *caput,* do CPP).

14.5.9. Princípio da preferência de julgamento pelo mérito da causa em detrimento da declaração de nulidade

No caso de ocorrer determinada nulidade processual que tenha prejudicado à defesa, *v.g.*, falta de citação ou de interrogatório, e, o juiz ou Tribunal, ao julgar o mérito da causa, verificar que o acusado deveria ser absolvido, o absolverá, de plano, deixando de declarar a nulidade ocorrida e constatada.

Para que se seja aplicável esse princípio ao processo penal, basta a utilização, por analogia, do art. 282, § 2º, do CPC, que prevê que: "Quando puder decidir o mérito a favor da parte a quem aproveite a decretação da nulidade, o juiz não a pronunciará nem mandará repetir o ato ou suprir-lhe a falta".

Claro que tal princípio só é válido em relação a *nulidade que tenha afetado o direito de defesa,* de modo que, se, em alegação final ou recurso exclusivo da defesa, sustentar-se a nulidade, nada impede que o magistrado ou o Tribunal afastem a eiva para julgar, de plano, o mérito da causa, absolvendo o acusado.

Como não há vedação à *reformatio in mellius,* poderá, o Tribunal, de ofício, absolver o acusado, em julgamento de recurso da defesa ou mesmo da acusação, *mesmo que as partes não tenham articulado qualquer pedido de absolvição.*

Segundo Renato Brasileiro de Lima[11], citando Paulo Rangel, trata-se, no caso de nulidade vantajosa para o réu, mas em que, se o feito estiver maduro para julgar o seu mérito, é preferível, desde logo, absolver-se o acusado a declarar-se a nulidade do processo.

14.6. REGRAS GERAIS DE CONVALIDAÇÃO OU SANEAMENTO, EM SE TRATANDO DE NULIDADES RELATIVAS/ABSOLUTAS

Como já vimos, as nulidades relativas podem ser sanadas (as denominadas **sanatórias**) ou convalidadas, o que, em regra, não seria permitido em se tratando de nulidades absolutas, as quais seriam insanáveis. Todavia, como ressaltado, o Supremo pacificou a possibilidade de saneamento das nulidades – mesmos as absolutas – caso não tenham ocasionado prejuízo.

As regras de convalidação ou saneamento são as seguintes:

---

11. Renato Brasileiro de Lima, Curso de Processo Penal, p. 1605.

14.6.1. Preclusão

14.6.1.1. Conceito

É a perda de uma faculdade ou direito processual pela parte, em determinadas situações previstas em lei, a fim de impelir o processo ao seu deslinde, sem possibilidade de voltar-se a fases processuais já desenvolvidas. Em resumo, a preclusão tem por finalidade evitar o *retrocesso*, uma vez que o *processo* deve marchar para frente.

14.6.1.2. Espécies de preclusão

14.6.1.2.1. Preclusão temporal (art. 572, I, do CPP)

A preclusão é a perda de da faculdade ou direito processual quando a parte não a postula em tempo oportuno. No campo das nulidades, haverá preclusão temporal quando a parte não argui a nulidade que lhe desfavoreceu, no momento processual adequado.

Momentos – limite para arguição das nulidades relativas – preclusão temporal das nulidades

As regras que estipulam o momento oportuno para a arguição das nulidades relativas, sob pena de preclusão, são previstas no art. 571 do CPP e são as que se seguem (adaptadas, por nós, aos atuais ritos do CPP).

Nulidades ocorridas antes da instrução e do oferecimento de resposta à acusação

E se a nulidade tiver ocorrido entre o oferecimento da denúncia ou queixa, e antes da apresentação de resposta à acusação (art. 396-A do CPP)?

Nessa hipótese, a eiva deverá ser arguida no primeiro momento oportuno, que será justamente o de se oferecer resposta à acusação (art. 396-A do CPP), sob pena de ocorrer a preclusão.

No rito do júri, as nulidades ocorridas, entre o oferecimento da denúncia e a apresentação da resposta à acusação também deverão ser articuladas quando do próprio ato de defesa (resposta à acusação prevista no art. 406 do CPP).

O juiz poderá nulificar o ato impugnado ou mantê-lo; se sanada o ato processual nulo, a questão se encerra; já no caso de indeferimento do pedido de nulidade, a questão poderá voltar a ser discutida, na eventualidade de ser interposto recurso pela parte prejudicada pela nulidade, a qual articulará a eiva, em preliminar de seu recurso.

Nulidades ocorridas antes e durante a instrução

E se a nulidade eclodir após à resposta à acusação, e antes da instrução, em que momento poderá ser articulada?

A qualquer momento, bastando um simples requerimento nesse sentido, devendo-se, é claro, abrir-se vista à parte contrária para se manifestar a fim de se preservar o contraditório. O momento limite – a última oportunidade de se arguir a nulidade – será o da apresentação das alegações finais orais ou escritas.

Em se tratando da instrução criminal da primeira fase do rito do júri, ou do procedimento ordinário, sumário ou especiais previstos no CPP, devem ser arguidas as nulidades *até* o momento das alegações finais orais (art. 403, *caput*, art. 411, § 4º, e 534, *caput*, todos do CPP) ou escritas (art. 403, § 3º, do CPP), nesta última hipótese, se o caso for complexo ou grande o número de acusados, sob pena de preclusão.

Não há, porém, porque se esperar o escoamento de todo o procedimento para, apenas quando da derradeira manifestação das partes em alegações finais, apontar-se a eiva, quando certo que, quanto antes se tomar conhecimento do defeito do ato, mais factível e célere seu saneamento pelo magistrado, sem comprometer a razoável duração do processo.

É o que estipula o art. 278, *caput*, do CPC: "A nulidade dos atos deve ser alegada na primeira oportunidade em que couber à parte falar nos autos, sob pena de preclusão".

Já as nulidades ocorridas durante o processo do rito do Júri, em sua primeira fase (juízo da acusação), serão apontadas – por simples requerimento – depois de ocorridas, ou, como oportunidade derradeira, na fase das alegações finais (art. 411, § 4º, do CPP).

O juiz poderá nulificar o ato impugnado ou mantê-lo; se sanada o ato processual nulo, a questão se encerra; já no caso de indeferimento do pedido de nulidade, a questão poderá voltar a ser discutida, na eventualidade de ser interposto recurso pela parte prejudicada pela nulidade, a qual articulará a eiva, em preliminar de seu recurso.

Nulidades ocorridas em audiência ou sessão do Tribunal do Júri

Se a nulidade tiver ocorrido em audiência, deve ser apontada no próprio ato, logo após a sua ocorrência, constando do termo de audiência o fato, a fim de que, na eventualidade de ser interposto recurso pela parte prejudicada pela eiva, se argua, em sede de preliminar, a nulidade.

As nulidades ocorridas na sessão de julgamento pelo Júri devem ser arguidas, no momento de sua ocorrência, devendo constar da ata de julgamento a fim de que, na eventualidade de ser interposto recurso pela parte prejudicada pela eiva, se articule, em sede de preliminar, a nulidade.

Nulidades da sentença

Deverão ser articuladas no próprio corpo das razões recursais.

Nulidades posteriores à sentença

Ocorrendo a nulidade após a sentença e *antes* do oferecimento do recurso, deverá ser arguida nas razões recursais. Se a nulidade ocorrer depois do oferecimento do recurso, deverá ser arguida logo depois de anunciado o julgamento do recurso e apregoadas as partes, quando às partes se faculta a sustentação oral, perante o Tribunal.

Nulidades ocorridas durante julgamento de recursos ou ações pelo Tribunal

Ocorrida a nulidade deverá constar como objeto de recurso a ser interposto pela parte-se cabível – como o recurso especial, recurso extraordinário, etc.

Nulidades posteriores à pronúncia no rito do Júri

As nulidades verificadas após a pronúncia devem ser levantadas, após anunciado o processo e apregoadas as partes (art. 571, V, e art. 463, caput, e § 1º, do CPP).

No entanto, como bem analisa Renato Brasileiro de Lima[12], o art. 422 do CPP prevê a oportunidade em que as partes podem requerer diligências, juntar documentos e arrolar testemunhas, seguindo-se, a essa fase postulatória, decisão judicial em que se determinará ou não as providências solicitadas, bem como serão sanadas as nulidades eventualmente ocorridas.

Ora, se o juiz pode sanar as nulidades, significa dizer que estará autorizado a fazê-lo, de ofício, como *dominus processus*, *bem como a requerimento das partes*, na fase processual oportuna – a do art. 422 do CPP – sob pena de preclusão.

Em resumo: as nulidades advindas entre a pronúncia e a fase do art. 422 do CPP (fase de requerimentos) devem ser articuladas naquela etapa processual; as nulidades ocorridas após a fase do art. 422 do CPP podem ser arguidas quando do pregão das partes e anúncio do processo, sem prejuízo de, antes do plenário, as partes apontarem a eiva, através de petição escrita, até por economia processual: com o escopo de se sanar a nulidade sem comprometer a realização do julgamento pelo Júri.

Nulidades referentes aos processos de competência originária dos Tribunais

No caso de processo de competência originária dos Tribunais – foro por prerrogativa de função – as nulidades ocorridas durante a instrução devem ser arguidas *até* o momento das alegações escritas, ou, no da sustentação oral (art. 11, *caput* e 12, I, da Lei 8.038/90). Nada impede que a parte argua a nulidade imediatamente após sua ocorrência mediante simples petição, uma vez que não se a obriga esperar até praticamente o deslinde do processo para fazê-lo.

14.6.1.2.2. Preclusão lógica

Praticado um ato processual de acordo com a forma legal, impede-se à parte que produza outro logicamente incompatível com o anterior.

Exemplo: renúncia ao direito de recorrer, devidamente registrada no termo de audiência, pela parte, impede que, depois, se interponha recurso da mesma decisão.

---

12. Renato Brasileiro de Lima, Curso de Processo Penal, p. 1590.

14.6.1.2.3. Preclusão consumativa

Praticado o ato sob a forma legal, não pode a parte pretender repeti-lo, porque a sua faculdade processual já se exauriu. Exemplo: oferecida resposta à acusação (art. 396-A do CPP), não pode o advogado, não satisfeito com o teor da anterior, oferecer outra peça em substituição aquela.

14.6.1.2.4. Preclusão consumativa eficaz (art. 572, II, do CPP)

Se o ato processual for praticado em desacordo com a forma legal, atingindo, porém, sua finalidade, não há porque se anular o ato. Nada mais é que a consagração do princípio do prejuízo e da instrumentalidade das formas.

14.6.2. Aceitação tácita da nulidade (art. 572, III, do CPP)

Ocorre na hipótese em que a parte prejudicada pela nulidade, mesmo que tacitamente, tiver aceitado seus efeitos.

14.7. NULIDADES EM RAZÃO DA INCOMPETÊNCIA E SUA CONVALIDAÇÃO ATRAVÉS DA *RATIFICAÇÃO*

Estipula o art. 567 do CPP que "a incompetência do juízo anula somente os atos decisórios, devendo o processo, quando for declarada a nulidade, ser remetido ao juiz competente".

Como a lei determina a anulação apenas dos atos decisórios, significa dizer que os atos instrutórios poderão ser preservados (convalidados) pelo juiz competente, a quem se possibilita sua ratificação (art. 108, § 1º, do CPP), até por uma questão de economia processual visando que o processo possua uma razoável duração.

Exemplo: a competência territorial (art. 70 do CPP) deveria ter sido estabelecida na comarca de São Paulo, mas o processo tramitou, equivocadamente, perante a comarca de Diadema; nesta situação, os atos de instrução poderão ser ratificados pelo juiz competente (o magistrado de São Paulo), mas as decisões judiciais deverão ser proferidas novamente pelo juiz com competência.

Esta convalidação, através da ratificação, é plenamente válida, em se tratando de incompetência relativa, mas, indaga-se: e se a incompetência for absoluta, os atos instrutórios podem, mesmo assim, ser aproveitados?

Exemplo: o crime é de competência da Justiça Federal, mas, por erro, acabou por desenvolver-se o processo perante vara da Justiça Estadual, produzindo-se a instrução; pergunta-se: a instrução poderá ser aproveitada pela justiça competente (a Justiça Federal), mesmo tendo sido produzida por órgão absolutamente incompetente, pela matéria, como a Justiça Estadual?

Há **duas posições** sobre o assunto:

1ª posição: Não se aproveitam os atos instrutórios. A convalidação de nulidade advinda da incompetência só é admitida quando a incompetência for relativa, não absoluta.

2ª posição: Aproveitam-se os atos instrutórios. Pode se tratar de incompetência relativa ou absoluta, de qualquer modo, os atos de instrução praticados perante o juiz incompetente podem ser aproveitados, em homenagem à economia processual. De igual maneira, podem ser aproveitados, também, alguns atos decisórios, como, por exemplo, decretação de prisão preventiva, sequestro etc., que são passíveis de ratificação pelo juiz competente. Este último posicionamento já foi adotado pelo STF[13]. Só não é possível a ratificação quando houver sentença de mérito prolatada pelo juiz incompetente; nesta hipótese, o juiz competente será obrigado a sentenciar.

14.8. NULIDADE E OMISSÕES OU FALHAS DA DENÚNCIA, QUEIXA OU REPRESENTAÇÃO E SUA CONVALIDAÇÃO ATRAVÉS DO *SUPRIMENTO*

Prevê o art. 569 do CPP que "as omissões da denúncia ou da queixa, da representação (...) poderão ser supridas a todo o tempo, antes da sentença final".

Normalmente, o suprimento acrescenta, através de aditamento da denúncia ou queixa, dados faltantes ou incorretos (nome do acusado, local da infração etc.); se for pretendida uma nova classificação jurídica ao fato, e não sua mera correção, aplica-se o procedimento do art. 384 do CPP (*mutatio libelli*).

Omissões na representação oferecida, no caso de crimes de ação penal pública condicionada, poderão ser supridas, se ainda não decorrido o prazo decadencial de 6 meses.

Exemplo: vítima de dois crimes de ação pública condicionada representa em relação a apenas um deles; poderá suprir a representação, no prazo decadencial de seis meses, a fim de acrescentar o outro delito de que também foi vítima; se não o fizer, a decadência se operará.

14.9. NULIDADE POR ILEGITIMIDADE DO REPRESENTANTE DA PARTE E SUA CONVALIDAÇÃO, MEDIANTE *RATIFICAÇÃO*

Determina o art. 568 do CPP que "a nulidade por ilegitimidade do representante da parte poderá ser a todo tempo sanada, mediante ratificação dos atos processuais".

Refere-se a lei à nulidade relativa por ilegitimidade *ad processum*, que pode ser sanada, mediante ratificação, a qualquer tempo; exemplos: procuração do advogado do querelante que não preenche os requisitos do art. 44 do CPP; após sanado tal defeito, os atos anteriores serão ratificados; queixa-crime cujo querelante, quando do

---

13. STF – HC 88.262-2. 2ª T. Rel. Min. Gilmar Mendes. DJ 30/03/2007.

oferecimento, era menor de 18 anos; essa ilegitimidade processual poderá ser ratificada pelo representante legal do menor.

Não é possível convalidar-se nulidade por ilegitimidade *ad causam*, porque se trata de caso de nulidade absoluta, que não pode ser sanada, por se tratar de norma de ordem pública referente às condições da ação penal (legitimidade de partes).

Exemplo de ilegitimidade *ad causam*: denúncia oferecida pelo MP, em se tratando de crime de ação penal privada, cuja legitimidade ativa é da vítima ou de seu representante legal.

14.10. NULIDADE POR FALTA OU NULIDADE DA CITAÇÃO OU INTIMAÇÃO E SUA CONVALIDAÇÃO ATRAVÉS DA *SUBSTITUIÇÃO*

Estipula o art. 570 do CPP que "a falta ou a nulidade da citação, da intimação ou notificação estará sanada, desde que o interessado compareça, antes de o ato consumar-se, embora declare que o faz para o único fim de argui-la (...)".

A falta ou nulidade de citação acarretam a nulidade absoluta do processo, a partir da omissão ou defeito deste ato processual, mas a lei admite, excepcionalmente, sua convalidação, através de sua substituição, pelo comparecimento do acusado. De igual maneira, é possível a substituição, em caso de intimações. Seja no caso da citação ou das intimações nulas, o juiz ordenará a suspensão ou o adiamento do ato, quando reconhecer que a irregularidade poderá prejudicar direito da parte (art. 570, 2ª parte, do CPP).

14.11. NULIDADE RECONHECIDA E SEU EFEITO: RETIFICAÇÃO OU RENOVAÇÃO DO ATO PROCESSUAL

O ato processual disforme, após invalidado por decisão judicial, é retificado, seguindo-se estritamente a forma legal anteriormente desrespeitada.

É o que determina o art. 573, *caput*, do CPP, no sentido de que os atos, cuja nulidade não tiver sido sanada, serão renovados ou retificados.

A *renovação* do ato é a sua repetição, *na integralidade*; a *retificação* do ato se limita a, *conservada a essência do ato nulo*, corrigir-se o seu defeito processual, mas sem se obrigar a prática de outro ato em sua inteireza.

14.12. NULIDADES EM ESPÉCIE PREVISTAS EM LEI

Consoante prescreve o art. 564 do CPP, a nulidade ocorrerá nos seguintes casos:

I – por incompetência, suspeição ou suborno do juiz;

Incompetência

A incompetência relativa (territorial) gera a nulidade relativa, que deve ser arguida pela parte no momento processual oportuno no prazo da resposta à acusação – art.

396-A do CPP, através da exceção de incompetência, em autos apartados, ou no bojo da própria resposta à acusação, sob pena de preclusão, de modo que se mostra possível a *convalidação* da nulidade.

A incompetência absoluta (pela matéria; aquela fixada em razão da prerrogativa de foro referentes a determinados cargos públicos; e a competência funcional) acarreta a nulidade absoluta, que pode ser arguida pela parte ou reconhecida pelo juiz ou pelo Tribunal, de ofício, a qualquer momento. Sendo assim, a incompetência relativa se convalida, mas a absoluta não.

Reconhecida a incompetência, os autos, quanto aos atos decisórios, em regra, são anulados, preservando-se a instrução, ao mesmo tempo em que se remete o processo ao Juízo competente.

Suspeição

Além da suspeição, que é expressamente prevista em lei, também os impedimentos e as incompatibilidades geram a nulidade absoluta do processo (há entendimento, todavia, que a suspeição geraria apenas nulidade relativa do feito).

Quanto ao impedimento, para a maioria da doutrina, a sua ocorrência acarretaria a própria inexistência da relação jurídica processual. Para nós, o impedimento é causa de nulidade absoluta do processo e não de sua inexistência, demandando declaração judicial que reconheça a eiva.

Suborno do juiz

Por suborno do juiz, entende-se a prática, pelo magistrado, dos delitos de concussão (art. 316 do CP) e corrupção passiva (art. 317 do CP), prevaricação (art. 319 do CPP).

II - por ilegitimidade de parte;

Quanto à ilegitimidade de parte, pode haver três espécies com consequências distintas quanto a espécie de nulidade:

1ª - Ilegitimidade para a causa (ilegitimidade *ad causam*)

A legitimidade para a causa - como condição da ação - é denominada de *pertinência subjetiva da ação*.

Seja ativa ou passiva, induzirá a nulidade absoluta do processo; exemplos: oferecer denúncia em caso de ação penal privada, ou o contrário, oferecer queixa-crime, em se tratando de ação penal pública, sem que tenha se esgotado o prazo para o MP agir.

2ª - A ilegitimidade para o processo (ilegitimidade *ad processum*)

A *legitimidade ad processum* é a capacidade de estar em juízo, representado por advogado, que só se adquire a partir dos 18 anos de idade. Trata-se de um pressuposto processual de validade da relação jurídica processual.

A ausência desta legitimidade acarreta a nulidade relativa do processo, que pode ser convalidada através da ratificação (art. 568 do CPP).

3ª – Falta de capacidade postulatória

Capacidade de estar, pessoalmente, em juízo postulando. Possuem capacidade postulatória os advogados, Defensores Públicos e órgãos do MP. A ausência de capacidade postulatória de profissional que tenha atuado no processo, a nosso ver, acarreta a nulidade absoluta do feito.

III – por falta das fórmulas ou dos termos seguintes:

a) a denúncia ou a queixa e a representação e, nos processos de contravenções penais, a portaria ou o auto de prisão em flagrante;

Não existem mais processos penais, *ex officio*, instaurados pela autoridade policial ou pelo juiz, nos processos de contravenções penais, porquanto as ações penais serão ajuizadas, privativamente, pelo MP (art. 129, I, da CF); a parte final desta alínea não foi recepcionada pela Lei Maior.

A falta de denúncia ou queixa, em uma ação penal condenatória, é fato tão grave que acarreta a própria inexistência do processo, tamanha a desconformidade desta omissão com o sistema processual de partes consagrado na Constituição Federal, em que são divididas as funções de acusar, defender e julgar, através de peças processuais próprias: denúncia ou queixa, privativas da acusação; resposta à acusação, privativa da defesa, e sentença, privativa do juiz.

Nas hipóteses em que exista a peça acusatória (denúncia ou queixa), mas seja defeituosa, por não cumprir seus requisitos legais, poderá haver nulidade, não por ausência do ato processual em si, mas por omissão de formalidade que constitua elemento essencial do ato (art. 564, IV, do CPP).

A existência de denúncia ou queixa que descumpram seus requisitos legais podem acarretar a nulidade absoluta do processo, quando a sua redação for incompleta, confusa ou contraditória, a ponto de impossibilitar (ou, pelo menos, dificultar em demasia) o exercício da ampla defesa por não se entender quais fatos estão sendo imputados ao acusado.

Se a denúncia ou queixa apresentarem pequenos defeitos de forma (como, por exemplo, redação imperfeita, erro quanto ao nome do acusado, local dos fatos, seu horário etc.), tais falhas podem ser convalidadas, desde que não comprometam a ampla defesa, mediante suprimento, até a sentença (art. 569 do CPP).

A falta de representação, e também de requisição do Ministro da Justiça, em relação aos crimes que as exigem (crimes de ação penal pública condicionada), acarreta a nulidade absoluta do processo, por traduzir verdadeira ausência de condição de procedibilidade.

b) **o exame do corpo de delito nos crimes que deixam vestígios, ressalvado o disposto no art. 167;**

Dispõe o art. 158 do CPP que, quando a infração deixar vestígios, será indispensável o exame de corpo de delito, direto ou indireto, não podendo supri-lo a confissão do acusado; a ausência de tal perícia acarretará a nulidade absoluta do processo. Mas, não sendo possível o exame de corpo de delito, por terem desaparecido os vestígios, a prova testemunhal poderá suprir-lhe a falta (art. 167 do CPP)[14].

A nosso ver, não só a prova testemunhal pode suprir a falta de exame de corpo de delito, mas também outros elementos de convicção[15] como a confissão do acusado, filmagens e fotos, etc, uma vez que a avalição das provas pelo juiz deve ser orientada pelo sistema do livre convencimento motivado (art. 155, *caput*, do CPP).

Se, durante o andamento do processo, não for providenciada a realização de laudo que comprove a materialidade delitiva em caso de crimes que deixam vestígios materiais, há dois caminhos distintos que podem ser seguidos:

b.1. Não foi providenciado laudo pericial no caso em que ainda é possível sua realização

Nesse caso, o juiz, antes de sentenciar, determinará, de ofício ou pedido da acusação, que se realize a perícia comprovadora da materialidade delitiva, afinal a gestão da prova cabe ao juiz, que possui poderes instrutórios (art. 156, II, do CPP).

Se tiver sido proferida sentença condenatória sem que tenha sido juntado laudo pericial comprovador da materialidade delitiva, e se houver recurso da acusação (MP, assistente ou querelante), arguindo, *expressamente*, a nulidade, o Tribunal determinará a anulação do processo a partir da sentença (inclusive), ao mesmo tempo que determinará a produção da prova técnica faltante. Confeccionado o laudo pericial, o juiz de 1ª instância deverá proferir outra sentença.

No caso de ser proferida sentença absolutória, sem que tenha sido juntado laudo pericial comprovador da materialidade delitiva, e se houver recurso da acusação (MP, assistente ou querelante), arguindo, expressamente, a nulidade, o Tribunal determinará a anulação do processo a partir da sentença (inclusive), ao mesmo tempo que determinará a produção da prova técnica faltante. Confeccionado o laudo pericial, o juiz de 1ª instância deverá proferir outra sentença.

Todavia, se o acusado tiver sido condenado sem a realização de laudo que comprove os vestígios da infração, *e apenas a defesa tenha recorrido*, mesmo que não sustente a tese da nulidade, a eiva poderá ser reconhecida, de ofício, pelo Tribunal, mas não para anular o processo (o que poderia redundar em prejuízo ao recorrente caso, suprida a falta processual, fosse anexada prova da materialidade delitiva), o que redundaria em óbvia violação ao princípio da proibição da *reformatio in pejus* (art. 617 do CPP). Ao Tribunal caberá, apenas, afastando a nulidade, absolver-se o acusado, com fulcro no art.

---

14. STF – 2ª T., HC 85.955/RJ, Rel.ª Min. Ellen Gracie, j. 05/08/2008, DJe 157 21/08/2008.
15. STF – 1ª T. HC 69.591/SE, Rel. Min. Celso de Mello, DJ 29/09/2006, p. 46.

282, § 2º, do CPC, aplicável, por analogia, ao CPP ("Quando puder decidir o mérito a favor da parte a quem aproveite a decretação da nulidade, o juiz não a pronunciará nem mandará repetir o ato ou suprir-lhe a falta").

b.2. Não foi providenciado laudo pericial no caso em que não é mais é possível sua realização

Nessa situação, cabe ao juiz de 1ª instância, deixar de reconhecer a nulidade, e absolver-se o acusado. Da mesma forma, caso haja condenação, e interposto recurso pela acusação ou pela defesa, mesmo que não sustentem em suas irresignações a falta de prova da materialidade delitiva, o Tribunal, de ofício, poderá apontar a falha processual incontornável e absolver-se o acusado, utilizando-se o art. 282, § 2º, do CPC acima citados, uma vez que haverá ausência de prova da materialidade delitiva (art. 386, II, do CPP).

Por fim: se os vestígios tiverem desaparecido em razão das próprias circunstâncias do delito, *v.g.*, homicídio em que o corpo da vítima é incinerado ou jogado ao mar e nunca mais seja encontrado será perfeitamente possível suprir-se a ausência de laudo pericial por outros elementos de convicção, como, *v.g.*, pela prova testemunhal; porém, se os vestígios desapareceram por incúria dos agentes de polícia, a falha do Estado não pode ser carreada ao acusado, de modo que, nessa situação, não é admissível a realização de prova diversa que supra a ausência do laudo pericial.

c) a nomeação de defensor ao réu presente, que o não tiver, ou ao ausente, e de curador ao menor de 21 anos;

A ausência de defensor ao réu acarreta a nulidade absoluta do processo, por ofensa aos princípios constitucionais da ampla defesa e do contraditório. É o que estabelece a já citada Súmula 523 do STF: "no processo penal, a falta de defesa constitui nulidade absoluta, mas a sua deficiência só o anulará se houver prova de prejuízo para o réu".

Impõe, também, o art. 261 do CPP que nenhum acusado, ainda que ausente ou foragido, será processado ou julgado sem defensor. O § único do art. 261 do CPP alerta que a defesa técnica, quando realizada por defensor público ou dativo, será sempre exercida por manifestação fundamentada.

Importante registrar, também, o teor da Súmula 708 do STF: "É nulo o julgamento da apelação se, após a manifestação nos autos da renúncia do único defensor, não foi previamente intimado para constituir outro".

Não existe mais a figura do curador para o menor de 21 e maior de 18 anos; afinal, de acordo com o art. 5º do Código Civil, a capacidade plena estabelece-se aos 18 anos.

Continua, porém, a necessidade de nomear-se curador ao índio não aculturado e ao indiciado ou acusado quando determinada a realização de exame de insanidade mental (art. 149, § 2º, do CPP).

d) a intervenção do Ministério Público em todos os termos da ação por ele intentada e nos da intentada pela parte ofendida, quando se tratar de crime de ação pública;

Como ensina Renato Brasileiro de Lima[16], a falta de intervenção do MP *nos atos de instrução do processo* acarreta a nulidade relativa, desde que sustentada pela própria parte prejudicada – o *Parquet* –, em tempo oportuno e demonstrando o prejuízo[17]. À defesa não é possível articular a nulidade do processo por ausência do membro do MP a ato da instrução, por lhe faltar interesse para tanto.

Já *a ausência de atos postulatórios*, pelo MP, como ausência de alegações finais orais ou escritas; ausência de razões de recurso; de contrarrazões recursais; falta de acusação no plenário, etc, levará à nulidade absoluta do processo, porque traduz evidente violação ao princípio da indisponibilidade da ação penal pública consagrado no art. 129, I, da CF.

O abandono injustificado do processo pelo representante do Ministério Público será dirimido, mediante provocação ao Procurador – Geral, a fim de que nomeie promotor a atuar no feito, sem prejuízo, é claro, das medidas disciplinares cabíveis ao desidioso membro do *Parquet*, no caso de abandono injustificado.

Em se tratando de ações penais privadas subsidiárias da pública, cujo querelante tenha abandonado o processo, a intervenção do MP será obrigatória, sob pena de nulidade relativa do ato processual para o qual não se contou com sua participação.

e) a citação do réu para ver-se processar, o seu interrogatório, quando presente, e os prazos concedidos à acusação e à defesa;

Ausência de citação ou irregularidade do ato citatório

A ausência ou não cumprimento das formalidades referentes à citação, por comprometerem a ampla defesa e o contraditório, acarretam a nulidade absoluta do processo. A Convenção Americana de Direitos Humanos (Pacto de São José da Costa Rica) estipula que toda pessoa acusada de delito tem direito à comunicação prévia e pormenorizada da acusação formulada (art. 8º, nº 2, *b*, do Decreto 678/92).

A citação imprestável, por não ter cumprido as formalidades legais, denomina-se *citação circunduta*; já o ato de anulação do ato citatório em si chama-se *circundução*.

Não obstante a nulidade absoluta acarretada pela ausência de citação ou falta de seus requisitos, dispõe o art. 570 do CPP que, se o réu comparecer, mesmo que com o exclusivo intuito de arguir a nulidade, a eiva estará convalidada pela *substituição*.

Na verdade, a substituição da citação ausente ou falha só ocorre na situação em que o acusado, constituindo defensor, apresenta resposta à acusação (art. 396-A, do CPP), de modo a deixar claro que tomou conhecimento da acusação, tanto que contratou

---

16. Renato Brasileiro de Lima, Curso de Processo Penal, p. 1614.
17. STJ – 6ª T., Resp 647.223/MG, Rel. Min. Jane Silva, j. 01/04/2008, DJe 22/04/2008.

defensor. Nessa situação, não há que se declarar a nulidade da citação, afinal a finalidade do ato – conhecimento da acusação – mesmo que por vias tortuosas foi atingida.

Para que se determine quaisquer das modalidades de citação ficta – com hora certa e por edital – imprescindível que, na primeira hipótese (citação com hora certa), de fato o acusado esteja se ocultando para não ser citado (fato esse que deve ser pormenorizadamente circunstanciado na certidão do oficial de justiça), ou, na segunda (citação por edital), que tenham se esgotados todos os recursos para se localizar o paradeiro do réu.

Caso a certidão do oficial de justiça, no caso da citação com hora certa, não corresponda à realidade, ou seja, o réu não estava, em verdade, se ocultando para não ser citado, o processo deverá ser integralmente anulado, a partir da citação (nulidade absoluta).

Em se tratando de citação por edital determinada sem a cautela de se pesquisar possíveis outros endereços do acusado, oficiando-se, *v.g.*, a órgãos públicos e particulares para tanto, haverá nulidade absoluta do processo a partir (e incluindo) o ato citatório[18].

Importante dizer que, não localizado o indiciado na fase do inquérito policial, será incabível ao juiz determinar, de plano, sua citação editalícia, sem pesquisar novos endereços.

A juntada de procuração do advogado do indiciado, nos autos de inquérito policial, e sua intimação para apresentar resposta à acusação, não supre a ausência de citação, sob pena de nulidade absoluta[19].

Ausência de interrogatório

O STF[20] já entendeu que a ausência de interrogatório é causa de nulidade relativa, mas, atualmente, tem prevalecido que a não realização de interrogatório, quando possível, acarreta a nulidade absoluta do processo por ofensa à ampla defesa e ao contraditório.

Prazos concedidos à acusação e à defesa

Quanto aos prazos concedidos à acusação e à defesa, referem-se ao lapso temporal previsto em lei para que as partes exerçam seus direitos processuais, como, por exemplo, o prazo para oferecer-se denúncia ou queixa, o prazo de resposta escrita da defesa, de alegações finais orais em audiência etc. Constituem causas de nulidade absoluta do processo, se, por exemplo, arbitrariamente, o juiz deixar de conceder qualquer prazo às partes para a prática de atos processuais, por ofensa ao devido processo legal; também acarreta a nulidade se, também arbitrariamente, o magistrado reduz o prazo da parte para a realização de determinado ato processual o qual, apesar disso, é produzido; a

---

18. STF – 2ª T., HC 88.548/SP, Rel. Min. Gilmar Mendes, j. 18/03/2008, DJe 182 25/09/2008.
19. STJ – Recurso Especial nº 1.580.435-GO (2014/0208117-0). Min. Rel. Rogério Schietti Cruz.
20. STF – HC 68.490.

nosso ver, tal hipótese se caracteriza como sendo de nulidade relativa, tornando-se necessária a demonstração do prejuízo, porque, bem ou mal, o ato foi praticado pela parte; em miúdos, a ilegalidade do magistrado não inviabilizou o direito processual da parte.

f) a sentença de pronúncia, o libelo e a entrega da respectiva cópia, com o rol de testemunhas, nos processos perante o Tribunal do Júri;

A falta de pronúncia gera a nulidade absoluta do processo; a pronúncia deve ser fundamentada, sob pena de nulidade absoluta do processo, por ofensa ao art. 93, IX, da CF, que exige a fundamentação de todas as decisões judiciais.

A pronúncia que se aprofunda no mérito da causa, exprimindo um juízo de certeza, ao invés de um de probabilidade que lhe seria própria (o chamado *excesso de linguagem da pronúncia ou eloquência acusatória*), induz a nulidade relativa do processo. Não existe mais a peça processual denominada libelo acusatório.

g) a intimação do réu para a sessão de julgamento, pelo Tribunal do Júri, quando a lei não permitir o julgamento à revelia;

Mesmo sendo possível, de acordo com o art. 457, *caput*, do CPP, a realização do julgamento pelo Júri sem a presença do réu que se encontra solto, deve-se, sempre, intimá-lo da sessão de julgamento, por edital ou pessoalmente (art. 431 do CPP), sob pena de nulidade absoluta do processo por ofensa à ampla defesa. A nulidade só não será declarada se o acusado, espontaneamente, comparecer a seu julgamento, uma vez que seu comparecimento configura convalidação do ato intimatório nulo, pela substituição (art. 470 do CPP).

No caso de acusado preso, deverá ser requisitado seu comparecimento a julgamento pelo Júri, sob pena de nulidade absoluta, por violação à ampla defesa, a não ser que o réu tenha solicitado, juntamente com seu defensor, dispensa de comparecimento, em petição escrita (art. 457, § 2º, do CPP).

h) a intimação das testemunhas arroladas no libelo e na contrariedade, nos termos estabelecidos pela lei;

As testemunhas são arroladas na fase de preparação do processo para julgamento pelo Júri (art. 422 do CPP), não existindo mais as peças processuais libelo e contrariedade ao libelo; a não intimação das testemunhas acarreta a nulidade absoluta do processo, pouco importando que tenham sido ou não arroladas com a cláusula de imprescindibilidade, pois viola o devido processo legal em uma de suas vertentes: o direito da parte à produção da prova.

i) a presença pelo menos de 15 jurados para a constituição do júri;

A afronta ao art. 463, *caput*, do CPP induz a nulidade absoluta do processo, por violação ao devido processo legal.

j) o sorteio dos jurados do conselho de sentença em número legal e sua incomunicabilidade;

Sorteio dos jurados

A falta de sorteio levará à inexistência do processo, afinal, o funcionamento do Tribunal do Júri, quanto a participação dos jurados, pressupõe seu sorteio aleatório a fim de que componham o Conselho de Sentença. *Júri, sem sorteio, não é Júri, mas sim uma farsa.*

Quebra da incomunicabilidade

A quebra da incomunicabilidade dos jurados, quando se referir a assuntos referentes ao mérito do processo em julgamento, gerará a nulidade absoluta do processo, uma vez que não se saberá – dado o sigilo das votações – que grau de influência não terá exercido um jurado sobre o outro, contaminando-se o livre convencimento do juiz leigo, que deve ser individual. Há entendimento em sentido contrário[21], apontando que a quebra da incomunicabilidade do jurado, ao tratar de questão relacionada ao processo, traduz mera nulidade relativa, demandando arguição em tempo oportuno, registro em ata, e comprovação do prejuízo.

Mas se os jurados conversarem entre si ou com terceira pessoa a respeito de assuntos não relacionados ao processo, não haverá qualquer nulidade, uma vez que não se obriga os jurados a permanecerem mudos[22].

A ausência de certidão a respeito da incomunicabilidade dos jurados (art. 466, § 2º, do CPP) configurará mera irregularidade, se não houver dúvida a respeito da incomunicabilidade em si.

Empréstimo de jurados

A nosso ver, não há qualquer nulidade no empréstimo de jurados de um plenário ao outro, *desde que do mesmo Tribunal*, a fim de se alcançar o quórum mínimo em um julgamento pelo Júri. Exemplo: diariamente, na comarca de São Paulo, que possui 5 Tribunais do Júri em funcionamento, deixam de ser realizados alguns dos julgamentos designados, de modo que jurados que iriam participar de uma sessão que não se realizará poderão ser aproveitados, para formar o quórum mínimo (de 15 jurados), em outro julgamento (este, sim, que vai ocorrer), *desde que do mesmo Tribunal do Júri*. O 3º Tribunal do Júri da Capital de São Paulo (Tribunal do Júri de Santo Amaro), por exemplo, possui três plenários de julgamento onde se realizam, diariamente, as sessões do Júri; nem sempre, nesse Tribunal, todos os julgamentos designados são realizados, pelos mais diversos motivos (falta de comparecimento de testemunhas, de réus presos, etc); na hipótese de um dos julgamentos não ocorrer, nada impede que os jurados convocados para essa sessão que não vai se realizar sejam redirecionados

---

21. STJ – 5ª T., HC 36.678/PB, Rel.ª Min. Laurita Vaz, j. 02/08/2005, DJ 29/08/2005, p. 374.
22. STJ – 5ª T., REsp 468.719/RS, Rel. Min. Gilson Dipp, j. 13/05/2003, DJ 04/08/2003, p. 371.

para a plenário de julgamento, *do mesmo Tribunal do Júri* (Júri de Santo Amaro), a fim de que, acrescidos aos jurados lá presentes, auxiliem a formar o quórum mínimo de 15 jurados. Não estaria autorizado, porém, *v.g*, que os jurados do Tribunal do Júri de Pinheiros (5ª Tribunal do Júri da Capital) fossem redirecionados para compor o quórum mínimo em julgamento do Tribunal do Júri de Santo Amaro (3º Tribunal do Júri da Capital), ou vice-versa.

O aproveitamento dos jurados *do mesmo Tribunal* para se auxiliar a composição do quórum mínimo para início dos trabalhos não acarreta qualquer prejuízo ás partes, uma vez que, tanto a acusação quanto a defesa, podem tomar conhecimento da lista de jurados chamados a funcionar no dia de julgamento, *nos plenários do mesmo Tribunal*. É uma medida prática que contribui – e *muito* – com a razoável duração do processo e com a economia processual. Há, todavia, entendimento em sentido contrário, anulando-se julgamentos pelo fato de ter ocorrido o empréstimo de jurados[23].

Impedimentos dos jurados pelo exercício de determinadas funções públicas

São impedidos, de acordo com o art. 437, incisos I ao VIII, do CPP, os jurados que exerçam as funções de Presidente da República, Ministros de Estado; Governadores e Secretários; membros do Congresso Nacional, Assembleias Legislativas e das Câmaras Distrital e Municipais; Prefeitos; Magistrados e membros do Ministério Público e da Defensoria Pública; servidores do Poder Judiciário, do Ministério Público e da Defensoria Pública; autoridades e os servidores da polícia e da segurança pública; os militares em serviço ativo.

O simples exercício das funções públicas acima enumeradas torna, seus ocupantes, impedidos de serem sorteados como jurados; e mais: sequer seus nomes devem ser inseridos na lista geral dos jurados. Embora o art. 437 do CPP mencione tais causas como motivos de mera *isenção* ao serviço público de jurado, certo que, em verdade, a natureza do exercício de referidos cargos públicos torna seus ocupantes naturalmente *impedidos* de participar junto ao Tribunal do Júri: não é possível que os agentes públicos referidos exerçam – com a imparcialidade necessária – a função de jurados, quando certo que *ocupam cargos públicos na estrutura do poder*; como que um juiz, um membro do MP, um membro da Defensoria Pública poderiam participar de um Conselho de Sentença imparcialmente?! Como um Prefeito ou Governador de Estado poderiam – com todo o poder ínsito a tais cargos-serem sorteados como jurados, submetidos às determinações do magistrado de 1ª instância?! E mais: a origem histórica, que permanece atual, e a razão de ser do Tribunal do Júri, é a de o acusado seja julgado por cidadãos leigos, e não pelos *inquilinos do Poder do Estado*; ou seja, *é garantia individual do acusado ser julgado por seus pares*, e não pelas autoridades constituídas do Estado, sob pena de completa subversão da instituição do Júri.

Para nós, portanto, as causas de isenção acima referidas, em verdade, são de *impedimento*, cuja violação acarreta a *nulidade absoluta* do julgamento pelo Júri. Há entendimento em sentido contrário, apontando que, por se tratar de mera isenção

---

23. STF – 1ª T. HC 88.801/SP, rel. Min. Sepúlveda Pertence, j. 06/06/2006, DJ 08/09/2006.

– faculdade de se dispensar a participação de jurado que exerça determinados cargos públicos – não haveria qualquer nulidade na participação de tais agentes públicos no julgamento pelo Júri.

Jurados impedimentos de integrar o mesmo Conselho de Sentença, quando vinculados entre si por relações conjugais/união estável, de parentesco ou afinidade

São impedidos de servir no mesmo Conselho (art. 448 do CPP):

1 – marido e mulher, ou as pessoas que mantenham união estável reconhecida como unidade familiar;

2 – ascendente e descendente;

3 – sogro e genro ou nora;

4 – irmão e cunhados, durante o cunhadio;

5 – tio e sobrinho;

6 – padrasto, madrasta ou enteado.

A participação de jurados que possuam os vínculos acima referidos, no mesmo Conselho de Sentença, acarreta a *nulidade absoluta* do julgamento.

Outras causas de impedimento

Não poderá servir o jurado que (art. 449 do CPP):

1 – tiver funcionado em julgamento anterior do mesmo processo, independentemente da causa determinante do julgamento posterior;

2 – no caso de concurso de pessoas, houver integrado o Conselho de Sentença que julgou o outro acusado;

3 – tiver manifestado prévia disposição para condenar ou absolver o acusado.

A participação de jurado nessas condições gera a *nulidade absoluta* do julgamento.

Participação de jurado que tenha integrado, no ano anterior, Conselho de Sentença: causa de impedimento ou mera irregularidade?

O art. 426, § 4º, do CPP, estipula que o jurado que tiver integrado o Conselho de Sentença nos 12 meses que antecederam à publicação da lista geral fica dela excluído. Isso significa que o jurado que tenha participado de julgamento do ano anterior – integrando Conselho de Sentença – estará automaticamente dispensado das funções, no ano seguinte. **E se essa regra não for cumprida, e o jurado integrar a lista geral do ano posterior, e for sorteado, integrando Conselho de Sentença, o julgamento em que participou seria anulado?** Há entendimento, a nosso ver, totalmente equivocado, no sentido de que sim, por violação à norma legal. Para nós, não há porque se decretar a nulidade do julgamento pelo Júri, pelo simples fato de um jurado que participou, no ano anterior, tenha sido convocado, equivocadamente, a participar de outro julgamento, no ano seguinte, integrando o Conselho de Sentença. Quanto muito, essa convocação indevida poderia ser considerada como uma mera irregularidade. Mostra-se, como extremamente formalista anular-se um julgamento apenas por tal motivo, pois não se vislumbra qual teria sido o prejuízo sofrido por qualquer das partes. Em suma, essa interpretação formalista vai de encontro aos princípios da instrumentalidade das formas, do prejuízo e da conservação dos atos processuais acima estudados.

Jurado suspeito, impedido ou incompatível

As mesmas causas de impedimentos, suspeição ou incompatibilidades dos juízes togados são aplicáveis aos jurados (art. 448, § 2º, do CPP).

A participação de jurado nessas condições acarretará a *nulidade absoluta* do julgamento. Há entendimento de que a participação de jurados impedido, suspeito ou incompatível não acarretaria a nulidade do julgamento, porque a parte deve se encarregar de pesquisar os jurados que irão compor o Conselho de Sentença, podendo recusar o juiz leigo, motivadamente, quando do sorteio para a formação do Conselho de Sentença[24].

E no caso de participar, do Conselho de Sentença, *apenas um* jurado impedido, suspeito ou incompatível com a função: a nulidade será absoluta ou relativa?

A participação do jurado em face de quem paire suspeita de parcialidade acarretará a nulidade absoluta do julgamento, presumindo-se o prejuízo sofrido pela parte. Explica-se. Como a contagem dos votos se encerra no quarto voto sim ou não no mesmo sentido (art. 483, §§ 1º e 2º do CPP), sem que se abram os demais, não se saberá se o voto do jurado que não deveria constar do Conselho de Sentença foi ou não decisivo. Desse modo, não há outra solução: deve-se decretar-se a nulidade do julgamento, embora ressalte-se, como vimos acima, que há entendimento no sentido de que a participação de jurado impedido, suspeito ou incompatível não acarretaria nulidade, porque a pesquisa quanto a eventuais causas que comprometeriam a imparcialidade dos jurados é ônus das partes.

Isenção dos Jurados

Os cidadãos maiores de 70 anos são dispensados do serviço do Júri, desde que requeiram sua dispensa (art. 437, IX, do CPP). Essa sim é uma verdadeira causa de isenção – faculdade de não participar do julgamento do Júri dada a condição de idoso. A participação indevida de jurado idoso – com mais de 70 anos – que tenha requerido – e obtido – sua isenção – não acarreta qualquer nulidade; tratar-se-á de mera *irregularidade*.

---

24. STJ – 5ª T. HC 208.900/SP, Rel. Min. Ribeiro Dantas, j. 11/10/2016, DJe 8/11/2016. STJ – 5ª T., HC 342.821/RO, Rel. Min. Felix Fischer, j.15/03/2016, DJe 01/04/2016.

Jurado dispensado

O jurado que tenha requerido sua dispensa, alegando justo impedimento (art. 497, X, do CPP), caso deferido o pleito, será considerado como dispensado; sua participação indevida em julgamento – mesmo tenho obtido sua dispensa – traduz mera *irregularidade* (e não nulidade).

k) os quesitos e as respectivas respostas;

A ausência pura e simples dos quesitos gera a inexistência do ato processual: não há julgamento pelo Júri, sem que se permita que, individual e sigilosamente, possam os jurados manifestar seu poder decisório através do voto como resposta a determinadas indagações, que são, justamente, os quesitos.

A deficiência dos quesitos é prevista no parágrafo único do art. 564 do CPP que estipula que "ocorrerá ainda a nulidade, por deficiência dos quesitos ou das suas respostas, e contradição entre estas". Tais deficiências, se impedirem o entendimento das questões fáticas colocadas a julgamento pelos jurados, induzem a nulidade absoluta do feito; se as falhas dos quesitos não impossibilitarem a compreensão do mérito do processo pelo Conselho de Sentença, embora a tenham dificultado, a nulidade será relativa, exigindo manifestação oportuna, sob pena de preclusão, e demonstração do prejuízo sofrido pela parte.

A tese do acusado, sustentada em seu interrogatório, mesmo que logicamente incompatível com a tese de seu defensor, deverá ser quesitada, sob pena de nulidade absoluta, por ofensa ao princípio da ampla defesa, o qual abarca, além da defesa técnica, também o direito à autodefesa do acusado.

Terminados os debates, e indagado, pelo juiz, aos jurados, se estão habilitados a julgar, e respondido afirmativamente, o juiz presidente procederá a leitura dos quesitos, indagando das partes se têm requerimentos ou reclamações a fazer, constando da ata a manifestação, bem como a decisão a respeito (art. 484, *caput*, do CPP).

Esse é o momento oportuno-logo após a leitura dos quesitos – para que as partes apontem a existência de nulidades na redação dos quesitos, por falha na sua redação ou omissão, sob pena de preclusão. Antes de decidir a questão, o juiz deverá ouvir a outra parte em homenagem ao princípio do contraditório. Caso seja indeferido o pedido da parte de alteração ou acréscimo do quesito, a irresignação, constando da ata, poderá ser articulada, em sede de preliminar, em eventual recurso de apelação (caso a parte seja sucumbente, é claro).

Sendo o quesito imperfeito, no sentido de dificultar o entendimento dos jurados, e sendo apontada a falha, no momento oportuno, pela parte, a qual articulou a nulidade, em sede de preliminar de recurso, o Tribunal poderá anular (nulidade relativa) o julgamento pelo Júri, se demonstrar-se a ocorrência do prejuízo.

No entanto, sendo o quesito tão imperfeito a ponto de se torná-lo incompreensível; ou sendo contraditório com outros; ou se a sua ordem de enumeração no questionário for equivocada; ou ainda se faltar a quesitação de tese sustentada pela defesa (pelo defensor ou acusado), não haverá preclusão da matéria que poderá ser reconhecida, de ofício, pelo Tribunal, por configurar hipótese de nulidade absoluta[25].

Esse é o teor da Súmula 156 do STF: "É absoluta a nulidade do julgamento, pelo júri, por falta de quesito obrigatório".

As teses da defesa, sob a forma de quesito, devem preceder sempre às qualificadoras e causas de aumento de pena, sob pena de nulidade absoluta (art. 483, § 3º, do CPP). Não há preclusão quanto a tal nulidade, de modo que, a eiva, nessa hipótese, poderá ser reconhecida, de ofício, pelo Tribunal.

Estipula, também, a Súmula 162 do STF o seguinte: "É absoluta a nulidade do julgamento pelo júri, quando os quesitos da defesa não precedem aos das circunstâncias agravantes". A expressão circunstâncias agravantes, numa interpretação atual da Súmula, se referem às qualificadoras e causas de aumento de pena, e não propriamente às agravantes penais, as quais não são quesitadas aos jurados, mas sim decididas pelo juiz presidente.

l) a acusação e a defesa, na sessão de julgamento;

A ausência de acusação ou defesa gera, a nosso ver, a verdadeira inexistência do ato processual: não há julgamento pelo Júri sem que haja presença e alguma manifestação oral – pelo acusador e pela defesa.

A deficiência da atuação defensiva induzirá à *nulidade relativa* do julgamento; nessa situação, o juiz, durante o plenário, justamente para evitar a futura nulidade do julgamento, poderá declarar o réu indefeso, dissolvendo o Conselho de Sentença (art. 497, V, do CPP). Em casos excepcionais, o juiz presidente poderá declarar indefesa a sociedade, caso a atuação do membro do Ministério Público, de tão sofrível, impedir o conhecimento da causa pelos jurados, colocando em risco os interesses sociais na repressão aos delitos, e o próprio princípio da indisponibilidade da ação penal pública.

m) a sentença;

A ausência de sentença é causa de inexistência do processo.

A sentença pode padecer de defeitos que comprometam sua validade de maneira definitiva (nulidade absoluta), quando faltarem seus requisitos legais (relatório, fundamentação e parte dispositiva), previstos no art. 381 do CPP. Se não for redigido relatório no corpo da sentença, mas se verificar, pela fundamentação da decisão, que se fez um relato – mesmo que implícito – do andamento processual, será caso de nulidade relativa, uma vez que o essencial é aquilatar se o juiz teve ou não conhecimento da causa – essa é a finalidade do relatório. Nas sentenças dos Juizados Especiais Criminais dispensa-se a existência de relatório (art. 81, § 3º, da Lei 9.099/95), o que, claro, não impede que o juiz o redija, uma vez que meramente se dispensa o relatório, mas não se o proíbe.

---

25. STF – 2ª T. HC 82.410/MS, Rel. Min. Nelson Jobim, j. 03/12/2002, DJ 21/03/2003.

A ausência de fundamentação da sentença acarreta sua nulidade absoluta por afronta a dispositivo constitucional (art. 93, IX, da CF), o qual determina que todas as decisões judiciais devam ser fundamentadas.

As teses da acusação e da defesa devem ser mencionadas e decididas, pelo magistrado, para acolhê-las ou rejeitá-las. Se não houver menção expressa às teses, mas se depreender, pela fundamentação, que foram analisadas, não haverá qualquer nulidade do ato decisório.

E ausência da parte dispositiva da sentença, ou seja, a ausência de decisão?

Essa falha configura verdadeira inexistência do ato jurídico, pois não se concebe sentença sem decisão.

O juiz pode corrigir, de ofício, erros materiais da sentença (por exemplo, equívocos quanto ao nome do acusado, cálculos matemáticos da pena etc.), sem prejuízo de as partes interporem embargos de declaração para tanto (art. 382 do CPP). Se não houver correção desses erros materiais em 1ª instância, o Tribunal poderá ajustar a sentença, mesmo que de ofício, mas nunca em prejuízo do acusado, se apenas ele recorreu (vedação à *reformatio in pejus* – art. 617 do CPP).

Quanto à falta de assinatura do juiz na sentença, há dois posicionamentos a respeito: primeiro: o ato é inexistente; segundo: a sentença padece de mera irregularidade que pode ser suprida com a aposição de assinatura pelo magistrado.

A ausência de rubrica em todas as páginas da sentença pelo juiz, como exigido pelo art. 388 do CPP, traduz mera irregularidade. No caso dos processos digitais, a assinatura será digital.

n) o recurso de ofício, nos casos em que a lei o tenha estabelecido;

A omissão de remessa dos autos pelo juiz ao Tribunal, nos casos de recurso de ofício, impede o trânsito em julgado da decisão. Este o teor da Súmula 423 do STF: "não transita em julgado a sentença por haver omitido o recurso *ex officio* que se considera interposto *ex lege*". Na verdade, não se trata de causa de nulidade, mas sim de *fato impeditivo do trânsito em julgado da sentença*, enquanto não houver controle da decisão de 1ª instância pelo Tribunal.

o) a intimação, nas condições estabelecidas pela lei, para ciência de sentenças e despachos de que caiba recurso;

A ausência de intimação produz a nulidade absoluta dos atos subsequentes àquele em que cabia a interposição de recurso, por ofensa ao contraditório e à ampla defesa. O efeito dessa nulidade será a de desconstituir a preclusão ou o trânsito em julgado, a fim de se permitir à parte, dessa vez regularmente intimada, praticar o ato processual que lhe seja facultado, ou interpor recurso.

Como sabemos, a Defensoria Pública e o defensor dativo devem ser intimados pessoalmente (art. 370, § 4º, do CPP); se, inadvertidamente, forem intimados pela imprensa, *v.g.*, para a audiência ou julgamento pelo Tribunal de recurso, tais atos processuais serão nulos.

O defensor constituído, os advogados do querelante e do assistente devem ser intimados pela imprensa, incluindo, sob pena de nulidade, o nome do acusado (art. 370, § 1º, do CPP). Claro que se a intimação for publicada em nome de advogado diverso, ou em nome de advogado já falecido, o ato será nulo.

Havendo substabelecimento, poderão ser intimados tanto o substabelecente quanto o substabelecido, a não ser que haja pedido expresso de intimação exclusiva de um deles, a qual, se for ignorado, acarretará a nulidade absoluta, como já decidiu o STJ[26].

Em 1ª instância, o acusado, além de seu advogado, deverá ser intimado da sentença condenatória, uma vez que possui capacidade postulatória, no sentido de poder interpor, pessoalmente, recursos, como recurso sem sentido estrito, apelação, agravo em execução. A não intimação do acusado – pessoalmente, se for localizável, ou por edital, se não tiver sido encontrado – da sentença condenatória – acarreta a nulidade absoluta do processo por ofensa à ampla defesa.

Essencial registrar que a obrigatoriedade de intimação pessoal do acusado, no caso de condenações, sob pena de nulidade absoluta, só existe nas decisões proferidas em 1ª instância. No caso de condenações advindas – pela 1ª vez – de acórdãos do Tribunal (réu é absolvido pelo juiz de 1ª instância e MP recorre da absolvição e o Tribunal o condena), ou de decisões confirmatórias em 2º grau de condenações anteriores, o acusado será intimado da decisão pela imprensa, sem necessidade de sua intimação pessoal[27].

Todavia, há decisão em sentido contrário do STF[28], anulando o julgamento de recurso pelo Tribunal, em que o advogado dativo foi intimado pessoalmente da decisão, e o réu, que tinha sido absolvido em 1º instância e condenado em razão de recurso do Ministério Público, fora intimado pela imprensa oficial, embora residisse no mesmo endereço há décadas. Entendeu-se, no aresto, que, muito provavelmente, o réu – defendido por advogado dativo – não teve conhecimento da publicação pela imprensa oficial, sendo surpreendido com a decisão, pelo fato de já ter sido absolvido em 1º grau, e, desse modo, impossibilitado de, eventualmente, interpor outros recursos em face do acórdão condenatório.

A não intimação do acusado da sentença absolutória não acarretará a nulidade pela sua não intimação, conforme já decidiu o STJ[29].

Importante relembrar que a ausência ou deficiência da intimação poderão ser convalidadas pela substituição, situação em que a parte não intimada adequadamente comparece, antes do ato consumar-se, embora para o único fim de arguir o defeito (art. 570 do CPP).

---

26. STJ – 6ª T., HC 129.748/SP, Rel. Min. Sebastião Reis Júnior, j. 14/02/2012, DJe 11/04/2012. STJ. HC 235905. 6ª T. Rel. Min. Jorge Mussi.
27. STJ – 5ª T., HC 111.698/MG, Rel. Min. Felix Fischer, j. 05/02/2009, DJe 23/03/2009. STJ – 5ª T. HC 196.784/SP, Rel. Min. Gilson Dipp, j. 09/08/2011, DJe 26/08/2011.
28. Informativo do STF. 31/05/2011. HC 105298. Rel. Min. Gilmar Mendes.
29. STJ – 5ª T., HC 111.698/MG, Rel. Min. Felix Fischer, j. 05/02/2009, DJe 23/03/2009.

O ofendido – vítima do crime – tem o direito processual de ser comunicado a respeito dos atos processuais relativos ao ingresso e à saída do acusado da prisão, à designação de data para audiência e à sentença e respectivos acórdãos (art. 201, § 2º, do CPP).

A não intimação da vítima, porém, a nosso ver, é causa de mera irregularidade. Para Renato Brasileiro de Lima[30], a não intimação do ofendido traduz nulidade a ponto de retardar o trânsito em julgado (enquanto não houver a devida intimação do ofendido).

No caso de julgamento de recursos pelos Tribunais, as partes devem ser regularmente intimadas da sessão de julgamento, sob pena de nulidade absoluta.

Nesse sentido a Súmula 431 do STF: "É nulo o julgamento de recurso criminal, na segunda instância, sem prévia intimação, ou publicação da pauta, salvo em *habeas corpus*".

Como se nota, há apenas a ressalva de julgamento do *habeas corpus*, que, dado a urgência do pleito por envolver liberdade de locomoção, é julgado independentemente de pauta.

Mas se o advogado requerer ao Tribunal que seja intimado quando do julgamento do *habeas corpus*, é dever do Judiciário intimá-lo, sob pena de nulidade absoluta[31], caso o *writ* seja denegado (se o *writ* for concedido, não terá havido prejuízo para a defesa, não havendo se falar em nulidade).

p) **no Supremo Tribunal Federal e nos Tribunais de Apelação, o *quorum* legal para o julgamento;**

A falta de quórum, presença de um número mínimo de julgadores – desembargadores ou ministros – em qualquer tribunal do país, estabelecido por meio de seus regimentos internos, acarreta a nulidade absoluta do julgamento.

IV – por omissão de formalidade que constitua elemento essencial do ato

Esta é uma cláusula genérica que estipula a nulidade de qualquer ato processual, quando suas formalidades essenciais não tiverem sido respeitadas. Pelo que se depreende do dispositivo legal, os atos processuais possuem formalidades essenciais, que podem levar à nulidade se não forem seguidas; os atos processuais também ostentam formalidade não essenciais – secundárias – que não acarretam sua invalidação. Cabe, então, ao intérprete discernir o que são formalidades essenciais- aquelas que comprometem o devido processo legal, daquelas, não essenciais, que ocasionam mera irregularidade.

A nulidade, dependendo do caso concreto, poderá ser absoluta (ofensa direta à norma prevista na CF, ou a Convenções Internacionais que tratam de direitos humanos) ou relativa (ofensa indireta à Lei Maior, violadora da legislação federal). Este dispositivo de lei deixa claro que há nulidades outras, mesmo quando não previstas,

---

30. Renato Brasileiro de Lima, Curso de Processo Penal, p. 1630.
31. STF – 2ª T. HC 110.877/SP, Rel. Min. Ricardo Lewandowski, j. 13/12/2011, DJe 32 13/02/2012.

expressamente em lei no rol do art. 564 do CPP, bastando, apenas, que não haja respeito à sua tipicidade processual.

14.13. CASUÍSTICA DE NULIDADES

Como o elenco de nulidades não é taxativo, há diversos atos processuais – mesmo que não previstos em lei – que têm sido acoimados com a pecha do vício processual, e declarados imprestáveis pelos Tribunais Superiores, e que ora são indicados.

Intimação de advogado falecido

A intimação de advogado do acusado, já falecido, é nula, especialmente quando o causídico for o único defensor, desfazendo-se, assim, o trânsito em julgado da condenação, para que outro advogado – constituído ou nomeado – possa acompanhar o julgamento do processo em quaisquer instâncias em que venha a tramitar. Esse é o entendimento do STF[32], incluindo, como causa de nulidade absoluta, a intimação de advogado falecido que, obviamente, não pôde comparecer e sustentar oralmente quando do julgamento, pelo Tribunal, de recurso da acusação[33]. No caso de intimação pela imprensa apenas em nome do advogado falecido, não haverá nulidade, se houver outro advogado constituído à época que seguiu interpondo recursos, após a morte de seu colega, e que, por não comunicar o Tribunal a respeito do falecimento, não pode ser beneficiado pela nulidade a que deu causa[34].

Advogado com registro na OAB suspenso

O STF[35] já anulou processo em que atuou como defensor advogado com registro suspenso na Ordem dos Advogados do Brasil, e que, em sede de razões limitou-se a "reiterar" o teor das alegações finais oferecidas (por si sós, sofríveis).

Advogado com registro cancelado pela OAB

O STF[36] não anulou o processo em que atuou advogado com registro cancelado na OAB, porque sua atuação "não trouxe prejuízo a seu cliente". Na decisão, salientou-se que o cancelamento de registro não tinha efeito retroativo, de modo que o defensor, no período que atuou postulando em nome do acusado, estava no pleno exercício de seu *múnus* defensivo, sendo, apenas depois, cassado nas suas funções.

Na oportunidade desse julgamento, fixou-se a tese de que "a defesa patrocinada por bacharel, cuja inscrição junto à OAB tenha sido suspensa ou cancelada, não induz nulidade sem a comprovação concreta do prejuízo sofrido pelo acusado".

---

32. Informativo do STF. 17/06/2011. HC 108795. Medida liminar. Min. Rel. Cármem Lúcia.
33. STF – Medida Cautelar em Habeas Corpus 136.658/SP. Min. Rel. Celso de Mello.
34. STF. Informativo 921. STF. HC 138.097/SP. 1ª T. Rel. Min. Marco Aurélio, red. p/ o ac. Min. Roberto Barroso. J. 23/10/2018.
35. Informativo do STF. 07/05/2013. STF – HC 110271. 1ª T. Min. Rel. Marco Aurélio.
36. Informativo do STF. 18/12/2012. STF. HC 104963. Min. Rel. Celso de Mello.

Repetição de argumentos em peças processuais

A repetição de argumentos – na fase das alegações finais e em sede de recurso – não acarreta, *de per si*, a nulidade do processo por deficiência de defesa, quando se verifica que os argumentos expendidos – embora reiterados – são consistentes, de modo a não prejudicar a defesa técnica do acusado[37].

Cerceamento de defesa e sustentação oral no Tribunal

O art. 7º, IX, da Lei 8.906/94 (Estatuto da Ordem dos Advogados do Brasil) que prevê ser prerrogativa do advogado sustentar oralmente as razões de qualquer recurso ou processo, nas sessões de julgamento, após o voto do relator, em instância judicial ou administrativa, *pelo prazo de 15 minutos*, foi excluído do ordenamento jurídico, em sua integralidade pelo Supremo, por ocasião do julgamento da ADI 1.105 e ADI 1.127.8, que foi reputado como inconstitucional.

Sendo assim, a possibilidade ou não de sustentação oral, e o prazo para fazê-lo, dependerá do que prever o *regimento interno* de cada Tribunal.

A simples alegação de que teria havido prejuízo à defesa pelo prazo reduzido de sustentação oral no Tribunal – 10 minutos – desacompanhada de prova do prejuízo, ou seja, sem a indicação de pontos que deixaram de ser sustentados, por si só, não acarreta a nulidade do julgamento.[38]

Ausência de intimação da defesa arguida anos depois da omissão

O STJ[39] decidiu pela não ocorrência da nulidade em caso concreto em que a Defensoria Pública sustentou – *10 anos depois* – a eiva referente à sua não intimação pessoal para o julgamento de apelação; decidiu-se que a questão, pelo expressivo decurso de tempo, encontrava-se preclusa diante da demora na alegação da irregularidade.

Há outros precedentes do STJ[40] e do STF[41] no mesmo sentido, ressaltando, o Pretório Excelso, que não é admissível que se "aguardem nulidades para serem arguidas, o que resulta em um não respeito à lealdade processual".

---

37. Informativo do STJ. 21/09/2010. STJ. HC 173458. 6ª T. Desembargador Convocado Celso Limongi.
38. Informativo do STJ. 20/07/2012. HC 190469. 5ª T. Min. Rel. Laurita Vaz.
39. Informativo do STJ. 02/03/2012. HC 168104. 6ª T. Rel. Min. Sebastião Reis Júnior.
40. Informativo do STJ. 04/10/2011. STJ. HC 44837. 6ª T. Rel. Desembargador Convocado Haroldo Rodrigues.
41. Informativo do STF. 13/09/2011. STF. HC 105041. 2ª T. Rel. Min. Gilmar Mendes.

CAPÍTULO 15
RECURSOS EM GERAL

15.1. CONCEITO DE RECURSOS

Recurso é um remédio processual, expressamente previsto em lei, destinado à reforma, anulação, esclarecimento, integração de decisão judicial ou seu mero controle por instância superior, interposto pela parte, pelo interessado, em determinados hipóteses, ou pelo próprio juiz, quando a lei o exigir, antes da formação da coisa julgada.

Normalmente, o recurso nada mais é que uma continuidade, um prolongamento da ação penal ajuizada, pressupondo a existência prévia de uma relação jurídica processual. O recurso, nessa situação, traduziria um mero prolongamento do processo, em regra, em 2ª instância.

15.2. PODE EXISTIR RECURSO SEM AÇÃO PENAL E PROCESSO?

É possível a existência de recurso sem que haja ação penal, em diversas situações, como, por exemplo, da decisão em que o juiz declara extinta a punibilidade ou indefere pedido de sequestro de bens, em sede de inquérito policial; nestas duas hipóteses, será permitido ao Ministério Público ou à vítima recorrerem destas decisões, interpondo, da primeira decisão referida (extinção da punibilidade), recurso em sentido estrito (art. 581, VIII, do CPP), e da segunda (indeferimento de sequestro de bens), o recurso de apelação (art. 593, II, do CPP). Nessas hipóteses de recurso sem que tenha havido o ajuizamento de uma ação penal, nem a instauração formal de um processo, acaba por existir, mesmo assim, uma relação jurídica processual, permeada pelo devido processo legal e seus elementos integrantes, como o contraditório e a ampla defesa. Explicamos melhor. As decisões judiciais tomadas no bojo de um inquérito policial, como por exemplo, a que declara extinta a punibilidade do indiciado, a que indefere o pedido de prisão preventiva, a que defere ou indefere o sequestro de bens ou o pedido de especialização de hipoteca legal etc., atingem bens jurídicos de relevância penal como a liberdade, o direito/poder de investigar crimes, e o patrimônio, e, por isso, a legislação permite que, *mesmo sem a existência de ação veiculada em um processo*, o prejudicado possa se utilizar de recursos para fazer valer seus direitos. Havendo decisão judicial, deve estar devidamente fundamentada por injunção constitucional (art. 93, IX, da CF); pouco importa que a decisão tenha sido tomada em sede de inquérito policial: seu teor, por não ser de conteúdo meramente administrativo (como seria uma mera concessão de prazo de inquérito), mas sim jurisdicional, pois trata de questões vinculadas à segurança pública/liberdade individual e patrimônio, demanda necessariamente fundamentação, sob pena de nulidade. Além da decisão judicial tomada no inquérito ser fundamentada, haverá, ainda, a intimação das partes a respeito da decisão, as quais poderão oferecer recursos, acompanhados de razões e contrarrazões, ofertadas pelo representante do MP e de advogado com capacidade postulatória; segue-se, depois, todo o procedimento de 2ª instância para julgamento do recurso.

Como se nota, o recurso interposto em sede de inquérito policial materializa uma verdadeira relação jurídica processual, orientada pelo devido processo legal, com todos os seus elementos (fundamentação das decisões judiciais, contraditório, ampla defesa, etc.), como aqueles incidentes sobre um processo em trâmite; em outras palavras, embora o inquérito policial seja um procedimento administrativo investigatório, e não uma relação jurídica processual, certo que, na hipótese de interposição de recurso (ou de ações de impugnação como o *habeas corpus* ou o mandado de segurança) passa a existir a relação jurídica processual que, antes, era meramente latente (poderia surgir ou não).

15.3. DIFERENÇAS ENTRE RECURSOS E AÇÕES DE IMPUGNAÇÃO

Os recursos, na maior parte das vezes, são interpostos no transcorrer do processo, antes do seu trânsito em julgado, e consubstanciam mero prolongamento da relação jurídica anterior. De outro lado, as ações de impugnação – revisão criminal, *habeas corpus* e mandado de segurança – inauguram relações jurídicas processuais autônomas, formando outros processos (processo de *habeas corpus*, de mandado de segurança, de revisão criminal) e podem ser impetrados (no caso do *habeas corpus* e do mandado de segurança), antes e após o trânsito em julgado; em se tratando de revisão criminal, pressupõe-se o anterior trânsito em julgado da condenação para que se possa ajuizar essa ação. O ponto em comum entre os recursos e as ações de impugnação, especificamente o mandado de segurança e *habeas corpus*, é que podem ser impetrados na fase do inquérito ou judicial.

15.4. RAZÃO DA EXISTÊNCIA DOS RECURSOS

Aponta a doutrina as seguintes razões: legítimo inconformismo da parte prejudicada com a decisão; a possibilidade de a questão ser rediscutida por juízes mais experientes, em julgamento colegiado, permitindo-se a troca de impressões e análise conjunta do caso; pode-se citar, ainda, que a mera possibilidade de uma decisão ser reexaminada, através de um recurso, pelo Tribunal, faz com que o magistrado, consciente de seus deveres, se esforce em bem analisar a questão, antes de resolvê-la, a fim de evitar críticas merecidas ao seu ofício jurisdicional.

15.5. FUNDAMENTO CONSTITUCIONAL E CONVENCIONAL PARA O DIREITO DE RECORRER. DIREITO DE RECORRER E DIREITO AO DUPLO GRAU DE JURISDIÇÃO. DIFERENÇAS

Fundamento constitucional

Implicitamente, a própria Constituição Federal, ao prever a existência de diversos Tribunais e sua competência recursal acaba por consagrar o direito de recorrer. De outro giro, certo que a previsão do devido processo legal (art. 5º, LIV, da CF), e da ampla defesa e do contraditório, com todos os meios e *recursos* inerentes (art. 5º, LV, da CF), *implicitamente*, também reconhece o direito ao recurso. Em se tratando de direito individual, caracteriza cláusula pétrea (art. 60, § 4º, IV, da CF), jamais sendo admissível que lei federal abolisse, genericamente, o direito ao recurso, embora possa – limitar as hipóteses de seu cabimento.

Fundamento convencional

Sob o ponto de vista convencional (convenções internacionais), o Pacto de São José da Costa Rica, introduzido em nosso ordenamento jurídico através do Decreto n. 678/92, estabelece, em seu art. 8º, alínea *h*, como verdadeira garantia judicial, o direito de toda pessoa recorrer de sentença para o juiz ou tribunal superior.

Conclui-se, assim, que é direito da parte, consagrado pela Constituição e pela Convenção Interamericana de Direitos Humanos (Pacto de São José da Costa Rica), recorrer de determinadas decisões judiciais, quando houver previsão legal. O status das Convenções de direitos humanos é supralegal, ou seja, encontram-se acima da legislação ordinária, abaixo apenas da Constituição.

Direito de recorrer. Direito ao duplo grau de jurisdição. Diferenciação

Importante ressaltar a diferença entre o direito genérico de recorrer e o direito ao duplo grau de jurisdição; o direito de recorrer consagra a possibilidade de a parte impugnar, mediante recurso previsto em lei, quaisquer questões – de direito ou de fato. Já o direito ao duplo grau de jurisdição consubstancia a faculdade que a parte possui – especialmente o acusado – de ver reexaminado, integralmente, a matéria de fato e de direito, por órgão judiciário superior – o Tribunal. Sob o ponto de vista lógico, verifica-se que o direito de recorrer é gênero, enquanto que o direito ao duplo grau de jurisdição é espécie do gênero, e ambos são tutelados pela Constituição Federal e por Convenção internacional.

O direito ao duplo grau de jurisdição no processo penal se materializa, principalmente, através do recurso de apelação, o qual pode devolver, ao Tribunal *ad quem*, o exame de toda a matéria fática e de direito da causa. Além da apelação, pode-se citar o recurso ordinário constitucional interposto contra decisões proferidas pela Justiça Federal de 1ª instância, quanto aos crimes políticos, que serão julgados, diretamente, pelo STF, (art. 102, II, *b*, da CF), abarcando, em seu julgamento, toda a matéria de fato e de direito da causa, como se fosse verdadeira apelação.

O direito ao duplo grau de jurisdição exige que as partes – especialmente o acusado – tenham sempre o direito de ver examinada a causa penal – sob o aspecto fático – probatório e jurídico – duas vezes: uma vez, pelo Juízo de 1ª instância, e outra, pelo Tribunal.

O direito genérico de recorrer pode existir, sem que haja o direito ao duplo grau de jurisdição, como ocorre, por exemplo, com os recursos extraordinário, especial, recurso em sentido estrito, modalidades de irresignações recursais essas que discutem questões controvertidas específicas, mas que não oportunizam às partes o reexame de toda a matéria fática e jurídica da causa. Isso porque, o recurso extraordinário terá por objeto o direito constitucional; o recurso especial o direito federal; já o recurso em sentido estrito, em regra, pontos processuais controvertidos.

15.5.1. Direito ao duplo grau de jurisdição/direito de recorrer e foro por prerrogativa de função

Embora implicitamente reconhecido pela Lei Maior o direito ao duplo grau de jurisdição, a própria Constituição excepciona esse direito no caso de acusados que possuam, em razão do cargo público ocupado, foro por prerrogativa de função e sejam julgados originariamente pelos Tribunais; esses acusados (assim como a acusação) não possuem o direito de recorrer a outro Tribunal superior para verem reanalisadas, na integralidade, as questões fáticas e jurídicas discutidas na causa.

Decidiu o STF que, não obstante o Pacto São José da Costa Rica preveja, expressamente, como direito universal, o duplo grau de jurisdição, que abarcaria também aqueles que possuem o foro por prerrogativa de função, a Constituição silencia sobre o tema, de modo que repeliu esse direito, implicitamente, no caso do foro privilegiado. Em outras palavras, cabe à Convenção se adaptar à Constituição, e não o contrário, posicionamento esse adotado, por maioria, no STF, quando do emblemático julgamento da Ação Penal 470/MG ("Mensalão").

Interessante registrar que, no caso da Ação Penal 470, foram julgados originariamente, pelo STF, sem o direito ao duplo grau de jurisdição, não apenas deputados federais – que possuíam o foro por prerrogativa de função junto ao STF – como também quem não o possuía, e deveria ser julgado pelo Juízo de 1ª instância com o direito de apelar dessa decisão ao Tribunal para que fossem reexaminadas todas as questões fáticas e jurídicas. Posicionou-se, o STF, no sentido de que, nessa hipótese de conexão e continência, entre crimes praticados por quem possuía o foro por prerrogativa e quem não o detinha, ambos não fariam jus ao direito ao duplo grau de jurisdição, justamente porque todos esses acusados começariam (e terminariam) a discussão da causa penal no lugar – a Corte Suprema – onde todos os demais réus podem, eventual e raramente, terminar, de modo que não se poderia falar em prejuízo à ampla defesa. Esse o teor da Súmula 704 do STF: "Não viola as garantias do juiz natural, da ampla defesa e do devido processo legal a atração por continência ou conexão do processo do corréu ao foro por prerrogativa de função de um dos denunciados".

Desse modo, segundo posicionamento do STF, tanto o detentor do foro por prerrogativa de função, quanto o corréu a ele vinculado, por conexão ou continência, no mesmo processo a ser julgado, originariamente, pelo Tribunal, não fazem jus ao direito ao duplo grau de jurisdição – direito de ver reexaminada, na integralidade, a causa sob o aspecto jurídico e fático – probatório. Porém, *tanto o acusado quanto a acusação não perdem o direito genérico de recorrer*, tanto que podem, *v.g.*, opor embargos de declaração, embargos infringentes.

15.6. PRINCÍPIOS ATINENTES AOS RECURSOS

A doutrina costuma apontar os princípios abaixo como informadores dos recursos no processo penal.

15.6.1. Princípio da voluntariedade recursal

Normalmente, o recurso, para ser interposto, depende da manifestação de vontade da parte, sendo-lhe um ônus e não uma obrigação; em miúdos, se a parte quiser evitar um prejuízo ou buscar uma vantagem, deverá valer-se da possibilidade de recorrer, mas não é seu dever jurídico fazê-lo. O Ministério Público, bem como a Defensoria Pública e o advogado dativo não possuem a obrigação de sempre recorrer, mesmo que tenham suportado algum prejuízo – sucumbência. Caberá a esses profissionais verificar da conveniência prática de se recorrer ou não, de acordo com cada caso concreto. Haverá, portanto, tanto à acusação quanto a defesa, a possibilidade de deixarem escoar, *in albis*, o prazo recursal até que a decisão preclua, ou, então, renunciarem expressamente ao direito ao recurso, o que leva à preclusão consumativa da decisão.

Indaga-se: o Ministério Público pode renunciar ao direito ao recurso?

Há forte entendimento no sentido de que não lhe seria lícito renunciar ao direito de recurso, porque, como veremos a seguir, se o MP não pode desistir do recurso interposto (art. 576 do CPP), não poderia também renunciar a esse direito, como forma de se preservar, na fase recursal, a indisponibilidade da ação penal pública. Todavia, pensamos que a corrente mais lógica é que afirma ser possível ao MP renunciar ao direito de recurso, pois, se, de qualquer modo, ao *Parquet* se permite escoar o prazo para oferecer recurso – *o que nada mais é que uma renúncia tácita ao direito de recorrer* – não haveria sentido em se vedar sua *renúncia expressa*, até a fim de se tutelar a razoável duração do processo, permitindo que o trânsito em julgado da decisão seja antecipado.

15.6.2. Princípio da voluntariedade recursal. Exceção: recurso necessário ou *ex officio*. Disponibilidade recursal

Opõe-se ao princípio da voluntariedade recursal o denominado recurso necessário ou obrigatório – aquele em que a lei impõe ao juiz o dever de recorrer de determinadas decisões, independentemente da existência de recurso voluntário de qualquer das partes. Prevê o art. 574 do CPP que, em regra, os recursos serão voluntários, mas há situações, expressamente previstas em lei, em que o juiz é obrigado a recorrer, de ofício, de sua decisão, a fim de submetê-la ao controle do Tribunal. Enquanto não julgado pelo Tribunal, o recurso não transita em julgado; este é o teor da Súmula 423 do STF: "não transita em julgado a sentença por haver omitido o recuso *ex officio*, que se considera interposto *ex lege*". Na verdade, o recurso necessário ou de ofício não é um recurso no sentido técnico da expressão, mas sim recurso impróprio, o qual nada mais é que um mecanismo de controle, por parte da 2ª instância, de certas decisões, consideradas, pelo legislador, de especial relevância e que, por isso, as cercam de cuidados. E tanto o recurso necessário não é recurso que sequer possui caráter dialético – contradição de ideias entre as partes – uma vez que, além de não possuir prazo, não é sequer acompanhado de razões ou contrarrazões; simplesmente os autos são remetidos ao tribunal, com o despacho em que o magistrado aponta uma hipótese de recurso de ofício. Pode-se concluir, assim, que o recurso necessário é uma condição imprescindível ao trânsito em julgado de uma decisão; sem o seu implemento não haverá o trânsito (mas nem por isso deixará de correr a prescrição normalmente).

15.6.3. Disponibilidade recursal

As partes, como corolário lógico do princípio da voluntariedade, podem, em regra, dispor – desistir – do recurso interposto. Ao Ministério Público veda-se (art. 576 do CPP), expressamente, que possa desistir de recurso interposto. Ao *Parquet* se faculta renunciar ao direito de recurso – *expressa ou tacitamente* – mas, se chegar a interpor o recurso – porque entendeu que o interesse social ou a correta aplicação da lei o exigissem – não poderá voltar atrás, proibição essa decorrente da indisponibilidade da ação penal, na fase recursal.

15.6.4. Princípio da taxatividade ou tipicidade recursal

Os recursos, para que possam ser interpostos, devem estar previstos, taxativamente, em lei federal, nos termos do art. 22, I, da Constituição Federal, afinal compete, privativamente, à União legislar sobre processo penal; leis estaduais que alterem as normas de organização judiciária a fim de nelas prever recursos são inconstitucionais. Os recursos são estabelecidos sob a forma legal de *numerus clausus*, não se admitindo recurso por costume (praxe forense), princípio geral de direito ou entendimento doutrinário ou jurisprudencial, o que não impede, todavia, que se dê uma interpretação extensiva ou se utilize a analogia a hipóteses recursais estabelecidas em lei, como, aliás, expressamente permite o art. 3º do CPP.

Exemplo: é cabível recurso em sentido estrito da decisão que não recebe o aditamento da denúncia, à semelhança (por analogia) do que se dá com a rejeição da denúncia, a qual prevê a possibilidade de se interpor recurso em sentido estrito (art. 581, I, do CPP).

15.6.5. Princípio da unirrecorribilidade recursal

Normalmente, de cada decisão judicial poderá ser interposto apenas um recurso. Trata-se de princípio que tem por finalidade a economia processual: evitar uma proliferação de recursos para combater a mesma decisão.

Mas, havendo decisões complexas, sob o ponto de vista objetivo, ou seja, um mesmo acórdão que decida, em capítulos distintos, questões diversas, será possível a interposição de mais de um recurso.

Opostos embargos declaratórios em face de uma decisão, deve-se aguardar o julgamento dos embargos, para que, *da nova decisão proferida*, acolhendo – os ou não, possa-se interpor o recurso adequado. Não será permitido que a parte embargue uma decisão, e ofereça dois recursos, um em face da decisão anterior (antes dos embargos), e outro tendo por objeto a decisão posterior (depois dos embargos), uma vez que o julgamento do recurso de embargos de declaração complementa e integra a decisão anterior, formando um todo indissociável, não existindo dois julgados em que se possa enfrentar por recursos específicos, mas apenas um só[1].

15.6.5.1. Exceções ao princípio da unirrecorribilidade recursal

A doutrina costuma apontar as seguintes exceções ao princípio da unicidade ou unirrecorribilidade recursal:

1ª – Interposição simultânea de recurso especial e extraordinário

Das decisões proferidas pelos Tribunais será possível, a interposição, simultânea, de recurso extraordinário – quando um capítulo do acórdão veicular questão constitucional – e recurso especial – na hipótese de outra parte do acórdão tiver por tema legislação federal.

De acordo com o art. 1031 do CPC, na hipótese de interposição conjunta de recurso extraordinário e recurso especial, os autos serão remetidos ao STJ. Concluído o julgamento do recurso especial, os autos serão remetidos ao STF para apreciação do recurso extraordinário, se este não estiver prejudicado (art. 1037, § 1º, do CPC).

Se o relator do recurso especial considerar prejudicial o recurso extraordinário, em decisão irrecorrível, sobrestará o julgamento e remeterá os autos ao STF (art. 1.037, § 2º, do CPC). No entanto, se o relator, no STF, do recurso extraordinário, em decisão irrecorrível, rejeitar a prejudicialidade apontada pelo relator do recurso especial no STJ, devolverá os autos ao STJ para julgamento do recurso especial (art. 1.031, § 3º, do CPC).

2ª – Interposição simultânea de embargos infringentes e recursos extraordinário e especial

No caso dos julgamentos de apelação, recurso em sentido estrito e agravos em execução será possível, *da parte não unânime do acórdão*, serem opostos, *exclusivamente*

---

1. Informativo do STJ. 24/05/2011. STJ. REsp 799490. 6ª T. Rel. Min. Og Fernandes.

pela defesa, embargos infringentes (que tem por objeto o mérito da causa), ou de nulidade (que tem por objeto nulidades processuais); da *parte unânime do acórdão* poderão ser interpostos, pela defesa ou acusação, os recursos extraordinário e especial.

15.6.6. Princípio da fungibilidade recursal

A parte que tenha interposto um recurso por outro – errando na espécie recursal – poderá ter sua irresignação recebida, se tiver agido de boa-fé, recorrendo no prazo do recurso correto, e se o erro não for grosseiro. O recurso errôneo, então, é transformado – porque os recursos seriam fungíveis entre si – no recurso correto.

É o que prevê o art. 579 do CPP que, "Salvo a hipótese de má – fé, a parte não será prejudicada pela interposição de um recurso por outro".

15.6.6.1. Condições para a fungibilidade recursal

De acordo com a interpretação doutrinária e jurisprudencial que se dá ao art. 579 do CPP, as condições para que possa ser reconhecida a fungibilidade recursal são as seguintes:

1ª – O prazo deve ser o do recurso correto

Se o recorrente usou do prazo estabelecido para o recurso correto, presume-se ter agido de boa-fé; no entanto, se interpôs o recurso errado, justamente por que esse tinha prazo mais longo, o recurso não irá ser recebido, porque se presumirá a sua má – fé.

2º – o erro na interposição é aceitável, não podendo ser grosseiro, patente, a não ser que o recurso seja defensivo

Quando houver discussão doutrinária ou jurisprudencial a respeito do recurso cabível para impugnar determinada decisão, o aparente erro de se tomar um recurso pelo outro deve ser relevado. Todavia, mesmo que o erro seja grosseiro, mas o recurso tenha sido interposto pela defesa, no prazo correto, na prática, juízes e Tribunais costumam receber tais recursos, a fim de não se colocar em risco, por uma formalidade legal, mesmo que relevante, o princípio constitucional da ampla defesa. Exemplo: proferida uma decisão de pronúncia, a defesa, ao invés de interpor recurso em sentido estrito, oferece apelação; nada impede que o juiz e o Tribunal relevem esse erro grosseiro, e recebam a apelação como recurso em sentido estrito. No entanto, o erro grosseiro advindo do Ministério Público não se costuma relevar.

Tais requisitos foram pacificados, junto ao STJ[2], no sentido de que se aplica o princípio da fungibilidade à apelação interposta quando cabível o recurso em sentido estrito, desde que demonstrada a ausência de má – fé, de erro grosseiro, bem como a tempestividade recursal.

---

2. STJ. HC 265378/SP. 5ª T. Rel. Min. Ribeiro Dantas. Julgado em 17/05/2016. DJE 25/05/2016. STJ. AgRg no AREsp 071915/SC. 5ª T. Rel. Min. Marco Aurélio Bellizze. Julgado em 15/05/2014. DE 23/05/2014.

15.6.6.2. Procedimento da fungibilidade recursal

O juiz, ao reconhecer a impropriedade do recurso interposto pela parte, mandará processá-lo de acordo com o rito do recurso cabível. Exemplo: recurso de apelação oferecido pela defesa em face de decisão de pronúncia; o juiz receberá o recurso como sendo recurso em sentido estrito, e o seu processamento seguirá tal recurso, em 1ª instância (com a possibilidade do juízo de retratação inclusive), e também no Tribunal.

15.6.7. Princípio da convolação do recurso defensivo

Esse princípio é citado pela doutrina[3] como uma espécie de fungibilidade recursal em que, mesmo não existindo qualquer erro na interposição de recurso, toma-se esse recurso por outra forma de impugnação mais vantajosa para a defesa.

Na prática, em diversas oportunidades, o Tribunal, ao julgar, *v.g.*, um recurso especial, recurso extraordinário, recurso ordinário contra decisão denegatória de *habeas corpus*, etc, não conhece da irresignação recursal, porque ausentes suas condições específicas (tempestividade, comprovação do dissídio jurisprudencial, repercussão geral e outras), ou o conhece (mas não o provê); porém, ao constatar a existência de constrangimento ilegal à liberdade de locomoção do recorrente, convola o recurso (não conhecido ou conhecido mas não provido) em *habeas corpus*; em miúdos, o recorrente se transforma em paciente, e, em julgamento de recurso conhecido ou não, concede-se, de ofício, ordem de *habeas corpus*.

15.6.8. Princípio da vedação a *reformatio in pejus*, ou princípio da *non reformatio in pejus*, ou ainda, efeito prodrômico da sentença

Esse princípio se traduz como uma emanação do princípio da ampla defesa (art. 5º, LV, da CF), por vedar que, em qualquer espécie de recurso interposto exclusivamente pela defesa, a situação do acusado possa, de qualquer forma, se agravar.

O art. 617 do CPP prevê que, no julgamento do recurso de apelação, não poderá ser agravada a pena, quando somente o réu tiver apelado da sentença. Embora a lei restrinja a *reformatio in pejus* ao recurso de apelação, a doutrina e jurisprudência, de maneira pacificada, admitem a referida vedação como ínsita a todas as modalidades recursais, alcançando, inclusive, as ações de impugnação como *habeas corpus* e mandado de segurança, *desde que impetrados exclusivamente pela defesa*.

Esse princípio visa assegurar que o defensor do acusado não se sinta receoso em interpor qualquer recurso que possa, de alguma forma, beneficiar o acusado, contando com a certeza que a situação do réu não poderá ser agravada; em miúdos, *pior que está não fica...*

Reformatio in pejus e recurso necessário

Porém, como vimos ao tratar do recurso de ofício, autoriza-se, ao Tribunal, nessa hipótese, mesmo não havendo qualquer recurso das partes, *piorar a situação do*

---

3. Renato Brasileiro de Lima, Curso de Processo Penal, p. 1648.

acusado, uma vez que à 2ª instância se reabre, com o recurso necessário, *por completo e sem limitações*, toda a causa penal.

Recurso da acusação

Afora a hipótese de recurso de ofício, a situação do acusado poderá também se deteriorar se a acusação tiver recorrido da decisão, *expressamente apontando determinada irresignação* que, se acolhida pelo Tribunal, agravará a situação do acusado.

O fato de a acusação recorrer postulando o aumento da pena (por exemplo, reconhecimento de causas de aumento de pena, qualificadoras, afastamento de privilégios etc), sem nada referir a respeito do regime de pena a ser imposto caso majorada a pena como pretendido, não impede que o Tribunal, ao julgar o recurso acusatório, estabeleça o regime apropriado, decorrente do provimento recursal, agravando o regime imposto inicialmente, *mesmo sem pedido expresso do MP (ou do assistente da acusação)* nesse sentido; isso porque se trata de *mera decorrência lógica* do redimensionamento da pena para patamar superior ao estabelecido, não havendo se falar em *reformatio in pejus*[4].

Mesmo que haja um erro material gritante, se não houver recurso da acusação, nada poderá ser feito. Exemplo: condenação pela prática do crime de homicídio triplamente qualificado e ocultação de cadáver a pena total de 25 anos de reclusão em regime inicial *aberto*; apesar de aberrante a decisão, quanto ao regime, não existindo recurso acusatório, *o erro se perpetua*, e nada poderá ser feito pelo Tribunal.

Erros de cálculo referentes à aplicação da pena que acabem por reduzir, de maneira indevida, a sanção penal, igualmente, não poderão ser corrigidos pelo Tribunal, *se não houver o recurso da acusação nesse específico sentido*.

Ausência de fundamentação quanto aos efeitos automáticos e não automáticos da condenação

A ausência de expressa menção ou fundamentação quanto aos efeitos automáticos da sentença condenatória – perda do produto e proveito do crime, indenização do dano (art. 91, I e II, do CP), suspensão dos direitos políticos (art. 15, III, da CF), não impede que sejam eles implementados, mesmo sem recurso da acusação, pois se tratam de efeitos legais – automáticos – de uma sentença condenatória. Porém, no caso dos efeitos não automáticos da sentença condenatória, como a perda do cargo, inabilitação para o pátrio poder, etc (art. 92 do CP), se a decisão nada mencionar a respeito do tema, e a acusação não recorrer, não poderá o Tribunal, em recurso exclusivo da defesa, os reconhecer, porque seria evidente o agravamento da situação penal do acusado, sem que tivesse havido pedido expresso do *Parquet* ou do assistente da acusação nesse sentido.

Medida de segurança e *reformatio in pejus*

---

4. STJ. AgRg no REsp 1.328.689/MG. 5ª T. Rel. Min. Jorge Mussi. DJe 09/10/2012. STJ. HC 342.011/PR (2015/298625-0). Rel. Min. Reynaldo Soares da Fonseca.

A Súmula 525 do STF estabelece que "A medida de segurança não será aplicada em segunda instância, quando só o réu tenha recorrido". Significa dizer que, em recurso exclusivo da defesa ou em recurso da acusação que não trate da aplicação da medida de segurança, não pode o Tribunal, de ofício, converter a pena em medida de segurança, a pretexto de proteger a saúde mental do réu. Isso porque se entende que o réu sofrerá agravamento de situação com tal mudança, pois, em tese, se trasmudaria uma pena com prazo fixo para uma sanção com prazo indeterminado (as medidas de segurança não têm prazo máximo, mas apenas mínimo, nos termos do art. 97, § 1º, do CP). Há decisão do STF[5] nesse sentido. Não obstante tal posicionamento, certo que a Súmula 527 do STJ deixa claro que o tempo de duração da medida de segurança não deve ultrapassar o limite máximo da pena abstratamente cominada ao delito praticado, o que demonstra que a sanção tem prazo determinado para a sua extinção.

Pelo mesmo raciocínio acima exposto, não é lícito ao Tribunal, em recurso exclusivo da defesa, converter o julgamento da apelação em diligência para determinar a instauração de incidente mental ao acusado (art. 149 do CPP), a fim de se averiguar se seria o caso de se impor uma medida de segurança e não uma pena.

Esse raciocínio, na maior parte das vezes, é válido, mas possamos imaginar que, se a pena fixada, na sentença condenatória, ao acusado for relativamente alta, em regime gravoso (*v.g.*, pena de 8 anos de reclusão em regime fechado), e verificando, o Tribunal, mesmo em recurso exclusivo da defesa, que o acusado era inimputável, a época do crime, e que seria merecedor de uma medida de segurança a ser cumprida sob a forma de tratamento ambulatorial quinzenal[6], parece – nos ser muito mais vantajosa a medida de segurança que a pena, nesse caso concreto, de modo que o Tribunal poderia efetuar a conversão.

De qualquer modo, há entendimento[7] no sentido de que o acusado condenado a uma pena, mesmo no caso de recurso exclusivo da defesa, poderia ter sua sanção convertida em medida de segurança, pois estaria sendo beneficiado com um tratamento de saúde mental, e não prejudicado com a aplicação de sanção mais grave.

Nulidade absoluta e *reformatio in pejus*

Relembre-se, ainda, o teor da Súmula 160 do STF: "É nula a decisão do Tribunal que acolhe, contra o réu, nulidade não arguida no recurso da acusação, ressalvado os casos de recurso de ofício". Mesmo que a nulidade seja absoluta – *v.g.*, incompetência absoluta do Juízo, não poderá ser sanada se não houver recurso da acusação, *expressamente* abordando o tema.

Reformatio in pejus e modificação da pena

Não se insere na vedação à *reformatio in pejus* a possibilidade de o Tribunal, na apreciação de recurso exclusivo da defesa – no que toca a individualização da pena

---

5. STF – 2ª T. – HC 74.042-SP, Rel. Min. Carlos Velloso, 11.03.1997, v.u., DJ 09.05.1997, p. 18.128).
6. O STF já entendeu que: "Em casos excepcionais, admite-se a substituição da internação por medida de tratamento ambulatorial quando a pena estabelecida para o tipo é a reclusão, notadamente quando manifesta a desnecessidade da internação" (HC 85.401/RS, 2ª T., Rel. Min. Cézar Peluso, 04.12.2009).
7. STJ – 5ª T., HC 187.051/SP, Rel. Gilson Dipp, 06.10.2011).

– encontrar fundamentos outros dos mencionados na sentença, substituindo até uma circunstância judicial por outra, desde que não se piore a situação do réu[8]. Todavia, há voto, do Ministro Gilmar Mendes, do STF[9], em sentido contrário, com o qual não concordamos, em que se reconheceu a *reformatio in pejus*, mesmo com redução total da pena; isso porque teriam sido reconhecidas, pelo Tribunal, em grau de recurso interposto exclusivamente pela defesa, circunstâncias judiciais inéditas.

Ora, a nosso ver, a possibilidade de o Tribunal aferir circunstâncias judiciais não detectadas pelo Juízo de 1ª instância é inerente ao efeito devolutivo próprio do recurso de apelação, o qual possibilita que a superior instância aprecie, na profundidade, mantida a causa de pedir, a questão controvertida, desde que não se altere – *para pior* – a situação do acusado[10].

Todavia, não é admissível que o Tribunal, mesmo reconhecendo causa de diminuição de pena requerida em recurso exclusivo da defesa, aumente a pena – base e essa exasperação influencie – negativamente – o regime de cumprimento de pena, mesmo que, quantitativamente, a pena permaneça idêntica ou, mesmo, menor[11].

Reformatio in pejus e prisão preventiva

Se o juiz de 1ª instância não decretou a prisão preventiva do acusado, quando da prolação da sentença condenatória, vedado ao Tribunal, em recurso exclusivo da defesa, decretar sua prisão cautelar[12].

Reformatio in pejus e *emendatio libelli*

Possível a *emendatio libelli* (art. 383 do CPP), correção da tipificação adequada aos fatos, pelo Tribunal, em recurso exclusivo da defesa. Todavia, se, através de recurso exclusivo da defesa, alterar-se a classificação do delito, trazendo como efeito maior dificuldade na progressão de regime (progressão de pena condicionada à reparação do dano ou a devolução do produto do ilícito – art. 33 § 4º, do CP), certo que acaba por se configurar inadmissível *reformatio in pejus*[13].

Vedação à *reformatio in pejus* indireta

Não é previsto expressamente em lei, tratando-se de construção doutrinária e jurisprudencial, e que consiste na proibição de, em novo julgamento, decorrente da anulação do anterior em virtude de recurso exclusivo da defesa, ou mesmo de impetração de *habeas corpus* em nome do acusado, agravar-se sua situação jurídica.

---

8. STF. HC 76156/SP. 2ª T. Rel. Min. Sepúlveda Pertence. DJU 08/05/1998. STF. RHC 123115. 2ª T. Rel. Min. Gilmar Mendes.
9. STF. RHC 126. 763/MS. Rel. Min. Dias Toffoli.
10. STF. RHC 116013. 2ª T. Rel. Min. Teori Zavascki. DJe 21/10/2014. STF. 1ª T. HC 126457/PA. Rel. Min. Marco Aurélio. J. 12/09/2017. STJ. HC 302.488/SP (2014/0215639-1). Rel. Min. Rogerio Schietti Cruz. STJ. HC 133127/Sp. 5ª T. Rel. Min. Felix Fischer. DJe 13/10/2009.
11. Informativo do STF. 03/03/2015. HC 103310. 2ª T. Rel. Teori Zavascki.
12. Informativo do STJ. STJ. HC 308788. 5ª T. Rel. Min. Reynaldo Soares da Fonseca.
13. Informativo do STF de 8 a 12 de dezembro de 2014. Informativo nº 771. HC 123.251/PR. Rel. Min. Gilmar Mendes.

Exemplo: apenas a defesa recorre de uma condenação de roubo, em que foi imposta uma pena de cinco anos e quatro meses a ser cumprida no regime inicial semiaberto; o recurso é provido e anulado o julgamento anterior; no novo julgamento, caso seja mantida a condenação, nem a pena nem o regime fixado poderão ser mais gravoso ao réu que aqueles estabelecidos no primeiro julgamento.

Percebe-se, então, que a decisão, embora anulada, produz o efeito de vedar que a sentença posterior prejudique, de qualquer forma, o acusado, por ser mais gravosa.

Mesmo no caso de nulidade absoluta, por incompetência absoluta do Juízo, a sentença, se anulada por recurso exclusivo da defesa, gerará o efeito de vedar que o Juízo competente possa, de alguma forma, em nova decisão, agravar a situação do acusado. Exemplo: acusado é processado pelo delito de moeda falsa – de competência da Justiça Federal, equivocadamente, pela Justiça Estadual, e é condenado à pena de 4 anos de reclusão, em regime aberto. Se interposto recurso pela acusação, sustentando, expressamente, em preliminar de apelação, a nulidade absoluta pela incompetência pela matéria, o Tribunal anulará o processo (e a sentença), e remeterá os autos para a Justiça Federal; ao magistrado federal a quem se restituiu a competência terá ampla liberdade para julgar o mérito da causa, e, no caso de nova condenação, a pena poderá ser superior à sanção anterior, fixando-a, por exemplo, em 6 anos de reclusão, no regime fechado. Mas, aproveitando do mesmo exemplo, se apenas a defesa tivesse recorrido da sentença proferida pelo Juiz de direito estadual que condenou o acusado pelo delito de moeda falsa, o Tribunal poderá anular, mesmo que de ofício, a sentença anterior, porque a incompetência é absoluta; restituído os autos ao juiz competente – da Justiça Federal – o magistrado estará livre para julgar o mérito como bem lhe aprouver – condenando ou absolvendo – mas, caso condene, a pena terá como *teto* a sanção fixada pelo Juízo incompetente: 4 anos de reclusão; e ainda não poderá o regime ser mais gravoso que o fixado antes, que era, no nosso exemplo, o regime aberto.

Existe posicionamento, no sentido de que a incompetência absoluta, pela matéria, por possuir extração constitucional, como é o caso, por exemplo, da usurpação da competência da Justiça Federal pela Justiça Estadual, que viola o art. 109 da Lei Maior, se reconhecida pelo Tribunal, mesmo que em recurso exclusivo da defesa, não terá o condão de impedir que o juiz natural possa decidir com ampla liberdade, inclusive, lhe possibilitando o agravamento da pena anteriormente imposta pelo Juízo incompetente; em miúdos, o princípio da *non reformatio in pejus* indireta, previsto em lei infraconstitucional (art. 617 do CPP) não seria aplicável no caso de nulidade por violação à competência absoluta, fixada pela Constituição, que consagra o princípio do juiz natural.

Mas existe um outro entendimento a respeito do tema: na verdade, na hipótese em estudo, o que ocorre é um aparente conflito de normas constitucionais que precisa ser dirimido (*antinomia*), e tal conflito se deflagra entre o princípio do juiz natural e o da ampla defesa, a qual, engloba, em seu conceito, o direito de o acusado recorrer, sem risco de sua situação, por recurso exclusivo seu, ser agravada. Entre os dois princípios em tela, o da ampla defesa, por ser mais marcantemente uma garantia individual, acabará por ter prevalência sobre o princípio do juiz natural. Conclui-se, então, que

O princípio da vedação à *reformatio in pejus indireta*, embora previsto no art. 617 do CPP, tem fundamento na ampla defesa consagrada na Constituição. Há decisões do STJ[14] que consagraram essa posição.

Reformatio in pejus indireta e júri

A vedação à *reformatio in pejus* indireta é aplicável às decisões do Tribunal do Júri?

Em outras palavras: se apenas o réu, após ter sido condenado pelo Júri, recorrer, e o seu julgamento for anulado, no outro julgamento a ser realizado, também pelo Júri, sua situação pode ser agravada?

Há **duas posições** sobre o assunto:

1ª posição: A vedação à *reformatio in pejus* indireta aplica-se também às decisões do Tribunal do Júri: o novo julgamento pelo Júri não poderá acarretar maior prejuízo ao réu. A soberania dos veredictos cederia aos igualmente importantes princípios da ampla defesa e da segurança jurídica. Esse é o atual entendimento do STF[15].

2ª posição: A vedação da *reformatio in pejus* indireta não se aplica às decisões do Tribunal do Júri, que é órgão de justiça dotado de soberania (art. 5º, XXXVIII, *c*, da CF), não podendo uma norma infraconstitucional, que prevê tal proibição (art. 617 do CPP), prevalecer sobre as disposições da Lei Maior. Esse posicionamento, *tendo por base esse fundamento*, não se sustenta, afinal, se a soberania dos veredictos é norma constitucional, a vedação à *reformatio in pejus* se alicerça também em dispositivo constitucional: o princípio da ampla defesa, e não, meramente, em norma infraconstitucional. Há então a *antinomia* (conflito) entre duas normas de altitude constitucional: de um lado a ampla defesa e, de outro, a soberania dos veredictos. **Qual dessas normas deve prevalecer?** A instituição do Júri – a par de ser uma *garantia individual do acusado*, é também uma *modalidade de exercício da democracia direta* – de participação popular em um órgão do Poder Judiciário – que é o Tribunal do Júri, que se concretiza mediante o voto aos quesitos formulados pelo juiz presidente, condenando ou absolvendo-se o acusado. Ora, *o direito de o jurado votar é ínsito à cidadania*, que é um dos *fundamentos da república* (art. 1º, II, da CF), de modo que, desrespeitar-se o voto do jurado, impedindo que venha a alcançar o seu efeito desejado – que pode ser eventualmente de recrudescer a pena ao acusado em julgamento posterior – é uma *violação à cidadania*, que, por ser fundamento da República, deverá prevalecer ante o princípio da ampla defesa. Mesmo porque, em verdade, afeta-se *minimamente* o direito à ampla defesa, afinal o acusado – em um segundo julgamento determinado em razão de recurso exclusivo seu – terá todas as oportunidades de

---

14. STJ – 5ª T., HC 114.729/RJ, Rel. Min. Jorge Mussi, j. 21/10/2010; STJ – 5ª T., RHC 20.337/PB, Rel. Min.ª Laurita Vaz, j. 14/04/2009, DJe 04/05/2009.
15. STF – HC 89.544. 2ª T. Rel. Min. Cezar Peluso. DJe 89. P. 197.

se defender plenamente, inclusive a de lograr absolvição. Em suma: quando há princípios constitucionais em choque – *ampla defesa e soberania dos veredictos/ cidadania*, deve-se dar prevalência ao equilíbrio entre eles, de modo a não fazer prevalecer um deles, em demasiado detrimento a outro; permitir que, em um segundo julgamento ocasionado por recurso exclusivo da defesa, o jurado possa decidir como bem lhe aprouver – inclusive agravando a pena do acusado – é uma forma de se preservar a soberania do Júri, o exercício direto do poder pelo cidadão, ao mesmo tempo em que *mal se arranha* a ampla defesa; essa nos parece ser a melhor solução a esse conflito normativo.

15.6.9. Princípio da *reformatio in mellius*

O efeito principal de todos os recursos é o de devolver a matéria da decisão, normalmente para outro órgão de justiça (Tribunal *ad quem*), nos limites da irresignação apontada no recurso, que pode ser total – de toda a decisão – ou parcial – de apenas trechos delimitados dela.

Este efeito é sintetizado pela máxima *tantum devolutum quantum apellatum* (devolve-se à Justiça apenas aquilo que foi recorrido), que visa, evitar, em grau de recurso, julgamentos *extrapetita* (fora do pedido), *ultrapetita* (mais do que foi pedido) ou *citrapetita* (menos do que foi pedido).

Todavia, no processo penal, pacífica a possibilidade, apontada pela doutrina e jurisprudência, de o Tribunal reconhecer, de ofício, mesmo sem recurso da defesa ou até mesmo em recurso exclusivo da acusação, qualquer matéria – de direito ou de fato – que possa beneficiar o acusado. É o princípio (implícito) da possibilidade da *reformatio in mellius* (reforma para melhor) que decorre do princípio do *favor rei* ou *favor libertatis*. Esse princípio pode ser extraído da própria interpretação que se dá à *reformatio in pejus* consagrada no art. 617 do CPP; se não é possível ao Tribunal, em recurso da defesa, agravar a situação do acusado, lhe é permitido, a *contrario sensu*, melhorar sua situação, em recurso da acusação, porque não vedada essa faculdade pela lei.

Em outras palavras, repugna ao senso comum de Justiça condenar-se injustamente um acusado – quer julgando procedente uma imputação intrinsicamente iníqua, quer impondo ao réu uma pena superior a merecida, unicamente porque a defesa deixou de recorrer, ou de arguir expressamente o que convinha ao réu. Exigir-se, em suma, que o juízo *ad quem*, quando da análise de um processo em grau recursal, simplesmente cruzasse os braços ante uma clamorosa injustiça que repercutisse diretamente sobre o direito indisponível à liberdade individual, seria uma desumanidade a atingir, simultaneamente, quem é condenado, sobretudo, mas também o magistrado que fosse obrigado a manter um édito condenatório injusto.

Diante desse princípio, em um recurso exclusivo da acusação, em face de sentença condenatória, postulando o agravamento da pena, o Tribunal poderá reduzir a pena, ou mesmo absolver o réu, decisões essas, que, embora sejam claramente *extrapetita*, são permitidas porque vem ao encontro do princípio da *reformatio in mellius*.

Reformatio in mellius e Júri

Parte da doutrina se posiciona pela não aplicação da *reformatio in mellius*, no caso das apelações do Tribunal do Júri, com o fundamento de que, como a apelação no Júri é vinculada a determinados fundamentos indicados no ato de interposição, o Tribunal não poderia reconhecer, de ofício, matéria – fática ou de direito – que beneficiasse o acusado, sem que tenha havido expresso pedido da defesa.

Escora-se essa posição na Súmula 713 do STF: "O efeito devolutivo da apelação contra decisões do Júri é adstrito aos fundamentos de sua interposição".

Entendemos em sentido contrário, pois nos parece que a *reformatio in mellius* deve ser aplicada também às apelações do Júri, pois seria perfeitamente possível que, por exemplo, na apelação interposta pela defesa sustentando que o veredicto tenha sido manifestamente contrário à prova dos autos, o Tribunal constatasse – embora a decisão não fosse aberrante às provas – a ocorrência de uma nulidade absoluta durante o plenário (*v.g.*, não requisição de réu preso ao julgamento). Seria, nessa situação, uma clamorosa injustiça manietar-se o Tribunal a ater-se, unicamente, aos termos da interposição e não decretar a eiva. Em conclusão, não vemos empecilho na aplicação do princípio da *reformatio in mellius* ao Júri.

15.6.10. Princípio da colegialidade

Consiste no direito que possui a parte de que seu recurso seja julgado por um órgão colegiado, de 2ª instância. Nem sempre os recursos são dirigidos a órgãos colegiados de 2ª instância, pois pode ocorrer de o recurso ser apreciado pelo próprio juiz de 1ª instância prolator da decisão, como ocorre, por exemplo, com os embargos de declaração.

Esse princípio sofre grande mitigação pelo art. 932 do CPC que, ao elencar os atos judiciais que podem ser praticados pelo relator, lhe confere poderes para:

1º – não conhecer de recurso inadmissível, prejudicado ou que não tenha impugnado especificamente os fundamentos da decisão (art. 932, III, do CPC);

2º – depois de conhecido o recurso, negar-se provimento desde que seja contrário a súmula do STF, do STJ, ou do Tribunal; ou que seja contrário a acórdão do STF ou do STJ em julgamento de recurso repetitivo (art. 932, IV, *a* e *b*, do CPC).

Pergunta-se: esse dispositivo é aplicável ao processo penal?

Em regra, não, pois, no caso das apelações, recurso em sentido estrito e agravo em execução os julgamentos deverão, *necessariamente*, ser colegiados, pois o procedimento de tais recursos, estabelecido no CPP (art. 609/618), exige a pluralidade de julgadores. Não pode, assim, o relator, monocraticamente, julgar o recurso, pelo menos no âmbito processual penal.

Como há normas expressas determinando o julgamento colegiado, no CPP, não há como se utilizar o CPC por analogia.

Trataremos, no decorrer deste capítulo a respeito das exceções possíveis ao princípio da colegialidade.

15.7. PRESSUPOSTOS RECURSAIS OBJETIVOS E SUBJETIVOS

15.7.1. Conceito de Pressupostos recursais

São as condições exigidas por lei para que o recurso possa ser recebido e conhecido; os pressupostos recursais nada mais são que as condições da ação penal (legitimidade de partes, interesse de agir, possibilidade jurídica do pedido) adaptadas aos recursos.

15.7.2. Pressupostos recursais objetivos e subjetivos. Linhas gerais. Juízo de prelibação. Conhecimento do recurso

Os pressupostos recursais objetivos referem-se às condições previstas em lei, aplicáveis a quaisquer recursos, sem se levar em consideração a situação das partes, enquanto que os pressupostos recursais *subjetivos* se relacionam com a à situação jurídica das partes, a serem analisadas de acordo com cada caso concreto; não há, portanto, previsão genérica abstrata da lei a respeito dos pressupostos recursais subjetivos.

Os pressupostos recursais objetivos e subjetivos são requisitos necessários ao conhecimento dos recursos. O juízo de admissibilidade dos recursos – de verificação da existência das condições legais para o exercício do direito de recorrer – é também denominado de **juízo de prelibação**.

Esse juízo de admissibilidade normalmente é exercido, de maneira simultânea, pelo juízo ou Tribunal *a quo* (órgão judiciário de quem se recorre), e também pelo Tribunal *ad quem* (órgão judiciário para quem se recorre), mas há exceções em que o juízo de prelibação toca apenas ao juízo *a quo* (v.g., embargos de declaração) ou ao juízo *ad quem* (*v.g.*, carta testemunhável). Normalmente, o recurso é interposto em face da decisão do juiz ou Tribunal *a quo* para ser julgado por outro órgão judiciário – o Tribunal *ad quem*, mas, pode acontecer que o recurso venha a ser julgado pelo mesmo órgão prolator da decisão, como se dá nos embargos de declaração, por exemplo.

Se o juiz ou tribunal *a quo* entenderem que estão preenchidos todos os pressupostos processuais receberão o recurso; do contrário, não o receberão, cabendo desta nova decisão, em algumas hipóteses, outro recurso, como se verá. Mas, de qualquer forma, mesmo recebido o recurso pelo juízo ou Tribunal *a quo*, esse juízo de admissibilidade não é definitivo, pois o Tribunal *ad quem* pode entender que não era caso de recebimento do recurso, invalidando a decisão anterior; de idêntica maneira, se o órgão *a quo* não recebeu o recurso por julga-lo inadmissível, o Tribunal, através da interposição de outro recurso, poderá receber a irresignação, cassando o não recebimento anterior.

Recebido o recurso, seguirá ao Tribunal *ad quem*, onde se submeterá a novo juízo de admissibilidade: **preenchidos todos os pressupostos recursais, o recurso é conhecido**; na hipótese de faltarem tais pressupostos, o **recurso não é conhecido** pelo Tribunal. Depois de conhecido o recurso, poderá então ser provido ou não, o que decorre do juízo de mérito da irresignação, em que o recurso pode ser *provido ou improvido (não provido)*, total ou parcialmente, reformando, invalidando, esclarecendo ou integrando a decisão judicial combatida pela via recursal.

15.7.3. Pressupostos recursais objetivos

Os pressupostos recursais objetivos são os seguintes:

15.7.3.1. Previsão legal, cabimento ou tipicidade recursal (É possível recorrer?)

É preciso que a lei preveja a existência de recurso para determinada decisão; é o equivalente à possibilidade jurídica do pedido como condição da ação penal. Por exemplo: da decisão que julga o incidente de falsidade cabe recurso em sentido estrito, porque prevista expressamente essa possibilidade no art. 581, XVIII, do CPP; já a decisão que admite ou não o assistente da decisão é irrecorrível (art. 273 do CPP), embora possa ser impugnada através da ação autônoma de mandado de segurança. O fato de não ser cabível um recurso específico em face de decisão judicial não significa dizer que aquele ato não possa ser questionado, de outras maneiras, como, a impetração de *habeas corpus*, de mandado de segurança, a interposição de correição parcial, ou a arguição, em sede de preliminar de apelação, apontando eventual nulidade ínsita ao ato judicial combatido.

15.7.3.2. Adequação. (Qual o recurso cabível?). Estrita observância das formalidades legais – regularidade formal do recurso. (De que forma recorro?)

Depois de se verificar se a decisão é recorrível a parte deve analisar qual o recurso seria o adequado diante do cardápio legal. Escolhido o recurso adequado, cabe a parte seguir as formalidades de interposição dos recursos expressamente previstas em lei que devem ser respeitadas, sob pena de seu não recebimento.

Há duas maneiras de serem interpostos os recursos no processo penal (art. 578 do CPP):

1ª – **Por termo**. A parte interpõe o recurso oralmente e, em seguida, o oficial de justiça ou o escrevente certificam este fato, lavrando um termo (chamado termo de recurso), que é assinado pelo recorrente ou por seu representante (art. 578, *caput*, do CPP).

Não sabendo ou não podendo o réu assinar o nome, o termo será assinado por alguém, a seu rogo, na presença de duas testemunhas (art. 578, § 1º, do CPP). Pensamos ser mais prático, no caso de o réu não possuir condições de assinar, ou se for analfabeto, simplesmente o oficial de justiça certificar sua intenção de recorrer, o que valerá, por si só, como sendo uma interposição recursal, pois o que verdadeiramente importa é que se colha, de alguma forma, a manifestação de vontade da parte em recorrer. O mesmo raciocínio é válido para o defensor, MP, assistente de acusação e querelante: o que importa é a manifestação de vontade exteriorizada.

Admitem a interposição de recurso por termo apenas os recursos interpostos em 1º grau, como o recurso de apelação, o recurso em sentido estrito, o agravo em execução e a carta testemunhável.

2ª – **Por petição**. A parte interpõe o recurso por escrito, através de uma petição. Todos os recursos no processo penal podem ser interpostos por petição: o recurso em sentido estrito, agravo em execução, a apelação, os quais, além da interposição por termo, admitem também a interposição por petição; os embargos de declaração, os embargos infringentes, a correção parcial, o recurso extraordinário e o recurso especial.

Mas, além da petição escrita (física, impressa), há outras maneiras de se interpor recursos:

Petição de interposição por fax: prevista no art. 2º, *caput*, da Lei 9.800/99; envia-se a interposição por fax (hoje bastante obsoleto), remetendo-se o original da interposição até cinco dias contados do término do prazo do recurso. Na confusa linguagem da lei se extrai o seguinte conteúdo: aceita-se a interposição de recurso via fax, no prazo legal recursal, desde que, em até cinco dias depois do término do prazo do recurso, a parte apresente o original da interposição.

Caso o fax enviado contendo a interposição de recurso seja ilegível (art. 4º da Lei 9.800/99), ou se o original da petição não for entregue no período de 5 dias, o recurso não será recebido. Possível a interposição de recurso, por e – mail, desde que apresentada a peça física posteriormente[16].

Petição de interposição por via eletrônica: podem ser oferecidas petições de interposição de recursos via processo eletrônico (art. 1º da Lei 11.419/06), usando-se assinatura eletrônica, após credenciamento junto ao Poder Judiciário (art. 2º da Lei 11.419/06).

Do envio da petição eletrônica recebe a parte protocolo da entrega (normalmente por e – mail). A petição eletrônica, o que inclui, obviamente, a petição de interposição recursal, será considerada como tempestiva se transmitida em até 24 horas do seu último dia, o que é muito mais vantajoso para a parte que a petição física, uma vez que não precisa apresentar a petição, em cartório judicial, até o fim do expediente forense, que normalmente se encerra as 19 horas, como seria necessário na petição escrita; bastará a parte, no caso de petição eletrônica, oferecer o recurso, enviando – o eletronicamente, até a meia – noite do prazo final recursal.

Formação de instrumento

Por instrumento se entende a extração de cópias, em autos apartados, pela parte, para que tramite o recurso por ela interposto, sem que se prejudique o andamento normal do processo perante o órgão *a quo*. A formação do instrumento é *ônus da parte*; se dele não se desincumbir, faltará regularidade formal ao recuso, que não será

---

16. Informativo do STF. 14/03/2017. HC 121225. 1ª T. Rel. Min. Marco Aurélio.

recebido, por falta de pressuposto recursal objetivo. Exemplo: da decisão que indefere pedido de prisão preventiva cabe recurso em sentido estrito (art. 581, V, do CPP), sendo ônus do recorrente auxiliar na formação do instrumento do recurso: deverá indicar as peças dos autos que pretende sejam extraídas cópias (art. 587, *caput*, do CPP), como, por exemplo, da decisão combatida, da data de sua intimação, e demais peças principais do processo; apenas se formado o instrumento poderão ser apresentadas as razões e contrarrazões recursais; se o recorrente não auxiliar na formação do instrumento, faltará regularidade formal ao recurso, o qual não será recebido, por falta de pressuposto recursal objetivo. No caso de processo eletrônico, ou o instrumento será digital, ou então, o que é mais comum, haverá um *link*, no recurso, com acesso integral aos autos, de modo que a tendência é de que a arcaica formação de instrumento físico esteja com seus dias contados.

15.7.3.3. Preparo (tenho que pagar para recorrer?)

É o pagamento de custas recursais pelo recorrente para que seu recurso seja conhecido. Em regra, no processo penal, não existe, como condição ao recebimento dos recursos, a exigência do pagamento de custas. Pode o Ministério Público, o assistente da acusação, réu e seu advogado, nas ações penais públicas, recorrerem, sem que sejam obrigados a pagar custas recursais. Essa possibilidade se espraia para todas as modalidades recursais como recurso de apelação, recurso em sentido estrito, recurso especial, recurso extraordinário, etc. Não há, nessa situação, deserção por falta de preparo.

Mas, *na ação penal privada exclusiva e personalíssima, em se tratando do querelante*, dele será exigido, para recorrer, como pressuposto recursal objetivo, o preparo, ou seja, o pagamento de custas recursais, como se verifica pelo § 2º do art. 806 do CPP; caso não providenciado o preparo, o recurso será declarado deserto, extinguindo-se, sem que tenha sido conhecido pelo Tribunal; é a deserção do recurso interposto.

Não haverá necessidade de preparo, pelo querelante, todavia, no caso de ação penal privada subsidiária da pública, pois o interesse que se tutela mediante essa ação é, em verdade, público; e o interesse público não pode ficar condicionado ao pagamento de custas pelo acusador privado, que exerce verdadeiro *múnus público*. Isso porque o querelante, na ação penal privada subsidiária da pública, ajuizou uma ação em virtude da *inércia* de um órgão de Estado – MP – para postular interesse social indisponível – a segurança pública – e não pode arcar, além das despesas com advogado, também com as custas recursais, no caso de prolongamento da relação processual com o oferecimento de recurso, sob pena de dificultar, talvez impossibilitar, o controle social sobre a atuação do *Parquet*, suprindo sua indevida omissão, o que é resguardado, como cláusula pétrea, pela Constituição Federal, em seu art. 5º, LIX.

A regra acima só é válida quando o recorrente for querelante que tenha condições de pagar o preparo recursal (as custas); se for pobre, em sua acepção jurídica, não será obrigado ao preparo (art. 806, *caput*, do CPP). De idêntica maneira, se o recorrente for o querelado, poderá recorrer da sentença que o condenou, sem que seja obrigado a pagar as custas, em homenagem aos princípios da ampla defesa e do duplo grau de jurisdição, mesmo que seja pessoa dotada de vultosos recursos.

Não há mais no processo penal a obrigação de o acusado recolher-se à prisão para apelar, como verdadeira forma de preparo, para que seu recurso seja conhecido pelo Tribunal, sob pena de deserção. Mesmo que foragido, seu recurso deverá ser conhecido pelo Tribunal, em respeito ao princípio da ampla defesa e do duplo grau de jurisdição.

15.7.3.4. Tempestividade (Qual o prazo para recorrer?)

É o prazo estipulado por lei para que a parte exerça seu direito ao recurso; caso contrário, seu recurso não será conhecido pela ocorrência da preclusão temporal. Os prazos recursais são peremptórios, de ordem pública, não admitindo alargamento por acordo entre as partes ou por liberalidade do juiz.

15.7.3.4.1. Prazo recursal. Contagem

Noções gerais

O início do prazo denomina-se *dies a quo* e o seu término *dies ad quem*. O recurso deve ser interposto entre o *dies a quo* e o *dies ad quem*; sendo assim, o recurso oferecido antes do *dies a quo* ou após o *dies ad quem* será considerado intempestivo. A questão da tempestividade recursal é de ordem pública e pode ser reconhecida em qualquer momento processual. Não obstante esse entendimento doutrinário, há precedente do STF em que, embora se tivesse reconhecido a intempestividade do recurso apresentado pela defesa, se determinou, apesar disso, o seu recebimento, porque o prazo fora perdido por Defensor Público, de modo que o acusado hipossuficiente não poderia ser prejudicado em decorrência de falha do próprio Estado que lhe deveria prestar uma assistência jurídica condizente[17].

15.7.3.4.2. Publicação da decisão (nascimento do direito de recorrer). Intimação (possibilidade do exercício do direito de recorrer)

Publicação da decisão proferida em 1ª instância pelo juiz, sem ser em audiência ou sessão do Júri – (processo físico)

Para que seja possível a interposição de recurso, como seu verdadeiro pressuposto, é indispensável que a decisão que se visa combater esteja publicada-se*ja pública* – o que se dá *em mão do escrivão*, que lavrará nos autos do processo o termo de publicação, registrando – a sentença – em livro especialmente destinado a esse fim (livro de sentença), uma espécie de livro obrigatório do cartório (art. 389 do CPP). O livro de sentença – por ser um livro obrigatório do cartório de livre acesso a qualquer um do povo – é o instrumento legal que permite a ampla publicidade das sentenças prolatadas.

---

17. Informativo do STF. 27/11/2012. HC 112573. 2ª T. Rel. Min. Ricardo Lewandowski.

Depois de tornada pública a sentença – pelo modo acima descrito – as partes deverão ser intimadas – pessoalmente ou pela imprensa – de sua prolação, a fim de que possam recorrer. Da intimação, contar-se-á o prazo recursal.

Publicação da decisão proferida em 1ª instância pelo juiz, em audiência ou sessão do Júri – (processo físico)

A sentença será considerada como pública, no momento em que é lida em audiência, ou sessão do Júri. Mas, de qualquer forma, não se dispensa seu registro no livro de sentenças, pelo escrivão (art. 389 do CPP), para que se torna de conhecimento geral sua existência e teor (para quem queira consultar citado livro). As partes que estiverem presentes, serão consideradas como intimadas; se não estiverem, serão intimadas pela imprensa ou pessoalmente.

Publicação da decisão proferida em 1ª instância pelo juiz, sem ser em audiência ou sessão do Júri – (processo eletrônico)

O magistrado redige sua sentença e a anexa ao processo digital, momento em que passa a ter existência jurídica. No caso de sentença, entendemos que o ato decisório deve ser registrado no livro de sentença digital do cartório, como permite o art. 16 da Lei 11.419/2006, a fim de que qualquer um do povo possa ter acesso ás decisões proferidas.

As partes, como o MP, Defensoria Pública, defensor nomeado, que possuem a prerrogativa de serem intimadas pessoalmente, serão intimadas, da sentença, no dia em que efetivarem a consulta eletrônica ao teor da intimação, certificando-se nos autos a sua realização (art. 5º, § 1º, da Lei 11.419/2006). No caso de a consulta se realizar em dia não útil, a intimação será considerada como realizada no primeiro dia útil seguinte (art. 5º, 2º, da Lei 11.419/2006). A consulta referida deverá ser feita em até 10 dias corridos contados da data do envio da intimação, sob pena de considerar-se a intimação automaticamente realizada na data do término desse prazo (art. 5º, § 3º, da Lei 11.419/2006). *As intimações realizadas pela forma acima serão consideradas como pessoais* para todos os efeitos legais (art. 5º, § 6º, da Lei 11. 419/2006). Realizada a consulta, pelo membro do MP, Defensor Público, advogado nomeado, do processo eletrônico, tomando ciência da sentença prolatada, considerar-se-á realizada a intimação, mas o prazo recursal começará a correr no dia seguinte, seguindo-se a regra do art. 798, § 1º, do CPP.

No caso de defensores constituídos, do advogado do querelante e do advogado do assistente da acusação que devem ser intimados pela imprensa (art. 370, § 1º, do CPP), certo que, em se tratando de processo eletrônico, serão intimados pela publicação da decisão no Diário da Justiça eletrônico, disponibilizado na internet; essa publicação substitui qualquer outro meio e publicação oficial, para quaisquer efeitos legais, à exceção dos casos que, por lei, exigem intimação ou vista pessoal (art. 4º, § 2º, da Lei 11.149/2006). Considera-se como data da publicação o primeiro dia útil seguinte ao da disponibilização da informação no Diário da Justiça eletrônico (art. 4º, § 3º, da Lei 11.419/2006). Os prazos processuais terão início no primeiro dia útil que seguir ao considerado como data da publicação (art. 4º, § 4º, da Lei 11.419/2006).

Publicação da decisão proferida em 1ª instância pelo juiz, em audiência ou sessão do Júri – (processo eletrônico)

A sentença será considerada como pública, a partir do momento em que seja lida em audiência ou plenário. De qualquer modo, pensamos que a sentença deva ser registrada no livro de sentença digital a ser mantido no cartório, a fim de amplo conhecimento popular. As partes que estiverem presentes, serão consideradas como intimadas. As que não estiverem, serão intimadas pelos meios previstos no processo digital, pessoal ou pelo Diário da Justiça Eletrônico, como acima vistos.

Publicação da decisão proferida pelo Tribunal

Julgado, pelo Tribunal, um recurso, certo que o ato se tornou público, mas ainda não é possível recorrer-se dele, mesmo que a parte tenha assistido, ou mesmo participado manifestando-se oralmente; se o fizer, o recurso será considerado intempestivo[18]; primeiro, é necessário que o acórdão seja publicado no Diário Oficial (físico ou eletrônico); depois *a parte deverá ser intimada formalmente do acórdão (pela imprensa, através do Diário Oficial, ou pessoalmente)*.

Havendo a republicação de uma mesma decisão judicial – mesmo que equivocada – o prazo para recorrer é reaberto, sendo contado da 2ª publicação, considerada como válida[19].

Se houve erro na publicação pela internet, pelo Tribunal, da decisão, que contribua com que a parte se equivoque no prazo recursal, a oportunidade recursal deve ser reaberta ao prejudicado em razão da falha do Estado[20].

15.7.3.4.3. Verificação do cumprimento do prazo recursal

Para que se verifique se o prazo foi cumprido pela parte, leva-se em conta o dia em que a petição de interposição de recurso aportou ao cartório judicial, ou, no caso de processo eletrônico, no dia em que foi remetido, eletronicamente, ao Juízo, a petição (eletrônica) de recurso. De acordo com o art. 575 do CPP não serão prejudicados os recursos que, por erro, falta ou omissão dos funcionários não tiverem seguimento ou não forem apresentados dentro do prazo. De igual teor a Súmula 428 do STF: "Não fica prejudicada a apelação entregue em cartório no prazo legal, embora despachada tardiamente".

O que é imprescindível, para se aferir a tempestividade ou não de um recurso, é se foi cumprido o prazo legal para se interpor o recurso; no caso dos recursos em que se prevê a interposição como ato processual distinto do oferecimento das razões recursais (*v.g.*, apelação e recurso em sentido estrito), se descumprido o prazo para se oferecerem as razões, ocorrerá mera irregularidade, não havendo qualquer impedimento a que a irresignação seja conhecida, de acordo com jurisprudência e doutrina já pacificadas no tema.

---

18. STF – 1ª T., RHC 83.662/RJ, Rel. Min. Eros Grau, j. 01/10/2004, DJ 01/10/2004, p. 28.
19. Informativo do STJ. 17/01/2013. STJ. HC 238698. 5ª T. Rel. Desembargadora Convocada. Marilza Maynard.
20. Informativo do STJ. 28/12/2012. STJ. Corte Especial. REsp 1324432. Rel. Min. Herman Benjamim.

15.7.3.4.4. Natureza dos prazos recursais

De acordo com o art. 798, *caput*, do CPP, os prazos serão contínuos e peremptórios, não se interrompendo por férias, domingo ou feriado. Havendo impedimento do juiz, força maior, ou obstáculo judicial oposto pela parte contrária os prazos não correrão (art. 798, § 4º, do CPP).

15.7.3.4.5. Contagem dos prazos

Os prazos, no processo penal, contam-se da seguinte forma: não se computa o dia do início do prazo (*dies a quo*), mas é incluído o último dia (*dies ad quem*) (§ 1º do art. 798 do CPP); o prazo que se encerrar em domingo, feriado ou dia que não possuir expediente, prorroga-se até o dia útil imediato (§ 3º do art. 798 do CPP). De igual maneira, se o primeiro dia do prazo ocorrer em dia que não haja expediente, o prazo se iniciará no primeiro dia útil.

Nesse sentido a Súmula 310 do STF: "Quando a intimação tiver lugar na sexta – feira, ou publicação com efeito de intimação for feita nesse dia, o prazo judicial terá início na segunda – feira imediata, salvo se não houver expediente, caso em que começará no primeiro dia útil que se seguir".

Marcos iniciais de contagem dos prazos

De acordo com o § 5º do art. 798, do CPP, **o prazo recursal começa a fluir da data:**

1 – da intimação acerca da decisão;

2 – da audiência ou sessão em que for proferida a decisão, se a ela estiver presente a parte.

Decisões proferidas em audiência ou em sessão do Tribunal do Júri

Proferida a decisão em audiência, a decisão será considerada como publicada (existente no mundo jurídico), e, ao mesmo tempo, a parte que esteja presente é considerada como intimada. O mesmo raciocínio é válido para as decisões do Júri: as partes consideram-se intimadas quando da leitura da sentença pelo juiz – presidente. Caso o acusado não tenha comparecido por opção sua, ao julgamento pelo Júri, deverá ser intimado da decisão pessoalmente, em especial se o veredicto tiver sido condenatório.

Decisões proferidas pelo Tribunal

Importante registrar que as decisões tomadas pelos Tribunais de 2ª instância ou pelos Tribunais superiores, embora publicadas (tornadas públicas) no dia do julgamento, não dispensam a publicação do acórdão (ou dos votos), pela imprensa (normalmente, o Diário da Justiça eletrônico); depois dessa indispensável publicação, as partes devem ser intimadas (pela imprensa ou pessoalmente) de seu teor; diferencia-se, assim, nitidamente, a publicação do acórdão, como ato judiciário colegiado tornado público no dia de seu julgamento, da publicação, pela imprensa, do teor daquele acórdão; além dessa publicação do acórdão pela imprensa, indispensável a intimação (pessoalmente ou pela imprensa) das partes; apenas depois de publicado o acórdão pela imprensa, e intimada a parte (pessoalmente ou também pela imprensa), passará a correr o prazo recursal.

A data que interrompe a prescrição é aquela em que é proferido o julgamento colegiado, nos termos do art. 117, IV, do CP, quando torna-se pública tal decisão, e não a data em que o acórdão é publicado no Diário da Justiça. O pleno do STF[21] ainda deverá decidir se o acórdão que confirma a condenação de 1º grau ou diminui a reprimenda imposta na sentença interrompe ou não a prescrição.

A intimação das partes, através da publicação pela imprensa – Diário da Justiça – da decisão proferida, somente tem relevância a fim de se verificar se foi cumprido o prazo de interposição de recursos, e não como causa interruptiva de prescrição[22].

Em guinada de sua própria jurisprudência, o STF[23], que reconhecia a intempestividade dos recursos apresentados antes da publicação do acórdão – data que, até então, era considerada como o marco temporal do início do prazo para a interposição de recursos, passou a entender que não se pode considerar como intempestivo um recurso apresentado, dentro do prazo, ainda que antes da publicação do acórdão, sob pena de se "punir quem se antecipa".

3 – do dia em que a parte manifesta nos autos ciência inequívoca da sentença ou despacho

Essa ciência inequívoca pode ocorrer, por exemplo, ao consultarem, as partes, os autos em cartório, ou, através de qualquer modo que demonstre o conhecimento do que decidido no feito.

15.7.3.4.6. Intimação das decisões judiciais e contagem dos prazos recursais

Ministério Público, Defensoria Pública e defensores dativos

O Ministério Público e a Defensoria Pública devem ser intimados pessoalmente, assim como os defensores dativos (art. 370, § 4º, do CPP). Se o dativo, defensor público ou membro do MP forem intimados pela imprensa, e não pessoalmente, haverá a nulidade do trânsito em julgado, invalidando-se todos os atos processuais a partir da ausência da intimação.

Defensor constituído, advogado do querelante e assistente da acusação

De outro lado, o defensor constituído, o advogado do querelante e do assistente da acusação serão intimados através de publicação pela imprensa – órgão incumbido

---

21. Informativo do STF. 09/12/2013. STF. HC 110221. 1ª T. Rel. Min. Luiz Fux.
22. Informativo do STF. 13/12/2012. STF. Pleno. Embargos de Declaração na AP 396. Min. Rel. Cármen Lúcia.
23. Informativo do STF. 05/03/2015. STF. Pleno. Embargos de Declaração convertidos em agravo regimental, no Agravo de Instrumento (AI) 703269. Rel. Min. Luiz Fux.

da publicidade dos atos judiciais da comarca, incluindo-se, sob pena de nulidade, o nome do acusado (art. 370, § 1º, do CPP).

No caso de vários advogados representando a parte (procuração constando diversos profissionais), bastará que a publicação seja efetuada no nome de um deles; se um dos advogados, dentre os outros que constam da procuração, falecer, e se apenas seu nome constar da publicação, segundo o STJ[24], não haverá nulidade.

Não existência de imprensa oficial na comarca

Na hipótese de não existir órgão de publicação dos atos judiciais na comarca, a intimação far-se-á diretamente pelo escrivão, por mandado, ou via postal com comprovante de recebimento, ou por qualquer outro meio idôneo (art. 370, § 2º, do CPP). Os advogados podem, ainda, ser intimados eletronicamente (Lei 11.419/06).

Intimação por carta precatória

Expedida carta precatória para intimar-se a parte, o seu prazo recursal passará a contar da intimação, e não da juntada da carta precatória aos autos, como afirma a Súmula 710 do STF: "No processo penal, contam-se os prazos da data da intimação, e não da juntada aos autos do mandado ou da carta precatória ou de ordem".

Em que dias pode ser realizada a intimação?

Não há qualquer empecilho que uma intimação seja realizada no fim de semana, seja pela publicação pela imprensa ou por intimação pessoal através de oficial de justiça. Porém, essa intimação realizada, por exemplo, no domingo, será tida por realizada, processualmente, no próximo dia útil (geralmente uma segunda – feira); considerada a intimação, para efeitos legais, como realizada na segunda – feira, o prazo recursal começa a correr no dia seguinte útil (terça – feira) (art. 798, § 3º, do CPP).

Intimação do MP e da Defensoria Pública: particularidades

Ministério Público

O Ministério Público deve ser intimado pessoalmente (art. 370, § único, do CPP), sendo sua prerrogativa institucional a de receber intimação pessoal em qualquer processo e grau de jurisdição, através de entrega dos autos com vista como prevê o art. 41, IV, da Lei Orgânica Nacional do Ministério Público, além de haver previsão ainda no art. 18, II, h, da Lei Complementar 75/1993 (Lei Orgânica do Ministério Público da União).

De idêntica forma, os membros da Defensoria Pública devem ser intimados pessoalmente, com a remessa dos autos com vista (art. 4º, V e 44, I, da Lei Complementar 80/1994).

O prazo para recorrer (e também se manifestar, em geral, nos processos), será iniciado, em regra, com a entrada dos autos na secretaria da instituição, em que se

---

24. STJ – 5ª T., HC 33.771/RJ, Rel. Min. José Arnaldo da Fonseca, j. 17/06/2004, DJ 23/08/2004.

formaliza a carga dos autos pelo servidor do MP, e não da data em que tenha – o membro do *Parquet* – aposto "ciente" da decisão recorrível, como entende o STF[25].

Há decisões do STJ[26] salientando que, quanto ao prazo recursal do Ministério Público, deve iniciar-se, não da entrega dos autos, na secretaria da Instituição, mas da data em que o *Parquet* tiver sido intimado da decisão. É o que se dá, por exemplo, quando uma sentença é prolatada em audiência ou na hipótese em que o *Parquet* toma ciência da decisão em cartório judicial, casos em que o prazo recursal do Ministério Público começaria a correr da data da intimação – na própria audiência ou da leitura dos autos em cartório – e não da entrega dos autos na secretaria da Instituição posteriormente. No entanto, o STJ[27] acabou por firmar posição, em julgamento de recurso repetitivo, exatamente no sentido oposto. No brilhante voto do Min. Rogerio Schietti Cruz, do STJ, ora citado, estabeleceu-se uma distinção entre prazo processual e intimação: em regra, a ciência das partes a respeito dos atos processuais dispara o início do cômputo do prazo para a prática de novos atos, inclusive o prazo recursal; no entanto, *o início da contagem do prazo, quando necessário ao exercício do contraditório, especialmente para recorrer, pode ser postergado para outro momento processual oportuno*. De maneira absolutamente verdadeira menciona-se no voto que, "(...) **não se pode comparar, sequer remotamente, a quantidade de processos sob a responsabilidade de um membro do Ministério Público** – normalmente calculada em centenas ou milhares – **com a que normalmente ocupa a carteira de um escritório de advocacia**, contada, se tanto, em dezenas. Essa evidente desigualdade de encargos – reforçada pela circunstância de que um promotor de justiça não escolhe as causas em que irá atuar, pois age regido pelos princípios da **oficialidade e da obrigatoriedade da ação penal** – reclamam tratamento processual também desigual, máxime no tocante às regras de intimação para a marcação do *dies a quo* para a contagem de prazos peremptórios, geralmente voltados à interposição de recursos. **Parece irrazoável exigir, em tal cenário, que um promotor de justiça que realiza, ao longo de sucessivas tardes de uma semana, dezenas de audiências criminais, já tenha o prazo recursal correndo em seu desfavor a partir já dessas tantas audiências realizadas em série**".

Em conclusão, *o membro do Ministério Público ou da Defensoria Pública, poderão tomar ciência, em audiência, de decisões judiciais, mas o prazo recursal não se iniciará naquela oportunidade, mas sim, posteriormente, quando os autos de processo forem entregues na repartição administrativa daquelas instituições*.

Em síntese, a tese estabelecida foi a seguinte: O termo inicial da contagem do prazo para impugnar decisão judicial é, para o Ministério Público (e também para a Defensoria Pública), a data da entrega dos autos na repartição administrativa do órgão, sendo irrelevante que a intimação pessoal tenha se dado em audiência, em cartório ou por mandado.

---

25. STF – Pleno, HC 83.255/SP, Rel. Min. Marco Aurélio, DJ 12/03/2004.
26. STJ – AgRg nos EREsp 310417/PB. 3ª Seção. Rel. Min. Arnaldo Esteves Lima, DJe 27/03/2008. STJ – REsp 258826/TO. 6ª T. Rel. Min. Og Fernandes. DJe 07/12/2009. STJ. AgRg no REsp 1102059/MA. 5ª T. Rel. Min. Jorge Mussi. DJe 13/10/2009. STJ. Embargos de Divergência em REsp 1.347.303/GO (2014/0104457-4). Re. Min. Gurgel de Faria.
27. STJ – 3ª Seção. REsp 1.349.935 e HC 296.759. Rel. Min. Rogerio Schietti Cruz.

O MP pode renunciar ao direito de recorrer?

O Ministério Público não é obrigado a sempre recorrer, mesmo que tenham suportado algum prejuízo – sucumbência. Caberá ao seu membro verificar da conveniência prática de se recorrer ou não, de acordo com cada caso concreto. Haverá, portanto, a possibilidade de deixar escoar, *in albis*, o prazo recursal até que a decisão venha a precluir, ou a de, renunciar expressamente ao direito ao recurso, o que leva à preclusão consumativa da decisão. Há forte entendimento no sentido de que não seria lícito ao *Parquet* renunciar ao direito de recurso, porque, como veremos a seguir, se o MP não pode desistir do recurso interposto (art. 576 do CPP), não poderia também renunciar ao direito de recorrer, como forma de se preservar, na fase recursal, a indisponibilidade da ação penal pública. Todavia, pensamos que a corrente mais lógica é a que afirma ser possível ao MP renunciar ao direito de recurso, pois, se, de qualquer modo, ao *Parquet* se permite deixar escoar o prazo para oferecer recurso – o que nada mais é que uma *renúncia tácita* ao direito de recorrer – não há sentido em se vedar sua *renúncia expressa*, até com o escopo de se tutelar a razoável duração do processo, permitindo que o trânsito em julgado da decisão seja antecipado.

Defensoria Pública

Os defensores públicos, além da intimação pessoal, possuem prazo em dobro para recorrer (arts. 44, I, 89, I, e 128, I, da Lei Complementar n. 80/2004), e os prazos recursais passarão a correr da entrada dos autos formalizada por funcionários da Defensoria, a semelhança do que ocorre com o Ministério Público. O Ministério Público não possui, em matéria criminal, ao contrário da Defensoria Pública, a prerrogativa de prazo recursal em dobro[28].

O prazo em dobro dos Defensores não se comunica aos defensores dativos que, embora possuam a prerrogativa de serem intimados pessoalmente, não possuem prazo dilatado.

O prazo em dobro da Defensoria Pública se aplica inclusive nos Juizados Especiais Criminais dos Estados, onde atuam os defensores públicos estaduais. Porém, como bem aponta Renato Brasileiro de Lima[29], no caso dos Juizados Especiais Criminais Federais, os Defensores Públicos Federais não terão o prazo em dobro, em razão do art. 9º da Lei 10.259/01 (Lei dos Juizados Criminais Federais), o qual veda a existência de prazos diferenciados para as pessoas jurídicas de direito público.

Como dissemos em relação ao MP, os membros da Defensoria Pública e os advogados dativos também não são obrigados a sempre interpor recurso, podendo deixar escoar o prazo recursal, ou mesmo renunciarem ao direito de recorrer.

Renúncia ao direito de recorrer pelo defensor constituído e pelo defensor público

O defensor constituído pode renunciar expressamente ao direito de recurso, pois tal poder consta, normalmente, do instrumento de mandato (procuração). Se

---

28. STF – HC 120275/PR. 1ª T. Rel. Min. Marco Aurélio, julgamento em 15/05/2018.
29. Renato Brasileiro de Lima, Curso de Processo Penal, p. 1676.

o advogado constituído renunciar ao mandato – durante o julgamento do recurso, o acusado deverá ser intimado a constituir novo advogado, sob pena de nomeação de advogado dativo ou Defensor Público para representar seus interesses. É o que estipula a Súmula 708 do STF: "É nulo o julgamento da apelação se, após a manifestação nos autos da renúncia do único defensor, o réu não foi previamente intimado para constituir outro".

Não vemos empecilho que o Defensor Público ou o advogado dativo também possam renunciar ao direito recursal, afinal ambos representam os interesses do acusado, da mesma forma que o defensor constituído, além do que nada impede que o acusado, condenado em 1ª instância, se inconformado com a decisão, venha a interpor recurso, por si próprio, uma vez que possui capacidade postulatória.

Intimação do acusado e seu defensor

É obrigatória a intimação do acusado e de seu defensor, quanto à sentença, sendo que o prazo começará a correr da data da última intimação (exemplo: réu intimado no dia 10, e seu defensor no dia 15, o prazo de recurso começará a correr do dia 15). Intima-se também o acusado, além de seu defensor, porque ambos possuem capacidade postulatória, uma vez que é permitido ao réu, pessoalmente sem estar representado pelo advogado, interpor determinados recursos. O acusado poderá optar entre oferecer recurso (apelação, recurso em sentido estrito, agravo em execução) ou renunciar a esse direito, mas, de qualquer forma, mesmo que renuncie, seu defensor poderá recorrer. Esse o teor da Súmula 705 do STF: "A renúncia do réu ao direito de apelação, manifestada sem a assistência do defensor, não impede o conhecimento da apelação por este interposta". **E se o acusado recorrer e o defensor renunciar ao direito de recurso?** Há duas possibilidades: 1ª – o defensor oferece razões recursais, porque, entre as duas vontades – a de recorrer e a de não recorrer – deverá prevalecer a vontade positiva de levar a questão controvertida a reapreciação da Justiça; 2ª – o acusado, instruído por seu defensor da pouca utilidade prática do recurso, dele desiste, ocorrendo, então, a preclusão consumativa.

Especial atenção deve ser dada à intimação de sentença condenatória e também da sentença absolutória imprópria (aquela que impõe medida de segurança), uma vez que, tanto o acusado quanto seu defensor, necessariamente, deverão ser intimados, sob pena de nulidade absoluta do processo – a partir da ausência de intimação devida – por ofensa à ampla defesa. E se apenas o advogado recorrer, interpondo recurso e oferecendo razões, sem que tenha se intimado o acusado, o que deve fazer o Tribunal? Caberá ao Tribunal converter o julgamento em diligência para intimar-se o acusado, pessoalmente ou por edital (se não tiver endereço conhecido). Porém, se o defensor assinar o recurso em conjunto com o acusado ou apresentar uma declaração assinada pelo réu, dando notícia de seu conhecimento a respeito do recurso oferecido, não haverá motivo para que não seja realizado o julgamento do recurso imediatamente.

Fundamental, então, a intimação do acusado, pessoalmente, quando a decisão condenatória (ou absolutória imprópria) tiver sido proferida em 1ª instância, sob pena de nulidade. Porém, a condenação, em grau de recurso, confirmada pelo Tribunal (réu condenado pelo juiz e confirmada a condenação pelo Tribunal), ou mesmo a condenação ocorrida apenas em 2ª instância (réu absolvido pelo juiz mas condenado pelo Tribunal), não demandam intimação pessoal do acusado, bastando sua intimação pela imprensa, como vem entendendo o STF[30] e o STJ[31]. Assim se decidiu porque o acusado, em 2ª instância, deixa de possuir capacidade postulatória, não podendo recorrer do acórdão, mas apenas seu advogado, de modo que se mostra prescindível sua intimação. A nosso ver, esse argumento não convence, uma vez que se mostra, no caso de condenação, em 1º ou 2º grau, imprescindível a intimação do acusado com o intuito de se resguardar a ampla defesa. Se o advogado for constituído, será intimado pela imprensa do acórdão; no caso de réu defendido pela Defensoria Pública ou por defensor dativo, tais profissionais deverão ser intimados pessoalmente do acórdão, sob pena de nulidade.

E no caso de condenação, pelo Tribunal, de acusado com foro por prerrogativa de função, basta sua intimação, pela imprensa, ou é necessário que seja intimado pessoalmente?

Pensamos que o Tribunal, quando condena, em julgamento originário, o acusado com prerrogativa de foro, tal decisão equivale a uma sentença condenatória proferida pela 1ª instância, de modo que o tratamento jurídico deve ser uniforme: imprescindível a intimação pessoal do acusado, à semelhança do que ocorre com a sentenças condenatórias proferidas pelo 1º grau de jurisdição.

Com esse entendimento o STJ.[32]

Intimação do assistente da acusação para recorrer. Particularidades

O advogado do assistente da acusação, normalmente, é intimado pela imprensa (art. 370, § 1º, do CPP). Mas se a vítima ou seu representante legal forem pobres, na acepção jurídica do termo, o juiz deverá nomear defensor dativo ou a Defensoria Pública para representar seus interesses; nessa hipótese, necessariamente, serão tais profissionais intimados pessoalmente, já que possuem essa prerrogativa, como vimos acima.

O prazo para o assistente recorrer, nas hipóteses legais (em face de sentença proferida pelo juiz singular; da sentença de impronúncia; da declaração de extinção da punibilidade e das decisões do Tribunal do Júri), é de cinco dias, se habilitado nos autos; se não habilitado nos autos, será de 15 dias (art. 598 do CPP), contados do término do prazo do Ministério Público.

Este é teor da Súmula 448 do STF: "O prazo para o assistente recorrer, supletivamente, começa a correr imediatamente após o transcurso do prazo do Ministério Público".

---

30. STF – 1ª T. HC 99.109/RJ, Rel. Min. Dias Toffoli, j. 27/03/2012, DJe 93 11/05/2012.
31. STJ – 5ª T. HC 111.698/MG, Rel. Min. Felix Fischer, j. 05/02/2009, DJe 23/03/2009; STJ – 5ª T., HC 196.784/SP, Rel. Min. Gilson Dipp; STJ – 6ª T. – HC 111.393/RS, Rel. Min Alderita Ramos de Oliveira- Desembargadora convocada do TJ/PE, j. 02/10/2012, DJe 08/10/2012. Maria Thereza de.
32. STJ – 5ª T. HC 74.550/MG, Rel. Min. Gilson Dipp, j. 17/05/2007, DJ 29/06/2007, p. 681.

Se já encerrado o prazo do MP recorrer e o assistente for intimado (*depois de escoado o lapso temporal do Parquet, frise-se*), o prazo para oferecimento do recurso será contado da data da intimação. No entanto, se o assistente for intimado em período em que não havia ainda se escoado o prazo recursal do Ministério Público, *o prazo recursal do assistente não se iniciará da data de sua intimação, mas sim da data em que houver a preclusão temporal para recorrer do membro do Ministério Público*.

É possível que o Ministério Público recorra apenas de parte da decisão, o que tornaria legítimo que o assistente da acusação pudesse recorrer da *parte remanescente* do mesmo *decisum*.

Nesse caso em que o Ministério Público tenha recorrido de apenas parte da decisão, e caso deseje o assistente da acusação recorrer de outros pontos *daquela mesma decisão*, indaga-se: **como será contado o prazo do assistente?** Como não há, nessa hipótese, preclusão temporal ao direito de recorrer que atinja o MP (cujo membro, afinal, recorreu da decisão), não é possível que o prazo se inicie do trânsito em julgado para a acusação, de modo que, o prazo será contado, para o assistente, a partir de sua intimação.

Suspensão dos prazos recursais

No período de recesso forense – do dia 20 de dezembro até o dia 6 de janeiro – ficam suspensos os prazos processuais, o inclui os prazos recursais, não ocorrendo a publicação de sentenças, decisões e acórdãos, nem a intimação das partes, exceto quanto às medidas urgentes. (Resolução nº 8 do CNJ) e art. 78, § 1º, do RISTF (Regimento Interno do STF).

Havendo feriado local – Estadual ou Municipal, os prazos recursais ficarão suspensos, o que pode ser comprovado, pela parte que tenha recorrido, a fim de justificar a aparente perda de seu prazo recursal, até o momento posterior à interposição do recurso na origem. Nesse caso, o Tribunal Superior destinatário da irresignação recursal levará em consideração a juntada posterior de documento que comprove a existência do feriado, e a consequente suspensão dos prazos recursais, certificando-se, nos autos, referida suspensão, e, em razão disso, declara como tempestivo o recurso apresentado[33]. Esse entendimento, porém, lastreado no antigo Código de Processo Civil, parece já estar superado com o advento do novo estatuto processual civil, de 2015, o qual, em se art. 1003, § 6º, estabelece que "O recorrente comprovará a ocorrência de feriado local no ato de interposição de recurso"[34].

15.7.4. Pressupostos recursais subjetivos

São aquelas condições referentes à situação jurídica das partes, que devem ser analisadas de acordo com o caso concreto; não há, portanto, previsão abstrata da lei como ocorre com os pressupostos recursais objetivos.

Os pressupostos recursais subjetivos são os seguintes:

---

33. STF. AgRg no RE 626.358/MG, Re. Min. Cezar Peluso. DJ 23/08/2012.
34. Informativo do STJ. 20/11/2017. STJ. Corte Especial. AREsp 957821. Rel. Min. Raul Jorge. Voto divergente- e vencedor- da Min.ª Nancy Andrighi.

15.7.4.1. Legitimidade para recorrer

Quem tem legitimidade para recorrer, como regra, são as partes da relação processual, ou seja, aqueles que participam da ação penal; é o que prevê o art. 577 do CPP: "o recurso poderá ser interposto pelo Ministério Público, ou pelo querelante, ou pelo réu, seu procurador ou seu defensor".

15.7.4.1.1. Legitimidade recursal do acusado e do defensor

O réu pode interpor, pessoalmente, recurso em sentido estrito, recurso de apelação e agravo em execução, e, para colher sua vontade em recorrer, bastará assinar um termo de recurso, ou certificar, o oficial de justiça ou o escrevente, o desejo de o acusado recorrer da decisão. Interposto o recurso, as razões necessariamente deverão ser apresentadas por advogado, e não pelo acusado, sob pena de nulidade absoluta, uma vez que, se a capacidade postulatória do acusado de poder recorrer, por conta própria, de uma decisão judicial, é uma face da ampla defesa na modalidade autodefesa, não se dispensa, por outro lado, a indispensável assistência técnica de profissional da advocacia. Certo que da integração da autodefesa do acusado com a defesa técnica de advogado consubstancia-se o princípio constitucional da ampla defesa.

Se houver divergência entre o acusado e o seu defensor a respeito da interposição ou não de recurso (por exemplo, o acusado não deseja recorrer, mas seu advogado sim), tem-se entendido, majoritariamente, que deve prevalecer a vontade do advogado, que, por ser técnico, pode melhor analisar o que é mais vantajoso ao seu cliente.

Neste sentido, o teor da Súmula 705 do STF: "A renúncia do réu ao direito de apelação, manifestada sem a assistência do defensor, não impede o conhecimento da apelação por este interposta". De qualquer forma, o que deve prevalecer é a vontade positiva de recorrer, levando à reanálise da Justiça uma causa penal.

15.7.4.1.2. Legitimidade recursal do Ministério Público

O Ministério Público pode recorrer, tanto como parte da relação processual penal, atuando como *dominus litis*, como também ao oficiar na qualidade de *custos legis* (fiscal da lei), pois se entende que, de qualquer forma, atua como parte.

Os Ministérios Públicos Estaduais possuem legitimidade autônoma para interporem recursos especiais e extraordinários, e acompanhar o seu julgamento no STJ ou STF, inclusive lhes sendo facultado a interposição de eventuais recursos subsequentes aos mencionados, como embargos declaratórios, agravos regimentais, embargos de divergência, além de poderem realizar sustentação oral e apresentar memoriais, *independentemente de atuação da Procuradoria – Geral da República*, como forma de se assegurar a autonomia dos MPs, bem como o princípio federativo. Sendo assim, o Ministério Público estadual atuará como autor, enquanto que o Ministério Público Federal desempenhará o papel de fiscal da lei, nos casos em que o MP Estadual for parte[35], devendo, ambos, serem intimados das decisões proferidas, no STJ e STF.

No caso do Ministério Público do Distrito Federal, como pertence ao Ministério Público da União, cujo chefe é o Procurador-Geral da República, certo que o acompanhamento do recurso especial ou extraordinário, inclusive eventuais recursos das decisões, no STJ e STF, ficam à cargo, exclusivamente, do chefe do *Parquet* da União – o Procurador-Geral da República, e não do representante do MP do DF.

15.7.4.1.3. Legitimidade recursal do assistente da acusação

Ao assistente da acusação, habilitado nos autos, autoriza-se recorrer das decisões proferidas por juiz singular ou pelo Tribunal do Júri, como as absolvições (inclusive a absolvição sumária – art. 397 do CPP), bem como das decisões de impronúncia ou que declarem extinta a punibilidade, no prazo de 5 dias (arts. 584, § 1º, e 598 do CPP). A nosso ver, o assistente também estará legitimado para recorrer nas hipóteses, no rito do Júri, de desclassificação ou de afastamento de qualificadoras na pronúncia, uma vez que ao assistente da acusação se assegura o direito de buscar justiça, e não, simplesmente, o de obter alguma reparação pecuniária.

Poderá, também, o assistente da acusação recorrer do indeferimento de prisão preventiva, ou de medida cautelar (art. 311 do CPP), e ainda, a nosso ver, lhe é lícito interpor embargos declaratórios, recurso especial, recurso extraordinário.

A legitimidade recursal do assistente é supletiva ou subsidiária, uma vez que só lhe será permitido recorrer caso o MP não tenha recorrido. O prazo para o assistente recorrer passará a ser contado do dia em que terminar o prazo do Ministério Público, de acordo com a Súmula 448 do STF: "O prazo para o assistente recorrer supletivamente começa a correr imediatamente após o transcurso do prazo do Ministério Público".

Se o *Parquet* recorreu integralmente da decisão – em todos os seus pontos – falecerá legitimidade recursal ao assistente; no entanto, certo que o assistente poderá apresentar razões próprias de recurso – arrazoá-lo como permite o art. 271 do CPP – acrescidas às razões oferecidas pelo Ministério Público.

Sendo a irresignação recursal do MP *parcial*, da parte em que o *Parquet* não recorreu, o assistente estará legitimado a interpor recurso quanto a esse ponto não combatido, oferecendo suas razões recursais que, a um só tempo, complementarão as razões do MP, naquilo que seu membro recorreu, seguidas das razões recursais referentes ao ponto não questionado pelo promotor em sua irresignação recursal. Esse é o entendimento do STJ.[36]

O assistente pode oferecer razões de apelação, diretamente, no Tribunal? Sim, como o art. 600, § 4º, do CPP, não proíbe tal faculdade ao assistente não há óbice a sua admissão, como já decidiu o STJ.[37]

---

35. STF. RE 593727/MG, Rel. Min. Cezar Peluso. J. 21/06/2012. STJ. AgRg no AgRg no agravo em Recurso Especial 194.892/RJ. Min. Rel. Mauro Campbell Marques. STJ. AgRg no EREsp 1256973/RS. 3ª Seção. Rel. Min. Laurita Vaz. Rel. p/ Acórdão Min. Rogerio Schietti Cruz. J. 27/08/2014. DJe 6/11/2014.
36. STJ – 5ª T. REsp 649.665/BA, Rel. Min. Gilson Dipp, j. 02/02/2006, DJ 06/03/2006, p. 429.
37. STJ – 5ª T. REsp 649.665/BA, Rel. Min. Gilson Dipp, j. 02/02/2006, DJ 06/03/2006, p. 429.

15.7.4.1.4. Assistente da acusação não habilitado nos autos e legitimidade para recorrer

A vítima, seu representante legal, cônjuge (e companheiro), ascendente, descendente e irmão, *embora não tenham se habilitado como assistentes da acusação durante o processo*, poderão recorrer da decisão de absolvição (inclusive da absolvição sumária – art. 397 do CPP), de impronúncia e de extinção da punibilidade, no prazo de 15 dias (art. 584, § 1º e 598, § único, do CPP), prazo esse contado do dia da preclusão temporal ao MP. Oferecido o recurso por aqueles que, em tese, são legitimados a ser assistentes, caberá, conforme o caso, ao Juízo de 1ª instância, ou ao Tribunal, verificarem se, de fato, o recorrente preenche os requisitos legais para que possa ingressar na relação processual, ou seja, se é a vítima do crime em julgamento, seu representante legal, cônjuge (e companheiro), ascendente, descendente ou irmão, o que se verificará pela procuração juntada aos autos.

Para tanto, mesmo não prevendo a lei especificamente sobre o assunto, salutar a prévia oitiva do MP (art. 272 do CPP), para, depois de colhida sua manifestação, conforme o caso, o juiz de 1º grau e/ou o Tribunal deferirem o ingresso (ou não), do recorrente, como assistente da acusação, matéria essa que se confunde com o recebimento (ou não) do recurso. Isso porque, quando do recebimento do próprio recurso, oportunidade processual em que se constata a existência da legitimidade recursal do assistente (além dos demais pressupostos recursais), valerá, tal ato de recebimento, como uma habilitação *implícita* do recorrente como assistente da acusação, tornando-se sujeito processual.

15.7.4.1.5. Legitimidade recursal popular no rito do Júri

Qualquer cidadão poderá interpor, perante o presidente do Tribunal de Justiça (ou do Tribunal Regional Federal), recurso da decisão que incluiu ou excluiu jurado da lista geral de jurados – inclusive o próprio jurado (art. 581, XIV, do CPP). A nosso ver, a legitimidade, quanto a interposição, é ampla – de qualquer cidadão –, mas as razões só podem ser apresentadas por advogado, sob pena de não conhecimento do recurso por falta de requisito formal.

A legitimidade para recorrer existe, obviamente, também ao MP, Defensoria, e advogados em geral.

15.7.4.1.6. Legitimidade recursal e fiança

Quebrada a fiança, ou julgado perdido seu valor, quem prestou a fiança, *mesmo sendo completamente alheio à relação processual*, uma vez que apenas contribuiu pecuniariamente com a soltura do indiciado ou acusado, possui *legitimidade recursal restrita*: terá como objeto de seu recurso exclusivamente a decisão que julgou quebrada ou perdida a fiança.

15.7.4.1.7. Legitimidade recursal nas execuções criminais

No campo das execuções penais, há entendimentos doutrinários que, para se interpor agravo em execução, além de constar o executando como legitimado, estariam também legitimados seu representante legal, cônjuge, parente ou descendente, nos termos do art. 195 da LEP (Lei de Execução Criminal). De qualquer forma, as razões recursais, a fim de não se violar o direito à ampla defesa, devem ser apresentadas por advogado.

15.7.4.2. Interesse em recorrer

Estipula o parágrafo único do art. 577 do CPP que "não se admitirá, entretanto, recurso da parte que não tiver interesse na reforma ou modificação da decisão".

É preciso que haja algum interesse jurídico da parte em recorrer, a fim de impedir um prejuízo (a chamada sucumbência), ou de buscar uma decisão ainda mais favorável aos seus interesses, quando não conseguiu tudo aquilo que buscava. Não há espaço para recurso que vise discutir, abstratamente, teses acadêmicas sem repercussão prática ao caso criminal posto em juízo.

O Ministério Público pode recorrer como parte ou como fiscal da lei, inclusive em favor do réu; não poderá recorrer da sentença absolutória prolatada em favor do querelado, se o querelante não tiver recorrido, pois vigora, quanto à ação penal privada, em todas as suas fases, inclusive a recursal, o princípio da disponibilidade; se o querelante dispôs do seu direito não recorrendo, não pode o MP interferir nesta escolha. No entanto, se a ação for privada subsidiária da pública, como, no fundo, a natureza de tal ação é pública, o MP poderá recorrer da sentença absolutória, até porque é seu dever acompanhar o processo até o fim.

Em todas as hipóteses acima estudadas, há exclusivo *interesse jurídico* das partes em reformar a decisão; pode haver, entretanto, uma situação em que o *interesse pecuniário* é o que justifica a interposição de recurso: o terceiro que tenha prestado fiança em favor do indiciado ou acusado está autorizado a recorrer em sentido estrito (art. 581, VII, do CPP), da decisão que decretou sua quebra ou perda.

15.7.4.2.1. Classificação da sucumbência

Segundo a doutrina[38], a sucumbência pode ser classificada em:

1 – Sucumbência única: caracteriza-se quando o prejuízo atingir apenas uma das partes. Exemplos: absolvição quanto ao delito imputado (sucumbente apenas o MP ou querelante); condenação nos termos da denúncia ou queixa (sucumbente apenas o condenado).

2 – Sucumbência múltipla: caracteriza-se quando o prejuízo atinge as partes que postulam interesses idênticos, ou aquelas que sustentam teses antagônicas. Subdivide-se, assim, em sucumbência múltipla paralela e sucumbência múltipla recíproca.

Na **sucumbência múltipla paralela** a decisão compromete os interesses de duas ou mais partes que compartilham o mesmo interesse jurídico. Exemplos: absolvição do

---

38. Renato Brasileiro de Lima, Curso de Processo Penal, p. 1692.

acusado, sucumbindo o MP e o assistente da acusação habilitado, ambos comungando da mesma pretensão punitiva; condenação de dois acusados que possuem o interesse comum em preservar sua liberdade.

Sucumbência múltipla recíproca: aquela que atinge interesses antagônicos, da acusação e da defesa. Exemplo: julgada parcialmente procedente uma denúncia pelo delito de roubo, mas afastadas as causas de aumento de pena de concurso de agentes e emprego de arma, ambas sustentadas pelo MP; essa é uma decisão que trouxe gravame para a defesa – uma vez que o acusado foi condenado por roubo simples – mas também sucumbiu em seus interesses a acusação, porque as duas causas de aumento de pena postuladas pelo MP foram afastadas.

3 – Sucumbência direta: aquela que afeta os integrantes da relação jurídica processual. Todos os exemplos acima citados são de sucumbência direta.

4 – Sucumbência reflexa: é a que acaba por atingir pessoas que não participaram da relação jurídica processual. Exemplo: decretação de quebra da fiança – que acarreta a perda de metade de seu valor – além de afetar, diretamente, o indiciado ou acusado, que pode ser, inclusive, preso, atinge, ainda, o terceiro que tenha prestado fiança para que o agente fosse solto; por isso, esse terceiro está legitimado a recorrer dessa decisão (art. 581, V, do CPP).

5 – Sucumbência total: caracteriza-se pela pretensão sustentada pela parte ser integralmente rechaçada. Exemplo: condenação do acusado pelo delito de homicídio qualificado pelo emprego de meio cruel, nos termos da denúncia e da pronúncia.

6 – Sucumbência parcial: dá-se quando a pretensão da parte é rechaçada, parcialmente. Exemplo: condenação por homicídio simples, afastada a qualificadora do meio cruel.

15.7.4.2.2. Interesse recursal da defesa

Como regra, a defesa possuirá interesse recursal de todas as decisões que traga, ao acusado, qualquer prejuízo ou lhe negue vantagens. Exemplo: decisão que decreta a prisão preventiva; decisão que indefere a concessão de medidas cautelares mais brandas do que as fixadas; sentença condenatória, etc.

Há interesse da defesa em recorrer de uma sentença absolutória?

Da sentença absolutória imprópria – aquela que impõe uma medida de segurança – a defesa certamente terá interesse em recorrer, pois a medida de segurança é uma espécie de sanção penal cujo prazo de cumprimento é indeterminado.

Já da sentença absolutória própria – aquela que simplesmente absolve o acusado, julgando improcedente a pretensão punitiva, em regra, não cabe recurso defensivo, porque não há sucumbência ao acusado, de modo que faltaria um dos pressupostos recursais subjetivos – o interesse em recorrer.

No entanto, mesmo que a pretensão à liberdade do acusado tenha se sagrado vencedora na sentença, é admissível o recurso da defesa que vise alterar o fundamento absolutório apontado na decisão, a fim de evitar repercussão cível da questão penal. É o que se dá quando é prolatada sentença absolutória com fundamento na insuficiência de provas (art. 386, VII, do CPP), o que não impede o ajuizamento de ação civil *ex delicto* pela vítima ou seu representante legal, demanda essa em que se rediscutirá, plenamente, a questão da autoria e materialidade do crime e que pode, se julgada procedente, levar a condenação do acusado a ressarcir os danos ocasionados pela infração penal. A fim de evitar essa possibilidade, o acusado que tiver sido absolvido por insuficiência de provas poderá recorrer, esclarecendo que o seu interesse recursal subsiste em evitar rediscussão da questão penal no Juízo Cível, em uma eventual ação de indenização, ou mesmo, uma repercussão negativa no âmbito administrativo (no caso de servidor público absolvido de infração penal); pode o interesse recursal subsistir, apenas, no campo estritamente da *dignidade da pessoa humana (art. 1º, III, da CF) do acusado e sua reputação*, que não aceite ser absolvido por insuficiência de provas, quando, desde o início da ação, negou veementemente a autoria ou a existência do crime.

Nessas situações todas, a defesa sustentará junto ao Tribunal que seja modificado o fundamento da sentença para prova da inexistência do fato (art. 386, I, do CPP); estar provado que o réu não concorreu para a infração penal (art. 386, IV, do CPP); existir circunstâncias que excluam o crime (art. 386, VI, do CPP).

Pode a defesa recorrer da decisão que declarou extinta a punibilidade do acusado?

Quanto a essa situação, prevalece a compreensão de que não existe interesse recursal da defesa, não sendo seu recurso conhecido; desse modo, não é possível que a defesa recorra da extinção da punibilidade, visando obter uma absolvição de mérito propriamente dito.

15.7.4.2.3. Interesse recursal do Ministério Público

Poderá recorrer das decisões absolutórias – próprias ou impróprias – e também das condenatórias, no caso das ações penais públicas, mesmo que o pleito seja julgado integralmente procedente, afinal, além de atuar como parte, o *Parquet* oficia como fiscal da lei, de modo que lhe é admitido recorrer em favor do réu, até porque se lhe faculta até a impetração de *habeas corpus* (art. 654, *caput*, do CPP).

Também poderá o MP recorrer das decisões condenatórias proferidas em ação penal privada (exclusiva e a personalíssima), como fiscal da lei; todavia, da sentença absolutória proferida em tais ações privadas, o MP não terá legitimidade para recorrer, porque a continuidade da relação processual depende de critério de conveniência e oportunidade, privada e não pública – ou seja, do querelante. No caso de absolvição, em ação privada subsidiária da pública, o MP poderá recorrer uma vez que o interesse subjacente à demanda é social e indisponível: a segurança pública.

E se o MP pedir absolvição em alegações finais orais, e o réu for absolvido, poderá recorrer dessa absolvição?

Sendo o mesmo membro do MP, indubitavelmente, que não poderá, uma vez que não houve qualquer sucumbência, afinal, o magistrado decidiu de acordo justamente com aquilo que foi postulado pelo promotor. A questão discutível se dá quando um promotor pede a absolvição do acusado, o juiz o absolve, e outro membro da Instituição, inconformado com a improcedência da pretensão punitiva, recorre. Há entendimento no sentido de que, em razão do princípio da independência funcional (art. 127, § 1º, da CF), seria possível o recebimento do recurso, pois a convicção jurídica do promotor inconformado com a absolvição não poderia ser afastada. Parece – nos, porém, que a melhor posição é a que não permite o conhecimento do recurso, por falta de interesse – sucumbência – a uma, porque o Ministério Público obteve justamente o que havia pedido ao juiz (que era a absolvição do acusado); a duas, permitir o recebimento do recurso do promotor insatisfeito com a absolvição *é violar a independência funcional daquele outro membro do MP que postulou – e obteve – a absolvição*, que teria seu convencimento jurídico nulificado, na prática, pela atitude de colega seu.

15.8. EFEITOS DO RECEBIMENTO DOS RECURSOS

Recebidos os recursos, são possíveis quatro efeitos ou consequências recursais, que são os seguintes.

15.8.1. Efeito devolutivo

Tem o sentido de se devolver ao Judiciário, seja para o mesmo órgão prolator da decisão recorrida, seja para o Tribunal superior, a mesma questão, para reanálise e novo julgamento.

A pretensão recursal pode ser a modificação da decisão, sua invalidação, seu esclarecimento ou integração. O efeito devolutivo é inerente a todos os recursos e se caracteriza pelo brocardo *tantum devolutum quantum appelatum* (tanto se devolve quanto se apela, ou seja, devolve-se ao Judiciário, para reapreciação, apenas aquele tópico que tenha sido objeto de recurso da parte).

O Tribunal *ad quem* fica adstrito ao que foi postulado em grau recursal, não se lhe admitindo, em regra, que possa agir de ofício (*ne procedat judex ex officio*), julgando *extra petita* (fora do pedido), *ultra petita* (a mais do que pedido), ou *citra petita* (*menos do que pedido*).

Recurso da acusação: efeito devolutivo restrito

No caso de recurso da acusação, o efeito devolutivo se exprime em sua inteireza, uma vez que a situação do acusado só poderá se agravar se houver expresso pedido no recurso acusatório, não podendo o Tribunal *ad quem* decidir de ofício, *extra* ou *ultra petita*, **contra o acusado**. É o que salienta a Súmula 160 do STF, ao vedar o reconhecimento de nulidade, mesmo que absoluta, contra o réu, se não houver arguição do MP.

Efeito devolutivo e *reformatio in mellius*

Como já vimos anteriormente, sendo admitida a *reformatio in mellius* (reforma para melhor, no caso de decisões que possam favorecer o acusado), ao Tribunal *ad quem* é lícito que julgue, fora ou além do pedido (*extra* e *ultra petita*), quando puder existir melhora na situação jurídica do acusado; para tanto, o Tribunal poderá reconhecer matéria que beneficie o acusado, em recurso interposto pela defesa (independentemente de o advogado ter abordado ou não a questão), e ainda, aproveitando-se de recurso acusatório onde se tenha postulado questão completamente diversa, *v.g.*, como o aumento de pena ao acusado. Em suma, o efeito devolutivo (do *tantum devolutum quantum appelatum*), no sentido de se devolver ao Judiciário apenas as questões suscitadas – muito se mitiga com o princípio da *reformatio in mellius*.

Efeito devolutivo fixado pela extensão ou dimensão horizontal: Efeito devolutivo total ou parcial do recurso

O efeito devolutivo poderá ser estabelecido, em sua extensão, ou dimensão horizontal, a depender do recurso ter por objeto a decisão como um todo ou apenas parte dela (*recurso total ou parcial*). Se o recurso se voltar contra toda a decisão, o efeito devolutivo, quanto a extensão, será total; tendo o recurso por objeto apenas parte da decisão, o efeito devolutivo, quanto a extensão, será parcial.

E em que momento se fixa o efeito devolutivo, pela extensão, quando da interposição do recurso ou nas suas razões?

No caso dos recursos em que a interposição pode ser apresentada em momento distinto das razões recursais (apelação, recurso em sentido estrito, agravo em execução), tem-se entendido, majoritariamente, que o ato de interposição do recurso fixa, pela extensão, o efeito devolutivo, ou seja, através dessa manifestação de vontade aponta-se aquilo de que se vai recorrer.

Se na interposição nada se disser a respeito do que se recorre, significa dizer que, *implicitamente*, a parte recorreu do inteiro teor da decisão, de modo que ao Tribunal *ad quem* será devolvida toda a decisão combatida para análise.

Sendo o recurso parcial, apontando-se, na interposição de recurso, que tópicos da decisão se recorre, a devolução será limitada aos pontos indicados.

Efeito devolutivo fixado pela profundidade (dimensão vertical do recurso)

Estabelece-se o efeito devolutivo também sob o aspecto da profundidade, ou da dimensão vertical, que significa dizer que, *uma vez fixado do que se recorre – de toda ou parte da decisão* – a análise pelo Tribunal *ad quem* será de todo o manancial probatório e todas as teses jurídicas que julgar pertinentes, independentemente de terem sido alegadas ou não pelas partes, desde que não fuja da causa de pedir (os fatos narrados na peça acusatória) e do pedido recursal.

15.8.2. Efeito suspensivo

Impede a pronta eficácia da decisão recorrida, enquanto não for julgado o recurso interposto. No processo penal, em regra, não vige o efeito suspensivo, o qual, para que seja reconhecido, depende de expressa previsão legal.

Previsto o efeito suspensivo a determinado recurso cabível de certa decisão, tal *decisum* não produzirá qualquer efeito enquanto não houver o julgamento daquela irresignação recursal, suspendendo-se sua eficácia; julgado o recurso, a decisão poderá ser executada. Exemplo de recurso com efeito suspensivo é o de apelação de uma decisão condenatória em primeira instância: a pena fixada na sentença não poderá ser executada enquanto não for julgada pela superior instância o recurso de apelação interposto pela defesa; confirmada a condenação pelo Tribunal, será possível a execução provisória da pena, de acordo com o entendimento atual do Supremo a respeito da matéria.

De outro giro, como exemplo de recurso que não possui efeito suspensivo, pode-se citar o recurso acusatório em face de sentença absolutória, a qual acarreta imediatamente a cessação de todas as medidas cautelares pessoais (prisão preventiva, medidas cautelares) e reais (sequestro, arresto, hipoteca legal) decretadas durante o tramitar do feito. Significa dizer que a interposição de recurso pela acusação não terá o efeito de suspender a pronta eficácia da decisão absolutória.

De acordo com novo entendimento do STF[39], que começou a ser firmado, em fevereiro, de 2016, (e depois foi confirmado mais duas vezes pelo Pleno), a presunção de inocência é válida até o momento em que o Tribunal confirma a condenação de 1ª instância, ratificando – a, ou condena o acusado, em 2ª instância, pela primeira vez (hipótese em que, na 1ª instância, o acusado tivesse sido absolvido, revertendo-se o resultado, graças a recurso interposto pela acusação). Como há uma ampla análise fático-probatória pelo Tribunal, encontra-se já bem caracterizado o direito do acusado ao duplo grau de jurisdição. Desse modo, se o acusado interpor recurso extraordinário ou especial do acórdão dos Tribunais, tais recursos não possuirão efeito suspensivo; sendo assim, a condenação poderá ser executada de pronto, apenas se esperando a publicação, pela imprensa, do acórdão condenatório[40], sem a necessidade de se esperar o trânsito em julgado da causa que só ocorreria após o julgamento daqueles recursos. (especial e extraordinário)

O Pretório Excelso assumiu, em sua maioria, essa tese tendo por base a compreensão de que os recursos extraordinário e especial possuem por finalidade apenas discutir questões de direito, sem se vincular aos fatos e provas, matéria essa já exaurida pelo Tribunal que concluiu pela culpa, *lato sensu*, do acusado. Desse modo, confirmada (ou estabelecida), pelo Tribunal, a condenação do acusado a uma pena criminal (pena privativa de liberdade), mesmo que tenha sido interposto recurso especial ou extraordinário do acórdão condenatório pela defesa, a sanção penal poderá ser imediatamente executada (execução provisória), *independentemente de estarem presentes ou não os requisitos da prisão preventiva*. O Supremo, todavia, não deu aval à possibilidade de execução provisória das penas restritiva de direitos, de prestação pecuniária e de multa.

A prisão do condenado pelo Tribunal será uma prisão de direito material (penal), de cumprimento *provisório* da pena, e não uma prisão processual por necessidades processuais, como *v.g.*, conveniência da instrução criminal, garantia da ordem pública, etc.

---

39. STF. Pleno. HC 126.292/SP. Rel. Min. Teori Zavascki. STF. Ações Declaratórias de Constitucionalidade (ADCs) 43 e 44. Rel. Min. Marco Aurélio. STF. Recurso Extraordinário com Agravo (ARE) 964246, com repercussão geral. Min. Rel. Teori Zavascki.
40. Informativo do STJ. 06/04/2016. STJ. Corte Especial. Rel. Min. Laurita Vaz.

Concedeu-se interpretação conforme ao art. 283 do CPP, no sentido de que a prisão autorizada, apenas após o trânsito em julgado citado no dispositivo legal em comento, *se refere ao julgamento do recurso de apelação pelo Tribunal e não o esgotamento de todas as vias recursais*. Reafirmou-se, ainda, nesses julgamentos históricos da Suprema Corte, a plena aplicabilidade do art. 637 do CPP, que estipula que o recurso extraordinário não tem efeito suspensivo.

A questão foi novamente discutida pelo Pleno do STF ao julgar-se o HC 152.752, que tinha por objeto impedir-se a execução provisória da pena ao ex-Presidente Lula. Votaram favoravelmente à execução provisória da pena seis ministros, e contrários à medida cinco ministros. Quando do julgamento das medidas cautelares nas Ações Declaratórias de Constitucionalidade (ADCs) 43 e 44, no dia 5 de junho de 2016, a votação foi idêntica, mas o Min. Dias Toffoli[41] propôs uma alternativa entre dois extremos: não se deve esperar o trânsito em julgado de todos os recursos previstos no nosso ordenamento jurídico, nem tampouco a mera confirmação da condenação pelo Tribunal, mas sim a confirmação da condenação pelo STJ, seja julgando o recurso especial em si ou o agravo em recuso especial, bem como os dos primeiros embargos declaratórios eventualmente propostos contra esses julgados, após o que poderá se iniciar a execução da pena, inclusive a restritiva de direitos[42]. Essa tese vem sendo defendida pelo Min. Gilmar Mendes[43]. Infelizmente, em todo o ano de 2018, a Presidência do Supremo não colocou em votação o mérito das ADCs. Foi marcada, finalmente, data para se julgar as ADCs 43 e 44, pacificando-se essa tormentosa questão: dia 10 de abril de 2019.

E a sentença que tenha imposto medida de segurança ao inimputável pode ser executada com a mera confirmação da decisão, pelo acórdão do Tribunal?

Sob o ponto de vista lógico, indiscutivelmente que sim, afinal, se o Pretório Excelso decidiu que a pena pode ser executada provisoriamente, desde que confirmada pelo Tribunal, não há porque não se executar, também provisoriamente, outra modalidade de sanção penal, que é justamente a medida de segurança.

A nosso sentir, deve ser dada interpretação conforme também ao art. 171 da Lei de Execuções Penais, que exige o trânsito em julgado da sentença que aplica medida de segurança para seja lícita a sua execução. Em suma, à semelhança da interpretação conforme que já se deu ao art. 283 do CPP, deve-se interpretar o art. 171 da LEP da seguinte forma: a execução da medida de segurança é possível, apenas após o trânsito em julgado da decisão, entendido o trânsito em julgado como sendo o julgamento do recurso pelo Tribunal e não o esgotamento de todas as vias recursais.

---

41. STF – HC 152.752/Paraná. Voto do Min. Dias Toffoli.
42. O Min. Dias Toffoli, em seu voto no HC 152752/PR ressalta que só há uma possiblidade de execução provisória do julgado de segundo grau: "quando se tratar de acórdão confirmatório de condenação emanada do Tribunal do Júri, em decorrência da soberania dos veredictos, de matriz constitucional (art. 5º, XXXVIII, "c", da CF).
43. Informativo do STF. 05/04/2018. STF. Pleno. HC 152.752. Rel. Min. Edson Faquin. STF – HC 152.752/Paraná. Voto do Min. Gilmar Mendes.

Possibilidade de concessão de efeito suspensivo aos recursos extraordinário e especial

Em regra, os recursos extraordinário e especial não possuem efeito suspensivo, mas, excepcionalmente, a parte poderá formular pedido de concessão de efeito suspensivo em requerimento dirigido ao Tribunal superior competente, no período compreendido entre a publicação da decisão de admissão do recurso e sua distribuição, ficando o relator designado para seu exame prevento para julgá-lo (art. 1029, § 5º, I, do CPC).

Poderá, também, ser formulado pedido de concessão de efeito suspensivo ao recurso extraordinário ou especial, ao presidente ou ao vice-presidente do tribunal recorrido, no período compreendido entre a interposição do recurso e a publicação da decisão de admissão do recurso, bem como no caso de o recurso ter sido sobrestado (no caso de julgamento dos recursos extraordinário e especial repetitivos) (art. 1029, § 5º, III, do CPC). A parte poderá desistir do pedido de efeito suspensivo, o qual será homologado pelo relator do Tribunal, com fulcro no art. 485, VIII, do CPC[44].

15.8.3. Efeito iterativo, regressivo ou diferido

É aquele em que o recurso é reapreciado pelo próprio órgão prolator da decisão recorrida, como ocorre com os embargos declaratórios. A doutrina denomina os recursos que possuam esse efeito como recursos iterativos, regressivos ou diferidos.

15.8.4. Efeito reiterativo

É o que se dá no caso dos recursos que são julgados unicamente pelo Tribunal *ad quem*. Exemplos: recurso de apelação, recurso extraordinário, recurso especial. A doutrina denomina os recursos que possuam esse efeito como recursos reiterativos.

15.8.5. Efeito misto

É uma fusão do efeito iterativo com o reiterativo, em que o recurso é, por primeiro, julgado pelo Juízo *a quo*, que pode se retratar da decisão anterior (juízo de retratação), ou ratificar seu teor (juízo de confirmação). Se houver a retratação, o recurso perde o objeto; se não houver, o recurso segue para ser julgado pelo Tribunal *ad quem*. A doutrina costuma denominar os recursos que possuam esse efeito de recursos mistos. Exemplo: recurso em sentido estrito, agravo em execução.

15.8.6. Efeito extensivo

Estipula o art. 580 do CPP que, no caso de concurso de agentes, a decisão do recurso interposto por um dos réus, se fundado em motivos que não sejam de caráter

---

44. Informativo do STF. 08/08/2018. STF. Pet 7670. Rel. Min. Edson Faquin.

exclusivamente pessoal, aproveitará aos outros. Sendo a questão fática ou jurídica idêntica aos réus, não haveria por que não se estender também àquele acusado que não recorreu os mesmos benefícios concedidos ao que exerceu o direito ao recurso, a fim de se velar pelo princípio da igualdade ou isonomia. Haverá o efeito extensivo mesmo que os acusados estejam sendo demandados em processos distintos, como se dá, por exemplo, no caso de conexão ou continência em que, por questões processuais como a pluralidade de réus presos, ou por qualquer outro motivo relevante, decida o juiz separar os processos (art. 80 do CPP); decidido, quanto a um recurso interposto por um dos acusados, em determinado processo, que o fato é atípico, *v.g.*, essa decisão se estenderá a todos aqueles acusados de idêntico fato em outros processos instaurados.

O efeito extensivo aos demais corréus deve ser declarado expressamente pelo Tribunal ao julgar o recurso; se o Tribunal se omitir nessa análise caberá a oposição de embargos declaratórios; caso não providos os embargos declaratórios, será cabível a interposição de recurso especial por violação ao art. 580 do CPP, ou até de *habeas corpus* a Tribunal Superior.

O efeito extensivo é ínsito aos recursos em geral, mas também se aplica às ações de impugnação quando a situação jurídica dos acusados é idêntica. Exemplo: três réus são acusados pela prática de delito de furto, e um deles impetra *habeas corpus* ao Tribunal requerendo o trancamento do processo por atipicidade material da conduta (furto de bagatela); ora, se for julgado procedente, pelo Tribunal o *habeas corpus*, certo que deverá ser determinado o trancamento do processo penal em relação a todos os corréus.

O mesmo raciocínio de extensão de benefícios é pertinente também no caso de mandado de segurança e revisão criminal.

15.8.7. Efeito substitutivo

É o mais característico dos efeitos dos recursos, e sua própria razão de ser: a de substituir, em nova decisão, a anterior decisão recorrida. Recorre-se de uma decisão do Juízo ou Tribunal *a quo* para um Tribunal *ad quem* e este, ao conhecer o recurso, substitui a decisão anterior, *independentemente de dar provimento ou não à irresignação recursal*; no caso de recurso dirigido ao próprio órgão prolator da decisão (recurso iterativo ou misto acima vistos) não deixa de haver, também, a substituição de decisões patrocinada pelo mesmo Juízo ou Tribunal prolator da decisão originária, que dela pode se retratar, apresentando nova decisão em seu lugar, ou não se retratar; mesmo na hipótese de não haver retratação, de qualquer forma, haverá a substituição da decisão anterior por outra que a confirma. O importante a fixarmos é que *o efeito substitutivo dos recursos se verifica quando o recurso venha a ser conhecido pelo Juízo ou Tribunal, independentemente de ser dado provimento ou não ao recurso em si.*

Exemplo de efeito substitutivo no caso dos recursos iterativos: embargos declaratórios providos para que conste da sentença o regime de cumprimento de pena que, por lapso, não tinha sido declarado na primeira decisão; essa integração da sentença fazendo constar o regime substituirá a anterior decisão se dará pelo próprio prolator da decisão.

Se não houver conhecimento do recurso (se ele não for recebido por faltarem os pressupostos recursais), inexistirá o efeito substitutivo. Exemplo: recurso de apelação da defesa ou acusação não conhecido por ausência de pressuposto recursal objetivo (tempestividade); como esse recurso não terá efeito substitutivo, uma vez que não foi recebido, o trânsito em julgado ocorrerá em 1ª instância. No caso de conhecimento do recurso pelo Tribunal, mesmo que não provendo no mérito o recurso da defesa ou da acusação, haverá a substituição de uma decisão por outra.

Essa substituição de decisões judiciais se dá na proporção daquilo que foi objeto de recurso; em miúdos, o que foi recorrido (a matéria recursal) será substituído.

Vamos exemplificar para melhor esclarecer. De sentença condenatória fixando a pena em 5 anos e 4 meses de reclusão proferida pela prática do delito de roubo com causa de aumento de pena de emprego de arma de fogo e concurso de agentes, o juiz de 1ª instância fixa, apenas baseado na gravidade em abstrato do crime, regime mais gravoso que o permitido em lei (ou seja, o fechado, quando era possível impor-se regime mais brando, o semiaberto). Essa decisão contraria a Súmula 440 do STJ, que estabelece a necessidade de fundamentação concreta para se fixar regime de cumprimento de pena mais gravoso que o legal. A defesa poderá apelar dessa decisão, postulando a mudança de regime (do fechado para o semiaberto); se não for conhecido o recurso por ser, por exemplo, intempestivo, não haverá o efeito substitutivo pelo Tribunal, transitando em julgado em 1ª instância a decisão. Se conhecido e provido o recurso, haverá a substituição da sentença pelo acórdão; sendo conhecido, mas não provido o recurso, igualmente, subsiste o efeito substitutivo. Na hipótese de não provimento do recurso defensivo, será possível a interposição de recurso especial ao STJ; se não for conhecido o recurso pelo STJ, não haverá efeito substitutivo, transitando em julgado a decisão no Tribunal; conhecido, sendo provido ou não, o recurso especial, pelo STJ, haverá a substituição das decisões anteriores – da 1ª instância e do Tribunal – pelo acórdão do STJ, no que tange apenas ao que foi decidido no recurso (a questão do regime de cumprimento da pena privativa de liberdade). Se, por hipótese, o recurso especial não for provido pelo STJ, será possível, ainda, em tese, interpor-se recurso extraordinário ao STF, por ofensa ao princípio da individualização da pena; conhecido o recurso pelo STF, pouco importando se provido ou não, haverá o efeito substitutivo de todas as decisões anteriores a respeito do mesmo tema discutido (regime de pena). Não sendo conhecido o recurso, não haverá efeito substitutivo. Diante do exemplo em tela, indaga-se: a revisão criminal ou o *habeas corpus* poderão ser ajuizados perante qual órgão de justiça?

Há diversas hipóteses:

1ª – se não for conhecido, pelo Tribunal, o recurso da defesa postulando a fixação de regime mais brando, não terá havido o efeito substitutivo do recurso, de modo que o trânsito em julgado da decisão ocorrerá em 1ª instância; sendo assim, a revisão criminal e o *habeas corpus* serão endereçados ao Tribunal;

2ª – se tiver sido conhecido o recurso da defesa pelo Tribunal, mas improvido em seu mérito referente ao pedido de modificação do regime de cumprimento da pena, a revisão criminal será endereçada ao Tribunal, porque terá havido a substituição da sentença pelo acórdão. Já o *habeas corpus* será impetrado perante o STJ, pois o constrangimento ilegal, decorrente do efeito substitutivo do recurso, terá sido perpetrado pelo Tribunal de Justiça que não proveu o recurso defensivo.

3ª – sendo conhecido pelo Tribunal de Justiça o recurso da defesa, mas improvido, e interpondo-se recurso especial desse acórdão ao STJ, mas não sendo tal recurso conhecido pelo STJ, não terá havido efeito substitutivo da decisão, de modo que a revisão criminal será ajuizada perante o Tribunal de Justiça. Já o *habeas corpus* visando combater o acórdão do Tribunal de Justiça que não deu provimento ao recurso defensivo será impetrado perante o STJ, pois, como houve o trânsito em julgado perante o TJ, o constrangimento ilegal dele emana. Na situação em que o recurso especial é conhecido pelo STJ, e sendo provido ou não, haverá o efeito substitutivo da decisão, de modo que eventual revisão criminal será ajuizada perante o STJ, desde que o mérito da revisão criminal seja de idêntica matéria ao que foi decidido anteriormente, em sede de julgamento de recuso especial, e que, no nosso exemplo, refere-se ao regime de cumprimento de pena.

Se a revisão criminal visar outras questões – como a existência de provas novas da inocência do acusado ou de falsidade das provas anteriores, *v.g.*, a revisão criminal será ajuizada perante o Tribunal de Justiça, pois, quanto a tais temas, não houve efeito substitutivo, de modo que a competência permanecerá com aquele órgão de justiça, não se deslocando ao STJ.

Já o *habeas corpus* contra o não provimento do recurso especial conhecido pelo STJ, será impetrado perante o STF.

4ª – Conhecido o recurso especial, mas não provido, pelo STJ, e interposto recurso extraordinário ao STF, com o único escopo de discutir o regime de cumprimento de pena, se não for conhecido o recurso, perante o Pretório Excelso, não terá havido o efeito substitutivo, de modo que a revisão criminal, quanto ao assunto ventilado no recurso, será ajuizada perante o STJ; no entanto, se o recurso extraordinário for conhecido pelo STF, e se não provido, haverá o efeito substitutivo, e assim sendo, a revisão criminal, quanto a tal assunto, será apresentada no STF. Todavia, se a revisão criminal ajuizada perante o STF se fundamentar em outras questões – como a existência de provas novas da inocência do acusado ou de falsidade das provas anteriores, *v.g.*, a revisão criminal será ajuizada perante o Tribunal de Justiça, pois, quanto a tais temas, não houve efeito substitutivo, de modo que a competência permanecerá com aquele órgão de justiça, não se deslocando ao STF. Quanto ao *habeas corpus* voltado contra decisão do STF, prevalece o entendimento de que não caberá *habeas corpus* perante o próprio Pretório Excelso de sua decisão. Claro que, no entanto, se for negado, pelo relator, no STF, em julgamento singular, o *habeas corpus*, será cabível a interposição de agravo regimental a ser julgado pelo colegiado.

15.8.8. Efeito retroativo

Todos os exemplos acima, referem-se aos denominados *error in judicando* (erro de julgamento), em que, provido ou improvido o recurso conhecido pelo Tribunal, haverá a substituição da (s) decisão (s) anterior (s), no que se refere a matéria que foi objeto de recurso (*v.g.*, regime de cumprimento de pena). Todavia, havendo recurso fundado na nulidade de julgamento anterior (*error in procedendo*), não haverá efeito substitutivo de recurso *se o recurso for provido*, uma vez que, como a decisão anterior foi anulada, outra terá que ser proferida pelo mesmo órgão; sendo improvido o recurso, ou seja, sem que seja anulada a decisão anterior, o recurso terá efeito substitutivo. Em resumo, só se substitui o que é válido juridicamente; sendo nula a decisão, ela é retirada da realidade jurídica, retornando o processo a etapa anterior, obrigando o órgão judiciário de quem se recorreu a voltar a decidir. Pode-se dizer, então, no caso de anulação, *em efeito retroativo e não substitutivo*.

15.8.9. Efeito translativo

A doutrina usa essa denominação para se referir ao recurso que permite ao Tribunal *ad quem* o conhecimento de toda matéria da causa, independentemente de pedido expresso de qualquer das partes. O recurso que possui esse efeito, no processo penal, é o recurso necessário ou de ofício, o qual pode reconhecer, de ofício, matérias de mérito e de nulidades, mesmo sem recurso da acusação, em prejuízo aos interesses da defesa, não havendo se falar em *reformatio in pejus*. Difere, assim, o efeito translativo do efeito devolutivo dos recursos; o efeito devolutivo devolve ao Juízo ou Tribunal *ad quem* a discussão de matérias específicas arguidas expressamente no recurso, podendo se tratar de recursos parciais e totais (conforme se recorra de parte ou da totalidade da decisão); já o efeito translativo transfere toda a matéria de mérito e processual, automaticamente, por força de lei, sem depender de arguição expressa das partes.

15.8.10. Efeito dilatório – procedimental e efeito revelador recursal

A doutrina costuma citar esse efeito como sendo caracterizado pela extensão da relação processual, a prosseguir em outra fase quando desencadeado um procedimento recursal. Esse conceito, todavia, peca por omissão, pois desconsidera que é perfeitamente possível ativar-se o procedimento recursal em sede de inquérito policial, como, *v.g.*, ocorre com o indeferimento de pedido de prisão preventiva do qual cabe recurso em sentido estrito (art. 581, V, do CPP); nessa hipótese, não haverá uma dilação do processo, que afinal ainda não existe e pode mesmo chegar a não a existir se o inquérito for arquivado; haverá, isso sim, com a interposição do recurso, a instauração de uma relação processual a enfeixar direitos e interesses do indiciado, seu advogado, MP, juízo *a quo* e Tribunal *ad quem*, relação jurídica essa que é subjacente, sempre, a todo inquérito policial instaurado. Poderíamos denominar, então, no caso de recurso interposto em face de decisão judicial tomada em sede de inquérito policial, como um *efeito revelador recursal*: o de revelar, o recurso, aquilo que era *latente* ao inquérito, que é justamente a relação jurídica processual entre indiciado, MP e Judiciário a envolver a pretensão punitiva e de liberdade em discussão.

15.9. FUNDAMENTAÇÃO DAS DECISÕES QUE JULGAM OS RECURSOS

Como todas as decisões judiciais devem ser fundamentadas (art. 93, IX, da CF), claro que as decisões ou acórdãos que julguem os recursos não constituem exceção, de modo que, considera-se como nulo, por falta de fundamentação, o *decisum* que se limita a ratificar a decisão anterior, ou a adotar eventual parecer do MP, sem sequer transcrevê-lo, porque, nessas hipóteses, o órgão judiciário simplesmente ignora as teses defensivas, sem que tenha apresentado fundamento próprio para tanto.

Fundamentação por relação

É admitida a fundamentação *per relationem*, desde que o julgado faça referência concreta às peças que endossa, transcrevendo partes que julgar importantes para estribar o *seu* próprio raciocínio lógico[45].

15.10. JULGAMENTO PELO TRIBUNAL DE RECURSOS. LINHAS GERAIS

O julgamento colegiado pelo Tribunal se encerra quando, colhidos os votos, o presidente do órgão anuncia o resultado, tornando-se pública a decisão, sendo vedada, a partir deste momento, qualquer possibilidade de retificação dos votos já proferidos (*preclusão consumativa*), salvo, claro, na hipótese de julgamento dos recursos legais.

Saliente-se, porém, que o julgamento só se encerra com o anúncio de seu resultado pelo presidente do órgão fracionário; até esse momento qualquer membro do colegiado (inclusive o relator) pode rever o seu posicionamento e/ou pedir vista do feito. É o que estipula o art. 941, § 1º, do CPC: "O voto poderá ser alterado até o momento da proclamação do resultado pelo presidente, (...)". O relator redigirá o acórdão, salvo se vencido, hipótese em que o autor do primeiro voto divergente – e vencedor – o redigirá.

Não é admissível que, no julgamento do recurso, o Tribunal, por autoridade própria, suplemente a ausência ou falha de fundamentação da decisão do juízo ou Tribunal *a quo*[46].

15.11. EXTINÇÃO DOS RECURSOS. MODALIDADES

Interposto, e conhecida a irresignação recursal, os recursos podem ser extintos – pelo seu julgamento – ou por determinados fatos jurídicos que o impeçam. Importante dizer que *não há extinção de recurso que não tenha sido conhecido; o pressuposto da extinção dos recursos é o seu conhecimento.*

Os recursos podem ser extintos das seguintes maneiras:

1ª – **Extinção normal dos recursos**. Ocorre através do julgamento de seu mérito, quando o juízo de delibação é exercido.

---

45. STJ. HC 214.049/SP (2011/0172178-2). Rel. Min. Nefi Cordeiro.
46. Informativo do STF. 27/11/2012. HC 114297 e 110822. Rel. Min. Cármen Lúcia.

2ª – **Extinção anormal dos recursos**. Quando o juízo de mérito não é exercido, porque, antes do seu julgamento, o recurso é extinto, pela desistência ou pela deserção (falta de preparo, quando se trata de querelante com condições econômicas – art. 806, § 2º, do CPP).

Desistência

Podem desistir do recurso interposto o querelante, o assistente de acusação, através de seus advogados, desde que conste da procuração essa faculdade. Também podem desistir o acusado, o querelado, e o defensor, desde que conste a procuração tal poder. Ocorrida a desistência do defensor, por cautela, deve-se determinar a intimação do acusado para verificar se aquiesce com aquele ato: ou seja, se deseja ou não que o recurso seja efetivamente julgado. Se o acusado desistir, imprescindível a intimação de seu advogado para que se colha seu assentimento ou não quanto à decisão do acusado; de qualquer modo – quer a desistência seja do acusado ou do defensor – a vontade positiva de qualquer um deles que queira dar continuidade ao recurso deverá prevalecer, procedendo-se ao julgamento do recurso.

Não há, a nosso ver, qualquer empecilho a que o Defensor Público ou o advogado dativo possam desistir do recurso interposto, assim como lhes é também facultado renunciar ao direito de recurso.

Efeito preclusivo da desistência

Ocorrida a desistência pelas partes, ocorre a preclusão lógica do ato, de modo que não é possível se retratar dele, e voltar-se a tramitar o recurso.

Impossibilidade de desistência pelo MP

É vedada, apenas ao Ministério Público, tal possibilidade (art. 576 do CPP), como decorrência do princípio da indisponibilidade da ação penal pública. Embora não possa o MP desistir do recurso interposto, não há qualquer vedação legal a que ao *Parquet* seja permitido renunciar ao direito de recorrer, pois, como explica Renato Brasileiro de Lima[47], se "está plenamente convicto de que não pretende recorrer, por estar de acordo com a decisão proferida, da mesma forma que pode deixar de recorrer, porquanto o recurso é voluntário, também poderá renunciar à faculdade de recorrer, antecipando a preclusão ou trânsito em julgado da decisão".

E, no caso de ação penal privada subsidiária da pública, o querelante pode desistir do recurso interposto?

Sim, poderá, mas, imediatamente após, o MP deverá reassumir a titularidade da ação – agora em grau recursal – (art. 29, *in fine*, do CPP) até os ulteriores termos, pois, no fundo, trata-se de ação pública, veiculando interesse público, iniciada por particular unicamente em razão da inércia ministerial.

---

47. Renato Brasileiro de Lima, Curso de Processo Penal, p. 1679.

Pode o membro do MP desistir de recurso que foi interposto por outro promotor?

Oferecida petição de interposição de apelação por membro do MP, abrindo-se, logo após, vista para oferecimento de razões recursais, a *outro* representante do *Parquet*, indaga-se: **é possível que, esse último, dissentindo do recurso interposto anteriormente por outro membro da Instituição, desista da apelação?**

Não será possível, pura e simplesmente, desistir do recurso interposto, pois isso implicaria evidente ofensa ao art. 576 do CPP que proíbe, de maneira expressa, que o MP desista de recurso interposto; pouco importa, nesse aspecto, que a interposição tenha sido oferecida por outro membro.

Todavia, em homenagem ao princípio da independência funcional (art. 127, § 1º, da CF), o membro do MP, mesmo sendo obrigado a arrazoar o recurso, poderá manifestar-se de acordo com o seu livre convencimento jurídico, inclusive pelo não provimento da irresignação recursal, por considerar, afinal, a decisão recorrida, como justa e conforme ao ordenamento jurídico.

Já o Tribunal, ao receber esse recurso aparentemente contraditório, poderá optar entre acolher o pedido sustentado na interposição recursal ou desacolhe-lo com base nas razões oferecidas pelo outro membro do MP.

Deserção

É a extinção anormal do recurso em virtude de não pagamento do preparo (despesas) do recurso, exigível, exclusivamente, do querelante que possua recursos econômicos, no caso de ação penal privada exclusiva ou personalíssima, como vimos ao tratar do preparo como um dos pressupostos recursais objetivos.

15.12. EFICÁCIA NAS NOVAS NORMAS RECURSAIS NO TRANSCURSO DO TEMPO

As leis que tenham por objeto a criação ou extinção de recursos, ou ainda, a modificação de seus requisitos de admissão são normas tipicamente processuais, de modo que se submetem ao princípio do efeito imediato do art. 2º do CPP: a lei processual penal aplica-se desde logo, sem prejuízo de validade dos atos realizados sob a vigência da lei anterior.

Mas, como a nova lei não pode prejudicar o ato jurídico perfeito e o direito adquirido (art. 5º, XXXVI, da CF), se for proferida uma decisão de que caiba, *perante a lei vigente*, a interposição de determinado recurso, não será lícito que uma nova lei que tenha entrado em vigor, *após a data da decisão*, extinguindo o recurso, impeça a parte de recorrer. Isso porque, quando da prolação da decisão, *a parte tinha o direito de recorrer*, e tal direito não poderá ser prejudicado pela *novatio legis*. Desse modo, embora revogado pela lei nova o recurso então existente, a parte poderá recorrer porque, na época da decisão, tinha direito de fazê-lo.

O direito de recorrer se estabelece na data da decisão recorrível: se no dia de sua prolação, havia previsão legal de recurso, mesmo que posteriormente seja revogada a via recursal, a parte tem o direito subjetivo recursal de recorrer, uma vez que a lei nova não pode prejudicar o seu *direito adquirido processual*; no entanto, se, na data da decisão, já não exista mais a previsão legal de recurso, não se o admitirá, uma vez que a parte não tinha direito adquirido ao recurso, mas, sim, meramente, *expectativa de direito processual*.

Quanto às normas que, embora mantendo a existência de determinado recurso, alterem os seus requisitos, tem-se que, identicamente ao que se disse antes, as alterações não serão aplicáveis ás decisões proferidas antes da modificação legislativa, cujos recursos seguirão o rito procedimental fixado anteriormente; no entanto, no que se refere às decisões proferidas posteriormente a entrada em vigor da nova lei, valem os requisitos novos que sejam inseridos nas normas posteriores.

15.13. CLASSIFICAÇÃO DOUTRINÁRIA DOS RECURSOS

Quanto à **obrigatoriedade**, o recurso pode ser **voluntário** ou **obrigatório**; **voluntário** quando depende da manifestação de vontade da parte (esse é o recurso propriamente dito); **obrigatório**, quando a lei impõe, para que ocorra o trânsito em julgado da decisão, o envio dos autos ao Tribunal para o controle do *decisum* de 1ª instância. Não se trata, em verdade, de recurso, mas de mecanismo de controle jurisdicional imposto pela lei; é um recurso impróprio.

Quando à **fundamentação do recurso**, há os **recursos de fundamentação livre**, em que a parte tem amplo espectro de temas jurídicos para explorar em suas razões recursais, como ocorre, *v.g.*, com o recurso de apelação; há também os de **fundamentação vinculada** caracterizados pela limitação temática imposta pela Constituição ou pelas leis, do que pode ser matéria de recurso; não há, assim, liberdade completa para explorar quaisquer teses jurídicas, mas sim um casuístico cardápio de opções do qual a parte não pode desrespeitar, sob pena de seu recurso não ser conhecido, por faltar pressuposto recursal objetivo (cumprimento dos requisitos formais). Do recurso com fundamentação vinculada ganha sentido o princípio da asserção ou afirmação que declara caber a parte explicitar os fundamentos legais ou constitucionais para que o recurso seja conhecido.

Exemplos de recurso com fundamentação vinculada: recurso extraordinário, recurso especial, recurso de apelação das decisões do Júri.

Os recursos podem ser divididos, ainda, no que tange à extensão da matéria recursal, em **recurso total**, em que a parte recorre de tudo daquilo que a decisão trouxe de prejuízo (ou de não obtenção de vantagem). A sucumbência, nessa situação, poderá ser total ou parcial, mas, daquilo que se perde, se recorre.

Já o **recurso parcial** é marcado pela sucumbência ocorrida em dois ou mais pontos da controvérsia, sendo que a parte prejudicada não recorre de todos eles, mas apenas de alguns.

Dividem-se os recursos, quanto aos pressupostos de admissibilidade em **recurso genérico**, em que basta o inconformismo da parte (*v.g.*, recurso de apelação); e **recurso específico** – aquele que exige condições específicas para que possa ser conhecido, como, por exemplo, o recurso especial que exige o prequestionamento da questão federal, ou o recurso extraordinário que, além do prequestionamento, demanda que a parte demonstre a repercussão geral da matéria recorrida.

Por fim, quanto ao objeto do recurso, há os **recursos extraordinários** em que a finalidade imediata, direta, da irresignação é a higidez da ordem jurídica comprometida por uma decisão judicial de que se recorre; apenas mediatamente, indiretamente, o direito subjetivo das partes, subjacente a causa, é atingido. É o caso do recurso extraordinário e especial que visam tutelar, respectivamente, o respeito aos dispositivos constitucionais e aqueles emanados da legislação infraconstitucional federal.

Por sua vez, no que toca ao objeto imediato do recurso, os recursos podem ser **ordinários**, ou seja, aqueles que formam a grande maioria das espécies recursais, e que tem por escopo tutelar, diretamente, imediatamente, o direito subjetivo das partes, e apenas indiretamente, o direito objetivo.

15.14. CLASSIFICAÇÃO GERAL DAS DECISÕES JUDICIAIS NO PROCESSO PENAL. DESPACHOS DE MERO EXPEDIENTE. DECISÕES INTERLOCUTÓRIAS. DECISÕES INTERLOCUTÓRIAS MISTAS. DECISÕES DEFINITIVAS EM SENTIDO ESTRITO E AMPLO. SENTENÇA. EMBARGOS DECLARATÓRIOS

Para que se entenda a dinâmica recursal é preciso, antes de tudo, que se compreenda a classificação e a natureza das decisões judiciais, no processo penal, para que se verifique o que é recorrível (e qual o recurso cabível) ou não.

A doutrina costuma apresentar a classificação das decisões judiciais da seguinte forma:

15.14.1. Despachos de mero expediente

São aqueles provimentos judiciais que têm por finalidade impulsionar o andamento do processo, sendo destituído de carga decisória. Exemplos: determinação para citar o acusado; intimação de testemunhas; intimação das partes a respeito da juntada de mandado do oficial de justiça aos autos etc.

O art. 93, XIV, da CF permite que os servidores do judiciário possam receber delegação para atos de mero expediente, sem caráter decisório, como uma forma de racionalizar a grande massa (*milhões*) de processos que tramitam no país.

Em regra, os despachos de mero expediente não são recorríveis, mas se de seu teor redundar tumulto processual será cabível a interposição de correição parcial.

Os despachos de mero expediente devem ser prolatados no **prazo de um dia** (art. 800, III, do CPP).

15.14.2. Decisões interlocutórias simples

São aquelas decisões que deliberam a respeito de questões processuais, sem decidir o mérito da causa – não há condenação, absolvição ou decisão a respeito da punibilidade do acusado.

Exemplos: determinação de instauração de incidente de insanidade mental do acusado; deferimento de pedido de prisão preventiva ou de imposição de medida cautelar; decisão admitindo ou inadmitindo assistente da acusação, etc.

A regra, no processo penal, é que as decisões interlocutórias simples são irrecorríveis, a não ser que sua hipótese esteja prevista expressamente no rol do art. 581 do CPP, que trata da interposição de recurso em sentido estrito. Todavia, mesmo que não prevista no rol taxativo das hipóteses de recurso em sentido estrito a decisão judicial como recorrível, poderá a parte manifestar seu inconformismo através da impetração de mandado de segurança (exemplo: não admissão do pai da vítima como assistente da acusação em crime de ação penal pública); *habeas corpus* (indeferimento do pedido de revogação da prisão preventiva); ou mesmo correição parcial, dada a inversão tumultuária de atos do processo (exemplo: determinação para que as testemunhas de defesa sejam ouvidas antes das testemunhas de acusação).

Nada impede também que a parte, não resignada com a decisão interlocutória proferida, registre seu inconformismo, a fim de, em sede de preliminar de recurso de apelação, possa sustentar a nulidade do processo (no caso das nulidades relativas, que se submetem à preclusão); em se tratando de nulidade absoluta, poderá ser reconhecida, mesmo que de ofício, pelo Tribunal.

O **prazo** para que seja proferida uma decisão interlocutória simples é de **5 dias** (art. 800, II, do CPP).

15.14.3. Decisões interlocutórias mistas (ou *decisões com força de definitivas*)

São aqueles provimentos jurisdicionais que decidem o processo ou um procedimento incidental, ou que determinam o fim de uma etapa do procedimento, sem julgamento de mérito da causa penal (são decisões de conteúdo processual). Essas decisões não adentram, profundamente, no mérito da causa, mas podem conter uma análise, mesmo que superficial, das provas do processo, mas sem condenar ou absolver o acusado ou decidir a respeito da pretensão punitiva estatal.

As decisões interlocutórias, por sua vez, se dividem em:

Decisões interlocutórias mistas não terminativas

São aquelas que encerram uma fase do procedimento, sem encerrar a relação processual e sem julgar o mérito da causa. Exemplo: decisão de pronúncia no rito do Júri.

Decisões interlocutórias mistas terminativas ou com força de definitiva

São aquelas que encerraram o processo, extinguindo a relação jurídica processual, ou que resolvem um procedimento incidental de maneira definitiva, mas sem que se julgue o mérito da causa penal. Como todas decisões interlocutórias, são decisões de conteúdo processual. Exemplos: decisão de impronúncia; decisão de rejeição da denúncia ou queixa por inépcia; procedência das exceções de litispendência ou coisa julgada; indeferimento do pedido de sequestro de bens; indeferimento de restituição de coisa apreendida.

15.14.4. Recorribilidade das decisões interlocutórias mistas

Normalmente, as decisões interlocutórias mistas – terminativas ou não terminativas – são contestadas mediante recurso em sentido estrito, *desde que conste a modalidade de decisão do rol do art. 581 do CPP*.

Se a decisão interlocutória mista que se pretenda recorrer não constar do rol do art. 581 do CPP (rol das hipóteses do recurso em sentido estrito como se viu), caberá a interposição de apelação, com base no art. 593, II, do CPP (*decisão com força de definitiva*).

O **prazo** para a prolação de decisão interlocutória mista é de **10 dias** (art. 800, I, do CPP).

15.14.5. Decisões definitivas

São as que julgam o mérito penal da causa, ou seja, o direito de punir do Estado, se procedente ou não, é julgado.

As decisões definitivas podem ser divididas em:

Sentença definitiva ou decisão definitiva em sentido estrito: o juiz analisa o mérito da causa, julgando o fato criminoso que é imputado ao acusado, podendo absolvê-lo ou condena-lo. São as sentenças de absolvição ou condenação.

Decisões definitivas em sentido amplo ou decisões terminativas de mérito: são aquelas em que o magistrado julga o mérito da causa – o direito de punir do Estado – mas sem condenar ou absolver o acusado. Exemplos: julgamento de *habeas corpus*, concedendo ou não a ordem; de mandado de segurança; de extinção da punibilidade, declarando ou não a prescrição da pretensão punitiva estatal.

O **prazo** para se proferir uma decisão definitiva é de **10 dias** (art. 800, I, do CPP).

15.14.5.1. Recorribilidade das decisões definitivas em sentido estrito e das decisões definitivas em sentido amplo ou terminativas de mérito

Das decisões definitivas em sentido estrito (sentenças de absolvição e condenação) será cabível a interposição do recurso de apelação (art. 593, I, do CPP). Das decisões terminativas de mérito – aquelas decisões que julgam o mérito da causa penal – mas sem condenar ou absolver – é cabível, em regra, a interposição de recurso em sentido estrito, se prevista em lei a possibilidade; se não, poderá ser interposto o recurso de apelação (art. 593, II, do CPP). Exemplo: da decisão que julga extinta a punibilidade pela prescrição (decisão que julga o mérito da pretensão punitiva do Estado, sem absolver ou condenar o acusado), da qual caberá recurso em sentido estrito (art. 581, VIII, do CPP) e não apelação.

15.14.5.2. Sentença

15.14.5.2.1. Conceito. Classificação

Em seu sentido literal, de acordo com o art. 593, I, do CPP, sentença é o ato processual através do qual o juiz julga o mérito da ação penal, condenando-se ou absolvendo-se o acusado. São as chamadas decisões definitivas em sentido estrito, que podem ser veiculadas através de sentenças condenatórias (julgando procedente a pretensão punitiva) ou absolutórias próprias (julgando improcedente a pretensão punitiva). Existem também as sentenças absolutórias impróprias, que impõem ao acusado uma medida de segurança.

Sendo assim, não se compreenderia no sentido adotado pelo CPP ao termo sentença as chamadas decisões definitivas em sentido amplo (terminativas de mérito) que são aquelas em que o mérito da causa penal é julgado, mas sem condenar ou absolver o acusado, bem como as decisões com força de definitivas (decisões interlocutórias mistas); no entanto, em ambas as hipóteses, é possível que referidas decisões seja vazadas sob a forma de sentença, como ocorre com a impronúncia, que é uma decisão interlocutória mista terminativa, mas que se exige seja proferida no molde de uma sentença (art. 416 do CPP).

15.14.5.2.2. Classificação das sentenças

De acordo com a doutrina, as sentenças podem ser classificadas em:

1ª – **condenatórias** – aquelas que julgam procedente a pretensão punitiva do Estado;

2ª – **declaratórias** – aquelas que meramente declaram uma situação jurídica já ocorrida, como as que julgam extinta a punibilidade do acusado, bem como as sentenças absolutórias;

3ª – **constitutivas** – são as que modificam uma situação jurídica anterior, como a sentença que concede a reabilitação ou a revisão criminal que desconstitui uma condenação transitada em julgado;

4ª – **mandamentais** – aquelas em que o juiz determina o seu imediato cumprimento, sob pena de responsabilização por desobediência, como ocorre nos casos de ordem de *habeas corpus* ou de concessão de segurança no mandado de segurança.

15.14.5.2.3. Elementos da sentença

Os requisitos da sentença estão previstos no art. 381 do CPP, e formam as quatro partes essenciais ou fases indispensáveis de qualquer sentença, e que são as seguintes:

1ª - **Relatório**. A sentença deve conter os nomes das partes e expor, mesmo que sucintamente, as teses da acusação e da defesa, além de fazer um breve relato do andamento do processo (art. 381, I e II, do CPP). As sentenças proferidas no Juizado Especial Criminal dispensam o relatório (art. 81, § 3º, da Lei n. 9.099/95).

2ª - **Fundamentação**. Necessário que a sentença contenha os motivos de fato e de direito em que se fundam a decisão, avaliando os argumentos das partes (art. 381, III, do CPP). É o momento em que o juiz fundamenta sua decisão, em obediência ao art. 93, IX, da CF, que exige a fundamentação de todas as decisões judiciais, sob pena de nulidade.

3ª - **Parte dispositiva ou conclusão**. Oportunidade em que o juiz julga procedente ou improcedente o pedido formulado na ação e indica os artigos de lei aplicáveis ao caso (art. 381, IV e V, do CPP).

4ª - **Autenticação**. Aposição da assinatura do juiz, com a data da sentença (art. 381, VI, do CPP). Entende-se que sentença sem estar assinada equivale a ato juridicamente inexistente. Em se tratando de processo eletrônico, a assinatura será digital.

A ausência de quaisquer das partes ou fases essenciais da sentença acarretará sua nulidade absoluta (art. 564, IV, do CPP).

15.15. RECURSOS EM ESPÉCIE. EMBARGOS DE DECLARAÇÃO. RECURSO EM SENTIDO ESTRITO. APELAÇÃO. PROCEDIMENTO E JULGAMENTO DOS RECURSOS EM SENTIDO ESTRITO E DAS APELAÇÕES NOS TRIBUNAIS. APELAÇÃO PERANTE O JUIZADO ESPECIAL CRIMINAL. EMBARGOS INFRINGENTES E DE NULIDADE. EMBARGOS DE DECLARAÇÃO. CARTA TESTEMUNHÁVEL. RECURSO EXTRAORDINÁRIO. RECURSO ESPECIAL. CORREIÇÃO PARCIAL. AGRAVO REGIMENTAL. RECURSO ORDINÁRIO CONSTITUCIONAL PERANTE O STJ E O STF. EMBARGOS DE DIVERGÊNCIA PERANTE O STJ E O STF. RECURSO NECESSÁRIO OU RECURSO *EX OFFICIO*

15.15.1. Embargos de declaração. Conceito. Hipóteses de cabimento

Dispõe o art. 382 do CPP que qualquer das partes poderá, no prazo de dois dias, pedir ao juiz que declare a sentença, sempre que nela houver obscuridade, ambiguidade, contradição ou omissão.

É permitido, segundo o Código, interporem-se os embargos contra as sentenças (art. 382 do CPP) e contra os acórdãos (art. 619 do CPP); para a doutrina e jurisprudência, é possível também contra decisões interlocutórias em geral.

Embora esteja inserido nos dispositivos que tratam da sentença, é certo que o referido artigo, implicitamente, prevê o recurso de embargos de declaração, os quais, por sinal, são oponíveis contra toda e qualquer decisão do juiz de 1ª instância ou do Tribunal, e não apenas na situação em que se pretenda esclarecer uma sentença.

Caberão os embargos quando a decisão for obscura (de difícil compreensão); ambígua (com dois ou mais sentidos); contraditória (incompatível logicamente em suas razões) ou omissa (deixar de decidir a respeito de ponto relevante). Os embargos serão julgados pelo próprio juiz de 1º grau ou pelo Tribunal. Os embargos, assim, são um recurso em que se pretende a retificação da decisão ou acórdão quando neles houver ambiguidade (duas ou mais interpretações possíveis do seu texto), obscuridade (decisão não compreensível em seu conteúdo), contradição (trechos da decisão logicamente incompatíveis) ou omissão (decisão incompleta).

Função dos embargos: complementação da decisão anterior formando uma decisão única

Importante registrar que, ao se julgarem os embargos de declaração, estes complementam e integram a decisão anterior, formando um todo indissociável, de modo que não existem dois julgados em que se possa enfrentar por recursos específicos, mas apenas um só[48].

Desse modo, se, na data do julgamento dos embargos, o acusado completar 70 anos, como os embargos integram a decisão anterior, apenas ocorrida em data posterior à sentença, caso acolhidos, fará jus o réu à redução pela metade do prazo prescricional (art. 115 do CP)[49]. No entanto, nessa mesma situação, se o condenado, após a sentença, completar 70 anos, sendo *rejeitados* os embargos declaratórios, certo que, na data da sentença, o condenado não tinha 70 anos, de modo que não é merecedor da redução do prazo prescricional[50].

Embargos de declaração e redimensionamento de pena

No julgamento da Ação Penal 470 ("Mensalão"), decidiu-se que, no caso de condenações com penas diversas a dois ou mais réus acusados da mesma infração, embora os fatos imputados sejam os mesmos, sem qualquer outra circunstância que justificasse o acréscimo de pena individual (como a reincidência, maus antecedentes etc), seria possível, em embargos de declaração, reconhecer-se a contradição, e se reajustar a pena maior ao mesmo patamar da pena inferior aplicada ao corréu. A contradição da decisão poderá, na hipótese em tela, ser sanada, pelos embargos, quando, partindo de premissas idênticas, a decisão extrai consequências jurídicas diversas, para réus diferentes, condenados, porém, de idêntica forma, pelos mesmo fatos.

Seguindo o mesmo raciocínio, também na Ação Penal 470, o STF admitiu a possibilidade de, através de embargos declaratórios, redimensionar a pena de acusado – com reconhecida menor culpabilidade que os demais corréus, que eram os mandantes, todos acusados dos mesmos fatos – a fim de reduzi-la ao patamar menor dos outros, como maneira de se solucionar a contradição lógica da decisão.

---

48. Informativo do STJ. 24/05/2011. STJ. REsp 799490. 6ª T. Rel. Min. Og Fernandes.
49. Informativo do STF. 05/12/2013. STF. Pleno. AP 516. Rel. Min. Ayres Brito.
50. Informativo do STF. 14/08/2018. STF. HC 149.395. Rel. Min. Alexandre de Moraes.

Omissão de menção à possibilidade de se substituir pena privativa de liberdade por restritiva de direitos

Quanto à omissão da decisão, se a condenação deixar de, expressamente, referir à possibilidade de substituição da pena privativa de liberdade por restritivas de direitos (art. 44 do CP), possível a oposição de embargos declaratórios para suprir essa falta.

15.15.1.1. Prazos, endereçamento e processamento

O prazo dos embargos é de dois dias. É endereçado ao juiz, no caso de sentença, ou ao relator, no caso de acórdão. Os embargos no Juizado Especial Criminal devem ser opostos em cinco dias (art. 83, § 1º, da Lei 9.099/95). No STJ, os acórdãos podem ser embargados no prazo de 2 dias, em se referindo a matéria penal, contado da publicação da decisão pela imprensa (art. 263, *caput*, do RISTJ – Regimento Interno do STJ). No STF, o prazo para oposição dos embargos de declaração é de 5 dias (art. 337, § 1º, do RISTF – Regimento Interno do STF). Mas, no Pretório Excelso, no caso do "Mensalão" (Ação Penal 470), decidiu-se que o prazo para oposição dos embargos declaratórios poderia ser duplicado – 10 dias – pois se tratavam de litisconsortes passivos com diferentes procuradores, como meio de se assegurar garantias individuais.

Os embargos são interpostos por petição, acompanhados das suas razões, onde serão deduzidos os pontos em que a sentença ou acórdão mostram-se ambíguos, obscuros, contraditórios ou omissos (art. 620 do CPP).

Nos Juizados Especiais Criminais, podem ser opostos por escrito ou oralmente (art. 83, § 1º, da Lei n. 9.099/95).

Os embargos podem ser indeferidos, de plano, pelo juiz ou pelo relator do Tribunal, se não preenchidas suas condições legais (art. 620, § 2º, do CPP).

No caso de embargos opostos perante o Tribunal, o relator, caso os tenha recebido, os submeterá a julgamento perante o mesmo órgão que prolatou o acórdão ora embargado.

Normalmente, não é aberta vista para a parte contrária se manifestar a respeito dos embargos, decidindo – os, o juiz ou o Tribunal, *inaudita altera parte* (sem ouvir a parte contrária). Isto porque os embargos visam meramente integrar a decisão (esclarecê-la ou completá-la), e não a alterar em seu mérito, de modo que, em tese, não traria nenhum prejuízo deixar de ouvir a outra parte. Mas, se o efeito do provimento dos embargos for modificativo da decisão (chamado também de embargos com efeitos infringentes), deverá ser dada oportunidade à parte contrária para se manifestar, em contrarrazões, em razão dos princípios do contraditório e da ampla defesa (este último, quando a parte contrária for o acusado, é claro)[51].

Nesse sentido o art. 263, § 1º, do RISTJ, que estipula o seguinte: "O embargado será intimado para, querendo, manifestar-se, no prazo legal, sobre os embargos opostos, caso seu eventual acolhimento possa implicar a modificação da decisão embargada".

---

51. STJ. Embargos de Divergência em RESP 1.049.826/SP (2011/0115590-6). Rel. Min. Humberto Martins.

Se os embargos declaratórios – com efeito infringente ou modificativo – forem decididos sem abrir vista para a parte contrária oferecer contrarrazões, o ato decisório deve ser anulado, determinando-se que outra decisão seja proferida, após a juntada das referidas contrarrazões[52].

15.15.1.2. Efeitos dos embargos

A oposição dos embargos declaratórios traz como efeito a *interrupção do prazo* para a interposição de outros recursos, por qualquer das partes, como determina o art. 1026 do CPC, aplicável, por analogia, ao processo penal. Julgados os embargos, providos ou não, pouco importa, os prazos para os demais recursos serão devolvidos integralmente; em outras palavras, "começam do zero".

Quanto aos juizados especiais criminais, a oposição dos embargos também traz como efeito a *interrupção do prazo* para os demais recursos (art. 83, § 2º, da Lei n. 9.099/95).

De idêntica maneira, no que se refere aos julgamentos realizados pelas Turmas Recursais dos Juizados (2ª instância dos Juizados), os embargos lá opostos também possuem *efeito interruptivo*, valendo a regra geral do art. 1026 do CPC.

No STJ, (art. 265, *caput*, do RISTJ) os embargos declaratórios *interrompem* o prazo para a interposição de recursos por qualquer das partes, salvo quando manifestamente protelatórios. Já, no STF, a oposição dos embargos declaratórios, *suspendem* o prazo para a interposição de outros recursos, salvo se manifestamente protelatórios (art. 339, *caput* e § 2º, do RISTF).

O prazo para a interposição de outro recurso é suspenso na data de interposição dos embargos de declaração, e o que lhe sobejar começa a correr do primeiro dia útil seguinte à publicação da decisão proferida nos mesmos embargos (art. 339, § 1º, do RISTF).

15.15.2. Recurso em sentido estrito

15.15.2.1. Conceito. Hipóteses de incidência. Possibilidade de sua interpretação extensiva

É o recurso interposto contra as decisões interlocutórias simples, decisões interlocutórias mistas terminativas, e não terminativas, e algumas decisões definitivas (terminativas de mérito), proferidas pelo Juízo de 1ª instância (jamais em face de decisões dos Tribunais ou de relator), em hipóteses expressamente previstas em lei (*numerus clausus*).

Não é cabível recurso em sentido estrito contra despachos de mero expediente, sem caráter decisório, que podem ser promovidos até pelos servidores do Poder Judiciário, como autoriza o art. 93, XIV, da CF. Se os despachos tumultuarem o andamento do processo caberá a interposição de correição parcial, e não o recurso em sentido estrito.

---

52. STJ. EAREsp 285.745/SP. Corte Especial. Rel. Min. Laurita Vaz. J. 02/12/2015. DJe 02/02/2016.

O recurso em sentido estrito é cabível apenas das decisões expressamente referidas no art. 581 do CPP, e não de qualquer decisão interlocutória, uma vez que, como regra geral, as interlocutórias, no processo penal, são irrecorríveis, justamente para que não se comprometa a celeridade do processo.

15.15.2.2. Cabimento

O art. 581 do CPP enumera diversas hipóteses de cabimento do recurso em sentido estrito, sendo admitido, majoritariamente, pela doutrina e jurisprudência, a interpretação extensiva de tais dispositivos legais, desde que não contrariem o espírito da lei. Exemplo: da decisão que rejeita da denúncia ou queixa cabe recurso em sentido estrito (art. 581, I, do CPP); da decisão que rejeite o aditamento da denúncia ou queixa é perfeitamente possível a interposição de recurso em sentido estrito, porque, nessa situação, a lei disse menos, involuntariamente, do que pretendia, sendo lícito, assim, ao intérprete, suprir tal lacuna através da interpretação extensiva; afinal se, da rejeição da peça acusatória cabe recurso em sentido estrito, de seu aditamento, nada mais lógico que coubesse também idêntica modalidade de irresignação recursal. Na hipótese inversa – recebimento da denúncia ou queixa – não é possível uma interpretação de que seria possível interpor-se recurso em sentido estrito dessa decisão, uma vez que a norma prevê tal recurso apenas na situação de rejeição da peça acusatória, e não de seu recebimento.

Recurso em sentido estrito e fungibilidade recursal

Foi pacificado, junto ao STJ[53], que se aplica o princípio da fungibilidade à apelação interposta quando cabível o recurso em sentido estrito, desde que demonstrada a ausência de má – fé, de erro grosseiro, bem como a tempestividade recursal.

15.15.2.3. Caráter residual do recurso em sentido estrito

O recurso em sentido estrito só será cabível se proferida decisão que preveja tal recurso *durante o trâmite do processo*. Se o motivo da irresignação for uma das hipóteses de cabimento, em tese, de recurso em sentido estrito, por exemplo, decisão que revoga a prisão preventiva (art. 581, X, do CPP), *mas que esteja contida no bojo de uma sentença absolutória, condenatória ou de impronúncia (no caso do rito do júri)*, caberá, contra essa revogação, recurso em sentido estrito ou apelação?

De acordo com o art. 593, § 4º, do CPP, será cabível o recurso de apelação que, por ser mais amplo, abarca toda a matéria de irresignação do recurso em sentido estrito. É o denominado *princípio da consunção*.

No que toca às decisões proferidas em sede de execução criminal, o recurso cabível será o agravo em execução (art. 197 da Lei de Execução Penal – LEP).

---

53. STJ. HC 265378/SP. 5ª T. Rel. Min. Ribeiro Dantas. Julgado em 17/05/2016. DJE 25/05/2016. STJ. AgRg no AREsp 071915/SC. 5ª T. Rel. Min. Marco Aurélio Bellizze. Julgado em 15/05/2014. DE 23/05/2014.

15.15.2.4. Não cabimento do recurso em sentido estrito

Os incisos XII, XVII, XIX, XX, XXI, XXII, XXIII e XXIV do art. 581 do CPP foram tacitamente revogados pela Lei de Execução Penal, que trata do recurso de agravo, e pela Lei n. 9.268/96, que, ao alterar o art. 51 do CP, proibiu a conversão da pena de multa em privativa de liberdade.

O inciso XI do art. 581 do CPP também não tem aplicação, porque das decisões a respeito do *sursis* caberá, dependendo do momento processual em que for concedido, ou apelação (se decidido em sentença), ou agravo em execução (se decidido no juízo da execução).

15.15.2.5. Hipóteses de cabimento do recurso em sentido estrito

15.15.2.5.1. Recurso em sentido estrito na legislação extravagante

Além das hipóteses elencadas de recurso em sentido estrito previstas no art. 581 do CPP, o art. 294, *caput*, do Código de Trânsito Brasileiro (Lei 9.503/97), estipula que "Em qualquer fase da investigação ou da ação penal, havendo necessidade para garantia da ordem pública, poderá o juiz, como medida cautelar, de ofício, ou a requerimento do Ministério Público ou ainda mediante representação da autoridade policial, decretar, em decisão motivada, a suspensão da permissão ou da habilitação para dirigir veículo automotor, ou a proibição de sua obtenção". Trata-se, como se nota, de verdadeira medida cautelar pessoal não privativa de liberdade que susta o direito de dirigir, em prol da ordem pública.

Por sua vez, o § único do artigo transcrito reza que: "Da decisão que decretar a suspensão ou a medida cautelar, ou da que indeferir o requerimento do Ministério Público, caberá recurso em sentido estrito, sem efeito suspensivo".

Essa previsão legal específica que possibilita a interposição, pela acusação ou pela defesa, de recurso em sentido estrito de decisão que determina ou indefere pedido de medida cautelar relativa a habilitação para dirigir veículos automotores, a nosso ver, pode ser aplicada, por analogia, às medidas cautelares previstas no art. 319 do CPP.

A finalidade será a de possibilitar que a acusação (e também a defesa) possam recorrer, da decretação ou do indeferimento da medida cautelar, e, ainda, de sua revogação (que nada mais é que seu indeferimento tardio). Justificamos. Se se permite a acusação (e a defesa) recorrer da decretação, do indeferimento ou da revogação de uma medida cautelar não tão gravosa aos interesses da sociedade como a suspensão da habilitação para dirigir veículos, não faria sentido impedi-las de também recorrer, em se tratando de medidas cautelares que envolvam bens jurídicos mais relevantes; é o que se daria, por exemplo, da revogação ou indeferimento de medida cautelar que tenha por objeto a incolumidade de vítima e testemunhas (medida cautelar de proibição de o agressor manter contato com vítimas e testemunhas prevista no art. 319, III, do CPP); ou do indeferimento ou revogação da medida cautelar que veda o acesso e frequência a determinados lugares – art. 319, II, do CPP), etc; a nosso ver, de quaisquer decisões – decretação, indeferimento, revogação, dessas medidas cautelares (e das demais)-seria plenamente cabível a interposição – pelas partes – do recurso em sentido estrito.

Além da acusação pública, também possível a interposição de recurso em sentido estrito do indeferimento de medida cautelar e de sua revogação, também pelo querelante, no caso das ações penais privadas, ou do assistente de acusação (em se tratando de ações penais públicas).

E a defesa, poderá recorrer em sentido estrito da imposição de medidas cautelares?

Em tese, sim, por uma questão de igualdade com a acusação, mas parece – nos ser mais prática – e mais célere – a impetração de *habeas corpus*.

15.15.2.5.2. Hipóteses de recurso em sentido estrito no CPP

São as seguintes hipóteses que admitem o recurso em sentido estrito, previstas no art. 581 do CPP:

I – da decisão que não receber a denúncia ou a queixa (art. 581, I)

É uma **decisão interlocutória mista terminativa (decisão com força de definitiva)**. A denúncia ou queixa serão rejeitadas quando forem manifestamente ineptas (incompreensíveis); faltar pressuposto processual ou condição para o exercício da ação penal; faltar justa causa para ação penal (art. 395 do CPP).

Nessas situações, em regra, se for possível regularizar a falta de pressuposto processual ou da condição da ação, nada impede que seja oferecida outra ação penal, pelos mesmos fatos, afinal a rejeição anterior terá feito apenas coisa julgada formal.

Porém, se o magistrado, ao rejeitar a denúncia, reconhecer, *v.g.*, que o fato é atípico por não ter se atingido, de maneira relevante, o bem jurídico tutelado pela norma (princípio da insignificância), ou que a conduta do agente estava amparada por alguma causa excludente de ilicitude (como a legítima defesa), essa decisão – de mérito – será considerada como uma sentença terminativa (decisão definitiva em sentido amplo ou decisão terminativa de mérito), que julga o mérito, mas não absolve nem condena). Sendo uma decisão de mérito, fará coisa julgada material e formal, não podendo o acusado ser novamente processado pelos mesmos fatos.

Do recebimento da denúncia ou queixa, não cabe nenhum recurso, mas é possível impetrar-se *habeas corpus* com o objetivo de trancar-se a ação penal.

Da rejeição do aditamento da denúncia, por interpretação extensiva da norma, é possível também interpor-se o recurso em sentido estrito; da rejeição parcial da peça acusatória (decisão que recebe apenas parte da acusação), caberá, igualmente, recurso em sentido estrito.

Rejeitada a peça acusatória, e interposto recurso em sentido estrito, o denunciado deverá ser intimado para oferecer contrarrazões ao recurso interposto da rejeição da denúncia ou queixa, sob pena de nulidade, não sendo suprida, tal intimação, pela nomeação de um defensor dativo; ou seja, o denunciado tem o direito de oferecer contrarrazões ao recurso, e, de preferência, através de advogado de sua confiança. Este é o teor da Súmula 707 do STF.

Pacificou-se, junto ao STJ[54], que a ausência de contrarrazões ao recurso em sentido estrito interposto contra decisão que rejeita a denúncia enseja nulidade absoluta do processo desde o julgamento, pelo Tribunal de origem, do recurso.

Por sua vez, a Súmula 709 do STF que "salvo quando nula a decisão de primeiro grau, o acórdão que provê o recurso contra a rejeição da denúncia vale, desde logo, pelo recebimento dela".

Essa Súmula pode ser assim interpretada: da rejeição da peça acusatória, e interposto recurso em sentido estrito ao Tribunal, se provido o recurso, determina-se o seu recebimento; o próprio acórdão do Tribunal recebendo a denúncia ou queixa vale como recebimento da peça acusatória, incidindo, no dia desse julgamento, a interrupção da prescrição (art. 117, I, do CP). Importante dizer que o Tribunal, corrigindo um *error in judicando* do Juízo de 1ª instância (o denominado juízo rescisório), cassa a decisão de rejeição, a substitui por outra de recebimento (efeito substitutivo dos recursos). No entanto, se a decisão que rejeitou a denúncia ou queixa for nula, laborando em *error in procedendo* o juiz que, por exemplo, ao rejeitar a peça acusatória, não fundamenta tal *decisum*, o Tribunal, em *juízo rescindente*, anulará o ato processual, e determina o retorno dos autos a 1ª instância, para que o magistrado delibere novamente, dessa vez de maneira válida, a respeito da admissibilidade da acusação (não há efeito substitutivo do recurso, mas sim efeito retroativo). Nessa hipótese, não haverá interrupção da prescrição enquanto não for recebida – fundamentadamente – a peça acusatória, em 1ª ou 2ª instância.

Rejeitada a denúncia ou queixa no rito do Juizado Especial Criminal, o recurso cabível é o de apelação (art. 82, *caput*, da Lei n. 9.099/95), interposta em 10 dias acompanhada de razões recursais. O recorrido será intimado para apresentar contrarrazões no prazo de 10 dias (art. 82, § 2º, da Lei 9.099/95).

II – da decisão que conclui pela incompetência do juízo (art. 581, II)

É uma **decisão interlocutória simples** em que o magistrado declara a incompetência (absoluta ou relativa), do Juízo, de ofício ou a requerimento das partes. O recurso, tendo por base tal fundamento legal, será interposto se a decisão concluindo pela incompetência for proferida nos autos principais. Exemplo: quando o juiz remete o processo à Justiça Federal, por entender que há interesse da União (art. 109, IV, da CF).

Sendo a decisão que declare a incompetência sido tomada no bojo do incidente processual de incompetência, o recurso cabível também será o recurso em sentido estrito, *mas com fundamento no inciso III e não no II, do art. 581 do CPP*.

Ao juiz é facultado declarar-se incompetente, tanto no caso de incompetência absoluta quanto da relativa, porque ambas são matérias de ordem pública, relacionadas ao princípio do juiz natural.

---

54. STJ – HC 257721/ES. Rel. Min. Nefi Cordeiro. Julgado em 25/11/2014. DJE 16/12/2014. STJ. 118956/SP. Rel. Min. Og Fernandes. Julgado em 21/05/2009. DJE 08/06/2009.

Quando o magistrado, na 1ª fase do rito do Júri, desclassifica a infração para outra de competência do Juízo comum, está, em verdade, declarando-se incompetente, e, por isso, é cabível a interposição de recurso em sentido estrito com base no inciso II do art. 581 do CPP.

III – da decisão que julgar procedentes as exceções, salvo a de suspeição (art. 581, III)

São aquelas decisões que julgam procedentes as exceções de coisa julgada, de litispendência, de ilegitimidade de parte e de incompetência. A procedência da **exceção de incompetência** é uma **decisão interlocutória simples; a procedência das demais (exceções de coisa julgada, litispendência e ilegitimidade de parte) são decisões interlocutórias mistas terminativas** (ou com força de definitivas, porque encerram o processo sem julgar o mérito da causa penal). Não é possível recorrer das decisões que julgam improcedentes tais exceções, mas é possível impetrar-se *habeas corpus* em face delas, além de arguir, como nulidade, seu não acolhimento anterior, quando de eventual apelação, em sede de preliminar.

Do reconhecimento de suspeição pelo próprio magistrado não caberá, de acordo com expressa dicção legal, a interposição de recurso em sentido estrito. E não faria mesmo sentido recorrer-se a fim de obrigar um magistrado a prestar jurisdição em caso penal em que, ele próprio, se considere como suspeito!

IV – da decisão que pronunciar o réu (art. 581, IV)

É uma **decisão interlocutória mista não terminativa**, que remete o acusado a julgamento pelo Tribunal do Júri.

O recurso em sentido estrito, nessa hipótese, enquanto não for julgado, suspende o julgamento pelo Júri (efeito suspensivo). A 2ª fase do rito do Júri (preparação para o plenário), e o julgamento em si pelo Tribunal do Júri, só serão iniciados quando estiver preclusa a decisão de pronúncia (art. 421, *caput*, do CPP).

V – da decisão que conceder, negar, arbitrar, cassar ou julgar inidônea a fiança, indeferir requerimento de prisão preventiva ou revogá-la, conceder liberdade provisória ou relaxar a prisão em flagrante (art. 581, V)

São todas **decisões interlocutórias simples**.

Fiança

Quanto ao tema fiança, caberá recurso em sentido estrito da **decisão judicial** que **conceder** (equivale a conceder liberdade provisória mediante o pagamento de fiança); **negar** (recusar-se a conceder liberdade provisória mediante fiança); **arbitrar** (fixar determinado valor à guisa de fiança); **cassar** (revogar a fiança indevidamente concedida); ou **julgar inidônea** a fiança (revogar a fiança concedida por seu valor não ter sido reforçado). Poderá recorrer o MP (a nosso ver, também o assistente da acusação), o querelante, o indiciado ou acusado e aquele que tenha prestado fiança ao indiciado (fiador).

Fiança e liberdade provisória do preso em flagrante

A fiança pode ser concedida atrelada à liberdade provisória daquele que foi preso em flagrante, como um meio de se permitir – mais celeremente – sua soltura. Nesse aspecto, é uma medida em prol da liberdade, ao mesmo tempo em que assegura o comparecimento do indiciado a todos os atos do inquérito ou do processo, além de o obrigar a comunicar seu novo endereço, à autoridade, caso mude de residência; proibindo – o, outrossim, de ausentar-se por mais de oito dias de sua residência, sem comunicação prévia, à autoridade (art. 327 e 328 do CPP).

A fiança, como analisamos no Capítulo Prisão e Medidas Cautelares, pode ser concedida pelo delegado de polícia no caso de infração cuja pena máxima não seja superior a 4 anos (art. 322 do CPP). Indaga-se, então: arbitrando, a autoridade policial, fiança, a crime inafiançável, ou se recusando a concedê-la em caso que seria permitido, caberá recurso dessa decisão da autoridade administrativa? Não caberá recurso, restando ao MP requerer ao juiz a cassação da fiança (no caso de ter sido indevidamente concedida) ou seu reforço (se seu valor for insuficiente); quanto a defesa, no caso de negar-se o delegado em fixar fiança, cabe requere-la, por simples petição, ao juiz (art. 335 do CPP).

Em suma, a possibilidade de interposição de recurso em sentido estrito em face da concessão, negação, arbitramento, cassação ou inidoneidade de fiança refere-se, exclusivamente, a *decisões judiciais*.

Fiança como medida cautelar

A fiança é prevista como medida cautelar no art. 319, VII, do CPP. Nessa hipótese, a fiança é desvinculada dos institutos da prisão em flagrante e da liberdade provisória; em outras palavras, o indiciado ou o acusado pode estar solto e lhe ser imposta, a qualquer momento do inquérito ou do processo, como medida cautelar, a fiança.

A fiança, como medida cautelar, é imposta, nas infrações que a admitem, para assegurar o comparecimento a atos do processo, evitar a obstrução do seu andamento ou em caso de resistência injustificada à ordem judicial (art. 319, VIII, do CPP).

Da concessão, negação, cassação, ou declaração de inidoneidade da fiança como medida cautelar caberá a interposição de recurso em sentido estrito.

Concessão de liberdade provisória

A concessão de liberdade provisória referida no fim do inciso em estudo, refere-se à soltura determinada pelo juiz daquele que foi preso em flagrante; o juiz poderá conceder liberdade provisória, vinculada ou não a certas obrigações; com ou sem fiança; e com ou sem medidas cautelares, como tratamos no Capítulo Prisões e Medidas Cautelares; mas, de qualquer modo, em quaisquer uma dessas possibilidades de concessão de liberdade provisória, caberá a interposição de recurso em sentido estrito.

Relaxamento da prisão em flagrante

O relaxamento da prisão em flagrante é a declaração de nulidade do auto de prisão, pelo magistrado, determinando a soltura do indiciado. Dessa decisão, caberá recurso em sentido estrito.

Em diversas das hipóteses acima estudadas, as questões referentes à fiança, à concessão de liberdade provisória ou ao relaxamento da prisão em flagrante poderão ser discutidas – mediante a interposição do recurso em sentido estrito – pelo Judiciário, formando uma relação jurídica processual recursal, sem que, ainda, tenha se instaurado o processo com o ajuizamento da ação penal.

Indeferimento de pedido de prisão preventiva ou sua revogação

O requerimento de prisão preventiva pode ser formulado, *durante o processo*, pelo MP, assistente da acusação (art. 311 do CPP); do seu indeferimento, caberá recurso em sentido estrito, pelos mesmos legitimados a requerê-la, inclusive o assistente da acusação: se pode – o assistente da acusação – postular determinado provimento jurisdicional como a prisão preventiva (art. 311 do CPP), caso frustrado em sua pretensão, nada mais natural que de tal decisão lhe seja facultado recorrer.

Indeferimento de medida cautelar em geral

Pensamos que é o caso de, por analogia, fazer-se uso do art. 294, § único, do CTB (Código de Trânsito Brasileiro), o qual determina que, da decisão que decreta a medida cautelar ou da que indefere o requerimento do Ministério Público, caberá recurso em sentido estrito, sem efeito suspensivo. Ora, se de uma medida cautelar não cumprida (art. 282, § 4º, do CPP), pode-se decretar a prisão preventiva, significa dizer que, tanto a medida restritiva de direitos quanto a prisão cautelar, possuem a mesma natureza- de restrição de direitos relacionados, direta ou indiretamente, com a liberdade de locomoção, tanto que intercambiáveis. Diante disso, soa como racional que, de seus indeferimentos, desafiem o mesmo recurso: o recurso em sentido estrito.

E da decretação da prisão preventiva, cabe recurso?

Essa decisão é irrecorrível, mas pode ser combatida, se ilegal, com eficácia, mediante a interpretação de *habeas corpus* perante o Tribunal, pela defesa.

No caso de requerimento de prisão preventiva, formulado pelo MP, em pedido próprio, ou encampando a representação da autoridade policial, *em situação em que ainda não tenha se desencadeado o processo, mas apenas esteja em trâmite o inquérito policial*, caso indeferido o pleito, caberá também recurso em sentido estrito. Interessante notar que, embora o assistente da acusação tenha direito de requerer a prisão preventiva (art. 311 do CPP), como só é permitido seu ingresso após instaurado o processo (art. 268 do CPP), conclui-se, então, que *a parte adesiva não poderá, na fase do inquérito policial, formular tal pedido (nem recorrer do seu indeferimento).*

No caso de ação penal privada (ação penal privada exclusiva e ação penal privada personalíssima), o ofendido ou seu representante legal poderão requerer a decretação da prisão preventiva, na fase do inquérito ou do processo; não se admite que o MP postule tal medida, por absoluta falta de legitimidade.

Em se tratando, porém, de ação penal privada subsidiária da pública, o MP poderá requerer a decretação da prisão preventiva, a qualquer momento, pois a ação, embora nominada de privada, não deixa de ter natureza pública.

Indeferimento ou revogação da prisão temporária ou de medida cautelar

Por interpretação extensiva, entendemos cabível também o recurso em sentido estrito, no caso de indeferimento de pedido de prisão temporária ou de sua revogação (Lei n. 7.960/89), bem como do indeferimento ou revogação de medidas cautelares diversas da prisão (art. 319 do CPP).

Quanto às medidas cautelares, basta se utilizar, por analogia, da possibilidade de delas recorrer inscrita no art. 294, § único, do Código de Trânsito Brasileiro, como vimos acima, cabendo, a nosso ver, a interposição, pela acusação, de recurso em sentido estrito, da decisão que defere determinada cautelar, tida por insuficiente; indefere a medida cautelar pretendida; ou ainda revoga, total ou parcialmente a medida cautelar anterior reputada como correta (no caso de revogação parcial, alterando o modo de cumprimento da cautelar). À defesa, embora cabível em tese recurso, mais célere a impetração de *habeas corpus*, como já fizemos notar anteriormente. O assistente da acusação também poderá requerer a imposição de medida cautelar, e, no caso de seu indeferimento, ou de sua revogação, estará também legitimado a recorrer em sentido estrito. Se se autoriza, o assistente da acusação, a postular *o mais* – que é pedir a prisão preventiva do acusado – poderá *o menos* – que é requerer a imposição de medida cautelar não privativa de liberdade, facultando-se que, caso não obtenha êxito em suas pretensões, o direito de recorrer de tais decisões.

Na hipótese de o juiz revogar a prisão preventiva, substituindo – a, de ofício ou a pedido da defesa, por medida cautelar, tanto o MP, como o assistente da acusação e o querelante (no caso de ação penal privada), poderão recorrer dessa decisão, uma vez que, nessa situação, torna-se patente que houve verdadeira revogação da prisão cautelar decretada (substituindo – a por medida cautelar não privativa de liberdade).

Quanto à defesa, da decisão que decrete ou substitua medida cautelar o caminho mais prático será o da impetração de *habeas corpus;* no caso de a defesa requerer a substituição da prisão preventiva por alguma medida cautelar, o seu indeferimento tornará possível – também – a impetração do citado remédio heroico. Importante salientar que a mera fixação de uma medida cautelar como a de recolhimento noturno, proibição de acessou ou frequência a determinados lugares, etc., constitui uma verdadeira limitação ao direito de locomoção do indiciado ou acusado o que legitima o uso do remédio heroico.

Decretação de prisão preventiva ou de medidas cautelares quando da prolação de sentença condenatória ou de decisão de pronúncia

Cabível, no caso de prisão preventiva ou de medidas cautelares decretadas no bojo da sentença condenatória, a interposição de recurso de apelação, que abarca, dado o seu caráter amplo, as hipóteses de cabimento do recurso em sentido estrito (art. 593, § 4º, do CPP).

No caso de prisão preventiva ou cautelar diversa, decretadas quando da prolação de pronúncia, o recurso cabível é o recurso em sentido estrito.

Registre-se, todavia, que poderá ser utilizado, pela defesa, além do recurso cabível (apelação ou recurso em sentido estrito), em face de decisão que decrete prisão preventiva ou medida cautelar, em sede de sentença ou decisão interlocutória mista (pronúncia), também o *habeas corpus* perante o Tribunal, que será julgado, com toda a certeza, muito antes dos recursos citados.

Preventiva ou medidas cautelares revogadas quando da prolação de sentença condenatória ou de decisão de pronúncia

No caso de revogação da prisão preventiva ou de medida cautelar no bojo de sentença ou de decisão de pronúncia, caberá a interposição, pela acusação (MP, assistente da acusação e querelante), de recurso de apelação, no caso de sentença, ou de recurso em sentido estrito em se tratando de decisão de pronúncia.

Utilização subsidiária do mandado de segurança no caso de concessão de liberdade provisória, indeferimento ou revogação de prisão preventiva ou de medidas cautelares

O recurso nas hipóteses em estudo não é dotado de efeito suspensivo, de modo que, para voltar-se ao *status quo* ante, deverá se aguardar o julgamento do recurso em sentido estrito, o que demanda, normalmente, vários meses.

Em razão disso, admite-se que a acusação – MP, assistente da acusação, querelante – no caso de revogação da prisão preventiva ou de medidas cautelares, possam impetrar mandado de segurança aparelhado com medida cautelar, com a finalidade de se conceder efeito suspensivo a decisão combatida (art. 5º, II, da Lei 12.016/09); o Tribunal, então, se reputar presentes o pressuposto e o fundamento da cautelar requerida – *fumus comissi delicti* e *periculum libertatis* – poderá suspender a eficácia da decisão, determinado a prisão cautelar ou a cassação das medidas cautelares indevidamente concedidas.

Há, todavia, decisões, do STJ[55], em que se sedimentou não ser cabível mandado de segurança para conferir efeito suspensivo ativo a recurso em sentido estrito interposto contra decisão que concede liberdade provisória ao acusado.

No caso da defesa, como já dissemos, qualquer decisão que possa prejudicar o *status libertatis* do indiciado ou acusado, v.g., negação ou cassação da fiança, caberá a impetração, sempre célere, do *habeas corpus*.

VI – decisão que julga quebrada a fiança ou perdido o seu valor (art. 581, VII)

A decisão que julga quebrada a fiança é uma **interlocutória simples** a qual, pelo descumprimento das condições fixadas pelo indiciado ou acusado, determina a perda de metade de seu valor, e a substituição da fiança por outra medida cautelar, ou, em último caso, a decretação da prisão preventiva.

As hipóteses de quebramento da fiança estão previstas nos arts. 327, 328 e 341 do CPP, como não comparecimento perante a autoridade quando intimado, se praticar ato de obstrução ao andamento do processo, etc.

O recurso em sentido estrito interposto da decisão que decreta a quebra da fiança possui **efeito suspensivo parcial**, impedindo, apenas, a perda da metade do valor pago

---

55. STJ – HC 352998/RJ. 5ª T. Rel. Min. Jorge Mussi. Julgado em 24/05/2016, DJE 01/06/2016. STJ. HC 341147/SP. Rel. Min. Rogerio Schietti Cruz. Julgado em 23/02/2016. DJE 02/03/2016.

a título de fiança; o recurso, não suspenderá, todavia, a consequência penal do quebramento de fiança: sua substituição por outra medida cautelar ou a decretação da prisão preventiva. Quanto a esses outros efeitos, além do recurso em sentido estrito, a defesa poderá impetrar *habeas corpus* visando afastá-los, antes do julgamento da irresignação recursal. Caso provido o recurso, a fiança será restabelecida como medida cautelar em seus integrais termos, cessando outras medidas cautelares ou eventual decretação da prisão preventiva possivelmente estabelecidas em seu lugar.

Quebrada a fiança no bojo de uma sentença condenatória, caberá recurso de apelação, e não recurso em sentido estrito, dessa decisão (art. 593, § 4º, do CPP).

No que se refere ao perdimento da fiança – medida que só pode ser implementada quando, após o trânsito em julgado, o condenado não se apresentar para o início do cumprimento da pena (art. 344 do CPP), o recurso cabível não será o recurso em sentido estrito (equivocadamente constante do inciso em estudo), mas sim agravo em execução. Isso porque, com o trânsito em julgado da condenação, exsurge a competência do Juízo da Execução, cujas decisões são conjuráveis mediante a interposição de agravo em execução (art. 197 da LEP – Lei de Execução Penal).

Por fim, da quebra da fiança está legitimado a recorrer o MP (como fiscal da lei), o acusado e também o terceiro, alheio à relação processual, que tenha prestado a fiança. É o único exemplo que podemos imaginar de legitimidade recursal, no processo penal, advinda, diretamente, de interesse pecuniário.

VII – decisão que decreta a prescrição ou julga, por outro modo, extinta a punibilidade (art. 581, VIII)

Essa é uma **decisão definitiva em sentido amplo, ou terminativa de mérito**, que extingue o processo, julgando o mérito da pretensão punitiva, mas sem condenar ou absolver o acusado. O mais correto, tecnicamente, é que fosse prevista a interposição do recurso de apelação – cabível contra as decisões definitivas de mérito – e não a de recurso em sentido estrito, como prevê a lei.

Se a decisão que extingue a punibilidade ocorrer no transcurso do processo, caberá recurso em sentido estrito; se a extinção da punibilidade for declarada na sentença, será interposta apelação, nos termos do que determina o art. 593, § 4º, do CPP (princípio da consunção-se a matéria recorrível através de recurso em sentido estrito estiver contida numa sentença da qual caiba apelação, a apelação será o recurso correto, porque é mais ampla).

No entanto, se a extinção da punibilidade se der no bojo de uma decisão pronúncia, será cabível o recurso em sentido estrito.

A extinção da punibilidade declarada em sede de processo de execução será recorrível mediante agravo em execução (art. 197 da Lei de Execução Penal).

Indaga-se: se a extinção da punibilidade for declarada quando da absolvição sumária (art. 397, IV, do CPP), logo após a resposta à acusação, no início do processo portanto, desta decisão caberá recurso em sentido estrito, com base no art. 581, VIII, ou apelação (art. 593, II, do CPP)?

Há **duas posições** a respeito:

1ª posição: é cabível o recurso em sentido estrito, porque há previsão legal específica a respeito (art. 581, VIII, do CPP), que deve prevalecer sobre a norma geral que trata da apelação contra decisões definitivas em sentido amplo também denominadas de terminativas de mérito (art. 593, II, do CPP).

2ª posição: é cabível o recurso de apelação, afinal este é o recurso cabível contra sentenças de mérito, como aquela que julga extinta a punibilidade do acusado; essa nos parece a melhor posição.

A defesa pode recorrer da decisão que declara extinta a punibilidade com o intuito de obter uma decisão de mérito que absolva o acusado?

Majoritariamente, entende-se – com acerto – que não, pois falta interesse recursal.

VIII – decisão que indefere o pedido de reconhecimento da prescrição ou de outra causa extintiva da punibilidade (art. 581, IX)

É uma **decisão interlocutória simples**. Se estiver bem demonstrada a extinção da punibilidade é cabível a impetração de *habeas corpus*.

IX – decisão que concede ou nega a ordem de *habeas corpus* (art. 581, X)

É uma **decisão definitiva em sentido amplo, ou terminativa de mérito**, que julga o mérito de uma ação penal de conhecimento (o remédio heroico do *habeas corpus*), sem condenar ou absolver.

O mais correto, tecnicamente, é que fosse prevista a interposição do recurso de apelação – cabível contra as decisões definitivas de mérito – e não a de recurso em sentido estrito, como prevê a lei.

Podem recorrer da concessão de *habeas corpus*, o MP, o assistente da acusação e o querelante. Quanto ao assistente, entendemos que, como lhe é facultado requerer a mais drástica das medidas cautelares pessoais, que é a prisão preventiva, também possui legitimidade para recorrer da concessão da ordem de *habeas corpus* que a tenha revogado.

A decisão que concede o *habeas corpus* se submete ao duplo grau de jurisdição (reexame obrigatório), porque o juiz da 1ª instância é obrigado a recorrer de sua decisão para que o Tribunal exerça o controle de legalidade da decisão (art. 574, I, do CPP).

A negação do *habeas corpus* requerido em 1ª instância poderá ser conjurado, mediante recurso em sentido estrito, ou mediante outro *habeas corpus* perante o Tribunal, constando como autoridade coatora o juiz de 1ª instância, que denegou a ordem.

X – decisão que concede, nega ou revoga a suspensão condicional *do processo* (art. 581, XI)

No texto original legal, prevê-se a possibilidade de interposição de recurso em sentido estrito da decisão que determina a suspensão condicional *da pena* (*sursis penal*). Ocorre que, sendo estabelecido o *sursis*, no bojo de sentença condenatória, estará autorizada a interposição de recurso de apelação e não de recurso em sentido estrito. De outro lado, revogado o *sursis penal*, no transcurso do processo de execução, tal decisão poderá ser questionada por meio de agravo em execução (art. 197 da Lei de Execução Penal).

Trata-se, em suma, de um dispositivo, se interpretado literalmente, inaplicável por estar tacitamente revogado. Todavia, a jurisprudência e a doutrina vêm aceitando, através de uma interpretação progressiva, que se tornaria cabível o recurso em sentido estrito da decisão que concede, nega ou revoga a *suspensão condicional do processo* (art. 89 da Lei 9.099/95), também denominado de *sursis processual*.

A **concessão** da suspensão condicional do processo é uma **decisão interlocutória mista não terminativa** (decisão com força de definitiva); a **negação** da suspensão condicional do processo também é uma **decisão interlocutória mista não terminativa**; já a **revogação** da suspensão condicional do processo é uma **decisão interlocutória mista terminativa**.

Parece – nos, contudo, ser mais prático que, ao invés da interposição de recurso em sentido estrito, fosse impetrado, no caso da acusação, mandado de segurança para combater, por exemplo, a concessão, de ofício, pelo juiz, do benefício da suspensão condicional do processo, ou a fixação de condições judiciais arbitrárias; de igual modo, poderia a defesa impetrar *habeas corpus* no caso de revogação do *sursis processual* ou de fixação de condições irrazoáveis, *v.g.*, obrigação de frequentar cultos religiosos, doação de sangue compulsória etc.

XI – decisão que anula o processo da instrução criminal, no todo ou em parte (art. 581, XIII)

É uma **decisão interlocutória simples** que declara a nulidade do processo, total ou parcial, apontando a extensão da eiva, em razão da comunicabilidade das nulidades. A anulação pode ser decretada por ocorrência de algumas das situações previstas no art. 564 do CPP (falta de exame de corpo de delito, de citação válida etc.) ou até por reconhecer, o magistrado, a existência de prova ilícita, que deva ser desentranhada dos autos (art. 157 do CPP). A anulação do processo pode ocorrer, durante a instrução criminal, como prevê expressamente a lei, ou mesmo *antes do início da instrução* (*v.g.* nulidade por falta de citação); possível, ainda, a decretação da nulidade posterior ao encerramento da instrução, como se daria, por exemplo, no caso de não intimação da defesa para tomar ciência de um laudo anexado aos autos, após apresentadas as alegações finais orais pelas partes.

E se o magistrado negar o pedido de anulação formulado pela parte?

Essa decisão é irrecorrível, mas poderá ser combatida, conforme o caso, através de *habeas corpus* (impetrado pela defesa), ou mandado de segurança (impetrado pela acusação), além de constar a eiva, em preliminar de eventual apelação.

Nulidade pela ilicitude da prova

Quanto ao tema prova ilícita, certo que se o juiz decidir pela ilicitude de um elemento de convicção, implicitamente, está reconhecendo sua nulidade, até porque a prova será desentranhada dos autos (art. 157, § 3º, do CPP). Desse modo, numa singela interpretação extensiva, da decisão anulatória, fundada na ilicitude da prova, caberá recurso em sentido estrito, *se decretada a nulidade durante o trâmite processual, antes da sentença*. Sendo, todavia, decretada a ilicitude no corpo de uma sentença (absolutória ou condenatória), possível a interposição de apelação, que preferirá, por ser mais ampla, o recurso em sentido estrito, que é subsidiário aquela (art. 593, § 4º, do CPP).

Nulidade pela ilicitude da prova e rito do Júri

Declarada a ilicitude no corpo da pronúncia, o recurso cabível continua sendo o recurso em sentido estrito; constatada a ilicitude no bojo da sentença de impronúncia, o recurso cabível será o de apelação (art. 416 do CPP).

E se não for reconhecida a ilicitude da prova requerida pelas partes?

Essa decisão é irrecorrível, mas poderá ser combatida, conforme o caso, através de *habeas corpus* (impetrado pela defesa), ou mandado de segurança (impetrado pela acusação), além de constar a eiva, em preliminar de eventual apelação ou recurso em sentido estrito.

XII – decisão que inclui jurado na lista geral ou desta o exclui (art. 581, XIV)

A decisão que inclui ou exclui jurado da lista geral é uma **decisão administrativa proferida por autoridade judiciária**, da qual cabe, excepcionalmente, recurso.

O recurso se volta contra a inclusão ou exclusão da lista geral de jurados publicada no dia 10 de novembro de cada ano (data da publicação da lista definitiva – art. 426, § 1º, do CPP). O recurso poderá ser interposto no prazo de 20 dias contado da publicação da lista definitiva, por qualquer cidadão, incluindo o jurado excluído, advogado, membro do Ministério Público, e é dirigido ao presidente do Tribunal de Justiça (Júri Estadual) ou quem seja o competente pelo regimento interno no caso de ser interposto perante o Tribunal Regional Federal (Júri Federal). Trata-se, assim, de *um recurso judicial contra uma decisão administrativa do juiz* referente ao recrutamento dos jurados. Embora a legitimidade recursal seja amplíssima – qualquer cidadão poderá interpor o recurso em sentido estrito nessa hipótese, certo que as razões recursais deverão ser subscritas por advogado, pois se trata de um ato de postulação em juízo que não prescinde de profissional habilitado para tanto.

XIII – decisão que denega a apelação ou a julgar deserta (art. 581, XV)

Para nós, uma vez que essa decisão encerra uma fase procedimental – que é a fase recursal – ao denegar ou julgar deserta a apelação, trata-se de **decisão interlocutória mista terminativa (decisão com força de definitiva)**.

Mas há entendimento no sentido de que seria uma **decisão interlocutória simples**.

De qualquer modo, a decisão que denega ou julga deserta a apelação é proferida pelo juiz de 1ª instância em que denega a apelação, por falta dos pressupostos processuais (*v.g.*, intempestividade, falta de interesse recursal); poderá, ainda, o magistrado julgar deserta a apelação, por ausência de preparo (pagamento das custas recursais).

Quanto a ausência de preparo como fato processual relevante a ponto de julgar-se deserta a apelação, só ocorrerá no caso de querelante que não seja pobre, nas ações penais privadas exclusivas e na personalíssima.

XIV – decisão que ordena a suspensão do processo, em virtude de questão prejudicial (art. 581, XVI)

É uma **decisão interlocutória mista terminativa (decisão com força de definitiva)**; tratando-se de questão prejudicial, obrigatória ou facultativa (arts. 92/94 do CPP), se determinada a suspensão do processo, caberá recurso dessa decisão.

Tem-se admitido também, por interpretação extensiva, recurso em sentido estrito da decisão que suspende o processo do réu citado por edital e não encontrado (art. 366 do CPP).[56]

A decisão que indefere pedido de suspensão do processo para o deslinde da questão prejudicial é irrecorrível (art. 93, § 2º, do CPP), mas a parte, poderá, conforme o caso impetrar mandado de segurança (no caso da acusação), ou *habeas corpus* (no caso da defesa), além de ser facultado articular-se o tema, como preliminar, de eventual apelação.

XV – decisão que decide o incidente de falsidade (art. 581, XVIII)

É uma **decisão interlocutória mista terminativa** (também denominada de decisão com força de definitiva) que encerra um procedimento incidental o qual tinha por objeto a verificação de eventual falsidade documental.

Concluído esse procedimento, o magistrado deverá declarar a falsidade – ou a não falsidade do documento – julgando procedente ou improcedente o incidente –, e, dessa decisão, caberá recurso da parte.

15.15.2.6. Prazo, procedimento e efeitos do recurso em sentido estrito

15.15.2.6.1. Prazo

Em regra, o prazo é de cinco dias. O recurso contra a lista geral dos jurados pode ser interposto em 20 dias contados da publicação da lista definitiva de jurados (art. 586, parágrafo único, do CPP).

---

56. STJ – 6ª T., REsp 260.217/SP, Rel. Min. Fernando Gonçalves, j. 12/09/2000, DJ 02/10/2000, p. 192.

O assistente não habilitado pode recorrer em 15 dias (arts. 584, § 1º, e 598, parágrafo único, do CPP), prazo esse que se iniciará após o término do prazo do MP. Já o assistente habilitado nos autos tem o prazo comum de 5 dias.

15.15.2.6.2. Procedimento

Interposição recursal

O recurso pode ser interposto por termo (oralmente, e depois certificado em um termo escrito) ou por petição (por escrito), inclusive através do processo digital, perante o juiz recorrido de 1ª instância, que exercerá o juízo de prelibação, analisando a existência dos pressupostos recursais, além de exercer o juízo de retratação abaixo analisado. Importante referir que o recurso contra a inclusão ou exclusão de jurado na lista geral *será interposto perante o presidente do Tribunal de Justiça, e não perante o Juízo de 1ª instância* (art. 582, § único, do CPP), de modo que não haverá juízo de retratação.

Se denegado o recurso ou obstado o seu seguimento pelo juiz de 1ª instância, caberá carta testemunhável (arts. 639/646 do CPP).

Processamento do recurso em sentido estrito

O recurso em sentido estrito pode ser processado de duas maneiras:

1ª – Nos próprios autos (art. 583 do CPP)

Quando não prejudicar o andamento do processo, o recurso será encartado nos próprios autos onde foi prolatada a decisão e remetido ao Tribunal para julgamento, se o juiz não se retratar do *decisum*. Subirão nos próprios autos as seguintes decisões: a decisão que não recebe a denúncia ou queixa; que julga procedentes as exceções; que pronuncia o réu; que decreta a extinção da punibilidade; que concede ou nega a ordem de *habeas corpus*; decisão que determina a suspensão do processo por reconhecer questão prejudicial; decisão que decreta a suspensão do processo por ter o réu sido citado por edital e não constituído defensor (art. 366 do CPP). Já da decisão que concede a suspensão condicional do processo (art. 89 da Lei 9.099/95) subirá o recurso nos próprios autos, porque, como o feito encontra-se paralisado, não haverá qualquer prejuízo na remessa ao Tribunal; mas, no caso de negar-se ou revogar-se a suspensão condicional do processo, o recurso subirá por instrumento, porque, nessa situação, o processo voltará a sua marcha habitual, o que torna imprescindível a permanência dos autos em cartório judicial.

Também no caso do recurso de ofício das decisões que concedem *habeas corpus* (art. 574, I e 581, X, do CPP) o recurso subirá nos próprios autos.

No caso da decisão de pronúncia, o recurso só subirá nos próprios autos quando houver apenas um réu, ou, se havendo dois ou mais réus, todos recorrerem; se um deles se conformar com a decisão de pronúncia e não recorrer, mas os demais recorrerem, o recurso em sentido estrito subirá por instrumento (art. 583, parágrafo único, do CPP), a fim de que, simultaneamente, se viabilize a pretensão recursal de um dos acusados, e também o direito dos demais corréus serem julgados pelo Júri sem delongas.

2ª - Por instrumento (art. 587 do CPP)

Quando prejudicar o andamento do processo a subida do recurso nos próprios autos, estes deverão permanecer no cartório da 1ª instância, a fim de que o juiz possa impulsioná-lo. Para processar o recurso, o juiz determinará a formação de instrumento.

Mas, o que é o instrumento? O instrumento é formado por autos apartados do processo, que serão instruídos com a interposição do recurso, suas razões, contrarrazões, cópia da decisão e das demais peças que sejam relevantes ao conhecimento da questão discutida.

A própria parte recorrente pode indicar, no termo ou petição de recurso, ou ainda em requerimento avulso, as peças dos autos que pretende sejam anexadas no instrumento (art. 587, *caput*, do CPP), sem prejuízo de a própria parte, por seus meios, confeccionar o instrumento. No caso de processo eletrônico, em que as partes, e o juiz tem acesso aos autos, não há necessidade de se confeccionar instrumento, com cópias das peças (art. 1017, § 5º, do CPC), aplicável, por analogia, ao CPP (art. 3º, do CPP).

Razões e contrarrazões recursais e juízo de confirmação ou retratação

Após interposto o recurso, nos próprios autos ou por instrumento, será aberta vista ao recorrente para que ofereça suas razões, em dois dias; o recorrido oferecerá suas contrarrazões também em dois dias (art. 588, *caput*, do CPP).

Entende-se que esse prazo de dois é contado da intimação da parte para oferecer razões e contrarrazões não fluindo automaticamente.

Após a juntada das razões e contrarrazões, o juiz pode manter sua decisão ou dela se retratar (**juízo de confirmação ou de retratação**), sendo obrigado a reanalisar a questão, em dois dias (art. 589, *caput*, do CPP).

Essa possibilidade de o próprio órgão prolator da decisão recorrida reapreciar o que foi decidido, denomina-se de efeito recursal regressivo, iterativo ou diferido, como vimos ao tratar dos efeitos dos recursos.

Embora a lei mencione que possa o recorrido apresentar ou não contrarrazões no dispositivo legal citado (art. 589, *caput*, do CPP), certo que, sendo o MP o recorrido, se vê como obrigatória sua apresentação, sob pena de comprometer o princípio da legalidade ou obrigatoriedade da ação penal pública, o que compreende a cogente atuação do *Parquet em todos os termos da ação penal, inclusive em sua fase recursal*. De idêntica forma, no caso da defesa, a nosso ver, imprescindível que ofereça contrarrazões recursais, sob pena de considerar-se indefeso o acusado (se o defensor constituído não apresentar contrarrazões, cabe ao magistrado intimar o acusado a constituir outro, sob pena de nomeação de advogado dativo). Quanto a não apresentação de contrarrazões pelo assistente da acusação, tal omissão não causará qualquer prejuízo, e o recurso prosseguirá normalmente, uma vez que sua participação não é imprescindível à continuidade da marcha recursal. No que se refere às ações privadas exclusivas e personalíssima o não oferecimento de contrarrazões recursais pelo querelante não poderá ser entendido como um ato de disponibilidade da ação penal, pois não se encaixa a nenhuma das hipóteses de perempção (art. 60 do CPP), de maneira que o recurso seguirá sem o oferecimento da mencionada peça. No caso de ausência de contrarrazões do querelado, pensamos ser indispensável sua apresentação, sob pena de se comprometer a ampla defesa. Quanto à ação penal privada subsidiária da pública, o não oferecimento de contrarrazões pelo querelante será suprido pelo MP, o qual, a partir desse momento, assumirá a titularidade da ação (art. 29 do CPP).

Juntadas as razões e, se o caso, contrarrazões recursais, o magistrado, mantendo a decisão combatida (**juízo de confirmação**), enviará os autos ao Tribunal. Se o juiz se retratar da decisão (**juízo de retratação**), a parte prejudicada com esta nova decisão poderá dela recorrer (se cabível recurso nessa hipótese), por simples petição, e os autos serão encaminhados ao Tribunal (art. 589, § único, do CPP). Havendo a modificação do ato decisório pelo juiz – juízo de retratação – a possibilitar, se for o caso, a interposição, por mera petição, de outro recurso pela parte que tenha sofrido, *pela nova decisão*, sucumbência, não haverá apresentação de novas razões e contrarrazões recursais nem poderá o magistrado, mais uma vez, se retratar (retratação da retratação).

E se não for exercido o juízo de retratação/confirmação pelo juízo?

Caberá ao Tribunal determinar o retorno do recurso à 1ª instância, para que o Juízo se manifeste a respeito do recurso interposto, retratando-se ou confirmando a decisão anterior, para que, depois, novamente, os autos subam à 2ª instância. De qualquer modo, segundo o STJ[57], a decisão do juiz singular que encaminha recurso em sentido estrito, sem antes proceder ao juízo de retratação, traduz mera irregularidade e não enseja nulidade absoluta.

As razões de recurso em sentido estrito não podem ser oferecidas diretamente no Tribunal, como se faculta no caso de recurso de apelação (art. 600, § 4º, do CPP). Isso porque, como possui o recurso em sentido estrito juízo de retratação (ou confirmação), a ser procedido pelo juízo de 1ª instância prolator da decisão, o procedimento se iniciará, necessariamente, pelo magistrado de piso, a fim de que, se confirmada a decisão, subam os autos ao Tribunal.

Quem julgará, no Tribunal, os recursos em sentido estrito?

Serão as Câmaras dos Tribunais de Justiça dos Estados, do DF, e as Turmas dos Tribunais Regionais Federais. No caso de recurso em face da inclusão ou exclusão de jurados o recurso deve ser julgado pelo Presidente do Tribunal com jurisdição em face do juízo que organizou a lista definitiva de jurados.

Processamento dos recursos em sentido estrito nos Tribunais

O procedimento é o seguinte: recebido o recurso pelo Tribunal, é aberta vista ao MP de 2ª instância, para emitir parecer, em 5 dias; em outros 5 dias, cabe ao

---

57. STJ. 177854/SP. 5ª T. Rel. Min. Gilson Dipp. Julgado em 14/02/2012. DJE 24/02/2012. STJ. HC 088094/RJ. 5ª T. Rel. Min. Napoleão Nunes Maia Filho. Julgado em 20/11/2008. DJE 15/12/2008.

desembargador relator sorteado elaborar relatório que pedirá dia para o julgamento (art. 610, *caput*, do CPP).

No dia fixado para o julgamento, anunciado o julgamento pelo presidente, e apregoadas as partes, o relator fará a exposição do feito, e, em seguida o presidente concederá, pelo prazo de 10 minutos, a palavra aos advogados e ao MP de 2ª instância, quando requererem (art. 610, parágrafo único, do CPP).

Pelo que se depreende da literalidade do § único do art. 610 do CPP, o Ministério Público de 2ª instância – Procurador de Justiça no caso do MP dos Estados e do DF, ou Procurador Regional da República (em se tratando do MP da União), poderão sustentar oralmente, no dia do julgamento pelo Tribunal, *depois da manifestação da defesa*. Há posicionamento no sentido de que, como o *Parquet* de 2ª instância atua como fiscal da lei (*custos legis*), não haveria qualquer violação ao contraditório ou à ampla defesa pelo fato de a defesa não falar por último, uma vez que o mero parecer institucional sustentado oralmente – obviamente nada vinculativo – não pode ser considerado como sendo uma acusação propriamente dita.

No entanto, importante ressaltar que o Pretório Excelso[58] firmou posição exatamente em sentido oposto: a sustentação oral do Ministério Público de 2ª instância, especialmente se o recorrente for o próprio *Parquet*, será, sempre, *formulada antes da manifestação da defesa*, sob pena de nulidade do julgamento por ofensa ao devido processo legal, especificamente aos princípios do contraditório e da ampla defesa (art. 5º, LIV e LV, da CF), uma vez que o direito que assiste a defesa em falar por último é um imperativo que decorre do próprio sistema.

Terminada a exposição oral, o relator proferirá seu voto seguindo-se dos demais integrantes do órgão colegiado; se houver empate de votos no julgamento, e se o presidente do tribunal, câmara ou turma, não tiver tomado parte da votação, proferirá o voto de desempate; caso o presidente tenha votado, prevalecerá a decisão mais benéfica ao réu (art. 615, § 1º, do CPP).

No mesmo sentido o art. 150, § 3º, do Regimento Interno do STF: "Nos *habeas corpus* e recursos em matéria criminal, exceto o recurso extraordinário, havendo empate, prevalecerá a decisão mais favorável ao paciente ou réu".

Se os votos forem divergentes entre si, irá prevalecer o voto médio.

Produção de provas pelo Tribunal

Embora o art. 616 do CPP preveja que o Tribunal, *no julgamento de apelação*, possa proceder a novo interrogatório do acusado, reinquirir testemunhas ou determinar outras diligências, entendemos que essa norma tem natureza de verdadeira regra geral a se espraiar a todos os recursos. Trata-se de regra geral a se espraiar a todos os recursos, *que discutam questões de direito e de fato*, como, *v.g.*, o recurso em sentido estrito, agravo em execução, etc; em suma, o dispositivo legal em comento consagra mais um instrumento na busca da verdade real, que perpassa toda a relação processual, inclusive na fase de julgamento dos recursos pelo Tribunal.

---

58. STF – Pleno – HC 87.926/SP, Rel. Min. Cezar Peluso, j. 20/02/2008, DJe 074 24/04/2008.

15.15.2.6.3. Efeitos do recurso em sentido estrito

São os seguintes:

1º – Efeito regressivo, iterativo ou diferido. Como visto, o juiz prolator da decisão recorrida pode retratar-se ou manter o decidido, mas, de qualquer maneira, é obrigado a reanalisar a questão; este é o efeito regressivo: de retorno, de volta ao já decidido. E se o juiz não se manifestar, de maneira expressa, a respeito da questão recorrida, e os autos forem enviados ao Tribunal? Nesse caso, o Tribunal converterá o julgamento em diligência, determinado o retorno dos autos ao juízo *a quo*, a fim de que se manifeste, explicitamente, a respeito do recurso oferecido, exercendo seu juízo de retratação (ou confirmação), que é uma exigência legal (art. 589 do CPP), não se admitindo, em hipótese alguma, recurso em sentido estrito *per saltum*.

2º – Efeito devolutivo duplo. A remessa dos autos ao juiz prolator da decisão combatida, após a juntada de razões e contrarrazões recursais, é a primeira devolução ao Judiciário da questão controvertida. Se houver a retratação (**juízo de retratação**), pode-se estancar o efeito devolutivo nessa fase, desde que a nova decisão tomada seja irrecorrível. Sendo confirmada a decisão anterior (**juízo de confirmação**), ou cabendo recurso em sentido estrito da nova decisão prolatada em seu lugar, os autos serão enviados ao Tribunal, oportunidade em que se devolve, em mais uma oportunidade, a questão a Justiça; por isso, denominamos de efeito devolutivo duplo.

3º – Efeito extensivo: prevê o art. 580 do CPP que, no caso de concurso de agentes, a decisão do recurso interposto por um dos réus, se fundado em motivos que não sejam de caráter exclusivamente pessoal, aproveitam aos outros. Essa norma é aplicável a todos os recursos, inclusive ao recurso em sentido estrito.

4º – Efeito suspensivo. Em regra, o recurso não apresenta o efeito de suspender o andamento do processo.

Mas há exceções em que os efeitos de determinadas decisões são suspensos, pela interposição do recurso, como no caso de recurso em sentido estrito em face da decisão de pronúncia, o que impede a realização do julgamento pelo Júri.

São as seguintes hipóteses (art. 584 do CPP) em que o recurso em sentido estrito possuirá efeito suspensivo:

1ª – decisão que decreta a quebra da fiança (suspende a perda de metade do valor da fiança – art. 584, § 3º, do CPP)

A quebra da fiança se dá pelo descumprimento pelo afiançado das obrigações processuais a ele impostas, como a de atender as intimações, não mudar de endereço, etc. (arts. 327, 328 e 341 do CPP). Um dos efeitos da quebra de fiança, além de sua revogação, e substituição por outra medida cautelar ou a decretação, se o caso, da prisão preventiva, será o perder-se metade do valor da fiança. Pois bem, *no que se refere apenas à perda de metade do valor da fiança*, a interposição de recurso em sentido estrito suspende tal efeito, enquanto que os demais efeitos (imposição de medidas cautelares diversas ou prisão preventiva) não serão afetados (claro que, quanto a esses efeitos a defesa poderá se insurgir mediante impetração de *habeas corpus*).

Quanto à perda da fiança, decisão de competência do Juízo das Execuções, caberá agravo em execução e não recurso em sentido estrito (art. 197 da Lei de Execução Penal).

2ª – decisão que denega a apelação

O juiz de 1ª instância, quando da interposição do recurso de apelação, deve exercer um juízo de prelibação, ou seja, de análise quanto ao atendimento pelo recorrente dos pressupostos processuais. Se entender que estão presentes os requisitos para a interposição da apelação, receberá o recurso (e dessa decisão não caberá qualquer outra irresignação recursal). Mas, se o juiz denegar a apelação, não a recebendo, porque entende que foram descumpridos os pressupostos recursais, como, *v.g.*, tempestividade, legitimidade recursal, dessa decisão denegatória caberá recurso em sentido estrito. O recurso em sentido, se também não for recebido, autorizará a interposição do recurso de carta testemunhável, a qual, forçosamente, levará o conhecimento da questão ao Tribunal. Sendo recebido o recurso em sentido estrito em face da denegação da apelação, poderá o juiz se retratar (e receber a apelação), ou dela não se retratar (não recebendo a apelação), hipótese em que enviará o recurso ao Tribunal para que decida se o recurso de apelação deve ou não ser recebido. A esse forçado envio do recurso denegado ao Tribunal a doutrina denomina de *efeito suspensivo*, uma vez que a decisão que denega a apelação é suspensa pelo recurso em sentido estrito. Para nós, todavia, o efeito, em verdade, é integrativo e não suspensivo, pois impõe um *facere*, um agir, por parte da Justiça, forçando – a a analisar a viabilidade da apelação interposta; já o efeito suspensivo, propriamente dito, se caracteriza por determinar a paralisação de efeitos de uma decisão (que equivale a um *non facere*).

3ª – decisão de pronúncia

Suspende a preparação para o julgamento e o julgamento em si pelo Júri daquele que recorreu, pois indispensável a preclusão da pronúncia (art. 421 do CPP). Se houver corréus que não tenham recorrido da decisão de pronúncia, inexistirá efeito suspensivo do recurso interposto quanto a eles: a preparação do julgamento e sessão plenária terão prosseguimento normal.

15.15.3. Apelação

15.15.3.1. Conceito

Apelação é o meio de impugnação recursal das *decisões definitivas em sentido estrito* (sentenças de condenação ou absolvição), das *decisões definitivas em sentido amplo* (*terminativas de mérito*), que julgam o mérito da causa penal, sem absolver ou condenar o acusado, e das *decisões interlocutórias mistas* (*decisões com força de definitivas* que não julgam o mérito da causa penal, mas encerram uma fase processual, ou o processo, ou ainda um procedimento). A apelação só será cabível em face das decisões definitivas em sentido amplo – terminativas de mérito – e das decisões interlocutórias mistas – decisões com força de definitivas, se não houver previsão de recurso em sentido estrito para tais hipóteses; a apelação, quanto a tais decisões, é subsidiária.

Esse recurso é previsto nos arts. 593/603 do CPP.

15.15.3.2. Características essenciais

É o recurso por excelência, permitindo ampla reanálise das questões fáticas e jurídicas, dando cobro ao **princípio do duplo grau de jurisdição**.

É um recurso, em regra, de **fundamentação livre**: os motivos recursais podem ser os mais diversos, não sendo pré-estabelecidos, *a priori*, pela lei (a única exceção é a apelação das decisões do Júri que é de **fundamentação vinculada** às hipóteses legais).

A apelação prevalece se a decisão puder ser combatida também mediante recurso em sentido estrito; em outras palavras, a apelação, por ser mais ampla, é **preferível** ao recurso em sentido estrito (art. 593, § 4º, do CPP).

O Tribunal *ad quem*, ao julgar, a apelação poderá exercer o *juízo rescindente* (anulação da decisão recorrida, quando há *error in procedendo*), ou o *juízo rescisório* (substituição da decisão anterior, quando há *error in judicando*).

A apelação pode ser plena ou ampla (se o objeto do recurso coincide com a sucumbência), ou parcial (se o objeto do recurso não coincide com a sucumbência – poderia se recorrer de tudo o que se perdeu, mas só se recorreu de parte do prejuízo sofrido).

15.15.3.3. Denominações

Apelação principal: a que é interposta pelo MP

Apelação subsidiária ou supletiva: aquele interposta pelo ofendido, habilitado ou não como assistente da acusação, no caso de transcurso do prazo recursal pelo MP sem apelar.

Apelação subsidiária: para parte da doutrina essa denominação se refere à apelação em face das decisões definitivas em sentido amplo (aquelas que decidem o mérito da causa penal, sem condenar ou absolver; são as chamadas terminativas de mérito), e em face das decisões com força de definitivas (decisões interlocutórias mistas); como vimos, a apelação, nessas hipóteses, só será cabível se não houver previsão de recurso em sentido estrito para combater tais decisões.

15.15.3.4. Processamento em 1ª instância

15.15.3.4.1. Prazo para apelar

Em regra, o prazo é de cinco dias (art. 593, *caput*, do CPP) da intimação da decisão. Consoante a Súmula 428 do STF, " não fica prejudicada a apelação entregue em cartório no prazo legal, embora despachada tardiamente". A interposição de recurso poderá se materializar em petição digital (nos processos eletrônicos). A Defensoria Pública tem a prerrogativa de prazo em dobro, inclusive para apelar.

O assistente habilitado deve recorrer no prazo legal de 5 dias. Já o assistente não habilitado pode recorrer em 15 dias (art. 598, parágrafo único, do CPP), mas, em ambos os casos, os prazos recursais se iniciarão após o término do prazo do MP.

15.15.3.4.2. Modos de interposição da apelação

O recurso pode ser interposto por termo (oralmente, e depois certificado em um termo escrito) ou por petição (por escrito), sempre perante o juiz de cuja decisão se recorre (art. 587 do CPP).

15.15.3.4.3. Interposição da apelação e limites do inconformismo

Na interposição da apelação, a parte deve apontar quais os fundamentos para o recurso, ou, pelo menos, o dispositivo legal que entenda violado pela decisão. O limite da irresignação é fixado, portanto, quando da interposição do recurso, e não pelas razões recursais, de acordo com parte da jurisprudência[59] e doutrina majoritária.

No caso de o MP interpor, pura e simplesmente, a apelação, sem fazer referência ao fundamento do recurso, subentende-se que o objeto recursal abrange a sucumbência como um todo, não podendo, assim, a acusação restringir o objeto recursal quando do oferecimento de suas razões recursais, sob pena de verdadeira desistência recursal, vedada ao *Parquet* consoante o disposto no art. 576 do CPP[60].

De outro giro, se a interposição da apelação, pelo Ministério Público, for restrita a determinados tópicos de inconformismo, sendo omissa quanto à parte do julgado, mas o apelante apresentar, nas razões recursais, outros pontos de impugnação, os limites do apelo poderão ser fixados nas razões recursais e não na interposição, segundo parte da jurisprudência[61].

Pensamos que, no caso de a interposição de apelação pelo MP nada mencionar a respeito dos fundamentos do recurso, não é possível ao *Parquet* restringir seu inconformismo nas razões recursais, sob pena de vedada desistência recursal. Porém, se há interposição de apelação, pelo órgão ministerial, *apontando expressamente os motivos de seu inconformismo*, não existe razão para se permitir o alargamento da irresignação recursal, quando do oferecimento das razões recursais. Assim se procedendo, em verdade, está se dando ao órgão do Ministério, *que perdeu o prazo para recorrer da sentença quanto a determinado tópico*, uma outra oportunidade de recorrer, interpondo, nas razões recursais, uma verdadeira *nova apelação*.

---

59. STF. HC 70037. 1ª T. Rel. Min. Moreira Alves. J. 18/05/1993. DJ 06/08/1993.
60. STJ. HC 41.185/RJ. 5ª T. Rel. Min. Felix Fischer. J. 19/04/2005. DJ 20/06/2005. P. 318.
61. STJ. HC 139.335/DF. 5ª T. Rel. Min. Laurita Vaz. J. 18/10/2011. DJe 03/11/2011. STJ. REsp 503.128/SP. 5ª T. Rel. Min. Gilson Dipp. J. 12/08/2003. DJ 22/09/2003. P. 362.

No caso de apelação das decisões do Júri, contudo, o fundamento do recurso deve ser expressamente indicado pela parte, especialmente a acusação, na petição de interposição. Quanto à defesa, pensamos que, embora, em tese, os limites da irresignação quanto à decisão do Júri, sejam fixados na interposição recursal, certo que se autoriza, o Tribunal a, de ofício, reconhecer matéria processual ou de mérito que possa favorecer ao acusado (posição essa nossa, francamente minoritária).

15.15.3.4.4. Razões e contrarrazões de recursos

Oferecida a interposição de apelação, e se recebido o recurso, o magistrado determina a intimação da parte para o oferecimento das razões recursais, e, depois, do *ex adverso* a fim de que apresente suas contrarrazões recursais. São, portanto, duas peças processuais que podem ser apresentadas no recurso de apelação: a interposição da apelação, e as razões recursais. Mas nada impede que a parte ofereça, simultaneamente, a interposição da apelação acompanhada de suas razões, no mesmo ato.

Caso denegado o recurso ou julgada deserta a apelação, será cabível a interposição de recurso em sentido estrito (art. 581, XV, do CPP).

Oferecimento de razões e contrarrazões recursais. Prazos

Após interposto o recurso, será aberta vista ao recorrente para que ofereça suas razões, em oito dias, em se tratando de julgamento de crime; se o julgamento se referir à contravenção penal, excepcionalmente julgada pelo juízo comum e não pelo Juizado Especial Criminal, o prazo para as razões será de três dias. O recorrido dispõe de igual prazo para suas contrarrazões (art. 600, *caput,* do CPP).

A parte possui o direito de ser intimada a oferecer suas razões e contrarrazões recursais, não fluindo tais prazos de maneira automática, como já sedimentou a doutrina e a jurisprudência a respeito do assunto.

Se forem dois ou mais réus, cada um de seus advogados poderá retirar os autos de cartório, para preparar as razões ou contrarrazões recursais?

O § 3º do art. 600 do CPP dispõe que "Quando forem dois ou mais apelantes ou apelados, os prazos serão comuns". O sentido desse dispositivo legal é de que os autos não poderiam ser retirados do cartório por qualquer dos defensores, o que, claro, impossibilitaria, ou, pelo menos, dificultaria o exercício da ampla defesa e do contraditório, uma vez que o estudo do processo, para oferecer as razões e contrarrazões, se daria no balcão do ofício judicial, sem possibilidade de consulta-lo em seus escritórios. E mais: evidente a ofensa desse artigo ao princípio da isonomia, uma vez que a acusação – o *Parquet* – recebe os autos, em seu gabinete, para se manifestar em razões e contrarrazões recursais, o que configuraria um privilégio inaceitável em prejuízo da defesa.

Diante desse quadro inconstitucional do dispositivo em comento, boa parte da doutrina e da jurisprudência, além da prática judiciária, aceita que cada um dos defensores, singularmente, possa levar os autos, mantendo – os em seu poder pelo prazo processual (para oferecer as razões e contrarrazões recursais). A tendência quanto a essa discussão é que se torne obsoleta em virtude da implantação do processo digital, pois, por esse instrumento, cada advogado terá *acesso integral* dos autos, podendo nele peticionar.

Se o MP tiver apelado, e houver assistente, este oferecerá suas razões de recurso complementares aos do *Parquet*, no prazo de três dias, após a acusação pública já ter oferecido suas razões (art. 600, § 1º, do CPP).

No caso de ação penal privada (ação penal privada exclusiva, personalíssima e subsidiária da pública) em que tenha sido oferecido recurso pelo querelante, o MP arrazoará, como fiscal da lei, em três dias, após as razões do querelante (art. 600, § 2º, do CPP), uma vez que cabe à defesa falar por último, a fim de dar mais eficácia ao contraditório e a ampla defesa.

Oferecimento de razões de apelação em 2ª instância

O apelante pode oferecer suas razões recursais em 2ª instância, caso em que os autos serão remetidos ao Tribunal onde será aberta vista a ele (art. 600, § 4º, do CPP). Para tanto, o defensor que deseje apelar, na própria interposição da apelação (por termo ou petição), formulará pedido para arrazoar no Tribunal. Recebida a apelação, pelo Juízo, os autos são enviados ao Tribunal e, lá aportados, encarrega-se de intimar a defesa para apresentar as razões recursais. Apresentadas as razões recursais pela defesa, o Tribunal envia os autos ao Juízo de 1ª instância onde foi proferido o julgamento, intimando-se o membro do MP oficiante naquele órgão de justiça para oferecer contrarrazões recursais. Em sentido diverso- reputando desnecessário o retorno dos autos para a 1ª instância para oferecimento de contrarrazões pelo MP, que devem ser oferecidas no próprio Tribunal, pelo membro do *Parquet* de 2ª instância, colhe-se decisão do STJ, que conclui que tal proceder não configuraria qualquer violação ao princípio do promotor natural[62].

No caso de o juiz de 1ª instância indeferir, ilegalmente, a faculdade de o advogado apresentar suas razões no Tribunal, verdadeiro direito processual líquido e certo do defensor, tal decisão poderá se coarctada mediante *habeas corpus* pelo Tribunal[63].

Essa possibilidade de oferecer razões, diretamente, ao Tribunal não se aplica no caso do MP, cujo membro que oficiou na comarca ou Seção Judiciária, se desejar apelar, deve oferecer seu arrazoado em 1ª instância. Mas, há decisão, do STJ, reputando válida a apresentação de razões, no Tribunal, pelo Ministério Público, em consonância com o princípio da isonomia e da paridade de armas[64].

A faculdade processual em estudo já teve muita utilidade quando advogado da capital do Estado ou da Seção Judiciária comparecia a cidade do interior para atuar em determinado feito criminal, e, desejando apelar da sentença proferida (pelo Juízo

---

62. STJ – HC 135.516/RJ. 5ª T. Rel. Min. Gurgel de Faria, DJe 11/12/2014.
63. STJ – HC 437.030/MT (2018/0033452-6). Rel. Min. Felix Fischer.
64. STJ – AgRg no REsp 1671257/AC. 5ª T. Rel. Min. Reynaldo Soares da Fonseca, DJe 21/02/2018.

singular ou pelo Tribunal do Júri), tinha a comodidade de oferecer razões na comarca onde exercia suas funções (a da Capital), sem ser obrigado a voltar para a cidade do interior para fazê-lo.

Porém, com a possibilidade de oferecerem-se razões recursais através do processo digital, remetendo – as, pelo computador, de qualquer lugar do mundo, a tendência é que o dispositivo legal em comento torne-se obsoleto.

As razões e contrarrazões são obrigatórias ou facultativas?

Pela literalidade da lei (art. 601, *caput*), os autos serão remetidos à 2ª instância, *com ou sem as razões*, tratando-se, assim, de peças não obrigatórias.

Entendemos, porém, que não é permitido ao MP, que tem a obrigação de atuar em todos os termos da ação penal, deixar de se manifestar; de igual maneira, não é admissível que a defesa técnica não se manifeste, sob pena de violação do princípio da ampla defesa e do contraditório; para nós, portanto, tais peças são obrigatórias pela própria sistemática constitucional do processo penal que pressupõe, como essenciais à função jurisdicional do Estado, tanto a atuação do Ministério Público quanto da defesa. Como bem decidiram o STJ e o STF[65], em vários precedentes, não se concebe como possível um recurso de apelação ser apreciado sem que se apresente as razões (ou contrarrazões) das partes, sobretudo da defesa, patenteando-se a nulidade caso isso ocorra. Se o patrono constituído não apresentar as razões (ou contrarrazões recursais), deve-se intimar o réu para que indique novo advogado; se inerte, nomeia-se um advogado para tanto. No caso de inércia do Ministério Público, deve-se oficiar ao Procurador-Geral para que determine que outro membro da Instituição atue.

Em sendo proferida sentença absolutória em ação penal privada exclusiva ou personalíssima, se o querelante recorrer dessa decisão e, embora intimado, não apresentar razões recursais, entendíamos que não ocorreria a perempção, por não se amoldar a situação a nenhuma das hipóteses legais (art. 60 do CPP), e o recurso seguiria seu trâmite normal, mesmo sem o oferecimento de razões do querelante. Melhor analisando o tema, pensamos que, nessa situação, o recurso não pode ser conhecido, uma vez que, sem razões de recurso, inviabiliza-se o contraditório e a ampla defesa.

Já no caso de ação penal privada subsidiária da pública, a ausência de apresentação de razões recursais pelo querelante será suprida pelo MP, que, a partir dessa omissão da parte privada, assumirá a acusação, já na fase recursal (art. 29 do CPP).

O atraso na apresentação das razões de apelação acarreta mera irregularidade.

Podem ser juntados documentos nas razões ou contrarrazões recursais?

Não há qualquer empecilho porque os documentos em geral podem ser juntados em qualquer etapa do processo (art. 231 do CPP); se juntados nas razões de apelação,

---
65. STJ. HC 225.292/MG, Rel. Min. Jorge Mussi. DJe 15/02/2012. STJ. HC 7.1054/SC. Rel. Min. Maria Thereza de Assis Moura, DJ 10/12/2007. STJ. REsp 279.170/RO. Rel. Min. Hamilton Carvalhido, DJ de 19/02/2002. STF. HC 91.284/SP. Rel. Min. Celso de Mello.

a parte adversária tomará ciência quando for oferecer as contrarrazões. Sendo, porém, os documentos novos, apresentados nas contrarrazões, deve-se abrir vista ao apelante para dele tomar conhecimento, em respeito ao princípio do contraditório (ciência bilateral dos atos processuais).

15.15.3.4.5. Processamento da apelação

A apelação pode ser processada de duas maneiras:

1ª – Nos próprios autos (art. 601, *caput*, do CPP). Quando não prejudicar o andamento do processo, o recurso será encartado nos autos onde foi prolatada a decisão que seguirão ao Tribunal para julgamento. Impõe, o art. 603 do CPP, que, no caso de apelações interpostas em comarcas ou Seções do interior do Estado, deverá ficar em cartório traslado (cópias) dos termos essenciais dos autos (cópia da denúncia queixa, do seu recebimento, da citação, da instrução, da pronúncia, da sentença etc). Já na sede da comarca ou da Seção Judiciária, os autos originais serão enviados ao Tribunal. O fundamento desse dispositivo legal é o de manter cópia do processo no cartório quando possam os autos originais serem extraviados na remessa da cidade do interior até a capital do Estado onde se localiza o Tribunal com competência para julgamento da apelação. Não seria necessária a extração dessas cópias quando o Tribunal se localiza na mesma cidade onde está instalado o Juízo perante o qual foi interposta a apelação. De qualquer forma, a importância desse dispositivo legal diminuirá gradualmente com o processo digital que remete, por via eletrônica, o recurso de apelação, e os próprios autos, ao Tribunal.

2ª – Por instrumento (art. 601, § 1º, do CPP). Se houver mais de um réu, e não tiverem todos sido julgados, ou se não tiverem todos apelado, o juiz determinará a formação de instrumento (o chamado traslado dos autos), e sua remessa a instância superior no prazo de 30 dias, contado da entrega das últimas razões de recurso, ou do vencimento do prazo para a apresentação das contrarrazões do apelado. É o que prevê o art. 601, § 1º, do CPP.

15.15.3.4.6. Cabimento do recurso de apelação

É cabível apelação das decisões proferidas por juiz singular nas seguintes hipóteses:

1ª – Das sentenças definitivas em sentido estrito de condenação ou absolvição – art. 593, I, do CPP

São decisões que proferem um juízo de mérito sobre o fato criminoso (juízo de tipicidade e ilicitude) e sobre o autor (juízo de culpabilidade), podem ser tanto aquelas decisões tomadas ao fim da instrução, seguindo-se todo o *iter* procedimental, como também quando ocorre o julgamento antecipado da lide, logo após a resposta à acusação, com a absolvição sumária (art. 397 do CPP).

2ª – Das decisões definitivas em sentido amplo *(lato sensu)*, também chamadas de sentenças terminativas de mérito – art. 593, II, 1ª parte, do CPP

São aquelas que julgam o mérito da causa penal, sem, no entanto, absolver ou condenar o acusado. Só caberá apelação dessas decisões, se não houver previsão expressa de recurso em sentido estrito. Exemplos: ação de reabilitação cuja decisão que reabilite ou não o condenado será apelável.

3º – decisões interlocutórias mistas ou com força de definitiva – art. 593, II, 2ª parte, do CPP

São decisões de conteúdo processual, que decidem questões relativas à relação jurídica processual, quer extinguindo a própria relação processual ou um procedimento incidente (decisões interlocutórias mistas terminativas), quer, encerrando uma fase do processo (decisões interlocutórias mistas não terminativas). Essas decisões, portanto, não decidem o mérito da causa penal.

Exemplos: impronúncia: decisão que soluciona o incidente de restituição de coisas apreendidas; decisão que indefere o pedido de sequestro; decisão de homologação do laudo pericial encartado ao incidente de insanidade mental.

Como vimos quando do estudo do recurso em sentido estrito, as decisões interlocutórias mistas terminativas e não terminativas só serão apeláveis, se não houver expressa previsão de cabimento do recurso em sentido estrito no rol do art. 581 do CPP.

O recurso de apelação, quanto a tais decisões, é, assim, residual.

15.15.3.4.7. Julgamento da apelação e execução provisória da pena imposta

Confirmada ou estabelecida a condenação, pelo Tribunal, em julgamento de apelação, que se caracteriza pelo exaurimento das questões de fato e de direito, é possível a execução provisória da pena, mesmo pendente recurso especial ou extraordinário?

Como explanado pelo Min. Alexandre de Moraes, do STF[66], o Supremo admitiu a execução provisória da pena, a partir do julgamento da apelação em 2ª instância, por nada menos que 29 anos e 6 meses; este entendimento perdurou, da promulgação da Constituição de 1988 até a decisão proferida no HC 84.078, relatado pelo Min. Eros Grau, do STF, em 5 de fevereiro de 2009, quando passou a se compreender como inadmissível a execução provisória da pena, uma vez que, para que a sanção criminal pudesse ser executada, deveria se aguardar o julgamento de todos os recursos cabíveis. Esse último entendimento rechaçando a possibilidade de execução provisória perdurou do dia 5 de fevereiro de 2009 até 17 de fevereiro de 2016 (por somente sete anos). Nesse período, como bem frisou o Min. Roberto Barroso[67], do STF, incentivou-se a interposição infindável de recursos protelatórios para gerar prescrição, impondo uma

---

66. STF – HC 152.752/Paraná (HC do ex-Presidente Lula). Rel. Min. Edson Faquin.
67. Informativo do STF. 05/04/2018. STF. HC 152.752. Pleno. Rel. Min. Edson Faquin.

seletividade do sistema ao dificultar a punição dos condenados ricos, gerando "descrédito do sistema de justiça penal junto à sociedade".

Em fevereiro de 2016, o STF[68] voltou a entender que, até que seja prolatada a sentença condenatória confirmada em segundo grau, deve-se presumir a inocência do réu. Mas, depois deste momento, exaure-se o princípio da não culpabilidade, porque os recursos cabíveis da decisão de segundo grau, ao STJ (recurso especial) e ao STF (recurso extraordinário), não se prestam a discutir fatos e provas, mas apenas questões de direito. Sendo assim, torna-se possível o início da execução da pena após confirmação da sentença condenatória em segundo grau, o que não ofende o princípio da presunção de inocência.

Com base nesta admissão de execução provisória que perdurou durante tanto tempo no STF, foram editadas duas Súmulas:

Súmula 716: "Admite-se a progressão de regime de cumprimento de pena ou a aplicação imediata de regime menos severo nela determinada, antes do trânsito em julgado da sentença condenatória".

Súmula 717: "Não impede a progressão de regime de execução da pena, fixada em sentença não transitada em julgado, o fato de o réu se encontrar em prisão especial".

Porém, sendo possível a oposição de embargos infringentes, pela defesa, no caso de o Tribunal ter julgado, por maioria, a apelação, enquanto não forem eventualmente apresentados os embargos – e posteriormente – julgados, não é possível admitir-se a execução provisória, uma vez que *se exige o exaurimento da discussão quanto à matéria de fato*[69]. De idêntica maneira, enquanto não forem apreciados os embargos declaratórios de acórdão condenatório, não há como se determinar a execução provisória da sanção, de modo que, enquanto não houver a integração da decisão, não há pronunciamento definitivo do Tribunal[70]; e ainda, apenas depois de intimada a defesa do acórdão condenatório se encerra a jurisdição de segunda instância, autorizando a execução provisória[71].

Esgotada a matéria pelo Tribunal, que reapreciou todas as questões fáticas e jurídicas, é determinada a execução provisória da pena, independentemente de pedido das partes, sendo desnecessária a prévia intimação do réu para manifestação específica sobre o tema[72]. Mesmo que o acórdão condenatório do Tribunal que confirmou a condenação faça a ressalva que o mandado de prisão só será expedido após o trânsito em julgado, não há óbice à execução provisória da pena[73]. A execução provisória poderá ser suspensa, se for concedido efeito suspensivo ao recurso especial ou extraordinário, o que impede o cumprimento da pena, enquanto tais recursos não sejam julgados.

---

68. STF. Pleno. HC 126292. Rel. Min. Teori Zavascki.
69. Informativo do STF. 23/05/2016. STF. RCL 23535. Re. Min. Edson Fachin.
70. STJ – HC 366. 907/PR. Rel. Min. Rogério Schietti Cruz.
71. STJ – HC 371.870/SP. Rel. Min. Felix Fischer.
72. STJ – HC 381.660/AP (2016/0322470-0). Rel. Min. Ribeiro Dantas.
73. Informativo do STJ. 31/10/2018. STJ. REsp. 1676308. Rel. Min. Jorge Mussi.

Importante salientar que, embora possível a execução provisória da pena, outros efeitos penais e extrapenais da condenação (indenização de dano, perda do cargo ou função pública, perda da primariedade e possibilidade de reincidência, aumento do prazo prescricional) dependerão do trânsito em julgado da condenação (com o julgamento de todos os recursos interpostos), de modo que não se retiraria a eficácia da presunção de inocência prevista no art. 5º, LVII, da CF[74].

Em conclusão: a interposição de recurso extraordinário ou especial, no caso de decisão condenatória proferida por Tribunal da qual não sejam oponíveis embargos infringentes, não terá efeito suspensivo, em regra, podendo, assim, ser cumprida, pelo condenado, imediatamente, a pena privativa de liberdade imposta.

Essa execução provisória da pena é aplicável, aos casos que ainda serão julgados (posteriormente a decisão do STF em comento), bem como quanto aos acusados que tenham sido condenados anteriormente a guinada de posição da Suprema Corte. Em outras palavras, é plenamente possível a retroatividade do entendimento jurisprudencial, porque se relaciona, não à lei penal no tempo, mas sim ao campo processual, sem reflexo na existência e intensidade do direito de punir, mas somente ao momento de punir, como decidiu o STF[75].

15.15.3.4.7.1. É possível a execução provisória de penas restritivas de direitos?

Há *duas posições* a respeito do assunto:

1ª Posição: Sim, pois, se há a execução provisória das penas privativas de liberdade, não há porque não se executar, provisoriamente também, as penas restritivas de direitos que são impostas em substituição ás penas corporais; essa é a posição que se nos afigura como sendo a mais lógica.

2ª Posição: Não é autorizada a execução provisória das penas restritivas de direitos porque o art. 147 da Lei de Execuções Penais exige o trânsito em julgado da condenação para que a pena restritiva possa ser executada[76]. Ademais, o Supremo, quando tratou da execução provisória da pena, decidiu apenas em relação a pena privativa de liberdade, nada referindo quanto as penas restritivas de direitos. A 3ª Seção do STJ – reunião das duas Turmas Criminais – firmou orientação no sentido da impossibilidade de execução provisória das penas restritivas de direitos, sendo necessário aguardar o trânsito em julgado da condenação, nos termos do art. 147 da Lei de Execução Penal[77].

---

74. STF – HC 84.078. Min. Ellen Gracie. STF – HC – 152.752/Paraná. Rel. Min. Edson Faquin. Voto do Min. Alexandre de Moraes. STF – Recurso Extraordinário 696.533/Santa Catarina. Rel. Min. Luiz Fux. Voto Vogal, Min. Alexandre de Moraes.
75. STF. HC 133387. Rel. Min. Edson Fachin.
76. Informativo do STF. 06/07/2017. STF. HC 144908. Rel. Min. Ricardo Lewandowski. STJ= AgRg no Agravo em Recurso Especial nº 998.641/SP (2016/0270492-7). Rel. Min. Ribeiro Dantas.
77. Informativo do STJ. 13/11/2017. 3a Seção. EREsp 1.619.087. Rel. Min. Jorge Mussi.

15.15.3.4.7.2. Quem determinará a execução provisória?

A execução provisória poderá ser determinada pelo Tribunal do qual proveio a condenação; na hipótese de decisão proferida pelo juiz de 1º grau (condenatória ou absolutória), havendo recurso dessa sentença, se a condenação for confirmada (no caso de sentença condenatória anterior), pelo Tribunal, ou sendo condenado o acusado, pela primeira vez, em 2ª instância (no caso de sentença absolutória anterior), o próprio Tribunal determinará a execução provisória da pena.

No entanto, se já houve julgamento do recurso pelo Tribunal, retornando os autos a 1ª instância, no aguardo do julgamento do recurso especial ou extraordinário interpostos, caberá ao magistrado de 1º grau determinar a execução provisória da pena.

É o que dispõe o art. 105 da Lei de Execução Penal (Lei 7.210/84): "Transitando em julgado a sentença que aplicar pena privativa de liberdade, se o réu estiver ou vier a ser preso, o Juiz ordenará a expedição de guia de recolhimento para a execução".

No caso de competência originária, perante o STF e o STJ, ou qualquer outro Tribunal com essa competência a execução provisória será determinada por tais órgãos de justiça[78].

15.15.3.4.7.3. Análise crítica da nova posição

De se ressaltar que há ponderosos argumentos contrários ao novo posicionamento da maioria do STF, e, dentre eles merece menção o voto vencido do Min. Celso de Mello[79], da Suprema Corte, o qual aponta que a redação – bastante clara do dispositivo constitucional – art. 5º, LVII – "ninguém será considerado culpado até o trânsito em julgado da sentença condenatória" – estabelece, de maneira evidente, que a presunção de inocência só perderá sua eficácia, após o trânsito em julgado da sentença condenatória. Aponta, ainda, o Min. Celso de Mello, em seu voto, a grande repercussão prática do novo posicionamento, ao lembrar que 28,5% de recursos extraordinários – quase um terço – são parcialmente providos ou integralmente providos, o que pode levar com que acusados, cuja execução de pena tenha já se iniciado com a confirmação da condenação pela 2ª instância, a tenham cumprido integralmente para, quando do julgamento do recurso extraordinário, se concluir que aquela sanção era indevida porque ilegal.

De outro giro, como bem ponderou o Min. Luís Roberto Barroso[80], se a presunção de inocência é um princípio constitucional (e não regra), pode ser ponderada, nessa condição, com outros princípios e valores constitucionais de mesma estatura. Havendo uma tensão entre o direito à liberdade e a pretensão punitiva do Estado, a presunção de inocência deve ser colocada, ponderadamente, com outros valores como a efetividade do sistema penal, que protege a vida das pessoas, sua incolumidade e seu patrimônio. Na mesma toada, o voto do Min. Alexandre de Moraes, do STF[81], para

---

78. Informativo do STF. 14/08/2018. STF. HC 149395. Rel. Min. Alexandre de Moraes.
79. STF. HC 126.292/SP. Voto do Min. Celso de Mello.
80. STF. Ações Declaratórias de Constitucionalidade (ADC) 43 e 44. Rel. Min. Marco Aurélio.
81. STF – HC 152.752/Paraná. Rel. Min. Edson Faquin. Voto-Vogal Min. Alexandre de Moraes.

quem os *"princípios da tutela judicial efetiva* e do *juízo natural*, com a possibilidade de as condenações criminais de mérito proferidas pelos Tribunais de 2º grau, no exercício de suas competências jurisdicionais, serem respeitadas, sem o *"congelamento de sua efetividade" pela existência de competências recursais restritas e sem efeito suspensivo* do Superior Tribunal de Justiça e do Supremo Tribunal Federal, cuja atuação não possibilita a realização de novas análises probatórias e de mérito da questão penal, respectivamente, nos recursos especial e extraordinário, uma vez que essa competência jurisdicional foi constitucionalmente atribuída às instâncias ordinárias do Poder Judiciário, definidas como únicos juízos naturais com cognição fática e probatória ampla".

O Min. Alexandre de Moraes, no substancioso voto ora comentado, aponta, ainda, que a execução provisória não contraria a Declaração Francesa dos Direitos do Homem e do Cidadão (art. 9º), ou a Convenção Americana dos Direitos Humanos (Pacto de São José da Costa Rica, art. 8.2), ou a Convenção Europeia de Direitos do Homem (art. 6º, 2), os quais exigem – apenas – a possibilidade de algum recurso à instância que lhe seja superior, e não que se aguarde o julgamento de todos os recursos possíveis (e imagináveis). Em verdade, como referido pelo Min. Edson Faquin, do STF[82], a ineficiência do sistema de proteção penal de direitos humanos básicos, deixando, na prática de punir quem praticou delitos graves (como homicídio, latrocínio, estupro, por exemplo), com o escopo de se aguardar – durante anos, senão décadas, o julgamento de todos os recursos cabíveis (e os incabíveis também, diríamos nós), pode ser questionado em organismos internacionais que visam à tutela de direitos humanos (insuficientemente protegidos em nosso País)[83].

De qualquer forma, o novo posicionamento, por maioria do Pretório Excelso, vem sendo seguido pelos Tribunais do país, inclusive pelo STJ, cujas decisões apontam que o recurso especial, por não possuir efeito suspensivo, não obsta o início da execução provisória da pena. Salienta, com inteira razão, o Min. Rogerio Schietti Cruz, do STJ[84], que a possibilidade de prisão após a condenação em segunda instância, quando esgotada a análise dos fatos e das provas, é coerente com praticamente todos os tratados e convenções internacionais de direitos humanos; no entanto, o julgador, usando de seu poder geral de cautela, pode, excepcionalmente, atribuir efeito suspensivo ao Recurso Especial ou Extraordinário, obstando o início da execução provisória da pena, quando se verificar a manifesta contrariedade do acórdão com a jurisprudência consolidada da Corte. Como bem salientado no voto em comento, a incrível possibilidade de impugnarem-se as decisões judiciais, através de diversos recursos e ações, manejados com o intuito de impedir a formação da coisa julgada, procrastinam a execução da pena por décadas (se é que tais delitos não terão sua pretensão punitiva fulminada pela prescrição!). Tal situação, certamente, é comprometedora do princípio da razoável duração do processo (art. 5º, LXXXVIII, da CF), que vem tutelar, não apenas o acusado, mas também o interesse social, em ver dirimida a controvérsia penal em tempo hábil.

---

82. STF – HC 152.752/Paraná. Rel. Min. Edson Faquin.
83.
84. STJ. EDcl no Recurso Especial 1.484.415/DF (2014/0247288-5). Rel. Min. Rogério Schietti Cruz.

Como bem alertou o Min. Roberto Barroso, do STF, "o sistema aparelhou-se para o país conseguir punir a criminalidade de colarinho branco. A efetividade criou um país de ricos delinquentes e permitiu a quebra do sistema que só punia pobres"[85].

15.15.3.4.7.4. Permanência da insegurança jurídica: decisões conflitantes do STF a respeito do tema

Depois de julgada, pelo Pleno do STF, por duas vezes, questão da execução provisória da pena estabelecida em segunda instância, era de se esperar que a tormentosa discussão fosse se encerrar e que as decisões, de cada um dos ministros do Pretório Excelso, fossem ao encontro do que fora decidido, mesmo que por escassa maioria, pelo colegiado.

Ledo engano! Os Ministros que votaram pela inconstitucionalidade da prisão provisória em 2ª instância seguem, como regra, seu entendimento individual e não aquele assentado pelo Pleno[86], de forma que, aquele acusado que venha a se valer de *habeas corpus* a fim de questionar sua prisão provisória junto ao Supremo se submete a verdadeira *loteria jurídica*: se a ação "cair" nas mãos de Ministro que repute que a execução provisória é constitucional, o réu permanecerá preso[87]; se o *habeas corpus* "cair" em poder daquele Ministro que entenda ser a execução provisória inconstitucional o acusado é libertado[88]! Com essas decisões contraditórias tratam-se acusados, *que estão em situação jurídica idêntica*, de modo diverso: o acusado *com sorte* ganha de *prêmio* a liberdade; o *azarado*, permanece encarcerado! É a consagração da injustiça!

E, para aumentar ainda mais a insegurança jurídica de tão importante tema, há decisão, monocrática, do STF[89], em que se sustenta que a execução provisória não pode ser aplicada indistintamente – para todos os condenados – mas admite "tratamento algo diferenciado", "em casos graves". Por esse raciocínio, a prisão provisória dependerá do que venha a entender, cada juiz, *subjetivamente*, a respeito da gravidade ou não de cada delito, de modo que *os condenados ficarão à mercê do entendimento pessoal dos magistrados*, na ausência de uma regra – indistinta e impessoal – para todos os réus, o que, repita-se mais uma vez, é a negação do que se entende por Justiça.

A questão foi novamente discutida pelo Pleno do STF ao julgar-se o HC 152.752, que tinha por objeto impedir-se a execução provisória da pena ao ex-Presidente Lula.

---

85. Informativo do STF. 08/08/2017. STF. 1ª T. HC 138633. Rel. Min. Marco Aurélio.
86. STF. HC 147452. Rel. Min. Celso de Mello. HC 146818. Rel. Min. Gilmar Mendes, o qual mudou de posição a respeito do assunto, passando a entender que a execução provisória é inadmissível. HC 137.063- Min. Ricardo Lewandowski. O Min. Dias Toffoli, embora tenha votado contrário à tese da possibilidade de execução provisória da pena, em seus votos monocráticos, levando em consideração o que deliberado, por maioria, pelo Pleno, vem reconhecendo que tal prisão não compromete o princípio constitucional da presunção de inocência (Vide Informativo do STF. 27/11/2017. STF. HC 118039. Rel. Min. Dias Toffoli.
87. STF-HC 145496. Rel. Mina. Rosa Weber. HC 148369. Min. Alexandre de Moraes.
88. STF – HC 146818. Rel. Min. Gilmar Mendes. STF. Medida Cautelar nos Embargos Regimentais no Recurso Ordinário em *Habeas Corpus* 129.663. Rel. Min. Celso de Mello.
89. Informativo do STF. 29/11/2017. STF. HC 147957. Rel. Min. Gilmar Mendes.

Votaram favoravelmente à execução provisória da pena seis ministros, e contrários à medida cinco ministros. Quando do julgamento das medidas cautelares nas Ações Declaratórias de Constitucionalidade (ADCs) 43 e 44, no dia 5 de junho de 2016, a votação foi idêntica, mas o Min. Dias Toffoli[90] propôs uma alternativa entre dois extremos: não se deve esperar o trânsito em julgado de todos os recursos previstos no nosso ordenamento jurídico, nem tampouco a mera confirmação da condenação pelo Tribunal, mas sim a confirmação da condenação pelo STJ, seja julgando o recurso especial em si ou o agravo em recuso especial, bem como os dos primeiros embargos declaratórios eventualmente propostos contra esses julgados, após o que poderá se iniciar a execução da pena, inclusive a restritiva de direitos[91]. Essa tese vem sendo defendida pelo Min. Gilmar Mendes[92]. Infelizmente, em todo o ano de 2018, a Presidência do Supremo não colocou em votação o mérito das ADCs, o que daria um fim ao imbróglio, de modo que condenados bafejados pela sorte, dependendo do Ministro com quem seja distribuído um *habeas corpus* são soltos[93]; já, os outros, os que não podem contar com a sorte[94], permanecem presos. No último dia antes do recesso do judiciário- dia 19 de dezembro de 2018- o Min. Marco Aurélio, do STF, que é, por sinal, o relator das ADCs 43 e 44, e que as havia liberado para julgamento em 19 de abril de 2018, concedeu liminar em outra ADC, de número 54, cassando todas as decisões anteriores do Pleno em sentido contrário (HC 126.292; ARE 964.246-RG; ADCs 43 e 44), a fim de determinar, monocraticamente, a suspensão de execução da pena de todos os condenados cuja decisão não haja transitado em julgado[95]. O presidente do Supremo à época, Min. Dias Toffoli, no mesmo dia, cassou a decisão[96], com base no poder geral de cautela do Judiciário, a fim de evitar a mais completa insegurança jurídica. Foi marcada, finalmente, data para se julgar as ADCs 43 e 44, pacificando-se essa tormentosa questão: dia 10 de abril de 2019.

15.15.3.4.8. Apelação das decisões do júri

15.15.3.4.8.1. Recurso de fundamentação vinculada

A apelação em face das decisões do júri é de fundamentação vinculada, ou seja, apenas as razões expressamente previstas em lei (art. 593, inciso III, alíneas *a*, *b*, *c*, e *d*, do CPP) autorizam o apelo, não se admitindo analogia ou interpretação extensiva para se alargar seu alcance.

---

90. STF – HC 152.752/Paraná. Voto do Min. Dias Toffoli.
91. O Min. Dias Toffoli, em seu voto no HC 152752/PR ressalta que só há uma possiblidade de execução provisória do julgado de segundo grau: "quando se tratar de acórdão confirmatório de condenação emanada do Tribunal do Júri, em decorrência da soberania dos veredictos, de matriz constitucional (art. 5º, XXXVIII, "c", da CF).
92. Informativo do STF. 05/04/2018. STF. Pleno. HC 152.752. Rel. Min. Edson Faquin. STF – HC 152.752/Paraná. Voto do Min. Gilmar Mendes.
93. STF. HC 162943. Rel. Min Ricardo Lewandowski. STF – HC 153466. Rel. Min. Gilmar Mendes,
94.
95. STF – Medida Cautelar na Ação Declaratória de Constitucionalidade 54/DF. Rel. Min. Marco Aurélio.
96. Suspensão de liminar 1.188/DF. Min. Presidente Dias Toffoli.

15.15.3.4.8.2. Interposição e limites do apelo

A interposição da apelação poderá ser por petição ou por termo (oralmente constando da ata dos trabalhos). A interposição fixa o inconformismo do recorrente, de modo que, nesse ato, é ônus do apelante apresentar expressamente qual o fundamento de seu recurso (nulidade posterior à pronúncia; erro do juiz quanto à lei ou à decisão dos jurados ou no que tange à aplicação da pena ou da medida de segurança; veredicto divorciado completamente das provas – art. 593, inciso III, alíneas *a*, *b*, *c*, e *d*, do CPP).

E se, na interposição da apelação, não for apresentado o motivo recursal, será possível suplementar a omissão nas razões recursais? E mais: constando na interposição determinado fundamento, é possível ampliar-se a irresignação recursal nas razões?

Há **duas posições** a respeito do assunto:

1ª – **Posição (majoritária)**. Não é possível que as razões de apelação possam suprir a falta de especificação fundamentada do motivo da apelação quando da interposição recursal; desse modo, ausente qualquer fundamento na interposição, o recurso não será conhecido, porque ausente pressuposto recursal objetivo específico; apresentado algum motivo de recurso na interposição, apenas tal irresignação apontada será conhecido pelo Tribunal; os demais motivos eventualmente mencionados nas razões recursais nãos serão sequer conhecidos;

2ª – **Posição**. O que se deve levar em conta, para julgar o recurso de apelação, devem ser os fundamentos apontados nas razões recursais, sob pena de demasiado apego a formalidades, que podem comprometer a realização da Justiça, especialmente em tema tão sensível à sociedade como os crimes dolosos contra a vida. Essa nos parece ser a melhor posição.

E se a parte, quando da interposição da apelação, não indicar seu fundamento, mas, no prazo de cinco dias, oferecer razões onde aponte a causa da irresignação?

Apresentadas as razões recursais no prazo de 5 dias, onde esteja apontada a fonte da irresignação recursal (*v.g.* decisão manifestamente contrária à prova dos autos, nulidade etc), certo que, tal arrazoado, pela doutrina majoritária, será considerado como uma verdadeira integração recursal (porque, antes, inexistia recurso válido), de modo que o recurso será normalmente conhecido e terá por objeto o inconformismo aduzido nas razões.

Não sendo apresentada a irresignação recursal especificada exigível, seja na interposição ou nas razões apresentadas em cinco dias, a apelação não será recebida por falta de um pressuposto recursal objetivo específico, que é, justamente, a fundamentação vinculada, segundo a doutrina majoritária.

De idêntica forma, consoante entendimento prevalecente, fixado o inconformismo na interposição do recurso, essa irresignação não pode ser alargada em sede de razões de apelação, a não ser que o arrazoado seja apresentado no prazo recursal de 5 dias, pois, nessa situação, se considerará como verdadeira complementação da interposição recursal.

Vamos aprofundar o tema. Pensemos a seguinte situação: proferido veredicto absolutório, o MP interpõe apelação parcial sustentando, *v.g.*, a ocorrência de nulidade posterior à pronúncia (art. 593, III, *a*, do CPP), mas, ao oferecer razões de apelação, *após o prazo recursal de 5 dias*, amplia o âmbito recursal a fim de incluir outro fundamento: o de que o veredicto foi manifestamente contrário à prova dos autos (art. 593, III, *d*, do CPP). Nessa situação, como já transcorrido o prazo recursal, o novo fundamento invocado nas razões não poderá ser considerado como complemento do recurso, de modo que, quanto aquele inconformismo inédito, apontado extemporaneamente nas razões recursais, o recurso não será conhecido, conforme posicionamento consagrado na jurisprudência.

Não obstante o rigor com que são entendidas – em geral – as regras de interposição de recurso de apelação no rito do Júri, não se vislumbra, a nosso ver, qualquer mácula relevante – a ponto de impedir o conhecimento do recurso de apelação – o fato de que, omissa a peça de interposição quanto aos fundamentos do recurso, se explicitar (ou complementar) seus fundamentos quando da apresentação das razões recursais.

Pensamos que, como já dissemos, por mero formalismo, não se pode comprometer o controle dos veredictos do Júri que tratam de bens jurídicos de especial relevância ao direito penal como a vida da vítima e a liberdade do acusado.

Como a interposição do recurso de apelação delimitaria o inconformismo da parte, em regra, não pode o Tribunal, ao julgar o recurso, reconhecer outro fundamento não indicado expressamente pelo apelante (seja na interposição, seja nas razões recursais, a nosso ver). Exemplo: proferido veredicto absolutório, o MP apela, sustentando a existência de nulidade na redação do questionário submetido aos jurados (art. 593, III, *a*, do CPP); o Tribunal, ao julgar o recurso acusatório, entende que a decisão dos jurados que absolveu o réu foi manifestamente contrária à prova dos autos (art. 593, III, *d*, do CPP). Essa mudança de fundamento recursal das decisões do Júri, operada *ex officio* pelo Tribunal, sem pedido expresso da parte, é completamente ilegal por violar a regra de fundamentação vinculada à interposição recursal própria desse tipo de recurso (violação, em suma, do art. 593 do CPP).

Prolatado acórdão pelo Tribunal acolhendo tese não sustentada pela acusação em prejuízo da defesa, caberia a interposição de recurso especial por violação ao citado artigo 593 do CPP e também ao artigo 617 do CPP – proibição da *reformatio in pejus*, vedando que, sem pedido expresso da acusação, possa o Tribunal *ad quem* reconhecer nulidade contra o réu. Sem embargo do recurso especial, o mais célere seria impetrar-se *habeas corpus* ao STJ, a fim de se requerer a nulidade do acórdão do Tribunal.

Importante saber, quanto ao tema, o teor da Súmula 713 do STF: "O efeito devolutivo da apelação contra decisões do Júri é adstrito aos fundamentos de sua interposição".

Vamos pensar, agora, em outra situação: proferido pelo Júri veredicto condenatório, a defesa apela sustentando, apenas, a ocorrência de nulidade posterior à pronúncia (art. 593, III, *a*, do CPP), mas o Tribunal, ao julgar a apelação, verifica que a decisão dos jurados foi completamente desvinculada das provas do processo, e, desse modo, injusta. Indaga-se: **o Tribunal poderá reconhecer fundamento novo – não alegado pela defesa quando da interposição ou mesmo de suas razões de apelação?** Há entendimento no sentido de que seria vedada à 2ª instância o reconhecimento, *ex officio*, de inédito fundamento recursal no caso específico das apelações do Júri, que são vinculadas na sua interposição, não podendo ser alargadas pelo Tribunal. Entendemos, no entanto, de maneira diferente, posicionando – nos a favor dessa possibilidade de alargamento da irresignação, pois a possibilidade da *reformatio in mellius* (modificação da decisão, a favor do acusado, mesmo que de ofício, sem pedido da defesa) é um *princípio geral* dos recursos plenamente aplicável a todas as modalidades recursais, inclusive a apelação das decisões do Júri.

15.15.3.4.8.3. Hipótese de cabimento das apelações do Júri

É possível a apelação nas seguintes situações (art. 593, III, do CPP):

a) Quando ocorrer nulidade posterior à pronúncia (art. 593, III, *a*)

O arco temporal dessas nulidades se desenvolve na sequência de atos processuais posteriores à pronúncia, passando pela preparação do julgamento, o julgamento em si, e a sentença.

Sendo a nulidade relativa anterior à pronúncia (ou ocorrida na decisão de pronúncia em si), deverá ser suscitada, a mácula processual, na oportunidade da interposição do recurso em sentido estrito, sob pena de preclusão.

Se a nulidade relativa for posterior a pronúncia, poderá ser articulada, na fase do art. 422 do CPP (aquela em que as partes arrolam testemunhas e requerem testemunhas), sob pena de preclusão; se a nulidade relativa for posterior à manifestação do art. 422 do CPP, deverá ser arguida, por escrito, nos autos, para ser eventualmente reiterado em plenário, ou, apenas em plenário, quando do anúncio do processo e do pregão das partes, no início da sessão de julgamento pelo Júri, fazendo constá-la na ata de julgamento a eiva, sob pena de preclusão.

A nulidade ocorrida durante a sessão de julgamento pelo Júri deverá ser apontada pela parte, no momento mesmo em que tenha ocorrido (art. 571, VIII, do CPP).

Se o resultado do julgamento for desfavorável à parte que a arguiu, poderá suscitar a nulidade, em preliminar do recurso de apelação.

Não sendo a nulidade relativa arguida nesses marcos legais acima citados, haverá sua preclusão, de modo que não poderá ser arguida em apelação.

Claro que também as nulidades absolutas podem ser arguidas nas mesmas oportunidades processuais acima explicadas, mas não se submetem à preclusão como as relativas, podendo ser sustentadas a qualquer tempo independentemente do momento em que eclodiram.

Caso reconhecida pelo Tribunal, em sede de apelação, a nulidade suscitada, o julgamento pelo Júri poderá ser anulado, sendo que, nessa hipótese, o Tribunal *ad quem* exerce um *juízo rescindente*, remetendo o processo a novo julgamento pelo Júri. Nessa situação, não há um efeito substitutivo do recurso, uma vez que o julgamento pelo Tribunal não substitui a decisão do juiz presidente, mas sim, um efeito retroativo, retornando-se, pela anulação, à fase anterior do julgamento pelo Júri.

Exemplos de nulidade posteriores à pronúncia: acusado indefeso em plenário, quebra da incomunicabilidade dos jurados, questionário incompreensível apresentado aos jurados, etc.

b) Quando a sentença do juiz – presidente for contrária à lei expressa ou à decisão dos jurados (art. 593, III, *b*)

O Tribunal ao julgar o recurso corrigirá a sentença do magistrado que violar, explicitamente, a lei, ou que desrespeitar o que tiver sido decidido pelo Conselho de Sentença.

Como se nota, há duas hipóteses distintas de recurso em um mesmo inciso: violação da lei expressa ou da decisão dos jurados, materializando verdadeiro *error in judicando* (erro de julgamento) do juiz presidente a ser corrigido pelo Tribunal (*juízo rescisório*), substituindo a decisão equivocada pelo acórdão (efeito substitutivo dos recursos).

Vamos analisar cada uma dessas hipóteses:

1ª – violação da lei expressa pela sentença proferida pelo juiz presidente

O juiz profere sentença em total descompasso com o estabelecido em lei. Exemplo: condenado o acusado por um homicídio triplamente qualificado a pena de 20 anos de reclusão, o juiz fixa o regime aberto, em completa afronta ao art. 33, § 2º, a, do Código Penal, que estabelece que as penas privativas de liberdade superiores a 8 anos devem ser iniciadas no regime fechado. Havendo recurso da acusação, o Tribunal, exercendo um *juízo rescisório*, fixará o regime fechado, corrigindo o *error in judicando* do magistrado singular – efeito substitutivo do recurso.

2ª – violação à soberania do Júri pela sentença proferida pelo juiz presidente

A sentença do juiz presidente que desconsidere o que foi decidido pelo Conselho de Sentença incorre em evidente violação ao princípio da soberania do Júri (art. 5º, XXXVIII, *c*, da CF).

Exemplo: os jurados, ao votarem, os quesitos, reconhecem a materialidade delitiva (1º quesito), sua autoria (2º quesito), e votam afirmativamente ao 3º quesito, absolvendo o acusado; não obstante essa votação, o juiz, discordando de seu teor, condena o acusado à pena de 12 anos de reclusão. Interposto recurso, claro que o Tribunal corrigirá o *error in judicando* do magistrado, e, substituirá a sentença condenatória indevida por acórdão absolutório, *sem a necessidade de realização de um novo julgamento*. É o que estipula o § 1º, do art. 593 do CPP: "Se a sentença do juiz – presidente for contrária à lei expressa ou divergir das respostas dos jurados aos quesitos, o tribunal *ad quem* fará a devida retificação". Trata-se, em suma, do efeito substitutivo do recurso.

Outro exemplo: jurados votam afirmativamente aos dois primeiros quesitos (materialidade e autoria), e depois, no terceiro, negam o quesito da absolvição, condenando, desse modo, o réu; encerrada a votação, o juiz, inconformado com a condenação, a seu ver injusta, profere sentença absolutória. Interposto recurso pela acusação, bastará ao Tribunal proferir acórdão condenatório em substituição à indevida sentença absolutória, porque, com isso, a 2ª instância terá corrigido o *error in judicando*, e indo ao encontro do que foi decidido pelos jurados, restabelecendo a soberania dos veredictos.

Outros exemplos: condenação por homicídio privilegiado, sem que o magistrado reduza a pena; condenação por homicídio qualificado, sem que o juiz exaspere a sanção, etc. Em todos esses casos, o Tribunal poderá retificar a sentença, pois se trata de matéria atinente à competência do juiz presidente cujas decisões podem ser modificadas, em seu mérito, afinal, quanto a elas, não incide a soberania do ato decisório – privativo dos veredictos dos jurados.

c) Quando houver erro ou injustiça no tocante à aplicação da pena ou da medida de segurança (art. 593, III, *c*)

De igual maneira ao item anterior, basta a correção pelo Tribunal, o qual exercerá o *juízo rescisório*, em razão de *error in judicando*, alterando os termos equivocados da sanção penal imposta pelo juiz presidente, uma vez que, quanto às decisões proferidas por juiz togado, não há que se falar em imutabilidade, pela soberania, de suas decisões, só pertinente quando se tratar dos veredictos do Conselho de Sentença; nessa situação, não se realiza novo julgamento pelo Júri. Essa correção de erro da aplicação da sanção penal se refere, exclusivamente, à técnica de individualização da pena (método trifásico), seu *quantum*, o regime de seu cumprimento, mas não poderá o Tribunal *ad quem*, *a pretexto de corrigir a pena*, afastar ou reconhecer qualificadoras, causas de aumento ou diminuição de pena, etc., por serem matérias de mérito, privativas dos jurados, e protegidas pela incolumidade da soberania dos veredictos. O Tribunal *ad quem* possui, por outro lado, plena autonomia para verificar a existência ou não de circunstâncias agravantes e atenuantes, que não são matéria de decisão dos jurados, de modo que o *juízo*, quanto a esse tema, é *rescisório*, podendo-se então ser reconhecidas ou cassarem-se tais circunstâncias.

d) Quando for a decisão dos jurados manifestamente contrária à prova dos autos (art. 593, III, *d*)

Para que a decisão dos jurados seja invalidada, é necessário que seja manifestamente contrária à prova dos autos; não basta, para tal invalidação do veredicto, que os jurados tenham optado por uma das interpretações plausíveis da prova. Dando provimento a este recurso, o Tribunal, em respeito à soberania dos veredictos, cassará o anterior, e determinará a realização de outro, por outros jurados; mas não se admitirá nova apelação, pelo mérito, mesmo que interposta pela outra parte (§ 3º do art. 593 do CPP).

E se o Tribunal, mesmo não sendo o veredicto dos jurados manifestamente contrário à prova dos autos, anular, indevidamente, o julgamento pelo Júri?

Caberá, sendo a acusação a parte sucumbente, interpor recurso especial e extraordinário; sendo a defesa, além dos recursos referidos, será permitido impetrar *habeas corpus*, com fundamento na violação do princípio constitucional da soberania dos veredictos.

Dado provimento a recurso de apelação fundado em veredicto manifestamente contrário à prova dos autos, não se admitirá novo recurso, pelo mesmo motivo, mesmo que interposto pela outra parte (§ 3º do art. 593 do CPP).

Importante assentar que essa regra não inclui a possibilidade de um terceiro julgamento, por nulidade ocorrida no plenário. Vamos exemplificar para melhor esclarecer. Proferido veredicto absolutório, tendo o MP recorrido, alegando ter sido a decisão dos jurados manifestamente contrária à prova dos autos, o Tribunal, se acolher o pleito, invalidará o julgamento anterior. Realizado o novo julgamento, pouco importa se o veredicto seja novamente absolutório, ou condenatório; de qualquer maneira, não caberá recurso com fundamento em decisão manifestamente contrária à prova dos autos, *por ambas as partes (acusação e defesa)*. Sendo assim, se o 2º veredicto for condenatório, a defesa não pode recorrer com base no divórcio frontal da decisão dos jurados em relação as provas; de idêntica maneira, se o veredicto for absolutório, não se autoriza que, novamente, a acusação recorra. No entanto, se tiver ocorrido nulidade durante a realização do segundo julgamento pelo Júri, poderá haver recurso, com esse fundamento, pela defesa ou pela acusação, o qual, se provido, acarretará a realização de uma terceira sessão de julgamento pelo Júri. Em resumo, o primeiro julgamento pelo Júri foi invalidado por uma questão de mérito – decisão manifestamente contrária à prova dos autos; já a segunda sessão de julgamento foi invalidada pela ocorrência de nulidade.

E se houver cumulação de fundamentações, ou seja, se a parte alegar, simultaneamente, no mesmo recurso, nulidade posterior a pronúncia e decisão manifestamente contrária à prova dos autos?

Nessa situação, será necessariamente julgado em 1º lugar a questão da nulidade; se provido o recurso nesse aspecto, a irresignação quanto ao veredicto contrário às provas sequer será analisada. Sendo assim, anulado o primeiro Júri por falha processual, nada impedirá que as partes, no 2º plenário, possam recorrer com base na alegação de veredicto contrário à evidência probatória dos autos.

15.15.3.4.8.4. Execução provisória das condenações proferidas pelo Júri

Em decisão inovadora, a 1ª Turma do STF[97] entendeu que não violaria o princípio da presunção de não culpabilidade a imediata execução de pena privativa de liberdade estabelecida quando de condenação proferida pelo Tribunal do Júri, uma vez que, no

---

97. STF – 1ª T. HC 118.770/SP. Redator do acórdão. Min. Roberto Barroso. J. 07/03/2017.

caso do Júri, o Tribunal não poderia reapreciar os fatos e as provas, "na medida em que a responsabilidade penal do réu já foi assentada soberanamente pelo Júri". Frisou-se, porém, que, havendo indícios de nulidade ou de condenação manifestamente contrária à prova dos autos, as quais seriam hipóteses incomuns – o Tribunal poderia suspender a execução da decisão até o julgamento do recurso.

Esse posicionamento, todavia, não tem sido seguido pelos demais Tribunais, a uma, porque a decisão não proveio do Pleno do STF, mas apenas de um de seus órgãos fracionários – a 1ª Turma; a duas, porque os votos dos demais componentes do colegiado deixaram de acompanhar, expressamente, a tese jurídica encampada pelo Min. Roberto Barroso, do STF, de modo que não se pode dizer que haja "precedentes", do Pretório Excelso[98].

Parece – nos, ademais, que a imediata execução da pena privativa de liberdade, no caso de condenado pelo Tribunal do Júri, *sem que se analise a necessidade concreta de sua prisão preventiva*, ofende os princípios constitucionais do duplo grau de jurisdição, da ampla defesa e da presunção de não culpabilidade. E ainda: na prática, não é incomum que, apenas quando do julgamento do mérito do recurso de apelação pelo Tribunal, constatar-se que houve nulidade ou que o veredicto dos jurados era manifestamente contrário às provas coligidas, de forma que, manter-se preso, muitas vezes por meses, o acusado, até a data do julgamento de sua irresignação recursal, sem que tenha surgido necessidade cautelar para tanto, acarretaria manifesta – e irreparável – injustiça. Em outra decisão, a 1ª Turma, do STF[99], reiterou a possibilidade de execução provisória das condenações proferidas pelo Júri, uma vez que tal órgão de justiça seria dotado de soberania e seu veredicto, embora possa ser cassado, não poderá ser substituído pelo Tribunal. Votaram nesse sentido os Ministros Luís Roberto Barroso, Alexandre de Moraes, Luiz Fux e Rosa Weber.

15.15.3.4.9. Processamento das apelações nos tribunais

Há dois procedimentos:

1º – Procedimento ordinário ou apelação ordinária (art. 613 do CPP): aplica-se apenas ao recurso de apelação (e não ao recurso em sentido estrito) e que se refira a crimes apenados com **reclusão**.

O procedimento é o seguinte: recebidos os autos pelo Tribunal, é aberta vista ao MP de 2ª instância, para emitir parecer, em 10 dias; em outros 10 dias, cabe ao desembargador relator sorteado elaborar relatório; após a juntada do relatório, os autos são remetidos ao desembargador revisor, que estudará os autos em 10 dias; o revisor então pedirá designação de dia para o julgamento.

No dia fixado, anunciado o julgamento pelo presidente, e apregoadas as partes, o relator fará a exposição do feito, e, em seguida o presidente concederá, pelo prazo

---

98. STJ – Recurso em Habeas Corpus nº 92.108/RS (2017/0305450-0). Rel. Min. Reynaldo Soares da Fonseca.
99. STF – HC 140.449. 1ª T. Rel. Min. Marco Aurélio.

de 15 minutos, a palavra aos advogados e ao MP de 2ª instância, quando requererem (art. 610, parágrafo único, do CPP).

Pelo que se depreende da literalidade do § único do art. 610 do CPP, o Ministério Público de 2ª instância – Procurador de Justiça no caso do MP dos Estados e do DF, ou Procurador Regional da República (em se tratando do MP da União), poderão sustentar oralmente, no dia do julgamento pelo Tribunal, *depois da manifestação da defesa*. Há posicionamento no sentido de que, como o *Parquet* de 2ª instância atua como fiscal da lei (*custos legis*), não haveria qualquer violação ao contraditório ou à ampla defesa pelo fato de a defesa não falar por último, uma vez que o mero parecer institucional sustentado oralmente – obviamente nada vinculativo – não pode ser considerado como sendo uma acusação propriamente dita.

No entanto, importante ressaltar que o Pretório Excelso[100] firmou posição exatamente em sentido oposto: a sustentação oral do Ministério Público de 2ª instância, especialmente se o recorrente for o próprio *Parquet*, será, sempre, *formulada antes da manifestação da defesa*, sob pena de nulidade do julgamento por ofensa ao devido processo legal, especificamente aos princípios do contraditório e da ampla defesa (art. 5º, LIV e LV, da CF), uma vez que o direito que assiste a defesa em falar por último é um imperativo que decorre do próprio sistema.

É direito do advogado, durante qualquer fase do julgamento, fazer uso da palavra, para esclarecer equívoco ou dúvida que influam no julgamento (artigo 7º, X, da Lei 8.906/94).

Terminada a exposição oral, o relator emitirá seu voto seguindo-se o do revisor e dos demais integrantes do órgão colegiado; se houver empate de votos no julgamento, e se o presidente do tribunal, câmara ou turma, não tiver tomado parte da votação, proferirá o voto de desempate; caso o presidente tenha votado, prevalecerá a decisão mais benéfica ao réu (art. 615, § 1º, do CPP).

No mesmo sentido o art. 150, § 3º, do Regimento Interno do STF: "Nos *habeas corpus* e recursos em matéria criminal, exceto o recurso extraordinário, havendo empate, prevalecerá a decisão mais favorável ao paciente ou réu".

A questão do voto médio

Se os votos forem divergentes entre si, irá prevalecer o voto médio.

Exemplo: um desembargador condena o acusado pela prática de um furto simples (art. 155, *caput*, do CP); outro integrante do tribunal reconhece a qualificadora do furto com concurso de agentes (art. 155, § 4º, IV), e outro ainda o furto privilegiado (art. 155, § 2º, do CP); nesta situação, prevalecerá o voto médio: a condenação pelo crime na sua forma simples (art. 155, *caput*, do CP).

Produção de provas pelo Tribunal

O art. 616 do CPP prevê que, o Tribunal, *no julgamento de apelação*, pode proceder a novo interrogatório do acusado, reinquirir testemunhas ou determinar outras

---

100. STF – Pleno – HC 87.926/SP, Rel. Min. Cezar Peluso, j. 20/02/2008, DJe 074 24/04/2008.

diligências. Trata-se, a nosso ver, de verdadeira regra geral a se espraiar a todos os recursos, *que discutam questões de direito e de fato*, como, *v.g.*, o recurso em sentido estrito, agravo em execução, etc; em suma, o dispositivo legal em comento consagra mais um instrumento na busca da verdade real, que perpassa toda a relação processual, inclusive na fase de julgamento dos recursos pelo Tribunal.

2º – **Procedimento sumário ou apelação sumária (art. 610 do CPP)**. Aplica-se às apelações que se refiram a **delitos apenados com detenção**, ou em se tratando de **contravenções penais**, que tenham, excepcionalmente, sido processadas perante o Juízo Comum, e não no Juizado Especial Criminal (Lei n. 9.099/95). Esse rito também é aplicável no caso de julgamento de recurso em sentido estrito, pelo Tribunal, com exceção do recurso em sentido estrito interposto em face de decisão que concedeu ou negou *habeas corpus* que tem rito específico em 2ª instância.

O procedimento é praticamente idêntico ao ordinário, com as seguintes alterações:

1ª– o prazo para parecer do MP e para que o desembargador relator elabore seu relatório é de cinco dias;

2ª – não há a figura do desembargador revisor;

3ª – o prazo de sustentação oral das partes é de 10 minutos.

Costuma-se designar a apelação que siga o rito ordinário no Tribunal como **apelação ordinária**; já a apelação que siga o procedimento sumário como **apelação sumária**.

Tempo de sustentação oral. Sustentação oral e diversos réus. Pedido de adiamento

Como vimos, no caso de apelação ordinária, o tempo de sustentação oral é de 15 minutos, e, em se tratando de apelação sumária, de 10 minutos. Em se tratando de pluralidade de réus, com advogados distintos, o prazo de sustentação oral, segundo jurisprudência pacificada do Supremo, será computado em dobro e dividido pelo número de defensores que manifestarem interesse em apresentar sustentação oral[101].

Por fim, se houver pedido da defesa para que seja adiado o julgamento, uma vez que se vê impossibilitada de comparecer e proferir sustentação oral, em razão de outro compromisso profissional, o pleito poderá ser deferido ou não, a critério do desembargador relator, não sendo o pedido de adiamento de acolhimento obrigatório, como já decidiu o STJ[102].

15.15.3.4.10. Quem julga as apelações?

As apelações serão julgadas pelos Tribunais de Justiça dos Estados e do DF, no âmbito da Justiça local; no caso da Justiça Federal, as apelações são apreciadas pelos Tribunais Regionais Federais.

---

101. Informativo do STF. 14/09/2017. RHC 137994. Rel. Min. Ricardo Lewandowski.
102. STJ – REsp 758756/PB, 5ª T. Min. Rel. Felix Fischer, j. 15/12/2005, DJ 20/03/2006, p. 344.

15.15.3.4.11. Efeitos

São os seguintes:

1º – Efeito devolutivo

Os autos subirão ao Tribunal (haverá a devolução ao Judiciário da questão controvertida). Sempre haverá esse efeito no caso de a apelação ser recebida.

2º – Efeito suspensivo

Em regra, a interposição de apelação contra decisão condenatória ou absolutória imprópria (aquela que impõe medida de segurança), de acusado solto, possui efeito suspensivo (art. 597 do CPP); ou seja, as sanções penais não serão executadas enquanto não houver o trânsito em julgado de tais sentenças, em homenagem ao princípio da presunção de inocência. Segundo o entendimento atual do STF[103], basta a confirmação da condenação pelo Tribunal de 2ª instância, para que a pena já seja provisoriamente executada, não a suspendendo o trâmite de eventual recurso especial ou extraordinário.

Tem-se entendido, porém, que a interposição de recurso contra a sentença condenatória emanada da 1ª instância não possui efeito suspensivo (ou seja, a pena poderá ser executada, desde já, com a possibilidade de progressão de regime e outros benefícios penais), *quando o acusado estiver preso preventivamente*. É a possibilidade de execução provisória da pena com a finalidade de se assegurar, ao preso, durante o tempo que se espera o julgamento do recurso de apelação, direitos e benefícios próprios da execução penal.

Este é o entendimento do STF, cuja Súmula 716 tem o seguinte teor: "Admite-se a progressão de regime de cumprimento de pena ou a aplicação imediata de regime menos severo nela determinada, antes do trânsito em julgado da sentença condenatória".

Essa verdadeira execução provisória de pena será decidida pelo Juízo das Execuções, a quem cabe dar cobro à Sumula Vinculante 56, do STF, que dispõe o seguinte: "A falta de estabelecimento penal adequado não autoriza a manutenção do condenado em regime prisional mais gravoso, devendo-se observar, nessa hipótese, os parâmetros fixados no RE 641.320/RS".

Desse modo, se o condenado – pendendo recurso dessa condenação – estiver em regime mais gravoso que aquele fixado na sentença (*v.g.* está cumprindo pena em regime fechado quando a pena foi fixada no regime semiaberto), caberá ao Juízo da Execução providenciar sua readequação, seja concedendo regime domiciliar ao preso, seja determinando que a pena seja executada em local diverso do fechado[104].

Não terá efeito suspensivo, entretanto, a apelação contra a sentença absolutória, colocando-se o réu imediatamente em liberdade (art. 596 do CPP).

---

103. STF. Pleno. HC 126292.
104. STF. Rcl 25200. Rel. Min. Luís Roberto Barroso.

3º – Efeito extensivo

No caso de concurso de agentes, a decisão do recurso interposto por um dos réus, se fundado em motivos que não sejam de caráter exclusivamente pessoal, aproveitará aos outros (art. 580 do CPP).

15.15.3.4.12. Apelação perante o Juizado Especial Criminal

O prazo para apelar é de 10 dias; não há apelação por termo, mas apenas por petição, que deve vir acompanhada das razões recursais; as contrarrazões são oferecidas em 10 dias também (art. 82, § 1º, da Lei n. 9.099/95). Para mais

15.15.3.5. Embargos infringentes e de nulidade

15.15.3.5.1. Conceito

São recursos privativos da defesa contra decisões não unânimes emanadas do Tribunal quando do julgamento de recurso em sentido estrito, agravo em execução, ou de apelação, e que sejam desfavoráveis ao acusado, visando a um novo julgamento (art. 609, § único, do CPP).

Os embargos infringentes objetivam rediscutir o mérito julgado da causa enquanto que os embargos de nulidade pretendem reanalisar uma questão formal referente às nulidades processuais; mas, em qualquer situação, só é possível embargar a parte do acórdão em que houver divergência de votos, seja sobre uma questão de mérito ou processual.

15.15.3.5.2. Prazo. Interposição

O prazo para oposição dos embargos é de 10 dias contado da publicação do acórdão pela imprensa. Os embargos só podem ser interpostos mediante petição, acompanhada de suas razões. A interposição é dirigida ao desembargador relator do acórdão combatido, enquanto que as razões recursais são endereçadas ao órgão colegiado julgador. Recebidos os embargos, a eficácia do acórdão é suspensa (portanto, *o recebimento dos embargos produz efeito suspensivo*). Importante salientar que o voto vencido deve ter sido anexado aos autos para que a defesa possa verificar os fundamentos e a extensão da divergência para apresentar, com eficácia, o recurso cabível, como já decidiu o STF[105], ao se manifestar a respeito da admissibilidade de recurso extraordinário, mas que é pertinente também no que toca aos embargos infringentes ou de nulidade ora em estudo. Em outras palavras, *enquanto não for anexado o voto divergente – possibilitando que se tenha acesso à decisão colegiada para a apresentação do recurso correto e devidamente fundamentado –* não poderá correr o prazo recursal.

---

105. Informativo STF nº 751. 16 a 20 de junho de 2014. STF. Min. Rel. Gilmar Mendes. HC 118.344/GO.

15.15.3.5.3. Órgão julgador dos embargos

Serão designados um novo relator e revisor para julgamento dos embargos, somados com os integrantes da Turma julgadora (normalmente 3 desembargadores). A razão é a seguinte: se votassem os mesmo três juízes, o resultado seria o mesmo; com o acréscimo de outros dois julgadores, formando cinco magistrados, a decisão colegiada poderá ser diferente.

O novo relator e revisor poderão ser aqueles que pertençam a mesma Câmara; no caso, *v.g.*, do Tribunal de Justiça de São Paulo, que possui 5 desembargadores por Câmara, sendo que apenas 3 participam dos julgamentos; para julgar os embargos, bastaria que aqueles 2 desembargadores que não julgaram o processo sejam convocados como relator e revisor do caso. Em outros Tribunais que não possuam a composição idêntica ao do Tribunal de Justiça de São Paulo será necessária a escolha de outros desembargadores que pertençam a outras Câmaras, formando um verdadeiro grupo de câmaras. Tudo dependerá dos regimentos internos dos Tribunais.

Caso formado um órgão julgador com número par de integrantes, o que pode acontecer de acordo com os regimentos internos de outros Tribunais, o presidente proferirá voto de desempate, caso não tenha participado da votação; se participou, prevalecerá o voto mais favorável ao acusado (art. 615, § 1º, do CPP).

15.15.3.5.4. Processamento dos embargos

Interpostos os embargos pela defesa serão recebidos ou não pelo desembargador relator. Do indeferimento caberá agravo regimental para a Câmara. Caso recebidos os embargos, será aberta vista à acusação (MP, assistente de acusação e querelante) para oferecerem contrarrazões recursais. O desembargador relator exarará relatório aos autos, no prazo de 10 dias. Após, o revisor, também em 10 dias, examinará o processo e pedirá dia para o julgamento. No dia do julgamento, o prazo para a defesa e a acusação se manifestarem será de 15 minutos (art. 613 do CPP). Como já dissemos ao tratar do recurso em sentido estrito e da apelação, o MP deverá se manifestar, primeiramente, e depois, a defesa, a fim de se resguardar a ampla defesa.

15.15.3.5.5. Efeitos dos embargos

O primeiro efeito será o *devolutivo*, afinal, a questão é devolvida ao órgão julgador, acrescido de novo relator e revisor, para outra deliberação.

Como pelo menos três dos desembargadores que participaram do primeiro julgamento irão também julgar os embargos, podem eles, eventualmente, se retratar dos seus votos anteriores ou mantê-los; neste aspecto, o recurso possuirá *efeito regressivo* (*juízo de retratação*).

15.15.3.5.6. Embargos e recurso especial e extraordinário simultâneos

Pode ocorrer de o acórdão, na sua parte unânime, contrariar a lei federal ou a Constituição, o que legitimaria, respectivamente, a interposição de recurso especial e extraordinário e, por outro lado, haver, no mesmo acórdão, voto divergente a respeito de outro tema.

Nessa situação, caberá interpor recurso especial ou extraordinário da parte unânime do acórdão, e, simultaneamente, opor embargos de sua parte não unânime. É uma exceção ao princípio da unirecorribilidade recursal.

É o que estabelece a Súmula 335 do STF: "Em caso de embargos infringentes parciais, é tardio o recurso extraordinário imposto após o julgamento dos embargos, quanto à parte da decisão embargada que não fora por eles abrangida".

E qual dos recursos será julgado primeiro?

Devem ser julgados os embargos, em primeiro lugar, sobrestado o julgamento dos recursos especial e extraordinário. Depois de julgados os embargos, os recursos serão processados normalmente. Nada impede que, do acórdão decorrente do julgamento dos embargos, possa a defesa recorrer, dessa nova decisão, interpondo recurso especial e extraordinário, se presentes os requisitos legais é claro. Nessa situação, seriam interpostos dois recursos (especial e extraordinário): um deles (o primeiro) da parte unânime do primeiro acórdão; o segundo do acórdão que julgou os embargos.

15.15.3.5.7. Embargos infringentes e competência originária

Não são cabíveis os embargos infringentes no caso de ação penal originária nos Tribunais (foro por prerrogativa de função), uma vez que § único do art. 609 do CPP, ao possibilitar tais recursos, os limita à decisão não unânime de 2ª instância, e não aos casos de competência originária. Além disso, a Lei 8.038/90 (Lei que estabelece o procedimento do foro por prerrogativa de função), em um silêncio eloquente, não prevê os embargos infringentes. Desse modo, o acusado com foro por prerrogativa de função, no caso de divergência de votos do acórdão, não faz jus a opor referido recurso. Todavia, entendeu o STF, no caso do mensalão (Ação Penal 470), que, como o seu regimento interno (art. 333 do RISTF) prevê os embargos infringentes no caso de competência originária, não há como, pelo princípio da especialidade, veda-los. Para que seja admissível os embargos infringentes junto ao STF, é preciso, no mínimo, quatro votos divergentes, sendo opostos os embargos no prazo de 15 dias. Em reforço à admissibilidade dos embargos em competência originária, o Min. Celso de Mello, do STF, ao proferir voto na Ação Penal 470, apontou que o Pacto de San José da Costa Rica – um tratado de direitos humanos – encontra-se acima da legislação infraconstitucional (normas supralegais), inclusive da Lei 8.038/90; o tratado citado, em seu art. 8º, II, *h*, assegura a toda pessoa o direito ao duplo grau de jurisdição e se, condenada, recorrer da sentença a juiz ou tribunal superior. Conclui-se então que vem ao encontro desse direito ao duplo grau de jurisdição o regimento interno do STF, e não a Lei 8.038/90, de modo que se deve aplicar o regimento interno e não a lei, admitindo-se, dessa forma, a oposição de embargos infringentes no caso de ação originária, como meio de se assegurar o direito do acusado a recorrer de decisões condenatórias.

Sedimentou-se, ainda, na Ação Penal 470 ("Mensalão"), que, admitidos os embargos infringentes no caso de votos favoráveis ao acusado em número de quatro, como se viu, certo que, de parte outra da decisão em que não houve divergência ou dela não se extraíram quatro votos em benefício do réu, referente a outros delitos, a sanção, quanto a tais infrações, poderá ser imediatamente executada. O entendimento esposado é plenamente justificável, afinal, como salientou o Relator da ação, Min. Joaquim Barbosa, tratava-se de julgamento múltiplo, de diversos fatos típicos, com condenações também múltiplas, cada uma delas formando um capítulo da decisão de mérito, sendo executável cada condenação autonomamente – desde que não fossem admissíveis os embargos infringentes. Em miúdos, em um mesmo acórdão do STF, havia várias decisões autônomas consubstanciadas em capítulos distintos da decisão.

Pouco importava, para a execução da pena, o trânsito em julgado do processo, mas sim de cada uma das condenações individualizadas no acórdão condenatório.

Citou-se, por fim, a Súmula 354 do STF: "Em caso de embargos infringentes parciais, é definitiva a parte da decisão embargada em que não houve divergência na votação".

Importante esclarecer que essa possibilidade de oposição de embargos infringentes no caso de ação penal originária, não se aplica também ao STJ, que não prevê tal modalidade recursal em seu regimento interno.

15.15.3.6. Declaração de inconstitucionalidade pelo Tribunal e cláusula de reserva de plenário

Dispõe a Súmula Vinculante nº 10, do STF, que "Viola a cláusula de reserva de plenário (CF, artigo 97) a decisão de órgão fracionário de tribunal que, embora não declare expressamente a inconstitucionalidade de lei ou ato normativo do poder público afasta sua incidência, no todo ou em parte".

Reza o art. 948 do CPC que, arguida, em controle difuso, a inconstitucionalidade de lei ou de ato normativo do poder público o relator, após ouvir o Ministério Público e as partes, submeterá a questão à turma ou à câmara à qual competir o conhecimento do processo.

Sendo rejeitada a arguição, pela turma ou câmara, prosseguirá o julgamento (art. 949, I, do CPC).

Se acolhida a arguição, a questão, no seu mérito, será submetida ao plenário do tribunal ou ao seu órgão especial, onde houver (art. 949, II, do CPC).

No entanto, se já estiver sedimentado, junto ao STF, ao plenário ou órgão especial do próprio Tribunal que determinada lei é inconstitucional, seja por controle difuso ou concentrado de constitucionalidade, não é necessário que o Plenário venha novamente a se manifestar a respeito do assunto, bastando que a Turma ou Seção decidam, com estribo no entendimento anterior[106].

---

106. STF. Pleno. Recurso Extraordinário com Agravo (ARE) 914045. Min. Rel. Edson Fachin.

É o que prevê o art. 949, § único, do CPC: "Os órgãos fracionários dos tribunais não submeterão ao plenário ou ao órgão especial a arguição de inconstitucionalidade quando já houver pronunciamento destes ou do plenário do Supremo Tribunal Federal sobre a questão".

Em outras palavras, para que qualquer Tribunal possa declarar a inconstitucionalidade de uma lei, ou simplesmente deixa-la de aplicar, necessário que tal decisão promane do plenário e não de um órgão fracionário (Turma ou Seção), a não ser que a questão já esteja sedimentada pela jurisprudência.

15.15.3.7. Carta testemunhável

15.15.3.7.1. Conceito

É o recurso cabível contra a decisão que denega o recurso em sentido estrito ou agravo em execução, ou da decisão que, mesmo os admitindo, obsta à sua expedição e seguimento para o juízo *ad quem* (art. 639 do CPP).

É um *recurso residual ou subsidiário*, ou seja, pressupõe que haja um recurso anterior denegado. Da decisão que não recebe a apelação ou que a julga deserta, caberá o recurso em sentido estrito, e não carta testemunhável, por existir expressa previsão legal nesse sentido (art. 581, XV, do CPP).

A carta testemunhável será interposta quando o juiz de 1ª instância denegar ou obstar o seguimento de recurso em sentido estrito e do agravo de execução (recurso previsto na Lei de Execução Penal contra as decisões do juiz das execuções).

15.15.3.7.2. Prazo, endereçamento e processamento

O prazo da carta testemunhável é de 48 horas, após a decisão que denegou ou impediu o seguimento do recurso; não é endereçado ao juiz, mas sim ao escrivão (chefe de cartório da justiça estadual) ou diretor de secretaria (chefe de cartório da Justiça Federal) (art. 640 do CPP). O recurso é direcionado ao escrivão, porque o juízo de prelibação recursal (de análise dos pressupostos processuais) se dá unicamente pelo Tribunal, para o qual, necessariamente, deverá ser remetida a carta pelo próprio escrivão.

O escrivão, ou o diretor de secretaria dará recibo da petição à parte e, no prazo máximo de cinco dias, fará a entrega da carta conferida e concertada (art. 641 do CPP).

No caso de o escrivão se negar a dar recibo da carta ou de entrega-la ao Tribunal será suspenso por 30 dias, sem prejuízo de o presidente do Tribunal, em face da representação do testemunhante, impor a pena e determinar seja extraído o instrumento, sob pena da mesma sanção, ao substituto do escrivão. Se, mesmo assim, o testemunhante não for atendido, poderá reclamar ao presidente do tribunal *ad quem*, que avocará os autos, para o efeito do recurso e imposição da pena (art. 642 do CPP).

Como se nota, negando-se o escrivão a dar recibo da interposição de recurso, ou se negar a remetê-la ao Tribunal, há duas soluções possíveis, dependente de representação do *testemunhante* ao Tribunal:

1ª – O Tribunal suspende o escrivão por 30 dias, e determina ao seu substituto que seja extraído o instrumento, sob pena de ser aplicada a mesma sanção;

2ª – Caso o substituto do escrivão também se recuse a extrair o instrumento, o *testemunhante* reclamará a respeito ao presidente do Tribunal *ad quem*, o qual avocará os autos, para o efeito do recurso, além de impor a pena de suspensão ao escrivão recalcitrante.

A carta testemunhável pode ser interposta por petição ou por termo, e é processada, sempre, através da formação de instrumento; o *testemunhante* (o recorrente) deve indicar as peças para a formação do traslado ou instrumento; deve então o funcionário responsável do cartório extrair as cópias solicitadas; após tal providência, o recorrente é intimado a oferecer, em dois dias, suas razões recursais; em outros dois dias, o recorrido ou *testemunhado* oferece suas contrarrazões; após este momento, há o juízo de retratação do magistrado, e, caso ele não se retrate, a carta é remetida ao tribunal competente. Caso haja retratação, o recurso em sentido estrito (ou agravo em execução) terá sido recebido, mas dessa nova decisão de recebimento não caberá qualquer outro recurso.

Sendo assim, percebe-se que a carta testemunhável seguirá o mesmo procedimento do recurso em sentido estrito, em 1ª e 2ª instância (art. 643 do CPP).

O Tribunal que receber a carta mandará processar o recurso indevidamente obstado; mas, se a carta estiver devidamente instruída com as peças essenciais anexadas no instrumento, julgará, a pedido do testemunhante, o mérito do próprio recurso que fora injustamente paralisado (art. 644 do CPP).

Exemplo: contra uma decisão que julga extinta a punibilidade, o MP interpõe recurso em sentido estrito, cujo seguimento é obstado pelo juiz; inconformado, o MP interpõe carta testemunhável, formando-se instrumento em que são anexadas todas as cópias importantes do processo.

Recebida a carta, o tribunal, além de determinar o processamento do recurso em sentido estrito, julgará o próprio mérito deste recurso (no nosso exemplo, analisará se foi correta ou não a decretação da extinção de punibilidade pelo magistrado de 1º grau), não havendo, nesse caso, juízo de retratação.

15.15.3.7.3. Efeitos da carta

Além do *efeito devolutivo* (de remeter, mais uma vez, a questão para ser decidida pelo Judiciário), existe também o *efeito regressivo, diferido ou iterativo* – é a possibilidade de o juiz que negou seguimento ao recurso se retratar).

Não há efeito suspensivo (art. 646 do CPP), mas pode-se tentar granjeá-lo, mediante a interposição de *habeas corpus* ou mandado de segurança.

15.15.3.8. Recurso extraordinário

15.15.3.8.1. Conceito. Hipóteses de cabimento

É modalidade de recurso julgado privativamente pelo STF quando a decisão recorrida, emanada de quaisquer Tribunais do país e das Turmas Recursais do Juizado Especial Criminal, violar, diretamente, dispositivo constitucional, declarar a inconstitucionalidade de tratado ou lei federal, ou ainda, houver declarado válida lei local (leis estaduais ou municipais) ou ato de governo local (qualquer ato administrativo), contestados em face da Constituição, ou se tiver julgado válida lei local contestada em face de lei federal.

A finalidade do recurso extraordinário é preservar a vigência da Constituição em todo o país.

Este recurso é previsto no art. 102, III, da CF e é regulamentado nos arts. 1029/1041 do CPC.

15.15.3.8.2. Pressuposto de admissão

O pressuposto para a admissão do recurso extraordinário é que todos os demais recursos ordinários já tenham sido interpostos, como dispõe a Súmula 281 do STF: "É inadmissível o recurso extraordinário, quando couber, na justiça de origem, recurso ordinário da decisão impugnada".

15.15.3.8.3. Condições de admissão

As condições para que o recurso extraordinário seja admitido são as seguintes:

1ª – o recurso deve ter por objeto, exclusivamente, questões jurídicas, abstratas, e não se presta à reanálise das provas

Súmula 279 do STF: "Para simples reexame de prova não cabe recurso extraordinário".

No entanto, importante esclarecer que é admissível, ao STF, ante contornos fáticos incontroversos perfeitamente demarcados na decisão da qual se interpôs recurso extraordinário, dar diversa interpretação aos mesmos fatos, adequando – os à interpretação adequada ao espírito da Constituição.

2ª – prequestionamento

O Tribunal ou Turma Recursal deve ter tido a oportunidade de se manifestar a respeito da questão constitucional controvertida, nem que através do julgamento de embargos declaratórios interpostos pela parte para provocar uma decisão a respeito do tema.

3ª – repercussão geral

O recorrente deve demonstrar a repercussão geral das questões constitucionais, a fim de que o Tribunal examine a admissão do recurso, somente podendo recusá-lo pela manifestação de 2/3 de seus membros (art. 102, § 3º, da CF).

O instituto da repercussão geral é regulamentado no art. 1035 do CPC, aplicável aos recursos extraordinários interpostos no processo penal.

15.15.3.8.4. Disposições gerais do recurso extraordinário

15.15.3.8.4.1. Interposição por petição. Prazo. Requisitos

O recurso extraordinário será interposto, no prazo de 15 dias, perante o presidente ou vice-presidente do Tribunal recorrido, assumindo a forma de petição (art. 1029, *caput*, do CPC). O recurso extraordinário conterá, assim, a interposição, acompanhada necessariamente das razões recursais.

A petição, inserindo as razões recursais, deverá conter (art. 1029, incisos I a III, do CPC):

1º – a exposição do fato e do direito;

2º – a demonstração do cabimento do recurso interposto;

3º – as razões do pedido de reforma ou de invalidação da decisão recorrida.

15.15.3.8.4.2. Pedido de concessão de efeito suspensivo

O pedido de concessão de efeito suspensivo a recurso extraordinário poderá ser formulado por requerimento dirigido (art. 1029, § 5º, incisos I a III, do CPC):

1º – ao STF, no período compreendido entre a publicação da decisão de admissão do recurso e sua distribuição, ficando o relator designado para seu exame prevento para julgá-lo. Nessa hipótese, é indispensável que tenha havido um juízo positivo de admissibilidade do recurso extraordinário, veiculada em decisão proferida pelo Presidente do Tribunal de origem ou resultante de provimento do recurso de agravo[107]. É como soam as Súmulas 634 e 635 do STF: Súmula 634: "Não compete ao Supremo Tribunal Federal conceder medida cautelar para dar efeito suspensivo a recurso extraordinário que ainda não foi objeto de juízo de admissibilidade na origem". Súmula 635: "Cabe ao Presidente do Tribunal de origem decidir o pedido de medida cautelar em recurso extraordinário ainda pendente do seu juízo de admissibilidade".

Indispensáveis, ainda, que a interposição do recurso extraordinário seja tempestiva haja prequestionamento explícito da matéria constitucional, ofensa imediata ao texto constitucional; repercussão geral e, por fim, comprovado o *periculum in mora* (afinal se trata de uma medida cautelar).

2º – ao relator, se já distribuído o recurso;

---

107. STF – AC 4.204-AgR/DF. Rel. Min. Luiz Fux. STF – Medida cautelar na Petição 7.842/DF. Rel. Min. Celso de Mello.

3º - ao presidente ou ao vice-presidente do tribunal recorrido, no período compreendido entre a interposição do recurso e a publicação da decisão de admissão do recurso . Incumbe ao próprio presidente (ou vice-presidente) do Tribunal de origem, enquanto não se exerce o controle de admissibilidade sobre o recurso extraordinário, outorgar - de maneira excepcional - efeito suspensivo ao recurso extraordinário. Essa decisão será provisória, e permanecerá em vigor até que o Supremo emita um juízo de admissibilidade positivo do recurso extraordinário, podendo ratificar - ou não - a suspensão[108].

15.15.3.8.4.3. Oferecimento de contrarrazões e decisões possíveis a serem tomadas pelo Tribunal recorrido a respeito do recurso oferecido

Recebida a petição do recurso extraordinário pela secretaria do tribunal, o recorrido será intimado para apresentar contrarrazões no prazo de 15 dias, findo o qual os autos serão conclusos ao presidente ou ao vice - presidente do tribunal recorrido, que deverá (art. 1030, I a V, do CPC):

1º - negar seguimento;

1.1 - Negar seguimento ao recurso extraordinário que discuta questão constitucional à qual o Supremo Tribunal Federal não tenha reconhecido a existência de repercussão geral ou a recurso extraordinário que esteja em conformidade com o entendimento do Supremo Tribunal Federal exarado no regime de repercussão geral;

1.2. - Negar seguimento ao recurso extraordinário interposto contra acórdão que esteja em conformidade com o entendimento do Supremo, exarado no regime de julgamento de recursos repetitivos;

2º - encaminhar o processo ao órgão julgador para realização do juízo de retratação, se o acórdão recorrido divergir do entendimento do Supremo exarado, nos regimes de repercussão geral ou de recursos repetitivos;

3º - sobrestar o recurso que versar sobre controvérsia de caráter repetitivo, ainda não decidida pelo Supremo;

4º-**se**lecionar o recurso como representativo de controvérsia constitucional no caso de julgamento de recursos extraordinários repetitivos;

5º - realizar o juízo de admissibilidade e, se positivo, remeter o feito ao Supremo Tribunal Federal, desde que:

5.1. - o recurso ainda não tenha sido submetido ao regime de repercussão geral ou de julgamento de recursos repetitivos;

5.2. - o recurso tenha sido selecionado como representativo da controvérsia;

5.3. - o tribunal recorrido tenha refutado o juízo de retratação

---

108. STF - Pet 2.961-QO/RJ. Rel. Min. Celso de Mello.

15.15.3.8.4.4. Recurso cabível da decisão de inadmissibilidade do recurso extraordinário

Da decisão de inadmissibilidade proferida no item 5, acima, caberá agravo ao tribunal superior (art. 1030, § 1º, do CPC).

Se a decisão de inadmissibilidade do recurso se prender aos itens 1 e 3, acima, caberá agravo interno (art. 1030, § 2º, do CPC).

15.15.3.8.4.5. Juízo de admissibilidade do recurso extraordinário pelo Supremo

15.15.3.8.4.5.1. Ofensa reflexa a Constituição

Se o Supremo considerar como reflexa a ofensa à Constituição afirmada no recurso extraordinário, por pressupor a revisão da interpretação de lei federal ou de tratado, remetê-lo – á ao Superior Tribunal de Justiça para julgamento como recurso especial (art. 1033 do CPC).

15.15.3.8.4.5.2. Desconsideração de vício formal

O Supremo poderá desconsiderar vício formal de recurso tempestivo ou determinar sua correção, desde que não o repute grave (art. 1029, § 3º, do CPC).

15.15.3.8.4.5.3. Análise da repercussão geral

De acordo com o § 3º do art. 102, da CF, no recurso extraordinário o recorrente deverá demonstrar a repercussão geral das questões constitucionais discutidas no caso, nos termos da lei, a fim de que o Tribunal examine a admissão do recurso, somente podendo recusá-lo pela manifestação de dois terços de seus membros.

O Supremo, em decisão irrecorrível, não conhecerá do recuso extraordinário quando a questão constitucional nele versada não tiver repercussão geral (art. 1035, *caput*, do CPC).

Entende-se por repercussão geral a existência ou não de questões relevantes do ponto de vista econômico, político, social ou jurídico que ultrapassem os interesses subjetivos do processo (art. 1035, § 1º, do CPC). O recorrente deverá demonstrar a existência de repercussão geral para apreciação exclusiva pelo Supremo (art. 1035, § 2º, do CPC).

Haverá sempre repercussão geral se o recurso impugnar acórdão que (art. 1035, § 3º, I e III, do CPC):

1º – contrarie súmula ou jurisprudência dominante do Supremo Tribunal Federal;

2º – tenha reconhecido a inconstitucionalidade de tratado ou lei federal, nos termos do art. 97 da Constituição Federal (art. 1035, § 3º, do CPC).

O relator poderá admitir, na análise da repercussão geral, a manifestação de terceiros, subscrita por procurador habilitado, nos termos do Regimento do STF (art. 1035, § 4º, do CPC).

Reconhecimento da repercussão geral

Reconhecida a repercussão geral, o relator no STF determinará a suspensão do processamento de todos os processos pendentes, individuais ou coletivos, que versem sobre a questão e tramitem no território nacional (art. 1035, § 5º, do CPC).

O recurso que tiver a repercussão geral reconhecida deverá ser julgado no prazo de um ano e terá preferência sobre os demais feitos, ressalvados os que envolvam réu preso e os pedidos de *habeas corpus* (art. 1035, § 9º, do CPC).

A súmula da decisão sobre a repercussão geral constará de ata, que será publicada no diário oficial e valerá como acórdão (art. 1035, § 11, do CPC).

Suspensão do processo e da prescrição no caso de repercussão geral reconhecida

Reconhecida a repercussão geral, o relator no STF poderá determinar a suspensão do processamento de todos os processos pendentes, individuais ou coletivos, que versem sobre a questão e tramitem no território nacional (art. 1035, § 5º, do CPC).

O Pleno do STF[109] decidiu que, enquanto estiverem suspensos os processos no aguardo do recurso extraordinário paradigma deve haver, também, a suspensão do prazo prescricional da pretensão punitiva de crimes ou contravenções penais que sejam objeto das ações penais sobrestadas.

Desse modo, em sendo determinado o sobrestamento de processos de natureza penal, opera-se, automaticamente, a suspensão da prescrição, utilizando-se, para tanto, de interpretação conforme a Constituição do art. 116, inciso I, do CP, o qual estabelece a suspensão da prescrição, no caso de questões prejudiciais heterogêneas.

A interpretação conforme a Constituição, do art. 116, I, do CP, segundo o STF, se lastreia na unidade das normas constitucionais, sob pena de se correr o risco de vulnerar a eficácia das normas penais, impedindo-se o exercício da pretensão punitiva pelo MP, o qual estaria obstado de exercer sua prerrogativa institucional e, em consequência, a paridade de armas, com a defesa. Salientou-se, ainda, a proibição da proteção deficiente, no que toca à proteção de direitos fundamentais da sociedade de impor sua ordem penal.

Em miúdos, pelo que se interpreta da decisão do Supremo, como a suspensão de processos penais em todo o Brasil, em razão da repercussão geral reconhecida, impede que o MP atue em nome da sociedade, nada mais justo que, pelo menos, a prescrição de tais infrações não continue a correr; caso assim não fosse, a afronta aos interesses sociais seria completa: de um lado, impossibilitado o Ministério Público de agir; de outro, assegurado o normal transcurso do prazo prescricional ao acusado, cujo resultado seria evidente: a completa impunidade do fato ilícito!

O sobrestamento de feitos criminais, não abrangerá inquéritos policiais ou procedimentos investigatórios conduzidos pelo Ministério Público; e, em nenhuma hipótese, incidirá sobre ações penais em que haja réu preso provisoriamente. Sendo suspenso

---

109. STF. Pleno. RE 966.177/RS. Rel. Min. Luiz Fux. J. 07/06/2017.

o processo, o juízo de piso, no curso da suspensão, poderá determinar a produção de provas de natureza urgente, utilizando-se, por analogia, do art. 92, *caput*, do CPP.

Não reconhecimento da repercussão geral

Negada a repercussão geral (pelo colegiado do STF), o presidente ou vice-presidente do tribunal de origem negará seguimento aos recursos extraordinários sobrestados na origem que versem sobre matéria idêntica (art. 1035, § 8º, do CPC).

15.15.3.8.4.6. Admissão do recurso extraordinário. Diligências do relator. Julgamento do recurso extraordinário pelo Supremo

Admitido o recurso extraordinário, o Supremo julgará o processo, aplicando o direito (art. 1034 do CPC).

O relator poderá (art. 1038, I a III e § 1º, do CPC):

1º – solicitar ou admitir manifestações de pessoas, órgãos ou entidades com interesse na controvérsia, considerando a relevância da matéria e consoante dispuser o regimento interno;

2º – fixar data para, em audiência pública, ouvir depoimentos de pessoas com experiência e conhecimento na matéria, com a finalidade de instruir o procedimento;

3º – requisitar informações aos tribunais inferiores a respeito da controvérsia e, cumprida a diligência, intimará o MP para manifestar-se, no prazo de 15 dias, preferencialmente por meio eletrônico;

Transcorrido o prazo para o MP e remetida cópia do relatório aos demais ministros, haverá inclusão em pauta, devendo ocorrer o julgamento com preferência sobre os demais feitos, ressalvados os que envolvam réu preso e os pedidos de *habeas corpus* (art. 1038, § 2º, do CPC).

O conteúdo do acórdão abrangerá a análise dos fundamentos relevantes da tese jurídica discutida (art. 1038, § 3º, do CPC).

15.15.3.8.5. Julgamento de recurso extraordinário repetitivo

15.15.3.8.5.1. Pressuposto

Havendo multiplicidade de recursos extraordinários com fundamento em idêntica questão de direito, haverá afetação para julgamento, de acordo com o disposto no Regimento Interno do STF (art. 1036, *caput*, do CPC).

15.15.3.8.5.2. Procedimento. Selecionamento de processos representativos da controvérsia

O presidente ou vice-presidente de tribunal de justiça ou de tribunal regional federal selecionará dois ou mais recursos representativos da controvérsia, que serão encaminhados ao Supremo para fins de afetação, determinando a suspensão do trâmite de todos os processos pendentes, que tramitem no Estado ou na região, conforme o caso (art. 1036, § 1º, do CPC).

A escolha feita pelo presidente ou vice-presidente do tribunal de justiça ou tribunal regional federal não vinculará o relator no tribunal superior, que poderá selecionar outros recursos representativos da controvérsia (art. 1036, § 4º, do CPC).

O relator em tribunal superior também poderá selecionar dois ou mais recursos representativos da controvérsia para julgamento da questão de direito, independentemente da iniciativa do presidente ou vice-presidente do tribunal de origem (art. 1036, § 5º, do CPC).

Somente podem ser selecionados recursos admissíveis que contenham abrangente argumentação e discussão a respeito da questão a ser decidida (art. 1036, § 6º, do CPC).

O interessado poderá requerer, ao presidente ou ao vice-presidente, que exclua da decisão de sobrestamento e inadmita o recurso extraordinário que tenha sido interposto intempestivamente, tendo o recorrente o prazo de cinco dias para manifestar-se a respeito (art. 1036, § 2º, do CPC).

Da decisão que indeferir o requerimento supra, caberá agravo interno (art. 1036, § 3º, do CPC).

15.15.3.8.5.3. Decisão de afetação positiva e negativa

Selecionados os recursos, o relator do STF, constando o pressuposto do julgamento do recurso extraordinário repetitivo, que é a multiplicidade de recursos extraordinários, proferirá decisão de afetação, na qual (art. 1037, do CPC):

1º – identificará com precisão a questão a ser submetida a julgamento;

2º – determinará a suspensão de todos os processos pendentes que versem sobre a questão e tramitem no território nacional. Certo que as partes deverão ser intimadas da decisão de suspensão de seu processo a ser proferida pelo respectivo juiz ou relator quando informado da decisão do relator do STF.

Demonstrando distinção entre a questão a ser decidida no processo e aquela a ser julgada no recurso extraordinário afetado, a parte poderá requerer o prosseguimento do seu processo (art. 1037, § 9º, do CPC).

Esse requerimento será dirigido (art. 1037, § 10, do CPC):

2.1. – ao juiz, se o processo sobrestado estiver em primeiro grau;

2.2. – ao relator, se o processo sobrestado estiver no tribunal de origem;

2.3. – ao relator do acórdão recorrido, se for sobrestado recurso extraordinário no tribunal de origem;

2.4 – ao relator, no STF, de recurso extraordinário cujo processamento houver sido sobrestado.

Deverá ser aberta vista à outra parte para se manifestar, em cinco dias (art. 1037, § 11, do CPC).

Reconhecida a distinção, o próprio juiz ou relator dará prosseguimento ao processo; da decisão que resolver a questão, caberá agravo de instrumento, se o processo estiver em primeiro grau, ou agravo interno, se a decisão for do relator (art. 1037, § 13, do CPC).

3º – poderá requisitar aos presidentes ou vice-presidentes dos tribunais de justiça ou dos tribunais regionais federais a remessa de um recurso representativo da controvérsia.

Caso os recursos requisitados como representativos da controvérsia contiverem outras questões além daquela que é objeto da afetação, caberá ao tribunal decidir esta em primeiro lugar e depois as demais, em acórdão específico para cada processo (art. 1037, § 7º, do CPC).

Havendo mais de uma afetação, será prevento o relator que primeiro tiver proferido a decisão (art. 1037, § 3º, do CPC).

Recursos afetados

Os recursos afetados deverão ser julgados no prazo de um ano e terão preferência sobre os demais feitos, ressalvados os que envolvam réu preso e os pedidos de *habeas corpus* (art. 1037, § 4º, do CPC).

Recursos não afetados

Se, após receber os recursos selecionados, não se proceder à afetação, o relator, no tribunal superior, comunicará o fato ao presidente ou ao vice – presidente que os houver enviado, para que seja revogada a suspensão determinada nos termos do art. 1036, § 1º, do CPC (art. 1037, § 1º, do CPC).

15.15.3.8.5.4. Efeitos do julgamento dos recursos afetados

Decididos os recursos afetados, os órgãos colegiados declararão prejudicados os demais recursos versando sobre idêntica controvérsia ou os decidirão aplicando a tese firmada (art. 1039, *caput*, do CPC).

Negada a existência de repercussão geral no recurso extraordinário afetado, serão considerados automaticamente inadmitidos os recursos extraordinários cujo processamento tenha sido sobrestado (art. 1039, § único, do CPC).

Consoante determina o art. 1040, do CPC, publicado o acórdão paradigma:

1º – o presidente ou o vice-presidente do tribunal de origem negará seguimento aos recursos especiais ou extraordinários sobrestados na origem, se o acórdão recorrido coincidir com a orientação do tribunal superior;

2º – o órgão que proferiu o acórdão recorrido, na origem, reexaminará o processo de competência originária, a remessa necessária ou o recurso anteriormente julgado, se o acórdão recorrido contrariar a orientação do tribunal superior.

Se o recurso versar sobre outras questões, caberá ao presidente ou ao vice-presidente do tribunal recorrido, depois do reexame pelo órgão de origem e independentemente de ratificação do recurso, sendo positivo o juízo de admissibilidade, determinar a remessa do recurso ao STF para julgamento das demais questões (art. 1041, § 2º, do CPC).

Reexaminado o recurso, e mantido o acórdão divergente pelo tribunal de origem, o recurso extraordinário será remetido ao STF, nos termos do § 1º do art. 1036 do CPC (art. 1041, *caput*, do CPC).

Realizado o juízo de retratação, com alteração do acórdão divergente, o tribunal de origem, se for o caso, decidirá as demais questões ainda não decididas cujo enfrentamento se tornou necessário em decorrência da alteração (art. 1041, § 1º, do CPC).

3º – os processos suspensos em primeiro e segundo graus de jurisdição retomarão o curso para julgamento e aplicação da tese firmada pelo tribunal superior;

15.15.3.8.5.5. Diligências do relator

O relator poderá (art. 1038, I a III e § 1º, do CPC):

1º – solicitar ou admitir manifestações de pessoas, órgãos ou entidades com interesse na controvérsia, considerando a relevância da matéria e consoante dispuser o regimento interno;

2º – fixar data para, em audiência pública, ouvir depoimentos de pessoas com experiência e conhecimento na matéria, com a finalidade de instruir o procedimento;

3º – requisitar informações aos tribunais inferiores a respeito da controvérsia e, cumprida a diligência, intimará o MP para manifestar-se, no prazo de 15 dias, preferencialmente por meio eletrônico;

Transcorrido o prazo para o MP e remetida cópia do relatório aos demais ministros, haverá inclusão em pauta, devendo ocorrer o julgamento com preferência sobre os demais feitos, ressalvados os que envolvam réu preso e os pedidos de *habeas corpus* (art. 1038, § 2º, do CPC).

O conteúdo do acórdão abrangerá a análise dos fundamentos relevantes da tese jurídica discutida (art. 1038, § 3º, do CPC).

15.15.3.8.6. Efeitos do recurso extraordinário

Em regra, o recurso extraordinário possui, apenas o efeito devolutivo, remetendo-se o processo para julgamento perante o STF; ou seja, sua interposição não suspende os efeitos da decisão recorrida. Este dispositivo é plenamente aplicável em decisões que favoreçam o acusado, como, por exemplo, decisões absolutórias; decisões que concedam benefícios de progressão de regime de cumprimento de pena etc., ou seja, os efeitos destas decisões não serão suspensos pelo fato de a acusação ter interposto recurso extraordinário em face delas.

Tornou-se pacífico, junto ao STF, especialmente depois do julgamento do HC 84078, em 2009, que o recurso extraordinário possuía efeito suspensivo, se interposto contra uma decisão condenatória, impedindo que a pena fosse executada, sem que antes houvesse o julgamento do recurso extraordinário e o consequente trânsito em julgado da condenação, em homenagem ao princípio constitucional da presunção de inocência. Era vedada, assim, a execução provisória da pena. Esse entendimento prevaleceu de 2009 até 2016.

Ocorre que, como já vimos, em fevereiro de 2016, o STF (HC 126292), por maioria de seus ministros, mudou de posição, passando a entender que a execução provisória não feria o princípio da presunção de inocência. A questão foi novamente enfrentada na análise das medidas cautelares, quando do julgamento das Ações Declaratórias de Constitucionalidade (ADCs) 43 e 44, e, no julgamento, pelo Plenário Virtual, do Recurso Extraordinário com Agravo (ARE) 964246, com repercussão geral, decisões essas que declararam a constitucionalidade da execução provisória.

Em outras palavras, o entendimento atual é de que, até que seja prolatada a sentença condenatória, confirmada em segundo grau, deve-se presumir a inocência do réu. Mas, depois deste momento, exaure-se o princípio da não culpabilidade, porque os recursos cabíveis da decisão de segundo grau, ao STJ (recurso especial) e ao STF (recurso extraordinário), não se prestam a discutir fatos e provas, mas apenas questões de direito. Sendo assim, torna-se possível o início da execução da pena após confirmação da sentença em segundo grau, pelo Tribunal, pouco importando que esteja em trâmite um recurso extraordinário ou especial, não se ofendendo, com isso, o princípio da presunção de inocência. Em conclusão: a interposição de recurso extraordinário ou especial, no caso de decisão condenatória por Tribunal, não tem efeito suspensivo, podendo, assim, ser cumprida, pelo condenado, a pena imposta, embora possa ser concedido efeito suspensivo a tais recursos (art. 1029, § 5º, do CPP), suspendendo o efeito da condenação.

15.15.3.9. Recurso especial

15.15.3.9.1. Conceito

É modalidade de recurso julgado privativamente pelo STJ, quando as decisões recorridas, emanadas dos Tribunais dos Estados, do Distrito Federal ou dos Tribunais Regionais Federais, tiverem contrariado ou negado vigência aos tratados ou lei federal, julgado válido ato de governo local (quaisquer atos administrativos), contestado em face de lei federal, ou ainda quando derem interpretação divergente da que lhe haja atribuído outro tribunal.

A finalidade do recurso especial é assegurar a vigência da legislação federal, e dos tratados internacionais, e sua interpretação uniforme entre os Tribunais do país. Não é possível a interposição de recurso especial contra as decisões das Turmas Recursais do Juizado Especial Criminal, porque não são considerados Tribunais, mas como mero colegiado de juízes de 1ª instância que atuem no Juizado.

Este recurso é previsto no art. 105, III, da CF e regulamentado pelos arts. 1029/1041 do CPC

15.15.3.9.2. Pressuposto de admissão

O pressuposto para a admissão do recurso especial é que todos os demais recursos ordinários já tenham sido interpostos.

15.15.3.9.3. Condições de admissão

As condições para que o recurso especial seja admitido são as seguintes:

1ª – o recurso deve ter por objeto, exclusivamente, questões jurídicas, abstratas, e não se presta à reanálise das provas

Súmula 7 do STJ: "A pretensão de simples reexame de prova não enseja recurso especial".

No entanto, importante esclarecer que é admissível, ao STJ, que, ante contornos fáticos incontroversos perfeitamente demarcados no acórdão do qual se interpôs recurso especial, dar diversa interpretação aos mesmos fatos, adequando – os à interpretação da lei federal expendida por aquele Tribunal Superior. Em caso concreto apreciado pelo STJ[110] em que o acusado foi condenado por roubo tentado, porque não teve a posse mansa e pacífica da coisa subtraída, decidiu-se que o delito seria consumado e não tentado, tendo por premissa justamente a interpretação de fatos incontroversos, devidamente demarcados no acórdão recorrido. *In casu*, reconheceu-se a violação do art. 14, I e 157, do Código Penal, em sede de recurso especial, a fim de decidir-se pela forma consumada – e não tentada – do delito de roubo.

Ainda é possível que, em grau de recurso especial, o STJ afaste a incidência de determinadas circunstâncias judiciais reconhecidas no acórdão recorrido, a fim de readequar a pena, com fundamento na violação da interpretação dada ao art. 59 do CP (que trata das circunstâncias judiciais)[111].

2ª – prequestionamento

O Tribunal *a quo* deve ter tido a oportunidade de se manifestar a respeito da questão federal controvertida, nem que através do julgamento de embargos declaratórios interpostos pela parte para provocar uma decisão a respeito do tema.

---

110. STJ. Recurso Especial 1.499.050/RJ (2014/0319516-0). Rel. Min. Rogério Schietti Cruz.
111. STJ – Recurso Especial 897.734/ PR (2006/0224597-9). Rel. Min. Nefi Cordeiro.

3ª – **decisão combatida que contrarie, em tese, tratado ou lei federal, ou negar-lhes vigência (art. 105, III, *a*, da CF);**

A finalidade é clara desse dispositivo constitucional: tutelar a vigência da legislação federal e dos tratados internacionais. Quanto aos tratados internacionais, o STJ exerce **juízo de convencionalidade**, de modo que, em se tratando de tratados ou convenções de direito internacional que versem a respeito de direitos humanos, que possuem **status de supralegalidade**[112] (estão acima da legislação federal e apenas abaixo da Constituição Federal), caberá ao STJ aquilatar se a lei federal contraria ou não tratado internacional. Caso constate essa contrariedade, o STJ o declara, afastando do mundo jurídico a norma federal conflitante com o tratado.

Em interessante caso concreto, o STJ[113], através de julgamento de recurso especial que discutia a incompatibilidade do tipo penal de desacato (art. 331 do CP) com a Convenção Americana de Direitos Humanos (Pacto São José de Costa Rica), afastou sua tipicidade a fim de invalidar a condenação do acusado por tal crime, sob o fundamento (equivocado a nosso ver) que a existência do crime de desacatado violaria o art. 13 da citada Convenção, o qual assegura, a toda pessoa, o direito à liberdade de pensamento e de expressão (*como se a proibição penal de xingamentos gratuitos e ofensas pessoais aos agentes do Estado fossem essenciais ao exercício da liberdade de expressão!*). O mesmo STJ, em outra decisão, reputou não haver qualquer ofensa à Convenção de Direitos Humanos, na tipificação do delito de desacato[114]. Na mesma toada, a 2ª Turma, do STF, decidiu, ao julgar *habeas corpus* que apontava colisão do tipo penal de desacato com a Constituição e com a Convenção Americana de Direitos Humanos, que a previsão legal do tipo de desacato em nada agride a ordem jurídica, porque referida infração penal viola a dignidade, o prestígio e a respeitabilidade da função pública, além de resguardar a honra do próprio agente público[115].

Fundamental ressaltar que os tratados e convenções internacionais, se aprovados pelo rito de emendas constitucionais, e possuindo o mesmo valor jurídico daquelas (art. 5º, § 3º, da CF), caso contrariados por lei federal, *tal questão será dirimida, mediante recurso extraordinário, a ser julgado pelo STF, porque seria caso de controle de constitucionalidade (norma constitucional violada), e não pelo STJ*. No entanto, os tratados e convenções internacionais, aprovados *antes* do acréscimo do § 3º ao art. 5º, da Lei Maior (inserido, por sua vez, pela Emenda Constitucional 45, de 8 – 12 – 2004), como a Convenção de São José da Costa Rica (de direitos humanos), por se tratar de tratado federal, com status de supralegalidade, *mas sem serem normas constitucionais*, se submetem a julgamento pelo STJ, mediante recurso especial, com fundamento no art. 105, III, *a*, da CF.

4ª – **divergência entre tribunais diversos a respeito da mesma lei federal**

Quando o fundamento para a interposição do recurso especial for a divergência na interpretação da lei federal, é certo que não basta o desacordo entre decisões do

---

112. STF. Pleno. Recurso Extraordinário 466.343/SP. Rel. Min. Cezar Peluso.
113. STJ. 5ª T. REsp 1640084. Rel. Min. Ribeiro Dantas.
114. STJ – Recurso Especial 1.743.448/MT (0202885-8). Rel. Min. Rogerio Schietti Cruz.
115. STF – HC 141.949/DF. 2ª T. Rel. Min. Gilmar Mendes. STF – HC 154.143/RJ. Rel. Min. Celso de Mello.

mesmo tribunal, sendo necessárias decisões conflitantes entre tribunais diferentes. É o que estipula a Súmula 13 do STJ: "A divergência entre julgados do mesmo Tribunal não enseja recurso especial".

Se o mérito do recurso especial tiver sido decidido sob o enfoque de violação de dispositivo de lei federal, não há necessidade de se analisar eventual divergência jurisprudencial apontada no recurso[116].

15.15.3.9.4. Disposições gerais do recurso especial

15.15.3.9.4.1. Interposição por petição. Prazo. Requisitos

O recurso especial será interposto, no prazo de 15 dias, perante o presidente ou vice-presidente do Tribunal recorrido, assumindo a forma de petição (art. 1029, *caput*, do CPC). O recurso especial conterá, assim, a interposição, acompanhada necessariamente das razões recursais.

A petição, inserida as razões recursais, deverá conter (art. 1029, incisos I a III, do CPC):

1º – a exposição do fato e do direito;

2º – a demonstração do cabimento do recurso interposto;

3º – as razões do pedido de reforma ou de invalidação da decisão recorrida.

No caso de recurso especial fundado na **divergência entre tribunais diversos a respeito da mesma lei federal**, não basta o desacordo entre decisões do mesmo tribunal, sendo necessárias decisões conflitantes entre tribunais diferentes. É como soa a Súmula 13 do STJ: "A divergência entre julgados do mesmo Tribunal não enseja recurso especial".

Estabelece o § 1º do art. 1029 do CPC que, "Quando o recurso fundar-se em dissídio jurisprudencial, o recorrente fará a prova da divergência com a certidão, cópia ou citação do repositório de jurisprudência, oficial ou credenciado, inclusive em mídia eletrônica, em que houver sido publicado o acórdão divergente, ou ainda com a reprodução de julgado disponível na rede mundial de computadores, com indicação da respectiva fonte, devendo-se, em qualquer caso, mencionar as circunstâncias que identifiquem ou assemelhem os casos confrontados".

Regulamenta, ainda, a disciplina de tal recurso, o § 3º do art. 255 do RISTJ (Regimento Interno do STJ) apontando que são repositórios oficiais de jurisprudência, a Revista Trimestral de Jurisprudência do Supremo Tribunal Federal, a Revista do Superior Tribunal de Justiça e a Revista do Tribunal Federal de Recursos e, autorizados ou credenciados publicações especializadas.

15.15.3.9.4.2. Pedido de concessão de efeito suspensivo

O pedido de concessão de efeito suspensivo a recurso especial poderá ser formulado por requerimento dirigido (art. 1029, § 5º, incisos I a III, do CPC):

---

116. STJ – 6ª T. AgRg no AREsp n 565.609/SP, Rel. Min. Sebastião Reis Júnior, 6ª T., DJe 05/12/2014.

1º – ao STJ, no período compreendido entre a publicação da decisão de admissão do recurso e sua distribuição, ficando o relator designado para seu exame prevento para julgá-lo. Apenas com a admissão da irresignação recursal (o recurso especial) junto ao Tribunal competente é que, por inaugurar a jurisdição do STJ, abre-se a possibilidade de se conceder efeito suspensivo ao recurso especial, embora seja possível atribuir tal efeito, se ficar demonstrada teratologia do acórdão impugnado ou a manifesta contrariedade à orientação jurisprudencial do STJ, aliada a um dano de difícil reparação[117].

2º – ao relator, se já distribuído o recurso; em caso submetido à análise do STJ[118], o relator, após já haver distribuição do recurso, concedeu efeito suspensivo ao Recurso Especial interposto pela defesa, em razão de haver a possibilidade de alguns dos delitos imputados ao acusado terem sido fulminados pela prescrição, o que autorizaria regime de cumprimento de pena mais brando que o fixado (que era o fechado); consubstanciado o *periculum in mora*, deferiu-se o pleito cautelar.

3º – ao presidente ou ao vice-presidente do tribunal recorrido, no período compreendido entre a interposição do recurso e a publicação da decisão de admissão do recurso;

15.15.3.9.4.3. Oferecimento de contrarrazões e decisões possíveis a serem tomadas pelo Tribunal recorrido a respeito do recurso oferecido

Recebida a petição do recurso especial pela secretaria do tribunal, o recorrido será intimado para apresentar contrarrazões no prazo de 15 dias, findo o qual os autos serão conclusos ao presidente ou ao vice-presidente do tribunal recorrido, que deverá (art. 1030, I a V, do CPC):

1º – negar seguimento a recurso especial interposto contra acórdão que esteja em conformidade com o entendimento do STJ exarado no regime de recurso repetitivo;

2º – encaminhar o processo ao órgão julgador para realização do juízo de retratação, se o acórdão recorrido divergir do entendimento do STJ exarado, nos regimes de recursos repetitivos;

3º – sobrestar o recurso que versar sobre controvérsia de caráter repetitivo, ainda não decidida pelo STJ;

4º-selecionar o recurso como representativo de controvérsia infraconstitucional no caso de julgamento de recursos especial repetitivos;

5º – realizar o juízo de admissibilidade e, se positivo, remeter o feito ao STJ, desde que:

---
117. Informativo do STJ. 1206/2018. STJ – Min. Felix Fischer. STJ – AgRG na MC 21.980/DF. 1ª T. Rel. Min. Sérgio Kukina. Julgado em 04/08/2016, DJe 16/08/2016.
118. STJ – TutPrv no Recurso Especial nº 1.590.350/MT (2016/0081111-6). Rel. Min. Jorge Mussi.

5.1. – o recurso ainda não tenha sido submetido ao regime de recursos repetitivos;

5.2. – o recurso tenha sido selecionado como representativo da controvérsia;

5.3. – o tribunal recorrido tenha refutado o juízo de retratação.

15.15.3.9.4.4. Recurso cabível da decisão de inadmissibilidade do recurso especial

Da decisão de inadmissibilidade proferida no item 5, acima, caberá agravo ao tribunal superior (art. 1030, § 1º, do CPC).

Se a decisão de inadmissibilidade do recurso se prender aos itens 1 e 3, acima, caberá agravo interno (art. 1030, § 2º, do CPC).

15.15.3.9.4.5. Desconsideração de vício formal

O STJ poderá desconsiderar vício formal de recurso tempestivo ou determinar sua correção, desde que não o repute grave (art. 1029, § 3º, do CPC).

15.15.3.9.4.6. Diligências que podem ser determinadas pelo relator

O relator poderá (art. 1038, I a III e § 1º, do CPC):

1º – solicitar ou admitir manifestações de pessoas, órgãos ou entidades com interesse na controvérsia, considerando a relevância da matéria e consoante dispuser o regimento interno;

2º – fixar data para, em audiência pública, ouvir depoimentos de pessoas com experiência e conhecimento na matéria, com a finalidade de instruir o procedimento;

3º – requisitar informações aos tribunais inferiores a respeito da controvérsia e, cumprida a diligência, intimará o MP para manifestar-se, no prazo de 15 dias, preferencialmente por meio eletrônico;

Transcorrido o prazo para o MP e remetida cópia do relatório aos demais ministros, haverá inclusão em pauta, devendo ocorrer o julgamento com preferência sobre os demais feitos, ressalvados os que envolvam réu preso e os pedidos de *habeas corpus* (art. 1038, § 2º, do CPC).

O conteúdo do acórdão abrangerá a análise dos fundamentos relevantes da tese jurídica discutida (art. 1038, § 3º, do CPC).

15.15.3.9.4.7. Possibilidade de julgamento monocrático do recurso especial pelo relator

Distribuído o recurso, o relator, após vista ao Ministério Público, pelo prazo de vinte dias, poderá (art. 255, § 4º, do RISTJ):

1º – não conhecer do recurso especial inadmissível, prejudicado ou que não tiver impugnado especificamente os fundamentos da decisão recorrida;

2º – negar provimento ao recurso especial que for contrário à tese fixada em julgamento de recurso repetitivo ou de repercussão geral, a entendimento firmado em incidente de assunção de competência, ou, ainda, a súmula ou jurisprudência consolidada do Supremo ou do STJ;

3º – dar provimento ao recurso especial após vista ao recorrido, se o acórdão recorrido for contrário a tese fixada em julgamento de recurso repetitivo ou de repercussão geral, a entendimento firmado em incidente de assunção de competência, ou ainda, a súmula ou jurisprudência consolidada do Supremo ou do STJ.

Dessas decisões do relator possível a interposição, pela parte, de agravo regimental em matéria penal, em cinco dias, requerendo a apresentação do feito em mesa relativo à matéria penal em geral, para que a Turma se pronuncie, confirmando ou reformando a decisão monocrática proferida (art. 258, *caput*, do RISTJ).

Importante salientar que há entendimento do STF no sentido de que o relator, do STJ, não poderá decidir, monocraticamente, o recurso especial, devendo, em respeito ao princípio da colegialidade e do devido processo legal, a questão ser decidida pelo colegiado[119].

O agravo regimental será submetido ao prolator da decisão, que poderá reconsiderá-la ou submeter o agravo ao julgamento da Turma, computando-se também o seu voto (art. 258, § 3º, do RISTJ).

Se a decisão agravada for do Presidente da Seção, o julgamento será presidido por seu substituto que votará no caso de empate (art. 258, § 4º, do RISTJ).

15.15.3.9.4.8. Julgamento do recurso especial pela Turma

Não sendo o caso de julgamento monocrático pelo relator, a Turma verificará, preliminarmente, se o recurso é cabível; decidida a preliminar pela negativa, a Turma não conhecerá do recurso; se afirmativa a preliminar, a Turma julgará a causa, aplicando o direito à espécie (art. 255, § 5º, do RISTJ).

Julgado o recurso especial criminal, a decisão favorável ao réu preso será imediatamente comunicada às autoridades a quem couber cumpri-la, sem prejuízo da remessa de cópia do acórdão (art. 255, § 6º, do RISTJ).

15.15.3.9.5. *Julgamento de recurso especial repetitivo*

15.15.3.9.5.1. Pressuposto

Havendo multiplicidade de recursos especiais com fundamento em idêntica questão de direito, haverá afetação para julgamento, de acordo com o disposto no Regimento

---

119. Informativo do STF. 16/04/2013. HC 115535. 2ª T. Rel. Min. Ricardo Lewandowski.

Interno do STF (art. 1036, *caput*, do CPC). O Regimento Interno do STJ disciplina, em detalhes, o procedimento do recurso especial repetitivo nos seus arts. 256/257 – E).

15.15.3.9.5.2. Procedimento. Selecionamento de processos representativos da controvérsia

O presidente ou vice-presidente de tribunal de justiça ou de tribunal regional federal selecionará dois ou mais recursos representativos da controvérsia, que serão encaminhados ao STJ para fins de afetação, determinando a suspensão do trâmite de todos os processos pendentes, que tramitem no Estado ou na região, conforme o caso (art. 1036, § 1º, do CPC).

A escolha feita pelo presidente ou vice-presidente do tribunal de justiça ou tribunal regional federal não vinculará o relator no tribunal superior, que poderá selecionar outros recursos representativos da controvérsia (art. 1036, § 4º, do CPC).

O relator em tribunal superior também poderá selecionar dois ou mais recursos representativos da controvérsia para julgamento da questão de direito, independentemente da iniciativa do presidente ou vice-presidente do tribunal de origem (art. 1036, § 5º, do CPC).

Somente podem ser selecionados recursos admissíveis que contenham abrangente argumentação e discussão a respeito da questão a ser decidida (art. 1036, § 6º, do CPC).

O interessado poderá requerer, ao presidente ou ao vice-presidente, que exclua da decisão de sobrestamento e inadmita o recurso especial que tenha sido interposto intempestivamente, tendo o recorrente o prazo de cinco dias para manifestar-se a respeito (art. 1036, § 2º, do CPC).

Da decisão que indeferir o requerimento supra, caberá agravo interno (art. 1036, § 3º, do CPC).

15.15.3.9.5.3. Decisão de afetação positiva e negativa

Selecionados os recursos, o relator do STJ, constando o pressuposto do julgamento do recurso especial repetitivo, que é a multiplicidade de recursos especiais, proferirá decisão de afetação, na qual (art. 1037, do CPC):

1º – identificará com precisão a questão a ser submetida a julgamento;

2º – determinará a suspensão de todos os processos pendentes que versem sobre a questão e tramitem no território nacional. Certo que as partes deverão ser intimadas da decisão de suspensão de seu processo a ser proferida pelo respectivo juiz ou relator quando informado da decisão do relator do STJ.

Demonstrando distinção entre a questão a ser decidida no processo e aquela a ser julgada no recurso extraordinário afetado, a parte poderá requerer o prosseguimento do seu processo (art. 1037, § 9º, do CPC).

Esse requerimento será dirigido (art. 1037, § 10, do CPC):

2.1. – ao juiz, se o processo sobrestado estiver em primeiro grau;

2.2. – ao relator, se o processo sobrestado estiver no tribunal de origem;

2.3. – ao relator do acórdão recorrido, se for sobrestado recurso especial no tribunal de origem;

2.4 – ao relator, no STJ, de recurso especial cujo processamento houver sido sobrestado.

Deverá ser aberta vista à outra parte para se manifestar, em cinco dias (art. 1037, § 11, do CPC).

Reconhecida a distinção, o próprio juiz ou relator dará prosseguimento ao processo; da decisão que resolver a questão, caberá agravo de instrumento, se o processo estiver em primeiro grau, ou agravo interno, se a decisão for do relator (art. 1037, § 13, do CPC).

3º – poderá requisitar aos presidentes ou vice-presidentes dos tribunais de justiça ou dos tribunais regionais federais a remessa de um recurso representativo da controvérsia.

Caso os recursos requisitados como representativos da controvérsia contiverem outras questões além daquela que é objeto da afetação, caberá ao tribunal decidir esta em primeiro lugar e depois as demais, em acórdão específico para cada processo (art. 1037, § 7º, do CPC).

Havendo mais de uma afetação, será prevento o relator que primeiro tiver proferido a decisão (art. 1037, § 3º, do CPC).

Recursos afetados

Os recursos afetados deverão ser julgados no prazo de um ano e terão preferência sobre os demais feitos, ressalvados os que envolvam réu preso e os pedidos de *habeas corpus* (art. 1037, § 4º, do CPC).

Recursos não afetados

Se, após receber os recursos selecionados, não se proceder à afetação, o relator, no tribunal superior, comunicará o fato ao presidente ou ao vice-presidente que os houver enviado, para que seja revogada a suspensão determinada nos termos do art. 1036, § 1º, do CPC (art. 1037, § 1º, do CPC).

15.15.3.9.5.4. Efeitos do julgamento dos recursos afetados

Decididos os recursos afetados, os órgãos colegiados declararão prejudicados os demais recursos versando sobre idêntica controvérsia ou os decidirão aplicando a tese firmada (art. 1039, *caput*, do CPC).

Consoante determina o art. 1040, do CPC, publicado o acórdão paradigma:

1º – o presidente ou o vice-presidente do tribunal de origem negará seguimento aos recursos especiais sobrestados na origem, se o acórdão recorrido coincidir com a orientação do tribunal superior;

2º – o órgão que proferiu o acórdão recorrido, na origem, reexaminará o processo de competência originária, a remessa necessária ou o recurso anteriormente julgado, se o acórdão recorrido contrariar a orientação do tribunal superior.

Se o recurso versar sobre outras questões, caberá ao presidente ou ao vice-presidente do tribunal recorrido, depois do reexame pelo órgão de origem e independentemente de ratificação do recurso, sendo positivo o juízo de admissibilidade, determinar a remessa do recurso ao STJ para julgamento das demais questões (art. 1041, § 2º, do CPC).

Reexaminado o recurso, e mantido o acórdão divergente pelo tribunal de origem, o recurso especial será remetido ao STJ, nos termos do § 1º do art. 1036 do CPC (art. 1041, *caput*, do CPC).

Realizado o juízo de retratação, com alteração do acórdão divergente, o tribunal de origem, se for o caso, decidirá as demais questões ainda não decididas cujo enfrentamento se tornou necessário em decorrência da alteração (art. 1041, § 1º, do CPC).

3º – os processos suspensos em primeiro e segundo graus de jurisdição retomarão o curso para julgamento e aplicação da tese firmada pelo tribunal superior;

15.15.3.9.5.5. Diligências do relator

O relator poderá (art. 1038, I a III e § 1º, do CPC):

1º – solicitar ou admitir manifestações de pessoas, órgãos ou entidades com interesse na controvérsia, considerando a relevância da matéria e consoante dispuser o regimento interno;

2º – fixar data para, em audiência pública, ouvir depoimentos de pessoas com experiência e conhecimento na matéria, com a finalidade de instruir o procedimento;

3º – requisitar informações aos tribunais inferiores a respeito da controvérsia e, cumprida a diligência, intimará o MP para manifestar-se, no prazo de 15 dias, preferencialmente por meio eletrônico;

Transcorrido o prazo para o MP e remetida cópia do relatório aos demais ministros, haverá inclusão em pauta, devendo ocorrer o julgamento com preferência sobre os demais feitos, ressalvados os que envolvam réu preso e os pedidos de *habeas corpus* (art. 1038, § 2º, do CPC).

O conteúdo do acórdão abrangerá a análise dos fundamentos relevantes da tese jurídica discutida (art. 1038, § 3º, do CPC).

15.15.3.9.6. Efeitos do recurso especial

Em regra, o recurso especial, possui, apenas o efeito devolutivo, ou seja, sua interposição não suspende os efeitos da decisão recorrida, remetendo-se o processo para julgamento perante o STJ. Este dispositivo é plenamente aplicável em decisões que favoreçam o acusado, como, por exemplo, decisões absolutórias, que concedam benefícios de progressão de regime de cumprimento de pena etc., ou seja, os efeitos destas decisões não serão suspensos pelo fato de a acusação ter interposto recurso especial em face delas.

Entendia-se, até o ano de 2009, no STF (HC 84078), que o recurso extraordinário e também o especial possuíam efeito suspensivo, se interpostos contra uma decisão condenatória, ao impedir que a pena fosse executada, sem que antes houvesse o julgamento de tais recursos e o consequente trânsito em julgado da condenação, em homenagem ao princípio constitucional da presunção de inocência. Era vedada, assim, a execução provisória da pena.

Ocorre que, como já vimos, a partir de fevereiro de 2016[120], o STF, passou a entender, por maioria de seus ministros[121], que a execução provisória não feria o princípio da presunção de inocência, de modo que os recursos especial e extraordinário não possuíam efeito suspensivo. Não obstante a possibilidade de execução provisória, nada impede a concessão de efeito suspensivo ao recurso especial (e também ao recurso extraordinário), nos termos do art. 1029, § 5º, do CPC, a fim de se suspender a execução da pena.

15.15.3.9.7. Interposição conjunta de recurso extraordinário e especial

Na hipótese de interposição conjunta de recurso extraordinário e especial, os autos serão remetidos ao STJ (art. 1031, *caput*, do CPC).

Concluído o julgamento do recurso especial, os autos serão remetidos ao Supremo Tribunal Federal para apreciação do recurso extraordinário, se este não estiver prejudicado (art. 1031, § 1º, do CPC).

Se o relator do recurso especial considerar prejudicial o recurso extraordinário, em decisão irrecorrível, sobrestará o julgamento e remeterá os autos ao Supremo Tribunal Federal (art. 1031, § 2º, do CPC).

Na hipótese da remessa referida acima, se o relator do recurso extraordinário, em decisão irrecorrível, rejeitar a prejudicialidade, devolverá os autos ao STJ para o julgamento do recurso especial (art. 1031, § 3º, do CPC).

15.15.3.9.8. Recurso especial que versa sobre questão constitucional

Se o relator, do STJ, entender que o recurso especial versa sobre questão constitucional, deverá conceder o prazo de quinze dias para que o recorrente demonstre

---

120. STF. HC 126292. Pleno.
121. STF. HC. Pleno. HC 126.292/SP.

a existência de repercussão geral e se manifeste sobre a questão constitucional (art. 1032, *caput*, do CPC).

Cumprida a diligência, o relator remeterá o recurso ao Supremo que, em juízo de admissibilidade, poderá devolvê-lo ao STJ.

15.15.3.9.9. Agravo em Recurso Especial e em Recurso Extraordinário

Cabe agravo contra decisão do presidente ou vice-presidente do tribunal recorrido que inadmitir recurso extraordinário ou recurso especial, salvo quando fundado na aplicação de entendimento firmado em regime de repercussão geral ou em julgamento de recursos repetitivos (art. 1042, *caput*, do CPC). O prazo para a interposição do agravo é o geral: 15 dias, de acordo com a regra do § 5º do art. 1003 do CPC.

A petição de agravo será dirigida ao presidente ou ao vice-presidente do tribunal de origem e independe do pagamento de custas e despesas postais, aplicando-se a ela o regime de repercussão geral e de recursos repetitivos, inclusive à possibilidade de sobrestamento e do juízo de retratação (art. 1042, § 2º, do CPC).

O agravo será intimado, de imediato, para oferecer resposta no prazo de 15 dias (art. 1042, § 3º, do CPC).

Após o prazo de resposta, não havendo retratação, o agravo será remetido ao tribunal superior competente (art. 1042, § 4º, do CPC).

O agravo poderá ser julgado, conforme o caso, conjuntamente com o recurso especial ou extraordinário, assegurada, neste caso, sustentação oral, observando-se, ainda, o regimento interno do Tribunal (art. 1042, § 5º, do CPC).

Na hipótese de interposição conjunta de recursos extraordinários e especial, o agravante deverá interpor um agravo para cada recurso não admitido (art. 1042, § 6º, do CPC).

Havendo apenas um agravo, o recurso será remetido ao tribunal competente (STF ou STJ); havendo interposição conjunta, os autos serão remetidos ao STJ (art. 1042, § 7º, do CPC).

Concluído o julgamento do agravo pelo STJ, e se for o caso, do recurso especial, independentemente de pedido, os autos serão remetidos ao Supremo para apreciação do agravo a ele dirigido, salvo se estiver prejudicado (art. 1042, § 8º, do CPC).

15.15.3.10. Embargos de divergência perante o STF e o STJ

15.15.3.10.1. Conceito. Previsão normativa. Prazo

Esse recurso *era previsto* no art. 29 da Lei 8.038/90, hoje revogado pela Lei 13.105/2015 (novo Código de Processo Civil).

Atualmente, os embargos de divergência são previstos nos arts. 1043/1044 do CPC.

Os embargos de divergência são um recurso que podem ser opostos pela parte quando houver divergência entre órgãos fracionários entre si ou entre órgãos fracionários e o Pleno do STF, no julgamento de recurso extraordinário; ou havendo divergências entre as Turmas, ou entre Turma e Seção, ou entre elas e a Corte Especial, no STJ, no julgamento de recurso especial.

O prazo para sua interposição é de 15 dias (art. 1003, § 5º, do CPC).

15.15.3.10.2. Hipóteses de cabimento

Segundo o art. 1043 do CPC, é possível a oposição de embargos de divergência tendo por objeto o acórdão de órgão fracionário que:

1º – em recurso extraordinário ou em recurso especial, divergir do julgamento de qualquer outro órgão do mesmo tribunal, sendo os acórdãos, embargado e paradigma, de mérito;

2º – em recurso extraordinário ou em recurso especial, divergir do julgamento de qualquer outro órgão do mesmo tribunal, sendo um acórdão de mérito e outro que não tenha conhecido do recurso, embora tenha apreciado a controvérsia.

15.15.3.11. Regras gerais do recurso de embargos de divergência

Poderão ser confrontadas teses jurídicas contidas em julgamentos de recursos e de ações de competência originária (art. 1043, § 1º, do CPC).

A divergência que autoriza a interposição de embargos de divergência pode verificar-se na aplicação do direito material ou do direito processual (art. 1043, § 2º, do CPC).

Cabem embargos de divergência quando o acórdão paradigma for da mesma turma que proferiu a decisão embargada, desde que sua composição tenha sofrido alteração em mais da metade de seus membros (art. 1043, § 3º, do CPC).

O recorrente provará a divergência com certidão, cópia ou citação de repositório oficial ou credenciado de jurisprudência, inclusive em mídia eletrônica, onde foi publicado o acórdão divergente, ou com a reprodução de julgado disponível na rede mundial de computadores, indicando a respectiva fonte, e mencionará as circunstâncias que identificam ou assemelham os casos confrontados (art. 1043, § 4º, do CPC).

15.15.3.12. Embargos de divergência e regimento interno

No recurso de embargos de divergência, será observado o procedimento estabelecido no regimento interno do respectivo tribunal superior (art. 1044, *caput*, do CPC).

Regimento interno do STF

Os embargos de divergência são previstos nos arts. 330/332, 334, 335 e 336 do RISTF, tendo por finalidade uniformizar o entendimento do direito pelo Pretório Excelso, havendo divergência entre suas Turmas, ou entre as Turmas e o Pleno.

Cabem embargos de divergência à decisão de Turma que, em recurso extraordinário ou em agravo de instrumento, divergir de julgado de outra Turma ou do Plenário na interpretação do direito federal (art. 330 do RISTF).

A divergência será comprovada mediante certidão, cópia autenticada ou pela citação do repositório de jurisprudência, oficial ou credenciado, inclusive em mídia eletrônica, em que tiver sido publicada a decisão divergente, ou ainda pela reprodução de julgado disponível na internet, com indicação da respectiva fonte, mencionando, em qualquer caso, as circunstâncias que identifiquem ou assemelhem os casos confrontados (art. 331, *caput*, do RISTF).

Não cabem os embargos de divergência, se a jurisprudência do Plenário ou de ambas as Turmas estiver firmada no sentido da decisão embargada, a não ser que, qualquer dos Ministros, venha a propor a revisão da jurisprudência assentada em matéria constitucional e da compendiada na Súmula, procedendo-se ao sobrestamento do feito, se necessário (art. 332 do RISTF).

Os embargos de divergência serão opostos no prazo de quinze dias perante a Secretaria (art. 334 do RISTF). Interpostos os embargos, o relator abrirá vista ao recorrido, por quinze dias, para contrarrazões (art. 335, *caput*, do RISTF). Da decisão que não admitir os embargos, caberá agravo, em cinco dias, para o órgão competente para o julgamento do recurso (art. 335, § 2º, do RISTF).

Admitidos os embargos, proceder-se-á à distribuição: se a decisão embargada for de uma Turma, far-se-á a distribuição dos embargos dentre os Ministros da outra; se do Plenário, serão excluídos da distribuição o Relator e o Revisor (art. 335, § 3º e art. 75, do RISTF).

O Plenário, então, julgará a matéria (art. 336, § único, do RISTF).

Regimento interno do STJ

Os embargos de divergência são previstos nos arts. 226/267 do RISTJ.

Sorteado o relator, ele poderá indeferir os embargos de divergência liminarmente se intempestivos ou se não comprovada ou não configurada a divergência jurisprudencial atual, ou negar-lhes provimento caso a tese deduzida no recurso seja contrária a fixada em julgamento de recurso repetitivo ou de repercussão geral, a entendimento firmado em incidente de assunção de competência, a súmula do STF ou do STJ, ou, ainda a jurisprudência dominante acerca do tema (art. 266 – C, do RISTJ).

O Ministério Público terá vista dos autos por vinte dias (art. 266 – D, do RISTJ).

Admitido os embargos de divergência em decisão fundamentada, promover-se-á a publicação, no Diário da Justiça eletrônico, do termo de vista ao embargado, para apresentar impugnação nos 15 dias subsequentes (art. 267, *caput*, do RISTJ).

Impugnados ou não os embargos, serão os autos conclusos ao relator, que pedirá a inclusão do feito na pauta de julgamento (art. 267, § único, do RISTJ).

Os embargos de divergência serão julgados pela Corte Especial do STJ, se a divergência for entre Turmas de Seções diversas, entre Seções, entre Turma e Seção que não integra ou entre Turma e Seção com a própria Corte Especial (art. 11, XIII, do RISTJ).

No caso de divergência entre Turmas da mesma Seção ou divergirem de decisão da Seção, os embargos de divergência serão julgados pelas Seções (art. 12, § único, I, do RISTJ). O recurso, se envolver matéria criminal, deverá ser julgado, então, pela 3ª Seção do STJ (reunião das duas Turmas Criminais, a 5ª e a 6ª).

15.15.3.13. Efeitos da interposição dos embargos de divergência

A interposição de embargos de divergência no Superior Tribunal de Justiça interrompe o prazo para interposição de recurso extraordinário por qualquer das partes (art. 1044, § 1º, do CPC).

Se os embargos de divergência forem desprovidos ou não alterarem a conclusão do julgamento anterior, o recurso extraordinário interposto pela outra parte antes da publicação do julgamento dos embargos de divergência será processado e julgado independentemente de ratificação (art. 1044, § 2º, do CPC).

15.15.3.14. Embargos de divergência são aplicáveis ao CPP?

A nosso ver, mostra-se plenamente aplicável, também ao CPP, o recurso de embargos de divergência, utilizando-se por analogia os dispositivos do CPC acima estudados, até porque a matéria de fundo que alimenta um processo criminal é, na essência, de interesse público: a segurança social e a liberdade individual, não havendo porque, então, se alijar da discussão dialética própria dos recursos tão relevante matéria.

15.15.3.15. O MP poderá opor embargos de divergência?

Não há qualquer empecilho legal ou regimental para tanto, de modo que se mostra possível que o *Parquet* oponha embargos de divergência.

15.15.3.16. Embargos Infringentes junto ao STF

15.15.3.16.1. Conceito. Previsão Regimental. Hipóteses de cabimento

Os embargos infringentes junto ao STF caracterizam um recurso, privativo da defesa, que tem por finalidade, em votos proferidos pelo Pleno, no julgamento de ações penais originárias ou recursos, se desfavoráveis ao acusado, obter um novo julgamento a respeito da mesma matéria.

Os embargos infringentes são previstos no art. 333 do RISTF, sendo oponíveis, em matéria criminal, à decisão não unânime do Plenário ou da Turma:

1º – que julgar procedente a ação penal;

2º – que julgar improcedente a revisão criminal;

3º – que, em recurso criminal ordinário, for desfavorável ao acusado.

O cabimento dos embargos, em decisão do Plenário, depende da existência, no mínimo, de quatro votos divergentes (art. 333, § único, do RISTF).

15.15.3.16.2. Prazo. Procedimento

O prazo para a oposição dos embargos é de quinze dias, perante a Secretaria (art. 334 do RISTF).

Interpostos os embargos, o Relator abrirá vista ao recorrido, por quinze dias, para contrarrazões (art. 335, *caput*, do RISTF).

Transcorrido o prazo do *caput*, o Relator do acórdão embargado apreciará a admissibilidade do recurso (art. 335, § 1º, do RISTF).

Da decisão que não admitir os embargos, caberá agravo em cinco dias, para o órgão competente para o julgamento do recurso (art. 335, § 2º, do RISTF). Admitidos os embargos, proceder-se-á à distribuição: se a decisão embargada for de uma Turma, far-se-á a distribuição dos embargos dentre os Ministros da outra; se do Plenário, serão excluídos da distribuição o Relator e o Revisor (art. 335, § 3º e art. 75, do RISTF).

O Plenário julgará a matéria que é objeto da divergência.

15.15.3.16.3. Embargos infringentes e competência originária

Não são cabíveis os embargos infringentes no caso de ação penal originária nos Tribunais (foro por prerrogativa de função), uma vez que § único do art. 609 do CPP, ao possibilitar tais recursos, os limita à decisão não unânime de 2ª instância, e não aos casos de competência originária. Além disso, a Lei 8.038/90 (Lei que estabelece o procedimento do foro por prerrogativa de função), em um silêncio eloquente, não prevê os embargos infringentes. Desse modo, o acusado com foro por prerrogativa de função, no caso de divergência de votos do acórdão, não faz jus a opor referido recurso. Todavia, entendeu o STF, no caso do mensalão (Ação Penal 470), que, como o seu regimento interno (art. 333 do RISTF) prevê os embargos infringentes no caso de competência originária, não há como, pelo princípio da especialidade, veda-los. Para que seja admissível os embargos infringentes junto ao STF, é preciso, como já se viu, no mínimo, quatro votos divergentes, sendo opostos os embargos no prazo de 15 dias.

Em reforço à admissibilidade dos embargos em competência originária, o Min. Celso de Mello, do STF, ao proferir voto na Ação Penal 470, apontou que o Pacto de San José da Costa Rica – um tratado de direitos humanos – encontra-se acima da legislação infraconstitucional (normas supralegais), inclusive da Lei 8.038/90; o tratado citado, em seu art. 8º, II, *h*, assegura a toda pessoa o direito ao duplo grau de jurisdição e se, condenada, recorrer da sentença a juiz ou tribunal superior. Conclui-se então que vem ao encontro desse direito ao duplo grau de jurisdição o regimento interno do STF, e não a Lei 8.038/90, de modo que se deve aplicar o regimento interno e não a lei, admitindo-se, dessa forma, a oposição de embargos infringentes no caso de ação originária, como meio de se assegurar o direito do acusado a recorrer de decisões condenatórias.

Sedimentou-se, ainda, na Ação Penal 470 ("Mensalão"), que, admitidos os embargos infringentes no caso de votos favoráveis ao acusado em número de quatro, como se viu, certo que, de parte outra da decisão em que não houve divergência ou dela não se extraíram quatro votos em benefício do réu, referente a outros delitos, a sanção, quanto a tais infrações, poderá ser imediatamente executada. O entendimento esposado é plenamente justificável, afinal, como salientou o Relator da ação, Min. Joaquim Barbosa, tratava-se de julgamento múltiplo, de diversos fatos típicos, com condenações também múltiplas, cada uma delas formando um capítulo da decisão de mérito, sendo executável cada condenação autonomamente – desde que não fossem admissíveis os embargos infringentes. Em miúdos, em um mesmo acórdão do STF, havia várias decisões autônomas consubstanciadas em capítulos distintos da decisão.

Pouco importava, para a execução da pena, o trânsito em julgado do processo, mas sim de cada uma das condenações individualizadas no acórdão condenatório.

Citou-se, por fim, a Súmula 354 do STF: "Em caso de embargos infringentes parciais, é definitiva a parte da decisão embargada em que não houve divergência na votação".

Importante esclarecer que essa possibilidade de oposição de embargos infringentes no caso de ação penal originária, não se aplica também ao STJ, que não prevê tal modalidade recursal em seu regimento interno.

15.15.3.16.4. Embargos infringentes contra decisões de Turmas do STF no julgamento de ações penais originárias

O Pleno do STF decidiu serem cabíveis embargos infringentes contra decisão proferida em sede de ação penal de competência originária das Turmas, fixando, como requisito de cabimento do recurso, a existência de dois votos minoritários absolutórios, em sentido próprio[122]. Esmiuçando o tema em primoroso voto, o Min. Celso de Mello[123], do STF, ressalta que, se um dos votos da Turma for pelo reconhecimento da prescrição (preliminar de mérito), não pode ser considerado, para efeitos de reconhecimento dos embargos infringentes, como voto absolutório, até porque a prescrição – como questão de ordem pública – impede o julgamento do mérito (e em consequência, impede uma decisão condenatória ou absolutória).

15.15.3.16.5. Efeitos dos embargos infringentes junto ao STF

O primeiro efeito será o devolutivo; de devolução da matéria ao Pleno; quanto à parte da condenação onde houve a divergência entre os ministros, que ensejou a oposição dos embargos, certo que, no que toca, exclusivamente, a esse trecho da condenação (no caso de ação penal originária), os embargos de divergência possuirão efeito

---
122. STF. AP 863- EI-AgR/SP. Pleno. Rel. Min. Edson Faquin, julgamento em 18 e 19/04/2018. STF. HC 152707/DF. Pleno. Rel. Min. Dias Toffoli, julgamento em 18 e 19/04/2018.
123. STF – Ag. Reg. Nos Bem. Infr. Na Ação Penal 863/SP. Voto do Min. Celso de Mello.

suspensivo: de impedir o cumprimento da pena enquanto não decidida a questão pelo Pleno. Os demais tópicos do acórdão que tenham sido unânimes ou que não que não haja se alcançado quatro votos divergentes, são plenamente executáveis.

15.15.3.17. Agravo Regimental em Matéria Penal junto ao STF e ao STJ

Agravo regimental no STF

Previsão legal e regimental. Prazo

Da decisão do Presidente do Tribunal, de Seção, de Turma, ou de Relator que causar gravame à parte, caberá agravo para o órgão especial, Seção ou Turma, conforme o caso, no prazo de cinco dias (art. 39 da Lei 8.038/90).

Caberá agravo regimental, no prazo de cinco dias, de decisão do Presidente do Tribunal, de Presidente da Turma ou do Relator, que causar prejuízo ao direito da parte (art. 317, *caput*, do RISTF).

Procedimento

A petição conterá, sob pena de rejeição liminar, as razões do pedido de reforma da decisão agravada (art. 317, § 1º, do RISTF).

O agravo regimental será protocolado e, sem qualquer outra formalidade, submetido ao prolator do despacho, que poderá reconsiderar o seu ato ou submeter o agravo ao julgamento do Plenário ou da Turma, a quem caiba a competência, computando-se também o seu voto (art. 317, § 2º, do RISTF).

O agravo interno poderá, a critério do relator, ser submetido a julgamento por meio eletrônico, observada a respectiva competência da Turma ou do Plenário (art. 317, § 5º, do RISTF).

Embora não haja previsão regimental, entendemos indispensável que, antes do julgamento do agravo, abra-se vista à outra parte se manifestar a respeito do pleito formulado pelo agravante, a fim de se não violar o contraditório.

Provido o agravo, o Plenário ou a Turma determinará o que for de direito (art. 317, § 3º, do RISTF).

Efeitos

O agravo regimental não terá efeito suspensivo (art. 317, § 4º, do RISTF).

Agravo Regimental no STJ

Previsão legal e regimental. Prazo

Da decisão do Presidente do Tribunal, de Seção, de Turma, ou de Relator que causar gravame à parte, caberá agravo para o órgão especial, Seção ou Turma, conforme o caso, no prazo de cinco dias (art. 39 da Lei 8.038/90).

A parte que se considerar agravada por decisão do Presidente da Corte Especial, de Seção, de Turma ou de relator, à exceção do indeferimento de liminar em procedimento de *habeas corpus* e recurso ordinário em *habeas corpus*, poderá requerer, dentro de cinco dias, a apresentação do feito em mesa relativo à matéria penal em geral, para que a Corte Especial, a Seção ou a Turma sobre ela se pronuncie, confirmando – a ou reformando – a (art. 258, *caput*, do RISTJ).

Procedimento

O órgão do Tribunal competente para conhecer do agravo é o que seria competente para o julgamento do pedido ou do recurso (art. 258, § 1º, do RISTJ).

Não cabe agravo regimental da decisão do relator que der provimento a agravo de instrumento, para determinar a subida de recurso não admitido (art. 258, § 2º, do RISTJ).

O agravo regimental será submetido ao prolator da decisão, que poderá reconsiderá-la ou submeter o agravo ao julgamento da Corte Especial, da Seção ou da Turma, conforme o caso, computando-se também o seu voto (art. 258, § 3º, do RISTJ).

Embora não haja previsão regimental, entendemos indispensável que, antes do julgamento do agravo, abra-se vista à outra parte se manifestar a respeito do pleito formulado pelo agravante, a fim de se não violar o contraditório.

Se a decisão agravada for do Presidente da Corte Especial ou da Seção, o julgamento será presidido por seu substituto, que votará no caso de empate (art. 258, § 4º, do RISTJ).

15.15.3.18. *Agravo Interno ou Agravo Regimental junto aos demais Tribunais*

Previsão legal e regimental

No caso dos demais Tribunais, possível que as decisões monocráticas de seus integrantes possam ser combatidas, utilizando-se, como base legal, o art. 39 da Lei 8.038/90, o qual estipula que, da decisão do Presidente do Tribunal, de Seção, de Turma, ou de Relator que causar gravame à parte, caberá agravo para o órgão especial, Seção ou Turma, conforme o caso, no prazo de cinco dias.

Os regimentos internos dos Tribunais também servirão de fonte normativa ao agravo regimental.

Entendemos perfeitamente possível a utilização do art. 1021 do CPC, que trata do agravo interno, à matéria penal, porque bem disciplinado o rito do recurso, o que facilitará o seu uso, também na esfera penal.

Prevê o art. 1021 do CPC a figura do agravo interno cabível contra decisão proferida pelo relator; tal agravo será dirigido para o respectivo órgão colegiado, observadas, quanto ao processamento, as regras do regimento interno do tribunal.

Prazo

Quanto ao prazo para a interposição do agravo regimental, há entendimento que será de cinco dias, como previsto no art. 39 da Lei 8.038/90 (posição predominante), não se obedecendo a sistemática do processo civil[124]. Mas, pode haver posição no sentido de que o prazo para sua interposição, será aquele previsto, no art. 1003, § 5º, do CPC, que é de 15 dias.

Procedimento

Na petição de agravo interno, o recorrente impugnará especificadamente os fundamentos da decisão agravada (art. 1021, § 1º, do CPC).

O agravo será dirigido ao relator, que intimará o agravado para manifestar-se sobre o recurso no prazo de quinze dias, ao final do qual, não havendo retratação, o relator levá-lo – á a julgamento pelo órgão colegiado, com inclusão em pauta (art. 1021, § 2º, do CPC).

É vedado ao relator limitar-se à reprodução dos fundamentos da decisão agravada para julgar improcedente o agravo interno (art. 1021, § 3º, do CPC).

15.15.3.19. Recurso Ordinário Constitucional perante o STJ pela denegação de habeas corpus

Previsão Constitucional

Prevê o art. 105, II, *a*, da CF, a possibilidade de se interpor recurso ordinário, perante o STJ, em face de *habeas corpus* decidido em única ou última instância pelos Tribunais Regionais Federais ou pelos Tribunais de Justiça dos Estados e do DF, quando a decisão for denegatória

Previsão legal. Prazo. Procedimento

O art. 30 da Lei 8.038/90 reza que o recurso ordinário para o STJ, das decisões denegatórias de *Habeas Corpus*, proferidas pelos tribunais regionais federais ou pelos tribunais dos Estados e do DF, será interposto no prazo de cinco dias, com as razões do pedido de reforma. Desse modo, a interposição do recurso ordinário constitucional necessariamente deverá estar acompanhada das razões recursais.

Distribuído o recurso, a Secretaria, imediatamente, fará os autos com vista ao Ministério Público, pelo prazo de dois dias (art. 31 da Lei 8.038/90).

Conclusos os autos ao relator, este submeterá o feito a julgamento independentemente de pauta (art. 31, § único, da Lei 8.038/90).

Possível requerer-se, pedido liminar[125], em sede de Recurso Ordinário Constitucional.

Previsão regimental

O Regimento Interno no STJ (RISTJ) disciplina o recurso ordinário constitucional nos seus arts. 244/246, repetindo os dizeres legais acima estudados.

---
124. Informativo do STJ. 26/09/2016.
125. STJ – RHC 75.716/MG- MG (2016/0237332-9). Rel. Min. Maria Thereza de Assis Moura.

Julgamento monocrático pelo relator do recurso ordinário constitucional pela denegação do *habeas corpus*

De acordo com o art. 34, XVIII, *a*, *b*, e *c*, do Regimento Interno do STJ, cabe ao relator, monocraticamente:

a) Não conhecer do recurso prejudicado ou daquele que não tiver impugnado especificamente todos os fundamentos da decisão recorrida;

b) Negar provimento ao recurso que for contrário a tese fixada em julgamento de recurso repetitivo ou de repercussão geral, a entendimento firmado em incidente de assunção de competência, a súmula do Supremo Tribunal Federal ou do Superior Tribunal de Justiça ou, ainda, a jurisprudência dominante acerca do tema;

c) Dar provimento ao recurso se o acórdão recorrido for contrário a tese fixada em julgamento de recurso repetitivo ou de repercussão geral, a entendimento firmado em incidente de assunção de competência, a súmula do Supremo Tribunal Federal ou do Superior Tribunal de Justiça ou, ainda, a jurisprudência dominante acerca do tema.

15.15.3.20. *Recurso Ordinário Constitucional perante o STJ pela denegação de mandado de segurança*

Previsão Constitucional

Prevê o art. 105, II, *b*, da CF, a possibilidade de se interpor recurso ordinário, perante o STJ, em face de mandados de segurança decididos em única instância pelos Tribunais Regionais Federais ou pelos Tribunais de Justiça dos Estados e do DF, quando a decisão for denegatória.

Previsão legal. Prazo. Procedimento

O art. 33 da Lei 8.038/90 reza que o recurso ordinário para o STJ, das decisões denegatórias de mandado de segurança, proferidas em única instância pelos tribunais regionais federais ou pelos tribunais dos Estados e do DF, será interposto no prazo de quinze dias, com as razões do pedido de reforma. Desse modo, a interposição do recurso ordinário constitucional necessariamente deverá estar acompanhada das razões recursais. O art. 1027, II, *a*, do CPC, por sua vez, afirma que serão julgados em recurso ordinário, pelo STJ, os mandados de segurança decididos em única instância pelos tribunais regionais federais ou pelos tribunais de justiça dos Estados e do DF, quando denegatória a decisão.

Serão aplicadas, quanto aos requisitos de admissibilidade e ao procedimento no Tribunal recorrido, as regras do Código de Processo Civil relativas à apelação (art. 34 da Lei 8.038/90).

O recurso ordinário deve ser interposto perante o tribunal de origem, cabendo ao presidente ou vice- presidente determinar a intimação do recorrido para, em 15 dias, apresentar as contrarrazões (art. 1028, § 2º, do CPC).

Findo o prazo para a apresentação das contrarrazões, os autos serão remetidos ao STJ, independentemente de juízo de admissibilidade (art. 1028, § 3º, do CPC).

Distribuído o recurso, a Secretaria, imediatamente, fará os autos com vista ao Ministério Público, pelo prazo de cinco dias (art. 35 da Lei 8.038/90).

Conclusos os autos ao relator, este pedirá dia para julgamento (art. 35, § único, da Lei 8.038/90).

Previsão regimental

Reza o art. 247 do Regimento Interno do STJ (RISTJ) que se aplicam, ao recurso ordinário em mandado de segurança, quanto aos requisitos de admissibilidade e ao procedimento no tribunal recorrido, as regras do art. 1028 do CPC. O art. 248 do RISTJ praticamente repete os dizeres do art. 35 da Lei 8.038/90, acima estudado.

Julgamento monocrático pelo relator do recurso ordinário constitucional pela denegação do mandado de segurança

De acordo com o art. 34, XVIII, *a*, *b*, e *c*, do Regimento Interno do STJ, cabe ao relator, monocraticamente:

a) Não conhecer do recurso prejudicado ou daquele que não tiver impugnado especificamente todos os fundamentos da decisão recorrida;

b) Negar provimento ao recurso que for contrário a tese fixada em julgamento de recurso repetitivo ou de repercussão geral, a entendimento firmado em incidente de assunção de competência, a súmula do Supremo Tribunal Federal ou do Superior Tribunal de Justiça ou, ainda, a jurisprudência dominante acerca do tema;

c) Dar provimento ao recurso se o acórdão recorrido for contrário a tese fixada em julgamento de recurso repetitivo ou de repercussão geral, a entendimento firmado em incidente de assunção de competência, a súmula do Supremo Tribunal Federal ou do Superior Tribunal de Justiça ou, ainda, a jurisprudência dominante acerca do tema.

15.15.3.21. Recurso Ordinário Constitucional perante o STF pela denegação de habeas corpus

Previsão Constitucional

Prevê o art. 102, II, *a*, da CF, a possibilidade de se interpor recurso ordinário, perante o STF, em face de *habeas corpus* decidido em única instância pelos Tribunais Superiores, se denegatória a decisão.

Previsão legal. Prazo. Procedimento

O art. 30 da Lei 8.038/90 reza que o recurso ordinário *para o STJ*, das decisões denegatórias de *Habeas Corpus*, proferidas pelos tribunais regionais federais ou pelos tribunais dos Estados e do DF, será interposto no prazo de cinco dias, com as razões do pedido de reforma. Embora a lei mencione o STJ, pacificamente, interpreta-se tal artigo de lei como aplicável também ao STF, adquirindo, então, tal dispositivo legal, o seguinte sentido: das decisões denegatórias de *habeas corpus* proferidas pelos Tribunais Superiores, cabível a interposição de recurso ordinário constitucional, ao STF. A interposição do recurso ordinário constitucional necessariamente deverá estar acompanhada das razões recursais.

Distribuído o recurso, a Secretaria, imediatamente, fará os autos com vista ao Ministério Público, pelo prazo de dois dias (art. 31 da Lei 8.038/90).

Conclusos os autos ao relator, este submeterá o feito a julgamento independentemente de pauta (art. 31, § único, da Lei 8.038/90).

Previsão regimental

O Regimento Interno no STF (RISTF) disciplina o recurso ordinário constitucional nos seus arts. 310/312, praticando repetindo os dizeres legais acima vistos.

15.15.3.22. Recurso Ordinário Constitucional perante o STF pela denegação de mandado de segurança

Previsão Constitucional

Prevê o art. 102, II, *b*, da CF, a possibilidade de se interpor recurso, perante o STF, em face de mandados de segurança decidido em única instância pelos Tribunais Superiores, quando a decisão for denegatória.

Previsão legal. Prazo. Procedimento

O art. 33 da Lei 8.038/90 reza que o recurso ordinário para o *STJ*, das decisões denegatórias de mandado de segurança, proferidas em única instância pelos tribunais regionais federais ou pelos tribunais dos Estados e do DF, será interposto no prazo de quinze dias, com as razões do pedido de reforma. Embora a lei mencione o STJ, pacificamente, interpreta-se tal artigo de lei como aplicável também ao STF, adquirindo, então, tal dispositivo legal, o seguinte sentido: das decisões denegatórias de mandado de segurança proferidas pelos Tribunais Superiores, cabível a interposição de recurso ordinário constitucional, ao STF. O art. 1027, I, do CPC, por sua vez estipula que serão julgados em recurso ordinário, pelo STF, os mandados de segurança decididos em única instância pelos tribunais superiores, quando denegatória a decisão.

A interposição do recurso ordinário constitucional necessariamente deverá estar acompanhada das razões recursais.

Serão aplicadas, quanto aos requisitos de admissibilidade e ao procedimento no Tribunal recorrido, as regras do Código de Processo Civil relativas à apelação (art. 34 da Lei 8.038/90).

O recurso ordinário deve ser interposto perante o tribunal de origem, cabendo ao presidente ou vice- presidente determinar a intimação do recorrido para, em 15 dias, apresentar as contrarrazões (art. 1028, § 2º, do CPC).

Findo o prazo para a apresentação das contrarrazões, os autos serão remetidos ao STF, independentemente de juízo de admissibilidade (art. 1028, § 3º, do CPC).

Distribuído o recurso, a Secretaria, imediatamente, fará os autos com vista ao Ministério Público, pelo prazo de cinco dias (art. 35 da Lei 8.038/90).

Conclusos os autos ao relator, este pedirá dia para julgamento (art. 35, § único, da Lei 8.038/90).

Previsão regimental

Não há previsão regimental.

15.15.3.23. Características comuns das hipóteses de recurso ordinário constitucional interpostos perante o STF e STJ, no caso de denegação de habeas corpus ou mandado de segurança

O recurso ordinário admite a reanálise, pelo Tribunal, de toda a questão fática e jurídica, ao contrário do *habeas corpus* que não se presta a revolvimento de provas. Além disso, como bem frisa Vicente Greco Filho[126], "O recurso ordinário é um recurso *secundum eventum litis* porque somente pode ser interposto da decisão denegatória de *habeas corpus*; da concessiva, o Ministério Público poderá interpor o recurso extraordinário e o especial, se for o caso".

15.15.3.24. Recurso Ordinário Constitucional perante o STF no caso de crime político

Os crimes políticos são aqueles previstos no art. 2º da Lei 7.170/83 (crimes contra a segurança nacional), que exigem, para sua configuração típica, a motivação política, ou seja, o dolo de atingir ou colocar em risco as instituições políticas da nação, lesando ou expondo à lesão os seguintes bens jurídicos, como já decidido pelo STF[127]:

1º – a integridade territorial e a soberania nacional;

2º – o regime representativo e democrático, da Federação e do Estado de Direito;

3º – das pessoas que chefiam os Poderes da União.

Os crimes políticos serão julgados pela Justiça Federal de 1ª instância; da sentença proferida caberá recurso ordinário constitucional ao STF (art. 102, II, *b*, da CF).

Importante salientar que o art. 30 da Lei 7.170/1983, que dispõe ser competente a Justiça Militar para julgar o crime político, não foi recepcionado pela Constituição.

15.15.3.25. Atuação do MP dos Estados e do DF perante o STJ e o STF

Os Ministérios Públicos dos Estados têm atribuição para atuar nos respectivos Tribunais de Justiça, podendo interpor recursos, inclusive o especial e o extraordinário

---

126. Vicente Greco Filho, Manual de Processo Penal, p. 355.
127. STF – RHC- 85.286/SP – 2ª T. – Rel. Min. Joaquim Barbosa- DJ 24/03/3006, p. 55.

das decisões tomadas por aqueles tribunais locais. De acordo com o entendimento do STF[128] e do STJ[129], os Ministérios Públicos dos Estados estão legitimados, além de interpor recursos e ações aos tribunais superiores, igualmente a neles oficiar, opondo embargos de declaração, sustentando oralmente, interpondo agravos regimentais. Os MPs dos Estados funcionarão como parte, enquanto que o Procurador-Geral da República como *custos legis*. Assim se entende porque não há subordinação do Ministério Público dos Estados ao MP da União, que possuem capacidade de postular distintas e autônomas, como decorrência do próprio funcionamento da Federação, que demanda a coexistência de instituições federativas – da União e dos Estados distintos; em suma, é a aplicação do princípio da Unidade, acima visto, ínsito ao Ministério Público como Instituição.

O Pretório Excelso, em julgamento do Recurso Extraordinário (RE 985392), com repercussão geral reconhecida, fixou a seguinte tese: "Os Ministérios Públicos dos Estados e do Distrito Federal têm legitimidade para propor e atuar em recursos e meios de impugnação de decisões judiciais em trâmite no STF e no STJ, oriundos de processos de sua atribuição, sem prejuízo da atuação do Ministério Público Federal". O relator do acórdão, Min. Gilmar Mendes, esclareceu que a legitimação recursal dos Ministérios Públicos alcança os recursos internos, agravos, embargos de declaração, embargos de divergência, recurso ordinário, recurso extraordinário e o respectivo agravo e propositura de meios de impugnação de decisões judiciais em geral, reclamação, mandado de segurança, *habeas corpus*, incidente de resolução de demandas repetitivas, ação rescisória, conflito de competência.

Curioso registrar que o STF[130], em caso em que a Defensoria Pública estadual interpôs agravo perante o STJ em face da não admissão de recurso especial, reputou como válida a intimação, tão somente, da Defensoria Pública da União, a respeito da decisão do STJ que desproveu o agravo; não se reconheceu nulidade alguma pelo fato de a Defensoria Pública do Estado não ter sido também intimada; para nós, patente o contrassenso dessa decisão com o posicionamento do Pretório Excelso reconhecendo a autonomia dos Ministérios Públicos dos Estados na atuação perante os Tribunais Superiores; parece – nos que, também à Defensoria Pública dos Estados deveria ser assegurada a mesma prerrogativa de interporem e arrazoarem seus recursos, perante os Tribunais Superiores, devendo, claro, para tanto, serem regularmente intimadas.

15.15.3.26. Contagem dos prazos recursais: os prazos são contínuos ou somente devem ser contados os dias úteis?

O art. 798, *caput*, e § § 1º e 3º, do CPP, estipulam que os prazos processuais são contínuos e peremptórios, não se interrompendo por férias, domingo ou feriado; não se computa no prazo o dia do começo, incluindo-se, porém, o do vencimento; o prazo que terminar em domingo ou dia feriado considerar-se-á prorrogado até o dia útil imediato.

---

128. STF – Pleno, QO RE 593.727/MG, Rel. Min. Cezar Peluso, j. 21/06/2012.
129. STJ – 1ª Seção, AResp 194.892/RJ, Rel. Min. Mauro Campbell Marques, j. 24/10/2012.
130. STF – HC 118294/AP. 1ª T. Rel. orig. Min. Marco Aurélio, red. p/ o ac. Min. Roberto Barroso, j. 07/03/2017.

Quando o recurso é previsto, exclusivamente, no CPP, como, *v.g.*, o recurso em sentido estrito, a apelação, certo que o critério de contagem do prazo recursal será o da legislação processual penal.

A dúvida poderá surgir se o recurso for previsto no CPC, como, *v.g.*, se dá nas hipóteses de recurso especial, recurso extraordinário, embargos de divergência, mas for utilizado em matéria penal; indaga-se então: **o prazo recursal seguirá as regras do art. 798 do CPP acima vistas, ou a do art. 219 do CPC que determina que somente serão computados – para a contagem do prazo – os dias úteis?**

O STF e o STJ[131] decidiram que a regra a ser seguida, para a contagem do prazo recursal, pelo princípio da especialidade, é a do art. 798 do CPP, e não a do CPC.

15.15.3.27. *Correição parcial*

15.15.3.27.1. Conceito. Previsão legal

É o recurso utilizado pelas partes – MP, assistente de acusação, querelante e defesa – com a finalidade de se reverter decisões que tenham causado inversão tumultuária do processo (o chamado *error in procedendo*), proferidas pelos juízes de 1ª instância, e contra as quais não haja previsão legal de recurso específico.

Trata-se, assim, de um recurso residual, utilizável, apenas, se não houver a previsão específica de outro.

A correição parcial é cabível, apenas, contra decisões de conteúdo processual (*error in procedendo*), que sejam ilegais e que gerem tumulto no andamento do rito. Exemplos: determinação de nova oitiva de todas as testemunhas, sem que haja justificação para tanto; indeferimento de oitiva da vítima arrolada pelas partes, por julgar supérflua tal providência etc. A correição não pode ser interposta em face de decisões de mérito – *error in judicando*, como, *v.g.*, absolvição, condenação, extinção da punibilidade etc.

Previsão legal. A questão da constitucionalidade da correição parcial

A correição parcial é prevista no art. 6º, I, da Lei n. 5.010/66 (Lei de Organização da Justiça Federal), ao estipular que cabe, ao *Conselho da Justiça Federal*, conhecer de correição parcial requerida pela parte ou pela Procuradoria da República, no prazo de cinco dias, contra ato ou despacho do juiz que não caiba recurso.

O Conselho da Justiça Federal, por sua vez, não é um órgão jurisdicional, mas sim administrativo, cabendo-lhe exercer, junto ao Superior Tribunal de Justiça, a supervisão administrativa e orçamentária da Justiça Federal de primeiro e segundo graus, como órgão central do sistema e com poderes correicionais, cujas decisões terão caráter vinculante (art. 105, § único, II, da CF).

---
131. STF. Rcl. 23045- ED-AgR, Rel. Min. Edson Fachin, j. 08/06/2017. STJ; AgRg no Agravo em Recurso Especial nº 1.047.071/PB (2017/0016440/7). Rel. Min. Ribeiro Dantas.

Como se nota, a correição parcial, pela literalidade do texto legal, é uma providência administrativo – disciplinar que pode ser requerida, pela parte ou pelo MP, a um órgão administrativo – correicional, que é, justamente, o Conselho da Justiça Federal; em suma, não se trata de um recurso propriamente dito que pudesse ser julgado por órgão jurisdicional e que permitisse a invalidação ou reforma de uma decisão judicial.

A conclusão que se chega, então, por esse raciocínio, é que a utilização do art. 6º, I, da Lei 5.010/66 (Lei de Organização da Justiça Federal) para admitir-se a existência de recurso de correição parcial em face de decisões judiciais de primeiro grau a fim de que sejam reformadas pelo Tribunal contraria expresso texto legal, dando-lhe uma interpretação extensiva que foge do seu espírito.

Continuando o raciocínio: compete privativamente à União legislar sobre direito processual penal (art. 22, I, da CF); admite-se, ainda, que os Estados ou o DF possam legislar concorrente sobre procedimentos em matéria processual (art. 24, XI, da CF).

Ora, se não há legislação processual federal prevendo o recurso (propriamente dito) de correição parcial, não estão autorizados, os Estados – membros ou o DF, a criarem, através de leis de organização judiciária, tal recurso, disciplinando seu procedimento.

Isso porque, apenas se previsto, em lei federal, genericamente, determinado recurso (mas sem estabelecer o seu procedimento), estariam autorizados os Estados – membros ou o DF a legislar, concorrentemente, a respeito do rito recursal, complementando, desse modo, a legislação proveniente da União.

Em arremedo: como não haveria previsão legal do recurso de correição parcial, pela legislação federal, as leis de organização judiciária estaduais que criem e disciplinem o procedimento do recurso de correição parcial seriam inconstitucionais por ofensa ao art. 22, I, da CF (o qual estipula que compete privativamente à União legislar sobre direito processual). Não se autoriza, aos Estados ou ao DF, a criação de recursos judiciais, mas sim, meramente, como vimos, a complementação procedimental de recursos previstos na legislação oriunda da União (legislação federal).

Desse modo, para essa posição doutrinária, não havendo previsão legal do recurso de correição parcial, à parte, inconformada com atos tumultuários do juiz de primeira instância, só caberia impetrar, conforme o caso, *habeas corpus* ou mandado de segurança.

Não obstante a lógica de tais argumentos, entendemos que se deve conferir uma interpretação progressiva ao art. 6º, I, da Lei 5.010/66 (Lei de Organização da Justiça Federal) no sentido de que a correição parcial deva ser ajuizada perante o Tribunal, e não a órgão administrativo (como o Conselho da Justiça Federal), a fim de corrigir erro procedimental evidente, do qual não caiba recurso.

Dando-se essa interpretação progressiva ao dispositivo legal em comento, conclui-se que há legislação federal instituindo o recurso de correição parcial, mesmo que de maneira genérica; desse modo, os Estados – membros ou do DF estão autorizados, de acordo com o art. 24, XI, da CF, através da edição de leis de organização judiciária, a disciplinarem o procedimento de tal recurso.

Entendemos, assim, que a correição parcial é aplicável contra decisões proferidas pela primeira instância da Justiça Federal, bem como contra decisões emanadas de quaisquer outros órgãos do Judiciário de primeiro grau. Esse recurso tem caráter único jurisdicional; se houver necessidade de se punir o prolator da decisão, tal matéria não será discutida no recurso, mas encaminhando-se a questão aos órgãos próprios, como a Corregedoria.

A correição parcial comumente é prevista e disciplinada nas leis de organização judiciária dos Estados, como o Código Judiciário do Estado de São Paulo (arts. 93 a 96 do Decreto-Lei n. 3/69).

Exemplos de hipóteses que autorizem a interposição de correição parcial: pedido de devolução de inquérito policial a delegacia de polícia pelo Ministério Público indeferido sob o fundamento de não ser mais necessário investigar o crime; arquivamento de inquérito promovido pelo *Parquet* rechaçado, determinando o retorno a polícia para novas diligências; inversão da oitiva de testemunhas, determinando que sejam ouvidas primeiro as de defesa, e depois as de acusação; em caso de réu citado por edital e que não constitua defensor, determina-se o prosseguimento do processo ao arrepio do disposto no art. 366 do CPP que impõe a suspensão do feito.

15.15.3.27.2. Processamento e prazo da correição parcial

O recurso de correição é apenas previsto em lei federal, mas o seu procedimento é regulamentado pelas leis de organização judiciária dos Estados, de modo que o procedimento e o prazo dependerão do que dispuser a legislação local.

Em São Paulo, como o art. 94 do Código Judiciário do Estado prevê que a correição parcial deve seguir o rito do *agravo de instrumento*, existe entendimento de que tal recurso será processado de acordo com o agravo do CPC.

Correição deve seguir o rito do agravo de instrumento do CPC

Há entendimento que a correição parcial deverá seguir o rito do agravo de instrumento, previsto no art. 1015 do CPC, que tem o procedimento a seguir comentado.

Prazo e endereçamento

O agravo, cujo prazo é de 15 dias (art. 1003, § 5º, do CPC), será dirigido diretamente ao tribunal competente, por meio de petição que contenha os nomes das partes, a exposição do fato e do direito, as razões do pedido de reforma ou de invalidação da decisão e o pedido, nome e endereço completo dos advogados constantes do processo (art. 1016 do CPC).

Petição do agravo/correição parcial

A petição de agravo de instrumento, de acordo com o art. 1017 do CPC, será instruída, no prazo de 3 dias, a contar da interposição do recurso, com:

1º – obrigatoriamente, com cópias da petição inicial (denúncia ou queixa), da contestação (resposta à acusação), da petição que ensejou a decisão agravada, da própria decisão agravada, da certidão da respectiva intimação ou outro documento oficial que comprove a tempestividade e das procurações outorgadas aos advogados do agravante e do agravado;

2º – declaração de inexistência de qualquer dos documentos acima, pelo advogado ou membro do MP, sob pena de sua responsabilidade pessoal;

3º – facultativamente, com outras peças que o agravante reputar úteis.

Acompanhará a petição, no caso de querelante, nas ações penais privadas, o comprovante das custas e porte de retorno, quando devidos (art. 1017, § 1º, do CPC).

Não sendo cumpridas as exigências acima, desde que arguido e provado pelo agravado, importa na inadmissibilidade do agravo de instrumento (art. 1018, § 3º, do CPC).

Protocolo no Tribunal

No prazo do recurso, o agravo (correição parcial), consoante o § 2º do art. 1017 do CPC, será interposto por protocolo realizado diretamente no tribunal; protocolo realizado na própria comarca, seção ou subseção judiciárias; postagem, sob registro, com aviso de recebimento; transmissão de dados tipo fac-símile; outra forma prevista em lei, o que abarca, evidentemente, a possibilidade de interposição, diretamente ao Tribunal, através do processo eletrônico.

Na falta de cópia de qualquer peça ou no caso de algum outro vício que comprometa a admissibilidade do recurso, deve o relator, antes de considerar inadmissível o recurso, conceder o prazo de 5 dias ao recorrente para que seja sanado vício ou complementada a documentação exigível (art. 1017, § 3º, do CPC).

Estipula o § 5º do art. 1017 do CPC que, no caso de processo eletrônico, está dispensada a obrigatoriedade da remessa de cópias da petição inicial (denúncia ou queixa), da contestação (resposta à acusação), da petição que ensejou a decisão agravada, da própria decisão agravada, da certidão da respectiva intimação ou outro documento oficial que comprove a tempestividade e das procurações outorgadas aos advogados do agravante e do agravado; igualmente dispensada a declaração de inexistência de qualquer dos documentos acima, pelo advogado ou membro do MP, sob pena de sua responsabilidade pessoal. A razão é clara: como o processo eletrônico estará disponível, na sua integralidade, no Tribunal, não há porque sejam remetidas as cópias de um processo cujo acesso a todos os atos é pleno.

O agravante (também denominado corrigente no caso de correição parcial) poderá requerer a juntada, aos autos do processo, de cópia da petição do agravo de instrumento, do comprovante de sua interposição e da relação de documentos que instruíram o recurso (art. 1018, *caput*, do CPC). Não sendo eletrônicos os autos, o agravante tomará a providência de juntar aos autos a cópia da petição do agravo, e documentos, no prazo de três dias a contar da interposição do agravo de instrumento (art. 1018, § 2º, do CPC). O descumprimento dessa exigência, desde que arguido e provado pelo agravado, importa inadmissibilidade do agravo de instrumento (art. 1.018, § 3º, do CPC). A finalidade da norma é clara: primeiro, permitir que o Juízo de origem eventualmente se retrata da decisão proferida; em segundo, é a de possibilitar que o advogado do agravado tome conhecimento das razões de recurso, sem necessidade- no caso dos processos físicos- de se deslocar para o Tribunal de Justiça[132].

Será permitido então, ao juiz, reformar sua decisão (retratar-se), de modo que, consoante reza o § 1º do art. 1018 do CPC, se o magistrado comunicar que reformou inteiramente a decisão, o relator considerará prejudicado o agravo de instrumento.

Decisões possíveis do relator: hipóteses de não conhecimento ou de não provimento do agravo/correição, de plano

Recebido o agravo de instrumento no tribunal e distribuído imediatamente, o relator não conhecerá de recurso inadmissível, prejudicado ou que não tenha impugnado especificamente os fundamentos da decisão recorrida (art. 932, III, do CPC).

De acordo com o art. 932, IV, do CPC, o relator negará provimento a recurso que for contrário a:

1 – súmula do STF, do STJ ou do próprio tribunal;

2 – acórdão proferido pelo STF ou pelo STJ em julgamento de recursos repetitivos;

3 – entendimento firmado em incidente de resolução de demandas repetitivas ou de assunção de competência

Decisões possíveis do relator: conhecimento do agravo/correição

O art. 1019 do CPC estipula que não sendo nenhuma das hipóteses acima (de não conhecimento ou não provimento, de plano, do recurso, pelo relator), recebido o agravo no tribunal e distribuído imediatamente, o relator, no prazo de 5 dias:

1 – poderá atribuir efeito suspensivo ao recurso;

2 – ordenará a intimação do agravado (também denominado, na correição parcial, como corrigido) pessoalmente, por carta com aviso de recebimento, quando não tiver procurador constituído, ou pelo Diário da Justiça ou por carta com aviso de recebimento dirigida ao seu advogado, para que responda no prazo de 15 dias, facultando-lhe juntar a documentação que entender necessária ao julgamento do recurso. No caso do MP, Defensoria Pública ou defensor nomeado, a intimação será pessoal;

3 – determinará a intimação do MP, preferencialmente por meio eletrônico, para que se manifeste no prazo de 15 dias.

O relator, depois dessas providências, solicitará dia para julgamento em prazo não superior a 1 mês da intimação do agravado (art. 1020 do CPC).

---

132. STJ – Recurso Especial 1.708.609/PR (2017/0287693-6). Rel. Min. Moura Ribeiro.

Porque o rito da correição parcial deve seguir o do agravo do CPC e não o do recurso em sentido estrito do CPP

Há posição contrária à nossa no sentido de que a correição parcial deverá seguir o rito do recurso em sentido estrito.

A nosso sentir, mostra-se muito mais interessante, sob o ponto de vista prático, que se siga o rito do agravo de instrumento do CPC, e não o recurso em sentido estrito do CPP, pelos seguintes motivos:

1º – a comunicação ao Tribunal da decisão combatida é imediata, tornando muito mais eficaz a rápida correção de decisão equivocada do que se fosse utilizado o recurso em sentido estrito;

2º – existe a possibilidade de retratação por parte do juiz, como ocorre no manuseio do recurso em sentido estrito;

3º – há a possibilidade de negativa de provimento, singularmente, pelo relator, de decisões que contrariem jurisprudência consolidada, notadamente aquelas sedimentados pelos Tribunais superiores, o que não ocorre com o recurso em sentido estrito que demandará, necessariamente, a realização de julgamento colegiado pelo Tribunal, muitas vezes inutilmente, rediscutindo-se questões já superadas;

4º – O relator pode conceder efeito suspensivo ao recurso, quando do recebimento do agravo de instrumento, a fim de evitar prejuízo de difícil reparação. É mais uma vantagem do uso do agravo de instrumento em face do recurso em sentido estrito, pois, para que se consiga o almejado efeito suspensivo à correição parcial que viesse a seguir o rito do recurso em sentido estrito, seria imprescindível a impetração, simultânea, de *habeas corpus* (no caso da defesa) ou mandado de segurança (no caso da acusação), aparelhados com pedido liminar. Em outras palavras, um recurso (em sentido estrito) e uma ação constitucional (HC ou MS) para obterem, somados, o mesmo possível efeito que se alcançaria com a singela interposição do agravo de instrumento. Parece – nos, desse modo, evidente que atende melhor à economia processual e a ampla tutela dos altos interesses envolvidos na persecução penal em juízo (segurança pública e liberdade) que se siga o rito do agravo de instrumento do CPC, e não o recurso em sentido estrito do CPP.

15.15.3.27.3. Efeitos da correição parcial

Possui, em regra, apenas o efeito devolutivo; se a decisão puder trazer prejuízos irreversíveis às partes, é possível impetrar-se *habeas corpus* ou mandado de segurança, com pedido liminar, a fim de se suspender os efeitos do que foi decidido, no caso de se entender que o rito da correição parcial deva seguir o procedimento do recurso em sentido estrito. De outro giro, caso a posição seja a de que a correição parcial deverá seguir o procedimento do agravo do CPC, há a possibilidade de o relator conceder efeito suspensivo à correição parcial (1019, I, do CPC).

15.15.3.28. Recurso necessário ou recurso ex officio

15.15.3.28.1. Conceito. Natureza jurídica

Prevê o art. 574 do CPP que, em regra, os recursos serão voluntários, mas há situações, expressamente previstas em lei, em que o juiz é obrigado a recorrer, de ofício, de sua decisão, a fim de submetê-la ao controle do Tribunal.

Enquanto não julgado pelo Tribunal a sentença não transita em julgado; este é o teor da Súmula 423 do STF: "não transita em julgado a sentença por haver omitido o recurso *ex officio*, que se considera interposto *ex lege*".

Na verdade, o recurso necessário ou de ofício não é um recurso no sentido técnico da expressão, mas sim recurso impróprio que, nada mais é, que *um mecanismo de controle*, por parte da 2ª instância, de certas decisões tomadas pela 1ª instância, consideradas, pelo legislador, de especial relevância e que, por isso, as cercam de cuidados. E tanto o recurso necessário não é recurso que sequer possui caráter dialético – contradição de ideias entre as partes – uma vez que, além de não possuir prazo, não é sequer acompanhado de razões ou contrarrazões; simplesmente os autos são remetidos ao tribunal, com o despacho em que o magistrado aponta uma hipótese de recurso de ofício. Pode-se concluir, assim, que o recurso necessário é uma condição imprescindível ao trânsito em julgado de uma decisão; sem o seu implemento não haverá o trânsito (mas nem por isso deixará de correr a prescrição normalmente).

15.15.3.28.2. Extensão e profundidade do recurso de ofício

O recurso necessário devolve ao Tribunal toda a extensão do que foi decidido – ou seja o conhecimento integral das questões fático-probatórias e jurídicas.

Proferida decisão pelo Juízo de 1ª instância a respeito de matéria penal da qual caiba recurso de ofício, e não recorrendo da sentença o Ministério Público ou a defesa, o Tribunal, na análise do recurso necessário, está completamente livre para reconhecer, a favor ou contra os interesses, quer da acusação quer da defesa, nulidades ou o mérito da causa, indistintamente. Sendo assim, na hipótese de recurso necessário, o Tribunal poderá, mesmo sem recurso da acusação, reformar uma sentença absolutória e condenar o acusado; recrudescer a sanção penal; modificar o regime de cumprimento da pena privativa de liberdade de aberto para semiaberto ou fechado; revogar a substituição de uma pena privativa de liberdade por restritivas de direitos (benefício esse previsto no art. 44 do CP), etc.

Sendo assim, a Súmula 160 do STF que veda ao Tribunal o acolhimento de nulidade contra o réu não arguida no recurso de acusação, não se aplica ao recurso de ofício; em miúdos, no recurso de ofício o Tribunal poderá reconhecer nulidades contra a defesa, mesmo que não arguidas pela acusação, inexistindo, portanto, nesse caso, a vedação à *reformatio in pejus* prevista no art. 617 do CPP.

15.15.3.28.3. Prazo, endereçamento e processamento

O recurso não tem prazo, nem endereçamento, não sendo acompanhado de razões ou contrarrazões; simplesmente os autos são remetidos ao tribunal, com o despacho em que o magistrado aponta uma hipótese de recurso de ofício. O recurso de ofício não impede que as partes, inconformadas com a decisão, também dela recorram, oferecendo suas razões recursais. Mas, mesmo que, na interposição dos recursos, as partes tenham cingido seu inconformismo quanto apenas a parte da sentença, o certo é que, com o recurso de ofício, o Tribunal terá possibilidade de conhecimento pleno de todo o material fático – probatório e jurídico da decisão, como acima se viu.

E se o magistrado de 1ª instância não remeter os autos ao Tribunal para que exercer o controle judicial da decisão, através do recurso necessário?

Nessa situação, não haverá o trânsito em julgado, mas o presidente do Tribunal poderá avocar os autos (art. 496, § 1º, do CPC), utilizável, por analogia, ao processo penal (art. 3º, do CPP).

15.15.3.28.4. Hipóteses do recurso ex officio

São as seguintes:

1ª – da sentença que concede o *habeas corpus* (art. 574, I, do CPP). Claro que da sentença que denega a ordem de *habeas corpus*, em 1ª instância, não cabe o recurso necessário, nem da decisão do Tribunal que conceda *habeas corpus*, afinal, a previsibilidade legal do recurso necessário se cinge, apenas, à *concessão da ordem, pela 1ª instância*.

2ª – da decisão que concede reabilitação criminal (art. 746 do CPP);

3ª – absolvição em caso de processos por crimes contra a economia popular ou contra a saúde pública (art. 7º da Lei 1.579/52). Não cabe recurso necessário da absolvição quanto às contravenções penais referentes a tais infrações. Esse dispositivo legal não se aplica à Lei de Drogas (Lei 11.343/06, a qual não prevê o recurso necessário).

4ª – arquivamento de inquérito policial em caso de processos por crimes contra a economia popular ou contra a saúde pública (art. 7º da Lei 1.579/52). Não cabe recurso necessário do arquivamento quanto às contravenções penais referentes a tais infrações. Esse dispositivo legal não se aplica à Lei de Drogas (Lei 11.343/06, a qual não prevê o recurso necessário).

5ª – da sentença que conceda mandado de segurança em matéria criminal (art. 14, § 1º, da Lei n. 12.016/2009);

6ª – do indeferimento liminar de ação de revisão criminal pelo relator do Tribunal (art. 625, § 3º, do CPP), o qual dispõe que, se o relator julgar insuficientemente instruído o pedido, e indeferi-lo *in limine*, dará recurso para as câmaras reunidas ou para o tribunal).

Caso o relator indefira liminarmente o pedido revisional, deverá *recorrer de ofício* desta sua decisão (art. 625, § 3º, do CPP); este é o entendimento, a nosso ver, correto, embora minoritário, de Guilherme de Souza Nucci[133], para quem "havendo indeferimento liminar, deve o relator recorrer de ofício para o órgão colegiado competente, ainda que a parte não apresente agravo regimental".

A posição majoritária, contudo, entende que não se trata de espécie de reexame necessário em 2ª instância, mas de um recurso inominado – um agravo regimental – que deve ser oferecido pela parte, e não, de recurso, de ofício, pelo relator.

7ª – do indeferimento liminar de *habeas corpus* pelo relator do Tribunal (art. 663 do CPP), o qual prevê que, se o relator entender que o *habeas corpus* deva ser indeferido, liminarmente, levará a petição ao Tribunal, Câmara ou turma, para que delibere a respeito. Essa expressão – "levar a petição" – parece significar uma espécie de controle a respeito de uma decisão singular – de indeferimento liminar do *habeas corpus* – a ser exercido pelo órgão colegiado. Mas esse entendimento é minoritário, uma vez que maciça doutrina e jurisprudência entendem que não há recurso de ofício nessa hipótese, sem prejuízo, contudo, de a parte prejudicada interpor agravo regimental de tal decisão.

15.15.3.29. Casuística recursal

Recursos protelatórios

Se a parte se utilizar de recursos, manifestamente incabíveis ou contrários à jurisprudência do Tribunal, como estratagema a fim de evitar o trânsito em julgado, ou para que ocorra a prescrição, segundo o STF, é possível, ao relator, monocraticamente, determinar a baixa imediata dos autos ao Tribunal ou Juízo de origem, sem necessidade de prévia publicação do acórdão, para evitar o abuso do direito de recurso, antecipando o trânsito em julgado[134].

Recursos julgados por juízes de 1º grau convocados e não por desembargadores

O Pretório Excelso[135] já pacificou a constitucionalidade dos julgamentos em 2º grau cuja Turma julgadora seja composta, majoritariamente, por juízes convocados de 1º grau, com respaldo em lei específica a permitir tal convocação, não havendo se falar em violação ao princípio do juiz natural; pelo contrário, a convocação vem atender ao princípio constitucional da razoável duração do processo.

Recursos perante o CNJ (Conselho Nacional de Justiça)

Ao CNJ, órgão de caráter eminentemente administrativo, não cabe fiscalizar, reexaminar ou suspender os efeitos decorrentes de ato de *conteúdo jurisdicional*. O CNJ, embora pertença à estrutura do Poder Judiciário, não possui jurisdição, de modo que lhe é vedado interferir na independência funcional do juiz[136].

---

133. Guilherme de Souza Nucci, Manual de Processo penal e Execução Penal, p. 939.
134. STF. Pleno. QO no Recurso Extraordinário (RE) 839163. Rel. Min. Dias Toffoli.
135. STF. Pleno. HC 96821. STF. Recurso Extraordinário 597133, com repercussão geral reconhecida. STF. 1ª T. HC 101473. Rel. Min. Marco Aurélio.
136. STF. MS 33.570-MC/DF. Rel. Min. Celso de Mello. Julgado em 30/04/2015.

Embargos declaratórios para excluir da denúncia infração penais

A 2ª Turma do STF acolheu embargos declaratórios para excluir da denúncia, já recebida pelo colegiado, duas acusações, porque, na decisão anterior, teria havido omissão[137].

Embargos declaratórios para solucionar questão de competência

O Pretório Excelso, em sede de embargos declaratórios, solucionou questão de competência pela matéria, afastando tese de conexão, que havia sido omitida na decisão anterior[138].

---

137. Informativo do STF. 11/12/2018. STF – Inqu 3980. 2ª T. Rel. Min. Edson Faquin.
138. Informativo do STF. 24/04/2018. STF. Pet 6780. 2ª T. Rel. Min. Edson Faquin.

CAPÍTULO 16
AÇÕES IMPUGNATIVAS

16.1. REVISÃO CRIMINAL

16.1.1. Conceito. Natureza jurídica

É uma ação penal de conhecimento constitutiva ajuizada originariamente perante o Tribunal que visa rescindir, em hipóteses expressamente previstas em lei, uma decisão transitada em julgado que tenha imposto uma sanção penal ao réu (pena ou medida de segurança), no caso, respectivamente, das sentenças condenatórias e absolutórias impróprias (as que impõem medida de segurança). O princípio da segurança e estabilidade das relações jurídicas acobertadas pela coisa julgada cede ao interesse de se buscar a verdade real dos fatos, mas apenas em favor da liberdade do acusado (sendo cabível, portanto, exclusivamente, contra decisões desfavoráveis ao réu transitadas em julgado). Só é admitida, assim, a revisão criminal *pro reo* (a favor do réu); vedada a revisão *pro societate* (em favor da sociedade, contra decisões absolutórias injustas transitadas em julgado).

16.1.2. Fundamento constitucional, convencional e legal

A CF prevê o instituto da revisão criminal no art. 102, I, *j*, ao estabelecer a competência do STF para julgar a revisão criminal dos seus julgados; de idêntica forma, o art. 105, I, *e*, da CF, prevê a competência do STJ para julgar as revisões criminais de suas decisões; já o art. 108, *b*, refere-se à competência dos Tribunais Regionais Federais para julgarem as revisões criminais de seus julgados ou dos juízes federais da região.

Percebe-se, assim, que o direito de ajuizar revisão criminal é uma *garantia individual implícita* prevista na Constituição e que deve ser estendida a todos os órgãos de justiça do país, não sendo lícito à lei proibi-la, sob nenhuma hipótese, por se tratar de cláusula pétrea (art. 60, § 4º, IV, da CF).

Isto porque a Constituição, ao prever a existência da ação revisional quanto a determinados órgãos de Justiça da União (perante o STF, STJ, TRF), quis estabelecer como *regra geral* um modo de rescindir a coisa julgada injusta, mas apenas em favor da liberdade do acusado.

Importante referir que, além de decorrer do sistema constitucional, a impossibilidade de se ajuizar revisão criminal contra o réu, mas apenas a seu favor, a Convenção Americana de Direitos Humanos (Pacto de São José da Costa Rica), em seu art. 8º, 4, também a proíbe, ao assegurar, expressamente, como garantia judicial que "o acusado absolvido por sentença passada em julgado não poderá ser submetido a novo processo pelos mesmos fatos". É a consagração convencional do princípio do *ne bis in idem* (ninguém pode ser processado mais de uma vez pelo mesmo fato).

O CPP disciplina a revisão criminal nos arts. 621/631.

16.1.3. Pressuposto da revisão criminal

É preciso que haja uma decisão condenatória (impondo uma pena criminal) ou uma absolvição imprópria (em que se tenha imposto uma medida de segurança), transitadas em julgado (art. 625, § 1º, do CPP), pouco importando que a defesa tenha esgotado todos os recursos cabíveis ou, se, pelo contrário, não se insurgiu sequer em face da condenação proferida em 1ª instância.

Atualmente, o Pretório Excelso[1], entende, por escassa maioria, ser possível a execução provisória da pena privativa de liberdade, quando o Tribunal, ao julgar a apelação interposta, confirma a condenação proferida em 1ª instância. Para o Supremo, a presunção de inocência opera até o momento em que a condenação é confirmada pelo Tribunal, que faz uma profunda incursão no mérito da causa, com o escopo de resguardar o direito do acusado ao duplo grau de jurisdição. Com o julgamento em 2ª instância, opera-se o trânsito em julgado quanto aos fatos e as provas, de modo que, confirmada a condenação, levanta-se a a presunção de inocência, e torna-se possível o imediato cumprimento da pena privativa de liberdade.

O eventual ajuizamento de recurso especial ou extraordinário terão por objeto o direito, e não os fatos, os quais já foram objeto de decisões, de 1ª e 2ª instância, de modo que, tais recursos, não possuem o efeito de suspender a imediata execução da pena privativa de liberdade do condenado.

Com base nesse posicionamento da Corte Suprema, Lenio Streck[2], em interessante posição, sustenta que, como passa a ser considerado como trânsito em julgado, segundo o entendimento do Supremo, a condenação pela 2ª instância, *e não o esgotamento de todos os recursos possíveis*, torna-se então admissível o ajuizamento da revisão criminal, a partir do momento em que a apelação tiver sido julgada pelo Tribunal, *sem a necessidade de se aguardar o deslinde de eventuais outros recursos*, como o recurso especial ou extraordinário.

---

1. STF – Pleno – HC 126292. Rel. Min. Teori Zavascki. STF. Ações Declaratórias de Constitucionalidade (ADCs) 43 e 44. Rel. Min. Marco Aurélio.
2. Consultor Jurídico. 13/08/2017. Artigo- Lados da Moeda- "Prisão antecipada permitiria revisão criminal antes do trânsito em julgado". Artigo escrito por Leonardo Léllis em que cita parecer subscrito por Lenio Streck.

Parece ser essa a posição mais justa, afinal, se o conceito de trânsito em julgado – condenação confirmada pelo Tribunal – legitima, *em prol do interesse punitivo*, a execução provisória da pena, nada mais correto que também se possibilite, *em favor do interesse individual à liberdade do acusado*, o ajuizamento da revisão criminal, sob pena de afronta ao princípio basilar da igualdade.

E se tiver sido declarada extinta a punibilidade caberá revisão criminal?

Depende do momento processual em tal fato ocorrer: se a extinção da punibilidade advier durante o trâmite do processo, antes do seu trânsito em julgado, mesmo que após sentenças ou acórdãos condenatórios recorríveis, não caberá a revisão criminal porque faltará seu pressuposto: o trânsito em julgado de uma sanção penal. No entanto, ocorrendo, a extinção da punibilidade do acusado, após o trânsito em julgado da sanção (na verdade, seria a extinção da pena propriamente dita), como *v.g.*, a morte do condenado, a prescrição da pretensão executória etc., seria perfeitamente possível o ajuizamento da revisão criminal.

Se, da decisão desfavorável ao réu ainda couber recurso – estiver no prazo recursal – ou se estiver no aguardo do julgamento da irresignação recursal – é vedado o ajuizamento da revisão criminal. Mas, nada impede que a defesa desista do recurso para acelerar o trânsito em julgado, desde que, claro, a acusação também não tenha recorrido, pois, nessa situação, deverá se aguardar, de qualquer modo, o julgamento do recurso interposto pela acusação.

16.1.4. Legitimidade ativa e passiva na ação revisional

Quanto à legitimidade ativa, a revisão pode ser oferecida pelo próprio acusado, por seu procurador legalmente habilitado ou, no caso de morte do acusado ou sua ausência, por seu cônjuge (e companheiro), ascendente, descendente ou irmão (art. 623 do CPP). Essa hipótese de ajuizamento da revisão criminal pelo consorte ou pelos parentes do acusado já falecido visa a restabelecer sua dignidade, presumivelmente atingida pela condenação criminal (restabelecimento do *status dignitatis* do morto).

Quando, no curso da revisão, falecer a pessoa, cuja condenação tiver de ser revista, o presidente do tribunal nomeará *curador para a defesa* (art. 631 do CPP), *se não houver sucessores*, continuando a tramitação do processo até o seu deslinde, porque é do interesse público, sem embargo dos interesses privados do condenado e de seus familiares, verificar, o Tribunal, se houve erro judiciário.

O Estado – o Estado-membro propriamente dito, o DF, e a União, conforme se trate de Justiça Estadual, Justiça do Distrito Federal e Justiça organizada pela União, ocupam o polo processual passivo da ação, pois foi através dos seus órgãos de Justiça que se constituiu uma sentença transitada em julgado que impôs uma sanção penal, de modo que existe interesse estatal na preservação de seus atos de poder – presumivelmente idôneos – e, com isso, manter-se a estabilidade-segurança jurídica – das relações jurídicas findas.

E o Ministério Público pode ajuizar a revisão criminal?

Há **duas posições** sobre o assunto:

1ª posição: É **vedado ao Ministério Público** ajuizar pedido de revisão criminal, porque sua legitimidade para tanto não é prevista em lei; ademais, o órgão acusador deve constar do polo passivo da demanda, representando o Estado. Esse entendimento já foi seguido pelo STF[3].

2ª posição: É **possível ao Ministério Público** ajuizar a revisão criminal, pois, embora não exista previsão legal expressa para tanto, a busca pelo *Parquet*, da decisão justa, mesmo que favorável ao acusado, é perfeitamente compatível com sua função institucional de defender a ordem jurídica (art. 127, *caput*, da CF). É a nossa posição.

Por fim, não participa na relação jurídica revisional o ofendido, mesmo que tenha se habilitado como assistente na ação penal condenatória cujo conteúdo ora se discute, embora seja claro que a decisão proferida na revisão criminal possa afetar seus interesses, uma vez que, se procedente o a revisão criminal, desconstitui-se o título executivo judicial consubstanciado na sentença condenatória.

16.1.5. Revisão criminal e capacidade postulatória

Como o art. 623 do CPP prevê que a revisão pode ser ajuizada pelo próprio réu, tem-se entendido que pode fazê-lo, pessoalmente, sem que necessariamente esteja representado por um advogado, inexistindo qualquer ofensa ao art. 133 da CF, que trata da imprescindibilidade do advogado à função jurisdicional do Estado. Este é o posicionamento do STF[4].

Claro que, nesta situação, como se trata de ação peculiar com fundamentos específicos, nada impediria que o Tribunal nomeasse ao autor da revisão um advogado a fim de auxiliá-lo a cumprir os requisitos legais, juntando documentos, obtendo provas etc. Já decidiu o STJ[5] que, se requerida, pelo próprio acusado, a revisão criminal, valendo-se de sua capacidade postulatória autônoma, o Tribunal deve nomear, a seu favor, um defensor, o qual não poderá se manifestar contrariamente ao pleito do condenado.

16.1.6. Cabimento da revisão criminal

Como a coisa julgada é prevista na Constituição como um instrumento a favor da segurança jurídica e da estabilidade das relações jurídicas já consolidadas, tanto que sequer a lei pode prejudicá-la (art. 5º, XXXVI), deve-se entender que a revisão criminal, que é justamente o instrumento processual que desfaz a coisa julgada, só poderá

---

3. STF – RHC 80.796/SP – 2ª T. Rel. Min. Marco Aurélio. DJ 10/08/2001, p. 20.
4. STF – RVC 4.886/SP. Pleno. Rel. Min. Celso de Mello. DJ 23/04/1993, p. 6919.
5. STJ – 6ª T., HC 40.354/SP, Rel. Min. Nilson Naves, j. 03/05/2005, DJ 01/08/2005, p. 572.

ser acolhida em hipóteses excepcionais, previstas expressamente em lei, sem que seja admissível o emprego de analogia a situações não contempladas no Código. Assim, as hipóteses de cabimento da revisão criminal são *taxativas*, e não admitem ampliação, inadmitindo-se que a revisão criminal se transforme em sucedâneo de recurso de apelação para rediscutir particularidades das provas do processo ou do direito aplicável.

16.1.7. Revisão criminal e prazo

A revisão criminal não tem prazo; pode ser oferecida a qualquer tempo, mesmo após a morte do réu, através dos seus sucessores (art. 623 do CPP); antes da extinção da pena ou mesmo após (art. 622 do CPP). Não será admissível, entretanto, a reiteração do pedido, salvo se fundado em novas provas (art. 622, § único, do CPP).

16.1.8. Revisão criminal e ônus probatório

As hipóteses de cabimento da revisão criminal serão a seguir explanadas, cabendo ressaltar, antes de tudo, que o ônus de provar a sua existência é do autor da ação – do acusado e de seu defensor. Não é válido, nessa situação, o brocardo *in dubio pro reo*, mas, ao contrário, como lembra Renato Brasileiro de Lima[6], o que prevalece é o *in dubio contra reum*. Em outras palavras, existindo dúvida relevante a respeito da existência ou não de alguma hipótese de revisão criminal, a decisão condenatória transitada em julgado, como forma de se assegurar a segurança e estabilidade das decisões judiciais, deverá prevalecer. Apenas se comprovado, acima de qualquer dúvida razoável, a existência, *v.g.*, de nulidade insanável, de novas provas que demonstrem a inocência do réu, poderá ser julgada procedente a revisão criminal. Com esse posicionamento o STJ[7].

16.1.9. Hipóteses de cabimento da revisão criminal

São as seguintes hipóteses legais que admitem a revisão criminal:

1ª – quando a sentença condenatória for contrária ao texto expresso da lei penal ou à evidência dos autos (art. 621, I, do CPP)

Por decisão contrária ao texto da lei penal compreende-se como sendo uma verdadeira negativa de sua aplicação (por exemplo, deixar de reconhecer um privilégio ou causa de diminuição de pena existentes e, por isso, admitidos na sentença, por reputá-los injustos); não é suficiente, para a revisão criminal, a simples discordância em face de uma interpretação razoável do texto penal realizada pelo juiz na sentença.

Havendo essa contrariedade manifesta com o texto legal da decisão transitada em julgado, o Tribunal, ao julgar a revisão criminal, exercerá o *juízo rescindente*, desconstituindo (anulando) a decisão anterior a qual voltará ao órgão judiciário prolator

---

6. Renato Brasileiro de Lima, Manual de Processo Penal, p. 1850.
7. STJ – 6ª T, REso 27.827/SC, Rel. Min. Pedro Acioli, 13/04/1993, DJ 02/08/1993, DJ 02/08/1993, p. 14.286.

(que pode ser o juízo *a quo* ou outro Tribunal inferior), para que profira outra decisão, dessa vez válida.

A alteração de lei penal posterior, se mais benéfica ao acusado, é aplicada pelo juiz das execuções penais, e não através da revisão criminal. Este é o teor da Súmula 611 do STF: "transitada em julgado a sentença condenatória, compete ao Juízo das Execuções a aplicação de lei mais benigna".

Sentença condenatória contrária à lei penal, a Constituição Federal e a lei processual penal

A sentença condenatória que se pretende desconstituir através da revisão criminal pode ser contrária a texto expresso da Constituição Federal, da lei penal e também da lei processual penal, sendo plenamente admissível a interpretação extensiva, nesta situação, para incluir as decisões contrárias às leis processuais penais, além das penais, porque, na hipótese em estudo, a lei disse menos do que pretendia. Isto porque o art. 626, *caput*, do CPP estipula que uma das decisões possíveis, caso seja julgada procedente a ação revisional, é a de o Tribunal anular o processo; ora, se há anulação, é porque houve nulidade, ou seja, contrariedade da decisão com a lei processual penal, como uma das hipóteses autorizadoras da revisão criminal.

Essa contrariedade a lei, *lato sensu*, a fim de se dar plausibilidade à revisão criminal, deve ser frontal, evidente, e não aquela advinda de uma interpretação equilibrada do texto legal pelo juiz ou Tribunal *a quo*, mesmo que sujeita a críticas doutrinárias e que destoe de posições de outros órgãos de justiça.

Inclui-se, na possibilidade de ajuizamento de revisão criminal, como explica Norberto Avena[8], a discussão referente apenas à fixação de valor mínimo de reparação à vítima (art. 387, IV, do CPP), pois integrante da sentença condenatória.

E se houver uma evolução da jurisprudência tornando obsoleta a interpretação expendida em decisão condenatória transitada em julgado?

Nessa situação, poderá ser ajuizada a revisão criminal, desde que a mudança da jurisprudência seja favorável aos interesses do acusado, afinal seria verdadeira ofensa ao princípio maior da igualdade, se réus condenados pela mesma figura típica tivessem tratamento distinto, unicamente porque, por *azar* daquele que primeiro foi julgado, a jurisprudência fosse mais rigorosa, enquanto que o que fosse julgado posteriormente fosse beneficiado pela interpretação mais benéfica dos Tribunais. Seria, em suma, tratar-se desigualmente os iguais.

Quanto ao outro motivo autorizador da revisão criminal tratado neste inciso – **decisão contrária à evidência dos autos** – deve-se entender, à semelhança das decisões do júri, que podem ser invalidadas pelo Tribunal, em sede de apelação, como sendo aquelas frontalmente divorciadas das provas dos autos, e não aquela que tenham endossado uma das versões plausíveis daquilo que se apurou no processo.

---

8. Norberto Avena, Processo Penal Esquematizado, p. 312.

Pode a revisão criminal se estribar na insuficiência de provas?

Há entendimento do STJ[9] que a revisão criminal, nessa hipótese, não seria admissível porque a insuficiência ou precariedade de provas não se confundiria com decisão frontalmente colidente com a evidência probatória, a única hipótese que autorizaria, por esse fundamento, a rescisão do julgado. Temos, porém, entendimento diverso, pois se a decisão condenatória tiver sido fundada em um vazio de provas ou em sua indigência, claramente haverá violação da lei processual, mais especificamente, do art. 386, VII, do CPP (o juiz absolverá o réu se não existir prova suficiente para a condenação), de modo que seria perfeitamente possível, por esse motivo, não se anular o julgamento anterior, mas simplesmente absolver-se o acusado, em sede de revisão criminal, por insuficiência das provas. Bastará, para tanto, utilizar, o Tribunal, por analogia, o art. 282, § 2º, do CPC, que estipula ser possível, ao juiz, quando puder decidir o mérito a favor da parte a quem aproveita a decretação da nulidade, não a pronunciar nem mandar repetir o ato ou suprir-lhe a falta.

2ª – quando a sentença condenatória se fundar em depoimentos, exames ou documentos comprovadamente falsos (art. 621, II, do CPP)

Devem estar comprovadas, para que seja julgada procedente a revisão criminal, não apenas a falsidade das provas (depoimentos, exames, documentos ou quaisquer outros elementos de convicção) como também que a sentença condenatória se alicerçou, como seu fundamento (ou, pelo menos, um dos seus fundamentos), em elementos de convicção falsos. *Não se presta a revisão criminal a mera reanálise de idênticos elementos probatórios já produzidos.*

Comprovada a falsidade das provas, *mas sem que tais elementos de convicção tenham influenciado o juiz em sua decisão condenatória*, não se admitirá a revisão criminal; em suma, a comprovação do nexo de causalidade entre as provas falsas e a sentença condenatória é imprescindível.

A comprovação de que o elemento de convicção produzido no processo que redundou na condenação que ora se discute deve ser trazida pelo autor da revisão criminal, pois não se admite dilação probatória (ou seja, produção de provas), no decorrer da ação revisional, que deve estar suficientemente instruída com provas documentais a respeito da fraude.

Normalmente, estas provas da falsidade são produzidas através da produção antecipada de provas, prevista nos arts. 381/383 do CPC, e que tem por finalidade provar a existência de um fato ou relação jurídica, seja para formar um documento, seja para servir de prova em outro processo. A parte contrária (MP ou querelante) deve ser citada, e o procedimento se desenvolve perante o órgão de justiça de onde dimanou a decisão condenatória (normalmente o juiz de 1ª instância).

Não é admissível que a mera juntada de declaração – por ato unilateral da parte, como uma declaração escrita de vítima ou testemunha apresentando versão diferente

---

9. STJ – 5ª T., REsp 988.408/SP, Rel. Min. Felix Fischer, j. 30/05/2008, DJe 25/08/2008.

dos fatos – mesmo que mediante escritura pública – possa servir como elemento de convicção válido e apto ao conhecimento, pelo Tribunal, da revisão criminal ajuizada. Imprescindível que seja procedida a oitiva mediante produção antecipada de provas, em contraditório, da pessoa cuja declaração se apresenta, perante o mesmo Juízo criminal onde foi proferida a condenação, para que se torne possível, em tese, o ajuizamento de revisão criminal.

No entanto, a declaração escrita de vítima ou testemunha – desde que diversa daquela já colhida no processo findo – *v.g.* vítima de roubo que inocenta o acusado condenado – deve servir como fundamento para a produção antecipada de provas[10], que é, justamente, o processo preparatório – instrutório da futura revisão criminal a ser ajuizada.

E se for denegado o pedido de produção antecipada de provas a fim de se instruir futura revisão criminal, caberá recurso?

Além da possibilidade de se impetrar *habeas corpus* – se houver constrangimento ilegal à liberdade de locomoção do sentenciado (hipótese de acusado preso) – pensamos ser cabível, também, a interposição de apelação, com fulcro no art. 593, II, do CPP (decisão com força de definitiva – decisão interlocutória mista terminativa – que não julga o mérito da causa, da qual não caiba recurso em sentido estrito).

As provas da falsidade dos elementos de convicção que justificaram a condenação do réu podem advir também de cópias de processos ou inquéritos instaurados para apurar tais fatos, que poderão instruir a revisão criminal.

3ª – quando, após a sentença, se descobrirem novas provas de inocência do condenado ou de circunstância que determine ou autorize diminuição especial da pena (art. 621, III, do CPP)

As provas da inocência ou das circunstâncias que possam reduzir a pena do condenado devem ser inéditas, e, da mesma forma que ocorre com a hipótese acima analisada, devem ser pré-constituídas (devidamente comprovadas por documentos), quando do ajuizamento da revisão criminal.

As provas a favor do acusado deverão ser produzidas mediante a produção antecipada de provas, prevista nos arts. 381/383 do CPC, e que tem por finalidade provar a existência de um fato ou relação jurídica, seja para formar um documento, seja para servir de prova em outro processo. A parte contrária (MP ou querelante) deve ser citada, e o procedimento se desenvolve perante o órgão de justiça de onde emanou a decisão condenatória (normalmente o juiz de 1ª instância).

Revisão criminal e indenização pelo erro judiciário

Dispõe o art. 630, *caput*, do CPP que o Tribunal, se o interessado o requerer, poderá reconhecer o direito a uma justa indenização pelos prejuízos sofridos, em

---

10. STJ. Recurso em Habeas Corpus 58.442/SP. Rel. Min. Sebastião Reis Júnior.

virtude do comprovado erro judiciário. Como a responsabilidade do Estado por seus atos é objetiva, bastará a comprovação do nexo causal entre o erro judiciário e o dano – material ou moral – causado ao condenado, independentemente de dolo ou culpa por parte do juiz. Claro que o Estado poderá exercer o direito de regresso em face do juiz, nos casos de dolo e culpa.

E se o acusado, que é *vítima* de um erro judiciário, falecer durante a tramitação do processo de revisão criminal?

Nesse caso, o direito à indenização irá ser titulado pelos seus herdeiros. Da mesma forma, mesmo que aquele que foi condenado injustamente tenha falecido antes de ter ajuizado a revisão criminal, nada impedirá que seus herdeiros o façam, postulando indenização pelos danos materiais e morais sofridos que serão ressarcidos aos sucessores do morto.

Não será, entretanto, devida a indenização, se o erro ou a injustiça da condenação proceder de ato ou falta imputável ao próprio impetrante, como a confissão ou a ocultação de prova em seu poder (art. 630, § 2º, *a*, do CPP).

Estipula o § 2º, *b*, do art. 630, do CPP, que a indenização não será devida se acusação tiver sido privada; tem-se entendido que tal dispositivo legal não foi recepcionado pela Lei Maior, pois a CF impõe como dever do Estado a indenização pelo erro judiciário (art. 5º, LXXV), sem distinções entre acusação pública ou privada; afinal, o erro, em qualquer hipótese, é de um agente público, integrante do Poder Judiciário.

16.1.10. Nulidade manifesta em condenação transitada em julgado: deve-se ajuizar revisão criminal ou impetrar-se *habeas corpus*?

No caso de nulidade manifesta consubstanciada em processo cuja condenação já transitou em julgado será possível, em tese, simultaneamente, a impetração de *habeas corpus* (art. 648, VI, do CPP) e o ajuizamento de revisão criminal (art. 621, I e 626 do CPP).

Se o acusado estiver preso, certamente seria melhor utilizar-se do remédio do *habeas corpus*, porque patente o constrangimento ilegal sofrido pelo sentenciado, que tem sua liberdade comprometida com base em processo manifestamente nulo. No entanto, importante registrar que há diversas decisões entendendo não ser cabível *habeas corpus* para substituir eventual revisão criminal[11].

Já no caso em que o acusado já está solto – porque já cumpriu (indevidamente que seja) a pena, não será cabível a impetração de *habeas corpus*, por falta de interesse de agir, mas apenas a ação de revisão criminal.

Além da questão da existência ou não de constrangimento ilegal (mesmo que potencial) à liberdade de locomoção do sentenciado, o que autorizaria ou não que

---

11. STJ – AgRg no HC 300699/SP,5ª T. Rel. Min. Felix Fischer, j. 30/06/2015, DJE 03/08/2015; STJ – HC 279716/SP, 5ª T. Rel. Min. Reynaldo Soares da Fonseca, j. 01/09/2015. DJE 08/09/2015.

se impetrasse, em tese, o *habeas corpus*, importante também lembrar que, se houver necessidade de alguma dilação probatória, só será cabível o ajuizamento da revisão criminal, uma vez que não cabe dilação probatória em sede de *habeas corpus* e, no caso da revisão, é possível a produção antecipada de provas para instruí-la.

16.1.11. Competência para julgar a revisão criminal

Apenas os Tribunais podem julgar a revisão criminal referente a decisões condenatórias julgadas, com trânsito em julgado, pelos juízes de 1º grau, como também contra as decisões definitivas emanadas do próprio Tribunal.

Os Tribunais com competência para julgar revisão criminal são: Tribunais de Justiça dos Estados e do DF, Tribunais Regionais Federais, STM (Superior Tribunal Militar), Tribunal de Justiça Militar (nos Estados de São Paulo, Minas Gerais e rio Grande do Sul); no caso dos Juizados Especiais Criminais, a competência para julgar a revisão criminal é das Turmas Recursais.

Os desembargadores ou ministros que tenham participado do julgamento anterior não podem fazer parte do novo julgamento da revisão criminal, por estarem impedidos (art. 252, III, do CPP).

16.1.11.1. Revisão criminal e Tribunais Superiores

O Tribunais Superiores com competência para julgar revisão criminal são: STF, STJ, TSE (Tribunal Superior Eleitoral), STM (Superior Tribunal Militar).

A competência do STF para julgar revisões criminais é prevista no art. 102, I, *j*, da CF; a do STJ no art. 105, I, *e*, da CF. Em regra, a competência, do STF, para julgar a revisão criminal de julgado do Tribunal será do Plenário (art. 6º, I, *b*, do RISTF – Regimento Interno do STF). Todavia, o art. 21, § 1º, do RISTF, autoriza o Relator a, monocraticamente, negar seguimento a pedido manifestamente inadmissível, improcedente ou contrário à jurisprudência dominante ou à súmula do Tribunal, de modo que pedidos revisionais vêm sendo julgados singularmente – negando-se seguimento a eles – por decisão singular do relator[12]. Quanto ao STJ, a competência para julgar a revisão criminal será de sua Corte Especial (formada pelos quinze ministros mais antigos e presidida pelo Presidente do Tribunal), no caso de seus julgados (art. 11 do RISTJ – Regimento Interno do STJ); em se tratando de julgados proferidos pela 3ª Seção (Criminal) ou pelas Turmas Criminais (5ª e 6ª Turmas), as revisões criminais serão julgadas pela 3ª Seção. Não obstante tais normas, o art. 34, XVIII, *a* e *b*, do RISTJ, abre a possibilidade de o Min. Relator, monocraticamente, não conhecer do pedido revisional ou negar provimento a ele, se o pleito for contrário a tese fixada em julgamento repetitivo, de repercussão geral, a súmula do STF ou do STJ, ou ainda a jurisprudência dominante acerca do tema.

No caso de revisão criminal a ser julgada pelo STF, em que o Pleno tenha julgado o processo, os mesmos ministros que o julgaram serão aqueles que irão decidir a revisão criminal, não se havendo falar, nesse caso, em impedimento.

---

12. Notícias do STF. 31/10/2017. Revisão Criminal (RvC) 5450. Rel. Min. Edson Faquin.

A revisão criminal ajuizada perante o STJ poderá assumir a forma física (e não eletrônica), como ressalta a Resolução 10/2015, do STJ.

Os Tribunais Superiores serão competentes para julgar a revisão criminal no caso de trânsito em julgado de decisão condenatória se referir a ação penal originária em que acusado detentor de foro por prerrogativa de função houver sido condenado. Exemplo: condenado pela prática de crime, deputado federal, pelo STF, e transitada em julgado tal decisão, certo que a revisão criminal só poderá ser ajuizada perante o próprio STF.

Os Tribunais Superiores serão ainda competentes para julgar a revisão criminal, se a matéria que for objeto dessa ação já ter sido conhecida – por tais Tribunais – em sede de recurso. No caso do Supremo e do STJ, se a matéria que for objeto da revisão criminal, tiver sido apreciada, respectivamente, em sede de recurso extraordinário ou especial, certo que tais tribunais superiores, nessa hipótese, serão competentes para julgar a revisão.

Não sendo, o recurso especial ou extraordinário, conhecidos, pelos Tribunais Superiores, a revisão criminal só poderá ser ajuizada pelo Tribunal *a quo*, uma vez que, como não houve substituição, pelo STF ou pelo STJ, das decisões anteriores, não se firmou a competência de tais Tribunais para julgar a revisão.

Mesmo que, conhecido, em parte ou totalmente, o recurso especial, pelo STJ, e o extraordinário, pelo STF, a revisão criminal perante tais Tribunais superiores só será cabível da parte em que houve o efeito substitutivo da decisão – ou seja, daquilo que foi objeto do recurso especial ou extraordinário[13].

Se o fundamento da revisão criminal for diverso daquela matéria que tenha sido julgada, em grau de recurso especial e extraordinário, a revisão criminal não poderá ser ajuizada perante, respectivamente, o STJ e o STF, mas, sim, junto ao Tribunal local (ou Tribunal Regional Federal).

Sendo uma questão jurídica discutida em recurso especial, pelo STJ, e a mesma questão, posteriormente, for objeto de revisão criminal, fora de dúvida que essa ação deverá ser ajuizada perante o STJ. Pouco importa que, quando tramitava aquele recurso especial no STJ, tivesse sido interposto pelo acusado ou seu defensor *habeas corpus* que fora julgado pelo STF: de qualquer maneira, a competência será do STJ, e não do STF, porque são ações penais distintas com objetos diversos[14].

No entanto, há posição diversa, do mesmo STJ, entendendo ser inviável o ajuizamento da revisão criminal naquele Sodalício quando a matéria penal tiver sido submetida à apreciação da Suprema Corte, e enfrentada em ação de *habeas corpus*[15]. Essa posição é insustentável juridicamente, porque o Regimento Interno do STF (art. 263, § único), regulamentando o art. 102, I, *j*, da CF, admite a revisão criminal dos julgados daquela Corte cuja condenação tenha sido proferida ou mantida no julgamento de ação penal originária ou recurso criminal ordinário, ou no julgamento de recurso extraordinário,

---

13. STJ RvCr 1788/RS. 3ª Seção. Min. Rel. Sebastião Reis Júnior. DJe 29/04/2014. STJ. RvCr 1.029/PR. 3ª Seção. Rel. Min. Napoleão Nunes Maia Filho, DJe 10/12/2009.
14. STJ. Revisão Criminal 2.877/PE (2015/0027192-7). Rel. Min. Gurgel de Faria.
15. STJ. AgRg na RvCr 2253/RJ. 3ª Seção. Min. Rel. Sebastião Reis Júnior.

se, nessa última hipótese, o fundamento da revisão criminal coincidir com a questão federal apreciada. Ora, percebe-se então, pela interpretação do dispositivo citado, que o julgamento de *habeas corpus* pelo STF não vincula a revisão criminal a ser ajuizada àquele Sodalício[16]. Como a questão discutida na revisão criminal é idêntica àquela debatida em sede de recurso especial, no STJ, obviamente a competência para julgar a rescisória penal só poderia ser mesmo do STJ.

16.1.11.2. Revisão criminal e Juizados Especiais Criminais

Perfeitamente possível o ajuizamento de revisão criminal, perante a Turma Julgadora, de decisões condenatórias proferidas pelos Juizados. Embora não haja previsão expressa da revisão criminal na Lei 9.099/95, certo que tal ação deflui da própria Constituição Federal e do Pacto de São José da Costa Rica, porque materializa a garantia da ampla defesa; ademais, como o CPP regulamenta a revisão criminal, sendo que seus dispositivos devem ser aplicados subsidiariamente aos Juizados, como prevê expressamente o art. 92 da Lei 9.099/95, mostra-se como plenamente jurídica a possibilidade de se ajuizar revisão criminal nos Juizados Especiais Criminais.

16.1.12. Procedimento da revisão criminal

A revisão criminal deve estar instruída com a certidão do trânsito em julgado da sentença condenatória e com os documentos necessários à comprovação do que se alega (art. 625, § 1º, do CPP).

Caso o relator indefira liminarmente o pedido revisional, deverá *recorrer de ofício* desta sua decisão (art. 625, § 3º, do CPP); este é o entendimento, a nosso ver, correto, embora minoritário, de Guilherme de Souza Nucci[17], para quem "havendo indeferimento liminar, deve o relator recorrer de ofício para o órgão colegiado competente, ainda que a parte não apresente agravo regimental".

A posição majoritária, contudo, entende que não se trata de espécie de reexame necessário em 2ª instância, mas de um recurso inominado – um agravo regimental – que deve ser oferecido pela parte, e não, de recurso, de ofício, pelo relator da revisão indeferida liminarmente.

De qualquer modo, tratando-se de recurso necessário ou voluntário, se oferecido, deverá ser apresentado pelo relator em mesa para o julgamento, depois de apresentado o relatório, mas sem participar da decisão (art. 625, § 4º, do CPP).

Se a revisão não for indeferida liminarmente, abre-se vista ao Ministério Público de 2ª instância para parecer, no prazo de 10 dias; em seguida, os autos serão enviados, para exame, em 10 dias, para o relator, e depois, para o revisor, pelo mesmo prazo de 10 dias, designando-se, após tais etapas, data para julgamento da revisão (art. 625, § 5º, do CPP).

---

16. STF. RvC 5428/ED/PE. Pleno. Rel. Min. Dias Toffoli. DJe 28/06/2013.
17. Guilherme de Souza Nucci, Manual de Processo penal e Execução Penal, p. 939.

Deve funcionar como relator um desembargador que não tenha pronunciado decisão em qualquer fase do processo (art. 625, *caput*, do CPP). Nada impede que o revisor, pelo texto da lei, já tenha se pronunciado ao julgar, *v.g.*, o recurso de apelação, assim como os demais magistrados que irão decidir a revisão criminal.

É assegurado à defesa a sustentação oral em sessão de julgamento da revisão criminal[18]

Pedido de liminar na revisão criminal

O STF[19] admite a possibilidade de se pedir, em liminar, a liberdade do sentenciado. O STJ também reputou válido pedido de liminar em revisão criminal, objetivando a realização de audiência de justificação criminal a fim de se instruir a futura revisão criminal.

A revisão criminal possui efeito suspensivo?

Como regra geral, não, de modo que a sentença condenatória que esteja sendo executada não será suspensa pelo mero ajuizamento de revisão criminal.

Excepcionalmente, porém, será possível que o Tribunal, ao receber a revisão criminal, utilizando-se do poder geral de cautela do juiz, previsto no art. 297 do CPC, suspenda, em casos em que manifesto o constrangimento ilegal sofrido pelo condenado, a execução da pena, liminarmente, antes do julgamento da revisão criminal. Essa medida equivaleria à verdadeira concessão de *habeas corpus*, de ofício, pelo Tribunal (art. 654, § 2º, do CPP).

Claro que, se estiver evidenciado documentalmente o constrangimento ilegal sofrido, nada impedirá a impetração de *habeas corpus*, a fim de suspender a execução da pena, até o julgamento da revisão criminal. Existe decisão do STJ[20] com esse entendimento.

A revisão criminal pode ser reiterada?

Sim, desde que com novos fundamentos, como, *v.g.*, a primeira revisão se fundamenta na frontal violação da lei penal, o que não impediria que, mesmo julgada improcedente a ação, fosse ajuizada nova revisão criminal lastreada na falsidade das provas.

16.1.13. Resultados possíveis do julgamento da revisão

Segundo estabelece o art. 626 do CPP, julgando procedente a revisão, o Tribunal poderá alterar a classificação da infração, absolver o réu, modificar a pena ou anular o processo, mas, de qualquer maneira, não poderá ser agravada a pena imposta pela decisão revista.

---

18. STJ – HC 295313/SP, 5ª T. Rel. Min. Jorge Mussi, j. 21/08/2014, DJE 27/08/2014.
19. Informativo do STF. 28/02/2014. Revisão Criminal (RvC) 5437.
20. STJ – 6ª T., HC 88.586/SP, Rel. Min. Maria Thereza de Assis Moura, j. 1º/09/2009, DJe 21/09/2009.

Prevê o art. 627 do CPP que a absolvição implicará o restabelecimento de todos os direitos perdidos em virtude da condenação, como, por exemplo, o restabelecimento dos direitos políticos suspensos em decorrência da condenação.

Caso anulado o julgamento anterior, o processo retomará sua marcha inicial no Juízo de origem, sendo que o magistrado que vier, eventualmente, a prolatar nova sentença condenatória, estará impedido de recrudescer a pena originalmente fixada, tendo em vista a vedação à *reformatio in pejus* indireta (art. 626, § único do CPP).

Exatamente nesse sentido a Súmula 160 do STF: "É nula a decisão do Tribunal que acolhe, contra o réu, nulidade não arguida no recurso da acusação, ressalvado os casos de recurso de ofício". Como a revisão criminal é uma ação privativa da defesa, não é possível, no caso de sua procedência, acarretar qualquer gravame ao acusado; trata-se, portanto, de dar um sentido ampliativo à súmula em comento.

16.1.14. Recursos cabíveis da decisão colegiada que julga a revisão criminal

Serão cabíveis, em regra, das decisões dos Tribunais em sede de revisão criminal, a interposição dos seguintes recursos: embargos de declaração, recurso especial e recurso extraordinário.

No caso de indeferimento liminar da revisão criminal, pelo relator, como vimos, caberá, segundo entendimento majoritário, a interposição de agravo regimental dessa decisão (art. 625, §§ 3º e 4º, do CPP).

16.1.15. Revisão criminal e Júri

É pacífica a possibilidade de se ajuizar revisão criminal contra as decisões do júri; o que se discute é o seu alcance: **pode a revisão criminal desconstituir o julgamento pelo Júri, e absolver o acusado, ou só lhe é permitido invalidar o veredicto, para que seja realizado outro julgamento?**

Há **duas posições** sobre o assunto:

1ª posição. O Tribunal, ao julgar procedente a revisão criminal, pode absolver o acusado, sem necessidade de remetê-lo a novo julgamento pelo Júri, pois como o Júri é, predominantemente, uma garantia individual, tal interpretação seria lícita porque favorável ao interesse à liberdade do réu. Este tem sido o posicionamento do STF e de parte do STJ[21].

2ª posição. O Tribunal, quando julga procedente a revisão criminal, deve invalidar o veredicto anterior pelo Júri e remetê-lo a novo julgamento, sob pena de violação do princípio da soberania dos veredictos, como já decidiu o STJ[22]. Essa nos parece ser a posição mais aceitável.

---

21. STJ-HC 137.504/BA, Rel. Min. Laurita Vaz, j. 28/08/2012.
22. STJ – 5ª T. HC 19.419/DF, Rel. Min. Jorge Scartezzini, j. 25/06/2002, DJ 18/11/2012; STJ – 5ª T, AgRg no REsp 1.021.468/SP, Rel. Min. Jorge Mussi, j. 02/08/2011, DJe 10/08/2011.

Pensamos que a instituição do Júri – a par de ser uma *garantia individual do acusado*, é também uma *modalidade de exercício da democracia direta* – de participação popular em um órgão do Poder Judiciário – que é o Tribunal do Júri, que se concretiza mediante o voto aos quesitos formulados pelo juiz presidente, condenando ou absolvendo-se o acusado. Ora, se *o direito de o jurado votar é ínsito à cidadania*, que é um dos *fundamentos da república* (art. 1º, II, da CF), usurpar, o Tribunal, essa prerrogativa democrática do cidadão ao voto, *para decidir a causa no lugar do jurado*, é algo extremamente autoritário e antidemocrático.

É um ato de *violação à cidadania*. Não há qualquer ofensa à garantia individual do acusado submetê-lo a outro julgamento pelo Júri em razão da procedência da revisão criminal, afinal o acusado – em uma segunda sessão de julgamento – mais uma vez, terá todas as oportunidades de se defender plenamente, inclusive a de lograr absolvição.

Nessa situação, nem há que se falar em choque entre a garantia individual do acusado e o direito de cidadania do jurado; um novo julgamento pelo Júri, advindo de revisão criminal procedente, não viola qualquer um dos dois.

16.1.16. Certidão de óbito falsa que acarrete a extinção da punibilidade

Sendo juntada uma certidão de óbito falsa em um processo, e o juiz, sem se aperceber da contrafação, vier a julgar extinta a punibilidade do acusado, com fulcro no art. 107, I, do CP, **indaga-se: essa decisão – de extinção da punibilidade – quando transitada em julgado, acarreta como efeito a proibição de ser seu beneficiário novamente processado?**

Há **duas posições** sobre o tema:

1ª Posição: O beneficiário da declaração de extinção da punibilidade não poderá mais ser processado, porque a decisão transitou em julgado, e não se admite, no nosso ordenamento jurídico, revisão criminal *pro societate*, mas, apenas, *pro reo*. Restará, apenas, a responsabilização criminal por parte do delito de falso cometido – a contrafação ou o uso do documento falso (a certidão de óbito); quanto ao outro crime pelo qual era processado o acusado, uma vez que foi (indevidamente) extinta sua punibilidade, nada mais poderia ser feito.

2ª Posição: O beneficiário da declaração de extinção da punibilidade poderá ser processado, a fim de impedir que seja, *imoralmente*, beneficiado da sua própria torpeza. Não haveria, na hipótese de certidão de óbito falsa, verdadeiro trânsito em julgado, porque o que, em verdade, extingue a punibilidade do agente é sua efetiva morte, e não a mera declaração de falecimento estribada em documento falso, sentença declaratória essa que pode ser desconsiderada, quando se apura que o acusado está, em verdade, vivo. Por essa posição – que pensamos ser a correta – o agente será processado, novamente, pelo delito cuja punibilidade foi extinta, e também pelo crime de falso.

Esse entendimento já foi sufragado pelo STF.[23]

---

23. STF – HC 84.525/MG, Rel. Min. Carlos Velloso, j. 16/11/2004. STF – HC 104998. 1ª T. Min. Rel. Dias Toffoli.

16.1.17. Extinção da punibilidade e revisão criminal

Sendo declarada a extinção da punibilidade antes do trânsito em julgado, não se autoriza, obviamente, o ajuizamento de uma revisão criminal.

No entanto, se a extinção da punibilidade (na verdade, prescrição da pena) sobrevier ao trânsito em julgado da decisão condenatória, como se dá, por exemplo, pela prescrição da pretensão executória, pelo indulto, etc., nada impedirá que se ajuíze a revisão criminal.

16.1.18. Perdão judicial e revisão criminal

De acordo com a Súmula 18 do STJ "A sentença concessiva do perdão judicial é declaratória da extinção da punibilidade, não subsistindo qualquer efeito condenatório".

Desse modo, como o perdão judicial não é uma condenação, mas simplesmente uma declaração de extinção da punibilidade, não caberá revisão criminal dessa decisão.

16.2. *HABEAS CORPUS*

16.2.1. Conceito

É uma ação penal popular, assegurada na Constituição Federal como verdadeira garantia individual, que pode ser ajuizada por qualquer pessoa física ou jurídica, que visa impedir ou fazer cessar abuso de poder de agentes do Estado, sendo cabível, ainda, se a ilegalidade for praticada por particulares, referente a atos que violem, direta ou indiretamente, o direito de locomoção de uma pessoa natural.

O *habeas corpus*, como garantia individual, tutela, apenas, o direito de locomoção.

16.2.2. Fundamento constitucional e legal

Art. 5º, LXVIII, da CF: "Conceder-se-á *habeas corpus* sempre que alguém sofrer ou se achar ameaçado de sofrer violência ou coação em sua liberdade de locomoção, por ilegalidade ou abuso de poder".

Prevê o art. 647 do CPP que "Dar-se-á *habeas corpus* sempre que alguém sofrer ou se achar na iminência de sofrer violência ou coação ilegal na sua liberdade de ir e vir, salvo nos casos de punição disciplinar".

16.2.3. Terminologia do *habeas corpus*

O *habeas corpus* é também chamado de remédio heroico ou *writ*.

Art. 5º, LXVIII, da CF: "Conceder-se-á *habeas corpus* sempre que alguém sofrer ou se achar ameaçado de sofrer **violência ou coação** em sua liberdade de locomoção, por **ilegalidade ou abuso de poder**".

A **violência** ou **coação** mencionadas no texto constitucional e legal possuem o seguinte sentido: **violência** traduz a violência física, corporal (*vis corporalis*), como a prisão ilegal de alguém; já a **coação** significa **violência moral** (*vis compulsiva*) decorrente da possibilidade de alguém ter sua liberdade, de alguma forma, cerceada.

A **ilegalidade** é a causa da **violência** ou **coação** à liberdade de locomoção, ou seja, uma afronta ao ordenamento jurídico como antecedente ao atentado ao direito de ir e vir. O **abuso de poder é uma espécie de ilegalidade** e que se aplica apenas aqueles que exercem funções públicas, como delegados, promotores, juízes etc, enquanto que o conceito de ato ilegal, por ser mais amplo, abarca também os atos praticados por particulares que possam afetar o direito de locomoção de alguém.

Paciente é quem sofre ou está ameaçado de sofrer violência em seu direito de ir e vir. Só pode ser pessoa física, que possui, por natureza, o direito de locomoção. Inviável a impetração de *habeas corpus* tendo por paciente pessoa jurídica, que, embora possa responder pela prática de crimes ambientais, não está autorizada a ser beneficiada pelo *habeas*, porque, obviamente, não é titular do direito à locomoção.

Coator é aquele que, com sua conduta e autoridade, coloca em risco ou viola efetivamente a liberdade de locomoção do paciente. Pode ser agente público ou mesmo particular, como se verá. É apenas contra ele que se impetra o *habeas corpus*.

Detentor é a pessoa que constrange, direta e fisicamente, a liberdade de locomoção do paciente. O detentor pode ser a mesma pessoa que o coator, ou indivíduos diferentes. Exemplos: o carcereiro que mantém alguém preso por ordem do delegado de polícia é mero detentor, enquanto a autoridade policial é o coator; nesta hipótese, o *habeas corpus* deve ser impetrado contra o delegado, que é a autoridade coatora, e não contra o carcereiro, mero detentor do paciente. O detentor não ocupa o polo passivo da ação de *habeas corpus*. Mas se o próprio delegado prende alguém, e o detém em seu poder em uma cela da delegacia, ele será, ao mesmo tempo, detentor e coator, e o *habeas corpus* será impetrado contra ele.

Impetrante é quem impetra (ajuíza) o pedido de *habeas corpus*; pode ser qualquer pessoa, física ou jurídica, inclusive o próprio paciente.

16.2.4. Modalidades de *habeas corpus*

Há duas modalidades de *habeas corpus*:

1ª – *Habeas corpus* **liberatório ou repressivo**: ocorre quando a violência ou coação contra a liberdade de locomoção já estiver se efetivado, ou estiver na iminência de se concretizar, e o remédio constitucional for necessário a fim de se restituir o direito de ir e vir violado.

Concedido o *habeas corpus* repressivo, será posto em liberdade o paciente (art. 660, § 1º, do CPP), expedindo-se alvará de soltura; no caso de prisão que ainda não foi cumprida, determinar-se-á a expedição de contramandado de prisão.

2ª - **Habeas corpus preventivo**: na situação de iminência de alguém sofrer uma violência contra sua liberdade de locomoção, o remédio constitucional é utilizado, como verdadeira medida cautelar, para fazer cessar essa ameaça, preventivamente, portanto.

Concedido o *habeas corpus* preventivo, pode-se entregar ao paciente um salvo-conduto assinado pelo juiz (art. 660, § 4º, do CPP), que é um documento em que se veicula uma ordem judicial proibindo qualquer atentado à liberdade de locomoção do paciente, quando relacionado a determinado motivo, expressamente apontado. Exemplo: salvo-conduto expedido para assegurar a alguém o direito de transitar nas vias públicas, sem ser sistematicamente detido para "averiguações" e conduzido ao distrito policial.

Habeas corpus preventivo e trancamento de inquérito policial ou de processo criminal

A simples existência de um inquérito policial ou processo criminal contra alguém pode colocar em risco sua liberdade de locomoção, pois, na pendência da persecução penal, torna-se possível a decretação de sua prisão processual ou de outras medidas cautelares pessoais; e ainda, no caso de ser julgada procedente a pretensão punitiva, a imposição de uma sanção penal (pena ou medida de segurança).

Surge então outra forma de *habeas corpus* preventivo, que é aquele em que se pretende trancar o andamento de um inquérito policial ou de um processo criminal instaurados contra o paciente por falta de justa causa à persecução penal.

Exemplos: quando o fato apurado for atípico; se estiverem comprovadas causas excludentes de ilicitude ou culpabilidade, ou de extinção da punibilidade do agente; quando faltar lastro probatório mínimo à imputação; nestas situações, a concessão da ordem acarretará o fim anômalo da persecução penal, extinguindo-se o inquérito ou o processo criminal, e, assim, afastando-se o risco, mesmo que indireto, à liberdade de locomoção do paciente. Norberto Avena, citado por Renato Brasileiro de Lima[24], denomina essa espécie de *habeas corpus* como *habeas corpus* profilático em que se visa combater não um efetivo constrangimento à liberdade de locomoção ou sua iminência, mas sim evitar a potencialidade de constrangimento ilegal. Outros autores, no caso de trancamento de inquérito ou processo, por meio de *habeas corpus*, o denominam de *habeas corpus trancativo*.

O fundamento legal para a possibilidade de trancamento de processo por meio do remédio heroico se extrai do art. 651 do CPP: "A concessão do *habeas corpus* não obstará, nem porá termo ao processo, desde que este não esteja em conflito com o fundamento daquela".

Por essa redação um pouco truncada da lei, interpreta-se que, se o fundamento da concessão de *habeas corpus* não for relacionado com os motivos que legitimam a instauração de um inquérito policial ou de processo criminal, não haverá se falar em trancamento de investigação ou de processo, os quais seguirão seu trâmite normal.

---

24. Renato Brasileiro de Lima, Curso de Processo Penal, p. 1793.

Exemplo: *habeas corpus* concedido apenas para que o indiciado, em inquérito policial que visa apurar delito de falso, não seja obrigado a produzir prova contra si mesmo, fornecendo amostras de seu material gráfico. Nesse exemplo, o fundamento do *habeas corpus* é distinto dos motivos que ensejaram a investigação criminal visando apurar o delito de falso, de modo que o inquérito, e a ação penal, se veiculada através de outras provas que não dependam da colaboração do investigado, são plenamente válidas, e não serão obstadas em seu andamento pela concessão da ordem de *habeas corpus*.

Todavia, se o fundamento da concessão de *habeas corpus* for relacionado com os motivos que legitimam a instauração de um inquérito policial ou de processo criminal, é caso de trancamento da investigação ou de processo.

Exemplo: *habeas corpus* em que se aponta que o indiciado ou acusado está sendo investigado ou processado pela prática de fato cuja punibilidade já foi extinta. Ora, nessa situação, a fundamentação da concessão de *habeas corpus* vincula-se com o próprio alicerce da persecução penal (através de inquérito ou ação penal), de modo que, no nosso exemplo, reconhecida, por via de *habeas corpus*, como extinta a punibilidade do indiciado ou acusado, outro não pode ser o caminho que se trancar o inquérito ou o processo instaurados.

É possível o trancamento parcial da ação penal, afastando um ou mais dos delitos imputados na peça acusatória, sem prejuízo de o processo prosseguir quanto aos remanescentes[25].

Habeas corpus e pena de multa

Caso o inquérito ou processo versarem a respeito de infração penal, cuja pena seja, exclusivamente, a de multa, não caberá *habeas corpus* para questionar tais procedimentos, visando trancá-los, porque não existe risco, mesmo que indireto, à liberdade do paciente; isto porque é vedada a conversão da multa não paga em pena privativa de liberdade (art. 51 do CP).

É o que dispõe a Súmula 693 do STF: "Não cabe *habeas corpus* contra decisão condenatória a pena de multa, ou relativo a processo em curso por infração penal a que a pena pecuniária seja a única cominada".

Nesses casos em que a pena de multa seja a única cominada, a defesa deverá se utilizar do mandado de segurança para trancar o inquérito ou o processo.

16.2.5. Legitimidade ativa e passiva do *habeas corpus*

16.2.5.1. *Legitimidade ativa*

Estipula o art. 654, *caput*, do CPP que o *habeas corpus* poderá ser impetrado por qualquer pessoa, em seu favor ou de outrem, bem como pelo Ministério Público.

É uma legitimidade ampla, que inclui, no polo ativo da ação penal, o Ministério Público (art. 32, I, da Lei 8.625/93 – Lei Orgânica Nacional do Ministério Público);

---

25. Informativo do STF. 13/03/2012. STF. HC 85000. 2ª T. Rel. Min. Cezar Peluso.

pessoa física (inclusive o menor de idade ou aquele que possa sofrer das faculdades mentais); pessoa jurídica; o cidadão estrangeiro também pode impetrar o *habeas corpus*, não se exigindo, em suma, capacidade postulatória: não é preciso ser advogado para se impetrar o *habeas corpus*; é mais uma exceção à imprescindibilidade do advogado quanto à função jurisdicional do Estado (art. 133 da CF).

Desnecessidade de capacidade postulatória

O próprio Estatuto da OAB (Lei 8.906/94) estipula, em seu art. 1º, § 1º, que não se inclui na atividade privativa de advocacia a impetração de *habeas corpus* em qualquer instância ou tribunal. É uma verdadeira **ação penal popular**, posto que qualquer pessoa, mesmo que não cidadão, um estrangeiro, por exemplo, pode ajuizá-la.

Não apenas a impetração do *habeas corpus* dispensa a capacidade postulatória, como também *os recursos decorrentes do julgamento do remédio heroico*. Exemplos: denegado o *habeas corpus* impetrado perante o Tribunal de Justiça, o paciente, ele próprio, *mesmo que não possua capacidade postulatória, poderá interpor recurso ordinário constitucional (inclusive com pedido liminar)* ao STJ; caso seja denegado o remédio heroico por decisão unilateral do relator – Ministro do STJ – poderá o impetrante interpor agravo regimental dessa decisão.

O raciocínio para se admitir essa ampliação da capacidade postulatória é o de que, se há capacidade postulatória para o principal – que é a impetração do *habeas corpus* – deve haver também para o que se segue a tal ação, inclusive a possibilidade de recurso, caso seja denegado o *habeas*, sob pena de tolher o livre exercício dessa verdadeira garantia individual, indo de encontro do texto Constitucional.

Em miúdos: *quem pode o mais* – impetrar *habeas corpus* sem possuir capacidade postulatória – *pode o menos*, que é recorrer de sua denegação. Esse entendimento já foi seguido pelo STF.[26] Ademais, as garantias individuais, como o *habeas corpus*, devem ser interpretadas ampliativamente, no sentido de lhes conferir a maior eficácia possível: sem dúvida alguma é coerente com a interpretação ampliativa citada assegurar a desnecessidade de exigência de capacidade postulatória, não apenas para impetrar *habeas corpus*, mas também para recorrer de sua denegação.

Se para o *habeas corpus* impetrado por advogado dispensa-se procuração, para a interposição de recurso de sua denegação, indispensável a juntada do instrumento do mandato (a procuração)[27].

Pessoa jurídica

Quanto à pessoa jurídica, nacional ou estrangeira (pessoa jurídica, mesmo que não regularmente constituída), poderá impetrar *habeas corpus* em favor de alguma pessoa física – como o sócio da empresa, mas, obviamente, não pode ser paciente de *habeas corpus*, por não dispor de liberdade de locomoção. No entanto, poderá a pessoa

---

26. STF – 1ª T., HC 123837. Rel. Min. Dias Toffoli. STF, 1ª T., HC 86.307/SP, Rel. Min. Carlos Britto, j. 17/11/2005, DJ 26/05/2005.
27. Informativo do STJ. 16/11/2015. 5ª T. Rel. Min. Reynaldo Soares da Fonseca.

jurídica que esteja sendo investigada ou acusada da prática de crimes ambientais, impetrar mandado de segurança, visando o trancamento de inquérito policial ou de ação penal instaurada em face dela.

Ministério Público

Quanto à possibilidade de o Ministério Público impetrar *habeas corpus*, certo que a ação só será conhecida se visar obter um benefício ao direito à liberdade do indiciado ou acusado, não podendo se aceitar que o remédio heroico seja manejado pelo *Parquet* para postular interesse, mesmo que indireto, da acusação. Há precedente do STF admitindo que o MP, como órgão de defesa da Ordem Jurídica, possa impetrar *habeas corpus* visando o reconhecimento de incompetência absoluta do juiz processante de ação penal.[28]

Há, todavia, decisão diametralmente oposta, também do STF[29], em que se entendeu ser vedado ao Ministério Público utilizar do *habeas corpus* para que fosse reconhecida a incompetência do juízo, o que feriria o devido processo legal e o direito à ampla defesa, motivando, assim, o não conhecimento do *habeas corpus*.

Pensamos que o Ministério Público como defensor da ordem jurídica, além de ter plena legitimidade para impetrar *habeas corpus* (o que é pacífico), não lhe faltará, igualmente, interesse de agir, quando postula, via remédio heroico, a nulidade do processo por incompetência absoluta do Juízo, pois, com essa postura, está, ao contrário do entendimento do STF por último citado, indo *ao encontro* do devido processo legal, que inclui o princípio do juiz natural, e da ampla defesa. Pensemos o seguinte exemplo: um civil que esteja sendo indevidamente processado por crime militar perante a Justiça Militar Estadual (o que é uma aberração constitucional), pergunta-se: como impedir que o Ministério Público, defensor da ordem jurídica, aja?; repugna ao senso jurídico colocar, ao *Parquet, uma camisa de força*, ao vedar que se utilize do remédio jurídico mais eficiente e célere de todo o processo penal, em prol do devido processo legal, da ampla defesa e do princípio do juiz natural! Em outras palavras, ao Ministério Público não se pode vedar atuação em prol do próprio acusado que esteja sendo processado, e que pode ser condenado, por juiz absolutamente incompetente.

Habeas corpus impetrado por terceiro

O *habeas corpus* pode ser impetrado pelo próprio paciente, ou seja, aquele que está sofrendo a coação ou violência a liberdade de locomoção, ou por alguém, a seu favor, hipótese em que se verifica a substituição processual, em que terceira pessoa, em nome próprio, postula direito de outrem. Quando se dá a legitimação extraordinária – postular direito alheio – direito de locomoção – em nome próprio, essencial verificar-se se há aquiescência do paciente, e se o remédio heroico, impetrado naquele momento, e com aqueles fundamentos, acabe por prejudicar ao invés de auxiliar a linha de defesa. Colhida a manifestação de vontade do paciente, se positiva, o *habeas*

---
28. STF – 1ª T. HC 90.305/RN, Rel. Min. Carlos Britto, DJe 023 24/05/2007.
29. STF – 1ª T., HC 91.510/RN, Rel. Min. Ricardo Lewandowski, DJe 241 18/12/2008.

corpus poderá ser conhecido; se negativa, o *writ* sequer será conhecido, por falta de interesse de agir[30]. O próprio regimento interno do STF (RISTF, art. 192, § 3º) estabelece que, havendo oposição do paciente, o *habeas corpus* não será conhecido. Quando, no entanto, for público e notório quem são os advogados do paciente, torna-se desnecessário consulta-lo para tanto, bastando, tão somente, não se conhecer o *habeas corpus*[31].

16.2.5.2. Legitimidade passiva

No *habeas corpus* ocupa o polo passivo da ação o coator, também chamado de autoridade coatora, que, normalmente, é um agente do Estado (por exemplo, delegado, promotor, juiz, Tribunal).

E o particular pode ser considerado autoridade coatora, para fins de *habeas corpus*?

Há **duas posições** a respeito:

1ª posição: Não pode, porque, na hipótese em que o particular ameace ou viole efetivamente a liberdade de locomoção de alguém estará cometendo crime (cárcere privado, constrangimento ilegal, sequestro etc.), e a solução é, pura e simplesmente, chamar-se a polícia. Esta é posição de Hélio Tornaghi[32].

2ª posição. É possível, porque, em primeiro lugar, no campo abstrato, a CF não veda o uso do *habeas corpus* contra ato do particular, tanto que aponta, como fundamentos *diversos* para a impetração do remédio heroico, a ilegalidade do abuso de poder; a ilegalidade é o ato do particular contrário à lei; o abuso de poder é o ato ilegal emanado de agente público. Na prática, no caso, por exemplo, de internações indevidas de pacientes em manicômios ou clínicas de recuperação, em que não se patenteie, com muita clareza, a prática de crime contra a liberdade individual (*v.g.*, sequestro, cárcere privado, etc.), por parte de quem ordena a internação da pessoa, o *habeas corpus* parece ser a solução mais eficaz para que se analise a legalidade da medida. O particular responsável pelo atentado ao direito de locomoção será denominado apenas coator, reservando-se o termo autoridade coatora apenas para as autoridades públicas.

Ministério Público como autoridade coatora

O *Parquet* pode ocupar o polo passivo da ação de *habeas corpus* em casos que, *v.g.*, determine, sem fundamento válido, a condução coercitiva de alguém, a instauração de inquérito policial ou de procedimento investigatório próprio, de fato atípico.

---

30. Informativo do STJ. 28/10/2015. STJ. HC 338490. Rel. Min. Ribeiro Dantas.
31. STF – Medida Cautelar no *Habeas Corpus* 159.739/Paraná. Rel. Min. Celso de Mello.
32. Hélio Tornaghi, Curso de Processo Penal, vl. 2, p. 396.

16.2.6. Hipóteses de não cabimento do *habeas corpus*

Habeas corpus e punições disciplinares militares

Importante referir que o art. 142, § 2º, da CF veda a utilização do *habeas corpus* em relação a punições disciplinares militares as quais abrangem os militares das Forças Armadas, das Polícias Militares e dos Corpos de Bombeiros.

Isto quer dizer que o *mérito do ato administrativo* que veiculou a punição não pode ser questionado ou revisto pelo Judiciário, sob pena de se comprometer a ordem e a disciplina, típicas das instituições militares. A forma da punição (que deve ser prevista em lei), a atribuição do poder disciplinar por quem esteja autorizado, pela hierarquia militar, ao exercício da punição, são matérias, de fundo legal, que podem ser questionadas, via *habeas corpus*, pelo Judiciário; em outras palavras, se o *habeas corpus* apontar, apenas, para os pressupostos da legalidade do ato, sem incursionar em análise do mérito do ato de punição em si, será plenamente viável como meio de irresignação, como já decidiu o STF[33]. Na mesma toada o STJ, para quem se admite o *habeas corpus* contra punições disciplinares militares para análise da regularidade formal do procedimento administrativo ou de manifesta teratologia[34].

Habeas corpus e Estado de Sítio

Estipula o art. 139 da Constituição Federal que, na vigência do estado de sítio, poderão ser tomadas contra as pessoas as seguintes medidas:

I – obrigação de permanência em localidade determinada;

II – detenção em edifício não destinado a acusados ou condenados por crimes comuns;

III – restrições relativas à inviolabilidade da correspondência, ao sigilo das comunicações, à prestação de informações e à liberdade de imprensa, radiofusão e televisão, na forma da lei;

IV – suspensão da liberdade de reunião;

V – busca e apreensão em domicílio;

VI – intervenção nas empresas de serviços públicos;

VII – requisição de bens.

Como se nota, as medidas previstas nos incisos I e II afetam diretamente a liberdade de locomoção das pessoas, ao obriga-las a permanecer em determinada localidade, ou ao confina-las em edifício, sem a possibilidade de lá sair.

Entende-se, majoritariamente, que não é cabível a impetração de *habeas corpus* visando discutir o mérito (político) do estado de sítio decretado, mas, à semelhança do

---
33. STF – RE- 338.840/RS. 2ª T. Rel. Min. Ellen Gracie. DJ 12/09/2003, p. 49.
34. STJ – RHC 052787/SP. 1ª T. Rel. Min. Napoleão Nunes Maia Filho, julgado em 18/11/2014, DJe 01/12/2014. HC 211002/SP. 2ª T. Rel. Min. Mauro Campbell Marques, julgado em 01/12/2011, DJe 09/12/2011.

que se disse quanto às transgressões militares, será possível o ajuizamento do remédio heroico quando os requisitos formais do ato concreto que afete o direito de locomoção não forem atendidos, como, *v.g.*, a ilegalidade de quem determina a detenção de pessoas, em presídio comum, e não em edifício sem características carcerárias como exige o inciso II do art. 139 da Lei Maior.

16.2.7. Hipóteses de cabimento do *habeas corpus*

Com exceção das punições disciplinares militares, que tem regras próprias, é certo que o *habeas corpus* é remédio processual adequado para fazer cessar quaisquer ameaças ou constrangimentos à liberdade de locomoção, emanadas de quem quer que seja (agente público ou particular).

Nesse sentido, não seria necessário sequer enumerar casuisticamente as suas hipóteses autorizadoras como faz o CPP, em seu art. 648; de qualquer maneira, é pacífico que as situações apontadas em lei formam um rol meramente exemplificativo.

As hipóteses legais em que se considera a existência de coação ilegal e, portanto, se autoriza o *habeas corpus* são:

1ª – quando não houver justa causa (art. 648, I, do CPP)

Justa causa é a existência de lastro probatório mínimo de fato típico, ilícito, culpável e punível que torne possível futura condenação. Se não houver justa causa, como vimos acima, é possível o trancamento do inquérito policial ou do processo.

No caso de trancamento de inquérito policial, por falta de justa causa, o ato emanado do Judiciário determinando a paralisação em seu andamento, exclusivamente em decorrência de decisão do juiz ou do Tribunal, difere do arquivamento de inquérito policial, o qual pressupõe uma manifestação fundamentada do *Parquet*, e homologada pelo juiz, a exercer, esse último, verdadeiro controle externo do princípio da legalidade ou obrigatoriedade da ação penal pública.

A doutrina e a jurisprudência pacificamente entendem que o inquérito policial (ou outras investigações presididas por autoridades administrativas com atribuição legal para tanto, como, *v.g.*, procedimento investigatório instaurado pelo MP), só pode ser trancado, em casos excepcionais, como o de falta de tipicidade formal (fato formalmente atípico, *v.g.*, furto de uso) ou material (fato formalmente típico, mas sem afetar significativamente o bem jurídico tutelado), ou ainda a existência de causa extintiva de punibilidade. Aponta, ainda, Renato Brasileiro de Lima[35], a possibilidade de trancamento de inquérito policial, no caso de crime ação penal de iniciativa privada ou de ação pública condicionada à representação, sem que tenha havido, previamente, requerimento do ofendido ou de seu representante legal no sentido de se instaurar a investigação criminal.

Já o processo criminal poderá ser trancado, também excepcionalmente, quando houver evidente atipicidade formal ou material da conduta imputada; se estiver extinta

---

35. Renato Brasileiro de Lima, Curso de Processo Penal, p. 1796.

a punibilidade; falta de pressuposto processual ou de condição da ação penal; ausência de justa causa (falta de elementos probatórios mínimos para o oferecimento da ação).

De toda sorte, ao trancar-se o inquérito ou o processo, por falta de justa causa, indispensável que o juiz ou Tribunal analise se há provas suficientes para se justificar o constrangimento ínsito à persecução penal.

Pode-se entender, também, justa causa, em um sentido amplo, como ausência de fundamento legal para que se comprometa ou se coloque em risco a liberdade de alguém, conceito este extremamente abrangente a ponto de englobar todas as situações previstas no art. 648 do CPP.

2ª – quando alguém estiver preso por mais tempo do que determina a lei (art. 648, II, do CPP)

A norma refere-se ao excesso de prazo da prisão cautelar (prisão preventiva ou temporária), e também o de permanência do sentenciado por mais tempo do que o determinado em sua pena privativa de liberdade, ou se lhe for negado (ao reeducando), indevidamente, benefícios da execução penal, como progressão, livramento condicional etc.

Quanto ao excesso de prazo na instrução processual, a Súmula 52 do STJ estabelece que "Encerrada a instrução criminal, fica superada a alegação por excesso de prazo"; claro que essa Súmula deve ser interpretada com racionalidade de modo que, mesmo encerrada a instrução, se o feito se arrastar no tempo, de maneira não razoável, *v.g.*, sentença que demora seis meses para ser prolatada depois de encerrada a instrução, obviamente estará patenteado o excesso de prazo.

Por sua vez, a Súmula 64 do STJ dispõe que "Não constitui constrangimento ilegal o excesso de prazo na instrução, provocado pela defesa". A inteligência dessa Súmula é a seguinte: se a defesa causar, através de atitudes processuais *não éticas*, excesso de prazo na instrução (*v.g.*, arrolamento de testemunhas em diversos Estados da federação, exigindo a expedição de inúmeras cartas precatórias, apurando-se, ao final, que tais testemunhas nada saibam a respeito dos fatos, sequer conhecendo o acusado), não se configurará constrangimento ilegal na prisão preventiva decretada contra o acusado; a finalidade é evidente: impedir que a parte *desleal processualmente* fosse beneficiada pela própria torpeza. Obviamente, se o excesso de prazo for ocasionado pela acusação estará patenteado o constrangimento ilegal.

3ª – quando quem ordenar a coação não tiver competência para fazê-lo (art. 648, III, do CPP)

É necessário verificar se as regras referentes à competência jurisdicional foram respeitadas; se incompetente o juiz que determinou a coação, caberá *habeas corpus* para cassar sua ordem. Exemplo: juiz estadual determina a prisão preventiva de acusado de crime de competência da Justiça Federal.

Esse inciso se aplicaria, exclusivamente, às autoridades judiciárias, que são as que, sob o ponto de vista da técnica processual, possuem competência, e não às autoridades administrativas, como delegado ou membro do Ministério Público, as quais possuem atribuição, e não competência. Todavia, a nosso ver, ao inciso em estudo deve ser dado sentido ampliativo, a fim de inserir, em sua órbita de incidência, também as autoridades administrativas cujos atos possam comprometer a liberdade individual do indiciado ou acusado e que possam ser coarctadas mediante *habeas corpus*.

4ª - quando houver cessado o motivo que autorizou a coação (art. 648, IV, do CPP)

Se os motivos que fundamentaram a prisão processual, ou mesmo a imposição de medida cautelar pessoal, se alterarem, a ponto de cessar sua necessidade, o indiciado ou acusado deverá ser solto ou cassadas as restrições a ele estabelecidas; se isso não ocorrer, caberá *habeas corpus*.

5ª - quando não for alguém admitido a prestar fiança, nos casos em que a lei a autoriza (art. 648, V, do CPP)

Esse dispositivo se estriba no art. 5º, LXVI, da CF, que dispõe o seguinte: "Ninguém será levado à prisão ou nela mantido quando a lei admitir a liberdade provisória com ou sem fiança".

Nesta situação, a fiança será arbitrada pelo órgão do Judiciário que conceder a ordem de *habeas corpus,* e será prestada perante ele; após se remeterá os autos de *habeas corpus* para que seja juntado aos autos do inquérito policial ou do processo (art. 660, § 3º, do CPP).

No caso de negativa de a autoridade policial arbitrar a fiança, a defesa poderá peticionar diretamente ao juiz para que a fixe (art. 335 do CPP), sem a necessidade de impetrar *habeas corpus*. Caso o magistrado também se negue a estabelecer fiança, aí sim, caberá a impetração de *habeas corpus* perante o Tribunal, constando o juiz de 1ª instância como autoridade coatora (possível ainda a interposição de recurso em sentido estrito – art. 581, V, do CPP, mas o *habeas corpus* é medida muito mais célere).

6ª - quando o processo for manifestamente nulo (art. 648, VI, do CPP)

Trata-se de nulidade evidente, comprovável de plano, através de documentos, determinando-se, então, que se renove o processo (art. 652 do CPP). Exemplo: ausência de citação válida; não intimação da defesa para apresentar resposta a acusação; incompetência absoluta, etc. A nulidade deve ser comprovada de plano – pela simples análise do processo, sem necessidade de dilação probatória.

O *habeas corpus* em face de nulidade manifesta poderá ser impetrado no curso de um processo, ou mesmo após o seu trânsito em julgado condenatório.

7ª - quando extinta a punibilidade (art. 648, VII, do CPP)

Extinta a punibilidade, torna-se impossível ao paciente receber qualquer sanção penal, de modo que qualquer medida processual penal ou penal que limite sua liberdade de locomoção deve ser cassada. Não reconhecida pelo juiz a extinção da punibilidade, caberá *habeas corpus* ao Tribunal, pois, com o indeferimento do pleito de extinção, o magistrado assume a posição jurídica de autoridade coatora. Cabível, ainda, a interposição de recurso em sentido estrito (art. 581, IX, do CPP).

16.2.8. Processamento do *habeas corpus*

16.2.8.1. Requisitos da petição de *habeas corpus*

Determina o § 1º do art. 654 do CPP que a petição de *habeas corpus* conterá:

a) o nome da pessoa que sofre ou está ameaçada de sofrer violência ou coação e o de quem exercer a violência, coação ou ameaça. O ideal é que se defina, com precisão, através da devida qualificação, quem é o paciente, mas, na falta de sua identificação completa, poderá se tentar individualiza-lo, seja por características físicas, seja pelo local onde se encontra preso, por exemplo. Quanto aquele que exerce a coação ou a violência, em sendo um particular, sua identificação precisa é necessária; se inviável, será admissível, a semelhança do que se disse quanto ao paciente, alguma outra forma de identifica-lo. No caso de autoridade estatal, *v.g.*, juiz, delegado, promotor, bastará fazer-se referência, na petição, ao cargo ocupado, sem ser necessário indicar-se seu nome, muito menos sua qualificação.

b) a declaração da espécie de constrangimento ou, em caso de simples ameaça de coação, as razões em que funda o seu temor. Quanto a esse tópico, deverá ser carreada à petição prova pré-constituída do fato alegado, uma vez que o rito do *habeas corpus* não comporta dilação probatória. Em outras palavras, o *habeas corpus* deverá ser acompanhado de prova da existência de direito líquido e certo, ou seja, aquele direito comprovado quanto sua existência – o direito existe – e quanto aos seus limites extensivos – o direito tem tal ou qual extensão. Trata-se de ônus do impetrante a indicação específica de fatos concretos fundada em documentos consistentes e pré-constituídos, pois o *writ* trata-se de processo de índole documental, não admitindo dilação probatória, dado o seu rito sumaríssimo[36]. A ausência de juntada de documento imprescindível, como a decisão judicial que se pretende combater, inviabiliza a análise do constrangimento ilegal[37].

O juiz ou Tribunal poderão, todavia, poderá ouvir o paciente, se entenderem tal diligência necessária (art. 656, *caput* e 660, *caput*, ambos do CPP). Eis aí uma possibilidade de se desenvolver uma instrução, mesmo que célere, ao rito do *habeas corpus*. O que normalmente acontece é que o juiz ou Tribunal simplesmente requisitem informações da autoridade tida como coatora (art. 662 do CPP).

A inviabilidade, em regra, de dilação probatória não se confunde com a verificação do acervo probatório indispensável à instauração da persecução penal. Exemplo:

---

36. STF. Medida Cautelar no Habeas Corpus 136.018/DF. Rel. Min. Celso de Mello.
37. STJ – HC 405714. Rel. Min. Laurita Vaz.

impetrado um *habeas corpus* para trancar processo criminal, por ausência de justa causa, certamente o Tribunal, para verificar se é caso ou não de trancamento, deverá estudar as provas que foram carreadas aos autos.

c) a assinatura do impetrante, ou de alguém a seu rogo, quando não souber ou não puder escrever, e a designação das respectivas residências. Não é admitida a impetração apócrifa (sem assinatura) ou anônima, não sendo conhecido o *habeas corpus* assim apresentado. Se o impetrante não puder assinar, alguém deverá subscrever a seu pedido, por não ser admissível, segundo o STJ[38], que se conheça um *habeas corpus* em que a petição não seja assinada.

Além desses requisitos legais, certo que a petição de *habeas corpus* pode ser veiculada sob qualquer forma, como. *v.g.*, pedaço de papel higiênico, folhas rasuradas, lençol, e, também, atualmente, por meio digital (processo eletrônico).

A petição deve ser redigida em português, de modo que, se um estrangeiro cujo idioma em nada se assemelhe à língua portuguesa, como o russo ou alemão, impetrar – em sua língua natal – *habeas corpus*, certo que o remédio heroico não será conhecido, sem prejuízo de o juiz ou Tribunal determinarem a nomeação de advogado a assistir ao paciente, a fim de redigir manifestação no vernáculo. Já no caso de *habeas corpus* subscrito em língua latina, como o espanhol ou italiano, pensamos que, excepcionalmente, o remédio heroico poderá ser conhecido, desde que a petição, em sua generalidade, seja compreensível, mesmo que uma ou outra palavra não guarde correspondência exata com o português.

O *habeas corpus*, se não concedido, pode ser reiterado, desde que lastreado em fatos ou fundamentos inéditos.

16.2.8.2. Processamento do habeas corpus em 1ª instância

Providências iniciais após o recebimento da petição de *habeas corpus*

Recebida a petição de *habeas corpus*, o juiz, se julgar necessário, e estiver preso o paciente, mandará que este lhe seja imediatamente apresentado em dia e hora que designar (art. 656, *caput*, do CPP).

Se o paciente estiver preso, nenhum motivo escusará a sua apresentação, salvo grave enfermidade do paciente, não estar ele sob a guarda da pessoa a quem se atribui a detenção, ou se o comparecimento não tiver sido determinado pelo juiz ou pelo Tribunal (art. 657, *caput*, do CPP). Pode ainda o juiz ir ao local em que o paciente se encontrar, se este não puder ser apresentado por motivo de doença (art. 657, § único, do CPP).

Poderão ser requisitadas informações da autoridade apontada como coatora, bem como outras diligências que o juiz reputar necessárias, para depois decidir, dentro de 24 horas (art. 660, *caput*, do CPP). As informações prestadas pela autoridade coatora – normalmente uma autoridade pública-serão o instrumento através do qual

---

38. STJ – 5ª T., HC 85.565/SP, Rel. Min. Napoleão Nunes Maia Filho, j. 08/11/2007, DJ 03/12/2007, p. 346.

se contestará o alegado na petição de *habeas corpus*, podendo, para tanto, além de relatar os fatos, sob sua ótica, compilar doutrina ou jurisprudência de casos análogos e anexar documentos. Em se tratando de particular a quem se cobrem informações, poderão ser prestadas de maneira singela, sem tecnicismo jurídico, e, se for o caso, anexando documentos.

Liminar em *habeas corpus*

É permitida a concessão de liminar em sede de *habeas corpus*, quando comprovado o constrangimento ilegal sofrido pelo paciente, sem a necessidade de qualquer outra diligência prévia, e mesmo sem a colheita de informações da autoridade apontada como coatora, bastando, para tanto, aplicar-se, por analogia, o art. 7º, III, da Lei 12.016/09 (Lei do Mandado de Segurança). A liminar pode ser concedida em razão de pedido expresso do impetrante, ou mesmo de ofício. A liminar é concedida, sempre, a título precário (transitório), de modo que o próprio juiz (no caso de *habeas corpus* impetrado em primeira instância), ou o Tribunal poderão, quando do julgamento definitivo dessa ação penal, denegar a ordem, cassando a liminar anteriormente concedida.

Concessão de *habeas corpus* de ofício

É admitida, também, a concessão de *habeas corpus*, de ofício, pelo juiz ou pelo Tribunal, quando, no curso do processo, verificarem que alguém sofre ou está na iminência de sofrer coação ilegal (§ 2º do art. 654 do CPP). Importante registrar que esse reconhecimento do *writ* pode se dar em sede de qualquer recurso, ação ou reclamação, os quais podem, inclusive, em si, em seu mérito, serem rechaçadas em suas pretensões, sem prejuízo, contudo, da concessão da ordem de *habeas corpus*, de ofício.

Manifestação do Ministério Público

Não há previsão legal de manifestação do MP de 1ª instância, mas não se proíbe que seu membro possa oferecer parecer, caso o magistrado, por mera liberalidade, lhe dê oportunidade para tanto. De qualquer maneira, da sentença de *habeas corpus* tomará ciência o *Parquet*, pois pode dela recorrer, quer no caso de concessão ou de denegação da ordem, interpondo recurso em sentido estrito (art. 581, X, do CPP).

O processo de *habeas corpus* comporta **três decisões possíveis:**

1ª – **Concessão da ordem de *habeas corpus***: o mérito da ação é conhecido e julgado procedente seu pedido, determinando-se a soltura do paciente ou a expedição de salvo-conduto, quando for caso de *habeas corpus* preventivo (art. 660, §§ 1º e 2º, do CPP). Pode-se determinar, também, o trancamento do inquérito policial ou do processo, quando lhe faltarem justa causa, ou a anulação do processo por falta de cumprimento de formalidade legal. A decisão concessiva de *habeas corpus*, pelo juiz de 1ª instância, se submete ao recurso necessário ou de ofício (art. 574, I, do CPP), ou seja, o juiz é obrigado a recorrer de sua própria decisão. Sem prejuízo do recurso necessário, o MP também poderá recorrer da decisão (art. 581, X, do CPP).

2ª - Denegação da ordem de *habeas corpus*: o mérito da ação é conhecido, mas é julgado improcedente seu pedido. Cabe recurso em sentido estrito dessa decisão (art. 581, X, do CPP).

3ª - O pedido de *habeas corpus* é julgado prejudicado. Quando o juiz ou o Tribunal verificar que já cessou a violência ou coação ilegal, julgará prejudicado o pedido (art. 659 do CPP).

16.2.8.3. Processamento do habeas corpus em 2ª instância

Em caso de competência do Tribunal, a petição de *habeas corpus* será apresentada ao secretário, que a enviará imediatamente ao presidente do Tribunal, ou da câmara criminal, ou da turma, que estiver reunida, ou primeiro tiver de reunir-se (art. 661 do CPP), ou ainda a qualquer membro do Tribunal que tenha competência para decidir, segundo o regimento interno.

Concessão de liminar pelo relator e supressão de instância

É possível a concessão de liminar, pelo relator (desembargador ou ministro), a pedido do impetrante ou de ofício, quando patente o constrangimento ilegal sofrido pelo paciente; a liminar concedida, contudo, quando for julgado o mérito do *writ*, pela Turma ou Câmara (o colegiado do Tribunal), poderá ser cassada.

Importante lembrar o teor da Súmula 691 do STF: "Não compete ao Supremo Tribunal Federal conhecer de 'habeas corpus' impetrado contra decisão do relator que, em 'habeas corpus' requerido a tribunal superior, indefere a liminar".

O significado desta Súmula é o seguinte: impetrado *habeas corpus* em outro Tribunal (por exemplo, o STJ), e lá indeferido seu pedido liminar, não é possível impetrar outro *habeas corpus* no STF, enquanto o mérito do primeiro *habeas* não tiver sido julgado pelo STJ, a fim de se evitar a chamada **supressão de instância**, além do que, com esse não conhecimento, impede-se que a parte escolha, por conveniências próprias, qual Tribunal irá exercer o juízo de revisão da decisão monocrática: o STJ, através do julgamento do mérito do *habeas corpus* pelo seu órgão colegiado, ou o STF, por meio da impetração de outro *habeas corpus*[39].

A fim de que se julgue o mérito do *habeas corpus*, na instância onde foi impetrado, *sem saltos*, deverá se aguardar o julgamento do remédio heroico, no nosso exemplo, pelo STJ. Apenas com o julgamento pelo colegiado do STJ, poder-se-ia, em tese, impetrar outro *habeas corpus* à instância superior, sem que se fale em supressão de instância, uma vez que a instância, nessa hipótese, foi completamente exaurida[40].

Essa súmula é válida para todos os Tribunais, e não apenas para o STF, quando da apreciação pelas Cortes do remédio heroico em que foi indeferida a liminar por

---

39. Informativo do STF. 03/09/2014. HC 123738. Rel. Teori Zavascki.
40. Informativo do STF. 27/02/2011. STF. HC 106903. Presidente Cezar Peluso. STF. HC 107627. Rel. Min. Luiz Fux. STF. HC 107812. Rel. Min. Dias Toffoli.

outro Tribunal inferior. Desse modo, *v.g.*, o STJ pode não conhecer do *habeas corpus* cuja liminar foi indeferida pelo Tribunal local, uma vez que, se assim o fizesse, estaria suprimindo uma instância[41].

Mais patente ainda a impossibilidade de *dupla supressão de instância*, que se dá quando, em Tribunal de 2ª instância nega-se a liminar do *habeas corpus*, impetrando-se, sucessivamente, um *habeas corpus* perante o STJ, cuja liminar também é negada, e depois, ainda, outro *habeas impetrado* no STF; nessa situação, se o Pretório Excelso conhecesse da ordem, se configuraria em *supressão simultânea de duas instâncias*[42].

O enunciado da súmula poderá, entretanto, *excepcionalmente*, ser afastado, quando o constrangimento ilegal for patente, ou a negativa de concessão da liminar tenha sido embasada em posicionamento manifestamente contrário à jurisprudência do STF[43].

Julgamento do mérito do *habeas corpus* e perda de objeto do outro *habeas corpus* impetrado na instância superior em que se impugna a decisão que indeferiu a liminar

Para tornar mais clara a questão, dá-se o seguinte exemplo: impetra-se *habeas corpus* contra decisão promanada do Tribunal de Justiça, perante o STJ, onde se aparelha- o remédio heroico- com pedido de liminar; a liminar, no STJ, é indeferida, e se impetra, outro *habeas corpus* questionando a denegação da liminar, no Supremo. Enquanto se aguarda o julgamento do *habeas corpus* no Supremo, o STJ julga, no mérito, o *habeas corpus* lá impetrado. Nesse caso, perdeu-se o objeto do *habeas corpus* impetrado no Supremo- que se cingia apenas a decisão denegatória da liminar- uma vez que o STJ, como órgão colegiado, já julgou a ação, em seu mérito[44].

Requisição de informações pelo relator. Possibilidade de emenda da petição

Estando a petição em ordem, o integrante do Tribunal com competência para apreciar o pedido requisitará, se necessário, da autoridade indicada como coatora informações por escrito; faltando, porém, qualquer dos requisitos da ação, mandará preenchê-lo, logo que lhe for apresentada a petição (art. 662 do CPP).

Indeferimento liminar do *habeas corpus*

Se entender que o *habeas corpus* deva ser indeferido liminarmente, o relator não ordenará qualquer diligência; desta decisão, entretanto, caberá, como bem elucida Guilherme de Souza Nucci[45], recurso de ofício ao órgão colegiado do Tribunal, de acordo com o que prevê o art. 663 do CPP, mas essa posição é francamente minoritária. O entendimento pacífico, na jurisprudência e na doutrina, no entanto, é que seria cabível,

---

41. STJ. HC 322.644/RJ (2015/0100666-6). Rel. Min. Nefi Cordeiro. J. 05/05/2015.
42. Informativo do STF. 28/05/2015. HC 128279. Rel. Min. Teori Zavascki.
43. Informativo do STF. 08/04/2011. STF. HC 107789. Rel. Min. Gilmar Mendes.
44. STJ – AgRg no HC 315505/SP. 5ª T. Rel. Min. Felix Fischer, julgado em 28/04/2015, DJe 15/05/2015. STJ – AgRg no AgRg no HC 309194/ES. 5ª T. Rel. Min. Jorge Mussi, julgado em 07/05/2015, DJe 21/05/2015.
45. Guilherme de Souza Nucci, Manual de Processo Penal e Execução Penal, p. 968.

apenas, agravo regimental do indeferimento liminar do *habeas corpus*, e não recurso de ofício.

Manifestação do Ministério Público

Recebidas ou dispensadas as informações requisitadas, será concedido o prazo de dois dias para o MP se manifestar (art. 1º e § 2º, do Decreto-Lei 552/69).

Julgamento do *habeas corpus*

O *habeas corpus* será julgado na primeira sessão (art. 664, *caput*, do CPP).

A decisão será tomada por maioria de votos. Havendo empate, se o presidente não tiver tomado parte na votação, proferirá voto de desempate; no caso contrário, prevalecerá a decisão mais favorável ao paciente (art. 664, parágrafo único, do CPP). No mesmo sentido o art. 150, § 3º, do Regimento Interno do STF e o art. 181, § 4º, do RISTJ.

16.2.9. Competência para julgar *habeas corpus*

Competência do magistrado de 1ª instância para julgar *habeas corpus*

O juiz de 1ª instância terá competência para julgar *habeas corpus* em que figure como autoridade coatora agente do Estado que não tenha foro por prerrogativa de função, como o delegado de polícia, e também o particular. Não poderá julgar quando a violência provier de autoridade judiciária igual (outro juiz de 1ª instância) ou de superior jurisdição (Tribunal), como estipula o § 1º do art. 650 do CPP.

Competência dos Tribunais de Justiça e Tribunais Regionais Federais para julgar *habeas corpus*

Os Tribunais de Justiça irão julgar *habeas corpus* em que constem como autoridade coatora autoridades sujeitas à sua jurisdição, como, por exemplo, juízes ou membro do MP. Irão apreciar, também, *habeas corpus* impetrados em face de decisões das Turmas Recursais dos Juizados Especiais Criminais.

Já os Tribunais Regionais Federais terão competência para julgar *habeas corpus* impetrado em face de decisão de juiz federal, e de todos os membros do Ministério Público da União (Ministério Público Federal, Ministério Público do Trabalho, Ministério Público Militar, Ministério Público do DF).

Cabe, outrossim, aos Tribunais Regionais Federais julgar os *habeas corpus* impetrados em face de decisões das Turmas Recursais Federais dos Juizados Especiais Criminais.

Julgamento monocrático pelos Tribunais de Justiça ou Tribunais Regionais Federais de *habeas corpus*

Pacífico que, no caso dos Tribunais de Justiça e Tribunais Regionais Federais, não será possível que o relator julgue monocraticamente o *habeas corpus* mesmo que a questão seja consolidada por entendimento do Pretório Excelso; indispensável o julgamento colegiado, em homenagem ao princípio da colegialidade, seguindo-se o rito procedimental estabelecido nos artigos 661/667 do CPP.

Membro do MP como autoridade coatora

O *habeas corpus* impetrado em face de ato de membro do Ministério Público será endereçado ao Tribunal com competência originária para julgá-lo, na esfera criminal. Isso porque, como o ato de eventual constrangimento ilegal a ser coarctado mediante o remédio heroico pode assumir a forma de verdadeira infração penal praticada pelo *Parquet*, como, *v.g.*, abuso de autoridade, nada mais correto que o órgão judiciário com competência para julgar tal agente público verifique se houve ou não a alegada ofensa ao direito de liberdade, já determinando, se vislumbrar a possível ocorrência de crime, providências para sua apuração.

O *habeas corpus* impetrado em face de Promotor de Justiça dos Estados será julgado pelo Tribunal de Justiça de cada unidade da Federação.

Já o *habeas corpus* em face de ato de Procurador da República (membro do Ministério Público da União) será impetrado perante o Tribunal Regional Federal; quanto ao ato de procurador regional da república – membro do MP Federal que atua nos Tribunais Regionais Federais – será endereçado ao STJ (art. 105, I, *a*, da CF).

Os *habeas corpus* impetrados contra ato do Procurador Geral da República será julgado perante o STF (art. 102, I, *i*, da CF).

Como bem aponta Renato Brasileiro de Lima[46], o *habeas corpus* impetrado em face de membro do MP Militar da União será dirigido ao Tribunal Regional Federal e não ao Superior Tribunal Militar, porque, como o MP Militar da União compõe o MP da União (art. 128, I, *c*, da CF), cabe ao Tribunal Regional Federal julgá-lo (art. 108, I, *a*, da CF).

Da mesma maneira, como o MP do Distrito Federal também pertence ao MP da União (art. 128, I, *d*, da CF), também os *habeas corpus* em face de atos dos seus órgãos serão julgados pelo Tribunal Regional Federal (art. 128, I, *a*, da CF), e não pelo Tribunal de Justiça do DF, à semelhança do que foi dito quanto aos membros do MP Militar da União, como vimos.

A questão apontada pelo mencionado autor refere-se à situação em que o julgamento do *habeas corpus* envolver o mérito de eventual causa penal em discussão perante a Justiça Militar da União ou perante a Justiça do Distrito Federal.

Vamos exemplificar para melhor esclarecer. Supondo que o *habeas corpus* em face de ato do membro do MP Militar da União ou de membro do MP do Distrito Federal vise jugular a instauração de inquérito policial requisitado pelo *Parquet*, por ser o fato apontado como atípico ou estar prescrito. Como se nota, o remédio constitucional terá por objeto o próprio mérito penal que só poderá ser discutido e decidido pelo juiz natural da causa: a Justiça Militar e a Justiça do DF.

---

46. Renato Brasileiro de Lima, Curso de Processo Penal, p. 1817.

Nessa situação, o *habeas corpus* em face de ato do MP Militar da União deverá ser julgado pelo STM, enquanto que o *habeas* contra ato do MP do Distrito Federal acabará por ser apreciado pelo Tribunal de Justiça do Distrito Federal.

E se o *habeas corpus* impetrado em face do membro do MP da União não se relacionar à conduta funcional, nem estiver vinculada ao mérito de possível causa penal?

Exemplo: o membro do MP, na sua vida particular, determina a internação de seu pai idoso, mas o irmão do membro do *Parquet*, inconformado com a internação referida, imputa-lhe o crime de cárcere privado, impetrando *habeas corpus* a fim de que o genitor seja desinternado.

Indaga-se: perante qual órgão será apresentado o *habeas corpus*?

Como o ato de constrangimento ilegal em tese perpetrado pelo membro do Ministério Público pode configurar eventual prática de crime (cárcere privado), o *habeas corpus* deverá ser impetrado perante o órgão competente para julgar as infrações penais praticadas pelo MP da União de 1ª instância, que é o Tribunal Regional Federal.

De idêntica maneira, se o *habeas corpus* for impetrado em face de membro do Ministério Público Militar ou do Ministério Público do Distrito Federal, *se relacionando à conduta funcional do membro do Parquet, mas não se vincular ao mérito da causa penal*, o julgamento do remédio heroico deverá ocorrer perante o Tribunal com competência para julgar eventual infração penal praticada pelo membro do Ministério Público da União que é, *in casu*, o Tribunal Regional Federal.

Exemplo: requisição de inquérito policial pelo membro do MP da União, por mero espírito de vingança, contra desafeto seu; nessa hipótese, há relação do ato a ser coarctado através do *habeas corpus* com o exercício da função do Ministério Público, mas não se imiscui no mérito da causa penal em si, de modo que a competência será do Tribunal Regional Federal, a quem deverá aquilatar se o membro do MP praticou ou não algum delito.

Competência do Superior Tribunal de Justiça para julgar *habeas corpus*

O STJ julgará *habeas* corpus quando o **coator ou paciente** for Governador de Estado ou do Distrito Federal, desembargador dos Tribunais de Justiça, membros dos Tribunais de Contas dos Estados, Distrito Federal, e dos Municípios, dos Tribunais Regionais Federais, dos Tribunais Regionais Eleitorais e do Trabalho, e membros do MP que oficiem perante Tribunais (art. 105, I, *c*, da CF).

De acordo com o mesmo dispositivo constitucional, o STJ julgará também o *habeas corpus* em que o **coator** for Tribunal sujeito à sua jurisdição, Ministro de Estado ou Comandante da Marinha, do Exército ou da Aeronáutica.

Caso o *habeas corpus* decidido pelos Tribunais Regionais Federais, Tribunais de Justiça dos Estados e do DF, se denegatória a decisão, caberá recurso ordinário constitucional ao Superior Tribunal de Justiça (art. 105, II, *a*, da CF).

Julgamento monocrático de *habeas corpus* pelo STJ

Prevê o art. 210 do RISTJ (Regimento Interno do STJ) que, quando o pedido for manifestamente incabível ou for manifesta a incompetência do Tribunal para tomar conhecimento do *habeas corpus*, ou for reiteração de outro com os mesmos fundamentos, o relator o indeferirá liminarmente.

O art. 34, XX, do RISTJ, por sua vez, confere ao relator poderes para decidir o *habeas corpus* quando for inadmissível, prejudicado ou quando a decisão impugnada *se conformar* com tese fixada em julgamento de recurso repetitivo ou de repercussão geral, a entendimento firmado em incidente de assunção de competência, a súmula do Superior Tribunal de Justiça ou do Supremo Tribunal Federal, a jurisprudência dominante acerca do tema ou *as confrontar*.

A redação do art. 34 do Regimento Interno do STJ merece uma interpretação aprofundada da qual se conclui que, ao relator, são possíveis três decisões ao julgar, monocraticamente o *habeas corpus*:

1ª – Não conhecer o *habeas corpus* por ser inadmissível ou prejudicado

2ª – Denegar o *habeas corpus*

Se o *habeas corpus* for inadmissível, prejudicado ou quando a decisão impugnada se conformar com tese fixada em julgamento de recurso repetitivo ou de repercussão geral, a entendimento firmado em incidente de assunção de competência, a súmula do Superior Tribunal de Justiça ou do Supremo Tribunal Federal, a jurisprudência dominante acerca do tema, o remédio heroico será denegado;

3ª – Conceder a ordem de *habeas corpus*

Se a decisão impugnada pelo remédio heroico confrontar tese fixada em julgamento de recurso repetitivo ou de repercussão geral, a entendimento firmado em incidente de assunção de competência, a súmula do Superior Tribunal de Justiça ou do Supremo Tribunal Federal, a jurisprudência dominante acerca do tema, o *habeas corpus* será concedido.

Nas hipóteses citadas de julgamento monocrático não há que se falar em violação ao princípio da colegialidade, pois, da decisão do relator, sempre caberá agravo regimental a ser decidido pela Turma, de modo que, se a parte o desejar, o tema será legado a conhecimento do colegiado.

Mas há entendimento no sentido de que o relator do STJ não poderá decidir, monocraticamente, o *habeas corpus*, devendo, em respeito ao princípio da colegialidade e do devido processo legal, levar a questão a ser decidida pelo colegiado. Há precedente do STF[47] nesse sentido.

Importante salientar, ainda, a existência de outra posição, que poderíamos qualificar de *intermediária*: não se autoriza à Ministro do STJ decidir, monocraticamente,

---

47. Informativo do STF. 16/04/2013. HC 115535. 2ª T. Rel. Min. Ricardo Lewandowski. STF – HC 120496/MS, 1ª T. rel. Min. Marco Aurélio, j. 14/03/2017.

habeas corpus, se o teor da decisão for denegatório, ou seja, contrário aos interesses da defesa; mas, se a decisão monocrática for concessiva da ordem pleiteada, portanto favorável à defesa, a decisão poderia ser monocrática e não colegiada.

Esse entendimento já foi seguido pelo STJ[48], mas é frontalmente contrário ao seu regimento interno (art. 34, XX), o qual, expressamente, admite que o relator possa decidir o *habeas corpus, denegando – o*, monocraticamente, se o remédio heroico for inadmissível, prejudicado ou quando a decisão impugnada se conformar com tese fixada em julgamento de recurso repetitivo ou de repercussão geral, a entendimento firmado em incidente de assunção de competência, a súmula do Superior Tribunal de Justiça ou do Supremo Tribunal Federal, e a jurisprudência dominante acerca do tema.

Em outras palavras, pouco importa, segundo o Regimento Interno do STJ, que a decisão seja favorável ou não aos interesses da defesa; de qualquer forma, o relator estaria autorizado a decidir, monocraticamente, o remédio heroico, quando reunidas as condições citadas pelo art. 34, XX, do Regimento Interno.

Recurso cabível da denegação ou concessão monocrática do *habeas corpus* por ministro do STJ

Caberá agravo regimental em matéria penal dessa decisão, de acordo com o art. 258, *caput*, do RISTJ (Regimento Interno do STJ), a ser julgada pelo colegiado – normalmente as Turmas.

Cabe recurso do indeferimento de medida liminar em *habeas corpus* pelo ministro relator do STJ?

Não caberá recurso de agravo regimental penal do indeferimento da liminar, por expressa vedação do art. 258, *caput*, do RISTJ. Desse modo, a parte deverá aguardar o julgamento do *habeas corpus* pelo colegiado (normalmente a Turma). Denegada a ordem pelo colegiado, será possível interpor-se Recurso Ordinário Constitucional ao STF (art. 102, II, *a*, da CF); se concedida a ordem, possível, em tese, a interposição, pela acusação, de recurso extraordinário, ao Pretório Excelso. Como a norma regimental em estudo veda apenas a possibilidade de interposição de agravo regimental no caso de *indeferimento* de liminar em *habeas corpus*, a *contrario sensu*, possível o agravo se a decisão tiver sido de *deferimento* da ordem.

Habeas corpus e meio eletrônico

Os *habeas corpus* impetrados perante o STJ poderão assumir a forma física, além da modalidade eletrônica (Resolução 10/2015, do STJ).

Competência do Supremo para julgar *habeas corpus*

O STF julgará *habeas corpus* em que o **paciente** for o Presidente da República, o Vice – Presidente, membro do Congresso Nacional, ministro do STF, o

---

48. Informativo STJ. 31/10/2012. Min. Rel. Laurita Vaz. HC 182981

Procurador-Geral da República, Ministro de Estado, o Comandante da Marinha, do Exército ou da Aeronáutica, membro de Tribunal Superior ou do Tribunal de Contas da União ou chefe de missão diplomática de caráter permanente (art. 102, I, *d*, da CF).

Também julgará o STF quando o **coator** for Tribunal Superior ou quando o **coator ou paciente** for autoridade ou funcionário cujos atos estejam sujeitos diretamente à jurisdição do Supremo, ou se trate de crime sujeito à mesma jurisdição em única instância (art. 102, I, *i*, da CF).

Em *habeas corpus* voltado contra decisão do STJ, perante o STF, não é admissível que a Suprema Corte analise questão que não tenha sido debatida no STJ (mas apenas no Tribunal de origem), sob pena de supressão de instância[49].

Competência do STF e do STJ para julgar *habeas corpus* em que figurem, como autoridades coatoras ou pacientes, Comandante da Marinha, do Exército ou da Aeronáutica

Interessante notar que, no caso de *habeas corpus* em que figure como **autoridade coatora** o Comandante da Marinha, do Exército ou da Aeronáutica, **a competência para julgá-lo será do STJ** (art. 105, I, *c*, da CF).

Caso o Comandante da Marinha, do Exército ou da Aeronáutica constarem como **pacientes** e não como autoridades coatoras o julgamento do remédio heroico será realizado pelo STF (art. 102, I, *d*, da CF).

***Habeas corpus* denegados pelos Tribunais Superiores**

Caso o *habeas corpus* decidido pelos Tribunais Superiores for denegatório, caberá recurso ordinário constitucional ao Supremo (art. 102, II, *a*, da CF).

***Habeas corpus* contra ato de Ministro do STF**

Não cabe *habeas corpus* contra ato de Ministro do STF dirigido ao pleno ou a órgão fracionário da corte (Turma do STF); o ato deverá ser impugnado mediante agravo interno (regimental), previsto no art. 39 da Lei 8.038/90 e no art. 317 do RISTF (Regimento Interno do STF), e não *habeas corpus*[50]. De idêntica maneira, não é possível *habeas corpus* contra atos emanados das Turmas do STF, e dirigido ao Pleno.

Com tal posição a Súmula 606 do STF: "Não cabe *habeas corpus* originário para o tribunal pleno de decisão de turma, ou do plenário, proferida em *habeas corpus* ou no respectivo recurso".

Ressalve-se, porém, que se houver uma teratologia na decisão do Ministro do STF, é possível que se conceda, de ofício, a ordem[51].

---

49. STF. HC 158.657/Rio Grande do Sul. Rel. Min. Celso de Mello.
50. Informativo do STF. 24/06/2016. HC 135143. Rel. Min. Luís Roberto Barroso. Informativo do STF. 17/02/2016. STF. Pleno. HC 105959. Rel. Min. Marco Aurélio.
51. STF. Pleno. 105.959/DF.

Julgamento monocrático do *habeas corpus* pelo STF

O art. 192, *caput*, do Regimento Interno do Supremo Tribunal Federal permite que o ministro relator decida, monocraticamente, *habeas corpus*, concedendo ou denegando a ordem, independentemente de parecer do Ministério Público, quando a jurisprudência estiver consolidada quanto à matéria versada na impetração. Não há que se falar em violação ao princípio da colegialidade, pois da decisão do relator sempre caberá agravo regimental a ser decidido pela Turma ou pelo Plenário, de modo que, se a parte o desejar, o tema será legado a conhecimento do colegiado.

Cabe recurso do indeferimento ou deferimento de medida liminar em *habeas corpus* pelo ministro relator do STF?

Como o regimento interno do STF não veda tal hipótese recursal, mostra-se cabível a interposição de agravo regimental dessa decisão (art. 317 do RISTF).

Habeas corpus e meio eletrônico

Os *habeas corpus* impetrados perante o STF, em regra, deverão sê-lo por meio eletrônico (art. 19 da Resolução 427/2010), embora se permita – dada a importância do bem jurídico tutelado, a liberdade, que seja encaminhado, o remédio heroico, por meio físico, caso em que será digitalizado antes da autuação, para que tramitem de forma eletrônica (art. 20 da Resolução 427/2010).

Já decidiu o STF[52] que, enquanto o processo eletrônico não for acessível às pessoas com deficiência visual, se permitirá que possam peticionar fisicamente em todos os órgãos do Poder Judiciário, a exemplo do que ocorre com o *habeas corpus*, até que o processo judicial eletrônico seja desenvolvido de acordo com os padrões internacionais de acessibilidade.

Competência para julgar *habeas corpus* da Justiça Militar

Como observa Renato Brasileiro de Lima[53], a Justiça Militar da União possui competência para julgar os crimes militares definidos em lei (art. 124, *caput*, da CF), enquanto que à Justiça Militar dos Estados cabe o julgamento, além dos crimes militares definidos em lei, também das *ações judiciais contra atos disciplinares militares*, competência essa privativa do juiz de direito do juízo militar (art. 125, § 5º, da CF).

Sendo assim, caso um militar das Forças Armadas venha a ser punido disciplinarmente, o *habeas corpus* (assim como também o mandado de segurança), em face de tal ato disciplinar, deverão ser julgados pela Justiça Federal, uma vez que, como se viu, *a Justiça Militar da União não possui competência para julgar as ações judiciais contra atos disciplinares militares*, mas apenas os crimes militares. No entanto, caso a punição disciplinar se volte contra um policial militar ou bombeiro militar, o *habeas*

---

52. STF – Medida Cautelar em Mandado de Segurança 32.751, DF- relator. Min. Celso de Mello, decidido, em sede de plantão judiciário, pelo Ministro Ricardo Lewandowski, em 31 de janeiro de 2014.
53. Renato Brasileiro de Lima, Curso de Processo Penal, p. 1812.

corpus (assim como também o mandado de segurança) que pretendam questionar o ato disciplinar serão julgados pela Justiça Militar do Estado, mais precisamente pelo juiz de direito do juízo militar.

O *habeas corpus* impetrado em face, não de ato disciplinar, mas em decorrência da persecução criminal (atos do inquérito policial militar ou do processo instaurado), serão julgados, sempre, pela Justiça Militar dos Estados ou da União.

Competência dos Juízes auditores e dos Conselhos de Justiça para julgar *habeas corpus*. Justiça Militar da União

No caso da Justiça Militar da União, o *habeas corpus* será julgado, antes de iniciado o processo, pelo Juiz – Auditor; depois de instaurada a relação processual, o *habeas corpus* será julgado pelos Conselhos de Justiça (Permanente e Especial).

Competência do Superior Tribunal Militar para julgar *habeas corpus*

O Superior Tribunal Militar possui competência para julgar, originariamente, *habeas corpus* em que figure como coator ou paciente Oficial General das Forças Armadas, nos crimes militares definidos em lei (art. 6º, I, *a*, da Lei 8.457/92).

Sendo o *habeas corpus* dirigido contra ato do Juiz – Auditor ou em face de decisão dos Conselhos de Justiça, em se tratando da Justiça Militar da União, a ação será julgada pelo STM, o Tribunal de 2ª instância da Justiça Militar da União.

Em se desejando questionar eventual constrangimento ilegal emanado de ato do STM, o *habeas corpus* será dirigido ao STF (art. 102, I, *i*, da CF); faculta-se, ainda, a interposição de recurso ordinário constitucional, ao Pretório Excelso, no caso de denegação de *habeas corpus* pelo STM (art. 102, II, *a*, da CF).

Competência dos Juízes auditores e dos Conselhos de Justiça para julgar *habeas corpus*. Justiça Militar dos Estados

Em se tratando da Justiça Militar dos Estados, em regra, o *habeas corpus* deverá ser julgado, antes de iniciado o processo, pelo juiz de direito militar, sendo que, instaurada a relação processual, o *habeas corpus* será apreciado pelos Conselhos de Justiça (Permanente e Especial). No entanto, se o *habeas corpus* se referir a *crime militar praticado por militar estadual contra civil* ou se voltar *em face de ato disciplinar militar, caberá ao juiz de direito militar julgar, singularmente, o remédio heroico, quer seja impetrado antes ou depois do início do processo* (em suma, os Conselhos de Justiça, nessas hipóteses, não terão competência para decidir o *habeas corpus*), como estipula o art. 125, § 5º, da CF..

Competência para julgar *habeas corpus* do Tribunal de Justiça Militar ou do Tribunal de Justiça

Em se tratando de *habeas corpus* impetrado contra ato do juiz de direito militar ou de decisão dos Conselhos de Justiça, no caso da Justiça Militar dos Estados, o remédio heroico será apreciado pelo Tribunal de Justiça Militar, nos Estados que o possuam (SP, MG, RS), ou, no caso dos demais entes federativos, pelo Tribunal de Justiça.

Competência da Justiça do Trabalho para julgar *habeas corpus*

De acordo com o art. 114, IV, da CF, a Justiça do Trabalho possui competência para julgar *habeas corpus*, quando o ato questionado envolver matéria sujeita à sua Jurisdição. A Justiça do Trabalho, no entanto, não possui competência, em geral, para julgar infrações penais, mesmo aquelas relacionadas às relações de trabalho, como, *v.g.*, redução a condição análoga de escravo, mas, tão somente, para a ação de *habeas corpus*.

Sendo assim, *v.g.*, a prisão em flagrante de uma testemunha, em processo trabalhista, por falso testemunho, pode ser questionada, através de *habeas corpus*, perante o Tribunal Regional do Trabalho (e não perante o Tribunal Regional Federal).

Competência dos Juizados Especiais Criminais para julgar *habeas corpus*

As decisões dos Juizados Especiais Criminais podem ser impugnadas, por *habeas corpus*, perante as Turmas Recursais. Em se tratando de decisões das Turmas Recursais, cabível a impetração de *habeas corpus* dirigido ao Tribunal de Justiça (Juizado Especial Criminal Estadual), ou ao Tribunal Regional Federal (Juizado Especial Criminal Federal).

16.2.10. Intimação do julgamento do *habeas corpus* pelo Tribunal. Possibilidade de desistência, pela defesa, de julgamento do *habeas corpus*

Intimação do defensor

Em regra, o julgamento de *habeas corpus* – dado o seu caráter de especial relevância por assegurar a proteção ao direito de locomoção – independe de publicação na pauta, de modo que os defensores, normalmente, não deverão ser intimados. Todavia, se houver pedido expresso do advogado – constituído ou dativo – ou da Defensoria Pública, no sentido de serem intimados para que possam sustentar oralmente, sua notificação será compulsória, sob pena de nulidade do julgamento colegiado. Há, no entanto, posicionamento no sentido de que pouco importa tenha havido ou não – por parte da Defensoria Pública ou do advogado dativo – pedido expresso de intimação do julgamento, uma vez que, de qualquer modo, a intimação pessoal é prerrogativa assegurada a tais profissionais, inclusive no que tange ao julgamento de *habeas corpus*[54].

Intimação do Ministério Público de 2ª instância

Recebidas ou dispensadas as informações requisitadas, será concedido o prazo de dois dias para o MP se manifestar (art. 1º e § 2º, do Decreto-Lei 552/69).

Não há vedação à defesa, que, por conveniência sua, desiste da impetração, a qual deverá ser homologada pelo juízo[55].

---

54. Informativo do STF. 27/08/2013. STF. RHC 117029. Rel. Min. Dias Toffoli.
55. STF – HC 166.758/Goiás. Rel. Min. Gilmar Mendes. Homologada a desistência pelo Presidente do STF, Min. Dias Toffoli, com fulcro no art. 21, VIII, do RISTF.

16.2.11. *Habeas corpus* e recursos de decisões proferidas em 1ª instância

Da decisão que conceda ou denegue *habeas corpus* ou que o considere prejudicado, em 1ª instância, é cabível a interposição de recurso em sentido estrito, pelo MP e pelo acusado, através de seu defensor, como estipula o art. 581, X, do CPP. No caso de denegação da ordem, no entanto, em regra, será mais célere e prático, à defesa, a impetração de novo *habeas corpus* perante o Tribunal, apontando o magistrado de 1ª instância como autoridade coatora.

Da concessão de *habeas corpus*, pelo magistrado de piso, impõe-se o recurso necessário ou de ofício (art. 574, I, do CPP).

O querelante, no caso de ação penal privada, pode recorrer da decisão que, *v.g.*, tranque um inquérito policial que apurava a prática de crime de ação penal privada, interpondo, da concessão da ordem, recurso em sentido estrito.

A legitimidade para o querelante se manifestar subsiste mesmo no Tribunal, podendo intervir, como parte interessada, no julgamento de *habeas corpus* interposto em face de queixa-crime, pois é o titular da ação penal, como já decidiu o STF[56].

Como o assistente da acusação está legitimado a requerer a decretação de prisão preventiva (art. 311 do CPP), por coerência lógica, estará autorizado, também, a recorrer da concessão da decisão concessiva de *habeas corpus* emanada da 1ª instância, interpondo recurso em sentido estrito; no caso de concessão da ordem por Tribunal, admissível, ainda, que interponha recurso especial ou extraordinário, ou ainda, agravo regimental em face de liminar concedida pelo relator.

16.2.12. *Habeas corpus* substitutivo de recurso ordinário. *Habeas corpus* substitutivo dos demais recursos cabíveis e de revisão criminal

Até recentemente, era pacífica, pela jurisprudência, a possibilidade de impetrar-se *habeas corpus* para órgão superior de jurisdição, contra decisão que indeferira anteriormente outro *habeas corpus*, ao invés de interpor-se o recurso previsto em lei contra a denegação da ordem.

Assim sendo, da decisão que denega a ordem de *habeas corpus* pelo magistrado de 1ª instância, embora caiba recurso em sentido estrito (art. 581, X, do CPP), seria possível também a interposição de novo *habeas corpus* ao Tribunal.

Da mesma forma, das decisões denegatórias de *habeas corpus* proferidas pelos Tribunais (Tribunais de Justiça dos Estados, Tribunal de Justiça do DF e Tribunais Regionais Federais) era admitida a interposição de recurso ordinário constitucional (art. 105, II, *a*, da CF), no prazo de 5 dias, com as razões do pedido de reforma (art. 30 da Lei 8.038/90), ao STJ, *ou* simplesmente, de novo *habeas corpus*, também ao STJ.

Admissível, ainda, a interposição de recurso especial, ao STJ, ou extraordinário, ao STF, da decisão dos Tribunais de Justiça ou pelos Tribunais Regionais Federais que concedam ou deneguem a ordem de *habeas corpus*.

---

56. STF – Pleno – Pet 423 AgR/SP, Rel. Min. Sepúlveda Pertence, j. 26/04/1991, DJ 13/03/1992.

Sendo denegado o *habeas* pelos Tribunais Superiores (ou não conhecido ou julgado prejudicado) seria possível interpor-se recurso ordinário constitucional, no prazo de 5 dias, com as razões do pedido de reforma dirigido ao STF (art. 102, II, *a*, da CF e art. 310 do Regimento Interno do STF), *ou* impetrar-se outro *habeas corpus* perante o STF.

Admitida, ainda, a interposição de recurso extraordinário, ao STF, tendo por objeto a decisão, dos Tribunais Superiores, que concedam ou deneguem a ordem de *habeas corpus*.

A possibilidade de impetração de *habeas corpus* em substituição ao recurso previsto em lei denomina-se **habeas corpus substitutivo de recurso**.

16.2.12.1. Habeas corpus *substitutivo de recurso ordinário*

Importante lembrar que a 1ª Turma do STF, a partir de 21 – 08 – 2012, passou a não mais admitir o *habeas corpus* substitutivo de recurso ordinário constitucional, previsto no art. 102, II, *a*, da CF, contra a denegação do remédio heroico por instância anterior[57].

Entendeu-se que a parte deve valer-se do recurso ordinário constitucional previsto no art. 102, II, *a*, da CF, "remédio jurídico expresso", e não da impetração de novo *habeas corpus* em caráter substitutivo, em "manifesta burla ao preceito constitucional".

Esse entendimento, em regra, tem sido seguido também pelo STJ, o qual inclusive não vem conhecendo de *habeas corpus* impetrados em substituição a interposição de recurso especial[58].

No entanto, o STF e o STJ salientam que, mesmo que não seja conhecido o *habeas corpus*, por ser manifestamente incabível pelo fato de existir recurso próprio para discutir a questão, será autorizada a concessão da ordem de *habeas corpus*, de ofício, quando manifesto o constrangimento ilegal. De idêntica forma, se o recurso ordinário constitucional aportado ao STF e STJ for intempestivo, poderá ser concedida a ordem, de ofício, mesmo que não conhecido o recurso, se manifesto o constrangimento ilegal.

Há diversas decisões, junto aos Tribunais Superiores[59], no sentido de que não é admissível que o *habeas corpus* seja utilizado em substituição ao recurso próprio (apelação, agravo em execução, recurso ordinário constitucional, recurso especial, recurso extraordinário), tampouco como sucedâneo da revisão criminal, sem prejuízo de, embora não conhecidos os recursos ou a ação revisional, conceder-se, se o caso, a ordem, de ofício.

É possível, contudo, que esse posicionamento restritivo quanto ao uso do *habeas corpus* seja modificado, pois já há decisão, da maioria do Plenário do Supremo, compreendendo que, apesar da existência de recurso próprio, que é o recurso ordinário constitucional, o art. 102, I, *i*, da CF, traz como competência do Supremo o processo e julgamento de *habeas corpus* quando o coator for tribunal superior, de modo que a

---

57. STF. HC 104.045/RJ. 1ª T. Rel. Min. Rosa Weber.
58. Informativo do STJ. 23/11/2011. STJ. HC 201483. 5ª T. Rel. Min. Gilson Dipp.
59. STJ – HC 132422/SP. 6ª T. Rel. Min. Rogério Schietti Cruz. J. 18/06/2014, DJE 04/08/2014.

Lei Maior abriu, nos termos do que sustentado pelo Min. Alexandre de Moraes, uma "dupla possibilidade". Ressaltou-se, ainda, que a interpretação a ser aplicada deve proteger da melhor forma a liberdade de locomoção[60].

16.2.12.2. Habeas corpus substitutivo de revisão criminal

Há precedentes do STF[61] admitindo que, em situações excepcionais, autoriza-se a concessão de *habeas corpus* como substitutivo de revisão criminal, quando os atos se mostrarem incontroversos, líquidos e certos.

16.2.13. Efeitos da concessão de *habeas corpus*

O *habeas corpus* pode apresentar os seguintes efeitos:

1º – efeito extensivo: no caso de indiciados ou acusados em situação idêntica (*v.g.* excesso de prazo no caso de prisão preventiva, sendo todos os acusados presos na mesma data), a ordem eventualmente concedida a um deles se estende aos demais, como permite o art. 580 do CPP que, ao tratar do efeito extensivo no caso de recursos, deve-se se aplicar, por analogia, também a ação de *habeas corpus*. É dever do juiz ou do Tribunal, no caso de corréus, verificar se a ordem concedida não deve ser ampliada aos demais acusados, fundamentando, sempre, a aplicação ou não do efeito extensivo[62]. Caso o juiz, o relator ou o Tribunal não se manifestarem a respeito do efeito extensivo, será permitida a oposição de embargos declaratórios para força-los a decidir a respeito.

2º – efeito iterativo ou juízo de retratação. Nada impede que o juiz ou o relator que concedam uma liminar, quando do julgamento do mérito do *habeas*, se retratem da decisão anterior, e cassem – na.

16.2.14. Casuística do *habeas corpus*

De acordo com diversas decisões dos Tribunais Superiores, o remédio heroico tem sido utilizado para as mais variadas pretensões, as quais, nem sempre guardam relação, diretamente, com o direito ambulatorial, como se verá.

Habeas corpus para determinar o julgamento imediato de recurso

O STF[63] concedeu *habeas corpus* para determinar que o STJ julgue, imediatamente, recurso especial, em razão de se configurar – a demora – verdadeira negativa de prestação jurisdicional e flagrante constrangimento ilegal sofrido pelo paciente. Em

---

60. Informativo do STF. 22/03/2018. HC 152.752. Pleno. Rel. Min. Edson Faquin.
61. Informativo do STF. 17/04/2018. STF. HC 154390. 2ª T. Rel. Min. Dias Toffoli. Informativo do STF. 06/03/2018. STF. HC 139741. 2ª T. Rel. Min. Dias Toffoli.
62. Informativo do STF. 02/12/2013. STF. HC 115116. Rel. Min. Cármen Lúcia.
63. STF – HC 136435/PR. 2ª T. Min. Rel. Ricardo Lewandowski, j. 22/11/2016.

outro caso, o STF concedeu o *habeas corpus* para que o STJ julgasse o recurso especial no prazo máximo de dez sessões[64].

Dependendo do caso concreto, o STF[65] pode determinar ao juiz de 1ª instância – atrasado na prestação jurisdicional de réu preso-sentencie em prazo estabelecido.

Habeas corpus para se determinar o julgamento de *habeas corpus* em prazo determinado de sessões

O Pretório Excelso já concedeu a ordem de *habeas corpus* a fim de determinar ao STJ o julgamento de *habeas corpus* lá impetrado, no prazo máximo de 10 sessões (entre ordinárias e extraordinárias)[66].

Habeas corpus para afastar-se o óbice legal à concessão de "liberdade provisória"

Como o art. 44 da Lei 11.343/06 (Lei de Drogas) veda a liberdade provisória aos presos por tráfico – dispositivo esse incidentalmente declarado como inconstitucional pelo Supremo – cabível que o *habeas corpus* determine, apenas, ao juiz que mantém a custódia do acusado com base naquele fundamento legal, que se pronuncie a respeito da necessidade *concreta* – estribada no art. 312 do CPP – em determinar-se a custódia cautelar do réu[67].

Habeas corpus para readequação da pena e de regime

Mesmo que a pena – base tenha sido exasperada acima do mínimo legal, se restar evidenciado que o julgador fundamentou devidamente a sanção, não há como – através do *habeas* – revolver os fatos discutidos no processo[68].

Se o magistrado, ao fixar a pena – base, equivocar-se nos seus vetores, reconhecendo, *v.g.*, como circunstância judicial, o que faz parte da própria natureza do crime, possível que o Tribunal, por meio do *habeas*, aponte a ilegalidade e determine a readequação da pena – base, excluindo as circunstâncias indevidas reconhecidas pelo juiz prolator da sentença[69].

Possível que o *habeas corpus* reconheça a presença de fatos – devidamente documentados nos autos – que imponham o reconhecimento de uma causa de redução de pena, o que autoriza sua readequação – e redução – através do remédio heroico[70]. O Supremo, no julgamento do HC 118.533/MS, Rel. Min. Carmen Lúcia, decidiu que o tráfico privilegiado (art. 33, § 4º, da Lei 11.343/2006) não é delito equiparado a hediondo. Desse modo, se juiz ou Tribunal vierem a considerar o tráfico privilegiado como

---

64. STF. HC 142.177/ Rio Grande do Sul. Rel. Min. Celso de Mello. J. 06/06/2017.
65. Informativo do STF. 12/06/2012. STF. HC 112171. 2ª T. Re. Min. Ricardo Lewandowski.
66. STF – HC 102. 923/AL. Rel. Min. Gilmar Mendes HC 103.793/RS, Rel. Min. Celso de Mello.
67. Informativo do STF. 19/05/2011. STF. HC 108266. 2ª T. Rel. Min. Gilmar Mendes.
68. Informativo do STF. 22/09/2015. STF. HC 130253. Rel. Min. Gilmar Mendes.
69. Informativo do STF. 08/05/2012. STF. HC 107532. 2ª T. Rel. Ellen Gracie.
70. Informativo do STF. 27/11/2012. STF. HC 110822. 2ª T. Rel. Min. Cármen Lúcia.

hediondo, ao arrepio do que decidido pela Suprema Corte, é possível afastarem-se os efeitos gravosos da hediondez, mediante a impetração de *habeas corpus*[71].

Admitido, ainda, que, através do *habeas*, se reconheça o direito do paciente a ser beneficiado com uma pena restritiva de direitos (art. 44 do CP), ao invés da pena privativa de liberdade que lhe tenha sido imposta[72].

Habeas corpus para discutir crime que não enseja pena privativa de liberdade

O remédio heroico não é o instrumento adequado para discutir crime em que não seja cominada pena privativa de liberdade, como no caso do porte, para uso próprio, de drogas (art. 28 da Lei 11.343/2006 (Lei de Drogas)[73].

Habeas corpus para arquivar inquérito policial

Há precedente do Supremo, em que, em sede de *habeas corpus*, determinou-se o arquivamento de inquérito policial[74].

Habeas Corpus para absolver

Há decisões – minoritárias do Supremo – em que, por intermédio do remédio heroico-se absolve o acusado, com base na convicção de que foram colhidas evidências apenas na fase policial e não em juízo[75]; ou pelo fato de a quantidade de drogas apreendida em poder do acusado apontar ser ele usuário e não traficante[76]. Em caso interessante submetido ao Pretório Excelso[77], absolveu-se acusado, em sede de Recurso Ordinário em *Habeas Corpus*, que estava preso havia 16 anos, pela prática de delito de latrocínio, porque havia dúvida fundada quanto à autoria do crime, uma vez que terceira pessoa confessara o crime atribuído ao réu; assentou-se que, "Em sede de habeas corpus, não é possível o reexame do conjunto fático – probatório, mas a revaloração da prova é medida admitida pela jurisprudência do STF".

Habeas Corpus e providências para apurar delito de abuso de autoridade

Concedida a ordem, e havendo indícios da prática do delito de abuso de autoridade, o Tribunal poderá determinar a instauração de investigação para se apurar a infração[78].

Habeas corpus e provas

Permitido o uso do remédio heroico a fim de se voltar contra o indeferimento de prova de interesse do réu ou indiciado, seja, o deferimento de prova ilícita ou o deferimento inválido de prova ilícita[79].

---

71. STF – Recurso Extraordinário com agravo 1.088.479/SP. Rel. Min. Celso de Mello.
72. Informativo do STF. 30/11/2010. HC 106442. 2ª T. Rel. Min. Celso de Mello.
73. STF – HC 127834/MG. 1ª T. Rel. Min. Marco Aurélio. Red/ o ac. Min. Alexandre de Moraes. Julgamento em 05/12/2017.
74. Informativo do STF. 05/12/2018. STF. Inq 4327. Pleno. Rel. Min. Edson Faquin.
75. Informativo do STF. 30/11/2010. STF. HC 103660. 1ª T. Rel. Min. Ricardo Lewandowski.
76. Informativo do STF. 28/10/2014. STF. HC 123221. 2ª T. Rel. Min. Gilmar Mendes.
77. Informativo do STF. 28/03/2017. STF. RHC 138705. 2ª T. Rel. Min. Ricardo Lewandwski.
78. Informativo do STF. 14/08/2018. Inqu 4696 e Pet 7321. 2ª T. Rel. Min. Gilmar Mendes.
79. STF – HC 79.191/SP, Rel. Min. Sepúlveda Pertence.

Liminar em *habeas corpus* para suspender ação penal em havendo dúvida sobre competência

Quando houver discussão, em conflito de competência, a respeito de competência, é possível, excepcionalmente, suspender-se a ação penal, a fim de se aguardar o deslinde da questão[80].

Liminar em *habeas corpus* para suspender julgamento de apelação

O Supremo[81] concedeu efeito suspensivo ao julgamento de uma apelação, mediante liminar em *habeas corpus*, porque havia fundadas suspeitas de suspeição do promotor que oficiara naquela ação penal desde o seu início.

Habeas Corpus para assegurar o direito de visita ao preso

Há decisão, do Pretório Excelso, concedendo *habeas corpus* para que o preso tenha assegurado o direito de visita dos filhos[82].

Todavia, há outros precedentes – também do Supremo – considerando não ser o *habeas* meio idôneo para se discutir a legalidade da proibição de companheira visitar o preso[83]. No STJ, também se registra decisão julgando ilegítimo o uso de *habeas corpus* para se postular o direito de visitas íntimas ao preso, que nada mais é que um direito à intimidade, não tutelado pelo remédio heroico[84].

Habeas corpus contra a expulsão de estrangeiro

Cabível o remédio heroico a fim de se impedir a expulsão de estrangeiro que tenha filhos no país, bastando a existência de descendente brasileiro que esteja sob a guarda ou dependência econômica ou socioafetiva do estrangeiro[85].

Habeas corpus para suspender a transferência de preso para presídio de segurança máxima federal

É viável, desde que se demonstre violação à Lei 11.671/2008, que regula a matéria, uma vez que, pelo especial rigor penitenciário a que ficam sujeitos os detentos transferidos a tais estabelecimentos penitenciários, evidente que seu direito à liberdade, já restringido, sofreria, com tal remoção, relevante recrudescimento em seu exercício[86].

Habeas Corpus e acesso e permanência nas galerias do Congresso Nacional

Se não houver proibição de acesso indiscriminado nas dependências do Congresso, mas simples condicionamento a autorização a ser concedida, pelo órgão competente

---

80. Informativo do STJ. 27/04/2018. STJ. HC 445325. Rel. Min. Rogerio Schietti Cruz.
81. Informativo do STF. 17/04/2018/RJ. STF. HC 155.278. Rel. Min. Ricardo Lewandowski
82. Informativo do STF. 14/04/2011. STF. HC 107701. Rel. Min. Gilmar Mendes.
83. STF. HC 127.685/DF. Rel. Min. Dias Toffoli. STF. HC 115.542/DF-MC. 2ª T. Rel. Min. Celso de Mello DJe 25/04/2013. STF. RHC 121.046/SP. 2ª T. Rel. Min. Dias Toffoli. DJe 26/05/2015.
84. Informativo do STJ. 16/03/2018. STJ. HC 425115. 5ª T. Rel. Min. Reynaldo Soares da Fonseca.
85. Informativo do STF. 18/12/2018. STF. HC 148558. Rel. Min. Marco Aurélio.
86. STF. Medida Cautelar no Habeas Corpus 149. 734/RJ. Rel. Min. Gilmar Mendes.

do legislativo, mediante credencial, às pessoas que pretendam ocupar as galerias, não se conhecerá do *habeas corpus*, pois às Casas Legislativas se outorga poder de polícia a fim de regular, de modo legítimo, o ingresso e permanência em suas dependências[87].

Há decisão do STF, todavia, assegurando, via liminar em *habeas corpus*, a uma categoria profissional, o direito de permanecer nas galerias do congresso, uma vez que, anteriormente, tinham sido expulsos do plenário pelos agentes de segurança legislativos[88].

Habeas corpus para se discutir alteração da situação financeira do alimentante

O *habeas corpus* não se presta para o devedor de pensão alimentícia discutir a respeito de sua dificuldade financeira em adimplir sua obrigação alimentar, a qual só poderia ser veiculada mediante ação revisional de alimentos[89].

Habeas corpus e retenção de passaporte

Há decisão, do STJ, reputando como legítima a retenção de passaporte do devedor, com estribo no art. 134, III e IV, do CPC[90]. Em outra decisão, o STJ assentou que o acautelamento de passaporte é medida que limita a liberdade de locomoção, que, pode, no caso concreto, significar constrangimento ilegal e arbitrário, sendo o *habeas corpus* a via processual adequada para combater tal *decisum*[91]. O mesmo não se diga quanto à suspensão da habilitação para dirigir veículo automotor, porque, ao contrário do passaporte, ninguém pode se considerar privado de ir a qualquer lugar por não ser habilitado à condução de veículo[92].

Habeas corpus coletivo

A Suprema Corte tem precedente em que se concedeu *habeas corpus* coletivo a fim de se viabilizar – a número indeterminado de presos cumprindo pena no regime semiaberto – o direito de saídas temporárias periódicas previamente fixadas pelo juiz no transcurso do ano, sem depender de decisão especificada para cada saída[93].

Em outro *habeas corpus* coletivo em que presos postulavam a implementação do direito ao banho de sol, negou-se a liminar, sob o fundamento que a decisão teria conteúdo "satisfativo", confundindo-se com o mérito da impetração, mas conheceu-se da ação[94].

Em 20 de fevereiro de 2018, a 2ª Turma do STF[95] concedeu *habeas corpus* coletivo para determinar a substituição da prisão preventiva por domiciliar de mulheres

---

87. STF. Medida Cautelar no Habeas Corpus 134.070/DF. Rel. Min. Celso de Mello. J. 16/04/2016.
88. Informativo do STF. 07/08/2015. HC 129330. Rel. Min. Edson Fachin.
89. Informativo do STJ. 28/11/2018. STJ. 3ª Turma. Rel. Min. Villas Bôas Cueva. Número de processo não divulgado por segredo de justiça.
90. STJ – HC 478.963/RS (2018/0302499-2). Rel. Min. Francisco Falcão.
91. STJ – HC 192.193/DF. 5ª T. Rel. Min. Laurita Vaz. Dje 17/12/2012.
92. STJ – Recurso em Habeas Corpus 97.876/SP (2018/0104023-6). Rel. Min. Luis Felipe Salomão.
93. Informativo do STF. 10 a 14 de agosto de 2015. Nº 794. STF. HC 128.763/RJ. Rel. Min. Gilmar Mendes.
94. Informativo do STF. 04/09/2013. STF. HC 118536. Rel. Min. Dias Toffoli.
95. Informativo do STF. 20/02/2018. STF- HC 143.641. 2ª T. Rel. Min. Ricardo Lewandowski.

presas, em todo o território nacional, que sejam gestantes, puérperas ou mães de crianças de até 12 anos ou de pessoas com deficiência, sem prejuízo da aplicação de medidas cautelares previstas no art. 319 do CPP. Excetuaram-se os casos em que as infrações tiverem sido praticadas mediante violência ou grave ameaça, contra seus descendentes ou, ainda, em situações excepcionalíssimas. Assentou-se que se tratava da única solução viável para se garantir o acesso à Justiça de grupos sociais mais vulneráveis.

Importante ressaltar que a Lei 13.769, de 19 de dezembro de 2018 acrescentou, ao CPP, o art. 318-A e 318-B, nos seguintes termos:

> "Art. 318-A. A prisão preventiva imposta à mulher gestante ou que for mãe ou responsável por crianças ou pessoas com deficiência será substituída por prisão domiciliar, desde que:
>
> I – não tenha cometido crime com violência ou grave ameaça à pessoa;
>
> II – não tenha cometido o crime contra seu filho ou dependente".
>
> Art. 318-B. A substituição de que tratam os arts. 318 e 318-A poderá ser efetuada sem prejuízo da aplicação concomitante das medidas alternativas previstas no art. 319 deste Código".

Percebe-se que a nova lei praticamente repetiu os dizeres da decisão do Supremo comentada, estabelecendo a regra de que é cabível a substituição da prisão preventiva, em prisão domiciliar, sem prejuízo da aplicação concomitante de medidas cautelares como, *v.g.*, uso de tornozeleira eletrônica, proibição de comunicação com terceiras pessoas, mas abrindo duas vedações ao benefício:

1ª – no caso de crime cometido com violência ou grave ameaça à pessoa; exemplos: roubo, homicídio, extorsão; já o tráfico de drogas ou o crime de corrupção ativa ou passiva, porque não cometidos mediante violência ou grave ameaça, não impediriam o favor legal;

2ª – não tenha cometido o crime contra filho ou dependente; como a norma não especificou que espécie de delito veda o benefício, devem-se incluir quaisquer crimes, aqueles praticados com violência (roubo, lesão corporal, etc) ou não *(v.g.,* furto, apropriação indébita)

Habeas corpus e pacientes anônimos

Inadmissível *habeas corpus* – o qual não será sequer conhecido – em que constem pacientes anônimos – não individualizados, como a "coletividade, "o povo brasileiro", etc., por evidente ofensa ao art. 654, § 1º, *a*, do CPP, o qual exige que, da petição de *habeas corpus*, conste o nome da pessoa que sofre ou está ameaçada de sofrer violência ou coação[96].

---

96. STF. Medida Cautelar no Habeas Corpus 143.704- Paraná. Rel. Min. Celso de Mello. J. 10/05/2017. STJ. HC 403.919-/RJ. Min. Ribeiro Dantas.

Habeas corpus pro societate

Não se aceita o uso anômalo do *habeas corpus*, como instrumento facilitador da persecução criminal, porque tal garantia individual sempre foi vocacionada à proteção da liberdade do indivíduo, e não para cerceá-la[97].

Habeas corpus em face de decisões do juízo das execuções

Reconhece-se a possibilidade de o executando, ou seu advogado por ele, impetrarem *habeas corpus* em substituição ao recurso de agravo em execução a fim de combater decisão que tenha por objeto a execução da pena, como regressão de regime, revogação do livramento condicional, etc[98].

Impossibilidade de se impugnar várias ações penais mediante um *habeas corpus*

O *habeas* não pode ser impetrado tendo por objeto diversas ações penais referentes a fatos e capitulações diversas, mesmo que envolvam o mesmo acusado; o remédio heroico deve ser analisado, *caso a caso*, consideradas as peculiaridades de cada processo, sobretudo seu acervo probatório, o que deve ser narrado e discutido pelo impetrante, que possui esse ônus[99].

Suspensão da execução da pena por *habeas corpus*

Possível a suspensão da execução, desde que pairem dúvidas sérias a respeito da tipicidade do fato[100].

Habeas corpus para trancar a ação penal em razão do princípio da insignificância

Admissível esse trancamento, via *habeas corpus*, até de ofício, se patente o caráter de bagatela do delito, que retira a tipicidade material do fato[101].

MP pode pedir reconsideração à concessão de *habeas corpus* no Tribunal?

Indubitavelmente não, por ausência de previsão legal, uma vez que, o *Parquet*, oficia, no Tribunal, em regra, como *custos legis*, emitindo parecer a respeito do pedido de *habeas corpus*, e não como *dominus litis*[102].

O querelante se manifesta em *habeas corpus* a ser decidido pelo Tribunal?

Embora, em regra, não se admita a intervenção de terceiros em sede de *habeas corpus*, esse entendimento é flexibilizado, permitindo-se, excepcionalmente, a intervenção

---

97. STF. Medida Cautelar no Habeas Corpus 144.426/DF. Rel. Min. Celso de Mello. J. 07/06/2017.
98. Informativo do STJ. 07/07/2011. HC 211453. Rel. Min. Vice-Presidente Felix Fischer no exercício da Presidência.
99. Informativo do STJ. 25/10/2013. STJ. HC 187117. 5ª T. Rel. Min. Laurita Vaz.
100. Informativo do STJ. 07/06/2011. STJ. HC 207494. 5ª T. Rel. Min. Napoleão Nunes Maia Filho.
101. Informativo do STJ. 27/09/2012. STJ. HC 243958. 6ª T. Rel. Min. Assusete Magalhães.
102. Informativo do STJ. 27/09/2012. STJ. HC 246690. Rel. Min. Laurita Vaz.

do querelante no julgamento do *writ*, pois a decisão a ser tomada certamente repercutirá no seu interesse de agir[103].

Aceitação da suspensão condicional do processo e impetração de *habeas corpus*

Não há qualquer empecilho que o acusado aceite o benefício da suspensão condicional do processo (art. 89 da Lei 9.099/95), e, ao mesmo tempo, impetre *habeas corpus* com a finalidade de trancar o processo instaurado, pois, no período de prova, o acusado se submete ao cumprimento de condições por ele aceitas, as quais, se descumpridas, podem acarretar o prosseguimento do processo e sua possível condenação a pena privativa de liberdade, atingindo, desse modo, reflexamente, seu direito à liberdade[104].

Habeas corpus e recurso especial ou extraordinário simultâneos

Não há empecilho a que os recursos e o *writ* sejam concomitantes, sob pena de grave restrição a direito fundamental – instrumental – de assegurar a liberdade[105].

Habeas corpus em face de indeferimento de prova

É admissível, excepcionalmente, desde que a negativa judicial seja verdadeira aberração, comprometendo crassamente o direito de defesa do acusado; se o indeferimento for fundamentado e razoável, não há porque sequer se conhecer o *habeas*, uma vez que eventuais nulidades podem ser articuladas em preliminar da apelação.

Quando o *habeas corpus* torna-se prejudicado?

Vamos exemplificar para esclarecer: decretada a prisão preventiva no limiar da ação penal – quando do recebimento da denúncia – e impetrado *habeas corpus*, ainda não julgado pelo Tribunal, advém sentença condenatória que mantém a custódia preventiva do réu, indaga-se: **o *habeas corpus* impetrado encontra-se prejudicado ante o novo título-sentença condenatória – que decidiu por manter o acusado preso?**

Dependerá: se houver, com o novo título judicial – a sentença condenatória – mudança substancial – de argumentos jurídicos e fatos – o *habeas corpus* restará prejudicado; havendo, todavia, a mera repetição de fatos e fundamentos já analisados anteriormente, apenas inserido em novo título judicial, não há qualquer empecilho ao conhecimento do *habeas que não será tido por prejudicado*.[106]

O STF, em diversas decisões, sedimentou que não há perda de objeto do *habeas corpus* quando a sentença condenatória superveniente mantém a custódia cautelar pelos mesmos fundamentos do decreto de prisão anterior[107]. Há, todavia, decisões em

---

103. STF. Pleno. Pet 423 AgR. Min. Relator Celso de Mello. Relator para acórdão, Min. Sepúlveda Pertence. J. 26/04/1991. DJ 13/03/1992.
104. STJ. Recurso em Habeas Corpus 41.527/RJ (2013/0340956-7). Rel. Min. Jorge Mussi.
105. STF. HC 110.118/MS. Red. p/ o acórdão Min. Joaquim Barbosa. STF. HC 110.935-AgR/SP, Rel. Min. Roberto Barroso. STF. HC 120.361/MG, Rel. Min. Rosa Weber.
106. Informativo do STF. 18/08/2015. STF. HC 128278. 2ª T. Rel. Min. Teori Zavascki.
107. STF – HC 116.491/SP. Rel. Min. Gilmar Mendes. HC 119.183/MG, Rel. Min. Teori Zavascki. HC 122.939/DF. Rel. Min. Carmen Lúcia.

sentido contrário, também do Pretório Excelso[108], apontando que, a superveniência de sentença penal condenatória a qual mantém a custódia anteriormente decretada acarreta a alteração do título prisional e, portanto, prejudica o HC impetrado em face da prisão antes do julgamento. Entendeu-se que: "Assim, o estado de liberdade, atualmente, é alvo de ato jurisdicional superveniente, autônomo, de requisitos específicos e que desafia impugnação própria. Esse cenário importa alteração do título judicial que sustenta a medida prisional e, de tal modo, acarreta o prejuízo da impetração".

Habeas corpus para receber recurso

Inapropriado o uso do *habeas* para se discutir, ante Tribunal superior, requisitos de admissibilidade recursal[109].

Reclamação constitucional em que se concede de ofício habeas corpus

Há precedente do STF nesse sentido, concedendo-se ordem de *habeas corpus*, de ofício, revogando a prisão do reclamante, embora o pleito liminar da reclamação constitucional, que se referia à usurpação jurisdicional do Supremo, tenha sido rechaçado[110].

Habeas corpus convertido em reclamação

No caso de *habeas corpus* em que se discutia a extradição de italiano a seu país de origem, houve a conversão do remédio heroico em reclamação, instrumento processual que tem por objetivo preservar a competência do Tribunal ou garantir a autoridade de suas decisões ou Súmulas Vinculantes[111].

Inépcia da denúncia e sentença condenatória

Proferida sentença condenatória, fica superada a questão da inépcia da denúncia, não devendo ser conhecido o *habeas corpus*, pois o novo título jurídico – decreto condenatório – espanca as dúvidas quanto aos requisitos formais da peça acusatória que, afinal, foi acolhida pelo magistrado, sem prejuízo, é claro, da impugnação da decisão por meios recursais próprios[112].

Há litispendência entre habeas corpus e recurso ordinário constitucional da decisão que denegou o habeas corpus?

Trata-se de caso em que o Tribunal – de Justiça ou Tribunal Regional Federal – denega ordem de *habeas corpus*, e a defesa impetra, *simultaneamente*, novo *habeas corpus*, perante o STJ, *ao mesmo tempo em que interpõe recurso ordinário constitucional*, a ser julgado também pelo STJ, o que leva a que esse último recurso (o Recurso Ordinário Constitucional) não seja conhecido, dada a manifesta *litispendência*[113].

---

108. Informativo do STF. 23/02//2017. STF. HC 138238. Rel. Min. Edson Fachin.
109. STF. HC 114293/MG, Rel. Min. Marco Aurélio. red. p/ acórdão Min. Edson Fachin. J. 1º/12/2016.
110. Informativo do STF. 29/07/2016. RCL 24506. Rel. Min. Dias Toffoli.
111. Informativo do STF. 24/10/2017. STF. 1ª T. HC 148408. Rel. Min. Luiz Fux.
112. STJ. HC 122.296/MG (2008/0265425-0). Rel. Min. Og Fernandes.
113. STJ – Recurso em Habeas Corpus 37.895/RS (2013/0154246-3). Rel. Min. Laurita Vaz.

Habeas corpus e prisão administrativa

Prevê o § 2º do art. 650, do CPP que "Não cabe o *habeas corpus* contra a prisão administrativa, atual ou iminente, dos responsáveis por dinheiro ou valor pertencente à Fazenda Pública, alcançados ou omissos em fazer o seu recolhimento nos prazos legais, salvo se o pedido for acompanhado de prova de quitação ou de depósito do alcance verificado, ou se a prisão exceder o prazo legal".

Esse artigo de lei não foi recepcionado pela Constituição Federal de 1988, que extinguiu a prisão administrativa (aquela que podia ser decretada por autoridade administrativa, como, *v.g.*, ministro de estado), passando a exigir ordem judicial para tanto.

Habeas corpus contra lei em tese

Como o remédio heroico precisa, para que seja conhecido, conter a descrição – específica – de fatos concretos que possam afetar a liberdade de locomoção das pessoas, torna-se indispensável a indicação de fatos que constituam a causa de pedir (*causa petendi*).

Desse modo, inadmissível que o *habeas corpus* seja utilizado como sucedâneo de ação direta de inconstitucionalidade cujos legitimados ativos são expressos na Lei Maior; o *writ*, nessa hipótese, sequer será conhecido[114].

Habeas corpus para suspender afastamento de cargo público

O *habeas corpus* não se presta a reintegrar quem tenha sido afastado – temporária ou definitivamente – de cargo ou função pública, uma vez que tal alijamento funcional não atinge o direito à liberdade de locomoção, mesmo que decretada como medida cautelar penal (art. 319, VI, do CPP).[115] Mas há diversas outras decisões admitindo a utilização do *habeas corpus* para se questionar o afastamento de cargo público como medida cautelar uma vez que, o descumprimento da cautelar, pode ensejar a decretação da prisão preventiva, o que mostra que a questão envolve o direito de locomoção[116]. Poderá ser concedido também o *habeas corpus* quando houver excesso de prazo da medida cautelar de afastamento de cargo público[117].

Habeas corpus para se questionar as medidas cautelares em geral

A 2ª Turma, do STF[118], reputou ser viável o uso do *habeas corpus* para se questionar as medidas cautelares diversas da prisão que afetem interesses não patrimoniais das pessoas físicas. Asseverou-se que o remédio heroico deve ser admitido para tutelar

---

114. STF – HC 109.327/Rio de Janeiro. Medida Cautelar em Habeas Corpus 109.327- RJ. Rel. Min. Celso de Mello.
115. Informativo do STF. 02/12/2016. STF. RHC 138100. Rel. Min. Luís Carlos Barroso. Informativo do STF. 11/10/2016. STF. HC 135953. Rel. Min. Edson Faquin.
116. STJ – RHC 88.804/RN (2017/0226325-3). Rel. Min. Reynaldo Soares da Fonseca.
117. Informativo do STF. 17/12/2017. STF. HC 147303. HC 147426. 2ª T. Rel. Min. Gilmar Mendes.
118. Informativo do STF. 888. STF. HC 147303/AP. HC 147426/AP. Rel. Min. Gilmar Mendes. Julgamentos em 18/12/2017.

esses interesses não patrimoniais da pessoa física, porquanto as medidas cautelares, embora menos gravosas que a prisão, também são onerosas e podem, em caso de seu descumprimento, serem convertidas em prisão preventiva. Ademais, no caso de competência originária dos Tribunais, se fosse inadmitido o emprego do *habeas corpus* para questionar as medidas cautelares diversas da prisão, só restaria, ao acusado, a impetração de mandado de segurança, que seria decidido pelo próprio Tribunal, e não por Tribunal Superior, o que, segundo entendimento de parte do Supremo, "esvaziaria" a possibilidade de impugnação.

Habeas corpus e suspensão de habilitação cumulada com pena privativa de liberdade.

A suspensão de habilitação, como sanção autônoma, não pode ser objeto de discussão em sede de *habeas corpus*, mas se for aplicada cumulativamente com pena privativa de liberdade, o remédio heroico mostra-se hábil para discutir as penas impostas[119].

No entanto, se for imposta, tão somente, a pena de suspensão do direito de dirigir veículo automotor e outras penalidades administrativas que restrinjam o mesmo direito, como não há qualquer risco à liberdade de locomoção, o *habeas corpus* não é meio hábil para se impugnar tal sanção[120].

Habeas corpus e suspensão do processo administrativo

Não há como se utilizar o *habeas corpus* para questionar sequência de processo administrativo[121].

Habeas Corpus para trancar processo de impeachment

Como não se impõe – ao Presidente da República – caso julgado procedente o pleito do *impeachment*, no Senado Federal, qualquer sanção de natureza penal, mas, tão somente, a destituição funcional do cargo, e inabilitação por oito anos, não há porque se conhecer o remédio heroico[122].

Habeas corpus para rediscutir conclusões periciais do laudo de insanidade mental

Não se autoriza, em sede de *habeas corpus*, o reexame do conjunto probatório, mostrando-se inviável, através dele, se averiguar a higidez mental do acusado à época do crime, a fim de se infirmar as conclusões do *expert*, ou determinar – via remédio heroico – a instauração do incidente de insanidade.[123]

---

119. STJ. Informativo do STJ. 01/12/2011. STJ. HC 159298. 6ª T. Min. Rel. Sebastião Reis Júnior.
120. STJ. HC 166.792/SP. 5ª T. Rel. Min. Marco Aurélio Bellizze. J. 11/10/2011. DJe 24/11/2011. STJ. HC 283.505/SP (2013/0394515-0). Rel. Min. Jorge Mussi.
121. Informativo do STF. 08/06/2011. STF. HC 107543. Rel. Min. Luiz Fux.
122. STF. HC 136.067/DF. Rel. Min. Celso de Mello. J. 05/08/2016.
123. Informativo do STF. 11/08/2016. HC 135663. Rel. Min. Dias Toffoli.

De outro giro, o *habeas corpus* também não é o instrumento adequado a fim de se impedir a instauração do incidente de insanidade mental, uma[124] vez que não se compromete a liberdade do indiciado ou acusado com tal medida.

Habeas corpus para questionar sequestro de bens ou qualquer outra medida cautelar real

Manifestamente incabível, porque não há como se tutelar o direito de posse ou propriedade através de *habeas corpus* cuja finalidade – ressalte-se mais uma vez – é a liberdade ambulatória do paciente.

Habeas corpus em que a pretensão punitiva esteja extinta

É o teor da Súmula 695 do STF: "Não cabe *habeas corpus* quando já extinta a pena privativa de liberdade".

16.3. MANDADO DE SEGURANÇA CONTRA DECISÕES CRIMINAIS

16.3.1. Conceito

É uma ação de natureza civil, declarada na Constituição como verdadeira garantia individual, e que tem por finalidade a eficaz proteção de direito líquido e certo violado ou ameaçado de violação, por ilegalidade ou abuso de poder de autoridade pública ou agente de pessoa jurídica no exercício de funções públicas.

O mandado de segurança, como garantia individual, tutela quaisquer direitos líquidos e certos, com exceção do direito de locomoção (protegido pelo *habeas corpus*) e o direito à informação (protegido pelo *habeas data*).

16.3.2. Fundamento constitucional e legal

É o do art. 5º, LXIX, da CF: "Conceder-se-á mandado de segurança para proteger direito líquido e certo, não amparado por *habeas corpus* ou *habeas data*, quando o responsável pela ilegalidade ou abuso de poder for autoridade pública ou agente de pessoa jurídica no exercício de atribuições do Poder Público".

A Lei n. 12.016/2009 disciplina o mandado de segurança estabelecendo, em seu art. 1º, o seu conceito: "Conceder-se-á mandado de segurança para proteger direito líquido e certo, não amparado por *habeas corpus* ou *habeas data*, sempre que, ilegalmente ou com abuso de poder, qualquer pessoa física ou jurídica sofrer violação ou houver justo receio de sofrê-la por parte de autoridade, seja de que categoria for e sejam quais forem as funções que exerça".

O § 1º do citado artigo faz a equiparação de dirigentes de pessoas jurídicas ou naturais no exercício de atribuições do poder público às autoridades, dentre outros.

---

124. Informativo do STj. 17/08/2011. STJ. HC 170366. Rel. Min. Teori Zavascki.

16.3.3. Conceito de direito líquido e certo

Por direito líquido e certo, entende-se aquele cuja prova de sua existência seja pré – constituída, isto é, esteja comprovada documentalmente, sem necessidade de dilação probatória.

A existência ou não do direito líquido e certo se verifica quando se analisam os documentos juntados aos autos, cotejando – os com as disposições legais; se, pela comparação, o direito afigurar-se certo, quanto à sua existência, e perfeitamente delimitado na sua extensão, pode-se classifica-lo como direito líquido e certo; na hipótese contrária, não haveria direito líquido e certo, faltando interesse de agir (interesse – adequação), à ação de mandado de segurança. Não se impedirá, todavia, que o direito seja reconhecido através de outra espécie de ação, no âmbito civil ou mesmo penal.

Este direito líquido e certo é violado, ou, pelo menos, colocado em risco, em virtude de ilegalidade (contrariedade direta à lei) ou abuso de poder (o ato em si é legal, mas a forma como se o executa é abusiva), praticados por autoridade pública ou agente de pessoa jurídica que exerça atribuições do Poder Público. É indispensável que haja um ato concreto – administrativo ou judicial – que viole um direito líquido e certo.

16.3.4. Cabimento do mandado de segurança na esfera processual penal. Casos mais comuns.

Cabimento geral do mandado de segurança

O mandado de segurança é cabível quando da decisão não couber recurso administrativo com efeito suspensivo ou de decisão judicial da qual não caiba recurso com efeito suspensivo (art. 5º, incisos I e II, da Lei 12.016/2009). Logo, se a decisão que se pretende impugnar mediante o mandado de segurança for recorrível administrativamente, e esse recurso possuir o efeito de suspender o ato, não caberá o remédio constitucional por falta de interesse de agir. Da mesma forma, havendo a possibilidade de contestar-se o ato judicial mediante a interposição de recurso que possua efeito suspensivo, falecerá interesse de agir ao mandado de segurança.

Cabimento do mandado de segurança na seara penal

O mandado de segurança tem cabimento na esfera penal, quando, do ato judicial ilegal, não houver recurso previsto contra tal decisão, e não for viável a impetração de *habeas corpus*, ou quando, apesar de existir recurso, este não possuir efeito suspensivo (art. 5º, II, da Lei 12.016/2009). Sendo assim, o mandado de segurança, na esfera processual penal, é utilizado apenas *subsidiariamente*.

São exemplos desta situação as seguintes hipóteses: decisão que indefere habilitação de assistente de acusação, quando se trata de pessoa legitimada para tanto; decisão que decreta o sequestro de bens ou a hipoteca legal, sem que estejam preenchidos os requisitos legais; despacho da autoridade policial proibindo ao advogado ter acesso a autos de inquérito que investigam seu cliente etc.

16.3.5. Mandado de segurança e pedido liminar. Mandado de segurança para conceder-se efeito suspensivo a recurso

O mandado de segurança poderá conter pedido cautelar, quando se postula, em sede liminar (antes da análise do mérito da ação) uma providência imediata, a fim de evitar prejuízo irreparável (ou de difícil reparação – *periculum in mora*), desde que evidenciada a fumaça de bom direito (*fumus boni iuris*).

É o que ocorre quando se impetra mandado de segurança criminal para se conceder efeito suspensivo a recurso que não o possua, a fim de evitar dano irreparável (art. 5º, II da Lei n. 12.016/2009), nas hipóteses em que o ato judicial for absolutamente ilegal[125]. Exemplos: concessão indevida de liberdade provisória ao indiciado, ou revogação ilegal da prisão preventiva do acusado, decisões essas combatíveis mediante interposição de recurso em sentido estrito, facultando-se, ainda, à acusação, a interposição simultânea de mandado de segurança, a fim de se obter efeitos suspensivo ativo em face do *decisum* combatido; em outras palavras, suspender a concessão de liberdade provisória ou a revogação da prisão preventiva, mantendo-se preso o indiciado ou acusado.

Há, todavia, decisões, do STJ[126], em que se sedimentou não ser cabível mandado de segurança para conferir efeito suspensivo ativo a recurso em sentido estrito interposto contra decisão que tenha concedido liberdade provisória ao acusado. O STJ também firmou posição no sentido de que não é admissível a impetração de mandado de segurança para se conceder efeito suspensivo a recurso de agravo em execução, de modo que, caracteriza constrangimento ilegal o uso daquela ação para restabelecer prisão na pendência de recurso interposto[127]. Por fim, importante se conhecer o teor da Súmula 604 do STJ: "Mandado de segurança não se presta para atribuir efeito suspensivo a recurso criminal interposto pelo Ministério Público".

16.3.6. Mandado de segurança e efeito constitutivo

Poderá, ainda, o mandado de segurança possuir efeito constitutivo, na hipótese de modificar o feitio de determinada relação jurídica, o que se dá, por exemplo, quando, no julgamento do mérito da ação de mandado de segurança, o Tribunal, por exemplo, revoga sequestro ou hipoteca legal decretadas pelo Juízo de 1ª instância. Nessa situação, é possível a liberação dos bens sequestrados ou hipotecados, em sede de mandado de segurança, desde que haja prova pré – constituída da propriedade de origem lícita (no caso do sequestro) ou de que o bem hipotecado pertence a terceira pessoa estranha ao fato criminoso em apuração em que se visava o ressarcimento dos prejuízos (no caso da hipoteca). A decisão que revoga o sequestro ou a hipoteca legal é constitutiva pois altera uma relação jurídica de natureza civil entre pessoas e bens vinculados à futura indenização.

Outro exemplo de mandado de segurança com efeito constitutivo é aquele em que, indeferido o pleito da vítima de integrar, como assistente da acusação, processo

---

125. STJ – HC 66.604/SP. 5ª T. DJ 10/09/2007.
126. STJ – HC 352998/RJ. 5ª T. Rel. Min. Jorge Mussi. Julgado em 24/05/2016, DJE 01/06/2016. STJ. HC 341147/SP. Rel. Min. Rogerio Schietti Cruz. Julgado em 23/02/2016. DJE 02/03/2016.
127. STJ – HC 405735. Min. Laurita Vaz.

em que se apura crime de ação penal pública, concede, o Tribunal, a segurança pleiteada pelo ofendido a fim de permitir seu ingresso nos autos como assistente; nessa situação, julgando-se procedente o mandado de segurança, constituiu-se uma relação jurídica processual nova nos autos do processo crime que será a atuação do assistente da acusação que possui uma série de direitos, deveres e ônus processuais.

16.3.7. Trancamento de inquérito ou processo mediante mandado de segurança

Normalmente, quando se trata de inquérito policial ou processo em que à infração seja cominada pena privativa de liberdade, é possível que se tranque o procedimento investigativo ou o processo, mediante a utilização de *habeas corpus*.

Porém, no caso em que o inquérito ou processo tenham por objeto infração penal a que se comine pena de multa, será possível trancarem-se tais feitos criminais, exclusivamente, com a utilização de mandado de segurança, mas não *habeas corpus*, porque, na hipótese de pena pecuniária, não há risco à liberdade do indiciado ou acusado, uma vez que, mesmo que advinda condenação, a multa não poderá ser convertida em pena corporal, por se tratar de dívida de valor (art. 51 do CP).

Com tal interpretação a Súmula 693 do STF: "Não cabe *habeas corpus* contra decisão condenatória a pena de multa, ou relativo a processo em curso por infração penal a que a pena pecuniária seja a única cominada".

O trancamento do inquérito ou do processo penal instaurados, mediante mandado de segurança, será uma decisão (*des*) constitutiva, uma vez que extingue uma relação jurídica entre o indiciado e o Estado, desenvolvida, seja na seara investigativa, seja na etapa processual, constando, nessa última situação, o paciente, como acusado.

No caso de ações penais, em crimes ambientais, ajuizadas em face de pessoas jurídicas, para que se tranque o inquérito ou processo só será cabível a impetração de mandado de segurança, e não *habeas corpus*, porque, obviamente, a pessoa jurídica não possui direito à locomoção a ser tutelado pelo remédio heroico.

16.3.8. Mandado de segurança e efeito declaratório

Por fim, o mandado de segurança poderá possuir efeito declaratório, quando, *v.g.*, concede-se a segurança para assegurar, ao advogado, acesso aos autos de inquérito policial, indevidamente negado pelo delegado de polícia. Conforme estipula a Súmula Vinculante 14: "É direito do defensor, no interesse do representado, ter acesso amplo aos elementos de prova que, já documentados em procedimento investigatório realizado por órgão com competência de polícia judiciária, digam respeito ao exercício do direito de defesa".

16.3.9. Legitimidade ativa e passiva do mandado de segurança

16.3.9.1. Legitimidade ativa

Tem legitimidade ativa o titular do direito líquido e certo, que pode ser, no processo penal, o réu, o defensor, o Ministério Público, o querelante, o assistente da acusação.

No caso do réu é necessário que seja impetrado por seu advogado, porque o mandado de segurança, ao contrário do *habeas corpus*, exige capacidade postulatória do impetrante (é preciso ser advogado para impetrá-lo). O mandado de segurança pressupõe que o direito líquido e certo seja titularizado pelo próprio impetrante, de modo que, o ajuizamento em nome próprio, de ação mandamental objetivando a proteção de direito alheio é inadmissível, ao contrário do que se dá com o *habeas corpus*[128].

O caráter mandamental e a natureza personalíssima da ação desautorizam a sucessão de partes no mandado de segurança[129].

O impetrante pode desistir da ação de mandado de segurança, a qualquer tempo, antes do trânsito em julgado, independentemente da anuência da autoridade apontada como coatora[130].

16.3.9.2. Legitimidade passiva

No mandado de segurança ocupa o polo passivo da ação a autoridade pública, que pode ser juiz ou tribunal, ou ainda o agente de pessoa jurídica, desde que no exercício de atribuições do Poder Público (não é cabível, portanto, ao contrário do *habeas corpus*, mandado de segurança contra ato de particular). Equiparam-se a autoridades os representantes ou órgãos de partidos políticos e os administradores de entidades autárquicas, bem como os dirigentes de pessoas jurídicas ou as pessoas naturais no exercício de atribuições do poder público (art. 1º, § 1º, da Lei 12.016/09).

A autoridade coatora deve ser aquela que tenha poderes para o desfazimento do ato tido por ilegal; em outras palavras, é a responsável juridicamente pelo ato lesivo, não sendo considerado como autoridade coatora o simples executor do ato[131].

Impetrado mandado de segurança contra decisão judicial, como o resultado da ação mandamental pode repercutir na esfera jurídica da outra parte, em respeito ao contraditório, o *ex adverso*, deve ser citado e se manifestar a respeito do pedido formulado no mandado de segurança interposto. Em outras palavras o acusado, no caso de mandado de segurança impetrado pelo MP, pelo assistente da acusação ou pelo querelante, deve integrar a relação processual como litisconsorte passivo.

Exemplo: interposto mandado de segurança pelo MP contra decisão de juiz que indeferiu a oitiva de testemunhas arroladas no número legal pela acusação, a defesa deve ser citada desta ação e se manifestar, porque a decisão do remédio constitucional (deferindo ou não a oitiva das testemunhas) irá repercutir em seus interesses.

Este é o teor da Súmula 701 do STF: "No mandado de segurança impetrado pelo Ministério Público contra decisão proferida em processo penal, é obrigatória a citação do réu como litisconsorte passivo".

Caso não seja citado o acusado, o processo onde se veiculou o mandado de segurança será nulo por evidente violação à ampla defesa.

---

128. STF – MS 33.844-MC-AgR/DF, Rel. Min. Celso de Mello, Pleno.
129. STJ – 3ª Seção. MS 11662/DF. Rel. Min. Nefi Cordeiro. J. 09/09/2015, DJe 01/10/2015.
130. STJ – 1ª T. AgInt no REsp 1475948/SC, Rel. Min. Regina Helena Costa. J. 02/08/2016, DJe 17/08/2016. STJ-6ª T. AgRg no REsp 927529/DF, Rel. Min. Rogerio Schietti Cruz. J. 06/02/2014, DJe 28/02/2014.
131. STF. Medida Cautelar em Mandado de Segurança 34.864/DF. Rel. Min. Celso de Mello.

16.3.10. Prazo

O prazo para se impetrar mandado de segurança é decadencial (não se submete a qualquer interrupção ou suspensão), e é de 120 dias, contados da ciência, pelo interessado, do ato impugnado (art. 23 da Lei n.12.016/2009).

A perda do prazo para se impetrar mandado de segurança não impede que se postule o direito violado por outras formas, em sede cível ou mesmo penal.

16.3.11. Competência para julgar mandado de segurança

Há diversas hipóteses em que se fixa a competência para julgar mandado de segurança, dependendo, sempre, da autoridade tida como coatora, e que são as seguintes:

1ª – contra autoridades coatoras que são autoridades administrativas ou representantes de pessoas jurídicas que prestem serviços públicos

Normalmente, o mandado de segurança é decidido pelo juiz de 1ª instância. Se a matéria for de interesse da União, *v.g.*, ato de delegado da polícia federal, a segurança será decidida pela Justiça Federal de 1ª instância (juiz federal); se a matéria for de competência da Justiça Estadual, *v.g.*, ato de delegado de polícia, a segurança será julgada por juiz de direito, de 1ª instância (Justiça Estadual).

2ª contra ato de representante do Ministério Público de 1ª instância ou do Procurador-Geral de Justiça

Dependerá do que prevê a Constituição Estadual de cada unidade da federação e das leis de organização judiciária. A Constituição do Estado de São Paulo, por exemplo, em seu art. 74, III, estipula que o processo e julgamento de mandado de segurança contra ato do Procurador-Geral de Justiça será julgado pelo Tribunal de Justiça. Ora, sendo assim, a *contrario sensu*, os atos dos promotores de justiça de 1ª instância deverão ser julgados pelo juiz de direito de 1ª instância. Mas poderá, como bem lembra Renato Brasileiro de Lima[132], existir legislação local que estipule, como ocorre na Constituição Estadual do Rio Grande do Sul, a competência do Tribunal de Justiça para processar e julgar os mandados de segurança contra atos dos membros do Ministério Público (art. 95, XII, *b*). Como se nota, a expressão genérica "membros do Ministério Público", referida na Constituição gaúcha, deixa claro que os atos de promotores, procuradores de justiça e do Procurador-Geral de Justiça, se combatidos mediante mandado de segurança, deverão ser julgados, indistintamente, pelo Tribunal de Justiça.

3ª – contra decisão do juiz de 1º grau

Se o ato impugnado for decisão de juiz de 1º grau, o mandado de segurança será impetrado perante o tribunal. Se a competência for estadual, o mandado de segurança

---

132. Renato Brasileiro de Lima, Curso de Processo Penal, p. 1865.

será julgado pelo Tribunal de Justiça. Sendo a decisão proferida por juiz federal a competência será do Tribunal Regional Federal.

4ª – Contra decisão do Tribunal

Quando se trata de *habeas corpus*, e a autoridade coatora for algum Tribunal, a competência para julgar o remédio heroico será do Tribunal imediatamente superior. Exemplos: da decisão do Tribunal de Justiça caberá *habeas corpus* ao STJ; da decisão do STJ, possível a impetração de *habeas corpus* ao STF.

No caso de mandado de segurança, todavia, a regra é de que o mandado de segurança contra ato do Tribunal seja julgado pelo próprio Tribunal. É o que determina o art. 21, inciso VI, da Lei Complementar 35/79 (Lei Orgânica da Magistratura Nacional) que declara competir aos Tribunais, privativamente, julgar, de maneira originária, os mandados de segurança contra seus atos, os dos respectivos presidentes e os de suas câmaras, turmas ou seções.

Sendo assim, o mandado de segurança impetrado em face de decisão de relator ou de câmaras, turmas ou seções serão decididas pelo próprio Tribunal [133], e não por Tribunal eventualmente superior como se dá com o *habeas corpus*. Nesse sentido a Súmula 41 do STJ: "O Superior Tribunal de Justiça não tem competência para processar e julgar, originariamente, mandado de segurança contra ato de outros tribunais ou dos respectivos órgãos".

Da decisão do relator, no Tribunal, que conceda ou denegue a medida liminar, caberá agravo ao órgão competente do tribunal que integre (art. 16, § único da Lei 12.016/2009).

Tal agravo, no caso do Supremo, é previsto no art. 317, *caput*, de seu Regimento Interno, estabelecendo o prazo de cinco dias para se recorrer da decisão do Presidente do Tribunal, de Presidente de Turma ou do Relator que causar prejuízo ao direito da parte.

Impossibilidade de se impetrar mandado de segurança contra atos dos ministros do STF ou de seus órgãos colegiados

Não é cabível a impetração de mandado de segurança, nessas hipóteses, a não ser que se trate de decisão teratológica[134]; a parte deverá se utilizar, para questionar a decisão, do agravo regimental, se cabível. De acordo com o art. 200 do RISTF (Regimento Interno do STF), conceder-se-á mandado de segurança para proteger direito líquido e certo não amparado por *habeas corpus*, quando a autoridade responsável pela ilegalidade ou abuso de poder estiver *sob a jurisdição do Tribunal*. Em outras palavras, se a decisão combatida provier, monocraticamente, de algum Ministro, ou de Turma, *trata-se de julgamento emanado do próprio STF*, de modo que se torna incabível a impetração de mandado de segurança em face de tal ato[135].

---

133. STJ – MS 24.489/MA (2018/0174701-2). Rel. Mini. Presidente do STJ. 18/07/2018.
134. STF – MS 32.880-AgR/RJ, Rel. Min. Celso de Mello. STF. MS 29.875-AgR/PR, Rel. Min. Roberto Barroso- Pleno.
135. Informativo do STF. 03/10/2017. Mandado de Segurança 35230. Rel. Min. Edson Faquin.

Das decisões denegatórias, em sede de mandado de segurança, pelos Tribunais de Justiça dos Estados, pelos Tribunais Regionais Federais e pelo Tribunal de Justiça do Distrito Federal é cabível a interposição de recurso ordinário constitucional a ser julgado pelo STJ (art. 105, II, *b*, da CF).

Por sua vez, é medida excepcional o cabimento de mandado de segurança contra decisão de órgão fracionário ou de relator do STJ, autorizada apenas se houver situações de manifesta ilegalidade ou teratologia[136].

Se as decisões denegatórias, em sede de mandado de segurança, provierem dos Tribunais Superiores, caberá a interposição de recurso ordinário constitucional a ser julgado pelo STF (art. 102, II, *a*, da CF).

E se for concedida a segurança pelos Tribunais de Justiça dos Estados, pelos Tribunais Regionais Federais, pelo Tribunal de Justiça do Distrito Federal, ou pelos Tribunais Superiores caberá recurso?

Caberá, em se tratando dos Tribunais de Justiça dos Estados, dos Tribunais Regionais Federais e do Tribunal de Justiça do Distrito Federal, a interposição, pela acusação ou pela defesa, de recurso especial ou extraordinário, se preenchidos seus requisitos, é claro.

No caso de concessão de segurança em prol dos interesses da acusação, será possível, à defesa, além da interposição dos recursos extraordinário e especial, ainda a impetração de *habeas corpus* ao STJ.

Na hipótese de concessão da segurança pelos Tribunais Superiores será cabível, se presentes os requisitos legais, a interposição de recurso extraordinário a ser julgado pelo STF, ou, no caso de concessão de segurança em prol dos interesses da acusação por algum Tribunal Superior, será admissível, à defesa, a impetração de *habeas corpus* endereçado ao Pretório Excelso.

5ª – contra atos do presidente da República, das Mesas da Câmara dos Deputados e do Senado Federal, do Tribunal de Contas da União, do Procurador-Geral da República e do próprio Supremo Tribunal Federal (art. 102, I, *d*, da CF)

O mandado de segurança em que se imputa a tais autoridades ilegalidade, será julgado originariamente pelo STF.

Cabe, em tese, a impetração de mandado de segurança em face de ato que promane de CPI (Comissão Parlamentar de Inquérito) instalada pelo Congresso Nacional, cuja competência, para julgar referida ação mandamental, é do STF. No entanto, se a CPI vier a ser declarada como extinta em virtude da conclusão de seus trabalhos

---

136. STJ – Corte Especial. MS 22157/DF. Rel. Min. Herman Benjamim. J. 07/12/2016, DJe 25/04/2017. STJ – Corte Especial. AgRg no MS 21096/DF, Rel. Min. Napoleão Nunes Maia Filho. J. 05/04/2017, DJe 19/04/2017.

investigatórios e aprovado seu relatório final, a ação de mandado de segurança (ou de *habeas corpus*) serão consideradas como prejudicadas[137].

6ª – contra atos de Ministros de Estado, dos Comandantes da Marinha, do Exército e da Aeronáutica, e do STJ (art. 105, I, *b*, da CF)

O mandado de segurança em que se imputa a tais autoridades, ou a ato emanado do STJ, ilegalidade, será julgado originariamente pelo STF.

Importante salientar que as hipóteses 5ª e 6ª, de impetração de mandado de segurança ao Pretório Excelso, deverão assumir a forma eletrônica, de acordo com o art. 19, X, da Resolução 427/2010, do STF.

7ª – contra atos de juiz federal ou do Tribunal Regional Federal (art. 108, I, *c*, da CF)

Serão julgados pelo Tribunal Regional Federal

8ª – contra atos de juiz de direito estadual ou do Tribunal de Justiça dos Estados ou do DF

Serão julgados pelo Tribunal de Justiça dos Estados ou do DF.

9ª – contra atos do juiz do Juizado Especial Criminal

O mandado de segurança é julgado pela Turma Recursal, como estipula a Súmula 376 do STJ ("Compete à turma recursal processar e julgar o mandado de segurança contra ato de juizado especial").

10ª – contra atos emanados da Turma Recursal

Poderia se entender que o mandado de segurança contra decisão da Turma Recursal seria endereçado ao Tribunal de Justiça ou Tribunal Regional Federal, conforme se trate de juizados especiais estaduais ou federais, como se dá na hipótese de *habeas corpus*.

O entendimento, porém, prevalecente é o de que a própria Turma Recursal terá competência para julgar mandados de segurança contra atos dela advindos, uma vez que, como estipula o art. 21, VI, da Lei Complementar 35/79 (Lei Orgânica da Magistratura), é de competência dos Tribunais o julgamento originário de mandados de segurança contra seus atos, compreendendo-se que, por analogia, a Turma Recursal equivaleria a um Tribunal, possuindo, assim, a mesma competência para decidir a respeito do *mandamus*.

Da decisão da Turma Recursal que conceda ou não a segurança poderá caber, eventualmente, a interposição de recurso extraordinário, ao STF, sem prejuízo de

---

137. STF – MS 23.491/DF, Rel. Min. Celso de Mello.

impetrar-se *habeas corpus*, ao Tribunal de Justiça (em se tratando de Juizados Especiais Criminais Estaduais) ou ao Tribunal Regional Federal (no caso de Juizados Especiais Federais), quando a segurança tiver sido concedida em prol da acusação e em detrimento dos interesses da defesa.

16.3.12. Processamento do mandado de segurança em 1ª instância

A petição inicial do mandado de segurança, que deverá ser apresentada em duas vias, deve indicar, além da autoridade coatora, a pessoa jurídica que esta integra, à qual se acha vinculada ou da qual exerce atribuições (art. 6º, *caput*, da Lei 12.016/09). É admissível a emenda à inicial de mandado de segurança a fim de se corrigir equívoco na indicação da autoridade coatora, desde que a retificação do polo passivo não acarrete a alteração da competência judiciária e que a autoridade equivocadamente apontada pertença à mesma pessoa jurídica da autoridade de fato coatora[138].

Claro que caberá ao impetrante, como ônus seu, apresentar os documentos pré – constituídos do seu direito, anexados à petição inicial, uma vez que, em sede de mandado de segurança, não se permitirá a juntada *a posteriori* de documentos, nem muito menos dilação probatória durante o tramitar do feito, cuja natureza é sumaríssima.

No caso de o documento necessário à prova do alegado se achar em repartição ou estabelecimento público ou em poder de autoridade que se recuse a fornecê-lo por certidão ou de terceiro, o juiz ordenará, preliminarmente, por ofício, a exibição desse documento em original ou em cópia autêntica e marcará, para o cumprimento da ordem, o prazo de 10 dias. O escrivão extrairá cópias do documento para juntá-las à segunda via da petição (art. 6º, § 1º, da Lei 12.016/2009). Se a autoridade que tiver se recusado a fornecer os documentos for a própria autoridade coatora, a ordem para a entrega dos documentos é instrumentalizada no próprio instrumento de notificação (art. 6º, § 2º, da Lei 12.016/2009).

Ao despachar a inicial, o juiz ou Tribunal poderão indeferi-la, desde logo, por decisão motivada, quando não for o caso de mandado de segurança ou lhe faltar algum dos requisitos legais ou quando decorrido o prazo legal para a impetração (art. 10, *caput*, da Lei 12.016/2009).

Do indeferimento da inicial pelo juiz de 1ª instância será cabível a interposição de apelação.

Despachando a inicial, o juiz, e não sendo o caso de seu indeferimento liminar, deverá ordenar que se notifique o coator do conteúdo da petição inicial, enviando-lhe a segunda via da petição apresentada com as cópias dos documentos, a fim de que, no prazo de 10 dias, preste as informações (art. 7º, I, da Lei 12.016/09); deve também se dar ciência ao órgão de representação judicial da pessoa jurídica interessada, mas não lhe enviando cópias dos documentos, para que, querendo, ingresse no feito.

---
138. STJ – 1ª T. AgInt no REsp 1505709/SC. Rel. Min. Gurgel de Faria. J. 23/06/2016, DJe 19/08/2016. STJ – 2ª T. AgRg no RMS 32184/PI. Rel. Min. Humberto Martins. J. 22/05/2012, DJe 29/05/2012.

Havendo urgência, é permitido impetrar-se mandado de segurança por telegrama, radiograma, fax ou outro meio eletrônico, mas o texto original da petição deverá ser apresentado nos cinco dias úteis seguintes (art. 4º, §§ 1º e 2º, da Lei n. 12.016/2009).

Mandado de segurança e concessão de liminar

Quando da análise da petição inicial, o juiz poderá determinar a suspensão do ato impugnado, quando puder resultar a ineficácia da medida (art. 7º, III, da Lei 12.016/2009); trata-se de liminar em mandado de segurança, que pode ser requerida pelo impetrante.

Os efeitos da medida liminar, salvo se revogada ou cassada, persistirão até a prolação de sentença (art. 7º, § 3º, da Lei 12.016/2009). É o que também esclarece a Súmula 405 do STF: "Denegado o mandado de segurança pela sentença, ou no julgamento do agravo, dela interposto, fica sem efeito a liminar concedida, retroagindo os efeitos da decisão contrária".

O mandado de segurança, nessa situação, terá efeito cautelar, quando se postula, em sede liminar (antes da análise do mérito da ação) uma providência imediata, a fim de evitar prejuízo irreparável (ou de difícil reparação – *periculum in mora*), desde que evidenciada a fumaça de bom direito (*fumus boni iuris*). A liminar será concedida independentemente da oitiva da parte contrária (*inaudita altera parte*).

Determina o art. 7º, III, da Lei 12.016/2009 que, ao despachar a inicial, o juiz ordenará que se suspenda o ato que deu motivo ao pedido, quando houver fundamento relevante e do ato impugnado puder resultar a ineficácia da medida, caso seja finalmente deferida, sendo facultado exigir do impetrante caução, fiança ou depósito, com o objetivo de assegurar o ressarcimento à pessoa jurídica.

É o que ocorre quando se impetra mandado de segurança criminal para se conceder efeito suspensivo a recurso que não o possua, a fim de evitar dano irreparável (art. 5º, II da Lei n. 12.016/2009), nas hipóteses em que o ato judicial for absolutamente ilegal.

No caso de decisão que conceda ou denegue a liminar caberá agravo de instrumento, previsto nos arts. 1015/1020 do CPC (art. 7º, § 1º, da Lei 12.016/2009).

Será decretada a perempção ou caducidade da medida liminar *ex officio* ou a requerimento do Ministério Público quando, concedida a medida, o impetrante criar obstáculo ao normal andamento do processo ou deixar de promover, por mais de três dias úteis, os atos e as diligências que lhe cumprirem (art. 8º da Lei 12.016/2009).

Concedida ou não a liminar, ouve-se o Ministério Público que opinará em 10 dias (art. 12 da Lei n. 12.016/2009) e, após, com ou sem parecer ministerial, o juiz decidirá em 30 dias (art. 12, § único, da Lei 12.016/2009).

Concessão da segurança e comunicação

Concedida a segurança, o juiz transmitirá em ofício, por intermédio do oficial do juízo, ou pelo correio, mediante correspondência com aviso de recebimento, o inteiro teor da sentença à autoridade coatora e à pessoa jurídica interessada (art. 13, *caput*, da Lei 12.016/2009). Claro que, na hipótese de mandado de segurança impetrado pelo Ministério Público, a defesa deverá ser notificada.

No caso de urgência, será permitida a comunicação por telegrama, radiograma, fax ou outro meio eletrônico de autenticidade comprovada (art. 16, § único, da Lei 12.016/2009).

16.3.13. Processamento do mandado de segurança em 2ª instância

Em se tratando de mandado de segurança impetrado originariamente nos Tribunais, será sorteado relator para impulsionar o processo.

Das decisões do relator, seja a que indefere a petição inicial, ou a que concede ou nega a medida liminar pleiteada, caberá agravo ao órgão colegiado do Tribunal (art. 16, § único, da Lei 12.016/2009).

No mais, o procedimento é idêntico: parecer do MP em 10 dias e decisão no prazo de 30 dias, oportunidade em que será assegurada a sustentação oral quando do julgamento colegiado. É o que determina o art. 16 da Lei 12.016/2009, alterado pela Lei 13.676, de 11 de junho de 2018, o qual estipula que, nos casos de competência originária dos tribunais, caberá ao relator a instrução do processo, sendo assegurada a defesa oral na sessão do julgamento do mérito ou do pedido liminar.

Da decisão do Tribunal que conceda a liminar não é cabível a interposição de recurso extraordinário, como determina a Súmula 735 do STF.

Interessante notar que a 2ª Turma do Supremo decidiu que a oitiva do Ministério Público é desnecessária quando se tratar de controvérsia acerca da qual o tribunal tenha firmado jurisprudência, inexistindo qualquer vício na ausência de remessa dos autos ao *Parquet* que ensejasse nulidade processual, considerando-se legítima a apreciação imediata pelo relator[139]. Essa decisão contraria, frontalmente, o art. 12 da Lei 12.016/2009, que prevê a intimação do MP para oferecer parecer em 10 dias; como bem explica o Min. Celso de Mello[140] (voto vencido no tema), o Ministério Público atua como órgão interveniente, exercendo função relevante que é a de fiscal da lei, o que torna seu parecer inafastável, principalmente quando a questão jurídica discutida no mandado de segurança revelar importância constitucional, com dimensões que extrapolam o interesse particular (o que ocorre, necessariamente, acrescentaríamos, em todos os mandados de segurança que discutam relações jurídicas penais). Não é lícito, porém, aos Tribunais seguirem esse entendimento, excluindo o parecer do Ministério Público de 2ª instância, quando o mandado de segurança se relacionar a um inquérito policial ou processo criminal subjacente, uma vez que, nem mesmo ao Supremo, se dispensa a abertura de vista ao Procurador-Geral da República (artigo 52, § único, do RISTF), no caso de ação penal originária e nos inquéritos, de modo que, nessas hipóteses, a oitiva

---
139. Informativo do STF. 912. STF- 2ª T. RMS 32.482/DF. Rel. orig. Teori Zavaski, red. p/ o ac. Min. Edson Faquin. Julgamento em 21/08/2018.
140. Informativo do STF. 21/08/2018. STF. RMS 32482. 2ª T. Rel. Min. Teori Zavascki.

do MP é obrigatória, até porque a questão da concessão ou não da segurança poderá afetar diretamente o titular da ação penal (art. 129, I, da CF).

Julgamento monocrático de mandado de segurança pelo STJ

Prevê o art. 34, XIX, do RISTJ (Regimento Interno do STJ), que o relator poderá decidir o mandado de segurança quando for inadmissível, prejudicado ou quando a decisão impugnada *se conformar* com tese fixada em julgamento de recurso repetitivo ou de repercussão geral, a entendimento firmado em incidente de assunção de competência, a súmula do Superior Tribunal de Justiça ou do Supremo Tribunal Federal, a jurisprudência dominante acerca do tema ou *as confrontar*.

A redação do art. 34, XIX, do Regimento Interno do STJ merece uma interpretação aprofundada da qual se conclui que, ao relator, são possíveis três decisões ao julgar, monocraticamente o mandado de segurança:

1ª – Não conhecer o mandado de segurança porque inadmissível ou prejudicado;

2ª – Denegar o mandado de segurança

Se o mandado de segurança for inadmissível, prejudicado ou quando a decisão impugnada se conformar com tese fixada em julgamento de recurso repetitivo ou de repercussão geral, a entendimento firmado em incidente de assunção de competência, a súmula do Superior Tribunal de Justiça ou do Supremo Tribunal Federal, a jurisprudência dominante acerca do tema, o mandado de segurança será denegado;

3ª – Conceder a segurança

Se a decisão impugnada pelo mandado de segurança confrontar tese fixada em julgamento de recurso repetitivo ou de repercussão geral, a entendimento firmado em incidente de assunção de competência, a súmula do Superior Tribunal de Justiça ou do Supremo Tribunal Federal, a jurisprudência dominante acerca do tema, a segurança será concedida.

Na hipótese citada de julgamento monocrático não há que se falar em violação ao princípio da colegialidade, pois, da decisão do relator, sempre caberá agravo regimental a ser decidido pela Turma, de modo que, se a parte o desejar, o tema será legado a conhecimento do colegiado.

Julgamento monocrático do mandado de segurança pelo STF

O art. 21, § 1º e o art. 205, *caput*, do Regimento Interno do Supremo Tribunal Federal (RISTF) permitem que o ministro relator, decida, monocraticamente o pedido, desde que a matéria seja objeto de jurisprudência consolidada do Tribunal.

Na hipótese citada de julgamento monocrático não há que se falar em violação ao princípio da colegialidade, pois, da decisão do relator, sempre caberá agravo regimental a ser decidido pela Turma ou pelo Plenário, de modo que, se a parte o desejar, o tema será legado a conhecimento do colegiado.

Julgamento monocrático pelos Tribunais de Justiça ou Tribunais Regionais Federais dos mandados de segurança

Pacífico que, no caso dos Tribunais de Justiça e Tribunais Regionais Federais, não será possível que o relator julgue monocraticamente o mandado de segurança mesmo que a questão seja consolidada por entendimento do Pretório Excelso; indispensável o julgamento colegiado, em homenagem ao princípio da colegialidade.

16.3.14. Inviabilidade da utilização de mandado de segurança contra lei em tese

Não será permitida a utilização de mandado de segurança no caso de lei em tese.

É indispensável que haja um ato concreto – administrativo ou judicial – que viole um direito líquido e certo. Desse modo, não é cabível mandado de segurança contra a edição de uma lei, em tese tida como inconstitucional, uma vez que, sua constitucionalidade ou não, poderá ser discutida, se o caso, através de uma ação de declaração de inconstitucionalidade, mas não mediante a impetração de mandado de segurança.

Com esse entendimento a Súmula 266 do STF: "Não cabe mandado de segurança contra lei em tese".

No entanto, o efeito concreto da lei quanto a determinada situação jurídica de pessoa natural ou jurídica poderá autorizar a impetração de mandado de segurança.

16.3.15. Mandado de segurança e decisão judicial transitada em julgado

Prevê o art. 5º, III, da Lei 12.016/2009 que não caberá mandado de segurança quando se tratar de decisão judicial transitada em julgado.

Com o mesmo teor a Súmula 268 do STF: "Não cabe mandado de segurança contra decisão judicial com trânsito em julgado".

Eis aí mais uma nota diferenciadora, no processo penal, entre o *habeas corpus* e o mandado de segurança, ambos remédios constitucionais: enquanto que, no mandado de segurança, não se admite sua impetração após o trânsito em julgado, em se tratando de *habeas corpus* é possível – e bastante comum – a utilização do remédio heroico em favor dos interesses do acusado, visando rescindir, no todo ou em parte, a coisa julgada.

16.3.16. Mandado de segurança e recursos

Da sentença, denegando ou concedendo o mandado, cabe apelação (art. 14 da Lei n. 12.016/2009); concedida a segurança, a sentença estará sujeita obrigatoriamente ao duplo grau de jurisdição (§ 1º do art. 14 da Lei n. 12.016/2009); é o chamado recurso necessário.

De qualquer modo, interposto recurso voluntário ou necessário, é possível a execução provisória da sentença que conceda a segurança (art. 14, § 3º, da Lei 12.016/2009).

Da decisão que indefere a petição inicial pelo juiz de 1ª instância caberá a interposição de apelação, enquanto que, como vimos, do indeferimento liminar, pelo relator, em 2ª instância, caberá agravo regimental para o órgão colegiado competente (art. 10, § 1º, da Lei 12.016/2009).

Das decisões pelo Tribunal, seja no caso de competência originária ou em grau recursal, não caberá a oposição de embargos infringentes, nem é possível a condenação ao pagamento de honorários advocatícios, sem prejuízo da aplicação de sanções no caso de litigância de má – fé (art. 25 da Lei 12.016/2009).

É também como soa a Súmula 169 do STJ: "São inadmissíveis embargos infringentes no processo de mandado de segurança".

A autoridade coatora tem o direito de recorrer (art. 14, § 2º da Lei 12.016/2009).

Quando, a requerimento de pessoa jurídica de direito público interessada ou do Ministério Público e para evitar grave lesão à ordem, à saúde, à segurança e à economia públicas, o presidente do tribunal ao qual couber o conhecimento do respectivo recurso suspender, em decisão fundamentada, a execução da liminar e da sentença que concederam a segurança, dessa decisão caberá agravo, sem efeito suspensivo, no prazo de 5 dias, que será levado a julgamento na sessão seguinte à sua interposição (art. 15, *caput*, da Lei 12.016/2009).

Indeferido o pedido de suspensão ou provido o agravo da decisão que a concedeu, caberá novo pedido de suspensão ao presidente do tribunal competente para conhecer de eventual recurso especial ou extraordinário (art. 15, § 1º, da Lei 12.016/2009).

No caso de concessão de liminar pelo juiz de 1º grau, e interposto agravo de instrumento contra essa decisão, e sendo negado pelo Tribunal tal recurso, será cabível o pedido de suspensão ao presidente do Tribunal, quando do conhecimento de eventual recurso especial ou extraordinário (art. 15, § 2º, da Lei 12.016/2009).

O presidente do tribunal, quando do conhecimento do eventual recurso poderá conferir ao pedido efeito suspensivo liminar se constatar, em juízo prévio, a plausibilidade do direito invocado e a urgência na concessão da medida (art. 15, § 4º, da Lei 12.016/2009).

As liminares cujo objeto seja idêntico poderão ser suspensas em uma única decisão, podendo o presidente do tribunal estender os efeitos da suspensão a liminares supervenientes, mediante simples aditamento do pedido original (art. 15, § 5º, da Lei 12.016/2009).

16.4. REABILITAÇÃO CRIMINAL

16.4.1. Conceito

É uma ação penal de conhecimento constitutiva que visa reintegrar, a título precário e provisório, o condenado definitivo, ao exercício de direitos que lhe foram interditados por decisão judicial, suspendendo os efeitos de tal decisão para tanto. Essa ação é prevista nos arts. 93/95 do CP.

A reabilitação não reintegra, em definitivo, o condenado a uma situação jurídica que lhe foi proibida, mas, suspende, apenas, tal proibição, a qual poderá ser-lhe novamente imposta, caso advenha a revogação da reabilitação; é uma suspensão, portanto, a título precário e não definitivo.

Negada a reabilitação, poderá ser requerida, a qualquer tempo, desde que o pedido seja instruído com novos elementos comprobatórios dos requisitos necessários (art. 94, § único, do CP); encontra-se, desse modo, revogado tacitamente o art. 749 do CPP que estabelece o prazo de dois anos para que a reabilitação seja novamente requerida.

16.4.2. Pressuposto da reabilitação

É o transcurso do prazo de dois anos contados do cumprimento ou extinção da pena imposta (art. 94, caput, do CP); não necessariamente a pena deverá ter sido cumprida para se possibilitar a reabilitação, uma vez que, mesmo extinta a sanção, por exemplo, através da prescrição, anistia, *abolitio criminis*, indulto, autoriza-se o ajuizamento dessa ação.

No caso de condenação a pena de multa, o prazo de dois anos será contado a partir do pagamento integral ou declaração da extinção da pena pecuniária.

16.4.3. Reabilitação: direito processual personalíssimo

A reabilitação deverá ser requerida, por meio de advogado, *pelo próprio sentenciado como autor*, por se tratar de direito personalíssimo seu, não se admitindo sucessão nessa modalidade de ação.

16.4.4. Procedimento da reabilitação

A reabilitação é peticionada, *necessariamente através de advogado*, junto ao juiz da condenação, como prevê o art. 743 do CPP, mas, o prazo, para tanto, é aquele fixado no art. 94 do Código Penal, que é de dois anos do dia em que foi extinta, de qualquer modo, a pena ou da data em que terminou sua execução, computando-se, para alcançar-se esse lapso temporal, o período de prova da suspensão e o do livramento condicional, se não sobrevier revogação de tais benefícios.

A petição inicial de reabilitação será instruída com os seguintes documentos (art. 744 do CPP):

1º – certidões comprobatórias de não ter o requerente respondido, nem estar respondendo a processo penal, em qualquer das comarcas em que houver residido;

2º – atestados de autoridades policiais ou outros documentos que comprovem ter residido nas comarcas indicadas e mantido, efetivamente, bom comportamento;

3º - atestados de bom comportamento fornecidos por pessoas a cujo serviço tenha estado;

4º - quaisquer outros documentos que sirvam como prova de sua regeneração;

5º - prova de haver ressarcido o dano causado pelo crime ou persistir a impossibilidade de fazê-lo.

Após apresentada a petição inicial, o juiz poderá ordenar as diligências necessárias para apreciação do pedido, cercando – as do sigilo possível, e antes da decisão final, ouvirá o Ministério Público (art. 745 do CPP).

16.4.5. Requisitos para a procedência do pedido de reabilitação

São as previstas no art. 94 do CP, e são seguintes:

1º - o condenado deve ter tido domicílio no país nos últimos dois anos;

2º - Bom comportamento público e privado nesse período. A prova desse bom comportamento pode ser trazida mediante certidões de órgãos públicos (o que inclui a polícia), bem como de particulares, como prevê o art. 744 do CPP;

3º - Ressarcimento do dano ocasionado pela infração ou demonstre a absoluta impossibilidade de o fazer, até o dia do pedido, ou exiba documento que comprove a renúncia da vítima ou novação da dívida.

16.4.6. Revogação da reabilitação

Se o reabilitado vier a ser condenado, como reincidente, por decisão definitiva, a pena que não seja de multa, a reabilitação deverá ser revogada, de ofício ou a pedido do Ministério Público (art. 95 do CP).

16.4.7. Efeitos da reabilitação

1 – Sigilo da condenação (art. 93 do CP): esse dispositivo é completamente inútil, porque o sigilo da condenação é medida automática, conforme prevê o art. 202 da Lei de Execução Penal. Como é assegurado o sigilo da condenação, certo que não poderá constar, de certidão extraída da Vara das Execuções Criminais, que o condenado foi reabilitado. A certidão deverá ser negativa, aquela em que se inscreve "nada consta"[141]. Não obstante isso, não se assegura o direito de o condenado excluir os dados criminais existentes que poderão instruir processo pela prática de nova infração penal; em outras palavras, assegura-se o sigilo em relação a terceiros em geral, mas não quanto ao Poder Judiciário.

---

141. STJ – RMS 52714. 5ª T. Rel. Min. Reynaldo Soares da Fonseca.

2 – Possibilidade de o condenado voltar a exercer cargo, função pública ou mandato eletivo, vedada a sua reintegração na situação anterior

Imposta, como efeito extrapenal não automático, a perda de cargo, função pública ou mandado eletivo (art. 92, I, *a* e *b*, do CP), é possível que, através da reabilitação, o acusado volte a exercer um cargo, função ou mandato eletivo, desde que diferente do anterior que foi cassado por sentença condenatória.

3 – Possibilidade de o condenado voltar a ter capacidade para o exercício do poder familiar,, tutela ou curatela, quando tenha sido condenado, por crime doloso, sujeitos à pena de reclusão, cometidos contra filho, filha ou outro descendente ou contra tutelado ou curatelado (art. 92, II, do CP, com a redação trazida pela Lei 13.715, de 24 de setembro de 2018)

Nessa hipótese, a reabilitação restitui o poder familiar, assim como a possibilidade de exercer a tutela ou curatela, mas, como ensina Norberto Avena[142], "apenas em relação aos filhos, tutelados ou curatelados, que não foram vítimas do crime em relação ao qual se operou a condenação. Quanto a estes, a incapacidade é permanente".

4 – Possibilidade de o condenado voltar a dirigir veículo, quando utilizado como meio para a prática de crime doloso (art. 92, III, do CP)

Nesse caso, a reabilitação à situação anterior é integral: possível que o acusado volte a conduzir veículos, como por exemplo, se daria no caso de condenação por homicídio doloso – com dolo eventual – em acidente de trânsito.

5 – Possibilidade de o acusado voltar a ser habilitado ou deixar de lhe ser vedada a habilitação para dirigir veículo automotor

Reza o art. 278-A do Código de Trânsito Brasileiro (Lei 9.503/1997), inserido pela Lei 13.804, de 10 de janeiro de 2019, que o condutor que se utilize de veículo para a prática do crime de receptação (art. 180 do CP), descaminho (art. 334 do CP), e contrabando (art. 334-A) do Código Penal, se condenado por tais delitos, em decisão transitada em julgado, terá cassado seu documento de habilitação ou será proibido de obter a habilitação para dirigir veículo automotor pelo prazo de cinco anos. Essa cassação ou proibição devem ser fundamentadas expressamente na sentença, apontando o nexo de causalidade entre a infração cometida com utilização do veículo, e a restrição temporária de direitos como consequência; em miúdos: o agente que abusa do direito de dirigir, cometendo crimes, perde esse direito, por prazo juridicamente relevante (5 anos). Expirado o prazo de cinco anos, o condenado poderá pedir a sua reabilitação, submetendo-se a todos os exames necessários à habilitação, na forma do Código de Trânsito (§ 1º, do art. 278-A).

16.4.8. Recurso cabível da decisão de reabilitação

Da concessão de reabilitação, além do recurso necessário (art. 746 do CPP), cabível também o recurso de apelação (art. 593, II, do CPP).

---
142. Norberto Avena, Processo Penal Esquematizado, p. 116.

Da decisão que não concede a reabilitação, caberá – a nosso ver – apelação, com fulcro no art. 593, II, do CPP, pois se trata de decisão com força de definitiva.

Não se admite o uso de *habeas corpus* para se questionar a não concessão de reabilitação, pois não há qualquer risco à liberdade ambulatória daquele que pretendeu, sem obter sucesso, a reabilitação, uma vez, ou, a sanção já foi cumprida, ou se encontra extinta. Eventualmente, poderá ser ajuizado mandado de segurança ao Tribunal, apontando o direito líquido e certo à reabilitação.

16.5. RECLAMAÇÃO CONSTITUCIONAL

16.5.1. Conceito. Previsão constitucional e legal

É uma ação de conhecimento constitutiva ajuizada originariamente perante o Tribunal tendo por causa de pedir a violação, por órgão inferior de jurisdição (juízo ou Tribunal *a quo*), de decisão anterior do Tribunal superior, ou, então, a usurpação de sua competência, também por órgãos de justiça hierarquicamente subordinados, tendo, como pedido, ou a cassação da decisão proferida ao arrepio do que foi assentado pelo Tribunal superior, ou a avocação do processo para aquele, competente para julgar a causa.

A reclamação "não se qualifica como sucedâneo recursal nem configura instrumento viabilizador do reexame do conteúdo do ato reclamado, eis que tal finalidade revela-se estranha à destinação constitucional subjacente à instituição dessa medida processual", conforme decisão do STF[143].

A reclamação é prevista na CF (arts. 102, I, *l*, e 105, I, *f*), contra decisões que não tenham respeitado a competência ou a autoridade do que tenha sido julgado pelo STF e STJ.

O instituto da reclamação também é previsto no art. 988/993 do CPC, sendo que muitas Constituições estaduais, como a de São Paulo (art. 74, X) preveem o instituto da reclamação, como forma de se assegurar a autoridade das decisões proferidas pelo Tribunal de Justiça.

16.5.2. Hipóteses de cabimento. Procedimento

Hipóteses de cabimento

O instituto da reclamação, como se disse, é previsto nos arts. 988/993 do CPC.

De acordo com o art. 988 do CPC, caberá reclamação da parte interessada ou do Ministério Público para:

1 – Preservar a competência do tribunal;

2 – Garantir a autoridade das decisões do tribunal;

---
143. STF – Rcl 4381 AgR, Rel. Min. Celso de Mello. Pleno. J. 22/06/2011.

3 – garantir a observância de enunciado de súmula vinculante e de decisão do Supremo Tribunal Federal em controle concentrado de constitucionalidade;

4 – garantir a observância de acórdão proferido em julgamento de incidente de resolução de demandas repetitivas ou de incidente de assunção de competência.

A reclamação tem prazo? Em que hipóteses não é possível o ajuizamento da reclamação?

Segundo o art. 988, § 5º, do CPC, é inadmissível a reclamação:

1º – proposta após o trânsito em julgado da decisão reclamada; esse dispositivo legal deixa claro que a reclamação, como ação, não tem prazo, mas limite temporal para seu ajuizamento: até o trânsito em julgado.

2º – proposta para garantir a observância de acórdão de recurso extraordinário com repercussão geral reconhecida ou de acórdão proferido em julgamento de recursos extraordinário ou especial repetitivos, quando não esgotadas as instâncias ordinárias.

A inadmissibilidade ou o julgamento do recurso interposto contra a decisão proferida pelo órgão reclamado não prejudica a reclamação (art. 988, § 6º, do CPC).

Procedimento da reclamação

Endereçamento

A reclamação pode ser proposta perante qualquer tribunal, e seu julgamento compete ao órgão jurisdicional cuja competência se busca preservar ou cuja autoridade se pretenda garantir (art. 988, § 1º, do CPC).

Petição inicial. Distribuição ao relator

A reclamação deverá ser instruída com prova documental e dirigida ao presidente do tribunal (art. 988, § 2º, do CPC). Importante registrar que a reclamação interposta perante o Pretório Excelso deverá assumir, necessariamente, a forma eletrônica, de acordo com o art. 19, V, da Resolução 427/2010, do STF.

Assim que recebida, a reclamação será autuada e distribuída ao relator do processo principal, sempre que possível (art. 988, § 3º, do CPC).

Diligências do relator

Dispõe o art. 989 do CPC que, ao despachar a reclamação, o relator:

1º – Requisitará informações da autoridade a quem for imputada a prática do ato impugnado, que as prestará no prazo de 10 dias;

2º – se necessário, ordenará a suspensão do processo ou do ato impugnado para evitar dano irreparável. Trata-se de medida liminar, no âmbito da reclamação, a qual pressupõe comprovação da urgência da medida (*periculum in mora*), e também a demonstração da plausibilidade do direito invocado (*fumus boni iuris*)[144].

3º – determinará a citação do beneficiário da decisão impugnada, que terá prazo de 15 dias para apresentar a sua contestação.

Qualquer interessado poderá impugnar o pedido do reclamante (art. 990 do CPC). Permite-se que o interessado no julgamento da reclamação, integre o feito como assistente litisconsorcial, pelo relator da causa; mas, como assistente, não poderá ampliar o pedido ou a causa de pedir[145].

Manifestação do Ministério Público

Na reclamação que não houver formulado, o Ministério Público terá vista do processo por 5 dias, após o decurso do prazo para informações da autoridade a quem foi imputada a prática do ato impugnado e do escoamento do prazo para o oferecimento da contestação pelo beneficiário do ato impugnado (art. 991 do CPC). Em suma, o parecer ministerial apenas será exarado depois de oportunizada a manifestação da autoridade e do beneficiário da decisão.

Julgamento da reclamação

Julgando procedente a reclamação, o tribunal cassará a decisão exorbitante de seu julgado ou determinará medida adequada à solução da controvérsia, determinando, o presidente do tribunal, o imediato cumprimento da decisão, lavrando-se o acórdão posteriormente (arts. 992/993 do CPC).

16.5.3. Reclamação e súmula vinculante

A reclamação é também o instituto cabível contra decisão judicial que contrarie ou aplique indevidamente o teor de súmula vinculante, mas, nesta situação, é endereçada apenas ao STF, que, julgando – a procedente, anulará o ato administrativo ou cassará a decisão judicial reclamada, e determinará que outra seja proferida, com ou sem a aplicação da súmula, conforme o caso (art. 103 – A, § 3º, da CF). Caberá, também, reclamação constitucional ao Supremo no caso de descumprimento, por quaisquer juízes ou Tribunais, de decisões proferidas, com efeito vinculante, pelo Pleno do Supremo, em sede de ação direta de inconstitucionalidade (ADI), ação declaratória de constitucionalidade (ADC) e arguição de descumprimento de preceito fundamental (ADPF)[146]. Logo, se qualquer juiz ou Tribunal violar o teor da decisão proferida pelo Supremo, no âmago de processos objetivos de controle normativo abstrato, poder-se-á, diretamente, ajuizar uma reclamação, perante a Corte Suprema, mesmo se a decisão

---

144. STJ. Reclamação 33.150/RJ (2016/0322639-9). Rel. Min. Luis Felipe Salomão.
145. Informativo do STF. 23/03/2017. Reclamação. Rel. Min. Edson Fachin.
146. STF – Ag. Reg. Na Medida Cautelar na Reclamação 16.074/SP. Rel. Min. Celso de Mello.

combatida tenha sido proferida por juiz de 1ª instância. Não cabe reclamação contra o Presidente ou Ministros do Supremo[147].

Nesse caso específico de reclamação constitucional, a legitimidade ativa para a reclamação será daquele que- particular ou não- venha a ser atingido, na sua órbita jurídica, por decisões de magistrados ou Tribunais que sejam contrárias ao entendimento estabelecido pelo Supremo, em caráter vinculante, no julgamento de processos objetivos de controle normativo abstrato[148].

A distribuição da reclamação no Supremo, que tenha como causa de pedir o descumprimento de súmula vinculante ou de decisão dotada de efeito *erga omnes* (processos objetivos de controle normativo abstrato), deverá ser livre (art. 70, § 1º, do Regimento Interno do STF- RISTF)[149]. Mas no caso de a causa de pedir da reclamação no Supremo se relacionar à preservação da autoridade de decisão da Corte, a distribuição se fará por prevenção (art. 70, *caput*, do RISTF), ao relator da causa principal. Em outras palavras, essa prevenção se dá, quando há causa principal de que seja parte o reclamante, e não quando o desrespeito não seja a uma decisão concreta com relação ao reclamante, mas, sim, a uma tese firmada pelo Tribunal em processo de que o reclamante não seja parte, caso em que a distribuição se faz livremente, por não haver prevenção temática[150].

---

147. STF - Rcl 2.106. Rel. Min. Celso de Mello. DJ 08/08/2002.
148. STF - RTJ 187/151. Pleno. Rel. Min. Celso de Mello.
149. STF - Reclamação 30.126/Paraná. Rel. Min. Edson Faquin.
150. STF- Pleno, DJ 13/06/2003. Citado na Reclamação 30.126/Paraná. STF. Rel. Min. Edson Faquin.

BIBLIOGRAFIA

ACOSTA, Walter P, *O processo penal*, 8 ed. Rio de Janeiro: Editora do Autor. 1970.

ALMEIDA, Caio Eduardo Canguçu de. A *reformatio in pejus* indireta em face de decisões do tribunal do júri. *Revista de Jurisprudência do Tribunal de Justiça do Estado de São Paulo*, Lex, v. 25, nº 130, p. 16 – 18, maio/jun. 1991.

ALEXY, Robert. *Teoria dos direitos fundamentais*. 2 ed. São Paulo: Editora Malheiros, 2012.

Antunes, Rodrigo Merli; CANO, Leandro Jorge Bittencourt; Domingues, Alexandre de Sá. *O Tribunal do Júri, na visão do Juiz, do Promotor e do Advogado*: questões práticas fundamentais. São Paulo: Atlas, 2014.

AQUINO, Álvaro Antônio Sagulo Borges de. *A função garantidora da pronúncia*. Rio de Janeiro: Lumen Juris, 2004. (Coleção Direito Processual Penal.)

ARANHA, Adalberto José Q. T. de Camargo. *Da prova no processo penal*. 5 ed. São Paulo: Saraiva, 1999.

AVENA, Norberto. *Processo penal esquematizado*. 4ª ed. São Paulo: Gen/Método 2010.

BADARÓ, Gustavo Henrique. *Correlação entre acusação e sentença*. 2. ed. São Paulo: 2010.

BADARÓ, Gustavo Henrique. *Processo penal*. 2 ed. Rio de Janeiro: Elsevier, 2014.

BATISTA, Nilo. *Introdução crítica ao direito penal brasileiro*. 5. ed. Rio de Janeiro: Revan, 2001.

BECCARIA, Cesare. *Dos delitos e das penas*. Tradução de Lucia Guidicini; Alessandro Berti Contessa; revisão de Roberto Leal Ferreira. 2. ed. São Paulo: Martins Fontes, 1999.

BOBBIO, Norberto. *Teoria da norma jurídica*. 5 ed. Bauru: Edipro, 2014.

BOBBIO, Norberto. *A era dos Direitos*. 13 tiragem. Rio de Janeiro, 2004.

BONFIM, Edilson Mougenot. *Júri: do inquérito ao plenário*. 2. ed. São Paulo: Saraiva, 1996.

. O selecionamento dos jurados: a questão da "notória idoneidade" e a boa formação do Conselho de Sentença no Tribunal do Júri. *Revista dos Tribunais*, São Paulo, v. 82, nº 693, p. 309 – 316, jul. 1993.

. O promotor do júri: a proposta de um congresso nacional. In: CONGRESSO NACIONAL DOS PROMOTORES DO JÚRI, 1., 1995, Campos do Jordão, SP.

BONFIM, Edilson Mougenot. *A efetividade da promotoria do júri e os novos rumos da justiça*. São Paulo: Associação Paulista do Ministério Público, 1995. p. 13 – 32.

. *No tribunal do júri*. A arte e o ofício da tribuna. Crimes emblemáticos, grandes julgamentos. São Paulo: Saraiva, 2000.

. *O novo procedimento do Júri*. Comentários à Lei nº 11.689/2008. São Paulo: Saraiva, 2009.

Curso de Processo Penal. São Paulo: Saraiva, 2014.

BIANCHINI, Alice. MARQUES, Luis Ivan; GOMES, Luis Flávio. CUNHA, Rogério Sanches. MACIEL, Silvio. *Prisão e medidas cautelares*. Comentários à Lei 12.403/2011. 2 ed. São Paulo: Revista dos Tribunais. 2011.

BINDER, Alberto M. *Introducción al derecho procesal penal*. 2 edição. Buenos Aires: Ad – Hoc, 2013.

BRASILEIRO, Renato de Lima. *Curso de processo penal*. Niterói/Rio de Janeiro: Impetus, 2013.

BUENO, José Antônio Pimenta. *Apontamentos sobre o processo criminal brasileiro*. 2 ed. Atualizado e complementado por José Frederico Marques. São Paulo: Revista dos Tribunais. 1959.

CALAMANDREI, Piero. *Eles, os juízes, vistos por um advogado*. Introdução de Paolo Barile; tradução de Eduardo Brandão. São Paulo: Martins Fontes, 2000.

CALVO FILHO, Romualdo Sanches; SAWAYA, Paulo Fernando Soubihe. *Tribunal do júri*: da teoria à prática. São Paulo: Suprema Cultural, 2003.

Campos, Walfredo Cunha. *Tribunal do Júri – Teoria e prática*. 5. Ed. São Paulo: Atlas/Gen, 2015.

CAMPOS, Walfredo Cunha. *Processo penal*, vl. 13. São Paulo: Saraiva, 2014.

CANO, Leandro Jorge Bittencourt; Antunes, Rodrigo Merli; Domingues, Alexandre de Sá. *O Tribunal do Júri, na visão do Juiz, do Promotor e do Advogado*: questões práticas fundamentais. São Paulo: Atlas, 2014.

CAPEZ, Fernando. *Curso de processo penal*. 16. ed. São Paulo: Saraiva, 2009.

CAPEZ, Fernando. *Curso de Direito Penal*. Volume 1. 16ª ed. São Paulo: Saraiva, 2012.

CARNELUTTI, Francesco. *As misérias do processo penal*. Campinas: Conan Editora, 1995.

CARRAZZA, Roque Antonio. *Curso de direito constitucional tributário*. 9. ed. São Paulo: Malheiros, 1997.

CINTRA, Antônio Carlos de Araújo; GRINOVER, Ada Pellegrini; DINAMARCO, Cândido Rangel. *Teoria geral do processo*. 12. ed. São Paulo: Malheiros, 1996.

CUNHA, Rogério Sanches Cunha; PINTO, Ronaldo Batista. *Crime Organizado*. 2 ed. Salvador: Jus Podium, 2014.

DA SILVA, César Dario Mariano. *Provas Ilícitas*. 6. ed. São Paulo: Atlas, 2010.

DE BARROS, Marco Antonio, *A busca da verdade no processo penal*. 3. ed. São Paulo: Revista dos Tribunais, 2012.

DE FARIA, Bento, *Código de processo penal*. 3 vls. 2 ed. Rio de Janeiro: Record editora, 1960.

DELMANTO, Celso. *Código Penal comentado*. 3. ed. atual. e ampl. por Roberto Delmanto. Rio de Janeiro: Renovar, 1991.

DEZEM, Guilherme Madeira. *Curso de Processo Penal*. 2 ed. São Paulo: Revista dos Tribunais, 2016.

Domingues, Alexandre de Sá; Antunes, Rodrigo Merli; CANO, Leandro Jorge Bittencourt. *O Tribunal do Júri, na visão do Juiz, do Promotor e do Advogado*: questões práticas fundamentais. São Paulo: Atlas, 2014.

ESPÍNOLA FILHO, Eduardo. *Código de Processo Penal brasileiro anotado*, vls. 1,2,3,4,5,6,7,8 e 9. 6. ed. Rio de Janeiro: Borsoi, 1965.

FERNANDES, Antonio Scarance. *Processo penal constitucional*. 7 ed. São Paulo: Revista dos Tribunais, 2012.

FRANCO, Ary Azevedo. *O júri e a Constituição Federal de 1946*: comentários à Lei n° 263, de 23 de fevereiro de 1948. Rio de Janeiro: Freitas Bastos, 1950.

FRANCO, Ary Azevedo. *Código de processo penal*, vls 1 e 2. Rio de Janeiro: 1956.

FERRAJOLI, Luigi, *Direito e razão – teoria do garantismo penal*. 4 ed. São Paulo: Revista dos Tribunais, 2014.

FERRARA, Francesco, *Como aplicar e interpretar as leis*. Belo Horizonte: Editora Líder, 2002.

Gomes, Luis Flávio; Cunha, Rogério Sanches; BATISTA Pinto, Ronaldo. *Comentários às reformas do Código de Processo Penal e da Lei de Trânsito*. São Paulo: Revista dos Tribunais, 2008.

GOMES FILHO, Antonio Magalhães. *A motivação das decisões penais*. São Paulo: Revista dos Tribunais, 2001.

GOMES FILHO, Antonio Magalhães et al. *As nulidades no processo penal*. 11 ed. São Paulo: Revista dos Tribunais, 2009.

GOMES FILHO, Antonio Magalhães. Notas sobre a terminologia da prova- reflexos no processo penal brasileiro. In: Estudos em homenagem à professora Ada Pellegrini Grinover. Org: Flávio Luiz Yarshell e Maurício Zanoide de Moraes. Ed. 2005. DSJ. São Paulo.

GOLDSCHMIDT, James. *Princípios gerais do processo penal*. Belo Horizonte: Editora Lider, 2002.

GRECO FILHO, Vicente. *Manual de processo penal*. 8. ed. São Paulo: Saraiva, 2010.

GRECO FILHO, Vicente. *Comentários à lei de organização criminosa – Lei 12.850/13*. São Paulo: Saraiva, 2014.

GRINOVER, Ada Pellegrini et al. *Juizados especiais criminais*: comentários à Lei 9.099, de 26.09.1995. 5. ed. rev., atual. e ampl. São Paulo: Revista dos Tribunais, 2004.

GRINOVER, Ada Pellegrini et al. *Teoria Geral do Processo*, 26 ed. São Paulo, Malheiros, 2010.

FERNANDES, Antonio Scarance; GOMES FILHO, Antonio Magalhães. *As nulidades no processo penal*. 6. ed. São Paulo: Revista dos Tribunais, 2000.

HUNGRIA, Nelson. *Comentários ao Código Penal*: Decreto – lei n° 2.848, de 7 de dezembro de 1940. Rio de Janeiro: Revista Forense, 1953. v. 5.

JESUS, Damásio Evangelista de. *Código Penal anotado*. 6. ed. São Paulo: Saraiva, 1996.

. *Direito penal*: parte geral. 25. ed. São Paulo: Saraiva, 2002. v. 1.

JÚNIOR, João Mendes de Almeida. *O processo criminal brasileiro*. 4 ed. Rio de Janeiro: Livraria Freitas Bastos, 1959.

JÚNIOR, Aury Lopes, *Direito processual penal*. 13 ed. São Paulo: Saraiva, 2016.

KELSEN, Hans. *O que é justiça?* São Paulo: Martins Fontes, 2001.

JÚNIOR, Roberto Delmanto. *As modalidades de prisão provisória e seu prazo de duração*. 2 ed. Rio de Janeiro: Renovar, 2001.

JÚNIOR, Goffredo Telles. *Iniciação na ciência do direito*. São Paulo: Saraiva, 2001.

JÚNIOR, Nelson Nery; NERY, Rosa Maria de Andrade. *Constituição Federal comentada e legislação constitucional*. 4 ed. São Paulo, Revista dos Tribunais, 2013.

LIMA, Marcellus Polastri. *Curso de processo penal*. 7. ed. Rio de Janeiro: Lumen Juris, 2013.

LIMA, Marcellus Polastri. *A prova penal*. Rio de Janeiro: Lumem Juris, 2002.

LYRA, Roberto. *Como julgar, como defender, como acusar*. Rio de Janeiro: José Konfino, 1975.

. *Teoria e prática da promotoria pública*. Reimpressão da edição de 1980. Porto Alegre: Sergio Antonio Fabris, 2001.

MALATESTA, Nicola Framarino Dei. *A lógica das provas em matéria criminal*. Campinas: Bookseller, 2001.

MANZANO, Luís Fernando de Moraes. *Curso de processo penal*. 2. ed. São Paulo; Atlas, 2012.

MANZINI, Vincenzo. *Tratado de Derecho Procesal penal*. 1,2,3 e 4 vls. Buenos Aires: Ediciones Juridicas Europa – America, 1951.

MITTERMAIER, C.J.A. *Tratado da prova em matéria criminal ou exposição comparada*. Campinas: Bookseller. 1997.

MARCÃO, Renato. *Prisões cautelares, liberdade provisória e medidas cautelares restritivas de acordo com a Lei n. 12.403/, de 4 – 5 – 2011*. São Paulo: Saraiva, 2011.

MARCÃO, Renato. *Curso de Processo Penal*. São Paulo: Saraiva, 2014.

MARQUES, José Frederico. *Elementos de direito processual penal*. Atualização de Victor Hugo Machado da Silveira. Campinas: Bookseller, 1998. vls. 1, 2, 3 e 4.

MARQUES, José Frederico. *Tratado de direito processual penal*. vls. 1 e 2. São Paulo: Saraiva, 1980.

. *A instituição do júri*. Atualizada por Hermínio Alberto Marques Porto, José Gonçalves Canosa Neto, Marco Antonio Marques da Silva. São Paulo: Bookseller, 1997.

MARREY, Adriano; SILVA FRANCO, Alberto; STOCO, Rui. *Teoria e prática do júri*: doutrina, roteiros práticos, questionários e jurisprudência. 7. ed. rev., atual. e ampl. São Paulo: Revista dos Tribunais, 2000.

MAXIMILIANO, CARLOS. *Hermenêutica e Aplicação do Direito*. 20ª edição. Rio de Janeiro: Editora Gen/Forense. 2011.

MENDES DE ALMEIDA, Joaquim Canuto. *Princípios fundamentais do processo penal*. São Paulo: Revista dos Tribunais, 1973.

MENDES DE ALMEIDA, Joaquim Canuto. *Ação e Jurisdição*. São Paulo: Revista dos Tribunais, 1975.

MIRABETE, Julio Fabbrini. *Código de Processo Penal interpretado*: referências doutrinárias, indicações legais, resenha jurisprudencial. 8. ed. São Paulo: Atlas, 2001.

. *Manual de direito penal*. 13. ed. São Paulo: Atlas, 1998. v. 2.

. *Processo penal*. 10. ed. São Paulo: Atlas, 2000.

MORAES, Alexandre de. *Direito constitucional*. 33ª ed. São Paulo: Atlas, 2017.

MUCCIO, Hidejalma. *Curso de processo penal*: fatos e atos processuais. Bauru: Edipro; Jaú: HM, 2003. v. 3.

. *Curso de processo penal*. São Paulo: Gen/Método, 2011.

NOGUEIRA, Paulo Lúcio. *Curso completo de processo penal*. 11 ed. São Paulo: Saraiva, 2000.

NORONHA, Edgar Magalhães. *Curso de direito processual penal*. 26 ed. São Paulo: Saraiva, 1998.

NICOLITT, André. *Manual de Processo Penal*. 5 ed. São Paulo: Revista dos Tribunais, 2014.

NUCCI, Guilherme de Souza. *Código de Processo Penal comentado*. 12. ed. São Paulo: Revista dos Tribunais, 2013.

. *Código de Processo Penal comentado*. 8. ed. São Paulo: Revista dos Tribunais, 2008.

. *Júri*: princípios constitucionais. São Paulo: Juarez de Oliveira, 1999.

NUCCI, Guilherme de Souza. *Tribunal do Júri*. De acordo com a Reforma do CPP. Leis 11.689/2008 e 11.690/2008. São Paulo: Revista dos Tribunais, 2008.

NUCCI, Guilherme de Souza. *Manual de processo Penal e execução penal*. 8. ed. São Paulo; Revista dos Tribunais.

NUCCI, Guilherme de Souza. *Leis penais e processuais penais comentadas*. 5. Ed. São Paulo: Revista dos Tribunais, 2010.

NUCCI, Guilherme de Souza. *Individualização da pena*. 5. ed. São Paulo: Revista dos Tribunais, 2013.

NUCCI, Guilherme de Souza. *Provas no processo penal*. 2 tiragem. São Paulo: Revista dos Tribunais, 2009.

Pacelli, Eugênio. *Curso de processo penal*. 16. ed. São Paulo: Atlas, 2012.

PACELLI, Eugênio; FISCHER, Douglas. *Comentários ao código de processo penal e sua jurisprudência*. 4 ed. São Paulo: Atlas, 2012.

PENTEADO, Jaques de Camargo. *Duplo grau de jurisdição no processo penal. Garantismo e efetividade*. São Paulo: Revista dos Tribunais, 2006.

PENTEADO, Jaques de Camargo. *Acusação, defesa e julgamento*. Campinas: Millenium, 2001.

QUEIJO, Maria Elisabeth, IBCCRIM (Instituto Brasileiro de Ciências Criminais, ano 21, nº 250, Setembro/2013 – Artigo: *O Princípio nemo tenetur se detegere e a coleta de material genético: identificação criminal ou colaboração na produção da prova?*

QUEIJO, Maria Elisabeth. *O direito de não produzir prova contra si mesmo. O princípio nemo tenetur se detegere e suas decorrências no processo penal*. 2 ed. São Paulo: Saraiva, 2012

RANGEL, Paulo, *Direito Processual Penal*. 21 ed. São Paulo: Atlas, 2013.

REIS, Alexandre Cebrian Araújo; GONÇALVES, Victor Eduardo Rios. *Direito processual penal esquematizado*. Coordenador Pedro Lenza. São Paulo: Saraiva, 2012.

RODRIGUES, Décio Luiz José. *Juizado especial criminal no júri*. São Paulo: Leud, 1998.

ROSA, Inocencio Borges da. *Processo penal brasileiro*. Rio de Janeiro: Jacintho, 1942. v. 1, 2, 3 e 4.

SILVA, José Afonso da. *Curso de direito constitucional positivo*. 24. ed. rev. e atual. nos termos da reforma constitucional (até a Emenda Constitucional nº 45, de 8.12.2004, publicada em 31.12.2004). São Paulo: Malheiros, 2005.

SILVA, Luiz Cláudio Silva; Franklyn Roger Alves Silva. *Manual de processo e prática penal*. 6ª ed. Rio de Janeiro: Gen/Forense, 2013.

TAVORA, Nestor. ALENCAR, Rosnar Rodrigues. *Curso de direito processual penal*. 8 ed. Salvador: Jus Podium, 2013.

TOLEDO, Francisco de Assis. *Princípios básicos de direito penal*. 5. ed. São Paulo: Saraiva, 2000.

TORNAGHI, Hélio, *Curso de processo penal*. 10. ed. Atual. São Paulo: Saraiva, 1997, vls 1 e 2.

TORNAGUI, Hélio, *Processo Penal*. Rio de Janeiro: A. Coelho Branco – Editor, 1953.

TORNAGUI, Hélio, *Instituições de Processo penal*. 1,2,3 e 4 vls. São Paulo: Saraiva, 1977.

TORNAGHI, Hélio. *A relação processual penal*. Rio de Janeiro: Editora a Noite.

TOURINHO FILHO, Fernando da Costa. *Processo penal*. 35. ed. São Paulo: Saraiva, 2013, v. 1, 2, 3, 4.

TOURINHO FILHO, Fernando da Costa. *Prática de processo penal*. 34. Ed. São Paulo: Saraiva, 2013.

TOURINHO FILHO, Fernando da Costa. *Manual de processo penal*. 11 ed. São Paulo: Saraiva, 2009.

TUCCI, Rogério Lauria. *Direitos e garantias individuais no processo penal brasileiro*. 4 ed. São Paulo: Editora Revista dos Tribunais, 2011.

TUCCI, Rogério Lauria. *Teoria do Direito Processual penal. Jurisdição, ação e processo penal*. São Paulo: Editora Revista dos Tribunais, 2003.